NomosFormulare

Hartmut Roth [Hrsg.]

Verkehrsrecht

Zivilrecht | Versicherungsrecht | Strafrecht | Ordnungswidrigkeiten | Verwaltungsrecht

Dr. Patrick Bruns, Rechtsanwalt und Fachanwalt für Arbeitsrecht, Baden-Baden | **Ulrich Hardung**, Rechtsanwalt und Fachanwalt für Versicherungsrecht sowie Bau- und Architektenrecht, Marsberg | **Korbinian Heinzeller**, Regierungsrat im Bayerischen Staatsministerium des Inneren, München | **Christian Janeczek**, Rechtsanwalt und Fachanwalt für Verkehrsrecht, Dresden | **Klaus Kucklick**, Rechtsanwalt und Fachanwalt für Verkehrsrecht, Dresden | **Peter Roitzheim**, Richter am Verwaltungsgericht Aachen | **Hartmut Roth**, Rechtsanwalt, Dresden | **Dieter Staab**, Rechtsanwalt, Dresden | **Cornelia Süß**, Rechtsanwältin und Fachanwältin für Sozialrecht, Dresden | **Andreas Thom**, Rechtsanwalt und Fachanwalt für Versicherungsrecht und Verkehrsrecht, Dresden | **Marlene Werner**, Richterin, Verwaltungsgericht München

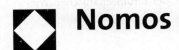 **Nomos**

Die Formulierungsbeispiele in diesem Buch wurden mit Sorgfalt und nach bestem Wissen erstellt. Sie stellen jedoch lediglich Anregungen für die Lösung typischer Fallgestaltungen dar. Autoren und Verlag übernehmen keine Haftung für die Richtigkeit und Vollständigkeit der in dem Buch und auf der CD-ROM enthaltenen Ausführungen und Formulierungsmuster.

Die Deutsche Bibliothek verzeichnet diese Publikation in der Deutschen Nationalbibliografie; detaillierte bibliografische Daten sind im Internet über http://dnb.ddb.de abrufbar.

ISBN 978-3-8329-2031-9

1. Auflage 2007

Vorwort

Nichts ist erstaunlicher als die Ansicht vieler Rechtsanwälte, der Verkehrsrechtsfall sei ein Problem für den Allgemeinanwalt, man könne dieses Mandat einfach nebenbei mitnehmen.

Verkehrszivilrecht, Verkehrsstrafrecht, Ordnungswidrigkeitenrecht, Versicherungsrecht, inklusive Sozialversicherungsrecht, Autokauf, Autoleasing und Autoreparatur, letztlich Verwaltungsrecht rund um die Themen Führerschein, Fahrtenbuch und Abschleppen von Fahrzeugen müssen dem Anwalt geläufig sein, um das Gebiet „Verkehrsrecht" ordnungsgemäß bearbeiten zu können. Weiter gehört dazu noch ein umfassendes Wissen darüber, was technische und medizinische Sachverständige in der Lage sind zu eruieren. Vielfalt ist Programm. Selbst bei Fachanwälten für Verkehrsrecht werden Schwerpunkte gesetzt, da das gesamte Verkehrsrechtsprogramm sehr umfangreich ist. Der Allgemeinanwalt ist schon lange nicht mehr in der Lage, die gesamte Breite des Verkehrsrechts zu erfassen und sich auf dem neuesten Stand der Rechtsprechung zu halten.

Umso erfreulicher ist die Tatsache, dass es nach Jahren intensiver Bemühungen und mehrfachem Scheitern gelungen ist, den „Fachanwalt für Verkehrsrecht" zu installieren. Ein Umdenken scheint demnach stattzufinden.

In den Fällen, in denen der Verfasser als Zweitanwalt tätig ist, lässt sich immer wieder feststellen, dass es mit allgemeiner Ausbildung nicht getan ist. Nur wer regelmäßig mit Verkehrsrechtsanwälten Erfahrungen austauscht, kennt sich aus mit „Haushaltsführungsschaden", „vermehrten Bedürfnissen", Geschwindigkeitsmessgeräten und Sachverständigenmethoden, mit „Minderwert" und „Restwert", unterschiedlichen Leasingverträgen und den richtigen Schmerzensgeldanträgen. Nur der Rechtsanwalt, der damit umgehen kann, kann für seinen Mandanten befriedigende Ergebnisse erzielen.

1990 waren etwa 54.000 Rechtsanwälte deutschlandweit tätig. Inzwischen ist die Anzahl der niedergelassenen Rechtsanwälte auf 143.000 angewachsen, und jährlich kommen mehr oder weniger ungebremst 5.000 Rechtsanwälte hinzu. Der Ruf der Anwaltschaft leidet, wenn der Konkurrenzkampf so geführt wird, dass Mandate angenommen werden, ohne dass Spezialwissen zur Verfügung steht. Dies beschädigt den Ruf der Anwaltschaft, des so arbeitenden Rechtsanwalts und ruft Unmut beim Mandanten hervor, den nur sachgerechte Ergebnisse interessieren.

Es lohnt sich also, sich zu spezialisieren und dadurch dem ratsuchenden Mandanten mit fundiertem Rat zur Seite zu stehen. Auf der Gegenseite – welches verkehrsrechtliche Verfahren auch immer betrieben wird – stehen immer gut ausgebildete Spezialisten, die Versicherungsjuristen, denen Paroli geboten werden muss. Dies sei vor allem dem jungen Anwaltskollegen gesagt, der keine betriebswirtschaftlichen Strategien gelernt hat: Nicht Diversifikation ist angesagt, sondern Nischenpolitik, in der Breite kann man nicht Spitze sein. Denn das erwartet der Mandant: Wissen, wie ein Verfahren erfolgreich betrieben wird.

Die Vermittlung dieses Wissens ist das Anliegen des vorliegenden Werks, dessen Autoren sämtlich erfahrene einschlägig tätige Spezialisten sind.

Hartmut Roth   Dresden, im März 2007

Autorenverzeichnis

Dr. Patrick Bruns
Rechtsanwalt und Fachanwalt für Arbeitsrecht, Baden-Baden

Ulrich Hardung
Rechtsanwalt und Fachanwalt für Versicherungsrecht sowie Bau- und Architektenrecht, Marsberg

Korbinian Heinzeller
Regierungsrat im Bayerischen Staatsministerium des Innern, München

Christian Janeczek
Rechtsanwalt und Fachanwalt für Verkehrsrecht, Dresden

Klaus Kucklick
Rechtsanwalt und Fachanwalt für Verkehrsrecht, Dresden

Peter Roitzheim, Mag. rer. publ.
Richter am Verwaltungsgericht Aachen

Hartmut Roth
Rechtsanwalt, Dresden

Dieter Staab
Rechtsanwalt, Dresden

Cornelia Süß
Rechtsanwältin und Fachanwältin für Sozialrecht, Dresden

Andreas Thom
Rechtsanwalt und Fachanwalt für Versicherungsrecht und Verkehrsrecht, Dresden

Marlene Werner
Richterin, Verwaltungsgericht München

Inhaltsverzeichnis

Abkürzungsverzeichnis

A

aA	anderer Ansicht
AAK	Atemalkoholkonzentration
aaO	am angegebenen Ort
abl.	ablehnend
ABl.EG	Amtsblatt der Europäischen Gemeinschaften
Abs.	Absatz
Abschn.	Abschnitt
abw.	abweichend
ADH	Alkoholdehydrogenase
aE	am Ende
aF	alte Fassung
AG	Amtsgericht; Aktiengesellschaft
AKB	Allgemeine Bedingungen für die Kraftfahrtversicherung
AktStR	Aktuelles Steuerrecht (Zeitschrift)
allg.	allgemein
allgA	allgemeine Ansicht
allgM	allgemeine Meinung
Alt.	Alternative
aM	anderer Meinung
Anh.	Anhang
Anm.	Anmerkung
ARB	Allgemeine Bedingungen für die Rechtsschutzversicherung
ARGE	Arbeitsgemeinschaft
Art.	Artikel
AU	Arbeitsunfähigkeit
Aufl.	Auflage
ausdr.	ausdrücklich
ausf.	ausführlich
AV	Allgemeine Verwaltungsvorschrift; Ausführungsverordnung
Az	Aktenzeichen

B

B2B	Business to Business
B2C	Business to Customer
BAB	Bundesautobahn
BAK	Blutalkoholkonzentration
BAT-O	Bundesangestelltentarif-Ost
BayKG	Bayerisches Kostengesetz
BayObLG	Bayerisches Oberstes Landesgericht
BayVBl	Bayerische Verwaltungsblätter
BayVerfGH	Sammlung von Entscheidungen des Bayerischen Verwaltungsgerichtshofs mit Entscheidungen des Bayerischen Verfassungsgerichtshofs, des Bayerischen Dienststrafhofs und des Bayerischen Gerichtshofs für Kompetenzkonflikte
BayVGH	Bayerischer Verwaltungsgerichtshof
BayVwZVG	Bayerisches Verwaltungszustellungsgesetz und Vollstreckungsgesetz
BB	Betriebs-Berater (Zeitschrift)
Bd.	Band
Begr.	Begründung
Bek.	Bekanntmachung
ber.	berichtigt
bes.	besonders
Beschl.	Beschluss
bespr.	besprochen
bestr.	bestritten
BetrVG	Betriebsverfassungsgesetz
bez.	bezüglich
BfF	Begutachtungsstelle für Fahreignung
BG	Die Berufsgenossenschaft (Zeitschrift)
BGB	Bürgerliches Gesetzbuch
BGBl.	Bundesgesetzblatt
BGH	Bundesgerichtshof
BGHR	BGH-Rechtsprechung, herausgegeben von den Richtern des Bundesgerichtshofs
BGHSt	Entscheidungen des Bundesgerichtshofs in Strafsachen
BGHZ	Entscheidungen des Bundesgerichtshofs in Zivilsachen
BKatV	Bußgeldkatalog-Verordnung
Bl.	Blatt
BRAK	Bundesrechtsanwaltskammer

BR-Drucks.	Bundesrats-Drucksache
Breith.	Sammlung von Entscheidungen aus dem Sozialrecht (begründet von Breithaupt)
BSG	Bundessozialgericht
BSGE	Entscheidungen des Bundessozialgerichts
bspw	beispielsweise
BT-Drucks.	Bundestags-Drucksache
BtM	Betäubungsmittel
BVerfGE	Entscheidungen des Bundesverfassungsgerichts
BVerwGE	Entscheidungen des Bundesverwaltungsgerichts
BVSK	Bundesverband der Freiberuflichen Sachverständigen des Kraftfahrzeugwesens
BWVPr	Baden-Württembergische Verwaltungspraxis (Zeitschrift)
bzgl	bezüglich
BZR	Bundeszentralregister
BZRG	Bundeszentralregistergesetz
bzw	beziehungsweise

C

c.i.c.	culpa in contrahendo
C2C	Customer to Customer

D

ders.	derselbe
dh	das heißt
dies.	dieselbe
Dok.	Dokument
Drucks.	Drucksache
DSB	Datenschutzberater (Zeitschrift)
DVBl	Deutsches Verwaltungsblatt (Zeitschrift)
DVP	Deutsche Verwaltungspraxis

E

E.	Entwurf
e.V.	eingetragener Verein
ebd	ebenda
EG	Europäische Gemeinschaft
EGGVG	Einführungsgesetz zum Gerichtsverfassungsgesetz

EGZPO	Einführungsgesetz zur Zivilprozessordnung
Einf.	Einführung
eingetr.	eingetragen
Einl.	Einleitung
einschl.	einschließlich
einschr.	einschränkend
EMRK	Europäische Konvention zum Schutze der Menschenrechte und Grundfreiheiten
Entsch.	Entscheidung
entspr.	entsprechend
Entw.	Entwurf
Erkl.	Erklärung
Erl.	Erlass; Erläuterung
EStG	Einkommensteuergesetz
etc.	et cetera
EU	Europäische Union
EuGH	Europäischer Gerichtshof
EuGVVO	Verordnung (EG) Nr. 44/2001 des Rates über die gerichtliche Zuständigkeit und die Anerkennung und Vollstreckung von Entscheidungen in Zivil- und Handelssachen
evtl	eventuell
EWiR	Entscheidungen zum Wirtschaftsrecht (Zeitschrift)
EWR	Europäischer Wirtschaftsraum

F

f, ff	folgende, fortfolgende
FE	Fahrerlaubnis
FEKL	Fahrerlaubnisklasse
FeV	Fahrerlaubnis-Verordnung
Fn	Fußnote
FS	Führerschein

G

GA	Goltdammer's Archiv für Strafrecht
GdB	Grad der Behinderung
GDV	Gesamtverband der Deutschen Versicherungswirtschaft
geänd.	geändert
GebOSt	Gebührenordnung für Maßnahmen im Straßenverkehr

GebTSt	Gebührentarif für Maßnahmen im Straßenverkehr
gem.	gemäß
GG	Grundgesetz
ggf	gegebenenfalls
GKV	Gesetzliche Krankenversicherung
GKV-WSG	Gesetz zur Stärkung des Wettbewerbs in der Gesetzlichen Krankenversicherung
grds.	grundsätzlich
GTFCh	Gesellschaft für Toxikologische und Forensische Chemie
GVG	Gerichtsverfassungsgesetz

H

hA	herrschende Auffassung
Hdb	Handbuch
HessVGH	Hessischer Verwaltungsgerichtshof
hL	herrschende Lehre
hM	herrschende Meinung
HpflG	Haftpflichtgesetz
Hrsg.	Herausgeber
hrsg.	herausgegeben
Hs	Halbsatz

I

iA	im Auftrag
IBR	Immobilien- und Baurecht (Zeitschrift)
idF	in der Fassung
idR	in der Regel
idS	in diesem Sinne
iE	im Ergebnis
ieS	im engeren Sinne
iHv	in Höhe von
inkl.	inklusive
insb.	insbesondere
insg.	insgesamt
InsO	Insolvenzordnung
IntKfzV	Verordnung über internationalen Kraftfahrzeugverkehr
iS	im Sinne
iSd	im Sinne des
iSv	im Sinne von
iÜ	im Übrigen

iVm	in Verbindung mit
iwS	im weiteren Sinne

J

JA	Juristische Arbeitsblätter (Zeitschrift)
JR	Juristische Rundschau
JuS	Juristische Schulung (Zeitschrift)
Justiz	Die Justiz. Amtsblatt des Justizministeriums Baden-Württemberg
JZ	Juristenzeitung

K

Kap.	Kapitel
KBA	Kraftfahrtbundesamt
Kfz	Kraftfahrzeug
KfzPflVV	Kraftfahrzeug-Pflichtversicherungs-verordnung
KH	Kraftfahrzeughaftpflicht
krit.	kritisch
KSA	Kommunaler Schadensausgleich
KV	Kostenverzeichnis

L

LG	Landgericht
lit.	littera
Lit.	Literatur
LKW	Lastkraftwagen
LS	Leitsatz
LSG	Landessozialgericht
LVwZG	Landes-Verwaltungs-zustellungsgesetz

M

m.Anm.	mit Anmerkung
MdE	Minderung der Erwerbsfähigkeit
MDK	Medizinischer Dienst der Krankenversicherung
MDMA	3,4-Methylendioxy-methamphetamin („Ecstasy")
MDR	Monatsschrift für Deutsches Recht
mE	meines Erachtens

45

mind.	mindestens
Mitt.	Mitteilung(en)
mN	mit Nachweisen
MPU	Medizinisch-psychologische Untersuchung
MRK	*siehe* EMRK
MünchKomm	Münchener Kommentar
mwN	mit weiteren Nachweisen
mWv	mit Wirkung von
mzN	mit zahlreichen Nachweisen

N

n.r.	nicht rechtskräftig
n.v.	nicht veröffentlicht
Nachw.	Nachweise
Nds.	Niedersachsen, niedersächsisch
Nds.Rpfl	Niedersächsische Rechtspflege (Zeitschrift)
nF	neue Fassung
NJW	Neue Juristische Wochenschrift
NJW-RR	Neue Juristische Wochenschrift – Rechtsprechungsreport
Nov.	Novelle
Nr.	Nummer
NStZ	Neue Zeitschrift für Strafrecht
NStZ-RR	Neue Zeitschrift für Strafrecht – Rechtsprechungsreport
NVwZ	Neue Zeitschrift für Verwaltungsrecht
NVwZ-RR	Neue Zeitschrift für Verwaltungsrecht – Rechtsprechungsreport
NWVBl.	Nordrhein-Westfälische Verwaltungsblätter
NZBau	Neue Zeitschrift für Baurecht und Vergaberecht
NZS	Neue Zeitschrift für Sozialrecht
NZV	Neue Zeitschrift für Verkehrsrecht

O

o.a.	oben angegeben, angeführt
o.Ä.	oder Ähnliches
o.g.	oben genannt
OLG	Oberlandesgericht

OLG-NL	OLG-Rechtsprechung Neue Länder
OLGR	OLG-Report: Zivilrechtsprechung der Oberlandesgerichte

P

PflVG	Pflichtversicherungsgesetz
PK	Polizeikommissar
PKW	Personenkraftwagen
PolKV	Polizeikostenverordnung
PTB	Physikalisch-Technische Bundesanstalt
PZU	Postzustellungsurkunde

R

r+s	Recht und Schaden (Zeitschrift)
RA	Rechtsanwalt
RAe	Rechtsanwälte
RdL	Recht der Landwirtschaft (Zeitschrift)
resp.	respektive
RGBl	Reichsgesetzblatt
RiStBV	Richtlinien für das Strafverfahren und das Bußgeldverfahren
Rn	Randnummer
Rspr	Rechtsprechung
RVG	Rechtsanwaltsvergütungsgesetz

S

S.	Satz/Seite
s.	siehe
s.a.	siehe auch
s.o.	siehe oben
s.u.	siehe unten
SG	Sozialgericht
SGB	Sozialgesetzbuch (I–XII)
SGb	Die Sozialgerichtsbarkeit (Zeitschrift)
SGG	Sozialgerichtsgesetz
Slg	Sammlung
sog.	sogenannt
SozR	Sozialrecht – Rechtsprechung und Schrifttum, bearbeitet von den Richtern des Bundessozialgerichts
SP	Schadenpraxis (Zeitschrift)

SRB	Schadenregulierungsbeauftragter
StA	Staatsanwaltschaft
str.	streitig/strittig
StraFo	Strafverteidiger Forum (Zeitschrift)
StV	Strafverteidiger (Zeitschrift)
StVG	Straßenverkehrsgesetz
StVZO	Straßenverkehrs-Zulassungsordnung
SVR	Straßenverkehrsrecht (Zeitschrift)

T

TE	Tateinheit
Tel.	Telefon
THC	Delta-9-Tetrahydrocannabinol
THC-COOH	Tetrahydrocannabinol
TS	Tagessatz
Tz	Textzahl

U

u.a.	unter anderem
u.a.m.	und anderes mehr
uä	und ähnlich
uÄ	und Ähnliches
uE	unseres Erachtens
umstr.	umstritten
unstr.	unstreitig
UPE	Unverbindliche Preisempfehlung
Urt.	Urteil
usw	und so weiter
uU	unter Umständen
uVm	und Vieles mehr

V

v.	von/vom
VA	Verkehrsrecht aktuell (Zeitschrift)
VAG	Versicherungsaufsichtsgesetz
VBlBW	Verwaltungsblätter Baden Württemberg
VD	Verkehrsdienst (Zeitschrift)
VerBAV	Veröffentlichungen des Bundesaufsichtsamtes für das Versicherungswesen

VerkMitt	Verkehrsrechtliche Mitteilungen (Zeitschrift)
VersR	Versicherungsrecht (Zeitschrift)
VerwarnVwV	Allgemeine Verwaltungsvorschriften für die Erteilung von Verwarnungen
VGH BW	Verwaltungsgerichtshof Baden-Württemberg
vgl	vergleiche
VkBl	Verkehrsblatt – Amtsblatt des Bundesministeriums für Verkehr, Bau- und Stadtentwicklung der Bundesrepublik Deutschland
VO	Verordnung
VO-EF	Verordnung über den Entschädigungsfonds für Schäden aus Kfz-Unfällen v. 14.12.1965
VOH	Verkehrsopferhilfe
vorl.	vorläufig
VR	Verkehrs-Rundschau; Versicherungsrundschau
VRS	Verkehrsrechts-Sammlung (Zeitschrift)
VV	Vergütungsverzeichnis
VVG	Versicherungsvertragsgesetz
VwGO	Verwaltungsgerichtsordnung
VwKostG	Verwaltungskostengesetz
VwVfG	Verwaltungsverfahrensgesetz
VwVG	Verwaltungsvollstreckungsgesetz
VwZG	Verwaltungszustellungsgesetz
VZR	Verkehrszentralregister

W

WM	Wertpapier-Mitteilungen (Zeitschrift)
wN	weitere Nachweise

Z

zB	zum Beispiel
ZBB	Zeitschrift für Bankrecht und Bankwirtschaft
ZEuP	Zeitschrift für Europäisches Privatrecht
zfs	Zeitschrift für Schadensrecht

ZGS	Zeitschrift für das gesamte Schuldrecht
Ziff.	Ziffer
ZIP	Zeitschrift für Wirtschaftsrecht
zit.	zitiert
ZPO	Zivilprozessordnung

ZSEG	Gesetz über die Entschädigung von Zeugen und Sachverständigen
zT	zum Teil
zust.	zustimmend
zutr.	zutreffend
zw.	zweifelhaft
zzgl	zuzüglich

Literaturverzeichnis

Bamberger/Roth, Bürgerliches Gesetzbuch, 2003

Baumbach/Lauterbach/Albers/Hartmann, Zivilprozessordnung, 65. Auflage 2007
– zitiert: *Baumbach/Lauterbach*, ZPO

Erman, Bürgerliches Gesetzbuch, 11. Auflage 2004

Eyermann, Verwaltungsgerichtsordnung, 12. Auflage 2006

Fehling/Kastner/Wahrendorf (Hrsg.), Verwaltungsrecht, VwVfG – VwGO, 2006

Ferner (Hrsg.), Straßenverkehrsrecht, 2. Auflage 2006

Gerold/Schmidt/v.Eicken/Madert/Müller-Rabe, Rechtsanwaltsvergütungsgesetz, 17. Auflage 2006 – zitiert: *Gerold u.a.*, RVG

Hentschel, Straßenverkehrsrecht, 38. Auflage 2005

Janiszewski/Jagow/Burmann, Straßenverkehrsrecht, 19. Auflage 2006

Jauernig, Bürgerliches Gesetzbuch, 11. Auflage 2004

Kopp/Ramsauer, Verwaltungsverfahrensgesetz, 9. Auflage 2005

Kopp/Schenke, Verwaltungsgerichtsordnung, 14. Auflage 2005

Meyer-Goßner, Strafprozessordnung, 49. Auflage 2006

Münchener Kommentar zum Bürgerlichen Gesetzbuch, Schuldrecht Besonderer Teil I–III, 4. Auflage 2004 – zitiert: MünchKommBGB/*Bearbeiter*

Palandt, Bürgerliches Gesetzbuch, 66. Auflage 2007

Schönke/Schröder, Strafgesetzbuch, 27. Auflage 2006

Sodan/Ziekow (Hrsg.), Verwaltungsgerichtsordnung, 2. Auflage 2006

Stelkens/Bonk/Sachs, Verwaltungsverfahrensgesetz, 6. Auflage 2001

Thomas/Putzo, Zivilprozessordnung, 27. Auflage 2005

Tröndle/Fischer, Strafgesetzbuch, 54. Auflage 2007

Zöller, Zivilprozessordnung, 26. Auflage 2007

Teil 1: Einführung

§ 1 Die praktische Führung des verkehrsrechtlichen Mandats

A. Bedeutung des Verkehrsunfallmandats

Der Verkehrsunfall ist ein Ereignis, das den Verkehrsteilnehmer nicht nur unvorhergesehen   1
trifft, sondern nach der Statistik auch mehrfach treffen kann. Nach vorläufigen Ergebnissen
des Statistischen Bundesamts wurden im März 2006 von der Polizei 192.400 Straßenverkehrsunfälle aufgenommen, 8% mehr als im März 2005. Die Zahl der Unfälle mit Personenschaden erhöhte sich um 2,4% auf 22.000; dabei starben 348 Menschen, 4,5% mehr als im
Vormonat. Weitere 29.200 Personen (plus 1,9%) wurden verletzt. Besonders stark gestiegen
gegenüber März 2005 sind die Unfälle mit Sachschaden, nämlich um 8,8% auf 170.000.

Im ersten Quartal 2006 erfasste die Polizei 537.700 Straßenverkehrsunfälle in Deutschland,   2
das sind 1,3% mehr als im entsprechenden Vorjahreszeitraum. Während die Unfälle mit
Personenschaden um 5,2% auf 60.500 gesunken sind, stieg die Zahl der Unfälle mit ausschließlich Sachschaden um 2,2% auf 477.100 an. Insgesamt wurden bei Verkehrsunfällen in
den ersten drei Monaten des Jahres 2006 rund 79.400 Personen verletzt (minus 5,7%) und
977 Personen getötet (minus 8,4%).

Diese Zahlen verdeutlichen, dass es sich bei Verkehrsunfällen um ein „Massenphänomen"   3
handelt. Deshalb wird wohl jeder niedergelassene Anwalt mit Verkehrsunfällen konfrontiert
– und auch ohne Spezialisierung glaubt er in der Regel, ohne weiteres Unfälle angemessen
bearbeiten zu können. Zudem wurden Anwälte in der Vergangenheit zunehmend bei der
Unfallregulierung von dafür ausgebildeten Mitarbeitern in Autohäusern verdrängt. Alle, die
an der Behebung eines Unfallschadens arbeiten, sind auf rasche Bezahlung ihrer Tätigkeit
angewiesen. Eine Untersuchung zur anwaltlichen Unfallregulierung, durchgeführt von denjenigen Gruppen, die ein Interesse daran haben, dass rasch reguliert und finanzielle Lücken
geschlossen werden, ergab: Anwälte regulieren zu langsam, zu schwerfällig, zu ineffizient,
dem müsse abgeholfen werden. Die nachfolgenden Regeln müssen deshalb als Mindeststandards angesehen werden; es ist alles zu unternehmen, was die Abläufe beschleunigt.

B. Ablauf der Sachbearbeitung und Information

I. Standards bei der Unfallsachbearbeitung

Der Verkehrsunfall ist ein Ereignis, das den Verkehrsteilnehmer unvermittelt trifft. Der Ver-   4
kehrsteilnehmer ist geschockt, und er muss sich plötzlich mit der Frage auseinandersetzen,
welches fremde und eigene Fehlverhalten zu dem Unfall führte.

Darüber hinaus befindet er sich in der unangenehmen Situation, dass ihm plötzlich seine   5
„Mobilitätshilfe", das Fahrzeug, nicht mehr zur Verfügung steht. Er ist empört und erwartet,
dass der Schädiger sofort alles unternimmt, „den Zustand vor dem Unfall" wiederherzustellen.

Jeder, der ihm verspricht, hierzu Hilfe zu leisten, ist willkommen und wird als Verbündeter   6
angesehen. Dies wird gerne aus Gewinnstreben von entsprechenden Gruppen ausgenutzt,

doch dass nicht jeder Helfer uneigennützig denkt, liegt auf der Hand: Das Autohaus hat eigene Interessen und will reparieren oder – noch besser – ein neues Fahrzeug verkaufen. Der Sachverständige will an dem Schaden verdienen, aber auch das Gutachten so gestalten, dass er weiterhin Aufträge der Versicherung erhält. Die Versicherung selbst, soweit es die fremde Haftpflichtversicherung ist, hat Kosteninteressen: Der Unfall soll mit wenig Aufwand erledigt werden und dazu noch kostengünstig, wenn möglich, unter Außerachtlassung von Positionen, die dem Geschädigten zwar zustehen, die er aber nicht kennt. Und Mietwagenunternehmen wollen ihre Fahrzeuge so lange wie möglich zu hohen „Unfallersatztarifen" vermieten. Lediglich der Verkehrsrechtsanwalt ist die objektive Instanz, die alle Schadenspositionen kennt und in der Lage ist, deren Berechtigung zu kommunizieren, sie auch gegebenenfalls durchzusetzen.

7   Der aus Anwaltssicht kluge Geschädigte schaltet sofort einen Anwalt ein. Dieser muss ihm jedoch erklären, dass die Regulierung nur in den seltensten Fällen schnell bewerkstelligt werden kann, da dafür sowohl Voraussetzung ist, dass der Geschädigte sowohl das Verschulden des Unfallgegners beweist, als auch, dass weder ein Mitverschulden in Frage kommt noch eine Mithaftung aus Betriebsgefahr. Zudem ist es oft schwierig, die Schadenspositionen der Höhe nach optimal zu belegen. Erschwerend hinzu kommt oftmals die hämische Feststellung des gegnerischen Versicherers gegenüber dem Geschädigten, die Regulierung könnte schon längst erledigt sein, hätte man nicht einen unbedarften Anwalt eingeschaltet, der die Regulierung verzögert.

8   Soweit es gelingt, dem Mandanten diese Voraussetzungen für eine erfolgreiche Unfallregulierung zu verdeutlichen, ist Wesentliches erreicht. Der Mandant ist nun in der Lage, Verständnis für die Dauer einer guten Regulierung aufzubringen, und er weiß, dass diese selten in wenigen Tagen erledigt sein kann.

II. Ablauf der Regulierungstätigkeit

9   Der Ablauf der Regulierungstätigkeit muss deshalb rasch, routiniert und reibungslos erfolgen. Der Ablauf darf nicht nur vom Zeitvolumen des Rechtsanwalts abhängig sein, sondern erfordert ein eingespieltes Team, das die einzelnen Aufgaben genau kennt und nicht nur reagiert, sondern die Regulierung aktiv vorantreibt. Unfallberatung ist in jedem Fall die ureigenste Angelegenheit des Verkehrsanwalts.

10   Die Zusammenstellung der Schadenspositionen, soweit sie mit Rechnungen belegt sind, ist dagegen sicherlich von gut ausgebildeten und ständig fortgebildeten Rechtsanwaltsfachangestellten zu verlangen, ebenso wie das Abrechnen. Grundsätzlich sollte von den Versicherern verlangt werden, an die Gläubiger des Geschädigten zu leisten (Werkstatt, Sachverständiger, Abschlepp- oder Mietwagenunternehmer etc.), da weitere Arbeitsgänge wie Fremdgeldeinbuchung, Geldbeträge auseinaderdividieren, Zahlungen anweisen an den, der darauf wartet, und Fremdgeldausbuchungen Zeit verschlingen.

Üblicherweise gestaltet sich der Ablauf der Unfallregulierung durch den Anwalt wie folgt:

1. Geschädigter stellt Kontakt mit Anwalt her

11   Der Unfall hat sich ereignet, der Geschädigte ruft in der Anwaltskanzlei an und schildert das ihm widerfahrene Missgeschick: Es ist dafür Sorge zu tragen, dass der Geschädigte unverzüglich einen Besprechungstermin in der Kanzlei erhält, und zwar unverzüglich aus der Sicht des Geschädigten, nicht aus der Sicht des Anwalts, dessen Terminkalender sicherlich voll ist.

„Unverzüglich" ist deshalb wichtig, da das Hauptargument auch vieler Multiplikatoren (Autohaus, Sachverständiger, Abschleppunternehmen etc.) gegen die Inanspruchnahme des Anwalts ist, dass gerade der Anwalt die Regulierung seinen eigenen Zeitkapazitäten anpasst und dadurch „Ruhe" in den Regulierungsablauf bringt. „Unverzüglich" bedeutet immer, dass das Erstgespräch an dem Tag des Anrufs, sicherlich der Zeitpunkt des größten Leidensdrucks des Geschädigten, stattfinden muss. Auch dann, wenn der Verkehrsrechtsanwalt nicht anwesend ist, ist dem Geschädigten ein Termin anzubieten, anlässlich dessen zumindest alle bekannten Fakten festgehalten werden, damit der Verkehrsrechtsanwalt beim Eintreffen in seiner Kanzlei erste Maßnahmen entscheiden und unverzüglich das Telefongespräch mit dem Geschädigten führen kann, um erste, vorläufige Informationen zu erteilen, damit grobe Fehler wie die überteuerte Anmietung von Mietwagen oder das Verschrotten eines noch reparaturfähigen Fahrzeugs verhindert werden.

2. Erstgespräch

Das Erstgespräch muss ausführlich sein. Es dreht sich einmal um den Grund der Haftung, dann um die Schadenshöhe. Im Zusammenhang mit dem Grund der Haftung ist dem Mandanten zu erläutern, was Verschulden bedeutet, welche Rolle die Betriebsgefahr spielt und welche Möglichkeiten bestehen, gegebenenfalls nicht nur die gegnerische Haftpflichtversicherung in Anspruch zu nehmen, sondern auch die eigene Kaskoversicherung. Eine Regulierung nach Quotenvorrechten muss dem Verkehrsanwalt geläufig sein. Dem Mandanten ist zu erläutern, welche Bedeutung es hat, die gegnerische Haftpflichtversicherung rasch in Verzug zu setzen, gerade wenn möglicherweise im Interesse einer raschen Wiederherstellung des Zustands vor dem Unfall die Kaskoversicherung in Anspruch zu nehmen angedacht ist. Auch ist dem Mandanten zu erklären, dass alle ihm von Dritten gemachten Vorschläge auf den Anwaltsschreibtisch zur Prüfung gehören. Weiter, dass die Ermittlungsakte angefordert werden muss, um gegebenenfalls verteidigen zu können (oftmals werden von der Polizei bis zur Klärung beide Beteiligten beschuldigt). Versicherungseinwendungen wie „Betriebsgefahr" oder „Vermeidbarkeit" sind in geeigneten Fällen zu erklären, um zukünftige Argumente der Gegenseite von Anfang an transparent zu machen.

12

3. Erklärung der Schadenshöhe

Dam Geschädigten ist der Schaden der Höhe nach zu erklären. Er muss wissen, welche Unterschiede sich ergeben, je nachdem, wer das Sachverständigengutachten fertigt. Die unwidersprochene Hinnahme der Beauftragung bestimmter Sachverständiger halte ich für „Mitverschulden" zu Lasten des Geschädigten. Dem Geschädigten muss im geeigneten Fall die Restwertrechtsprechung des BGH erläutert und darauf hingewiesen werden, dass sich nicht alle Sachverständigen an diese Rechtsprechung halten, zum Nachteil des Geschädigten, zum Vorteil der Versicherungswirtschaft. Der Geschädigte muss wissen, dass er reparieren lassen oder fiktiv abrechnen kann, was ein Totalschaden ist, was die 130%-Rechtsprechung bedeutet, welche Probleme bei der Mehrwertsteuer auftreten, wie nach Quotenvorrecht abgerechnet wird und was ihm Vorteile, was Nachteile bringt. Er muss informiert werden über Sachverständigenkosten, Nutzungsausfall, Mietwagenkosten, Pauschalen, Wertminderung und alles, was in diesem Zusammenhang § 249 Abs. 1 BGB zugunsten des Geschädigten bestimmt.

13

4. Verletzungen des Geschädigten

14 Bei aufgetretenen Verletzungen sind die Positionen Schmerzensgeld, Haushaltsführungsschaden, vermehrte Bedürfnisse und Verdienstausfall zu erläutern, gegebenenfalls ist aufzuklären über Reha-Gesellschaften, die sich solcher Fälle annehmen im Interesse einer raschen Genesung bzw optimalen Wiederherstellung des bestmöglichen Gesundheitszustands des verletzten Geschädigten.

5. Anfordern der Ermittlungsakte

15 Ist der Mandant umfassend informiert und eine Strategie festgelegt, soweit dies ohne umfassende Drittinformationen möglich ist, beginnt der „handwerkliche" Teil der Anwaltstätigkeit: die Ermittlungsakte ist anzufordern, der Sachverständige ist zu beauftragen, mit dem Autohaus ist Kontakt aufzunehmen, das Mietwagenunternehmen ist zu informieren (Normaltarif/Unfallersatztarif), die gegnerische Versicherung ist anzuschreiben, die eigene Versicherung ist zu informieren (Obliegenheit), zuletzt ist die Rechtsschutzversicherung zu informieren und Vorschuss zu fordern (in der Regel einmal für die Verteidigung, einmal für die Geltendmachung von Schadensersatzansprüchen). Für die Information der eigenen Versicherung ist zwar zunächst kein Kostenvorschuss zu fordern. Allerdings führt diese rasche Information häufig zur Übertragung von Passivmandaten oder aber zur Anforderung der amtlichen Ermittlungsakte. Diese Erledigungen sind zwar wichtig, müssen aber nicht unbedingt vom Anwalt persönlich diktiert werden. Routineschreiben mit einmal vorgefertigten Texten genügen in der Regel.

6. Gesamtschadensaufstellung, Bußgeldstelle

16 Nach Eingang der Informationen sind ohne Verzug eine Gesamtschadensaufstellung an die gegnerische Versicherung und die Einlassung an die Bußgeldstelle zu fertigen. Während das Erstere durch das „Unfallteam" erledigt werden kann, ist die Einlassung mit dem Mandanten gemeinsam zu erarbeiten und in seiner Gegenwart zu diktieren, damit sofort erforderliche Korrekturen vorgenommen werden können und keine Zeit verloren geht.

7. Klagevorbereitung

17 Spätestens nach vier Wochen ist der Fall so weit voranzutreiben, dass eine Klage gefertigt werden kann für den Fall, dass der Versicherer nicht bezahlt hat. Danach geht es nicht mehr mit „handwerklicher Routine", sondern mit „anwaltlicher Intelligenz" weiter. Auch insoweit gilt aber, dass ohne Verzögerung zu arbeiten ist.

8. Strafverteidigung

18 Wurde das Mandat zur Verteidigung erteilt, ist ebenfalls eine ausführliche Belehrung an das Erstgespräch geknüpft. Solange die amtliche Ermittlungsakte nicht vorliegt und detaillierte Informationen noch nicht zugänglich sind, beschränkt sich dieses Gespräch sinnvollerweise auf die grundsätzliche Bearbeitung des Mandats. Ohne Kenntnis der Ermittlungsakte ist die Abgabe einer Einlassung grundsätzlich abzulehnen, da sich hierdurch der Mandant möglicherweise ohne Not belastet. Das Procedere mit dem Rechtsschutzversicherer, gegebenenfalls die Einschaltung eines außergerichtlich tätigen Sachverständigen, dessen Bezahlung nach § 5 ARB der Rechtsschutzversicherer übernimmt, wird erörtert. Wesentliches wird jedoch erst nach Erlangung aller erforderlichen Informationen besprochen.

9. Verwaltungsrecht

Das verkehrsrechtliche Mandat im Bereich des Verwaltungsrechts beinhaltet in der Regel 19
Fahrerlaubnisprobleme, Fahrtenbuchauflagen oder Abschleppvorgänge. Dem Mandanten
sind die entsprechenden Vorschriften zu erläutern und zu erörtern, ob ein Verwaltungsverfahren erfolgversprechend ist, wobei auf die ausgesprochen lange Verfahrensdauer hinzuweisen ist. Hilfreich ist bei Fahrerlaubnisproblemen die gute Zusammenarbeit mit einem Ver-
kehrspsychologen, der über alle Aufbaumaßnahmen informiert ist.

Die Beachtung dieser einfachen Regeln verhindert, dass die Anwaltschaft das Regulierungsge- 20
schäft von Sachschäden an dritte Anbieter verliert.[1] Bisher wurde überwiegend von den Kri-
tikern der Unfallregulierung durch Verkehrsrechtsanwälte bemängelt, dass bei der Regulierung Routine fehle, weniger Sachverstand. Dies wird auch so von Versicherern angesprochen,
deren Kosten ebenfalls steigen bei einer langatmigen, lange hinausgezogenen Regulierungstätigkeit. Gerade bei sehr schweren Unfällen mit komplizierten Verletzungen wird der unkun-
dige Anwalt abgelehnt, da durch ihn letztlich endgültige, sachlich richtige Abschlüsse im
Vergleichsweg verhindert werden.

C. Zum Marketing des Verkehrsanwalts

Schließlich sei noch darauf hingewiesen, dass auch für Verkehrsanwälte eine Marketingstra- 21
tegie in einer Zeit, in der 140.000 Rechtsanwälte konkurrieren, unerlässlich ist. Eine solche
Strategie, die allen erfolgreichen Wirtschaftsunternehmen inzwischen selbstverständlich ist,
darf vor Anwaltspraxen nicht haltmachen. Dies ist dem Juristen fremd, erfährt er Näheres
darüber doch weder an der Universität im Rahmen des Jurastudiums noch während der
Referendarzeit, die – wirklichkeitsfremd – immer noch auf die Ausbildung zum Richter ausgerichtet ist. Folgende Erfolgsfaktoren müssen durchdacht werden, soll eine Kanzlei dauerhaft erfolgreich betrieben werden:

Zunächst ist eine Analyse vorzunehmen: Wo stehen wir, wo wollen wir hinkommen?[2] Analy- 22
se, Zielsetzung, Umsetzung sind die Überlegungen, die am Anfang stehen sollten.

I. Erfolgsfaktor Corporate Identity

Dabei handelt es sich um die Philosophie einer Kanzlei, deren Inhaber darüber nachdenken 23
sollte, wodurch sie sich von allen am Markt tätigen Mitbewerbern unterscheiden will. Es ist
das Grundgesetz einer Kanzlei, das im Alltag umzusetzen ist. Es garantiert, dass sich die
Anwaltskanzlei nach außen von Wettbewerbern unterscheidet und nach innen, bei den in der
Kanzlei Tätigen, ein „Wir-Gefühl" entsteht. Erfolgversprechend ist der Grundsatz, dass das
Interesse des Mandanten in den Mittelpunkt der Tätigkeit des Anwalts gestellt wird. Daraus
folgt, dass alles zu unternehmen ist, was den Mandanten optimal stellt. Erfolgversprechend
ist sicher auch der Grundsatz, dass dem ratsuchenden Publikum der optimal ausgebildete und
fortgebildete Anwalt geboten werden soll. Diese Philosophie erfordert es, dass bei den Bil-
dungskosten nicht gespart werden darf.

Erfolg verspricht auch der Grundsatz, dass mit optimaler Technisierung gearbeitet werden 24
soll. Elektronische Akte, Internetrecherche, digitales Diktieren mit Spracherkennung, Inter-

---

1 Dies soll nach dem geplanten Rechtsdienstleistungsgesetz (RDG – BT-Drucks. 16/3655) möglich sein.
2 Vgl zu diesen Grundüberlegungen die hervorragende Darstellung von *Jungmann*, in: Ferner (Hrsg.), Straßenverkehrsrecht, § 72.

netakte, bei der der Mandant ständig Zugriff auf seinen Fall hat, um den Fortgang zu kontrollieren, drängen sich dann auf.

25   Gut ist es, wenn aus der Spezialität der Kanzlei ein Motto entwickelt werden kann, das zur Identifizierung des Anwaltsunternehmens dient. Wer kennt nicht so erfolgreiche Grundsätze wie „Nichts ist unmöglich" und wüsste nicht, welche Marke dahinter steht.

1. Corporate Design

26   Genauso bedeutungsvoll sind ein Schriftbild oder Logo, mit dem die Kanzlei eindeutig identifiziert wird. Dagegen erwecken Visitenkarten in grün, Briefkopf in rot und ein goldeloxiertes Türschild nach außen hin ein Bild der Zerrissenheit. Hier kann man von Banken lernen, die sich voneinander schon in der Farbgebung ihrer Logos unterscheiden: *Sparkasse* rot, *Deutsche Bank* blau, *Commerzbank* gelb, *Dresdner Bank* grün. Man könnte diese Beispiele beliebig lang fortsetzen, zeigen sie doch letztlich nur, dass Marken ein „Gesicht" haben. Auch eine erfolgreiche Anwaltskanzlei muss für ihre Klientel identifizierbar sein.

2. Corporate Behaviour

27   Darunter versteht man das Verhalten der Mitarbeiter einer Kanzlei sowohl untereinander, als auch gegenüber Mandanten und Dritten. Mitarbeiter sollen im Auftreten den unverwechselbaren Stil der Kanzlei repräsentieren. Unverwechselbar muss sein, wie man sich am Telefon meldet, Auskunft erteilt, mit Mandanten in der Kanzlei umgeht, welchen Stil man im Umgang mit Kollegen, Gerichten und Gegnern pflegt usw.

3. Corporate Communication

28   Es handelt sich dabei um die Gesamtheit aller Kommunikationsinstrumente zur Darstellung der Kanzlei und ihrer Leistungen für die Zielgruppen, die im Rahmen der Erstanalyse oder der Strategieüberlegungen ermittelt wurden: Werbung, Public Relation, Verkaufsförderung, Sponsoring.

II. Erfolgsfaktor Strategie

29   Da kein Anwalt so ausgebildet ist, dass er wirtschaftlich die gesamte Breite des deutschen Rechts anbieten kann, drängt es sich auf, dass er sich auf ein Rechtsgebiet spezialisiert oder zumindest seine Tätigkeit auf wenige Rechtsgebiete beschränkt. Profil gewinnt man nur dann, wenn man sich nicht alles einverleibt.

30   Gut bewährt hat sich die EKS-Strategie[3], bei der zunächst festzustellen ist, was man besonders gerne macht und deshalb auch wahrscheinlich besonders gut. Danach ist zu bedenken, welche Zielgruppe diese Dienste optimal nutzen kann. Der Verkehrsrechtsanwalt stellt dabei fest, dass seine Zielgruppe die Unternehmen sind, die rund um Fahrzeug und Verkehr arbeiten oder mit den Folgen von Fehlleistungen im Verkehr befasst sind. Das sind Autohäuser, Mietwagenunternehmen, Abschleppunternehmen und Sachverständige, die rasch ihre Dienstleistung vergütet haben wollen. Aber mit den Folgen des Straßenverkehrs sind auch Unfall-

---

3 EKS = Engpassorientierte Strategie (siehe dazu <www.eks.de>). Jede Zielgruppe zeichnet sich aus durch unterschiedliche Engpässe. Der Verkehrsanwalt mit der Zielgruppe Autohäuser, Sachverständige, Autolackierer etc. kennt den Engpass, dass Leistungen aus dem Unfallgeschäft zu lange unbezahlt bleiben. Er hat die Aufgabe, diesen Engpass zu verbessern.

ärzte, Krankenhäuser, Physiotherapeuten und Rehakliniken beschäftigt, deren Interesse es ist, optimale medizinische Leistungen zu erbringen. Daraus ergibt sich dann die Zielgruppe, die erfolgversprechend mit guten Leistungen umworben werden kann.

III. Erfolgsfaktor Nutzung des Mitarbeiterpotentials

Mitarbeiter tragen wesentlich zum Erfolg einer Kanzlei bei. Ein freundlicher, gut ausgebildeter Verkehrsanwalt ist wichtig, wird aber scheitern, wenn das logistische Umfeld schlecht aufgestellt ist. Selbstverständlich ist, dass der Mitarbeiter weiß, dass sein Gehalt aus Mandantenleistungen erbracht wird. Das trägt dazu bei, dass auch der Mitarbeiter kundenfreundlich wird.

31

Die Perfektion der anwaltlichen Leistung hängt aber wesentlich davon ab, dass die Zuarbeit der nichtjuristischen Mitarbeiter optimal funktioniert. Dies setzt voraus, dass der Mitarbeiter nicht nur gut ausgebildet wird, sondern auch ständig fortgebildet wird. Der Verkehrsrechtsanwalt hat kanzleiintern seine Leistungen für den Mitarbeiter transparent zu machen, damit dieser den Fortgang der anwaltlichen Tätigkeit im Rahmen einer Fallbearbeitung versteht und dem Mandanten im Falle anwaltlicher Abwesenheit kommunizieren kann. Der Mitarbeiter muss dazu optimal motiviert werden, er darf sich nicht als Kostenfaktor reduziert fühlen, sondern muss sich als Gewinnbringer begreifen.

32

Die bedeutende Fachzeitschrift „Harvard Business" hat in ihrer Februarausgabe 2006 eine Rangliste der Renditen der in einem Betrieb gelebten Werte aufgestellt und beziffert. Den höchsten Gewinn verzeichneten Unternehmen, die im Vordergrund die Werte lebten: Sich öffnen heißt, Leistungen transparent zu gestalten, Vielfalt im Team leben heißt, allen die Möglichkeit zu geben, ihre eigene Kundenfreundlichkeit einzubringen, und Vertrauen statt Kontrolle heißt, eigene Lösungsmöglichkeiten der Mitarbeiter zu akzeptieren. Der Renditewert wurde mit plus 153% angegeben, was bedeutet, dass die Betonung des Chefpotentials allein zu erheblichen Verlusten, die Förderung und Forderung der Mitarbeiter dagegen zu erheblichen Gewinnen führt.

33

IV. Erfolgsfaktor Kommunikation

1. Kommunikation intern

Selbst in kleinen Kanzleien mit wenigen Mitarbeitern ist es erforderlich, dass alle die Geschäftspolitik und die im Einzelnen damit verbundenen Maßnahmen kennen. Alle sitzen im gleichen Boot, und der Erfolg stellt sich nur ein, wenn alle in die gleiche Richtung rudern. Diese Richtung muss kanzleiintern abgestimmt werden. Einerseits müssen die Mitarbeiter wissen, was der Chef vorhat, andererseits muss der wissen, was die Mitarbeiter zu leisten in der Lage sind. Unbefriedigend wird das Ergebnis, wenn unterschiedliche Vorstellungen verfolgt werden, die nicht das gleiche Ziel anstreben. Regelmäßiger Gedankenaustausch und Weitergabe von Informationen muss also organisiert werden. Dafür setzt man sich in regelmäßigen Abständen zusammen.

34

Sinnvoll ist es auch in größeren Kanzleien, wenn sich die Angestellten der unterschiedlichen Abteilungen zusammenfinden, um Erfahrungen auszutauschen. So wird festgestellt, was gut gelaufen und gut angekommen ist, dies wird dann von allen Abteilungen übernommen und praktiziert. So wird auch festgestellt, was zu Fehlern und Ablehnung geführt hat. Dies wird zur Kenntnis genommen und überlegt, wie man es in Zukunft besser machen kann.

35

36   Der Informationsaustausch zwischen Anwälten, Angestellten und Auszubildenden ist auch deshalb wichtig, weil sich der Mandant den jeweiligen Gruppen unterschiedlich präsentiert. Unmut äußert er eher gegenüber dem Lehrling oder dem Angestellten als dem Anwalt, dessen Wohlwollen er erhalten muss. Interner Gedankenaustausch ist immer dort bedeutsam, wo mehrere Beteiligte für einen Erfolg kämpfen.

2. Kommunikation mit dem Mandanten

37   Die optimale Kommunikation ist deshalb erforderlich, weil der Mandant im Falle guter Betreuung zum Missionar für den Anwalt wird, im Falle schlechter Betreuung zum negativen Multiplikator. Der Anwalt muss also wissen, welchen Eindruck seine Tätigkeit bei dem Mandanten hinterlassen hat.

38   Die Gründe für die Unzufriedenheit von Mandanten wurden in einer Studie erfasst und führten zu folgendem Ergebnis:

- Rechtsanwalt war zu teuer: 11%
- Rechtsanwalt war schlechter Jurist: 29%
- Rechtsanwalt hat zu verlorenem Prozess überredet: 6%
- Rechtsanwalt hat sich zu wenig um den Fall gekümmert: 51%
- Rechtsanwalt hat zu wenig Zeit für mich gehabt: 15%

39   Um die Eindrücke der Mandanten zu ermitteln, bietet es sich an, nach Abschluss des Mandats einen Fragebogen zu überlassen, der es den Mandanten ermöglicht, ihre Meinung zu äußern. Das Ergebnis ist in jedem Falle auszuwerten, um Verbesserungen zu erreichen.

3. Kommunikation mit dem Markt

40   Natürlich muss der Markt beobachtet werden, um festzustellen, welche Rechtsdienstleistungen nachgefragt werden. Dazu sind die Politik und und das wirtschaftliche Geschehen zu beobachten. Neue Gesetze und neue Rechtsprechung sind auszuwerten. Anhand dieser Informationen kann der Bedarf analysiert werden.

41   In Frankreich etwa wird der Verkehrsunfall durch den Gerichtsvollzieher aufgenommen, der Sachschaden ist dort kein Thema für Rechtsanwälte. Hier muss beobachtet werden, wie sich die Harmonisierungstendenzen der europäischen Politik entwickeln.

42   Eine Angleichung des Schadensrechts an dasjenige der Vereinigten Staaten von Amerika würde zu einem Nachdenken über die Höhe des immateriellen Schadens führen müssen. Damit soll verdeutlicht werden, dass politische Wachsamkeit dem Rechtsanwalt gut ansteht.

V. Erfolgsfaktor Kundenfreundlichkeit

43   Der Verkehrsrechtsanwalt darf nie aus dem Auge verlieren, dass er dem Interesse des Kunden dient. Für den Kunden ist das Beste gerade gut genug. Das bedeutet: das beste Wissen, das beste Engagement, die besten Mitarbeiter, die beste Technik.

D. Muster

I. Vollmachten

1. Zivilrecht

Muster: Vollmacht im Zivilrecht

44

Zustellungen werden nur an die Bevollmächtigten erbeten

Vollmacht

Hiermit wird den Rechtsanwälten

Rechtsanwalt ■■■	Rechtsanwalt ■■■
Rechtsanwalt ■■■	Rechtsanwältin ■■■
Rechtsanwältin ■■■	Rechtsanwalt ■■■
Rechtsanwalt ■■■	

in Sachen ■■■

wegen ■■■

Vollmacht erteilt:

1. zur Prozessführung (u.a. nach §§ 81 ff ZPO) einschließlich der Befugnis zur Erhebung und Zurücknahme von Widerklagen;

2. zur Antragstellung in Scheidungs- und Scheidungsfolgesachen, zum Abschluss von Vereinbarungen über Scheidungsfolgen sowie zur Stellung von Anträgen auf Erteilung von Renten- und sonstigen Versorgungsauskünften;

3. zur Vertretung und Verteidigung in Strafsachen und Bußgeldsachen (§§ 302, 374 StPO) einschließlich der Vorverfahren sowie (für den Fall der Abwesenheit) zur Vertretung nach § 411 Abs. 2 StPO und mit ausdrücklicher Ermächtigung auch nach §§ 233 Abs. 1, 234 StPO zur Stellung von Straf- und anderen nach der Strafprozessordnung zulässigen Anträgen und von Anträgen nach dem Gesetz über die Entschädigung für Strafverfolgungsmaßnahmen, insbesondere auch für das Betragsverfahren;

4. zur Vertretung in sonstigen Verfahren und bei außergerichtlichen Verhandlungen aller Art (insbesondere in Unfallsachen zur Geltendmachung von Ansprüchen gegen Schädiger, Fahrzeughalter und deren Versicherer);

5. zur Begründung und Aufhebung von Vertragsverhältnissen und zur Abgabe und Entgegennahme von einseitigen Willenserklärungen (zB Kündigungen) im Zusammenhang mit der oben unter „wegen" genannten Angelegenheit.

Die Vollmacht gilt für alle Instanzen und erstreckt sich auch auf Neben- und Folgeverfahren aller Art (zB Arrest und einstweilige Verfügung, Kostenfestsetzungs-, Zwangsvollstreckungs-, Interventions-, Zwangsversteigerungs-, Zwangsverwaltungs- und Hinterlegungsverfahren, Gesamtvollstreckungs-, Konkurs- und Vergleichsverfahren über das Vermögen des Gegners sowie Insolvenzverfahren). Sie umfasst insbesondere die Befugnis, Zustellungen zu bewirken und entgegenzunehmen, die Vollmacht ganz oder teilweise auf andere zu übertragen (Untervollmacht), Rechtsmittel einzulegen, zurückzunehmen oder auf sie zu verzichten, den Rechtsstreit oder außergerichtliche Verhandlungen durch Vergleich, Verzicht oder Anerkenntnis zu erledigen, Geld, Wertsachen und Urkunden, insbesondere auch den Streitgegenstand und die vom Gegner, von der Justizkasse oder von sonstigen Stellen zu erstattenden Beträge entgegenzunehmen sowie Akteneinsicht zu nehmen.

Roth

Der Gerichtsvollzieher und jede andere gerichtliche, behördliche und private Stelle, einschließlich des/der gegnerischen Prozessbevollmächtigten, werden angewiesen, die in dieser Sache zuzuzahlenden/zu leistenden/hinterlegten Beträge an die prozessbevollmächtigte Anwaltskanzlei auszuzahlen.

Wichtiger Hinweis gem. § 49 Abs. 5 BRAO: Es wird darauf hingewiesen, dass sich die Höhe der zu erhebenden Gebühren nach dem Gegenstandswert richtet, soweit das Gesetz nichts anderes bestimmt.

■■■, den ■■■

[Unterschrift]

2. Strafrecht

45 **Muster: Strafprozessvollmacht**

Strafprozessvollmacht

Rechtsanwalt/Rechtsanwältin ■■■

■■■ [Anschrift]

Tel.-Nr.: ■■■

Fax-Nr.: ■■■

wird hiermit in der Strafsache – Privatklagesache –

gegen ■■■

wegen ■■■

Vollmacht zu meiner Verteidigung und Vertretung in allen Instanzen erteilt – und zwar auch für den Fall meiner Abwesenheit – mit der besonderen Ermächtigung,

1. Strafanträge zu stellen, Rechtsmittel einzulegen, zurückzunehmen und auf solche zu verzichten sowie Zustellungen aller Art, insbesondere auch von Urteilen und Beschlüssen, entgegenzunehmen,

2. Untervertreter – auch im Sinne des § 139 StPO – zu bestellen,

3. Gelder, Wertsachen und Urkunden in Empfang zu nehmen, soweit das Verfahren dazu Anlass gibt,

4. Anträge auf Wiedereinsetzung, Wiederaufnahme des Verfahrens, Haftentlassung, Strafaussetzung und andere Anträge zu stellen.

Etwaige Kostenerstattungsansprüche sind mit der Vollmachtserteilung an den/die Bevollmächtigte/n abgetreten.

Erfüllungsort für alle Ansprüche aus dem der Vollmacht zugrunde liegenden Rechtsverhältnis ist der Ort der Kanzlei des/der Bevollmächtigten.

■■■, den ■■■

[Unterschrift]

II. Zivilrecht

1. Aufnahmebogen

Muster: Aufnahmebogen

46

Sehr geehrte Mandantin,

sehr geehrter Mandant,

wir freuen uns über Ihren Besuch und das damit zum Ausdruck gebrachte Vertrauen in unsere Kanzlei.

Um Ihr Mandat schnell und effektiv bearbeiten zu können, bitten wir Sie vorab um einige Angaben zu Ihrer Person:

NAME: ■■■

VORNAME: ■■■

GEBURTSTAG: ■■■

GEBURTSORT: ■■■

FIRMA: ■■■

STRASSE: ■■■

PLZ, ORT: ■■■, ■■■

TELEFON priv.: ■■■

FAX: ■■■

TELEFON dienstl.: ■■■

FAX dienstl.: ■■■

(wenn Sie einverstanden sind, dass Schriftverkehr über diesen Anschluss übermittelt wird)

HANDY-Nr.: ■■■

E-Mail: ■■■

(wenn Sie einverstanden sind, dass wir Schriftverkehr auf diesem Wege übermitteln)

Bankverbindung: (für Auszahlung von Fremdgeldern, etwa Erstattungen)

Konto-Nr.: ■■■ BLZ: ■■■

Institut: ■■■

Kontoinhaber: ■■■

Rechtschutzversicherung: ■■■

Versicherungsschein-Nr.: ■■■

Fragen Sie uns falls erforderlich nach Beratungs- oder Prozesskostenhilfe.

Sollen wir für Sie Prozesskostenhilfe beantragen?　　□ ja　　□ nein

Wie sind Sie auf unsere Kanzlei aufmerksam geworden?

□ Ich bin bereits Mandant bei Ihnen	□ Anwaltsuchdienste	□ Broschüre/Flyer
□ privater Kontakt	□ Empfehlung	□ Zeitungsannonce
□ Homepage/Internet	□ Gelbe Seiten	□ Sonstiges
□ Informationsveranstaltung		

■■■, den ■■■

[Unterschrift]

2. Mandatsbedingungen

47 **Muster: Mandatsbedingungen**

Mandatsbedingungen

in Sachen ▪▪▪.

1. Bei Auftragserteilung ist ein angemessener Kostenvorschuss zu entrichten (§ 9 RVG).

2. Die Haftung des beauftragten Rechtsanwalts wird auf einen Höchstbetrag von 25.000,00 EUR beschränkt.

3. Zur Einlegung von Rechtsmitteln und sonstigen Rechtsbehelfen ist der Rechtsanwalt nur dann verpflichtet, wenn er einen darauf gerichteten Auftrag erhalten und angenommen hat.

4. Die Korrespondenzsprache mit ausländischen Auftraggebern ist deutsch. Die Haftung für Übersetzungsfehler wird ausgeschlossen.

5. Die Kostenerstattungsansprüche des Auftraggebers gegenüber dem Gegner, der Justizkasse oder sonstigen erstattungspflichtigen Dritten werden in Höhe der Kostenansprüche des beauftragten Anwalts an diese abgetreten mit der Ermächtigung, die Abtretung im Namen des Auftraggebers dem Schuldner mitzuteilen.

6. Fernmündliche Auskünfte und Erklärungen sind nur bei schriftlicher Bestätigung verbindlich.

7. Soweit nicht gesetzlich eine kürzere Verjährungsfrist gilt, verjähren die Ansprüche gegen den beauftragten Rechtsanwalt zwei Jahre nach Beendigung des Auftrags.

8. Als Erfüllungsort und ausschließlicher Gerichtsstand gilt der Sitz der Kanzlei des beauftragten Anwalts.

▪▪▪, den ▪▪▪

[Unterschrift]

↑

3. Fragebogen für Anspruchsteller

48 **Muster: Fragebogen für Anspruchsteller**

Fragebogen für Anspruchsteller

Anspruchsteller:
Name: ▪▪▪
Geburtsname: ▪▪▪
Beruf: ▪▪▪
Anschrift: ▪▪▪

Bankverbindung:
Kontonummer: ▪▪▪
BLZ: ▪▪▪

Versicherungsnehmer (Schadenstifter):
Name: ▪▪▪
Geburtsname: ▪▪▪
Anschrift: ▪▪▪
versichert bei: ▪▪▪
amtl. Kennzeichen: ▪▪▪
Fahrer (wenn nicht VN): ▪▪▪
Unfall-Ort: ▪▪▪

Unfall-Datum, Unfall-Uhrzeit: ▪▪▪
Unfallschilderung:
Andere Unfallbeteiligte:

Vorname	Name	PLZ	Ort	Straße	Kfz	Kennz.

Unfallzeugen:

Vorname	Name	PLZ	Ort	Straße

Unfallaufnahme durch:
Name der Polizei-Dienststelle: ▪▪▪
Straße: ▪▪▪
PLZ, Ort: ▪▪▪, ▪▪▪
Tagebuch-Nummer: ▪▪▪

Angaben zum beschädigten Kfz:
Eigentümer (wenn nicht Anspruchsteller): ▪▪▪
Vorsteuerabzugsberechtigt: ☐ ja   ☐ nein

Beschreibung des Schadens:
Schadenshöhe: (siehe unten unter SCHADENSAUFSTELLUNG)
Anzahl der Nutzungsausfalltage: ▪▪▪
Name der Reparatur-Werkstatt: ▪▪▪
Straße: ▪▪▪
PLZ, Ort: ▪▪▪, ▪▪▪
Besichtigungsort: ▪▪▪
Name des Gutachters: ▪▪▪
Straße: ▪▪▪
PLZ, Ort: ▪▪▪
Vorschäden: ▪▪▪
Hersteller: ▪▪▪
Typ: ▪▪▪
Baujahr: ▪▪▪
km-Stand: ▪▪▪
amtl. Kennzeichen: ▪▪▪
Anzahl der Vorbesitzer: ▪▪▪
versichert bei: ▪▪▪
Versicherungs-/Schaden-Nr.: ▪▪▪

Rechtsschutzversicherung:
Name: ▪▪▪

PLZ, Ort: ■■■, ■■■

Versicherungsschein-Nr.: ■■■

Angaben zum Personenschaden des Anspruchstellers:

Geburtsdatum: ■■■

Familienstand: ■■■

Anzahl der Kinder: ■■■

Beruf: ■■■

Nettoeinkommen: ■■■ EUR

Arbeitgeber: ■■■

Straße: ■■■

PLZ, Ort: ■■■, ■■■

bisherige Rente (EUR/Mon.): ■■■ EUR

Versicherungsträger: ■■■

Verletzungen:

Krankenhausaufenthalt von/bis: ■■■

Name des Krankenhauses: ■■■

Straße: ■■■

PLZ, Ort: ■■■, ■■■

ambulant behandelnde Ärzte: ■■■

krankgeschrieben von/bis: ■■■

Name der Krankenkasse: ■■■

Straße: ■■■

PLZ, Ort: ■■■, ■■■

Name der Renten-Versicherung: ■■■

Straße: ■■■

PLZ, Ort: ■■■, ■■■

Bei Berufs-/Wege-Unfall:

Name der Berufsgenossenschaft: ■■■

Straße: ■■■

PLZ, Ort: ■■■, ■■■

Der Verletzte ist damit einverstanden, dass die behandelnden Ärzte dem Versicherungsunternehmen Gutachten und Auskünfte erteilen. Insoweit wird auf die beiliegende Schweigepflichtentbindungserklärung des Anspruchstellers verwiesen.

Der durch den Unfall entstandene Schaden wird vorläufig wie folgt beziffert:

SCHADENSAUFSTELLUNG:

Verkehrsunfall vom ■■■, ■■■ Uhr

in ■■■

Pos.	Bezeichnung	Forderung	Zahlung
		■■■ EUR	■■■ EUR
		■■■ EUR	■■■ EUR
		■■■ EUR	■■■ EUR
		■■■ EUR	■■■ EUR
	Gesamtbetrag	**■■■ EUR**	**■■■ EUR**

4. Mandanteninformation

Muster: Mandanteninformation

Mandanteninformation

Sehr geehrter Herr Mandant,

Sehr geehrte Frau Mandantin,

Sie haben bedauerlicherweise einen Verkehrsunfall erlitten.

Wir hoffen, dass es uns gemeinsam gelingt, Ihnen weiteren Ärger zu ersparen.

Damit Sie wissen, inwieweit der Unfallgegner ersatzpflichtig ist, möchten wir Ihnen kurz mitteilen, welche Ansprüche Sie unter Umständen durchsetzen können:

1. Sachverständigenkosten

2. Reparaturkosten (lt. Gutachten bzw Reparaturrechnung)

3. Wertminderung (verbleibende Wertminderung nach erfolgter sachkundiger Reparatur)

4. Nutzungsausfall (Nutzungswille und Nutzungsmöglichkeit müssen vorhanden sein)

5. Mietwagenkosten

6. Abschleppkosten

7. Aufwandsentschädigung (Pauschale für unfallbedingte Wege, Telefonate, Porti etc. ca. 15,00 EUR bis 25,00 EUR)

8. Schmerzensgeld

9. Attestkosten

10. Verdienstausfall (ist konkret nachzuweisen, Verlagerungen der Arbeitszeit und Freizeiteinengung führen nicht zum Verdienstausfall)

Diese Aufzählung ist nicht abschließend. Der Geschädigte ist so zu stellen, als wäre das schädigende Ereignis nicht eingetreten. Entstandener Ärger bzw Zeitaufwand zur Regelung bestimmter Angelegenheiten wird allerdings nicht beglichen.

Die Anwaltskosten sind eine Schadensposition und werden von der gegnerischen Haftpflichtversicherung ebenfalls bezahlt und anhand des anerkannten Schadensersatzbetrags errechnet.

Wir wenden uns unverzüglich an die gegnerische Haftpflichtversicherung und senden Ihnen unsere Veranlassungen zur Kenntnisnahme. Die weitere Abwicklung des Schadensfalls erfolgt durch uns dann zügig und ohne weitere Zwischenbescheide. Rückfragen an Sie bzw Berichte über den Sachstand erfolgen nur bei gegebener Veranlassung.

Sofern wir Sie bitten, zu einem Schreiben der Gegenseite eine Stellungnahme abzugeben, ist es zweckmäßig, wenn Sie ausgehend von der Schilderung der Gegenseite Ihre eigene Sachverhaltsschilderung schriftlich niederlegen und uns zuleiten bzw einen Besprechungstermin mit uns vereinbaren.

Sollten wir zur Vorbereitung von Schriftsätzen Ihre Mitwirkung benötigen, werden wir Sie ausdrücklich benachrichtigen.

Wir bitten Sie um Mitteilung, falls Sie oder ein anderer Fahrzeuginsasse beim Unfall verletzt wurde. Ferner wollen wir Sie bitten, alle Belege über Ihnen eventuell sonst noch entstandene Sachschäden (zB Kleiderschaden, zerbrochene Gegenstände, etc.) an uns senden.

Bitte beachten Sie gegenüber der gegnerischen Versicherung auch, dass diese Ihr Verfahrensgegner ist und jeder Sachbearbeiter der Versicherung gegen Sie als Zeuge zur Verfügung stehen kann. Führen Sie daher mit

Roth

der gegnerischen Versicherung und deren Vertretern keine persönlichen Gespräche und verweisen Sie diese in allen Angelegenheiten an uns als Ihre Anwälte.

Formulare der gegnerischen Versicherung bitten wir, uns zu übersenden zwecks weiterer Veranlassung. Teilen Sie uns auch Ihre Bankverbindung mit, damit wir Zahlungen, die für Sie bestimmt sind, zügig weiterleiten können.

Sollten Sie in Zusammenhang mit dem Verkehrsunfall mit einem Verwarnungsgeld oder Bußgeld oder mit einem Ermittlungsverfahren belastet werden, bitten wir um Information, um angemessen reagieren zu können. Verzichten Sie darauf, ohne Rücksprache mit uns selbst Angaben zu machen.

Sollten Sie im Zusammenhang mit Ihrer Verkehrsangelegenheit noch weitere Fragen haben, wenden Sie sich bitte telefonisch an uns.

Mit freundlichen Grüßen

Rechtsanwalt

5. Zentralrufanfrage

50 **Muster: Zentralrufanfrage**

Zentralruf der Autoversicherer

Versicherungsanfrage per Fax an 040/33965–401

(Bitte nur eine Anfrage pro Seite)

Absenderangaben:
Name: ▪▪▪
Straße: ▪▪▪
PLZ / Wohnort: ▪▪▪
Fax Nr.: ▪▪▪
Aktenzeichen: ▪▪▪

Anfrage: (Daten des Schädiger-Fahrzeugs)
Unfall-Land: ▪▪▪
Schadenstag: ▪▪▪
Land des Kennzeichens: ▪▪▪
Amtliches Kennzeichen: ▪▪▪
PLZ / Wohnort: ▪▪▪
Fahrzeugtyp: ▪▪▪

↑

6. Gesamtschadensaufstellung als Merkhilfe für den Geschädigten

51 **Muster: Gesamtschadensaufstellung**

Gesamtschadensaufstellung

	Forderungen	anerkannte Forderungen	Differenz
Pauschale unfallbedingte Wege			

	Forderungen	anerkannte Forderungen	Differenz
Pauschale An- / Abmeldung			
Reparaturkosten			
Wiederbeschaffungswert, abzgl Restwert			
Sachverständigenkosten			
Mietwagenkosten			
Abschleppkosten			
Wertminderung			
Nutzungsausfall			
Schmerzensgeld			
Attestkosten			
Rezeptkosten uÄ			
Hausfrauenschaden			
Fahrtkosten			
Verdienstausfall			
Sonstige Kosten			
Summe			

7. Entbindung von der Schweigepflicht

Muster: Entbindung von der Schweigepflicht

52

ERKLÄRUNG
zur Entbindung von der ärztlichen Schweigepflicht

Hiermit entbinde ich

Name: ▬▬▬

Vorname: ▬▬▬

Geburtsdatum: ▬▬▬

Anschrift: ▬▬▬, ▬▬▬

alle Ärzte, die mich aus Anlass des am ▬▬▬ erlittenen Unfalls behandelt haben bzw behandeln werden, von der ärztlichen Schweigepflicht, und zwar gegenüber

a) den beteiligten Versicherungsgesellschaften,

b) den beteiligten Gerichten und Strafverfolgungsbehörden,

c) den beteiligten Rechtsanwälten,

unter der Bedingung, dass die von mir beauftragte Anwaltskanzlei

▬▬▬

gleichzeitig und unaufgefordert eine Durchschrift der erteilten Auskünfte und Stellungnahmen erhält.

■■■, den ■■■

[Unterschrift]

8. Haushaltsführungsschaden

53 Muster: Fragebogen zur Berechnung des Haushaltsführungsschadens

Fragebogen
zur Berechnung des Haushaltsführungsschadens

I. Personen im Haushalt:

Anzahl: ■■■, darunter ■■■ Kinder.

1. Ehemann:

Geburtsdatum: ■■■	ausgeübter Beruf: ■■■
Wöchentliche Arbeitszeit: ■■■ Std.	Einkommen (netto ca.): ■■■ EUR

2. Ehefrau:

Geburtsdatum: ■■■	ausgeübter Beruf: ■■■
Wöchentliche Arbeitszeit:■■■ Std.	Einkommen (netto ca.): ■■■ EUR

3. Kinder im Haushalt:

a) erstes Kind
Sohn □ oder Tochter □
Geburtsdatum: ■■■
eventuell Beruf/Ausbildung/Studium: ■■■

b) zweites Kind
Sohn □ oder Tochter □
Geburtsdatum: ■■■
eventuell Beruf/Ausbildung/Studium: ■■■

c) drittes Kind
Sohn □ oder Tochter □
Geburtsdatum: ■■■
eventuell Beruf/Ausbildung/Studium: ■■■

d) viertes Kind
Sohn □ oder Tochter □
Geburtsdatum: ■■■
eventuell Beruf/Ausbildung/Studium: ■■■

4. Im Haushalt lebende Verwandte:

a) erste Person
Alter: ■■■   Mithilfe im Haushalt in Stunden: ■■■

b) zweite Person
Alter: ■■■   Mithilfe im Haushalt in Stunden: ■■■

5. Haushaltsnetto**einkommen (ca.):** ■■■ EUR
(alle Einnahmen einschließlich Wohngeld, Kindergeld etc.)

II. Rechtliche Wohnlage (Zutreffendes ankreuzen):

Eigentum ☐   Pacht/Miete ☐

Einfamilienhaus ☐   Zweifamilienhaus ☐   Mehrfamilienhaus ☐

III. Wohnverhältnisse:

a) Wohnfläche: ▪▪▪ qm

b) Anzahl der Räume (ohne Küche): ▪▪▪

c) Heizart: ▪▪▪

IV. Garten:

Größe: ▪▪▪qm   davon Ziergarten: ▪▪▪ qm   Nutzgarten: ▪▪▪ qm

Lage: ☐ am Haus   oder   ☐ Entfernung: ca. ▪▪▪ km

V. Hilfskräfte, vor Eintritt des Schadensfalls:

Art der Hilfe: ▪▪▪

Umfang der Hilfe: ▪▪▪

VI. Technische Ausstattung:

Kühlschrank ☐   Gefrierschrank ☐   Gefriertruhe ☐

Geschirrspülmaschine ☐   Waschvollautomat ☐   Wäschetrockner ☐

VII. Mahlzeiten:

Teilnahme an Außer-Haus-Verpflegung:

☐ Ehemann: ▪▪▪ (Anzahl Mahlzeiten/Woche)

☐ Ehefrau: ▪▪▪ (Anzahl Mahlzeiten/Woche)

☐ 1.Kind: ▪▪▪ (Anzahl Mahlzeiten/Woche)

☐ 2.Kind: ▪▪▪ (Anzahl Mahlzeiten/Woche)

☐ 3.Kind: ▪▪▪ (Anzahl Mahlzeiten/Woche)

☐ 4.Kind: ▪▪▪ (Anzahl Mahlzeiten/Woche)

VIII. Auslagerung bzw Vergabe von Haushaltsaufgaben (zB Wäsche, Reinigung):

▪▪▪

IX. Besonderheiten:

☐ Pflegebedürftige Personen: ▪▪▪

Art der Behinderung: ▪▪▪

Pflegeaufwand: ▪▪▪ Std./Woche

☐ Schichtarbeit (wer?): ▪▪▪

☐ Montage-/Pendelarbeit (wer?): ▪▪▪

Abwesenheit von Haushalt: ▪▪▪ Tage/Woche

X. Ersatzkraft anlässlich des Unfalls:

Wurde eine solche eingestellt?:

☐ nein

☐ ja,

von wann bis wann: ▪▪▪

Arbeitszeit je Woche: ▪▪▪ Std.

Bruttolohn: ▪▪▪ EUR

XI. Sonstige Besonderheiten des Haushalts:

■■■

■■■

■■■

XII. Vermehrte Bedürfnisse:

1. Sachschäden

Der Sachschaden ist der Schaden, der in Ihrem Fahrzeug, an Ihrer Kleidung oder Ähnlichem entstanden ist.

2. Personenschäden

a) Vermehrte Bedürfnisse:
- orthopädische Hilfsmittel
- mehr Verschleiß an Kleidern
- gegebenenfalls zusätzliche Einrichtungen für das Kraftfahrzeug
- Kuren
- Diät
- Körperpflegemittel
- Privatunterricht für Schüler
- Kosten für erforderliche Hilfskraft
- Hilfskraft bei Beeinträchtigung der Führung des eigenen Haushalts; Mithilfe im Haushalt
- besondere Hilfsmittel (Rollstuhl)
- Kosten für Vorrichtung und Errichtung behindertengerechten Wohnens
- Stärkungsmittel
- erhöhte Versicherungsprämien für Krankenkasse
- Krankenhaustagegeldversicherung

b) Heilbehandlungskosten:
- eventuelle Mehrkosten für privatärztliche Behandlungen
- Kosten der Heilbehandlung
- Kosten für Erholungsaufenthalt mit oder ohne ärztliche Betreuung sowie für Kuren
- Pflegegeld
- Mehrkosten eventuell für Einzelzimmer statt für Doppelzimmer
- Kosten für kosmetische Operationen
- Nebenkosten
- Telefonkosten
- Trinkgelder und Geschenke an Pflegepersonal
- Kosten für Fahrten zu stationären und erforderlichenfalls ambulanten Behandlungen
- Besuchskosten (Liquidation und Drittschadens) speziell bei Kindern

c) Erwerbsschaden:
- Arbeitslohn oder Gehalt
- Urlaubsentgelt
- Sonderzahlungen
- Überstundenvergütung
- Treueprämien
- Arbeitslosengeld und Arbeitslosenhilfe
- Nebeneinkünfte z.B. aus Trinkgeldern
- Lehrlingsvergütung
- Schadenersatz wegen verspäteten Eintritts in das Erwerbsleben

III. Ordnungswidrigkeiten- und Strafrecht

1. Verkehrszentralregisterauszug

Muster: Anforderung eines Verkehrszentralregisterauszugs[4]

↓

Kraftfahrt-Bundesamt

Verkehrszentralregister

Postfach

24932 Flensburg

Sehr geehrte Damen und Herren,

es wird um Überlassung eines Verkehrszentralregisterauszugs für nachbenannte Person gebeten:

Vorname: ■■■

Nachname: ■■■

Geburtsname: ■■■

Geburtsdatum: ■■■

Geburtsort: ■■■

Anbei erhalten Sie eine beglaubigte Fotokopie der uns erteilten Vollmacht.

Mit freundlichen Grüßen

Rechtsanwalt

↑

2. Gang der Hauptverhandlung in Straf- und Bußgeldsachen

Muster: Merkblatt zum Gang der Hauptverhandlung

↓

Merkblatt
Gang der Hauptverhandlung

An der Hauptverhandlung nehmen außer Ihnen noch der Staatsanwalt, die Protokollführerin, der Verteidiger und das Gericht teil. Das Gericht besteht aus einem Berufsrichter (und zwei Laienrichtern).

Sie nehmen auf der „Anklagebank" Platz; ich werde Ihnen zeigen, wohin Sie sich setzen sollen. Wir sitzen jedenfalls zusammen.

Wenn das Gericht den Verhandlungssaal betritt, erheben Sie sich bitte und warten, bis der Vorsitzende die Aufforderung erteilt, Platz zu nehmen.

Der Vorsitzende eröffnet die Sitzung des Gerichts und ruft Ihre Strafsache auf. Entweder belehrt er dann gleich die bei Aufruf der Sache erschienenen Zeugen und bittet diese dann wieder vor den Verhandlungssaal, oder er beginnt mit Ihrer Identitätsprüfung, fragt Sie nach Ihrem Namen, Geburtsdatum usw. Dies dient der Feststellung, dass in der richtigen Sache verhandelt wird.

Danach verliest der Staatsanwalt den Anklagesatz. Der Vorsitzende stellt zu Protokoll fest, dass und wann die Anklage zur Hauptverhandlung zugelassen wurde.

---

4 Vgl auch § 9 Rn 30.

Sie werden nunmehr durch den Vorsitzenden darüber belehrt, dass es Ihnen freisteht, zur Sache auszusagen oder zu schweigen. Hierzu können Sie sich auch dann äußern, wenn Sie sich entschlossen haben zu schweigen. Ich empfehle Ihnen in diesem Fall, auf die Belehrung des Vorsitzenden wie mit mir vereinbart zu antworten.

Wollen Sie Aussagen machen, sollten Sie auch dies dem Gericht mitteilen. Erfahrene Gerichtsvorsitzende werden versuchen, Ihnen mit einer allgemeinen Frage („Nun, stimmt denn die Anklage?"), das Wort zu erteilen. Sie können diese Frage beantworten oder aber einfach das erzählen, was zu erzählen Sie sich vorgenommen haben. Sollten Sie sichtlich zu oft unterbrochen werden, werde ich mich einschalten.

Nach Ihrer „Einlassung zur Sache" beginnt die eigentliche Beweisaufnahme durch Vernehmung der Zeugen. Diese dürfen, auch wenn sie Ihrer Meinung nach den gröbsten Unfug reden, durch Sie nicht unterbrochen werden. Im Anschluss an die Befragung durch das Gericht haben der Staatsanwalt und ich die Möglichkeit, Fragen an die Zeugen zu richten. Danach haben auch Sie das Recht, die Zeugen zu befragen. In Ihrem Interesse bitte ich Sie jedoch, Fragen an die Zeugen zuvor mit mir abzusprechen.

Nach Abschluss der Zeugenvernehmung ist darüber zu entscheiden, ob der Zeuge seine Aussage zu beeiden hat. Auch Sie haben das Recht, die Beeidigung von Zeugen zu verlangen. Einen derartigen Antrag bitte ich jedoch mit mir vorher abzusprechen.

Wenn Sie keine Fragen an den Zeugen haben, seine Aussage aber dennoch nicht unwidersprochen im Raum stehen lassen wollen, können Sie nach Abschluss der Zeugenvernehmung eine Erklärung abgeben. Auch hier bitte ich Sie in Ihrem Interesse, den Inhalt einer solchen Erklärung mit mir abzustimmen.

Neben einer Zeugenvernehmung kann die Beweisaufnahme auch in der Anhörung eines Sachverständigen, in der Verlesung von Urkunden oder in der Augenscheinnahme bestehen. Mindestens der Auszug aus dem Bundeszentralregister muss in der Hauptverhandlung eingeführt werden.

Nach Durchführung der Beweisaufnahme erhalten zunächst der Staatsanwalt und dann ich das Wort zum Schlussvortrag. Danach haben Sie Gelegenheit, zu Ihrer Verteidigung noch selbst Ausführungen zu machen, ferner haben Sie das „letzte Wort".

Das Gericht wird daraufhin das Urteil beraten und verkünden. Zur Urteilsverkündung erheben Sie sich bitte von Ihrem Platz. Bei der mündlichen Urteilsbegründung dürfen Sie den Vorsitzenden auch dann nicht unterbrechen, wenn Sie den Eindruck haben, dass er Sie direkt anspricht.

Schließlich erhalten Sie noch eine Rechtsmittelbelehrung.

Mit freundlichen Grüßen

Rechtsanwalt

3. Fahrverbot

56   **Muster: Merkblatt zum Fahrverbot**

MERKBLATT
Fahrverbot

Wir haben festgestellt, dass die Geschwindigkeitsüberschreitung zu einem Fahrverbot führen würde. Dieses kann in eine Geldstrafe umgewandelt werden, wenn das Gericht oder die Bußgeldbehörde davon ausgehen, dass eine Existenzbedrohung durch das Fahrverbot entstehen würden.

Wir müssten dazu Folgendes vortragen:

In Ihrem Betrieb ist es völlig unüblich, dass Urlaub gewährt wird über die Dauer eines Monats, so dass Sie das Fahrverbot nicht während des Urlaubs absolvieren können.

In Ihrem Betrieb ist es zwar durchaus üblich, dass Mitarbeiter für zwei Wochen am Stück in Urlaub gehen können. Dies nützt Ihnen allerdings deshalb nichts, weil Sie nicht in der Lage sind, in der Restzeit „Innendienst" zu verrichten.

Bereits Ihr Arbeitsvertrag oÄ sieht vor, dass ein Kraftfahrzeug zu führen Bestandteil Ihrer Aufgabe ist. Sie müssen darlegen, dass das Fahrzeug Ihr Arbeitsplatz ist, mit dem Sie akquirieren, überwachen, Qualität überprüfen oÄ. Sollte ein entsprechender Vertrag vorliegen, werden wir diesen Vertrag vorlegen; sollte dies nicht der Fall sein, lassen wir uns Entsprechendes bestätigen.

Es müsste ausgeschlossen sein, dass ein Familienmitglied Sie chauffieren kann.

Wir müssten darlegen, dass weder die Firma willens noch in der Lage ist, Ihnen einen Fahrer zu stellen, noch Sie selbst aus finanziellen Gründen hierzu in der Lage sind.

Wir müssten darlegen, dass Sie regelmäßig Verbindlichkeiten zu befriedigen haben und es völlig ausgeschlossen ist, dass Sie Ihren Job aufs Spiel setzen oder einfach Ihre Arbeit nicht erledigen, indem Sie unbezahlten Urlaub nehmen.

In der Regel bestätigen Steuerberater und wohlwollende Mitarbeiter diese Tatsachen. Wenn wir dies rasch auf die Reihe bringen, können wir mit der Verwaltungsbehörde verhandeln. Mit dieser verhandelt es sich leichter als mit dem Gericht, da das Gericht sich immer an der obergerichtlichen Rechtsprechung orientieren muss.

Zu erwarten ist dann, dass die Geldbuße angemessen angehoben werden wird. Wie die Anhebung erfolgen wird, hängt von dem jeweiligen Sachbearbeiter ab.

Mit freundlichen Grüßen

Rechtsanwalt

Teil 2: Verkehrsunfallregulierung

§ 2 Haftungsgründe beim Verkehrsunfall

Literatur

Ady, Die Schadensersatzrechtsreform 2002, ZGS 2002, 237; *Baumgärtel*, 25 Jahre Karlsruher Forum, 1983, S. 85; *Bollweg/Hellmann*, Das neue Schadensersatzrecht, 2002; *Burmann*, Ersatz fiktiver Verbringungskosten zum Lackierer, zfs 1998, 121; *Cahn*, Einführung in das neue Schadensrecht, 2003; *Elsner*, Streitpunkte des neuen Schadensrechts, DAR 2004, 130; *Fleischmann/Hillmann*, Das verkehrsrechtliche Mandat, Bd. 2, 4. Auflage 2005; *Geigel/ Schlegelmilch*, Der Haftpflichtprozess, 24. Auflage 2003; *Greger*, Haftungsrecht des Straßenverkehrs, 3. Auflage 1997; *Hacks/Ring/Böhm*, Schmerzensgeldbeträge, 25. Auflage 2007; *Hentschel*, Änderungen im Haftungsrecht des Straßenverkehrs durch das Zweite Gesetz zur Änderung schadensersatzrechtlicher Vorschriften vom 19.7.2002, NZV 2002, 433, 442; *Heß/Buller*, Der Kinderunfall und das Schmerzensgeld nach der Änderung des Schadensrechts, zfs 2003, 218; *Huber*, Das neue Schadensersatzrecht, 2003; *Jaeger/Luckey*, Schmerzensgeld, 3. Auflage 2005; *Jaklin/Middendorf*, Haftungsprivileg nach § 828 II BGB auch im ruhenden Verkehr?, VersR 2004, 1104; *Kilian*, Die deliktische Verantwortlichkeit Minderjähriger nach § 828 BGB nF, ZGS 2003, 168; *Kuhlen*, Strafrechtliche Grenzen der zivilrechtlichen Deliktshaftung Minderjähriger, JZ 1990, 273; *Küppersbusch*, Ersatzansprüche bei Personenschäden, 9. Auflage 2006; *Lemcke*, Gefährdungshaftung im Straßenverkehr unter Berücksichtigung der Änderung durch das 2. SchadÄndG, zfs 2002, 318; *Müller*, Das reformierte Schadensersatzrecht, VersR 2003, 1; *Pardey*, Reichweite des Haftungsprivilegs von Kindern im Straßenverkehr, DAR 2004, 499; *Schulz-Borck/Hofmann*, Schadensersatz bei Ausfall von Hausfrauen und Müttern im Haushalt, 6. Auflage 2000; *Wagner*, Das zweite Schadensersatzrechtsänderungsgesetz, NJW 2002, 2049; *Wussow*, Unfallhaftpflichtrecht, 15. Auflage 2002; *Wille/Bettge*, Empirische Untersuchungen zur Deliktsfähigkeit nach § 828 BGB, VersR 1971, 878; *Ziegert*, Das HWS-Schleudertrauma im Haftpflichtprozess, DAR 1998, 336.

A. Fahrerhaftung

I. Allgemeine Voraussetzungen

1   Nach § 18 Abs. 1 StVG ist in den Fällen des § 7 Abs. 1 StVG auch der Führer des Kraftfahrzeugs oder des Anhängers zum Ersatz des Schadens nach §§ 8–15 StVG verpflichtet. Allerdings ist – und dies ist besonders wichtig – die Ersatzpflicht ausgeschlossen, wenn der Schaden nicht durch ein Verschulden des Fahrers verursacht worden ist. § 18 Abs. 3 StVG übernimmt die Regelung des § 17 StVG zur Ausgleichsverpflichtung mehrerer Haftpflichtiger auch im Verhältinis Führer zu Halter. Bei §§ 18 Abs. 1 StVG handelt es sich um eine Verschuldenshaftung mit umgekehrter Beweislast.[1] Der Fahrer kann sich also von der Haftung durch den Nachweis fehlenden Verschuldens befreien. Er muss hierbei nachweisen, dass er die im Verkehr erforderliche Sorgfalt, die Sorgfalt eines ordentlichen Kraftfahrers, beachtet hat (§ 276 BGB). Der Beweis verkehrsrichtigen Verhaltens schließt die Haftung des Kraft-

---

1 BGH VersR 1983, 438, 440.

fahrzeugführers aus § 18 StVG aus.[2] Die grundlegenden Vorschriften der Haftung des Fahrers aus einem Verkehrsunfall ergeben sich aus dem Recht der unerlaubten Handlungen (§ 823 ff BGB).

Voraussetzung für eine Haftung des Fahrers eines PKW ist somit der Nachweis einer rechtswidrigen und schuldhaften Rechtsgutverletzung des Geschädigten. Die relevanten Rechtsgüter, welche bei einem Verkehrsunfall verletzt werden können, sind regelmäßig das Recht auf Unversehrtheit des Körpers (Personenschaden), das Eigentum (PKW) und der Besitz (zB Nutzungsausfallschaden, Mietwagenkosten) als sonstiges Recht. Das Verschulden wird sich regelmäßig aus einer Normverletzung des Fahrers gegen eine Vorschrift der Straßenverkehrsordnung bzw seiner Nebengesetze ergeben, wobei der Fahrer für jede Form der Fahrlässigkeit und Vorsatz zu haften hat (§ 276 BGB).

Bis zum Inkafttreten des **Zweiten Gesetzes zur Änderung schadensersatzrechtlicher Vorschriften** am 1.8.2002[3] waren deliktische Anspruchsgrundlagen, insbesondere aus § 823 BGB, die in Verkehrsunfällen am häufigsten angewandten. Im Unterschied zur Haftung aus dem StVG führte die Haftung aus Delikt zum Schmerzensgeldanspruch (§ 847 BGB aF). Außerdem war die Haftung des Schädigers nicht auf bestimmte Höchstbeträge begrenzt. Nunmehr kann auch die Haftung aus dem StVG zum Schmerzensgeldanspruch führen (§ 11 StVG). Dennoch haben die Ansprüche aus Verschulden auch für die Haftung aus Verkehrsunfällen ihre – allerdings reduzierte – Bedeutung für die Praxis behalten. Das gilt nicht nur für die Schadensfälle, in denen eine Gefährdungshaftung nicht eingreift, sondern auch für die Fälle, in denen der Schaden die (allerdings deutlich angehobenen) Höchstbeträge der §§ 12, 12a StVG übersteigt. Ferner ist das Verschulden für die Abwägung der Verursachungsbeiträge nach §§ 254 BGB, 17 StVG weiterhin von Bedeutung.

1. Rechtswidrige, vorsätzliche oder fahrlässige Verletzung

Nach § 823 Abs. 1 BGB löst eine rechtswidrige vorsätzliche oder fahrlässige Verletzung der dort genannten Rechtsgüter eines anderen die Verpflichtung des Schädigers zum Schadensersatz aus. Aber nicht jede Rechtsgutverletzung ist eine Schädigungshandlung, wie sie § 823 Abs. 1 BGB meint. Von einer **Handlung im Rechtsinn** kann nur bei einem Verhalten gesprochen werden, das der Bewusstseinskontrolle und Willenslenkung unterliegt und somit beherrschbar ist. Allein ein solches *willkürliches* Verhalten kann dem Schädiger zugerechnet werden. *Unwillkürliche* Körperbewegungen, die vom menschlichen Bewusstsein nicht kontrolliert werden können, denen also jede Willenssteuerung von vornherein fehlt, können eine Verschuldenshaftung nicht begründen.[4] Im Straßenverkehr geschehen gefahrenträchtige Bewegungen, die nicht als Handlungen im Rechtssinne qualifiziert werden können, nicht selten (etwa der verhängnisvolle, eine Schleuderbewegung auslösende, unbewusste Tritt des Fahrers auf die Bremse in einer überraschend aufgetretenen Gefahrensituation).

Andererseits gibt es Handlungen, die den Schädigern als Verletzungshandlungen zugerechnet werden, obwohl nicht sie, sondern die Geschädigten selbst die Rechtsgutverletzung unmittelbar herbeigeführt haben. Wer einen anderen zu einem **selbstgefährdenden Verhalten herausfordert**, kann diesem anderen dann, wenn dessen Willensentschluss auf einer mindestens im Ansatz billigenswerten Motivation beruht, aus unerlaubter Handlung zum Ersatz des Schadens verpflichtet sein, der infolge des durch die Herausforderung gesteigerten Risikos

2

3

4

5

---

2 OLG Bamberg VersR 1982, 583, 584.
3 BGBl I 2002, S. 2674.
4 BGH VersR 1986, 124.

entstanden ist. Voraussetzung für eine deliktische Haftung ist in solchen Fällen aber stets, dass der Schädiger den Geschädigten in vorwerfbarer Weise zu der selbstgefährdenden Reaktion herausgefordert hat.[5] Beispielsweise wurde eine Haftung in Fällen bejaht, in denen sich jemand pflichtwidrig der vorläufigen Festnahme oder der Feststellung seiner Personalien durch Polizeibeamte oder andere dazu befugte Personen durch die Flucht zu entziehen versucht und diesen Personen dadurch Anlass gegeben hat, ihn zu verfolgen, wobei sie dann infolge der durch die Verfolgung gesteigerten Gefahrenlage einen Schaden erlitten. Zu denken ist auch an Fälle, in denen jemand durch einen Fahrfehler einen anderen zu einer Ausweichbewegung veranlasst, die zu einem Schaden führt.

2. Kausalität und Zurechnung

a) Äquivalenz

6   Die Verletzungshandlung muss – soll der Schädiger aus § 823 Abs. 1 BGB haften – zu der Rechtsgutsverletzung geführt haben, aus der der Geschädigte seinen Schadensersatzanspruch herleitet. Die Verletzungshandlung muss also für die geltend gemachte Rechtsgutsverletzung ursächlich geworden sein. Ursache eines Schadens ist jede Bedingung, die nicht hinweggedacht werden kann, ohne dass der Schaden entfällt.[6] Es ist also schlicht und einfach zu fragen, ob der Schaden auch dann eingetreten wäre, wenn es die Schadenshandlung nicht gegeben hätte. Dabei ist mit dem Begriff der Ursache jede Ursache gemeint, auch eine bloße Mitursache. Das Zivilrecht unterscheidet auch nicht zwischen wesentlicher und unwesentlicher Ursache. Es kommt nicht – wie zB im Sozialversicherungsrecht – darauf an, ob die Schädigungshandlung zu einer „richtungsgebenden Veränderung" des Rechtsguts geführt hat, auch nicht darauf, ob ein Ereignis die „ausschließliche" oder „alleinige" Ursache einer Gesundheitsbeeinträchtigung ist; auch eine **Mitursächlichkeit**, sei sie auch nur „Auslöser" neben erheblichen anderen Umständen, steht einer Alleinursächlichkeit in vollem Umfang gleich.[7] Führt beispielsweise ein Fahrfehler eines LKW-Fahrers bei einer bereits durch frühere Beschwerden belasteten Radfahrerin zu einem Schädel-Hirn-Trauma, das die Arbeitsunfähigkeit der Verletzten auslöst, dann muss der Schädiger für die Folgen der Arbeitsunfähigkeit aufkommen, selbst wenn die durch den Unfall hervorgerufenen Verletzungen der schon stark vorgeschädigten und deshalb besonders anfälligen Radfahrerin nur als „Auslöser" im Sinne einer Mitursache gewirkt haben.[8]

b) Adäquanz

7   Die Bejahung der Kausalität ist aber nur einer von mehreren Schritten auf dem Weg zur Haftung des Schädigers. Hier ist eine Eingrenzung geboten, man würde sonst zu einer uferlosen Einstandspflicht des Schädigers gelangen. Zunächst muss die Schädigungshandlung für den Schaden „adäquat" sein. Das bedeutet, dass das zum Schaden führende Ereignis im Allgemeinen und nicht nur unter besonders eigenartigen, unwahrscheinlichen und nach dem gewöhnlichen Verlauf der Dinge außer Betracht zu lassenden Umständen geeignet sein muss, einen Erfolg der eingetretenen Art herbeizuführen.[9] Dieses enge Verständnis der Adäquanztheorie hat zur Folge, dass die Haftung des Schädigers nur selten an dieser Eingrenzung

5   BGH VersR 1991, 111, 112.
6   BGH VersR 2002, 773.
7   BGH VersR 2005, 945 f.
8   BGH VersR 1999, 862.
9   BGH VersR 2002, 773.

scheitert. Die Rechtsprechung greift deshalb nur noch hin und wieder auf den Gesichtspunkt der Adäquanz zurück.

c) Schutzzweck der Haftungsnorm

Am wirkungsvollsten lässt sich eine unangemessene Ausweitung der Haftung des Schädigers durch eine Auslotung der Grenzen des Schutzzwecks der dem Anspruch zugrunde liegenden Haftungsnorm oder Verhaltenspflicht erreichen. Der Schädiger muss danach nur für die Folgen einstehen, die im Bereich der Gefahren liegen, um derentwillen die Rechtsnorm erlassen oder die Verhaltenspflicht begründet worden ist.[10] Es ist also jeweils zu untersuchen, ob die verletzte Norm oder Verhaltenspflicht nach ihrem Sinn und Zweck auf den Schutz gerade des Anspruchstellers zielt oder zumindest auch zielt. So dient beispielsweise das Gebot, innerhalb der Fahrbahn möglichst weit rechts zu fahren (§ 2 Abs. 2 StVO), nur dem Begegnungsverkehr, der sich in Längsrichtung abwickelt, so dass sich auf einen Verstoß gegen dieses Gebot weder ein Einbiegender noch der aus der Gegenrichtung abbiegende Fahrzeugverkehr noch der die Fahrbahn überquerende Fußgänger berufen kann.

8

Ebenso kann sich auf einen Verstoß gegen § 3 Abs. 2a StVO nur derjenige berufen, zu dessen Schutz diese Norm in der konkreten Verkehrssituation die Pflicht zu erhöhter Rücksichtnahme auslöst. Das aber ist grundsätzlich nur der einzelne schutzbedürftige Verkehrsteilnehmer – das Kind, der Hilfsbedürftige oder der ältere Mensch –, der in das Blickfeld des Kraftfahrzeugführers gerät oder mit dessen Anwesenheit zu rechnen ist.[11]

9

d) Anschlussunfall

Nicht selten wird ein Unfallbeteiligter, der durch einen Unfall in eine gefahrenträchtige Lage geraten ist, durch einen zweiten Unfall abermals geschädigt. Dies führt zu der Frage, ob der Verursacher des ersten Unfalls auch für die Folgen des zweiten Unfalls einstehen muss. Setzt sich beispielsweise der durch einen Unfall verletzte Mitfahrer in den Straßengraben, um auf den Krankenwagen zu warten, und wird er dort von einem anderen Kraftfahrzeug überrollt, dessen Fahrerin auf die hinter einer scharfen Kurve die Fahrbahn blockierenden Unfallfahrzeuge mit einer abrupten Lenkbewegung und heftigen Bremsung reagiert hat, dann stellt sich die Frage, ob sich der Verursacher des ersten Unfalls – die weiteren Anwendungsvoraussetzungen des § 823 Abs. 1 BGB unterstellt – auch die Folgen des zweiten haftungsrechtlich zurechnen lassen muss. Die Beantwortung dieser Frage hängt davon ab, ob auch die durch den zweiten Unfall herbeigeführte Schädigung noch zum Schutzbereich des § 823 BGB zu rechnen ist. Hier ist entscheidend, dass die beiden Unfälle in einem nahen zeitlichen und örtlichen Zusammenhang geschehen sind. Die durch den ersten Unfall für den nachfolgenden Verkehr geschaffene Gefahrenlage bestand noch fort. Die Fehlreaktion der Fahrerin erklärt sich daraus, dass die Unfallstelle noch nicht abgesichert war. Damit ist der haftungsrechtliche Zurechnungszusammenhang zu bejahen.[12] Anders liegen die Dinge, wenn es zu einem Zweitunfall deshalb kommt, weil dessen Verursacher ordnungsgemäße und ausreichende Absicherungsmaßnahmen nicht beachtet hat, die nach einem die Fahrbahn versperrenden oder verengenden Erstunfall getroffen worden sind.[13]

10

---

10 BGH VersR 1990, 534, 535.
11 BGH VersR 1990, 1366, 1367.
12 OLG Saarbrücken NZV 1999, 510, 511.
13 BGH VersR 2004, 529, 530.

3. Rechtswidrigkeit

11 In der täglichen Praxis verliert man in den Schadensfällen, in denen ein deliktischer Anspruch zur Erörterung steht, über die Rechtswidrigkeit der Verletzungshandlung regelmäßig kein Wort. Hier regiert stillschweigend die Regel, dass der Verletzungserfolg die Rechtswidrigkeit des ihn auslösenden Handelns **indiziert**.[14]

12 Die Regel, dass die Rechtswidrigkeit (Widerrechtlichkeit) der Schadenszufügung indiziert ist, greift aber nicht immer ein. Die Rechtsprechung hat für die Schadensfälle im Verkehr den Rechtfertigungsgrund des **„verkehrsrichtigen Verhaltens"** entwickelt.[15] Dieser Rechtfertigungsgrund spielt in der Praxis vor allem in den Fällen einer Inanspruchnahme des Geschäftsherrn aus § 831 BGB, der – von anderen Anwendungsvoraussetzungen abgesehen – die Haftung von der Widerrechtlichkeit (und nicht vom Verschulden) des Verrichtungsgehilfen abhängig macht, eine wichtige Rolle (siehe dazu Rn 111).[16]

4. Fahrlässigkeit

13 Weitere Voraussetzung für die Haftung des Schädigers aus § 823 Abs. 1 BGB ist die fahrlässige Verursachung des Schadens. Die Fahrlässigkeit ist neben dem Schaden in der Praxis das große Thema des § 823 Abs. 1 BGB. Von vorsätzlichen Schädigungen, die nach § 823 Abs. 1 BGB gleichfalls zum Schadensersatzanspruch des Geschädigten führen, ist – soweit es um Verkehrsunfälle geht – kaum die Rede (Ausnahmen: Suizidunfälle, provozierte Unfälle).

a) Objektivierter Sorgfaltsmaßstab

14 Die Fahrlässigkeit, die § 823 Abs. 1 BGB meint, ist die, die § 276 Abs. 2 BGB definiert, nämlich die Außerachtlassung der im Verkehr erforderlichen Sorgfalt. Die verkehrserforderliche Sorgfalt ist also der Standard, den § 276 Abs. 2 BGB im Auge hat. Nach diesem objektivierten Sorgfaltsmaßstab ist entscheidend, ob sich der Schädiger so verhalten hat, wie sich ein normaler, ordentlicher, besonnener und umsichtiger Angehöriger des betroffenen Verkehrskreises (zB Kraftfahrer) in der Lage des Schädigers verhalten hätte.[17] Mithin ist auf das Maß von Umsicht und Sorgfalt abzustellen, das von einem Menschen in der Rolle erwartet werden kann und muss, in der der Betroffene im Verkehr auftritt.[18] Defizite in den individuellen Fähigkeiten, Kenntnissen und Erfahrungen des Schädigers sind im Hinblick auf den objektivierten Sorgfaltsmaßstab des § 276 BGB kein Entlastungsgrund.[19] Der Begriff der Fahrlässigkeit ist also zivilrechtlich nach objektiven und nicht nach individuellen Merkmalen zu bestimmen.[20]

15 Die Ausrichtung der Sorgfaltsanforderungen am objektivierten Sorgfaltsmaßstab kann zu **harten Konsequenzen** führen. So trifft beispielsweise den Fahrer eines Lastzugs der Vorwurf der Fahrlässigkeit nach § 276 BGB, weil er vor einer Fahrt auf schneeglatter Straße das Lastreglerventil des zu 9% beladenen Anhängers, das nur die Einstellungen „leer", „halb" und „voll" vorsah, auf „halb" statt auf „leer" eingestellt hatte mit der Folge, dass der Anhänger beim Abbremsen zur Seite rutschte und einen Fußgänger verletzte. Der Fahrlässigkeitsvorwurf blieb dem Fahrer nicht etwa deshalb erspart, weil aus keinem Handbuch und keiner

---

14 BGHZ 24, 21, 27; 39, 103, 108.
15 BGHZ 24, 21, 28 f.
16 Vgl BGH VersR 1991, 320, 321.
17 BGH VersR 1976, 775, 776; 1987, 1133, 1134.
18 BGH VersR 1988, 388, 389.
19 BGH VersR 1995, 427, 428.
20 BGH VersR 1997, 834, 835.

Betriebsanleitung zu ersehen war, dass bei einem Ladegewicht von weniger als 10% noch die Einstellung „leer" zu wählen ist. Von einem gewissenhaften und durchschnittlich erfahrenen Lastzugführer wird eben erwartet, dass er das Lastreglerventil auch ohne ausdrückliche Belehrung im Fahrunterricht und ohne Hinweise in der Bedienungsanleitung richtig bedient.[21] Oder: Begeht ein Autofahrer bei Dunkelheit einen Fahrfehler, weil er durch den Gegenverkehr geblendet worden ist, trifft ihn der Fahlässigkeitsvorwurf nach § 276 BGB, auch wenn die Blendwirkung auf einem bis zum Unfall nicht bekannt gewordenen Augenfehler beruht. Von jedem Autofahrer wird nämlich erwartet, dass er die Grenzen seiner individuellen Sehmöglichkeiten kennt und sich in seiner Fahrweise darauf einstellt; durch welche Umstände ein persönliches, von der Norm abweichendes Sehvermögen mitbestimmt wird, ist unter dem Gesichtspunkt des objektiven Fahrlässigkeitsbegriffs rechtlich ohne Belang.[22]

b) „Innere" Sorgfalt

Dass § 276 BGB auf den objektivierten Sorgfaltsmaßstab abstellt, bedeutet aber nicht, dass 16 jede Abweichung vom Standard unbesehen zur Haftung führt, wenn sie einen Schaden zur Folge hat. Der Garantiegedanke, der dem objektiven Verständnis des Fahrlässigkeitsbegriffs zugrunde liegt, hat nämlich seine Grenzen. Zum äußerlich unsorgfältigen Verhalten des Schädigers muss – soll er haften – eine Verletzung der „inneren" Sorgfalt hinzutreten. Der Verstoß gegen die Sorgfaltpflicht, auf deren Einhaltung der Verkehr vertraut, muss also vorwerfbar sein. Das führt in der Praxis allerdings in aller Regel nicht zu Diskussionen, weil die Verletzung der äußeren Sorgfalt die Verletzung der inneren Sorgfalt indiziert oder für die Verletzung der inneren Sorgfalt ein Anscheinsbeweis spricht.[23] Anders ausgedrückt: Die Nichteinhaltung der äußeren Sorgfalt – also die objektive Verhaltenswidrigkeit – rechtfertigt regelmäßig den Schluss auf die Verletzung der „inneren" Sorgfalt.[24] Wer die Geschwindigkeitsbegrenzung nicht befolgt oder ein Verkehrsschild missachtet, begeht eben – ohne dass dies der besonderen Erwähnung bedürfte – nicht nur objektiv eine Verletzung der Sorgfaltspflicht, sondern zugleich eine vorwerfbare Verletzung seiner Pflicht zur Beachtung der Verkehrsvorschriften.

Die äußere und die innere Verletzung der Sorgfaltspflicht gehen aber nicht immer Hand in 17 Hand. Kommt beispielsweise ein Mitfahrer zu Schaden, weil der Fahrer des Wagens nach dem Platzen eines Reifens kräftig auf die Bremse tritt, statt den Wagen ausrollen zu lassen und ein seitliches Ziehen des Wagens durch vorsichtiges Gegenlenken auszugleichen, dann ist dem Fahrer zwar objektiv ein Fahrfehler unterlaufen. War der Fahrer aber wegen des explosionsartigen Knalls und der darauf einsetzenden Schleuderbewegung des Wagens begreiflicherweise in eine Panik geraten, die ein situationsangemessenes Handeln verhinderte, dann ist der Vorwurf der Fahrlässigkeit nicht gerechtfertigt; es fehlt der Verstoß gegen die „innere" Sorgfalt. Die Fehlreaktion eines Verkehrsteilnehmers kann nicht als Fahrlässigkeit qualifiziert werden, wenn er in einer ohne sein Verschulden eingetretenen, für ihn nicht voraussehbaren Gefahrenlage keine Zeit zu ruhiger Überlegung hat und deshalb nicht das Richtige und Sachgemäße unternimmt, um den Unfall zu verhüten, sondern aus verständlicher Bestürzung falsch reagiert.[25] Es geschieht häufig, dass sich der Autofahrer über seine Rechtspflichten irrt. Grundsätzlich muss der Schädiger für einen Schaden, der auf einem **Rechtsirrtum** beruht, nur

---

21 BGH Vers 1968, 395.
22 BGH VersR 1967, 808.
23 BGH VersR 1986, 765, 766.
24 BGH VersR 1994, 996, 997.
25 BGH VersR 1976, 734, 735; vgl ferner BGH VersR 1971, 909.

einstehen, wenn er fahrlässig gehandelt hat.[26] Ein Irrtum über die Rechtspflichten kann also grundsätzlich zu einer Befreiung von der deliktischen Haftung führen. Dieser Grundsatz gilt aber nicht für einen Irrtum über die Rechtslage im Straßenverkehr. Kommt es beispielsweise deshalb zur Kollision zweier Kraftfahrzeuge, weil einer der Fahrer die im Fall eines „vereinsamten Dreiecksschildes" (vor einer einmündenden Straße steht ein auf der Spitze stehendes rotumrandetes weißes Dreiecksschild, während die quer verlaufende Straße nicht als vorfahrtsberechtigte Straße gekennzeichnet ist) bestehende Rechtslage unrichtig beurteilt, dann trifft ihn ein Schuldvorwurf. Ein Verkehrsteilnehmer handelt in der Regel fahrlässig, wenn er eine Verkehrsvorschrift nicht kennt oder ihren Sinn falsch auslegt.[27]

c) Verkehrssicherungspflicht

18 Bei der Anwendung des § 276 BGB unterscheidet die Rechtsprechung nach dem betroffenen **Verkehrskreis.**[28] Die Sorgfaltspflichten des Schädigers werden also nach dem Sorgfaltsmaßstab beurteilt, dem die nach einzelnen Merkmalen (zB Beruf) bestimmte Gruppe im Rechtsverkehr genügen muss, als deren Angehöriger der Schädiger aufgetreten ist. Damit geht es hier darum, welchen spezifischen Sorgfaltsanforderungen ein Schädiger genügen muss, der zur Gruppe der Autofahrer gehört.

19 Die Sorgfaltspflichten des Autofahrers setzen nicht erst ein, wenn er sich mit dem Fahrzeug in den Verkehr begibt, sondern schon, wenn er der Eigentümer oder Halter des Fahrzeugs ist. Er kann neben seiner Pflichtenstellung aus § 7 Abs. 3 StVG deliktsrechtlich verantwortlich sein, wenn er es zulässt, dass das Fahrzeug in der Hand einer erkennbar unzuverlässigen Person zu einer Gefahrenquelle wird. Die Haftung kann sich in solchen Fällen aus dem Gesichtspunkt der Verkehrssicherungspflicht ergeben. Drängt sich beispielsweise aus den gesamten Umständen auf, dass der Käufer, der mit dem Wagen wegfahren will, nicht die Gewähr bietet, dies in gesetzmäßiger Weise zu tun, dann handelt der Verkäufer fahrlässig, wenn er ihm das Fahrzeug durch Aushändigung der Schlüssel zum Fahren übergibt.[29] Die Sorgfaltspflichten des Halters oder Eigentümers eines Kraftfahrzeugs erstrecken sich insbesondere auf die **Aufbewahrung der Fahrzeugschlüssel.** Schließt der Fahrer den Wagen zwar ordnungsgemäß ab, lässt er aber die Wagenschlüssel im Wageninnern liegen, so dass ein Dieb, der den Wagen aufbricht, davonfahren kann, dann muss der Halter bzw Fahrer des Wagens aus § 823 Abs. 1 BGB für den Schaden aufkommen, den ein Polizeibeamter bei der Verfolgung des durch erhöhte Geschwindigkeit aufgefallenen Täters erleidet. Durch die Verletzung der Pflicht zur Sicherung des Fahrzeugs wird die Gefahr, dass die Schwarzfahrt einen verhängnisvollen Verlauf nimmt, voraussehbar in nicht unerheblicher Weise erhöht; deshalb werden auch Schäden aus einem solchen Hergang vom Schutzzweck der Sicherungspflicht mit umfasst.[30] Fahrlässig handelt sogar der Gastgeber, der seinen Schlüsselbund mit den Fahrzeugschlüsseln im Schloss der Wohnungstür hängen lässt, obwohl er Anlass zu der Befürchtung hat, dass einer seiner Gäste in alkoholisiertem Zustand dazu neigen könnte, mit dem Wagen des Gastgebers einen Selbstmordversuch zu unternehmen. Dem Fahrzeughalter obliegt eine besondere Obhut für sein Fahrzeug, verbunden mit der Verpflichtung aus § 14 Abs. 2 S. 2 StVO, alle zumutbaren Maßnahmen zu ergreifen, um dessen unbefugte Benutzung zu verhindern.[31]

---

26 Vgl BGH VersR 1987, 1133, 1134.
27 BGH VersR 1958, 803.
28 BGH VersR 1987, 1133, 1134.
29 BGH VersR 1979, 766, 767.
30 BGH VersR 1981, 40, 41.
31 OLG Oldenburg NZV 1999, 294, 295.

Der Autofahrer handelt auch dann fahrlässig, wenn er es unterlässt, seinen Wagen in einer **20** Fachwerkstatt überprüfen zu lassen, obwohl er Anlass hat, **Zweifel an der Verkehrssicherheit seines Fahrzeugs** zu haben. Das gilt insbesondere für alte Fahrzeuge. Wer ein altes Fahrzeug – im Entscheidungsfall ging es um einen zwölf Jahre alten PKW – von einem Privatmann erwirbt, ist verpflichtet, die für die Verkehrssicherheit des Fahrzeugs wesentlichen technischen Einrichtungen, insbesondere auch die Reifen alsbald in einer Fachwerkstatt überprüfen zu lassen, wenn er selbst nicht über hinreichende kraftfahrttechnische Kenntnisse und Erfahrungen verfügt. Das betrifft alle wesentlichen technischen Einrichtungen, nicht bloß die Bremsen.[32]

d) Vertrauensgrundsatz und Sichtfahrgebot

Der Autofahrer muss beim Fahren ein Fülle von Verhaltensregeln beachten, die in der StVO **21** zusammengefasst sind. Unter zwei Gesichtspunkten – dem Vertrauensgrundsatz und dem Sichtfahrgebot – hat die Rechtsprechung Grundsätze entwickelt, die für die Beurteilung der Fahrlässigkeit eine besondere Bedeutung erlangt haben. Eine flüssige Abwicklung des Straßenverkehrs ist nur möglich, wenn der Verkehrsteilnehmer wenigstens ohne besonderen Anlass zu Misstrauen davon ausgehen kann, dass sich die anderen verkehrsgerecht verhalten werden.[33] Über allen Anforderungen, denen der Autofahrer genügen muss, schwebt also der **Vertrauensgrundsatz**, ein Geschöpf der Rechtsprechung. Dieser bedeutet beispielsweise, dass der dem grünen Pfeil folgende Verkehrsteilnehmer darauf vertrauen darf, dass die Ampeln tatsächlich so geschaltet sind, dass der Gegenverkehr bei Aufleuchten des grünen Pfeils durch Rotlicht angehalten wird. Der Verkehrsteilnehmer darf grundsätzlich auch darauf vertrauen, dass entgegenkommende Fahrzeuge das für sie aufleuchtende Rotlicht beachten. Für den Straßenverkehr gilt ganz allgemein der Grundsatz, dass ein Kraftfahrer auf die Einhaltung der Verkehrsregeln durch andere Verkehrsteilnehmer vertrauen darf, solange die sichtbare Verkehrslage zu keiner anderen Beurteilung Anlass gibt.[34] Der Vertrauensgrundsatz wirkt also nicht starr, sondern **situationsbezogen**. Dies bedeutet beispielsweise, dass sich ein Autofahrer, der einen über die Straße rennenden Fußgänger mit seinem Wagen erfasst, nicht auf den Vertrauensgrundsatz berufen kann, wenn der Unfall an einer Stelle geschieht, an der – was dem Autofahrer bekannt ist – durch abgestellte Fahrzeuge verdeckte Arbeiter einer Papierfabrik bei Schichtwechsel üblicherweise die Straße überqueren, ohne auf den Fahrzeugverkehr zu achten.[35]

Neben dem Vertrauensgrundsatz ist das **Sichtfahrgebot** eine der Säulen des Straßenverkehrs- **22** rechts. Es steht im Gesetz (§ 3 Abs. 1 StVO) und wirkt unproblematisch. Tatsächlich führt es jedoch zu Konsequenzen, die mit der Verkehrswirklichkeit in Konflikt geraten. Nach der Rechtsprechung des BGH darf der Autofahrer auch auf Autobahnen bei Dunkelheit nur so schnell fahren, dass er innerhalb der überschaubaren Strecke rechtzeitig vor einem Hindernis auf seiner Fahrspur halten kann. Die zulässige Geschwindigkeit ist nicht ohne Rücksicht auf die konkreten Umstände (zB Witterungsverhältnisse, technischen Einrichtungen des Fahrzeugs) „abstrakt" allein durch die Reichweite des Abblendlichts festgelegt, vielmehr ist sie dem erleuchteten Sichtfeld anzupassen.[36] Jeder Autofahrer weiß, dass gegen diese „Goldene Regel" insbesondere auf den Autobahnen laufend verstoßen wird. Bekanntlich wird dort ständig mit hohen Geschwindigkeiten bei Abblendlicht gefahren. Prallt der Autofahrer auf

---

32 BGH VersR 1995, 848, 849.
33 BGH VersR 1982, 701.
34 BGH VersR 1992, 203, 204; OLG Köln r+s 2005, 213, 214.
35 BGH VersR 1972, 951.
36 BGH VersR 1984, 741, 742.

ein von seinem Abblendlicht noch nicht erfasstes Hindernis auf seiner Fahrbahn (zB eine verunglückte Person, verletztes Wild, verlorenes Reserverad, herabgefallenes Ladegut usw.), weil er wegen der Geschwindigkeit sein Fahrzeug vor diesem Hindernis nicht mehr anhalten kann, dann trifft ihn wegen Verletzung des Sichtfahrgebots der Vorwurf der Fahrlässigkeit. Das Sichtfahrgebot des § 3 Abs. 1 StVO ist hart und schrankenlos formuliert. Es unterliegt jedoch Beschränkungen, wenn der Vertrauensgrundsatz ins Spiel kommt. Zwar erstreckt sich der Schutzbereich des Sichtfahrgebots auch auf solche Hindernisse, die durch das Verschulden eines anderen in den nicht einsehbaren Raum gelangt sind. Das Gebot findet jedoch im Vertrauensgrundsatz seine Grenze, wenn das Hindernis von der Seite oder von oben her völlig unvermittelt in die Fahrbahn gelangt. In einem solchen Fall ist dem Fahrer die Möglichkeit genommen, seine Geschwindigkeit seinem vorausberechneten Halteweg anzupassen. Dass dem Autofahrer eine nicht voraussehbare Verkürzung des Anhaltewegs nicht zur Last gelegt werden kann, gilt auch in den Fällen, in denen sich ein anderer Verkehrsteilnehmer in verkehrswidriger Weise mit einer ins Gewicht fallenden Geschwindigkeit auf ihn zu bewegt (zB ein LKW, der in einer unübersichtlichen Kurve ein landwirtschaftliches Fahrzeug überholt und dabei die gesamte Fahrbahn versperrt).[37] Mit anderen Worten: Der Autofahrer, der auf Sicht fährt, darf grundsätzlich darauf vertrauen, dass ihm die Strecke, die er frei vor sich sieht und die er einkalkuliert, als Anhalteweg unverkürzt erhalten bleibt.

aa) Kinder- und den Fußgängerunfall

23   Für zwei Unfalltypen haben Gesetzgeber und Rechtsprechung besondere Beurteilungsgesichtspunkte für die Fahrlässigkeit herausgebildet: den Kinder- und den Fußgängerunfall.

24   Der **Kinderunfall** wird beherrscht von § 3 Abs. 2a StVO, der die Sorgfaltsanforderungen an den Fahrzeugführer (u.a.) gegenüber Kindern über den Maßstab des § 276 BGB hinaus erhöht. Danach muss sich der Autofahrer (u.a.) gegenüber Kindern durch Verminderung der Fahrgeschwindigkeit und Bremsbereitschaft so verhalten, dass eine Gefährdung dieser Verkehrsteilnehmer ausgeschlossen ist. Das klingt hart und kaum erfüllbar. Der BGH hat zwar darauf hingewiesen, dass auch gegenüber Kindern die Sorgfaltspflichten des Autofahrers nicht überspannt werden dürfen.[38] Dies ändert aber nichts daran, dass die Rechtsprechung von dem Autofahrer gegenüber Kindern nicht nur eine erhöhte Sorgfalt, sondern sogar ein gut entwickeltes Vorahnungsvermögen erwartet. Er muss sich beispielsweise vor Augen halten, dass ein auf eine bevorrechtigte Straße mit dem Fahrrad zufahrendes Kind durch eine auf die Fahrbahn gezeichnete Furt zu der irrigen Vorstellung verleitet wird, ihm stehe die Vorfahrt zu. In dieser Situation der Unklarheit besteht für den Autofahrer kein Vertrauensschutz.[39] Oder: Nach der allgemeinen Lebenserfahrung muss der Autofahrer damit rechnen und sich darauf einstellen, dass dann, wenn von zwei Kindern das eine unvorsichtig über die Straße rennt, das andere Kind einem „unkontrollierten Nachlaufsog" unterliegt und gleichfalls losrennt.[40]

25   Bis vor kurzem war heftig umstritten, ob sich die **Heraufsetzung der Deliktsfähigkeit** bis zur Vollendung des zehnten Lebensjahres in § 828 Abs. 2 BGB auf alle Unfälle erstreckt, die sich im motorisierten Verkehr ereignen, oder ob dieses Haftungsprivileg auf Fälle des fließenden Verkehrs von Kraftfahrzeugen begrenzt ist. Ausgehend von dem gesetzgeberischen Ziel, nach dem die Haftungsprivilegierung lediglich den Fällen einer typischen Überforderung der

---

37   BGH NJW 1974, 1378, 1379.
38   BGH VersR 1992, 890.
39   BGH r+s 1997, 364, 365.
40   OLG Hamburg VersR 1990, 985.

betroffenen Kinder durch die spezifischen Gefahren des motorisierten Verkehrs – etwa die unrichtige Einschätzung der Entfernung oder Geschwindigkeit eines herannahenden Fahrzeugs – Rechnung tragen soll, hat der BGH entschieden, dass das Haftungsprivileg aus § 828 Abs. 2 S. 1 BGB nur eingreift, wenn sich bei der gegebenen Fallkonstellation eine typische Überforderungssituation des Kindes durch die spezifischen Gefahren des motorisierten Verkehrs realisiert hat. Das ist beispielsweise dann nicht der Fall, wenn ein neun Jahre altes Kind aus Unachtsamkeit bei einem Kickboard-Wettrennen stürzt und dadurch sein Kickboard gegen einen ordnungsgemäß am rechten Straßenrand geparkten PKW prallt. Das Kind ist dann aus § 823 Abs. 1 BGB verpflichtet, dem Eigentümer des PKW den Schaden zu ersetzen, der ihm durch den Aufprall des Kickboards an seinem PKW entstanden ist.[41]

Bei dem **Fußgängerunfall** fällt besonders die differenzierende Handhabung des Vertrauensgrundsatzes auf, und zwar eine Differenzierung je nachdem, ob sich der Autofahrer oder der Fußgänger auf diesen Grundsatz beruft. Sieht beispielsweise der Autofahrer im Vertrauen auf das für ihn grüne Ampellicht nur auf seine Fahrspur und nimmt er deshalb einen bei Rot von der Seite kommenden Fußgänger erst so spät wahr, dass er eine Kollision nicht mehr vermeiden kann, dann trifft ihn ein Fahrlässigkeitsvorwurf. Der Autofahrer war der Pflicht zur Beobachtung der gesamten vor ihm liegenden Fahrbahn nicht etwa deshalb enthoben, weil er sich einer Grünlicht und damit für Fußgänger Rot zeigenden Ampelanlage näherte. Er durfte nicht darauf vertrauen, dass sich wegen des Rotlichts kein Fußgänger auf der Fahrbahn befinden werde.[42] Anders fällt die Beurteilung aus, wenn es der Fußgänger ist, der auf das verkehrsrichtige Verhalten des Autofahrers vertraut hat. Wird etwa ein Fußgänger, der die Fahrbahn überquert, einen Meter vor dem Bürgersteig von einem Kraftfahrzeug angefahren, dann ist dem Autofahrer Fahrlässigkeit vorzuwerfen, wenn er den Fußgänger auf eine Entfernung von 20 m hätte wahrnehmen können. Der Autofahrer musste sich trotz seines Vorrangs (§ 25 Abs. 3 StVO) in seiner Fahrweise auf den Fußgänger einstellen. Ein Fußgänger, der eine innerstädtische Straße überquert und den gegenüberliegenden Bürgersteig fast erreicht hat, kann darauf vertrauen, dass ein herannahender Autofahrer es ihm ermöglicht, auch den Rest der Fahrbahn gefahrlos zu überqueren.[43]

26

bb) Jugendliche und betagte Kraftfahrer

Besondere Grundsätze hat die Rechtsprechung auch für die Sorgfaltspflicht des jugendlichen einerseits und des betagten Kraftfahrers andererseits herausgebildet. Die Sorgfaltsanforderungen des § 276 Abs. 2 BGB bestimmen sich, wie oben (Rn 18) ausgeführt, nach dem Verkehrskreis des Schädigers bzw der Gruppe, der er angehört. Das Sorgfaltspostulat ist also trotz des objektivierten Sorgfaltsmaßstabs nicht für alle Schädiger gleich, vielmehr kommt es darauf an, welchen spezifischen Sorgfaltsanforderungen die Angehörigen gerade der Gruppe genügen müssen, zu der der Schädiger gehört.[44] Das hat besondere Bedeutung, wenn der Schädiger ein **Kind** oder ein **Jugendlicher** ist. Dann kommt es darauf an, ob Kinder bzw Jugendliche seines Alters und seiner Entwicklungsstufe den Eintritt eines Schadens hätten voraussehen können und müssen und es ihnen bei Erkenntnis der Gefährlichkeit ihres Handelns in der konkreten Situation möglich und zumutbar gewesen wäre, sich dieser Erkenntnis gemäß zu verhalten.[45] Die Berücksichtigung typischer Verhaltensmuster Jugendlicher bei der Beurteilung der Sorgfaltsanforderungen kann zu einer deutlichen Besserstellung dieser Grup-

27

---

41 BGH NJW 2005, 354 ff; VersR 2005, 376.
42 BGH VersR 1975, 858.
43 OLG Düsseldorf r+s 1992, 195.
44 Sog. Gruppenfahrlässigkeit, vgl BGH VersR 1997, 834, 835.
45 BGH NJW 2005, 354, 356.

pe im Vergleich zu Erwachsenen führen.[46] Dieses Verständnis für jugendtypische Verhaltensweisen erreicht aber seine Grenze, wenn es um die Beurteilung des Verhaltens Jugendlicher beim Führen eines Kraftfahrzeugs geht. Gerät beispielsweise ein 19-jähriger Autofahrer, der seit einem Monat den Führerschein besitzt, mit einem gemieteten PKW auf schneeglatter Fahrbahn ins Schleudern und rammt er dabei auf der für ihn linken Straßenseite zwei entgegenkommende Fahrzeuge, dann steht der Einstufung seines Verhaltens als fahrlässig nicht entgegen, dass er wegen seines jugendlichen Alters die Gefahren von Straßenglätte für den Fahrzeugverkehr noch nicht einschätzen konnte. Für einen Jugendlichen, dem die Befugnis zum Führen von Kraftfahrzeugen zuerkannt worden ist, kann nach den Grundsätzen des objektiven Fahrlässigkeitsbegriffs im Zivilrecht kein anderer Maßstab als für einen Erwachsenen anerkannt werden.[47]

28 Für den **betagten Kraftfahrer** gilt, wenn er sich im Straßenverkehr bewegt, ein besonders strenger Sorgfaltsmaßstab. Er ist verpflichtet, sich stets genau zu beobachten und zu prüfen, ob er noch zur sicheren Führung seines Kraftfahrzeugs in der Lage ist, und es wird ihm als Verschulden angerechnet, wenn er sich ein Nachlassen seiner Leistungsfähigkeit nicht zu Bewusstsein bringt, obwohl er es bei sorgfältiger, kritischer Selbstbeobachtung und Selbstkontrolle hätte bemerken können. Die Anforderungen an die gebotene Selbstbeobachtung und Selbstkontrolle sind umso schärfer, je eher der Kraftfahrer nach Lage der Dinge mit einer Beeinträchtigung seiner Fahrtüchtigkeit rechnen muss. So kann etwa eine Schwächung durch eine Krankheit Veranlassung zu einer besonders kritischen Selbstbeobachtung und Selbstkontrolle geben. Ein Kraftfahrer, der bei selbstkritischer Prüfung altersbedingte Auffälligkeiten erkennt oder erkennen muss, die sich selbst nach den von einem medizinischen Laien zu verlangenden Kenntnissen auf seine Fahrtüchtigkeit auswirken können, ist verpflichtet, sich – ggf unter Hinzuziehung eines Arztes – zu vergewissern, ob er noch in der Lage ist, die altersbedingten Ausfälle durch Erfahrung, Routine und Fahrverhalten auszugleichen. Dies bedeutet beispielsweise, dass der betagte Kraftfahrer auffallende Ermüdungserscheinungen als mögliche Symptome einer altersbedingten Schwächung und damit als Warnsignale verstehen muss.[48]

e) Unvermeidbarkeit des Unfalls

29 War der Unfall unvermeidbar, dann kann dem Schädiger nicht vorgeworfen werden, dass er ihn nicht verhindert hat. Die Unvermeidbarkeit des Unfalls schließt den Fahrlässigkeitsvorwurf aus. In der Praxis ist jedoch zu beobachten, dass die Vermeidbarkeit nicht selten voreilig angenommen wird. Hier kann eine differenzierende Betrachtung geboten sein. Ergeben die Feststellungen, dass es dem Autofahrer auch bei pflichtgemäßer Reaktion nicht möglich gewesen wäre, sein Fahrzeug vor dem Kollisionspunkt anzuhalten, dann bedeutet dies noch nicht ausnahmslos, dass die Klage des Unfallgegners abzuweisen ist, weil ein Fahrlässigkeitsvorwurf nicht gerechtfertigt sei. Auch in einem solchen Fall kann ein Unfall vermieden werden, wenn die dem Autofahrer zur Verfügung stehende Zeit immerhin noch ausgereicht hätte, sein Fahrzeug so weit abzubremsen, dass es den Kollisionspunkt erst erreicht hätte, als ihn der Unfallgegner schon verlassen hatte. Es gilt also, zwischen *räumlicher* Vermeidbarkeit (der Möglichkeit, das Fahrzeug noch vor dem Kollisionspunkt anzuhalten) und *zeitlicher* Vermeidbarkeit (der Möglichkeit, das Fahrzeug abzubremsen oder zur Seite zu lenken, um dem Verkehrspartner die Chance zu geben, den Gefahrenbereich zu verlassen) zu unterscheiden. Einem Auseinanderfallen von räumlicher und zeitlicher Vermeidbarkeit ist vor allem dann

---

46 Vgl zB BGH VersR 1953, 28; 1991, 196, 197.
47 BGH NJW 1973, 1790, 1791.
48 BGH VersR 1988, 388, 389.

Janeczek

nachzugehen, wenn Sekundenbruchteile genügt hätten, um den Unfallgegner aus der Gefahrenzone zu bringen.[49] Entsprechendes gilt auch dann, wenn es dabei zumindest zu einer deutlichen Abmilderung des Unfallverlaufs und der erlittenen Verletzungen gekommen wäre.[50]

f) Vermutetes Verschulden gem. § 18 StVG

Neben der Haftung aus §§ 823 ff BGB existiert die verkehrsrechtliche Haftung des Fahrers gem. § 18 StVG. Im Gegensatz zur Halterhaftung gem. § 7 StVG ist diese Haftung nicht als Gefährdungshaftung ausgestaltet. Ein Verschulden ist somit immer Voraussetzung für die Haftung des Fahrers. Jedoch kennt § 18 StVG ähnlich wie § 280 BGB (vertragliche Schadensersatzpflicht) das vermutete Verschulden, so dass der Fahrer im Falle eines Unfalls beweisen muss, diesen nicht schuldhaft herbeigeführt zu haben. Das Gesetz geht dabei im Regelfall davon aus, dass Fahrer derjenige ist, der das Lenkrad in der Hand hält. Zu beachten ist jedoch die wichtige Ausnahme des § 3 Abs. 2 StVG bei Übungs- und Prüfungsfahrten, wonach nicht der Fahrschüler, sondern allein der Fahrlehrer Fahrer iSd § 18 StVG ist.

II. Verkehrsunfall mit leichtem Sachschaden

Zunächst soll der Standardfall des Verkehrszivilrechts, der Verkehrsunfall mit leichtem Sachschaden, dargestellt werden. Da die Haftung des Halters und der Haftpflichtversicherung unten dargestellt wird (Rn 188 ff), wird hier lediglich von der Existenz des Fahrers ausgegangen. Der Standardfall ist dadurch gekennzeichnet, dass die einzelnen Schadenspositionen relativ klar auf der Hand liegen. Im Regelfall ist zu denken an die Reparaturkosten, die Sachverständigenkosten, den Nutzungsausfallschaden, die Unkostenpauschale und natürlich die Rechtsanwaltskosten.

Beispiel: Nach einem Verkehrsunfall am Abend des 1.6.2006 erhält der Mandant am Vormittag des 2.6.2006 sofort einen Besprechungstermin und berichtet:
„Ich befuhr die Hauptstraße in der Ortschaft mit 50km/h. Der Unfallgegner kam von rechts aus der Nebenstraße, übersah mich wohl und nahm mir die Vorfahrt. Ich bremste sofort stark, konnte jedoch nicht mehr vermeiden, dass wir leicht kollidiert sind. An meinem Fahrzeug ist bis auf einen kleinen Kratzer an der Stoßstange nicht viel zu sehen. Aber der kostet ja auch Geld, und ich weiß nicht, ob nicht irgendwas gerissen ist, was man außen nicht sieht. Im Übrigen hat der Unfallgegner gegenüber der Polizei behauptet, dass ich viel zu schnell gefahren sei."
Aus der Schilderung des Mandanten werden **drei Aufgaben des Anwalts** deutlich:
(1.) die Abwehr von Schadensersatzansprüchen (Rn 33 f).
(2.) die Verteidigung gegen den Vorwurf verkehrsordnungswidrig gehandelt zu haben (Rn 35 ff) und
(3.) die Einholung der Deckungszusage bei der Rechtsschutzversicherung des Mandanten (Rn 40 f)
Die erste Aufgabe ist zunächst die **Abwehr von Schadensersatzansprüchen,** da der Gegner aus seiner Sicht möglicherweise Schadensersatzansprüche geltend macht. Insoweit ist der Mandant auf seine vertragliche Pflicht zur Schadensanzeige bei seiner Haftpflichtversicherung hinzuweisen.

---

49 BGH VersR 1992, 1015.
50 BGH NJW 2005, 1940, 1942.

Hinweis: Damit die Haftpflichtversicherung Kenntnis vom Rechtsanwalt des Mandanten erhält, hat der kluge Anwalt die Schadensanzeige selbst zu tätigen, um dann möglicherweise auch von der Haftpflichtversicherung mit dem Passivmandat betraut zu werden, wenn der Unfallgegner seine Ansprüche gerichtlich geltend macht.

34   **Muster: Schreiben an die Haftpflichtversicherung des Mandanten**

   ↓

An die

■■■ Versicherung, ■■■

Versicherungs-Nr.: ■■■

Schadens-Nr.: ■■■

Sehr geehrte Damen und Herren,

in vorgenannter Angelegenheit hat uns Ihr Versicherungsnehmer mit der Wahrnehmung seiner rechtlichen Interessen bezüglich der Geltendmachung von Schadensersatzansprüchen aus einem Unfall betraut.

Nähere Einzelheiten zum Unfallhergang entnehmen Sie bitte dem beigefügten Fragebogen für Anspruchsteller und der darin befindlichen Unfallschilderung.

Betrachten Sie dieses Schreiben bitte als **Schadensanzeige.**

Soweit Sie von der Gegenseite auf Schadensersatz in Anspruch genommen werden sollten, bitten wir im Interesse der Erhaltung des Schadensfreiheitsrabattes unserer Mandantschaft darum, die Regulierung zuvor mit uns abzustimmen.

1. Wir haben Akteneinsicht beantragt. Auf Wunsch stellen wir Ihnen gern einen Aktenauszug zu den üblichen Gebühren zur Verfügung.

2. Die Zeugen

■ ■■■

■ ■■■

■ ■■■

haben wir angeschrieben und um Hergabe einer schriftlichen Zeugenaussage gebeten. Nach Vorlage der Aussagen können Ihnen diese bei Bedarf zur Verfügung gestellt werden.

3. Sollten Sie direkt Zeugenaussagen einholen, so bitten wir darum, uns hiervon ebenfalls eine Abschrift zukommen zu lassen.

Weitere Informationen werden wir Ihnen auf Anfrage gern zukommen lassen.

Mit freundlichen Grüßen

Rechtsanwalt

35   Die zweite Aufgabe des Anwalts stellt die **Verteidigung gegen den Vorwurf einer Verkehrsordnungswidrigkeit** dar (dazu §§ 9-11), die allein bereits daraus folgt, dass der Unfallgegner behauptet, der Mandant sei zu schnell gefahren. Diese Schilderung des Unfallgegners wird die Polizei regelmäßig veranlassen, bei den verletzten Normen im Unfallerfassungsblatt § 3 StVO (Geschwindigkeit) zu notieren. Auch wenn dies dem Mandanten schlussendlich nicht nachweisbar sein wird, erfolgt regelmäßig nach entsprechender Einlassung nach Einblick in die Ermittlungsakte eine Einstellungsverfügung der Behörde, so dass die Tätigkeit im Ordnungswidrigkeitenverfahren gegenüber der Rechtsschutzversicherung abrechenbar ist.

Hinweis: Gerade der Kleinschadensfall zeichnet sich gebührenrechtlich allein bei Geltendmachung der Schadensersatzansprüche durch geringe Attraktivität aus. Mit relativ wenig Aufwand kann die Attraktivität so für den Anwalt deutlich gesteigert werden. Schließlich hat sich der Anwalt mit der Durchsetzung der Schadensersatzansprüche zu befassen. 36

Zunächst ist dem Mandanten ein **Sachverständiger zu empfehlen**, von dem man weiß, dass dieser unabhängig ist und keine direkte oder indirekte Verbindung zu Versicherungen aufweist. Zugleich hat der Anwalt den Gegner anzuschreiben.

Muster: Schreiben an den Unfallgegner 37

Sehr geehrter Herr ■■■,

wir wurden von ■■■ mit der Wahrnehmung seiner Interessen aus einem Verkehrsunfall beauftragt. Eine uns legitimierende Vollmacht liegt diesem Brief bei.

Ihnen ist der Unfallhergang bestens bekannt. Aus diesem ergibt sich, dass dieser ausschließlich durch Sie verursacht und verschuldet worden ist.

Wir bitten Sie, Ihren **Haftungseintritt** dem Grunde nach bis zum

■■■

zu erklären.

Zur Schadenshöhe werden wir in den nächsten Tagen noch gesondert Stellung nehmen und insofern unaufgefordert auf die Sache zurückkommen.

Mit freundlichen Grüßen

Rechtsanwalt

Weiterhin ist die **amtliche Ermittlungsakte einzuholen:** 38

Muster: Beiziehung der Ermittlungsakte 39

An die Polizeidienststelle ■■■

Ihre Tagebuch-Nr. : ■■■

Verkehrsunfall vom ■■■, ■■■ Uhr, in ■■■

Sehr geehrte Damen und Herren,

■■■ hat uns in obiger Sache mit der Wahrnehmung seiner Interessen beauftragt. Eine uns legitimierende Vertretungsvollmacht fügen wir diesem Schreiben als Anlage bei.

Zur Geltendmachung der zivilrechtlichen Ansprüche ■■■ ist es erforderlich, die Verfahrensakte einzusehen.

Wir beantragen daher, uns die Verfahrensakte alsbald, spätestens nach Abschluss der Ermittlungen, zur

Einsichtnahme

zu übersenden.

Eine umgehende Rücksendung der Akte sichern wir zu. Für eine kurzfristige Erledigung bedanken wir uns im Voraus.

Mit freundlichen Grüßen

Rechtsanwalt

40 Als dritte Aufgabe ist noch bei der Rechtsschutzversicherung des Mandanten die **Deckungs-zusage** einzuholen.

41 **Muster: Einholung der Deckungszusage**

An die

■■■ Versicherung, ■■■

Rechtsschutzversicherungs-Nr.: ■■■

Ihr Versicherungsnehmer: ■■■

Sehr geehrte Damen und Herren,

■■■ hat uns in vorgenannter Unfallsache mit der Wahrnehmung der Interessen beauftragt.

Weitere Einzelheiten entnehmen Sie bitte den als Anlage beigefügten Unterlagen.

Wir bitten um kurzfristige

Deckungszusage

für die Geltendmachung der zivilrechtlichen Schadensersatzansprüche bzw für ein mögliches Bußgeld- oder Strafverfahren.

Ferner bitten wir höflich um Ausgleichung der beigefügten Kostennote.

Mit freundlichen Grüßen

Rechtsanwalt

Anlage

Kostennote

Schriftverkehr

42 Der **Mandant** ist den berufsständischen Verpflichtungen entsprechend **über die anwaltliche Tätigkeit zu informieren**. Überrascht wird er sein, wenn er bereits am Tag nach der ersten Besprechung die Mandatsbestätigung zusammen mit den Kopien der vorherigen Schreiben im Briefkasten findet. Aus Sicht des Mandanten wurde in kürzester Zeit viel getan, was Zufriedenheit und Vertrauen schafft:

43 **Muster: Mandatsbestätigung**

Verkehrsunfall vom ■■■

Sehr geehrter Herr ■■■,

in der vorbezeichneten Unfallsache beziehen wir uns auf die Besprechung in unserer Kanzlei am 2.6.2006. Wir möchten Ihnen auf diesem Wege die Übernahme des Mandats bestätigen und uns für das mit der Über-tragung entgegengebrachte Vertrauen bedanken.

Die beigefügten Schriftstücke erhalten Sie zur Kenntnisnahme und zum Verbleib bei Ihren Unterlagen.

Über den weiteren Fortgang der Angelegenheit halten wir Sie informiert.

Mit freundlichen Grüßen

Rechtsanwalt

Anlagen

Die schriftliche Mandatsbestätigung ist nicht nur dazu da, um den Mandanten das Aktenzeichen mitzuteilen und so spätere Zuordnungen bei Rückrufen zu ermöglichen. Die Mandatsbestätigung ist auch Zeichen für die Bearbeitungsgeschwindigkeit des Anwalts. Es sollte das Ziel jeder Bearbeitung eines Unfallmandats sein, dass der Mandant spätestens am dem Besprechungstermin folgenden Tage die Mandatsbestätigung erhält, bei der auch die ersten Anschreiben (Schreiben an die gegnerische Haftpflichtversicherung, Anforderung der E-Akte etc.) in Kopie enthalten sind. Bei einer standardisierten Bearbeitung von Unfallmandaten ist der Aufwand hierfür gering, und der Mandant wird zufrieden sein, dass sich sein Anwalt so schnell um ihn gekümmert hat.   44

Durch den Sachverständigen erfährt der Anwalt, dass die Reparaturkosten netto 500 EUR betragen. Hiernach erfolgt umgehend die Bezifferung der Ansprüche gegenüber dem Fahrer.   45

Muster: Bezifferung der Ansprüche gegenüber dem Schädiger   46

Betr.: Schadenspositionen und Schadensbezifferung im Reparaturfall

Sehr geehrter Herr ▪▪▪,

der durch den Unfall entstandene Schaden wird vorläufig wie folgt beziffert:

Schadensaufstellung

Verkehrsunfall vom ▪▪▪, ▪▪▪ Uhr, in ▪▪▪

Pos.	Bezeichnung	Forderung	Zahlung
	Reparaturkosten Wertminderung Sachverständigenkosten Nutzungsausfall Pauschale f. unfallb. Wege Mietwagenkosten		
	Gesamtbetrag		

Zur Zahlung des Gesamtbetrags fordern wir bis zum ▪▪▪ auf.

Sollte ein vollumfänglicher und pünktlicher Zahlungseingang nicht zu verzeichnen sein, wird umgehend Klage erhoben.

Mit freundlichen Grüßen

Rechtsanwalt

Die Arbeit mit einer solchen Tabelle ermöglicht es, dass nur noch die einzelnen Positionen eingetragen werden müssen und nicht jede Gesamtschadensaufstellung einzeln diktiert und geschrieben werden muss.   47

48 Am 14.6.2006 geht bei dem Anwalt die Ermittlungsakte ein. Es wird deutlich, dass die Polizei den Unfall als Kleinschaden bewertet hat. Eine Ausmessung der Unfallstelle hat nicht stattgefunden. Bilder wurden nicht angefertigt. Es finden sich lediglich die wiedergegebenen Angaben des Unfallgegners. Nachdem der Unfallgegner den geforderten Schadensersatz nicht geleistet hat, wird nach Rücksprache mit dem Mandaten der Klageentwurf gefertigt. Hierfür teilt der Mandant noch mit, dass das Fahrzeug vom 12.6.2006 bis zum 14.6.2006 repariert wurde und er kein Ersatzfahrzeug angemietet hat. Die Reparaturrechnung weist einen Rechnungsbetrag von brutto 580 EUR aus.

49 **Muster: Klageschrift (Schadensersatzklage wg. Verkehrsunfall)**

↓

An das ▪▪▪gericht, ▪▪▪

Klage

In Sachen

des Herrn ▪▪▪

– Kläger –

Prozessbevollmächtigte: RAe ▪▪▪

gegen

den Herrn ▪▪▪ [Fahrer]

– Beklagter –

wegen Schadensersatzes

Streitwert: 900,00 EUR

Namens und in Vollmacht des Klägers erheben wir Klage und werden beantragen:

1. Der Beklagte wird verurteilt, an den Kläger 900,00 EUR nebst Zinsen iHv 5 Prozentpunkten über dem Basiszinssatz seit dem 20.6.2006 zzgl der nicht anrechenbaren Kosten für die außergerichtliche Regulierung iHv 68,61 EUR zu bezahlen.

2. Die Kosten des Verfahrens trägt der Beklagte.

3. Das Urteil ist vorläufig – notfalls gegen Sicherheitsleistung – vollstreckbar.

4. Sofern das Gericht das schriftliche Vorverfahren anordnet, beantragen wir bereits jetzt bei Säumnis des Beklagten den Erlass eines entsprechenden Versäumnisurteils, im Falle eines Anerkenntnisses den Erlass eines entsprechenden Anerkenntnisurteils ohne mündliche Verhandlung.

Begründung:

Der Kläger macht Schadensersatzansprüche aus einem Verkehrsunfall vom 1.6.2006 um ca. 19.45 Uhr auf der Hauptstraße Höhe Einmündung Nebenstraße in A-stadt geltend. Fahrer des unfallgegnerischen PKW ▪▪▪, amtl. Kennzeichen ▪▪▪, war der Beklagte.

Der Unfall ereignete sich wie folgt:

Die Beklagte befuhr mit dem in seinem Eigentum stehenden ▪▪▪ mit dem amtlichen Kennzeichen ▪▪▪ die bevorrechtigte Hauptstraße in A-stadt in stadteinwärtiger Richtung unter Einhaltung der zulässigen Höchstgeschwindigkeit. Der Beklagte befuhr die untergeordnete Nebenstraße und beabsichtigte, aus Sicht des Klägers von rechts kommend, die Hauptstraße zu überqueren. Als der Kläger erkannte, wie der Beklagte unmittelbar vor ihm und ohne anzuhalten plötzlich auf die Hauptstraße auffuhr, leitete er sofort eine Gefahrenbremsung ein, konnte jedoch nicht mehr vermeiden, dass es zu einer Kollision der Fahrzeuge kam.

Beweis: Beiziehung der amtlichen Ermittlungsakte (Az ▪▪▪)
Parteivernahme des Klägers gem. § 448 ZPO
Informatorische Anhörung des Klägers gem. § 141 ZPO

Der Unfall wurde durch den Beklagten allein verschuldet. Für den Kläger war der Unfall unvermeidbar.

Beweis: wie vor

Im Übrigen spricht der Anschein gegen einen Verstoß des Klägers. Der Unfall hat sich im räumlichen und zeitlichen Bereich einer Kreuzung ereignet, so dass ein Anschein für eine Verletzung der Vorfahrt durch denjenigen spricht, welcher Vorfahrt zu gewähren hatte.

Daher hat der Beklagte dem Kläger vollumfänglich seinen Schaden auszugleichen.

Die Beklagte hat eine Haftung abgelehnt, weil der Kläger die zulässige Höchstgeschwindigkeit um mehr als das Doppelte überschritten haben soll. Dies wird in Abrede gestellt. Der Kläger ist nicht schneller als 50 km/h gefahren.

Dem Kläger entstand folgender Schaden:

1. Reparaturkosten	500,00 EUR

Beweis: Reparaturrechnung vom 14.6.2006 in Kopie als Anlage

2. Sachverständigenkosten	220,00 EUR

Beweis: Rechnung in Kopie als Anlage

3. Nutzungsausfallschaden	150,00 EUR

Der Kläger konnte während der Zeit der Reparatur sein Fahrzeug nicht nutzen. Aufgrund seines vorhandenen Nutzungswillens, welcher sich in der Reparatur geäußert hat, und der entgangenen Nutzungsmöglichkeit kann er entsprechenden Nutzungsausfallschaden ersetzt begehren.

Gemäß der Tabelle *Sanden/Danner/Küppersbusch* beträgt der tägliche Nutzungsausfallschaden für den klägerischen PKW ▪▪▪ Baujahr 1998 täglich 50,00 EUR.

Beweis: richterliche Schätzung gem. § 287 ZPO

Das Fahrzeug des Klägers wurde vom 12.6.2006 bis zum 14.6.2006 repariert.

Beweis: Reparaturablaufplan in Kopie als Anlage

Mithin beträgt der Nutzungsausfallschaden	150,00 EUR.
4. Unkostenpauschale:	30,00 EUR
Mithin erlitt der Klägerin einen Gesamtschaden iHv	**900,00 EUR .**

Des Weiteren sind die nicht im Kostenfestsetzungsverfahren anrechenbaren Kosten der außergerichtlichen Regulierung als Nebenkosten geltend zu machen. Ausgehend von der Schwellengebühr iHv 1,3 ist eine Gebühr iHv 0,65 nicht anrechenbar. Außergerichtlich betrug der Streitwert bis 900,00 EUR, so dass 68,61 EUR nicht anrechenbar sind.

Schlüssel	Ansatz	Bezeichnung	Wert EUR	Betrag EUR
2400	1,3	Geschäftsgebühr	900,00	84,50
	0,65	abzgl. Abgleich zwischen Nr. 2400 und 3100	900,00	−42,25
7002		Pauschale für Entgelte für Post- und Telekommunikationsdienstleistungen (Nr. 2400)		16,90

Gebühren und Auslagen (netto)	59,15
16% Mehrwertsteuer, Nr. 7008 VV RVG	9,46
Gebühren und Auslagen (brutto)	68,61
Endbetrag der Rechnung	68,61

Mit Schreiben vom 5.6.2006 wurde der Beklagte zur Zahlung bis zum 19.6.2006 aufgefordert. Einer solchen Zahlung kam er nicht nach, so dass Verzug seit dem 20.6.2006 besteht.

Klage ist daher geboten.

Rechtsanwalt

50 Zusammen mit einer Kostenvorschussnote geht dieser Klageentwurf mit der Bitte um Deckungszusage für die erste Instanz an die Rechtsschutzversicherung. Parallel bietet es sich an, den Klageentwurf an den Mandanten zu schicken, damit dieser Gelegenheit hat, sich mit dem tatsächlichen Vortrag zu beschäftigen und sich mit der Klage zu identifizieren.

51 Nach Erteilung der Deckungszusage wird die Klage anhängig gemacht. Auszugehen ist davon, dass der Beklagte in seiner Klageerwiderung einwendet, dass der Kläger nicht Eigentümer sei (fehlende Aktivlegitimation), er nicht hafte, da der Kläger zu schnell gefahren sei, die Sachverständigenkosten nicht erforderlich gewesen seien, weil es sich um einen Bagatellschaden handele, im Übrigen die Sachverständigenkosten nicht fällig seien, da die Abrechnungsart (Gegenstandswert) des Sachverständigen unüblich sei und hinsichtlich des Nutzungsausfallschadens der Kläger das Alter seines Fahrzeugs beachten müsse. Hierauf kann wie folgt repliziert werden:

52 **Muster: Replik auf Klageerwiderung**

An das ███gericht, ███

Az ███

Replik

In Sachen ███

███[Kläger] ./. ███[Beklagter]

replizieren wir wie folgt:

1. Aktivlegitimation

Der Kläger ist Eigentümer des Fahrzeugs. Er ist zum Unfallzeitpunkt Fahrer des Fahrzeugs gewesen und hatte so unmittelbare Sachherrschaft, also Besitz. Gem. § 1006 BGB spricht eine tatsächliche Vermutung dafür, dass der Besitzer auch Eigentümer ist.

2. Haftung dem Grunde nach

Gegen den Beklagten spricht ein Anschein für eine schuldhafte Herbeiführung des Unfalls allein durch den Beklagten. Der Beklagte müsste einen atypischen Unfallverlauf nicht nur darlegen, sondern insbesondere auch beweisen. Einer Parteivernehmung des Beklagten wird widersprochen. Weitere Beweismittel stehen nicht zur Verfügung, so dass der Beklagte beweisfällig bleibt.

3. Haftung der Höhe nach

a) Sachverständigenhonorar

Zuzugeben ist, dass nach der Rechtsprechung die Erforderlichkeit eines Sachverständigengutachtens zu verneinen ist, wenn die Bagatellschadensgrenze unterschritten ist. Ein Verstoß des Geschädigten gegen seine Schadensminderungspflicht liegt jedoch nur dann vor, wenn dem Geschädigten auf den ersten Blick klar sein muss, dass es sich um einen Bagatellschaden handelt. Da der übliche Geschädigte keine Sachkunde besitzt, kann er nur sehr schwer die Kosten eines Schadens feststellen (AG Detmold zfs 1997, 297; AG Berlin-Mitte DAR 1998, 73) und kann darum einen Sachverständigen beauftragen (BGH, Urt. v. 30.11.2004

– VI ZR 365/03). Da dem Kläger auf den ersten Blick nicht bewusst sein konnte, ob an einer nicht sichtbaren Stelle zB die Aufnahme des Stoßfängers gebrochen ist,

Beweis: Sachverständigengutachten

konnte er einen Sachverständigen beauftragen.

Rechtlich ist der Beklagte als Schädiger verpflichtet, dem Kläger die Aufwendungen für das Sachverständigengutachten als Schadensermittlungskosten zu ersetzen. Nach einhelliger Meinung gehören die Kosten eines Sachverständigengutachtens zu dem vom Schädiger zu tragenden Herstellungsaufwand gem. § 249 BGB. Der Geschädigte kann demnach die Kosten eines zur Schadensbezifferung notwendigen Gutachtens unabhängig von dessen Richtigkeit und Brauchbarkeit ersetzt verlangen (OLG Hamm NZV 1993, 149; 1994, 393).

Der Beklagte hat aber auch der Höhe nach die vollständigen Sachverständigenkosten zu ersetzen. Ein Verstoß gegen die Schadensminderungspflicht ist nicht ersichtlich. Der Kläger durfte ohne Weiteres ein zur Erstellung von Gutachten bekanntes Sachverständigenbüro beauftragen. Als Laie brauchte er keine Erwägungen darüber anzustellen, ob der beauftragte Sachverständige nach Gebühren abrechnen würde, die in einer von einer Privatorganisation erarbeiteten Gebührenordnung (BVSK) liegen. Abgesehen davon, dass diese aufgestellten Gebühren keine rechtliche Bedeutung haben, brauchte der Geschädigte keine Ermittlungen darüber anzustellen, ob es einen Gebührenrahmen gab, den der Sachverständige nicht überschreiten durfte (AG Wiesbaden, Urt. v. 19.6.1998 – 92 C 2714/97).

Ähnlich hat sich hierzu auch das AG Erfurt (Urt. v. 12.8.1997 – 23 C 1319/97) verhalten:

„Die von dem Kläger geltend gemachte Forderung ist fällig. Das Gutachten des Klägers ist ohne Beanstandung als vertragsgemäße Leistung anerkannt worden. Die Schadensregulierung erfolgte auf der Basis des Gutachtens. Mit der Abnahme der Leistung des Klägers ist der Anspruch auf Werklohn grundsätzlich gemäß § 641 BGB fällig. Der Kläger ist nicht verpflichtet, seine innerbetriebliche Kalkulation offenzulegen. Es entspricht der durchgängigen Praxis, die Ortsüblichkeit nach der Schadenshöhe zu bemessen und hierauf bezogen die durchschnittlichen Kosten zu kalkulieren. Solange es keine bundeseinheitliche Tabelle zur Berechnung der Gebühren des Kfz-Sachverständigen gibt, kann der Sachverständige sein Honorar auf der Grundlage der Schadenshöhe als Ausgangsgröße nach billigem Ermessen festsetzen. Dem Geschädigten ist dagegen nicht zuzumuten, vor der Beauftragung eines Sachverständigen, ähnlich wie bei der Anmietung eines Mietfahrzeugs nach Verkehrsunfall, Gebührenvergleiche vorzunehmen. Die durch die Beauftragung des Sachverständigen entstandenen Kosten sind dem Geschädigten, ebenso dem Sachverständigen nach Abtretung, als Schadensfolge zu ersetzen."

Ebenso hat auch das AG Lüdenscheid (zfs 1998, 293) entschieden, dass die Sachverständigenkosten vom Schädiger zu ersetzen sind, wenn sie sich aus der Sicht des Geschädigten im Rahmen des Üblichen bewegen. Nur dann, wenn für den Geschädigten ohne Weiteres erkennbar ist, dass der von ihm ausgewählte Sachverständige Kosten verlangt, die außerhalb des Üblichen liegen, darf er einen entsprechenden Auftrag nicht auf Kosten des Schädigers erteilen (AG München, Urt. v. 1.12.2000 – 331 C 34009/00; AG Nürnberg zfs 1998, 348; AG Bochum zfs 1999, 59). Eine solche Kenntnis hat die Klägerin jedoch nicht. Im Übrigen bewegen sich die Gebühren im Rahmen des Üblichen.

Auch die Höhe des entstandenen Schadens ist ein sachgerechtes Kriterium für die Berechnung des Honorars (AG Hamburg, Urt. v. 15.11.1996 – 55c C 2102/96; AG Köln, Urt. v. 23.10.1997 – Az 138 C 406/97; AG Brühl DAR 1998, 73; AG Eschweiler zfs 1998, 292; AG Essen NZV 1999, 255; AG Lingen zfs 1999, 336; AG München zfs 1998, 133; AG Brühl DAR 1998, 73). Dabei gilt es auch zu berücksichtigen, dass immerhin 97% aller Kfz-Sachverständigen ihr Honorar nach dem Gegenstandswert abrechnen.

Es steht somit außer Zweifel, dass der Beklagte zur Zahlung des vollständigen Sachverständigenhonorars verpflichtet ist.

b) Nutzungsausfallschaden

Das Alter des Fahrzeugs ist bei der Bemessung des Nutzungsausfallschadens nicht zu berücksichtigen. Das Alter eines Fahrzeugs hat grundsätzlich keinerlei Einfluss auf die Nutzungsmöglichkeit und den Nutzungswert für den Geschädigten (OLG Hamm MDR 2000, 639; OLG Naumburg, OLG-NL 1995, S. 220; OLG Karlsruhe DAR 1089, 67 ff)

Rechtsanwalt

III. Unfall mit leichtem Sach- und Personenschaden

1. Verletzter im unfallverursachenden Fahrzeug

53 Klar ist die Haftung dem Grunde nach bei einem verletzten Insassen seit der Schuldrechtsreform zum 1.8.2002. Während bis zu diesem Zeitpunkt die Gefährdungshaftung des Halters gegenüber unentgeltlich beförderten Insassen ausgeschlossen war (§ 8a Abs. 1 S. 1 StVG aF), ist die Gefährdungshaftung seitdem auch auf solche Insassen ausgedehnt. Dies bedeutet, dass der Insasse dem Fahrer des Fahrzeugs kein Verschulden nachzuweisen braucht, sondern in aller Regel einen Anspruch besitzt, es sei denn, es ist der praktisch kaum denkbare Fall der höheren Gewalt gegeben. Da mit der Gesetzänderung auch der Anspruch auf Schmerzensgeld verschuldensunabhängig ist, besteht auch stets ein solcher Anspruch. Im Übrigen gilt dies auch für den Halter oder Versicherungsnehmer als Insassen gegen den Fahrer bzw seine eigene Haftpflichtversicherung.

2. Ausgangsfall: unklare Fahrzeugkollision

54 Zur weiteren Schilderung soll von folgendem Fall ausgegangen werden: M. kommt in das Büro des Rechtsanwalts und teilt mit, dass er vor zwei Tagen einen Unfall erlitten hat. Er weiß nicht mehr genau, wie es dazu kam. Jedenfalls kam ein anderes Fahrzeug auf ihn zu, und es kam zu einer Kollision der Fahrzeuge. Sein Fahrzeug ist nur noch Schrott, jedoch hat er Glück gehabt und ist nicht verletzt worden. Jedoch erlitt seine Frau eine Fraktur eines Brustwirbels und liegt im Krankenhaus. M. ist sich zwar sicher, dass er auf seiner Seite der Fahrbahn gefahren ist, jedoch behauptet das auch der Gegner. Es lässt sich wohl nicht aufklären. Der Rechtsanwalt soll jetzt alles tun, was zu tun ist.

55 Ein sehr schwerer Fehler wäre jetzt zu großer Übereifer des Anwalts. Auf den ersten Blick ist klar, dass von einer **non-liquet-Situation** auszugehen ist und man für Herrn M. beim Unfallgegner 50% der Schäden durchsetzen und zugleich auch die Ansprüche der Frau M. vollumfänglich durchsetzen kann. Jedoch wird dabei nicht bedacht, dass Frau M. Ansprüche gegen Herrn M. als Fahrer hat, somit also zwingend eine Situation gegeben ist, der eine **Doppelvertretung** folgen würde. Es ist somit nicht möglich, Herrn M. und Frau M. gleichzeitig zu vertreten. An dieser Interessenkollision kann weder das Einverständnis der Beteiligten noch die Tatsache etwas ändern, dass die Ansprüche gegen den Haftpflichtversicherer geltend gemacht werden.[51] Es ist damit dringend anzuraten, sich für ein Mandat zu entscheiden und das andere Mandat weiterzuempfehlen. Dabei gilt es auch zu bedenken, dass der Mandant von heute ganz schnell der Gegner von morgen ist. Im Übrigen wird der Kollege, an den man das zweite Mandat weitergereicht hat, künftig wahrscheinlich vor der gleichen Situation stehen und sich dann umgekehrt verhalten.

---

51 BayObLG NJW 1995, 606.

Vorliegend wird daher Herr M. mit seinen Sachschäden am Fahrzeug weiterverwiesen, und die Ansprüche der Frau M. werden geltend gemacht.

Für jede Bearbeitung eines Unfallmandats mit Personenschaden ist die **Schweigepflichtsentbindung** unerlässlich, welche wie folgt aussehen kann: 56

Muster: Schweigepflichtsentbindung   57

22

Erklärung
zur Entbindung von der ärztlichen Schweigepflicht

Hiermit entbinde ich

Name: ■■■

Vorname: ■■■

Geburtsdatum: ■■■

Anschrift: ■■■

alle Ärzte, die mich aus Anlass des am ■■■erlittenen Unfalls behandelt haben bzw behandeln werden, von der ärztlichen Schweigepflicht, und zwar gegenüber

- den beteiligten Versicherungsgesellschaften,
- den beteiligten Gerichten und Strafverfolgungsbehörden,
- den beteiligten Rechtsanwälten,

unter der Bedingung, dass die von mir beauftragten Rechtsanwälte

■■■

gleichzeitig und unaufgefordert eine Durchschrift der erteilten Auskünfte und Stellungnahmen erhalten.

■■■, den ■■■

(Unterschrift)

Weiterhin ist wiederum die gegnerische Haftpflichtversicherung anzuschreiben. Vorliegend ist zu beachten, dass Frau M. sowohl gegen die Haftpflichtversicherung von Herrn M. Ansprüche besitzt als auch gegen die Versicherung des Unfallgegners. Sofern sich der Unfallhergang nicht aufklären lässt, wovon im Weiteren ausgegangen wird, hat Frau M. einen Anspruch gegen beide Fahrer allein aus der Betriebsgefahr. Die Versicherungen haften gesamtschuldnerisch.   58

Muster: Aufforderung zum Haftungseintritt   59

23

Sehr geehrte Damen und Herren ■■■,

wir wurden von ■■■ mit der Wahrnehmung ihrer Interessen aus einem Verkehrsunfall vom ■■■ beauftragt. Eine uns legitimierende Vollmacht finden Sie anliegend.

Auf den Unfallhergang kommt es nicht an, da der Anspruch unserer Mandantschaft bereits aus der Tatsache folgt, dass sie Insassin des bei Ihnen versicherten Fahrzeugs war.

Wir bitten Sie, Ihren **Haftungseintritt** dem Grunde nach bis zum

▪▪▪

zu erklären.

Zur Schadenshöhe werden wir in den nächsten Tagen noch gesondert Stellung nehmen und insofern unaufgefordert auf die Sache zurückkommen. Vorab wollen wir Sie jedoch darüber informieren, dass sich unsere Mandantschaft eine Fraktur eines Brustwirbels zugezogen hat, und beziffern vorläufig das Schmerzensgeld mit einem Betrag iHv 10.000,00 EUR. Zur Zahlung fordern wir bis zum oben genannten Termin auf.

Mit freundlichen Grüßen

Rechtsanwalt

60   Es empfiehlt sich eine **vorläufige Bezifferung des Schmerzensgeldes** aus zweierlei Gründen. Zum einen ist die Versicherung so schnell wie möglich in Verzug zu setzen, um der Mandantschaft den Anspruch auf Ersatz des Verzugsschadens zu sichern. Zum anderen verringert dies das Risiko, dass die Versicherung eine Hinhaltetaktik einsetzt, da dies den Schaden durch den Verzugsschaden vergrößern würde. Im Übrigen empfiehlt sich die frühzeitige Bezifferung auch aus haftungsrechtlichen Gesichtspunkten. Wird eine Bezifferung des Schmerzensgeldes unterlassen und werden möglicherweise Verzugszinsen erst mit Rechtshängigkeit der Klage bzw überhaupt nicht beantragt, entgeht dem Mandanten ein großer Teil des Verzugsschadens, was auf den entsprechenden anwaltlichen Fehler zurückzuführen ist. Wenn man bedenkt, dass bei einem Fall wie vorliegend zwischen der möglichen Inverzugsetzung und der Rechtshängigkeit realistisch ein halbes Jahr liegt und 5 Prozentpunkte über dem Basiszinssatz bei einem Betrag von 10.000 EUR im halben Jahr ca. 350 EUR entsprechen, andererseits bei der Unkostenpauschale jedoch darum gestritten wird, ob 20 EUR oder 30 EUR angemessen sind, wird deutlich, dass der Blick für die richtige Gewichtung der Probleme erforderlich ist.

61   Wird davon ausgegangen, dass die Haftpflichtversicherungen nicht regulieren wollen, weil sie meinen, dass hierfür Verschulden erforderlich sei, muss mit der Klage reagiert werden, welche wie folgt aussehen kann:

62   **Muster: Klageschrift (Schadensersatz und Schmerzensgeld)**

An das Landgericht ▪▪▪

Klage

In Sachen

der Frau M., ▪▪▪

– Klägerin –

Prozessbevollmächtigte: RAe ▪▪▪

gegen

die A.-Versicherungs AG

– Beklagte zu 1 –

die B.-Versicherungs AG

– Beklagte zu 2 –

wegen: Schadensersatzes und Schmerzensgeld

Streitwert: Festsetzung wird beantragt

erheben wir namens und in Vollmacht der Klägerin Klage und kündigen folgende Anträge an:

1. Die Beklagten werden gesamtschuldnerisch verurteilt, an die Klägerin 11.404,69 EUR nebst Zinsen in Höhe von 5 Prozentpunkten über dem Basiszinssatz ab Rechtshängigkeit der Klage zu zahlen.

2. Die Beklagten werden verurteilt, an die Klägerin jeweils zum 1.1., 1.4., 1.7. und 1.10. eines jeden Jahres, beginnend ab dem 1.1.2008, eine Rente auf den erlittenen Haushaltsführungsschaden in Höhe von 831,99 EUR zu zahlen.

3. Die Beklagten werden verurteilt, an die Klägerin ein, über bereits gezahlte 12.500,00 EUR hinaus, angemessenes Schmerzensgeld, jedoch mindestens in Höhe von insgesamt 25.000,00 EUR nebst Zinsen in Höhe von 5 Prozentpunkten über dem Basiszinssatz hieraus, seit dem ■■■ zu zahlen.

4. Es wird festgestellt, dass die Beklagten verpflichtet sind, der Klägerin sämtliche materiellen und immateriellen Schäden, Letztere, soweit sie nach der letzten mündlichen Verhandlung entstehen, aus dem Unfall vom 6.7.2004 auf der A-straße in ■■■ zu ersetzen, soweit die Ansprüche nicht auf Sozialversicherungsträger oder sonstige Dritte übergehen.

5. Die Beklagten tragen die Kosten des Verfahrens.

6. Sofern das Gericht das schriftliche Vorverfahren anordnet, beantragen wir bereits jetzt bei Säumnis der Beklagten den Erlass eines entsprechenden Versäumnisurteils, im Falle eines Anerkenntnisses den Erlass eines entsprechenden Anerkenntnisurteils ohne mündliche Verhandlung.

Begründung:

Die Klägerin macht Schadensersatzansprüche und Schmerzensgeldansprüche aus einem Verkehrsunfall vom 6.7.2004 um ca. 09.28 Uhr auf der A-straße in ■■■ geltend.

Die Klägerin befand sich dabei als Beifahrerin im Fahrzeug ihres Ehemanns Herrn M., welches bei der Beklagten zu 1 versichert ist. Herr M. befuhr die A-straße in ■■■. Plötzlich kam das bei der Beklagten zu 2 versicherte Fahrzeug dem Fahrzeug, in welchem sich die Klägerin befand, entgegen und kollidierte mit diesem. Es war nach dem Unfall nicht mehr aufklärbar, auf welcher Seite der Fahrbahn sich der Unfall ereignet hatte.

Der Anspruch der Klägerin gegen beide Beklagte folgt aus § 7 Abs. 1 StVG, da die Klägerin bei einem Unfall im Straßenverkehr verletzt worden ist, wobei die Betriebsgefahren der Fahrzeuge zurechenbar mitgewirkt haben.

Die Beklagten haben außergerichtlich unter Verkennung der Rechtslage eine Haftung abgelehnt, da die Klägerin ein Verschulden der beteiligten Fahrzeug nicht nachweisen konnte. Vorliegend haften die Beklagten verschuldensunabhängig.

I. Schadenspositionen

Durch den Unfall wurden die Hose und Bluse der Klägerin zerstört. Die Bluse kostete 50,00 EUR, die Hose 100,00 EUR. Beide Kleidungsstücke wurden als Sommerkleidung 2006 gekauft und waren neu! Abzüge sind daher nicht gerechtfertigt. Insgesamt entstand damit ein Schaden in Höhe von 150,00 EUR.

Beweis: Parteivernahme der Klägerin gem. § 287 ZPO
Richterliche Schätzung gem. § 287 ZPO

Des Weiteren riss durch den Sturz die Goldhalskette der Klägerin. Dies bemerkte die Klägerin nicht sofort. Die Halskette konnte nicht gefunden werden. Die Kette kostete 1.000,00 EUR. Die Klägerin begehrt den Ersatz des Schadens.

Beweis: wie vor

Die Klägerin trug bei dem Unfall eine Brille. Die Brille der Klägerin wurde bei dem Unfall völlig zerkratzt und unbrauchbar. Sie war fünf Jahre alt und kostete neu 1.000,00 EUR.

Beweis: Sachverständigengutachten

Somit entstand ihr ein Schaden in Höhe von 1.000,00 EUR.

Die Klägerin musste zur Beschleunigung der Heilung einen Kuraufenthalt wahrnehmen. Kurort war ■■■. Fahrtkosten fielen von ■■■ nach ■■■ für insgesamt 400 km an.

Beweis: Zeugnis des Zeugen M.

Herr M. brachte seine Frau nach ■■■ und holte sie wieder ab. Zudem besuchte er sie mehrmals. Eine Kilometerpauschale für Benzin sowie Abnutzung in Höhe von 0,25 EUR wird hierfür begehrt. Die Fahrtkosten belaufen sich demnach auf 100,00 EUR.

Beweis: s.o.
            Zeugnis des Herrn M.

Der Klägerin entstanden während des 34-tägigen Kuraufenthalts und des stationären Aufenthalts Telefonkosten in Höhe von 100,00 EUR. Diese resultierten aus Telefonaten mit ihrem Mann, waren medizinisch notwendig und stellen daher einen ersatzfähigen Schaden dar.

Der entsprechende telefonische Kontakt zwischen den Eheleuten während der Tage, an denen nicht besucht werden konnte, war dem Heilungsverlauf der Klägerin zuträglich und daher medizinisch notwendig.

Beweis: Sachverständigengutachten

II. Zuzahlungen und Medikamente

Die Klägerin musste Zuzahlungen für Medikamente und Krankengymnastikanwendungen leisten. Zuzahlungen in Höhe von insgesamt 250,00 EUR entstanden der Klägerin.

Beweis: Quittungen für Zuzahlungen in Kopie

III. Attestkosten

Die Klägerin musste für das ärztliche Attest des Herrn Dr. med. ■■■ vom 16.10.2004 50,00 EUR und für den ärztlichen Bericht des Krankenhauses ■■■ 100,00 EUR aufwenden.

Beweis: Rechnung und Quittung in Kopie als Anlage

IV. Haushaltführungsschaden

Gem. §§ 823 Abs. 1, 843 Abs. 1 BGB beansprucht die Klägerin Ersatz für den verletzungsbedingt erlittenen Haushaltsführungsschaden. Aufgrund des Unfalls konnte die Geschädigte ihrer vor dem Unfall ausgeführten Tätigkeit gar nicht oder nur eingeschränkt nachkommen. Daher trat sowohl eine Mehrung ihrer eigenen Bedürfnisse als auch eine Einschränkung ihrer Haushalts(-erwerbs)tätigkeit ein.

1. Arbeitsaufwandsberechnung

Zur Berechnung der Höhe dieser Schadensposition ist zunächst die tatsächliche Arbeitszeit der Geschädigten vor Eintritt des Unfalls zu ermitteln. Hierbei wird im Folgenden Rückgriff genommen auf die Tabellen aus *Schulz-Borck/Hofmann*, Schadensersatz bei Ausfall von Hausfrauen und Müttern im Haushalt, 6. Auflage 2000.

Gem. Tabelle 8 (Arbeitszeitaufwand im Haushalt in Std./Woche insgesamt und seine Verteilung auf die Haushaltsperson absolut und in v.H.) ist von Haushaltstyp Nr. 11 auszugehen. Die Klägerin ist erwerbstätig und lebt in einem Zwei-Personen-Haushalt ohne Kind. Die Wohnung besteht aus zwei Zimmern, Küche, Bad und umfasst 58 qm. Sie ist durchschnittlich ausgestattet mit einer Waschmaschine, Gefriertruhe und Staubsauger, jedoch ohne Geschirrspüler.

Zum Haushalt zählt ein Gartengrundstück mit einer Fläche von 400 qm.

Damit ergibt sich nach Tabelle 8 ein durchschnittlicher Arbeitsaufwand von 43,7 Std., wovon auf die Ehefrau 27,1 Std. (62%) entfallen. Entsprechend Tabelle 2 (Zu- und Abschläge in Stunden pro Woche) sind von diesem Durchschnittswert Zu- und Abschläge zu machen.

a) Zuschläge

Gemäß Tabelle 2 ergibt sich ein Zuschlag für den Garten. Dieser errechnet sich wie folgt: 400 qm x 0,4 = 160 Stunden pro Jahr. Dies ergibt eine Wochenarbeitszeit von 3,1 Stunden.

b) Abschläge

Abschläge sind nicht ersichtlich.

c) Gesamt

Bei einem Aufwand gemäß Tabelle 8 von 43,7 Std. sind 3,1 Std. hinzuzurechnen, was einen Gesamtaufwand von 46,8 Std. bedeutet. Davon entfallen auf die Klägerin 62%, also 29,0 Std.

2. Schadensberechnung

Nach Tabelle 3 ist der Haushalt der Klägerin als durchschnittlicher Haushalt anzusehen. Somit orientiert sich die Schadensberechnung bei Totalausfall nach Vergütungsgruppe VII BAT-O und bei Teilausfall nach Vergütungsgruppe IXb BAT-O.

Die Berechnung folgt der Formel Monatslohn x 3 : 13, was dem Wochenlohn entspricht. Dieser wird durch 7 geteilt und mit den entsprechenden Ausfalltagen multipliziert.

Vom 6.7.2006 bis zum 29.7.2006 war die Klägerin insgesamt 24 Tage in stationärer Behandlung im Krankenhaus ▪▪▪, was einen Totalausfall bedeutet. Nach VII BAT-O ergibt dies einen Haushaltsführungsschaden von 735,90 EUR netto.

Am 30. und 31.7.2006, direkt nach der Entlassung aus stationärer Behandlung, war die Klägerin bettlägerig und nicht in der Lage, Haushaltstätigkeiten zu verrichten.

Beweis: einzuholendes Sachverständigengutachten,
richterliche Schätzung gem. § 287 ZPO

Vom 1.8.2006 bis 5.9.2006 war die Klägerin 36 Tage zur Rehabilitation in der ▪▪▪klinik in ▪▪▪, was einen Totalausfall bedeutet. Für insgesamt 38 Tage ergibt sich nach VII BAT-O ein Haushaltsführungsschaden von 1165,16 EUR netto.

Vom 6.9.2006 bis zum 31.12.2006 war die Klägerin zu 100% arbeitsunfähig. Hier ist fraglich, wie hoch die haushaltsspezifische MdE anzusetzen ist. Hierfür wollen wir den Haushaltsführungsschaden spezifiziert berechnen. Tabelle 9 (Verteilung der Hausarbeitszeit der Ehefrau auf die Tätigkeitsschwerpunkte in verschiedenen Haushaltstypen v.H.) gibt hierzu eine detaillierte Übersicht, anhand deren die konkrete MdE berechnet werden kann.

Die selbständige Ernährung (24%) sowie die Leitungsfunktion im Haushalt (6%) kann die Klägerin unproblematisch wahrnehmen. Probleme ergaben sich jedoch bei den ansonsten üblichen Haushaltsaufgaben. Das Einkaufen kann die Klägerin aufgrund ihrer Rückenschmerzen nicht wahrnehmen. Es ist ihr nicht möglich, lange und überhaupt Schweres zu tragen. Im Übrigen ist es ihr bis jetzt nicht möglich, Auto zu fahren. Der Rücken ist dauerschmerzbehaftet, insbesondere sonst normale Bewegungsabläufe, wie Bücken oder Strecken, sind äußerst schmerzhaft und werden daher vollständig vermieden. Daher sind Geschirrspülen sowie Reinigungsarbeiten, hier insbesondere das Staubsaugen, unserer Mandantin unmöglich. Auch das Wäschewaschen ist als Bück- und Streckbelastung unmöglich. Das durch die Klägerin eingeholte Sachverständigengutachten des Krankenhauses ▪▪▪ attestierte am 14.7.2005 eine Minderung der haushaltsspezifischen Erwerbsfähigkeit iHv 30% jetzt und für die Zukunft.

Beweis: Gutachten in Kopie als Anlage

Unter Berücksichtigung der Tatsache, dass die haushaltsspezifische MdE unmittelbar nach Entlassung aus dem Krankenhaus noch im Bereich von 80% bis 100% lag und sich erst allmählich minimierte und die Klägerin vom 27.6.2007 bis zum 3.7.2007 noch einmal stationär behandelt werden musste, ist von einer durchschnittlichen haushaltsspezifischen MdE iHv 60% auszugehen. Somit beträgt der wöchentliche Ausfall für die Zeit vom 6.9.2006 bis zum 13.7.2007 abgerundet 17 Stunden. Für 10 Monate und 7 Tage errechnet sich daher ein Schaden iHv 5.450,44 EUR.

Das Sachverständigengutachten des Krankenhauses ▬▬ attestiert vom 14.7.2007 beginnend für 12 Monate eine Minderung der haushaltsspezifischen Erwerbstätigkeit iHv 30%, was einem Ausfall von abgerundet acht Stunden wöchentlich entspricht. Es errechnet sich daher ein Schaden bis zum 13.7.2007 iHv 3.803,40 EUR.

Mit Gutachten des Krankenhauses ▬▬ vom 21.7.2007 wurde eine haushaltsspezifische MdE iHv 25% festgestellt.

Beweis: Gutachten in Kopie als Anlage
Sachverständigengutachten

Der wöchentliche Ausfall beträgt daher sieben Stunden. Vom 14.7.2007 bis zum 31.12.2007 errechnet sich also ein Schaden iHv 1.542,08 EUR.

Somit beträgt der gesamte Haushaltsführungsschaden vom Unfalltag bis zum 31.12.2007 12.697,00 EUR.

Der Haushaltsführungsschaden ist vierteljährlich im Voraus fällig. Das Sachverständigengutachten des Krankenhauses ▬▬ stellt eine haushaltsspezifische MdE iHv 25% fest. Dies stellt einen Endzustand dar.

Beweis: Gutachten, b.b.
einzuholendes Sachverständigengutachten

Daher wird beantragt

festzustellen, dass der Haushaltsführungsschaden vierteljährlich im Voraus zu zahlen ist. Ausgehend von einem Ausfall iHv sieben Stunden und einem sich daraus errechnenden monatlichen Schaden iHv 277,33 EUR beträgt der Rentenanspruch vierteljährlich 831,99 EUR.

V. Verdienstausfall

Die Klägerin erlitt weiterhin einen Verdienstausfallschaden während ihrer verletzungsbedingt bestehenden Arbeitsunfähigkeitszeit.

Die Klägerin verdiente durchschnittlich netto 1.119,20 EUR.

Beweis: Mitteilung des Arbeitgebers vom 20.6.2004

Dies entspricht einem Tagesnettolohn iHv 36,90 EUR. Vom 6.9.2006 bis zum 31.12.2006 erhielt die Klägerin Krankengeld iHv 4.183,52 EUR. Wäre die Klägerin arbeiten gegangen, hätte sie netto 5.362,40 EUR erhalten. Somit beträgt der Verdienstausfallschaden insgesamt 1.178,88 EUR.

VI. Unkostenpauschale

Zu dem gesamten materiellen Schaden wird noch eine Unkostenpauschale in Höhe von 30,00 EUR für Telefonate, Porto und Fahrtkosten geltend gemacht.

Beweis: richterliche Schätzung, § 287 ZPO

VII. Gesamter materieller Schaden

Der gesamte Sachschaden der Klägerin beläuft sich somit auf 16.655,86 EUR.

Die Beklagte zu 2 zahlte außergerichtlich einen Betrag iHv 17.751,17 EUR, wovon sie jedoch 12.500,00 EUR auf das Schmerzensgeld leistete. Somit ist auf die materiellen Schadenspositionen eine Zahlung iHv 5.251,17 EUR erfolgt, sodass 11.404,69 EUR offen sind, was mit dem Klageantrag zu 1 verfolgt wird.

VIII. Schmerzensgeld

Durch den Unfall erlitt die am 16.6.1949 geborene, derzeit 57-jährige Klägerin schwere Verletzungen. Nach dem Verkehrsunfall wurde sie in das Krankenhaus ▬▬ eingeliefert. Es erfolgte eine operative Erstversorgung am 8.7.2006. Röntgenologisch in den Nativaufnahmen sowie im Computertomogramm des Brustwirbelkörpers 11 bis Lendenwirbelkörpers 12 konnte eine Kompressionsberstungsfraktur des 12. Brustwirbelkörpers mit einer Verlagerung eines knöchernen Fragments aus dem dorsokranialen Wirbelkörperanteil um 4 mm in den Spinalkanal diagnostiziert werden (komplizierte Fraktur des ersten Lendenwirbels). Durch die Einengung des Spinalkanals bestand die Gefahr einer Querschnittslähmung, was eine sofortige Operation notwendig werden ließ. Des Weiteren wurde eine nicht dislozierte Fraktur des linken unteren Gelenkfortsatzes paramedial festgestellt.

Beweis: ärztlicher Bericht des Krankenhauses ▪▪▪ vom 14.9.2006

Der postoperative Verlauf gestaltete sich zunächst medizinisch komplikationslos, so dass am 12.7.2006 die geplante zweiseitige Stabilisierung TH 12 über LWK 2 mit Interposition eines Beckenkammspanes linksdorsal erfolgen konnte.

Bei der Entlassung der Klägerin am 29.7.2006 bestanden noch diskrete Hypästhesien (herabgesetzte Empfindungen von Berührungsreizen). Die Klägerin hatte bis zur Entlassung starke Rückenschmerzen.

Beweis: Gutachten des KKH ▪▪▪ vom 14.9.2006
Parteivernahme

Vom 29.7.2006 bis 31.7.2006 wurde die Patientin nach Hause entlassen. Behandelnde Ärztin hierfür war die Chirurgin Frau Dr. ▪▪▪. Diese diagnostizierte reizlose Nerven im Rücken, ständige Rückenschmerzen durch die instabile LWK 1 Fraktur.

Beweis: Gutachten der Fr. Dr. ▪▪▪ vom 1.10.2006

Vom 1.8.2006 bis 5.9.2006 erfolgte eine weitere Behandlung in der ▪▪▪klinik in ▪▪▪. Auch über diese Zeit hinweg hatte die Klägerin starke Rückenschmerzen.

Beweis: einzuholendes Sachverständigengutachten von der ▪▪▪klinik
Parteivernahme

Danach erfolgte die weitere Behandlung bei Frau Dr. ▪▪▪, die bis zur Zeit andauert. Nach dem Kuraufenthalt hielten die Schmerzen im Rücken an. Die Klägerin hat bis heute ständig Rückenschmerzen. Dazu kommt ein erhöhter Schmerz in belastungsabhängiger Kausalität.

Die Klägerin erlitt im Februar 2007 einen Narbenbruch im Bereich der Spanentnahmestelle, so dass eine Hernienrevision durchgeführt werden musste.

Insgesamt befand sich die Klägerin sieben Wochen in stationärer Behandlung sowie fünf Wochen zum stationären Rehabilitationsaufenthalt. Ein halbes Jahr betrug die Minderung der Erwerbsfähigkeit 100%, die sich danach langsam auf einen Wert von 40% reduzierte, was als Endzustand zu betrachten ist.

Die Klägerin leidet derzeit unter folgenden Beschwerden:

- belastungsabhängige Schmerzen am Übergang Brust-/Lendenwirbelsäule
- Beweglichkeitseinschränkung der Wirbelsäule
- intermittierende Schmerzen im Bereich des linken Beckenkamms und große Narbe nach Narbenbruchoperation im Februar 2003
- zeitweise Schmerzmittel erforderlich
- beim Husten Schmerzen im Bereich des Beckenkamms links
- geringe Gefühlsstörung am Beckenkamm links unterhalb der Narbe bis zur Mitte des proximalen Oberschenkels
- Schmerzen an der Wirbelsäule beim Heben von Gewichten über 3 kg

Beweis: Sachverständigengutachten vom 21.7.2007 in Kopie als Anlage

Es handelt sich dabei um einen Endzustand.

Beweis: wie vor
einzuholendes Sachverständigengutachten

Die Klägerin wird mit den Folgen der Verletzungen ihr Leben lang zu kämpfen haben. Die Erwerbsfähigkeit ist um mindestens 40% vermindert.

Beweis: Sachverständigengutachten

Auch die psychische Seite belastet die Klägerin sehr. Sie musste eine Trauma-Sprechstunde im Krankenhaus ▪▪▪ wahrnehmen, um die psychischen Unfallfolgen bewältigen zu können, was jedoch nur bedingt erfolgreich war. Es wurde eine unfallbedingte Anpassungsstörung mit einer längeren depressiven Reaktion diagnostiziert, die aufgrund der festgestellten Möglichkeiten zur Bewältigung chronische Formen aufweist.

Beweis: Sachverständigengutachten vom 14.5.2007 in Kopie als Anlage

Die Klägerin hat daher unfallbedingt erheblich an Lebensmut verloren und leidet noch heute psychisch unter den Unfallfolgen.

Wegen der Rückenschmerzen ist der Klägerin das Heben schwerer Lasten unmöglich. Freizeitgestaltungsmöglichkeiten sind aufgrund der Schmerzen reduziert. Wanderungen mit ihrem Ehemann sind nur noch sehr eingeschränkt möglich und werden von ständigen Schmerzen begleitet. Somit ist der Klägerin durch den Unfall in massivem Umfang Lebensfreude genommen, was nur schwerlich zu kompensieren sein wird.

Beweis: Parteivernahme

Die Klägerin stellt die Höhe des Schmerzensgeldes in das Ermessen des Gerichts, sie ist jedoch der Auffassung, dass ein Schmerzensgeld für die unfallbedingten Verletzungen bis zum Schluss der letzten mündlichen Verhandlung in Höhe von mindestens 25.000,00 EUR angemessen ist.

Bei der Bemessung der Höhe des Schmerzensgeldes wollen wir auf die Entscheidung des OLG Saarbrücken (*Hacks/Ring/Böhm*, Schmerzensgeldbeträge, 25. Auflage 2007, lfd. Nr. 2529) verweisen, wo das OLG ein Schmerzensgeld iHv 30.000,00 EUR für angemessen gehalten hat. Die Dauer des stationären Aufenthalts ist ähnlich, die Klägerin musste sogar noch mehr Operationen über sich ergehen lassen. Zu berücksichtigen ist, dass die Klägerin nicht so lange auf der Intensivstation zubringen und darüber hinaus weniger weitere Verletzungen ertragen musste. Andererseits ist zu berücksichtigen, dass bei der Klägerin eine Berstungsfraktur gegeben war, die sich im Vergleich zu einer einfachen Fraktur als wesentlich komplizierter darstellt. Im Übrigen kam es durch die Verletzung zunächst zu einer Einengung des Spinalkanals von 20%, was die Gefahr einer Querschnittslähmung anfangs indizierte. Weiterhin verweisen wir auf die Entscheidung des LG Passau (aaO, lfd. Nr. 21.2413), welches bei einer vergleichbaren Verletzung mit ähnlichem Heilungsverlauf und ähnlichem Dauerschaden ein Schmerzensgeld iHv 25.000,00 EUR annahm, was indexiert bereits 30.800,00 EUR entspricht.

Die Beklagte zu 2 zahlte bereits ein Schmerzensgeld in Höhe von 12.500,00 EUR, sodass dieser Betrag angerechnet werden muss.

In Verbindung mit dem geforderten Betrag wird das Gericht schon jetzt auf das Urteil des BGH VersR 1996, 990 hingewiesen, wonach bei der Festsetzung des für angemessen gehaltenen Schmerzensgeldes dem Richter nach § 308 ZPO durch die Angabe eines Mindestbetrags nach oben keine Grenzen gezogen sind. Der Feststellungsantrag ist zulässig, da die Entwicklung nach der letzten mündlichen Verhandlung noch nicht absehbar ist.

Dem Feststellungsantrag bezüglich der weiteren materiellen und immateriellen Schäden ist stattzugeben, weil ein Dauerschaden verbleiben wird und auch zukünftig Schäden entstehen werden, die zum jetzigen Zeitpunkt nicht bezifferbar sind. Das Feststellungsinteresse ist gegeben, damit die Klägerin vor Eintritt der Verjährung ihre zukünftigen Ansprüche sichern kann.

Außergerichtlich konnte keine Einigung erzielt werden, so dass das streitige Verfahren notwendig ist.

Einfache und beglaubigte Abschrift anbei.

Rechtsanwalt

3. Einzelne Schadenspositionen

Zu den einzelnen Schadenspositionen ist Folgendes anzumerken: 63

a) Abzug neu für alt

Streitig ist immer wieder der sog. Abzug „neu für alt" bei medizinischen Geräten, wie zB der 64
Brille. Entscheidungen hierzu finden sich wenig. Günstig für den Geschädigten hat sich das
AG Montabaur[52] geäußert, wenn es mitteilt: „Wählt der Geschädigte nach der unfallbedingten Zerstörung der Brille den Weg der Ersatzbeschaffung, kommt ein Abzug ‚neu für alt'
nicht in Betracht." Zur Begründung wird angeführt, dass es einen gegenüber dem Neuwert
verminderten Wiederbeschaffungswert mangels eines zur Verfügung stehenden Gebraucht-
marktes nicht gibt und im Gegensatz zur Kleidung eine Brille geeignet ist, für ihren Träger
über viele Jahre fast abnutzungsfrei vollständig ihre Dienste zu tun. Ebenso entschied das AG
St. Wedel[53] bei einer noch nicht fünf Jahre alten Brille.

Beim **Kleidungsschaden** empfiehlt sich die Berücksichtigung sog. **Zeitwerttabellen**, wie sie im 65
Folgenden zu finden sind. So kann dann gerundet der Kleidungsschaden beziffert werden.

Durchschnittliche Lebenserwartung von Textilien in Jahren[54]			
Bekleidung, allgemein		**spezielle Herrenbekleidung**	
Baumwollhosen, Jeans- u. Cordhosen	2	Anzüge	5
Berufswäsche	2	Hemden	2
Halstücher	2	Krawatten	2
Handschuhe	2	Pullover, Strickjacken	3
hochmodische Oberbekleidung	2	Sakkos	4
Hosen aus Wolle und Wollgemischen	3	Smokings, Fracks, Abendanzüge	6
Hüte, Mützen und Schals	3	Trachtenanzüge	5
Jacken aus Wolle oder Popeline	4	**Heim- und Haustextilien**	
leichte Sport- und Hausbekleidung	2	Bettwäsche, gewerblich	3
Mäntel aus Popeline	4	Bettwäsche, privat	6
Mäntel aus Wolle	5	Bezugsstoffe f. Küchenmöbel	5
Mäntel u. Jacken aus beschichtetem Material	3	Bezugsstoffe, Wohnzimmermöbel, leichte Qualität	6
Mäntel u. Jacken aus Mikrofaser	3	Bezugsstoffe, Wohnzimmermöbel, schwere Qualität	10
Mäntel u. Jacken aus Velourslederimitation	3	Decken, leichte Qualität	6
Motorradanzüge und -jacken, textiles Material	4	Decken, schwere Qualität	8
Skianzüge	4	Gardinen, leichte Naturfaser	4
Socken und Strümpfe	1	Gardinen, tüllähnliche Struktur	6
Unterwäsche	2	Handtücher, gewerblich	2
Wanderbekleidung	3	Handtücher, privat	4
Westen	3	Kopfkissen	4

52 zfs 1998, 132.
53 zfs 2000, 340.
54 Abdruck mit freundlicher Genehmigung der Versteegen Assekuranz – Versicherungsmakler AG, Bonn.

spezielle Damenbekleidung		Lamellenvorhänge	8
Abend-Cocktailkleid, hochmodisch	2	Matratzenbezüge	6
Abend-Cocktailkleid, klassisch	4	Oberbetten, gewerblich	3
Blusen	3	Oberbetten, privat	7
Braut- u. Kommunionkleider nach Marktwert (bis 50% Neuwert)		Seidengardinen, ungefüttert	3
Kleider für Haus, Sport u. Freizeit	2	Seidengardinen, gefüttert	4
Kleider = Nachmittagskleider	4	Tagesdecken	8
Kleider = Tageskleider	3	Teppiche, Berber	10
Kostüme / Hosenanzüge, klassisch	5	Teppiche, Flicken	4
Kostüme / Hosenanzüge, modisch	2	Teppiche, gewebt	6
Pullover und Strickjacken	2	Tischwäsche, gewerblich	3
Röcke	3	Tischwäsche, privat	6
Seidentücher	2	Übergardinen, leichte Qualität	7
Trachtenkostüme	5	Übergardinen, schwere Qualität	10

Zeitwerttabelle für Textilien[55]									Zeitwert in % des Anschaffungswertes	
Ausschließlich ungebrauchte Teile und jünger als 6 Monate									100 %	
Lebenserwartung in Jahren									Erhaltungszustand	
1	2	3	4	5	6	7	8	10	sehr gut	durchschnittlich
Alter der Teile										
	0 – 3 Monate	0 – 3 Monate	0 – 3 Monate	0 – 4 Monate	0 – 5 Monate	0 – 7 Monate	0 – 9 Monate	0 – 12 Monate	90 %	80 %
	4 – 6 Monate	4 – 9 Monate	4 – 12 Monate	5 – 15 Monate	6 – 19 Monate	8 – 26 Monate	10 – 35 Monate	1 – 3 Jahre	75 %	75 %
	7 – 12 Monate	10 – 18 Monate	13 – 24 Monate	16 – 29 Monate	20 – 31 Monate	27 – 35 Monate	36 – 47 Monate	4 – 5 Jahre	70 %	60 %
0 – 6 Monate	13 – 18 Monate	19 – 27 Monate	25 – 36 Monate	30 – 45 Monate	32 – 47 Monate	3 – 5 Jahre	4 – 5 Jahre	6 – 7 Jahre	50 %	40 %
7 – 12 Monate	19 – 24 Monate	28 – 36 Monate	37 – 48 Monate	46 – 60 Monate	4 – 6,5 Jahre	6 – 7 Jahre	6 – 8 Jahre	8 – 10 Jahre	30 %	20 %
über 12 Monate	über 24 Monate	über 36 Monate	über 48 Monate	über 60 Monate	über 6,5 Jahre	über 7 Jahre	über 8 Jahre	über 10 Jahre	20 %	15 %

Die Zeitwerttabelle ist wie folgt zu handhaben: *1. Schritt*: Lebenserwartung des zu ersetzenden Gegenstands heraussuchen; *2. Schritt*: in der Zeitwerttabelle die Spalte mit der entsprechenden Lebenserwartung suchen; *3. Schritt*: in der Spalte das Alter des zu ersetzenden Ge-

---

55 Abdruck mit freundlicher Genehmigung der Versteegen Assekuranz – Versicherungsmakler AG, Bonn. Weitere Informationen sind erhältlich bei der Europäischen Forschungsvereinigung Innovative Textilpflege e.V. (EFIT): <www.efit-textilpflege.de>.

genstands suchen; *4. Schritt*: in der Zeile mit dem Alter nach rechts in die Rubrik Zeitwert gehen; *5. Schritt*: entsprechend dem Erhaltungszustand den Prozentsatz des Anschaffungs- werts entnehmen und über die Prozentrechnung den Zeitwertbetrag ermitteln.

b) Besuchskosten

Während außergerichtlich beim Personenschaden um die Besuchskosten und Telefonkosten **66** kaum gestritten wird, stellt sich diese Frage im gerichtlichen Verfahren. Grundsätzlich gibt es den Ersatz nur für **nahe Angehörige**. Auch wenn der Besuch von guten Freunden medizinisch notwendig sein kann, kann es keinen entsprechenden Ersatzanspruch geben, da deren Fahrt- kosten kein Schaden des Geschädigten sein können. Zu beachten ist an dieser Stelle die Un- terscheidung zwischen mittelbarem Schaden und unmittelbarem Schaden. Allein und unmit- telbar geschädigt ist allein der Verletzte. Für ihn können die Besuchsfahrten also nur einen Schaden darstellen, wenn er diese Kosten zu tragen hat. Dies wiederum kann nur dann der Fall sein, wenn er einen familienrechtlichen (Betreuungs-)Anspruch auf den Besuch hat, was nur bei nahen Angehörigen (Eltern, Ehegatte, Kinder) der Fall sein kann. Nur deren Fahrt- kosten können dann überhaupt einen ersatzfähigen Schaden darstellen. Weitere Vorausset- zung ist die medizinische Notwendigkeit, wobei nach der Rechtsprechung des BGH[56] nicht allein die Steigerung des allgemeinen Wohlbefindens ausreichend ist. Daraus wird deutlich, dass die Besuchskosten regelmäßig einen stationären Aufenthalt (also keinen Krankenbesuch zu Hause) voraussetzen und mehr als zwei bis drei Besuche in der Woche kaum ersetzbar sein werden.

Hinsichtlich des angemessenen Betrags je Kilometer ist in der Rechtsprechung alles zwischen **67** 0,15 EUR und 0,30 EUR zu finden. Berücksichtigt man im Vortrag den Blick auf die Tank- säulen, wird deutlich, dass ein Betrag unter 0,25 EUR kaum angemessen sein kann.

c) Haushaltsführungsschaden

Die wohl meistvergessene Schadensposition ist der Haushaltsführungsschaden. Bereits obiger **68** (Rn 62) Schadensumfang macht deutlich, wie fatal dies sein kann. Beim mittleren Personen- schaden und abhängiger Beschäftigung ist dies regelmäßig die höchste materielle Schadens- position, die beim Geschädigten verbleibt. Die Berechnung ist nicht sonderlich kompliziert. Unerlässlich jedoch ist dafür die Verwendung der Tabellen von *Schulz-Borck/Hofmann*.[57] Es gibt auch andere Berechnungsmodelle, jedoch hat zu den vorliegend benannten Tabellen der BGH mehrfach[58] entschieden, dass die Tabellen geeignete Schätzungsgrundlagen iSd § 287 ZPO darstellen und der Tatrichter hiervon nur in begründeten Ausnahmefällen abweichen soll.

d) Schmerzensgeld

Die Schadensposition, die eigentlich nie übersehen wird, ist das Schmerzensgeld. Eine wesent- **69** liche Ausweitung hat diese Schadensposition im Zusammenhang mit der Schadensersatz- rechtsreform erhalten. Während es bis zum 1.8.2003 zwingende Voraussetzung für einen Schmerzensgeldanspruch war, dass das Verschulden des Anspruchsgegners feststeht, reicht nunmehr auch eine Gefährdungshaftung aus. Besonderes Augenmerk ist dabei auf den **Kin- derunfall** zu legen. Haftet der Kfz-Führer allein aus der Betriebsgefahr, gab es bis zum

---

56 NZV 1991, 225.
57 Siehe Literaturverzeichnis zu Beginn von § 2.
58 BGH VersR 1979, 670; NZV 1988, 61.

1.8.2003 kein Schmerzensgeld, seit dem 1.8.2003 gibt es ein solches, ohne dass sich ein bis zu zehn Jahre altes Kind ein Mitverschulden anrechnen lassen muss.

70 Eine weitere wesentliche Ausweitung ist bei der **Insassenhaftung** gegeben. Bei der häufig auftretenden Situation, dass der Unfallhergang nicht aufklärbar und jeweils ein Verschulden nicht nachweisbar ist, ging der Insasse beim Schmerzensgeld leer aus. Heute hat er zwei Kraftfahrzeugführer als Gesamtschuldner, von denen er Schmerzensgeld verlangen kann. Zu denken ist dabei auch an den häufig auftretenden Fall, wo ein geplatzter Reifen ein Fahrzeug ins Schleudern geraten lässt. Auch hier gibt es nun Schmerzensgeld, während früher ein solcher Anspruch nicht bestand.

71 Nach ständiger Rechtsprechung kann das Schmerzensgeld im Rahmen eines unbezifferten Klageantrags gem. § 253 Abs. 2 Nr. 2 ZPO geltend gemacht werden, dh die Höhe des Schmerzensgeldes kann in das Ermessen des Gerichts gestellt werden. Allerdings ist es für die Schlüssigkeit der Schmerzensgeldklage notwendig, dass jedenfalls Angaben zu den Vorstellungen des Geschädigten über die Größenordnung des Schmerzensgeldes gemacht werden. Bei der **Formulierung des Schmerzensgeldanspruchs** ist besondere Vorsicht geboten. Zum einen ist nach der Rechtsprechung des BGH[59] durch die Nennung eines Mindestbetrags für das Gericht nach oben keine Grenze gezogen. Das Gericht kann also über die Mindestvorstellung des Klägers hinausgehen. Zum anderen wird durch fehlende Klarheit, dass ein Mindestbetrag begehrt wird, sehr schnell die Rechtsmittelmöglichkeit abgeschnitten. Wird das Wort „**mindestens**" nicht deutlich und klar formuliert und spricht das Gericht den Betrag zu, fehlt es an einer ausreichenden Beschwer.

72 So hielt der BGH[60] bei folgender Formulierung das Rechtsmittel mangels Beschwer für unzulässig: „*Der Kläger begehrt ein Schmerzensgeld in Höhe von 40.000 DM. Er beantragt, den Beklagten zu verurteilen, an ihn ein Schmerzensgeld zu zahlen, dessen Höhe in das Ermessen des Gerichts gestellt wird.*"

73 Es ist also notwendig, zu verinnerlichen, dass das Wort „mindestens" immer dann eine Rolle spielen muss, wenn im Zusammenhang mit dem Schmerzensgeld ein Betrag genannt wird. Der zusätzliche Hinweis mit dem Zitat der Rechtsprechung des BGH macht dann nochmals deutlich, dass eine Grenzziehung durch die Nennung des Betrags nicht gewünscht wird, und hebt noch einmal für das Gericht hervor, dass es weiter denken kann, als der Mindestbetrag geht.

74 Bei der **Darlegung der schmerzensgeldentscheidenden Faktoren** ist darauf achtzugeben, dass es nicht ausreicht, nur das ärztliche Attest oder das medizinische Gutachten wiederzugeben. Es ist wichtig, dass dem Gericht Argumente geliefert werden, die es ihm erlauben, im Rahmen vergleichbarer Primärverletzungen und vergleichbarer Behandlungsverläufe ein höheres Schmerzensgeld zuzusprechen. Wer hier den Punkt der entgangenen Lebensfreude vergisst, verspielt ein höheres Schmerzensgeld. Der angemessene Schmerzensgeldbetrag ist ein individueller Betrag. So wird der aktive Sportler durch einen Beinbruch wesentlich stärker beeinflusst als derjenige, der einen Großteil seines Tages damit verbringt, fernzuschauen etc. Dies muss hervorgehoben werden. Der Anwalt ist aufgefordert darzulegen, warum sein Mandant einen höheren Schmerzensgeldanspruch besitzt als der Geschädigte in einer vergleichbaren Entscheidung einer Schmerzensgeldtabelle. So ist es wesentlich, ob durch eine Verletzung ein geplanter Urlaub entgangen ist, ob sich der Unfall für einen Schüler in der Ferienzeit oder Schulzeit ereignet hat oder ob bestimmte regelmäßig durchgeführte Freizeitbeschäftigungen

---

59 zfs 1996, 290.
60 zfs 1999, 192.

nicht mehr durchgeführt werden können. Bei der ganzen Darlegung sollte jedoch auf Übertreibungen und allzu phantasievolle Darstellungen verzichtet werden, um nicht den Eindruck zu erwecken, dass man sich bereichern will. Da ein Mandant in der Besprechung ad hoc regelmäßig nur wenig beschreiben kann, was ihm an Lebensfreude entgeht oder entgangen ist, wird es empfehlenswert sein, dem Mandanten zu raten, stets einen Zettel und einen Stift im Alltag mitzuführen, wo er konkrete Einschränkungen oder Erlebnisse sofort notieren soll. Dies kann dann in schriftsätzlicher Form dargelegt werden.

Obiges ist entscheidend für die sog. **Ausgleichsfunktion** des Schmerzensgeldes, dagegen spielt die **Genugtuungsfunktion** bei der Verkehrsunfallregulierung eine untergeordnete Rolle. An diese zu denken ist jedoch, wenn dem Unfallgegner Vorsatz (zB Geisterfahrt) oder grobe Fahrlässigkeit (zB erhebliche Alkoholisierung) vorzuwerfen ist. Diese besonderen Faktoren sind dann zu berücksichtigen, wobei im Grundsatz das Schmerzensgeld aus der Ausgleichsfunktion um ca. 25% bis 50% angehoben werden kann. **75**

Besonders zu erwähnen ist ein **zögerliches Regulierungsverhalten der Versicherung.** Wird also nur unzureichend bevorschusst oder werden immer wieder neue Informationen angefordert, die nur dazu dienen, die Regulierung hinauszuzögern, ist dies beim Schmerzensgeld zu berücksichtigen. Wichtig in diesem Zusammenhang zu erwähnen ist dabei die Entscheidung des OLG Frankfurt,[61] wo das Ausgangsschmerzensgeld aufgrund des Regulierungsverhaltens verdoppelt wurde. Aber auch das OLG Nürnberg[62] oder das LG Saarbrücken[63] erwähnen explizit als schmerzensgelderhöhenden Faktor das Regulierungsverhalten. Wichtig für den Anwalt des Geschädigten ist jedoch, dass er selbst frühzeitig der Versicherung sämtliche Unterlagen zur Verfügung stellt, ein Schmerzensgeld beziffert, zur Bevorschussung auffordert und möglichst tagesaktuell arbeitet. Derjenige, der selbst vier Wochen gebraucht hat, um auf ein Schreiben der Versicherung zu antworten, wird dieser kaum vorwerfen können, dass sie lange mit Vorschusszahlungen zugewartet habe. **76**

IV. Verkehrsunfall mit hohem Sachschaden

1. Eilbedürftigkeit

Der Unfall mit einem hohen Sachschaden ist regelmäßig zunächst durch eine große Eilbedürftigkeit geprägt, da der Geschädigte in der Situation steht, sein Fahrzeug, welches er womöglich täglich benötigt, aufgrund der Beschädigung nicht benutzen zu können. Hier reicht es nicht aus, einen Kostenvoranschlag anfertigen zu lassen und sofort mit der Reparatur zu beginnen. Zu denken ist vielmehr bei einem erheblichen Schaden neben der Beweissicherung auch an einen möglichen Totalschaden. **77**

2. Ausgangsfall: Auffahrunfall nach umstrittener Vollbremsung

Es soll von folgendem Fall ausgegangen werden: Am 1.7.2006 erscheint der Mandant beim Anwalt und berichtet davon, dass sich am 30.6.2006 ein Unfall ereignet hat. Der Mandant ist mit seinem erst zwei Wochen alten PKW, für den er sein gesamtes Vermögen iHv 120.000,00 EUR verbraucht hat, die A-straße entlanggefahren. Plötzlich lief ein Kleinkind über die Straße. Durch eine Vollbremsung konnte er einen Zusammenprall verhindern. Aber plötzlich fuhr von hinten mit voller Wucht der Unfallgegner auf. Dieser Unfallgegner regte **78**

---

61 NVersZ 1999, 144.
62 zfs 1995, 452.
63 zfs 2001, 255.

sich sofort auf und warf dem Mandanten vor, dass er nur seine Bremsen getestet habe. Das Kleinkind war verschwunden und Zeugen nicht vorhanden. Das Fahrzeug sieht erheblich beschädigt aus.

79 Grundsätzlich kann bei dieser Situation auf die obigen (Rn 31 ff) Darstellungen zur außergerichtlichen Regulierung mit geringem Sachschaden verwiesen werden.

80 **Hinweis:** Besonders ist jedoch im ersten Anschreiben folgender Satz einzufügen: „Bereits jetzt weisen wir darauf hin, dass unser Mandant weder wirtschaftlich in der Lage ist, den Schaden vorzufinanzieren, noch kann er ein entsprechend hohes Darlehen bei einem Darlehensnehmer erhalten."

81 Dieser Hinweis ist sehr wichtig, da die Rechtsprechung den Geschädigten verpflichtet, seinen Schaden vorzufinanzieren und notfalls einen Kredit in Anspruch zu nehmen.[64] Kann er dies nicht und könnte sich so der Schaden vergrößern (längere Inanspruchnahme eines Mietwagens etc.), muss die Versicherung darauf hingewiesen werden. Nur wenn dies dann die Versicherung noch immer nicht veranlasst, schnell zu regulieren, kann der Geschädigte die Kosten der Verzögerung geltend machen. Im Übrigen bietet sich dieser Hinweis bereits deshalb an, weil eine Versicherung dann regelmäßig gehalten ist, schnell zu regulieren.

82 Weiterhin ist unbedingt ein **Sachverständiger zu beauftragen.** Um auch hier für eine schnelle Arbeit zu sorgen, empfiehlt es sich, den Sachverständigen anzuweisen, dass Original des Gutachtens direkt an die Versicherung schicken zu lassen. Ratsam kann es dabei aber sein, sich mit dem Sachverständigen dahin gehend zu verständigen, dass dieser zunächst die wesentlichen Zahlen des Gutachtens vorab mitteilt, damit auf mögliche Fehler (zB Restwertproblematik, Mehrwertsteuer) im Gutachten anwaltlich hingewiesen werden kann, bevor das Gutachten bei der Versicherung ist.

83 Im vorliegenden Fall ergibt sich aus dem Gutachten Folgendes:

„Wiederbeschaffungswert: ausreichend

„Wiederbeschaffungswert:	ausreichend
Reparaturkosten:	80.000 EUR brutto
Laufleistung:	900 km
Wertminderung:	15.000 EUR
Notreparatur:	15.000 EUR

Eine Reparatur ist wirtschaftlich sinnvoll."

84 Der Anwalt, der jetzt zu kurz denkt, beziffert für den Geschädigten die Reparaturkosten mit einem Betrag iHv 80.000 EUR und die Wertminderung mit 15.000 EUR. Die Versicherung würde dies sicher gern bezahlen und die Akte schließen. Weiterhin sieht sie noch einen Mithaftungsanteil von 1/3, weil nicht verkehrsbedingt gebremst worden sei. Der Mandant müsste jetzt sein Fahrzeug reparieren lassen und müsste mit einem stark reparierten Fahrzeug fahren. Tatsächlich übersehen würde der Anspruch auf Neuwertersatz. Bei der Versicherung ist wie folgt zu fordern:

85 **Muster: Forderungsschreiben an Versicherung**

↓

An die
■■■ Versicherung, ■■■

Schadensnummer: ■■■

---

64 OLG Frankfurt VersR 1980, 235.

Sehr geehrte Damen und Herren,

wir können uns weder mit der Einschätzung zur Haftung dem Grunde nach noch mit der Abrechnung der Höhe einverstanden erklären.

1. Haftung dem Grunde nach

Es ist falsch, dass unsere Mandantschaft nicht verkehrsbedingt gebremst habe. Kommt es zu einen Auffahrunfall, spricht der Anschein für ein Alleinverschulden des Auffahrenden. Ein Verschulden unserer Mandantschaft ist nicht nachweisbar. Die Rechtsprechung geht im Übrigen davon aus, dass die Betriebsgefahr, sofern der Unfall nicht unvermeidbar war, hinter dem Verschulden des Auffahrenden zurücktritt. Um dies zu widerlegen, reicht nicht die Darlegung eines atypischen Geschehensablaufs aus, sondern es ist auch notwendig, diesen atypischen Ablauf zu beweisen, was vorliegend nicht erfolgt.

2. Haftung der Höhe nach

Unsere Mandantschaft kann vorliegend nicht auf die Reparatur verwiesen werden, da eine solche nicht zumutbar ist. Das fast neue Fahrzeug unserer Mandantschaft ist erheblich beschädigt worden.

Eine erhebliche Beschädigung liegt vor, wenn die weitere Nutzung des PKW bei objektiver Abwägung der Interessenlage nicht zugemutet werden kann (BGH VersR 1982, 163). Das ist zB der Fall, wenn die Reparaturkosten mindestens 30% des Neupreises ausmachen (OLG Frankfurt VersR 1980, 235; OLG München DAR 1982, 70).

Das Fahrzeug unserer Mandantschaft war zum Unfallzeitpunkt auch neuwertig. Neuwertigkeit ist jedenfalls dann gegeben, wenn das Fahrzeug noch keinen Monat alt ist und weniger als 1.000 km genutzt wurde (BGH NJW 1982, 433).

Unsere Mandantschaft wird ein Neufahrzeug anschaffen. Ein gleichwertiges Neufahrzeug kostet nunmehr gegenüber der Bestellung unserer Mandantschaft vor zwei Monaten 2.000,00 EUR mehr. Dieses Preiserhöhung geht zu Ihren Lasten (OLG Köln r+s 1993, 139).

Wir haben Sie darum zunächst einmal aufzufordern zu erklären, dass Sie die Kosten eines identischen Neufahrzeugs zum gegenwärtigen Preis vollumfänglich übernehmen, sobald für unsere Mandantschaft der Kaufpreis fällig wird.

Der Hersteller des Fahrzeugs hat derzeit eine Lieferfrist von acht Wochen. Um bereits Streitigkeiten über eventuelle Mietwagenkosten zu vermeiden, kann sich diesseits vorgestellt werden, die Notreparatur auf Ihre Kosten durchführen zu lassen, auf Ihre Kosten ein Interimsfahrzeug anzuschaffen oder durch Sie ein gleichwertiges Ersatzfahrzeug gestellt zu bekommen.

Da unsere Mandantschaft an einer Ausweitung des Schadens nicht interessiert ist, soll es bereits jetzt Ihnen überlassen werden, sich für die günstigste Variante zu entscheiden. Der Stellungnahme hierzu sehen wir kurzfristig innerhalb von drei Tagen entgegen.

Mit freundlichen Grüßen

Rechtsanwalt

Bei der **Neuwertentschädigung** ist zu beachten, dass diese **nicht fiktiv** begehrt werden kann.[65] 86
Insoweit besteht kein Anspruch, bevor nicht das Ersatzfahrzeug angeschafft worden ist. Um Streitigkeiten zu vermeiden, empfiehlt es sich jedoch bereits vorher, dies mit der Versicherung abzuklären und die Zusage hierfür einzuholen. Dies gilt insoweit auch für die Dauer der Ersatzbeschaffung. Derjenige, der hier der Versicherung die Auswahl über die ökonomischste Variante überlässt, wird sinnlosen Streit vermeiden.

---

65 OLG Nürnberg zfs 1991, 45.

V. Verkehrsunfall mit hohem Personenschaden

1. Personenschadensmanagement

87 Die Verantwortung des Anwalts wächst mit der Höhe des Personenschadens. Zu denken ist dabei stets an **fünf Schadenspositionen:**

1. Schmerzensgeld
2. Verdienstausfallschaden
3. Haushaltsführungsschaden
4. Vermehrte Bedürfnisse
5. Kleinere Schadenspositionen

88 Von diesen fünf Schadensgruppen wird ein schwerer Personenschaden bestimmt. Geltend gemacht wird praktisch immer die Position 1, meist auch die Position 2 und auch die Position 5. Vergessen werden jedoch die Positionen und 3 und 4, und damit wird nicht selten fast die Hälfte des Schadens nicht beziffert.

89 Weiterhin ist zu beachten, dass es unerlässlich ist, dass die Regulierung des Schadens und die Rehabilitation des Mandanten in enger Absprache erfolgen muss. Problematisch dabei ist jedoch, dass der Anwalt regelmäßig nur bedingt Kenntnisse von der **Rehabilitation** hat, so dass er diese nicht organisieren kann. Trotzdem ist es wichtig, dass er sich darum kümmert, da nur so Ansprüche des Mandanten ermittelbar sind. Mittlerweile bewährt hat sich dabei die Einschaltung eines Rehabilitationsdienstes. Hier findet der Anwalt einen festen Ansprechpartner für die Rehabilitation und kann sich bei einem guten Rehabilitationsdienst sicher sein, dass das Bestmögliche für den Mandanten getan wird.

90 Das **Personenschadensmanagement** wurde erstmals durch die Arbeitsgemeinschaft Verkehrsrecht anlässlich der Homburger Tage 1997 vorgestellt und die Sinnhaftigkeit erläutert. Das Schadensmanagement war danach Thema eines Arbeitskreises des 38. Verkehrsgerichtstags im Jahr 2000. Dort wurde folgende Empfehlung ausgesprochen:

91 „In vielen Fällen reichen die Instrumentarien des sozialen Sicherheitssystems allein nicht aus, für Unfallopfer zeitnah individuell und bestmöglich die schnelle und berufliche Wiedereingliederung zu gewährleisten. Deshalb empfiehlt der Arbeitskreis die Einschaltung eines privaten Rehabilitationsmanagements in geeigneten Fällen auf freiwilliger Basis. Zum Schutz des Verletzten und zur Sicherung seines Rechts auf Selbstbestimmung sollten dabei folgende Grundsätze beachtet werden:

1. Der beauftragte Rehabilitationsdienst muss vom Versicherer personell und organisatorisch unabhängig und in der Bearbeitung weisungsfrei sein.
2. Die vom Rehabilitationsdienst über den Verletzten erhobenen Daten dürfen nur zum Zwecke der Rehabilitation weitergegeben werden.
3. Zur Sicherung der Qualität der Objektivität und Wahrung der Unabhängigkeit des Rehabilitationsdienstes wird die Errichtung eines Beirats oder einer vergleichbaren Einrichtung empfohlen. Dieser soll aus mindestens drei Personen aus den Bereichen Medizin, Recht und Arbeits-/Sozialwesen bestehen."

92 Über verschiedene Rückversicherer haben sich inzwischen **drei große Rehabilitationsdienste** institutionalisiert, und zwar wie folgt:

1. Mercur RehaCare GmbH der Münchner Rückversicherung, München
2. ReIntra der Bayerischen Rückversicherungs AG, München

3. Rehabilitationsdienst der General Cologne Re (Kölner Rück), Köln

Sobald eine mittelschwere und gar schwere Verletzung mit entsprechenden Dauerschäden 93
gegeben ist, empfiehlt sich stets das Nachdenken über die Einschaltung eines Rehabilitationsdienstes. Natürlich wird eine Versicherung nur dann einen solchen Dienst beauftragen, wenn
sie sich davon materielle Vorteile erhofft. Dies ist jedoch kein Nachteil für den Geschädigten,
da eine Versicherung nur dann Kosten sparen kann, wenn die Rehabilitation und/oder Pflege
optimal läuft. Dies ist dann jedoch auch wiederum regelmäßig ein Vorteil für den Geschädigten, so dass hier die Interessen von Versicherung und Geschädigtem Hand in Hand laufen.
Genau dies ist die Existenzberechtigung für den Rehabilitationsdienst. Für den Anwalt ergibt
sich in seiner Tätigkeit noch ein weiterer Vorteil. Denn er kann sich viel mehr auf seine juristische Arbeit konzentrieren und muss deutlich weniger organisieren. Mit dem Rehabilitationsmanagement wird ein weiterer Ansprechpartner für den Geschädigten gefunden, bei dem
alle Fragen rund um die Pflege beantwortet werden, was dem Anwalt viel Arbeit bei der
Betreuung des Mandanten abnimmt.

2. Einschaltung des Rehabilitationsdienstes

Die Einschaltung des Rehabilitationsdienstes sollte so frühzeitig wie möglich erfolgen. Aus 94
anwaltlicher Sicht muss sich darum sofort mit Mandatsübernahme gekümmert werden. Das
erste Schreiben an die Versicherung kann wie folgt lauten:

Muster: Schreiben an Versicherung wegen Einschaltung eines Rehabilitationsdienstes 95

An die
■■■ Versicherung, ■■■

Meier./. Müller

Unfall vom ■■■

Amtliches Kennzeichen: ■■■

Schadensnummer: ■■■

Sehr geehrte Damen und Herren,

in vorbezeichneter Angelegenheit wurden wir von Herrn S. Meier beauftragt, die rechtlichen Interessen
seiner Tochter L. Meier, geb. 13.7.2002, aus einem Verkehrsunfall vom ■■■ wahrzunehmen. Wir überlassen
die anliegende uns legitimierende Vollmacht.

Unsere Mandantin war Beifahrerin und wurde bei dem Verkehrsunfall als Insassin in dem bei Ihnen versicherten PKW schwer verletzt. Die näheren Umstände sind nicht geklärt. Wir haben die Ermittlungsakte bestellt und lassen Ihnen diese bei Bedarf gerne in Kopie zukommen.

Wir fordern Sie auf, Ihren Haftungseintritt dem Grunde nach bis zum

1.9.2006

zu erklären.

Unsere Mandantin erlitt durch den Unfall schwerste Verletzungen. Diagnostiziert wurde ein Schädel-Hirn-
Trauma 3. Grades. Zunächst behandelte die Universitätsklinik L., nunmehr befindet sich das Kind in der
B-klinik auf der Intensivstation. Der Zustand unserer Mandantin ist sehr schlecht. Sie ist zwar aus dem Koma
aufgewacht, jedoch nicht orientiert. Über den weiteren Verlauf können keine Aussagen getroffen werden.
Wir haben diesbezüglich Atteste angefordert und lassen Ihnen diese zukommen.

Um die bestmögliche Versorgung zu erhalten, gehen wir davon aus, dass die ▪▪▪ als Rehabilitationsdienst eingeschaltet werden kann. Hierauf wird zu Gunsten des Kindes großer Wert gelegt. Aus den bisherigen Erfahrungen mit Ihnen als Haftpflichtversicherer wissen wir, dass Sie ebenfalls bislang ausgezeichnete Erfahrungen mit der ▪▪▪ gemacht haben.

Die Eltern, welche ein weiteres Kind zu versorgen haben, sind mit der Vielzahl der zu verrichtenden Arbeiten überlastet sowie mit den zu treffenden Entscheidungen bislang ungenügend beraten. Das Einschalten der ▪▪▪ unter den Bedingungen des „Code of Conduct" empfinden wir als Glaubens- sowie Vertrauenssache. Wir überlassen diesbezüglich bereits jetzt eine Schweigepflichtentbindungserklärung und bitten um Beauftragung.

Bereits jetzt weisen wir darauf hin, dass bei ungünstigem Verlauf ein Schmerzensgeld in Höhe von mindestens 500.000,00 EUR angebracht ist. Es wird zu berücksichtigen sein, dass schwerste Verletzungen vorliegen, die zeitlebens beeinträchtigen werden und unsere Mandantin in der Wurzel ihres Daseins treffen. Die entsprechende Empfehlung zur Schmerzensgeldhöhe des Deutschen Verkehrsgerichtstags 1996 sowie die Tendenz des Einführungsvortrags zum Verkehrsgerichtstag 2001 soll bereits jetzt erwähnt werden.

Wir bitten Sie um eine Vorschussleistung auf unser nebenstehendes Anderkonto, die den Betrag von zunächst 50.000 EUR nicht unterschreiten sollte. Der Vater hat bereits ein separates Konto eingerichtet. Nach den objektiven Angaben stellt dies eine Summe dar, welche ohne Weiteres mindestens allein auf das Schmerzensgeld zur Zahlung fällig ist.

Zur weiteren Schadenshöhe wie Hausbaukosten, vermehrte Bedürfnisse, Gewährleistung von Mobilität, Haushaltsführungsschaden etc. werden wir in den nächsten Tagen noch gesondert Stellung nehmen und nach Einsicht in die Ermittlungsakte insofern unaufgefordert auf die Sache zurückkommen.

Zur Stellungnahme erlauben wir uns den 1.9.2006 vorzumerken.

Mit freundlichen Grüßen

Rechtsanwalt

Anlagen

Vollmacht

Schweigepflichtentbindungserklärung

96 Wichtig ist, dafür Sorge zu tragen, dass der Versicherung alle vorhandenen Formulare zur Verfügung gestellt werden, die für die sofortige Bearbeitung notwendig sind. Dazu gehört natürlich die **Schweigepflichtsentbindung**, damit sich über den medizinischen Zustand ein Überblick verschafft werden kann.

97 Sollte es zur Beauftragung eines Rehabilitationsdienstes kommen, ist darauf zu achten, dass diese unter folgenden Bedingungen erfolgt (Code of Conduct):

98 **Muster: Code of Conduct des Reha-Managements**

Vereinbarung

1. Der Rehabilitationsdienst

Das Reha-Management darf nicht vom Haftpflichtversicherer selbst geführt werden, sondern liegt in der Hand eines Rehabilitationsdienstes (Reha-Dienst).

a) Er ist personell und organisatorisch vom Haftpflichtversicherer unabhängig.

b) Er ist weisungsfrei und neutral.

c) Art und Umfang seiner Tätigkeit werden ausschließlich durch das Rehabilitationsziel bestimmt.

d) Hinsichtlich aller außerhalb des Rehabilitationszieles liegenden Erkenntnisse ist er zur Verschwiegenheit verpflichtet.

e) Er hat sich jeglicher Einflussnahme auf die oder gar der Beurteilung der Regulierung des Schadens zum Grund oder zur Höhe der Ansprüche zu enthalten und bereits der Möglichkeit des Entstehens eines dahin gehenden Anscheins entgegenzuwirken.

f) Zur Sicherung der Qualität, der Objektivität und Wahrung der Unabhängigkeit muss bei dem Rehabilitationsdienst ein Beirat oder eine vergleichbare Einrichtung errichtet sein, bestehend aus mindestens 3 Experten aus den Bereichen Medizin, Recht und Arbeits- und Sozialwesen. Die Berufung des Vertreters aus dem Bereich Recht bedarf der Zustimmung der Arbeitsgemeinschaft Verkehrsrecht des Deutschen Anwaltvereins.

2. Das Verfahren

Die Einrichtung des Rehabilitationsmanagements durch Einschaltung eines Reha-Dienstes, der die Voraussetzungen nach Ziffer 1 erfüllt und anerkennt, erfolgt stets auf ausschließlich freiwilliger Basis und im Einzelfall durch Vereinbarung zwischen dem Haftpflichtversicherer und dem Anwalt des Unfallopfers einerseits und andererseits zwischen dem Haftpflichtversicherer und dem Reha-Dienst. Von Letzterem sind zunächst stets die in Ziffer 1 genannten Bestimmungen anzuerkennen.

Im Übrigen gilt:

a) Der vom Haftpflichtversicherer zu beauftragende Reha-Dienst wird einvernehmlich mit dem Anwalt des Unfallopfers vorher bestimmt.

b) Der Anwalt des Unfallopfers und der Haftpflichtversicherer legen das Rehabilitationsziel zuvor fest.

c) Die Kosten des Reha-Managements trägt, auch bei nur quotaler Haftung, der Haftpflichtversicherer. Das Unfallopfer ist auch dann nicht zu einer auch nur teilweisen Kostenerstattung, auch soweit Zahlungen an andere als den Rehabilitationsdienst erfolgt sind, wie zB Kosten einer Arbeitsprobe, Lohnzuschüsse etc., verpflichtet, wenn das Reha-Management fehlschlägt oder, gleich, aus welchen Gründen, abgebrochen wird.

d) Die Schweigepflichtentbindungserklärung gegenüber Ärzten, Sozialleistungsträgern und Arbeitgebern ist ausschließlich dem Reha-Dienst und nicht etwa dem Haftpflichtversicherer zu erteilen. In der Entbindungserklärung ist das Rehabilitationsziel zu definieren.

e) Der Haftpflichtversicherer wie auch das Unfallopfer und dessen Anwalt haben sich einseitiger fernmündlicher Informationen zu enthalten, und sollten diese im Interesse der Erreichung des Rehabilitationszieles unbedingt notwendig gewesen sein, so ist der andere Teil hiervon unverzüglich schriftlich zu unterrichten.

f) Sowohl der Haftpflichtversicherer als auch der Anwalt des Unfallopfers verpflichten sich, in einem etwaigen Rechtsstreit auf die Benennung solcher für den Reha-Dienst tätigen Personen als Beweismittel zu verzichten.

g) In der schriftlichen Beauftragung des Reha-Dienstes, wovon dem Anwalt des Unfallopfers Abschrift zu erteilen ist, hat der Haftpflichtversicherer dem Reha-Dienst die folgenden vertraglichen Nebenpflichten aufzuerlegen:

aa) Der Reha-Dienst darf Daten ausschließlich zum Zwecke der Erreichung des Rehabilitationszieles erheben. Die von ihm erhobenen Daten darf er nur zum Zwecke der Rehabilitation verwenden und weitergeben; sog. Zufallsfunde dürfen nicht an den Haftpflichtversicherer weitergegeben werden.

bb) Sämtliche im Zusammenhang mit der medizinischen und/oder beruflichen Rehabilitation erstellten Konzepte und gegebenen Empfehlungen des Reha-Dienstes sind zugleich dem Anwalt des Unfallopfers in Abschrift zu übersenden, wie dieser auch von jedweder Korrespondenz des Reha-Dienstes mit dem Haftpflichtversicherer Abschrift zu erhalten hat. Fernmündlich im Sinne von e) erteilte Informationen hat der

Reha-Dienst unverzüglich schriftlich dem Haftpflichtversicherer bzw dem Anwalt des Unfallopfers mitzuteilen.

99 **Hinweis:** Es wird dringend empfohlen, nur unter Einhaltung des vorstehenden „Code of Conduct des Reha-Managements" die Einrichtung eines Reha-Managements zu vereinbaren. Dies ist ausdrücklich der Versicherung gegenüber zu erklären, um später Zweifel an der Objektivität ausschließen zu können. Wer an dieser Stelle auf Nummer sicher gehen will, lässt obigen „Code of Conduct" für jeden einzelnen Fall schriftlich sowohl von der Versicherung als auch vom Reha-Dienst empfehlen. Ist die Objektivität des Reha-Dienstes gewährleistet, ist eine sehr sinnvolle Einrichtung gefunden worden, um das Maximum an Rehabilitation für den Mandanten zu erreichen. Dieser wird es seinem Anwalt danken.

VI. Mitverschulden

1. § 254 Abs. 1 BGB

a) Allgemeines

100 Für den Praktiker bedeutet die Anwendung des § 254 Abs. 1 BGB die Abwägung von Verursachungsbeiträgen. Das ist in der Tat der Zweck dieser Vorschrift. Es gibt da aber einige Vorfragen.

aa) „Verschulden gegen sich selbst"

101 „Verschulden" bedeutet im Allgemeinen die Verletzung von Rechtspflichten. Es gibt aber keine Rechtspflicht, sich nicht selbst zu schädigen. Also meint § 254 Abs. 1 BGB, wenn er vom „Verschulden des Geschädigten" spricht, diesen Begriff anders. Er versteht darunter die Außerachtlassung derjenigen Sorgfalt, die ein ordentlicher und verständiger Mensch zur Vermeidung eigenen Schadens anzuwenden pflegt. Dabei setzt eine zivilrechtliche Mitverantwortung nicht erst ein, wenn der Geschädigte gesetzliche Vorschriften verletzt hat. Vielmehr kommt es allein darauf an, ob er die Sorgfalt vernachlässigt hat, die man als verständiger Mensch zur Vermeidung eigener Schäden anzuwenden pflegt. Entscheidend ist also, ob dem Geschädigten ein „Verschulden gegen sich selbst" vorgeworfen werden kann, ob er die Umsicht außer Acht gelassen hat, die aus seiner Sicht geboten war, um sich vor Schaden zu bewahren. So muss sich beispielsweise der Pannenhelfer ein Mitverschulden entgegenhalten lassen, wenn er bei der Befestigung eines Abschleppseils an einem nicht ordnungsgemäß gesicherten Fahrzeug zu Schaden kommt, obwohl nicht er, sondern der Fahrer des liegengebliebenen Fahrzeugs nach § 15 StVO zum Aufstellen eines Warndreiecks verpflichtet war.[66]

bb) Mitverschulden und Gefährdungshaftung

102 Trotz seines Wortlauts, der die Mitwirkung eines Verschuldens bei der Entstehung des Schadens voraussetzt, ist § 254 BGB auch dann anzuwenden, wenn den Geschädigten kein Verschulden trifft, er aber dennoch kraft gesetzlicher Bestimmung für den verursachten Schaden einstehen müsste. Deshalb bleibt gegenüber einem Verschulden des Schädigers (zB eines Fußgängers, der durch sein verkehrswidriges Verhalten einen Verkehrsunfall verschuldet hat), den der Geschädigte aus unerlaubter Handlung auf Schadensersatz in Anspruch nimmt, eine Gefährdungshaftung des Geschädigten (grundsätzlich) nicht unberücksichtigt, sondern führt

---

66 BGH VersR 2001, 76, 77.

zur Abwägung der Verursachungsbeiträge.[67] Allerdings kann es der Billigkeit entsprechen, gegenüber einem grob fahrlässig handelnden Schädiger im Rahmen der Abwägung der Verursachungsbeiträge eine nicht erheblich ins Gewicht fallende mitursächliche Betriebsgefahr außer Betracht zu lassen. Dies wäre aber eine wertende Entscheidung des Einzelfalls; an der grundsätzlichen Belastung des Geschädigten mit der Betriebsgefahr bei der Abwägung ändert diese Möglichkeit nichts. Diese Belastung wirkt sich auch gegenüber dem Schmerzensgeldanspruch des als Insasse seines eigenen Fahrzeugs verletzten Halters aus. Bewegen sich die Ansprüche des Geschädigten noch in den Grenzen des § 12 StVG, dann bedarf es für den Schmerzensgeldanspruch nicht des Rückgriffs auf die Ansprüche aus unerlaubter Handlung, weil das StVG seit August 2002 in § 11 einen Schmerzensgeldanspruch gewährt.

cc) Verschuldensfähigkeit

§ 254 BGB löst sich also, wenn er den Begriff des Verschuldens verwendet, vom üblichen **103** Begriffsverständnis. Auf der anderen Seite bewegt sich die Rechtsprechung aber in den bekannten Bahnen, wenn sie die Zurechnung eines Mitverschuldens von der Verschuldensfähigkeit abhängig macht, also im Rahmen des § 254 BGB den § 828 BGB zur Anwendung kommen lässt. Der BGH hat der im Schrifttum vertretenen Meinung, nach der ein „Verschulden" iSv § 254 BGB nicht Schuldfähigkeit voraussetzt, eine Absage erteilt.[68] Nach seiner Auffassung müssen Kinder deliktsfähig sein, wenn ihnen ein Verschulden iSv § 254 Abs. 1 BGB zugerechnet werden soll. Das folgt aus der gesetzgeberischen Entscheidung, nach der Kindern unter sieben Jahren eine besonders schutzwürdige Stellung zukommt. Diese Grenze ist – soweit es um Schadensfälle im motorisierten Verkehr geht und nicht Vorsatz im Spiel ist – seit August 2002 auf das zehnte Lebensjahr heraufgesetzt worden (§ 828 Abs. 2 BGB).

dd) Kausalität

Die Anwendung des § 254 BGB setzt voraus, dass das „Verschulden" des Geschädigten für **104** den Schadenseintritt kausal geworden ist. Dies ist selbstverständlich, ergibt sich aber im Übrigen daraus, dass § 254 Abs. 1 BGB nur ein Verschulden anspricht, das bei der Entstehung des Schadens „mitgewirkt" hat. Die Vernachlässigung der eigenen Interessen muss also für die Entstehung des Schadens kausal geworden sein. Hier kann eine differenzierende Bewertung der Unfallfolgen geboten sein. Besteht beispielsweise das Mitverschulden eines bei einem Unfall zu Schaden gekommenen Motorradfahrers darin, dass er keinen Schutzhelm getragen hat, dann kann sich dieser Verursachungsbeitrag anspruchsmindernd auch nur auf die Schadenspositionen auswirken, die von diesem Versäumnis betroffen sind, also auf die Kopfverletzungen des Geschädigten.[69]

ee) Schutzzweck der Norm

Bei Anspruchsgrundlagen zieht der Schutzzweck der Norm dem Anspruch Grenzen. Das ist **105** bei der Anwendung des § 254 BGB nicht anders. Der Schutzzweck der Sorgfaltsanforderungen begrenzt also die Anrechnung von Mitverschulden. Unterläuft beispielsweise den Ärzten bei der Behandlung eines unfallverletzten Motorradfahrers ein später nicht mehr korrigierbarer Fehler, dann kann der auf Schadensersatz in Anspruch genommene Krankenhausträger dem verletzten Motorradfahrer nicht entgegenhalten, dass er den Unfall mitverschuldet habe. Von dem Geschädigten wurde zwar erwartet, dass er alle Sorgfalt aufwandte, um sich selbst

---

67 BGHZ 6, 319, 322; BGH VersR 1981, 354; 355; OLG Köln VersR 2005, 851, 853.
68 BGH VersR 1975, 133, 135.
69 BGH VersR 1983, 440.

vor Schaden durch einen Verkehrsunfall zu schützen; diese Pflicht gegenüber sich selbst hatte aber nicht den Zweck, die Ärzte davor zu bewahren, einen Behandlungsfehler zu begehen, wenn er das Opfer eines Verkehrsunfalls wurde.[70]

ff) Auslandsunfall

106 Verkehrsunfälle im Ausland führen häufig zu Rechtsproblemen, auch wenn es um die Anwendung des § 254 Abs. 1 BGB geht. Dies gilt insbesondere für die Frage, auf welches Recht abzustellen ist, wenn die Verursachungsbeiträge im Verhältnis Fahrer zu Mitfahrer zu bewerten sind. Ist beispielsweise bei einem Unfall im Ausland, der auf das Verschulden des Fahrers zurückzuführen ist, der Mitfahrer zu Schaden gekommen, war dieser Mitfahrer jedoch nicht angeschnallt, dann sind bei der Bildung der Haftungsquote nach § 254 Abs. 1 BGB auch die Verschuldensgrade zu berücksichtigen, insbesondere ist zu beachten, ob bei einem der Beteiligten ein grobes Verschulden im Spiel ist. Nun ist die Frage, ob ein Fehlverhalten im Straßenverkehr als grob anzusehen ist, in der Regel nach den am Unfallort geltenden Verkehrsvorschriften zu beurteilen. Das gilt aber dann nicht, wenn es um die Beurteilung der Rechtsbeziehungen der Insassen eines Fahrzeugs untereinander geht. In diesem Fall kommt es auf das Recht des gemeinsamen gewöhnlichen Aufenthaltsorts an; man stellt sich vor, dass die Beteiligten die Rechtsbeziehungen zueinander, auf denen ihre gemeinsame Unternehmung beruht, gleichsam auf die Reise „mitgenommen" haben. Ihr Tun und Lassen und ihre Erwartung an das Tun und Lassen des anderen sind eben von ihren gemeinsamen Rechtsvorstellungen geprägt (Art. 40 Abs. 2 EGBGB). Die Bemessung und Abwägung der Verursachungsbeiträge erfolgt also nach § 254 BGB.[71]

b) Abwägungskriterien

107 Die Anwendung des § 254 BGB führt zur Minderung des Schadensersatzanspruchs. In welchem Umfang diese Anspruchsreduktion eintritt, bestimmt sich aber nicht primär nach dem Maß des Verschuldens, sondern – wie es in § 254 Abs. 1 BGB ausdrücklich heißt – nach dem **Maß der „Verursachung"** des Schadens. Damit ist nicht der Begriff der Kausalität iSd *conditio sine qua non* gemeint, vielmehr kommt es auf den Grad der Wahrscheinlichkeit des Schadenseintritts an.[72] Ist an der Schadensentstehung ein Kraftfahrzeug oder ein Anhänger beteiligt, dann ist – wie schon gesagt – die Betriebsgefahr als Verursachungselement bei der Abwägung zu berücksichtigen. Der Geschädigte muss sich eine von ihm zu vertretende Betriebsgefahr auch bei einer Haftung des Schädigers wegen Verschuldens anrechnen lassen; die mitwirkende Betriebsgefahr führt auch zu einer Kürzung des Schmerzensgeldanspruchs.[73]

aa) Das Verschulden in der Abwägung

108 Die Verursachung des Schadens ist also der entscheidende Abwägungsgesichtspunkt. Das schadensursächliche Verschulden ist aber nicht etwa unbeachtlich. Es tritt nur nicht als eigenständiges Abwägungselement in Erscheinung. Hat – was in der Praxis nicht selten der Fall ist – ein an einem Schadensfall Beteiligter neben der Betriebsgefahr seines Fahrzeugs noch für ein Verschulden einzustehen, dann ist nicht aufzuschlüsseln, welche Schadensanteile auf die Betriebsgefahr einerseits und das Verschulden andererseits entfallen. Dem steht schon entgegen, dass regelmäßig die Umstände, die ein Verschulden begründen, auch zu einer Erhöhung

---

70 BGH VersR 1971, 1123, 1124.
71 OLG Hamm VersR 1998, 1040, 1041.
72 BGH VersR 1998, 474, 475.
73 OLG Köln VersR 2005, 851, 853.

der Betriebsgefahr führen, wie überhöhte Geschwindigkeit, Fahren mit ungenügender Beleuchtung, mit schlechten Bremsen oder mit abgefahrenen Reifen, Nichteinhaltung genügender Abstände usw. Bei der Haftungsabwägung sind in erster Linie die von den Parteien gesetzten Ursachen des Schadens, insbesondere eine objektiv-fehlerhafte Fahrweise, durch die die Betriebsgefahr beeinflusst wird, zu berücksichtigen. Trifft den Fahrer auch ein Verschulden, so fällt dies als weiterer, die Betriebsgefahr erhöhender Umstand zu seinen Ungunsten ins Gewicht.[74]

bb) Die Betriebsgefahr in der Abwägung

Neben dem Verschulden des Fahrers kann die Situation, in der sich das Fahrzeug befindet, **109** die Betriebsgefahr erhöhen. So ist das Abbiegen nach links ein besonders gefahrenträchtiger Vorgang, der häufig zu schweren Unfällen führt. Deshalb hat ein Fahrzeug, das nach links abbiegt, eine höhere Betriebsgefahr als ein Fahrzeug, das lediglich unter normalen Umständen geradeaus fährt. Auch eine den konkreten Verkehrsvorgang beeinflussende schwierige Örtlichkeit (zB schlechte Sichtverhältnisse) kann die Betriebsgefahr erhöhen.[75] Ferner spielen Masse und Größe der Fahrzeuge für die Bemessung der Betriebsgefahr eine Rolle. So weist beispielsweise ein dreiachsiger LKW aufgrund seiner Schwere, seines größeren Hubraums, seiner geringeren Wendigkeit und seines größeren Umfangs eine erheblich höhere Betriebsgefahr auf als ein PKW.[76]

cc) Krasses Eigenverschulden des Geschädigten

Je nach der konkreten Fallgestaltung kann bei einem krassen Eigenverschulden des Geschä- **110** digten die Abwägung der Verantwortungsanteile durchaus 100 : 0 zu seinem Nachteil ausfallen. Gerät beispielsweise ein Autofahrer, der an der Mosel wohnt und am Morgen verschiedene Schilder mit Hinweisen auf die Hochwassergefahr passiert hat, am Abend in der Dunkelheit auf ein überflutetes Straßenstück, dann scheitert seine wegen der Schädigung am Fahrzeug aus dem Gesichtspunkt der Verletzung der Verkehrssicherungspflicht erhobene Klage auf Schadensersatz von vornherein an der Anspruchsschranke des § 254 Abs. 1 BGB. Selbst wenn man unterstellt, dass den Verantwortlichen hier ein Organisationsversäumnis unterlaufen ist, weil die Straße an der Gefahrenstelle nicht gesperrt war, hätte der Fahrer mit seiner Klage keinen Erfolg, weil ein solches Versäumnis bei der Haftungsabwägung nach § 254 Abs. 1 BGB gegenüber seinem außergewöhnlich krassen Eigenverschulden voll zurücktreten müsste. Denn dem Fahrer war schon vor Antritt seiner Fahrt durchaus bekannt, dass die Mosel Hochwasser führte. Für ihn bestand deshalb Anlass, auf dieser Straße, die entlang der Hochwasser führenden Mosel verläuft, besonders sorgfältig zu fahren. Bei strikter Einhaltung des Sichtfahrgebots hätte er den Unfall ohne Weiteres vermeiden können. Die Umstände ergeben, dass er entweder mit einer der Situation nicht angepassten, deutlich überhöhten Geschwindigkeit oder außergewöhnlich unaufmerksam in die Gefahrenstelle hineingefahren ist. Das darin liegende besonders grobe Eigenverschulden wiegt so schwer, dass dem gegenüber eine Verletzung der Verkehrssicherungspflicht ganz zurücktreten muss.[77] Dass ein Mitverschulden, das sich als ein „Handeln auf eigene Gefahr" darstellt, zu einem Verlust des Schadensersatzanspruchs führt, liegt auf der Hand. Nach der neueren Rechtsprechung werden diese Fälle unter Heranziehung des § 254 BGB gelöst. Danach kommt es darauf an, ob sich der Geschädigte bewusst in eine Situation drohender **Eigengefährdung** begeben hat, so

---

74 BGH VersR 1994, 1173; r+s 2005, 213, 215; NJW 2005, 1940, 1942.
75 Vgl BGH r+s 2005, 213, 216.
76 OLG Köln VersR 2005, 851, 853.
77 OLG Koblenz DAR 2003, 224.

dass der Verursachungsbeitrag des Schädigers gegenüber der als Handeln auf eigene Gefahr zu qualifizierenden bewussten und schuldhaften Selbstgefährdung des Geschädigten nicht ins Gewicht fällt.[78] Entscheidend ist also eine einzelfallbezogene Wertung.

dd) Verrichtungsgehilfen

111 Der Geschädigte muss sich außer in den Anwendungsfällen des § 278 BGB ein schadensursächliches Verhalten eines Dritten bei der Abwägung der Verursachungsbeiträge auch dann zurechnen lassen, wenn der Dritte sein Verrichtungsgehilfe iSv § 831 BGB ist. Dies steht zwar nicht ausdrücklich in § 254 BGB, die Rechtsprechung legt diese Vorschrift jedoch schon seit langem in diesem Sinne aus.[79] Damit steht dem Geschädigten auch grundsätzlich die Möglichkeit offen, sich durch den Entlastungsbeweis von der Einstandspflicht für ein Versagen seines Verrichtungsgehilfen zu befreien. Hier ist jedoch Vorsicht geboten. Es gibt Fallgestaltungen, in denen dem Geschädigten der Entlastungsbeweis nicht hilft, nämlich dann, wenn er für die Betriebsgefahr seines Fahrzeugs einstehen muss, das sein Verrichtungsgehilfe gefahren hat. Eine für den Unfall mitursächliche fehlerhafte Verhaltensweise des Verrichtungsgehilfen bei der Bedienung des Fahrzeugs – beispielsweise eine für die Verkehrsverhältnisse zu hohe Geschwindigkeit – wird als ein die allgemeine Betriebsgefahr erhöhender Umstand mit in Ansatz gebracht. Der Dienstherr muss sich ein Verschulden seines Verrichtungsgehilfen als einen die allgemeine Betriebsgefahr steigernden Umstand auch dann anrechnen lassen, wenn er sich von der Haftung nach § 831 BGB durch den Entlastungsbeweis befreien könnte. Dies ist die Konsequenz daraus, dass das Verschulden als eigenständiges Abwägungselement nicht in Erscheinung tritt, sondern in der Betriebsgefahr aufgeht. Das Verschulden schlüpft also gleichsam in die Betriebsgefahr hinein und bläht sie auf. Dies gilt natürlich nicht nur dann, wenn der Fahrer ein Verrichtungsgehilfe ist, sondern auch sonst, also etwa dann, wenn ein Freund oder Verwandter den Wagen gefahren hat.[80]

ee) Mehrere Schädiger

112 Sind auf der Schädigerseite mehrere Personen für den Schaden verantwortlich, dann kommt es für die Abwägung darauf an, ob sie ein und dieselbe ursächliche Schädigungshandlung begangen haben oder ob jeder für sich einen selbständigen Schadensbeitrag geleistet hat. Haben **mehrere Schädiger eine einzige Schadensursache** zu verantworten, dann kann es bei der Abwägung keinen Unterschied machen, ob hinter der einen Schädigungshandlung ein Schädiger steht oder mehrere; entscheidend ist für die Abwägung das Gewicht des einen Schädigungsbeitrags.

113 **Beispiel:** Wird etwa von gedankenlosen Erntehelfern ein unbeleuchteter Anhänger von einem Acker auf die Straße geschoben und wird dieses Hindernis bei Dunkelheit einem unaufmerksamen Autofahrer zum Verhängnis, dann kommt es bei der Abwägung der Verursachungsbeiträge darauf an, welches Maß an Gefahr von dem Anhänger auf der Fahrbahn ausgegangen ist. Die Gefahrenquelle wird nicht dadurch kleiner oder größer, dass drei oder zehn Erntehelfer den Anhänger auf die Straße geschoben haben.

114 Man spricht in diesen Fällen, in denen der Geschädigte von nur einer Schädigungshandlung betroffen wird, hinter der mehrere Schädiger stehen, von einer **Haftungseinheit**. So bilden beispielsweise Fahrer und Halter eines Kraftfahrzeugs eine sog. Haftungseinheit mit der Fol-

---

78 Vgl etwa OLG München zfs 2001, 491.
79 BGHZ 1, 248, 249; BGH NJW 1980, 2573, 2575.
80 BGHZ 12, 124, 128 f.

ge, dass sie bei der Ausgleichung nach § 17 StVG haftungsrechtlich als Einheit zu behandeln sind. Auf sie entfällt bei der Abwägung der Verursachungsbeiträge also nur eine Quote.[81]

Anders verhält es sich hingegen, wenn **mehrere Schädiger** unabhängig voneinander unterschiedliche **selbständige Schadensbeiträge** geleistet haben. Hier kommt es zu einer komplizierten Kombination von Einzel- und Gesamtabwägung: Die Mitverantwortung des Geschädigten ist gegenüber jedem der Schädiger gesondert nach § 254 BGB (oder nach § 17 StVG) abzuwägen (Einzelabwägung); zusammen haben die Schädiger jedoch nicht mehr als den Betrag aufzubringen, der bei einer Gesamtschau des Unfallgeschehens dem Anteil der Verantwortung entspricht, die sie im Verhältnis zur Mitverantwortung des Geschädigten insgesamt tragen (Gesamtabwägung).   **115**

Dies bedeutet: Im Anschluss an die Einzelabwägung ist eine Gesamtschau des Unfallgeschehens vorzunehmen, um festzustellen, was der Geschädigte unter Berücksichtigung der auf ihn entfallenden Quote von den als Einheit gesehenen Schädigern – also dem „Lager" der Schädiger – insgesamt verlangen kann. Nur dieser Betrag steht dem Geschädigten insgesamt zu; er kann aber von jedem einzelnen Schädiger nicht mehr als den auf ihn bei isolierter Betrachtung entfallenden Betrag verlangen. Kein Schädiger braucht dem Geschädigten also mehr zu zahlen als die aus der Einzelabwägung folgende Quote, und der Geschädigte erhält nicht mehr oder weniger als die Quote, die auf ihn bei der gebotenen Gesamtschau entfällt. Soweit sich die Schuldbeiträge der einzelnen Schädiger decken, sind sie Gesamtschuldner.   **116**

Beispiel: Ergibt die Einzelabwägung, dass jeder von zwei Schädigern zu 1/5 für den Schaden des Geschädigten verantwortlich ist, dann ist bei der anschließenden Gesamtschau der Schaden unter den Beteiligten so zu verteilen, dass die einzelnen Haftungsquoten gleich bleiben, der Geschädigte also von jedem Schädiger im Verhältnis 4:1 Schadensersatz verlangen kann. Daraus ergibt sich für die Gesamtabwägung das Verhältnis 4:1:1, so dass der Geschädigte zu 4/6 und die Schädiger zu je 1/6 verantwortlich sind. Der Geschädigte kann deshalb von den beiden Schädigern insgesamt nur 1/3 seines Gesamtschadens verlangen; er kann aber jeden der beiden Schädiger nur bis zu 1/5 in Anspruch nehmen. Ein etwaiger Ausgleich zwischen den Schädigern bleibt dem Innenverhältnis überlassen.[82]   **117**

ff) Unstreitig oder bewiesen

Im Rahmen der Abwägung können – selbstverständlich – nur Tatsachen berücksichtigt werden, die positiv festgestellt worden oder unstreitig sind.[83] Trifft den Geschädigten die Betriebsgefahr und ist es möglich, aber nicht positiv festgestellt, dass diese Betriebsgefahr durch ein Fehlverhalten erhöht worden ist, dann kann in die Abwägung nur die (nicht um ein Fehlverhalten erhöhte) Betriebsgefahr eingebracht werden.[84] Stellt beispielsweise der Sachverständige fest, dass die Geschwindigkeit des Geschädigten zwischen 70 km/h und 90 km/h betragen hat, dann kann bei der Abwägung nur von 70 km/h als der den Geschädigten am wenigsten belastenden Größe ausgegangen werden. Auch ein Verschulden, das nur vermutet wird, darf nicht in die Waagschale geworfen werden.[85]   **118**

---

81 BGH NJW 1966, 1262, 1263.
82 BGHZ 30, 203, 211 ff.
83 BGH NJW 2005, 1940, 1942.
84 BGH VersR 1970, 423, 424.
85 BGH VersR 1966, 164, 165.

c) Unfalltypen

119   Für einzelne Unfalltypen hat die Rechtsprechung besondere Abwägungsgesichtspunkte herausgebildet.

aa) Fußgängerunfall

120   Eckpunkte der Rechtsprechung zum Fußgängerunfall sind das an den Kraftfahrer gerichtete Gebot der Rücksichtnahme einerseits und die den Fußgänger aus § 25 Abs. 3 StVO treffende Verpflichtung zur zügigen Überquerung der Fahrbahn andererseits. Die Rechtsprechung verlangt von dem Autofahrer Rücksichtnahme auf die Fußgänger nach Maßgabe der konkreten Verhältnisse.

121   **Beispiel:** Damit verbietet es sich, einen Fußgänger, der bei Nacht – zunächst auf dem Grasstreifen neben der Fahrbahn gehend – plötzlich auf die Fahrbahn tritt und dort von einem Kraftfahrzeug erfasst wird, bei der Abwägung allein mit der Verantwortung für den Unfall zu belasten, wenn im benachbarten Ort ein Weinfest stattfindet. Der Autofahrer hätte auf den Fußgänger reagieren müssen, sei es durch einen Sicherheitsabstand, sei es durch Abbremsen. Diese Vorsicht war umso mehr geboten, wenn er von dem Weinfest wusste und deshalb damit rechnen musste, dass Fußgänger, die er in der Nähe wahrnahm, angetrunken sein und zu unberechenbaren Verhaltensweisen neigen könnten.[86]

122   Der Bürgersteig oder Gehweg spielt bei den Fußgängerunfällen eine besondere Rolle. Die Rechtsprechung geht davon aus, dass der Bürgersteig das Reservat des Fußgängers ist. Ein Kraftfahrer ist grundsätzlich nicht berechtigt, auf der Fahrbahn bis an den rechten Bordstein heranzufahren, vielmehr muss er nach § 1 Abs. 1 StVO einen Seitenabstand von etwa 1 m einhalten, bei lebhaftem Fußgängerverkehr sogar mehr. Lässt dies die Fahrbahnbreite nicht zu, dann muss der Fahrer den erhöhten Gefahren, die mit einem geringeren Seitenabstand verbunden sind, durch eine besonders vorsichtige Fahrweise begegnen. Den Fußgänger, der – etwa durch einen in den Bürgersteig hineinragenden Außenspiegel eines vorbeifahrenden LKW – auf dem Bürgersteig verletzt wird, trifft an seinen Verletzungen in der Regel noch nicht einmal ein Mitverschulden. Solange sich ein Fußgänger auf dem Gehweg aufhält, darf er sich grundsätzlich vor der Berührung durch vorbeifahrende Fahrzeuge sicher fühlen, und zwar regelmäßig auch dann, wenn er am äußersten Rand zur Fahrbahn hin geht oder steht. Anders kann es sein, wenn ein Fußgänger in einer gefahrenträchtigen Lage unnötigerweise nahe an die Bordsteinkante herantritt und sich dadurch der Gefahr aussetzt, von Fahrzeugteilen, die in den Gehweg hineinragen, erfasst zu werden. Ein solcher Ausnahmefall kann etwa dann vorliegen, wenn die Straße so schmal ist, dass Fahrzeuge, die einander im Gegenverkehr begegnen, zwangsläufig nahe an den Bürgersteig heranfahren müssen.[87]

123   Der Pflicht des Kraftfahrers, auf den Fußgängerverkehr Rücksicht zu nehmen, steht die Verpflichtung des Fußgängers aus § 25 Abs. 3 StVO gegenüber. Danach haben Fußgänger Fahrbahnen „unter Beachtung des Fahrzeugverkehrs" zügig auf dem „kürzesten Weg quer zur Fahrbahn" zu überschreiten; der Fahrzeugverkehr hat also Vorrang. Ein Fußgänger darf die Fahrbahn nur mit besonderer Vorsicht überqueren; er muss sich vor dem Betreten der Fahrbahn vergewissern, dass kein Fahrzeug naht, und bei Annäherung eines Fahrzeugs warten. Diese Verpflichtung wendet die Rechtsprechung in voller Konsequenz an. So kann beispielsweise gegenüber dem Eigenverschulden eines Fußgängers, der zur Nachtzeit unter diffusen Lichtverhältnissen leichtsinnig eine innerstädtische Fahrbahn überquert und dabei von einem

---

86 BGH VersR 1989, 490, 491.
87 OLG Düsseldorf NZV 1992, 232, 233.

Fahrzeug angefahren wird, die Haftung des Autofahrers völlig zurücktreten. Überhaupt gilt der Grundsatz, dass der Fußgänger für einen Unfallschaden allein einstehen muss, wenn seinem groben Eigenverschulden lediglich die nicht erhöhte Betriebsgefahr des Kraftfahrzeugs gegenübersteht.[88]

bb) Kollision zwischen Auto und Radfahrer

Kollidiert ein Radfahrer mit einem Auto, dann zeigt sich im Allgemeinen, dass der Radfahrer bei der Abwägung der Verursachungsbeiträge recht günstig abschneidet. Hier mag ein gewisses Verständnis für denjenigen mitschwingen, der sich typischerweise in der Rolle des Schwächeren befindet. Das findet beispielsweise Ausdruck in einem Fall, in dem in dunkler Nacht bei strömendem Regen ein Radfahrer gegen einen auf einer reinen Wohnstraße abgestellten und nur durch zwei Straßenlaternen beleuchteten LKW geprallt war. Dem Radfahrer, der das Sichtfahrgebot des § 3 StVO verletzt hatte, wurde mit Billigung des BGH ein Verursachungsbeitrag von 1/3 angelastet, während der Fahrer des LKW, der gegen § 17 Abs. 4 S. 3 StVO verstoßen hatte, zu 2/3 für die Unfallfolgen aufkommen musste.[89]

124

cc) Kinderunfall

Die rechtliche Beurteilung des Kinderunfalls wird, soweit es um die Sorgfaltspflichten des Autofahrers geht, von dem schon oben (Rn 23 ff) angesprochenen § 3 Abs. 2a StVO beherrscht. Danach müssen sich Kraftfahrzeugführer gegenüber Kindern, Hilfsbedürftigen und älteren Menschen insbesondere durch Verminderung der Fahrgeschwindigkeit und durch Bremsbereitschaft so verhalten, dass eine Gefährdung dieser Verkehrsteilnehmer ausgeschlossen ist. Soweit es um die Beurteilung der Verantwortlichkeit von Kindern geht, kann § 828 Abs. 2 BGB in den Vordergrund treten. Danach ist, wer das siebente, aber nicht das zehnte Lebensjahr vollendet hat, für den Schaden nicht verantwortlich, den er bei einem Unfall mit einem Kraftfahrzeug, einer Schienenbahn oder einer Schwebebahn einem anderen zufügt, es sei denn, er hat den Schaden vorsätzlich herbeigeführt. Wie oben (Rn 25) ausgeführt, greift § 828 Abs. 2 S. 1 BGB aber nur dann ein, wenn sich bei der gegebenen Fallkonstellation eine typische Überforderungssituation des Kindes durch die spezifischen Gefahren des motorisierten Verkehrs realisiert hat. Eine solche Situation tritt meist im fließenden Verkehr auf; im ruhenden Verkehr kann sie sich nur in besonders gelagerten Fällen ergeben.

125

Da § 828 BGB auch für die Frage des Mitverschuldens nach § 254 BGB maßgeblich ist, hat die in § 828 Abs. 2 S. 1 BGB geregelte Haftungsfreistellung Minderjähriger auch zur Folge, dass Kinder dieses Alters sich ihren eigenen Ansprüchen, gleichviel, ob sie aus allgemeinem Deliktsrecht oder aus den Gefährdungshaftungstatbeständen des StVG oder des HpflG hergeleitet werden, ein Mitverschulden bei der Schadensverursachung nicht entgegenhalten lassen müssen.[90] Erweist sich § 3 Abs. 2a StVO als anwendbar, dann gehen die Sorgfaltsanforderungen, denen der Autofahrer nach dieser Vorschrift genügen muss, beachtlich weit. Das wirkt sich auch auf die Abwägung nach § 254 BGB aus.

126

Beispiel: So ist in dem oben (Rn 24) erwähnten Fall, in dem sich der Autofahrer in seiner Fahrweise nicht ausreichend durch vorsorgliches Abbremsen darauf eingestellt hatte, dass dann, wenn von zwei zwölfjährigen Kindern das eine vor einem herannahenden Kraftfahrzeug unvorsichtig über die Straße rennt, das zweite Kind möglicherweise unbekümmert und gedankenlos folgen wird, der Verursachungsbeitrag des Autofahrers bei der Abwägung nach

127

---

88 OLG Hamm VersR 1991, 1187, 1188.
89 OLG Hamm NZV 1992, 445, 446.
90 BGH VersR 2005, 370, 377.

§§ 9 StVG, 254 BGB mit 50% bewertet worden.[91] Zwar muss ein Autofahrer bei schulpflichtigen Kindern im Gegensatz zu Kleinkindern nicht von vornherein mit einem unbesonnenen Verhalten rechnen. Aber das Vertrauen, ältere Schulkinder würden sich verkehrsgerecht verhalten, ist dann nicht mehr gerechtfertigt, wenn diese Kinder ein Verhalten zeigen, das den Autofahrer im konkreten Fall zur Vorsicht mahnen und ihm den Gedanken nahelegen muss, sie könnten ihm unversehens in den Fahrweg geraten. So war es hier. Der Autofahrer musste damit rechnen, dass das zweite Kind einem „unkontrollierten Nachlaufsog" unterliegen würde. Nach der allgemeinen Lebenserfahrung ist damit zu rechnen, dass, wenn ein Kind unvorsichtig über die Straße rennt, ein dieses begleitendes anderes Kind nachfolgen wird. Bei der Abwägung nach § 254 BGB, § 9 StVG sind das grob verkehrswidrige Verhalten des Kindes beim Überqueren der Fahrbahn und die durch den schuldhaften Verstoß des Autofahrers gegen § 3 Abs. 2a StVO erhöhte Betriebsgefahr des Wagens zu berücksichtigen. Diesem Befund erscheint eine Quotierung von 50 : 50 angemessen. Das Sorgfaltsgebot des § 3 Abs. 2a StVO setzt voraus, dass der Autofahrer Kinder gesehen hat oder bei gehöriger Aufmerksamkeit hätte sehen können. Damit ist der Schutzbereich dieses Gebots aber noch nicht erschöpft. Vielmehr hat das Gefahrenzeichen 136 zu § 40 StVO zur Folge, dass der Autofahrer auch ohne Anhaltspunkte für eine konkrete Gefährdung sein Fahrverhalten in gleicher Weise einrichten muss. Der Autofahrer muss sich also vor einem solchen Verkehrszeichen in seiner Fahrweise (Bremsbereitschaft, Reduzierung der Geschwindigkeit) so verhalten, als stehe anstelle des Schildes ein Kind.[92]

128 Auch gegenüber Kindern gilt indes der **Vertrauensgrundsatz**. Dies bedeutet, dass der Autofahrer nur dann besondere Vorkehrungen (zB Reduzierung der Fahrgeschwindigkeit, Bremsbereitschaft) treffen muss, wenn das Verhalten der Kinder oder die Situation, in der sie sich befinden, Auffälligkeiten zeigen, die zu Gefährdungen führen können.[93]

dd) Gurtanlegepflicht

129 Ob und in welcher Höhe einem Kraftfahrzeuginsassen, der bei einem Verkehrsunfall Verletzungen davongetragen hat, gegen den Unfallgegner Schadensersatzansprüche zustehen, hängt auch davon ab, ob er angeschnallt war und ob seine Unfallverletzungen bei Anlegung des Sicherheitsgurts vermieden oder zumindest reduziert worden wären. Für die Gurtanlegepflicht nach § 21a StVO gelten indes Ausnahmeregelungen, die zu Auslegungsproblemen führen können.

130 **Beispiel:** Wird der Fahrer eines gepanzerten Kleintransporters einer Wach- und Schließgesellschaft, der sein Fahrzeug verkehrsbedingt angehalten hat, verletzt, weil ein Sattelzug auf seinen Transporter auffährt, dann kommt es für die Schadensersatzansprüche des verletzten Fahrers darauf an, ob er angeschnallt war. Nach ständiger Rechtsprechung fällt einem Kraftfahrzeuginsassen, der den Sicherheitsgurt nicht anlegt, grundsätzlich ein Mitverschulden (§ 254 Abs. 1 BGB) an den Unfallverletzungen zur Last, die er infolge der Nichtanlegung des Gurtes erlitten hat. Allerdings kann der Schädiger dem Unfallopfer ein Nichtanschnallen nicht als Mitverschulden vorhalten, wenn im konkreten Fall eine Gurtanlegepflicht nach § 21a Abs. 1 S. 1 StVO nicht bestanden oder eine Ausnahme iSd § 21a Abs. 1 S. 2 StVO vorgelegen hat. Die erste dieser Ausnahmen lag hier nicht vor. Allerdings hatte der Kleintransporter im Unfallzeitpunkt gestanden. Der Begriff der „Fahrt" iSv § 21a Abs. 1 S. 1 StVO ist aber nach allgemeinem Sprachgebrauch nicht eindeutig. Hierunter ist nicht nur der

---

91 OLG Hamburg VersR 1990, 985, 986.
92 BGH VersR 1994, 326, 327.
93 BGH VersR 2000, 155.

Vorgang des Fahrens zu verstehen, sondern auch der Gesamtvorgang der Benutzung des Kraftfahrzeugs als Beförderungsmittel im Straßenverkehr. Einer solchen Auslegung des Begriffs „Fahrt" iSd § 21a Abs. 1 S.1 StVO gebührt bereits deshalb der Vorzug, weil es mit dem Sinn und Zweck der Vorschrift, durch die Einführung einer Anschnallpflicht die Zahl der Verkehrsopfer zu senken, schlechterdings unvereinbar wäre, gefahrenträchtige Situationen verkehrsbedingten Anhaltens hiervon auszunehmen.

Die Gurtanlegepflicht entfällt auch nicht nach der Vorschrift des § 21a Abs. 1 S. 2 Nr. 1   **131**
StVO. Eine entsprechende Anwendung dieser Vorschrift auf die vorliegende Fallgestaltung scheidet aus. Gegen eine Analogie spricht schon, dass die in § 21a Abs. 1 S. 2 StVO geregelten Fälle Ausnahmen darstellen, an die strenge Anforderungen zu stellen sind. Im Übrigen sind die beiden Fälle nicht vergleichbar.[94]

Beispiel: Ein Mandant erscheint in der Kanzlei mit der Problematik, dass die Tochter – ein   **132**
Kind im Alter von 13 Jahren – bei einer gemeinsamen Fahrt verletzt worden ist, als das von der Mutter des Kindes gesteuerte Fahrzeug ohne Fremdeinwirkung von der Fahrbahn abkam, sich überschlug und viel dafür sprach, dass das Kind nicht angeschnallt war. Das Kind kann sich aufgrund einer Amnesie infolge der schweren Kopfverletzungen nicht mehr erinnern. Die Kfz-Haftpflichtversicherung meint, dass das Kind sich ein Mitverschulden iHv 1/3 zurechnen lassen müsse.

Ein Klageverfahren,[95] in welchem der Mandant 100% Ersatz seiner Ansprüche erreichen   **133**
will, kann wie folgt aussehen:

Muster: Klageschrift (Gurtanlegepflicht)   **134**

    28

An das ▪▪▪gericht, ▪▪▪

Klage

der D. Meier, geb. am 1.1.1989, gesetzlich vertreten durch ihre Mutter Frau J. Meier, ▪▪▪

– Klägerin –

Prozessbevollmächtigte: RAe ▪▪▪,

gegen

die ▪▪▪ Versicherungs AG,
vertreten durch den Vorstand, dieser vertreten durch den Vorstandsvorsitzenden ▪▪▪
(Schadensnummer: ▪▪▪)

– Beklagte –

wegen Feststellung

Streitwert: wir beantragen Festsetzung

Namens und in Vollmacht des Klägers erheben wir Klage und werden beantragen:

1. Es wird festgestellt, dass die Beklagte verpflichtet ist, der Klägerin aus dem Unfall vom 22.9.2005 auf der Bundesautobahn A 4 zwischen den Anschlussstellen ▪▪▪ und ▪▪▪, Richtung ▪▪▪ für alle entstandenen und entstehenden Schäden zu 100% zu haften.

2. Die Beklagte trägt die Kosten des Verfahrens.

---

94 BGH VersR 2001, 524, 525.
95 Zum Urteil, das im Sinne des Klägers ausgefallen ist, siehe LG Berlin, Urt. v. 25.2.2004 – 17 O 506/02 – n.v.

3. Sofern das Gericht das schriftliche Vorverfahren anordnet, beantragen wir bereits jetzt bei Säumnis der Beklagten den Erlass eines entsprechenden Versäumnisurteils, im Falle eines Anerkenntnisses den Erlass eines entsprechenden Anerkenntnisurteils ohne mündliche Verhandlung.

4. Einer Übertragung an den Einzelrichter wird zugestimmt.

Begründung:

Die Klägerin begehrt die Feststellung über die vollständige Haftung der Beklagten dem Grunde nach aus einem Verkehrsunfall vom 22.9.2005 um ca. 05.05 Uhr auf der Bundesautobahn A 4 zwischen den Anschlussstellen ■■■ und ■■■, Richtung ■■■, Höhe Kilometer 175,5. Die Klägerin war Mitfahrerin des verunfallten Fahrzeugs ■■■, amtl. Kennzeichen ■■■, Fahrer des Fahrzeugs war die Mutter der Klägerin. Das Fahrzeug war zum Unfallzeitpunkt bei der Beklagten haftpflichtversichert, so dass sich daraus die Passivlegitimation der Beklagten ergibt. Die Familie, bestehend aus der Fahrerin Frau J. Meier, ihren zwei Töchtern, ihrem Lebensgefährten Herrn A. Schmidt sowie seinem Sohn wollten von ■■■ aus in ihren Jahresurlaub fahren. Vor Fahrtbeginn in ■■■ achteten die Mutter der Klägerin sowie ihr Lebensgefährte, Herr Schmidt, darauf, dass die Kinder resp. die Klägerin angeschnallt waren. Fahrtbeginn war 02.00 Uhr morgens. Die Kinder, so auch die Klägerin, schliefen kurz nach Fahrtantritt ein und während der gesamten Fahrt. Zunächst fuhr Herr Schmidt. Nach ca. zwei Stunden wurde ein Fahrerwechsel durchgeführt. Die Mutter der Klägerin, Frau Meier, übernahm das Steuer. Während des Fahrerwechsels auf einem Parkplatz wachten die Kinder auch nicht auf und waren weiterhin angeschnallt.

Beweis: Zeugnis des Herrn Schmidt, zu laden über die Klägerin
            Parteivernahme der gesetzlichen Vertreterin der Klägerin

Auf der Bundesautobahn A 4 kam die Mutter der Klägerin nach einem Überholvorgang in Höhe von Kilometer 175,5 in einer langgezogenen Rechtskurve ohne Fremdeinwirkung durch einen Fahrfehler auf der rechten Fahrbahnseite ins Schleudern. Infolge dessen kam sie von der Fahrbahn ab. Das Fahrzeug überschlug sich mehrfach und kam rechts der Fahrbahn in einer Böschung zum Stehen. Bei dem Unfall wurde die im Fond des PKW rechts sitzende, schlafende Klägerin aus dem Fahrzeug geschleudert. Sie wurde durch den Unfall sehr schwer und lebensbedrohlich verletzt. Insofern ist der Unfallhergang zwischen den Parteien unstreitig.

Beweis im Bestreitensfall: 1. Beiziehung der amtl. Ermittlungsakte, Staatsanwaltschaft ■■■, Az ■■■
            2. Zeugnis des Zeugen Schmidt, b.b.
            3. Gutachten der ■■■klinik vom 12.10.2001
            4. Sachverständigengutachten

Die Klägerin wurde schwer verletzt. Sie befindet sich bis heute in der Rehaklinik für Kinder und Jugendliche in ■■■. Sprechen und Laufen ist der Klägerin noch nicht möglich, der weitere Heilungsverlauf ist offen. Die Klägerin konnte möglicherweise deswegen aus dem PKW geschleudert werden, da sie zum Unfallzeitpunkt nicht angeschnallt war. Sie war möglicherweise nicht angeschnallt, weil sie sich kurz vor dem Unfall im Schlaf abschnallte oder durch den in der Mitte sitzenden und ebenfalls schlafenden A. Schmidt unbewusst abgeschnallt wurde. Zum Zeitpunkt des Unfalls schliefen die Kinder. Im PKW herrschte Ruhe, gesprochen wurde nicht. Die übrigen Kinder waren angeschnallt und erlitten nur leichte Verletzungen.

Beweis im Bestreitensfall: wie vor

Streitig ist nunmehr zwischen den Parteien, ob der Klägerin ein Mitverschulden anzulasten ist und ob eine haftungsmindernde Aufsichtspflichtverletzung der Mutter vorliegt.

Rechtliche Bewertung:

I. Zulässigkeit

1. Die Parteien sind sich einig, dass das Landgericht ■■■ für den Streit örtlich zuständig ist.

2. Die Feststellungsklage ist zulässig. Die Klägerin begehrt Feststellung, dass die Beklagte zu 100% haftet. Es besteht ein erhebliches rechtliches Interesse an der Feststellung der Haftung. Die Klägerin wurde lebensbedrohlich verletzt. Sie ist bis heute in der Rehaklinik für Jugendliche in ▪▪▪. Der Heilungsverlauf ist offen. Die Familie muss bei fortdauernder Besserung der Klägerin rollstuhlgerechte Umbauten vornehmen sowie ein rollstuhlgerechtes Fahrzeug erwerben. Es ist der Familie nicht möglich, die hierfür entstehenden Kosten bei einer Mithaftung der Klägerin aus Eigenmitteln zu finanzieren. An der Klärung der vollständigen Haftung der Beklagten dem Grunde nach besteht daher erhebliches Interesse. Bislang ist ebenfalls der Schaden noch nicht bezifferbar. Steht von einem Schaden erst ein Teil der Höhe nach fest, dann kann der Kläger insgesamt auf Feststellung klagen; er ist nicht verpflichtet, seine Klage in einen Feststellungs- und einen Leistungsanspruch aufzuspalten (OLG Karlsruhe VersR 1992, 370). Die Feststellungsklage ist daher zulässig.

II. Begründetheit

Die Beklagte haftet der Klägerin aus dem Unfall zu 100% gem. §§ 823 Abs. 1, Abs. 2 BGB iVm §§ 1 Abs. 2 , 18 StVG, 3 PflVG.

Eine Aufsichtspflichtverletzung der Mutter liegt nicht vor. Ebenfalls kann kein haftungsminderndes Mitverschulden der Klägerin durchgreifen.

1. Aufsichtspflicht

Der Umfang der Aufsichtspflicht der Eltern ist nicht fest bestimmbar, sondern richtet sich nach Alter, Eigenart und Charakter des Kindes sowie der Zumutbarkeit in den jeweiligen Verhältnissen. Vorliegend kam die Mutter ihrer Aufsichtspflicht dergestalt nach, dass sie darauf achtete, dass die Klägerin sowie die weiteren Kinder vor Fahrtantritt angeschnallt waren. Hierauf achtete ebenfalls der Zeuge Schmidt. Aufgrund der Uhrzeit schliefen die Kinder resp. die Klägerin alsbald angeschnallt ein und waren ebenfalls bei dem Fahrerwechsel noch angeschnallt. Dies bekräftigend kann vorliegend herangezogen werden, dass die anderen zwei Kinder auch während des Unfalls angeschnallt waren. Die Mutter der Klägerin tat damit ihrer Aufsichtspflicht genüge, zumal die Klägerin ein unproblematisches Kind ist und den Anweisungen ihrer Eltern Folge leistet. Dadurch dass die Kinder schliefen, konnte die Mutter der Klägerin davon ausgehen, dass sie weiterhin angeschnallt waren. Eine Aufsichtspflichtverletzung der Mutter liegt daher nicht vor.

2. Mitverschulden

a) Es liegt bereits per Definition kein Verschulden der Klägerin vor. Verschulden im Straßenverkehr setzt zumindest fahrlässiges Handeln voraus, § 276 BGB. Es beinhaltet den Vorwurf, gegen Gebote des eigenen Interesses im Sinne eines Verschuldens gegen sich selbst verstoßen zu haben. § 254 beruht auf dem Rechtsgedanken, dass derjenige, der die Sorgfalt außer Acht lässt, die nach Lage der Sache erforderlich scheint, um sich selbst vor Schaden zu bewahren, die Kürzung seines eigenen Anspruchs hinnehmen muss.

Vorliegend fehlt es bereits an einer Handlung. Im Schlaf erfolgende Reflexe oder Bewegungen stellen keine Handlung dar. Die Klägerin schlief während der gesamten Fahrt und war angeschnallt. In dem PKW war es ruhig. Während die Klägerin schlief, hat sich möglicherweise der Sicherheitsgurt gelöst. Ob es sich vorliegend um einen Reflex im Schlaf handelte oder die Klägerin durch den schlafenden, neben ihr sitzenden A. Schmidt abgeschnallt wurde, kann dahinstehen.

Eine Handlung liegt hier nicht vor. Ein haftungsminderndes Mitverschulden ist unter den dargestellten Umständen ausgeschlossen.

b) Im Übrigen könnte selbst bei Vorliegen einer Handlung der am 1.1.1992 geborenen, zum Unfallzeitpunkt 13-jährigen Klägerin mangels Verschulden kein haftungsminderndes Mitverschulden gem. §§ 254 BGB, 828 BGB angelastet werden. Zunächst ist bereits bei Kindern im Straßenverkehr und den damit verbundenen Gefahren der Verschuldensmaßstab zu korrigieren. Es können bei Minderjährigen nicht die gleichen Anforderungen Platz greifen wie bei Erwachsenen. Im Straßenverkehr kommt daher lediglich eine restriktive Wertung des Verschuldens Minderjähriger in Betracht. Diese Wertung greift auch der Gesetzgeber auf. Insbesondere die Neuregelung, welche Kinder statt bis zum vollendeten 7. Lebensjahr nunmehr bis zum

10. Lebensjahr grundsätzlich bei jeglichem Verhalten im Straßenverkehr haftungsfrei stellt, ist in den Maßstab, wie der Minderjährige sich zu verhalten hat, wertend mit einzubeziehen. Die Einsichtsfähigkeit über die Gefahren im Straßenverkehr liegt nämlich bei Kindern nur in geringer Ausprägung vor. Eine Vorwerfbarkeit des kindlichen Verhaltens ist deshalb im Straßenverkehr im Ergebnis zu den Schadensfolgen restriktiv zu bewerten und je nach Alter des Kindes abzustufen. Die Klägerin war zum Unfallzeitpunkt erst 13 Jahre alt. Sie schlief während der gesamten Fahrt. Selbst wenn sie kurz vor dem Unfall aufgewacht wäre, läge keine Einsichtsfähigkeit über ihr Handeln vor. Die Klägerin kann nicht über die mit dem Abschnallen verbundenen Risiken reflektieren. Dies gilt im Übrigen umso mehr, als die Klägerin, selbst wenn sie aufgewacht wäre und sich abgeschnallt hätte, sich noch im „Halbschlaf" befunden hätte. Auch dies ist wertend miteinzubeziehen. Sollte die Klägerin erwacht sein, könnte ihr also auch nicht die Handlung vorgeworfen werden. Ein Verschulden als vorwerfbares Verhalten läge demnach bei der 13-jährigen Klägerin nicht vor.

Im Übrigen wäre dies auch hinsichtlich der gravierenden Schadensfolgen unbillig. Auch dies führt demnach im Ergebnis dazu, dass ein Mitverschulden in der Bewertung zwingend entfallen muss.

c) Im Weiteren ist auch zu berücksichtigen, dass vorliegend Schäden eingetreten sind, welche entstanden wären, gleichgültig, ob die Klägerin angeschnallt war oder nicht.

Dieses Gebot differenzierender Betrachtung muss vorliegend dazu führen, dass sogar dann ein Mitverschulden entfällt, wenn das unbewusste Verhalten der Klägerin zugerechnet würde. Für die Haftung ist nämlich eine Gesamtquote zu bilden, zusammengesetzt aus den Schäden, die ohnehin angefallen wären und unstreitig zu 100% von der Beklagten getragen werden müssten, und den weiteren Schäden. Die Quote hängt dabei von dem Verschuldensgrad ab. Die Klägerin war ursprünglich in jedem Fall angegurtet. Auch während des Fahrerwechsels gegen 04.00 Uhr morgens schlief die Klägerin noch und war angeschnallt. Selbst wenn sich die Klägerin vor dem Unfall bewusst abgegurtet hätte, wäre das Verschulden mangels Einsichtsfähigkeit über die Risiken als leicht zu bewerten. Im Zusammenhang mit den ohnehin eingetretenen Verletzungen wäre eine Kürzung ihrer Ersatzansprüche nicht vorzunehmen und im Ergebnis auch unbillig.

Die Beklagte haftet demnach zu 100%.

Die Beklagte wurde letztmals mit Schreiben vom 28.5.2006 aufgefordert, die vollständige Haftung dem Grunde nach zu erklären. Fristsetzung erfolgte bis zum 7.6.2006. Den vollständigen Haftungseintritt erklärte die Beklagte nicht.

Die Beklagte sagte lediglich eine Haftung in Höhe von 1/3 zu.

Klageerhebung war danach geboten.

Einfache und beglaubigte Abschrift anbei.

Rechtsanwalt

135   Folgende Klageerwiderung ist zu erwarten:

136   **Muster: Klageerwiderung**

An das ▪▪▪gericht, ▪▪▪

Az ▪▪▪

Klageerwiderung

In Sachen

Meier ./. ▪▪▪ Versicherungs AG

beantragen wir namens und im Auftrag der Beklagten:

1. Die Klage wird abgewiesen.

2. Die Kosten des Verfahrens trägt die Klägerin.

Begründung:

I. Zum Unfallhergang

1. Am 22.9.2005 gegen etwa 05:00 Uhr morgens führte die Mutter der Klägerin auf einer Fahrt in den Urlaub das versicherte Fahrzeug ▪▪▪ auf der BAB 4 in Fahrtrichtung ▪▪▪ in Höhe des Richtungskilometers 175,050. Die Klägerin war Beifahrerin auf dem Fondsitz rechts.

Beweis: Ermittlungsakte der Staatsanwaltschaft ▪▪▪, b.b.

Im Bereich der Unfallstelle kam dann das Fahrzeug nach rechts in Richtung Böschung von der Fahrbahn ab. Tatsächlich war das klägerische Fahrzeug in einer Entfernung von etwa 54 m nach der Kilometertafel 175,0 mit sichtbaren Schleuderspuren, von der linken Bereifung des Fahrzeugs stammend, ins Schleudern geraten, wobei die Spuren zum rechten Fahrbahnrand hin verliefen und sich auf dem unbefestigten Randstreifen fortsetzten. Etwa 113 m hinter der besagten Kilometertafel und ca. 2,6 – 6,5 m außerhalb der Fahrbahn kam das Fahrzeug dann in das Erdreich, welches es ca. 51 m aufwühlte. Mehrere Büsche und kleine Bäume wurden niedergedrückt; etwa 172 m nach der besagten Kilometertafel ergaben sich zudem Kratzspuren am rechten Fahrbahnrand mit Antragungen von roter Farbe. Das Fahrzeug hat sich augenscheinlich durch den Kontakt mit dem Erdreich überschlagen, so dass die Kratzspuren von einer seitlichen Berührung mit der Karosserie des Fahrzeugs stammen. Das Fahrzeug überschlug sich weiter etwa 14 m spurzeichnend etwa 2 m vom rechten Fahrbahnrand entfernt, bis es in die Endlage kam.

Beweis: wie vor

Nach dem Akteninhalt ist davon auszugehen, dass das Fahrzeug ▪▪▪ sich mehrfach überschlagen hat, da es allseitig beschädigt war.

Beweis: wie vor

Im Hinblick auf die Insassen konnte festgestellt werden, dass die Mutter der Klägerin, die gefahren war, leicht verletzt wurde und Beanspruchungsmerkmale des Sicherheitsgurtes sich feststellen ließen.

Gleiches galt für den Beifahrer Schmidt und die Kinder P. Meier und A. Schmidt, die hinten links bzw hinten in der Mitte des Fahrzeugs gesessen hatten. Auch dort ließen sich leichte Beanspruchungsmerkmale am Sicherheitsgurt feststellen, sämtliche Insassen wurden im Übrigen nur leicht verletzt.

Beweis: wie vor

Im Hinblick auf die Klägerin wurde bei der Unfallaufnahme festgestellt, dass der Gurt hinter der Lehne des Rücksitzes und der C-Säule in eingerolltem Zustand verklemmt war und keinerlei Beanspruchungsmerkmale aufwies. Aufgrund dieser Feststellungen gingen die örtlich eingesetzten Beamten davon aus, dass der Sicherheitsgurt nicht angelegt worden war.

Beweis: wie vor

Die Klägerin ist bei dem gegenständlichen Ereignis in Folge des Überschlags des Fahrzeugs anscheinend aus dem Fahrzeug herausgeschleudert worden. Nach dem Akteninhalt wurde die Klägerin durch Businsassen, die die Unfallstelle passierten und Erste Hilfe leisteten, nach dem Umkippen des seitlich liegenden Fahrzeugs auf der Fahrbahn vorgefunden. Sie befand sich beim Eintreffen der Ersthelfer nicht im Fahrzeug selbst, sondern außerhalb, während sich die übrigen Personen noch angegurtet im Fahrzeug befunden haben.

Beweis: wie vor

2. Die rechtlichen Ausführungen der Klägerin beinhalten in tatsächlicher Hinsicht die Behauptung, der zuvor bei der Klägerin ordnungsgemäß angelegte Sicherheitsgurt sei von der Klägerin im Schlaf in Folge von Reflexen oder Bewegungen geöffnet worden; gegebenenfalls habe auch ein Reflex oder eine Bewegung durch den neben der Klägerin sitzenden A. Schmidt dazu geführt, dass die Klägerin abgeschnallt worden sei.

Einerseits handelt es sich bei den Sicherheitsgurten, die in dem Fahrzeug PT Cruiser angebracht sind, um Drei-Punkt-Sicherheitsgurte mit entsprechenden Schließmechanismen, bei denen die Schließvorrichtung innerhalb eines geschlossenen Gehäuses ein Einrasten des „Hakens" im Schloss mechanisch mit hoher Zugkraft gewährleistet. Dieses Schloss kann nur geöffnet werden, wenn der Schließmechanismus über mehrere Zentimeter mit erheblicher Kraft zur Überwindung des durch Federn generierten Widerstands heruntergedrückt wird. Die entsprechende Taste liegt zudem am Gurtschloss so, dass sie nach innen in das Gehäuse des Schlosses eingedrückt werden muss, so dass eine Bedienung im Wege eines Reflexes oder einer Bewegung zur Öffnung des Schließmechanismus nach der Lebenserfahrung mit einiger Sicherheit ausgeschlossen werden kann. Die Konstruktionsmerkmale moderner Rückhaltesysteme bedingen, dass gerade ein versehentliches Öffnen ohne zielgerichtete Bedienung des Schließmechanismus ausgeschlossen wird.

Beweis: Sachverständigengutachten

Soweit das Verletzungsbild auswertbar erscheint, spricht allerdings auch noch etwas Weiteres gegen ein Versehen der Klägerin. Der angelegte Dreipunktgurt wäre, wenn man einen Reflex oder eine nicht gesteuerte Bewegung einmal zugrunde legen wollte, durch den Aufrollmechanismus über den Körper der Klägerin hinweg seitlich hochgezogen worden. Da sich regelmäßig der Bereich der Schulter und des Armes, hier aufgrund der Sitzposition der Klägerin die rechte Körperseite, in der Schlaufe des Gurtes befinden, wenn dieser ordnungsgemäß angelegt ist, wäre bei nur unwillkürlichen Bewegungen der Klägerin diese Gurtschlaufe zwischen Arm und Rumpf verblieben, hätte sich mithin aller Wahrscheinlichkeit nach nicht aufrollen können. Anlässlich des Unfalls wäre deshalb durch die Gurtschlaufe einerseits vermutlich eine Verletzung im Bereich des rechten Armes und der rechten oberen Rumpfseite im Bereich der Schulter eingetreten, die jedoch derart spezifisch aus den der Beklagten vorliegenden Unterlagen nicht ohne Weiteres entnommen werden kann. Andererseits hätte sich der Gurt durch den Unfall selbst dann, wenn der Arm aus der Gurtschlaufe „herausgeschlüpft" wäre, nicht nach dem Unfall in völlig aufgerolltem und verklemmtem Zustand hinter der Säule befinden können, weil durch die Krafteinwirkung und Deformierung des überschlagenden Fahrzeugs innerhalb kürzester Zeit ein mechanisches Aufrollen des Gurtes bis in die von den Polizeibeamten festgestellte Endposition mit hoher Wahrscheinlichkeit angesichts der konkret am Fahrzeug ersichtlichen Schäden nicht möglich gewesen wäre.

Beweis: Sachverständigengutachten

Vor diesen Hintergründen geht die Beklagte berechtigterweise davon aus, dass der Sicherheitsgurt tatsächlich mindestens ab einem nicht mehr definierbaren Zeitpunkt nach Antritt der Fahrt bis zum Unfallgeschehen bewusst nicht mehr angelegt war.

Vor diesem Hintergrund ist zu bestreiten, dass während der Fahrt bis zur Unfallstelle, insbesondere seit dem Fahrerwechsel etwa gegen 04:00 Uhr von Herrn Schmidt auf die Mutter der Klägerin, die Klägerin selbst auf dem rechten Fondsitz angeschnallt mitgefahren ist. Ebenso wird bestritten, dass die Klägerin aufgrund im Schlaf erfolgter Reflexe oder Bewegungen unwillkürlich den Schließmechanismus des Sicherheitsgurtes betätigte und sich so losschnallte bzw der Sicherheitsgurt sich gelöst hat. Ebenso zu bestreiten ist, dass gegebenenfalls der neben der Klägerin sitzende A. Schmidt die Klägerin bewusst oder unbewusst abgeschnallt hat.

II. Zur Haftung

1. Mitverschulden der Klägerin

Die Beklagte geht davon aus, dass sie für das folgenreiche Ereignis im Verhältnis zur Klägerin überwiegend einstandsverpflichtet ist. Eine volle Einstandsverpflichtung der Beklagten besteht indes nicht, weil von einer Mitverantwortlichkeit der Geschädigten nach § 9 StVG iVm §§ 254, 828 Abs. 2 BGB auszugehen ist.

a) Grundsätzlich begründet das Nichtanlegen des Sicherheitsgurtes ein Mitverschulden des Fahrzeuginsassen (ständige Rechtsprechung seit BGH NJW 1979, 528 ff).

Dies gilt auch für Rücksitzpassagiere (vergleiche *Küppersbusch*, Ersatzansprüche bei Personenschäden, 9. Auflage 2006, Rn 385 f). Die gesetzliche Verpflichtung der Klägerin ergibt sich insoweit aus § 21a StVO, da Kinder im Alter ab zwölf Jahren, die nicht mehr in einem dafür vorgesehenen Sondersitz gesichert werden, den Gurt anzulegen haben.

b) Ob ein Mitverschulden nach §§ 9 StVG, 254 BGB, nämlich das unterlassene Anlegen des Sicherheitsgurtes, der Klägerin zugerechnet werden kann, richtet sich bei Minderjährigen nach § 828 BGB. Danach ist für einen Schaden verantwortlich, wer das siebente, aber noch nicht das 18. Lebensjahr vollendet hat, wenn er bei der Begehung der (selbst-)schädigenden Handlung die zur Erkenntnis der Verantwortlichkeit erforderliche Einsicht hat. Zurechnungsfähigkeit ist deshalb zu bejahen, wenn der Jugendliche die geistige Entwicklung besitzt, die den Handelnden in den Stand versetzt, das Unrecht seiner Handlung und zugleich die Verpflichtung zu erkennen, in irgendeiner Weise für die Folgen der Handlung selbst einzustehen (vgl Palandt/*Thomas*, BGB, 66. Auflage 2007, § 828 Rn 3). Bei Jugendlichen über sieben bzw zehn und unter 18 Jahren stellt das Gesetz allein auf die intellektuelle Fähigkeit ab, nicht auch auf die individuelle Steuerungsfähigkeit, sich dieser Einsicht gemäß zu verhalten (vgl hierzu BGH NJW 1984, 1958). Ausreichend zur Bejahung der Einsichtsfähigkeit ist das allgemeine Verständnis dafür, dass das Verhalten geeignet ist, Gefahren herbeizuführen. Ist diese Einsicht vorhanden, so ist regelmäßig der Schluss auf die Einsicht zur Erkenntnis der Verantwortlichkeit zulässig (vgl hierzu BGH VersR 1970, 374).

Zwar genügt bei der Berücksichtigung des Lebensalters die Annäherung an die obere oder untere Altersgrenze für sich allein nicht, um die erforderliche Einsicht zu bejahen oder zu verneinen; Rückschlüsse aus der Lebenserfahrung hinsichtlich der Verstandesreife sind aber zulässig.

Auch nach der sprachlichen Fassung des § 828 Abs. 2 BGB ist es deshalb an der Klägerin, vorliegend zu behaupten und ggf zu beweisen, dass die Einsichtsfähigkeit nicht vorhanden war, wobei Zweifel insoweit zu ihren Lasten gehen (vgl im Ergebnis hierzu BGH VersR 1970, 467).

Hinzu kommen muss die Schuldhaftigkeit des Verhaltens, also die Erkenntnis der Gefährlichkeit einer unerlaubten Handlung oder ihre sorgfaltswidrige Verkennung. Abzustellen ist nicht auf die individuellen Fähigkeiten des Jugendlichen, sondern auf den normalen Entwicklungszustand eines Jugendlichen dieses Alters, der die Gefährlichkeit seines Tuns hätte voraussehen oder dieser Einsicht entsprechend hätte handeln müssen (vgl hierzu BGH NJW 1970, 1038).

c) Im vorliegenden Fall ist die Deliktsfähigkeit der Klägerin im Sinne des § 828 Abs. 2 BGB ebenso wie ein Verschulden zu bejahen. Die Wirksamkeit eines angelegten Sicherheitsgurtes zur Vermeidung erheblicher Verletzungen anlässlich eines Verkehrsunfalls ist zwischenzeitlich wissenschaftlich nachgewiesen, was auch allgemein bekannt ist. Gerade dann, wenn wie hier nach den Angaben der Mutter der Klägerin und des Zeugen Schmidt außergerichtlich die Klägerin selbst sich als „problemloses Kind" in der Vergangenheit gezeigt hat und sie zudem dann, wenn sie im Fahrzeug der Mutter oder des Lebensgefährten mitgefahren ist, regelmäßig selbst den Sicherheitsgurt anlegte, wie dies außergerichtlich mitgeteilt worden war, kann bei der Klägerin auch von einer ausgerichteten Eigenverantwortlichkeit im Sinne der vorgenannten Erkenntnisse über die bloße Befolgung von Anweisungen der Mutter hinaus ausgegangen werden. Es erschließt sich einem Jugendlichen im Alter von 13 Jahren, dass das Nichtanlegen eines Sicherheitsgurtes bei einem Unfall erhebliche Folgen haben kann im Hinblick auf die eigene Gesundheit, so dass auch die Einsicht als vorhanden vorausgesetzt werden muss, dementsprechend den Sicherheitsgurt anlegen zu müssen. Die Erkenntnis der Gefährlichkeit, ohne angelegten Sicherheitsgurt zu fahren, nämlich das „Ausgeliefertsein" als Mitfahrer im Fahrzeug und die möglichen Krafteinwirkungen bei einem Unfall werden bei einem normal entwickelten Jugendlichen des Alters der Klägerin vorausgesetzt werden dürfen, so dass nach Auffassung der Beklagten auch ein Verschulden letztlich vorliegt.

d) Die Argumentation der Klägerin im Hinblick auf die Gesetzesänderung des § 828 Abs. 2 BGB nF hilft im vorliegenden Fall nicht weiter. Der von der Klägerin aufgegriffene Ansatzpunkt, wonach aufgrund jüngerer Erkenntnisse zur Entwicklung von Kindern oder Jugendlichen zur Teilnahme am Straßenverkehr das Alter der Deliktsfähigkeit durch den Gesetzgeber zu § 828 BGB nF angehoben worden ist, betrifft die aktive Teilnahme von Kindern im Straßenverkehr, etwa als Fußgänger oder Radfahrer, weil Kinder unter zehn Jahren nach jüngeren wissenschaftlichen Erkenntnissen nur eingeschränkt beispielhaft Geschwindigkeiten oder Entfernungen in komplexen Abläufen einschätzen können. Die Klägerin hat vorliegend jedoch passiv als Beifahrerin am Verkehr teilgenommen, im Übrigen war sie zum Zeitpunkt des Geschehens bereits 13 Jahre alt.

2. Die Argumentation der Klägerin, sie hätte auch bei angelegtem Sicherheitsgurt dieselben Schäden erlitten, ist unzutreffend.

a) Die erlittenen, erheblichen Verletzungen der Klägerin wären so, wie sie sich aus den vorliegenden ärztlichen Berichten ergeben, bei angelegtem Sicherheitsgurt nicht eingetreten.

Beweis unter Protest gegen die Beweislast: Sachverständigengutachten

Diese Erkenntnis lässt sich schon aus dem Umstand ableiten, dass die weiteren vier Insassen des Fahrzeugs, die angeschnallt waren, jedenfalls keine vergleichbar schweren Verletzungen wie die Klägerin davongetragen haben.

Beweis unter Protest gegen die Beweislast: Sachverständigengutachten

Ursache der vor allem schweren Kopfverletzungen und der Mehrfachtraumatisierung des Rumpfes dürfte insbesondere gewesen sein, dass die Klägerin nicht durch den Sicherheitsgurt im Fahrzeugsitz festgehalten worden ist, die Karosserie des Fahrzeugs also trotz der Deformation nicht als Schutz vor entsprechenden Verletzungen verblieb. Die Klägerin ist vielmehr aus dem Fahrzeug durch die berstende Scheibe herausgeschleudert worden und hat sich, auch weil sie anlässlich des Unfalls mit ihrem Körper massiv beschleunigt werden konnte, die entsprechenden Verletzungen zugezogen. In tatsächlicher Hinsicht erscheint die Auffassung der Klägerin zum Ausmaß der Folgen bei angelegtem Sicherheitsgurt deshalb nicht wahrscheinlich.

Beweis unter Protest gegen die Beweislast: wie vor

In rechtlicher Hinsicht entfällt deshalb ein Mitverschulden nicht, denn wäre die Klägerin angeschnallt gewesen, wäre es aller Voraussicht nach nicht zu den nunmehr eingetretenen Schäden gekommen. Die geringen Verletzungen der übrigen Fahrzeuginsassen sprechen gegen ein gleiches Schadensausmaß, wobei der Klägerin auch nicht in ihrer hypothetischen Überlegung eines geringen Verschuldensmaßstabs bei bewusstem Entgurten zu folgen wäre.

b) Letztlich jedoch ist es Sache der Klägerin, darzulegen und zu beweisen, dass die Verletzungen bei angelegtem Gurt vermieden worden oder nicht so schwerwiegend ausgefallen wären. Denn dafür, dass durch das Nichtanlegen des Gurtes die Schäden der Klägerin geringer ausgefallen wären, streitet zu Gunsten der Beklagten ein Beweis des ersten Anscheins, wenn die nachfolgend darzulegenden Voraussetzungen in tatsächlicher Hinsicht gegeben sind (vgl zum Anscheinsbeweis: BGH VersR 1980, 824; 1981, 548; OLG München VersR 1979, 1157; OLG Bamberg VersR 1985, 786).

Ein Anscheinsbeweis greift nämlich ein, wenn ein Unfallmechanismus vorliegt, bei dem der Sicherheitsgurt seine Schutzwirkung entfalten kann, was insbesondere dann anzunehmen ist, wenn der Nichtangeschnallte aus dem Fahrzeug herausgeschleudert wurde (vgl hierzu BGH VersR 1980, 824). Weitere Voraussetzung ist, dass die Fahrgastzelle im vom Verletzten benutzten Teil keine wesentliche Deformierung aufweist, was die Beklagte anhand der schon in der Ermittlungsakte enthaltenen Lichtbilder zum Zustand des Fahrzeugs ■■■ nachweisen kann. Weiterer Hinweis darauf, dass keine wesentliche Deformierung mit entsprechenden Folgen für die Insassen vorgelegen hat, dürften auch die geringen Verletzungen der übrigen Insassen auf allen weiteren Sitzplätzen im Fahrzeug sein (vgl hierzu im Ergebnis *Küppersbusch*, aaO, Rn 387). Letztlich liegen bei der Klägerin Verletzungen vor, die typischerweise durch den Gurt hätten verhindert werden können, nämlich gerade im Bereich des Kopfes, des Rumpfes und der Extremitäten (vgl *Küppersbusch*, aaO).

Da es als unstreitig zwischen den Parteien erscheint, dass der Gurt nicht angelegt war, spricht, da die Voraussetzungen insoweit vorliegen, der erste Anschein dafür, dass die Verletzungen bei einem angelegten

Gurt vermieden worden wären, so dass für die Einwendung, dass gleichschwere Verletzungen auch dann eingetreten wären, wenn die Klägerin angeschnallt gewesen wäre, sie die Beweislast trifft (vgl im Ergebnis BGH VersR 1980, 824; OLG Düsseldorf DAR 1985, 59).

3. Die Beklagte geht deshalb aus den aufgezeigten Gründen von einem Mitverschuldensanteil der Klägerin aus, welcher mit mindestens 1/3 zu bemessen ist. Auch unter Berücksichtigung sämtlicher hier relevanter Umstände, insbesondere aber unter Berücksichtigung des Umstands, dass für eine 13-Jährige das Anlegen des Sicherheitsgurtes gesetzlich verpflichtend in § 21a StVO geregelt ist, neben der Einsichtsfähigkeit eines vergleichbaren Jugendlichen im Alter der Klägerin auch eine dieser zu vermittelnde gesetzliche Verpflichtung bestand, erscheint auch unter Billigkeitserwägungen ein Mithaftungsanteil von 1/3 angemessen und zumutbar.

In diesem Zusammenhang verweist die Beklagte auf die Entscheidung des Kammergerichts (zfs 1982, 163). Das Kammergericht hatte in einer vom BGH nicht zur Revision angenommenen Entscheidung ausgeführt, dass den Geschädigten, der den Sicherheitsgurt nicht anlegt, eine hälftige Mithaftung treffe. Geht man zu Gunsten der Klägerin davon aus, dass ihre Einsichtsfähigkeit geringer entwickelt ist als diejenige eines Erwachsenen, und mindert deshalb die Mitverschuldensquote, so erscheint die von der Beklagten angenommene Mithaftung von 1/3 auch unter Berücksichtigung der örtlichen Rechtsprechung angemessen. Im Übrigen ist auf die Entscheidung des LG Berlin (zfs 1988, 305) zu verweisen, welches eine Mithaftung von 25% des nicht angeschnallten Insassen angenommen hat.

4. Letztlich ist darauf hinzuweisen, dass der Vortrag der Gegenseite, die Beklagte habe lediglich eine Haftung zu 1/2 außergerichtlich anerkannt, nicht zutrifft. Die Beklagte verweist insoweit auf ihre Stellungnahme vom 14.2.2006, in der sie zwar ausführt, dass sie ein Mitverschulden von 1/2 für angemessen erachte. Die konkreten Zusagen zur Leistung erfolgen dann jedoch mit der auch für das Verfahren zugrunde gelegten Quote von 2/3, so dass die entsprechende Zusage der Beklagten im Hinblick auf den Rechtsstreit und den einheitlichen Gegenstand analog §§ 91, 269 Abs. 2 ZPO berücksichtigt werden mag.

Rechtsanwalt

Hierauf kann dann wie folgt repliziert werden:

137

Muster: Replik

138

An das ▪▪▪gericht, ▪▪▪

Az ▪▪▪

Replik

In Sachen

Meier ./. ▪▪▪ Versicherungs AG

wird auf die Klageerwiderung wie folgt repliziert:

Hinsichtlich des Streitumfangs geht die Klägerin davon aus, dass nunmehr nur noch eine Mithaftung von 1/3 streitig ist. Die Beklagte hat zunächst erklärt, 1/2 der Schäden zu regulieren. Allein für den Fall einer außergerichtlichen Einigung erklärte sich die Beklagte bereit, 2/3 der Schäden zu regulieren. Dieses Vergleichsangebot hat die Klägerin abgelehnt, so dass bislang keine Einigkeit über die Regulierung von 2/3 der Ansprüche besteht. Die Beklagte hat dies bis zur Klageerwiderung auch nicht anerkannt. Wir gehen davon aus, dass der diesbezügliche Inhalt der Klageerwiderung als Teilanerkenntnis anzusehen ist.

Tatsächlich braucht sich die Klägerin jedoch kein Mitverschulden anzulasten. Es wurde unter Beweis gestellt, dass die Klägerin zum Unfallzeitpunkt schlief, ca. eine Stunde vor dem Unfall noch angeschnallt war und in dieser Zeit durchgeschlafen hat. Auf die entsprechenden Beweisangebote der Klageschrift wird ausdrücklich Bezug genommen.

Somit wird nach Verwertung der Beweisangebote feststehen, dass das Loslösen des Sicherheitsgurtes allein im Schlaf der Klägerin geschehen sein kann.

Bereits aus diesem Grund ist der Klägerin kein Mitverschulden anzulasten. Dies setzte nämlich voraus, dass die Klägerin gehandelt hat. Der Handlungsbegriff jedoch setzt ein Handlungsbewusstsein voraus, welches im Schlaf fehlt. Es ist nicht untypisch, dass sich ein Mensch im Schlaf durch den Gurt beengt fühlt und diesen, ohne über mögliche Folgen nachdenken zu können, öffnet. Dabei nimmt der Mensch im Schlaf nicht einmal war, dass er sich in diesem Moment in einem PKW befindet. Erst recht steht dem Schlafenden nicht die Möglichkeit zu, bewusst über die Durchführung seiner Handlung nachzudenken. Somit könnte bei einer Handlung im Schlaf allein dadurch ein Mitverschulden begründet werden, dass man es zum Vorwurf machen würde, überhaupt im Auto geschlafen zu haben. Dies wäre jedoch nur dann der Fall, wenn Schlafen im Auto untersagt wäre oder wenn die betreffende Person damit hätte rechnen müssen, dass sie sich im Schlaf abschnallen würde. Beides ist vorliegend jedoch nicht der Fall. Der Klägerin war nicht bekannt, dass sie sich bereits zuvor einmal im Schlaf losgeschnallt hätte. Somit kann man es der Klägerin auch nicht vorwerfen, dass sie im Fahrzeug geschlafen hat.

Es fehlt hier also beim Abschnallen bereits an einer das Mitverschulden begründenden Handlung. Eine verschuldensbegründende Voranknüpfung an das Schlafen ist ebenfalls nicht möglich. Mithin hat die Beklagte für 100% der Schäden der Klägerin einzustehen.

Auch die Tatsache, dass die Klägerin bereits älter als zehn Jahre, nämlich 13 Jahre alt war, wirkt sich mittelbar aus. Auch wenn Kinder über zehn Jahren durch die Neuregelung nicht unmittelbar betroffen sind, so werden sie zumindest mittelbar betroffen. Denn wenn der Gesetzgeber die Haftung einer 10-Jährigen ausschließt, müssen an die Bejahung der Einsichtsfähigkeit von 11- bis 14-Jährigen besonders strenge Anforderungen gestellt werden. Denn insoweit stehen diese Kinder einer fehlenden Einsichtsfähigkeit näher, als einer gegebenen. Insoweit ist die Klägerin in einer Parallelwertung wie eine 8- oder 9-Jährige zu betrachten, wenn man davon ausgeht, dass nach der alten Gesetzeslage bereits die Einsichtsfähigkeit mit sieben Jahren begründet werden konnte.

Unter Beachtung, dass die Rechtsprechung bei einem erwachsenen und unangeschnallten Mitfahrer überwiegend eine Mithaftung von 20% bis 25% bejaht hat (OLG Karlsruhe VersR 1991, 83: 20%; KG DAR 1980, 2125: 25%), muss das Verschulden, soweit ein solches überhaupt gegeben ist, bei Berücksichtigung der wenn überhaupt nur geringen Einsichtsfähigkeit zurücktreten. Zumindest insoweit ist die Klägerin der Auffassung, dass sich die Minderjährigkeit auswirken muss.

Auch der Anscheinsbeweis einer Mitursächlichkeit des fehlenden Anlegens des Sicherheitsgurtes greift nicht durch, da vorliegend unstreitig ein seitliches Überschlagen des Fahrzeugs gegeben ist, bei dem sich der Schutz des Sicherheitsgurtes nur wenig auswirkt und somit kein typischer Geschehensablauf mehr gegeben ist, bei dem davon ausgegangen werden kann, dass die Verletzungen geringer gewesen wären, wenn sich die Klägerin angeschnallt hätte (OLG Hamm VersR 1987, 206). Auch unter diesem Aspekt wird eine Mithaftung der Klägerin auszuschließen sein.

Schließlich wird noch das Verschulden der Fahrerin des klägerischen PKW zu berücksichtigen sein. Dieses lässt, nachdem sich der Verschuldensgrad bereits aus der unstreitigen Sachverhaltsschilderung ergibt, in jedem Fall das wenn überhaupt gegebene geringe Mitverschulden der Klägerin zurücktreten (so in Anlehnung an BGH NJW 1998, 1137).

Somit ist davon auszugehen, dass die Beklagte zu 100% für die Schäden der Klägerin einzustehen hat. Die Klage ist daher vollumfänglich begründet.

Im Übrigen wird noch einmal ausdrücklich bestritten, dass die Klägerin zum Unfallzeitpunkt nicht angeschnallt war. Die Klägerin selbst, die als einzige hierzu etwas wahrgenommen haben könnte, ist nicht in der Lage, ihre Wahrnehmungen zu äußern.

Einzig bekannt und unter Beweis gestellt werden konnte, dass die Klägerin eine Stunde vor dem Unfall noch angeschnallt war. Zur Vermutung, dass die Klägerin nicht angeschnallt gewesen sein könnte, kam es erst, nachdem die Polizei festgestellt hat, dass der Gurt in der Rücksitzbank eingeklemmt gewesen ist. Hierfür gibt es jedoch eine einfache Erklärung.

Zum Herausholen des Verbandskastens aus dem Fahrzeug, in welchem die Klägerin saß, klappte der Zeuge Schmidt den Rücksitz der Klägerin nach vorn, da sich der Verbandskasten direkt dahinter befand. Beim Zurückklappen des Sitzes bei dem Fahrzeug ■■■ wird dann der Gurt eingeklemmt. Somit konnten die später eintreffenden Polizisten nur den eingeklemmten Sicherheitsgurt feststellen.

Beweis: Zeugnis des Zeugen Schmidt, b.b.

Auch möglicherweise fehlende Beanspruchungsmerkmale sind kein Beweis für das Fehlen des Sicherheitsgurtes. Diese müssen gerade bei einem seitlichen Überschlag nicht auftreten.

Auch eine Überprüfung des Gurtschlosses ist nicht erfolgt. Hier wäre ein mögliches Auslösen feststellbar gewesen.

Schließlich gilt es noch zu berücksichtigen, dass neben der Klägerin der Zeuge Schmidt, welcher auf dem Beifahrersitz vorn gesessen hat, am schwersten verletzt worden ist. Wohl nur dadurch, dass der Zeuge Schmidt reflexartig am Haltegriff über der Scheibe Halt suchte, sind noch schwerere Verletzungen vermieden worden. Bei Herrn Schmidt sind sämtliche Bänder der rechten Schulter gerissen, und das Schultergelenk ist splitterartig gebrochen. Herr Schmidt hat zudem eine Kopfverletzung.

Beweis: wie vor

Somit ist davon auszugehen, dass die Personen, die auf der Beifahrerseite gesessen haben, am schwersten gefährdet waren, wobei die kindliche Konstitution der Klägerin gegenüber der des Zeugen Schmidt benachteiligt war. Somit sind auch die schweren Verletzungen der Klägerin kein Indiz für ein fehlendes Anlegen des Sicherheitsgurtes.

Die Beklagten werden es zu beweisen haben, dass der Sicherheitsgurt nicht angelegt war. Im Übrigen kommt es hierauf jedoch nicht an, da, wie bereits dargelegt, dies auch keine Mithaftung begründen kann.

Rechtsanwalt

ee) Mitfahrer

Die vernünftige Anschauung des Verkehrs gibt den Maßstab ab, wenn es darum geht, ob einem Geschädigten, der sich einem verkehrsuntüchtigen Fahrer anvertraut hat, ein Mitverschulden vorgeworfen werden kann. So geht es beispielsweise zu weit, einem Mitfahrer, der – nachdem er sich zu später Stunde einem unauffällig wirkenden Fahrer für den Heimweg anvertraut hat – durch einen auf Fahruntüchtigkeit beruhenden Fehler des Fahrers zu Schaden gekommen ist, als Mitverschulden anzulasten, dass er während der Fahrt eingeschlafen ist. Grundsätzlich trägt der Fahrer allein die Verantwortung für die ordnungsgemäße Führung des Fahrzeugs. Der Fahrgast braucht sich nicht ohne Anlass darum zu kümmern, ob der Fahrer den jeweiligen Anforderungen der Verkehrslage ausreichend Rechnung trägt; bestehen keine konkreten Anhaltspunkte für eine die Fahrtüchtigkeit beeinträchtigende Übermüdung des Fahrers, dann ist der Mitfahrer nicht verpflichtet, sich selbst wach zu halten, um den Fahrer zu beobachten.[96]

139

Bei der sog. **Trunkenheitsfahrt** kommt es nicht selten zu Beweisproblemen, wenn die alkoholbedingte Fahruntüchtigkeit des Fahrers zu einer Verletzung des Mitfahrers geführt hat. In

140

---

96 BGH VersR 1979, 938, 939.

der Regel entgegnet der Geschädigte, wenn ihm vorgeworfen wird, er habe den Schaden durch seine Mitfahrt mit einem alkoholisierten Fahrer selbst mitverursacht, dass er den Alkoholisierungsgrad des Fahrers nicht bemerkt habe. Dass sich ein Mitfahrer, der sich einem alkoholisierten Fahrer anvertraut, ein anspruchsminderndes Mitverschulden entgegenhalten lassen muss, wenn er infolge der alkoholbedingten Verkehrsunsicherheit des Fahrers zu Schaden kommt, ist selbstverständlich. Dies allerdings unter der Voraussetzung, dass er die Beeinträchtigung der Fahruntüchtigkeit des Fahrers hätte erkennen können oder sich ihm aus den Gesamtumständen insoweit zumindest begründete Zweifel hätten aufdrängen müssen. Hierfür trägt der Fahrer als Schädiger bzw dessen Haftpflichtversicherer die Beweislast.

141 Dieser Beweis kann schwierig werden. Hierfür reicht nicht schon die Feststellung aus, dass der Fahrer tatsächlich fahruntüchtig gewesen ist, vielmehr muss der Mitfahrer die Fahruntüchtigkeit auch erkannt haben. Dazu genügt es nicht, dass er wahrgenommen hat, dass der Fahrer vor Antritt der Fahrt überhaupt Alkohol zu sich genommen hat, vielmehr muss die Fahruntüchtigkeit für ihn konkret feststellbar gewesen sein, etwa aufgrund der genossenen Alkoholmenge oder aus den Trunkenheitssymptomen. Kann der Mitfahrer die alkoholbedingte Verkehrsunsicherheit des Fahrers erst während der Fahrt feststellen, dann wird von ihm erwartet, dass er den Fahrer zum Anhalten auffordert, um den Wagen zu verlassen. Der Vorwurf des Mitverschuldens scheitert in den Fällen der Trunkenheitsfahrt also nicht schon dann endgültig, wenn dem Verletzten nicht vorgeworfen werden kann, dass er überhaupt eingestiegen ist; vielmehr ist dann weiter zu prüfen, ob nicht ein Mitverschulden darin besteht, dass er nicht ausgestiegen ist, als für ihn die Fahruntüchtigkeit des Fahrers durch dessen Fahrweise erkennbar wurde.[97]

2. § 254 Abs. 2 BGB

142 Nach § 254 Abs. 2 BGB trifft den Geschädigten eine Warn-, Schadensminderungs- und Schadensabwendungspflicht. Ebenso wie im Fall des § 254 Abs. 1 BGB ist hier aber keine Pflicht im Rechtssinn gemeint, vielmehr erfasst das Unterlassungsverschulden im Sinne von § 254 Abs. 2 BGB ein Unterlassen derjenigen Maßnahmen, die ein vernünftiger, wirtschaftlich denkender Mensch nach Lage der Dinge ergreifen würde, um Schaden von sich abzuwenden.[98] Von den drei Pflichten, die § 254 Abs. 2 BGB erfasst, interessiert den Praktiker vor allem die Schadensminderungspflicht.

a) Schadensminderungspflicht

143 Dabei ist es geboten, zwischen Personen- und Sachschaden zu unterscheiden. In der Praxis stehen die Fälle der Verletzung der Schadensminderungspflicht beim Personenschaden von ihrer Bedeutung her im Vordergrund.

aa) Personenschaden

144 Da sind zunächst die Fälle, in denen der Schädiger dem Geschädigten vorwirft, er habe es versäumt, die ihm trotz seiner Unfallverletzung noch **verbliebene Arbeitskraft zur Schadensminderung einzusetzen**. Hierzu ist vorweg zu bemerken, dass ein Verstoß des Geschädigten gegen die Verpflichtung, seine Arbeitskraft gewinnbringend einzusetzen, nur dann ange-

---

97 OLG Oldenburg VersR 1998, 1390, 1391.
98 BGH VersR 1988, 1178, 1179.

nommen werden kann, wenn er zur Verwertung seiner Arbeitskraft überhaupt noch in der Lage ist.[99]

Beispiel: Hat der Geschädigte durch die Schädigungshandlung die Fähigkeit verloren, in seinem erlernten Beruf (zB Automonteur) tätig zu sein, kann er mit der ihm verbliebenen Arbeitskraft aber noch in einem anderen Beruf (zB Büromaschinenmechaniker) tätig sein, dann wird von ihm grundsätzlich erwartet, dass er sich umschulen lässt. Hier gilt der Grundsatz der Zumutbarkeit, der eine fallbezogene Betrachtung verlangt. Dabei ist die Rechtsprechung mit ihren Anforderungen an die Eigeninitiative des Geschädigten durchaus nicht zurückhaltend, vielmehr erwartet sie beispielsweise, dass sich der Verletzte für kürzere oder längere Zeit von seiner Familie trennt, um an einer Umschulung teilzunehmen, die sonst nicht möglich wäre.[100]   145

Diese **Pflicht zur Umschulung** gilt aber nicht unbesehen. Vielmehr ist zu berücksichtigen, zu welchem Erfolg die Umschulung führen wird. Lassen etwa die Verletzungen des Geschädigten durchaus noch eine Tätigkeit in einem anderen Beruf zu, lässt sich aber von Anfang an vorhersehen, dass er – etwa weil er der deutschen Sprache nicht mächtig ist – in seinen Umschulungsanstrengungen scheitern wird, dann entfällt eine Verpflichtung zur Umschulung von vornherein.[101] Die Umschulung ist also nicht Selbstzweck. Wirft der Schädiger dem Geschädigten vor, er habe das ihm Zumutbare zur Verwertung der ihm verbliebenen Arbeitskraft nicht getan, dann steht diese Behauptung in der Beweislast des Schädigers. Das schließt den Beweis dafür ein, dass der Geschädigte trotz seiner unfallbedingten Beeinträchtigungen auf dem Arbeitsmarkt noch vermittelbar war. Allerdings ist der Geschädigte im Rahmen seiner prozessualen Mitwirkungspflicht gehalten darzulegen, was er zur Erlangung einer ihm zumutbaren Arbeitsstelle unternommen hat.[102]   146

Der Geschädigte kann auch verpflichtet sein, **Aufwendungen** auf sich zu nehmen, wenn er nur so seiner Pflicht zur Verwertung der eigenen Arbeitskraft genügen kann. So ist er beispielsweise verpflichtet, ihm zur Verfügung stehende Finanzierungsmittel zur Anschaffung eines Fahrzeugs einzusetzen, wenn er einen geeigneten Arbeitsplatz zumutbar nur mit einem PKW erreichen kann. Im wirtschaftlichen Ergebnis belasten die damit verbundenen Aufwendungen im Übrigen nicht den Geschädigten, sondern den Schädiger. Ausgangspunkt für die nach § 249 BGB gebotene vergleichende Betrachtung der Einkommensverhältnisse vor und nach dem Unfall ist das Einkommen, das der Geschädigte ohne den Unfall gehabt hätte. Wenn von ihm nun als Folge seiner Schadensminderungspflicht die Anschaffung und Unterhaltung eines Kraftfahrzeugs verlangt wird, dann verringern sich die Einkünfte, die sich der Geschädigte auf seinen Schadensersatzanspruch anrechnen lassen muss, um die Aufwendungen für den PKW. Dies bedeutet, dass in diesem Fall die mit der Anschaffung und Unterhaltung des Fahrzeugs verbundenen Aufwendungen letztlich zum Nachteil des Schädigers zu Buche schlagen. Der Verdienstausfall, den er dem Geschädigten erstatten muss, verringert sich dann nicht um das volle Einkommen, das der Geschädigte an dem neuen Arbeitsplatz erzielt, sondern um das Einkommen, das dem Geschädigten nach Abzug der Aufwendungen für die Anschaffung und Unterhaltung des Autos verbleibt.[103]   147

Die aus § 254 Abs. 2 BGB folgende Pflicht des Geschädigten zur Minderung seines Schadens führt regelmäßig zu Wertungsproblemen, wenn es darum geht, ob sich der Geschädigte ei-   148

---

99 BGH VersR 1996, 332, 333.
100 BGHZ 10, 18, 20.
101 BGH VersR 1991, 437, 438.
102 BGH VersR 1997, 115 8, 1160.
103 BGH VersR 1998, 1428.

nem ärztlichen Eingriff hätte unterziehen müssen, um seine Arbeitskraft wiederzuerlangen. Hier gilt, dass ein Geschädigter nur dann eine **Operation zur Wiederherstellung seiner Arbeitsfähigkeit** auf sich nehmen muss, wenn sie einfach und gefahrlos und nicht mit besonderen Schmerzen verbunden ist; außerdem muss sie die sichere Aussicht auf Heilung oder wesentliche Besserung bieten. Diese Voraussetzungen liegen höchst selten vor. Für die Zumutbarkeit eines Eingriffs reicht es insbesondere nicht aus, dass er aus ärztlicher Sicht unter Abwägung seiner Chancen und Risiken zu empfehlen ist und dementsprechend dem Verletzten von Ärzten angeraten wird.[104]

149   Zu Entscheidungen, die auf den ersten Blick überraschen können, kann es kommen, wenn in einem konkreten Fall das **Versorgungsrecht und das Bürgerliche Recht zusammentreffen.** Das geschieht in den Fällen, in denen ein Beamter wegen einer Schädigung pensioniert wird und sich weigert, seine verbliebene Arbeitskraft in einem anderen Tätigkeitsfeld einzusetzen, sondern sich mit seiner Pension begnügt.

150   Gegen die Entscheidung des Beamten ist rechtlich nichts einzuwenden. Er ist nicht gehindert, sich mit seiner Pension zu begnügen und auf einen Zusatzerwerb zu verzichten. Daraus darf sich aber keine höhere Belastung des zivilrechtlich (§§ 823 BGB, 7 StVG) zum Schadensersatz verpflichteten Schädigers ergeben. Ein Beamter, der wegen eines fremdverschuldeten Unfalls zur Ruhe gesetzt worden ist, setzt sich dem Schädiger gegenüber aus § 254 Abs. 2 BGB dem Einwand der unterlassenen Schadensminderung aus, wenn er es unterlässt, seine verbliebene Arbeitskraft durch Übernahme einer zumutbaren anderweitigen Tätigkeit zu verwerten. Es tritt also dem Schädiger gegenüber eine Anspruchsminderung ein. Diese Anspruchsminderung wirkt sich allerdings nur zu Lasten des Dienstherrn des Beamten aus, wenn er die auf ihn übergegangenen Ansprüche des Geschädigten gegenüber dem Schädiger geltend macht. Dies deshalb, weil der Anspruch auf Ruhegehalt bei Eintritt der beamtenrechtlichen Voraussetzungen unbedingt ist; dem Versorgungsrecht ist eine Schadensminderungspflicht des Beamten gegenüber dem Dienstherrn fremd.

151   Es gibt aber nicht nur träge Geschädigte, sondern auch solche, die über Gebühr fleißig sind. Auch in solchen Fällen kann es zu Rechtsproblemen kommen.

152   **Beispiel:** Ist eine Ärztin wegen ihrer erlittenen Unfallverletzungen nicht mehr in der Lage, wie bisher zeitweilig Landärzte zu vertreten, stellt sich die Frage, ob sie sich auf ihren Verdienstausfallanspruch gegen den Schädiger die Einkünfte aus ihrer eigenen Praxis anrechnen lassen muss, die sie zwei Jahre nach dem Unfall eröffnet hat und unter Raubbau an ihren Kräften betreibt.

153   Hier gilt, dass die Erträge aus einer Erwerbstätigkeit, zu der der Geschädigte im Interesse der Schadensminderung nach § 254 Abs. 2 BGB nicht gehalten ist, in der Regel nicht zu einer Verkürzung des Schadensersatzanspruchs wegen Erwerbsausfalls führen; es wäre unbillig, dem Schädiger die Früchte dieser **überpflichtmäßigen Tätigkeit** zukommen zu lassen.[105]

bb) Sachschaden

154   Hat der Schädiger wegen der Beschädigung einer Sache Schadensersatz zu leisten, dann kann der Geschädigte statt der Naturalrestitution nach § 249 Abs. 2 BGB Geldersatz verlangen. Dieser Anspruch ist in der Rechtswirklichkeit die Regel. Beim Kraftfahrzeugschaden ist es geradezu selbstverständlich, dass der Geschädigte die Reparatur selbst in die Hand nimmt. Wenn nun der Schädiger dem Geschädigten vorwirft, er sei bei der Reparatur zu üppig ver-

---

104   BGH NJW 1994, 1592, 1593.
105   BGH NJW 1974, 602, 603; BGHZ 55, 329, 332.

fahren und es wäre ihm möglich gewesen, den Schaden mit einem geringeren Aufwand wieder gutzumachen, dann führt der Weg nicht sogleich zu § 254 Abs. 2 BGB. Vielmehr stellt sich zunächst die Frage, ob (1.) der Schädiger überhaupt für die Kosten einer Reparatur aufkommen muss. Ist das der Fall, dann geht es darum, ob (2.) die aufgewandten Kosten erforderlich waren; erst dann stellt sich die Frage, ob (3.) dem Geschädigten Versäumnisse vorzuwerfen sind, die dazu geführt haben, dass die Reparatur unnötig teuer geworden ist.

(1) Grundsatz: Herstellung vor Wertersatz

Zunächst also zur Frage, ob der Schädiger überhaupt für die Reparaturkosten aufkommen **155** muss. Der Schädiger muss den Herstellungsaufwand durchaus nicht in jedem Fall bezahlen; er steht unter dem Schutz einer Opfergrenze. § 251 Abs. 2 BGB wirkt in den Anspruch auf Erstattung der Herstellungskosten nach § 249 Abs. 2 BGB hinein. Danach haftet der Schädiger nicht für einen Herstellungsaufwand, der unverhältnismäßig ist. Vielmehr muss in einem solchen Fall nach Treu und Glauben das Interesse des Geschädigten an einer Wiederherstellung hinter dem Schutz des Ersatzpflichtigen vor unzumutbaren Belastungen zurücktreten; er muss sich mit einer „Kompensation" durch einen Wertausgleich seines Schadens zufrieden geben.[106]

Allerdings wirkt sich der Schutz, den § 251 Abs. 2 BGB dem Schädiger gewährt, in der Praxis **156** nur selten aus. Der Schädiger muss eine hohe Hürde überwinden, um sich von dem Zwang zur Restitution zu befreien. Nach der Gesetzeskonzeption geht Herstellung vor Wertersatz.

Beispiel: Macht ein Taxiunternehmer, dessen Taxi bei einem Verkehrsunfall schwer beschä- **157** digt worden ist, die Kosten für die Anmietung eines Ersatztaxis während der Reparaturzeit geltend, dann ist die Grenze des § 251 Abs. 2 BGB nicht schon dann überschritten, wenn die Kosten für die Inanspruchnahme des Ersatztaxis den sonst drohenden Gewinnausfall – sei es auch erheblich – übersteigen, sondern erst dann, wenn die Anmietung des Ersatztaxis für einen wirtschaftlich denkenden Geschädigten aus der maßgeblichen vorausschauenden Sicht unternehmerisch geradezu unvertretbar ist, was nur ausnahmsweise der Fall sein wird.

Dem Geschädigten steht auf der Grundlage des § 249 Abs. 1 und 2 BGB in aller Regel ein **158** Anspruch auf Naturalrestitution zu, der grundsätzlich auch dann keiner besonderen Rechtfertigung bedarf, wenn er einen Aufwand erfordert, der ein – im Beispiel in einem Gewinnentgang bestehendes – Kompensationsinteresse des Verletzten übersteigt. Die Versagung der Restitution unter den Voraussetzungen des § 251 Abs. 2 BGB stellt nach der Gesetzeslage die vom Schädiger darzulegende und begründungsbedürftige Ausnahme vom Regelfall des § 249 BGB dar. Für eine Regelgrenze, etwa das Doppelte des Verdienstausfallschadens, ist hier kein Raum. Als unverhältnismäßig kann die Anmietung eines Ersatztaxis nur dann gewertet werden, wenn sie für einen wirtschaftlich denkenden Geschädigten unvertretbar ist, es sich also aus der Sicht eines verständigen Kaufmanns um eine schlechthin unvernünftige Entscheidung gehandelt hat.[107]

(2) Erforderlichkeit der Herstellung

Scheitert der Wiederherstellungsanspruch nicht an der Schranke des § 251 Abs. 2 BGB, dann **159** stellt sich die Frage, ob der Wiederherstellungsaufwand, den der Geschädigte ersetzt verlangt, überhaupt „erforderlich" gewesen ist, wie es § 249 Abs. 2 S. 1 BGB verlangt. Dies ist eine objektive Anspruchsschranke. Auch hier ist indes zu sagen, dass der Schädiger, der eine An-

---

106 BGHZ 63, 295, 297; 102, 322, 330.
107 BGH VersR 1994, 64, 65.

spruchsreduktion geltend macht, weil der Geschädigte mit seinen Reparaturaufwendungen übertrieben habe, vor einer hohen Hürde steht. Das hängt mit dem Verständnis des Erforderlichkeitsbegriffs zusammen. Die Rechtsprechung hält die Aufwendungen für erforderlich, die aus der Sicht ex ante ein verständiger und wirtschaftlich denkender Betroffener „in der besonderen Lage des Geschädigten" für eine zumutbare Instandsetzung auf sich genommen hätte.[108]

(3) Vorwerfbare Fehlherstellung

160   Bei diesem Verständnis des Wirtschaftlichkeitspostulats, nach dem es für die Beurteilung der Frage, ob der Geschädigte für die Wiedergutmachung des Schadens einen unnötig hohen Betrag aufgewandt hat, auf die besondere Situation des Geschädigten mit seinen individuellen Erkenntnis- und Einflussmöglichkeiten und die gerade für ihn bestehenden Schwierigkeiten ankommt, bleibt für die Schadensminderungspflicht iSv § 254 Abs. 2 BGB nicht mehr viel Raum.

161   Es kann hier nur noch um die Fälle gehen, in denen dem Geschädigten auch dann, wenn man sich seine Lage und seine Erkenntnis- und Einflussmöglichkeiten vor Augen hält, Versäumnisse bei der Restitution vorzuwerfen sind. Um **Abgrenzungsprobleme** zwischen den Anwendungsfeldern des § 249 S. 2 BGB aF (jetzt: **§ 249 Abs. 2 S. 1 BGB**) einerseits und des **§ 254 Abs. 2 BGB** andererseits zu vermeiden, ist der BGH wiederholt dazu übergegangen, § 254 im Rahmen des § 249 S. 2 BGB aF (jetzt: § 249 Abs. 2 S. 1 BGB) sinngemäß anzuwenden.[109]

162   Diese Frage mag von eher theoretischem Interesse sein, weil gleichgültig, welchen Argumentationsweg man wählt, die Aussage des § 254 Abs. 2 BGB in jedem Fall in die Entscheidung einfließt. Dies ist in der Praxis insbesondere in den Fällen von Bedeutung, in denen dem Geschädigten auch unter Berücksichtigung seiner Lage und seiner Möglichkeiten ein Versagen bei der Wahrnehmung der Ersetzungsbefugnis vorzuwerfen ist, weil er sich von mehreren Möglichkeiten der Wiedergutmachung des Schadens, die ihm zur Verfügung standen, für eine untaugliche (zB einen erkennbar unfähigen Reparateur) oder unnötig kostspielige Art der Schadensbeseitigung entschieden hat. So kann ein Geschädigter dann, wenn sein Auto beschädigt wird, grundsätzlich verlangen, dass ihm der Schädiger für die Dauer der Reparatur oder Ersatzbeschaffung ein Ersatzfahrzeug zur Verfügung stellt oder ihm die hierfür erforderlichen Kosten ersetzt. Bei der Prüfung der Erforderlichkeit der mit der Anmietung eines Ersatzfahrzeugs verbundenen Kosten kommt aber der Rechtsgedanke des § 254 Abs. 2 BGB zum Zuge.

163   Der Geschädigte ist gehalten, im Rahmen des Zumutbaren den wirtschaftlicheren Weg der Schadensbeseitigung zu wählen.[110] Er muss sich deshalb bei der Anmietung eines Ersatzfahrzeugs zunächst nach einem günstigeren Angebot umhören. Das gilt vor allem dann, wenn er das Ersatzfahrzeug für einen längeren Zeitraum mietet. Dies bedeutet zwar nicht, dass er erst eine Art Marktforschung zu betreiben hat, wohl aber ist von ihm zu verlangen, dass er sich durch ein oder zwei Konkurrenzangebote telefonisch vergewissert, ob sich das ihm zunächst gemachte Angebot noch im Rahmen hält.[111]

164   Das **Gebot wirtschaftlich vernünftiger Schadensbehebung** verlangt von dem Geschädigten nicht, dass er zu Gunsten des Schädigers spart oder sich in jedem Fall so verhält, als habe er den Schaden selbst zu tragen. Bei der Prüfung, ob der Geschädigte den Aufwand zur Scha-

---

108 BGHZ 54, 82, 85; BGH VersR 1985, 283, 284 f; 2003, 920, 92.
109 BGHZ 63, 182, 180; BGH VersR 1985, 283, 284.
110 Vgl BGH VersR 2003, 920, 921; NJW 2005, 51, 53.
111 BGH VersR 1985, 1092; 2005, 850, 851.

densbeseitigung in vernünftigen Grenzen gehalten hat, ist eine subjektbezogene Schadensbetrachtung anzustellen. Das bedeutet, dass Rücksicht zu nehmen ist auf die spezielle Situation des Geschädigten, insbesondere auf seine individuellen Erkenntnis- und Einflussmöglichkeiten sowie auf die möglicherweise gerade für ihn bestehenden Schwierigkeiten.

Für einen Geschädigten, der ein **Ersatzfahrzeug** bei einem namhaften Mietwagenunternehmen zu den ihm dort angebotenen Konditionen anmietet, stellt sich die Lage ähnlich dar wie bei der Inzahlunggabe des bei einem Unfall beschädigten Fahrzeugs bei einem angesehenen Gebrauchtwagenhändler. Ebenso wie bei der letzteren Art der Schadensbehebung braucht sich der Geschädigte auch bei der Anmietung eines Ersatzfahrzeugs nur auf den ihm in seiner Lage offen stehenden Markt zu begeben. Dies bedeutet, dass die Frage, ob der bei einem Unfall Geschädigte ein Fahrzeug nach dem sog. **Unfallersatzwagentarif** (auch: Unfallersatztarif) anmieten darf, im Grundsatz zu bejahen ist. Er ist gegenüber dem Schädiger oder dessen Haftpflichtversicherer nicht verpflichtet, sich auf die Suche nach einem Mietwagenunternehmen zu begeben, das ihm einen gegenüber dem Unfallersatztarif günstigeren Sondertarif einzuräumen bereit ist. 165

Bieten die Vermieter außer dem Unfallersatztarif eine Vielzahl anderer Tarife an, die sie u.a. als Freizeit-, Pauschal-, Grund-, Wochen-, Monats-, Wochenend-, Spar-, Kreditkarten- oder Spezialtarif bezeichnen, kann im Regelfall nicht davon ausgegangen werden, dass ein Unfallgeschädigter von solchen Tarifen weiß und dass ihm deren Unterschiede zu dem ihm als für seine Verhältnisse passend angebotenen Unfallersatztarif bekannt sind.[112] Allerdings kann ein Unfallersatztarif nur insoweit als ein „erforderlicher" Aufwand zur Schadensbeseitigung gemäß § 249 BGB anerkannt werden, als die Besonderheiten dieses Tarifs mit Rücksicht auf die Unfallsituation (etwa die Vorfinanzierung, das Risiko eines Ausfalls mit der Ersatzforderung wegen falscher Bewertung der Anteile am Unfallgeschehen durch den Kunden oder den Kfz-Vermieter) einen gegenüber dem „Normaltarif" höheren Preis aus betriebswirtschaftlicher Sicht rechtfertigen, weil sie auf Leistungen des Vermieters beruhen, die durch die besondere Unfallsituation veranlasst und infolgedessen zur Schadensbehebung erforderlich sind. In diesem Punkt können im konkreten Schadensfall Feststellungen erforderlich werden. 166

Die Beweislast dafür, dass eine Preiserhöhung über den „Normaltarif'" hinaus unfallbedingt ist, trägt der Geschädigte bzw sein Rechtsnachfolger.[113] Einen ungerechtfertigt überhöhten Unfallersatztarif kann der Geschädigte nur ersetzt verlangen, wenn er darlegt und ggf beweist, dass ihm unter Berücksichtigung seiner individuellen Erkenntnis- und Einflussmöglichkeiten sowie den gerade für ihn bestehenden Schwierigkeiten unter zumutbaren Anstrengungen auf dem in seiner Lage zeitlich und örtlich relevanten Markt kein wesentlich günstigerer Tarif zugänglich war.[114] 167

b) Warnpflicht

Den Geschädigten trifft nach § 254 Abs. 2 BGB die Pflicht, diejenigen Maßnahmen zu ergreifen, die nach der allgemeinen Lebenserfahrung von einem ordentlichen Menschen angewandt werden müssen, um den Schaden von sich abzuwehren oder ihn zu mindern. Ihn trifft nach § 254 Abs. 2 BGB eine Warnpflicht, wenn die Gefahr eines ungewöhnlich hohen Schadens besteht, die der Schädiger weder kannte noch kennen musste. Nach § 254 BGB sind die jeweiligen Verursachungsbeiträge zum Schadenseintritt und zur Schadenshöhe gegeneinander abzuwägen, wobei es § 254 Abs. 2 BGB auch erlaubt, einen Beteiligten allein mit dem Scha- 168

---

112 BGH VersR 1996, 902, 903; 2003, 920, 921.
113 BGH NJW 2005, 51, 53; VersR 2005, 239, 240 f.
114 BGH NJW 2005, 1933, 1934; VersR 2005, 850, 851.

den zu belasten. Das kommt indes nur im Extremfall in Betracht, beispielsweise dann, wenn ein Gebrauchtwagenhändler, nachdem er es wort- und tatenlos anderthalb Jahre hingenommen hat, dass Kalk, der von einer benachbarten Baustelle herübergeweht wird, seine aufgestellten Fahrzeuge verschmutzt, schließlich für die dadurch entstandenen Schäden eine Rechnung von 104.000 DM präsentiert.[115]

3. Die Abwägung nach § 17 StVG

169 Für Kraftfahrzeugkollisionen gilt die bisherige Rechtslage auch im neuen Recht im Grundsatz fort. In § 17 Abs. 3 StVG wird geregelt, dass in diesen Fällen eine Ersatzpflicht ausscheidet, wenn der Unfall durch ein unabwendbares Ereignis verursacht worden ist. Ist das nicht der Fall, dann kommt es nach § 17 Abs. 1 und 2 StVG für die Haftung auf eine Abwägung der Betriebsgefahren der beteiligten Kraftfahrzeuge an, wie wir es von § 17 Abs. 1 StVG aF kennen.

170 Diese Grundsätze gelten nach § 17 Abs. 4 StVG auch für Kollisionen eines Anhängers mit einem Kraftfahrzeug. Für die Auslegung des Begriffs der Unabwendbarkeit gelten die zu § 7 Abs. 2 StVG aF entwickelten Rechtsgrundsätze. „Unabwendbares Ereignis" meint danach nicht absolute Unvermeidbarkeit des Unfalls, sondern ein schadenstiftendes Ereignis, das auch bei der äußersten möglichen Sorgfalt nicht abgewendet werden kann. Hierzu gehört ein sachgemäßes, geistesgegenwärtiges Handeln erheblich über dem Maßstab der im Verkehr erforderlichen Sorgfalt iSv § 276 BGB hinaus.[116] Ein unabwendbares Ereignis ist also ein Unfall, den auch der ideale Autofahrer nicht verhindern konnte.[117]

a) Entscheidend: Verursachungsbeiträge im Unfallzeitpunkt

171 Auch für die Abwägung nach § 17 StVG kommt es darauf an, welches Gewicht die Verursachungsbeiträge gerade in der konkreten Situation, im Augenblick des Schadenseintritts, für die Schadensentstehung haben.

172 **Beispiel:** Ist ein Fahrer mit unangemessen hoher Geschwindigkeit in eine Nebelbank gefahren und wird dort sein Wagen von einem nachfolgenden Nebelraser angefahren, nachdem der Fahrer seine Geschwindigkeit den schlechten Sichtverhältnissen angepasst hatte, dann kommt es für den dem geschädigten Fahrer anzulastenden Verursachungsbeitrag allein auf die Betriebsgefahr an, die von seinem Fahrzeug im Unfallzeitpunkt ausging.

173 Durch die Anpassung seiner Fahrgeschwindigkeit an die Sichtverhältnisse hatte der geschädigte Fahrer die Betriebsgefahr seines Fahrzeugs auf den Pegel von Betriebsgefahren reduziert, die bei der Abwägung nach § 17 StVG nicht ins Gewicht fallen; er verhielt sich im Kollisionszeitpunkt wie ein Idealfahrer. Es spielt für die Abwägung der Verursachungsbeiträge keine Rolle, dass der geschädigte Fahrer zunächst mit überhöhter Geschwindigkeit in die Nebelwand gefahren war. Ein späterer Unfall kann einer Geschwindigkeitsüberschreitung nicht allein schon deshalb zugerechnet werden, weil das Fahrzeug des Geschädigten bei Einhaltung der verlangten Geschwindigkeit erst später an die Unfallstelle gelangt wäre; vielmehr kommt es darauf an, ob sich die auf das zu schnelle Fahren zurückzuführende, also den Verkehrsverstoß bildende erhöhte Gefahrenlage gerade in dem Unfall aktualisiert.[118] Das ist hier nicht der Fall. Gewiss ist der geschädigte Fahrer zu schnell in die Nebelbank hineingefahren.

---

115 OLG Dresden VersR 1999, 765, 766.
116 BGH VersR 2005, 566, 567.
117 Vgl etwa BGH VersR 1992, 714, 715.
118 BGH VersR 2003, 783, 784.

Im Zeitpunkt des Unfalls fuhr er aber mit einer den Sichtverhältnissen angepassten Geschwindigkeit; in diesem Zeitpunkt stellte das langsam fahrende Fahrzeug nur eine Gefahr dar, die auch ein „Idealfahrer" nicht hätte geringer halten können. Das bedeutet, dass dem geschädigten Fahrer nach § 17 Abs. 3 StVG bei der Abwägung der Verursachungsbeiträge die Betriebsgefahr seines Fahrzeugs nicht angelastet werden kann. Der Unfallgegner hat also in vollem Umfang für die Folgen des Unfalls einzustehen.[119]

b) Verkehrsunfall durch Tiere auf der Fahrbahn

Kommt es zu einem Verkehrsunfall durch Tiere auf der Fahrbahn, so kann die Größe der Tiere für die rechtliche Beurteilung durchaus eine entscheidende Rolle spielen. **174**

Beispiel: Bremst ein Autofahrer wegen eines Eichhörnchens, das plötzlich seinen Weg kreuzt, sein Fahrzeug so stark ab, dass ein nachfolgender Motorradfahrer verunglückt, dann ist für die Abwägung der Verursachungsbeiträge nach § 17 StVG zu beachten, dass gemäß § 4 Abs. 1 S. 2 StVO der Vorausfahrende nicht ohne zwingenden Grund stark bremsen darf. **175**

Dies bedeutet, dass ein starkes Bremsen wegen eines auf die Fahrbahn laufenden **Kleintieres** dann nicht zulässig ist, wenn dadurch für ein nachfolgendes Fahrzeug die Gefahr des Auffahrens hervorgerufen wird. Der Schutz eines Tieres muss bei der Abwägung hinter dem Schutz des nachfolgenden Verkehrsteilnehmers zurücktreten. Im Gegensatz zu größeren Tieren – etwa Rehen oder Hirschen –, bei denen der Fahrer im Fall einer Kollision damit rechnen muss, selbst einen Sach- oder Personenschaden zu erleiden, ist es bei Kleintieren zumutbar, nicht abzubremsen, sondern das Tier zu überfahren und den nachfolgenden Verkehr zu schützen. Der Autofahrer hat also gegen § 4 Abs. 1 S. 2 StVO verstoßen. Er kann sich nicht etwa mit dem Argument entlasten, er habe infolge einer Schreckreaktion nicht mehr unterscheiden können, ob er angesichts der Größe des Tieres habe anhalten dürfen oder nicht. Von ihm muss verlangt werden, dass er in einer Situation wie der vorliegenden noch eine hinreichende Konzentration und Selbstbeherrschung aufbringt.

Bei einem Eichhörnchen handelt es sich um ein derart kleines Tier, dass weder eine nennenswerte Schreckreaktion nachvollziehbar ist noch die Gefahr besteht, dass Zweifel dahin gehend aufkommen können, ob ein für das eigene Fahrzeug und die eigene Person gefahrloses Überfahren des Tieres noch möglich ist oder nicht. Damit hat sich der Autofahrer auch schuldhaft verhalten, so dass er zusätzlich aus Delikt haftet (§ 823 BGB). Seine Haftung ist jedoch auf 2/3 begrenzt, weil dem Motorradfahrer eine Mitverursachung anzulasten ist. Er hat in der vorliegenden Verkehrssituation sein Fahrzeug nicht sicher beherrscht. Wegen des überwiegenden Verschuldens des Autofahrers erscheint eine Haftungsverteilung von 2/3 zu 1/3 zu seinen Lasten gerechtfertigt.[120]

Für Fälle, in denen **ausgebrochenes Vieh** in einen Verkehrsunfall verwickelt ist, haben sich spezielle Abwägungsgrundsätze herausgebildet. **176**

Beispiel: Fährt beispielsweise ein Autofahrer auf seinen Vordermann auf, weil dieser wegen aus einem Bauernhof ausbrechender und auf die Straße rennender Pferde plötzlich abbremsen muss, dann kommt es, wenn der Autofahrer den Tierhalter auf Schadensersatz in Anspruch nimmt, für die Abwägung der Verursachungsbeiträge nach § 17 Abs. 4 StVG darauf an, ob der Tierhalter den Entlastungsbeweis aus § 833 S. 2 BGB führen kann. Ist das nicht der Fall, dann fällt auf der Seite des Tierhalters die Tiergefahr ins Gewicht. Auf der Seite des Autofah- **177**

---

119 BGH VersR 1987, 821, 822.
120 OLG Saarbrücken zfs 2003, 118.

rers verbleibt für die Abwägung die – durch ein Verschulden (zu geringer Abstand zum Vordermann) erhöhte – Betriebsgefahr.

Auf den ersten Blick könnte man nun meinen, dass diese Abwägung zum Nachteil des Autofahrers ausginge, weil auf seiner Seite zusätzlich zur Betriebsgefahr ein Verschulden im Spiel war. Doch an dieser Stelle setzt eine Abwägungsregel ein, die sich in der Praxis herausgebildet hat. Diese Regel besagt, dass die Tiergefahr, die von ausgebrochenem Vieh auf der Fahrbahn ausgeht, auch bei einem leichten Verschulden des Autofahrers überwiegt; das gilt besonders, wenn die Tiere bei Dunkelheit auf die Straße gerannt sind. Die Gefahr, die für den Straßenverkehr von ausgebrochenem Vieh auf der Fahrbahn ausgeht, ist eben deutlich höher als die von einem sich dort bewegenden Fahrzeug. Der Klage des Autofahrers wurde deshalb zu 60% stattgegeben.[121]

178   Es existieren typische Unfallkonstellationen. Zu diesen gibt es Entscheidungssammlungen, in denen festzustellen ist, dass Gerichte im Rahmen der Abwägung nach § 17 StVG unterschiedlich gewichten und zu konträren Ergebnissen kommen.

179   **Hinweis:** Wichtig ist, dass die Klageschrift nicht nur die Mindestbedingung (Schlüssigkeit) erfüllt, sondern auch eine rechtliche Würdigung des Sachverhalts enthält, um dem Gericht Argumente zu liefern, die Quote zu Gunsten der eigenen Seite zu verschieben (dazu sogleich Rn 180 ff).

c) Rechtliche Würdigung typischer Unfallkonstellationen

180   Im Folgenden wird (allein) die rechtliche Würdigung bei typischen Unfallkonstellationen dargestellt:

181   **Muster: Möglicher Rechtsvortrag bei Vorfahrtsverstoß des Linksabbiegers einerseits und Geschwindigkeitsüberschreitung (65 km/h statt 50 km/h) des Vorfahrtsberechtigten andererseits aus Sicht des Vorfahrtsberechtigten**

- Nach dem Unfallablauf ist dem Kläger ein Mitverschulden nicht vorzuwerfen; die Bewertung des Verschuldens des Beklagten führt dazu, dass die Betriebsgefahr des klägerischen PKW außer Ansatz bleibt.

- Der Beklagte wollte nach links vor dem entgegenkommenden Kläger in die Vorfahrtsstraße abbiegen. Gemäß § 9 Abs. 3 StVO hatte er den Kläger zunächst durchfahren zu lassen. Durch die schuldhafte Nichtbeachtung dieser Vorschrift verursachte der Beklagte den Unfall.

- An dieser Beurteilung ändert sich nichts, wenn in Rechnung gestellt wird, dass der Kläger mit 65 km/h gefahren ist anstelle der erlaubten 50 km/h. Dem Beklagten war zuzumuten, eine Geschwindigkeitsüberschreitung in diesem Umfange zu berücksichtigen (vgl BGH NJW 1984, 1962).

- Zwar gibt es keine allgemeinen Richtwerte dahin gehend, welche Geschwindigkeitsüberschreitungen des Bevorrechtigten der Wartepflichtige in zumutbarer Weise berücksichtigen muss; denn diese müssen unter Berücksichtigung vernünftiger Verkehrsauffassung für den konkreten Fall erst ermittelt werden. Gerade Letzteres führt aber dazu, dass der Beklagte hier eine Geschwindigkeitsüberschreitung von 30% berücksichtigen musste: Der Kläger fuhr auf einer im weiteren Unfallbereich übersichtlichen Hauptstraße zu verkehrsarmer Zeit (13.40 Uhr). Die Sichtverhältnisse waren weder witterungsbedingt noch aus anderen konkreten Gründen eingeschränkt. Unter diesen Umständen konnte eine Geschwindigkeitsüberschreitung um 30% kein Anlass für Irritationen des Beklagten sein, er hatte sie als Wartepflichtiger zu

---

121 OLG Hamm r+s 2002, 320.

tolerieren. Der Beklagte durfte nach alledem keinesfalls nach links in die Helmstraße einbiegen, bevor er den Kläger hatte durchfahren lassen.

■ Dem Kläger ist kein Mitverschulden vorzuwerfen. Zwar ist nachgewiesen, dass er 65 km/h gefahren ist und dadurch eine Geschwindigkeitsübertretung begangen hat. Durch dieses verkehrswidrige Verhalten hat er aber sein Vorrecht gegenüber dem Beklagten nicht verloren. Er hat in dieser konkreten Verkehrssituation darauf vertrauen dürfen, dass der Beklagte seiner Wartepflicht genügen wird. Das Verschulden des Beklagten ist so beachtlich, dass es gerechtfertigt ist, die Betriebsgefahr des klägerischen PKW außer Ansatz zu lassen. Insoweit handelt es sich zwar um einen Grenzfall, doch liegt er noch innerhalb der Rechtsprechung zu vergleichbaren Fällen und gibt keinen Anlass, von dieser als richtig erachteten Rechtsprechung abzuweichen.

Muster: Möglicher Rechtsvortrag bei Klage des Wartepflichtigen auf 25% seines Schadens bei sog. Kolonnenlücke   182

■ Der Beklagte hat den Unfall schuldhaft mitverursacht. Wer bei dichtem Verkehr an einer aus mehreren Fahrzeugen bestehenden Kolonne vorbeifährt, welche – sei es auch nur vorübergehend – zum Stehen kommt, muss sich, auch wenn ihm die Vorfahrt zusteht, auf Querverkehr aus für ihn erkennbaren Verkehrslücken an Kreuzungen und Einmündungen einstellen. Zu diesem Zweck muss er beim Vorbeifahren seine Geschwindigkeit so einrichten, dass er unter Berücksichtigung des von ihm zu der stehenden Kolonne eingehaltenen Sicherheitsabstands sein Fahrzeug rechtzeitig anhalten kann, wenn aus der Lücke herauskommende Verkehrsteilnehmer in seine Fahrspur geraten.

■ Die Sorgfaltspflicht des Bevorrechtigten beschränkt sich in einer derartigen Verkehrslage nicht ausschließlich darauf, dem Wartepflichtigen durch ausreichenden Sicherheitsabstand zu den stehenden Fahrzeugen das „Hineintasten" über die Kolonne hinaus in die Vorfahrtstraße zu ermöglichen. Dass der Wartepflichtige grundsätzlich berechtigt ist, bei Sichtbehinderung mit äußerster Vorsicht so weit in die Vorfahrtstraße hineinzufahren, bis er Sicht gewinnt, ist zwar anerkannt. Bei einer typischen „Lückensituation" geht es jedoch darüber hinaus darum, dass der Bevorrechtigte sein Fahrverhalten einer erkennbaren unklaren Verkehrslage, in der erfahrungsgemäß mit dem plötzlichen Auftauchen von Hindernissen zu rechnen ist, anzupassen hat. Es gelten hier ähnliche Erwägungen wie in den von der Rechtsprechung wiederholt entschiedenen Fällen, in denen ein Kraftfahrer an einem stehenden Omnibus vorbeifährt; hier muss er in seinem Fahrverhalten durch Herabsetzen der Geschwindigkeit und/oder vergrößerten Sicherheitsabstand der Möglichkeit Rechnung tragen, dass hinter dem Omnibus plötzlich Verkehrsteilnehmer auf die Fahrbahn gelangen. Der Kraftfahrer muss bei der „Lückensituation" im Rahmen von § 1 Abs. 2 StVO auch ein unvorsichtiges Verhalten wartepflichtiger Verkehrsteilnehmer in Rechnung stellen. Im Gegensatz zu der beim Hervortreten von Fußgängern hinter einem Omnibus gegebenen Situation, in der das Einhalten eines geräumigen Sicherheitsabstands genügen kann, wird in der typischen „Lückensituation" wegen des größeren Raumbedarfs des hervorfahrenden Kraftwagens und des längeren Zeitraums bis zu dessen völligem Stillstand beim Erkennen des bevorrechtigten Verkehrs selbst ein geräumiger Sicherheitsabstand des Vorbeifahrenden von der Kolonne für sich allein regelmäßig nicht als ausreichende Sicherheitsmaßnahme angesehen werden können. Wenn der Berechtigte mit unverminderter Geschwindigkeit an der stehenden Kolonne vorbeifährt, trifft ihn vielmehr bei einem Zusammenstoß mit einem aus der Lücke hervorkommenden wartepflichtigen Fahrzeug im Allgemeinen auch dann ein Mitverschulden, wenn er einen geräumigen Sicherheitsabstand zu der überholten Kolonne eingehalten hat.

■ Dieser Grundsatz bildet eine Ausnahme von dem bei Kreuzungen und Einmündungen sonst zu Gunsten des Vorfahrtberechtigten geltenden Vertrauensgrundsatz, dessen Anwendung haftungsrechtlich nach der ständigen Rechtsprechung in der Regel zur alleinigen Verantwortlichkeit des Wartepflichtigen führt.

Er stellt eine Ausprägung der sich aus § 1 Abs. 2 StVO ergebenden allgemeinen Pflichten der Verkehrsteilnehmer in besonderen Situationen dar und berücksichtigt die zur Lösung der sich aus dem modernen Massenverkehr in Großstädten ergebenden Verkehrsproblemen geschaffene Regelung des § 1 Abs. 1 StVO. Die besondere Sorgfaltspflicht beim Vorbeifahren an einer ins Stocken geratenen Kolonne im dichten Verkehr ist ein Gebot der Rücksichtnahme auf zwingende Verkehrsbedürfnisse derjenigen Kraftfahrer, welche die bevorrechtigte Fahrtrichtung kreuzen wollen; ihnen muss Gelegenheit gegeben werden, mit der gebotenen Vorsicht Lücken in der Kolonne auszunützen. Andernfalls wäre es gerade im geballten innerstädtischen Verkehr den kreuzenden oder abbiegenden wartepflichtigen Fahrzeugführern häufig auf unzumutbar lange Zeit verwehrt, in der beabsichtigten Fahrtrichtung weiterzukommen. Weil es zudem immer wieder vorkommt, dass sich die durch die Lücke fahrenden Kraftfahrzeugführer auf Winkzeichen der vor der Straßeneinmündung haltenden Fahrer verlassen und es deshalb an der gebotenen Sorgfalt gegenüber dem Verkehr auf den übrigen Spuren fehlen lassen, liegt in derartigen Situationen die Gefahr von Vorfahrtsverletzungen besonders nahe. Dem muss der Vorfahrtberechtigte in dieser besonderen Situation bis zu einem gewissen Grade Rechnung tragen, ohne dass damit ein Freibrief für verkehrswidriges Verhalten des Wartepflichtigen geschaffen wird.

■ Die Anwendung dieser Grundsätze ergibt ein Mitverschulden des Beklagten zu 25%. Bei der Abwägung der beiderseitigen Verursachungsanteile nach § 17 Abs. 1 StVG ist Folgendes zu berücksichtigen: Der Kläger hat den Unfall ebenfalls schuldhaft mitverursacht, indem er die Vorfahrt des Beklagten (§ 8 StVO) verletzt hat. Er ist so weit in die Vorfahrtstraße hineingefahren, dass es zum Zusammenstoß mit einem bevorrechtigten Fahrzeug gekommen ist; und hat insoweit den Anschein schuldhafter Vorfahrtverletzung gegen sich, der nur durch bewiesene Tatsachen entkräftet werden kann. Der Verursachungsanteil des Klägers ist als überwiegend anzusehen, weil der Kläger schuldhaft die Vorfahrt des Beklagten verletzt hat. Ein Haftungsanteil von mehr als 75% erscheint aber auch hier unter Berücksichtigung aller maßgeblichen Umstände nicht gerechtfertigt.

Gerade dann, wenn nicht der volle Schaden eingeklagt wird, erscheint es sinnvoll, auch das eigene Verschulden darzulegen. Der Richter, der erkennt, dass eine Partei die Haftungsverteilung realistisch einschätzt, wird der Argumentation dieser Partei auch leichter folgen können.

183 Muster: Möglicher Rechtsvortrag bei Unfall Linksabbieger / Überholer aus Sicht des Überholers als Kläger

■ Da sich der Unfall unstreitig im örtlichen und zeitlichen Zusammenhang mit dem Versuch des Beklagten ereignet hat, nach links in eine Grundstückseinfahrt einzubiegen, um sodann einen Wendevorgang durchzuführen, spricht gegen den Beklagten der Anschein, den Unfall dadurch verschuldet zu haben, dass er die besonderen Sorgfaltspflichten aus § 9 Abs. 5 StVO nicht beachtet hat.

■ Danach hatte der Beklagte nicht nur rechtzeitig den linken Fahrtrichtungsanzeiger zu setzen (§ 9 Abs. 1 S. 1 StVO), sondern er musste sich rechtzeitig möglichst weit nach links zur Straßenmitte einordnen (§ 9 Abs. 1 S. 2 StVO) und vor dem Einordnen einmal und vor dem Abbiegen noch einmal auf den nachfolgenden Verkehr achten (§ 9 Abs. 1 S. 4 StVO). Darüber hinaus hatte er sich so zu verhalten, dass eine Gefährdung anderer Verkehrsteilnehmer ausgeschlossen war (§ 9 Abs. 5 StVO). Im Rahmen des § 9 Abs. 1, 5 StVO spricht der Beweis des ersten Anscheins gegen den nach links in ein Grundstück abbiegenden Kraftfahrer.

■ Kommt es zwischen ihm und einem überholenden Fahrzeug zum Unfall, spricht der Beweis des ersten Anscheins dafür, dass der nach links abbiegende Kraftfahrzeugführer die ihm nach § 9 Abs. 1 StVO und insbesondere nach § 9 Abs. 5 StVO obliegende gesteigerte Sorgfaltspflicht verletzt hat (KG VerkMitt

1998, 34 Nr. 43; Urt. v. 13.1.1997 – 12 U 7147/95 – st. Rspr). Wegen dieser besonderen Sorgfaltspflichten haftet nach ständiger Rechtsprechung derjenige, der verkehrswidrig nach links abbiegt und dabei mit einem ihn ordnungsgemäß überholenden Kraftfahrzeug zusammenstößt, für den entstandenen Schaden grundsätzlich allein, ohne dass den Überholenden die Betriebsgefahr seines Fahrzeugs angerechnet wird (KG NJW-RR 1987, 1251; KG, Urt. v. 31.10.1994 – 22 U 4618/93).

- Der Beklagte kann den gegen ihn sprechenden Anscheinsbeweis nicht erschüttern oder ausräumen. Zwar hat er außergerichtlich behauptet, rechtzeitig den linken Fahrtrichtungsanzeiger eingeschaltet zu haben, dies ist jedoch falsch und erscheint mangels objektiver Zeugen unaufklärbar zu bleiben.

- Ein die Mithaftung des Klägers begründendes Mitverschulden kann nicht festgestellt werden. Da der Beklagte nicht beweisen kann, dass er rechtzeitig vor dem beabsichtigten Linksabbiegen den Fahrtrichtungsanzeiger betätigt hat, kann ein Mitverschulden des Klägers an dem Unfall nicht damit begründet werden, dieser habe entgegen § 5 Abs. 3 Nr. 1 StVO trotz Bestehens einer unklaren Verkehrslage versucht, eine Kolonne zu überholen.

- Zunächst ist festzuhalten, dass das Überholen einer Fahrzeugkolonne auch nach § 5 Abs. 1 Nr. 1 StVO nicht generell verboten ist (KG VerkMitt 1995, 38 = NZV 1995, 359).

- Eine unklare Verkehrslage, die nach § 5 Abs. 3 Nr. 1 StVO ein Überholen verbietet, liegt vor, wenn nach allen Umständen mit ungefährdetem Überholen nicht gerechnet werden darf (KG VerkMitt 1990, 91; *Hentschel*, Straßenverkehrsrecht, 38. Auflage 2005, § 5 StVO Rn 34). Sie ist auch dann gegeben, wenn sich nicht sicher beurteilen lässt, was Vorausfahrende sogleich tun werden (KG NJW-RR 1987, 1251). Dies ist dann der Fall, wenn bei einem vorausfahrenden oder stehenden Fahrzeug der linke Fahrtrichtungsanzeiger betätigt wird und dies der nachfolgende Verkehrsteilnehmer erkennen konnte (KG NZV 1993, 272) und dem überholenden Fahrzeugführer noch ein angemessenes Reagieren – ohne Gefahrenbremsung – möglich war (KG VerkMitt 1990, 91; 1995, 38).

- Dagegen liegt eine unklare Verkehrslage nicht schon dann vor, wenn das vorausfahrende Fahrzeug verlangsamt, selbst wenn es sich bereits etwas zur Fahrbahnmitte eingeordnet haben sollte (KG NJW-RR 1987, 1251 ff; *Hentschel*, Straßenverkehrsrecht, 38. Auflage 2005, § 5 StVO Rn 35).

- Die Betriebsgefahr des klägerischen Fahrzeugs hat hinter dem groben Verschulden des Beklagten zurückzutreten, soweit die Kollision für die Klägerin nicht ohnehin unvermeidbar war.

Muster: Möglicher Rechtsvortrag – Vorfahrtsberechtigter verstößt gegen Rechtsfahrgebot, Wartepflichtiger meint, dass Vorfahrtsberechtigter dadurch das Vorfahrtsrecht verliert, Vorfahrtsberechtigter klagt

184

- Entgegen der außergerichtlich durch den Beklagten geäußerten Auffassung, welcher einen schuldhaften Verstoß des Klägers gegen das in § 2 Abs. 2 StVO geregelte Rechtsfahrverbot angenommen hat, ist ein derartiger, zu einem Verschulden führender Verstoß nicht nachgewiesen und zudem im vorliegenden Fall nicht haftungsrelevant. Denn das in § 2 Abs. 2 StVO normierte Rechtsfahrgebot dient nur dem Schutz der Verkehrsteilnehmer, die sich in Längsrichtung auf derselben Fahrbahn bewegen, nicht aber auch dem Schutz derer, die erst in diese Fahrbahn einbiegen wollen (BGH VersR 1977, 524). Mithin erstreckte sich das für den Kläger gegebene Vorfahrtsrecht auf die gesamte Fahrbahn der von ihm genutzten Vorfahrtsstraße. Dieses Recht geht auch nicht dadurch verloren, dass der Vorfahrtsberechtigte möglicherweise gegen das Rechtsfahrgebot verstößt und die linke Fahrbahn benutzt (OLG Düsseldorf NZV 1994, 328). Ein Vorwurf wegen schuldhaft verkehrswidrigen Verhaltens kann dem Vorfahrtsberechtigten nur dann gemacht werden, wenn er sein Vorfahrtsrecht missbraucht hat, indem er gegen das Gebot der allgemeinen Sorgfalts- und Rücksichtspflichten des Kraftfahrers nach § 1 Abs. 2 StVO oder gegen besondere Verhaltensregeln des Straßenverkehrs verstoßen hat (BGH VersR 1977, 524). Ein solcher Verstoß ist indes vorliegend nicht ersichtlich.

- Die Betriebsgefahr des klägerischen Fahrzeugs hat hinter dem groben Verschulden des Beklagten zurückzutreten, soweit die Kollision für die Klägerin nicht ohnehin unvermeidbar war.

[Angenommen, der Wartepflichtige klagt, wobei er das Vorfahrtsrecht des anderen einsieht, jedoch zumindest Schadensersatz aus der Betriebsgefahr des Vorfahrtsberechtigten begehrt:]

- Der Beklagte muss sich zumindest die erhöhte Betriebsgefahr anrechnen lassen und haftet mit 1/3.

- Der Kläger hat zwar durch sein Fahrverhalten das Vorrecht des Beklagten verletzt. Allerdings ist im Rahmen der Abwägung nach § 17 StVG der von dem Beklagten gesetzte Verursachungsbeitrag an der Kollision zu berücksichtigen. Dies führt zu einer erhöhten Betriebsgefahr des von ihm geführten Fahrzeugs, da er entgegen § 2 Abs. 2 StVO nicht hinreichend weit rechts gefahren ist (OLG Köln NZV 1991, 429).

- Die Betriebsgefahr eines Kraftfahrzeugs besteht in der Gesamtheit der Umstände, welche, durch die Eigenart des Kraftfahrzeugs begründet, Gefahr in den Verkehr tragen (*Hentschel*, Straßenverkehrsrecht, 38. Auflage 2005, § 17 StVG Rn 6). Zu diesen Umständen zählen neben schuldhaften Verstößen gegen verkehrsrechtliche Bestimmungen auch solche Verhaltensweisen, die für sich gesehen zwar keinen schuldhaften Regelverstoß begründen, aber dennoch die Gefahr im Straßenverkehr erhöhen. Dies ist vorliegend der Fall. Der Beklagte hat durch das Nichteinhalten des rechten Bereichs seiner Fahrbahnseite die bereits latent gegebene Betriebsgefahr des von ihm geführten Fahrzeugs in der konkreten Fahrsituation erhöht. Denn hätte er sich auf der breiten Fahrbahn weiter rechts gehalten, wäre es möglicherweise nicht zum Zusammenstoß der Fahrzeuge gekommen oder aber dieser mit geringeren Schadensfolgen verbunden gewesen. Die in der Beiakte befindlichen Lichtbilder von der Unfallstelle zeigen auch, dass ihm dies ohne Weiteres möglich gewesen ist. Die hierfür von dem Beklagten außergerichtlich angeführte Begründung, dass es ihm nicht zumutbar gewesen sei, seinen PKW weiter nach rechts zu ziehen, weil die Straße ohnehin so breit gewesen sei, vermag nicht zu überzeugen. Denn er übersieht, dass mit dem Verbleiben an der Mittellinie gerade die Unfallgefahr steigt.

- Die Betriebsgefahr des von dem Beklagten geführten PKW wäre nur dann nicht relevant, wenn der Verkehrsunfall für den Beklagten unabwendbar gewesen wäre (§ 17 Abs. 3 StVG). Eine solche Unabwendbarkeit des Verkehrsunfalls für den Beklagten ist jedoch nicht ersichtlich. Es fehlt insoweit jeglicher Nachweis dazu, dass der Beklagte dem PKW des Klägers nicht mehr ausweichen bzw den Unfall auch durch ein Bremsmanöver nicht mehr vermeiden konnte. Selbst wenn der Kläger beim Einbiegen in die Vorfahrtsstraße mit seinem Fahrzeug in die Fahrspur des Beklagten hineingefahren wäre, sagt dies noch nichts darüber aus, ob nicht der Beklagte diesem Fahrverhalten des Klägers hätte ausweichen können.

- Die erhöhte Betriebsgefahr des von dem Beklagten geführten Fahrzeugs tritt nicht hinter den zweifellos schwerer wiegenden Vorfahrtsverstoß des Klägers zurück. Denn gerade der die Betriebsgefahr erhöhende Umstand der Fahrweise des Beklagten im Kreuzungsbereich war nach Ansicht des Klägers auch wegen der vorhandenen Fahrbahnbreite maßgeblich unfallursächlich.

- Insoweit muss sich der Beklagte die erhöhte Betriebsgefahr mit einem Haftungsanteil von 1/3 zurechnen lassen.

Muster: Möglicher Rechtsvortrag bei Auffahrunfall eines auf der Autobahn bei Nacht mit 130 km/h fahrenden Kfz auf ein verunfalltes auf der Fahrbahn stehendes Fahrzeug, das stehende Fahrzeug klagt 1/3 seines Schadens ein

185

↓

35

- Die Mithaftung der Beklagten ergibt sich aus dem Gesichtspunkt der Betriebsgefahr (§ 7 Abs. 2 StVG) und des mitwirkenden Verschuldens. Zum einen ist die Beklagte unaufmerksam gefahren. Dies folgt daraus, dass das Beklagtenfahrzeug in das verunfallte Fahrzeug ohne jeden Brems- oder Ausweichversuch hineingefahren ist. Zum anderen hat die Beklagte schuldhaft gegen § 3 Abs. 1 S. 4 StVO verstoßen, auch wenn man von ihrer außergerichtlichen Darstellung ausgeht, die Geschwindigkeit ihres Fahrzeugs habe 130 km/h betragen. Eine solche Geschwindigkeit entspricht im vorliegenden Fall der Autobahn-Richtgeschwindigkeits-Verordnung nicht, da sich diese auf die Empfehlung beschränkt, auf Autobahnen auch bei günstigsten Straßen-, Verkehrs-, Sicht- und Witterungsverhältnissen nicht schneller als 130 km/h zu fahren (vgl BGH VersR 1992, S 14). Derartige günstige Sichtverhältnisse lagen aber vorliegend wegen der bestehenden Dunkelheit gerade nicht vor.

- Auch im Spätsommer ist es um 4.05 Uhr zumindest noch weitgehend dunkel. Dementsprechend fuhr die Beklagte mit Abblendlicht und hebt selbst darauf ab, sie habe das unbeleuchtete Hindernis wegen der Dunkelheit nicht erkennen können. Mithin kann sich die Beklagte im vorliegenden Fall auf die empfohlene Richtgeschwindigkeit von 130 km/h nicht berufen.

- Im Übrigen durfte die Beklagte gem. § 3 Abs. 1 S. 4 StVO nur so schnell fahren, dass sie innerhalb der übersehbaren Strecke anhalten konnte. Die übersehbare Strecke war vorliegend zusätzlich beschränkt, da die Beklagte nach ihrer außergerichtlichen Mitteilung mit Abblendlicht gefahren ist. Zwar enthält die Regelung des § 18 Abs. 6 StVO für das Fahren auf Autobahnen mit Abblendlicht gewisse Erleichterungen; diese Regelung beinhaltet jedoch keine Ausnahme von § 3 Abs. 1 S. 4 (früher S. 3) StVO, sondern bringt nur die besonderen Umstände auf Autobahnen in diese „goldene Regel" ein. Die in § 18 Abs. 6 StVO genannten Voraussetzungen sind im Übrigen vorliegend nicht gegeben. Weder befand sich vor dem Beklagtenfahrzeug ein vorausfahrendes Fahrzeug mit klar erkennbaren Schlussleuchten, noch war der Fahrbahnbereich durch besondere Lichtquellen oder das Fahrzeuglicht anderer Fahrzeuge zusätzlich besonders ausgeleuchtet. Mithin durfte die Beklagte nur so schnell fahren, dass sie innerhalb des Lichtkegels des Abblendlichts hätte anhalten können. Dass dies bei einer Geschwindigkeit von 130 km/h nicht möglich war, bedarf keiner besonderen Begründung (vgl dazu auch OLG Köln VersR 1996, 209). Dass viele Autofahrer sich an die genannten Grundsätze nicht halten, wie weithin bekannt, kann die Beklagte aber nicht entlasten.

- Die Beklagte musste auch, entgegen ihrer Auffassung, mit dem vorliegenden Hindernis typischerweise rechnen. Zwar muss ein Kfz-Führer bei Dunkelheit nicht mit einem auf der Fahrbahn liegenden dunklen Reifen rechnen (BGH NJW 1984, 2412) und auch nicht mit einem aus einem unbeleuchteten Anhänger herausragenden Baumstamm (BGH NJW 1995, 1029) oder einem nicht kenntlich gemachten, unbeleuchteten Splitterhaufen auf der Fahrbahn (BGH VersR 1990, 636). Von diesen Beispielsfällen unterscheidet sich das vorliegende Hindernis jedoch deutlich. Ein auf der Seite liegendes Fahrzeug ist, auch wenn es unbeleuchtet und mit der Front dem nachfahrenden Fahrzeug entgegengerichtet ist, so massiv und kontrastreich, dass man es bei aufmerksamer Fahrweise auch im Dunkeln noch relativ gut erkennen kann; und ein verunfalltes Fahrzeug ist auf Autobahnen ein typisches Hindernis.

- Dementsprechend hat der BGH entschieden, ein Fahrer müsse bei Dunkelheit mit unbeleuchteten, liegengebliebenen Kfz rechnen, im dortigen Fall mit einem unbeleuchteten, wegen seiner Tarnfarbe nur schwer zu erkennenden Panzer (BGH NJW-RR 1987, 1236).

- Entsprechendes gilt für einen auf der Straße unbeleuchtet liegengebliebenen Klein-LKW (BGH NJW-RR 1988, 406). Und das OLG Frankfurt hat entschieden, zu den für den Autobahnverkehr typischen Hindernissen gehörten unbeleuchtet liegengebliebene oder verunglückte Fahrzeuge (OLG Frankfurt zfs 1993, 45.).

■ Mithin haftet die Beklagte aus Betriebsgefahr und Verschulden. Dem gegenüber steht die Haftung der Klägerin, die sich ebenfalls aus Betriebsgefahr und Verschulden ergibt. Die Betriebsgefahr eines unbeleuchtet auf der Fahrbahn liegenden Fahrzeugs ist zweifellos deutlich höher als die eines mit 130 km/h fahrenden Fahrzeugs. Das klägerische Fahrzeug ist auf gerader Strecke ohne Beteiligung eines anderen Fahrzeugs gegen die Leitplanken geraten. Der Grund dafür ist allerdings streitig. In Betracht kommen zB erhöhte Geschwindigkeit, Unaufmerksamkeit, Übermüdung, wie die Beklagte außergerichtlich meinte, oder auch ein auf der Fahrbahn herumlaufender herrenloser Hund, wie er in dem polizeilichen Vermerk angesprochen ist und von dem die Klägerin bereits sofort nach dem Unfall berichtete. Auch wenn man mit der Beklagten davon ausgeht, dass der Hund vorliegend für den Unfall nicht ursächlich war, so hat die Beklagte damit immer noch nicht bewiesen, dass der Unfall zwingend auf eine Übermüdung der Klägerin zurückzuführen sein muss. Insbesondere steht der Beklagten diesbezüglich nicht der Beweis des ersten Anscheins zur Seite. Es spricht womöglich einiges dafür, dass eine Übermüdung der Klägerin bei deren Verunfallung eine Rolle gespielt habe; diese kann jedoch ebenso auch auf andere Umstände zurückzuführen sein, wie der über die Straße laufende Hund nach den diesseitigen Darlegungen. Nach alledem kann die Beklagte ein besonders schweres Verschulden der Klägerin nicht nachweisen. Dann aber stehen sich bei der Abwägung nach § 17 StVG gegenüber ein beiderseits etwa gleich großes Verschulden – jeweils Unaufmerksamkeit bzw unangepasste Geschwindigkeit – sowie die Haftung aus Betriebsgefahr, die zu Lasten der Klägerin etwas höher ist. Danach erscheint eine Haftungsquote von 2/3 zu 1/3 zu Lasten der Klägerin angemessen. Die Klägerin hat damit einen Anspruch auf Ersatz von 1/3 ihrer Schäden gegen die Beklagte.

186 **Muster: Möglicher Rechtsvortrag bei Kettenauffahrunfall – nicht feststellbar, ob der erste Auffahrunfall den Bremsweg für das dritte Fahrzeug relevant verkürzt hat**

■ Der Beklagte ist auf das klägerische Fahrzeug aufgefahren (vgl § 4 Abs. 1 S. 1 StVO). Der Beklagte stellte außergerichtlich nicht in Abrede, dass gegen den Auffahrenden in der Regel der Beweis des ersten Anscheins spricht. Soweit der Beklagte meint, beim Ketten- bzw Serienauffahrunfall sei der für ein Verschulden des Auffahrenden sprechende Anscheinsbeweis nur begrenzt anwendbar, dies gelte auch für den letzten Fahrer der Kette (*Greger*, Haftungsrecht, 3. Auflage 2007, StVG § 1 Rn 312a), entspricht dies der herrschenden Lehre und der Rechtsprechung:

■ Der Auffahrende haftet in der Regel nur für den Heckschaden; die Ursächlichkeit des Auffahrens für den Frontschaden hat der Vorausfahrende zu beweisen. Wenn aber *Greger* (aaO) meint, die Grundlage für eine Schuldunterstellung entfalle dann, wenn die ernsthafte Möglichkeit besteht, dass der Vordermann seinerseits aufgefahren sei und dadurch eine unvermutete Bremswegverkürzung für den Nachfolgenden hervorgerufen habe, ist dieser Ansicht nicht zu folgen, sofern sie darauf abzielen sollte, dass die Besonderheiten des Einzelfalls nicht mehr zu berücksichtigen wären. In der Tat ist die Auswertung der besonderen Umstände beim sog. Auffahrunfall unentbehrlich (BGH VersR 1975, 373, 374; 1987, 358, 359, 360 = NJW 1987, 1075 = VerkMitt 1987, 65 Nr. 79; KG, Urt. v. 14.4.1994 – 12 U 57121/92; *Hentschel*, Straßenverkehrsrecht, 38. Auflage 2005, StVO § 4 Rn 9). So erfordert das Fahren in aufgeschlossener Kolonne größte Aufmerksamkeit, Beobachtung nach vorn und erhöhte Bremsbereitschaft.

■ Wenn der Vorausfahrende einen zu kurzen Sicherheitsabstand einhält, hat der nachfolgende Verkehrsteilnehmer seinen eigenen Abstand entsprechend zu vergrößern, um den verkürzten Anhalteweg des Vorausfahrenden notfalls ausgleichen zu können. Mit plötzlichem Anhalten des Vorausfahrenden muss gerechnet werden. Lediglich mit nicht vorhersehbarem, ruckartigem Anhalten braucht nicht gerechnet zu werden (*Hentschel*, aaO). Von einem ruckartigen Anhalten kann jedoch nur bei einem Stillstand des vorausfahrenden Fahrzeugs fast auf der Stelle die Rede sein. Dies kann der Fall sein, wenn das vorausfahrende Fahrzeug infolge eines Schadens ohne üblichen Abbremsvorgang quer zur Fahrbahn auf einer Bundesautobahn zum Stillstand kommt (vgl BGH VersR 1975, 373, 374; KG, Urt. v. 3.6.1993 –12 U 3009/92 – n.v), wenn bei einem ruckartigen Stehenbleiben anders als bei einer Notbremsung, die in der Regel durch rechtzeitiges Aufleuchten der Bremslichter angezeigt wird, ein Aufleuchten der Rückbremsen fehlen kann (vgl BGH VersR 1987, 358, 300).

■ Nur mit einer hierauf zurückzuführenden Bremswegverkürzung braucht der nachfolgende Verkehrsteilnehmer nicht zu rechnen, mit der Konsequenz, dass selbst auf einer Bundesautobahn als Sicherheitsabstand nicht der volle Anhalteweg einzuhalten ist (BGH VersR 1987, 358, 300). Allerdings sind Geschwindigkeit und Abstand vor allem an die Witterungsverhältnisse anzupassen (BGH VersR 1975, 373). Hieraus ergibt sich – selbst nach *Greger* (*Greger*, Haftungsrecht, 3. Aufl. 2007, StVG § 1 Rn 312a) –, dass es auf die konkrete Situation ankommt, in der sich der Auffahrende befindet. Doch es ist gerade nicht so, dass sich der Beklagte in einer Situation befunden haben könnte, in der er nicht mit dem Stillstand des Fahrzeugs an der Stelle rechnen musste, an der er auf dieses Fahrzeug auffuhr. Im Ergebnis ist darum nicht feststellbar, dass sich in irgendeiner Art und Weise das Auffahren des Beklagten auf das vor ihm fahrende Fahrzeug auf das Auffahren des Klägers auf das Beklagtenfahrzeug ausgewirkt hat. Dies wiederum geht zu Lasten der Beklagten, die insoweit hierfür beweisbelastet sind, so dass der Kläger Schadensersatz in vollem Umgang begehren kann.

Muster: Möglicher Rechtsvortrag bei Kreuzungskollision zwischen PKW mit Grünlicht und zivilem Notarztfahrzeug mit eingeschaltetem Blaulicht und leisem Martinshorn   187

37

■ Auch für das Überqueren einer durch Rotlicht gesperrten Kreuzung kann ein Vorrang eines Dienstfahrzeugs durch rechtzeitiges Einschalten von Blaulicht und Martinshorn geschaffen werden (St. Rspr., BGHZ 63, 327 = NJW 1975, 648; KG DAR 1975, 78 = VersR 1976, 887; DAR 1976, 16 = VersR 1976, 193; VerkMitt 1998, 36 = NZV 1989, 192 = VersR 1989, 268; VerkMitt 1998, 14 = MDR 1997, 1121; BGH VerkMitt 1998, 90). Dieses Wegerecht wird durch die Signale „Martinshorn und Blaulicht" eines Einsatzfahrzeugs ausgelöst, und das Gebot nach § 38 Abs. 1 S. 2 StVO, freie Bahn zu schaffen, ist von den anderen Verkehrsteilnehmern unbedingt und ohne Prüfung des Wegerechts zu befolgen (KG VerkMitt 1998, 14 = MDR 1997, 1121).

■ Das bedeutet jedoch nicht, dass der Fahrer eines Dienstfahrzeugs „blindlings" oder „auf gut Glück" in eine Kreuzung bei rotem Ampellicht einfahren darf. Er darf vielmehr auch unter Inanspruchnahme von Sonderrechten bei rotem Ampellicht erst dann in die Kreuzung einfahren, wenn er den sonst bevorrechtigten Verkehrsteilnehmern rechtzeitig zu erkennen gegeben hat, solche Rechte in Anspruch nehmen zu wollen, und sich überzeugt hat, dass ihn alle anderen Verkehrsteilnehmer wahrgenommen und sich auf seine Absicht eingestellt haben. Erst unter diesen Voraussetzungen darf er darauf vertrauen, dass ihm von den anderen Verkehrsteilnehmern freie Fahrt gewährt wird (§ 35 Abs. 8 StVO) (BGH, aaO; KG, aaO).

■ Der Fahrer des Einsatzfahrzeugs, der bei für ihn rotem Ampellicht eine Kreuzung überqueren will, muss sich vorsichtig in diese vortasten, um sich auf diese Weise davon zu überzeugen, ob sämtliche Teilnehmer des Querverkehrs die Signale wahrgenommen haben (KG v. 5.3.1994 – 12 U 3820/83 = VerkMitt 1985, 4 (LS)). Bei einer unübersichtlichen Kreuzung kann das sogar die Verpflichtung bedeuten, nur mit Schrittgeschwindigkeit einzufahren (KG VerkMitt 1982, 37; 1989, 36 = VersR 1989, 268 = NZV 1989, 192). Angesichts seiner durch die besondere Gefahrenlage verstärkten Sorgfaltspflicht kann es im Einzelfall für den Fahrer des Einsatzfahrzeugs durchaus zumutbar sein, sein Fahrzeug fast zum Stillstand abzubremsen, um auf diese Weise eine hinreichende Übersicht über die Verkehrslage zu gewinnen (KG v. 24.9.1990 – 12 U 4980/89).

■ Die Verpflichtung, dem Einsatzfahrzeug freie Bahn zu verschaffen, trifft die anderen Verkehrsteilnehmer also erst, nachdem sie das Blaulicht und das Martinshorn wahrgenommen haben oder bei gehöriger Aufmerksamkeit hätten wahrnehmen können (BGH VersR 1975, 380 = NJW 1975, 648 = DAR 1975, 111 = VerkMitt 1975, Nr. 33; KG VersR 196, 193; VerkMitt 1981, 95).

■ Der Fahrer eines Einsatzwagens darf zwar annehmen, dass Fahrer von Fahrzeugen in der Nähe (50 m) die obigen Zeichen wahrnehmen (BGH NJW 1959, 339), muss dabei aber beachten, dass andere Verkehrsteilnehmer der Verpflichtung des § 38 Abs. 1 S. 2 StVO, sofort freie Bahn zu schaffen, erst nachkommen können, nachdem sie diese Signale haben wahrnehmen können. Hiernach muss den übrigen Verkehrsteilnehmern eine zwar kurz zu bemessende, aber doch hinreichende Zeit zur Verfügung stehen, um auf die besonderen Zeichen nach § 38 Abs. 1 StVO zu reagieren (BGH VerkMitt 1981, 95). Der Fahrer des Einsatzfahrzeugs kann nicht damit rechnen, dass die anderen Fahrer ihre Fahrzeuge, wenn sie die Signale bemerken, von einem Augenblick zum anderen zum Stehen bringen oder die sonst nach der jeweiligen Verkehrslage gebotenen Maßnahmen treffen (KG VerkMitt 1981, 95). Wegen des Ausnahmecharakters der Regelung des § 38 Abs. 1 StVO trifft nach der Rechtsprechung des BGH den Halter des Einsatzfahrzeugs die Darlegungs- und Beweislast für die Umstände, aus denen er die Berechtigung herleitet, das sonst bestehende Vorrecht anderer Verkehrsteilnehmer zu „missachten" (BGH VersR 1962, 834, 836; KG VerkMitt 1982 Nr. 41, 46; VerkMitt 1998, 14 = MDR 1997, 1121; VerkMitt 198, 90).

■ Der Beklagte hat seine Sorgfaltspflichten nicht hinreichend beachtet und sich insbesondere nicht durch geeignete Maßnahmen Gewissheit verschafft, dass der Querverkehr, für den die Kreuzung durch grünes Ampellicht freigegeben war, die von seinem Fahrzeug ausgehenden Sondersignale tatsächlich wahrgenommen und sich auf sein Wegerecht eingestellt hat.

■ Zweifellos war die Sicht des Sonderrechtsfahrers nach Überqueren des Mittelstreifenbereichs auf den von rechts im mittleren Fahrstreifen herannahenden Querverkehr beeinträchtigt durch die im linken Fahrstreifen befindlichen Fahrzeuge, die zum Zwecke des Linksabbiegens angehalten hatten. Der Fahrer des Dienstfahrzeugs durfte an diesen Linksabbiegern dann jedoch nicht mit der angegebenen Geschwindigkeit von etwa 10 km/h vorbeifahren; denn er durfte nicht darauf vertrauen, dass auf dem rechten neben der Geradeausspur verlaufenden freien Fahrstreifen (Busspur), auf dem kein Fahrzeug stand, nicht ein Fahrzeug an den stehenden oder wartenden Fahrzeugen rechts vorbeifahren würde. Denn die stehenden oder anhaltenden Fahrzeuge geben gerade keine Gewissheit, dass Verkehrsteilnehmer auf benachbarte Fahrstreifen in gleicher Weise auf das Sonderrechtsfahrzeug reagieren und gleichfalls anhalten (KG, Urt. v. 27.3.2000 – 12 U 791/98 – n.v. – sowie v. 8.1.2001 – 12 U 7095/99 – n.v.).

■ Je mehr der Sonderrechtsfahrer von der Verkehrsregel abweicht, umso mehr muss er Warnzeichen geben und sich vergewissern, dass der Verkehr sie befolgt (BGH VRS 36, 40; BGH VersR 1974, 577; *Hentschel*, Straßenverkehrsrecht, 38. Auflage 2005, StVO § 35 Rn 8).

■ Unstreitig erreicht das Tonsignal des Horns eines zivilen Einsatzfahrzeugs nicht die Lautstärke eines Martinshorns eines Feuerwehrfahrzeugs oder Polizeifahrzeugs, das außen montiert ist und seine Schallwellen ungehindert abstrahlen kann. Zwar trifft es zu, dass auch die – relativ leiseren – akustischen Sondersignale eines zivilen Polizeifahrzeugs noch so laut sind, dass sie von aufmerksamen Verkehrsteilnehmern gehört werden können und müssen, die sich an der Kreuzung befinden.

■ Ob auch das Horn des zivilen Notarztfahrzeugs im vorliegenden Streitfall für den Querverkehr aus einer Entfernung von etwa 50 m hörbar war, kann indes der Beklagte nicht beweisen. Insbesondere gibt es im vorliegenden Fall keinen Zeugen, der in derselben Richtung wie der Kläger auf die Kreuzung zufuhr und bekundet hätte, er hätte das Horn des im Querverkehr herannahenden zivilen Einsatzfahrzeugs bereits etwa aus einer Entfernung von 50 m gehört.

- Den Umstand der relativ geringeren Lautstärke des Sondersignals musste der Beklagte bei seiner Fahrweise berücksichtigen und auch deshalb sich vor den im linken Fahrstreifen stehenden Linksabbiegern langsam weiter in die Kreuzung hineintasten, dh zentimeterweises Vorrollen mit der Möglichkeit, sofort anzuhalten (vgl zum Begriff des Hineintastens BGH NJW 1985, 2757; KG NZV 1999, 85).

- Er durfte dagegen nicht – wie der Fahrer eines Feuerwehrfahrzeugs oder Polizeifahrzeugs, an welchem außen starke Martinshörner angebracht sind – in gewissem Maße davon ausgehen, dass der Querverkehr sein akustisches Sondersignal schon von Ferne würde wahrnehmen und sich darauf einstellen können; ferner musste er bei seiner Fahrweise auch beachten, dass sein ziviles Dienstfahrzeug nicht schon aufgrund einer auffälligen Lackierung als Polizeifahrzeug oder Feuerwehrfahrzeug erkennbar ist, so dass andere Verkehrsteilnehmer mehr Zeit brauchen, ein akustisches Sondersignal zu lokalisieren.

- Zum etwaigen Mitverschulden des Klägers ist zu bemerken, dass grundsätzlich ein schon längere Zeit vor der Einfahrt in eine Kreuzung eingeschaltetes Martinshorn und betätigtes Blaulicht von einem aufmerksamen Kraftfahrer rechtzeitig wahrgenommen werden kann und muss (KG Urt. v. 17.9.1979 – 12 U 1647/79). Etwas anderes kann gelten, wenn die Wahrnehmung beider Signale durch besondere Umstände (stürmisches Wetter und/oder geschlossene Bebauung bis an den Kreuzungsbereich) erheblich eingeschränkt war (vgl KG VerkMitt 1989, 36 = NZV 1989, 192 = VersR 1989, 268).

- Wie bereits dargelegt, ist es nicht selbstverständlich, dass der Kläger das vom Notarztfahrzeug im Querverkehr ausgehende akustische Signal rechtzeitig aus einer Entfernung von 50 m hat wahrnehmen können.

- Da der Anhalteweg bei einer normalen Abbremsung aus 45 km/h 32 bis 43,8 m (bei Notbremsung auf trockener Fahrbahn 23,7 bis 21,7 m) und aus einer Geschwindigkeit von 50 km/h 52,5 bis 53 m beträgt und der Kläger nach seiner eigenen Darlegung mit 50 km/h fuhr, muss zur Begründung einer Mithaftung des Klägers verlangt werden, dass das akustische Sondersignal des Zollfahrzeugs für den Querverkehr aus einer Entfernung von etwa 50 m deutlich hörbar gewesen ist, was jedoch nicht der Fall war.

- Ein Mitverschulden des Klägers am Zustandekommen des Unfalls lässt sich daher nicht feststellen, so dass sich auch die Frage der Abwägung von Verschuldensanteilen nicht stellt. Der Beklagte haftet für den Unfallschaden allein.

B. Halterhaftung

Die Haftung des Kraftfahrzeughalters aus § 7 Abs. 1 StVG spielte in der Praxis schon immer eine bedeutende Rolle. Schließlich ist sie im Vergleich zu § 823 Abs. 1 BGB, der die Haftung des Schädigers von einer schuldhaften Schädigung abhängig macht, der anspruchslosere Haftungstyp. **188**

I. Zweites Gesetz zur Änderung schadensersatzrechtlicher Vorschriften vom 19.7.2002

Die praktische Bedeutung der Haftung aus § 7 Abs. 1 StVG wurde durch das Zweite Gesetz zur Änderung schadensersatzrechtlicher Vorschriften vom 19.7.2002,[122] das am 1.8.2002 in Kraft getreten ist, noch deutlich erhöht. Dieses Gesetz führt zu einer gravierenden **Erweiterung der Haftung aus dem StVG**. Der Vergleich des neuen Rechts mit dem alten zeigt praktisch folgendes Bild: **189**

---

122 BGBl. I 2002, S. 2674.

1. Gefährdungshaftung des Anhängerhalters (§ 7 Abs. 1 StVG)

190 Bisher setzte die für das Straßenverkehrsrecht typische Gefährdungshaftung des Kraftfahrzeughalters erst ein, wenn bei dem Betrieb eines „Kraftfahrzeugs" ein Schadensfall aufgetreten war. Damit wurde ein Schaden, der allein von einem – beispielsweise im Verkehrsraum abgestellten – **Anhänger** ausgegangen war, von der Gefährdungshaftung nicht erfasst. Das ist nun anders. Die Neufassung des § 7 Abs. 1 StVG erstreckt die Gefährdungshaftung auf den Anhängerhalter. Hiervon bleibt die Einstandspflicht des Halters des Zugfahrzeugs aus Gefährdungshaftung unberührt. Nach § 8 Nr. 1 StVG kommt es für den Haftungsausschluss nicht darauf an, wie schnell der Anhänger fahren kann, vielmehr ist die Höchstgeschwindigkeit des Zugfahrzeugs entscheidend.[123] Diese Regelung ist für Unfälle mit landwirtschaftlichen Fahrzeugen und Baustellenfahrzeugen von besonderer Bedeutung. Zu Problemen kann es kommen, wenn – wie beispielsweise im Fall des gemieteten Wohnwagenanhängers – der Halter des Zugfahrzeugs ein anderer ist als der Halter des Anhängers und der Halter bzw Fahrer des Zugfahrzeugs für einen Schaden verantwortlich ist, etwa weil er so schnell gefahren ist, dass der Anhänger ins Schleudern geraten und mit einem entgegenkommenden Fahrzeug kollidiert ist. Wird in einem solchen Fall der Halter des Anhängers auf Schadensersatz in Anspruch genommen, dann kann er gegen den Halter des Zugfahrzeugs nach Maßgabe des § 17 Abs. 4 StVG im Innenverhältnis Rückgriff nehmen. Im Außenverhältnis – also im Verhältnis zum Geschädigten – bilden Anhängerhalter und Halter des Zugfahrzeugs eine Haftungseinheit[124] mit der Folge, dass im Fall einer Mithaftung des Geschädigten nach § 17 StVG auf der Seite der Schädiger für Anhängerhalter, Zugfahrzeughalter und Fahrzeugführer eine einheitliche Quote zu bilden ist.

2. Haftung für Mitfahrer (§ 8a StVG)

191 Nach dem früheren § 8a Abs. 1 StVG haftete der Kraftfahrzeughalter gegenüber Mitfahrern aus § 7 StVG nur dann, wenn es sich um eine entgeltliche, geschäftsmäßige Personenbeförderung handelte. Dies bedeutete eine Haftungsblockade gegenüber Freunden, Bekannten und Familienangehörigen, die bei einer gelegentlichen Mitfahrt im Fahrzeug des Halters Verletzungen erlitten hatten. Den Geschädigten blieb dann nur die Möglichkeit, den Kraftfahrzeughalter aus dem Gesichtspunkt des Verschuldens (§ 823 Abs. 1 BGB) auf Schadensersatz in Anspruch zu nehmen. Das war ein schwerer Weg, weil die Geschädigten für die tatsächlichen Voraussetzungen des Verschuldens des Schädigers die Beweislast trugen. Dieses Bild hat sich nunmehr geändert. In § 8a StVG heißt es jetzt, dass im Fall einer entgeltlichen, geschäftsmäßigen Personenbeförderung die Verpflichtung des Halters, wegen Tötung oder Verletzung beförderter Personen Schadensersatz nach § 7 StVG zu leisten, weder ausgeschlossen noch beschränkt werden darf. Das bedeutet aber nichts anderes, als dass in Zukunft für alle Personenschäden unabhängig von der Entgeltlichkeit oder Geschäftsmäßigkeit der Personenbeförderung gehaftet wird.[125] Angesichts der großen Zahl privater Personenbeförderungen ist damit zu rechnen, dass die Zahl der Fälle, in denen der Halter aus einer Verletzung anlässlich einer Gefälligkeitsfahrt oder Fahrt im Familieninteresse auf Schadensersatz in Anspruch genommen wird, merklich steigen wird.

---

123 BR-Drucks. 742/01, S. 74.
124 Vgl BR-Drucks. 742/01, S. 70.
125 BR-Drucks. 742/01, S. 74, 75.

3. Schmerzensgeld (§ 11 S. 2 StVG)

Nach § 11 S. 2 StVG kann der Geschädigte nunmehr Schmerzensgeld auch dann verlangen, 192
wenn der Schädiger nur nach den Grundsätzen der Gefährdungshaftung für einen Unfall verantwortlich ist und nicht erst – wie bisher – dann, wenn ihm ein Verschulden vorgeworfen
werden kann. Der Sache nach ist § 11 S. 2 StVG nur eine Klarstellung; dass die aus der Gefährdungshaftung nach § 7 StVG folgenden Schadensersatzansprüche in Zukunft auch den
Schmerzensgeldanspruch umfassen, folgt schon aus der Einfügung des § 253 Abs. 2 BGB.
Dass der Gesetzgeber im letzten Augenblick die ursprünglich geplante Regelung gestrichen
hat, nach der für fahrlässig verursachte Bagatellschäden ein Schmerzensgeld nicht sollte verlangt werden können, bedeutet nicht, dass in Zukunft für solche Schäden ein Schmerzensgeld
gezahlt werden müsste. Die Bagatellregelung wurde vielmehr nur deshalb gestrichen, weil die
Rechtsprechung schon auf der Grundlage des bisherigen Rechts eine Bagatellschwelle angenommen hatte.[126] Diese **Bagatellschwelle** soll auch für die neu geschaffenen Schmerzensgeldansprüche in den Fällen der Gefährdungshaftung gelten.[127] Auch sonst dürften diese Schmerzensgeldansprüche nicht anders zu bemessen sein als die aufgrund einer Verschuldenshaftung
zu zahlenden Schmerzensgelder.[128] Zwar entfällt in den Fällen, in denen Schmerzensgeld auf
der Grundlage der Gefährdungshaftung zu zahlen ist, der Gedanke der Genugtuung, so dass
als Rechtfertigungsgrund des Schmerzensgeldes nur der Ausgleichsgedanke verbleibt. § 253
Abs. 2 BGB unterscheidet aber nicht danach, ob der Schmerzensgeldanspruch in der Ver-
schuldens- oder Gefährdungshaftung seine Grundlage hat. Es ist davon auszugehen, dass die
Gründe, die nach der bisherigen Rechtsprechung für eine Anhebung (etwa eine personenspe-
zifische Sonderbelastung des Geschädigten, sein Alter, Rücksichtslosigkeit des Schädigers,
verzögerte Schadensregulierung) oder für eine Senkung des Schmerzensgeldanspruchs sprechen (etwa Gefälligkeitsfahrt, gemeinsame Vergnügung, verwandtschaftliche Beziehung zwischen Schädiger und Geschädigtem) auch für die Schmerzensgeldbemessung nach § 11 S. 2
StVG ihre Bedeutung behalten.[129]

4. Haftungshöchstbeträge (§ 12 StVG)

§ 12 StVG stellt die Haftungshöchstbeträge nicht nur auf Euro um, sondern erhöht sie kräf- 193
tig, und zwar auf 600.000 EUR oder einen jährlichen Rentenbetrag von 36.000 EUR im Fall
der Tötung oder Verletzung eines Menschen, auf 3 Millionen EUR oder einen jährlichen
Rentenbetrag von 180.000 EUR im Fall der Tötung oder Verletzung mehrerer Menschen
durch dasselbe Ereignis und auf 300.000 EUR im Fall der Sachbeschädigung. Diese **Erhöhung der Haftungsbeträge** geht mit der Erweiterung der Gefährdungshaftung, von der oben
(Rn 189) die Rede war, Hand in Hand. Mit diesem Zusammenwirken stellt sich die Gefährdungshaftung für den Geschädigten nunmehr als ein höchst wirksames Instrument dar. Das
gilt erst recht, wenn der Geschädigte ein Mitfahrer ist, der bei einer Kollision mit einem anderen Fahrzeug geschädigt worden ist; er kann dann nämlich von beiden Haltern aus Gefährdungshaftung Schadensersatz verlangen und folglich die Haftungshöchstbeträge doppelt
ausschöpfen. Bedenkt man indes, dass inzwischen die bei den Schwerstschäden zuerkannten
Schmerzensgeldbeträge die 500.000 EUR-Marke erreicht haben,[130] dann wird deutlich, dass
es – gerade dann, wenn es sich bei dem Schwerstgeschädigten um einen jungen Menschen
handelt – immer noch Fälle geben wird, in denen der Schaden die Höchstbeträge übersteigt

---

126 Vgl etwa BGH VersR 1992, 504, 505.
127 BT-Drucks. 14/8780, S. 21.
128 So auch OLG Celle DAR 2004, 225.
129 Vgl auch *Wagner*, NJW 2002, 2049, 2054, 2055.
130 Vgl OLG Hamm VersR 2002, 1163, 1164.

mit der Folge, dass der Geschädigte darauf angewiesen ist, seinen die Höchstbeträge übersteigenden Schaden aus dem Gesichtspunkt der Verschuldenshaftung (§§ 823 ff BGB) geltend
zu machen, der die Höchstgrenzen nicht kennt.

194   Eine noch gravierendere Erhöhung der Höchstbeträge sieht § 12a StVG vor, wenn es bei einem **Transport gefährlicher Güter** zu einem Personen- oder Sachschaden gekommen ist. Hier
wird nicht nur die allgemeine Gefährdung durch das Kraftfahrzeug, sondern darüber hinaus
die besondere Gefährdung durch das Gefahrgut erfasst. Die Vorschrift ist neu; sie ist der
Vorbote einer zukünftigen internationalen Regelung über die zivilrechtliche Haftung bei der
Beförderung gefährlicher Güter auf der Straße, der Schiene und mit Binnenschiffen.[131]

II. Kernprobleme des § 7 Abs. 1 StVG in der Praxis

195   Bei der Anwendung des § 7 Abs. 1 StVG sind es in der Praxis – abgesehen vom Beweis der
Schadenshöhe – hauptsächlich die Merkmale „bei dem Betrieb" und „Halter", die Probleme
bereiten.

1. „bei dem Betrieb eines Kraftfahrzeugs"

196   Der Wortlaut des § 7 Abs. 1 StVG, nach dem Schadensersatz verlangt werden kann, wenn es
„bei dem Betrieb" eines Kraftfahrzeugs (oder Anhängers) zu einem Schaden gekommen ist,
führt zu der Vorstellung, dass diese Vorschrift einen Geschädigten im Auge hat, der durch die
auf der Motorkraft des Kraftfahrzeugs beruhende schnelle Bewegung, durch die bei dem Fahren entwickelte Energie, an einem der in § 7 Abs. 1 StVG aufgezählten Rechtsgüter geschädigt worden ist. Das heutige Verständnis des Begriffs des „Betriebs" iSv § 7 Abs. 1 StVG geht
über diese Vorstellung aber weit hinaus. Die Haftung nach § 7 Abs. 1 StVG umfasst alle
durch den Kraftfahrzeugverkehr beeinflussten Schadensabläufe, und es genügt, dass sich eine
von dem Kraftfahrzeug ausgehende Gefahr ausgewirkt hat und das Schadensgeschehen in
dieser Weise durch das Kraftfahrzeug mitgeprägt worden ist.[132] Die Gefahren, die durch das
Kraftfahrzeug in den Verkehr getragen werden, gehen nämlich nicht nur von dem Motor und
seiner Einwirkung auf das Fahrzeug aus, sondern von der gesamten Abwicklung des Verkehrs und in besonderem Maße von Kraftfahrzeugen, die auf der Fahrbahn halten oder parken. Dies bedeutet beispielsweise, dass ein Unfall, der sich durch das Auffahren auf ein hal-
tendes Kraftfahrzeug ereignet, nicht nur dem Betrieb des auffahrenden, sondern auch dem
des haltenden Fahrzeugs zuzurechnen ist mit der Folge der Schadensersatzpflicht beider Fahrzeughalter aus dem Gesichtspunkt der Gefährdungshaftung. Der Betrieb eines Kraftfahrzeugs
dauert also fort, solange der Fahrer das Kraftfahrzeug im Verkehrsraum belässt und die dadurch geschaffene Gefahrenlage für den fließenden Verkehr fortbesteht.[133]

197   Die Anwendung des § 7 Abs. 1 StVG ist auch nicht auf Unfälle beschränkt, die auf öffentlichen Straßen geschehen. So muss beispielsweise der Halter eines Kraftfahrzeugs, das auf dem
privaten Gelände einer Trabrennbahn abgestellt worden ist, aus § 7 Abs. 1 StVG für den
Schaden aufkommen, der dadurch entsteht, dass ein Rennpferd in Panik gegen das Fahrzeug
läuft.[134] Das gilt insbesondere für Unfälle auf einem Betriebsgelände.[135] Die Haftung aus § 7
Abs. 1 StVG reicht noch weiter. Sie erfasst auch Schäden, die nicht auf das Kraftfahrzeug als

---

131 Vgl BR-Drucks. 742/01, S. 79.
132 BGH VersR 2005, 566, 567.
133 BGHZ 29, 163, 165 ff; BGH VersR 1996, 856, 857.
134 BGH VersR 1995, 90, 92.
135 OLG Köln DAR 2002, 417, 418; OLG Koblenz VersR 2005, 705.

bewegte Masse zurückgehen, von ihm aber ihren Ausgang nehmen. Es genügt, dass sich eine von dem Kraftfahrzeug ausgehende Gefahr ausgewirkt hat und das Schadensgeschehen in dieser Weise durch das Kraftfahrzeug mitgeprägt worden ist. Erforderlich ist allerdings, dass ein Zusammenhang mit der Bestimmung des Kraftfahrzeugs als einer der Fortbewegung und dem Transport dienenden Maschine besteht. Eine Haftung aus § 7 Abs. 1 StVG entfällt daher in Fällen, in denen die Fortbewegungs- und Transportfunktion des Kraftfahrzeugs keine Rolle spielt und das Fahrzeug nur noch als Arbeitsmaschine eingesetzt wird.

Eine Verbindung mit dem „Betrieb" des Kraftfahrzeugs iSv § 7 Abs. 1 StVG ist jedoch zu bejahen, wenn das Fahrzeug im inneren Zusammenhang mit seiner Funktion als Verkehrs- und Transportmittel **entladen** wird, und zwar auch dann, wenn das Entladen durch eine spezielle Entladevorrichtung des Kraftfahrzeugs erfolgt. Unter die Gefahr, für die in diesen Fällen der Halter aus § 7 Abs. 1 StVG einstehen muss, fällt nicht nur die Gefahr durch das Kraftfahrzeug selbst, sondern auch diejenige, die von den Entladevorrichtungen und dem Ladegut ausgeht. So muss der Halter eines Streufahrzeugs, aus dem Streugut schrotschuss-ähnlich maschinell ausgeworfen wird, nach § 7 Abs. 1 StVG für die Lackschäden an den am Straßenrand abgestellten Fahrzeugen aufkommen, die durch das herausgeschleuderte Streugut verursacht worden sind.[136] Ebenso muss etwa der Halter eines Tanklastzugs aus § 7 Abs. 1 StVG für Unfälle einstehen, die sich bei der Anlieferung von Öl dadurch ergeben, dass Öl auf die Straße fließt oder jemand über den Auslassschlauch stolpert.[137] | **198**

Eine Haftung wegen eines Schadens „bei dem Betrieb" kann sogar in Betracht kommen, wenn der Schaden eingetreten ist, ohne dass das Kraftfahrzeug oder seine Ladung mit dem geschädigten Objekt in Berührung gekommen ist. „Bei dem Betrieb" des betreffenden Fahrzeugs geschehen ist ein Unfall auch dann, wenn er unmittelbar durch das Verhalten des Verletzten oder eines Dritten ausgelöst wird, dieser Unfall aber in zurechenbarerweise durch das Kraftfahrzeug des in Anspruch Genommenen mit veranlasst worden ist. | **199**

Beispiel: Ein Schaden ist also bereits dann „bei dem Betrieb" eines Kraftfahrzeugs entstanden, wenn sich die von einem Kraftfahrzeug ausgehenden Gefahren ausgewirkt haben und das Unfallgeschehen in dieser Weise durch das Kraftfahrzeug mitgeprägt wird. Dies ist der Fall, wenn eine Radfahrerin, die auf einer nur 3 m breiten Straße eine durch Baumbewuchs unübersichtliche Kurve durchfährt, einem entgegenkommenden PKW zur Seite ausweicht, dadurch stürzt und sich erheblich verletzt.[138] Es kommt in diesen Fällen darauf an, ob in einer konkreten Situation die Gegenwart des Fahrzeugs vom Geschädigten als gefährlich empfunden werden konnte.[139] | **200**

Typisch für diese Unfallkonstellationen ist stets die **Berührungslosigkeit des Unfalls,** so dass nachweisbare Anknüpfungstatsachen für eine Unfallanalyse sehr oft fehlen und allein die unsicheren Aussagen von Zeugen einzige Beweismittel sind. Eine Klage kann bei einem berührungslosen Unfall wie folgt aussehen: | **201**

---

136 BGHZ 105, 65 ff.
137 BGH VersR 1978, 827.
138 BGH NZV 1988, 63.
139 BGH NJW 2005, 2081, 2082.

202 **Muster: Klageschrift (berührungsloser Unfall)**

↓

An das Amtsgericht ■■■

Klage

In Sachen

der Frau ■■■

– Klägerin –

Prozessbevollmächtigte: RAe ■■■

gegen

Herrn ■■■

– Beklagter zu 1 –

■■■ Versicherungs AG, vertreten durch den Vorstand, dieser vertreten durch den Vorstandsvorsitzenden (Schadennummer ■■■)

– Beklagte zu 2 –

wegen Schadensersatzes

Streitwert: 2.936 EUR

bestellen wir uns für die Klägerin.

Im Termin werden wir folgende Anträge verlesen:

1. Die Beklagten werden als Gesamtschuldner verurteilt, an die Klägerin 2.936,00 EUR nebst Zinsen in Höhe von 5 Prozentpunkten über dem Basiszinssatz seit dem 15.2.2006 zu bezahlen.

2. Die Beklagten tragen als Gesamtschuldner die Kosten des Verfahrens.

Sofern das Gericht das schriftliche Vorverfahren anordnet, wird bereits jetzt für den Fall der Fristversäumnis oder des Anerkenntnisses beantragt, die Beklagte durch Versäumnisurteil gem. § 331 Abs. 3 ZPO oder Anerkenntnisurteil gem. § 307 Abs. 2 ZPO zu verurteilen.

Begründung:

Mit vorliegender Klage wird Schadensersatz begehrt wegen eines Verkehrsunfalls, der sich am 15.1.2006 ereignete. Am Unfall beteiligt war die Klägerin mit dem in ihrem Eigentum stehenden PKW mit dem amtlichen Kennzeichen ■■■ sowie der Beklagte zu 1 als Fahrer des PKW ■■■ mit dem amtlichen Kennzeichen ■■■, das zum Unfallzeitpunkt bei der Beklagten zu 2 haftpflichtversichert war.

Der Unfall ereignete sich wie folgt:

Am Unfalltag zum Unfallzeitpunkt befuhr der Beklagte zu 1 in ■■■ die Hauptstraße aus Richtung Waldstraße in Richtung Nebenstraße zunächst ganz rechts. Ca. 500 Meter vor der Nebenstraße, in Höhe des Grundstückes Hotel Heidemühle, kam das Fahrzeug der Klägerin entgegen. Der Beklagte zu 1 zog in diesem Moment nach rechts in Richtung Fahrbahnmitte mit unverminderter Geschwindigkeit, bis er mit dem linken Teil seines Fahrzeugs bis über die Fahrbahnmitte hinaus kam. Die Klägerin wich zunächst nach rechts aus, war sich jedoch unschlüssig, ob der Beklagte noch weiter nach links fahren würde, so dass dieses Ausweichen nicht mehr ausreichen würde, damit beide Fahrzeuge aneinander vorbei fahren könnten. Darum entschloss sich die Klägerin, nach rechts von der Fahrbahn abzufahren und einen leichten Unfall der Gefahr einer Frontalkollision vorzuziehen, und fuhr gegen den dortigen Maschendrahtzaun und kam an einem Betonpfahl zum Stehen. Hierbei wurden zwei Betonpfähle abgebrochen und der Zaun auf einer Länge von ca. sieben Metern beschädigt. Ohne anzuhalten, raste der Beklagte zu 1 weiter. Er wurde verfolgt und schließlich gestellt.

Beweis: Zeuge M., ■■■
Zeuge R., ■■■
Zeugin S., ■■■
Zeuge T., ■■■

Beiziehung der amtlichen Ermittlungsakte beim Amtsgericht ■■■, Az ■■■

Das Verfahren gegen den Beklagten zu 1 wegen unerlaubten Entfernens vom Unfallort wurde nach § 153a StPO gegen Auflage eingestellt. Es war jedoch völlig klar, dass der Beklagte zu 1 den Unfall verschuldet hatte. Wäre die Klägerin vorliegend nicht ausgewichen, wäre es zu einem Frontalzusammenstoß gekommen mit erheblichen Personenverletzungen, wenn der Beklagte weiter nach links gelenkt hätte. Für die Klägerin war der Unfall in der fraglichen Form unvermeidbar. Sie hat sich in hohem Maße schadensmindernd verhalten.

Beweis: Sachverständigengutachten

Rechtlich ist der Unfall wie folgt zu werten:

Die Beklagten lehnten außergerichtlich eine Haftung ab, da sie meinten, dass das Ausweichmanöver objektiv nicht erforderlich war, da der Beklagte zu 1 nicht weiter nach links gelenkt hätte und so die Fahrzeuge aneinander hätten vorbeifahren können. Der Unfall habe sich daher nicht im Zusammenhang mit dem Betrieb des Fahrzeugs des Beklagten ereignet.

Das Haftungsmerkmal „bei dem Betrieb" ist nach der Rechtsprechung des BGH entsprechend dem umfassenden Schutzzweck der Vorschrift weit auszulegen. Die Haftung nach § 7 Abs. 1 StVG umfasst daher alle durch den Kraftfahrzeugverkehr beeinflussten Schadensabläufe. Es genügt, dass sich eine von dem Kraftfahrzeug ausgehende Gefahr ausgewirkt hat und das Schadensgeschehen in dieser Weise durch das Kraftfahrzeug mitgeprägt worden ist (BGHZ 105, 65, 66; 107, 359, 366; 115, 84, 86 und BGH – VI ZR 115/04 – VersR 2005, 566, 567). Ob dies der Fall ist, muss mittels einer am Schutzzweck der Haftungsnorm orientierten wertenden Betrachtung beurteilt werden (BGHZ 71, 212, 214; 115, 84, 86 und BGH – VI ZR 115/04 – VersR 2005, 566, 567).

An diesem auch im Rahmen der Gefährdungshaftung erforderlichen Zurechnungszusammenhang fehlt es, wenn die Schädigung nicht mehr eine spezifische Auswirkung derjenigen Gefahren ist, für die die Haftungsvorschrift den Verkehr schadlos halten will (BGHZ 79, 259, 263; 107, 359, 367; 115, 84, 86 f). Für eine Zurechnung zur Betriebsgefahr kommt es maßgeblich darauf an, dass der Unfall in einem nahen örtlichen und zeitlichen Kausalzusammenhang mit einem bestimmten Betriebsvorgang oder einer bestimmten Betriebseinrichtung des Kraftfahrzeugs steht (BGHZ 37, 311, 317 f; 58, 162, 165; BGH – VI ZR 86/71 – VersR 1972, 1074 f; BGH – VI ZR 104/71 – VersR 1973, 83 f; BGH – VI ZR 218/03 – VersR 2004, 529, 531). Hiernach rechtfertigt die Anwesenheit eines im Betrieb befindlichen Kraftfahrzeugs an der Unfallstelle allein zwar noch nicht die Annahme, der Unfall sei bei dem Betrieb dieses Fahrzeugs entstanden. Erforderlich ist vielmehr, dass die Fahrweise oder der Betrieb dieses Fahrzeugs zu dem Entstehen des Unfalls beigetragen haben (vgl BGH – VI ZR 1781/67 – VersR 1969, 58, 59; BGH – VI ZR 86/71 – VersR 1972, 1074 f; BGH – VI ZR 104/71 – VersR 1973, 83 f und BGH – VI ZR 96/87 – VersR 1988, 641).

Andererseits hängt die Haftung gemäß § 7 StVG nicht davon ab, ob sich der Führer des im Betrieb befindlichen Kraftfahrzeugs verkehrswidrig verhalten hat (BGH – VI ZR 271/69 – VersR 1971, 1060, 1061; BGH – VI ZR 2/70 – VersR 1971, 1063, 1064 und BGH – VI ZR 104/71 – VersR 1973, 83 f), und auch nicht davon, dass es zu einer Kollision der Fahrzeuge gekommen ist (BGH – VI ZR 151/85 – VersR 1986, 1231, 1232 und BGH – VI ZR 96/87 – VersR 1988, 641).

Diese weite Auslegung des Tatbestandsmerkmals „bei dem Betrieb eines Kraftfahrzeugs" entspricht dem weiten Schutzzweck des § 7 Abs. 1 StVG und findet darin ihre innere Rechtfertigung. Die Haftung nach § 7 Abs. 1 StVG ist sozusagen der Preis dafür, dass durch die Verwendung eines Kfz erlaubterweise eine Gefahrenquelle eröffnet wird, und will daher alle durch den Kfz-Verkehr beeinflussten Schadensabläufe erfassen.

Ein Schaden ist demgemäß bereits dann „bei dem Betrieb" eines Kfz entstanden, wenn sich von einem Kfz ausgehende Gefahren ausgewirkt haben (BGH – VI ZR 96/87 – VersR 1988, 641 mwN)

Nach diesen Grundsätzen haben die Beklagten vollumfänglich zu haften. Die außergerichtlich geäußerte Auffassung der Beklagten, hier fehle der Zurechnungszusammenhang, weil die Klägerin nicht objektiv nachvollziehbar von einer Gefährdung durch das entgegenkommende Fahrzeug habe ausgehen dürfen, steht mit dieser Rechtsprechung nicht in Einklang. Danach kann selbst ein Unfall infolge einer voreiligen, also objektiv nicht erforderlichen Abwehr- oder Ausweichreaktion gegebenenfalls dem Betrieb des Kraftfahrzeugs zugerechnet werden, das diese Reaktion ausgelöst hat (BGH – VI ZR 271/69 – VersR 1971, 1060, 1061 und BGH – VI ZR 96/87 – VersR 1988, 641). Dass das vom Beklagten durchgeführte Fahren mittig der Fahrbahn, die Ausweichbewegung der Klägerin veranlasst hat, liegt auf der Hand und wird durch die benannten Zeugen nachgewiesen.

Auch wenn der Beklagte zu 1 dies als Panikreaktion bezeichnet, ist sie doch durch das Verhalten des Beklagten zu 1 verursacht worden, das vom entgegenkommenden Fahrer auf der engen Straße als gefährlich empfunden werden konnte. Das reicht, wie der BGH in einem vergleichbaren Fall ausgeführt hat, für den Zurechnungszusammenhang aus (BGH – VI ZR 96/87 – VersR 1988, 641).

So hat der BGH auch in einem Fall, in dem eine Mofafahrerin unsicher wurde, als sie ein Sattelschlepper überholte, und deshalb stürzte, eine Auswirkung der Betriebsgefahr des LKW angenommen (BGH – VI ZR 86/71 – VersR 1972, 1074 f), ebenso als ein Fußgänger durch die Fahrweise des nach Hochziehen einer Schranke anfahrenden Kraftfahrzeugs unsicher wurde und deshalb stürzte (BGH – VI ZR 104/71– VersR 1973, 83 f). Das Merkmal „beim Betrieb" hat er auch bejaht, als ein LKW die voreilige Abwehrreaktion eines nachfolgenden Kraftfahrers auslöste, weil er andauernd blinkte und entweder nach links zog oder schon hart an die Mittellinie herangezogen war (BGH – VI ZR 271/69 – VersR 1971, 1060, 1061). In all diesen Fällen kam es nicht darauf an, ob die Abwehr- oder Ausweichreaktion objektiv erforderlich war.

Vorliegend ist der Beklagte langsam von ganz rechts der Fahrbahn in Richtung Fahrbahnmitte gefahren. Die Klägerin musste befürchten, dass der Beklagte zu 1 immer weiter nach links abkommt und frontal kollidiert. Da aufgrund der Straßenbegrenzung für die Klägerin nach rechts kein Platz mehr war, blieb ihr nur die Wahl zwischen hoffen, dass der Beklagte zu 1 nunmehr nicht weiter nach links fährt, was das Risiko einer Frontalkollision innewohnen hatte, oder nach rechts ausweichen, was zwar einen sicheren Schaden zur Folge hatte, jedoch deutlich ungefährlicher war als eine Frontalkollision.

Der Schaden der Klägerin ist somit der Betriebsgefahr des Fahrzeugs des Beklagten zu 1 zuzurechnen. Damit ist darüber hinaus sein Verstoß gegen das Rechtsfahrgebot zurechenbar und kausal für den Unfall geworden. Dahinter hat die Betriebsgefahr des klägerischen Fahrzeugs zurückzutreten, was zu einer Alleinhaftung des Beklagten führt.

Der Klägerin entstand folgender Schaden:

Reparaturkosten: 2000,00 EUR

Beweis: Reparaturkostenrechnung

Pauschale für unfallbedingte Wege, Telefonate, Porti etc.: 30,00 EUR

Beweis: richterliche Schätzung nach § 287 ZPO

Die Klägerin entbehrte ihres beschädigten Fahrzeugs zwei Wochen lang reparaturbedingt. Bei dem Fahrzeug handelt es sich um einen PKW ■■■. Dieser ist in der einschlägigen Tabelle *Sanden/Danner/Küppersbusch* mit 29,00 EUR Nutzungsausfall pro Tag verzeichnet, so dass insgesamt 406,00 EUR auflaufen.

Beweis: richterliche Schätzung nach § 287 ZPO

Der Hoteleigentümer verlangte von der Klägerin, dass der Zaun unverzüglich hergestellt wurde. Hierfür musste die Klägerin 500,00 EUR aufwenden

Beweis: Zaunreparaturrechnung

Die Beklagten lehnten außergerichtlich eine Haftung ab, nachdem sie mit Schreiben vom 30.1.2006 unter Bezifferung des Gesamtschadens bis zum 14.2.2006 aufgefordert worden waren.

Die Beklagten befinden sich daher seit dem 15.2.2006 in Verzug, und Klage ist geboten.

Rechtsanwalt

Ein Unfall kann sogar dann dem Betrieb eines Kraftfahrzeugs zugerechnet werden, wenn er an einer Stelle geschieht, die das Kraftfahrzeug längst verlassen hat, vorausgesetzt, es hat dort eine Gefahrenlage geschaffen, die im Unfallzeitpunkt angedauert hat. Es kommt nur darauf an, ob die **andauernde Gefahrenlage** noch in einem inneren Zusammenhang mit dem Betriebsvorgang des Kraftfahrzeugs steht, das sie geschaffen hat. Ist das der Fall, dann tritt die Halterhaftung des § 7 Abs. 1 StVG, die den Geschädigten vor allen mit dem Betrieb des Kraftfahrzeugs verbundenen Gefahren schützen will, nach ihrem Grundgedanken und Sinn ein.

203

Beispiel: Haben Kettenfahrzeuge die Fahrbahn stark verschmutzt und ist die Fahrbahn durch anschließende Regenfälle schlüpfrig geworden, dann besteht zwischen dem Betrieb der Kettenfahrzeuge und einem einige Tage später geschehenen Unfall eines LKW ein innerer Zusammenhang, wenn dieser Unfall darauf beruht, dass der LKW auf der schlüpfrigen Fahrbahn in einer scharfen Kurve zur Seite weggerutscht ist.[140]

204

Eine Haftung nach § 7 Abs. 1 StVG entfällt aber in den Fällen, in denen die Fortbewegungs- und Transportfunktion des Kraftfahrzeugs keine Rolle mehr spielt und das Fahrzeug nur noch als Arbeitsmaschine eingesetzt wird. Davon zu unterscheiden sind die Fälle, in denen eine „fahrbare Arbeitsmaschine" während der Fahrt „bestimmungsgemäß" Arbeiten verrichtet; in diesen Fällen handelt es sich um einen „Betrieb" iSv § 7 Abs. 1 StVG.[141]

205

2. „Halter"

Die Rechtsprechung hat in der Anwendung des § 7 Abs. 1 StVG einen eigenständigen Halterbegriff herausgebildet. Danach kommt es nicht auf bestimmte Rechtsverhältnisse an. § 7 Abs. 1 StVG setzt nicht voraus, dass der Halter Eigentümer oder Besitzer des Fahrzeugs ist; entscheidend sind vielmehr die faktischen und wirtschaftlichen Verhältnisse. Halter eines Kraftfahrzeugs ist, wer es für eigene Rechnung in Gebrauch hat und die Verfügungsgewalt besitzt, die ein solcher Gebrauch voraussetzt. Wer tatsächlich und wirtschaftlich der eigentlich Verantwortliche für den Einsatz des Fahrzeugs im Verkehr ist, schafft die vom Fahrzeug ausgehenden Gefahren, für die der Halter nach § 7 Abs. 1 StVG einstehen soll. Danach ist beispielsweise der Leasingnehmer, der die laufenden Betriebskosten des Fahrzeugs trägt und für einen längeren Zeitraum die uneingeschränkte Verfügungsgewalt über den Wagen hat, der Halter.[142] Dieses Zeitmoment ist allerdings unverzichtbar. Erst eine gewisse Dauer der Gebrauchsüberlassung führt als Voraussetzung für eine Verfestigung der tatsächlichen, vornehmlich wirtschaftlichen Zuständigkeit für das Fahrzeug zur Haltereigenschaft, wie sie § 7 Abs. 1 StVG meint. Dementsprechend hat der BGH eine mietweise Überlassung von wenigen Stunden und nur für eine bestimmte kurze Einzelfahrt nicht als ausreichend angesehen.[143]

206

---

140 BGH VersR 1982, 977.
141 BGH VersR 2405, 566, 567.
142 BGH VersR 1983, 656, 657.
143 BGH VersR 1992, 437, 439.

207 Es liegt in der Konsequenz des Halterbegriffs, dass die Stellung als Halter eines Fahrzeugs endet, wenn die tatsächliche Möglichkeit, den Einsatz des Fahrzeugs zu bestimmen (Verfügungsgewalt) auf eine nicht nur vorübergehende Zeit entzogen wird. Das ist beispielsweise der Fall, wenn durch einen Diebstahl oder eine Unterschlagung nicht nur vorübergehend ein Verlust der tatsächlichen Verfügungsgewalt eintritt. Hat beispielsweise ein Autohändler ein Fahrzeug einem Kaufinteressenten zu einer Probefahrt übergeben und bringt der Interessent das Fahrzeug nicht zurück, dann kann der Autohändler, wenn zwei Jahre später ein Unbekannter mit dem Wagen einen Unfall verursacht, nicht mit Erfolg aus § 7 Abs. 1 StVG als Halter auf Schadensersatz in Anspruch genommen werden. Eine Haftung aus § 7 Abs. 3 S. 2 StVG scheidet in diesen Fällen im Übrigen gleichfalls aus, weil sie voraussetzt, dass derjenige, der das Fahrzeug einem anderen überlässt, weiterhin der Halter ist.[144]

III. Grenzen der Halterhaftung

208 Angesichts der Weite des Haftungstatbestandes des § 7 Abs. 1 StVG sind die Grenzen der Einstandspflicht des Fahrzeughalters umso wichtiger. Nach der Haftungserweiterung durch die Neufassung des § 8a StVG stehen, soweit es um die Schranken der Haftung aus § 7 Abs. 1 StVG geht, die §§ 7 Abs. 2 und 8 StVG im Vordergrund.

1. Fälle des § 8 StVG

209 Nach § 8 Nr. 1 StVG versagt die Haftung des Halters aus § 7 StVG, wenn der Unfall durch ein Kraftfahrzeug verursacht worden ist, das auf ebener Bahn mit keiner höheren Geschwindigkeit als 20 km/h fahren kann; für einen mit einem solchen Fahrzeug verbundenen Anhänger gilt Entsprechendes. Für die Anwendung dieser Vorschrift, die vor allem für Baustellenfahrzeuge und landwirtschaftliche Fahrzeuge von Bedeutung ist, war umstritten, ob es darauf ankommt, dass die Geschwindigkeit eines Kraftfahrzeugs durch Manipulationen – beispielsweise die Verstellung des Gaszugs – auf über 20 km/h gesteigert werden kann. Hierzu hat der BGH in Abweichung von seiner früheren Rechtsauffassung entschieden, dass für das Eingreifen des § 8 Nr. 1 StVG die konstruktionsbedingte Beschaffenheit des Fahrzeugs und nicht die Möglichkeit ihrer Veränderung maßgeblich ist. Es kommt darauf an, wie schnell das Fahrzeug im Unfallzeitpunkt effektiv fahren kann. Werden Manipulationen nicht vorgenommen und kann das Fahrzeug deshalb nicht schneller als 20 km/h fahren, dann haften ihm – gleichgültig, ob von einer theoretischen Manipulationsmöglichkeit leicht oder nur unter Schwierigkeiten Gebrauch gemacht werden könnte – nicht die Risiken an, die nach der gesetzgeberischen Vorstellung das Eingreifen der Gefährdungshaftung gebieten. Wird dagegen durch Manipulationen die fahrbare Geschwindigkeit über die 20 km/h-Grenze gehoben, dann entstehen diese Risiken, so dass für die Anwendung des § 8 StVG kein Raum mehr ist.[145]

210 § 8 Nr. 2 StVG bestimmt, dass die Haftung aus § 7 StVG auch dann nicht eingreift, wenn der Verletzte bei dem Betrieb des Kraftfahrzeugs oder Anhängers tätig war. Diese Haftungseinschränkung kommt nicht nur zum Zuge, wenn die Tätigkeit des Verletzten von einer gewissen Dauer war, wie etwa in den Fällen, in denen der Geschädigte das Fahrzeug gefahren hat,[146] sondern auch dann, wenn die Tätigkeit nur kurze Zeit gedauert hat, wie beispielswei-

---

144 BGH VersR 1997, 204, 205.
145 BGH VersR 1997, 1115, 1116; 2005, 566, 567.
146 BGH NJW 1972, 1415, 1416; VersR 1989, 54, 56.

se dann, wenn der Geschädigte verletzt worden ist, als er half, ein liegen gebliebenes Fahrzeug wegzuschieben[147] oder ein rollendes Fahrzeug aufzuhalten.[148]

2. „Höhere Gewalt" (§ 7 Abs. 2 StVG)

Die in der Praxis wichtigste Schranke der Halterhaftung war bis zur Neuregelung § 7 Abs. 2 StVG, nach dem die Gefährdungshaftung ausgeschlossen war, wenn der Unfall durch ein „unabwendbares Ereignis" verursacht worden war. Unter einem „unabwendbaren Ereignis" verstand man einen Unfall, den auch ein idealer Autofahrer nicht hätte verhindern können.[149] Die Rechtsprechung hat diese Voraussetzung nicht eng beurteilt. Dieses Bild hat sich jetzt entscheidend verändert. Nach § 7 Abs. 2 StVG ist die Halterhaftung erst ausgeschlossen, wenn der Unfall durch „höhere Gewalt" verursacht worden ist. Ein Fall der höheren Gewalt, wie ihn das Gesetz meint, ist schwer vorstellbar. Die Gesetzesbegründung nennt keine Beispiele, die diesen Begriff anschaulich werden lassen. Man greift auf die Definition zurück, die die Rechtsprechung auf der Grundlage des § 1 Abs. 2 HpflG für Eisenbahnunfälle entwickelt hat.[150] Danach ist höhere Gewalt ein betriebsfremdes, von außen durch elementare Naturkräfte oder durch Handlungen dritter Personen herbeigeführtes Ereignis, das nach menschlicher Einsicht unvorhersehbar ist, mit wirtschaftlich erträglichen Mitteln auch durch die äußerste, nach der Sachlage vernünftigerweise zu erwartende Sorgfalt nicht verhütet oder unschädlich gemacht werden kann und auch nicht wegen seiner Häufigkeit in Kauf zu nehmen ist.[151] Es ist offen, ob die höchstrichterliche Rechtsprechung diese Definition für Straßenverkehrsunfälle übernimmt. Jedenfalls wird ein Fall höherer Gewalt höchst selten anzunehmen sein. 211

Bei Steinen, die Dritte von einer Autobahnbrücke auf vorüberfahrende Fahrzeuge werfen, ist dies nicht der Fall, wohl aber dann, wenn ein unerkennbar unterspültes Straßenstück plötzlich wegsackt. Die durch § 7 Abs. 2 StVG statuierten hohen Anforderungen an einen Ausschluss der Gefährdungshaftung bedeuten in der praktischen Konsequenz eine Erweiterung der Einstandspflicht des Fahrzeughalters. Dies bedeutet zugleich, dass der Frage, ob dem Geschädigten eine anspruchsmindernde Mitverursachung anzulasten ist, eine gesteigerte Bedeutung zukommt. Vor allem bleibt zu beachten, dass § 7 Abs. 2 StVG, ohne dass dies sein Wortlaut erkennen ließe, für die in der Praxis wohl häufigste Fallkonstellation, nämlich für Unfälle, an denen mehrere Fahrzeuge beteiligt sind, gar keine Anwendung findet. Am Ende des Gesetzgebungsverfahrens wurde nämlich in § 17 StVG unter Beibehaltung des Haftungsausschlusses des unabwendbaren Ereignisses die bisherige Regelung des Schadensausgleichs zwischen den Haltern mehrerer unfallbeteiligter Kraftfahrzeuge beibehalten. Dies mit der Folge, dass auf die bisher entwickelten Ausgleichsgrundsätze und insbesondere auf die zur Rechtsfigur des „unabwendbaren Ereignisses" ergangene Rechtsprechung weiterhin zurückgegriffen werden kann.[152] Nach § 17 Abs. 4 StVG gilt dies alles auch für Kollisionen mit einem Anhänger, einem Tier oder einer Eisenbahn. 212

---

147 BGH VersR 1996, 856, 857.
148 OLG Jena NZV 1999, 331.
149 Vgl etwa BGH VersR 1992, 714, 715.
150 BR-Drucks. 742/01, S. 71.
151 BGH VersR 1988, 910.
152 BT-Drucks. 14187/80, S. 22.

C. Verkehrssicherungspflichten

213 Typischerweise spielt die Frage der Verkehrssicherungspflichtverletzung in Straßenverkehrsrechtsfällen eine Rolle, wenn sich Verkehrsunfälle durch unzureichende Kennzeichnung von Gefahrenstellen ereignen, wenn Fahrbahnunebenheiten oder übermäßig rutschige Fahrbahnbeläge zum Entstehen des Schadens beigetragen haben, bei Verletzung der Streupflicht bei Straßenbauarbeiten, wenn Einrichtungen eines Straßenbaulastträgers oder von ihm verwaltete Baumbestände eine Unfallursache gesetzt haben.

I. Winterliche Streupflicht

214 Im Rahmen des Straßenverkehrs kommt eine Verletzung der Verkehrssicherungspflicht insbesondere bei Verletzung der winterlichen Streupflicht in Betracht. Die Streupflicht trifft grundsätzlich denjenigen, der den Verkehr eröffnet. Dies sind bei Kreisstraßen regelmäßig die Kreise, bei Landes- und Bundesstraßen grundsätzlich die Länder, da die Verkehrssicherungspflicht dem obliegt, der die Verwaltung der Straßen tatsächlich innehat.[153] Gemäß Art. 90 Abs. 2 GG werden die Bundesstraßen kraft Auftragsverwaltung von den Ländern verwaltet. Sie üben die Straßenaufsicht im Auftrag des Bundes aus, was auch in § 20 Abs. 1 BFStrG festgeschrieben ist. Der BGH geht daher konsequenterweise davon aus, dass auch die Länder für die Verletzung der Verkehrssicherungspflicht auf den Bundesstraßen haften.[154]

215 Die Verkehrssicherungspflicht für Ortsdurchfahrten von Bundesstraßen obliegt nach § 5 Abs. 2 BFStrG den Gemeinden, soweit sie mehr als 80.000 Einwohner haben. Gemeinden mit mehr als 50.000, aber weniger als 80.000 Einwohnern können nach § 5 Abs. 2a BFStrG Träger der Straßenbaulast werden. Bei Landesstraßen unterscheidet man Landstraßen 1. Ordnung und 2. Ordnung. Für Landstraßen 1. Ordnung obliegt die Verkehrssicherungspflicht dem Land. Bei Landstraßen 2. Ordnung kann jedes Land die Pflicht den Kreisen übertragen. Grundsätzlich muss derjenige streuen, der den Verkehr eröffnet hat. Ist er hierzu nicht in der Lage, kann er die Verpflichtung auf eine andere Person übertragen.[155] Ihn trifft jedoch nach wie vor eine **Überwachungspflicht**. Der Umfang der Streupflicht richtet sich sowohl zeitlich als auch räumlich nach den Umständen des Einzelfalls, insbesondere also nach den örtlichen Verhältnissen sowie der Art und Wichtigkeit des Verkehrsweges. Für die Zumutbarkeit der Streupflicht ist dabei auch die Leistungsfähigkeit des Streupflichtigen von Bedeutung. Der BGH betont in ständiger Rechtsprechung, dass Gemeinden ihrer Streupflicht nur dann genügen, wenn durch das Bestreuen mit abstumpfenden Mitteln die Gefahren beseitigt werden, die infolge winterlicher Glätte für den Verkehrsteilnehmer bei zweckgerechter Wegebenutzung unter Beachtung der im Verkehr erforderlichen Sorgfalt bestehen.[156]

II. Herabfallende Baumäste

216 Eine Verletzung der Verkehrssicherungspflicht kann auch dem Eigentümer eines Baumes angelastet werden, wenn beispielsweise durch einen umfallenden Baum selbst oder herabfallende Zweige ein Kraftfahrzeug beschädigt oder ein Mensch verletzt wird. Nach der überwiegenden Rechtsprechung ist es für den Eigentümer eines Baumes geboten, seinen Baum in angemessenen Zeitabständen (zweimal jährlich) zu überprüfen. Grundsätzlich genügt dabei eine

---

153 BGH VersR 1959, 228.
154 BGH VersR 1983, 639.
155 BGH VersR 1970, 182.
156 BGH NJW 1993, 2803 unter Hinweis auf BGH NJW 1991, 33.

äußere Zustands- und Gesundheitsprüfung. Grundsätzlich sind zwei jährliche Sichtkontrollen ausreichend.[157] Bestehen allerdings Anzeichen für eine gesteigerte Gefährdung wie zB morsche Äste, ist eine eingehende fachmännische Untersuchung dahin gehend erforderlich, ob von dem Baum Gefahren für Menschen oder Sachen ausgehen können.[158]

Die Haftung eines Baumeigentümers wegen Verletzung der Verkehrssicherungspflicht kommt aber auch dann in Betracht, wenn Äste von Bäumen in einen Verkehrsbereich hineinragen und dadurch für Verkehrsunfälle mitursächlich sind. **217**

III. Verkehrsberuhigungsmaßnahmen

Auch städtebauliche Verkehrsberuhigungsmaßnahmen können Verkehrssicherungspflichtverletzungen darstellen. Der BGH hat hierzu festgestellt, dass Bodenschwellen zur Verkehrsberuhigung so ausgestaltet sein müssen, dass alle zulassungsfähigen Kraftfahrzeuge bei verkehrsgerechtem Verhalten diese gefahrlos passieren können. Bei dieser Entscheidung war ein tiefergelegtes Fahrzeug, das lediglich eine Bodenfreiheit von 7 cm hatte, auf einer 7,3 cm hohen Straßenschwelle aufgesetzt, wodurch es beschädigt wurde. Der BGH bejahte eine Verletzung der Verkehrssicherungspflicht.[159] Ebenso ist entschieden worden, dass ein auf der Fahrbahn aufgestellter Blumenkübel eine Verkehrssicherungspflichtverletzung darstellen kann, selbst wenn er zum Zwecke der Verkehrsberuhigung aufgestellt wurde.[160] Zumindest nach Auffassung des OLG Hamm soll dies aber nicht in verkehrsberuhigten Bereichen gelten.[161] **218**

IV. Verkehrssicherungspflichten im Zusammenhang mit dem Kraftfahrzeug

Denkbar ist auch eine Verkehrssicherungspflichtverletzung des Kfz-Eigentümers. Die Haftung eines Fahrzeugeigentümers für einen Schaden an einem Pferd, der dadurch entstanden war, dass der Fahrzeugeigentümer sein Fahrzeug im Eingang zu einer Pferderennbahn abgestellt hatte, wurde bejaht. Der Halter muss zB damit rechnen, dass ein auf der Trabrennbahn trainierendes Pferd aus unbekannten Gründen in Panik gerät und infolgedessen kopflos Richtung Ausgang rennt und sich an dem Fahrzeug verletzt.[162] **219**

Nach § 23 StVO trifft auch den Kfz-Führer bzw den Halter eine Verkehrssicherungspflicht für das von ihm gebrauchte bzw gehaltene Fahrzeug. Er ist daher aus der Verletzung der Verkehrssicherungspflicht für einen Schaden, der durch den geplatzten Reifen des von ihm geführten Kraftfahrzeugs entsteht, verantwortlich, wenn er zwölf Jahre alte Reifen beim Ankauf des Fahrzeugs nicht auf deren Verkehrssicherheit überprüfen ließ.[163] **220**

V. Niveauunterschiede auf Fahrbahnen oder Bürgersteigen

An eine Verletzung der Verkehrssicherungspflicht ist auch dann zu denken, wenn in der Fahrbahn oder an Bürgersteigen gefährliche Niveauunterschiede vorhanden sind, mit denen der Verkehrsteilnehmer nicht rechnen musste. So ist anerkannt, dass ein Fußgänger bei der Benutzung eines Bürgersteigs geringfügige Unebenheiten und andere kleine Mängel im Pflas- **221**

---

157 OLG Hamm zfs 1997, 203.
158 OLG Frankfurt VersR 1993, 988; OLG Köln VersR 1993, 850; LG Aachen DAR 1996, 405.
159 BGH NJW 1991, 2824.
160 OLG Frankfurt zfs 1992, 45; OLG Düsseldorf zfs 1996, 128.
161 OLG Hamm NZV 1993, 231.
162 BGH VersR 1995, 90.
163 BGH zfs 1995, 327.

ter im Allgemeinen hinnehmen und durch entsprechende Gehweise ausgleichen muss. Der BGH hat eine solche geringfügige Unebenheit zB in einem 12 mm senkrecht und scharfkantig über den Bürgersteigbelag hinausragenden Kanaldeckel gesehen.[164] Von entscheidender Bedeutung ist in solchen Fällen der Charakter des Weges. Eine plötzliche Vertiefung in einem ansonsten sehr ebenen Weg kann auch bei relativ geringfügigen Niveauunterschieden bereits zur Haftung aus Verkehrssicherungspflichtverletzung führen.[165]

VI. Zwei typische Fallkonstellationen

222 Im Folgenden sollen Klageverfahren für zwei regelmäßig auftretende Konstellationen der Verkehrssicherungspflicht dargestellt werden.

1. Umgefallenes Verkehrszeichen

223 **Muster: Klageschrift (umgefallenes Verkehrszeichen)**

 ↓

An das ∎∎∎gericht, ∎∎∎

Klage

des Herrn ∎∎∎

– Kläger –

Prozessbevollmächtigte: RAe ∎∎∎

gegen

Baufirma ∎∎∎

– Beklagte –

wegen Schadensersatzes

vorläufiger Streitwert: ∎∎∎

Namens und in Vollmacht des Klägers erheben wir Klage und werden beantragen:

1. Die Beklagte wird verurteilt, an den Kläger einen Betrag in Höhe von 1.530,00 EUR nebst Zinsen iHv 5 Prozentpunkten über dem Basiszinssatz seit dem 27.6.2006 zu zahlen.

2. Die Beklagte trägt die Kosten des Verfahrens.

3. Der klagenden Partei wird nachgelassen, in jedem Fall einer von ihr zu erbringenden Sicherheit diese durch selbstschuldnerische, unbefristete Bürgschaft eines als Zoll- und Steuerbürgen zugelassenen Kreditinstituts zu leisten.

Sofern das Gericht das schriftliche Vorverfahren anordnet, wird bereits jetzt für den Fall der Fristversäumnis oder des Anerkenntnisses beantragt, die Beklagte durch Versäumnisurteil gem. § 331 Abs. 3 ZPO oder Anerkenntnisurteil gem. § 307 Abs. 2 ZPO zu verurteilen.

Begründung:

Der Kläger macht mit vorliegender Klage Schadensersatzansprüche aus einem Unfall vom 9.3.2006 wegen Verletzung der Verkehrssicherungspflichten der Beklagten geltend.

---

164 BGH VersR 1957, 371.
165 BGH VersR 1967, 281 bei einer Vertiefung von 15 mm auf dem Bürgersteig einer Haptgeschäftsstraße einer Großstadt.

I. Der Schaden ereignete sich wie folgt:

Der Kläger parkte den in seinem Eigentum stehenden PKW ▪▪▪, amtl. Kennzeichen ▪▪▪, am 9.3.2006 auf der ▪▪▪straße gegenüber der Hausnummer 9. Auf dem angrenzenden Gehweg, unmittelbar an der Straße, waren durch die Beklagte mobile Verkehrszeichen aufgestellt. Direkt neben dem Fahrzeug, unmittelbar an der Bordsteinkante, auf dem Gehweg war ein mobiles Verkehrszeichen aufgestellt, welches lediglich mit einem Standfuß ausgerüstet war. Dieser Standfuß hat eine rechteckige Form. Das Schild stand mit der kurzen Seite des Standfußes parallel zur Bordsteinkante. Da die fragliche Straße an der Unfallörtlichkeit abschüssig ist, war ein senkrechter Stand des Verkehrsschildes nicht gewährleistet.

Das Schild stand vielmehr bezogen auf das Fahrzeug schräg in Richtung Fahrzeugheck.

Beweis: 1. Lichtbilder 1 und 2 von der Unfallörtlichkeit (Anlage K 1);

             2. Inaugenscheinnahme durch das Gericht;

             3. Zeugnis des Herrn ▪▪▪, ▪▪▪

             4. eidliche Vernehmung des Klägers als Partei

Da das Verkehrszeichen, wie auf Lichtbild 1 und Lichtbild 2 ersichtlich, lediglich durch eine Beschwerungsplatte gesichert war, wurde es durch Windeinfluss gegen das Fahrzeug des Klägers geworfen. Hierbei entstand Sachschaden.

Die Beklagte hat durch ungenügende Sicherung des Verkehrszeichens schuldhaft gegen die ihr obliegende Verkehrssicherungspflicht verstoßen. Eine Sicherung mit lediglich einer Beschwerungsplatte ist nicht als ausreichend zu betrachten, um das Schild gegen möglichen Windeinfluss standsicher zu halten.

Beweis im Bestreitensfall: Sachverständigengutachten

Wie aus den weiter vorgelegten Lichtbildern 2 und 3 ersichtlich ist, werden üblicherweise die Verkehrszeichen mit mindestens zwei Beschwerungsplatten bzw durch zwei Beschwerungsplatten und einen zusätzlichen Betonstein gesichert.

Beweis: Lichtbilder 2 und 3 (Anlage K 2)

Derartige mobile Verkehrszeichen müssen auch gerade gegen vorhersehbare Naturgewalten gesichert sein. Da derartige Naturereignisse durch das Wetteramt vorhergesagt werden, resultiert hieraus eine weitere Überwachungspflicht, welche dahin geht, dass bei Sturmwarnungen eine Überprüfung der aufgestellten Schilder zu erfolgen hat.

Die Beklagte hat dies nicht entsprechend vorgenommen. Andernfalls wäre eine weitere Beschwerung des Schildes durch diese erfolgt.

Sie kann sich auch nicht darauf zurückziehen, beim Aufstellen des Schildes die entsprechenden Vorschriften nach der DIN eingehalten zu haben. Der Umfang der Verkehrssicherungspflicht richtet sich nach den gegebenen Umständen des jeweiligen Einzelfalls, insbesondere den gegebenen erkennbaren Verhältnissen und der Sicherheitserwartung des jeweiligen Verkehrs. Unstreitig herrschten zur Schadenszeit Windgeschwindigkeiten zwischen 100 und 120 km/h, was auch für die Beklagte vorhersehbar war. Bei erkennbaren Windgeschwindigkeiten von über 100 km/h kann die Beklagte sich nicht mehr darauf zurückziehen, dass das aufgestellte Schild der Standsicherheitsklasse 2 entsprach. In den von der Beklagten außergerichtlich vorgelegten ZTV-SA 97 ist ausgeführt, dass nicht verkannt werden könne, dass auch höhere Windgeschwindigkeiten, als die jeweiligen Standsicherheitsklassen ausweisen, auftreten können und letztlich der „Verantwortliche" die Gewähr für die verkehrssichere Aufstellung trägt. So sei auch in Erwägung zu ziehen, Schilder zB an feststehenden Pfosten zu befestigen. Genau diese nach den gegebenen Umständen notwendigen weitergehenden Sicherungsmaßnahmen hat die Beklagte unterlassen.

Da somit der objektive Pflichtverstoß der Beklagten feststeht, indiziert dies auch die Verletzung der inneren Sorgfalt, ohne dass die Beklagte hier Entlastendes oder dem Widersprechendes vorgetragen hätte. Eine Einstandspflicht der Beklagten dem Grunde nach ist somit zu bejahen.

Die Beklagte wird sich auch nicht auf höhere Gewalt berufen können, da darunter nur ganz außergewöhnliche Naturereignisse fallen, nicht aber die Witterungseinflüsse, mit deren Einwirkung auf das betreffende Objekt erfahrungsgemäß gerechnet werden muss. Es wird insoweit als gerichtsbekannt vorausgesetzt, dass Stürme auch in unseren Breiten nunmehr regelmäßig auftreten und daher auch vor dem fraglichen Schadenstag bereits mindestens einmal aufgetreten waren, so dass eine Wiederholung durchaus wahrscheinlich war.

Die Beklagte hatte daher insoweit auf mögliche veränderte Verkehrssicherungspflichten zu reagieren.

II. Der dem Kläger durch das umfallende Schild entstandene Schaden setzt sich wie folgt zusammen:

1. Reparaturkosten:

Der Kläger hat über den entstandenen Schaden am Fahrzeug ein Sachverständigengutachten fertigen lassen. Dieses kommt zu dem Ergebnis, dass zur Beseitigung der unfallbedingten Beschädigungen 1.000,00 EUR netto erforderlich sind. Der Kläger macht aufgrund der ihm zustehenden Dispositionsfreiheit den Schaden entsprechend dem Gutachten mit der Klage geltend.

Beweis: Gutachten des Ingenieurbüros ▬▬▬ vom 17.3.2006 (Anlage K 3)

2. Wertminderung:

Aufgrund der festgestellten Beschädigungen hat der Gutachter eine Wertminderung von 250,00 EUR festgestellt. Der Kläger macht daher diesen Betrag ebenso als Schadensposition geltend.

Beweis: 1. Sachverständigengutachten (Anlage K 3);
2. richterliche Schätzung gem. § 287 ZPO

3. Sachverständigenkosten:

Sachverständigenkosten lt. Rechnung 250,00 EUR.

Beweis: Rechnung vom 17.3.2006 (Anlage K 4)

4. Unkostenpauschale:

Der Kläger macht darüber hinaus die allgemein anerkannte Unkostenpauschale für Wege, Telefonkosten, Porti etc. in Höhe von 30,00 EUR als Schadensposition geltend.

Beweis: richterliche Schätzung gem. § 287 ZPO

Aus den einzelnen Schadenpositionen ergibt sich der klageweise geltend gemachte Gesamtschadenersatzanspruch in Höhe von 1.530,00 EUR.

Die Beklagte wurde mit Schreiben vom 9.3.2006 durch den Kläger zur Regulierung des entstandenen Schadens aufgefordert.

Beweis: Fotokopie des Schreibens vom 9.3.2006 (Anlage K 5)

Diese hat daraufhin ihre Haftpflichtversicherung um Regulierung gebeten. Nachdem der Kläger die Haftpflichtversicherung letztmalig mit Schreiben vom 20.6.2006 zur Zahlung bis 26.6.2006 aufgefordert hat und diese daraufhin die Regulierung ablehnte, befindet sich die Beklagte spätestens seit dem 27.6.2006 im Zahlungsverzug.

Da aufgrund der Stellungnahme der Haftpflichtversicherung der Beklagten eine Zahlung seitens der Beklagten nicht zu erwarten ist, war Klage geboten.

Einfache und beglaubigte Abschrift anbei.

Rechtsanwalt

2. Sturz eines Fahrradfahrers wegen eines Schlaglochs

Muster: Klageschrift (Fahrradsturz wegen Schlagloch)

↓

An das ███gericht, ███

Klage

des Herrn ███ [Fahrradfahrer],

– Kläger –

Prozessbevollmächtigte: RAe ███

gegen

die kreisfreie Stadt ███, vertreten durch den Oberbürgermeister ███,

– Beklagte –

wegen Schadensersatzes

vorläufiger Streitwert: 10.380,00 EUR

Namens und in Vollmacht des Klägers erheben wir Klage und werden beantragen:

1. Die Beklagte wird verurteilt, an den Kläger 380,00 EUR nebst Zinsen hieraus in Höhe von 5 Prozentpunkten über dem Basiszinssatz seit dem 16.1.2007 zu zahlen.

2. Die Beklagte wird verurteilt, an den Kläger ein in das Ermessen des Gerichts gestelltes Schmerzensgeld für die unfallbedingt erlittenen Verletzungen aus dem Unfall vom 29.7.2006 um ca. 09.20 Uhr auf der Schillerstraße in ███ nebst Zinsen hieraus in Höhe von 5 Prozentpunkten über dem Basiszinssatz seit dem 16.1.2007 zu zahlen.

3. Sofern das Gericht das schriftliche Vorverfahren anordnet, beantragen wir bereits jetzt bei Säumnis der Beklagten den Erlass eines entsprechenden Versäumnisurteils, im Falle eines Anerkenntnisses den Erlass eines entsprechenden Anerkenntnisurteils ohne mündliche Verhandlung.

Begründung:

Mit vorliegender Klage wird Schadensersatz begehrt wegen eines Unfalls, den der Kläger mit seinem Fahrrad am 29.7.2002 in ███ erlitt.

I. Der Unfall ereignete sich wie folgt:

Der Kläger befuhr als Fahrradfahrer am 29.7.2006 gegen 9.20 Uhr die Schillerstraße von der Hauptstraße kommend in Richtung der Flussbrücke. Ungefähr auf halber Strecke, in Höhe der Seitenstraße, stürzte der Kläger, da er einem tiefen Schlagloch nicht mehr ausweichen konnte. Dieses Schlagloch hatte einen Durchmesser von ca. 30 cm und eine Tiefe von ca. 15 cm und befand sich zwischen dem Bordstein und einem mittig auf der Fahrbahn befindlichen Gullydeckel. Die Straße am Unfallort führt leicht bergab, und der Kläger konnte dem schlecht sichtbaren Loch nicht ausweichen. So kam es beim Durchfahren zum Sturz. Der anwesende Zeuge Schmidt rief umgehend den Rettungsdienst.

Beweis: Parteivernahme des Klägers

Zeuge Herr Schmidt, ███

Durch den Sturz erlitt der Kläger einen Unterkieferbruch, eine Zahnfraktur an zwei Zähnen, eine Unterarmfraktur sowie multiple Schürf-, Riss- und Quetschwunden im Gesicht.

Beweis: Attest des Universitätsklinikums ███ vom 30.10.2006, in Kopie als Anlage K1

Attest des Dr. med. ███, in Kopie als Anlage K2

Außerdem wurde sein Fahrrad beschädigt.

An der Unfallstelle kam und kommt es nach Aussage von Anwohnern oft zu vergleichbaren Unfällen von Fahrradfahrern.

Beweis: Zeugin ■■■

Einige Zeit vor dem Sturz des Klägers stürzte an gleicher Stelle ein weiterer Fahrradfahrer, der Zeuge ■■■, aufgrund desselben Schlagloches.

Beweis: Zeuge ■■■

Die Unfallstelle ist offensichtlich mehrfach provisorisch ausgebessert worden. Insbesondere zeigt die unterschiedliche Darstellung der Unfallstelle zwischen dem September 2006 und Januar 2007, dass die Beklagte selbst die Gefährlichkeit der Unfallstelle erkannt und die Unfallstelle, wenn auch äußerst provisorisch, ein weiteres Mal „geflickt" hat.

Beweis: Fotos in Kopie als Anlage K3

Diese Maßnahmen waren aber nicht geeignet, die Absenkung in der Fahrbahn und somit die Gefahrenstelle dauerhaft zu beseitigen. Es ist anhand der äußeren Gegebenheiten davon auszugehen, dass sich quer unter der Fahrbahn eine defekte Entwässerungsleitung, ein kanalisierter Bach oder etwas Ähnliches befindet. Rechts und links der Fahrbahn befinden sich Abwassergitter, die in einer Linie zu dem bereits erwähnten Gullydeckel liegen. Außerdem ist in diesem Verlauf auch eine quer über die Straße verlaufende Absenkung in Form einer Bodenwelle zu beobachten.

Beweis: Augenschein
Sachverständigengutachten

Der Kläger hat die Unfallstelle zweimal fotografiert. Auf den Aufnahmen vom September 2006 und Januar 2007 lassen sich die Gegebenheiten deutlich erkennen. Die Fotos können vorgelegt werden.

Beweis: Fotos in Kopie als Anlage K3

II. Dem Kläger entstand bei dem Unfall vom 29.7.2006 folgender materieller Schaden:

Reparaturkosten	250,00 EUR

Beweis: Fahrradreparaturrechnung in Kopie als Anlage K4

Unkostenpauschale für unfallbedingte Wege, Porti, Telefonate	30,00 EUR

Beweis: richterliche Schätzung nach § 287 ZPO

Attestkosten Universitätsklinikum ■■■	50,00 EUR

Beweis: Liquidation des Universitätsklinikums ■■■ vom 11.11.2006, in Kopie als Anlage K5

Attestkosten	50,00 EUR

Beweis: Rechnung vom 2.11.2006, in Kopie als Anlage K6

Summe	380,00 EUR

Beweis: wie vor

III. Schmerzensgeld:

Durch den Sturz erlitt der Kläger einen Unterkieferbruch, eine Zahnfraktur an zwei Zähnen, eine Unterarmfraktur sowie multiple Schürf-, Riss- und Quetschwunden im Gesicht.

Beweis: Attest des Universitätsklinikums ■■■ vom 30.10.2002, in Kopie als Anlage K1
Attest des Dr. med. ■■■, in Kopie als Anlage K2

Weiterhin musste der Kläger wegen der erlittenen Verletzungen zwei Wochen in der Zeit vom 29.7.2006 bis 10.8.2006 stationär im Universitätsklinikum im Zentrum für Zahn-, Mund- und Kieferheilkunde behandelt werden. Ihm wurden am Ober- und Unterkiefer Schienen eingegliedert, die den Kiefer ruhigstellten. Seine Ernährung war dadurch nur sehr eingeschränkt möglich.

Durch die Fraktur des Unterarms war die Beweglichkeit des rechten Arms über längere Zeit beeinträchtigt. Erst nach mehr als zwei Monaten war die Behandlung abgeschlossen.

Der Kläger ist auch heute noch insbesondere im Kieferbereich eingeschränkt. Die eingelegten Schienen stabilisieren den Kiefer zwar, schränken ihn aber in der Beweglichkeit ein.

Beweis: Zeugnis des Dr. med. ███, ███
 Sachverständigengutachten
 Parteivernahme des Klägers

Insbesondere fällt dem Kläger weiterhin das Sprechen schwer. Er kann nur noch undeutlich sprechen und leidet oft unter Schmerzen.

Beweis: wie vor

Der Kläger stellt die Höhe des Schmerzensgeldes zwar in das Ermessen des Gerichts, er ist jedoch der Auffassung, dass ein Schmerzensgeld für die unfallbedingten Verletzungen, insbesondere unter Betrachtung des verbleibenden Dauerschadens in Höhe von **mindestens** 10.000,00 EUR angemessen ist.

In Verbindung mit diesem Betrag wird das Gericht schon jetzt auf das Urteil des BGH in VersR 1996, 990 hingewiesen, wonach bei der Festsetzung des für angemessen gehaltenen Schmerzensgeldes dem Richter nach § 308 ZPO durch die Angabe eines Mindestbetrags nach oben keine Grenzen gezogen sind.

Hierbei wirkt schmerzensgelderhöhend, dass die Beklagte nur zögerlich an der Regulierung des Schadens mitgewirkt hat.

Mit Schreiben vom 13.9.2006 wurde die Beklagte erstmals zur Haftungszusage dem Grunde nach aufgefordert. Mit Schreiben vom 10.12.2006 setzte der Klägervertreter die Beklagte mit Bezifferung der Schadensersatzforderung zum 25.12.2006 in Verzug. Erst am 24.7.2007 erfolgte nach mehrfacher Nachfrage zum Verfahrensstand die Zurückweisung der Forderung als unbegründet durch die Versicherung der Beklagten, den KSA.

Der Schadensersatzanspruch des Klägers gegen die Beklagte ergibt sich aus § 839 Abs. 1 BGB iVm Art 34 GG, §§ 9 Abs. 1, 10 Abs. 1, 44 Abs. 1 S. 3 SächsStrG.

Die Beklagte ist für die Straße, auf der der Unfall stattgefunden hat, gemäß § 44 Abs. 1 S. 3 SächsStrG sicherungspflichtig. Die Beklagte hat ihre Verkehrssicherungspflicht jedoch verletzt, denn sie war gehalten, alle Gefahrenquellen in geeigneter und zumutbarer Weise zu beseitigen und erforderlichenfalls vor ihnen zu warnen.

Zwar ist klar, dass sich der Straßenbenutzer ebenfalls den gegebenen Straßenverhältnissen anpassen und entsprechende Sorgfalt walten lassen muss. Vorliegend war die Gefahrenstelle aber für jeden aufmerksamen Fahrradfahrer objektiv völlig überraschend und nicht ohne Weiteres zu erkennen, was bereits durch die Tatsache belegt wird, dass an der Unfallstelle bereits häufiger Unfälle mit Fahrradfahrern stattgefunden haben.

Das mit 15 cm Tiefe und 30 cm Durchmesser erheblich große Schlagloch befand sich mitten auf der Fahrspur einer durchschnittlich frequentierten städtischen Straße. Ein derartiges Loch stellt eine erhebliche Gefahrenquelle besonders für Radfahrer und Mopedfahrer dar, die auf einer solchen Straße nicht mit einer derartigen Beschädigung rechnen müssen.

Die Beklagte hätte bei den erforderlichen Kontrollen der Straße das Absacken bemerken müssen. Da die Stelle auch augenscheinlich schon mehrfach ausgebessert worden war, war der Beklagten die Gefahrenstelle auch bekannt. Sie hätte zur Beseitigung eine geeignete Reparatur durchführen lassen müssen und zumindest ein Warnschild aufstellen lassen können.

Die Beklagte hat deshalb ihre Verkehrssicherungspflicht gegenüber dem Kläger schuldhaft verletzt.

Den Kläger trifft seinerseits kein Mitverschulden, da der Sturz für ihn unvermeidlich war.

Der Kläger befuhr die Straße mit einer angemessenen Geschwindigkeit von 20 km/h, als plötzlich vor ihm das Schlagloch auftauchte. Er hatte es nicht früher bemerken können, weil es schlecht sichtbar in der durch die Absenkung entstandenen Bodenwelle lag. Das Ausweichen nach links war ihm wegen des Gullydeckels ebenfalls nicht möglich, und das Umfahren des Gullydeckels links hätte den Kläger bereits auf die Gegenfahrspur geführt und war im Übrigen nicht möglich.

Weiter ist als Anspruchsgrundlage auch noch § 2 Abs. 1 S. 1 und 2 HpflG einschlägig, da die Bildung des Schlaglochs durch eine defekte unterirdische Entwässerungsanlage entstanden ist (OLG Zweibrücken, ▄▄▄ v. 27.11.2001 – 4 U 174/01 - 43 -).

Beweis: Sachverständigengutachten

Die Beklagte ist nämlich Inhaberin der städtischen Rohrleitungsanlagen und als solche für die durch defekte Anlagen kausal entstehende Schäden ersatzpflichtig.

Die Beklagte wurde mit Schreiben vom 6.1.2007 zur Zahlung des Schmerzensgeldes und des materiellen Schadens aufgefordert bis zum 15.1.2007. Dem kam sie nicht nach und lehnte später eine Haftung vollumfänglich ab.

Sie befindet sich daher hinsichtlich des Schmerzensgeldes seit dem 16.1.2007 in Verzug.

Klage ist geboten.

Rechtsanwalt

225   Folgende Klageerwiderung ist zu erwarten:

226   **Muster: Klageerwiderung**

An das ▄▄▄gericht, ▄▄▄

Az ▄▄▄

Klageerwiderung

In Sachen

▄▄▄ [Kläger] ./. ▄▄▄ [Beklagte]

werden wir beantragen,

die Klage abzuweisen.

Wir beantragen zudem,

der Beklagten Vollstreckungsschutz zu gewähren und ihr in jedem Falle nachzulassen, jede Sicherheit auch durch die Hinterlegung einer selbstschuldnerischen, unwiderruflichen, unbefristeten und unbedingten Bürgschaft einer im Inland zum Geschäftsbetrieb zugelassenen Bank oder öffentlichen Sparkasse zu erbringen.

Begründung:

Dem Kläger gebührt der behauptete Anspruch nicht.

I.

1. Der Kläger verlangt von der Beklagten Schadensersatz mit der Behauptung, er sei am 29.7.2006 gegen 9.20 Uhr auf der Schillerstraße – mit seinem Fahrrad – gefahren und sei dabei in Höhe einer Seitenstraße gestürzt, weil er einem tiefen Schlagloch nicht mehr habe ausweichen können, dessen Ausmaße er mit 30 x 30 x 15 cm angibt und das er trotz dieser Ausmaße nicht vorher erkannt haben will, weil es schlecht

sichtbar gewesen sei. An anderer Stelle resümiert der Kläger, dass es eine Absenkung in der Fahrbahn gegeben habe, die gefährlich gewesen sei.

2. Die Beklagte erklärt sich dazu, dass der Kläger am 29.7.2002 mit einem Fahrrad die Schillerstraße in ihrem Gemeindegebiet befahren hat, dazu, dass der Kläger im Zusammenhang mit der Benutzung der Schillerstraße gestürzt ist, dazu, dass der angebliche Sturz deswegen geschehen sein soll, weil der Kläger eine Straßenbeschädigung mit den behaupteten Ausmaßen an der nicht näher bezeichneten Stelle durchfahren habe, und zu allen weiteren vom Kläger behaupteten Umständen mit Nichtwissen. Eigene Wahrnehmungen der Beklagten bestehen nicht. Sie erklärt sich auch dazu mit Nichtwissen, dem Kläger sei berichtet worden, dass es an der – bislang eben noch nicht einmal hinreichend genau beschriebenen – Unfallstelle oft zu vergleichbaren Unfällen von Fahrradfahrern gekommen sei. Sie stellt erst recht mit Nichtwissen in Abrede, dass es derartige Unfälle gegeben hat. Das gilt auch mit Blick auf den angeblichen Unfall des Zeugen ■■■, der sich an die Beklagte mit der Behauptung gewandt haben soll, wenige Tage zuvor auf der Schillerstraße durch eine Absenkung gefahren und gestürzt zu sein. Mit dem vom Kläger behaupteten Schlagloch hat das nichts zu tun.

3. Es mag sein, dass bei der turnusmäßigen Kontrolle der Schillerstraße am 1.8.2006 ein Schlagloch festgestellt worden ist. Der zuständige Bedienstete der Beklagten hat das Schlagloch sofort mit sog. Kaltmischgut verschlossen. Bei den vorangegangenen Kontrollen war eine Straßenbeschädigung und Gefahr auf hälftiger Strecke etwa in Höhe einer Seitenstraße nicht festzustellen, schon gar keine Straßenbeschädigung mit den Ausmaßen, die der Kläger beschreibt. Die Beklagte stellt die Behauptung des Klägers, das Schlagloch sei 15 cm tief gewesen, mit Nichtwissen in Abrede. Die Straßenbeschädigung ist unverzüglich nach ihrer Entdeckung mit Kaltmischgut geschlossen worden. Der betreffende Mitarbeiter der Beklagten hatte weder Veranlassung, deren Tiefe auszumessen, noch hat er es getan.

4. Die Schillerstraße war im streitgegenständlichen Abschnitt am 29.7.2002 mit einem Streckenverbot (Geschwindigkeitsbeschränkung) 30 km/h beschildert. Durch Zeichen 101 in Verbindung mit dem Zusatzzeichen „Straßenschäden" war gesondert auf ihren sicherlich nur suboptimalen Zustand hingewiesen worden.

5. Die Beklagte stellt in Abrede, dass die vom Kläger behauptete Straßenbeschädigung durch eine defekte unterirdische Entwässerungsanlage verursacht worden sei.

II.

1. Der Kläger beruft sich im Ergebnis darauf, die Beklagte habe es ihm gegenüber pflichtwidrig und schuldhaft unterlassen, das zumutbare und Erforderliche zu tun, das mit an Sicherheit grenzender Wahrscheinlichkeit geeignet gewesen wäre, die behauptete Rechtsverletzung zu verhindern. Um den Inhalt dieses Rechtssatzes bestimmen zu können, ist es zunächst geboten, sich das Regel-Ausnahme-Verhältnis im Rechtsgüterschutz zu vergegenwärtigen: Grundsätzlich und zuvorderst ist es Angelegenheit eines jeden Rechtsträgers, sich selbst vor Schaden zu bewahren. Die Haftung eines Dritten für eine eigenverantwortliche Selbstschädigung kommt immer dann in Betracht, wenn sich auch für einen besonnenen, verständig und vernünftig handelnden Verkehrsteilnehmer eine Gefahr verwirklicht, die allein deswegen, weil sie ganz und gar unvermutet und völlig atypisch ist, schlechterdings nicht zu bewältigen gewesen ist.

2. Davon, dass eine nach diesen Maßgaben nicht zu bewältigende Gefahr zu dem angeblichen Unfall des Klägers geführt habe, kann nicht die Rede sein. Der Klage fehlt auch die Beibringung von Tatsachen – zu unterscheiden von Wertungen –, aus denen folgen könnte, dass selbst ein unterdurchschnittlich aufmerksamer Fahrradfahrer daran gehindert gewesen sein könnte, die Straßenbeschädigung, um die es in der Klage geht, so rechtzeitig zu erkennen, dass er ihr ausweichen oder jedenfalls seine Geschwindigkeit so weit herabsetzen konnte, dass ein gefahrloses Passieren möglich war. Dass zusätzlich vor dem suboptimalen Zustand der Schillerstraße im streitgegenständlichen Abschnitt, die eben für jedermann ersichtlich nicht in einem Ausbauzustand gewesen ist, den man für wünschenswert halten mag, gewarnt worden ist, kommt hinzu.

III.

Selbst wenn man für einen Moment lang – zu Unrecht – annehmen wollte, dass dem Kläger ein Anspruch dem Grunde nach gebührt, würde das auch nichts ändern. Denn der Kläger müsste sich seine schon prima facie feststehende eigene Obliegenheitsverletzung im Ergebnis anspruchsvernichtend entgegenhalten lassen. Die Erwägungen, die wir zur Tatbestandsmäßigkeit des Anspruchs haben anstellen können, gelten erst recht hier.

IV.

Die Beklagte bestreitet auch die angeblichen Folgen eines Sturzes des Klägers am 29.7.2006 auf der Schillerstraße mit Nichtwissen. Das gilt sowohl für den vom Kläger behaupteten materiellen wie auch für den angeblich entstandenen immateriellen Schaden.

1. Sie stellt in Abrede, dass sich aus der Rechnung die Reparatur eines Fahrrades des Klägers ergibt, das am 29.7.2006 bei einem Sturz des Klägers auf der Schillerstraße beschädigt worden ist.

2. Der Kläger verlangt eine Unkostenpauschale in Höhe von 30,00 EUR und belässt es bei einer schlagwortartigen Umschreibung. Er verkennt, dass auch § 287 ZPO nicht davon entbindet, die Grundlagen für die Schadenschätzung darzulegen. Welche unfallbedingten Wege, Porti und Telefonate der Kläger gehabt haben will, erschließt sich nicht. Schon gar nicht kommt in Betracht, eine derartige Pauschale auf den vom Kläger vorgestellten Betrag zu schätzen.

V.

1. Soweit der Kläger Attestkosten ersetzt verlangt, ist eine Anspruchsgrundlage hierfür nicht ersichtlich. Schaden ist jeder unfreiwillige Vermögensnachteil, den jemand erleidet. Dass der Kläger insoweit keinen derartigen Nachteil erlitten hat, ist evident. Wenn der Kläger meint, in Vorbereitung auf den von ihm angestrengten Zivilprozess derartige Erkundigungen einholen zu müssen, wird man das zwar zur Kenntnis nehmen dürfen, mehr aber nicht.

2. Die Behauptungen des Klägers zu seinen vermeintlich aktuellen gesundheitlichen resp. körperlichen Beeinträchtigungen bleiben mit Nichtwissen in Abrede gestellt. Die Umstände, die er im Übrigen für die Höhe der billigen Geldentschädigung anführen will, verfangen nicht. So ist es ganz sicher mit Blick auf den behaupteten Kieferbruch nicht von besonderer Bedeutung, dass demjenigen, dem dergleichen widerfahren ist, die Nahrungsaufnahme schwerer fallen wird, als sie das sonst tut. Das ist eine geradezu typische Begleiterscheinung einer solchen Erkrankung resp. Verletzung. Die Anmerkungen der Klage, es wirke sich schmerzensgelderhöhend aus, dass die Beklagte nur zögerlich an der Regulierung des Schadens mitgewirkt habe, zeugt von einem tiefen Missverständnis des deutschen Haftungsrechts. § 847 BGB aF hat für den Fall einer Körper- resp. Gesundheitsverletzung – alle anderen Fallgruppen kommen hier nicht in Betracht – eine billige Geldentschädigung vorgesehen. Dass bei dem Kläger durch die angeblich zögerliche Regulierung – die Beklagte hat mit sehr guten Gründen auf den behaupten Anspruch nichts bezahlt –, eine Körper- resp. Gesundheitsverletzung entstanden sein soll, ist schon nicht behauptet. Es wäre natürlich auch falsch. Es liegt nun einmal in der Natur der rechtsstaatlichen Ordnung der Bundesrepublik, dass derjenige, der glaubt, sich eines Anspruchs berühmen zu müssen, dann, wenn der angebliche Schuldner nicht freiwillig leistet, gerichtliche Hilfe in Anspruch nehmen muss. Das ist die grundlegende Wertentscheidung des Verfassungsgebers. Und: Welche Folgen der angebliche Verzug eines Schuldners mit der von ihm zu bewirkenden Leistung hat, ist in den §§ 280 ff BGB geregelt. Selbst wenn man dem Kläger einen ungekürzten Schmerzensgeldanspruch zubilligen wollte, würde eine billige Geldentschädigung unter keinen Umständen den Betrag erreichen, den sich der Kläger vorstellt.

VI.

Die Klage kann nach alledem keinen Erfolg haben. Die Beklagte bestreitet allen Sachvortrag des Klägers, zu dem sie keine eigenen Wahrnehmungen hat, mit Nichtwissen.

Rechtsanwalt

Die Klageerwiderung bestreitet vollumfänglich fast jede in der Klageschrift dargelegte Tatsache, was nicht unüblich ist. Hierauf ist dann wie folgt zu replizieren: 227

Muster: Replik 228

↓

An das ■■■gericht, ■■■

Az ■■■

Replik

In Sachen

■■■ [Kläger] ./. ■■■ [Beklagte]

replizieren wir auf die Klageerwiderung wie folgt:

I.

Hinsichtlich des Schadenshergangs wurde in der Klageschrift nach diesseitigem Dafürhalten ausreichend dargelegt und hierfür Beweis angeboten.

Soweit das Gericht die Darlegung zur Unfallörtlichkeit ebenfalls für zu unbestimmt hält, sei mitgeteilt, dass sich der Unfall auf Höhe der Hausnummer 25 der Schillerstraße ereignet hat. Hier wohnt auch die benannte Zeugin ■■■, die an der betreffenden Unfallstelle bereits mehrere Fahrradfahrer hat stürzen sehen.

Weiterhin wird mitgeteilt, dass es sich bei der Schillerstraße um eine äußerst verkehrswichtige Straße in ■■■ handelt. Der überwiegende Straßenverkehr, der von der nördlichen Flussseite über die Flussbrücke auf die andere Flussseite gelangen will, benutzt die Schillerstraße. Darum ist die Schillerstraße sehr stark frequentiert und stellt keine nur untergeordnete Straße dar.

Beweis: richterliche Inaugenscheinnahme

Im Übrigen wird diesseits davon ausgegangen, dass dies gerichtsbekannt ist.

Die Beklagte hat entgegen ihrer Auffassung gegen ihre als Trägerin der Straßenbaulast bezüglich der Schillerstraße in ■■■ obliegende Verkehrssicherungspflicht verstoßen.

Der für eine Straße Verkehrssicherungspflichtige hat die Verkehrsteilnehmer vor den von ihr ausgehenden und bei ihrer zweckgerechten Benutzung von ihr drohenden Gefahren zu schützen und dafür Sorge zu tragen, dass sich die Straße in einem dem regelmäßigen Verkehrsbedürfnis genügenden Zustand befindet, der eine möglichst gefahrlose Benutzung zulässt.

Das ein solcher Straßenzustand nicht gegeben war, folgt bereits aus der Darlegung der Beklagten, die den Straßenzustand selbst als lediglich „suboptimal" bezeichnet.

Weiterhin folgt dies aus der Tatsache, dass sich an der Stelle ein Schlagloch mit einem Durchmesser von 30 cm und einer Tiefe von ca. 15 cm befand.

Beweis: Zeugnis des Zeugen ■■■, b.b.
Zeugnis der Zeugin ■■■, b.b.
Zeugnis des Zeugen ■■■, b.b.

Der Zeuge ■■■ ist aufgrund des gleichen Schlaglochs zu Sturz gekommen, welches auch zum Sturz des Klägers geführt hat. Der Zeuge ■■■ wird den Ort des Schlaglochs und die Größe des Schlaglochs bezeichnen können, so dass es als das Schlagloch identifiziert werden kann, welches vorliegend angeführt wird und auf den vorgelegten Lichtbildern zu betrachten ist.

Beweis: Zeugnis des Zeugen ■■■

Weiterhin gilt es zu berücksichtigen, dass es die Beklagte lediglich mit „Nichtwissen" bestreiten kann, dass sich ein Schlagloch des beschriebenen Ausmaßes an der Unfallstelle befand. Insofern kann dies nur ausreichend sein, wenn der betreffende Straßenabschnitt nicht Gegenstand eigener Wahrnehmungen bei der Beklagten ist. Wenn die Beklagte jedoch keine Wahrnehmungen von einem Straßenabschnitt hat, für den sie die Verkehrssicherungspflicht trägt, so legt sie selbst eine Verletzung ihrer Überwachungspflicht dar.

Dafür spricht auch, dass sie erst, wohl aufgeschreckt durch den Unfall, sich in die Lage versetzt sah, an der Unfallstelle Ausbesserungsarbeiten durchzuführen.

Dass sie selbst eine erhebliche Gefahr von der Unfallstelle ausgehen sah, zeigt die Durchführung dieser Arbeiten eindrucksvoll.

Schließlich gilt es zu berücksichtigen, dass eben durch dieses Schlagloch bereits mehrere Fahrradfahrer zu Fall kamen,

Beweis: Zeugnis der Zeugin ▪▪▪, b.b.

was das erhebliche Gefahrenpotential verdeutlicht.

Bei einer vielbefahrenen Straße wie der Schillerstraße kann bei Vorhandensein derartiger Straßenschäden nicht mehr von einem dem regelmäßigen Verkehrsbedürfnis genügenden Zustand ausgegangen werden. Zwar muss eine Straße nicht schlechthin gefahrlos und frei von Mängeln sei, eine vollständige Gefahrlosigkeit kann nicht in zumutbarer Weise geschaffen werden. Jedoch kann bei einem Schlagloch mit einer Tiefe von 15 cm nicht mehr davon die Rede sein, dass eine vernünftige, der Widmung entsprechende Nutzung möglich ist.

Eine Straße, deren Zustand für mehrere Unfälle von Fahrradfahrern in kürzester Zeit verantwortlich ist, befindet sich somit prima facie nicht in einem Zustand, der die Erfüllung der Verkehrssicherungspflicht behaupten lässt.

Soweit die Beklagte vortragen lässt, dass an der Unfallstelle eine Straßenbeschädigung bei vorangegangenen Kontrollen nicht festzustellen war, so wird mit Nichtwissen die Durchführung solcher Kontrollen bestritten.

Insbesondere wird die Durchführung einer solchen Kontrollfahrt in ausreichender Weise bis eine Woche vor dem 29.7.2006 bestritten.

Wenn eine solche Beschädigung nicht vorhanden war, muss sich die Beklagte die Frage gefallen lassen, was sie dann am 1.8.2006 repariert hat.

Jedenfalls befand sich das Schlagloch, aufgrund dessen der Kläger zu Fall kam, in einem solchen Zustand, wie er sich am 29.7.2006 zeigte, bereits mehrere Wochen vor dem Unfall.

Beweis: Zeugnis der Zeugin ▪▪▪, b.b.
Sachverständigengutachten

Der Sachverständige wird bestätigen können, dass sich ein Schlagloch wie das vorliegende nicht plötzlich bildet, sondern das Ergebnis einer längeren Entwicklung ist.

Bestritten wird, dass die Schillerstraße mit einem Streckenverbot gekennzeichnet war. Dies gilt ebenso für das Zeichen 101 mit dem Zusatzschild „Straßenschäden".

Selbst dies würde jedoch nichts an der Haftung der Beklagten ändern. Das LG Dresden (Az 16 O 1091/00 = DAR 2000, S.480) hat entschieden, dass bei wichtigen Straßen im Stadtbereich an die Verkehrssicherungspflicht der Gemeinde hohe Anforderungen zu stellen sind. Bei schlechten Straßen genügt es nicht, Warnschilder aufzustellen, es müssen kurz hintereinander Kontrollen durchgeführt und entdeckte Gefahren beseitigt werden. Dabei führt es aus, dass eine Kontrolle mangelhaft war, wenn es zwei Tage nach einer Kontrollfahrt zu einem Unfall an einem 18 cm tiefen Schlagloch kommt.

Die besondere Gefahr des Schlaglochs ergibt sich vorliegend auch aus der Tatsache, dass es erst sehr spät zu sehen ist. Die Schillerstraße verzeichnet von Anfang bis zum Ende eine starkes Gefälle. Das vorliegende Schlagloch befindet sich dazu noch inmitten einer Absenkung der Straße.

Beweis: richterliche Inaugenscheinnahme
Fotos, b.b.

Daher ist das Schlagloch erst unmittelbar vor demselben vom abwärts fahrenden Verkehr zu erkennen.

Die Absenkung ist Folge einer mangelhaften Bauweise der unterirdischen Entwässerungsanlage.

Beweis: Sachverständigengutachten

Dem Kläger ist somit kein Vorwurf zu machen. Er hat sich verkehrsgerecht verhalten. Mit dem plötzlich auftretenden Schlagloch brauchte er nicht zu rechnen. Für ihn war der Unfall unvermeidbar.

Beweis: Sachverständigengutachten

Die Beklagte hat mit Freigabe der Straße für den öffentlichen Straßenverkehr eine Gefahr geschaffen, für deren Beherrschung sie verantwortlich ist. Dieser Verantwortung ist sie vorliegend nicht gerecht geworden und somit zum Schadensersatz verpflichtet.

Falsch ist die Auffassung der Gegenseite, dass eine Haftung der Beklagten nur dann gegeben ist, wenn sie eine Gefahr geschaffen hat, die „schlechterdings nicht zu bewältigen gewesen ist". Denn dies würde bedeuten, dass nur dann Schadensersatz zu leisten wäre, wenn der Unfall auch durch einen Idealfahrer nicht zu vermeiden gewesen wäre. Dass dies nicht so ist, zeigt bereits die Tatsache, dass im Wege des § 254 BGB die gegenseitigen Verantwortungsbeiträge abzuwägen sind.

Unabhängig von der Tatsache, dass der Unfall für den Kläger unvermeidbar war, ist dies jedenfalls nicht Voraussetzung für eine Haftung der Beklagten.

Die Auffassung der Beklagten „zeugt von einem tiefen Missverständnis des deutschen Haftungsrechts".

Weiterhin tragen die Beklagten vor, dass prima facie eine Obliegenheitsverletzung gegeben sei. Dies könnte allenfalls dann der Fall sein, wenn ein typischer Geschehensablauf einen bestimmten Schluss zulässt. Es besteht jedoch kein allgemeiner Erfahrungssatz, dass ein Fahrradfahrer, der bei Durchfahrt eines Schlaglochs zu Fall kommt, in irgendeiner Weise schuldhaft gehandelt hat.

Eine solche Behauptung der Beklagten wird sie nicht davon entlasten, selbst ein Verschulden des Klägers darzulegen und ggf zu beweisen.

II.

Nachdem der Vortrag der Beklagten zu ihrer Haftung dem Grunde nach nicht geeignet ist, den klägerischen Anspruch zu erschüttern, sei zur Haftung der Höhe nach wie folgt vorgetragen:

1.

Die Reparaturkosten sind angemessen. Der Schaden am klägerischen Fahrrad betrug mindestens 250,00 EUR.

Beweis: Sachverständigengutachten

Der Kläger hat den Schaden vor der Reparatur in einer Fahrradwerkstatt schätzen lassen. Die Schätzung belief sich auf ca. 300,00 EUR.

Beweis: Kostenvoranschlag in Kopie als Anlage K7

Diese bewegen sich sogar über den vom Kläger beanspruchten Reparaturkosten.

Sollte das Gericht weiteren Vortrag für notwendig halten, wird um entsprechenden Hinweis gebeten.

2.

Soweit es richtig wäre, von dem Beklagten zu verlangen darzulegen, welche unfallbedingten Wege, Porti und Telefonkosten angefallen sind, würde dies keine Pauschale mehr darstellen.

Sollte das Gericht weiteren Vortrag für notwendig halten, wird um entsprechenden Hinweis gebeten.

3.

Hinsichtlich der Attestkosten zeigt die Beklagte wiederum „ein tiefes Missverständnis vom deutschen Schadensersatzrecht". Es gelingt ihr zwar, den Begriff des Schadens zu definieren, die richtige Subsumtion gelingt ihr jedoch nicht.

Dass Schadensermittlungskosten als Schadensposition vom Schädiger auszugleichen sind, sollte eigentlich nicht mehr Diskussionsthema sein.

Zum Nachweis seiner Schäden und zur Bezifferung seiner Schäden war der Kläger auf die Anfertigung der ärztlichen Berichte angewiesen. Durch den Unfall wurde er zur Bezifferung und zum Nachweis seiner Schäden gezwungen, so dass die Aufwendungen nicht als freiwillig anzusehen sind.

4.

Für die Prozessbevollmächtigten mutet es höchst amüsant an, wenn die Beklagten ihnen ein „tiefes Missverständnis des deutschen Haftungsrechts" vorwerfen, zeigt es doch, dass ihnen die obergerichtliche Rechtsprechung unbekannt ist.

Das zögerliche Regulierungsverhalten einer Versicherung und deren Prozessverhalten kann nämlich bei dem Geschädigten eine weitere seelische Beeinträchtigung erzeugen, die sich auf die Höhe des Schmerzensgeldes auswirkt (OLG Nürnberg DAR 1998, 276). Weitere Obergerichte haben bei einer schleppenden Bearbeitung einer Angelegenheit sogar eine Verdopplung des Basisschmerzensgeldes angenommen (OLG Frankfurt DAR 1994, 21; LG Saarbrücken zfs 2001, 255).

Es geht also überhaupt nicht nur um die Frage, ob die Ablehnung einer Regulierung berechtigt oder nicht berechtigt erfolgt ist, sondern auch um die Frage, wie lange sich der Schädiger Zeit gelassen hat, um zu seiner falschen Entscheidung zu kommen.

Am 13.8.2006 wurde der Beklagten der Unfall gemeldet. Am 19.9.2006 teilte die Beklagte mit, dass sie den „Antrag" auf Schadensersatz registriert hat. Bereits die Bezeichnung der Forderung als „Antrag" zeigt, aus welcher Position die Beklagte hier dem Schädiger gegenüber getreten ist.

Erst am 28.10.2006 ist es der Beklagten gelungen, die Angelegenheit zur weiteren Bearbeitung an den „Kommunalen Schadensausgleich" (KSA) abzugeben. Aus welchem Grund dies nicht sofort geschehen ist, ist nicht ersichtlich.

Es hat nun bis zum 25.11.2006 gedauert, ehe der KSA an den Kläger herangetreten ist, um ihn nach Zeugen und Bildern von der Unfallstelle zu fragen.

Am 11.3.2007 trat der KSA ein weiteres Mal an den Kläger heran und bat ihn um die Unterzeichnung einer Schweigepflichtentbindung. Warum dies nicht bereits am 25.11.2007 geschehen ist, fragt sich nunmehr wieder. Zumal eine solche bereits bei der Anzeige gegenüber der Beklagten dieser zur Verfügung gestellt worden ist.

Nun hat es wieder bis zum 24.7.2007 gebraucht, ehe sich die Beklagte durch den KSA veranlasst sah, einen Haftungseintritt durch einen Standardschriftsatz und ohne auf den konkreten Fall einzugehen, abzulehnen.

Somit hat die Beklagte fast ein Jahr gebraucht, um ihren Haftungseintritt beim Sturz eines Fahrradfahrers durch ein Schlagloch zu prüfen. Dass sie hier augenscheinlich schleppend gehandelt hat, wird nicht bestritten werden können.

Da offen zu Tage tritt, dass ein Geschädigter bei sofortiger gerichtlicher Inanspruchnahme schneller eine Klärung der Angelegenheit erreichen kann, als wenn er außergerichtlich eine Lösung angestrebt, kann nur vermutet werden, dass das Verhalten der Beklagten Methode hat.

Weiterer Vortrag bleibt vorbehalten.

Rechtsanwalt

Als Beklagtenvertreter muss auf diesen Schriftsatz noch dupliziert werden, was wie folgt aussehen kann:

229

Muster: Duplik

230

An das ■■■gericht, ■■■

Az ■■■

In Sachen

■■■[Kläger] ./. ■■■ [Beklagte]

I.

1. Die Beklagte kann im Verhältnis zum Kläger nicht gegen die ihr obliegende Verkehrssicherungspflicht verstoßen haben. Der Kläger beruft sich darauf, zwischen den Prozessparteien sei ein gesetzliches Schuldverhältnis – eine andere Anspruchsgrundlage ist nicht ersichtlich – entstanden. Im Falle einer unerlaubten Handlung entsteht dieses gesetzliche Schuldverhältnis erst dann, wenn die Rechtsverletzung eingetreten ist.

Zuvor bestehen keine Verpflichtungen, die erfüllt werden müssen, so dass unzweifelhaft auch der Begriff, den die Klage im Munde führt („Verkehrssicherungspflichten") dann allenthalben geeignet ist, Verwirrung zu stiften – das zeigen dann auch die Ausführungen der Replik. Der Begriff impliziert nämlich, dass es Angelegenheit des angeblichen Haftpflichtschuldners wäre, darzutun und zu beweisen, dass er seine Pflichten erfüllt habe. Das ist indes falsch, weil eben nach einer ebenso ungeschriebenen wie als geltendes Gesetzesrecht allgemein anerkannten Grundregel derjenige, der sich auf einen Anspruch beruft, alle rechtsbegründenden Tatbestandsmerkmale dartun und beweisen muss. Für den Fall einer unerlaubten Handlung durch Unterlassen – so ja der Vorwurf der Klage – geht es dann eben nicht nur um die Tathandlung, sondern eben auch insbesondere um den haftungsbegründenden Ursachenzusammenhang zwischen der angeblichen Pflichtverletzung und der vermeintlichen Rechtsverletzung. Das bedeutet eben auch, dass es darauf ankommt, ob tatsächlich die fehlende Kenntnis von einer angeblichen Gefahrenlage auf einer Pflichtverletzung des angeblichen Haftpflichtschuldners beruht.

2. Die Replik versagt es sich dann auch, die maßgeblichen Rechtssätze für die Rechtsanwendung zur Kenntnis zu nehmen. Wir hatten schon darauf hinweisen können, wie der Inhalt der unbestimmten Rechtsbegriffe des allenthalben für die Subsumtion in Betracht kommenden Rechtssatzes zu ermitteln ist. Es bleibt auch dabei, dass es zunächst Angelegenheit eines jeden selbst ist, sich vor Schaden zu bewahren – etwas anderes gilt auch nicht für den gemeinen Verkehrsteilnehmer, der nicht nur die Straße so hinzunehmen hat, wie sie sich dem besonnenen, vernünftigen, verständigen und eigenverantwortlichen Verkehrsteilnehmer erkennbar darbietet, sondern auch mit Blick auf § 3 StVO seine Fahrgeschwindigkeit auf die Straßenverhältnisse einzurichten hat.

3. Eine Verpflichtung zum Straßenbau besteht natürlich nicht (so schon BGH MDR 1958, 408).

4. Schön ist, dass die Parteien nicht wirklich darum streiten, dass (leider) der Zustand der Fahrbahnoberfläche der Schillerstraße nicht demjenigen entsprach, der manchem als wünschenswert erschienen sein mag. Es ist hiernach indes schon nicht einmal mehr ersichtlich, aus welchen Gründen die Beklagte den Kläger – resp. den verständigen besonnenen, vernünftig und eigenverantwortlich Handelnden – davor warnen musste, dass die Fahrbahnoberfläche der Schillerstraße nicht frei von Unebenheiten (gewesen) ist. Der für die Entscheidung dieser Sache im Berufungsverfahren zuständige VI. Zivilsenat des Oberlandesgerichts Dresden hat einmal dafür den Begriff von der Selbstwarnung der Straße geprägt.

5. Es würde ohnehin allenfalls darum gehen, dass der Straßenbaulastträger verpflichtet wäre, den Benutzer der Straße vor völlig unvermuteten und ganz und gar atypischen Gefahren zu warnen. Alle anderen abstrakten Gefahren, die diese Qualität nicht erreichen, bedürfen eben schon begrifflich keiner Warnung.

6. Auch die Ausführungen der Replik zum Regelungsgehalt des § 138 Abs. 4 ZPO sind – zurückhaltend formuliert – verfehlt. Natürlich kann sich eine Prozesspartei zu Vorgängen, die nicht Gegenstand ihrer eigenen Wahrnehmung gewesen sind, mit Nichtwissen erklären. Für die Beklagte würde es ohnehin nur auf die Wahrnehmung ihres gesetzlichen Vertreters resp. ihrer kraft Rechtsstellung zur Wahrnehmung berufenen Personen ankommen. Und es gab auch gar keine Veranlassung für die Straßenarbeiter der Beklagten, in dem Moment, in dem sie eine Straßenbeschädigung entdeckten und sie ausbesserten, noch genauere Untersuchungen zu dieser Straßenbeschädigung anzustellen und deren Ergebnis zu dokumentieren – jedenfalls so lange nicht, wie nicht bekannt gewesen ist, dass diese Straßenbeschädigung Gegenstand irgendeines Rechtsstreites werden konnte.

Und es ist doch wohl allein Angelegenheit eines Anspruchstellers, die ihm erforderlich erscheinenden Vorkehrungen zu treffen, um seinen angeblichen Anspruch durchzusetzen. Ganz sicherlich muss nicht der spätere Anspruchsgegner für den anderen die Beweise sichern oder in gesonderter Weise Wahrnehmungen treffen.

7. Die Behauptung der Klage, an der in Rede stehenden Straßenbeschädigung seien schon mehrere Fahrradfahrer zu Fall gekommen, wird von der Beklagten mit Nichtwissen in Abrede gestellt. Es kommt darauf aber auch deswegen nicht an, weil die Klage wohl selbst nicht geltend machen will, dass die Beklagte – zumal vor dem angeblichen Unfall des Klägers – von derartigen Unfällen Kenntnis hatte.

8. Die Replik will in Abrede stellen, dass die Straße regelmäßig überprüft worden ist und sich vor dem angeblichen Unfall des Klägers beanstandungswürdige Befunde nicht ergeben haben. Auch hier verkennt sie eben unzweifelhaft die Feststellungslast (vgl dazu im Übrigen: *Baumgärtel*, Handbuch der Beweislast im Privatrecht, Band 1, 2. Auflage 1991, § 823 Rn 5). Die letzte Kontrolle vor dem angeblichen Unfall hat am 23.7.2006 stattgefunden. Sie hat eine Beschädigung der Deckschicht an der behaupteten Stelle nicht offenbart. Rein vorsorglich und allenthalben gegenbeweislich beruft sich die Beklagte insoweit auf das Zeugnis des Zeugen ■■■.

9. Nur der guten Ordnung halber: Auf der Schillerstraße ist im streitgegenständlichen Bereich auch – obgleich das wegen des offenkundig suboptimalen Zustands der Straße nicht einmal erforderlich gewesen wäre – eine Warntafel, namentlich das Zeichen 101 StVO mit dem Zusatzzeichen 1006-34 aufgestellt gewesen. Es stand in Höhe der Einmündung zur ■■■straße. Auch das kann der Zeuge ■■■ gegenbeweislich bestätigen.

10. Soweit die Klägerin auf eine Entscheidung der 16. Zivilkammer verweist, kann es nicht verwundern, dass die dort vertretene Rechtsauffassung – soweit ersichtlich – bislang von keinem Obergericht oder etwa dem BGH geteilt worden ist. Die Sache wäre auch ganz sicherlich nicht rechtskräftig geworden, wenn für die seinerzeit auch von uns vertretene Beklagte die Rechtsmittelbeschwer erreicht gewesen wäre. Der Rechtssatz, den das Urteil hat aufstellen wollen, ist – wir müssen das so deutlich sagen – falsch. Dass die Entscheidung schließlich auch noch auf der fehlerhaften Anwendung von Verfahrensrecht beruhte, kam hinzu.

11. Wir wissen nicht, warum sich ein Fahrradfahrer auf eine vermeintlich beeinträchtigte Wahrnehmung mit Rücksicht auf den Zustand der Fahrbahnoberfläche berufen könnte, nur weil die Straße ein starkes Gefälle hat – abgesehen davon, dass selbst diese Wertung falsch ist. Die Wahrnehmungsfähigkeit eines eben auch ausreichend wahrnehmungsbereiten Fahrzeugführers wird dadurch ebenso wenig beeinträchtigt wie durch eine Absenkung – was immer der Kläger damit behaupten will.

II.

1. Die Beklagte stellt alle weiteren Behauptungen des Klägers – auch diejenigen zur Höhe des angeblichen Anspruchs – mit Nichtwissen in Abrede.

Dass es zu den erforderlichen Kosten zähle, die angeblich erlittenen eigenen Beschwerden auch von einem Dritten niedergeschrieben zu bekommen, mag kein Diskussionsthema sein – nur eben nicht in dem Verständnis, das der Kläger damit verbindet.

2. Man mag auch gern zur Kenntnis nehmen, dass der Kläger oder seine Prozessbevollmächtigten den Prozess mit Amüsement betreiben. Ganz sicher ist weder der Beklagten noch ihren Prozessbevollmächtigten die obergerichtliche Rechtsprechung unbekannt – ganz sicherlich auch nicht die Entscheidung, auf die sich die Klage stützen will. Jedenfalls die Prozessbevollmächtigten der Beklagten haben freilich ein anderes Verständnis, als es offenbar von den Prozessbevollmächtigten des Klägers entwickelt wird. Wir verstehen uns als Rechtsanwender, die – methodisch richtig – damit beginnen, der Frage nachzugehen, ob die Behauptungen einer Prozesspartei in Verbindung mit einem Rechtssatz das Verlangte rechtfertigen können. Für die Frage danach, um welche Rechtssätze es geht, genügt regelmäßig ein Blick ins Gesetz, das gegebenenfalls nach bestimmten Maßgaben auszulegen ist. Wenn freilich am Ende dieser Rechtsanwendung das Ergebnis, das sich jemand vorstellt, nicht stehen kann, wird man das dann als Rechtsanwender zur Kenntnis nehmen müssen. Die eigene falsche Auffassung wird nicht deswegen plausibler, weil sie auch schon einmal von einem anderen verlautbart worden ist. Ob der Umstand, dass sich jemand in einem kontradiktorischen Verfahren seiner ihm gebührenden prozessualen Rechte bedient, bei einem anderen zu einer seelischen Beeinträchtigung führen kann oder nicht, ist völlig gleichgültig. Eine seelische Beeinträchtigung würde nämlich schon nicht auf einer Körper- resp. Gesundheitsverletzung beruhen, die ja wohl für die Frage danach, ob jemand einen Anspruch auf eine billige Geldentschädigung im Sinne des § 847 BGB aF haben kann, von maßgeblicher Bedeutung ist – um die anderen Fallgruppen geht es hier nicht. Dass es schon Gerichte gegeben haben mag, die meinten, denjenigen, der sich in einem Prozess verteidigt und dafür jedenfalls für sich selbst gute Gründe auf seiner Seite weiß, damit zu bestrafen, in einer auch schon nicht mehr vom Gesetzesvorbehalt gedeckten Weise in dessen Eigentum einzugreifen, indem man ihm aufgibt, an einen anderen mehr zu bezahlen, als er nach der wahren materiellen Rechtslage zu bezahlen hätte, wird man eben zur Kenntnis nehmen müssen. Mit einer fehlerfreien Rechtsanwendung hat das alles nichts zu tun.

Rechtsanwalt

Hinweis: Wichtig ist, bei Unfällen von Fahrzeugen im Zusammenhang mit der Verletzung der Verkehrssicherungspflichten zu beachten, dass die Aussicht, vollumfänglich Schadensersatz zu erlangen, sehr gering ist. Im Regelfall wird dem Fahrzeugführer ein eigenes Verschulden anzulasten sein. Die Rechtsprechung kommt fast immer zu dem Ergebnis, dass ein Schlagloch oder eine eisige Straße erkennbar war oder zumindest damit zu rechnen war. Der Begriff der „Warnung der Straße vor sich selbst" wird gern verwandt, wenn vom Geschädigten vorgetragen wird, dass die Straße so schlecht war, dass dies einen Verstoß der Verkehrssicherungspflicht quasi überdeutlich macht. Jedoch ist es nun mal so, dass die Wahrscheinlichkeit eines tiefen Schlaglochs auf einer schlechten Straße viel höher ist als auf einem ansonsten sehr guten Fahrbahnbelag. Darum ist hier große Vorsicht beim Vortrag geboten. | 231

Mit folgenden Entscheidungsgründen wird dem Radfahrer im Regelfall ein Mitverschulden, sehr oft insbesondere dann, wenn vom Radfahrer selbst der sehr schlechte Straßenzustand in den Vordergrund gerückt wird, sogar seine Alleinhaftung begründet. Darum wird im Regelfall wie nachstehend das Verschulden des Fahrradfahrers einfach zu begründen sein. Die Trauben beim Verstoß gegen die Verkehrssicherungspflicht hängen also hoch. | 232

233 **Muster: Typische Entscheidungsgründe des Gerichts[166]**

[...]

Entscheidungsgründe:

Die zulässige Klage ist teilweise begründet.

Dem Kläger stehen dem Grunde nach ein Schadensersatz- und ein Schmerzensgeldanspruch zu, die jedoch aufgrund eines Mitverschuldens geschmälert sind.

Dem Kläger steht dem Grunde nach ein Schadensersatz- und Schmerzensgeldanspruch nach §§ 839 Abs. 1, 253 BGB, Art. 34 S. 1 GG zu, da die Beklagte als Trägerin der Straßenbaulast gemäß §§ 9 Abs. 1, 10 Abs. 1, 44 Abs. 1 SächsStrG ihrer Verkehrssicherungspflicht – die ihr als Amtspflicht in Ausübung hoheitlicher Tätigkeit oblag – nicht ausreichend nachgekommen ist.

Der Kläger konnte das von ihm geschilderte Unfallgeschehen durch den vernommenen Zeugen ▪▪▪, der – als neutraler Zeuge – mit seinem PKW hinter dem Fahrrad des Klägers herfuhr und den Kläger stürzen sah, belegen. Der vom Zeugen geschilderte Sturz entspricht der Darstellung des Klägers, in das von ihm geschilderte Schlagloch geraten und daraufhin gestürzt zu sein.

Das Schlagloch konnte darüber hinaus von dem Zeugen ▪▪▪ – in der Weise wie vom Kläger beschrieben – bestätigt werden; der Zeuge hatte das Schlagloch nach dem Unfall des Klägers besichtigt. Auch an der Richtigkeit der Aussage des Zeugen ▪▪▪ hat das Gericht keine Zweifel. Der Zeuge ▪▪▪ bestätigte im Weiteren auch die Angaben des Klägers, dass das Schlagloch – die Absenkung – von einem Fahrradfahrer, der bergab die Schillerstraße fährt, bei dichtem Verkehr jedenfalls schlecht erkannt werden konnte.

Die Beklagte hat ihre Verkehrssicherungspflicht schuldhaft – in Form der Fahrlässigkeit – nach 276 Abs. 1 BGB – verletzt, da sie kurz vor dem Unfall die unfallursächliche Absenkung zwar entdeckt, jedoch in der Folge – bis zum Unfall – keinerlei Sicherheitsmaßnahme ergriffen hat.

Die Verkehrssicherungspflicht der Beklagten als Trägerin der Straßenbaulast umfasst inhaltlich die Pflicht, soweit zumutbar, den Verkehr auf der Straße möglichst gefahrlos zu gestalten, insbesondere Verkehrsteilnehmer vor unvermuteten, aus der Beschaffenheit der Straße sich ergebenden und bei zweckgerechter Benutzung des Verkehrsweges nicht ohne Weiteres erkennbaren Gefahrenstellen zu sichern oder mindestens davor zu warnen (OLG Dresden, Urt. v. 9.4.1997 – 6 U 2922/95).

Der Verkehrssicherungspflichtige ist allerdings – von objektiv besonderen einschneidenden Gefahrenlagen abgesehen – in der Regel nur gehalten, die Verkehrsteilnehmer vor solchen Gefahren zu warnen oder solche Gefahren zu beseitigen, auf die sich ein die normale Sorgfalt beachtender Verkehrsteilnehmer nicht selbst hinreichend einstellen und vor denen er sich nicht selbst hinreichend schützen kann (OLG Düsseldorf VersR 1989, 274 mwN), insbesondere weil die Gefahr nicht rechtzeitig erkennbar ist.

Inhalt der Verkehrssicherungspflicht kann aber nur sein, was im Interesse des Verkehrs nach objektivem Maßstab billigerweise verlangt werden kann und zumutbar ist (OLG Schleswig VersR 1989, 627; OLG Hamm OLGZ 1994, 301, 303). Grundsätzlich muss sich der Straßenbenutzer den gegebenen Straßenverhältnissen anpassen und die Straße so hinnehmen, wie sie sich ihm erkennbar darbietet (BGH VersR 1979, 1055). Verkehrswege sind daher möglichst gefahrlos zu gestalten und in einem gefahrlosen Zustand zu erhalten. Eine völlige Gefahrlosigkeit ist mit zumutbaren Mitteln aber nicht zu erreichen (OLG Hamm OLGZ 1994, 301, 303; VersR 1978, 64). Dies bestimmt das Maß der sich im Rahmen des Vernünftigen haltenden, berechtigten Sicherheitserwartungen des Verkehrs, die wiederum maßgeblich den konkreten Inhalt der Verkehrssicherungspflicht im Einzelnen ausfüllen und die Grenze zwischen sicherungsbedürftiger Gefahrenquelle und hinzunehmender Erschwernis ziehen (OLG Dresden, Urt. v. 10.6.1999 – 6 U 653/99).

---

166 LG Dresden, Urt. v. 30.3.2004 – 13 O 5260/03 – n.v.

Wird eine Gefahr festgestellt, dann muss der Träger der Verkehrssicherungspflicht die erforderlichen Maßnahmen zur Beseitigung der Gefahr ergreifen. Der Pflichtige muss also den Verkehrsteilnehmer vor der von der Straße ausgehenden Gefahr nicht nur warnen, sondern schützen. Dazu muss er gegebenenfalls sogar die erforderlichen baulichen Maßnahmen ergreifen und dafür sorgen, dass sich die Straße für die Zukunft in einem dem regelmäßigen Verkehrsbedürfnis genügenden Zustand befindet. Falls der Pflichtige jedoch den gefährlichen Zustand durch bauliche Maßnahmen aus tatsächlichen oder rechtlichen Gründen nicht alsbald beseitigen kann, ist er verpflichtet, ein Warnschild anzubringen (BGH VersR 1968, 1090, 1091). Ebenso hat der Pflichtige Vorkehrungen unter Umständen gegen Gefahren zu treffen, die dem Verkehrsteilnehmer aus der besonderen Straßenlage oder -führung infolge daneben befindlicher Abgründe, Vertiefungen, Wasserläufe u.Ä. drohen, weil diese Gefahren auch von der Straße selbst, nämlich von ihrer besonderen Anlage oder Führung ausgehen (BGH, Urt. v. 28.5.1962 – III ZR 38/61; BGHZ 37, 165, 168).

Die Beklagte hat im vorliegenden Fall zwar der vom OLG Dresden verlangten wöchentlichen Kontrollpflicht für die Schillerstraße, die als eine Hauptverkehrsstraße anzusehen ist, genügt (OLG Dresden, Urt. v. 24.3.1996 – 6 U 449/95; OLG-NL 1996, S. 152, 153), wie der Zeuge ■■■ überzeugend bestätigen konnte. Allerdings hat der Zeuge ■■■ nach eigener Bekundung die unfallursächliche Absenkung bei seiner Kontrollfahrt am 23.7.2006 feststellen können, ohne dass der Zeuge ■■■ hierauf reagierte und die Absenkung beseitigte oder zumindest ein Warnschild für diese Stelle aufstellte. Die Beklagte – der das Handeln des Zeugen ■■■ ohne Weiteres zuzurechnen ist – durfte hier auch nicht darauf vertrauen, dass die Absenkung zu dem Zeitpunkt noch nicht das Ausmaß hatte wie offensichtlich später beim Unfall und wie auch der Zeuge ■■■ für den 1.8.2006 bestätigte, als er die Absenkung wegen der zu diesem Zeitpunkt auch für ihn deutlich sichtbaren Gefahrenquelle mit Kaltmischgut schloss. Insoweit lag jedenfalls eine falsche Einschätzung des Zeugen ■■■ hinsichtlich einer möglichen Gefahrentwicklung, der Absenkung, bei seiner Kontrollfahrt am 23.7.2006 vor. Diese Falscheinschätzung erfolgte zumindest fahrlässig im Sinne des § 276 Abs. 1 BGB. Der Zeuge ■■■ hätte zumindest für die Stelle ein Warnschild aufstellen müssen. Nach seinem eigenen Bekunden war jedoch gerade an dieser Stelle kein Warnschild vorhanden; die Warnschilder an der Einfahrt ■■■straße/Schillerstraße und ■■■straße/Schillerstraße standen zur Tatzeit oberhalb bzw unterhalb der Unfallstelle und hatten jedenfalls für die Unfallstelle keinen Regelungsgehalt mehr, wie der Zeuge ■■■ dem Gericht anschaulich schildern konnte. Aber gerade in Anbetracht dieser vorherigen bzw nachherigen Warnschilder ist nicht nachvollziehbar, warum der Zeuge ■■■ nicht auch die Aufstellung eines Warnschildes für die Unfallstelle veranlasste, wenn er doch schon eine Absenkung bei seiner Kontrollfahrt entdecken konnte. Der Zeuge ■■■ hat nach seinen Angaben die Absenkung, nachdem er sie festgestellt hatte, auch nicht weiter auf deren Gefahrenpotential untersucht, um zukünftig eine weitere Gefahrentwicklung ausschließen zu können; stattdessen hat er vielmehr ohne Weiteres seine Kontrollfahrt fortgesetzt. Zu einer Sicherungsmaßnahme war die Beklagte aber auch aufgrund der früheren Gefahrenstellen durch Absenkungen veranlasst, wie die Zeugin ■■■ glaubhaft bestätigte; die Zeugin ■■■, die früher in Höhe der Unfallstelle wohnte, konnte mehrere Aufbrüche der Straße genau an der Unfallstelle bestätigen, die immer wieder zu Reparaturen durch die Beklagte Anlass gaben. Auch die Aussage des Zeugen ■■■, dass als Ursache der Absenkung später ein defekter, unter der Fahrbahn verlaufender Wasserkanal festgestellt werden konnte, zeigt, dass die vom Zeugen ■■■ festgestellte Absenkung jedenfalls ein sofortiges Handeln der Beklagten – sei es in Form der Beseitigung der Absenkung oder des Aufstellens eines Warnschildes – erforderlich machte.

Allerdings muss dem Kläger ein Mitverschulden nach § 254 Abs. 1 BGB vorgeworfen werden, da er bei einer den Straßenverkehrsverhältnissen angepassten Geschwindigkeit oder einem ausreichenden Abstand, wie nach § 3 StVO und § 4 StVO auch von ihm als Radfahrer verlangt, die Unfallstelle hätte erkennen und dann mit einer Lenkbewegung einen Sturz hätte vermeiden können. Das Gericht schätzt das Mitverschulden des Klägers mit 50% ein.

[...]

D. Tierunfälle

234 Zusammenstöße zwischen Fahrzeugen und Tieren sind nicht selten zu beobachten, wobei stets eine Haftung des Tierhalters gem. § 833 BGB in Betracht zu ziehen ist. Tierhalter ist derjenige, dem die Bestimmungsmacht über das Tier zusteht und der aus eigenem Interesse für die Kosten des Tieres aufkommt und das wirtschaftliche Risiko seines Verlustes trägt.[167] Dabei normiert § 833 S. 1 BGB eine Gefährdungshaftung für alle Tierhalter mit der Folge, dass auch ein Deliktsunfähiger nach § 833 S. 1 BGB haften kann. § 833 S. 2 BGB normiert dagegen eine Haftung des Tierhalters für vermutetes Verschulden bei Haustieren mit der Möglichkeit eines Entlastungsbeweises, was wiederum zur Folge hat, dass ein Deliktsunfähiger allenfalls nach § 829 BGB haften kann. Entscheidend für den Anwendungsbereich des § 833 BGB ist, dass sich die Unberechenbarkeit tierischen Verhaltens und die dadurch hervorgerufene Gefährdung für Leben, Gesundheit oder Eigentum Dritter verwirklicht haben muss.

I. Unfall mit Pferd

1. Pferd mit Reiter

235 Die spezifische Tiergefahr wird nicht schon dadurch aufgehoben, dass das Pferd beritten und damit unter menschlicher Leitung ist. Selbst dem Reiter kann die Tierhalterhaftung zugute kommen,[168] erst recht schützt sie Dritte. Der geschädigte Dritte kann also zwei Ersatzpflichtige haben, den Reiter und den Halter, ggf auch noch den Reitlehrer[169] oder eine sonstige Aufsichtsperson. Der Reiter, der nicht zugleich Halter oder Aufseher ist, haftet nur bei nachgewiesenem Verschulden. Ob den Halter die strenge Gefährdungshaftung nach § 833 S. 1 BGB trifft oder die Ersatzpflicht nach S. 2 ausgeschlossen ist, hängt von der gerade bei Pferden oft schwierigen „Haustierfrage" ab.[170] Berücksichtigt wird die Tierhalterhaftung auch in der Haftungsabwägung gem. § 17 Abs. 4 StVG.[171]

2. Pferd ohne Reiter

236 Bei einer Kollision mit einem frei umherlaufenden Pferd steht dem Halter der Entlastungsbeweis nach § 833 S. 2 BGB offen, sofern es sich um ein Nutztier handelt (Rechtsprechung dazu unter, Rn 235). Der Entlastungsbeweis ist schwer zu führen. Denn alle Unklarheiten im Hinblick auf sicherungsrelevante Umstände (Einfriedung, Kontrolle) gehen zu Lasten des Halters. Ein Weidezaun muss mindestens 1,20 m hoch sein.[172]

237 Eine Klage gegen den Pferdehalter und den für das Pferd Verkehrssicherungspflichtigen kann wie folgt hinsichtlich der Darlegung und rechtlichen Würdigung aussehen:

---

167 BGH NJW-RR 1988, 656.
168 BGH NJW 1999, 3119.
169 Dazu OLG Hamm OLGR 2001, 259.
170 Dazu OLG Köln VersR 2001, 1395; OLG Celle NJW-RR 2000, 1194; OLG Hamm OLGR 2001, 259; OLG Düsseldorf OLGR 2000, 308.
171 Dazu: OLG Hamm NZV 1994, 190 (2/3 zu Lasten PKW bei Fahrfehler); OLG Köln NZV 1992, 487 (80% zu Lasten PKW bei Fahrfehler); OLG Celle OLGR 2003, 103 (70% pro LKW – beiderseits kein nachgewiesenes Verschulden).
172 OLG Celle NJW-RR 2000, 1194, s.a. BGH VersR 1992, 844. Zu den Anforderungen an die Sicherung eines Pferdestalls (Weidetor-Sicherung): BGH VersR 1964, 595; 1966, 185.

Muster: Klageschrift (Klage gegen Pferdehalter)

238

↓

An das ▪▪▪gericht, ▪▪▪

Klage

des Herrn ▪▪▪,

– Kläger –

Prozessbevollmächtigte: RAe ▪▪▪

gegen

Frau ▪▪▪,

– Beklagte zu 1 –

und gegen

Herrn ▪▪▪,

– Beklagter zu 2 –

wegen Schadensersatzes

vorläufiger Streitwert: ▪▪▪

Namens und in Vollmacht des Klägers erheben wir Klage und werden beantragen:

1. Die Beklagten werden als Gesamtschuldner verurteilt, an den Kläger ▪▪▪ EUR nebst Zinsen iHv 5 Prozentpunkten über dem Basiszinssatz seit dem ▪▪▪ zu zahlen.

2. Das Urteil ist vorläufig – notfalls gegen Sicherheitsleistung – vollstreckbar.

3. Die Beklagten tragen die Kosten des Verfahrens.

Sofern das Gericht das schriftliche Vorverfahren anordnet, beantragen wir bereits jetzt bei Säumnis der Beklagten den Erlass eines entsprechenden Versäumnisurteils, im Falle eines Anerkenntnisses den Erlass eines entsprechenden Anerkenntnisurteils ohne mündliche Verhandlung.

Begründung:

Der Kläger ist am 6.5.2006 mit seinem PKW nachts gegen 1.00 Uhr im Bereich der Stadt ▪▪▪ auf der Bundesautobahn A 7, und zwar auf dem für ihn linken Fahrstreifen, mit einem Pferd zusammengestoßen. Dadurch wurde der PKW nach rechts gegen eine Böschung geschleudert. Bei dem Unfall wurde der Kläger verletzt. Der aus der Verletzung folgende Schaden wird mit der Klage ersetzt begehrt.

Das Pferd war neben anderen Pferden in einem Stall untergebracht, den der Beklagte zu 2 auf einem Grundstück etwa 100 m von der Autobahn entfernt innerhalb einer eingezäunten Koppel errichtet hatte. Das Gelände fällt zur Autobahn hin ab. Die Tür des Stalls, in welchem die Pferde untergebracht waren, war mit einem Vorhängeschloss verschließbar, dessen Schlüssel vor der Stalltür unter einem Fußabstreifer aufbewahrt wurde. Die Koppel war durch ein Gatter eingezäunt und durch ein Tor zu betreten, welches mit einem durch ein Vorhängeschloss gesicherten Riegel verschlossen werden konnte. Dieser Riegel war zur Unfallzeit mit einem abgeschlossenen Vorhängeschloss gesichert; er reichte aber nicht bis in die dafür vorgesehene eiserne Schlaufe, so dass das Gattertor trotz des abgeschlossenen Vorhängeschlosses geöffnet werden konnte. Am Morgen nach dem Unfall waren die Stalltür und das Gattertor der Koppel geöffnet; Spuren von Gewaltanwendung waren nicht zu finden. Wer die Stalltür und das Gattertor geöffnet hat, ist unbekannt geblieben.

Alleineigentümerin des Pferdes war die zum Unfallzeitpunkt 16 Jahre alte Tochter der Beklagten zu 1. Sie benutzte es zum Reiten, hatte auch dessen Betreuung übernommen und bestritt etwa die Hälfte der Kosten für dieses Pferd von ihrem Taschengeld und von Nebenverdiensten. Mindestens die Hälfte der Kosten brachte auch die Beklagte zu 1 auf.

Der Kläger hat einen gesamtschuldnerischen Anspruch auf vollumfänglichen Schadensersatz sowohl gegen die Beklagte zu 1 als auch den Beklagten zu 2.

Haftung des Beklagten zu 2:

Zunächst ist davon auszugehen, dass, wie es auch der ständigen Rechtsprechung des BGH entspricht, derjenige, der eine Gefahrenquelle schafft oder andauern lässt, alle nach Lage der Verhältnisse notwendigen Vorkehrungen zum Schutze Dritter treffen muss. Es können sogar Maßnahmen zum Schutz vor Manipulationen Unbefugter an den Sicherheitsvorkehrungen notwendig werden. Unterlässt der Verkehrssicherungspflichtige dies und wird der Dritte dadurch in seinen durch § 823 Abs. 1 BGB geschützten Rechtsgütern verletzt, dann kann er ihm wegen Verletzung der Verkehrssicherungspflicht schadensersatzpflichtig werden.

Wie der BGH wiederholt betont hat, muss zwar nicht jeder abstrakten Gefahr durch vorbeugende Maßnahmen begegnet werden (BGH VersR 1978, 739; 1980, 863), zumal auch Sicherungen von absoluter Wirksamkeit kaum möglich oder realisierbar sind (BGH VersR 1959, 759). Haftungsbegründend wird eine Gefahr erst dann, wenn sich für einen sachkundigen Betrachter die naheliegende Möglichkeit ergibt, dass Rechtsgüter anderer verletzt werden können. Deshalb muss nicht gegen alle denkbaren Möglichkeiten eines Schadenseintritts Vorsorge getroffen werden.

Jedoch hat der BGH eine Sicherung von Weidetoren durch ein Schloss für erforderlich gehalten, wenn die naheliegende Gefahr bestand, dass unbefugte Dritte das Tor öffnen und nicht wieder ordnungsgemäß verschließen, so dass die Tiere auf eine nahe gelegene Straße laufen und dort den Verkehr gefährden können (BGH VersR 1964, 595, 596; 1966, 186, 187; 1966, 758, 759; 1967, 906, 907; 1976, 1086, 1087).

Insoweit müssen zur Sicherung der unbeaufsichtigten Tiere auf der Weide im freien Gelände wegen der großen Gefahr schwerer Unfälle hohe Anforderungen gestellt werden. Dies gilt in besonderem Maße für die Nachtzeit, da nachts vor allem bei Tieren Geräusche und Lichtsignale Reaktionen und Schreckzustände auslösen können, die unter gleichen Umständen während des Tages nicht auftreten (BGH VersR 1956, 127, 128).

Vorliegend ging zwar für die Autobahnbenutzer keine Gefahr von Pferden aus, die sich unbeaufsichtigt auf einer nicht ordnungsgemäß gesicherten Weide befunden haben. Das Pferd, das den Unfall des Klägers verursacht hat, war vielmehr in einem verschlossenen Stall untergebracht. Jedoch sind die Grundsätze der vorerwähnten BGH-Rechtsprechung mit Recht auch auf den vorliegenden Fall anzuwenden.

Die Anforderungen an die Sicherung eines Stalls, in sich Pferde befinden und der nur 100 m von einer vielbefahrenen Autobahn entfernt liegt, dürfen nicht geringer sein als bei einer Weide, wenn die an den Stall angrenzende Weide – wie vorliegend – nicht ausreichend gegen ein Entweichen der Tiere gesichert ist. Art und Ausmaß der gegen ein Entlaufen von Großtieren zu fordernden Sicherungsmaßnahmen richten sich vor allem nach der von einem entlaufenen Tier ausgehenden Gefahr. In den Entscheidungen, in denen eine zusätzliche Sicherung der Weidetore durch ein Schloss verlangt wurde, ist zwar gelegentlich darauf abgestellt worden, es sei schon häufig vorgekommen, dass Unbefugte die Weide überquert und dabei das von ihnen geöffnete Tor offenstehen ließen, bzw es habe nicht ferngelegen, dass sich bei einem starken Besucherverkehr in der Nähe der Weide Unbefugte an dem Weidetor zu schaffen machten.

Ein Pferdestall kann andere Personen anlocken, zB solche, die die darin untergebrachten Tiere aus der Nähe sehen oder streicheln wollen. Es mag zwar vielleicht nicht besonders nahe gelegen haben, dass Unbefugte aus diesen Gründen oder sogar absichtlich, um die Pferde zu befreien, in den Stall eindringen. Es liegt aber auch nicht ganz fern, dass so etwas geschieht. Typischen Gefahrensituationen muss aber, auch wenn sie selten eintreten, vom Verkehrssicherungspflichtigen begegnet werden (BGH VersR 1989, 1301), zumal wenn, wie hier, mit ihnen schwere Schadensfolgen verbunden und Sicherungen unschwer möglich sind.

Die Anforderungen an die Sicherungspflicht werden auch nicht dadurch überspannt, dass von dem Beklagten zu 2 zusätzlich zu der Verwahrung der Pferde in einem abgeschlossenen Stall verlangt wird, dafür Sorge zu tragen, dass der Schlüssel für das Schloss, mit dem der Stall verschlossen wird, nicht außen unter dem Schuhabstreifer aufbewahrt wird. Dies ist ein „übliches Versteck", bei dem es nahe liegt, dass den Schlüssel suchende Personen dort zuerst nachschauen. Durch diese Art der Aufbewahrung hat der Beklagte zu 2 die im Verkehr erforderliche Sorgfalt verletzt (§ 276 Abs. 1 S. 2 BGB).

Haftung der Beklagten zu 1:

Die Beklagte zu 1 ist Halterin des Pferdes gewesen. Allein aus dem Umstand, dass das Pferd im Eigentum ihrer minderjährigen Tochter stand, ergibt sich nicht deren Haltereigenschaft. Das Eigentum mag zwar ein gewichtiges Indiz für die Haltereigenschaft sein, vor allem dann, wenn der Eigentümer wie im Streitfall ausschließlich das Tier für eigene Zwecke nutzt. Auch können Minderjährige Tierhalter sein. Entscheidend ist jedoch darauf abzustellen, wer als „Unternehmer" des mit der Tierhaltung verbundenen Gefahrenbereichs anzusehen ist (BGH VersR 1988, 609, 610 mwN). Die Beklagte zu 1 hat jedoch die Hälfte der Kosten getragen und hat aus nachvollziehbaren Gründen der minderjährigen Tochter nicht die Verantwortung für das Pferd überlassen. Die Tierhaltereigenschaft der Beklagten zu 1 ging auch nicht dadurch verloren, dass das Pferd in dem Stall des Beklagten zu 2 untergestellt war (OLG Saarbrücken VersR 1988, 752).

Der Unfall wurde auch „durch ein Tier" iSd § 833 BGB verursacht. Die Gefährdungshaftung des § 833 S. 1 BGB setzt voraus, dass sich eine „spezifische" oder „typische" Tiergefahr verwirklicht hat, die sich in einem der tierischen Natur entsprechenden unberechenbaren und selbständigen Verhalten äußert (BGHZ 67,129, 130; BGH VersR 1982, 366, 367).

Diese Voraussetzung ist auch erfüllt, wenn das Pferd, nachdem der Stall geöffnet war, aus eigenem Antrieb auf die Autobahn gelaufen ist. Denn es entspricht der Natur der Pferde, dass sie, wenn sie in Freiheit gelassen werden, auch die Koppel verlassen, das Weite suchen und dabei den Verkehr auf einer Autostraße erheblich gefährden können (BGH, aaO).

An der Verwirklichung der spezifischen Tiergefahr ändert sich auch dann nichts, wenn das Pferd von unbekannten Dritten auf die Autobahn gejagt worden ist. Nach der Rechtsprechung des BGH verwirklicht sich die spezifische Tiergefahr zwar dann nicht, wenn ein Tier so sehr der Wirkung durch äußere Kräfte ausgesetzt ist, dass ihm keine andere Möglichkeit als die des schädigenden Verhaltens blieb (BGH VersR 1978, 515). Ein solcher Fall liegt aber nicht vor, wenn die unbekannten Dritten das Pferd nur aus dem Stall geholt und weggetrieben haben. Dadurch dass es durch die nächtliche Störung in Panik versetzt worden und auf die Autobahn gelaufen ist, hat es sich ebenfalls nur seiner tierischen Natur entsprechend verhalten. Es war nicht durch menschliche Einwirkung gezwungen, sich nur in eine bestimmte Richtung zu bewegen. Wollte dies die Beklagte zu 1 behaupten, so würde die Beweislast dafür der Beklagten zu 1 als Tierhalterin obliegen (vgl BGHZ 39, 103, 109). Allerdings hat der Kläger grundsätzlich auch bei der Tierhalterhaftung die tatsächlichen Voraussetzungen für seinen Anspruch zu beweisen. Hierzu gehört im Allgemeinen auch der Beweis, dass der Schaden auf die tierische Natur zurückzuführen ist (BGH, Urt. v. 11.1.1956 – VI ZR 296/54). Deshalb muss auch ein Reiter, der Schadensersatzansprüche gegen den Tierhalter geltend macht, den Beweis für seine Behauptung erbringen, das Pferd sei nicht seinen Anweisungen gefolgt und sei „durchgegangen" (BGH VersR 1981, 82, 83). Anders ist es jedoch, wenn sich der Tierhalter darauf beruft, ein Dritter habe das Tier in eine solche Zwangssituation versetzt, dass es sich nur in der den Schaden verursachenden Weise verhalten konnte. Da der Tierhalter die mit der Tierhaltung verbundene Gefahrenquelle geschaffen hat, ist es gerechtfertigt, ihm in dieser Frage das Beweisrisiko aufzubürden (so zutreffend *Baumgärtel*, „25 Jahre Karlsruher Forum", 1983, S. 85, 86).

Die Beklagte haftet aber auch aus § 823 Abs. 1 BGB. Als Tierhalterin war die Beklagte zu 1 für die sichere Unterbringung des Pferdes verantwortlich. Sie durfte sich schon deshalb nicht auf den Beklagten zu 2 verlassen, weil ihr bekannt sein musste, wo der Schlüssel zu dem Stall aufbewahrt wurde, und weil auch für sie damit erkennbar war, dass keine ausreichende Sicherung dagegen getroffen war, dass Unbefugte den Stall öffnen und ein Pferd herauslassen (BGH v. 11.2.1964 – VI ZR 247/62).

Die Beklagten haften auch allein. Dem Kläger ist kein Mitverschulden anzulasten. Die Betriebsgefahr des Kraftfahrzeugs fällt nicht ins Gewicht, weil die Tiergefahr durch ein Verschulden der Beklagten erhöht gewesen ist.

Haftungsabwägung:

Die von dem Pferd ausgehende Tiergefahr fällt bei der Abwägung mit der Kfz-Betriebsgefahr zumeist erheblich stärker ins Gewicht. Bei fehlendem Schuldnachweis auf beiden Seiten kann die Mithaftung eines Kradfahrers bei 20% liegen (so OLG Köln VersR 2001, 1396 – Moped), beim PKW kann sie höher ausfallen, übersteigt aber regelmäßig 1/3 nicht, sofern dem Fahrer ein Verschulden nicht nachgewiesen werden kann. Trotz Verstoßes gegen das Sichtfahrgebot (dazu OLG Köln OLGR 2003, 79) nur 1/3 Mithaftung des Kraftfahrers (OLG Koblenz, Urt. v. 14.5.2001 – 12 U 196/00 [AB-Unfall]; für völlige Haftungsfreistellung eines schuldlosen PKW-Fahrers [nur Betriebsgefahr] OLG Hamm, Urt. v. 11.7.2002 – 6 U 50/02; ebenso BGH NJW-RR 1990, 789; VersR 1964, 595; 1966, 186).

Rechtsanwalt

3. Pferd mit Führer (Fußgänger)

239   Von einer Haftungsverteilung von 50 : 50 ist auszugehen bei einem Unfall zwischen einem PKW mit unangepasster Geschwindigkeit und einem Pferd, das von einem Fußgänger unter Verstoß gegen § 28 StVO geführt wurde.[173]

II. Unfall mit Kuh

1. Kuh ist aus der Weide ausgebrochen

240   Kühe bzw Rinder, die aus einer Weide ausgebrochen sind, sind typischerweise Nutztiere. Der Halter kann sich demnach gem. § 833 S. 2 BGB entlasten. Die Rechtsprechung stellt insoweit generell strenge Anforderungen.[174] Ein Elektrozaun mit funktionierender und gesicherter Stromversorgung ist für die normale Hütefunktion genügend.[175] Der davon zu unterscheidende Ausbruchschutz (Panikschutz) kann, muss aber nicht durch einen Elektrozaun gewährleistet sein.[176] Ständiges Thema ist die Höhe des Weidezauns: Bei einer Weide in unmittelbarer Nähe einer verkehrsreichen Landstraße ist ein Zaun von weniger als 1 m Höhe nicht ausreichend.[177] Beim Entweichen eines Rindes von der Weide spricht der Beweis des ersten Anscheins für ein Zerreißen des Zaundrahts beim Ausbruch. Deshalb stellt sich die Frage mangelhafter Kontrolle nicht.[178] Haftungsabwägung: Selbst bei unaufmerksamer Fahrweise des PKW-Fahrers schlägt die Tiergefahr ausgebrochener Kühe regelmäßig stärker zu Buche.[179] Ausnahmsweise kann eine Schadenshalbierung gerechtfertigt sein.[180]

2. Unfall beim Viehtrieb

241   Beim Viehtrieb ist darauf zu achten, dass regelmäßig § 833 BGB nicht zur Anwendung gelangt, wenn das Tier den Anweisungen des Führers gehorcht, da sich dann nicht die spezifische Gefahr des Tieres verwirklicht hat, sondern das fehlerhafte Führen eines Menschen. Da

---

173 OLG Celle v. 23.1.2002 – 20 U 42101.
174 BGH VersR 1976, 1086; OLG Jena NZV 2002, 464.
175 BGH VersR 1976, 1086.
176 S.a. OLG Jena NZV 2002, 464; zur Sicherung des Weidetores siehe BGH VersR 1976, 105.
177 OLG Düsseldorf VersR 2001, 1038 mwN.
178 OLG Celle OLGR 1996, 251.
179 Vgl AG Coesfeld NZV 2002, 465 mwN (1/3 zu 2/3 zu Lasten des Tierhalters trotz Verstoßes gegen das Sichtfahrgebot bei Dunkelheitskollision auf Kreisstraße); ebenso OLG Hamm VersR 1997, 1542.
180 Vgl OLG Hamm NZV 2001, 348.

gem. § 28 Abs. 2 S. 1 StVO die Vorschriften der StVO sinngemäß auf das Führen von Tieren anzuwenden sind, wird sich regelmäßig ein Verstoß gegen eine Vorschrift der StVO ergeben.[181]

Beispiel: Der Fall, dass eine Kuh beim Führen über die Straße mit einem PKW kollidiert, ist wie folgt rechtlich zu würdigen: **242**

Muster: Klagebegründung (Kollision PKW mit Kuh) **243**

↓

Der Beklagte hat den Unfall allein verursacht, indem er seine Kühe zur Nachtzeit unbeleuchtet und ohne ausreichende sonstige Sicherungsmaßnahmen quer über eine Landstraße zu seinem Hof getrieben hat.

Der Beklagte haftet vorliegend zwar nicht nach § 833 BGB. Ein Schaden ist durch ein Tier verursacht, wenn er durch ein der tierischen Natur entsprechendes selbsttätiges, willkürliches Verhalten des Tieres herbeigeführt worden ist. Folgt ein Tier lediglich der Leitung und dem Willen eines Menschen, so ist ein dabei entstehender Schaden nicht durch das Tier, sondern durch den Menschen verursacht, und eine Haftung aus § 833 BGB kommt nicht in Betracht (BGH VersR 1966, 1073). Dieser Fall ist hier gegeben, da die Kuh vor dem Unfall den Richtungsangaben des sie treibenden Beklagten gefolgt ist.

Jedoch hat der Beklagte – neben dem für alle Verkehrsteilnehmer maßgebenden § 1 Abs. 2 StVO – die Vorschriften über den Fahrzeugverkehr, welche gem. § 28 Abs. 2 S. 1 StVO sinngemäß auch für das Führen und Treiben von Vieh gelten, verletzt. Gemäß § 10 StVO musste der Beklagte, als er die Kühe auf die Landstraße hinaustrieb, das Vorrecht des fließenden Verkehrs beachten und sich so verhalten, dass eine Gefährdung anderer Verkehrsteilnehmer ausgeschlossen war. Dh er musste eine ganz besondere, erhöhte Sorgfalt aufwenden.

Ein Treiben von Tieren quer über die Fahrbahn einer Landstraße kann nur dann für zulässig erachtet werden, wenn die Gefahrenstelle in einer Weise abgesichert wird, bei der vernünftigerweise nicht mehr zu befürchten ist, ein nahender Kraftfahrer werde die die Fahrbahn überquerenden Tiere nicht rechtzeitig wahrnehmen und als seinen Weg versperrendes Hindernis erkennen. Diese Voraussetzung wäre nur erfüllt gewesen, wenn die die Fahrbahn überquerenden Tiere durch eine entsprechende Beleuchtung als Hindernisse kenntlich gemacht worden wären. Dies ist jedoch nicht geschehen.

Zwar kann der Kläger nicht bewiesen, dass der Unfall für ihn ein unabwendbares Ereignis iSd § 17 Abs. 3 iVm Abs. 4 StVG war. Möglicherweise ist die Kuh doch so früh in seinen Sichtbereich gelangt, dass er den Unfall noch hätte abwenden können. Ein Mitverschulden des Klägers ist dagegen nicht gegeben, insbesondere liegen keine Anhaltspunkte für eine überhöhte Geschwindigkeit vor.

Bei der Haftungsabwägung ist daher auf Seiten des Klägers nur die Betriebsgefahr seines PKW zu berücksichtigen. Dieser gegenüber überwiegt die vom Beklagten zu vertretene Verursachung so erheblich, dass die Betriebsgefahr nicht mehr ins Gewicht fällt.

↑

III. Unfall mit Schaf oder Ziege

Nach dem maßgeblichen gewöhnlichen Sprachgebrauch gehören Schafe und Ziegen zu den Haustieren.[182] Auch wenn der Halter keine Viehzucht, sondern Ackerbau und daneben ein **244**

---

181 OLG Koblenz zfs 1988, 200
182 OLG Düsseldorf v. 27.11.2000 – 1 U 1831/99 (Schafe); LG Köln NJW-RR 2001, 1606 (Ziegen).

landwirtschaftliches Lohnunternehmen betreibt, muss das Halten von Schafen keine Liebhaberei sein.[183]

245 Die Sorgfaltsanforderungen an die Beaufsichtigung (Einzäunung, Kontrollen) hängen entscheidend von der Lage der Koppel ab, insbesondere von der Entfernung zu den Verkehrsstraßen und von deren Frequentierung. Autobahnnähe verlangt eine gesteigerte Kontrolle.[184] Zum Entlastungsbeweis bei ausgebrochenen Ziegen vgl das LG Köln[185] mit halterfreundlichem Argumentationsansatz. Keine Tierhalterhaftung greift bei der Kollision mit einem Schaf aus einer geführten Herde (nur Verschuldenshaftung).[186] Ein PKW-Fahrer, der auf der Autobahn bei Dunkelheit ca. 120 km/h mit Abblendlicht fährt, muss sich bei einer Kollision mit Schafen eine Mithaftung von 1/3 zurechnen lassen.[187]

IV. Unfall mit Hund

246 Bei einem Unfall haftet der Hundehalter regelmäßig überwiegend,[188] anders sieht dies jedoch aus, wenn nicht nur ein Verstoß gegen das Sichtfahrgebot gegeben ist, sondern eine erhebliche Überschreitung der zulässigen Höchstgeschwindigkeit vorliegt.[189] An der rechtlichen Würdigung ändert sich auch dann nichts, wenn der Hund quasi als Nutztier gebraucht wird. Ein Hund, der auf einem Bauern- und Reiterhof auch als Wachhund eingesetzt wird, ist ein Haustier iSd § 833 S. 2 BGB.[190]

V. Kollision PKW mit Kleintier

247 Regelmäßig wird es nicht geboten sein, für ein Kleintier zu bremsen. Kommt es zu einem Auffahrunfall, weil der Vorausfahrende wegen eines Kleintiers gebremst hat, wird eine Haftungsverteilung von 2/3 zu 1/3 zu Gunsten des Auffahrenden angemessen sein.[191]

248 Im Rahmen einer rechtlichen Würdigung lässt sich die Haftung des Abbremsenden wie folgt begründen:

249 **Muster: Begründung der Haftung des Abbremsenden**

Der Unfall stellte für den Beklagten kein unabwendbares Ereignis gem. § 17 Abs. 3 iVm Abs. 4 StVG dar. Unabwendbar ist ein Ereignis, wenn es durch äußerste Sorgfalt nicht abgewendet werden kann.[192] Dazu gehört sachgemäßes, geistesgegenwärtiges Handeln über den gewöhnlichen und persönlichen Maßstab hinaus.[193] Jedoch darf nicht das Verhalten eines gedachten „Superfahrers", sondern gemessen an durch-

---

183 OLG Düsseldorf v. 27.11.2000 – 1 U 1831/99.
184 OLG Düsseldorf v. 27.11.2000 – 1 U 1831/99; ferner Urt. v. 9.2.1998 – 1 U 751/97; s.a. OLG München NZV 1991, 189 (Schafspferch in Eisenbahnnähe).
185 NJW-RR 2001, 160.
186 So das LG Nürnberg-Fürth NZV 1994, 28.
187 Keine Mithaftung bei Tiergefahr plus Halterverschulden bei Schuldlosigkeit des PKW-Fahrers, so OLG Düsseldorf v. 9.2.1998 – 1 U 751/97.
188 ZB 75% ./. 25% pro PKW-Halter bei fehlendem Verschulden der Fahrerin, aber Tempo 100 bei Dunkelheit auf Bundesstraße, vgl OLG Düsseldorf v. 28.8.2000 – 1 U 2531/99.
189 ZB 1/3 zu 2/3 zu Lasten des PKW-Halters, der mit 100 statt 50 km/h fuhr und Verschulden der Hundehalterin, vgl OLG Hamm DAR 2000, 406.
190 OLG Düsseldorf, v. 28.8.2000 – 1 U 2531/99; s.a. OLG Köln VersR 1999, 1293.
191 Saarl. OLG zfs 2003, 118.
192 Vgl BGHZ 117, 337, 341.
193 Vgl BGHZ 113, 164, 165 f; 117, 337, 341.

schnittlichen Anforderungen das Verhalten eines „Idealfahrers" zugrunde gelegt werden.[194] Der Beklagte hat deshalb nicht wie ein Idealfahrer über den gewöhnlichen Maßstab hinaus sorgfältig gehandelt, weil er sein Fahrzeug wegen eines über die Fahrbahn laufenden Eichhörnchens stark abgebremst hat. Gemäß § 4 Abs. 1 S. 2 StVO darf der Vorausfahrende nicht ohne Grund stark bremsen. Hieraus folgt, dass starkes Bremsen wegen eines auf die Fahrbahn laufenden Kleintiers dann nicht zulässig ist, wenn dadurch die Verkehrssicherheit gefährdet werden kann, indem durch den Bremsvorgang die Gefahr hervorgerufen wird, dass nachfolgende Fahrzeuge auffahren.[195] Ein zwingender Grund iSd § 4 Abs. 1 S. 2 StVO setzt nämlich voraus, dass das Bremsen zum Schutz von Rechtsgütern und Interessen erfolgt, die dem Schutzobjekt der Vorschrift (Sachen und Personen) mindestens gleichwertig sind.[196] Der Schutz eines Tieres muss aber bei der Abwägung hinter dem Schutz des nachfolgenden Verkehrsteilnehmers zurücktreten. Im Gegensatz zu größeren Tieren, etwa Rehen oder Hirschen, bei denen der Fahrzeugführer im Falle eines Zusammenstoßes damit rechnen muss, selbst einen Sach- oder Personenschaden zu erleiden, ist es daher bei Kleintieren zumutbar, nicht abzubremsen, sondern das Tier zu überfahren, um den nachfolgenden Verkehr zu schützen.[197] Dies gilt namentlich bei die Fahrbahn kreuzenden Eichhörnchen, da es sich insoweit um besonders kleine Tiere handelt.[198]

VI. Kollision Fahrrad mit Hund

Sehr häufig, besonders in Parkanlagen, kommt es zu Unfällen zwischen nicht angeleinten Hunden und entlangfahrenden Fahrradfahrern. Regelmäßig wird dann der Hundehalter allein haften müssen. Insoweit kann aus Sicht des Fahrradfahrers wie folgt in einer Klageschrift vorgetragen werden: **250**

Muster: Klageschrift (Klage gegen Hundehalter)   **251**

48

An das ▬▬▬gericht, ▬▬▬

Klage

der Frau ▬▬▬

– Klägerin –

Prozessbevollmächtigte: RAe ▬▬▬

gegen

Frau ▬▬▬

– Beklagte –

wegen Schadensersatzes

vorläufiger Streitwert: ▬▬▬

Namens und in Vollmacht des Klägers erheben wir Klage und werden beantragen:

1. Die Beklagte wird verurteilt an die Klägerin ▬▬▬ EUR nebst Zinsen iHv 5 Prozentpunkten über dem Basiszinssatz seit dem ▬▬▬ zu zahlen.

---

194 Vgl BGH NJW 1987, 2375, 2376.
195 Vgl OLG München DAR 1974, 19, 20; AG St. Ingbert zfs 1986, 353 f; OLG Karlsruhe NJW-RR 1988, 28; OLG Köln DAR 1994, 28 f; OLG Hamm r+s 1999, 20, 21.
196 Vgl KG NZV 1993, 478, 479; OLG München DAR 1974, 19, 20.
197 Vgl OLG Karlsruhe NJW-RR 1988, 28 f; OLG Köln DAR 1994, 28.
198 Vgl AG St. Ingbert zfs 1986, 353.

2. Das Urteil ist vorläufig – notfalls gegen Sicherheitsleistung – vollstreckbar.

3. Die Beklagte trägt die Kosten des Verfahrens.

Sofern das Gericht das schriftliche Vorverfahren anordnet, beantragen wir bereits jetzt bei Säumnis der Beklagten den Erlass eines entsprechenden Versäumnisurteils, im Falle eines Anerkenntnisses den Erlass eines entsprechenden Anerkenntnisurteils ohne mündliche Verhandlung.

Begründung:

Die Klägerin beansprucht von der Beklagten vollen Schadensersatz aufgrund eines Unfalls vom 10.5.2006 gegen 12.30 Uhr in ███, bei dem sie als Radfahrerin in dem ███-Park durch einen Zusammenstoß mit dem Hund der Beklagten stürzte und sich schwer verletzte.

Die Klägerin befuhr zum Unfallzeitpunkt mit ihrem Fahrrad den durch den Park führenden gepflasterten, etwa drei Meter breiten Weg, der durch Verkehrszeichen für Fahrradfahrer freigegeben ist. Neben dem Weg befinden sich beiderseits Grasflächen. Die Beklagte und die Zeugin ███ saßen auf einer Bank am – aus Sicht der sich nähernden Klägerin – rechten Wegesrand, während ihre beiden nicht angeleinten Hunde auf der Wiese herumliefen, die auf der gegenüberliegenden Seite des Weges liegt. Als die Beklagte und die Zeugin ███ die Klägerin herankommen sahen, gingen sie zu ihren Hunden, um sie anzuleinen. Während die Zeugin ███ ihren Hund anleinen konnte, gelang dies der Beklagten bei ihrem zum damaligen Zeitpunkt fünf Monate alten Terrier nicht sofort. Die Klägerin kollidierte mit diesem und stürzte. Die Klägerin wurde bei dem Unfall verletzt und erlitt unter anderem einen Bruch des rechten Arms und eine Gehirnerschütterung. Folge der Gehirnerschütterung ist, dass die Klägerin aufgrund einer Amnesie keine Erinnerung mehr an den Unfall hat.

Die Klägerin macht die Beklagte als Hundehalterin für den Unfall verantwortlich. Die rechts des Weges befindliche Beklagte hat ihren Hund zu sich gerufen, woraufhin dieser von links kommend quer über den Weg und dabei genau in ihr Fahrrad gelaufen ist. Weiterhin ist darauf verwiesen, dass in der gesamten Grünanlage nach Art. 1 Abs. 3 lit. c) der ordnungsbehördlichen Verordnung der Stadt ███ vom 25.6.2001 Hunde an der Leine zu führen sind.

Rechtlich ist der Unfall wie folgt zu werten:

Die Beklagte ist der Klägerin uneingeschränkt zum Schadensersatz verpflichtet, weil die Körperverletzung der Klägerin auf einer Realisierung der Tiergefahr im Sinne des § 833 S. 1 BGB und zugleich auf einem schuldhaften Verstoß der Beklagten gegen ein Schutzgesetz im Sinne des § 823 Abs. 2 BGB beruht und sich ein unfallursächliches Eigenverschulden der Klägerin nicht ergibt.

Die Haftung der Beklagten als Halterin des den Sturz der Klägerin auslösenden Hundes folgt aus § 833 S. 1 BGB, weil der Fahrradsturz der Klägerin auf eine „spezifische Tiergefahr" zurückzuführen ist, sich also die durch die Unberechenbarkeit tierischen Verhaltens bestehende Gefahr verwirklicht hat (vgl zu den Anforderungen: BGH MDR 1999, 1197; OLG München OLGR 2000, 3; *Geigel*, Der Haftpflichtprozess, 24. Auflage 2003, Kap 18, Rn 1, jeweils mwN). Der Sturz wurde schon nach der eigenen Darstellung der Klägerin dadurch ausgelöst, dass es zu einer Kollision zwischen der auf einem Weg radfahrenden Klägerin und dem auf dem oder jedenfalls in unmittelbarer Nähe des Weges laufenden, nicht angeleinten und von der Beklagten nicht ausreichend kontrollierten Hund gekommen ist. Nach diesseitiger Auffassung sprechen überwiegende Gesichtspunkte dafür, dass der von der Beklagten gerufene und auf dem Weg zu ihr befindliche Hund vor dem Fahrrad der Klägerin über den Weg gelaufen ist und dadurch die Kollision verursacht hat. Für die Frage, ob der Unfall auf dem typischen unberechenbaren Verhalten eines Tieres beruht, kann letztlich sogar dahinstehen, ob die Kollision mit dem auf die Beklagte zulaufenden Hund direkt auf dem zum Radfahren freigegebenen Weg oder am Rande des Weges stattfand, da der Hund jedenfalls gegen das unstreitig noch auf dem Weg fahrende Fahrrad der Klägerin geraten und somit unkontrolliert in den Verkehrsraum des Weges gelaufen ist.

Zugleich haftet die Beklagte gemäß § 823 Abs. 2 BGB iVm Art. 1 Abs. 3 lit. c) der ordnungsbehördlichen Verordnung der Stadt ▪▪▪ vom 25.6.2001 für die Folgen des Unfalls.

Ordnungsbehördliche Verordnungen sind jedenfalls dann Schutzgesetze im Sinne des § 823 Abs. 2 BGB, wenn sie dem Schutze einzelner Personen vor Rechtsgutsverletzungen dienen (Palandt/*Sprau*, BGB, § 823 Rn 140 f). Dies steht bezüglich der Verordnung über die Anleinpflicht außer Frage, da diese gerade dazu dient, Besucher des Parks – Fußgänger und Radfahrer – vor frei herumlaufenden Hunden zu schützen. Der in Rede stehende Unfall beruht auch auf dem schuldhaften Verstoß der Beklagten gegen die Verordnung, weil sie – die Beklagte – ihren Hund aus dem gefährlichen Bereich unmittelbar neben dem Verkehrsweg hätte entfernen können, wenn er an der Leine geführt worden wäre.

Für ein Eigenverschulden der Klägerin spricht nichts. Eine überhöhte Geschwindigkeit ist ihr schon deshalb nicht vorzuwerfen, weil sich ihre Fahrgeschwindigkeit objektiv nicht aufklären lässt. Im Übrigen lassen sich eine für die Verkehrssituation zu hohe Geschwindigkeit und deren Unfallursächlichkeit auch deshalb nicht feststellen, weil die exakten Wege des Hundes und der an der Unfallstelle befindlichen Personen vor der Kollision nicht rekonstruierbar sind und jedenfalls nicht auszuschließen ist, dass der Sturz durch den von der Seite auf den Weg und in das Fahrrad laufenden Hund ausgelöst wurde, was bei jeder Geschwindigkeit eines Radfahrers einen Sturz verursachen kann. Der Klägerin ist auch nicht vorzuwerfen, den Weg nicht rechts befahren zu haben. Schon der genaue Fahrweg der Klägerin bei Annäherung an die Unfallstelle ist nicht aufklärbar.

Rechtsanwalt

VII. Unfall mit Katze

Auch wenn die Katze nur zugelaufen ist, ist derjenige, der sie füttert und sich für sie verantwortlich fühlt, Tierhalter. Für einen Zusammenstoß der Katze mit einem Kfz haftet er zu 2/3.[199]   252

E. Kinderunfall

I. Kinder vor Vollendung des siebenten Lebensjahrs

Kinder, die das siebente Lebensjahr noch nicht vollendet haben, haften nach § 828 Abs. 1 BGB überhaupt nicht für einen Schaden, den sie einem anderen zufügen. Dieser Grundsatz gilt auch im Straßenverkehr uneingeschränkt. Einem Kind unter sieben Jahren kann deshalb auch kein Mitverschulden entgegengehalten werden. Eine unmittelbare Ersatzpflicht eines Kindes unter sieben Jahren kann allenfalls gem. § 829 BGB begründet werden (jedoch kaum denkbar).   253

II. Kinder vor Vollendung des zehnten Lebensjahrs

Durch das **Zweite Schadensrechtsänderungsgesetz**[200] sind Kinder, die das zehnte Lebensjahr noch nicht vollendet haben, für einen Schaden, den sie bei einem Unfall im motorisierten Straßenverkehr, mit einer Schienenbahn oder einer Schwebebahn einem anderen zufügen, nicht verantwortlich, es sei denn, dass sie die Verletzung vorsätzlich herbeigeführt haben.   254

---

199 LG Paderborn NJW-RR 1996, 154; s.a. AG Castrop-Rauxel zfs 1991, 186.
200 Zweites Gesetz zur Änderung schadensrechtlicher Vorschriften vom 19.7.2002 (BGBl I S. 2674).

255   Die Heraufsetzung der Verantwortlichkeit von Kindern bis zur Vollendung des zehnten Lebensjahres für einen Schaden, den sie **im motorisierten Verkehr** einem anderen zufügen, war eines der Hauptanliegen des Zweiten Schadensrechtsänderungsgesetzes zur Verbesserung der Rechtsstellung der Kinder im motorisierten Verkehr. Dies war beispielsweise bereits von den Deutschen Verkehrsgerichtstagen 1983 und 2000 gefordert worden.

256   Die Heraufsetzung der Verantwortlichkeit für Kinderunfälle im motorisierten Verkehr geht auf die psychologische Erkenntnis zurück, dass Kinder aufgrund ihrer physischen und psychischen Fähigkeiten nach Vollendung des zehnten Lebensjahres überhaupt erst imstande sind, die besonderen Gefahren des Straßenverkehrs zu erkennen und sich entsprechend diesen Gefahren zu verhalten. Durch die Neuregelung in § 828 Abs. 2 S. 1 BGB wird für Unfälle seit dem 1.8.2002 die Rechtsstellung von Kindern sowohl als Tätern als auch als Opfern im motorisierten Verkehr wesentlich verbessert. Die Anhebung der Verantwortlichkeitsgrenze für Kinder und Jugendliche bis zur Vollendung des zehnten Lebensjahres gilt jedoch nur und ausschließlich für Unfälle im motorisierten Verkehr. Soweit beispielsweise ein 8-jähriges Kind als Fußgänger, Roller- oder Radfahrer, einen anderen Fußgänger oder Radfahrer schädigt, bleibt es bei der Verantwortungsgrenze von sieben Jahren gemäß § 828 Abs. 1 BGB.

257   Bei Kindern über sieben Jahren (§ 828 Abs. 1 BGB) und bis zu zehn Jahren (§ 828 Abs. 2 BGB) ist demnach zu entscheiden zwischen ihrer Einsichtsfähigkeit und dem Verschulden. Um eine Haftung nach § 828 Abs. 1 BGB oder bei Unfällen im motorisierten Verkehr nach § 828 Abs. 2 BGB zu begründen, muss dem Kind oder Jugendlichen stets ein Verschulden angelastet werden. Darüber hinaus muss das Kind bei der Begehung der schädigenden Handlung die zur Erkennung der Verantwortlichkeit erforderliche **Einsicht** haben. Das bedeutet, dass das Kind bzw der Jugendliche in der Lage sein muss, das Unrecht seiner Handlung und die Verpflichtung zu erkennen und für die Folgen seines Handelns einzustehen. Das Kind bzw der Jugendliche muss also die intellektuelle Fähigkeit haben zu erkennen, dass sein Verhalten Gefahren auslösen und er dafür verantwortlich sein kann. Ausreichend ist das allgemeine Verständnis dafür, dass das Verhalten geeignet ist, Gefahren herbeizuführen.[201]

258   Dabei kann es ausreichen, dass das Kind bzw der Jugendliche zwar die Gefährlichkeit seines Tuns altersbedingt noch nicht kennt, wohl aber wegen vorausgegangener Verbote und Warnungen in der Lage ist zu erkennen, dass er für eine Zuwiderhandlung gegen das vorher ausgesprochene Verbot verantwortlich ist. Maßgebend sind jeweils die Umstände des Einzelfalls. Die Beweislast für den Mangel der Einsichtsfähigkeit obliegt dem Kind bzw Jugendlichen.[202] Im Gegensatz zur Einsichtsfähigkeit nach § 828 BGB, bei der allein die individuelle und intellektuelle Fähigkeit des Jugendlichen ausschlaggebend ist, muss im Rahmen der Schuld, die sich an § 276 BGB orientiert, geprüft werden, ob ein normal entwickelter Jugendlicher dieses Alters die Gefährlichkeit seines Tuns hätte voraussehen und dieser Einsicht gemäß hätte handeln können und müssen.[203] Die Beweislast für das Verschulden des Kindes bzw Jugendlichen obliegt – im Gegensatz zur Beweislast für die Einsichtsfähigkeit – dem Geschädigten.

III. Kind beschädigt abgestellten PKW

259   **Beispiel:** Am 2.10.2006 erscheint in der Kanzlei der Mandant und berichtet, dass er vor einem Monat sein Fahrzeug an der Hauptstraße ordnungsgemäß abgestellt habe. Auf dem anliegendem Fußweg seien Kinder mit ihren Fahrrädern entlanggefahren, wobei ein Kind das

---

201 BGH VersR 1970, 374.
202 BGH NJW 1984, 1958.
203 BGH NJW 1970, 1038.

Gleichgewicht verloren habe und gegen das Fahrzeug gefahren sei. Daraufhin war eine Beule festzustellen. Die Reparaturkosten betragen 1000,00 EUR. Das Kind, welches gegen das Fahrzeug gefahren ist, war acht Jahre alt. Der Mandant berichtet weiter, dass er seine Ansprüche bei der Haftpflichtversicherung der Eltern angemeldet habe, die jedoch unter Verweis auf § 828 Abs. 2 BGB eine Haftung ablehnt habe mit der Begründung, dass das Kind nicht hafte. Hier ist mit folgender Klage zu reagieren:

Muster: Klageschrift (Kind als Schädiger)

260

↓

An das ▪▪▪gericht, ▪▪▪

Klage

In Sachen

des Herrn ▪▪▪

– Kläger –

Prozessbevollmächtigte: RAe ▪▪▪

gegen

das Kind ▪▪▪, vertreten durch die Eltern ▪▪▪

– Beklagter –

wegen Schadensersatzes

Streitwert: 1000,00 EUR

Namens und in Vollmacht des Klägers erheben wir Klage und werden beantragen:

1. Der Beklagte wird verurteilt, an den Kläger 1030,00 EUR nebst Zinsen iHv 5 Prozentpunkten über dem Basiszinssatz ab Rechtshängigkeit zu zahlen.

2. Die Kosten des Verfahrens trägt der Beklagte.

3. Das Urteil ist vorläufig – notfalls gegen Sicherheitsleistung – vollstreckbar.

4. Sofern das Gericht das schriftliche Vorverfahren anordnet, beantragen wir bereits jetzt bei Säumnis des Beklagten den Erlass eines entsprechenden Versäumnisurteils, im Falle eines Anerkenntnisses den Erlass eines entsprechenden Anerkenntnisurteils ohne mündliche Verhandlung.

Begründung:

Der Kläger macht Schadensersatzansprüche aus einem Verkehrsunfall vom 2.9.2006 um ca. 16:00 Uhr auf der Hauptstraße Höhe Einmündung Nebenstraße in A-stadt geltend.

Der Unfall ereignete sich wie folgt:

Der Kläger parkte sein Fahrzeug ordnungsgemäß entlang der Hauptstraße. Der 8-jährige Beklagte fuhr auf dem angrenzen Fußweg, verlor aus Unachtsamkeit das Gleichgewicht und prallte gegen das im Eigentum des Klägers stehende Fahrzeug mit dem amtl. Kennzeichen ▪▪▪.

Der Unfall wurde durch den Beklagten allein verschuldet.

Dem Kläger entstand folgender Schaden:

Reparaturkosten:	1000,00 EUR
Unkostenpauschale:	30,00 EUR

Der Beklagte hat eine Zahlung durch seine Haftpflichtversicherung abgelehnt und dabei auf § 828 Abs. 2 BGB sowie sein Alter von acht Jahren verwiesen. Die Haftungsablehnung ist zu Unrecht erfolgt:

Unter den Umständen des Streitfalls hat der Beklagte zu Unrecht angenommen, dass seine Verantwortung gemäß § 828 Abs. 2 S. 1 BGB ausgeschlossen sei. Da das schädigende Ereignis nach dem 31.7.2002 eingetreten ist, richtet sich die Verantwortlichkeit des minderjährigen Schädigers gemäß Art. 229 § 8 Abs. 1 EGBGB nach § 828 BGB in der Fassung des Zweiten Gesetzes zur Änderung schadensrechtlicher Vorschriften vom 19. Juli 2002 (BGBl I S. 2674). Danach ist für den Schaden, den er bei einem Unfall mit einem Kraftfahrzeug einem anderen zufügt, nicht verantwortlich, wer das siebente, aber nicht das zehnte Lebensjahr vollendet hat.

Zwar könnte der hier zu beurteilende Sachverhalt nach dem Wortlaut des neugefassten § 828 Abs. 2 S. 1 BGB ohne Weiteres unter das Haftungsprivileg für Minderjährige fallen. Aus seinem Wortlaut geht nicht hervor, dass das Haftungsprivileg davon abhängen soll, ob sich das an dem Unfall beteiligte Kraftfahrzeug im fließenden oder – wie der hier beschädigte parkende PKW – im ruhenden Verkehr befindet. Auch aus der systematischen Stellung der Vorschrift ergibt sich nicht, dass der Gesetzgeber einen bestimmten Betriebszustand des Kraftfahrzeugs zugrunde legen wollte, zumal er bewusst nicht das Straßenverkehrsgesetz, sondern das allgemeine Deliktsrecht als Standort für die Regelung gewählt hat (vgl BT-Drucks. 14/7752, S. 25). Allein diese Auslegungsmethoden führten daher nicht zu dem Ergebnis, dass § 828 Abs. 2 BGB auf Fälle des fließenden Verkehrs von Kraftfahrzeugen begrenzt ist.

Jedoch ist dem Wortlaut der Vorschrift auch nicht zweifelsfrei zu entnehmen, dass sie sich ohne Ausnahme auf sämtliche Unfälle beziehen soll, an denen ein Kraftfahrzeug beteiligt ist, wie schon die seit ihrem Inkrafttreten dazu veröffentlichten kontroversen Meinungen im Schrifttum zeigen (vgl für eine weite Auslegung: *Cahn*, Einführung in das neue Schadensrecht, 2003, Rn 232 ff; *Elsner*, DAR 2004, 130, 132; *Jaklin/Middendorf*, VersR 2004, 1104 ff; *Pardey*, DAR 2004, 499, 501 ff; für eine einschränkende Auslegung: *Ady*, ZGS 2002, 237, 238; Erman/*Schiemann*, BGB, 11. Auflage, § 828 Rn 2a; *Heß/Buller*, zfs 2003, 218, 220; *Huber*, Das neue Schadensersatzrecht, 2003, § 3 Rn 48 ff; *Kilian*, ZGS 2003, 168, 170; *Lemcke*, zfs 2002, 318, 324). Im Hinblick darauf würde bei einer einschränkenden Auslegung oder bei einer im Schrifttum und in der bisher veröffentlichten Rechtsprechung (vgl LG Koblenz NJW 2004, 858 und AG Sinzheim NJW 2004, 453) in Bezug auf parkende Fahrzeuge befürworteten teleologischen Reduktion der Vorschrift jedenfalls keine einschränkende Anwendung vorliegen, die einem nach Wortlaut und Sinn eindeutigen Gesetz einen entgegengesetzten Sinn verliehe oder den normativen Gehalt der auszulegenden Norm grundlegend neu bestimmte und deshalb nicht zulässig wäre (vgl BVerfG NJW 1997, 2230).

Da der Wortlaut des § 828 Abs. 2 BGB nicht zu einem eindeutigen Ergebnis führt, ist der in der Vorschrift zum Ausdruck kommende objektivierte Wille des Gesetzgebers mit Hilfe der weiteren Auslegungskriterien zu ermitteln, wobei im vorliegenden Fall insbesondere die Gesetzesmaterialien von Bedeutung sind. Aus ihnen ergibt sich mit der erforderlichen Deutlichkeit, dass das Haftungsprivileg des § 828 Abs. 2 S. 1 BGB nach dem Sinn und Zweck der Vorschrift nur eingreift, wenn sich bei der gegebenen Fallkonstellation eine typische Überforderungssituation des Kindes durch die spezifischen Gefahren des motorisierten Verkehrs realisiert hat.

Mit der Einführung der Ausnahmevorschrift in § 828 Abs. 2 BGB wollte der Gesetzgeber dem Umstand Rechnung tragen, dass Kinder regelmäßig frühestens ab Vollendung des zehnten Lebensjahres imstande sind, die besonderen Gefahren des motorisierten Straßenverkehrs zu erkennen, insbesondere Entfernungen und Geschwindigkeiten richtig einzuschätzen, und sich den Gefahren entsprechend zu verhalten (vgl BT-Drucks. 14/7752, S. 16, 26). Allerdings wollte er die Deliktsfähigkeit nicht generell (vgl dazu *Wille/Bettge*, VersR 1971, 878, 882; *Kuhlen*, JZ 1990, 273, 276; *Scheffen*, 29. Deutscher Verkehrsgerichtstag 1991, Referat Nr. II/3, S. 97.) und nicht bei sämtlichen Verkehrsunfällen (vgl Empfehlungen des Deutschen Verkehrsgerichtstages 1991, S. 9) erst mit Vollendung des zehnten Lebensjahres beginnen lassen. Er wollte die Heraufsetzung der Deliktsfähigkeit vielmehr auf im motorisierten Straßen- oder Bahnverkehr plötzlich eintretende Schadensereignisse begrenzen, bei denen die altersbedingten Defizite eines Kindes, wie zB Entfernungen und Geschwindigkeiten nicht richtig einschätzen zu können, regelmäßig zum Tragen kommen (vgl BT-Drucks. 14/7752, S. 28). Für eine solche Begrenzung sprach, dass sich Kinder im motorisierten Verkehr durch die Schnelligkeit, die Komplexität und die Unübersichtlichkeit der Abläufe in einer besonderen Überforderungssituation befinden. Gerade in diesem Umfeld wirken sich die Entwicklungsdefizite von Kindern besonderes gravierend aus. Demgegenüber weisen der nicht motorisierte Straßenverkehr und das allgemeine Umfeld von Kindern gewöhnlich keine vergleichbare Gefahrenlage auf (vgl *Bollweg/Hellmann*, Das neue Schadensersatzrecht, 2002, Teil 3, § 828 BGB, Rn 11; BT-Drucks. 14/7752, S. 16 f, 26 f). Diese Erwägungen zeigen, dass Kinder nach dem Willen des Gesetzgebers auch in dem hier maßgeblichen Alter von sieben bis neun Jahren für einen Schaden haften sollen, wenn sich bei dem Schadensereignis nicht ein typischer Fall der Überforderung des Kindes durch die spezifischen Gefahren des motorisierten Verkehrs verwirklicht hat und das Kind deshalb von der Haftung freigestellt werden soll.

Dem Wortlaut des § 828 Abs. 2 S. 1 BGB ist nicht zu entnehmen, dass der Gesetzgeber bei diesem Haftungsprivileg zwischen dem fließenden und dem ruhenden Verkehr unterscheiden wollte, wenn es auch im fließenden Verkehr häufiger als im sog. ruhenden Verkehr eingreifen mag. Das schließt jedoch nicht aus, dass sich in besonders gelagerten Fällen – zu denen der Streitfall aber nicht gehört – auch im ruhenden Verkehr eine spezifische Gefahr des motorisierten Verkehrs verwirklichen kann.

Der Gesetzgeber wollte vielmehr lediglich den Fällen einer typischen Überforderung der betroffenen Kinder durch die spezifischen Gefahren des motorisierten Verkehrs Rechnung tragen. Zwar wird in der Gesetzesbegründung ausgeführt, der neue § 828 Abs. 2 BGB lehne sich an die Terminologie der Haftungsnormen des Straßenverkehrsgesetzes an (vgl BT-Drucks. aaO, S. 26). Die danach folgende Erläuterung, im motorisierten Straßenverkehr sei das deliktsfähige Alter heraufzusetzen, weil bei dort plötzlich eintretenden Schadensereignissen in der Regel die altersbedingten Defizite eines Kindes beim Einschätzen von Geschwindigkeiten und Entfernungen zum Tragen kämen (vgl BT-Drucks. aaO, S. 28 f), zeigt aber deutlich, dass für den Gesetzgeber bei diesem Aspekt nicht das bloße Vorhandensein eines Motors im Fahrzeug ausschlaggebend war, sondern vielmehr der Umstand, dass die Motorkraft zu Geschwindigkeiten führt, die zusammen mit der Entfernung eines Kraftfahrzeugs von einem Kind vor Vollendung des zehnten Lebensjahres nur sehr schwer einzuschätzen sind (vgl *Bollweg/Hellmann*, aaO).

Aus den vorstehenden Ausführungen ergibt sich, dass der Gesetzgeber nur dann, wenn sich bei einem Schadensfall eine typische Überforderungssituation des Kindes durch die spezifischen Gefahren des motorisierten Verkehrs verwirklicht hat, eine Ausnahme von der Deliktsfähigkeit bei Kindern vor Vollendung des zehnten Lebensjahres schaffen wollte. Andere Schwierigkeiten für ein Kind, sich im Straßenverkehr verkehrsgerecht zu verhalten, sollten diese Ausnahme nicht rechtfertigen. Insoweit ging der Gesetzgeber davon aus, dass Kinder in dem hier maßgeblichen Alter mit solchen Situationen nicht generell überfordert sind und die Deliktsfähigkeit daher grundsätzlich anzunehmen ist. Das wird auch deutlich bei der Begründung, weshalb das Haftungsprivileg in Fällen vorsätzlicher Schädigung nicht gilt. Hierzu heißt es, dass in diesen Fällen die Überforderungssituation als schadensursächlich auszuschließen sei und sich jedenfalls nicht ausgewirkt habe (vgl BT-Drucks. 14/7752, S.15, 27; *Hentschel*, NZV 2002, 433, 442). Allerdings kam es dem Gesetzgeber darauf an, die Rechtsstellung von Kindern im Straßenverkehr umfassend zu verbessern. Sie sollte insbesondere nicht davon abhängen, ob das betroffene Kind im Einzelfall „Täter" oder „Opfer" eines Unfalls ist, denn welche dieser beiden Möglichkeiten sich verwirklicht, hängt oft vom Zufall ab (vgl *Medicus*, Deutscher Verkehrsgerichtstag 2000, Referat Nr. III/4, S. 121; Bamberger/Roth/*Spindler*, BGB, § 828 Rn 4). Die Haftungsprivilegierung Minderjähriger erfasst deshalb nicht nur die Schäden, die Kinder einem anderen zufügen. Da § 828 BGB auch für die Frage des Mitverschuldens nach § 254 BGB maßgeblich ist (BGHZ 34, 355, 366), hat die Haftungsfreistellung Minderjähriger auch zur Folge, dass Kinder dieses Alters sich ihren eigenen Ansprüchen, gleichviel ob sie aus allgemeinem Deliktsrecht oder aus den Gefährdungshaftungstatbeständen des Straßenverkehrsgesetzes oder des Haftpflichtgesetzes hergeleitet werden, ein Mitverschulden bei der Schadensverursachung nicht entgegenhalten lassen müssen (vgl BT-Drucks. 14/7752, S. 16; *Bollweg/Hellmann*, Das Neue Schadensersatzrecht, § 828 Teil 3, Rn 5; *Heß/Buller*, zfs 2003, 218, 219). § 828 Abs. 2 BGB gilt deshalb unabhängig davon, ob das an einem Unfall mit einem Kraftfahrzeug beteiligte Kind Schädiger oder Geschädigter ist.

Diese Grundsätze können im Streitfall jedoch nicht eingreifen, da unter den Umständen des vorliegenden Falls das Schadensereignis nicht auf einer typischen Überforderungssituation des Kindes durch die spezifischen Gefahren des motorisierten Verkehrs beruht, so dass der Beklagte im Ergebnis zu Unrecht eine Freistellung für sich in Anspruch genommen hat.

Entgegen der Auffassung des Beklagten steht auch § 828 Abs. 3 BGB einer haftungsrechtlichen Verantwortung des Beklagten nicht entgegen. Nach der Rechtsprechung des BGH besitzt derjenige die zur Erkenntnis seiner Verantwortlichkeit erforderliche Einsicht im Sinne von § 828 Abs. 3 BGB, der nach seiner individuellen Verstandesentwicklung fähig ist, das Gefährliche seines Tuns zu erkennen und sich der Verantwortung für die Folgen seines Tuns bewusst zu sein. Auf die individuelle Fähigkeit, sich dieser Einsicht gemäß zu verhalten, kommt es insoweit nicht an (BGH – VI ZR 132/82 – VersR 1984, 641, 642 mwN und – VI ZR 110/96 – VersR 1997, 834, 835). Die Darlegungs- und Beweislast für das Fehlen der Einsichtsfähigkeit trägt der in Anspruch genommene Minderjährige; ab dem Alter von sieben Jahren wird deren Vorliegen vom Gesetz widerlegbar vermutet (vgl BGH – VI ZR 110/96 – aaO).

Der Beklagte hat zu einem Mangel, das Gefährliche seines Tuns erkennen und sich der Verantwortung seines Tuns bewusst sein zu können, außergerichtlich nichts vorgetragen. Dafür ist auch nichts ersichtlich.

Zu Unrecht hat der Beklagte auch ein fahrlässiges Verhalten (§ 276 BGB) für sich selbst verneint. Ein solches Verhalten setzt voraus, dass die im Verkehr erforderliche Sorgfalt außer Acht gelassen (§ 276 Abs. 2 BGB) und dabei die Möglichkeit eines Schadenseintritts erkannt oder sorgfaltswidrig verkannt wurde sowie dass ein die Gefahr vermeidendes Verhalten möglich und zumutbar war (BGHZ 58, 48; BGH VersR 1993, 230, 231). Dabei ist dem Alter des Schädigers Rechnung zu tragen (vgl BGH – III ZR 273/51 – LM Nr. 1 zu § 828 BGB). Bei einem Minderjährigen kommt es darauf an, ob Kinder bzw Jugendliche seines Alters und seiner Entwicklungsstufe den Eintritt eines Schadens hätten voraussehen können und müssen und es ihnen bei Erkenntnis der Gefährlichkeit ihres Handelns in der konkreten Situation möglich und zumutbar gewesen wäre, sich dieser Erkenntnis gemäß zu verhalten (BGH VersR 1970, 374, 375; 1997, 834, 835). Diese Voraussetzungen sind erfüllt. Kinder in der Altersgruppe des Beklagten wissen, dass sie nicht mit ihrem Fahrrad so fahren dürfen, dass sie das Gleichgewicht verlieren und gegen einen parkenden PKW prallen und diesen beschädigen. Es ist ihnen auch möglich und zumutbar, dieses Fahrrad so zu benutzen, dass eine solche Schädigung vermieden wird. Die danach gebotene Sorgfalt hat der Beklagte missachtet, indem er mit dem Fahrrad so fuhr, dass er das Gleichgewicht verlor und mit dem PKW des Klägers zusammenstieß.

Da vorliegend nicht ersichtlich ist, dass sich unter den Umständen die Betriebsgefahr des parkenden Fahrzeugs ausgewirkt haben könnte, scheidet auch eine Mithaftung des Klägers nach den Grundsätzen des § 254 BGB aus.

Der Kläger kann darum vollumfänglich seinen Schaden von dem Beklagten ersetzt verlangen.

Die Klage ist begründet.

Rechtsanwalt

F. HWS-Verletzungen

261   Verletzungen der Halswirbelsäule (HWS) nach einem Autounfall (meist Auffahrunfall) sind in Rechtsprechung und Lehre ausufernd diskutiert zu finden. Dem Schweregrad nach werden in der Regel **drei Gruppen** unterschieden:

- Schweregrad I: leichte Fälle mit Nacken-Hinterkopfschmerz und geringer Bewegungseinschränkung der HWS, kein röntgenologisch oder neurologisch abnormer Befund, uU längere Latenzzeit.

- Schweregrad II: mittelschwere Fälle mit röntgenologisch feststellbaren Veränderungen der HWS (zB Gefäßverletzungen oder Gelenkkapseleinrissen), Latenzzeit maximal eine Stunde.

- Schweregrad III: schwere Fälle mit Rissen, Frakturen, Verrenkungen, Lähmungen und ähnlich schweren Folgen, keine Latenzzeit.

I. Harmlosigkeitsgrenze?

Es entspricht der Natur der Sache, dass bei Verletzungen mit dem Schweregrad I die Diagnosemöglichkeit erheblich eingeschränkt ist, weil bildgebende Verfahren keine Erkenntnisse liefern. Deshalb werden insbesondere leichte Verletzungen der HWS in der Rechtsprechung unterschiedlich behandelt. Zahllose Entscheidungen verweigern den Anspruchstellern ein Schmerzensgeld, andere Gerichte gewähren Entschädigungen von bis zu ca. 1.000 EUR, ohne die Frage zu problematisieren.   262

Zu Unrecht wird darum die wirtschaftliche Bedeutung der HWS-Verletzungen als ungemein groß bezeichnet. Dies soll auch erklären, dass die Versicherungswirtschaft in neuerer Zeit bei sog. Bagatellunfällen meist bestreitet, dass eine solche Verletzung vorliegt. Es ist natürlich nicht zu bestreiten, dass HWS-Schäden in großer Zahl geltend gemacht werden und dass die Aufwendungen der Versicherungswirtschaft zur Regulierung enorm sind. Mit dieser Begründung lässt sich die Regulierung aber ebenso wenig verweigern wie bei leichten Karosserieschäden. Hier werden für Kratzer und Minimaldellen ebenfalls im Einzelfall mehr als 1.000 EUR aufgewendet, ohne dass der Gesamtaufwand von der Versicherungswirtschaft beklagt wird.   263

Der Unterschied liegt einfach darin, dass Beulen objektiv feststellbar sind, ein HWS-Syndrom vielfach nicht ohne Weiteres. So wird denn nachhaltig die These vertreten, dass bei kollisionsbedingten Geschwindigkeitsänderungen von bis zu 10 km/h allein unter biomechanischen Aspekten normalerweise keine Körperverletzung eintreten könne (benannt als Harmlosigkeitsgrenze). Solche Tatrichter nehmen jedoch nicht zur Kenntnis, dass die wissenschaftlichen Diskussion über die zur Auslösung für ein HWS-Trauma erforderliche Aufprallgeschwindigkeit derzeit noch nicht abgeschlossen ist und dass es naturwissenschaftlich nicht feststeht, dass ein Aufprall mit einer Geschwindigkeitsänderung von unter 15 km/h oder 10 km/h nie ein HWS-Trauma hervorrufen kann.   264

Sie nehmen auch nicht zur Kenntnis, dass **Versuchsreihen** ergeben haben, dass auch bei einem simulierten Heckaufprall bei den Versuchspersonen zwar keine Verletzungen, wohl aber typische Symptome auftraten. Die Zahl der Versuchspersonen, bei denen die Symptome auftraten, war etwa halb so groß wie in den Fällen, in denen der Aufprall tatsächlich stattfand und nicht simuliert wurde. Zu Recht wird darauf hingewiesen,[204] dass es problematisch sei, die HWS-Verletzungen als Bagatellen anzusehen, weil über kaum einen Verletzungstypus so viel Unklarheit tatsächlicher und rechtlicher Natur bestehe.   265

Nunmehr hat der **BGH** einen weiteren Schritt in der Entwicklung der Schmerzensgeldrechtsprechung gemacht und entschieden, dass die Unfallursächlichkeit für HWS-Verletzungen auch bei Geschwindigkeitsänderungen unterhalb der Harmlosigkeitsgrenze nicht schlechthin ausgeschlossen ist.[205] Auch die Tatgerichte und Obergerichte haben vermehrt diesen Schluss gezogen. Es sind vermehrt Entscheidungen zu finden, die auch bei unter der Harmlosigkeits-   266

---

204 ZB *Müller*, VersR 2003, 1 ff.
205 BGH NJW 2003, 1116.

grenze liegenden Differenzgeschwindigkeiten HWS-Verletzungen anerkennen. Sie begründen dies damit, dass neuere medizinische Erkenntnisse, die von der Schulmedizin noch nicht anerkannt wurden, als relevant anzusehen sind. Insbesondere spielen dabei die Körpergröße, die Sitzposition (out of position) und vorhandene Gesundheitsstörungen des Verletzten eine Rolle.

1. Gesundheitsverletzung

267 Die Richter, die trotzdem an der Harmlosigkeitsgrenze festhalten, auch wenn der Geschädigte gelitten hat, was Zeugen bestätigen können, begründen die Klageabweisung weiterhin damit, dass eine Verletzung von Körper und Gesundheit nicht vorliegen könne. Das ist aber ein Trugschluss. Es liegt zwar keine Körperverletzung, aber eine Gesundheitsverletzung vor, die gerade nicht in einem HWS-Syndrom besteht, sondern in den durch den Verkehrsunfall ausgelösten gleichartigen Beschwerden. Diese müssen in der Tat nicht auf einer Verletzung der HWS beruhen (jedenfalls nicht in den Simulationsfällen bei den Versuchen). Sie beruhen aber auf dem Verkehrsunfall, und es ist nur eine Frage der Beweiswürdigung, ob die Schilderungen des Opfers gegenüber dem Arzt, den Angehörigen und/oder Freunden und sein Verhalten im Übrigen ausreichen, die Beschwerden als Beweis anzusehen.

2. Allgemeines Lebensrisiko

268 Zum Teil sollen diese Fälle des psychisch zu begründenden Unwohlseins dem allgemeinen Lebensrisiko zugerechnet werden, weil der haftungsrechtliche Zurechnungszusammenhang fehle. Die Begründung überzeugt allerdings nicht. Die Auffassung meint, der Zurechnungszusammenhang fehle, weil sich aus einem Bagatellunfall eine psychische Erkrankung entwickelte und Unfallerlebnis und Unfallfolge so sehr außer Verhältnis stünden, dass die psychische Reaktion wegen des groben Missverhältnisses zum Anlass nicht mehr nachvollziehbar sei. Es ist natürlich richtig, dass es solche Fälle gibt. Diese Auffassung meint aber, die unfallbedingten psychischen Primärfolgen müssten den Tatbestand der Gesundheitsverletzung erfüllen, dh Krankheitswert haben, um einen Schmerzensgeldanspruch auslösen zu können.

3. Psychische Fehlverarbeitung

269 Diese Grenze kann ohne Weiteres überschritten sein, wenn Unfallopfer die Symptome eines HWS-Schleudertraumas schildern; dies hat mit den Fällen krasser Fehlverarbeitung nichts zu tun. Auch wenn man der Meinung folgt, dass die psychische Fehlverarbeitung nach Verkehrsunfällen eine erhebliche Rolle spielt, ist die Folge doch eine Störung der Gesundheit, die Krankheitswert hat. Es ist ja nicht so, dass ein Unfallopfer erst nach Beratung über mögliche Schadensersatzansprüche plötzlich den Arzt aufsucht und dort nicht vorhandene Beschwerden schildert, die zu einer Attestierung eines Schleudertraumas führen. Daran ändert auch der zeitliche Abstand zwischen Unfall und HWS-Beschwerden nichts.

270 Auch die Darstellung, dass ein Verletzter seine psychischen Befindlichkeitsstörungen im Wege einer psychischen Fehlverarbeitung zu somatischen HWS-Beschwerden umgeformt hätte, ist nicht überzeugend. Die Gerichte bewegen sich auf sehr dünnem Eis, wenn sie in HWS-Fällen die Frage beantworten, wann eine psychisch vermittelte Reaktion auf einen Bagatellunfall in grobem Missverhältnis zum Anlass steht und schlechterdings nicht mehr verständlich ist. Zu welchen Konstruktionen dies führen kann, zeigt eine Entscheidung des OLG Hamm,[206] in der

---

206 OLGR 2003, 213.

eine psychische Fehlverarbeitung in der Zeit von 1992 bis 2001 als Unfallfolge anerkannt wird, weil sie noch nicht außer Verhältnis zum Unfall als Anlass steht. Weil bei den Verletzten nach einer Zeit der Beschwerdefreiheit erneut Beschwerden auftraten, sollen aber diese neuen Beschwerden schlechterdings nicht mehr verständlich sein.

4. Beweislast

Soweit die Ablehnung von Schmerzensgeldansprüchen mit der dem Geschädigten obliegenden Beweislast begründet wird, verweisen die Gerichte darauf, dass ein ärztliches Attest, das die Diagnose „HWS-Schleudertrauma" enthält, allein nicht ausreiche. Ein solches Attest verschaffe keine Gewissheit über das Vorliegen einer solchen Verletzung, wenn es auf der Schilderung des Verletzten beruhe, die behaupteten Schäden nicht objektivierbar seien und die Umstände des Falles und der Unfallablauf (leichter Auffahrunfall, Geschwindigkeitsänderungen zwischen unter 11 bis unter 15 km/h) eher gegen eine solche Verletzung sprächen. Das OLG Hamburg[207] meint gar, es erschließe sich dem erkennenden Einzelrichter nicht, wie ein Arzt aufgrund bloßer Mitteilungen des Patienten „sowie dessen Untersuchung" solle feststellen können, ob beklagte Beschwerden und festgestellte Diagnosen unfallbedingt seien beziehungsweise auf „einen bestimmten" Unfall zurückzuführen seien. Zu Gunsten einer Verletzten entschied das OLG Hamm,[208] das den Lebensgefährten der Klägerin und diese selbst anhörte, die Aussagen als glaubhaft ansah und einige ärztliche Feststellungen ausreichen ließ, um den Nachweis der Beschwerden als geführt anzusehen. Insbesondere ließ es sich nicht dadurch beeindrucken, dass ein direkter Nachweis knöcherner oder ligamentärer Verletzungen der HWS fehlte, weil es nicht gesichert erscheine, dass die Folgen eines HWS-Beschleunigungstraumas sich binnen einer Frist von wenigen Monaten bis zu einem Jahr zurückgebildet haben müssten und dass darüber hinausgehende Schäden nur dann als Unfallfolgen zu akzeptieren seien, wenn es sich um ein Trauma 3. Grades handele, dh um solche Verletzungen, die auf normalen Röntgenaufnahmen sichtbar seien.

271

Unüberwindliche Hürden stellte dagegen das OLG Karlsruhe[209] auf, das einem Sachverständigen nicht folgte, obwohl dieser das Unfallbild und das Verhalten des Verletzten unmittelbar nach dem Unfall mit einem weichgeweblichen Trauma der HWS iS einer Beschleunigungsverletzung als vereinbar ansah. Den Beweis für eine unfallbedingte Verletzung sah das Gericht nicht als geführt an, weil die behaupteten (und bewiesenen) Beschwerden nicht wahrscheinlicher seien als ihre unfallunabhängige Entstehung. Macht eine solche Entscheidung Schule, kann niemand, der älter ist als 30 Jahre, ein HWS-Schleudertrauma nachweisen, denn irgendeine Vorschädigung wird ab dieser Altersgrenze wohl jeder aufzuweisen haben. Andere Gerichte, die einen Schmerzensgeldanspruch zusprechen, argumentieren im Wesentlichen dahin gehend, dass nach einem Auffahrunfall durch einen Arzt Beschwerden festgestellt werden müssen, zB Nackenmuskulatur druckschmerzhaft, endgradige Bewegungseinschränkung der HWS. Ist dies der Fall, kann von der Ursächlichkeit des Auffahrunfalls für die Gesundheitsbeeinträchtigung ausgegangen werden. Das OLG Bamberg[210] führt im Leitsatz aus:

272

„Die Kausalität eines Unfalls für ein ärztlich diagnostiziertes HWS-Schleudertrauma steht fest, wenn im ärztlichen Attest des Durchgangsarztes vom Unfalltag unter Diagnose „HWS-Distorsion" eingetragen wird sowie ein verschreibungspflichtiges Medikament als auch das

---

207 OLGR 2003, 6.
208 NZV 1994, 189.
209 DAR 2001, 509 f.
210 NZV 2001, 470.

Tragen einer Schanz'schen Halskrause verordnet wird und bei einer Nachuntersuchung tastbare Verspannungen im Bereich der Brustwirbelsäule festgestellt werden."

273   Diese Richter lehnen es ab, die Ersatzpflicht von der Differenzgeschwindigkeit abhängig zu machen, solange die wissenschaftliche Diskussion über die zur Auslösung eines HWS-Traumas erforderliche Differenzgeschwindigkeit noch nicht abgeschlossen sei, so dass es naturwissenschaftlich derzeit nicht feststehe, dass ein Aufprall mit einem Geschwindigkeitsunterschied von zB unter 10 km/h oder 15 km/h nie ein HWS-Trauma hervorrufen könne. Selbst bei einer kollisionsbedingten Geschwindigkeitsänderung von 4 km/h können Verletzungen nach dem gegenwärtigen Stand der Wissenschaft nicht ausgeschlossen werden.[211] Völlig zu Recht weist das AG Rastatt[212] darauf hin, dass die Anzahl der bisher durchgeführten Versuche nicht genügt, um eine sichere Aussage zu treffen, von welcher Differenzgeschwindigkeit an ein HWS-Syndrom – wenn überhaupt – ausgeschlossen werden kann. Weitergehend ist die Entscheidung des LG Lübeck,[213] das ausdrücklich feststellt, dass eine Verletzung im medizinischen Sinne nicht gegeben sein müsse, um nach einem Auffahrunfall einen Eingriff in die körperliche Befindlichkeit anzunehmen. Es sieht den Nachweis des HWS-Syndroms als geführt, wenn der Geschädigte den Arzt aufsucht, dieser eine eingeschränkte Beweglichkeit der Halswirbelsäule, Muskelverspannungen und Druckschmerz feststellt und sich der Geschädigte zwölf krankengymnastischen Anwendungen unterzogen und vier Arztbesuche auf sich genommen hat. Dabei kann es durchaus ausreichen, wenn der Verletzte erst binnen 24 Stunden einen Arzt aufsucht, denn ein erst nach Stunden auftretender Bewegungsschmerz bzw eine erst dann auftretende Bewegungsbeeinträchtigung oder -unfähigkeit kann typisch sein für das Vorliegen eines HWS-Syndroms.

5. Sitzposition im Unfallzeitpunkt

274   Wissenschaftlich ungeklärt ist auch die Frage, welchen Einfluss die Sitzposition auf die Entstehung des HWS-Syndroms hat. Es ist sogar unklar, ob das Verdrehen des Kopfes im Zeitpunkt einer Heckkollision ein verletzungsfördernder Faktor ist. Diese Beispiele zeigen, dass für den Anwalt und den Richter nur Entscheidungen hilfreich sind, die um eine Begründung bemüht sind.

275   Der sichere Weg bei der Geltendmachung von Schmerzensgeldansprüchen wegen eines HWS-Syndroms nach einem Auffahrunfall verlangt es, dass der Verletzte so oft wie möglich zum Arzt geht und jede ihm gebotene Möglichkeit von Heilbehandlungsmaßnahmen wahrnimmt. Er sollte ferner Arbeitgeber, Arbeitskollegen und Freunde über seine Beschwerden informieren, damit er sie als Zeugen benennen kann.

276   **Hinweis:** Das Gericht muss unbedingt auf die **Beweiserleichterung des § 287 ZPO** im Bereich der haftungsausfüllenden Kausalität hingewiesen werden. Zur Feststellung des Kausalitätszusammenhangs ist nämlich keine an Sicherheit grenzende Wahrscheinlichkeit iSd § 286 ZPO, sondern lediglich eine überwiegende Wahrscheinlichkeit ausreichend.[214]

6. Vorschädigung

277   Von besonderer Bedeutung für die Entscheidung der Frage, ob einem Verkehrsopfer ein Schmerzensgeld für ein HWS-Syndrom zuerkannt wird, ist oft die Vorfrage, ob die Wirbel-

---

211 AG Rastatt zfs 2000, 147.
212 AaO.
213 zfs 2000, 436.
214 OLG Hamm DAR 1995, 74.

säule des Verletzten bei dem Unfall vorgeschädigt war. Hier wird die Problematik der Beweislast für die Kausalität des Unfalls für den Gesundheitsschaden oft verkannt. Immer wieder heißt es, dass Beschwerden eines Verletzten, der vor dem Unfall bereits zB einen stummen Bandscheibenvorfall erlitten hatte, dem Schädiger nur zugerechnet werden könnten, wenn sich ein gesicherter ursächlicher Zusammenhang zwischen dem Unfall und den späteren Beschwerden des Geschädigten feststellen lasse. Diese Begründung ist schon im Ansatz falsch.

Ein Verletzter, der bis zum Unfall keine akuten Beschwerden hatte, muss lediglich nachweisen, dass er als Folge des Unfalls unter Beschwerden leidet. Für die Feststellung, dass die in der Folgezeit beklagten Beschwerden auf den Unfall zurückzuführen sind, gilt der Beweismaßstab des § 287 ZPO, nicht des § 286 ZPO. Es ist Sache des Schädigers nachzuweisen, dass die nach dem Unfall beklagten Beschwerden genau jetzt oder zu einem späteren Zeitpunkt und genau im selben Umfang auch ohne den Unfall eingetreten wären. Ein Sachverständiger wird dies wohl kaum beantworten können, ohne sich selbst übermenschliche Fähigkeiten zuzuschreiben. Ein Verletzter, der im Zeitpunkt des Unfalls eine vorgeschädigte Wirbelsäule hatte und der mit gewissen Beschwerden gut leben konnte, kann nicht einsehen, dass die nunmehr eingetretenen massiven Beschwerden nicht dem Unfall, sondern seinem bisherigen Gesundheitszustand zuzurechnen sein sollen.

7. Schmerzensgeld

Mit Recht wird dann auch entschieden, dass eine vorgeschädigte Bandscheibe kein Grund sein muss, nach einem HWS-Schleudertrauma ein Schmerzensgeld zu versagen.[215] Allerdings will der BGH[216] bei der Bemessung des Schmerzensgeldes berücksichtigen, dass die zum Schaden führende Handlung des Schädigers eine bereits vorhandene Schadensbereitschaft in der Konstitution des Verletzten vorgefunden hat und die Gesundheitsbeeinträchtigungen Auswirkungen dieser Schadensanfälligkeit sind. In einem solchen Fall trifft der Unfall zwar keinen gesunden, aber doch einen – im Vergleich zum derzeitigen Zustand – beschwerdefreien Menschen. Im Rahmen der Schadensermittlung nach § 287 ZPO ist die wahrscheinliche Entwicklung maßgebend. Gelingt es dem Schädiger, konkrete Anhaltspunkte dafür aufzuzeigen, dass Fehlentwicklungen gleichen Ausmaßes auch ohne den Unfall eingetreten wären, können Abschläge aufgrund der besonderen Schadensanfälligkeit gemacht werden. Ergeben sich keine konkreten Anhaltspunkte für einen negativen Verlauf, muss der Richter im Rahmen der Wahrscheinlichkeitsprognose einen gleichbleibenden Zustand zugrunde legen.

278

Die verbleibende Unsicherheit, die jeder gesundheitlichen Prognose innewohnt, darf sich nicht schmerzensgeldmindernd auswirken. Ein Ausweg aus dieser unerfreulichen Beweissituation ergibt sich für den Schädiger dadurch, dass ein Sachverständiger auch ohne hellseherische Fähigkeiten in der Regel zumindest schon angeben kann, wann – auch ohne den Unfall – spätestens eine Verschlimmerung der Beschwerden eingetreten wäre. Ähnlich wie sich bei schweren Erkrankungen die Lebensdauer in etwa eingrenzen lässt, ist auch bei feststehender Vorerkrankung der Wirbelsäule in der Regel absehbar, wann Beschwerden auftreten werden, die dem Beschwerdebild des Verletzten nach dem Unfall entsprechen. Durch einen Sachverständigen beraten, ist der Verletzte ebenfalls nicht der Willkür des Richters ausgeliefert. Der einmal festgestellte Kausalzusammenhang zwischen dem Unfall und bestimmten Beschwerden entfällt also nicht durch bloßen Zeitablauf. Der Schädiger kann aber gegebenenfalls nachweisen, dass ab einem bestimmten Zeitpunkt tatsächlich eine überholende Kausalität eingetreten wäre; alle Unsicherheiten insoweit gehen zu Lasten des Schädigers.

279

---

215 LG Traunstein zfs 1993, 371.
216 VersR 1997, 122 ff.

II. Das HWS-Trauma im Prozess

280 Die Auffassungen sind also breit gefächert. Geht es in einem Verfahren um ein Schmerzensgeld für eine HWS-Verletzung und beruft sich die Versicherung außergerichtlich auf fehlenden Nachweis, kann eine Klage wie folgt aussehen:

281 **Muster: Klageschrift bei HWS-Verletzung**

 ↓

An das ▄▄▄gericht, ▄▄▄

Klage

der Frau ▄▄▄

– Klägerin –

Prozessbevollmächtigte: RAe ▄▄▄

gegen

1. Herrn ▄▄▄

– Beklagter zu 1 –

2. ▄▄▄-Versicherung

– Beklagte zu 2 –

wegen Schmerzensgeld

Namens und in Vollmacht der Klägerin erhebe ich Klage und beantrage zu erkennen:

Die Beklagten werden als Gesamtschuldner verurteilt, an die Klägerin ein in das Ermessen des Gerichts zu stellendes Schmerzensgeld nebst Zinsen in Höhe von 5 Prozentpunkten über dem Basiszinssatz hieraus seit dem ▄▄▄ zu zahlen.

Begründung:

Die Klägerin macht Schmerzensgeld aus einem Verkehrsunfall geltend, der sich am ▄▄▄ gegen ▄▄▄ Uhr auf der ▄▄▄straße in ▄▄▄ ereignet hat.

Die Klägerin war Fahrerin des PKW ▄▄▄ mit dem amtlichen Kennzeichen ▄▄▄. Der Beklagte zu 1 war am Unfalltag Fahrzeugführer des anderweitig beteiligten PKW ▄▄▄ mit dem amtlichen Kennzeichen ▄▄▄, der am Unfalltag bei der Beklagten zu 2 haftpflichtversichert war.

Der Unfall ereignete sich wie folgt:

Die Klägerin befuhr ordnungsgemäß angeschnallt am ▄▄▄ gegen ▄▄▄ Uhr die ▄▄▄straße in ▄▄▄ in Richtung ▄▄▄. In Höhe der Kreuzung ▄▄▄straße und ▄▄▄straße zeigte sie ordnungsgemäß durch Betätigung des Blinkers an, dass sie in die ▄▄▄straße abbiegen wollte, und verringerte ihre Geschwindigkeit. Aufgrund entgegenkommenden Verkehrs war ein Abbiegen nicht möglich, weshalb die Klägerin ihre Geschwindigkeit weiter verringerte, um ihren PKW zum Stehen zu bringen und den Gegenverkehr passieren zu lassen.

Der Beklagte zu 1 fuhr hinter der Klägerin mit seinem PKW. Er übersah, dass die Klägerin abbiegen wollte und deshalb ihre Geschwindigkeit verringerte. Infolgedessen kam es zur Kollision der Fahrzeuge, wobei der Beklagte zu 1 auf das Heck des Fahrzeugs der Klägerin auffuhr.

Beweis: Beiziehung der polizeilichen Ermittlungsakte über Polizeidirektion ▄▄▄, Tagebuch-Nr. ▄▄▄

Bei dem Verkehrsunfall hat sich die Klägerin verletzt. Sie hat sich ein HWS-Trauma zugezogen. Noch fünf Tage nach dem Unfall litt die Klägerin unter Kopf- und Nackenschmerzen, Übelkeit und Augendruck sowie einer schmerzhaft eingeschränkten Beweglichkeit der Halsmuskulatur. Die ersten zwei Nächte nach dem Unfall konnte sie zudem aufgrund der Beschwerden nur fünf Stunden schlafen, wobei sie immer wieder aufwachte. Die Klägerin war infolgedessen vom ▪▪▪ bis ▪▪▪ arbeitsunfähig krank geschrieben. Sie hatte am ▪▪▪ und ▪▪▪ Arzttermine wahrzunehmen.

Beweis: ärztlicher Bericht in Kopie, Anlage ▪▪▪

Die Verletzung, die oben dargestellt wurde, ist auf den streitgegenständlichen Verkehrsunfall zurückzuführen.

Beweis: 1. Zeugnis des Herrn Dr. med. ▪▪▪
2. Einholung eines Sachverständigengutachtens
3. Parteivernahme der Klägerin, hilfsweise informatorische Anhörung
4. Parteivernahme der Klägerin gem. § 287 Abs. 1 S. 3 ZPO

Der Kläger stellt die Höhe des Schmerzensgeldes in das Ermessen des Gerichts, es wird jedoch davon ausgegangen, dass ein Schmerzensgeld von mindestens 750 EUR angemessen ist.

Verweisen wollen wir dabei auf die Schmerzensgeldtabelle von *Hacks/Ring/Böhm*, 25. Auflage 2007, Ziffer 336. Hier wurde einer Frau, die ebenfalls ein HWS-Trauma erlitten hatte und über eine Woche krankgeschrieben war, ein Schmerzensgeld in Höhe von 750 EUR zugebilligt. Der Fall ist insbesondere mit dem hier zu entscheidenden vergleichbar, da die Geschädigte, wie die Klägerin, nach dem Unfall unter starken Kopfschmerzen litt.

Mit Schreiben vom ▪▪▪ wurde die Beklagte zu 2 letztmalig unter Fristsetzung bis zum ▪▪▪ aufgefordert, das Schmerzensgeld zur Auszahlung zu bringen.

Beweis: Schreiben des Unterzeichners in Kopie, Anlage ▪▪▪

Eine Zahlung erfolgte nicht, weshalb Klage geboten ist.

Rechtsanwalt

Nach den außergerichtlichen Äußerungen ist mit folgender Klageerwiderung zu rechnen: **282**

Muster: Klageerwiderung **283**

51

An das ▪▪▪gericht, ▪▪▪

Klageerwiderung

In Sachen

▪▪▪ [Klägerin]./. ▪▪▪ [Beklagte zu 1 und 2]

Az ▪▪▪

zeigen wir namens und im Auftrag der Beklagten zu 1 und 2 an, dass wir deren rechtliche Interessen vertreten, und beantragen zu erkennen:

Die Klage wird abgewiesen.

Begründung:

Im Rahmen eines Schmerzensgeldprozesses obliegt der Klägerin unter anderem die Darlegungs- und Beweislast hinsichtlich der Primärverletzung und der haftungsbegründenden Kausalität (LG Bonn VersR 2005, 1097).

Die Klägerin hat mit der Klage Schmerzensgeld für ein angeblich erlittenes HWS-Trauma durch einen Verkehrsunfall vom ▪▪▪ auf der ▪▪▪straße in ▪▪▪ geltend gemacht.

Der Klägerin obliegt es nach § 286 ZPO zu beweisen, dass sie ein HWS-Trauma erlitten hat.

Es wird jedoch bestritten, dass die Klägerin sich bei dem unstreitigen Verkehrsunfall vom ▪▪▪ ein solches Trauma zugezogen hat, wie in der Klageschrift behauptet.

Der Unfall war vollkommen ungeeignet, die von der Klägerin behaupteten Verletzungen und Beschwerden hervorzurufen. Unfallbedingt wurde das Fahrzeug der Klägerin nur um 5 km/h in der Geschwindigkeit beschleunigt.

Beweis: Sachverständigengutachten

Es ist völlig ausgeschlossen, dass bei einer solch geringen Beschleunigung die von der Klägerin behaupteten Verletzungen hervorgerufen werden.

Beweis: Sachverständigengutachten

In der Rechtsprechung ist anerkannt, dass auch kein genereller Anscheinsbeweis für das Entstehen eines verkehrsunfallbedingten HWS-Traumas besteht. Bei einem Heckaufprall wie hier ist von einem solchen Anscheinsbeweis erst bei einer Geschwindigkeitsänderung von 15 km/h auszugehen (KG Berlin NZV 2006, 145; VRS 109, 427; VersR 2006, 1233). Diese Geschwindigkeitsänderungen wurden hier jedoch bei weitem nicht erreicht.

Die Beklagten haben deshalb mangels Kausalität von Verkehrsunfall und angeblichen Verletzungen für Letztere nicht einzustehen.

Hinsichtlich der behaupteten Verletzungen ist zudem zu beachten, dass lediglich aus den Erklärungen der Klägerin Nackenschmerzen und eine eingeschränkte Kopfdrehung festgestellt wurden.

Ausweislich des ärztlichen Berichts vom ▪▪▪ konnten objektiv keine cerebralen Auffälligkeiten und nur mäßige Verspannungen festgestellt werden.

Derartige Verspannungen sind häufig jedoch gerade bei Personen anzutreffen, die überwiegend am Schreibtisch arbeiten, wie die Klägerin als ▪▪▪, ohne dass ein Unfall hierzu in einem Zusammenhang steht.

Beweis: Sachverständigengutachten

Mögen die subjektiven Befunde der Klägerin vielleicht auch charakteristisch für ein HWS-Trauma sein, für sich allein können diese jedoch ohne die Überschreitung der biomechanischen Geschwindigkeitsdifferenzschwelle von ca. 10 km/h ohne Vorliegen von objektiven Befunden ein HWS-Trauma nicht beweisen (AG Böblingen Schadenpraxis 2005, 412).

Auffällig ist auch, dass die Klägerin erst am Unfallfolgetag einen Arzt aufgesucht hat, nachdem sie nach dem Unfall über keinerlei Beschwerden geklagt hatte. Die Beschwerden, die durch ein HWS-Trauma ausgelöst werden, wie Schmerzen und Probleme bei der Drehung des Kopfes, sind jedoch wohl bereits unmittelbar nach einem Unfall wahrnehmbar, zumal hier durch die Aufnahme des Unfalls durch die Polizei auch eine erhebliche Zeit verstrichen ist.

Beweis: Sachverständigengutachten

Ein Schmerzensgeldanspruch der Klägerin besteht danach nicht. Insoweit erübrigen sich Ausführungen zur Schmerzensgeldhöhe.

Sollte das Gericht anderer Auffassung sein, wird darauf hingewiesen, dass ein Schmerzensgeld in Höhe von 750 EUR keinesfalls angemessen ist. Das Schmerzensgeld hat mit der Ausgleichs- und Genugtuungsfunktion eine Doppelfunktion. Bei einem Verkehrsunfall steht die Ausgleichsfunktion im Vordergrund. Die geschädigte Person soll für die erlittenen Beschwerden und die damit im Zusammenhang stehenden Einbußen an Lebensqualität entschädigt werden. Zur Bemessung des Schmerzensgeldes sind deshalb insbesondere die Größe, Heftigkeit und Dauer der Schmerzen und Verletzungen, die Art und Dauer der Behandlung und die damit verbundene Dauer der Arbeitsunfähigkeit zu berücksichtigen.

Die Klägerin hat über Kopf- und Nackenschmerzen sowie Übelkeit geklagt. Derartige Beschwerden sind nicht ungewöhnlich und stellen sich auch häufiger ein, ohne dass ein Unfall damit in Zusammenhang steht. Zudem sind die Beschwerden gut durch Medikamente zu behandeln. Die eingeschränkte Beweglichkeit des

Kopfes hat sich bereits nach ■■■ Tagen wieder gebessert, weshalb die Klägerin auch nur kurzfristig krank geschrieben war und ihrer Arbeit nach nur ■■■ Tagen wieder nachgehen konnte.

Verweisen wollen wir dabei auf die Schmerzensgeldtabelle von *Hacks/Ring/Böhm*, 25. Auflage 2007, wonach einem Kellner, der 13 Tage und damit bedeutend länger als die Klägerin arbeitsunfähig war, nur 300 EUR Schmerzensgeld zugesprochen wurden. Weiterhin sei auf die Ziffer 204 verwiesen, wonach einer Frau, die vier Tage arbeitsunfähig war und weitere 23 Tage nur zu 50% arbeiten gehen konnte, lediglich ein Schmerzensgeld in Höhe von 500 EUR zugesprochen wurde. In diesem Zusammenhang ist zu beachten, dass die Frau einen Monat eine Halskrause tragen musste, was bei der Klägerin nicht der Fall war.

Einer Parteivernahme der Klägerin wird widersprochen

Die Klage ist danach abzuweisen.

Rechtsanwalt

Darauf ist wie folgt zu replizieren:　　　　　　　　　　　　　　　　　284

Muster: Replik　　　　　　　　　　　　　　　　　　　　　　285

52

An das ■■■gericht, ■■■

Replik

In dem Rechtsstreit

■■■ [Klägerin]./. ■■■ [Beklagte zu 1 und 2]

Az ■■■

nehmen wir zu der Klageerwiderung wie folgt Stellung:

Die Verkehrsunfall vom ■■■ ist kausal für die Verletzungen und die Beschwerden der Klägerin.

Die unfallbedingte Geschwindigkeitsänderung betrug zum Zeitpunkt nicht, wie von den Beklagten behauptet, 5 km/h, sondern mindestens 15 km/h. Die zulässige Höchstgeschwindigkeit, die der Beklagte zu 1 wohl auch gefahren ist, betrug 50 km/h. Die Klägerin hatte zum Zeitpunkt der Kollision ihre Geschwindigkeit bereits auf unter 30 km/h verringert.

Beweis:　Sachverständigengutachten

Danach ist mit der Rechtsprechung von einem Anscheinsbeweis für das Vorliegen eines HWS-Traumas nach dem Verkehrsunfall auszugehen.

Des Weiteren ist zu beachten, dass es, selbst wenn die Geschwindigkeitsänderung unter 15 km/h gelegen haben sollte, nach der Rechtsprechung gerade keine Harmlosigkeitsgrenze gibt. Es gibt keine kollisionsbedingte Geschwindigkeitsänderung, bei deren Vorliegen eine Verletzung der HWS generell auszuschließen ist (BGH MDR 2003, 566; NJW 2003, 1116; VersR 2003, 474). Es wird lediglich davon ausgegangen, dass, je geringer die physische Einwirkung auf den Körper durch das Unfallgeschehen ist, desto unwahrscheinlicher eine Verletzung sei. Dennoch ist anerkannt, dass auch bei einer geringen Geschwindigkeitsänderung erhebliche Verletzungen auftreten können.

Richtig ist, dass die Klägerin direkt nach dem Unfall nicht über Beschwerden geklagt hat und erst am Unfallfolgetag einen Arzt aufgesucht hat.

Eine Besonderheit des Verletzungsbildes der Klägerin liegt jedoch gerade darin, dass es oft nicht unmittelbar nach dem Unfall, sondern erst bis zu 24 Stunden später auftritt. Das ist typisch für ein HWS-Trauma (LG Braunschweig DAR 1999, 218).

Beweis: Sachverständigengutachten

Nachdem sich die Beschwerden bei der Klägerin im Laufe des Abends und der Nacht eingestellt hatten, hat sie am Morgen nach dem Unfall sofort einen Arzt aufgesucht.

Beweis: ärztlicher Bericht vom ▬▬▬

Dass in dem ärztlichen Bericht insbesondere die subjektiven Empfindungen der Klägerin zur Erstellung einer Diagnose zugrunde gelegt werden, mindert dessen Beweiswert nicht. Die subjektiven Empfindungen der Klägerin werden hier durch die sehr wohl vorhandenen objektiven Befunde, insbesondere die festgestellten Verspannungen, bestätigt. Die Klägerin hatte vor dem Unfall keine derartigen Beschwerden.

Die Beschwerden durch ein HWS-Trauma wie Nacken- und Kopfschmerzen oder eine eingeschränkte Beweglichkeit des Kopfes sind meist nicht durch objektive Befunde genau zu belegen. Hier ist die Einschätzung des Gesamtzustandes des Patienten durch den Arzt von entscheidender Bedeutung. Zudem ist ein HWS-Trauma nach einem Verkehrsunfall nicht ungewöhnlich. Ursache und Wirkung stehen danach in einem nachvollziehbaren Zusammenhang.

Bei der Frage, ob ein Verkehrsunfall zu einem HWS-Syndrom geführt hat, geht es um die Ermittlung des Kausalzusammenhangs zwischen Haftungsgrund und dem eingetretenen Schaden, also um die haftungsausfüllende Kausalität. Der Auffahrunfall als Haftungsgrund ist zwischen den Parteien unstreitig. Darin liegt eine Körperverletzung iSd § 823 Abs. 1 BGB. Das ist jeder unbefugte Eingriff in die körperliche Befindlichkeit (Palandt/*Thomas*, BGB, 66. Auflage 2007, § 823 Rn 4). Dabei kommt es nicht darauf an, ob der Geschädigte eine Verletzung im medizinischen Sinn erleidet, auch leichtere Eingriffe in die körperliche Integrität können zum Schadensersatz und zur Zahlung von Schmerzensgeld verpflichten, wenn sie entsprechende Beschwerden nach sich ziehen. So stellt beispielsweise eine Ohrfeige eine Körperverletzung iSd § 823 Abs. 1 BGB dar, auch wenn es sich dabei aus medizinischer Sicht nicht um eine Verletzung handeln mag. Bei dem Auffahrunfall wurde der Kopf der Klägerin plötzlich und heftig durch den Anstoß von hinten bewegt. Diese abrupte Fremdeinwirkung stellt einen nicht nur unerheblichen Eingriff in die körperliche Integrität der Klägerin dar.

Die Feststellung der haftungsausfüllenden Kausalität richtet sich nicht wie die der haftungsbegründenden, also des Zusammenhangs zwischen schädigendem Verhalten und Rechtsgutsverletzung, nach den strengen Anforderungen des § 286 ZPO, sondern nach § 287 ZPO (OLG Hamm DAR 1995, 76). In diesem Bereich braucht eine an Sicherheit grenzende Wahrscheinlichkeit, die auch den strengen medizinisch-wissenschaftlichen Kriterien standhält, nicht erreicht zu werden (OLG Hamm NZW 1994, 189). Es genügt für die Überzeugungsbildung die überwiegende Wahrscheinlichkeit (BGH NJW 1995, 1023).

Zu dieser Überzeugung ist vorliegend zu gelangen. Die Klägerin wird substantiiert und glaubhaft im Rahmen der beantragten und durchzuführenden Parteivernahme gem. § 287 Abs. 1 S. 3 ZPO Symptome vortragen, die unabhängig davon, dass sie bei vielerlei Halsverletzungen und auch im Alltag aus anderen Gründen auftreten, typisch für das HWS-Syndrom sind. Diese Beschwerden sind durch die vorgelegten ärztlichen Atteste belegt. Es besteht kein Anlass, dies in Frage zu stellen. Insbesondere aus dem ärztlichen Bericht des als Zeugen benannten Zeugen Dr. ▬▬▬ wird in glaubhafter Weise geschildert, wie er zu der Auffassung gekommen ist, dass die Klägerin an einem HWS-Syndrom leidet: An seiner Glaubwürdigkeit bestehen keine Zweifel. Er hat sich nicht nur auf die Angaben der Klägerin gestützt, sondern selber den Befund erhoben. Dabei stellte er die eingeschränkte Beweglichkeit der Halswirbelsäule, Muskelverspannungen und Druckschmerz fest.

Soweit für den Nachweis der Kausalität entweder die Sicherung verletzungsbedingter Befunde oder die Feststellung einer entsprechenden Gefährdungsrelevanz, die erst ab einer unfallbedingten Geschwindigkeitsänderung von 10 km/h gegeben sei, verlangt wird, ist die Anforderung zu streng iSd § 287 ZPO. Dieser Ausgangspunkt ist in der Medizin und zwischen den Gerichten umstritten (Darstellung bei *Ziegert*, DAR 1998, 336 f). Dabei wird von vielen eine Verletzung der Halswirbelsäule auch bei geringen Geschwindigkeitsänderungen für möglich gehalten. Diese Auffassung ist auch richtig. Die Gegenmeinung stützt sich unter anderem auf Freiwilligenversuche. Deren Aussagekraft wird allerdings bezweifelt, weil sie insofern unter künstlichen Bedingungen stattfinden, als sich die Testpersonen auf den Anstoß einstellen können, indem sie die Nackenmuskulatur anspannen und den Kopf an die Kopfstütze lehnen (LG München I DAR 2000, 167 f; LG Heidelberg DAR 1999, 75). Solche Bedingungen dürften in der Praxis selten vorkommen, da sich die Unfallopfer in der überwiegenden Zahl der Fälle gerade nicht darauf vorbereiten und in den verschiedenen Verkehrssituationen oft auch eine andere Sitzhaltung haben. Wie bereits dargelegt, ist nicht erforderlich, dass eine strukturelle Verletzung der Halswirbelsäule festgestellt werden kann, sondern ein leichterer Eingriff in die körperliche Integrität reicht, sofern das Opfer dadurch Beschwerden erleidet. So kommt es nicht darauf an, wie die Beschwerden im Einzelnen medizinisch zu qualifizieren sind, denn schon die vom Sachverständigen angesprochenen, leichten Befindlichkeitsstörungen aufgrund einer Zerrung oder stressbedingte Verspannungen können unfallbedingte Schäden sein, die nach den §§ 823, 253 BGB auszugleichen sind.

Zur Höhe des Schmerzensgeldes bleibt auszuführen, dass die in der Klageerwiderung zitierten Entscheidungen mit dem vorliegenden Fall nicht vergleichbar sind. Die Klägerin hatte nach dem Unfall unter erheblichen Kopf- und Nackenschmerzen zu leiden. Diese waren derart schlimm, dass sie die ersten Nächte nicht durchschlafen konnte, weil sie mehrmals durch die Schmerzen aufwachte. Zudem verspürte die Klägerin noch einen Monat nach dem Unfall Schmerzen im Bereich der Halsmuskulatur bei spontanen ruckartigen Bewegungen des Kopfes. Ein Schmerzensgeld in Höhe von mindestens 750 EUR ist daher angemessen.

Soweit die Beklagten einer Parteivernahme der Klägerin widersprechen, wird darauf hingewiesen, dass dies für die beantragte Parteivernehmung gem. § 287 Abs. 1 S. 3 ZPO unschädlich ist.

Rechtsanwalt

§ 3 Anspruchsinhalte bei der Verkehrsunfallhaftung

Literatur

Drees, Schadensersatzansprüche wegen vermehrter Bedürfnisse, VersR 1988, 784; *Fleischmann/Hillmann*, Das verkehrsrechtliche Mandat, Bd. 2, 4. Auflage 2005; *Geigel/Schlegelmilch*, Der Haftpflichtprozess, 24. Auflage 2003; *Greger*, Haftungsrecht des Straßenverkehrs, 3. Auflage 1997; *Grüneberg*, Haftungsquoten bei Verkehrsunfällen, 9. Auflage 2005; *Hacks/Ring/Böhm*, Schmerzensgeldbeträge, 25. Auflage 2007; *Hansens*, Die außergerichtliche Vertretung in Zivilsachen – Teil 1, RVGreport 2004, 57; *Hartung*, Das neue Rechtsanwaltsvergütungsgesetz, NJW 2004, 1409; *v. Heimendahl*, Die Bestimmung der Geschäftsgebühr nach dem RVG – kein Geld verschenken, BRAK-Mitt. 3/2004, 105; *Henke*, Erklärungsbedarf für die Abrechnung nach dem RVG: Geschäfts- und Terminsgebühr, AnwBl. 2004, 363; *Huber*, Das neue Schadensersatzrecht, 2003; *Jaeger/Luckey*, Schmerzensgeld, 3. Auflage 2005; *Küppersbusch*, Ersatzansprüche bei Personenschäden, 9. Auflage 2006; *Lachner*, Das Quotenvorrecht in der Kaskoversicherung, das unbekannte Wesen, zfs 1998, 161; *Lachner*, Das Quotenvorrecht in der Kaskoversicherung, zfs 1999, 184; *Lemcke*, Abrechnung des Fahrzeugschadens, r+s 2002, 265; *Madert*, Die Mittelgebühr nach Nr. 2400 VV, zfs 2004, 301; *Madert*, Anmerkung zum Urteil des AG Erfurt vom 14.10.1998, Az. 27 C 1070/98, zfs 1999, 32; *Müller*, Das Quotenvorrecht in der Kaskoversicherung, VersR 1989, 317; *Otto*, Die neue Geschäftsgebühr mit Kappungsgrenze nach dem Rechtsanwaltsvergütungsgesetz, NJW 2004, 1420, *Pardey*, Berechnung von Personenschäden, 3. Auflage 2005; *Riedmeyer*, Höhe der Mittelgebühr bei zivilrechtlichen Ansprüchen aus Verkehrsunfall, DAR 2004, 262; *Römermann*, Der Markt wird entscheiden, Anwalt 2004, 6; *Sanden/Völtz*, Sachschadensrecht des Kraftverkehrs, 8. Auflage 2007; *Schneider, N.*, Kostenrechtsmodernisierungsgesetz – Das neue Rechtsanwaltsvergütungsgesetz, AnwBl. 2004, 129; *Schneider, N./Mock*, RVG-Spezial, AGS Sonderheft 2004; *Steffen*, Zur Restwertproblematik bei KFZ-Haftpflichtschäden, zfs 2002, 161; *Wenker*, Zur fiktiven Abrechnung des Fahrzeugschadens, VersR 2005, 917 ff.; *Wortmann*, Ersatz der Ersatzpreisaufschläge auch bei Schadensberechnung auf Gutachterbasis, zfs 1999, 365; *Wussow*, Unfallhaftpflichtrecht, 15. Auflage 2002.

A. Anwaltskosten für die Verkehrsunfallregulierung

I. Einleitung

1   Seit Einführung des RVG ist die Höhe der Anwaltskosten ein weitverbreitetes Streitthema. Von verschiedenen Versicherungen wird noch immer die Auffassung vertreten, dass der angemessene Gebührenfaktor 08, 09 oder 1,0 betrage. Wer hier nachgibt und meint, dass es sich im Einzelfall nicht lohne, wegen der paar Euro zu prozessieren, verkennt, dass dies schnell zur Methode wird. Noch gefährlicher ist halbherziges Prozessieren, da dieses ungünstige Urteile und damit Argumente für Versicherungen liefert. Nachstehend soll darum ausführlich das Verfahren dargestellt werden.

II. Gebührenklage

Muster: Klageschrift (Gebührenklage gegen Unfallgegner)

An das ▪▪▪gericht, ▪▪▪

Klage

In Sachen

Herrn ▪▪▪

– Kläger –

Prozessbevollmächtigte: RAe ▪▪▪

gegen

Herrn ▪▪▪

– Beklagter –

wegen Schadensersatzes

Streitwert: 61,71 EUR

Namens und in Vollmacht des Klägers erheben wir Klage und werden beantragen:

1. Der Beklagte wird verurteilt, an den Kläger 61,71 EUR nebst Zinsen in Höhe von 5 Prozentpunkten über dem Basiszinssatz seit dem 30.9.2005 zu bezahlen.

2. Die Kosten des Verfahrens trägt der Beklagte.

3. Das Urteil ist vorläufig vollstreckbar.

Sofern das Gericht das schriftliche Vorverfahren anordnet, beantragen wir bereits jetzt bei Säumnis des Beklagten den Erlass eines entsprechenden Versäumnisurteils, im Falle eines Anerkenntnisses den Erlass eines entsprechenden Anerkenntnisurteils ohne mündliche Verhandlung.

Begründung:

I.

Mit dieser Klage werden offene Rechtsanwaltsgebühren wegen einer außergerichtlichen Vertretung des Klägers aufgrund eines Verkehrsunfalls vom 24.7.2005 geltend gemacht.

Der Verkehrsunfall hat sich am 24.7.2005 in ▪▪▪ ereignet, wobei der Beklagte mit seinem Fahrzeug, amtl. Kennzeichen ▪▪▪, mit dem im klägerischen Eigentum stehenden PKW mit amtl. Kennzeichen ▪▪▪ kollidierte.

Der Unfallhergang und die Haftung dem Grunde nach waren außergerichtlich unstreitig. Insofern sind auch alle bislang bezifferten Schäden im Zusammenhang mit dem Fahrzeug im vorprozessualen Verfahren, bis auf die Anwaltskosten, durch die Haftpflichtversicherung des Beklagten vollumfänglich beglichen worden.

Die Haftung wurde dem Grunde nach vollumfänglich anerkannt.

Mit Gebührenrechnung vom 28.9.2005, die an die Haftpflichtversicherung des Beklagten und gleichlautend an den Kläger gestellt wurde,

Beweis: Gebührenrechnung vom 28.9.2005 als Anlage K 1

wurden die angefallenen Rechtsanwaltsgebühren geltend gemacht.

Von den dort geltend gemachten Rechtsanwaltsgebühren – Erstattungsansprüche in Höhe von brutto 223,76 EUR – hat die Haftpflichtversicherung des Beklagten mit Schreiben vom 29.9.2005 nur 162,05 EUR ausgeglichen,

Beweis: Schreiben vom 29.9.2005 als Anlage K 2

so dass ein Restbetrag in Höhe von 61,71 EUR offen steht, welcher mit dieser Klage geltend gemacht wird.

II.

Die geltend gemachten Rechtsanwaltsgebühren – Erstattungsansprüche – sind dem Grunde und der Höhe nach gegeben:

Die festgesetzte 1,3-Geschäftsgebühr gem. Nr. 2400 VV RVG ist vorliegend angemessen iSd § 14 Abs. 1 S. 1 RVG.

Seit der Einführung des RVG beträgt die Geschäftsgebühr 0,5 – 2,5 gem. Nr. 2400 VV RVG. Grundsätzlich ist von einer Mittelgebühr auszugehen, die 1,5 beträgt.

Die Geschäftsgebühr der Nr. 2400 VV RVG liegt innerhalb eines Gebührenrahmes von 0,5 – 2,5.

Die rechnerische Mitte liegt somit bei 1,5. Die weit überwiegende Literatur geht daher davon aus, dass die Mittelgebühr ab dem Inkrafttreten des RVG 1,5 beträgt.

Exemplarisch wird hingewiesen auf:

N. Schneider/Mock, AGS Sonderheft 2004 „RVG-Spezial", dort S. 25, wo ausgeführt ist: „Die Mittelgebühr liegt damit zukünftig bei 1,5."

N. Schneider, AnwBl. 3/2004, S. 137: „Die Mittelgebühr liegt somit bei 1,5."

Römermann, Anwalt 3/2004, S. 21 (NJW-Verlagsbeilage): „Nach dem RVG beträgt die Mittelgebühr der Nr. 2400 VV hingegen ohne Weiteres 1,5", wozu ausgeführt wird, „1,3 ist schließlich ein Schwellenwert, aber keine Höchstgrenze. Der Gebührenrahmen liegt zwischen 0,5 und 2,5, so dass ein Mittelwert klar bei 1,5 liegt. Der Schwellenwert von 1,3 darf demnach nur in solchen Fällen nicht überschritten werden, in welchen die Angelegenheit weder umfangreich noch schwierig war."

Aus der Begründung des Fraktionsentwurfs (BT-Drucks. 15/1971, S. 207): „Der erweiterte Abgeltungsbereich der Geschäftsgebühr führt zwangsläufig zu einer neuen Definition des Normalfalls. In durchschnittlichen Angelegenheiten ist grundsätzlich von der Mittelgebühr (1,5) auszugehen."

Hartung, NJW 2004, S. 1409, 1414: „Außer den in der Literatur genannten Argumenten spricht für eine Mittelgebühr von 1,5, dass das gesetzgeberische Ziel der neuen Gebührenstruktur nicht eine Verschlechterung, sondern eine Verbesserung der anwaltlichen Vergütung ist. Dieses Ziel würde in sein Gegenteil verkehrt, wenn der Rechtsanwalt für die außergerichtliche Vertretung künftig geringere Gebühren als nach § 118 BRAGO erhalten würde. Zudem hat der Gesetzgeber mit der Regelung, dass die Geschäftsgebühr auf die Verfahrensgebühr höchstens mit einem Gebührensatz von 0,75 anzurechnen ist, zu erkennen gegeben, dass er die Mittelgebühr bei 1,5 sieht."

Hansens geht in RVGreport 2004, S. 57, 59, ebenfalls davon aus, dass „bei der nach § 14 RVG nach billigem Ermessen vorzunehmenden Gebührenbestimmung zunächst von einer Mittelgebühr von 1,5 auszugehen ist".

Otto führt in NJW 2004, S. 1420 ff aus, dass „in durchschnittlichen Angelegenheiten grundsätzlich von der Mittelgebühr von 1,5" auszugehen sei, wobei allerdings von einer Kappungsgrenze von 1,3 auszugehen sei dahin gehend, „dass der Rechtsanwalt eine Gebühr von mehr als 1,3 nur fordern kann, wenn die Tätigkeit umfangreich oder schwierig war".

Riedmeyer führt in DAR 2004, S. 262 aus: „In durchschnittlichen Angelegenheiten ist grundsätzlich von der Mittelgebühr (1,5) auszugehen."

v. Heimendahl führt in BRAK-Mitt. 3/2004, S. 105 aus: „Die Mittelgebühr der Nummer 2400 VV RVG ist die in Höhe von 1,5."

Henke führt in AnwBl. 2004, S. 363 unter Zitat aus der BR-Drucks. 830/03 vom 7.11.2003 aus: „In durchschnittlichen Angelegenheiten ist grundsätzlich von der Mittelgebühr (1,5) auszugehen."

Nach der Rechtsprechung sind Mandate wegen der Geltendmachung aus Schadensersatzansprüchen in Verkehrsunfallsachen regelmäßig durchschnittliche Mandate, so dass grundsätzlich zunächst von der Mittelgebühr auszugehen ist.

In Verkehrsrechtssachen (Geltendmachung von Schadensersatzansprüchen aus Verkehrsunfällen) ist grundsätzlich von der Mittelgebühr auszugehen, weil die Tätigkeit des Rechtsanwalts mindestens eine durchschnittliche Tätigkeit ist, da in der Regel mehrere Besprechungen mit Mandanten und/oder Korrespondenz mit mehreren Schriftsätzen erforderlich ist und eine genaue Kenntnis der schnell wechselnden Rechtsprechung erforderlich ist (AG Freiburg NJW 1967, 258; AG Neustadt AnwBl. 1967, 446; AG Köln AnwBl. 1967, 445; AG Pinneberg AnwBl. 1967, 381; AG Jühlich AnwBl. 1968, 94; LG Mannheim AnwBl. 1968, 129; AG Darmstadt AnwBl. 1970, 80).

Nur dann, wenn die Angelegenheit weder schwierig noch umfangreich war, wird die grundsätzlich geschuldete Mittelgebühr von 1,5 auf die Regelgebühr von 1,3 reduziert.

Riedmeyer führt in DAR 2004, S. 262 f aus, dass mit der Gesetzesbegründung (BT-Drucks. 5/1971, S. 206 f) ausdrücklich klargestellt sei, dass die Regelgebühr für durchschnittliche Angelegenheiten bei 1,3 liegen soll. *Riedmeyer* unter Bezugnahme auf die Gesetzesbegründung wörtlich:

„Die vorgeschlagene Regelung soll an die Stelle des § 118 BRAGO treten, soweit dieser für die außergerichtliche Vertretung anwendbar ist. Systematisch und entsprechend ihrer praktischen Bedeutung gehört diese Regelung für die außergerichtliche Rechtsbesorgung vor die Vorschriften, welche die Gebühren im gerichtlichen Verfahren regeln sollten. Für alle in einer Angelegenheit anfallenden Tätigkeiten soll nur eine Gebühr anfallen. Vorgesehen ist eine Geschäftsgebühr mit einem Gebührensatzrahmen von 0,5 bis 2,5. Der insgesamt weite Rahmen ermöglicht eine flexiblere Gebührengestaltung. Die künftig allein anfallende Gebühr soll das Betreiben des Geschäfts einschließlich der Information und der Teilnahme an Besprechungen sowie das Mitwirken bei der Gestaltung eines Vertrags abgelten. Eine Besprechungsgebühr ist nicht mehr vorgesehen. Auch ohne Besprechungen oder Beweisaufnahmen kann bei großem Umfang und erheblicher Schwierigkeit einer Sache der obere Rahmen einer Gebühr erreicht werden. Die Regelgebühr liegt bei 1,3. Der erweiterte Abgeltungsbereich der Geschäftsgebühr erfordert eine andere Einordnung der unterschiedlichen außergerichtlichen Vertretungsfälle in den zur Verfügung stehenden größeren Gebührenrahmen. Dies führt zwangsläufig zu einer neuen Definition des Normalfalls. In durchschnittlichen Angelegenheiten ist grundsätzlich von einer Mittelgebühr (1,5) auszugehen. In der Anmerkung soll jedoch bestimmt werden, dass der Rechtsanwalt eine Gebühr von mehr als 1,3 nur fordern kann, wenn die Tätigkeit umfangreich oder schwierig war. Damit ist gemeint, dass Umfang oder Schwierigkeit über dem Durchschnitt liegen. In anderen Fällen dürfte die Schwellengebühr von 1,3 zur Regelgebühr werden."

Henke schreibt in AnwBl. 2004, S. 363 unter Zitat aus der BR-Drucks. 830/03 vom 7.11.2003:

„Die Regelgebühr liegt bei 1,3 [...] In durchschnittlichen Angelegenheiten ist grundsätzlich von der Mittelgebühr (1,5) auszugehen. In der Anmerkung soll jedoch bestimmt werden, dass der Rechtsanwalt eine Gebühr von mehr als 1,3 nur fordern kann, wenn die Tätigkeit umfangreich oder schwierig war. Damit ist gemeint, dass Umfang oder Schwierigkeit über dem Durchschnitt liegen. In anderen Fällen dürfte die Schwellengebühr von 1,3 zur Regelgebühr werden."

Der parlamentarische Staatssekretär im Bundesministerium der Justiz MdB *Alfred Hartenbach* hat zur Frage der Interpretation der Regelgebühr nach Nr. 2400 VV RVG mit Schreiben vom 10.3.2004 mitgeteilt:

„Ich teile Ihre Auffassung, dass der Rechtsanwalt in einer durchschnittlichen Angelegenheit nach RVG eine Geschäftsgebühr (Nr. 2400 VV RVG) in Höhe von 1,3 erhält [...] Die Vorschrift ist so zu verstehen, dass die Gebühr von 1,3 eine Kappungsgrenze darstellt. Die angemessene Gebühr ist unter Berücksichtigung des gesamten Gebührenrahmens (0,5 bis 2,5) und aller Bemessungskriterien (§ 14 RVG) zu bestimmen. Sofern die Sache von Umfang und Schwierigkeit her durchschnittlich ist, beträgt die Gebühr 1,3." (zitiert bei: *Henke*, AnwBl. 2004, S. 363 f)

v. Heimendahl erklärt in BRAK-Mitt. 3/2004, S. 105:

„Die Mittelgebühr der Nr. 2400 VV RVG ist die in Höhe von 1,5 [...] Wenn die Tätigkeit trotz des besonderen Gewichtes anderer Kriterien des 14 RVG weder umfangreich noch schwierig war, ist das nach § 14 bestimmte Ergebnis zu kappen auf 1,3."

Vorliegend lag mindestens eine durchschnittliche Tätigkeit vor, welche die Regelgebühr von 1,3 gerechtfertigt hat, wozu zum Umfang der anwaltlichen Tätigkeit Folgendes dargetan wird:

Am 26.7.2004 erfolgte die Erstbesprechung mit dem Kläger in der Kanzlei, bei welcher die Unfallaufnahme erfolgte. Dabei wurden die wichtigsten Informationen abgefragt und gemeinsam ein „Fragebogen für Anspruchsteller" ausgefüllt, um sicherzustellen, dass sämtliche für die Regulierung wichtigen Daten und Angaben in der Akte befindlich sind.

Die Unterzeichner haben im Auftrag des Klägers die Anspruchsgeltendmachung gegenüber der Haftpflichtversicherung des Beklagten übernommen.

Mit Schreiben vom 26.7.2005 wurde unter Übersendung des Fragebogens für Anspruchsteller der Haftungsanspruch dem Grunde nach gegenüber der Haftpflichtversicherung des Beklagten geltend gemacht.

Beweis: Schreiben der Unterzeichner vom 26.7.2005 als Anlage K 3

Mit einem weiteren Schreiben vom 26.7.2005 wurde die Haftpflichtversicherung des Klägers angeschrieben, um der durch den Unfall entstandenen vertraglichen Verpflichtung zur Meldung eines Haftpflichtschadens nachzukommen.

Beweis: Schreiben der Unterzeichner vom 26.7.2005 als Anlage K 4

Noch am gleichen Tag hat der Unterzeichner mit dem Sachverständigen ▪▪▪ telefoniert und diesen gebeten, das Fahrzeug zu besichtigen, wobei dem Sachverständigen ▪▪▪ die Fahrzeugdaten und die Kontaktdaten des Klägers mitgeteilt wurden, um einen Besichtigungstermin vereinbaren zu können. Weiterhin wurde der Sachverständige ▪▪▪ gebeten, das anzufertigende Gutachten direkt an die Haftpflichtversicherung und an den Unterzeichner zu senden.

Dem Kläger wurde erklärt, dass zunächst die Reparaturkosten nur netto begehrt werden können und die Mehrwertsteuer erst ersetzt werden kann, wenn diese tatsächlich anfällt. Auch der Nutzungsausfallschaden kann bei dem fahrbereiten Fahrzeug erst im Fall der Reparatur, nicht jedoch fiktiv begehrt werden.

Nach Eingang des Schadensgutachtens wurde mit Schreiben vom 9.8.2005 gegenüber der Haftpflichtversicherung der Beklagten die Bezifferung der vorläufigen Schadensersatzansprüche vorgenommen.

Beweis: Schreiben der Unterzeichner vom 9.8.2005 als Anlage K 5

Die Haftpflichtversicherung des Beklagten hat daraufhin am 12.9.2005 die Ansprüche zum Ausgleich gebracht.

Nach Eingang der Zahlung ließ der Kläger sein Fahrzeug reparieren und übergab die Reparaturrechnung vom 30.8.2005 dem Unterzeichner mit der Bitte, die weiteren Ansprüche zu beziffern.

Hiernach wurden am 16.9.2005 eine weitere Schadensaufstellung erarbeitet und die restlichen Ansprüche beziffert.

Beweis: Schreiben vom 16.9.2005 in Kopie als Anlage K 6

Der Restbetrag wurde am 21.9.2005 durch die Haftpflichtversicherung des Beklagten zum Ausgleich gebracht.

Vorliegend lag mindestens eine durchschnittliche Tätigkeit vor, welche die Regel-Geschäftsgebühr in Höhe von 1,3 nach Nr. 2400 VV RVG gerechtfertigt hat.

Beweis: Beiziehung eines Gutachtens der Rechtsanwaltskammer gemäß § 14 Abs. 2 S. 1 RVG

Zu berücksichtigen ist, dass vorliegend der Schaden zweimal aufgestellt werden musste, da zunächst eine fiktive und hernach eine konkrete Schadensabrechnung erfolgt ist. Ferner wurde ein anwaltliches Gespräch mit einem Sachverständigen geführt, welches grundsätzlich nach der früher geltenden BRAGO eine Besprechungsgebühr nach § 118 Abs. 1 Nr. 2 BRAGO hätte anfallen lassen.

Da bereits nach bisheriger Rechtsprechung zur BRAGO das AG Hof in ständiger Rechtsprechung im Durchschnittsfall eine 8/10 Geschäftsgebühr nach § 118 Abs. 1 Nr. 1 BRAGO zuerkannt hat (DAR 2002, 479; zfs

2002, 491; 2003, 2, 101 f.), wären – unter der Voraussetzung, die telefonischen Besprechungen hätte der Rechtsanwalt geführt – schon bei einer Abrechnung nach BRAGO zwei 8/10-Gebühren (Geschäftsgebühr und Besprechungsgebühr) und somit Gebühren in Höhe eines Gebührensatzes von 1,6 angefallen.

Da nach den Darlegungen des Bundesjustizministeriums zur Begründung des RVG damit eine Gebührenerhöhung um mindestens 14% einhergehen sollte, würde dies denklogisch eine angemessene Gebühr in Höhe von 1,6 + 14% und somit in Höhe von 1,8 (abgerundet) ergeben, so dass die vorliegend festgesetzte Gebühr in Höhe von 1,3 sogar unterhalb der angemessenen gesetzlichen Gebühr liegt.

Beweis: wie vor

Es hätte bei der geschilderten Tätigkeit – insbesondere wegen des Mehraufwandes, durch die Änderung der Abrechnungsmethode – durchaus die Mittelgebühr von 1,5 angesetzt werden können.

Beweis: wie vor

Zu berücksichtigen ist in diesem Zusammenhang auch, dass der größte Teil der Haftpflichtversicherungen bis zur Einführung des RVG dem DAV-Abkommen angehört haben und im vorliegenden Schadensfall nach der BRAGO eine 15/10 Gebühr (entspricht nach dem RVG 1,5) bezahlt hätten.

Es ist wenig verständlich, dass, wenn bis auf wenige Ausnahmen sämtliche Haftpflichtversicherungen bis zum 30.6.2005 eine Gebühr von 1,5 für die vorliegende Tätigkeit für angemessen erachtet und problemlos vergütet haben, nunmehr eine angesetzte Gebühr von 1,3, die 0,2 weniger ist, nach der Auffassung des Beklagten unangemessen hoch sein sollte.

Hinsichtlich der sonstigen Bewertungsfaktoren nach § 14 Abs. 1 S. 1 RVG wird auf Folgendes hingewiesen: ▪▪▪

Der Kläger verfügt über durchschnittliche Einkommensverhältnisse.

III.

Auslagenpauschale:

Die Höhe der Auslagenpauschale ergibt sich aus Nr. 7002 VV RVG.

Nach ständiger Rechtsprechung umfasst der materiellrechtliche Kostenerstattungsanspruch bei unerlaubter Handlung auch die Kosten der Rechtsverteidigung (BGH NJW 1986, 2244). Er erfasst vor allem die entstehenden Anwaltskosten (BGHZ 30, 154).

Insbesondere bei Ansprüchen aus unerlaubter Handlung, also aus § 823 BGB und § 7 StVG, fallen in den Schutzbereich der verletzten Normen auch die Anwaltskosten des Geschädigten für die Geltendmachung seiner Schadenersatzansprüche beim Schädiger und dessen Haftpflichtversicherer (Oldenburg NJW 1961, 613; Nürnberg OLGZ 69, 140; Palandt/*Heinrichs*, 66. Auflage 2007, § 249 BGB Rn 39).

Die Vorschrift des § 14 Abs. 2 RVG – nach welcher das Gericht verpflichtet ist, ein Gebührengutachten der Rechtsanwaltskammer einzuholen – gilt grundsätzlich nur im Gebührenzahlungsprozess des Rechtsanwalts gegenüber seinem Auftraggeber. Da es vorliegend um den Erstattungsanspruch des Klägers gegenüber dem Beklagten geht, ist § 14 Abs. 2 RVG zumindest nicht direkt anzuwenden.

Es wird jedoch angeregt, dass das Gericht in analoger Anwendung des § 14 Abs. 2 RVG eine Stellungnahme der Gebührenabteilung der Rechtsanwaltskammer zur Angemessenheit der vorliegend angesetzten 1,3-Geschäftsgebühr nach Nr. 2400 VV RVG einholen möge, da letztendlich dann, wenn die angesetzte Geschäftsgebühr und die bestehende Erstattungspflicht des Klägers gegenüber der Anwaltskanzlei ▪▪▪ der Höhe nach besteht, der Kläger auch einen Erstattungsanspruch gegenüber dem Beklagten in dieser Höhe hat. Es wird daher angeregt, dass die Akte zunächst an die Rechtsanwaltskammer ▪▪▪ zur Erstellung eines Gebührengutachtens übersandt werde.

IV.

Vorliegend kann das Gericht zwar nach § 495a S. 1 ZPO nach billigem Ermessen im schriftlichen Verfahren verhandeln.

Es wird insoweit jedoch bereits zum jetzigen Zeitpunkt mitgeteilt, dass in diesem Falle durch die Unterzeichner gemäß § 495a S. 2 ZPO die Durchführung der mündlichen Verhandlung beantragt werden wird.

Wenn der Beklagte bei der gegebenen Rechtslage es schon auf einen Rechtsstreit ankommen lassen will, sollte eine mündliche Verhandlung in der vorliegenden Angelegenheit ggf Beispielscharakter haben im Sinne eines Präzedenzfalls, um die grundsätzliche Auffassung des Amtsgerichts ▪▪▪ wie auch der Rechtsanwaltskammer zu klären und um für künftige Streitigkeiten zu gewährleisten, dass ohne Anrufung des Gerichts eine ordnungsgemäße Erstattung von Rechtsanwaltsgebühren erfolgt.

V.

Nur am Rande darf in diesem Zusammenhang darauf hingewiesen werden, dass zwischen dem GDV und dem DAV Verhandlungen geführt werden über ein Nachfolgeabkommen des früheren „DAV-Abkommens", um unerfreuliche Klagen über Rechtsanwaltsgebührenerstattungsansprüche nach Verkehrsunfällen und die hiermit verbundenen Kosten zu vermeiden.

Insoweit haben bereits drei große Versicherer, nämlich sämtliche Versicherer der Allianz-Gruppe, die DEVK und die Württembergische Versicherungs-AG ein Nachfolgeabkommen zum DAV-Abkommen mit den DAV-Mitgliedern abgeschlossen, bei welchem die frühere Gebühr von 1,5 auf 1,8, die frühere Gebühr von 1,75 auf 2,1, die Gebühr von 2,0 auf 2,4 und die Gebühr von 2,25 auf 2,7 angehoben wurde.

Es steht zu hoffen, dass es in Zukunft mit sämtlichen Versicherern, die dem früheren DAV-Abkommen angeschlossen waren, zu einer ähnlichen Vereinheitlichung der Abrechnung der Gebührenerstattungsansprüche kommen wird.

Bedenkt man, dass im Falle von Vergleichsabschlüssen insgesamt Gebühren von bis zu 4,0 entstehen können (Geschäftsgebühr von bis zu 2,5 gemäß Nr. 2004 VV RVG und Einigungsgebühr in Höhe von 1,5 gemäß Nr. 1000 VV RVG) sind diese von der Allianz, der DEVK und der Württembergischen angeboten und mit den Mitgliedern des DAV abgeschlossenen Gebührensätze sicherlich sachgerecht.

VI.

Es kann daher nur auf wenig Verständnis stoßen, wenn einzelne Versicherer, in Kenntnis der bestehenden Gesetzeslage und der einschlägigen Kommentarliteratur zum RVG, wider besseres Wissen die Ausgleichung ordnungsgemäß festgesetzter Rechtsanwaltsgebühren verweigern und damit wegen erforderlicher Klagen und einzuholender Gebührengutachten nach § 14 Abs. 2 RVG der Anwaltschaft, den Gerichten und den Rechtsanwaltskammern zusätzliche Kosten bereiten und schließlich – weil bei Obsiegen des Klägers die Kosten des Rechtsstreits ebenfalls die Beklagten zu tragen haben – den eigenen Versicherungsnehmern, wie hier dem Beklagten, erhebliche Mehrkosten verursachen, die sich letztendlich in der Versicherungsprämie niederschlagen werden.

VII.

Soweit in diesem Schriftsatz zum Beweis Urkunden angeboten werden, die dem Gegner vorliegen, werden diese Anlagen gemäß § 133 Abs. 1 S. 2 ZPO lediglich einfach für das Gericht beigefügt.

Es wird beantragt,

gemäß § 278 Abs. 2 S. 1 Hs 2 Alt. 2 ZPO von der Anberaumung eines Gütetermins abzusehen und sofort Termin zur streitigen Verhandlung zu bestimmen, da die Güteverhandlung erkennbar aussichtslos erscheint.

Dies begründet sich damit, dass die Klagepartei nicht einigungsbereit ist, sondern eine streitige Entscheidung wünscht. Eine Güteverhandlung, § 278 Abs. 2 ZPO, erscheint daher erkennbar (aufgrund vorstehender Erklärung der Klagepartei) aussichtslos, zumal es auf die derzeitige Bewertung ankommt (*Baumbach/Lauterbach*, ZPO, 65. Auflage 2007, § 278 ZPO, Rn 14) und die Klagepartei mit der vorstehenden Erklärung die erkennbare Aussichtslosigkeit der Güteverhandlung aktenkundig dokumentiert (*Baumbach/Lauterbach*, ZPO, 65. Auflage 2007, § 278 ZPO, aaO).

Hilfsweise wird beantragt,

den Gütetermin und den Termin zur streitigen Verhandlung zeitlich unmittelbar aneinander anschließend zu terminieren.

Für die Richtigkeit der klägerischen Auffassung steht auch die Masse an amtsgerichtlicher Rechtsprechung, die durchgängig bei einem durchschnittlichen Verkehrsunfall eine Grundgebühr iHv 1,3 annimmt und anliegend zitiert ist.

Der Beklagte befindet sich, nachdem seine Haftpflichtversicherung mit Scheiben vom 29.9.2004 eine weitere Zahlung endgültig und ernsthaft verweigert hat und er sich dies gem. § 10 Abs. 5 AKB zurechnen lassen muss, seit dem 30.9.2004 in Verzug. Klage ist daher geboten.

Einfache und beglaubigte Abschrift anbei.

Rechtsanwalt

Darauf kann wie folgt erwidert werden: 3

Muster: Klageerwiderung   4

An das ▪▪▪gericht, ▪▪▪   54

Klageerwiderung

In Sachen

▪▪▪ [Kläger] ./. ▪▪▪ [Beklagter]

Az ▪▪▪

werden wir beantragen,

die Klage abzuweisen.

Zur Begründung des vorstehenden Antrags wird Folgendes vorgetragen:

I.

Grundsätzlich trifft es zu, dass der Beklagte für die Folgen des Verkehrsunfalls vom 24.7.2005 in ▪▪▪ in vollem Umfang haftet. Mit Ausnahme der noch streitigen Anwaltskosten ist die Regulierung auch bereits abgeschlossen.

Auf die geltend gemachten Gebührenansprüche hat der Beklagte unstreitig 162,05 EUR gezahlt. Dieser Betrag errechnet sich wie folgt:

0,9-Geschäftsgebühr gem. Nr. 2400 VV RVG nach einem Gegenstandswert von 1.679,04 EUR	119,70 EUR
Auslagenpauschale gem. Nr. 7002 VV RVG	20,00 EUR
16% Mehrwertsteuer	22,35 EUR
Summe:	162,05 EUR

II.

Die geltend gemachte weitergehende Gebührenforderung der Prozessbevollmächtigten des Klägers besteht nicht. Deshalb ist der Haftpflichtversicherer des Beklagten auch nicht zur Zahlung verpflichtet. Er hat lediglich gesetzlich geschuldete Gebühren zu ersetzen.

1.

Wir bestreiten, dass es sich bei der Abwicklung eines üblichen Verkehrsunfalls grundsätzlich um eine durchschnittliche Angelegenheit handelt. Insoweit ist nämlich vom Durchschnitt aller denkbaren Rechtsanwaltsaufgaben auszugehen. Soweit hier bekannt, existieren keine entsprechenden tatsächlichen Erhebungen. Nach unseren eigenen Erkenntnissen lassen sich einfache Angelegenheiten mit einem oder zwei Anwaltsschreiben erledigen. In jedem Fall kann nicht ernsthaft bezweifelt werden, dass eine im Ergebnis unterdurchschnittliche Angelegenheit (einfache Unfallregulierung) nicht mit einer Geschäftsgebühr von 1,3 abgerechnet werden kann. Dies ergibt sich schon allein aus dem Umstand, dass der Gesetzgeber eine Bandbreite der Gebühr von 0,5 bis 2,5 vorgegeben hat. Im Verhältnis zur BRAGO ist der Gebührenrahmen vervierfacht worden, so dass entsprechend präzisere Einstufungen geboten sind. Im Einzelfall kann also auch eine Gebühr von 0,5 angemessen sein. Sollte das Gericht im vorliegenden Rechtsstreit eine Gebühr von 1,3 für angemessen halten, ist schlechterdings nicht mehr erkennbar, wann eine 0,5 Geschäftsgebühr in Betracht kommen soll.

Inzwischen besteht im Ansatz kein Streit mehr darüber, dass die Schwellengebühr von 1,3 nur bei insgesamt durchschnittlichen Angelegenheiten gerechtfertigt ist. Noch nicht endgültig geklärt ist die Abgrenzung zu einfachen, unterdurchschnittlichen Angelegenheiten. In der Rechtsprechung der Berufungsgerichte werden allerdings Grenzlinien herausgearbeitet. Wir verweisen auf die beigefügten Urteile der Landgerichte Coburg vom 6.5.2005 (Az 32 S 25/05), Nürnberg-Fürth vom 6.7.2005 (Az 8 S 3680/05), Bochum vom 17.6.2005 (Az 5 S 33/05), Saarbrücken vom 1.9.2005 (Az 11 S 43/05) und Hannover vom 30.9.2005 (Az 16 S 51/05). Aus den Urteilen lässt sich eine handhabbare Abgrenzung einfacher Angelegenheiten von durchschnittlichen Angelegenheiten entnehmen. Zumindest wenn Schadensgrund und Schadenshöhe unstreitig sind und eine umgehende Regulierung durch den Versicherer erfolgt, liegt eine unterdurchschnittliche Angelegenheit mit der Konsequenz vor, dass die Geschäftsgebühr deutlich unter 1,3 anzusetzen ist. Dem entspricht die Rechnung des Versicherers auf der Grundlage einer 0,9 Geschäftsgebühr.

2.

Im konkreten Fall handelte es sich um eine eindeutig unterdurchschnittliche Angelegenheit. Bei Rahmengebühren ist die Höhe der Gebühr gem. § 14 Abs. 1 S. 1 RVG „unter Berücksichtigung aller Umstände, vor allem des Umfangs und der Schwierigkeit der anwaltlichen Tätigkeit, der Bedeutung der Angelegenheit sowie der Einkommens- und Vermögensverhältnisse des Auftraggebers nach billigem Ermessen" zu bestimmen. Die Ausübung des Ermessens obliegt dem Anwalt. Soweit die Gebühr von einem Dritten zu ersetzen ist, wird die vom Anwalt getroffene Bestimmung nicht verbindlich, wenn sie unbillig ist. Beweisbelastet ist der Anwalt, sowohl im Verhältnis zu seinem Auftraggeber als auch im Verhältnis zu einem ersatzpflichtigen Dritten (vgl *Madert*, in Gerold u.a., RVG, 17. Auflage 2006, § 14, 24 und 26). Im Verhältnis zum Dritten folgt diese Beweislast schon aus dem Merkmal der Erforderlichkeit im Sinne des § 249 BGB. Zum vorliegenden Sachverhalt ist Folgendes festzuhalten:

Als Umfang der anwaltlichen Tätigkeit wird der zeitliche Aufwand bezeichnet, den der Rechtsanwalt bei sorgfältiger Führung des Mandats haben muss und tatsächlich hat. Maßgeblich sind zB der Umfang der zu erarbeitenden Unterlagen, die Länge der zu fertigenden Schriftsätze, aber auch der Zeitraum, über den das Mandat geführt wurde.

Dabei ist eine pauschalierende Betrachtung anzustellen, da es sich bei der Unfallregulierung um ein Massengeschäft handelt. In diesem Fall war die Sach- und Rechtslage völlig eindeutig. Einwendungen zum Haftungsgrund kamen nicht in Betracht und sind auch nie erhoben worden. Die Prozessbevollmächtigten des Klägers haben lediglich die erwähnten Schreiben vom 26.7., 9.8. und 16.9.2005 gefertigt. Letztlich reduzierte sich die anwaltliche Tätigkeit auf das Übersenden von Schadensbelegen. Es dürfte gerichtsbekannt sein, dass die anwaltliche Tätigkeit grundsätzlich weit umfangreicher ist. Auf das Schreiben an den eigenen Haftpflichtversicherer des Klägers kommt es schadensersatzrechtlich nicht an. Solche Leistungen braucht der Schädiger eindeutig nicht zu vergüten. Das Telefonat mit dem Sachverständigen war schadensrechtlich überflüssig. Die Ausführungen der Klageschrift deuten auch eher darauf hin, dass das Telefonat nur stattfand, um die spätere Gebührenberechnung rechtfertigen zu können. Das Gebühreninteresse des Anwalts ist allerdings nicht maßgeblich. Es entscheidet allein der Erforderlichkeitsmaßstab des § 249 BGB. Vor diesem Hintergrund fehlt auch jede Erläuterung dafür, warum zunächst fiktiv und anschließend unter

Vorlage der Reparaturrechnung abgerechnet wurde. Der Kläger konnte sich von Anfang an entscheiden, welchen Ersatzweg er beschreiten wollte. Vor diesem Hintergrund war eine zweimalige Abrechnung ebenfalls nicht erforderlich im Sinne des § 249 BGB. Insgesamt ist der Umfang der erforderlichen anwaltlichen Tätigkeit als deutlich unterdurchschnittlich zu bewerten.

Von einer durchschnittlich schwierigen anwaltlichen Tätigkeit kann nicht ansatzweise die Rede sein. Die Haftungsfrage war eindeutig. Es ging somit allein darum, Schadensbelege zu sammeln und zu übersenden. Die einzelnen Schadenspositionen waren völlig unproblematisch. Auch dieses Merkmal ist im Rahmen anwaltlicher Mandatsbearbeitung weit unterdurchschnittlicher Natur.

Die Bedeutung der Angelegenheit bestimmt sich nach der tatsächlichen, wirtschaftlichen und rechtlichen Bedeutung für den Auftraggeber. Die wirtschaftliche Bewertung findet schon bei der Bestimmung des Gegenstandswerts eine ausreichende Berücksichtigung. Deshalb sind besondere Auswirkungen auf die berufliche oder persönliche Stellung des Auftraggebers, die grundsätzliche Bedeutung der Angelegenheit über den Einzelfall hinaus oder eine sonstige vom Auftraggeber zum Ausdruck gebrachte Bedeutung in der Bewertung zu berücksichtigen. Nichts dergleichen ist hier festzustellen. Der Schaden ist vielmehr von dem Versicherer in angemessener Zeit reguliert worden. Vor diesem Hintergrund kann auch nicht von einer durchschnittlichen Bedeutung der Angelegenheit ausgegangen werden.

Die wirtschaftlichen Verhältnisse des Auftraggebers können allenfalls mangels Vortrags der Gegenseite als durchschnittlich bewertet werden, was aber vorsorglich mit Nichtwissen bestritten wird.

Sämtliche vorgenannten Faktoren sind miteinander im Einzelfall abzuwägen. Umfang und Schwierigkeit der anwaltlichen Tätigkeit hatten schon nach dem alten Recht besonderes Gewicht, da es sich um die einzigen leistungsbezogenen Kriterien handelt. Nach Inkrafttreten des RVG gilt dies umso mehr, als bereits das Vorliegen einer nicht umfangreichen oder nicht schwierigen Angelegenheit die Begrenzung auf eine 1,3-Gebühr auslöst. Hieraus ergibt sich, dass der Gesetzgeber diese Kriterien besonders gewichten wollte. Umfang, Schwierigkeit und Bedeutung der Angelegenheit können nur als unterdurchschnittlich eingestuft werden. Dies führt im Ergebnis dazu, dass insgesamt von einem deutlich unterdurchschnittlichen Mandat auszugehen ist. Deshalb ist nur eine 0,9 Geschäftsgebühr nach Nr. 2400 VV RVG angemessen. Die abweichende Berechnung der gegnerischen Prozessbevollmächtigten bindet nach diesseitiger Rechtsauffassung ohnehin allenfalls den Auftraggeber. Wollte man dies anders sehen, wäre jedenfalls die von der Rechtsprechung gezogene Toleranzgrenze von 20% deutlich überschritten (1,3 – 20% = 1,04).

III.

Nach diesseitiger Auffassung kann im schriftlichen Verfahren entschieden werden, da es sich ausschließlich um Rechtsfragen handelt. Ein Kammergutachten ist nicht einzuholen, weil das Gericht über die Höhe der Anwaltsgebühren als Teil des Schadensersatzanspruchs selbst entscheiden muss.

Sollte das Gericht dem diesseitigen Standpunkt nicht folgen, bitten wir um

Zulassung der Berufung.

Es muss zwar eine Entscheidung im Einzelfall getroffen werden, doch besteht ein dringendes Bedürfnis nach Festlegung der Abgrenzungskriterien durch das Berufungsgericht, um eine einheitliche Rechtsprechung zumindest im LG-Bezirk herbeizuführen.

Rechtsanwalt

5   Hierauf kann wie folgt repliziert werden:

6   **Muster: Replik**

↓

An das ▪▪▪gericht, ▪▪▪

Replik

In Sachen

▪▪▪ [Kläger] ./. ▪▪▪ [Beklagter]

Az ▪▪▪

replizieren wir wie folgt:

Zunächst erfreulich ist die Klageerwiderung dahin gehend zu verstehen, dass nunmehr auch die ▪▪▪-Versicherung einsieht, dass die Mittelgebühr für durchschnittliche Angelegenheiten nicht bei 0,9, sondern bei 1,3 angesiedelt ist.

Die ▪▪▪-Versicherung legt jedoch dar, dass es sich zum einen bei einem Verkehrsunfall im Regelfall nicht um eine durchschnittliche Angelegenheit handeln und zum anderen im konkreten Fall eine unterdurchschnittliche Angelegenheit vorliegen soll.

Beides ist falsch.

Vorliegend handelt es sich bei der Unfallschadensregulierung um eine durchschnittliche Angelegenheit. Die Regulierung ist auch insgesamt als durchschnittlich einzustufen.

Ergänzend zu den Darlegungen in der Klageschrift ist noch anzumerken, dass von vornherein mindestens zwei Problematiken bestanden, die mit dem Mandanten zu erörtern waren.

Hierzu wird der Fragebogen für Anspruchsteller vorgelegt.

Aus diesem ist zu erkennen, dass es sich bei dem streitgegenständlichen Unfall um einen Parkplatzunfall handelt.

Dabei ist zu beachten, dass die Frage der Haftung dem Grunde nach umfangreich mit dem Mandanten zu erörtern war. Er war zunächst darüber aufzuklären, dass es sich bei Parkplatzunfällen im Regelfall um Unfälle handelt, die nicht mit einer Quote in Höhe von 100% zu 0% ausgehen. Die Rechtsprechung sieht es in den Fällen, wo es zu einem Verkehrsunfall auf einem Parkplatz kommt, regelmäßig als erwiesen an, dass der Unfall für beide Parteien nicht unvermeidbar ist. Daher war der Mandant darauf vorzubereiten, dass nicht sicher von einer alleinigen Haftung des Unfallgegners ausgegangen werden kann, da es vor allem im vorliegenden Fall immer möglich ist, dass zumindest die Betriebsgefahr bei dem Mandanten hängen bleibt. Die Erläuterung der sog. Betriebsgefahr, also die Haftung aus Gefährdung, musste dem Mandanten erläutert werden. Es liegt in der Natur der Sache, dass es einem juristischen Laien schwerfällt, zu verstehen, dass man nicht nur aus Verschulden, sondern auch aus Gefährdung haftet. Regelmäßig brauchen entsprechende Erläuterungen Zeit.

Des Weiteren stand die Frage im Raum, ob vorliegend gegen die Schadensminderungspflicht verstoßen werden könnte, wenn ein Sachverständigengutachten eingeholt wird. Die Rechtsprechung nimmt an, dass im Bereich einer Schadenshöhe bis 750,00 EUR bei Erkennbarkeit ein Sachverständigengutachten nicht eingeholt werden darf, ohne gegen die Schadensminderungspflicht zu verstoßen.

Von daher war der Mandant zunächst darüber aufzuklären, dass für ihn Schadensminderungspflichten existieren und dass im konkreten Fall zunächst geprüft werden muss, ob der Schaden erkennbar unterhalb von 750,00 EUR liegt. Diese Problematik bestand vorliegend, da der tatsächliche Schaden, wie sich anschließend herausgestellt hat, nur unwesentlich über dieser sog. Bagatellgrenze lag.

Darum war der Mandant darüber aufzuklären, dass es sinnvoll erscheint, dass der Sachverständige sich das Fahrzeug zunächst nur äußerlich betrachtet, um einzuschätzen, ob die entsprechende Bagatellgrenze überschritten ist. Diese Vorgehensweise bietet sich an, um von vornherein Streitigkeiten zu vermeiden. Erfahrungsgemäß tun sich Haftpflichtversicherungen mit der Regulierung schwer, wenn anschließend der Sachverständige einen Schaden von unter 750,00 EUR feststellt. Ein Streit über die Frage der Erkennbarkeit der Schadenshöhe, insbesondere der Unterschreitung der Bagatellgrenze, wäre programmiert gewesen. Um einen solchen Streit von vornherein zu vermeiden, war es überdies notwendig, dass der Prozessbevollmächtigte des Klägers mit dem Sachverständigen ■■■ telefonierte und mit diesem absprach, dass er das Gutachten erst anfertigen soll, wenn er von vornherein einschätzt, dass die Bagatellgrenze überschritten ist. Im Übrigen war das Telefonat mit dem Sachverständigen notwendig, um eine entsprechende Koordination in den Schadensfall hineinbringen zu können und so eine schnelle Schadensabwicklung zu erreichen.

In einem vergleichbar gelagerten Fall hat die Rechtsanwaltskammer Köln ein Gutachten erstellt. Die Erstellung des Gutachtens beruhte auf einem entsprechenden Beschluss des Gerichts nach § 14 Abs. 2 RVG.

Das Gutachten führt aus:

„[...] Die Beklagte moniert dagegen zentral, dass Umfang und Schwierigkeit der Schadensregulierung als unterdurchschnittlich zu bewerten seien. Hierfür gibt es nach Überzeugung des Vorstands der Rechtsanwaltskammer Köln allerdings keine durchgreifenden Anhaltspunkte. Denn die Tätigkeit des Rechtsanwalts erschöpft sich in der Tat nicht in dem, was der Haftpflichtversicherung brieflich vorgelegt wird. Vielmehr ist diese Korrespondenz in aller Regel das Ergebnis umfangreicher Vorarbeit des Rechtsanwalts in tatsächlicher und rechtlicher Hinsicht. In aller Regel, wie dies für vorliegenden Fall auch im Wesentlichen für die Klägerin von ihrem Prozessbevollmächtigten bestätigt wird, sind für Verkehrsunfallsachen unter anderem folgende Umstände für die anwaltliche Tätigkeit kennzeichnend:

■ erste Besprechung mit dem Auftraggeber und Beratung
■ Belehrung über die Schadensminderungspflicht
■ Prüfung der Rechtslage, insbesondere die Beratung im Hinblick auf die möglichen Schadenspositionen, die dem Laien nicht sofort ersichtlich sind, zumal nach der Änderung des Schadensersatzrechts die anwaltliche Pflicht besteht, unabhängig von der Schadenshöhe zu beraten
■ Durchsicht von Unterlagen
■ Ermittlung der Haftpflichtversicherung des Gegners
■ Beauftragung eines Sachverständigen
■ Prüfung des Sachverständigengutachtens und Erörterung mit dem Mandanten
■ Besprechung mit dem Sachverständigen zwecks Erläuterung oder Ergänzung des Gutachtens, vorliegend zwecks Abstimmung der von der Haftpflichtversicherung zugestandenen geringeren Gebühren
■ Einsicht in die polizeilichen oder gerichtlichen Akten
■ Prüfung der Ansprüche des Auftraggebers
■ Schadensmeldung bei der Haftpflichtversicherung
■ Schriftwechsel mit der Haftpflichtversicherung
■ Prüfung der Einwendungen der Versicherung und Entgegnung hierauf
■ Prüfung und Auswertung der Abrechnung
■ Abrechnung der Schadensbeträge mit den beteiligten Stellen, soweit Abtretungen vorliegen, beziehungsweise Abrechnung mit dem Mandanten
■ Abrechnung seines Honorars

Diese keineswegs abschließende Auflistung regelmäßig zu erbringender Leistungen des Rechtsanwalts ist für alle Verkehrsunfallsachen kennzeichnend, unabhängig von der Höhe des Schadens und der Schnelligkeit der Regulierung im Einzelfall. Sie haben nach der Darstellung des Prozessbevollmächtigten der Klägerin auch vorliegend zum größeren Teil vorgelegen. Damit handelt es sich zumindest um einen Fall durchschnittlicher Bedeutung und Schwierigkeit [...].“

Aus den Darlegungen der Tätigkeit in der Klageschrift und vorliegend der Schilderungen in der Replik ist festzustellen, dass auch die aufgezählten Tätigkeiten in der vorliegenden Angelegenheit zum größten Teil angefallen sind. Mit dem Gutachten der Rechtsanwaltskammer Köln ist daher eine Rahmengebühr in Höhe von 1,3 angemessen.

Das Gutachten liegt anbei.

Das Amtsgericht Köln (Urt. v. 12.5.2005 – 261 C 2/05, liegt anbei) führt wie folgt aus:

„Im vorliegenden Fall dürfte der Schwerpunkt der Tätigkeit des Klägervertreters nicht im Schriftverkehr mit der Beklagten, sondern vielmehr in vorangegangenen vorbereitenden Beratungsgesprächen mit dem Mandanten zwecks Feststellung des Sachverhalts unter einzelnen möglichen Schadenspositionen gelegen haben. Hierbei handelt es sich um eine komplexe Materie mit einer Vielzahl von Einzelproblemen, die einem ständigen Wandel unterworfen sind. Dies können die Richter und Richterinnen der Verkehrszivilabteilung am Amtsgericht Köln aus ihrem Berufsalltag bestätigen [...]."

Ebenso führt das Amtsgericht Magdeburg (Urt. v. 9.5.2005 – 163 C 229/05, liegt anbei) aus:

„[...] Bei der Abwicklung eines üblichen Verkehrsunfalls dürfte es sich grundsätzlich um eine durchschnittliche Angelegenheit handeln, bei der der in Ansatz gebrachte Regelwert von 1,3 durchaus zugrunde gelegt werden kann. Auch in der zügigen Verkehrsunfallabwicklung ist eine durchschnittliche Angelegenheit zu sehen. Hierin liegt, entgegen der Auffassung der Beklagten, kein besonders einfach gelagerter Fall, der sich in der Addition verschiedener Schadenspositionen einschließlich deren Rechnungsübersendung erschöpft ▪▪▪. Auch der Einwand des Beklagten, die Tätigkeit des klägerischen Anwalts habe sich in der Absendung eines vorformulierten Standardschreibens erschöpft, führt zu keiner anderen Beurteilung. Es kommt für die Bewertung von Umfang und Schwierigkeit der anwaltlichen Tätigkeit insbesondere nicht darauf an, dass der Anwalt lediglich ein Schreiben verfasst hat, dass noch dazu formularmäßig und mit vorgefertigten Textbausteinen verfasst war. Im Anschluss an die zuvor genannte zeitintensive Ermittlungs- und Prüfungsphase kann der Anwalt auf standardisierte Schreiben zurückgreifen, um den festgestellten Anspruch möglichst zeitnah bei der Gegenseite geltend zu machen, ohne dass dies automatisch zu einer Reduzierung der anzusetzenden Gebühr führen würde ▪▪▪."

Wenn man bedenkt, dass seriöse Haftpflichtversicherungen wie Allianz oder DEVK unmittelbar nach Inkrafttreten des RVG an die Anwaltschaft herangetreten sind und angeboten haben, den durchschnittlichen Verkehrsunfall ohne Personenschaden, also mit reinem Sachschaden, mit einer Gebühr in Höhe von 1,8 zu vergüten, macht dies deutlich, dass eine Mittelgebühr von 1,3 für den durchschnittlichen Verkehrsunfall, wie er vorliegend vorgegeben ist, das unterste Maß dessen darstellt, was angemessen ist.

Dies scheint nunmehr auch die gesamte Rechtsprechung zu sehen.

Ein Ausschnitt der aktuellen Rechtsprechung liegt anbei. Dabei wird insbesondere auf die Entscheidung des Amtsgerichts Dresden vom 5.8.2005 (Az 103 C 1822/05) aufmerksam gemacht. Das Amtsgericht Dresden sieht eine Gebühr von 1,5 als angemessen an.

Im Weiteren sollen im Volltext noch Entscheidungen beigelegt werden, in denen die Haftpflichtversicherung des Beklagten (▪▪▪ als Beklagte) mit ihrer Auffassung, dass eine 0,9-Gebühr nach RVG angemessen sei, nicht durchdringen konnte.

Die Entscheidung des Landgerichts Coburg vom 6.5.2005 (Az 32 S 25/05), welche der Beklagte anhängt, ist nicht vergleichbar. In der dortigen Entscheidung hat der Anwalt lediglich ein einziges Schreiben an die Haftpflichtversicherung verfasst. Vorliegend war die Arbeit deutlich umfangreicher. Wir beziehen uns auf die entsprechenden Darlegungen in der Klageschrift und in der Replik. Im Übrigen hat selbst dann das Landgericht Coburg (aaO) eine höhere Gebühr für angemessen erachtet als die von der Haftpflichtversicherung des Beklagten anerkannte.

Auch die Entscheidung des Landgerichts Bochum vom 17.6.2005 (Az 5 S 33/05) ist nicht anwendbar, interessant ist jedoch die Einschätzung der Entscheidung, dass es sich bei einer Verkehrsunfallsache grundsätzlich um eine durchschnittliche Angelegenheit handelt. Von einer Gebühr in Höhe von 1,3 ist nach der Entscheidung des Landgerichts Bochum nur im absoluten Ausnahmefall abzusehen, welcher vorliegend nicht gegeben ist. Im Übrigen hat das Landgericht Bochum auch eine höhere Gebühr für angemessen erachtet als die von der Beklagten anerkannte.

Ebenso ist dies bei der Entscheidung des Landgerichts Nürnberg-Fürth vom 6.7.2005 (Az 8 S 3680/05) zu erkennen. Die Angelegenheit bei der Entscheidung des Landgerichts Nürnberg muss auch anders liegen als hier, ist doch festzustellen, dass dort die Haftpflichtversicherung nach dem Anschreiben vom 13.8. bereits drei Tage später in der Lage war, die Haftung dem Grunde nach vollumfänglich anzuerkennen.

Vorliegend ist festzustellen, dass die ■■■-Versicherung nicht einmal in der Lage war, die gesetzte Frist von zwei Wochen zur Abgabe des Haftungsanerkenntnisses einzuhalten.

Für die Abgabe des Haftungsanerkenntnisses hat die ■■■-Versicherung insgesamt drei Wochen benötigt. Es erscheint widersprüchlich, vorzutragen, dass einerseits die Angelegenheit einfachster Natur gewesen sei, andererseits jedoch drei Wochen Bearbeitungszeit benötigt worden sind.

Dabei ist auch auf die Rechtsprechung zum Verzug abzustellen. Die Rechtsprechung billigt Haftpflichtversicherungen regelmäßig eine Prüfungszeit von mindestens zwei bis drei Wochen zu. Ist ein Verkehrsunfall einfach zu regulieren, ist eine Prüfungszeit von drei Tagen sicherlich als ausreichend anzusehen. Offensichtlich ist auch die ■■■-Versicherung hierzu nicht in der Lage, was deutlich macht, dass es sich bei einem Verkehrsunfall gerade um eine mindestens durchschnittliche Angelegenheit handelt.

Die Entscheidung des Landgerichts Saarbrücken vom 19.5.2005 (Az 11 S 43/05) ist obsolet. Selbst die Klageerwiderung des Beklagten führt aus, dass die Schwellengebühr 1,3 beträgt. Das Landgericht Saarbrücken geht von der nunmehr überkommenen Auffassung aus, dass die Schwellengebühr von 1,3 nicht die Regelgebühr darstelle. Wirklich vertreten wurde dies niemals und scheint auf einer rechtsfehlerhaften Ansicht des Landgerichts Saarbrücken zu beruhen, die auch von der ■■■-Versicherung tatsächlich nicht mehr vertreten wird.

Bei der Entscheidung des Landgerichts Hannover vom 30.9.2005 (Az 16 S 51/05) ist wiederum festzustellen, dass eine höhere Gebühr ausgeurteilt wurde, als von der LVM anerkannt worden war. Im Übrigen ist die Entscheidung nicht vergleichbar, da auch das Landgericht Hannover eine Entscheidung zu fällen hatte über einen Sachverhalt, in dem der Anwalt lediglich ein Schreiben verfassen musste. Vorliegend war die Regulierung deutlich umfangreicher.

Mithin ist davon auszugehen, dass vorliegend eine Gebühr in Höhe von 1,3 nach RVG das unterste Maß dessen ist, was als angemessen erscheint.

Das beantragte Gutachten ist gemäß § 14 Abs. 2 RVG einzuholen.

Der Antrag auf Zulassung der Berufung

wird übereinstimmend mit dem Beklagten gestellt.

Sofern die anwaltliche Tätigkeit, welche dargelegt worden ist, bestritten werden sollte, wird beantragt, Herrn Rechtsanwalt ■■■ als Zeugen zu vernehmen.

Sollte das Gericht weitere Darlegungen oder Beweisantritte für erforderlich halten, wird sich bereits jetzt für einen entsprechenden richterlichen Hinweis bedankt.

Rechtsanwalt

7   Darauf wird wie folgt dupliziert:

8   **Muster: Duplik**

An das ▪▪▪gericht, ▪▪▪

In Sachen

▪▪▪ [Kläger] ./. ▪▪▪ [Beklagter]

Az ▪▪▪

wird der abweichende und nicht berührte Vortrag der Gegenseite im Schriftsatz vom 22.12.2005 bestritten.

Unbegreiflich ist die Auffassung, dass die Notwendigkeit einer umfangreichen Erörterung mit dem Mandanten damit begründet wird, dass eine 100%-Haftung zweifelhaft gewesen sei. Der Haftpflichtversicherer des Beklagten hat den vollen geforderten Betrag gezahlt. Damit waren alle Hinweise an den Kläger, es komme eine Haftungskürzung in Betracht, objektiv überflüssig. Entweder durfte im Hinblick auf die Haftungsrisiken nur eine Teilquote gefordert werden, dann allerdings diente die Belehrung des Klägers der Erläuterung der Mithaftung, also des eigenen Haftungsanteils; dafür hat der Schädiger schadensrechtlich nicht aufzukommen. Oder aber es wurde die volle Quote gefordert. Dies hätte bei vollständiger Regulierung dann zur Konsequenz, dass der Schädiger ein zusätzliches Anwaltshonorar deshalb zahlen müsste, weil der Anwalt von seiner eigenen Forderung nicht überzeugt war. Auch dieses Ergebnis ist schlechterdings unvertretbar. Auch die Diskussion zur Schadensminderungspflicht kann eine Gebührenerhöhung nicht rechtfertigen. Auch hier gilt der Grundsatz, dass der Schädiger nicht für Schadenspositionen aufkommen muss, die letztlich von ihm nicht zu ersetzen sind. Das Telefonat mit dem Sachverständigen verursachte nur minimalen Aufwand. Auch das in Bezug genommene Gutachten der Anwaltskammer Köln kann der Klage nicht zum Erfolg verhelfen. Dieses Gutachten verhält sich völlig abstrakt über verschiedene Tätigkeiten, die bei einer Unfallregulierung anfallen können. Daraus ergibt sich noch lange nicht, dass sie auch tatsächlich angefallen sind und im Einzelfall auch erforderlich im Sinne des § 249 BGB waren. Auch die Vergütungspflicht hinsichtlich der Anwaltskosten des Geschädigten besteht nur im Rahmen des § 249 BGB.

Rechtsanwalt

↑

9   Nach mündlicher Verhandlung kann das Gericht den klägerischen Anträgen mit folgender Begründung stattgeben:

10   **Muster: Entscheidung des Gerichts**

[...]

In Sachen

Kläger ./. Beklagter

Az ▪▪▪

hat das Amtsgericht ▪▪▪ durch die Richterin am Amtsgericht ▪▪▪ aufgrund der mündlichen Verhandlung vom 20.4.2006

für R E C H T erkannt:

1. Der Beklagte wird verurteilt, an den Kläger 61,71 EUR nebst Zinsen in Höhe von 5 Prozentpunkten über dem Basiszinssatz seit dem 30.9.2004 zu bezahlen.

2. Der Beklagte trägt die Kosten des Rechtsstreits.

3. Das Urteil ist vorläufig vollstreckbar.

4. Die Berufung wird zugelassen.

Tatbestand:

Mit der Klage werden offene Rechtsanwaltsgebühren wegen einer außergerichtlichen Vertretung des Klägers aufgrund eines Verkehrsunfalls vom 24.7.2004 geltend gemacht.

Der Verkehrsunfall hat sich in ▪▪▪ ereignet, wobei der Beklagte mit seinem Fahrzeug mit dem klägerischen PKW kollidierte. Der Unfallhergang und die Haftung waren dem Grunde nach außergerichtlich unstreitig. Insofern sind auch alle bezifferten Schäden im Zusammenhang mit dem Fahrzeug vorprozessual bis auf die Anwaltskosten vollumfänglich beglichen worden. Streit zwischen den Parteien besteht lediglich darüber, in welcher Höhe vorgerichtliche Rechtsanwaltsgebühren erstattungsfähig sind. Der Kläger fordert eine 1,3-Geschäftsgebühr gemäß Nr. 2400 VV RVG, während der Beklagte nur eine 0,9-Geschäftsgebühr für angemessen hält. Der Kläger berechnet seine Forderung wie folgt:

Nr. 2400 VV RVG: 1,3-Geschäftsgebühr 1.679,04 EUR	172,90 EUR
Nr. 7200 VV RVG: Auslagenpauschale	20,00 EUR
Gebühren und Auslagen (netto)	192,90 EUR
16% Mehrwertsteuer, Nr. 7008 VV RVG	30,86 EUR
Gebühren und Auslagen (brutto)	
Endbetrag der Rechnung:	223,76 EUR

Der Beklagte zahlte hierauf 162,05 EUR. Den Differenzbetrag von 61,71 EUR macht der Kläger mit der Klage geltend.

Der Kläger beantragt,

den Beklagten zu verurteilen, an den Kläger 61,71 EUR nebst 5 Prozent Zinsen über dem Basiszinssatz der Deutschen Bundesbank seit dem 30.9.2004 zu bezahlen.

Der Beklagte beantragt,

die Klage abzuweisen.

Entscheidungsgründe:

Die zulässige Klage ist begründet.

Dem Kläger steht gegen den Beklagten ein Schadensersatzanspruch gemäß §§ 823 Abs. 1, 249 BGB in Höhe von 61,71 EUR zu.

Es besteht ein Gebührenanspruch des Prozessbevollmächtigten des Klägers gegen den Beklagten in Höhe von 223,76 EUR und nicht in Höhe der von dem Beklagten bereits ausgeglichenen 162,05 EUR. Die von dem Prozessbevollmächtigten des Klägers für die Unfallregulierung berechnete 1,3-Geschäftsgebühr gemäß Nr. 2400 VV RVG ist gerechtfertigt. Der Gebührentatbestand Nr. 2400 VV RVG sieht eine Gebühr von 0,5 bis 2,5 vor. Die Mittelgebühr beträgt 1,5. In Nr. 2400 VV RVG ist weiterhin bestimmt:

Eine Gebühr von mehr als 1,3 kann nur gefordert werden, wenn die Tätigkeit umfangreich oder schwierig war.

Hinsichtlich Umfang und Schwierigkeit ist nach der Entwurfsbegründung zu diesem Gebührentatbestand davon auszugehen, dass im Durchschnittsfall eine Gebühr von 1,3 anzusetzen ist (vgl Ministerialrat *Klaus Otto* in NJW 2004, 1420). Das Gericht geht insofern davon aus, dass bei einem durchschnittlichen Schwierigkeitsgrad und durchschnittlichen Aufwand eine Gebühr von 1,3 anzusetzen ist. Der Umfang und Schwierigkeitsgrad der Tätigkeit der Prozessbevollmächtigten des Klägers zur Ermittlung und Geltendmachung des Unfallschadens des Klägers gegenüber dem Beklagten war durchschnittlich. Bezüglich der von dem Prozessbevollmächtigten des Klägers im Zusammenhang mit der Unfallregulierung vorgenommenen Tätigkeit wird auf die Klageschrift vom 29.8.2005 Bezug genommen. Der Anspruch ist mithin begründet. Der zuerkannte Anspruch auf Zahlung von Prozesszinsen ist gemäß §§ 280 Abs. 1, Abs. 2, 286, 288 Abs. 1 BGB begründet.

Die Kostenentscheidung beruht auf § 91 Abs. 1 S. 1 ZPO. Die Entscheidung über die vorläufige Vollstreckbarkeit folgt aus §§ 708 Nr. 11, 711, 713 ZPO. Die Berufung war gemäß § 511 Abs. 4 ZPO zuzulassen. Die Rechtssache hat grundsätzliche Bedeutung. Darüber hinaus erfordert die Sicherung einer einheitlichen Rechtsprechung eine Entscheidung des Berufungsgerichts.

Richterin

11 Die vom Beklagten eingelegte Berufung kann wie folgt begründet werden:

12 **Muster: Berufungsschrift**

An das ▪▪▪gericht, ▪▪▪

Az ▪▪▪

In Sachen

▪▪▪ [Kläger/Berufungsbeklagter] ./. ▪▪▪ [Beklagter/Berufungskläger]

werden wir beantragen,

abändernd die Klage abzuweisen.

Zur Begründung der Berufung nehmen wir Bezug auf das gesamte bisherige Vorbringen des Beklagten; abweichender und nicht berührter Vortrag des Klägers wird bestritten.

Im Einzelnen tragen wir noch vor:

I.

Das Amtsgericht hat gemeint, dem Kläger stehe ein weiterer Schadensersatzanspruch in Höhe von 61,71 EUR aufgrund des Verkehrsunfalls vom 24.7.2004 zu. Insoweit bestehe nämlich ein restlicher offener Gebührenanspruch seiner Prozessbevollmächtigten. Die von den Prozessbevollmächtigten berechnete 1,3-Geschäftsgebühr für die Unfallregulierung sei gerechtfertigt, weil im Durchschnittsfall eine Gebühr von 1,3 anzusetzen sei. Umfang und Schwierigkeitsgrad der Tätigkeit der Prozessbevollmächtigten seien hier durchschnittlich gewesen. Dies ergebe sich aus dem Vorbringen des Klägers in der Klageschrift.

Dem kann nicht gefolgt werden. Das angefochtene Urteil wird antragsgemäß abzuändern sein.

II.

Der geltend gemachte restliche Gebührenanspruch der Prozessbevollmächtigten des Klägers besteht nicht.

1. Im rechtlichen Ansatz folgen wir dem Amtsgericht darin, dass bei einer durchschnittlichen anwaltlichen Angelegenheit eine 1,3-Geschäftsgebühr verdient ist. Der Streit der Parteien geht deshalb darum, ob eine durchschnittliche Angelegenheit vorgelegen hat oder nicht. Dies hat das Amtsgericht zu Unrecht angenommen. Eine sorgfältige Tatsachenfeststellung ist insoweit zu vermissen. Deshalb ist das Berufungsgericht gemäß § 529 Abs. 1 Ziffer 1 ZPO nicht gebunden. Eine neue Tatsachenfeststellung ist vielmehr erforderlich.

a) Wir haben schon in der Klageerwiderung ausdrücklich bestritten, dass es sich bei der Abwicklung eines üblichen Verkehrsunfalls um eine durchschnittliche Angelegenheit im Sinne des § 14 RVG handelt. In vielen gerichtlichen Entscheidungen wird dies pauschal behauptet, ohne dass dazu jemals konkrete Feststellungen getroffen worden wären. Dies gilt zumindest für die diesseits bekannten Urteile. Auch das Amtsgericht begründet die Annahme einer durchschnittlichen Angelegenheit nur völlig pauschal. Zum Umfang und Schwierigkeitsgrad der Tätigkeit des Klägervertreters wird lediglich auf das Vorbringen in der Klageschrift Bezug genommen. Es fehlt jede Erläuterung dazu, wann eine durchschnittliche anwaltliche Angelegenheit vorliegen soll. Abzustellen ist dabei nicht auf die Kanzlei der Prozessbevollmächtigten, sondern es ist das Durchschnittsmandat eines Anwalts in der Bundesrepublik Deutschland zu ermitteln. Für alle in Betracht kommenden Mandatsgebiete muss eine Feststellung getroffen werden, innerhalb welcher Bandbreite durchschnittliche Angelegenheiten vorliegen. Diese Abgrenzungen müssen für die in § 14 RVG genannten Kriterien erfolgen. In einem zweiten Schritt ist dann zu prüfen, ob ein durchschnittlicher (?) Verkehrsunfall diese Kriterien erfüllt. In dem Zusammenhang muss dann auch festgelegt werden, was überhaupt als durchschnittlicher Verkehrsunfall gelten soll. Auch insoweit wird nämlich eine tatsächlich in keiner Weise abgesicherte Terminologie verwandt. Im Ansatz ist jedenfalls davon auszugehen, dass es anwaltliche Angelegenheiten gibt, die unterdurchschnittlicher Natur sind. Dies ergibt sich schon zwingend daraus, dass der Gebührenrahmen des RVG bei 0,5 beginnt. Folglich sind auch unterdurchschnittliche Unfallregulierungen denkbar. Dazu existiert mittlerweile eine umfangreiche Berufungsrechtsprechung, die wir teilweise schon in der Klageerwiderung zitiert haben. Handhabbar und praktikabel ist in jedem Fall die Rechtsprechung des Landgerichts Bochum. Sie stellt darauf ab, ob Streit zum Grund und zur Höhe der Ansprüche bestanden hat und ob binnen angemessener Frist reguliert wurde. Wenn diese drei Voraussetzungen vorliegen, liegt ein durchschnittliches anwaltliches Mandat vor.

b) Von einer durchschnittlich schwierigen anwaltlichen Tätigkeit kann von vornherein keine Rede sein. Die Entscheidungsgründe des angefochtenen Urteils geben für diese Beurteilung nichts her. Die volle Haftung des Beklagten war nie zweifelhaft und ist insbesondere auch von seinem Haftpflichtversicherer nie bestritten worden. Auch die Schadenspositionen selbst waren völlig unproblematisch. Geltend gemacht wurden Reparaturkosten, Sachverständigenkosten, Nutzungsausfall und Kostenpauschale. Für keine dieser Schadenspositionen sind nennenswerte anwaltliche Leistungen zu erbringen. Die Höhe der Reparaturkosten ergibt sich aus dem Sachverständigengutachten bzw der Reparaturkostenrechnung. Die Sachverständigenkosten werden unmittelbar durch Rechnung belegt. Der Nutzungsausfall lässt sich aus der Tabelle ablesen. Es muss nur aus der Reparaturkostenrechnung hervorgehen, von wann bis wann sich das Fahrzeug in der Werkstatt befand. Hinsichtlich keiner einzigen Schadenspositionen gibt es Streit in der Rechtsprechung. Von einer durchschnittlich schwierigen anwaltlichen Tätigkeit kann deshalb nicht ernsthaft gesprochen werden.

c) Auch der Umfang der anwaltlichen Tätigkeit ist eindeutig unterdurchschnittlich. Es mag sein, dass die Prozessbevollmächtigten des Klägers am 26.7.2004 beauftragt wurden und eine persönliche Besprechung mit dem Kläger stattgefunden hat. Der Anspruch ist dann durch ein Standardschreiben beim Haftpflichtversicherer des Beklagten angemeldet worden. Die Meldung des Unfalls bei der eigenen Haftpflichtversicherung des Klägers ist schadensersatzrechtlich nicht zu berücksichtigen. Im Übrigen verursacht auch dieses Schreiben keinen nennenswerten Aufwand. Weiter soll der Sachverständige telefonisch beauftragt und gebeten worden sein, das Gutachten direkt an den Versicherer des Beklagten zu senden. Auch diese anwaltliche Leistung erfordert keinen nennenswerten Aufwand. Ein solches Telefonat kann in ein bis zwei Minuten geführt werden. Nach Vorliegen des Gutachtens wurde dann vorläufig abgerechnet. Anschließend erteilte der Kläger den Reparaturauftrag, so dass endgültig abgerechnet werden konnte. Damit sind letztlich nur geringe anwaltliche Leistungen erbracht worden. Das Mandat war nach rund sechs Wochen beendet. Dabei geht es noch auf eigene Dispositionen des Klägers als Geschädigten zurück, dass das Mandat überhaupt über diesen Zeitraum geführt wurde. Erforderlich war diese Bearbeitungszeit nicht, denn der Kläger hätte den Reparaturauftrag auch sofort erteilen können. Dann wäre eine Abwicklung sogar bis Mitte August 2004 möglich gewesen. Auch vor dem Hintergrund der Erforderlichkeit ist der Umfang der anwaltlichen Tätigkeit deshalb als deutlich unterdurchschnittlich zu bezeichnen.

d) Damit sind die leistungsbezogenen Kriterien der anwaltlichen Vergütung eindeutig unterdurchschnittlich. Zu den Einkommens- und Vermögensverhältnisses des Klägers hat das Amtsgericht keine Feststellungen getroffen. Gleiches gilt auch für die Bedeutung der Angelegenheit. Bei der Gesamtabwägung haben diese beiden Kriterien ohnehin geringes Gewicht. Durchschnittliche Vermögensverhältnisse und durchschnittliche Bedeutung der Angelegenheit können unterdurchschnittlichen Umfang und unterdurchschnittliche Schwierigkeit nicht in dem Sinne ausgleichen, dass insgesamt eine durchschnittliche Angelegenheit angenommen werden könnte. Dies gilt auch vor dem Hintergrund, dass außerordentlich schnell reguliert wurde. Auf die Bezifferung mit Schreiben vom 9.8.2004 reagierte der Versicherer des Beklagten mit der Abrechnung vom 12.8.2004. Die endgültige Forderungsanmeldung mit Schreiben vom 16.9.2004 wurde am 21.9.2004 ausgeglichen. Noch schneller kann praktisch nicht reguliert werden. Auch dieser Umstand ist bei der Gesamtbeurteilung der anwaltlichen Leistung von Bedeutung. In jedem Fall sind die vom Landgericht Bochum erarbeiteten Kriterien für die Annahme einer unterdurchschnittlichen anwaltlichen Tätigkeit eindeutig erfüllt.

2. Sollten nach Auffassung der Kammer noch weitere Gesichtspunkte von Bedeutung sein, bitten wir um Hinweis gemäß § 139 ZPO.

Ein weitergehender Begründungszwang des Rechtsmittels besteht jedenfalls nicht, da das Amtsgericht seine Entscheidung nicht auf weitere Gesichtspunkte gestützt hat.

Rechtsanwalt

13   Darauf ist wie folgt zu erwidern:

14   **Muster: Berufungserwiderung**

An das ▬▬▬gericht, ▬▬▬

Az ▬▬▬

In Sachen

▬▬▬ [Kläger/Berufungsbeklagter] ./. ▬▬▬ [Beklagter/Berufungskläger]

zeigen wir an, dass wir den Kläger und Berufungsbeklagten auch in der Berufungsinstanz vertreten, und beantragen:

1. Die Berufung wird zurückgewiesen.

2. Die Kosten des Verfahrens trägt der Beklagte.

Begründung:

Das Amtsgericht ▬▬▬ hat richtigerweise erkannt, dass dem Kläger der Klage entsprechend weitere Schadensersatzansprüche zustehen.

I.

Vorliegend geht es allein um die anwaltliche Vergütung in Verkehrsunfallangelegenheiten, insbesondere um die Angemessenheit eines Gebührenansatzes von 1,3.

Stellvertretend für die Anwaltschaft sollen an dieser Stelle insbesondere die Allianz und die DEVK lobend hervorgehoben werden, die die unsichere Rechtslage nach Einführung des RVG nicht genutzt haben, um am Honorar der Anwaltschaft zu sparen, sondern erkannt haben, dass für eine Versicherung das Sparpotential größer ist, wenn sich die Regulierung eines Unfalls nicht durch den Streit um das Anwaltshonorar verzögert. Darum wurde unmittelbar nach Einführung des RVG eine Nachfolgevereinbarung zum GdV-Abkommen geschlossen, wonach zB beim vorstehenden Verkehrsunfall der Ansatz einer Geschäftsgebühr von 1,8 vereinbart ist.

Andere Versicherungen sind dieser Vereinbarung gefolgt, wiederum andere haben erkannt, dass sich die Auffassung endgültig durchgesetzt hat, dass zumindest eine Gebühr iHv 1,3 bei einem durchschnittlichen Verkehrsunfall anzusetzen ist.

Einzig die zwei bis drei verbleibenden Versicherer vermögen hier kein Einsehen zu zeigen und gehen mit ihren drei bis vier Entscheidungen hausieren, die ihnen aus unterschiedlichen Gründen Recht geben. Dass diese Ausnahmen nichts anderes tun, als die Regel einer 1,3-Gebühr zu bestätigen, wird deutlich, wenn man bedenkt, dass diesen Urteilen mehrere Hundert Urteile gegenüberstehen und dem Inhalt dieser Entscheidungen Exotenstatus verleihen.

Es soll, um die Gerichtsakte nicht zu sprengen, darauf verzichtet werden, die entsprechenden Urteile beizufügen. Erstinstanzlich ist dies zT geschehen. Nachzulesen sind die monatlich veröffentlichen Entscheidungen jedoch einfach durch einen Blick in zfs, AGS, DAR, Mitteilungsblatt der ARGE Verkehrsrecht etc.

In der Folge wird darum nur auf eine Entscheidung des AG Kaiserslautern vom 30.3.2005 (Az 8 C 338/05) eingegangen, die sich mit dem Gebaren der hinter dem Beklagten stehenden Haftpflichtversicherung auseinandersetzt und ungewöhnlich deutliche Worte für den Vortrag findet.

Seit der Änderung des anwaltlichen Gebührenrechts von BRAGO zu RVG gab es insgesamt drei Angriffspunkte, mit denen gegen die diesseitige Auffassung der Angemessenheit einer 1,3-Gebühr argumentiert wurde:

An erster Stelle wurde historisch auch durch die ▪▪▪ [Haftpflichtversicherung des Beklagten] vertreten, dass die Schwellengebühr nicht 1,3, sondern lediglich 0,9 betrage und somit beim durchschnittlichen Fall nur eine Gebühr iHv 0,9 anstehe. Erstinstanzlich hat die ▪▪▪ [Haftpflichtversicherung des Beklagten] zumindest rechtlich unstreitig gestellt, dass die Schwellengebühr 1,3 betrage. Aus welchem Grund dann trotzdem zur Untermauerung der eigenen Auffassung von dort die mit Kritik überhäufte Rechtsprechung des LG Saarbrücken vorgelegt wurde, erschließt sich nicht. Zumindest an dieser Stelle scheint die ▪▪▪ [Haftpflichtversicherung des Beklagten] mitzugehen, dass eine rechtliche Klärung herbeigeführt worden ist.

Der zweite Angriffspunkt ist, dass es sich bei einem durchschnittlichen Verkehrsunfall nicht um eine die Schwellengebühr auslösende durchschnittliche Angelegenheit handele. Dies meint vorliegend auch die hinter dem Beklagten stehende Versicherung. Trotzdem zitiert sie die Entscheidung des LG Bochum vom 17.6.2005 (Az 5 S 33/05) und legt diese Entscheidung erstinstanzlich im Volltext vor. Dort beschreibt das LG Bochum jedoch, warum es sich bei einem Verkehrsunfall regelmäßig um eine durchschnittliche Angelegenheit handelt. Der Beklagte lässt also eine Entscheidung zitieren, die überzeugend insoweit die Auffassung des Beklagten widerlegt. Merkwürdig, wenn dann diese Rechtsprechung noch als „handhabbar und praktikabel" bezeichnet wird. Ernsthaft kann wohl nicht mehr vertreten werden, dass ein durchschnittlicher Verkehrsunfall eine unterdurchschnittliche Angelegenheit darstelle.

Letzter Angriffspunkt ist, dass der spezielle Verkehrsunfall kein durchschnittlicher Verkehrsunfall sei, wobei im Wesentlichen allein ex nunc darauf abgestellt wird, ob etwas streitig war oder nicht.

Dass dies viel zu kurz greift, wird klar, wenn man sich verdeutlicht, was die anwaltliche Aufgabe bei einem Verkehrsunfall ist. Bereits von vornherein muss der Anwalt neben der Haftung dem Grunde nach auch die Haftung der Höhe nach im Auge behalten und insbesondere hier den Mandanten auf § 254 BGB mit den entsprechenden Fallen hinweisen.

Selbst wenn mit dem heutigen Blick die Haftung dem Grunde nach nie streitig war, so konnte bei Beginn des Mandats das Mandat nicht so bearbeitet werden, als wäre die Haftung unstreitig. Vielmehr ist bis zum Haftungsanerkenntnis immer im Auge zu behalten, dass die Haftung streitig sein kann. Darum erfolgt stets eine sehr zeitintensive Mandatsaufnahme, die alle Eventualitäten mit einschließt. Gerade diese zeitintensive Mandatsbearbeitung ermöglicht es ja, dass dann die Regulierung vereinfacht wird. Dafür muss dann aber entsprechend vorgearbeitet werden.

Gerade beim vorliegenden Verkehrsunfall auf einem Parkplatz konnte nicht davon ausgegangen werden, dass die Haftung dem Grunde nach unstreitig war, da regelmäßig zumindest die Betriebsgefahr eingewandt wird. An dieser Stelle will der Mandant jedoch nicht erst wissen, was passiert, wenn eine Entscheidung der Versicherung da ist, sondern bereits bei Mandatsbeginn wissen, was passiert, wenn sich die Versicherung in bestimmter Weise verhält. Vorliegend hat dies zB bedeutet, dass der Kläger über das Quotenvorrecht aufzuklären war für den Fall, dass die Versicherung lediglich zu 75% anerkennt. Dass es bereits Juristen schwerfällt, § 67 Abs. 1 S. 2 VVG und die Rechtsprechung des BGH zum Quotenvorrecht zu verstehen, kann das

Gericht wohl aus eigener Erfahrung beurteilen. Dann kann man sich auch vorstellen, was es bedeutet, dies einem Unfallgeschädigten näherzubringen.

II.

Auch die Haftung der Höhe nach war nicht einfach zu beurteilen. Jede einzelne Schadensposition ist vorliegend streitig. Folgende Schadenspositionen sind dem Kläger entstanden und waren wie folgt beachtenswert:

1. Reparaturkosten

Hier war der Kläger darüber aufzuklären, dass zT von Versicherungen eingewendet wird, dass verschiedene Billigwerkstätten mit der Reparatur zu betrauen sind, wenn diese qualitativ gleich hohe Bedingungen erfüllen, so dass die höheren Kosten einer markengebundenen Vertragswerkstatt nicht angemessen seien. Der Kläger war darüber zu beraten, dass der BGH erst kurz vor dem Unfall in seiner sog. Porschefall-Entscheidung dem Geschädigten Recht gab, dies jedoch durch ein verunglücktes Zitat im Rahmen eines Vortrages bei den Homburger Tagen des Herrn Richter am BGH Wellner durch Versicherungen wiederum in Frage gestellt wird.

Auch darum wurde verabredet, da es Prämisse des Klägers war, nicht in Vorleistung treten zu müssen, zunächst fiktiv abzurechnen, um die Auffassung der ▪▪▪ [Haftpflichtversicherung des Beklagten] in Erfahrung zu bringen.

2. Sachverständigengutachten

An dieser Stelle wurde bereits erstinstanzlich ausgeführt, dass sich der Schaden unweit der sog. Bagatellgrenze bewegt, so dass zur Vermeidung von Streit lieber vorsorglich durch den Sachverständigen grob die Schadenshöhe eingeschätzt werden sollte. Dazu musste der Unterzeichner mit dem Sachverständigen telefonieren.

Der Kläger war auch darüber aufzuklären, dass die Höhe der Sachverständigenkosten streitig werden konnten. So wird von Seiten der Versicherung vorgetragen, dass die Abrechnung des Sachverständigen nach Gegenstandswert unbillig wäre und nach Zeitwert abgerechnet werden müsste. Darum war der Kläger darüber aufzuklären, dass eine Entscheidung des AG München den Versicherungen Recht gibt, jedoch der Unterzeichner unter dem Aktenzeichen 106 C 4019/03 zum damaligen Zeitpunkt durch das AG Dresden gerade eine Entscheidung erreichen konnte, die dem Geschädigten recht gibt. Wie brisant die Problematik war, wird dadurch deutlich, dass der BGH diese Problematik erst im April 2006 entschieden hat und den Geschädigten in seinen Auffassungen bestätigte.

3. Nutzungsausfallschaden

Vorliegend war an dieser Stelle zu berücksichtigen, dass das Fahrzeug des Klägers zum Unfallzeitpunkt älter als fünf Jahre war. In diesen Fällen wurde und wird regelmäßig durch Versicherungen eingewandt, dass bei den einschlägigen Tabellen eine Stufe niedriger angesetzt werden müsse. Dem Kläger musste erklärt werden, dass dies aus Sicht des Unterzeichners falsch ist, da der Nutzwert nicht vom Alter des Fahrzeugs abhängt. Wiederum im Jahr 2006 hat sich sogar der BGH mit dieser Thematik befasst.

4. Unkostenpauschale

Dass hier wohl alles zwischen 15,00 EUR und 30,00 EUR vertreten wird, muss nicht gesondert aufgeführt werden.

Ein Unfallmandat kann seriös nicht so geführt werden, dass dem Geschädigten gesagt wird, was gefordert werden kann, sondern es muss auch erklärt werden, welche Auffassungen bestehen und mit welchen Reaktionen zu rechnen ist. Insoweit ist der Anwalt zur Information verpflichtet. Mit Recht ist die Rechtsprechung zur anwaltlichen Haftung dem Anwalt gegenüber außerordentlich streng. Begründet wird dies immer mit den umfangreichen Verpflichtungen des Anwalts zur Aufklärung. Doch dann muss es einem Anwalt auch vergütet werden, wenn er diesen Verpflichtungen nachkommt. Es greift damit zu kurz, allein auf das Ergebnis anwaltlicher Tätigkeit abzustellen; auch der Weg dahin muss beachtet werden.

Insoweit verweisen wir auf die anliegende Entscheidung des AG Kaiserslautern vom 27.2.2006 (Az 4 C 31/06):

„[...] Dabei ist die unter Bezugnahme auf verschiedene Gerichtsentscheidungen vorgetragene Argumentation der Beklagten, dass die vorliegende Sache als unterdurchschnittlich zu bewerten sei, da lediglich zwei Schreiben an die Beklagte durch die Prozessbevollmächtigten des Klägers verfasst worden seien, im Ansatz verfehlt. Für die Gebührenbestimmung ist nicht (allein) maßgeblich, wie viele Schreiben der Rechtsanwalt verfassen muss, um den Anspruchsgegner zu überzeugen; auf die maßgeblichen Gesichtspunkte, Umfang und Schwierigkeit der Sache sowie Bedeutung derselben für den Auftraggeber lassen diese Umstände kaum einen tragfähigen Schluss zu [...]. Das Argument, die Einstandspflicht sei unstreitig gewesen, ist schon deshalb ungeeignet, da sich dieser Umstand in aller Regel erst – so auch im vorliegenden Fall – auf das Anspruchsschreiben hin überhaupt herausfinden lässt. Maßgebend ist also nicht, ob es nur ein oder zwei Anschreiben gegeben hat, da diese lediglich das Ergebnis der vorausgegangenen Tätigkeit des Rechtsanwalts darstellen [...]. Die Haftungsnormen des Straßenverkehrsrechts sind bereits bei der Haftung dem Grunde nach komplex. Selbst wenn eine Haftung dem Grunde nach zwischen den Parteien außer Streit steht, schließen sich hieran bei der Frage der geltend zu machenden Schadenshöhe zahlreiche, sehr detaillierte Rechtsfragen zu den einzelnen Schadenspositionen an. Erst nach einer zumindest summarischen Prüfung dieser Gesichtspunkte kommt es dann zu dem Anspruchsschreiben, das sich mithin nicht in einer bloßen Addition von Schadenspositionen erschöpft und deshalb auch nicht als alleiniger Maßstab für die Billigkeit der Gebührenbestimmung herangezogen werden kann [...]."

Dass dann das Gericht der Versicherung im Anschluss noch mit auf den Weg gibt, deutliches Unverständnis über das Regulierungsgebaren zu haben, kann schon als sehr bemerkenswert bezeichnet werden.

Hinsichtlich des diesseitigen tatsächlichen Arbeitsaufwands wird Bezug genommen auf die Darlegungen in der Klageschrift, der Replik vom 22.12.2005 und auf obige Darlegungen. Die tatsächliche Tätigkeit des Unterzeichners wurde bislang durch den Beklagten nicht bestritten. Im Übrigen wird das Zeugnis des Unterzeichners zu sämtlichen tatsächlichen Darlegungen als Beweis angeboten.

Sollte das Gericht weitere Darlegungen oder Beweisantritte für erforderlich halten, wird sich bereits jetzt für einen entsprechenden richterlichen Hinweis bedankt.

Rechtsanwalt

Darauf wird wie folgt repliziert:

15

Muster: Replik

16

60

An das ▪▪▪gericht, ▪▪▪

Replik

Az ▪▪▪

In Sachen

▪▪▪ [Kläger/Berufungsbeklagter] ./. ▪▪▪ [Beklagter/Berufungskläger]

liegen die Ausführungen der Gegenseite im Schriftsatz vom 28.7.2006 im Wesentlichen neben der Sache:

1. Auf die Regulierungspraxis anderer Versicherer, die nicht auf der gesetzlichen Grundlage abrechnen, kommt es von vornherein nicht an.

2. Es kann überhaupt keine Rede davon sein, dass der diesseitige Standpunkt nur in drei bis vier Entscheidungen geteilt wird. Wir haben darauf verzichtet, auf die amtsgerichtliche Rechtsprechung einzugehen. Die inzwischen befassten Berufungsgerichte gehen in ihrer ganz überwiegenden Mehrheit davon aus, dass bei einer einfachen Unfallregulierung keine durchschnittliche anwaltliche Tätigkeit vorliegt, so dass auch keine 1,3-Geschäftsgebühr gerechtfertigt ist. In den von der Gegenseite zitierten Zeitschriften werden diese Entscheidungen freilich nicht veröffentlicht, weil dort aus bekannten Gründen nur anwaltsfreundliche Entscheidungen publiziert werden.

3. Es trifft zu, dass das Landgericht Bochum entgegen der diesseitigen Auffassung die Regulierung eines Verkehrsunfalls grundsätzlich als durchschnittliche Angelegenheit wertet. In tatsächlicher Hinsicht ist dies allerdings unzutreffend, worauf wir auch immer wieder hinweisen. Kein einziges Gericht hat bislang Veranlassung gesehen, seine pauschale Unterstellung zu diesem Thema einer Überprüfung zu unterziehen. Auf der Basis der Rechtsprechung des Landgerichts Bochum kann dies letztlich auch dahinstehen, weil jedenfalls der dort entwickelte Ausnahmefall vorliegt.

4. Da der Sinn einer anwaltlichen Beauftragung nicht in der Gebührenmaximierung, sondern in der sachgerechten Wahrnehmung der Interessen des Auftraggebers besteht, ist immer nur ein solcher Aufwand gerechtfertigt, der notfalls auch vom eigenen Auftraggeber erstattet werden muss. Bei Verkehrsunfällen ist von vornherein zu berücksichtigen, wie der in Anspruch genommene Versicherer voraussichtlich regulieren wird. Hier sprach alles dafür, dass der Versicherer nach einer Quote von 100% abrechnen würde. Nähere Gedanken hätte sich die Gegenseite erst dann machen müssen, wenn der Einwand einer Mithaftung erhoben worden wäre. Die gleichen Überlegungen gelten hinsichtlich der Schadenspositionen. Hier werden Erwägungen ausgebreitet, die sich im vorliegenden Fall überhaupt nicht gestellt haben. Deshalb bestreiten wir auch nachdrücklich, dass der Geschädigte überhaupt entsprechend belehrt worden ist. Hier spricht alles dafür, dass im Nachhinein Aufwand konstruiert wird, um die 1,3-Geschäftsgebühr rechtfertigen zu können. Die Erforderlichkeit im Sinne des § 249 BGB ist jedenfalls nicht erkennbar.

Rechtsanwalt

17 Hierauf kann noch wie folgt dupliziert werden:

18 **Muster: Duplik**

An das ▪▪▪gericht, ▪▪▪

Az ▪▪▪

In Sachen

▪▪▪ [Kläger/Berufungsbeklagter] ./. ▪▪▪ [Beklagter/Berufungskläger]

nehmen wir kurz wie folgt Stellung:

Da davon auszugehen ist, dass andere Versicherer ebenfalls auf Ihre Ausgaben achten, sollte die Regulierungspraxis dieser Versicherer schon ein deutliches Anzeichen dafür sein, welche Anwaltsvergütung angemessen ist und welche nicht.

Natürlich wird der Standpunkt der Gegenseite nur in drei bis vier Entscheidungen geteilt. Zum Teil sind diese Entscheidungen durch neuere Entscheidungen dieser Gerichte obsolet geworden und zum anderen durch Berufungsgerichte aufgehoben worden.

Insoweit ist es allenfalls Wunschdenken der Beklagtenseite, dass es eine überwiegende Mehrheit der Berufungsgerichte gäbe, die davon ausgingen, dass bei einer einfach gelagerten Unfallregulierung keine durchschnittliche anwaltliche Tätigkeit vorläge.

Das genaue Gegenteil ist der Fall, wobei diesseits nicht nur die überwiegende Mehrheit, sondern die ganz herrschende Auffassung zur Seite steht.

Dass dann der Beklagte sogar gezwungen ist, eine Entscheidung des Landgerichts Bochum für sich in Anspruch zu nehmen, hinsichtlich deren nunmehr eingestanden werden muss, dass sie tatsächlich der eigenen Auffassung widerspricht, macht deutlich, wie eng gesät die Rechtsprechung zu Gunsten des Beklagten ist.

Selbstverständlich haben Gerichte bislang auch Veranlassung gesehen, eine Überprüfung dieser Thematik vorzunehmen. Insofern haben wir die entsprechenden Gutachten der Rechtsanwaltskammern bereits vorgelegt, welche auf Veranlassung von Berufungsgerichten bzw erstinstanzlichen Gerichten erstellt worden sind. Es hat also eine entsprechende Überprüfung gerade stattgefunden.

Eine sachgerechte Wahrnehmung der Interessen des Auftraggebers setzt insbesondere unter Berücksichtigung der Haftungsrechtsprechung des BGH eine vollumfängliche Beratung voraus. Somit ist der Anwalt beim Erstkontakt und der entsprechenden Unfallaufnahme mit seinem Mandanten gezwungen, diesen auf bereits möglicherweise entstehende Probleme hinzuweisen und die entsprechenden taktischen Vorgehensweisen abzusprechen. Dass zum damaligen Zeitpunkt alles dafür sprach, dass der Versicherer bei einem Parkplatzunfall nach einer Quote von 100% abrechnen würde, ist mitnichten der Fall. Die überwiegende Auffassung der Rechtsprechung geht davon aus, dass bei einem Parkplatzunfall eine Haftungsteilung in Betracht kommt, die mit meinem Mandanten selbstverständlich zu diskutieren war. Wenn erst dann reagiert werden würde, wenn der Einwand der Mithaftung nach möglicherweise zwei oder drei Wochen erhoben ist, bedeutete dies möglicherweise eine Verzögerung der Regulierung, da erst dann zB die Kaskoversicherung in Anspruch genommen werden könnte und sich zu spät Gedanken über das Quotenvorrecht gemacht werden würde.

Insoweit waren bereits beim Erstkontakt der mögliche Mithaftungseinwand und die Möglichkeiten der kombinierten Abrechnung nach Quotenvorrecht bei der Regulierung in Betracht zu ziehen.

Insoweit spielt es bei der Durchführung der Reparatur natürlich dann auch eine Rolle, dass mit dem Mandanten die Vor- und Nachteile der Anmietung eines Mietwagens bzw der Abrechnung des Nutzungsausfallschadens diskutiert werden. Hier ist der Mandant bereits vor der Reparatur darauf hinzuweisen, dass Probleme bei der Abrechnung der Mietwagenkosten entstehen können. Insoweit ist beim Erstkontakt bereits der Plan des Mandanten zu eruieren. Es muss in Erfahrung gebracht werden, ob fiktiv oder konkret abgerechnet werden soll und ob bei konkreter Abrechnung ein Mietwagen in Anspruch genommen werden soll oder nicht. All dies kann nicht erst geschehen, wenn die entsprechenden Schadenspositionen entstehen. Insoweit hätte der Unterzeichner möglicherweise haftungsrechtlicher Inanspruchnahme entgegengesehen, wenn er nicht über Probleme von Mietwagenkosten aufgeklärt und der Mandant sich für die Inanspruchnahme des Mietwagens entschieden hätte. Hier wird gerade der anwaltliche Beistand von Versicherungen sehr oft benutzt, um den Geschädigten insbesondere auf seine Schadensminderungspflicht hinzuweisen, die er durch Hilfe seines Anwalts hätte wahrnehmen können.

Diese vollumfängliche Beratung war und ist in jedem Fall nach einem Verkehrsunfall notwendig und daher auch erforderlich im Sinne des § 249 BGB und rechtfertigt auch im vorliegenden Fall die Abrechnung einer 1,3-Geschäftsgebühr.

Rechtsanwalt

Nach einem entsprechenden Hinweisbeschluss ist wie folgt zu entscheiden: **19**

20 **Muster: Entscheidung des Berufungsgerichts**

 ↓

[...]

erlässt die ███. Zivilkammer des Landgerichts ███ durch den Vorsitzenden Richter am Landgericht ███ und die Richter am Landgericht ███ und ███ ohne mündliche Verhandlung am ███ folgenden

Beschluss:

1. Die Berufung des Beklagten vom ███ gegen das Urteil des Amtsgerichts ███ vom ███ wird zurückgewiesen.

2. Der Beklagte trägt die Kosten des Berufungsverfahrens.

3. Der Streitwert des Berufungsverfahrens beträgt 67,71 EUR.

Gründe:

I. Die statthafte sowie form- und fristgerecht eingelegte und begründete, somit zulässige Berufung hat nach einhelliger Überzeugung der Kammer in der Sache keine Aussicht auf Erfolg und ist deshalb, da die Rechtssache auch keine grundsätzliche Bedeutung hat und auch die Fortbildung des Rechts oder die Sicherung einer einheitlichen Rechtsprechung keine Entscheidung des Berufungsgerichts aufgrund mündlicher Verhandlung erfordert, gemäß § 522 Abs. 2 Nr. 1 ZPO zurückzuweisen.

1. Zur Begründung wird wie folgt ausgeführt.

Nach § 249 Abs. 1, Abs. 2 S. 1 BGB sind diejenigen adäquat verursachten Rechtsverfolgungskosten in Form vorprozessualer, nicht anrechenbarer Anwaltskosten zu ersetzen, die aus Sicht des Schadensersatzgläubigers zur Wahrnehmung und Durchsetzung seiner Rechte erforderlich und zweckmäßig waren (BGHZ 30, 154, 157 f.; 39, 73, 74; 127, 348; BGH NJW 1970, 1122; 1986, 2243, 2245; 2004, 444, 446; 2006, 1065; KG VRS 106 [2004], 356, 357 f.; LG Bonn AGS 2006, 19 = NJW 2005, 1873, 1874 = NZV 2005, 583, 585; *Nixdorf*, VersR 1995, 257 ff.; *Sanden/Völtz*, Sachschadensrecht des Kraftverkehrs, 8. Aufl. 2007, Rn 289–292; Bamberger/Roth/*Grüneberg*, BGB, 2003, § 249 Rn 75; *Hentschel*, Straßenverkehrsrecht, 38. Aufl. 2005, § 12 StVG Rn 50 mwN; Palandt/*Heinrichs*, BGB, 66. Aufl. 2007, § 249 Rn 38 und insb. 39 mwN); Gleiches gilt im Übrigen etwa auch für außergerichtliche Rechtsanwaltskosten in Unterhaltssachen (OLG München NJW-RR 2006, 650 für den Unterhaltsprozess).

Was die Höhe der anzusetzenden Gebühr angeht, steht das Erstgericht mit der Systematik des RVG und der ganz herrschenden Rechtsprechung, auch der Kammer, und Literatur im Einklang.

Nr. 2400 VV RVG schreibt vor: „Eine Gebühr von mehr als 1,3 kann nur gefordert werden, wenn die Tätigkeit umfangreich oder schwierig war." Bei diesem Wert von 1,3 handelt es sich um die sog. Schwellengebühr. Selbst wenn die höhere Mittelgebühr von 1,5 (vgl dazu grds. *Madert*, zfs 2004, 391) angefallen ist, darf ein die Schwellengebühr überschreitender Geschäftswert nur angesetzt werden, wenn alternativ die zusätzlichen Merkmale des Umfangs oder der Schwierigkeit der Tätigkeit vorliegen. Umgekehrt bedeutet dies, dass, wenn die Rechnung auf diese zusätzlichen Merkmale nicht Bezug nimmt, jedenfalls die Gebühr mit 1,3 anzusetzen ist.

Die ganz herrschende Rechtsprechung geht davon aus, dass es sich bei der Abwicklung eines üblichen Verkehrsunfalls auch nach Inkrafttreten des RVG grundsätzlich, auch in sog. einfachen Regulierungssachen, um eine durchschnittliche Angelegenheit handelt, bei der die Berechnung einer 1,3-Geschäftsgebühr nach Nr. 2400 VV RVG angemessen ist (so OLG München, Hinweis vom 19.4.2006 im Verfahren Az 10 U 1613/06; vgl ferner die Rechtsprechungsübersichten in DAR 2006, 58 f., NJW 2006, 1477 ff und in MittBl. der ARGE VerkR 2006, 53 ff.). Der Senat sieht auch in Anbetracht der Ausführungen in der Replik keine Veranlassung, seine bisherige Rechtsprechung zu ändern.

Wenn somit die Gebühr von 1,3 als „Regelgebühr" anzusehen ist, genügt der Geschädigte seiner Darlegungs- und Beweislast, wenn er einen solchen Regelfall als konkret gegeben behauptet. Will der Schädiger dies nicht gelten lassen, obliegt es ihm, im Einzelnen darzulegen, welche Gesichtspunkte für einen unterdurchschnittlichen Fall sprechen. Die von den Beklagten zitierte Entscheidung OLG Hamm NJW-RR 1999, 510 zwingt die Kammer nicht, die Sache mündlich zu verhandeln und die Revision zuzulassen, weil zum einen der dort entschiedene Sachverhalt – eine Gebührenklage eines Steuerberaters gegen seinen Mandanten – mit dem vorliegenden Fall nicht vergleichbar ist, zum anderen das OLG Hamm selbst darlegt, dass es von der damals bereits herrschenden gegenteiligen Meinung abweicht.

Soweit vorliegend von dem im Erstgericht festgestellten Sachverhalt, insbesondere dem Umfang der notwendigen Arbeit des Anwalts ausgegangen wird, woran das Berufungsgericht gebunden ist, ist nichts ersichtlich, was im Ergebnis für eine unterdurchschnittliche Angelegenheit sprechen könnte.

II. Die Kostenentscheidung beruht auf § 97 Abs. 1 ZPO.

III. Die Streitwertfestsetzung folgt aus §§ 63 Abs. 2 S. 1, 47 Abs. 1 S. 1, 40, 48 Abs. 1 S. 1 GKG, 3 ff ZPO.

B. Sachverständigenkosten

Problematisch bei den Sachverständigenkosten ist, dass es eine gesetzliche Gebührentabelle wie bei Anwälten nicht gibt. Es existieren zwar Tabellen, welche vom BVSK veröffentlicht werden, Gesetzesrang haben diese freilich nicht. Somit kann jeder Sachverständige zunächst so abrechnen, wie er es für richtig hält, wenn die Abrechnung nicht unbillig wird. Da es Versicherungen zT gern sähen, dass Sachverständige nach den meist niedrigeren Tabellen des BVSK abrechnen, werden die Gebühren gekürzt und manchmal überhaupt nicht zum Ausgleich gebracht. Geschieht dies, ist das offene Honorar einzuklagen.   21

Hinweis: Nicht zu vergessen ist dabei, dass der Sachverständige, für den der Anwalt mittelbar die Gebühren einklagt, auch in Zukunft ein Interesse daran haben wird, dass dieser Anwalt die Unfälle bearbeitet, bei denen der Sachverständige das Gutachten fertigt. Ein neuer Multiplikator ist so schnell erreicht.   22

Muster: Klageschrift (Ersatz von Sachverständigenkosten)   23

63

An das ▄▄▄gericht, ▄▄▄

Klage

der Frau ▄▄▄

– Klägerin –

Prozessbevollmächtigte: RAe ▄▄▄

gegen

Herrn ▄▄▄

– Beklagter –

wegen Schadensersatzes

Streitwert: 515,92 EUR

Namens und in Vollmacht der Klägerin erheben wir Klage und werden beantragen:

1. Der Beklagte wird verurteilt, an die Klägerin 515,92 EUR nebst Zinsen iHv 5 Prozentpunkten über dem Basiszinssatz seit dem 4.3.2003 zu bezahlen.

2. Das Urteil ist vorläufig – notfalls gegen Sicherheitsleistung – vollstreckbar.

3. Der Beklagte trägt die Kosten des Verfahrens.

Sofern das Gericht das schriftliche Vorverfahren anordnet, beantragen wir bereits jetzt bei Säumnis des Beklagten den Erlass eines entsprechenden Versäumnisurteils, im Falle eines Anerkenntnisses den Erlass eines entsprechenden Anerkenntnisurteils ohne mündliche Verhandlung.

Begründung:

Die Klägerin macht den Anspruch auf Ersatz der Sachverständigenkosten als Schadensersatzanspruch aus einem Verkehrsunfall vom 13.2.2006 um ca. 13.50 Uhr auf der ■■■straße in ■■■ geltend. Fahrer und Halter des unfallgegnerischen PKW war der Beklagte.

Die Klägerin befuhr die ■■■straße in ■■■. Der Beklagte parkte rückwärts aus einer Einfahrt aus und missachtete die Vorfahrt der Klägerin, so dass es zum Zusammenstoß kam.

Der Unfallhergang und die Haftung dem Grunde nach waren außergerichtlich unstreitig. Insofern sind auch alle bislang bezifferten Schäden im Zusammenhang mit dem Fahrzeug im vorprozessualen Verfahren, bis auf die Sachverständigenkosten, durch den Haftpflichtversicherer des Beklagten beglichen worden.

Die Klägerin ließ ihr Fahrzeug nach dem Unfall in die Reparaturwerkstatt der ■■■ GmbH verbringen. Dort erteilte die Klägerin dem Sachverständigenbüro ■■■ GmbH den Auftrag, das Fahrzeug hinsichtlich des Unfallschadens zu begutachten.

Beweis: Werkvertrag in Kopie als Anlage K1

Dem Werkvertrag lagen die Allgemeinen Geschäftsbedingungen der ■■■ GmbH zugrunde, nach der die Wertberechnung des Werklohns von der Schadenshöhe abhängt, wobei tabellarisch der jeweilige Werklohn bei einer bestimmten Schadenshöhe angegeben worden ist.

Beweis: wie vor

Der beauftragte Sachverständige kam in seinem Gutachten zu dem Ergebnis, dass der Reparaturschaden 4.819,62 EUR beträgt.

Beweis: Gutachten in Kopie als Anlage K2

Die Kosten des Sachverständigengutachtens, die der Sachverständige der Klägerin in Rechnung stellte, beliefen sich auf 515,92 EUR.

Beweis: Rechnung in Kopie als Anlage K3

Die Rechnungshöhe ist angemessen. Die Kosten bewegen sich im Rahmen des Üblichen.

Beweis: Sachverständigengutachten

Diese Rechnung wurde dem Haftpflichtversicherer des Beklagten vorgelegt. Auf die Aufforderung der Prozessbevollmächtigten, diese Rechnung bis zum 10.3.2006 zum Ausgleich zu bringen,

Beweis: Schreiben vom 21.2.2006 in Kopie als Anlage K4

reagierte die Haftpflichtversicherung des Beklagten mit Schreiben vom 3.3.2006. Darin stellte diese klar, dass ein Ausgleich der Sachverständigenkosten wegen angeblich in der Rechnung enthaltener Pauschalpositionen nicht möglich sei. Des Weiteren sei eine genaue Spezifizierung der einzelnen Rechnungspositionen notwendig.

Beweis: Schreiben vom 3.3.2006 in Kopie als Anlage K5

Auf die telefonische Nachfrage der Prozessbevollmächtigten der Klägerin bei dem zuständigen Sachbearbeiter der Versicherung des Beklagten teilte dieser mit, dass er überprüfen möchte, ob die Rechnung in der Höhe mit den BVSK-Gebühren übereinstimmt. Des Weiteren teilte er mit, dass die Versicherung nur noch solche Sachverständigenrechnungen ausgleicht, die nach den BVSK-Gebührentabellen abgerechnet werden. Andere Rechnungen würden nicht einmal mehr in Höhe der BVSK-Gebühren ausgeglichen, sondern gar nicht.

Beweis: Telefonnotiz in Kopie als Anlage K6

Des Weiteren teilte der Sachbearbeiter mit, dass er zum einen davon ausgeht, dass die Rechnung höher liegt als die BVSK-Gebührentabelle, und er zum anderen davon ausgeht, dass er deshalb die Akte bald seiner Prozessabteilung übergeben kann.

Beweis: wie vor

Der Beklagte muss sich gem. § 10 Abs. 5 AKB die Erklärungen seiner Versicherung zurechnen lassen.

Rechtlich ist der Beklagte als Schädiger verpflichtet, der Klägerin die Aufwendungen für das Sachverständigengutachten als Schadensermittlungskosten zu ersetzen. Nach einhelliger Meinung gehören die Kosten eines Sachverständigengutachtens zu dem vom Schädiger zu tragenden Herstellungsaufwand gem. § 249 BGB. Der Geschädigte kann demnach die Kosten eines zur Schadensbezifferung notwendigen Gutachtens unabhängig von dessen Richtigkeit und Brauchbarkeit ersetzt verlangen (OLG Hamm NZV 1993, 149; 1994, 393).

Der Beklagte hat aber auch der Höhe nach die vollständigen Sachverständigenkosten zu ersetzen. Ein Verstoß gegen die Schadensminderungspflicht ist nicht ersichtlich. Die Klägerin durfte ohne Weiteres ein zur Erstellung von Gutachten bekanntes Sachverständigenbüro beauftragen. Als Laie brauchte sie keine Erwägungen darüber anzustellen, ob der beauftragte Sachverständige nach Gebühren abrechnen würde, die innerhalb einer von einer Privatorganisation erarbeiteten Gebührenordnung liegen. Abgesehen davon, dass diese aufgestellten Gebühren keine rechtliche Bedeutung haben, braucht der Geschädigte keine Ermittlungen darüber anzustellen, ob es einen Gebührenrahmen gibt, den der Sachverständige nicht überschreiten darf (AG Wiesbaden, Urt. vom 1.8.1998 – 92 C 2714/97).

Ähnlich hat sich hierzu auch das AG Erfurt (Urt. vom 12.8.1997 – 23 C 1319/97) verhalten:

„Die von dem Kläger geltend gemachte Forderung ist fällig. Das Gutachten des Klägers ist ohne Beanstandung als vertragsgemäße Leistung anerkannt worden. Die Schadensregulierung erfolgte auf der Basis des Gutachtens. Mit der Abnahme der Leistung des Klägers ist der Anspruch auf Werklohn grundsätzlich gemäß § 641 BGB fällig. Der Kläger ist nicht verpflichtet, seine innerbetriebliche Kalkulation offenzulegen. Es entspricht der durchgängigen Praxis, die Ortsüblichkeit nach der Schadenshöhe zu bemessen und hierauf bezogen die durchschnittlichen Kosten zu kalkulieren. Solange es keine bundeseinheitliche Tabelle zur Berechnung der Gebühren des Kfz-Sachverständigen gibt, kann der Sachverständige sein Honorar auf der Grundlage der Schadenshöhe als Ausgangsgröße nach billigem Ermessen festsetzen. Dem Geschädigten ist dagegen nicht zuzumuten, vor der Beauftragung eines Sachverständigen, ähnlich wie bei der Anmietung eines Mietfahrzeugs nach Verkehrsunfall, Gebührenvergleiche vorzunehmen. Die durch die Beauftragung des Sachverständigen entstandenen Kosten sind dem Geschädigten, ebenso dem Sachverständigen nach Abtretung, als Schadensfolge zu ersetzen."

Ebenso hat das AG Lüdenscheid (zfs 1998, 293) entschieden, dass die Sachverständigenkosten vom Schädiger zu ersetzen sind, wenn sie sich aus der Sicht des Geschädigten im Rahmen des Üblichen bewegen. Nur dann, wenn für den Geschädigten ohne Weiteres erkennbar ist, dass der von ihm ausgewählte Sachverständige Kosten verlangt, die außerhalb des Üblichen liegen, darf er einen entsprechenden Auftrag nicht auf Kosten des Schädigers erteilen (AG Nürnberg zfs 1998, 348; AG Bochum zfs 1999, 59). Eine solche Kenntnis hat die Klägerin jedoch nicht. Im Übrigen bewegen sich die Gebühren im Rahmen des Üblichen.

Auch die Höhe des entstandenen Schadens ist ein sachgerechtes Kriterium für die Berechnung des Honorars (AG Brühl DAR 1998, 73; AG Eschweiler zfs 1998, 292; AG Essen NZV 1999, 255; AG Lingen zfs 1999, 336). Dabei gilt es auch zu berücksichtigen, dass immerhin 97% aller Kfz-Sachverständigen ihr Honorar nach dem Gegenstandswert abrechnen.

Es steht somit außer Zweifel, dass der Beklagte zur Zahlung des vollständigen Sachverständigenhonorars verpflichtet ist. Dagegen ist die Taktik des Versicherers des Beklagten allzu offensichtlich. Er möchte zur Einschränkung des Umfangs seiner Leistungspflicht erreichen, dass die Sachverständigenkosten möglichst gering sind. Dies ist zwar vom Grundsatz her legitim, nicht jedoch in der hier praktizierten Variante. Der Versicherer will alle Sachverständigen dazu zwingen, dass diese nach einer dem bisherigen marktüblichen Bereich unterschreitenden Gebührentabelle abrechnen, um so in der Regulierung Kosten zu sparen. Als empfindliches Übel stellt es sich dabei für die Sachverständigen dar, dass diese ihre angemessenen Gebühren erst nach längerer Zeit erreichen, was zu einem erheblichen Liquiditätsverlust und erheblichen wirtschaftlichen Problemen führt. Dabei ist es der Versicherung nicht nur egal, dass unter dieser Regulierungspraxis der Sachverständige und der Geschädigte leiden, sie nimmt es sogar in Kauf, dass sie ihren Vertragspartner, den Versicherungsnehmer zum Spielball macht. Denn dieser Versicherungsnehmer, der glaubt, eigentlich ordentlich versichert zu sein, findet sich nun im gerichtlichen Verfahren wieder, weil sein Versicherer der Meinung ist, sein Gewinnstreben auch auf dem Rücken seiner Versicherungsnehmer austragen zu können.

Da die Versicherung des Beklagten gem. § 10 Abs. 5 AKB eine Regulierung der fällig gestellten und begründeten Ansprüche der Klägerin auf Ersatz der Sachverständigenkosten abgelehnt hat, befindet sich der Beklagte in Verzug, so dass Klage geboten ist.

Rechtsanwalt

24 Folgende Klageerwiderung ist zu erwarten:

25 **Muster: Klageerwiderung**

An das ■■■gericht, ■■■

Az ■■■

Klageerwiderung

In dem Rechtsstreit

■■■ [Klägerin] ./. ■■■ [Beklagter]

werde ich im Termin zur mündlichen Verhandlung wie folgt beantragen:

1. Die Klage wird abgewiesen.

2. Die Klägerin trägt die Kosten des Rechtsstreits.

3. Das Urteil ist vorläufig vollstreckbar.

Begründung:

Die Klägerin begehrt von dem Beklagten die Erstattung von Gutachterkosten. Die Haftpflichtversicherung des Beklagten hat vorgerichtlich die klägerseits geltend gemachten Sachschäden aus dem Verkehrsunfall vom 13.2.2006 bis auf die in Streit stehenden Gutachterkosten vollumfänglich erstattet.

Gegen eine weitere Inanspruchnahme wendet der Beklagte ein, dass die klägerseits geltend gemachten Sachverständigenkosten nicht erstattungsfähig sind. Der Sachverständige hat seine Vergütung nicht nach billigem Ermessen bestimmt, so dass die Rechnung auch nicht fällig und die Gutachterkosten nicht erstattungsfähig sind. Zudem hat die Klägerin gegen ihre Schadensminderungspflicht verstoßen.

Höchst vorsorglich wird die Höhe der Gutachterkosten bestritten.

Im Einzelnen:

I. Zu den Sachverständigenkosten:

Zutreffend ist, dass die Haftpflichtversicherung des Beklagten das klägerseits geltend gemachte Sachverständigenhonorar im Rahmen der Schadensregulierung nicht ausgeglichen hat. Dem liegt zugrunde, dass es sich bei den – nunmehr klageweise – geltend gemachten Kosten um keinen erstattungsfähigen Schaden im Sinne des § 249 BGB handelt. Gem. § 249 BGB hat ein Schädiger respektive dessen Haftpflichtversicherung dem Geschädigten nur den zur Schadensbeseitigung erforderlichen Geldbetrag zu zahlen. Die mit der Klage geltend gemachten Sachverständigenkosten waren nicht erforderlich im Sinne des Gesetzes. Die klägerseits vorgelegte Abrechnung (Anlage K3) nach der Schadenshöhe mit in Ansatz gebrachtem Grundhonorar lässt eine sachgerechte, nachvollziehbare und insbesondere auf den Einzelfall bezogene Rechnungslegung vermissen. Die Haftpflichtversicherung des Beklagten hat die Klägerin vorgerichtlich zur Spezifizierung und Aufschlüsselung des Grundhonorars („Werklohn") aufgefordert, um die Erforderlichkeit und Notwendigkeit der Kosten prüfen zu können. Dieser Aufforderung kam die Klägerin bis zum heutigen Tage nicht nach. Die Klägerin hat damit gegen ihre Schadensminderungspflicht verstoßen. Dies vorangestellt, steht der Klägerin ein Anspruch auf Erstattung des Sachverständigenhonorars – wie nachfolgend darzustellen sein wird – nicht zu.

Im Einzelnen:

1. Die Klage ist bereits deshalb abzuweisen, weil es an der Fälligkeit der Rechnung des Sachverständigen fehlt. Dem liegt zugrunde, dass der Sachverständige die Höhe seiner Gebühren nicht gem. §§ 315, 316 BGB nach billigem Ermessen bestimmt hat. Die Bestimmung nach billigem Ermessen wäre erforderlich gewesen, da sich der Vergütungsanspruch des Sachverständigen nicht aus § 632 Abs. 2 BGB bestimmt, weil sich nach den Marktgepflogenheiten eine „übliche" Vergütung für den Bereich der Begutachtung von Kfz-Schäden nicht feststellen lässt. Die Billigkeit der Leistungsbestimmung ist nach der Bedeutung der Arbeit zu beurteilen. Bei der Vergütung für ein Gutachten ist mithin sowohl die dafür aufgewandte Arbeitszeit als auch die wirtschaftliche Bedeutung des Gutachtens zu berücksichtigen. Aus der Rechnung des Sachverständigenbüros ▄▄▄ GmbH (Anlage K3) ist nicht ersichtlich, dass der Sachverständige sein Honorar nach billigem Ermessen festgesetzt hätte. Diesen Anforderungen genügt nämlich die Festsetzung eines Grundhonorars – wie vorliegend –, das sich an der Schadenshöhe orientiert, gerade nicht. Damit wird die von dem Sachverständigen vorgenommene pauschale, nicht prüfbare Abrechnungsmethode, die den Arbeitsaufwand des Sachverständigen nicht erkennen lässt, den Anforderungen an die Billigkeit nicht gerecht. Der Abrechnungsmethode der ▄▄▄ GmbH muss nämlich entgegengehalten werden, dass nicht notwendig eine bestimmte Schadenssumme generell zu einem bestimmten Gutachteraufwand führt. Zu berücksichtigen ist in diesem Zusammenhang zum einen, dass zwischen den Preisen von Ersatzteilen für Kleinwagen und Preisen entsprechender Ersatzteile für Mittel- bzw Luxusklassewagen erhebliche Unterschiede bestehen, was allerdings im Hinblick auf die Tätigkeit des begutachtenden Sachverständigen keinerlei Auswirkungen hat. Zum anderen bleiben bei einer Berechnung nach der Schadenshöhe sowohl die Qualifikation des Sachverständigen als auch dessen jeweilige konkrete Tätigkeit vollständig außer Betracht. Anhand der Rechnung des Sachverständigenbüros ▄▄▄ GmbH vom 17.2.2006 lässt sich nicht feststellen, ob die beanspruchte Leistung nach billigem Ermessen gerechtfertigt ist. Es ist weder ersichtlich, wie viel Zeit der Sachverständige aufwenden musste, noch, welche Tätigkeiten er im Einzelnen entfaltet hat. Hinsichtlich der Erfordernisse an eine Rechnung, die dem billigen Ermessen entspricht, führt das Amtsgericht Altenburg (Urt. v. 28.3.2002 – 1 C 1049101) aus:

„Die Bemessung der Höhe der Vergütung eines Kfz-Sachverständigen richtet sich in der Praxis oft nach der Höhe des festgestellten Schadens. Dies erfolgt deshalb, damit bei einem relativ kleinen Schaden keine Gutachterkosten außer Verhältnis zur Schadenshöhe entstehen. So soll auch bei kleineren Schäden ein Gutachten finanziell erschwinglich bleiben. Eine solche Bestimmungsmethode ist aber als alleiniger Berechnungsfaktor nicht angemessen und entspricht auch nicht der Billigkeit. Der Aufwand bei der Erstellung eines Gutachtens hängt nämlich nicht allein von der Schadenshöhe, sondern auch und gerade vom Umfang und der Dauer sowie der Schwierigkeit der vom Sachverständigen zu verrichtenden Tätigkeit ab. Wird die

Höhe der Sachverständigenvergütung lediglich allein an der Höhe des entstandenen Schadens festgemacht, so ist dies willkürlich, denn der Zeitaufwand des Sachverständigen hängt nicht allein von der Höhe des entstandenen Schadens ab. Die Willkürlichkeit zeigt sich zB schon daran, dass identische Schäden an unterschiedlichen Fahrzeugen wegen unterschiedlicher Ersatzteilpreise zu verschiedenen Schadensbeseitigungskosten führen, obwohl der Zeitaufwand des Sachverständigen gleich hoch ist. Außerdem besteht bei dieser Art der Berechnung die Gefahr, dass die Sachverständigen ihren Beurteilungsspielraum bei der Berechnung der Schadenshöhe ausnutzen und diese hoch kalkulieren, um dann auch eine hohe Vergütung zu erzielen. Damit entspricht eine Vergütung, die sich im Wesentlichen am Zeitaufwand orientiert, der Billigkeit am besten."

Diesseits wird auch auf die Ausführungen des Amtsgerichts Halle-Saalkreis (Urt. v. 20.10.1999 – 98 C 1221199) verwiesen. Das Amtsgericht Halle-Saalkreis stellt zu der Berechnung der Gebühren, die sich hinsichtlich des sog. Grundhonorars an der Schadenshöhe an dem begutachteten Fahrzeug orientieren, fest:

„Diese Art der Rechnungslegung ist [...] nicht ordnungsgemäß und genügt nicht den Erfordernissen, die an eine nachprüfbare Rechnung gestellt werden müssen. Aus einer derartigen Abrechnung ergibt sich nicht, welcher Aufwand tatsächlich erforderlich war zur Begutachtung des Fahrzeugs, und insoweit ergibt sich auch nicht, inwieweit dieser Aufwand durch den Schädiger bzw dessen Versicherer zu ersetzen ist. Ein Sachverständiger hat in seiner Rechnung vielmehr genau darzulegen, wie hoch sein Aufwand zur Festsetzung des Schadens war und welcher Rechnungsbetrag hieraus resultiert. Insofern bietet sich eine Ausrichtung der Honorarhöhe am zeitlichen Aufwand an. Die Orientierung am Sachschaden ist deshalb unzureichend, weil es denkbar ist, große Schäden auch mit geringerem Aufwand ermitteln zu können, wohingegen kleinere Schäden auch einen sehr großen Feststellungsaufwand erfordern können."

Die vom Sachverständigenbüro ▄▄▄ GmbH vorgenommene Abrechnung entspricht keiner auf den Einzelfall bezogenen Rechnungslegung. Es ist nahe liegend, den konkret erforderlichen Aufwand auch als Bemessungsgrundlage für die Vergütung heranzuziehen. Die Abrechnung nach der Schadenshöhe ist nicht sachgerecht. Die rechtliche Bewertung und vorgenannte Rechtsprechung zugrunde gelegt, nämlich dass der Sachverständige ▄▄▄ der Fa. ▄▄▄ GmbH mit der pauschalen, nicht prüfbaren Abrechnungsmethode nach der Schadenshöhe, die den Leistungsumfang und den Auftragsumfang des Sachverständigen nicht erkennen lässt, den Anforderungen an die Festsetzung des Honorars nach billigem Ermessen nicht gerecht wurde und damit die Gutachterrechnung bereits nicht fällig ist, hat die Haftpflichtversicherung des Beklagten die Klägerin vorgerichtlich zur Aufschlüsselung des Grundhonorars durch den von ihr beauftragten Sachverständigen aufgefordert. Insofern muss ausdrücklich darauf hingewiesen werden, dass die Klägerin im Rahmen ihrer Schadensminderungspflicht darlegungspflichtig ist, dass der Sachverständige sein billiges Ermessen ausgeübt hat. Dies hätte die Klägerin nachvollziehbar darlegen müssen. Die Klägerin ist der Aufforderung der Haftpflichtversicherung des Beklagten, eine Spezifizierung der Sachverständigenkosten – zur Prüfung der Billigkeit – beim Gutachter einzuholen, nicht nachgekommen. Da die Klägerin nicht darlegt, wie der Sachverständige sein billiges Ermessen ausgeübt hat, ist der Klägerin der Anspruch auf Ausgleich der Gutachterrechnung zu versagen. Die Klägerin hat mithin gegen ihre Schadensminderungspflicht verstoßen.

Aufgrund des allein zwischen der Klägerin und dem Sachverständigen geschlossenen Vertrags ist die Auftraggeberin verpflichtet, offensichtlich überhöhte Rechnungen zurückzuweisen. Die Klägerin hat im Rahmen des zwischen ihr und dem Sachverständigen geschlossenen Werkvertrags einen Anspruch auf Auskunft und kann insofern die Zahlung der Sachverständigenkosten unter Verweis auf das dem Auftraggeber zustehende Zurückbehaltungsrecht verweigern. Es geht nicht an, dass sich die Geschädigte ausschließlich darauf beruft, dass die Versicherung des Schädigers eintrittpflichtig ist und die Geschädigte alle, auch willkürlich und gegen die Billigkeit erstellte Rechnungen kommentarlos akzeptiert und einfach an die Versicherung durchreicht. Letztendlich ist der Klägerin die Vertragspartnerin des Sachverständigen geblieben. Hätte die Versicherung ihre Eintrittpflicht aufgrund eines Eigenverschuldens der geschädigten Klägerin nicht oder nicht zu 100% erklärt, hätte die Geschädigte – nach allgemeinem Erfahrungssatz – sehr wohl beim Sachverständigen hinsichtlich der Höhe der Rechnung nachgefragt. Insofern ist die Klägerin nicht überobligationsmäßig belastet, wenn sie sich die Rechnung vor „Durchreichen" an die gegnerische Haftpflichtversicherung erläutern lässt. Insofern obliegt der Klägerin die Darlegungs- und Beweislast im Verhältnis zum Beklagten dafür, dass der von ihr beauftragte Sachverständige das diesem durch das Gesetz eingeräumte Recht, seine Vergütung einseitig durch billiges Ermessen festzulegen, ausgeübt hat (vgl AG Bochum, Urt. v. 27.7.2000 – 45 C 257/00).

In Ergänzung zum bisherigen diesseitigen Sachvortrag wird darauf hingewiesen, dass „die Billigkeit durch Berücksichtigung der Interessen beider Parteien unter Hinzuziehung des in vergleichbaren Fällen Üblichen und Angemessenen festgestellt wird. Der Bestimmende hat ein echtes Ermessen, das seine Grenze nur bei beträchtlicher Abweichung von der Billigkeit und damit jedenfalls bei Willkür findet" (vgl AG Duisburg, Urt. v. 2.1.2002 – 49 C 4055/01, unter Verweis auf MünchKomm, BGB, § 315 Rn 17).

Unter Berücksichtigung der obigen Ausführungen ist die Sachverständigenrechnung aber gerade willkürlich. Ein sachlicher Grund, warum die Berechnung der Vergütung nach der Höhe des Schadens stattfindet, wird nicht dargetan. Die Klägerin hat somit gegen ihre Pflicht zur Schadensminderung gem. § 254 BGB schuldhaft verstoßen, da sie nicht auf die Spezifizierung hingewirkt hat und auch im gerichtlichen Verfahren nicht darlegt, wie der Sachverständige sein billiges Ermessen ausgeübt hat.

2. Unzutreffend ist, dass die Haftpflichtversicherung des Beklagten der Klägerin mitgeteilt hätte, dass diese nur solche Sachverständigenrechnungen ausgleiche, die nach den BVSK-Gebührentabellen abgerechnet würden. Dieser klägerseits behauptete Inhalt des Telefonats gibt das stattgefundene Telefonat nur auszugsweise wieder. Der zuständige Sachbearbeiter der Haftpflichtversicherung des Beklagten, Herr ■■■, hat dem Prozessbevollmächtigten der Klägerin im Rahmen eines Telefonats vielmehr mitgeteilt, dass er um Darlegung des Zeitaufwands zur Begründung des pauschalen „Werklohns" bittet. Erst im weiteren Verlauf des Telefonats fragte der Sachbearbeiter ■■■ bei dem Klägervertreter an, ob seitens des Sachverständigen, der Fa. ■■■ GmbH, die Bereitschaft bestehe, die Empfehlungen des BVSK und deren Gebührentabelle zu akzeptieren.

3. Nach alledem wird abschließend auch darauf hingewiesen, dass die Sachverständigenrechnung nicht eine solche Gestalt hat, dass sie von der Haftpflichtversicherung des Beklagten akzeptiert wird. Hiervon musste der Sachverständige bereits bei Beauftragung durch die Klägerin ausgehen, so dass er die Klägerin aufgrund der ihm aus dem geschlossenen Werkvertrag obliegenden Sorgfaltspflicht hätte darüber aufklären müssen, dass die Art der Rechnungsstellung von der Haftpflichtversicherung des Beklagten nicht akzeptiert werden würde, da er seine Rechnungen auf der Basis eines sog. Grundhonorars erstellt und diese Abrechnungspraxis von der Haftpflichtversicherung des Beklagten nicht akzeptiert wird. Dies war dem Sachverständigen aufgrund der in der Fachpresse publizierten Artikel über die Zweifelhaftigkeit der Rechnungslegung nach Grundhonorar auch bekannt. Nach alledem handelt es sich bei dem klageweise geltend gemachten Sachverständigenhonorar um keinen nach § 249 BGB erstattungsfähigen Schaden. Trotz des Vorgenannten, nämlich dass die Gutachterkosten bereits mangels Fälligkeit nicht erstattungsfähig sind, wird beklagtenseits höchst vorsorglich die Höhe des Honorars bestritten.

II. Zum Zinsanspruch:

Mangels Hauptforderung steht der Klägerin auch der geltend gemachte Zinsanspruch nicht zu.

Die Klage ist jedoch bereits unbegründet und mithin abzuweisen.

Rechtsanwalt

Das Gericht beschließt, die Billigkeit und Angemessenheit des Honorars durch ein **Sachver-** **26**
ständigengutachten überprüfen zu lassen. Dieses kommt zu folgendem Ergebnis:

27

Muster: Gerichtlich angefordertes Sachverständigenhonorar-Gutachten

↓

In dem Rechtsstreit

Az ■■■

■■■ [Klägerin] ./. ■■■ [Beklagter]

Sachverständige Feststellungen:

Bei der Erstellung von Schadensgutachten wird bei Reparaturschäden für die Bemessung der Gebührenrechnung üblicherweise die ermittelte Schadenssumme netto plus die möglicherweise anfallende Wertminderung für die Bemessung der Gutachtengrundgebühr herangezogen. Wie aus dem Werkvertrag der ■■■ GmbH (Blatt ■■■) hervorgeht, werden hier die Reparaturkosten inklusive Mehrwertsteuer für die Gebührenermittlung zugrunde gelegt. Diese Bemessungsgrundlage ist nach den durchgeführten Recherchen des Unterzeichners als nicht ortsüblich zu betrachten. Eine weitere Abrechnungsmöglichkeit des Gutachtenhonorars besteht in der Bemessung nach Zeitaufwand. Diese Abrechnungsmethode ist jedoch bei den typischen Schadensgutachten kaum anzutreffen. Aus der vorliegenden Gebührenrechnung der ■■■ GmbH (Blatt ■■■ der Akte) geht hervor, dass neben der über die Schadenshöhe ermittelten pauschalen Grundgebühr eine weitere Anrechnung der Fahrzeit über den Zeitaufwand erfolgte. Hier wurde ein Stundensatz von 64,20 EUR zugrunde gelegt: Die Vermischung der Abrechnung mittels Pauschalgebühr und Zeitaufwand ist nicht ortsüblich. Das Ausweisen weiterer Rechnungspositionen wie Fotokopien, Porto, Telefonkosten sowie EDV-Pauschalen werden durch die verschiedenen Sachverständigenorganisationen und freiberuflichen Sachverständigen unterschiedlich, auch hinsichtlich der Höhe der Einzelpositionen, ausgewiesen. Unter Berücksichtigung der hier vorliegenden Schadenskalkulation würde das Honorar durch die ■■■ GmbH folgendermaßen abgerechnet werden:

Grundgebühr	286,34 EUR
Fahrtkilometer 15 x 0,47 EUR =	7,05 EUR
Fotokosten 10 Stück á 1,80 EUR =	18,00 EUR
EDV-Pauschale	35,00 EUR
Zwischensumme	346,39 EUR
16% MwSt.	55,42 EUR
Gesamtsumme	401,81 EUR

Bei dieser Abrechnung sind in der Kostenpauschale die angefallenen Kosten für Porto, Telefon sowie für die zusätzlichen Gutachtenexemplare bereits enthalten. Freiberuflich tätige Sachverständige, die im Bundesverband der Freiberuflichen Sachverständigen des Kraftfahrzeugwesens (BVSK) organisiert sind, rechnen gegenüber der ■■■-Versicherung bis zum Jahr 2003 die auf der Anlage 1 (■■■ Gutachten) aufgeführten Pauschalendhonorare inklusive Mehrwertsteuer ab. Unter Berücksichtigung der hier vorliegenden Reparatursumme würde das einen Betrag in Höhe von 467,28 EUR bis 478,96 EUR (nach aktueller Liste) inkl. MwSt. ergeben. Wie auf der Anlage ■■■ dargestellt, weist die Gebührenliste der TÜV Schaden- und Wertgutachten GmbH vom Juni 2002 für die hier in Rede stehende Nettoschadenssumme eine Grundgebühr in Höhe von 309,00 EUR netto aus. Bei den freien Sachverständigen werden jedoch auch deutlich höhere Grundgebühren bis zu 375,80 EUR berechnet, sodass das Endhonorar über 500,00 EUR liegen kann. Nach Rücksprache mit verschiedenen freiberuflich tätigen Sachverständigenbüros wurde mitgeteilt, dass bei der Berechnung der Gutachtenhonorare, insbesondere für ausgewählte Versicherungen, die Empfehlung des BVSK berücksichtigt wird.

Zusammenfassung:

Anhand der zur Verfügung stehenden Anknüpfungstatsachen und der durchgeführten Recherchen liegt das ausgewiesene Gutachtenhonorar von 515,92 EUR inkl. MwSt. im oberen Toleranzbereich. Eine zusätzliche Berechnung der Fahrzeit auf Grundlage eines Stundensatzes in Verbindung mit einem Pauschalhonorar ist bei der Erstellung von EDV-Schadensgutachten nicht ortsüblich. Die gesonderte Berechnung von Fotokopien, also Duplikaten des Gutachtens, ist regional bei den Recherchen nicht festgestellt worden.

Schlusswort:

Dieses Gutachten wurde unparteiisch und nach bestem Wissen und Gewissen erstellt.

Sachverständiger

Darauf ist wie folgt Stellung zu beziehen: 28

Muster: Stellungnahme der Klägerin zum Gutachten 29

 66

An das ▬▬▬gericht, ▬▬▬

Az ▬▬▬

In dem Rechtsstreit

▬▬▬ [Klägerin] ./. ▬▬▬ [Beklagter]

nehmen wir zum nunmehr vorliegenden Sachverständigengutachten wie folgt Stellung:

Grundsätzlich sind die Kosten eines Sachverständigen als Schadensermittlungskosten der Geschädigten vom Schädiger zu ersetzen. Dem kann der Schädiger allenfalls die Verletzung einer Schadensminderungspflicht entgegensetzen, was zum einen dann der Fall sein soll, wenn es sich lediglich um einen Bagatellschaden handelt, zum anderen dann, wenn ein Auswahlverschulden des Geschädigten gegeben ist.

Ersteres ist offensichtlich nicht der Fall. Nach Auffassung des Beklagten soll die Klägerin jedoch ein Auswahlverschulden treffen, was vorliegend spätestens nach Vorliegen des Sachverständigengutachtens widerlegt ist.

Dabei ist zunächst davon auszugehen, dass der Geschädigte grds. jeden Sachverständigen beauftragen kann. Erst wenn es für ihn als Laien offensichtlich ist, dass die veranschlagten Gebühren zu hoch sind, kann ihn ein Auswahlverschulden treffen.

All dies ist vorliegend nicht gegeben.

Der Beklagte meint, dass die Klägerin nur Sachverständigenkosten ersetzt verlangen kann, die nach Stunden abgerechnet werden. Dies ist bereits deshalb falsch, weil es ihm als Laien nicht bekannt sein kann, wie üblicherweise abgerechnet werden kann. Im Übrigen kann der Beklagte nicht etwas Unübliches von der Klägerin verlangen.

Der Sachverständige stellt insofern fest, dass üblicherweise bei der Bemessung der Gebühren von der Schadenssumme ausgegangen wird. Weiter stellt er fest:

„Eine weitere Abrechnungsmöglichkeit des Gutachtenhonorars besteht über die Bemessung nach Zeitaufwand. Diese Abrechnungsmöglichkeit ist jedoch bei typischen Schadensgutachten kaum anzutreffen."

Es sollte klar sein, dass der Beklagte nicht etwas verlangen kann, was kaum anzutreffen ist. Selbst die großen Sachverständigenorganisationen (TÜV, DEKRA) rechnen nach den Angaben des Sachverständigen nicht nach Zeitaufwand, sondern allein nach der Schadenssumme ab. Wäre die Auffassung des Beklagten richtig und könnte er eine Abrechnung nach Zeitaufwand verlangen, würde dies bedeuten, dass dem Geschädigten ein Auswahlverschulden anzulasten wäre, wenn er einen Sachverständigen zB bei der DEKRA mit der Anfertigung des Schadensgutachtens betraute. Da das Gericht selbst vorliegend einen solchen Sachverständigen beauftragt hat, wird es wohl kaum einer solchen Auffassung sein können.

Dass der Einwand der Versicherung des Beklagten, sie könne eine Berechnung nach Zeitaufwand verlangen, allein ein taktisches Mittel zur Disziplinierung von Sachverständigen darstellt, folgt aus den Angaben des

Sachverständigen auf Seite ███ . Dort stellt der Sachverständige fest, dass die Versicherung Abrechnungen freiberuflicher Sachverständiger nach den Tabellen der BVSK akzeptiert. Die Tabellen der BVSK berücksichtigen jedoch keine Abrechnung nach Zeitaufwand, sondern allein nach der Schadenshöhe.

Abschließend und schließlich entscheidend stellt der Sachverständige fest, dass das ausgewiesene Gutachtenhonorar im oberen Toleranzbereich liegt und damit üblich und angemessen ist.

Nachdem das Gericht dargelegt hat, dass es in jedem Fall den klägerischen Ansprüchen entsprechen wird, wenn das Honorar üblich und angemessen ist, kann an der Entscheidung nicht mehr gezweifelt werden.

Diesseits wird allein aus anwaltlicher Vorsicht beantragt,

die Berufung zu Gunsten der Klägerin zuzulassen, wenn das Gericht der Auffassung ist, dass die Klägerin nicht den vollständigen Ersatz der beanspruchten Sachverständigenkosten verlangen kann.

Nachfolgend werden Urteilsauszüge zur Verfügung gestellt, die eine kleine Auswahl aus einer großen Menge gleichförmiger Entscheidungen darstellen. Weicht das Gericht hiervon ab, dann hat die Sache zumindest grundsätzliche Bedeutung, und es besteht Klärungsbedarf durch das Landgericht. Das Landgericht Dresden hat bislang noch nicht die Erstattungspflicht von Sachverständigenkosten aufgrund einer angeblich falschen Abrechnungsmethode oder einer Gebührenhöhe, die im oberen Toleranzbereich liegt, abgelehnt. Die Voraussetzungen der grundsätzlichen Bedeutung wären gegeben (Thomas/Putzo, ZPO, 27. Auflage 2005, § 511 Rn 20). Da das Gericht von nachfolgenden Entscheidungen der Gerichte erster und zweiter Instanz abweichen würde, wäre wegen der Sicherung einer einheitlichen Rechtsprechung auch die Berufung zuzulassen (Thomas/Putzo, aaO, § 511 Rn 21).

So stellt das AG Idstein (Urt. v. 24.10.2001 – 3 C 245/01) fest, dass es angesichts einer Honorarvereinbarung auf die Angemessenheit der Gutachterkosten nicht ankommt und trotzdem keine Anhaltspunkte für eine Verletzung der Schadensminderungspflicht gegeben sind.

Das AG Wiesbaden (Urt. v. 8.10.2001 – 91 C 1669/01) stellt fest, dass eine Vereinbarung, wonach sich die Grundvergütung der Gutachtenerstellung nach dem Gegenstandswert bemisst, keinen Verstoß gegen die Schadensminderungspflicht des Geschädigten darstellt.

Das AG Wiesbaden (Urt. v. 26.3.2001 – 93 C 4968/00) stellt fest, dass die Schadensminderungspflicht des Geschädigten nicht so weit geht, dass er verpflichtet wäre, vor der Beauftragung eines Sachverständigen Preisvergleiche anzustellen.

Das AG Bochum (Urt. v. 23.8.2000 – 83 C 21/00) stellt fest, dass der Geschädigte seine Schadensminderungspflicht nicht verletzt, wenn er mit der Begutachtung der Fahrzeugschäden einen Sachverständigen beauftragt, der höhere Preise verlangt als ein anderer, und das festgesetzte Honorar nicht unbillig im Sinne des § 315 BGB ist. Das AG Bochum akzeptiert dabei eine Preisdifferenz von 40%.

Das LG Nürnberg-Fürth (Urt. v. 30.8.1999 – 2 S 7649/99) entschied, dass die nach der Schadenshöhe berechnete Pauschalgebühr eines Sachverständigengutachtens keiner positionierten Aufschlüsselung bedarf.

Nach alledem bestehen an der dem klägerischen Antrag entsprechenden Entscheidung des Gerichts keine Zweifel.

Rechtsanwalt

Durch die Beklagtenseite wird zu dem Gutachten wie folgt Stellung genommen: **30**

Muster: Stellungnahme des Beklagten zum Gutachten **31**

↓

An das ▪▪▪gericht, ▪▪▪

Az ▪▪▪

In dem Rechtsstreit

▪▪▪ [Klägerin] ./. ▪▪▪ [Beklagter]

nimmt die Unterzeichnete nach Vorliegen des Gutachtens der ▪▪▪ GmbH vom 23.1.2007 zu diesem und, unter Aufrechterhaltung des bisherigen diesseitigen Sachvortrags, Stellung wie folgt:

1. Das Gutachten setzt sich im Wege des Vergleichs der regelmäßig auftretenden Abrechnungsmethoden mit der Ortsüblichkeit und Angemessenheit der in Streit stehenden Honorarrechnung auseinander. Insoweit stellt der Sachverständige, Dipl.-Ing. ▪▪▪, auf Seite ▪▪▪ oben fest, dass die Wertermittlung hinsichtlich des Gegenstandswertes für das vom Sachverständigen der ▪▪▪ GmbH in Ansatz gebrachte Honorar, der die Reparaturkosten inkl. MwSt. der Gebührenermittlung zugrunde legt, nicht ortsüblich sei. Auch ist es hinsichtlich der Abrechnungsmethode der ▪▪▪ GmbH nach den Feststellungen des Sachverständigen nicht ortsüblich, in der Abrechnung Positionen nach Pauschalgebühr und Positionen nach Zeitaufwand zu vermischen. Im Weiteren führt der Sachverständige, Dipl.-Ing. ▪▪▪, in seinem Gutachten aus, dass nach der von ihm regelmäßig praktizierten Abrechnungsmethode in der Kostenpauschale sowohl Kosten für Porti, Telefon und zusätzliche Gutachtenexemplare bereits enthalten sind, mithin nicht nochmals separat in Rechnung gestellt werden. Weiter wird ausgeführt, dass bei Anwendung der BVSK-Tabelle, unter Berücksichtigung der ermittelten Reparaturkosten für die Instandsetzung des Klägerfahrzeugs, ein Betrag von 467,28 EUR bis 478,96 EUR als Pauschal-Endhonorar abzurechnen wäre. Als weiterer Vergleichsmaßstab für die Höhe des regelmäßig anfallenden Sachverständigenhonorars wird die Gebührenliste der TÜV Schaden- und Wertgutachten GmbH herangezogen, wonach eine Grundgebühr von 309,00 EUR netto nach deren Abrechnungsmethode anfallen würde. Abschließend führt der Sachverständige, Dipl.-Ing. ▪▪▪, hinsichtlich der Honorare von freien Sachverständigen aus, dass hier Honorare von 375,80 EUR anfallen würden, jedoch ohne konkrete Angabe von Häufigkeit oder sonstigen Vergleichsparametern.

Nicht nachvollzogen werden können die weiteren Ausführungen des Sachverständigen, dass das Endhonorar auch über 500,00 EUR liegen könne. Womöglich berücksichtigt der Sachverständige, Dipl.-Ing. ▪▪▪, hier zusätzlich in Rechnung zu stellende Nebenkosten, ohne diese jedoch näher darzulegen. Obwohl der Sachverständige in seinen explizit dargestellten Beispielen keine Gebühren in Höhe der von der ▪▪▪ GmbH in Rechnung gestellten Gebühren darlegt, stellt der Sachverständige – insofern fehlerhaft – zusammenfassend fest, dass das Gutachtenhonorar von 515,92 EUR inkl. MwSt. im oberen Toleranzbereich liege. Eine Obergrenze für einen etwaigen Toleranzbereich bezeichnet der Sachverständige nicht, so dass auch die zusammenfassende Feststellung nicht nachvollzogen werden kann.

Nach alledem ist nach diesseitiger Auffassung bereits eine Ortsüblichkeit und Angemessenheit des in Rechnung gestellten Honorars nicht nachgewiesen. In der Klageerwiderung vom 25.8.2006 wurde bereits hervorgehoben, dass der Klägerin die Darlegungs- und Beweislast im Verhältnis zu den Beklagten dafür obliegt, dass der von ihr beauftragte Sachverständige das diesem durch das Gesetz eingeräumte Recht, seine Vergütung einseitig durch billiges Ermessen festzulegen, ausgeübt hat (vgl AG Bochum, Urt. v. 27.7.2000 – 45 C 257/00; AG München, Beschl. v. 7.11.2003 – 344 C 12484/03). Diesen Beweis hat die Klägerin nicht geführt. Soweit der Sachverständige, Dipl.-Ing. ▪▪▪, zu dem Ergebnis gekommen ist, dass die Rechnung der ▪▪▪ GmbH noch im oberen Toleranzbereich liege, bedarf dies weitergehender rechtlicher Ausführungen dahin gehend, dass bereits die höchstrichterliche Rechtsprechung sich zu einer der hier gegenständlichen ähnlichen Problematik, nämlich hinsichtlich der Maklerprovisionen, dahin gehend geäußert hat, dass bei der Bemessung der (noch) üblichen Vergütung von einem mittleren Prozentsatz auszugehen ist. Lediglich konkrete Umstände können zu Zu- oder Abschlägen vom Ausgangsbetrag führen (vgl BGH, Urt. v. 13.3.1985, NJW 1985, 1895). Nach alledem bleibt es beklagtenseits dabei, dass die ▪▪▪ GmbH ihre Leistung gerade nicht im Sinne von § 315 BGB nach billigem Ermessen bestimmt hat.

2. Ohnehin bleibt es beklagtenseits dabei, dass die Abrechnung nach Grundhonorar nicht der Billigkeit entsprechen kann. Insofern wird beklagtenseits auf die Kommentierung zu § 315 in Palandt, BGB, 66. Auflage 2007, dort Rn 10, verwiesen, soweit dort ausgeführt wird:

„Was billigem Ermessen entspricht, ist unter Berücksichtigung der Interessen beider Parteien und des in vergleichbaren Fällen Üblichen festzustellen. [...] Ist ein Entgelt festzusetzen, kommt es auf den Wert der zu vergütenden Leistung an, bei einem Gutachten auf die angewandte Arbeit und seine wirtschaftliche Bedeutung. [...] Wird das Honorar eines Kfz-Sachverständigen ohne Angabe des Zeitaufwandes nach dem Gegenstandswert festgesetzt, ist die Bestimmung unbillig."

Hierzu wurde bereits ausführlich in der Klageerwiderung vorgetragen. Weiter sei auch auf eine neuere Entscheidung des AG München v. 7.11.2003 – 344 C 12484/03, hingewiesen, in welcher das erkennende Gericht vollumfänglich die diesseits dargestellte rechtliche Würdigung bestätigt. Er führt insofern wie folgt aus:

„Es mag durchaus sein, dass von den Versicherungen gemeinhin eine Abrechnung nach der Höhe des Schadens akzeptiert wird. Eine allgemeine Praxis dahin gehend, dass eine genauere Darlegung des angefallenen Arbeitsaufwandes nicht mehr erforderlich ist, ist jedoch insoweit nicht ersichtlich. Das Argument, dass die meisten Sachverständigen nach Schadenshöhe abrechnen, ist nicht durchgreifend. Zur Üblichkeit und Angemessenheit kann es nicht darauf ankommen, was andere Sachverständigen tun. Angemessenheit und Üblichkeit stehen vielmehr unter dem Gesichtspunkt der Billigkeit, unter Abwägung der Interessen der beteiligten Parteien. Eine Gebührenordnung für Sachverständige gibt es nicht. Diese haben sich vielmehr praktisch eine eigene geschaffen, indem sie sich bei der Abrechnung an der Schadenshöhe orientieren. Dies kann nicht rechtens sein und deshalb auch nicht eine ‚übliche Vergütung' begründen."

Im Weiteren wird in der zitierten Entscheidung ausgeführt:

„Die Angaben des Sachverständigen lassen eine Feststellung dahin gehend, dass die Leistungsbestimmung durch den Sachverständigen der Billigkeit im Sinne des § 315 BGB entspricht, nicht zu. Dies gilt auch in Verbindung mit der Höhe des Schadens, weil dieser keinen sachgerechten Anknüpfungspunkt für die Rechnung des Sachverständigen darstellt. Berücksichtigt dies der Sachverständige nicht, ist seine Bestimmung gem. § 315 BGB für den Vertragspartner nicht bindend. Dieser kann bis zur gerichtlichen Bestimmung nach § 315 Abs. 3 Satz 2 BGB die Zahlung verweigern, ohne in Verzug zu kommen. Die Rechnung ist nicht nachvollziehbar und daher nicht fällig [...]. Der Sachverständige hat nach Auffassung des Gerichts, um sein Ermessen ordnungsgemäß auszuüben, die Höhe seines Honorars nach zeitlichem Aufwand auszurichten. Dies würde die Rechnung nachvollziehbar nachprüfbar machen."

3. Nach alledem handelt es sich bei den klageweise geltend gemachten Sachverständigenkosten um keinen erforderlichen Geldbetrag i.S.v. § 249 Abs. 2 BGB.

Rechtsanwalt

32   Darauf wird wie folgt erwidert:

33   **Muster: Erwiderung der Klägerin auf die Stellungnahme des Beklagten**

68   ↓

An das gericht, ▪▪▪

Az

In dem Rechtsstreit

■■■ [Klägerin] ./. ■■■ [Beklagter]

nehmen wir zum Schriftsatz der Gegenseite vom 5.3.2007 wie folgt Stellung:

Vorangestellt sei zunächst noch einmal angemerkt, dass es vorliegend dem Beklagten überhaupt nicht um die Abrechnungsmethode geht, sondern allein darum, dass der Sachverständige sich einer Abrechnungsmethode unterzieht, die nicht gesetzlich vorgeschrieben ist. Insoweit der Beklagte den Sachverständigen auch gegenüber dem Unterzeichner auffordert, nach der Gebührentabelle nach BVSK abzurechnen, so sei angemerkt, dass diese Tabelle allein ein Vorschlag ist, jedoch nicht gesetzlich ist und damit nicht die Üblichkeit bestimmen kann.

Weiterhin ist anzumerken, dass vorliegend die Geschädigte nach einem Unfall zur Schadensbezifferung einen Sachverständigen suchen muss. Es ist offensichtlich, dass sie als juristischer Laie keine Tabellen nach BVSK, keine Zeitwertberechnung und auch keine Berechnung nach Schadenshöhe kennen kann. Sie kann sich allein darauf verlassen, dass sie einen zugelassenen Sachverständigen mit der Bezifferung ihrer Schäden beauftragt. Hierbei kann sie sich darauf verlassen, dass der Sachverständige eine angemessene Rechnung stellen wird. Halten sich die Kosten, die für die Erstellung eines Gutachtens verlangt werden, aus der Sicht des Geschädigten im Rahmen des Üblichen, sind sie vom Schädiger zu ersetzen (OLG Frankfurt zfs 1997, 271; AG Lüdenscheid zfs 1998, 293; AG Westerbrück zfs 2002, 72). Nur dann, wenn für den Geschädigten ohne Weiteres, wie das auch immer der Fall sein mag, erkennbar ist, dass der von ihm ausgewählte Sachverständige Kosten verlangt, die außerhalb des Üblichen liegen, darf er einen entsprechenden Auftrag nicht auf Kosten des Schädigers erteilen (AG Nürnberg zfs 1996, 429; AG Eschweiler zfs 1998, 348; AG Bochum zfs 1999, 59). Dem Geschädigten, der einen nach üblichen Sätzen abrechnenden Sachverständigen beauftragt, trifft jedenfalls nicht deswegen ein Auswahlverschulden, weil es auch Sachverständige gibt, die billiger Gutachten erstatten, oder weil ein hauseigener Sachverständiger der Versicherung hätte eingeschaltet werden können (AG München NZV 1998, 289).

Das Prognoserisiko hinsichtlich der Höhe der Sachverständigengebühren trägt daher wie immer der Schädiger.

Der gerichtlich bestellte Sachverständige ■■■ bestätigt hinsichtlich der Abrechnungsmethode auch die herrschende Meinung in der Rechtsprechung. Immerhin rechnen 97% aller Kfz-Sachverständigen ihr Honorar nach dem Gegenstandswert ab, ziehen also die Schadenshöhe als Ausgangsgröße heran, so auch der TÜV, die DEKRA, CarExpert und die Versicherungswirtschaft (NZV 1998, 488, 490). Für die Richtigkeit dieser Methode spricht auch, dass in vielen Bereichen freier Berufe (Rechtsanwälte, Notare, Steuerberater und Architekten) ebenfalls dieser Maßstab für die Berechnung des Honorars gilt.

Im Verhältnis zum Geschädigten spricht im Übrigen eine Vermutung dafür, dass die von dem Sachverständigen beanspruchte Gegenleistung angemessen ist und damit einen zu ersetzenden Schaden darstellt (AG Halle-Saalkreis zfs 1999, 337). Die Beklagten verkennen also die Beweislage. Sie sind eigentlich dafür beweisbelastet, dass die Geschädigte einen Sachverständigen beauftragt hat, der unangemessen hoch abgerechnet hat. Insoweit verkennen sie auch, dass sie der Klägerin eine Verletzung der Schadensminderungspflicht vorwerfen. Dies haben sie selbstverständlich zu beweisen.

Der Geschädigte ist auch nicht verpflichtet, vor der Beauftragung eines Sachverständigen Nachforschungen und Vergleiche hinsichtlich der Art der Berechnung und der Höhe des Honorars anzustellen (AG Darmstadt zfs 2000, 65).

Das ursprüngliche Gericht hat die rechtliche Auffassung vertreten, dass die Klägerin jedenfalls dann die Sachverständigenkosten ersetzt verlangen kann, wenn die Endrechnung des Sachverständigen angemessen und üblich ist. Vorliegend hat der Sachverständige ■■■ im Ergebnis festgestellt, dass die Abrechnung des Sachverständigen ■■■ üblich und angemessen ist. Daher ist nach Auffassung des Gerichts nicht daran zu zweifeln, dass die Klägerin die Kosten des Sachverständigengutachtens ersetzt verlangen kann.

Die Beklagten müssen, um ihrer Auffassung nur ansatzweise Argumente verleihen zu können, auf Entscheidungen verweisen, die mit dem Sachverständigenhonorar nicht in Einklang zu bringen sind. Im Gegensatz zu den Bereichen des Maklergeschäfts ist es bei der Abrechnung von Sachverständigenkosten gerade üblich, dass nach dem Gegenstandswert abgerechnet wird.

Wäre die Auffassung der Beklagten richtig, so wäre es Geschädigten nach Verkehrsunfällen überhaupt nicht mehr möglich, ohne Kostenrisiko einen Sachverständigen zu beauftragen. Es wird einem Geschädigten in und um ▮▮▮ kaum gelingen, einen Sachverständigen zu finden, der nach Zeitaufwand abrechnet. Zum einen bedingt dies, dass ein juristischer Laie einen solchen Streit, der offensichtlich nur von der Versicherungen geführt wird, kennt. Zum anderen wird es ihm kaum gelingen, einen solchen Sachverständigen aufgrund der Üblichkeit der Abrechnung nach Gegenstandswert zu finden.

Dass es dann absolut fernliegt, der Klägerin eine Verletzung der Schadensminderungspflicht vorzuwerfen, wenn diese einen Sachverständigen beauftragt, der nach Zeitaufwand im Toleranzbereich abrechnet, ist eindeutig.

Abschließend wird noch einmal auf die Klageschrift verwiesen. Dort wird auf Seite ▮▮▮ vorgetragen, dass dem Werkvertrag die Allgemeinen Geschäftsbedingungen der ▮▮▮ GmbH zugrunde lagen, nach denen die Wertberechnung des Werklohns von der Schadenshöhe abhängt, wobei tabellarisch der jeweilige Werklohn bei einer bestimmten Schadenshöhe angegeben worden ist. Dies wurde auch unter Beweis gestellt.

Damit wurde bereits bei Abschluss des Werkvertrags eine bestimmte Vergütung vereinbart. Insoweit käme es auf die Üblichkeit einer Vergütung noch nicht einmal an, da eine solche gerade konkret vereinbart worden ist. Insoweit ist § 632 Abs. 2 BGB eindeutig.

Das einzige, was der Beklagte der Klägerin entgegenhalten kann, ist die Frage, ob sich die Klägerin schadensmindernd hätte verhalten können. Dies hätte sie allenfalls dann nicht getan, wenn sie einen Sachverständigen ausgewählt hätte, der unangemessen hoch abrechnet. Hier hat der gerichtlich bestellte Sachverständige ▮▮▮ eindeutig festgestellt, dass die Abrechnung im Ergebnis im oberen Toleranzbereich ansiedelt und damit üblich und angemessen ist.

Richtigerweise kann daher dem Antrag der Klägerin nur entsprochen werden.

Rechtsanwalt

↑

34 Folgende Entscheidung ist zu erwarten:

35 **Muster: Entscheidung des Gerichts**

  ↓

[...]

1. Der Beklagte wird verurteilt, an die Klägerin 515,92 EUR nebst 5% Zinsen über dem Basiszinssatz des § 247 BGB seit dem 4.3.2006 zu bezahlen.

2. Der Beklagte hat die Kosten des Verfahrens zu tragen.

3. Das Urteil ist vorläufig vollstreckbar.

Tatbestand:

Der Tatbestand entfällt gem. § 313 a ZPO.

Entscheidungsgründe:

Die zulässige Klage ist in voller Höhe begründet. Die Sachverständigenkosten waren der Klägerin vollständig zu ersetzen. War der Geschädigte berechtigt, ohne Verstoß gegen seine Schadensminderungspflicht einen Sachverständigen zu beauftragen, sind diese Kosten zu ersetzen, § 249 Abs. 1 BGB. Die Einwendungen des Beklagten und sein Bezug auf § 254 BGB greifen im vorliegenden Fall nicht durch. Der Geschädigte ist grundsätzlich in der Auswahl des Sachverständigen ebenso frei wie in der Vertragsgestaltung mit diesem. § 254 BGB greift dann ein, wenn der Geschädigte in Ausübung der zuvor beschriebenen Freiheit den Schaden erhöht oder es unterlässt, ihn zu mindern. Hierbei kommen verschiedene Fallgestaltungen in Betracht.

Der Ersatz der Sachverständigenkosten wäre dann ausgeschlossen, wenn überhaupt kein Schaden vorläge. Das wäre dann der Fall, wenn mangels Fälligkeit der Sachverständigenrechnung die Klägerin nicht zur Zahlung an den Sachverständigen verpflichtet wäre. Das setzt voraus, dass die Rechnung als solche nicht nachvollziehbar ist. Im vorliegenden Fall gibt die Rechnung, die vom Sachverständigen gestellt wurde, den pauschalen Werklohn, gemessen an der Wertsumme aus 4.819,62 EUR, sowie die einzelnen Nebenposten von Fahrzeit über Fahrtkilometer bis zur Nutzung einer externen Datenbank an. Insoweit ist nicht lediglich pauschal ein Betrag genannt, sondern durchaus differenziert. Erkennbar sind der Hauptwerklohn sowie die Wertsumme, aus dem dieser ermittelt ist. Dieser ist aufgrund des Vertrags, der zwischen der Geschädigten und dem Sachverständigen geschlossen wurde, auch vollständig ablesbar. Die Staffelung, die sich nach der Schadenssumme richtet, ist hier im Einzelnen dargelegt. Insoweit handelt es sich um die Vereinbarung eines Pauschalpreises. Die Berechnung des Sachverständigen ist danach auch nicht willkürlich in der Rechnung vorgenommen worden, sondern entspricht der vertraglichen Gestaltung zwischen den Parteien.

Etwas anderes würde nur dann gelten, wenn die Klägerin hier verpflichtet gewesen wäre, kein Pauschalhonorar mit dem Sachverständigen zu vereinbaren, sondern eine Abrechnung nach einzelnen Arbeitseinheiten und Nebenkosten. Eine solche Verpflichtung gäbe es allenfalls dann, wenn dies allgemein im Rechtskreis üblich wäre und sich als Gewohnheitsrecht durchgesetzt hätte. Dies gibt es bereits offensichtlich deshalb nicht, da von beiden Parteien zahlreiche Entscheidungen der Rechtsprechung genannt wurden, die beide Seiten zu diesem Punkt jeweils bevorzugen oder benachteiligen. Darüber hinaus ist es in der Praxis durchaus üblich, dass zumindest Grundhonorare, pauschal an der Schadenshöhe gemessen, vereinbart werden. Dies ergibt sich auch aus den Feststellungen, die hier vom Sachverständigen getroffen wurden. Insoweit wird auf das Sachverständigengutachten Bezug genommen.

Ein Verstoß gegen die Schadensminderungspflicht könnte darüber hinaus dann vorliegen, wenn die Rechnung des Sachverständigen der Höhe nach außer Verhältnis stünde zu dem, was ortsüblich und angemessen ist. Hierzu hat das Gericht ein Sachverständigengutachten eingeholt. Im Ergebnis kommt dabei der Sachverständige dazu, dass die Rechnung des Sachverständigen vom 17.2.2006 für die Erstellung des Schadensgutachtens zwar nicht dem Durchschnitt des Ortsüblichen und Angemessenen entspricht, jedoch nicht soweit oberhalb des Durchschnitts liegt, dass sie als außer Verhältnis zu dem Ortsüblichen und Angemessenen betrachtet werden könnte.

Die Nebenentscheidungen folgen aus den §§ 91, 708 Nr. 11 ZPO.

Richter

C. Sachschaden

I. Fiktive Abrechnung

Im Rahmen der fiktiven Abrechnung der Reparaturkosten besteht ein Streit dahin gehend, ob **36** der Geschädigte nach den üblichen Kosten einer Markenvertragswerkstatt abrechnen kann oder sich auf mittlere Stundenverrechnungssätze am Unfallort oder gar auf die Reparaturkosten freier Karosseriewerkstätten verweisen lassen muss.

37 **Hinweis:** Der Geschädigte hat grds. einen Anspruch auf Ersatz der Nettoreparaturkosten, die er in einer Markenvertragswerkstatt an seinem Wohnort aufwenden muss. Reguliert die Versicherung gekürzt, ist zu klagen.

38 **Muster: Klageschrift (Ersatz der vollständigen Nettokosten bei Reparatur in lokaler Markenwerkstatt)**

An das ▪▪▪gericht, ▪▪▪

Klage

des Herrn ▪▪▪

– Kläger –

Prozessbevollmächtigte: RAe ▪▪▪

gegen

Herrn ▪▪▪

– Beklagter zu 1 –

und

die Allgemeine Versicherungs AG, ▪▪▪, vertreten durch den Vorstand, dieser vertreten durch ▪▪▪ (Schadensnummer: ▪▪▪)

– Beklagte zu 2 –

wegen Schadensersatzes

Streitwert: 300,00 EUR

Namens und in Vollmacht des Klägers erheben wir Klage und werden beantragen:

1. Die Beklagten werden als Gesamtschuldner verurteilt, an den Kläger 300,00 EUR nebst Zinsen iHv 5 Prozentpunkten über dem Basiszinssatz hieraus seit 2.6.2005 zu zahlen.

2. Die Beklagten tragen die Kosten des Rechtsstreits.

3. Das Urteil ist notfalls gegen Sicherheitsleistung vorläufig vollstreckbar.

4. Sofern das Gericht das schriftliche Vorverfahren anordnet, beantragen wir bereits jetzt bei Säumnis der Beklagten den Erlass eines entsprechenden Versäumnisurteils, im Falle eines Anerkenntnisses den Erlass eines entsprechenden Anerkenntnisurteils ohne mündliche Verhandlung.

Begründung:

Der Kläger macht Schadensersatzansprüche aus einem Verkehrsunfall vom 6.6.2005 um 19.45 Uhr auf der Auffahrt zur Brücke in ▪▪▪ geltend. Der Kläger ist Eigentümer des durch den Unfall beschädigten Fahrzeugs ▪▪▪ mit dem amtlichen Kennzeichen ▪▪▪. Das unfallgegnerische Fahrzeug war zum Unfallzeitpunkt bei der Beklagten haftpflichtversichert, so dass sich daraus die Passivlegitimation der Beklagten ergibt.

Der Unfall ereignete sich wie folgt:

Am 6.5.2005 gegen 19.45 Uhr befuhr der Kläger die linke Spur der Auffahrt zur Brücke, um auf die Brücke zu fahren. Er kam von der Straße und ordnete sich gleich auf der linken Spur der Auffahrt zur Brücke ein. Das bei der Beklagten versicherte Fahrzeug befand sich zu diesem Zeitpunkt auf der rechten Spur der Auffahrt zur Brücke und fuhr mit langsamerer Geschwindigkeit als das Fahrzeug des Klägers. Der Kläger befand sich auf der linken Seite seines Fahrstreifens. Als sich das Fahrzeug des Klägers im Überholvorgang gegenüber dem bei der Beklagten versicherten Fahrzeug befand, zog der Beklagte zu 1 auf die linke Spur, wo sich das Fahrzeug des Klägers befand, so dass es zur Kollision kam. Der Fahrer des bei der Beklagten zu 2 versicherten PKW hatte, bevor er in die Spur des klägerischen Fahrzeugs einwechselte, weder geblinkt noch nach links geschaut. Er wechselte vielmehr unvermittelt die Fahrspur in den Bereich, wo sich bereits das Fahrzeug des Klägers befand.

Der Fahrer des bei der Beklagten zu 2 versicherten PKW haftet gem. § 18 StVG, da er schuldhaft seine Verkehrspflichten gem. § 1 StVO und § 2 Abs. 2 StVO verletzt hat, indem er, ohne zu blinken und voriges Überprüfen per Schulterblick, die Spur wechselte und somit die Kollision mit dem klägerischen Fahrzeug verursachte. Insbesondere hat er auch die Vorschrift des § 7 Abs. 5 StVO verletzt. Beim Fahrstreifenwechsel gelten erhöhte Sorgfaltsanforderungen, die der Beklagte zu 1 nicht eingehalten hat, denn er hat sich nicht vergewissert, dass neben ihm kein Fahrzeug fuhr, und hat auch nicht geblinkt. Die Beklagte zu 2 ist passivlegitimiert gem. § 3 Nr. 1 PflVG.

Der Unfall war für den Fahrer des Klägers unabwendbar, ein Mitverschulden kommt weder aus Verschulden noch aus Betriebsgefahr des klägerischen Fahrzeugs in Betracht. Eine eventuell zu erwägende Mithaftung aus Betriebsgefahr kommt für den Kläger auch deswegen nicht in Betracht, weil das Beklagtenfahrzeug mit dem Verstoß gegen § 7 Abs. 5 StVO einen derart groben Verkehrsverstoß begangen hat, dass die Betriebsgefahr des Klägers völlig zurücktritt.

Die Haftung dem Grunde nach war außergerichtlich unstreitig. Einzig streitig sind die auszugleichenden Nettoreparaturkosten, nachdem sich der Kläger entschieden hat, seinen Schaden fiktiv abzurechnen.

Sachschaden:

Der Kläger begehrt unfallbedingte Reparaturkosten für seinen PKW, laut Gutachten netto 2000,00 EUR.

Beweis: Gutachten ▪▪▪ GmbH vom 9.5.2005 Anlage K 1

Die Beklagte zu 2 hat außergerichtlich gemeint, dass die angemessenen Nettoreparaturkosten lediglich 1.700,00 EUR betrügen, obwohl der Sachverständige ▪▪▪ festgestellt hat, dass diese 2.000,00 EUR betragen.

Aus der Differenz ergibt sich die Klageforderung iHv 300,00 EUR.

Die Beklagte zu 2, die Haftpflichtversicherung des am Unfall beteiligten Fahrzeugs, wurde mit Schreiben vom 18.5.2005 der Prozessbevollmächtigten des Klägers zur Zahlung bis zum 1.6.2005 aufgefordert.

Beweis: Schreiben vom 18.5.2005 Anlage K 2

Verzug trat daher spätestens seit dem 2.6.2005 ein. Ab diesem Zeitpunkt werden die Zinsen als Verzugsschaden begehrt. Die Höhe der geltend gemachten Zinsen nimmt Bezug auf die gesetzlichen Zinsen gem. § 288 Abs. 1 BGB.

Die Zuständigkeit des angerufenen Gerichts ergibt sich aus §§ 12, 13 sowie 32 ZPO und §§ 23 Nr. 1, 73 Abs. 1 GVG.

Da eine Regulierung nicht erfolgt ist, ist Klage geboten.

Einfache und beglaubigte Abschrift anbei.

Rechtsanwalt

Die Klageerwiderung kann wie folgt aussehen: 39

Muster: Klageerwiderung 40

An das ▪▪▪gericht, ▪▪▪

Az ▪▪▪

Klageerwiderung

In dem Rechtsstreit

■■■ [Kläger] ./. ■■■ [Beklagte zu 1 und 2]

beantragen wir namens und im Auftrag der Beklagten:

1. Die Klage wird abgewiesen.

2. Die Kosten des Verfahrens trägt der Kläger.

Begründung:

Der Kläger kann weiteren Ersatz fiktiver Reparaturkosten nicht ersetzt verlangen.

Die Beklagte hat Abzüge hinsichtlich der Stundenverrechnungssätze vorgenommen, die von dem seitens des Klägers beauftragten Sachverständigen seinem Gutachten zugrunde gelegt wurden.

Es ist bekannt, dass Unternehmen, die sich mit der Instandsetzung unfallbeschädigter Fahrzeuge befassen, ihren Aufwand und damit auch die Preise in unterschiedlicher Höhe kalkulieren. Maßgeblich ist dafür nicht eine mehr oder weniger gute Qualität der Instandsetzungsarbeiten, sondern u.a. eine unterschiedliche Gesamtkostensituation, andere Gewinnerwartungen etc. Ebenso ist bekannt, dass die höchsten Reparaturkosten von markengebundenen Vertragsunternehmen in Rechnung gestellt werden. Dabei konzentrieren sich diese Betriebe häufig in erster Linie auf Wartungsarbeiten und mechanische Reparaturen, so dass die Instandsetzung von Unfallschäden an Fachbetriebe für Karosseriebau als Subunternehmen vergeben wird.

Beweis: Sachverständigengutachten

Es wird seitens der Beklagten nicht in Frage gestellt, dass ein Geschädigter berechtigt ist, eine derartige, relativ teure Werkstatt mit den Reparaturarbeiten zu beauftragen. Daher werden von Kfz-Sachverständigen auch regelmäßig bei der von ihnen vorzunehmenden Kalkulation der Reparaturkosten die Konditionen zugrunde gelegt, die bei Beauftragung einer derartigen Werkstatt anfallen. Beauftragt der Geschädigte allerdings im weiteren Verlauf keine teure Vertragswerkstatt, sondern lässt die Reparatur – ohne deshalb irgendwelche Qualitätseinbußen hinzunehmen – in einer kostengünstigeren, regelmäßig auf die Beseitigung von Unfallschäden spezialisierten Fachwerkstatt vornehmen oder rechnet er fiktiv ab, kann es nicht angehen, dass er in diesem Fall im Rahmen seiner Schadenersatzforderung einen Aufwand geltend macht, den er tatsächlich nicht gehabt hat.

Diese Auffassung ist nicht zu beanstanden und steht insbesondere nicht im Widerspruch zum „Porsche-Urteil" des BGH v. 29.4.2003 – VI ZR 398/02 (VersR 2003, 920 f.). Auch danach muss der Geschädigte sich nämlich auf eine mühelos und ohne Weiteres zugängliche günstigere und gleichwertige Reparaturmöglichkeit verweisen lassen. In dem vom BGH entschiedenen Fall hatte das Berufungsgericht die tatsächlichen Voraussetzungen hierfür nicht festgestellt. Des Weiteren lag ein Sachverhalt zugrunde, wonach ein äußerst hochwertiges Fahrzeug, Porsche Cabriolet, einen hohen Schaden von über 30.000,00 DM erlitten hatte. Der BGH hat im Übrigen auch nicht den hier zur Diskussion stehenden Fall entschieden, in dem es um die Abgrenzung zwischen konkretem Stundenlohn einer Vertragswerkstatt einerseits und dem Stundenlohn einer konkret benannten preisgünstigeren Werkstatt als Alternative geht; der BGH hatte sich vielmehr mit der Abgrenzung zu statistisch ermittelten Durchschnittssätzen zu beschäftigen (vgl auch *Wenker*, VersR 2005, 917 ff.). Zu verweisen ist auch auf die Ausführungen des Mitglieds des für die hier in Rede stehenden Haftpflichtfragen zuständigen VI. Zivilsenats des BGH, Richter am BGH *Wellner*. In seinem Referat „Neues im Schadenersatzrecht seit dem 1.8.2002" (Vortrag, gehalten auf den Homburger Tagen 2003 und ebenda veröffentlicht auf S. 15) führt *Wellner* wie folgt aus:

„Dies bedeutet, dass der Versicherer den fiktiv abrechnenden Geschädigten durchaus auf eine diesem mühelos zugängliche günstigere und gleichwertige Reparaturmöglichkeit verweisen kann. [...] Ob auch eine nicht markengebundene, sog. freie Werkstatt als gleichwertige Alternative in Betracht kommen kann, bleibt in der BGH-Entscheidung offen. Dabei werden wohl Gesichtspunkte wie Art und Umfang des Schadens, Werkstattausstattung und -erfahrung eine Rolle spielen."

Im vorliegenden Fall bewegt sich der Schaden der Höhe nach im unteren bis allenfalls mittleren Bereich. Besondere Schwierigkeiten ergeben sich bei der Instandsetzung nach der Art des Schadens nicht.

Beweis: Sachverständigengutachten

Die hier vertretene Auffassung wird in zahlreichen aktuellen Urteilen der Instanzgerichte bestätigt. Wir verweisen hierzu auf die nachfolgend aufgeführten Urteile:

- AG Bochum, Urt. v. 25.1.2005 – 65 C 362/04
- AG Bottrop, Urt. v. 24.8.2004 – 10 C 343/04
- AG Gelsenkirchen, Urt. v. 8.10.2004 – 36 C 234/04
- AG Gladbeck, Urt. v. 22.2.2005 – 12 C 690/04
- AG Hagen, Urt. v. 29.9.2004 – 140 C 249/04
- AG Hattingen, Urt. v. 5.10.2004 – 7 C 103/04
- AG Plettenberg, Urt. v. 17.1.2005 – 1 C 475/04
- AG Witten, Urt. v. 17.2.2005 – 2 C 1713/04

Vorliegend hat der vom Kläger beauftragte Sachverständige einen Stundenverrechnungssatz für Karosseriearbeiten von netto 65,00 EUR zugrunde gelegt und für Lackierarbeiten von netto 74,00 EUR. Tatsächlich liegen die durchschnittlichen Stundenverrechnungssätze von Reparaturwerkstätten in der Region des Klägers deutlich niedriger als von dem vom Kläger beauftragten Sachverständigen kalkuliert.

Beweis: Sachverständigengutachten

Beispielsweise berechnet der nur 13,8 Kilometer vom Wohnort des Klägers entfernte Karosseriefachbetrieb ▪▪▪ für Karosseriearbeiten lediglich netto 53,50 EUR je Stunde und für Lackierarbeiten nur netto 60,00 EUR je Stunde.

Beweis: Zeugnis des Herrn ▪▪▪, zu laden über Karosseriefachbetrieb ▪▪▪

Auch die Karosseriebau ▪▪▪ GmbH mit Sitz in ▪▪▪, also am Wohnort des Klägers, berechnet deutlich niedrigere Stundenverrechnungssätze als vom Sachverständigen vorgesehen. Dort werden für Karosseriearbeiten nur netto 60,00 EUR abgerechnet und für Lackierarbeiten netto 65,00 EUR.

Beweis: Zeugnis des Geschäftsführers der Karosseriebau ▪▪▪ GmbH

Beides sind qualifizierte Fachbetriebe, die unter Verwendung moderner Spezialwerkzeuge Reparaturen nach Herstellervorgaben durchführen.

Beweis: 1. Zeugnis des Herrn ▪▪▪, b.b.
2. Zeugnis des Geschäftsführers der Karosseriebau ▪▪▪ GmbH, b.b.

Bei einer Instandsetzung in einem der vorgenannten Betriebe ist mit fiktiv abzurechnenden Reparaturkosten von lediglich netto 1.700,00 EUR EUR zu rechnen. Höhere als die von der Beklagten regulierten Reparaturkosten fallen jedenfalls nicht an.

Beweis: Sachverständigengutachten

Die Klage ist daher abzuweisen.

Rechtsanwalt

41 Darauf ist wie folgt zu replizieren:

42 **Muster: Replik**

↓

An das ▪▪▪gericht, ▪▪▪

Az ▪▪▪

Replik

In dem Rechtsstreit

▪▪▪ [Kläger] ./. ▪▪▪ [Beklagte zu 1 und 2]

nehmen wir wie folgt Stellung:

Die Ausführungen der Beklagtenseite zur Berechtigung der Ansprüche der Höhe nach, insbesondere zur Höhe der angemessen Stundenverrechnungssätze, lesen sich sehr interessant, greifen jedoch letztendlich nicht durch. Herr Richter am BGH *Wellner* berichtet im Rahmen seiner Fortbildungsveranstaltungen für die Deutsche Anwaltsakademie immer wieder und fortlaufend, dass er schon äußerst verwundert ist, wie auf Versichererseite sein Zitat im Rahmen der Homburger Tage 2003 und die Porsche-Fall-Entscheidung des BGH im Sinn verkehrt werden.

Es ist und bleibt ständige Rechtsprechung des BGH, dass der Geschädigte sich nicht auf eine Reparatur bei freien Werkstätten verweisen lassen muss. Dies gilt auch im Rahmen der fiktiven Abrechnung. Grundsätzlich hat der Geschädigte das Recht, fiktiv das zu begehren, was er im Fall einer konkreten Reparatur in einer markengebunden Vertragswerkstatt aufwenden müsste.

Genau dies hat der BGH in der Porsche-Fall-Entscheidung entschieden und gerade zum Ausdruck gebracht, dass sich der Geschädigte nicht dann auf eine Mischkalkulation verweisen lassen muss, wenn die konkreten Kosten in der regionalen Markenvertragswerkstatt höher sind. Der BGH hat darin also nochmals ausdrücklich zum Ausdruck gebracht und den Geschädigten dahin gehend bestärkt, dass er einen Anspruch auf Ersatz der Kosten hat, die in einer Markenwerkstatt anfallen würden. Auf eine Billigwerkstatt muss er sich nicht verweisen lassen.

Die Kalkulation des Sachverständigen ▪▪▪ stellt auf die Stundenverrechnungssätze der günstigen ▪▪▪-Vertragswerkstatt in ▪▪▪ ab.

Beweis: Einholung eines Sachverständigengutachtens

Interessant in diesem Zusammenhang zu erwähnen ist natürlich, dass auf Versichererseite entsprechende Revisionen zurückgenommen worden sind, nachdem die Vertreter des VI. Zivilsenats einmütig durchschauen ließen, in welche Richtung die Rechtsprechung gehen wird.

Es kann daher kein Zweifel daran bestehen, dass sich der Kläger nicht auf eine Reparatur bei der Firma ▪▪▪ in ▪▪▪ verweisen lassen muss. Vielmehr hat er einen Anspruch auf Ersatz der Reparaturkosten, die anfallen würden, wenn er sein Fahrzeug in eine Markenwerkstatt der Marke ▪▪▪ in ▪▪▪ gäbe.

Soweit die Beklagten unveröffentlichte Entscheidungen aus Nordrhein-Westfalen und Umgebung zitieren, die ihre Auffassung stützen sollen, ist zum einen zu bedenken, dass die Entscheidungen unveröffentlicht sind und daher im Volltext zur Verfügung gestellt werden sollten, und zum anderen, dass sie nicht aus dem OLG-Bezirk ▪▪▪ stammen und daher kaum eine Bindungswirkung entfalten können, nachdem es im OLG-Bezirk ▪▪▪ ständige Rechtsprechung ist, dass der Geschädigte Anspruch auf Ersatz der Kosten in einer markengebundenen Werkstatt hat.

Falsch ist, dass die durchschnittlichen Stundenverrechnungssätze von den Reparaturwerkstätten in der Region des Klägers deutlich niedriger liegen sollen als in der günstigsten ▪▪▪-Markenvertragswerkstatt.

Beweis: Sachverständigengutachten

Im Übrigen kommt es darauf nicht an.

Soweit die Beklagten die Stundenverrechnungssätze eines Karosseriebetriebes ■■■ oder der Firma ■■■ mitteilen, sind diese Stundenverrechnungssätze nicht repräsentativ und deutlich unterdurchschnittlich. Dabei ist im Übrigen zu beachten, dass die Stundenverrechnungssätze der Firma ■■■ auch auf vertraglichen Beziehungen der Firma ■■■ zu verschiedenen Haftpflichtversicherungen beruhen. Dass den geringeren Stundenverrechnungssätzen auch Gegenleistungen von Haftpflichtversicherungen gegenüberstehen, steht außer Frage.

Die Klage ist darum vollumfänglich begründet.

Sollte das Gericht weitere Darlegungen oder Beweisantritte für erforderlich halten, wird sich bereits jetzt für einen entsprechenden richterlichen Hinweis bedankt.

Rechtsanwalt

Kurz und knapp kann das Gericht die Klageforderung wie folgt zusprechen: **43**

Muster: Entscheidung des Gerichts **44**

[...]

Die vom Kläger geltend gemachten Nettoreparaturkosten sind in der geltend gemachten Höhe von 2.000,00 EUR zu ersetzen. Aus dem beiderseits zitierten Urteil BGHZ 155, 1 ff lässt sich nicht entnehmen, dass sich der Kläger vorliegend auf die Verrechnungssätze einer nicht fabrikatsgebundenen Werkstatt verweisen lassen müsste.

[...]

Dies ist genau so richtig. Der BGH hat entschieden, dass sich der Geschädigte nicht auf mittlere Stundenverrechnungssätze, erst recht nicht auf Verrechnungssätze von freien Werkstätten verweisen zu lassen braucht. Da der Geschädigte grundsätzlich einen Anspruch auf Ersatz der Kosten hat, die er für eine Reparatur in einer markengebundenen Werkstatt aufwenden muss, kann er auch fiktiv genau dies begehren. Ein Abzug der vom Sachverständigen ermittelten Kosten ist nur dann denkbar, wenn dieser nicht anhand der günstigsten Verrechnungssätze einer markengebundenen Werkstatt abrechnet. In der Tat kann der Geschädigte nämlich nur die Reparaturkosten ersetzt verlangen, die er in der günstigsten *Markenvertrags*werkstatt an seinem Wohnort bzw seiner Region aufwenden muss. Dies gilt mE nicht nur bei der fiktiven, sondern konsequenterweise auch bei der konkreten Abrechnung. **45**

II. Verbringungskosten und UPE-Aufschläge

Auch diese Schadenspositionen sind bei fiktiver Schadensabrechnung häufig Gegenstand von Prozessen. Es geht bei den **Verbringungskosten** um die Kosten für die Überstellung eines Fahrzeugs von der Reparaturwerkstatt in eine Lackierwerkstatt, wenn die Reparaturwerkstatt nicht über eine eigene Lackiererei verfügt. Nach überwiegender Meinung sind die Verbringungskosten auch bei der fiktiven Abrechnung erstattungsfähig,[1] jedenfalls dann, wenn am Wohnort des Unfallgeschädigten die entsprechenden Fachwerkstätten nicht über **46**

---

[1] ZB OLG Hamm Mitteilungsblatt der ARGE Verkehrsrecht 1998, 58; LG Kassel zfs 2001, 359.

eigene Lackierwerkstätten verfügen.[2] Die Schädigerseite stützt sich auf die Gegenmeinung, wonach Verbringungskosten nur erstattungsfähig sind, wenn sie tatsächlich anfallen.[3]

47 In gleicher Weise wird bei fiktiver Abrechnung über die Aufschläge der „unverbindlichen Preisempfehlungen", die sog. **UPE-Aufschläge**, gestritten. Auch hier geht die vorherrschende Meinung von der Erstattungsfähigkeit aus.[4] Natürlich findet auch hier die Schädigerseite Gegenmeinungen.[5] Auch die Versicherer können seitenweise Rechtsprechung zitieren, in denen diese Kosten bei fiktiver Abrechnung als nicht erstattungsfähig angesehen werden. Insgesamt ist dies als Glaubensfrage anzusehen. Es empfiehlt sich, sich vor Klageeinreichung nach der Rechtsprechung am entsprechenden Gericht zu erkundigen. Sehr oft wird auf der Ebene des Amtsgerichts eine einheitliche Auffassung vertreten, die auch dann nicht mit Argumenten umzustoßen sein wird, wenn sie der eigenen Seite widerspricht.

III. Wiederbeschaffungswert

48 Der Wiederbeschaffungswert beziffert die Kosten, die für die Beschaffung eines gleichartigen und gleichwertigen Fahrzeugs auf dem Gebrauchtwagenmarkt ohne entsprechenden Unfallschaden erforderlich sind, wobei maßgeblich derjenige Betrag ist, den der Geschädigte aufwenden muss, um von einem seriösen Händler einen dem Unfallfahrzeug entsprechenden Ersatzwagen nach gründlicher technischer Überprüfung zu erwerben.[6] Bei dieser Rechtsprechung kommt es also auf den Händlerverkaufswert an. Die Ermittlung dieses Wertes wird in der Praxis ausschließlich durch Sachverständigengutachten vorgenommen.

IV. Restwert

49 Die Restwertproblematik ist in jüngster Zeit wieder in den Mittelpunkt der Diskussion gelangt. Ohne jede Veranlassung hat die Führung des BVSK eine sog. Restwertrichtlinie verfasst, die im Widerspruch zu der BGH-Rechtsprechung steht und den Geschädigten benachteiligt. Denn danach soll der Sachverständige auch Restwertangebote aus den speziellen Online-Restwertbörsen mitberücksichtigen. Diese Restwertbörsen sind nur Sachverständigen zugänglich.

50 Der **BGH** hat in seiner hierzu grundlegenden Rechtsprechung[7] **drei Grundsätze** herausgearbeitet:

1. Der Geschädigte braucht sich nur an dem ihm zugänglichen allgemeinen Markt in seiner Umgebung zu orientieren. Um räumlich entfernte Interessenten muss er sich nicht bemühen.

2. Dabei kommt für ihn primär der seriöse Kfz-Gebrauchtwagenhandel in Betracht. Dort kann der Geschädigte insbesondere den Unfallwagen bei dem Erwerb eines Ersatzwagens in Zahlung geben, und er darf das Fahrzeug zu dem von einem Kfz-Sachverständigen ermittelten Restwert veräußern.

---

2 AG Dorsten zfs 1999, 424; AG Mainz zfs 1999, 468; AG Westerburg zfs 2000, 63; AG Sarbrücken SP 2005, 198; *Burmann*, zfs 1998, 121.
3 AG Mannheim zfs 1998, 53; Palandt/*Heinrichs*, BGB § 249 Rn 14.
4 OLG Hamm Mitteilungsblatt der ARGE Verkehrsrecht 1998, 58; LG Aachen DAR 2002, 72; OLG Düsseldorf NZV 2002, 87; OLG Dresden DAR 2001, 455; AG Saarlouis zfs 1997, 95; *Wortmann*, zfs 1999, 365 ff.
5 AG Gießen zfs 1998, 51; AG Mannheim zfs 1998, 53. Zum Thema der Verbringungskosten und der UPE-Aufschläge wird insbesondere auf die Anlage 8 in *Fleischmann/Hillmann* verwiesen, in der die Rechtsprechung alphabetisch nach Gerichten und Gerichtsorten geordnet aufgeführt wird.
6 BGH NJW 1978, 1272.
7 BGH NJW 1992, 903; 1993, 1849; 2005, 357.

3. Der Geschädigte muss sich nicht an höheren Restwertangeboten professioneller Restwertaufkäufer orientieren.

Von diesen Grundsätzen hat der BGH[8] in einer weiteren Entscheidung folgende **Ausnahme** zugelassen: Der Geschädigte muss sich auf das Restwertangebot des Haftpflichtversicherers einlassen, wenn dieses günstiger ist, dem Geschädigten ohne Weiteres zugänglich ist, das Angebot bindend und sofort sicher und zu legalen Zwecken zu realisieren ist, von dem Geschädigten keine Eigeninitiative verlangt wird und aus dem Transport keine Kosten entstehen. Diese Rechtsprechung hat der ehemalige Vorsitzende des VI. Zivilsenats des BGH *Steffen*[9] gutachterlich im Auftrag der ARGE Verkehrsrecht zusammengefasst. Er kommt zu dem eindeutigen Ergebnis, dass „die Angebote von Restwertaufkäufern in dem für die Schadensermittlung nach § 249 S. 2 BGB zu erstellenden Kfz-Gutachten nichts zu suchen" haben.

51

Hinweis: Das bedeutet für den Anwalt, dass die Schadensgutachten daraufhin zu überprüfen sind, ob sie diesen Grundsätzen genügen. Denn durch zu hohe Restwertangebote gerät die Abrechnung eher in den Bereich des Totalschadens, bei dem die Dispositionsfreiheit des Geschädigten eingeschränkt ist durch das Erfordernis der tatsächlichen Durchführung der Reparatur.

52

Die eindeutige Rechtslage hat die Versicherer in der Vergangenheit nicht daran gehindert, eine Vielzahl von Regressprozessen gegen Sachverständige zu führen, die ihre Gutachten entsprechend dieser Rechtsprechung des BGH erstattet haben. Den Schaden berechnen die Versicherer zwischen den Höchstpreisen der Online-Angebote und dem vom Gutachter ermittelten Wert. Diese Kampagne hat den zweifelhaften Erfolg, dass viele Gutachter von sich aus, und leider auch ohne ausdrückliche Kennzeichnung, die höheren Online-Angebote zugrunde legen. Es war deshalb wichtig, dass das OLG Köln[10] nunmehr mit einer obergerichtlichen Entscheidung festgestellt hat, dass kein Schadensersatzanspruch gegen Gutachter besteht, die entsprechend der BGH-Rechtsprechung auf den örtlichen Markt abstellen. Aus dieser Entscheidung ergibt sich auch, dass die BVSK-Richtlinie der BGH-Rechtsprechung widerspricht, wenn sie so zu verstehen ist, dass auch Online-Angebote zu berücksichtigen sind. Der BGH[11] hat nun aktuell entschieden, dass ein Geschädigter grundsätzlich nicht verpflichtet ist, einen Sondermarkt für Restwertaufkäufer im Internet in Anspruch zu nehmen. Er muss sich jedoch einen höheren Erlös anrechnen lassen, den er bei tatsächlicher Inanspruchnahme dieses Sondermarktes erzielt hat.

53

V. Totalschaden ./. Reparaturfall

Entscheidend für den Umfang der Ansprüche und die Möglichkeit der Abrechnung ist die Frage der **Weiterbenutzung des Fahrzeugs** durch den Geschädigten und der **Umfang der Reparatur**. Es geht bei den Fallgestaltungen also immer um die Frage, ob der Geschädigte zwischen den beiden Möglichkeiten der Naturalrestitution, nämlich Reparatur und Ersatzbeschaffung, frei wählen kann oder ob er nach dem Wirtschaftlichkeitspostulat auf eine der beiden Möglichkeiten beschränkt ist. Kompliziert wird die Vergleichsrechnung deshalb, weil die zusätzlichen Merkmale (des Umfangs und der Qualität) der Reparatur darüber entscheiden, ob bei der Berechnung des Wiederbeschaffungsaufwands der Restwert in Abzug zu bringen ist oder nicht. Die beiden Wege der Naturalrestitution, nämlich Reparatur und Er-

54

---

8 NJW 2000, 800.
9 *Steffen*, zfs 2002, 161.
10 VersR 2004, 1145.
11 NJW 2005, 357.

satzbeschaffung, verursachen oft unterschiedlich hohe Kosten, nämlich bei der Reparatur durch den **Reparaturaufwand** = Reparaturkosten + merkantiler Minderwert. Der Reparaturaufwand ist somit die Summe von Reparaturkosten und merkantilem Minderwert.

55 Bei der Ersatzbeschaffung gilt der **Wiederbeschaffungsaufwand** = Wiederbeschaffungswert abzgl Restwert. Der Wiederbeschaffungsaufwand ist also die Differenz von Wiederbeschaffungswert und Restwert. Die Begriffe Wiederbeschaffungsaufwand und Wiederbeschaffungswert dürfen nicht verwechselt werden!

Der BGH verlangt, dass grundsätzlich von den beiden gleichwertigen Möglichkeiten der Naturalrestitution diejenige zu wählen ist, die den deutlich geringeren Aufwand mit sich bringt.[12] Nur wenn das Integritätsinteresse betroffen ist, also der Geschädigte sein ihm vertrautes Fahrzeug weiter nutzten will und diese weitere Nutzung auch tatsächlich erfolgt, gelten Ausnahmen. Dabei ergeben sich nach der Rechtsprechung folgende Varianten:

1. Keine Weiterbenutzung

56 Wird das beschädigte Fahrzeug nach dem Unfall veräußert oder verschrottet, sind die Kosten beider Varianten zu vergleichen, und nur der geringere Aufwand ist erstattungsfähig.

Beispiel:
a) Wiederbeschaffungsaufwand:

Wiederbeschaffungswert:	20.000 EUR
Restwert:	5000 EUR
Differenz:	15.000 EUR

b) Reparaturaufwand:

Reparaturkosten:	17.000 EUR
merkantiler Minderwert:	2.000 EUR
Summe:	19.000 EUR

Die Kosten nach dem Wiederbeschaffungsaufwand sind geringer. Der Geschädigte kann also nur 15.000 EUR verlangen.

2. Eigene Weiterbenutzung

57 Die Entscheidung zur Weiterbenutzung muss noch vor der Reparatur getroffen werden. An die Feststellung des Weiterbenutzungswillens dürfen keine hohen Anforderungen gestellt werden. Bei einem Verkauf in engem zeitlichem Zusammenhang mit der Reparatur kann aber der Schluss gezogen werden, dass von vornherein eine Verkaufsabsicht bestand.[13] Ein Verkauf sechs Wochen nach der Reparatur soll aber außerhalb dieses engen Zeitraums liegen,[14] ebenso ein Verkauf nach elf Monaten.[15] Eine genaue Festlegung des Zeitraums ist in der Rechtsprechung also nicht erfolgt und auch nicht zu erwarten, da es immer auf die Umstände des Einzelfalls ankommen wird.

58 **Hinweis:** In der anwaltlichen Beratung muss auf die Risiken bei einer Veräußerung in kurzem Abstand zur Reparatur hingewiesen werden. Bei einem Abstand von ca. einem halben Jahr kann unter keinen Umständen die eigene Weiterbenutzungsabsicht abgesprochen werden.

---

12 BGH NJW 1985, 2469.
13 OLG Hamm NZV 2001, 349.
14 LG Osnabrück zfs 1996, 178.
15 OLG Hamm OLGR 1997, 242.

Auch bei der Weiterbenutzung müssen die Kosten von Reparaturaufwand und Wiederbe-   59
schaffungsaufwand verglichen werden. In den **nachfolgenden Beispielsfällen** werden für den
Wiederbeschaffungsaufwand folgende Werte stets in gleicher Höhe zugrunde gelegt:

- Wiederbeschaffungswert: 20.000 EUR
- Restwert: 6.000 EUR

Je nach Konstellation ist der Wiederbeschaffungsaufwand die Differenz zwischen Wiederbe-   60
schaffungswert und Restwert oder, wenn der Restwert außer Betracht bleibt, gleich dem
Wiederbeschaffungswert. Die Kriterien zur Schadensberechnung sind

- das Verhältnis zur Höhe des Reparaturaufwands und
- der Umfang der Reparatur.

Beispiel: Reparaturkosten niedriger als der Wiederbeschaffungswert   61
Im Fall der Weiterbenutzung des Fahrzeugs durch den Geschädigten bei Herstellung der
Verkehrs- und Betriebssicherheit ist bei der Berechnung des Wiederbeschaffungsaufwandes
eine wesentliche Modifikation vorzunehmen:[16] Wenn die Reparaturkosten den Wiederbeschaffungswert nicht übersteigen (also im Beispiel bis 20.000,00 EUR), bleibt der Restwert
bei der Schadensberechnung unberücksichtigt. Das soll nach einer Entscheidung des OLG
Oldenburg[17] sogar dann gelten, wenn gar keine Reparatur durchgeführt wird, da die Ver-
kehrs- und Betriebssicherheit durch den Unfall nicht tangiert ist.
Die Vergleichsrechnung lautet beispielhaft:
a) Wiederbeschaffungsaufwand:

Wiederbeschaffungswert	20.000 EUR
Restwert bleibt unberücksichtigt	0 EUR
Gesamt:	20.000 EUR

b) Reparaturaufwand:

Reparaturkosten	16.000 EUR
merkantiler Minderwert	2.000 EUR
Gesamt:	18.000 EUR

Somit darf der Geschädigte noch reparieren, da der Reparaturaufwand niedriger als der
Wiederbeschaffungsaufwand ist. Dies aber nur, weil nach der BGH-Rechtsprechung der
Restwert in die Rechnung nicht einzustellen ist und der Wiederbeschaffungsaufwand damit
allein aus dem Wiederbeschaffungswert besteht.

Offen ist die Entscheidung, ob auf der Reparaturaufwandseite der merkantile Minderwert zu   62
addieren ist, wofür einiges spricht.[18] Wie im Fall ohne Weiterbenutzung liegt die Grenze bei
100%, nur der Vergleichswert ist höher, da kein Abzug des Restwerts erfolgt.

3. Fachgerechte Reparatur (130%-Grenze)

Das Integritätsinteresse[19] rechtfertigt nach der Rechtsprechung eine Überschreitung des Wie-   63
derbeschaffungswertes um 30%. Im Beispielsfall (Rn 64) darf der Reparaturaufwand den
Wiederschaffungswert von 20.000 EUR also um bis zu 6.000 EUR übersteigen. Ob das Integritätsinteresse des Geschädigten berührt ist, bestimmt sich nicht nur an dem Erfordernis
der eigenen Weiterbenutzung. Es kommt auch auf die Art und den Umfang der Reparatur an.

---

16 BGH zfs 2003, 403.
17 VA 2004, 96
18 *Lemcke*, r+s 2002, 265 f.
19 BGH, Urt. v. 15.2.2005 – VI ZR 70/04.

Der BGH[20] hat klar entschieden, dass nur derjenige Geschädigte sein Integritätsinteresse bekundet, der sein Fahrzeug in einen Zustand wie vor dem Unfall versetzt. Das ist nach dieser Entscheidung nur dann der Fall, wenn die Reparatur fachgerecht und in einem Umfang durchgeführt wurde, wie der Sachverständige ihn zur Grundlage der Kalkulation gemacht hat. Dafür kommt es nur auf das Ergebnis an. Die Reparatur kann deshalb auch in Eigenregie ausgeführt worden sein. Neben dieser Vergünstigung für den Geschädigten ist bei der Berechnung des Wiederbeschaffungsaufwandes auch hier der Restwert unberücksichtigt zu lassen.

64   **Beispiel:**

a) Wiederbeschaffungsaufwand:

Wiederbeschaffungswert	20.000 EUR
Restwert bleibt unberücksichtigt	0 EUR
Gesamt:	20.000 EUR

b) Reparaturaufwand:

Reparaturkosten	24.000 EUR
merkantiler Minderwert	2.000 EUR
Summe:	26.000 EUR

Der Reparaturaufwand überschreitet hier den Wiederbeschaffungsaufwand um genau 30%. Bis zu kalkulierten 26.000 EUR darf also repariert werden.

65   Aus der BGH-Entscheidung ergibt sich aber noch nicht im Detail, was genau unter **„fachgerecht"** zu verstehen ist. In der obergerichtlichen Rechtsprechung werden dazu unterschiedliche Auffassungen vertreten. Teilweise wird eine vollständige sach- und fachgerechte Reparatur entsprechend den Vorgaben des Gutachtens für erforderlich gehalten.[21] Andere Gerichte lassen es ausreichen, wenn das Ergebnis der Reparatur im Wesentlichen im Hinblick auf Verkehrssicherheit, technische Ausstattung und Haltbarkeit dem Zustand vor dem Unfall entspricht, wobei insbesondere die Verwendung von Gebrauchtteilen möglich ist.[22] Für die Bestimmung der Einhaltung der 130%-Grenze soll nach einer Entscheidung dann die tatsächliche Höhe der Reparaturkosten bei Verwendung von Gebrauchtteilen entscheidend sein und nicht der vom Gutachter ermittelte Wert.[23]

4. Minderreparatur

66   Bei nicht fachgerechter Reparatur ist das Integritätsinteresse damit nicht gegeben. Der 30%-Zuschlag kann also nicht verlangt werden. Der Anspruch ist damit grundsätzlich beschränkt auf den Wiederbeschaffungsaufwand. Dieser ist nun aber unter Abzug des Restwerts zu berechnen, da

- die Reparaturkosten den Wiederbeschaffungswert überschreiten und
- ein Integritätsinteresse nicht gegeben ist.

67   Im Beispielsfall (Rn 64) beläuft sich der Wiederbeschaffungsaufwand damit auf 14.000 EUR. Unter einer weiteren Voraussetzung kommt über diesen Betrag hinaus eine Erstattung bis zur Höhe des Wiederbeschaffungswerts, im Beispiel bis zu 20.000 EUR, in Betracht, wenn nämlich Reparaturkosten bis zu einem Betrag zwischen Wiederbeschaffungsaufwand und Wiederbeschaffungswert konkret angefallen sind oder der Geschädigte nachweisbar in einem

---

20 BGH, Urt. v. 15.2.2005 – VI ZR 70/04.
21 OLG Stuttgart DAR 2003, 176; OLG Schleswig zfs 1998, 174; OLG Karlsruhe zfs 1997, 53.
22 OLG Karlsruhe DAR 1999, 313; OLG Oldenburg DAR 2000, 359; OLG Frankfurt DAR 2003, 68.
23 OLG Frankfurt DAR 2003, 68.

Umfang repariert hat, der den Wiederbeschaffungswert übersteigt. Obergrenze ist dabei der Wiederbeschaffungswert. Wenn die fachgerechte Reparatur 26.000 EUR erfordert und eine Minderreparatur mit konkret angefallenen 20.000 EUR erfolgt, erhält der Geschädigte nur 20.000 EUR, also den Wiederbeschaffungswert als Obergrenze.

5. Reparaturkosten über 130%

Das Integritätsinteresse rechtfertigt nur eine Überschreitung um 30%. Übersteigt der Reparaturaufwand den Wiederbeschaffungswert um mehr als 130%, liegt, selbst wenn das Fahrzeug technisch repariert werden könnte, ein wirtschaftlicher Totalschaden vor. Der Geschädigte bekommt grundsätzlich nur den Wiederbeschaffungswert abzgl Restwert. Im Beispiel (Rn 64) also 14.000 EUR (Wiederbeschaffungswert: 20.000 EUR minus Restwert: 6.000 EUR). 68

Da der BGH bei einer tatsächlichen **Teilreparatur** ohne Bestätigung des Integritätsinteresses die Erstattung konkret angefallener Reparaturkosten bis zur Höhe des Wiederbeschaffungswerts, hier 20.000 EUR zulässt, ist kein Grund ersichtlich, warum das nicht auch für Fälle gelten soll, bei denen die kalkulierten Reparaturkosten 130% des Wiederbeschaffungswerts überschreiten. Bei nachweisbarer Reparatur mit einem Aufwand bis zur Höhe des Wiederbeschaffungswerts kann auch in dieser Höhe eine Erstattung erfolgen. Höchstrichterlich entschieden ist dieser Fall aber noch nicht, so dass es sich hier lohnen kann, durch die Instanzen zu streiten. 69

VI. Das Quotenvorrecht

Die Abrechnung von Unfallschäden nach Quotenvorrecht hat einfach wegen Unkenntnis dieser Möglichkeit in der Praxis nicht die ihr zustehende Bedeutung. Zu Recht wird darauf hingewiesen, dass es in der anwaltlichen Praxis die am häufigsten übersehene oder nicht gekannte Abrechnungsmöglichkeit ist.[24] Obwohl einer Vielzahl von Unfallgeschädigten hierdurch ein weiterer Schaden durch fehlerhafte Beratung entsteht, gibt es nur wenige Regresse. Dies aber auch nur, weil niemand die Falschberatung erkennt. Mit der zunehmenden Spezialisierung in der Anwaltschaft wird der traurige Befund sicher bald der Vergangenheit angehören. Wenn durch einen Verkehrsunfall ein vollkaskoversichertes Fahrzeug geschädigt wird (zur Kaskoversicherung vgl § 5), kommen grundsätzlich Ansprüche in Betracht gegen 70

- den Unfallgegner aus Delikts- und Gefährdungshaftung (§§ 823 BGB, 7, 17 StVG) und
- den Kaskoversicherer aus vertraglicher Verpflichtung (§ 13 AKB).

Bei einer klaren Haftungsverteilung von 100% zu 0% ist völlig klar: Trifft den Unfallgegner die volle Haftung, wird er bzw der hinter ihm stehende KH-Versicherer in Anspruch genommen. Bei Alleinschuld des Versicherten wird ebenso selbstverständlich die Kaskoversicherung in Anspruch genommen. 71

Anders ist es aber in Quotenfällen. Dann können die verschiedenen Ansprüche miteinander kombiniert werden. Genau das ist in Grenzen zum Vorteil des Geschädigten möglich. Es geht also um die Kombination von deliktischen und vertraglichen Ansprüchen. Diese Abrechnungsart soll und muss deshalb immer dann geprüft werden, wenn 72

- das beschädigte Fahrzeug vollkaskoversichert ist und
- eine Haftungsquote in Betracht kommt.

---

24 *Lachner*, zfs 1999, 184.

73   Ausgehend davon sind nach Abrechnung durch die Kaskoversicherung die sog. **quotenbevorrechtigten Schadenspositionen** durch den KH-Versicherer vollumfänglich zu ersetzen. Es sind die Positionen, die unmittelbar aus der Substanz des Kfz folgen und nicht von der Kaskoversicherung ausgeglichen worden sind. Es handelt sich um folgende:

- **Selbstbeteiligung:** Ohne jeden Zweifel betrifft die Selbstbeteiligung als Teil der Reparaturkosten bzw Wiederbeschaffungskosten unmittelbar die Substanz des Kfz.

- **Wertminderung:** Sowohl die merkantile als auch die technische Wertminderung stellen eine teilweise Unmöglichkeit der Naturalrestitution dar, die gem. § 251 Abs. 1 BGB zu einem Erstattungsanspruch führt.[25] Der Schaden tritt unmittelbar und zeitlich kongruent durch den Unfallschaden ein und gehört damit zu den kongruenten Schadenspositionen.

- **Gutachterkosten:** Die Begutachtung der Fahrzeugschäden stellt eine Vorarbeit zur Reparatur dar.[26] Zur Vermeidung von Missverständnissen sei auch hier darauf hingewiesen, dass es nicht um die Kosten eines Kaskogutachtens geht, sondern um die eines privaten Schadensgutachtens.

- **Abschleppkosten:** Auch die Abschleppkosten zu einer Werkstatt stellen eine notwendige Vorstufe zur Fahrzeugreparatur dar und sind damit notwendiger Aufwand zur Beseitigung der Beschädigung.

74   Diese vier Schadensarten sind nach ganz herrschender Meinung kongruent. Die **nachfolgenden Schäden sind nur nach einzelnen Meinungen kongruent.** Wer für den Geschädigten tätig ist, muss sich in dessen Interesse auf den für diesen günstigsten Rechtsstandpunkt stellen. Eine völlig andere Frage ist, was ggf eingeklagt wird.

75   - **Mietwagenkosten:** Während der BGH[27] die Mietwagenkosten zu den Sachfolgeschäden zählt, geht eine andere Auffassung[28] mit verschiedenen Argumenten davon aus, dass auch Mietwagenkosten einen Aufwand der Ersatzbeschaffung bedeuten. Diese Auffassung geht dabei von der unstreitigen Ansicht aus, dass die Ersatzbeschaffung eines zerstörten Fahrzeugs jedenfalls einen kongruenten Schaden darstellt. Die zeitweise Anmietung eines Ersatzfahrzeugs könne nicht anders gesehen werden als die Ersatzbeschaffung. Mietwagenkosten stellten damit einen Ersatzbeschaffungsaufwand auf Zeit dar, während der Kaufpreis für das Ersatzfahrzeug Ersatzbeschaffungsaufwand auf Dauer sei. Zumindest im Rahmen der Klage scheint es tunlich zu sein, in diesem Fall der höchstrichterlichen Auffassung zu folgen.

76   - **Rückstufungsschaden:** Dabei handelt es sich um eine versicherungsvertragliche Folge der Inanspruchnahme der Kaskoversicherung. Es sind somit keine Geldmittel zur Schadensbeseitigung. Die Kosten sind unstreitig nicht kongruent und damit nur nach Quote zu erstatten. Bei einer gerichtlichen Geltendmachung ist zu berücksichtigen, dass nach der Rechtsprechung des BGH der Rückstufungsschaden für die Zukunft nicht als Zahlungsklage, sondern nur als Feststellungsklage erhoben werden kann.[29] In diesem Zusammenhang stellt sich die Frage, zu welchem Zeitpunkt die Inanspruchnahme der Kaskoversicherung erfolgen soll und ob der Anwalt von dem Geschädigten damit beauftragt werden kann. Dabei geht es um die Fragen, ob der Rückstufungsschaden und die bei dem Anwalt des Geschädigten anfallenden Gebühren für die Tätigkeit gegenüber der Kaskoversicherung

---

25 BGH VersR 1982, 283 f.
26 BGH NJW 1985, 1845.
27 VersR 1982, 283 f.
28 *Müller*, VersR 1989, 317 ff.
29 BGH NJW 1992, 1035.

vom Haftpflichtigen zu ersetzen sind. Grundsätzlich ist der Verlust des Schadensfreiheits-rabatts ein vom Schädiger zu ersetzender Sachschaden, auch wenn bei Mitverursachung der Schaden nur anteilig zu ersetzen ist.[30] Als Ausnahme wird vertreten, dass in solchen Fällen ohne Einschränkung der Rückstufungsschaden zu erstatten ist.[31] Nach den heutigen AKB sind solche Fälle jedoch selten. Es kann einen Verstoß gegen die Schadensminde-rungspflicht bedeuten, wenn der Geschädigte sofort nach dem Unfall seine Kaskoversiche-rung in Anspruch nimmt. Der Rückstufungsschaden ist allerdings bei drohender schlep-pender Schadensregulierung ohne vorherige Androhung zu erstatten. Zu empfehlen ist dabei jedenfalls die vorherige Androhung der Kaskoinanspruchnahme gegenüber dem Haftpflichtversicherer. Auch hierzu wird die Gegenmeinung vertreten.[32] Insbesondere soll bei bestehender Mithaftung die sofortige Inanspruchnahme der Kaskoversicherung keinen Verstoß gegen die Schadensminderungspflicht darstellen, wenn der Prämienschaden nur in Höhe der Mithaftungsquote geltend gemacht wird. In der Praxis sollte der Anwalt jeden-falls in seinem ersten Anspruchsschreiben immer 100%igen Ersatz verlangen. Andernfalls gerät er in Gefahr, eine höhere Quote zulasten seines Mandanten zu sehen als der Gegner. Die Konsequenz wegen der Gebühren muss mit dem Mandanten selbstverständlich vorher abgeklärt sein. Es stellt jedenfalls den vom Anwalt einzuschlagenden sichereren Weg dar, wenn der Haftpflichtversicherer zunächst unter Androhung der Inanspruchnahme der Kaskoversicherung auf den vollen Schaden in Anspruch genommen wird. Zu beachten ist allerdings, dass – nach fast allen gängigen AKB – die einmal erfolgte Inanspruchnahme des Kaskoversicherers nicht mehr durch Rückzahlung rückgängig gemacht werden kann. Allerdings kann der Anwalt versuchen, mit dem Kaskoversicherer eine individuelle, ab-weichende Vereinbarung zu treffen. Dies rechtfertigt dann auch insbesondere seine lnanspruchnahme und damit die Erstattbarkeit der Gebühren.

- **Rechtsanwaltskosten:** Wird der Anwalt zur Tätigkeit auch gegenüber dem Kaskoversiche-   **77** rer beauftragt, handelt es sich um zwei verschiedene Angelegenheiten, deren Vergütung getrennt vom Mandanten geschuldet ist. Wenn der Kaskoversicherer nicht gerade in Ver-zug geraten ist, kommt regelmäßig ein realistischer Erstattungsanspruch nur gegenüber dem KH-Versicherer in Betracht. Dem Grunde nach ist anerkannt, dass diese Anwaltskos-ten in solchen Fällen zum erstattungsfähigen Schaden gehören.[33] Allerdings ist insbeson-dere bei größeren Firmen oder kundigen Personenkreisen wie Automobilhändlern eher als bei der Geltendmachung von Haftpflichtschäden eine eigene Regulierung ohne Anwalt zu-zumuten. Hier sollte immer eine Überprüfung anhand des Einzelfalls erfolgen. Ob und in welcher Höhe der Haftpflichtige zur Erstattung der Kosten aus dem Mandat gegen den Kaskoversicherer verpflichtet ist, wird unterschiedlich beurteilt. Zum Teil wird vertreten, dass die Summe der Kosten beider Angelegenheiten als Schadensersatz der KH-Versicherer schuldet.[34] Nach anderer Ansicht soll der Anspruch gegen den Haftpflichtigen sich aus der Summe der beiden Gegenstandswerte als eine Angelegenheit errechnen, der Höhe nach je-doch beschränkt auf die Höhe des Gesamtschadens.[35] Denn es entspreche der Billigkeit, dass die Haftpflichtversicherung nicht schlechter gestellt werden dürfe, als wenn der ge-samte Schaden von ihr selbst verlangt worden wäre. Das kann aber nur so lange gelten, wie der Haftpflichtige nicht in Verzug geraten ist oder sich aus sonstigen – nicht vom Ge-schädigten zu vertretenden Gründen – die Unfallregulierung verzögert. Darum hält eine

---

30 BGH zfs 1992, 48.
31 LG Aachen DAR 2000, 36.
32 LG Aachen, aaO.
33 OLG Stuttgart DAR 1989, 27; OLG Hamm zfs 1992, 119; KG VersR 1973, 926.
34 AG Erfurt zfs 1999, 31.
35 OLG Karlsruhe NZV 1990, 431.

Auffassung[36] diese Position ebenfalls richtigerweise für kongruent. Dies gilt erst recht dann, wenn die gegnerische Haftpflichtversicherung zunächst in Verzug gesetzt wird und hiernach gar keine Regulierung erfolgt. Die Inanspruchnahme der Kaskoversicherung erfolgt dann zur Vorfinanzierung des Schadens, so dass die damit verbundenen Kosten als Verzugsschaden anzusehen sind. Bei dem Verzugsschaden ist dann aber das Mitverschulden beim Unfallhergang nicht mehr zu berücksichtigen, und damit sind die als notwendig anzusehenden Rechtsanwaltskosten vollumfänglich zu ersetzen.[37]

78 Die praktischen Vorteile im Ergebnis sollen anhand folgender Klage veranschaulicht werden:

79 **Muster: Klageschrift**

  ↓

An das ▪▪▪gericht, ▪▪▪

Klage

In Sachen

des Herrn ▪▪▪

– Kläger –

Prozessbevollmächtigte: RAe ▪▪▪

gegen

Herrn ▪▪▪

– Beklagter zu 1 –

und

die ▪▪▪ Versicherungs AG, Niederlassung ▪▪▪, vertreten durch den Vorstand, dieser vertreten durch den Vorstandsvorsitzenden Herrn ▪▪▪ (Schadensnummer ▪▪▪)

– Beklagte zu 2 –

wegen Schadensersatzes

Streitwert: wir beantragen Festsetzung

Namens und in Vollmacht des Klägers erheben wir Klage und werden beantragen:

1. Die Beklagten werden gesamtschuldnerisch verurteilt, an den Kläger 1.191,20 EUR nebst 5% Zinsen über dem Basiszinssatz aus 602,50 EUR seit dem 18.5.2005 bis Rechtshängigkeit und aus 588,70 EUR ab Rechtshängigkeit sowie die nicht anrechenbaren Kosten der außergerichtlichen anwaltlichen Beauftragung iHv 525,00 EUR zu zahlen.

2. Es wird festgestellt, dass die Beklagten verpflichtet sind, dem Kläger 75% sämtlicher materieller Schäden aus dem Unfall vom 16.12.2004 um 12:45 Uhr auf der ▪▪▪straße in ▪▪▪ zu ersetzen.

Sofern das Gericht das schriftliche Vorverfahren anordnet, beantragen wir bereits jetzt bei Säumnis der Beklagten den Erlass eines entsprechenden Versäumnisurteils, im Falle eines Anerkenntnisses den Erlass eines entsprechenden Anerkenntnisurteils ohne mündliche Verhandlung.

Begründung:

Der Kläger macht Schadensersatzansprüche aus einem Verkehrsunfall vom 16.12.2004 um ca. 12:45 Uhr auf der ▪▪▪straße in ▪▪▪ geltend. Fahrer und Halter des unfallgegnerischen PKW mit dem amtlichen Kennzeichen ▪▪▪ war der Beklagte zu 1. Das Fahrzeug des Beklagten zu 1 ist bei der Beklagten zu 2 haftpflichtversichert, so dass sich daraus die Passivlegitimation der Beklagten zu 2 ergibt.

---

36 *Lachner*, zfs 1998, 161 f.
37 *Madert*, zfs 1999, 32.

Der Unfall ereignete sich wie folgt:

Der Beklagte zu 1 befuhr als erstes Fahrzeug einer Fahrzeugkolonne von drei Fahrzeugen die ▪▪▪straße aus Richtung ▪▪▪ in Richtung ▪▪▪. Der Kläger befuhr die Straße als drittes Fahrzeug mit dem in seinem Eigentum stehenden Kleintransporter mit dem amtlichen Kennzeichen ▪▪▪. In der Mitte fuhr der Zeuge ▪▪▪ mit seinem PKW. Dieser PKW verdeckte die Sicht des Klägers auf das Fahrzeug des Beklagten zu 1, so dass der Kläger dieses Fahrzeug erst unmittelbar vor dem Unfall wahrnahm.

Der Kläger fuhr hinter dem Zeugen ▪▪▪ her. Da dieser bei einer zulässigen Höchstgeschwindigkeit von 70 km/h nur mit einer Geschwindigkeit von 50 km/h fuhr, vergewisserte sich der Kläger darüber, dass kein Gegenverkehr bestand, und setze zum Überholen an. Als der Kläger etwa auf der Höhe des Fahrzeugs des Zeugen ▪▪▪ war, fuhr plötzlich von rechts kommend der Beklagte über die Straße, um nach links eine kleine Straßenausbuchtung zum Wenden zu nutzen.

Beweis: Beziehung der amtlichen Ermittlungsakte ▪▪▪
            Zeugnis des Herrn ▪▪▪

Der Zeuge ▪▪▪ äußerte sich, dass der Beklagte zu 1 rechts fuhr, eine Weile das linke Blinklicht aufleuchten ließ und plötzlich nach links zog, um in die dort befindliche Ausbuchtung der Straße hineinzufahren. Der Beklagte zu 1 gab gegenüber den Polizeibeamten an, dass er die Einfahrt nutzen wollte, um zu wenden, nachdem er sich verfahren hatte.

Beweis: Ermittlungsakte, b.b.

Rechtlich ist der Unfall wie folgt zu werten:

Zunächst einmal ist festzustellen, dass der Beklagte zu 1 angegeben hat, dass er zum Unfallzeitpunkt versucht hat zu wenden. Gemäß § 9 Abs. 5 StVO hat sich ein Verkehrsteilnehmer, der beabsichtigt zu wenden, so zu verhalten, dass eine Gefährdung anderer Verkehrsteilnehmer ausgeschlossen ist. Kommt es zu einem Verkehrsunfall spricht der Anschein dafür, dass der Wendende sich schuldhaft verhalten hat.

Nach der Einlassung des Zeugen ▪▪▪ steht auch fest, dass dem Beklagten zu 1 das überwiegende Verschulden an dem Unfall vorzuwerfen ist. So ist festzustellen, dass sich der Beklagte zu 1 nicht nach links zur Straßenmitte hin abgesetzt hat, um so dem rückwärtigen Verkehr deutlich zu machen, dass er beabsichtigte zu wenden. Es ist festzustellen, dass der Beklagte zu 1 plötzlich gewendet hat. Insoweit teilt der Zeuge ▪▪▪ mit, dass er sich noch fragte, wo der Beklagte zu 1 denn plötzlich hinwolle.

Dafür, dass der Beklagte zu 1 auch plötzlich sein Wendemanöver einleitete, spricht auch der Umstand, dass er ortsfremd war und für ihn wohl die Wendemöglichkeit erst sehr spät zu erkennen war, so dass er das Wendemanöver erst sehr spät eingeleitet hat.

Hätte sich der Beklagte zu 1, wie es die StVO von ihm verlangt, rechtzeitig zur Fahrbahnmitte hin abgesetzt, wäre er auch für den Kläger zu erkennen gewesen. Wohl um den Wenderadius so groß wie möglich zu halten, hat der Beklagte zu 1 jedoch genau das Gegenteil getan und zunächst nach rechts gelenkt, um von dieser rechten Fahrbahnseite nach links abzubiegen. Nur darum war der Beklagte zu 1 für den Kläger vor Beginn des Wendemanövers nicht zu erkennen.

Dem Kläger kann dagegen kein Vorwurf gemacht werden. Gegenverkehr bestand nicht. Die linke Fahrbahnhälfte war vollkommen frei. Die zulässige Höchstgeschwindigkeit war nicht überschritten, da der Zeuge ▪▪▪, wie er mitteilt, lediglich ca. 50 km/h gefahren ist. Der einzige Gesichtspunkt, der ein Verschulden begründen könnte und auf den ersten Blick nicht ganz abwegig erscheint, ist die Frage, ob der Kläger bei unklarer Verkehrslage überholt hat.

Dies wird jedoch zu verneinen sein. Für den Kläger war der Beklagte zu 1 nicht zu erkennen. Der Kläger beabsichtigte zu überholen, als der vor ihm fahrende Fahrzeugführer die Geschwindigkeit verlangsamte. Bei Lektüre der Rechtsprechung zur Frage der unklaren Verkehrslage ist festzustellen, dass eine unklare Verkehrslage hiernach nicht gegeben war. Allein das langsame Vorausfahren auf einer ausreichend breiten

Straße begründet keine unklare Verkehrslage (OLG Frankfurt VM 1973, 96). Im Übrigen wird verwiesen auf *Hentschel,* Straßenverkehrsrecht, 38. Auflage 2005, § 5 StVO Rn 35 und die dort zitierte Rechtsprechung.

Insoweit wird auch auf die Rechtsprechung verwiesen, welche sich finden lässt in *Grüneberg,* Haftungsquoten bei Verkehrsunfällen, 9. Auflage 2005, Rn 259. Hier kommt die Rechtsprechung regelmäßig zu einer Haftungsverteilung von 2/3 zu 1/3 zu Lasten des Wendenden bis hin sogar zu einer Alleinhaftung des Wendenden. Ein Verschulden des Klägers ist fernliegend.

Nur weil der Kläger den Unvermeidbarkeitsbeweis nicht führen kann, lässt er sich ein Mitverschulden iHv 25% anrechnen.

Daher haben die Beklagten dem Kläger seine Schäden zu 75% auszugleichen.

Mit Schreiben vom 20.12.2004 wurde die Beklagte zu 2 aufgefordert, bis zum 3.1.2005 den Haftungseintritt dem Grunde nach zu erklären. Dies ist nicht geschehen. Mit Schreiben vom 18.1.2005 wurde der Beklagten zu 2 mitgeteilt, dass sie sich in Verzug befindet und nunmehr die Kaskoversicherung mit der Regulierung betraut wird.

Mit Schreiben vom 13.4.2005 rechnete die Kaskoversicherung gegenüber dem Kläger ab. Gegenstand der Abrechnung war ein Totalschaden am Fahrzeug des Klägers. Der Wiederbeschaffungswert betrug 6.512,41 EUR.

Beweis: Schreiben vom 13.4.2005 in Kopie als Anlage K 1

Mit Schreiben vom 9.5.2005 wurden gegenüber der Beklagten zu 2 die verbliebenen Ansprüche beziffert und zur Zahlung bis zum 17.5.2005 aufgefordert.

Beweis: Schreiben vom 9.5.2005 in Kopie als Anlage K 2

Eine solche Zahlung ist nicht erfolgt, so dass Klage geboten ist.

Dem Kläger entstand folgender Schaden: ▬▬▬

Dabei kann der Kläger die quotenbevorrechtigten Ansprüche vollumfänglich geltend machen, da insoweit gem. § 67 Abs. 1 S. 2 VVG der Anspruchsübergang auf die Kaskoversicherung nicht zu Lasten des Versicherungsnehmers erfolgen darf.

I. Quotenbevorrechtigte Schadenspositionen:

1. Selbstbeteiligung: 500,00 EUR

Beweis: Schreiben vom 13.4.2005, b.b.

2. Kosten für An- und Abmeldung: pauschal 80,00 EUR

3. Kosten für Inanspruchnahme der Kaskoversicherung:

Die Kosten, die im Zusammenhang mit der Kaskoregulierung entstehen, sind ersatzpflichtiger Schaden des Geschädigten (statt vieler OLG Stuttgart DAR 1989, 27). Dies gilt erst recht bei Inanspruchnahme nach Verzugseintritt. Die Inanspruchnahme der Kaskoversicherung ist dabei unstreitig als eine gesonderte Angelegenheit anzusehen. Die Kosten der außergerichtlichen Inanspruchnahme errechnen sich aus der Zahlung der Kaskoversicherung als Gegenstandswert (6.012,41 EUR) und einer Gebühr iHv 1,3 und betragen insgesamt 588,70 EUR.

Beweis: Rechnung in Kopie als Anlage K 3

II. Nicht quotenbevorrechtigte Schadensposition:

1. Unkostenpauschale: 22,50 EUR

Für unfallbedingte Wege, Porto und Telefonkosten wird eine Pauschale iHv 30,00 EUR begehrt.

Beweis: richterliche Schätzung gem. § 287 ZPO

Hiervon 75% sind 22,50 EUR.

2. Nebenkosten, Kosten der außergerichtlichen Regulierung

Die Beklagten haben auch die Kosten der außergerichtlichen Regulierung, soweit sie vorliegend nicht anrechenbar sind, als Nebenkosten zu übernehmen. Gegenstandswert der außergerichtlichen Regulierung ist der Betrag iHv 6.512,41 EUR, da dieser den ursprünglichen Schaden des Klägers darstellte. Hieraus errechnet sich eine Gebühr iHv 588,70 EUR.

Beweis: Rechnung in Kopie als Anlage K 4

Hiervon abzuziehen, da anrechenbar, ist eine Gebühr iHv 0,65 aus dem Streitwert dieses Verfahrens und damit 63,70 EUR. Somit verbleiben Nebenkosten iHv 525,00 EUR.

Der Feststellungsantrag ist zulässig, da der Kläger durch die Inanspruchnahme der Kaskoversicherung höhergestuft worden ist. Der Verlust des Schadensfreiheitsrabatts in der Kaskoversicherung ist eine adäquate Schadensposition (BGH zfs 1992, 48). Der Höherstufungsschaden wird ab dem Jahr 2006 anfallen und über mehrere Jahre entstehen. Hinsichtlich des Gegenstandswerts ist anzumerken, dass der Höherstufungsschaden im Durchschnitt ca. 750,00 EUR beträgt.

Nachdem sich die Beklagten in Verzug befinden, ist Klage geboten.

Rechtsanwalt

Wird der Klage Erfolg unterstellt, ergibt sich, dass der Mandant von der Kaskoversicherung und der Haftpflichtversicherung insgesamt so viel bekommt, dass er schließlich gegenüber einem 100%igen Anspruch lediglich 7,50 EUR einbüßt. Der Anwalt, der hier lediglich 75% von der Haftpflichtversicherung verlangt und die Kaskoversicherung vergisst, wird für den Mandanten vom Gesamtschaden nur 75% erhalten, was dann einer Einbuße vorliegend von mehr als 1.600 EUR entspricht (Gesamtschaden ca. 6.500 EUR, hiervon 75% sind 4875 EUR). **80**

Gerade bei kleinen Quoten oder geringem Schaden muss jedoch daran gedacht werden, dass die Haftpflichtversicherung niemals mehr bezahlen muss als die Quote vom Gesamtschaden. **81**

Beispiel (unterstellte Selbstbeteiligung: 500 EUR): **82**

Reparaturkosten:	2.000 EUR
Sachverständigenkosten:	300 EUR
Nutzungsausfallschaden:	300 EUR
Gesamtschaden:	2.600 EUR

Bei einer Haftungsquote von 50% bzw 25% muss die Haftpflichtversicherung niemals mehr als 1.300 EUR bzw 650 EUR zahlen. Nach Abrechnung über die Kaskoversicherung kann der Mandant wie folgt begehren:

	50%	25%
Selbstbeteiligung:	500 EUR	500 EUR
Sachverständigenkosten:	300 EUR	300 EUR
Nutzungsausfallschaden:	150 EUR	75 EUR
Gesamt:	950 EUR	875 EUR

Bei einer Haftung von 50% kann der Mandant also vollumfänglich die 950 EUR verlangen. 1500 EUR erhielt er von der Kaskoversicherung, so dass er insgesamt 2.450 EUR ersetzt bekommt. Bei 25% muss die Haftpflichtversicherung lediglich insgesamt 650 EUR zahlen, so dass nicht 875 EUR ersetzt begehrt werden können, sondern lediglich die Gesamtentschädigungssumme von 650 EUR. Zzgl der Zahlung der Kaskoversicherung werden somit 2.150 EUR ersetzt.

VII. Mietwagenkosten

83   Mietwagenkosten gehören regelmäßig zu den Kosten der Schadensbehebung gemäß § 249 BGB. Das ist auch recht unproblematisch. Streit besteht jedoch hinsichtlich der regelmäßig verwendeten sog. **Unfallersatztarife**. Zu den Mietwagenkosten hat der BGH im Oktober 2004[38] eine neue grundlegende Entscheidung getroffen. Der BGH hatte dabei zunächst den „Mietwagenkrieg" im Jahr 1996 durch die Feststellung beendet, dass der Geschädigte nicht allein deshalb gegen die Schadensminderungspflicht verstößt, weil er ein Fahrzeug zum Unfallersatztarif mietet. Damit war klar, dass der Geschädigte grds. einen Anspruch darauf hat, jeden Tarif ersetzt zu bekommen. In relativ kurzer Zeit schossen danach die Unfallersatztarife ist astronomische Höhen. In den neuen Entscheidungen erklärt der BGH zwar, an dieser Rechtsprechung festzuhalten, obwohl die neue Rechtsprechung nunmehr zu ganz anderen Ergebnissen führt. In der Entscheidung vom Oktober 2004 weist der BGH ausdrücklich darauf hin, dass sich Tarife für Ersatzmietwagen entwickelt haben, die nicht mehr durch Angebot und Nachfrage bestimmt werden, weil der Geschädigte als Mieter kein eigenes Interesse an der Wahl eines Tarifs hat, während der bezahlende Schädiger auf die Tarifwahl keinen Einfluss nehmen kann. Folge davon ist, dass die Preise des dem Unfallgeschädigten angebotenen Unfallersatztarifs erheblich über denjenigen für Selbstzahler angebotenen Normaltarifen liegen. Nach dem Inhalt der neuen Entscheidungen kann deshalb der Geschädigte bei der Vereinbarung eines Unfallersatztarifs nicht ohne Weiteres davon ausgehen, dass die Kosten erstattungsfähig sind. Vielmehr muss durch die Instanzgerichte, ggf mit sachverständiger Hilfe, geprüft werden, ob der vereinbarte Tarif in seiner Struktur als erforderlicher Aufwand zur Schadensbeseitigung zu werten und damit gem. § 249 BGB erstattungsfähig ist.

84   Nach dem BGH[39] ist die **Erstattungsfähigkeit von Mietwagenkosten in zwei Stufen zu prüfen:**

1. Der Unfallersatztarif ist darauf hin zu überprüfen, ob er den zur Herstellung erforderlichen Geldbetrag darstellt. Das ist bei Mehrkosten gegenüber einem für Selbstzahler angebotenen Normaltarif nur insoweit der Fall, als die Besonderheit dieses Tarifs mit Rücksicht auf die Unfallsituation (zB Vorfinanzierungen, Ausfallrisiko o.Ä.) gegenüber dem Normaltarif einen höheren Preis aus betriebswirtschaftlicher Sicht rechtfertigt. Der Mehrpreis muss also auf Leistungen des Vermieters beruhen, die zu dem von § 249 BGB erfassten, für die Schadensbeseitigung erforderlichen Aufwand gehören. Erfüllt der Unfallersatztarif diese Voraussetzungen, sind die Kosten erstattungsfähig.

2. Überschreitet der Unfallersatztarif die für Selbstzahler angebotenen Normaltarife um mehr als den für die Schadensbeseitigung erforderlichen Aufwand, ist zu prüfen, welcher günstigere Normaltarif für Selbstzahler dem Geschädigten zugänglich war. Auf diesen Preis ist ein Zuschlag vorzunehmen für im Normaltarif nicht enthaltenen, für die Schadensbeseitigung erforderlichen Aufwand. Die Darlegungs- und Beweislast hierfür trägt der Geschädigte. Der Tatrichter hat die Mehrkosten, ggf nach Beratung durch einen Sachverständigen, gem. § 287 S. 1 ZPO zu schätzen.

85   In einer weiteren Entscheidung[40] hat der BGH eine Nachfrage des Geschädigten nach einem günstigeren Tarif aus Gründen der Schadensminderungspflicht für erforderlich gehalten, wenn er Bedenken gegen die Angemessenheit des Unfallersatztarifs haben muss. Unter Umständen kann er danach auch gehalten sein, seine Kreditkarte einzusetzen, um in den Genuss des günstigeren Normaltarifs zu gelangen. Zu begrüßen ist bei dieser Rechtsprechung, dass

---

38 Urt. v. 26.10.2004 – VI ZR 300/03 und v. 26.10.2004 – VI ZR 151/03.
39 AaO.
40 Urt. v. 19.4.2005 – VI ZR 37/04.

hiermit der Versuch unternommen wird, die Unfallersatztarife wieder auf Marktpreisniveau zu bringen, von dem sie sich tatsächlich teilweise enorm entfernt haben. Es ist auch nicht einzusehen, dass über die Mehreinnahmen aus Unfallersatztarifen die Versichertengemeinschaft die Tarife für Selbstzahler quasi sponsert. Allerdings darf nicht übersehen werden, dass die schon oben (Rn 83) angesprochenen Risiken bei Anmietung eines Ersatzfahrzeugs für den Geschädigten hierdurch weiter gestiegen sind.

Hinweis: Für die Unfallregulierung bedeutet das, dass der Mandant über dieses Risiko informiert werden muss. Wenn der Geschädigte in der Lage ist, die Mietwagenkosten vorzufinanzieren, kann er einen Selbstzahlernormaltarif vereinbaren. Zur Vermeidung von Risiken ist es auch möglich, mit dem Versicherer Kontakt über die Mietwagenanmietung aufzunehmen, insbesondere wenn der Mietwagen länger benötigt wird.

86

Derzeit lässt sich aus den immer neuen Entscheidungen des BGH erkennen, dass zumindest dann der Unfallersatztarif erstattet verlangt werden kann, wenn sofort ein Mietwagen angemietet werden musste, weil dann quasi keine zeitliche Möglichkeit bestand, sich nach anderen Tarifen bei anderen Vermietern zu erkundigen. In allen anderen Fällen wird ein solcher Anspruch nicht bestehen. In den Instanzgerichten wird die Tendenz deutlich, etwa auf den Normaltarif des „Schwacke"-Mietpreisspiegels abzustellen und hier ca. 30% Aufschlag zu schätzen oder gleich das sog. gewichtete Mittel als angemessen anzusehen. Bislang bestand das große Risiko, dass der Vermieter sich vom Mieter die Differenz zwischen dem vereinbarten Unfallersatztarif und dem regulierten Betrag holt. Dies ist mit einer neuen Entscheidung des XII. Zivilsenats des BGH[41] quasi ausgeschlossen.

87

Erscheint ein Mandant mit der Klage eines Autovermieters, in welcher dieser die restliche Summe ersetzt begehrt, kann wie folgt erwidert werden:

88

Hinweis: Zu achten ist dabei auch auf vorgelegte Abtretungen. Die geschlossenen Vereinbarungen können nichtig sein, wenn nicht nur der Anspruch auf Ersatz von Mietwagenkosten abgetreten wurde, sondern der Autovermieter sich praktisch alles hat abtreten lassen und dann die Unterlagen an einen (seinen) Anwalt schickt, der wiederum an den jetzigen Mandanten (postalisch) herantritt und um Bevollmächtigung bittet. Dies stellt einen **Unfallhelferring** dar, bei dem alle geschlossenen Verträge wegen des Verstoßes gegen das Rechtsberatungsgesetz nichtig sind.

89

Muster: Klageerwiderung (Autovermieter klagt auf Zahlung der Differenz zw. erstattetem Betrag und Unfallersatztarif)

90

75

↓

An das ∎∎∎gericht, ∎∎∎

Az ∎∎∎

In Sachen

der ∎∎∎ Autovermietung GmbH

– Klägerin –

Prozessbevollmächtigte: RAe ∎∎∎

gegen

den Herrn ∎∎∎

– Beklagter –

---

41 Urt. v. 28.6.2006 – XII 50/04.

Prozessbevollmächtigte: RAe ▆▆▆

beantragen wir namens und im Auftrag des Beklagten:

1. Die Klage wird abgewiesen.

2. Die Kosten des Verfahrens trägt die Klägerin.

Begründung:

Vorab sei das Gericht darüber informiert, dass der Klägerin durch den Beklagten angeraten worden ist, die Klage im Hinblick auf die Entscheidung des BGH vom 28.6.2006 (Az XII ZR 50/04) zurückzunehmen. Dies hat die Klägerin ausgeschlagen.

Es wird mitgeteilt, dass diesseits keine Vergleichsbereitschaft mehr besteht.

Die Klage ist aus dreierlei Gründen abzuweisen. Zum einen ist der Mietvertrag nichtig, weil er im Rahmen eines sog. Unfallhelferrings zustande gekommen ist. Weiterhin ist der Mietvertrag wegen Wuchers nichtig, und schließlich ist der Anspruch mangels Aufklärung des Vermieters im Rahmen der Rechtsprechung des BGH vom 28.6.2006 (Az XII ZR 50/04) unbegründet.

I. Unfallhelferring

Der Mietvertrag ist im Rahmen eines sog. Unfallhelferrings zustande gekommen. Unter dem Aktenzeichen 111 C 11644/03 hat sich das Amtsgericht Dresden (DAR 2004, 456, liegt anbei) dazu geäußert, wann ein sog. Unfallhelferring anzunehmen ist. Dieser liegt insbesondere dann vor, wenn die Einschaltung eines Anwalts auf die Initiative der Vermieterin zurückgeht und er dafür sorgt, dass „ihr" Rechtsanwalt mit der Durchsetzung der Mietwagenansprüche beauftragt wird.

Dies ist vorliegend in dieser Form geschehen.

Der Beklagte beauftragte seine Prozessbevollmächtigten bereits mit der Durchsetzung seiner Ansprüche aus dem Verkehrsunfall am 18.5.2005.

Im weiteren Verlauf der Regulierung teilte die Haftpflichtversicherung unter gleichzeitiger Abrechnung der Schadensersatzansprüche bis auf die Mietwagenkosten dem Unterzeichner mit, dass eine zweite Kanzlei sich für den Beklagten angezeigt hat. Weiterhin wurde der Schriftwechsel zwischen der ▆▆▆-Versicherung und der Kanzlei ▆▆▆ zur Verfügung gestellt.

Aus der vorgelegten Vollmacht konnte erkannt werden, dass diese durch den Beklagten am 19.5.2005 unterzeichnet worden ist.

Daraufhin nahm der Unterzeichner zunächst Kontakt mit der Klägerin auf. Dort wurde mit einer Frau ▆▆▆ von der Klägerin gesprochen. Durch den Unterzeichner wurde Frau ▆▆▆ gefragt, ob sie eine Kanzlei ▆▆▆ in D. kenne. Daraufhin teilte Frau ▆▆▆ mit, dass es sich um die Kanzlei handele, mit der die Klägerin in D. zusammenarbeite. Weiterhin wurde Frau ▆▆▆ befragt, wie es zur Beauftragung der Kanzlei ▆▆▆ kam. Daraufhin teilte Frau ▆▆▆ mit, dass mit dem Beklagten anlässlich des Abschlusses des Mietvertrags der Unfall aufgenommen worden sei. Weiterhin hat sie mitgeteilt, dass sie dem Beklagten erklärt habe, dass er in den nächsten Tagen wegen des Mietvertrags Post bekommen und diese darin enthaltenen Formulare nur zu unterschreiben brauche und mit dem frankierten Rückumschlag in den Briefkasten werfen solle. Das habe alles seine Ordnung. Diese entsprechenden Informationen wurden dann von der Klägerin an die Kanzlei ▆▆▆ weitergeleitet. Die Kanzlei ▆▆▆ hat dann ein Vollmachtsformular an den Beklagten geschickt, welches dieser in Gedanken an die Äußerungen der Frau ▆▆▆ von der Klägerin und in Unfähigkeit, die deutsche Schrift zu lesen, unterzeichnet hat. Persönlicher Kontakt zwischen dem Beklagten und dieser Kanzlei bestand nicht.

Der Beklagte ist der deutschen Sprache nur schlecht mächtig und der deutschen Schrift so gut wie gar nicht. Durch die Klägerin wurde dem Beklagten jedoch mitgeteilt, dass dieser in den nächsten Tagen Post bekommen werde, die er nur zu unterschreiben brauche. Dann werde sich um alles gekümmert.

Darum hat der Beklagte auch die Vollmacht vom 19.5.2005 unterzeichnet, da dieser gemeint hat, dass dies der übliche Gang sei.

Weiterhin hat der Beklagte gegenüber der Klägerin die entsprechenden Ansprüche abgetreten. Diese Abtretung hat die Klägerin jedoch nicht gegenüber der Haftpflichtversicherung offengelegt, sondern allein die entsprechende Rechnung an die Kanzlei ■■■ gesendet, welche die entsprechende Rechnung gegenüber der Haftpflichtversicherung geltend gemacht hat.

Diese Vorgehensweise ist gleichförmig der Vorgehensweise, welche durch das Amtsgericht Dresden in der oben zitierten Entscheidung festgestellt worden ist. Aus dieser Vorgehensweise folgt, dass vorliegend ein Unfallhelferring besteht. Die entsprechende Mietvertragsvereinbarung ist daher nichtig.

In diesem Zusammenhang verwundert es außerordentlich, dass die Klägerin die Anlage K8 vorlegt. Womöglich weiß die Klägerin nicht, dass sie sich mit der Vorlage dieser Anlage selbst des Verstoßes gegen das Rechtsberatungsgesetz bezichtigt. Es wird an dieser Stelle dem Gericht überlassen, ob dieser Sachverhalt gegenüber der Ordnungsbehörde zur Anzeige wegen Verstoßes gegen § 8 RBerG gebracht wird.

Aus der Anlage folgt auch, dass der Unfall durch die Klägerin aufgenommen wurde und ein sog. Unfallbericht angefertigt wurde. Dieser Unfallbericht, der für die Regulierung eines Verkehrsunfalls alle erforderlichen Daten enthält, wurde dann von der Klägerin an die Kanzlei ■■■ geschickt, so dass die Beauftragung auf Initiative der Klägerin zustande kam.

Wenigstens die Kanzlei ■■■ war vorliegend einsichtig und hat bemerkt, dass die Angelegenheit „zu heiß" werde. Darum hat sie bereits vorsichtshalber auf die Geltendmachung eines Gebührenanspruchs für die Tätigkeit verzichtet. Dass die Klägerin in Kenntnis ihrer verbotswidrigen Tätigkeit und in Kenntnis der Rechtsprechung des AG Dresden (aaO) offensichtlich Uneinsichtigkeit beweist, erzeugt diesseits Kopfschütteln.

II. Wucher

Die vereinbarten Mietwagenkosten sind wucherisch. Aus der Klageschrift folgt, dass zwischen den Klägern und dem Beklagten ein täglicher Mietpreis in Höhe von 119,00 EUR netto pro Tag vereinbart worden ist. Für 15 Tage hat die Klägerin dem Beklagten einen Mietzins iHv 1.579,92 EUR in Rechnung gestellt.

Gemäß dem gewichteten Mittel des Normaltarifs des „Schwacke"-Mietpreisspiegels beträgt der wöchentliche Mietzins für einen PKW ■■■ in dem Bereich der Anmietstation der Klägerin in ■■■ wöchentlich (also sieben Tage) 357,00 EUR. Danach errechnet sich für 15 Tage am Wohnort des Beklagten und der Anmietstation der Klägerin ein Betrag iHv 765,00 EUR.

Beweis: „Schwacke"-Mietpreisspiegel in Kopie als Anlage

Die Grenze des Wuchers wird regelmäßig bei einer Verdopplung des üblichen Betrags angenommen. Vorliegend ist zu beachten, dass die 765,00 EUR bereits dem gewichteten Mittel entsprechen und darum gegenüber dem Durchschnitt bereits erhöht sind. Trotzdem übersteigt der mit der Klägerin vereinbarte Betrag (1.785,00 EUR = 119,00 EUR x 15) und sogar der „entgegenkommenderweise" reduzierte Rechnungsbetrag das gewichtete Mittel um mehr als das Doppelte.

Die Mietvertragsvereinbarung ist darum nichtig.

Auch wenn die Klägerin „kulanterweise" einen geringeren Betrag geltend machte und dieser Betrag noch nicht wucherisch wäre (was er aber trotzdem ist, s.o.), kommt sie nicht um die Nichtigkeit des Mietvertrags herum. Für die Frage einer wucherischen Vereinbarung kommt es allein auf den Abschluss des Mietvertrags an. Hiernach besteht gar kein Anspruch mehr und somit erst recht kein Anspruch auf einen verminderten Betrag. Eine geltungserhaltende Reduktion kennt das Gesetz insoweit nicht.

Vorliegend liegt auch subjektiv Wucher vor, da die Unerfahrenheit des Beklagten mit der Unfallregulierung ausgenutzt worden ist. Die Klägerin wusste sehr genau, dass es Probleme mit der Regulierung der Mietwagenkosten spätestens seit der Entscheidung des BGH aus dem Jahre 2004 (VI ZR 300/03 und 151/03) gibt. Dies wurde dem Beklagten nicht offenbart. Der Beklagte hat das erste Mal in seinem Leben einen Mietwagen angemietet und war sich daher über die entsprechenden Tarife überhaupt nicht im Klaren. Im Übrigen ist er der deutschen Sprache kaum mächtig und konnte darum nicht einschätzen, welche Tarife in welcher Form angemessen sind oder nicht.

Es wurde vorliegend die Unerfahrenheit des Beklagten entsprechend ausgenutzt. Die Mietvertragsvereinbarung ist daher gem. § 138 Abs. 2 BGB nichtig.

III. Aufklärung

Unter Berücksichtigung der Entscheidung des BGH vom 28.6.2006 (XII ZR 50/04) hat die Klägerin keinen Anspruch gegen den Beklagten.

Die Klägerin hat den Beklagten nicht darüber aufgeklärt, dass es bei der Regulierung mit der Haftpflichtversicherung zu Problemen mit den Tarifen der Höhe nach kommen kann.

Der Klägerin war bekannt, dass sich seit Oktober 2004 die Rechtsprechung des BGH so verändert hatte, dass es grundsätzlich Schwierigkeiten bei der Durchsetzung des sog. Unfallersatztarifs gibt. Darüber hat die Klägerin den Beklagten nicht aufgeklärt.

Der BGH hat mit seiner nunmehrigen Entscheidung klargestellt, dass die Problematik des Unfallersatztarifs nicht zu Lasten des Geschädigten ausgehen soll, sondern allein einen Streit zwischen Haftpflichtversicherungen und Vermietern darstellt, der auch zwischen diesen ausgetragen werden müsse.

Darum besteht kein Anspruch des Vermieters gegen den Mieter über den Betrag hinaus, den die Haftpflichtversicherung reguliert hat.

Wie oben bereits dargelegt, beträgt das gewichtete Mittel des Normaltarifs in ▪▪▪ für einen PKW ▪▪▪ für 15 Tage 765,00 EUR. Vorliegend hat die Haftpflichtversicherung einen Mietwagenbetrag in Höhe von 788,00 EUR zum Ausgleich gebracht, was das gewichtete Mittel sogar übersteigt.

Nach der Rechtsprechung des BGH geht die Unsicherheit darüber, zu welchem Preis der Beklagte bei ordnungsgemäßer Aufklärung einen Wagen gemietet hätte, zu Lasten des Autovermieters. Es ist deshalb davon auszugehen, dass der Beklagte einen Wagen zu einem günstigeren, vom Haftpflichtversicherer nicht beanstandeten Tarif angemietet hätte mit der Folge, dass die Klageforderung nicht entstanden wäre (BGH aaO, 31).

Auch darum ist die Klageforderung unbegründet.

Es wird bestritten, dass der Beklagte durch einen Mitarbeiter der Klägerin darauf hingewiesen wurde, dass die Haftpflichtversicherung möglicherweise nicht in vollem Umfang erstattet. Dies ist schlicht und einfach falsch.

Es ist auch falsch, dass dieser Hinweis mit der Anlage K 8 erteilt worden ist. Es lässt sich an keiner Stelle ein Hinweis darüber finden, dass die Haftpflichtversicherung möglicherweise Probleme mit dem vereinbarten Tarif hatte. Vielmehr ist allgemein geschrieben, dass der Geschädigte alles bezahlen muss, was die Haftpflichtversicherung nicht bezahlt, aus welchem Grund auch immer. Der BGH (aaO) fordert jedoch den eindeutigen Hinweis des Vermieters darauf, dass die Haftpflichtversicherung möglicherweise Schwierigkeiten bei der Regulierung des Unfallersatztarifs machen wird. Ein solcher Hinweis lässt sich nicht finden.

Im Übrigen wäre vorliegend nicht einmal dieser Hinweis ausreichend, da die Klägerin noch über Sonderwissen verfügt. In dem Telefonat vom 17.11.2005 teilte Frau ▪▪▪ von der Klägerin gegenüber der Rechtsanwaltsfachangestellten ▪▪▪ wörtlich Folgendes mit:

„Die Versicherung hat immer Probleme mit der Mietwagenrechnung und anerkennt diese nie voll."

Beweis im Bestreitensfall: Zeugnis der Frau ▪▪▪, zu laden über die Prozessbevollmächtigten des Beklagten

Mit diesem Wissen hätte die Klägerin darüber aufklären müssen, dass die Haftpflichtversicherung in jedem Fall einen Teil der Mietwagenrechnung nicht bezahlen wird und darum der Beklagte in jedem Fall einen Teil der Kosten tragen muss.

Sofern behauptet wird, dass der Zeuge ▬▬▬ den Beklagten darüber aufgeklärt habe, dass ein Teil der Mietwagenkosten möglicherweise nicht bezahlt werden würde, ist dies falsch. Der Zeuge ▬▬▬ hat den Beklagten überhaupt nicht aufgeklärt.

Beweis: Parteivernahme des Beklagten
          Zeugnis des Herrn ▬▬▬
          Zeugnis des Herrn ▬▬▬

Sollte einer Parteivernehmung widersprochen werden und das Gericht nicht die Parteivernehmung gem. § 448 ZPO anordnen, ist die informatorische Anhörung des Beklagten gem. § 141 ZPO durchzuführen, welche nach der 4-Augen-Rechtsprechung des BGH (st. Rspr des BGH seit Umsetzung von EGMR 37/1992/382/460) den gleichen Beweiswert hat wie die Zeugenvernehmung des Gesprächspartners.

Im Übrigen ist der Vortrag der Klägerin vollkommen unglaubhaft. Die Klägerin weiß ganz genau, dass bei ihr kein Mensch mehr einen Mietvertrag mit Unfallersatztarif unterzeichnet, wenn er darüber aufgeklärt werden würde, dass er möglicherweise einen Teil der Kosten selbst tragen müsste. Jeder gemäß der Rechtsprechung belehrte Kunde verlässt die Geschäftsräume einer Anmietstation schneller, als er diese betreten hat. Genau dies bezweckt auch die Rechtsprechung des BGH. Denn es soll dafür Sorge getragen werden, dass die Tarife wieder in einen vernünftigen Rahmen gebracht werden, den diese verlassen haben, nachdem Autovermieter die Rechtsprechung des BGH aus dem Jahr 1996 ausgenutzt haben. Die „goldenen Zeiten" für das Unfallersatzgeschäft wurden mit der Rechtsprechung aus dem Oktober 2004 beendet. Damit dies nicht zu Lasten des unverschuldet in die Mühlen von Autovermieter und Versicherung geratenen Verbrauchers geschieht, hat der BGH mit der Entscheidung des XII. Zivilsenats die Auseinandersetzung auf Versicherer und Vermieter beschränkt. Die Klägerin wird nicht hoffen können, dass auch nur ein einziger Jurist, welcher sich im Rahmen seines täglichen Geschäfts mit Mietwagenkosten zu befassen hat (also auch das Gericht seit Oktober 2004), glauben wird, dass die behauptete Belehrung erfolgt ist.

Tatsächlich hat sich die Situation wie folgt dargestellt:

Der Beklagte suchte unmittelbar nach dem Verkehrsunfall einen Mietwagen für zwei Tage, da er an diesen Tagen unbedingt ein Ersatzfahrzeug benötigte. Für die Zeit danach wusste der Beklagte noch nicht, wie dringend er auf ein Fahrzeug angewiesen sein würde. Dazu begab er sich zusammen mit seinem Bruder und dem Zeugen ▬▬▬ zu der Anmietstation der Klägerin in D. Dort teilte er seinen Wunsch gegenüber einer männlichen Person mit, dessen Namen er nicht mehr weiß. Diese männliche Person meinte zu dem Beklagten, dass die Versicherung auch für 14 Tage einen Mietwagen bei Totalschaden ersetze. Ansonsten zahle die Versicherung nur „Ausfallgeld" in Höhe von 29,00 EUR. Wenn der Beklagte einen Mietwagen für 14 Tage anmiete, so meinte die männliche Person, dann würde er von der Klägerin 14,00 EUR täglich bekommen und zusätzlich noch den Mietwagen. Der Beklagte fand dieses Angebot gut und unterzeichnete daraufhin alles, was er vorgelegt bekam. Die deutsche Schrift kann er nicht lesen, vertraute aber der männlichen Person.

Beweis: Parteivernahme des Beklagten

          Zeugnis des Herrn ▬▬▬

          Zeugnis des Herrn ▬▬▬

Ca. zwei Monate später bekam der Beklagte einen Anruf von einer weiblichen Person der Klägerin, wo mitgeteilt wurde, dass er sich 196,00 EUR (14,00 EUR mal 14 Tage) abholen kann. Daraufhin ging der Beklagte zur Anmietstation der Klägerin in D., wo ihm eine weibliche Person 14,00 EUR übergab.

Dieser Sachverhalt wurde dem Unterzeichner heute, am 5.9.2006, mitgeteilt. Der Beklagte weiß vorliegend nicht, worum es in diesem Rechtsstreit eigentlich geht. Die rechtliche Problematik des Unfallersatztarifs ist dem juristisch ungebildeten und der deutschen Sprache nur begrenzt mächtigen Beklagten nicht verständlich zu erklären. Darum hat der Unterzeichner den Beklagten nur danach gefragt, wie es zu der Anmietung kam. Daraufhin wurde obiger Sachverhalt geschildert. Der Beklagte hat überhaupt keinen Grund, sich einen solchen Sachverhalt auszudenken. Im Übrigen klingt es sehr glaubhaft, da von einem Betrag iHv 29,00 EUR gesprochen wurde. Dies entspricht genau dem Nutzungsausfallschaden des klägerischen Fahrzeugs, reduziert um eine Klasse aufgrund des Alters. Dies kann sich der Beklagte nicht ausdenken. Die Prozessbevollmächtigten des Beklagten haben auf dem Gebiet des Verkehrsrechts schon viel gehört. Natürlich war hier auch die Vorgehensweise einschlägiger Mietwagenunternehmen sehr gut bekannt. Auch die Existenz des Unfallhelferrings und die Arbeit mit Abtretungen sind nicht neu. Dass jetzt aber dem Geschädigten schon Geld dafür angeboten wird, dass er einen Mietwagen länger anmietet, lässt erstaunen und ist nicht akzeptabel.

Da vorliegend auf Seiten der Beklagten mit offenen Karten gespielt wird, soll die weitere diesseitige Vorgehensweise geschildert werden, wenn es zur Zeugeneinvernahme des Zeugen ▄▄▄ kommen sollte und dieser entsprechend dem Vortrag der Klägerin aussagen sollte. Es wird bereits jetzt angekündigt, dass diesseits ein Antrag auf Vereidigung des Zeugen ▄▄▄ gestellt werden wird. Dies sollen die gesetzlichen Vertreter der Klägerin von vornherein wissen.

Danach wird Strafanzeige erstattet werden, da diesseits zumindest der Anfangsverdacht einer falschen Aussage des Zeugen ▄▄▄ besteht. Für die Staatsanwaltschaft wird es dann unproblematisch sein, Hunderte Kunden der Klägerin in D. zu eruieren und zu fragen, ob eine entsprechende Belehrung diesen gegenüber erfolgt ist. Diesseits zumindest kann sich sehr gut vorgestellt werden, was diese Kunden antworten.

Die Klägerin muss wissen, was sie tut! Derzeit kann sie die Klage noch ohne Zustimmung des Beklagten zurücknehmen.

IV. Nebenkosten

Ein Anspruch auf Ersatz der Nebenkosten besteht bereits deshalb nicht, weil die Hauptforderung nicht besteht.

Die Klage ist abzuweisen.

Rechtsanwalt

91   Außer Frage steht, dass durch die Inanspruchnahme eines Mietfahrzeugs bei dem Geschädigten ein **ersparter Wertverzehr** stattfindet. Der Geschädigte erspart sich den Verschleiß eines eigenen Fahrzeugs. Sehr unterschiedlich sind die Auffassungen hingegen, was die Berechnung dieses Vorteils betrifft. Teilweise wird ein Pauschalabzug von den Mietwagenkosten vorgenommen, der zwischen 3% und 15% schwankt. Teilweise wird auch in Anlehnung an die Nutzungsentschädigung beim Rücktritt ein Betrag von 0,67% des Kaufpreises pro gefahrene 1.000 Kilometer für angemessen erachtet. Der Abzug von Eigenersparnis soll selbst dann anfallen, wenn der Geschädigte freiwillig ein klassenniedrigeres Fahrzeug anmietet. In der Praxis gibt es jedoch bei der Anmietung eines klassenniedrigeren Fahrzeugs keine Abzüge an Eigenersparnis. Dies scheint inzwischen auch herrschende Ansicht bei den Oberlandesgerichten zu ein.[42]

VIII. Nutzungsausfallschaden

92   Insbesondere beim Nutzungsausfallschaden wird häufig übersehen, dass nur bei tatsächlichem Ausfall des Kfz Nutzungsausfall zu zahlen ist. Da eine fiktive Geltendmachung nicht möglich ist, setzt die Fälligkeit des Anspruchs den Nachweis dieses tatsächlichen Ausfalls gegenüber dem Versicherer voraus. Zur entsprechenden Information über den Nachweis kann folgendes Formschreiben dem Mandanten bei Mandatsübernahme zur Verfügung gestellt werden:

---

42 OLG Hamm VersR 1999, 769; OLG Düsseldorf VersR 1998, 1523.

Muster: Mandanten-Formschreiben zum Nutzungsausfallschaden

[...]

Der Nutzungsausfallschaden kann nur dann geltend gemacht werden, wenn Sie das Fahrzeug tatsächlich repariert haben. Über die Reparatur muss gegenüber dem Versicherer ein Nachweis erbracht werden. Hierfür stehen drei Wege zur Verfügung:

1. Sie können eine Nachbesichtigung bei dem Kfz-Gutachter vornehmen lassen, wenn Sie schon zuvor den Schaden durch einen Gutachter haben begutachten lassen.

2. Sie fertigen ein Foto von dem Fahrzeug aus dem Bereich oder den Bereichen, wo vormals die Beschädigung vorhanden war. Auf dem Foto muss die Schlagzeile einer aktuellen Tageszeitung deutlich sichtbar sein, damit das Datum der Fotografie festgestellt werden kann.

3. Sie stellen uns die schriftliche Bestätigung eines Zeugen zur Verfügung, aus der sich ergibt, dass Ihr Fahrzeug (Angabe des Kennzeichens) in einer bestimmten Zeit von ▪▪▪ bis ▪▪▪ (Datum) unfallbedingt repariert wurde und deshalb auch nicht benutzt werden konnte.

[...]

Rechtsanwalt

Die Anschaffung eines Nachfolgefahrzeugs wird nachgewiesen durch Übersendung der Kopie des Fahrzeugscheins.

94

1. Tabelle „Nutzungsausfallentschädigung für PKW" (Sanden/Danner/Küppersbusch)

Die pauschale Geltendmachung des Nutzungsausfalls erfolgt einheitlich nach der Tabelle „Nutzungsausfallentschädigung für PKW", begründet von *Sanden* und *Danner* und inzwischen allein fortgeführt von *Küppersbusch* und herausgegeben von „Schwacke". Die „Schwackeliste" ist deshalb ein unentbehrliches Hilfsmittel. Das Tabellenwerk enthält die erforderlichen Angaben für Vorhaltekosten und Eingruppierung in den Nutzungsausfallwert für PKW, Geländewagen, Transporter und Zweiräder. Nutzungsausfall kann auch für ein Wohnmobil geltend gemacht werden.[43] Auch für Fahrräder fällt Nutzungsausfall an, der mit mindestens 5 EUR täglich geltend gemacht werden sollte. Teilweise werden auch 10 EUR zugesprochen.[44]

95

Der Nutzungsausfall kann nicht endlos geltend gemacht werden, wenn der Haftpflichtige nicht reguliert und der Geschädigte behauptet und beweist, ohne Schadensersatzleistung kein Ersatzfahrzeug anschaffen bzw finanzieren zu können. Die Dauer der Geltendmachung des Nutzungsausfallschadens ist zeitlich nicht durch den Wert des beschädigten Fahrzeugs beschränkt.[45]

96

Höchst streitig ist die Frage, ob und ggf in welchem Umfang bei **älteren PKW der Tagessatz gekürzt** werden soll. Nach einer Meinung soll auch bei älteren Kfz generell der volle Tagessatz anfallen, weil der Nutzungswert durch das Alter nicht eingeschränkt werde.[46] Teilweise wird angenommen, dass die Fahrzeuge eine Gruppe herabzustufen seien, wenn sie älter als fünf Jahre seien. Bei über zehn Jahre alten Fahrzeugen wird vertreten, den PKW zwei Grup-

97

---

43 OLG Hamm NZV 1989, 230; OLG Düsseldorf zfs 2001, 66.
44 AG Paderborn zfs 1999, 195.
45 BGH NJW 2005, 1044.
46 ZB OLG Karlsruhe VersR 1989, 58.

pen niedriger einzustufen oder lediglich die Vorhaltekosten zuzusprechen.[47] In einer neuen Entscheidung hat der **BGH**[48] nun festgestellt, dass die Bemessung des Nutzungsausfall anhand der Tabellen *Sanden/Danner/Küppersbusch* zur Schadensfeststellung geeignet ist. Bei älteren Fahrzeugen soll eine Herabstufung der altersbedingten Veränderung des Nutzungswerts erfolgen. Auf die Vorhaltekosten sei nur abzustellen, wenn es sich um ein mit zahlreichen erheblichen Mängeln behaftetes Fahrzeug handelt. Offen ließ der BGH die Frage, ab welchem Alter und um wie viele Stufen die Anpassung vorzunehmen ist. Im konkreten Fall (16 Jahre alter Mercedes 230 E) war die Herabsetzung von zwei Stufen durch das Berufungsgericht vom BGH nicht beanstandet worden. Eine Beschränkung auf die Vorhaltekosten komme idR nicht in Frage. In der früheren Entscheidung[49] habe die Besonderheit des Falls darin bestanden, dass der PKW an einer Vielzahl von Mängeln gelitten hatte, was dort die Beschränkung auf die Vorhaltekosten begründet habe. In der Praxis sind Versicherungsgesellschaften auch bei älteren Fahrzeugen häufig nicht kleinlich und erstatten den vollen Betrag im Rahmen der außergerichtlichen Regulierung.

2. Gewerbliche Fahrzeuge

98 Der Ausfall gewerblicher Fahrzeuge führt häufig zu gerichtlichem Streit, und der Nachweis der Schadenshöhe bereitet dem Geschädigten erhebliche Schwierigkeiten. Wird ein Ersatzfahrzeug angemietet, so sind die dadurch entstehenden Kosten ebenso wie bei Privatfahrzeugen zu ersetzen. Zu berücksichtigen ist dabei allerdings die Grenze der Unverhältnismäßigkeit der dadurch entstehenden Kosten. Dabei sind alle Umstände des Einzelfalls zu berücksichtigen und nicht nur die reinen Kosten des Gewinnentgangs. Für einen Gewerbetreibenden kann es durchaus einen wichtigen Faktor darstellen, dass er auch während der Zeit des Ausfalls weiter am Markt präsent ist. Dabei sind eine Vielzahl von Einzelfaktoren zu berücksichtigen. Dies kann dazu führen, dass die Mietkosten für ein Ersatztaxi den entgangenen Gewinn um das 3,5fache übersteigen.[50]

99 Nach den neuen Entscheidungen des BGH zu den Unfallersatztarifen[51] ist jedoch insbesondere in diesem Bereich ein Streit über die Höhe der Unfallersatztarife zu erwarten. Wenn der Geschädigte tatsächlich unter solchen Voraussetzungen ein Ersatzfahrzeug anmietet, sollte er gegenüber dem Versicherer den Freistellungsanspruch geltend machen und den Rechtsstreit über die Höhe des Unfallersatztarifs den wirtschaftlich beteiligten Parteien, nämlich Vermieter und Haftpflichtversicherer, überlassen. Ohne Anmietung eines Ersatzfahrzeugs kann bei gewerblichen Fahrzeugen keine **Nutzungsausfallpauschale** geltend gemacht werden.

100 Erstattungsfähig ist dagegen der entgangene durchschnittliche Gewinn gemäß § 252 BGB. In diesen Fällen darf der Gewinnausfall nicht mit dem Umsatzverlust verwechselt werden. Erforderlich ist die konkrete Berechnung des **Ausfallschadens**.[52] Obwohl dem Geschädigten hier selbstverständlich die Vergünstigung des § 287 ZPO zugute kommt, bereitet diese Schadensberechnung in der Praxis erhebliche Schwierigkeiten, zumal Versicherer notorisch auf die fehlende Substantiierung der Schadenshöhe hinweisen, gleich, wie viele Unterlagen ihnen übersandt werden.

---

47 OLG Hamm SP 1993, 387; OLG Karlsruhe VersR 1989, 58.
48 NJW 2005, 277.
49 BGH VersR 1988, 1276.
50 OLG Celle NZV 1999, 209.
51 Urt. v. 26.10.2006 – VI ZR 300/06 und v. 26.10.2006 – VI ZR 151/06.
52 BGH zfs 1984, 104.

Bei einem **gemischt geschäftlich/privat genutzten Kfz** kann für die private Nutzung anteilmä- 101
ßig nach der Nutzungsausfallpauschale abgerechnet werden. Für den Grad der privaten Nutzung ist die steuerliche Aufteilung als Maßstab geeignet.[53] Einen Sonderfall stellen Behörden-
und Nutzfahrzeuge dar. Da die Behörden nicht gewinnorientiert arbeiten, kommt hier in aller
Regel nur die Erstattung von Vorhaltekosten in Betracht, da in aller Regel Reservefahrzeuge
zur Verfügung stehen.[54] Für LKW gibt es die „Schwackeliste Vorhalte- und Betriebskosten"
nach *Danner/Echtler/Halm*.

Hinweis: Wie ausgeführt (Rn 98 ff), bereitet die Bezifferung des Schadens bei gewerblichen 102
Fahrzeugen erhebliche Schwierigkeiten. Bei der gerichtlichen Geltendmachung stellt es zudem
für ein Gericht den leichteren Weg zur Urteilsfindung dar, wenn die Klage als unsubstantiiert
abgewiesen wird. Als Alternative für den Fall, dass kein Ersatzfahrzeug angemietet wird,
bietet sich deshalb an, unmittelbar nach dem Unfall mit dem Haftpflichtversicherer eine
Ausfallpauschale zu vereinbaren. Wenn in einem Telefonat der Versicherer vor die Alternative der Anmietung eines Ersatzfahrzeugs gestellt wird, ist er meist bereit, zumindest die Nutzungsausfallentschädigung für Privat-PKW zu zahlen oder aber auch einen angemessen erhöhten Betrag.

Für den Ausfall von **Taxen** werden in der Praxis je nach einschichtiger bzw zweischichtiger 103
Betreibung 100 bis 150 EUR kalendertäglich gezahlt. Auch bei gemischter Nutzung empfiehlt
sich eine solche Vereinbarung. Wichtig ist jedoch, dass eine solche Vereinbarung sofort nach
dem Unfall abgeschlossen wird. Denn wenn nach durchgeführter Reparatur feststeht, dass
tatsächlich kein Ersatzfahrzeug angemietet wurde, wird dies vom Versicherer nicht durch
Großzügigkeit gedankt. Vielmehr wird er eine immer weitere Substantiierung der Ansprüche
verlangen. Da der Versicherer zum Zeitpunkt einer solchen Vereinbarung noch gar nicht
weiß, ob er dem Grunde nach überhaupt haftet, ist die Vereinbarung ausdrücklich ohne
Anerkennung der Rechtspflicht für die Haftung dem Grunde nach ausschließlich zur Schadenshöhe abzuschließen.

IX. Zins- und Finanzierungsschaden

1. Sofortige Verzinsung bei Entziehung der Sache (§ 849 BGB)

Die Vorschrift des § 849 BGB wird häufig übersehen. Nach dieser Sondervorschrift besteht 104
ein Zinsanspruch bei Entziehung der Sache. Eine solche Sachentziehung liegt bei einem Totalschaden sowie bei der Wertminderung vor.[55] Denn bei einem technischen oder wirtschaftlichen Totalschaden wird dem Eigentümer das Kfz ganz entzogen. Dementsprechend besteht
ein Zinsanspruch in Höhe des Wertes des Kfz. Diesen Entzugsschaden kann der Geschädigte
entweder über die Nutzungsausfallentschädigung oder abstrakt über § 849 BGB berechnen,
jedoch nicht für gleiche Zeiträume nebeneinander.[56] Wenn Nutzungsausfallentschädigung
gezahlt wird, beginnt die Verzinsung mithin erst nach Ablauf des Nutzungsausfallzeitraums.
Gerade bei höheren Fahrzeugschäden besteht ein Zinsanspruch für den Zeitraum zwischen
dem Ablauf der Nutzungsausfallzeit und dem Beginn des Verzugs, der in der Höhe die ständig geltend gemachte Kostenpauschale meist überschreitet.

---

53 KG VersR 1992, 327.
54 OLG München zfs 1990, 372.
55 BGH NJW 1983, 1614.
56 BGH VersR 1983, 555.

2. Finanzierungskosten

105   Grundsätzlich muss der Schädiger dem Geschädigten die Schadensbeseitigung finanzieren. Der Geschädigte hat insbesondere Anspruch auf sofortigen Ersatz und ist nicht verpflichtet, den Schaden zunächst aus eigenen Mitteln zu beseitigen.[57] Aus Gründen der Schadensminderungspflicht ist der Schädiger vor der Inanspruchnahme von Kredit oder der Kaskoversicherung zur Vorfinanzierung auf den drohenden Zinsschaden hinzuweisen.[58] Der hinter dem Schädiger stehende Versicherer hat die Möglichkeit, die Finanzierungskosten durch ein zinsloses Darlehen bzw Vorschüsse unter Rückzahlungsvorbehalt zu vermeiden. Wenn der Schädiger auf diese Möglichkeit nicht eingeht, ist der Anspruch auf die Finanzierungskosten nicht abhängig von einem Verzugseintritt. Verzug setzt Fälligkeit voraus und im Rahmen der Fälligkeit ist die angemessene Bearbeitungszeit des Versicherers zu berücksichtigen. Eine solche angemessene Bearbeitungszeit kann etwa in Fällen, in denen der Versicherungsnehmer des Versicherers getötet wird oder im Hinblick auf ein drohendes Strafverfahren sich nicht einlassen will, durchaus die übliche Zeit von drei bis vier Wochen deutlich überschreiten. Da der Geschädigte jedoch einen Anspruch auf sofortigen Schadensausgleich hat, können die Kosten für diese Verzögerung nur zu Lasten des Schädigers und nicht des Geschädigten gehen. Nimmt der Geschädigte für die Finanzierung seinen Dispositionskredit in Anspruch, so ist die Anlegung eines Unterkontos anzuraten, damit die Höhe der Finanzierungskosten zweifelsfrei nachgewiesen werden kann. Ein weiteres geeignetes Mittel, die Schadenskosten zwischenzufinanzieren, ist die Inanspruchnahme der Vollkaskoversicherung. Wenn der Schädiger nach Ankündigung dieser Inanspruchnahme keine Regulierung durchführt oder den Schaden vorfinanziert, ist der Prämienschaden vom Schädiger zu erstatten.[59]

X. Helm/Sicherheitskleidung

106   Ein Motorradhelm sowie Motorradhandschuhe und Motorradkleidung dienen ausschließlich der Sicherheit des Benutzers. Nur ein unbeschädigter Helm schützt in dem erforderlichen Maße vor den Folgen eines Sturzes, so dass hier stets der Neupreis zu erstatten ist.[60] Das gilt auch für Motorradhandschuhe und sonstige Motorradkleidung.[61] Jedenfalls, wenn sie relativ neuwertig sind, sind sie mit dem Neuwert zu erstatten.[62]

XI. Standgeld

107   Total beschädigte Fahrzeuge werden häufig von Abschleppunternehmen abgestellt, wofür Standgelder anfallen. Selbst Reparaturwerkstätten verlangen teilweise ein Standgeld. Grundsätzlich sind die Kosten hierfür erstattungsfähig. Der Geschädigte muss hier aber in besonderem Maße die Schadensminderungspflicht berücksichtigen und die Dauer der Standzeit so kurz wie möglich halten, da ihm andernfalls Teile des Standgeldes nicht erstattet werden und er einen Teil des Schadens selbst tragen muss.

---

57   BGH NJW 1989, 290.
58   OLG Karlsruhe NZV 1989, 23.
59   BGH zfs 1992, 48, zum Quotenvorrecht.
60   AG Bad Schwartau DAR 1999, 458.
61   AG Montabaur zfs 1998, 192.
62   LG Oldenburg DAR 2002, 171.

XII. Kostenpauschale

Die Kostenpauschale wird heute von den meisten Versicherern freiwillig mit 25 EUR reguliert. Das ist bei pauschaler Berechnung unter Berücksichtigung der vorstellbaren tatsächlichen Belastung regelmäßig angemessen. Im Hinblick auf die gestiegenen Benzinpreise lassen sich aber auch 30 EUR vertreten, was von einigen Gerichten auch getan wird.

108

XIII. Besonderheiten bei Leasing

Bei der Regulierung von Fahrzeugschäden an Leasinggegenständen sind Besonderheiten zu berücksichtigen. Die Abfrage bei der Erteilung eines Mandats, ob es sich um einen Leasinggegenstand handelt, gehört deshalb zwingend zur fachgerechten Unfallschadensregulierung. Es empfiehlt sich deshalb, die Unfallaufnahme anhand des Unfallaufnahmebogens (§ 1 Rn 48) durchzuführen, damit diese Nachfrage nicht im Einzelfall vergessen wird.

109

1. Ansprüche des Leasinggebers

Der Leasinggeber ist Eigentümer des Fahrzeugs. Er hat jedenfalls den merkantilen Minderwert zu erhalten. Diese Leistung muss also direkt an den Leasinggeber verlangt werden. Ein etwaig erhaltener Minderwert ist vom Leasinggeber bei der Schlussabrechnung des Leasingvertrags aber wiederum zu Gunsten des Leasingnehmers zu berücksichtigen. Einen Schadensersatzanspruch hat bei Verletzung eines Leasinggegenstandes sowohl der Leasinggeber aufgrund seines verletzten Eigentums wie auch der Leasingnehmer wegen seines verletzten Besitzrechts. Beim Totalschaden mit der damit verbundenen Beendigung des Leasingvertrags steht der Schadensersatzanspruch dem Leasinggeber zu. Handelt es sich um einen Reparaturschaden, ist in fast allen gängigen Leasingverträgen vereinbart, dass die Reparatur vom Leasingnehmer durchgeführt werden muss, wobei er hierzu in der Regel eine markengebundene Fachwerkstatt beauftragen muss. Für eine fiktive Abrechnung ist deshalb – jedenfalls ohne Absprache mit dem Leasinggeber – kein Raum.

110

2. Ansprüche des Leasingnehmers

Führt der Leasingnehmer entsprechend der vertraglichen Verpflichtung aus dem Leasingvertrag die Reparatur durch und ist er nicht vorsteuerabzugsberechtigt, so umfasst der Schadensersatzanspruch auch dann die Mehrwertsteuer, wenn der Leasinggeber vorsteuerabzugsberechtigt ist. Es kommt mithin auf die Vorsteuerabzugsberechtigung des Leasingnehmers an.[63] Dabei ist aber darauf zu achten, dass die Ansprüche nicht nach Abtretung der Ansprüche des Leasinggebers geltend gemacht werden, sondern ausdrücklich klar gestellt wird, dass es sich allein um Ansprüche des Leasingnehmers handelt. Da dem Leasingnehmer die Sachnutzung entzogen wird, kann er auch den Nutzungsschaden durch Mietkosten oder Nutzungsausfallkosten für die erforderliche Zeit der Wiederbeschaffung oder Reparatur geltend machen.

111

---

63 OLG Hamm VersR 2002, 858.

XIV. Mehrwertsteuer

112 § 249 BGB regelt den Umfang des Sachschadensersatzes durch Naturalherstellung. Diese Vorschrift ist durch die Schadensersatzreform zum 1.8.2002 im neugebildeten Absatz 2 um folgenden 2. Satz ergänzt worden:

„Bei der Beschädigung einer Sache schließt der nach Satz 1 erforderliche Geldbetrag die Umsatzsteuer nur mit ein, wenn und soweit sie tatsächlich angefallen ist."

113 Gerade bei einem Totalschaden ist es jedoch verfrüht, stets im Wiederbeschaffungswert 19% Mehrwertsteuer zu vermuten. Folgende Besteuerungsarten werden unterschieden:

1. Regelbesteuerte Fahrzeuge

114 Die Regelbesteuerung ist zum einen beim Neuwagenkauf der Fall und zum anderen dann, wenn Fahrzeuge von einer vorsteuerabzugsberechtigten Person erworben werden. Der Verkäufer hat dann 19% Mehrwertsteuer auf den gesamten Kaufpreis zu zahlen.

2. Differenzbesteuerte Fahrzeuge

115 Im gewerblichen Gebrauchtwagenhandel unterliegt nicht der gesamte Kaufpreis der Mehrwertsteuer, sondern nur die Differenz zwischen Verkaufspreis und Einkaufspreis. Diese Differenz kennt in der Regel nur der Verkäufer und wird sie nicht offenlegen. Das Gericht muss dann den Mehrwertsteueranteil gem. § 287 ZPO schätzen. Wenn man von durchschnittlichen Gewinnspannen von ca. 15% bis 20% ausgeht, wird lediglich aus diesem Anteil die Mehrwertsteuer errechnet. Wenn man vom Gesamtkaufpreis aus rechnet, sind dies in der Regel 2% bis 3% des Gesamtkaufpreises. Nachfolgend wird immer von 2% ausgegangen, was auch der Empfehlung des zuständigen Arbeitskreises des Verkehrsgerichtstages entspricht.

3. Nichtbesteuerte Fahrzeuge

116 Beim Kauf von Privat hat der Verkäufer keinerlei Mehrwertsteuer abzuführen. Es spielt dabei keine Rolle, dass der private Verkäufer beim Neukauf selbstverständlich auch Mehrwertsteuer hat zahlen müssen.

4. Feststellung des Mehrwertsteueranteils

117 Einfach sind noch die Reparaturfälle. Die Probleme beginnen jedoch, wenn der Mehrwertsteueranteil eines Fahrzeugs festzustellen ist. Das kann zum einen erforderlich sein, wenn der Geschädigte sich für eine Naturalrestitution durch Ersatzbeschaffung statt Reparatur entschließt. Dann geht es um den Mehrwertsteueranteil des erworbenen Fahrzeugs. Ist an dem geschädigten Fahrzeug ein Totalschaden entstanden, muss auch beim Wiederbeschaffungswert festgestellt werden, ob und ggf wie hoch darin ein Mehrwertsteueranteil ist. Es darf also nicht verwechselt werden, ob es um die Feststellung des Mehrwertsteueranteils am erworbenen Ersatzfahrzeug oder am total beschädigten Fahrzeug geht.

5. Bestimmung der Besteuerungsart

118 Von wirtschaftlicher Bedeutung ist die Frage, welcher Besteuerungsart das Fahrzeug unterliegt. Bei einem ersatzbeschafften Fahrzeug ergibt sie sich aus dem konkreten Ersatzkauf,

kann also objektiv festgestellt werden. Bei dem abstrakt zu ermittelnden Wiederbeschaffungswert des total beschädigten Fahrzeugs kann dagegen keine sichere Feststellung getroffen werden. Für diese noch nicht höchstrichterlich entschiedene Frage bieten sich verschiedene Lösungswege an. In der Praxis wird die Bestimmung, welcher der drei Besteuerungsarten das Fahrzeug zuzuordnen ist, inzwischen idR dem Kfz-Sachverständigen überlassen. Die Angabe, zu welcher Besteuerungsart vergleichbare Fahrzeuge veräußert werden, gehört heute zum Standardinhalt von Schadensgutachten. Wenn der Geschädigte die Abrechnung auf einen der beiden Wege der Naturalherstellung stützt oder auf ihn beschränkt ist, kann er nicht die Mehrwertsteuer ersetzt verlangen, die tatsächlich bei dem anderen Weg entstanden ist.[64] Wer also nur nach dem Wiederbeschaffungswert abrechnen kann und das Unfallfahrzeug tatsächlich gegen Rechnung repariert, kann die dabei tatsächlich angefallene Mehrwertsteuer nach dieser Rechtsprechung nicht ersetzt verlangen.

Hinweis: Meines Erachtens ist diese Auffassung falsch, da sie im Widerspruch zum Wortlaut des § 249 Abs. 2 S. 2 BGB steht, der diese Einschränkung nicht macht. Im Übrigen widerspricht sie auch dem Sinn und Zweck des Gesetzes. Die Schadensersatzreform hatte insoweit den Zweck, die Schwarzarbeit einzuschränken. Derjenige, der auf Rechnung seinen Totalschaden wieder fahrbereit reparieren lässt, fördert sicher nicht die Schwarzarbeit. Es wird aber empfohlen, zumindest außergerichtlich trotzdem den Versuch zu unternehmen, die angefallene Mehrwertsteuer aus einer Billigreparatur nach einem Totalschaden geltend zu machen. Meist wird nämlich die Problematik von den Sachbearbeitern der Versicherung übersehen. Dies gilt ebenso, wenn der Mandant sein beschädigtes Fahrzeuge bei einem klaren Reparaturfall in Zahlung gibt und ein neues Fahrzeug erwirbt. **119**

6. Abrechnung der tatsächlich aufgewendeten Mehrwertsteuer aus einer Teil- oder Minderreparatur zuzüglich des Nettobetrags nach Gutachten

Ob bei einem Reparaturfall die Abrechnung der tatsächlich aufgewendeten Mehrwertsteuer aus einer Teil- oder Minderreparatur zuzüglich des Nettobetrags nach Gutachten zulässig ist, gehört zu den umstrittensten Fragen des neuen Schadensrechts. Der BGH hat zwar entschieden, dass die Kombination fiktiver und konkreter Schadensabrechnung nicht zulässig sei.[65] In der Begründung bezieht er sich aber darauf, dass zwischen den beiden Wegen der Naturalrestitution nicht gewechselt werden dürfe. Hier handelt es sich aber um einen Fall, in dem der Geschädigte bei der Abrechnung auf Reparaturkostenbasis bleibt und nur den Nettoschaden fiktiv und den Mehrwertsteuerschaden konkret abrechnet. Dies wird von der BGH-Rechtsprechung nicht erfasst. Die Frage ist erheblich, wenn man zB davon ausgeht, dass ein Nettoschaden von 10.000 EUR kalkuliert wird und dann die Minderreparatur 8.000 EUR kostet. Dann geht es um einen Mehrwertsteueranteil von immerhin 1.520 EUR. Nach der hier vertretenen Auffassung müsste nämlich die Versicherung den kalkulierten Nettoschaden (10.000 EUR) zzgl der in der Minderreparatur enthaltenen Mehrwertsteuer (1.520 EUR = 19% von 8.000 EUR) zahlen. **120**

Achtzugeben ist auf die Frage, warum die tatsächlich durchgeführte Reparatur billiger war als die vom Gutachter kalkulierte. Liegt der Grund in der Verwendung gebrauchter oder nicht originaler Teile, handelt es sich um eine Minderreparatur. Es kann auch eine Teilreparatur vorliegen, wenn der Geschädigte etwa nur die Fahrtüchtigkeit herstellt und ihm die Optik des Fahrzeugs nicht so wichtig ist. In beiden Fällen, die auch in Kombination auftreten können, handelt es sich um einen überobligatorischen Verzicht, der nach allgemeiner Mei- **121**

---

64 BGH NJW 2005, 1110.
65 BGH NJW 2005, 1110.

nung nicht dem Schädiger zugute kommen soll. Deshalb muss der Schädiger die fiktiven Reparaturkosten neben der tatsächlichen Mehrwertsteuer zahlen, weil der Verzicht auf eine vollständige Reparatur sonst nur ihn begünstigen würde. Anders ist hingegen zu entscheiden, wenn bei fachgerechter Instandsetzung nach den Vorgaben des Gutachtens vollständig für einen geringeren als den kalkulierten Preis repariert wurde, ohne dass es sich um das Ergebnis eines überobligationsmäßigen Verzichts handeln würde. Wird also nur ein Teil des Schadens repariert (Fahrzeug wird fahrtüchtig gemacht) kann mE dieser Mehrwertsteueranteil begehrt werden. Vorsicht ist jedoch geboten, wenn vollständig repariert wird und die Reparaturkosten dann aber, aus welchen Gründen auch immer, niedriger sind. Das kann den Versicherer veranlassen, zu behaupten, dass die Schadenskalkulation des Sachverständigen falsch war. Im obigen Fall würde dies bedeuten, dass der Versicherer nur 9.520 EUR (8.000 EUR netto plus 19%, also 1.520 EUR) bezahlen muss, wenn mit der Reparatur keine überobligatorischen Verzichte verbunden sind.

XV. Abschleppkosten

122 Unbestritten sind Abschleppkosten bis zur nächsten zumutbaren Fachwerkstatt zu erstatten. Allerdings gilt ebenso, dass jedenfalls bei Wegstrecken über 100 km keine Erstattungsfähigkeit mehr gegeben ist. Wenn die Strecke bis zur nächsten Vertragswerkstatt bei ca. 100 km liegt, entscheiden die Umstände des Einzelfalls, ob die Kosten für die längere Wegstrecke als bis zur ersten Vertragswerkstatt erstattungsfähig sind. Grund kann zum Beispiel sein, dass in der entfernteren Vertragswerkstatt die Preise günstiger sind oder dass das Fahrzeug dort ständig gewartet wird.[66] Allein der Umstand, dass der Geschädigte sein Fahrzeug selbst reparieren will, rechtfertigt keine unverhältnismäßig hohen Kosten. Erleidet das Fahrzeug einen offensichtlichen Totalschaden, kann die Verbringung dieses Fahrzeugs einen Verstoß gegen die Schadensminderungspflicht bedeuten, da der Restwert auch am Unfallort verwertet werden kann.

XVI. Merkantiler Minderwert

123 Unfallschäden sind vom Fahrzeugeigentümer im Verkaufsfall ungefragt dem Käufer mitzuteilen. Dies führt bei dem potentiellen Käufer zu der Forderung nach einem Preisabschlag. Deshalb ist ein merkantiler Minderwert auch zu zahlen, wenn ein technischer Minderwert gar nicht verbleibt. Er kommt insbesondere in Betracht bei Fahrzeugen bis zu einer Zulassungsdauer von fünf Jahren, wenn keine erheblichen Vorschäden vorlagen und umgekehrt der Reparaturschaden selbst nicht nur ein Bagatellschaden ist. Die Höhe des merkantilen Minderwerts ergibt sich jedenfalls aus dem Sachverständigengutachten, wenn eines eingeholt wird. Wenn der Versicherer ein Gegengutachten erstellt und im Prozess ein dritter – gerichtlicher – Gutachter beauftragt wird, gelangt dieser meist zu einem Ergebnis in der Mitte dieser Werte.

124 **Hinweis:** Es lohnt deshalb die Überlegung, die kostspielige Beweisaufnahme nicht von vornherein durch einen Vergleich auf hälftiger Basis zu erledigen. Wenn aus Kostengründen kein Gutachten eingeholt wird, empfiehlt sich die Berechnung nach der Methode *Ruhkopf/Sahm*. Diese Berechnungsmethode hat den Vorteil, dass ihre Ergebnisse meist deutlich über den Schätzungen von Gutachtern liegen, so dass für Verhandlungen über eine vergleichsweise Einigung genügend Verhandlungsmasse zur Verfügung steht.

---

66 OLG Hamm VersR 1970, 43.

Eine neue Entscheidung des BGH[67] befasst sich mit dem merkantilen Minderwert älterer Fahrzeuge. Der BGH führt aus, dass durch Änderung der tatsächlichen Verhältnisse unfallfreie Fahrzeuge in der „Schwackeliste" bis zwölf Jahren notiert werden. Weiter deutet der BGH an, dass eine Laufleistung von über 100.000 km einem merkantilen Minderwert nicht entgegenstehen muss. Leider fehlen auch hierzu genaue Angaben. Dem Urteil muss aber entnommen werden, dass die Zuerkennung von merkantilem Minderwert nicht nur auf ein Alter bis zu fünf Jahren beschränkt ist. Daraus ist zu folgern, dass auch für unfallfreie Fahrzeuge bis zwölf Jahren der merkantile Minderwert ersatzfähig ist. Freilich hilft dann die relativ alte Tabelle von *Ruhkopf/Sahm* nicht mehr weiter. Auch bei Sachverständigen großer Sachverständigenorganisationen wird man zunächst Schwierigkeiten damit haben, dass diese eine Wertminderung bei älteren Fahrzeugen feststellen. Auch hier gilt wieder der Augenmerk auf eine richtige Wahl des Sachverständigen. **125**

XVII. An- / Abmeldekosten

Die Kosten für Anmelden und Abmelden einschließlich für Kennzeichen sind erstattungsfähig, wenn unfallbedingt ein anderes Fahrzeug erworben werden muss, nicht also, wenn der Geschädigte sich freiwillig zur Ersatzbeschaffung entschließt. Der Mandant ist im ersten Beratungsgespräch darauf hinzuweisen, dass er die hierfür anfallenden Belege sammelt und einreicht. Es können auch Pauschalen zwischen 50 EUR und 80 EUR geltend gemacht werden, wobei zunehmend vertreten wird, dass es hier keiner Pauschalierung bedarf. **126**

XVIII. Umbaukosten

Umbaukosten für aufwendige Hifi-Anlagen etc. sind in aller Regel bereits im Gutachten kalkuliert; anderenfalls muss gegenüber dem Gutachter insoweit eine Nacherfüllung geltend gemacht werden. Die Kosten können jedoch nicht fiktiv geltend gemacht werden, sind mithin zur Zahlung erst fällig, wenn der tatsächliche Umbau dem Versicherer – etwa durch Fotos, Gutachterbestätigungen oder Zeugenbescheinigungen – nachgewiesen wurde. **127**

Hinweis: Es ist dabei zu empfehlen, das der Mandant bei der Begutachtung angeben soll, ob er etwas umbauen oder Nacherfüllung geltend machen will. Im letzteren Fall sind die Ausstattungsmerkmale vom Wiederbeschaffungswert umfassend zu berechnen und im ersteren exklusive dieser Ausstattung. Der Sachverständige ist dann anzuweisen, dass er explizit aufschlüsseln möge, was er in die Berechnung des Wiederbeschaffungswerts eingerechnet hat. **128**

XIX. Kraftstoffkosten

Bei den heutigen Kraftstoffkosten kann eine in einem total beschädigten Fahrzeug verlorengegangene Tankfüllung deutlich über dem Betrag zum Beispiel der Kostenpauschale liegen. Die Kosten sind deshalb zu ersetzen, wenn die Tankfüllung verloren geht. **129**

---

67 NJW 2005, 277.

D. Personenschaden

I. Haushaltsführungsschaden

1. Allgemeines

130 Wird jemand bei einem Unfall verletzt, können zwar Ersatzansprüche wegen Heilungskosten, wegen vermehrter Bedürfnisse und wegen Erwerbsausfalls entstehen; die Verletzung als solche ist aber zunächst nur ein immaterieller Personenschaden, der allenfalls einen Schmerzensgeldanspruch gegen den Schädiger und seinen Haftpflichtversicherer rechtfertigt. Das gilt auch dann, wenn die Verletzung zu einer medizinischen Behandlungsbedürftigkeit, zu einer Minderung der Erwerbsfähigkeit (MdE), zu einer Minderung der Fähigkeit zur Haushaltsführung oder zu einer Minderung der Fähigkeit führt, die persönliche Lebensführung wie bisher zu gestalten.

131 Zu einem materiellen Personenschaden werden derartige immaterielle Schäden erst dann, wenn sie zu Vermögenseinbußen zu Mehraufwendungen oder zu Mindereinnahmen führen. Dann sind die erforderlichen Mehraufwendungen und die auch bei Beachtung des Schadensgeringhaltungsgebots nicht zu vermeidenden Mindereinnahmen gem. §§ 249 ff BGB als materieller Schaden vom Schädiger auszugleichen. Dabei ist zu beachten, dass nach dem normativen Schadensbegriff ein Ersatzanspruch auch dann bestehen kann, wenn der Verletzte selbst durch überobligatorische Anstrengungen oder Dritte unentgeltlich den Schaden ausgleichen.

132 In die Schadensgruppe „Heilungskosten" fallen die unfallbedingten Mehraufwendungen, die der Wiederherstellung der Gesundheit dienen. In die Schadensgruppe „**vermehrte Bedürfnisse**" fallen die unfallbedingten Mehraufwendungen, die den Zweck haben, die durch den Unfall beeinträchtigte persönliche Lebensführung wieder der früheren anzunähern. In die Schadensgruppe „**Erwerbsschaden**" gehören die unfallbedingten Einkommensverluste, die aufgrund der Beeinträchtigung der Arbeitskraft entstehen. Auszugleichen ist also zB nicht der Verlust der Arbeitskraft oder der Verlust der Fähigkeit, sich selbst zu versorgen, sondern die dadurch eintretende Vermögenseinbuße. Wer nicht gearbeitet hat, kann also auch keinen Erwerbsschaden haben.

133 **Beispiele:** Deshalb hat ein Rentner, der unfallbedingt seine Arbeitskraft verliert, lediglich Anspruch auf ein Schmerzensgeld; er erleidet keinen Erwerbsschaden. Das gilt auch für die Hausfrau, soweit sie die Haushaltsführung auch schon vor dem Unfall nicht selbst leistete, sondern durch Angehörige oder durch Hilfskräfte ausführen ließ.

134 Wird eine **Nur-Hausfrau** verletzt und tritt dadurch eine Minderung der Fähigkeit zur Haushaltsführung ein, hat sie, soweit sie sich unfallbedingt nicht oder nur eingeschränkt selbst versorgen kann und Hilfe benötigt, einen Ersatzanspruch wegen vermehrter Bedürfnisse. Soweit sie bei der Betreuung und Versorgung der Familie ausfällt und Hilfe benötigt, erleidet sie einen Erwerbsschaden. Insoweit erwirbt sie deshalb aus dieser Schadensgruppe einen entsprechenden Ersatzanspruch; die Betreuung und Versorgung der Familie steht einer Erwerbstätigkeit gleich. Wird ihr berufstätiger, aber auch im Haushalt mithelfender Ehemann verletzt und tritt dadurch eine Minderung der Erwerbsfähigkeit und der Fähigkeit zur Haushaltsarbeit ein, hat er zunächst wegen seiner Mindereinnahmen Anspruch auf Ersatz des außerhäuslichen Erwerbsschadens. Soweit er bei der Mithilfe für die Familie ausfällt und Hilfe benötigt, erleidet er zusätzlich – das wird oft nicht beachtet – einen **innerhäuslichen Erwerbsschaden**. Soweit er für die eigene Versorgung ausfällt und Hilfe benötigt, erleidet er zusätzlich einen Schaden wegen vermehrter Bedürfnisse.

Wird ein **Alleinstehender** verletzt und tritt dadurch eine Minderung der Erwerbsfähigkeit und 135
der Fähigkeit zur Haushaltsführung ein, erwirbt er, soweit er innerhäuslich ausfällt und Hilfe
benötigt, einen Ersatzanspruch wegen vermehrter Bedürfnisse und erleidet daneben, falls
berufstätig, evtl auch einen außerhäuslichen Erwerbsschaden. Die Haushaltsführung umfasst
bei einem Alleinstehenden nur die eigene Versorgung. In einem **Zwei- oder Mehrpersonenhaushalt** umfasst sie neben der eigenen Versorgung auch die Versorgung und Betreuung der
übrigen Mitglieder des Haushalts. Zur Haushaltsführung im weiteren Sinne gehören auch
Reparatur- und Unterhaltungsarbeiten an Haus, Wohnung und Hausrat sowie Gartenarbei-
ten. In einem Zwei- oder Mehrpersonenhaushalt kann die Haushaltsführung von einem allein
erledigt werden, zB von der Ehefrau und Mutter als Hausfrau, es können sich aber auch
mehrere oder sämtliche Mitglieder des Haushalts, zB der Ehemann und die Kinder, an der
Haushaltsführung beteiligen.

Ein **Haushaltsführungsschaden ist gegeben,** wenn der Verletzte – entweder als Alleinstehen- 136
der oder als Mitglied in einem Zwei- oder Mehrpersonenhaushalt – die Führung des Haushalts ganz oder jedenfalls teilweise übernommen hatte, wenn wegen der Verletzungen eine
Minderung der Fähigkeit, den Haushalt zu führen, eintritt – entweder vorübergehend oder
auf Dauer, entweder ganz oder teilweise – und wenn die Haushaltsführung deshalb anderweitig erledigt werden muss. Einen Haushaltsführungsschaden kann also nicht nur die nicht
berufstätige Hausfrau (Nur-Hausfrau) erleiden, sondern zB auch der nicht berufstätige, den
Haushalt führende Ehemann (Nur-Hausmann), ferner auch der berufstätige, aber im Haushalt mithelfende Ehepartner, schließlich auch der sich selbst versorgende Alleinstehende.

Zweifelhaft ist, ob auch das **im Haushalt mithelfende Kind** – es besteht, was vielen Kindern 137
und auch Eltern unbekannt ist, unter den Voraussetzungen des §1619 BGB eine Mithilfepflicht – bei unfallbedingtem Ausfall einen Haushaltsführungsschaden erleidet. Diese Frage
wird in den Regulierungsverhandlungen mit Versicherern bei Kinderunfällen gelegentlich
diskutiert. Das Kind erleidet aber wohl selbst durch seinen Ausfall keine Vermögenseinbuße;
es können wohl allenfalls Ansprüche der Eltern aus § 845 BGB wegen entgangener Dienste
entstehen. Auch diesen Ansprüchen stehen dann aber, zB wenn das Kind unfallbedingt im
Krankenhaus liegt, anzurechnende Unterhaltsersparnisse gegenüber.

Im Falle der Verletzung besteht gem. § 843 Abs. 1 BGB ein Ersatzanspruch, soweit die Arbeit 138
wegen der unfallbedingten Minderung der Fähigkeit, den Haushalt zu führen, von anderen
Personen erledigt werden muss. Er besteht also zB nicht, wenn ein Alleinstehender unfallbedingt einen Monat im Krankenhaus liegt und eine Haushaltsführung praktisch nicht stattfindet. Dann kann Ersatz allenfalls für den geringen Aufwand verlangt werden, der dadurch
entsteht, dass jemand ab und zu die Blumen gießt etc. Der Umstand, dass der Ersatzanspruch
evtl in zwei verschiedene Schadensgruppen gehört, kann bei der Berechnung der Anspruchs-
höhe vernachlässigt werden. Er wird aber bedeutsam, wenn wegen des Bezugs einer Erwerbs-
unfähigkeits- oder Verletztenrente ein Anspruchsübergang nach § 116 SGB X auf Sozialversicherungsträger in Betracht kommt.

Im Falle der **Tötung** besteht der Ersatzanspruch gem. § 844 Abs. 2 BGB, soweit der Getötete 139
Dritten gegenüber gesetzlich zur Haushaltsführung verpflichtet war, diesen Dritten gegenüber, soweit die gesetzlich geschuldete Haushaltsführung nunmehr von anderen Personen
erledigt werden muss. Insoweit ist der Grundsatz, dass Drittschäden nicht ausgleichungs-
pflichtig sind, durchbrochen. Insbesondere im Falle der Tötung sind bei der Ermittlung des
Ersatzanspruchs anzurechnende Unterhaltsersparnisse zu berücksichtigen.

Hinweis: In der Regulierungspraxis führt der Haushaltsführungsschaden ein Schattendasein. 140
Für viele Anwälte scheint er nicht zu existieren. Jedenfalls scheuen sie sich, ihn zu berechnen

und geltend zu machen. Die Folge ist nicht selten anschließend ein Regressprozess. Dabei gibt es heute zahlreiche Erhebungen und Beiträge, auch über den Wert der Haushaltsarbeit von dieser eher fernstehenden Männern, über den – sicher für viele überraschend hohen – Zeitaufwand und auch über den Wert der Haushaltsarbeit, die sich ja nicht nur im Putzen erschöpft, sondern zu der zB auch die Betreuung und Versorgung der Kinder gehört, die zudem mit Berechnungsbeispielen Hilfestellung für die Geltendmachung geben.

141   Ist die haushaltsführende Ehefrau unfallbedingt in ihrer Fähigkeit zur Haushaltsführung beeinträchtigt, kann sie den Unfallgegner wegen des dadurch entstehenden Schadens aus § 843 Abs. 1 BGB auf Ersatz in Anspruch nehmen. Der Anspruch besteht auch dann, wenn sie verletzt im Krankenhaus liegt und der Haushalt von ihrem Ehemann und den Kindern weitergeführt werden muss, allein ihr zu. Insbesondere erwirbt der Ehemann keinen Ersatzanspruch aus § 845 BGB wegen entgangener Dienste. Denn die Tätigkeit der Ehefrau im Haushalt für die Familie ist nicht Dienst für den Ehemann, sondern Berufsarbeit; diese Tätigkeit für die Familie steht einer Erwerbstätigkeit gleich. Der Ehemann und die Kinder sind Drittgeschädigte und haben keinen eigenen Ersatzanspruch. Anders ist es nur im Falle der Tötung der haushaltsführenden Ehefrau. In diesem Falle erwerben der Witwer und die Kinder einen eigenen Schadensersatzanspruch gegen den Schädiger aus § 844 Abs. 2 BGB.

142   Liegt bei der verletzten Hausfrau eine Minderung der Fähigkeit zur Haushaltsführung vor, ist immer zunächst die Vorfrage zu klären, in welchem Umfang sie vor dem Unfall tatsächlich Haushaltsarbeit geleistet hat. Das ist nicht nur von der Größe der Familie und von dem Haushaltszuschnitt – zB Mietwohnung oder eigenes Haus mit Garten – abhängig, sondern auch davon, ob der Haushalt mit großem Aufwand geführt wird, zB beim Essen und Putzen, oder ob man sich insgesamt eher auf das Notwendige beschränkt. Vor allem aber kommt es hier darauf an, in welchem Umfang die Haushaltsarbeit von den übrigen Familienmitgliedern und von Hilfskräften erledigt worden ist. Im Falle des verletzungsbedingten Ausfalls der Hausfrau kommt es auf die tatsächlichen Verhältnisse an, nicht darauf, wozu die Hausfrau familienrechtlich verpflichtet ist und in welchem Umfang die übrigen Familienmitglieder familienrechtlich zur Mithilfe verpflichtet sind. Die Hausfrau, die alles allein machen muss und von der Familie keine Hilfe hat, hat also im Falle der verletzungsbedingten Minderung der Fähigkeit zur Haushaltsführung den höheren Ersatzanspruch. Es ist eine Aufwandsermittlung erforderlich (dazu sogleich Rn 144).

143   Anders ist es im Falle der Tötung der Hausfrau/des Hausmanns. Im Rahmen des § 844 Abs. 2 BGB geht es um die gesetzliche Unterhaltspflicht, Grundlage der Schadensberechnung ist hier nicht der tatsächliche Arbeitsaufwand der Getöteten, sondern die familienrechtlich geschuldete Arbeitsleistung im Haushalt. Grundlage der Schadensermittlung im Falle der Tötung ist deshalb der erforderliche Arbeitszeitbedarf unter Berücksichtigung der Mithilfepflicht der übrigen Familienmitglieder. Hier ist also nicht eine Aufwandsermittlung, sondern eine **Bedarfsermittlung** erforderlich; der Aufwand kann höher gewesen sein als der Bedarf. Zudem kann der tatsächliche Anteil des Getöteten an der Haushaltsarbeit höher gewesen sein als der familienrechtlich geschuldete Anteil. Hier gewinnt deshalb die Frage Bedeutung, in welchem Umfang der überlebende Ehepartner und die Kinder vor dem Unfall familienrechtlich zur Mitarbeit verpflichtet waren; soweit eine Mitarbeitspflicht bestand, bestand keine Verpflichtung des getöteten Ehepartners zur Haushaltsführung.

144   Im Falle der (bloßen) Verletzung der Hausfrau/des Hausmanns ist jedoch, wie gesagt (Rn 142), statt einer Bedarfsermittlung eine **Aufwandsermittlung** erforderlich. Es kommt darauf an, in welchem zeitlichen Umfang zB die Hausfrau vor dem Unfall tatsächlich Haushaltsarbeit geleistet hat und in welchem zeitlichen Umfang sie unfallbedingt ausgefallen ist

und die Arbeit anderweitig erledigt werden musste. Dabei darf aber die Zahl der ausgefallenen Stunden nicht ohne Weiteres gleichgesetzt werden mit der Zahl der zu entschädigenden Stunden. Denn zu ersetzen ist nach § 249 BGB der erforderliche Herstellungsaufwand. Er ist zu ermitteln auf der Basis dessen, was die – tatsächlich eingeschaltete oder fiktive – Ersatzkraft an Zeit benötigt, um die in der Ausfallzeit nicht erledigte Arbeit zu bewältigen. Wenn zB eine ältere Nur-Hausfrau, die nur einen Kleinhaushalt zu bewältigen hat, 60 Stunden pro Woche für die Führung ihres Haushalts benötigt, eine bezahlte und entsprechend jüngere Ersatzkraft die Arbeit aber in 40 Stunden schaffen würde, kann auch die Ersatzforderung nur auf der Basis dessen errechnet werden, was diese Ersatzkraft für die 40 Stunden kosten würde. Würde man nicht so rechnen, müsste berücksichtigt werden, dass der Wert der Arbeitsleistung der Verletzten geringer anzusetzen ist. Es ist deshalb in der Praxis im Ergebnis erforderlich, zwar einerseits den tatsächlichen Arbeitsaufwand der verletzten Hausfrau und die dafür benötige Arbeitszeit zu ermitteln, andererseits aber eine entsprechende Korrektur vorzunehmen, wenn tatsächlicher Zeitaufwand und erforderlicher Zeitaufwand offensichtlich voneinander abweichen. Insoweit muss letztlich doch der erforderliche Zeitbedarf mitberücksichtigt werden. Insbesondere in kleineren Haushalten, die von Nur-Hausfrauen geführt werden, können tatsächlicher und erforderlicher Zeitaufwand auseinanderfallen. In größeren Haushalten und vor allem in Haushalten, in denen beide Eheleute berufstätig sind, entspricht der tatsächliche Zeitaufwand eher dem erforderlichen Zeitaufwand; die Haushaltsführung muss hier zwangsläufig besser organisiert und straffer gestaltet werden.

Für den Bereich des Haushaltsführungsschadens ist die konkrete Schadensberechnung ohne Weiteres dann möglich, wenn eine bezahlte Ersatzkraft beschäftigt wird. Dann sind die tatsächlichen Aufwendungen zu ersetzen, einschließlich aller Sozialabgaben und Steuern, soweit diese Aufwendungen iSd § 249 S. 2 BGB erforderlich gewesen sind.   145

2. Insbesondere: Schadensermittlung, wenn keine bezahlte Ersatzkraft beschäftigt wird

Wird keine bezahlte Ersatzkraft beschäftigt, sondern wird der Ausfall in anderer Weise aufgefangen, gilt Folgendes: 146

a) Freiwillige und unentgeltliche Leistungen Dritter

Wird die Haushaltsführung von den übrigen Familienmitgliedern oder sonstigen Angehörigen oder Bekannten unentgeltlich übernommen, entstehen dem Hauhaltsführenden zwar keine wirtschaftlichen Aufwendungen. Nach dem normativen, dh durch rechtliche Wertungen ergänzten Schadensbegriff führen aber derartige freiwillige und unentgeltliche Leistungen Dritter nicht zu einem Freiwerden des Schädigers von seiner Ersatzpflicht. Für Leistungen Unterhaltspflichtiger ist in § 843 Abs. 4 BGB ausdrücklich angeordnet, dass derartige Leistungen den Schädiger nicht entlasten. Für freiwillige Leistungen Dritter gilt diese Regelung nach der Rechtsprechung entsprechend, wenn diese Leistungen, wie hier, zu Gunsten des Geschädigten erbracht werden und nicht zur Entlastung des Schädigers.   147

b) Überobligationsmäßige Leistungen des Geschädigten

Diese normative Schadensbetrachtung hat auch Bedeutung, wenn die verletzte Hausfrau den Haushalt trotz ihrer Verletzungen ganz oder teilweise weiterführt. Soweit sie trotz ihrer Verletzungen in der Lage ist, den Haushalt zu führen, entsteht kein Schaden. Leistet sie aber mehr, als sie zum Zwecke der Schadensgeringhaltung leisten muss, erbringt sie überobligationsmäßige Leistungen. Diese dürfen nach dem normativen Schadensbegriff ebenfalls nicht   148 zur Entlastung des Schädigers angerechnet werden. Auch insoweit richtet sich die zu zahlende Entschädigung danach, was eine Ersatzkraft gekostet hätte.

c) Unterversorgung der Familie

149 Häufig wird es aber auch so sein, dass beim Ausfall der verletzten Hausfrau die Haushaltsführung zurückgefahren und auf das unbedingt Notwendige beschränkt wird. In diesem Fall dürfte eigentlich ein Ersatzanspruch nur in diesem Umfang zugebilligt werden; die vorübergehende Unterversorgung der Familie ist kein Vermögensschaden des verletzten Haushaltsführenden, sondern ein nicht erstattungsfähiger Drittschaden der Restfamilie. Der Ersatzbetrag richtet sich darum zwar nicht nach den finanziellen Aufwendungen der Hausfrau, wohl aber danach, was in Vertretung der verletzten Hausfrau tatsächlich an Haushaltsarbeit geleistet worden ist.

d) Rechtsprechung: teilweise fiktive Berechnung

150 Die Rechtsprechung hat sich aber beim Haushaltsführungsschaden von der konkreten Schadensberechnung weitgehend gelöst. Im Ergebnis wird nicht untersucht, ob der Haushalt unverändert fortgeführt worden ist (von wem auch immer), sondern es wird allein darauf abgestellt, ob und in welchem Umfang der Haushaltsführende ausgefallen ist. Im Ergebnis wird also der Haushaltsführungsschaden doch zumindest teilweise fiktiv abgerechnet. Grundlage der Abrechnung ist nicht der tatsächliche, sondern der erforderliche Herstellungsaufwand und der dafür erforderliche Geldbetrag; das ist fiktive Abrechnung gem. § 249 Abs. 2 S. 1 BGB. Wird keine bezahlte Ersatzkraft beschäftigt, richtet sich der Ersatzanspruch nach der Rechtsprechung danach, was eine zum Ausgleich dieses Ausfalls beschäftigte bezahlte Ersatzkraft, wäre sie eingestellt worden, gekostet hätte, wobei hier aber der Nettolohn zugrunde gelegt wird, ohne Steuern und Sozialbeiträge.

151 Die Zugrundelegung des Nettolohnes begründet der **BGH**[68] so: „Abweichend von der Berechnung bei Schadenersatzleistungen wegen Beschädigung einer Sache, für deren Verlust der Schädiger dem Geschädigten stets den marktorientierten Betrag als „erforderlichen Herstellungsaufwand" (§ 249 S. 2 BGB) zur freien Verfügung zu stellen hat, ist der Verlust der Haushaltstätigkeit der Ehefrau und Mutter für die Hinterbliebenen nicht derart an einen „Marktpreis" gebunden und seine Bemessung von der faktischen Schadensentwicklung abgekoppelt. [...] Der Wert der Haushaltsführung durch die Ehefrau und Mutter kann nicht ohne Weiteres dem Bruttolohn einer Haus- und Familienpflegerin, Hauswirtschaftsleiterin oder Dorfhelferin gleichgesetzt werden. Vielmehr muss er um die sozialversicherungsrechtlichen und öffentlich-rechtlichen Abgaben bereinigt werden. Die Haushaltstätigkeit weist vielfältige Besonderheiten gegenüber dem Einsatz auf dem freien Arbeitsmarkt auf. Der Wertmaßstab für die Arbeitskraft einer Arbeitnehmerin ist von Umständen beeinflusst, die sich bei der Haushaltstätigkeit nicht widerspiegeln und nicht anfallen. Die Ehefrau und Mutter kann viele Arbeiten im Haushalt rationeller erledigen als eine Ersatzkraft. Insbesondere kann die Hausfrau günstiger als eine fremde Haushaltshilfe das Verhältnis zwischen Freizeit und Arbeit für sich selbst einteilen."

3. Haushaltsführungsschaden bei einer haushaltsspezifischen MdE von < 20%?

152 Häufig gestritten wird darum, ob bei einer haushaltsspezifischen MdE von 20% oder weniger überhaupt ein Haushaltsführungsschaden vorliegt. Von Schädigerseite wird dann argu-

---

68 VersR 1983, 458 f.

mentiert, dass dies kompensierbar sei. Hierzu ist wie folgt in der Klageschrift oder Replik vorzutragen:

Muster: Klagevortrag (Ersatzfähigeit des Haushaltsführungsschadens bei haushaltsspezifischer MdE von 20%)   **153**

↓

[...]

Selbst wenn die haushaltsspezifische MdE lediglich 20% betragen sollte, gehen die Beklagten fehl in der Annahme, dass dies kompensierbar sei. Dies ist nach neuerer Rechtsprechung gerade nicht mehr der Fall. Die Grenze für die Geringfügigkeit wird nach der neueren Rechtsprechung bei 10% gesehen (OLG Düsseldorf DAR 1988, 24; OLG München zfs 1994, 48; OLG Oldenburg VersR 1993, 1491; Palandt/*Heinrichs*, 66. Auflage 2007, BGB, vor § 249 Rn 42).

Die Klägerin ist durch ihre Verletzung im Einzelnen daran gehindert, im Haushalt zu heben, kann also nicht einmal schmerzfrei einen Tisch decken oder einen Topf vom Ofen heben. Sie kann nicht lange sitzen oder stehen, muss ständig ihre Körperhaltung ändern, damit sie ihre Rückenschmerzen mindert. Sie erleidet einen erheblichen Freizeitverlust, weil sie für Verrichtungen, die sonst binnen weniger Minuten erledigt waren, erheblich länger benötigt. So kann sie bspw nicht mehr so oft ihre Wohnung reinigen, weil sie einfach mehr Zeit pro Reinigung benötigt und den schweren Wassereimer nicht selbst schmerzfrei tragen kann. Weiterhin kann die Klägerin nicht schmerzfrei Fensterputzen, da sie ihre Arme nicht ohne Schmerzen heben kann und sich nicht schmerzfrei strecken kann. Dies alles ist nicht kompensierbar.

Beweis: Sachverständigengutachten
             Parteivernahme der Klägerin gem. § 287 ZPO

[...]

↑

II. Vermehrte Bedürfnisse

Zu den vermehrten Bedürfnissen zählen alle unfallbedingten Mehraufwendungen für die persönliche Lebensführung. Diese dienen im Regelfall weder der Wiederherstellung der Gesundheit noch der Wiederherstellung der Erwerbsfähigkeit. Ihr Sinn besteht darin, einen Ausgleich für die Nachteile herbeizuführen, die dem Geschädigten infolge des Körperschadens entstehen. Und sie sollen es dem Geschädigten ermöglichen, die durch den Unfall beeinträchtigte Lebensführung der früheren wieder anzunähern. Dazu zählen insbesondere Kosten für orthopädische Hilfsmittel, eine Pflegekraft bzw Haushaltshilfe, regelmäßige Kuraufenthalte oder auch der behindertengerechte Umbau der Wohnung.[69] Daneben sind zB auch die unfallbedingt höheren Kosten einer privaten Krankenversicherung zu ersetzen. Eine Anrechnung anderer Leistungen (zB Sozialhilfe oder „Blindengeld") findet nicht statt.   **154**

Bei einer Heimunterbringung sind – wie beim Krankenhaus- oder Kuraufenthalt – ersparte Eigenkosten am häuslichen Unterhalt abzugsfähig. Sofern innerhalb der Familie des Verletzten eine Betreuung erfolgt, können hierfür nicht die Kosten einer Pflegerin geltend gemacht werden. Vielmehr ist die zusätzliche Mühewaltung der Familienangehörigen angemessen auszugleichen.[70] Als angemessen wurde ein Stundensatz von 15 DM für den Fall bewertet, dass die nicht besonders ausgebildete Mutter und Hausfrau die sachgerechte Pflege über-   **155**

---

69 *Drees*, VersR 1988, 784 mwN.
70 BGH NJW 1986, 984.

nimmt, die keine besonderen Kenntnisse und Fähigkeiten verlangt.[71] In einem anderen Fall wurde bei einem erforderlichen Betreuungsaufwand von sechs Stunden am Tag bei Querschnittslähmung eines vierjährigen Jungen ein Stundensatz von 20 DM als angemessen zugesprochen und darauf hingewiesen, dass der durch Aufsichtspflichtverletzung der Eltern begründete Mitverursachungsanteil nicht dem Kind im Verhältnis zum Drittschädiger zuzurechnen sei.[72] Bei Berufsaufgabe der Mutter eines pflegebedürftigen Kindes können die Kosten einer Pflegehelferin erstattungsfähig sein.[73] Der Geschädigte kann diese wiederkehrenden Mehraufwendungen in Form einer Geldrente (§ 843 Abs. 1 BGB) oder als erforderlichen Geldbetrag (§§ 249, 251 BGB) fordern. Die Forderung der Geldrente schließt andere Ersatzleistungen (einmaliger Betrag für bestimmte Aufwendungen) nicht aus.

156 Woran dabei zB im Fall eines Paraplegikers zu denken ist, soll im Folgenden in der Form eines substantiierten Klagevortrags dargestellt werden.

157 **Muster: Klagevortrag (vermehrte Bedürfnisse einer Paraplegikerin)**

[...]

Die Klägerin begehrt eine Rente wegen vermehrter Bedürfnisse, § 843 Abs. 1 BGB. Diese sind die in Folge verletzungsbedingter Defizite gegenüber dem bisherigen Lebenszuschnitt erhöhten Lasten, also die im Vergleich mit dem Lebensbedarf des gesunden Menschen zusätzlich anfallenden Lasten. Bei den vermehrten Bedürfnissen geht es um die Restitution des Lebenszuschnitts, der Lebensführung bei der objektiven Erforderlichkeit iSd § 249 Abs. 2 BGB mit einem Ausgleich für die Minderung der Lebensqualität. Eine Rente wegen vermehrter Bedürfnisse kann nur zugesprochen werden, wenn der Verletzte im Einzelnen und konkret dartut, dass und in welcher Höhe seine Bedürfnisse in Folge des Unfalls vermehrt worden sind. Es kommt hier für den Nachweis des unfallbedingten Mehrbedarfs die Beweiserleichterung des § 287 ZPO zu Hilfe. Voranzustellen ist, dass es sich bei diesem Anspruch um einen Anspruch handelt, der natürlich nur äußerst schwer zu beziffern ist. Gerade darum hält die Rechtsprechung es hier für ausreichend, wenn die Veränderungen in einer Art und Weise benannt werden, dass dem Gericht eine Schätzung möglich ist. Gerade bei den erhöhten Unterhaltskosten für das Haus gilt es zu beachten, dass hier allenfalls ein Vergleich der Kosten für ein Jahr vor dem Unfall mit jetzigen Kosten möglich ist. Da die Klägerin jedoch das letzte Jahr zu einem großen Teil im Krankenhaus verbrachte, ist ein vollständiger Vergleich noch nicht möglich, so dass nur eine Schätzung erfolgen kann.

Die Klägerin stellt zwar die Höhe der (persönlichen) vermehrten Bedürfnisse in das Ermessen des Gerichts, geht jedoch davon aus, dass vermehrte Bedürfnisse in Höhe von mindestens 1.500,00 EUR seit dem Unfall anfallen. Zur Schadenshöhe wird ausgeführt wie nachstehend.

Daneben begehrt sie Feststellung hinsichtlich der zukünftig anfallenden und noch nicht bezifferbaren vermehrten Bedürfnisse.

I. PKW-Kosten

Die Familie hatte vor dem Unfall den PKW P. Transport zum Transport der Kinder und des Einkaufs. Der Ehemann nutzte ein Firmenfahrzeug. Die Klägerin fuhr viel mit dem Fahrrad. Nur selten benutzte sie das Fahrzeug des Ehemanns, da sie die meisten Wege mit dem Fahrrad erledigen konnte und der Ehemann als Heizungsinstallateur den PKW selbst benötigte. Nunmehr ist ihr das Fahrradfahren nicht mehr möglich. Mobilität muss jedoch gewährleistet werden. Die Klägerin musste sich einen geeigneten PKW anschaffen, mit welchem sie nunmehr Besorgungen tätigen kann. Ein Umbau des Firmenwagens des Mannes ist nicht

---

71 OLG Hamm DAR 1994, 496.
72 OLG Hamm NJW-RR 1994, 415.
73 OLG Koblenz VersR 1992, 612.

möglich, da er – sobald er wieder arbeitet – diesen benötigt. Ein Umbau des alten Familienfahrzeugs ist unwirtschaftlich, da der aktuelle Wert des Fahrzeugs (ca. 1.000,00 EUR) die Umbaukosten weit unterschreitet.

Für den angeschafften PKW ▪▪▪ war ein behindertengerechter Umbau erforderlich, wodurch die Klägerin in die Lage versetzt wird, mit diesem zu fahren. Abzüge bezüglich der Anschaffungskosten sind nicht zu machen, da die Klägerin vormals keinen PKW hatte und nunmehr einen benötigt, so dass ein ersparter Eigenanteil höchstens in den im Ergebnis zu vernachlässigenden Fahrradreparaturkosten gesehen werden könnte. Kosten entstehen für den angeschafften PKW in Höhe von ca. 30.000,00 EUR, sowie alle zehn Jahre erneut in dieser Höhe und Teuerungsrate. Dabei ist es falsch, dass der vor dem Unfall vorhandene PKW behindertengerecht hätte umgebaut werden können. Der Zeuge ▪▪▪ hat hierzu Erkundigungen eingeholt und wurde jeweils auf die wirtschaftliche Unmöglichkeit hingewiesen.

Beweis: Zeugnis des Zeugen ▪▪▪

Im Übrigen wäre die Klägerin schon jetzt auf die Argumentation der Beklagten gespannt, wenn sie an dem gebrauchten PKW P. einen behindertengerechten Umbau vorgenommen hätte, der den Wert des PKW überstiegen hätte, und der PKW P. ein Jahr später einen Motorschaden erlitten hätte, so dass eine Neuanschaffung notwendig geworden wäre.

Von wenig Sachverstand zeugt es dann auch, wenn die Beklagten meinen, dass nahezu jeder PKW behindertengerecht so umgebaut werden könne, dass die Benutzung für Behinderte und eine nicht behinderte Person möglich ist. Die Beklagten stellen selbst fest, dass die Pedalabdeckung aufgesteckt werden muss, damit der Behinderte fahren kann. Wollen die Beklagten ernstlich von der querschnittsgelähmten Klägerin verlangen, dass sie vor Fahrtantritt erst noch ihr Fahrzeug umbaut?

Die Beklagten vergessen auch, dass noch in größerem Umfang Veränderungen an der Sitzposition herbeigeführt werden müssen, die mechanische Kräfte erfordern.

Zum Beweis der Tatsache, dass es äußerst schwierig für die Klägerin wäre, das Fahrzeug in einen Zustand zu versetzen, dass sie damit fahren kann, beantragen wir

Beweis: richterliche Inaugenscheinnahme
Zeugnis des Zeugen ▪▪▪

Da der behindertengerechte Umbau sehr viel Platz benötigt, ergibt sich bereits dadurch eine erhebliche Auslese bei den PKW, da viele diesen Platz einfach nicht anbieten.

Im Übrigen erscheint dies alles unerheblich. Unter dem Aspekt des § 249 BGB ist sowohl zu beachten, dass die Klägerin vor dem Unfall selbst mit dem PKW fahren konnte, als auch, dass ein PKW zur Verfügung stand, welcher gleichzeitig von der gesamten Familie benutzt werden konnte. Als die Klägerin noch nicht verletzt war, konnte all dies ein einziges Fahrzeug leisten. Nunmehr sind zwei Fahrzeuge notwendig. Da die Beklagten die Klägerin jedoch in den Zustand zu versetzen haben, in dem sie sich vor dem Unfall befand, müssen sie die Kosten eines zweiten PKW vollumfänglich übernehmen.

Es wird nochmals darauf hingewiesen, dass es nicht einmal bei dem ▪▪▪ Bus ▪▪▪ möglich ist, diesen so für die Klägerin umzubauen, dass sie mit diesem fahren und gleichzeitig das Fahrzeug von allen sechs Familienmitgliedern benutzt werden kann. Denn ein behindertengerechter Umbau des Fahrerplatzes bedingt, dass die mittlere Sitzbank wegfällt, so dass wiederum maximal fünf Fahrplätze zur Verfügung stehen.

Beweis: Zeugnis des Zeugen ▪▪▪
richterliche Inaugenscheinnahme
Sachverständigengutachten

Der Zeuge ▪▪▪ hat auch hierzu zahlreiche Erkundigungen eingeholt. Das Gericht kann sich bei dem System im PKW ▪▪▪ davon überzeugen, dass es so viel Platz benötigt, dass die mittlere Sitzbank auch in einem ▪▪▪ Bus entfällt.

Mithin war es notwendig, dass sowohl ein PKW angeschafft wurde, mit dem die Klägerin selbst fahren kann, als auch einer, in dem die Klägerin auf einem behindertengerechten Beifahrersitz positioniert wird und alle anderen Familienmitglieder mitfahren können.

Äußerst naiv und städtisch verwöhnt mutet es an, wenn die Beklagten vortragen lassen, dass der Ehemann der Klägerin auch mit öffentlichen Verkehrsmitteln zur Arbeitsstätte gelangen könne. Die Klägerin wohnt mit ihrem Ehemann in einem kleinen Dorf, welches den ÖPNV allenfalls aus der Ferne sieht.

Weiter von Unkenntnis zeugt es, wenn die Beklagten vortragen lassen, dass der PKW ■■■ kein Dieselfahrzeug hätte sein müssen. Soweit die Beklagten ein Mitverschulden vortragen möchten, so seien sie daran erinnert, dass sie hierzu ausreichend darlegen. Dabei wird jedoch zu bedenken gegeben, dass Volkswagen bestimmte Fahrzeuge in einer mit einer Serienproduktion vergleichbaren Art und Weise herstellt. So nur ist es möglich, den beanspruchten Kaufpreis überhaupt zu erzielen. Bei einer Sonderanfertigung wäre dieser deutlich höher. Dann aber muss die Klägerin ein solches Fahrzeug nehmen, welches Volkswagen so herstellt. Da Volkswagen für den behindertengerechten Umbau jedoch nicht Fahrzeuge mit der kompletten Motorenpalette verwendet, hat sich die Klägerin bereits für den kleinsten Motor entschieden. Dabei gilt es zu berücksichtigen, dass das Fahrzeug durch den behindertengerechten Umbau ein viel höheres Gewicht erhält und ein kleinerer Motor überhaupt nicht ausreichend wäre.

Im Übrigen bedenkt Volkswagen auch einen Aspekt, den die Beklagten nicht bedenken. Die Klägerin ist als Schwerbehinderte von der Kfz-Steuer befreit. Dadurch ergeben sich bei einem Dieselfahrzeug geringere Unterhaltskosten, die einen höheren Kaufpreis ausgleichen. Da also für Behinderte Dieselfahrzeuge attraktiver sind, könnte Volkswagen PKW mit kleinen Benzinmotoren überhaupt nicht rentabel anbieten.

Somit ergibt sich, dass die Klägerin zwei Fahrzeuge benötigt. Eines, welches von ihr allein gefahren wird und eines, in dem sie und die gesamte restliche Familie gleichzeitig fahren können. Bereits deshalb sind alle anderen Erwägungen der Beklagten unerheblich. Hinsichtlich der Häufigkeit des wiederkehrenden Anspruchs wird vorgetragen, dass die Familie vor dem Unfall alle zehn Jahre ein Neufahrzeug angeschafft hat.

Beweis: Zeugnis des Zeugen ■■■

Da die Familie der Klägerin vor dem Unfall nur ein Fahrzeug unterhalten musste, nunmehr jedoch zwei, kann die Klägerin die Unterhaltskosten des zweiten PKW vollumfänglich begehren. Diese werden mit 300,00 EUR monatlich realistisch geschätzt.

Das Datenblatt der ADAC-Autokosten-Tabelle 2005 schätzt die Fixkosten für ein vergleichbares, jedoch nicht behindertengerechtes Fahrzeug mit jährlich 2.318,00 EUR, die Betriebskosten mit 1.025,00 EUR und die Werkstatt- und Reifenkosten mit 388,00 EUR ein.

Beweis: entsprechender Computerausdruck in Kopie als Anlage

Dies ergibt Gesamtjahreskosten iHv 3.731,00 EUR und damit monatliche Kosten iHv 310,92 EUR.

Die Klägerin ist vor dem Unfall pro Jahr ca. 2.000 km mit dem Fahrrad gefahren.

Beweis: Parteivernahme

Allein dies ergäbe bei PKW-Benutzung einen Betrag von monatlich 45,00 EUR. Zudem betragen die Kosten des PKW ■■■ für Haftpflicht- und Vollkaskoversicherung 1.183,74 EUR und damit monatlich ca. 100,00 EUR.

Beweis: Zeugnis des Zeugen ■■■

Zudem muss die Klägerin zu sehr vielen Arzt- und Physiotherapieterminen fahren. Die jährlichen Fahrleistungen können allenfalls geschätzt werden, betragen aber in jedem Fall 5.000 km. Hierfür muss die Klägerin also bereits 1.350,00 EUR jährlich und damit monatlich 112,50 EUR aufwenden. Pro Jahr ist eine Durchsicht des PKW durchzuführen. Die Kosten hierfür betragen in einer ■■■-Werkstatt ca. 250,00 EUR.

Beweis: richterliche Schätzung

Dies ergibt somit einen Betrag von monatlich ca. 20,00 EUR. Die Summe aus letztgenannten Beträgen beziffert sich somit bereits auf 280,00 EUR. Monatlich 20,00 EUR für die Wagenpflege auszugeben, erscheint realistisch. Da auch darüber hinaus noch Unterhaltskosten anfallen, erscheinen die Schätzung des ADAC und die durch die Klägerin geschätzten 300,00 EUR angemessen.

Abschließend zu den PKW-Kosten sei noch angemerkt, dass der Klägerin von der Beklagten zu 2 mehrmals außergerichtlich versprochen worden ist, dass diese sich um die PKW kümmern werde.

Beweis: Zeugnis des Zeugen ▄▄▄

Jedoch ist es bei leeren Worten geblieben. Auch unter diesem Aspekt gilt es, die materiellen wie immateriellen Ansprüche zu beleuchten

Ebenfalls sind der Klägerin die Mehr-Betriebskosten des zweiten PKW – Benzinkosten, Steuern, Versicherung, Wartungskosten – als vermehrte Bedürfnisse vollständig zu ersetzen. Allein für die gesteigerten Betriebskosten (Automatik statt Kupplung und höherer Verschleiß) eines umgebauten PKW Opel Kadett wurden 195,00 DM (99,70 EUR) monatlich angesetzt (OLG Stuttgart zfs 1987, 165).

II. Urlaub

Im Weiteren entstehen der Familie Kosten, da sie nicht mehr überall Urlaub machen kann. Die Familie muss in Zukunft ein behindertengerechtes Hotel buchen. Es muss hier gewährleistet sein, dass für den persönlichen Bedarf der Klägerin Vorrichtungen wie rollstuhlgerechte Dusche, Spezialmatratzen, Aufzug, Physiotherapieraum mit Geräten etc. vorliegen sowie medizinische Betreuung gewährleistet ist. Der Mehrbedarf erfasst hierbei nicht nur die Klägerin, sondern die gesamte Familie (sechs Personen), da diese gemeinschaftlichen Urlaub macht. Ein kurzer Wochenend(billig)urlaub ist ebenfalls nicht mehr möglich, weshalb hier Ersatz in Geld zu leisten ist. Mehrkosten entstehen vorliegend in Höhe von ca. 3.600,00 EUR im Jahr, mithin von 300,00 EUR monatlich.

Beweis: wie vor

Vor dem Unfall hat die klägerische Familie einmal jährlich einen zweiwöchigen Urlaub unternommen, der abwechselnd gestaltet war, sich jedoch immer als typischer Familienurlaub darstellte, wobei insbesondere auch auf die Kosten geachtet wurde. Luxusurlaube waren der Familie ▄▄▄ fremd.

Nach dem Unfall wird die Klägerin zweimal jährlich Urlaub beanspruchen. Auch wenn die Klägerin nunmehr in behindertengerechten Häusern untergebracht ist, ist Urlaub für sie jetzt mit besonderem Stress verbunden. Anders als für Nichtbehinderte muss sich die Klägerin erst an neue Umgebungen gewöhnen und diese für sich individuell herrichten. Auch die behindertengerechte Gestaltung erfüllt nur Mindeststandards, so dass trotzdem besondere Belastungen auf die Klägerin wirken.

Beweis: Parteivernahme
Zeugnis des Zeugen ▄▄▄

Die Klägerin und der Zeuge ▄▄▄ können von den bisherigen Erlebnissen berichten und entsprechend darstellen, wie sich der geringere Erholungswert ergibt.

Zudem ist der Besuch einer besonders behindertengerechten Einrichtung erheblich teurer gegenüber anderen Einrichtungen. Ein bestimmter Betrag wird hierzu nicht bestimmbar sein, da dies bei den einzelnen Einrichtungen erheblich abweicht. Der bezifferte Mehraufwand entspricht jedoch den Tatsachen.

Beweis: Zeugnis des Zeugen ▄▄▄

Die Familie der Klägerin fuhr vormals einmal im Jahr zwei Wochen in Urlaub. Ca. fünf Mal wurden Freunde über das Wochenende bzw ein verlängertes Wochenende besucht. Der zweiwöchige Urlaub ist nunmehr nicht mehr unproblematisch möglich. Vormals wurde meistens eine Ferienwohnung genommen. Nunmehr muss ein behindertengerechtes Hotel einerseits gesucht werden, andererseits muss das Hotel oder die Ferienwohnung ebenfalls einen Physiotherapieraum haben, da die Klägerin täglich ihre Muskeln und den Bewegungsapparat stärken muss. Dies ist medizinisch indiziert. In einem Hotelzimmer ist dies nicht möglich. Hierzu bedarf es ausgesuchter, speziell auf die Klägerin zugeschnittener Geräte zur Physiotherapie. Es gibt zwar viele Hotels mit behinderten- respektive rollstuhlgerechter Ausstattung, anders sieht dies jedoch bei

der Ersatz des Schädigers auf die fiktiven Kosten einer derartigen Rehabilitation. Der nach erfolgreicher Wiedereingliederung erzielte Mehrverdienst ist nicht etwa auf die Kosten der Umschulung und den vorher entstehenden Verdienstausfall anzurechnen. Im Übrigen kommt der beruflichen Neigung und Begabung des Verletzten bei der Wahl der Umschulungsmaßnahmen ein besonderes Gewicht zu. Scheitert die Umschulung wegen mangelnder Qualifikation des Verletzten oder kann der Verletzte bei erfolgreichem Abschluss der Umschulung keinen geeigneten Arbeitsplatz finden, sind die Umschulungskosten nur dann zu erstatten, wenn die Rehabilitationsmaßnahmen bei ihrer Einleitung als objektiv sinnvoll erschienen waren. An die Erfolgsprognose können im Rahmen des § 287 ZPO nicht allzu große Anforderungen gestellt werden, es genügen insoweit konkrete Erwartungen für den Erfolg der Rehabilitation.

Hätte allerdings der **Rehabilitationsträger** bei Beobachtung des Arbeitsmarktes und bei genauer Prüfung der Qualifikation des Verletzten die Sinnlosigkeit der beabsichtigten Umschulung erkennen müssen, kann ihm in entsprechender Anwendung des § 254 Abs. 2 BGB ein Mitverschuldenseinwand entgegengehalten werden. Trifft den Verletzten selbst ein Mitverschulden, ist § 254 Abs. 2 BGB ohnehin direkt anwendbar. Erzielt der Verletzte infolge einer an sich erfolgreichen Umschulung ein niedrigeres Einkommen, als er es nach dem Sollverlauf ohne Unfall – auch unter Wahrnehmung von Aufstiegschancen – gehabt hätte, besteht hinsichtlich der Einkommensdifferenz ein Zurechnungszusammenhang mit dem Unfall. Unterlässt der Geschädigte eine Umschulungsmaßnahme, kommt zunächst einmal ein – wohl mehr theoretischer – Verstoß gegen die Schadensminderungspflicht durch den Verletzten selbst in Betracht. Im Vordergrund steht jedoch die Verletzung der sozialrechtlichen Pflichten des Rehabilitationsträgers gegenüber dem Versicherten, mögliche und erforderliche Umschulungsmaßnahmen einzuleiten. Unterlässt dies der Rehabilitationsträger, ist im Verhältnis zum Schädiger § 254 Abs. 2 BGB entsprechend anwendbar, dh der Rehabilitationsträger muss sich auf seinen Regressanspruch wegen sonstiger zum Verdienstausfall kongruenter Leistungen das anrechnen lassen, was der Versicherte bei geglückter Rehabilitation als Einkommen erzielt hätte. Eigene Maßnahmen der Versicherer bzw der von ihnen eingeschalteten professionellen Berufshelfer zu einer Wiedereingliederung des Verletzten in den Erwerbsprozess gewinnen zunehmend an Bedeutung („Rehabilitationsmanagement"). Insoweit aufgewendete Kosten für Berufshelfer, für Arbeitsfindungsmaßnahmen, für die Einrichtung eines behindertengerechten Arbeitsplatzes, für Umschulungsmaßnahmen, zusätzliche Fahrtkosten uÄ werden vom Haftpflichtversicherer übernommen. Lehnt der Verletzte eine Mitwirkung bei diesen Rehabilitationsmaßnahmen ab, kommt theoretisch ein Verstoß gegen die Schadensminderungspflicht in Betracht; von diesem Einwand wird jedoch nur in Extremfällen Gebrauch gemacht.

Vorteile, die mit dem Erwerbsschaden in einem sachlichen Zusammenhang stehen, muss sich der Geschädigte anrechnen lassen, soweit dies nicht dem Sinn und Zweck des Schadensersatzrechts widerspricht, für den Geschädigten zumutbar ist und den Schädiger nicht unbillig entlastet. Solche anrechenbaren Vorteile sind zB die Kosten der Arbeitskleidung, der doppelten Haushaltsführung, die Fahrtkosten zur Arbeitsstätte etc. Meist wird hier ein allgemeiner Abzug von ca. 10% in Durchschnittsfällen angemessen sein und so durch ein Gericht gem. § 287 ZPO geschätzt werden können. Zur Anrechnung einer Abfindung des Arbeitgebers gibt es sich widersprechende Entscheidungen: Berücksichtigung der Nettoabfindung bei Auflösung eines Arbeitsverhältnisses im gegenseitigen Einvernehmen einerseits;[91] keine Anrechnung einer im Kündigungsschutzprozess vereinbarten Abfindung des Arbeitgebers anderer-

171

172

---

91 BGH NZV 1989, 345.

seits.[92] Wirtschaftliche Vorteile, die auf einem Konsumverzicht beruhen (zB Aufgabe der Haltung eines PKW), entlasten den Schädiger dagegen nicht.[93]

5. Brutto- oder Nettolohnersatz

173 Bruttolohn ist das Einkommen eines Arbeitnehmers vor Abzug von Lohn- und Kirchensteuer und einschließlich der Arbeitnehmer- und Arbeitgeberbeiträge zur Sozialversicherung. Nettolohn ist das, was dem Erwerbstätigen nach Abzug von Steuern und Beiträgen zur Sozialversicherung verbleibt. In Rechtsprechung und Literatur war streitig, ob bei der Berechnung des Erwerbsschadens der Brutto- oder der Nettolohn zugrunde zu legen ist. Nach der Bruttolohntheorie ist vom Bruttoeinkommen, also dem Lohn oder Gehalt einschließlich Steuern und Sozialversicherungsbeiträgen auszugehen. Ersparte Steuern und Beiträge werden im Wege des Vorteilsausgleichs berücksichtigt. Die modifizierte Nettolohntheorie stellt auf das Nettoeinkommen des Verletzten nach Abzug von Steuern und Sozialversicherungsbeiträgen ab. Tatsächlich anfallende Steuern und Sozialabgaben sind zu erstatten. Der Theorienstreit hatte aber keine wesentliche praktische Bedeutung. Bei richtiger Handhabung müssen – worauf der VI. Zivilsenat des BGH schon immer hingewiesen hatte – beide Theorien zu demselben wirtschaftlichen Ergebnis führen.[94] Die nach der modifizierten Nettomethode nicht zu erstatten-den (weil nicht anfallenden) Steuern und Sozialversicherungsbeiträge werden auch von den Anhängern der Bruttolohntheorie als Vorteil berücksichtigt. Hinsichtlich der Sozialversicherungsbeiträge fehlt für Schadensfälle ab 1.1.1983 dem Verletzten ohnehin die Aktivlegitimation (§ 119 SGB X: Übergang des Anspruchs auf den Sozialversicherungsträger). Die Darlegungs- und Beweislast für den Wegfall von Steuern und Sozialversicherungsbeiträgen trifft nach beiden Theorien den Geschädigten, und zwar auch beim Vorteilsausgleich im Rahmen der Bruttolohntheorie wegen der Nähe zu den in seiner Sphäre liegenden Umständen. Der Theorienstreit dürfte jetzt wohl durch eine Grundsatzentscheidung des VI. Zivilsenats des BGH[95] beendet sein. Bei beiden Methoden handelt es sich nur um Berechnungstechniken ohne eigenständige normative Aussage. Beide Methoden sind anwendbar, Zweckmäßigkeitserwägungen müssen entscheiden.

174 Damit dürfte die Schadensregulierungspraxis, die sich schon bislang an diesen Zweckmäßigkeitserwägungen orientiert und sich für die jeweils praktikabelste Lösung entschieden hat, wie folgt bestätigt sein:

- Bei Lohn- und Gehaltsfortzahlung brutto. Hier handelt es sich allerdings nicht um das Ergebnis von Zweckmäßigkeitserwägungen. Die Fortzahlung von Einkommensteuer und Sozialversicherungsbeiträgen durch den Arbeitgeber führt zwingend zur Anwendung der Bruttolohnmethode, da kein Vorteilsausgleich anfällt.
- Bei unselbständigen Arbeitnehmern stets netto.
- Bei Selbständigen brutto oder netto (siehe sogleich Rn 177 ff).

6. Entgeltfortzahlung

175 Fällt die Arbeitsleistung eines unselbständig Tätigen wegen Arbeitsunfähigkeit aus, hat der Arbeitgeber die Bezüge in der Regel für einen bestimmten Zeitraum weiter zu zahlen. In der Praxis am relevantesten ist dabei seit dem 1.6.1994 das Entgeltfortzahlungsgesetz (EFZG),

---

92 BGH NZV 1990, 225.
93 BGH NJW 1980, 1787.
94 BGH NZV 1999, 508.
95 VersR 1995, 104.

das die Einkommensfortzahlung für alle Arbeitnehmer, dh für Arbeiter, Angestellte und Auszubildende regelt. Danach erhält der unselbständig tätige Arbeitnehmer für sechs Wochen sein volles Gehalt weiter gezahlt. Der Verdienstausfallanspruch geht gem. § 6 EFZG auf den Arbeitgeber über, so dass dieser regressieren kann.

Hinweis: Dieser Hinweis sollte gerade bei kleineren Betrieben an den Arbeitgeber des Mandanten gerichtet werden. Oft wird dieser das nicht wissen und sich für den freundlichen Rat in der Weise bedanken, dass er dem Anwalt das Mandat zur Durchsetzung dieses Anspruchs erteilt.   **176**

7. Selbständige

Äußerst kompliziert kann die Berechnung bei einem Selbständigen sein. Die Ermittlung der Höhe des Erwerbsschadens eines Handwerkers, Kaufmanns, freiberuflich Tätigen oder Unternehmers bereitet in der Praxis erhebliche Schwierigkeiten. Dem Grundsatz, dass der Wegfall oder die Beeinträchtigung der Arbeitskraft als solche kein ersatzpflichtiger Schaden ist, kommt beim Selbständigen besondere Bedeutung zu. Gerade bei ihm bestimmt sich der Wert seiner Tätigkeit nicht nach der Dauer und Intensität des Arbeitseinsatzes, sondern nach dem dadurch erzielten wirtschaftlichen Erfolg. Fällt der Selbständige aus, kann sein Schaden daher nicht nach den Kosten einer fiktiven Ersatzkraft bestimmt werden. Der BGH hat es ausdrücklich abgelehnt, für diese Fälle die Grundsätze des normativen Schadens heranzuziehen oder den Schaden abstrakt zu berechnen.[96]   **177**

Für den erforderlichen Nachweis, ob und in welcher Höhe ein Erwerbsschaden entstanden ist, kommen dem Verletzten die Beweiserleichterungen der §§ 252 BGB, 287 ZPO zugute. Der Geschädigte muss alle Tatsachen und Anknüpfungspunkte, auf die sich die Schadensberechnung stützt und die die Gewinnerwartung wahrscheinlich machen sollen, konkret darlegen und beweisen.[97] Wegen der Schwierigkeiten, die die Darstellung der hypothetischen Entwicklung eines Geschäftsbetriebs bereitet, können hieran jedoch keine zu hohen Anforderungen gestellt werden.[98] Dies gilt insbesondere, wenn sich ein neu gegründetes Unternehmen noch in der Entwicklung befindet. Hier ist aus der Sicht der Praxis auch Vorsicht geboten, weil ein neu gegründetes Unternehmen nach den Vorstellungen des Geschädigten meist große Gewinnsteigerungen erzielen soll, die sich aber nicht immer mit den Realitäten decken. Bei der Schätzung des Schadens sollte sich das Gericht der Hilfe eines Sachverständigen bedienen.   **178**

Außergerichtlich müssen dem Schädiger alle Angaben und Unterlagen, die einem Sachverständigen zur Erstellung eines Gutachtens gemacht bzw vorgelegt wurden, zur Kenntnis gebracht werden.[99] Diese Grundsätze gelten auch, wenn die Erwerbsfähigkeit des Selbständigen zwar prozentual gemindert ist, Arbeitsfähigkeit aber besteht. Die gelegentlich festzustellende Praxis, den Schaden hier abstrakt aufgrund des Grades der MdE zu schätzen, steht nicht im Einklang mit den Grundsätzen des Schadensersatzrechts und der Rechtsprechung des BGH.   **179**

Für die Ermittlung der Schadenshöhe gibt es im Grundsatz drei Möglichkeiten: **180**

- **Gewinn aus konkret entgangenen Geschäften:** Die Fälle sind in der Praxis selten, sie beschränken sich auf bestimmte Berufsgruppen (Makler, Architekten). Die Gefahr einer Manipulation (Gefälligkeitsbescheinigungen) ist hier besonders hoch. An den Nachweis

---

96 BGH VersR 1992, 973.
97 BGH VersR 1988, 837.
98 BGH VersR 1993, 1284.
99 BGH VersR 1988, 837.

der Wahrscheinlichkeit des Entgangs eines Geschäfts sind daher strenge Anforderungen zu stellen. Gelingt der Beweis, ist im Übrigen zu berücksichtigen, dass die Durchführung des Geschäfts in der Regel Kosten verursacht hätte, die den Gewinn mindern, und dass außerdem Arbeitskapazität gebunden worden wäre, die nach Wiederherstellung der Arbeitsfähigkeit anderweitig eingesetzt werden kann.

181   ■ **Kosten einer Ersatzkraft:** Stellt der Verletzte wegen seines Ausfalls eine Ersatzkraft ein, sind deren Bruttokosten schon im Prinzip als Kosten der Schadensminderung zu ersetzen; sie mindern aber auch in der Regel entsprechend den Gewinn. Für beide Seiten ist hier eine subtile Prüfung geboten. Der tatsächliche Schaden kann höher, er kann aber auch geringer als die Bruttokosten der Ersatzkraft sein. Es ist durchaus möglich, dass der Ausfall des Verletzten durch die Ersatzkraft nicht voll aufgefangen wird oder dass umgekehrt eine besonders tüchtige Kraft den Gewinn vergrößert (Letzteres wohl eher selten). Der Schädiger muss auch prüfen, ob die Ersatzkraft nicht auch ohne den Unfall eingestellt worden wäre. Zu beachten ist, dass von den Bruttokosten die Steuerersparnisse abzusetzen sind. Arbeitet die Ersatzkraft unentgeltlich, sei es aus familiären Gründen, sei es als Mitglied einer Sozietät etc., so ist das eine Leistung, die den Schädiger nicht entlasten kann.[100] Die fiktiven Kosten einer vergleichbaren Ersatzkraft können zur Schätzung herangezogen werden, allerdings nur netto, also nach Abzug von Steuern und Sozialversicherungsbeiträgen.

182   ■ **Gewinnminderung:** Das für die Praxis wichtigste und in der Regel auch zweckmäßigste Verfahren besteht darin, aufgrund der vom Geschädigten dargelegten und nachgewiesenen Fakten den wahrscheinlich unfallbedingt entgangenen Gewinn zu schätzen. Auszugehen ist dabei von dem Gewinn, den der Geschädigte vor dem Unfall erzielt hat. Unter Berücksichtigung der besonderen Umstände (konkrete Dispositionen im Betrieb, allgemeine konjunkturelle Entwicklung etc.) ist sodann zu prüfen, ob sich dieser Gewinn während der Ausfallzeit ohne den Unfall fortgesetzt, erhöht oder vermindert hätte. Fällt der Verletzte nur kurzfristig aus, ist die Ermittlung des Gewinns nach Wiederaufnahme der Arbeit mit zu berücksichtigen.

183   **Hinweis:** Die hierfür wesentlichen Tatsachen sollten im Einvernehmen zwischen Geschädigtem und Schädiger möglichst schnell nach dem Unfall festgestellt, die Unterlagen möglichst bald durchgesehen werden. Als Unterlagen kommen vor allem Bilanzen, Gewinn- und Verlustrechnungen, Einkommensteuerbescheide und -erklärungen und Umsatzsteuervoranmeldungen und -bescheide in Betracht. Untersucht werden sollte ein Zeitraum vor dem Unfall von mindestens drei Jahren.

184   Festzustellen ist zunächst die Entwicklung des Umsatzes (Bruttoentgelt für die vom Betrieb erwirtschafteten Lieferungen und Leistungen) und des Rohgewinns (Umsatz abzüglich Aufwendungen für Roh-, Hilfs- und Betriebsstoffe sowie für bezogene Waren). Der Verlauf der fixen (fortlaufenden) und variablen Kosten ist zu berücksichtigen. Eine Rolle spielt auch die funktionelle und organisatorische Eingliederung des Verletzten im Betrieb und die konkrete Behinderung des Geschädigten. Besondere Schwierigkeiten bereitet das Problem der Abgrenzung der Folgen des Unfalls von den unfallunabhängigen Faktoren wie Konjunkturentwicklung, Fehldispositionen im Betrieb etc., sowie die Fälle, in denen sich der Betrieb noch in einer Anlaufphase befindet. Erschwert werden die Feststellungen häufig dadurch, dass die Bilanzen und die Gewinn- und Verlustrechnungen für das letzte Jahr vor dem Unfall (oder sogar für mehrere Jahre) in der Regel erst nach dem Unfall erstellt werden.

---

100 BGH NJW 1970, 95.

Hinweis: In der Praxis wird der Jurist die Auswertung der Unterlagen und die Schätzung des 185
entgangenen Gewinns dem Steuerfachmann, dem Betriebs- oder Volkswirt überlassen müssen. Er hat dabei jedoch darauf zu achten, dass der Steuerfachmann die juristischen Grundsätze des Schadensersatzrechts beachtet und anrechenbare Vorteile berücksichtigt.

Hat der Betrieb nicht rentabel gearbeitet, besteht die Möglichkeit, im Rahmen der §§ 252 BGB, 287 ZPO zu unterstellen, dass der Geschädigte Arbeitnehmer geworden wäre und ihm daher zumindest ein Arbeitnehmereinkommen entgangen ist.[101] Insbesondere bei einem jüngeren Menschen ist dann regelmäßig zu unterstellen, dass er jedenfalls eine seiner Ausbildung und Fähigkeiten entsprechende Tätigkeit in einem unselbständigen Arbeitsverhältnis ausgeübt hätte; dabei können verbleibende Risiken durch Abschläge berücksichtigt werden.

a) Schadensminderungspflicht

Abgesehen von den allgemeinen Pflichten hat der Selbständige sich insbesondere um eine 186
geeignete Ersatzkraft zu bemühen, den Betrieb erforderlichenfalls anders zu organisieren und entsprechend seiner Behinderung umzudisponieren, sowie die verbliebene Arbeitskraft im Rahmen des Zumutbaren voll einzusetzen. Bei einem nur kurz- oder mittelfristigen Ausfall ist er im Rahmen des Zumutbaren verpflichtet, entgangene Geschäfte oder unterbliebene Arbeitsleistungen durch eine maßvolle Verlängerung der täglichen Arbeitszeit nachzuholen.[102]

b) Vorteilsausgleich

Abzusetzen sind insbesondere weggefallene oder geminderte Steuern, wie Einkommensteuer, 187
Umsatzsteuer (der Wegfall von Umsatzsteuer für unfallbedingt nicht erbrachte Leistungen findet im Rahmen der variablen Kosten bei der Schätzung des Gewinnrückgangs bereits Berücksichtigung) und – beim Selbständigen von besonderer Bedeutung – Gewerbesteuer. Häufig übersehen werden Steuervorteile, wenn die Kosten einer Ersatzkraft verlangt werden. Durch die Entlohnung der Ersatzkraft mindert sich der Gewinn des Unternehmens und damit entsprechend die Einkommen- und Gewerbesteuer. Zu ersetzen sind daher nur die Kosten abzüglich Steuer, wobei die auf die Ersatzleistungen entfallende Einkommensteuer (nicht die Gewerbesteuer) ggf mit zu erstatten ist.

In einer Klageschrift kann der Verdienstausfall eines Selbständigen wie folgt dargelegt werden: 188

Muster: Klagevortrag (Verdienstausfall eines Selbständigen) 189

[...]

Der Kläger konnte ab dem Unfallzeitpunkt keine Tätigkeiten mehr in seinem Betrieb wahrnehmen. Der Kläger zahlt sich ein monatliches Einkommen (Entnahme) von 2.500,00 EUR aus. Zunächst soll dargestellt werden, was vor dem Unfall den Tätigkeitsbereich des Klägers umfasste, sodann, was heute noch möglich ist.

Der Kläger beschäftigte letztes Jahr ca. zwölf Angestellte. Der Kläger kümmerte sich um die Akquise, erledigte Büroarbeit, beaufsichtigte die angestellten Drucker und kontrollierte sie. Er übte die Qualitätskontrolle aus, kontrollierte die Maschinen, kontrollierte und fertigte Probedrucke und Druckereierzeugnisse etc. Dabei fing die Kontrolle beim Bestellen des Papiers an, ging über die Qualitätsprüfung bis zum Probedruck.

---

101 BGH VersR 1957, 750.
102 ME fernliegend bei dem üblichen Selbständigen, der sowieso länger als 40 Stunden in der Woche arbeitet, so aber BGH VersR 1971, 544.

Sodann wurde noch manches verändert, bis der Kunde mit den Vorschlägen des Klägers zufrieden war, die Massenproduktion erfolgte und endete wieder mit einer Qualitätskontrolle. So achtete der Kläger darauf, eine enge Kundenbindung herzustellen und zufriedene Kunden zu haben.

Nach dem Unfall ergab sich ein Abbruch. Der Kläger lag im Krankenhaus, es ging plötzlich nichts mehr. Der Vater des Klägers hat während der Zeit im Krankenhaus den Betrieb geleitet. Er war dazu in der Lage, da er vormals den Betrieb geleitet und die nötige Fachkenntnis hatte, aber auch den hohen Einsatz bewältigen konnte. Der Vater war bereits in Rente. Die ersten vier Monate nach dem Unfall konnte der Kläger überhaupt nicht arbeiten gehen. Er war damit beschäftigt, gesund zu werden, zumindest mit seinen dauerhaften Verletzungen leben zu lernen. Er befand sich jeweils stationär in der Uniklinik, danach schloss sich stationär eine Rehabilitation an. Der Vater des Klägers leitete in dieser Zeit mit vollem Einsatz das Unternehmen des Klägers.

Beweis: Zeugnis des Herrn ■■■.
Parteivernehmung

Die Arbeit des Vaters hatte einen Wert von mindestens 2.500,00 EUR netto, ein Betrag, der sich insbesondere auf die starken unternehmerischen Bezüge der Tätigkeit, jedoch auch den kompletten administrativen Bereich stützt.

Beweis: richterliche Schätzung
Sachverständigengutachten
Parteivernehmung des Klägers
Zeugnis des Herrn ■■■

Es ist dabei zu berücksichtigen, dass einerseits schnell jemand zur Leitung des Betriebs gefunden werden musste. Andererseits liegt in der Tätigkeit keine reine Druckertätigkeit vor. Die Tätigkeit des Vaters umfasst bis heute die Organisation der Produktion, Kundenkontakt sowie direktive Tätigkeit, insbesondere eigene Entscheidungen über Produktionsabläufe zu treffen. Der Vater war hier trotz der Kenntnis des Unternehmens anfangs mehr als zehn Stunden pro Tag, nunmehr ca. acht Stunden pro Tag mit der Qualitätskontrolle beschäftigt. Der Kläger kann diese Arbeiten nicht mehr ausführen, da er nicht in der Lage ist, das Druckprodukt zu kontrollieren.

Dem Kläger ist das Arbeiten in seinem Betrieb nur noch teilweise möglich. Er schreibt maßgeblich Angebote und Rechnungen und versucht ebenfalls, Akquise zu betreiben. Für das Erstellen von Angeboten, die vormals zehn Minuten Zeit beanspruchten, fallen nun fast 20 Minuten an. Gedächtnisprobleme sind noch immer vorhanden. Die Arbeit geht nicht mehr leicht von der Hand.

Die Arbeit des Vaters hat einen Wert von mindestens 2.500,00 EUR netto monatlich. Zu beachten ist dabei, dass der Arbeitsmarkt für die Geschäftsleitung einer Druckerei keine Angebote parat hält. Lediglich der einfache Drucker ist zu einem Preis von ca. 2000,00 EUR brutto einzustellen.

Für die ersten vier Monate fällt ein Verdienstausfall von 10.000,00 EUR an. Es wird davon ausgegangen, dass der Kläger sich nicht die überobligatorische Arbeit des Vaters in seinem Betrieb zu seinen Lasten anrechnen lassen muss (BGH NJW 1970, 95). Es bestehen auch real Forderungen des Vaters gegenüber dem Kläger in dieser Höhe

Beweis: Zeugnis des Herrn ■■■

Ab 1.3.2005 hilft der Vater des Klägers wie beschrieben für ca. acht Stunden pro Tag mit. Der Arbeitsumfang hat sich etwas reduziert, da der Kläger Büroarbeiten erledigen kann. Trotz der Beeinträchtigungen versucht er, seinen Betrieb lebensfähig zu halten. Der Vater übernimmt die Arbeit, welche der Kläger, wie unter Punkt Schmerzensgeld beschrieben, mangels der Fähigkeit, die Sinne einzusetzen, nicht mehr durchführen kann. Der Wert der Arbeit beträgt mindestens 2.000,00 EUR netto. Bis Ende Juni fallen 8.000,00 EUR an. Ab 1.7.2005 fallen für jeweils drei Monate Zahlungen in Höhe von 6.000,00 EUR an.

Beweis: richterliche Schätzung

Zeugnis des Herrn ■■■
Parteivernehmung
Sachverständigengutachten

Sollte hierzu weiterer Vortrag notwendig sein, wird um richterlichen Hinweis gebeten.

In der Folge wird der Vater des Klägers nicht mehr auf Dauer in der Firma arbeiten können. Wie der Ausfall sodann verkraftet werden soll, ist ungewiss. Es steht zu befürchten, dass der Betrieb verkauft werden muss und der Verdienst von den Beklagten zu ersetzen sein wird. Dies ist in den Feststellungsantrag mit einzubeziehen. Es wird darauf hingewiesen, dass der Kläger bis zum gegenwärtigen Renteneintrittsalter noch ca. 25 Jahre hätte arbeiten müssen, was die Beklagten als Schaden zu ersetzen hätten.

Weiter ist es dadurch zu einer Einbuße gekommen, dass der Betrieb nicht mehr so reibungslos funktioniert wie vormals. Insbesondere gehen die Gewinne im Betrieb des Klägers zurück. Wir wollen hierzu ausführlich vortragen:

Im Jahr 2003 hatten der Kläger sowie seine Mutter eigenständige Unternehmen. Der Kläger machte einen Umsatz von 237.000 EUR, einen Gewinn von 15.555,24 EUR.

Beweis: Parteivernehmung des Klägers
Jahresabschluss 2003 als Anlage K 4

Die Mutter sowie der Vater des Klägers hatten eine Druckerei, Umsatz 716.000 EUR, Gewinn 48.000 EUR.

Beweis: Zeugnis des Herrn ■■■
Jahresabschluss 2003 der ■■■ Steuerberatungsgesellschaft mbH

Am 1.1.2004 wurden die Druckbetriebe zusammengelegt. Der Kläger hatte einen Anteil von 80%, die Mutter von 20%, der Vater schied aus dem Unternehmen aus. Die Mutter des Klägers ist lediglich stille Teilhaberin. Entscheidungen trifft der Kläger.

Beweis: Zeugnis des Herrn ■■■
Parteivernehmung des Klägers

Geplant war, durch die Zusammenlegung die Marktgröße sowie Umsatz und Gewinn zu steigern. Geplant war, im Jahr 2004 einen Umsatz von 1,1 Mio EUR zu erreichen, einen Gewinn von 91.000,00 EUR, 2005 einen Umsatz von 1.260.000,00 EUR zu erreichen, einen Gewinn von 181.000,00 EUR. Dieses Ziel wäre aufgrund der Marktlage realisierbar gewesen.

Beweis: Sachverständigengutachten

Durch den Unfall hat die weitere intensive Akquise und Werbung nicht stattfinden können. Umsatz sowie Gewinn sind zwar gestiegen, nicht jedoch so wie ohne den Unfall. Am problematischsten war, dass durch den Wegfall des Klägers trotz des hohen Arbeitsaufwandes des Vaters Aufträge im Wert von ca. 6.000,00 EUR monatlich nicht wahrgenommen werden konnten und dem Vater des Klägers nichts anderes übrig blieb zur Bewältigung der vorhandenen Arbeit, als die Auftraggeber an die Konkurrenz zu verweisen. Dies wäre ohne den Unfall nicht erfolgt. Die Kostenstruktur beträgt etwa 37%, weshalb für Oktober, November und Dezember 2004 je ein Schaden in Höhe von 3.780,00 EUR, mithin 11.340,00 EUR anfällt. 80% stünden hier unserem Mandanten als Entnahme zu, mithin 9.072,00 EUR, welche begehrt werden.

Im Januar und Februar verminderte sich der Betrag auf ca. 3.000,00 EUR, was zu einem Schaden von 3.024,00 EUR führt.

Beweis: Zeugnis des Herrn ■■■

Ab März werden wieder alle Aufträge angenommen. Zu berücksichtigen ist hier jedoch der dauerhafte Umsatzrückgang, der durch die Abwesenheit des Klägers geprägt ist.

Der Kläger weiß, dass es schwierig ist, den Umsatzverlust eines Selbständigen zu schätzen, es bestehen jedoch die Beweiserleichterungen des § 287 ZPO, welche das Gericht nutzen kann. Im vorangegangenen

Janeczek 311

Rahmen bitten wir das Gericht, eine Schätzung vorzunehmen, inwiefern die Vergabe an andere Unternehmen einen dauerhaften Ausfall darstellt.

Beweis: richterliche Schätzung, § 287 ZPO

Sachverständigengutachten, § 287 ZPO

Rechtsanwalt

190 Abschließend soll noch einmal zusammenfassend die **Geltendmachung des Personenschadens nach einem schweren Verkehrsunfall** in einer Klageschrift dargestellt werden. Auch wenn jeder Personenschaden sehr individuell ist und die Berechnungen fast nie auf einen vergleichbaren Fall übertragen werden können, so gilt es doch stets an die gleichen Schadenspositionen zu denken, die fast alle in der abschließenden Klageschrift Berücksichtigung finden:

191 **Muster: Klageschrift (Personenschaden nach schwerem Verkehrsunfall)**

An das ▪▪▪gericht, ▪▪▪

Klage

In Sachen

des Herrn ▪▪▪

– Kläger –

Prozessbevollmächtigte: RAe ▪▪▪

gegen

1. Herrn ▪▪▪ [Schädiger]

– Beklagter zu 1 –

2. Haftpflicht Versicherungs AG, ▪▪▪ [Anschrift], vertreten durch den Vorstand, dieser vertreten durch den Vorstandsvorsitzenden ▪▪▪ (Schadensnummer: ▪▪▪)

– Beklagte zu 2 –

wegen Schadensersatzes, Schmerzensgeld und Feststellung

Streitwert: wir beantragen Festsetzung

Namens und in Vollmacht des Klägers erheben wir Klage und werden beantragen:

1. Die Beklagten werden gesamtschuldnerisch verurteilt, an den Kläger 31.195,77 EUR nebst gesetzlicher Zinsen von 5% über dem Basiszinssatz hieraus seit dem 21.4.2003 zu zahlen.

2. Die Beklagten werden gesamtschuldnerisch verurteilt, an den Kläger ein angemessenes Schmerzensgeld für den Zeitraum vom 25.10.2003 bis zum Schluss der letzten mündlichen Verhandlung nebst gesetzlicher Zinsen von 5% über dem Basiszinssatz hieraus seit dem 16.4.2004 unter Berücksichtigung eines bereits gezahlten Betrags iHv 30.000,00 EUR zu zahlen.

3. Die Beklagten werden gesamtschuldnerisch verurteilt, an den Kläger ein angemessenes Schmerzensgeld für die von seiner Ehefrau ▪▪▪, verstorben am 25.9.2003 gegen 00.43 Uhr, unfallbedingt erlittenen Verletzungen nebst gesetzlicher Zinsen von 5% über dem Basiszinssatz hieraus seit dem 16.4.2004 zu zahlen.

4. Die Beklagten werden gesamtschuldnerisch verurteilt, an den Kläger 400,00 EUR Haushaltsführungsschadensrente monatlich für jeweils drei Monate im Voraus, beginnend ab dem 1.7.2005, jeweils zum 1.7., 1.10., 1.1. und 1.4. eines jeden Jahres zu zahlen.

5. Die Beklagten werden gesamtschuldnerisch verurteilt, an den Kläger monatlich 384,71 EUR wegen entgangener Dienste der Ehefrau im Haushalt für jeweils drei Monate im Voraus, beginnend ab dem 1.7.2005, jeweils zum 1.7., 1.10., 1.1. und 1.4. eines jeden Jahres zu zahlen.

6. Die Beklagten werden gesamtschuldnerisch verurteilt, an den Kläger monatlich 200,00 EUR Verdienstausfallrente für jeweils drei Monate im Voraus, beginnend ab dem 1.7.2005, jeweils zum 1.7., 1.10., 1.1. und 1.4. eines jeden Jahres zu zahlen.

7. Die Beklagten werden gesamtschuldnerisch verurteilt, an den Kläger eine angemessene Rente für vermehrte Bedürfnisse für jeweils drei Monate im Voraus, beginnend ab dem 1.7.2005 jeweils zum 1.7., 1.10., 1.1. und 1.4. eines jeden Jahres zu zahlen.

8. Es wird festgestellt, dass die Beklagten gesamtschuldnerisch verpflichtet sind, dem Kläger sämtliche materiellen und immateriellen Schäden, Letztere, soweit sie nach der letzten mündlichen Verhandlung entstehen, aus dem Unfall vom 24.9.2003 auf der Bundesstraße 333 bei ▪▪▪stadt, ca. 250 Meter nach der Kreuzung ▪▪▪ von ▪▪▪stadt aus kommend in Fahrtrichtung ▪▪▪ zu ersetzen, soweit die Ansprüche nicht auf Sozialversicherungsträger oder sonstige Dritte übergehen.

9. Die Beklagten tragen die Kosten des Verfahrens.

10. Sofern das Gericht das schriftliche Vorverfahren anordnet, beantragen wir bereits jetzt bei Säumnis der Beklagten den Erlass eines entsprechenden Versäumnisurteils, im Falle eines Anerkenntnisses den Erlass eines entsprechenden Anerkenntnisurteils ohne mündliche Verhandlung.

Begründung:

Der Kläger macht Feststellungs-, Schadensersatz- und Schmerzensgeldansprüche aus einem Verkehrsunfall vom 24.9.2003 um ca. 19.05 Uhr auf der B 333 in ▪▪▪ geltend. Fahrer und Halter des unfallgegnerischen PKW, amtliches Kennzeichen ▪▪▪, war der Beklagte zu 1. Das Fahrzeug des Beklagten zu 1 war zum Unfallzeitpunkt bei der Beklagten zu 2 haftpflichtversichert, so dass sich daraus die Passivlegitimation der Beklagten zu 2 ergibt.

Der Beklagte zu 1 befuhr mit seinem PKW die B 333 aus Richtung ▪▪▪ kommend in Richtung ▪▪▪. Die Fahrbahnoberfläche war nass, es regnete stark, und es herrschte Dunkelheit. Nach dem Durchfahren einer Rechtskurve, ca. 250 Meter nach der Kreuzung ▪▪▪ , kam der Erstbeklagte nach links auf die Gegenfahrbahn und stieß aufgrund überhöhter Geschwindigkeit mit dem sich im Gegenverkehr befindenden, entgegenkommenden Kläger zusammen. Durch die Kollision wurden beide PKW auf das angrenzende Feld geschleudert. Der Kläger erlitt durch den Unfall schwerste Verletzungen, seine Ehefrau, welche als Beifahrerin mitfuhr, starb an den Verletzungen.

Beweis: Beiziehung der amtlichen Ermittlungsakte der Staatsanwaltschaft ▪▪▪, Az ▪▪▪

Gemäß §§ 823 Abs. 1, 847, 823 Abs. 2 BGB iVm §§ 3 Abs. 1 StVO, 7, 18 StVG begehrt der Kläger Feststellung, Schadensersatz und Schmerzensgeld. Der Unfall war für den Kläger ein unabwendbares Ereignis. Der Kläger fuhr am rechten äußeren Fahrbahnrand. Der Erstbeklagte fuhr mit überhöhter Geschwindigkeit in die Kurve. Die Fahrbahn war nass. Er kam auf die Gegenfahrbahn. Der Kläger konnte nicht damit rechnen, dass der Erstbeklagte auf seine Fahrbahnseite wechseln würde. Er konnte des Weiteren seinen PKW nicht mehr abbremsen, ausweichen oder sonst die Kollision verhindern. Somit haften die Beklagten zu 100%.

I. Schadenspositionen

1. Durch den Tod seiner Frau entstanden dem Kläger Beerdigungskosten. Im Einzelnen fielen an:

Einzelgrabstelle	715,81 EUR
Sargbestattung	275,06 EUR
Pauschale für kirchliche Bestattungsfeier	25,56 EUR
Trauerbekleidung	1.190,59 EUR
Friedhofsunterhaltungsgebühren 2003	25,56 EUR

Benutzungsgebühr Redehalle	25,56 EUR
Bestattungskostenrechnung	1.469,33 EUR
Auslagen für Danksagung	92,29 EUR
Sarggesteck und Blumen	88,20 EUR

Kosten entstanden somit in Höhe von 3.907,96 EUR.

Beweis: Vorlage der Rechnungen (Anlage K1)

Zeugnis des Herrn ▪▪▪

2. Der PKW des Klägers erlitt durch den Unfall einen Totalschaden. Der PKW musste abgeschleppt werden.

Abschleppkosten fielen in Höhe von 143,72 EUR an, welche begehrt werden.

Beweis: Rechnung des Autohauses ▪▪▪ vom 15.10.2003 (Anlage K2)

3. Zuzahlungen

Der Kläger musste zu den vielfach verschriebenen Medikamenten sowie Physiotherapien Zuzahlungen leisten. Im Einzelnen fielen an:

Zuzahlung vom 3.1.2004	4,50 EUR
Zuzahlung vom 20.12.2003	11,35 EUR
Zuzahlung vom 20.12.2003	29,66 EUR
Zuzahlung vom 27.12.2003	2,35 EUR
Zuzahlung vom 12.8.2004	4,50 EUR
Zuzahlung vom 1.8.2004	10,00 EUR

Für die Physiotherapie fielen 339,28 EUR an. Für eine Urinflasche fielen 6,54 EUR an. Weitere 151,83 EUR fielen für Medikamente an.

Beweis: Vorlage der Rechnungen (Anlage K3)

4. Reha-Aufenthalt

Der Kläger verlängerte seinen Aufenthalt um eine Woche in der Rehaklinik ▪▪▪, da die verschriebene Zeit nicht ausreichte, um weitere Besserungserfolge zu erzielen und besser mit den nachfolgend unter „Schmerzensgeld" aufgeführten Verletzungen leben zu können. Die Folgewoche war auch medizinisch indiziert. Für eine Woche fiel hier ein Betrag in Höhe von 696,84 EUR an.

Beweis: Rechnung der Rehaklinik ▪▪▪ vom 20.12.2003 (Anlage K4)

Sachverständigengutachten, § 287 ZPO

5. Fahrtkosten

Des Weiteren fielen Fahrtkosten der Kinder des Klägers, des Herrn ▪▪▪ und der Frau ▪▪▪, an, welche als Besuchskosten naher Angehöriger, die aus medizinischer Sicht notwendig waren, ebenfalls ersatzfähig sind, sowie Heilbehandlungsfahrten des Klägers. Herr ▪▪▪ sowie Frau ▪▪▪ führten hierüber ein Fahrtenbuch, woraus sich bis einschließlich August 2004 eine Fahrstrecke von insgesamt 17.940 Kilometern ergibt.

Es wird im Folgenden dargestellt, wann sich der Kläger im Krankenhaus befand und wann er von wem in dieser Zeit besucht worden ist:

a) Krankenhausaufenthalt in ▪▪▪ vom 24.9.2003 bis 8.10.2003

Besuche:

Herr ▪▪▪: 28.9., 29.9., 30.9., 1.10., 2.10., 3.10., 4.10., 6.10., 7.10.,

Frau ▪▪▪: 25.9., 26.9., 28.9., 29.9., 30.9., 1.10., 2.10., 3.10. 4.10., 6.10., 7.10.

Herr ▪▪▪ musste insgesamt 9 x 40 km und Frau ▪▪▪ 11 x 180 km fahren. Insgesamt errechnet sich ein Betrag von 2.340 km.

b) Krankenhausaufenthalt in ▪▪▪ vom 9.10.2003 bis zum 24.10.2003

Besuche:

Herr ■■■: 9.10., 13.10., 20.10.

Frau ■■■: 10.10., 12.10.-19.10., 22.10.-24.10.

Herr ■■■ musste insgesamt 3 x 220 km und Frau ■■■ 12 x 250 km fahren. Insgesamt errechnet sich ein Betrag von 3.660 km.

c) Aufenthalt in Rehaklinik ■■■ 25.10.2004 bis 21.12.2004

Besuche:

Herr ■■■: 28.10., 4.11., 11.11., 17.11., 20.11., 24.11., 1.12., 15.12.

Frau ■■■: 21.10. (zur Abklärung und Vorbereitung der Maßnahme); 25.10.-28.10., 30.10., 31.10., 2.11., 3.11., 5.11, 6.11., 7.11., 9.11., 10.11., 12.11., 14.11., 16.11., 17.11., 18.11., 22.11., 24.11., 26.11., 28.11., 30.11., 2.12., 4.12., 6.12., 9.12., 11.12., 16.12., 17.12., 19.12.

Herr ■■■ musste insgesamt 8 x 230 km und Frau ■■■ insgesamt 32 x 90 km fahren. Insgesamt errechnet sich ein Betrag von 4.720 km.

Somit beträgt der Umfang der Krankenhausbesuchsfahrten 10.720 km.

d) Krankenbesuche zu Haus ab 25.12.2003

Nach der Entlassung aus der Rehaklinik war eine umfangreiche Betreuung durch die Kinder notwendig. Der Kläger durfte aufgrund seiner psychischen Situation nicht zu lang allein gelassen werden. Insbesondere in dieser Zeit vermisste er seine Ehefrau in seiner gewohnten Umgebung sehr. Das Alleinsein war schwierig. Es musste auch durch Besuche verhindert werden, dass der Kläger depressiv wird. Psychisch war es die schwerste Zeit für den Kläger, da er nun nicht mehr einen großen Teil seiner Zeit durch Behandlungsmaßnahmen abgelenkt wurde.

Beweis: Sachverständigengutachten
Parteivernahme des Klägers, § 287 ZPO

Dies gilt bereits deshalb, weil der Kläger bettlägerig war und daher zu viel Zeit hatte, um über den Verlust seiner Ehefrau nachzudenken.

Beweis: wie vor

Besuche:

Herr ■■■: 5.1., 6.1., 10.1., 19.1., 20.1., 22.1., 26.1., 27.1., 29.1., 1.2., 3.2., 5.2., 7.2., 9.2., 11.2., 14.2., 16.2., 17.2., 21.2., 24.2., 26.2., 2.3., 3.3., 6.3., 9.3., 13.3., 16.3., 18.3., 20.3., 21.3., 24.3., 25.3., 30.3., 31.3., 6.4., 13.4., 14.4., 18.4., 20.4., 21.4., 24.4., 27.4., 28.4., 3.5., 4.5., 5.5., 9.5., 10.5., 13.5., 17.5., 25.5., 26.5., 27.5., 31.5., 8.6., 12.6., 15.6., 16.6., 19.6., 22.6., 23.6., 25.6., 29.6., 30.6., 2.7., 5.7., 9.7., 12.7., 13.7., 16.7., 18.7., 20.7., 23.7., 26.7., 27.7.

Frau ■■■: 22.12., 3.1., 4.1., 6.1., 7.1., 11.1., 12.1., 13.1., 17.1., 18.1., 23.1., 28.1., 29.1., 2.2., 3.2., 6.2., 7.2., 11.2., 12.2., 18.2., 19.2., 20.2., 23.2., 24.2., 27.2., 6.3., 7.3., 11.3., 14.3., 17.3., 22.3., 25.3., 27.3., 31.3., 2.4., 4.4., 6.4, 7.4., 10.4., 12.4., 13.4., 17.4., 22.4., 26.4., 30.4., 1.5., 4.5., 5.5., 7.5., 8.5., 11.5., 12.5., 15.5., 19.5., 21.5., 24.5., 28.5., 3.6., 7.6., 9.6., 11.6., 17.6., 25.6., 26.6., 1.7., 2.7., 6.7., 7.7., 10.7., 11.7., 27.7., 29.7.

Insgesamt musste der Zeuge ■■■ 76 mal mindestens 20 km und die Zeugin ■■■ insgesamt 72 mal mindestens 75 km fahren. Daher errechnet sich ein Gesamtbetrag von 6.920 km.

e) Krankenhausbesuch, 30.7.2004 bis 14.8.2004

Ab August 2004 wurde ein Fahrtenbuch nicht mehr geführt. Herr ■■■ hat seinen Vater vier Mal in ■■■ im Krankenhaus besucht. Jeweils fielen 75 km an, so dass noch 300 km hinzuzurechnen sind.

Aus entsprechender Übersicht ergeben sich Krankenbesuchsfahrten im Umfang von 17.940 km. Sämtliche Besuche waren medizinisch notwendig.

Beweis: Sachverständigengutachten

Ersatzfähig sind Benzinkosten sowie Kosten für kilometerbezogene Wertminderung durch Verschleiß, Reparaturkosten und Abnutzung. Bei einem Verbrauch von zehn Litern pro 100 Kilometer fallen bereits Benzinkosten iHv 12 Cent pro Kilometer an. Unter Einrechnung der Wertminderung und der weiteren Kosten ergibt sich ein Wert von 0,26 EUR pro Kilometer und somit ein Betrag von 5.305,30 EUR.

Sämtliche Besuchsfahrten waren aus medizinischer Sicht zur Begünstigung des Heilungsverlaufes notwendig.

Beweis: Sachverständigengutachten

6. Telefonkosten

In der Zeit des Krankenhaus- sowie Reha-Aufenthalts fielen durch tägliches Telefonieren Telefonkosten an. Die Kinder des Klägers telefonierten durchschnittlich täglich mit ihrem Vater 45 Minuten. Dies war notwendig und medizinisch indiziert, da der Kläger durch seine eigenen Verletzungen, jedoch auch durch den Tod seiner Frau niedergeschlagen war und Lebensfreude vollständig entfiel. Hierfür kann Frau ■■■, die Tochter des Klägers, konkrete Telefonkosten in Höhe von 175,82 EUR nachweisen. Aus Kostengründen wurde zwischen den Kindern und dem Kläger vereinbart, dass die Kinder des Klägers diesen anrufen, da Telefoneinheiten von der jeweiligen Klinik aus mehr kosten, als angerufen zu werden.

Telefonkosten fallen weiterhin an, da der Kläger auf Hilfe seiner Kinder angewiesen ist, und diese koordiniert werden muss. Deshalb ist dem Antrag unter dem Gesichtspunkt der vermehrten Bedürfnisse stattzugeben.

II. Schmerzensgeld

Durch den Unfall erlitt der am 1.4.1934 geborene, derzeit 68-jährige Kläger schwerste Verletzungen. Nach dem Verkehrsunfall wurde er durch den eintreffenden Notarzt erstversorgt, danach wurde er in das Krankenhaus ■■■ eingeliefert.

Erstdiagnostiziert wurden eine ausgedehnte Schädelablederungswunde, Prellung und Lungenriss der rechten Lunge, Dünndarm- und Dickdarmverletzungen mit Durchblutungsstörungen, Trümmerbruch der Hüftpfanne mit Hüftgelenksverrenkung links, offene Kniegelenksverletzung mit Abscherung der Oberschenkelgelenkrolle innenseits und Kniescheibenabriss rechts, erstgradig offener Bruch des Ellenbogens rechts, Innenknöchelbruch rechts.

Insgesamt war der Kläger 14 Tage in ■■■ auf der Intensivstation. Es bestand Lebensgefahr.

Durch Intensivtherapie mit Beatmung bis zum 28.9.2003 konnte eine Besserung der Lungensituation erreicht werden. Es erfolgten zahlreiche Operationen.

Eine Thoraxsaugdrainage wurde angelegt, eine Laparotomie mit Dünndarmresektion (Öffnung der Bauchhöhle) sowie eine Übernähung des Durchbruchs wurde angestrengt. Es erfolgte eine Spülung sowie Anlegen einer Drainage.

Am selben Tag erfolgte des Weiteren die Osteosynthese der Abrissfraktur des Kniegelenks und Anlage eines Gipses.

Am 27.9.2003 erfolgte eine weitere Operation.

Die linke Hüfte wurde aus der Verrenkungsstellung eingerichtet. Im Verlauf der weiteren Behandlung kam es zu Stellungsverschlechterungen der Hüftpfannentrümmerbrüche.

Am rechten Ellenbogen musste die anfangs eingebrachte Zugurtung wegen Ausrisses eines Drahtes nochmals operativ korrigiert werden.

Der Kläger wurde am Unfalltag mit schwersten Verletzungen in das Krankenhaus ■■■ eingeliefert. Die Verletzungen des Klägers waren lebensgefährlich und der Zustand des Klägers lebensbedrohlich.

Beweis: Bericht des Krankenhauses ■■■ vom 11.10.2003 in Kopie als Anlage K5
Zeugnis des Zeugen Dr. med. ■■■.

Nachdem der Kläger vier Tage künstlich beatmet worden war, befand er sich bis zum 8.10.2003 auf der Intensivstation des Krankenhauses ■■■.

Beweis: wie vor
Zeugnis der Zeugin ■■■.

Am 8.10.2003 wurde der Kläger in die Uniklinik ■■■ verlegt, da nur diese Kenntnisse zur Versorgung der sehr schweren Hüftpfannenverletzung hat.

Als vorliegend wohl schwerste Verletzung ist der Trümmerbruch der Hüftpfanne mit Hüftgelenksverrenkung links anzusehen. Die Hüftpfanne war in einem solchen Ausmaß zertrümmert und die Behandlung daher so kompliziert, dass eine Fachklinik damit betraut werden musste. Daher erfolgte die Überweisung zur Universitätsklinik ■■■.

Beweis: Zeugnis des Zeugen Dr. med. ■■■.
Bericht des Klinikums ■■■ vom 23.11.2003 in Kopie als Anlage K6

Dies war notwendig, weil es bei der Reposition der Hüftluxation, Acettabulumfraktur und Fraktur des hinteren Beckenrings jeweils zu einer Dislokation kam, so dass die operative Versorgung in einer Spezialklinik notwendig wurde.

Beweis: ärztlicher Bericht des Universitätsklinikums ■■■ vom 6.2.2004 in Kopie als Anlage K7

Im Bericht des Klinikums ■■■ wiesen die Ärzte noch einmal auf die Schwere und die besondere Häufung der Verletzungen hin.

Beweis: ärztlicher Bericht vom 8.2.2004 in Kopie als Anlage K8

Am 25.10.2003 erfolgte dann die Überweisung zur Frührehabilitation nach ■■■, die dann bis Mitte Dezember 2003 erfolgt ist.

Somit bestand bereits hier ein stationärer Aufenthalt im Umfang von drei Monaten.

Der weitere Behandlungsverlauf gestaltete sich wie folgt:

Bereits kurz nach Beendigung des Rehabilitationsaufenthalts, noch im Jahr 2003, kam es beim Kläger zu einer schweren posttraumatischen Coxarthrose und einer Femurkopfnekrose. Der Hüftkopf löste sich auf. Darum wurde die Implantation einer künstlichen Hüfte notwendig.

Beweis: Sachverständigengutachten des Universitätsklinikums ■■■ (Anlage K9)
Zeugnis des Herrn Dr. ■■■, zu laden über das Universitätsklinikum ■■■
Sachverständigengutachten
Zeugnis der Frau Dr. med. ■■■

Da das Becken aufgrund des Trümmerbruchs instabil war, konnte die Implantation der Hüfte nicht sofort erfolgen. Vielmehr war ein Zuwarten bis zur ausreichenden Stabilität des Beckens notwendig.

Beweis: wie vor

Für den Kläger bedeutete dies, dass er bis zum 30.7.2004 mit einem aufgelösten Hüftknochenkopf leben musste. Um die Stabilität des Beckens möglichst schnell herzustellen, durfte der Kläger dieses nicht belasten. Praktisch bedeutete dies, dass der Kläger von der Entlassung aus der Rehabilitation bis zum 30.7.2004 mehr als sieben Monate nur auf dem Sofa lag.

Beweis: Sachverständigengutachten
Zeugnis des Dr. ■■■
Zeugnis der Zeugin ■■■

> Parteivernahme des Klägers
> Zeugnis der Frau ▪▪▪

Die Zeugin ▪▪▪ ist die behandelnde Ärztin des Klägers. Sie hat den Kläger auch während der schweren Zeit bis zum 30.7.2004 medizinisch betreut und kann angeben, dass der Kläger aufgrund seines Zustands bis zum 30.7.2004 bettlägerig war.

In dieser Zeit wurde der Kläger zudem von einem Pflegedienst betreut, der mehrmals täglich die häusliche Krankenpflege übernahm.

Beweis: Parteivernahme des Klägers, b.b.
Zeugnis der Zeugin ▪▪▪

Aufgrund der Hüftkopfnekrose in Verbindung mit den übrigen Verletzungen bestand nach Überwindung der Lebensgefahr die latente Gefahr einer Lähmung.

Beweis: Sachverständigengutachten
Zeugnis des Dr. ▪▪▪

Am 30.7.2004 erfolgte dann die Operation im Universitätsklinikum ▪▪▪. Der stationäre Aufenthalt dauerte insgesamt 14 Tage.

Beweis: Zeugnis des Dr. ▪▪▪
Parteivernahme des Klägers, b.b.
Zeugnis der Frau ▪▪▪

Hiernach konnte der Kläger erstmalig wieder seine Hüfte teilbelasten. Es wurde ihm ein „Aufstand mit Teilbelastung" erlaubt.

Beweis: wie vor

Hiernach schloss sich ein dreiwöchiger Rehabilitationsaufenthalt in ▪▪▪ an.

Beweis: Parteivernahme des Klägers
Zeugnis der Frau ▪▪▪

Anschließend wurde weiter eine intensive physiotherapeutische Behandlung durchgeführt.

Beweis: Zeugnis der Zeugin ▪▪▪
Parteivernahme des Klägers
Zeugnis der Frau ▪▪▪

Der Kläger ist aufgrund seiner Verletzungen schwer gezeichnet. Seine Lebenseinstellung hat sich verändert.

Durch den Unfall ist der Kläger nur schwerlich in der Lage, sein Leben zu gestalten. Seine Lebensfreude ist fast vollständig abhanden gekommen. Die Beeinträchtigungen und Folgen sind äußerst gravierend.

Durch die Verletzungen kann der Kläger seinen Tagesablauf nicht beeinflussen. Er ist täglich aufs Neue auf die Hilfe von Pflegern sowie seiner Kinder angewiesen.

Auf die Einnahme von Medikamenten wird der Kläger in der Prognose ebenfalls zeitlebens nicht verzichten können, weshalb bereits hierzu dem Feststellungsbegehren stattzugeben ist.

Besonders problematisch für den Kläger erscheint die ausweglose Situation. Trotz der vormals guten körperlichen Verfassung wird eine vollständige Ausheilung wegen der sehr schweren Verletzungen nicht möglich sein. Die Verletzungen werden täglich aufs Neue schmerzlich erlebt werden müssen.

Die vormals gute physische Situation hat sich bereits stark verschlechtert. Der Kläger wohnt in ländlichem Gebiet. Dies war der Wunsch der Eheleute, da sie sehr naturverbunden sind. Der Kläger arbeitete mit Begeisterung im Garten, baute Gemüse sowie Blumen an. Er erledigte so weit wie möglich sämtliche Besorgungen mit dem Fahrrad. Er verbrachte viel Zeit in der Natur. Am Wochenende unternommene Fahrradtouren sowie Wanderungen können jetzt nicht mehr durchgeführt werden. Dies alles ist dem Kläger durch den Unfall nicht mehr möglich. Er empfindet aufgrund des ausgeübten Natur- und Landlebens seine jetzige Situation als besonders schmerzlich. Seine vormalige Kreativität – er reparierte Fahrräder – hat sich stark eingeschränkt. Der Bewegungsdrang ist vollständig zum Erliegen gekommen. Dadurch hat sich ebenfalls die vormals robuste Psyche des Klägers verschlechtert.

Weiterhin belastet den Kläger, dass die Pflegebedürftigkeit lebenslang zu erwarten ist. Die Verletzungsfolgen werden zeitlebens aufs Neue täglich erfahren werden. Wie viele Physiotherapieeinheiten anfallen werden, kann bislang nicht abgeschätzt werden. Regelmäßig werden ambulante ärztliche Termine wahrzunehmen sein.

Im Alter ist erhöhte Pflegebedürftigkeit zu erwarten.

Bislang versucht die Familie des Klägers, diesen stark zu unterstützen. Die Kinder besorgen das tägliche Leben des Klägers. Durch die Kinder findet der Kläger familiären Halt.

Sehr schmerzlich ist für den Kläger, dass seine Ehefrau durch den Unfall ums Leben kam. Der Schmerz wirkt stark, Zukunftsperspektiven sind mit einem Mal verlorengegangen. Durch die fehlende Möglichkeit, in die Natur zu gehen oder nützliche Arbeit zu verrichten, belastet ihn der Tod seiner Frau stark, da er keine Ablenkung findet. Hinzu kommt, dass sich der Kläger Vorwürfe wegen des Todes seiner geliebten Ehefrau macht. Obwohl der Unfall für ihn unvermeidbar war, fragt er sich doch jeden Tag aufs Neue, was er anders hätte machen können, um den Tod seiner Ehefrau zu verhindern. Schließlich ist ein besonderer Schock des Klägers zu beachten, den er erlitt, nachdem er, noch im Unfallwagen befindlich, seine schwerstverletzte Ehefrau, die schließlich verstorben ist, erblickte. Unter dem erlittenen Trauma leidet er auch heute noch stark.

Der Kläger hat bis heute nicht den Tod seiner geliebten Ehefrau verwunden. Lange Zeit hat er versucht, die Tatsache des Todes zu verdrängen. Erst lange Zeit nach dem Unfall hat er überhaupt damit angefangen, den Tod der Ehefrau zu verwinden. In diesem äußerst schwierigen und schmerzhaften Prozess befindet er sich noch heute.

Beweis: Sachverständigengutachten

Der früher immer lebensfrohe und junggebliebene Kläger ist heute sehr oft sehr ruhig und von Traurigkeit durchdrungen.

Dabei gilt es auch zu berücksichtigen, dass der Kläger sein Leben lang äußerst motiviert Sport getrieben hat. In dem Bewusstsein, dass sich mangelhafte Bewegung in der Jugend und im mittleren Alter erst später bemerkbar machen, war er stets bemüht, in der Bewegung einen Jungbrunnen zu finden. Auch viel jüngere Personen haben sich von der Fitness und der Kraft des Klägers vor dem Unfall beeindruckt gezeigt. Seine Hoffnung, auch im Alter noch aktiv sein zu können und das Leben in vollen Zügen mit seiner Ehefrau zu genießen, wurde durch den Unfall völlig zerstört. Heute leidet der Kläger unter jedem Schritt. Mehr als fünf Minuten Laufen am Stück sind illusorisch. Sofort setzen heftige Schmerzen im Knie ein, die weitere Bewegungen nicht denkbar erscheinen lassen. All die geliebten Hobbys wie Schlittschuhfahren, Skilaufen oder Wandern gehen heute überhaupt nicht mehr. Besonders schlimm für den Kläger ist dabei die Hoffnungslosigkeit, da mit einer Besserung des Zustands nicht zu rechnen ist. Vielmehr muss sich der Kläger mit einer weiteren Verschlimmerung des Zustands auseinandersetzen, was einer frühzeitigeren und rasch fortwirkenden Arthrose geschuldet ist. Der Kläger muss sich damit abfinden, möglicherweise bald ständig auf einen Rollstuhl angewiesen zu sein.

Beweis: Sachverständigengutachten

Außenstehende bemerken, dass sich der Kläger zurückgezogen hat.

Beweis: Zeugnis der Frau ■■■

Die Zeugin ■■■ hat den Kläger intensiv vor und nach dem Unfall erlebt und kann die Veränderungen beschreiben.

Auf Familienfeiern zB ist der lebensbejahende Kläger nicht mehr anzutreffen. Der Kläger ist still geworden und redet viel weniger.

Beweis: wie vor

Der Kläger berichtet davon, dass es jedes Jahr ein Höhepunkt war, mit der Tochter und deren Familie in den Urlaub zum Skifahren oder zum Wandern zu fahren. Dies wurde jedes Jahr mindestens einmal durchgeführt.

Beweis: wie vor

Dies geht heute nicht mehr. Damit fällt für den Kläger der alljährliche Aktivurlaub aus. Für den Kläger ist das sehr schmerzlich, da er früher mit großer Freude den kommenden Urlaub erwartet hat und dieser ein besonderer Höhepunkt in jedem Jahr war.

Mit dem Unfalltag sind auch die großen gemeinsamen Träume des Klägers mit seiner Ehefrau geplatzt. Den Unfallwagen hatten der Kläger und seine Frau erst kurz vor dem Unfall angeschafft.

Beweis: Zeugnis des Frau ■■■
            Parteivernahme des Klägers

Ihr gesamtes gemeinsames Arbeitsleben haben sich der Kläger und seine Frau große Pläne für die Zeit des Ruhestands gemacht. Die Zeit, die früher nicht da war, sollte nun intensiv zum Reisen genutzt werden.

Beweis: wie vor

So sollte mit dem PKW intensiv Deutschland und seine Attraktionen besucht werden. Hierauf hat sich der Kläger lange gefreut.

Beweis: wie vor

Mit einem Mal ist durch den Unfall alles zerplatzt. Die Person, die dem Kläger mehr als zwei Drittel des Lebens jeden Tag an der Seite stand, war plötzlich nicht mehr da. Zu der Trauer um den plötzlichen Verlust der Ehefrau kommt nun auch die Ausweglosigkeit. Die großen Pläne, die geschmiedet wurden, sind nicht mehr durchführbar. Die Kraft für neue Pläne ist kaum da.

Beweis: wie vor

Nur sehr langsam beginnt sich der Kläger wieder mit der Durchführung von Urlauben zu beschäftigen. Er denkt an die Durchführung einer Kreuzfahrt. Jedoch fehlt ihm hierzu der Mut. Er war es gewohnt, dass immer eine vertraute Person, nämlich seine Frau, dabei ist. Allein zu verreisen, ist für den Kläger fast unvorstellbar. Für den Außenstehenden ist dies vielleicht nur schwer nachvollziehbar, jedoch wird dies verständlich, wenn bedacht wird, dass der Kläger durch sein Leben mit seiner Ehefrau geprägt war und es nun im Alter schwer ist, diese Prägungen zu beseitigen.

Es kann nur gehofft werden, dass der Kläger sich zu überwinden in der Lage ist.

Sehr schlimm für den Kläger sind auch die vielen Stunden allein zu Haus. Während früher immer jemand da war, sitzt der Kläger nun sehr oft allein. Gerade die langen Winterabende wirken dabei sehr deprimierend. Der Kläger sinniert oft über die Situation ohne Unfall und ist dann voller Trauer über die entgangenen Freuden. Mit Worten sind diese Schmerzen kaum zu beschreiben.

Dies ist alles besonders schlimm, weil der Kläger auch körperlich leidet. Sein gesamter Alltag wird heute durch den Unfall bestimmt. Der Kläger ist in seiner Belastung erheblich eingeschränkt und hat Schmerzen, welche von den arthrotischen Erscheinungen und den Bewegungseinschränkungen herrühren.

Beweis: Parteivernahme des Klägers

Längere Strecken als 100m kann er nicht laufen. So fällt es ihm auch schwer, der häuslichen Einsamkeit zu entfliehen.

Bitter für den Kläger ist auch, dass er kein Licht am Ende des Tunnels sieht. Er weiß, dass sich sein Zustand nicht mehr bessern wird. Zudem weiß er, dass über kurz oder lang weitere Operationen und Verschlechterungen eintreten werden.

Das künstliche Hüftgelenk wird allenfalls zehn Jahre halten und die Arthrose im Knie wird zukünftig ein künstliches Kniegelenk erfordern.

Beweis: Sachverständigengutachten

Weitere Operationen stehen also an. Die Verträglichkeit wird mit zunehmendem Alter nicht besser.

Einzugehen ist auch auf die ständigen Darmprobleme des Klägers. Das Sachverständigengutachten (Anlage B2) fasst dies kühl wie folgt zusammen:

„Unregelmäßiger Stuhlgang mit weicherer Konsistenz nach operativ versorgten Dünndarm- und Sigmaverletzungen sowie häufiger Harndrang nach stumpfem Bauchtrauma."

Bei der Behandlung mussten der Dünndarm und der Dickdarm ein Stück verkürzt werden.

Beweis: Zeugnis des Zeugen Dr. ■■■

Die beschriebene weichere Konsistenz stellt, übersetzt, einen ständig auftretenden Durchfall dar. Darum muss sich der Kläger von Schonkost ernähren. Fettige Sachen und blähende Speisen dürfen nicht mehr aufgenommen werden. Auch kalte Getränke wie das kühle Bier nach getaner Arbeit fallen für den Kläger aus, da ansonsten sofort eine Überbelastung des Darms mit anschließendem Durchfall erfolgen würde.

Beweis: Sachverständigengutachten

Durch den Unfall musste der Kläger also seinen Speiseplan erheblich umstellen. Trotzdem machen sich täglich die Probleme bemerkbar.

Insgesamt ist also festzustellen, dass der Kläger lebensgefährlich verletzt worden ist. Ein erheblicher Dauerschaden verbleibt. Mehrere Monate musste er stationär behandelt werden. Mehr als sieben Monate war der Kläger zusätzlich noch bettlägerig. Das Leben des Klägers hat sich erheblich zum Nachteil verändert. Er ist in der Mobilität eingeschränkt, entgangene Freuden sind in erheblichem Umfang festzustellen. Lang gehegte Pläne sind nicht mehr zu verwirklichen. Schließlich hat der Kläger durch den Unfall noch seine geliebte Ehefrau und damit den Halt in seinem Leben verloren.

Der Kläger leidet unter dem Unfall sehr. Schmerzlichst wird er jeden Tag aufs Neue an den Unfall und seine Folgen erinnert.

Der Kläger stellt die Höhe des Schmerzensgeldes in das Ermessen des Gerichts, es wird jedoch davon ausgegangen, dass ein Schmerzensgeld in Höhe von **mindestens** 75.000,00 EUR angemessen ist.

Verweisen wollen wir hierbei auf die Schmerzensgeldtabelle von *Hacks/Ring/Böhm*, 23. Auflage 2005, Ziffer 2643 (Urteil des LG Gera vom 27.4.1999 – 3 O 3307/95). Zu berücksichtigen ist, dass das zitierte Urteil bereits 1999 rechtskräftig wurde. Eine Indexanpassung müsste hier erfolgen. Schmerzensgelderhöhend sind ebenfalls die grobe Fahrlässigkeit des Schädigers, die Anzahl der Operationen, die Schmerzen durch den Tod der Ehefrau sowie vor allem die bislang verzögerte Regulierung der Beklagten zu 2) zu berücksichtigen.

In Verbindung mit diesem Betrag wird das Gericht schon jetzt auf das Urteil des BGH in VersR 1996, S. 990, hingewiesen, wonach bei der Festsetzung des für angemessen gehaltenen Schmerzensgeldes dem Richter nach § 308 ZPO durch die Angabe eines Mindestbetrags nach oben keine Grenzen gezogen sind.

Bei der Bemessung der Schmerzensgeldhöhe gilt es weiter folgende Entscheidungen zu berücksichtigen:

- LG München I (Schmerzensgeldtabelle, aaO, Ziffer 21.2738)

Dieses Urteil stammt noch aus der Zeit vor dem vielzitierten Urteil des LG München aus dem Jahr 2001, in dem es im Bereich schwerer Verletzungen die Schmerzensgeldbeträge praktisch um 25% erhöht hat. Trotzdem hat es bei vergleichbaren Verletzungen ein Schmerzensgeld iHv 75.000,00 EUR ausgeurteilt. Indexiert entspricht dies einem Betrag iHv 81.000,00 EUR. Auch dort hatte der Geschädigte als schwerste Verletzung eine komplizierte Hüftgelenksfraktur. Ebenso verblieb ein Dauerschaden. Der stationäre Aufenthalt dauerte drei Monate. Im streitbefangenen Fall kommt noch hinzu, dass der Kläger mehr als sieben Monate liegen und intensiv gepflegt werden musste. Zudem sind die multiplen Verletzungen, die Lebensgefahr und natürlich der Verlust einer nahen Angehörigen zu berücksichtigen.

■ OLG Bamberg (Schmerzensgeldtabelle, aaO, Ziffer 21.2740)

In diesem Fall urteilte das Gericht ein Schmerzensgeld iHv 75.000,00 EUR aus, was indexiert 82.000,00 EUR entspricht. Der Entscheidung liegen auch zahlreiche Brüche zugrunde. Der Dauerschaden ist vergleichbar. Während bei der Entscheidung des OLG Bamberg der Krankenhausaufenthalt länger war, bestand beim Kläger Lebensgefahr. Weiterhin ist beim Kläger der Verlust der Ehefrau schmerzensgelderhöhend zu berücksichtigen.

Obige Entscheidungen zeigen, dass vorliegend ein Schmerzensgeld iHv 75.000,00 EUR in jedem Fall angemessen ist. Soweit das Urteil des LG Gera zitiert worden ist, ist dies geschehen, um zu verdeutlichen, dass bei besserem Heilungsverlauf bereits ein indexiertes Schmerzensgeld iHv 50.000,00 EUR ausgeurteilt wurde. Doch waren die Verletzungen im Fall des LG Gera bei weitem nicht so multipel. Darmprobleme bestanden nicht. Der Kläger musste sich hingegen zwei längeren stationären Aufenthalten und anschließenden Rehabilitationen unterziehen. Dazwischen war der Kläger lange bettlägerig und auf ständige Pflege angewiesen. Zudem verlor er bei dem Unfall seine Frau. Es ist vorliegend also ein viel schwererer Fall zu beurteilen als der, der dem LG Gera zur Entscheidung vorlag.

Das als angemessen erachtete Schmerzensgeld ist somit nach diesseitigem Dafürhalten auszuurteilen.

III. Schmerzensgeld der Ehefrau

Der Kläger begehrt des Weiteren das Schmerzensgeld der Ehefrau aus übergegangenem Recht.

Frau ▬▬▬ war Beifahrerin in dem PKW des Klägers. Durch den Unfall erlitt sie schwerste Verletzungen, an denen sie schließlich verstarb. Durch den Unfall wurde Frau ▬▬▬ auf dem Beifahrersitz eingeklemmt. Diagnostiziert wurde ein Polytrauma mit irreversiblem, haemorrhagischem Schock, eine Thoraxkontusion mit Rippenserienfraktur links, Lungenprellung, stumpfes Bauchtrauma mit erheblichem blutendem Einriss des Mescolon sigm., zweitgradig offener handgelenksnaher Speichenbruch rechts, geschlossener Oberschenkeletagenbruch links, zweitgradig offener Schienbeinkopftrümmerbruch links, Beckenringverletzung durch nicht verschobene Sitz- und Schambeinbruchbildung rechts.

Am Unfallort fand durch den Notarzt eine Bergung statt, Intubation und Beatmung. Eine weitere Versorgung erfolgte im Krankenhaus ▬▬▬.

Am 25.9.2003 musste um 00.43 Uhr der Tod festgestellt werden.

Frau ▬▬▬ war in der Fahrgastzelle eingeklemmt, erkannte jedoch ihre Situation.

Der Kläger stellt die Höhe des Schmerzensgeldes seiner Frau ebenfalls in das Ermessen des Gerichts, ist jedoch der Auffassung, dass ein Schmerzensgeld von **mindestens** 10.000,00 EUR angemessen ist. Es wird verwiesen auf die Schmerzensgeldtabelle von *Hacks/Ring/Böhm*, 23. Auflage 2005, Ziffern 1625, 1641, 1690. Aufgrund der kurzen Überlebenszeit ist ein Schmerzensgeld in dieser Höhe ausreichend und sachgerecht. Es wird darauf hingewiesen, dass schmerzensgelderhöhend das Schmerzempfinden der Ehefrau berücksichtigt werden muss sowie eine Indexanpassung der zitierten Urteile. Dass das Schmerzensgeld dem Kläger zugute kommt, führt im Übrigen nicht zu einer geringeren Bemessung (OLG München, ▬▬▬ v. 16.12.1969, VersR 1970, 643).

Zur Einschätzung des angemessen Schmerzensgeldes wird auf folgende Entscheidungen verwiesen, wobei anzumerken ist, dass Frau ▬▬▬ erst sechs Stunden nach dem Unfall verstorben ist:

■ OLG Karlsruhe, Urt. v. 12.9.1997 – 10 U 121/97 = OLGR 1997, 20: 1.500,00 EUR bei Überlebenszeit von zehn Minuten für einen bewusstlosen Mann

■ BGH, Urt. v. 12.5.1998 – VI ZR 182/97 = VersR 1998, 1034: 1.500,00 EUR, Tod nach einer Stunde Bewusstlosigkeit

- KG, Urt. v. 25.4.1994 – 22 U 2282/93 = NJW-RR 1995, 91: 3.200,00 EUR bei kurzzeitigem Überleben nach einem Verkehrsunfall bei Bewusstlosigkeit

- OLG Saarbrücken, Urt. v. 30.7.1993 – 3 U 43/93-9: 7.500,00 EUR bei Tod nach neun Minuten im brennenden Auto

- OLG Düsseldorf,Urt. v. 24.4.1997 – 8 U 173/96 = OLGR 1998, 31: 67.500,00 EUR bei Tod nach fünf Wochen im komatösen Zustand.

Unter Indexierung der Schmerzensgeldbeträge und Beachtung der entsprechenden Entwicklung der Rechtsprechung erscheint ein Schmerzensgeld iHv **mindestens** 10.000,00 EUR angemessen.

IV. Haushaltsführungsschaden, Unterhaltsschaden

Gem. §§ 823 Abs. 1, 843 Abs. 1 BGB beansprucht der Kläger Ersatz für den verletzungsbedingt erlittenen Haushaltsführungsschaden sowie den haushaltsspezifischen Unterhaltsschaden durch den Tod seiner Frau. Aufgrund des Unfalls konnte unser Mandant seiner vor dem Unfall ausgeführten Tätigkeit gar nicht oder nur eingeschränkt nachkommen. Daher trat sowohl eine Mehrung seiner eigenen Bedürfnisse als auch eine Einschränkung seiner (Haushalts-)Erwerbstätigkeit ein.

1. Arbeitsaufwandsberechnung:

Zur Berechnung der Höhe dieser Schadenposition ist zunächst die tatsächliche Arbeitszeit des Geschädigten vor Eintritt des Unfalls zu ermitteln.

Hierbei wird im Folgenden Rückgriff genommen auf die Tabellen aus *Schulz-Borck/Hofmann*, Schadensersatz bei Ausfall von Hausfrauen und Müttern im Haushalt, 6. Auflage 2000.

Gem. Tabelle 8 (Arbeitszeitaufwand im Haushalt in Std./Woche insgesamt und seine Verteilung auf die Haushaltsperson absolut und in v.H.) ist von Haushaltstyp Nr. 3 auszugehen. Der Kläger ist nicht erwerbstätig und lebte mit seiner Ehefrau in einem Zwei-Personen-Haushalt. Das Einfamilienhaus besteht aus sechs Zimmern, Küche, Bad und umfasst 130 qm. Die Wohnung ist durchschnittlich ausgestattet mit einem Kühlschrank, Waschmaschine, Gefrierschrank und Staubsauger, jedoch ohne Geschirrspülmaschine.

Damit ergibt sich nach Tabelle 8 ein durchschnittlicher Arbeitsaufwand von 65,0 Std., wovon auf die Ehefrau 40,5 Std. (62,3%) entfallen und auf den Ehemann 24,5 Std. (37,7%). Entsprechend Tabelle 2 (Zu- und Abschläge in Stunden pro Woche) sind von diesem Durchschnittswert Zu- und Abschläge zu machen.

a) Zuschläge:

Das Ehepaar ■■■ hatte einen 300 qm großen Garten, den es bewirtschaftete. Der Garten teilt sich auf in einen 200 qm großen Nutzgarten und einen 100 qm großen Ziergarten. Tabelle 2 rechtfertigt pro Quadratmeter Garten einen Zuschlag von 0,4 Stunden pro Quadratmeter und Jahr, so dass auf die 300 qm großen Garten 120 Std. im Jahr entfallen.

Des Weiteren geht Tabelle 1a (Unterstellungen zur Ermittlung der Arbeitszeit) bei einem Zwei-Personen-Haushalt von durchschnittlich 68 qm bei der Berechnung der Arbeitszeit aus. Aufgrund der Größe der Wohnung sind Zuschläge zu machen. Für die zusätzlichen 62 Mehrquadratmeter nehmen wir in Anlehnung an die Tabelle 2 pauschal eine Mehrbelastung von zwei Stunden pro Woche an.

Somit ergibt sich ein Gesamtzuschlag von 4,3 Std.

Beweis: richterliche Schätzung, § 287 ZPO
Sachverständigengutachten, § 287 ZPO
Zeugnis des Herrn ■■■

b) Abschläge sind nicht ersichtlich.

c) Gesamt:

Bei einem Aufwand gem. Tabelle 8 von 65,0 Std. sind 4,3 Std. hinzuzurechnen, was einen Gesamtaufwand von 69,3 Std. bedeutet. Davon entfielen auf den Kläger ■■■ 37,7%, also 26,1 Std., auf seine Frau entfielen 62,3%, also 43,2 Std.

2. Reduzierter Haushalt

Durch den Tod der Ehefrau hat sich einerseits der Umfang der Hausarbeitspflicht verringert. Es fällt zB weniger Wäsche an. Die meisten zu verrichtenden Arbeiten bleiben jedoch im Umfang ähnlich arbeitsintensiv (Garten, säubern, saugen). Es wird daher eine Pauschalierung unter der Berücksichtigung der Quadratmeterzahl sowie des Gartens vorgenommen. Aufgrund der Größe der Wohnung in Verbindung mit dem Garten rechtfertigt es sich, von einem gehobenen Haushalt auszugehen.

Beweis: richterliche Schätzung gem. § 287 ZPO
        Inaugenscheinnahme

Gemäß Tabelle 1 fällt ein durchschnittlicher Arbeitsaufwand in einem reduzierten Zwei-Personen-Haushalt von 31,6 Std. pro Woche an. Hiervon entfielen auf die Ehefrau 62,3%, 20 Std. pro Woche, auf den Kläger 11,6 Std. pro Woche.

3. Schadensberechnung

Als Vergütungsgruppe wird gemäß Tabelle 3 bei dauerhaftem Ausfall in der Haushaltsführung Vergütungsgruppe VII herangezogen (gehobene Haushalte ohne Kinder oder Durchschnittshaushalte mit organisatorischen Besonderheiten; hier: das im Eigentum des Klägers stehende Einfamilienhaus mit Garten). Als gehoben kann nämlich ein Haushalt gelten, wenn das Haus im Eigentum der Familie steht.

Bei Teilausfall ist die Vergütungsgruppe IXb BAT-0 heranzuziehen (Durchschnittshaushalt ohne Kinder).

Beweis: richterliche Schätzung, § 287 ZPO

Die Berechnung folgt der Formel Monat x 3 : 13, was dem Wochenlohn entspricht. Dieser wird durch sieben geteilt, was dem Tageslohn entspricht, und mit den entsprechenden Ausfalltagen multipliziert.

4. Unterhaltsschaden im Haushalt

Die Ehefrau wurde bei dem Unfall schwer verletzt und verstarb kurz danach. Der Haushaltsführungsschaden der Ehefrau stellt somit für den Ehemann einen Unterhaltsschaden dar, der hiermit begehrt wird.

Ein Schaden durch den Ausfall der Ehefrau (20 Std. pro Woche) entsteht iHv 699,89 EUR monatlich netto nach der Vergütungsgruppe VII BAT-0. Vom Unfalltag bis 31.12.2003 entstand ein Schaden von 2.261,18 EUR.

Für das Jahr 2004 ergibt sich ein Schaden in Höhe 8.398,68 EUR. Aufgerechnet werden müssen dagegen die durch den Tod ersparten Barunterhaltsansprüche der Ehefrau gegen den Kläger. Der Kläger bezieht eine monatliche Rente iHv 917,91 EUR. Die Ehefrau des Klägers erhielt bis zum Unfalltag eine Rente iHv 300,94 EUR.

Beweis: Kontoauszug in Kopie als Anlage (Anlage K10)

Des Weiteren erhält der Kläger seit dem Unfall eine Witwenrente iHv 56,69 EUR

Beweis: Bescheid in Kopie als Anlage (Anlage K11)

Die Berechnung erfolgt nach der Methode des BGH (VersR 1984, 81).

Auszugehen ist von der Rente zum Unfallzeitpunkt iHv 917,91 EUR, wovon Fixkosten iHv 150,00 EUR abzuziehen sind. Hiervon die Hälfte sind 383,96 EUR.

Die Ehefrau erhielt 300,94 EUR, wovon Fixkosten iHv 50,00 EUR abzuziehen sind. Die Hälfte hiervon sind 125,47 EUR. Die Differenz aus den jeweiligen Unterhaltsansprüchen sind 258,49 EUR. Hinzuzuaddieren ist die Witwenrente, so dass sich ein Betrag iHv 315,18 EUR ergibt. Dieser Betrag ist von der Summe der entgangenen Dienste (699,89 EUR) abzuziehen, so dass sich ein monatlicher Schaden iHv 384,71EUR errechnet. Somit entsteht ein monatlicher Schaden iHv 384,71 EUR nach Anrechnung des ersparten Barunterhaltsschaden. Dieser Schaden fällt seit dem Unfalltag, dem 24.9.2003, an und beträgt daher zum 30.6.2005 insgesamt 8.167,69 EUR.

Der haushaltsspezifische Unterhaltsschaden abzgl erspartem Barunterhalt iHv 384,71 EUR fällt weiterhin monatlich an und ist für jeweils drei Monate im Voraus und damit iHv 1.154,13 EUR zu zahlen, §§ 854 S. 1 u. 2, 843 Abs. 2, 760 BGB.

5. Haushaltsschaden des Klägers

Vom 24.9.2003 bis zum 21.12.2003 war der Kläger im Krankenhaus und in der Rehaklinik ▪▪▪, was einen Totalausfall bedeutet. Bei einer wöchentlichen Arbeitszeit von 11,6 Std. ergibt dies gem. VII BAT-O für 88 Tage (400,00 EUR netto monatlich) einen Haushaltsführungsschaden von 1.160,44 EUR netto.

Beweis: wie vor
Sachverständigengutachten, § 287 ZPO

Ab 22.12.2003 wohnt der Kläger wieder zu Hause. Er ist weiterhin zu 100% arbeitsunfähig. Er wird rundum von seiner Tochter, welche Krankenschwester ist, versorgt.

Der Kläger ist derzeit nur äußerst schwerlich in der Lage, sich selbständig anzuziehen, sich zu waschen, Wege zur Versorgung zurückzulegen und hauswirtschaftliche Dinge zu erledigen. Ein Totalausfall liegt bis heute vor. Die geringfügige Fähigkeit zur Haushaltstätigkeit (zB Organisation, leichteste Tätigkeiten) wird durch einen erhöhten Pflegeaufwand überlagert.

Beweis: richterliche Schätzung
Sachverständigengutachten

Bis 31.12.2003 fiel ein Schaden von 131,87 EUR an.

Beweis: wie vor

Ab Januar 2004 bis einschließlich Juni 2005 fiel ein Schaden für 18 Monate von 7.200,00 EUR (monatlich 400,00 EUR) an.

Beweis: wie vor

Der Haushaltsführungsschaden fällt auch für die Zukunft an. Eine Besserung des Zustands ist für den Kläger nicht in Sicht.

Zur Berechnung verweisen wir auf obige Ausführungen und berechnen den Schaden mit 400,00 EUR monatlich. Für jeweils drei Monate im Voraus fällt ein Haushaltsschaden in Höhe von 1.200,00 EUR netto an (563,91 EUR monatlich).

V. Verdienstausfall des Klägers

Darüber hinaus entstand dem Kläger ein Verdienstausfall, § 843 Abs. 1 BGB. Er war zwar Rentner, ging jedoch einer Nebentätigkeit als Fahrradmechaniker nach, die ihm ein Nettoeinkommen von ca. 200,00 EUR monatlich einbrachte. Ein Verdienstausfall fiel seit dem Unfall in Höhe von 46,15 EUR pro Woche = 6,59 EUR pro Tag an.

Beweis: Zeugnis der Frau ▪▪▪
Zeugnis des Herrn ▪▪▪
Vernehmung des Klägers als Beweisführer, § 287 Abs. 1 S. 3 ZPO

Bis einschließlich Dezember 2003 entstand ein Schaden in Höhe von 68 Tage mal 6,59 EUR = 448,12 EUR.

Beweis: wie vor

Von Januar 2004 bis einschließlich Juni 2005 entstand ein Schaden in Höhe von 3.600,00 EUR.

Beweis: wie vor

Der Schaden fällt ebenfalls monatlich an und wird für jeweils drei Monate im Voraus in Höhe von 600,00 EUR begehrt, §§ 843, 760 BGB.

VI. Vermehrte Bedürfnisse

Der Kläger begehrt im Weiteren eine Rente wegen vermehrter Bedürfnisse, § 843 Abs. 1. Diese sind die in Folge verletzungsbedingter Defizite gegenüber dem bisherigen Lebenszuschnitt erhöhten Lasten, also die im Vergleich mit dem Lebensbedarf des gesunden Menschen zusätzlich anfallenden Lasten. Bei den vermehrten Bedürfnissen geht es um die Restitution des Lebenszuschnitts, der Lebensführung bei der objektiven Erforderlichkeit iSd § 249 Abs. 2 BGB mit einem Ausgleich für die Minderung der Lebensqualität und bei zwischenmenschlichen Beziehungen. Eine Rente wegen vermehrter Bedürfnisse kann nur zugesprochen werden, wenn der Verletzte im Einzelnen und konkret dartut, dass und in welcher Höhe seine Bedürfnisse in Folge des Unfalls vermehrt worden sind. Es kommt hier für den Nachweis des unfallbedingten Mehrbedarfs die Beweiserleichterung des § 287 ZPO zu Hilfe.

Der Kläger stellt zwar die Höhe der (persönlichen) vermehrten Bedürfnisse in das Ermessen des Gerichts, geht jedoch davon aus, dass vermehrte Bedürfnisse in Höhe von mindestens 200,00 EUR seit dem Unfall anfallen. Zur Schadenshöhe wird ausgeführt wie folgt:

Der Kläger kann unfallbedingt kein Fahrzeug mehr mit einem Schaltgetriebe fahren und ist daher auf ein Automatikgetriebe angewiesen.

Beweis: Sachverständigengutachten

Allein durch die gesteigerten Betriebskosten (Automatik statt Kupplung) eines umgebauten PKW Opel Kadett wurden 195,00 DM (99,70 EUR) monatlich angesetzt (OLG Stuttgart zfs 1987, 165). Bezüglich des PKW fallen zukünftig somit mindestens zusätzliche Betriebskosten inklusive Anschaffungskosten von ca. 100,00 EUR monatlich an. Der Betrag rechtfertigt sich ebenfalls im Hinblick auf die bereits getätigten sowie weiter zu erwartenden Arztbesuche, welche bislang mit Hilfe der Kinder des Klägers durchgeführt wurden.

Beweis: Sachverständigengutachten, § 287 ZPO
richterliche Schätzung, § 287 ZPO
Zeugnis des Herrn ▪▪▪
Beweisführung durch den Kläger als Beweisführer gem. § 287 Abs. 1 S. 3 ZPO

Im Weiteren entstehen dem Kläger Kosten, da er nicht mehr überall Urlaub machen kann. Der Kläger muss bislang in der Prognose in Zukunft ein behindertengerechtes Hotel buchen. Es muss hier gewährleistet sein, dass für den persönlichen Bedarf des Klägers Vorrichtungen wie behinderten- bzw rollstuhlgerechte Dusche und Aufzug vorliegen sowie medizinische Betreuung gewährleistet ist. Ein kurzer Wochenend(billig)urlaub ist ebenfalls nicht mehr möglich, weshalb hier billiger Ersatz in Geld zu leisten ist. Des Weiteren entstehen Mehrkosten dadurch, dass er nunmehr allein in Urlaub fahren muss und ihn Kosten für Einzelzimmerzuschläge etc. treffen. Mehrkosten entstehen vorliegend in Höhe von ca. 600,00 EUR im Jahr.

Beweis: wie vor

Weiterhin muss sich der Kläger aufgrund der Dauerschäden unter ärztlicher Kontrolle halten und behandelt werden. Hierfür muss er zu Ärzten fahren und Medikamente bei Apotheken abholen. 100 km pro Monat muss er dadurch zusätzlich mit dem PKW fahren.

Beweis: richterliche Schätzung gem. § 287 ZPO
Parteivernahme des Klägers

Hierfür fallen bereits bei einer Kilometerpauschale von 0,27 EUR 27,00 EUR monatlich an, die als Teil der vermehrten Autokosten und damit Teil der Schätzungsgrundlage für obige 100,00 EUR Mehrkosten sind.

Für das Haus des Klägers steigt ebenfalls der Heizaufwand. Durch mangelnde Bewegung benötigt der Kläger mehr Wärme, statt ca. 18 Grad Wärme ca. 22 Grad. Die Heizung muss auch bereits in frühen Herbstmonaten angeschaltet werden. Geheizt werden muss ca. bis Mai, jedoch auch an kühlen Sommertagen. Der Heizmehraufwand ist mit 30,00 EUR monatlich zu bemessen. Dem Rentenantrag hierzu ist stattzugeben.

Beweis: wie vor

Der Kläger war vor dem Unfall sehr aktiv und den ganzen Tag auf den Beinen und in Bewegung. Nunmehr hält sich der Kläger sehr oft im Haus auf. Er bewegt sich viel weniger. Weniger Bewegung führt zu mehr Wärmebedarf. Um den gleichen Wärmekomfort zu empfinden, muss der Kläger die Raumtemperatur um zwei bis vier Grad im Schnitt steigen lassen.

Beweis: richterliche Schätzung gem. § 287 ZPO
Sachverständigengutachten
Parteivernahme

Im Übrigen stellt er die Heizung auch früher an. Während er vor dem Unfall sehr lange draußen im Garten blieb und sich dort betätigte, sitzt er nun im Haus auf dem Sofa. Dabei muss er die Heizung anstellen.

Beweis: wie vor

Der Wärmebedarf kann nur durch vermehrtes Heizen ausgeglichen werden. Dies wiederum lässt die Betriebskosten im Haus des Klägers erheblich steigen. 30,00 EUR monatlich entstehen hierbei in jedem Fall.

Beweis: wie vor

Hinsichtlich der erhöhten Kosten für Speisen ist darauf zu verweisen, dass der Kläger infolge der Darmprobleme Schonkost einnehmen muss, wobei er auf besonders gesunde Nahrung vertraut.

Beweis: wie vor

Bedauerlicherweise ist fettarme Nahrung im Schnitt teurer als Durchschnittsnahrung.

Beweis: richterliche Schätzung gem. § 287 ZPO

Ebenfalls ist die Ernährung des Klägers teurer geworden. Vormals bewirtschaftete der Kläger mit seiner Frau den zu dem Haus gehörenden Garten. Die Familie weckte Obst ein, produzierte Marmelade, frostete Gemüse sowie Obst. Dies ist dem Kläger jetzt nicht mehr möglich. Obst und Gemüse muss insbesondere im Winter teuer gekauft werden. Kosten fallen hier in Höhe von 30,00 EUR pro Monat an. Dem Rentenantrag hierzu ist stattzugeben.

Beweis: richterliche Schätzung

Auch Familienfeste sind nunmehr deutlich teurer. Früher war es so, dass für Familienfeiern sämtliche Kuchen selbst gebacken und selbst die Salate zubereitet wurden. Dies gilt im Übrigen für sämtliche Speisen.

Ausgehend von einer durchschnittlichen Familienfeier (Geburtstag des Klägers) wurde für Speisen je Person ca. 5,00 EUR aufgewendet.

Beweis: richterliche Schätzung

Nunmehr muss hierfür ein Partyservice in Anspruch genommen werden. Allein für das Abendbrot sind 15,00 EUR je Person zu zahlen. Ausgehend von 20 Personen entsteht hierbei bereits eine Differenz von 200,00 EUR. Kuchen müssen beim Bäcker gekauft werden. Hierbei fallen mindestens 40,00 EUR an.

Beweis: wie vor

Somit entfallen nur für die eine Feier monatlich 20,00 EUR auf die vermehrten Bedürfnisse. Familienfeiern wie Ostern oder Weihnachten sind noch gar nicht berücksichtigt.

Weiterhin ist zu berücksichtigen, dass der Kläger nunmehr Medikamente benötigt, die er vor dem Unfall nicht brauchte. Der Kläger ist wetterfühlig geworden. Gerade bei Wetterwechseln, aber auch im Übrigen treten unregelmäßig besonders starke Schmerzen im Hüftgelenk und im Knie auf. Daher muss der Kläger auch unregelmäßig Schmerzmittel einnehmen, was er vor dem Unfall nie tat.

Beweis: Parteivernahme des Klägers

Weiterhin muss er Medikamente zur Verlangsamung der Arthrose einnehmen.

Beweis: wie vor

Ein monatlicher Mehrbedarf für Medikamente iHv 10,00 EUR entsteht mindestens. Dabei gilt es auch zu berücksichtigen, dass die übergehenden Leistungen auf die Krankenkasse geringer geworden sind und der Eigenanteil der Patienten sich erhöht hat. Rezeptfreie Medikamente sind nun nicht mehr vom Leistungsumfang der Krankenversicherung umfasst und müssen vollständig selbst bezahlt werden.

Es steigen Kosten für Zeitschriften dadurch, dass die täglich im Dorf eingeholten und ausgetauschten Informationen aufgrund der Verletzungen nur noch eingeschränkt erlangt werden können. Informationsfluss muss gewährleistet werden. Dem Rentenantrag hierzu ist in Höhe von 30,00 EUR monatlich stattzugeben.

Beweis: wie vor

Aufgrund der Schmerzen vermeidet der Kläger all die Bewegungen, die nicht unbedingt notwendig sind. So telefoniert er lieber, als dass er Verwandte und Bekannte besucht. Erhöhte Telefonkosten entstehen hier in Höhe von ca. 30,00 EUR monatlich. Dem Feststellungsantrag hierzu ist stattzugeben.

Beweis: wie vor

Die vormals selbst durchgeführten Kleinreparaturen am Haus können nunmehr ebenfalls nicht mehr durch den Kläger durchgeführt werden. Fremdfirmen müssen hierfür bestellt werden. Der Kläger säuberte die Dachrinnen, renovierte selbst das Haus. Dies ist nunmehr nicht mehr möglich. Der Kostenaufwand liegt hierfür bei ca. 600,00 EUR pro Jahr. Dem Rentenantrag hierzu ist stattzugeben.

Beweis: wie vor

Es wird deutlich, dass eine Addition der geschätzten Teilbeträge eine erheblich höhere Summe ergibt als die für angemessen erachteten 200,00 EUR. Im Übrigen wird sich hinsichtlich des unbestimmten Klageantrags auf die richterliche Schätzung verlassen. Nach diesseitigem Dafürhalten verdeutlichen die geschilderten Anknüpfungstatsachen für die richterliche Schätzung, dass ein monatlicher Mehrbedarf dieser Positionen in Höhe von 200,00 EUR mindestens entsteht.

Es fallen somit vermehrte Bedürfnisse von mindestens 200,00 EUR monatlich an. Seit dem Schadensereignis vom 24.9.2003 bis Juni 2005 wird der Schaden in Höhe von 4.200,00 EUR geltend gemacht.

Beweis: wie vor

Ab Juli 2005 werden monatlich 200,00 EUR für jeweils drei Monate, mithin 600,00 EUR, im Voraus begehrt, §§ 843 Abs. 1, 760 BGB.

Letztlich begehrt der Kläger eine Kostenpauschale in Höhe von 200,00 EUR wegen Telefonkosten, Porti, etc. Der Umfang rechtfertigt sich durch die hohe und umfassende Vorkorrespondenz, die Komplexität des Falls und die Tatsache, dass vorliegend sowohl ein Fahrzeugschaden als auch ein Personenschaden angefallen sind.

Beweis: richterliche Schätzung, § 287 ZPO

Außergerichtlich hat die Beklagte zu 2) insgesamt 34.669,38 EUR geleistet, die insofern auf das Schmerzensgeld iHv 30.000 EUR und im Übrigen auf den materiellen Schaden angerechnet werden.

Der Beklagten zu 2) wurde mit Schreiben vom ▬▬▬ eine Frist zur Regulierung bis zum ▬▬▬ gesetzt.

Beweis: Schreiben vom ▬▬▬ (Anlage K12)

Eine weitere Zahlung erfolgte nicht. Die Beklagten befinden sich daher in Verzug.

Klage war daher geboten.

Einfache und beglaubigte Abschrift anbei.

Rechtsanwalt

Teil 3: Versicherungsrecht

§ 4 Haftpflichtversicherung – PflVG, HpflG

Literatur

Filthaut, Haftpflichtgesetz, 7. Auflage 2006; *Honsell* (Hrsg.), Berliner Kommentar zum Versicherungsvertragsgesetz, 1999; *Prölss/Martin*, Versicherungsvertragsgesetz, 27. Auflage 2004; *Römer/Langheid*, Versicherungsvertragsgesetz, 2. Auflage 2003.

A. Nachhaftung

Die Nachhaftung des KH-Versicherers ist in § 3 Nr. 5 und 6 PflVG geregelt. Daneben kann   1
sich auch eine Haftung der Kfz-Zulassungsstelle aus Art. 34 GG iVm § 839 Abs. 1 BGB
ergeben.

I. Vorprozessuale Situation

1. Allgemeines

Von zentraler Bedeutung für die Erarbeitung eines Verkehrsunfalls ist der aus § 3 Nr. 1   2
PflVG resultierende **Direktanspruch** des Unfallgeschädigten gegen den Kraftfahrzeug-Haftpflichtversicherer (KH-Versicherer) des gegnerischen Unfallfahrzeugs. Der KH-Versicherer
haftet neben den versicherten Personen gem. § 3 Nr. 2 PflVG als Gesamtschuldner im Wege
des gesetzlichen Schuldbeitritts. Nicht selten lehnt der KH-Versicherer des Unfallgegners
jedoch die Befriedigung der Ansprüche des Geschädigten mit der Begründung ab, dass im
Zeitpunkt des Unfalls kein Versicherungsschutz (mehr) bestanden habe. Dann stellt sich für
den Geschädigten und dessen Anwalt die Frage, wie darauf zu reagieren ist. Um diese Frage
geht es in diesem Abschnitt.

Der KH-Versicherer haftet dem Dritten, der unmittelbar gegen ihn vorgeht, gem. § 3 Nr. 6   3
PflVG iVm § 158c Abs. 4 VVG nur **subsidiär**, kann ihm also grundsätzlich entgegenhalten,
dass er von einem anderen Schadensversicherer (zB aus der eigenen Vollkaskoversicherung)
oder einem Sozialversicherungsträger oder einem von der Versicherungspflicht befreiten
Fahrzeughalter (§ 2 Abs. 1 Nr. 1–5 PflVG) Ersatz seines Schadens erlangen kann. Ausnahmsweise gilt das aber nicht, wenn die Leistungsfreiheit des KH-Versicherers im Falle des
§ 3 Nr. 4 PflVG darauf beruht, dass Bau- und Betriebsvorschriften nicht eingehalten wurden
oder dass der Fahrer unberechtigt fuhr oder nicht die erforderliche Fahrerlaubnis hatte.

Somit muss im Falle der Eintrittspflicht des gegnerischen KH-Versicherers überprüft werden,   4
ob der Geschädigte zumindest teilweise Ersatz seines Schadens von einem Schadensversicherer oder einem Sozialversicherungsträger erhält. Hat der Geschädigte somit für sein eigenes
bei dem Verkehrsunfall beschädigtes Fahrzeug eine Vollkaskoversicherung, so kann er einschließlich der Selbstbeteiligung nur die Schäden gegenüber dem KH-Versicherer geltend
machen, die ihm nicht von der Vollkaskoversicherung (gem. § 13 AKB) ersetzt werden.

Dem Anspruch des Geschädigten kann *nicht* entgegengehalten werden, dass der KH-Ver-   5
sicherer dem Versicherungsnehmer gegenüber ganz oder teilweise von der Verpflichtung zur

Leistung frei ist (§ 3 Nr. 4 PflVG). Die Tatbestände, die für § 3 Nr. 4 PflVG in Betracht kommen, sind dieselben wie in § 158c Abs. 1 VVG, nämlich die **Verletzung von gesetzlichen oder vertraglichen Obliegenheiten**, die vor (vgl u.a. § 2b Abs. 1a–e AKB) oder nach (vgl u.a. § 7 I Abs. 2, II AKB) dem Versicherungsfall zu erfüllen sind.

6   Demgegenüber kann dem Geschädigten ein Umstand, der das **Nichtbestehen** oder die **Beendigung des Versicherungsverhältnisses** zur Folge hat, entgegengehalten werden, wenn das Schadensereignis später als einen Monat nach dem Zeitpunkt eingetreten ist, in dem der Versicherer diesen Umstand der hierfür zuständigen Stelle (Kfz-Zulassungsstelle) gem. § 29c StVZO angezeigt hat (§ 3 Nr. 5 S. 1 PflVG). Dies gilt auch, wenn das Versicherungsverhältnis durch Zeitablauf endet (§ 3 Nr. 5 S. 2 PflVG). Der Lauf der Frist beginnt jedoch nicht vor Beendigung des Versicherungsverhältnisses (§ 3 Nr. 5 S. 3 PflVG).

7   Ein Fall des **Nichtbestehens** des Versicherungsverhältnisses im Sinne von § 3 Nr. 5 PflVG ist gegeben, wenn eine der Parteien den Versicherungsvertrag wegen Irrtums (§ 119 BGB), wegen arglistiger Täuschung oder Drohung (§ 123 BGB) angefochten hat, wenn der Versicherer vom Versicherungsvertrag wegen Verletzung der vorvertraglichen Anzeigepflicht (§§ 16, 17 VVG) oder wegen Nichtzahlung der ersten Prämie zurückgetreten ist (§ 38 VVG), ebenso wenn der Vertrag wegen Geschäftsunfähigkeit (§ 105 BGB) oder Minderjährigkeit des Versicherungsnehmers (§ 108 BGB)[1] oder wegen versteckter Einigungsmängel (§ 151 BGB) nicht zustande gekommen ist. Doch auch wenn es von Anfang an keine Deckung gegeben hat, kann es dennoch eine Nachhaftung geben.[2]

8   Fälle der **Beendigung** des Versicherungsvertrags sind die ordentliche oder außerordentliche Kündigung seitens des Versicherers oder des Versicherungsnehmers, der Zeitablauf bei einem Vertrag ohne Verlängerungsklausel, die einvernehmliche Aufhebung des Vertrags, der Wegfall des versicherten Interesses gem. § 68 VVG, der Abschluss einer neuen Kfz-Haftpflichtversicherung nach Veräußerung des Fahrzeugs durch den Erwerber gem. § 158h VVG und die Beendigung bei mehr als 18-monatiger Stilllegung und Unterbrechung des Versicherungsschutzes gem. § 5 Abs. 6 AKB.

9   Die **Monatsfrist** beginnt mit der Anzeige des Versicherers gem. § 29c StVZO an die Kfz-Zulassungsstelle, wobei Voraussetzung für den Fristbeginn der Zugang der Anzeige bei der Zulassungsstelle ist, den der Versicherer zu beweisen hat.[3] Jedoch wird die Nachhaftungsfrist des § 3 Nr. 5 PflVG nur in Lauf gesetzt, wenn der entscheidende Inhalt der Anzeige vollständig und richtig, insbesondere das Versicherungsverhältnis wirksam beendet ist.[4]

10   **Hinweis:** Aus diesem Grunde ist der gegnerische KH-Versicherer anzuschreiben und aufzufordern, den Nachweis zu erbringen, dass das Versicherungsverhältnis nicht bestanden hat bzw beendet wurde und die Beendigung der zuständigen Straßenverkehrsbehörde wirksam gem. § 29c StVZO angezeigt wurde, um zu überprüfen, ob die Nachhaftung besteht (vgl unten Rn 18).

11   Sollte der Versicherer gem. § 3 Nr. 5 PflVG von der Verpflichtung zur Leistung frei sein, so ist zu überprüfen, ob ein **Anspruch des Geschädigten gegen die Zulassungsstelle nach Amtshaftungsgrundsätzen** besteht. Nach § 839 BGB haftet der Beamte persönlich, wenn er vorsätzlich oder fahrlässig die ihm einem Dritten gegenüber obliegende Amtspflicht verletzt; im Falle der Fahrlässigkeit jedoch nur dann, wenn der Verletzte nicht auf andere Weise Ersatz zu

---

1 Vgl BGH, Urt. v. 2.10.2002 – IV ZR 309/01.
2 *Knappmann*, in: Prölss/Martin, VVG, § 158c VVG Rn 9; aA *Langheid*, in: Römer/Langheid, VVG, § 158c VVG Rn 9.
3 OLG Celle VersR 1954, 427; LG Bremen VersR 1951, 290.
4 BGH NJW 1974, 858; OLG Köln VersR 1999, 1357.

erlangen vermag. Die Staatshaftung des Art. 34 GG, die an die Stelle der Haftung des Beamten tritt, stellt zusätzlich darauf ab, ob der Beamte seine Amtspflicht in Ausübung eines ihm anvertrauten öffentlichen Amtes, also im Rahmen seiner hoheitlichen Tätigkeit verletzt hat. In diesem Fall leitet Art. 34 GG die durch § 839 BGB begründete Haftung grundsätzlich auf den Staat als Dienstherrn über, so dass eine persönliche Haftung des Beamten ausscheidet.

Die Verantwortlichkeit trifft grundsätzlich die Anstellungskörperschaft, dh die Körperschaft, **12** in deren Diensten der Beamte steht, Art. 34 GG.[5] Kommt einem Beamten eine Doppelstellung zu, ist er zB sowohl staatlicher als auch kommunaler Beamter, hat er also mehrere Dienstherren, so haftet diejenige Körperschaft, deren Aufgabe der Beamte bei der Amtspflichtverletzung wahrgenommen hat (Amtsübertragungstheorie). Bei hoheitlicher Tätigkeit gilt für die eigene Haftung des Beamten und für die Haftung der juristischen Person der **haftungsrechtliche Beamtenbegriff.** Hierunter fällt jede Person, die der Bund, ein Land oder eine andere dazu befugte öffentliche Körperschaft mit öffentlicher Gewalt ausgestattet hat (Anvertrauen der öffentlichen Gewalt) und zwar unabhängig davon, ob ihr staatsrechtliche Beamteneigenschaft zukommt oder nicht. Somit ist entgegen der Eigenhaftung des Beamten bei privatrechtlicher Tätigkeit im Sinne von § 839 BGB nicht entscheidend, ob jemand Beamter im Sinne der Beamtengesetze ist, so dass auch Angestellte und sogar Privatpersonen oder private Organisationen, sofern sie ermächtigt sind, zur Wahrnehmung der ihnen übertragenen hoheitlichen Aufgaben tätig zu werden, in diesem Sinne hoheitlich handeln können.

Aufgrund einer Anzeige nach § 29c StVZO hat die Zulassungsstelle ohne schuldhaftes Zögern sofort alles Erforderliche zu tun, um das bezeichnete Fahrzeug aus dem Verkehr zu **13** ziehen (§ 29d StVZO). Sie hat das Kennzeichen zu entstempeln und die Zulassungsbescheinigung Teil I (früher: Fahrzeugschein) einzuziehen. Zunächst genügt in der Regel die Aufforderung an den Halter, entweder eine neue Versicherungsbestätigung vorzulegen oder aber die Zulassungspapiere abzuliefern und die Kennzeichen entstempeln zu lassen.[6] Als letztes Mittel bleibt die sofortige zwangsweise Außerbetriebsetzung des Fahrzeugs. Diese Vorschrift dient nicht nur dem Schutz des Versicherers, sondern auch dem Schutz der durch das Fahrzeug Geschädigten[7] und ist Amtspflicht gegenüber jedem Verkehrsteilnehmer,[8] auch gegenüber dem Mitfahrer,[9] nicht aber gegenüber dem Halter und dem Fahrer des nichtversicherten Fahrzeugs.

Vernachlässigt die Zulassungsstelle ihre Mitwirkungspflicht, dann trifft sie die Haftung nach **14** Amtshaftungsgrundsätzen, und zwar für den Fall, dass die Anzeige nach § 29c StVZO nicht rechzeitig bearbeitet (vgl unten Rn 19), wobei eine Bearbeitungszeit von 21 Tagen zu lang ist.[10] Eine daraus sich ergebende Haftung der Zulassungsstelle geht der – nur subsidiären – Eintrittspflicht der Verkehrsopferhilfe gem. § 12 PflVG vor, wobei die Haftung nicht über die Mindestversicherungssumme nach dem Pflichtversicherungsgesetz hinausgeht.[11]

Ist der Versicherer gem. 3 Nr. 5 PflVG von der Verpflichtung zur Leistung frei, ist vor Inanspruchnahme der Verkehrsopferhilfe (vgl Rn 76 ff) zu prüfen, ob eine Haftung der für die **15** Zulassungsstelle zuständigen Anstellungskörperschaft nach Amtshaftungsgrundsätzen gegeben ist.

---

5 BGHZ 99, 326.
6 BGH NJW 1982, 988; 1987, 2737.
7 OLG Düsseldorf NJW-RR 1988, 219.
8 BGH VersR 1976, 885; NJW 1987, 2737; OLG Karlsruhe VersR 1980, 74.
9 BGH NJW 1982, 988.
10 BGH NJW 1956, 867.
11 BGHZ 111, 272; BGH NJW 1990, 2615; aA *Knappmann*, in: Prölss/Martin, VVG, § 3 Rn 5 PflVG.

16   Zu beachten ist, dass die Haftung des Beamten und damit des Staates durch § 839 Abs. 1 S. 2 BGB eingeschränkt wird. Fällt dem Beamten lediglich Fahrlässigkeit zur Last, so besteht eine Haftung nur dann, wenn der Verletzte nicht auf andere Weise Ersatz zu verlangen vermag. Dies gilt auch für die persönliche Haftung des Beamten, der für seinen Dienstherrn nicht hoheitlich, sondern privatrechtlich tätig ist. Der „andere Ersatzanspruch", etwa gegen Fahrer und Halter, muss in absehbarer, angemessener Zeit wirtschaftlich realisierbar sein und die Verweisung muss zumutbar sein.[12] Das Fehlen dieser **anderweitigen Ersatzmöglichkeit** ist Tatbestandsmerkmal und damit Anspruchsvoraussetzung und vom Geschädigten darzulegen und gegebenenfalls zu beweisen.[13] Jedoch ist die Möglichkeit, die Verkehrsopferhilfe in Anspruch zu nehmen, nach § 12 Abs. 1 S. 4 PflVG ausdrücklich keine anderweitige Ersatzmöglichkeit im Sinne des § 839 Abs. 1 S. 2 BGB.

17   Amtspflichtverletzungen sind auch dergestalt denkbar, dass Bedienstete der Grenzzolldienststellen ihrer Pflicht, einreisende Fahrzeuge mit ausländischen Kennzeichen auf ausreichenden Versicherungsschutz zu kontrollieren, nicht nachkommen.

2. Schreiben an den nachhaftenden Haftpflichtversicherer

18   **Muster: Schreiben an den nachhaftenden Haftpflichtversicherer**

   ↓

■■■ VersicherungsAG
■■■ [Anschrift]

Schadensnummer: ■■■

Schaden vom ■■■

Ihr VN: ■■■

Amtliches Kennzeichen: ■■■

Sehr geehrte Damen und Herren,

hiermit zeige ich unter Hinweis auf die beigefügte Vollmacht an, dass mich Herr ■■■ [Name, Vorname, Anschrift des Mandanten] mit der Wahrnehmung seiner Interessen beauftragt hat. Ihr Schreiben vom ■■■, mit welchem Sie unter Hinweis auf die Kündigung des Versicherungsvertrags wegen Nichtzahlung der Versicherungsprämie Ihre Eintrittspflicht für den unfallbedingten Schaden verneinen, liegt mir vor. Dazu nehme ich wie folgt Stellung:

Allein die Kündigung des Versicherungsvertrags lässt den in § 3 Nr. 1 PflVG normierten Direktanspruch meines Mandanten nicht entfallen. Voraussetzung für Ihre Leistungsfreiheit wäre vielmehr, dass diese Kündigung Ihrem Versicherungsnehmer zugegangen ist und er innerhalb der Monatsfrist des § 39 Abs. 3 VVG keine Nachzahlung geleistet hat. Voraussetzung wäre weiter, dass Sie nach Wirksamwerden der Kündigung nach dem dazu durch § 29c StVZO vorgeschriebenen Muster der zuständigen Zulassungsstelle eine vollständige und richtige Mitteilung von der Beendigung des Versicherungsvertrags gemacht haben und seit dem Zugang dieser Mitteilung bereits ein Monat verstrichen war, bevor es zum hier in Rede stehenden Unfall kam.

Ich bitte Sie deshalb, längstens bis zum

■■■ [Datum des Schreibens + 2 Wochen]

---

12 BGH VersR 1995, 168.
13 BGH NJW 1996, 3208.

entsprechende Nachweise darüber zu erbringen, dass alle vorgenannten Voraussetzungen tatsächlich vorliegen. Andernfalls werde ich davon ausgehen, dass keine Leistungsfreiheit gegeben ist.

Für den Fall, dass Sie die Nachweise nicht führen, fordere ich Sie bereits jetzt namens und im Auftrage meines Mandanten auf, binnen der vorgenannten Frist Ihre Eintrittpflicht für den unfallbedingten Schaden meines Mandanten dem Grunde nach anzuerkennen.

[Alternativ:]

Für den Fall, dass Sie die Nachweise nicht führen, fordere ich Sie bereits jetzt namens und im Auftrage meines Mandanten auf, binnen der vorgenannten Frist den bereits mit Schreiben vom ■■■ im Einzelnen erläuterten Betrag von ■■■ auf eines meiner Konten zu zahlen. Wegen der mir von meinem Mandanten erteilten Geldempfangsvollmacht verweise ich auf die beigefügte Vollmachtsurkunde.

Ich bitte, die künftige Korrespondenz ausschließlich über meine Kanzlei zu führen. Für etwaige Rückfragen stehe ich natürlich jederzeit gern zur Verfügung.

Mit freundlichen Grüßen

Rechtsanwalt

Muster: Anspruchsschreiben bei Amtspflichtverletzung

19

82

Landkreis ■■■
■■■ [Anschrift]

Amtliches Kennzeichen des Schädiger-Kfz: ■■■

[ggf Az ■■■]

Sehr geehrte Damen und Herren,

hiermit zeige ich unter Hinweis auf die beigefügte Vollmacht an, dass uns Herr ■■■ [Name, Vorname, Anschrift des Mandanten] mit der Wahrnehmung seiner Interessen beauftragt hat. Grundlage unseres Auftrags ist ein Verkehrsunfall vom ■■■. Durch diesen Unfall hat mein Mandant erheblichen Schaden [alternativ: einen Schaden in Höhe von ■■■] erlitten. Verursacht wurde der Schaden durch Herrn ■■■ mit dem Fahrzeug ■■■ [Modell, Kennzeichen]. Der Unfallverursacher ist vermögenslos. Von ihm ist keine Ersatzleistung zu erwarten. Auch ein Versicherer ist für den meinem Mandanten entstanden Schaden nicht eintrittpflichtig. Der frühere Haftpflichtversicherungsvertrag mit der ■■■-Versicherung bestand nur bis zum ■■■. Von der Beendigung hat Ihnen als zuständiger Stelle der Versicherer unter dem ■■■ auf dem dafür vorgeschriebenen Muster nach § 29c StVZO Mitteilung gemacht. Die einmonatige Nachhaftungsfrist war deshalb am Unfalltage bereits abgelaufen.

Ich bin der Auffassung, dass Sie für den Schaden meines Mandanten aus Amtshaftungsgesichtspunkten ersatzpflichtig sind:

Nachdem Ihnen vom Versicherer die Beendigung des Versicherungsschutzes für das Fahrzeug des Herrn ■■■ mit dem amtlichen Kennzeichen ■■■ mitgeteilt worden war, hatten Sie gegenüber jedem Verkehrsteilnehmer, also auch gegenüber meinem Mandanten, die Pflicht, unverzüglich, längstens aber innerhalb eines Monats durch Einziehung des Fahrzeugscheins bzw der Zulassungsbescheinigung Teil I und Entstempelung der Kennzeichen das Fahrzeug stillzulegen (vgl BGH VersR 1976, 885; OLG Karlsruhe VersR 1980, 74). Dieser Pflicht haben Sie jedoch nicht genügt. Das Fahrzeug war bis zum Unfalltage noch nicht stillgelegt worden.

Es ist davon auszugehen, dass Herr ■■■ nach einer zwangsweisen Stilllegung seines Fahrzeugs dieses nicht mehr im öffentlichen Verkehr geführt hätte. Die Verletzung der Pflicht zur Stilllegung ist also für den Schaden meines Mandanten ursächlich geworden.

Ich habe Sie deshalb aufzufordern, längstens bis zum

■■■ [Datum des Schreibens + 2 Wochen]

Ihre Ersatzpflicht gegenüber meinem Mandanten dem Grunde nach anzuerkennen oder aber den Nachweis zu erbringen, dass Sie ohne schuldhaftes Zögern alles Erforderliche getan haben, um das bezeichnete Fahrzeug aus dem Verkehr zu ziehen (§ 29d StVZO). Insbesondere sollten Sie, wenn Sie Ihre Eintrittspflicht verneinen, darlegen, wann und welche notwendigen Maßnahmen Sie eingeleitet haben.

Eine anderweitige Ersatzmöglichkeit im Sinne von § 839 Abs. 1 S. 2 BGB besteht nicht, da der Fahrer und Halter, wie oben bereits ausgeführt, vermögenslos ist. Auf eine zukünftige Ersatzmöglichkeit braucht sich unser Mandant nicht verweisen zu lassen (BGH VerkMitt. 1965, 1061).

Ich bitte, die künftige Korrespondenz ausschließlich über unsere Kanzlei zu führen. Für etwaige Rückfragen stehe ich natürlich jederzeit gern zur Verfügung.

Mit freundlichen Grüßen

Rechtsanwalt

II. Prozesssituation

1. Prozessuale Grundlagen

20 Bei der Geltendmachung von Schadensersatzansprüchen anlässlich eines Verkehrsunfalls handelt es sich um eine bürgerliche Rechtsstreitigkeit im Sinne der §§ 13 GVG, 40 Abs. 2 VwGO, so dass auch für die Amtshaftungsansprüche die ordentlichen Gerichte zuständig sind (Art. 34 Abs. 3 GG).

21 Klagen gegen den KH-Versicherer sind je nach Streitwert beim Amtsgericht oder Landgericht anhängig zu machen. Hinsichtlich der örtlichen Zuständigkeit ist es ratsam, das Gericht des Unfallorts zu wählen (§ 32 ZPO). Zum einen gibt es dann keine Probleme bei einer Klage gegen mehrere Beklagte, die unterschiedliche allgemeine Gerichtsstände haben. Und zum anderen erleichtert die Nähe zum Unfallort häufig das Verständnis des Gerichts vom Unfallhergang.

22 Für die Amtshaftungsansprüche sind gem. § 71 Abs. 2 GVG die Landgerichte unabhängig von der Höhe des Streitwerts ausschließlich zuständig. Hinsichtlich der Passivlegitimation muss auf der Grundlage vor allem auch der Landesgesetze geprüft werden, für welche Anstellungskörperschaft der Handelnde tätig geworden ist. Grundsätzlich haftet die Anstellungskörperschaft, in deren Diensten der Amtsträger steht, der eine Pflicht verletzt hat. Gibt es keinen Dienstherrn oder kein Dienstverhältnis, ist darauf abzustellen, wer dem Amtsträger die Aufgabe anvertraut hat, bei deren Erfüllung die Pflichtverletzung begangen wurde. Bei mehreren Dienstherren haftet die Körperschaft, deren Aufgabe der Amtsträger bei der Pflichtverletzung wahrgenommen hat. Bei bindenden Weisungen übergeordneter Behörden haftet der Träger der anweisenden Behörde, nicht derjenige der angewiesenen.[14]

23 Der Geschädigte hat nicht nur die Amtspflichtverletzung als solche, sondern auch das Verschulden des Amtsträgers, den Eintritt und die Höhe des durch die Amtspflichtverletzung bewirkten Schadens, die Ursächlichkeit der Amtspflichtverletzung für diesen Schaden sowie das Nichtbestehen einer anderweitigen Ersatzmöglichkeit darzulegen und zu beweisen.

---

14 Zu Einzelheiten siehe Palandt/*Sprau*, § 839 BGB Rn 25 ff.; MünchKommBGB/*Papier*, § 839 Rn 360 ff.

2. Klageanträge

Sofern die materiellen und/oder immateriellen Ansprüche des Geschädigten feststehen, sollten 24 diese gegenüber dem Versicherer und der mitversicherten Person im Rahmen der Leistungsklage geltend gemacht werden (Rn 25 f). Sollten die Ansprüche dagegen nicht (Rn 28) oder nicht vollständig (Rn 30) feststehen, so ist im ersten Fall die Feststellungsklage und im zweiten Fall eine Kombination aus Leistungs- und Feststellungsklage geboten. Die Klageanträge sollten wie folgt lauten:

a) Verfahren mit mündlicher Verhandlung

Muster: Antrag bei Geltendmachung eines Sachschadens im Wege der Leistungsklage 25

Ich werde beantragen,

die Beklagte zu verurteilen, an den Kläger ▪▪▪ EUR nebst Zinsen in Höhe von 5 Prozentpunkten über dem Basiszinssatz hieraus seit dem ▪▪▪ zu zahlen.

Muster: Antrag bei Geltendmachung von Schmerzensgeld im Wege der Leistungsklage 26

Ich werde beantragen,

die Beklagte zu verurteilen, an den Kläger ein in das Ermessen des Gerichts gestelltes angemessenes Schmerzensgeld, mindestens aber ▪▪▪ EUR, nebst Zinsen von 5 Prozentpunkten über dem Basiszinssatz seit dem ▪▪▪ zu zahlen.

Hinweis: Die Angabe der Begehrensvorstellung des Klägers im Antrag ist sinnvoll, aber nicht 27 zwingend. Sie kann auch im Begründungstext erfolgen. Sie darf aber nicht vergessen werden, weil sonst die Bezugsgröße für die Ermittlung der für ein etwaiges Rechtsmittel notwendigen Beschwer fehlt (Regressgefahr!).

Muster: Antrag bei der Feststellungsklage 28

Ich werde beantragen

festzustellen, dass die Beklagte verpflichtet ist, dem Kläger alle materiellen und immateriellen Schäden zu ersetzen, die dem Kläger aus dem Verkehrsunfall vom ▪▪▪ in ▪▪▪ entstehen, soweit der Anspruch nicht auf einen Sozialversicherungsträger oder andere Dritte übergegangen ist oder noch übergehen wird.

Hinweis: Die Einschränkung hinsichtlich der übergegangenen oder noch übergehenden Ansprüche ist nicht zwingend erforderlich, aber unschädlich. Wichtig wird die Einschränkung jedoch ggf bei der Auslegung von Vergleichen mit Abgeltungsklauseln.[15] 29

---

15 Vgl *Hardung*, in: Ferner (Hrsg.), Straßenverkehrsrecht, § 20 Rn 52.

30 **Muster: Anträge bei Kombination aus Leistungs- und Feststellungsklage**

Ich werde beantragen,

1. die Beklagte zu verurteilen, an den Kläger ▪▪▪ EUR nebst Zinsen in Höhe von 5 Prozentpunkten über dem Basiszinssatz seit ▪▪▪ zu zahlen,

2. die Beklagte weiter zu verurteilen, an den Kläger ein in das Ermessen des Gerichts gestelltes Schmerzensgeld, mindestens aber ▪▪▪ EUR, nebst Zinsen von 5 Prozentpunkten über dem Basiszinssatz seit dem ▪▪▪ zu zahlen, sowie

3. festzustellen, dass die Beklagte verpflichtet ist, dem Kläger alle weiteren materiellen und immateriellen Schäden zu ersetzen, die dem Kläger aus dem Verkehrsunfall vom ▪▪▪ in ▪▪▪ noch entstehen werden, soweit der Anspruch nicht auf Sozialversicherungsträger oder andere Dritte übergegangen ist oder noch übergehen wird.

↑

31 **Hinweis:** Bei Klagen gegen mehrere Ersatzpflichtige ist eine gesamtschuldnerische Verurteilung zu beantragen.

b) Schriftliches Vorverfahren

32 Für den Fall eines schriftlichen Vorverfahrens, das regelmäßig in Betracht kommt, sollte vorsorglich der Erlass eines Versäumnisurteils beantragt werden, das nur auf Antrag ergeht, § 331 Abs. 3 ZPO. Anerkenntnisurteile erfordern seit der ZPO-Reform 2002 keinen Antrag mehr, § 307 ZPO. Ein entsprechender Antrag schadet aber auch nicht, so dass wie folgt formuliert werden kann:

33 **Muster: Antrag auf Erlass eines Versäumnis- oder Anerkenntnisurteils im schriftlichen Vorverfahren**

Für den Fall der Anordnung eines schriftlichen Vorverfahrens beantrage ich bereits jetzt,

den Beklagten gemäß dem vorstehenden Antrag durch Versäumnis- oder Anerkenntnisurteil zu verurteilen, sofern die gesetzlichen Voraussetzungen dafür vorliegen.

↑

3. Muster

34 **Muster: Klage gegen den KH-Versicherer (§ 3 Nr. 1 und Nr. 5 PflVG)**

An das Amtsgericht ▪▪▪

Klage

der Frau ▪▪▪

– Klägerin –

Prozessbevollmächtigte: RAe ▪▪▪

gegen

die ▪▪▪ VersicherungsAG, vertreten durch den Vorstand, dieser vertreten durch den Vorsitzenden ▪▪▪ [Name und Adresse]

– Beklagte –

wegen Schadensersatzes.

Namens und in Vollmacht der Klägerin erheben wir Klage und werden beantragen, wie folgt zu erkennen:

Die Beklagte wird verurteilt, an die Klägerin ▪▪▪ EUR nebst Zinsen in Höhe von 5 Prozentpunkten über dem Basiszinssatz seit dem ▪▪▪ / seit Rechtshängigkeit sowie vorgerichtliche Anwaltskosten in Höhe von ▪▪▪ zu zahlen.

Die Beklagte trägt die Kosten des Rechtsstreits.[16]

Das Urteil ist – notfalls gegen Sicherheitsleistung – vorläufig vollstreckbar.[17]

Begründung:

Mit der vorliegenden Klage begehrt die Klägerin Schadensersatz anlässlich eines Verkehrsunfalls vom ▪▪▪ in ▪▪▪.

Der Versicherungsnehmer der Beklagten, Herr ▪▪▪, ist, was zwischen den Parteien unstreitig ist, am 16.4.2006 in ▪▪▪ auf das verkehrsbedingt an einer Ampel haltende Fahrzeug der Klägerin aufgefahren, wobei das Fahrzeug der Klägerin stark beschädigt wurde. Die Beklagte hat vorgerichtlich mit Schreiben vom ▪▪▪ die Haftung mit der Begründung abgelehnt, dass zum einen das Versicherungsverhältnis wegen Nicht-zahlung der Erstprämie zum 1.3.2006 beendet gewesen sei und zum anderen die Beklagte mit Schreiben vom 14.3.2006 ihrer Anzeigenobliegenheit gem. § 29c StVZO nachgekommen sei.

Die Behauptung der Beklagten, das Versicherungsverhältnis mit ihrem Versicherungsnehmer sei aufgrund der Nichtzahlung der Erstprämie gem. § 38 VVG nicht entstanden, wird seitens der Klägerin gem. § 138 Abs. 4 ZPO mangels eigener Wahrnehmungen mit Nichtwissen bestritten.

Unabhängig davon besteht die Nachhaftung der Beklagten weiter, da die Anzeige bei der zuständigen Behörde erst am 17.3.2006 einging, mithin die Monatsfrist des § 3 Nr. 5 PflVG zum Zeitpunkt des Unfalls am 16.4.2006 nicht abgelaufen war.

Beweis: Zeugnis des Mitarbeiters ▪▪▪ der Zulassungsstelle der Stadt ▪▪▪ [Adresse]

Aufgrund dessen stehen der Klägerin gegen die Beklagte Ersatzansprüche bezüglich der nachfolgenden Schäden zu:

Selbstbehalt in der Vollkaskoversicherung:	500,00 EUR
Auslagenpauschale:	25,00 EUR
Abschleppkosten:	150,00 EUR
Nutzungsausfall gemäß anliegender Reparaturdauerbescheinigung für die Dauer von 10 Tagen á 30,00 EUR, mithin	300,00 EUR
Gutachterkosten	250,00 EUR
Gesamt	1.225,00 EUR

Einwendungen in Bezug auf die einzelnen Schäden oder deren Höhe hat die Beklagte bislang nicht erhoben, so dass insoweit vorerst auf eine vertiefende Darlegung und Beweisantritte verzichtet wird.

Die Beklagte wurde unter Fristsetzung zum ▪▪▪ zur Zahlung aufgefordert, so dass sie sich spätestens seit dem ▪▪▪ [einen Tag später] in Zahlungsverzug befindet. Nachdem keine Zahlung erfolgte, ist Klage geboten.

Rechtsanwalt

---

16 Dieser Antrag ist eigentlich überflüssig, weil das Gericht über die Kosten von Amts wegen zu entscheiden hat. Es soll allerdings schon vorgekommen sein, dass mangels Antrags keine Kostenentscheidung getroffen wurde.
17 Auch über die Vollstreckbarkeit ist von Amts wegen zu entscheiden. Ein Antrag schadet aber auch nicht.

35 **Muster: Klageerwiderung (§ 3 Nr. 1 und Nr. 5 PflVG)**

↓

An das Amtsgericht ■■■

Klageerwiderung

In Sachen ■■■ [Klägerin]./. ■■■ [Beklagte]

Az / Geschäfts-Nr. ■■■

bestellen wir uns zu Prozessbevollmächtigten der Beklagten und beantragen, wie folgt zu erkennen:

Die Klage wird abgewiesen.

Begründung:

Die Beklagte ist gegenüber der Klägerin von der Verpflichtung zur Leistung frei, weil zum einen das Versicherungsverhältnis aufgrund Nichtzahlung der Erstprämie gem. § 38 VVG nicht zur Entstehung gelangt ist und zum anderen sich der Schadensfall über einen Monat nach der Anzeige der Beklagten gem. § 29c StVZO ereignete.

Die Beklagte hat mit ihrem Versicherungsnehmer den Vertrag am 1.12.2005 mit Beginn zum selben Tage abgeschlossen, wobei dem Versicherungsnehmer der Beklagten der Vertragstext einschließlich der Prämienberechnung und Zahlungsaufforderung am 31.1.2006 übersandt wurde. Unter Berücksichtigung der 14-tägigen Widerspruchsfrist gem. § 5a VVG sowie der besonderen Zahlungsfrist von 14 Tagen gem. § 1 AKB war die Erstprämie spätestens zum 1.3.2006 fällig. Die Prämie ist aber seitens des Versicherungsnehmers bis zum Schadenszeitpunkt, dem 16.4.2006, nicht beglichen worden,

Beweis: Zeugnis ■■■, zu laden über die Beklagte

mit der Folge, dass die Beklagte gem. § 38 Abs. 2 VVG von der Verpflichtung zur Leistung frei ist.

Darüber hinaus hat die Beklagte mit Schreiben vom 14.3.2006 bei der zuständigen Kfz-Zulassungsstelle der Stadt ■■■ gem. § 29c StVZO das Nichtbestehen des Versicherungsverhältnisses angezeigt. Das Schreiben ist am 15.3.2006 eingegangen.

Beweis: Zeugnis ■■■, zu laden über die Stadt ■■■

Am Unfalltag, dem 16.4.2006, war die Monatsfrist des § 3 Nr. 5 PflVG mithin verstrichen, so dass die Beklagte auch gegenüber der Klägerin von der Verpflichtung zur Leistung frei ist.

Rechtsanwalt

↑

36 **Muster: Replik (§ 3 Nr. 1 und Nr. 5 PflVG)**

↓

An das Amtsgericht ■■■

Replik

In Sachen ■■■ [Klägerin]./. ■■■ [Beklagte]

Az / Geschäfts-Nr. ■■■

wird das Vorbringen der Beklagten im Schriftsatz vom ■■■ nach Maßgabe des diesseitigen Vorbringens bestritten und im Übrigen wie folgt Stellung genommen:

Mit Nichtwissen (§ 138 Abs. 4 ZPO) wird die Behauptung der Beklagten bestritten, sie habe den Versicherungsvertrag am 1.12.2005 mit Beginn zum selben Tage abgeschlossen, dem Versicherungsnehmer der Beklagten sei der Vertragstext einschließlich der Prämienberechnung und der Zahlungsaufforderung am

31.1.2006 übersandt worden und der Versicherungsnehmer der Beklagten habe bis zum 16.4.2006 die Erstprämie nicht beglichen.

Aber selbst wenn das Versicherungsverhältnis der Beklagten mit ihrem Versicherungsnehmer nicht bestanden hätte und diese gem. § 38 Abs. 2 VVG gegenüber ihrem Versicherungsnehmer von der Verpflichtung zur Leistung frei wäre, so wäre ihre Haftung dennoch gegeben:

Das Schreiben der Beklagten vom 14.3.2006 ist bei der zuständigen Zulassungsstelle nämlich nicht am 15.3.2006, sondern erst am 17.3.2006 eingegangen.

(Gegen-)Beweis: Zeugnis des Mitarbeiters ■■■ der Zulassungsstelle ■■■

Nach ständiger Rechtsprechung ist für den Fristbeginn der Zugang der Anzeige bei der Zulassungsstelle maßgeblich (OLG Celle VersR 1954, 427; LG Bremen VersR 1951, 290). Die Monatsfrist des § 3 Nr. 5 PflVG war deshalb zum Unfallzeitpunkt nicht abgelaufen, so dass die Beklagte gegenüber der Klägerin für die Folgen des Schadensereignisses vom 16.4.2006 haftet.

Rechtsanwalt

Muster: Klage eines Sozialversicherungsträgers wegen Nachhaftung ohne wirksamen Versicherungsvertrag[18]

37

An das ■■■ [Gericht des Unfallortes]

Klage

In Sachen

der ■■■-Krankenkasse [Vertretungsverhältnisse, Anschrift]

– Klägerin –

Prozessbevollmächtigte: RAe ■■■

gegen

1. ■■■ VersicherungsAG, vertreten durch den Vorstand,
die Herren ■■■, ■■■, ■■■ [Anschrift] (zu Schadensnummer ■■■)

– Beklagte zu 1 –

2. Herrn ■■■ [Vorname, Name, Anschrift des am Unfall beteiligten Fahrers],[19]

– Beklagter zu 2 –

wegen Schadensersatzes aus Verkehrsunfall

erhebe ich hiermit namens und im Auftrag der Klägerin Klage gegen die Beklagten und bitte um Anberaumung eines möglichst nahen Termins zur mündlichen Verhandlung, in dem ich beantragen werde,

die Beklagten als Gesamtschuldner zu verurteilen, an die Klägerin ■■■ EUR nebst Zinsen in Höhe von 5 Prozentpunkten über dem Basiszinssatz seit dem ■■■ zu zahlen.

Für den Fall der Anordnung eines schriftlichen Vorverfahrens beantrage ich bereits jetzt,

die Beklagten gemäß dem vorstehenden Antrag durch Versäumnis- oder Anerkenntnisurteil zu verurteilen, sofern die gesetzlichen Voraussetzungen dafür vorliegen.

---

18 Nachgebildet BGH, Urt. v. 2.10.2002 – IV ZR 309/01 (nicht überholt durch § 5 Abs. 3 KfzPflVV vom 1.1.2003, weil die Leistungsfreiheit nicht nur auf Obliegenheitsverletzung beruht, vgl *Langheid*, in: Römer/Langheid, VVG, § 3 PflVG Rn 26).
19 Wenn der vom Fahrer verschiedene Halter als Zeuge in Betracht kommt, auch diesen mit verklagen.

Begründung:

Die Klägerin macht als Sozialversicherungsträgerin Schadensersatz aus auf sie nach § 116 SGB X übergegangenem Recht ihres Mitglieds M. geltend. Zugrunde liegt ein Unfall, der sich am ▪▪▪ außerorts auf der Straße zwischen ▪▪▪ und ▪▪▪ ereignete und bei welchem Fau M. schwer verletzt wurde.

Im Einzelnen:

Der Beklagte zu 2, der über keine Fahrerlaubnis verfügte, erwarb im September 2006 einen PKW ▪▪▪. Auf seine Veranlassung hin stellte der damals 16-jährige Beklagte zu 2 unter Angabe eines unrichtigen Geburtsdatums bei der Beklagten zu 1 für das Fahrzeug einen Antrag auf Abschluss einer Haftpflichtversicherung. Ihm wurde eine Versicherungsdoppelkarte ausgehändigt. Vorsorglich

Beweis: 1. Zeugnis ▪▪▪
            2. Zeugnis des Versicherungsagenten ▪▪▪

Das Fahrzeug erhielt daraufhin von der Straßenverkehrsbehörde ein Überführungskennzeichen ▪▪▪. Vorsorglich

Beweis: Auskunft des Landkreises ▪▪▪

Am 22.9.2006 kam der Beklagte zu 2 mit dem PKW während einer nächtlichen Fahrt aufgrund überhöhter Geschwindigkeit von der Fahrbahn ab und prallte gegen einen Baum.

Beweis: Beiziehung der Ermittlungsakten der StA ▪▪▪ zum Az ▪▪▪

Die auf der Rückbank befindliche M. wurde schwer verletzt. Sie erlitt, wie sich aus den beigefügten Arztberichten vom ▪▪▪ ergibt, folgende Verletzungen ▪▪▪.

Beweis: Zeugnis ▪▪▪ [der behandelnden Ärzte]

Die Klägerin wendete für die stationäre Krankenhausbehandlung vom ▪▪▪ bis ▪▪▪ und die anschließenden Rehabilitationsmaßnahmen in der ▪▪▪ vom ▪▪▪ bis ▪▪▪ 80.000 EUR auf, wie sich aus den beigefügten Rechnungen ergibt.

Diese Summe haben die Beklagten als Gesamtschuldner zu erstatten:

Der Beklagte zu 2 ist als Halter und Fahrer gem. §§ 7, 18, StVG sowie gem. § 823 Abs. 1 und Abs. 2 iVm § 21 Abs. 1 StVG ersatzpflichtig.

Die Beklagte zu 1 hat als Haftpflichtversicherer gem. § 3 PflVG für den Schaden einzustehen. Sie kann sich gegenüber der Klägerin nicht darauf berufen, dass das Versicherungsverhältnis gestört ist, denn sie hat durch die Aushändigung der Doppelkarte ihrem Versicherungsnehmer, dem Beklagten zu 2, konkludent eine Deckungszusage erteilt. Der mit dem minderjährigen Beklagten zu 2 über die vorläufige Deckung geschlossene Vertrag ist zwar endgültig unwirksam, weil die gesetzliche Vertreterin die Genehmigung verweigert hat, §§ 107, 108 Abs. 1, 131 Abs. 2 BGB. Die Beklagte unterliegt aber der Nachhaftung gem. § 3 Nr. 5 PflVG, weil zugunsten der Geschädigten wegen des äußeren Anscheins eines wirksamen Vertrags insoweit ein Versicherungsverhältnis fingiert wird.

Gem. § 3 Nr. 5 PflVG kann ein Umstand, der das Nichtbestehen des Versicherungsverhältnisses zur Folge hat, dem direkten Anspruch des Dritten gegen den Versicherer (§ 3 Nr. 1 PflVG) nur entgegengehalten werden, wenn das Schadensereignis später als einen Monat nach dem Zeitpunkt eingetreten ist, in dem der Versicherer den Umstand der hierfür zuständigen Stelle angezeigt hat. Diese Voraussetzung liegt hier nicht vor, weil eine solche Anzeige der Beklagten zu 1 gegenüber der zuständigen Straßenverkehrsbehörde unterblieben ist.

Darauf, dass der Beklagte zu 2 keine Fahrerlaubnis gehabt hat, kann sich die Beklagte zu 1 ebenfalls nicht berufen. Denn die darin liegende Obliegenheitsverletzung nach § 2b Abs. 1c AKB kann gem. § 3 Nr. 4 PflVG dem Anspruch der Klägerin nicht entgegengehalten werden. Beruht die Leistungsfreiheit im Innenverhältnis darauf, dass das Fahrzeug von einem Fahrer ohne die vorgeschriebene Fahrerlaubnis geführt wurde, kann der Versicherer den Dritten nicht auf die Möglichkeit verweisen, anderweitig Ersatz seines Schadens zu erlangen. Denn für diesen Fall nimmt § 3 Nr. 6 S. 1 Hs 2 PflVG dem Versicherer die Möglichkeit, den Dritten gem. § 158c Abs. 4 VVG auf einen anderweitigen Ersatz seines Schadens zu verweisen. Es gilt ausschließlich § 3 Nr. 4 PflVG, wonach dem Direktanspruch des Dritten nicht entgegengehalten werden kann, dass der Versicherer dem ersatzpflichtigen Versicherungsnehmer gegenüber von der Verpflichtung zur Leistung frei ist.

Die Klage wird deshalb vollen Erfolg haben müssen.

Rechtsanwalt

Muster: Klageerwiderung des KH-Versicherers bei Nachhaftung ohne wirksamen Versicherungsvertrag

38

92

An das ▪▪▪ [Prozessgericht]

Klageerwiderung

In dem Rechtsstreit

▪▪▪ [Klägerin]./. ▪▪▪ [Beklagte zu 1 und 2]

Az / Geschäfts-Nr. ▪▪▪

werde ich für die Beklagte zu 1 beantragen,

die Klage abzuweisen.

Begründung:

Die gegen die Beklagte zu 1 gerichtete Klage ist unbegründet. Die Beklagte zu 1 hat für den vom Beklagten zu 2 verursachten Schaden unter keinem rechtlichen Gesichtspunkt einzustehen.

Die Klägerin verkennt ausweislich ihrer Klagebegründung, dass die Beklagte zu 1 über § 3 Nr. 5 PflVG iVm § 3 Nr. 6 S. 1 Hs 1 PflVG das Verweisungsprivileg des § 158c Abs. 4 VVG für sich in Anspruch nehmen kann. Nach den genannten Bestimmungen haftet der Versicherer nicht, wenn und soweit der geschädigte Dritte in der Lage ist, den Ersatz seines Schadens von einem Sozialversicherungsträger zu erlangen. Der Haftpflichtversicherer soll nicht belastet werden, wenn von anderer Seite aufgrund eines wirksamen Rechtsverhältnisses eine Verpflichtung zur Deckung des Schadens besteht. Gesetzgeberischer Beweggrund für die Haftung des KH-Versicherers auch bei an sich fehlender Deckungspflicht war der Schutz des Geschädigten, dessen Interessen die Ausgestaltung der Pflichtversicherung vorrangig dient. Er soll vor den Nachteilen eines notleidenden Versicherungsverhältnisses bewahrt werden. Das gilt jedoch nur dann, wenn er andernfalls für seinen Schaden keine Deckung erhielte (vgl BGH, Urt. v. 2.10.2002 – IV ZR 309/01; Urt. v. 4.4.1978 – VI ZR 238/76 = VersR 1978, 609 unter I 2 b; Urt. v. 23.1.1979 – VI ZR 199/77 = VersR 1979, 272 unter II 2 b, bb; *Langheid*, in Römer/Langheid, Versicherungsvertragsgesetz, 2. Aufl. 2003, § 158c VVG Rn 22).

Eine solche Deckung hat die Klägerin hier aber der Geschädigten als deren Sozialversicherungsträgerin gewährt, indem sie die Kosten für die stationäre Krankenhausbehandlung und die Rehabilitation der geschädigten M. übernommen hat. Der Geschädigten stehen deshalb keine Ansprüche gegen die Beklagte zu 1 zu. Deshalb kann es auch nicht zu einem Anspruchsübergang gem. § 116 SGB X gekommen sein. Kann sich der Versicherer gegenüber dem Dritten auf das Verweisungsprivileg berufen, scheiden auch Ansprüche des Sozialversicherungsträgers aus abgeleitetem Recht (§ 116 SGB X) aus, da die Vorschrift des § 158c Abs. 4 VVG andernfalls leerliefe (vgl BGH, Urt. v. 2.10.2002 – IV ZR 309/01; BGHZ 65, 1, 6; *Langheid*, aaO, Rn 22; *Knappmann*, in Prölss/Martin, Versicherungsvertragsgesetz, 27. Aufl. 2004, § 3 Nr. 6 PflVG Rn 19).

Die in § 3 Nr. 6 S. 1 Hs 2 PflVG aufgeführten Ausnahmen beziehen sich allein auf Fälle der Leistungsfreiheit nach § 3 Nr. 4 PflVG (vgl BGH, Urt. v. 2.10.2002 – IV ZR 309/01 = VersR 2002, 1505). Geht es um eine Nachhaftung gem. § 3 Nr. 5 PflVG, hat über § 3 Nr. 6 S. 1 Hs 1 PflVG die Vorschrift des § 158c VVG mit ihren Abs. 3–5 uneingeschränkt Geltung (BGH, aaO). Die Bestimmung des § 3 Nr. 6 S. 1 Hs 2 PflVG beinhaltet Ausnahmetatbestände, die einer erweiternden Auslegung nicht zugänglich sind (BGH, aaO; *Knappmann*, aaO, § 3 Nr. 6 PflVG Rn 6; OLG Hamm VersR 2000, 1139, 1140). Sind die Voraussetzungen eines Ausnahmetatbestands gegeben, scheidet eine Verweisungsmöglichkeit für den Versicherer nur insoweit aus. Ihm ist es aber nicht versagt, daneben eine Störung des Versicherungsverhältnisses geltend zu machen, die von den Ausnahmeregelungen nicht erfasst wird. Dann ist ihm gleichwohl die Möglichkeit einer Verweisung eröffnet. Andernfalls stünde er bei einer Häufung von Störungen im Deckungsverhältnis – wie bei einem Zusammentreffen von Leistungsfreiheit und Nichtigkeit – schlechter, als wenn das Versicherungsverhältnis nur aus einem zur Nichtigkeit führenden Grund fehlerbehaftet wäre (vgl BGH, aaO; OLG Hamm, aaO).

Die Klage wird deshalb schon aus Rechtsgründen abzuweisen sein.

Rechtsanwalt

39 **Hinweis:** Für den Fahrzeugschaden, der nicht durch eine Fahrzeug(kasko)versicherung gedeckt ist, muss der KH-Versicherer im Rahmen der Nachhaftung aufkommen, weil es keinen Dritten im Sinne des § 158c Abs. 4 VVG gibt, von dem der Geschädigte Ersatz seines Schadens erlangen könnte.

40 **Muster: Klage wegen Nachhaftung trotz Abmeldung und entstempelter Kennzeichen**[20]

An das Amtsgericht ▪▪▪

Klage

des Herrn ▪▪▪

– Kläger –

Prozessbevollmächtigte: RAe ▪▪▪

gegen

▪▪▪ VersicherungsAG, vertreten durch den Vorstand, dieser vertreten durch den Vorsitzenden ▪▪▪ [Name und Adresse]

– Beklagte –

wegen Schadensersatzes.

Namens und in Vollmacht der Klägerin erheben wir Klage und werden beantragen, wie folgt zu erkennen:

Die Beklagte wird verurteilt, an den Kläger ▪▪▪ EUR nebst Zinsen in Höhe von 5 Prozentpunkten über dem Basiszinssatz seit dem ▪▪▪ / seit Rechtshängigkeit sowie vorgerichtliche Anwaltskosten in Höhe von ▪▪▪ zu zahlen.

Die Beklagte trägt die Kosten des Rechtsstreits.

Das Urteil ist – notfalls gegen Sicherheitsleistung – vorläufig vollstreckbar.

Begründung:

Der Kläger macht gegen die Beklagte als (früheren) Kraftfahrzeughaftpflichtversicherer des PKW ▪▪▪ [Modell, Ident-Nr., vormaliges Kennzeichen] Schadensersatzansprüche aufgrund eines Unfalls vom 14.4.2006 geltend.

---

20 Nach OLG Karslruhe VersR 1973, 213 (Vorinstanz: VersR 1972, 597).

Im Einzelnen:

Der Kläger hatte am besagten Tag vor dem Gasthaus ▬▬▬ in ▬▬▬ seinen PKW ▬▬▬ [Modell, Kennzeichen] geparkt. Das Fahrzeug wurde durch den mit hoher Geschwindigkeit auffahrenden PKW ▬▬▬, der früher bei der Beklagten versichert war, total beschädigt. Das auffahrende Fahrzeug war zuvor beim Autohaus ▬▬▬ in ▬▬▬ gestohlen worden. Der Fahrer beging Unfallflucht und konnte nicht ermittelt werden.

Beweis: Beiziehung der Ermittlungsakten der StA ▬▬▬, Az ▬▬▬

Dem Kläger entstand ein Schaden von insgesamt ▬▬▬ EUR, der sich in folgende Positionen aufgliedert: ▬▬▬.

Diesen Schaden muss die Beklagte ersetzen, denn der schadenstiftende PKW war bis zum 23.10.2005 auf den

Zeugen M., ▬▬▬ [Anschrift]

zugelassen. Dieser hatte bei der Beklagten eine Haftpflichtversicherung für den Wagen abgeschlossen.

Beweis: wie vor.

Am 23.10.2005 war der Wagen von der Zulassungsstelle des Landkreises ▬▬▬ vorübergehend stillgelegt worden. Diese sandte die Abmeldebescheinigung am gleichen Tage der Beklagten zu. Der

Zeuge M.

teilte der Beklagten mit, er habe das Fahrzeug zum Schrottwert an das Autohaus ▬▬▬ veräußert. M. und die Beklagte einigten sich daraufhin, dass der Versicherungsvertrag für den PKW mit Wirkung zum 23.10.2005 aufgehoben und abgerechnet würde. Eine Nachricht über diese Beendigung des Versicherungsverhältnisses versandte die Beklagte nicht, jedenfalls ist beim Landkreis ▬▬▬ eine solche nicht eingegangen.

Beweis: Zeugnis ▬▬▬, zu laden über den Landkreis ▬▬▬

In rechtlicher Hinsicht ist anzumerken:

Die Beklagte haftet für den Schaden nach § 3 Nr. 1 PflVG. Nach § 3 Nr. 5 PflVG kann ein Umstand, der die Beendigung des Versicherungsverhältnisses zur Folge hat, diesem Anspruch des Dritten nach Nr. 1 nur entgegengehalten werden, wenn das Schadensereignis später als einen Monat nach dem Zeitpunkt eingetreten ist, in dem der Versicherer diesen Umstand der hierfür zuständigen Stelle angezeigt hat. Die zuständige Stelle nach dem PflVG ist die nach § 29c StVZO zuständige Zulassungsstelle (vgl *Knappmann*, in Prölss/Martin, Versicherungsvertragsgesetz, 27. Aufl. 2004, § 3 Nr. 5 PflVG Rn 2). Nach § 3 Nr. 5 PflVG könnte sich die Beklagte gegenüber dem Kläger auf die Beendigung des Versicherungsverhältnisses nur berufen, wenn das Schadensereignis später als einen Monat nach der Mitteilung der Beendigung an die Zulassungsstelle eingetreten wäre. Eine solche Mitteilung ist aber von der Beklagten der Zulassungsstelle nicht gemacht worden. Die Anzeige ist auch nicht dadurch entbehrlich geworden, dass die Beklagte von der Zulassungsstelle erfahren hat, dass das Kfz aus dem Verkehr gezogen, das Kennzeichen entstempelt und der Fahrzeugschein für ungültig erklärt bzw die Zulassungsbescheinigung Teil I eingezogen worden sei.

Es mag zwar sein, dass die Zulassungsstelle auf eine Mitteilung seitens der Beklagten keinen Wert legte, da sie die Zulassungsbescheinigung Teil I bereits eingezogen, das Kennzeichen entstempelt und damit das Fahrzeug aus dem Verkehr gezogen hatte. Damit hatte die Zulassungsstelle ihre öffentlich-rechtlichen Pflichten nach § 29d StVZO erfüllt. Die Anzeigepflicht des Versicherers nach § 29c StVZO hat aber nicht nur eine öffentlich-rechtliche, sondern auch eine privatrechtliche Funktion. Wird die Anzeige über das Erlöschen des Versicherungsverhältnisses vom Versicherer nicht erstattet, so wird der Lauf der Nachhaftungsfrist nicht in Gang gesetzt und der Versicherer haftet dem Geschädigten weiter (OLG Karlsruhe VersR 1973, 213; OLG Saarbrücken VersR 1976, 553).

In Abs. 3 der AV zu § 29c StVZO (vgl *Hentschel*, Straßenverkehrsrecht, 38. Aufl. 2005, § 29c StVZO Rn 3) heißt es:

„Auch bei vorübergehend stillgelegten oder endgültig abgemeldeten Fahrzeugen ist die Anzeige entgegenzunehmen und [...] dem Versicherer der Bescheid zu erteilen."

Daraus ergibt sich, dass die Anzeige des Versicherers über das Erlöschen des Versicherungsverhältnisses auch bei stillgelegten Fahrzeugen erfolgen muss. In der amtlichen Begründung zur Änderungsverordnung vom 21.7.1969 (VerkBl 1969, 394) heißt es:

„Wenn Fahrzeuge aus dem versicherten Bestand bei Herstellern ausscheiden, muss dies für jedes einzelne Fahrzeug der Zulassungsstelle angezeigt werden. Solange der Versicherer für Fahrzeuge, die zu dem versicherten Bestand eines Herstellers gehören, der Zulassungsstelle keine Anzeige nach Muster 9 erstattet hat, wird die für die Beendigung der Haftung Dritten gegenüber geltende Frist von einem Monat (§ 3 Nr. 5 PflVG) nicht in Lauf gesetzt."

Auch daraus geht hervor, dass nach Ansicht des Gesetzgebers die Anzeige des Versicherers von der Beendigung des Versicherungsverhältnisses die Voraussetzung für die Beendigung seiner Haftung Dritten gegenüber ist (OLG Karlsruhe VersR 1973, 213).

Der Bundesgerichtshof hat in BGHZ 33, 318 (= VersR 1961, 20 = NJW 1961, 309) zu § 158c Abs. 2 VVG ausgeführt, für die Nachhaftung des Versicherers gelte eine starre Frist, die nicht schon deshalb früher ende, weil das den Gegenstand der Versicherung bildende Kfz vorher aus dem Verkehr gezogen wurde. Dies ergebe sich daraus, dass § 158c VVG nicht nur für die Kfz-Haftpflichtversicherung gelte, sondern nach § 158b VVG in gleicher Weise für alle anderen Haftpflichtversicherungen, zu deren Abschluss eine gesetzliche Verpflichtung bestehe (zB für Jäger oder Luftverkehrsunternehmen), und es auch Kfz gebe, die zwar der Versicherungspflicht, nicht aber der Zulassungspflicht unterlägen, bei denen also Maßnahmen der Zulassungsstelle nach § 29d Abs. 2 StVZO nicht möglich seien. Da eine unterschiedliche Behandlung dieser Fälle im Rahmen des § 158c VVG nicht sinnvoll gewesen wäre, habe es für den Gesetzgeber nahe gelegen, die Nachhaftung des Haftpflichtversicherers auch bei versicherungs- und zulassungspflichtigen Kfz nicht in dem Zeitpunkt enden zu lassen, in dem das Fahrzeug wieder aus dem Verkehr gezogen wird, sondern einheitlich bei allen Fällen der Pflicht-Haftpflichtversicherung eine zeitlich klar abgrenzbare Frist für die Nachhaftung des Versicherers zu setzen und damit im Interesse des geschädigten Dritten für alle Fälle klare Verhältnisse zu schaffen (so ausdrücklich BGHZ 33, 320).

An der Richtigkeit dieser Ausführungen hat sich durch das Pflichtversicherungsgesetz nichts geändert. Vielmehr enthalten die § 3 Nr. 4, 5 PflVG gleichlautende Regelungen.

Weil ein Versicherungsverhältnis nicht bereits durch die Stilllegung eines Fahrzeugs endet, sondern erst mit der Beendigung des Versicherungsvertrags, ist es keine nicht durch ein Interesse des Verkehrsopfers begründete Formalität zu verlangen, dass der Versicherer auch dann die Zulassungsstelle von der Beendigung des Versicherungsverhältnisses unterrichtet, wenn das Fahrzeug von dieser bereits aus dem Verkehr gezogen wurde (OLG Karlsruhe VersR 1973, 213).

Die Nachhaftung der Beklagten endete daher hier nicht bereits einen Monat, nachdem das Fahrzeug aus dem Verkehr gezogen wurde. Vielmehr bestand die Nachhaftung der Beklagten noch am Unfalltage fort. Die Klage wird deshalb vollen Erfolg haben müssen.

Rechtsanwalt

Muster: Regress des nachhaftenden Versicherers gegen den „mitversicherten" Fahrer[21] 41

An das Amtsgericht ■■■

Klage

des ■■■ Versicherungsvereins a.G., vertreten durch den Vorstand, dieser vertreten durch
den Vorsitzenden ■■■, ■■■ [Adresse]

– Kläger –

Prozessbevollmächtigte: RAe ■■■

gegen

Herrn ■■■

– Beklagter –

wegen Schadensersatzes.

Namens und in Vollmacht des Klägers erheben wir Klage und werden beantragen, wie folgt zu erkennen:

Der Beklagte wird verurteilt, an den Kläger 2.000,00 EUR nebst Zinsen in Höhe von 5 Prozentpunkten über dem Basiszinssatz seit dem ■■■ / seit Rechtshängigkeit sowie vorgerichtliche Anwaltskosten in Höhe von ■■■ zu zahlen.

Die Beklagte trägt die Kosten des Rechtsstreits.

Das Urteil ist – notfalls gegen Sicherheitsleistung – vorläufig vollstreckbar.

Begründung:

Der Kläger, ein Versicherungsverein a.G., macht gegen den Beklagten Rückgriffsansprüche aus einem Versicherungsverhältnis über ein Kraftrad geltend. Im Einzelnen liegt folgender Sachverhalt zugrunde:

Der Beklagte erwarb am 27.8.2006 von B. dessen am 9.8.2005 stillgelegtes Motorrad ■■■ [Modell, früheres Kennz.]. Dieses hatte der Kläger aufgrund eines mit B. geschlossen Vertrags gegen Haftpflicht versichert. Der Vertrag war jedoch am 10.8.2005 einvernehmlich aufgehoben worden, so dass er am 27.8.2006 schon längere Zeit nicht mehr bestand.

Beweis: Zeugnis B., ■■■ [Anschrift]

Am 30.8.2006 fuhr der Beklagte mit dem Motorrad, das vorher nicht amtlich zugelassen worden war und für das er auch keine Haftpflichtversicherung abgeschlossen hatte, den ein Fahrrad schiebenden M. an, der so schwer verletzt wurde, dass er seitdem erwerbsunfähig ist.

Beweis: Beiziehung der Ermittlungsakten der StA ■■■, Az ■■■

Der Kläger hat an M. als Vorschuss auf dessen durch den Beklagten verursachten Gesamtschaden 2.000,00 EUR gezahlt, ohne eine Verrechnungsbestimmung zu treffen. Anschließend hat M. einen Rechtsstreit gegen den Beklagten eingeleitet, in dem er dessen Verurteilung zur Zahlung eines angemessenen Schmerzensgeldes und die Feststellung begehrte, dass der Beklagte ihm allen zukünftig noch aus dem Unfall vom 30.8.2006 entstehenden Schaden ersetzen müsse.

Beweis: Beiziehung der Akten ■■■

Das Landgericht ■■■ hat durch rechtskräftiges Urteil dem Feststellungsantrag entsprochen und den Beklagten zur Zahlung eines Schmerzensgeldes von 4.000,00 EUR verurteilt, ohne die vom (hiesigen) Kläger bereits geleisteten 2.000,00 EUR anzurechnen.

Beweis: wie vor.

Mit der vorliegenden Klage verlangt der Kläger vom Beklagten Erstattung der an M. gezahlten 2.000,00 EUR.

---

21 Nach OLG Saarbrücken VersR 1976, 553.

In rechtlicher Hinsicht ist dazu anzumerken:

Der Beklagte muss dem Kläger die 2.000,00 EUR nach §§ 3 Nr. 9 S. 2 PflVG, 426 Abs. 2 BGB erstatten. Dass er vom Kläger keinen Haftpflichtversicherungsschutz beanspruchen konnte, steht dem nicht entgegen.

Obwohl der über sein Motorrad von dem Voreigentümer abgeschlossene Haftpflichtversicherungsvertrag zum Unfallzeitpunkt nicht mehr bestand, haftete nicht nur der Beklagte gem. §§ 7, 18 StVG, 823, 249 ff BGB für den von ihm verursachten Schaden des M. Für dessen Schadensersatz- und Schmerzensgeldanspruch hatte vielmehr gem. § 3 Nr. 1 und 2 PflVG gesamtschuldnerisch mit ihm auch der Kläger einzustehen. Dieser konnte dem M. insbesondere nicht entgegenhalten, dass das zuletzt bei ihm begründet gewesene Versicherungsverhältnis über das Krad am 30.8.2006 schon längst beendet war. Darauf, dass er im Verhältnis zum Beklagten nicht zur Leistung verpflichtet war, hätte der Kläger sich dem M. gegenüber gem. § 3 Nr. 5 PflVG nur berufen können, wenn er länger als einen Monat vor dem Schaden der zuständigen Zulassungsstelle mitgeteilt hätte, dass für das Krad kein Haftpflichtversicherungsschutz mehr bestehe. Eine entsprechende Benachrichtigung hat er aber dem Landkreis ■■■ nicht zukommen lassen. Vorsorglich

Beweis: Zeugnis ■■■, zu laden über den Landkreis ■■■

An der dadurch begründeten Nachhaftungsverpflichtung des Klägers ändert auch der Umstand nichts, dass das Motorrad bereits über ein Jahr vor dem Unfall stillgelegt worden war. Die aus § 158c Abs. 2 VVG in das PflVG übernommene, zur Vermeidung einer Nachhaftung dem Versicherer obliegende einmonatige Anzeigefrist dient ausschließlich der Sicherung der Schadensersatzansprüche des geschädigten Dritten. Sie ist daher nach allgemeiner Meinung eine starre Frist, die selbst dann vom Haftpflichtversicherer zu wahren ist, wenn das versichert gewesene Fahrzeug schon vor ihrem Ablauf aus dem Verkehr gezogen war (BGH VersR 1961, 20 = NJW 1961, 309; VersR 1952, 366 = NJW 1952, 1333; VersR 1956, 298 = NJW 1956, 867; OLG Hamburg VersR 1954, 300; OLG Karlsruhe VersR 1973, 213; *Knappmann,* in Prölss/Martin, Versicherungsvertragsgesetz, 27. Aufl. 2004, § 3 Nr. 5 PflVG Rn 2; *Hentschel,* Straßenverkehrsrecht, 38. Aufl. 2005, § 29c StVZO Rn 7).

Die Verpflichtung des Klägers, Schadensersatz an M. zu leisten, ist auch nicht dadurch später wieder entfallen, dass dieser ihm das Schadensereignis nicht gem. § 3 Nr. 7 PflVG innerhalb von zwei Wochen angezeigt hat. Denn nach allgemeiner Meinung führt ein Verstoß des geschädigten Dritten gegen die in § 3 Nr. 7 PflVG normierte Anzeigepflicht allenfalls zu einer Kürzung, nicht aber zu einer völligen Beseitigung des Direktanspruchs gegen den Versicherer (vgl *Knappmann,* in Prölss/Martin, aaO, § 3 Nr. 7 PflVG Rn 6).

Die vom Kläger somit aufgrund gesetzlicher Verpflichtung und mithin weder irrtümlich noch sonst ohne rechtlichen Grund erfolgte Zahlung an M. muss der Beklagte in vollem Umfang erstatten. Die auch gegen ihn gerichtet gewesene materielle Schadensersatzforderung des M. ist gem. § 426 Abs. 2 BGB (nicht gem. 158f VVG, der nach § 3 PflVG nicht anwendbar ist) auf den Kläger in Höhe der gezahlten 2.000,00 EUR übergegangen. Durch die Zahlung ist der Schadensersatzanspruch des M. gegen den Beklagten entsprechend gemindert worden. Der Kläger hat mit seiner Leistung Ersatz für den vom Beklagten verschuldeten Schaden leisten wollen. Dass er keine Verrechnungsbestimmung getroffen hatte, hat nicht verhindert, dass der materielle Schadensersatzanspruch des M. in Höhe der Zahlung erloschen ist. Vielmehr greift § 366 Abs. 2 BGB ein.

Die Tilgungsreihenfolge des § 366 Abs. 2 BGB führt dazu, dass die Zahlung des Klägers auf den Verdienstausfallschadensersatzanspruch des M. anzurechnen war, weil ■■■ [näher begründen].

Der Beklagte war auch im Innenverhältnis der Gesamtschuldner allein zum Schadensersatz verpflichtet. Das folgt daraus, dass den Kläger ihm gegenüber keine Einstandspflicht traf, und ist zudem in § 3 Nr. 9 S. 2 PflVG ausdrücklich ausgesprochen. Dass in dieser Vorschrift lediglich der Versicherungsnehmer (hier: der B.) erwähnt wird, der Beklagte als Halter, Eigentümer und Fahrer im Außenverhältnis gem. § 10 Nr. 2 a–c AKB aber lediglich „mitversicherte Person" war, steht dem Ausgleichsanspruch des Klägers nicht entgegen. Denn der Mitversicherte steht insoweit nach allgemeiner Auffassung dem Versicherungsnehmer schon im Hinblick darauf gleich, dass beider Rechtspositionen einander weitgehend angenähert sind und § 3 Nr. 5 PflVG auch dann eingreift, wenn ein nach dem nicht mehr bestehenden Versicherungsvertrag Mitversicherter einen Schaden verursacht (vgl *Knappmann*, aaO, § 3 Nr. 9 PflVG Rn 5).

Schließlich kann der Beklagte auch nicht einwenden, der Kläger habe ungerechtfertigterweise die erstattet verlangten 2.000,00 EUR an M. gezahlt. Dass der Kläger die Pflicht zur Abwehr unbegründeter Schadensersatzansprüche sowie zur Minderung oder zur sachgemäßen Feststellung des Schadens schuldhaft zu seinem Nachteil verletzt haben könnte, hat der Beklagte, obwohl er insoweit gem. § 3 Nr. 10 PflVG beweispflichtig ist, bisher nicht einmal ansatzweise dargetan.

Im Übrigen schuldete der Beklagte die Erstattung der gezahlten 2.000,00 EUR auch dann, wenn der Kläger im Außenverhältnis zu M. nicht zur Leistung verpflichtet gewesen wäre. Dann wäre der Beklagte nämlich durch die irrtümliche Zahlung des Klägers, weil diese jedenfalls zweckgerichtet in Erfüllungsabsicht erfolgte, gem. § 267 BGB von seiner materiellen Schadensersatzpflicht gegenüber M. in Höhe von 2.000,00 EUR befreit und demgemäß im Sinne von § 812 BGB ungerechtfertigt bereichert worden (vgl dazu *Knappmann*, aaO, § 3 Nr. 6 PflVG Rn 10; Palandt/*Heinrichs*, 66. Aufl. 2007, § 267 BGB Rn 7).

Die Klage wird nach alledem Erfolg haben müssen.

Rechtsanwalt

Muster: Klage gegen die Zulassungsstelle gem. Art. 34 GG iVm § 839 BGB

An das Landgericht ▪▪▪

Klage

der

Frau ▪▪▪

– Klägerin –

Prozessbevollmächtigte: RAe ▪▪▪

gegen

die Stadt ▪▪▪, vertreten durch den (Ober-)Bürgermeister ▪▪▪, ▪▪▪ [Anschrift]

– Beklagte –

wegen Amtspflichtverletzung.

Namens und in Vollmacht der Klägerin erheben wir Klage und werden beantragen,

Die Beklagte wird verurteilt, an die Klägerin ▪▪▪ EUR nebst Zinsen in Höhe von 5 Prozentpunkten über dem Basiszinssatz seit dem ▪▪▪ / seit Rechtshängigkeit sowie vorgerichtliche Anwaltskosten in Höhe von ▪▪▪ zu zahlen.

Die Beklagte trägt die Kosten des Rechtsstreits.

Das Urteil ist – notfalls gegen Sicherheitsleistung – vorläufig vollstreckbar.

Begründung:

Mit der vorliegenden Klage begehrt die Klägerin von der Beklagten Schadensersatz aus § 839 Abs. 1 S. 1 BGB iVm Art. 34 GG anlässlich eines Verkehrsunfalls vom 30.8.2006 in ▪▪▪.

Die Beklagte ist die nach § 23 StVZO für die Kennzeichenerteilung zuständige Zulassungsstelle für den am Unfall beteiligten PKW mit dem amtlichen Kennzeichen ▪▪▪.

Am 30.8.2006 befuhr die Klägerin mit dem in ihrem Eigentum stehenden PKW mit dem amtlichen Kennzeichen ▪▪▪ die ▪▪▪straße in ▪▪▪ und musste an der dort befindlichen Ampelanlage verkehrsbedingt bei Rot anhalten. In diesem Augenblick fuhr Herr ▪▪▪ mit dem auf ihn zugelassenen PKW mit dem amtlichen Kennzeichen ▪▪▪ auf das vor ihm befindliche Fahrzeug der Klägerin auf, wobei das Fahrzeug der Klägerin erheblich beschädigt wurde.

Beweis: Beiziehung der Akten des Polizeireviers ▪▪▪, Az ▪▪▪

Der Unfall war für die Klägerin unabwendbar im Sinne von § 17 Abs. 3 StVG und auf das alleinige Verschulden des Fahrers des anderen am Unfall beteiligten Fahrzeugs zurückzuführen. Insofern spricht schon der Anscheinsbeweis für ein ausschließliches Verschulden des Auffahrenden.

Direkt nach dem Unfall setzte sich die Klägerin mit dem Haftpflichtversicherer des auf Herrn ▪▪▪ zugelassenen PKW in Verbindung. Die ▪▪▪ VersicherungsAG teilte der Klägerin mit, dass eine Nachhaftung gem. § 3 Abs. 1 Nr. 5 PflVG ausscheide. Mit Schreiben vom 8.4.2006, eingegangen bei der Beklagten am 12.4.2006, hat sie der Beklagten mitgeteilt, dass das Fahrzeug nicht versichert gewesen sei.

Beweis: 1. in Fotokopie anliegendes Schreiben der ▪▪▪ VersicherungsAG vom 8.4.2006[22]
2. Zeugnis der Mitarbeiterin Frau ▪▪▪, zu laden über die ▪▪▪ VersicherungsAG.

Die Beklagte hat zwar Herrn ▪▪▪ als Halter des Fahrzeugs zunächst eine Frist bis zum 31.4.2006 gesetzt, um das Fahrzeug abzumelden oder eine neue Versicherungsbestätigung vorzulegen, und mit Verfügung vom 25.4.2006 die zwangsweise Stilllegung des Fahrzeugs angedroht und deren Zustellung durch den Vollzugsbeamten am 26.4.2006 veranlasst. Zudem hat der Vollzugsbeamte am 28.4.2006 bei dem Halter angerufen, dort dessen Bekannte erreicht und mit ihr besprochen, dass die Doppelkarte vorgelegt werden sollte, und hat am 2., 3. und 9.5.2006 weitere Nachrichten hinterlassen bzw tagsüber den Halter aufgesucht, ohne des Halters bzw des Fahrzeugs habhaft zu werden. Das alles aber reicht nicht aus, um die Amtspflicht der Beklagten als erfüllt anzusehen.

Die Beklagte hatte gem. § 29d Abs. 2 StVZO die Amtspflicht, dafür Sorge zu tragen, dass keine zulassungs- und versicherungspflichtigen Fahrzeuge im Verkehr bleiben, wenn der Versicherungsschutz wegfällt. Diese Bestimmung dient auch den Interessen derjenigen, denen durch das Kraftfahrzeug Schäden zugefügt werden kann und die für den Fall, dass eine Haftpflichtversicherung weiter bestünde, sich hieraus ergebende Ansprüche gegen den Versicherer realisieren könnten.

Diese Amtspflicht hat der Mitarbeiter der Beklagten schuldhaft verletzt. Da er wusste, dass der Versicherer nur noch bis zum 12.5.2006 Dritten gegenüber bei Haftpflichtschäden einzustehen hatte, war es für ihn erkennbar, dass das bloße Hinterlassen von Nachrichten und ungezielte Besuche vor Ort überwiegend zu normalen Arbeitszeiten wenig Erfolg versprachen. Vielmehr hätte der Mitarbeiter der Beklagten veranlassen müssen, dass das Fahrzeug sofort, längstens aber bis zum 12.5.2006 zwangsweise stillgelegt wird.

Durch die schuldhafte Amtspflichtverletzung ist der Kläger auch geschädigt worden. Hätten die Mitarbeiter der Beklagten die gebotenen Maßnahmen ergriffen, wäre das Fahrzeug vor dem Unfall stillgelegt worden mit der Folge, dass das Fahrzeug des Klägers nicht beschädigt worden wäre.

Eine anderweitige Ersatzmöglichkeit im Sinne von § 839 Abs. 1 S. 2 BGB besteht nicht. Der Halter hat bereits am 1.9.2005 die eidesstattliche Versicherung abgegeben,

Beweis: Beiziehung der Akten des Amtsgerichts ▪▪▪

so dass eine Geltendmachung der Schadensersatzansprüche keine Aussicht auf Erfolg bietet.

Aufgrund dessen stehen der Klägerin gegen die Beklagte nachfolgende Ansprüche zu:

[Schadenspositionen übersichtlich erläutern und Summe errechnen]

▪▪▪

▪▪▪

Rechtsanwalt

---

22 Ein lediglich in Kopie beigefügtes Schreiben ist zwar kein Beweis (wegen § 420 ZPO, der die Vorlage der Urkunde verlangt, nicht einmal ein Beweisantritt), wird jedoch häufig als solcher angesehen und führt jedenfalls zu gesteigerter Vortragslast des Gegners.

Muster: Klageerwiderung der Zulassungsstelle auf Klage gem. Art. 34 GG iVm § 839 BGB   43

An das Landgericht ▪▪▪

Klageerwiderung

in Sachen ▪▪▪ [Klägerin] ./. ▪▪▪ [Beklagte]

Az / Geschäfts-Nr. ▪▪▪

bestellen wir uns zu Prozessbevollmächtigten der Beklagten und beantragen,

die Klage abzuweisen.

Begründung:

Die Beklagte ist nicht zum Ersatz des unfallbedingten Schadens verpflichtet, weil die Beklagte alles unternommen hat, um ihrer Verpflichtung gem. § 29d Abs. 2 StVZO nachzukommen.

Die Beklagte hat nach der Mitteilung des Versicherers vom 12.4.2006, dass das Fahrzeug nicht mehr versichert sei, dem Halter zunächst eine Frist zum 21.4.2006 gesetzt, um das Fahrzeug abzumelden oder eine neue Versicherungsbestätigung vorzulegen. Nach dem Verhältnismäßigkeitsgrundsatz war vor einer zwangsweisen Stilllegung zunächst eine solche Fristsetzung geboten, zumal die Versicherung noch bis zum 12.5.2006 Dritten gegenüber bei Haftpflichtschäden einzustehen hatte. Weiterhin hat sich der Mitarbeiter pflichtgemäß verhalten, indem er mit Verfügung vom 25.4.2006 die zwangsweise Stilllegung des Fahrzeugs angeordnet und deren Zustellung durch den Vollzugsbeamten am 26.4.2006 veranlasst hat. Der Mitarbeiter hat Halter und Fahrzeug am 26.4.2006 nicht angetroffen und sodann am 28.4.2006 beim Halter angerufen, dort dessen Bekannte erreicht und mit ihr besprochen, dass eine neue Versicherungsbestätigung vorgelegt werden müsse. Am 2.5.2006 hat er um 07:40 Uhr telefonisch eine Nachricht auf Band hinterlassen, am 3., 5. und 9.5.2006 um 12:20, 13:10 bzw 13:30 Uhr den Halter nicht angetroffen und eine Nachricht am Briefkasten hinterlassen. Auch hat der Mitarbeiter weitere Kontaktversuche am 15. und 18.5.2006 vor Ort vorgenommen.

Beweis: Zeugnis des Herrn ▪▪▪

Sodann hat der Mitarbeiter der Beklagten am 12.5.2006 die Polizei um Amtshilfe ersucht, wobei weder Halter noch Fahrer ausfindig gemacht werden konnten.

Beweis: wie vor.

Weitere Ermittlungen führten dazu, dass die Beklagte am 28.6.2006 erfahren hat, dass der Halter ca. acht Wochen zuvor verzogen war. Aufgrund dessen konnten weder der Mitarbeiter der Beklagten noch die beauftragten Polizeibeamten das Fahrzeug vor dem Unfall stilllegen.

Beweis: wie vor.

Eine Amtspflichtverletzung der Beklagten ist nicht gegeben, da diese alles versucht hat, des Halters und des Fahrzeugs habhaft zu werden.

Darüber hinaus ist zweifelhaft, ob die Beklagte im Hinblick auf den Umzug des Schädigers nach ▪▪▪, für welche die Beklagte gar nicht mehr die nach § 68 StVZO örtlich zuständige Behörde war, überhaupt noch eine Amtspflicht zum Tätigwerden traf. Letztlich kann diese Frage aber offen bleiben. Mangels Verletzung einer etwaigen Pflicht scheidet eine Amtshaftung der Beklagten ohnehin aus.

Im Übrigen reicht allein die Tatsache, dass der Halter die eidesstattliche Versicherung kurz nach dem Verkehrsunfall abgegeben hat, nicht aus, die anderweitige Ersatzmöglichkeit zu verneinen. Insoweit hätte die Klägerin zunächst gegen den Halter und Fahrer klagen und geeignete Vollstreckungsmaßnahmen durchführen müssen, um den Nachweis der fehlenden anderweitigen Ersatzmöglichkeit im Sinne von § 839 Abs. 1 S. 2 BGB zu erbringen.

Darüber hinaus unterhält die Klägerin bei der ▪▪▪ VersicherungsAG eine Vollkaskoversicherung für das am Unfall beteiligte Fahrzeug, so dass mit Ausnahme der Selbstbeteiligung in Höhe der Reparaturkosten eine anderweitige Ersatzmöglichkeit im Sinne der vorgenannten Vorschrift besteht.

Die Klägerin könnte zudem als Schadensersatz wegen Amtspflichtverletzung nicht mehr verlangen, als ihr die Haftpflichtversicherung des anderen Unfallbeteiligten gezahlt hätte. Insoweit müsste sie sich ein Mitverschulden oder eine mitwirkende Betriebsgefahr zurechnen lassen. Das Mitverschulden ist hier aus folgendem Grund gegeben:

Entgegen der Behauptung der Klägerin liegt kein „normaler" Auffahrunfall vor. Die Klägerin hat zwar vor dem Lichtzeichen Rot an der Ampelanlage angehalten. Sie hatte jedoch zuvor durch den unvermittelten Wechsel vom rechten Fahrstreifen auf den von Herrn ▪▪▪ benutzten linken Fahrstreifen der ▪▪▪straße eine Gefahrenlage herbeigeführt, die zu dem Unfall geführt hat, ohne dass Herrn ▪▪▪ daran ein Verschulden trifft.

Beweis: Sachverständigengutachten

Ich verweise dazu vorsorglich auf das Urteil des OLG Celle v. 20.12.2005 (14 U 54/05 = SVR 2006, 227), wonach bei streitigem Unfallhergang stets – gegebenenfalls auch ohne entsprechenden Beweisantritt gem. § 144 ZPO von Amts wegen – die Einholung eines Sachverständigengutachtens geboten ist.

Nach alledem ist die Klage abzuweisen.

Rechtsanwalt

44 **Muster: Replik (Klage gegen die Zulassungsstelle gem. Art. 34 GG iVm § 839 BGB)**

An das Landgericht ▪▪▪

Replik

in Sachen ▪▪▪ [Klägerin]./. ▪▪▪ [Beklagte]

Az / Geschäfts-Nr. ▪▪▪

wird das vom Vortrag der Klägerin abweichende Vorbringen der Beklagten bestritten. Für die Klägerin nehmen wir im Einzelnen wie folgt Stellung:

Entgegen der Auffassung der Beklagten kann es keinem ernsthaften Zweifel unterliegen, dass sie als diejenige Behörde, die das Kennzeichen für das am Unfall beteiligte Fahrzeug des Herrn ▪▪▪ zugeteilt hat, trotz des Umzugs in einen anderen Ort zuständig war, solange – wie hier – noch nicht die Zuteilung eines neuen Kennzeichens beantragt war (vgl *Hentschel*, Straßenverkehrsrecht, 38. Aufl. 2005, § 29c StVZO Rn 9 mwN). Die Amtspflicht, das nicht mehr versicherte Fahrzeug aus dem Verkehr zu ziehen, traf deshalb sehr wohl die Beklagte und nicht die für den neuen Wohnort des Schädigers zuständige Stadt ▪▪▪.

Entgegen der Behauptung der Beklagten hat sich ihr Mitarbeiter auch nicht pflichtgemäß verhalten. Unter Berücksichtigung der Tatsache, dass die Nachhaftung nur noch bis zum 12.5.2006 bestand, genügten die Versuche des Mitarbeiters, den Halter zu erreichen, gerade nicht. Nachdem der Mitarbeiter der Beklagten mehrfach den Halter nicht angetroffen hatte und trotz des Hinterlassens von Nachrichten am Briefkasten keine Rückmeldungen vorlagen, waren diese Maßnahmen spätestens ab Anfang Mai ungeeignet und unzureichend, da bis zu diesem Zeitpunkt der Halter weder auf eine schriftliche Fristsetzung noch auf die Stilllegungsverfügung, geschweige denn auf telefonisch hinterlassene Nachrichten reagiert hatte. Insoweit hätte der Mitarbeiter am 3.5.2006 vor Ort Ermittlungen über die Lebensverhältnisse anstellen müssen, um in Erfahrung zu bringen, wann der Halter und sein Fahrzeug zu Hause oder anderswo, zB an der Arbeitsstelle, angetroffen werden können. Insoweit haben derartige Ermittlungen Ende Juni die Erkenntnis erbracht, dass der Halter Anfang Juni nach ▪▪▪ verzogen war. Das aber hätte die Beklagte wesentlich früher ermitteln können und müssen. Es spricht nichts dafür, dass ähnliche Ermittlungen am 3.5.2006 oder an den nachfolgenden Tagen keinen Erfolg gehabt hätten. Hierbei hätte auch die Polizei um Amtshilfe gebeten werden können, zumal bis Ende Mai der Halter noch unter der bekannten Anschrift wohnte.

Auch die zusätzlich am 12.5.2006 erfolgte Einschaltung der Polizei, die bestritten wird, reicht nicht aus. Die Amtshilfe bestand ausweislich der Akten darin, dass die Fahrzeugdaten in das elektronische Informationssystem der Polizei aufgenommen wurden, wobei eine gezielte Fahndung jedoch nicht ausgelöst wurde. Allein auf die routinemäßige Ausschreibung des Fahrzeugs durch die Polizei durften sich die Mitarbeiter der Beklagten nicht verlassen, zumindest spätestens eine Woche nach Einschaltung der Polizei nicht mehr, nachdem die Ausschreibung bis dahin nicht zum Erfolg geführt hatte.

Die Mitarbeiter der Beklagten mussten wissen, dass es unter diesen Umständen geboten war, die Lebensumstände des Halters näher zu ermitteln und ihn dann gezielt, notfalls auch nachts oder an Feiertagen, aufzusuchen. Es war mithin pflichtwidrig, dass außer der Ausschreibung bis Ende Juni überhaupt nichts unternommen wurde.

Auch die Einwände der Beklagten hinsichtlich der anderweitigen Ersatzmöglichkeit greifen nicht durch. Es besteht keine Verpflichtung des Geschädigten, zunächst gegen den Dritten zu klagen, er kann die Voraussetzungen der Aushilfshaftung im Amtshaftungsprozess auch anderweitig nachweisen (BGH VersR 1960, 663). Dieser Nachweis ist geführt:

Der Halter des Fahrzeugs, Herr ▪▪▪, hat am 1.9.2005, mithin einen Monat nach dem Verkehrsunfall, die eidesstattliche Versicherung abgegeben. Er ist zwischenzeitlich arbeitslos geworden und erhält lediglich Arbeitslosenhilfe in Höhe von 1.000,00 EUR und ist seinen zwei minderjährigen Kindern und seiner nicht berufstätigen Ehefrau unterhaltsverpflichtet. Pfändbares Einkommen ist nicht vorhanden.

Beweis: 1. Beiziehung der Akten des Amtsgerichts ▪▪▪
2. Zeugnis des Halters, Herrn ▪▪▪

Die Klägerin kann auch nicht auf die Inanspruchnahme der Vollkaskoversicherung verwiesen werden, da sie ihren Vollkaskoversicherungsvertrag zum 31.12.2005, mithin vor dem Unfall gekündigt hatte, so dass zum Unfallzeitpunkt die Vollkaskoversicherung nicht mehr bestand.

Beweis: In Fotokopie anliegendes Schreiben[23] der ▪▪▪ VersicherungsAG vom ▪▪▪

Dass die Klägerin einen Fahrstreifenwechsel vorgenommen habe, wird mit Nachdruck bestritten. Das Fahrzeug der Klägerin befand sich im Zeitpunkt des Aufpralls bereits im Stillstand.

Beweis: 1. Zeugnis des ▪▪▪ (Beifahrer der Klägerin)
2. Sachverständigengutachten

Rechtsanwalt

Muster: Klage wegen Amtspflichtverletzung bei abgelaufener Nachhaftungsfrist[24] 45 98

An das Landgericht ▪▪▪ [am Unfallort]
Klage

In Sachen

des Herrn ▪▪▪

– Kläger –

---

23 Ein lediglich in Kopie beigefügtes Schreiben ist zwar kein Beweis (wegen § 420 ZPO, der die Vorlage der Urkunde verlangt, nicht einmal ein Beweisantritt), wird jedoch häufig als solcher angesehen und führt jedenfalls zu gesteigerter Vortragslast des Gegners.
24 Nachgebildet BGH VersR 1976, 885.

Prozessbevollmächtigte: RAe ▪▪▪

gegen

1. den Landkreis ▪▪▪, ▪▪▪ [Vertretungsverhältnis, Anschrift],

– Beklagter zu 1 –

2. das Land ▪▪▪ [Vertretungsverhältnis, Anschrift],

– Beklagter zu 2 –

wegen Schadensersatzes aus Amtspflichtverletzung

erhebe ich hiermit namens und im Auftrag des Klägers Klage gegen die Beklagten und bitte um Anberaumung eines möglichst nahen Termins zur mündlichen Verhandlung, in dem ich beantragen werde:

Die Beklagten werden als Gesamtschuldner verurteilt, an den Kläger ▪▪▪ EUR nebst Zinsen in Höhe von 5 Prozentpunkten über dem Basiszinssatz seit dem ▪▪▪ / seit Rechtshängigkeit sowie vorgerichtliche Anwaltskosten in Höhe von ▪▪▪ zu zahlen.

Begründung:

Der Kläger macht wegen eines Unfallschadens, für den er vom Verursacher keinen Ersatz erlangen konnte und für den auch kein Versicherer eintrittspflichtig ist, Amtshaftungsansprüche geltend. Im Einzelnen:

Am 7.7.2006 wurde der PKW ▪▪▪ [Modell, Kennzeichen] des Klägers bei einem Auffahrunfall, den Herr C. verursacht hatte, schwer beschädigt. Herr C., der seinerzeit in ▪▪▪ wohnte, fuhr dabei mit seinem nicht mehr versicherten PKW ▪▪▪ [Modell, Kennzeichen].

Beweis: Beiziehung der Ermittlungsakten der StA ▪▪▪

Dem Kläger entstand ein Schaden von insgesamt ▪▪▪ EUR, der sich in folgende Positionen aufgliedert:

[einschl. Belegen und Beweisantritten]

▪▪▪

▪▪▪

Gegen den Unfallverursacher hat der Kläger das in Kopie beigefügte Versäumnisurteil des ▪▪▪gerichts, Az ▪▪▪, erstritten, das mittlerweile rechtskräftig ist. Wie sich aus dem ebenfalls in Kopie beigefügten Pfändungsprotokoll des Gerichtsvollziehers ▪▪▪ ergibt, besteht keine Aussicht, in absehbarer Zeit gegen Herrn C. mit Erfolg vollstrecken zu können. Herr C. hat vielmehr bereits am ▪▪▪ die eidesstattliche Versicherung abgegeben.

Ein Versicherer ist für den Schaden des Klägers nicht eintrittspflichtig. Das Fahrzeug des Herrn C. war lediglich bis zum 15.5.2006 versichert.

Beweis: Zeugnis ▪▪▪, zu laden über die ▪▪▪ Versicherung, ▪▪▪ [Anschrift]

Denn zuvor hatte die ▪▪▪-Versicherung wegen Zahlungsverzugs des Herrn C. den Versicherungsvertrag mit Schreiben vom ▪▪▪, das auch zugegangen ist, wirksam gekündigt.

Beweis: wie vor.

Unter dem 29.5.2006 hat die ▪▪▪-Versicherung dem nach § 23 StVZO für die Erteilung des Kennzeichens zuständigen Bezirksamt H. mittels des nach § 29c StVZO dafür vorgeschriebenen Musters angezeigt, dass die Versicherungsbestätigung für den PKW des Herrn C. ihre Gültigkeit verloren habe und dass das Versicherungsverhältnis seit dem 15.5.2006 beendet sei.

Beweis: wie vor.

Das Bezirksamt H. leitete die Anzeige an die nach § 68 StVZO örtlich zuständige Zulassungsstelle am Wohnsitz des C. weiter, wo dessen Fahrzeug mittlerweile registriert war. Diese untersteht dem Beklagten zu 1. Der Beklagte zu 1 ist seiner Pflicht, binnen eines Monats das nicht mehr versicherte Fahrzeug stillzulegen, nicht nachgekommen. Am 7.7.2006 war noch keine Stilllegung erfolgt.

Der Beklagte zu 1 hat sich vorgerichtlich damit verteidigt, alles getan zu haben, was er habe tun können. So habe er durch eine an den C. gerichtete Ordnungsverfügung vom 26.6.2006 diesem untersagt, das Fahrzeug im öffentlichen Verkehr weiter zu führen, und ein Stilllegungsersuchen an die Polizei gerichtet. Das allein entlastet den Beklagten zu 1 jedoch nicht. Dass es der von ihm beauftragten Polizei nicht gelungen ist, das Fahrzeug vor dem Unfall stillzulegen, muss sich der Beklagte zu 1 wie eigenes Verschulden zurechnen lassen.

Das Verschulden der beauftragten Polizeibeamten wird durch die Tatsache indiziert, dass bis zum Unfalltage keine Stilllegung stattgefunden hat.

Der Entschädigungsfonds für Schäden aus Kraftfahrzeugunfällen, dessen Stellung dem Verein Verkehrsopferhilfe e.V. zugewiesen worden ist (§ 1 der VO vom 14.12.1965, BGBl. I 1965, S. 2093), war nicht verpflichtet, für den Unfallschaden zur Entlastung der Beklagten einzutreten. Denn eine Leistungspflicht des Entschädigungsfonds (der Verkehrsopferhilfe) entfällt gem. § 12 Abs. 1 S. 3 PflVG, soweit der Ersatzberechtigte in der Lage ist, Ersatz seines Schadens nach den Vorschriften über die Amtspflichtverletzung zu erlangen, und im Fall einer fahrlässigen Amtspflichtverletzung geht gem. § 12 Abs. 1 S. 4 PflVG, abweichend von § 839 Abs. 1 S. 2 BGB, die Ersatzpflicht aufgrund dieser Vorschriften der Leistungspflicht des Entschädigungsfonds vor.

Nach alledem wird der Klage der Erfolg nicht versagt bleiben können.

Rechtsanwalt

Muster: Klageerwiderung des Landkreises auf die Klage wegen Amtspflichtverletzung bei abgelaufener Nachhaftungsfrist

46

99

An das ▬▬▬ [Prozessgericht]

Klageerwiderung

In dem Rechtsstreit

▬▬▬ [Klägerin]./. ▬▬▬ [Beklagte zu 1 und 2]

Az / Geschäfts-Nr. ▬▬▬

zeigen wir an, den Beklagten zu 1 zu vertreten. Für diesen werden wir beantragen,

die Klage abzuweisen.

Begründung:

Die Klage ist nicht begründet. Die geltend gemachten Ansprüche stehen dem Kläger jedenfalls gegenüber dem Beklagten zu 1 nicht zu.

Der Beklagte zu 1 untersagte dem Kfz-Halter C. mit der in Kopie als Anlage ▬▬▬ beigefügten Ordnungsverfügung vom ▬▬▬ ab sofort die Benutzung des Kfz im öffentlichen Verkehr und ordnete die sofortige Vollziehung der Maßnahme an.

Beweis: Zeugnis ▬▬▬

Trotz Benachrichtigung holte C. den eingeschriebenen Brief mit der Ordnungsverfügung, der ihm in seiner Wohnung nicht zugestellt werden konnte, beim Postamt nicht ab. Der Mitarbeiter ▬▬▬ der Zulassungsstelle übersandte die Ordnungsverfügung nochmals mit einfachem Brief an C. und ersuchte das Polizeirevier in N. mit Schreiben vom ▬▬▬, das Fahrzeug durch Einziehung des Kraftfahrzeugscheins und Entstempelung des Kennzeichens sofort zwangsweise stillzulegen.

Beweis: wie vor

Das Stilllegungsersuchen enthielt den Hinweis, dass der Haftpflichtversicherungsschutz seit dem ■■■ erloschen sei, und zwar mit folgendem roten Stempelaufdruck versehen:

„Eilt sehr! Versicherungsschutz erloschen. Zwecks Vermeidung von Regressansprüchen sofort bearbeiten."

Mehr konnten die Bediensteten des Beklagten zu 1 nicht tun. Es liegt somit keine Amtspflichtverletzung vor.

Rechtsanwalt

47 **Muster: Klageerwiderung des für die Polizei zuständigen Landes auf die Klage wegen Amtspflichtverletzung bei abgelaufener Nachhaftungsfrist**

An das ■■■ [Prozessgericht]

Klageerwiderung

In dem Rechtsstreit

■■■ [Kläger] ./. ■■■ [Beklagte zu 1 und 2]

Az / Geschäfts-Nr. ■■■

zeigen wir an, das beklagte Land (Beklagter zu 2) zu vertreten. Für dieses werden wir beantragen,

die Klage abzuweisen.

Begründung:

Die Klage ist unbegründet. Die geltend gemachten Ansprüche stehen dem Kläger jedenfalls gegenüber dem beklagten Land nicht zu.

Das Polizeirevier in N. wurde vom Beklagten zu 1 mit dem als Anlage ■■■ beigefügten Schreiben vom ■■■ ersucht, das Fahrzeug durch Einziehung des Kraftfahrzeugscheins und Entstempelung des Kennzeichens sofort zwangsweise stillzulegen.

Beweis: Zeugnis ■■■

Daraufhin sind die Zeugen ■■■ und ■■■ sofort tätig geworden. Sie haben die Wohnung des C. am ■■■ und am ■■■ aufgesucht, diesen aber nicht angetroffen.

Beweis: Zeugnis ■■■

Auch die Suche nach dem Fahrzeug in der näheren Umgebung der Wohnung des C. blieb erfolglos.

Beweis: wie vor

Mehr konnten die Bediensteten des Beklagten zu 1 nicht tun. Es liegt somit keine Amtspflichtverletzung vor.

Zudem ist eine etwa doch anzunehmende Amtspflichtverletzung nicht kausal für den Schaden des Klägers geworden:

Der C. wusste aufgrund der Schreiben seines Versicherers und spätestens durch die ihm auch per einfachen Brief zugegangene Ordnungsverfügung, dass er sein Fahrzeug nicht mehr im öffentlichen Verkehr führen durfte. Es ist deshalb davon auszugehen, dass er auch nach Entstempelung der Kennzeichen und Einziehung der Zulassungspapiere das Fahrzeug weiter genutzt hätte. Auch deshalb besteht keine Schadensersatzverpflichtung des Landes.

Rechtsanwalt

B. Ausschluss der Haftung des KH-Versicherers bei Vorsatz (§ 152 VVG)

I. Vorprozessuale Situation

1. Allgemeines

Grundsätzlich haftet der KH-Versicherer für jede, auch grobe Fahrlässigkeit und für Vorsatz ohne Widerrechtlichkeit, so dass für erlaubte, vorsätzliche Schädigungen (§§ 228, 904, 229 ff BGB) die Eintrittspflicht des Versicherers gegeben ist. Kein Deckungsschutz besteht hingegen, wenn der Versicherungsnehmer den Versicherungsfall vorsätzlich und widerrechtlich herbeigeführt hat (§ 152 VVG). Dasselbe gilt über § 79 Abs. 1 VVG für mitversicherte Personen hinsichtlich deren Deckungsanspruchs. Vorsatz ist das Wissen und Wollen des rechtswidrigen Erfolgs, das heißt der Tatbestandsverwirklichung. Bedingter Vorsatz genügt. **48**

Anders als bei unerlaubter Handlung nach § 823 BGB muss der **Vorsatz** nicht nur die haftungsbegründende Verletzungshandlung, sondern darüber hinaus auch die Verletzungsfolgen umfassen.[25] Der Versicherungsnehmer oder die versicherte Person muss sich somit die konkrete Schadensfolge vorgestellt und sie auch gewollt oder zumindest billigend in Kauf genommen haben. Jedoch braucht er die Folgen seines Tuns nicht in allen Einzelheiten vorausgesehen zu haben. Als vorsätzlich können ihm somit Schadensfolgen nicht zugerechnet werden, die er nicht oder nicht in ihrem wesentlichen Umfang als möglich erkannt und für den Fall ihres Eintritts gewollt oder im Sinne bedingten Vorsatzes billigend in Kauf genommen hat.[26] **49**

Der Versicherer ist für den Vorsatz beweispflichtig. Ein Anscheinsbeweis ist in Bezug auf den Vorsatz in aller Regel nicht möglich, weil es insoweit kein durch die Lebenserfahrung gesichertes typisches Verhalten gibt.[27] Dem Versicherer wird meist nur der **Indizienbeweis** zur Verfügung stehen. Hierzu ist ein für das praktische Leben brauchbarer Grad von Gewissheit ausreichend, der den Zweifeln Schweigen gebietet, ohne sie jedoch gänzlich ausschließen zu müssen.[28] **50**

Ist der Vorsatznachweis geführt, indiziert dies die Rechtswidrigkeit, es sei denn, es handelt sich um eine erlaubte vorsätzliche Schädigung. In diesem Fall greift der Ausschluss des § 152 VVG nicht und der KH-Versicherer ist eintrittspflichtig. Führt jedoch ein vom Versicherungsnehmer personenverschiedener Fahrer den Versicherungsfall vorsätzlich herbei oder verabredet er mit einem Dritten einen Unfall, jeweils ohne Wissen des Versicherungsnehmers, bleibt der Versicherungsschutz des Versicherungsnehmers in der KH-Versicherung davon unberührt, dies – im Gegensatz zur Kaskoversicherung – selbst dann, wenn der Fahrer als Repräsentant des Versicherungsnehmers anzusehen ist.[29] **51**

Handelt somit der Fahrer, nicht aber der Halter oder Versicherungsnehmer vorsätzlich und rechtswidrig, so kann sich der Versicherer bei Inanspruchnahme der Letztgenannten nicht auf eine Leistungsfreiheit gem. § 152 VVG gegenüber dem Geschädigten berufen.[30] Die Halterhaftung kann in entsprechend gelagerten Fällen (Schwarzfahrt ohne Verschulden des Halters) aber nach § 7 Abs. 3 StVG entfallen. Sollte der KH-Versicherer gem. § 152 VVG von der Verpflichtung zur Leistung frei sein, besteht die Möglichkeit, gem. § 12 Abs. 1 S. 1 Nr. 3 **52**

---

25 OLG Hamm r+s 1997, 3; OLG Köln r+s 1997, 95.
26 BGH VersR 1998, 1011.
27 BGH VersR 1987, 503; 1988, 683.
28 BGH VersR 1987, 503; 1994, 1054.
29 BGH NJW 1981, 1113; VersR 1971, 239; OLG Nürnberg VersR 2001, 634; OLG Köln VersR 2000, 1140.
30 BGH VersR 1971, 239; OLG Hamm VersR 1993, 1372; OLG Hamm, Urt. v. 15.6.2005 – 13 U 3/05.

PflVG über den Verein **Verkehrsopferhilfe e.V.** (Entschädigungsfonds) Ersatz zu erlangen (siehe dazu Rn 76 ff). Bei der Mandatsaufnahme ist auf die Unterschiede zu achten, je nachdem, ob man den Geschädigten, den Versicherungsnehmer oder die mitversicherte Person vertritt.

2. Anspruchsgrundlagen

53 Neben dem Fahrer (Haftung aus § 18 Abs. 1 StVG, § 823 Abs. 1 BGB und § 823 Abs. 2 BGB iVm Schutzgesetz) und/oder dem Halter (Haftung aus § 7 Abs. 1 StVG) haftet der KH-Versicherer dem Geschädigten als Gesamtschuldner nach § 3 Nr. 1 PflVG. Gem. § 10 Abs. 1 und 2 AKB haben der Versicherungsnehmer oder die mitversicherten Personen, die von Dritten aufgrund gesetzlicher Haftpflichtbestimmungen privatrechtlichen Inhalts auf Schadensersatz in Anspruch genommen werden, gegenüber dem KH-Versicherer Anspruch auf Befriedigung begründeter und Abwehr unbegründeter Schadensersatzansprüche.

3. Muster

54 **Muster: Schreiben an den gegnerischen KH-Versicherer bei Vertretung des Geschädigten**

An die ▪▪▪ VersicherungsAG
Schadensnummer: ▪▪▪

Schaden vom ▪▪▪

PKW mit dem amtlichen Kennzeichen ▪▪▪

Sehr geehrte Damen und Herren,

wir zeigen unter Hinweis auf die anliegende Vollmacht an, dass wir die Interessen des ▪▪▪ vertreten und teilen Ihnen auf Ihr Schreiben vom ▪▪▪ Folgendes mit:

Mit diesem Schreiben lehnen Sie Ihre Eintrittspflicht für den Verkehrsunfall vom ▪▪▪ mit der Begründung ab, der Direktanspruch scheide wegen vorsätzlicher Herbeiführung des Versicherungsfalls durch den Fahrer ▪▪▪ gem. § 152 VVG aus, weil dieser vorsätzlich das Fahrzeug unseres Mandanten beschädigt haben soll. Ihre Rechtsauffassung ist jedoch nicht haltbar:

Selbst wenn der Fahrer des bei Ihnen versicherten PKW den Schaden vorsätzlich herbeigeführt haben sollte, so kann die Leistungsfreiheit nur diesem gegenüber bestehen. Da der Fahrer ▪▪▪ nicht Halter und nicht Versicherungsnehmer ist, bleibt der Versicherungsschutz Ihres Versicherungsnehmers als Halter in der KH-Versicherung unberührt (BGH VersR 1971, 239; OLG Nürnberg VersR 2001, 634; OLG Köln VersR 2000, 1140). Unser Mandant hat somit gegen den gem. § 10 Abs. 2 AKB mitversicherten Halter einen Anspruch aus § 7 Abs. 1 StVG, so dass Sie unserem Mandanten gegenüber für den Vorfall vom ▪▪▪ vollumfänglich eintrittspflichtig sind.

Aus diesem Grunde haben wir Sie aufzufordern, bis zum ▪▪▪ die ihnen bekannten Ansprüche unseres Mandanten vollständig zu regulieren und dazu einen Betrag in Höhe von ▪▪▪ auf das Ihnen bekannte Konto unseres Mandanten zu überweisen.

Wir weisen Sie ausdrücklich darauf hin, dass wir nach ergebnislosem Ablauf dieser Frist die Ansprüche unseres Mandanten auf dem Klagewege geltend machen werden.

Mit freundlichen Grüßen

Rechtsanwalt

Hinweis: Im Einzelfall kann – und sollte, wenn möglich – darüber hinaus natürlich dargelegt   55
werden, warum der Fahrer des Fahrzeugs nicht vorsätzlich gehandelt hat.

Ist der Versicherungsnehmer mit dem Fahrer nicht identisch, sollte vorrangig die unter Rn 54
dargestellte Begründung angeführt werden. Wird dem Versicherungsnehmer Vorsatz vorgeworfen, kann das nachfolgende Muster verwendet werden:

Muster: Schreiben an den eigenen KH-Versicherer bei Vertretung des Versicherungsnehmers   56

↓

An die ■■■ VersicherungsAG

Schadensnummer: ■■■

Schaden vom ■■■

PKW mit dem amtlichen Kennzeichen ■■■

Sehr geehrte Damen und Herren,

wir zeigen unter Hinweis auf die anliegende Vollmacht an, dass wir die Interessen Ihrer Versicherungsnehmerin Frau ■■■ vertreten und teilen Ihnen Folgendes mit:

Mit Schreiben vom ■■■ lehnen Sie die Eintrittspflicht für die Herrn ■■■ aufgrund des Verkehrsunfalls vom
■■■ entstandenen Schäden ab. Zur Begründung führen Sie an, dass ein Direktanspruch wegen vorsätzlicher
Herbeiführung des Versicherungsfalls durch unsere Mandantin als Versicherungsnehmerin ausscheide. Das
aber ist nicht richtig.

Zutreffend ist zwar, dass Ihre Versicherungsnehmerin auf der Gegenfahrbahn frontal mit dem PKW des Herrn
■■■ zusammenstieß, der sich vor einiger Zeit von ihr getrennt und einer anderen Partnerin zugewandt hat.
Sie hat jedoch, obwohl zwischen ihr und dem Geschädigten durchaus ein angespanntes Verhältnis bestand,
den Versicherungsfall nicht vorsätzlich im Sinne von § 152 VVG herbeigeführt.

Richtig ist vielmehr, dass sie lediglich infolge Unaufmerksamkeit auf die Gegenfahrbahn geriet, wobei es zu
der bedauerlichen folgenschweren Kollision kam.

Gegen Ihre Versicherungsnehmerin wurde vor dem Amtsgericht ■■■ zum Aktenzeichen ■■■ ein Strafverfahren wegen vorsätzlicher Straßenverkehrsgefährdung und vorsätzlicher Körperverletzung eingeleitet. Mit
dem zwischenzeitlich rechtskräftigen Urteil des Amtsgerichts ■■■ vom ■■■, Az ■■■, wurde Ihre Versicherungsnehmerin aber lediglich wegen fahrlässigen Eingriffs in den Straßenverkehr in Tateinheit mit fahrlässiger Körperverletzung zu einer Geldstrafe verurteilt. Aus den Urteilsgründen ist eindeutig ersichtlich, dass
das Gericht von einer fahrlässigen Begehung Ihrer Versicherungsnehmerin ausgeht mit der Folge, dass ein
Haftungsausschluss gem. § 152 VVG nicht gegeben ist.

Aus diesem Grunde haben wir Sie aufzufordern, uns bis spätestens zum

■■■ [14-Tage-Frist]

schriftlich zu bestätigen, dass Sie für den Verkehrsunfall vom ■■■ eintrittspflichtig sind und die von dem
Geschädigten geltend gemachten Ansprüche ausgleichen werden.

Wir weisen Sie ausdrücklich darauf hin, dass wir nach ergebnislosem Ablauf dieser Frist unserer Mandantin
raten werden, Ihre Eintrittspflicht gerichtlich klären zu lassen.

Mit freundlichen Grüßen

Rechtsanwalt

II. Prozesssituation

1. Prozessuale Grundlagen

57 Eine Abtretung der Ansprüche des Versicherungsnehmers gegen den Versicherer an den Geschädigten ist gem. § 3 Abs. 4 AKB nur mit Genehmigung des Versicherers möglich. Fehlt eine solche Genehmigung, ist die Abtretung unwirksam und der Zessionar grundsätzlich nicht klagebefugt.

58 Für Klagen gegen den Versicherer aus dem Versicherungsverhältnis sieht das VVG neben den in §§ 12 ff ZPO aufgeführten Gerichtsständen in § 48 Abs. 1 VVG den **Gerichtsstand der Versicherungsagentur** vor. Maßgebend ist der Ort, an welchem der Agent zur Zeit der Vermittlung oder dem Abschluss des Vertrags seine Niederlassung bzw seinen Wohnsitz hatte. § 48 Abs. 1 VVG gilt nicht, wenn der Versicherungsvertrag durch einen Makler vermittelt worden ist, es sei denn, der Makler ist als Stellvertreter des Versicherers mit der Vermittlung von Versicherungsverträgen betraut und wie ein Agent tätig.

59 Bei Ablehnung des Anspruchs auf die Leistung aus dem Versicherungsvertrag, den der Versicherungsnehmer erhoben und den der Versicherer abgelehnt hat, kann der Versicherer den Versicherungsnehmer über § 12 Abs. 3 VVG und § 8 AKB mit Ausschlusswirkung auf den Klageweg verweisen, jedoch nur insoweit, als es um die Ablehnung einzelner Leistungsansprüche, nicht aber, wenn es um den Bestand des Versicherungsvertrags geht.[31]

60 Die Klagefrist der §§ 12 Abs. 3 VVG, 8 AKB ist eine **Ausschlussfrist** und nicht von Amts wegen, sondern erst dann zu berücksichtigen, wenn sich der Versicherer im Prozess ausdrücklich darauf beruft.[32] Über die Ausschlusswirkung der Frist hat der Versicherer den Versicherungsnehmer ordnungsgemäß zu belehren, so dass bei fehlerhafter Belehrung die Klagefrist nicht läuft, § 12 Abs. 3 S. 2 VVG, § 8 Abs. 1 S. 2 AKB.

61 Die Fristwahrung kann durch Klage, Mahnbescheidsantrag oder durch Einreichung eines Prozesskostenhilfeantrags geschehen, wobei dem Prozesskostenhilfegesuch ein Klageentwurf nicht beigefügt zu werden braucht.[33] Eine Klage bei einem unzuständigen Gericht wahrt die Frist.[34] Die geplante Reform des VVG, die zum 1.1.2008 in Kraft treten soll, sieht eine Abschaffung der Klagefrist vor.

2. Klageanträge

a) Klage des Geschädigten

62 Sofern die materiellen und/oder immateriellen Ansprüche des Geschädigten feststehen, können diese gegenüber dem KH-Versicherer und den mitversicherten Personen im Rahmen der Leistungsklage geltend gemacht werden (Rn 25 f). Sollten die Ansprüche dagegen nicht (Rn 28) oder nicht vollständig (Rn 30) feststehen, so ist im ersten Fall die Feststellungsklage und im zweiten Fall eine Kombination aus Leistungs- und Feststellungsklage geboten. Die Klageanträge sollten deshalb so lauten, wie unter Rn 25 ff erläutert.

---

31 BGH r+s 2004, 273.
32 *Römer*, in: Römer/Langheid, VVG, § 12 VVG Rn 84; *Knappmann*, in: Prölss/Martin, VVG, § 8 AKB Rn 5; aA *Prölls*, in: Prölss/Martin, VVG, § 12 VVG Rn 45 mwN.
33 BGH VersR 1989, 689.
34 OLG Dresden VersR 2003, 93.

b) Klage des Versicherungsnehmers

aa) Deckungsklage

Gem. § 10 Abs. 1 und 2 AKB haben der Versicherungsnehmer oder die mitversicherten Personen, die von Dritten aufgrund gesetzlicher Haftpflichtbestimmungen privatrechtlichen Inhalts auf Schadensersatz in Anspruch genommen werden, gegenüber dem KH-Versicherer Anspruch auf **Befriedigung** begründeter und **Abwehr** unbegründeter Schadensersatzansprüche. Lehnt der Versicherer die Gewährung des Versicherungsschutzes gem. § 152 VVG ab, kann der Versicherungsnehmer Feststellungsklage auf Gewährung von Versicherungsschutz gegen den Versicherer erheben. Hierbei sind der Versicherungsvertrag, das Haftpflichtverhältnis und der geschädigte Anspruchssteller genau zu bezeichnen. Der Klageantrag kann wie folgt lauten: **63**

Muster: Klageantrag bei Klage des Versicherungsnehmers (Deckungsklage) **64**

103

Ich werde beantragen

festzustellen, dass die Beklagte verpflichtet ist, dem Kläger aus dem Haftpflichtversicherungsvertrag (Versicherungsnummer ▄▄▄) wegen der Ansprüche des Herrn ▄▄▄ [Name, Adresse] aus dem Verkehrsunfall vom ▄▄▄ am ▄▄▄ Versicherungsschutz zu gewähren.

bb) Freistellungsklage

Für den Fall, dass die Haftung des Versicherungsnehmers gegenüber dem Geschädigten rechtskräftig durch Urteil, Anerkenntnis oder Vergleich festgestellt ist (vgl § 156 Abs. 2 VVG), hat der Versicherungsnehmer, sofern kein Verstoß gegen das in § 7 II AKB normierte Anerkennungs- oder Befriedigungsverbot vorliegt, einen Befreiungsanspruch gegen seinen Versicherer, den er im Wege der Leistungsklage geltend machen kann. Die Klage ist auf Befreiung von der Verbindlichkeit zu richten, wobei es für einen Feststellungsantrag am besonderen Interesse fehlt, wenn die vom Versicherer begehrte Leistung konkret bezeichnet werden kann. Der Freistellungsanspruch setzt die Fälligkeit der Schuld voraus.[35] Der Klageantrag kann wie folgt lauten: **65**

Muster: Klageantrag bei Freistellungsklage **66**

104

Ich werde beantragen,

die Beklagte zu verurteilen, den Kläger gegenüber Herrn ▄▄▄ von den durch das Urteil [Anerkenntnis, Vergleich] vom ▄▄▄, Az ▄▄▄, titulierten Ansprüchen in Höhe von ▄▄▄ EUR zuzüglich Verfahrenskosten und Zinsen freizustellen.

cc) Zahlungsklage

Hat der Versicherungsnehmer den Dritten wegen des Haftpflichtanspruchs in zulässiger Weise (vgl § 154 Abs. 2 VVG, § 7 II AKB) befriedigt, so wandelt sich der Freistellungsan- **67**

---

35 BGH NJW 1986, 1178.

spruch in einen Zahlungsanspruch gegen den Versicherer um. Der Klageantrag sollte dann wie folgt lauten:

68 **Muster: Klageantrag bei Zahlungsklage**

  ↓

Ich werde beantragen,

die Beklagte zu verurteilen, an den Kläger ▪▪▪ EUR nebst Zinsen in Höhe von 5 Prozentpunkten über dem Basiszinssatz seit ▪▪▪ zu zahlen.

↑

3. Muster

69 **Muster: Klageschrift bei Klage des Geschädigten gegen den KH-Versicherer des Unfallgegners**

  ↓

An das Landgericht ▪▪▪

Klage

des Herrn ▪▪▪

– Kläger –

Prozessbevollmächtigte: RAe ▪▪▪

gegen

1. ▪▪▪ VersicherungsAG, vertreten durch den Vorstand,
die Herren ▪▪▪, ▪▪▪, ▪▪▪ [Anschrift] (zu Schadensnummer ▪▪▪)

- Beklagte zu 1 -

2. Herrn ▪▪▪

– Beklagter zu 2 –

wegen Schadensersatzes.

Namens und in Vollmacht des Klägers erheben wir Klage und werden beantragen,

die Beklagten als Gesamtschuldner zu verurteilen, an den Kläger ▪▪▪ EUR nebst Zinsen in Höhe von 5 Prozentpunkten über dem Basiszinssatz seit dem ▪▪▪ zu zahlen.

Für den Fall der Anordnung eines schriftlichen Vorverfahrens beantragen wir bereits jetzt,

die Beklagten gemäß dem vorstehenden Antrag durch Versäumnis- oder Anerkenntnisurteil zu verurteilen, sofern die gesetzlichen Voraussetzungen dafür vorliegen.

Begründung:

Mit der vorliegenden Klage begehrt der Kläger Schadensersatz anlässlich eines Verkehrsunfalls vom ▪▪▪ in ▪▪▪.

Bei der Beklagten zu 1 handelt es sich um den KH-Versicherer des auf den Beklagten zu 2 zugelassenen PKW ▪▪▪ mit dem amtlichen Kennzeichen ▪▪▪.

An dem besagten Unfalltag befuhr der Kläger mit dem in seinem Eigentum stehenden PKW ▪▪▪ mit dem amtlichen Kennzeichen ▪▪▪ die ▪▪▪straße in ▪▪▪ mit der vor Ort zulässigen Höchstgeschwindigkeit von 50 km/h.

Im Gegenverkehr erkannte er das Fahrzeug des Beklagten zu 2, welches von dem Fahrer, Herrn ▪▪▪, geführt wurde. Urplötzlich, für den Kläger nicht vorhersehbar, geriet das von Herrn ▪▪▪ geführte Fahrzeug auf die von dem Kläger genutzte Fahrbahn, wobei es trotz Vollbremsung des Klägers zur Kollision beider Fahrzeuge kam.

Beweis: Beiziehung der Ermittlungsakten ▪▪▪, Az ▪▪▪

Der Unfall war für den Kläger unabwendbar im Sinne von § 17 Abs. 3 StVG und auf alleiniges Verschulden des Fahrers ▪▪▪ zurückzuführen. Insoweit spricht schon der Anscheinsbeweis für ein ausschließliches Verschulden des in die Gegenfahrbahn Fahrenden (LG Stuttgart VersR 1984, 592; OLG Düsseldorf VRS 74, 417).

Aufgrund dessen stehen dem Kläger gegen die Beklagten als Gesamtschuldner die nachfolgend näher erläuterten Ansprüche gem. § 3 Nr. 1 PflVG und § 7 StVG zu:

[Einzelheiten erläutern]

Die Beklagte zu 1 wurde unter Fristsetzung zum ▪▪▪ zur Zahlung aufgefordert, so dass sich beide Beklagten spätestens seit dem ▪▪▪ [einen Tag später] in Zahlungsverzug befinden.

Nachdem keine Zahlung erfolgte, ist Klage geboten.

Rechtsanwalt

↑

Muster: Klageerwiderung bei Klage des Geschädigten gegen den KH-Versicherer des Unfallgegners   70

↓

An das Landgericht ▪▪▪

Klageerwiderung

In Sachen ▪▪▪ [Kläger]./. ▪▪▪ [Beklagter zu 1 und 2]

Az / Geschäfts-Nr. ▪▪▪

bestellen wir uns zu Prozessbevollmächtigten der Beklagten zu 1 und 2 und beantragen,

die Klage abzuweisen.

Begründung:

Die Klage ist unbegründet. Die Beklagten sind gem. § 152 VVG bzw § 7 Abs. 3 StVG von der Verpflichtung zur Leistung frei, weil der Fahrer ▪▪▪ den Versicherungsfall vorsätzlich herbeigeführt hat.

Ausweislich der amtlichen Ermittlungsakte hat der Fahrer ▪▪▪ gegenüber den aufnehmenden Beamten freimütig eingeräumt, dass seine Freundin sich von ihm getrennt hat. Eine Versöhnung ist kurz vor dem Verkehrsunfall gescheitert, so dass sich der Fahrer ▪▪▪ entschloss, seinem Leben ein Ende zu setzen. Daher lieh er sich den PKW von dem Beklagten zu 2, um, wie er diesem gegenüber vorgab, Besorgungen zu erledigen. Der Fahrer ▪▪▪ fuhr sodann auf der ▪▪▪straße und erkannte im Gegenverkehr das von dem Kläger geführte Fahrzeug. Nach seinen eigenen Bekundungen fasste er sodann den Entschluss, eine Kollision mit dem PKW des Klägers herbeizuführen, um bei diesem Unfall zu sterben. Deshalb beschleunigte er sein Fahrzeug und zog dieses auf die Fahrspur des Klägers, wobei es zu der folgenschweren Kollision kam.

Beweis: 1. Beiziehung der Ermittlungsakten der StA ▪▪▪, Az ▪▪▪
              2. Zeugnis des Polizeibeamten ▪▪▪

Weiterhin sind auf den von den aufnehmenden Beamten gefertigten Lichtbildern keinerlei Schleuder-/oder Driftspuren erkennbar, die den Rückschluss darauf zuließen, dass der Fahrer aufgrund der Fahrbahnbeschaffenheit ins Schleudern geriet. Ferner sind keinerlei Bremsspuren vorhanden, die den Rückschluss zuließen, dass der Fahrer versucht hätte, die Kollision zu vermeiden.

Beweis: 1. wie vor,
2. Sachverständigengutachten

Somit steht fest, dass der Fahrer ▬▬▬ willentlich das Fahrzeug in den Gegenverkehr lenkte, wobei er damit rechnen konnte und musste, dass es zu einem Sachschaden an dem PKW des Klägers kommen würde, und dass er die Beschädigung des PKW des Klägers billigend in Kauf genommen hat. Die Beklagte zu 1 ist deshalb gem. § 152 VVG leistungsfrei.

Der Beklagte zu 2 haftet gem. § 7 Abs. 3 StVG ebenfalls nicht, weil der Fahrer das Fahrzeug zu der konkreten Fahrt ohne Wissen und Wollen des Beklagten zu 2 genutzt hat.

Nach alledem ist die Klage abzuweisen.

Rechtsanwalt

71

 Muster: Replik bei Klage des Geschädigten gegen den KH-Versicherer des Unfallgegners

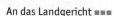

An das Landgericht ▬▬▬

Replik

In Sachen ▬▬▬ [Kläger]./. ▬▬▬ [Beklagte zu 1 und 2]

Az / Geschäfts-Nr. ▬▬▬

wird das Vorbringen der Beklagten im Schriftsatz vom ▬▬▬ bestritten, soweit es vom Vorbringen des Klägers abweicht. Im Einzelnen nehmen wir wie folgt Stellung:

Bestritten wird die Behauptung der Beklagten, der Fahrer ▬▬▬ habe den Versicherungsfall vorsätzlich gem. § 152 VVG herbeigeführt, insbesondere, der Fahrer ▬▬▬ habe sein Fahrzeug in Selbstmordabsicht auf die Gegenfahrbahn gelenkt, um mit dem PKW des Klägers zu kollidieren.

Richtig ist vielmehr, dass der Fahrer ▬▬▬, wie er bei seiner zweiten Vernehmung angab, infolge Unaufmerksamkeit auf die Gegenfahrbahn geriet, da er beabsichtigte, eine heruntergefallene Zigarette aufzuheben, hierbei den Blick von der Straße nahm und anstatt der Rechtskurve zu folgen geradeaus weiter in die Gegenfahrbahn fuhr.

Beweis: 1. Beiziehung der Ermittlungsakten der StA ▬▬▬, Az ▬▬▬
2. Zeugnis des Fahrers ▬▬▬, ▬▬▬ [Adresse]

Dieses Verhalten stellt zwar eine grobe Fahrlässigkeit dar, die jedoch nicht zum Haftungsausschluss gem. § 152 VVG führt.

Selbst unterstellt, der Fahrer ▬▬▬ habe den Verkehrsunfall vorsätzlich herbeigeführt, führt dies allenfalls dazu, dass dem Kläger für seine Ansprüche gegen den Fahrer kein Direktanspruch gegenüber der Beklagten zu 1 nach § 3 Nr. 1 PflVG zusteht.

Die Beklagten übersehen jedoch, dass der Beklagte zu 2 als Halter gegenüber dem Kläger gem. § 7 Abs. 1 StVG haftet, mit der Folge, dass ein Direktanspruch des Klägers gegen die Beklagte zu 1 gem. § 3 Nr. 1 PflVG in Bezug auf die Halterhaftung besteht. Der Versicherungsfall ist nach eigenem Sachvortrag der Beklagten durch den Fahrer ▬▬▬ verursacht worden mit der Folge, dass der Versicherungsschutz dem Beklagten zu 2, als vom Fahrer personenverschiedenen Halter, bestehen bleibt, so dass der Kläger seine Ansprüche gegenüber der Beklagten zu 1 gem. § 3 Nr. 1 PflVG geltend machen kann (vgl BGH NJW 1981, 1113; OLG Köln VersR 2000, 1140).

Die Auffassung, der Beklagte zu 2 hafte gem. § 7 Abs. 3 StVG nicht, weil er das den Schaden stiftende konkrete Verhalten des Fahrers nicht gewollt habe, ist rechtsirrig. Denn maßgeblich ist allein, dass der Beklagte zu 2 dem Fahrer das Fahrzeug überlassen hat, § 7 Abs. 3 S. 2 Alt. 2 StVG (vgl *Hentschel*, Straßenverkehrsrecht, 38. Aufl. 2005, § 7 StVG Rn 58).

Der Klage ist somit auch angesichts der Ausführungen der Beklagten in der Klageerwiderung stattzugeben.

Rechtsanwalt

Sollte der Versicherungsnehmer als Halter von dem vorsätzlich handelnden Fahrer verschieden sein, so kann auf die Begründung unter Rn 71 zurückgegriffen werden. Ist der vorsätzlich handelnde Fahrer jedoch gleichzeitig Versicherungsnehmer, kann wie folgt formuliert werden: **72**

Muster: Klage des Versicherungsnehmers auf bedingungsgemäßen Versicherungsschutz gem. § 10 Abs. 1 AKB **73**

An das Landgericht ▪▪▪

Klage

des Herrn ▪▪▪

– Kläger –

Prozessbevollmächtigte: RAe ▪▪▪

gegen

die ▪▪▪ VersicherungsAG, vertreten durch den Vorstand,
die Herren ▪▪▪, ▪▪▪, ▪▪▪ [Anschrift] (zu Schadensnummer ▪▪▪)

– Beklagte –

wegen Feststellung.

Namens und in Vollmacht des Klägers erheben wir Klage und werden beantragen, wie folgt zu erkennen:

Es wird festgestellt, dass die Beklagte verpflichtet ist, dem Kläger aufgrund des Haftpflichtversicherungsvertrags zur Versicherungsschein-Nr. ▪▪▪ wegen der Ansprüche des Herrn ▪▪▪ [Adresse] aus dem Verkehrsunfall vom ▪▪▪ in ▪▪▪ Versicherungsschutz zu gewähren.

Begründung:

Der Kläger hat bei der Beklagten für seinen PKW der Marke ▪▪▪ mit dem amtlichen Kennzeichen ▪▪▪ eine Kraftfahrt-Haftpflichtversicherung unter der Versicherungsschein-Nr. ▪▪▪ abgeschlossen.

Für die Beklagte war der Versicherungsagent ▪▪▪ in ▪▪▪ tätig, so dass das Landgericht ▪▪▪ gem. § 48 Abs. 1 VVG örtlich zuständig ist.

Am ▪▪▪ fuhr der Kläger mit seinem bei der Beklagten versicherten PKW ▪▪▪ mit dem amtlichen Kennzeichen ▪▪▪ auf der ▪▪▪straße in ▪▪▪ und geriet infolge Unaufmerksamkeit auf die Gegenfahrbahn, wobei es zur Kollision mit dem von Herrn ▪▪▪ geführten Fahrzeug kam.

Beweis: Beiziehung der Strafakten des Amtsgerichts ▪▪▪, Az ▪▪▪

Herr ▪▪▪ machte bei der Beklagten anlässlich des Verkehrsunfalls Schadensersatzansprüche in einer Größenordnung von ca. ▪▪▪ EUR geltend.

Mit Schreiben vom ▪▪▪ teilte die Beklagte dem Kläger mit, dass für den Schadensfall vom ▪▪▪ kein Versicherungsschutz bestehe, da der Kläger den Versicherungsfall vorsätzlich herbeigeführt habe und teilte weiterhin mit, dass die Ersatzansprüche des Herrn ▪▪▪ nicht durch die Beklagte reguliert würden. Dazu verweisen wir auf das

in Fotokopie anliegende Schreiben vom ▪▪▪.

Aufgrund dieser Deckungsablehnung setzte sich der Geschädigte, Herr ▪▪▪, mit dem Kläger in Verbindung und forderte diesen auf, seine Haftung dem Grunde nach anzuerkennen.

Die Beklagte kann sich vorliegend nicht auf die Leistungsfreiheit gem. § 152 VVG berufen, weil der Kläger den Schadensfall nicht vorsätzlich und widerrechtlich herbeigeführt hat. Für ihre gegenteilige Behauptung ist die Beklagte beweispflichtig. Diesen Beweis wird sie nicht führen können.

Gegen den Kläger fand vor dem Amtsgericht ▪▪▪, Az ▪▪▪, ein Strafverfahren statt, wobei der gegen den Kläger erhobene Vorwurf der vorsätzlichen Gefährdung des Straßenverkehrs und der vorsätzlichen Körperverletzung fallen gelassen wurde. Der Kläger wurde lediglich wegen fahrlässigen Eingriffs in den Straßenverkehr und fahrlässiger Körperverletzung zu einer Geldstrafe verurteilt, da ein vorsätzlich Handeln nicht festgestellt werden konnte.

Beweis: Beiziehung der Strafakten des Amtsgerichts ▪▪▪, Az ▪▪▪

Aufgrund dieses Urteils steht fest, dass der Kläger den Versicherungsfall nicht vorsätzlich iSv § 152 VVG herbeigeführt hat.

Ungeachtet dessen verblieb die Beklagte bei ihrer Leistungsablehnung, so dass nunmehr Klage geboten ist.

Rechtsanwalt

74   **Muster: Klageerwiderung auf Klage des Versicherungsnehmers auf bedingungsgemäßen Versicherungsschutz gem. § 10 Abs. 1 AKB**

An das Landgericht ▪▪▪

Klageerwiderung

In Sachen ▪▪▪ [Kläger] ./. ▪▪▪ [Beklagte]

Az / Geschäfts-Nr. ▪▪▪

bestellen wir uns zu Prozessbevollmächtigten der Beklagten und beantragen,

die Klage abzuweisen.

Begründung:

Die Klage ist nicht begründet. Die Beklagte ist gem. § 152 VVG von der Verpflichtung zur Leistung frei, da der Kläger den Verkehrsunfall mit Herrn ▪▪▪ vorsätzlich herbeigeführt hat.

Die Ehefrau des Klägers lebt von diesem getrennt und hat sich Herrn ▪▪▪ zugewandt. In der Folge terrorisierte der Kläger sowohl seine von ihm getrennte Ehefrau als auch deren neuen Freund, Herrn ▪▪▪. Dies war auch Gegenstand einer Anzeige der Ehefrau des Klägers sowie des Herrn ▪▪▪.

Beweis: 1. Zeugnis der Ehefrau ▪▪▪ des Klägers

2. Zeugnis des Herrn ▪▪▪

3. Beiziehung der Akten des Polizeireviers ▪▪▪, Az ▪▪▪

Am ▪▪▪ befuhr Herr ▪▪▪ mit seinem PKW die ▪▪▪straße in ▪▪▪, als er im Gegenverkehr das Fahrzeug des Klägers erkannte. Sodann beschleunigte der Kläger sein Fahrzeug und zog unmittelbar vor Herrn ▪▪▪ auf die Gegenfahrbahn, wobei es zur Kollision beider Fahrzeuge kam.

Beweis: 1. Zeugnis des Herrn ▪▪▪

2. Beiziehung der Strafakten des Amtsgerichts ▪▪▪, Az ▪▪▪

Die Staatsanwaltschaft hat ein Sachverständigengutachten eingeholt. Der Sachverständige kam zu dem Ergebnis, dass der Fahrbahnverlauf im Bereich der Unfallstelle geradlinig ist und technische Mängel als Unfallursache ausgeschlossen werden können.

Beweis: 1. Zeugnis des Sachverständigen ■■■
2. Beiziehung der vorgenannten Strafakten

Weiterhin räumte der Kläger bei seiner Vernehmung gegenüber den aufnehmenden Beamten ein, dass er das Fahrzeug des Freundes der Ehefrau erkannt und in einer Kurzschlussreaktion auf die Gegenfahrbahn gefahren sei.

Beweis: 1. Zeugnis des Polizisten ■■■ , zu laden über ■■■
2. Beiziehung der Akten der StA ■■■ , Az ■■■

Der Kläger hat somit eingeräumt, dass er aus einer Kurzschlussreaktion heraus auf die Gegenfahrbahn gefahren ist, wobei er die Beschädigung des PKW sowie die Verletzungen des Herrn ■■■ zumindest billigend in Kauf genommen hat, was nach ständiger Rechtsprechung für die Leistungsfreiheit ausreichend ist (BGHZ 7, 311; OLG Nürnberg VersR 1988, 1123; OLG Saarbrücken VersR 1993, 1004).

Völlig unerheblich sind die Feststellungen des Amtsgerichts ■■■ in dem Strafverfahren, da deren Feststellungen nicht präjudiziell für die zivilrechtliche Beurteilung des Verfahrens sind.

Nach alledem ist die Klage abzuweisen.

Rechtsanwalt

Muster: Replik bei Klage des Versicherungsnehmers auf bedingungsgemäßen Versicherungsschutz gem. § 10 Abs. 1 AKB   75

An das Landgericht ■■■

Replik

In Sachen ■■■ [Kläger] ./. ■■■ [Beklagte]

Az / Geschäfts-Nr. ■■■

wird das Vorbringen der Beklagten im Schriftsatz vom ■■■ nach Maßgabe des diesseitigen Vorbringens bestritten und weiter wie folgt Stellung genommen:

Bestritten wird die Behauptung der Beklagten, der Kläger habe den Unfall vorsätzlich herbeigeführt. Bestritten wird insbesondere, dass der Kläger das Fahrzeug des Herrn ■■■ erkannt habe und aufgrund einer Kurzschlussreaktion auf die Gegenfahrbahn gefahren sei.

Richtig ist vielmehr, dass der Kläger infolge Unaufmerksamkeit auf die Gegenfahrbahn kam.

Beweis: Parteivernehmung des Klägers[36]

Selbst wenn der Kläger gegenüber den aufnehmenden Beamten die Aussage, wie von der Beklagten geschildert, gemacht haben sollte, so ist dies dem Umstand geschuldet, dass der Kläger sich zum Zeitpunkt des Verkehrsunfalls in einer Schocksituation befand.

Beweis: wie vor

So vermerkten die aufnehmenden Beamten in ihrem Polizeibericht, dass der Kläger einen verstörten Eindruck machte und nicht mehr angeben konnte, wie es tatsächlich zum Unfall gekommen war. Aufgrund

---

36 Die Vernehmung der eigenen Partei ist gem. § 447 ZPO nur mit dem Einverständnis der Gegenseite möglich oder aber nach § 448 ZPO von Amts wegen durchzuführen.

dessen riefen die aufnehmenden Beamten den Notarzt, der den Kläger ins Krankenhaus brachte, wo dieser eine Woche blieb.

Beweis: 1. Zeugnis des Polizeibeamten ▪▪▪
2. Zeugnis des Arztes ▪▪▪

Nach alledem kann die vom Kläger gegenüber den aufnehmenden Polizeibeamten gemachte Äußerung nicht verwertet werden, was auch das Amtsgericht ▪▪▪ in dem Strafverfahren berücksichtigt hat.

Beweis: Beiziehung der bereits genannten Strafakten

Die Beklagte hat den Nachweis der vorsätzlichen Herbeiführung des Versicherungsfalls durch den Kläger somit nicht erbracht, so dass der Klage stattzugeben ist.

Rechtsanwalt

C. Verkehrsopferhilfe – Ansprüche nach §§ 12, 12a PflVG

I. Vorprozessuale Situation

1. Allgemeines

76   Die „Verkehrsopferhilfe e.V." (kurz: VOH) ist ein gemeinnütziger Verein mit Sitz in Hamburg. Mitglieder sind Versicherungsunternehmen, welche in der Bundesrepublik Deutschland die Kraftfahrzeug-Haftpflichtversicherung als Erstversicherer betreiben. Der Verein ist **Entschädigungsfonds nach § 12 PflVG für Inlandsunfälle** und **Entschädigungsstelle nach § 12a PflVG für Auslandsunfälle.**

a) Entschädigungsfonds (§ 12 PflVG)

aa) Zweck

77   Dem Verein Verkehrsopferhilfe e.V. wurde mit Wirkung zum 1.1.1966 durch Verordnung vom 14.12.1965[37] die Stellung des gesetzlichen Entschädigungsfonds für Schäden aus Kraftfahrzeugunfällen zugewiesen, der 1965 durch §§ 12–14 PflVG geschaffen worden war. Der Zweck des Fonds besteht darin, gewisse Lücken in der KH-Versicherung – allerdings nicht vollständig – zu schließen. Der Fonds ist deshalb nur subsidiär eintrittspflichtig. Zudem ist seine Leistungspflicht eingeschränkt. Der Geschädigte muss sich zur Durchsetzung seiner Schadensersatzansprüche wenden an den Verein

Verkehrsopferhilfe e.V.
Postfach 10 65 08
20044 Hamburg
Tel: 040/301800
Fax: 040/301807070
E-Mail: voh@verkehrsopferhilfe.de

78   Die Kosten eines eingeschalteten Anwalts werden bei Regulierung durch die Verkehrsopferhilfe von dieser übernommen. Die Rechtsstellung sowie die Rechte und Pflichten des Vereins als Entschädigungsfonds, der Geschädigten, der Mitglieder und der Versicherungsunternehmen, die ohne Mitgliedschaft im Verein in Deutschland die KH-Versicherung betreiben,

---

37 BGBl. I, S. 2093, zuletzt geändert am 14.12.1994, BGBl. I, S. 3845, VerBAV 1966, 14.

bestimmen sich nach den §§ 8, 12, 13 und 14 PflVG und der Verordnung über den Entschädigungsfonds für Schäden aus Kraftfahrzeugunfällen vom 14.12.1965 in der jeweils gültigen Fassung (hier im Weiteren: VO-EF).

bb) Umfang der Leistungspflicht

Die Verkehrsopferhilfe tritt ein wie ein leistungsfreier Versicherer, dh insbesondere also im   79
Rahmen der geltenden Mindestdeckungssummen. Diese betragen bei Verletzung oder Tötung einer Person 2,5 Mio. EUR, bei drei oder mehr Personen insgesamt 7,5 Mio. EUR und bei Sachschäden 500.000 EUR. Ferner hat der Geschädigte nur dann einen Anspruch, wenn er von dritter Seite keinen Ersatz seines Schadens erlangen kann (**Subsidiarität**). Dritte im Sinne des § 12 PflVG sind:

- Halter, Fahrer oder Eigentümer des schädigenden Fahrzeugs (diese Einschränkung gilt nicht im Falle der Insolvenz),
- Schadensversicherer,
- das „Deutsche Büro Grüne Karte e.V.",
- Sozialversicherungsträger,
- Behörden oder Beamte wegen einer vorsätzlichen oder fahrlässigen Amtspflichtverletzung des Beamten,
- Arbeitgeber oder Dienstherren wegen Fortzahlung von Amtsbezügen, Vergütung oder Lohn,
- Versorgungsbehörden (zB Bundesagentur für Arbeit) wegen Fortzahlung von Versorgungsbezügen.

Zwar muss der Geschädigte zunächst primär den vorrangig Eintrittspflichtigen in Anspruch   80
nehmen. Doch ist es nicht erforderlich, prozessual gegen diesen vorzugehen. Vielmehr reicht es aus, wenn der Geschädigte glaubhaft macht, dass er zB gegen den Fahrer/Halter/Eigentümer seine Ansprüche nicht realisieren kann.

Eine weitere Einschränkung ergibt sich daraus, dass der Staat (Bund, Länder, Gemeinden und   81
Gemeindeverbände) in seiner Funktion als Straßenbaulastträger keine Ansprüche gegen die Verkehrsopferhilfe geltend machen kann. Das bedeutet in der Praxis, dass die Verkehrsopferhilfe nicht für die Beschädigung von Leitplanken, Verkehrszeichen oder Straßenbrücken einzutreten hat.

cc) Regulierungsverfahren

Die Geschäftsstelle nimmt eine Art „Vorprüfung" vor, ob der Anspruch begründet oder   82
unbegründet ist. Nach Auffassung der VOH unbegründete Ansprüche – meist der Ersatz von Fahrzeugschäden in sog. „Fahrerfluchtfällen" (dazu unten Rn 99) – werden umgehend mit Formular von der Geschäftsstelle abgelehnt.

Ist der Anspruch nicht wegen offenbarer Unbegründetheit abzulehnen, wird geprüft, ob ge   83
gebenenfalls weitere Ermittlungen anzustellen sind oder ob der Anspruch wegen seines geringen Umfangs sofort befriedigt werden kann. Im Regelfall wird jedoch nach der „Vorprüfung" ein Versicherer mit der Bearbeitung des Schadensfalls beauftragt. Hierzu stehen der Verkehrsopferhilfe die Schadensabteilungen der KH-Versicherer zur Verfügung. Der beauftragte Versicherer ist bevollmächtigt, Schäden bis zu einem vom Vorstand festgesetzten Betrag – derzeit 20.000 EUR – allein im Namen und für Rechnung des Vereins abzuwickeln. Übersteigt die geforderte oder zu erwartende Gesamtentschädigung dieses Limit, entscheidet

der Verein durch eine bei ihm eingesetzte **Regulierungskommission**. Das gilt auch, sofern der Entschädigungsantrag ganz oder teilweise abgelehnt worden ist oder ein Schadensfall nicht in angemessener Frist bearbeitet wurde. Die Regulierungskommission setzt sich zusammen aus Vorständen und leitenden Mitarbeitern von KH-Versicherern. Sie entscheidet schriftlich und im Regelfall in Dreier-Besetzung.

dd) Schiedsverfahren

84   Werden die Ansprüche vom Verein – egal auf welcher Ebene – abgelehnt, kann der Geschädigte, außer im Falle der Insolvenz des Versicherers, nicht sofort Klage erheben (§ 9 der VO-EF). Zunächst hat ein Verfahren vor einer sog. Schiedsstelle vorauszugehen. Die Schiedsstelle besteht aus drei Mitgliedern. Das Schiedsverfahren ist schriftlich. Kosten werden nicht erhoben. Die Schiedsstelle hat auf eine gütliche Einigung hinzuwirken und gegebenenfalls einen Einigungsvorschlag zu machen. Gehen der Geschädigte oder die Verkehrsopferhilfe auf den Einigungsvorschlag nicht ein oder kommt ein solcher nicht zustande, kann der Geschädigte die Gerichte in Anspruch nehmen. Einzelheiten ergeben sich aus §§ 5–8 VO-EF.

ee) Verjährung (§ 12 Abs. 3 PflVG)

85   Gem. § 12 Abs. 3 PflVG verjährt der Anspruch gegen die Verkehrsopferhilfe in drei Jahren. Die Verjährung beginnt mit dem Zeitpunkt, in dem der Ersatzberechtigte von dem Schaden und von den Umständen Kenntnis erlangt, aus denen sich ergibt, dass er seinen Anspruch gegen den Entschädigungsfonds geltend machen kann. Ist der Anspruch des Ersatzberechtigten beim Entschädigungsfonds angemeldet worden, so ist die Verjährung bis zum Eingang der schriftlichen Entscheidung des Entschädigungsfonds und, wenn die Schiedsstelle angerufen worden ist, bis zum Eingang des Einigungsvorschlags der Schiedsstelle gehemmt.

b) Entschädigungsstelle (§ 12a PflVG)

aa) Zweck

86   Der Verein Verkehrsopferhilfe e.V. nimmt nach § 13a PflVG auch die Aufgaben und Befugnisse der Entschädigungsstelle im Sinne des § 12a PflVG wahr. Die Anschrift ist dieselbe wie unter Rn 77 genannt. Es empfiehlt sich jedoch, nach dem Namen des Vereins den Zusatz „– Entschädigungsstelle –" einzufügen.

87   **Hinweis:** Am 16.5.2000 erließen das Europäische Parlament und der Europäische Rat die 4. KH-Richtlinie (RL 2000/26/EG) zur Angleichung der Rechtsvorschriften der Mitgliedstaaten über die Kraftfahrt-Haftpflichtversicherung und zur Änderung der Richtlinien 73/239/EWG und 88/357/EWG des Rates. In Art. 6 ist die Schaffung von nationalen Entschädigungsstellen vorgesehen. Mit dem Gesetz zur Änderung des Pflichtversicherungsgesetzes und anderer versicherungsrechtlicher Vorschriften vom 10.7.2002 (BGBl. I, S. 2586) wurde die 4. KH-Richtlinie in nationales Recht umgesetzt. Gem. Art. 1 Nr. 10 des Gesetzes, durch den die neue Vorschrift des § 13a in das PflVG eingeführt wurde, wurden die Aufgaben und Befugnisse der Entschädigungsstelle dem Verein „Verkehrsopferhilfe e.V." zugewiesen.

bb) Umfang der Leistungspflicht

88   Die Entschädigungsstelle reguliert die Schäden wie ein Versicherer. Maßgeblich für die Beurteilung, welche Art von Schäden in welcher Höhe zu ersetzen sind, ist in der Regel das Recht des Unfalllandes.

cc) Verjährung

Die Ansprüche gegenüber der Entschädigungsstelle verjähren innerhalb einer Frist von drei **89** Jahren. Maßgeblich für den Beginn der Frist ist der Zeitpunkt, in dem der Geschädigte Kenntnis von den Umständen erlangt, die ihn zu einer Ersatzforderung berechtigen.

Hinweis: Im Internet erhält man Informationen und Arbeitshilfen direkt vom Verein Ver- **90** kehrsopferhilfe unter www.verkehrsopferhilfe.de.

2. Anspruchsgrundlagen

a) Entschädigungsfonds (§ 12 PflVG)

§ 12 Abs. 1 PflVG räumt Geschädigten, die in Deutschland durch den Gebrauch eines Kraft- **91** fahrzeugs oder Anhängers einen Personen- oder Sachschaden erlitten haben, immer dann Ansprüche gegen die Verkehrsopferhilfe ein, wenn sie bei dem an sich ersatzpflichtigen Hal- ter, Fahrer oder Eigentümer des Fahrzeugs keinen Ersatz erlangen können. Reine Vermögens- schäden werden nicht ersetzt. Darüber hinaus muss eine der vier weiteren speziellen Voraus- setzungen erfüllt sein, nämlich:

- das Schädigerfahrzeug kann nicht ermittelt werden (§ 12 Abs. 1 Nr. 1 PflVG),
- das Schädigerfahrzeug ist nicht (oder nicht mehr) versichert (§ 12 Abs. 1 Nr. 2 PflVG),
- die an sich vorhandene Pflichtversicherung tritt nach § 152 VVG, der auch der Regelung des § 3 Nr. 4 PflVG vorgeht,[38] nicht ein, weil der Verursacher den eingetretenen Schaden vorsätzlich und widerrechtlich verursacht hat (§ 12 Abs. 1 Nr. 3 PflVG),
- über das Vermögen des leistungspflichtigen Versicherers ist ein Insolvenzverfahren eröff- net worden (§ 12 Abs. 1 Nr. 4 PflVG).

Ferner muss der Schaden durch den Gebrauch eines Kraftfahrzeugs oder Anhängers verur- **92** sacht sein. Das bedeutet, dass zB Schäden, die Fußgänger oder Radfahrer verursachen, bei der Verkehrsopferhilfe keine Berücksichtigung finden. Darüber hinaus muss sich der Schaden im Anwendungsbereich des Pflichtversicherungsgesetzes ereignet haben, also bei Verwendung des Fahrzeugs auf öffentlichen Wegen und Plätzen.

Anspruchsberechtigt ist nach dem Wortlaut des § 12 PflVG jeder. Das heißt, dass auch aus- **93** ländische Staatsangehörige die Leistungen der Verkehrsopferhilfe beanspruchen können. Voraussetzung ist allerdings, dass sie einen festen Wohnsitz in der Bundesrepublik Deutsch- land haben oder mit ihrem Heimatstaat Gegenseitigkeit verbürgt ist (§ 11 VO-EF; eine Liste ist unter www.verkehrsopferhilfe.de veröffentlicht).

b) Entschädigungsstelle (§ 12a PflVG)

Die Entschädigungsstelle ist gem. § 12 a PflVG eintrittspflichtig für Schäden, die ein in **94** Deutschland ansässiger Geschädigter durch den Gebrauch eines Kraftfahrzeugs oder Anhän- gers eines anderen Autofahrers aus dem Europäischen Wirtschaftsraum (EWR) in einem Land erlitten hat, das dem System der Grünen Karte angeschlossen ist (siehe dazu die Über- sicht über Staaten, die dem Europäischen Wirtschaftsraum bzw dem System der Grünen Karte angehören, im Anhang, Rn 142).

---

38 BGH NJW 1971, 459; 1990, 2387.

95 Nach § 12a Abs. 1 S. 1 PflVG tritt die Entschädigungsstelle in folgenden Fällen ein:

- wenn der zuständige Versicherer oder sein Schadenregulierungsbeauftrager binnen einer Frist von drei Monaten nach der Geltendmachung des Anspruchs keine mit Gründen versehene Antwort übersandt, also keine begründete Ablehnung erklärt und kein Schadensersatzangebot unterbreitet hat (§ 12a Abs. 1 S. 1 Nr. 1 PflVG),

- wenn der ausländische Versicherer keinen Schadenregulierungsbeauftragten in Deutschland benannt hat, es sei denn, der Versicherer hat aufgrund einer direkten Geltendmachung des Anspruchs binnen einer Frist von drei Monaten dem Geschädigten eine mit Gründen versehene Antwort übersandt, also eine begründete Ablehnung erklärt oder ein begründetes Schadensersatzangebot unterbreitet (§ 12a Abs. 1 S. 1 Nr. 2 PflVG),

- wenn das Schädigerfahrzeug nicht binnen zweier Monate nach dem Unfall ermittelt werden kann (§ 12a Abs. 1 S. 1 Nr. 3 Alt. 1 PflVG),

- wenn der für das Schädigerfahrzeug zuständige Versicherer nicht binnen zweier Monate nach dem Unfall ermittelt werden kann (§ 12a Abs. 1 S. 1 Nr. 3 Alt. 2 PflVG).

96 **Hinweis:** In den Fällen, in denen sich der Unfall in einem Staat ereignet hat, der nicht Mitglied des EWR ist, sind Ansprüche an den Garantiefonds des jeweiligen Unfalllandes zu richten, es sei denn, es liegen die Voraussetzungen des § 12a Abs. 4 PflVG vor, nämlich:

- das Schädigerfahrzeug ist in einem Land der EU oder des EWR versichert,
- das Schädigerfahrzeug hat dort auch seinen gewöhnlichen Standort,
- das Unfallland gehört dem System der Grünen Karte an.

Dann kann der Geschädigte unter den Voraussetzungen des § 12a Abs. 1 PflVG ebenfalls einen Erstattungsantrag an die VOH als Entschädigungsstelle richten.

97 Ein Antrag auf Erstattung durch die Entschädigungsstelle ist nach § 12a Abs. 1 S. 2 PflVG nicht (mehr) zulässig, sobald der Geschädigte unmittelbar gerichtliche Schritte gegen den Versicherer eingeleitet hat. Ist das Schädigerfahrzeug zum Unfallzeitpunkt nicht versichert, ist zuständiger Ansprechpartner der jeweilige Garantiefonds des Unfalllandes.[39] Die Entschädigungsstelle ist ferner nicht zuständig, sofern der Schaden – objektiv oder subjektiv – nur unzureichend reguliert worden ist. In diesen Fällen hat sich der Geschädigte direkt mit dem ausländischen Versicherer auseinanderzusetzen. Dessen Schadenregulierungsbeauftragter kann nicht verklagt werden.

3. Muster hinsichtlich des Entschädigungsfonds (§ 12 PflVG)

a) Anspruchsschreiben nach Fallgruppen

98 Bei der Geltendmachung der Ansprüche muss darauf geachtet werden, dass die Voraussetzungen für einen Anspruch gegen den Entschädigungsfonds tatsächlich vorliegen und sich diese aus dem Anspruchsschreiben auch ergeben.

aa) Nicht ermitteltes Schädigerfahrzeug (§ 12 Abs. 1 Nr. 1 PflVG)

99 Kann das Schädigerfahrzeug nicht ermittelt werden – Hauptfall: „Fahrerflucht" –, treten Beweisprobleme auf. Dennoch trifft den Geschädigten die volle Beweislast für die Beteiligung eines anderen Kraftfahrzeugs und für den Ursachenzusammenhang zwischen der schadensstiftenden Handlung und dem eingetretenen Schaden. Der Verein wird den Nachweis immer dann als erbracht ansehen, wenn vernünftige Zweifel an der Unfallverursachung durch ein

---

39 Zu den Anschriften vgl die „Liste der internationalen Garantiefonds" auf <www.verkehrsopferhilfe.de> unter dem Link „praktische Tipps".

anderes Fahrzeug ausscheiden. Ansonsten müssen mindestens objektivierbare Anhaltspunkte für die Schadensverursachung durch ein nicht zu ermittelndes Kraftfahrzeug vorliegen. Grundsätzlich reicht die eigene Unfalldarstellung des Geschädigten für sich allein nicht aus, um die Beteiligung eines nicht zu ermittelnden Kraftfahrzeugs nachzuweisen.

Während Fälle dieser Art relativ einfach zu entscheiden sind, gibt es auch eine Reihe von Grenzfällen zwischen „Fahrerflucht" und „Nichtversichertsein". Meist ist die Konstellation die, dass am Unfallort Personalien ausgetauscht wurden, die sich später als falsch herausstellen, oder aber es wurden gefälschte Kennzeichen benutzt. Im Regelfall wird auch hier von der Schadensverursachung durch ein nicht zu ermittelndes Kraftfahrzeug ausgegangen werden müssen. Die Unterscheidung zwischen „Fahrerflucht" und „Nichtversichertsein" ist deshalb von besonderer Bedeutung, weil der Gesetzgeber in der Fallgruppe der Schadensverursachung durch nicht zu ermittelnde Kraftfahrzeuge (und nur hier!) gewisse Leistungseinschränkungen vorgesehen hat, die in den anderen Fallgruppen nicht gelten. So werden zB **Fahrzeugschäden** der Missbrauchsgefahr wegen nicht ersetzt. Das, was für den Fahrzeugschaden selbst gilt, gilt auch für die daraus resultierenden Sachfolgeschäden. Die Verkehrsopferhilfe ersetzt in dieser Fallgruppe aber **„sonstige Sachschäden"**. Das sind solche Sachschäden, die keine Fahrzeugschäden sind. Es geht dabei insbesondere um die Beschädigung von Gartenzäunen, Mauern, Häusern, Ladung etc. Hier ist allerdings eine Selbstbeteiligung des Geschädigten in Höhe von 500 EUR vorgesehen.

Auch die **Schmerzensgeldregelung** ist eine andere als in den anderen Fallgruppen. Ein Schmerzensgeld soll nur bei schwersten Verletzungen, wie zB Querschnittslähmungen, Amputationen, oder wenn erhebliche Dauerschäden verbleiben, gezahlt werden und nicht bei Bagatellverletzungen. Aber selbst wenn eine besonders schwere Verletzung vorliegt, ist der zu zahlende Schmerzensgeldbetrag niedriger als der in „normalen" Haftpflichtschäden. Im Regelfall wird, wenn nicht besondere Umstände vorliegen, 1/3 des sonst üblichen Schmerzensgeldes als ausreichend angesehen. Der Verein ist nicht Schädiger und schuldet deshalb auch nicht „Genugtuung". Insoweit ist lediglich die Ausgleichsfunktion Bemessungskriterium für die Höhe des zu zahlenden Schmerzensgeldes. Ansonsten gibt es bezüglich des Ersatzes von anderen Schadensersatzpositionen im Bereich des Personenschadens keine Einschränkungen.

Muster: Schadensmeldung an VOH (nicht ermitteltes Schädigerfahrzeug)

Verkehrsopferhilfe e.V.
Glockengießerwall 1
20095 Hamburg

Sehr geehrte Damen und Herren,

hiermit zeige ich unter Hinweis auf die beigefügte Vollmacht an, dass mich Herr ▪▪▪ [Name, Vorname, Anschrift des Mandanten] mit der Wahrnehmung seiner Interessen beauftragt hat. Es geht um einen Verkehrsunfall vom ▪▪▪, der sich gegen ▪▪▪ Uhr auf der ▪▪▪straße in ▪▪▪ ereignet hat.

▪▪▪ [Unfallhergang unter Benennung der zur Verfügung stehenden Beweismittel schildern und dabei Angaben zum Kfz des Schädigers machen, soweit möglich, insbesondere zu Typ, Marke, Farbe und Kennzeichen (auch Bruchstücke!)]

Mein Mandant hat den Vorfall bei der Polizeistation ▪▪▪ [Dienststelle mit Anschrift] gemeldet. Der Vorgang wurde dort zu Az ▪▪▪ aufgenommen. Kopie der VU-Anzeige nebst Lichtbildern vom beschädigten Fahrzeug füge ich bei. Das von der Staatsanwaltschaft ▪▪▪ zum Az ▪▪▪ gegen Unbekannt eingeleitete Ermittlungsverfahren blieb ohne Erfolg, wie sich aus der beigefügten Einstellungsnachricht ergibt.

100

101

102

Durch den Unfall ist meinem Mandanten folgender Schaden entstanden:

■■■ [Sachschaden am Kfz (unter Nennung des amtl. Kennzeichens) beschreiben und angeben, ob eine Fahrzeugvollversicherung besteht und in Anspruch genommen wird]

■■■ [bei Personenschaden die Verletzungen, ggf weitere Folgen und Dauerschäden beschreiben (Attest hierzu nicht erforderlich, aber ratsam)]

■■■ [sonstigen Sachschaden an Kleidung und Gepäck im Einzelnen schildern, inkl. Angaben zur Höhe des sonstigen Sachschadens]

Auf die beigefügten Lichtbilder und Anschaffungsbelege verweise ich.

Namens und im Auftrag meines Mandanten bitte ich um möglichst umgehende Regulierung des Schadens, für den der Schädiger oder dessen Versicherer leider infolge des unerlaubten Entfernens vom Unfallort nicht in Anspruch genommen werden kann.

Ich bitte, erforderliche Korrespondenz ausschließlich über meine Kanzlei zu führen. Für etwaige Rückfragen stehe ich natürlich jederzeit gern zur Verfügung.

Mit freundlichen Grüßen

Rechtsanwalt

bb) Pflichtwidrig nicht versicherte Kraftfahrzeuge (§ 12 Abs. 1 Nr. 2 PflVG)

103 In der Fallgruppe der Schadensverursachung durch ein pflichtwidrig nicht versichertes Kraftfahrzeug sind die Ermittlungen in aller Regel relativ einfach, jedenfalls dann, wenn das Schädigerfahrzeug in Deutschland zugelassen war. Dann kann über die zuständige Zulassungsstelle oder über den **Zentralruf der Autoversicherer** (Tel.: 0180/25026) ermittelt werden, ob zum Unfallzeitpunkt eine Haftpflichtversicherung bestand. War diese, aus welchen Gründen auch immer, beendet, kann anhand des Kennzeichens über die zuständige Zulassungsstelle ermittelt werden, wann ihr der Versicherer die Beendigung des Versicherungsschutzes mitgeteilt hat (vgl oben Rn 6). Wird der Schaden durch ein nicht versichertes Fahrzeug verursacht, muss die Verkehrsopferhilfe den gesamten Personen- und Sachschaden erstatten; der Geschädigte kommt mithin zu seinem vollen Schadensersatz.

104 **Muster: Schadensmeldung an VOH (pflichtwidrig nicht versichertes Kraftfahrzeug)**

113

Verkehrsopferhilfe e.V.
Glockengießerwall 1
20095 Hamburg

Sehr geehrte Damen und Herren,

hiermit zeige ich unter Hinweis auf die beigefügte Vollmacht an, dass mich Herr ■■■ [Name, Vorname, Anschrift des Mandanten] mit der Wahrnehmung seiner Interessen beauftragt hat. Es geht um einen Verkehrsunfall vom ■■■, der sich gegen ■■■ Uhr auf der ■■■straße in ■■■ ereignet hat.

■■■ [Unfallhergang unter Benennung der zur Verfügung stehenden Beweismittel schildern und dabei Angaben zum Kfz des Schädigers machen, soweit möglich, insbesondere zu Typ, Marke, Farbe und ggf dem früheren Kennzeichen]

Bei dem Fahrer des Fahrzeugs, das den Unfall verursacht hat, handelt es sich um ■■■ [Name, Vorname und Adresse des Unfallgegners]. Dieser ist vermögenslos [alternativ: Dieser ist nicht in der Lage, den verursachten Schaden zu ersetzen]. Vollstreckungsversuche erscheinen aussichtslos [alternativ: Vollstreckungsversuche aus dem gegen den Schädiger erwirkten Urteil des ■■■gerichts vom ■■■, das ich in Kopie beifüge, sind fruchtlos geblieben, wie sich aus der beigefügten Bescheinigung des Gerichtsvollziehers ▪▪▪ ergibt]. Das vom Schädiger gefahrene Fahrzeug war zum Unfallzeitpunkt schon längere Zeit (seit dem ▪▪▪) abgemeldet. Früher war es auf ihn zugelassen und unter der Versicherungsschein-Nr. ▪▪▪ bei ▪▪▪ [Daten des früheren KH-Versicherers] versichert.

[Variante:]

Früher war es auf ▪▪▪ [Name, Vorname und Adresse des früheren, vom Fahrer verschiedenen Halters] zugelassen und unter der Versicherungsschein-Nr. ▪▪▪ bei der ▪▪▪ [Daten des früheren KH-Versicherers] versichert. Dieser haftet aber gem. § 7 Abs. 3 StVG nicht, weil das Fahrzeug, das abgeschlossen in einer Garage stand, vom Schädiger aufgebrochen und entwendet wurde, ohne dass man dem Halter irgendein Verschulden vorwerfen könnte.

Der Versicherer hat eine Regulierung unter Hinweis darauf abgelehnt, dass er bereits am ▪▪▪ der zuständigen Zulassungsstelle die Beendigung des Versicherungsvertrags mitgeteilt habe, so dass auch die Nachhaftungsfrist verstrichen sei. Auf das beigefügte Schreiben vom ▪▪▪ darf ich der Einzelheiten wegen verweisen.

Durch den Unfall ist meinem Mandanten folgender Schaden entstanden:

▪▪▪ [Sachschaden am Kfz (unter Nennung des amtl. Kennzeichens) beschreiben und angeben, ob eine Fahrzeugvollversicherung besteht und in Anspruch genommen wird]

▪▪▪ [bei Personenschaden die Verletzungen, ggf weitere Folgen und Dauerschäden beschreiben (Attest hierzu nicht erforderlich, aber ratsam)]

▪▪▪ [sonstigen Sachschaden an Kleidung und Gepäck im Einzelnen schildern, inkl. Angaben zur Höhe des sonstigen Sachschadens]

Auf die beigefügten Lichtbilder und Anschaffungsbelege verweise ich.

Namens und im Auftrag meines Mandanten bitte ich um möglichst umgehende Regulierung des Schadens, für den der Schädiger oder dessen Versicherer leider nicht in Anspruch genommen werden kann.

Ich bitte, erforderliche Korrespondenz ausschließlich über meine Kanzlei zu führen. Für etwaige Rückfragen stehe ich natürlich jederzeit gern zur Verfügung.

Mit freundlichen Grüßen

Rechtsanwalt

cc) Vorsatztaten (§ 12 Abs. 1 Nr. 3 PflVG)

Die meisten Fälle dieser Art betreffen sog. „Verfolgungsfahrten", in denen jemand, von der Polizei verfolgt, mit seinem Kraftfahrzeug Schäden Dritter verursacht, die er billigend in Kauf nimmt. Hierher gehören aber auch Selbstmordfälle, in denen jemand mit seinem Fahrzeug zB auf ein entgegenkommendes Fahrzeug zufährt, um sich zu töten. Meist sind die Fälle eindeutig, weil es einen ablehnenden Bescheid des KH-Versicherers wegen der Vorsatztat gibt oder sich aus dem Strafverfahren ergibt, ob tatsächlich eine Vorsatztat vorliegt oder nicht. Allenfalls können Streitigkeiten dann entstehen, wenn die Verkehrsopferhilfe meint, dass sich der Versicherer zu Unrecht auf § 152 VVG beruft. Da der Versicherer für die innere Willensrichtung seines Versicherungsnehmers beweispflichtig ist, wird sich in aller Regel der letzte KH-Versicherer noch mit den Ansprüchen der Geschädigten zu befassen haben, insbesondere wenn die Willensrichtung des Schadensverursachers zweifelhaft bleibt. Auch bei vorsätzlich und widerrechtlich herbeigeführten Schäden, erhält der Geschädigte von der Verkehrsopferhilfe vollen Schadensersatz.[40] 105

---

40 OLG Frankfurt VersR 1997, 224.

106 Muster: Schadensmeldung an VOH bei Vorsatztat

↓

Verkehrsopferhilfe e.V.
Glockengießerwall 1
20095 Hamburg

Sehr geehrte Damen und Herren,

hiermit zeige ich unter Hinweis auf die beigefügte Vollmacht an, dass mich Herr ■■■ [Name, Vorname, Anschrift des Mandanten] mit der Wahrnehmung seiner Interessen beauftragt hat. Es geht um einen Verkehrsunfall vom ■■■, der sich gegen ■■■ Uhr auf der ■■■straße in ■■■ ereignet hat.

■■■ [Unfallhergang unter Benennung der zur Verfügung stehenden Beweismittel schildern und dabei Angaben zum Kfz des Schädigers machen, soweit möglich, insbesondere zu Typ, Marke, Farbe und Kennzeichen]

■■■ [bei der Sachverhaltsschilderung den Vorsatz klar herausstellen]

Der für das Fahrzeug des Schädigers zuständige KH-Versicherer hat eine Regulierung unter Hinweis auf § 152 VVG abgelehnt, weil er für den nach dem Ergebnis des Ermittlungsverfahrens eindeutig vorsätzlich verursachten Schaden nicht einzustehen habe. Auf das beigefügte Schreiben vom ■■■ darf ich der Einzelheiten wegen verweisen.

Durch den Unfall ist meinem Mandanten folgender Schaden entstanden:

■■■ [Sachschaden am Kfz (unter Nennung des amtl. Kennzeichens) beschreiben und angeben, ob eine Fahrzeugvollversicherung besteht und in Anspruch genommen wird]

■■■ [bei Personenschaden die Verletzungen, ggf weitere Folgen und Dauerschäden beschreiben (Attest hierzu nicht erforderlich, aber ratsam)]

■■■ [sonstigen Sachschaden an Kleidung und Gepäck im Einzelnen schildern, inkl. Angaben zur Höhe des sonstigen Sachschadens]

Auf die beigefügten Lichtbilder und Anschaffungsbelege verweise ich.

Namens und im Auftrag meines Mandanten bitte ich um möglichst umgehende Regulierung des Schadens, für den der Schädiger oder dessen Versicherer leider nicht in Anspruch genommen werden kann.

Ich bitte, erforderliche Korrespondenz ausschließlich über meine Kanzlei zu führen. Für etwaige Rückfragen stehe ich natürlich jederzeit gern zur Verfügung.

Mit freundlichen Grüßen

Rechtsanwalt

↑

dd) Insolvenz (§ 12 Abs. 1 Nr. 4 PflVG)

107 Die vierte Fallgruppe soll Anwendung finden, wenn die Versicherungsaufsichtsbehörde den Antrag auf Eröffnung eines **Insolvenzverfahrens** über das Vermögen des leistungspflichtigen KH-Versicherers gestellt hat oder bei Versicherern mit Sitz in einem anderen Mitgliedstaat des EWR vergleichbare Maßnahmen ergriffen hat. Auch wenn mit dieser Lösung ausreichender Schutz der Verkehrsopfer garantiert wird, so beinhaltet sie gleichzeitig, dass dem Versicherungsnehmer ein begrenztes Risiko aufgebürdet wird, sich bei der Auswahl seines Versicherers über dessen Finanzausstattung zu informieren. Dem Gedanken der Risikoverteilung wird auch dadurch Rechnung getragen, dass die Verkehrsopferhilfe, falls sie in einem solchen Fall Ersatz leistet, Regress beim Versicherungsnehmer und mitversicherten Personen nehmen kann. Dieser ist jedoch beschränkt auf einen Betrag in Höhe von max. je 2.500 EUR. Im

Übrigen sind in dieser Fallgruppe die von der Verkehrsopferhilfe zur Befriedigung von Ansprüchen in einem Kalenderjahr zu erbringenden Aufwendungen auf 0,5 % des Gesamtprämienaufkommens der Kraftfahrzeug-Haftpflichtversicherung des vorangegangenen Kalenderjahres beschränkt. Das war notwendig, um zu vermeiden, dass durch die Insolvenz eines Unternehmens andere gefährdet oder gar in den Sog der Insolvenz gezogen werden. Das bedeutet aber nicht, dass, wenn der Betrag erreicht ist, die Schäden nicht mehr alle zu Ende abgewickelt würden. Es findet lediglich eine zeitliche „Streckung" der Abwicklung statt.

Die Bestimmung dürfte wenig praktische Bedeutung haben, weil es unter den deutschen Versicherern bislang üblich war, sich gegenseitig „aufzufangen" und so ein Insolvenzverfahren zu vermeiden, um das Vertrauen der Verbraucher in eine funktionierende Versicherungswirtschaft nicht zu erschüttern.   **108**

Muster: Schadensmeldung an VOH (Insolvenz des KH-Versicherers)   **109**

115

Verkehrsopferhilfe e.V.

Glockengießerwall 1

20095 Hamburg

Sehr geehrte Damen und Herren,

hiermit zeige ich unter Hinweis auf die beigefügte Vollmacht an, dass mich Herr ▄▄▄ [Name, Vorname, Anschrift des Mandanten] mit der Wahrnehmung seiner Interessen beauftragt hat. Es geht um einen Verkehrsunfall vom ▄▄▄, der sich gegen ▄▄▄ Uhr auf der ▄▄▄straße in ▄▄▄ ereignet hat.

▄▄▄ [Unfallhergang unter Benennung der zur Verfügung stehenden Beweismittel schildern und dabei Angaben zum Kfz des Schädigers machen, soweit möglich, insbesondere zu Typ, Marke, Farbe und Kennzeichen]

Das auf Schadensersatz in Anspruch genommene Versicherungsunternehmen hat nicht reguliert. Aus dem beigefügten Beschluss des Amtsgerichts ▄▄▄ vom ▄▄▄ geht hervor, dass von der Aufsichtsbehörde die Eröffnung eines Insolvenzverfahrens über das Vermögen des KH-Versicherers beantragt worden ist [alternativ: dass über das Vermögen des Versicherers das Insolvenzverfahren eröffnet worden ist].

Durch den Unfall ist meinem Mandanten folgender Schaden entstanden:

▄▄▄ [Sachschaden am Kfz (unter Nennung des amtl. Kennzeichens) beschreiben und angeben, ob eine Fahrzeugvollversicherung besteht und in Anspruch genommen wird]

▄▄▄ [bei Personenschaden die Verletzungen, ggf weitere Folgen und Dauerschäden beschreiben (Attest hierzu nicht erforderlich, aber ratsam)]

▄▄▄ [sonstigen Sachschaden an Kleidung und Gepäck im Einzelnen schildern, inkl. Angaben zur Höhe des sonstigen Sachschadens]

Auf die beigefügten Lichtbilder und Anschaffungsbelege verweise ich.

Namens und im Auftrag meines Mandanten bitte ich um möglichst umgehende Regulierung des Schadens, für den der Schädiger oder dessen Versicherer nicht in Anspruch genommen werden kann.

Ich bitte, erforderliche Korrespondenz ausschließlich über meine Kanzlei zu führen. Für etwaige Rückfragen stehe ich natürlich jederzeit gern zur Verfügung.

Mit freundlichen Grüßen

Rechtsanwalt

b) Vereinfachte Anmeldung

110 Will man den Geschädigten – warum auch immer – nicht anwaltlich vertreten, kann man ihn auf die Möglichkeit hinweisen, seine Ansprüche selbst geltend zu machen. Dazu empfiehlt sich dann die Verwendung des vom Verein Verkehrsopferhilfe e.V. konzipierten Formulars.[41] So sieht es aus:

111 **Muster: „Schadenmeldeformular Entschädigungsfonds (Unfälle im Inland)" der VOH[42]**

116 ↓

Verkehrsopferhilfe e.V.
Glockengießerwall 1

20095 Hamburg

1. Geschädigter (Ihre Daten)

Name, Vorname	
Straße **oder** Postfach	
PLZ - Ort	
Telefon / Telefax	

2. Unfalldaten

Schadentag	
Schadenzeit	
Schadenort	

Unfallhergang (bitte schildern Sie uns kurz, wie es zu dem Unfall gekommen ist)

Erfolgte polizeiliche Unfallaufnahme ?	☐ ja: ☐ nein: *(bitte ankreuzen)*
wenn ja: Adresse der bearbeitenden Polizeidienststelle/Staatsanwaltschaft	
Aktenzeichen der Polizei/Staatsanwaltschaft	

---

41 Siehe dazu www.verkehrsopferhilfe.de, dort unter dem Link „praktische Tipps": „Schadenmeldeformular Entschädigungsfonds (Unfälle im Inland)".
42 Mit freundlicher Genehmigung des Vereins Verkehrsopferhilfe e.V.

- 2 -

3. Unfallfolgen

Ist Sachschaden am Kfz eingetreten ?	☐ ja:	☐ nein:	*(bitte ankreuzen)*
wenn ja: amtl. Kennz. eigene Versicherung Vollkasko	☐ ja:	☐ nein:	*(bitte ankreuzen)*
Ist Personenschaden eingetreten?	☐ ja:	☐ nein:	*(bitte ankreuzen)*
wenn ja: Beschreiben Sie die Verletzungen/Folgen mit eigenen Worten (Attest hierzu nicht erforderlich)			
Ist "sonstiger Sachschaden" eingetreten? (Kleidung, Gepäck, Gebäude)	☐ ja:	☐ nein:	*(bitte ankreuzen)*
wenn ja: Geben Sie die Höhe des "sonstigen Sachschadens" an und fügen Sie entsprechende Belege bei.			

4. Schädiger (Daten des Unfallgegners) – wenn Schädiger-Kfz ermittelt wurde

Name, Vorname (**Halter**)	
Adresse	
Name, Vorname (**Fahrer**)	
Adresse	
Kennzeichen Kfz des Unfallgegners soweit dem Kfz **rechtmäßig** zugeteilt	
Kennzeichen Kfz des Unfallgegners soweit **unrechtmäßig** verwendet (Missbrauch)	
Versicherungs-Gesellschaft des Unfallgegners	
Versicherungs-Schein-Nr. soweit bekannt	

- 3 -

5. weitere Informationen

Angaben zu KFZ des Schädigers	
Typ:	
Marke:	
Farbe:	

6. Anlagen
(beigefügtes ankreuzen)

☐ ablehnender Bescheid der
gegnerischen Versicherung

☐ Polizeilicher Unfallbericht

☐ sonstiges (bitte nennen)
- _____
- _____
- _____

_____

(Datum)   (Unterschrift)

c) Schiedsverfahren

112   Die **Schiedsstelle** hat auf eine gütliche Einigung hinzuwirken und gegebenenfalls einen Einigungsvorschlag zu machen.

Muster: Antrag an Schiedsstelle   113

Verkehrsopferhilfe e.V.
– Schiedsstelle –
Glockengießerwall 1
20095 Hamburg

Sehr geehrte Damen und Herren,

hiermit zeige ich unter Hinweis auf die beigefügte Vollmacht an, dass mich Herr ■■■ [Name, Vorname, Anschrift des Mandanten] mit der Wahrnehmung seiner Interessen beauftragt hat. Es geht um einen Verkehrsunfall vom ■■■. Wegen der Einzelheiten verweise ich auf das in Kopie beigefügte Schreiben an den Verein Verkehrsopferhilfe e.V. vom ■■■.

Dieser hat es mit dem in Kopie beigefügten Schreiben vom ■■■ abgelehnt, den unfallbedingten Schaden meines Mandanten zu ersetzen. Der Verein verneint die Leistungsfreiheit des KH-Versicherers mit der Begründung, dieser sei im Rahmen der Nachhaftung nach § 3 Nr. 5 PflVG nach wie vor eintrittspflichtig. Dies ist jedoch eindeutig nicht der Fall, weil ■■■ [näher ausführen].

[Variante:]

Der Verein Verkehrsopferhilfe hat sich trotz mehrfacher Erinnerung bis heute nicht erklärt. Ein weiteres Zuwarten kann meinem Mandanten, insbesondere angesichts der Höhe des Schadens, nicht zugemutet werden.

Namens und im Auftrag meines Mandanten bitte ich Sie als Schiedsstelle deshalb, nunmehr auf eine möglichst zeitnahe Regulierung des Schadens durch den Verein hinzuwirken.

Den Schaden beziffern wir unverändert auf den mit Schreiben vom ■■■ bereits im Einzelnen erläuterten Betrag von ■■■.

Mit freundlichen Grüßen

Rechtsanwalt

4. Muster hinsichtlich der Entschädigungsstelle (§ 12a PflVG)

a) Anspruchsschreiben nach Fallgruppen

Bei der Geltendmachung der Ansprüche muss darauf geachtet werden, dass die Voraussetzungen für einen Anspruch gegen die Entschädigungsstelle (insbesondere Ablauf der relevanten Fristen) tatsächlich vorliegen und sich diese aus dem Anspruchsschreiben auch ergeben. Ferner sollte stets angegeben werden, wo und wann sich der Unfall ereignet hat. Ist der zuständige Versicherer oder dessen Schadenregulierungsbeauftragter angeschrieben worden, ist das betreffende Datum ebenso anzugeben wie die Tatsache, dass auf das Schreiben nicht oder nur unzureichend geantwortet wurde. Am besten werden die Kopien der entsprechenden Schreiben dem Antrag auf Schadensersatz beigefügt.   114

aa) Kein Ersatz durch den Versicherer oder dessen Regulierungsbeauftragten (§ 12a Abs. 1 Nr. 1 PflVG)

Bei einem Auslandsunfall mit bekanntem Gegner hat der Geschädigte mehrere Anspruchpartner, denen gegenüber er seine Schadensersatzansprüche geltend machen kann. Zum einen kann er sich direkt an den Schädiger wenden. Zum anderen hat er die Möglichkeit, den zu-   115 ständigen KH-Versicherer in Anspruch zu nehmen. Da beide regelmäßig im Ausland ansässig sind, stößt das jedoch häufig auf Schwierigkeiten. Der Geschädigte kann sich deshalb auch an den **Schadenregulierungsbeauftragten** des zuständigen Versicherers wenden, den dieser in Deutschland benannt hat.

116 Der Regulierungsbeauftragte soll den Schaden im Namen und für Rechnung des ausländischen Versicherers in der Regel nach dem Recht des Unfalllandes regulieren. Hierfür hat er drei Monate Zeit. Diese Frist gilt auch für den Versicherer, an den sich der Geschädigte direkt gewandt hat. Je nach den Umständen des Einzelfalls müssen der Versicherer oder dessen Regulierungsbeauftragter binnen drei Monaten entweder ein begründetes Angebot an den Anspruchsteller abgeben oder ablehnen bzw mitteilen, weshalb die Sache noch nicht abschließend beurteilt werden kann.

117 Hat der Versicherer bzw dessen Regulierungsbeauftragter nicht in dieser Weise auf den Antrag des Geschädigten binnen der drei Monate reagiert, kann sich der Geschädigte an die Entschädigungsstelle wenden. Diese informiert sowohl den zuständigen Versicherer als auch dessen Regulierungsbeauftragten. Ferner erteilt sie den Hinweis, dass sie die Bearbeitung des Schadens übernehmen wird, sofern nicht der zuständige Versicherer oder sein Regulierungsbeauftragter innerhalb von zwei Monaten die Bearbeitung des Schadens zur Bearbeitung zurückholt bzw übernimmt.

118 **Muster: Erstattungsantrag an VOH als Entschädigungsstelle (kein Ersatz durch den Versicherer oder dessen Regulierungsbeauftragten, § 12a Abs. 1 Nr. 1 PflVG)**

Verkehrsopferhilfe e.V.
– Entschädigungsstelle –
Glockengießerwall 1
20095 Hamburg

Sehr geehrte Damen und Herren,

hiermit zeige ich unter Hinweis auf die beigefügte Vollmacht an, dass mich Herr ▪▪▪ [Name, Vorname, Anschrift des Mandanten] mit der Wahrnehmung seiner Interessen beauftragt hat. Es geht um einen Verkehrsunfall vom ▪▪▪, der sich gegen ▪▪▪ Uhr auf der ▪▪▪straße in ▪▪▪ [Schadensort und Land] ereignet hat.

▪▪▪ [Unfallhergang unter Benennung der zur Verfügung stehenden Beweismittel schildern und dabei Angaben zum Kfz des Schädigers und dessen Versicherer machen]

Mein Mandant hat den Vorfall bei der Polizeitstation ▪▪▪ [Dienststelle mit Anschrift] gemeldet. Der Vorgang wurde dort zu Az ▪▪▪ aufgenommen. Kopie der VU-Anzeige nebst Lichtbildern vom beschädigten Fahrzeug füge ich bei.

Durch den Unfall ist meinem Mandanten folgender Schaden entstanden:

▪▪▪ [Sachschaden am Kfz, unter Nennung des amtl. Kennzeichens, beschreiben und angeben, ob eine Fahrzeugvollversicherung besteht und in Anspruch genommen wird]

▪▪▪ [bei Personenschaden die Verletzungen, ggf weitere Folgen und Dauerschäden beschreiben (Attest hierzu nicht erforderlich, aber ratsam)]

▪▪▪ [sonstigen Sachschaden an Kleidung und Gepäck im Einzelnen schildern, inkl. Angaben zur Höhe des sonstigen Sachschadens]

Auf die beigefügten Lichtbilder und Anschaffungsbelege verweise ich.

Den Versicherer des Unfallgegners [alternativ: den Schadenregulierungsbeauftragten des Versicherers des Unfallgegners] haben wir am ▬▬▬ angeschrieben, wie aus der Anlage hervorgeht. Eine Reaktion ist bis heute nicht erfolgt [alternativ: Eine Regulierung ist von diesem mit dem in der weiteren Anlage beigefügten Schreiben vom ▬▬▬ ohne jede Begründung abgelehnt worden.] Das ist für unseren Mandanten inakzeptabel.

Deshalb bitte ich namens und im Auftrag meines Mandanten nunmehr Sie, eine möglichst umgehende Regulierung des Schadens herbeizuführen. Gerichtliche Schritte gegen den Versicherer des Unfallgegners haben wir bisher nicht unternommen.

Ich bitte, erforderliche Korrespondenz ausschließlich über meine Kanzlei zu führen. Für etwaige Rückfragen stehe ich natürlich jederzeit gern zur Verfügung.

Mit freundlichen Grüßen

Rechtsanwalt

bb) Kein Schadenregulierungsbeauftragter bestellt (§ 12a Abs. 1 Nr. 2 PflVG)

Hat ein ausländischer KH-Versicherer in Deutschland keinen Schadenregulierungsbeauftrag-   119
ten benannt, kann sich der Geschädigte direkt an die Entschädigungsstelle wenden. Auch in diesem Fall informiert die Entschädigungsstelle den zuständigen Versicherer. Auch hier weist sie auf die Möglichkeit hin, die Regulierung des Schadens noch innerhalb von zwei Monaten an sich zu ziehen. Nach fruchtlosem Ablauf dieser Frist reguliert die Entschädigungsstelle den Schaden abschließend.

Muster: Erstattungsantrag an VOH als Entschädigungsstelle (kein Regulierungsbeauftragter   120
bestellt, § 12a Abs. 1 Nr. 2 PflVG)

Verkehrsopferhilfe e.V.
– Entschädigungsstelle –
Glockengießerwall 1
20095 Hamburg

Sehr geehrte Damen und Herren,

hiermit zeige ich unter Hinweis auf die beigefügte Vollmacht an, dass mich Herr ▬▬▬ [Name, Vorname, Anschrift des Mandanten] mit der Wahrnehmung seiner Interessen beauftragt hat. Es geht um einen Verkehrsunfall vom ▬▬▬, der sich gegen ▬▬▬ Uhr auf der ▬▬▬straße in ▬▬▬ [Schadensort und Land] ereignet hat.

▬▬▬ [Unfallhergang unter Benennung der zur Verfügung stehenden Beweismittel schildern und dabei Angaben zum Kfz des Schädigers und dessen Versicherer machen]

Mein Mandant hat den Vorfall bei der Polizeistation ▬▬▬ [Dienststelle mit Anschrift] gemeldet. Der Vorgang wurde dort zu Az ▬▬▬ aufgenommen. Kopie der VU-Anzeige nebst Lichtbildern vom beschädigten Fahrzeug füge ich bei.

Durch den Unfall ist meinem Mandanten folgender Schaden entstanden:

▬▬▬ [Sachschaden am Kfz, unter Nennung des amtl. Kennzeichens, beschreiben und angeben, ob eine Fahrzeugvollversicherung besteht und in Anspruch genommen wird]

▬▬▬ [bei Personenschaden die Verletzungen, ggf weitere Folgen und Dauerschäden beschreiben (Attest hierzu nicht erforderlich, aber ratsam)]

▬▬▬ [sonstigen Sachschaden an Kleidung und Gepäck im Einzelnen schildern, inkl. Angaben zur Höhe des sonstigen Sachschadens]

Auf die beigefügten Lichtbilder und Anschaffungsbelege verweise ich.

▬▬▬ [auf das Fehlen eines Schadenregulierungsbeauftragten hinweisen und entweder darlegen, dass der direkt angeschriebene Versicherer binnen drei Monaten nicht reagiert oder ohne Begründung eine Schadenregulierung abgelehnt hat oder aber dass wegen des Fehlens eines Regulierungsbeauftragten der Versicherer gar nicht angeschrieben wurde]

Deshalb bitte ich namens und im Auftrag meines Mandanten nunmehr Sie, eine möglichst umgehende Regulierung des Schadens herbeizuführen. Gerichtliche Schritte gegen den Versicherer des Unfallgegners haben wir bisher nicht unternommen.

Ich bitte, erforderliche Korrespondenz ausschließlich über meine Kanzlei zu führen. Für etwaige Rückfragen stehe ich natürlich jederzeit gern zur Verfügung.

Mit freundlichen Grüßen

Rechtsanwalt

cc) Unfallverursachendes Fahrzeug nicht zu ermitteln (§ 12a Abs. 1 Nr. 3 Alt. 1 PflVG)

121 Konnte das am Unfall beteiligte Fahrzeug nicht ermittelt werden, ist die Entschädigungsstelle eintrittspflichtig, wenn der Unfall sich innerhalb des EWR ereignet hat.

122 Die Entschädigungsstelle unterrichtet den Garantiefonds des Unfalllandes darüber, dass bei ihr ein Anspruch angemeldet worden ist. Spätestens nach Ablauf von zwei Monaten reguliert die Entschädigungsstelle den Schaden wie ein eintrittspflichtiger Versicherer abschließend. Maßgeblich ist in der Regel das Recht des Unfalllandes.

123 **Muster: Erstattungsantrag an VOH als Entschädigungsstelle (unfallverursachendes Fahrzeug nicht zu ermitteln, § 12a Abs. 1 Nr. 3 Alt. 1 PflVG)**

Verkehrsopferhilfe e.V.
– Entschädigungsstelle –
Glockengießerwall 1
20095 Hamburg

Sehr geehrte Damen und Herren,

hiermit zeige ich unter Hinweis auf die beigefügte Vollmacht an, dass mich Herr ▬▬▬ [Name, Vorname, Anschrift des Mandanten] mit der Wahrnehmung seiner Interessen beauftragt hat. Es geht um einen Verkehrsunfall vom ▬▬▬, der sich gegen ▬▬▬ Uhr auf der ▬▬▬straße in ▬▬▬ ereignet hat.

▬▬▬ [Unfallhergang unter Benennung der zur Verfügung stehenden Beweismittel schildern und dabei Angaben zum Land, in dem der Unfall stattgefunden hat, und zum Kfz des Schädigers machen, soweit möglich, insbesondere zu Typ, Marke, Farbe und Kennzeichen (auch Bruchstücke!)]

Mein Mandant hat den Vorfall bei der Polizeistation ▬▬▬ [Dienststelle mit Anschrift] gemeldet. Der Vorgang wurde dort zu Az ▬▬▬ aufgenommen. Kopie der VU-Anzeige nebst Lichtbildern vom beschädigten Fahrzeug füge ich bei. Das von der Staatsanwaltschaft ▬▬▬ zum Az ▬▬▬ gegen Unbekannt eingeleitete Ermittlungsverfahren blieb jedoch ohne Erfolg, wie sich aus der beigefügten Einstellungsnachricht ergibt.

Ich weise vorsorglich darauf hin, dass naturgemäß kein anderweitiges gerichtliches Verfahren gegen den unbekannten Versicherer anhängig ist.

Durch den Unfall ist meinem Mandanten folgender Schaden entstanden:

■■■ [Sachschaden am Kfz (unter Nennung des amtl. Kennzeichens) beschreiben und angeben, ob eine Fahrzeugvollversicherung besteht und in Anspruch genommen wird]

■■■ [bei Personenschaden die Verletzungen, ggf weitere Folgen und Dauerschäden beschreiben (Attest hierzu nicht erforderlich, aber ratsam)]

■■■ [sonstigen Sachschaden an Kleidung und Gepäck im Einzelnen schildern, inkl. Angaben zur Höhe des sonstigen Sachschadens]

Auf die beigefügten Lichtbilder und Anschaffungsbelege verweise ich.

Namens und im Auftrag meines Mandanten bitte ich um möglichst umgehende Regulierung des Schadens, für den der Schädiger oder dessen Versicherer leider infolge des unerlaubten Entfernens vom Unfallort nicht in Anspruch genommen werden kann.

Ich bitte, erforderliche Korrespondenz ausschließlich über meine Kanzlei zu führen. Für etwaige Rückfragen stehe ich natürlich jederzeit gern zur Verfügung.

Mit freundlichen Grüßen

Rechtsanwalt

dd) Zuständiges Versicherungsunternehmen nicht ermittelbar (§ 12a Abs. 1 Nr. 3 Alt. 2 PflVG)

124

Obwohl das Schädigerfahrzeug bekannt ist, gelingt es nicht in jedem Fall, auch den zuständigen KH-Versicherer zu ermitteln. Sind seit dem Unfall zwei Monate vergangen, ohne dass entsprechende Ermittlungen erfolgreich waren, besteht für den Geschädigten auch insoweit die Möglichkeit, sich an die Entschädigungsstelle zu wenden. In diesem Fall unterrichtet die Entschädigungsstelle den Garantiefonds des Landes, in dem das Schädigerfahrzeug seinen gewöhnlichen Standort hat, über den Eingang des Anspruchs. Unter Umständen liegen dort Erkenntnisse über den zuständigen Versicherer vor, die im Vorwege nicht erfragt werden konnten. Spätestens nach Ablauf von zwei Monaten reguliert die Entschädigungsstelle auch diese Art der Schäden wie ein eintrittspflichtiger Versicherer abschließend. Grundsätzlich ist auch hier das Recht des Unfalllandes maßgeblich.

Muster: Erstattungsantrag an VOH als Entschädigungsstelle (zuständiger Versicherer nicht ermittelbar, § 12a Abs. 1 Nr. 3 Alt. 2 PflVG)

125

121

Verkehrsopferhilfe e.V.
– Entschädigungsstelle –
Glockengießerwall 1
20095 Hamburg

Sehr geehrte Damen und Herren,

hiermit zeige ich unter Hinweis auf die beigefügte Vollmacht an, dass mich Herr ■■■ [Name, Vorname, Anschrift des Mandanten] mit der Wahrnehmung seiner Interessen beauftragt hat. Es geht um einen Verkehrsunfall vom ■■■, der sich gegen ■■■ Uhr auf der ■■■straße in ■■■ ereignet hat.

■■■ [Unfallhergang unter Benennung der zur Verfügung stehenden Beweismittel schildern und dabei Angaben zum Land, in dem der Unfall stattgefunden hat, und zum Kfz des Schädigers machen, soweit möglich, insbesondere zu Typ, Marke, Farbe und Kennzeichen]

Mein Mandant hat den Vorfall bei der Polizeistation ▄▄▄ [Dienststelle mit Anschrift] gemeldet. Der Vorgang wurde dort zu Az ▄▄▄ aufgenommen. Kopie der VU-Anzeige nebst Lichtbildern vom beschädigten Fahrzeug füge ich bei. Der Versicherer des gegnerischen Unfallfahrzeugs konnte bislang jedoch nicht ermittelt werden.

Durch den Unfall ist meinem Mandanten folgender Schaden entstanden:

▄▄▄ [Sachschaden am Kfz (unter Nennung des amtl. Kennzeichens) beschreiben und angeben, ob eine Fahrzeugvollversicherung besteht und in Anspruch genommen wird]

▄▄▄ [bei Personenschaden die Verletzungen, ggf weitere Folgen und Dauerschäden beschreiben (Attest hierzu nicht erforderlich, aber ratsam)]

▄▄▄ [sonstigen Sachschaden an Kleidung und Gepäck im Einzelnen schildern, inkl. Angaben zur Höhe des sonstigen Sachschadens]

Auf die beigefügten Lichtbilder und Anschaffungsbelege verweise ich.

Namens und im Auftrag meines Mandanten bitte ich um möglichst umgehende Regulierung des Schadens.

Ich bitte, erforderliche Korrespondenz ausschließlich über meine Kanzlei zu führen. Für etwaige Rückfragen stehe ich natürlich jederzeit gern zur Verfügung.

Mit freundlichen Grüßen

Rechtsanwalt

126   **Hinweis:** Nicht zu § 12a Abs. 1 S. 1 Nr. 3 PflVG gehören die Fälle, in denen der letzte zuständige KH-Versicherer zwar bekannt ist, dieser aber aufgrund spezieller Vorschriften für den Unfall nicht einzustehen hat. Schadensfälle dieser Art werden nicht von der Entschädigungsstelle reguliert. Für sie ist ausschließlich der Garantiefonds des Landes, in dem der Unfall stattgefunden hat, zuständig.[43]

b) Vereinfachte Anmeldung

127   Jeder Geschädigte hat die Möglichkeit, seine Ansprüche ohne anwaltliche Vertretung bei der Entschädigungsstelle anzumelden. Will man den Geschädigten – warum auch immer – nicht anwaltlich vertreten, kann man ihn darauf hinweisen und ihm die Verwendung des vom Verein Verkehrsopferhilfe e.V. entworfenen Formulars empfehlen.[44] So sieht es aus:

---

43 Zu den Anschriften vgl die „Liste der internationalen Garantiefonds" auf <www.verkehrsopferhilfe.de> unter dem Link „praktische Tipps".
44 Siehe dazu <www.verkehrsopferhilfe.de>, dort unter dem Link „praktische Tipps": „Schadenmeldeformular Entschädigungsstelle (Unfälle im Ausland)".

Muster: „Schadenmeldeformular Entschädigungsstelle (Unfälle im Ausland)" der VOH[45]

↓

Verkehrsopferhilfe e.V.
-Entschädigungsstelle-
Glockengießerwall 1

20095 Hamburg

1. Geschädigter (Ihre Daten)

Name, Vorname	
Straße oder Postfach	
PLZ-Ort	
Telefon / Telefax	

2. Unfalldaten

Schadentag	
Schadenzeit	
Schadenland	
Schadenort	
Unfallhergang (bitte schildern Sie uns kurz, wie es zu dem Unfall gekommen ist)	
Erfolgte polizeiliche Unfallaufnahme	☐ ja ☐ nein bitte ankreuzen
wenn ja: Adresse der bearbeitenden Polizeidienststelle/Staatsanwaltschaft	
Aktenzeichen der Polizei/Staatsanwaltschaft	

---

45 Mit freundlicher Genehmigung des Vereins Verkehrsopferhilfe e.V.

3. Schädiger (Daten des Unfallgegners) – wenn Schädiger-Kfz ermittelt wurde

Name, Vorname (Fahrer)	
Anschrift	
Name, Vorname (Halter) (falls Gespann, hier **Zugmaschine**)	
Anschrift	
Kennzeichen Kfz des Unfallgeg- ners	
zugelassen in (Staat)	
Marke/Typ	
Versicherer des Kfz	
Anschrift	
Versicherungs-Schein-Nr.	
Schadenregulierungsbeauftragter in Deutschland	
Name, Vorname (Halter) (falls Gespann, hier **Anhänger**)	
Anschrift	
Kennzeichen Anhänger des Unfall- gegners	
zugelassen in (Staat)	
Marke/Typ	
Versicherer des Anhängers	
Anschrift	
Versicherungs-Schein-Nr.	
Schadenregulierungsbeauftragter in Deutschland	

Hardung/Staab

4. Anspruchsvoraussetzungen wenn Versicherer / SRB bekannt

Anspruch geltend gemacht gegenüber	☐ Grüne Karte Büro
	☐ ausländischem Versicherer ☐ SRB bei Gespannen: ☐ der Zugmaschine ☐ des Anhängers bitte ankreuzen
am (Datum)	
Antwort erhalten falls ja bitte in Kopie beifügen	☐ ja ☐ nein bitte ankreuzen
Klage gegen das zuständige VU erhoben	☐ ja ☐ nein bitte ankreuzen
falls ja, AZ Gericht	

5. Unfallfolgen

Ist Sachschaden am Kfz eingetreten?	☐ ja ☐ nein bitte ankreuzen
wenn ja, amtliches Kennzeichen	
eigene Versicherung (Haftpflicht und Kasko)	
Ist Personenschaden eingetreten?	☐ ja ☐ nein bitte ankreuzen
wenn ja: Beschreiben Sie die Verletzungen mit eigenen Worten (Attest nicht erforderlich)	
Ist "sonstiger Sachschaden" eingetreten (Kleidung, Gepäck etc.)	☐ ja ☐ nein bitte ankreuzen
wenn ja: geben Sie Art und Höhe der Schäden an und fügen Sie die entsprechenden Belege bei.	

6. Anlagen

☐ Polizeilicher Unfallbericht
☐ Europäischer Unfallbericht
☐ Anschreiben an ausländischen Versicherer / SRB
☐ Antwortschreiben ausländischer Versicherer / SRB
☐ Sonstiges:

Ort, Datum   Unterschrift

II. Prozesssituation

1. Prozessuale Grundlagen

a) Entschädigungsfonds

129   Der Geschädigte kann die Ansprüche im Wege der Klage gegen den Verein Verkehrsopferhilfe e.V. geltend machen, jedoch erst, nachdem ein Verfahren vor einer Schiedsstelle gem. § 5 ff VO-EF vorausgegangen ist und diese Schiedsstelle einen Einigungsvorschlag gemacht hat oder seit deren Anrufung drei Monate verstrichen sind (§ 9 VO-EF).

130   Für Klagen gegen den Verein Verkehrsopferhilfe e.V. sind die ordentlichen Gerichte zuständig. Gerichtsstand ist nach Wahl des Klägers (§ 35 ZPO) entweder der Unfallort (§ 32 ZPO) oder Hamburg als Sitz des Vereins (§ 13 ZPO). So wie man in Versicherungssachen möglichst nicht am Sitz des Versicherers klagen sollte, empfiehlt sich auch bei Klagen gegen den Verein der Gerichtsstand der unerlaubten Handlung. Der Verein wird durch zwei Vorstandsmitglieder vertreten, die nach Möglichkeit namentlich benannt werden sollten.

b) Entschädigungsstelle

131   Der Verein Verkehrsopferhilfe e.V. kann auch in seiner Eigenschaft als Entschädigungsstelle vor den ordentlichen Gerichten verklagt werden. Ein vorheriges Schiedsverfahren ist hier nicht Prozessvoraussetzung. Für Klagen gegen den Verein als Entschädigungsstelle kommt nur Hamburg als Gerichtsstand nach § 13 ZPO in Frage, weil der Unfallort im Ausland liegt.

132   Weil die Entschädigungsstelle nicht zuständig ist, wenn der Schaden – objektiv oder subjektiv – vom ausländischen Versicherer nur unzureichend reguliert worden ist, muss sich in diesen Fällen der Geschädigte direkt mit dem ausländischen Versicherer auseinandersetzen. Dessen Schadenregulierungsbeauftragter kann nicht verklagt werden.

133   **Hinweis:** Nach einem (nicht rechtskräftigen) Urteil des OLG Köln vom 12.9.2005[46] ist beim Auslandsunfall nach Art. 11 Abs. 2 EuGVVO iVm Art. 9 Abs. 1b EuGVVO eine Klage gegen den ausländischen Versicherer vor dem Heimatgericht des Geschädigten zulässig, sofern nach dem maßgeblichen Recht eine Direktklage gegen den Versicherer zulässig ist.

2. Klageanträge

134   Die Klageanträge sollten so lauten, wie unter Rn 24 ff erläutert.

3. Klagen gegen den Verein VOH e.V. als Entschädigungsfonds

135   **Muster: Klageschrift bei Klage gegen VOH als Entschädigungsfonds (Fall 1)**

   ↓

An das ■■■gericht
[Gericht des Unfallorts (zu empfehlen) oder Hamburg]

Klage

In Sachen
des Herrn ■■■

– Kläger –

---

46   16 U 36/05 = SVR 2006, 73.

Prozessbevollmächtigte: RAe ■■■

gegen

den Verein Verkehrsopferhilfe e.V., vertreten durch
den Vorstand, dieser vertreten durch ■■■, Glockengießerwall 1, 20095 Hamburg,

– Beklagter –

wegen Schadensersatzes aus Verkehrsunfall

erhebe ich hiermit namens und im Auftrag des Klägers Klage gegen den Beklagten und bitte um Anberaumung eines möglichst nahen Termins zur mündlichen Verhandlung, in dem ich beantragen werde,

1. den Beklagten zu verurteilen, an den Kläger ein angemessenes, der Höhe nach in das Ermessen des Gerichts gestelltes Schmerzensgeld, mindestens jedoch ■■■ EUR, nebst Zinsen in Höhe von 5 Prozentpunkten über dem Basiszinssatz seit dem ■■■ zu zahlen,

2. den Beklagten zu verurteilen, an den Kläger (weitere) ■■■ EUR nebst Zinsen in Höhe von 5 Prozentpunkten über dem Basiszinssatz seit dem ■■■ zu zahlen.

Für den Fall der Anordnung eines schriftlichen Vorverfahrens beantrage ich bereits jetzt,

den Beklagten gemäß dem vorstehenden Antrag durch Versäumnis- oder Anerkenntnisurteil zu verurteilen, sofern die gesetzlichen Voraussetzungen dafür vorliegen.

Begründung:

Der Kläger macht Schadensersatz aufgrund eines Verkehrsunfalls vom ■■■ geltend, dessen Verursacher nicht ermittelt werden konnte. Im Einzelnen liegt folgender Sachverhalt zugrunde:

Der Kläger befuhr am ■■■ [Schilderung des Unfallhergangs, ggf nebst rechtlicher Würdigung in Bezug auf die Haftung des Unbekannten].

Der Fahrer des anderen Fahrzeugs beging „Unfallflucht". Seine Personalien konnten ebenso wie der für das Fahrzeug zuständige Haftpflichtversicherer trotz Anzeige bei der Polizei und Einleitung eines entsprechenden Ermittlungsverfahrens nicht ermittelt werden.

Beweis: Beiziehung der Ermittlungsakten der StA ■■■, Az ■■■

Für den unfallbedingten Schaden hat der Beklagte nach den Vorschriften des § 12 PflVG aufzukommen. Danach gilt:

Es ist ein Fall gem. § 12 Abs. 1 S. 1 Nr. 1 PflVG gegeben, weil – wie bereits oben dargelegt wurde – das Schädigerfahrzeug nicht ermittelt werden konnte.

Auch die Voraussetzungen des § 12 Abs. 1 S. 2 PflVG sind erfüllt. Der Kläger hat keinerlei Aussicht, von dem unbekannt gebliebenen Fahrer oder einem von diesem etwa verschiedenen Halter oder Eigentümer des Fahrzeugs oder einem Haftpflichtversicherer Ersatz für den unfallbedingt erlittenen Schaden zu erlangen. Es kommt auch kein Schadensversicherer für den Schaden oder Teile davon auf.

Durch den Unfall hat der Kläger folgende Schäden erlitten:

Der Kläger wurde körperlich schwer verletzt. Er erlitt, wie sich aus den beigefügten Arztberichten vom ■■■ ergibt, folgende Verletzungen:

■■■

■■■.

Beweis: Zeugnis ■■■ [der behandelnden Ärzte]

Dafür steht dem Kläger gem. §§ 253 Abs. 2 BGB, 12 Abs. 2 S. 1 PflVG ein angemessenes Schmerzensgeld zu. Angesichts der bereits dargelegten besonderen Schwere der Verletzungen wäre es grob unbillig, dem Kläger ein Schmerzensgeld zu verweigern.

Die Höhe des Schmerzensgeldes wird ausdrücklich in das Ermessen des Gerichts gestellt. Das Schmerzensgeld sollte nach Auffassung des Klägers jedoch mindestens ▪▪▪ EUR betragen. Ich verweise vorsorglich auf die Nrn. ▪▪▪ der Tabelle *Hacks/Ring/Böhm*, Schmerzensgeldbeträge, 25. Aufl. 2007 [ggf erläutern, warum diese vergleichbar sind].

Ferner hat der Kläger folgende Sachschäden erlitten:

▪▪▪

▪▪▪

[die Sachschäden – wegen § 12 Abs. 2 S. 2 PflVG ohne den Fahrzeugschaden – erläutern und weiter – sofern jeweils zutreffend – anführen, dass dafür kein Hausrat-, Gepäck- oder sonstiger Versicherer eintrittspflichtig ist]

Die Summe dieser Schäden beträgt ▪▪▪ EUR. Unter Abzug des in § 12 Abs. 2 S. 3 PflVG normierten Selbstbehaltes des Klägers in Höhe von 500,00 EUR verbleiben ▪▪▪ EUR, die als Teil der mit dem Antrag zu Ziffer 2 geltend gemachten Summe verlangt werden.

Schließlich ist dem Kläger aufgrund der Verletzungen weiterer finanzieller Schaden entstanden. Er hat für seine Krankenhausbehandlung vom ▪▪▪ bis ▪▪▪ und die anschließenden Rehabilitationsmaßnahmen in der ▪▪▪ von ▪▪▪ bis ▪▪▪ aufgewendet, wie sich aus den beigefügten Rechnungen ergibt. Davon hat er nur ▪▪▪ EUR von seinem Krankenversicherer erstattet erhalten, wie sich aus der anliegenden Abrechnung vom ▪▪▪ ersehen lässt. Die restlichen ▪▪▪ EUR musste er aus eigener Tasche bezahlen, so dass der Beklagte angesichts der Regelung in § 12 Abs. 1 S. 3 Alt. 2 PflVG auch hierfür Ersatz verlangen kann. Auch dieser Betrag wird als Teil der mit dem Antrag zu Ziffer 2 geltend gemachten Summe erstattet verlangt.

Der Beklagte hat die außergerichtliche Regulierung des Schadens abgelehnt. Gem. § 9 der VO über den Entschädigungsfonds für Schäden aus Kraftfahrzeugunfällen idF vom 17.12.1994 wurde daraufhin das erforderliche Verfahren vor der Schiedsstelle durchgeführt. Dem Einigungsvorschlag der Schiedsstelle ist der Beklagte ebenfalls nicht nachgekommen, so dass Klage geboten ist.

[Ggf Verzug darlegen]

Die Klage wird nach alledem vollen Erfolg haben müssen.

Rechtsanwalt

136 **Muster: Klageerwiderung auf Klage gegen VOH als Entschädigungsfonds (Fall 1)**

An das ▪▪▪gericht ▪▪▪

Klageerwiderung

In Sachen ▪▪▪ [Kläger]./. ▪▪▪ [Beklagter]

Az / Geschäfts-Nr. ▪▪▪

zeigen wir an, den Beklagten zu vertreten. Wir werden beantragen,

die Klage abzuweisen.

Begründung:

Die Klage ist unbegründet. Der Beklagte würde gem. § 12 Abs. 1 PflVG nur haften, wenn der Kläger keine anderweitige Ersatzmöglichkeit hätte. Schon diese Voraussetzung ist hier nicht gegeben. Zwar hat der Fahrer des Fahrzeugs, das am ▪▪▪ mit demjenigen des Klägers zusammengestoßen ist, sich unerlaubt vom Unfallort entfernt. Das allein reicht angesichts der Besonderheiten des Unfallhergangs für die Verneinung einer anderweitigen Ersatzmöglichkeit jedoch nicht aus. Der Kläger verschweigt in seiner Sachverhaltsschilderung, dass der später flüchtige Fahrer – wie die von der Polizei vernommenen Unfallzeugen bekundet haben – zuvor einem Fußgänger ausweichen musste, der vollkommen unvermittelt auf die Fahrbahn getreten war.

Beweis: Beiziehung der Ermittlungsakten der StA ███, Az ███

Der Kläger hat deshalb einen Ersatzanspruch gegen diesen Fußgänger, der den Unfall zumindest mitverursacht hat. Dass es der Kläger womöglich versäumt hat, die Personalien dieses Fußgängers aufzunehmen, der sich nach den erwähnten Zeugenaussagen noch längere Zeit am Unfallort aufgehalten und sogar erste Hilfe geleistet hat, darf nicht dem Beklagten zum Nachteil gereichen, zumal die Verletzungen des Klägers nicht so schwer waren, dass sie einer Personalienfeststellung entgegengestanden hätten. Auch darf insoweit nicht unberücksichtigt bleiben, dass der Beifahrer des Klägers erfreulicherweise unverletzt geblieben ist, so dass der Kläger ihn um die Feststellung der Personalien hätte bitten können.

Wegen des soeben dargelegten Bestehens einer anderweitigen Ersatzmöglichkeit scheidet eine eine Haftung des Beklagten schon dem Grunde nach aus.

Die angeführten Sachschäden sind zudem nicht ersatzfähig, weil sie anderweitig versichert sein dürften. Es wird bestritten, dass der Kläger weder eine Hausrat- noch eine Gepäckversicherung unterhält. Zumindest Letztere ist heute in den meisten Kraftfahrtversicherungen, häufig sogar ohne Prämienzuschlag, mit enthalten.

Ferner hat der Kläger es versäumt, bei der Berechnung seines Schadens den gem. § 12 Abs. 2 S. 3 PflVG erforderlichen Selbstbehalt in Abzug zu bringen.

Ein Schmerzensgeld schuldet der Beklagte ohnehin nicht. So bedauerlich die Körperschäden sind, die der Kläger bei dem Unfall erlitten hat, so wenig ersatzfähig sind sie im Verhältnis zum Beklagten. Dieser hat nach § 12 Abs. 2 S. 1 PflVG nur für solche Verletzungen zu entschädigen, deren besondere Schwere es als grob unbillig erscheinen ließe, dem Kläger kein Schmerzensgeld zu zahlen. Davon kann hier aber keine Rede sein. ███ [näher begründen].

Unabhängig davon ist die Begehrensvorstellung des Klägers bezüglich der Höhe des Schmerzensgeldes stark übersetzt. Selbst ein Schmerzensgeld, das nicht nur Entschädigungs-, sondern auch Genugtuungsfunktion hätte, welche der Beklagte aber zu leisten gar nicht verpflichtet ist, könnte allenfalls bei ███ liegen.

Die Klage wird deshalb insgesamt abzuweisen sein.

Rechtsanwalt

Muster: Klageschrift bei Klage gegen den Verein Verkehrsopferhilfe als Entschädigungsfonds   137
(Fall 2)

An das Landgericht ███

Klage

in Sachen

der Frau ███

– Klägerin –

Prozessbevollmächtigte: RAe ███

gegen

den Verein Verkehrsopferhilfe e.V., vertreten durch
den Vorstand, dieser vertreten durch ███, Glockengießerwall 1, 20095 Hamburg,

– Beklagter –

wegen Schadensersatzes aus Verkehrsunfall.

Namens und in Vollmacht der Klägerin erheben wir Klage und werden beantragen,

den Beklagten zu verurteilen, an die Klägerin ■■■ EUR nebst Zinsen in Höhe von 5 Prozentpunkten über dem Basiszinssatz seit dem ■■■ zu zahlen.

Für den Fall der Anordnung eines schriftlichen Vorverfahrens beantragen wir bereits jetzt,

den Beklagten gemäß dem vorstehenden Antrag durch Versäumnis- oder Anerkenntnisurteil zu verurteilen, sofern die gesetzlichen Voraussetzungen dafür vorliegen.

Begründung:

Mit der Klage begehrt die Klägerin vom Beklagten Schadensersatz gem. § 12 PflVG anlässlich eines Verkehrsunfalls vom ■■■ in ■■■.

Gegen ■■■ Uhr befuhr die Klägerin mit dem in ihrem Eigentum stehenden PKW ■■■ mit dem amtlichen Kennzeichen ■■■ die vorfahrtsberechtigte ■■■straße in ■■■, als Herr ■■■ mit dem auf die ■■■ GmbH zugelassenen PKW, Marke ■■■, amtliches Kennzeichen ■■■, aus der nicht vorfahrtsberechtigten ■■■straße auf die ■■■straße bog, wobei es zur Kollision beider Fahrzeuge kam. Am PKW der Klägerin entstand erheblicher Sachschaden. Darüber hinaus wurde die Klägerin bei dem Unfall erheblich verletzt.

Das von Herrn ■■■ geführte und auf die ■■■ GmbH zugelassene Fahrzeug mit dem amtlichen Kennzeichen ■■■ war zum Unfallzeitpunkt nicht versichert.

Die ■■■ VersicherungsAG ist vier Monate vor dem streitbefangenen Verkehrsunfall gem. § 38 VVG wegen Nichtzahlung der Prämie vom Versicherungsvertrag zurückgetreten und hat dies der zuständigen Zulassungsstelle drei Monate vor dem Unfall gem. § 29c StVZO angezeigt. Dazu verweisen wir auf das in Fotokopie anliegende Schreiben der ■■■ VersicherungsAG vom ■■■.

Die Beklagte ist somit gem. § 12 Abs. 1 Nr. 2 iVm § 12 Abs. 4 S. 2 und 3 PflVG zur Befriedigung der materiellen und immateriellen Ansprüche verpflichtet.

Gem. § 9 VO über den Entschädigungsfonds für Schäden aus Kraftfahrzeugunfällen idF vom 17.12.1994 wurde das erforderliche Verfahren vor der Schiedsstelle durchgeführt. Dem Einigungsvorschlag der Schiedsstelle ist der Beklagte nicht nachgekommen, so dass Klage geboten ist.

Das Fahrzeug der Klägerin war zum Unfallzeitpunkt nicht vollkaskoversichert. Eine anderweitige Erstattungsmöglichkeit besteht ebenfalls nicht. Die Sachschäden der Klägerin ergeben sich wie folgt:

■■■ [im Einzelnen ausführen]

Bei dem Verkehrsunfall erlitt die Klägerin eine Trümmerfraktur des rechten Kniegelenks und einen Schädelbasisbruch und befand sich in der Zeit vom ■■■ bis ■■■ in stationärer Behandlung.

Beweis: in Fotokopie anliegende ärztliche Bescheinigung vom ■■■

Aufgrund dessen hält die Klägerin ein Schmerzensgeld in Höhe von mindestens ■■■ für angemessen.

Rechtsanwalt

↑

138 **Muster: Klageerwiderung auf Klage gegen VOH als Entschädigungsfonds (Fall 2)**

 ↓

An das Landgericht ■■■

Klageerwiderung

In Sachen ■■■ [Kläger]./. ■■■ [Beklagter]

Az / Geschäfts-Nr. ■■■

bestellen wir uns zu Prozessbevollmächtigten des Beklagten und beantragen,

die Klage abzuweisen.

Begründung:

Die Klage ist nicht begründet. Der Beklagte haftet gem. § 12 Abs. 1 PflVG nur, wenn der Geschädigte keine anderweitige Ersatzmöglichkeit hat.

Die Klägerin hat es vorliegend versäumt, sowohl den Halter des Fahrzeugs, die Firma ▬▬▬ GmbH, als auch den Fahrer, Herrn ▬▬▬, gerichtlich in Anspruch zu nehmen, so dass schon aus diesem Grunde eine Haftung des Beklagten ausscheidet.

Weiterhin hätte die Klägerin vor Klageerhebung gem. Art. 34 GG iVm § 839 Abs. 1 BGB die Zulassungsbehörde der Stadt ▬▬▬ in Anspruch nehmen müssen, da diese ihre Amtspflicht gem. § 29d Abs. 2 StVZO verletzt hat, indem sie nicht dafür sorgte, das Fahrzeug bis zum Unfallzeitpunkt aus dem Verkehr zu ziehen, obwohl die Meldung der ▬▬▬ VersicherungsAG am ▬▬▬ eingegangen war. Die Zulassungsstelle hatte nach Eingang der Meldung durch die ▬▬▬ VersicherungsAG also vier Monate Zeit, so dass eine Amtspflichtverletzung unzweifelhaft gegeben ist.

Darüber hinaus ist die Begehrensvorstellung der Klägerin in Bezug auf die Höhe des Schmerzensgeldes bei weitem überhöht. Die Klägerin lässt unberücksichtigt, dass der Beklagte nicht Schädiger ist und deshalb nicht Genugtuung schuldet, sondern allenfalls Entschädigung.

Unabhängig davon sind die Verletzungen der Klägerin nicht so gravierend, dass eine Nichtzahlung von Schmerzensgeld als unbillig anzusehen wäre.

Rechtsanwalt

Muster: Replik bei Klage gegen VOH als Entschädigungsfonds (Fall 2)　　139

127

An das Landgericht ▬▬▬

Replik

In Sachen ▬▬▬ [Kläger]./. ▬▬▬ [Beklagter]

Az / Geschäfts-Nr. ▬▬▬

wird das Vorbringen des Beklagten im Schriftsatz vom ▬▬▬ nach Maßgabe des diesseitigen Vorbringens bestritten und im Übrigen wie folgt Stellung genommen:

Eine anderweitige Ersatzmöglichkeit gibt es für die Klägerin nicht:

Gegen die Firma ▬▬▬ GmbH ist am ▬▬▬, mithin drei Monate nach dem Verkehrsunfall, Insolvenzantrag gestellt worden. Nach Mitteilung des Insolvenzgerichts vom ▬▬▬ ist der Antrag mangels Masse abgewiesen worden, so dass die gerichtliche Geltendmachung der Schadensersatzansprüche keine Aussicht auf Erfolg bietet, ja nicht einmal mehr möglich ist.

Beweis: Beiziehung der Insolvenzakten Az ▬▬▬, AG ▬▬▬.

Der Fahrer, Herr ▬▬▬, ist ebenfalls vermögenslos. Er hat sechs Monate nach dem streitbefangenen Verkehrsunfall die eidesstattliche Versicherung vor dem Amtsgericht ▬▬▬ abgegeben und nachgewiesen, dass er infolge der Insolvenz seines Arbeitgebers, der Firma ▬▬▬ GmbH, arbeitslos geworden ist und lediglich ein Arbeitslosengeld in Höhe von ▬▬▬ EUR erhält. Weiterhin ist Herr ▬▬▬ drei Personen unterhaltsverpflichtet, so dass sein Arbeitslosengeld unterhalb der Pfändungsfreigrenze liegt. Anderweitiges Vermögen ist nicht vorhanden.

Beweis: 1. Beiziehung der Akten der Amtsgerichts ▪▪▪, Az ▪▪▪
          2. Zeugnis des Herrn ▪▪▪.

Eine gerichtliche Geltendmachung der Ansprüche gegen den Halter und den Fahrer ist für den Nachweis einer anderweitigen Ersatzmöglichkeit nicht erforderlich.

Ein Anspruch gegen die Straßenverkehrsbehörde scheidet vorliegend aus. Die Verkehrsbehörde hat alles ihr Zumutbare getan, um das Fahrzeug sicherzustellen. Zunächst hat sie innerhalb der Haftungsfrist die Firma ▪▪▪ GmbH mehrfach angeschrieben und mehrfach die Geschäftsräume aufgesucht. Als dies erfolglos blieb, hat die Zulassungsbehörde das Fahrzeug zur Fahndung ausgeschrieben, wobei jedoch die Ausschreibung erfolglos blieb.

Aus diesem Grunde hat die Zulassungsstelle der Stadt ▪▪▪ gegenüber der Klägerin sämtliche Ansprüche – zu Recht – abgelehnt.

Beweis: Zeugnis des ▪▪▪, zu laden die Zulassungsstelle der Stadt ▪▪▪ [Adresse]

Eine Kürzung des Schmerzensgeldes bzw eine Begrenzung auf besonders schwerwiegende Personenschäden ist nicht gerechtfertigt.

Lediglich im Falle des § 12 Abs. 1 Nr. 1 PflVG, wenn das Fahrzeug nicht ermittelt werden kann, ist gem. § 12 Abs. 2 S. 1 PflVG eine Begrenzung der Schmerzensgeldansprüche auf besonders schwere Verletzungen vorgesehen. Im vorliegenden Fall des § 12 Abs. 1 Nr. 2 PflVG gilt das jedoch nicht. Vielmehr bestimmt § 12 Abs. 4 PflVG, dass der Beklagte in seiner Eigenschaft als Entschädigungsfonds so zu regulieren hat wie ein nur dem Geschädigten gegenüber leistungspflichtiger Versicherer. Der Beklagte hat also im Rahmen der Mindestversicherungssumme, die hier nicht überschritten wird, den gesamten Personen- und Sachschaden zu erstatten.

Rechtsanwalt

140   **Hinweis:** Für den Fall, dass ernsthaft die Haftung eines anderen in Betracht kommt, muss über eine Streitverkündung diesem gegenüber nachgedacht werden.

4. Klagen gegen den Verein VOH e.V. als Entschädigungsstelle

141   Hier kann auf die unter Rn 135 ff dargestellten Musterklagen gegen die Verkehrsopferhilfe als Entschädigungsfonds verwiesen werden. Zusätzlich muss lediglich dargelegt werden, dass die Regulierungsfristen von drei Monaten für den ausländischen Versicherer bzw dessen Schadenregulierungsbeauftragten (§ 12a Abs. 1 S. 1 Nr. 1 u. 2 PflVG) und zwei Monaten für die Suche nach Schädigerfahrzeug oder -versicherer (§ 12 Abs. 1 S. 1 Nr. 3 PflVG) sowie für die Tätigkeit des Vereins Verkehrsopferhilfe e.V. als Entschädigungsstelle (§ 12a Abs. 2 PflVG) fruchtlos abgelaufen sind und dass keine anderweitigen gerichtlichen Schritte gegen den ausländischen Versicherer eingeleitet wurden (§ 12a Abs. 1 S. 2 PflVG). Hingegen kann ein Hinweis auf das – hier nicht erforderliche – Schiedsverfahren entfallen.

III. Anhang – derzeitiger Geltungsbereich der Grünen Karte:

142

Albanien	Cypern	Frankreich
Andorra	Dänemark	Griechenland
Belgien	Deutschland	Großbritannien
Bosnien-Herz.	Estland	Iran
Bulgarien	Finnland	Irland

Island	Marokko	Schweiz
Israel	Mazedonien	Slowakische Republik
Italien	Moldawien	Slowenien
Jugoslawien	Niederlande	Spanien
Kroatien	Norwegen	Tschechische Republik
Lettland	Österreich	Tunesien
Liechtenstein	Polen	Türkei
Litauen	Portugal	Ukraine
Luxemburg	Rumänien	Ungarn
Malta	Schweden	Weißrussland

D. Beteiligung von an Bahngleise gebundenen Fahrzeugen (Ansprüche nach HpflG)

I. Vorprozessuale Situation

1. Allgemeines

Die Haftung des Eisenbahnbetriebsunternehmers ist seit 1871 als **Gefährdungshaftung** aus- 143
gestaltet. Sie hat im Laufe der Zeit verschiedene Änderungen erfahren. Heute gilt § 1 des
Haftpflichtgesetzes in der Fassung der Bekanntmachung vom 4.1.1978.[47]

a) Haftung des Betriebsunternehmers

Nach § 1 Abs. 1 HpflG ist der Betriebsunternehmer dem Geschädigten zum Ersatz des ent- 144
standenen Schadens verpflichtet, wenn bei dem Betrieb einer Schienenbahn oder Schwebebahn ein Mensch getötet, der Körper oder die Gesundheit eines Menschen verletzt oder eine
Sache beschädigt wurde. Hierbei handelt es sich um eine verschuldensunabhängige Haftung.
Eine **Schienenbahn** ist eine dem öffentlichen oder privaten Verkehr dienende Bahn, die Menschen oder Sachen befördert und deren Transportmittel sich auf oder in Schienen (Gleisen)
bewegt, wobei unerheblich ist, mit welcher Kraft die Bahn betrieben wird. **Schwebebahnen**
unterscheiden sich von Schienenbahnen dadurch, dass die Fahrzeuge nicht die Erde berühren,
sondern sich an oberhalb liegenden Schienen (Gleisen) oder an Drahtseilen fortbewegen.[48]
Die Haftung obliegt allein dem Betriebsunternehmer. **Betriebsunternehmer** ist, wer die Bahn
für eigene Rechnung benutzt und wem die Verfügung über den Bahnbetrieb zusteht, auch
wenn er nicht Eigentümer des Bahnunternehmens ist oder er die Aufsicht über den Bahnbetrieb einem anderen übertragen hat.

Fraglich ist heute, nach der Eisenbahnstrukturreform, im Gegensatz zu früher, auch bei der 145
„Eisenbahn", wer der **richtige Anspruchsgegner**, nämlich der Betriebsunternehmer im Sinne
dieser Vorschrift ist. Eine für alle Betriebsmittel zuständige Stelle wie ehedem die Reichsbahn
oder die Bundesbahn gibt es nicht mehr. Vielmehr ist zum einen zwischen Eisenbahnver-
kehrsunternehmen und Eisenbahninfrastrukturunternehmen und zum anderen zwischen den
verschieden Trägern dieser Unternehmen zu unterscheiden. Im Regelfall haften dem geschä-

---

47 HpflG – BGBl. I, S. 145; zuletzt geändert am 19.7.2002, BGBl. I, S. 267.
48 Einzelheiten siehe *Filthaut*, HpflG, § 1 Rn 5 ff.

digten Dritten der Verkehrsunternehmer und der Infrastrukturunternehmer allerdings als Gesamtschuldner.[49] Möglich ist aber auch eine Haftung zB des Infrastrukturunternehmers gegenüber dem Verkehrsunternehmer.[50]

146 Der Schaden muss **bei dem Betrieb** einer Schienen- oder Schwebebahn eingetreten sein. Ein Betriebsunfall liegt vor, wenn ein unmittelbarer äußerer, örtlicher oder zeitlicher Zusammenhang zwischen einem Unfall und einem bestimmten Betriebsvorgang oder einer bestimmten Betriebseinrichtung besteht.[51] Gem. § 1 Abs. 2 S. 1 HpflG ist die Haftung des Betriebsunternehmers für einen Betriebsunfall ausgeschlossen, wenn der Unfall durch „**höhere Gewalt**" verursacht ist, wofür der Betriebsunternehmer beweispflichtig ist.

b) Ausgleichspflicht unter mehreren Haftpflichtigen

147 Von besonderer Bedeutung ist die Vorschrift des § 13 HpflG. Sie regelt die Ausgleichspflicht unter mehreren Haftpflichtigen. Ausgleichspflichtig ist nur, wer auch haftpflichtig ist. § 13 HpflG selbst begründet keinen Ersatzanspruch. Nach § 13 Abs. 3 HpflG kann sich der Betriebsunternehmer einer Schienenbahn in den in § 13 Abs. 1, 2 und 4 HpflG aufgeführten Fällen auf den Entlastungsgrund des „unabwendbaren Ereignisses" berufen, so dass die Haftung bei Vorliegen dieses Entlastungsgrundes ausgeschlossen ist. Dies gilt gem. § 13 Abs. 1 HpflG bei Schädigung durch mehrere nach §§ 1, 2 HpflG Haftpflichtige, wenn ein Dritter geschädigt wird, und gem. § 13 Abs. 2 HpflG für das Verhältnis zwischen mehreren nach §§ 1, 2 HpflG Haftpflichtigen, wenn einem oder mehreren von ihnen ein Schadensersatzanspruch erwachsen ist.

148 Von besonderer Bedeutung ist die Anwendung des § 13 Abs. 3 HpflG in den Fällen des § 13 Abs. 4 HpflG und des § 17 Abs. 4 StVG, nämlich bei Zusammentreffen der Bahnhaftung mit der Tierhalterhaftung und bei Zusammentreffen der Kfz-Haftung mit der Bahnhaftung. Somit kann sich der Betriebsunternehmer bei einem Unfall mit einem Kfz auf den Unabwendbarkeitsnachweis berufen.

c) Mitverschulden

149 Das Eigenverschulden des Verletzten ist gem. § 4 HpflG nach Maßgabe des § 254 BGB zu berücksichtigen. Dies führt nach den allgemeinen Regeln dazu, dass eine Mithaftung des Verletzten in Betracht kommt, die eine Haftung des Betriebsunternehmers sogar völlig entfallen lassen kann. Für die Mithaftung ist der Betriebsunternehmer beweispflichtig.

150 Nach § 12 HpflG bleiben gesetzliche Vorschriften, nach welchen ein Ersatzpflichtiger in weiterem Umfang als nach den Vorschriften des Haftpflichtgesetzes oder nach welchen ein anderer für den Schaden verantwortlich ist, unberührt (zB Haftung aus §§ 823 Abs. 1 und 2; § 831 Abs. 1 BGB). Anders als nach § 1 HpflG setzt die deliktische Haftung (zB Haftung aus §§ 823 Abs. 1 und 2; § 831 Abs. 1 BGB) nicht voraus, dass der Schaden durch einen Unfall eingetreten ist, jedoch sind die Voraussetzungen strenger, da der Nachweis gefordert wird, dass der Schaden durch ein bestimmtes, tatbestandsmäßiges, rechtswidriges und schuldhaftes Verhalten entstanden ist.

---

49 BGH NJW-RR 2004, 959, 960; zu Einzelheiten siehe *Filthaut*, HpflG, § 1 Rn 42 ff.
50 Vgl BGH, Urt. v. 17.2.2004 – VI ZR 69/03.
51 BGH VersR 1974, 288; NJW 1993, 2173.

2. Anspruchsgrundlagen

a) Haftung des Betriebsunternehmers

Der Betriebsunternehmer haftet (verschuldensunabhängig) gem. § 1 Abs. 1 HpflG mit den **151** Einschränkungen gem. § 1 Abs. 2 und 3 HpflG. § 7 StVG gilt nicht, weil nach § 1 Abs. 2 StVG die an Bahngleise gebundenen Fahrzeuge keine Kraftfahrzeuge im Sinne des StVG sind.

In der Regel ist der Betriebsunternehmer eine juristische Person. Diese haftet gem. § 823 **152** Abs. 1 iVm § 31 BGB für Schäden, die ein Mitglied des Vorstands oder ein anderer verfassungsgemäß berufener Vertreter durch eine zum Schadensersatz verpflichtende Handlung einem Dritten zufügt, sofern die Handlung in Ausführung der ihm übertragenen Verrichtungen erfolgte. Der Betriebsunternehmer im Sinne von § 1 Abs. 1 HpflG haftet ferner nach § 831 Abs. 1 BGB für den Schaden, den ein Dritter, den er zur Verrichtung bestellt hat (Verrichtungsgehilfe) einem Dritten in Ausführung der Verrichtung widerrechtlich zufügt. Hierbei ist jedoch – theoretisch – die Exkulpationsmöglichkeit des § 831 Abs. 1 S. 2 BGB gegeben. Eine Haftung des Betriebsunternehmers im Sinne von § 1 Abs. 1 HpflG besteht zudem gem. § 823 Abs. 1 BGB bei Verletzung der Verkehrssicherungspflicht.

Der Betriebsunternehmer im Sinne von § 1 Abs. 1 HpflG haftet schließlich bei Verletzung **153** eines Schutzgesetzes iSv § 823 Abs. 2 BGB (zB der Vorschriften der Eisenbahn-Bau-und-Betriebsordnung [EBO] und der Verordnung über den Bau und Betrieb von Straßenbahnen [BOStrab]). Daneben können auch vertragliche Ansprüche aus Verletzung des Beförderungsvertrags oder des Gepäckaufbewahrungsvertrags bestehen.

b) Haftung des Bediensteten

Ein schuldhaftes Verhalten des Bediensteten kann dessen eigene Haftung gem. § 823 Abs. 1 **154** und 2 BGB begründen.

Muster: Anspruchsschreiben nach Straßenbahnunfall **155**

Städtische Verkehrsbetriebe ▰▰▰
Schaden vom ▰▰▰

Sehr geehrte Damen und Herren,

wir zeigen unter Hinweis auf die anliegende Vollmacht an, dass wir die Interessen des Herrn ▰▰▰ vertreten und teilen Ihnen Folgendes mit:

Am ▰▰▰ fuhr unser Mandant mit der Straßenbahn der Linie ▰▰▰, geführt von Ihrem Bediensten, Herrn ▰▰▰.

An der Haltestelle ▰▰▰straße hielt die Straßenbahn an, und unser Mandant beabsichtigte, durch die geöffnete Tür über die Stufen auf die Fahrbahn zu treten.

Unser Mandant ist 80 Jahre alt und gehbehindert, so dass sich das Verlassen der Straßenbahn etwas länger hinzog. Als unser Mandant beabsichtigte, seinen rechten Fuß auf den Bürgersteig zu setzen, schloss sich urplötzlich die Tür und Ihr Bediensteter, Herr ▰▰▰, fuhr mit der Straßenbahn an, so dass unser Mandant von der letzten Stufe auf die Fahrbahn fiel und sich einen Armbruch zuzog.

Beweis: Zeugnis ▰▰▰.

Der Armbruch war kompliziert. Die Heilung gestaltete sich schwierig. Unser Mandant musste ▰▰▰ Wochen einen Gipsverband tragen.

Beweis: Zeugnis des Hausarztes ▰▰▰.

Nach Maßgabe des § 1 HpflG steht unserem Mandanten gem. § 6 S. 2 HpflG ein angemessenes Schmerzensgeld zu. Angemessen erscheint aufgrund der sich hinziehenden Heilung ein Betrag von ▪▪▪ EUR.

Der Eintritt des Schadens wurde durch den Betrieb der Straßenbahn, die sich im Anfahren befand, verursacht. Ein Fall der höheren Gewalt gem. § 1 Abs. 2 HpflG ist nicht gegeben. Vielmehr hat der Fahrer der Straßenbahn aus Unachtsamkeit übersehen, dass sich unser Mandant noch beim Aussteigen befand. Er hätte erst abfahren dürfen, nachdem der Fahrgastwechsel vollständig beendet war. Vor dem Abfahren hätte sich der Fahrer durch Rückschau davon überzeugen können und müssen, ob sich – infolge des Fahrgastwechsels – noch Fahrgäste auf der Stufe befanden. Bei Beachtung der gebotenen Sorgfalt wäre der Unfall vermieden worden.

Da es sich bei dem Straßenbahnfahrer um einen Verrichtungsgehilfen Ihres Unternehmens handelt, haften Sie wegen dessen schuldhaften Fehlverhaltens darüber hinaus gem. § 831 Abs. 1 S. 1 BGB iVm § 253 Abs. 2 BGB.

Aus diesem Grunde haben wir Sie aufzufordern, bis zum

▪▪▪ [14-Tage-Frist]

das Schmerzensgeld von ▪▪▪ EUR auf eines unserer Konten zu überweisen und darüber hinaus Ihre Eintrittspflicht für etwaige künftige unfallbedingte Schäden zu bestätigen.

Etwaige Schriftwechsel in dieser Angelegenheit führen Sie bitte ausschließlich über unsere Kanzlei.

Mit freundlichen Grüßen

Rechtsanwalt

II. Prozesssituation

1. Allgemeines

156 Das Haftpflichtgesetz sieht einen § 3 Nr. 1 u. 2 PflVG entsprechenden Direktanspruch gegen den Haftpflichtversicherer eines Bahnbetriebsunternehmers *nicht* vor, so dass bei Ablehnung durch den Haftpflichtversicherer dieser in keinem Fall mitverklagt werden kann.[52] Auch eine Ersatzpflicht für andere Personen begründet das Haftpflichtgesetz nicht, so dass es abweichend von § 18 StVG keine besondere Haftung des Führers (Bediensteten) eines Bahnfahrzeugs gibt. Eine Haftung dieser Personen kommt nur bei Verschulden in Betracht (u.a. nach § 823 Abs. 1 und 2 BGB), so dass auch in diesem Fall eine gesamtschuldnerische Haftung besteht.

2. Klageanträge

157 Sofern die materiellen oder immateriellen Ansprüche des Geschädigten feststehen, sollten diese gegenüber dem Betriebsunternehmer – bei Verschulden des Bediensteten auch gegenüber diesem – im Rahmen der Leistungsklage geltend gemacht werden. Sollten die Ansprüche dagegen nicht oder nicht vollständig feststehen, so ist im ersten Fall die Feststellungsklage und im zweiten Fall eine Kombination aus Leistungs- und Feststellungsklage geboten. Wegen der Einzelheiten siehe Rn 24 ff. Bei Klage gegen Betriebsunternehmer *und* Bediensteten (Fahrer) ist eine gesamtschuldnerische Verurteilung zu beantragen.

---

52 So jedenfalls die hM, vgl *Voit/Knappmann*, in: Prölss/Martin, VVG, § 156 Rn 1 unter Hinweis auf die abweichende Meinung von *Baumann*, in: Honsell (Hrsg.), Berliner Komentar zum VVG, § 149 Rn 125–147.

3. Klage nach Zusammenstoß zwischen PKW und Straßenbahn

Muster: Klageschrift bei Klage nach Zusammenstoß zwischen PKW und Straßenbahn

158

⬇

An das Landgericht ▪▪▪

Klage

des Herrn ▪▪▪

– Kläger –

Prozessbevollmächtigte: RAe ▪▪▪

gegen

1. Städtische Verkehrsbetriebe AG, vertreten durch ▪▪▪, ▪▪▪ [Adresse]

– Beklagte zu 1 –

2. Herrn ▪▪▪

– Beklagter zu 2 –

wegen Schadensersatzes.

Namens und in Vollmacht des Klägers erheben wir Klage und werden beantragen, wie folgt zu erkennen:

Die Beklagten werden als Gesamtschuldner verurteilt, an den Kläger 11.225,00 EUR nebst Zinsen in Höhe von 5 Prozentpunkten über dem Basiszinssatz seit dem ▪▪▪ sowie vorgerichtliche Anwaltskosten in Höhe von ▪▪▪ EUR zu zahlen.

Für den Fall fehlender oder nicht rechtzeitiger Verteidigungsanzeige in einem etwaigen schriftlichen Vorverfahren beantragen wir den Erlass eines entsprechenden Versäumnisurteils.

Begründung:

Mit der vorliegenden Klage begehrt der Kläger Schadensersatz anlässlich eines Verkehrsunfalls vom ▪▪▪ in ▪▪▪.

Der Kläger ist Halter und Eigentümer des PKW mit dem amtlichen Kennzeichen ▪▪▪.

Bei der Beklagten zu 1 handelt es sich um den Betriebsunternehmer der Straßenbahnlinie ▪▪▪, auf welcher zum Unfallzeitpunkt der Beklagte zu 2 als Bediensteter der Beklagten zu 1 eine Straßenbahn der Beklagten zu 1 führte.

An dem besagten Unfalltag befuhr der Kläger mit seinem PKW die ▪▪▪straße in Richtung ▪▪▪. An der Haltestelle ▪▪▪ erkannte er, dass die Straßenbahn mit verschlossenen Türen stand und sich keinerlei Personen an der Haltestelle befanden, die in die Straßenbahn hätten einsteigen können. Deshalb fuhr der Kläger unter Verringerung seiner Geschwindigkeit rechts an der noch stehenden Straßenbahn vorbei.

Da der Kläger beabsichtigte, ca. 150 m weiter nach links abzubiegen, setzte er den Blinker nach links, orientierte sich nach hinten und sah, dass die Straßenbahn noch im Haltestellenbereich stand. Aufgrund dessen fuhr er in den Gleisbereich ein und musste dort aufgrund des entgegenkommenden Verkehrs anhalten, als kurze Zeit später der Beklagte zu 2 infolge Unaufmerksamkeit auf das im Gleisbereich stehende, nach links blinkende Fahrzeug des Klägers auffuhr.

Beweis: 1. Zeugnis ▪▪▪

2. Beiziehung der Ermittlungsakten der StA ▪▪▪, Az ▪▪▪

Bei der Kollision der Straßenbahn mit dem Fahrzeug des Klägers entstand erheblicher Sachschaden an dem PKW des Klägers.

Die Beklagte zu 1 haftet dem Kläger aus § 1 Abs. 1 HpflG für die ihm entstandenen Sachschäden, da sich der Unfall beim Betrieb einer Schienenbahn ereignete.

Die Haftung ist nicht gem. § 1 Abs. 2 HpflG ausgeschlossen, da der Unfall nicht durch höhere Gewalt verursacht wurde. Höhere Gewalt ist nach ständiger Rechtsprechung ein betriebsfremdes, von außen durch elementare Naturkräfte oder durch Handlungen dritter Personen herbeigeführtes Ereignis, das nach menschlicher Einsicht und Erfahrung unvorhersehbar ist, mit wirtschaftlich erträglichen Mitteln auch durch die äußerste, nach der Sachlage vernünftigerweise zu erwartende Sorgfalt nicht verhütet oder unschädlich gemacht werden kann und auch nicht wegen seiner Häufigkeit vom Betriebsunternehmer in Kauf zu nehmen ist (BGH VersR 1988, 1150).

Darüber hinaus haftet die Beklagte zu 1 gem. § 831 Abs. 1 S. 1 BGB für den Beklagten zu 2 als Verrichtungsgehilfen, da dieser den Schaden in Ausführung der Verrichtung dem Kläger widerrechtlich und schuldhaft zugefügt hat.

Der Beklagte zu 2 hat den Unfall fahrlässig verursacht, da er zum einen gegen die allgemeine Sorgfaltspflicht des § 1 Abs. 2 StVO verstoßen hat, indem er das Fahrzeug des Klägers schlichtweg übersehen und nicht genügend Abstand gewahrt hat (§ 4 Abs. 1 StVO). Insoweit spricht schon der Anscheinsbeweis für ein ausschließliches Verschulden des auf ein vorausfahrendes Fahrzeug auffahrenden Fahrers.

Aus den vorgenannten Gründen haftet der Beklagte zu 2 auch als Gesamtschuldner neben der Beklagten zu 1 gem. § 823 Abs. 1 BGB für die dem Kläger entstandenen Sachschäden.

Aufgrund dessen stehen dem Kläger gegen die Beklagten als Gesamtschuldner nachfolgende Ansprüche zu:

▪▪▪ [näher ausführen]

Die Beklagte zu 1 wurde unter Fristsetzung zum ▪▪▪ zur Zahlung aufgefordert, so dass sie sich spätestens seit dem ▪▪▪ [einen Tag später] in Zahlungsverzug befindet.

Nachdem keine Zahlung erfolgte, ist Klage geboten.

Rechtsanwalt

↑

159 **Muster: Klageerwiderung auf Klage nach Zusammenstoß zwischen PKW und Straßenbahn**
 ↓

An das Landgericht ▪▪▪

Klageerwiderung

In Sachen ▪▪▪ [Kläger]./. ▪▪▪ [Beklagte zu 1 und 2]

Az / Geschäfts-Nr. ▪▪▪

bestellen wir uns zu Prozessbevollmächtigten der Beklagten zu 1 und 2 und beantragen,

die Klage abzuweisen.

Begründung:

Der geltend gemachte Anspruch steht dem Kläger nicht zu. Die Beklagten sind nicht verpflichtet, für einen etwaigen Schaden des Klägers aufzukommen.

Es wird bestritten, dass die Straßenbahn zum Zeitpunkt des Fahrspurwechsels noch gestanden habe und der Beklagte zu 2 infolge Unaufmerksamkeit auf das stehende Fahrzeug des Klägers aufgefahren sei.

Richtig ist vielmehr, dass der Beklagte zu 2 die Straßenbahn auf eine Geschwindigkeit von ca. 20 km/h beschleunigte, als erst jetzt der Kläger – ohne zu blinken – von rechts mit einer Geschwindigkeit von ca. 30 km/h und einem Abstand von 20 m in den Gleisbereich zog, ca. 10 bis 20 m weiterfuhr, um sodann sein Fahrzeug bis zum Stillstand abzubremsen, so dass der Beklagte zu 2 trotz Gefahrenbremsung eine Kollision mit dem PKW nicht vermeiden konnte. Der Unfall war für den Beklagten zu 2 eingedenk des erheblichen

Eigengewichts der Straßenbahn räumlich und zeitlich unvermeidbar, mithin unabwendbar im Sinne von § 13 Abs. 3 HpflG.

Beweis: 1. Zeugnis der/des Insassin/Insassen ■■■
2. Sachverständigengutachten

Unabhängig davon ist ein Verschulden des Beklagten zu 2, das zu einer Haftung der Beklagten zu 1 aus § 831 Abs. 1 S. 1 BGB bzw zu einer eigenen Haftung des Beklagten zu 2 aus § 823 BGB führen würde, nicht gegeben.

Der vom Kläger angesprochene Anscheinsbeweis greift vorliegend nicht, da sich der typische Geschehensablauf beim Auffahrunfall der Straßenbahn vom Auffahrunfall zweier PKW unterscheidet. So lässt sich zB nach dem Einscheren eines Vordermanns auf dieselbe Fahrspur der vom Straßenbahnführer einzuhaltende Sicherheitsabstand gem. § 4 Abs. 1 StVO erst nach viel längerer Zeit des Hinterherfahrens aufbauen, als dies einem PKW-Fahrer möglich ist.

Beweis: Sachverständigengutachten

Wegen der Schienengebundenheit und der geringeren Bremsverzögerung der Straßenbahn sind darüber hinaus Rückschlüsse auf ein Verschulden des Straßenbahnführers nur dann möglich, wenn er genügend Zeit hatte, sich auf ein für ihn erkennbares Hindernis einzustellen.

Gem. § 2 Abs. 3 StVO hat die Straßenbahn gegenüber anderen Verkehrsteilnehmern ein Vorrecht, wenn auch kein allgemeines Vorfahrtsrecht. Der Vorrang der Straßenbahn muss zwar zurückstehen, wenn die übrigen Verkehrsteilnehmer ihm nur in unzumutbarer Weise genügen können. Dem Kläger, der kurz vor dem Unfall die unfallbeteiligte Straßenbahn rechts überholt hatte, war hier jedoch bewusst, dass er sich bei dem Hinüberwechseln in die linke Fahrspur auf den Schienenweg einer Straßenbahn begab, die in relativ kurzer Entfernung folgte. Der Kläger durfte nicht davon ausgehen, dass ihm ein Linksabbiegen ohne Verzögerung möglich sein würde, denn er musste im städtischen Straßenverkehr jederzeit mit Gegenverkehr rechnen, so dass sich ihm die Gefahr einer Behinderung und einer möglichen Kollision mit der nachfolgenden Straßenbahn wegen deren langen Bremsweges hätte aufdrängen müssen. Der Kläger hätte somit durch einen Blick in den Rückspiegel die Straßenbahn im Auge behalten müssen und bei Erkennbarkeit der Annäherung der Straßenbahn an sein Fahrzeug nach vorne wegfahren müssen, was ihm angesichts der Gegebenheiten am Unfallort auch ohne weiteres möglich war.

Dieses Verschulden muss sich der Kläger gem. § 4 HpflG iVm § 254 BGB entgegenhalten lassen. Es überwiegt derart, dass eine Mithaftung der Beklagten nicht in Betracht kommt.

Aus diesen Gründen ist die Klage abzuweisen.

Rechtsanwalt

Muster: Replik bei Klage nach Zusammenstoß zwischen PKW und Straßenbahn

160

An das Landgericht ■■■

Replik

In Sachen ■■■ [Kläger]./. ■■■ [Beklagte zu 1 und 2]

Az / Geschäfts-Nr. ■■■

wird das Vorbringen der Beklagten im Schriftsatz vom ■■■ nach Maßgabe des diesseitigen Vorbringens bestritten und im Übrigen wie folgt Stellung genommen:

Bestritten wird die Behauptung der Beklagten, der Kläger sei ohne zu blinken in den Gleisbereich eingefahren, die Straßenbahn sei bereits mit einer Geschwindigkeit von 20 km/h gefahren, als der Kläger in einem

Abstand von lediglich 20 m zur Straßenbahn in den Gleisbereich fuhr und ca. 10 bis 20 m weiter sein Fahrzeug zum Stillstand abbremste.

Aus den bereits erwähnten amtlichen Ermittlungsakten ist ersichtlich, dass sich der Abstand von Straßenbahnhaltestelle und späterer Unfallstelle auf ca. 150 m beläuft, so dass unter Berücksichtigung der Tatsache, dass der Kläger mit einer Geschwindigkeit von 30 km/h an der Straßenbahn vorbeifuhr und ca. 150 m später bremste, sich die Straßenbahn zum Zeitpunkt des Abbremsens noch nicht in Bewegung befunden haben kann. Daher war sowohl das abbremsende Fahrzeug im Gleisbereich als auch der Bremsvorgang an sich für den Beklagten sichtbar, so dass dieser die Straßenbahn nicht hätte auf 20 km/h beschleunigen dürfen.

Beweis: 1. Zeugnis ▪▪▪
            2. Sachverständigengutachten

Insoweit spricht schon der Anscheinsbeweis für ein ausschließliches Verschulden des Auffahrenden, weil der Auffahrende in diesen Fällen entweder zu schnell, mit unzureichendem Sicherheitsabstand oder unaufmerksam gefahren ist (BGH VersR 1962, 1101; 1964, 263). Das gilt auch für eine auffahrende Straßenbahn.

Dieser für den Kläger sprechende Anscheinsbeweis kann nur durch den Nachweis eines Sachverhalts entkräftet werden, der die ernsthafte Möglichkeit eines „atypischen Geschehensablaufs" ergibt. Davon ist auszugehen, wenn die ernsthafte Möglichkeit nachgewiesen wird, dass es zu dem Unfall gekommen sein könnte, ohne dass demjenigen, gegen den der erste Anschein spricht, ein Verschulden treffen muss. Besonders zu beachten ist dabei, dass diese ernsthafte Möglichkeit nachgewiesen werden muss. Die bloße Darlegung und Behauptung eines möglichen anderen Geschehensablaufs genügt nicht zur Entkräftung des Anscheinsbeweises (vgl BGH VersR 1964, 639; OLG Hamm VersR 1999, 1255). Von einem solchen Nachweis kann hier keine Rede sein.

Der Klage ist nach alledem stattzugeben.

Rechtsanwalt

§ 5 Fahrzeugversicherung (Teilkasko-/Vollkaskoversicherung)

Literatur

Beckmann/Matusche-Beckmann, Versicherungsrechts-Handbuch, 2004; *Feyock/Jacobsen/ Lemor*, Kraftfahrtversicherung, 2. Auflage 2002; *Halm/Engelbrecht/Krahe*, Handbuch des Fachanwalts Versicherungsrecht, 2. Auflage 2006; *Heß/Burmann*, Die Stufenlehre des BGH bei der Entwendung eines Fahrzeugs, NJW-Spezial 2006, 351; *Lemcke/Heß*, Kaskoversicherung und Quotenvorrecht des Geschädigten, NJW-Spezial 2007, 63; *Prölss/Martin*, Versicherungsvertragsgesetz: VVG, 27. Auflage 2004; *Römer/Langheid*, Versicherungsvertragsgesetz: VVG, 2. Auflage 2003; *Stiefel/Hofmann*, Kraftfahrtversicherung: AKB, 17. Auflage 2000.

A. Einführung

Das Ziel dieses Kapitels über die Fahrzeugversicherung ist es, dem nicht bzw nur wenig mit **1** der Fahrzeugversicherung vertrauten und für den Versicherungsnehmer tätigen Rechtsanwalt in kompakter Form eine Hilfestellung für eine effiziente Mandatsbearbeitung zu geben und ihn vor der Begehung typischer Fehler zu bewahren. Dazu werden auch die wichtigsten Einwendungen der Versicherer gegen Leistungsansprüche der Versicherungsnehmer dargestellt. Im Bearbeitungseinzelfall ist die Heranziehung weiterer Spezialliteratur aus dem Versicherungs- bzw Fahrzeugversicherungsrecht unerlässlich. Ebenfalls muss der Rechtsanwalt die zu seinem jeweiligen Problem vorliegende aktuelle versicherungsrechtliche Rechtsprechung kennen.

Der Verfasser hat in seiner bisherigen Rechtsanwaltstätigkeit häufiger die Erfahrung ge- **2** macht, dass Gerichte bis zum Oberlandesgericht höchstrichterliche und gängige andere obergerichtliche Rechtsprechung zum Versicherungsrecht nicht immer gekannt haben, mit entsprechenden Folgen für das anschließende gerichtliche Urteil. Solange ein in der mündlichen Verhandlung absehbarer Fehler des Gerichts sich nicht zu Lasten des Mandanten auswirken wird, ist ein Einschreiten des Anwalts selbstverständlich nicht erforderlich. Andernfalls muss der Anwalt – schon im Hinblick auf § 43 BRAO – das Gericht auf die versicherungsrechtlichen Besonderheiten und auf die entsprechende Rechtsprechung hinweisen. Dieses kann er allerdings nur, wenn er die Besonderheiten und die einschlägige Rechtsprechung kennt und er diese gegenüber dem Gericht nachhaltig und überzeugend darstellen kann. Erfahrungsgemäß sind fast alle Gerichte für Hinweise auf fundierte und im Hinblick auf den jeweiligen Fall einschlägige Rechtsprechung dankbar, so dass der Anwalt in Grenzfällen damit häufig die gerichtliche Entscheidung zugunsten seines Mandanten beeinflussen kann.

B. Allgemeines zur Fahrzeugversicherung

Die Fahrzeugversicherung wird gemeinhin als **Kaskoversicherung** bezeichnet. Der Begriff **3** „Kasko" ist spanischen Ursprungs und bedeutet eigentlich „Schiffsrumpf". Als Kaskoversicherung wird regelmäßig eine Versicherung gegen Schäden beispielsweise an Schiffen, Booten, Maschinen, Fahr- und Flugzeugen bezeichnet. Das vorliegende Kapitel befasst sich mit der Kaskoversicherung der Kraftfahrtversicherung.

4   Anders als die Kfz-Haftpflichtversicherung, bei der es sich gem. § 1 PflVG um eine Pflichtversicherung handelt,[1] ist die Kaskoversicherung eine freiwillige Versicherung.

Wichtig: Die Fahrzeugversicherung ist ein eigenständiger, von der Kfz-Haftpflichtversicherung losgelöster Vertrag. Eine gesonderte Kündigung des Kaskoversicherungsvertrags ist
deshalb möglich.

5   Außerdem ergeben sich für den Versicherer wegen der Tatsache zweier selbständiger Versicherungsverträge Besonderheiten im Hinblick auf eine Pflicht zur Belehrung des Versicherungsnehmers bzgl der Rechtsfolgen wegen Nichtzahlung bzw nicht rechtzeitiger Zahlung
der Erstprämien oder Folgeprämien insoweit, als der Versicherer darauf hinweisen muss, dass
sich der Versicherungsnehmer in der jeweiligen Sparte den Versicherungsschutz durch Zahlung der für die Sparte jeweiligen Prämie erhalten bzw erlangen kann, da üblicherweise für
beide selbständige Versicherungen nur ein Versicherungsschein bzw eine Prämienrechnung
erteilt wird.

6   Die Kaskoversicherung gewährt Deckung und Ersatz für Schäden an dem versicherten Kfz
und seiner mitversicherten Fahrzeug- und Zubehörteile. Versichert sind beispielsweise Schäden durch verschiedene Elementarereignisse und sonstige genannte Risiken, wie zB Zueig-
nungsdelikte und Brandschäden. Die Fahrzeugvollversicherung, auch **Vollkaskoversicherung**
genannt, bietet außerdem Versicherungsschutz für selbstverschuldete Unfälle und Vandalis-
musschäden betriebsfremder Personen. In der Fahrzeugvollversicherung gibt es, wie auch in
der Kfz-Haftpflichtversicherung, ein Schadensfreiheitsrabattsystem. In der Fahrzeugteilver-
cherung, auch **Teilkaskoversicherung** genannt, besteht ein Schadensfreiheitsrabattsystem
nicht.

7   Die Beitragsberechnung erfolgt in der Teilkaskoversicherung aufgrund der Typklasse des zu
versichernden Kfz und der Regionalklasse des Zulassungsbezirks, in der Vollkaskoversicherung darüber hinaus nach der Schadensfreiheitseinstufung des Versicherungsnehmers, dem
Schadensfreiheitsrabatt. Mittlerweile bieten einige Versicherer sowohl in der Kfz-Haftpflicht-
als auch in der Vollkaskoversicherung meist gegen Zahlung von Mehrbeiträgen auch sog.
Rabattretter an, die, je nach Vereinbarung, für einen oder mehrere Schäden gelten können.
Ohne Rabattretter führt eine Inanspruchnahme der Vollkaskoversicherung im Regelfall zu
einer Rückstufung in eine schlechtere Schadensfreiheitsklasse mit der Folge höherer Prämien.
Einzelheiten zur Beitragsberechnung und Rückstufung im Schadensfall sind in den jeweiligen
Tarifbestimmungen zur Kraftfahrtversicherung geregelt.

C. Umfang des Versicherungsschutzes in der Fahrzeugversicherung

8   Der Umfang des Versicherungsschutzes der Fahrzeugversicherung ergibt sich aus dem Versicherungsschein, den üblicherweise und regelmäßig vereinbarten Allgemeinen Bedingungen
für die Kraftfahrtversicherung (AKB), ggf auch aus Besonderen Bedingungen (zB bei der
Kaskoversicherung für Handel/Handwerk), den Tarifbestimmungen und den Vorschriften
des VVG.

9   Da es sich bei der Kaskoversicherung um eine Schadensversicherung und nicht um eine
Summenversicherung handelt,[2] ist (von der Ausnahme der Neupreisentschädigung[3] abgese-

---

1 *Knappmann*, in: Prölss/Martin, Vorbem. AKB Rn 10.
2 Zur Abgrenzung siehe *Prölls*, in: Prölss/Martin, § 1 Rn 27.
3 Hier wird keine höhere Entschädigung versprochen, sondern nur die Leistungsgrenze für den tatsächlich eingetretenen Schaden festgelegt, *Stiefel/Hofmann*, § 13 AKB Rn 27.

hen) nur der entstandene Schaden zu ersetzen. Für die Schadensversicherung sind die im VVG geltenden Vorschriften (§§ 49 bis 158o VVG) einschließlich des versicherungsrechtlichen Bereicherungsverbots (§ 55 VVG) zu beachten.

Bei den AKB und Besonderen Bedingungen sowie den Tarifbestimmungen handelt es sich um Allgemeine Geschäftsbedingungen iSv § 305 BGB. Die AKB unterliegen somit richterlicher Überprüfung gem. §§ 305 bis 310 BGB. Die Auslegung hat vom Verständnis eines durchschnittlichen Versicherungsnehmers ohne versicherungsrechtliche Spezialkenntnisse her zu erfolgen. Die AKB, Besonderen Bedingungen und Tarifbestimmungen werden nur bei Vereinbarung zwischen Versicherer und Versicherungsnehmer Vertragsbestandteil.   **10**

Für die Kaskoversicherung gelten die in den §§ 1 bis 9d AKB genannten Allgemeinen Bestimmungen sowie die Bestimmungen über die Fahrzeugversicherung: §§ 12 bis 15 AKB der hier beispielhaft in Bezug genommenen Musterbedingungen des Gesamtverbands der Deutschen Versicherungswirtschaft e.V. (GDV e.V.) in der Fassung vom 14.10.2004.[4]   **11**

Während vor der im Jahr 1994 erfolgten Deregulierung des Versicherungsmarktes die von den Versicherern verwendeten AKB weitgehend einheitlich waren, da die Bedingungen durch das frühere Bundesaufsichtsamt für das Versicherungswesen in Berlin genehmigt hatten werden müssen, sind die Versicherer in der Bedingungsgestaltung im Rahmen der gesetzlichen Vorschriften (siehe § 10 VAG) heute frei. Hiervon haben die Versicherer inzwischen immer mehr Gebrauch gemacht, so dass die jeweils vereinbarten Bedingungen genau geprüft werden müssen. Der Versicherungsschutz und dessen Einschränkungen können von Versicherer zu Versicherer höchst unterschiedlich sein.   **12**

I. Versicherte Risiken der Fahrzeugteilversicherung

Die Allgemeinen Bestimmungen der AKB gelten für die gesamte Kraftfahrtversicherung. Diese Bestimmungen betreffen sowohl die Kfz-Haftpflicht- als auch die Kaskoversicherung. Besonders hinzuweisen ist auf die Regelungen zum vorläufigen Versicherungsschutz (§ 1 AKB), auf den räumlichen Geltungsbereich der Versicherung (§ 2a AKB) und auf die Risikoausschlüsse (§ 2b AKB).   **13**

Da die Kraftfahrtversicherung regelmäßig nur in Europa und in den außereuropäischen, zum Geltungsbereich der EU gehörenden Gebieten, Versicherungsschutz gewährt, besteht Versicherungsschutz nur im europäischen Teil der Türkei.   **14**

Hinweis: Den Versicherer trifft unter Umständen eine Hinweispflicht an den Versicherungsnehmer, wenn dem Versicherer bekannt ist oder er damit rechnen muss, dass der Versicherungsnehmer mit dem Fahrzeug in den nichteuropäischen Teil der Türkei reisen will.[5]   **15**

Nach den derzeit üblicherweise verwendeten Bedingungen sind die versicherten Risiken in § 12 AKB genannt. Klassische versicherte Risiken der Teilkaskoversicherung sind Schäden an dem versicherten Kfz oder die Zerstörung oder der Verlust des Fahrzeugs und seiner unter Verschluss verwahrten oder an ihm befestigten Teile einschließlich durch eine Liste[6] zu § 12 AKB als zusätzlich mitversichert ausgewiesener Fahrzeug- und Zubehörteile durch   **16**

---

4 Die Versicherungsbedingungen können im Internet unter der Adresse <www.gdv.de> unter dem Link „Schaden- und Unfallversicherung" und dem weiteren Link „Kraftfahrtversicherung" eingesehen werden.

5 BGH VersR 2005, 824, 825; OLG Saarbrücken VersR 2005, 971, 972.

6 Dabei ist zwischen den ohne und nur gegen Beitragszuschlag mitversicherten Fahrzeug- und Zubehörteilen zu unterscheiden.

- Brand oder Explosion
- Entwendung, insbesondere Diebstahl
- unbefugten Gebrauch durch betriebsfremde Personen
- Raub und Unterschlagung (hier aber nicht jede Unterschlagung)
- Sturm
- Hagel
- Blitzschlag
- Überschwemmung
- Zusammenstoß mit Haarwild iSv § 2 Abs. 1 Nr. 1 BJagdG
- Glasbruch
- Kurzschlussschäden an der Verkabelung.

17 Die beiden zuletzt genannten Risiken betreffen nicht nur die Teilkaskoversicherung, sondern auch die Vollkaskoversicherung. **Reifenschäden** werden nur ersetzt, wenn sie durch ein Ereignis eines der genannten versicherten Risiken neben einem durch das Ereignis verursachten Fahrzeugschaden eingetreten sind.

18 Neuere Bedingungen sehen auch die Deckung von Zusammenstößen des in Bewegung befindlichen Fahrzeugs mit Haus- und Nutztieren, wie zB Hunden, Pferden, Rindern, Schafen und Ziegen, vor. Auch sind nunmehr in der Regel Schäden durch **Marderbiss** mitversichert. Der Versicherungsschutz bei Marderbissschäden ist in den AKB der einzelnen Versicherer unterschiedlich geregelt. Während einige Versicherer Versicherungsschutz nur für die unmittelbaren Bissschäden, dh Ersatz der betroffenen Kabel und Schläuche leisten, gewähren andere Versicherer auch für durch Marderbiss verursachte Folgeschäden, wie zB Motorschäden, Versicherungsschutz. Häufig wird für Marderbiss- und dadurch verursachte Folgeschäden die Versicherungsleistung auf einen Höchstbetrag beschränkt.

1. Brand

19 Im Hinblick auf das versicherte Risiko „Brand" kann auf die im Versicherungsrecht allgemein übliche Branddefinition verwiesen werden. Entscheidend ist das Entstehen einer offenen Flamme. Senk- und/oder Schmorschäden sind nicht über das versicherte Brandrisiko gedeckt. Diese fallen ggf unter das Risiko „Kurzschlussschäden an der Verkabelung".

20 Brennt das Fahrzeug nach einem vorangegangenen Unfall aus, ist beim Bestehen nur einer Teilkaskoversicherung der zuvor durch den Unfall entstandene Schaden in Abzug zu bringen.[7] Hingegen ist der gesamte Fahrzeugschaden über die Teilkaskoversicherung zu ersetzen, wenn das Fahrzeug brandbedingt einen Unfall erleidet.

21 Für den Versicherungsfall „Brandschaden" ist die Entstehung des Feuers innerhalb des Fahrzeugs bzw ausgehend vom Fahrzeug nicht erforderlich. Es genügt, wenn das Feuer von außen auf das versicherte Fahrzeug übergreift oder es auch nur mittelbar durch den Brand, indem beispielsweise die Mauer eines brennenden Hauses auf das teilkaskoversicherte Fahrzeug stürzt, beschädigt oder zerstört wird.[8] Maßgeblich ist, ob ein Brand oder dessen Folgen den Fahrzeugschaden verursacht hat.

---

7 OLG Celle NJW-RR 2006, 1539.
8 OLG Düsseldorf VersR 1992, 567; AG Hamburg VersR 1995, 1305; AG Berlin-Charlottenburg VersR 1990, 44.

Praktische Bedeutung erhält der Brandtatbestand häufig bei Entwendungsfällen, wenn das als entwendet behauptete Kfz später ausgebrannt aufgefunden wird. In einem solchen Fall stehen die beiden Versicherungstatbestände „Entwendung" und „Brand" selbständig nebeneinander.[9]   22

2. Explosion

Auch bei dieser Deckungsart reicht für den Eintritt eines Versicherungsfalls die mittelbare Beschädigung des Fahrzeugs durch eine Explosion. Die Explosion muss deshalb weder vom Fahrzeug ausgehen noch direkt auf das Fahrzeug einwirken. Versichert sind zB Fahrzeugschäden durch aufgrund einer Explosion herumfliegende und das Fahrzeug beschädigende Gegenstände, aber auch durch die Druckwelle der Explosion verursachte Fahrzeugschäden.   23

3. Entwendung

Ein versicherter Entwendungstatbestand ist bei einer objektiv rechtswidrigen Entziehung des Fahrzeugs gegeben, wenn das Fahrzeug dem Versicherungsnehmer wirtschaftlich entzogen wird. Zu den Entwendungstatbeständen im Sinne der AKB zählen nicht nur der Diebstahl, sondern auch der unbefugte Gebrauch des Kfz durch betriebsfremde Personen iSv § 248b StGB, Raub und Unterschlagung.   24

Bei der **Unterschlagung** ist zu berücksichtigen, dass als objektiver Risikoausschluss die Unterschlagung durch denjenigen, an den der Versicherungsnehmer das Fahrzeug unter Eigentumsvorbehalt veräußert hat oder dem er es zum Gebrauch oder zur Veräußerung überlassen hat, nicht versichert ist. Praktische Bedeutung erhält dieser Risikoausschluss, wenn der Versicherungsnehmer sein Fahrzeug in Verkaufsabsicht einem Kaufinteressenten zu einer **Probefahrt** überlässt und dieser mit dem Fahrzeug verschwindet. Auch die Unterschlagung durch den Kfz-Mieter ist wegen des Ausschlusses nicht gedeckt.   25

Wie bei versicherungsvertraglich vereinbarten Ausschlüssen üblich, trägt der Versicherer die Beweislast für das Vorliegen des Ausschlusstatbestands.[10] Besonderheiten bestehen bei der Beweisführung des Versicherungsfalls des Fahrzeugdiebstahls. Hierauf ist noch gesondert einzugehen (siehe Rn 152 ff).   26

4. Sturm

Der Begriff des Sturms ist in § 12 (1) I. c) AKB als eine wetterbedingte Luftbewegung von mindestens Windstärke 8 definiert. Die in der Teilkaskoversicherung versicherten Elementargefahren müssen für das Vorliegen eines Versicherungsfalls **unmittelbar auf das Fahrzeug einwirken**. Der Versicherungsfall eines Sturmschadens liegt vor, wenn das Fahrzeug unmittelbar durch den Sturm beschädigt wird, also der Sturm beispielsweise den Ast eines Baumes abbricht, der auf das darunter geparkte Fahrzeug stürzt und dieses beschädigt, oder der Sturm Gegenstände gegen das Fahrzeug schleudert. Eine unmittelbare Einwirkung des Sturms liegt auch vor, wenn das Fahrzeug von einer Windböe erfasst wird und dadurch verunfallt. Allerdings muss der Versicherungsnehmer den „Sturmschaden" beweisen, da natürlich ein in der Teilkaskoversicherung nicht versicherter Fahrfehler vorliegen kann.[11]   27

---

9   OLG Koblenz VersR 2005, 783.
10 BGH VersR 1993, 472; OLG Koblenz VersR 2005, 783, 784; OLG Hamm r+s 2000, 228.
11 OLG Köln zfs 1986, 119.

5. Hagel

28 Bei Hagel handelt es sich um Niederschlag in Form von Eisstücken unterschiedlicher Größe. Auch hier ist für das Vorliegen eines Versicherungsfalls eine unmittelbare Einwirkung erforderlich.

6. Blitzschlag

29 Ein Blitzschlag ist eine Leuchterscheinung, die durch eine plötzliche elektrische Entladung in der Atmosphäre hervorgerufen wird. Vom Versicherungsschutz umfasst sind – wie bei allen in der Kaskoversicherung versicherten Elementarereignissen – nach dem Wortlaut des § 12 AKB nur unmittelbar durch den Blitz verursachte Fahrzeugschäden. Darunter fallen auch Schäden, die durch Herabfallen zB von Gebäude- oder Baumteilen eines vom Blitzschlag getroffenen Gebäudes oder Baumes auf das versicherte Fahrzeug verursacht worden sind.

7. Überschwemmung

30 Für eine Überschwemmung ist ein Verlassen von Wasser in erheblichen Mengen aus seinem natürlichen Bett bzw normalen Verlauf erforderlich. Für einen Versicherungsfall ist auch hier die unmittelbare Einwirkung der Überschwemmung auf das Fahrzeug erforderlich. Streitig ist häufig das Vorliegen eines Versicherungsfalls bei einem sog. **Wasserschlag des Motors.** Unmittelbar durch Überschwemmung verursacht ist ein solcher Schaden nur, wenn die Überschwemmung so plötzlich auftritt, dass der Motor nicht mehr rechtzeitig abgestellt werden konnte.

31 Aktuell hat der BGH entschieden, dass ein Überschwemmungsschaden auch dann vorliegt, wenn auf einem Berghang niedergehender starker Regen nicht vollständig versickert oder sonst geordnet auf natürlichem Weg abfließt und das Wasser sturzbachartig den Hang hinunterfließt, dabei Steine mit sich führt, die dann gegen das Fahrzeug geraten und es beschädigen.[12]

8. Wildschaden

32 Für diesen Versicherungsfall muss ein Zusammenstoß des in Bewegung befindlichen Fahrzeugs mit **Haarwild** iSv § 2 Abs. 1 Nr. 1 des BJagdG vorliegen. Das Wild selbst braucht nicht in Bewegung zu sein, so dass beispielsweise auch ein Zusammenstoß mit einem auf der Fahrbahn liegenden toten Wildtier versichert ist, sofern noch ein unmittelbarer zeitlicher Zusammenhang besteht.[13] Allerdings wird im Hinblick auf eine Kollision mit totem Wild auch eine abweichende Auffassung vertreten, weil ein totes auf der Fahrbahn liegendes Wildtier wie ein sonstiges auf der Fahrbahn liegendes Hindernis anzusehen sei.[14]

33 Zu ersetzen ist nicht nur der unmittelbar durch die Kollision mit dem Wildtier verursachte Fahrzeugschaden, sondern auch der Schaden, der dadurch entsteht, dass das versicherte Kfz als Folge der Kollision von der Fahrbahn abkommt und dadurch zusätzlich beschädigt wird.

---

12 BGH NJW-RR 2006, 1322.
13 OLG Nürnberg VersR 1994, 929.
14 OLG München zfs 1986, 118.

Wildtiere im Sinne der genannten Vorschrift des BJagdG sind zB Rehwild, Rotwild, Dam- **34**
wild, Marder, Füchse, Hasen, sogar Seehunde. Da die Aufzählung in § 2 Abs. 1 Nr. 1
BJagdG abschließend ist, fällt ein Rentier nicht unter den Begriff „Haarwild".[15]

9. Glasbruch

Zu den Glasbruchschäden gehört nicht nur klassischer Glasbruch. Nach einhelliger Meinung **35**
ist der Begriff „Glas" funktional zu verstehen. Unter „Glas" fallen deshalb auch aus Kunst-
stoff bestehende, lichtdurchlässige Teile, wie zB Blinker, Fahrzeugscheinwerfer, Kunststoff-
scheiben und Spiegel.

Bloße Kratzer auf der Scheibe stellen noch keinen Glasbruch dar. Allerdings genügt ein Riss **36**
in der Verglasung. Auf die Ursache des Glasbruchs kommt es nicht an. Zu ersetzen ist nicht
nur das Glasteil selbst, sondern vom Versicherungsschutz sind auch die Kosten für den Aus-
bau des beschädigten und der Einbau des neuen Glasteils umfasst.

Problematisch kann die Entschädigung eines Glasbruchschadens sein, wenn das Kfz nur **37**
teilkaskoversichert ist und aufgrund eines Unfalls ein (wirtschaftlicher) Totalschaden eingetreten ist.[16] Ob in diesem Fall über die zerbrochenen Glasteile hinaus auch die Ausbau- und
Einbaukosten zu ersetzen sind und ob sich der Versicherungsnehmer einen Vorteilsausgleich
anrechnen lassen muss, ist streitig.[17] Allerdings kann die Entschädigung nicht über den Wiederbeschaffungswert hinausreichen.

Hinweis: Da es für den Versicherungsfall „Glasbruchschaden" auf die Ursache des Glas- **38**
bruchs nicht ankommt, muss der Anwalt daran denken, dass über die Kaskoversicherung
Glasbruchschäden als Versicherungsleistung des nur teilkaskoversicherten Kfz auch dann
verlangt werden können, wenn der Mandant einen Verkehrsunfall allein schuldhaft oder
mitverursacht hat.

10. Kurzschlussschäden an der Verkabelung

Bei dem versicherten Risiko „Kurzschlussschäden an der Verkabelung" sind über den reinen **39**
Kabelschaden hinaus Folgeschäden nicht versichert.

II. Versicherte Risiken der Fahrzeugvollversicherung

In der Vollkaskoversicherung sind über die in der Teilkaskoversicherung versicherten Risiken **40**
Unfallschäden sowie durch mut- oder böswillige Handlungen betriebsfremder Personen verursachte Fahrzeugschäden versichert.

1. Unfallschäden

Der Unfallbegriff ist in § 12 (1) II. e) AKB definiert. Danach muss es sich um ein plötzliches, **41**
unmittelbar von außen mit mechanischer Gewalt auf das Kfz einwirkendes Ereignis handeln.
Bei Unfallschäden sind Brems-, Betriebs- und reine Bruchschäden nicht versichert. Die Abgrenzung zwischen einem versicherten Unfall- und einem nicht versicherten Betriebsschaden

---

15 OLG Frankfurt/Main VersR 2005, 1233.
16 Vgl dazu *Knappmann*, in: Prölls/Martin, § 13 AKB Rn 12; LG München II zfs 1987, 150; LG Verden VersR 1995, 166; AG Wetzlar VersR
    2002, 752.
17 Vgl dazu OLG Karlsruhe zfs 1994, 20, 21.

ist im Einzelfall schwierig. Auch die Beschädigung eines Kfz durch Verwesungseinwirkungen nach einem Suizid eines Fahrzeuginsassen ist kein Unfall im Sinne der vorgenannten Definition.[18]

2. Mut- und böswillige Beschädigung durch betriebsfremde Personen

42   Bei diesem in § 12 (1) II. f) AKB genannten Risiko ist eine vorsätzliche Beschädigung des Fahrzeugs durch betriebsfremde, also zur Nutzung nicht berechtigte Personen versichert. Geht der Versicherer von einer mut- oder böswillig begangenen Schädigung seitens einer nicht betriebsfremden Person aus, hat er diesen Umstand zu beweisen.[19]

D. Erste Maßnahmen des durch den Versicherungsnehmer mandatierten Rechtsanwalts

I. Mandatskonstellationen

43   Der Rechtsanwalt wird im Regelfall ein die Fahrzeugversicherung betreffendes Mandat durch den Versicherungsnehmer und nicht vom Versicherer angetragen bekommen.

44   Es ergeben sich in der Regel die Mandatskonstellationen, dass ein Versicherungsnehmer

- auf Zahlung von Prämien in Anspruch genommen wird, aber meint, ein Versicherungsvertrag sei nicht zustande gekommen,
- aus einem geschlossenen Versicherungsvertrag herauskommen möchte,
- Ansprüche aus dem Versicherungsvertrag geltend gemacht hat, der Versicherer eine Versicherungsleistung aber nicht gewähren will,
- von vornherein mit anwaltlicher Hilfe Leistungsansprüche aus dem Versicherungsvertrag geltend machen will,
- mit der Höhe der durch den Versicherer festgestellten Versicherungsleistung nicht einverstanden ist,
- auf Rückzahlung einer zuvor gewährten Versicherungsleistung durch den Versicherer in Anspruch genommen wird.

II. Ausschlussfrist der §§ 8 (1) AKB, 12 Abs. 3 VVG

1. Fristverzicht und -verlängerung

45   Häufig hat der Versicherer mit einem an den Versicherungsnehmer in der Regel mit Zugangsnachweis versandten Schreiben die Gewährung von Deckungsschutz und damit die Erbringung einer Versicherungsleistung aus der Fahrzeugversicherung abgelehnt. Da der Versicherer dem Versicherungsnehmer mit der Deckungsablehnung häufig eine Sechs-Monats-Frist gem. §§ 8 (1) AKB, 12 Abs. 3 VVG zur gerichtlichen Geltendmachung seines Anspruchs auf Gewährung von Versicherungsschutz setzt, muss der Anwalt sich bei seinem Mandanten danach erkundigen und ggf als erstes den **Fristablauf prüfen und notieren**.

---

18   OLG Saarbrücken NJW-RR 2005, 260.
19   BGH VersR 1997, 1095; OLG Köln SP 1998, 329; OLG Oldenburg r+s 2000, 56,57.

Bei der Frist der §§ 8 (1) AKB, 12 Abs. 3 VVG handelt es sich nicht um eine Verjährungs- 46
frist, sondern um eine **Ausschlussfrist**. Die Ausschlussfrist ist nicht von Amts wegen zu berücksichtigen. Vielmehr muss sich der Versicherer auf eine Leistungsfreiheit wegen Versäumung der Frist zur gerichtlichen Geltendmachung ausdrücklich berufen. Diese Berufung kann
der Versicherer auch erstmals im Berufungsrechtsstreit vornehmen.[20] Zu beachten ist, dass
die Vorschrift des § 12 Abs. 3 VVG nur den vom Versicherungsnehmer erhobenen und durch
den Versicherer **schriftlich** abgelehnten Anspruch betrifft.[21] Die Frist beginnt mit dem Tag
des Zugangs der schriftlichen Ablehnung des Versicherers. Eine Übermittlung per Telefax
genügt hierfür nicht,[22] so dass der Rechtsanwalt den Versicherungsnehmer nach dem Zugangsdatum fragen muss.

Wegen der in § 10 VVG geregelten Zugangsfiktion muss der Rechtsanwalt den Versiche- 47
rungsnehmer bei Vorliegen einer mit Einschreiben versandten Ablehnung fragen, ob er in
dem Zeitraum zwischen dem Zustandekommen des Versicherungsvertrags und dem Zugang
des Ablehnungsschreibens ohne Anzeige gegenüber dem Versicherer (ggf mehrmals) seinen
Wohn- bzw Geschäftssitz verlegt hat. Ist dies der Fall und hat der Versicherungsnehmer die
Wohn- bzw Geschäftssitzänderung dem Versicherer nicht angezeigt, kann unter den Voraussetzungen des § 10 Abs. 1 VVG der Zugang der Ablehnungserklärung des Versicherers ggf
auf einen früheren Zeitpunkt fingiert werden. Eine solche Fiktion hat wiederum einen früheren Fristablauf zur Folge. Es ist darauf zu achten, ob der Versicherer das Ablehnungsschreiben tatsächlich an die letzte ihm bekannte Wohnung des Versicherungsnehmers versandt hat.
Gibt der Versicherungsnehmer in der Schadensanzeige eine andere als die dem Versicherer
bisher bekannte Wohnung an, ist dem Versicherer damit eine andere Wohnung bekannt
geworden.[23]

Lässt sich das genaue Zugangsdatum des Ablehnungsschreibens nicht sicher feststellen, sollte 48
der Rechtsanwalt zur Wahrung der Ausschlussfrist sicherheitshalber auf das im Ablehnungsschreiben genannte Datum für die Fristberechnung abstellen.

Die Ausschlussfrist der §§ 8 (1) AKB, 12 Abs. 3 VVG kann durch den Versicherer außer 49
Kraft gesetzt bzw verlängert werden.[24] Erfahrungsgemäß wird der Versicherer dies nur dann
tun, wenn der den Versicherungsnehmer vertretende Rechtsanwalt beim Versicherer Zweifel
an der Berechtigung der Leistungsablehnung wecken oder andere triftige Gründe, wie zB eine
längere und/oder ernsthafte Krankheit des Versicherungsnehmers, vorweisen kann.

Um Unsicherheiten bei der Auslegung aus dem Wege zu gehen, ob und ggf wie lange der 50
Versicherer auf die Einhaltung der Sechs-Monats-Frist verzichtet bzw er diese verlängert hat,
sollte der Rechtsanwalt auf eine **schriftlich dokumentierte und eindeutige Erklärung des Versicherers** hinwirken. Dabei sollte der Rechtsanwalt es dem Versicherungssachbearbeiter so
einfach und ihm so wenig Arbeit wie möglich machen. Ideal für den Versicherungssachbearbeiter ist es, wenn er ein durch den Rechtsanwalt vorformuliertes Schreiben nur noch stem-
peln und unterschreiben muss. Ein diesbezügliches mit Anlagen versehenes Anschreiben an
den Versicherer kann wie folgt aussehen:

---

20 BGH VersR 2006, 57; *Stiefel/Hofmann*, § 8 AKB Rn 56.
21 BGH r+s 2004, 273.
22 BGH r+s 2006, 230.
23 BGH VersR 1975, 365, 366.
24 *Prölls*, in: Prölss/Martin, § 12 VVG Rn 46.

51 **Muster: Schreiben an den Versicherer mit der Bitte um Fristverlängerung bzw Fristverzicht**

 ↓

An die ▬▬▬-Versicherungs AG, ▬▬▬

Schadensnummer: ▬▬▬

Sehr geehrte Damen und Herren,

gemäß der in Kopie für Sie beigefügten Vollmacht erlaube ich mir, die Interessenvertretung Ihres Versicherungsnehmers, Herrn ▬▬▬, anzuzeigen.

Mein Mandant hat mir im Hinblick auf den von ihm gemeldeten Teilkaskoschaden vom ▬▬▬ Ihr Ablehnungsschreiben vom ▬▬▬ vorgelegt, mit welchem Sie wegen Nichtzahlung der Erstprämie gem. § 38 Abs. 2 VVG die Deckung des Versicherungsfalls dem Grunde nach abgelehnt und ihm zugleich die Sechs-Monats-Frist gem. § 8 (1) AKB und § 12 Abs. 3 VVG gesetzt haben.

Da mein Mandant in Kürze Unterlagen zum Nachweis der von ihm rechtzeitig gezahlten Erstprämie vorlegen können wird, bitte ich zur Vermeidung eines Rechtsstreits auf die gesetzte Sechs-Monats-Frist zu verzichten bzw die Frist mindestens bis zum ▬▬▬ zu verlängern. Mein Mandant geht davon aus, dass in Kürze sein gestellter Nachforschungsauftrag durch seine Bank abgearbeitet und erledigt werden kann.

Ich bitte deshalb um Gegenzeichnung und Rücksendung einer der als Anlagen beigefügten Erklärungen.

Für Ihre Antwort habe ich mir eine Frist auf den ▬▬▬ notiert.

Mit freundlichen Grüßen

Rechtsanwalt

Anlagen:

- Kopie der Vollmacht des Mandanten vom ▬▬▬
- vorbereitete Fristverzichtserklärung
- vorbereitete Fristverlängerungserklärung

↑

52 **Muster: Vorbereitete Erklärung des Versicherers zum Verzicht auf die Sechs-Monats-Frist der §§ 8 (1) AKB, 12 Abs. 3 VVG**

 ↓

In dem

zwischen Herrn ▬▬▬, ▬▬▬ [Adresse Versicherungsnehmer]

und

der ▬▬▬ Versicherungs AG, ▬▬▬ [Adresse Versicherer]

streitigen und von dem Versicherer unter der Schadensnummer ▬▬▬ bearbeiteten Versicherungsfall verzichtet der Versicherer auf die dem Versicherungsnehmer mit Schreiben vom ▬▬▬ gem. §§ 8 (1) AKB, 12 Abs. 3 VVG gesetzte Frist zur gerichtlichen Geltendmachung des Anspruchs auf Versicherungsleistung.

Im Fall einer nach Fristablauf erfolgten gerichtlichen Geltendmachung des Anspruchs auf Versicherungsleistung durch den Versicherungsnehmer wird sich der Versicherer nicht auf einen Fristablauf berufen.

Mit dieser Erklärung verzichtet der Versicherer nicht auf sonstige Einwendungen bzw Einreden, insbesondere nicht auf die Einrede der Verjährung und die Möglichkeit einer erneuten Fristsetzung gem. §§ 8 (1) AKB, 12 Abs. 3 VVG.

■■■, den ■■■
■■■

[Stempel und Unterschrift des Versicherers]

Hinweis: Die vorformulierte und vom Versicherer erbetene Erklärung sollte nicht einen gene- **53** rellen Verzicht des Versicherers enthalten, da der Versicherer einen generellen Verzicht ver- mutlich nicht akzeptieren wird. Es sollte deshalb klargestellt werden, dass der Versicherer die Frist der §§ 8 (1) AKB, 12 Abs. 3 VVG erneut setzen kann und ihm auch sonstige Einreden und Einwendungen erhalten bleiben. Umso eher wird der Versicherer dem gewünschten Verzicht zustimmen.

Muster: Vorbereitete Erklärung des Versicherers zur Verlängerung der Sechs-Monats-Frist der §§ 8 (1) AKB, 12 Abs. 3 VVG
54

In dem

zwischen Herrn ■■■, ■■■ [Adresse Versicherungsnehmer]

und

der ■■■ Versicherungs AG, ■■■ [Adresse Versicherer]

streitigen und von dem Versicherer unter der Schadensnummer ■■■ bearbeiteten Versicherungsfall verlän- gert der Versicherer die dem Versicherungsnehmer mit Schreiben vom ■■■ gem. §§ 8 (1) AKB, 12 Abs. 3 VVG gesetzte Frist zur gerichtlichen Geltendmachung des Anspruchs auf Versicherungsleistung bis zum ■■■.

■■■, den ■■■
■■■

[Stempel und Unterschrift des Versicherers]

Hinweis: Zur Vermeidung von Unklarheiten der Fristverlängerungsdauer sollte der Rechts- **55** anwalt stets einen kalendermäßig bestimmten Zeitpunkt des Fristablaufs in Form eines ge- nauen Datums benennen, statt eine Verlängerung der Frist um einen Zeitraum, wie bei- spielsweise zwei Monate, vorzuschlagen.

Ist der Versicherer zu dem gewünschten Verzicht bzw zu der gewünschten Verlängerung **56** nicht bereit, muss der Anwalt den Anspruch auf Versicherungsleistung für seinen Versiche- rungsnehmer innerhalb der vom Versicherer gesetzten Sechs-Monats-Frist gerichtlich geltend machen. Dies bedeutet, dass unter Berücksichtigung der in § 167 ZPO genannten Möglich- keit die **Zustellung** rechtzeitig erfolgen muss.

2. Wirksamkeit der Ausschlussfrist

Die durch den Versicherer gesetzte Sechs-Monats-Frist ist nur wirksam, wenn die erforderli- **57** che Belehrung des Versicherers den von der Rechtsprechung verlangten Anforderungen ge- nügt.[25] Es ist erstaunlich, dass Versicherer bei der Belehrung noch immer Fehler begehen. Eine genaue Prüfung der Belehrung des Versicherers kann sich daher auszahlen, falls doch einmal die Frist versäumt worden ist.

---

25 BGH VersR 2006, 533.

58   Da der Wortlaut der §§ 8 (1) AKB, 12 Abs. 3 VVG eine **gerichtliche Geltendmachung** bestimmt, stellt ein Verweis des Versicherungsnehmers durch den Versicherer auf eine „Klageerhebung" eine inhaltlich unzutreffende und damit unwirksame Belehrung dar. Denn für eine gerichtliche Geltendmachung iSd §§ 8 (1) AKB, 12 Abs. 3 VVG ist die Erhebung einer Leistungsklage nicht erforderlich. Es genügt bereits die rechtzeitige Zustellung eines Mahnbescheids oder eine fristgerechte Zustellung eines Antrags auf Gewährung von Prozesskostenhilfe.[26]

59   Erläutert der Versicherer im Ablehnungsschreiben den Begriff der gerichtlichen Geltendmachung, ist die Belehrung nur wirksam, wenn in ihr sämtliche Möglichkeiten der gerichtlichen Geltendmachung genannt werden.[27] Selbst die Erhebung einer Teilklage unterbricht die Frist des § 12 Abs. 3 VVG für den gesamten Leistungsanspruch, wenn für den Versicherer erkennbar ist, dass der Versicherungsnehmer dennoch auf seinem Anspruch auf die gesamte Versicherungsleistung besteht.[28]

60   Aber nicht nur dann, wenn der Versicherer den Versicherungsnehmer über die Möglichkeiten des Rechtsschutzes falsch informiert bzw verwirrt, sondern auch dann, wenn er beispielsweise die Ausschlussfrist als Verjährungsfrist bezeichnet, führt dies zur Unwirksamkeit der Belehrung und damit zur Unwirksamkeit der gesetzten Frist.[29]

III. Verjährungsfrist des § 12 Abs. 1 VVG

61   Neben der in § 8 (1) AKB und § 12 Abs. 3 VVG geregelten Ausschlussfrist muss der Rechtsanwalt die **Verjährungsfrist** beachten. Diese ist in § 12 Abs. 1 VVG geregelt. Danach beträgt die Verjährungsfrist für Ansprüche aus der Kaskoversicherung lediglich zwei Jahre. Die Verjährungsfrist beginnt mit dem Schluss des Jahres, in welchem die Leistung verlangt werden kann. Dies muss nicht unbedingt das Jahr sein, in dem der Versicherungsfall eingetreten ist.[30]

62   **Beispiel:** Ein kaskoversichertes Kfz wird am 31.12.2006 entwendet und nicht wieder aufgefunden. Der Versicherungsfall ist eingetreten am 31.12.2006, die Versicherungsleistung ist gem. §§ 15, 13 (7) AKB nicht vor Ablauf einer Frist von einem Monat fällig. Der Versicherungsnehmer kann die Kaskoentschädigung frühestens ab dem 1.2.2007 verlangen. Fristbeginn für die Verjährung ist deshalb frühestens der Ablauf des Jahres 2007.

63   **Hinweis:** Selbstverständlich muss der Anwalt zur Vermeidung eines Anwaltsregresses auch die Verjährungsfrist im Fristenkalender notieren. Denn die Verjährungsfrist des § 12 Abs. 1 VVG ist von der Ausschlussfrist des § 12 Abs. 3 VVG losgelöst. Deshalb kann sich der Versicherer, wenn die Ausschlussfrist des § 12 Abs. 3 VVG erst nach der Verjährungsfrist abläuft, im Rechtsstreit mit Erfolg auf die Einrede der Verjährung berufen.[31] Erhebt der Versicherer im Prozess die Einrede der Verjährung des § 12 Abs. 1 VVG, muss der Rechtsanwalt an die in § 11 Abs. 3 VVG enthaltene Hemmungsregelung denken und eine Prüfung des Hemmungszeitraums vornehmen und das Gericht auf diesen Zeitraum hinweisen, wenn unter Berücksichtigung des Hemmungszeitraums eine Verjährung nicht eingetreten ist.

---

26 BGH VersR 2003, 489, 490.
27 OLG Saarbrücken VersR 2006, 254.
28 BGH VersR 2001, 1497, 1498.
29 BGH VersR 2001, 1497.
30 Vgl auch BGH VersR 2006, 533.
31 OLG München VersR 2003, 845.

IV. Zur Prüfung erforderliche Unterlagen

Eine Prüfung der in der Fahrzeugversicherung konkret versicherten Risiken muss immer   64
anhand des **aktuellen Versicherungsscheins nebst der Bedingungen** erfolgen, die zum Schadenszeitpunkt vereinbart waren. Dies gilt nicht nur für den Umfang der versicherten Risiken,
sondern auch für die Höhe der sich regelmäßig aus § 13 AKB ergebenden Ersatzleistungen,
denn auch hier haben die Versicherer in ihren AKB unterschiedliche Regelungen aufgenommen.

Der ein versicherungsrechtliches Mandat bearbeitende Rechtsanwalt muss darauf bestehen,   65
sich von seinem Mandanten den aktuellen Versicherungsschein nebst der dazugehörigen
entweder ursprünglich oder nachträglich geänderten, jedenfalls zum Schadenszeitpunkt vereinbart gewesenen, Versicherungsbedingungen sowie Kopien der in dem Versicherungsfall
mit dem Versicherer geführten gesamten Korrespondenz vorlegen zu lassen. Dies ist schon
deshalb erforderlich, damit der Rechtsanwalt zu den vom Versicherungsnehmer gegenüber
dem Versicherer gemachten Angaben nicht widersprüchlich vorträgt und er ggf Klar- oder
Richtigstellungen von missverständlichen oder unklaren Angaben des Versicherungsnehmers
vornehmen kann.

Ergänzend dazu sollte der Rechtsanwalt sich auch den dem Versicherungsschein zugrunde   66
liegenden **Versicherungsantrag** vorlegen lassen. Es können sich durchaus Abweichungen
zwischen dem beantragten und dokumentierten Versicherungsschutz mit einer Relevanz für
den letztlich bestehenden Versicherungsschutz ergeben. Bei abweichendem Inhalt des Versicherungsscheins vom Antrag hat der Versicherungsnehmer gem. § 5 Abs. 1 VVG, wenn der
Versicherer die Abweichung kenntlich gemacht und den Versicherungsnehmer auf die Genehmigung der Abweichung bei fehlendem Widerspruch des Versicherungsnehmers hingewiesen hat, ein Widerspruchsrecht in der Form des § 126b BGB.

Die Kenntnis des am Schadenstag aktuellen Leistungsumfangs des Versicherungsvertrags   67
sowie der zu dieser Zeit vereinbart gewesenen Versicherungsbedingungen ist für einen sachgemäß und fehlerfrei arbeitenden Rechtsanwalt unverzichtbar. Es kommt nicht selten vor,
dass ein ursprünglich abgeschlossener Versicherungsvertrag geändert wird, beispielsweise
indem der Versicherungsnehmer die ehemals bestehende Fahrzeugvollversicherung in eine
Fahrzeugteilversicherung oder die Höhe der vereinbarten Selbstbeteiligung ändert. Änderungen werden im Regelfall durch **Nachträge zum Versicherungsschein** dokumentiert.

Häufig kennen Mandanten den aktuellen bzw den zum Zeitpunkt des Eintritts des Versiche-   68
rungsfalls geltenden Versicherungsschutz selbst nicht genau, so dass es im Einzelfall erforderlich sein kann, von dem Versicherer eine Abschrift des Versicherungsscheins oder etwaiger
anderer von dem Versicherungsnehmer in Bezug auf den Versicherungsvertrag abgegebener
Erklärungen anzufordern. Darauf hat der Versicherungsnehmer gem. § 3 VVG einen Anspruch. Gem. § 3 Abs. 4 VVG muss er die Kosten eines **Ersatzversicherungsscheins** bzw von
Abschriften tragen.

Hinweis: Erstaunlicherweise kennen viele Versicherungssachbearbeiter die Kostentragungs-   69
pflicht des Versicherungsnehmers gem. § 3 Abs. 4 VVG nicht oder sie machen davon keinen
Gebrauch. Sofern der Rechtsanwalt noch genügend Zeit für die Bearbeitung des Mandats zur
Verfügung hat und die Vorlage der Unterlagen nicht eilbedürftig ist, muss er in dem Anforderungsschreiben an den Versicherer diesem nicht unbedingt eine Kostenübernahme anbieten
bzw erklären. So kann er seinem Mandanten vielleicht etwas Geld sparen. Bei Eilbedürftigkeit empfiehlt es sich, in dem Anforderungsschreiben den Versicherer von vornherein auf eine
Kostenübernahme durch den Versicherungsnehmer hinzuweisen. Im absoluten Eilfall sollte,

da der Versicherer gem. § 3 Abs. 4 VVG einen Kostenvorschuss verlangen kann, sicherheitshalber ein Verrechnungsscheck in Höhe der voraussichtlichen Kosten beigefügt oder eine (Online-)Überweisung vorgenommen werden.

70 **Muster: Anforderung der Versicherungsunterlagen ohne und mit Kostenübernahmeangebot**

 ↓

An die ■■■ Versicherungs AG

Versicherungsschein- bzw Schadensnummer: ■■■

Betr.: Versicherungsfall vom ■■■

Sehr geehrte Damen und Herren,

unter Hinweis auf die in Kopie für Sie beigefügte, mir erteilte Vollmacht zeige ich die Interessenvertretung Ihres Versicherungsnehmers, Herrn ■■■, an.

Nachdem Sie gegenüber meinem Mandanten mit Schreiben vom ■■■ die Ablehnung der Gewährung einer Versicherungsleistung aus dem in der Betreffzeile genannten Versicherungsfall erklärt haben, hat mich Ihr Versicherungsnehmer mit der Überprüfung der Rechtmäßigkeit Ihrer Ablehnung beauftragt.

Unter Hinweis auf § 3 Abs. 2 und 3 VVG bitte ich um Übersendung einer Abschrift des zum Eintritt des Versicherungsfalls gültigen Versicherungsscheins der Fahrzeugversicherung sowie, sofern zu dieser Zeit vereinbart gewesen, einer jeweiligen Kopie bzw eines jeweiligen Exemplars der

■ Allgemeinen Bedingungen für die Kraftfahrtversicherung (AKB),

■ Besonderen oder sonstigen Bedingungen,

■ Tarifbestimmungen zur Kraftfahrtversicherung.

Ebenfalls bitte ich um Übersendung einer Abschrift des dem Versicherungsschein zugrunde liegenden Versicherungsantrags und etwaiger weiterer in dem Zeitraum bis zum Eintritt des Versicherungsfalls erfolgter wechselseitiger Vertragserklärungen.

[Selbstverständlich übernimmt mein Mandant gem. § 3 Abs. 4 VVG die für die Abschriften entstehenden Kosten. – *Alternativ:* Für die voraussichtlich gem. § 3 Abs. 4 VVG für die Abschriften entstehenden Kosten habe ich einen Verrechnungsscheck in Höhe von ■■■ EUR beigefügt. Sollte dieser Betrag nicht ausreichen, wird mein Mandant die darüber hinaus entstehenden Kosten selbstverständlich ebenfalls übernehmen.]

Für den Unterlageneingang habe ich mir den ■■■ notiert.

Mit freundlichen Grüßen

Rechtsanwalt

Anlage: Kopie der Vollmacht des Mandanten vom ■■■

↑

V. Zustandekommen von Versicherungsverträgen

71 Für die Beurteilung des zum Zeitpunkt des Eintritts des Versicherungsfalls vereinbart und bestehend gewesenen Versicherungsschutzes sind für den sachbearbeitenden Rechtsanwalt Kenntnisse über die Art des Zustandekommens eines Versicherungsvertrags unerlässlich. Der Anwalt muss hierfür insbesondere die Vorschriften des § 10a VAG und der §§ 5 und 5a VVG kennen und beachten. In der Praxis werden Versicherungsverträge entweder nach dem sog. Antragsmodell oder nach dem sog. Policenmodell geschlossen.

Überwiegend erfolgt die Antragsaufnahme auch heute durch einen Agenten (§ 43 VVG) des **72** Versicherers, wenn auch immer mehr ein Trend zu Internetabschlüssen zu beobachten ist. Bei der Antragsaufnahme durch einen Agenten ist die sog. **Auge-und-Ohr-Rechtsprechung** zu beachten.[32] Danach wird dem Versicherer die durch den Agenten dienstlich erlangte Kenntnis, zB Angaben des Versicherungsnehmers über gefahrerhebliche Umstände, zugerechnet, auch wenn der Agent diese nicht schriftlich dokumentiert hat. Auf eine Verletzung der vorvertraglichen Anzeigepflicht des Versicherungsnehmers (§§ 16, 17 VVG) kann sich der Versicherer dann nicht berufen. Die Auge-und-Ohr-Rechtsprechung gilt auch für die Schadensanzeige.[33]

1. Versicherungsvertrag nach dem Antragsmodell

Bei einem Zustandekommen des Versicherungsvertrags nach dem Antragsmodell erhält der **73** Antragsteller und spätere Versicherungsnehmer die Verbraucherinformationen und die Allgemeinen Versicherungsbedingungen bereits vor der Antragstellung. Ein bindender Vertragsschluss erfolgt mit der Aushändigung (bzw dem Zugang) des Versicherungsscheins als Annahmeerklärung des Versicherers.

Bei dieser Art des Vertragsschlusses hat der Versicherungsnehmer kein Widerspruchsrecht **74** nach § 5a VVG, sondern nur nach § 5 Abs. 1 VVG, wenn der Inhalt des Versicherungsscheins vom Versicherungsantrag abweicht.[34] Der Versicherer ist gem. § 3 Abs. 1 VVG zur Ausstellung und Aushändigung eines Versicherungsscheins gegenüber dem Versicherungsnehmer verpflichtet. Der ausgestellte Versicherungsschein muss im Hinblick auf eine Übereinstimmung mit dem gemäß Antrag gewünschten Versicherungsschutz überprüft werden.

2. Versicherungsvertrag nach dem Policenmodell

Beim Policenmodell übergibt der Versicherer die Verbraucherinformation und die Allgemei- **75** nen Versicherungsbedingungen dem Versicherungsnehmer erst nach der Antragstellung. Im Regelfall erfolgt die Übergabe zusammen mit der Aushändigung des Versicherungsscheins (der Police). Bei dieser Art des Vertragsschlusses sind die Vorschriften des § 5a VVG im Hinblick auf eine Widerspruchsmöglichkeit des Versicherungsnehmers, der dafür laufenden Frist und die Voraussetzungen für den Beginn des Laufs der Widerspruchsfrist zu beachten. Selbstverständlich muss der Versicherer den Versicherungsnehmer gem. § 5a Abs. 2 S. 1 VVG darüber belehren.

Nach herrschender Meinung ist der Versicherungsvertrag in dem Zeitraum zwischen dem **76** Zugang des Versicherungsscheins, der Verbraucherinformation und der Allgemeinen Versicherungsbedingungen bis zum Ablauf der Widerspruchsfrist schwebend unwirksam.[35]

Gem. § 5a Abs. 1 S. 1 VVG hat ein Widerspruch in Textform (§ 126b BGB) zu erfolgen. Zur **77** Fristwahrung genügt gem. § 5a Abs. 2 S. 3 VVG die rechtzeitige Absendung des Widerspruchs. Nach Zahlung der Erstprämie durch den Versicherungsnehmer erlischt das Widerspruchsrecht gem. § 5a Abs. 2 S. 4 VVG bei Vollständigkeits- und/oder Belehrungsmängeln nach einem Jahr.

---

32 BGH VersR 2001, 1498; 1998, 1139; 1988, 234, 237.
33 OLG Koblenz VersR 1997, 352.
34 Allerdings muss der Versicherer den Versicherungsnehmer gemäß § 5 Abs. 2 VVG auf die Abweichungen hinweisen und den Versicherungsnehmer über sein Widerspruchsrecht belehren, andernfalls gilt § 5 Abs. 3 VVG.
35 *Römer/Langheid*, § 5a VVG Rn 25; *Prölss*, in: Prölss/Martin, § 5a VVG Rn 10.

78 **Hinweis:** Bei der Gewährung sofortigen Versicherungsschutzes – in der Kaskoversicherung erfolgt dies regelmäßig durch eine sog. vorläufige Deckungszusage – kann gem. § 5a Abs. 3 S. 1 VVG der Versicherer mit dem Versicherungsnehmer einen Verzicht auf Überlassung der Versicherungsbedingungen und der Verbraucherinformation vereinbaren. Diese Regelung kann aber nur im Rahmen der Gewährung sofortigen Versicherungsschutzes vereinbart werden, sie gilt also nicht für das Zustandekommen des Hauptvertrags. Beachte: Eine Vereinbarung über die Gewährung sofortigen Versicherungsschutzes stellt einen vom späteren Hauptvertrag losgelösten eigenständigen Versicherungsvertrag dar.

VI. Erforderliche Prüfungen des Rechtsanwalts

79 Ist der für den Zeitpunkt des Eintritts des Versicherungsfalls vereinbarte Versicherungsschutz im Hinblick auf die versicherten Risiken festgestellt, muss sich der Anwalt den versicherungsvertraglichen Vereinbarungen über die **Höhe der Versicherungsleistung** widmen. Insbesondere muss er eine etwaige vom Versicherungsnehmer zu erbringende **Selbstbeteiligung** berücksichtigen, denn in Höhe der Selbstbeteiligung ist der Versicherer zur Leistung nicht verpflichtet. Der Verfasser hat regelmäßig anwaltliche Fehler bei Klagen auf Versicherungsleistung festgestellt, die beispielsweise ohne Berücksichtigung einer versicherungsvertraglich vereinbarten Selbstbeteiligung und/oder eines vereinbarten Abzugs wegen Fehlens einer Wegfahrsperre im Entwendungsfall des Kfz erhoben wurden.

80 Weiter muss der Anwalt vereinbarte Entschädigungsgrenzen und Vereinbarungen über eine Erstattung bzw Nichterstattung von **Mehrwertsteuer** beachten. Viele Versicherer haben ihre Bedingungen mittlerweile dem Schadensersatzrecht des § 249 BGB angepasst, wonach Mehrwertsteuer nur bei tatsächlichem Anfall erstattet wird. Außerdem ist regelmäßig eine Nichterstattung der Mehrwertsteuer bei bestehender Vorsteuerabzugsberechtigung des Versicherungsnehmers vereinbart.

81 Überwiegend sind die Regelungen zur Höhe der Versicherungsleistung in § 13 AKB enthalten. Erfahrungsgemäß liegt hier wegen mangelnder Beachtung der dortigen Regelungen eine häufige Fehlerquelle. Die Geltendmachung von nicht bzw in der Höhe nicht vereinbarten Versicherungsleistungen stellt regelmäßig einen zu einem möglichen Anwaltsregress führenden Fehler dar. Deshalb muss der Anwalt selbstverständlich auch darauf eine sorgfältige Prüfung verwenden.

VII. Geltendmachung des Anspruchs auf Versicherungsleistung

1. Schadensmeldung durch den Anwalt

82 Mitunter kommt es vor, dass ein Mandant seinen Anwalt bittet, in der Kaskoversicherung die Versicherungsleistung von Anfang an geltend zu machen, weil der Mandant unerfahren in der Führung derartiger Korrespondenz ist oder der Mandant Fehler vermeiden will. In diesen Fällen muss der Rechtsanwalt für den Mandanten häufig auch die Schadensmeldung vornehmen.

83 Im Regelfall muss der Mandant derartige Anwaltstätigkeiten selbst bezahlen, da Rechtsschutzversicherer erst dann zur Deckungserteilung verpflichtet sind, wenn Streit über die Versicherungsleistung entweder dem Grunde oder der Höhe nach besteht. Deshalb ist der Mandant darauf hinzuweisen, dass er für die anwaltliche Geltendmachung der Versicherungsleistung in nicht streitigen Fällen die **Anwaltsgebühren** selbst bezahlen muss.

Übernimmt der Anwalt für seinen Mandanten die Schadensmeldung und Beantwortung von   84
Fragen aus dem Schadensformular, wird der Anwalt als sog. Wissenserklärungsvertreter gem.
§ 166 Abs. 1 BGB für den Mandanten tätig. Damit erfolgt eine Zurechnung der Kenntnis
und des Verhaltens des Anwalts unmittelbar für und gegen den Versicherungsnehmer. Vor
dem Hintergrund einer möglichen eigenen Inanspruchnahme des Anwalts in Form eines
Anwaltsregresses durch den Mandanten muss der Anwalt die für die Erfüllung der Obliegenheiten des Versicherungsnehmers wesentlichen Fragen und Tatsachen genau und sorgsam
erfassen. Der Anwalt sollte sich insoweit durch schriftliche und vom Mandanten gegenge-
zeichnete Bestätigungen absichern.

Hat der Mandant den Rechtsanwalt hinreichend über den Sachverhalt – auch durch Vorlage   85
der kompletten Versicherungsunterlagen – informiert und hat der Mandant den Schaden
noch nicht seinem Kaskoversicherer gemeldet, gilt es die Schadensmeldefrist des § 7 I. (2)
AKB einzuhalten. Ein erstes Musteranschreiben kann wie folgt aussehen:

Muster: Geltendmachung des Anspruchs auf Versicherungsleistung ggü. dem Fahrzeugversicherer   86
des Mandanten

     136

An die ▪▪▪ Versicherungs AG

Versicherungsscheinnummer: ▪▪▪

Sehr geehrte Damen und Herren,

unter Hinweis auf die in Kopie für Sie beigefügte, mir erteilte Vollmacht zeige ich die Interessenvertretung
Ihres Versicherungsnehmers, Herrn ▪▪▪, an.

Für meinen Mandanten möchte ich einen Vollkaskoschaden bezüglich des bei Ihnen versicherten Kfz mit
dem amtlichen Kennzeichen ▪▪▪ melden. Aufgrund eines Unfalls vom ▪▪▪ möchte mein Mandant die für das
Fahrzeug bei Ihnen bestehende Vollkaskoversicherung in Anspruch nehmen.

Mein Mandant fuhr am ▪▪▪ mit dem versicherten Fahrzeug in ▪▪▪ die ▪▪▪straße in Richtung ▪▪▪. Es
herrschte Schneeglätte. Vor meinem Mandanten fuhr ein PKW mit dem amtl. Kennzeichen ▪▪▪.

Bei Annäherung an die lichtzeichengeregelte Kreuzung zur ▪▪▪straße schaltete die Lichtzeichenanlage von
Grünlicht über Gelblicht auf Rotlicht. Der vor meinem Mandanten fahrende PKW unternahm deshalb eine
Vollbremsung. Auch mein Mandant nahm daraufhin sofort eine Vollbremsung vor, geriet dabei auf dem
schneeglatten Fahrbahnbelag ins Rutschen, so dass er es nicht mehr schaffte, hinter dem vor ihm befindlichen PKW anzuhalten.

Durch das Auffahren wurde der PKW meines Mandanten erheblich beschädigt und musste abgeschleppt
werden. Die Abschleppkostenrechnung der ▪▪▪-Abschleppdienste GmbH über ▪▪▪ EUR habe ich beigefügt.

Der PKW meines Mandanten ist bis zum Autohaus ▪▪▪ in ▪▪▪ geschleppt worden. Er kann dort besichtigt
werden. Ich bitte deshalb zur Feststellung der Höhe des Fahrzeugschadens eine Begutachtung zu veranlassen und mir eine Kopie des Gutachtens zu übersenden.

Die Abschleppkosten bitte ich entsprechend der Absprache mit dem Abschleppunternehmer direkt an diesen
zu überweisen. Etwaige Hinderungsgründe bitte ich mitzuteilen.

Nach Feststellung der Höhe des Fahrzeugschadens bitte ich um Auszahlung der Versicherungsleistung unter
Berücksichtigung der von meinem Mandanten zu tragenden Selbstbeteiligung in Höhe von 300,00 EUR.

Für weitere Rückfragen stehe ich zur Verfügung und verbleibe
mit freundlichen Grüßen
Rechtsanwalt

Anlagen:

- Kopie der Vollmacht des Mandanten

- Abschleppkostenrechnung der -Abschleppdienste GmbH

↑

87 Üblicherweise wird der Fahrzeugversicherer auf die Meldung eines Versicherungsfalls mit der Übersendung von Schadensformularen reagieren. Die Beantwortung der dort von dem Versicherer gestellten Fragen sollte zur Vermeidung von zur Leistungsfreiheit des Versicherers führenden Obliegenheitsverletzungen des Versicherungsnehmers sehr ernst genommen werden. Ausführlich zum Thema Obliegenheitsverletzungen siehe unten Rn 100 ff.

2. Klageerhebung gegen den Versicherer

a) Arten der Klageerhebung

88 Ist dem Versicherungsnehmer die Durchsetzung der von ihm beanspruchten Versicherungsleistung, ggf unter Mithilfe seines Anwalts, nicht gelungen, ist eine Klageerhebung notwendig. Grundsätzlich hat der Versicherungsnehmer die Möglichkeit der Erhebung einer **Leistungsklage**, wenn er die genaue Höhe der Versicherungsleistung kennt. Er kann aber auch eine **Feststellungsklage** erheben. Die letztere Möglichkeit bietet sich an, wenn der Versicherungsnehmer die durch den Versicherer festzustellende Versicherungsleistung nicht kennt, zB weil dieser von vornherein und ohne Feststellung der Schadenshöhe die Erbringung der Versicherungsleistung abgelehnt hat.

89 Es kommt durchaus häufiger vor, dass der Versicherer zunächst die Höhe der Versicherungsleistung festgestellt hat und er erst danach den Deckungsanspruch des Versicherungsnehmers dem Grunde nach ablehnt. In einem solchen Fall muss der Versicherungsnehmer nicht auf Leistung klagen, er kann auf Feststellung der Gewährung der Versicherungsleistung dem Grunde nach klagen und sich die Durchführung des Sachverständigenverfahrens gem. § 14 AKB vorbehalten. Allerdings entstehen hierdurch vermeidbare Zusatzkosten. Außerdem muss der Versicherungsnehmer noch länger auf die Versicherungsleistung warten. Deshalb ist es zweckmäßig, einen etwaigen Streit auch über die Höhe der Versicherungsleistung in den Rechtsstreit miteinzubeziehen.

90 Wenn der Versicherer zunächst die Höhe der Versicherungsleistung festgestellt und danach den Deckungsanspruch dem Grunde nach abgelehnt hat, kann er den Versicherungsnehmer bei Streit auch über die Höhe der Versicherungsleistung nicht auf die Erhebung einer Feststellungsklage und auf ein anschließendes **Sachverständigenverfahren gem. § 14 AKB** verweisen.[36]

91 **Hinweis:** Dreht sich der Streit zwischen Versicherungsnehmer und Versicherer ausschließlich um die Höhe der Versicherungsleistung, während der Deckungsanspruch des Versicherungsnehmers durch den Versicherer – ohne vorherige Ablehnung – dem Grunde nach zuerkannt worden ist, stellt die Erhebung einer Klage in der Fahrzeugversicherung einen groben anwaltlichen Fehler dar! Denn bei ausschließlichem Streit über die Höhe der Versicherungsleistung steht einer Klageerhebung regelmäßig das in § 14 AKB vorgesehene Sachverständigenverfahren entgegen. Beruft sich der Versicherer im Rechtsstreit auf die mangelnde Durchführung des Sachverständigenverfahrens, ist die Klage mit der Begründung einer derzeit nicht gegebenen Fälligkeit der Versicherungsleistung abzuweisen.

---

36 *Knappmann*, in: Prölss/Martin, § 14 AKB Rn 1.

b) Beweislast

Im privaten Versicherungsvertragsrecht trägt grundsätzlich der Versicherungsnehmer die **92** Beweislast für die Voraussetzungen des Anspruchs auf Versicherungsleistung. Es kann nur davor gewarnt werden, dass ein Rechtsanwalt zur vermeintlichen Verbesserung der Beweissituation seines Mandanten die Versicherungsansprüche durch den Mandanten als Versicherungsnehmer an einen Dritten abtreten und diesen klagen lässt. Denn die AKB enthalten in § 3 Abs. 4 ein **Abtretungsverbot**. Solange der Versicherungsanspruch noch nicht endgültig festgestellt worden ist, kann er ohne ausdrückliche Genehmigung des Versicherers weder abgetreten noch verpfändet werden. Der Versicherer wird regelmäßig vor der endgültigen Feststellung des Versicherungsanspruchs die Genehmigung einer Abtretung verweigern.

Bei unter die Teilkaskoversicherung fallenden Entwendungen gelten im Hinblick auf die **93** Beweislast Besonderheiten. Diese werden im Abschnitt über das versicherte Risiko „Fahrzeugdiebstahl" dargestellt (siehe Rn 151 ff).

c) Örtlich zuständiges Gericht

Bei Klagen gegen Versicherer werden häufig die dem Versicherungsnehmer gesetzlich zur **94** Verfügung stehenden Möglichkeiten der Begründung einer örtlichen Gerichtszuständigkeit nicht genutzt. Im Regelfall dürfte dem Versicherungsnehmer eine Klageerhebung an dem für seinen Wohnsitz zuständigen Gericht entgegenkommen. Zum einen kennt der üblicherweise beauftragte örtliche Rechtsanwalt die am Gerichtsort vorherrschende Rechtsprechung oder kann sie, wenn er selbst unerfahren ist, bei mit der Materie vertrauten und erfahrenen Kollegen erfragen. Zum anderen werden dem Versicherungsnehmer und dem Anwalt zeit- und kostenträchtige Reisen erspart. Allgemein aus der ZPO bekannt ist die Möglichkeit, den Versicherer an seinem Geschäftssitz oder an dem Ort seiner Niederlassung zu verklagen (§§ 17, 21 ZPO).

Ein **besonderer Gerichtsstand** bei Klagen gegen einen Versicherer, der von Rechtsanwälten **95** häufig übersehen wird, ergibt sich aus § 48 VVG. Die mit § 8 (2) AKB korrespondierende Vorschrift bestimmt, dass der Versicherer an dem örtlich zuständigen Gericht der gewerblichen Niederlassung des den Versicherungsvertrag vermittelnden **Versicherungsagenten** (§ 43 VVG) oder, bei Fehlen einer gewerblichen Niederlassung des Agenten, am Wohnsitz des Agenten verklagt werden kann.

Zu beachten ist jedoch, dass die Vorschrift ausschließlich für den Versicherungsagenten, **96** nicht jedoch für den **Versicherungsmakler** gilt. Aber selbst dann, wenn der Versicherungsvertrag durch einen Makler vermittelt worden ist und deshalb der Gerichtsstand nicht über § 48 VVG begründet werden kann, besteht ggf noch eine Möglichkeit, den Versicherer an einem dem Wohnsitz des Versicherungsnehmers nahegelegenen Ort zu verklagen. Denn gem. § 21 ZPO fällt eine Generalagentur, Bezirksdirektion oder Filialdirektion einer Versicherungsgesellschaft unter den Begriff der selbständigen Niederlassung.[37] Allerdings ist für eine Gerichtszuständigkeit nach § 21 ZPO ein Bezug des Versicherungsvertrags zu der Niederlassung des Versicherers erforderlich. Beispielsweise ist ein Bezug zu der Niederlassung iSv § 21 ZPO gegeben, wenn dort der Vertrag geführt worden oder dort die Schadensbearbeitung erfolgt ist.

---

[37] OLG Naumburg OLGR 2002, 105.

97 **Muster: Klageschrift – Anspruch aus Teilkaskoversicherung (Feststellungsklage)**

 ↓

An das Amtsgericht ▪▪▪

Klage

des Herrn ▪▪▪

– Kläger –

Prozessbevollmächtigte: RAe ▪▪▪

gegen

die ▪▪▪ Versicherung AG, vertreten durch den Vorstand, dieser vertreten durch den Vorstandsvorsitzenden, Herrn ▪▪▪, ▪▪▪

– Beklagte –

wegen: Feststellung der Gewährung von Versicherungsschutz

Streitwert (vorläufig): ▪▪▪ EUR

Namens und in Vollmacht des Klägers erheben wir Klage mit den Anträgen:

1. Es wird festgestellt, dass die Beklagte dem Kläger aus der bei der Beklagten unter Versicherungsscheinnummer ▪▪▪ abgeschlossenen Fahrzeugteilversicherung unter Berücksichtigung einer durch den Kläger zu tragenden Selbstbeteiligung iHv 153,00 EUR aus dem Unfallereignis vom 2.6.2005 auf der Ortsverbindungsstraße zwischen ▪▪▪ und ▪▪▪ für den am versicherten PKW ▪▪▪ mit dem amtl. Kennzeichen ▪▪▪ eingetretenen Glasbruchschaden Versicherungsschutz zu gewähren hat.

2. Es wird festgestellt, dass die Beklagte sich mit der Gewährung des Versicherungsschutzes mindestens seit dem 3.3.2006 in Verzug befindet.

3. Die Beklagte trägt die Kosten des Rechtsstreits.

4. Dem Kläger wird nachgelassen, jegliche Sicherheitsleistung durch Bürgschaft eines deutschen Kreditinstituts zu erbringen.

5. Im Falle des Vorliegens der gesetzlichen Voraussetzungen beantragen wir den Erlass eines Anerkenntnis-/Versäumnisurteils.

Begründung:

I. Parteirollen

Der Kläger war vom 19.2.2004 bis zum 16.6.2005 Versicherungsnehmer der zu Ziffer 1) unter der Versicherungsscheinnummer bei der Beklagten abgeschlossenen Kraftfahrtversicherung.

Neben einer Kfz-Haftpflichtversicherung war für den versicherten PKW ▪▪▪ mit dem amtl. Kennzeichen ▪▪▪ im Rahmen der Fahrzeugversicherung eine Teilkaskoversicherung mit einer Selbstbeteiligung iHv 153,00 EUR vereinbart.

Beweis: für das Gericht beigefügte Fotokopie des Versicherungsscheins vom ▪▪▪ als Anlage K 1

II. Versichertes Risiko „Glasbruchschäden"

Dem vorgenannten Versicherungsvertrag haben die Allgemeinen Bedingungen für die Kraftfahrtversicherung (AKB) der Beklagten, Stand: 1.1.2004, zugrunde gelegen.

Beweis: für das Gericht beigefügte Kopie der genannten AKB als Anlage K 2

Der Umfang des Versicherungsschutzes aus der Fahrzeugversicherung ergibt sich unter Hinweis auf die Anlage K 2 aus § 12 (1) I. i) AKB im Hinblick auf die Versicherung von Bruchschäden an der Verglasung des Fahrzeugs.

Beweis: wie vor

III. Eintritt des Versicherungsfalls

Am 2.6.2005, nachmittags gegen 15.00 Uhr, verunfallte das bei der Beklagten teilkaskoversicherte Kfz auf einer Fahrt von ■■■ nach ■■■. Fahrzeugführerin des versicherten PKW des Klägers war zu dieser Zeit seine Tochter, Frau ■■■.

Die Tochter und nunmehrige Zeugin ■■■ geriet infolge eines Fahrfehlers auf die Gegenfahrbahn, kollidierte dort mit einem entgegenkommenden PKW, wobei der versicherte PKW in der Folge von der Fahrbahn abkam und gegen einen Baum prallte.

Hierbei gingen sowohl die Seitenscheiben der vorderen beiden Türen als auch sämtliche Frontscheinwerfer und die in den vorderen Kotflügeln angebrachten Seitenblinker des versicherten PKW zu Bruch. Ebenfalls wurde der linke Außenspiegel abgerissen und ging zu Bruch.

Beweis: 1. Zeugnis der Frau ■■■, zu laden über die Anschrift des Klägers

2. Fotokopien der im Termin im Original vorzulegenden Fotos des PKW ■■■

Damit ist der Versicherungsfall „Glasbruch" eingetreten.

Am 7.6.2005 hat der Kläger der Beklagten den Haftpflicht- als auch den Kaskoschaden schriftlich gemeldet.

Beweis: für das Gericht beigefügte Fotokopie der Schadenanzeige vom 7.6.2005 als Anlage K 3

IV. Ablehnungsgründe der Beklagten

Die Beklagte hat eine Gewährung von Versicherungsschutz für die aufgezählten Glasbruchschäden verweigert und einerseits auf grob fahrlässiges Verhalten (§ 61 VVG), andererseits auf eine angebliche Repräsentantenstellung der Fahrzeugführerin und Zeugin, Frau ■■■, hingewiesen.

1. Keine grobe Fahrlässigkeit

Bezüglich des Vorliegens grober Fahrlässigkeit bezieht sich die Beklagte darauf, dass die Zeugin ■■■ am Unfallort angegeben hätte, aufgrund vorangegangenem Stress an der Arbeitsstelle kurz eingenickt zu sein.

Zunächst einmal ist darauf hinzuweisen, dass, da es sich bei der Zeugin ■■■ nicht um die Versicherungsnehmerin der Beklagten handelt, der Vorwurf und Einwand einer grob fahrlässigen Herbeiführung des Versicherungsfalls nur bei einer vorliegenden Repräsentantenstellung der Zeugin greift.

Es mag sein, dass die Zeugin ■■■ eine Angabe, eingenickt zu sein, gegenüber der Polizei gemacht hat, da dies für sie eine mögliche Erklärung für den Unfall gewesen ist. Allerdings ist zu berücksichtigen, dass die Zeugin ■■■ durch den Unfall selbst erheblich verletzt worden war. Sie erlitt eine Nasenfraktur, eine Brustbeinprellung, eine Quetschung des linken Fußes und ein Schädelhirntrauma I. Grades. Die polizeiliche Vernehmung erfolgte, während die Zeugin ■■■ in der Notfallambulanz des Krankenhauses ■■■ versorgt wurde.

Beweis: 1. Aktenvermerk über die von der Zeugin ■■■ erlittenen Verletzungen als Anlage K 4

2. Aktenvermerk des Polizeihauptmeisters ■■■ als Anlage K 5

3. Zeugnis der Frau ■■■

Ungeachtet der Frage, ob die Zeugin ■■■ tatsächlich kurz eingenickt war oder nicht, und ungeachtet der später zu behandelnden Frage ihrer Repräsentanteneigenschaft, liegt ein zur Leistungsfreiheit gem. § 61 VVG führendes grob fahrlässiges Verhalten nicht vor.

Die Zeugin ■■■ befand sich auf der Heimfahrt von ihrem Arbeitsplatz. Sie hat zur Unfallzeit eine Ausbildung als Krankenschwester im Krankenhaus ■■■ absolviert. Von dort zu ihrem Wohnort ■■■ sind es nur 12 km gewesen. Die Strecke führt über ■■■ und ■■■, wobei die Fahrt etwa 20 Minuten dauert und der Unfall nach etwa 9 bis 10 km Fahrt geschah.

Beweis: Zeugnis der Frau ■■■

Aufgrund einer Dienstbesprechung kurz vor ihrem Feierabend war die Zeugin aufgewühlt. Sie musste weder deshalb noch aufgrund der Kürze der Fahrt mit einem Einnicken rechnen. Sie war am Abend vor dem Unfall gegen 22.00 Uhr ins Bett gegangen und hatte von 6.00 Uhr bis 14.30 Uhr gearbeitet. Sie war bei der Abfahrt nicht müde gewesen und hatte vor dem Unfall auch keinerlei auf ein „Einnicken" hindeutende Umstände festgestellt.

Beweis: wie vor

Selbst bei einem unterstellten, vom Kläger aber bestrittenen, Einnicken der Zeugin ■■■, liegt grob fahrlässiges Verhalten in subjektiver Hinsicht nicht vor (OLG Frankfurt/Main VersR 1998, 973).

Denn auch deutliche Vorzeichen einer Ermüdung zwingen den Fahrer nicht zu einer sofortigen Unterbrechung der Fahrt, so dass auch aus diesem Grund grob fahrlässiges Verhalten nicht vorliegt (OLG München VersR 1995, 288).

Die Beklagte hat bei ihrer Ablehnung verkannt, dass ein grob fahrlässiges Verhalten nicht nur in objektiver Hinsicht, sondern auch in subjektiver Hinsicht gegeben sein muss.

Beweisbelastet sowohl für das Vorliegen objektiver als auch subjektiver grober Fahrlässigkeit ist die Beklagte.

Schon vor Jahren hat das OLG Dresden einen sog. Sekundenschlaf nicht als subjektiv grob fahrlässig bewertet (OLG Dresden, Urt. v. 8.2.2001 – 4 U 2447/00, beigefügt als Anlage K 6).

2. Keine Repräsentanteneigenschaft der Zeugin ■■■

Selbst bei Annahme eines objektiv als auch subjektiv grob fahrlässigen Verhaltens der Zeugin ■■■ ist die Beklagte zur Gewährung von Versicherungsschutz verpflichtet, da es sich bei der Zeugin nicht um eine Repräsentantin des Klägers als des Versicherungsnehmers handelt. Hierfür reicht die überwiegende Nutzung des versichert gewesenen PKW ■■■ durch die Zeugin ■■■ gegenüber der geringeren Nutzung des PKW durch den Kläger nicht aus (OLG Koblenz VersR 2005, 1577; OLG Frankfurt VersR 2005, 1232).

Denn der Kläger hat sich nicht vollständig aus der Verfügungsbefugnis und Verantwortlichkeit für den versicherten PKW begeben, was schon daran deutlich wird, dass er die Schadensanzeige (Anlage K 3) ausgefüllt hat und er als Versicherungsnehmer in seinem Versicherungsantrag vom 17.2.2004 angegeben hat, dass das versicherte Fahrzeug durch ihn, seine Ehefrau und seine Tochter, die Zeugin, genutzt werde und er der Halter des Fahrzeugs sei.

Beweis: Kopie des Versicherungsantrags/Deckungsauftrags zur Kraftfahrtversicherung vom 17.2.2004 als Anlage K 7

V. Feststellungsinteresse des Klägers

Eine Bezifferung der Höhe des Glasbruchschadens ist dem Kläger nicht möglich. Nach seiner Kenntnis hat die Beklagte über den Fahrzeugschaden ein Gutachten eingeholt. Allerdings hat sie dem Kläger das etwaig eingeholte Gutachten nicht zur Verfügung gestellt, so dass der Kläger die Höhe des Glasbruchschadens nicht kennt.

Mit vorgerichtlichem Anwaltsschreiben vom 19.4.2006 wurde die Beklagte zu einer Überlassung des Gutachtens aufgefordert. Mit Antwortschreiben vom 21.4.2006 hat sich die Beklagte zu dieser Aufforderung nicht positioniert.

Da außerdem Meinungsverschiedenheiten über die Höhe des Glasbruchschadens nicht ausgeschlossen werden können, ist im Hinblick auf das in den AKB in § 14 vereinbarte Sachverständigenverfahren ein Feststellungsinteresse des Klägers auch aus diesem Grund gegeben.

VI. Verzug der Beklagten

Die Beklagte befindet sich mindestens seit dem 3.3.2006 in Verzug. Denn sie hat mit einem Schreiben vorgenannten Datums unmittelbar gegenüber dem Kläger die Ablehnung der Gewährung einer Versicherungsleistung aus dem hier streitgegenständlichen Versicherungsfall erklärt.

Beweis im Bestreitensfall: Vorlage des Ablehnungsschreibens der Beklagten vom 3.3.2006 im Termin zur mündlichen Verhandlung

Der Kläger geht vorrangig davon aus, dass die Beklagte gem. § 15 (1) S. 1 und 2 AKB, § 11 Abs. 1 und 2 VVG sich mindestens seit dem 3.3.2006 in Verzug befindet.

Gem. § 15 (1) S. 1 AKB ist die Entschädigung innerhalb von zwei Wochen nach ihrer Feststellung fällig.

Das nach Kenntnis des Klägers durch die Beklagte eingeholte Schadensgutachten hat die Beklagte dem Kläger nicht zur Kenntnis gegeben. Der Kläger geht davon aus, dass die Beklagte das Gutachten unmittelbar nach seiner Meldung des Versicherungsfalls veranlasst hat. Denn der Versicherer muss nach den mit der gebotenen Eile vorzunehmenden nötigen Erhebungen die Feststellung von Grund und Höhe der Entschädigung treffen. Bei einer Verzögerung der Erhebungen ist der Zeitpunkt entscheidend, zu dem die Feststellungen bei ordnungsgemäßem Vorgehen hätten getroffen werden können (vgl *Knappmann*, in: Prölss/Martin, VVG, 27. Aufl., § 15 AKB Rn 1).

Der Kläger kann aus eigenem Wissen nicht angeben, wann die Beklagte Einsicht in die polizeiliche bzw staatsanwaltschaftliche Unfall-/Ermittlungsakte bekommen hat und sie frühestens zu einer Feststellung der Entschädigung gem. § 15 (1) AKB in der Lage gewesen ist.

Somit kann sich der Kläger im Hinblick auf den Verzug der Beklagten im Moment nur auf das Ablehnungsschreiben der Beklagten vom 3.3.2006 stützen, denn bei einer Ablehnung durch den Versicherer tritt die Fälligkeit sofort ein (vgl *Knappmann*, in: Prölss/Martin, aaO).

Der Kläger behält sich deshalb die Geltendmachung etwa weitergehenden Verzugsschadens vor.

Aus den genannten Gründen ist der Klage stattzugeben.

VII. Örtliche Zuständigkeit des Amtsgerichts ▪▪▪

Da der streitgegenständliche Versicherungsvertrag durch die Filialdirektion ▪▪▪ der Beklagten betreut worden ist, ist das Amtsgericht ▪▪▪ gem. § 21 ZPO für den Rechtsstreit örtlich zuständig.

Rechtsanwalt

Muster: Klageerwiderung – Anspruch aus Teilkaskoversicherung **98**

 138

An das Amtsgericht ▪▪▪

Klageerwiderung

In dem Rechtsstreit

▪▪▪ [Kläger] ./. ▪▪▪ [Beklagte]

Az ▪▪▪

wird beantragt:

1. die Klage abzuweisen;

2. die Kosten des Rechtsstreits trägt der Kläger;

3. der Beklagten im Fall einer Verurteilung nachzulassen, die Vollstreckung durch Hinterlegung oder Sicherheitsleistung abzuwenden, welche auch in Form einer Bürgschaft durch eine deutsche Großbank erbracht werden kann, ohne Rücksicht auf eine Sicherheitsleistung des Klägers.

Begründung:

Die Klage ist nicht begründet.

Die Beklagte kann sich erfolgreich auf den objektiv als auch subjektiv vorliegenden Risikoausschluss der grob fahrlässigen Herbeiführung des Versicherungsfalls berufen. Der Kläger muss sich das Verhalten seiner Tochter, der Fahrzeugführerin und Zeugin Frau ▪▪▪, zurechnen lassen.

1. Vorliegen einer Versicherung für fremde Rechnung gem. § 74 ff VVG

Es trifft zu, dass der Kläger formell der Versicherungsnehmer der bei der Beklagten für den in der Klageschrift genannten PKW abgeschlossenen Teilkaskoversicherung gewesen ist.

Allerdings hat er die Fahrzeugversicherung nicht für sich, sondern für seine Tochter, die Fahrzeugführerin und Zeugin Frau ▪▪▪, abgeschlossen.

Auf ausdrückliche Nachfrage der Beklagten hat der Kläger mit Schreiben vom 9.9.2005 gegenüber der Beklagten erklärt, dass sämtliche Kosten für den versicherten PKW nicht von ihm, sondern von seiner Tochter, der Fahrzeugführerin und Zeugin Frau ▪▪▪, getragen werden.

Beweis: Kopie des Schreibens des Klägers vom 9.9.2005 als Anlage B1

Die Beklagte geht davon aus, dass der versicherte PKW eigentumsrechtlich nicht dem Kläger, sondern der Tochter des Klägers und Zeugin Frau ▪▪▪, zuzuordnen ist.

Versichert der Versicherungsnehmer eine Sache, die im fremden Eigentum steht, handelt es sich um eine sog. Versicherung für fremde Rechnung. Dafür gelten die Vorschriften §§ 74 – 79 VVG.

Nach § 79 Abs. 1 VVG wird dem Versicherungsnehmer das Verhalten des Versicherten zugerechnet. Das grob fahrlässige Verhalten der Zeugin ▪▪▪ schadet deshalb dem Kläger als Versicherungsnehmer und führt gem. § 61 VVG zur Leistungsfreiheit der Beklagten.

Die Beklagte geht davon aus, dass der Kläger den seiner Tochter gehörenden PKW bei ihr als Zweitwagen versichert hat, damit seine Tochter als Fahranfängerin eine günstigere Versicherungseinstufung und damit günstigere Beitragszahlungen erhält.

2. Zeugin ▪▪▪ als Repräsentantin des Klägers

Abgesehen davon, dass dem Kläger das Verhalten der Zeugin über § 79 Abs. 1 VVG zugerechnet wird, ist die Zeugin auch als Repräsentantin des Klägers anzusehen.

Nach herrschender Rechtsprechung ist Repräsentant, wer in den Geschäftsbereich, zu dem das versicherte Risiko gehört, aufgrund eines Vertretungs- oder ähnlichen Verhältnisses an die Stelle des Versicherungsnehmers getreten ist.

Der Repräsentant ist befugt, selbständig in einem gewissen, nicht ganz unbedeuteten Umfang für den Versicherungsnehmer zu handeln; er nimmt dem Versicherungsnehmer also die Risikoverwaltung ab.

Für die Repräsentanteneigenschaft ist nicht erforderlich, dass der Dritte auch Rechte und Pflichten aus dem Versicherungsvertrag wahrzunehmen hat (BGH VersR 1996, 1229, 1230; 1993, 828).

Die Zeugin ▪▪▪ hat nicht nur die laufenden Kosten für das versicherte Fahrzeug allein und vollumfänglich getragen. Nach Angaben des Klägers hat seine Tochter und Zeugin ▪▪▪ auch eigenständig die Fahrzeugwartungen und die Vorführung des Fahrzeugs zur Hauptuntersuchung veranlasst.

Es steht deshalb fest, dass der Kläger der Zeugin die Risikoverwaltung über das versicherte Kfz übertragen hatte.

Allein die Tatsache, dass das Fahrzeug noch durch weitere Personen und den Kläger benutzt wurde, dies bestreitet die Beklagte mit Nichtwissen, schließt eine Repräsentantenstellung der Zeugin ▪▪▪ nicht aus.

3. Grobe Fahrlässigkeit der Zeugin ▪▪▪

Da das Verhalten der Zeugin ▪▪▪ dem Kläger einerseits über § 79 Abs. 1 VVG und andererseits über deren Repräsentantenstellung zugerechnet werden kann, ergibt sich eine Leistungsfreiheit der Beklagten, weil die Zeugin ▪▪▪ den Versicherungsfall grob fahrlässig herbeigeführt hat.

Sie hat gegenüber den unfallaufnehmenden Polizeibeamten – unstreitig – angegeben, kurz eingenickt und deshalb von der Fahrbahn abgekommen zu sein.

Soweit der Kläger die von der Zeugin gegenüber der Polizei gemachte Angabe durch eigene Verletzungen der Zeugin zu relativieren versucht, überzeugt sein Vorbringen nicht.

Zunächst einmal entspricht erfahrungsgemäß die unmittelbar nach einem Unfall abgegebene Erstschilderung des Unfallhergangs und der Unfallursache häufig den Tatsachen.

Untermauert wird dies dadurch, dass die Zeugin ▪▪▪ wegen des hier streitgegenständlichen Unfalls durch das AG ▪▪▪ wegen fahrlässiger Straßenverkehrsgefährdung zu einer Geldstrafe verurteilt und ihr die Fahrerlaubnis für sechs Monate entzogen worden ist.

Das Abkommen von der Fahrbahn infolge Einnickens ist eine Außerachtlassung der im Verkehr erforderlichen Sorgfalt in besonders hohem Maße.

Da jedem Einschlafen bzw Einnicken Ermüdungsanzeichen vorausgehen, ist der Zeugin ▪▪▪ auch in subjektiver Hinsicht ein besonders schwerwiegender Sorgfaltsverstoß vorzuwerfen.

So ist gerade im Fall einer Krankenschwester ein Einschlafen auf der Heimfahrt nach einem 16-stündigen Arbeitstag von der Rechtsprechung als grob fahrlässig bewertet worden (OLG Nürnberg zfs 1987, 277).

Außerdem waren dem Abkommen von der Fahrbahn Ermüdungsanzeichen vorausgegangen, auf die die Zeugin ▪▪▪ reagieren und daher das Fahrzeug hätte abstellen müssen.

So hat der hinter der Zeugin fahrende Zeuge ▪▪▪ bereits 2 km vor dem Unfallereignis Auffälligkeiten in der Fahrweise der Zeugin ▪▪▪ festgestellt. Der Zeuge hat wahrgenommen, dass die Zeugin ▪▪▪ beim Durchfahren einer Rechtskurve trotz geringer Geschwindigkeit weit auf die Gegenfahrbahn geraten war und dabei eine durchgezogene Linie (Verkehrszeichen 295) überfahren hatte. Erst kurz vor dem linken Fahrbahnrand konnte die Zeugin ▪▪▪ das versicherte Fahrzeug durch ein abruptes Nachrechtslenkmanöver wieder auf ihre Fahrbahn zurückbringen.

Beweis: Zeugnis des Herrn ▪▪▪

Das von dem Zeugen ▪▪▪ wahrgenommene Fahrverhalten der Zeugin ▪▪▪ etwa 2 km vor der Unfallstelle lässt nur den Schluss zu, dass der Zeugin ▪▪▪ bereits zu diesem Zeitpunkt kurz die Augen zugefallen waren und sie gerade noch einen Unfall hatte verhindern können.

Soweit der Kläger behauptet hat, die Zeugin sei aufgrund einer Dienstbesprechung kurz vor Feierabend aufgewühlt gewesen, sie habe weder deshalb noch aufgrund der Kürze der Fahrt mit einem Einnicken rechnen müssen, sie sei am Abend vor dem Unfall gegen 22.00 Uhr ins Bett gegangen und habe am Folgetag von 6.00 Uhr bis 14.30 Uhr gearbeitet, sie sei bei der Abfahrt nicht müde gewesen und habe vor dem Unfall auch keinerlei auf ein Einnicken hindeutende Umstände festgestellt, bestreitet die Beklagte diese Behauptungen mit Nichtwissen.

Das Einnicken der Zeugin ▪▪▪ unmittelbar vor dem Unfall war für den Unfall auch kausal. Wäre die Zeugin nicht eingenickt, hätte sie die Fahrt gemeistert und wäre nicht von der Fahrbahn abgekommen.

Ein anderer Grund für das Abkommen von der Fahrbahn ist ohnehin nicht erkennbar.

Bei freier, verständiger und vollständiger Würdigung der Tatsachen und Indiztatsachen gem. § 286 ZPO unter Berücksichtigung der Wahrnehmung des Zeugen ▪▪▪ verbleibt als plausible Unfallursache nur das von der Zeugin ▪▪▪ gegenüber der Polizei zugestandene Einnicken.

Zusammenfassend ist festzustellen, dass sowohl in objektiver als auch in subjektiver Hinsicht grob fahrlässiges Verhalten bei der Zeugin ▪▪▪ vorgelegen hat und das Verhalten der Zeugin dem Kläger als Versicherungsnehmer sowohl über § 79 Abs. 1 VVG als auch über eine Repräsentantenstellung der Zeugin zuzurechnen ist.

Die Klage ist deshalb abzuweisen.

Rechtsanwalt

99 **Muster: Replik – Anspruch aus Teilkaskoversicherung**

An das Amtsgericht ▄▄▄

Replik

In dem Rechtsstreit

▄▄▄ [Kläger] ./. ▄▄▄ [Beklagte]

Az ▄▄▄

repliziert der Kläger auf die Klageerwiderung der Beklagten vom ▄▄▄ wie folgt:

Das von der Beklagten der Zeugin ▄▄▄ unterstellte grob fahrlässige Verhalten ist dem Kläger weder über § 79 Abs. 1 VVG noch über eine Repräsentantenstellung der Zeugin zuzurechnen.

1. Der Kläger bestreitet das Vorliegen einer Fremdversicherung für seine Tochter und Zeugin ▄▄▄.

Es trifft zwar zu, dass die Zeugin ▄▄▄ die Unterhaltskosten für das versicherte Kfz getragen hat. Dieses war aber allein die Gegenleistung der Zeugin ▄▄▄ dafür, dass der Kläger ihr die Nutzung des Fahrzeugs erlaubte.

Beweis: Zeugnis der Frau ▄▄▄

Der Kläger weist auch darauf hin, dass er allein den Kaufpreis für das Fahrzeug aufgewandt und das Fahrzeug auf seinen eigenen Namen erworben hat.

Beweis: Fotokopie des Kaufvertrags vom ▄▄▄, als Anlage K7 beigefügt

2. Für das Vorliegen einer Versicherung für fremde Rechnung ist die Beklagte beweisbelastet.

Der Kläger beruft sich zum Vorliegen einer eigenen Versicherung auf die zu seinen Gunsten eingreifende gesetzliche Vermutung des § 80 Abs. 1 VVG.

Die Beklagte muss diese Vermutung widerlegen und den etwaigen Beweis für das Vorliegen der von ihr behaupteten Versicherung für fremde Rechnung führen.

3. Eine Repräsentantenstellung der Zeugin ▄▄▄ wird nicht dadurch begründet, dass sie für das Fahrzeug Werkstatttermine und, im Übrigen nur einen Termin, zur Hauptuntersuchung des Fahrzeugs vereinbart hat.

Der Grund hierfür liegt allein darin, dass der Kläger der Zeugin ▄▄▄ die Nutzung des Fahrzeugs unter der Woche gestattet hatte. Da allgemein – und damit gerichtsbekannt – Fahrzeugwerkstätten und Prüfungsstellen für die Hauptuntersuchung nur werktags geöffnet haben, die Zeugin ▄▄▄ als Krankenschwester im Schichtdienst arbeiten musste und muss, hat der Kläger der Zeugin eigenständige Vereinbarungen für die Werkstatttermine aus Zweckmäßigkeitsgründen erlaubt, damit die Zeugin für die Vereinbarung der Werkstatttermine ihre Arbeitszeiten und beruflichen Verpflichtungen berücksichtigen konnte.

Beweis: Zeugnis der Frau ▄▄▄

Immer wieder machen Versicherer und auch Gerichte die Repräsentanteneigenschaft daran fest, wer die finanziellen Lasten des Fahrzeugs trägt. Allerdings hat die finanzielle Betreuung des Fahrzeugs mit der für eine Repräsentanteneigenschaft erforderlichen Risikoverwaltung des Fahrzeugs nichts zu tun.

Der Kläger hatte sich seiner Entscheidungen über das Fahrzeug nicht begeben. Im Gegenteil hatte er mit der Zeugin ▄▄▄ besprochen, wann und weshalb das Fahrzeug in eine Werkstatt fahren musste. Lediglich aus Vereinfachungs- und Zweckmäßigkeitsgründen hatte er der Zeugin ▄▄▄ eigenständige Terminvereinbarungen erlaubt.

Der Kläger hatte sich deshalb nicht vollständig der Verfügungsgewalt und tatsächlichen Betreuung des Fahrzeugs begeben.

4. Weiter wird mit Nichtwissen bestritten, dass die Zeugin ▪▪▪ etwa 2 km vor der späteren Unfallstelle infolge eines kurzen Einnickens von ihrer Fahrbahnhälfte abgekommen ist und das Kfz nur durch ein abruptes Nachrechtslenken wieder auf ihre Fahrbahnhälfte zurückgebracht hat.

Ein kurzes Abkommen von der eigenen Fahrbahnhälfte unterläuft nicht nur kurz einnickenden Fahrzeugführern, sondern ist überwiegend auf eine nur kurze Unaufmerksamkeit zurückzuführen.

Die Einwendungen der Beklagten greifen deshalb nicht, so dass der Klage stattzugeben ist.

Rechtsanwalt

E. Einwendungen des Versicherers

I. Obliegenheitsverletzungen des Versicherungsnehmers

Ein in der versicherungsrechtlichen und damit auch rechtsanwaltlichen Praxis äußerst bedeutsames Kapitel stellen Obliegenheitsverletzungen dar. Denn Versicherer berufen sich regelmäßig auf Leistungsfreiheit unter Hinweis auf Obliegenheitsverletzungen des Versicherungsnehmers. Von der umfassenden Kenntnis dieses Rechtsgebiets hängt häufig der Erfolg bzw Misserfolg des Rechtsstreits ab.

100

1. Definition und Arten von Obliegenheiten

Obliegenheiten sind entweder gesetzlich vorgeschriebene oder üblicherweise durch Allgemeine Versicherungsbedingungen oder durch sonstige vertragliche Vereinbarungen zwischen Versicherer und Versicherungsnehmer vereinbarte, allerdings nicht einklagbare Verhaltenspflichten des Versicherungsnehmers. Verletzungen von Obliegenheiten durch den Versicherungsnehmer führen als Rechtsfolge häufig zur Einschränkung oder zum Verlust des Versicherungsschutzes. Der Rechtsanwalt muss deshalb wissen, womit er Obliegenheitsverletzungseinwendungen des Versicherers wirksam begegnen und wie er seinen Mandanten gegen derartige Vorwürfe verteidigen kann. Beispiele für gesetzliche Obliegenheiten des Versicherungsnehmers sind das Verbot der Gefahrerhöhung (§ 23 VVG) oder die Rettungspflicht (§ 62 VVG).

101

Im Versicherungsvertragsrecht und damit auch in der Fahrzeugversicherung wird zwischen *vor* und *nach* Eintritt des Versicherungsfalls zu erfüllenden Obliegenheiten differenziert. Die Unterscheidung ist bedeutsam, weil sich daraus unterschiedliche Rechtsfolgen, insbesondere auch im Hinblick auf den Fortbestand des Versicherungsvertrags und die Wirksamkeit der Berufung des Versicherers auf die Obliegenheitsverletzung ergeben.

102

2. Obliegenheiten vor und nach Eintritt des Versicherungsfalls

a) Obliegenheiten vor Eintritt des Versicherungsfalls

Obliegenheiten, die in der Fahrzeugversicherung vor Eintritt des Versicherungsfalls zu erfüllen sind, sind in den meisten von den Fahrzeugversicherern verwendeten Versicherungsbedingungen in § 2 b AKB genannt. Der Versicherer darf dem Versicherungsnehmer als Obliegenheiten vor dem Versicherungsfall nur die in § 5 KfzPflVV genannten Obliegenheiten auferle-

103

gen. Zu den *vor* Eintritt des Versicherungsfalls zu erfüllenden Obliegenheiten gehören in der Kaskoversicherung gem. § 2 b (1) AKB u.a., das versicherte Fahrzeug nicht ohne die notwendige Fahrerlaubnis und nicht unter Beeinflussung alkoholischer Getränke zu führen.

b) Obliegenheiten nach Eintritt des Versicherungsfalls

104   Die Zulässigkeit vereinbarter Obliegenheiten, die *nach* Eintritt des Versicherungsfalls zu erfüllen sind, ist hingegen nicht gesetzlich beschränkt. Allerdings sind zu den Rechtsfolgen dieser Obliegenheiten die Vorschriften der §§ 6 und 7 KfzPflVV zu beachten.

105   Nach Eintritt des Versicherungsfalls zu erfüllende Obliegenheiten sind in § 7 AKB genannt. Zu den wichtigsten im Rahmen von § 7 AKB durch den Versicherungsnehmer zu beachtenden Obliegenheiten gehören die rechtzeitige und schriftliche Schadensmeldung des Versicherungsfalls gegenüber dem Versicherer sowie die Pflicht zur Aufklärung des Versicherers über die gesamten Umstände und Tatsachen des Versicherungsfalls. Außerdem ist in den üblicherweise verwendeten AKB in § 7 III. S. 2 für Entwendungs-, Brand- und Wildschäden ab einer bestimmten Schadenshöhe eine polizeiliche Anzeige erforderlich.

106   Im Rahmen der Aufklärungsobliegenheit ist der Versicherungsnehmer verpflichtet, alles zu tun, was zur Aufklärung des Tatbestands und zur Minderung des Schadens dienlich sein kann (§ 7 I. (2) S. 3 AKB). Er muss dem Versicherer sämtliche Informationen erteilen, deren der Versicherer zur Prüfung seiner Eintrittspflicht und zur Höhe der Versicherungsleistung bedarf. Zur Aufklärungsobliegenheit des Versicherungsnehmers gehört es, sich nicht unerlaubt vom Unfallort zu entfernen und am Unfallort die notwendigen Feststellungen zu treffen.

107   In der Regel erkundigt sich der Versicherer durch Schadensmeldeformulare bzw Schadensfragebögen beim Versicherungsnehmer über die ihn interessierenden Umstände. Im Rahmen der Kaskoversicherung verlangt der Versicherer vom Versicherungsnehmer Informationen über den genauen Schadenshergang und die genaue Schadensentstehung, bei Unfällen über die Person des Fahrers, über eine etwaige Alkoholisierung des Fahrers, in Entwendungsfällen über die Schlüsselverhältnisse des Fahrzeugs, über Anschaffungsdatum, Kaufpreis, Laufleistung und Vorschäden des versicherten Kfz.

108   In der Regel decken die Schadensfragebögen des Versicherers bereits eine Vielzahl von Auskunftserteilungen ab. Darüber hinaus erkundigen sich die Versicherer regelmäßig durch jeweilige gesonderte und individuelle Fragen. Der Versicherungsnehmer ist zur wahrheitsgemäßen Beantwortung der ihm gestellten Fragen verpflichtet. Beantwortet der Versicherungsnehmer einzelne Fragen nicht bzw lässt er deren Beantwortung offen, trifft den Versicherer, wenn er aus der Nichtbeantwortung eine Obliegenheitsverletzung einwenden will, nach der Rechtsprechung eine **Nachfragepflicht**.[38] Der Versicherer muss dadurch zum Ausdruck bringen, dass es ihm auf die Beantwortung der offengelassenen Fragen ankommt.

109   Mit der Deckungsablehnung durch den Versicherer endet die Pflicht des Versicherungsnehmers zur Erfüllung von Obliegenheiten.

3. Rechtsfolgen von Obliegenheitsverletzungen

110   Grundsätzlich sind im Rechtsstreit Obliegenheitsverletzungen des Versicherungsnehmers nur zu prüfen, wenn sich der Versicherer darauf beruft und er wegen der Obliegenheitsverletzung

---

38   OLG Hamm VersR 1996, 53; 1995, 1231.

Leistungsfreiheit einwendet und im Fall einer Obliegenheitsverletzung Leistungsfreiheit vereinbart ist.

Bei den Rechtsfolgen von Obliegenheitsverletzungen ist danach zu differenzieren, ob eine **111** Obliegenheit verletzt worden ist, die *vor* bzw *nach* Eintritt des Versicherungsfalls zu beachten gewesen ist.

a) Rechtsfolgen von Obliegenheitsverletzungen vor Eintritt des Versicherungsfalls

Bei einer Verletzung einer *vor* Eintritt des Versicherungsfalls zu beachtenden Obliegenheit **112** muss der Versicherer den Versicherungsvertrag gem. § 6 Abs. 1 VVG innerhalb eines Monats ab Kenntniserlangung der Obliegenheitsverletzung kündigen, andernfalls kann er sich nicht auf die Leistungsfreiheit berufen. Eine Kündigung ist erforderlich, wenn der Versicherungsnehmer die Obliegenheit verletzt hat oder dem Versicherungsnehmer die Obliegenheitsverletzung, zB durch einen Repräsentanten, zugerechnet werden kann.

Hat dagegen ein Fahrer, der nicht Repräsentant des Versicherungsnehmers gewesen ist, die **113** Obliegenheitsverletzung begangen, ist eine Kündigung. Eine Kündigung ist auch nicht erforderlich bei **Entfallen des versicherten Interesses**, also bei Untergang des Versicherungsobjekts infolge Zerstörung, oder wenn der Versicherungsvertrag bereits gekündigt gewesen ist oder aus anderen Gründen vor seiner Beendigung gestanden hat.

Der Versicherungsnehmer muss gem. § 6 Abs. 1 S. 1 VVG sein mangelndes Verschulden bzgl **114** der Obliegenheitsverletzung beweisen sowie gem. § 6 Abs. 2 VVG den Kausalitätsgegenbeweis führen. Der Versicherer ist beweisbelastet für die fristgerechte Kündigung und deren Zugang.

Streitig ist, ob eine vorvertragliche Obliegenheitsverletzung vor dem Eintritt des Versiche- **115** rungsfalls gleichzeitig zur Begründung einer Leistungsfreiheit des Versicherers wegen grob fahrlässiger Herbeiführung des Versicherungsfalls (§ 61 VVG) herangezogen werden kann. Ein Teil der Rechtsprechung hält das nicht für möglich, weil der Versicherer sonst das Kündigungserfordernis des § 6 Abs. 1 S. 3 VVG umgehen könnte.[39] Nach einem anderen Teil der Rechtsprechung kann die Berufung auf grobe Fahrlässigkeit auch dann erfolgen, wenn für den Eintritt des Versicherungsfalls auch eine Obliegenheitsverletzung des Versicherungsnehmers, die vor Eintritt des Versicherungsfalls zu erfüllen gewesen ist, ursächlich gewesen ist und der Versicherer nicht (rechtzeitig) gekündigt hat, weil beide Rechtsinstitute (Leistungsfreiheit nach Obliegenheitsverletzung und nach § 61 VVG) gleichrangig und unabhängig voneinander bestehen.[40]

b) Rechtsfolgen von Obliegenheitsverletzungen nach Eintritt des Versicherungsfalls

Für Obliegenheitsverletzungen *nach* Eintritt des Versicherungsfalls gilt gem. § 6 Abs. 3 S. 1 **116** VVG die Vermutung für Vorsatz bzw grobe Fahrlässigkeit des Versicherungsnehmers. Dieser muss die Verschuldensvermutung widerlegen.

Bei vorsätzlichen folgenlosen Obliegenheitsverletzungen ist die sog. **Relevanzrechtsprechung** **117** zu beachten. Relevant ist ein Verstoß danach nur, wenn er generell geeignet gewesen ist, die Interessen des Versicherers ernsthaft zu gefährden, und den Versicherungsnehmer ein gesteigertes Verschulden trifft.[41] Folgenlos ist die Obliegenheitsverletzung immer dann, wenn sie

---

39 OLG Karlsruhe r+s 1990, 177; OLG Hamm r+s 1989, 92.

40 KG r+s 1996, 277; OLG Saarbrücken VersR 1989, 397 (über die Obliegenheitsverletzung hinaus müssen noch weitere Umstände hinzutreten).

41 BGH VersR 2004, 1117.

sich nicht nachteilig auf die Feststellung des Versicherungsfalls und die Höhe der Versicherungsleistung auswirkt.

118 Eine Berufung des Versicherers auf Leistungsfreiheit wegen einer vorsätzlichen und folgenlosen Obliegenheitsverletzung des Versicherungsnehmers ist nach der sog. Relevanzrechtsprechung nur möglich, wenn der Versicherer zuvor den Versicherungsnehmer deutlich und hervorgehoben **schriftlich** darüber **belehrt** hat, dass eine vorsätzliche Obliegenheitsverletzung auch dann zur Leistungsfreiheit des Versicherers führen kann, wenn dem Versicherer daraus kein Nachteil entstanden ist.[42]

119 Ein Blick des Anwalts auf die Belehrung des Versicherers ist häufig lohnend, denn unvollständige oder fehlerhafte Belehrungen des Versicherers sind häufig Gegenstand von gerichtlichen Entscheidungen gewesen, so dass es lohnt, sich mit der entsprechenden und vielfältigen Rechtsprechung vertraut zu machen.

II. Leistungsfreiheit des Versicherers wegen Vorsatz oder grober Fahrlässigkeit (§ 61 VVG)

120 In der Schadensversicherung ist der Versicherer für einen durch den Versicherungsnehmer vorsätzlich oder grob fahrlässig herbeigeführten Schaden leistungsfrei. Auch im Rahmen der Fahrzeugversicherung verweigert der Versicherer nicht selten die Erbringung einer Versicherungsleistung mit dem Einwand grober Fahrlässigkeit. Grobe Fahrlässigkeit ist im VVG in § 61 geregelt.

121 Da es sich hierbei um eine Vorschrift über die Schadensversicherung handelt, muss der Versicherer bei *Haftpflicht*schäden generell für grobe Fahrlässigkeit des Versicherungsnehmers haften; in der Haftpflichtversicherung ist nur Vorsatz ausgeschlossen. Mittlerweile bieten auch in der Fahrzeugversicherung einige Versicherer Deckung für grob fahrlässig herbeigeführte Schäden bzw verzichten auf den Einwand grober Fahrlässigkeit. Diese Deckung muss, damit sich der Versicherer nicht auf § 61 VVG berufen kann, zwischen Versicherungsnehmer und Versicherer – meist durch eine Verzichtsklausel – vereinbart werden, die sich entweder aus dem Versicherungsschein selbst oder den vereinbarten AKB ergibt.

122 Der Begriff der **groben Fahrlässigkeit iSv** § 61 VVG ist mit demjenigen aus dem allgemeinen Zivilrecht identisch. Danach liegt grobe Fahrlässigkeit vor, wenn der Versicherungsnehmer die im Verkehr erforderliche Sorgfalt in besonders hohem Maße außer Acht lässt und das Nächstliegende, das jedem in der gegebenen Situation hätte einleuchten müssen, nicht beachtet.[43]

123 Das Verhalten des Versicherungsnehmers muss sowohl in objektiver als auch in subjektiver Hinsicht grob fahrlässig sein. In subjektiver Hinsicht ist deshalb ein unentschuldbares Fehlverhalten des Versicherungsnehmers Voraussetzung. In seiner früheren Rechtsprechung hat der BGH zur Abgrenzung zwischen „normaler" und grober Fahrlässigkeit auf ein Augenblicksversagen, also auf eine nur ganz kurze momentane Unaufmerksamkeit, abgestellt. Diese Rechtsprechung gilt heute nicht mehr ohne Weiteres. Liegt grob fahrlässiges Verhalten in objektiver Hinsicht vor, lässt dies eine Schlussfolgerung auch auf subjektiv unentschuldbares Fehlverhalten des Versicherungsnehmers zu. Allerdings ist der Versicherer für sämtliche Tatbestandsvoraussetzungen der groben Fahrlässigkeit, also auch für die subjektive Seite, darlegungs- und beweisbelastet.

---

42 BGH VersR 1967, 593.
43 BGH VersR 1989, 141.

Damit sich der Versicherer auf Leistungsfreiheit wegen grober Fahrlässigkeit berufen kann, muss das dem Versicherungsnehmer vorgeworfene grob fahrlässige Verhalten für den Eintritt des Versicherungsfalls **kausal** geworden sein. Im Fall einer Kfz-Entwendung muss der Versicherer, wenn er sich wegen eines im Kfz zurückgelassenen Ersatzschlüssels auf grobe Fahrlässigkeit beruft, darlegen und beweisen, dass das Kfz mit dem im Fahrzeug zurückgelassenen Schlüssel entwendet worden ist.[44] — 124

Die Rechtsprechung zur groben Fahrlässigkeit ist vielfältig und nicht immer einheitlich.[45] Als grob fahrlässig wurde zB angesehen: — 125

- das Überfahren einer auf Rotlicht stehenden Ampel bzw eines Stoppschildes,[46]
- das Bücken nach einer heruntergefallenen Kassette während der Fahrt[47] bzw das Herausholen von Gegenständen aus dem Handschuhfach während der Fahrt,[48]
- das Führen eines Kfz unter Alkoholeinfluss,[49]
- das Hängenbleiben eines LKW-Aufbaus an einer Brücke,[50]
- das Zurücklassen des Kfz-Schlüssels in einer Jacke bzw einem Mantel in einer Gaststätte.[51]

III. Leistungsfreiheit des Versicherers wegen Nichtzahlung der Erstprämie

Häufige Auseinandersetzungen zwischen Versicherungsnehmer und Versicherer gibt es, wenn sich der Versicherer auf Leistungsfreiheit für einen Versicherungsfall wegen Nichtzahlung der Erstprämie beruft. Hier besteht vielfach für den Versicherungsnehmer eine Chance, dem Einwand der Leistungsfreiheit erfolgreich zu begegnen. Insbesondere lohnt für den Rechtsanwalt und seinen Mandanten häufig eine genaue Prüfung der Prämienanforderung des Versicherers. — 126

Die Zahlung der Erstprämie durch den Versicherungsnehmer ist Voraussetzung für die Begründung des Versicherungsschutzes. Grundsätzlich muss der Versicherungsnehmer für die Prämienfälligkeit den Versicherungsschein erhalten haben (§ 35 VVG). — 127

Hat der Versicherer dem Versicherungsnehmer **vorläufige Deckung** gewährt, muss der Versicherer wegen des möglichen rückwirkenden Wegfalls des Versicherungsschutzes bei Nichtzahlung der Prämie den Versicherungsnehmer auf dieses Risiko und die damit verbundene Rechtsfolge besonders hinweisen. — 128

Ist der Versicherungsvertrag nach dem gebräuchlichen Policenmodell zustande gekommen, beginnt die Frist für die Prämienzahlungspflicht (§ 1 (4) AKB) des Versicherungsnehmers frühestens mit Ablauf der Widerspruchsfrist des § 5a VVG. Eine durch den Versicherer zu kurz bemessene Prämienzahlungsfrist macht die Prämienanforderung unwirksam. Bei einer Nichtzahlung der Erstprämie kann sich der Versicherer dann nicht auf Leistungsfreiheit berufen. — 129

---

44 OLG Köln zfs 2001, 417; OLG Celle VersR 1998, 314; OLG Köln r+s 1996, 14; OLG Hamm r+s 1996, 296.
45 Eine recht umfangreiche Darstellung von Einzelfällen grob fahrlässigen Handelns bzw auch nicht grob fahrlässigen Handelns in der Kaskoversicherung findet sich bei *Stiefel/Hofmann*, § 61 VVG Rn 27–40.
46 BGH NJW 1992, 2418; OLG Hamm zfs 1998, 262.
47 OLG Köln VersR 2001, 1531.
48 OLG Stuttgart VersR 1999, 1359.
49 BGH VersR 1989, 469, 470.
50 OLG Karlsruhe VersR 2004, 1305.
51 OLG Rostock zfs 2006, 32; OLG Köln VersR 1998, 973; OLG München VersR 1994, 1060.

130 Da es sich bei der Kfz-Haftpflichtversicherung als auch bei der Kfz-Kaskoversicherung um selbständige Verträge handelt, muss der Versicherer für beide Verträge die Einzelprämien auswerfen und den Versicherungsnehmer für jede Sparte getrennt auf die Rechtsfolgen bei Nichtzahlung bzw nicht rechtzeitiger Zahlung der Erstprämie hinweisen. Der Versicherer muss bei der Darstellung der Einzelprämien sehr genau und mit großer Mühe vorgehen, da er beispielsweise auch getrennt nach den jeweiligen Sparten die jeweilige Versicherungssteuer angeben und auswerfen muss.

131 Für die Rechtzeitigkeit der Zahlung der Prämie kommt es nicht auf die Erfüllung seitens des Versicherungsnehmers und damit auf die Tilgung der Prämienschuld an. Der Versicherungsnehmer muss aber rechtzeitig die Leistungshandlung vorgenommen haben. Gem. § 36 Abs. 1 VVG handelt es sich bei der Prämienzahlung um eine Schickschuld. Es genügt also, wenn der Versicherungsnehmer die Prämie an seinem Wohnort „auf den Weg zum Versicherer bringt". Bei einer Banküberweisung muss die Bank den Überweisungsauftrag rechtzeitig ausgeführt haben.

132 Erteilt der Versicherungsnehmer dem Versicherer eine **Einzugsermächtigung**, wird die Prämie dadurch zur Holschuld. Es ist Sache des Versicherers, die Prämie vom Konto des Versicherungsnehmers abbuchen zu lassen. Allerdings muss der Versicherungsnehmer für ausreichende Deckung auf seinem Konto sorgen, wenn ihm der Versicherer die genaue Prämienhöhe und den Zeitpunkt des Prämieneinzugs mitgeteilt hat.

133 Generell ist wichtig, dass der Versicherer die Prämie zutreffend ausgewiesen und berechnet hat, da eine auch nur geringfügig falsch berechnete Prämie zur Unwirksamkeit der gesamten Prämienanforderung führt. Der Versicherer kann sich dann nicht auf Leistungsfreiheit wegen Nichtzahlung der Erstprämie berufen. Bei Vereinbarung einer vierteljährlichen Zahlungsweise ist die Anforderung der Halbjahresprämie durch den Versicherer fehlerhaft.

134 **Muster: Klage des Versicherungsnehmers gegen den Einwand der Leistungsfreiheit des Versicherers wegen Nichtzahlung bzw nicht rechtzeitiger Zahlung der Erstprämie**

An das Amtsgericht ■■■

Klage

des Herrn ■■■

– Kläger –

Prozessbevollmächtigte: RAe ■■■

gegen

die ■■■ Versicherung AG, vertreten durch den Vorstand, dieser vertreten durch den Vorstandsvorsitzenden, Herrn ■■■, ■■■

– Beklagte –

wegen: Feststellung der Gewährung von Versicherungsschutz

Streitwert (vorläufig): ■■■ EUR

Namens und in Vollmacht des Klägers erheben wir Klage mit den Anträgen:

1. Es wird festgestellt, dass die Beklagte dem Kläger aus der bei der Beklagten unter Versicherungsscheinnummer ■■■ abgeschlossenen Fahrzeugvollversicherung für den Versicherungsfall vom 1.7.2006 vereinbarungsgemäß Versicherungsschutz zu gewähren hat.

2. Die Beklagte trägt die Kosten des Rechtsstreits.

3. Dem Kläger wird nachgelassen, jegliche Sicherheitsleistung durch Bürgschaft eines deutschen Kreditinstituts zu erbringen.

4. Im Falle des Vorliegens der gesetzlichen Voraussetzungen beantragen wir den Erlass eines Anerkenntnis-/Versäumnisurteils.

Begründung:

I. Parteirollen

Der Kläger hat seit dem 1.6.2006 bei der Beklagten für seinen PKW der Marke ■■■, Modell ■■■, mit dem amtlichen Kennzeichen ■■■ eine Vollkaskoversicherung ohne Selbstbeteiligung abgeschlossen.

Bei dem genannten PKW des Klägers handelt es sich um ein Neufahrzeug, dass der Kläger erstmals am 1.6.2006 mit einer Versicherungsbestätigung der Beklagten zum Verkehr zugelassen hat. In der Versicherungsbestätigung hat die Beklagte für die Kaskoversicherung eine vorläufige Deckung erteilt.

Unter dem 15.6.2006 hat die Beklagte den Versicherungsschein erstellt. Dem Versicherungsschein waren die als Anlage K1 für das Gericht in Kopie beigefügten vereinbarten Allgemeinen Versicherungsbedingungen für die Kraftfahrversicherung (AKB) in der Fassung der Beklagten vom 1.1.2005 beigefügt.

Gem. § 13 Abs. ■■■ AKB hat der Versicherungsnehmer im Fall eines wirtschaftlichen Totalschadens innerhalb des ersten Jahres ab der Neuzulassung des versicherten Kfz einen Anspruch auf Neuwertentschädigung.

Beweis: Einsichtnahme in die AKB

Ebenfalls ergibt sich aus den AKB für die abgeschlossene Kaskoversicherung ein Deckungsschutz für Schäden durch Unfälle.

Gleichzeitig mit den übersandten AKB hat die Beklagte den Kläger auf sein Widerspruchsrecht gem. § 5a VVG hingewiesen.

Schließlich hat die Beklagte zugleich mit der übersandten Police die getrennt für die Haftpflichtversicherung und die Kaskoversicherung ausgewiesene jeweilige Erstprämie für den Zeitraum bis zum 31.12.2006 unter Fristsetzung auf den 15.7.2006 angefordert.

Beweis: Kopie der Erstprämienrechnung der Beklagten als Anlage K2

II. Eintritt des Versicherungsfalls

Am 1.7.2006 erlitt das Kfz des Klägers einen Unfallschaden, bei dem es total beschädigt worden ist, so dass es nach Begutachtung durch die Beklagte verschrottet werden musste. Ein Restwert hat sich nicht ergeben.

Unmittelbar nach dem Unfall hat der Kläger die Beklagte über den Versicherungsfall unterrichtet und die versicherungsvertraglich vereinbarte Neuwertentschädigung beansprucht.

III. Ablehnung der Versicherungsentschädigung durch die Beklagte

Die Beklagte hat mit Schreiben vom 22.7.2006 die Erbringung einer Kaskoentschädigung abgelehnt. Sie hat sich in dem Schreiben auf eine Nichtzahlung der Erstprämie durch den Kläger berufen und unter Hinweis auf § 38 Abs. 2 VVG ihre Leistungsfreiheit erklärt, da der Kläger die bis zum 15.7.2006 angeforderte Erstprämie nicht gezahlt hat.

Die Berufung der Beklagten auf Leistungsfreiheit wegen Nichtzahlung der Erstprämie erfolgt zu Unrecht.

Die Erstprämienanforderung durch die Beklagte war nicht ordnungsgemäß. Denn die Beklagte hat übersehen, dass für den Kläger zunächst die Widerspruchsfrist des § 5a Abs. 1 S. 1 VVG galt. Die Widerspruchsfrist beträgt 14 Tage.

Der Versicherungsschein vom 15.6.2006 ist dem Kläger mit der Prämienanforderung erst am 19.6.2006 zugegangen. Erst ab dem 19.6.2006 hat die 14-tägige Widerspruchsfrist des § 5a VVG zu laufen begonnen. Die Widerspruchsfrist war somit erst am 3.7.2006 abgelaufen. Gem. § 1 (4) S. 2 der vereinbarten AKB beträgt die Zahlungsfrist für die Erstprämie zwei Wochen nach Ablauf der Widerspruchsfrist des § 5a VVG.

Die Zahlungsfrist für die Erstprämie endete somit erst am 17.7.2006.

Die Beklagte kann sich nicht nur wegen der fehlerhaften Prämienanforderung nicht auf eine Leistungsfreiheit gem. § 38 Abs. 2 VVG berufen, sie trifft auch eine Verrechnungspflicht.

Denn wenn während der Zeit der vorläufigen Deckung und vor Ablauf der (ordnungsgemäß gesetzten) Zahlungsfrist der Versicherungsfall eintritt, muss der Versicherer seinen Anspruch auf die Erstprämie gegen den Anspruch des Versicherungsnehmers auf die Versicherungsleistung gem. § 242 BGB verrechnen (BGH VersR 1985, 877; OLG Köln VersR 1998, 1104; OLG Hamm VersR 1996, 1408; OLG Koblenz VersR 1995, 527).

Dem Kläger steht deshalb die vereinbarte Neupreisentschädigung abzüglich der Erstprämie zu.

Das versicherte Kfz wird serienmäßig nicht mehr hergestellt, das Nachfolgemodell kommt erst im Folgemonat auf den Markt. Erst dann wird dem Kläger der Neupreis des Nachfolgemodells bekannt sein, wobei ggf. dessen verbesserte Ausstattung im Hinblick auf die zu ersetzende Versicherungsleistung zu berücksichtigen sein wird.

Rechtsanwalt

---

135 **Muster: Klageerwiderung – Leistungsfreiheit des Versicherers wegen Nichtzahlung bzw nicht rechtzeitiger Zahlung der Erstprämie**

An das Amtsgericht ▪▪▪

Klageerwiderung

In dem Rechtsstreit

▪▪▪ [Kläger] ./. ▪▪▪ [Beklagte]

Az ▪▪▪

wird beantragt:

Die Klage wird abgewiesen.

Begründung:

Die Klage ist nicht begründet.

Die Beklagte hat sich zu Recht auf Leistungsfreiheit wegen Nichtzahlung der Erstprämie des Klägers berufen (§ 38 Abs. 2 VVG).

Unter Berücksichtigung des Sachvortrags des Klägers, dass der Versicherungsschein und die Erstprämienanforderung am 19.6.2006 zugegangen seien, hat unter Berücksichtigung der für den Kläger laufenden Widerspruchsfrist des § 5a Abs. 1 VVG von 14 Tagen die Zahlung der Erstprämie bis zum 17.7.2006 erfolgen müssen.

Denn die 14-Tage-Frist des § 5a Abs. 1 VVG hat ausgehend vom 19.6.2006, dem Zugang des Versicherungsscheins und der Prämienanforderung beim Kläger, nur bis zum 3.7.2006 gedauert.

Mithin hätte der Kläger die Erstprämie ab dem 4.7.2006 bis zum 17.7.2006 zahlen müssen.

Eine Zahlung ist allerdings nicht erfolgt.

Zu einer Verrechnung war die Beklagte nicht verpflichtet, da nach eigener Darlegung des Klägers die Höhe der Kaskoentschädigung nicht feststeht und die Versicherungsleistung somit nicht fällig gewesen ist.

Die Klage ist somit abzuweisen.

Rechtsanwalt

Muster: Replik – Leistungsfreiheit des Versicherers wegen Nichtzahlung bzw nicht rechtzeitiger Zahlung der Erstprämie

136

142

An das Amtsgericht ■■■

Replik

In dem Rechtsstreit

■■■ [Kläger] ./. ■■■ [Beklagte]

Az ■■■

repliziert der Kläger auf die Klageerwiderung der Beklagten vom ■■■ wie folgt:

In ihrer Klageerwiderung begeht die Beklagte einen entscheidenden Fehler. Die Beklagte kann die dem Kläger zu kurz bemessene Frist für die Zahlung der Erstprämie nicht durch eine andere, dem Kläger noch nicht einmal ausdrücklich gesetzte, Frist ersetzen.

Es ist unstreitig, dass die von der Beklagten dem Kläger gesetzte Zahlungsfrist für die Erstprämie unter Berücksichtigung von § 1 (4) S. 2 AKB teilweise in den Zeitraum der noch laufenden Widerspruchsfrist des § 5a Abs. 1 S. 1 VVG gefallen ist. Dadurch ist die gesamte Prämienanforderung der Beklagten unwirksam geworden. Denn gem. § 35 S. 1 VVG ist die Erstprämie nach dem Abschluss des Vertrags und gem. § 1 (4) S. 2 AKB innerhalb einer weiteren Zwei-Wochen-Frist zu zahlen.

Erst mit Ablauf der Widerspruchsfrist des § 5a Abs. 1 VVG ist der Versicherungsvertrag, da ein Widerspruch des Klägers nicht erfolgt ist, wirksam zustande gekommen.

Aufgrund der zu kurz bemessenen Zahlungsfrist war die Prämienanforderung insgesamt unwirksam.

Schließlich ist der Anspruch des Klägers auf die Versicherungsleistung erheblich werthaltiger als die Erstprämie für die Kaskoversicherung. Außerdem hat der Kläger gem. § 15 Nr. 1 AKB auch ohne endgültige Feststellung der Versicherungsleistung Anspruch auf angemessene Vorschüsse.

Der Neupreis des versicherten PKW hat 20.000,00 EUR betragen, die Prämienforderung beläuft sich auf nur 220,70 EUR.

Demnach muss die Beklagte bedingungsgemäß Versicherungsschutz gewähren.

Rechtsanwalt

IV. Leistungsfreiheit des Versicherers wegen Nichtzahlung der Folgeprämie

Die Rechtsfolgen der Nichtzahlung einer Folgeprämie ergeben sich aus § 39 VVG. Während bei § 38 VVG das Bestehen des Versicherungsschutzes von der Zahlung der Erstprämie abhängig ist, hat ein Verzug mit der Folgeprämie nicht notwendig den Verlust des Versicherungsschutzes zur Folge. Außerdem ist für den Verlust des Versicherungsschutzes bei Nichtzahlung einer Folgeprämie eine Mitwirkung des Versicherers in Form einer **qualifizierten Mahnung** des Versicherungsnehmers notwendig.

137

Eine qualifizierte Mahnung des Versicherers muss eine mindestens zweiwöchige Zahlungsfrist für den Versicherungsnehmer beinhalten (§ 39 Abs. 1 VVG). Die Zahlungsfrist beginnt frühestens mit dem Zugang der Mahnung beim Versicherungsnehmer. Knüpft der Versicherer die Zahlungsfrist nicht an den Zugang der qualifizierten Mahnung, sondern bestimmt er einen festen Zahlungstermin, ist die Fristsetzung nur wirksam, wenn dem Versicherungsneh-

138

mer zur Zahlung tatsächlich nach dem Zugang der Mahnung noch mindestens zwei Wochen bis zum gesetzten Zahlungstermin verbleiben.

139 Häufig wird durch den Versicherungsnehmer der Zugang einer qualifizierten Mahnung des Versicherers bestritten, so dass sich der Versicherer dann in einer Beweisnot befindet, wenn die Mahnung nicht mit Zugangsnachweis versandt wurde.

140 Außerdem muss der Versicherer die Prämienforderung genau bezeichnen. Dabei muss der Versicherer, wenn der Versicherungsnehmer, wie häufig in der Kraftfahrtversicherung, sich mit der Prämie sowohl für die Kfz-Haftpflichtversicherung als auch für die Kaskoversicherung in Verzug befindet, die jeweiligen Prämien als auch etwaige Mahnkosten und Zinsen gesondert ausweisen und den Versicherungsnehmer vollständig und zutreffend über die Rechtsfolgen der Nichtzahlung belehren. Zuvielforderungen des Versicherers führen zur Unwirksamkeit der Mahnung, ebenso eine nicht zutreffende oder unvollständige Belehrung. Erst nach fruchtlosem Ablauf der mit der qualifizierten Mahnung wirksam gesetzten Zahlungsfrist wird der Versicherer für danach eingetretene Versicherungsfälle gem. § 39 Abs. 2 VVG leistungsfrei, wenn der Versicherungsnehmer die Nichtzahlung verschuldet hat.

V. Leistungsfreiheit des Versicherers wegen Gefahrerhöhung

141 Im Einzelfall kann der Versicherer wegen Gefahrerhöhung leistungsfrei sein. Die Leistungsfreiheit wegen Gefahrerhöhung hat mehrere Voraussetzungen. Bei der Pflicht des Versicherungsnehmers, nach dem Abschluss des Versicherungsvertrags die Gefahr für das versicherte Risiko nicht (willentlich) zu erhöhen, handelt es sich um eine gesetzliche Obliegenheit des Versicherungsnehmers. Geregelt ist die Gefahrerhöhung in den Vorschriften der §§ 23 ff VVG.

142 Eine **Gefahrerhöhung** liegt vor, wenn nachträglich, also nach Abschluss des Versicherungsvertrags, dauerhaft für das versicherte Risiko eine höhere Schadenswahrscheinlichkeit eintritt, so dass der Versicherer den Versicherungsvertrag überhaupt nicht oder nicht zu der vereinbarten Prämie abgeschlossen hätte.[52] Wichtig für das Vorliegen einer Gefahrerhöhung ist eine gewisse Dauer des die Gefahr erhöhenden Risikozustands, so dass nur vorübergehend bzw kurzfristig eingetretene Risikoerhöhungen als bloße Gefahrsteigerungen anzusehen sind.[53]

143 Die Unterscheidung ist bedeutsam, weil das VVG an den Eintritt einer Gefahrerhöhung, wenn sich der Versicherer auf diese beruft, Rechtsfolgen knüpft, während entsprechende Rechtsfolgen bei bloßen Gefahrsteigerungen nur eintreten, wenn der Versicherungsnehmer nach den vertraglichen Vereinbarungen eine Gefahrsteigerung nicht hat vornehmen dürfen bzw hierfür der Versicherungsschutz ausgeschlossen ist.

144 Das klassische Beispiel einer bloßen Gefahrsteigerung, da es insofern an einem zeitlichen Dauermoment mangelt, ist eine **Trunkenheitsfahrt** mit dem kaskoversicherten Kfz. Allerdings stellt diese eine Obliegenheitsverletzung vor Eintritt des Versicherungsfalls gem. § 2 b (1) e) AKB dar.

145 Die Abgrenzung zwischen einer bloßen Gefahrsteigerung und einer echten Gefahrerhöhung ist nicht immer einfach. Benutzt der Versicherungsnehmer ein verkehrsunsicheres Fahrzeug nur einmal, handelt es sich um eine mitversicherte bloße Gefahrsteigerung. Benutzt er das

---

52 BGH VersR 2005, 218.
53 BGH VersR 1999, 484.

Thom

verkehrsunsichere Fahrzeug hingegen mehrmals, wird durch die Dauer der Benutzung aus der vorherigen Gefahrsteigerung eine Gefahrerhöhung.[54] Auch fallen beispielsweise mehrere Fahrten eines Epileptikers oder eines aus anderen Gründen nicht fahrtüchtigen Versicherungsnehmers in Kenntnis der die Fahruntüchtigkeit hervorrufenden Umstände unter den Begriff der Gefahrerhöhung.[55] Sobald der Versicherungsnehmer Kenntnis von der Gefahrerhöhung erhält, muss er diese dem Versicherer gem. § 23 Abs. 2 VVG anzeigen.

In der Rechtsprechung besteht Einigkeit, dass eine Gefahrerhöhung gem. § 23 VVG nur durch ein aktives Tun des Versicherungsnehmers, nicht dagegen durch ein Unterlassen verwirklicht werden kann. Allerdings knüpft das Gesetz auch Rechtsfolgen an das Verhalten des Versicherungsnehmers, wenn dieser eine anderweitig eingetretene Gefahr, also beispielsweise eine durch Dritte für die versicherte Sache hervorgerufene, gegen seinen Willen hervorgerufene Gefahr dem Versicherer nicht anzeigt. Die diesbezüglichen Rechtsfolgen sind in den §§ 27 und 28 VVG enthalten. **146**

In der Kaskoversicherung spielen Gefahrerhöhungen im Fall des **Verlustes von Fahrzeugschlüsseln** eine Rolle: Der Versicherungsnehmer verliert einen Fahrzeugschlüssel, er ergreift aber keine Sicherungsmaßnahmen in Form des Schlösserwechsels, das Fahrzeug wird dann später entwendet. Im Regelfall wird ein derartiges Verhalten von der Rechtsprechung als ein nach §§ 23, 25 VVG zur Leistungsfreiheit führendes gefahrerhöhendes Verhalten des Versicherungsnehmers angesehen.[56] Allerdings ist stets eine Einzelfallbetrachtung erforderlich. Insofern kommt es auf die Umstände des Schlüsselverlustes und die Möglichkeit der Identifizierung des Fahrzeugs durch den schlüsselauffindenden Dritten usw an.[57] Außerdem muss die Gefahrerhöhung für den Eintritt des Versicherungsfalls und für eine Leistungsfreiheit des Versicherers kausal geworden sein.[58] **147**

Für das Vorliegen einer Pflicht zur Anzeige einer Gefahrerhöhung müssen dem Versicherungsnehmer die gefahrerhöhenden Umstände bekannt sein. In einem Fall, in dem der Versicherungsnehmer den Verlust der Fahrzeugschlüssel erst ein Jahr nach der von ihm behaupteten Entwendung angezeigt hat, wäre der BGH bei einer Kausalität der Gefahrerhöhung von einer Leistungsfreiheit des Versicherers gem. § 28 Abs. 1 VVG ausgegangen.[59] Allerdings hat in dem vorgenannten vom BGH entschiedenen Fall keine Kausalität vorgelegen. Wegen der vom BGH in dieser Entscheidung in Bezug genommenen Vorschrift des § 28 Abs. 1 VVG handelt es sich bei dem Verlust von Fahrzeugschlüsseln nicht um eine (durch aktives Tun) vom Versicherungsnehmer vorgenommene Gefahrerhöhung iSv § 23 Abs. 1 VVG, sondern um eine ungewollte Gefahrerhöhung. **148**

Der Versicherungsnehmer ist in beiden Fällen, entweder gem. § 23 Abs. 2 VVG oder gem. § 27 Abs. 2 VVG, gegenüber dem Versicherer anzeigepflichtig. Die Unterscheidung zwischen einer Gefahrerhöhung iSv § 23 Abs. 1 VVG und einer ungewollten Gefahrerhöhung gem. § 27 Abs. 1 VVG ist jedoch im Hinblick auf die Rechtsfolgen bedeutsam, insbesondere für ein Kündigungsrecht des Versicherers und die Kündigungsfrist: Bei einer Gefahrerhöhung iSv § 23 Abs. 1 VVG kann der Versicherer im Fall des Verschuldens des Versicherungsnehmers das Versicherungsverhältnis fristlos kündigen (§ 24 Abs. 1 S. 1 VVG), bei fehlendem Verschulden des Versicherungsnehmers hat der Versicherer ein Kündigungsrecht mit Monatsfrist (§ 24 Abs. 1 S. 2 VVG). Bei einer ungewollt eingetretenen Gefahrerhöhung kann der Versicherer **149**

---

54 BGH VersR 1990, 80.
55 OLG Nürnberg VersR 2000, 46.
56 OLG Hamburg SP 1996, 423; OLG Nürnberg SP 1995, 279.
57 OLG Nürnberg SP 1995, 279.
58 BGH VersR 1996, 703, 704; OLG Hamburg SP 1996, 423.
59 BGH VersR 1996, 703, 704.

nur mit Monatsfrist kündigen (§ 27 Abs. 1 VVG). Will der Versicherer von seinem Kündigungsrecht Gebrauch machen, muss er in beiden Fällen die Kündigung innerhalb eines Monats ab Kenntnis der gefahrerhöhenden Umstände erklären.

150 Leistungsfreiheitstatbestände für den Versicherer ergeben sich für eine Gefahrerhöhung gem. § 23 VVG aus § 25 VVG und für eine ungewollte Gefahrerhöhung gem. § 27 Abs. 1 VVG aus § 28 VVG.

F. Fahrzeugdiebstahl

151 Bei dem über die Teilkaskoversicherung versicherten Entwendungsrisiko gilt es für den sachbearbeitenden Rechtsanwalt einige Besonderheiten zu beachten. In erster Linie betreffen die Besonderheiten die Darlegungs- und Beweislast.

I. Beweisanforderungen

152 Grundsätzlich muss in der Schadensversicherung der Versicherungsnehmer den Eintritt des Versicherungsfalls darlegen und nötigenfalls beweisen. Dies ist auch im Fall der Entwendung entweder des gesamten Fahrzeugs oder nur von Fahrzeugteilen nicht anders. Da Fahrzeugentwendungen oder die Entwendung von Fahrzeugteilen im Regelfall nicht im Beisein des Versicherungsnehmers bzw dritter Personen, die als Zeugen zur Verfügung stehen könnten, vorgenommen werden, würde eine Auferlegung der vollständigen Beweislast, besonders im Fall des Nichtwiederauffindens des Fahrzeugs, zu einer Entwertung des Versicherungsschutzes führen. Die Kaskoversicherung wäre im Hinblick auf das versicherte Risiko „Entwendung", wenn diese nicht zufällig durch einen Zeugen beobachtet worden ist, wertlos.

Wegen dieser Schwierigkeit für den Versicherungsnehmer, den Vollbeweis eines Diebstahls zu führen, gewährt die Rechtsprechung dem Versicherungsnehmer Beweiserleichterungen.[60] Diese Rechtsprechung geht von einer **Dreistufigkeit von Beweis- bzw Gegenbeweisanforderungen** aus.

1. Erste Beweisstufe

153 Auf der ersten Stufe genügt der Versicherungsnehmer seiner Darlegungs- und Beweislast, wenn er einen Sachverhalt darlegt und nötigenfalls beweist, aus welchem auf das **äußere Bild** eines Fahrzeugdiebstahls zu schließen ist (vgl dazu auch § 7 Rn 119). Hierfür muss der Versicherungsnehmer darlegen und nötigenfalls beweisen, das versicherte Kfz an einem bestimmen Ort zu einer bestimmten Zeit abgestellt und dort später nicht wieder vorgefunden zu haben.[61] Der Versicherungsnehmer kann den notwendigen Beweis für das äußere Bild eines Fahrzeugdiebstahls durch beim Abstellen und Nichtwiederauffinden des Fahrzeugs anwesende Zeugen führen, wobei der Versicherungsnehmer einerseits für das Abstellen und andererseits für das Nichtwiederauffinden des Fahrzeugs unterschiedliche Zeugen benennen kann.[62]

154 Da häufig für das Abstellen und Nichtwiederauffinden des Fahrzeugs Zeugen nicht zugegen sind oder wenn seine Zeugen „versagen", kann der Versicherungsnehmer den Beweis für das äußere Bild eines Fahrzeugdiebstahls auch durch seine eigene informatorisch gem. § 141 ZPO erfolgende **Parteianhörung** führen. Hierfür muss der Versicherungsnehmer allerdings

---

60 BGH VersR 1984, 29.
61 BGH VersR 1995, 909, 910; OLG Hamm zfs 2005, 555.
62 BGH VersR 1993, 571, 572.

uneingeschränkt glaubwürdig sein.[63] Hat der Versicherungsnehmer bereits einen „Anbeweis" geführt, kommt sogar seine **Parteivernehmung** gem. § 448 ZPO in Betracht.[64] Wenn der Versicherungsnehmer nicht uneingeschränkt glaubwürdig ist, schadet dies nicht, wenn er das äußere Bild einer Fahrzeugentwendung bereits durch Zeugen bewiesen hat.[65] Der Versicherungsnehmer kann sich allerdings nicht aussuchen, ob er das äußere Bild einer Entwendung durch Zeugen oder seine eigene Parteianhörung beweisen will. Benennt der Versicherungsnehmer für das äußere Bild vorhandene Zeugen nicht, gilt er als beweisfällig.[66] Die Erstattung einer **Diebstahlsanzeige** durch den Versicherungsnehmer stellt keinen Beweis für das äußere Bild eines Fahrzeugdiebstahls dar.[67] Hat der Versicherungsnehmer das äußere Bild einer Fahrzeugentwendung, sei es durch Zeugen, sei es durch seine eigene Parteianhörung bewiesen, ist damit zunächst der Versicherungsfall „Entwendung" bewiesen.

2. Zweite Beweisstufe

Ist der Versicherer der Meinung, es liege kein bedingungsgemäß zu entschädigender Versicherungsfall „Entwendung", sondern dessen Vortäuschung vor, muss der Versicherer auf der zweiten Stufe Tatsachen darlegen und nötigenfalls beweisen, aus denen sich die **erhebliche Wahrscheinlichkeit einer vorgetäuschten Entwendung** ergibt.[68] Eine Definition des Begriffs der „erheblichen Wahrscheinlichkeit" hat die Rechtsprechung noch nicht vorgenommen, allerdings besteht Einigkeit, dass eine „erhebliche Wahrscheinlichkeit" mehr als eine „hinreichende Wahrscheinlichkeit" voraussetzt.   155

Bei der Frage der erheblichen Wahrscheinlichkeit eines vorgetäuschten Diebstahls sind Redlichkeit und Glaubwürdigkeit des Versicherungsnehmers wieder von Bedeutung. Der Versicherer muss hier konkrete Tatsachen darlegen und nötigenfalls beweisen, die Zweifel an der Redlichkeit und Glaubwürdigkeit des Versicherungsnehmers wecken. Es gelten dieselben Maßstäbe, die auch dann gelten, wenn der Versicherungsnehmer das äußere Bild eines Diebstahls nicht durch Zeugen beweisen kann und er den Nachweis für das äußere Bild allein über seine Anhörung gem. § 141 ZPO führen will.[69]   156

Bloße Vermutungen des Versicherers sind zur Erschütterung der Redlichkeit und Glaubwürdigkeit des Versicherungsnehmers nicht geeignet. Ebenfalls müssen getilgte Vorstrafen des Versicherungsnehmers außer Betracht bleiben.   157

3. Dritte Beweisstufe

Gelingt dem Versicherer der Nachweis einer „erheblichen Wahrscheinlichkeit" der Vortäuschung der Fahrzeugentwendung, muss der Versicherungsnehmer seinerseits auf der dritten Stufe den **Vollbeweis einer Entwendung** führen. Beweiserleichterungen greifen auf der dritten Stufe zugunsten des Versicherungsnehmers nicht mehr.   158

---

63 BGH VersR 1997, 733; 1996, 575; 1992, 867; 1991, 917, 918.
64 BGH VersR 1991, 917, 918.
65 BGH VersR 1999, 1535; 1998, 488, 489.
66 BGH VersR 1997, 733.
67 BGH VersR 1993, 571.
68 BGH VersR 1998, 488, 489; 1996, 575, 576.
69 BGH VersR 1998, 488, 489; 1996, 575, 576.

II. Klage auf Leistung aus Teilkaskoversicherung wegen Fahrzeugdiebstahls

159 Hinweis: In dem nachfolgenden Muster einer Klage auf Versicherungsleistung wegen einer Fahrzeugentwendung sind weitere Probleme wie zB die Auseinandersetzung mit einer dem Versicherungsnehmer vorgeworfenen groben Fahrlässigkeit als auch der Umfang des Versicherungsschutzes bzgl mitversicherten Zubehörs eingearbeitet. Entgegen der hier erfolgten Darstellung der Auseinandersetzung mit dem vom Versicherer vorprozessual vorgebrachten Einwand der groben Fahrlässigkeit bereits in der Klageschrift kann zunächst die Klageerwiderung des Versicherers abgewartet werden, da es sich bei dem Vorwurf der groben Fahrlässigkeit um einen subjektiven Risikoausschluss handelt und es nicht Aufgabe des Klägers ist, schon in der Klageschrift etwaige Einwendungen des Prozessgegners vorwegzunehmen. Vorliegend erfolgt eine Auseinandersetzung schon in der Klageschrift, weil klar ist, dass sich der Versicherer in der Klageerwiderung auf die grobe Fahrlässigkeit berufen wird.

160 **Muster: Klageschrift – Anspruch aus Teilkaskoversicherung wegen Fahrzeugdiebstahls**

  ↓

An das Landgericht ▪▪▪

Klage

des Herrn ▪▪▪

– Kläger –

Prozessbevollmächtigte: RAe ▪▪▪

gegen

die ▪▪▪ Versicherung AG, vertreten durch den Vorstand, dieser vertreten durch den Vorstandsvorsitzenden, Herrn ▪▪▪, ▪▪▪

– Beklagte –

wegen: Versicherungsleistung

vorläufiger Streitwert: 7.340,00 EUR

Namens und in Vollmacht des Klägers erheben wir Klage und werden beantragen:

1. Die Beklagte wird verurteilt, an den Kläger aus dem bei ihr für den PKW des Klägers der Marke ▪▪▪, Typ ▪▪▪, amtl. Kennzeichen ▪▪▪, bestehenden Fahrzeugversicherungsvertrag mit der Versicherungsscheinnummer ▪▪▪ aufgrund des Fahrzeugdiebstahls vom 8.9.2005 in ▪▪▪ (Tschechien) 7.340,00 EUR nebst Zinsen in Höhe von 11,75% pro anno seit dem 21.10.2005 zu zahlen.[70]

2. Die Beklagte trägt die Kosten des Rechtsstreits.

3. Das Urteil ist notfalls gegen Sicherheitsleistung vorläufig vollstreckbar.

4. Hilfsweise wird für den Fall des Unterliegens Vollstreckungsschutz beantragt.

Es wird weiter beantragt,

dem Kläger zu gestatten, eine von ihm zu erbringende Sicherheit durch eine selbstschuldnerische Bürgschaft der ▪▪▪ Sparkasse zu leisten.

Es wird angeregt, einen frühen ersten Termin zu bestimmen.

Sofern das Gericht das Schriftliche Vorverfahren anordnet, wird für den Fall der Fristversäumnis oder das Anerkenntnisses beantragt,

die Beklagte durch Versäumnis- oder Anerkenntnisurteil ohne mündliche Verhandlung zu verurteilen.

---

70 Natürlich reicht hier auch ein bloßer Zahlungsantrag ohne Angabe des der Zahlung zugrunde liegenden Versicherungsfalls.

Begründung:

Der Kläger begehrt von der Beklagten Zahlung der Entschädigung aus dem für das im Antrag zu Ziff. 1 genannte Kfz bei der Beklagten bestehenden Fahrzeugversicherungsvertrag gem. §§ 12 (1) I b), 13 der Allgemeinen Bedingungen für die Kraftfahrtversicherung (AKB).

Unter der ebenfalls im Antrag zu Ziff. 1 genannten Versicherungsscheinnummer bestand für den bereits genannten PKW bei der Beklagten am 8.9.2005 eine Fahrzeugversicherung, welche im Rahmen der Teilkaskoversicherung gem. der genannten Vorschrift des § 12 AKB eine Entschädigungspflicht bei einem PKW-Diebstahl vorsieht.

Die bei der Beklagten abgeschlossene Teilkaskoversicherung beinhaltet eine Selbstbeteiligung von 150,00 EUR je Schadensfall.

I. Örtliche Zuständigkeit des angerufenen Gerichts

Da der Kläger den Versicherungsvertrag über die Agentur der Beklagten, ▬▬▬straße in ▬▬▬, abgeschlossen hat, ist gem. § 48 Abs. 1 VVG das LG ▬▬▬ örtlich zuständig.

II. Zum Sachverhalt

Am 8.9.2005 hielt sich der Kläger mit dem oben genannten Kfz in ▬▬▬ (Tschechien) auf. Der Kläger besuchte dort seine Lebensgefährtin, die Zeugin ▬▬▬. Nach einem kurzen Aufenthalt in der Wohnung der Zeugin ▬▬▬ fuhren die Zeugin als auch der Kläger mit dem Kfz zum „Klosterrestaurant" ▬▬▬. Der Kläger stellte das Kfz gegen 19.30 Uhr an einer hell beleuchteten Stelle vor dem Restaurant ab und verschloss es. Zuvor hatte er die Lenkradsperre einrasten lassen, Fenster und Türen waren verschlossen. Das Kfz war mit einer Zentralverriegelung ausgestattet.

Beweis: 1. Zeugnis der Frau ▬▬▬, zu laden über die Anschrift des Klägers
2. Zeugnis des tschechischen Polizeibeamten ▬▬▬, zu laden über die Policie Ceske Republiky ▬▬▬,
3. Anhörung des Klägers gem. § 141 ZPO

Nach dem Verlassen des Restaurants stellten der Kläger und die Zeugin ▬▬▬ gegen 23.25 Uhr fest, dass der vor dem Restaurant abgestellte PKW verschwunden war, so dass die Vermutung einer Entwendung nahe liegt.

Beweis: wie vor

Der als Zeuge angebotene tschechische Polizeibeamte ▬▬▬ ist dem Kläger und der Zeugin ▬▬▬ bekannt. Der Zeuge kann das Abstellen des PKW durch den Kläger vor dem Restaurant bestätigen, da er in seiner Eigenschaft als Polizeibeamter am genannten Tag gegen 19.30 Uhr ca. 25 m vom Restaurant entfernt eine Verkehrskontrolle durchgeführt hat. Bei dieser Kontrolle wurde auch der PKW des Klägers kontrolliert. Der Kläger fragte daraufhin den ihm bekannten Polizeibeamten, ob das Auto vor dem Restaurant sicher sei. Dies bejahte der Zeuge ▬▬▬ unter Erwiderung, dass die Kontrolle bis ca. 23.00 Uhr andauern würde.

Auch später gegen Ende der Polizeikontrolle, ca. gegen 23.15 Uhr, hat der Zeuge ▬▬▬ den PKW des Klägers noch an der vom Kläger zum Abstellen gewählten Örtlichkeit wahrgenommen,

Beweis: wie vor zu 2.

so dass sich der Diebstahl des Kfz kurze Zeit nach Beendigung der Polizeikontrolle ereignet haben muss.

Nachdem der Kläger das Kfz nach dem Verlassen des Restaurants nicht wieder vorgefunden hatte, erstattete er Anzeige bei der o.g. Tschechischen Polizeidienststelle. Des Weiteren erfolgte nach der Rückkehr nach Deutschland auch eine polizeiliche Anzeige beim Polizeirevier in ▬▬▬. Sowohl die tschechischen als auch die deutschen polizeilichen Ermittlungen verliefen erfolglos, beide Verfahren wurden eingestellt. Der PKW des Klägers wurde bis heute nicht wieder aufgefunden.

Zusammen mit dem Fahrzeug wurden neben dem üblichen Autozubehör, Werkzeug, Firmenunterlagen und -schlüssel des Klägers, eine im Kofferraum des Kfz liegende lederne Arbeitstasche des Klägers und eine

Handtasche der Zeugin ▪▪▪, aus dem nicht an die Zentralverriegelung des Fahrzeugs angeschlossenen, sondern gesondert gesicherten Kofferraum des Fahrzeugs entwendet. Der Kläger vermutet, dass in der Ledertasche der Zweitschüssel des PKW war, da er diesen nach dem Ereignis nicht wieder aufgefunden hat.

Die Beklagte hat mit Schreiben vom 9.8.2006 unter Hinweis auf die Sechs-Monats-Frist des § 12 Abs. 3 VVG eine Entschädigung des Versicherungsfalls wegen grob fahrlässiger Herbeiführung gem. § 61 VVG abgelehnt. Die Begründung der Ablehnung erfolgte mit dem Satz: „Das Belassen von Fahrzeugschlüsseln im PKW wird von der Rechtsprechung als grob fahrlässig bzw grob fahrlässige Herbeiführung des Versicherungsfalls angesehen. Hiernach ist der Versicherer von der Leistung befreit. Aus diesem Grund lehnen wir eine Regulierung des Schadens ab. Wir verweisen auf § 61 VVG."

Weiter ist die Beklagte der Ansicht, dass der Kläger widersprüchliche und nicht korrekte Angaben zu den Fahrzeugschlüsseln gemacht hätte, so dass zugunsten des Klägers eingreifende Beweiserleichterungen entfallen würden.

III. Zur rechtlichen Bewertung

1. Ablehnung wegen grob fahrlässiger Herbeiführung des Versicherungsfalls

Die von der Beklagten im Schreiben vom 9.8.2006 ausgesprochene Ablehnung der Gewährung von Versicherungsschutz wegen grob fahrlässiger Herbeiführung des Versicherungsfalls wegen des möglicherweise im Kofferraum in der Ledertasche im Fahrzeug befindlichen Schlüssels ist unberechtigt. Die Beklagte lässt dabei außer Acht, dass die Kausalität für die Entwendung des Kfz nicht feststeht. Die Beklagte ist für den Tatbestand des § 61 VVG vollständig beweispflichtig. Die Beklagte muss also beweisen, dass das Kfz des Klägers mittels des im Kofferraum befindlichen Fahrzeugschlüssels entwendet wurde.

Die Rechtsprechung hatte sich wiederholt mit im Fahrzeug zurückgelassenen Schlüsseln als grob fahrlässigem Verhalten befasst. In der Regel handelt grob fahrlässig, wer einen passenden Zündschlüssel im Handschuhfach eines Kfz zurücklässt. Nach Ansicht des BGH gilt dies nicht, wenn auch das Handschuhfach des PKW verschlossen ist (BGH VersR 1986, 962, 963).

Allerdings reicht allein das Zurücklassen des Fahrzeugschlüssels im Kfz für eine Ablehnung des Versicherungsschutzes wegen grob fahrlässiger Herbeiführung des Versicherungsfalls nicht aus, sondern der Verstoß muss auch kausal geworden sein. Dies ist der Fall, wenn der Diebstahl auch tatsächlich mit dem im Kfz zurückgelassenen Schlüssel durchgeführt wurde. Dafür muss der Versicherer die Benutzung des Schlüssels für den Diebstahl beweisen (OLG Karlsruhe zfs 1996, 458, 459; OLG Innsbruck VersR 1996, 1527; *Knappmann*, r+s 1995, 128).

Darüber hinaus hat der Kläger – wenn überhaupt – den Fahrzeugschlüssel lediglich versehentlich und vorübergehend im Fahrzeug zurückgelassen. Ein lediglich versehentliches Zurücklassen des Kfz-Schlüssels im Fahrzeug begründet keinen groben Fahrlässigkeitsvorwurf (OLG München VersR 1995, 1046, 1047).

2. Kein Entfallen der Beweiserleichterung

Soweit die Beklagte der Meinung ist, dass dem Kläger keine Beweiserleichterung zugute komme und er deshalb den Vollbeweis des Diebstahls des Kfz führen müsse, ist auch dieser Einwand nicht stichhaltig.

Nach ständiger Rechtsprechung werden dem Versicherungsnehmer in der Diebstahlsversicherung Beweiserleichterungen gewährt, weil – wie auch hier – Diebstähle in der Regel im Verborgenen und heimlich und ohne Zeugen begangen werden. Verlangte man in der Diebstahlsversicherung einen Vollbeweis, wäre die Kaskoversicherung in den häufigen Fällen fehlender Tataufklärung für den Versicherungsnehmer wertlos. Deshalb muss der Versicherungsnehmer lediglich einen Sachverhalt darlegen und beweisen, der mit hinreichender Wahrscheinlichkeit den Schluss auf die Fahrzeugentwendung zulässt (BGH VersR 1995, 909, 910).

Verlangt wird also nicht der Vollbeweis, sondern nur der Nachweis des „äußeren Bildes" einer Fahrzeugentwendung. Dazu reicht der Nachweis, dass der Versicherungsnehmer sein Fahrzeug zu einer bestimmten Zeit an einem bestimmten Ort abgestellt und dort später nicht wieder aufgefunden hat (BGH VersR 1995, 909,

910), was den Schluss auf rechtswidriges Entwenden erlaubt (OLG Köln r+s 2005, 500; OLG Hamm zfs 2005, 555).

Nur für diesen Mindestsachverhalt muss der Versicherungsnehmer den Vollbeweis erbringen, zB durch einen in seiner Begleitung befindlichen Zeugen, der das Abstellen und Nichtwiederauffinden des Fahrzeugs gesehen hat (BGH VersR 1993, 571, 572).

Der Kläger hat für den verlangten sog. Minimalsachverhalt Zeugnis des Polizeibeamten ■■■ und seiner Lebensgefährtin Frau ■■■ angeboten. Die Zeugen werden bestätigen, dass der Kläger das Kfz zum genannten Zeitpunkt am genannten Orte abgestellt hat, und zumindest die Zeugin ■■■ wird bestätigen, dass das Kfz des Klägers zum o.g. Zeitpunkt nach Verlassen des Restaurants an seinem Abstellort nicht wieder vorgefunden wurde.

Selbst wenn diese Zeugen wider Erwarten den Nachweis des äußeren Bildes einer Fahrzeugentwendung nicht erbringen sollten, kann der Kläger den entsprechenden Nachweis durch seine Anhörung gem. § 141 ZPO erbringen. Voraussetzung für den Nachweis des äußeren Bildes eines Diebstahls durch die Angaben des Versicherungsnehmers ist dessen uneingeschränkte Glaubwürdigkeit. Letztlich kommt es auf die Anhörung des Versicherungsnehmers gem. § 141 ZPO allerdings nur dann an, wenn die übrigen zum Nachweis des äußeren Bildes angebotenen Beweismittel nicht ergiebig sind, da die Anhörung nach § 141 ZPO subsidiär ist (BGH NJW 1996, 1348; 1977, 1988).

Sofern die Beklagte die Auffassung vertreten sollte, dass der Kläger ein unredlicher Versicherungsnehmer sei und er deshalb Beweiserleichterungen nicht in Anspruch nehmen könne, ist diese Auffassung unzutreffend.

Selbst ein persönlich nicht glaubwürdiger, unredlicher Versicherungsnehmer kann den Nachweis des äußeren Bildes einer Fahrzeugentwendung mit einem „glaubwürdigen" Zeugen führen. Kann der Versicherungsnehmer insoweit also den Beweis für das äußere Bild einer Fahrzeugentwendung erbringen, kommt es auf seine eigene Glaubwürdigkeit überhaupt nicht an (BGH VersR 1998, 488, 489; 1999, 1535; *Knappmann*, VersR 1996, 448).

Ungeachtet dessen führt nicht jede widersprüchliche bzw unrichtige Angabe des Versicherungsnehmers zum Verlust seiner uneingeschränkten Glaubwürdigkeit.

Tatsächlich hat der Kläger auch keinerlei unrichtige Angaben gegenüber der Beklagten gemacht.

IV. Schadensumfang und -höhe

Der Kläger hat den Versicherungsfall der Beklagten am 11.9.2005 zunächst telefonisch gemeldet.

Gem. § 13 (7) AKB ist im Fall der Entwendung die Entschädigung nach dem Ablauf einer Frist von einem Monat ab der schriftlichen Schadensmeldung fällig. Der Kläger hat die ihm durch die Beklagte übersandte schriftliche Schadensanzeige am 20.09.2005 ausgefüllt und am selben Tag bei dem Hauptvertreter der Beklagten, Herrn ■■■, abgegeben. Die Beklagte befindet sich damit seit dem 21.10.2005 in Verzug, so dass die Versicherungsleistung ab diesem Zeitraum zu verzinsen ist. Der Kläger hat über die Höhe der Klageforderung hinaus seit Anfang 2005 bis laufend Bankkredit in Anspruch genommen, den er mit 11,75 % zu verzinsen hat.

Beweis: als Anlage K1 vorgelegte Bankbescheinigung

Bei dem klägerischen Kfz handelt es sich um einen PKW ■■■. Das Fahrzeug wurde erstmals am 18.6.2001 zum Verkehr zugelassen. Es war mit einer „Amethystgrau-Perleffekt-Lackierung" versehen, ferner verfügte das Kfz über ein manuelles Schiebe-Ausstelldach und einen Skisack. Der seinerzeitige Anschaffungspreis betrug 15.990,00 EUR inkl. Mehrwertsteuer. Der Kläger ist nicht vorsteuerabzugsberechtigt. Im Nachhinein ließ der Kläger das Fahrzeug nachrüsten, so erhielt es am 31.3.2004 eine automatische Motorantenne zum Preis von 289,50 EUR, im November 2003 wurden für 300,00 EUR neue ATS-Alu-Felgen montiert. Noch am 29.8.2005 erhielt das Fahrzeug eine neue Bremsanlage. Der Kilometerstand betrug am Tag des Versicherungsfalls 62.500 km.

Zum Zeitpunkt des Eintritts des Versicherungsfalls betrug der Wiederbeschaffungswert allein des Kfz 7.250,00 EUR. Dieser Betrag ist unstreitig, denn die Beklagte hat ihn selbst festgestellt. Zusammen mit dem Fahrzeug wurde folgendes von der Beklagten nicht mitbewertetes Zubehör mitentwendet, welches gem. der Auflistung im Anhang zu § 12 AKB prämienfrei mitversichert ist und insoweit die Entschädigungsleistung erhöht:

Abschleppseil (Anschaffung Juli 2001)	17,50 EUR
Sanitätskasten (Anschaffung Juli 2001)	15,00 EUR
Feuerlöscher (Anschaffung November 2004)	45,00 EUR
Fußmatten, mit Schriftzug des Fahrzeugherstellers (Anschaffung Juli 2005)	35,00 EUR
Kfz-Ersatzlampensortiment (Anschaffung Dezember 2004)	12,50 EUR
Hydraulischer Wagenheber (Anschaffung Juli 2001)	50,00 EUR
Warnblinkleuchte mit Magnetfuß (Anschaffung Dezember 2004)	<u>65,00 EUR</u>
Sämtliche aufgelisteten Beträge ergeben eine Gesamtsumme von	240,00 EUR.

Da es für die aufgelisteten Gegenstände, wie zB Abschleppseil, Feuerlöscher, Fußmatten und dergleichen, keinen Gebrauchtmarkt gibt, sind die Zubehörteile gem. § 287 ZPO mit dem seinerzeitigen Neuwert zu entschädigen, zumal beispielsweise das in 2001 angeschaffte Abschleppseil aufgrund der allgemeinen Preissteigerung heute erheblich mehr als 17,50 EUR kostet. Außerdem waren bis auf die erst wenige Wochen vor dem Fahrzeugdiebstahl angeschafften Fußmatten die anderen genannten Zubehörteile unbenutzt und neuwertig. Da die Alufelgen und die Motorantenne bereits im festgestellten Wiederbeschaffungswert des Kfz enthalten sind, verbleibt somit noch ein weiterer Betrag von 240,00 EUR, welcher mit dem Antrag zu Ziff. 1 geltend gemacht wird.

Unter Berücksichtigung der eingangs in Höhe von 150,00 EUR genannten Selbstbeteiligung ergibt sich der Betrag aus dem Klageantrag zu Ziffer 1.

Die Klage ist, wie dargelegt, begründet.

Rechtsanwalt

161   **Hinweis:** Erfahrungsgemäß werden bei der Geltendmachung und Höhe der Versicherungsleistung häufig im versicherten Fahrzeug befindliche gem. der Liste zu § 12 AKB mitversicherte Ausstattungs- und Zubehörteile vergessen. Der Rechtsanwalt sollte aus diesem Grund den Mandanten auf die Liste zu § 12 AKB hinweisen und ihn fragen, ob mit der Entwendung des Fahrzeugs auch in der Liste genannte Zubehör- bzw Ausstattungsteile mitentwendet worden sind, ggf wann und zu welchem Preis die Teile angeschafft worden sind und in welchem Gebrauchszustand sich diese zum Entwendungszeitpunkt befunden haben.

162   **Muster: Klageerwiderung – Anspruch aus Teilkaskoversicherung wegen Fahrzeugdiebstahls**

An das Landgericht ▄▄▄

Klageerwiderung

In dem Rechtsstreit

▄▄▄ [Kläger] ./. ▄▄▄ [Beklagte]

Az ▄▄▄

werden wir beantragen:

1. Die Klage wird abgewiesen.

2. Die Kosten des Rechtsstreits trägt der Kläger.

Begründung:

Die Klage ist nicht begründet. Der behauptete Fahrzeugdiebstahl ist vorgetäuscht.

1. Es trifft zu, dass der Kläger für den 8.9.2005 für seinen in der Klageschrift genannten PKW eine Teilkaskoversicherung bei der Beklagten mit einer Selbstbeteiligung in Höhe von 150,00 EUR abgeschlossen hat.

2. Die Beklagte bestreitet den vom Kläger behaupteten Fahrzeugdiebstahl vom 8.9.2005 in ▄▄▄ (Tschechien) mit Nichtwissen.

Insbesondere bestreitet die Beklagte das vom Kläger behauptete Abstellen und Nichtwiederauffinden des PKW zu den von ihm angegebenen Zeitpunkten an der von ihm angegebenen Örtlichkeit mit Nichtwissen.

Beweiserleichterungen greifen zugunsten des Klägers nicht. Er ist nicht uneingeschränkt glaubwürdig.

2.1. Der Kläger hat bei der Beklagten nicht nur einen Kraftfahrtversicherungsvertrag abgeschlossen, sondern auch eine Haushaltsversicherung. Zu dieser Versicherung hat er vor der hier behaupteten Fahrzeugentwendung drei Schadensfälle gemeldet, die alle Bezug zu dem hier als entwendet behaupteten PKW gehabt haben.

2.1.1. Einen ersten Entwendungsschaden meldete der Kläger für den 19.3.2005. Seine Schadensmeldung ist in Fotokopie als Anlage B1 beigefügt.

Der Kläger hat in dieser Schadensmeldung behauptet, den hier versicherten PKW ▄▄▄ am 19.3.2005 gegen 19.00 Uhr in ▄▄▄ vor dem „Klosterrestaurant" abgestellt zu haben.

Weiter hat er angegeben, dass auf der Rücksitzbank des PKW eine Bundjacke und auf der Ablage vor dem Rückfenster eine Ledermappe gelegen habe. Schon kurze Zeit, nachdem er mit seiner Begleitung das Restaurant betreten habe, habe ihn ein Gast darauf aufmerksam gemacht, dass sein PKW aufgebrochen worden sei.

Der Ort, an dem die Entwendung stattgefunden haben soll, entspricht dem des hier streitgegenständlichen behaupteten Entwendungsfalls vom 8.9.2005.

Die Beklagte hat diesen Schadensfall reguliert.

2.1.2. Für den 24.4.2005, ca. 3.00 Uhr bis 5.00 Uhr, hat der Kläger einen weiteren Einbruchsdiebstahl in seinen bei der Beklagten versicherten PKW angezeigt, diesmal in ▄▄▄ im Innenhof des Anwesens ▄▄▄.

Beweis: als Anlage B2 beigefügte Schadenanzeige des Klägers

Der Kläger gab an, dass sich im Fahrzeug eine Handgelenktasche und in dieser die Fahrzeugpapiere, der Führerschein, Schecks und eine Scheckkarte, ca. 250,00 EUR Bargeld und der „Ersatz-PKW-Schlüssel" befunden hätten.

Die Beklagte hat auch diesen Schaden reguliert.

Der Umstand, dass sich in der entwendeten Tasche auch Fahrzeugschlüssel befanden, hatte den Kläger dazu veranlasst, das Lenkradschloss auswechseln und die Tür- und Kofferraumschlösser erneuern zu lassen. Er erhielt zwei neue Schlüssel, im Unterschied zu den ursprünglich für das Neufahrzeug ausgelieferten vier Schlüsseln.

2.1.3. Der Kläger hat einen weiteren Einbruchdiebstahl, erneut in den bei der Beklagten versicherten PKW, für den 27.5.2005 angezeigt. Dieser soll sich um ca. 0.30 Uhr ereignet haben.

Beweis: als Anlage B3 beigefügte Schadenanzeige des Klägers

Als Schadensort wurde erneut der tschechische Ort ▄▄▄ benannt. Dieses Mal sollte sich der Diebstahl vor der Wohnung der Lebensgefährtin des Klägers und nunmehr benannten Zeugin, Frau ▄▄▄, zugetragen haben.

Der Kläger gab an, dass aus dem Fahrzeug umfangreiches Reisegepäck entwendet worden sei. Dieses habe sich im Fahrzeug für eine mit seiner Lebensgefährtin geplante Urlaubsreise nach Mallorca befunden.

Die Beklagte hat auch diesen Schaden reguliert.

2.2. Für den 8.9.2005 behauptet der Kläger nunmehr nicht nur einen Einbruch in das Fahrzeug, sondern dessen komplette Entwendung.

Der für den 8.9.2005 behauptete streitgegenständliche Entwendungsschaden ist also der vierte innerhalb knapp eines halben Jahres und der dritte in dem kleinen tschechischen Ort ▪▪▪, davon wiederum zweimal an derselben Stelle.

Bezogen auf die Situation vor dem 8.9.2005 haben sich also drei Entwendungsschäden ereignet, zwei davon in ▪▪▪ und einer vor dem Restaurant, in das sich der Kläger am 8.9.2005 wieder begeben und vor dem er wiederum seinen PKW abgestellt hatte.

Im eigenen Interesse, aber auch zur Minderung des Risikos aus seinem Versicherungsvertrag, hätte er sich so verhalten müssen, dass nicht erneut Anreiz für eine Entwendung geboten wurde. Dazu hätte er nichts im Fahrzeug zurücklassen dürfen, insbesondere keine Fahrzeugschlüssel.

Wer in so kurzer Zeit Diebstahlsschäden mit einem Versicherer abwickelt, der weiß, worauf es ankommt, wenn er Angaben zum Versicherungsfall macht und Fragen des Versicherers beantwortet.

Es ist auffallend, dass auch am 8.9.2005 Gegenstände im Fahrzeug waren, die nicht Fahrzeugzubehör gewesen sind und somit in die bei der Beklagten ebenfalls abgeschlossene Haushaltsversicherung fallen.

2.3. Der Kläger hat den Schadensfall vom 8.9.2005 zunächst telefonisch bei der Beklagten gemeldet. Am 17.10.2005 hat die Beklagte dem Kläger gemäß beigefügter Anlage B4 mitgeteilt und gebeten, die Anschaffungsrechnung und sonstige für die Ermittlung des Fahrzeugwerts erhebliche Belege und alle Fahrzeugschlüssel zu übermitteln.

Am 10.11.2005 erinnerte die Beklagte schriftlich an die Erledigung ihres Schadensmeldeformulars vom 17.10.2005.

Am 18.12.2005 rief die Sachbearbeiterin der Beklagten den Kläger an und erinnerte nochmals an die Erledigung der Abgabe der schriftlichen Schadensanzeige. Der Kläger erklärte, beruflich stark eingespannt gewesen zu sein. Er werde die Schadensanzeige erst nach Weihnachten erledigen können.

Wie sich aus der von der Beklagten vorgelegten Anlage B4 ergibt und wie der Kläger zudem aus dem Telefonat weiß, erfolgte die Sachbearbeitung seines Schadensfalls über die Direktion der Beklagten in ▪▪▪. Dennoch antwortete der Kläger mit Schreiben vom 20.3.2006 an seinen zuständigen Vertreter, Herrn ▪▪▪ (Anlage B5).

Diesem Brief sind mehrere Anlagen beigefügt gewesen, u.a. das vom Kläger beantwortete Formularschreiben der Beklagten vom 17.10.2005 und zwei eigene unabhängig hiervon formulierte Erklärungen des Klägers zum Schadenshergang (Anlage B6) und zum Fahrzeug selbst (Anlage B7).

Der Kläger hat der Beklagten damit auch zwei Fahrzeugschlüssel übermittelt.

Danach hat der Kläger, hier relevant, Folgendes erklärt:

2.3.1. Zur Frage der Beklagten nach Vorschäden hat der Kläger nur einen Vorschaden, nämlich vom 17.5.2003, angegeben und diesen als behoben bezeichnet.

Diese Angabe ist falsch.

Der Kläger hat nicht nur bei der tschechischen Polizei, sondern auch beim Polizeirevier ▪▪▪ am 20.9.2005 Anzeige erstattet. Dort hat er erklärt:

„Am Übergang vom vorderen rechten Kotflügel zur Beifahrertür befindet sich eine handflächengroße Lackbeschädigung (Streifen)."

Beweis: Beiziehung der Akte der Staatsanwaltschaft ▪▪▪ zum Az ▪▪▪

Der Kläger hat also in der Schadensmeldung einen ihm bekannten, vorhandenen und noch nicht behobenen Schaden verschwiegen.

2.3.2. Der Kläger hat weiter erklärt, sein Fahrzeug in ▦▦▦ vor dem „Klosterrestaurant" auf der ▦▦▦ abgestellt zu haben, und zwar soll dies nach Angabe des Klägers gegen 19.30 Uhr gewesen sein.

Auch diese Angabe ist falsch, mindestens aber widersprüchlich zu dem, was der Kläger am 9.9.2005 gegen 2.00 Uhr nachts der tschechischen Polizei in ▦▦▦ erklärt hat, als er dort Anzeige erstattete.

Das Protokoll seiner Vernehmung wird vorgelegt in Fotokopie des tschechischen Originals als Anlage B8 und in deutscher Übersetzung des maschinengeschriebenen Teils dieses Formulars als Anlage B9.

Danach hat der Kläger erklärt, gegen 18.00 Uhr über ▦▦▦ nach Tschechien eingereist und nach ▦▦▦ zu seiner Freundin und Zeugin, Frau ▦▦▦, weitergefahren zu sein. Gegen 21.00 Uhr habe er sich in das „Klosterrestaurant" zum Abendessen begeben.

Auch in seiner Aussage vor dem Polizeirevier ▦▦▦ hat der Kläger in gleicher Weise erklärt, den PKW gegen 21.00 Uhr vor dem „Klosterrestaurant" abgestellt zu haben.

Das Polizeiprotokoll aus ▦▦▦ wurde aufgenommen durch den vom Kläger benannten Zeugen, PM ▦▦▦. Ihn bezeichnet der Kläger selbst als Bekannten.

Der tschechischen Polizei hat der Kläger nach dem Inhalt des Protokolls erklärt, er habe seinen PKW gegen 23.05 Uhr zum letzten Mal gesehen und gegen 23.15 Uhr die Entwendung bemerkt.

Im Formularschreiben der Schadensmeldung gibt der Kläger den Zeitpunkt der Feststellung mit 23.25 Uhr an.

Offensichtlich in dem Bemühen darzutun, dass er bedenkenlos sein Fahrzeug mit Inhalt vor dem „Klosterrestaurant" habe abstellen können, führt der Kläger in dem Formularschreiben der Schadensmeldung aus, auf der Fahrt zum „Klosterrestaurant" sei er ca. 25 m von diesem Restaurant entfernt von der tschechischen Polizei bei einer Verkehrskontrolle angehalten worden.

Bei den kontrollierenden Beamten habe sich der ihm bekannte Polizist und Zeuge ▦▦▦ befunden. Er habe dem Kläger und seiner Begleiterin erklärt, die Kontrolle werde bis gegen 23.00 Uhr durchgeführt.

In der Klagebegründung hat der Kläger abweichend vorgetragen, die Kontrolle habe gegen 19.30 Uhr stattgefunden und der als Zeuge benannte PM ▦▦▦ habe das Fahrzeug noch gegen 23.15 Uhr vor dem Restaurant stehen sehen. Dies bestreitet die Beklagte.

Wäre die Behauptung des Klägers richtig, würde sich ergeben, dass der tschechische Polizist und Zeuge ▦▦▦ das Fahrzeug zum gleichen Zeitpunkt noch vor dem Restaurant hat stehen sehen, als der Kläger das Restaurant nach seiner Erklärung gegenüber der tschechischen und deutschen Polizei verließ. Zu diesem Zeitpunkt soll es nach der Behauptung des Klägers in der Klageschrift nicht mehr vorhanden gewesen sein.

Unterstellt man hingegen, dass die Polizeikontrolle gegen 23.15 Uhr zu Ende war und der Kläger gegen 23.25 Uhr die Entwendung des Fahrzeugs bemerkte, bedeutet dies, dass für den Entwendungsvorgang nur ein Zeitraum von ca. 10 min. verblieb. In diesem Zeitraum kann aber ein Fahrzeug nicht entwendet werden, wenn es aufgebrochen werden muss und das Lenkradschloss – wie der Kläger behauptet – ordnungsgemäß eingerastet war.

Beweis: Sachverständigengutachten

Anders ist dies dann, wenn jemand mit einem der Schlüssel des Fahrzeugs das Fahrzeug weggefahren hat.

2.3.3. Auf die Formularfrage in der Schadensanzeige hat der Kläger erklärt, im Besitz aller Schlüssel des Fahrzeugs gewesen zu sein, ihm seien zwei Schlüssel ausgehändigt worden, seine Lebensgefährtin, die Zeugin ▦▦▦ habe einen Zweitschlüssel gehabt.

Tatsächlich hat der Kläger der Beklagten auch zwei Schlüssel übermittelt.

Die Beklagte hat diese beiden Schlüssel einem Schlüsselsachverständigen zur Überprüfung vorgelegt. Dieser hat mit Schreiben vom 27.04.2006 (Anlage B10) mitgeteilt, dass die übermittelten Schlüssel zwei Originalschlüssel seien, aber insgesamt vier Schlüssel zum Fahrzeug vorhanden sein müssten, da das Fahrzeug seinerzeit mit vier Schlüsseln ausgeliefert worden sei.

Auf Nachfrage der Beklagten hat der Kläger ihr dann zwei weitere Schlüssel übermittelt. Auch diese hat die Beklagte durch den Schlüsselsachverständigen überprüfen lassen.

Nach dem weiteren Ergebnis des Schlüsselsachverständigen (Anlage B11) passte nur einer der beiden nachgelieferten Schlüssel zu den beiden durch den vom Kläger zunächst ausgehändigten Schlüsseln.

Dies bedeutet, dass der Kläger vom Originalschlüsselsatz drei Schlüssel vorgelegt, also der vierte Schlüssel gefehlt hat.

Bei dem vierten Schlüssel handelt es sich um einen der beiden Schlüssel, die dem Kläger ausgehändigt wurden, nachdem er aus Anlass des Schadensfalls vom 24.4.2005 ein neues Lenkradschloss hat einbauen lassen.

Zum Beweis für die Richtigkeit der Feststellungen des Schlüsselsachverständigen, dass also drei identische Originalschlüssel vorliegen und ein weiterer, nicht zur selben Schließung passender Schlüssel, vorliegt, bietet die Beklagte die

Einholung eines Sachverständigengutachtens

an.

Zusammenfassend zu den Schlüsseln ist festzustellen, dass der Kläger der Beklagten zunächst zwei Schlüssel mit der Behauptung vorgelegt hat, er habe nur zwei Schlüssel ausgehändigt bekommen. Diese Behauptung ist richtig für das ausgewechselte Lenkradschloss. Sie ist falsch für den Originalschlüsselsatz. Die vorgelegten Schlüssel waren aber nicht die für das ausgewechselte Lenkradschloss, sondern die des Lenkradschlosses der Erstausstattung.

Dies ist für sich allein bereits ein grobes Täuschungsmanöver des Klägers.

Es verbleibt aber im Ergebnis dabei, dass von den zwei für das tatsächlich eingebaute Lenkradschloss vorhandenen Schlüsseln nur einer übermittelt wurde, einer somit fehlt. Das ist unerklärlich, wenn die Angaben des Klägers zutreffen, von den beiden Schlüsseln des tatsächlich eingebauten Lenkradschlosses habe er einen und seine Lebensgefährtin, die Zeugin ▪▪▪, den zweiten Schlüssel gehabt.

Der Kläger hat anlässlich einer Vorsprache bei der Beklagten am 28.6.2006 der Sachbearbeiterin der Beklagten, Frau ▪▪▪, zu den Schlüsseln erklärt, dass bei dem Entwendungsversuch im April 2005 einer der vier Originalschlüssel, der sich in einer Tasche im PKW befunden habe, entwendet worden sei. Dieses erkläre das Fehlen des vierten Originalschlüssels der ursprünglichen Fahrzeugschließung.

Der zweite fehlende Schlüssel der zweiten Schließung sei wohl im Auto verblieben. Er erkundigte sich bei der Sachbearbeiterin und nachbenannten Zeugin, wie sich dieser Umstand für seine Versicherung auswirke.

Beweis: Zeugnis der Sachbearbeiterin Frau ▪▪▪, zu laden über die Beklagte

In einem Fax vom 8.7.2006 mit der Überschrift „Rekonstruktion des Schlüsselproblems" (Anlage B12) hat der Kläger erklärt, seine Lebensgefährtin und Zeugin habe nicht ständig, sondern nur gelegentlich einen Zweitschlüssel für den PKW gehabt. Der Zweitschlüssel für das aktuell eingebaute Lenkradschloss habe sich in der Tasche im Auto befunden. Zwar hat der Kläger auch behauptet, die Tasche habe nicht offen im Auto gelegen, die Beklagte bestreitet dies allerdings.

2.3.4. Bei demselben Gespräch hat der Kläger der Sachbearbeiterin der Beklagten und Zeugin ▪▪▪ auch zum Vorgang der Anzeigenerstattung in Tschechien Erklärungen abgegeben.

Danach sei er zunächst zur Polizei in ▪▪▪ gefahren. Dort habe er niemanden angetroffen. Deshalb sei er von ▪▪▪ mit dem Taxi nach ▪▪▪ gefahren. Dort sei die Anzeige schließlich aufgenommen worden. Es sei zufällig der ihm bekannte Polizeimeister und Zeuge ▬▬▬ hinzugekommen. Dieser habe ihn dann von ▬▬▬ zurück nach ▬▬▬ gebracht.

Beweis: Zeugnis der Sachbearbeiterin der Beklagten, Frau ▬▬▬, b.b.

Auch diese Angaben des Klägers sind falsch. Die vom Kläger erstattete Anzeige wurde von der Polizei in ▬▬▬ um 2.00 Uhr beginnend und um 2.45 Uhr endend aufgenommen.

Die Polizei hat auch noch eine Besichtigung des behaupteten Tatorts durchgeführt. Sie hat dabei keinerlei Einbruchspuren, wie zB Glassplitter, festgestellt.

Beweis: 1. Auskunft der Polizeistelle ▬▬▬
          2. Zeugnis des PM ▬▬▬, Leiter des Polizeipostens ▬▬▬

3. Die teilweise durch Urkunden bewiesenen falschen und grob widersprüchlichen Angaben des Klägers, auch der Umstand, dass er sich vom 9.9.2005 bis zum 20.3.2006 (mehr als ein halbes Jahr) Zeit ließ, um überhaupt Fragen zum Schadensfall zu beantworten, erschüttern seine Glaubwürdigkeit. Er hat daher den vollen Beweis der Entwendung zu führen.

4. Darüber hinaus hat der Kläger seine Obliegenheit zur Aufklärung und zur wahrheitsgemäßen Information des Versicherers gem. § 7 I. (2) AKB verletzt. Die Beklagte ist dadurch leistungsfrei geworden (BGH VersR 1984, 228).

5. Nur vorsorglich ist daher kurz zur Schadenshöhe auszuführen:

5.1. Die Beklagte hat eine Bewertung des Fahrzeugs des Klägers durchführen lassen. Sie wurde durchgeführt am 8.5.2006 durch den Sachverständigen ▬▬▬ der Beklagten und ist in Fotokopie als Anlage B14 beigefügt.

Die Bewertung wurde zu einem Zeitpunkt durchgeführt, als die Beklagte noch keine Kenntnis von dem nicht behobenen Schaden hatte.

Beweis: Zeugnis des Kfz-Schadensgutachters ▬▬▬

Die Behebungskosten dieses Schadens sind mit mindestens 500,00 EUR anzusetzen.

Beweis: Sachverständigengutachten

Um diese Summe ist der Wiederbeschaffungswert auf jeden Fall zu mindern. Dieser beträgt höchstens 6.750,00 EUR.

5.2. Darüber hinaus wird bestritten, dass sich Zubehör, wie vom Kläger behauptet, im Fahrzeug befunden hat. Anschaffungsdaten und Preise der behaupteten Zubehörgegenstände werden mit Nichtwissen bestritten.

Es wird mit Nichtwissen bestritten, dass die vom Kläger behaupteten Anschaffungspreise mit dem Wiederbeschaffungswert identisch sind.

5.3. Schließlich werden auch die vom Kläger geltend gemachten Zinsen nach Grund und Höhe bestritten.

Aufgrund des vom Kläger lediglich vorgetäuschten Entwendungsfalls ist die Klage abzuweisen.

Rechtsanwalt

Hinweis: In der Klageerwiderung zu einem behaupteten Entwendungsfall wird der Versicherer, wenn er die Entwendung für vorgetäuscht hält, versuchen, umfangreiche gegen eine Glaubwürdigkeit und Redlichkeit des Versicherungsnehmers sprechende Sachverhalte darzulegen. Vorliegend müsste das Gericht über das äußere Bild der Fahrzeugentwendung zunächst Beweis durch Vernehmung der vom Kläger benannten Zeugen erheben. Erbringt der Kläger durch seine Zeugen den notwendigen Beweis, kommt es auf seine eigene Glaubwürdigkeit auf der ersten Beweisstufe nicht an. Eine etwaige Unglaubwürdigkeit des Versicherungsnehmers wird dann erst auf der zweiten Stufe bedeutsam, auf der der Versicherer die erhebliche

163

Wahrscheinlichkeit der Vortäuschung der Entwendung darlegen und beweisen muss. Hier spielen insbesondere auch widersprüchliche Angaben des Klägers eine Rolle.

164 **Muster: Replik – Anspruch aus Teilkaskoversicherung wegen Fahrzeugdiebstahls**

An das Landgericht ▪▪▪

Replik

In dem Rechtsstreit

▪▪▪ [Kläger] ./. ▪▪▪ [Beklagte]

Az ▪▪▪

lässt die Argumentation der Beklagten erkennen, dass sie über die Rechtsprechung in Entwendungsfällen nicht im Bilde ist.

Auf die persönliche Glaubwürdigkeit des Klägers kommt es zunächst nicht an, sofern der Kläger anderweitig das Vorliegen des „äußeren Bildes" einer Fahrzeugentwendung nachweisen kann.

1. Es trifft zu, dass der Kläger bei der Beklagten auch anderweitig, nämlich mit einer Haushaltsversicherung, versichert ist. Eine Kündigung der Haushaltsversicherung ist durch die Beklagte nicht erfolgt.

Zutreffend ist ebenfalls, dass der Kläger Ersatzleistungen aus der bei der Beklagten bestehenden Haushaltsversicherung vor dem hier in Rede stehenden Diebstahl in Anspruch genommen hat. Diese Schadensfälle sind für den hier streitgegenständlichen Entwendungsversicherungsfall ohne Belang.

Die Beklagte hat in sämtlichen die Haushaltsversicherung betreffenden Schadensfällen Regulierungszahlungen erbracht, so dass die Beklagte offenbar selbst von der Redlichkeit des Klägers und der Wahrheitsgemäßheit der jeweiligen Versicherungsfälle ausgegangen ist.

Die Häufigkeit der Schadensfälle mag damit zu erklären sein, dass der Kläger seine Lebensgefährtin, die Zeugin ▪▪▪, häufig in Tschechien besucht hat und er deshalb regelmäßig Opfer von Diebstählen geworden ist, da der oder die Täter in Fahrzeugen aus dem westlichen Europa Beute angenommen haben.

Wenn die Beklagte die „Schadensvergangenheit" des Klägers anführt, muss sie auch mitteilen, dass sie aus der bei ihr bestehenden Haushaltsversicherung für den hier streitgegenständlichen Entwendungsvorgang die Regulierungszahlungen einwendungslos erbracht hat.

Die Berufung auf eine angebliche Obliegenheitsverletzung des Klägers unter Heranziehung einwendungslos erfolgter Regulierungen aus vorangegangenen Versicherungsfällen einer anderen Versicherung sowie einer erfolgten Regulierung aus dieser Versicherung auch wegen des hier streitgegenständlichen Ereignisses ist deshalb treuwidrig und rechtsmissbräuchlich.

Die Beklagte kann einerseits nicht aus der bei ihr bestehenden Haushaltsversicherung regulieren und andererseits aus der bei ihr bestehenden Kaskoversicherung die Leistung wegen grober Fahrlässigkeit bzw Obliegenheitsverletzung verweigern, da es sich um ein und dasselbe Schadensereignis handelt und der Kläger die Schadensanzeigen zu beiden Versicherungen zugleich abgegeben hat.

2. Abgesehen davon hat sich die Beklagte auch vorprozessual gegenüber dem Kläger nicht auf eine Obliegenheitsverletzung berufen, sondern eine Regulierung des Versicherungsfalls ausschließlich wegen grob fahrlässiger Herbeiführung gem. § 61 VVG abgelehnt.

3. Die Beklagte versucht auch zu suggerieren, dass der Kläger im Umgang mit Schadensanzeigen besonders gewandt war und genau gewusst haben soll, worauf es im Hinblick auf die Angaben zum Versicherungsfall ankomme. Diese Behauptung ist jedoch durch nichts untermauert, zumal der Kläger bei den vorangegangenen Schadensfällen nach Abgabe der jeweiligen schriftlichen Schadensanzeigen problemlose Regulierungen erlebt hat.

4. Die Beklagte wirft dem Kläger – jedenfalls zwischen den Zeilen – eine verspätete Schadensmeldung nach der von ihm erfolgten telefonischen Schadensmeldung des Versicherungsfalls vom 8.9.2005 vor. Diesen Vorwurf muss sich der Kläger nicht gefallen lassen, zumal die eigene Sachdarstellung der Beklagten ergibt, dass die Bearbeitung der Schadensangelegenheit auf Beklagtenseite zögerlich verlief. Nachdem der Kläger am 11.9.2005 den Schaden telefonisch gemeldet hatte, meldete sich die Beklagte erst mit Schreiben vom 17.10.2005 (Anlage B4 der Klageerwiderung), also über einen Monat später beim Kläger. Hierdurch wird deutlich, dass etwaige Verzögerungen des Klägers in keiner Art und Weise kausal für die Regulierung des Versicherungsfalls waren bzw sind und es der Beklagten selbst auf eine eilige Bearbeitung nicht angekommen ist.

5. Der Kläger bestreitet auch, eine schriftliche Erinnerung der Beklagten vom 10.11.2005 erhalten zu haben. Bezeichnenderweise legt die Beklagte, obwohl sie sonst umfangreiche Unterlagen vorlegt, die behauptete Erinnerung nicht vor.

Der Kläger war mit der bei der Beklagten zunächst die Angelegenheit bearbeitenden Sachbearbeiterin, Frau ▪▪▪, im Dezember 2005 und auch im Januar 2006 telefonisch in Kontakt. Der Kläger bat Frau ▪▪▪ aufgrund seiner umfangreichen beruflichen Verpflichtungen sowie der Tatsache, dass er noch Unterlagen zum Nachweis des Fahrzeugwerts beschaffen musste, um Geduld. Frau ▪▪▪ zeigte hierfür Verständnis und bestand nicht auf einer speziellen Abgabefrist. Der Kläger erhielt auch niemals eine Mahnung mit einer angedrohten Konsequenz.

6. Als nächstes versucht die Beklagte den Kläger damit unglaubwürdig zu machen, dass dieser die Schadensanzeige nicht unmittelbar an die schadensbearbeitende Abteilung versandt, sondern dem ihm betreuenden Versicherungsvertreter, Herrn ▪▪▪, übergeben hat.

Zum einen bezeichnet die Beklagte den Versicherungsvertreter ▪▪▪ selbst als ihren für den Kläger zuständigen Vertreter, zum anderen durfte der Kläger sogar von Gesetzes wegen die Schadensanzeige bei dem für ihn zuständigen Versicherungsvertreter einreichen (§ 43 Nr. 2 VVG).

Im Übrigen schreiben weder die Allgemeinen Bedingungen für die Kraftfahrtversicherung noch sonstige zwischen den Parteien bestehende vertragliche Vereinbarungen vor, dass Schadensanzeigen direkt bei der schadensbearbeitenden Abteilung, nicht aber bei dem vor Ort befindlichen Versicherungsvertreter abzugeben sind. Nicht selten, wenn nicht sogar überwiegend, wenden sich Versicherungsnehmer an die ihnen bekannte örtliche Vertretung bzw Agentur des Versicherers.

7. Soweit sich die Beklagte auf eine Obliegenheitsverletzung des Klägers wegen angeblicher Nichtangabe eines Vorschadens berufen will, muss diesem Einwand der Erfolg versagt bleiben.

Abgesehen vom tatsächlichen Vorliegen einer solchen Obliegenheitsverletzung des Klägers stellt die Berufung der Beklagten auf jeden Fall einen Verstoß gegen Treu und Glauben dar.

Die Beklagte hat zu keinem Zeitpunkt eine Obliegenheitsverletzung des Klägers wegen Nichtangabe eines Vorschadens als Ablehnungsbegründung angeführt und deshalb auch ihr Ablehnungsschreiben vom 9.8.2006 nicht mit einer derartigen Obliegenheitsverletzung begründet.

Die Beklagte hat damit also hinreichend zu erkennen gegeben, dass sie selbst die Verletzung einer derartigen Aufklärungspflicht im Hinblick auf eine vollständige Leistungsfreiheit als nicht gravierend ansieht (vgl hierzu OLG Düsseldorf VersR 1993, 425).[71]

Selbst objektiv falsche Angaben zu Vorschäden und zur Laufleistung eines entwendeten Autos reichen allein zur Leistungsfreiheit des Versicherers nicht aus, sofern der Versicherer dem Versicherungsnehmer nicht Vorsatz oder grobe Fahrlässigkeit bei Abgabe der Schadensanzeige zur Last legen kann.

---

[71] In diesem Fall hat sich der Versicherer erst in 2. Instanz erstmalig auf eine Obliegenheitsverletzung des Versicherungsnehmers berufen. Durch die Entscheidung des BGH (VersR 2006, 57) ist nunmehr klar, dass sich der Versicherer auch erst zu einem späteren Zeitpunkt wirksam auf eine Obliegenheitsverletzung berufen kann.

Allerdings wird gem. § 7 V. (4) AKB iVm § 6 Abs. 3 VVG Vorsatz des Versicherungsnehmers vermutet, so dass dieser den Gegenbeweis geringeren Verschuldens führen muss (OLG Hamm VersR 1993, 473).

Daraus ergibt sich auch, dass leichte Fahrlässigkeit des Versicherungsnehmers zur Leistungsverweigerung des Versicherers nicht ausreichend ist, wenn der Versicherungsnehmer Vorschäden des Kfz an der Stoßstange, am Heckblech und der hinteren Tür als nicht meldepflichtigen Bagatellschaden wertet und es sich nach Meinung eines Sachverständigen auch tatsächlich um geringfügige Bagatellschäden gehandelt hat (OLG Köln r+s 1993, 48).

Derartige zur Leistungsfreiheit der Beklagten führende Voraussetzungen liegen nicht vor.

Sofern es dem Kläger wirklich auf ein Verschweigen eines Vorschadens in vorsätzlicher bzw grob fahrlässiger Weise angekommen wäre, hätte er im Rahmen der polizeilichen Anzeige des Diebstahls vor dem Polizeirevier ▬▬▬ sicherlich nicht angegeben, dass sich am Übergang vom vorderen rechten Kotflügel zur Beifahrertür eine handflächenlange Lackbeschädigung in Form eines Streifens befand. Abgesehen davon stellt sich auch die Frage, ob es sich hierbei überhaupt um einen Vorschaden im Sinne der Versicherungsbedingungen oder nicht etwa um dem Alter und Zustand des Kfz entsprechende Gebrauchsspuren handelt.

Im Übrigen hat der von dem Kläger bei der polizeilichen Anzeige des Diebstahls vor dem Polizeirevier ▬▬▬ geschilderte „Lackschaden" nur zur besseren Identifizierung des Fahrzeugs gedient. Tatsächlich handelte es sich hierbei um eine wenig sichtbare Spur, die man nur bei genauem Hinsehen und günstigem Licht erkennen konnte.

Beweis: Zeugnis der Lebensgefährtin des Klägers, Frau ▬▬▬

Der Kläger wurde bei der Anzeigenerstattung durch den aufnehmenden Polizeibeamten nach besonderen Merkmalen des Kfz befragt. Der Kläger wies hierauf unter Hinweis auf seinen Handteller auf einen leichten Streifschaden in der Lackoberfläche hin, der nur bei genauem Hinsehen sichtbar war. Dabei bezog der Kläger den Handteller auf die Länge, nicht aber auf den Durchmesser/die Fläche dieses Streifens. Dies wurde von dem aufnehmenden Polizisten allerdings missverständlich formuliert.

Bei der Unterschrift unter die Anzeige hat der Kläger diesem Umstand dann keine so große Bedeutung beigemessen, weil das Kfz im Vordergrund stand.

Dass es dem Kläger offensichtlich auch nicht auf das Verschweigen eines Vorschadens angekommen ist, ergibt sich daraus, dass der Kläger im Rahmen der von ihm ausgefüllten Schadenanzeige einen erheblichen Vorschaden an der Frontpartie des Fahrzeugs infolge eines Zusammenstoßes mit einem Radfahrer angegeben hat.

In diesem Zusammenhang ist ergänzend darauf hinzuweisen, dass die entsprechende Frage der Beklagten auf Seite 2 der von der Beklagten als Anlage „B4" zur Gerichtsakte gereichten Schadensanzeige sich auch nur auf vorhandene Karosserieschäden bezieht, wobei der Kläger den reparierten Vorschaden gleichwohl angegeben hat, obwohl sich die Fragen lediglich auf vorhandene Schäden beziehen. Eine ausdrückliche Frage nach Lackschäden war nicht gestellt. Es darf auch davon ausgegangen werden, dass nach dem allgemeinen Sprachverständnis Karosserieschaden nur der Schaden sein kann, der die Substanz der Fahrzeugkarosserie selbst betrifft, wie zB Einbeulungen oder Dellen, und daher unter einem Karosserieschaden Lackbeschädigungen gleich welcher Art nicht zu verstehen sind. Sollte auch Letzteres von der Frage der Beklagten nach „Karosserieschäden" umfasst gewesen sein, hätte die Beklagte die Frage genauer stellen müssen, zB durch eine Frage nach vorhandenen Karosserie- und Lackschäden.

Sofern nach Auffassung der Beklagten unter dem vorgenannten Begriff der „Karosserieschäden" auch Lackschäden verstanden werden müssten, ergäbe sich aus einem solchen Verständnis, dass der Versicherungsnehmer jede kleine Roststelle oder beispielsweise auch Lackbeschädigungen infolge von Steinschlag auf der Motorhaube etc. angeben müsste. Dies ginge zu weit. Wünscht die Beklagte eine derart erschöpfende Auskunft, ist eine explizite Fragestellung erforderlich.

Rein vorsorglich wird darauf hingewiesen, dass sich die Beklagte wegen eines angeblich verschwiegenen Vorschadens auch nicht auf die Frage nach „sonstigen Schäden" berufen kann, da der Kläger diese Frage versehentlich offengelassen hat. Das Offenlassen von Fragen ist ein Verstoß gegen die Aufklärungspflicht erst dann, wenn der Versicherer durch Nachfrage zeigt, dass es ihm auf die betreffende Information ankommt und der Versicherungsnehmer auch dann nicht reagiert (OLG Hamm VersR 1996, 53; 1995, 1231).

Die Beklagte hat eine derartige Nachfrage allerdings nicht gestellt. Die Einwendung der Beklagten im Hinblick auf ein Verschweigen eines Vorschadens ist deshalb unbegründet.

8. Auch die sonstigen Versuche der Beklagten, Leistungsfreiheit wegen etwaiger Obliegenheitsverletzungen zu begründen, müssen scheitern.

Für die Entscheidung des Rechtsstreits spielt es keine Rolle, ob der Kläger das Kfz gegen 19.30 Uhr oder 21.00 Uhr vor dem „Klosterrestaurant" in ■■■ abgestellt hat, da die Abstellzeit keine versicherungsrechtliche Relevanz hat. Bei vorsätzlichen Verstößen gegen die Aufklärungsobliegenheit ist der Versicherer bei folgenlosen Verstößen nur dann leistungsfrei, wenn die Obliegenheitsverletzung einerseits von versicherungsrechtlicher Relevanz ist und andererseits den Versicherungsnehmer der Vorwurf groben Verschuldens trifft (sog. Relevanzrechtsprechung, vgl BGH VersR 1984, 228; OLG Hamm VersR 1994, 590, 591; OLG Karlsruhe VersR 1994, 1183; OLG Nürnberg VersR 1995, 1224).

Trifft den Versicherungsnehmer nur geringes Verschulden, schließt dies versicherungsrechtliche Relevanz von vornherein aus. Geringes Verschulden liegt nach der Formulierung des BGH vor, wenn es sich um ein Fehlverhalten handelt, das auch einem ordentlichen Versicherungsnehmer leicht unterlaufen kann und für das ein einsichtiger Versicherer Verständnis aufzubringen vermag (BGH VersR 1984, 228, 229).

So verhält es sich bei der Angabe zur Abstellzeit. Zum einen liegt vollkommen auf der Hand, dass ein Versicherungsnehmer beim Abstellen seines Kfz nicht jedes Mal auf die Uhr schaut und den Abstellzeitpunkt dokumentiert, da er nicht weiß bzw davon ausgeht, später Opfer eines Diebstahls zu werden, zum anderen ist hier entscheidend, dass das klägerische Kfz am 8.9.2005 noch kurz nach 23.00 Uhr nachweislich von dem Zeugen ■■■ am Abstellort gesehen wurde. Ein entsprechender Beweis wurde bereits in der Klageschrift angetreten.

Im Übrigen kann die Beklagte hier auch nicht mit angegebenen Minuten argumentieren, da der Kläger gegenüber der tschechischen Polizei (Anlage B 10 der Klageerwiderung) und gegenüber der Beklagten (Anlage B 11) keine festen Uhrzeiten, sondern lediglich „Circa-Angaben" gemacht hat, da er die Uhrzeit mit dem Zusatz „gegen" versehen hat, wobei in diesem Zusammenhang auch noch auf den erheblichen zeitlichen Abstand zwischen den Angaben vor der tschechischen Polizei und den Angaben in der Schadensanzeige hingewiesen werden muss.

Soweit hier unterschiedliche „Feststellungszeiten" des Diebstahls, nämlich 23.15 Uhr und 23.25 Uhr, genannt sind, muss es sich bei der Angabe 23.15 Uhr um einen Tipp- bzw Schreibfehler handeln.

Abgesehen davon, dass der Kläger bei den Zeitangaben nur „Circa-Angaben" gemacht hat, mag die Beklagte nicht allen Ernstes – unseres Erachtens sogar wider besseren Wissens – behaupten, dass ein Zeitraum von 10 min. für einen Diebstahl des versicherten Kfz des Klägers nicht ausreichend war. Es darf als gerichtsbekannt unterstellt werden, dass hierfür wenige Sekunden ausreichen. Insoweit hilft auch die Vermutung der Beklagten nicht weiter, das Fahrzeug des Klägers sei mit einem im Kofferraum befindlichen Schlüssel entwendet worden.

Offensichtlich ignoriert die Beklagte bewusst den Nachweis der Kausalität eines etwaig im Fahrzeug befindlichen Schlüssels für den Diebstahl.

9. Ebenso kann die Beklagte mit ihrer Argumentation zu den Fahrzeugschlüsseln nicht durchdringen.

Hier hatte die Beklagte selbst Kenntnis von einem in Folge eines vorangegangenen Einbruchdiebstahls vorgenommenen Schlossaustausches, der nicht nur das Lenkradschloss, sondern die komplette Schließanlage betraf, so dass sie Kenntnis vom Erhalt eines anderen Schlüssels hatte.

Thom

Für das äußere Bild eines Kfz-Diebstahls kommt es nicht darauf an, dass der Versicherungsnehmer sämtliche Originalschlüssel vorlegen oder das Fehlen eines Schlüssels plausibel erklären kann (BGH VersR 1995, 909, 910).

Indes hat der Kläger die Frage nach den Schlüsseln nicht falsch beantwortet. Die Frage aus dem Fragenkatalog der Beklagten zu den Fahrzeugschlüsseln lautet: „Wie viele Schlüssel wurden Ihnen ausgehändigt?". Diese Frage hat der Kläger mit der Zahl Zwei beantwortet. Der Kläger ist dabei davon ausgegangen, dass für die Beklagte nur die aktuell zum Fahrzeug zugehörigen Schlüssel von Interesse waren, da anlässlich des genannten Vorschadens, des Einbruchdiebstahls vom 24.4.2005, bei dem das Kfz des Klägers zwar nicht entwendet worden war, allerdings die Schlösser Beschädigungen aufgewiesen hatten, ein kompletter Schlossaustausch erfolgt war. Über den Schlossaustausch verhält sich auch eine Rechnung des Autohauses ▪▪▪ vom 26.4.2005, welche der Beklagten vorliegt. Aufgrund des infolge des Schadens vom 24.4.2005 erforderlich gewordenen Schlossaustausches hat der Kläger nur noch zwei Fahrzeugschlüssel erhalten, so dass auch seine entsprechende Angabe im Fragenkatalog der Beklagten nicht unrichtig ist. Der ursprüngliche Schlüsselsatz war nicht mehr relevant, da mit diesem das Fahrzeug weder geschlossen noch betrieben werden konnte.

Falsche Angaben des Klägers zu den Fahrzeugschlüsseln liegen deshalb nicht vor. Versehentlich hat der Kläger der Beklagten zunächst zwei Schlüssel aus dem „alten Schlüsselsatz" eingereicht, auf entsprechende Nachfrage der Beklagten erfolgte die Einreichung zweier weiterer Schlüssel, wobei von den insgesamt vier Schlüsseln drei den alten Schlüsselsatz und ein Schlüssel den neuen, aus nur zwei Schlüsseln bestehenden, Schlüsselsatz betreffen.

Der Kläger hat der Beklagten mit einem in seinem Computer gefertigten Schreiben vom 8.7.2006 auch zu den Fahrzeugschlüsseln nähere Erläuterungen gemacht, welche die Beklagte als Anlage „B3" zur Klageerwiderung eingereicht hat.

Nachdem der Kläger den zweiten Schlüssel aus dem neuen Schlüsselsatz nicht wieder aufgefunden hatte, vermutete er, dass dieser Schlüssel in der Tasche, welche bei dem hier streitgegenständlichen Schadensfall im verschlossenen Kofferraum des Kfz gelegen hatte, verblieben war. Sicher ist er sich dessen jedoch nicht, da der Zweitschlüssel zeitweise auch im Besitz der Zeugin ▪▪▪ war und der seinerzeitige 5-jährige Sohn der Zeugin ▪▪▪ auch mit dem Schlüssel in der Wohnung der Zeugin ▪▪▪ gespielt hatte, so dass der Schlüsselverlust auch hierbei entstanden sein konnte.

Beweis: Zeugnis der Frau ▪▪▪, b.b.

Letztlich kommt es auf den fehlenden Schlüssel des „neuen Schlüsselsatzes" nicht an, da die Beklagte den Nachweis, dass die PKW-Entwendung unter Einsatz dieses Schlüssels erfolgte, nicht geführt hat.

Es muss an dieser Stelle auch ausgeführt werden, dass der Kläger zahlreiche Gespräche mit der bei der Beklagten für seinen Fall zuständigen Sachbearbeiterin, der Zeugin ▪▪▪, geführt hat, wobei die Zeugin ▪▪▪ nicht nur zahlreiche Fragen gestellt, sondern teilweise auch die Worte des Klägers verdreht und versucht hat, den Kläger in Widersprüche zu verstricken.

Letztlich kann es auch nicht ausgeschlossen werden, dass die Sachbearbeiterin der Beklagten und Zeugin ▪▪▪ angesichts der zahlreichen geführten Gespräche, die zum Teil auch von beiden Seiten mit Vehemenz geführt wurden, einzelne Dinge verwechselt bzw falsch verstanden hat.

10. Der Kläger bestreitet nochmals ausdrücklich, gegenüber der Beklagten falsche Angaben gemacht zu haben. Es ist nicht zutreffend, dass der Kläger gegenüber der Zeugin ▪▪▪ am 28.6.2006 erklärt hat, nach der Entdeckung der Entwendung seines PKW zunächst von ▪▪▪ nach ▪▪▪ gefahren zu sein, wo die polizeiliche Anzeige aufgenommen worden sei und er dort zufällig den bereits benannten Polizeibeamten ▪▪▪ getroffen habe, der ihn dann von ▪▪▪ nach ▪▪▪ gefahren habe.

Der Kläger wollte nach Entdeckung des Diebstahls zunächst bei der Polizei in ▪▪▪ Anzeige erstatten. Da die Polizeidienststelle dort nicht besetzt war, fuhr er mit einem Taxi in Begleitung der Zeugin ▪▪▪ zu der übergeordneten Polizeidienststelle in ▪▪▪. Der Kläger musste dort auf einen diensthabenden Polizeibeamten warten. Dieser diensthabende Polizeibeamte war der Zeuge ■■■, der sodann mit dem Kläger und der Zeugin ■■■ mit dem Polizeifahrzeug nach ■■■ zurückfuhr, um dort die Anzeige aufzunehmen.

Beweis: 1. wie vor

2. Zeugnis des Polizeibeamten ■■■, b.b.

11. Schließlich ist darauf hinzuweisen, dass die Rechtsauffassung der Beklagten, der Kläger habe den vollen Beweis der behaupteten Entwendung zu führen, unzutreffend ist.

Der Kläger hat das für einen PKW-Diebstahl sprechende „äußere Bild" dargelegt und durch Zeugen unter Beweis gestellt. Sofern die Zeugen den entsprechenden Beweis des „äußeren Bildes" durch ihre Aussagen erbringen, liegt es an der Beklagten, eine Vortäuschung des Diebstahls vollständig zu beweisen.

12. Dass die weiteren Teile bzw das Zubehör im Fahrzeug zum Zeitpunkt der Entwendung vorhanden waren, wird vorsorglich unter

Beweis gestellt durch Zeugnis der Frau ■■■, b.b.

Darüber hinaus ist sich der Kläger im Klaren, dass er hier möglicherweise Beweisschwierigkeiten hat, da sich die Zeugin ■■■ vermutlich nicht an sämtliche Gegenstände erinnern wird, da ein Wagenheber derart verstaut ist, dass er nicht sichtbar ist.

Das Gericht mag hierzu den Kläger als Partei gem. § 141 ZPO anhören oder den Schaden gem. § 287 ZPO schätzen, wobei wohl die Lebenserfahrung dafür sprechen dürfte, dass in einem Fahrzeug beispielsweise Fußmatten, Wagenheber u.ä. Ausstattungsgegenstände mitgeführt werden.

Die Nebenforderung wird durch Vorlage einer Bankbescheinigung mit einem gesonderten Schriftsatz zu gegebener Zeit nachgewiesen.

Rechtsanwalt

G. Anspruch aus Vollkaskoversicherung

Die Geltendmachung eines Anspruchs aus der Vollkaskoversicherung ist gegenüber einer Anspruchsgeltendmachung aus der Teilkaskoversicherung nicht wesentlich anders. Der hauptsächliche Unterschied besteht in dem weitergehenden Versicherungsschutz gegenüber den in der Teilkaskoversicherung versicherten Risiken. Keine Unterschiede ergeben sich außerdem zu den möglichen Einwendungen des Versicherers.   165

Hinweis: Die Selbstbeteiligung in der Vollkaskoversicherung kann anders geregelt sein als in der Teilkaskoversicherung. Der Rechtsanwalt muss daher unbedingt die Höhe der gegebenenfalls in der Vollkaskoversicherung vereinbarten Selbstbeteiligung prüfen und bei der Geltendmachung des Anspruchs auf Versicherungsleistung aus der Vollkaskoversicherung bzw bei der Klageerhebung berücksichtigen. Es kann nämlich durchaus sein, dass der Versicherungsnehmer bei der Teilkaskoversicherung keine Selbstbeteiligung vereinbart hat, während in der Vollkaskoversicherung eine Selbstbeteiligung in Höhe von 1.000 EUR vereinbart ist.   166

Muster: Klageschrift – Anspruch aus Vollkaskoversicherung   167

    146

An das Landgericht ■■■

Klage

der Frau ■■■

– Klägerin –

Prozessbevollmächtigte: RAe ███

gegen

die ███ Versicherung AG, vertreten durch den Vorstand, dieser vertreten durch den Vorstandsvorsitzenden, Herrn ███, ███

– Beklagte –

wegen: Versicherungsleistung aus Fahrzeugvollversicherung

vorläufiger Streitwert: 7.000,00 EUR

Namens und in Vollmacht der Klägerin erheben wir Klage mit den Anträgen:

1. Die Beklagte wird verurteilt, an die Klägerin 7.000,00 EUR nebst Zinsen in Höhe von 5 Prozentpunkten über dem jeweiligen Basiszinssatz seit dem 7.6.2006 zu zahlen.

2. Die Beklagte trägt die Kosten des Rechtsstreits.

3. Der Klägerin wird nachgelassen, jegliche Sicherheitsleistung durch Bürgschaft eines deutschen Kreditinstituts zu erbringen.

Im Falle des Vorliegens der gesetzlichen Voraussetzungen beantragen wir

den Erlass eines Anerkenntnis-/Versäumnisurteils.

Begründung:

Die Klägerin beansprucht von der Beklagten Zahlung einer Versicherungsleistung gem. § 12 (1) II. i) der Allgemeinen Bedingungen für die Kraftfahrtversicherung (AKB).

Der Forderung der Klägerin liegt ein Verkehrsunfall vom 10.5.2006 zugrunde. Bei diesem Unfall wurde das bei der Beklagten vollkaskoversicherte Kfz total beschädigt.

I. Versicherungsvertrag zwischen den Parteien

Die Klägerin hatte ihren PKW der Marke ███, amtl. Kennzeichen ███, mit Beginn am 1.1.2005 bei der Beklagten fahrzeugversichert. Neben der für das Fahrzeug abgeschlossenen Teilkaskoversicherung bestand bei der Beklagten eine Vollkaskoversicherung mit einer im Versicherungsfall von ihr zu erbringenden Selbstbeteiligung in Höhe von 300,00 EUR.

Dem Versicherungsvertrag haben die AKB der Beklagten in der Fassung vom 1.1.2004 zugrunde gelegen.

Die Vollkaskoversicherung hat auch am oben genannten Unfalltag bestanden.

Gem. § 12 (1) II. i) AKB hat die Beklagte für Unfallschäden im Rahmen der bei ihr abgeschlossenen Vollkaskoversicherung Deckung zu geben.

Beweis: Kopie des Versicherungsscheins nebst der genannten AKB als Anlage K1

II. Örtliche Zuständigkeit des angerufenen Gerichts

Da die Klägerin den streitgegenständlichen Versicherungsvertrag bei einer in ███ ansässigen Agentur der Beklagten abgeschlossen hat, ist gem. § 48 Abs. 1 VVG das LG ███ örtlich zuständig.

III. Eintritt des Versicherungsfalls „Unfallschaden"

Am Nachmittag des 15.5.2006, etwa gegen 16.00 Uhr, wurde der bei der Beklagten kaskoversicherte PKW der Klägerin von ihrem Ehemann, dem nachbenannten Zeugen ███, geführt. Der Zeuge ███ befuhr mit dem PKW die ███straße von ███ kommend in Fahrtrichtung ███. Es handelt sich dabei um eine kurvige Landstraße.

Infolge eines Fahrfehlers bzw Unachtsamkeit geriet der PKW auf der schmalen Landstraße beim Durchfahren einer Rechtskurve auf den unbefestigten Randstreifen. Dadurch verlor der Zeuge ███ die Kontrolle über das Fahrzeug, so dass der PKW schließlich die sich an den Randstreifen anschließende Böschung hinunterstürzte, sich dabei einmal überschlug und auf dem Dach liegen blieb.

Beweis: Zeugnis des Ehemanns der Klägerin, Herrn ▪▪▪

Das Fahrzeug erlitt umfangreiche Schäden, so dass eine Wiederherstellung des Fahrzeugs wirtschaftlich unvernünftig ist. Es war nach dem Unfall weder fahrfähig, u.a. wurden die Lenkung und der Kühlkreislauf des Fahrzeugs zerstört, noch hat es ohne fremde Hilfe geborgen werden können. Der PKW musste deshalb mit einem Kranwagen geborgen werden. Anschließend wurde er mit einem Tiefladerabschlepp-LKW in ein Autohaus nach ▪▪▪ gebracht.

Beweis: wie vor

Für die Bergekosten ist ein Betrag von 800,00 EUR aufzuwenden gewesen, für das Verbringen des Fahrzeugs in das Autohaus sind weitere 250,00 EUR angefallen.

Da die Klägerin die Rechnungen des Bergeunternehmens und des Abschleppdienstes vorgerichtlich der Beklagten im Original eingereicht hat, dürften die vorgenannten Tatsachen der Notwendigkeit der Bergung und des Abschleppens sowie der Höhe der dadurch entstandenen Kosten unstreitig bleiben.

Andernfalls mag das Gericht der Beklagten gem. § 142 Abs. 1 ZPO die Vorlage der in ihrem Besitz befindlichen vorgenannten Rechnungen aufgeben. Die Klägerin hat beide Rechnungen der Beklagten noch in der letzten Maiwoche 2006 eingereicht.

Nachdem das Fahrzeug in das Autohaus ▪▪▪ verbracht worden war und die Klägerin den Fahrzeugschaden bei der Beklagten als Vollkaskoschaden gemeldet hatte, veranlasste die Beklagte eine Feststellung des Wiederbeschaffungswerts und des Restwerts durch einen Kfz-Sachverständigen. Dieser gelangte zu einem Wiederbeschaffungswert inkl. MwSt. in Höhe von 5.500,00 EUR und zu einem Restwert in Höhe von 250,00 EUR.

Beweis: Fotokopie des Sachverständigengutachtens vom 24.5.2006 als Anlage K2

Tatsächlich ist ein vergleichbares Kfz wie dasjenige der Klägerin zum Preis von 5.500,00 EUR nicht wieder zu beschaffen. Die Klägerin hat über ihren Autohändler versucht, ein im Hinblick auf Ausstattung, Alter und Laufleistung vergleichbares Kfz zu dem vorgenannten Preis zu beschaffen. Dies ist ihr nicht gelungen. Stattdessen hätte sie für ein vergleichbares Kfz mindestens 6.500,00 EUR, wenn nicht sogar 7.000,00 EUR aufwenden müssen.

Beweis: 1. Zeugnis des Autohändlers, Herrn ▪▪▪
2. Sachverständigengutachten

Der vorgenannte Autohändler und Zeuge hat sogar Internetangebote berücksichtigt, gleichwohl war auch über das Internet ein vergleichbares Kfz nicht zu dem von der Beklagten zugrunde gelegten Wiederbeschaffungspreis zu bekommen.

Beweis: wie vor zu 1.

Die Klägerin legt deshalb einen Wiederbeschaffungswert in Höhe von 6.500,00 EUR zugrunde. Mindestens diesen Betrag kann sie im Hinblick auf die Versicherungsleistung als Wiederbeschaffungswert zugrunde legen.

Unter Berücksichtigung der genannten Bergungs- und Abschleppkosten sowie des in Abzug zu bringenden Restwerts und der in Abzug zu bringenden Selbstbeteiligung ergibt sich die Klageforderung in Höhe von 7.000,00 EUR.

Die Klägerin hat die Beklagte mit Schreiben vom 31.5.2006 darauf hingewiesen, dass der von ihr – der Beklagten – ermittelte Wiederbeschaffungswert zu gering bemessen war, und angefragt, ob deshalb das Sachverständigenverfahren gem. § 14 AKB durchgeführt werden sollte.

Die Beklagte hat hierauf mit Schreiben vom 15.6.2006 reagiert und darin mitgeteilt, dass sie bereits dem Grunde nach eine Deckung für den Unfallschaden aus der Vollkaskoversicherung nicht gewährt.

Zugleich hat die Beklagte die Klägerin mit dem vorgenannten Schreiben auf eine gerichtliche Geltendmachung des Anspruchs auf Versicherungsleistung innerhalb von sechs Monaten unter Hinweis auf § 12 Abs. 3 VVG verwiesen.

Beweis: Kopie des Schreibens der Beklagten vom 15.6.2006 als Anlage K3

Da nach Auffassung der Klägerin mit dem Datum des von der Beklagten veranlassten Sachverständigengutachtens die Entschädigung, allerdings in zu geringer Höhe, festgestellt worden ist und gem. § 15 AKB die Entschädigung innerhalb von zwei Wochen nach ihrer Feststellung zu leisten ist, befindet sich die Beklagte mit der Gewährung der Versicherungsleistung seit dem 7.6.2006 in Verzug.

III. Rechtslage

Für das im Rahmen der Vollkaskoversicherung versicherte Risiko „Unfallschaden" kommt es auf die Ursache des Unfalls nicht an. Durch den dargelegten Unfall ist der versicherte PKW zerstört worden, so dass die Beklagte gem. § 13 (1) AKB den Wiederbeschaffungswert unter Berücksichtigung des Restwerts als Versicherungsleistung zu erbringen hat.

Die hier vereinbarten AKB sehen nicht vor, dass die in dem Wiederbeschaffungswert enthaltene MwSt. nur bei einem tatsächlichen Anfall einer MwSt.-Zahlung durch den Versicherungsnehmer zu erstatten ist. Folglich kann die Klägerin den Wiederbeschaffungswert brutto beanspruchen.

Außerdem kann die Klägerin als Versicherungsleistung die Berge- und Abschleppkosten gem. § 13 (5) AKB beanspruchen.

Der Klage ist somit stattzugeben.

Rechtsanwalt

168 Muster: Klageerwiderung – Anspruch aus Vollkaskoversicherung

An das Landgericht ▪▪▪

Klageerwiderung

In dem Rechtsstreit

▪▪▪ [Klägerin] ./. ▪▪▪ [Beklagte]

Az ▪▪▪

zeigen wir die Vertretung der Beklagten an. Die Beklagte wird sich gegen die Klage verteidigen und beantragen:

1. Die Klage wird abgewiesen.

2. Die Kosten des Rechtsstreits trägt die Klägerin.

3. Der Beklagten wird im Fall einer Verurteilung nachgelassen, die Vollstreckung durch Hinterlegung oder Sicherheitsleistung, welche auch in Form einer Bürgschaft durch eine deutsche Großbank erbracht werden kann, ohne Rücksicht auf eine Sicherheitsleistung der Klägerin abzuwenden.

Begründung:

Die Klage ist unbegründet.

Die Klägerin hat schon aus Rechtsgründen keinen Anspruch auf Versicherungsleistung, da der streitgegenständliche Versicherungsschaden durch grob fahrlässiges Handeln des Ehemanns der Klägerin, Herrn ▪▪▪, sowie durch grob fahrlässiges Verhalten der Klägerin selbst herbeigeführt wurde.

I. Sachverhalt

Die Klägerin schildert gegenüber dem Gericht nur die „halbe Wahrheit".

1. Insbesondere lässt sie unerwähnt, dass der Fahrzeugführer ■■■ zum Zeitpunkt des Verkehrsunfalls im Bereich der absoluten Fahruntüchtigkeit alkoholisiert war. Eine dem Fahrzeugführer um 17.15 Uhr entnommene Blutprobe ergab eine Blutalkoholkonzentration von 1,25‰.

Aufgrund dessen erließ das AG ■■■ unter dem Az ■■■ am 12.8.2006 einen Strafbefehl wegen fahrlässiger Gefährdung des Straßenverkehrs gem. § 315c Abs. 1 Nr. 1a, Abs. 3 Nr. 2, 69, 69a StGB.

Neben einer Geldstrafe von 800,00 EUR wurde dem Fahrzeugführer ■■■ für acht Monate die Fahrerlaubnis entzogen.

Beweis: Beiziehung der vorgenannten Strafakte

2. Auch der Unfallhergang spricht für eine alkoholbedingte Ursache.

Der Fahrzeugführer ■■■ kam beim Durchfahren einer Rechtskurve ohne Fremdeinwirkung nach rechts von der Fahrbahn ab, fuhr einen Straßenbaum um und stürzte eine 2 m tiefe Steinböschung hinunter in die ■■■. Mit im Fahrzeug befanden sich die Klägerin und seine Mutter, Frau ■■■, als Beifahrerinnen.

Die den Unfall aufnehmende Polizei stellte Alkoholgeruch in der Atemluft des Fahrzeugführers ■■■ fest, so dass ein Alkoholtest durchgeführt wurde. Dieser Test ergab einen Wert von 1,48‰.

Beweis: wie vor

Zur Unfallzeit herrschte schönes Wetter, die Straße war trocken, eine Beteiligung eines anderen Fahrzeugs lag nicht vor.

Beweis: wie vor

II. Rechtslage

Aufgrund der Alkoholisierung des Fahrzeugführers ■■■ im Bereich der absoluten Fahruntüchtigkeit steht prima facie eine Kausalität der Alkoholisierung für den Unfall fest (Palandt/*Heinrichs*, 66. Aufl., vor § 249 Rn 169).

Insbesondere handelt es sich beim Abkommen von der Fahrbahn um einen typischen alkoholbedingten Fahrfehler, da das Durchfahren einer Kurve von einem nichtalkoholisierten Fahrer üblicherweise gemeistert wird.

Alkoholunfälle werden von der Rechtsprechung gemeinhin als grob fahrlässig bewertet: „Gerät der Versicherungsnehmer bei einer BAK von knapp unter 1,1 Promille in einer Rechtskurve ohne fremde Beteiligung mit seinem PKW auf die linke Fahrbahn, ist auf das Vorliegen eines alkoholtypischen Fahrfehlers zu schließen, der die Feststellung der grob fahrlässigen Herbeiführung des Unfallgeschehens trägt." (OLG Frankfurt/Main VersR 2002, 603).

„Absolute Fahruntauglichkeit ist ein Zustand, in dem jeder, unabhängig von Fahrkönnen und ´Trinkfestigkeit´ ein Auto nicht mehr sicher beherrscht. Wer so betrunken Auto fährt, handelt grob fahrlässig. Das weiß jedermann." (OLG Dresden Urt. v. 27.3.2001 – 3 U 3240/00).

Absolute Fahruntüchtigkeit (ab 1,1‰) begründet generell den Vorwurf der groben Fahrlässigkeit (BGH NJW 1985, 2648; OLG Naumburg VersR 2005, 1233; OLG Oldenburg VersR 1996, 1270, 1271).

Im Ergebnis steht fest, dass der Fahrzeugführer ■■■ den Verkehrsunfall grob fahrlässig herbeigeführt und gegen § 61 VVG verstoßen hat.

III. Eigenes grob fahrlässiges Verhalten der Klägerin

Die Klage ist auch deshalb unbegründet, weil der Klägerin selbst der Vorwurf einer groben Fahrlässigkeit zu machen ist.

Denn die Klägerin hat einem aufgrund des für sie in der Atemluft des Fahrzeugführers ▪▪▪ erkennbaren alkoholisierten und damit einem zum Führen eines Kfz ungeeigneten Fahrzeugführer ihr Fahrzeug überlassen.

Denn obwohl sich zum Zeitpunkt der polizeilichen Unfallaufnahme die aufnehmenden Polizeibeamten als auch der Fahrzeugführer ▪▪▪ außerhalb des Fahrzeugs an der freien Luft aufgehalten haben, war für die Polizeibeamten der Alkohol in der Atemluft des Fahrzeugführers ▪▪▪ wahrzunehmen. Erst recht hätte die Klägerin im geschlossenen Fahrzeug den Alkoholatem, nämlich die sprichwörtliche „Fahne", wahrnehmen müssen. Sie hätte dem Fahrzeugführer ▪▪▪ ihr Fahrzeug nicht überlassen dürfen, da es zu ihrer Verpflichtung gehörte, ihr Fahrzeug nicht einem erkennbar Fahruntüchtigen zu überlassen (LG Gießen VersR 1956, 614).

Außerdem hat sie sich vor Antritt der Fahrt nicht vergewissert, dass sie ihr kaskoversichertes Kfz einem Fahrer, der körperlich und gesundheitlich, zum Führen eines Kfz in der Lage ist, überließ.

Für grobe Fahrlässigkeit genügt Mitkausalität. Das Verhalten des Versicherungsnehmers muss nicht die alleinige Ursache des Versicherungsfalls sein, es genügt die Förderung des Eintritts des Versicherungsfalls (BGH NJW 1986, 2838; *Stiefel/Hofmann*, Kraftfahrtversicherung, 17. Aufl. 2000, § 61 VVG Rn 20).

Somit liegt auch eigenes grob fahrlässiges Verhalten der Klägerin vor.

IV. Höhe der Versicherungsleistung

Nicht zuletzt bestünde ein Anspruch auf Versicherungsleistung nicht in der von der Klägerin behaupteten und geltend gemachten Höhe.

Mit Nichtwissen wird bestritten, dass ein vergleichbares Kfz nicht zu dem durch den Sachverständigen der Beklagten ermittelten Wiederbeschaffungswert am Markt erhältlich gewesen ist, wobei für die entsprechende Behauptung der Klägerin das Zeugnis des Autohändlers ▪▪▪ kein ausreichendes Beweismittel darstellt.

Es wird bestritten, dass sich die Klägerin intensiv bemüht hat, zu dem von der Beklagten festgestellten Wiederbeschaffungswert ein vergleichbares Kfz wieder zu beschaffen.

Aus den genannten Gründen ist die Klage abzuweisen.

Rechtsanwalt

169 **Muster: Replik – Anspruch aus Vollkaskoversicherung**

An das Landgericht ▪▪▪

Replik

In dem Rechtsstreit

▪▪▪ [Klägerin] ./. ▪▪▪ [Beklagte]

Az ▪▪▪

repliziert die Klägerin auf die Klageerwiderung der Beklagten vom ▪▪▪ wie folgt:

Die Klägerin bestreitet eine Alkoholisierung des Fahrzeugführers und Zeugen ▪▪▪ im Bereich der absoluten Fahruntüchtigkeit zum Unfallzeitpunkt mit Nichtwissen. Die Klägerin selbst hat den Blutalkoholgehalt des Zeugen ▪▪▪ nach dem Unfall nicht gemessen.

Zwar weiß sie, dass die Polizei eine Blutentnahme beim Zeugen ▪▪▪ veranlasst hat. Aus der Einsichtnahme ihrer Prozessbevollmächtigten in die amtliche Ermittlungsakte hat die Klägerin die Kenntnis, dass das Ergebnis der Blutalkoholkonzentration bei 1,25‰ gelegen haben soll. Sie bestreitet allerdings die Richtigkeit des Messergebnisses sowie die Ordnungsgemäßheit der erfolgten Blutentnahme mit Nichtwissen.

Die Klägerin weiß von ihrem Ehemann und Zeugen allerdings, dass dieser durch das AG ▪▪▪ dem Sachvortrag der Beklagten entsprechend bestraft und ihm auch die Fahrerlaubnis entzogen worden ist.

Dass Ursache des Verkehrsunfalls die Alkoholisierung des Zeugen und Fahrzeugführers ▪▪▪ gewesen ist, bestreitet die Klägerin mit Nichtwissen.

Mit Nichtwissen bestreitet sie zudem, dass ein polizeilich vorgenommener Atemalkoholtest eine Blutalkoholkonzentration von 1,48‰ ergeben hat.

Zwar ist dieser Wert in diversen Aktenvermerken der unfallaufnehmenden Polizeibeamten in der Ermittlungsakte genannt, der zur Dokumentation des Atemalkoholtests erforderliche Ausdruck findet sich in der Ermittlungsakte aber nicht.

Beweis: beizuziehende Ermittlungs- bzw Strafakte des AG ▪▪▪ zum Az ▪▪▪

Mit Nichtwissen wird ebenfalls bestritten, dass die ermittelnden Polizeibeamten bei dem Fahrzeugführer und Zeugen Alkoholgeruch in der Atemluft festgestellt und daraufhin den Atemalkoholtest und die Blutprobe veranlasst haben.

Insofern ist auch bemerkenswert, dass es auf Blatt ▪▪▪ der Ermittlungs-/Strafakte nur heißt, dass bei der Unfallaufnahme bei dem Fahrer ein Atemalkoholtest mit einem Ergebnis von 1,48‰ durchgeführt worden sei. Erst in einem späteren Aktenvermerk, datiert auf den 7.6.2006 (Blatt ▪▪▪ der Ermittlungsakte), findet sich ein Vermerk, dass beim Fahrzeugführer nach dem Unfall Atemalkoholgeruch festgestellt worden sei. Dieser Vermerk ist aber offensichtlich im Nachhinein in die Ermittlungsakte gelangt. Es ist nicht bekannt, aus welchem Grund der Vermerk lediglich nachträglich erfolgt ist.

Die Klägerin geht nach wie vor von einem Fahrfehler des Fahrzeugführers und Zeugen ▪▪▪ für das Abkommen von der Fahrbahn aus. Sie bestreitet eine alkoholbedingte Ursache für das Abkommen.

Außerdem bestreitet sie, dass ein Abkommen von der Fahrbahn eine typische Alkoholfolge beim Durchfahren von Kurven ist. Die Praxis zeigt, dass auch nichtalkoholisierte Fahrer in Kurven von der Fahrbahn abkommen und verunfallen.

Die Beklagte kann sich außerdem nicht auf eine grobe Fahrlässigkeit des Fahrzeugführers und Zeugen ▪▪▪ berufen. Der Zeuge ▪▪▪ ist nicht der Versicherungsnehmer der Beklagten. Er ist außerdem nicht der Halter und auch nicht der Eigentümer des kaskoversicherten Fahrzeugs gewesen.

Ein etwa grob fahrlässiges und für den Unfall kausales Verhalten des Fahrzeugführers und Zeugen ▪▪▪ kann der Klägerin nach ständiger und herrschender Rechtsprechung nur im Fall einer Repräsentantenstellung des Zeugen ▪▪▪ zugerechnet werden.

Für das Vorliegen einer Repräsentantenstellung des Zeugen ▪▪▪ fehlt ein Sachvortrag der Beklagten.

Insbesondere begründet allein die Ehe des Fahrzeugführers mit dem Versicherungsnehmer eine Repräsentantenstellung nach der Rechtsprechung nicht, auch wenn der Ehegatte das Fahrzeug des Versicherungsnehmers häufig nutzt.

Ein eigenes grob fahrlässiges Verhalten der Klägerin wird bestritten.

Der Klägerin war die von der Beklagten behauptete Alkoholisierung des Zeugen ▪▪▪ nicht bekannt. Hätte die Klägerin davon gewusst, hätte sie ihm das Fahrzeug nicht überlassen, sondern wäre selbst gefahren.

Die Klägerin hat auch keinen Alkoholgeruch in der Atemluft des Fahrzeugführers wahrgenommen, weder vor Antritt noch während der Fahrt.

Da es sich bei dem Unfalltag um einen sonnigen und heißen Tag gehandelt hat, waren sowohl Schiebedach als auch die Seitenfenster im Fahrzeug geöffnet, so dass stets frischer Fahrtwind in das Fahrzeug wehte.

Beweis: Zeugnis des Herrn ▪▪▪

Thom

Außerdem ist darauf hinzuweisen, dass die Wahrnehmungsmöglichkeit von Alkohol durch Riechen einerseits vom individuellen Riechvermögen der Person, andererseits von der Stärke anderer aus der Umgebung stammender Gerüche abhängt.

Die Klägerin war auch nicht verpflichtet, vor Überlassung des versicherten Fahrzeugs an ihren Ehemann und Zeugen ▪▪▪ bei diesem sozusagen einen Alkoholtest durchzuführen.

Es liegt deshalb auch kein grob fahrlässiges Verhalten der Klägerin selbst vor.

Abgesehen davon hat die Beklagte den Versicherungsvertrag nach dem Unfall nicht gekündigt. Vielmehr hat die Beklagte auch das von der Klägerin zwischenzeitlich angeschaffte Ersatzfahrzeug haftpflicht- und kaskoversichert.

Rechtsanwalt

H. Anspruch auf Rettungskostenersatz

170 Auch wenn der Versicherungsfall tatsächlich nicht eingetreten ist, sondern nur unmittelbar bevorstand und der Versicherungsnehmer Handlungen und dadurch Aufwendungen zur Verhinderung des Eintritts des Versicherungsfalls vorgenommen hat, kann ein Anspruch auf Aufwendungsersatz gem. §§ 62, 63 VVG bestehen.

171 Zwar hat der Versicherungsnehmer nach dem Wortlaut des § 62 Abs. 1 VVG eine Obliegenheit zur Abwendung und Minderung des Schadens „bei dem Eintritt des Versicherungsfalls", allerdings setzt die Rettungsobliegenheit nicht erst mit Eintritt des Versicherungsfalls, sondern nach der sog. **Vorerstreckungstheorie**[72] bei unmittelbarem Bevorstehen des Versicherungsfalls ein.

172 Der Anspruch auf Rettungskostenersatz ist an bestimmte Voraussetzungen geknüpft. Gem. § 63 VVG sind nicht nur Aufwendungen einer erfolgreichen, sondern auch einer erfolglosen Rettungshandlung zu erstatten, soweit der Versicherungsnehmer die Rettungshandlung nach den Umständen für geboten halten durfte. Voraussetzung ist, dass die Rettungshandlung objektiv dem Zweck der Abwendung bzw Minderung des versicherten Schadens gedient und darauf abgezielt hat, selbst wenn der Versicherungsnehmer vorrangig um die Rettung seines eigenen Leibs und Lebens besorgt war.[73]

173 Ein klassisches Beispiel für den Ersatz von Rettungskosten ist der sog. **Wildausweichschaden**, wenn das Ausweichen des Versicherungsnehmers dazu gedient hat, den Eintritt des Versicherungsfalls „Kollision mit Haarwild im Sinne des BJagdG" zu vermeiden, und durch die Rettungshandlung das kaskoversicherte Kfz zwar nicht mit dem Wild kollidierte, aber aufgrund des Ausweichens durch einen anschließenden Unfall beschädigt oder zerstört wurde.

174 Bei dem Anspruch auf Ersatz der Rettungskosten handelt es sich um einen Anspruch aus dem Allgemeinen Versicherungsvertragsrecht, nicht um einen speziellen Anspruch aus der Kaskoversicherung. Der Zusammenhang mit der Kaskoversicherung besteht darin, dass der Eintritt eines unmittelbar bevorstehenden kaskoversicherten Schadens verhindert werden soll. Da sich die Vorschriften über den Ersatz von Rettungskosten im zweiten Abschnitt über die Schadensversicherung befinden und es sich bei der Kaskoversicherung um eine Schadensversicherung handelt, sind die Vorschriften dementsprechend auf die Kaskoversicherung anwendbar.

---

72 BGH VersR 1991, 459, 460.
73 OLG Koblenz r+s 2006, 412.

Das Bestehen eines Rettungskostenersatzanspruchs ist stets von den Umständen des Einzel- 175
falls abhängig. Voraussetzungen für einen Rettungskostenersatzanspruch sind:

- Die Rettungshandlung muss objektiv dem Schutz des versicherten Interesses gedient haben.
- Der Versicherungsfall muss unmittelbar bevorgestanden haben.
- Die Rettungshandlung muss objektiv zur Abwendung des Versicherungsfalls geeignet gewesen sein.

Droht durch die **Kollision mit kleineren Wildtieren**, wie zB einem Hasen, einem Fuchs, einem 176
Marder oder einem Dachs kein größerer Schaden an dem versicherten Kraftfahrzeug, ist ein
Ausweichen nicht geboten, da die Rettungsaufwendungen gemessen am drohenden Schaden
unverhältnismäßig wären.[74] Denn ein Ausweichen in Form einer plötzlichen Fahrtrichtungs-
änderung vor einem Kleintier birgt für das versicherte Kfz eine weit höhere Schadensgefahr
als eine Kollision mit dem Kleintier bzw ein Überfahren des Kleintiers.[75]

Das Ausweichen eines **Motorradfahrers** vor einem kleinen Wildtier, zB vor einem Fuchs, 177
muss nicht stets von vornherein grob fahrlässig sein. Es kommt auf die Umstände des Einzelfalls an. Wenn sich das Motorrad in einer Kurvenfahrt und demgemäß in einer Schräglage
befindet, besteht durch die Kollision bzw das Überrollen eines kleinen Tieres eine große Gefahr des seitlichen Wegrutschens des Motorrads und des Sturzes.[75]

Allerdings kann der Versicherungsnehmer auch bei objektiv nicht gebotener Rettungsmaß- 178
nahme gem. § 63 Abs. 1 S. 1 VVG Aufwendungsersatz verlangen, wenn er die Aufwendungen nach den Umständen für geboten halten durfte. Im Hinblick auf § 63 Abs. 1 VVG ist in
Rechtsprechung und Literatur streitig, ob dem Versicherungsnehmer nur grobe Fahrlässigkeit
oder bereits einfache Fahrlässigkeit schadet.[76] Die herrschende und überwiegende Rechtsprechung ist der Auffassung, dass dem Versicherungsnehmer nur grobe Fahrlässigkeit schadet.[77]

Obwohl in § 63 VVG nur vom Versicherungsnehmer die Rede ist, gilt die Vorschrift auch für 179
einen die Rettungsmaßnahme ergreifenden **Dritten**, der nicht Repräsentant des Versicherungsnehmers ist, wenn der Dritte, wie zB der berechtigte Fahrer, die Aufwendungen für
geboten halten durfte.[78] Auch hier gilt bei einem Irrtum über die objektive Notwendigkeit der
Rettungshandlung oder über die Umstände eines Gebots der Rettungsmaßnahme, dass dem
Dritten – wie beim Versicherungsnehmer – erst grobe Fahrlässigkeit schadet.

Der Versicherungsnehmer ist für sämtliche Tatbestandsvoraussetzungen des Rettungskosten- 180
ersatzes darlegungs- und beweisbelastet. Beweiserleichterungen, wie bei der Diebstahlsversicherung kommen dem Versicherungsnehmer nicht zugute.[79] Es gilt auch keine Glaubwürdigkeitsvermutung zugunsten des Versicherungsnehmers.[80] Auch eine Parteivernehmung gem.
§ 448 ZPO ist zum Beweis der Tatbestandsvoraussetzungen des Rettungskostenersatzes nicht
geeignet.[81] Eine Parteianhörung des Versicherungsnehmers gem. § 141 ZPO ist beim Fehlen
von Zeugen der Rettungshandlung kein Beweismittel. Allerdings kann das Gericht seine
Überzeugung gem. § 286 ZPO auch ohne Beweiserhebung gewinnen.[82]

---

74 BGH VersR 1997, 351; OLG Karlsruhe SP 1999, 386; OLG Nürnberg r+s 1997, 352.
75 OLG Hamm zfs 2001, 461, 462.
76 BGH VersR 1979, 351, 352.
77 BGH VersR 1997, 351, 352; OLG Jena VersR 1998, 623; OLG Braunschweig VersR 1994, 1293, 1294.
78 BGH VersR 2003, 1250; OLG Hamm VersR 1999, 46.
79 OLG Düsseldorf zfs 2000, 493, 494.
80 OLG Hamm VersR 2004, 1309, 1310.
81 OLG Jena VersR 2001, 855.
82 OLG Düsseldorf zfs 2000, 493, 494.

181 **Muster: Klageerhebung – Anspruch auf Rettungskostenersatz**

↓

An das Amtsgericht ■■■

Klage

der Frau ■■■

– Klägerin –

Prozessbevollmächtigte: RAe ■■■

gegen

die ■■■ Versicherung AG, vertreten durch den Vorstand, dieser vertreten durch den Vorstandsvorsitzenden, Herrn ■■■, ■■■

– Beklagte –

wegen: Versicherungsleistung für Rettungskosten

vorläufiger Streitwert: 2.650,00 EUR

Namens und im Auftrag der Klägerin erheben wir Klage und werden im Termin zur mündlichen Verhandlung folgende Anträge stellen:

1. Die Beklagte wird verurteilt, an die Klägerin 2.650,00 EUR nebst Zinsen in Höhe von 5 Prozentpunkten über dem Basiszinssatz der Europäischen Zentralbank seit dem 27.10.2005 zu zahlen.

2. Die Beklagte trägt die Kosten des Verfahrens.

3. Das Urteil ist vorläufig, notfalls gegen Sicherheitsleistung, vollstreckbar. Der Klägerin wird gestattet, die Sicherheitsleistung in Form einer Bankbürgschaft einer europäischen Groß- oder Zentralbank oder einer deutschen Sparkasse zu erbringen.

4. Die Beklagte wird bei Vorliegen der gesetzlichen Voraussetzungen gem. §§ 307 und 331 ZPO durch Anerkenntnis- bzw Versäumnisurteil verurteilt.

Begründung:

Die Klägerin ist Versicherungsnehmerin bei der Beklagten. Der PKW ■■■ mit dem amtl. Kennzeichen ■■■ ist bei der Beklagten haftpflicht- und kaskoversichert. Die Klägerin begehrt mit dieser Klage Leistungen aus der Kaskoversicherung.

Am 15.9.2005 gegen 20.00 Uhr befuhr die Tochter der Klägerin mit dem oben genannten Fahrzeug die B ■■■ aus ■■■ kommend in Richtung ■■■. Als sie eine längere Gerade zwischen ■■■ und ■■■ passierte, bemerkte sie plötzlich ein vom rechten Fahrbahnrand kommendes Reh in einer Entfernung von ca. 15 m. Um einen Frontalaufprall und einen Schaden zu vermeiden, leitete sie sofort eine Gefahrenbremsung ein und lenkte mit einer leichten Bewegung das Fahrzeug nach links, um dem Reh auszuweichen. Durch die Lenkbewegung brach das Heck des Fahrzeugs nach rechts aus und die Tochter der Klägerin versuchte deshalb sofort, das Fahrzeug durch Gegenlenken wieder zu stabilisieren. Dies gelang ihr nicht. Das Fahrzeug wurde mit einigen Überschlägen um die Längsachse von der Fahrbahn nach links geschleudert und kam anschließend in dem benachbarten Maisfeld auf dem Dach liegend zum Stillstand.

Beweis: Zeugnis der Fahrerin, Frau ■■■

Die Tochter der Klägerin konnte sich dann aus dem Fahrzeug befreien und informierte das zuständige Polizeirevier, das dann eine entsprechende Wildunfallmeldung aufnahm.

Beweis: 1. Wildunfallmeldung des Polizeireviers ■■■ in Kopie, Anlage K1
2. Zeugnis des PM ■■■, zu laden über das Polizeirevier ■■■

Mit Datum vom 17.9.2005 meldete die Klägerin ihre Ansprüche bei der Beklagten an. Die Beklagte selbst ließ ein Sachverständigengutachten zur Fahrzeugbewertung erstellen, das einen Wiederbeschaffungswert in Höhe von 3.100,00 EUR ausweist.

Beweis: Fahrzeugbewertung im Auftrag der Beklagten vom 18.9.2005 in Kopie, Anlage K2

Mit Datum vom 18.9.2005 teilte die Beklagte der Klägerin mit, dass die Firma ▪▪▪ für das beschädigte Kfz ein verbindliches Kaufangebot in Höhe von 450,00 EUR abgegeben und die Klägerin dieses Angebot im Rahmen ihrer Schadensminderungspflicht zu beachten habe.

Beweis: Schreiben der Beklagten vom 18.9.2005 in Kopie, Anlage K3

Mit Datum vom 23.9.2005 teilte die Beklagte dann mit, dass sie einen eintrittspflichtigen Wildausweich-schaden noch nicht für nachgewiesen halte.

Beweis: Schreiben der Beklagten vom 23.9.2005 in Kopie, Anlage K4

Hierauf wurde der Beklagten mit Schreiben vom 15.10.2005 mitgeteilt, dass die Unfallschilderung der Fahrerin ausreichend für den Nachweis sei. Ferner wurde der Beklagten eine Frist zur Erklärung der Einstandspflicht gesetzt.

Beweis: Schreiben an die Beklagte vom 15.10.2005 in Kopie, Anlage K5

Diese Einstandspflicht lehnte die Beklagte mit Schreiben vom 27.10.2005 ab.

Beweis: Schreiben der Beklagten vom 27.10.2005 in Kopie, Anlage K6

Sie befindet sich seitdem mit der Klageforderung, bestehend aus dem Betrag Wiederbeschaffungswert abzüglich Restwert, in Verzug.

Die Beklagte haftet entsprechend §§ 62, 63 VVG für den vermiedenen Wildunfall.

Bei einer Reaktionszeit von 0,8 Sekunden hätte das Fahrzeug ungebremst eine Strecke von 15,5 m zurück-gelegt. Ohne Einleitung einer Bremsung und das Ausweichen wäre es unweigerlich zum Zusammenstoß in Form eines Frontalaufpralls mit dem Reh und damit zum Versicherungsfall „Zusammenstoß mit Haarwild im Sinne des BJagdG" gekommen, da sich das Reh vom rechten Fahrbahnrand auf die Fahrbahn zubewegte.

Durch das Ausweichmanöver der Zeugin ▪▪▪ ist der Eintritt dieses Versicherungsfalls vermieden worden.

Beweis: Zeugnis der Fahrerin, Frau ▪▪▪

Der Versicherungsfall stand unmittelbar bevor.

Die Fahrerin des PKW hat alles unternommen, um den Eintritt eines Schadens zu verhindern. Es handelt sich vorliegend um den Ersatz von Rettungskosten. Der Anspruch auf Ersatz von Rettungskosten besteht dann, wenn die Rettungshandlung erfolgte, um das versicherte Risiko nicht eintreten zu lassen.

Genau eine solche Rettungshandlung hat die Fahrerin des PKW hier vorgenommen, indem sie durch die Einleitung der Bremsung und das Ausweichen versuchte, einen Schaden durch einen Frontalaufprall mit dem Reh zu vermeiden. Insoweit ist der Schaden insgesamt ersatzfähig.

Nachdem die Beklagte die Regulierung nunmehr endgültig abgelehnt hat, ist Klage geboten.

Rechtsanwalt

Muster: Klageerwiderung – Anspruch auf Rettungskostenersatz

182

150

An das Amtsgericht ▪▪▪

Klageerwiderung

In dem Rechtsstreit

▪▪▪ [Klägerin] ./. ▪▪▪ [Beklagte]

Az ▪▪▪

werden wir beantragen:

1. Die Klage wird abgewiesen.

2. Die Kosten des Rechtsstreits trägt die Klägerin.

3. Der Beklagten wird im Fall einer Verurteilung nachgelassen, die Vollstreckung durch Hinterlegung oder Sicherheitsleistung, welche auch in Form einer Bürgschaft durch eine deutsche Großbank erbracht werden kann, ohne Rücksicht auf eine Sicherheitsleistung der Klägerin abzuwenden.

Begründung:

Die Klage ist unbegründet. Die Klägerin hat gegen die Beklagte keinen Anspruch auf Versicherungsleistung für das in der Klageschrift behauptete Ereignis vom 15.9.2005.

I. Versicherungsverhältnis der Parteien

Es trifft zu, dass am 15.9.2005 bei der Beklagten eine Kaskoversicherung für den PKW ▪▪▪ mit dem amtl. Kennzeichen ▪▪▪ bestand. Im Rahmen der Kaskoversicherung ist auch das Wildschadensrisiko versichert.

Zu bemerken ist allerdings, dass versicherungsvertraglich eine Selbstbeteiligung von 153,00 EUR je Schadensfall vereinbart ist.

Ungeachtet der Berechtigung ihrer Forderung lässt die Klägerin die Selbstbeteiligung unberücksichtigt.

Der Anspruch auf Rettungskostenersatz kann nicht weiter reichen als der Anspruch auf die versicherte Leistung aus dem Teilkaskorisiko.

II. Bestrittener Sachverhalt

Die Beklagte bestreitet mit Nichtwissen, dass am 15.9.2005 die Tochter der Klägerin mit dem PKW die B ▪▪▪ aus ▪▪▪ in Richtung ▪▪▪ gefahren sei und auf einer längeren Geraden zwischen ▪▪▪ und ▪▪▪ plötzlich ein vom rechten Fahrbahnrand kommendes Reh in einer Entfernung von ca. 15 m bemerkt habe und, um einen Frontalaufprall und einen Schaden zu vermeiden, sofort eine Gefahrenbremsung eingeleitet und den PKW mit einer leichten Bewegung nach links gelenkt habe, um dem Reh auszuweichen.

Ferner bestreitet die Beklagte mit Nichtwissen, dass durch die Lenkbewegung das Heck des Fahrzeugs nach rechts ausgebrochen sei und die Tochter der Klägerin versucht habe, das Fahrzeug durch Gegenlenken wieder zu stabilisieren, ihr dies nicht gelungen sei, da das Fahrzeug einige Überschläge um die Längsachse gemacht habe und von der Fahrbahn nach links geschleudert worden und anschließend in dem benachbarten Maisfeld auf dem Dach liegend zum Stillstand gekommen sei.

III. Keine Beweiskraft der polizeilichen Unfallaufnahme als Wildunfall

Die von der Klägerin vorgelegte Anlage K1 bietet keinen hinreichenden Beweis für einen tatsächlichen Beinaheunfall mit Wild. Denn die polizeiliche Unfallaufnahme basiert ausschließlich auf Angaben der Fahrerin.

IV. Wildunfall im Sinne der AKB

Da dem Versicherungsvertrag die Allgemeinen Bedingungen für die Kraftfahrtversicherung (AKB) zugrunde liegen, besteht grundsätzlich ein Anspruch auf Versicherungsleistung im Rahmen der versicherten Gefahr „Wildunfall" bei einem tatsächlichen Zusammenstoß mit Haarwild im Sinne des BJagdG.

Unstreitig hat es einen derartigen Zusammenstoß nicht gegeben.

V. Kein Anspruch auf Ersatz von Rettungskosten

Die Tatbestandsvoraussetzungen für einen Anspruch auf Rettungskostenersatz iSd §§ 62, 63 VVG hat die Klägerin nicht bewiesen.

Die Klägerin kann sich auch nicht auf das Zeugnis ihrer Tochter, Frau ▪▪▪, berufen, da es sich bei dieser Zeugin mindestens um die Repräsentantin der Klägerin handelt. Dies ist deshalb bedeutend, weil, anders als bei Kfz-Entwendungen, dem Versicherungsnehmer bei Wildunfällen bzw Beinahewildunfällen keine Beweiserleichterungen zugute kommen, so dass er den Vollbeweis führen muss (OLG Düsseldorf zfs 2000, 493). Den Vollbeweis kann der Versicherungsnehmer allerdings nicht durch seine Parteivernehmung gem. § 448 ZPO erbringen (OLG Jena VersR 2001, 855).

Entsprechendes muss gelten, wenn an die Stelle des Versicherungsnehmers dessen Repräsentant tritt oder die Kaskoversicherung eine Versicherung für fremde Rechnung (§§ 74 ff VVG) zugunsten des verunfallenden Fahrers darstellt, so dass dessen Verhalten gem. § 79 Abs. 1 VVG dem Versicherungsnehmer zuzurechnen ist.

Der Repräsentantenbegriff ist durch die Befugnis, selbständig in einem gewissen, nicht ganz unbedeutenden Umfang in Bezug auf die versicherte Sache für den Versicherungsnehmer zu handeln, gekennzeichnet, wobei ein eigenverantwortlicher Umgang mit der versicherten Sache ausreicht (OLG Koblenz zfs 2001, 364, 365).

Vorliegend handelt es sich bei der klägerseits angebotenen Zeugin ▪▪▪ mindestens um die Repräsentantin der Klägerin, wenn nicht sogar um die tatsächliche Eigentumsanwärterin und Fremdversicherungsbegünstigte im Hinblick auf den versicherten PKW.

Der hier versicherte PKW ist auf die Tochter und Zeugin ▪▪▪ als Halterin zugelassen. Die Zeugin ▪▪▪ war die regelmäßige und überwiegende Nutzerin und Fahrerin des PKW, sie trägt auch die Kosten des Fahrzeugs, zB für Pflege und Wartung.

Beweis im Bestreitensfall: Vorlage der Kaskoschadensanzeige, unterzeichnet von der Klägerin und der Zeugin ▪▪▪ vom 17.9.2005 im Termin zur mündlichen Verhandlung

Dieser Schadensanzeige, ausgefüllt von der Zeugin ▪▪▪ und von ihr unterzeichnet, hat sie als Anlage eine Unfallschadensmeldung beigefügt. Unter anderem hat sie dort angegeben: „Da kaum noch Tageslicht vorhanden und die Fahrbahn feucht war, bewegte ich das Fahrzeug entsprechend mit ca. 70 km/h. Etwa 200 bis 300 m vor mir fuhr ebenfalls ein Fahrzeug in meiner Fahrtrichtung. Aus der Ortslage [...] kommend befuhr ich gegen 20:00 Uhr eine längere Gerade (zwischen [...] und [...]), als ich plötzlich ein vom rechten Fahrbahnrand kommendes Tier im Scheinwerferlicht erkannte. Das Tier war etwa 15 m von mir entfernt. Es hatte mindestens die Größe eines ausgewachsenen Rehwildes. Ich betätigte sofort die Bremse und lenkte mit einer leichten Bewegung mein Fahrzeug nach links, um einen möglichen Frontalaufprall und einen Schaden zu verhindern [...]."

Beweis: wie vor

Die Angaben der Zeugin ▪▪▪ können nicht stimmen. Denn bei einer Geschwindigkeit von 70 km/h legt ein Fahrzeug in einer Sekunde 19,44 m zurück. Dies bedeutet, dass bei einem in 15 m Entfernung wahrgenommenen Tier die Fahrtstrecke durchfahren worden wäre, ohne dass die Zeugin ▪▪▪ die Möglichkeit einer Reaktion gehabt hätte, da die übliche Reaktionszeit eine Sekunde beträgt. Bei Wahrunterstellung der Angaben der Zeugin ▪▪▪ hätte diese also zwangsläufig mit dem Tier kollidieren müssen. Erst kurz danach hätte sich die Reaktion der Zeugin auswirken können.

Beweis unter Protest gegen die Beweislast: Sachverständigengutachten

Da die Zeugin ▪▪▪ zudem angegeben hat, auch nach links ausgewichen zu sein, hätte sie auch insofern mit dem weiter von rechts nach links laufenden Tier, das zwar die Größe eines Rehs gehabt haben soll, aber kein Reh gewesen sein muss, so dass nicht einmal hinreichend sicher ist, dass es sich bei dem Tier um Haarwild iSv § 2 Abs. 1 Nr. 1 BJagdG gehandelt hat, kollidieren müssen.

Beweis: wie vor

Wie bereits dargelegt, gilt bei Beinahewildunfällen eine Glaubwürdigkeitsvermutung für den Versicherungsnehmer nicht. Selbiges muss auch für den an die Stelle des Versicherungsnehmers tretenden Repräsentanten oder, bei Vorliegen einer Versicherung für fremde Rechnung, im Hinblick auf den wirtschaftlich wahren Versicherten gelten, da dessen Handeln gem. § 79 VVG dem Handeln des Versicherungsnehmers gleichsteht.

Thom

Vorliegend bestreitet die Beklagte außerdem mit Nichtwissen, dass das Brems- und Ausweichmanöver objektiv geboten und verhältnismäßig war, um einen Zusammenstoß mit Wild zu vermeiden. Denn das behauptete Ausweichmanöver hat für die Zeugin voraussehbar gegenüber einem Zusammenstoß mit dem behaupteten Wild zu unverhältnismäßig hohen Kosten, nämlich zu einem Unfall mit einem Totalschaden des versicherten Kfz geführt.

Voraussetzung für den Rettungskostenersatz ist, dass das Schadensrisiko nicht größer ist als der ohne die Rettungshandlung drohende Schaden (BGH, Urt. v. 25.6.2003 – IV ZR 276/02). Bei einem Zusammenstoß mit dem Rehwild wäre der versicherte PKW nur im Frontbereich beschädigt worden, nicht wie hier rundum, es wäre auch kein Totalschaden eingetreten.

Beweis unter Protest gegen die Beweislast: Sachverständigengutachten

Bei Fehleinschätzungen, ob eine Rettungsmaßnahme überhaupt geboten ist, ist das Verhalten des Fahrers, selbst wenn dieser nicht Repräsentant ist, maßgeblich (OLG Hamm VersR 1999, 46, 47).

Der Entschluss der Fahrerin und Zeugin ■■■ auszuweichen, war in Anbetracht der von ihr angegebenen Geschwindigkeit und der Entfernung des Rehs grob fahrlässig. Der Zeugin hätte klar sein müssen, dass Folge eines Ausweichmanövers ein Unfall mit einem noch höheren Schaden an dem versicherten Kfz als bei einem Zusammenstoß mit dem Reh sein würde.

Die Beklagte bestreitet deshalb auch die erforderliche Kausalität im Hinblick auf das „Gebotensein" der Rettungshandlung.

Aus den genannten Gründen ist die Klage abzuweisen.

Rechtsanwalt

183 **Muster: Replik – Anspruch auf Rettungskostenersatz**

An das Amtsgericht ■■■

                                                          Replik

In dem Rechtsstreit

■■■ [Klägerin] ./. ■■■ [Beklagte]

Az ■■■

replizieren wir auf den Schriftsatz der Prozessbevollmächtigten der Beklagten wie folgt:

Der Anspruch der Klägerin ist begründet. Sie kann sich auf das Zeugnis der Fahrerin zum Unfallzeitpunkt berufen. Die Zeugin ■■■ ist nicht Repräsentantin der Klägerin.

Nach ständiger Rechtsprechung ist Repräsentant, wer in den Geschäftsbereich, zu dem das versicherte Risiko gehört, aufgrund eines Vertretungs- oder sonstigen Verhältnisses an die Stelle des Versicherungsnehmers getreten ist. Die bloße Überlassung der Obhut über die versicherte Sache allein reicht hierfür grundsätzlich nicht aus (BGH VersR 1996, 1229, 1230).

Das bloße Fahren des versicherten Fahrzeugs durch einen Dritten wird also nicht als Repräsentantenfunktion gewertet. Der Fahrer tut damit nur etwas, was sich im Rahmen des versicherten Risikos hält. Die Kraftfahrzeugversicherung soll den Versicherungsnehmer auch gegen die Gefahren schützen, die aus dem Gebrauch des Kraftfahrzeugs drohen, wenn es Dritten zur Nutzung überlassen wird.

So wurde auch höchstrichterlich entschieden, dass die Überlassung der Obhut über die versicherte Sache kein allgemein gültiges Kriterium für die Beantwortung der Frage darstellt, ob der Versicherungsnehmer für das Verhalten eines Dritten einzustehen hat (BGH VersR 1965, 149).

In einer Übergabe eines Kraftfahrzeugs an einen berechtigten Fahrer liegt im Allgemeinen keine Übertragung einer Risikoverwaltung. Daher hat es der BGH auch abgelehnt, den Dritten, wenn er lediglich der berechtigte Fahrer war, als Repräsentanten des Versicherungsnehmers anzusehen (BGH MDR 1993, 957).

Die Klägerin kann sich somit auf das Zeugnis der Fahrerin, die im Übrigen auch nicht Partei des Rechtsstreits ist, berufen.

Gerade weil dem Versicherungsnehmer in Rettungskostenfällen wie diesem durch die Rechtsprechung eine Parteivernehmung verwehrt wird, kann er den Beweis nur mit Hilfe anderer Beweismittel – wie hier des Zeugenbeweises – führen.

Die durch den drohenden Zusammenstoß mit dem Haarwild entstandenen Rettungskosten sind auch ersatzfähig.

Gem. § 62 VVG ist der Versicherungsnehmer verpflichtet, beim Eintritt des Versicherungsfalls nach Möglichkeit für die Abwendung und Minderung des Schadens zu sorgen. Dabei setzt die Rettungspflicht des Versicherungsnehmers nicht voraus, dass der Versicherungsfall bereits eingetreten ist. Es genügt vielmehr, dass dieser unmittelbar bevorsteht (BGH VersR 1991, 459, 460).

Aufwendungen, die dem Versicherungsnehmer durch die Rettungshandlung entstehen, fallen gem. § 63 VVG, auch wenn sie erfolglos bleiben, dem Versicherer zur Last, soweit der Versicherungsnehmer sie den Umständen nach für geboten halten durfte und ihm keine grobe Fahrlässigkeit gem. § 61 VVG hinsichtlich des Versicherungsfalls vorzuwerfen ist (OLG Schleswig, Urt. v. 1.2.1996, OLGR 1996, 195). Der Anspruch auf Ersatz von Rettungskosten entfällt auch nicht, wenn die Abwendung des Versicherungsschadens lediglich eine „Reflexwirkung" der Rettungshandlung gewesen ist.

Sofern die Voraussetzungen für die Erstattung von Rettungskosten vorliegen, erstreckt sich die danach gegebene Haftung auf Erstattung der sog. Rettungskosten gem. § 63 VVG auf das Versicherungsrisiko insgesamt.

Die von der Zeugin ▪▪▪ geschilderte Fahrweise lässt keinen Schluss darauf zu, dass diese sich grob fahrlässig verhalten hätte. Insbesondere hat die Zeugin sich an die vorgeschriebene Geschwindigkeit gehalten. Selbst wenn sie mit dem Ausweichmanöver falsch reagiert hat, statt die Geschwindigkeit durch Bremsen zu verringern, wiegt ein solcher Fahrfehler der Zeugin nicht so schwer, dass er grob fahrlässig wäre.

Insoweit hat das OLG Frankfurt mit Urteil vom 16.12.1997 (OLGR 1998, 93) entschieden, dass Fahrfehler eine Qualifizierung der Fahrweise als grob fahrlässig im Sinne des § 61 VVG nicht zulassen.

Vorliegend ist zu berücksichtigen, dass die Zeugin eine Circa-Entfernung von 15 Metern angegeben hat. Der Zeugin stand nur ein Bruchteil einer Sekunde für die Entscheidung zur Verfügung. Sie konnte daher nicht eine exakte Berechnung durchführen, ob sie die mögliche Kollisionsstelle gerade noch würde durchfahren können oder einen Frontalaufprall mit dem Rehwild riskierte.

Beweis: wie vor

Die Rettungsmaßnahme war geboten. Die Zeugin musste nicht davon ausgehen, dass das Ausweichmanöver zu einem Totalschaden des Autos führte.

Beweis: 1. Zeugnis der Fahrerin, Frau ▪▪▪, b.b.
2. Sachverständigengutachten

Ohne die Rettungshandlung wäre der Versicherungsfall auf jeden Fall eingetreten. Durch das Ausweichmanöver sollte der Eintritt des Versicherungsfalls vermieden werden.

Beweis: wie vor zu 1.

Nach alledem ist die Klage begründet.

Rechtsanwalt

I. Vorläufiger Deckungsschutz

184 Für die Zulassung eines zulassungspflichtigen Kfz muss der Versicherungsnehmer das Beste-hen einer Kfz-Haftpflichtversicherung in Höhe der gesetzlich vorgeschriebenen Mindestde-ckungssummen nachweisen. Dies geschieht mit der Vorlage der Versicherungsbestätigung eines Kfz-Haftpflichtversicherers gegenüber der Zulassungsstelle des Straßenverkehrsamts. Will der Versicherungsnehmer auch sofortigen Kaskoversicherungsschutz erhalten, muss er dies mit dem Versicherer **gesondert vereinbaren.** Denn bei der Kaskoversicherung handelt es sich nicht um eine Pflichtversicherung.

185 Häufig gewährt der Versicherer dem Versicherungsnehmer die Möglichkeit, für sofortigen Versicherungsschutz auch in der Teil- oder der Vollkaskoversicherung zu sorgen, indem der Versicherer eine entsprechende Deckung gegenüber dem Versicherungsnehmer auf der für die Zulassung erforderlichen Versicherungsbestätigung vermerkt oder der Versicherer dem Ver-sicherungsnehmer durch Ankreuzen auf der Versicherungsbestätigung oder Eintragen einer bestimmten Schlüsselzahl eine entsprechende Möglichkeit einräumt. Denkbar ist eine Bestäti-gung über die Gewährung vorläufigen Deckungsschutzes in der Kaskoversicherung durch eine nicht formgebundene schriftliche Erklärung des Versicherers.

186 Grundlage des vorläufigen Deckungsschutzes ist § 1 (2) AKB. Auch wenn der Versicherungs-nehmer bei der Gewährung vorläufigen Versicherungsschutzes in der Regel die AKB nicht kennt, besteht unter den Voraussetzungen des § 5a Abs. 3 VVG der Versicherungsumfang entsprechend den AKB.

187 Zu beachten ist, dass es sich bei der Gewährung vorläufiger Deckung in der Kaskoversiche-rung um einen **eigenständigen Versicherungsvertrag** handelt, der mit Zustandekommen des Hauptvertrags endet, sofern dies – meist über die AKB – vereinbart ist. Zu beachten ist wei-ter, dass die durch den Versicherer gewährte vorläufige Deckung bei Nichtzahlung oder verspäteter Zahlung der Erstprämie durch den Versicherungsnehmer nicht automatisch rückwirkend entfällt, sondern nur dann, wenn dies zum einen – meist über die AKB – aus-drücklich vereinbart ist und zum anderen der Versicherer den Versicherungsnehmer zusätz-lich umfassend und zutreffend über

- die Rechtsfolgen verspäteter Erstprämienzahlung,

- den Eintritt der Rechtsfolgen nur bei verschuldeter verspäteter Prämienzahlung,

- die Möglichkeit des Erhalts des Versicherungsschutzes bei unverschuldeter Verspätung durch Nachzahlung der Erstprämie

bei der Anforderung der Erstprämie belehrt hat und die Belehrung drucktechnisch hervorge-hoben gestaltet war.[83]

188 Kommt der Hauptvertrag nicht zustande bzw wird dieser wirksam angefochten, endet die vorläufige Deckung ohne entsprechende Vereinbarung zwischen Versicherer und Versiche-rungsnehmer bzw ohne Kündigung des Versicherers der vorläufigen Deckung gegenüber dem Versicherungsnehmer überhaupt nicht.[84] Dies gilt selbst dann, wenn die vorläufige Deckung nur bis zum Zugang des Versicherungsscheins beantragt war, der Versicherer den Versiche-rungsnehmer aber nicht bzw nicht ausreichend über die Rechtsfolgen einer verspäteten Erst-prämienzahlung belehrt hat.[85]

---

83 BGH VersR 2006, 913–915.
84 OLG Saarbrücken VersR 2004, 50.
85 BGH VersR 2006, 913, 914.

Wünscht der Versicherungsnehmer gegenüber dem Agenten des Versicherers den Abschluss einer Kaskoversicherung, liegt in der **Übergabe der Deckungskarte** die vorläufige Deckung auch für die Kaskoversicherung, wenn der Versicherer die Kaskodeckung nicht ausdrücklich und hervorgehoben ausschließt.[86] Selbst wenn der Versicherungsnehmer bei einer telefonischen Anforderung einer Deckungsbestätigung für die Kfz-Haftpflichtversicherung die Absicht des Abschlusses einer Kaskoversicherung äußert und die Versicherungsbestätigung keine ausdrückliche und hervorgehobene Beschränkung auf den Haftpflichtschutz enthält, erhält er vorläufige Deckung auch in der Kaskoversicherung.[87]   **189**

Obwohl ein Versicherungsagent nach § 43 VVG zur Abgabe von Erklärungen im Hinblick auf eine vorläufige Deckung ohne Bevollmächtigung des Versicherers nicht berechtigt ist, haftet der Versicherer gleichwohl für eine – im Innenverhältnis unwirksame – Zusage über eine vorläufige Deckung. Dem Versicherer werden entsprechende Erklärungen des Agenten dann zugerechnet, wenn der Versicherer den Agenten mit Antragsformularen ausgestattet hat und der Agent befugt ist, Anträge entgegenzunehmen und Prämien auszurechnen.[88] Entsprechendes gilt auch für **Makler**, wenn der Versicherer den Makler mit entsprechenden Formularen ausgestattet hat, die eine vorläufige Deckung auch in der Kaskoversicherung vorsehen.[89]   **190**

Erleidet der Versicherungsnehmer in dem Zeitraum der vorläufigen Deckung einen Kaskoschaden und hat er die für den Hauptvertrag fällige Erstprämie nicht bzw nicht rechtzeitig gezahlt, trifft den Versicherer eine Verrechnungspflicht, wenn der Entschädigungsanspruch aus der Kaskoversicherung zur Abdeckung der Erstprämie ausreichend werthaltig ist. Der Versicherer kann sich dann nicht auf Leistungsfreiheit wegen Verzugs des Versicherungsnehmers mit der Erstprämie berufen.[90]   **191**

Der Versicherer kann die vorläufige Deckung gem. § 1 (5) AKB mit einer Wochenfrist kündigen.   **192**

J. Das Sachverständigenverfahren gem. § 14 AKB

Bei dem in § 14 AKB geregelten Sachverständigenverfahren handelt es sich um ein zwischen Versicherer und Versicherungsnehmer vereinbartes Schiedsverfahren. Das Sachverständigenverfahren wird durchgeführt, wenn zwischen Versicherungsnehmer und Versicherer Streit über die Schadenshöhe, einschließlich der Höhe des Wiederbeschaffungswerts, oder über den Umfang der erforderlichen Wiederherstellungsarbeiten und -kosten besteht.   **193**

Hinweis: Mit der Fahrzeugversicherung bzw dem Versicherungsrecht nicht vertraute Rechtsanwälte übersehen häufig das vertraglich vereinbarte Schiedsverfahren, so dass die Erhebung einer Klage ohne Beachtung des Sachverständigenverfahrens einen anwaltlichen Fehler darstellt, wenn Streit nur über die Höhe der Versicherungsleistung besteht. Beruft sich der Versicherer im Rechtsstreit auf die Einrede des mangelnden Sachverständigenverfahrens, ist eine Klageabweisung mangels Fälligkeit der Versicherungsleistung die Folge, es sei denn, der Versicherer hat durch sein vorprozessuales Verhalten zu erkennen gegeben, dass der Geltendma-   **194**

---

86 OLG Saarbrücken zfs 2006, 514.
87 OLG Koblenz NJW-RR 2006, 1540.
88 OLG Hamm NJW-RR 1992, 1054.
89 OLG Düsseldorf VersR 2004, 1170.
90 BGH VersR 1985, 877, 878; OLG Köln VersR 1998, 1104, 1105; OLG Hamm VersR 1996, 1408; OLG Koblenz VersR 1995, 527.

chung der Versicherungsleistung auf dem Gerichtsweg die mangelnde Durchführung des Sachverständigenverfahrens nicht entgegensteht.[91]

195 Hat der Versicherer seine Leistungspflicht allerdings dem Grunde nach abgelehnt, kann er sich nicht mehr auf die Durchführung des Sachverständigenverfahrens berufen. Demgegenüber ist dem Versicherungsnehmer auch nach Ablehnung der Versicherungsleistung durch den Versicherer die Erhebung nur einer Feststellungsklage auf Gewährung der Versicherungsleistung dem Grunde nach unter Hinweis auf das später von ihm beabsichtigte Sachverständigenverfahren möglich.

196 Dem Versicherer steht es frei, sich zu seiner Klageverteidigung auf die mangelnde Durchführung des Sachverständigenverfahrens zu berufen. Er kann auf den Einwand verzichten; eine Berücksichtigung des Sachverständigenverfahrens von Amts wegen findet nicht statt.[92]

197 Wird das Sachverständigenverfahren durchgeführt, sind die dort getroffenen Feststellungen verbindlich. Die Feststellungen sind lediglich unter den Voraussetzungen des § 64 Abs. 1 VVG angreifbar, wenn sie offenbar von der wirklichen Sachlage erheblich abweichen.

198 Die Art und Weise der Durchführung des Sachverständigenverfahrens und die gem. § 14 (2) AKB zu beachtende Zwei-Wochen-Frist eines Vertragspartners, wenn der andere Vertragspartner zuvor einen Sachverständigen benannt hat, ergeben sich aus den einzelnen Absätzen des § 14 AKB. Der das Sachverständigenverfahren wünschende Vertragspartner sollte seine schriftliche Benennung des Sachverständigen dem anderen Vertragspartner mit Zugangsnachweis, wie zB Einschreiben/Rückschein, veranlassen. Er kann dann die für den Vertragspartner laufende Frist genau berechnen und bei Versäumung der Frist durch den anderen Vertragspartner seinerseits einen zweiten Sachverständigen benennen. Eine bestimmte Form für die Sachverständigenbenennung ist nicht vorgeschrieben. Die vom Versicherungsnehmer und dem Versicherer benannten Sachverständigen müssen zur Wirksamkeit des Verfahrens den Obmann vor Beginn des Sachverständigenverfahrens benennen.

199 Eine typische Vorkorrespondenz zu einem Sachverständigenverfahren sowie ein Musterschreiben für die Einleitung eines Sachverständigenverfahrens gem. § 14 AKB ist nachfolgend dargestellt.

200 **Muster: Aufforderungsschreiben an den Fahrzeugversicherer**

  ↓

An die ▬▬▬ Versicherungs AG

Versicherungsschein- bzw Schadensnummer: ▬▬▬

Sehr geehrte Damen und Herren,

wir erlauben uns anzuzeigen, dass uns Herr ▬▬▬, ▬▬▬ [Anschrift], mit der Vertretung seiner Interessen beauftragt hat. Es geht um den von Ihnen mit Schreiben vom 10.8.2004 regulierten Teilkaskoschaden bezüglich des entwendeten Fahrzeugs, PKW ▬▬▬, amtl. Kennzeichen ▬▬▬, unseres Mandanten.

Leider ist die erbrachte Versicherungsleistung nicht ausreichend. Denn der von Ihnen mit 9.000,00 EUR zugrunde gelegte Wiederbeschaffungswert ist zu gering.

Bekanntlich hat unser Mandant am 28.5.2003 ein Wertgutachten eines freien Sachverständigen eingeholt. Der Sachverständige hat einen Wiederbeschaffungswert von 22.100,00 EUR ermittelt. Derselbe Sachverständige hat dann am 28.1.2004 einen Wiederbeschaffungswert des entwendeten Kfz mit 18.850,00 EUR

---

91 OLG Saarbrücken VersR 1996, 882; OLG Köln SP 2002, 210; LG Köln SP 2003, 106.
92 *Knappmann*, in: Prölls/Martin, § 15 AKB Rn 1.

festgestellt. Kurz vor der Entwendung hatte das Fahrzeug unseres Mandanten am 11.12.2003 einen Unfall. Auch die Höhe des Unfallschadens hat unser Mandant am 15.12.2003 gutachterlich schätzen lassen. Danach ergab sich ein Unfallschaden in Höhe von 2.773,62 EUR.

Unter Berücksichtigung des vorgenannten Unfallschadens vom 11.12.2003 betrug der Fahrzeugwert zum Zeitpunkt der Entwendung, da der PKW noch nicht repariert gewesen war, 16.076,38 EUR.

Unter Berücksichtigung der versicherungsvertraglich vereinbarten Selbstbeteiligung unseres Mandanten in Höhe von 150,00 EUR hat er Anspruch auf eine Versicherungsleistung in Höhe von 15.926,38 EUR.

Nach Abzug des von Ihnen in Höhe von 8.850,00 EUR geleisteten Betrags aus dem Schreiben vom 10.8.2004 ergibt sich somit noch eine Forderung unseres Mandanten in Höhe von

7.076,38 EUR.

Wir haben Sie aufzufordern, zur Vermeidung eines Verzugs die vorgenannte Summe bis zum

12.11.2004

zu regulieren.

Mit freundlichen Grüßen
Rechtsanwalt

Muster: Ablehnungsschreiben des Fahrzeugversicherers

An die Rechtsanwälte ■■■

Ihr Zeichen: ■■■

Sehr geehrter Herr Rechtsanwalt ■■■,

beim Wertgutachten muss ein EDV-Eingabefehler vorliegen. Der ausgewiesene Wert erreicht nahezu den Neupreis. Des Weiteren lag die Fahrleistung des Fahrzeugs vor dem Diebstahl rund 50.000 km höher.

Der Wert der Fahrzeugbewertung von der Kfz-Sachverständigen GmbH entspricht der Marktlage für den gestohlenen PKW ■■■, Baujahr 1996.

Mit freundlichen Grüßen

[Unterschrift]

201
153

Muster: Antwortschreiben an den Fahrzeugversicherer

202

An die ■■■ Versicherungs AG

Versicherungsschein- bzw Schadensnummer: ■■■

Sehr geehrte Damen und Herren,

unter Bezugnahme auf Ihr Schreiben vom 10.11.2004 dürfen wir mitteilen, dass ein EDV-Eingabefehler nicht vorliegt. Das Fahrzeug unseres Mandanten war nämlich nicht serienmäßig, wie ein Blick in die unter der Überschrift „Sonder-Zubehör" erfolgte Auflistung ergibt.

Unser Mandant möchte deshalb das Sachverständigenverfahren gem. § 14 AKB durchführen und benennt als seinen Sachverständigen Herrn Dipl.-Ing. ■■■ [Name und Anschrift].

Mit freundlichen Grüßen

Rechtsanwalt

203 Hinweis: Der Versicherer muss nun innerhalb von zwei Wochen seinerseits einen Sachverständigen benennen, andernfalls kann der Versicherungsnehmer auch den zweiten Sachverständigen benennen.

204 **Muster: Sachverständigenbeauftragung**

An das Kfz-Sachverständigenbüro ▪▪▪

Betr.: Durchführung eines Sachverständigenverfahrens gem. § 14 AKB für Herrn ▪▪▪

Sehr geehrter Herr ▪▪▪,

wir vertreten die Interessen des o.g. Herrn ▪▪▪ in einer Auseinandersetzung mit der ▪▪▪ Versicherungs AG, ▪▪▪.

Die Auseinandersetzung betrifft den entwendeten PKW ▪▪▪ unseres Mandanten mit dem amtl. Kennzeichen ▪▪▪. Der Vorgang ist Ihnen bekannt, da Sie unter dem 28.1.2004 eine Fahrzeugbewertung des entwendeten PKW ▪▪▪ unter Ihrer Gutachten-/Kalkulations-Nr. ▪▪▪ vorgenommen haben.

Entgegen dem von Ihnen festgestellten Wiederbeschaffungswert geht die ▪▪▪ Versicherungs AG, auf der Grundlage einer Fahrzeugbewertung der Kfz-Sachverständigen GmbH, von einem Wiederbeschaffungswert mit Mehrwertsteuer in Höhe von 9.000,00 EUR aus.

Wir überreichen hierzu die Kopie der Fahrzeugbewertung der Kfz-Sachverständigen GmbH vom 6.7.2004 sowie eine Kopie des Telefaxes der ▪▪▪ Versicherungs AG vom 20.12.2004, mit welchem diese zur Durchführung des Sachverständigenverfahrens den Sachverständigen Dipl.-Ing. ▪▪▪ benennt.

Soweit Sie zur Durchführung des Verfahrens weitere Unterlagen oder Informationen benötigen, bitten wir höflichst um entsprechende Bekanntgabe. Wir gehen davon aus, dass Ihrerseits das Sachverständigenverfahren eingeleitet wird, und bitten insofern höflichst um kurzfristige schriftliche Bestätigung. Eine Kopie dieses Schreibens haben wir auch an die ▪▪▪ Versicherungs AG zur Kenntnisnahme übersandt.

Mit freundlichen Grüßen

Rechtsanwalt

205 **Muster: Weiteres Schreiben an den Fahrzeugversicherer nach Durchführung des Sachverständigenverfahrens**

An die ▪▪▪ Versicherungs AG

Versicherungsschein- bzw Schadensnummer: ▪▪▪

Sehr geehrte Damen und Herren,

in oben genannter Angelegenheit wird das vorgenannte Sachverständigenverfahren nicht anerkannt.

Zunächst genügt das Sachverständigenverfahren nicht den formellen Anforderungen. Denn grundsätzlich ist nach höchstrichterlicher Rechtsprechung im Rahmen der Durchführung des Sachverständigenverfahrens vor dessen Beginn von den Sachverständigen ein Obmann zu wählen (BGH VersR 1989, 910). Im vorliegenden Fall haben die Sachverständigen keinen Obmann durch Wahl benannt.

Auch inhaltlich weist das Gutachten erhebliche Mängel auf.

Die zum Zeitpunkt des Fahrzeugdiebstahls vorhandene Leistungssteigerung wurde nicht berücksichtigt. Im Protokoll des Sachverständigenverfahrens heißt es dort unter Ziff. 7, dass die angegebene Leistungssteigerung anhand der vorhandenen gültigen AKB nicht versichert gewesen sei.

Wir dürfen hierzu darauf hinweisen, dass nach der Liste der mitversicherten Fahrzeug- und Zubehörteile zu § 12 AKB anmelde- und zuschlagsfrei zugelassene Veränderungen am Fahrwerk und/oder Triebwerk aller Art zur Leistungssteigerung mitversichert sind.

Bzgl des Vorschadens ist eine Nichtreparatur desselben zum Zeitpunkt des Fahrzeugdiebstahls unstreitig. Der Vorschaden wurde durch die Sachverständigen in Höhe von 2.773,62 EUR, also brutto, in Abzug gebracht, obwohl wegen der nicht erfolgten Reparatur des Vorschadens hier nur 2.391,05 EUR (netto) zu berücksichtigen gewesen wären.

Gem. § 64 Abs. 1 S. 1 VVG ist die von den Sachverständigen getroffene Feststellung damit nicht verbindlich.

Unseres Erachtens bieten sich damit zwei Lösungsmöglichkeiten: Entweder wird zwischen Ihnen und unserem Mandanten außergerichtlich ein anderweitiges Einvernehmen erzielt oder unser Mandant müsste seine Ansprüche auf dem Gerichtsweg verfolgen.

Wir erwarten hierzu Ihre Stellungnahme und ggf auch ein Angebot.

Für Ihre Antwort haben wir uns den

27.5.2005

vorgemerkt.

Mit freundlichen Grüßen

Rechtsanwalt

K. Quotenvorrecht des Versicherungsnehmers (§ 67 Abs. 1 S. 2 VVG)

Im Fall eines Verkehrsunfalls eines vollkaskoversicherten Kfz wirkt sich bei einer Mitschuld bzw einer Mitverursachung des Fahrers des kaskoversicherten Fahrzeugs das zugunsten des Versicherungsnehmers eingreifende Quotenvorrecht bei einer Inanspruchnahme der Kaskoversicherung für den Versicherungsnehmer günstig aus. Das Quotenvorrecht beruht auf § 67 Abs. 1 S. 2 VVG. Aus dieser Vorschrift ergibt sich, dass sich die Inanspruchnahme der Vollkaskoversicherung und der damit cessio legis verbundene Übergang des Schadensersatzanspruchs des Versicherungsnehmers auf den Versicherer nicht zum Nachteil des Versicherungsnehmers auswirken. Daher bleibt der Kfz-Haftpflichtversicherer des Mitschädigers in Höhe seiner Haftungsquote zum Schadensersatz verpflichtet, auch wenn der Versicherungsnehmer einen Teil seines Schadens durch seinen Kaskoversicherer ersetzt bekommen hat. **206**

Quotenbevorrechtigt ist allerdings nur der sog. **kongruente Schaden**, während inkongruente Schäden, also Schäden die nicht Gegenstand der Kaskoversicherung sind, durch den Kfz-Haftpflichtversicherer des Mitschädigers in Höhe der Haftungsquote auszugleichen sind. Kongruent sind im Regelfall alle Schadenspositionen, die ihrer Art nach in den Schutzbereich des Kaskoversicherungsvertrags fallen. Dabei ist der Grundsatz „Kongruenz geht vor Differenz" zu beachten.[93] **207**

---

93 Zu Einzelheiten im Hinblick auf kongruente bzw inkongruente Schadenspositionen vgl *Janeczek* in § 3 Rn 73 ff sowie in: Kroiß (Hrsg.), FormularBibliothek Zivilprozess, Teilband: Verkehr/Schaden/Versicherung, § 1 Rn 89–97, mit Beispielsfällen und -berechnungen.

208   Zu den quotenbevorrechtigten Ansprüchen gehören der Fahrzeugschaden, erforderliche Ab- und Anmeldekosten, also die Reparaturkosten oder die Aufwendungen einer Wiederbeschaffung abzüglich eines etwaigen Restwerts, eine etwaige Wertminderung, die Kosten eines Schadensgutachtens und die Abschleppkosten.[94]

209   Neuerdings wird darüber diskutiert, ob auch **Rechtsanwaltsgebühren**, die für die Inanspruchnahme der Vollkaskoversicherung angefallen sind, zu den erforderlichen und damit ersatzfähigen quotenbevorrechtigten Ansprüchen gehören. Eine eindeutige Rechtsprechung hat sich hierzu noch nicht herausgebildet. Nach Meinung des Verfassers sollte es für die Beurteilung einer Ersatzfähigkeit bzw Nichtersatzfähigkeit einerseits darauf ankommen, ob der Kfz-Haftpflichtversicherer des Unfallgegners und Mitschädigers mit der Regulierung des Kfz-Schadens und des zum Kfz-Schaden gehörenden Folgeschadens in Verzug gewesen ist, andererseits aber auch darauf, ob für die Inanspruchnahme der Vollkaskoversicherung die Beauftragung eines Rechtsanwalts erforderlich gewesen ist. Eine diesbezügliche Erforderlichkeit ist bei einer unproblematischen Inanspruchnahme des Vollkaskoversicherers nicht gegeben.[95]

210   Für die Höhe der vom Kaskoversicherer aufgrund des Quotenvorrechts des Versicherungsnehmers zu erbringenden Versicherungsleistung ist es gleichgültig, ob der Versicherungsnehmer seine Vollkaskoversicherung vor einer Regulierung des Kfz-Haftpflichtversicherers des Mitschädigers oder danach in Anspruch nimmt.

211   Alle zu den quotenbevorrechtigten Schadenspositionen nicht genannten Schadenspositionen, wie zB Mietwagenkosten, Nutzungsausfallentschädigung und auch der sog. Rückstufungsschaden, sind, da sie von der Vollkaskodeckung nicht erfasst sind, in Höhe der vom Unfallgegner zu tragenden Haftungsquote von diesem bzw von dessen Kfz-Haftpflichtversicherer zu ersetzen.

212   Bei einer Abrechnung unter Berücksichtigung des Quotenvorrechts ist die Leistung des Vollkaskoversicherers der Höhe nach auf den Betrag begrenzt, den er maximal aus dem Versicherungsvertrag zu regulieren hätte.

---

94 BGH VersR 1982, 283, 284; 1982, 383, 384, 385.
95 OLG Karlsruhe r+s 1990, 303; NJW-RR 1990, 929; OLG Stuttgart DAR 1989, 27; OLG Dresden, Urt. v. 24.3.2003 – 18 U 1655/02.

Thom

§ 6 Sozialversicherung

Literatur

Kommentare und Handbücher: *Meyer-Ladewig/Keller/Leitherer*, Sozialgerichtsgesetz (SGG), 8. Auflage 2005; *Niesel*, Kasseler Kommentar Sozialversicherungsrecht, Loseblatt, Stand: Nov. 2006; *Plagemann*, Münchener Anwaltshandbuch Sozialrecht, 2. Auflage 2005; *Schmitt*, SGB VII – Gesetzliche Unfallversicherung, 2. Auflage 2004; *Schulin* (Hrsg.), Handbuch des Sozialversicherungsrechts, Band 1 – Krankenversicherungsrecht, 1994; Band 2 – Unfallversicherungsrecht, 1996; Band 3 – Rentenversicherungsrecht, 1999; Band 4 – Pflegeversicherungsrecht, 1997; *v. Wulffen*, SGB X – Sozialverwaltungsverfahren und Sozialdatenschutz, 5. Auflage 2005.

Für die medizinischen und gutachterlichen Aspekte: *Pschyrembel*, Klinisches Wörterbuch, 260. Auflage 2004; *Verband Deutscher Rentenversicherungsträger*, Sozialmedizinische Begutachtung für die gesetzliche Rentenversicherung, 6. Auflage 2003.

Für die Bestimmung des GdB / der MdE: *Bundesministerium für Arbeit und Soziales*, Anhaltspunkte für die ärztliche Gutachtertätigkeit im sozialen Entschädigungsrecht und nach dem Schwerbehindertengesetz, Juni 2005; *Schönberger/Mehrtens/Valentin*, Arbeitsunfall und Berufskrankheit, 7. Auflage 2003.

Hilfreiche Internet-Links: www.bundessozialgericht.de (alle Entscheidungen des BSG seit 1998 im Volltext); www.g-ba.de (Richtlinien des Gemeinsamen Bundesausschusses); www.sozialgerichtsbarkeit.de (Entscheidungen von Sozialgerichten aller drei Instanzen).

Wichtige Entscheidungssammlungen und Zeitschriften: BSGE (amtliche Entscheidungssammlung des BSG); SozR (Sozialrecht – Rechtsprechung und Schrifttum, bearbeitet von den Richtern des BSG); Die Sozialgerichtsbarkeit (SGb); Neue Zeitschrift für Sozialrecht (NZS).

A. Ansprüche gegen Sozialversicherungsträger

Ist bei einem Unfall der Geschädigte Mitglied im System der gesetzlichen Sozialversicherung, dann kann er Ansprüche gegen mehrere Sozialleistungsträger haben. Sie können leichter durchsetzbar sein als Ansprüche gegen den Unfallschädiger. Der Anwalt des Geschädigten muss erkennen, welche Ansprüche sein Mandant hat. Er muss ihn hinsichtlich der Geltendmachung und Durchsetzung seiner Ansprüche beraten. Zudem muss bei der weiteren Schadensregulierung der Übergang der Ansprüche auf die gesetzliche Sozialversicherung beachtet werden. | 1

I. Gesetzliche Krankenversicherung (SGB V)

1. Versicherter Personenkreis

Die Versicherung kann gem. § 5 SGB V durch **Versicherungspflicht** begründet werden. Versichert sind danach gemäß | 2

- § 5 Abs. 1 Nr. 1 SGB V: Arbeiter, Angestellte und zu ihrer Berufsausbildung Beschäftigte, die gegen Entgelt beschäftigt sind;

- § 5 Abs. 1 Nr. 2 SGB V: Empfänger von Arbeitslosengeld I oder Unterhaltsgeld nach dem SGB III, auch dann, wenn der Anspruch wegen einer Sperrzeit (§ 144 SGB III) oder wegen einer Urlaubsabgeltung (§ 143 SGB III) ruht. Die Versicherungspflicht besteht auch dann, wenn die Entscheidung über den Bezug von Arbeitslosengeld I oder Unterhaltsgeld rückwirkend aufgehoben und die Leistung zurückgefordert und zurückgezahlt wurde;

- § 5 Abs. 1 Nr. 2a SGB V: Empfänger von Arbeitslosengeld II nach dem SGB II, soweit sie nicht familienversichert sind, die Leistung nur darlehensweise gewährt wird oder einmalige Leistungen gem. § 23 Abs. 3 S. 1 SGB II erbracht werden, die nicht im Regelbedarf enthalten sind; nicht pflichtversichert ist ab dem 1.4.2007 aufgrund des **GKV-Wettbewerbsstärkungsgesetzes (GKV-WSG)**[1] jedoch, wer unmittelbar vor Bezug des Arbeitslosengeldes II privat krankenversichert war oder weder gesetzlich noch privat krankenversichert war wegen einer hauptberuflich selbständigen Tätigkeit, die keine Versicherungspflicht nach § 5 Abs. 1 Nr. 1 und Nr. 5–12 SGB V begründet hat, bzw weil Versicherungsfreiheit wegen einer Tätigkeit als Arbeiter und Angestellter mit einem Jahresarbeitsverdienst über der Jahresarbeitsentgeltgrenze, Richter, Beamter, Soldat oder sonstiger Beschäftigter der Öffentlichen Hand bestanden hatte (§ 5 Abs. 5a SGB V);

- § 5 Abs. 1 Nr. 3 SGB V: Landwirte, ihre mitarbeitenden Familienangehörigen und Altenteiler nach den Bestimmungen des Gesetzes über die Krankenversicherung der Landwirte;

- § 5 Abs. 1 Nr. 4 SGB V: Künstler und Publizisten;

- § 5 Abs. 1 Nr. 5 SGB V: Personen, die in Einrichtungen der Jugendhilfe für das Erwerbsleben befähigt werden sollen;

- § 5 Abs. 1 Nr. 6 SGB V: Rehabilitanten;

- § 5 Abs. 1 Nr. 7, 8 SGB V: Behinderte;

- § 5 Abs. 1 Nr. 9 SGB V: Studenten, längstens bis zur Vollendung des 30. Lebensjahres;

- § 5 Abs. 1 Nr. 10 SGB V: Praktikanten, die eine in Studien- oder Prüfungsordnungen vorgeschriebene berufspraktische Tätigkeit ohne Arbeitsentgelt verrichten;

- § 5 Abs. 1 Nr. 11, 11a, 12 SGB V: Rentner.

Ab dem 1.4.2007 gilt folgende durch das GKV-WSG eingefügte Regelung:

- § 5 Abs. 1 Nr. 13 SGB V: In der gesetzlichen Krankenversicherung sind Personen pflichtversichert, die keinen anderweitigen Anspruch auf Absicherung im Krankheitsfall haben und zuletzt gesetzlich versichert waren oder bislang nicht gesetzlich oder privat krankenversichert waren, weil sie entweder hauptberuflich selbständig erwerbstätig und damit nicht nach § 5 Abs. 1 Nr. 1 bzw Nr. 5–12 SGB V pflichtversichert waren oder weil sie als Arbeiter bzw Angestellter mit regelmäßigem Jahresarbeitsentgelt über der Jahresarbeitsentgeltgrenze, Richter, Beamter, Soldat oder sonstiger Beschäftigter der Öffentlichen Hand Versicherungsfreiheit genossen haben. Unter den Voraussetzungen von § 5 Abs. 11 SGB V können auch Ausländer nach § 5 Abs. 1 Nr. 3 SGB V versicherungspflichtig werden.

3 Die **freiwillige Versicherung** kann bei Vorliegen der Voraussetzungen des § 9 SGB V begründet werden. Die **Familienversicherung** besteht für den Ehegatten, Lebenspartner und die Kinder von versicherten Mitgliedern sowie für Kinder von familienversicherten Kindern, sofern die Voraussetzungen des § 10 SGB V erfüllt sind.

---

1 Gesetz zur Stärkung des Wettbewerbs in der Gesetzlichen Krankenversicherung (GKV-Wettbewerbsstärkungsgesetz – GKV-WSG, BT-Drucks. 16/1037 u. BR-Drucks. 74/07 (B)).

2. Leistungen der gesetzlichen Krankenversicherung

Versicherte haben Anspruch auf Leistungen zur Verhütung von Krankheiten und deren Verschlimmerung, zur Empfängnisverhütung, Sterilisation und Schwangerschaftsabbruch, auf Leistungen zur Früherkennung von Krankheiten, auf Leistungen zur Behandlung von Krankheiten und des persönlichen Budgets behinderter Menschen. (§ 11 Abs. 1 SGB V). Der Anspruch auf Leistungen besteht nicht, wenn sie Folge eines Arbeitsunfalls oder einer Berufskrankheit im Sinne der gesetzlichen Unfallversicherung sind. (§ 11 Abs. 4 SGB V, ab dem 1.4.2007: § 11 Abs. 5 SGB V nF).   **4**

Die Leistungen zur Behandlung von Krankheiten (§§ 27 ff SGB V) umfassen im Einzelnen: **5**

a) Ärztliche und zahnärztliche Behandlung

Gem. § 28 SGB V gehören zur **ärztlichen Behandlung** alle Tätigkeiten des Arztes und seines Hilfspersonals sowie die Tätigkeit von Psychotherapeuten. Die **zahnärztliche Behandlung** umfasst die diagnostische, konservierende und chirurgische Behandlung, einschließlich der kieferorthopädischen Behandlung gem. § 29 SGB V. **Zahnersatz** (einschließlich Zahnkronen und Suprakonstrutionen) wird nach Maßgabe der §§ 55 SGB V gewährt. Danach erhält der Versicherte zu der bei ihm geplanten prothetischen Versorgung einen Festzuschuss, der mindestens 50% des Betrags für die Regelversorgung beträgt und der bei Bemühungen um die Gesunderhaltung der Zähne, insbesondere bei regelmäßigen im Bonusheft dokumentierten Zahnarztbesuchen, um 20% des Festzuschusses bzw noch weitere 10% des Festzuschusses erhöht werden kann. Den darüber hinausgehenden Eigenanteil muss der Versicherte selbst tragen. Der Schädiger ist aber verpflichtet, diesen Anteil zu erstatten, wenn die prothetische Versorgung infolge des Unfalls erforderlich wurde.   **6**

Versicherte, die das 18. Lebensjahr vollendet haben, müssen gem. § 28 Abs. 4 SGB V für jede erste ambulante ärztliche, zahnärztliche und psychotherapeutische Behandlung, die nicht auf Überweisung aus demselben Kalendervierteljahr erfolgt, einen Eigenanteil (**Praxisgebühr**) in Höhe von 10 EUR zahlen. Ein Schädiger ist verpflichtet, diesen zu erstatten.   **7**

b) Arznei- und Verbandmittel

Gem. § 31 SGB V werden die Versicherten mit apothekenpflichtigen **Arzneimitteln** versorgt, soweit diese nicht nach § 34 SGB V oder den nach § 92 SGB V erlassenen Richtlinien von der Erstattungspflicht ausgenommen sind. Hierzu zählen alle apotheken-, aber nicht verschreibungspflichtigen Medikamente, zB Schmerzmittel, Nahrungsergänzungsmittel, Vitaminpräparate. Sie werden in der Arzneimittelrichtlinie beschrieben. Diese Medikamente können gleichwohl von Ärzten verordnet werden auf einem Privatrezept (grünes Formular). Gelegentlich bestreiten die Haftpflichtversicherer des Unfallschädigers bei einer Verordnung auf Privatrezept die medizinische Erforderlichkeit und verweigern den Ausgleich. Dann ist darauf hinzuweisen, dass es der gesetzlichen Krankenkasse freisteht, Leistungen aus ihrem Katalog herauszunehmen, obwohl eine medizinische Notwendigkeit besteht. Im Zweifel muss der behandelnde Arzt gebeten werden, diese zu bestätigen. In Ausnahmefällen lässt die Arzneimittelrichtlinie zu, dass die Kosten für apotheken-, aber nicht verschreibungspflichtige Medikamente dennoch von der gesetzlichen Krankenkasse getragen werden, diese muss aber eine entsprechende Genehmigung erteilen. Versicherte, die das 18. Lebensjahr überschritten haben, müssen gem. § 61 S. 1 SGB V eine Zuzahlung in Höhe von 10% des Abgabepreises leisten. Der Eigenanteil beträgt mindestens 5 EUR, sofern der Produktpreis ebenfalls mindes-   **8** tens 5 EUR beträgt, höchstens jedoch 10 EUR. Ein Unfallschädiger ist verpflichtet, auch diese Kosten zu ersetzen.

c) Heil- und Hilfsmittel

9   Gem. § 32 SGB V haben Versicherte einen Anspruch auf Versorgung mit Heilmitteln, soweit diese nicht gem. § 34 SGB V oder auf Grund der nach § 92 SGB V erlassenen Heilmittel-Richtlinie von der vertragsärztlichen Versorgung ausgeschlossen sind.

10   **Heilmittel** sind alle ärztlich verordneten Dienstleistungen und Leistungen, bei denen der Dienstleistungscharakter überwiegt, die einem Heilzweck dienen oder einen Heilerfolg sichern und nur von entsprechend ausgebildeten Personen erbracht werden dürfen.[2] Hierzu zählen:

   - Physikalische Therapie: Massagen, nämlich die klassische Massagetherapie, Reflexzonentherapie, Unterwasser-Druckstrahl-Massage, manuelle Lymphdrainage;[3]
   - Bewegungstherapie: Chirogymnastik, Krankengymnastik, manuelle Therapie zur Behandlung von Funktionseinschränkungen der Gelenke;[4]
   - Traktionsbehandlung, Elektrotherapie, Kohlesäurebäder, Inhalationstherapie, Wärme- und Kältetherapie;[5]
   - Sprachtherapie, Stimmtherapie und Sprechtherapie;
   - Ergotherapie.

11   Auch die Fußpflege kann ein Heilmittel sein, wenn sie zur Krankheitsbekämpfung erforderlich ist und durch medizinisches Fachpersonal erbracht werden muss.[6] Die Reittherapie ist in der Heilmittel-Richtlinie nicht erwähnt. Die Kosten der Therapie werden deshalb nicht von der gesetzlichen Krankenversicherung getragen.

12   Auch bei der Versorgung mit Heilmitteln gilt, dass Versicherte, die das 18. Lebensjahr vollendet haben, einen Eigenanteil in Höhe von 10% der durch die Behandlung anfallenden Kosten sowie 10 EUR für jede Verordnung entrichten müssen (§ 61 S. 2 SGB V). Ein Schädiger ist verpflichtet, diese Kosten zu ersetzen.

13   Außerdem haben die Versicherten gem. § 33 Abs. 1 S. 1 SGB V einen Anspruch auf Versorgung mit **Hilfsmitteln**, sofern sie im Einzelfall erforderlich sind, um den Erfolg einer Behandlung zu sichern, einer drohenden Behinderung vorzubeugen oder eine Behinderung auszugleichen. Hilfsmittel sind Hörhilfen, Körperersatzstücke, orthopädische und andere Hilfsmittel, wie

   - Rollstühle,[7]
   - Pflegebetten,[8]
   - Ernährungspumpe, bei künstlicher Ernährung.[9]

---

2   BSG SozR 3-2500 § 33 Nr. 39 S. 220.
3   BSGE 33, 30.
4   BSGE 42, 16.
5   BSGE 33, 30.
6   BSGE 85, 132.
7   BSG SozR 3-2500 § 33 Nr. 36; BSGE 85, 287.
8   BSG SozR 3-2500 § 33 Nr. 47.
9   BSGE 89, 271; weitere Beispiele finden sich bei *Höfler*, in: Niesel, Kasseler Kommentar Sozialversicherungsrecht, Band I, § 33 Rn 32–47.

Als Hilfsmittel werden auch das notwendige Zubehör, beispielsweise Batterien und Akkus **14** mit Ladegerät[10] sowie Ersatzbatterien[11] angesehen, nicht aber notwendige Mittel zur ordnungsgemäßen Pflege des Hilfsmittels[12] oder Gegenstände, die Schutz vor Verlust bzw Beschädigung bieten.[13]

Keine Hilfsmittel sind die nach § 34 SGB V ausgeschlossenen sowie Gegenstände des tägli- **15** chen Lebens. Hierzu zählen:

- normaler Autokindersitz,[14]
- elektrisches Heizkissen,
- Personalcomputer in der üblichen Ausstattung,[15]
- verstellbarer Sessel aus dem Möbelprospekt.[16]

Hat der Gegenstand eine Doppelfunktion, dh dient er dem oben genannten Zweck, ist aber **16** gleichzeitig ein Gegenstand des täglichen Lebens, dann wird er gleichwohl nicht als Hilfsmittel angesehen. Es genügt nicht, wenn der allgemeine Gebrauchsgegenstand infolge von Krankheit und Behinderung erforderlich wird.[17]

Alle Versicherten, die das 18. Lebensjahr vollendet haben, müssen, um das Hilfsmittel zu **17** erhalten, einen Eigenanteil in Höhe von 10% des Abgabepreises leisten. Der Mindesteigenanteil beträgt 5 EUR, sofern das Hilfsmittel mindestens 5 EUR kostet. Maximal muss ein Betrag in Höhe von 10 EUR zugezahlt werden (§ 33 Abs. 2 SGB V, ab 1.4.2007: § 33 Abs. 8 SGB V nF).

Brillen werden als Hilfsmittel angesehen. Die Kosten für die Anschaffung einer Brille nach **18** Maßgabe der oben genannten Vorsaussetzungen von § 33 Abs. 1 S. 1–3 SGB V werden aber nur bei Versicherten übernommen, die das 18. Lebensjahr noch nicht vollendet haben. Versicherte, die älter sind, haben nur dann einen Anspruch auf Versorgung mit einer Brille, wenn auf Grund ihrer Sehschwäche oder Blindheit eine schwere Sehbeeinträchtigung besteht oder wenn die Brille einen therapeutischen Zweck erfüllt, um eine Augenverletzung oder Augenerkrankung zu behandeln. Die Kosten für die Anschaffung eines Brillengestells werden aber auch in diesem Fall nicht übernommen. (§ 33 Abs. 1 S. 4–7 SGB V; ab 1.4.2007: § 33 Abs. 2 SGB V nF). Ein Anspruch auf Versorgung mit **Kontaktlinsen** besteht nur in medizinisch zwingend erforderlichen Ausnahmefällen (§ 33 Abs. 3 SGB V).

Ein erneuter Anspruch auf Versorgung mit einer Brille besteht bei Versicherten, die das **19** 14. Lebensjahr bereits vollendet haben, nur dann, wenn sich die Sehfähigkeit um mindestens 0,5 Dioptrien geändert hat bzw in Ausnahmefällen, die der Gemeinsame Bundesausschuss in einer Richtlinie zugelassen hat (§ 33 Abs. 5 SGB V).

Im Ergebnis bedeutet das, dass die Kosten der Ersatzbeschaffung einer beim Unfall beschä- **20** digten Brille in der Regel nicht von der gesetzlichen Krankenversicherung getragen werden und deshalb vom Schädiger komplett zu ersetzen sind.

---

10 BSGE 46, 183.
11 BSG SozR 2200 § 182b Nr. 11.
12 BSG SozR 2200 § 182b Nr. 7.
13 BSG SozR 2200 § 182b Nr. 3.
14 BSG SozR 2200 § 182b Nr. 6.
15 BSG SozR 3-2500 § 33 Nr. 16.
16 BSG SozR 3-2500 § 33 Nr. 42.
17 BSG SozR 2200 § 182b Nr. 6.

d) Häusliche Krankenpflege

21 Versicherte erhalten gem. § 37 Abs. 1 SGB V in ihrem Haushalt oder in ihrer Familie sowie ab dem 1.4.2007 auch an einem sonstigen geeigneten Ort, insbesondere in betreuten Wohnformen häusliche Krankenpflege, wenn eine Krankenhausbehandlung geboten, aber nicht durchführbar ist oder wenn dadurch eine Krankenhausbehandlung vermieden oder verkürzt wird. Das Pflegepersonal erbringt Leistungen der Grundpflege und Behandlungspflege sowie die hauswirtschaftliche Versorgung. Die **Grundpflege** umfasst die Pflegeleistungen nichtmedizinischer Art für den menschlichen Grundbedarf, wie Körperpflege, Ernährung und Mobilität. Die **Behandlungspflege** umfasst die Pflegemaßnahmen, die speziell auf den Gesundheitszustand des Versicherten ausgerichtet sind und die dazu beitragen sollen, die Krankheit zu behandeln. Hierzu gehören Injektionen,[18] die Gabe von Medikamenten,[19] das Anlegen von Kompressionsartikeln, Bruchbändern und Orthesen (orthopädische Prothesen) sowie die Kontrolle des Blutzuckerspiegels und die Sondenernährung.[20]

22 Der Anspruch besteht längstens vier Wochen und kann in Ausnahmefällen verlängert werden, wenn der Medizinische Dienst der Krankenversicherung festgestellt hat, das dies erforderlich ist. Gem. § 37 Abs. 2 SGB V wird Behandlungspflege nur geleistet, wenn sie erforderlich ist, um das Ziel der ärztlichen Behandlung zu sichern. Ab dem 1.4.2007 sind hiervon auch alle verrichtungsspezifischen Pflegemaßnahmen umfasst, auch wenn sie bei der Feststellung der Pflegebedürftigkeit gem. SGB XI berücksichtigt werden. Dieser Anspruch besteht auch bei pflegebedürftigen Personen nach SGB XI, die in einer vollstationären Einrichtung aufgenommen sind, wenn sie auf Dauer, voraussichtlich aber mindestens für sechs Monate einen besonders hohen Bedarf an medizinischer Behandlungspflege haben. Unter welchen genaueren Voraussetzungen Leistungen nach § 37 Abs. 1 und 2 SGB V außerhalb der Familie erbracht werden können, wird der Gemeinsame Bundesausschuss in einer Richtlinie gem. § 92 SGB V festlegen. In dieser wird er auch das Nähere über Art und Inhalt der verrichtungsbezogenen krankheitsspezifischen Pflegemaßnahmen nach § 37 Abs. 2 S. 1 SGB V regeln.

Der Versicherer erbringt die Leistung nur dann, wenn eine im Haushalt lebende Person den Kranken nicht im erforderlichen Maß pflegen und versorgen kann (§ 37 Abs. 3 SGB V). Kann die Krankenkasse ihrerseits keine Kraft für die häusliche Krankenpflege stellen, dann ist sie gem. § 37 Abs. 4 SGB V verpflichtet, die Kosten für eine selbstbeschaffte Kraft in angemessener Höhe zu erstatten.

23 Versicherte, die das 18. Lebensjahr vollendet haben, müssen pro Tag, längstens für 28 Tage im Kalenderjahr, einen Eigenanteil in Höhe von 10% der Krankenpflegekosten, maximal aber 10 EUR zahlen sowie 10 EUR für die Verordnung (§ 37 Abs. 5 iVm § 61 S. 3 SGB V). Die Kosten sind vom Schädiger zu ersetzen.

e) Haushaltshilfe

24 Gem. § 38 Abs. 1 SGB V erhalten Versicherte, die wegen einer Krankenhausbehandlung, wegen häuslicher Krankenpflege oder wegen einer medizinischen Rehabilitationsmaßnahme nicht in der Lage sind, ihren Haushalt weiter zu führen und in deren Haushalt ein Kind lebt, das bei Beginn der Haushaltshilfe das 12. Lebensjahr noch nicht vollendet hat oder behindert ist, von ihrer Krankenkasse eine Haushaltshilfe.

---

18 SG Halle SGb 1997, 339.
19 BSGE 50, 73, 77.
20 BSGE 28, 199, 201.

Der Anspruch besteht gem. § 38 Abs. 3 SGB V nur dann, wenn eine im Haushalt lebende **25**
Person diesen nicht weiter führen kann. In Betracht kommen vor allem der Ehegatte[21] oder
größere Kinder, ggf unter Mithilfe jüngerer Geschwister. Auf die Volljährigkeit der Kinder
kommt es nicht an.[22] Kann die Krankenkasse keine Haushaltshilfe stellen, so ist sie verpflichtet, die Kosten für eine selbstbeschaffte Haushaltshilfe in angemessener Höhe zu erstatten.

Versicherte, die das 18 Lebensjahr vollendet haben, müssen einen Eigenanteil in Höhe von **26**
10% der Kosten, mindestens 5 EUR, maximal aber 10 EUR für jeden Kalendertag der Inanspruchnahme zahlen (§ 38 Abs. 5 SGB V iVm § 61 S. 1 SGB V). Der Schädiger muss diese
Kosten erstatten.

f) Krankenhausbehandlung

Die Versicherten haben gem. § 39 Abs. 1 SGB V Anspruch auf vollstationäre, teilstationäre, **27**
nach- und vorstationäre sowie ambulante medizinische Versorgung. Die Versicherten, die das
18. Lebensjahr vollendet haben, müssen gem. § 39 Abs. 4 SGB V für jeden Tag, den sie sich
im Krankenhaus aufhalten, längstens aber für 28 Tage einen Eigenanteil in Höhe von
10 EUR zahlen. Dieser ist vom Schädiger zu ersetzen.

g) Leistungen zur medizinischen Rehabilitation

Genügt eine ambulante Krankenbehandlung nicht, um eine Krankheit zu erkennen, zu heilen, **28**
ihre Verschlimmerung zu verhüten oder ihre Beschwerden zu lindern, erbringt die Krankenkasse gem. § 40 Abs. 1 SGB V ambulante Rehabilitationsleistungen, ggf auch durch wohn-
ortnahe Einrichtungen. Reicht eine ambulante Rehabilitationsmaßnahme nicht aus, hat der
Versicherte gem. § 40 Abs. 2 SGB V einen Anspruch Teilnahme an einer stationären Rehabilitationsmaßnahme, die auch die Kosten der Unterkunft und der Verpflegung in der Rehabilitationseinrichtung umfasst.

Ambulante Rehabilitationsleistungen werden höchstens für die Dauer von 20 Behandlungs- **29**
tagen, stationäre Rehabilitationsleistungen höchstens für die Dauer von drei Wochen erbracht. Eine Verlängerung ist möglich, wenn diese medizinisch erforderlich ist (§ 40 Abs. 3
SGB V). Die Rehabilitationseinrichtung stellt in der Regel den Verlängerungsantrag und
begründet ihn.

Versicherte, die das 18. Lebensjahr vollendet haben, zahlen gem. § 40 Abs. 5 iVm § 61 S. 2 **30**
SGB V für jeden Kalendertag einen Eigenanteil von 10 EUR. Ist die Rehabilitationsmaßnahme im unmittelbaren Anschluss eine Krankenhausbehandlung medizinisch notwendig, dann
ist der Eigenanteil von 10 EUR längstens für die Dauer von 28 Tagen zu zahlen, beginnend
ab dem ersten Tag der Krankenbehandlung im Krankenhaus (§ 40 Abs. 6 S. 1 SGB V). Eine
Rehabilitationsmaßnahme schließt sich auch dann unmittelbar an die Krankenhausbehandlung an, wenn sie innerhalb von 14 Tagen nach Beendigung der Krankenhausbehandlung
beginnt (§ 40 Abs. 6 S. 2 SGB V).

Leistungen der ambulanten oder stationären Rehabilitation werden erst nach Ablauf von vier **31**
Jahren nach ihrer Durchführung erneut erbracht, es sei denn, eine vorzeitige Inanspruchnahme ist aus medizinischen Gründen dringend erforderlich (§ 40 Abs. 3 S. 4 SGB V). Außerdem
erbringt die gesetzliche Krankenversicherung ambulante und stationäre Rehabilitationsleistungen gem. § 40 Abs. 4 SGB V nur subsidiär. Das bedeutet, dass die gesetzliche Rentenver-

---

21 BSGE 43, 236.
22 BSG SozR 2200 § 185b Nr. 11.

sicherung nach Maßgabe von § 15 SGB VI medizinische Rehabilitationsleistungen erbringt, wenn die Erwerbsfähigkeit eines Versicherten bedroht ist und durch eine Rehabilitationsmaßnahme gesichert werden kann.

h) Belastungserprobung und Arbeitstherapie

32 Subsidiär erbringt der Krankenversicherer auch Leistungen zur Belastungserprobung und Arbeitstherapie gem. § 42 SGB V.

i) Teilhabe am Arbeitsleben und allgemeine soziale Eingliederung

33 Ergänzend kann der Krankenversicherer gem. § 43 Abs. 1 Nr. 1 SGB V Leistungen zur Teilhabe am Arbeitsleben und zur allgemeinen sozialen Eingliederung erbringen.

j) Krankengeld

34 Versicherte haben gem. § 44 Abs. 1 SGB V einen Anspruch auf Krankengeld, wenn sie arbeitsunfähig sind oder sich stationär in einem Krankenhaus, einer Rehabilitationseinrichtung oder einer Vorsorgeeinrichtung aufhalten. **Keinen Anspruch auf Krankengeld haben** gem. § 44 Abs. 2 SGB V:

- Empfänger von Arbeitslosengeld II
- Personen, die in einer Einrichtung der Jugendhilfe für eine Erwerbstätigkeit befähigt werden sollen
- Rehabilitanten
- Studenten
- Praktikanten während eines unentgeltlichen in einer Studien- oder Prüfungsordnung vorgeschriebenen Praktikums
- Personen, die pflichtversichert sind, weil sie keine anderweitige Absicherung im Krankheitsfall haben, es sei denn, sie sind abhängig und nicht nach §§ 8, 8a SGB IV geringfügig beschäftigt
- hauptberuflich selbständig Erwerbstätige
- Versicherte gem. § 5 Abs. 1 Nr. 1 SGB V, die in den ersten sechs Wochen ihrer Arbeitsunfähigkeit Anspruch auf Fortzahlung des Arbeitsentgelts oder einer die Versicherungspflicht begründenden Sozialleistung haben
- Versicherte, die Rente aus einer öffentlichen Versorgungseinrichtung oder Versorgungseinrichtung ihrer Berufsgruppe oder von einer anderen vergleichbaren Stelle beziehen, wenn diese den in § 50 SGB V genannten Leistungen entspricht, die zum Ausschluss oder zur Kürzung des Krankengeldes führen
- Familienversicherte.

35 Der Anspruch entsteht gem. § 46 S. 1 SGB V mit Beginn der Behandlung im Krankenhaus oder in der Rehabilitations- bzw Vorsorgeeinrichtung sowie an dem Tag, der auf den Tag der Feststellung der Arbeitsunfähigkeit folgt. Für Künstler gelten Sonderbestimmungen, die sich aus dem Künstlersozialversicherungsgesetz und § 46 S. 2–5 SGB V ergeben. Der Anspruch ruht gem. § 49 SGB V, wenn der Versicherte andere Leistungen, beispielsweise Lohnersatzleistungen etc., erhält.

Krankengeld wird ohne zeitliche Begrenzung gezahlt, für den Fall der Arbeitsunfähigkeit wegen derselben Krankheit jedoch längstens für 78 Wochen innerhalb eines 3-Jahres-

Zeitraums. Er beginnt gem. § 48 Abs. 1 SGB V am Tag der Arbeitsunfähigkeit. Die Leistungsdauer verlängert sich auch nicht, wenn eine weitere Erkrankung hinzutritt.

Gem. § 47 Abs. 1 SGB V beträgt das Krankengeld 70% des regelmäßig erzielten Arbeitsentgelts oder Arbeitseinkommens, soweit es der Beitragsberechnung unterliegt. Maßgeblich für die Berechnung des Regelentgelts ist gem. § 47 Abs. 2 SGB V das im letzten Entgeltabrechnungszeitraum vor der Arbeitsunfähigkeit, mindestens aber in den letzten vier Wochen vor Eintritt der Arbeitsunfähigkeit erzielte und um einmaliges Entgelt verringerte Arbeitsentgelt. Die Einzelheiten der Berechnung ergeben sich aus § 47 SGB V. Die Höhe und Berechnung des Krankengeldes für Bezieher von Arbeitslosengeld, Unterhaltsgeld, Kurzarbeitergeld oder Winterausfallgeld bestimmt sich nach § 47b SGB V. Das von der Krankenkasse gezahlte **Krankengeld mindert den Anspruch des Geschädigten gegen den Schädiger** auf Erstattung des Verdienstausfalls in der gezahlten Höhe. Regelungen zum Ausschluss und zur Kürzung des Krankengeldes finden sich in § 50 SGB V. § 51 SGB V regelt den Wegfall des Krankengeldes.

Erkrankt das Kind des Versicherten, das das 12. Lebensjahr noch nicht vollendet hat oder behindert und auf Hilfe angewiesen ist, dann hat dieser gem. § 45 Abs. 1 SGB V auch dann einen Anspruch auf die Zahlung von Krankengeld, wenn es nach ärztlichem Zeugnis erforderlich ist, dass der Versicherte zur Betreuung, Pflege und Beaufsichtigung des erkrankten und versicherten Kindes der Arbeit fernbleibt. Außerdem darf keine andere im Haushalt lebende Person vorhanden sein, die das Kind pflegen, betreuen und beaufsichtigen kann. Gem. § 45 Abs. 2 SGB V besteht der Anspruch auf Zahlung von Krankengeld bei Erkrankung des Kindes längstens 10 Arbeitstage im Kalenderjahr, bei alleinstehenden Versicherten längstens 20 Arbeitstage.

k) Fahrtkosten

Die Krankenkasse übernimmt Fahrtkosten nur noch in den in § 60 Abs. 2 SGB V genannten Fällen:

- bei einer medizinisch notwendigen Verlegung des Versicherten von einem Krankenhaus in ein anderes oder bei einer Verlegung in ein wohnortnahes Krankenhaus, wenn die Krankenkasse einwilligt (Nr. 1),
- bei einer Rettungsfahrt zum Krankenhaus (Nr. 2),
- beim Krankentransport (Nr. 3),
- beim Transport zu einer ambulanten Krankenbehandlung, zu einer Behandlung der vor- und nachstationären Behandlung oder zum ambulanten Operieren im Krankenhaus, wenn dadurch eine gebotene voll- oder teilstationäre Behandlung vermieden oder verkürzt wird bzw diese nicht ausführbar ist (Nr. 4).

Voraussetzung ist immer, dass die Fahrt aus zwingenden medizinischen Gründen notwendig ist. Für jede Fahrt wird vom Versicherten ein Eigenanteil in Höhe von 10 EUR erhoben, den der Schädiger erstatten muss. In welcher Höhe Fahrtkosten anerkannt werden, ergibt sich aus § 60 Abs. 3 SGB V.

l) Kostenerstattung

Konnte die Krankenkasse eine unaufschiebbare Leistung nicht rechtzeitig erbringen oder hat sie eine Leistung zu Unrecht abgelehnt, kann der Versicherte sie selbst beschaffen und von der Krankenkasse Kostenerstattung verlangen (§ 13 Abs. 3 SGB V).

36

37

38

39

m) Mehrkosten einer Privatbehandlung

40 Von der gesetzlichen Krankenversicherung werden nur die Leistungen getragen, auf die ein Anspruch nach dem SGB V und den nach § 92 SGB V vom Gemeinsamen Bundesausschuss erlassenen Richtlinien besteht. Darüber hinaus kann der Geschädigte auch privatärztliche Leistungen in Anspruch nehmen. Die hierdurch entstehenden Mehrkosten müssen vom Schädiger getragen werden, wenn der Geschädigte sie auch aufgewendet hätte, ohne einen Ersatzanspruch gegen einen Dritten zu haben.[23] Das kann im Prinzip nur dann angenommen werden, wenn der Geschädigte über eine private Zusatzversicherung verfügt, die die Kosten aufgefangen hätte.[24] Gleiches gilt, wenn der Geschädigte sich in der Vergangenheit bereits privat hat behandeln lassen.[25]

II. Soziale Pflegeversicherung (SGB XI)

1. Versicherter Personenkreis

41 In der sozialen Pflegeversicherung besteht Versicherungspflicht für alle Mitglieder der gesetzlichen Krankenversicherung, dh Pflichtmitglieder nach § 5 SGB V oder freiwillig Versicherte nach § 9 SGB V (§ 20 Abs. 1 und 3 SGB XI). Die Versicherungspflicht erfasst auch die Familienangehörigen der Mitglieder der gesetzlichen Krankenversicherung, soweit die Voraussetzungen von § 25 SGB XI erfüllt sind. Sonstige Personen werden in der sozialen Pflegeversicherung nach Maßgabe des § 21 SGB XI versichert. Wenn die Voraussetzungen des § 26a SBG XI erfüllt sind, besteht die Berechtigung, freiwilliges Mitglied in der sozialen Pflegekasse zu werden.

2. Vorversicherungszeit

42 Gem. § 33 Abs. 2 Nr. 5 SGB XI werden seit dem 1.1.2000 Leistungen der sozialen Pflegeversicherung nur gewährt, wenn der Versicherte in den letzten zehn Jahren vor der Antragstellung mindestens fünf Jahre als Mitglied versichert oder nach § 25 SGB XI familienversichert war. Für versicherte Kinder gilt die Versicherungszeit als erfüllt, wenn ein Elternteil sie erfüllt.

3. Verfahren zur Feststellung der Pflegebedürftigkeit

43 Gem. § 18 Abs. 1 S. 1 SGB XI prüft der Medizinische Dienst der Krankenversicherung im Auftrag der Pflegekassen, ob die Voraussetzungen der Pflegebedürftigkeit erfüllt sind und welche Stufe der Pflegebedürftigkeit vorliegt. Die Entscheidung über das Ob und Wie einer Leistung aus der Pflegeversicherung trifft die Pflegekasse.

44 Hinweis: Der Rechtsanwalt sollte seinen Mandanten auf den Besuch des Gutachters des Medizinischen Dienstes der Krankenversicherung (MDK) vorbereiten. Dabei ist Folgendes zu beachten:

- Der Versicherte sollte ärztliche Unterlagen, die eventuell vorhandenen Berichte eines betreuenden ambulanten Dienstes (Pflegedokumentation und Ähnliches sowie ein

---

23 BGH VersR 1970, 129; OLG Düsseldorf VersR 1966, 194; OLG Hamm VersR 1977, 151.
24 LG Lüneburg r+s 1976, 235.
25 LG Ravensburg zfs 1981, 334.

Pflegetagebuch) bereithalten. Das Pflegetagebuch ist bei der Pflegekasse des Versicherten erhältlich.

- Die Pflegeperson sollte beim Hausbesuch zugegen sein; auch die professionelle Pflegekraft hat ein Recht auf Anwesenheit, ebenso wie der Rechtsanwalt.

- Die Pflegeperson muss vom Gutachter befragt und die zur Verfügung stehenden Unterlagen müssen beigezogen werden, andernfalls ist das Gutachten des MDK nicht verwertbar.[26]

4. Begriff der Pflegebedürftigkeit

Pflegebedürftig sind gem. § 14 Abs. 1 SGB XI Personen, die wegen einer körperlichen oder geistigen oder seelischen Krankheit oder Behinderung für die gewöhnlichen und regelmäßig wiederkehrenden Verrichtungen im Laufe des täglichen Lebens auf Dauer, voraussichtlich für mindestens sechs Monate, in erheblichem oder höherem Maße der Hilfe bedürfen.   45

Die Arten der Hilfeleistungen werden in § 14 Abs. 3 SGB XI beschrieben. Hilfe muss danach in Form der Unterstützung bei den **pflegerelevanten Verrichtungen** des täglichen Lebens, der teilweisen oder vollständigen Übernahme dieser Verrichtungen, der Beaufsichtigung der Ausführung dieser Verrichtungen oder der Anleitung der Selbstvornahme durch die hilfebedürftige Person erforderlich sein. Maßgeblich für die Feststellung der Pflegebedürftigkeit sind also allein die in § 14 Abs. 4 SGB XI genannten gewöhnlichen und regelmäßig wiederkehrenden Verrichtungen im Ablauf des täglichen Lebens. Es kommt darauf an, inwieweit die Fähigkeiten zur Ausübung dieser Verrichtungen eingeschränkt sind, dh in welchem Umfang ein Pflegebedarf bei diesen Verrichtungen besteht. Art oder Schwere der Erkrankung sowie Schädigungen spielen keine Rolle.   46

Zu den pflegerelevanten Verrichtungen gehört die **Grundpflege** mit Körperpflege, Ernährung und Mobilität: 47

- Zur **Körperpflege** gehören
  - das Waschen (einzelner Körperteile oder des gesamten Körpers) inklusive des Haarewaschens
  - das Duschen
  - das Baden, einschließlich des nachfolgenden Einfettens der Haut bei einer Neurodermitiserkrankung[27]
  - die Zahnpflege
  - das Kämmen
  - das Rasieren
  - die Darm- und Blasenentleerung
  - (Pediküre und Maniküre sind *nicht* berücksichtigungsfähig).[28]

- Die **Ernährung** umfasst
  - das mundgerechte Zubereiten der Nahrung
  - die Aufnahme der Nahrung; hierzu zählt auch die Überwachung, ob Nahrung in ausreichender Menge aufgenommen wird.[29] Als Unterstützung zur Aufnahme der Nah-

---

26 SG Wiesbaden RdL 1998, 28.
27 BSG NZS 1999, 343, 344.
28 BSG, Urt. v. 19.2.1998 – B 3 P 11/97 R.
29 BSG, v. 28.6.2001 – B 3 P 7/00 R.

rung ist auch das Anhalten zum Essen zu werten[30] sowie eine krankheitsbedingt erforderliche Sondenernährung.[31]

- Zur **Mobilität** gehört
  - das Aufstehen und Zu-Bett-Gehen
  - An- und Auskleiden
  - Gehen
  - Stehen
  - Sitzen[32]
  - Liegen (einschließlich Umlage)[33]
  - Treppen steigen
  - Verlassen und Wiederaufsuchen der Wohnung.

48 Gehen, Stehen und Treppensteigen sind nur zu berücksichtigen, wenn diese Verrichtungen im Zusammenhang mit den anderen in § 14 Abs. 3 SGB XI genannten Verrichtungen im häuslichen Bereich erforderlich werden.[34]

49 Zum Verlassen und Wiederaufsuchen der Wohnung zählen nur Verrichtungen, die für die Aufrechterhaltung der Lebensführung zu Hause unumgänglich sind und das persönliche Erscheinen des Pflegebedürftigen notwendig machen. Der Besuch muss regelmäßig mindestens einmal pro Woche anfallen.[35] Die Bereiche Körperpflege, Ernährung und Mobilität gehören zum Bereich der Grundpflege.

50 Hilfe muss außerdem im Bereich der hauswirtschaftlichen Versorgung erforderlich sein. Der Bereich der **hauswirtschaftlichen Versorgung** erfasst das

- Einkaufen
- Kochen
- Reinigen der Wohnung
- Spülen
- Wechseln und Waschen der Wäsche und Bekleidung
- Beheizen der Wohnung.

51 Das Kochen umfasst den gesamten Vorgang der Nahrungszubereitung, auch das Zubereiten einer krankheitsbedingt zusätzlich erforderlichen Nahrung[36] sowie die Erstellung eines Speiseplans unter Berücksichtigung individueller, unter Umständen auch krankheitsbedingter Besonderheiten. Zur hauswirtschaftlichen Versorgung gehört auch das Säubern eines Inhalationsgeräts oder die Desinfektion des Bades und der Toilette.[37]

52 § 15 SGB XI regelt, dass pflegebedürftige Personen einer von **drei Pflegestufen** zuzuordnen sind:

53 **Pflegestufe 1: Erheblich Pflegebedürftige** sind Personen, die

- bei der Körperpflege, der Ernährung und der Mobilität für wenigstens zwei Verrichtungen aus einem oder mehreren Bereichen mindestens einmal täglich der Hilfe bedürfen und

---

30 BSG SozR 3-3300 § 14 Nr. 7, 46.
31 BSG NZS 1999, 343, 344.
32 BSG NZS 2001, 39, 41.
33 BSG NZS 2001, 39, 41.
34 BSG SozR 3-3300 § 14 Nr. 10, 70 ff.
35 BSG SozR 3-3300 § 14 Nr. 10, 74 f.
36 BSG SozR 3-3300 § 14 Nr. 7, 48.
37 BSG SozR 3-3300 § 14 Nr. 11, 48.

- zusätzlich mehrfach in der Woche Hilfe bei der hauswirtschaftlichen Versorgung benötigen.
- Der Zeitaufwand muss für die Leistungen in der Grundpflege und der hauswirtschaftlichen Versorgung wöchentlich im Tagesdurchschnitt mindestens 90 Minuten betragen, wobei auf die Grundpflege mehr als 45 Minuten entfallen müssen.

Pflegestufe 2: Schwer Pflegebedürftige sind Personen, die   54

- bei der Körperpflege, der Ernährung und der Mobilität mindestens dreimal täglich zu verschiedenen Tageszeiten der Hilfe bedürfen und zusätzlich mehrfach in der Woche Hilfe bei der hauswirtschaftlichen Versorgung benötigen.
- Der Zeitaufwand muss wöchentlich im Tagesdurchschnitt mindestens drei Stunden betragen, wobei auf die Grundpflege mindestens zwei Stunden entfallen müssen.

Pflegestufe 3: Schwerst Pflegebedürftige sind Personen, die   55

- bei der Körperpflege, der Ernährung und der Mobilität täglich rund um die Uhr, auch nachts, der Hilfe bedürfen und zusätzlich mehrfach in der Woche Hilfe bei der hauswirtschaftlichen Versorgung benötigen.
- Der Zeitaufwand muss wöchentlich im Tagesdurchschnitt mindestens fünf Stunden betragen, wobei auf die Grundpflege mindestens vier Stunden entfallen müssen.

Die Feststellung der Pflegebedürftigkeit muss immer den Verhältnissen des Einzelfalls gerecht   56
werden, dh individuelle Gewohnheiten des zu Pflegenden sind zu berücksichtigen, aber auch
allgemeine Erschwernis- oder Erleichterungsfaktoren, die in der Person des Pflegenden liegen.

Allgemeine Erschwernisfaktoren sind: 57

- Körpergewicht über 80 Kg
- Kontrakturen sowie Einsteifung großer Gelenke
- hochgradige Spastik
- Halbseiten- oder Teillähmungen
- einschießende unkontrollierte Bewegungen
- Fehlstellungen der Extremitäten
- einschränkende Belastbarkeit infolge schwerer Herz-Lungen-Schwäche
- Abwehrverhalten mit Behinderung bei der Übernahme von Verrichtungen
- eingeschränkte Sinneswahrnehmung
- starke therapieresistente Schmerzen
- pflegebehindernde räumliche Verhältnisse und
- zeitaufwendiger Hilfsmitteleinsatz.

Als **erleichternde Faktoren** gelten: 58

- Körpergewicht unter 40 Kg
- pflegeerleichternde räumliche Verhältnisse
- zeitsparender Hilfsmitteleinsatz.

Besonderheiten gelten bei der **Einstufung von Kindern.** Gem. § 15 Abs. 2 SGB XI ist für die   59
Bestimmung der Pflegebedürftigkeit der zusätzliche Hilfebedarf gegenüber einem gesunden
gleichaltrigen Kind maßgebend. Die Bemessung wird in zwei Schritten vorgenommen:[38]

---

38 BSG NZS 1998, 525.

- Erster Schritt: Erfassung und Dokumentation der Pflegezeiten für die Einzelverrichtungen der Grundpflege sowie Bildung des Gesamtpflegeaufwandes.

- Zweiter Schritt: Abzug der Zeitwerte aus den standardisierten Erfahrungswerten vom Gesamtpflegeaufwand. Die Richtlinie der Spitzenverbände der Pflegekasse zur Begutachtung von Pflegebedürftigkeit nach dem SGB XI (Begutachtungsrichtlinien)[39] geben die entsprechenden Abzugswerte vor.

60 Eine Erfassung des Pflegebedarfs in zwei Schritten ist dann nicht erforderlich, wenn sich der krankheitsbedingte Mehraufwand schon allein aufgrund der Erkrankung erfassen lässt.[40] Bezüglich der **hauswirtschaftlichen Versorgung** wird bei kranken oder behinderten Kindern bis zur Vollendung des 8. Lebensjahres der gesetzlich für eine Einstufung notwendige Hilfebedarf unterstellt. Zwischen dem 8. und dem 14. Lebensjahr werden in Pflegestufe 1 30 Minuten, in Pflegestufe 2 und 3 jeweils 45 Minuten unterstellt. Die weiteren Zeiten müssen als konkreter zeitlicher Hilfebedarf nachgewiesen werden.

5. Leistungen der sozialen Pflegeversicherung

a) Pflegesachleistungen

61 Gem. § 36 SGB XI hat der Pflegebedürftige Anspruch auf häusliche Pflege durch erwerbsmäßige (professionelle) Pflegekräfte, die von der Pflegekasse angestellt und bezahlt werden. Die Pflege, dh die Grundpflege und die hauswirtschaftliche Versorgung gem. § 14 SGB XI, muss durch einen zugelassenen ambulanten Pflegedienst oder eine einzelne Pflegekraft durchgeführt werden und umfasst nicht die verrichtungsbezogenen krankheitsspezifischen Pflegemaßnahmen, soweit diese im Rahmen der häuslichen Krankenpflege nach § 37 SGB V zu leisten sind. Die Höhe des Sachleistungsbetrags ergibt sich aus § 36 Abs. 3 SGB XI.

62 Kann der Pflegebedürftige mit dem für die jeweilige Pflegestufe geltenden Höchstbetrag des Sachleistungsanspruchs den erforderlichen Pflegeaufwand nicht finanzieren, stehen ihm ergänzende Leistungen nach dem §§ 61 ff SGB XII zu.

b) Geldleistungen

63 Gem. § 37 Abs. 1 SGB XI kann der Pflegebedürftige anstelle der häuslichen Pflege Pflegegeld beantragen, wenn er mit diesem die seiner Pflegebedürftigkeit entsprechende erforderliche Grundpflege und hauswirtschaftliche Versorgung in geeigneter Weise selbst sicherstellt. Die Höhe des Pflegegeldes ergibt sich aus § 37 Abs. 1 S. 3 SGB XI.

64 Gem. § 37 Abs. 3 SGB XI muss der Pflegebedürftige, der Pflegegeld bezieht, in regelmäßigen Abständen die Beratung in eigener Häuslichkeit durch eine zugelassene Pflegeeinrichtung oder, sofern dies nicht gewährleistet werden kann, durch eine von der Pflegekasse beauftragte, von ihr aber nicht angestellte Pflegekraft in Anspruch nehmen. Die Beratung dient der Sicherung der Qualität der häuslichen Pflege.

65 Der Pflegebedürftige darf entscheiden, ob er Pflegesachleistungen oder Pflegegeld beantragt. Der Pflegekasse steht ein Mitspracherecht zu.

---

39 <www.g-ba.de>.
40 BSG NZS 1999, 343.

c) Kombinationsleistungen

Gem. § 38 SGB XI erhält der Pflegebedürftige, der die in § 36 SGB XI zustehenden Sachleistungen nur teilweise in Anspruch nimmt, zusätzlich ein anteiliges Pflegegeld. Das Pflegegeld wird um den Vomhundertsatz vermindert, in dem der Pflegebedürftige Sachleistungen in Anspruch genommen hat.   66

d) Hilfsmittel

Gem. § 40 SGB XI haben Pflegebedürftige Anspruch auf Versorgung mit Pflegehilfsmitteln, die zur Erleichterung der Pflege oder zur Linderung der Beschwerden der Pflegebedürftigen beitragen oder ihm eine selbständigere Lebensführung ermöglichen. Die Leistungen werden nur **subsidiär** erbracht, dh nur, soweit die Hilfsmittel nicht wegen Krankheit oder Behinderung von der Krankenversicherung oder anderen zuständigen Leistungsträgern zu gewähren sind.   67

e) Stationäre Pflege

Gem. § 41 SGB XI haben Pflegebedürftige einen Anspruch auf **teilstationäre Pflege** in Einrichtungen der Tages- oder Nachtpflege, wenn häusliche Pflege nicht im ausreichenden Maße hergestellt werden kann oder wenn dies zur Ergänzung oder Stärkung der häuslichen Pflege erforderlich ist. § 41 Abs. 2 SGB XI regelt, in welcher Höhe die Pflegekasse die pflegebedingten Aufwendungen der teilstationären Pflege übernimmt.   68

Kann häusliche Pflege zeitweise nicht, noch nicht oder nicht im erforderlichen Umfang erbracht werden und reicht auch teilstationäre Pflege nicht aus, so besteht ein Anspruch auf **Pflege in einer vollstationären Einrichtung der Kurzzeitpflege.** Dies gilt gem. § 42 Abs. 1 SGB XI   69

- für eine Übergangszeit im Anschluss an eine stationäre Behandlung des Pflegebedürftigen oder

- in sonstigen Krisensituationen, in denen vorübergehende häusliche oder teilstationäre Pflege nicht möglich oder nicht ausreichend ist.

Gem. § 42 Abs. 2 SGB XI besteht der Anspruch für die Dauer von vier Wochen im Kalenderjahr. Die Höhe der Aufwendungen, die die Pflegekasse übernimmt, ergibt sich aus § 42 Abs. 2 S. 2 SGB XI.   70

Ist die häusliche oder teilstationäre Pflege nicht möglich oder kommt sie wegen der Besonderheit des Einzelfalls nicht in Betracht, dann haben Pflegebedürftige gem. § 43 Abs. 1 SGB XI einen Anspruch auf Pflege in vollstationären Einrichtungen. Die Höhe der von der Pflegekasse übernommenen pflegebedingten Aufwendungen ergibt sich aus § 43 Abs. 2 und 3 SGB XI. Außerdem können Pflegebedürftige, die die Voraussetzungen des § 42a SGB XI erfüllen, neben den Leistungen der ambulanten und teilstationären Pflege **zusätzliche Betreuungsleistungen** in Anspruch nehmen und erhalten gem. § 45b SGB XI zur deren Finanzierung einen zusätzlichen Betreuungsbetrag in Höhe von 460 EUR je Kalenderjahr.   71

f) Leistungen für die Pflegeperson

Gem. § 44 SGB XI entrichten die Pflegekassen für die Pflegeperson Beiträge zur Rentenversicherung. Außerdem sind Pflegepersonen in der gesetzlichen Unfallversicherung versichert. Gem. § 45 SGB XI bieten die Pflegekassen für Angehörige und sonstige an einer ehrenamtli-   72 chen Pflegetätigkeit interessierte Personen Schulungskurse unentgeltlich an, um Fertigkeiten für die eigenständige Durchführung der Pflege zur vermitteln.

III. Gesetzliche Unfallversicherung (SGB VII)

73 Versicherungsschutz in der gesetzlichen Unfallversicherung besteht, wenn der Verletzte eine gem. §§ 2, 3 und 6 SGB VII versicherte Personen ist und ein in den §§ 7 bis 9 SGB VII beschriebener Versicherungsfall eingetreten ist.

1. Versicherter Personenkreis

a) Kraft Gesetzes Versicherte

74 **Versicherte kraft Gesetzes sind gemäß**

- § 2 Abs. 1 Nr. 1 SGB VII „Beschäftigte" nach § 7 SGB IV, auch die in § 12 SGB IV genannten Heimarbeiter,

- § 2 Abs. 2 S. 1 SGB VII „wie Beschäftige", dh Personen, die „wie nach § 2 Abs. 1 Nr. 1 Versicherte tätig werden", also solche, die eine einem (fremden) Unternehmen dienende Tätigkeit ausüben. Nach der Rechtsprechung[41] müssen folgende Voraussetzungen erfüllt sein:

  1. Es muss sich um eine ernstliche Tätigkeit handeln,

  2. die einem Unternehmen dient,

  3. die dem wirklichen oder mutmaßlichen Willen des Unternehmers entspricht und

  4. die von einer Person verrichtet wird, bei der eine konkrete Arbeitnehmerähnlichkeit nach Lage des Einzelfalls besteht.

75 Ein „Unternehmen" ist planmäßiges Handeln, das auf eine gewisse Dauer und eine bestimmte Vielzahl von Tätigkeiten angelegt ist, das einem bestimmten Zweck dient und mit einer bestimmten Regelmäßigkeit ausgeübt wird.[42] Der Unternehmensbegriff ist wirtschaftlich gemeint. Auch jede zwischenmenschliche Aktion kann als Unternehmen aufgefasst werden. Ein Unternehmen kann deshalb auch der private Haushalt oder das Halten eines Kraftfahrzeugs sein.

76 Die Tätigkeit muss dem Unternehmen dienen, sie muss aber nicht objektiv dienlich sein. Objektiv kann sie sogar schaden, ohne das Merkmal der Dienlichkeit zu verlieren. Außerdem muss es sich um eine arbeitnehmerähnliche Tätigkeit handeln, wobei das gesamte Bild der Tätigkeit maßgeblich ist. Gefälligkeitsleistungen gehören nicht dazu.

77 **Versichert sind weiter gemäß**

- § 2 Abs. 1 Nr. 2 SGB VII Lernende, die berufliche Kenntnisse erwerben,

- § 2 Abs. 1 Nr. 3 SGB VII Personen, die sich auf Grund von Rechtsvorschriften Untersuchungen oder ähnlichen Maßnahmen unterziehen (beispielsweise Schultauglichkeitsuntersuchungen). Die Untersuchung muss auf Grund von Rechtsvorschriften erforderlich sein; es genügt nicht, dass die Untersuchung nur empfohlen ist,

- § 2 Abs. 1 Nr. 4 SGB VII Behinderte in ausdrücklich anerkannten Werkstätten für Behinderte oder Blindenwerkstätten,

---

41 BSGE 5, 168; 25, 102; 43, 10.
42 BSGE 16, 79 f.

- § 2 Abs. 1 Nr. 5 SGB VII Personen, die im landwirtschaftlichen Bereich tätig sind,
- § 2 Abs. 1 Nr. 6 SGB VII Haus-Gewerbetreibende sowie mitarbeitende Ehegatten und Lebenspartner,
- § 2 Abs. 1 Nr. 7 SGB VII selbständige Küstenschiffer und Fischer einschließlich der mitarbeitenden Ehegatten, wenn regelmäßig nicht mehr als vier Arbeitnehmer beschäftigt werden,
- § 2 Abs. 1 Nr. 8a SGB VII Kinder während des Besuchs von Kindertageseinrichtungen,
- § 2 Abs. 1 Nr. 8b SGB VII Schüler in allgemeinbildenden und berufsbildenden Schulen einschließlich der dort durchgeführten Betreuungsmaßnahmen. Zum Schulunterricht gehören auch die Pausen, Schulveranstaltungen mit Klassenfahrten und Schullandheim-Aufenthalte sowie Wege, die auf Anweisung des Lehrers im Rahmen des Unterrichts zurückgelegt werden,
- § 2 Abs. 1 Nr. 8c SGB VII Studierende an Hochschulen während der Aus- und Fortbildung für Tätigkeiten, die in unmittelbarem räumlichen und zeitlichen Zusammenhang mit der Hochschule und ihrer Einrichtung stehen; geschützt sind auch Gasthörer, Doktoranden sowie Teilnehmer an einem Aufbau- oder Kontaktstudium,
- § 2 Abs. 1 Nr. 9 SGB VII selbständig oder unentgeltlich, insbesondere ehrenamtlich im Gesundheitswesen und der Wohlfahrtspflege tätige Personen,
- § 2 Abs. 1 Nr. 10 SGB VII ehrenamtlich Tätige in Körperschaften des öffentlichen Rechts sowie privatrechtlich organisierten Zusammenschlüssen,
- § 2 Abs. 1 Nr. 11 SGB VII zu Diensthandlungen im öffentlich-rechtlichen Bereich herangezogene Personen sowie Zeugen. Der präsente Zeuge steht nicht unter Versicherungsschutz. Er gewinnt ihn erst dann, wenn das Gericht seine Vernehmung beschließt. Nicht geschützt sind hingegen Sachverständige, als Partei vernommene Parteien und Dolmetscher. Sie können aber unter Umständen Versicherungsschutz als „wie Beschäftigte" (siehe Rn 74) genießen,
- § 2 Abs. 1 Nr. 12 und 13 SBG VII Helfer in Unglücksfällen in der im Gesetz bezeichneten Art, Blut- oder Organsender oder Helfer bei einer Strafverfolgung oder Festnahme,
- § 2 Abs. 1. Nr. 14 SGB VII im Einzelfall Personen, die sich auf ausdrückliche Aufforderung bei der Agentur für Arbeit melden müssen, auf dem Weg zur Agentur für Arbeit und zurück,
- § 2 Abs. 1 Nr. 15 SGB VII Personen bei stationärer oder teilstationärer medizinischer Behandlung oder Rehabilitation, wenn diese auf Kosten der Krankenversicherung oder Rentenversicherung durchgeführt wird; Ähnliches gilt für die Teilnahme an berufsfördernden Maßnahmen zur Rehabilitation,
- § 2 Abs. 1 Nr. 16 SGB VI Personen, die eigene Leistungen auf dem Bau erbringen, wenn es sich um die Schaffung öffentlich geförderten Wohnraums im Sinne des 2. Wohnbaugesetzes handelt,
- § 2 Abs. 1 Nr. 17 SGB VII Pflegepersonen.

Hinweis: Es empfiehlt sich deshalb, den Mandanten im ersten Gespräch möglichst genau nach dem Sachverhalt zu befragen, auch nach den Begleitumständen des Unfalls. 78

b) Unternehmer und im Unternehmen mitarbeitende Ehegatten und Lebenspartner

Die Satzung einer Berufsgenossenschaft kann bestimmen, dass die Unfallversicherung auf Unternehmer und ihre im Unternehmen mitarbeitenden Ehegatten und Lebenspartner (§ 3 79

Abs. 1 Nr. 1 SGB VII) erstreckt wird sowie auf Personen, die sich auf der Unternehmerstätte aufhalten (§ 3 Abs. 1 Nr. 2 SGB VII).

c) Freiwillige Unfallversicherung

80   Gem. § 6 SGB VII können sich die dort genannten Personen, insbesondere Unternehmer und die in ihrem Unternehmen mitarbeitenden Ehegatten, auf Antrag freiwillig versichern, wenn eine Versicherung kraft Satzung nicht besteht.

2. Der Versicherungsfall

81   Versicherungsfälle sind gem. § 7 SGB VII Arbeitsunfälle und Berufskrankheiten.

a) Arbeitsunfälle

82   Arbeitsunfälle sind gem. § 8 Abs. 1 SGB VII Unfälle von Versicherten infolge einer den Versicherungsschutz nach den §§ 2, 3 oder 6 SGB VII begründenden Tätigkeit. Unfälle sind gem. § 8 Abs. 1 S. 2 SGB VII zeitlich begrenzte, von außen auf den Körper wirkende Ereignisse, die zu einem Gesundheitsschaden oder zum Tod führen.

83   Ob die Voraussetzungen von § 8 Abs. 1 SGB VII erfüllt sind, muss in fünf Schritten geprüft werden:

1. Es muss eine den Versicherungsschutz nach den §§ 2, 3 oder 6 SGB VII begründende Tätigkeit (versicherte Tätigkeit) verrichtet worden sein.
2. Zwischen dem unfallbringenden Handeln und der versicherten Tätigkeit muss ein innerer Zusammenhang bestehen.
3. Das Ereignis selbst muss auf die festgestellte versicherte Tätigkeit zurückgehen („infolge" = haftungsbegründende Kausalität)
4. Bei dem Ereignis muss es sich um einen Unfall nach Legal-Definition des § 8 Abs. 1 S. 2 SGB VII gehandelt haben.
5. Der Unfall muss zu einem Gesundheitsschaden oder zum Tod geführt haben (= haftungsausfüllende Kausalität).

aa) Versicherte Tätigkeit – innerer Zusammenhang

84   Ein innerer Zusammenhang zwischen dem unfallbringenden Handeln und der versicherten Tätigkeit besteht, wenn das unfallbedingte Handeln der versicherten Tätigkeit **wesentlich dient**. Es genügt, wenn subjektiv die Auffassung des Verletzten berechtigt ist, seine Tätigkeit sei geeignet, den Interessen des Unternehmens zu dienen. Selbst wenn die Tätigkeit dem Unternehmen objektiv schadet, kann Versicherungsschutz bestehen, sofern der Versicherte den Rahmen vernünftigen Verhaltens nicht offensichtlich überschreitet.

85   Die Klärung dieses Feldes ist Gegenstand einer umfangreichen Kasuistik in der Rechtsprechung[43] und damit ein Feld anwaltlicher Betätigung. Das Gesetz versucht, in § 8 Abs. 2 SGB VII wenigstens grob klarzustellen, was in jedem Fall als versicherte Tätigkeit anzusehen ist. Dabei handelt es sich um die sog. Katalog-Tätigkeiten, insbesondere den Wegeunfall, worauf unten (Rn 90 ff) eingegangen wird.

---

43 Vgl dazu BSG, Urt. v. 27.5.1997 – 2 RU 29/96; BSG Urt. v. 1.7.1997 – 2 RU 36/96; BSG, Urt. v. 18.11.1997 – 2 RU 42/96; BSG, Urt. v. 26.6.2001 – B 2 U 30/00R; BSG, Urt. v. .20.2.2001 – B 2 U 7/00R u. B 2 U 6/00R.

bb) Kausalität

Die zuvor ermittelte Tätigkeit muss für den Unfall des Versicherten kausal geworden sein. **86**
Die Kausalitätstheorie im Sozialrecht ist die **Theorie der wesentlichen Bedingung**. Als Ursachen und Mitursachen für einen Unfall sind unter Abwägung ihres verschiedenen Wertes nur jene Bedingungen anzusehen, die wegen ihrer besonderen Bedeutung zum Eintritt des Erfolgs wesentlich beigetragen haben. Ob ein Beitrag wesentlich war, beurteilt sich im Einzelfall nach der Auffassung des täglichen Lebens.

Keine wesentlichen Ursachen sind: **87**

- Alkohol, es sei denn, der Alkoholkonsum ist aus der Eigenart der versicherten Tätigkeit erklärbar,
- allgemein wirkende Gefahren wie Naturkatastrophen oder Kriege,
- innere Ursachen, dh krankhafte Erscheinungen oder die Konstitution des Betroffenen. Versicherungsschutz besteht aber, wenn betriebsbedingte Umstände die innere Ursache beeinflusst und deshalb den Eintritt des Unfalls wesentlich mitbewirkt haben,
- eine selbst geschaffene Gefahr.

Der Unfall muss nicht die alleinige Ursache für den Gesundheitsschaden oder den Tod gewesen sein, er muss aber die wesentliche Bedingung gesetzt haben. **Keine wesentliche Bedingung** **88**
ist in folgenden Fällen gegeben:

- bei Gelegenheitsursachen, dh wenn die vorhandene Krankheitsanlage so leicht ansprechbar ist, dass auch andere alltäglich vorhandene, ähnlich gelagerte Ereignisse sie hätten auslösen können.
- Mittelbare Folgeschäden müssen ebenfalls kritisch dahin gehend geprüft werden, ob sie rechtlich wesentlich auf das ursprüngliche Ereignis zurückzuführen sind, zum Beispiel eine fehlerhafte Arztbehandlung nach einem Unfall (beachte § 11 SGB VII).
- Eine selbst geschaffene Gefahr kann unter dem Blickwinkel der haftungsausfüllenden Kausalität von Bedeutung sein, etwa wenn ein Versicherter die gebotene Heilbehandlung gegen den dringenden ärztlichen Rat ablehnt. Das gilt jedoch nur dann, wenn das Verhalten völlig widersinnig erscheint.
- Die Verschlimmerung eines Körperschadens kann die haftungsausfüllende Kausalität nicht begründen, wenn auch ein anderes alltäglich vorkommendes Ereignis sie hätte auslösen können.

cc) Arbeitsunfälle bei „Katalogtätigkeiten" (§ 8 Abs. 2 SGB VII)

§ 8 Abs. 2 SGB VII benennt Tätigkeiten, bei deren Verrichtung über die in Abs. 1 erwähnten **89**
§§ 2, 3 und 6 SGB VII hinaus Versicherungsschutz bestehen soll.

(1) Wegeunfall nach § 8 Abs. 1 Nr. 1 SGB VII

Versichert ist danach das Zurücklegen des mit der versicherten Tätigkeit zusammenhängenden unmittelbaren Weges nach und vom Ort der Tätigkeit. Der **Ort der Tätigkeit** ist dort, wo **90**
die versicherte Tätigkeit tatsächlich verrichtet wird, also auf dem gesamten Betriebsgelände. Als anderer Endpunkt des Weges ist der häusliche Wirkungskreis maßgeblich, also der Punkt, wo man das Gebäude verlässt (Außentür des Gebäudes, Garagentür, etc.).

Versicherungsschutz kann aber auch dann bestehen, wenn der Versicherte sich vor Arbeitsbeginn aus anderen Gründen an einem **dritten Ort** aufhält und sich von dort zum Ort der **91**

Tätigkeit begibt. Voraussetzung ist, dass der dritte Ort Ausgangspunkt oder Ziel eines selbständigen Weges ist und der Versicherte sich dort mindestens drei Stunden aufhält.[44] Wird der Gesamtweg zwischen häuslichem Wirkungskreis und Arbeitsstelle lediglich unterbrochen, dann handelt es sich bei dem dritten Ort lediglich um einen Zwischenort. In diesem Fall muss erörtert werden, ob der versicherte Weg unterbrochen wurde, worauf unten (Rn 95) eingegangen wird. Versicherungsschutz auf dem Weg von einem dritten Ort zum Ort der Tätigkeit besteht im Übrigen nur dann, wenn dieser Weg in angemessenem Verhältnis zum unmittelbaren Weg zwischen dem häuslichen Wirkungskreis und dem Ort der Tätigkeit steht, wobei in der Rechtsprechung eine vier- bis fünffache Wegstrecke anerkannt ist.[45]

92 Voraussetzung ist weiterhin, dass die Tätigkeit, bei der sich der Unfall ereignet, rechtlich wesentlich durch das Zurücklegen des Weges selbst bedingt wird. Hierzu gehören das Öffnen und Schließen der Haustür von außen, das Freimachen des Fahrzeugs von Eis und Schnee und das Warten auf ein Verkehrsmittel sowie das Hin- und Hergehen im Haltestellenbereich oder der Weg zu einem nahegelegenen Lokal zum Aufwärmen während der Wartezeit. Außerdem muss das Zurücklegen des Weges wesentliche Bedingung für den Unfall gewesen sein.

93 **Beispiele:** Die **Einnahme einer Mahlzeit** ist grundsätzlich eine Privatsache. Wer allerdings während der Arbeitspause eine Gaststätte oder einen Kiosk aufsucht, ist auf dem Weg dahin versichert. Dies gilt jedoch nicht, wenn die Gaststätte sehr weit entfernt liegt und der Besuch nicht mehr durch die notwendige Nahrungsaufnahme, sondern nur durch eigene wirtschaftlichen Interessen geprägt ist. Die **Reparatur des eigenen Fahrzeugs** ist grundsätzlich eine Privatsache. Etwas anderes gilt, wenn die Reparatur während des Arbeitsweges notwendig wird, um die Arbeit fortsetzen zu können. Das gilt allerdings nicht, wenn die Reparatur bereits vor Fahrtantritt erforderlich gewesen wäre. Auch **Tanken** ist Privatsache. Anders verhält es sich nur dann, wenn es unvorhergesehen notwendig wurde, um den Arbeitsweg fortsetzen zu können.

94 In der Wahl der Verkehrsmittel ist der Versicherte grundsätzlich frei. Gleiches gilt für die Wahl der Wegstrecke. Deshalb muss nicht unbedingt der kürzeste Weg gewählt werden. Der Versicherungsschutz entfällt aber, wenn ein Umweg gewählt wird, der erheblich länger ist als der kürzeste Weg. Bei der Bewertung kommt es immer auf den Einzelfall an. Bislang wurden Verlängerungen von 2,8 auf 2,9 km bzw von 6 auf 11 km als unerheblich angesehen.[46]

95 Ein beliebtes und häufiges Feld anwaltlicher Tätigkeit ist die Frage nach der **Unterbrechung des versicherten Weges**. Diese geschieht, wenn entweder ein anderer Weg eingeschoben wird (Abweg) oder der Weg zeitlich unterbrochen wird, wobei die Unterbrechung auch am Beginn und am Ende des Weges auftreten kann. Eine Unterbrechung ist nur dann möglich, wenn sie ganz geringfügig ist, zum Beispiel eine private Unterhaltung von wenigen Minuten, das Besorgen von Zigaretten aus einem Automaten oder das Überqueren der Straße.[47] Der Versicherungsschutz wird unterbrochen, wenn der Versicherte den öffentlichen Verkehrsraum verlässt, um beispielsweise einen Geschäftsraum aufzusuchen.[48] Die Unterbrechung tritt bereits beim Durchschreiten der Außentür des Geschäfts ein.[49] Das Wesen der Unterbrechung liegt darin, dass der Versicherungsschutz während der Unterbrechung erlischt und wieder auflebt, wenn der Versicherte den Weg fortsetzt. Dauert die Unterbrechung länger als zwei

44 BSG, Urt. v. 5.5.1998 – B 2 O 40/97 R (Wahrnehmung eines Arzttermins).
45 BSGE 62,113 (vierfache Wegstrecke zum Zweck eines Arztbesuchs); BSG NJW 1983, 2286 (fünffache Wegstrecke zu einem Wohnwagen aus Ruhegründen bei Wechselschicht).
46 Bayern Breith. 1965, 904 (2,8 km auf 2,9 km); BSG BG 1964, 294 (6 km auf 11 km).
47 BSG, Urt. v. 2.7.1996 – 2 RO 16/95.
48 BSG, Urt. v. 18.3.1997 – 2 RO 19/96.
49 BSG, Urt. v. 2.7.1996 – 2 RO 34/95.

Stunden, dann findet eine Loslösung vom Betrieb statt. Nach deren Beendigung lebt der Versicherungsschutz nicht wieder auf.

(2) Obhut von Kindern nach § 8 Abs. 2 Nr. 2 und Nr. 3 SGB VII

Versicherungsschutz besteht für einen Unfall des Versicherten auf einem Umweg, der erforderlich ist, um Kinder fremder Obhut anzuvertrauen oder eine Fahrgemeinschaft zu nutzen. Auch hier gelten die Voraussetzungen des inneren Zusammenhangs und die Grenzen des versicherten Weges (Außentür des Gebäudes). Kinder sind nach der Vorschrift des § 8 Abs. 2 Nr. 2a SGB VII nicht versichert. Ihr Versicherungsschutz ergibt sich aus § 8 Abs. 2 Nr. 3 SGB VII.

96

(3) Familienheimfahrten nach § 8 Abs. 2 Nr. 4 SGB VII

Unter Versicherungsschutz stehen Familienheimfahrten, wenn der Versicherte wegen der Entfernung zwischen dem Ort seiner Tätigkeit und seinem Wohnort eine zusätzliche Unterkunft am Ort seiner Tätigkeit hat.

97

(4) Umgang mit Arbeitsgerät und Schutzausrüstung sowie deren Erstbeschaffung nach § 8 Abs. 2 Nr. 5 SGB VII

Versichert ist schließlich auch der Umgang mit Arbeitsgerät und Schutzausrüstung sowie deren Erstbeschaffung.

98

b) Berufskrankheiten

Neben Arbeitsunfällen können Berufskrankheiten Versicherungsfälle sein. Sie werden jedoch nicht durch einen Unfall ausgelöst, so dass ein im Verkehrsrecht tätiger Anwalt kaum mit einem solchen Fall konfrontiert werden wird. Deshalb soll an dieser Stelle auf Berufskrankheiten nicht weiter eingegangen werden.

99

3. Leistungen der gesetzlichen Unfallversicherung

a) Heilbehandlung, Rehabilitation, Pflege und Geld (§§ 26 bis 55 SGB VII)

aa) Heilbehandlung

Der Versicherte hat Anspruch auf die in § 27 SGB VII beschriebenen Leistungen der Heilbehandlung:

100

- § 28 SGB VII: ärztliche und zahnärztliche Behandlung
- § 29 SGB VII: Arznei- und Verbandsmittel
- § 30 SGB VII: Heilmittel
- § 31 SGB VII: Hilfsmittel
- § 32 SGB VII: Häusliche Krankenpflege
- § 33 SGB VII: Behandlung in Krankenhäusern und Rehabilitationseinrichtungen
- Leistungen zur medizinischen Rehabilitation nach § 26 Abs. 2 Nr. 1 und Nr. 3 bis 7 und Abs. 3 des SGB IX.

Die Durchführung der Heilbehandlung ist in § 34 SGB VII geregelt. Der Verletzte ist danach verpflichtet, einen Durchgangsarzt (D-Arzt) aufzusuchen. Diese Verpflichtung entfällt bei Augen- und HNO-Erkrankungen. Für besondere Heilverfahren gilt das sog. H-Verfahren.

101

bb) Leistungen zur Teilhabe am Arbeitsleben

102 Die Unfallversicherungsträger erbringen außerdem Leistungen zur Teilhabe am Arbeitsleben nach Maßgabe der §§ 33 bis 38 SGB IX sowie in Werkstätten für behinderte Menschen nach §§ 40 und 41 SGB IX.

cc) Leistungen zur Teilnahme am Leben in der Gesellschaft und ergänzende Leistungen

103 Die Leistungen der **Sozialrehabilitation** sind in den §§ 39 bis 42 SGB VII geregelt und umfassen gemäß

- § 40 SGB VII Kraftfahrzeughilfe. Diese wird erbracht, wenn die Versicherten infolge Art oder Schwere des Gesundheitsschadens nicht nur vorübergehend auf die Benutzung eines Kraftfahrzeugs angewiesen sind, um am Arbeitsleben oder am Leben in der Gemeinschaft teilzuhaben.

- § 41 SGB VII Wohnungshilfe. Diese wird erbracht, wenn wegen Art oder Schwere des Gesundheitsschadens nicht nur vorübergehend die behindertengerechte Anpassung des vorhandenen oder die Bereitstellung behindertengerechten Wohnraums erforderlich ist.

- § 42 SGB VII Haushaltshilfe und Kinderbetreuungskosten. Diese Leistungen werden nach Maßgabe des § 54 Abs. 1–3 SGB IX erbracht.

- § 43 SGB VII Reisekosten. Der Unfallversicherungsträger übernimmt die im Zusammenhang mit der Ausführung von Leistungen zur medizinischen Rehabilitation oder zur Teilhabe am Arbeitsleben erforderlichen Reisekosten nach § 53 SGB IX.

dd) Leistungen bei Pflegebedürftigkeit

104 Gem. § 44 Abs. 1 SGB VII erhalten Versicherte, die infolge des Versicherungsfalls so hilflos sind, dass sie für die gewöhnlichen und regelmäßig wiederkehrenden Verrichtungen im Ablauf des täglichen Lebens in erheblichem Umfang der Hilfe bedürfen, Pflegegeld oder eine Pflegekraft gestellt. Es kann auch Heimpflege gewährt werden. Die Art der Pflegemaßnahmen unterliegt dem pflichtgemäßen Ermessen. § 44 SGB VII bestimmt die Höhe des Pflegegeldes.

ee) Geldleistungen während der Heilbehandlung und Leistungen zur Teilhabe am Arbeitsleben

105 Der Unfallversicherungsträger zahlt **Verletztengeld** unter den Voraussetzungen, die in § 45 SGB VII beschrieben sind, beispielsweise wenn der Versicherte infolge des Versicherungsfalls arbeitsunfähig ist oder wegen einer Maßnahme der Heilbehandlung seine ganztägige Erwerbstätigkeit nicht ausüben kann.

106 **Arbeitsunfähigkeit** liegt vor, wenn der Versicherte seiner bisher ausgeübten Tätigkeit überhaupt nicht oder nur auf die Gefahr hin nachgehen kann, dass sich sein Gesundheitszustand verschlimmert. Der Anspruch auf Verletztengeld beginnt am Tag der Feststellung der Arbeitsunfähigkeit und endet spätestens mit Ablauf der 78. Woche, gerechnet vom Tage des Beginns der Arbeitsunfähigkeit (§ 46 SGB VII). Die Höhe des Verletztengeldes orientiert sich am sog. Regelentgelt, welches in § 47 SGB VII näher beschrieben wird. Es beträgt 80% des Regelentgelts.

107 Erhält der Versicherte infolge des Versicherungsfalls Leistungen zur Teilhabe am Arbeitsleben, dann wird ihm vom Unfallversicherungsträger Übergangsgeld gezahlt (§ 49 SGB VII). Das Übergangsgeld beträgt bei Versicherten mit einem Kind bzw beim Zusammenleben mit einem Ehegatten, der nicht erwerbstätig ist, weil er selbst pflegebedürftig ist und keinen Anspruch auf Leistungen aus der Pflegeversicherung hat oder weil der Versicherte selbst pflegebedürftig ist, 75% des Regelentgelts. Alle übrigen Versicherten erhalten 68% des Regelentgelts.

b) Renten, Beihilfen, Abfindungen (§§ 56 bis 80 SGB VII)

Gem. § 56 Abs. 1 SGB VII erhält ein Versicherter, dessen Erwerbsfähigkeit infolge eines Versicherungsfalls über die 26. Woche nach dem Versicherungsfall hinaus um wenigstens 20% gemindert ist, eine **Verletztenrente**. § 56 Abs. 1 S. 2 SGB VII regelt das Zusammentreffen mehrerer kleiner Renten, die jede für sich nicht eine Minderung der Erwerbsfähigkeit von 20% erreichen. Trifft eine derartige „kleine" Rente auf eine Rente wegen einer MdE von 20% (oder mehr), dann stützt diese die „kleine" Rente. Sie wird bei der Gewährung einer Rente mit berücksichtigt. Treffen zwei „kleine" Renten zusammen, so sind sie sich gegenseitig Stützrenten, wenn in jedem der beiden Versicherungsfälle wenigstens eine Minderung der Erwerbsfähigkeit von 10% erreicht wird.

108

Die Folgen eines Versicherungsfalls werden nur dann berücksichtigt, wenn die **Erwerbsminderung mindestens 10%** beträgt. § 56 Abs. 2 SGB VII bestimmt, dass sich die Minderung der Erwerbsfähigkeit nach dem Umfang der sich aus der Beeinträchtigung des körperlichen und geistigen Leistungsvermögens ergebenden verminderten Arbeitsmöglichkeiten auf dem gesamten Gebiet des Erwerbslebens richtet. Ausgangspunkt ist die Erwerbsfähigkeit, die der Verletzte vor dem Arbeitsunfall hatte. Sie muss individuell festgestellt werden und kann so bereits bestehende Vorschäden oder auch eine bereits vor dem Unfall bestehende altersbedingte Einschränkung der Erwerbsfähigkeit berücksichtigen. Anschließend muss die Erwerbsfähigkeit nach dem Arbeitsunfall festgestellt werden. Die Differenz bildet die Minderung der Erwerbsfähigkeit. Es existieren verschiedene Tabellenwerke, die die Feststellung erleichtern sollen.[50] Sie können allerdings nur Anhaltspunkte liefern, denn die dort niedergelegten Richtwerte können allenfalls allgemeine Erfahrungen wiedergeben, ohne für den Einzelfall bindend zu sein.

109

Gem. § 56 Abs. 3 SGB VII beträgt die **Vollrente**, die wegen des Verlustes der Erwerbsfähigkeit geleistet wird, zwei Drittel des Jahresarbeitsverdienstes. Ist die Erwerbsfähigkeit nur in Höhe eines gewissen Prozentsatzes, aber nicht vollständig gemindert, wird eine entsprechende **Teilrente** geleistet. Diese wiederum wird in Höhe des Prozentsatzes der Vollrente festgesetzt. Der maßgebliche Jahresarbeitsverdienst bestimmt sich nach § 82 SGB VII. Danach kommt es darauf an, welche Arbeitsentgelte und Arbeitseinkommen in den zwölf Monaten vor dem Monat, in dem der Versicherungsfall eingetreten ist, vom Versicherten verdient worden sind. Für junge Versicherte sieht § 85 SGB VII Mindestbeträge vor.

110

Gem. § 57 SGB VII erhalten **Schwerverletzte**, die infolge des Versicherungsfalls einer Erwerbstätigkeit nicht mehr nachgehen können und die keinen Anspruch auf Rente aus der gesetzlichen Rentenversicherung haben, eine um 10% erhöhte Rente. Schwerverletzte sind Versicherte mit einem Anspruch auf eine Rente nach einer Minderung der Erwerbsfähigkeit von 50% und mehr oder auf mehrere Renten, deren Vomhundertsatz zusammen wenigstens die Zahl 50 erreicht.

111

Gem. § 58 SGB VII kann die Rente auch bei den Versicherten erhöht werden, die infolge des Versicherungsfalls ohne Anspruch auf Arbeitsentgelt oder Arbeitseinkommen sind. Voraussetzung ist weiter, dass die Rente zusammen mit dem Arbeitslosengeld oder dem Arbeitslo-

112

---

50 Siehe Bundesministerium für Arbeit und Soziales, Anhaltspunkte für die ärztliche Gutachtertätigkeit im sozialen Entschädigungsrecht und nach dem Schwerbehindertengesetz; *Schönberger/Mertens/Valentin*, aaO.

sengeld II nicht den in § 46 Abs. 1 SGB IX genannten Betrag des Übergangsgeldes erreicht. Die Erhöhung wird längstens für die Dauer von zwei Jahren gewährt.

113 § 59 SGB VII enthält eine Anrechnungsvorschrift, die zum Tragen kommt, wenn mehrere Renten der gesetzlichen Unfallversicherung bezogen werden. Diese dürfen ohne die Erhöhung für Schwerverletzte zusammen zwei Drittel der Jahresarbeitsverdienste nicht übersteigen. Andernfalls werden sie verhältnismäßig gekürzt. § 60 SGB VII enthält eine Regelung zur Minderung der Rente bei Heimpflege. § 61 SGB VII regelt die Rente für Beamte und Berufssoldaten.

114 Ist der Umfang der Minderung der Erwerbsfähigkeit noch nicht abschließend feststellbar, dann wird die Rente gem. § 62 SGB VII als vorläufige Entschädigung gezahlt. Nach Ablauf von drei Jahren wird sie als Rente auf unbestimmte Zeit geleistet. Dabei kann der Vomhundertsatz der Minderung der Erwerbsfähigkeit abweichend von der vorläufigen Entschädigung festgestellt werden, auch wenn die Verhältnisse sich nicht geändert haben! Innerhalb des ersten Drei-Jahres-Zeitraums kann der Vomhundertsatz der Minderung der Erwerbsfähigkeit jederzeit ohne Rücksicht auf die Dauer der Veränderung neu festgestellt werden.

c) Leistungen an Hinterbliebene

115 Hinterbliebene haben Anspruch auf die in § 63 SGB VII genannten Leistungen, dh auf:

- Sterbegeld und Erstattung von Überführungskosten (§ 64 SGB VII). Es handelt sich um einen Einmalbetrag von einem Siebtel der zum Zeitpunkt des Todes geltenden Bezugsgröße gem. § 18 SGB IV;

- Hinterbliebenen-Renten (§§ 65 bis 69 SGB VII);

- Beihilfen (§ 71 SGB VII). Diese werden bei Tod des Versicherten gezahlt, wenn dieser *nicht* Folge des Versicherungsfalls war und der Versicherte zum Zeitpunkt seines Todes Anspruch auf eine Rente nach einer Minderung der Erwerbsfähigkeit von 50% oder mehr hatte bzw wenn er Anspruch auf mehrere Renten hatte, deren Vomhundertsatz zusammen mindestens 50 erreichte;

- Abfindung (§§ 75 bis 80 SGB VII). Es existieren folgende vier Regelungskomplexe:
  1. § 75 SGB VII: Abfindung durch den Unfallversicherungsträger, wenn nur eine vorläufige Entschädigung zu erwarten ist.
  2. § 76 SGB VII: Abfindung auf Antrag bei einer Minderung der Erwerbsfähigkeit unter 40%.
  3. § 78 SGB VII: Antrag auf Abfindung bei Minderung der Erwerbsfähigkeit ab 40%.
  4. § 80 SGB VII: Abfindung bei Wiederheirat durch den bzw der Berechtigten.

116 Gem. § 77 SGB VII kann eine bereits abgefundene Rente wieder aufleben, wenn der Versicherte schwer verletzt wird. Geldleistungen der Berufgenossenschaft werden – wie Renten in der gesetzlichen Rentenversicherung – jeweils zum 1.7. eines jeden Jahres angepasst (§ 95 SGB VII).

4. Haftungsausschluss

a) Unternehmer

117 § 104 SGB VII privilegiert den Unternehmer. Er ist den Versicherten, die für sein Unternehmen tätig sind oder die zu seinem Unternehmen in einer sonstigen die Versicherung begründenden Beziehung stehen sowie deren Angehörigen und Hinterbliebenen nicht zum Ersatz des Personenschadens oder zur Zahlung eines angemessenen Schmerzensgeldes verpflichtet. Alle Anspruchsgrundlagen sind ausgeschlossen, sowohl vertragliche wie auch Ansprüche aus unerlaubter Handlung und aus Gefährdungshaftung. Der Ausschluss gilt unbedingt. Es kommt nicht darauf an, ob Schäden durch die Unfallversicherung tatsächlich ersetzt werden.

Die Haftungsprivilegierung gilt hingegen nicht für den Ersatz von Sachschäden oder dann, wenn der Versicherungsfall vorsätzlich herbeigeführt wurde. Bedingter Vorsatz genügt. Der Vorsatz muss sich auf alles beziehen, also auf die Verletzungshandlung selbst wie auch auf den Eintritt und Umfang des Schadens. Ausgenommen vom Haftungsausschluss sind auch vom Unternehmer verursachte Wegeunfälle nach § 8 Abs. 2 SGB VII. Zu beachten ist jedoch, dass Unfälle auf Betriebswegen keine Wegeunfälle sind. Der Haftungsausschluss gilt deshalb, wenn ein im Straßenbau Versicherter sich mit Kollegen auf dem Werksgelände trifft, gemeinsam mit ihnen in einem Firmenfahrzeug zur Baustelle fährt und auf dem Weg dorthin einen Verkehrsunfall erleidet. 118

§ 104 SGB VII schließt als *lex spezialis* den Forderungsübergang nach § 116 SGB X aus. 119

b) „Arbeitskollegen"

Gem. § 105 SGB VII wird der Haftungsausschluss auf die Arbeitskollegen des Verletzten ausgeweitet. Er gilt für alle Personen, die durch eine betriebliche Tätigkeit einen Versicherungsfall von Versicherten *desselben Betriebs* verursachen. Die weite Fassung schließt Leiharbeitnehmer sowie Beschäftigte ein, die zum Beispiel im Rahmen von Arbeitsgemeinschaften tätig werden. 120

c) Ähnlich enge Gefahrgemeinschaften

Die Haftungsbeschränkungen der §§ 104, 105 SGB VII sollen nach Ansicht des Gesetzgebers auch Personen erfassen, die in ähnlich engen Gefahrgemeinschaften tätig sind. Sie werden in § 106 SGB VII auf die Unternehmen nach § 2 Abs. 1 Nr. 2, 3, 8 und 17 SGB VII erstreckt und betreffen deshalb auch Lernende, Untersuchungsteilnehmer, Kinder, Schüler und Studenten, Lehrer, Pflegepersonen sowie Pflegebedürftige. Für Rettungs- und Zivilschutzunternehmen enthält § 106 Abs. 3 SGB VII eine Sonderregelung. 121

d) Präjudizwirkung und Vorrang sozialrechtlicher Entscheidungen

Versicherungsrelevante Fragestellungen sollen einheitlich beurteilt und unterschiedliche Entscheidungen vermieden werden. § 108 Abs. 1 SGB VII statuiert deshalb ein **Primat des Sozialrechts**: Ordentliche Gerichte und Arbeitsgerichte sind an bestandskräftige Verwaltungsakte der Unfallversicherungsträger und rechtskräftige Entscheidungen der Sozialgerichte gebunden. Das betrifft zivilrechtliche Schadensersatzansprüche aus Vertrag und unerlaubter Handlung. Die Bindungswirkung bezieht sich auf das Vorliegen des Versicherungsfalls selbst wie auch auf Umfang, Art, Höhe und Dauer der zu gewährenden Leistungen einschließlich der Berechnungsgrundlage. 122

Liegt eine Entscheidung des Unfallversicherungsträgers oder des Sozialgerichts nicht vor, dann haben die Gerichte das Verfahren auszusetzen und für die Einleitung des sozialrechtlichen Verfahrens Fristen zu bestimmen (§ 108 Abs. 2 SGB VII). Es handelt sich um eine Muss-Vorschrift, so dass eine vorrangige sozialrechtliche Entscheidung erzwungen werden kann. 123

124 Ist ein Klageverfahren gegen den Haftungsprivilegierten noch nicht angestrengt, dann bietet § 109 SGB VII die Möglichkeit, die erhobenen Ansprüche zurückzuweisen. Ist nämlich zweifelhaft, ob ein Versicherungsfall vorliegt und macht der Geschädigte zivilrechtliche Ansprüche geltend, so kann der Schädiger nach dieser Vorschrift feststellen lassen, dass ein Versicherungsfall der gesetzlichen Unfallversicherung vorliegt, mit der Folge, dass dann die Bindungswirkung von § 108 SGB VII eintritt.

e) Haftung gegenüber den Sozialversicherungsträgern

125 Haben Personen, deren Haftung nach den §§ 104 bis 107 SGB VII beschränkt ist, den Versicherungsfall vorsätzlich oder grob fahrlässig herbeigeführt, so haften sie gegenüber den Sozialversicherungsträgern für die infolge des Versicherungsfalls entstandenen Aufwendungen, jedoch nur bis zur Höhe des zivilrechtlichen Schadensersatzanspruchs. Gem. § 112 SGB VII gilt die Bindung der Gerichte gem. § 108 SGB VII auch für die Ansprüche nach den §§ 110 und 111 SGB VII.

IV. Gesetzliche Rentenversicherung (SGB VI)

1. Versichererer Personenkreis

a) Versicherungspflichtige Personen

126 Gem. § 1 SGB VI sind **folgende Personen pflichtversichert:**

- Personen, die gegen Arbeitsentgelt oder zu ihrer Berufsausbildung beschäftigt sind (Nr. 1),
- behinderte Menschen, die in anerkannten Werkstätten, in anerkannten Behindertenwerkstätten oder für diese Einrichtungen in Heimarbeit tätig sind, sowie behinderte Menschen, die in Anstalten, Heimen und gleichartigen Einrichtungen in gewisser Regelmäßigkeit Leistungen erbringen, die 1/5 der Leistung eines vollerwerbsfähigen Beschäftigten in gleichartiger Beschäftigung entsprechen (Nr. 2),
- Personen, die in Einrichtungen der Jugendhilfe oder in Berufsbildungswerken sowie ähnlichen Einrichtungen für Behinderte tätig sind und die für eine Erwerbstätigkeit befähigt werden sollen (Nr. 3),
- Auszubildende in einer außerbetrieblichen Einrichtung (Nr. 3a),
- Mitglieder geistlicher Genossenschaften, Diakonissen und Angehörige ähnlicher Gemeinschaften (Nr. 4).

127 Gem. § 2 S. 1 SGB VI sind **bestimmte Selbständige versicherungspflichtig.** Hierzu gehören:

- Lehrer und Erzieher (Nr. 1),
- Pflegepersonen (Nr. 2),
- Hebammen und Entbindungspfleger (Nr. 3),
- Seelotsen (Nr. 4),
- Künstler und Publizisten nach näherer Bestimmung des Künstlersozialversicherungsgesetzes (Nr. 5),
- Hausgewerbetreibende (Nr. 6),
- Küstenschiffer und Fischer (Nr. 7),
- Handwerker, die in die Handwerksrolle eingetragen sind (Nr. 8),

- Personen, die im Zusammenhang ihrer selbständigen Tätigkeit regelmäßig keinen versicherungspflichtigen Arbeitnehmer beschäftigen, dessen Entgelt aus dem Beschäftigungsverhältnis regelmäßig 400 EUR im Monat übersteigt, und die auf Dauer und im Wesentlichen nur für einen Auftraggeber tätig sind (Nr. 9).

Zudem sind gem. § 3 SGB VI **weitere Personen versicherungspflichtig:**   **128**

- Personen, denen nach § 56 SGB VI Kindererziehungszeiten anzurechnen sind (Nr. 1),
- Personen, die Pflegebedürftige nicht erwerbsmäßig wenigstens 14 Stunden wöchentlich in häuslicher Umgebung pflegen, wenn der Pflegebedürftige Anspruch auf Leistungen aus einer Pflegeversicherung hat (Nr. 1a),
- Wehr- und Zivildienstleistende (Nr. 2),
- Leistungsempfänger von Krankengeld, Verletztengeld, Versorgungskrankengeld, Übergangsgeld, Unterhaltsgeld, Arbeitslosengeld I oder II, wenn sie im letzten Jahr vor Beginn der Leistung versicherungspflichtig waren (Nr. 3),
- Empfänger von Vorruhestandsgeld, wenn sie unmittelbar vor Beginn der Leistung versicherungspflichtig waren (Nr. 4).

b) Kraft Antrags versicherungspflichtige Personen

Gem. § 4 Abs. 1 SGB VI sind auf Antrag versicherungspflichtig: **129**

- Entwicklungshelfer (Nr. 1),
- Deutsche, die für eine begrenzte Zeit im Ausland beschäftigt sind (Nr. 2),
- Personen, die für eine begrenzte Zeit im Ausland beschäftigt sind und die die Staatsangehörigkeit eines Staates haben, in dem die Verordnung (EWG) Nummer 1408/71 anzuwenden ist, wenn sie die allgemeine Wartezeit erfüllt haben und nicht nach der Rechtsvorschrift eines anderen Staates freiwillig oder pflichtversichert sind (Nr. 3).

Die Versicherungspflicht muss von einer Stelle beantragt werden, die ihren Sitz im Inland hat.

Gem. § 4 Abs. 2 SGB VI sind Personen auf Antrag versicherungspflichtig, die nicht nur vorübergehend selbständig tätig sind, wenn sie die Versicherungspflicht innerhalb von fünf Jahren nach Aufnahme der selbständigen Tätigkeit oder nach Ende einer Versicherungspflicht beantragen.   **130**

Weiterhin sind gem. § 4 Abs. 3 SGB VI Personen auf Antrag versicherungspflichtig, wenn   **131**

- sie eine der in § 3 S. 3 Nr. 3 SGB VI genannten Sozialleistungen beziehen und nicht nach dieser Vorschrift versicherungspflichtig sind (Nr. 1) bzw
- deshalb kein Anspruch auf Krankengeld besteht, weil sie nicht in der gesetzlichen Krankenversicherung versichert sind oder in der gesetzlichen Krankenversicherung ohne Anspruch auf Krankengeld versichert sind, für die Zeit der Arbeitsunfähigkeit oder der Ausführung von Leistungen zur medizinischen Rehabilitation oder zur Teilhabe am Arbeitsleben, wenn sie im letzten Jahr vor Beginn der Arbeitsunfähigkeit oder der Ausführung von Leistungen zur medizinischen Rehabilitation oder zur Teilhabe am Arbeitsleben zuletzt versicherungspflichtig waren, längstens jedoch für 18 Monate (Nr. 2).

c) Freiwillige Versicherung

Gem. § 7 Abs. 1 SGB VI können sich alle nicht versicherungspflichtigen Personen freiwillig   **132**
versichern, die das 16. Lebensjahr vollendet haben. Nach § 7 Abs. 2 S. 1 SGB VI können sich versicherungsfreie (§ 5 SGB VI) und von der Versicherungspflicht befreite Personen (§ 6 SGB

VI) freiwillig versichern, wenn sie die allgemeine Wartezeit (§ 50 Abs. 1 SGB VI: fünf Jahre) erfüllt haben, es sei denn, sie üben eine geringfügige Beschäftigung aus oder sie sind als Selbständige versicherungsfrei.

133 Ausgeschlossen sind jedoch Personen nach bindender Bewilligung einer Vollrente wegen Alters oder für Zeiten des Bezugs einer solchen Rente (§ 7 Abs. 3 SGB VI). Gemeint ist dabei der Bewilligungszeitraum, nicht der Zeitraum des tatsächlichen Bezugs der Leistung.

2. Leistungen der gesetzlichen Rentenversicherung

134 Die gesetzliche Rentenversicherung erbringt:

- gem. § 9 Abs. 1 S. 1 SGB VI Leistungen zur medizinischen Rehabilitation, Leistungen zur Teilhabe am Arbeitsleben sowie ergänzende Leistungen und zahlt Renten an Versicherte (§ 33 Abs. 1 SGB VI), wegen
  - Alters,
  - verminderter Erwerbsfähigkeit,
  - Todes,
- gem. § 106 SGB VI Zuschüsse zur Krankenversicherung der Rentner,
- gem. § 107 SGB VI Rentenabfindungen bei Wiederheirat von Witwen und Witwern,
- gem. §§ 210 und 211 SGB VI Beitragserstattungen.

a) Leistungen zur medizinischen Rehabilitation und Leistungen zur Teilhabe am Arbeitsleben

135 Gem. § 9 Abs. 1 S. 1 SGB VI erbringt die gesetzliche Rentenversicherung Leistungen zur medizinischen Rehabilitation, zur Teilhabe am Arbeitsleben sowie ergänzende Leistungen. Ziel ist es, den Auswirkungen einer Krankheit oder einer körperlichen, geistigen oder seelischen Behinderung auf die Erwerbstätigkeit entgegenzuwirken bzw sie zu überwinden und dadurch Beeinträchtigungen der Erwerbstätigkeit der Versicherten oder ihr vorzeitiges Ausscheiden aus dem Erwerbsleben zu verhindern sowie sie möglichst dauerhaft wieder in das Erwerbsleben einzugliedern. Diese Leistungen werden vorrangig vor Rentenleistungen gewährt (§ 9 Abs. 1 S. 2 SGB VI, § 8 Abs. 2 SGB IX).

b) Renten

136 An dieser Stelle sollen nur die Rentenarten dargestellt werden, die ein Versicherter oder seine Hinterbliebenen nach einem Verkehrsunfall gegebenenfalls in Anspruch nehmen können.

aa) Rente wegen verminderter Erwerbsfähigkeit

(1) Rente wegen teilweiser Erwerbsminderung

137 Gem. § 43 Abs. 1 S. 1 SGB VI haben Versicherte bis zur Vollendung des 65. Lebensjahres Anspruch auf Rente wegen teilweiser Erwerbsminderung, wenn sie

- teilweise erwerbsgemindert sind,
- in den letzten fünf Jahren vor Eintritt der Erwerbsminderung drei Jahre Pflichtbeiträge für eine versicherte Tätigkeit oder Beschäftigung geleistet haben und
- vor Eintritt der Erwerbsminderung die allgemeine Wartezeit erfüllt haben.

138 **Teilweise erwerbsgemindert** sind Versicherte, wenn sie wegen Krankheit oder Behinderung auf nicht absehbare Zeit außerstande sind, unter den üblichen Bedingungen des allgemeinen

Arbeitsmarktes mindestens sechs Stunden täglich erwerbstätig zu sein. Berücksichtigt wird dabei jede nur denkbare Tätigkeit, die es auf dem Arbeitsmarkt gibt. Entscheidend ist allein die zeitliche Einsatzfähigkeit.

Kann der Versicherte weniger als drei Stunden täglich auf dem allgemeinen Arbeitsmarkt tätig sein, dann steht ihm eine Rente wegen **voller Erwerbsminderung** zu, wenn die übrigen versicherungsrechtlichen Voraussetzungen erfüllt sind. Eine Rente wegen teilweiser Erwerbsminderung wird deshalb bei einer Leistungsfähigkeit zwischen drei bis sechs Stunden täglich gezahlt. Ausnahmsweise kann ein Versicherter, der zwischen drei bis sechs Stunden täglich erwerbstätig sein kann, gleichwohl eine Rente wegen voller Erwerbsminderung erhalten. Das ist der Fall, wenn der Arbeitsmarkt für den Versicherten mit seiner konkreten gesundheitlichen Leistungsfähigkeit verschlossen ist. Er kann dann die ihm verbliebene Resterwerbsfähigkeit nicht zur Erzielung seines Einkommens einsetzen und ist deshalb als voll erwerbsgemindert anzusehen.[51]

Einem Versicherten kann eine Rente wegen teilweiser Erwerbsminderung nur dann gewährt werden, wenn er in den letzten fünf Jahren vor Eintritt der Erwerbsminderung drei Jahre Pflichtbeiträge für eine versicherte Tätigkeit bzw Beschäftigung gezahlt hat.

Der Fünf-Jahres-Zeitraum kann gem. § 43 Abs. 4 SGB VI um folgende Zeiten verlängert werden, die nicht mit Pflichtbeiträgen für eine versicherte Tätigkeit belegt sind:

- Anrechnungszeiten und Zeiten des Bezugs einer Rente wegen verminderter Erwerbsfähigkeit,
- Berücksichtigungszeiten,
- Zeiten, die nur deshalb keine Anrechnungszeiten sind, weil sie durch eine versicherte Beschäftigung oder selbständige Tätigkeit nicht unterbrochen sind, wenn in den letzten sechs Kalendermonaten vor Beginn dieser Zeiten wenigstens ein Pflichtbeitrag für eine versicherte Beschäftigung oder Tätigkeit oder eine Zeit nach Nummer 1 oder 2 vorliegt und
- Zeiten einer schulischen Ausbildung nach Vollendung des 17. Lebensjahres bis zu sieben Jahren, gemindert um Anrechnungszeiten wegen schulischer Ausbildung.

Pflichtbeitragszeiten, sind Zeiten in denen eine versicherungspflichtige Tätigkeit ausgeübt wurde. **Anrechnungszeiten** sind die in § 58 Abs. 1 S. 1 SGB VI genannten Zeiten, für die keine Beiträge gezahlt worden sind, die aber dennoch rentensteigernd berücksichtigt werden. Hierzu zählen beispielsweise Zeiten einer schulischen Ausbildung. **Berücksichtigungszeiten** sind beispielsweise Zeiten für die Erziehung eines Kindes bis zum vollendeten 10. Lebensjahr (§ 57 SGB VI) sowie Zeiten der nicht erwerbsmäßigen Pflege eines Pflegebedürftigen in der Zeit vom 1.1.1992 bis 31.3.1995 (§ 249b SGB VI).

Die Rente wegen teilweiser Erwerbsminderung wird nur dann gezahlt, wenn der leistungsgeminderte Versicherte neben der erforderlichen Anzahl an Pflichtbeiträgen in den letzten Jahren vor der Eintritt der Erwerbsminderung auch die allgemeine Wartezeit erfüllt hat. Diese beträgt gem. § 50 Abs. 1 S. 1 SGB VI fünf Jahre. Auf die allgemeine Wartezeit werden Kalendermonate mit Beitragszeiten (§ 51 Abs. 1 SGB VI) und Ersatzzeiten (§ 51 Abs. 4 SGB VI) angerechnet.

Beitragszeiten sind nach § 55 Abs. 1 S. 1 SGB VI Zeiten, für die nach Bundesrecht Pflichtbeiträge (Pflichtbeitragszeiten) oder freiwillige Beiträge gezahlt worden sind. Gem. § 55 Abs. 1 S. 2 SGB VI zählen zu den Pflichtbeitragszeiten auch Zeiten, für die Pflichtbeiträge nach

139

140

141

142

143

144

---

51 BSGE 30, 167 ff; 43, 75 ff.

besonderen Vorschriften als gezahlt gelten. Eine solche Fiktion wird unter anderem angeordnet für

- Zeiten der Erziehung eines Kindes in dessen ersten drei Lebensjahren (§ 56 Abs. 1, § 70 Abs. 2 SGB VI) wenn
    - die Erziehungszeit diesem Elternteil zugeordnet ist,
    - die Erziehung im Gebiet der BRD erfolgt ist oder einer solchen gleichsteht und
    - der Elternteil nicht von der Anrechnung ausgeschlossen ist, sowie
- Zeiten, für die eine Nachversicherung gem. § 8 SGB VI durchgeführt wurde (§ 185 Abs. 2 S. 1 SGB VI).

145 Außerdem gelten gem. § 55 Abs. 1 S. 3 SGB VI als Beitragszeiten auch Zeiten, für die Entgeltpunkte gutgeschrieben wurden, weil gleichzeitig Berücksichtigungszeiten wegen Kindererziehung oder Zeiten der Pflege eines pflegebedürftigen Kindes für mehrere Kinder vorliegen.

146 Zudem zählen gem. § 55 Abs. 2 SGB VI als Pflichtbeiträge

- freiwillige Beiträge, die als Pflichtbeiträge gelten (zB freiwillige Beiträge, die wegen unschuldig erlittener Strafverfolgungsmaßnahmen unter den Voraussetzungen von § 205 Abs. 1 S. 3 SGB VI nachgezahlt werden, sowie freiwillige Beiträge von Pflegepersonen gem. § 279e Abs. 1 SGB VI),
- Pflichtbeiträge, die aus den in §§ 3 oder 4 SGB VI genannten Gründen gezahlt wurden oder als gezahlt gelten (beispielsweise Beiträge wegen des Bezugs von Entgeltersatzleistungen) und
- Beiträge für Anrechnungszeiten, die ein Leistungsträger mitgetragen hat.

147 **Ersatzzeiten** sind Zeiten, in denen eine Betragsleistung des Versicherten wegen nicht in seiner Person begründeter, außergewöhnlicher Ereignisse unterblieben ist. Die unterbliebenen Beitragsleistungen werden unter den Voraussetzungen der §§ 250, 251 SGB VI ersetzt. Zum berechtigten Personenkreis zählen nur Versicherte, die das 14., aber noch nicht das 65. Lebensjahr vollendet haben. Außerdem darf in der Zeit, die als Ersatzzeit anerkannt werden soll, keine Versicherungspflicht bestanden haben. Ersatzzeittatbestände sind:

- militärischer oder militärähnlicher Dienst, Kriegsgefangenschaft (§ 250 Abs. 1 Nr. 1 SGB VI),
- Internierung oder Verschleppung (§ 250 Abs. 1 Nr. 2 SGB VI),
- Rückkehrverhinderung und Festgehaltenwerden (§ 250 Abs. 1 Nr. 3 SGB VI),
- Verfolgung durch den Nationalsozialismus (§ 250 Abs. 1 Nr. 4 SGB VI),
- Gewahrsam nach § 1 Häftlingshilfegesetz (§ 250 Abs. 1 Nr. 5 SGB VI),
- Haftzeiten im Beitrittsgebiet (§ 250 Abs. 1 Nr. 5a SGB VI),
- Vertreibung, Umsiedlung, Aussiedlung, Flucht (§ 250 Abs. 1 Nr. 6 SGB VI).

148 Die Rente wegen teilweiser Erwerbsminderung wird mit einem Rentenartfaktor von 0,5 geleistet. Sie beträgt deshalb die Hälfte der Rente wegen voller Erwerbsminderung. Dabei ist zu berücksichtigen, dass die Rente nach folgender **Rentenformel** errechnet wird:

Persönliche Entgeltpunkte x Rentenartfaktor x aktueller Rentenwert = Monatsrente

149 Die **persönlichen Entgeltpunkte** für die Ermittlung der Monatsbeitragsrente ergeben sich gem. § 66 Abs. 1 SGB VI, indem die Summe aller Entgeltpunkte für

- Beitragszeiten,
- beitragsfreie Zeiten,

- Zuschläge für beitragsgeminderte Zeiten,
- Zuschläge oder Abschläge aus einem durchgeführten Versorgungsausgleich oder Rentensplitting unter Ehegatten,
- Zuschläge aus Zahlungen von Beiträgen bei vorzeitiger Inanspruchnahme einer Rente wegen Alters oder bei Abfindung von Anwartschaften auf betriebliche Altersvorsorgung,
- Zuschläge an Entgeltpunkten aus Arbeitsentgelt aus geringfügiger versicherungsfreier Beschäftigung und Arbeitsentgelt aus nicht gemäß einer Vereinbarung über flexible Arbeitszeitenregelung verwendeten Wertguthaben

mit dem Zugangsfaktor vervielfältigt werden.

Der **Zugangsfaktor** ergibt sich aus § 77 Abs. 1 SGB VI. Er beträgt grundsätzlich 1,0 und kann bei vorzeitiger Inanspruchnahme einer Rente verringert sowie bei noch nicht erfolgter Inanspruchnahme einer Rente erhöht werden. Die Bewilligung einer Rente wegen Erwerbsminderung an einen Versicherten, der das 60. Lebensjahr noch nicht vollendet hat, stellt *keine* vorzeitige Inanspruchnahme gem. § 77 Abs. 2 S. 3 SGB VI dar, so dass eine Minderung des Zugangsfaktors von 1,0 um je 0,003 für jeden Monat, für den die Rente vor Ablauf des Kalendermonats der Vollendung des 63. Lebensjahrs in Anspruch genommen wird (max. 0,108), nicht in Betracht kommt.[52]   **150**

Hinweis: Die Deutsche Rentenversicherung teilt die Rechtsauffassung des IV. Senats des BSG nicht und vermindert deshalb weiterhin den Zugangsfaktor bei Erwerbsminderungsrenten, die Versicherten gewährt werden, die das 60. Lebensjahr noch nicht vollendet haben. Die Rentenbescheide müssen deshalb sorgfältig geprüft werden (Anlage 6 des Bescheids). Gegebenenfalls muss Widerspruch gegen den Bescheid erhoben werden (Rn 213 ff).

Der **Rentenartfaktor** bestimmt sich nach der Rentenart und ist in § 67 SGB VI grundsätzlich geregelt. Der **aktuelle Rentenwert** entspricht der monatlichen Altersrente, die ein Durchschnittsverdiener mit durchschnittlichen Beitragszahlungen für ein Jahr Versicherungszeit erhält. Er wird gem. § 63 Abs. 7 SGB VI entsprechend der Entwicklung des Durchschnittsentgelts unter Berücksichtigung der Veränderung des Beitragssatzes zur Rentenversicherung der Arbeiter und Angestellten jährlich angepasst.   **151**

(2) Rente wegen voller Erwerbsminderung

Einen Anspruch auf eine Rente wegen voller Erwerbsminderung haben Versicherte gem. § 43 Abs. 2 S. 1 SGB VI bis zur Vollendung des 65. Lebensjahres wenn sie   **152**

- voll erwerbsgemindert sind,
- in den letzten fünf Jahren vor Eintritt der Erwerbsminderung drei Jahre Pflichtbeiträge für eine versicherte Beschäftigung oder Tätigkeit gezahlt haben und
- vor Eintritt der Erwerbsminderung die allgemeine Wartezeit erfüllt haben.

Gem. § 43 Abs. 2 S. 2 SGB VI sind Versicherte **voll erwerbsgemindert**, wenn sie wegen Krankheit oder Behinderung auf absehbare Zeit außerstande sind, unter den üblichen Bedingungen des allgemeinen Arbeitsmarktes mindestens drei Stunden täglich erwerbstätig zu sein. Voll erwerbsgemindert ist nach der Regelung des § 43 Abs. 2 S. 3 SGB VI auch   **153**

- der Versicherte nach § 1 S. 1 Nr. 2 SGB VI, der wegen Art und Schwere der Behinderung auf dem allgemeinen Arbeitsmarkt nicht tätig sein kann,

---

52 BSG, Urt. v. 16.5.2006 – B 4 RA 22/05R.

- der Versicherte, der bereits vor Erfüllung der allgemeinen Wartezeit voll erwerbsgemindert war, in der Zeit einer nicht erfolgreichen Wiedereingliederung in den allgemeinen Arbeitsmarkt.

Außerdem sind Versicherte, die eine Erwerbstätigkeit von drei bis unter sechs Stunden täglich ausüben können, dann voll erwerbsgemindert, wenn die konkrete Situation auf dem Arbeitsmarkt eine Erwerbstätigkeit nicht zulässt.

154 Ist ein Versicherter bereits vor Erfüllung der allgemeinen Wartezeit von fünf Jahren voll erwerbsgemindert, hat er wegen § 43 Abs. 2 S. 1 Nr. 3 SGB VI keinen Anspruch auf Rente wegen voller Erwerbsminderung. Für ihn besteht aber die Möglichkeit, eine Rente nach der Regelung des § 43 Abs. 6 SGB VI zu beziehen. Dies setzt voraus, dass die Wartezeit von 20 Jahren erfüllt wurde und ununterbrochen eine volle Erwerbsminderung besteht.

155 Auf die Wartezeit von 20 Jahren werden gem. § 50 Abs. 2 SGB VI Kalendermonate mit Beitragszeiten gem. § 51 Abs. 1 SGB V und Kalendermonate mit Ersatzzeiten nach § 51 Abs. 4 SGB VI angerechnet.

(3) Rente wegen teilweiser Erwerbsminderung bei Berufsunfähigkeit

156 Einen Anspruch auf diese Rente haben gem. § 240 SGB VI Versicherte, die

- vor dem 2.1.1961 geboren wurden und
- berufsunfähig sind sowie
- die weiteren Voraussetzungen einer Rente wegen teilweiser Erwerbsminderungen erfüllen, nämlich
  - dass in den letzten fünf Jahren vor Eintritt der Erwerbsminderung drei Jahre Pflichtbeiträge für eine versicherte Tätigkeit gezahlt wurden und
  - die allgemeine Wartezeit vor Eintritt der Erwerbsminderung erfüllt wurde.

157 **Berufsunfähig** ist nach § 240 Abs. 2 S. 1 SGB VI ein Versicherter, dessen Erwerbsfähigkeit wegen Krankheit oder Behinderung im Vergleich zur Erwerbsfähigkeit von körperlich, geistig und seelisch gesunden Versicherten mit ähnlicher Ausbildung und gleichwertigen Erkenntnissen und Fähigkeiten auf weniger als sechs Stunden gesunken ist. Der Kreis der Tätigkeiten, nach denen die Erwerbsfähigkeit eines Versicherten zu beurteilen ist, umfasst alle Tätigkeiten, die den Kräften und Fähigkeiten des Versicherten entsprechen und ihm unter Berücksichtigung der Dauer und des Umfangs seiner Ausbildung sowie seines bisherigen Berufs und den besonderen Anforderungen seiner bisherigen Berufstätigkeit zugemutet werden können.

158 Zunächst muss der **bisherige Beruf**, dh der Hauptberuf, bestimmt werden. Bisheriger Beruf ist grundsätzlich die zuletzt ausgeübte versicherungspflichtige Tätigkeit. Durch einen freiwilligen Berufswechsel kann sich ein Versicherter von seinen bisherigen hauptberuflichen Tätigkeiten lösen. Zu unterscheiden ist, ob die Lösung vom bisherigen Beruf aus gesundheitlichen oder anderen Gründen erfolgte. Musste der Versicherte eine bisherige qualifizierte Tätigkeit ausschließlich aus gesundheitlichen Gründen aufgeben, weil die weitere Ausübung eine unmittelbare und konkrete Gefahr der Verschlechterung des Gesundheitszustands mit sich gebracht hätte und der Versicherte die Tätigkeit auf Kosten seiner Gesundheit verrichtet hätte, so ist die bisherige Tätigkeit gleichwohl als Hauptberuf anzusehen. Löste der Versicherte sich aus anderen Gründen von seinem bisherigen Beruf und ist dies entgültig, so ist die neue Tätigkeit als Hauptberuf anzusehen. Das gilt nur dann nicht, wenn die andere versicherungspflichtige Tätigkeit zur Vermeidung von Arbeitslosigkeit aufgenommen wird, der Versicherte sich mit der anderen Tätigkeit aber noch nicht abgefunden hat und für ihn eine reelle

Chance zur Rückkehr in den bisherigen Beruf besteht. Er muss sich um eine entsprechende Rückkehr bemühen.

Ein erwerbsgeminderter Versicherter, der seinen Hauptberuf nicht mehr ausüben kann, erhält nur dann eine Rente gem. § 240 SGB VI, wenn er nicht objektiv und subjektiv auf eine Tätigkeit verwiesen werden kann, die er mit dem bestehenden Leistungsvermögen ausüben kann. **Objektiv** darf der Versicherte nur auf Tätigkeiten verwiesen werden, die seinen Kräften und Fähigkeiten entsprechen und ihn weder geistig noch körperlich überfordern. Bei der Verweisung sind auch Fähigkeiten zu berücksichtigen, die in einem anderen als dem Hauptberuf erworben wurden. Der Versicherte kann verwiesen werden, wenn er die Verweisungstätigkeit nach einer Einarbeitungszeit von drei Monaten ausüben kann.   **159**

Bei der **subjektiven Zumutbarkeit** stellt § 240 SGB VI auf Tätigkeiten ab, die unter Berücksichtigung von Dauer und Umfang der Ausbildung sowie des bisherigen Berufs und dessen besonderen Anforderungen der bisherigen beruflichen Tätigkeit entsprechen. Damit soll ein wesentlicher sozialer Abstieg verhindert werden. Zur praktischen Durchführbarkeit der Grundsätze hat das **Bundessozialgericht** ein **Mehrstufenschema** entwickelt. Es orientiert sich hierbei an hierarchisch geordneten Berufsgruppen im Bereich der Arbeiter bzw Angestellten und charakterisiert diese durch bestimmte Leitberufe. Die Einteilung in die jeweiligen Berufsgruppen berücksichtigt dabei die für den jeweiligen Beruf erforderliche Ausbildung.   **160**

Einstufung von Arbeitern: **161**

1. *Vorarbeiter mit Leitungsfunktion*: Meister und Hilfsmeister im Arbeitsverhältnis, Polier und Vorarbeiter, gleichgestellt sind die hochqualifizierten Facharbeiter.

2. *Facharbeiter*: Leitberuf ist der staatlich anerkannte Ausbildungsberuf mit einer Ausbildungsdauer von mehr als zwei Jahren (hierzu gehört auch die zweijährige Facharbeiterausbildung in der früheren DDR).

3. *Anlernberufe*: Leitberuf ist der staatlich anerkannte Ausbildungsberuf mit einer Regelausbildungszeit von 3 Monaten bis zu 2 Jahren oder mit einer echten betrieblichen Ausbildung von mindestens 12 bis 24 Monaten. Innerhalb dieser Gruppe wird in einen oberen und einen unteren Bereich aufgeteilt. Dem oberen Bereich werden alle Tätigkeiten mit einer Anlernzeit von 12 bis 24 Monaten, dem unteren Bereich alle Tätigkeiten mit einer Anlernzeit von 3 bis 12 Monaten zugeordnet.

4. *Ungelernte*: Hierunter fallen praktisch alle Hilfsarbeiter und kurzfristig Angelernte, wobei das Bundessozialgericht unterscheidet zwischen ungelernten Tätigkeiten, die sich durch Qualifikationsmerkmale der Anweisung oder Einarbeitung auszeichnen, und reinen Hilfsarbeitertätigkeiten.

Einstufung von Angestellten: **162**

1. Tätigkeiten der Führungsebene mit hoher Qualität, die regelmäßig auf einem Hochschulstudium beruhen und die üblicherweise mit einem Bruttoarbeitsentgelt an der Beitragsbemessungsgrenze bewertet werden,

2. Tätigkeiten, die ein abgeschlossenes Studium an einer Fachhochschule bzw einer wissenschaftlichen Schule erfordern,

3. Tätigkeiten, die eine Meisterprüfung oder einen Abschluss einer Fachschule voraussetzen,

4. Tätigkeiten, die eine längere, regelmäßig zweijährige Ausbildung erfordern,

5. Tätigkeiten, die eine Ausbildung von mehr als einem bis zu zwei Jahren erfordern,

6. Tätigkeiten, die eine Ausbildung von drei bis zu zwölf Monaten erfordern,

7. ungelernte Tätigkeiten.

Süß

163 Maßgebend für die Zuordnung einer bestimmten Tätigkeit zu einer der Gruppen des Mehrstufenschemas ist allein die Qualität der verrichteten Arbeit. Indizien bzw Kriterien zur Einstufung in das Schema sind:

- Ausbildung
- tarifliche Einstufung
- Dauer der Berufsausübung
- Höhe der Entlohnung
- Anforderungen des Berufs.

164 Ein Versicherter kann zumutbar immer nur auf eine Tätigkeit in der gleichen oder der nächstniedrigeren Gruppe verwiesen werden.

165 **Hinweis:** Der Rentenversicherungsträger muss spätestens im Widerspruchsverfahren den von ihm für zumutbar erachteten Verweisungsberuf konkret benennen. Im Rechtsstreit trifft ihn die objektive Beweislast für die Tatsachen, aus denen sich das Vorhandensein eines Vergleichsberufs in der Arbeitswelt sowie dessen fachlich qualitatives Anforderungsprofil und sein gesundheitliches Belastungsprofil ergeben.

166 Die Benennung einer Verweisungstätigkeit ist nur für Angelernte im unteren Bereich und für ungelernte Arbeiter nach dem Mehrstufungsschema nicht erforderlich, weil diese keinen Berufsschutz genießen und damit uneingeschränkt auf den allgemeinen Arbeitsmarkt verwiesen werden können. Eine Ausnahme gilt nur dann, wenn bei dem Versicherten eine Summierung ungewöhnlicher Leistungsbeschränkungen oder eine schwere spezifische Leistungsbehinderung vorliegt.

167 Berufsunfähigkeit besteht nicht, wenn der Versicherte eine zumutbare Tätigkeit mindestens sechs Stunden ausüben kann. Etwas anderes gilt allerdings, wenn der **Arbeitsmarkt** trotz vollschichtigem Leistungsvermögens **verschlossen** ist. Das ist dann der Fall, wenn der Versicherte

- nur unter betriebsunüblichen Arbeitsbedingungen tätig werden kann, zB zusätzliche Arbeitspausen benötigt,
- häufige Arbeitsunfähigkeitszeiten aufweist, zB bei Anfallsleiden,
- wegeunfähig ist, dh nicht in der Lage ist, mehr als 500 m in je 20 Minuten viermal täglich zu gehen,
- nur Tätigkeiten ausführen kann, bei denen die Zahl der in Betracht kommenden Stellen dadurch nicht unerheblich reduziert ist, dass der Versicherte nur in einem Teilbereich des Tätigkeitsfelds eingesetzt werden kann,
- nur Tätigkeiten ausüben kann, bei denen es sich um typische Schonarbeitsplätze handelt, die regelmäßig leistungsgeminderten Angehörigen des eigenen Betriebs vorbehalten bleiben und somit als Eingangsstelle für Betriebsfremde außer Acht bleiben,
- nur Tätigkeiten ausüben kann, die auf einem Arbeitsplatz ausgeführt werden, der als Einstiegsstelle für Betriebsfremde nicht zur Verfügung steht,

oder wenn

- die Arbeitsplätze, die für den Versicherten in Betracht kommen, nur an bewährte Mitarbeiter als Aufstiegsposten durch Beförderung oder Höherstufung vergeben werden,
- Arbeitsplätze, auf die der Versicherte verwiesen werden kann, nicht im nennenswerten Umfang zur Verfügung stehen.

Bei den soeben genannten Fällen handelt es sich um die vom Bundessozialgericht gebildeten sog. Katalog- oder Seltenheitsfälle.

Die Rente wegen teilweiser Erwerbsminderung bei Berufsunfähigkeit wird ebenfalls mit dem Rentenartfaktor 0,5 gewährt.   **168**

bb) Renten wegen Todes

Bei Eintritt des Versicherungsfalls Tod gewährt die Rentenversicherung folgende Renten an Hinterbliebene: **169**

- Witwen- oder Witwerrente (§ 33 Abs. 4 Nr. 1 und Nr. 2 SGB VI),
- Erziehungsrente (§ 33 Abs. 4 Nr. 3 SGB VI),
- Waisenrente (§ 33 Abs. 4 Nr. 4 SGB VI),
- Witwenrente oder Witwerrente nach dem vorletzten Ehegatten (§ 46 Abs. 3 SGB VI),
- Geschiedenenrente an vor dem 1.7.1977 geschiedene Ehegatten (§ 243 SGB VI).

Außerdem leisten sie bei Wiederheirat **Rentenabfindungen** gem. § 107 SGB VI.

3. Zusammentreffen von Renten wegen Erwerbsminderung und Erwerbseinkommen

Beim Zusammentreffen von Renten wegen Erwerbsminderung und Erwerbseinkommen findet eine Anrechnung nach § 94, § 96a oder § 97 SGB VI statt.   **170**

a) Anrechnung nach § 94 SGB VI

Auf eine Rente wegen verminderter Erwerbsfähigkeit wird gem. § 94 Abs. 1 SGB VI das für denselben Zeitraum erzielte Arbeitsentgelt angerechnet, wenn die Beschäftigung vor Rentenbeginn aufgenommen wurde und solange sie danach nicht ausgeübt worden ist. Es muss sich um Arbeitsentgelt handeln aus einer vor Rentenbeginn aufgenommenen Tätigkeit, ohne dass sie tatsächlich ausgeübt wird (zB Lohn- oder Gehaltsfortzahlung). Dabei ist das Arbeitsentgelt gem. § 94 Abs. 1 S. 2 SGB VI um einmalig gezahltes Arbeitsentgelt und um die gesetzlichen Abzüge zu mindern.   **171**

b) Hinzuverdienst bei Renten wegen verminderter Erwerbsfähigkeit

Eine Rente wegen verminderter Erwerbsfähigkeit wird nur geleistet, wenn die maßgebliche Hinzuverdienstgrenze nicht überschritten wird (§ 96a Abs. 1 S. 1 SGB VI), dh wenn das Arbeitsentgelt oder Arbeitseinkommen aus einer Beschäftigung oder selbständigen Tätigkeit im Monat die in § 96a Abs. 2 SGB VI genannten Beträge nicht übersteigt. Dabei werden gem. § 96a Abs. 1 S. 3 SGB VI mehrere Beschäftigungen und selbständige Tätigkeiten zusammengerechnet. Ein zweimaliges Überschreiten um jeweils einen Betrag (Verdoppelung) bis zur Höhe der Hinzuverdienstgrenze im Laufe eines Kalenderjahres ist nach § 96a Abs. 1 S. 2 Hs 2 SGB VI unschädlich. In Abhängigkeit vom erzielten Hinzuverdienst wird die Rente gem. § 96a Abs. 1a SGB VI in unterschiedlicher Höhe geleistet.   **172**

c) Einkommensanrechnung bei Renten wegen Todes

Gem. § 97 Abs. 1 SGB VI wird Einkommen von Rentenberechtigten, die Witwen-/Witwerrente, Erziehungsrente oder Waisenrente an ein über 18 Jahre altes Kind erhalten, auf die Rente angerechnet. Die Anrechnung findet bei Witwer-/Witwenrenten bis zum Ablauf des   **173** dritten Kalendermonats, in dem der Ehegatte verstorben ist, nicht statt. Das anrechenbare Einkommen bestimmt sich nach § 97 Abs. 2 SGB VI.

4. Zusammentreffen mehrerer Rentenansprüche

174 Bestehen für denselben Zeitraum Ansprüche auf mehrere Renten aus eigener Versicherung, so wird gem. § 89 Abs. 1 SGB VI nur die höchste Rente geleistet. Bei gleich hohen Renten ist die in § 89 Abs. 1 S. 2 SGB VI normierte Rangfolge maßgebend.

5. Zusammentreffen von Rentenleistungen mit Leistungen aus der Unfallversicherung

175 Im Fall des Zusammentreffens einer Rente aus der gesetzlichen Rentenversicherung mit einer gleichartigen Leistung aus der gesetzlichen Unfallversicherung wird die Rente aus der Rentenversicherung insoweit nicht geleistet, als die Summe der zusammentreffenden Rentenbeträge vor Einkommensanrechnung den jeweiligen Grenzbetrag übersteigt (§ 93 Abs. 1 SGB VI). Bei der Ermittlung der Summe der zusammentreffenden Rentenbeträge bleiben die in § 93 Abs. 2 SGB VI bestimmten Beträge unberücksichtigt.

6. Beginn, Ende und Änderung von Renten

176 Renten aus eigener Versicherung werden gem. § 99 Abs. 1 S. 1 SGB VI von dem Kalendermonat an geleistet, zu dessen Beginn die Anspruchsvoraussetzungen für die Rente erfüllt sind. Eine Hinterbliebenenrente wird grundsätzlich von dem Kalendermonat an geleistet, zu dessen Beginn die Anspruchsvoraussetzungen für die Rente erfüllt sind (§ 99 Abs. 2 S. 1 SGB VI). Hat der Versicherte im Sterbemonat keine Rentenleistungen bezogen, dann wird die Hinterbliebenenrente gem. § 99 Abs. 2 S. 2 SGB VI vom Todestag an geleistet.

177 Die Rentenleistung endet, wenn aus tatsächlichen oder rechtlichen Gründen die Anspruchsvoraussetzungen für die Renten wegfallen (§ 100 SGB VI). Befristete Renten enden mit Ablauf der Frist (§ 102 Abs. 1 S. 1 SGB VI).

178 Entfällt der Rentenanspruch, weil sich die Erwerbsfähigkeit des Berechtigten nach einer Leistung zur Rehabilitation gebessert hat, dann endet die Rentenzahlung erst mit Beginn des vierten Rentenmonats nach Besserung der Erwerbsfähigkeit (§ 100 Abs. 3 S. 2 SGB VI). Sie endet mit Beginn des dem vierten Kalendermonat vorrangehenden Monats, wenn zu dessen Beginn eine Beschäftigung oder selbständige Tätigkeit ausgeführt wird (§ 100 Abs. 3 S. 3 SGB VI).

179 Ändern sich aus tatsächlichen oder rechtlichen Gründen die Voraussetzungen für die Höhe einer Rente nach ihrem Beginn, so wird die Rente gem. § 100 Abs. 1 SGB VI in neuer Höhe von dem Kalendermonat an geleistet, zu dessen Beginn die Änderung wirksam ist.

V. Schwerbehindertenrecht (SGB IX)

1. Begriff der Behinderung

180 Gem. § 2 Abs. 1 SGB IX sind Menschen **behindert**, wenn ihre körperliche Funktion, geistige Fähigkeit oder seelische Gesundheit mit hoher Wahrscheinlichkeit länger als sechs Monate von dem für das Lebensalter typischen Zustand abweicht und daher ihre Teilhabe am Leben in der Gesellschaft beeinträchtigt ist. Sie sind von Behinderung bedroht, wenn die Beeinträchtigung zu erwarten ist (§ 2 Abs. 1 S. 2 SGB IX).

Schwerbehindert sind hingegen gem. § 2 Abs. 2 SGB IX Menschen, bei denen ein Grad der Behinderung von wenigsten 50% vorliegt. Ihnen können Menschen gem. § 2 Abs. 3 SGB IX gleichgestellt werden, die einen Grad der Behinderung von weniger als 50%, wenigstens aber 30% haben, wenn sie infolge ihrer Behinderung ohne die Gleichstellung einen geeigneten Arbeitsplatz nicht erlangen oder nicht behalten können. 181

2. Bemessung des Grades der Behinderung

Die Bemessung des Grades der Behinderung (GdB) richtet sich im konkreten Fall nach § 69 SGB IX. Daneben dienen als Orientierung die Anhaltspunkte für die ärztliche Gutachtertätigkeit. Maßstab für die Bemessung des GdB ist die Minderung der Erwerbsfähigkeit nach der körperlichen und geistigen Beeinträchtigung im allgemeinen Erwerbsleben, wobei seelische Begleiterscheinungen und Schmerzen zu berücksichtigen sind. Maßgebend für die Beurteilung ist, um wie viel die Befähigung zur üblichen, auf Erwerb gerichteten Arbeit und deren Ausnutzung im wirtschaftlichen Leben beeinträchtigt ist. Der Maßstab ist abstrakt und bezieht sich auf das allgemeine Erwerbsleben. Die Auswirkungen werden für einzelne Behinderungen (Einzel-GdB) und gem. § 69 Abs. 1 S. 4 SGB IX in Zehnergraden erfasst. 182

Leidet ein Mensch unter mehreren Behinderungen, so muss ein **Gesamt-GdB** gebildet werden. Dabei werden die Einzelwerte nicht addiert, sondern es wird ausgehend vom höchsten Einzelwert eine Gesamtbetrachtung vorgenommen. Die Auswirkungen der Beeinträchtigungen werden in ihrer Gesamtheit unter Berücksichtigung ihrer wechselseitigen Beziehungen festgestellt (§ 69 Abs. 3 S. 1 SGB IX). In der Regel führen Einzel-GdB von 10% nicht dazu, dass der höchste Einzelwert aufgestockt wird. Die verschiedenen Einzelbehinderungen können die Funktionsverluste kumulativ steigern, sie geringfügig erhöhen oder ineinander aufgehen. 183

Ausgehend vom Gesamt-GdB werden behinderten Menschen folgende soziale Rechte gewährt: 184

Grad der Behinderung (GdB)		
20%	Mindest-GdB	Steuerfreibetrag 0
30%	Gleichstellung mit Schwerbehinderten	Steuerfreibetrag 0
40%	Gleichstellung mit Schwerbehinderten	Steuerfreibetrag 0
50%	Schwerbehinderung	- Steuerfreibetrag von 570 EUR sowie Kosten für Haushaltshilfe - Erhöhung der Einkommensgrenze für den Wohnungsberechtigungsschein - Sonderbeitrittsrechte zur gesetzlichen Krankenversicherung, § 9 Abs. 1 Nr. 4 SGB V - Altersrente für schwerbehinderte Menschen nach § 37 SGB VI - besonderer Kündigungsschutz nach dem Kündigungsschutzgesetz - Zusatzurlaub nach § 125 SGB IX - iVm Merkzeichen G, H und Bl finanzielle Vergünstigungen im öffentlichen Nahverkehr (§ 145 SGB IX), alternativ hierzu Kfz-Steuerbefreiung bzw -halbierung - Schwerbehinderten wird auch für nicht anerkannte Schädigungsfolgen Heilbehandlung gewährt

Grad der Behinderung (GdB)		
55 – 60%	Schwerbehinderung	Steuerfreibetrag 720 EUR
65 – 70%	Schwerbehinderung	Steuerfreibetrag 890 EUR sowie Erhöhung der Kilometerpauschale nach dem Einkommensteuergesetz
75 – 80%	Schwerbehinderung	– Steuerfreibetrag 1.060 EUR sowie Absetzung behinderungsbedingter Fahrten zu Behörden, Ärzten und Therapeuten bis zu 3.000 km als außergewöhnliche Belastungen – Freibetrag für Wohnungsbauförderung bei häuslicher Pflege – Freibetrag bei Berechnungen des Wohngeldes – Befreiung von Rundfunk- und Fernsehgebühren, wenn öffentliche Veranstaltungen leidensbedingt nicht zugänglich sind (Merkmal RF)
85 – 90%	Schwerbehinderung	Steuerfreibetrag 1.230 EUR
95 – 100%	Schwerbehinderung	Steuerfreibetrag von 1.420 EUR sowie Freibetrag bei Wohnungsbauförderung

185 Bei einem GdB von mindestens 25% aber weniger als 50% können Pauschbeträge wegen außergewöhnlicher Belastungen einkommensteuermindernd geltend gemacht werden, wenn

- dem behinderten Menschen wegen seiner Behinderung nach gesetzlichen Vorschriften Renten oder andere laufende Bezüge zustehen, und zwar auch dann, wenn das Recht auf die Bezüge ruht oder der Anspruch auf sie durch Zahlung eines Kapitals abgefunden worden ist,

- die Behinderung zu einer dauernden Einbuße der körperlichen Beweglichkeit geführt hat oder auf einer typischen Berufskrankheit beruht.

186 Folgende Pauschbeträge können dann abgezogen werden:

- 310 EUR bei einem GdB von 25% und 30%,
- 430 EUR bei einem GdB von 35% und 40%,
- 570 EUR bei einem GdB von 45%.

3. Merkzeichen

187 Auf Antrag können behinderten Menschen auch Merkzeichen gewährt werden, bei deren Vorliegen der behinderte Mensch weiteren Nachteilsausgleich geltend machen kann.

a) Merkzeichen G

188 Gem. § 146 SGB IX wird das Merkzeichen gewährt, wenn die **Bewegungsfähigkeit im Straßenverkehr** erheblich beeinträchtigt ist. Maßstab ist hier die Fähigkeit, eine Gehstrecke von zwei Kilometern in etwa einer halben Stunde zu bewältigen. Darüber hinaus können auch innere Leiden, Anfallserkrankungen und Störungen der Orientierungsfähigkeit das Merkzeichen G rechtfertigen.

189 Mit dem Merkzeichen G und einem GdB von 50% ist die verbilligte Beförderung im Nahverkehr gem. § 145 SGB IX gerechtfertigt oder die Halbierung der Kraftfahrzeugsteuer. Die

Rechte entstehen allerdings erst in dem Augenblick, in dem der Schwerbehindertenausweis ausgehändigt wird.

Ist der schwerbehinderte Mensch älter als 65 oder erwerbsunfähig dann rechtfertigt die Verleihung des Merkzeichens G einen Mehrbedarfszuschlag von 17% des maßgeblichen Regelsatzes gem. § 30 Abs. 1 SGB XII. Das Merkzeichen G und ein GdB von 70% gestatten es außerdem, behinderungsbedingte Fahrten steuerlich als außergewöhnliche Belastungen abzusetzen, was sonst erst ab einem GdB von 80% möglich wäre.

190

b) Merkzeichen aG

Bei **außergewöhnlicher Gehbehinderung** im Sinne von § 46 StVO hat der Behinderte Anspruch auf einen Behindertenparkplatz. Voraussetzung für die Verleihung des Merkzeichens ist eine schwerste Gehbehinderung, die es nicht erlaubt, mehr als 50 Meter zu gehen. Das ist nur bei einer Behinderung anerkannt, die die Schwere einer Doppelamputation erreicht.

191

c) Merkzeichen RF

Das Merkzeichen wird gewährt, wenn ein GdB von 80% festgestellt ist und die Behinderung dazu führt, dass der behinderte Mensch nicht an öffentlichen Veranstaltungen teilnehmen kann. Dies ist beispielsweise der Fall bei:

192

- Blinden,
- Sehbehinderten mit einem Einzel-GdB von 60% wegen der Sehbehinderung,
- Hörgeschädigten,
- Menschen, die behinderungsbedingt von öffentlichen Veranstaltungen ausgeschlossen sind, zB auf Grund von Neurosen oder wegen einer Gehbehinderung.

Auf Grund dieses Merkzeichens werden sie von den **Rundfunk- und Fernsehgebühren** befreit.

d) Merkzeichen H

Das Merkzeichen H bedeutet „hilflos". **Hilflos** ist, wer für eine Reihe von häufigen, regelmäßig wiederkehrenden Verrichtungen zur Sicherung seiner persönlichen Existenz im Ablauf eines Tages fremder Hilfe dauernd bedarf. Für die Erfüllung des Tatbestandsmerkmals „dauernd" genügt es, wenn eine ständige Bereitschaft zur Hilfeleistung erforderlich ist. Auch die Überwachung oder Anleitung zu täglichen Verrichtungen erfüllt die Norm. Zu Verrichtungen zählen die Grundpflege im Sinne der §§ 14 und 15 SGB XI. Hinzu kommen aber auch Maßnahmen der physischen Erholung, geistigen Anregung und Kommunikation. Hilflos ist, wer bei den von § 33b Abs. 6 EStG erfassten Verrichtungen mindestens zwei Stunden am Tag fremde Hilfe benötigt. Liegt der Hilfebedarf zwischen einer und zwei Stunden pro Tag, dann liegt Hilflosigkeit vor, wenn der wirtschaftliche Wert der erforderlichen Pflege besonders hoch ist.[53]

193

Pflegekosten können bei Merkzeichen H nach Abzug des Eigenanteils gem. § 33 EStG geltend gemacht werden. Außerdem haben schwerbehinderte Menschen mit dem Merkzeichen H Anspruch auf eine verbilligte Teilnahme am Nahverkehr oder Halbierung der Kfz-Steuer.

194

---

53 BSG, Urt. v. 12.12.2003 – B 9 SB 1/02R.

e) Merkzeichen Gl

195 Das Merkzeichen Gl wird bei **Gehörlosigkeit** gewährt. Gehörlosigkeit im Sinne von § 145 SGB IX ist Taubheit oder eine an Taubheit grenzende Schwerhörigkeit mit einer schweren Sprachstörung. Ein GdB von 50% rechtfertigt Privilegien im öffentlichen Nahverkehr.

f) Merkzeichen B

196 Das Merkzeichen bedeutet „**ständige Begleitung**" und bestätigt behinderten Menschen, dass sie nicht ohne Selbst- oder Fremdgefährdung am öffentlichen Verkehr teilnehmen können (vgl § 146 Abs. 2 SGB IX). Es gestattet dem Begleiter eines behinderten Menschen die kostenlose Nutzung des öffentlichen Nahverkehrs.

g) Merkzeichen Bl

197 Das Merkzeichen wird blinden Menschen verliehen. **Blind** sind auch Menschen, deren Sehfähigkeit auf keinem Auge mehr als 1/50 beträgt oder wenn andere nicht nur vorübergehende Störungen einen vergleichbaren Schweregrad haben.

4. Verfahren

198 Gem. § 69 Abs. 5 SGB IX wird der Grad der Behinderung von der zuständigen Stelle anerkannt. Sie verleiht auch Merkzeichen. Die zuständige Behörde ist das **Versorgungsamt**.

5. Gleichstellung (§ 2 Abs. 3 SGB IX)

199 Ab einem GdB von 30% haben behinderte Menschen einen Anspruch auf Gleichstellung mit schwerbehinderten Menschen, wenn sie infolge der Behinderung ohne die Gleichstellung einen geeigneten Arbeitsplatz nicht erlangen oder nicht behalten können. In der Folge werden auf gleichgestellte Arbeitnehmer alle Vorschriften für die schwerbehinderten Personen angewandt mit Ausnahme der Bestimmungen über den Zusatzurlaub, die Vergünstigungen im öffentlichen Nahverkehr und die Bestimmung über die Altersrente für Schwerbehinderte (§ 37 SGB VI). Wird dem Antrag auf Gleichstellung später stattgegeben, dann wirkt die Gleichstellung auf den Tag der Antragstellung zurück.

200 **Hinweis:** Im Fall eines Kündigungsschutzverfahrens muss der Arbeitgeber spätestens innerhalb eines Monats ab Zugang der Kündigung auf den möglichen besonderen Kündigungsschutz, der durch den Antrag auf Gleichstellung erzeugt wird, hingewiesen werden. Es empfiehlt sich außerdem, bei einem Anhörungsverfahren nach § 102 BetrVG dem Betriebsrat Kenntnis vom Antrag auf Gleichstellung zu geben.

201 Zuständig für die Gleichstellung ist gem. § 68 Abs. 2 SGB IX die Agentur für Arbeit. Der Rechtsstreit muss vor den Sozialgerichten ausgetragen werden. Zur Rechtfertigung des Anspruchs genügt es, wenn für den Zeitpunkt der Antragstellung dargelegt werden kann, dass der Arbeitsplatz durch die Gleichstellung sicherer wird.

202 Verringert sich der GdB unter 50% oder wird die Gleichstellung unwirksam, dann bleibt der volle Schutz für Schwerbehinderte und Gleichgestellte noch bis zu drei Monaten ab Eintritt der Bestandskraft des Rücknahme- beziehungsweise Widerrufsbescheids erhalten (§ 116 Abs. 1 und 2 SGB IX). Wurde die Gleichstellung hingegen nur befristet festgestellt, dann endet die Schutzwirkung mit Fristablauf ohne eine Schonfrist.

B. Das Mandat im Sozialverfahren

I. Beratung des Mandanten

Bei der Bearbeitung eines Verkehrsunfallmandats sollte der Rechtsanwalt niemals außer Acht lassen, dass neben zivilrechtlichen Ansprüchen gegen den Schädiger auch Ansprüche gegen Träger der Sozialversicherung bestehen können. Es empfiehlt sich deshalb stets, den Mandanten nicht nur den Unfallhergang schildern zu lassen, sondern ihn auch nach dem Zweck seiner Fahrt sowie dem Ausgangs- und dem Zielort zu fragen. Dabei kann frühzeitig geklärt werden, ob es sich möglicherweise um einen Wegeunfall gehandelt hat, dessentwegen Ansprüche gegen die Berufsgenossenschaft geltend gemacht werden können, wenn der Mandant bei dem Unfall verletzt wurde. Die Berufsgenossenschaft trägt in diesem Fall die Behandlungskosten, ohne dass der Mandant Zuzahlungen leisten muss. Außerdem hat er dann Anspruch auf die Zahlung von Verletztengeld (Rn 105 f), welches höher ist als das von der Krankenkasse gezahlte Krankengeld.

Wurde der Mandant bei dem Unfall schwer verletzt und trägt er einen dauerhaften Körperschaden davon, dann besteht bei Minderung der Erwerbsfähigkeit ggf ein Anspruch gegen die Berufsgenossenschaft auf Zahlung einer Verletztenrente (Rn 108 ff). Kann der Mandant seinen bisher ausgeübten Beruf nicht mehr verrichten oder kann er auf dem allgemeinen Arbeitsmarkt nur noch unter drei Stunden bzw unter sechs Stunden tätig sein, hat er bei Vorliegen der weiteren Voraussetzungen einen Anspruch auf Gewährung einer vollen oder teilweisen Erwerbsminderungsrente (Rn 136 ff) bzw einer teilweisen Erwerbsminderung bei Berufsunfähigkeit (Rn 156 ff). Außerdem ist zu Bedenken, dass ein Grad einer Behinderung (Rn 182 ff) anerkannt und Merkzeichen (Rn 187 ff) verliehen werden können, wenn der Mandant bei seiner Teilnahme am gesellschaftlichen Leben eingeschränkt ist. Ist der Mandant auf Grund der unfallbedingten Verletzungen pflegebedürftig, kann er bei der Pflegekasse Pflegesachleistungen oder Pflegegeld beantragen (Rn 61 ff).

Der Mandant muss beraten werden, welche Ansprüche er ggf geltend machen kann. Ihm muss empfohlen werden, beim zuständigen Leistungsträger einen entsprechenden Antrag zu stellen. Jeder Sozialleistungsträger besitzt entsprechende Antragsformulare, so dass der Anwalt davon absehen kann, für den Mandanten einen formlosen Antrag zu stellen. Er kann seinem Mandanten aber beim Ausfüllen des Antrags behilflich sein.

Soll eine Rente wegen teilweiser Erwerbsminderung bei Berufsunfähigkeit geltend gemacht werden, dann empfiehlt es sich, den Mandanten direkt am Anfang des Mandats zu bitten, eine **Aufstellung über den beruflichen Werdegang** anzufertigen. Die Aufstellung sollte die Tätigkeit selbst, den jeweiligen Arbeitgeber und die Dauer der Tätigkeit beinhalten.

Der Mandant sollte außerdem gebeten werden, eine Aufstellung der bislang durchgemachten Krankheiten anzufertigen, um bei einem Arbeitsunfall Rentenansprüche gegenüber der Berufsgenossenschaft prüfen zu können. Selbst wenn die durch den Unfall bedingte Minderung der Erwerbsfähigkeit nicht ausreichend für die Gewährung einer Verletztenrente ist, so können wegen einer bereits vor dem Unfall vorhandenen ebenfalls geringen Minderung der Erwerbsfähigkeit, die auch auf einem Arbeits- oder Wegeunfall beruht, die Voraussetzungen für die Gewährung einer Stützrente (Rn 108) vorliegen. Der Mandant sollte dem Anwalt auch eine Aufstellung aller Ärzte geben, die ihn bis zur Antragstellung behandelt haben.

Im **sozialrechtlichen Verwaltungsverfahren**, sowohl im Antrags- wie auch im Rechtsbehelfsverfahren, gelten Grundsätze, die die Arbeit des Rechtsanwalts erleichtern:

Süß 519

- Gem. § 16 Abs. 1 S. 1 SGB I sind Anträge beim zuständigen Leistungsträger zu stellen. Nach § 16 Abs. 1 S. 2 SGB I werden sie aber auch von allen anderen Leistungsträgern, allen Gemeinden und, bei im Ausland lebenden Personen, auch von den amtlichen Vertretungen der Bundesrepublik Deutschland im Ausland entgegengenommen. Nach § 16 Abs. 2 S. 1 SGB I muss der unzuständige Leistungsträger den Antrag unverzüglich an den zuständigen Leistungsträger weiterleiten. Der Antrag gilt gem. § 16 Abs. 2 S. 2 SGB I aber bereits zu dem Zeitpunkt als gestellt, in dem er beim unzuständigen Leistungsträger eingegangen ist.

- Gem. § 16 Abs. 3 SGB I muss der zuständige Leistungsträger außerdem darauf hinwirken, das unverzüglich klare und sachdienliche Anträge gestellt und unvollständige Angaben ergänzt werden.

- Gem. § 14 SGB I müssen die Sozialleistungsträger jeden über die ihm nach dem Sozialgesetzbuch zustehenden Rechte und Pflichten beraten.

- Gem. § 20 Abs. 1 SGB X müssen die Sozialleistungsträger den Sachverhalt von Amts wegen ermitteln. Hierbei bedienen sie sich der in § 21 SGB X aufgeführten Beweismittel. Die Sozialleistungsträger müssen alle für den Einzelfall bedeutsamen, auch die für die Beteiligten günstigen Umstände berücksichtigen (§ 20 Abs. 2 SGB X). Sie dürfen die Entgegennahme von Erklärungen und Anträgen, die in ihren Zuständigkeitsbereich fallen, nicht deshalb verweigern, weil sie sie für unzulässig oder unbegründet halten (§ 20 Abs. 3 SGB X).

209 Der antragstellende Mandant muss allerdings an der Ermittlung des Sachverhalts **mitwirken**. Er muss:

- alle Tatsachen angeben, die für die Leistung erheblich sind, und sein Einverständnis zur Einholung von Auskünften Dritter erteilen, er muss Änderungen mitteilen, die für die Leistung erheblich sind, und Beweismittel bezeichnen bzw sie auf Verlangen vorlegen oder ihrer Vorlage zustimmen (§ 60 SGB I),

- auf Verlangen des Leistungsträgers persönlich erscheinen (§ 61 SGB I),

- sich auf Verlangen ärztlichen oder psychologischen Untersuchungsmaßnahmen unterziehen, soweit sie für die Entscheidung über die Leistung erforderlich sind (§ 62 SGB I),

- sich auf Verlangen einer Heilbehandlung unterziehen, wenn zu erwarten ist, dass diese zu einer Verbesserung des Gesundheitszustands führt bzw eine Verschlechterung verhindert (§ 63 SGB I),

- an einer Leistung zur Teilhabe am Arbeitsleben teilnehmen, wenn zu erwarten ist, dass sie seine Erwerbs- oder Vermittlungsfähigkeit auf Dauer fördern oder erhalten wird (§ 64 SGB I).

210 Der Mandant kann gem. § 65a SGB I für die Erfüllung der genannten Mitwirkungspflichten auf Antrag Aufwendungsersatz verlangen. Die Grenzen der Mitwirkung ergeben sich aus § 65 SGB I. Wirkt der Mandant nicht mit, obwohl die Voraussetzungen von § 65 SGB I nicht vorliegen, dann kann die beantragte Leistung gem. §§ 66, 67 SGB I bis zur Nachholung der Mitwirkungshandlung ganz oder teilweise versagt bzw entzogen werden. Voraussetzung ist allerdings, dass der Sozialleistungsträger auf diese Folge schriftlich hingewiesen hat.

211 **Hinweis:** Der Anwalt sollte deshalb stets auf die Erfüllung der Mitwirkungspflichten hinwirken. Bei einer Versagung der Leistung wegen fehlender Mitwirkung muss er prüfen, ob die Mitwirkung zumutbar war und ob schriftlich auf die Folgen der fehlenden Mitwirkung hingewiesen wurde. Andernfalls ist die Leistungsversagung rechtswidrig.

Der Antrag auf Vornahme eines Verwaltungsakts muss nach Ablauf von sechs Monaten beschieden worden sein. Wurde er ohne zureichenden Grund nicht beschieden, dann kann eine Untätigkeitsklage gem. § 88 Abs. 1 SGG erhoben werden. Auf die Voraussetzungen, Form und Inhalt einer Untätigkeitsklage wird unten (Rn 257 ff) eingegangen.   212

II. Widerspruchsverfahren

Ein Verwaltungsakt, mit dem die beantragte Leistung abgelehnt wird, wird rechtskräftig, wenn gegen ihn nicht der gegebene Rechtsbehelf eingelegt wird. Das Gesetz sieht als Rechtsbehelf den Widerspruch gem. §§ 78 ff SGG und die Klage (dazu unten Rn 229 ff, 241 f, 243 ff, 252 f) vor. Die Durchführung des Widerspruchsverfahrens ist vorgeschrieben, sofern nicht   213

- eine in § 78 Abs. 1 S. 2 SGG beschriebene Ausnahme vorliegt,
- der Sozialleistungsträger einen Folgebescheid erlässt, der gem. § 96 SGG Gegenstand des Klageverfahrens wird bzw gem. § 86 SGG Gegenstand des laufenden Widerspruchsverfahrens und der deshalb nicht noch einmal mit einem Widerspruch gesondert angegriffen werden muss,
- der Sozialleistungsträger dem Kläger mitgeteilt hat, dass ein Vorverfahren nicht erforderlich ist,
- ein gem. § 75 SGG Beigeladener verurteilt werden soll oder
- ein Dritter durch den Widerspruchsbescheid erstmalig beschwert wird.

Wird Klage erhoben, ohne dass das Vorverfahren durchgeführt wurde, dann setzt das Gericht das Verfahren analog § 114 SGG aus und gibt dem Leistungsträger die Gelegenheit, das Verfahren nachzuholen. Die Klage wird nach der Rechtsprechung des Bundessozialgerichts als Widerspruch angesehen.   214

1. Frist

Das Widerspruchsverfahren beginnt gem. § 83 SGG mit der Einlegung des Widerspruchs. Gem. § 84 Abs. 1 SGG ist der Widerspruch binnen eines Monats bei der Stelle einzureichen, die den Verwaltungsakt erlassen hat. Gem. § 84 Abs. 2 SGG ist die Frist auch dann gewahrt, wenn der Widerspruch bei einer anderen inländischen Behörde, bei einem Versicherungsträger oder bei einer Konsularbehörde eingegangen ist – oder beim deutschen Seemannsamt, sofern der Beschwerte Seemann ist.   215

Der Lauf der Frist beginnt, nachdem der Verwaltungsakt dem Beschwerten bekannt gegeben wurde (§ 37 SGB X). Die Frist beginnt gem. § 66 Abs. 1 SGG nur bei ordnungsgemäßer Rechtsbehelfsbelehrung zu laufen. Wurde sie unrichtig erteilt oder ist sie ganz unterblieben, dann ist die Einlegung des Rechtsbehelfs innerhalb eines Jahres ab Zustellung, Eröffnung oder Verkündung zulässig, es sei denn, dies war wegen höherer Gewalt nicht möglich oder die Belehrung ist dahin gehend erfolgt, dass ein Rechtsbehelf nicht möglich sei (§ 66 Abs. 2 SGG).   216

2. Form

Der aufschiebende Wirkung entfaltende Widerspruch ist schriftlich oder zur Niederschrift einzureichen (§ 84 Abs. 1 SGG). Er muss nicht begründet werden, eine Begründung empfiehlt   217 sich jedoch, da er sonst häufig vom Leistungsträger mit der Begründung aus dem ablehnenden Ausgangsbescheid zurückgewiesen wird.

3. Akteneinsicht

218 Bevor der Widerspruch begründet wird, muss in jedem Fall Akteneinsicht in die Verwaltungsakte genommen werden, um die Gutachten und ärztlichen Stellungnahmen zu erhalten, auf die die Behörde die Ablehnung des Antrags stützt. Außerdem finden sich in der Akte häufig interne Vermerke der Sachbearbeiter, die ggf gegen die Ablehnung ins Feld geführt werden können. Das Recht zur Akteneinsicht besteht gem. § 25 Abs. 1 SGB X. Wird die Akteneinsicht zu Unrecht verweigert, dann ist der Verwaltungsakt anfechtbar.

219 Gem. § 25 Abs. 4 S. 1 SGB X erfolgt die Akteneinsicht bei der Behörde, die die Akte führt. Im Einzelfall kann die Akteneinsicht auch bei einer anderen Behörde erfolgen. Die Behörde, welche die Akte führt, kann weitere Ausnahmen zulassen. Der Rechtsanwalt sollte deshalb immer darum bitten, die Akte in die Kanzlei zu übersenden. Ein Rechtsanspruch hierauf besteht aber nicht. Die Beteiligten, insbesondere der mandatierte Rechtsanwalt, können aber Auszüge und Abschriften fertigen oder sich Abschriften erteilen lassen, wobei die Behörde angemessenen Ersatz ihrer Aufwendungen verlangen darf (§ 25 Abs. 5 SGB X).

4. Fortgang des Verfahrens

220 Hält die Ausgangsbehörde den Widerspruch für begründet, dann hilft sie ihm gem. § 85 Abs. 1 SGG ab. Andernfalls leitet sie ihn an die Widerspruchsstelle weiter, die, wenn sie den Widerspruch für unbegründet hält, einen Widerspruchsbescheid erlässt. Wird im Vorverfahren eine neuer Verwaltungsakt erlassen, der den ursprünglichen Verwaltungsakt abändert, wird dieser gem. § 86 Abs. 1 SGG Gegenstand des Vorverfahrens.

5. Kosten des Widerspruchsverfahrens

221 Das Verfahren ist kostenfrei. Ist der Widerspruch erfolgreich, dann hat die Behörde dem Widerspruchsführer gem. § 63 Abs. 1 S. 1 SGB X die zur zweckentsprechenden Rechtsverfolgung erforderlichen Kosten zu erstatten. Das Gleiche gilt, wenn der Widerspruch nur dann keinen Erfolg hatte, weil Verfahrens- und Formvorschriften gem. § 41 SGB X geheilt wurden (§ 63 Abs. 1 S. 2 SGB X). § 63 SGB X gilt nur für das Widerspruchsverfahren, nicht für das Verwaltungsverfahren oder eine formlose Gegenvorstellung. Die Gebühren und Auslagen eines Rechtsanwalts sind im Widerspruchsverfahren erstattungsfähig, wenn die Zuziehung des Bevollmächtigten erforderlich war (§ 63 Abs. 2 SGB X).

222 Die Behörde trifft im Abhilfe- oder Widerspruchsbescheid eine Kostengrundentscheidung. Trifft sie im Bescheid keine Kostenentscheidung, muss ein gesonderter Antrag auf Kostenentscheidung gestellt werden. Gem. § 63 Abs. 3 SGB X entscheidet die Behörde, die die Kostenentscheidung trifft, auf Antrag auch über die Höhe der erstattungsfähigen Kosten.

6. Schriftsatzmuster

Muster: Widerspruchseinlegung mit Begründung bei zuständiger Behörde

223

↓

An die ■■■ Rentenversicherung

In Sachen

Frau ■■■

Az ■■■

zeige ich gemäß der in Anlage beigefügten Vollmacht an, dass ich die rechtlichen Interessen der Frau ■■■ vertrete.

Namens und im Auftrag meiner Mandantin lege ich gegen den Bescheid vom ■■■

Widerspruch

ein.

Begründung:

Mit Bescheid vom ■■■ wurde der Antrag meiner Mandantin auf Gewährung einer teilweisen Erwerbsminderungsrente wegen Berufsunfähigkeit mit der Begründung abgelehnt, sie habe sich freiwillig von ihrem erlernten Beruf als Bäckerin gelöst, um als angelernte Verkäuferin zu arbeiten. Diesen Beruf könne sie zwar nicht mehr ausüben, sie sei aber zumutbar auf die Tätigkeit einer Pförtnerin oder einer Telefonistin verweisbar. Dies ist nicht zutreffend, da meine Mandantin den Beruf als Bäckerin aufgeben musste, da sie plötzlich unter einer Mehlstauballergie litt. Der Beruf Bäckerin ist deshalb weiter als Hauptberuf anzusehen. Meine Mandantin kann diesen mit körperlich schwerer Arbeit verbundenen Beruf auch nicht mehr ausüben. Der Beruf des/der Bäckers/-in ist im Mehrstufenschema der Gruppe der Facharbeiter zuzuordnen. Als Facharbeiterin kann meine Mandantin nicht auf die ungelernte Tätigkeit einer Pförtnerin oder Telefonistin verwiesen werden. Da die übrigen Voraussetzungen von § 240 SGB VI erfüllt sind, steht meiner Mandantin der geltend gemachte Anspruch zu.

Rechtsanwältin

↑

Muster: Fristwahrende Einreichung des Widerspruchs bei anderer Behörde mit Bitte um Akteneinsicht

224

↓

An die See-Berufsgenossenschaft A.

■■■

Az ■■■

In Sachen

des Herrn ■■■

– Widerspruchsführer –

Verfahrensbevollmächtigte: RAe ■■■

gegen die

See-Berufsgenossenschaft B.

– Widerspruchsgegner –

zeige ich mit der in Anlage beigefügten Vollmacht an, dass ich die rechtlichen Interessen des Herrn ▪▪▪ vertrete.

Namens und im Auftrag meines Mandanten lege ich gegen den Bescheid der See-Berufsgenossenschaft B. vom ▪▪▪ gem. § 84 Abs. 2 SGG zur Fristwahrung

Widerspruch

ein. Bitte leiten Sie den Widerspruch gem. § 82 Abs. 2 S. 2 SGG an die zuständige See-Berufsgenossenschaft B. weiter.

Wir bitten diese um

Einsicht in die Verwaltungsakte.

Anschließend werden wir den Widerspruch begründen.

Rechtsanwältin

225 **Muster: Antrag auf Kostenentscheidung**

158

An die ▪▪▪ Rentenversicherung

In Sachen

der Frau ▪▪▪

Az ▪▪▪

beantrage ich,

über die Kosten des Widerspruchsverfahrens gem. § 63 SGB X zu entscheiden, da der Abhilfebescheid vom ▪▪▪ insoweit keine Entscheidung enthält.

Meine Zuziehung war notwendig iSv § 63 Abs. 2 SGB X, weil es sich für meine in rechtlichen Dingen ungewandte Mandantin um eine rechtlich schwierige Angelegenheit handelte und sie ihre Rechte allein nicht ausreichend wahren konnte.

Dem Widerspruch wurde in vollem Umfang abgeholfen, weshalb die gesamten Kosten zu übernehmen sind.

Meine Gebühren gebe ich zur Festsetzung wie folgt bekannt:[54] ▪▪▪

Rechtsanwaltin

III. Klageverfahren

226 Gem. §§ 54, 55 SGG stehen als Klagearten die Anfechtungs-, die Verpflichtungs-, die Leistungs- und die Feststellungsklage zur Verfügung. Da mit der Klage in der Regel ein Verwaltungsakt angefochten wird und der Kläger weiterhin Ansprüche geltend macht, handelt es sich bei den Klagen häufig um kombinierte Formen, dh mit der Anfechtungsklage ist eine Verpflichtungs-, Leistungs- oder Feststellungsklage verbunden.

227 Das Gericht entscheidet gem. § 123 SGG über die erhobenen Ansprüche, ohne an die Fassung der Anträge gebunden zu sein. Ihnen kommt daher nicht die entscheidende Bedeutung

---

54 Zur Höhe der Gebühren, die im Widerspruchsverfahren abgerechnet werden können, siehe unten Rn 362 ff.

zu. Außerdem muss das Gericht gem. § 112 Abs. 2 SGG auf sachdienliche Anträge hinwirken.

Hinweis: Im sozialgerichtlichen Verfahren muss die anwaltliche Bevollmächtigung durch Vorlage einer **Originalvollmacht** nachgewiesen werden. Es empfiehlt sich, diese bereits der Klageschrift beizufügen.   **228**

1. Isolierte Anfechtungsklage

Die isolierte Anfechtungsklage ist die richtige Klageart, wenn die Behörde durch Verwaltungsakt in die Rechte des Mandanten eingegriffen hat, beispielsweise im Fall der Aufhebung eines begünstigenden Verwaltungsakts mit Dauerwirkung bei Änderung der Verhältnisse gem. § 48 SGB X und Rückerstattung der überzahlten Leistungen nach § 50 SGB X. Die Durchführung des Vorverfahrens ist Voraussetzung.   **229**

Da mit der Aufhebung des angefochtenen Verwaltungsakts die ursprüngliche Leistungsbewilligung wiederhergestellt wird, fehlt es nach § 54 Abs. 4 SGG für eine zusätzliche Leistungsklage am Rechtsschutzbedürfnis. Eine zusätzlich erhobene Leistungs- oder Verpflichtungsklage ist als unzulässig abzuweisen, wenn der ursprüngliche Antrag nicht nach Hinweis des Gerichts auf die Anfechtung beschränkt wird.

Die Anfechtungsklage muss binnen eines Monats nach Bekanntgabe des Verwaltungsakts erhoben werden (§ 87 Abs. 1 SGG). Hat ein Vorverfahren stattgefunden, beginnt die Frist mit Bekanntgabe des Widerspruchsbescheids (§ 87 Abs. 2 SGG). § 66 SGG gilt auch hier (siehe Rn 216). Die Klage ist gem. § 90 SGG schriftlich beim zuständigen Sozialgericht oder zur Niederschrift des Urkundsbeamten zu erheben. Die Frist wird aber auch dann gewahrt, wenn die Klageschrift innerhalb der genannten Monatsfrist statt beim zuständigen Sozialgericht bei einer anderen inländischen Behörde, bei einem Versicherungsträger, einer deutschen Konsularbehörde oder beim deutschen Seemannsamt im Ausland eingeht – sofern es sich um eine Versicherung von Seeleuten handelt (§ 91 Abs. 1 SGG). Die Klageschrift ist dann unverzüglich an das zuständige Sozialgericht weiterzuleiten (§ 91 Abs. 2 SGG).   **230**

Örtlich zuständig ist gem. § 57 Abs. 1 S. 1 SGG immer das Sozialgericht, in dessen Bezirk der Kläger zur Zeit der Klageerhebung seinen Sitz oder Wohnsitz oder in Ermangelung dessen seinen Aufenthaltsort hat. Hat der Kläger seinen Sitz, Wohnsitz oder Aufenthaltsort im Ausland, so ist das Sozialgericht zuständig, an dem der Beklagte seinen Sitz, Wohnsitz oder Aufenthaltsort hat (§ 57 Abs. 3 SGG).

Die Klageschrift ist an keine besondere Form gebunden, sie soll aber die Beteiligten und den Streitgegenstand bezeichnen und einen bestimmten Antrag enthalten (§ 92 S. 1 SGG). Außerdem sollen der angefochtene Verwaltungsakt oder Widerspruchsbescheid bezeichnet und die zur Begründung dienenden Tatsachen und Beweismittel angegeben werden (§ 92 S. 2 SGG).

Muster: Isolierte Anfechtungsklage   **231**

     159

An das Sozialgericht ▰▰▰

Klage

des Herrn ▰▰▰

– Kläger –

Prozessbevollmächtigte: RAe ▰▰▰

gegen

die ▪▪▪-Berufsgenossenschaft, ▪▪▪

– Beklagte –

Namens und in Vollmacht des Klägers beantrage ich,

den Bescheid der Beklagten vom ▪▪▪, Az ▪▪▪, in der Gestalt des Widerspruchsbescheids vom ▪▪▪ aufzuheben.

Begründung:

Der Kläger ist Rechtsanwaltsfachangestellter. Am ▪▪▪ holte er eine bereits abgelegte Akte aus dem im Dachgeschoss untergebrachten Archiv. Als er sich in die im ersten Stock gelegenen Kanzleiräume zurückbegab, rutschte er auf der Treppe aus und verletzte sich am rechten Sprunggelenk. Zunächst wurde eine Zerrung diagnostiziert, derentwegen der Kläger arbeitsunfähig war. Weil die Beschwerden nicht abklangen, wurden weitere diagnostische Maßnahmen ergriffen, bei denen zusätzlich eine Läsion des rechten Außenbandes festgestellt wurde. Die Beklagte gewährte dem Kläger zunächst Verletztengeld. Mit Bescheid vom ▪▪▪ hob sie die Bewilligung schließlich auf mit der Begründung, die nun noch bestehenden Beschwerden seien nur noch auf die Außenbandläsion zurückzuführen, nicht auf die Zerrung. Die Außenbandläsion habe der Kläger sich bereits vor dem Unfall beim Fußballspielen zugezogen. Der Widerspruch blieb erfolglos.

Die angefochtenen Bescheide sind rechtswidrig. Herr Dr. ▪▪▪, der die Außenbandläsion festgestellt hat, führt in seinem Arztbericht vom ▪▪▪ aus, dass die Läsion frisch war und nur durch den Sturz auf der Treppe verursacht wurde.

In Anlage überreichen wir die Prozessvollmacht im Original.

Rechtsanwalt

2. Isolierte Leistungsklage

232 Gem. § 54 Abs. 5 SGG kann eine Leistungsklage erhoben werden, wenn über den erhobenen Anspruch kein Verwaltungsakt zu ergehen hat. Sie ist deshalb häufige Klageart, wenn ein Sozialleistungsträger gegenüber einem anderen Sozialleistungsträger Erstattungsansprüche geltend macht, denn dann besteht kein Über- und Unterordnungsverhältnis.

233 Die Leistungsklage ist auch die richtige Klageart, wenn dem Versicherten bereits ein Bewilligungsbescheid erteilt wurde, der Sozialversicherungsträger aber gleichwohl nicht leistet.[55] Der Versicherte hat außerdem die Möglichkeit, eine isolierte Leistungsklage zu erheben, wenn der Sozialversicherungsträger den Erlass des Verwaltungsakts verweigert.[56] Es spielt dabei keine Rolle, wenn der Erlass des Verwaltungsakts nur unter Bezugnahme auf ein anderes laufendes Verfahren verweigert wird.[57] Zu den allgemeinen Leistungsklagen gehört auch die Unterlassungsklage. Die unter Rn 230 beschriebenen Formerfordernisse und die Vorschrift zur örtlichen Zuständigkeit gelten auch hier.

234 **Hinweis:** Die Leistung, zu der der Sozialversicherungsträger verurteilt werden soll, muss im Klageantrag genau bezeichnet werden, damit die Entscheidung später ohne Schwierigkeiten vollstreckt werden kann.

---

55 BSGE 50, 82, 83.
56 BSGE 57, 211, 212; 61, 100, 102.
57 LSG Rheinland-Pfalz SGb 1992, 548.

235

160

Muster: Isolierte Leistungsklage

An das Sozialgericht ▪▪▪

Klage

des Herrn ▪▪▪

– Kläger –

Prozessbevollmächtigte: RAe ▪▪▪

gegen

die ▪▪▪ Rentenversicherung, ▪▪▪

– Beklagte –

Namens und in Vollmacht des Klägers erhebe ich Klage und beantrage,

die Beklagte zu verurteilen, an den Kläger ab dem 1.10.2005 Übergangsgeld in Höhe von täglich 63,41 EUR zu zahlen.

Begründung:

Die Beklagte hat dem Kläger mit Bescheid vom 15.09.2005 Leistungen zur Teilhabe am Arbeitsleben gem. § 16 SGB VI iVm § 33 Abs. 3 Nr. 3 SGB IX sowie Überbrückungsgeld in Höhe von kalendertäglich 63,41 EUR gem. § 16 SGB VI iVm § 33 Abs. 3 Nr. 5 SGB IX bewilligt. Der Kläger, der von Beruf Altenpfleger ist, nimmt daraufhin seit dem 1.10.2005 an einer Weiterbildung zum Pflegedienstleiter teil. Trotz der Bewilligung ist bislang kein Überbrückungsgeld gezahlt worden.

Die Beklagte ist an ihre Bewilligung gebunden und muss deshalb Überbrückungsgeld in der bewilligten Höhe zahlen.

Der Klageschrift sind der Bewilligungsbescheid und die Prozessvollmacht im Original beigefügt.

Rechtsanwalt

3. Verpflichtungsklage

Mit der Verpflichtungsklage kann gem. § 54 Abs. 1 S. 1 SGG die Verurteilung zum Erlass eines abgelehnten oder unterlassenen Verwaltungsakts begehrt werden, zB die Feststellung des Vorliegens einer Behinderung oder des Grades der Behinderung.[58]   236

Hat der Versicherungsträger den Erlass des begehrten Verwaltungsakts mit einem Verwaltungsakt abgelehnt, dann kann die Verpflichtungsklage auch mit einer Anfechtungsklage kombiniert werden. Zwingend erforderlich ist die Kombination beider Klagearten aber nicht, die Verpflichtungsklage kann auch isoliert erhoben werden.   237

Gegenstand der Verpflichtungsklage kann eine Leistung sein, auf die ein Rechtsanspruch besteht. Häufig ist der Gegenstand einer Verpflichtungsklage aber eine Ermessensleistung, die nicht Gegenstand einer Leistungsklage sein kann. Zur Begründung der Klage bei Versagung einer Ermessensleistung kann der Versicherte geltend machen, die Behörde habe die gesetzlichen Grenzen ihres Ermessens überschritten oder von ihrem Ermessen nicht in entsprechender Weise Gebrauch gemacht (§ 54 Abs. 2 S. 2 SGG). Der Kläger muss in diesem Fall die Verpflichtung des Leistungsträgers zum Erlass eines neuen Verwaltungsakts beantragen, bei dem dieser die Rechtsauffassung des Gerichts zu beachten hat (§ 131 Abs. 3 SGG).   238

---

58 BSGE 82, 176, 177.

Es müssen die oben (Rn 230) beschriebenen Formerfordernisse (§ 92 SGG) und die Zuständigkeitsregelung beachtet werden.

239 Ein Unterfall der Verpflichtungsklage ist die Untätigkeitsklage, auf die unten (Rn 257 ff) eingegangen wird.

240 **Muster: Isolierte Verpflichtungsklage**

  ↓

An das Sozialgericht ▪▪▪

Klage

der Frau ▪▪▪

–Klägerin –

Prozessbevollmächtigte: RAe ▪▪▪

gegen

die AOK ▪▪▪

– Beklagte –

Namens und in Vollmacht der Klägerin beantrage ich,

die Beklagte zu verpflichten, den Antrag der Klägerin vom ▪▪▪ unter der Beachtung der Rechtsauffassung des Gerichts zu bescheiden.

Begründung:

Die Klägerin, die Pflichtmitglied der Beklagten ist, wurde bei einem Verkehrsunfall am ▪▪▪ am Kopf schwer verletzt. Infolge des Unfalls bildete sich eine Thrombose, welche den Tod der Klägerin verursachen kann. Die Ärzte in Deutschland haben sich geweigert, die Klägerin zu operieren, weil die in Deutschland praktizierten Operationsmethoden keinen Erfolg versprechen. Erfolgreich kann aber die Behandlung in der ▪▪▪-Klinik in Kalifornien/USA sein. Dort ist eine Operationsmethode entwickelt worden, die in Deutschland nicht praktiziert wird.

Die Beklagte hat den Antrag der Klägerin, die Kosten der Behandlung gem. § 18 Abs. 1 SGB V zu übernehmen, abgelehnt, weil die Behandlung angesichts vager Erfolgsaussichten zu kostspielig sei.

Die Ablehnung steht mit dem Gesetz nicht in Einklang. Nach der in Anlage beigefügten gutachterlichen Stellungnahme des Herrn Prof. Dr. ▪▪▪ der Charité Berlin ist eine Operation der Klägerin nur im Ausland möglich. Die Klägerin hat zwar gem. § 18 Abs. 1 S. 1 SGB V nur einen Anspruch auf eine fehlerfreie Ermessensausübung, die Beklagte hat bei ihrer Ermessensentscheidung aber nicht zweckentsprechend von ihrer Ermächtigung gem. § 39 Abs. 1 SGB I Gebrauch gemacht. Die Klägerin ist nicht in der Lage, die Kosten der Behandlung in den USA selbst zu tragen. Wenn ihre lebensbedrohliche Erkrankung nur in den USA erfolgreich behandelt werden kann, dann darf die Krankenkasse die Kostenübernahme nicht aus finanziellen Gründen ablehnen, wenn der Versicherte zur Kostentragung selbst nicht in der Lage ist.

Die Beklagte ist daher zu verpflichten, den Antrag der Klägerin unter Beachtung der Rechtsauffassung des Gerichts neu zu bescheiden.

Die Prozessvollmacht ist im Original beigefügt.

Rechtsanwältin

 ↑

4. Kombinierte Anfechtungs- und Verpflichtungsklage

Häufig werden die Versicherungsträger den begehrten Anspruch durch Erlass eines Verwaltungsakts ablehnen. Dann empfiehlt es sich, die Verpflichtungsklage mit der Anfechtungsklage zu kombinieren. Die oben (Rn 236 ff) beschriebenen Anforderungen an eine Verpflichtungsklage sind auch hier zu beachten. Zudem gelten auch hier die oben (Rn 230) beschriebenen Frist- und Formerfordernisse.

241

Muster: Kombinierte Anfechtungs- und Verpflichtungsklage

242

An das Sozialgericht ■■■

162

Klage

des Herrn ■■■

– Kläger –

Prozessbevollmächtigte: RAe ■■■

gegen

das Amt für Familie und Soziales – Versorgungsamt -, ■■■

– Beklagter –

Namens und in Vollmacht des Klägers beantrage ich,

den Bescheid des Beklagten vom ■■■, Az ■■■, in der Gestalt des Widerspruchsbescheids vom ■■■ aufzuheben und die Beklagte zu verpflichten, festzustellen, dass beim Kläger im Hinblick auf den Verlust des rechten Auges und unter Berücksichtigung der Narben im Gesicht eine Behinderung vorliegt und der Grad der Behinderung 80% beträgt.

Begründung:

Der Kläger wurde am ■■■ als Beifahrer bei einem Verkehrsunfall verletzt, als der Wagen von der Straße abkam und gegen einen Baum prallte. Die Frontscheibe zerbarst und zerschnitt dem Kläger das Gesicht. Die Schnittwunden im Gesicht wurden genäht, es sind allerdings große Narben zurückgeblieben, die das Gesicht entstellen und Schmerzen bereiten. Das rechte Auge konnte nicht mehr gerettet werden und wurde entfernt.

Der Kläger beantragte am ■■■ bei dem beklagten Amt für Familie und Soziales die Feststellung einer Behinderung und des Grades der Behinderung. Das beklagte Amt erkannte den Verlust des rechten Auges als Behinderung an und stellte einen GdB von 60% fest. Der hiergegen gerichtete Widerspruch wurde vom Landesversorgungsamt mit Widerspruchsbescheid vom ■■■ zurückgewiesen.

Die Bescheide sind rechtswidrig. Die Narben im Gesicht des Klägers wirken entstellend. Er kann deshalb nicht wie ein gesunder Mensch am gesellschaftlichen Leben teilnehmen. Die Narben hätten deshalb auch als Behinderung anerkannt werden müssen. Sie begründen einen Einzel-GdB von 30%. Gemeinsam mit dem GbB, der durch den Verlust des rechten Auges begründet wird, ergibt sich ein Gesamt-GdB von 80%.

Die Beklagte ist verpflichtet, den Kläger neu zu bescheiden, die weiteren Gesundheitsbeeinträchtigungen des Klägers als Behinderung anzuerkennen und den GdB von 80% festzustellen.

Die Originalvollmacht ist in Anlage beigefügt.

Rechtsanwalt

5. Kombinierte Anfechtungs- und Leistungsklage

243 Die in § 54 Abs. 4 SGG geregelte kombinierte Anfechtungs- und Leistungsklage ist die häufigste Klageart. Mit ihr verlangt der Kläger Aufhebung des Verwaltungsakts, mit dem die begehrte Leistung vollständig oder teilweise abgelehnt wurde, und gleichzeitig die Verurteilung zur Leistung.

244 Bei Erhebung der Klage muss ein Vorverfahren bereits durchgeführt worden sein. Außerdem muss ein Rechtsanspruch auf die begehrte Leistung bestehen. Steht die Leistungsgewährung im Ermessen der Behörde, dann kann nicht auf Leistung, sondern nur auf Erteilung eines neuen Verwaltungsakts geklagt werden.

245 Wird eine Geldleistung begehrt, dann kann gem. § 130 SGG ein **Grundurteil** ergehen. Das ist in der Regel schon deshalb erforderlich, weil beispielsweise die genaue Höhe der Rente durch das Gericht und den Kläger nicht ohne erhebliche Schwierigkeiten festgestellt werden kann. Im Klageantrag muss der Zahlbetrag also nicht konkret beziffert werden. Die Behörde erlässt nach dem Grundurteil einen Ausführungsbescheid, der die genaue Höhe der Leistung festlegt. Er ist ein Verwaltungsakt und kann seinerseits mit Widerspruch und Klage angegriffen werden, wenn die Leistung nicht richtig berechnet wurde.

Auch bei einer kombinierten Anfechtungs- und Leistungsklage müssen die oben (Rn 230) beschriebenen Frist- und Formvorschriften beachtet werden.

246 **Muster: Kombinierte Anfechtungs- und Leistungsklage**

 ↓

An das Sozialgericht ■■■

Klage

des Herrn ■■■

– Kläger –

Prozessbevollmächtigte: RAe ■■■

gegen

die ■■■ Rentenversicherung, ■■■

– Beklagte –

Namens und in Vollmacht des Klägers beantrage ich,

den Bescheid der Beklagten vom ■■■, Az ■■■, in der Gestalt des Widerspruchsbescheids vom ■■■ aufzuheben und die Beklagte zu verurteilen, dem Kläger ab dem ■■■ Rente wegen voller Erwerbsminderung zu gewähren.

Begründung:

Der 45-jährige Kläger hat den Beruf eines Fleischers erlernt und ihn seit seinem 19. Lebensjahr ausgeübt. Durch die körperlich schwere Arbeit und die Kälte- und Nässeeinwirkungen, denen er ausgesetzt war, leidet er nun unter Arthrose. Außerdem plagt ihn die Gicht. Er kann seine erlernten Beruf nicht mehr ausüben und auch auf dem allgemeinen Arbeitsmarkt nicht mehr als drei Stunden täglich tätig sein. Er beantragte bei der Beklagten eine Erwerbsminderungsrente, die diese abgelehnt hat, weil ihr ärztlicher Prüfdienst der Auffassung ist, der Kläger könne noch leichte Tätigkeiten vollschichtig verrichten. Der Widerspruch blieb erfolglos.

Die Bescheide sind rechtswidrig und verletzen den Kläger in seinen Rechten. Er hat an einer von der Beklagten bewilligten medizinischen Rehabilitationsmaßnahme teilgenommen. Die behandelnden Ärzte haben im Entlassungsbericht angegeben, dass der Kläger nicht nur seinen erlernten Beruf nicht mehr ausüben kann, sondern er auch leichte körperliche Tätigkeiten auf dem allgemeinen Arbeitsmarkt nicht mehr verrichtet kann.

Eine Prozessvollmacht ist im Original beigefügt.

Rechtsanwalt

6. Feststellungsklage

Mit der Klage kann gem. § 55 Abs. 1 SGG beantragt werden, festzustellen, dass ein Rechtsverhältnis besteht bzw nicht besteht, welcher Sozialversicherungsträger zuständig ist und ob ein Verwaltungsakt nichtig ist. Zudem kann die Feststellung begehrt werden, dass eine Gesundheitsstörung oder der Tod die Folge eines Arbeitsunfalls, einer Berufskrankheit oder einer Schädigung im Sinne des Bundesversorgungsgesetzes ist.   247

Ein Rechtsverhältnis ist eine aus einem konkreten Sachverhalt entstandene Rechtsbeziehung von Personen untereinander oder von einer Person zu einem Gegenstand. Mit der Feststellungsklage kann die Klärung eines Versicherungsverhältnisses begehrt werden. Gegenstand dieser Klageart können aber auch einzelne Rechte und Pflichten sein, die auf dem Rechtsverhältnis basieren.   248

Wird die Feststellung der Nichtigkeit eines Verwaltungsakts, die Feststellung des zuständigen Versicherungsträgers oder die Vornahme eines unterlassenen Verwaltungsakts begehrt, dann ist die Klage an keine Frist gebunden (§ 89 SGG). Ansonsten müssen die oben (Rn 230) beschriebenen Form- und Zuständigkeitserfordernisse beachtet werden.

Die Feststellungsklage ist gegenüber anderen Klagearten **subsidiär.** Wenn eine der anderen Klagearten einen effektiveren Rechtschutz bietet, dann fehlt der Feststellungsklage das Rechtsschutzbedürfnis, jedenfalls wenn dadurch die für die Anfechtungs- und Verpflichtungsklage geltenden Vorschriften für das Vorverfahren und die Klagefristen umgangen werden können. Liegt bereits ein Leistungsfall vor, dann empfiehlt es sich, eine kombinierte Anfechtungs- und Verpflichtungsklage zu erheben.   249

Hinweis: Der Feststellungsantrag sollte so genau wie möglich formuliert werden, damit es später zwischen den Parteien des Rechtsstreits nicht zu Streitigkeiten über den Inhalt des Feststellungsurteils kommt, die einer erneuten gerichtlichen Klärung bedürften.   250

Muster: Isolierte Feststellungsklage   251

164

An das Sozialgericht ▪▪▪

Klage

der Frau ▪▪▪

– Klägerin –

Prozessbevollmächtigte: RAe ▪▪▪

gegen

die ▪▪▪ Krankenkasse, ▪▪▪

– Beklagte –

Namens und in Vollmacht der Klägerin erheben wir Klage und beantragen,

festzustellen, dass die Klägerin über ihren Vater bei der Beklagten gegen Krankheit versichert ist.

Begründung:

Die 20-jährige Klägerin studiert an der TU ▬▬▬ Betriebswirtschaft. Sie lebt noch in der elterlichen Wohnung. Von ihren Eltern erhält sie monatlich 300 EUR, um Bücher für das Studium und Bekleidung zu kaufen sowie auszugehen. Die Klägerin verkauft gelegentlich im Internet bei ebay Bekleidungsgegenstände, die sie nicht mehr tragen will, manchmal aber auch gebrauchte BWL-Lehrbücher oder Gegenstände, die sie geschenkt bekommen hat und nicht mag. Monatlich „verdient" sie so noch 50 bis 70 EUR dazu.

Der Vater der Klägerin ist Pflichtmitglied bei der Beklagten. Diese hat durch Zufall von den ebay-Verkäufen erfahren. Sie hat daraufhin in einem Beratungsgespräch gegenüber dem Vater, der eine Kur beantragt hat, erwähnt, dass die Voraussetzungen der Familienversicherung für die Klägerin nicht mehr vorlägen. Deshalb werde diese im Krankheitsfall von der Beklagten auch keine Leistung erhalten.

Die Auffassung der Beklagten ist falsch. Eine Voraussetzung der Familienversicherung ist unter anderem, dass der Familienversicherte *nicht* hauptberuflich selbständig tätig ist (§ 10 Abs. 1 Nr. 4 SGB V). Das ist bei der Klägerin der Fall. Sie studiert an der TU ▬▬▬, die sie jeden Tag aufsucht. Sie beginnt ihren Tag um 09.00 Uhr und nimmt bis 14.30 Uhr an Vorlesungen und Seminaren teil. Anschließend geht sie bis 17.00 Uhr in die Bibliothek. Sie verkauft zwar Waren bei ebay, mit den Verkäufen erreicht sie aber monatlich nur einen Umsatz von 50 bis 70 EUR. Mit einem Betrag in dieser Höhe kann sie ihr Leben nicht bestreiten, deshalb erhält sie Zuwendungen von den Eltern, bei denen sie auch lebt. Die Klägerin ist also nicht hauptberuflich als ebay-Verkäuferin tätig, und auch die übrigen Voraussetzungen von § 10 SGB V sind erfüllt. Da aber die Beklagte das Bestehen der Familienversicherung bestritten und mit der Nichtgewährung von Leistungen gedroht hat, hat die Klägerin ein berechtigtes Interesse an der von ihr mit der Klage begehrten Feststellung.

Eine Originalvollmacht ist beigefügt.

Rechtsanwalt

7. Kombinierte Anfechtungs- und Feststellungsklage

252 Bestreitet der Versicherungsträger das Vorliegen eines Rechtsverhältnisses in einem Verwaltungsakt oder stellt er das Bestehen eines Rechtsverhältnisses gerade mit einem Verwaltungsakt fest, dann kann auch eine kombinierte Anfechtungs- und Feststellungsklage erhoben werden. Es gelten auch hier die oben (Rn 247 ff) gemachten Ausführungen zur Feststellungsklage sowie die Form- und Zuständigkeitsregelungen (§§ 57 Abs. 1 S. 1 u. Abs. 3, 90, 92, 93 SGG; siehe Rn 230).

253 **Muster: Kombinierte Anfechtungs- und Feststellungsklage**

165

An das Sozialgericht ▬▬▬

Klage

des Herrn ▬▬▬

– Kläger –

Prozessbevollmächtigte: RAe ▬▬▬

gegen

die Bau-Berufsgenossenschaft, ▬▬▬

– Beklagte –

Namens und in Vollmacht des Klägers erhebe ich Klage und beantrage,

1. den Bescheid der Beklagten vom ▪▪▪ in der Gestalt des Widerspruchbescheids vom ▪▪▪ aufzuheben,

2. festzustellen, dass die beim Kläger vorliegende Silikose eine Berufskrankheit nach Nr. 4101 der Anlage 1 zur BKV ist.

Begründung:

Der Kläger war 25 Jahre bei einem Unternehmen beschäftigt, bei dem er mit Quarzstaub in Berührung gekommen ist. Die MdE beträgt 10%. Die Beklagte will die Silikose deshalb nicht als Berufskrankheit anerkennen und keine entsprechenden Feststellungen treffen.

Der Kläger hat zwar noch keinen Anspruch auf Leistungen, weil die MdE von 20% noch nicht erreicht ist und auch die Voraussetzungen für einen Stützrententatbestand nicht vorliegen. Die Beklagte ist aber auch schon vor Eintritt des Versicherungsfalls verpflichtet festzustellen, dass eine Berufskrankheit und damit eine Entschädigungspflicht für einen drohenden künftigen Leistungsfall besteht. Wer wie der Kläger einen Gesundheitsschaden geltend macht, der die Tatbestandsmerkmale einer Berufskrankheit nach § 9 SGB VII und der Anlage 1 der BKV erfüllt, hat grundsätzlich – nicht zuletzt aus Gründen der Beweissicherung – ein berechtigtes Interesse an der baldigen Feststellung seiner Rechtsposition.

Rechtsanwältin

8. Fortsetzungsfeststellungsklage

254

Hat sich der angefochtenen Verwaltungsakt erledigt, zB durch Zeitablauf, dann spricht das Gericht auf Antrag des Klägers aus, dass der Verwaltungsakt rechtswidrig war, wenn der Kläger hieran ein berechtigtes Interesse hat (§ 131 Abs. 1 S. 3 SGG). Voraussetzung ist, dass der Kläger seinen **ursprünglichen Antrag umstellt**. Möglich ist das in jeder Instanz.

Muster: Antrag bei Umstellung auf Fortsetzungsfeststellungsklage

255

Namens und in Vollmacht des Klägers beantragen wir nun unter Abänderung des ursprünglichen Klageantrags aus dem Schriftsatz vom ▪▪▪

festzustellen, dass der Bescheid vom ▪▪▪ rechtswidrig gewesen ist und den Kläger in seinen Rechten verletzt hat.

Der Übergang zur Fortsetzungsfeststellungsklage ist möglich, wenn zunächst eine Anfechtungsklage, eine Verpflichtungsklage, eine kombinierte Anfechtungs- und Verpflichtungsklage oder eine kombinierte Anfechtungs- und Leistungsklage erhoben wurde.

256

§ 131 SGG wird von der Rechtsprechung weit ausgelegt. Eine Fortsetzungsfeststellungsklage ist auch dann möglich, wenn sich nicht der Verwaltungsakt erledigt hat, aber das Rechtsschutzinteresse für die Anfechtungsklage aus vergleichbaren Gründen entfallen ist.

9. Untätigkeitsklage

257

Die Untätigkeitsklage ist darauf gerichtet, den Versicherungsträger zum Tätigwerden zu verurteilen. Der Leistungsträger soll gezwungen werden, eine Verwaltungsentscheidung über den im Verwaltungsverfahren gestellten Antrag zu treffen oder einen Widerspruch zu bescheiden. Es handelt sich um eine **Bescheidungsklage**, dh der Kläger kann ausschließlich verlangen, dass die Behörde seinen Antrag bescheidet.

258 Für die Untätigkeitsklage muss ein Rechtsschutzbedürfnis bestehen. Es fehlt, wenn der Kläger zu keinem Zeitpunkt einen Antrag gestellt oder an die ausstehende Entscheidung erinnert hat. Es ist deshalb empfehlenswert, die Behörde direkt bei der Antragstellung oder Einlegung des Widerspruchs darauf hinzuweisen, dass eine Untätigkeitsklage erhoben werden wird, wenn der Antrag oder der Widerspruch nicht rechtzeitig beschieden wird.

259 Die Erhebung der Untätigkeitsklage ist vor Ablauf von sechs Monaten seit Antrag auf Vornahme des Verwaltungsakts unzulässig (§ 88 Abs. 1 SGG). Sie ist außerdem nur dann zulässig, wenn die Behörde über einen Widerspruch nicht innerhalb einer Frist von drei Monaten entschieden hat (§ 88 Abs. 2 SGG). Ein Zwischenbescheid, nicht der Eingangsbescheid, unterbricht die Frist.

260 Eine weitere Zulässigkeitsvoraussetzung ist, dass über den Antrag oder den Widerspruch ohne zureichenden Grund nicht innerhalb der gesetzlichen Frist entschieden wurde. **Kein zureichender** Grund ist:

- die Erschöpfung der Haushaltsmittel,
- Personalmangel (es sei denn, es handelt sich um eine vorübergehende Überlastung),
- unzureichende Ausstattung mit sachlichen Mitteln,
- idR das Abwarten des Ausgangs eines Musterprozesses, es sei denn, der Antragsteller/Widerspruchsführer ist damit einverstanden oder eine Entscheidung im Musterprozess alsbald zu erwarten,
- das Abwarten eines strafrechtlichen Ermittlungsverfahrens,
- dass die angegangene Behörde sich im Einzelfall für nicht zuständig hält.

261 Liegt ein zureichender Grund vor, dann setzt das Gericht das Verfahren bis zum Ablauf einer von ihm gesetzten Frist aus (§ 88 Abs. 1 S. 2 SGG).

262 Die Untätigkeitsklage ist auch unzulässig, wenn sie sich als Ausnutzung einer formalen Rechtsposition ohne eigenen Nutzen und zum Schaden (Kostenlast für andere Beteiligte) darstellt. Das LSG Bremen[59] hat eine Untätigkeitsklage für rechtsmissbräuchlich und damit unzulässig gehalten, die während eines laufenden Widerspruchsverfahrens erhoben wurde, in dem der Kläger gegen einen Rückforderungsbescheid Widerspruch mit dem Hinweis auf seine aufschiebende Wirkung erhoben hatte. Nach Ablauf der 3-Monats-Frist erhob er ohne weitere Ankündigung Untätigkeitsklage. Das LSG hielt das Verhalten des Klägers für widersprüchlich.

263 Wenn der Kläger vom Versicherungsträger aber eine Leistung begehrt und über seinen Antrag oder Widerspruch ohne zureichenden Grund nicht fristgerecht entschieden wird, dann ist die Erhebung der Untätigkeitsklage nicht rechtsmissbräuchlich und auch nicht unzulässig. In der Regel führt die Erhebung der Untätigkeitsklage dazu, dass die Behörde den Antrag unverzüglich bescheidet oder einen Widerspruchsbescheid erlässt. Die Untätigkeitsklage sollte dann für erledigt erklärt und ein Kostenantrag gestellt werden. Das Gericht muss dann über die Kosten dem Grunde nach durch Beschluss gem. § 193 Abs. 1 SGG entscheiden.

264 **Hinweis:** Gegen den ggf negativen Ausgangsbescheid bzw Widerspruchsbescheid sollte gesondert vorgegangen und Widerspruch bzw eine Klage erhoben werden. Neben den Rechtsanwaltsgebühren für die Untätigkeitsklage fallen dann nämlich gesonderte Gebühren für

---

59 SGb 1997, 168.

Widerspruch und/oder ggf das Klageverfahren an. Würde der Antrag der Untätigkeitsklage lediglich in eine kombinierte Anfechtungs- und Leistungsklage umgestellt, fielen nur einmal Rechtsanwaltsgebühren im Klageverfahren an.

Muster: Untätigkeitsklage

265

167

An das Sozialgericht ■■■

Untätigkeitsklage

des Herrn ■■■

– Kläger –

Prozessbevollmächtigte: RAe ■■■

gegen

die ■■■ Krankenkasse, ■■■

– Beklagte –

Namens und im Auftrag meines Mandanten erhebe ich unter Vorlage der Originalprozessvollmacht Klage mit dem Antrag,

die Beklagte zu verpflichten, den Antrag des Klägers vom ■■■ auf Versorgung mit einer Unterschenkelprothese zu bescheiden.

Begründung:

Dem Kläger wurde nach einem Unfall der rechte Unterschenkel amputiert. Er sitzt derzeit im Rollstuhl. Es besteht die Möglichkeit, dass er mit einer Unterschenkelprothese seine Gehfähigkeit wiedererlangt. Der Kläger stellte deshalb am ■■■ bei der Beklagten einen Antrag auf Versorgung mit einer Unterschenkelprothese, der bis heute nicht beschieden wurde. Der Kläger hat bislang auch keinen Zwischenbescheid erhalten, obwohl er mit seinem Antrag eine fristgerechte Bescheidung angemahnt hat. Er hat sich bei der Beklagten telefonisch nach dem Sachstand erkundigt. Ihm wurde erklärt, dass die Krankenkasse permanent unter Personalmangel leide, weshalb die Anträge in der Reihenfolge ihres Eingangs bearbeitet würden. Die Klage ist deshalb zulässig.

Rechtsanwältin

10. Verfahrensbeendigung

Das Verfahren kann durch Klagerücknahme (§ 102 SGG), Erledigungserklärung, Anerkenntnis oder Vergleich (für beide § 101 SGG) enden. Bei einer Erledigungserklärung und einem Anerkenntnis muss gem. § 193 Abs. 1 SGG ein Antrag auf Kostengrundentscheidung gestellt werden. Bei einem Vergleich trägt gem. § 195 SGG jede Partei die Kosten selbst, sofern im Vergleich keine Kostenentscheidung getroffen wurde.

266

Das Verfahren kann außerdem durch Urteil (§ 125 SGG) oder Gerichtsbescheid (§ 105 SGG) enden. Der **Gerichtsbescheid** ergeht nach vorheriger Anhörung der Beteiligten ohne mündliche Verhandlung, wenn die Sache keine besonderen Schwierigkeiten rechtlicher oder tatsächlicher Art aufweist und der Sachverhalt geklärt ist. Gegen beide Entscheidungen kann das Rechtsmittel der Berufung eingelegt werden, auf das im folgenden Kapitel eingegangen wird.

267

IV. Berufung (§§ 143 ff SGG)

1. Statthaftigkeit/Nichtzulassungsbeschwerde

268 Die Berufung findet zum Landessozialgericht statt gegen Urteile der Sozialgerichte, wenn

- die Klage, die eine Geld- oder Sachleistung betrifft oder einen hierauf gerichteten Verwaltungsakt 500 EUR (bei Erstattungsstreitigkeiten zwischen juristischen Personen des öffentlichen Rechts und Behörden 5.000 EUR) übersteigt oder

- die Berufung eine wiederkehrende oder laufende Leistung für mehr als ein Jahr betrifft.

269 Ist das nicht der Fall, dann muss die Berufung durch das Sozialgericht zugelassen oder die Zulassung beim Landessozialgericht im Wege einer Nichtzulassungsbeschwerde erstritten werden (§§ 144, 145 SGG).

270 Die Berufung ist gem. § 144 Abs. 2 SGG zuzulassen, wenn

- die Rechtssache grundsätzliche Bedeutung hat,

- das Urteil von einer Entscheidung des Landessozialgerichts, des Bundessozialgerichts, des Gemeinsamen Senats der obersten Gerichtshöfe des Bundes oder des Bundesverfassungsgerichts abweicht und auf dieser Abweichung beruht oder

- ein der Beurteilung des Berufungsgerichts unterliegender Verfahrensmangel geltend gemacht wird und vorliegt, auf dem die Entscheidung beruht.

Das Landessozialgericht ist gem. § 144 Abs. 3 SGG an die Zulassung gebunden.

271 Die **Nichtzulassungsbeschwerde** muss auf einen der oben genannten Zulassungsgründe gestützt werden. Sie muss gem. § 145 Abs. 1 S. 2 SGG innerhalb eines Monats ab Zustellung des vollständigen Urteils schriftlich oder zur Niederschrift des Urkundsbeamten beim Landessozialgericht eingelegt werden. Die Beschwerdeschrift soll das angefochtene Urteil und die zur Begründung dienenden Tatsachen und Beweismittel angeben (§ 145 Abs. 2 SGG). Durch die Einlegung der Beschwerde wird der Eintritt der Rechtskraft gehemmt. Das Landessozialgericht entscheidet über die Beschwerde durch Beschluss. Mit der Ablehnung, die kurz zu begründen ist, wird das erstinstanzliche Urteil rechtskräftig. Die Zulassung bedarf keiner Begründung. Das Beschwerdeverfahren wird daraufhin als Berufungsverfahren fortgesetzt, ohne dass es einer Einlegung der Berufung bedarf.(§ 145 Abs. 5 SGG).

272 **Hinweis:** Ein als „Berufung" eingelegtes Rechtsmittel kann nicht in eine Nichtzulassungsbeschwerde umgedeutet werden.[60]

2. Frist und Form der Berufungseinlegung

273 Die Berufung ist gem. § 151 Abs. 1 SGG beim Landessozialgericht binnen eines Monats nach Zustellung des erstinstanzlichen Urteils schriftlich oder zur Niederschrift des Urkundsbeamten der Geschäftsstelle einzulegen. Die Frist ist auch gewahrt, wenn die Berufung innerhalb der Monatsfrist beim Sozialgericht schriftlich oder zur Niederschrift des Urkundsbeamten der Geschäftsstelle eingelegt wird. In diesem Fall legt das Sozialgericht die Berufungsschrift bzw die Niederschrift beim Landessozialgericht vor (§ 151 Abs.2 SGG).

274 Die Berufungsschrift soll das angefochtene Urteil, einen bestimmten Antrag und die zur Begründung dienenden Tatsachen und Beweismittel angeben (§ 151 Abs. 3 SGG). Eine Berufung kann also zunächst auch fristwahrend ohne Begründung eingelegt werden.

---

60 BSG SozR 3-1500 § 158 Nr. 3.

3. Prüfungsumfang

Das Landessozialgericht ist, wie das Sozialgericht, eine Tatsacheninstanz. Es prüft also den **275**
Streitfall im gleichen Umfang wie das Sozialgericht und berücksichtigt auch neue Tatsachen
und Beweismittel (§ 157 SGG). Eine Zeugenaussage darf durch das Landessozialgericht nicht
anders gewürdigt werden als in erster Instanz, wenn das Gericht in zweiter Instanz den Zeugen nicht persönlich gehört hat.

Hinweis: Beweisanträge, die für sachdienlich gehalten werden, müssen im Hinblick auf die **276**
Einlegung einer Nichtzulassungsbeschwerde in der letzten mündlichen Verhandlung noch
einmal zu Protokoll gestellt werden. Das ursprüngliche Stellen des Antrags im Schriftsatz ist
nicht ausreichend.

4. Verfahrensbeendigung

Die Berufungsrücknahme nach Schluss der mündlichen Verhandlung gem. § 156 Abs. 1 S. 2 **277**
SGG setzt die Einwilligung des Berufungsbeklagten voraus. Das Landessozialgericht verwirft
die Berufung durch Beschluss, wenn die Berufung nicht statthaft ist oder nicht form- oder
fristgerecht eingelegt wurde. Gegen den Beschluss steht den Beteiligten das Rechtsmittel zu,
das zulässig wäre, wenn das Gericht durch Urteil entschieden hätte (§ 158 SGG), also die
Revision oder die auf Revisionszulassung gerichtete Nichtzulassungsbeschwerde.

Das Landessozialgericht kann die Berufung außerdem durch Beschluss gem. § 153 Abs. 4 **278**
SGG zurückweisen, wenn es sie einstimmig für unbegründet und eine mündliche Verhandlung für nicht erforderlich hält. Die Beteiligten sind vorher zu hören. Die fehlende Anhörung
ist ein Verfahrensfehler, der einen absoluten Revisionsgrund darstellt. Die Zurückweisung
durch Beschluss ist ausgeschlossen, wenn das Sozialgericht durch Gerichtsbescheid entschieden hat.

Im Übrigen entscheidet das Landessozialgericht durch Urteil, wobei es von der Darstellung **279**
der Entscheidungsgründe absehen kann, wenn es die Berufung aus den gleichen Gründen
zurückweist wie das erstinstanzliche Gericht (§ 153 Abs. 2 SGG). Das Landessozialgericht
kann bei Vorliegen der in § 159 Abs. 1 SGG genannten Voraussetzungen die erstinstanzliche
Entscheidung auch aufheben und an das Sozialgericht zurückverweisen. Das Sozialgericht hat
bei seiner neuen Entscheidung die rechtliche Beurteilung zu berücksichtigen, die der Aufhebung zugrunde liegt (§ 159 Abs. 2 SGG).

Muster: Nichtzulassungsbeschwerde

280

 168

An das Landessozialgericht ■■■
In dem Rechtsstreit

Herr ■■■ [Kläger] ./. ■■■ Krankenkasse [Beklagte]

Az ■■■

lege ich gegen die Nichtzulassung der Berufung in dem Urteil des Sozialgerichts ■■■ vom ■■■ – zugestellt
am ■■■ –

Beschwerde

ein und beantrage,

die Berufung zuzulassen.

Begründung:

Das Urteil leidet an einem wesentlichen Verfahrensmangel, auf dem es auch beruht. Das Sozialgericht hat die Klage mit der Begründung abgewiesen, der Kläger habe keinen Anspruch auf Versorgung mit einem Hörgerät im Wert von 400,00 EUR, da dieses gem. § 33 Abs. 1 SGB V nicht erforderlich sei, um eine Behinderung auszugleichen. Das eigene Hörvermögen des Klägers sei noch in ausreichendem Maß vorhanden.

Das Sozialgericht hat die medizinische Feststellung ohne Einholung eines Sachverständigengutachtens getroffen, obwohl ich mit Schriftsatz vom ■■■ die Einholung eines Sachverständigengutachtens gem. § 109 SGG beantragt hatte. Das Sozialgericht gibt in seinem Urteil nicht bekannt, worauf es seine Sachkunde stützt. Seine Entscheidung verstößt deshalb gegen § 103 SGG und § 109 SGG. Darüber hinaus verletzt sie das rechtliche Gehör des Klägers.

Rechtsanwältin

281 **Muster: Berufung**

An das Landessozialgericht ■■■

In dem Rechtsstreit

der Frau ■■■

– Klägerin und Berufungsklägerin –

Prozessbevollmächtigte: RAe ■■■

gegen

■■■ Rentenversicherung, ■■■

– Beklagte und Berufungsbeklagte –

Prozessbevollmächtigte: RAe ■■■

legen wir namens und in Vollmacht der Klägerin gegen das Urteil des Sozialgerichts ■■■ vom ■■■, Az ■■■, – zugestellt am ■■■ –

Berufung

ein und beantragen,

die Beklagte unter Aufhebung des Urteils des Sozialgerichts ■■■ vom ■■■ und des Bescheids vom ■■■ in der Gestalt des Widerspruchsbescheids vom ■■■ zu verurteilen, der Klägerin ab dem ■■■ eine Rente wegen voller Erwerbsminderung zu gewähren.

Begründung:

Die Berufung ist gem. § 144 Abs. 1 S. 2 SGG statthaft, da sie eine laufende Leistung für mehr als ein Jahr betrifft. Die Klägerin leidet seit einem Verkehrsunfall, der sich am ■■■ ereignet hat, bei dem sie nur leicht verletzt, ihr Bruder aber getötet wurde, unter Depressionen. Sie ist suizidgefährdet. Die Klägerin kann unstreitig nicht mehr als drei Stunden täglich auf dem allgemeinen Arbeitsmarkt tätig sein. Vor dem Unfall hatte sie seit dem ■■■ bei der Baufirma B. als angestellte Bauingenieurin gearbeitet. Das Sozialgericht ■■■ hat die Klage mit der Begründung, auf die sich zuvor auch die Beklagte gestützt hatte, abgewiesen. Die Klägerin habe die allgemeine Wartezeit gem. § 43 Abs. 2 Nr. 3 SGB VI nicht erfüllt.

Das ist unzutreffend. Zwischen der Beendigung der Schule und der Aufnahme des Studiums hatte die Klägerin in der Zeit vom ■■■ bis zum ■■■ bereits bei der Baufirma B. Arbeiten im Büro verrichtet. Sie war in dieser Zeit angestellt und hat Beiträge zur Sozialversicherung entrichtet. Die allgemeine Wartezeit von 60 Monaten ist damit erfüllt. Deshalb sind auch alle Voraussetzungen des § 43 Abs. 2 SGB VI erfüllt. Die Beklagte ist verpflichtet, der Klägerin eine Rente wegen voller Erwerbsminderung zu gewähren.

Rechtsanwalt

V. Revision (§§ 160 ff SGG)

1. Statthaftigkeit / Nichtzulassungsbeschwerde

Gegen Urteile des Landessozialgerichts steht den Beteiligten die Revision zum Bundessozialgericht zu, wenn sie im Urteil des Landessozialgericht zugelassen wurde (§ 160 Abs. 1 Alt. 1 SGG) oder das Bundessozialgericht sie auf eine Nichtzulassungsbeschwerde (§ 160a SGG) eines Beteiligten durch Beschluss zulässt (§ 160 Abs. 1 Alt. 2 SGG). **282**

Gem. § 160 Abs. 2 SGG ist die Revision zuzulassen, wenn **283**

- die Rechtssache grundsätzliche Bedeutung hat,
- das Urteil von einer Entscheidung des Bundessozialgerichts, des Gemeinsamen Senats der obersten Gerichtshöfe des Bundes oder des Bundesverfassungsgerichts abweicht und auf dieser Abweichung beruht (Divergenzrüge) oder
- ein Verfahrensmangel geltend gemacht wird, auf dem die angefochtene Entscheidung beruhen kann. Ein Verfahrensmangel wegen der Verletzung von § 109 SGG, § 128 Abs. 1 S. 1 SGG und § 103 SGG kann nur geltend gemacht werden, wenn er sich auf einen Beweisantrag bezieht, dem das Landessozialgericht ohne hinreichende Begründung nicht gefolgt ist.

Eine **Rechtssache hat grundsätzliche Bedeutung**, wenn die Revisionsentscheidung geeignet ist, die Rechtssicherheit zu erhalten oder zu sichern und die Fortbildung des Rechts zu fördern. Das ist der Fall, wenn es im Rechtsstreit um eine neue **284**

- klärungsbedürftige und
- klärungsfähige Rechtsfrage geht,
- deren Entscheidung über den Einzelfall hinaus Bedeutung besitzt und die
- entscheidungserheblich ist.

Es muss deshalb zunächst eine Rechtsfrage formuliert werden. Dann ist darzulegen, warum die Rechtsfrage noch nicht beantwortet wurde, wobei eine Auseinandersetzung mit der Rechtsprechung des Bundessozialgerichts erforderlich ist. **285**

Eine Rechtsfrage ist nicht klärungsbedürftig, wenn **286**

- die Antwort praktisch außer Zweifel steht,[61]
- die Antwort sich unmittelbar aus dem Gesetz ergibt[62] oder
- bereits höchstrichterlich geklärt wurde.[63]

Eine **Divergenzrüge** liegt vor, wenn das Landessozialgericht den Kriterien, die in der Entscheidung aufgestellt wurden, von der abgewichen worden sein soll, widersprochen hat, also andere rechtliche Merkmale entwickelt hat. Bei der Divergenzrüge muss die Entscheidung, **287**

---

61 BSG SozR 1500 § 160a Nr. 4.
62 BSG SozR 1300 § 13 Nr. 1.
63 BSG SozR 1500 § 160 Nr. 51.

von der abgewichen worden sein soll, genau mit Datum, Aktenzeichen und Fundstelle bezeichnet werden. Dann muss der Entscheidungstext, von dem abgewichen worden sein soll, möglichst wörtlich zitiert werden. Des Weiteren muss der abweichende Rechtssatz der Entscheidung des Landessozialgerichts herausgearbeitet werden. Beide Rechtssätze sind miteinander zu vergleichen.

288　An die Zulassung durch das Landessozialgericht bei Erfüllung der oben genannten Kriterien ist das Bundessozialgericht gebunden.

289　Die **Nichtzulassungsbeschwerde** muss beim Bundessozialgericht binnen eines Monats ab Zustellung des Urteils eingelegt werden (§ 160a Abs. 1 SGG). Sie muss gem. § 160a Abs. 2 SGG innerhalb von zwei Monaten ab Zustellung des Urteils unter Beachtung der oben genannten Anforderungen an die Darlegungspflichten begründet werden, wobei der Vorsitzende die Frist auf Antrag um einen Monat verlängern kann. Die Nichtzulassungsbeschwerde hemmt den Eintritt der Rechtskraft. Das Bundessozialgericht entscheidet über die Beschwerde durch Beschluss. Er soll eine kurze Begründung enthalten, es sei denn, die Begründung ist nicht dazu geeignet, zur Klärung der Voraussetzungen der Revisionszulassung beizutragen. Wird der Beschwerde stattgegeben, dann beginnt mit der Zustellung der Entscheidung die Revisionsfrist. Bezüglich der inhaltlichen Anforderungen an die Nichtzulassungsbeschwerde wird auf die Ausführungen zur Beschwerde gegen die Nichtzulassung der Berufung verwiesen Rn 271 ff).

290　Leidet das Urteil des Landessozialgerichts an einem Verfahrensmangel und beruht auf ihm, dann kann das Bundessozialgericht die angefochtene Entscheidung durch Beschluss auch aufheben und zur erneuten Verhandlung und Entscheidung an das Landessozialgericht zurückverweisen (§ 160a Abs. 5 SGG).

291　Ausnahmsweise findet auch gegen Urteile des Sozialgerichts die Revision statt. Den Beteiligten steht die **Sprungrevision** zu, wenn der Gegner schriftlich der Zulassung und Einlegung zustimmt und sie vom Sozialgericht im Urteil oder durch Beschluss zugelassen wird (§ 161 Abs. 1 SGG). Sie ist nur zuzulassen, wenn die Rechtssache grundsätzliche Bedeutung hat oder die Divergenzrüge erhoben wird. Der Antrag auf Zulassung der Sprungrevision ist innerhalb eines Monats ab Zustellung des Urteils schriftlich zu stellen (§ 161 Abs. 1 S. 2 SGG). Lehnt das Sozialgericht den Antrag durch unanfechtbaren Beschluss ab, dann beginnt mit der Zustellung dieser Entscheidung die Berufungsfrist bzw die Frist für die Beschwerde gegen die Nichtzulassung der Berufung, sofern die Zulassung der Sprungrevision unter Einhaltung der Frist- und Formvorschriften beantragt wurde. Wird die Sprungrevision zugelassen, beginnt mit der Zustellung der Entscheidung der Lauf der Revisionsfrist.

2. Frist und Form der Revisionseinlegung

292　Gem. § 164 Abs. 1 SGG ist die Revision innerhalb eines Monats ab Zustellung des Urteils des Landessozialgerichts oder des Zulassungsbeschlusses des Bundessozialgerichts schriftlich einzulegen. Sie ist gem. § 164 Abs. 2 SGG innerhalb einer Frist von zwei Monaten schriftlich zu begründen, wobei der Vorsitzende die Begründungsfrist auf begründeten Antrag hin mehrfach verlängern kann. Nach Wiedereinsetzung beträgt die Begründungsfrist einen Monat ab Zustellung des Wiedereinsetzungsbeschlusses.[64]

293　Die **Begründung** muss einen bestimmten Antrag enthalten und sich mit dem angefochtenen Urteil auseinandersetzen. Eine Bezugnahme auf frühere Schriftsätze oder die Begründung der

---

64　BSG SozR 1500 § 164 Nr. 9.

Nichtzulassungsbeschwerde ist nicht ausreichend. Die Revisionsbegründung muss alle Teile der Entscheidungsgründe des LSG-Urteils betreffen. Die verletzte Rechtsnorm muss bezeichnet werden, ebenso Verfahrensverletzungen, aus denen die Mängel sich ergeben, wenn diese gerügt werden.

Mit der Rüge, das Landessozialgericht habe gegen die Bestimmungen über die Sachverhaltsaufklärung gem. §§ 103, 109, 128 SGG verstoßen, muss exakt angegeben werden,   294

- welchem Beweisantrag das Landessozialgericht hätte nachgehen müssen,
- in welchem Punkt der Zeuge oder Sachverständige nähere Erklärungen hätte abgeben müssen,
- gegen welche Denkgesetze das Landessozialgericht bei der Sachverhaltsfeststellung bzw der Gutachtenauswertung verstoßen hat oder welche allgemeinen Erfahrungssätze es außer Acht gelassen hat und
- inwieweit eine weitere Beweisaufnahme das Beweisergebnis des Rechtsstreits zugunsten des Revisionsklägers beeinflusst hätte.

Kommen zwei Sachverständige zu unterschiedlichen Ergebnissen, müssen vor einer abschlie   295
ßenden Beweiswürdigung alle weiteren Aufklärungsmöglichkeiten auch unter Berücksichtigung der wissenschaftlichen Lehrmeinung ausgeschöpft werden, um Widersprüche zu konkretisieren, zu verringern oder auszuräumen.[65] Es muss außerdem dargelegt werden, dass das Landessozialgericht bei einem verfahrensfehlerfreien Vorgehen zu einem anderen Urteil gelangt wäre.

Eine Klagänderung ist in der Revisionsinstanz im Prinzip unzulässig (§ 168 SGG). Ausnahmen ergeben sich aus § 168 S. 2 SGG.

3. Prüfungsumfang

Mit der Revision kann nur die Verletzung einer Vorschrift des Bundesrechts oder einer sons   296
tigen im Bereich des Berufungsgerichts geltenden Vorschrift, deren Geltungsbereich sich auch über den Bezirk des Berufungsgerichts hinaus erstreckt, geltend gemacht werden (§ 162 SGG). Das Bundessozialgericht ist gem. § 163 SGG an die vom Berufungsgericht getroffenen Tatsachenfeststellungen gebunden, es sei denn, in Bezug auf die Feststellungen werden zulässige und begründete Revisionsgründe vorgebracht.

4. Verfahrensbeendigung

Ist die Revision nicht statthaft oder wurde sie nicht in der vom Gesetz vorgeschriebenen Frist   297
und Form eingelegt und begründet, dann verwirft das Bundessozialgericht sie ohne mündliche Verhandlung durch Beschluss (§ 169 SGG).

Ist die Revision unbegründet, weist das Bundessozialgericht sie durch Beschluss zurück. Ist   298
die Revision begründet, kann es, sofern die Sache entscheidungsreif ist, selbst entscheiden oder nach den Voraussetzungen des § 170 SGG das angefochtene Urteil aufheben und zur erneuten Verhandlung und Entscheidung zurückverweisen. Bei der Sprungrevision steht es im Ermessen des Bundessozialgerichts, die Rechtssache an das Landessozialgericht zu verweisen, das bei Einhaltung des Instanzenzuges zuständig gewesen wäre.

---

65 BSG SozR 1500 § 128 Nr. 31.

299 **Muster: Nichtzulassungsbeschwerde**

↓

An das Bundessozialgericht

Az ▄▄▄

In dem Rechtsstreit

des Herrn ▄▄▄

– Kläger und Beschwerdeführer –

Prozessbevollmächtigte: RAe ▄▄▄

gegen

die Unfallkasse ▄▄▄

– Beklagte und Beschwerdegegnerin –

lege ich unter Vorlage einer Originalvollmacht namens und in Vollmacht meines Mandanten gegen das Urteil des Landessozialgerichts ▄▄▄ vom ▄▄▄ – zugestellt am ▄▄▄ –

Nichtzulassungsbeschwerde

ein, mit dem Antrag,

die Revision zuzulassen.

Begründung:

Der Kläger nahm als Schüler der 6. Klasse des K.-Gymnasiums an einer Klassenfahrt nach R. teil. Die Klasse war dort in einer Jugendherberge untergebracht. In der Mittagspause am ▄▄▄ spielten der Kläger und einige Mitschüler in ihrem Zimmer in der Jugendherberge „Fangen". Der Fänger, ein Mitschüler, der den Kläger „abschlagen" wollte, gab ihm dabei einen heftigen Stoß, durch den der Kläger unglücklich stürzte und sich eine Kreuzbandläsion im linken Knie zuzog, die operativ mit einer Kreuzbandersatzplastik versorgt werden musste. Trotzdem leidet der Kläger noch unter einem Instabilitätsgefühl im Knie und einem Streckdefizit.

Die Beklagte verweigert die Anerkennung des Arbeitsunfalls im Rahmen der Schülerversicherung mit der Begründung, der Unfall habe sich außerhalb des organisatorischen Verantwortungsbereichs der Schule zugetragen und sei deshalb dem nichtversicherten Privatbereich zuzuordnen (Bescheid vom ▄▄▄ in der Gestalt des Widerspruchsbescheids vom ▄▄▄). Das Sozialgericht ▄▄▄ hat die Klage abgewiesen (Urt. v. ▄▄▄). Das Landessozialgericht ▄▄▄ hat die Berufung zurückgewiesen (Urt. v. ▄▄▄).

Es wird eine Abweichung des Urteils des Landessozialgerichts vom Urteil des Bundessozialgerichts vom 5.10.1995 – 2 RU 44/94 –, abgedruckt in SozR 3-2200 § 539 Nr. 34, gerügt.

Das Landessozialgericht hat ausgeführt, ein Arbeitsunfall liege nicht vor, weil während der Klassenfahrt alle typischen eigenwirtschaftlichen Tätigkeiten des Schülers ausgenommen seien. Dazu zählten auch Verrichtungen, die die Schüler in ihrer Freizeit selbstbestimmt vornähmen. Die der Erholung und Regeneration dienende Mittagspause habe gegen 12.00 Uhr begonnen, als die Aufsichtsperson die Ruheräume verlassen habe. Der Kläger sei im Übrigen nicht bei einer besonderen, dem Aufenthalt mit der Klasse in der Jugendherberge eigentümlichen Gefahr geschädigt worden.

Mit diesen Argumenten hat das Landessozialgericht den die Entscheidung tragenden Rechtssatz aufgestellt, auf einer Klassenfahrt mit gemeinsamer Unterbringung der Schüler liege in der Rangelei während der Mittagspause eine im Wesentlichen privatwirtschaftliche Betätigung vor.

Das Bundessozialgericht hat demgegenüber in seinem Urteil vom 5.10.1995 – 2 RU 44/94 – den gegenteiligen Rechtssatz aufgestellt, nach dem auf einer Klassenfahrt bei gemeinsamer Unterbringung der Schüler in einer Balgerei gerade keine wesentlich privatwirtschaftliche Betätigung vorliegt. Eine solche Balgerei sei gerade typisch und von dem zuständigen Träger der gesetzlichen Unfallversicherung als Arbeitsunfall zu entschädigen.

Die einerseits im angefochtenen Urteil des Landessozialgerichts und andererseits vom Bundessozialgericht in dem bezeichneten Urteil aufgestellten Rechtssätze sind miteinander unvereinbar, da sie einander widersprechen. Es liegt somit eine Divergenz iSv § 160 Abs. 2 Nr. 2 SGG vor. Das Urteil des Landessozialgerichts beruht auch auf der Abweichung: Hätte das Landessozialgericht den vom Bundessozialgericht aufgestellten Rechtssatz angewandt, hätte es feststellen müssen, dass die Kreuzbandläsion Folge eines Arbeitsunfalls vom ▪▪▪ ist.

Rechtsanwältin

Muster: Revision

An das Bundessozialgericht

Az ▪▪▪

In dem Rechtsstreit

der Frau ▪▪▪

– Klägerin und Revisionsklägerin –

Prozessbevollmächtigte: RAe ▪▪▪

gegen

die Bau-Berufsgenossenschaft ▪▪▪

– Beklagte und Revisionsbeklagte –

Prozessbevollmächtigte: RAe ▪▪▪

lege ich namens und in Vollmacht der Klägerin

Revision

ein gegen das Urteil des Landessozialgerichts ▪▪▪ vom ▪▪▪, Az ▪▪▪, – zugestellt am ▪▪▪ – und beantrage,

das Urteil des Landessozialgerichts ▪▪▪ vom ▪▪▪ aufzuheben und die Berufung gegen das Urteil des Sozialgerichts ▪▪▪ zurückzuweisen,[66]

hilfsweise,

den Rechtsstreit an die Vorinstanz zurückzuverweisen.

Begründung:

Der Ehemann der Klägerin, Herr ▪▪▪, war bei der Firma F. als Maler beschäftigt. Am ▪▪▪ fuhr er auf direktem Weg zu seiner Arbeitsstelle. Auf der ▪▪▪straße kam er mit seinem PKW von der Fahrbahn ab, fuhr eine Böschung hinunter und prallte gegen einen Baum. Der PKW fing sofort Feuer und brannte aus. Herr ▪▪▪ konnte nur noch tot aus dem PKW geborgen werden. Die Beklagte weigert sich, Leistungen zu erbringen, weil bei der anschließenden Obduktion des Toten nicht geklärt werden konnte, ob er einem entgegenkommenden Fahrzeug ausweichen musste oder er in seinem Wagen an einem plötzlichen Herztod gestorben ist und deshalb von der Straße abkam (Bescheid vom ▪▪▪ und Widerspruchsbescheid vom ▪▪▪).

Das Sozialgericht hat der Klage stattgegeben und der Klägerin eine Hinterbliebenenrente gem. § 65 SGB VII zugesprochen. Das Landessozialgericht hat die Entscheidung aufgehoben und die Klage abgewiesen. Nach seiner Auffassung liegt kein Arbeitsunfall iSv § 8 SGB VII vor, da die haftungsbegründende Kausalität fehle,

---

66 Die Klage war in erster Instanz gewonnen worden, weshalb die Beklagte Berufung eingelegt hatte.

wenn der Unfall auf einer inneren Ursache beruhe. Zwischen der versicherten Tätigkeit und dem Unfall müsse eine ursächliche Verbindung bestehen. Nach der Theorie der wesentlichen Bedingung sei nur eine solche als ursächlich anzusehen, die wegen ihrer besonderen Bedeutung für den Erfolg zu dessen Eintritt wesentlich beigetragen habe. Vorliegend lasse sich aber nicht feststellen, ob der Verstorbene wegen eines entgegenkommenden Fahrzeugs oder einer inneren Ursache, des Herztodes, von der Fahrbahn abgekommen sei. Da die Klägerin die objektive Beweislast treffe, gehe die fehlende Feststellbarkeit zu ihren Lasten.

Das Landessozialgericht durfte den Grundsatz der objektiven Beweislast nicht anwenden. Dies darf erst geschehen, wenn nach Ausschöpfung aller Möglichkeiten nicht festgestellt werden kann, ob die zur Begründung des Anspruchs erforderlichen Umstände tatsächlich gegeben sind (BSG SozR 3-4100 § 119 Nr. 7).

Die Klägerin hatte im Berufungsverfahren neben der Zurückweisung der Berufung hilfsweise beantragt, die Malergesellen M. und K. als Zeugen zu vernehmen, die in dem PKW gesessen haben, der dem Wagen des Verstorbenen gefolgt ist. Entgegen der Auffassung des Landessozialgerichts kann wegen der Tatsache, dass der PKW der Zeugen ca. 100 m von der Örtlichkeit entfernt war, als der Unfall sich ereignete, nicht geschlossen werden, dass die Zeugen zur Sachverhaltsaufklärung nicht beitragen könnten. Es ist vielmehr davon auszugehen, dass bei Durchführung der von der Klägerin beantragten Beweisaufnahme der Ursachenzusammenhang zwischen der versicherten Tätigkeit und dem auf der Fahrt zur Arbeitsstelle erlittenen Unfall nachgewiesen worden wäre.

Die Verletzung der dem Landessozialgericht obliegenden Aufklärungspflicht gem. § 103 SGG stellt einen Verfahrensmangel dar, auf dem die zweitinstanzliche Entscheidung beruhen kann. Das Urteil des Landessozialgerichts ■■■ ist deshalb in jedem Fall aufzuheben.

Rechtsanwalt

VI. Einstweiliger Rechtsschutz

301 Widerspruch und Anfechtungsklage haben gem. § 86a Abs. 1 SGG aufschiebende Wirkung. In den in § 86a Abs. 2 SGG explizit aufgeführten Fällen entfällt die aufschiebende Wirkung. Die Ausgangsbehörde oder die Widerspruchsstelle kann aber die sofortige Vollziehung aussetzen (§ 86a Abs. 3 SGG). Die Aussetzungsentscheidung kann mit Auflagen versehen, befristet und auch jederzeit wieder geändert werden.

302 In § 86b SGG ist die Gewährung einstweiligen Rechtsschutzes geregelt. Nach § 86b Abs. 1 SGG kann das Gericht in Fällen, in denen Widerspruch und Klage keine aufschiebende Wirkung haben, diese ganz oder teilweise anordnen. Haben Widerspruch und Klage aufschiebende Wirkung, dann kann das Gericht die sofortige Vollziehung anordnen. Auch hier kann die Herstellung der aufschiebenden Wirkung mit Auflagen versehen, befristet und jederzeit geändert oder aufgehoben werden.

303 § 86b Abs. 2 SGG ist in Anwendung des Sinngehalts von § 123 VwGO ausgestaltet worden. Das Gericht der Hauptsache kann auf Antrag eine Anordnung in Bezug auf den Streitgegenstand treffen, sofern die Gefahr besteht, dass durch die Veränderung des bestehenden Zustands die Verwirklichung eines Rechts des Antragstellers vereitelt oder wesentlich erschwert wird. Eine einstweilige Anordnung kann auch zur Regelung eines vorläufigen Zustands in Bezug auf ein streitiges Rechtsverhältnis getroffen werden, wenn die Regelung zur Abwendung wesentlicher Nachteile erforderlich erscheint. Die Regelungen über den Arrest und die einstweilige Verfügung der ZPO gelten entsprechend.

304 Alle Anträge nach § 86b Abs. 1 und 2 SGG können auch bereits vor Klageerhebung gestellt werden. Das Gericht entscheidet durch Beschluss.

Muster: Wiederherstellung der aufschiebenden Wirkung eines Widerspruchs (§ 86b Abs. 1 SGG)

305
172

↓

An das Sozialgericht ▪▪▪

In der Sache

des Herrn ▪▪▪

– Antragsteller –

Verfahrensbevollmächtigte: RAe ▪▪▪

gegen

die ▪▪▪ Rentenversicherung, ▪▪▪

– Antragsgegnerin –

beantragen wir namens und in Vollmacht des Antragstellers,

im Wege der einstweiligen Anordnung die aufschiebende Wirkung des Widerspruchs vom ▪▪▪ gegen den Bescheid vom ▪▪▪, Az ▪▪▪, wieder herzustellen.

Begründung:

Der Antragsteller erhält von der Antragsgegnerin seit dem ▪▪▪ eine Rente wegen voller Erwerbsminderung. Mit Bescheid vom ▪▪▪ hat die Antragsgegnerin die Rente gem. § 96a SGB VI wegen Hinzuverdienstes als Gastwirt auf ein Viertel gekürzt und die sofortige Vollziehung gem. § 86a Abs. 2 Nr. 5 SGG angeordnet. Der Bescheid der Antragsgegnerin beruht auf einer Fehlinformation bzw einem Irrtum. Der Antragsteller führt zwar gelegentlich die Cafeteria des Vereinshauses des Segelsportvereins am H-See. Die Tätigkeit ist aber ein Ehrenamt, das auf dreimal wöchentlich zwei Stunden beschränkt ist. Der Antragsteller ist nicht in der Lage, länger zu arbeiten. Er erhält keinen Lohn.

Der am ▪▪▪ erhobene Widerspruch hat deshalb gute Aussichten auf Erfolg. Würde die Rente nicht in der bisher bewilligten Höhe fortgezahlt, müsste der Kläger Leistungen nach dem SGB XII in Anspruch nehmen. Das ist ihm nicht zuzumuten. Die Wiederherstellung der aufschiebenden Wirkung des Verwaltungsakts erscheint daher geboten.

Rechtsanwalt

↑

Muster: Einstweilige Anordnung (§ 86b Abs. 2 SGG)

306
173

↓

An das Sozialgericht ▪▪▪

In der Sache

des Herrn ▪▪▪

– Antragsteller –

Verfahrensbevollmächtigte: RAe ▪▪▪

gegen

die ▪▪▪ Pflegekasse, ▪▪▪

– Antragsgegnerin –

beantrage ich namens und in Vollmacht des Antragstellers,

die Antragsgegnerin im Wege der einstweiligen Anordnung zu verpflichteten, dem Antragsteller Pflegesachleistungen für Pflegeeinsätze bis zu einem Gesamtwert in Höhe von 384 EUR monatlich für Pflegebedürftigkeit der Stufe I zu gewähren.

Begründung:

Der 90-jährige Antragsteller leidet unter Herzinsuffizienz, Diabetes Mellitus, Rheuma und Schwerhörigkeit. Seine Ehefrau lebt bereits im Pflegeheim. Kinder sind aus der Ehe nicht hervorgegangen. Andere Angehörige existieren nicht. Der Antragsteller wurde nach einem stationären Aufenthalt vier Wochen in der Kurzzeitpflege betreut. Weil er bei nahezu allen Verrichtungen der Grundpflege Hilfe benötigt, insbesondere beim Aufstehen, Waschen und beim Verlassen der Wohnung sowie bei der Versorgung seines Haushalts, hat er während des Aufenthalts in der Kurzzeitpflege einen Antrag auf Pflegesachleistungen gestellt. Der Gutachter des MDK hat ihn in der Kurzzeitpflege besucht und trotzdem keine Pflegebedürftigkeit attestiert. Die Antragsgegnerin, deren Mitglied der Antragsteller ist, hat den Antrag daraufhin mit Bescheid vom ■■■ abgelehnt. Der Antragsteller erhob am ■■■ Widerspruch. Da die Kurzzeitpflege längstens für die Dauer von vier Wochen bewilligt wird, muss er am kommenden Montag, den ■■■, in seine häusliche Umgebung entlassen werden. Dort benötigt er, wie bereits dargestellt, Pflegesachleistungen, da er tatsächlich pflegebedürftig ist. Der Antragsteller ist nicht in der Lage, die Pflege aus eigenen Mittel zu finanzieren. Der Erlass der einstweiligen Anordnung bis zur Entscheidung in der Hauptsache ist deshalb nötig, um wesentliche Nachteile abzuwenden, die drohen, wenn der Antragsteller sich ohne Hilfe selbst versorgen muss.

Rechtsanwältin

VII. Wiedereinsetzung in den vorigen Stand

307 Wenn eine gesetzliche Frist, insbesondere eine der in den vorhergehenden Kapiteln erwähnten Fristen, ohne Verschulden nicht eingehalten wurde, dann kann auf Antrag gem. § 27 Abs.1 SGB X bzw § 67 SGG Wiedereinsetzung in den vorigen Stand gewährt werden. Ohne Verschulden war jemand an der Einhaltung der Frist gehindert, wenn er die Sorgfalt angewandt hat, die einem im Verwaltungsverfahren gewissenhaft Handelnden im Einzelfall zuzumuten ist. Das Verschulden eines gewillkürten oder gesetzlichen Vertreters ist dem Vertretenen zuzurechnen, es sei denn, er kann nachweisen, dass er ihn sorgfältig ausgesucht, belehrt und überwacht hat.

308 Der Wiedereinsetzungsantrag muss innerhalb von zwei Wochen ab Wegfall des Hindernisses gestellt werden. Die Tatsachen zur Begründung des Antrags sind vorzutragen und glaubhaft zu machen, wobei die Glaubhaftmachung auch nachgeholt werden kann. Außerdem muss die versäumte Handlung innerhalb der Antragsfrist nachgeholt werden. Ist dies geschehen, dann kann Wiedereinsetzung ggf auch ohne Antrag gewährt werden.

309 Spätestens ein Jahr nach dem Ende der versäumten Frist kann die Handlung nicht mehr nachgeholt und Wiedereinsetzung beantragt werden, es sei denn, höhere Gewalt hat dies unmöglich gemacht.

310 **Muster: Antrag auf Wiedereinsetzung in den vorigen Stand**

An die AOK ■■■

Az ■■■

In Sachen

der Frau ■■■

legen wir namens und in Vollmacht unserer Mandantin gegen den Bescheid vom ■■■

Widerspruch

ein und beantragen gleichzeitig,

ihr wegen der Versäumung der Widerspruchsfrist

Wiedereinsetzung in den vorigen Stand

zu gewähren.

Begründung:

1. Unserer Mandantin ist Wiedereinsetzung in den vorigen Stand zu gewähren. Der ablehnende Bescheid vom 30.5.2006 wurde unserer Mandantin am 2.6.2006 mit einem durch die Post übermittelten Brief bekanntgegeben. Sie beauftragte uns am 29.6.2006 mit der Einlegung des Widerspruchs und der Vertretung im Widerspruchsverfahren. Das Widerspruchsschreiben wurde am 30.6.2006 ausgefertigt. Die zuverlässige Mitarbeiterin S. aus dem Büro der Bevollmächtigten wurde beauftragt, das Widerspruchsschreiben am Abend des 30.6.2006 in den Hausbriefkasten der AOK ▪▪▪ einzuwerfen.

Auf der Fahrt zum Hausbriefkasten wurde die Mitarbeiterin aber in einen Verkehrsunfall verwickelt, bei dem sie schwer verletzt wurde und ihr Wagen mit allen Unterlagen ausgebrannt ist. Mit der S. konnte erst am 5.7.2006, nachdem sie aus dem Koma erwacht war, geklärt werden, dass sie das Einspruchsschreiben zum Zeitpunkt des Unfalls noch nicht in den Hausbriefkasten eingeworfen hatte und dieser folglich mit verbrannt war.

Glaubhaftmachung: 1. Eidesstattliche Versicherung der S.
  2. Fotokopie der polizeilichen Ermittlungsakte, Az ▪▪▪, über den Unfall

Unsere Mandantin war also ohne ihr Verschulden an der rechtzeitigen Einlegung des Widerspruchs gehindert (§ 27 Abs. 1 SGB X).

2. Der Widerspruch ist auch begründet. Unsere Mandantin zog sich am 6.3.2005 bei einem Verkehrsunfall eine komplizierte Unterschenkeltrümmerfraktur zu, die osteosynthetisch versorgt wurde. Das bei der Operation eingesetzte Metall muss nun operativ entfernt werden. Unsere Mandantin muss dafür eine Woche stationär im F-Krankenhaus aufgenommen werden. In der Zeit kann sie ihren Haushalt und ihr 6-jähriges Kind nicht versorgen. Sie beantragte deshalb die Bewilligung einer Haushaltshilfe gem. § 38 SGB V. Im Bescheid vom 30.5.2006 wurde der Antrag mit der Begründung abgelehnt, die im Haushalt unserer Mandantin lebende 81-jährige Mutter könne den Haushalt während des stationären Aufenthalts versorgen.

Das ist nicht der Fall. Die Mutter unserer Mandantin hat vor zwei Jahren einen Schlaganfall erlitten. Sie sitzt seitdem im Rollstuhl und kann kaum sprechen.

Beweis: Attest des Herrn Dr. ▪▪▪

Unsere Mandantin hat deshalb einen Anspruch auf Bewilligung einer Haushaltshilfe.

Rechtsanwalt

VIII. Antrag auf Aufhebung eines bestandskräftigen Verwaltungsakts (§ 44 SGB X)

Wurde die Widerspruchsfrist gegen einen Verwaltungsakt, die Klagefrist oder aber auch eine Frist im Rechtsmittelverfahren schuldhaft nicht gewahrt, dann wird der belastende Ausgangsverwaltungsakt, mit dem eine bereits bewilligte Leistung entzogen oder eine beantragte Leistung nicht bewilligt wird, rechtskräftig. Gleichwohl kann der bestandskräftige Bescheid noch angegriffen, geprüft und infolge der Prüfung aufgehoben werden.   311

Gem. § 44 SGB X ist ein bestandskräftiger Verwaltungsakt aufzuheben, wenn er rechtswidrig ist. Hat der Versicherte einen belastenden Verwaltungsakt bestandskräftig werden lassen,   312 weil er eine Frist versäumt hat, dann muss gem. § 44 SGB X bei der Behörde, die den Bescheid erlassen hat, beantragt werden, den belastenden Bescheid wegen Rechtswidrigkeit aufzuheben. Lehnt die Behörde diesen Antrag durch Verwaltungsakt ab, weil sie den schon bestandskräftigen Bescheid für rechtmäßig hält, dann kann gegen den nun neu erlassenen Bescheid, mit dem der Antrag nach § 44 SGB X abgelehnt wird, erneut Widerspruch und gegebenenfalls Klage erhoben werden. Auf diesem Weg kann ein schon bestandskräftiger Bescheid auch gerichtlich überprüft werden.

313

Muster: Antrag nach § 44 SGB X

 ↓

An die ▪▪▪ Rentenversicherung

Az ▪▪▪

In Sachen

des Herrn ▪▪▪

beantragen wir namens und in Vollmacht unseres Mandanten,

den Bescheid vom ▪▪▪ gem. § 44 SGB X wegen unrichtiger Anwendung des Rechts aufzuheben.

Begründung:

Unser Mandant ist als Tischler bei der Firma F. beschäftigt. Er leidet unter einem lumbalen Schmerzsyndrom, das durch eine inzwischen verheilte Impressionsfraktur an den großen LWK 4 und 5 verursacht wird. Er beantragte am ▪▪▪ Leistungen zur medizinischen Rehabilitation, die mit Bescheid vom ▪▪▪ abgelehnt wurden.

Die Ablehnung ist rechtswidrig. Durch das Schmerzsyndrom ist es unserem Mandanten nicht mehr möglich, Lasten von mehr als 5 kg zu heben oder zu tragen. Außerdem kann er Arbeiten in Zwangshaltungen nicht mehr ausführen. Er kann nicht mehr lange stehen. Seine Erwerbsfähigkeit ist dadurch gemindert. Durch eine medizinische Rehabilitationsmaßnahme könnte sie verbessert bzw wiederhergestellt werden.

Sie sind deshalb verpflichtet, unserem Mandanten die beantragte Leistung zu bewilligen.

Eine Vollmacht ist im Original beigefügt.

Rechtsanwalt

 ↑

IX. Beweisanträge

314 Im sozialgerichtlichen Verfahren gilt, wie auch im Verwaltungsverfahren, der Amtsermittlungsgrundsatz, dh die Untersuchungsmaxime. Gleichwohl empfiehlt es sich, als Anwalt aktiv Beweismittel zu benennen und Beweisanträge zu stellen.

315 **Hinweis:** Der Anwalt sollte sich deshalb nicht scheuen, bereits in der Klagebegründung die Anhörung namentlich benannter Ärzte, insbesondere Spezialisten, anzuregen. Dies kann bei Aufgeschlossenheit des Richters in geeigneten Fällen zu einer Straffung und Beschleunigung des Verfahrens führen.

316 Beauftragt das Gericht einen **Sachverständigen** mit der Erstellung eines medizinischen Sachverständigengutachtens, dann muss der Anwalt die Beweisanordnung des Gerichts prüfen, insbesondere folgende Fragen:

▪ Sind die vom Gericht gestellten Beweisfragen entscheidungserheblich und vollständig?

- Sind in der Beweisanordnung die Besonderheiten des zu entscheidenden Falls ausreichend berücksichtigt?
- Ist, soweit es darauf ankommt, der berufliche Werdegang des Klägers zutreffend skizziert?
- Sind alle Umstände des Unfallhergangs ermittelt?

Daneben sollte der Rechtsanwalt prüfen, ob das Gericht einen geeigneten und qualifizierten Gutachter ausgewählt hat und auch ansonsten keine Gründe gegen die Benennung des Sachverständigen als Gutachter sprechen. Er sollte sich folgende Fragen stellen: 317

- Verfügt der Sachverständige über die erforderliche Fachkunde iSv § 407a Abs. 1 ZPO?
- Ist gegebenenfalls ein psychologisches Zusatzgutachten erforderlich, um die Umstellungs- und Anpassungsfähigkeit zu überprüfen?
- Sind bei der Aufklärung des Sachverhalts spezielle arbeitsmedizinische Erfahrungen gefragt? Vermag der Gutachter Fragen in dieser Hinsicht mit seiner Qualifikation zu beantworten?
- Besitzt der Facharzt auf seinem Fachgebiet die erforderliche Qualifikation? Beispielsweise: Ist bei einem internistischen Gutachten ein Lungenfacharzt oder ein Kardiologe geeigneter?
- Bedarf es gegebenenfalls ergänzender Fachkunde, zB bei der Interpretation von Röntgenaufnahmen oder CT-Befunden?
- Liegen Gründe vor, weshalb der beauftragte Arzt von der Sachverständigentätigkeit ausgeschlossen ist, etwa weil er schon einmal früher an dem Verfahren beteiligt war?
- Besteht gegebenenfalls die Besorgnis der Befangenheit, beispielsweise weil der Gutachter ständig mit der Gegenseite zusammenarbeitet oder eine persönliche Auseinandersetzung mit dem Mandanten zu befürchten ist?

Besteht mit der Person des Sachverständigen kein Einverständnis, dann muss die Benennung des Sachverständigen gem. § 406 Abs. 2 ZPO innerhalb von zwei Wochen, also noch vor Erstellung des Gutachtens, gerügt werden. Kann die Befangenheit des Sachverständigen nicht innerhalb der genannten Frist gerügt werden, weil Umstände, die die Befangenheit begründen, erst später zutage treten, dann muss die Rüge der Befangenheit unverzüglich ausgesprochen werden. 318

Sobald das **Sachverständigengutachten** vorliegt, muss der Rechtsanwalt dieses kritisch überprüfen und sich dabei ggf folgende Fragen stellen: 319

- Hat der beauftragte Arzt selbst die erforderlichen Untersuchungen und Auswertungen vorgenommen, oder hat er unter Verstoß gegen § 407a Abs. 2 ZPO den Auftrag an Dritte weitergegeben?
- Inwieweit hat er nachgeordnete Ärzte zu sog. Hilfstätigkeit herangezogen? Hat der Sachverständige den gesamten Akteninhalt, also sämtliche Vorgutachten, Befundberichte und weitere ärztliche Unterlagen, vollständig mitgewürdigt und in seiner Beurteilung diskutiert, oder bestehen nicht auflösbare Widersprüche zwischen der Beurteilung des Sachverständigen und den Vorbefunden bzw dem Vorgutachten?
- Hat der Sachverständige die seiner Beurteilung vorgreifenden sog. Anknüpfungstatsachen zutreffend berücksichtigt (zB Unfallhergang, Exposition bezüglich einer streitigen Berufskrankheit oder Anforderungen, die eine bestimmte berufliche Tätigkeit von dem Arbeitnehmer verlangt)?
- Hat der Sachverständige alle Klagen des Mandanten zur Kenntnis genommen? Hat er sich, sofern es erforderlich ist, gegebenenfalls der Hilfe eines Dolmetschers bedient?

■ Hat der Sachverständige alle Fragen nachvollziehbar und vollständig beantwortet? Hat er gegebenenfalls seine von den Vorgutachten abweichende Meinung begründet oder widersprechen sich die einzelnen Antworten?

■ Ergibt sich aus der Beurteilung, dass der Sachverständige Rechtsbegriffe seinerseits auslegt und damit seine Kompetenz überschreitet oder seiner Beurteilung ein falsches rechtliches Vorverständnis zugrunde legt?

■ Hat er beispielsweise die Grundsätze über die Kausalität in der gesetzlichen Unfallversicherung oder das Gebot der „Integration" von Einzelminderungen der Erwerbsfähigkeit beachtet?

■ Hatte der Sachverständige möglicherweise die Minderung der Erwerbsfähigkeit iSv § 56 Abs. 2 SGB VII mit den Invaliditätsgraden gem. § 8 Allgemeine Versicherungsbedingungen der Unfallversicherungen (private Versicherung) verwechselt? Hat er Anforderungen an die Leistungsprüfung gemäß den Bedingungen der privaten Lebensversicherung (Berufsunfähigkeitsversicherung) mit denen von § 43 SGB VI verwechselt?

■ Entspricht die Beurteilung durch den Sachverständigen den Erfahrungen der Sozialmedizin?

■ Reichen die Ergebnisse eines Tests zur Feststellung der körperlichen Leistungsfähigkeit aus, um das Leistungsvermögen sachgerecht zu beurteilen, oder müssen noch Aspekte der psychischen Belastbarkeit berücksichtigt werden?

■ Sind die vom Sachverständigen beschriebenen Depressionen oder Neurosen wirklich „bewusstseinsnah", also bei Anspannung aller Kräfte überwindbar?

320 Nach Erhalt des Gutachtens muss der Rechtsanwalt mit seinem Mandanten Rücksprache halten und mit ihm die Befunderhebung und deren Beurteilung sowie die Grundlagen, die der medizinischen Beurteilung zugrunde liegen, erörtern. Der Mandant muss darüber informiert werden, welche Schlüsse das Gericht aus dem Gutachten ziehen wird und muss. Gleichzeitig sollte das Gutachten dem Mandanten übergeben werden mit der Bitte, es dem behandelnden Arzt zu übermitteln, wiederum mit der Bitte um ergänzende Stellungnahme, auch aus der Sicht therapeutischer Bemühungen der Vergangenheit.

321 Der Mandant muss gefragt werden, ob inzwischen neue Behandlungsberichte, Krankenhaus-Entlassungsberichte, Befundberichte oder Gutachten anderer Leistungsträger, zB der Agentur für Arbeit, des Versorgungsamts oder der Berufsgenossenschaft, vorliegen, die im Widerspruch zum Gerichtsgutachten stehen. Der Anwalt sollte sich von seinem Mandanten die im Alltag auftretenden Gesundheitsbeeinträchtigungen anhand des Alltagsablaufs oder bei Verrichtung leichter Tätigkeiten noch einmal schildern lassen, um detaillierte Kritik am Gerichtsgutachten üben zu können. Soweit die Möglichkeit besteht, sollten Zeugen für die Schilderung benannt werden, zB Angehörige oder Pflegepersonen iSv § 9 SGB XI bzw das Pflegepersonal eines Heimes, wenn der Pflegebedarf gem. §§ 14, 15 SGB XI festgestellt werden soll. Mit dem Mandanten sollte erörtert werden, ob ein Privatgutachten eingeholt werden kann und muss. Außerdem sollte erörtert werden, ob ein Antrag auf Anhörung des Sachverständigen gem. §§ 397, 411 Abs. 3 ZPO gestellt werden sollte.

322 Wenn das Gericht bereits ein medizinisches Sachverständigengutachten eingeholt hat, dann ist es häufig trotz der Kritik des Rechtsanwalts nicht bereit, **weitere Sachaufklärung** zu betreiben und ein Gutachten aus dem gleichen Fachgebiet wie in dem bereits vorliegenden Gutachten einzuholen. In diesem Fall sollte der Anwalt gem. § 109 SGG beantragen, dass ein bestimmter Arzt mit der Erstellung eines Gutachtens beauftragt werde. Die Kosten für ein solches Gutachten muss der Mandant selbst tragen. Das Gericht fordert einen Kostenvor-

schuss. Zudem muss der Mandant gegenüber dem Gericht auf einem hierfür vorgesehenen Formular die persönliche Kostenhaftung durch Unterschrift bestätigen. Die Kosten eines Gutachtens nach § 109 SGG werden in der Regel von der Rechtsschutzversicherung getragen. Es empfiehlt sich allerdings, die Kostenzusage der Rechtsschutzversicherung einzuholen, bevor der Antrag nach § 109 SGG gestellt wird.

Im Rahmen der Prozesskostenhilfe werden die Kosten für ein Gutachten nach § 109 SGG **323** nicht durch die Staatskasse übernommen. Nach Abschluss des Verfahrens bzw der Instanz, in der der Antrag gestellt wurde, besteht aber die Möglichkeit, bei der Staatskasse einen Antrag auf Übernahme der Kosten zu stellen. Wenn der Rechtsstreit durch das Gutachten zumindest gefördert wurde, dann können die Kosten des Gutachtens (zumindest teilweise) der Staatskasse auferlegt werden.

Der „arme" Kläger, der nicht in der Lage ist, einen Kostenvorschuss im Rahmen des § 109 **324** SGG zu leisten, sollte außerdem beantragen, ihn von der Vorschusspflicht zu befreien. Gleichwohl können die Kosten am Ende auf ihn zukommen, wenn das Gutachten zur Förderung des Rechtsstreits nicht beigetragen hat.

Bei der **Auswahl des Sachverständigen** muss der Rechtsanwalt besonders sorgfältig vorgehen. **325** Die Mandanten möchten häufig den behandelnden Arzt als Sachverständigen im Rahmen des § 109 SGG benennen. Die Benennung des behandelnden Arztes sollte jedoch nur in Ausnahmefällen geschehen, auch wenn dieser Arzt grundsätzlich das Vertrauen des Mandanten genießt. Häufig besitzt der behandelnde Arzt nämlich keinerlei Gutachtenerfahrung und weiß deshalb nicht, worauf es im konkreten Fall ankommt. In der Regel ist es deshalb besser, wenn man den Mandanten bittet, der ihn behandelnde Facharzt möge einen ihm bekannten Gutachter benennen. Sachverständige, von denen man nicht weiß, ob sie Gutachten erstellen, sollten vor der Antragstellung befragt werden, ob sie zur Erstellung eines Gutachtens bereit sind. Dies hilft, erhebliche Verzögerungen zu vermeiden, die durch Ablehnung eines Gutachtenauftrags notgedrungen entstehen. Lehnt ein benannter Gutachter die Erstellung des Gutachtens gegenüber dem Gericht ab, so ist das Recht zur Benennung eines Arztes im Rahmen von § 109 SGG nicht „verbraucht". Der Kläger kann dann einen anderen Arzt benennen. § 109 SGG sieht die Möglichkeit vor, einen medizinischen Sachverständigen zu hören, was nach Ablehnung des Gutachtenauftrags durch den erstbenannten Gutachter noch nicht der Fall war.

Es muss allerdings berücksichtigt werden, dass die Anhörung eines medizinischen Sachver- **326** ständigen zur Folge hat, dass der **Antrag nach § 109 SGG nur einmal** im Laufe des Rechtsstreits gestellt werden kann. Wurde er also bereits in erster Instanz gestellt, dann kann in zweiter Instanz ein erneuter Antrag nach § 109 SGG nicht gestellt werden. Ausnahmen von diesem Grundsatz sind möglich,

- wenn das Gericht weitere ärztliche Unterlagen beizieht, ein weiteres Gutachten von Amts wegen eingeholt würde oder auch die Gegenseite neue fachärztliche Gutachten vorgelegt hat,
- das nach § 109 SGG bereits vorliegende Gutachten ergänzungsbedürftig ist, weil neue Aspekte der Krankengeschichte oder weiteres medizinisches Material bekannt geworden sind oder
- das erste vorliegende Gutachten gem. § 109 SGG nicht vom beauftragten Sachverständigen selbst erstellt wurde.

327

Muster: Antrag auf Anhörung eines bestimmten Arztes (§ 109 SGG)

 ↓

An das Sozialgericht ■■■

In dem Rechtsstreit

Herr ■■■ [Kläger] ./. ■■■ Krankenkasse [Beklagte]

Az ■■■

wird gem. § 109 SGG beantragt,

ein schriftliches Gutachten des Herrn Prof. Dr. ■■■, Facharzt für ■■■, ■■■ [Anschrift] einzuholen.

Beweisthema:

War der Kläger trotz der Folgen des am ■■■ erlittenen Unfalls ab dem ■■■ ohne Gefährdung seiner Gesundheit wieder in der Lage, seinen Beruf als Malermeister auszuüben?

Begründung:

Die bisher im gerichtlichen Verfahren gehörten Sachverständigen haben die von der Beklagten vertretene Auffassung bestätigt, dass der Kläger ab dem ■■■ seine Arbeit wieder hätte aufnehmen können. Die Gutachten berücksichtigen jedoch die Verletzungen an der Wirbelsäule nicht ausreichend. Bei größeren Anstrengungen leidet der Kläger noch heute unter erheblichen Schmerzen im Rückenbereich. Diese sind Folgen des Unfalls vom ■■■. Bei seiner Tätigkeit als Maler muss der Kläger oft mehrere Stunden auf Leitern stehen, über Kopf arbeiten bzw die Wirbelsäule belastende Zwangshaltungen einnehmen. Außerdem muss er gelegentlich schwere Gegenstände heben und tragen. Dies kann, wie der benannte Sachverständige bestätigen wird, zu einer Verschlimmerung seines Rückenleidens führen. Der Kläger ist deshalb weiterhin arbeitsunfähig und hat über den ■■■ hinaus Anspruch auf Krankengeld.

Rechtsanwalt

 ↑

328

Muster: Antrag auf Übernahme der Kosten für ein Gutachten nach § 109 SGG

 ↓

An das Sozialgericht ■■■

Az ■■■

In Sachen

Frau ■■■ [Klägerin] / ■■■ Rentenversicherung [Beklagte]

beantrage ich,

die verauslagten Kosten für das gem. § 109 SGG von Dr. ■■■ eingeholte Gutachten durch die Staatskasse zu übernehmen,

da es wesentlich zur Sachaufklärung beigetragen hat. Es hat hinsichtlich der Befunderhebung und der Diagnose gegenüber dem nach § 106 SGG von Dr. ■■■ eingeholten Gutachten wesentliche neue Erkenntnisse gebracht. Daraufhin hat die Beklagte ein Anerkenntnis abgegeben.

Rechtsanwältin

 ↑

Muster: Beschwerde gegen die Kostenentscheidung wegen der Kosten für ein Gutachten nach § 109 SGG

An das Sozialgericht ▪▪▪

Az ▪▪▪

In Sachen

Frau ▪▪▪ [Klägerin] / ▪▪▪ Rentenversicherung [Beklagte]

lege ich gegen den Beschluss des Sozialgerichts ▪▪▪ vom ▪▪▪

Beschwerde

ein.

Begründung:

Der Antrag der Klägerin, die von ihr verauslagten Kosten für das gem. § 109 SGG von Herrn Dr. B. eingeholte Gutachten durch die Staatskasse zu übernehmen, ist begründet.

Das Gutachten hat wesentlich zur Sachaufklärung beigetragen. Dr. B. hat in seinem Gutachten neue Gesichtspunkte aufgezeigt, die das Sozialgericht dazu veranlasst haben, ein weiteres Gutachten von Dr. U. einzuholen. Wenn das SG dann bei seiner Urteilsfindung dem Gutachten des Dr. U. den Vorzug gegeben hat, kann daraus nicht abgeleitet werden, dass das Gutachten des Dr. B. keinen wesentlichen Beitrag zur Sachverhaltsaufklärung gebracht hat. Gegenüber dem ersten von Amts wegen eingeholten Gutachten des Herrn Dr. A. enthielt das Gutachten des Herrn Dr. B. nicht nur erheblich abweichende Befunde und Diagnosen, sondern beruhte auch auf einer eingehenderen klinischen Untersuchung, so dass seinem Gutachten gegenüber dem des Dr. A. ein höherer Beweiswert zukam.

Rechtsanwältin

Hinweis: Kommt auch der nach § 109 SGG benannte Gutachter zu dem Ergebnis, dass die medizinischen Voraussetzungen für den in der Klage geltend gemachten Anspruch nicht vorliegen, dann sollte mit dem Mandanten ggf erörtert werden, die Klage zurückzunehmen. Im sozialrechtlichen Verfahren kann jederzeit ein neuer Leistungsantrag gestellt werden, beispielsweise bei Verschlimmerung der Leiden.

330

X. Forderungsübergang

1. Cessio legis (§ 116 Abs. 1 S. 1 SGB X)

Gem. § 116 Abs. 1 S. 1 SGB X geht ein auf anderen gesetzlichen Vorschriften beruhender Anspruch auf Schadensersatz auf den Versicherungsträger oder Träger der Sozialhilfe über, soweit diese auf Grund des Schadensereignisses Sozialleistungen zu erbringen haben, die der Behebung eines Schadens der gleichen Art dienen und sich auf denselben Zeitraum beziehen wie der vom Schädiger zu leistende Schadensersatz.

331

a) Der Schadensersatzanspruch des Geschädigten

Der Forderungsübergang erfasst Ansprüche aus Verschuldens- und Gefährdungshaftung und aus Vertragsverletzung sowie den Amtshaftungsanspruch gem. § 839 BGB. Ansprüche aus privatem Versicherungsvertrag gehen nicht über.

332

333 Eine Identität zwischen Leistungsempfänger und Schadensersatzberechtigten ist nicht zwingend erforderlich, lediglich **sachliche Kongruenz.** Zu beachten ist, dass unabhängig davon, ob der Leistungsempfänger der Schadensersatzberechtigte ist oder nicht, dem Schädiger beziehungsweise dessen Versicherung alle Einwendungen zustehen, die der Schädiger auch gegen den Geschädigten erheben kann, zB Mithaftung oder Verstoß gegen die Schadenminderungspflicht.

334 Die Einrede der Verjährung kann vom Schädiger gegenüber dem zuständigen Sachbearbeiter des sozialen Leistungsträgers allerdings nur dann erhoben werden, wenn der zuständige Sachbearbeiter Kenntnis vom Schadensfall und von der Person des Schädigers erhalten hat und deshalb die Verjährungsfrist zu laufen begonnen hat. Erlangt der zuständige Sachbearbeiter infolge grober Fahrlässigkeit keine Kenntnis, beginnt die Frist ebenfalls zu laufen.

b) Voraussetzungen des Forderungsübergangs

335 Die Schadensersatzansprüche gehen nur insoweit auf den Sozialleistungsträger über, als

- eine sachliche Kongruenz besteht, dh die Leistungen zur Behebung eines Schadens gleicher Art gedient haben,

und

- eine zeitlichen Kongruenz vorhanden ist, dh die Leistungen des sozialen Leistungsträgers sich auf denselben Zeitraum beziehen wie der vom Schädiger zu leistende Schadensersatz.

aa) Sachliche Kongruenz

336 Sachliche Kongruenz ist gegeben, wenn die Leistungen des Sozialleistungsträgers den gleichen Zweck erfüllen wie die Schadensersatzleistungen. Sie müssen dem Ausgleich ein und derselben Einbuße des Geschädigten dienen. **Übergangsfähige Positionen** sind danach beispielsweise:

- **Sachschäden:** Kosten für Anschaffung, Ersatz oder Reparatur von Hilfsmitteln, beispielsweise künstlichen Körperteilen gem. § 33 SGB V.
- **Personenschäden:** Leistungen für die stationäre und ambulante Behandlung gem. § 27 SGB V und gem. § 37 SGB V häusliche Krankenpflege.
- **Erwerbsschäden:**
  - Krankengeld gem. § 44 SGB V bzw Verletztengeld gem. § 45 SGB VII oder Übergangsgeld gem. § 49 SGV VII,
  - Erwerbsminderungsrente eines Rentenversicherungsträgers (§ 43 SGB VI),
  - Verletztenrente gem. § 56 SGB VII,
  - Aufwendungen eines Unfallrentenversicherungsträgers zur beruflichen Rehabilitation.
- **Vermehrte Bedürfnisse:**
  - Haushaltshilfe bei Krankenhausbehandlung (§ 38 SGB V),
  - Leistungen des Unfallversicherungsträgers zur sozialen Rehabilitation (§ 39 ff SGB V),
  - Pflegegeld.
- **Unterhaltsschäden:** Hinterbliebenenrente.

337 **Nicht übergehen** können hingegen folgende beispielhaft aufgeführte Positionen:

- Schmerzensgeld,

- Ansprüche aus privaten Versicherungs- und Versorgungsverträgen, da der Geschädigte diese Leistungen selbst durch Eigenleistung erworben hat, weshalb sie dem Schädiger nicht zugutekommen dürfen,
- freiwillige Leistungen Dritter.

bb) Zeitliche Kongruenz

Zeitliche Kongruenz bedeutet, dass die Leistungen des Sozialleistungsträgers sich auf denselben Zeitraum beziehen müssen wie der vom Schädiger zu leistende Schadensersatz. Das heißt, sowohl der Schaden wie auch die Leistungen des Sozialleistungsträgers müssen zeitlich aufgeteilt werden. Sofern ein Verdienstausfall nur für einen Teil des Monats entsteht, findet auch nur für diesen Teil ein Forderungsübergang statt.

338

c) Zeitpunkt des Forderungsübergangs

Der Forderungsübergang erfolgt im Zeitpunkt des Schadensereignisses, dh im Moment der Schadensentstehung, wenn folgende weitere Voraussetzungen erfüllt sind:

339

- Ein Sozialversicherungsverhältnis muss zum Zeitpunkt des Unfalls bestehen. Wird es erst später begründet, dann erwirbt der Sozialleistungsträger die Forderung erst mit der Begründung des Versicherungsverhältnisses.
- Auf Grund der Art der Verletzung muss überhaupt eine Leistungspflicht des Sozialversicherungsträgers möglich sein, dh sie darf nicht völlig unwahrscheinlich erscheinen, wobei bereits eine entferntere Möglichkeit ausreicht.
- Die vom Sozialleistungsträger gewährte Leistung muss in ihrer Art bereits gesetzlich vorgesehen sein. Wird durch eine Gesetzänderung ein neuer Anspruch des Versicherten geschaffen, der im bisherigen Leistungssystem nicht enthalten war (Systemänderung), dann erfolgt der Forderungsübergang erst mit dem Inkrafttreten des Gesetzes. Beispiele hierfür sind die Neuregelung der Witwen- und Waisenhilfe nach § 48 BVG und die Einführung des Pflegegeldes für nicht schwerstpflegebedürftige Personen.

Keine Systemänderung sind hingegen die Anpassung von Leistungen an Änderungen im allgemeinen Lohn- und Preisgefüge, die Änderung von Berechnungsmodalitäten bzw eine Umstellung der Rentendynamik.

340

d) Rechtsfolgen

Der Forderungsübergang erfolgt uneingeschränkt und unbefristet und umfasst alle gegenwärtigen und künftigen Leistungen des Sozialleistungsträgers. Der Forderungsübergang steht unter der auflösenden Bedingung des endgültigen Wegfalls der Leistungspflicht des Sozialleistungsträgers bzw der Beendigung des Sozialversicherungsverhältnisses. Endet die Leistungspflicht, dann fällt der Anspruch wieder auf den Geschädigten zurück.

341

Da der Geschädigte nicht der Rechtsnachfolger des Sozialleistungsträgers ist, muss er sich einen von diesem geschlossenen Abfindungsvergleich oder den Ablauf der Verjährungsfrist bezüglich des Sozialleistungsträgers nicht entgegenhalten lassen. Dagegen muss der Sozialleistungsträger sich Vergleiche, die von dem Geschädigten vor dem Übergang abgeschlossen wurden, entgegenhalten lassen. Das gilt auch für eine eventuell abgelaufene Verjährungsfrist.

342

Hinweis: Es empfiehlt sich deshalb, stets in einen Vergleich bzw in eine Abfindungserklärung den Zusatz aufzunehmen, dass alle Ansprüche abgegolten sind, *„..., soweit nicht die Ansprü-*

343

che des Geschädigten bereits auf den Sozialleistungsträger oder Dritte übergegangen sind bzw übergehen."

e) Mitverschulden des Geschädigten

aa) Anteiliger Forderungsübergang

344 Ist der Anspruch auf Ersatz eines Schadens durch ein mitwirkendes Verschulden oder eine mitwirkende Verantwortlichkeit des Geschädigten begrenzt, geht auf den Sozialversicherungsträger oder Träger der Sozialhilfe gem. § 116 Abs. 3 SGB X nur der Anteil über, der dem Prozentsatz entspricht, für den der Schädiger ersatzpflichtig ist. Das bedeutet, der Sozialversicherungsträger kann von dem Betrag, den er bei einer Haftung in Höhe von 100% regressieren könnte, nur den Anteil geltend machen, der ihm nach der Quote zusteht.

345 **Beispiel: Mithaftung 50%**

Verdienstausfall:	4.000 EUR
Krankengeld:	3.200 EUR
Eigenschaden des Geschädigten:	800 EUR
Zahlung des Schädigers:	2.000 EUR
Forderungsübergang auf die Krankenkasse:	1.000 EUR

bb) Ausschluss bzw Begrenzung des Forderungsübergangs auf den Sozialleistungsträger bei Mithaftung

346 In vier gesetzlich normierten Fällen, die ausschließlich zugunsten des Geschädigten wirken, gilt die Grundregel des Forderungsübergangs bei Mithaftung des Geschädigten, der zu einer Minderung der Ansprüche des Geschädigten führen kann, nicht.

(1) Befriedungsvorrecht des Geschädigten

347 Gem. § 116 Abs. 4 SGB X hat die Durchsetzung von Ansprüchen des Geschädigten oder seiner Hinterbliebenen Vorrang vor den nach § 116 Abs. 1 SGB X auf den Sozialversicherungsträger übergegangenen Ansprüchen, wenn der Durchsetzung der Ansprüche des Geschädigten tatsächliche Hindernisse entgegenstehen. Diese können bestehen, wenn der Schädiger und/oder seine Haftpflichtversicherung nicht genügend Mittel zur Verfügung haben, um den Schaden vollumfänglich auszugleichen. Dieser Fall tritt beispielsweise ein, wenn ein Schädiger seinen PKW lediglich mit der Mindestversicherungssumme versichert hat, aber einen Schaden verursacht, für dessen Regulierung die Mindestversicherungssumme nicht ausreicht.

348 Das Befriedigungsvorrecht gilt lediglich für den Sozialleistungsträger des jeweils Geschädigten. Sind die Ansprüche mehrerer Geschädigter zu befriedigen, muss ein **Verteilungsplan** aufgestellt werden.

(2) Quotenvorrecht des Geschädigten

349 Gem. § 116 Abs. 2 SGB X geht der Anspruch auf Ersatz eines Schadens, der durch Gesetz der Höhe nach begrenzt ist, nur insoweit auf den Versicherungsträger oder Träger der Sozialhilfe über, als er nicht zum Ausgleich des Schadens des Geschädigten oder seiner Hinterbliebenen erforderlich ist. Bedeutsam wird diese Vorschrift hauptsächlich bei Konstellationen, in denen der Schädiger lediglich nach dem Straßenverkehrsgesetz oder dem Haftpflichtgesetz haftet. In diesen Gesetzen gelten Haftungshöchstgrenzen, die durchaus dazu führen können, dass Ansprüche des Geschädigten nicht in vollem Umfang befriedigt werden.

Trifft eine gesetzliche Haftungsbeschränkung auf Höchstbeträge mit einer Konstellation zusammen, bei der eine Anspruchsbegrenzung wegen des Mitverschuldens des Geschädigten nach § 116 Abs. 3 SGB X stattfindet, dann steht dem Geschädigten bei nur teilweisem Forderungsübergang kein Quotenvorrecht zu. | 350

(3) Sozialhilfebedürftigkeit

Gem. § 116 Abs. 3 S. 3 SGB X ist ein Anspruch auf Übergang ausgeschlossen, sofern der Geschädigte oder seine Hinterbliebenen durch den Anspruchsübergang hilfebedürftig werden würden. Dieser gesetzlich normierte Ausnahmefall hat eine Konstellation vor Augen, bei der auf Grund des Forderungsübergangs auf den Sozialleistungsträger der Geschädigte in Mithaftungsfällen hilfebedürftig nach dem SGB II würde und ihm Leistungen zur Sicherung des Lebensunterhalts gewährt werden müssten. Die Vorschrift hat wenig praktische Relevanz. | 351

(4) Das Quotenvorrecht gem. § 116 Abs. 5 SGB V

Hat der Sozialleistungsträger nach dem Unfall keine höheren Sozialleistungen zu erbringen als vor dem Unfall, dann greift ein Quotenvorrecht zugunsten des Geschädigten bzw seiner Hinterbliebenen ein. Ein Forderungsübergang auf den Sozialleistungsträger findet in einem solchen Fall erst dann statt, wenn der verbliebene Eigenschaden des mithaftenden Geschädigten bzw der mithaftenden Hinterbliebenen voll ausgeglichen wurde. | 352

Beispiel: Ein Rentner wurde getötet. Die Rentenversicherung muss nun nicht mehr dessen Rente, sondern nur noch eine geringere Witwenrente zahlen. Die Witwe darf in einem solchen Fall zunächst ihre ungedeckten restlichen Haushaltsschäden geltend machen, bevor der Sozialversicherungsträger Regress nehmen kann. Diese Vorschrift ist insbesondere in Mitverschuldensfällen relevant, wenn die fixen Haushaltskosten sehr hoch sind und der Unterhaltspflichtige neben seiner Rente ein weiteres Einkommen erzielte. | 353

f) Angehörigenprivileg

Gem. § 116 Abs. 6 SGB X findet der Forderungsübergang nicht statt bei vorsätzlicher Schädigung durch Familienangehörige, die im Zeitpunkt des Schadenereignisses mit dem Geschädigten oder seinen Hinterbliebenen in häuslicher Gemeinschaft gelebt haben. Gleiches gilt, wenn der Schädiger mit dem Geschädigten oder einem Hinterbliebenen nach Eintritt des Schadensereignisses die Ehe geschlossen hat und in häuslicher Gemeinschaft lebt. Der Regress ist auch dann ausgeschlossen, wenn der Schädiger haftpflichtversichert ist. | 354

Familienangehörige sind: | 355

- Ehegatten,
- Partner einer eingetragenen Lebensgemeinschaft,
- Verwandte in auf- und absteigender Linie,
- Adoptiv- und Stiefkinder bzw -eltern,
- Pflegekinder, wenn sie in einem länger dauernden Pflegeverhältnis mit intensiver Verbindung zum Familienverband betreut werden.

Nicht privilegiert werden: | 356

- geschiedene Ehegatten,
- Verlobte.

357 Da der Zweck der Vorschrift darin besteht, den Familienfrieden zu bewahren und die Familienkasse vor Inanspruchnahme durch den Sozialleistungsträger zu schützen, ist umstritten, ob die Privilegierung auch auf **nichteheliche Lebensgemeinschaften** ausgedehnt werden kann. Das OLG Brandenburg[67] hat das im Fall einer nichtehelichen Lebensgemeinschaft getan, aus der ein Kind hervorgegangen war, welches von beiden Partnern erzogen wurde. Trotz dieser Tendenz geht die Rechtsprechung aber überwiegend davon aus, dass die Ausdehnung des Familienprivilegs nicht in Betracht kommt.[68]

358 Eine **häusliche Gemeinschaft** besteht bei einem Zusammenleben für eine gewisse Dauer, wobei eine gemeinsame Lebens- und Wirtschaftsführung praktiziert werden und der Lebensmittelpunkt sich in einem gemeinsamen Haus oder einer gemeinsamen Wohnung befinden muss. Vorübergehende Trennungen heben die häusliche Gemeinschaft nicht auf. Gerade bei Kindern bleibt diese auch dann bestehen, wenn sie sich zum Zweck der Ausbildung an einen anderen Ort begeben, die Eltern aber nach wie vor der Mittelpunkt ihres Lebens sind und diese Sorge für das materielle und seelische Wohl des Kindes tragen.

359 Die häusliche Gemeinschaft muss zum Zeitpunkt des Unfalls bestehen. § 116 Abs. 6 SGB X ist allerdings auch dann anwendbar, wenn

- die Voraussetzungen später entfallen,
- der Schädiger beim Unfall getötet wird,
- die häusliche Gemeinschaft der Ehegatten erst später begründet wird,
- die Eheschließung erst nach dem Unfall erfolgt.

Die beiden letztgenannten Ausnahmen müssen aber spätestens bis zur letzten mündlichen Verhandlung erfüllt sein.

2. Regress des Rentenversicherungsträgers gem. § 119 SGB X

360 Gem. § 119 Abs. 1 SGB X geht der Anspruch auf Ersatz von Beiträgen zur Rentenversicherung vom Versicherten/Geschädigten auf den Versicherungsträger über, wenn er im Zeitpunkt des Schadensereignisses bereits Pflichtbeitragszeiten nachweisen kann oder danach pflichtversichert wird. Die Darlegungs- und Beweislast dafür, dass dem Geschädigten infolge des Unfalls versicherungspflichtiges Einkommen entgangen ist und deshalb Rentenversicherungsbeiträge ausgefallen sind, obliegt dem Rentenversicherungsträger. Für den Forderungsübergang nach § 119 SGB X wird der Rentenversicherungsträger aber privilegiert. Gem. § 62 SGB VI wird der Schaden nämlich fingiert.

XI. Kostenrecht

1. Gerichtskosten

361 Gem. § 183 SGG ist das Verfahren vor den Sozialgerichten in allen Instanzen für Versicherte, Leistungsempfänger einschließlich Empfänger von Hinterbliebenenleistungen, für Behinderte und Sonderrechtsnachfolger nach § 56 SGB I **kostenfrei**, soweit sie als Kläger oder Beklagte beteiligt sind. Werden für einen durch Unfall geschädigten Mandanten Leistungen aus dem Bereich der gesetzlichen Kranken- oder Pflegeversicherung, der gesetzlichen Unfallversiche-

---

67 VersR 2002, 839.
68 OLG Köln VersR 2003, 1381.

rung, der gesetzlichen Rentenversicherung oder nach dem SGB IX geltend gemacht, so gehört er zum oben (Rn 361) genannten Personenkreis und muss keine Gerichtskosten zahlen.

2. Rechtsanwaltsgebühren

In den Verfahren, die für einen bei einem Unfall geschädigten Mandanten mit dem Sozialver-   **362**
sicherungsträger außergerichtlich und ggf vor den Sozialgerichten geführt werden, entstehen
Betragsrahmengebühren. Innerhalb des vom Gesetz festgelegten Rahmens hat der Rechtsanwalt seine Gebühren unter Berücksichtigung der Kriterien des § 14 RVG zu bestimmen.

Um zu begründen, dass eine **Tätigkeit besonders umfangreich und schwierig** war, weshalb   **363**
aus dem Gebührenrahmen eine hohe Gebühr abgerechnet werden darf, können folgende
Argumente ins Feld geführt werden:

- gute Einkommens- und Vermögensverhältnisse des Auftraggebers,
- überdurchschnittlich lange Verfahrensdauer,
- Bedeutung der Angelegenheit für den Mandanten,
- besondere Schwierigkeit der Verfahrensstoffs,
- Auswertung medizinischer und anderer Sachverständigenaussagen sowie ärztlicher Be-
  fundberichte,
- Teilnahme und Mitwirkung an einer längeren Beweisaufnahme,
- Durchsicht umfangreicher Verwaltungsakten und Auseinandersetzung hiermit,
- persönliche Problematik des Mandanten (besonders häufige und lange Gespräche mit dem
  Auftraggeber).

Sind Auftraggeber des Rechtsanwalts in derselben Angelegenheit mehrere Personen, erhöht   **364**
sich der Gebührenrahmen der Geschäfts- oder Verfahrensgebühr um 0,3 für jede Person nach
Nr. 1008 VV RVG. Es ist nicht erforderlich, das der Rechtsanwalt für mehrere Auftraggeber
wegen desselben Gegenstands tätig wird, er kann auch in demselben Verfahren mehrere
unterschiedliche Ansprüche geltend machen. Mehrere Erhöhungen dürfen aber nach Abs. 3
der Anmerkung zu Nr. 1008 VV RVG das Doppelte des unteren und des oberen Gebührenrahmens nicht überschreiten.

a) Außergerichtliche Gebühren

aa) Geschäftsgebühr

Der Rechtsanwalt erhält eine Geschäftsgebühr nach Nr. 2400 VV RVG aus einem Rahmen   **365**
von 40 EUR bis 520 EUR (Mittelgebühr 280 EUR). Eine Gebühr von mehr als 240 EUR
kann er gleichwohl nur verlangen, wenn die Tätigkeit umfangreich oder schwierig war. Die
Geschäftsgebühr nach Nr. 2400 VV RVG kann der Rechtsanwalt verlangen, wenn er im
Verwaltungsverfahren (Antragsverfahren) tätig war, aber auch dann, wenn er erstmals im
Rechtsbehelfsverfahren (dem der Nachprüfung des Verwaltungsakts dienenden Verfahren,
beispielsweise dem Widerspruchsverfahren) tätig war. Gebühren für eine vorausgegangene
Beratung sind anzurechnen.

War der Rechtsanwalt bereits im Verwaltungsverfahren tätig und in dem sich anschließenden   **366**
Rechtsbehelfsverfahren, erhält er nach Nr. 2401 VV RVG eine Gebühr nur aus dem Rahmen
von 40 EUR bis 260 EUR (Mittelgebühr 150 EUR). Eine über 120 EUR hinausgehende Gebühr kann der Rechtsanwalt in dem Fall nur verlangen, wenn seine Tätigkeit umfangreich
oder schwierig war (Nr. 2401 Abs. 2 VV RVG).

Das Verwaltungsverfahren und das Rechtsbehelfsverfahren sind gem. § 17 Nr. 1 RVG verschiedene gebührenrechtliche Angelegenheiten.

bb) Einigungs- und Erledigungsgebühr

367 Im sozialgerichtlichen Verfahren kann der Rechtsanwalt auch unter denselben Voraussetzungen wie in bürgerlichrechtlichen Streitigkeiten eine Einigungs- und Erledigungsgebühr verdienen. Sie bestimmt sich nach Nr. 1005 VV RVG aus einem Rahmen von 40 EUR bis 520 EUR (Mittelgebühr 280 EUR), solange noch kein gerichtliches Verfahren anhängig ist.

368 Ist ein Verfahren in erster Instanz vor dem Sozialgericht anhängig, dann reduziert sich der Gebührenrahmen nach Nr. 1006 VV RVG auf 30 EUR bis 350 EUR (Mittelgebühr 190 EUR). Ist das Verfahren bereits in der Berufungs- oder Revisionsinstanz anhängig, dann entsteht eine Einigungs- und Erledigungsgebühr im Rahmen von 40 EUR bis 460 EUR (Mittelgebühr 250 EUR).

b) Vertretung im gerichtlichen Verfahren

aa) Eingangsinstanz

(1) Verfahrensgebühr

369 Wird der Rechtsanwalt erstmals vor dem Sozialgericht tätig, so kann er im erstinstanzlichen Verfahren eine Gebühr abrechnen, die sich nach Nr. 3102 VV RVG aus dem Rahmen von 40 EUR bis 460 EUR (Mittelgebühr 250 EUR) bestimmt. War der Anwalt bereits im Verwaltungsverfahren oder im Rechtsbehelfsverfahren tätig, dann reduziert sich die Verfahrensgebühr auf einen Rahmen von 20 EUR bis 320 EUR (Mittelgebühr 170 EUR) nach Nr. 3103 VV RVG.

370 Über die Höhe der Verfahrensgebühr, die bei einer Tätigkeit im **Untätigkeitsklageverfahren** abgerechnet werden kann, entsteht mitunter Streit. Einigkeit besteht darin, dass in der Regel eine Gebühr unter der Mittelgebühr abgerechnet werden muss. Die Höhe des Abzugs wird jedoch unterschiedlich bewertet: Das SG Hildesheim vertritt die Auffassung, die Mittelgebühr müsse um ein Drittel gekürzt werden.[69] Das SG Aachen hält nur eine Kürzung um 20% für gerechtfertigt.[70] Das SG Dortmund meint, bei einer Untätigkeitsklage sei die Mittelgebühr regelmäßig um 25% zu unterschreiten.[71] Zu weit gehen mE das SG Berlin und das SG Dresden, die eine Halbierung der Mittelgebühr für angemessen halten.[72]

Eine Anrechnung der außergerichtlich verdienten Geschäftsgebühr auf die Verfahrensgebühr findet nicht statt.

(2) Terminsgebühr

371 Neben der Verfahrensgebühr kann für die Tätigkeit im sozialgerichtlichen Verfahren auch eine Terminsgebühr nach Nr. 3106 VV RVG entstehen, die sich aus einem Gebührenrahmen von 20 EUR bis 380 EUR (Mittelgebühr 200 EUR) bestimmt. Die Terminsgebühr entsteht gem. Nr. 3106 VV RVG auch dann, wenn

- in einem Verfahren, für das die mündliche Verhandlung vorgeschrieben ist, im Einverständnis mit den Parteien ohne mündliche Verhandlung entschieden wird (Nr. 1),

---

69 SG Hildesheim Beschl. v. 15.11.2005 – S 12 SF 49/05.
70 SG Aachen Beschl. v. 16.3.2005 – S 11 RJ 90/04.
71 SG Dortmund Beschl. v. 15.5.2006 – S 6 KN 2/05.
72 SG Berlin, Beschl. v. 31.1.2002 – S 17 RA 3802/00 bzw SG Dresden, Beschl. v. 11.4.2006 – S 23 AS 770/05.

■ nach § 105 SGG ohne mündliche Verhandlung durch Gerichtsbescheid entschieden wird (Nr. 2),

■ das Verfahren nach angenommenem Anerkenntnis ohne mündliche Verhandlung endet (Nr. 3).

(3) Einigungs- und Erledigungsgebühr

Weiterhin kann die bereits erwähnte Einigungs- und Erledigungsgebühr nach Nr. 1006 VV RVG entstehen.   **372**

bb) Berufungsinstanz

(1) Verfahrensgebühr

Am Landessozialgericht entsteht nach Nr. 3204 VV RVG eine Gebühr aus dem Rahmen von 50 EUR bis 570 EUR (Mittelgebühr 310 EUR).   **373**

(2) Terminsgebühr

Neben der Verfahrensgebühr kann nach Nr. 3205 VV RVG auch eine Terminsgebühr aus dem Rahmen von 20 EUR bis 380 EUR (Mittelgebühr 200 EUR) entstehen.   **374**

(3) Einigungs- und Erledigungsgebühr

Zusätzlich kann der Rechtsanwalt auch in diesem Verfahrensstadium eine Einigungs- und Erledigungsgebühr in der oben (Rn 368) genannten Höhe verdienen.   **375**

(4) Gebühren für die Beschwerde gegen die Nichtzulassung der Berufung

Für eine Beschwerde gegen die Nichtzulassung der Berufung erhält der Rechtsanwalt nach Nr. 3511 VV RVG eine Gebühr aus dem Rahmen von 50 EUR bis 570 EUR (Mittelgebühr 310 EUR). Ist die Beschwerde erfolgreich und schließt sich ein Berufungsverfahren an, so ist die im Beschwerdeverfahren verdiente Gebühr in voller Höhe auf die Verfahrensgebühr des Berufungsverfahrens anzurechnen (Anmerkungen zu Nr. 3511 VV RVG).   **376**

cc) Revisionsinstanz

(1) Verfahrensgebühr

Nach Nr. 3212 VV RVG ist die Verfahrensgebühr aus einem Rahmen von 80 EUR bis 800 EUR (Mittelgebühr 440 EUR) zu bestimmen.   **377**

(2) Terminsgebühr

Der Rechtsanwalt kann die Terminsgebühr nach Nr. 3213 VV RVG aus einem Gebührenrahmen von 40 EUR bis 700 EUR (Mittelgebühr 370 EUR) bestimmen.   **378**

(3) Einigungs- und Erledigungsgebühr

Daneben kann auch im Revisionsverfahren die oben (Rn 368) erwähnte Einigungs- und Erledigungsgebühr entstehen.   **379**

(4) Beschwerde gegen die Nichtzulassung der Revision

380 Für seine Tätigkeit im Beschwerdeverfahren erhält der Rechtsanwalt eine Gebühr innerhalb des Betragsrahmens von 80 EUR bis 800 EUR (Mittelgebühr 440 EUR). Diese Gebühr ist auf die Verfahrensgebühr des sich anschließenden Revisionsverfahrens nach der Anmerkung zu Nr. 3512 VV RVG in voller Höhe anzurechnen.

dd) Einstweiliger Rechtsschutz

381 Nach § 17 Nr. 1 RVG sind das Verwaltungsverfahren und das der Nachprüfung des Verwaltungsakts dienende Verfahren, aber auch das Verwaltungsverfahren auf Aussetzung und Anordnung der sofortigen Vollziehung sowie über einstweilige Maßnahmen zur Sicherung der Rechte Dritter gegenüber dem gerichtlichen Verfahren verschiedene Angelegenheiten. Die im Verwaltungs- und Rechtsbehelfsverfahren verdienten Gebühren entstehen deshalb neben den Gebühren für das Verfahren des einstweiligen Rechtsschutzes.

382 Verschiedene Angelegenheiten sind nach § 17 Nr. 4b und c RVG auch das Verfahren in der Hauptsache und ein Verfahren auf Erlass einer einstweiligen Verfügung/Anordnung, Anordnung oder Wiederherstellung der aufschiebenden Wirkung und Aufhebung der Vollziehung oder Anordnung der sofortigen Vollziehung eines Verwaltungsakts. Die Gebühren im Verfahren des einstweiligen Rechtsschutzes fallen neben den Gebühren im Hauptsacheverfahren an. Verfahren auf Änderung oder Aufhebung einer in den vorgenannten Verfahren ergangenen Entscheidung bilden allerdings dieselbe Angelegenheit mit diesem, so dass keine gesonderten Gebühren anfallen (§ 16 Nr. 6 RVG).

383 Im Verfahren des einstweiligen Rechtsschutzes können die gleichen Gebühren wie im Hauptsacheverfahren, also Verfahrens-, Termins-, Einigungs- und Erledigungsgebühr entstehen. Insoweit wird auf die vorangegangenen Ausführungen verwiesen (Rn 369 ff).

384 **Beispiel:** A. ist bei einem Hersteller von Fotoausrüstungen und Zubehör als Außendienstmitarbeiter beschäftigt. Als er sich am 28.4.2006 mit seinem PKW auf dem Weg zu einem Kunden befand, erlitt er einen Verkehrsunfall, bei dem er sich einen offenen Bruch des rechten Unterschenkels und eine Verletzung am Pfannendach des Hüftgelenks zuzog. Im Krankenhaus wurde zunächst nur der sofort erkennbare Bruch versorgt, die Verletzung am Hüftgelenk wurde nicht entdeckt. Es bildete sich eine posttraumatische Arthrose, die Herrn A. fortlaufend Schmerzen bereitete. Die MdE beträgt 25%. Rechtsanwalt R. stellt für A. bei dessen zuständiger Berufsgenossenschaft einen Antrag auf Gewährung von Verletztenrente. Die Berufsgenossenschaft holt ärztliche Stellungnahmen und ein Sachverständigengutachten ein. Anschließend lehnt sie den Antrag mit der Begründung ab, die Arthrose habe keinen posttraumatischen Ursprung, sondern sei Ausdruck einer degenerativen Veränderung, die bereits vor dem Unfall begonnen habe. Sie beruft sich zur Begründung auf ein Sachverständigengutachten. R. legt gegen den ablehnenden Bescheid Widerspruch ein. Nachdem er Einsicht in die Verwaltungsakte genommen und die umfangreichen ärztlichen Stellungnahmen sowie das Gutachten geprüft hat, setzt er sich in der Widerspruchsbegründung umfangreich mit den medizinischen Tatsachen auseinander und würdigt sie rechtlich. Er beantragt die Einholung eines weiteren Sachverständigengutachtens, weil das erste Gutachten Fehler aufweist. Die Berufsgenossenschaft ändert ihre Auffassung aber nicht, sondern erlässt einen Widerspruchsbescheid, gegen den R. im Auftrag von A. beim Sozialgericht Klage erhebt und mit normalem Aufwand begründet. Das Sozialgericht holt ein weiteres Gutachten ein, das zu dem Ergebnis kommt, die vorhandene Arthrose sei durch den Unfall verursacht worden. Es gibt der Klage durch Gerichtsbescheid statt. Die Berufsgenossenschaft legt daraufhin beim Landessozialge-

richt Berufung ein, die nach Einholung eines dritten Gutachtens und Erörterung desselben in einem Verhandlungstermin zurückgewiesen wird. R. vertritt A. auch in der zweiten Instanz. Rechtsanwalt R. kann nun folgende Gebühren abrechnen:

Verfahrensstadium	Kostenvorschrift	Betrag	Bemerkungen
1. Verwaltungsverfahren:	Nr. 2400 VV RVG	240 EUR	Antragstellung nicht umfangreich und schwierig
	Nr. 7002 VV RVG	20 EUR	
2. Widerspruchsverfahren:	Nr. 2400 VV RVG	150 EUR	weil umfangreich und schwierig
	Nr. 7002 VV RVG	20 EUR	
3. Klageverfahren beim Sozialgericht:	Nr. 3102 VV RVG	170 EUR	
	Nr. 3106 Nr. 2 VV RVG	200 EUR	
	Nr. 7002 VV RVG	20 EUR	
4. Berufungsverfahren:	Nr. 3204 VV RVG	310 EUR	
	Nr. 3205 VV RVG	200 EUR	
	Nr. 7002 VV RVG	20 EUR	
		1.750 EUR	zzgl MwSt.

Hinweis: Der Einfachheit halber wird hier in der Regel angenommen, dass die Mittelgebühr die Tätigkeit des Rechtsanwalts angemessen abgilt. Tatsächlich sind Verfahren gegen die Berufsgenossenschaft aber häufig umfangreich, weil der Anwalt eine Vielzahl von ärztlichen Gutachten und Stellungnahmen prüfen und würdigen muss. Er muss sich ein gewisses medizinisches Fachwissen aneignen, was seine Tätigkeit auch schwieriger macht. Die Verfahren dauern häufig lange, und ihr Ausgang ist für den Mandanten von hoher Bedeutung. Wenn die begehrte Verletztenrente bewilligt wird, kann er Zahlungen erwarten, die Jahre und Jahrzehnte geleistet werden und sich am Ende zu einer hohen Summe addieren können. Dem Versicherten bieten sie ein hohes Maß an sozialer Absicherung. Deshalb ist in Verfahren gegen Berufsgenossenschaften in der Regel eine über der Mittelgebühr liegende Gebühr, häufig sogar die Höchstgebühr angemessen. Gleiches gilt in Rentenbewilligungsverfahren.   385

3. Kostenerstattung

Gem. § 193 SGG entscheidet das Gericht durch Urteil oder ggf auf Antrag eines der Beteiligten durch Beschluss, wenn das Verfahren anders beendet wurde, ob und in welchem Umfang die Beteiligten einander Kosten zu erstatten haben.   386

Gem. § 197 SGG setzt der Urkundsbeamte des Gerichts des ersten Rechtszugs auf Antrag der Beteiligten oder ihrer Bevollmächtigten den Betrag der zu erstattenden Kosten fest. Hierzu gehören die notwendigen Kosten eines Prozessbevollmächtigten, zB die Gebühren eines Rechtsanwalts oder Rechtsbeistands, aber auch die nach § 63 SGB X erstattungsfähigen Rechtsanwaltsgebühren, die im Rechtsbehelfsverfahren entstanden sind, die Reisekosten des Beteiligten, dessen Verdienstausfall bei notwendigen Reisen zum Termin, Auslagen für Porto und Telegrammgebühren und alle sonstigen für die Rechtsverfolgung und -verteidigung notwendigen Aufwendungen.[73] Erstattungsfähig sind auch die Kosten eines – ggf sogar bereits   387

---

73 *Meyer-Ladewig/Keller/Leitherer*, SGG, § 193 Rn 7 ff.

außergerichtlich – eingeholten Privatgutachtens, wenn es zur Förderung des Rechtsstreits beigetragen hat.[74]

4. Kostenübernahme durch die Rechtsschutzversicherung

a) Leistungsumfang

388   Nach dem Wortlaut der §§ 24 Abs. 2d, 25 Abs. 2d, 26 Abs. 3f (Fassung 1988: Abs. 5f), 27 Abs. 3f und 28 Abs. 2d der **ARB 69/75** erstreckt sich der Rechtsschutz nur auf die Interessenwahrnehmung vor den Sozialgerichten. Für die außergerichtliche Interessenwahrnehmung, also das Verwaltungsverfahren und das Rechtsbehelfsverfahren gibt es keinen Rechtsschutz. Entsprechende Regelungen finden sich in den §§ 24 Abs. 2, 25 Abs. 3, 26 Abs. 3, 27 Abs. 3 und 28 Abs. 3 **ARB 94/2000**. Fast alle Rechtsschutzversicherungen haben die Vorgaben der ARB in ihre Rechtsschutzbedingungen übernommen.

b) Versicherungsfall

389   Der Eintritt des Versicherungsfalls bestimmt sich nach § 14 Abs. 3 S. 1 ARB 75. Er tritt ein, wenn der Gegner oder ein Dritter begonnen hat bzw begonnen haben soll, gegen Rechtsvorschriften oder Rechtspflichten zu verstoßen. Das ist in der Regel der Zeitpunkt des Erlasses des belastenden Bescheids.

390   Es muss aber § 14 Abs. 3 S. 3 ARB 75 beachtet werden: Löst eine Willenserklärung oder Rechtshandlung den Verstoß gegen Rechtspflichten oder -vorschriften aus, dann besteht Rechtsschutz nur, wenn die Willenserklärung oder Rechtshandlung nicht vor Abschluss des Versicherungsvertrages oder innerhalb von drei Monaten ab Abschluss des Versicherungsvertrages getätigt wurde. Der Antrag, dem Geschädigten eine Leistung zu bewilligen, darf also nicht vor Abschluss des Versicherungsvertrages oder innerhalb von drei Monaten nach Abschluss des Vertrages gestellt werden.

---

74 SG Frankfurt, v. 21.3.1991 – S 18 S 284/87.

Teil 4: Verkehrsstrafrecht

§ 7 Verfahren in Verkehrsstrafsachen

Literatur

Dahs, Handbuch des Strafverteidigers, 7. Auflage 2005; *Freyschmidt*, Verteidigung in Straßenverkehrssachen, 8. Auflage 2005; *Gebhardt*, Das verkehrsrechtliche Mandat, Bd. 1, Verteidigung in Verkehrsstraf- und Ordnungswidrigkeitenverfahren, 5. Auflage 2005; *Günther*, Strafverteidigung, 2. Auflage 1990; *Hentschel*, Trunkenheit, Fahrerlaubnisentziehung, Fahrverbot im Straf- und Ordnungswidrigkeitenrecht, 10. Auflage 2006; *Himmelreich/Bücken*, Verkehrsunfallflucht, 4. Auflage 2005; *Malmendier*, „Konfliktverteidigung", ein neues Prozesshindernis?, NJW 1997, 227; *Pfordte/Degenhard*, Der Anwalt in Strafsachen, 2005; *Salditt*, Der Griff nach dem Vorurteil, StV 2002, 273; *Schubert/Schneider/Eisenmenger/Stephan*, Begutachtungs-Leitlinien zur Kraftfahrereignung, 2. Auflage 2005; *Weihrauch*, Verteidigung im Ermittlungsverfahren, 6. Auflage 2002.

A. Allgemeines zum Strafmandat in Verkehrssachen

I. Voraussetzungen für eine erfolgreiche, mandantengerechte Verteidigung in Verkehrsstrafsachen

Ein Strafmandat in Verkehrssachen anzunehmen ist inzwischen gebührenrechtlich nicht unbeliebt. Das RVG hat den Strafverteidiger besser gestellt. Allerdings wird man wenig Freude an Verteidigungen haben, wenn nicht mit Sorgfalt und entsprechendem Grundlagenwissen gearbeitet wird. Es ist deshalb unumgänglich, das Wissen der Fachanwälte für Verkehrsrecht, Strafrecht, Versicherungsrecht, Verwaltungsrecht und Sozialrecht zu erwerben oder entsprechende schriftliche Grundlagen zu Rate zu ziehen wie die vorliegende Zusammenfassung, um alle Randprobleme zu erfassen. **1**

Ein Strafmandat in Verkehrssachen kann zur Zufriedenheit des Mandanten nicht einfach nebenbei abgearbeitet werden mit der Einstellung, dass der in der Rechtsreferendars-Zeit absolvierte Plädierkurs und das während der Station bei der Staatsanwaltschaft gelegentlich erfolgte Plädoyer als eine ausreichende Grundlage anzusehen seien. **2**

Hinweis: Ein wirtschaftsrechtlich beratender Kollege wurde von einem Mandanten dringend gebeten, seinen Fall wegen Trunkenheitsfahrt mit Fahrrad zu bearbeiten, was er zögerlich, aber gewissenhaft anging, da der Mandant Geschäftsführer eines wichtigen Betriebs war, der die Kanzlei regelmäßig beauftragte. Er erledigte das Mandat so gewissenhaft, wie er alle Zivilsachen und Beratungsangelegenheiten erledigte, und trug ausführlich schriftlich vor. Er vergaß nur, dass der Strafrichter nicht wie in Zivilsachen darauf beschränkt war, ausschließlich den Parteivortrag zu bewerten, sondern dass der Richter nach § 261 StPO frei würdigen kann. **3**
Nachdem der Mandant verurteilt war, gab er das Mandat ab an einen erfahrenen Verteidiger, und um etwas zu lernen, nahm er an der Berufungsverhandlung teil. Dabei stellte er fest, dass in einem rechtlichen Vorgespräch eine Vielzahl von Beweisanträgen in Aussicht gestellt und erwähnt wurde, dass der Mandant sich beim Schieben des Fahrrades und einem dabei

erfolgten Sturz erhebliche Verletzungen zugezogen hatte. Erstaunt stellte er weiter fest, dass danach der Richter das Wort an den Staatsanwalt richtete und meinte, dass bei so schlimmen Verletzungsfolgen doch wohl über eine Einstellung nach § 153a StPO nachgedacht werden könne.

Eine solche Verfahrensweise hatte der Wirtschaftsanwalt noch nie erlebt, weshalb er gelobte, zukünftig der Versuchung zu widerstehen und nie wieder zu verteidigen. Damit soll gesagt werden, dass der Verteidiger in Verkehrsstrafsachen das gesamte Instrumentarium des Rechts der Verteidigung beherrschen muss, um für seinen Mandanten zufriedenstellende Ergebnisse zu erzielen. Das Instrumentarium sind die Strafprozessordnung, das Strafgesetzbuch, das Wissen um die Möglichkeiten der Information durch Sachverständige und die Psychologie. Der Umgang mit Zeugen ist eine hohe Kunst. Selbst der Polizeibeamte als Zeuge sollte überdacht sein. Auch der Umgang mit Strafrichtern und Staatsanwälten folgt eigenen Gesetzen und ist anders als der Umgang mit Zivilrichtern, Verwaltungsjuristen oder Sozialrechtlern.

4   Das Ziel einer **Verteidigung** kann nur immer sein, am Ergebnis gestaltend mitzuwirken. Dies ist nur möglich, wenn entsprechende **Kenntnisse** vorhanden sind. Diese Kenntnisse werden erworben bei den einschlägigen Fachanwaltskursen und in der Praxis durch den täglichen Umgang mit Staatsanwälten, Verkehrsrichtern und den häufig spezialisierten Verkehrsabteilungen der Polizei, die ebenfalls alle Ermittlungsmöglichkeiten kennen und verstehen. Ergänzend sind die regelmäßigen Rechtsdiskussionen zu verfolgen, die unter anderem für jeden verfolgbar jährlich beim Verkehrsgerichtstag in Goslar stattfinden, bei den berühmten „Homburger Tagen" oder bei dem jährlichen Treffen in Würzburg, bei dem die Vorsitzenden des IV. Zivilsenats (Versicherungsrecht), IV. Strafsenats und VI. Zivilsenats (Schadensersatz) mit Anwälten die BGH-Rechtsprechung des vergangenen Jahres im Verkehrsrecht diskutieren.

5   Hinzu kommt, dass der Verteidiger in Verkehrsstrafsachen wissen muss, welche Auswirkungen seine Verteidigungshandlungen zivilrechtlich (Quote bei der Regulierung von Verkehrsunfällen), versicherungsrechtlich (Rechtsschutzversicherung haftet nicht bei Vorsatz, AKB beschreibt Haftungsausschlüsse und Regresse) und verwaltungsrechtlich haben (MPU bei Trunkenheitsfahrt) und für den Mandanten in Cent und Euro spürbar werden. Kenntnisse im Verwaltungsrecht sind seit der neuen Fahrerlaubnisverordnung vom 1.1.1999 von Vorteil.

6   Liegen diese Voraussetzungen nicht vor, sollte ein Verteidigungsmandat in Verkehrsstrafsachen nicht angenommen, zumindest jedoch mit einem erfahrenen Kollegen beraten werden. In kaum einem Rechtsgebiet werden Ergebnisse und Erfahrungen so kommuniziert wie in Verkehrsstrafsachen und Bußgeldsachen, sicher weil niemand ausschließen kann, in eine Verkehrsstrafsache „hineinzurutschen", bedenkt man, wie häufig Unfälle mit Verletzungen enden und deshalb zwangsläufig die Strafbarkeit auch des Unfallmitverursachers geprüft werden muss. Die Wahrscheinlichkeit ist also groß, dass das Verteidigungsergebnis verglichen und hinterfragt wird. Der das schlechte Ergebnis mitverursachende Anwalt sieht sich in der Situation, negativ beworben zu werden. Dies gilt es zu vermeiden.

II. Erstgespräch

7   Aber auch sonst gibt es eine Vielzahl von Gründen, ein Mandat abzulehnen. Ob Mandant, Mandat und Verteidiger zusammenpassen, ist beim Erstgespräch zu ermitteln.

8   **Hinweis:** Ein Mandat abzulehnen, ist einfach. Das erst einmal angenommene Mandat, das keine Freude macht, wieder loszuwerden, ist schwierig, verursacht Ärger und ist immer Negativwerbung. Die erste Kontaktaufnahme ist so wichtig, dass der Verfasser es grundsätzlich

ablehnt, Mandate anzunehmen, die per Fax oder – zunehmend häufiger – per E-Mail ankommen. Entweder man kennt den sich per Fax oder E-Mail meldenden Mandanten und weiß, dass man mit ihm ordentlich arbeiten kann, oder man nimmt persönlich Kontakt auf, um die wesentlichen Fragen zu klären. Das Erstgespräch, und sei es telefonisch, ist durch nichts zu ersetzen, will man keine unliebsamen Überraschungen erleben.

Einerseits ist in diesem Erstgespräch vom Mandanten zu erklären, welches Ergebnis er erzielen möchte, andererseits ist der Mandant im Erstgespräch so zu informieren, dass die Anwaltstätigkeit für ihn transparent wird. Allerdings hat es im Erstgespräch wenig Sinn, alle hypothetischen Möglichkeiten der Verteidigung zu erörtern, da die Ermittlungsakte noch nicht vorliegt, ohne die gar nichts vorangeht. Schließlich ist das Erstgespräch wichtig, damit der Mandant, der häufig vorher intensiv geforscht hat, welcher Anwalt für die Bewältigung des fraglichen Problems empfohlen werden kann, von dem Irrtum befreit werden kann, dass es für den gerissenen, engagierten Anwalt ein Geringes sei, seine Vorstellungen durchzusetzen. Die Grenzen anwaltlicher Tätigkeit müssen häufig genau erläutert werden: Der Anwalt ist solidarisch und dem Mandanten verpflichtet – aber nicht grenzenlos.

Zunächst ist also dem Rechtsuchenden Gelegenheit zu geben, seinen Fall zu schildern. Er kann es naturgemäß nicht anders als aus der ihm eigenen Perspektive, vielleicht noch angereichert dadurch, dass er ein Gespräch mit einem Polizeibeamten über seinen Fall geführt hat und von diesem etwas erfahren hat, was ihm selbst wichtig erschien; eventuell wertend dadurch, dass er mit Bekannten gesprochen hat, die dieses Problem selbst schon bewältigen mussten oder wiederum von Bekannten deren Problem und die Problemlösung erfahren haben. Dem Rechtsuchenden diese Möglichkeit zur Problemdarstellung einzuräumen und seine Vorstellungen der Problemlösung anzuhören, ist auch deshalb bedeutungsvoll, da erst danach eingeschätzt werden kann, wie die zu diesem Fall passende Honorarvereinbarung zu gestalten ist. Es kann sein, dass sich der Aufwand aus der Zielstellung ergibt.

Den Rechtsratsuchenden anzuhören, ist auch deshalb so wichtig, da zu klären ist, ob man zusammenpasst, sich versteht oder die Vorstellungen von der Mandatsbearbeitung auseinanderfallen.

Hinweis: Häufig kommen Mandanten, um Unterstützung zu erfahren für bereits fertige Konzepte: *„Herr Rechtsanwalt, mein Freund hat mir erklärt, er sei bereit auszusagen …, obwohl er nicht dabei war. Das ist aber kaum nachweisbar."* Solche Ansinnen sind abzulehnen, da es nicht die Aufgabe eines Rechtsanwalts sein kann, mit Lügen ein Verfahren zu begleiten. Nicht nur, dass dieses Vorgehen aus ethischen Gründen abzulehnen ist, der Verteidiger macht sich auch erpressbar. Wenn später die Freundschaft zwischen Anwalt und Rechtsuchendem erkaltet ist, ist nicht auszuschließen, dass die so gestaltete Verteidigung offenkundig wird und für den Verteidiger berufsrechtliche Nachteile bewirkt.

Ebenso nachdenklich sollte man werden, wenn der Rechtsuchende eingangs erklärt, sein Freund habe einen vergleichbaren Fall absolviert und dessen Verteidiger habe erreicht, dass nach drei Tagen der Führerschein, der vorher beschlagnahmt war, wieder herausgegeben wurde. In diesen Fällen weiß der erfahrene Verteidiger, dass er unter Druck gesetzt werden soll und der Rechtsuchende bereits jetzt den Grund dafür legen will, später nicht zufrieden sein zu müssen. In diesen Fällen empfiehlt man besser sofort, den Verteidiger zu beauftragen, dessen hervorragende Arbeit bereits Bestätigung fand. Mit der Ablehnung des Mandats erspart man sich Ärger ums Honorar.

Manchmal ist erkennbar, dass der Rechtsuchende Zielvorstellungen hat, die zumindest nicht ohne Weiteres erreichbar, vielleicht unerreichbar sind. In diesen Fällen ist es sinnvoll, die Übernahme des Mandats abzulehnen, da auch dadurch Zeit und Ärger erspart bleiben. Dem

Streit um das richtige Ziel folgt in der Regel der Streit ums Geld. Das alles kostet unnötig Kraft und muss zum richtigen Zeitpunkt vermieden werden.

13 Ist aber geklärt, dass man zueinander passt, und ist klar, dass die Verteidigung realistisch betrieben werden kann, ist die Honorarfrage zu erörtern und die Honorarvereinbarung abzuschließen, zumindest diese Frage als klärungsbedürftig anzusprechen.

III. Honorarvereinbarung

14 Eine Honorarvereinbarung sollte in jedem Fall abgeschlossen werden, selbst dann, wenn man mit der Rechtschutzversicherung abrechnet und Mittelgebühren in Ansatz bringt.

15 **Muster: Honorarvereinbarung für Fotokopien, Auslagenpauschale, Fahrtkosten**

  ↓

Vergütungsvereinbarung

I. Honorarvereinbarung für Fotokopierkosten

Die Gebühren und Auslagen sind nach dem Rechtsanwaltsvergütungsgesetz (RVG) zu berechnen. Die Erstattung der Auslagen für Ablichtungen ist gesetzlich sowohl dem Grunde als auch der Höhe nach nicht ausreichend geregelt. Neben den nach Nr. 7000 RVG-Vergütungsverzeichnis zu entschädigenden Auslagen für Ablichtungen vereinbaren die Parteien eine zusätzliche Fotokopiekostenpauschale in Höhe von 20,00 EUR.

Der Mandant wurde darauf hingewiesen, dass diese Fotokopiepauschale nicht vom Gegner erstattet wird. Diese Pauschale ist lediglich bei der internen Kostenrechnung mit dem Mandanten maßgeblich.

II. Honorarvereinbarung für Auslagenpauschale

Die Gebühren und Auslagen werden nach dem Rechtsanwaltsvergütungsgesetz (RVG) berechnet. Die Erstattung der Auslagen ist gesetzlich jedoch nicht ausreichend geregelt. Neben den nach Nr. 7002 RVG-Vergütungsverzeichnis zu entschädigenden Auslagen vereinbaren die Parteien eine zusätzliche Auslagenpauschale in Höhe von 20,00 EUR. Der Mandant wurde darauf hingewiesen, dass diese Auslagenpauschale nicht vom Gegner erstattet wird.

III. Honorarvereinbarung für Geschäfts- und Reisekosten

Die Gebühren und Auslagen werden nach dem Rechtsanwaltsvergütungsgesetz (RVG) berechnet. Die Erstattung der Fahrtkosten sowie Tages- und Abwesenheitsgelder ist jedoch gesetzlich nicht ausreichend geregelt. Statt der nach Nr. 7003 und Nr. 7005 RVG-Vergütungsverzeichnis zu entschädigenden Fahrtkosten sowie Tages- und Abwesenheitsgelder vereinbaren die Parteien Folgendes:

Jeder mit einem Kraftfahrzeug gefahrene km wird mit einem Betrag in Höhe von 0,50 EUR/km entschädigt.

Bei einer Geschäftsreise wird ein Tages- und Abwesenheitsgeld in folgender Höhe vereinbart:

- bei nicht mehr als vier Stunden   40,00 EUR
- bei mehr als vier bis acht Stunden   70,00 EUR
- bei mehr als acht Stunden   120,00 EUR

Der Mandant wurde darauf hingewiesen, dass diese Beträge nicht, jedenfalls nicht in dieser Höhe, vom Gegner erstattet werden.

▬▬▬

Ort, Datum

(Auftraggeber)　　　　(Rechtsanwalt)

↑

Muster: Honorarvereinbarung (Abrechnung auf Stundenbasis)

16

180

↓

Zwischen

Rechtsanwälten ███

und

███

wird folgende

Vergütungsvereinbarung

getroffen.

Die Parteien vereinbaren eine Vergütung des Rechtsanwalts in Höhe von ███ EUR/Std. zzgl gesetzlicher Umsatzsteuer, mindestens jedoch 200,00 EUR zzgl Mehrwertsteuer.

Jede beratende Tätigkeit wird mit mindestens 10 Minuten in Rechnung gestellt.

Die Rechnung ist monatlich zu stellen. Sie enthält den Tag und die Zeit der Leistung. Auf Anforderung wird eine detaillierte Belegführung vorgenommen.

Sofern Fotokopien anfallen, vereinbaren die Parteien neben den nach dem Rechtsanwaltsvergütungsgesetz (RVG) zu entschädigenden Fotokopiekosten eine zusätzliche Fotokopiekostenpauschale von 0,10 EUR pro Seite.

Außerdem wird eine nach Nr. 7002 RVG-Vergütungsverzeichnis zu entschädigende Auslagenpauschale in Höhe von 20,00 EUR vereinbart. Die vorgenannten Gebühren sind auf etwaige später weiter entstehende Gebühren nicht anzurechnen.

Der Auftraggeber wurde darauf hingewiesen, dass eine Erstattung der Stundenvergütung vom Gegner oder einem Dritten (zB Rechtsschutzversicherung, Staatskasse etc.) unter Umständen nicht zu erwarten ist. Der Auftraggeber muss diese Beträge selbst leisten.

███

Ort, Datum

　　　███
(Auftraggeber)　　　　(Rechtsanwalt)

↑

Muster: Honorarvereinbarung (pauschal nach Verfahrensabschnitten)

17

181

↓

Zwischen

Herrn/Frau ███ (nachfolgend Mandant genannt)

und

Herr Rechtsanwalt ███ (nachfolgend Anwalt genannt)

wird folgende

Honorarvereinbarung

getroffen für die Verteidigung in der Strafsache ▪▪▪ Js ▪▪▪ bei der Staatsanwaltschaft ▪▪▪ wegen ▪▪▪ [zB fahrlässiger Tötung]

Der Anwalt verpflichtet sich, den Mandanten zu verteidigen.

Der Mandant zahlt im Vorverfahren einen Pauschalbetrag in Höhe von 1.500,00 EUR. Damit sind alle Vorverfahrenstätigkeiten des Anwalts abgegolten. Anfallende Auslagen und Kosten für Gehilfen des Anwalts (Sachverständige, Dolmetscher uÄ) werden vom Mandanten gesondert bezahlt.

Für jeden Hauptverhandlungstag zahlt der Mandant 800,00 EUR, unabhängig von der Dauer der jeweiligen Verhandlung.

Für jede weitere Instanz wird eine neue Honorarvereinbarung abgeschlossen.

Der vereinbarte Honorarbetrag überschreitet die gesetzlichen Gebühren, die im Falle einer Kostenerstattung erstattet werden.

Etwaige Erstattungsansprüche werden abgetreten.

Beide Vertragspartner erhalten ein Vertragsexemplar.

▪▪▪

Ort, Datum

▪▪▪   ▪▪▪

(Auftraggeber)   (Rechtsanwalt)

↑

18   **Muster: Honorarvereinbarung (Mittelgebühren)**

    ↓

Honorarvereinbarung

Zwischen

Herrn Rechtsanwalt ▪▪▪

und

Herrn/Frau ▪▪▪

wird in der Strafsache wegen ▪▪▪

folgende Honorarabsprache getroffen:

Die Parteien gehen davon aus, dass zugunsten von Herrn/Frau ▪▪▪ eine Rechtsschutzversicherung die Gebührenzahlungen übernimmt.

Die Parteien gehen weiter davon aus, dass der Verteidigungsaufwand und die Schwierigkeit des Falls als durchschnittlich anzusehen sind, so dass die jeweils anzusetzenden Gebühren als

Mittelgebühren

in Ansatz zu bringen sind.

▪▪▪

Ort, Datum

▪▪▪   ▪▪▪

(Auftraggeber)   (Rechtsanwalt)

↑

In Verkehrsstrafsachen kommt der Mandant in der Regel mit der Kundenkarte seiner **Rechtsschutzversicherung**. Gleichwohl ist eine Honorarvereinbarung abzuschließen, da nicht bekannt ist, welche Einzelvereinbarungen vertraglich zwischen Rechtsschutzversicherung und Versicherungsnehmer getroffen wurden, welche Zuzahlungen zu leisten sind, ob der Beitrag entrichtet wurde oder die Rechtsschutzversicherung den offenen Beitrag vom Anwaltshonorar bei dessen Auszahlung in Abzug bringt. Sicherlich liegt man nie falsch, wenn man Mittelgebühren vereinbart oder im Falle der Führerscheinsgefährdung Mittelgebühren plus 25%. Der Mandant ist darüber zu belehren, welche Kosten möglicherweise von ihm selbst getragen werden müssen trotz Versicherungsschutzes.

19

Reisekosten sind grundsätzlich vom Mandanten selbst zu tragen, da der Rechtsschutzversicherer deren Zahlung grundsätzlich ausgeschlossen hat. Auch darüber sollte eine Honorarvereinbarung abgeschlossen werden. Schließlich sind Gebühren für **Kopien** zu erörtern, zumal der Anwalt häufig in Verkehrssachen im wohlverstandenen Mandanteninteresse mehrfach aufgefordert werden wird, Aktenauszüge zu versenden. Zu klären ist auch, dass der Rechtsschutzversicherer im Vorverfahren nur die **Gutachterkosten** trägt für einen öffentlich bestellten und vereidigten Sachverständigen. Gelegentlich benötigt man zur Widerlegung eines sich bereits in der Ermittlungsakte befindlichen Gutachtens, das bei TÜV oder Dekra in Auftrag gegeben wurde, einen weiteren Gutachter, der nicht öffentlich bestellt und vereidigt ist, was nicht bedeutet, dass dieser geringere Leistungen erbringt.

20

Erstaunlicherweise führt der wachsende Konkurrenzdruck bei vielen Anwälten dazu, anzunehmen, dass die Rückstellung der Rechnung für die anwaltliche Dienstleistung beim Mandanten beliebt mache. Diese Annahme ist falsch. Ich verweise auf die Ausführungen in § 1 Rn 38, wo klargestellt wird, dass die Unzufriedenheit mit dem Anwalt wenig mit dessen Preis zu tun hat. Der Preis wird immer akzeptiert, wenn er richtig kalkuliert ist und die Leistung gut war.

21

Die **Vorschusszahlung** erspart viele ärgerliche Probleme, ärgerlich, da selbstverursacht. Nicht selten wird nach Abschluss eines Mandats viel zögerlicher, vielleicht auch gar nicht gezahlt. Wird der Mandant freigesprochen, verweist er den Verteidiger darauf, dass dieser sein Honorar bei der Landesjustizkasse festsetzen lassen kann. Dass dies oft zurückgestellt wird, weil etwa die Staatsanwaltschaft Berufung eingelegt hat, interessiert dann den Mandanten zumindest zeitweise wenig. Wurde der Mandant verurteilt, findet er sicher einen Grund darzulegen, dass die Verteidigerleistung schlecht war und deshalb dem Verteidiger sein gefordertes Honorar nicht oder nicht in der geforderten Höhe zustehe. Vorschusszahlungen bewirken daher immer Frieden.

22

Dem Mandanten ist zu erklären, dass das VVG vorgibt, dass bei Vorsatz und grober Fahrlässigkeit der Versicherer leistungsfrei wird, was für den Mandanten bedeutet, dass er die seitens des Rechtsschutzversicherers an den Verteidiger gezahlten **Vorschüsse** wieder an diese **zurückzahlen** muss. Bei reinen Vorsatzdelikten, wie „Unerlaubtes Entfernen vom Unfallort" oder „Nötigung" ist in jedem Fall bei der Rechtsschutzversicherung Vorschuss anzufordern, da nach erfolglos abgeschlossenem Verfahren zumindest der Versicherer nicht mehr leisten muss. Der Rechtsschutzversicherer ist darauf hinzuweisen, dass er die geleisteten Vorschüsse nicht beim Verteidiger, sondern beim Versicherungsnehmer zurückfordern kann. Bei Trunkenheitsfahrt und Verkehrsgefährdung ist dem Mandanten zu erklären, wann die Rechtsprechung Vorsatz unterstellt. Natürlich muss versucht werden, Vorsatzverurteilungen zu vermeiden. Bei Körperverletzung infolge eines Verkehrsunfalls ist dem Mandanten zu erklären, dass die Folge der Vorsatzunterstellung seitens des Gerichts dazu führt, dass der Haftpflichtversicherer leistungsfrei wird. Zwar ist vorsätzliche Körperverletzung im Straßenverkehr ein

23

seltenes Delikt, aber es kommt immer wieder vor, dass Belastungszeugen, die Unfallbeteiligte sind, um die Pflichtwidrigkeit des Verhaltens des angeklagten Unfallgegners zu betonen, angeben, man habe den Eindruck gewonnen, der Angeklagte habe den Unfall vorsätzlich herbeigeführt.

24 Sodann ist dem Mandanten zu erläutern welche **Kommunikationswege** gewählt werden. Die bequemste und schnellste Kommunikation geht via Internet. So kann auch dem Mandanten die eingescannte Ermittlungsakte zugänglich gemacht werden zur Vorbereitung eines Besprechungstermins. Früher wurden dem Mandanten wesentliche Teile der Ermittlungsakten vorgelesen, was auch den Vorteil für den bearbeitenden Verteidiger hatte, dass dieser sich erneut in die Materie „hineinlesen" konnte. Dies ist dort entbehrlich, wo die Ermittlungsakte per E-Mail übersandt wird, weil der Mandant dann zu Hause in aller Ruhe feststellen kann, welches belastende Material gegen ihn gesammelt wurde oder aber wer welche Aussagen machte, aus welcher Perspektive was gesehen hat und welche Tatsachen ihn weiter entlasten könnten. Diese Methode wird derzeit ergänzt durch die **Web-Akte**. Diese kann jetzt neu angeboten und eingerichtet werden. Web-Akte bedeutet, dass dem Mandanten ein Passwort mitgeteilt wird, mit welchem er sich in „seine" Akte einwählen kann. Er kann dann alles einsehen, was der Anwalt in die Akte eingescannt hat. Auf diese Weise kann der Mandant an der Aktenführung ersehen, welche Aktivitäten sein Anwalt unternommen hat. Dies führt einerseits dazu, dass die Akte sehr „diszipliniert" geführt werden muss, andererseits, dass der Verteidiger jegliche Informationskosten spart.

25 **Hinweis:** Soweit telefonisch kommuniziert wird, darf nicht vergessen werden zu dokumentieren. Jedes Gespräch kann, aus welchem Grund auch immer, bedeutungsvoll werden.

26 Diese Art des Mandantenumgangs macht deutlich, dass der Verteidiger auch Rechtsdienstleister ist. Das Interesse, den Mandanten optimal zu informieren und das Mandat transparent zu gestalten, steht dabei im Vordergrund. Der Mandant ist der Herr seines Verfahrens. Um ihm zu ermöglichen, die richtigen Entscheidungen zu treffen, ist eine lückenlose Information erforderlich, die natürlich auch jedes Verteidigergespräch mit Richter und Staatsanwaltschaft beinhaltet.

27 Ob das Interesse des Mandanten optimal vertreten wird, wenn Methoden der **Konfliktverteidigung** angewandt werden (vgl § 10 Rn 69 ff), erscheint oft fraglich.[1] Das Verkehrsstrafverfahren „schreit" in der Regel nach rascher Beendigung, vor allem dann, wenn der Führerschein vorläufig beschlagnahmt wurde. In diesen Fällen ist eher eine rasche Terminierung anzustreben. Eine Verlängerung der Hauptverhandlung wegen des Interesses erreichen zu wollen, alle vermeintliche Pflichtverletzungen der Ermittler aufzudecken, was durch permanente Beweisantragsstellung, die Behauptung von Befangenheit und ähnliche Anträge zu erfolgen hat, erscheint selten sinnvoll. Aber es ist nicht generell so, dass eine rasche Beendigung des Verfahrens von Vorteil ist. Nicht nur vor der Einführung der neuen FeV vom 1.1.1999 war es die Regel, dass bei bestimmten Mandanten das Verfahren so lange hinausgezogen werden musste, dass der Führerschein wegen Zeitablaufs im Termin herausgegeben werden musste. Gelegentlich ist das Ziel, „Sachverhalte festschreiben", nur dadurch zu erreichen, dass Anträge gestellt werden, die von Richtern als schikanös empfunden werden.

28 **Beispiel:** So werden die Anlagen einer Richterablehnung wegen des Verdachts der Befangenheit Aktenbestandteil, Anlagen, die ansonsten nie den Weg in das Ohr des Richters gefunden hätten.

---

1 Vgl hierzu *Malmendier*, NJW 1997, 227, mit dem Ergebnis, dass Konfliktverteidigung keine Frage des Verfahrensrechts, sondern der Verfahrensleitung ist, sowie *Salditt*, StV 2002, 273.

Ebenso ist die Stellung von Anträgen nach § 183 GVG immer ein Ärgernis für den Richter,   29
der einen zusätzlichen Beschluss fassen muss, wenn der Verteidiger dies beantragt und zwei
Zeugen unterschiedlich ausgesagt haben. Methoden der Konfliktverteidigung sind daher
nicht grundsätzlich für unanwendbar in Verkehrsstrafsachen zu halten. Und wie sehr erstaunt es immer wieder, wenn ein Verfahren in ruhiges und sachliches Fahrwasser kommt,
wenn erst der dritte Ablehnungsantrag gestellt ist. Konfliktverteidigung bleibt demnach auch
bei Verkehrsstrafsachen nicht außen vor, wenngleich der Bedarf geringer ist als bei Kapital-
strafverfahren. Auch der Verteidiger in Verkehrsstrafsachen muss wissen, was den Richter in
Bewegung bringt, was den Staatsanwalt zum erneuten Nachdenken bringt.

Beispiel: Bei einer Verteidigung wegen angeblicher Trunkenheitsfahrt beantragte der Verfas-   30
ser zu Beginn des Verfahrens eine Unterbrechung, da davon auszugehen war, dass der Mandant vor dem falschen Richter saß. Der Verfasser wollte nur wenige Minuten zur Kontrolle
des Geschäftsverteilungsplans in Anspruch nehmen. Die Äußerung des Staatsanwalts, dies sei
die übliche Verzögerungstaktik von Verteidigern, in Verbindung mit einem Antrag auf Auswechslung des Staatsanwalts und eines erklärenden Bestätigungsanrufs des Gerichts führte
zur Zurückziehung des Staatsanwalts und dazu, dass ein anderer Staatsanwalt den Sitzungsdienst in dieser Sache übernahm.

Der sicherlich empfehlenswertere Weg ist jedoch auch in Verkehrsstrafsachen die **Verständi-**   31
gung zwischen Richter, Verteidigung und Staatsanwaltschaft. Zum einen sind die zu lösenden
Probleme in der Regel offensichtlich, und das Konfliktpotential reduziert sich auf einen oder
zwei Punkte, die möglicherweise unterschiedlich bewertet werden können. Es ist klar, dass
die Verteidigung andere Schwerpunkte setzt als die Anklagebehörde. Zum anderen ist der
Strafrahmen nicht so weit gefasst, dass sensationelle Abweichungen erreicht werden könnten.
In der Regel geben Staatsanwaltschaften Listen heraus – vor allem für die Sitzungsvertreter,
die noch in Ausbildung sind –, die knapp gefasste Strafrahmen enthalten (siehe Rn 87), so
dass zwischen Höchststrafe und Mindeststrafe nur geringe Differenzen liegen, soweit der
„Normalfall" bewertet wird. Da zumindest dem häufiger verteidigenden Verkehrsrechtsanwalt diese Listen bekannt sind, hat er die Aufgabe zu erfüllen, dem Mandanten zu erläutern,
dass bei unerheblichen Abweichungen von der Norm die ständige Rechtsprechung des Amts-
oder Landgerichts zur Anwendung kommt, deren Rahmen man kenne. Nur wenn der Sachverhalt erhebliche Abweichungen von der Norm aufweist, ist zu prüfen, ob man Verhandlungen über die Verfahrenseinstellung nach §§ 153, 153a, 153b StPO oder nach § 154 StPO
anstrebt. Ansonsten ist zu überlegen, ob nicht die Vereinbarung eines Strafbefehls (dazu
Rn 83 ff) sinnvoller ist als die durchzuführende Hauptverhandlung.

Muster: Mandanteninformations-Schreiben   32

↓

  183

Sehr geehrte/r Frau/Herr ∎∎∎,

wir teilen Ihnen das Procedere in Ihrer Angelegenheit wie folgt mit:

Wir werden uns zunächst bei der Staatsanwaltschaft ∎∎∎/dem ∎∎∎gericht ∎∎∎ für Sie bestellen. Wir werden
Akteneinsicht beantragen.

Sobald uns die amtliche Ermittlungsakte zugeht, werden wir Sie informieren und einen Besprechungstermin
vereinbaren. Sollten Sie uns Ihre E-Mail-Adresse überlassen haben, können Sie damit rechnen, dass wir
Ihnen die Ermittlungsakte vorab zur Information bekannt machen werden, damit Sie diesen Besprechungstermin vorbereiten können. Wir werden dann anlässlich des Besprechungstermins mit Ihnen erörtern, in
welcher Form eine Einlassung abgegeben wird.

Wir weisen ausdrücklich darauf hin, dass vor Akteneinsicht keine Äußerung vorgenommen werden darf. Erst wenn wir wissen, was die Polizei festgehalten hat, was Zeugen ausgesagt haben und wie gewertet wurde, können wir entscheiden, welche Verteidigungsstrategie richtig sein wird. Ins Blaue hinein vorzutragen, ist unprofessionell.

Unter gar keinen Umständen dürfen Sie selbst Kontakt haben mit Polizei oder Staatsanwaltschaft. Der dabei entstehende Schaden kann unreparierbar sein. Bitte überlassen Sie uns jedes Schreiben und informieren Sie uns über jeden Kontaktversuch der Strafverfolgungsbehörde, damit wir reagieren können. Bedenken Sie bitte, dass Ihnen gesetzte Fristen im Vorverfahren keine Bedeutung haben. Diese Fristen dienen lediglich der Strafverfolgungsbehörde dazu, ein Verfahren rasch abschließen zu können. Bitte informieren Sie uns über jede Kontaktaufnahme und jede eigene Absicht, das Verfahren voranzutreiben, damit wir angemessene Anträge stellen können, die nicht zu Ihren Lasten wirken.

Sofern die Staatsanwaltschaft davon ausgehen darf, dass ein hinreichender Verdacht begründet ist, kann aufgrund von Zeugenaussagen der Führerschein vorläufig beschlagnahmt werden. Es kann sein, dass die Fahrerlaubnis vorläufig entzogen wird. Nur in seltenen begründeten Fällen empfehlen wir dann, gegen diesen Beschluss, der die vorläufige Entziehung manifestiert, Beschwerde einzulegen, da möglicherweise das Beschwerdegericht keine weiteren Beweismittel zur Beurteilung zur Verfügung hat als das Vorgericht. Nur eine durch Nachweise veränderte Situation erlaubt eine neue Würdigung mit veränderter Rechtsfolge. Haben Sie also Geduld, wenn erst durch die Hauptverhandlung mit neuen Zeugen und/oder Sachverständigen erfolgreich agiert werden kann.

Der Führerschein bleibt möglicherweise beschlagnahmt bis zu einem Freispruch, einer Einstellung oder Abschlussverfügung.

Sollten wir nicht zu einer Verfahrenseinstellung gelangen, werden wir die Möglichkeit des Verfahrensabschlusses durch Erlass eines Strafbefehls prüfen. Sollte die Staatsanwaltschaft diesen Verfahrensabschluss ablehnen, wird sie Anklage erheben, was zu einem Hauptverhandlungstermin führt, ebenso wie ein von uns eingelegter Einspruch gegen einen Strafbefehl.

Zeugen können wir benennen bis zum Abschluss der Tatsacheninstanz. Das Gericht ist verpflichtet, die von uns benannten Zeugen zu laden.

Sachverständige, die den Vorgang anders würdigen als die Gerichtssachverständigen (in der Regel von Sachverständigenorganisationen, die mit den Staatsanwaltschaften und Gerichten Preisabsprachen vereinbart haben), können von uns persönlich geladen werden, wenn die dafür anfallenden Kosten von uns vorgelegt werden. Bitte sprechen Sie jede Idee, jeden Vorschlag mit Ihrem Verteidiger ab, damit es möglich wird, gemeinsam in die gleiche Richtung zu wirken.

Auch die Einführung von Entlastungszeugen in das Ermittlungsverfahren oder in die Hauptverhandlung muss abgesprochen und erörtert werden. Bedenken Sie, dass die Benennung von Zeugen gegen staatsanwaltschaftliche Erkenntnisse nur dazu führen kann, dass ein unklarer Erkenntnisstand geschaffen wird, der im schlimmsten Fall bewirkt, dass gegen einen Zeugen wegen eidlicher/uneidlicher Falschaussage ein Strafverfahren eröffnet wird. Wir wollen dies vermeiden.

Nach Akteneinsicht werden wir erörtern, ob es opportun ist, eine Einlassung abzugeben.

Erklärungen abgeben können der Betroffene/Beschuldigte/Angeschuldigte/Angeklagte, der Verteidiger oder beide gemeinsam. Aus der Tatsache, dass der Betroffene/Beschuldigte/Angeschuldigte/Angeklagte oder Verteidiger schweigt, darf nichts Negatives geschlossen werden.

Lediglich die Fragen zur Person müssen beantwortet werden. Dies ist auch sinnvoll, da die Angaben zu Person, Familienstand, Unterhaltsberechtigten und Netto-Einkommen Ihre Strafe bestimmen können. Sollten Sie Ihr Einkommen nicht angeben, kann das Gericht schätzen, was zu Ihren Gunsten, aber auch zu Ihren Lasten ausgehen kann.

Ihre Rechtsschutzversicherung schreiben wir an, sobald wir Ihre Versicherungsnummer erfahren haben. Wir weisen darauf hin, dass der Rechtsschutzversicherer leistungsfrei ist, wenn wegen Vorsatzes verurteilt wird. Dies ergibt sich aus den allgemeinen Rechtsschutzbedingungen (ARB). Werden Delikte angeklagt, die nur vorsätzlich verwirklichbar sind, wird Rechtsschutz nicht gewährt werden. Bei Delikten, die vorsätzlich und fahrlässig verwirklicht werden können, wird bei Fahrlässigkeit geleistet, bei Vorsatz der bereits gezahlte Vorschuss zurückverlangt. Beachten Sie, dass Sie in jedem Fall selbst die Anwaltskosten schulden. Der Rechtsschutzversicherer zahlt die Kosten nur erfüllungshalber, so dass im Falle einer Vorsatzverurteilung eine Rückerstattung von Ihnen vorzunehmen sein wird.

Die Verfahrenseinstellung nach den §§ 153 ff StPO kann Nachteile für Sie bereithalten, die unbedingt erörtert werden müssen. Bitte lassen Sie sich nicht ohne Rücksprache auf entsprechende Angebote ein.

Bitte erörtern Sie, solange das Mandat besteht, jeden Schritt und jede Überlegung mit Ihrem Verteidiger, um optimale Ergebnisse zu erreichen.

Mit freundlichen Grüßen

Rechtsanwalt

B. Anträge zum Verfahrensabschluss im Vorverfahren

I. Verfahrenseinstellung nach § 170 Abs. 2 StPO

Natürlich ist das vornehmste Ziel eines jeden Verfahrens zunächst die Erwirkung einer Einstellung nach § 170 Abs. 2 StPO. Diese Einstellung erwartet der Mandant, falls er sich keiner Schuld bewusst ist, worauf, wie der gute Verteidiger weiß, es nicht unbedingt ankommt. § 170 Abs. 2 StPO ist immer das Maximalziel. Dieses Ziel ist nur erreichbar, wenn es gelingt, erhebliche Bedenken anzumelden, die auch Gewicht haben. Es handelt sich dabei in der Regel um Fälle, die schlecht ermittelt sind oder gut ermittelt mit irrigen Zeugenaussagen.   33

Die Einstellung nach § 170 Abs. 2 StPO ergibt sich einerseits bei erwiesener Unschuld, andererseits dann, wenn zwar Verschulden denkbar ist, jedoch nicht mit an Sicherheit grenzender Wahrscheinlichkeit nachgewiesen werden kann. Der Verteidiger hat also zunächst alles zu erforschen, was die Unschuld des Mandanten nachzuweisen geeignet ist und so zu einer Verfahrenseinstellung führt. Geeignete Zeugen sind zu benennen, zum Beispiel Beifahrer des beschuldigten Fahrers, die aus der Perspektive des Fahrers Angaben machen können. Weiterhin sind Sachverständige zu benennen, die die Perspektive des Beschuldigten belegen können.   34

Muster: Anforderung der Ermittlungsakte von der Staatsanwaltschaft   35   184

An die
Staatsanwaltschaft
beim Landgericht ■■■

Az ■■■

In der Strafsache

gegen

Herrn ■■■

bestellen wir uns mit beiliegender Vollmacht für den Beschuldigten ■■■.

Wir beantragen,

uns die amtliche Ermittlungsakte zu überlassen.

Wir werden dann mit dem Beschuldigten zusammen entscheiden, ob eine Einlassung erfolgen wird.

Rechtsanwalt

36 Nach erfolgter Akteneinsicht wird das Strategiegespräch mit dem Mandanten vorbereitet. Dazu dient die vorherige Überlassung der amtlichen Ermittlungsakte oder Teile davon. Der Mandant kann dann die gegen ihn erhobenen Vorwürfe selbst lesen und sich damit auseinandersetzen, wie diese widerlegt werden können. Optimal, ohne großen Aufwand, geht dies per Internet mit der elektronischen Akte, die – einmal eingescannt – beliebig oft per Mausklick versandt werden kann.

37 **Muster: Mandantenanschreiben Mitarbeit**

Sehr geehrte/r Frau/Herr ■■■

Anliegend erhalten Sie die fotokopierte/gescannte amtliche Ermittlungsakte.

Ich bitte Sie, diese sorgfältig durchzulesen. Beachten Sie bitte die Zeugenaussagen auf Seite ■■■ und Seite ■■■. Diese sind für Sie belastend. Kann dazu einer Ihrer Mitfahrer etwas aussagen?

Nach entsprechender Vorbereitung bitte ich Sie, telefonisch mit meinem Sekretariat, dessen telefonische Erreichbarkeit sich aus unserem Briefkopf ergibt, einen Besprechungstermin zu vereinbaren, damit wir gemeinsam die Verteidigung abstimmen können.

Mit freundlichen Grüßen

Rechtsanwalt

38 Schließlich ist Folgendes zu bedenken: Bei einem Strafverfahren spielt jeder Beteiligte eine Rolle, weil jeder Beteiligte aus unterschiedlicher Perspektive seinen Verfahrensbeitrag leistet: der Richter, der Staatsanwalt, der Verteidiger (der sich hüten muss, seinem Mandanten gegenüber die Rolle des Richters oder des Staatsanwalts einzunehmen) und letztlich auch der Sachverständige. Der Richter verfolgt das Ziel, den Fall revisionssicher, wenn möglich, mit wenig Aufwand, abzuarbeiten, der Staatsanwalt versucht seine Anklageschrift in ein Urteil umzusetzen, lediglich der Verteidiger eruiert alle Interessen des Beschuldigten/Angeschuldigten/Angeklagten und versucht, diese zu dessen Gunsten ins Verfahren einzubringen. Der **Sachverständige** lebt häufig gut davon, dass er regelmäßig von der Staatsanwaltschaft beauftragt wird und deren Standpunkt wissenschaftlich absichert. Da es aber immer mehrere wissenschaftliche Schulen gibt, ist in diesem Zusammenhang immer auch ein Sachverständiger zu finden, der das, was dem einen klar und unbestritten ist, als unklar und äußerst streitig empfindet. Entscheidet sich ein Gericht oder eine Staatsanwaltschaft zur Inanspruchnahme eines belastenden Sachverständigen, steht es dem Verteidiger frei, die Meinung eines anderen Sachverständigen in das Verfahren einzuführen. Dies geschieht außergerichtlich mit Hilfe der Rechtsschutzversicherung gem. § 5 ARB. Wenn das Verfahren bei Gericht anhängig ist, gelten die Vorschriften über die **Selbstladung** (§ 220 StPO), damit dem gerichtlich beauftragten Sachverständigen ein Gegengewicht entgegengesetzt werden kann.

Der hilfreiche Sachverständige ist mittels Zustellung durch den Gerichtsvollzieher zu laden, die Kosten sind bar anzubieten. Der so geladene Sachverständige oder der so geladene Zeuge müssen gehört werden. **39**

Muster: Selbstladung des Sachverständigen nach § 220 StPO

40

 186

An Sachverständigenbüro ■■■
Herrn Sachverständigen ■■■

Betr.: Ladung zum Hauptverhandlungstermins des ■■■gerichts in ■■■ in der Strafsache

gegen ■■■, Az ■■■

Sehr geehrter Herr Sachverständiger ■■■,

ich verteidige Frau/Herrn ■■■ in der Strafsache ■■■ vor dem ■■■gericht in ■■■.

Ich lade Sie hiermit als Sachverständigen zu dem Termin am ■■■ um ■■■ Uhr.

Die Hauptverhandlung findet in Saal ■■■ statt.

Ihre gesetzlichen Sachverständigengebühren nach dem ZSEG sowie Reisekosten bietet Ihnen der Gerichtsvollzieher ■■■ bar an.

Im Falle Ihrer Verhinderung informieren Sie bitte das Gericht zur Vermeidung von Nachteilen. Im Falle des unentschuldigten Nichterscheinens kann das Gericht Ordnungsgeld oder Ordnungshaft verhängen oder Ihre zwangsweise Vorführung anordnen.

Mit freundlichen Grüßen

Rechtsanwalt

Muster: Zustellungsauftrag an den Gerichtsvollzieher wegen Selbstladung

41

 187

An die
Gerichtsvollzieherverteilungsstelle
beim Amtsgericht ■■■

Betr.: Zeugenladung nach §§ 38, 220 StPO

Sehr geehrter Herr Gerichtsvollzieher,

anliegend erhalten Sie die Ladung des Sachverständigen ■■■, ■■■ [Anschrift] zum Gerichtstermin am ■■■ beim ■■■gericht in ■■■.

Wir bitten um Zustellung und um Überlassung einer beglaubigten Abschrift der Ladung sowie der Zustellungsurkunde.

Sachverständigengebühren und Reisekosten in Höhe von ■■■ EUR sind beigefügt und dem Sachverständigen zu überlassen zur Deckung seiner Kosten.

Mir freundlichen Grüßen

Rechtsanwalt

Diese Verfahrensweise hat den Vorteil, dass das Gericht den präsenten Zeugen oder Sachverständigen nicht nach den Grundsätzen des § 244 Abs. 3–5 StPO zurückweisen kann, sondern **42**

allenfalls nach § 245 StPO. Vor allem die Stellung eines präsenten Sachverständigen ermöglicht es, Einfluss zu nehmen, der ansonsten verwehrt ist, da es Sache des Gerichts ist, den Sachverständigen auszuwählen. Gleichwohl ist ein Beweisantrag zu stellen, der auch dann noch gestellt werden kann, wenn das Gericht bereits einen gleichlautenden Beweisantrag nach den Vorschriften des § 244 StPO abgelehnt hat. Das Selbstladungsrecht in dieser Form steht nicht nur dem Angeklagten zu, sondern ebenso dem Nebenkläger und dem Privatkläger.

43 Ebenso kann sich der Verteidiger des Sachverständigen als Gehilfen bedienen, ohne dass das Gericht oder die Staatsanwaltschaft dies rügen könnten. Das bedeutet, dass der Sachverständige als Gehilfe an der Seite des Verteidigers Platz nehmen darf und den Verteidiger instruieren darf über die Auswirkung des Vortrags des vom Gericht bestellten Sachverständigen, ihm raten kann, entsprechende Fragen zu stellen, und Ähnliches.

44 Es würde zu weit führen, alle Taktikmöglichkeiten anzuführen, die geeignet sind, einen Freispruch oder eine Verfahrenseinstellung zu bewirken. Bekannt sein sollte jedoch, dass Verurteilung oder Freispruch häufig abhängen von der Auswahl der Sachverständigen, was die Einholung entsprechender Informationen erforderlich macht.

45 **Muster: Antrag auf Verfahrenseinstellung nach § 170 Abs. 2 StPO aus tatsächlichen Gründen**

An die
Staatsanwaltschaft
beim Landgericht ■■■

Az ■■■ Js ■■■/■■■

In der Strafsache

gegen

Herrn ■■■

beantrage ich,

das gegen meinen Mandanten eingeleitete Verfahren wegen ■■■ einzustellen.

Die getroffenen Feststellungen tragen den Vorwurf nicht. Der Unfall wurde nicht von meinem Mandanten verschuldet, im Gegenteil: Der Unfall war für meinen Mandanten unabwendbar iSd § 7 Abs. 2 StVO.

Beweis: Sachverständigengutachten durch den Sachverständigen ■■■

Der Sachverständige wird zu dem von uns prognostizierten Ergebnis gelangen.

Nach Vorlage des Gutachtens des Sachverständigen bitte ich nochmals um Aktenüberlassung, damit gegebenenfalls Stellung genommen werden kann.

Mit freundlichen Grüßen

Rechtsanwalt

46 **Muster: Antrag auf Verfahrenseinstellung nach § 170 Abs. 2 StPO aus rechtlichen Gründen**

An die
Staatsanwaltschaft
beim Landgericht ■■■

Az ▬▬▬ Js ▬▬▬/▬▬▬

In der Strafsache

gegen

Herrn ▬▬▬

beantragen wir,

das Verfahren nach § 170 Abs. 2 StPO einzustellen.

Der Tatbestand des § 229 StGB wurde vorliegend nicht erfüllt.

Der Geschädigte selbst gibt an, er habe sich nach dem Unfall unwohl gefühlt, er sei geschockt gewesen, er habe den Schock als körperliche Last empfunden. Ein Arztbesuch sei nicht erfolgt, da sich sein Zustand im Verlaufe der nächsten Stunden gebessert habe, er denke jetzt noch bisweilen an den Unfall.

Diese Beeinträchtigung reicht nicht aus, eine Körperverletzung im Sinne des § 229 StGB zu unterstellen. Die Beeinträchtigung setzt voraus, dass eine gewisse Nachhaltigkeit und Schwere feststellbar ist. Dies ist hier nicht der Fall.

Die Rechtsprechung hat herausgestellt, dass die Beeinträchtigung Krankheitswert haben muss (BGH NJW 1971, 1883; 1989, 2317).

Das Verfahren ist einzustellen.

Rechtsanwalt

Muster: Antrag auf Verfahrenseinstellung nach § 170 Abs. 2 StPO mangels öffentlichen Interesses   47

An die

Staatsanwaltschaft

beim Landgericht ▬▬▬

Az ▬▬▬ Js ▬▬▬/▬▬▬

In der Strafsache

gegen

Herrn ▬▬▬

wegen ▬▬▬

regen wir an,

das Verfahren nach § 170 Abs. 2 StPO einzustellen, hilfsweise, auf den Privatklageweg zu verweisen,

da nach unserem Dafürhalten ein Straftatbestand nicht vorliegt, jedenfalls kein öffentliches Interesse besteht.

Der Anzeigenerstatter gibt an, unser Mandant, der Beanzeigte, sei langsam an ihm vorbeigefahren, habe seinen Arm aus dem Fenster gehängt und dabei eine beleidigende Geste vollführt, wobei der Mittelfinger der linken Hand deutlich sichtbar gewesen sei.

Zunächst verweise ich darauf, dass breiten Kreisen der Bevölkerung unklar ist, welche Bedeutung Finger im täglichen Leben haben, sieht man von allseits bekannten Funktionen ab (Ringfinger, Zeigefinger usw). Wer durch Fingereinsatz glaubt beleidigen zu können, wird häufig erleben, dass seine Willensbekundung nicht verstanden wird. Umgekehrt ist demnach der Schluss unzulässig, eine bestimmte Fingerhaltung müsse eine bestimmte Bedeutung haben.

Der Beanzeigte jedenfalls hat sich keine Gedanken gemacht bezüglich der Haltung seiner Finger. Er hat einfach den Arm zum Fenster hinausgehängt, da die Temperaturen das Öffnen des Fensters nahe legten.

Im Übrigen besteht kein öffentliches Interesse an der weiteren Untersuchung des Vorgangs, da der Rechtsfrieden unseres Erachtens nicht gestört wurde, jedenfalls nicht über den Anzeigenerstatter hinaus.

Eine Verfahrenseinstellung ist angebracht.

Mit freundlichen Grüßen

Rechtsanwalt

II. Verfahrenseinstellung nach § 153 StPO

48 Kann eine Verfahrenseinstellung nach § 170 Abs. 2 StPO nicht erreicht werden, muss das nächste Ziel die Erreichung einer Einstellung des Verfahrens nach § 153 StPO sein. Voraussetzung hierfür ist, dass das Verfahren ein Vergehen zum Gegenstand hat, das öffentliche Interesse an der Strafverfolgung gering ist oder fehlt und die Schuld des verteidigten Mandanten – gemessen an vergleichbaren Fällen – gering ist. Es ist also die Aufgabe des Verteidigers, das Verschulden des Mandanten aus dessen Sicht zu schildern und ein eventuelles Mitverschulden so darzustellen, wie der Mandant dies würdigt. Daraus wird häufig das geringe Verschulden des Mandanten offensichtlich.

49 Die **Schuld** ist **gering**, wenn sie beim Vergleich mit Vergehen gleicher Art nicht unerheblich unter dem Durchschnitt liegt,[2] wenn die Schuld des Beschuldigten also deutlich geringer ist als in vergleichbaren Fällen. Folgende Gesichtspunkte spielen eine Rolle:

- Motive und Gesinnung des Beschuldigten (geringe Schuld, wenn diese nicht verwerflich, sondern verständlich sind, etwa, weil der Mandant aus Not gehandelt hat, zur Tat provoziert oder verführt wurde)
- kriminelle Intensität (geringe Schuld, wenn diese nur unerheblich ist)
- Bezug zur Person des Beschuldigten (geringe Schuld, wenn die Tat persönlichkeitsfremd ist, es sich um ein einmaliges Versagen handelt, der Beschuldigte überhaupt nicht oder zumindest nicht einschlägig vorbestraft ist)
- verschuldete Folgen der Tat (nicht aber die Höhe des eingetretenen Schadens)
- Schadenswiedergutmachung (geringe Schuld, wenn der Beschuldigte den Schaden wieder gutgemacht hat, sich zumindest intensiv darum bemüht hat)
- zu erwartende Strafe im Falle einer Verurteilung (geringe Schuld auch möglich bei Vergehen, die mit einer im Mindestmaß erhöhten Strafe bedroht sind)

Im Grunde genommen orientiert man sich an § 46 Abs. 2 StGB.

50 **Muster: Antrag auf Verfahrenseinstellung nach § 153 StPO**

191

An das Amtsgericht ▪▪▪

Az ▪▪▪ Js ▪▪▪/▪▪▪

In der Strafsache
gegen

---

2 So *Meyer-Goßner*, StPO, § 153 Rn 4.

Herrn ■■■

wegen angeblicher Nötigung

geben wir für den Angeschuldigten folgende Einlassung ab:

Es ist richtig, dass der Angeschuldigte am ■■■ gegen ■■■ Uhr die Bundesautobahn 17 befuhr. Die weitere Schilderung ist jedoch völlig falsch. Der Angeschuldigte hat sich nicht verkehrswidrig verhalten. Der Angeschuldigte stellte vielmehr fest, dass der Zeuge ■■■ in unverschämter Art und Weise drängelte und gestikulierte.

Aufgrund dessen nahm der Angeschuldigte seine Kamera und fertigte Bilder, da er sich dieses Verhalten nicht gefallen lassen wollte. Der Angeschuldigte wollte überlegen, ob er dieses drängelnde Verhalten als Nötigung anzeigt.

Blatt ■■■ und ■■■ der Ermittlungsakte geben die Aussage der Zeugin ■■■, der Ehefrau des Zeugen ■■■, wieder. Auf Blatt ■■■ ist zu lesen: „Der Audi wechselte dann, nachdem er das kleine Fahrzeug überholt hatte, auf den rechten Fahrstreifen. Wir fuhren dann ebenfalls wieder auf den rechten Fahrstreifen vor den Audi. Während wir an dem Audi vorbeifuhren, sah ich, wie der Fahrer einen Fotoapparat hervorholte. Als wir dann vor dem Audi fuhren, fotografierte uns der Audifahrer. Wir fuhren dann auf dem rechten Fahrstreifen weiter, und der Audi blieb zurück. Er hatte es plötzlich nicht mehr so eilig ".

Dazu ist zu sagen, dass unser Mandant es während der ganzen Fahrt überhaupt nicht eilig hatte. Es ging ihm auch nicht darum, mit anderen Fahrzeugen in Konkurrenz zu treten. Als der Zeuge ■■■ jedoch in unverschämter Weise drängelte, hielt er das für eine Nötigung und wollte dies fotografisch festhalten, um sich später entscheiden zu können, ob Anzeige erstattet wird oder nicht. Er stellte jedoch zu Hause fest, dass die Bilder unbrauchbar waren, weshalb sich weitere Überlegungen erledigten.

Die Zeugin ■■■ und der Zeuge ■■■ stellten jedoch fest, dass Ihr Fehlverhalten fotografisch dokumentiert wurde. Um einer Anzeige des Angeschuldigten zuvorzukommen, fertigten sie deshalb selbst eine Anzeige, um dem Vorwurf der Nötigung zu entgehen. Allein dies ist Grundlage der Aussagen des Zeugen ■■■ und der Zeugin ■■■.

Unter diesen Umständen halten wir das Verfahren für einstellungsreif.

Wir halten es nicht für prozessökonomisch, wenn nun nachträglich der Angeschuldigte, der ansonsten das Fehlverhalten längst verkraftet hat, ebenfalls Anzeige erstattet. Wir wissen aus vergleichbaren Verfahren, wie schwierig sich dann die Wahrheitsfindung gestaltet und Ergebnisse nach dem Zufallsprinzip zustande kommen, je nachdem, wer als Zeuge und wer als Angeklagter ausgewählt wird.

Rechtsanwalt

Darüber hinaus kann der Verteidiger auf Folgendes verweisen, um eine Verfahrenseinstellung nach § 153 StPO zu erreichen: **51**

- eigene Verletzungen des Beschuldigten
- eigener Schaden des Beschuldigten
- nachteilige wirtschaftliche Folgen der Bestrafung des Beschuldigten (Verlust des Arbeitsplatzes, zukünftig niedrigere Bezahlung)
- drohende disziplinarrechtliche oder standesrechtliche Konsequenzen
- psychische Belastung durch das Ermittlungsverfahren
- finanzielle Belastung durch das Ermittlungsverfahren

52 **Muster: Antrag auf Verfahrenseinstellung nach § 153 StPO (eigene Verletzung des Angeschuldigten)**

 ↓

An das Amtsgericht ▰▰▰

Az ▰▰▰ Js ▰▰▰/▰▰▰

In der Strafsache

gegen

Frau ▰▰▰

wegen angeblicher Körperverletzung im Straßenverkehr

geben wir für die Beschuldigte folgende Einlassung ab:

Die Beschuldigte befuhr am ▰▰▰ gegen ▰▰▰ Uhr die BAB ▰▰▰ zwischen ▰▰▰ und ▰▰▰ vor der Autobahnüberführung.

In einer langgezogenen, übersichtlichen Rechtskurve stieß sie mit ihrem Fahrzeug mit dem Fahrzeug des entgegenkommenden Herrn ▰▰▰ zusammen. Der Anstoßpunkt liegt in der Straßenmitte, wobei das Gutachten der ▰▰▰ zu dem Ergebnis kommt, dass der Anstoßpunkt aus Sicht unserer Mandantin ca. 0,2 bis 0,3 m von der Mittelsperrlinie nach links versetzt liegt, eine Nachprüfung des Sachverständigen ▰▰▰ vom ▰▰▰ jedoch zum Ergebnis hat, dass der Anstoßpunkt ziemlich genau in der Mitte der Straße liegt.

Aufgrund dessen kann davon ausgegangen werden, dass beide Unfallbeteiligte gegen das Rechtsfahrgebot nach § 2 Abs. 2 StVO verstoßen haben.

Die Beschuldigte wurde schwerstens verletzt. Anliegend überlassen wir das Gutachten des Universitätsklinikums ▰▰▰ vom ▰▰▰, dem die Verletzungen entnommen werden können. Neben einem Schädelhirntrauma 1. Grades waren ein Beckenbruch und weitere erhebliche, auch offene Brüche zu beklagen.

Es ist davon auszugehen, dass die Beschuldigte lebenslang unter den Folgen des Unfalls leiden wird.

Unter diesen Umständen ist die Einstellung des Verfahrens nach § 153 StPO angebracht.

Rechtsanwalt

Anlage: Gutachten des Universitätsklinikums

↑

53 **Muster: Antrag auf Verfahrenseinstellung nach § 153 StPO (eigene schwere Unfallfolgen für den Angeschuldigten)**

 ↓

An das Amtsgericht ▰▰▰

Az ▰▰▰ Js ▰▰▰/▰▰▰

In der Strafsache

gegen

Herrn ▰▰▰

geben wir für den Angeschuldigten folgende Einlassung ab:

Der Angeschuldigte räumt die Verursachung des Verkehrsunfalls am ▰▰▰ in ▰▰▰ vollumfänglich ein. Der Tatbestand der Vorschrift des § 229 StGB ist demnach erfüllt.

Der unfallbeteiligte Zeuge ▰▰▰ wurde infolge der Streifkollision verletzt. Er gibt an, dass er ein HWS-Schleudertrauma zu beklagen hat sowie psychische Nachwirkungen, die dazu führen, dass er seit diesem

Unfall nicht mehr unbefangen ein Fahrzeug lenken kann. Er habe sich in psychotherapeutische Behandlung begeben. Eine Besserung sei auch nach nunmehr zwölf Wochen nicht eingetreten. Unstreitig handelt es sich hier um einen psychischen Primärschaden in Form eines Schockschadens oder eines psychischen Traumas.

Zu berücksichtigen ist allerdings, dass unser Mandant seit diesem Unfall selbst schwerstens verletzt ist. Nach der Streifkollision kam das Fahrzeug unseres Mandanten ins Schleudern und überschlug sich mehrfach.

Anliegend überlassen wir eine beglaubigte Fotokopie des Attestes der Universitätsklinik ■■■/ Abteilung Wiederherstellungschirurgie, dem entnommen werden kann, dass unser Mandant lebenslang körperlich behindert sein wird und darüber hinaus seinen Beruf nicht mehr ausüben können wird. Die Verletzungen sind so gravierend, dass jegliche Strafe ihren Sinn verfehlt.

Unter diesen Umständen sollte eine Verfahrenseinstellung überdacht werden, da unser Mandant keiner Strafe bedarf, um einen Denkzettel zu bekommen für den Rest seines Lebens.

Rechtsanwalt

Darüber hinaus muss das **öffentliche Interesse an der Verfolgung fehlen.** Dieses ist zu messen an Nr. 86 Abs. 2 RiStBV; es liegt vor, wenn der Rechtsfrieden über den Lebenskreis des Verletzten hinaus gestört und die Strafverfolgung ein gegenwärtiges Anliegen der Allgemeinheit ist.   54

Checkliste zum öffentlichen Interesse an der Verfolgung: 55

- Vorbelastung des Beschuldigten
- gesellschaftsfeindliche Gesinnung oder bewusste Missachtung der staatlichen Autorität
- Stellung des Beschuldigten im öffentlichen Leben
- Wiederholungsgefahr
- Folgen der Tat
- Wertung der Gesellschaft
- Interesse der Öffentlichkeit an der Tat
- Interesse der Öffentlichkeit an Klärung gerade dieser Rechtsfrage
- Verfahrensdauer

Kommt der Staatsanwalt nach Abwägung aller Fakten zu der Auffassung, von der Verfolgung absehen zu können, muss er die **Zustimmung des Gerichts** einholen. In der Regel stimmt das Gericht zu. Daraus folgt, dass es die Haupttätigkeit des Verteidigers sein muss, den Staatsanwalt zu überzeugen, dass geringe Schuld vorliegt. Allerdings sollte der Kontakt zum Gericht nicht vernachlässigt werden, da gelegentlich der umgekehrte Weg zum Ergebnis führt. Zwar kennt das Gericht im Ermittlungsstadium keine Akten, muss also wahrheitsgemäß informiert werden, kann aber durchaus seine Ansicht zu Rechtsfragen äußern, die dann auch der Staatsanwaltschaft nahegebracht werden dürfen.   56

Schließlich ist die Frage der Einstellung nach § 153 StPO **mit dem Mandanten abzustimmen.** Der Mandant, der heute froh und glücklich über die wegfallende Belastung ist, kann morgen dieses Vorgehen bereuen, das ja letztlich nicht die vollständige Schuldlosigkeit des Mandanten belegt wird und es zivilrechtliche Folgen geben kann. Auch hier ist unbedingt zu beachten, dass der Mandant letztlich der Herr seines Verfahrens bleiben muss.   57

Der beantragende Schriftsatz ist so zu fertigen, dass die Schuldfrage offen gelassen wird. Einerseits ist dies dem Mandanten geschuldet, andererseits: Sollte die Einstellung nicht gelin-   58 gen, darf der Weg in Richtung § 170 Abs. 2 StPO oder in Richtung eines später zu beantragenden Freispruchs nicht verbaut werden.

59 Eine Einstellung des Verfahrens nach § 153 StPO bedarf nicht der Zustimmung des Beschuldigten. War es das ausdrückliche Verfahrensziel, eine Einstellung des Verfahrens nach § 170 Abs. 2 StPO zu erreichen, kann eine Einstellung nach § 153 StPO – von der Staatsanwaltschaft beantragt, vom Gericht akzeptiert – eine missliche Lage herbeiführen. Ordentliche Rechtsbehelfe gibt es nicht.

III. Verfahrenseinstellung nach § 153a StPO

60 Die Vorzüge einer Einstellung des Verfahrens nach § 153a StPO sind für den Beschuldigten häufig eine Wohltat. Allerdings ist hier, im Gegensatz zu § 153 StPO, für den Schuldvorwurf hinreichender Tatverdacht gefordert. § 153a StPO ist der „Vergleich" in Strafsachen, der „Deal". Dieser Deal wird zunehmend von oben herab geregelt, soweit es der Zustimmung der Staatsanwaltschaft bedarf. So stellte man bei sächsischen Gerichten zeitweise fest, dass Referendare und Jungstaatsanwälte grundsätzlich nicht ermächtigt sind, entsprechenden Vereinbarungen zuzustimmen, obwohl man ihnen ansonsten zutraute, als Vertreter der Staatsanwaltschaft Sitzungsdienst zu versehen. Später ging man in Sachsen weiter, und es bedurfte der Zustimmung des Abteilungsleiters bei der Staatsanwaltschaft, entsprechende Vereinbarungen abzuschließen. Auch der ausgewachsene Staatsanwalt hatte sich der Behördenmeinung zu beugen. Inzwischen scheint dies wieder aufgehoben zu sein, da die Einholung der Zustimmung häufig rasche Reaktionen verlangt, das Personalsparkonzept diese aber nicht ermöglicht.

61 Unter **geringer Schuld** ist hier das zu verstehen, was oben (Rn 49) bereits ausgeführt wurde, das heißt, dass der Verteidiger die gleichen Kriterien zu prüfen und gegebenenfalls vorzutragen hat. Auch der Begriff **„öffentliches Interesse"** ist identisch mit der Wertung bei § 153 StPO. Hier ist das öffentliche Interesse jedoch so geartet, dass es nur kompensiert wird durch bestimmte Leistungen des Beschuldigten.

62 Eine Anwendung des § 153a StPO scheidet in der Regel aus, wenn
- der Beschuldigte einschlägig vorbestraft ist
- der Beschuldigte zwar nicht einschlägig, aber mehrfach vorbestraft ist
- das Verkehrszentralregister wesentliche Eintragungen aufzeigt
- innerhalb eines bestimmten Zeitraums bereits Einstellungen nach § 153a StPO erfolgt sind
- ein Absehen von Bestrafung dem allgemeinen Rechtsempfinden der Bevölkerung nicht verständlich wäre, weshalb die Verteidigung der Rechtsordnung eine Bestrafung erfordert
- oder mehrere Täter zusammenwirkten.

63 **Hinweis:** Eine Einstellung nach § 153a StPO ist denkbar, wenn
- eine alkoholische Beeinträchtigung des Täters ausscheidet
- das Verschulden im Verhältnis zu gleichgelagerten Fällen an der unteren Grenze liegt
- die Geldbuße oder Auflage in einer Größenordnung liegt, die ähnlich einer Verurteilung wäre
- und eventuell eine schwierige Beweissituation vermieden wird.

64 Eine Verfahrenseinstellung nach § 153a StPO steht unter bestimmten von der Staatsanwaltschaft gesetzten **Fristen**, die gem. § 153a Abs. 2 StPO in den Fällen des § 153a Abs. 1 S. 1 Nr. 1–3, 5 u. 6 StPO höchstens sechs Monate, in den Fällen des § 153a Abs. 1 S. 1 Nr. 4

höchstens ein Jahr beträgt. Die Staatsanwaltschaft kann allerdings Auflagen und Weisungen nachträglich aufheben und die Frist einmal für die Dauer von drei Monaten verlängern. Mit Zustimmung des Beschuldigten kann sie auch Auflagen und Weisungen nachträglich auferlegen und ändern.

Muster: Antrag auf Verfahrenseinstellung nach § 153a StPO 65

An die
Staatsanwaltschaft
beim Landgericht ▪▪▪

Az ▪▪▪ Js ▪▪▪/▪▪▪

In der Strafsache

gegen

Herrn ▪▪▪

wegen unerlaubten Entfernens vom Unfallort

geben wir für den Beschuldigten folgende Einlassung ab:

Es ist richtig, dass der Beschuldigte am ▪▪▪ beim Rückwärtseinparken seines Fahrzeugs das Fahrzeug der Geschädigten berührte. Es ist auch richtig, dass der Beschuldigte anschließend aus seinem Fahrzeug ausstieg und sich den Schaden ansah. Er stellte zunächst fest, dass am eigenen Fahrzeug lediglich eine geringe Abriebspur ersichtlich war. Am Fahrzeug der Geschädigten konnte er keinen Schaden feststellen.

Da jedoch zur fraglichen Zeit bereits leichte Dämmerung einsetzte, wurde übersehen, dass eine leichte Verschiebung der Blechteile stattgefunden hatte. Subjektiv ging deshalb der Beschuldigte davon aus, dass ein nennenswerter Schaden nicht entstanden war. Die subjektive Sicht suggerierte, es sei „noch mal gut gegangen".

Der hohe Schaden, der tatsächlich verursacht worden war, erstaunte den Beschuldigten. Der Beschuldigte wäre nie vom Unfallort weggefahren, ohne die Geschädigte zu informieren oder bei der Polizei Angaben zu seiner Unfallbeteiligung zu machen, hätte er mit dem Schaden in festgestellter Form gerechnet.

Das VZR zeigt keinerlei Eintragungen des Beschuldigten. Das BZR weist ebenfalls keine Eintragung auf, so dass davon auszugehen ist, dass der Beschuldigte sorgfältig am Straßenverkehr teilnimmt. Das Übersehen des Schadens am Fahrzeug der Geschädigten ist ein einmaliges Fehlverhalten.

Unter diesen Umständen gehen wir davon aus, dass das Verfahren nach § 153a StPO eingestellt werden kann gegen Auflage der Zahlung eines Geldbetrags in Höhe von ▪▪▪, was im Falle einer Verurteilung immerhin 20 Tagessätzen entspräche.

Rechtsanwalt

IV. Verfahrenseinstellung nach § 154 StPO

Schließlich ist die Einstellung des Verfahrens nach § 154 StPO zu bedenken, die gar nicht so 66 selten vorkommt und durchaus Sinn ergeben kann. Gelegentlich sind Fälle zu verteidigen, bei denen **mehrere Verkehrsstraftaten** angeklagt sind, **teils vorsätzlich** verwirklicht, **teils fahrlässig** begangen.

67 Der Mandant ist etwa rechtsschutzversichert, erfährt jedoch im anwaltlichen Beratungsgespräch, dass die **Rechtsschutzversicherung** Vorsatztaten nicht decken kann. Dies ergibt sich einerseits aus den ARB (zB § 2, i, aa, bb ARB 94), andererseits aus den Grundsätzen des VVG (§ 61 VVG). Taten, die nur vorsätzlich begehbar sind, sind grundsätzlich nicht deckbar. Dafür steht beispielsweise § 240 StGB, die Nötigung im Straßenverkehr. Aber auch eine Verurteilung nach § 142 StGB führt zur Leistungsfreiheit des Rechtsschutzversicherers. Bei Trunkenheitsfahrten und Verkehrsgefährdungen bedarf es hoher Schuld, um eine Vorsatzverurteilung zu rechtfertigen. In der Regel sind diese Straftaten gedeckt durch die Rechtsschutzversicherung.

68 **Hinweis:** Unter diesem Aspekt erlangt der rechtsschutzversicherte Mandant Vorteile dadurch, dass eventuell die Tatbeiträge nach § 154 StPO eingestellt werden, deren Deckung die Rechtsschutzversicherung abgelehnt hätte, und dafür die Straftaten abgeurteilt werden, die, fahrlässig begehbar, von der Rechtsschutzversicherung getragen werden. Deshalb sollte der Verteidiger grundsätzlich in solchen geeigneten Fällen danach streben, im Interesse des rechtsschutzversicherten Mandanten eine Einstellung gewisser Teilbereiche eines Tatkomplexes anzustreben.

69 **Muster: Antrag auf Einstellung des Verfahrens nach § 154 StPO**

An die
Staatsanwaltschaft
beim Landgericht ▬▬▬

Az ▬▬▬ Js ▬▬▬/▬▬▬

In der Strafsache

gegen

Herrn ▬▬▬

legt die Staatsanwaltschaft dem Beschuldigten zur Last, eine Straßenverkehrsgefährdung nach § 315c Abs. 1 StGB begangen zu haben sowie unerlaubtes Entfernen vom Unfallort gem. § 142 StGB.

Der Beschuldigte räumt ein, zum Tatzeitpunkt mit einem Blutalkoholwert am Straßenverkehr teilgenommen zu haben, der eine Verurteilung rechtfertigt.

Der Schaden am Fahrzeug des Geschädigten ist jedoch zum einen gering, zum anderen für den alkoholisierten Beschuldigten nicht ohne Weiteres wahrnehmbar gewesen. Wir gehen davon aus, dass ein Sachverständigengutachten zu dem Ergebnis gelangen wird, dass die Wahrnehmbarkeit zweifelhaft war.

Aufgrund dessen regen wir an,

das Verfahren in Bezug auf § 142 StGB nach § 154 StPO einzustellen und einen Strafbefehl zu erlassen wegen eines Vergehens nach § 316 StGB.

Zu den persönlichen und wirtschaftlichen Verhältnissen machen wir Angaben wie folgt:

Der Beschuldigte arbeitet als Fachverkäufer im Baumarkt ▬▬▬. Er verdient monatlich 1.300,00 EUR netto. Er ist verheiratet. Seine Ehefau arbeitet als Verkäuferin und erreicht ein Monatsgehalt in gleicher Höhe. Unterhaltsberechtigte Kinder sind nicht zu berücksichtigen.

Aufgrund desssen regen wir an, das Verfahren durch Strafbefehl wie folgt abzuschließen:

Gegen den Beschuldigten wird wegen fahrlässiger Trunkenheitsfahrt eine Geldstrafe verhängt in Höhe von 50 Tagessätzen zu 43,00 EUR.

Die Fahrerlaubnis des Beschuldigten wird entzogen, sein Führerschein wird eingezogen; der Verwaltungsbehörde wird aufgegeben, vor Ablauf von weiteren zehn Monaten keine neue Fahrerlaubnis zu erteilen

Der Beschuldigte trägt die Kosten des Verfahrens.

Wir weisen darauf hin, dass ein entsprechender Strafbefehl einspruchslos hingenommen werden wird.

Rechtsanwalt

Eine Verfahrenseinstellung des Vorsatzdeliktes „unerlaubtes Entfernen vom Unfallort" hätte hier für den beschuldigten Mandanten mehrere Vorteile. Zum einen bliebe die Rechtsschutzversicherung vollumfänglich leistungsverpflichtet (§ 2 ARB). Zum anderen ersparte sich der versicherte Beschuldigte den Regress (§ 7 V AKB). Schließlich, sollte die Fahrerlaubnis nicht entzogen, sondern lediglich ein Fahrverbot nach § 44 StGB verhängt werden, würden die Punkte im VZR für das Vorsatzdelikt erspart, die – wegen Realkonkurrenz – gesondert anfielen. 70

C. Vorläufiger Fahrerlaubnisentzug

§ 111a StPO verlangt dringende Gründe für die vorläufige Entziehung der Fahrerlaubnis, einhergehend mit der Beschlagnahme des Führerscheins. Der endgültige Entzug muss also höchstwahrscheinlich sein, und dringender Tatverdacht ist erforderlich. 71

Muster: Antrag auf Herausgabe des Führerscheins wegen unwahrscheinlicher Entziehung 72

↓

An das Amtsgericht ▪▪▪
– Strafrichter –

Az ▪▪▪ Js ▪▪▪/▪▪▪

In der Ermittlungssache

gegen

Herrn ▪▪▪

wegen angeblicher Anstiftung zur Trunkenheitsfahrt

wurde der Führerschein unseres Mandanten beschlagnahmt und ein Beschluss nach § 111a StPO erlassen, wonach die Fahrerlaubnis vorläufig entzogen wurde.

Gegen diesen Beschluss legen wir hiermit

Beschwerde

ein.

Wir begründen die Beschwerde wie folgt:

Unser Mandant fuhr mit seiner Ehefrau, der Zeugin ▪▪▪, am ▪▪▪ zu einer Geburtstagsveranstaltung zu Bekannten in ▪▪▪.

Der Beschuldigte und seine Ehefrau hatten vereinbart, dass der Beschuldigte das Fahrzeug auf der Hinfahrt, die Ehefrau auf der Rückfahrt führen sollte.

Auf der Rückfahrt stellte sich heraus, dass die Ehefrau einen Blutalkoholwert von 2,1‰ aufwies. Spontan äußerte sie nach Durchführung der Blutprobe, als der Führerschein beschlagnahmt wurde: "Jedes Mal bin ich gezwungen, auf dem Nach-Hause-Weg zu fahren", was von den Polizeibeamten als Anstiftung zur Trunkenheitsfahrt gewertet wurde. Diese Wertung ist fehlerhaft.

Zum einen ist in einer Vereinbarung von Eheleuten, die die Benutzung des Fahrzeugs zum Besuch und der Abreise von einer Veranstaltung regelt, keine Anstiftung zu sehen im Sinne des § 26 StGB. Der Beschuldigte hat mit dieser Vereinbarung nicht zu einer vorsätzlichen rechtswidrigen Tat angestiftet.

Zum anderen wusste der Beschuldigte nicht, dass die Zeugin einen so hohen Blutalkoholwert aufwies. Bei der Geburtstagsveranstaltung war eine Vielzahl von Gästen eingeladen. Die Eheleute hatten sich während der gesamten Veranstaltung kaum gesehen und mit unterschiedlichen Gästen gesprochen. Der Beschuldigte sah weder, was die Zeugin getrunken hatte, noch hatte er dies vor der Nach-Hause-Fahrt bemerkt.

Vor Antritt der Fahrt hatte der Beschuldigte seiner Ehefrau, der Zeugin ■■■, den Autoschlüssel überlassen. Er hatte dabei jedoch keine Beeinträchtigung der Ehefrau feststellen können. Wir verweisen insoweit auch auf das Protokoll, das anlässlich der Blutentnahme gefertigt wurde. Dieses weist aus, dass die Zeugin ■■■ unauffällig und äußerlich kaum merklich alkoholisiert war. Wenn also der protokollaufnehmende Arzt, der aufgrund der Vielzahl der Blutentnahmen infolge Alkoholisierung spezialisiert ist auf die Beurteilung von angetrunkenen und betrunkenen Verkehrsteilnehmern, zu der Einschätzung gelangt „äußerlich kaum merklich alkoholisiert", ist es unmöglich, dass ein Laie dies innerhalb eines kurzen Augenblicks bemerkt, bei dem die Aufmerksamkeit nicht direkt auf den Grad der Alkoholisierung gelenkt ist.

Es muss nach unserer Information weiter davon ausgegangen werden, dass der Beschuldigte sich nach erfolgter Belehrung (§ 136 StPO) nicht weiter äußern wird; die Zeugin wird von Ihrem Zeugnisverweigerungsrecht Gebrauch machen (§ 52 Abs. 1 StPO). Eine weitere Aufklärung wird demnach nicht möglich sein.

Unter diesen Aspekten ist eine Verurteilung des Beschuldigten unwahrscheinlich.

Der Beschluss ist aufzuheben. Der Führerschein ist herauszugeben.

Rechtsanwalt

73 Der vorläufigen Entziehung der Fahrerlaubnis geht in der Regel die **Beschlagnahme des Führerscheins** nach § 94 StPO voraus. Lässt sich der Mandant dazu hinreißen, trotz fehlenden Führerscheins zu fahren, ist zu differenzieren: Der Verstoß trotz Beschlagnahme nach § 94 StPO wird nach § 21 Abs. 2 StVG geahndet, vergleichbar einer fahrlässigen Tatbegehung, mit Freiheitsstrafe bis zu sechs Monaten oder mit Geldstrafe bis zu 180 Tagessätzen. Der Verstoß trotz vorläufiger Entziehung der Fahrerlaubnis wird nach § 21 Abs. 1 StVG mit Freiheitsstrafe bis zu einem Jahr oder mit Geldstrafe geahndet. Es lohnt sich also, die Absenz des Führerscheins genauer zu eruieren.

Dem Mandanten muss verdeutlicht werden, dass er im Falle eines Unfalls keinen Versicherungsschutz hat, wenn er ohne Führerschein fährt.

74 Bereits bei diesem Stand des Verfahrens kann der Verteidiger im Interesse seines Mandanten beantragen, von der Sperre bestimmte Fahrzeuge auszunehmen. Diese Möglichkeit ergibt sich danach auch aus § 69a Abs. 2 StGB. Bei einer **Schadenshöhe unter 1.300 EUR** ist kein bedeutender Fremdschaden zu unterstellen. Eine Entziehung der Fahrerlaubnis entfällt. Dem Mandanten ist zu erläutern, dass eine Maßnahme nach den Vorschriften der §§ 69, 69a StGB dazu führt, dass er – anders als bei § 44 StGB (Fahrverbot) – seinen Führerschein nach Ablauf der Sperrfrist nicht wiedererhält, sondern ein neuer Führerschein beantragt werden muss.

75 Der Mandant ist zu belehren, dass die Fahrerlaubnis für mindestens sechs Monate entzogen wird. Die maximale Entziehungsmöglichkeit beträgt fünf Jahre, in Ausnahmefällen kann angeordnet werden, dass die Entziehung „für immer" gilt; in der Praxis ist die längere Entziehung weithin unbekannt.

Dem Mandanten, der als **Berufskraftfahrer** tätig ist, ist die Möglichkeit zu erläutern, dass **76** Führerscheinklassen von der Entziehung ausgenommen werden können. Dabei ist an Mandanten zu denken, die Trecker fahren müssen im Rahmen einer Landwirtschaft, die LKW-Fahrer sind, deren Entziehung auf die Fahrt mit einem PKW im Privatbereich zurückging, oder die selbstfahrende Arbeitsmaschinen zu bewegen haben, die mit der Führerscheinklasse L zu fahren sind und eine Höchstgeschwindigkeit von 20 km/h leisten (vgl auch § 17 Rn 41).

Muster: Antrag, bestimmte Fahrzeuge von der Führerscheinsperre auszunehmen

77

An die
Staatsanwaltschaft
beim Landgericht ■■■

Az ■■■ Js ■■■/■■■

In der Ermittlungssache

gegen

Herrn ■■■

wegen Trunkenheitsfahrt nach § 316 StGB

geben wir für den Beschuldigten folgende Einlassung ab:

Der Beschuldigte räumt ein, am ■■■ mit seinem Kraftfahrzeug am Straßenverkehr teilgenommen zu haben, obwohl er zu diesem Zeitpunkt einen Blutalkoholwert von 1,22‰ aufwies.

Der Beschuldigte bedauert dies. Er war selbst davon ausgegangen, noch fahrtüchtig zu sein. Die Alkoholaufnahme hatte sich über einen längeren Zeitraum hingezogen, so dass er keine Beeinträchtigungen verspürte.

Der Beschuldigte ist Inhaber einer Fahrerlaubnis, welche die Klassen A, B, C und T umfasst.

Der Beschuldigte betreibt einen landwirtschaftlichen Betrieb, der eine Größe von 110 ha aufweist. Er ist darauf spezialisiert, Getreide und Hackfrüchte zu produzieren. Er benötigt von der Aussaat bis zur Ernte einen Traktor mit entsprechenden Zusatzgeräten, um die einzelnen Arbeitsvorgänge bewältigen zu können. Ohne die Möglichkeit, den Traktor zu benutzen, ist der Beschuldigte nicht in der Lage, zu produzieren und seinen Lebensunterhalt zu erwirtschaften. Der Betrieb und die Produktion lägen lahm.

Wir beantragen deshalb,

von der Entziehung der Fahrerlaubnis die Klasse T auszunehmen.

Die Trunkenheitsfahrt erfolgte mit dem privat genutzten PKW anlässlich einer Freizeitveranstaltung am Wochenende.

Durch die Ausnahmegenehmigung, dem Beschuldigten die Fahrerlaubnis der Klasse T zu belassen, wird die Allgemeinheit nicht beeinträchtigt. Mit der Führerscheinklasse T können Zugmaschinen gefahren werden mit einer durch die Bauart bestimmten Höchstgeschwindigkeit von nicht mehr als 60 km/h und selbstfahrende Arbeitsmaschinen mit einer Höchstgeschwindigkeit von nicht mehr als 40 km/h.

Diese Fahrzeuge dienen weniger der Freizeitgestaltung als der täglichen Arbeit zur Landbearbeitung. Anlässlich solcher Arbeiten hat unser Mandant, der Beschuldigte, noch nie alkoholische Getränke zu sich genommen.

Der Schutz der Allgemeinheit ist dadurch auch nicht beeinträchtigt, da dort, wo der Einsatz dieser Fahrzeuge erfolgt, keine Menschenansammlungen zu finden sind. Die Fahrzeuge dienen der Landwirtschaft, fernab menschlicher Treff- und Aufenthaltspunkte.

Wir bitten höflich, unserem Antrag zu entsprechen.

Rechtsanwalt

78 **Muster: Antrag, von Entziehung der Fahrerlaubnis abzusehen, trotz unerlaubten Entfernens vom Unfallort mit Personenschaden**

An die
Staatsanwaltschaft
beim Landgericht ■■■

Az ■■■ Js ■■■/■■■

In der Ermittlungssache

gegen

Herrn ■■■

wegen unerlaubten Entfernens vom Unfallort

geben wir für den Beschuldigten folgende Einlassung ab:

Am ■■■ um ■■■ Uhr verursachte der Beschuldigte infolge Unachtsamkeit einen Verkehrsunfall, bei dem der Zeuge ■■■ verletzt wurde. Der Beschuldigte verließ zunächst den Unfallort und fuhr nach Hause. Dort angekommen stellte er sein Fahrzeug ab und legte sich zu Bett. Am nächsten Morgen stellte der Beschuldigte bei Tageslicht den Schaden an seinem eigenen Fahrzeug fest. Während er am Vorabend davon ausgegangen war, dass das Fahrzeug lediglich durch Kratzer oder eine Beule beschädigt sein könne, der Unfall also nur zu unerheblichen Schäden geführt haben könne, stellte er nun fest, dass, da erhebliche Verbeulungen vorlagen, auch der Unfallgegner nicht unerheblich Schaden erlitten haben musste. Er zeigte deshalb sofort den Schaden bei der Polizeidienststelle ■■■ an, da ihm klar war, dass ein Schadensausgleich erfolgen muss.

Eine Entziehung der Fahrerlaubnis wird im vorliegenden Fall verzichtbar sein, obwohl kein Fall des § 142 Abs. 4 StGB vorliegt.

Im vorliegenden Fall liegt zwar eine Indiztat nach § 69 Abs. 2 Nr. 3 StGB vor, da sich – für den Beschuldigten nicht erkennbar oder vorhersehbar – eine Körperverletzung ereignet hat. Allerdings kann hier von der Entziehung der Fahrerlaubnis abgesehen werden, da das Verhalten des Beschuldigten erkennen lässt, dass er beim Erkennen des Ausmaßes seines Fehlverhaltens Verantwortung für sein Fehlverhalten übernommen und im Sinne der Rechte des geschädigten Mitverkehrsteilnehmers gehandelt hat.

Unter § 69 Abs. 2 StGB fallen nur solche Taten, die ohne Weiteres auf ein gefährliches Maß an Versagen und Verantwortungslosigkeit des Täters im Straßenverkehr schließen lassen.

Die Indizwirkung einer in § 69 Abs. 2 StGB genannten Tat entfällt, wenn sie diesem Bewertungsmaßstab nicht entspricht. Ein solcher Ausnahmefall ist gegeben, wenn besonders günstige Umstände in der Person des Täters oder in den Tatumständen vorliegen, die den an sich schweren und gefährlichen Verkehrsverstoß doch in einem günstigeren Licht erscheinen lassen als den Regelfall (LG Gera StraFo 1999, 388).

Rechtsanwalt

Muster: Antrag, wegen geringen Schadens von Entziehung der Fahrerlaubnis abzusehen, trotz unerlaubten Entfernens vom Unfallort **79**

199

↓

An die
Staatsanwaltschaft
beim Landgericht ▪▪▪

Az ▪▪▪ Js ▪▪▪/▪▪▪

In der Ermittlungssache

gegen

Herrn ▪▪▪

wegen unerlaubten Entfernens vom Unfallort

geben wir für den Beschuldigten folgende Einlassung ab:

Der Beschuldigte räumt den ihm zur Last gelegten Vorwurf ein. Der Beschuldigte befuhr am ▪▪▪ gegen ▪▪▪ Uhr die ▪▪▪straße in ▪▪▪.

Beim Passieren einer Engstelle vor dem Anwesen Nr. 15 kam ihm das Fahrzeug der Unfallgegnerin, der Zeugin ▪▪▪ entgegen. Der Beschuldigte hatte seine Geschwindigkeit verlangsamt auf ca 25 km/h. Er war mit der Fahrzeugfront bereits an dem Fahrzeug der Zeugin ▪▪▪ vorbeigefahren, als er ein kurzes Schleifen am Heckteil seines Fahrzeugs bemerkte. Er maß dem keine Bedeutung bei in der Annahme, dass allenfalls die abgerundeten Teile der Stoßstangen aneinader rieben, was er für mehr oder weniger harmlos hielt und weiterfuhr.

Inzwischen ist klar, dass er mit seiner Stoßstange am hinteren Kotflügel des Fahrzeugs der Zeugin ▪▪▪ angestoßen war.

Wir gehen davon aus, dass gleichwohl eine Entziehung der Fahrerlaubnis nicht in Frage kommt. Es ist ein Schaden entstanden in Höhe von 765,73 EUR.

Die Grenze zur Annahme eines bedeutenden Schadens wurde inzwischen angehoben.

Das OLG Dresden hat inzwischen entschieden, dass diese Grenze auf 1.300,00 EUR anzuheben ist (OLG Dresden, Urt. v. 12.5.2005 – 2 Ss 278/05). Wir verweisen darauf, dass dem mehrere Entscheidungen von Amtsgerichten vorausginge; statt vieler verweisen wir auf die Entscheidung des AG Saalfeld (DAR 2005, 52).

Rechtsanwalt

↑

Muster: Antrag auf Herausgabe des Führerscheins und deklaratorisches Fahrverbot **80**

200

↓

An das Amtsgericht ▪▪▪
– Strafrichter –

Az ▪▪▪ Js ▪▪▪/▪▪▪

In der Strafsache

gegen

Herrn ▪▪▪

wegen unerlaubten Entfernens vom Unfallort

haben wir gegen den Strafbefehl des Amtsgerichts ▪▪▪ Einspruch eingelegt.

Der Strafbefehl auferlegt dem Angeschuldigten eine Geldstrafe in Höhe von 40 TS á 30,00 EUR sowie die Entziehung der Fahrerlaubnis für weitere sechs Monate.

Das Gericht ging bei der Entscheidungsfindung davon aus, dass der von der unfallaufnehmenden Polizei geschätzte Schadensbetrag mit 2.500,00 EUR zu unterstellen war.

Der Angeschuldigte hat sich jedoch mit der Geschädigten in Verbindung gesetzt, um den Schaden selbst zu bezahlen, da er von der Haftpflichtversicherung nicht hochgestuft werden wollte. Die Geschädigte überließ dem Angeschuldigten die Reparaturrechnung über 1.132,45 EUR, die er sofort bezahlt hat. Anliegend überlassen wir eine beglaubigte Fotokopie der Quittung, die die geschädigte Zeugin ▪▪▪ dem Angeschuldigten überlassen hat mit dem Vermerk, dass damit der gesamte Schaden aus dem Unfall vom ▪▪▪ ausgeglichen sei.

Wir beantragen,

den Führerschein herauszugeben.

Wir beantragen weiter,

die Abänderung des Rechtsfolgenausspruchs und anstelle der Maßregel zur Sicherung und Besserung (Entziehung) ein deklaratorisches Fahrverbot auszusprechen, das durch die vorläufige Entziehung bereits verbüßt ist.

Rechtsanwalt

81 **Muster: Einspruch mit Antrag auf Ausnahmegenehmigung für Arbeitsmaschine – § 69a Abs. 2 StGB**

An das Amtsgericht ▪▪▪
– Strafrichter –

Az ▪▪▪ Js ▪▪▪/▪▪▪

In der Strafsache

gegen

Herrn ▪▪▪

legen wir hiermit gegen den Strafbefehl vom ▪▪▪,

zugestellt am ▪▪▪,

Einspruch

ein.

Der Angeschuldigte beantragt,

nach § 69a Abs. 2 StGB von der Sperre Arbeitsmaschinen bis 25 km/h (selbstfahrende Arbeitsmaschinen bis 25 km/h) der Klasse L auszunehmen.

Der Angeschuldigte ist geständig.

Der Angeschuldigte arbeitet als Baumaschinenführer bei der Firma ▪▪▪. Er hat dort selbstfahrende Baumaschinen bis 25 km/h zu fahren. Die Firma ▪▪▪ ist tätig im Tankstellenbau. Beim Bau von Tankstellen wird das Arbeitsgebiet abgesperrt. Insoweit bewegt sich der Beschuldigte im nichtöffentlichen Verkehr. Der Umbau von bestehenden Tankstellen geschieht indes häufig während des laufenden Betriebs. In diesen Fällen rangiert der Angeschuldigte auch dort, wo öffentlicher Verkehr zugelassen ist. Um seine Arbeit nicht zu verlieren, benötigt er einen Führerschein der Klasse L zum Fahren von Arbeitsmaschinen.

Der Betrieb des Angeschuldigten überwacht die strikte Einhaltung des verhängten Alkoholverbots bei der Arbeit. Deshalb ist davon auszugehen, dass ausgeschlossen ist, dass bei der Arbeit eine Straftat begangen wird durch das Fahren der selbstfahrenden Arbeitsmaschinen bis 25 km/h.

§ 69a Abs. 2 StGB bestimmt, dass das Gericht von der Sperrung bestimmte Arten von Kraftfahrzeugen ausnehmen kann, wenn besondere Umstände die Annahme rechtfertigen, dass der Zweck der Maßregel dadurch nicht gefährdet wird. Die Trunkenheitsfahrt des Angeschuldigten ereignete sich im Privatbereich. Es ist ausgeschlossen, dass der Angeschuldigte während der Arbeitszeit die Möglichkeit hat, Alkohol zu sich zu nehmen und eine selbstfahrende Arbeitsmaschine zu fahren. Es kann davon ausgegangen werden, dass der Zweck der Maßregel der Sicherung und Besserung dadurch nicht gefährdet werden wird.

Käme es im vorliegenden Fall nicht zu einer Ausnahmegenehmigung, müsste der Angeschuldigte davon ausgehen, dass sein Betrieb ihn entlässt. In der momentanen Situation hätte er keine Möglichkeit, einen Arbeitsplatz zu erlangen. Die Ausnahmeregelung nach § 69a Abs. 2 StGB ermöglicht es dem Angeschuldigten lediglich, seine Arbeit fortzusetzen und für seinen Lebensunterhalt selbst aufzukommen.

Wir regen an, rasch zu terminieren. Zeugen sind nicht erforderlich.

Rechtsanwalt

Hinweis: Darüber hinaus hat der weitsichtige Verteidiger seinen Mandanten auf § 69a Abs. 7 **82** StGB aufmerksam zu machen, der die Möglichkeit der Abkürzung der Sperrfrist normiert. Auch sei verwiesen auf die Ausführungen in Rn 135 ff zu Maßnahmen nach Rechtskraft des Urteils.

D. Strafbefehlsverfahren

Lässt sich eine Verfahrenseinstellung nicht erreichen, hat der Verteidiger auf eine Erledigung **83** im Strafbefehlsverfahren hinzuwirken. Gerade die Verteidigung von Verkehrsstrafsachen lässt immer wieder erkennen, wie stark die Beteiligten emotional engagiert sind, weshalb es auch im Interesse der Beteiligten ist, diese Emotionen, die durch eine öffentliche Hauptverhandlung erhöht werden, zu dämpfen.

Hinweis: Häufig sitzen in den Hauptverhandlungen bei den Amtsgerichten vormittags Schul- **84** klassen, um Staatsbürgerkunde „praktisch" zu erfahren. Der Richter schiebt die eine oder andere Erklärungseinheit ein, gerade in Fällen, die lediglich wegen des Strafmaßes geführt werden, bei welchen die wesentlichen Tatsachen geklärt sind. Auf der Seite der Staatsanwaltschaft nehmen in der Regel Rechtsreferendare den Termin wahr, denen eigene Entscheidungen zu treffen regelmäßig untersagt ist, so dass man dem Mandanten in geeigneten Fällen diesen Auftritt ersparen sollte. Einfach gelagerte Fälle lassen sich so kostensparend und lautlos erledigen, was durchaus dem Mandanteninteresse entspricht.

Um zu einem Abschluss durch Strafbefehl zu gelangen, müssen sich die Vorstellungen des **85** Gerichts und der Staatsanwaltschaft decken. Daraus kann sich ein Angriffspunkt der Verteidigung ergeben für den Fall, dass außergerichtlich keine Einigung mit der Staatsanwaltschaft erzielt werden kann.

Den Verfahrensweg gibt die Staatsanwaltschaft vor, weshalb es Aufgabe des Verteidigers ist, **86** sich mit dem Sachbearbeiter bei der Staatsanwaltschaft in Verbindung zu setzen und zu klären, welche Rechtsfolgen der Tat einspruchslos vom Mandanten und Beschuldigten hingenommen werden. Diese Kontaktaufnahme, die auch in allen anderen Fällen empfohlen wird, lässt erkennen, wo zwischen dem Ankläger und dem Verteidiger Einvernehmen besteht und in welchen Bereichen unterschiedliche Vorstellungen herrschen. Die Erfahrung lehrt, dass eher durch ein Gespräch, vor allem durch ein persönliches Gespräch, Konsens hergestellt werden kann als durch eine schriftliche Stellungnahme oder durch ein Telefongespräch. Sinnvoll kann es auch sein, erst Kontakt zum Gericht zu suchen und dann der Staatsanwaltschaft die Rechtsmeinung des Gerichts schmackhaft zu machen, wenn diese sich mit der eigenen Auffassung deckt.

87 In der Regel werden keine Schwierigkeiten zu erwarten sein bei der Vereinbarung des Erlasses eines Strafbefehls bei einem Ersttäter, dessen Straftat durchschnittlichen Schaden anrichtete. Üblicherweise geben Staatsanwaltschaften den auftretenden Referendaren **Straffolgenlisten** an die Hand, die Straffolgen für den Landgerichtsbezirk festlegen, die auch den einschlägig tätigen Verteidigern bekannt sind.

88 Im Landgerichtsbezirk Dresden kann man etwa von folgenden Straffolgen für durchschnittliche Verkehrsstraftaten ausgehen:

Gesetz	Beweisan-zeichen	Geldstrafe in TS	Freiheits-strafe	Fahr-verbot	FE-Sperre	Anmerkungen
			§ 316 StGB			
I. Ersttäter						
1. Kfz-Führer						
	BAK					
	0,3–1,09‰	20–30	-	-	6–8 Monate	Nur mit alkoholtypischen Fahrfehlern.
a) Fahr-lässig-keit	1,10–1,59‰	30–40	-	-	6–12 Monate	Staffelung nach BAK, Ausfaller-scheinungen und Art, Ort und Zeit der Fahrt, Art des gefahrenen Fahr-zeugs, Spontan-fahrt, Fahren in Fahrbereitschaft.
	1,60–1,99‰	40–50	-	-	10–15 Monate	
	ab 2,00‰	ab 50–(70)	-	-	15–18 Monate	
b) Vorsatz	s. Anmerkungen	wie a) +10–20			wie a) +1–3 Monate	Beachte: Allein die BAK lässt keinen Schluss auf Vorsatz zu! Zusatztatsachen: Umstände, die Fahruntüchtigkeit aufdrängen (Art, Umfang Zeitraum der Alkoholaufnahme, Trinkverhalten, selbst wahrgenommene Ausfälle, einschlägige Vortat). Ab 2,00‰ liegt § 21 StGB nahe. Ab 3,00‰ § 323a StGB prüfen. Bei Drogen- und Medikamenteneinfluss kein absoluter Fahruntüchtigkeits-

Gesetz	Beweisan-zeichen	Geldstrafe in TS	Freiheits-strafe	Fahr-verbot	FE-Sperre	Anmerkungen
						grenzwert, aber relative Fahruntüchtigkeit. Indizien erstrecken sich auf den Fahr-, Anhalte- u. Kontrollvorgang (s.o.). Bei Drogen ist eher Vorsatz zu bejahen, da der Täter um Konsum und damit Fahruntüchtigkeit weiß.
2. Moped-/Mofafahrer						
a) Fahrlässigkeit	0,3–1,09‰	20–25	–		6–9 Monate	Siehe „1. Kfz-Führer": anstelle FE-Sperre auch Fahrverbot möglich.
	1,10–1,59‰	25–35				
	1,60–1,99‰	35–50				
b) Vorsatz	s. Anmerkun-gen	wie a) +10–20	–	zusätzl. 2–3 Monate	wie a) +1–3 Monate	
3. Radfahrer						
a) Fahrlässigkeit	0,30–1,59‰	10–25	–	entfällt	entfällt	Nur mit Indizien! Siehe „1. Kfz-Führer" (außer Fahrzeugart).
	ab 1,60‰	20–(50)		entfällt	entfällt	Ohne Indizien! Mitt. nach Nr. 45 II MiStra beachten!
b) Vorsatz	s. Anmerkun-gen	wie a) +5–10	–	entfällt	entfällt	Siehe I. zu § 21 StGB.
II. Wiederholungstäter (1. Wiederholungstat)						
Ziff. 1–3 (Kfz-Führer, Moped-/Mofafahrer, Radfahrer)						
a) 1–3 Jahre nach letzter Verurteilung	bis 1,09‰	Ausnahme	3–4 Monate zur Bewährung	–	12–24 Monate außer Radfahrer	Zusätzl. Geldauflage: ca. 2 Nettoeinkommen
	ab 1,10‰	–	4–6 Monate zur Bewährung	–	18–30 Monate außer Radfahrer	Anklage, beschleunigendes Verfahren beachten! Strafbefehl – Ausnahme
b) 3–5 Jahre nach letzter Verurteilung	bis 1,09‰	60–70	–	–	12–18 Monate	
	ab 1,10‰	70–90	–	–	18–24 Monate außer Radfahrer	

Roth

Gesetz	Beweisan-zeichen	Geldstrafe in TS	Freiheits-strafe	Fahr-verbot	FE-Sperre	Anmerkungen
III. Wiederholungstäter (2. Wiederholungstat)						
Ziff. 1–3 (Kfz-Führer, Moped-/Mofafahrer, Radfahrer)						
	bis 1,09‰	-	6–9 Monate ohne Bewährung	-	ab 24 Monate	Einziehung des Fahrzeugs beachten!
	ab 1,10‰	-	ab 8 Monate ohne Bewährung	-	ab 30 Monate außer Radfahrer	Beschleunigtes Verfahren! Anklageerhebung!
§ 315c StGB						
Kfz-Führer (Ersttäter)						
a) Fahr-lässig-keit (Abs. 1 Nr. 1a, Abs. 3 Nr. 2)	Siehe oben unter § 316 StGB, Ziff. 1a	Siehe oben unter § 316 StGB, Ziff. 1a +10–15	-	-	Siehe oben unter § 316 StGB, Ziff. 1a	Konkrete Gefähr-dung erforderlich! (Beinahe-Unfall; bloße räumliche Nähe von Menschen reicht nicht aus!) oder
b) Fahr-lässig-keit/Vorsatz (Abs. 1 Nr. 1a, Abs. 3 Nr. 1)	Siehe oben unter § 316 StGB, Ziff. 1b	Siehe oben unter § 316 StGB, Ziff. 1b +15–20	-	-	Siehe oben unter § 316 StGB, Ziff. 1b	Schädigung von Leib oder Leben (Unfall) oder Gefährdung oder Schädigung von Sachen von bedeu-tendem Wert (ab 1.300 EUR)
c) Vorsatz (Abs. 1 Nr. 1a)	Siehe oben unter § 316 StGB, Ziff. 1b	Siehe oben unter § 316 StGB, Ziff. 1b +20–30	-	-	Siehe oben unter § 316 StGB, Ziff. 1b	Beachte: Nicht, wenn bedeutende Sache von vornher-ein nur gering gefährdet war, aber: Schaden unter 1.300 EUR schließt Gefahr eines höhe-ren Schadens nicht aus.
d) Abs. 1 Nr. 2		50–70			10–12 Monate	
– iVm Abs. 3 Nr. 1		35–50			8–10 Monate	
– iVm Abs. 3 Nr. 2		30–35	Ausnahme		6–8 Monate	
e) Tatein-heit mit § 229 StGB						

Gesetz	Beweisan-zeichen	Geldstrafe in TS	Freiheits-strafe	Fahr-verbot	FE-Sperre	Anmerkungen
– bei § 315 Abs. 1 Nr. 1 u. Abs. 2 Nr. 2		+20–30			18–24 Monate	Staffelung nach Art und Schwere der Gesundheitsschädigung
– bei § 315 Abs. 1 Nr. 1 u. Abs. 2 Nr. 1			4–8 Monate zur Bewährung		18–30 Monate	– mögliche Dauer- und Spätfolgen – Dauer d. AU u. ärztlichen Behandlung
– bei § 315 Abs. 1 Nr. 1			ab 6 Monate zur Bewährung		24–36 Monate	Bewährungsausge-staltung: Geldaufla-ge: 2–3 Monats-nettoeinkommen Beachte: keine Bewährung bei Verteidigung der Rechtsordnung (§ 56 Abs. 3 StGB) Mitverschulden beachten!
f) Tatein-heit mit § 222 StGB			ab 1 Jahr		ab 30 Monate	Beachte: Bewäh-rung ausnahmswei-se, zB bei Mitver-schulden des Opfers.
g) Abs. 1 Nr. 2						
– iVm Abs. 3 Nr. 1		35–50			8–10 Monate	
– iVm Abs. 3 Nr. 2		30–35		Ausnah-me	6–8 Monate	
§ 142 StGB						
	Fremd-schaden					Fremdschaden liegt immer dann vor, wenn ein fremdes Feststellungsinte-resse besteht (auch Miet-, Leasing-, Dienstfahrzeuge) und der Täter sich einen nicht ganz belanglosen Scha-den idR über 40-50 DM) zumindest auch vorgestellt hat (NZV 1997, 125).
	bis 200 EUR	§ 153 StPO				
	bis 800 EUR	§ 153a StPO				
	bis 1.200 EUR	15–20		1–2 Monate		Neben der Fremd-schadenshöhe (einschl. Reparatur- und Abschleppkos-ten) sind die Art

Gesetz	Beweisan-zeichen	Geldstrafe in TS	Freiheits-strafe	Fahr-verbot	FE-Sperre	Anmerkungen
						und Weise der Verursachung und der Grad des Ver-schuldens zu be-rücksichtigen.
	bis 2.000 EUR	20–30		2–3 Monate	6–8 Monate möglich	
	2.000–3.000 EUR	30–60		6–12 Monate		Zuschläge: 10–20 TS und 1–3 Monate Sperre mehr bei Verschleierungs-handlungen (Täu-schung über Person, Anbringen eines falschen Zettels, vorgetäuschte Verständigung der Polizei oder Dritter)
	ab 3.000 EUR	ab 60			ab 12 Monate	
	Gesundheits-schaden	ab 60	oder ab 3 Monate, bes. bei TE mit § 323c StGB		ab 9 Monate	§ 142 Abs. 1 StGB: bei Fremdschäden bis 1300 € im ruhenden Verkehr, Kann-Bestimmung, OWi nach §§ 34, 49 Abs. 1 Nr. 29 StVO beachten.
§ 21 StVG						

I. Ersttäter

	Beweisan-zeichen	Geldstrafe in TS	Freiheits-strafe	Fahr-verbot	FE-Sperre	Anmerkungen
	einmalige Fahrt auf wenig be-fahrener Strecke, Übungsfahrt	§ 153a StPO				
	Ausländer mit ausl. FS, Aufenthalt länger als 1 Jahr	§ 153 Abs. 1 StPO bei Fahrlässig-keit				Beachte: Nicht-EU-Bürger!
	bis 3 Monate	§ 153a				
	ab 4 Monate	10–30				
	Fahrt trotz Fahrverbot	ab 30 auf-wärts		Verlänge-rung des Fahrver-bots	ab 6 Monate prüfen	
	Fahrt trotz Entzug der FE oder trotz laufender Sperre	ab 50 auf-wärts			ab 1 Jahr prüfen	§ 69a Abs. 3 StGB beachten!
	wiederholtes Fahren ohne FE	ab 60 auf-wärts	3–4 Monate zur Bewäh-rung		ab 12 Monate	Beschleunigtes Verfahren prüfen!

Gesetz	Beweisanzeichen	Geldstrafe in TS	Freiheitsstrafe	Fahrverbot	FE-Sperre	Anmerkungen
II. Wiederholungstäter						
			ab 6 Monate, mit oder ohne Bewährung		ab 18 Monate	Anklage, beschleunigtes Verfahren, Einziehung des Kfz beachten! (§ 21 Abs. 3 StVG)
§ 22 StVG						
	fehl. Kennzeichen, einmalige Tat	§ 153a				
	sonstige	ab 20		prüfen		ZB abgewinkeltes Kennzeichen, Beleuchtung ausgeschaltet, zB um sich Kontrollen zu entziehen oder diese zu vereiteln.
	bei erschwerenden Umständen	ab 30		1–3 Monate		
	in TE mit Verkehrsverstößen	ab 40		2–3 Monate	prüfen	
§§ 1, 6 PflVG						
	bis zu 2 Wochen	153a StPO				Bei Wiederholungstätern: Einziehung nach § 6 Abs. 3 PflVG. Beachte: Liegt Mahnung/ Kündigung des Versicherungsvertrages vor?! Zugang selten beweisbar, da fast nie mit Einschreiben zugestellt wird.
	2 Wochen bis 1 Monat	15				
	1 Monat– 2 Monate	20				
	über 2 Mon.	30		1–2 Mon.		
	über 6 Mon.	ab 50		2–3 Mon.		

In der Regel wird von Staatsanwälten und Richtern der Einfachheit halber die Dauer der **89** Entziehung schematisch gehandhabt. Ein bestimmter Promillewert führt zu einer bestimmten Entziehungsdauer. Dies ist jedoch falsch. Der Verteidiger hat in Vereinbarung mit dem Mandanten entsprechende Vorbereitungen zu treffen und das Gericht darauf hinzuweisen, dass die Entziehung der Fahrerlaubnis und die Anordnung einer Sperrfrist keine Strafen sind; es handelt sich um **Maßnahmen der Sicherung und Besserung**. Der Verteidiger hat also immer darauf hinzuweisen, dass der Mandant – unter seiner Anleitung und Überwachung – angemessene Maßnahmen ergriffen hat, die geeignet sind, die Fahreignung wiederherzustellen. Fällt die Führerscheinmaßnahme gravierend beruflich ins Gewicht, ist aufgrund der permanenten Beeinträchtigung die Geeignetheit rascher wiederhergestellt als in Fällen, in denen die Entziehung und Sperrfrist nur unbequem sind.

90 Beabsichtigt die Verteidigung, einen Verfahrensabschluss durch Strafbefehl herbeizuführen, sind nach der mündlichen Absprache mit der Staatsanwaltschaft in jedem Fall die Gründe nach § 46 StGB schriftlich vorzutragen, damit die mit der Staatsanwaltschaft erörterten Gründe auch dem Gericht vorliegen.

91 **Muster: Antrag auf Erlass eines Strafbefehls**

 ↓

An die
Staatsanwaltschaft
beim Landgericht ■■■

Az ■■■ Js ■■■/■■■

In der Strafsache

gegen

Herrn ■■■

geben wir für den Beschuldigten folgende Einlassung ab:

Der Beschuldigte räumt den ihm gemachten Vorwurf ein.

Infrage kommt eine Verurteilung wegen fahrlässiger ■■■

Der Beschuldigte verdient monatlich netto ■■■. Er ist verheiratet, seine Ehefrau ist nicht berufstätig. Er hat zwei Kinder im Alter von ■■■ und ■■■ Jahren. Diesen ist er zum Unterhalt verpflichtet.

Aufgrund dessen ist eine Geldstrafe angemessen. Üblich sind ■■■ Tagessätze. Die Tagessatzhöhe errechnet sich nach obigen Ausführungen mit ■■■.

Ein entsprechender Strafbefehl wird einspruchslos hingenommen werden. Den Erlass eines Strafbefehls regen wir hiermit an.

Rechtsanwalt

 ↑

E. Zwischenverfahren

92 Das Zwischenverfahren ist in Anwaltskreisen eine weitgehend unbekannte Institution, in der in der Regel keine Aktivitäten entfaltet werden. Es ist geregelt in den Vorschriften der §§ 199 bis 211 StPO. Das Zwischenverfahren ist indes auch deshalb betrachtenswert, weil bisweilen der Mandant erst dann beim Verteidiger vorspricht, wenn er die Anklageschrift in Händen hält und darüber hinaus die Verfügung des Gerichtsvorsitzenden, innerhalb einer bestimmten Frist zu beantragen, Beweiserhebungen vorzunehmen.

93 In dieser Verfahrenssituation aktiv zu werden, lohnt sich deshalb, weil das Gericht nach § 202 StPO weitere Beweiserhebungen anordnen und nach § 204 StPO beschließen kann, das Verfahren nicht zu eröffnen. In dieser Phase des Verfahrens kann auch beschlossen werden, dass bestimmte Anklagepunkte nicht zur Hauptverhandlung zugelassen werden, was für den Verteidiger auch einen vorläufigen Erfolg darstellt.

94 Ebenso ist das Gericht, das nach § 199 StPO von der Staatsanwaltschaft ausgewählt und dem die Anklageschrift übergeben wurde, frei, das seines Erachtens zuständige Gericht mit dem Vorgang zu befassen, das heißt, die Verfahrenseröffnung bei einem anderen Gericht vorzu-

nehmen. Sowohl der Wegfall einzelner Tatbestände kann zu dem Ergebnis führen als auch eine andere Würdigung des Sachverhalts.

Der Verteidiger, sowohl der soeben erst beauftragte als auch der mit dem Verfahren bereits befasste, hat nun entsprechende Anträge anzukündigen „nach Akteneinsicht" oder „nach erneuter Akteneinsicht", da er durch einen Einblick in die Akte auch durch handschriftliche Vermerke Weichenstellungen erfährt. 95

Muster: Antrag im Zwischenverfahren 96

An das Amtsgericht ▪▪▪

Strafabteilung

Az ▪▪▪ Js ▪▪▪/▪▪▪

In der Strafsache

gegen

Frau ▪▪▪

wegen fahrlässiger Körperverletzung

beantragen wir,

die Eröffnung des Hauptverfahrens abzulehnen.

Der Angeschuldigten wird vorgeworfen, am ▪▪▪ auf das vor der Rotlicht zeigenden Ampel stehende Fahrzeug der Zeugin ▪▪▪ aufgefahren zu sein, dieses Fahrzeug auf das davor stehende Fahrzeug geschoben zu haben und dadurch die darin sitzende Zeugin ▪▪▪ verletzt zu haben. Die Zeugin habe seit dieser Zeit Beschwerden infolge eines HWS-Schleudertraumas.

Die Angeschuldigte hat mir folgende Informationen mitgeteilt:

„Sehr geehrter Herr Rechtsanwalt ▪▪▪,

vielen Dank für Ihre E-Mail. In o.g. Angelegenheit überreiche ich Ihnen hiermit die Schadensanzeige bei der Versicherung aus der der Unfallvorgang hervorgeht. Da es sich um eine klassische Kolonnenfahrt in Form ‚Stop and go' handelte, konnte ich nur Schrittgeschwindigkeit bzw max. 30 km/h fahren.

Zum Unfall kam es durch das plötzliche Halten der vorderen Fahrzeuge, wobei ich sicher den Bremsweg falsch eingeschätzt habe oder ich die Bremslichter des vor mir fahrenden Fahrzeugs übersehen habe.

Dass von Seiten der Frau ▪▪▪ eine Ableitung möglicher Verletzungen auf den Unfall zurückzuführen ist, halte ich für unwahrscheinlich. Der Schaden an ihrem Auto war nur sehr geringfügig, und zwischen ihrem und meinem Fahrzeug war noch ein weiteres, nämlich das von Frau ▪▪▪, das ebenfalls nur einen leichten Schaden hatte. Zumal die von mir herbeigerufenen Polizei beide Damen nach Verletzungen und Beschwerden befragte (siehe beigefügtes Schreiben an die Versicherung vom ▪▪▪) und beide dies verneinten. Das kann mein Mann ebenfalls bestätigen, da auch er bei dem Gespräch zwischen der Polizei und den Damen anwesend war, ich hatte ihn telefonisch dazugerufen).

Am Tag des Unfalls erzählte mir noch Frau ▪▪▪, dass sie wegen Beschwerden der Wirbelsäule in Behandlung sei und sie deshalb öfter unter Schmerzen im Hals-Nacken-Bereich leide. Auch sei sie in Behandlung wegen eines Bandscheibenvorfalls. Deshalb war ich auch sehr verwundert, als sie mich am ▪▪▪ anrief und mir mitteilte, dass sie einen Bandscheibenvorfall vom Unfall hätte.

Daraufhin informierte ich meine Versicherung mit Schreiben vom ▪▪▪, und seither habe ich, bis zur Anzeige, nichts mehr von dieser Angelegenheit gehört.

Mein damaliger Schaden an meinem Mercedes belief sich auf knapp 540,00 EUR, es war die vordere Stoßstange, die eingedrückt war durch die Anhängerkupplung des vor mir fahrenden Fahrzeugs. Die Schäden an den davor fahrenden Fahrzeugen bewegen sich ebenfalls im Aufwandsbereich unterhalb 1.000,00 EUR.

Sollten sich weitere Fragen ergeben, bitte ich um eine kurze E-Mail.

Für Ihre Bemühungen danke ich im Voraus."

Unter diesen Umständen ist davon auszugehen, dass die das Fahrzeug der Zeugin ▪▪▪ beschleunigende Aufprallgeschwindigkeit unter Delta V 5 lag, mit der Folge, dass eine Verletzung ausgeschlossen ist.

Wir gehen davon aus, dass diese Tatsache als amtsbekannt unterstellt werden und das Gericht auf die Einholung eines Sachverständigengutachtens verzichten kann. Sollte dies nicht der Fall sein, stellen wir folgenden Beweisantrag:

Die Beschädigungen an den Fahrzeugen der Unfallbeteiligten lassen darauf schließen, dass der Aufprall so gering war, dass keine Differenzgeschwindigkeit feststellbar ist, die den Wert Delta V 5 übersteigt, so dass dadurch keinerlei Körperverletzung entstehen kann.

Beweis: Sachverständiger Herr Dr. ▪▪▪, als technischer Sachverständiger

Sachverständige Frau Dr. ▪▪▪, gerichtsmedizinisches Institut der Universitätsklinik ▪▪▪

Aufgrund dessen ist die Eröffnung des Hauptverfahrens abzulehnen.

Rechtsanwalt

F. Hauptverhandlung

97 Die Hauptverhandlung stellt das Forum dar, in dem Verteidigung, Staatsanwaltschaft und Gericht um eine gerechte Falllösung ringen. Jeder der an der Hauptverhandlung beteiligten Juristen hat dabei eine andere Rolle zu spielen: Der *Verteidiger* ist nicht nur „Organ der Rechtspflege", sondern auch der Vertreter von Parteieninteressen. Gegenüber dem Mandanten hat er es deshalb zu unterlassen, als „Staatsanwalt" oder als „Richter" aufzutreten. Erkennt er deren Bestrebungen, hat er diese lediglich zu „übersetzen", damit der Mandant die Stimmung im Verfahren erkennen und nachvollziehen kann.

98 Der *Staatsanwalt* ist, entgegen eigener Einschätzung, selten „objektivste Behörde der Welt", vielmehr verteidigt er die eigenen Erkenntnisse, die zur Anklageerhebung führten, und drängt auf die Einhaltung staatlicher Gesetze sowie die Sanktionierung vermeintlicher Verstöße. Der *Richter* ist weder der Freund der einen noch der anderen Seite. Er ist daran interessiert, das Verfahren mit überschaubarem Aufwand zu Ende zu führen und seine Erledigungszahlen zu erreichen; dies ist der Ansatzpunkt der Verteidigung, ein Urteil zu vermeiden.

99 Der Verteidiger hat sich deshalb optimal vorzubereiten. Eine Verteidigung anzugehen ohne ausreichendes **Aktenstudium**, lässt mangelnden Respekt vor dem Mandanten erkennen und wird von der Rechtsprechung nicht geduldet. Der BGH hat in seinem Urteil vom 25.6.1965 festgestellt, dass im Fall eines Aktenstudiums von 5½ Stunden dem Gericht die Fürsorgepflicht zukommt, im Interesse des Angeklagten auszusetzen, da der Verteidiger in einem Strafverfahren nicht „Statist" ist, sondern notwendiges, gleichberechtigtes „Organ der Rechtspflege".[3] Der Verteidiger darf sich keinesfalls damit abspeisen lassen, er könne vor dem Termin auf der Geschäftsstelle Akteneinsicht nehmen.

---

3 BGH NJW 1965, 2164 ff.

Der Akteninhalt ist dem Mandanten zu vermitteln. Der Mandant muss alle belastenden und entlastenden Faktoren kennen (zur allgemeinen Information des Mandanten über die Hauptverhandlung siehe § 1 Rn 55). Nur dann ist eine Strategie gemeinsam zu entwickeln. Mit dem Mandanten ist zu erörtern, ob er sich einlässt oder aber von seinem Recht zu schweigen Gebrauch macht. Das Schweigerecht ist immer dann vorzuziehen, wenn ohne Einlassung des Mandanten eine Beweisführung nicht möglich ist oder aber Wertungen zu dessen Gunsten vorzunehmen sind. **100**

Weiter sind die Verfahrensvoraussetzungen zu prüfen. Schließlich ist zu prüfen, ob alle Beweismittel verwertbar sind und ob weitere Beweisanträge gestellt oder zumindest vorbereitet werden müssen. Zeugnisverweigerungsrechte sind ebenso zu prüfen wie eine eventuelle Befangenheit, ebenso Urkunden und die Notwendigkeit der Anwesenheit des Angeklagten, wenn die Hauptverhandlung nach Einspruch gegen den Strafbefehl anberaumt wird. **101**

Der Verteidiger hat sich spätestens bei der Vorbereitung der Hauptverhandlung mit den wirtschaftlichen Verhältnissen und den Lebensumständen des Angeklagten auseinanderzusetzen. **102**

Muster: Antrag auf Aussetzung der Hauptverhandlung **103**

An das Amtsgericht ▪▪▪

– Strafrichter –

Az ▪▪▪ Js ▪▪▪/▪▪▪

In der Strafsache

gegen

Herrn ▪▪▪

beantrage ich namens und in Vollmacht des Angeschuldigten,

die Hauptverhandlung auszusetzen.

Der Angeschuldigte hat mich am ▪▪▪ beauftragt. Am gleichen Tag habe ich beim zuständigen Gericht Akteneinsicht beantragt.

Das Gericht teilte mir telefonisch mit, dass Akteneinsicht eine Woche vor dem Termin nicht mehr gewährt werde, da der Richter selbst den Termin vorbereiten wolle. Es wurde die Möglichkeit eingeräumt, rechtzeitig vor der Hauptverhandlung zu erscheinen und die Akte in der Geschäftsstelle einzusehen.

Eine Vorbereitung der Hauptverhandlung war demnach nicht möglich.

Sollte die Hauptverhandlung nicht ausgesetzt werden, wäre dies ein Verstoß gegen § 338 Nr. 8 StPO.

Rechtsanwalt

G. Nebenklage

Der Rechtsanwalt beantragt die Zulassung der Nebenklage in verkehrsrechtlichen Verfahren, wenn entweder die Folgen der Rechtsverletzung gravierend sind, wenn er Angehörige von im Straßenverkehr getöteten Opfer vertritt oder, im Falle des § 229 StGB, wenn der Anschluss **104** des Verletzten an das Verfahren geboten ist aus besonderen Gründen zur Wahrnehmung seiner Interessen. Besondere Gründe können die schweren Folgen einer Verletzung sein, ebenso wie ein eventuelles Mitverschulden oder, dass eine zivilrechtliche Regulierung noch aussteht.

105 Während der Nebenkläger bzw sein Anwalt früher der Gehilfe des Staatsanwalts waren, hat ihm die Gesetzgebung inzwischen eine Sonderstellung eingeräumt, die in § 397 StPO beschrieben ist. Sinnvoll ist seine Teilnahme am Verfahren dann, wenn er sich nicht lediglich das Plädoyer des Staatsanwalts zu eigen macht, sondern deutlich die Perspektive des Nebenklägers verdeutlicht. Dazu kann gehören, dass er nicht lediglich auf Atteste von Ärzten verweist, sondern die Auswirkungen der Verletzungen im Alltag beschreibt.

106 **Muster: Nebenklageanschluss**

An das Amtsgericht ▪▪▪

– Strafrichter –

Az ▪▪▪ Js ▪▪▪/▪▪▪

In der Strafsache

gegen

Herrn ▪▪▪

wegen Straßenverkehrsgefährdung und schwerer Körperverletzung

schließt sich die durch die Straftat verletzte Frau ▪▪▪, wohnhaft in ▪▪▪,

dem Verfahren als

Nebenklägerin

an.

Ich beantrage
die Zulassung der Nebenklage.

Ich beantrage darüber hinaus:
Der Nebenklägerin wird für die Interessenwahrung zur Führung des Verfahrens in 1. Instanz Prozesskostenhilfe gewährt.

Unterfertigter wird der Nebenklägerin als Rechtsanwalt beigeordnet

Am Morgen des ▪▪▪ fuhr die Nebenklägerin mit ihrem Fahrrad auf der ▪▪▪straße in ▪▪▪ vom Kindergarten her kommend in Richtung ▪▪▪. Im Kindergarten hatte sie das jüngste Kind, ▪▪▪, abgeliefert. Sie fuhr äußerst rechts und beabsichtigte, noch in einem am Weg liegenden Einkaufsmarkt Lebensmittel einkaufen zu gehen.

Der Angeschuldigte befuhr die gleiche Straße aus der Gegenrichtung kommend. Der Angeschuldigte fuhr mit einer Geschwindigkeit von mindestens 80 km/h bei zulässiger Höchstgeschwindigkeit innerorts von 50 km/h. Dies dürfte sich daraus ergeben, dass er den Zeugen ▪▪▪ überholt hat, der die innerorts zulässige Höchstgeschwindigkeit einhielt.

Der Angeschuldigte wies zu diesem Zeitpunkt einen Blutalkoholwert von mindestens 1,4‰ auf, wobei sich dieser Wert noch dadurch als höher herausstellen dürfte, dass der Angeschuldigte aussagte, der Alkohol könne nur von der am Vorabend gefeierten Party herrühren. Am morgen des Tattages habe er keinen Alkohol genossen.

Infolge Unachtsamkeit oder überhöhter Geschwindigkeit kam der Angeschuldigte ins Schleudern und kollidierte mit dem Fahrrad der Nebenklägerin. Die Nebenklägerin wurde ca. 20 m weit geschleudert und kam im Grundstück ▬▬▬straße 21 zum Liegen. Der Angeschuldigte glaubt, dass die Nebenklägerin zu weit zur Mitte hin gefahren sei.

Die Nebenklägerin wurde schwerstens verletzt. Sie erlitt eine Querschnittslähmung, einen Beckenbruch, offene Brüche des linken Oberschenkels sowie des linken Ellenbogens.

Nach mehreren Operationen in der Wiederherstellungschirurgie der Universitätsklinik ▬▬▬ ist sie derzeitig in der Klinik ▬▬▬, wo sie auf das Leben im Rollstuhl vorbereitet wird. Die Nebenklägerin ist verheiratet und hat vier Kinder.

Die Nebenklägerin ist außerstande, ihre Interessen selbst wahrzunehmen.

Die Nebenklage wegen der schweren Folgen der Straftat ist zuzulassen.

Rechtsanwalt

H. Berufung

I. Berufungseinlegung

Die Berufung ist zulässig gegen Urteile des Amtsgerichts (Strafrichter, Schöffengericht). Sollte ein vor dem Strafrichter angeklagtes Vergehen mit einer Verurteilung wegen einer Ordnungswidrigkeit abgeschlossen werden, ist nicht Berufung, sondern Rechtsbeschwerde einzulegen. Die Berufung ist das am häufigsten gebrauchte Rechtsmittel. Jährlich werden 50.000 bis 60.000 Berufungen geführt, davon ca. 80 bis 85% vom Angeklagten ausgehend, Grund genug, sich damit auseinanderzusetzen.   **107**

Das Rechtsmittel der Berufung führt zur Neuverhandlung. In der Berufungsverhandlung können sowohl Tatsachen als auch Beweismittel neu eingeführt werden. Im Wesentlichen gelten die Verfahrensgrundsätze und -regeln der ersten Instanz. Nach § 314 StPO ist sie beim erstinstanzlichen Gericht, schriftlich oder zu Protokoll der Geschäftsstelle, einzulegen.   **108**

Die mit der Berufung verfolgten Ziele sind identisch mit denen der ersten Instanz: Freispruch oder milde Strafe. Die Verteidigung hat die Aufgabe, das Berufungsgericht davon zu überzeugen, dass die tatsächliche oder rechtliche Urteilsgrundlage der ersten Instanz falsch war. Wichtig ist zu wissen, dass ein Verschlechterungsverbot („reformatio in peius") besteht, wenn lediglich der Angeklagte, sein Verteidiger oder die Staatsanwaltschaft zu seinen Gunsten das Rechtsmittel eingelegt haben. Das erstinstanzliche Urteil kann dann nicht zu Lasten des berufungsführenden Mandanten abgeändert werden. Berufungsgericht ist immer das Landgericht, zu dessen Bezirk das Amtsgericht gehört, dessen Urteil der Mandant nicht akzeptiert.   **109**

Einer weiteren Begründung bedarf es zunächst nicht. Falls keine weitere Begründung erfolgt, wird das Berufungsurteil vollumfänglich überprüft.   **110**

111 **Muster: Berufungsschrift**

↓

An das Amtsgericht ▪▪▪

– Strafrichter –

Vorab per Fax: ▪▪▪

Az ▪▪▪ Js ▪▪▪/▪▪▪

In der Strafsache

gegen

Herrn ▪▪▪

lege ich namens und in Vollmacht meiner Mandantschaft gegen das am ▪▪▪ verkündete Urteil des Amtsgerichts ▪▪▪

Berufung

ein.

Ich bitte um Überlassung des Protokolls der Hauptverhandlung vom ▪▪▪.

Rechtsanwalt

112 Bei Verkehrsstrafsachen, die mit einer **Entziehung der Fahrerlaubnis** enden, ist zu bedenken, dass manche Gerichte sich bei der Terminierung der Berufungsverhandlung viel Zeit lassen. Nach § 69a Abs. 4 StGB beträgt das Mindestmaß der Sperre drei Monate, wenn eine vorläufige Entziehung der Fahrerlaubnis vorausging oder die Beschlagnahme des Führerscheins.

II. Beschleunigungsgebot

113 In vielen Fällen erlebt man den „drohenden" Hinweis des Gerichts, dass bei Berufungsrücknahme der Führerschein „in greifbare Nähe rückt", bei Aufrechterhaltung der Berufung möglicherweise wieder drei Monate „wegrückt". Dies kann sehr bedeutungsvoll sein, wenn der Mandant dadurch außerhalb der Zwei-Jahres-Frist kommt, die ihm das Verwaltungsverfahren für die Wiederholung von Führerscheinprüfungsteilen auferlegt (§ 20 Abs. 2 S. 2 FeV).

114 Bei **ungewöhnlich langer Hinauszögerung einer Berufungsverhandlung** kann die Aufhebung der vorläufigen Entziehung der Fahrerlaubnis wegen Verstoßes gegen den Grundsatz der Verhältnismäßigkeit nötig werden.[4]

115 **Beispiel:** Am 15.7.1997 war die Fahrerlaubnis des Betroffenen vorläufig gemäß § 111a StPO entzogen worden. Seit Ende Mai 1998 ist das Berufungsverfahren anhängig; bis zum 12.10.1999 ist noch nicht terminiert worden. Der Betroffene hat ca. 27 Monate keinen Führerschein.[5]

„Bei einem nicht straff geführten Berufungsverfahren, insbesondere durch zügige Anberaumung der Hauptverhandlung, hat die Anordnung der vorläufigen Entziehung der Fahrerlaubnis nach § 111a Abs. 1 StPO keinen Bestand mehr. Das OLG beruft sich auf den Grundsatz der Verhältnismäßigkeit (§ 62 StGB). Bei ungewöhnlich langer Verzögerung des Hauptverfahrens kann es im Einzelfall nötig werden, vorläufige Maßnahmen wie hier nach § 111a

---

4 OLG Düsseldorf VRS 98, 197.
5 OLG Düsseldorf, aaO.

Abs. 1 StPO aufzuheben. Dies gilt insbesondere, wenn es unwahrscheinlich ist, dass der Angeklagte in der Hauptverhandlung noch als ungeeignet zum Führen von Kraftfahrzeugen beurteilt werden wird."[6]

Über das Gebot der Verhältnismäßigkeit nach § 62 StGB hinaus ist bei einer stark verzögert stattfindenden Hauptverhandlung zusätzlich **Art. 6 Abs. 1 S. 1 EMRK** und das daraus abgeleitete **Beschleunigungsgebot** zu beachten. Wichtig dabei ist, dass das Beschleunigungsgebot nicht nur bei Haftsachen gilt, sondern auch bei allen anderen Straf- und Bußgeldsachen Anwendung findet.[7] Des Weiteren kann eine Verfahrensverzögerung Einfluss auf die Höhe der Geldstrafe nehmen und in extrem gelagerten Fällen sogar zur Verfahrenseinstellung führen. Das Beschleunigungsgebot greift umso stärker, je gravierender die Belastung für den Betroffenen ist. Relevant sind dabei nur die konkreten Auswirkungen der Verfahrensverzögerung auf den Betroffenen, nicht dagegen sonstige prozessuale Ziele. Die Verfahrensverzögerung durch die Behörden und Gerichte darf zudem nicht nur unerheblich sein, was im jeweiligen Einzelfall gesondert zu beurteilen ist. Ein Verstoß gegen das Beschleunigungsgebot stellt einen eigenständigen Strafmilderungsgrund dar, dessen Höhe exakt zahlenmäßig zu bestimmen ist.[8] Von Bedeutung für das Fahrerlaubnisrecht ist, dass die Aufhebung vorläufiger Maßnahmen, wie die der vorläufigen Entziehung der Fahrerlaubnis, erfolgen kann.[9]

Im Beispielsfall (Rn 115) beschäftigte sich das OLG Düsseldorf nur mit der Frage der Aufhebung der vorläufigen Fahrerlaubnisentziehung wegen eines Eignungsmangels des Fahrers. Eine ungewöhnlich lange Verfahrensverzögerung im Berufungsverfahren kann aufgrund des Verhältnismäßigkeitsgebots jedoch auch dazu führen, dass ohne die Möglichkeit einer nochmaligen Überprüfung des Eignungsmangels in der Hauptverhandlung die vorläufige Fahrerlaubnisentziehung aufgehoben werden muss. Einer endgültigen Entziehung ist damit dann gleichfalls der Weg versperrt. Bei einer Verfahrensdauer von über zwei Jahren kann diese Voraussetzung als gegeben angesehen werden. **116**

III. Berufungsbegründung

Für die Verteidigung ist, im Gegensatz zur Staatsanwaltschaft, eine Begründung der Berufung nicht vorgeschrieben. Der Verteidiger sollte sich gleichwohl mit dem Urteil und den Anfechtungsgründen auseinandersetzen und zumindest überdenken, welche Zeugen er dringend nochmals hören will, da Zeugen nur noch zur Berufungsverhandlung geladen werden, wenn das Gericht glaubt, diese hören zu müssen, oder der Verteidiger dies beantragt. Dies ergibt sich aus der Vorschrift des § 325 StPO, wonach Zeugenaussagen und Sachverständigenfeststellungen verlesen werden können. Der Antrag muss von der Verteidigung rechtzeitig gestellt werden, dh so frühzeitig, dass die Ladung im normalen Geschäftsgang vor der Hauptverhandlung bewirkt werden kann (nicht jedoch durch telefonische oder telegrafische Ladung). **117**

Die Berufungsbegründung kann die Beweiswürdigung oder die rechtliche Würdigung angreifen, Verfahrensfehler rügen, beantragen, neue Beweismittel zu würdigen, oder beantragen, dass bereits gewürdigte Beweismittel erneut gewürdigt werden. Das Berufungsgericht sollte zumindest rechtzeitig erfahren, ob das Verfahren in rechtlicher oder tatsächlicher Hinsicht oder aber wegen des Rechtsfolgenausspruchs angegriffen wird. **118**

---

6 OLG Düsseldorf, aaO.
7 BVerfG NJW 1992, 2472.
8 OLG Köln VRS 97, 349.
9 LG Zweibrücken DAR 1999, 517.

119 **Muster: Berufungsbegründungsschrift**

  ↓

An das Amtsgericht ▪▪▪

– Strafrichter –

Az ▪▪▪ Js ▪▪▪/▪▪▪

In der Strafsache

gegen

Herrn ▪▪▪

wegen Vortäuschens einer Straftat

gebe ich für den Angeklagten folgende Stellungnahme ab:

Das Berufungsverfahren wird mit dem Ziel eines Freispruchs verfolgt.

Bereits die materiellrechtliche Würdigung des Amtsgerichts ist fehlerhaft. Unter Verkennung der zivilrechtlichen Rechtsprechung ist das Amtsgericht davon ausgegangen, dass der Angeklagte angeblich wusste, dass er keinen Anspruch auf die Versicherungsleistung hat.

Dies stellt eine fehlerhafte Anwendung der entsprechenden versicherungsrechtlichen Vorschriften dar. Offensichtlich ging das Amtsgericht davon aus, dass ein Anspruch auf die Versicherungsleistung von der Kaskoversicherung bereits deshalb nicht bestünde, weil nicht alle Originalschlüssel vorgelegt werden können. Allein dies soll die Annahme grober Fahrlässigkeit begründen. Dies ist falsch!

Wegen der Beweisschwierigkeiten zum Nachweis eines Fahrzeugdiebstahls lässt es die Rechtsprechung ausreichen, wenn der Versicherungsnehmer den Beweis auf erste Sicht durch Darlegung des äußeren Bildes der Entwendung unter Beweis stellt. Dieser Beweis auf erste Sicht muss nur Tatsachen berücksichtigen, die nach der Lebenserfahrung ganz allgemein einen hinreichenden Schluss auf eine Entwendung zulassen (BGH VersR 1993, 571)

Hat der Versicherungsnehmer diesen Beweis auf erste Sicht geführt, muss der Versicherer Tatsachen vortragen, die die naheliegende Möglichkeit eines vorgetäuschten Diebstahls indizieren. Zur Darlegung und zum Beweis auf erste Sicht eines Kfz-Diebstahls muss der Versicherungsnehmer nicht sämtliche Originalschlüssel vorlegen oder das Fehlen eines Schlüssels plausibel erklären können (BGH zfs 1995, 340).

Auch wird das äußere Bild einer Kfz-Entwendung nicht dadurch erschüttert, dass das Fahrzeug mit einem passenden Schlüssel weggefahren wurde und der Versicherungsnehmer keine plausible Erklärung für die Anfertigung einer Schlüsselkopie abgeben kann.

Jüngst hat das AG Meldorf (SP 2002, 282) entschieden, dass das Abhandenkommen der Fahrzeugschlüssel und der anschließende Diebstahl des Fahrzeugs nur dann zur Annahme grober Fahrlässigkeit führen, wenn Anhaltspunkte dafür vorliegen, dass die Schlüssel entwendet wurden und der Fahrzeughalter daraufhin keinen Austausch der Schlösser veranlasst hat.

Allein das fehlende Vermögen, sämtliche Originalschlüssel vorzulegen, begründet somit nicht grobe Fahrlässigkeit und führt damit nicht zur Leistungsfreiheit des Versicherers gem. § 7 Abs. 1 Nr. 2 AKB. Ich verweise zusammenfassend auf den Aufsatz des Ombudsmanns der Versicherungswirtschaft *Prof. Römer* (NJW 1996, 2329 ff).

Somit steht fest, dass vorliegend die Diebstahlversicherung des Angeklagten nicht deshalb leistungsfrei wurde, weil ein Original- und ein Nachschlüssel eingereicht wurde. Sie wäre auch nicht leistungsfrei gewesen, wenn nur der Originalschlüssel vorhanden gewesen wäre. Dies war dem Angeklagten bewusst. Er hat den Nachschlüssel also seiner Versicherung nicht eingereicht, um sie zu einer Zahlung zu veranlassen, auf die er keinen Anspruch hatte.

Nach den Feststellungen des Urteils wurde das Motorrad gestohlen und der Angeklagte konnte nur einen Originalschlüssel vorlegen. Aus oben Gesagtem folgt daher – entgegen der von Unkenntnis geprägten Auffassung des Amtsgerichts –, dass der Diebstahlversicherer grundsätzlich zur Leistung verpflichtet bleibt. Hiervon ging auch der Angeklagte aus. Ein Vermögensschaden konnte somit von vornherein gar nicht bei der Versicherung entstehen. Der Angeklagte begehrte lediglich das, was ihm zustand.

Der Angeklagte wird sich im Berufungsverfahren zur Sache äußern. Er wird mitteilen, dass er seinen Zweitschlüssel in seiner Wohnung immer an einen bestimmten Ort abgelegt hat. Er musste eines Tages feststellen, dass sich der Schlüssel nicht mehr an dieser Stelle befand. Darum ließ er zum Ersatz einen Zweitschlüssel anfertigen. Nunmehr hat sich herausgestellt, dass die Ehefrau des Angeklagten den Schlüssel beim Umräumen an einen anderen Ort in der Wohnung gelegt hatte. Als es darum ging, diesen Schlüssel bei der Versicherung nach dem Diebstahl einzureichen, war es der Ehefrau des Angeklagten nicht möglich, mitzuteilen, wo sie den Schlüssel hingelegt hatte. Sie hat ihn schlichtweg verlegt.

Eine längere Suche des Schlüssels hat nunmehr dazu geführt, dass die Ehefrau des Angeklagten diesen in der Wohnung gefunden hat. Der Angeklagte wird den zweiten Originalschlüssel im Termin zur Akte reichen.

Zum **Beweis** des vorstehenden Sachverhalts beantrage ich
die Ladung folgender Zeugin: Frau ▪▪▪, wohnhaft ▪▪▪

Hiernach wird feststehen, dass der Angeklagte weder grob fahrlässig iSv § 61 VVG gehandelt hat, noch sonst versucht hat, die Versicherung zu einer Leistung zu bewegen, die er nicht zu beanspruchen hatte.

Er wird damit freizusprechen sein.

Rechtsanwalt

I. Revision

Revisionsrecht ist ein Rechtsgebiet, das „volksfremd" ist. Allerdings ist es auch vielen Juristen nicht vertraut, was erklärt, dass 95% aller Revisionen als offensichtlich unbegründet verworfen werden. Der Revisionsführer muss sich strengen Regeln unterwerfen und das, was „vor Augen liegt" – also Tatsachenwürdigung – außer Betracht lassen.   120

Revisionen gegen Urteile der Amtsgerichte werden von den Oberlandesgerichten entschieden (Sprungrevision, § 335 StPO), Urteile der Landgerichte und Oberlandesgerichte gelangen zum BGH. Das Rechtsmittel der Revision wendet sich also gegen Urteile. Die Revisionseinlegung verhindert die Rechtskraft des Urteils. Im Gegensatz zur Berufung führt die Revision nicht mehr zur Überprüfung der Tatsachengrundlagen des angefochtenen Urteils, dies ist ausschließlich Sache des Tatrichters. Das Revisionsgericht prüft lediglich, ob dem Tatrichter bei der Feststellung der Tatsachen oder bei der Anwendung des Rechts auf bereits festgestellte Tatsachen Fehler unterlaufen sind, auf denen seine Entscheidung beruhen könnte. Da das Revisionsrecht keine Tatsachen überprüft, ist die regelmäßige Folge der erfolgreichen Revision die Zurückverweisung an ein Gericht der Tatsacheninstanz.   121

122 **Muster: Revisionseinlegungsschrift**

↓

An das Landgericht ▪▪▪

– Strafkammer –

Az ▪▪▪

In der Strafsache

gegen

Herrn ▪▪▪

wegen

lege ich gegen das Urteil des Landgerichts vom ▪▪▪

Revision

ein.

Ich rüge die Verletzung materiellen Rechts.

Ich bitte um Überlassung des Hauptverhandlungsprotokolls, um die Revision begründen zu können.

Ich beantrage,

das angefochtene Urteil des ▪▪▪gerichts vom ▪▪▪, Az ▪▪▪, aufzuheben und an eine andere Strafkammer des ▪▪▪gerichts zurückzuverweisen.

Rechtsanwalt

123 Es mag verwundern, dass in diesem Schriftsatz bereits der Ansatz einer Begründung enthalten ist, indem die „Verletzung materiellen Rechts" gerügt wird. Es handelt sich hierbei um die **Mindestbegründung**, die immer für den nicht seltenen Fall verwendet werden sollte, dass eine Frist versäumt wird. Diese Mindestbegründung führt dazu, dass sich das Revisionsgericht der Sache annimmt.

124 In der Regel wird die Verletzung materiellen Rechts, die Verletzung formellen Rechts oder die Verletzung der Aufklärung zu rügen sein (vgl auch die Anforderungen an die Rechtsbeschwerde im Ordnungswidrigkeitenrecht, § 10 Rn 154 ff). Die **Verletzung materiellen Rechts** muss nicht weiter ausgeführt werden. Das Gericht nimmt allein diese Rüge zum Anlass, das Urteil zu überprüfen. Gleichwohl ist natürlich zu bedenken, dass dem Gericht damit gedient ist, den Gedankengang des Verteidigers zu erfahren, der ihn zu diesem Rechtsmittel führte.

125 **Verletzungen formellen Rechts** und die **Aufklärungsrüge** müssen begründet werden. Dabei ist immer auszuführen, dass das angegriffene Urteil auf einer Formalie oder unterlassener Aufklärung beruht, und wenn nötig eine diesbezügliche Begründung anzufügen. Im Verlaufe eines längeren Hauptverfahrens werden häufig Fehlentscheidungen getroffen, die aber als Grundlage falscher Urteile erkennbar gemacht werden müssen, da es auch Fehlentscheidungen gibt, die keinerlei Auswirkungen auf ein Urteil haben.

J. Bewährungswiderruf und Gnadengesuch

126 Die §§ 56 ff StGB regeln die Strafaussetzung zur Bewährung. § 56f StGB zeigt auf, wann die **Bewährung widerrufen** werden kann. Als Sanktion der Verkehrsstraftat wird in der Regel die Geldstrafe angesehen. Im Wiederholungsfall wird häufig eine kurzfristige Freiheitsstrafe verhängt, die zur Bewährung ausgesetzt wird. Erst der zweite Wiederholungsfall setzt sich mit der Freiheitsstrafe ohne Bewährung und mit dem Widerruf einer gewährten Bewährungsstrafe auseinander.

Verteidiger und Mandant haben sich mit den Gründen auseinanderzusetzen, die ursprünglich zur Verurteilung geführt haben, und damit, dass die Bewährungsauflagen nicht eingehalten oder die Wiederholungstat begangen wurde. Der Verteidiger hat dabei zu bedenken, ob der Fall einer notwendigen Verteidigung vorliegt.[10] Zu beachten ist auch, dass der Widerruf der Strafaussetzung grundsätzlich auch nach Ablauf der Bewährungszeit möglich ist, wenn vor der Entscheidung über den Bewährungswiderruf zunächst die Rechtskraft des neuen Strafurteils abgewartet wurde.[11]

127

Die Anwendung von **Gnadenrecht** setzt voraus, dass ein Urteil rechtskräftig geworden ist. Gnadenrecht ist immer Einzelfallwürdigung. Für den Fall der Gnadenrechtsbeantragung im Verkehrsrecht, richtet sich die Zuständigkeit nach den Gesetzen der Bundesländer. Der Inhaber des Gnadenrechts wird durch die Landesverfassungen bestimmt. Gnadengesuche oder Gnadenanträge sind bei der Staatsanwaltschaft einzureichen.

128

Muster: Antrag auf Zurückweisung eines Bewährungswiderrufs

129

An das Amtsgericht ■■■

– Strafrichter –

Az ■■■ Js ■■■/■■■ bei Staatsanwaltschaft ■■■

Vollstreckung

hier: Antrag auf Widerruf der Bewährung

In der Strafsache

gegen

Herrn ■■■

haben wir uns anwaltlich für Herrn ■■■, ■■■ [Anschrift] bestellt.

Der Antrag der Staatsanwaltschaft ■■■ ohne Datum, eingegangen beim Amtsgericht ■■■ am ■■■, liegt vor; beantragt wird, die Bewährung aus dem Urteil des Amtsgerichts ■■■ vom ■■■ zu widerrufen.

Wir beantragen,

den Antrag zurückzuweisen.

Begründet wird der Widerrufsantrag der Staatsanwaltschaft damit, dass der Verurteilte unter laufender Bewährung durch das Amtsgericht ■■■ am ■■■ wegen Trunkenheit im Verkehr und anderem rechtskräftig verurteilt wurde.

Richtig ist, dass der Antragsgegner am ■■■ in Strafhaft genommen wurde. Die Ladung zum Strafantritt erfolgte aufgrund des Urteils des Amtsgerichts ■■■ vom ■■■, Az ■■■, wegen Trunkenheit im Verkehr und Fahrens ohne Fahrerlaubnis. Eine Gesamtfreiheitsstrafe von neun Monaten war zu verbüßen. Durch Beschluss des Landgerichts ■■■, auswärtige Strafvollstreckungskammer mit Sitz in ■■■, Az ■■■, Staatsanwaltschaft ■■■, wurde am ■■■ beschlossen, die Vollstreckung des letzten Drittels zur Bewährung auszusetzen. Eine Fotokopie des Beschlusses überlassen wir anliegend. Zu diesem Zeitpunkt war bereits die Verurteilung,

---

10 BayObLG v. 16.3.95, VRS 89, 211.
11 OLG Düsseldorf v. 27.1.1995, VRS 89, 35.

auf welche der Antrag hier Bezug nimmt, erfolgt. Der Antragsgegner hat sich die Verurteilung zur Warnung dienen lassen, so dass es eines erneuten Widerrufs der Bewährung nicht bedarf.

Der Widerruf der Bewährung wäre auch unter anderen Gesichtspunkten nicht sinnvoll.

Der Antragsgegner wurde am ▬▬▬ aus der Strafhaft entlassen. Er erhielt die Auflage, unverzüglich nach der Haftentlassung eine ambulante Alkoholtherapie aufzunehmen und der Strafvollstreckungskammer ▬▬▬ binnen einem Monat nach der Haftentlassung einen schriftlichen Nachweis hierüber vorzulegen. Dies ist geschehen. Weiter erfolgte die Auflage, jeden Wohnsitzwechsel während der Bewährungszeit unverzüglich der Strafvollstreckungskammer ▬▬▬ mitzuteilen. Ein Wohnsitzwechsel ist nicht erfolgt. Das heißt, dass der Antragsgegner die Auflage pünktlich und ordnungsgemäß erfüllte.

Vom ▬▬▬ bis ▬▬▬ erfolgte eine stationäre Entgiftung in einer entsprechenden Einrichtung in ▬▬▬ auf Veranlassung von Dr. ▬▬▬. Eine ambulante Therapie wird bis heute bei Herrn Dr. ▬▬▬ durchgeführt. Darüber hinaus besucht der Antragsgegner regelmäßig die Suchtberatungsstelle in ▬▬▬. In den nächsten Tagen oder Wochen wird eine weitere ambulante Therapie von drei Monaten durchgeführt werden mit dem Ziel der Suchtbehandlung.

Alle bisher von dem Antragsgegner verübten Straftaten hingen mit dieser Suchterkrankung zusammen. Das nachhaltige Bemühen des Antragsgegners, dieses Defizit zu beseitigen, ist sicherlich sinnvoller als eine erneute Inhaftierung aufgrund eines Vorgangs, der inzwischen fast anderthalb Jahre zurückliegt.

Unter diesen Umständen regen wir an, den Antrag auf Widerrufung der Aussetzung zur Bewährung zurückzuweisen, gegebenenfalls dem Antragsgegner weitere, in die richtige Richtung weisende Auflagen zu erteilen, die er im eigenen und im Interesse der Allgemeinheit auch befolgen wird.

Hinzu kommt, dass der Antragsgegner sich inzwischen erneut in seiner Familie eingelebt hat und der Widerruf der Bewährung zu einer starken Belastung der Familie führen würde. Diese hat es ihm sowohl während der Haftzeit als auch danach durch ihr Verhalten ermöglicht, entsprechendes Wohlverhalten zu zeigen.

Aufgrund der Formelhaftigkeit des Antrags gehen wir davon aus, dass das Wohlverhalten des Antragsgegners, die Erfüllung der Auflagen durch den Beschluss ▬▬▬ nicht bekannt waren. Wir bitten höflich um Erlass der beantragten Entscheidung.

Rechtsanwalt

Anlage

Beschluss des Landgerichts ▬▬▬

Fotokopie des Schriftsatzes vom ▬▬▬ an das Amtsgericht ▬▬▬

Fotokopie der Ladung zum Strafantritt vom ▬▬▬

130 **Muster: Gnadengesuch**

An die
Staatsanwaltschaft
beim Landgericht ▬▬▬
– Vollstreckungsabteilung –

Az ▬▬▬

In der Strafvollstreckungsangelegenheit

gegen

Herrn ▬▬▬

überreiche ich anliegend eine beglaubigte Fotokopie der erteilten Vollmacht des Verurteilten.

Für den Verurteilten stelle ich folgenden Antrag:

1. Die gegen ■■■ verhängte Freiheitsstrafe von neun Monaten wegen Trunkenheit im Verkehr und Fahrens ohne Fahrerlaubnis, Az ■■■, wird gnadenweise zur Bewährung ausgesetzt.

2. Vor der Entscheidung über den unter 1. genannten Antrag wird von Zwang abgesehen.

Begründung:

Herr ■■■ wurde durch Urteil des Amtsgerichts ■■■ vom ■■■ wegen Trunkenheit und Fahrens ohne Fahrerlaubnis zu einer Freiheitsstrafe von neun Monaten verurteilt. Berufung und Revision wurden gegen das Urteil nach unserer Kenntnis nicht eingelegt. Wie sich aus der in Kopie beigefügten Ladung zum Strafantritt ergibt, soll der Verurteilte bis ■■■ die Strafe antreten.

Nach seiner Verurteilung begab sich mein Mandant in fachärztliche Behandlung beim Facharzt für Neurologie und Psychiater Dr. med. ■■■, ■■■ [Anschrift] (Telefon: ■■■). Herr Dr. ■■■ stellte fest, dass der Verurteilte stark alkoholabhängig ist. Er stellte weiter fest, dass die Alkoholabhängigkeit, die auftrat, nachdem der Verurteilte arbeitslos geworden war, es nicht erlaubt, den Verurteilten zu inhaftieren.

Der Verurteilte befindet sich in ambulanter therapeutischer Behandlung bei Herrn Dr. ■■■. Vorgesehen ist eine stationäre Behandlung mit dem Ziel, den Verurteilten therapeutisch von den Auswirkungen der Alkoholerkrankung zu befreien.

In der Hauptverhandlung wurde nicht berücksichtigt, dass das Krankheitsbild des Verurteilten zwangsläufig dazu führen musste, dass dieser straffällig wird. Der Verurteilte, der im nüchternen Zustand die besten Vorsätze hat, fällt im betrunkenen Zustand immer in Verhaltensmuster zurück, die zu seiner Strafbarkeit führten. In diesem Zustand nahm er auch am Straßenverkehr teil. Dies war ihm später jedoch nie erinnerlich.

In der Verhandlung wurde dieser Aspekt überhaupt nicht erwähnt, der Verurteilte wies infolge Unkenntnis auch nicht darauf hin. Wäre dieser Aspekt erwähnt worden, wäre es weniger zu einer Haftstrafe gekommen als zu einer Auflage im Rahmen eines Bewährungsbeschlusses, sich in therapeutische Behandlung zu begeben.

Wir bitten deshalb,

gnadenhalber die Haftstrafe in eine Bewährungsstrafe umzuwandeln.

Darüber hinaus ist festzustellen, dass der Verurteilte nach den Vorschriften der §§ 455, 456 StPO nicht haftfähig ist.

Anliegend überlassen wir ein Gutachten des Facharztes für Neurologie und Psychiatrie Dr. ■■■ vom ■■■, dem entnommen werden kann, dass eine akute psychische Erkrankung mit organischer Beteiligung vorliegt, die zur Zeit Haftunfähigkeit bedingt. Auf Nachfrage wurde mitgeteilt, dass der Verurteilte in der Haftanstalt sofort in ein Krankenhaus eingeliefert werden und dort psychologisch und neurologisch betreut werden müsste.

Maßnahmen, die dazu führen, dass die Alkoholerkrankung eingedämmt wird, führen gegenwärtig jedoch nur dann zu einem Erfolg, wenn die Familie des Verurteilten entsprechend mitwirkt. Dies wäre gar nicht möglich im Rahmen einer Haftverbüßung.

Wir regen an, eine weitere Bestätigung und Stellungnahme hierzu bei Herrn Dr. med. ■■■ einzuholen.

Den zweiten Antrag begründen wir wie folgt:

Da die Bearbeitung von Gnadengesuchen, obwohl sie in allen Gnadenordnungen als eilig bezeichnet wird und obwohl sie in der Praxis auch so schnell wie möglich erfolgt, wegen der Vielzahl der anzuhörenden Stellen meist einige Wochen in Anspruch nimmt, stellt sich in solchen Situationen die Frage, ob und wie ein Vollstreckungsbeginn vor einer Entscheidung über das Gnadengesuch verhindert werden kann. Allein die

Stellung eines Gnadengesuchs hemmt in den überwiegenden Fällen in den Gnadenordnungen die Vollstreckung nicht.

Im vorliegenden Fall handelt es sich um die erste gegen meinen Mandanten verhängte Freiheitsstrafe, die zum Teil ursprünglich zur Bewährung ausgesetzt war. Im Rahmen des Gnadengesuchs wurde oben erläutert, wie es zu dieser Strafe kam.

Unter diesen Umständen bestehen meiner Ansicht nach gute Aussichten, dass ein Gnadengesuch um Strafaussetzung zur Bewährung Erfolg haben wird. Mein Mandant ist auch nicht untergetaucht, sondern lebt bei seiner Familie und begibt sich in regelmäßigen Abständen in therapeutische Behandlung bei Herrn Dr. ■■■. Es besteht demnach keine Gefahr, dass er sich der Strafvollstreckung durch Flucht entziehen wird.

Die Strafvollstreckung sollte deshalb zunächst eingestellt werden.

Zumindest kann das öffentliche Interesse an einer Strafvollstreckung hier aber so lange zurücktreten, bis über das Gnadengesuch entschieden ist, so dass in jedem Fall von Zwang abgesehen werden sollte.

Rechtsanwalt

K. Wiederaufnahme des Verfahrens

131 Die Wiederaufnahme des Verfahrens ist in den Vorschriften der §§ 359 ff StPO geregelt. **Sechs Wiederaufnahmegründe** werden von dem Gesetzgeber vorgegeben, die zu prüfen sind:

1. Eine zu Ungunsten des Verurteilten verwertete Urkunde stellt sich als unecht oder verfälscht dar.
2. Ein Zeuge oder Sachverständiger hat falsch ausgesagt.
3. Ein Richter oder Schöffe haben mitgewirkt, die sich einer strafbaren Verletzung ihrer Amtspflichten schuldig gemacht haben.
4. Ein zivilrechtliches Urteil, auf welches sich das Strafurteil gründet, wurde aufgehoben.
5. Neue Tatsachen und Beweismittel werden beigebracht, die allein oder in Verbindung mit den früher erhobenen Beweisen, eine neue Bewertung zulassen.
6. Der Europäische Gerichtshof für Menschenrechte hat eine Verletzung der Europäischen Konvention zum Schutz der Menschenrechte und Grundfreiheiten oder ihrer Protokolle festgestellt und das Urteil beruht auf dieser Verletzung.

132 Das Wiederaufnahmeverfahren besteht aus **drei Verfahrensabschnitten:**

1. dem Aditionsverfahren: In diesem Verfahrensabschnitt wird geprüft, ob die Stellung des Wiederaufnahmeantrags zulässig ist.
2. dem Probationsverfahren: In diesem Verfahrensabschnitt werden die vorgebrachten Beweise geprüft.
3. dem erneuten Hauptverhandlungsverfahren.

Der Verteidiger hat auch hier zu prüfen, ob eine Pflichtverteidigung zu beantragen ist (§§ 364a, 364b StPO).

Muster: Antrag auf Wiederaufnahme des Verfahrens bei einem Urteil

133

211

↓

An das Amtsgericht ▪▪▪
– Strafabteilung –

Vorab per Fax: ▪▪▪

Az ▪▪▪

In der Strafsache

gegen

Herrn ▪▪▪

bestelle ich mich unter Vollmachtsvorlage für den Verurteilten und beantrage,

1. die Wiederaufnahme des Verfahrens gegen das Urteil des Amtsgerichts ▪▪▪ vom ▪▪▪ zuzulassen,

2. die Vollstreckung, gegebenenfalls gegen eine angemessene Sicherheitsleistung, aufzuschieben.

Begründung:

I. Das Amtsgericht ▪▪▪ hat Herrn ▪▪▪ in der Hauptverhandlung vom ▪▪▪ wegen fahrlässiger Überschreitung der zulässigen Höchstgeschwindigkeit und unerlaubten Entfernens vom Unfallort zu einer Geldstrafe in Höhe von 15 Tagessätzen zu je ▪▪▪ EUR verurteilt und gegen ihn ein Fahrverbot von einem Monat angeordnet. Die in vollem Umfang eingelegte Berufung wurde durch Beschluss des ▪▪▪ Landgerichts ▪▪▪ vom ▪▪▪ als unzulässig verworfen. Das Urteil ist somit rechtskräftig.

II. Maßgeblich sind bezüglich des Sachverhalts die Gründe des Berufungsurteils, weil dessen tatsächliche Feststellungen in Rechtskraft erwachsen sind. Danach wurde die Täterschaft des Verurteilten in erster Linie aufgrund der Angaben des Sachverständigengutachtens von Prof. Dr. ▪▪▪ in Verbindung mit dem fotodokumentarischen Inhalt der Ermittlungsakte und seiner Angaben in der mündlichen Verhandlung angenommen. Tattag war der ▪▪▪ um ▪▪▪ Uhr, Tatort die ▪▪▪straße in ▪▪▪. Dem Verurteilten wurde vorgeworfen, mit dem PKW ▪▪▪, amtl. Kennzeichen ▪▪▪, mit einer Geschwindigkeit von 83 km/h gefahren zu sein, wobei die zulässige Höchstgeschwindigkeit 50 km/h betrug, einen Unfall verursacht und sich vom Unfallort entfernt zu haben, ohne seiner Vorstellungspflicht nachgekommen zu sein.

III. Der Wiederaufnahmeantrag wird auf § 85 OWiG iVm § 359 Nr. 5 StPO gestützt. Die nachbenannten Zeugen können bekunden, dass der Verurteilte nicht der Täter war, der das die zulässige Geschwindigkeit überschreitende Fahrzeug im Moment der Tat geführt und sich vom Unfallort entfernt hat.

Es handelt sich um folgende Zeugen:

■ Herrn A., ▪▪▪ [Anschrift]

■ Herrn B., ▪▪▪ [Anschrift]

■ Frau C., ▪▪▪ [Anschrift]

Die Zeugen sind weder im Ermittlungsverfahren noch im Verfahren vor dem Amtsgericht ▪▪▪ vernommen worden; auch eine Verlesung nach § 251 StPO hat nicht stattgefunden, weil die Zeugen bisher überhaupt nicht im Strafverfahren bekannt waren. Sie sind also „neue" Beweismittel im Sinne der Nr. 5 des § 359 StPO.

1. Der Zeuge A. wird bezeugen können, dass er und nicht der Verurteilte mit dem festgestellten Fahrzeug ▪▪▪, amtl. Kennzeichen ▪▪▪, zur Tatzeit die ▪▪▪straße in ▪▪▪ befahren hat. Der Zeuge A. und nicht der Verurteilte ist also der Täter der Tat, derentwegen der Verurteilte verurteilt worden ist.

2. Der Zeuge B. kann bezeugen, dass der Zeuge A. unmittelbar nach dem Tatzeitpunkt mit dem Tatfahrzeug in ▪▪▪ war und geäußert hat, dass er gerade geblitzt worden sei. Der Zeuge B. hat den Zeugen A. am ▪▪▪ um ca. ▪▪▪ Uhr getroffen. Der Zeuge B. wird bestätigen können, dass der Zeuge A. zu ihm fuhr, um ihn zu besuchen. Dabei konnte der Zeuge B. erkennen, dass der Zeuge A. mit dem PKW ▪▪▪, amtl. Kennzeichen ▪▪▪, zu

ihm gefahren war. Unmittelbar nach der Begrüßung äußerte der Zeuge A. gegenüber dem Zeugen B., dass er auf der Fahrt zu ihm geblitzt worden sei.

3. Die Zeugin C. ist die Dienstvorgesetzte des Verurteilten. Die Zeugin C. wird bestätigen können, dass der Verurteilte am ▬▬▬ zur Tatzeit Dienst hatte und deshalb nicht am Messort gewesen sein kann.

IV. Die Aussagen der neuen Zeugen sind geeignet, den Schuldspruch zu erschüttern. Allein der Sachverständige ▬▬▬ wollte anhand der vorgelegten Fotos erkennen können, dass der Verurteilte der Täter ist.

Hätte das Amtsgericht auch die jetzt benannten Zeugen vernehmen können, dann wäre der Verurteilte nicht verurteilt worden. Das Gericht hat zwar die Angaben des Sachverständigen ▬▬▬ für nachvollziehbar gehalten. Aufgrund der neuen Zeugen liegt aber klar auf der Hand, dass der Sachverständige ▬▬▬ einem Irrtum unterlegen ist. In diesem Zusammenhang ist besonders hervorzuheben, dass der Zeuge A. als Sohn des Verurteilten dem Verurteilten sehr ähnlich sieht. Eine Diskrepanz zwischen den Feststellungen des Sachverständigen ▬▬▬ und den übereinstimmenden Aussagen der neuen Zeugen kann damit erklärt werden, dass vorliegend die von dem Sachverständigen angewandte morphologisch-analytische Methode keine 100%ige Sicherheit der Richtigkeit gewährleisten kann und bekanntermaßen bereits in zahlreichen Fällen physiognomische Sachverständigengutachten nachweisbar zu falschen Ergebnissen geführt haben.

V. Der Antrag auf Vollstreckungsaufschub (§ 360 Abs. 2 StPO) stützt sich auf folgende Gründe:

Zwar ist es im Interesse einer wirksamen Strafrechtspflege, ein Urteil möglichst rasch zu vollstrecken. Hier ist jedoch kein Strafurteil und erst recht keine mehrjährige Haftstrafe zu vollstrecken, sondern es handelt sich lediglich um eine relativ geringe Geldstrafe und ein Fahrverbot. Bereits die Gewährung des Vollstreckungsaufschubes durch das Amtsgericht verdeutlicht, dass kein großes Interesse an einer sofortigen Vollstreckung des Urteils besteht. Bei einer derart geringen Buße hat das öffentliche Interesse an einer sofortigen Vollstreckung zurückzutreten hinter dem Interesse eines Verurteilten, der einen Wiederaufnahmeantrag stellt.

Hinzu kommt hier, dass die Dauer der beiden Stadien des Wiederaufnahmeantrags zeitlich absehbar ist. Über die Zulässigkeit des Wiederaufnahmeantrags kann aufgrund des einfach gelagerten Sachverhalts rasch entschieden werden. Im anschließenden Begründetheitsverfahren sind lediglich die drei Zeugen zu hören. Auch diese Beweisaufnahme ist in Kürze zu erledigen. Wenn die neuen Zeugen im Probationsverfahren den Vortrag dieses Wiederaufnahmevorbringens bestätigen, ist die Wiederaufnahme anzuordnen, wobei dann die Vollstreckung ohnehin einzustellen ist.

Auch die für § 360 Abs. 2 StPO erforderlichen Erfolgsaussichten des Wiederaufnahmeantrags sind gegeben. Die Verurteilung stützt sich auf die Aussage lediglich eines Sachverständigen, dessen Feststellungen er selbst niemals als 100%ig richtig einstufen würde. Wenn die Aussagen der neuen Zeugen zutreffend sind, folgt zwingend, dass der Sachverständige einem Irrtum unterlegen ist. Bei dieser Situation wäre die Vollstreckung eines Fahrverbots bei einem berufstätigen Menschen, der zur Ausübung auf die Benutzung eines PKW angewiesen ist, bedenklich.

Rechtsanwalt

134 **Muster: Antrag auf Wiederaufnahme des Verfahrens bei einem Strafbefehl**

212

An das Amtsgericht ▬▬▬
– Strafabteilung –

Vorab per Fax: ▬▬▬

Az ▬▬▬

In der Strafsache

gegen

Herrn ▰▰▰

bestelle ich mich unter Vollmachtsvorlage für den Verurteilten und beantrage,

1. die Wiederaufnahme des Verfahrens gegen den Strafbefehl des Amtsgerichts ▰▰▰ vom ▰▰▰ zuzulassen,

2. die Vollstreckung, gegebenenfalls gegen eine angemessene Sicherheitsleistung, aufzuschieben.

Begründung:

I. Das Amtsgericht ▰▰▰ hat den Verurteilten wegen fahrlässiger Trunkenheit im Verkehr verurteilt. Der Verurteilte hat gegen den Strafbefehl kein Rechtsmittel eingelegt, so dass der Strafbefehl rechtskräftig geworden ist.

II. Maßgeblich sind bezüglich des Sachverhalts die Feststellungen, dass der Verurteilte am ▰▰▰ gegen ▰▰▰ Uhr mit dem Fahrrad auf der ▰▰▰allee gefahren ist. Weiter wurde festgestellt, dass der Verurteilte absolut fahruntüchtig gewesen sein soll. Die Untersuchung einer Blutprobe des Verurteilten, welche am Tattag um ▰▰▰ Uhr entnommen worden ist, habe eine BAK von 1,56‰ ergeben.

Weiter wurde angenommen, dass das Trinkzeitende vor ▰▰▰ Uhr lag, so dass eine Rückrechnung möglich gewesen sei und eine BAK zur Tatzeit von 1,63‰ festzustellen gewesen sei.

III. Der Wiederaufnahmeantrag wird auf § 359 Nr. 5 StPO gestützt. Die nachbenannten Zeugen können bekunden, dass das Trinkzeitende innerhalb von zwei Stunden vor dem Zeitpunkt der Blutentnahme lag und daher eine Rückrechnung nicht möglich ist.

Es handelt sich um folgende Zeugen:

- Herrn A., ▰▰▰ [Anschrift]
- Herrn B., ▰▰▰ [Anschrift]

Die Zeugen sind weder im Ermittlungsverfahren noch im Zwischenverfahren vernommen worden; auch eine Verlesung nach § 251 StPO hat nicht stattgefunden, weil die Zeugen bisher überhaupt nicht im Strafverfahren bekannt waren. Sie sind also „neue" Beweismittel im Sinne der Nr. 5 des § 359 StPO.

Die Zeugen werden aussagen können, dass sie zusammen mit dem Verurteilten am ▰▰▰ den Nachmittag und Abend im Bungalow des Verurteilten verbracht haben. Dabei wurde Bier getrunken. Um ▰▰▰ Uhr erschien die Ehefrau des Zeugen A. und fragte, wo denn der Zeuge B. bleibe, da eine Verabredung für ▰▰▰ Uhr anstand und diese Zeit bereits um eine halbe Stunde überzogen war.

Hiernach tranken die beiden Zeugen und der Verurteilte noch eine Flasche Bier, was ca. 15 bis 30 Minuten dauerte. Danach verließen die Zeugen den Verurteilten, welcher sodann mit dem Fahrrad seine Heimfahrt antrat.

IV. Die Aussagen der neuen Zeugen sind geeignet, den Schuldspruch zu erschüttern. Aus den Aussagen der Zeugen ergibt sich, dass das Trinkzeitende des Verurteilten frühestens zwischen ▰▰▰ Uhr und ▰▰▰ Uhr gelegen haben kann. Hieraus ergibt sich, dass eine Rückrechnung der um ▰▰▰ Uhr ermittelten BAK nicht möglich ist, so dass von einer BAK von 1,56‰ ausgegangen werden muss.

Hieraus wiederum folgt, dass der Verurteilte nicht absolut fahruntüchtig war. Der festgestellte Promillewert ist falsch.

V. Der Antrag auf Vollstreckungsaufschub (§ 360 Abs. 2 StPO) stützt sich auf folgende Gründe: Zwar ist es im Interesse einer wirksamen Strafrechtpflege, ein Urteil möglichst rasch zu vollstrecken. Hier ist jedoch keine mehrjährige Haftstrafe zu vollstrecken, sondern es handelt sich lediglich um eine relativ geringe Geldstrafe. Bei einer derart geringen Geldstrafe hat das öffentliche Interesse an einer sofortigen Vollstreckung zurückzutreten hinter dem Interesse eines Verurteilten, der einen Wiederaufnahmeantrag stellt.

Hinzu kommt hier, dass die Dauer der beiden Stadien des Wiederaufnahmeantrags zeitlich absehbar ist. Über die Zulässigkeit des Wiederaufnahmeantrags kann aufgrund des einfach gelagerten Sachverhalts rasch entschieden werden. Im anschließenden Begründetheitsverfahren sind lediglich die zwei Zeugen zu hören. Auch diese Beweisaufnahme ist in Kürze zu erledigen. Wenn die neuen Zeugen im Probationsverfahren den Vortrag dieses Wiederaufnahmevorbringens bestätigen, ist die Wiederaufnahme anzuordnen, wobei dann die Vollstreckung ohnehin einzustellen ist.

Auch die für § 360 Abs. 2 StPO erforderlichen Erfolgsaussichten des Wiederaufnahmeantrags sind gegeben. Die Verurteilung stützt sich auf die fehlerhafte Annahme eines zu frühen Trinkzeitendes.

Wenn die Aussagen der neuen Zeugen zutreffend sind, folgt zwingend, dass in rechtswidriger Weise eine Rückrechnung erfolgt ist. Bei dieser Situation wäre die Vollstreckung der Geldstrafe unstatthaft.

Rechtsanwalt

L. Führerscheinmaßnahmen nach Rechtskraft des Urteils

135 Das Urteil ist rechtskräftig, die Fahrerlaubnis wurde entzogen. In einigen Fällen besteht gleichwohl Handlungsbedarf. Es handelt sich um die Fälle, die den Mandanten veranlassen, zur Erlangung einer Fahrerlaubnis aktiv die Wiederherstellung der Geeignetheit zum Führen eines Kraftfahrzeugs zu betreiben.

136 1973 wurde das Gutachten „Krankheit und Kraftverkehr" in Zusammenarbeit der Ministerien für Gesundheit und Verkehr erstellt. Inzwischen hat dieses Werk seinen Namen geändert, heißt **„Begutachtungs-Leitlinien zur Kraftfahrereignung",**[12] beinhaltet jedoch immer noch die Auswirkungen von Krankheit auf die Fähigkeit, am Straßenverkehr teilzunehmen. Das Gutachten beschreibt alle Krankheiten von „Alzheimer bis Zucker" und deren Auswirkungen anlässlich der Teilnahme am Straßenverkehr. Es nennt Auflagen, die geeignet sind, körperliche und geistige Mängel eines Führerscheininhabers oder -bewerbers so weit auszugleichen, dass eine Teilnahme am Straßenverkehr möglich wird, ohne dass die Allgemeinheit gefährdet wird. Die Leitlinien gehen deshalb auch auf die Krankheitsbilder „Sucht" und „Missbrauch" ausführlich ein.

137 Unter anderem wird ausgeführt: „Je weiter die festgestellte BAK (AAK) die 1,3‰ Grenze überschreitet, desto näher liegt der begründete Verdacht, dass bei dem Betroffenen eine Alkoholproblematik vorliegt. Eine Alkoholproblematik ist zwar nicht mit einer Alkoholabhängigkeit gleichzusetzen, aber sie legt die Vermutung eines Missbrauchs im psychotherapeutischen Sinne nahe."[13]

138 Nach der neuen Fahrerlaubnisverordnung (FeV) vom 1.1.1999 ist in diesen Fällen eine **medizinisch-psychologische Untersuchung** (MPU) durchzuführen zur Feststellung, ob der Führerscheinbewerber, der sich nach entzogener Fahrerlaubnis um die Erteilung einer neuen Fahrerlaubnis bewirbt, geeignet ist, am Straßenverkehr als Kraftfahrer teilzunehmen. Diese MPU ist nicht nur nach Alkohol- und Drogendelikten anzuordnen, sondern auch dann, wenn mehr als 18 Punkte im Verkehrszentralregister (VZR) in Flensburg aufgelaufen sind. Der Mandant ist wie folgt zu informieren:

---

12 *Schubert/Schneider/Eisenmenger/Stephan*, Begutachtungs-Leitlinien zur Kraftfahrereignung, 2. Auflage 2005.
13 *Schubert/Schneider/Eisenmenger/Stephan*, Begutachtungs-Leitlinien, aaO, 3.11.1.2.1., S. 132.

Muster: Mandanteninformation zur MPU-Vorbereitung

Sehr geehrte/r Frau/Herr ▪▪▪

Ihr Verhalten macht nach den Vorschriften der Fahrerlaubnisverordnung eine medizinisch-psychologische Untersuchung (MPU) erforderlich. Ihr Verhalten, das zu einer Entziehung der Fahrerlaubnis geführt hat, wird zunächst so bewertet, dass eine neue Fahrerlaubnis nicht erteilt werden kann, solange keine Verhaltensveränderung nachgewiesen wird. Sie müssen also Ihr Verhalten, bezogen auf Alkohol (Drogen, ▪▪▪) verändern.

Der bei Ihnen festgestellte Blutalkoholwert bewegte sich über dem Wert, den die Fahrerlaubnisverordnung als Voraussetzung einer entsprechenden Untersuchung festgeschrieben hat (wiederholte Auffälligkeit oder 1,6‰ Blutalkoholkonzentration [BAK]). Aufgrund dessen ist seitens der medizinisch-psychologischen Untersuchungsstelle zu ermitteln, ob in Ihrem Fall Sucht oder Missbrauch zu diagnostizieren ist. Je nachdem, welche Diagnose getroffen wird, ändern sich die Voraussetzungen für die Wiedererteilung der Fahrerlaubnis: Wird *Sucht* diagnostiziert, erwartet man von Ihnen eine abgeschlossene Suchtbehandlung (stationäre oder ambulante Entwöhnungskur) sowie den Nachweis, dass Sie danach mindestens ein Jahr lang alkoholabstinent gelebt haben; wird *Missbrauch* diagnostiziert, erwartet man Verhaltensänderungen, die das Risiko, dass Sie erneut auffällig werden, als gering erscheinen lassen.

Die Medizin geht davon aus, dass alkoholische Getränke in der Regel nicht wegen ihres Geschmacks konsumiert werden (sie sind in der Regel nicht „süß"), sondern wegen der Wirkung, die sie hervorrufen. Der ungeübte Alkoholkonsument verspürt deshalb die Beeinträchtigung durch alkoholische Getränke nach zwei oder drei Gläsern. Der dann erreichte Blutalkoholwert liegt dann immer noch in dem Bereich des straflosen Alkoholkonsums bei Teilnahme am Straßenverkehr mit einem Kraftfahrzeug. Subjektiv wird jedoch deutlich die Fahrtauglichkeit mindernde alkoholische Beeinträchtigung verspürt.

Blutalkoholwerte, die im strafbaren Bereich liegen, werden von Gelegenheitskonsumenten kaum erreicht, da deren Körper mit Übelkeit und Abwehr reagiert. Wenn also höhere Werte erreicht werden, liegt dies daran, dass der Betreffende ständig Alkohol konsumiert und dadurch die Toleranzgrenze nach oben erweitert hat. Prof. Wagner von der Universität Homburg/Saar kommentiert dies mit dem Satz, dass derjenige, der es schafft mit 1,8‰ von der Gaststätte zu seinem Fahrzeug zu gelangen, ohne zu stürzen, jahrelang hart trainiert haben muss. Als Beispiel mag auch dienen, dass ein Blutalkoholwert von 1,6‰ nur erreicht werden kann, wenn ca. acht Flaschen Bier á 0,5 Liter oder aber zwei Liter Wein konsumiert werden. Daraus kann ersehen werden, dass dieser Konsum weit über das gesellschaftlich Übliche hinausgeht.

Der so festgestellte Blutalkoholwert kann darauf hindeuten, dass die Kontrolle über den Alkoholkonsum verloren gegangen ist (Sucht); möglich ist aber auch, dass es sich um einen einmaligen Fall des Missbrauchs handelte.

Wir empfehlen Ihnen deshalb, zunächst eine Diagnose erstellen zu lassen bei Herrn Dr. ▪▪▪. Herr Dr. ▪▪▪ ist Neurologe und Psychiater. Als ehemaliger Oberarzt der Suchtklinik ▪▪▪ besitzt er einschlägige Erfahrungen. Hinsichtlich der Suchtdiagnose urteilt er sehr zurückhaltend.

Vorerst empfehlen wir Ihnen, nicht bei einer Suchtberatungsstelle vorstellig zu werden, es sei denn, Sie gehen selbst davon aus, süchtig zu sein. So hilfreich Suchtberatungsstellen sind in dem Fall, in dem „Abhängigkeit" diagnostiziert wurde, so schwierig gestaltet sich das weitere Prozedere bei Verwaltungsbehörden, sobald diese erfahren haben, dass die Suchtberatungsstelle eingeschaltet wurde. Man geht dann dort davon aus, dass die Suchtberatung aus gebotenem Anlass aufgesucht wurde, was dazu führt, dass man Ihnen die Auflage erteilen wird – vor Erteilung einer neuen Fahrerlaubnis –, eine Suchtbehandlung und danach eine Alkoholabstinenzzeit von mindestens einem Jahr nachzuweisen.

Sodann empfehle ich Ihnen, ab sofort keinerlei alkoholische Getränke zu konsumieren. Mediziner und Psychologen gehen davon aus, dass es lange dauerte, bis Ihr Körper in der Lage war, eine Alkoholmenge zu verkraften, die zu einem Blutalkoholwert führt, wie er vorliegend festgestellt wurde. Ebenso müssen Sie Ihren Körper durch Alkoholabstinenz dazu bringen, dass er wieder „normal" reagiert. Sie haben Ihrem Körper „Alkoholverträglichkeit" angewöhnt; durch Alkoholabstinenz wird ihm dies wieder abgewöhnt.

Ab sofort lassen Sie bitte bei Ihrem Hausarzt die Leberwerte feststellen. Es geht dabei nicht darum, dass Ihnen Ihr Hausarzt erklären soll, dass diese in der „Norm" sind. Es ist nämlich sehr unwahrscheinlich, dass diese durch Alkoholkonsum außerhalb der Norm geraten. Es geht dabei darum, dass Sie durch regelmäßige Leberwertuntersuchungen ab sofort nachweisen können, dass die Werte besser werden. Dadurch können Sie nachweisen, dass Alkoholabstinenz eingehalten wird.

Manchmal bleiben die Werte hoch, obwohl Alkoholabstinenz eingehalten wird. Dann ist dies Anlass dafür, den Internisten zu beauftragen, die Ursachen hierfür zu ergründen. Jedenfalls muss bei höheren Leberwerten, vor allem bei Werten außerhalb des Toleranzbereichs, schon zur MPU ein entsprechendes Attest mitgenommen werden, das diese Werte erklärt, damit der Arzt, der den medizinischen Teil der MPU bearbeitet, nicht auf die einfache Erklärung des Alkoholmissbrauchs zurückgreifen kann.

Mit Beginn der Alkoholabstinenz empfehle ich Ihnen, mit der Führung eines Tagebuchs zu beginnen. Sie sollten alles festhalten, was infolge der Alkoholabstinenz anders ist als vorher, vor allem das, was besser gelingt. Kontrollieren Sie bitte, wie sich Alkoholabstinenz auf die Familie auswirkt, was sich dadurch in Ihrer Ehe verändert, wie Ihre Arbeitskollegen darauf reagieren und welche Veränderungen im sozialen Umfeld (Freundeskreis, Verein, Nachbarschaft) entstehen. Beachten Sie auch bitte genau, welche körperlichen Veränderungen sich durch die Alkoholabstinenz ergeben.

Bei der psychologischen Untersuchung wird es im Wesentlichen nur auf die Beantwortung von zwei Fragen ankommen:

1. Schildern und bewerten Sie Ihren Alkoholkonsum zum Zeitpunkt des Delikts, aufgrund dessen die MPU angeordnet wurde.

2. Schildern Sie, welche Veränderungen Sie in Ihrem Leben vorgenommen haben, damit ein Wiederholungsfall ausgeschlossen werden kann.

Bei der Beantwortung der ersten Frage geht es darum, zu erklären, dass Sie erkannt haben, dass Ihr Alkoholkonsum zum Deliktszeitpunkt völlig überzogen war. Der Psychologe erwartet, dass Sie sowohl die damals konsumierte Alkoholmenge realistisch schildern, als auch die Häufigkeit der nicht entdeckten Trunkenheitsfahrten einräumen, die ein falsches Fahrverhalten einübten.

Aus dem bereits Gesagten wissen Sie, dass es keinen Sinn hat, zu erklären, dass Sie sonst nie so viel trinken und es sich um Ihre erste Alkoholfahrt mit dem fraglichen Blutalkoholwert handelte. Wir haben oben festgestellt, dass man lange „üben" muss, um in der Lage zu sein, körperlich einen höheren Blutalkoholwert zu verkraften. Weiter ist allgemein bei Ärzten und Psychologen bekannt, dass man auch „üben" muss, damit man ein Fahrzeug mit alkoholbedingt fahruntüchtigem Körper und Verstand lenken kann. Viele Probanden sagen, dass sie nicht bemerkt haben, dass sie fahruntüchtig waren. Das glaubt der Psychologe gerne. Es zeigt ihm, dass der hohe Blutalkoholwert im Leben des Probanden „Normalität" darstellte, weshalb er nicht sonderlich registriert wurde. Dazu müssen Sie dann jedoch auch erklären, dass Ihnen das nicht mehr passieren kann, weil Sie inzwischen infolge der längeren Alkoholabstinenz auch kleine Alkoholmengen als Belastung empfinden und der Körper reagiert, im Übrigen in der Lage sind, genau zu errechnen, welche Alkoholmenge zu welchem Blutalkoholwert bei Ihnen führt.

Die Beantwortung dieser Frage muss verdeutlichen, dass Sie sich mit dem Thema „Alkohol in meinem Leben" auseinandergesetzt haben, die richtigen Bücher dazu gelesen und die richtigen Fachleute dazu befragt haben.

Sollten Sie bei dieser Frage anmerken, dass Sie ja nur einmal über die Stränge geschlagen haben und Ihre Bekannten einen wesentlich höheren Alkoholkonsum pflegen als Sie selbst, ist dies wahrscheinlich schon das Ende der Befragung, da der Psychologe erkennt, dass Sie den Ernst der Lage noch nicht erkannt haben und sich auch nicht wirklich mit dem Alkoholproblem in Ihrem Leben auseinandergesetzt haben.

Die Beantwortung der zweiten Frage setzt das Wissen voraus, dass alle, die an der MPU teilnehmen, dem Psychologen erklären, dass es nie wieder zu einer weiteren Trunkenheitsfahrt kommen wird. Dies wird beschworen und damit erklärt, dass das Strafverfahren eine hohe Strafe nach sich zog, die Anwaltskosten hoch waren, die Zeit ohne Führerschein schwer zu bewältigen war und es deshalb folgerichtig ist, zukünftig eine solche Situation zu vermeiden. Leider reicht aber diese Erklärung, auch wenn sie verständlich ist, dem Psychologen nicht aus, da er die Rückfallquote kennt, die bei Ersttätern bei 30%, bei Zweittätern bei 50% liegt. Der Psychologe will keine Absichtserklärungen hören; er will erfahren, ob Sie „ernst" gemacht und Ihr Leben so verändert haben, dass Alkohol im Straßenverkehr für Sie kein Problem mehr darstellt.

Hat man die Diagnose „süchtig" oder „abhängig" erfahren, ist es einfach, wenn eine erfolgreiche Behandlung absolviert wurde und eine Selbsthilfegruppe bestätigen kann, dass mindestens ein Jahr lang alkoholabstinent gelebt wurde. Selbsthilfegruppen gibt es vor allem im Bereich der Kirchen („Blaues Kreuz", „Guttempler"), aber auch in freier Trägerschaft („Anonyme Alkoholiker").

Dieser Bestätigung ist in der Regel nichts hinzuzufügen. Allerdings sollte dann noch etwas getan werden, damit die Motivation zur Alkoholabstinenz bestehen bleibt: der regelmäßige Besuch einer Selbsthilfegruppe. Falsch liegt derjenige, der glaubt, dass dies einem sozialen Abstieg gleich käme. Richtig ist, dass in Selbsthilfegruppen Teilnehmer zu finden sind aus allen sozialen Schichten, deren Problem identisch ist und bewältigt werden muss: die Suchterfahrung. Sucht ist nicht die Folge moralischer Verkommenheit, sondern die Folge einer Gehirnstoffwechselstörung, der nur mit Alkoholabstinenz begegnet werden kann. Der Besuch einer Selbsthilfegruppe lehrt, mit diesem Problem intelligent umzugehen, und bewahrt vor schmerzhaften Rückfällen.

Weiß man aber, dass lediglich Missbrauch diagnostiziert wurde, dass man also auch zukünftig nicht aus gesundheitlichen Gründen auf Alkoholkonsum oder -genuss verzichten muss, ist zumindest eine Strategie darzulegen, die vermuten lässt, dass diese – ordnungsgemäß angewandt – zukünftig so funktionieren wird, dass eine weitere Alkoholfahrt nicht mehr zu erwarten ist.

Zunächst kann dann auf die durchgeführte Alkoholabstinenzzeit verwiesen werden, in der es gelungen ist, Alkohol zu meiden, obwohl dafür keine gesundheitliche Notwendigkeit bestand. So wird verdeutlicht, dass der Wille zur Abstinenz die Lust zum Konsum dominiert.

Sodann kann auf das geführte Tagebuch verwiesen werden. Dieses belegt in der Regel Verbesserungen in allen Lebensbereichen, herbeigeführt durch Alkoholabstinenz, auf welche nicht mehr verzichtet werden kann. Die Darlegung, dass meistens die Kommunikation verbessert wurde, die Beziehungsfähigkeit in Ehe, Familie und sozialem Umfeld positiv gestaltet wurde, lässt erkennen, dass Gewohnheiten verändert und dadurch Verbesserungen erreicht wurden, die wohl beibehalten werden, weshalb die Bedeutung von Alkohol gesunken ist. In der Regel geht damit einher, dass der Bekanntenkreis aufgegeben wird, mit dem Trinkerlebnisse verbunden waren. So kann belegt werden, dass die Motivation, mit Alkohol anders umzugehen als zum Deliktszeitpunkt, nicht allein von dem Wunsch abhängt, den Führerschein wiederzuerlangen, sondern Sie inzwischen auch versuchen, positive Lebensverbesserungen zu erhalten.

Bedenken Sie: Je höher der Blutalkoholwert war zum Deliktszeitpunkt, desto länger dauert die Umstellung von Lebensgewohnheiten vom Negativen zum Positiven. Ein über lange Jahre betriebener Alkoholmissbrauch mit all seinen negativen Folgen ist nicht zu beseitigen mit einer kurzen Alkoholabstinenz.

Fassen Sie die führerscheinbedingte Krise als Chance auf, das eigene Leben positiv zu verändern.

Für Rückfragen, auch nach geeigneten Helferadressen, stehen wir gerne beratend zur Verfügung.

Mit freundlichen Grüßen

Rechtsanwalt

140 Als **Helferadressen** angeboten werden die Adressen von geeigneten Ärzten zur Diagnose von Abhängigkeit oder Missbrauch, Adressen von Selbsthilfegruppen bei Abhängigkeit (Blaues Kreuz, Diakonie, Caritas, kommunale Suchtberatungsstellen, Anonyme Alkoholiker), sowie Adressen zum Absolvieren einer ambulanten oder stationären Suchtbehandlung. Der Mandant muss in jedem Fall davor gewarnt werden, Zeitungsangeboten zu folgen, die für teures Geld versprechen, dass ohne Aufwand die MPU umgangen und ein Führerschein problemlos beschafft werden könne. Diese Angebote zielen lediglich darauf, dem Mandanten für viel Geld wenig Nutzen zu bieten.

141 Nach Rechtskraft eines Strafurteils mit Fahrerlaubnisentzug und Festlegung einer Sperre zur Wiedererteilung einer Fahrerlaubnis ist es in geeigneten Fällen auch angebracht, über eine **Abkürzung der Sperrfrist** nachzudenken.

142 **Muster: Antrag auf Abkürzung der Sperrfrist nach § 69a Abs. 7 StGB**

An das Amtsgericht ▄▄▄
– Strafrichter –

Az ▄▄▄

In der Strafsache

gegen

Herrn ▄▄▄

wegen Trunkenheitsfahrt nach § 316 StGB

haben wir den Verurteilten, Herrn ▄▄▄, anwaltlich vertreten.

Der Verurteilte wurde in der Hauptverhandlung am ▄▄▄ vor dem angerufenen Gericht wie folgt verurteilt:

„Der Angeklagte wird wegen fahrlässiger Trunkenheitsfahrt zu einer Freiheitsstrafe von fünf Monaten verurteilt. Die Vollstreckung der Strafe wird zur Bewährung ausgesetzt.

Dem Angeklagten wird die Fahrerlaubnis entzogen. Sein Führerschein wird eingezogen. Der Verwaltungsbehörde wird aufgegeben, vor Ablauf weiterer zwei Jahre keine neue Fahrerlaubnis zu erteilen.

Der Angeklagte trägt die Kosten des Verfahrens."

Dieser Verurteilung ging im Jahr ▄▄▄ ein Strafverfahren voraus, bei dem ein Abschluss herbeigeführt wurde durch Strafbefehl. Hierbei wurden der Verurteilte zu einer Geldstrafe verurteilt sowie als Maßregel der Sicherung und Besserung die Fahrerlaubnis entzogen und eine Sperrfrist von sieben Monaten verhängt.

Seit Rechtskraft der letzten Verurteilung ist ein Jahr vergangen.

Wir beantragen deshalb:

Die Sperrfrist zur Wiedererteilung einer Fahrerlaubnis wird aufgehoben, da der Verurteilte nicht mehr ungeeignet zum Führen von Fahrzeugen im Straßenverkehr ist.

Zur **Begründung** führen wir Folgendes aus:

Nach seiner erneuten Trunkenheitsfahrt war der Antragsteller geschockt und entsetzt. Er stellte fest, dass er trotz guter Vorsätze nach der ersten Verurteilung nicht in der Lage war, das Trinken von Alkohol und die Teilnahme am Straßenverkehr als Autofahrer zu trennen. Da er sich sein Fehlverhalten nicht erklären konnte, nahm er zunächst ärztliche Hilfe in Anspruch.

Sein Hausarzt stellte fest, dass alle Leberwerte erhöht waren und der Antragsteller zur Vermeidung gravierender Folgeschäden sein Verhältnis zum Alkohol verändern müsse. Dies geschah.

Zunächst entschloss sich der Antragsteller, Alkohol zu meiden, und begann ein alkoholfreies Leben zu führen. Seine häuslichen Weinvorräte verschenkte er, Bier wurde nicht mehr gekauft. Hochprozentige Getränke hatte er auch vor den beiden Trunkenheitsfahrten nicht zu Hause deponiert. In dieser Phase erfolgte die Verurteilung wie oben beschrieben.

Danach suchte der Antragsteller einen Neurologen und Psychiater auf, der ihm riet, eine Suchtbehandlung durchzuführen. Dies geschah unverzüglich in der Suchtklinik ▪▪▪.

Da der Antragsteller einen verständnisvollen Arbeitgeber hatte, verlor er nicht seine Arbeitsstelle. So konnte er unmittelbar nach seiner Entziehungskur seine Arbeitsstelle wieder antreten. Seit dieser Zeit ist der Antragsteller gesund. Er hat seitdem noch nicht einen Tag krankheitsbedingt gefehlt. Es geht ihm gut, und die Arbeit macht ihm Freude. Er ist mit seiner Berufssituation zufrieden. Aufgrund seiner deutlich angestiegenen Leistungsfähigkeit und der von ihm vorgeschlagenen Verbesserungen wurde er inzwischen befördert und erhielt er eine Gehaltserhöhung.

In der Familie und in der Ehe sieht der Antragsteller wieder einen Ort der Erholung und des Ausgleichs. Während früher ständig Spannungen bestanden und der Antragsteller weder mit seiner Ehefrau noch mit seinen Kindern gemeinsam etwas unternehmen konnte, ist das Familienleben nun geprägt von Harmonie. Dies resultiert auch daher, dass der Antragsteller inzwischen gelernt hat, seine Probleme zu offenbaren und offen anzusprechen, dort, wo es angebracht ist.

Gelernt hat er dies unter anderem in der Selbsthilfegruppe, die er seit seiner Entziehungskur einmal wöchentlich besucht. Darüber hinaus hat er alle zwei Wochen Einzelgespräche mit seiner Suchtberaterin, der Psychologin ▪▪▪. Dies führt dazu, dass Probleme erst gar nicht mehr aufkommen und groß werden können.

Vor zwei Monaten hat der Antragsteller ergänzend bei der MPU-Stelle ▪▪▪ einen Kurs für alkoholauffällige Kraftfahrer absolviert. Dieser Kurs beinhaltete insgesamt vier Abende á vier Zeitstunden. Der Antragsteller erhielt dadurch zusätzliche Informationen über die Wirkung des Alkohols auf den Kraftfahrer. Dies führte zu einer zusätzlichen Motivation, weiter alkoholabstinent zu leben.

Sowohl im privaten Leben und beruflich als auch im sozialen Umfeld des Antragstellers ist alles anders geworden als vor seiner letzten Trunkenheitsfahrt. Es kann davon ausgegangen werden, dass diese Tatsachen belegen, dass der Antragsteller nicht mehr ungeeignet ist im Sinne des § 69a Abs. 7 StGB.

Anliegend überlassen wir eine Bestätigung des Gruppenleiters der Selbsthilfegruppe, der beschreibt, dass keine Anzeichen vorhanden sind, die darauf schließen ließen, dass der Antragsteller sein Abstinenzvorhaben aufgegeben haben könnte.

Weiter überlassen wir eine Bestätigung der Psychologin, die darlegt, dass der Antragsteller zu einer zufriedenen Alkoholabstinenz gefunden hat.

Schließlich übergeben wir ärztliche Bescheinigungen der letzten acht Monate, denen entnommen werden kann, dass die Leberwerte des Antragstellers im Gegensatz zu früher ausgezeichnet sind und eine Gesundung erkennen lassen.

Letztlich erhalten Sie anliegend die Bescheinigung der MPU-Stelle, der entnommen werden kann, dass der Antragsteller erfolgreich an dem oben beschriebenen Aufbauseminar teilgenommen hat.

Wir geben zu bedenken, dass auch nach einer Abkürzung der Sperrfrist der Antragsteller nicht sofort eine neue Fahrerlaubnis erhält, sondern nach den Vorschriften der Fahrerlaubnisverordnung lediglich die Möglichkeit erhält, eine medizinisch-psychologische Untersuchung zu absolvieren, die die Fragestellung beinhaltet: Ist davon auszugehen, dass der Antragsteller zukünftig am Straßenverkehr als Kraftfahrer teilnimmt, ohne infolge Alkoholgenusses auffällig zu werden?

Wir bitten höflich um positive Bescheidung.

Rechtsanwalt

143 **Muster: Ausnahmegenehmigung nach § 69a Abs. 2 StGB**

↓

An die

Staatsanwaltschaft

beim Landgericht ▪▪▪

Az ▪▪▪ Js ▪▪▪/▪▪▪

In der Strafsache

gegen

Herrn ▪▪▪

wegen Trunkenheitsfahrt

geben wir für den Beschuldigten folgende Einlassung ab:

Der Beschuldigte fuhr am ▪▪▪ von der Gaststätte „Zum Hirsch" in der ▪▪▪straße in ▪▪▪ nach Hause. Er hatte zu diesem Zeitpunkt fünf Glas Weizenbier getrunken, was zu einem Blutalkoholwert von 1,34‰ führte. Der Beschuldigte hatte, bis er von den Polizeibeamten angehalten wurde, eine Wegstrecke von ca. 800 m zurückgelegt. Eine Verurteilung nach § 316 StGB hat zu erfolgen.

Der Beschuldigte fährt beruflich für die Firma ▪▪▪, die im Baugewerbe tätig ist, Sand und Steine mit einem LKW. Die Entziehung der LKW-Fahrerlaubnis der Klasse C führt dazu, dass der Beschuldigte arbeitslos wird, obwohl er bereits seit acht Jahren in dem Betrieb beschäftigt ist.

Der Beschuldigte wurde erstmals in seinem Leben auffällig. Er hat weder eine Eintragung im Bundeszentralregister noch im Verkehrszentralregister.

Unmittelbar nach dem Vorfall belegte er einen Nachschulungskurs bei Herrn Dr. ▪▪▪, Institut für MPU, der erfolgreich abgeschlossen wurde.

Anliegend überlassen wir eine Bestätigung des anstellenden Betriebs. Die Bestätigung beschreibt, dass sich der Beschuldigte während der Dauer seiner Beschäftigung im Betrieb tadellos verhalten hat. Weiter wird bestätigt, dass jeder Fahrer morgens seine Instruktionen vom Chef persönlich erhält und dieser bei der Gelegenheit prüft, dass das strikte Alkoholverbot, das der Betrieb seinen Mitarbeitern während der Arbeit auferlegt, eingehalten wird. Unter diesen Umständen ist der Schutz der Allgemeinheit gewährleistet.

Unter diese Umständen regen wir an,

den Vorgang durch Erlass eines Strafbefehls abzuschließen unter Berücksichtigung, dass der Beschuldigte monatlich 1.500,00 EUR verdient und unterhaltspflichtig ist für eine Ehefrau und ein Kleinkind im Alter von zwei Jahren.

Wir beantragen weiter,

dass von der Entziehung der Fahrerlaubnis Fahrzeuge ausgenommen werden, die mit der Führerscheinklasse C zu fahren sind.

Rechtsanwalt

↑

§ 8 Einzelne Straftatbestände in Verkehrsstrafsachen

Literatur

Siehe bei § 7; *Hentschel*, Die Feststellung von Vorsatz in bezug auf Fahrunsicherheit bei den Vergehen der §§ 316 und 315c Abs. 1 Nr. 1a StGB durch den Tatrichter, DAR 1993, 449; *Wendrich*, Die Eignungsbeurteilung von drogenkonsumierenden Kraftfahrern, NZV 2002, 212.

A. Unerlaubtes Entfernen vom Unfallort (§ 142 StGB)

Der Tatbestand des unerlaubten Entfernens vom Unfallort ist sicherlich eine der umstrittensten Vorschriften des StGB. Während allgemein das Schweigerecht des Angeklagten akzeptiert wird als Selbstschutz, erfüllt es im Falle eines Verkehrsunfalls einen Straftatbestand, da die Offenbarung der Unfallbeteiligung verlangt wird. **1**

Ziel der Vorschrift ist jedoch ausschließlich das zivilrechtliche Interesse Dritter, vor allem die Beweissicherung für alle aus einem Unfall resultierenden Ansprüche. Die Entscheidung des BVerfG NJW 1963, 1195 ist richtungweisend. Nicht der Nachweis weiterer Straftaten des Flüchtenden fällt unter den Schutzzweck der Norm, ausschließlich die zivilrechtliche Beweissicherung wird verlangt. **2**

Der Tatbestand ist immer heiß umkämpft, hat er doch einerseits in der Regel die Entziehung der Fahrerlaubnis oder zumindest ein Fahrverbot nach § 44 StGB zur Folge. Andererseits hat der Normverletzer versicherungsrechtliche Folgen zu ertragen, da das unerlaubte Entfernen vom Unfallort als Obliegenheitsverletzung nach Eintritt des Versicherungsfalls gewertet wird (vgl § 7 AKB) und Regress nach sich zieht. **3**

AKB § 7 Obliegenheiten im Versicherungsfall

I. (1) Versicherungsfall im Sinne dieses Vertrages ist das Ereignis, das einen unter die Versicherung fallenden Schaden verursacht oder – bei der Haftpflichtversicherung – Ansprüche gegen den Versicherungsnehmer zur Folge haben könnte.

(2) Jeder Versicherungsfall ist dem Versicherer vom Versicherungsnehmer innerhalb einer Woche schriftlich anzuzeigen. Hat der Versicherungsnehmer den Versicherungsfall unverzüglich bei der Unfall- und Pannen-Notrufzentrale des Versicherers gemeldet, so gilt dies als Schadenanzeige sowohl für den Schutzbrief als auch für die für dasselbe Fahrzeug bestehenden Kraftfahrtversicherungsarten. Einer Anzeige bedarf es nicht, wenn der Versicherungsnehmer einen Schadenfall nach Maßgabe der Ziffer VI. selbst regelt. Der Versicherungsnehmer ist verpflichtet, alles zu tun, was zur Aufklärung des Tatbestandes und zur Minderung des Schadens dienlich sein kann. Er hat hierbei die etwaigen Weisungen des Versicherers zu befolgen. Wird ein Ermittlungsverfahren eingeleitet oder wird ein Strafbefehl oder Bußgeldbescheid erlassen, so hat der Versicherungsnehmer dem Versicherer unverzüglich Anzeige zu erstatten, auch wenn er den Versicherungsfall selbst angezeigt hat.

II.–IV. [...]

V. (1) Wird in der Kraftfahrzeug-Haftpflichtversicherung eine dieser Obliegenheiten vorsätzlich oder grobfahrlässig verletzt, so ist der Versicherer dem Versicherungsnehmer gegenüber von der Verpflichtung zur Leistung in den in den Absätzen 2 und 3 genannten Grenzen frei. Bei grob fahrlässiger Verletzung bleibt der Versicherer zur Leistung insoweit verpflichtet, als die Verletzung weder Einfluss auf die Feststellung des Versicherungsfalles noch auf die Feststellung oder den Umfang der dem Versicherer obliegenden Leistung gehabt hat.

(2) Die Leistungsfreiheit des Versicherers ist auf einen Betrag von maximal 2.500,– EUR beschränkt. Bei vorsätzlich begangener Verletzung der Aufklärungs oder Schadenminderungspflicht (z. B. bei unerlaubtem Entfernen vom Unfallort, unterlassener Hilfeleistung, Abgabe wahrheitswidriger Angaben gegenüber dem Versicherer), wenn diese besonders schwerwiegend ist, erweitert sich die Leistungsfreiheit des Versicherers auf einen Betrag von maximal 5.000,– EUR.

(3) Wird eine Obliegenheitsverletzung in der Absicht begangen, sich oder einem Dritten dadurch einen rechtswidrigen Vermögensvorteil zu verschaffen, ist die Leistungsfreiheit des Versicherers hinsichtlich des erlangten rechtswidrigen Vermögensvorteils abweichend von Abs. 2 unbeschränkt. Gleiches gilt hinsichtlich des erlangten Mehrbetrages, wenn eine der in Ziffer II. Abs. 1–3 und 5 genannten Obliegenheiten vorsätzlich oder grobfahrlässig verletzt und dadurch eine gerichtliche Entscheidung rechtskräftig wurde, die offenbar über den Umfang der nach Sach- und Rechtslage geschuldeten Haftpflichtentschädigung erheblich hinausgeht.

(4) Wird eine dieser Obliegenheiten in der Fahrzeug- oder Kraftfahrtunfallversicherung verletzt, so besteht Leistungsfreiheit nach Maßgabe des § 6 Abs. 3 des Versicherungsvertragsgesetzes.

VI.–VII [...]

4   Aufgrund dieser Tatsachen wird in kaum einem Verkehrsstrafverfahren so erbittert gekämpft wie im Fall des unerlaubten Entfernens vom Unfallort.

Subjektiv wird dem Täter des § 142 StGB nachgewiesen werden müssen, dass er wusste oder wissen musste, dass ein Mensch getötet wurde oder erheblich verletzt oder aber an fremden Sachen ein bedeutender Schaden entstand, damit die Entziehung der Fahrerlaubnis erfolgen kann.

Kommt es nicht zur Entziehung der Fahrerlaubnis, kann das Gericht in geeigneten Fällen ein Fahrverbot nach § 44 StGB verhängen.

5   Auch dann, wenn das Verfahren nach den Vorschriften der §§ 153 ff StPO eingestellt wird, erfährt der Beschuldigte die Bestrafung durch die eigene Haftpflichtversicherung infolge eines Regresses bis zu 2.500 EUR.

I. Unfall im Straßenverkehr

6   Die Vorschrift des § 142 StGB ist anwendbar auf Unfälle im öffentlichen Straßenverkehr und setzt in allen Fällen voraus, dass ein Unfall stattfand. **Unfall** ist „ein plötzliches Ereignis im Verkehr, in welchem sich ein verkehrstypisches Schadensrisiko realisiert",[1] wenn dabei nicht ein belangloser Personen- oder Sachschaden entsteht.

7   Danach sind Unfälle ausgeschlossen, die sich auf privaten Parkplätzen ereignen, die nur ganz bestimmten Personen zur Verfügung stehen. Ebenso ausgeschlossen sind Unfälle, die sich auf nicht öffentlich zugänglichen Privatgeländen ereignen (Firmenparkplätzen, privaten Innenhöfen, umfriedeten Gastparkplätzen, Kasernengeländen, landwirtschaftlich genutzten Feldern, privaten Tiefgaragen, Lehrerparkplätzen von Schulen). Ob das Grundstück privat oder öffentlich ist, ist nicht von Bedeutung, lediglich die Zugänglichkeit spielt eine Rolle.

II. Schaden

8   Die Verwirklichung des Tatbestands des § 142 StGB setzt voraus, dass nicht lediglich ein **Bagatellschaden** entstanden ist. Beim **Körperschaden** spricht man dann von einem Bagatellschaden, wenn nicht mehr geschehen ist als die Auswirkung des allgemeinen Lebensrisikos.

---

1 *Tröndle/Fischer*, § 142 Rn 7.

Wem im allgemeinen Gewühle des Wochenendeinkaufs auf den Fuß getreten wird, wird kaum Bedarf anmelden, die Polizei zu rufen zur Feststellung eines Verkehrsunfalls, wiewohl zwei Verkehrsteilnehmer beteiligt waren und sich ein Unfall ereignete im Sinne der Definition „plötzliches Ereignis im Verkehr, in welchem sich ein verkehrstypisches Schadensrisiko realisiert". Auch „blaue Flecke" und leichte Hautabschürfungen sind keine Verletzungen, die mehr bedeuten als die Auswirkung des allgemeinen Lebensrisikos. Richtig wird die Auffassung sein, dass die Grenze dort zu ziehen ist, wo ein Körperschaden justitiabel zu werden beginnt, das heißt ein Schmerzensgeld gefordert werden könnte, da entgangene Lebensfreude nachgewiesen werden kann. Dies setzt einen körperlichen Eingriff voraus, der eine gewisse Intensität aufweist.

Bei **Sachschäden** ist diese Wertgrenze bei 25 EUR anzusetzen, bisweilen ist sie wohl bis 35 **9** EUR bedenkenswert. Dieser Schaden ist objektiv zu bewerten. Bei der Feststellung der Schadenshöhe hat sich der Verteidiger immer wieder mit dem Phänomen auseinanderzusetzen, dass der Wert dann hoch angesetzt wird, wenn ein anonymer Dritter, beispielsweise eine fremde Haftpflichtversicherung, für den Schaden aufzukommen hat. Häufig werden die Schadensgutachten in Form von Kostenvoranschlägen von den Werkstätten erstellt, die letztlich damit rechnen, an den Unfallfolgen selbst nicht unerheblich zu verdienen, was dazu führt, dass die Werte nach oben getrieben werden.

Hinweis: Es empfiehlt sich deshalb grundsätzlich, in diesen Fällen einen Sachverständigen zu **10** beauftragen, der objektiv feststellt, was tatsächlich zur Schadensbeseitigung erforderlich ist. Zumeist ist von dem Sachverständigen festzustellen, ob nicht Fälle überholender Kausalität vorliegen, also ob nicht eine mehrfach verbeulte Stoßstange eine Beule mehr erhalten hat, was dann letztlich kein Schaden mehr ist, da die Stoßstange schon vorher defekt war, weshalb sie nicht „noch defekter" werden kann. Auf entsprechende Anfrage teilte die Gesellschaft für Unfallforschung (GFU) mit, dass in vielen Fällen als Kostenvoranschlag das mehrfache, zum Teil das Zehnfache, per Kostenvoranschlag der Werkstatt von dem in Ansatz gebracht worden sei, was den Schaden objektiv ausmachte.

Problemfälle sind auch immer die Beschädigungen von **Leitplanken** an Straßen und Auto- **11** bahnen. Auch hier lohnt es sich, zu ermitteln, ob vorher nicht bereits erhebliche Beschädigungen vorhanden waren, die dann nicht insgesamt dem zu Verteidigenden anzulasten sind.

Hat der Unfallverursacher nur sein eigenes Eigentum beschädigt, ist der Tatbestand des **12** § 142 StGB nicht anwendbar. Hierbei ist an den Fall zu denken, dass der Unfallverursacher mit einem Fahrzeug ein anderes, in seinem Eigentum stehende Fahrzeug beschädigt.

III. Unfallbeteiligter (§ 142 Abs. 5 StGB)

§ 142 Abs. 5 StGB definiert, wer alles Unfallbeteiligter sein kann. Gleichwohl ist dieser Be- **13** griff dem einfachen Kraftfahrer kaum zu vermitteln. In der Regel geht der Kraftfahrer davon aus, dass derjenige Unfallbeteiligter sei und keine „Unfallflucht" begehen dürfe, der einen Unfall verschuldet habe. Dass auch der am Unfall Unschuldige nicht auf sein Recht verzichten kann, ist weithin unbekannt. Unfallbeteiligter ist demnach jeder Verkehrsteilnehmer, sei er Fußgänger, Fahrradfahrer, Kraftfahrer, der zum Unfallgeschehen beigetragen haben kann.

14 **Muster: Einlassung zu Unfall ohne Fahrzeugberührung**

 ↓

An die

Staatsanwaltschaft

beim Landgericht ▬▬▬

Az ▬▬▬ Js ▬▬▬/▬▬▬

In der Strafsache

gegen

Herrn ▬▬▬

wegen angeblichen unerlaubten Entfernens vom Unfallort

geben wir für den Beschuldigten folgende Einlassung ab:

Der Beschuldigte befuhr am ▬▬▬ die ▬▬▬straße von ▬▬▬ nach ▬▬▬. Die ansteigende Straße ist rechts und links von Bäumen eingerahmt und weist einen dammartig anwachsenden Straßenrand auf, der ebenfalls von Büschen bewachsen ist.

Ihm entgegen kam das Fahrzeug des geschädigten Anzeigenerstatters. Beide Fahrzeuge begegneten sich in einer Rechtskurve aus Sicht des Beschuldigten, ca. 200 m vor der Abfahrt nach ▬▬▬. Beide Fahrzeugführer hatten – wegen der Kurve – das jeweils entgegenkommende Fahrzeug allenfalls für ca. 1–2 Sekunden im Blick, dies aber nur unter der Voraussetzung, dass dieser Sichtkontakt bewusst gesucht wurde.

Der Anzeigenerstatter gibt in seiner polizeilichen Anzeige an, er habe wegen des entgegenkommenden Fahrzeugs unseres Mandanten in der Kurve sein Fahrzeug nach rechts reißen müssen und sei dann in den Graben gefahren. Unser Mandant sei danach einfach weitergefahren. Dem muss widersprochen werden.

Die hinzugerufenen Polizeibeamten haben ausgemessen, dass der Anzeigenerstatter ca. 200 m nach der fraglichen Kurve die Fahrbahn verlassen hat und in den Graben gefahren ist. Wenn der Anzeigenerstatter, was er vorgibt, die zulässige Höchstgeschwindigkeit von 50 km/h eingehalten hat, war er zum Zeitpunkt des Abkommens von der Straße bereits ca. 14,6 Sekunden von der Begegnung mit dem Beschuldigten entfernt.

Der Beschuldigte fährt die fragliche Strecke täglich. Er kennt deshalb die Strecke sehr genau. Der Beschuldigte weiß auch, dass das Rechtsfahrgebot strikt einzuhalten ist, da die Straße insgesamt nur 5 m breit ist. Genauso fuhr der Beschuldigte am fraglichen Tag.

Da der Beschuldigte selbst keine Auffälligkeiten in Erinnerung hat, ist ihm nicht erinnerlich, dass es eine Situation gegeben hätte, bei der es „eng" war. Nach Durchfahren der fraglichen Rechtskurve hatte unser Mandant keinerlei Sicht auf die Stelle, wo der Anzeigenerstatter in den Graben gefahren ist.

Dies stellen wir unter **Beweis** durch

■ Augenschein

■ Sachverständigengutachten.

Ein schuldhaftes Verhalten ist demnach nicht festzustellen. Es ist hier davon auszugehen, dass die Verkehrsteilnahme des Beschuldigten nichts mit dem Unfall des Anzeigenerstatters zu tun hat. Es muss hier angenommen werden, dass der Anzeigenerstatter aus anderen Gründen von der Fahrbahn abkam und in den Graben gefahren ist (BayObLG DAR 1989, 366). Der Beschuldigte ist nicht „Unfallbeteiligter" im Sinne des § 142 StGB.

Wir beantragen deshalb,

das Verfahren nach § 170 Abs. 2 StPO einzustellen.

Rechtsanwalt

 ↑

IV. Sich entfernen vom Unfallort

Nach § 142 Abs. 1 StGB ist derjenige strafbar, der sich vom Unfallort entfernt, ohne die in   15
§ 142 Abs. 1 Nr. 1 StGB genannten Daten anzugeben. Die Strafbarkeit nach Abs. 1 tritt nun
entweder deswegen ein, weil der Unfallbeteiligte bei Anwesenheit feststellungsberechtigter
Personen die in § 142 Abs. 1 Nr. 1 StGB genannten Daten nicht angegeben hat (§ 142 Abs. 1
Nr. 1 StGB) oder bei Abwesenheit feststellungsberechtigter Personen eine angemessene **Wartefrist** nicht eingehalten hat (§ 142 Abs. 1 Nr. 2 StGB). Unbeschadet einer angemessenen
Wartefrist tritt jedoch die Strafbarkeit nach § 142 Abs. 2 Nr. 1 StGB ein, wenn die Feststellung der Personalien nicht **unverzüglich nachgeholt** wurde. Wie eine derartige Feststellung
ausgestaltet ist, normiert § 142 Abs. 3 StGB. Es ist jedoch zu beachten, dass bei Nichteinhaltung der Wartefrist eine Strafbarkeit nach § 142 Abs. 1 StGB besteht, die auch nicht entfällt,
wenn der Wartepflichtige die Feststellung seiner Personalien unverzüglich ermöglicht.[2] In
diesem Fall ist aber eine Milderung der Strafe nach § 142 Abs. 4 StGB denkbar.

Die in § 142 Abs. 1 Nr. 2 StGB normierte Wartefrist ist vom Gesetzgeber bewusst als unbe-   16
stimmter Rechtsbegriff ausgestaltet worden. So bleibt es weitgehend der Rechtsprechung
überlassen, die Angemessenheit der Wartepflicht zu konkretisieren und auszufüllen. Dementsprechend gibt es eine breite Palette von Einzelentscheidungen der Gerichte. Im Großen und
Ganzen ist die Wartezeit jedoch an bestimmte Umstände und Faktoren gekoppelt, die sie je
nach Vorliegen verringern oder verlängern können. Des Weiteren geben Zumutbarkeit und
Erforderlichkeit den Rahmen der Wartezeit vor. Kurzum sind sämtliche Umstände des Einzelfalls zu berücksichtigen. Bedeutungsvoll sind in dieser Hinsicht speziell (Tages-)Zeit, Unfallort, Schwere des Unfalls, Witterung, Verkehrsdichte, Höhe des Fremdschadens sowie die
Chancen einer wirksamen Aufklärung.

Wann eine **angemessene Zeit** gewartet wurde, ist weitestgehend einzelfallbezogen. So kann   17
zB eine Wartezeit von fünf Minuten nach 19.30 Uhr bei einem Schaden von 287,50 DM (147
EUR) unangemessen sein,[3] während die gleiche Wartezeit tagsüber innerorts bei einem Schaden von 312 DM (159 EUR) für angemessen befunden wurde.[4] Dementsprechend wurde eine
Wartezeit von zehn Minuten einerseits bei einem leichten Unfall mit Sachschaden von 600
DM (306 EUR) um 19.00 Uhr auf einer verkehrsarmen BAB für unangemessen gehalten,[5]
andererseits bei einem Schaden von 400 DM (204 EUR) an einem parkenden Wagen um
04.30 Uhr für angemessen erachtet.[6] Grundsätzlich ist aus der rechtlichen Kasuistik erkennbar, dass bei Verletzung von Personen sogar eine Wartezeit von 105 Minuten unangemessen
ist.[7] Dagegen wurde bei geringem Schaden (bis zu 400 EUR) eine Wartezeit von 30 Minuten
als durchaus angemessen angesehen.[8] Auch braucht der Unfallbeteiligte nur so lange zu warten, wie mit dem alsbaldigen Eintreffen feststellungsberechtigter Personen an der Unfallstelle
zu rechnen ist. Dabei ist es unerheblich, ob er ggf ein Verkehrshindernis darstellt.[9]

Da § 142 StGB ein **abstraktes Gefährdungsdelikt** ist, kann die Wartepflicht jedoch nicht   18
gänzlich entfallen, da es insoweit nicht darauf ankommt, dass die Entfernung vom Unfallort
die Beweismöglichkeiten auch tatsächlich beeinträchtigt hat. Die Wartepflicht besteht unabhängig davon, ob durch die Anwesenheit des Unfallbeteiligten am Unfallort die Aufklärung

---

2 OLG Koblenz NZV 1996, 324.
3 OLG Düsseldorf VerkMitt 1966, 60.
4 OLG Düsseldorf VRS 87, 290.
5 OLG Hamm VRS 54, 117.
6 OLG Stuttgart NJW 1981, 1107.
7 BGH VRS 38, 327.
8 OLG Hamm VRS 59, 259.
9 BayObLG DAR 1985, 240.

seiner Beteiligung gefördert wird oder nicht. In concreto bedeutet dies, dass die Wartepflicht nicht durch Ersatzmaßnahmen wie zB durch das Hinterlassen eines Zettels oder einer Visitenkarte am Unfallort entfällt. Jedoch ist es möglich, dass der Zettel an der Windschutzscheibe die Wartepflicht verkürzt.[10]

19 In geringen Ausnahmefällen ist es jedoch möglich, dass **keine Wartepflicht** besteht. Dies ist dann der Fall, wenn das Warten lediglich eine „leere Formalie" darstellen würde, zB dann, wenn sich der Unfallbeteiligte über Art und Umfang des Schadens vergewissert hat und nach den Umständen das Auftauchen feststellungsbereiter Personen nicht zu erwarten ist.

20 Des Weiteren können noch andere Umstände Auswirkungen auf die Dauer der Wartepflicht haben. So muss zB dem Wunsch eines Unfallbeteiligten auf **Hinzuziehung der Polizei** selbst dann nachgekommen werden, wenn die nach § 142 Abs. 1 Nr. 1 StGB erforderlichen Feststellungen bereits getroffen worden sind.[11] Insoweit kommt es hier nur darauf an, dass einer der Feststellungsinteressenten auf der Hinzuziehung der Polizei besteht[12] und eine objektive Notwendigkeit dafür gegeben ist.[13]

21 Auch dann muss auf das Eintreffen der Polizei gewartet werden, wenn dadurch eine **andere Straftat** des Unfallbeteiligten aufgedeckt werden würde (zB Trunkenheitsfahrt). Der Unfallbeteiligte darf sich hier nicht nach der Feststellung der Personalien entfernen, um einer Blutprobe zu entgehen. Im Falle der polizeilichen Anordnung einer Blutprobenentnahme dauert die Wartepflicht so lange fort, bis entschieden ist, ob die Blutprobe zwangsweise durchgesetzt werden soll.[14] Der Grad der Alkoholisierung eines Unfallbeteiligten ist nämlich für die Beurteilung der zivilrechtlichen Lage ein nötiger Umstand. Nimmt der Unfallbeteiligte jedoch irrig an, dass eine Alkoholisierung für die Ansprüche des Geschädigten keinerlei Rolle spielt, befindet er sich in einem vorsatzausschließenden Tatbestandsirrtum gem. § 16 StGB.[15]

22 Außerdem muss der Unfallbeteiligte die Feststellung anderer ermöglichen und darf sie nicht verhindern, indem er zB jemanden veranlasst, nicht die Polizei zu benachrichtigen. Hat er dennoch derartige Handlungen vorgenommen, so wird ihm die bis dahin verstrichene Wartezeit nicht angerechnet. Es beginnt dann eine neue Wartezeit.

23 Der Unfallbeteiligte verletzt seine Wartepflicht, wenn er sich vor Ablauf einer angemessenen Wartezeit vom **Unfallort** entfernt. Unfallort ist sowohl die eigentliche Stelle des Verkehrsunfalls als auch der nähere Umkreis, in dem der Täter noch als Unfallbeteiligter zu vermuten oder durch Befragung zu ermitteln ist.[16] Ein unerlaubtes Entfernen ist jedoch nicht gegeben, wenn der Unfallbeteiligte ohne sein Wissen vom Unfallort entfernt worden ist, eine Strafbarkeit aus § 142 Abs. 1 StGB besteht dann nicht. Ob damit auch eine Strafbarkeit aus § 142 Abs. 2 Nr. 2 StGB entfällt, ist strittig.[17] Auch ist ein Sichentfernen nicht gegeben, wenn der Fahrzeugführer den Unfall nicht bemerkt hat und weitergefahren ist.

---

10 OLG Zweibrücken NZV 1991, 479 = DAR 1992, 30.
11 BayObLG DAR 1981, 244; OLG Koblenz NZV 1996, 325; OLG Zweibrücken NZV 1990, 78.
12 OLG Karlsruhe VRS 22, 442.
13 OLG Zweibrücken NZV 1992, 371.
14 OLG Köln NStZ-RR 1999, 252.
15 BayObLG zfs 1986, 438.
16 OLG Köln NZV 1989, 198; OLG Stuttgart JR 1981, 209.
17 OLG Hamm NJW 1979, 438: keine Anwendung von § 142 Abs. 2 StGB; aA BayObLG NJW 1982, 1059; OLG Düsseldorf VRS 65, 364.

Muster: Einlassung, dass Unfall nicht bemerkt wurde

↓

An das Amtsgericht ▪▪▪
– Strafrichter –

Az ▪▪▪

In der Strafsache

gegen

Herrn ▪▪▪

wegen unerlaubten Entfernens vom Unfallort

geben wir für den Angeschuldigten folgende Einlassung ab:

Am ▪▪▪ hatte der Betroffene, der in der Bauaufsichtsbehörde in ▪▪▪ arbeitet, bei der Talsperrenverwaltung in ▪▪▪ in der ▪▪▪straße zu tun. Er fuhr deshalb über die B 173 nach ▪▪▪. Der Beschuldigte kennt sich in ▪▪▪ nicht aus. Als der Beschuldigte von ▪▪▪ kommend nach ▪▪▪ hineinfuhr, stellte er fest, dass die ▪▪▪straße nicht befahrbar war, weshalb er nicht direkt in die ▪▪▪straße fahren konnte. Er fuhr deshalb an der Baustelle in der ▪▪▪straße langsam vorbei. Als er die Möglichkeit sah, nach links abzubiegen, bog er auch nach links ab. Er hat dabei übersehen, dass ein Schild, das an der rechten Fahrbahnseite stand, vorschrieb, geradeaus zu fahren. Durchgezogene Linien konnte er auf der Straße nicht erkennen, da er ansonsten natürlich nicht nach links abgebogen wäre. Als er nach links abgebogen war, musste er kurz anhalten, um geradeaus fahrenden Gegenverkehr passieren zu lassen. Auf diesen Gegenverkehr musste er sich konzentrieren. Er fuhr danach in die ▪▪▪straße hinein. Dass sich hinter ihm ein Unfall ereignet hatte, konnte er weder sehen noch hören. Da er von dem Unfall nicht direkt betroffen war, war der Unfall für ihn natürlich auch taktil nicht spürbar.

Aufgrund dessen hat der Beschuldigte zumindest nicht bemerkt, dass sich ein Unfall ereignet hat. Den Bildern der Ermittlungsakte kann entnommen werden, dass die Schäden an beiden Fahrzeugen gering sind, zumindest nicht deutlich sichtbar, weshalb man nicht davon ausgehen kann, dass der Beschuldigte diesen Unfall bemerken musste. Aus der ▪▪▪straße heraus, die zur ▪▪▪straße führt, hatte der Beschuldigte keine Möglichkeit mehr, den Unfall zu sehen.

Ein Sachverständiger wird ohne Weiteres feststellen können, dass der Beschuldigte den Unfall nicht bemerken konnte. Wir regen an, rasch zu terminieren, damit der Beschuldigte die Hauptverhandlung rasch absolvieren kann.

Zur Hauptverhandlung regen wir an einen Sachverständigen zu laden, der sich zu der Bemerkbarkeit des Unfalls äußert. Wir behaupten hiermit die Tatsache, dass es für den Beschuldigten unmöglich war, zu bemerken, dass sich ein Unfall ereignet hat.

Darüber hinaus stellen wir fest, dass der Beschuldigte auch nicht fahrlässig gegen Verkehrsvorschriften verstoßen hat. Das Verkehrsschild konnte der Beschuldigte zum Unfallzeitpunkt nicht sehen. Die Zeichen, die in Verbindung mit dem Verkehrsschild vorhanden gewesen sein müssten, waren auf der Straße nicht vorhanden, da die Mittelstreifen völlig verblasst und unsichtbar waren. Dies werden die Polizeibeamten bestätigen. Dies belegen wir allerdings auch durch Übersendung von Bildern, die den Straßenzustand und den Beschilderungszustand aus der Perspektive des Beschuldigten zeigen. Der Beschuldigte hat rechtzeitig geblinkt. Der Beschuldigte fuhr vorher mit einer Geschwindigkeit von ca. 30 km/h. Der Zeuge ▪▪▪ sagt in dieser Angelegenheit aus, dass er bei einer starken Bremsung nicht die ABS-Tätigkeit ausgelöst hat und danach noch ein Stück weiter gerollt ist, wonach sich erst der Auffahrunfall ereignete. Dass geblinkt wurde, bestätigt auch der Zeuge ▪▪▪.

Es ist offensichtlich, dass der Unfallbeteiligte ▪▪▪ unachtsam oder mit zu geringem Sicherheitsabstand oder mit zu hoher Geschwindigkeit fuhr, sodass sich der Unfall ereignete.

Der Beschuldigte wohnt in ▪▪▪. Er muss täglich zu seinem Arbeitsplatz nach ▪▪▪ fahren. Da er als Dipl.-Ing. bei der Bauaufsichtsbehörde tätig ist, hat er regelmäßig Baustellen zu besichtigen.

Die vorläufige Entziehung der Fahrerlaubnis ist für ihn ein starkes Hindernis bei der Ausübung seines Berufs. Täglich muss er zwei Stunden nach ▪▪▪ mit S-Bahn und Bus fahren. Die Fahrt nach Hause dauert ebenso lange. Zusammen mit neun Stunden Arbeitszeit ist der Beschuldigte täglich zwischen 13 und 14 Stunden hausabwesend.

Wir bitten ebenso höflich wie dringend, rasch zu terminieren.

Wir wollen durch eine Beschwerde gegen die vorläufige Entziehung der Fahrerlaubnis das Verfahren nicht weiter verzögern, bitten jedoch um rasche Terminanberaumung.

Rechtsanwalt

25 **Muster: Einlassung, dass Schaden nicht erkennbar war**

An die
Staatsanwaltschaft
beim Landgericht ▪▪▪

Az ▪▪▪ Js ▪▪▪/▪▪▪

In dem Ermittlungsverfahren

gegen

Herrn ▪▪▪

wegen angeblichen unerlaubten Entfernens vom Unfallort

nehmen wir nach Vorliegen der amtlichen Ermittlungsakte wie folgt Stellung:

Hinsichtlich des vermeintlichen Unfallhergangs widersprechen sich die Angaben der beteiligten Fahrer. Während der Zeuge ▪▪▪ angibt, dass der Beschuldigte ▪▪▪ von der Geradeausspur in die rechte Spur gewechselt wäre, gibt der Beschuldigte an, dass sich der Zeuge ▪▪▪ beim Abbiegen auf der Fahrspur nach rechts wohl einen größeren Radius verschaffen wollte und somit nach links mit auf die Geradeausspur gelangte. Nach diesseitigem Dafürhalten spricht vorliegend mehr für die Unfallschilderung des Beschuldigten. Immerhin hat der Beschuldigte angegeben, dass er nach Hause fahren wollte. Unter Berücksichtigung seiner Wohnanschrift ist es somit nur logisch, dass er an der entsprechenden Kreuzung geradeaus fahren wollte. Ein Abbiegen nach rechts wäre ein erheblicher Umweg gewesen.

Auch die Angabe des Beschuldigten, dass der Zeuge ▪▪▪ mit hoher Geschwindigkeit gefahren ist, spricht dafür, dass der Zeuge ▪▪▪ wohl zum Halten einer höheren Geschwindigkeit den Radius erweitert hat und dabei die Geradeausspur mit in Anspruch nahm.

Auch die Schadensbilder sprechen mehr für die Unfallschilderung des Beschuldigten. Dabei ist zu beachten, dass der Zeuge ▪▪▪ zum Unfallzeitpunkt deutlich vor dem Beschuldigten gewesen sein muss, da der PKW ▪▪▪ des Zeugen ▪▪▪ hinten beschädigt ist. Im Falle eines Übersehens bei einem Fahrspurwechsel ist es im Regelfall so, dass das die Fahrspur wechselnde Fahrzeug hinten beschädigt ist und das andere vorn.

Auch die Beschädigungsbilder, wie sie sich zeigen, wenn ein Fahrzeug unvermittelt die Fahrspur wechselt, um nach rechts abzubiegen, wären andere als vorliegend. Vielmehr sprechen die Beschädigungsbilder für eine schleifende Bewegung, wie sie vorliegt, wenn ein Rechtsabbiegender leicht nach links lenkt, um den Radius zum Abbiegen zu vergrößern.

Hinsichtlich des Tatvorwurfs des unerlaubten Verlassens des Unfallorts ist anzumerken, dass der Beschuldigte in seiner Vernehmung mitgeteilt hat, dass er einen Fremdschaden am Fahrzeug ▪▪▪ des Zeugen ▪▪▪

an der Unfallstelle nicht erkennen konnte. Dies erscheint bereits deshalb glaubhaft, weil es selbst dem Unterzeichner kaum gelingt, anhand der Bilder, welche in der Ermittlungsakte vorhanden sind, eine entsprechende Beschädigung des PKW ■■■ des Zeugen ■■■ zu erkennen. Insoweit muss davon ausgegangen werden, dass der Beschuldigte beim Anschauen des Fahrzeugs ■■■ des Zeugen ■■■ tatsächlich nicht festgestellt hat, dass doch eine äußerst geringfügige Beschädigung vorhanden ist.

Dafür spricht auch, dass er nach Betrachten des PKW des Zeugen ■■■ sein eigenes Fahrzeug nicht betrachtet hat, da er davon ausgegangen ist, dass es zu keiner Berührung gekommen war.

In Anbetracht der Tatsache, dass der Beschuldigte verkehrsrechtlich bislang nicht in Erscheinung getreten ist, obwohl er bereits 1937 geboren ist, spricht einiges dafür, dass der Beschuldigte niemand ist, der einfach die Unfallstelle verlässt. Das Verfahren ist daher einzustellen.

Rechtsanwalt

Muster: Einlassung der fehlenden Unfallbeteiligung

An die
Staatsanwaltschaft
beim Landgericht ■■■

Az ■■■ Js ■■■/■■■

In der Strafsache

gegen

Herrn ■■■

wegen angeblichen unerlaubten Entfernens vom Unfallort

geben wir für den Beschuldigten folgende Einlassung ab:

Am ■■■ gegen ■■■ Uhr befuhr der Beschuldigte in ■■■ die ■■■straße in Richtung ■■■straße. Er stellte am rechten Fahrbahnrand den PKW ■■■ fest, in dem die Zeugin ■■■ saß. Da er zeitlich nicht beengt war, ließ er die Zeugin aus der Lücke herausfahren. Er hielt eine Fahrzeuglänge hinter ihr an. Die Zeugin ■■■ fuhr auch tatsächlich aus der Lücke heraus, hatte aber, wie der Beschuldigte sah, nicht ausreichend nach links die Räder eingeschlagen. Daher hielt sie wieder an, nachdem sie mit dem LKW, der vor ihr stand, in Berührung gekommen war. Dies war für den Beschuldigten deutlich ersichtlich. Es war für ihn auch deutlich ersichtlich, dass er mit dem Unfall überhaupt nichts zu tun hat, da allein die Fehllenkung der Beschuldigten zu der Berührung ihres Fahrzeugs mit dem LKW führte. Nachdem dieses Anfahren geschehen war, sah der Beschuldigte keinen Grund mehr anzuhalten, und fuhr an dem Fahrzeug der Zeugin vorbei in Richtung ■■■straße. Sein Verhalten jedenfalls hat nicht dazu beigetragen, dass sich der Unfall der Zeugin ■■■ ereignete.

Ansonsten wäre ein Sachverhalt, wie er von der Zeugin ■■■ geschildert wird, völlig sinnlos. Warum sollte der Beschuldigte anhalten, um die Zeugin ■■■ herauszulassen, um es sich dann innerhalb weniger Sekunden anders zu überlegen und loszufahren? Das Losfahren hatte nur etwas damit tun, dass er feststellte, dass nach dem Unfall wohl ein längerer Aufenthalt zur Klärung mit dem unfallbeteiligten LKW-Eigentümer zu erwarten war. Allein deshalb fuhr der Beschuldigte vorbei.

Da der Beschuldigte mit dem Unfall überhaupt nichts zu tun hatte, bestand auch keine Vorstellungspflicht.

Wir regen deshalb an, das Verfahren einzustellen.

Rechtsanwalt

27 **Muster: Antrag auf Einstellung nach § 153 StPO (Wartezeit fraglich und geringer Schaden)**

↓

An die
Staatsanwaltschaft
beim Landgericht ▪▪▪

Az ▪▪▪ Js ▪▪▪/▪▪▪

In der Strafsache

gegen

Herrn ▪▪▪

wegen angeblichen unerlaubten Entfernens vom Unfallort

haben wir den Vorgang mit dem Beschuldigten erörtert. Der Beschuldigte teilt mit, dass er den Anstoß an seinem Spiegel bemerkt hat. Er wusste also, dass sich ein Unfall ereignet hatte. Er teilt mit, dass er, die Unfallstelle räumend, in unmittelbarer Nähe gewartet habe. Nachdem sich aber ca. 20 Minuten lang nichts getan habe, dh der Unfallgegner, der Zeuge ▪▪▪, und er sich nicht fanden, sei er weitergefahren in Richtung ▪▪▪, da er dort mit seinem kranken Sohn verabredet gewesen sei. Diese Angaben scheinen zu stimmen. Immerhin traf der Zeuge ▪▪▪ den Beschuldigten ca. 20 Minuten später nur 1 km von der Unfallstelle entfernt an. Das bedeutet, dass der Beschuldigte nicht unmittelbar nach dem Unfall weitergefahren ist.

Weiter ist festzustellen, dass der Schaden sehr gering ist. Am Fahrzeug des Zeugen ▪▪▪ entstand ein Schaden in Höhe von 191,19 EUR.

Am Fahrzeug des Beschuldigten entstand ein Schaden in Höhe von 170,00 EUR, der inzwischen behoben ist.

Unter diesen Umständen regen wir an, das Verfahren nach § 153 Abs. 1 StPO einzustellen.

Rechtsanwalt

↑

28 **Muster: Antrag auf Aufhebung eines Beschlusses nach § 111a StPO**

↓

An die
Staatsanwaltschaft
beim Landgericht ▪▪▪

Az ▪▪▪ Js ▪▪▪/▪▪▪

In der Strafsache

gegen

Herrn ▪▪▪

wegen Trunkenheitsfahrt und unerlaubten Entfernens vom Unfallort

geben wir für den Beschuldigten folgende Einlassung ab:

Am ▪▪▪ besuchte der Beschuldigte ein Heimspiel des Vereins Dynamo Dresden. Er war dort hingefahren zusammen mit einem Kollegen, Herrn ▪▪▪. Beide fuhren häufiger zusammen zu Spielen des Fußballvereins Dynamo Dresden.

Der Beschuldigte sprach während und nach dem Spiel dem Alkohol insoweit zu, als er Bier trank. Er hat jedoch mit seiner Ehefrau, Frau ▪▪▪, vereinbart, dass diese ihn nach dem Spiel abholt. Nachdem er seiner Ehefrau mitgeteilt hatte, wo das Fahrzeug des Herrn ▪▪▪ stand, vereinbarte man, dass man sich an dessen Fahrzeug trifft. Der Zeuge ▪▪▪ wartete dann zusammen mit dem Beschuldigten, bis dessen Ehefrau zum

Abholen erschienen war. Der Zeuge ▪▪▪ stellte noch fest, dass der Beschuldigte zu seiner Ehefrau ins Fahrzeug stieg und beide sich fahrend entfernten. Da die Ehefrau feststellte, dass der Beschuldigte in nicht unerheblichem Maße dem Alkohol zugesprochen hatte, herrschte „dicke Luft". Deshalb hatte sich der Beschuldigte nicht auf den Beifahrersitz gesetzt, sondern auf den Sitz hinter seiner fahrenden Ehefrau.

An der Kreuzung ▪▪▪ kam es sodann bei starkem Regen zu dem Auffahrunfall, wonach der Beschuldigte aus dem Fahrzeug heraussprang und sich den Schaden, den er für minimal hielt, anschaute. Zurückgekommen zum Fahrzeug, ging die Zeugin ▪▪▪ davon aus, dass alles geregelt sei, und fuhr danach, wie üblich, in Richtung ▪▪▪.

Während der Fahrt kam es zu einem Gespräch, aufgrund dessen sie misstrauisch bemerkte, dass wohl doch etwas zu regeln gewesen wäre, entgegen der Annahme des Beschuldigten, der meinte, „es sei kaum etwas passiert". Deshalb fuhr die Zeugin ▪▪▪, die schon in ▪▪▪ angekommen war, über ▪▪▪ zurück zur Unfallstelle.

Daher ist davon auszugehen, dass sich der Beschuldigte hier nicht strafbar gemacht hat. Die Zeugin ▪▪▪ hat es lediglich versäumt, bei starkem Regen das Fahrzeug zu verlassen und sich über eventuelle Ansprüche selbst zu informieren sowie ihrer Vorstellungspflicht nachzukommen. Sie war aber davon ausgegangen, dass nach dem Gespräch Ihres Mannes mit den unfallbeteiligten Zeugen die Angelegenheit erledigt gewesen sei, weshalb sie auch weggefahren war. Erst die Schilderung des Beschuldigten offenbarte ihr, dass noch einige Informationen auszutauschen waren. Deshalb fuhr sie wieder zurück. Dies wurde auch bei der Unfallaufnahme so mitgeteilt, unabhängig davon, dass die Zeugen nur den Beschuldigten ▪▪▪ gesehen haben wollen.

Hierbei ist zu bedenken, dass tatsächlich nur der Beschuldigte ausgestiegen und letztlich auch wieder eingestiegen war, allerdings nicht vom Fahrersitz aus, sondern vom Sitz hinter dem Fahrersitz. Für die Wahrnehmung zu bedenken ist die Dunkelheit und der starke Regen. Der Zeuge ▪▪▪ wird jedoch bestätigen können, dass der Beschuldigte überhaupt kein Auto dabei hatte, sondern darauf angewiesen war, dass die Zeugin ▪▪▪ ihn nach dem Fußballspiel abholte, was letztlich auch geschah. Daraus ergibt sich, dass in jedem Fall zum Unfallzeitpunkt der Beschuldigte und die Zeugin ▪▪▪ im Fahrzeug gesessen haben.

Der Beschuldigte sowie die Zeugin ▪▪▪ wurden auch anwaltlich belehrt über Wahrheitspflichten und die Folgen von Falschaussagen. Sowohl der Beschuldigte als auch die Zeugin ▪▪▪ gehen davon aus, dass der Zeuge ▪▪▪ zumindest belegen kann, dass der Beschuldigte nicht mit seinem Fahrzeug zu dem Fußballspieler gefahren ist, sondern von der Zeugin ▪▪▪ abgeholt wurde.

Unter diesen Umständen regen wir an, den Beschluss nach § 111a StPO aufzuheben und den Führerschein an den Beschuldigten herauszugeben.

Rechtsanwalt

Muster: Beschwerde gegen Beschluss nach § 111a StPO

29

222

An das Amtsgericht ▪▪▪
– Strafrichter –

Az ▪▪▪

In der Strafsache

gegen

Herrn ▪▪▪

legen wir hiermit

Beschwerde

gegen den Beschluss nach § 111a StPO ein.

Wir beantragen,

den Beschluss aufzuheben und dem Beschuldigten den Führerschein herauszugeben.

Anliegend überlassen wir eine Abschrift unserer Einlassung an die Staatsanwaltschaft. Der von uns benannte Zeuge ■■■ wird bestätigen, dass der Beschuldigte von seiner Ehefrau nach dem Fußballspiel des Vereins Dynamo Dresden mit deren Kraftfahrzeug abgeholt wurde. Die Zeugin ■■■ wird bestätigen, dass der Auffahrunfall selbst von ihr verursacht wurde, allerdings nicht sie selbst bei Dunkelheit und strömendem Regen das Fahrzeug verließ, sondern der Beschuldigte. Dieser kam zurück und tat so, als sei die Angelegenheit erledigt, weshalb sie losfuhr. Auf dem Nachhauseweg wurde darüber gesprochen, wobei sie zur Kenntnis nahm, dass der Beschuldigte lediglich meinte, die Sache sei „nicht so schlimm ausgefallen", worauf sie schnellstens wieder zurückfuhr in der Annahme, dass ihr betrunkener Ehemann den Vorgang nicht ordentlich geregelt habe.

Es ist davon auszugehen, dass die Zeugin ■■■ den Tatbestand des § 142 StGB erfüllt hat, allerdings irrtümlich davon ausging, dass die Adressen ausgetauscht zur Regulierung des Unfalls worden waren. Sofort nach Feststellung, dass dies nicht richtig erfolgt sein konnte, fuhr sie zum Unfallort zurück. Der Beschuldigte hat zwar infolge seiner Trunkenheit Verwirrung verursacht, sich allerdings nicht strafbar gemacht.

Rechtsanwalt

30 **Muster: Antrag auf Verfahrenseinstellung wegen Verlassens des Unfallorts als Panikreaktion**

An die
Staatsanwaltschaft
beim Landgericht ■■■

Az ■■■ Js ■■■/■■■

In der Strafsache

gegen

Herrn ■■■

wegen angeblichen unerlaubten Entfernens vom Unfallort

geben wir nach Akteneinsicht und Rücksprache mit unserem Mandanten folgende Einlassung ab:

Der Beschuldigte befuhr am ■■■ gegen ■■■ Uhr in ■■■ die ■■■straße in Richtung ■■■.

Dass es dort zu einem Verkehrsunfall mit Sachschaden gekommen sein soll, ist dem Beschuldigten nicht geläufig. Allerdings ist ihm noch bewusst, dass ihn das Fahrzeug des Unfallbeteiligten ■■■ danach verfolgte.

Der Beschuldigte, der befürchtete, seinen vereinbarten Termin zu verpassen und Schwierigkeiten mit dem Arbeitgeber zu bekommen, ging deshalb auf das Ansinnen des Unfallbeteiligten ■■■ anzuhalten nicht ein und fuhr nach ■■■, wo er einen Fahrgast abzuholen hatte.

Zum Verständnis für dieses panikartige Verhalten ist auf folgende Hintergrundgeschichte hinzuweisen: Im Jahr ■■■ von Februar bis November war der Beschuldigte arbeitslos. Von ■■■ bis ■■■ absolvierte er eine Umschulung und arbeitet danach bis ■■■ als Trockenbauer. Danach war er erneut arbeitslos bis ■■■. In dieser Zeit begann er nebenher Kurierfahrten zu unternehmen und arbeitete dann letztlich als Taxifahrer. Die Zeit der Arbeitslosigkeit war für den Beschuldigten grauenhaft. Seine Angst davor, entlassen zu werden, ist deshalb immer wieder greifbar und hat im vorliegenden Fall zu einer Fehlreaktion geführt. Der Beschuldigte hätte sicherlich sinnvollerweise ein Gespräch mit dem Unfallgegner geführt, um zu klären, was letztlich passiert sein könnte.

Tatsache ist allerdings, dass an seinem eigenen Fahrzeug keinerlei Schaden entstanden ist. Der Ermittlungsakte ist zu entnehmen, dass der Unfallgegner einen Schaden ohne Mehrwertsteuer in Höhe von 775,85 EUR geltend macht. Dabei ist zu berücksichtigen, dass die Kostenvoranschläge immer hoch ausfallen, wenn davon ausgegangen werden kann, dass Dritte oder die Versicherung Dritter an der Zahlung beteiligt sind.

Unter diesen Umständen regen wir an, das Verfahren einzustellen.

Rechtsanwalt

Muster: Antrag auf Verfahrenseinstellung mangels Unfalls beim Einparken   31

224

An die
Staatsanwaltschaft
beim Landgericht ▪▪▪

Az ▪▪▪ Js ▪▪▪/▪▪▪

In dem Ermittlungsverfahren

gegen

Herrn ▪▪▪

wegen angeblichen unerlaubten Entfernens vom Unfallort
geben wir für den Beschuldigten folgende Einlassung ab:

Der Beschuldigte erinnert sich genau daran, dass er am ▪▪▪, am späten Nachmittag, den Einparkvorgang vornahm. Er erinnert sich daran, dass vorher ein Fahrradausflug unternommen worden war. Die Räder standen auf dem Fahrradanhänger. Dieser Fahrradanhänger (aufgesetzt auf die Kupplung) war vor dem Einparkvorgang entfernt worden. Danach parkte unser Mandant ein. Seine Ehefrau, die Zeugin ▪▪▪, wies den Beschuldigten ein bzw beobachtete den gesamten Vorgang. Sie hat hierbei nicht festgestellt, dass ein Anstoß vorgekommen ist. Sie hat weder etwas gehört, noch hat sie etwas gesehen. Der Mandant selbst hat auch nicht gespürt, dass es irgendwo einen Ruck gegeben hat oder Ähnliches, das heißt, es erscheint fraglich, ob exakt bei diesem Vorgang überhaupt etwas passiert ist. An einen weiteren Einparkvorgang, bei dem die beiden Fahrzeuge unmittelbar beieinander gestanden hätten, erinnert sich der Beschuldigte nicht.

Unter diesen Umständen regen wir an, das Verfahren einzustellen, da zumindest keine Schuld nachweisbar ist.

Rechtsanwalt

Muster: Einlassung, dass kein Unfall vorliegt, da Unfallspuren fehlen   32

225

An die
Staatsanwaltschaft
beim Landgericht ▪▪▪

Az ▪▪▪ Js ▪▪▪/▪▪▪

In dem Ermittlungsverfahren

gegen

Frau ▮▮▮

wegen angeblichen unerlaubten Entfernens vom Unfallort

geben wir für die Beschuldigte folgende Einlassung ab:

Es ist völlig ausgeschlossen, dass die Beschuldigte einen Unfall hatte und diesen nicht bemerkte. Eine Besichtigung des Fahrzeugs ergab eindeutig, dass rund um das Fahrzeug die Teile mit altem Straßenschmutz verkleistert waren. Es gab weder Schürf- noch Wischspuren.

Da unsere Mandantin keinen Unfall erlitt, konnte sie auf einen solchen nicht aufmerksam werden. Wir gehen deshalb, nachdem das Fahrzeug unserer Mandantin keinerlei Beschädigungen aufwies, eher davon aus, dass sich hier jemand eine Geschichte ausgedacht hat und das Fahrzeug unserer Mandantin feststellte, das tatsächlich am fraglichen Tag die fragliche Stelle passiert hat. Da aber der angeblich „gewaltige" Aufprall nicht stattgefunden hat, sollte eher in die Richtung ermittelt werden, dass eine Geschichte erfunden wurde, um möglicherweise eigenes Fehlverhalten zu vertuschen.

Wir beantragen die Einstellung des Verfahrens gegen unsere Mandantin nach § 170 Abs. 2 StPO.

Rechtsanwalt

B. Körperverletzung (§§ 223, 229, 230 StGB)

33   Fahrlässige Körperverletzung ist das Massendelikt unter den Verkehrsstraftaten. Nach vielen – teilweise auch nur leichten – Unfällen empfinden Unfallbeteiligte regelmäßig ein allgemeines Unwohlsein, das vor Ort gemeldet wird. Dieses Unwohlsein ist meist nicht mehr als eine Folge der Anspannung und psychischen Belastung, die mit einem Verkehrsunfall einhergeht. Häufig erinnern sich die Unfallbeteiligten auch an die Schilderungen Dritter, die von unfallbedingten Schmerzensgeldern handeln, woraufhin vorsichtshalber am Unfallort eine Verletzungsmeldung erfolgt.

34   Hierzu muss man aber wissen, dass das Strafgesetz nicht jedwede Veränderung des allgemeinen Wohlbefindens als Verletzungserfolg wertet. Kleinere Einschränkungen sind hinzunehmen, betreffen sie doch das **allgemeine Lebensrisiko**. Auch wird nicht jedes Auf-die-Füße-Treten in einer stark frequentierten Fußgängerzone als Unfall verstanden und zur Geltendmachung von Schadensersatzansprüchen herangezogen.

35   Verfahren hinsichtlich solcher Unfälle, die Verletzungen zur Folge haben, die nicht objektiv mittels äußerer Merkmale oder zB durch Röntgenbilder festgestellt werden können, werden in der Regel von der Ermittlungsbehörde eingestellt, ohne dass es dafür eines wesentlichen Verteidigungsaufwandes bedürfte. Aber auch in den Fällen, in denen die Verletzungen objektiv nachweisbar sind und zu Beeinträchtigungen geführt haben, ist die Strafverfolgungsbehörde mit Strafverfolgungsmaßnahmen zurückhaltend. Es kann auch in diesen Fällen davon ausgegangen werden, dass die "kriminelle Energie" des Täters sehr gering ist. In der Regel wurde der Taterfolg herbeigeführt durch einen Augenblick der Unachtsamkeit, der Mensch und Maschine verletzte bzw beschädigte. Hier bedarf es keiner wesentlichen Ahndung.

36   Ist aber die Verletzung beträchtlich und lag nicht nur leichte Fahrlässigkeit vor, ist mit Verfolgung zu rechnen. In diesen Fällen zieht die Strafverfolgungsbehörde in der Regel Verkehrszentralregister- und Bndeszentralregisterauszüge bei und veranlasst den Erlass eines Strafbe-

fehls oder die Anklagefertigung. In diesen Fällen muss der Verteidiger aktiv werden, wobei auf die Ausführungen zu §§ 170 Abs. 2, 153 ff StPO zu verweisen ist (§ 7 Rn 33 ff, 48 ff).[18] Der Verteidiger hat dem Mandanten diese Vorschriften zu erläutern, den Zusammenhang zu erklären zwischen Verurteilung und Punkten im Verkehrszentralregister, demnach auch die Wohltat deren Nichtanfallens im Falle der Einstellung. Dass ein Wohlverhalten nach der Tat und ein deutliches Interesse am Wohlergehen des Verletzten zugunsten des beschuldigten Mandanten zu werten ist, ist diesem ebenfalls deutlich zu unterbreiten.

Muster: Antrag auf Verfahrenseinstellung wegen geringer Schuld (1)   37

An die
Staatsanwaltschaft
beim Landgericht ■■■

Az ■■■ Js ■■■/■■■

In dem Ermittlungsverfahren

gegen

Herrn ■■■

wegen fahrlässiger Körperverletzung

geben wir für den Beschuldigten folgende Einlassung ab:

Der Beschuldigte befuhr am ■■■ um ■■■ Uhr in ■■■ die ■■■straße in Richtung ■■■straße. Vor der Kreuzung, so erinnert sich der Beschuldigte, wurde er abgelenkt und schaute auf die rechte Seite.

Die Kreuzung beobachtete er lediglich aus dem Augenwinkel. Deshalb übersah er das Fahrzeug des bevorrechtigten Fahrers ■■■. Es kam zum Zusammenstoß der Fahrzeuge sowie zum Zusammenstoß weiterer geparkter Fahrzeuge.

Glücklicherweise ist die Verletzung des Unfallbeteiligten ■■■ als ganz leicht zu bezeichnen. Der Beschuldigte hat infolge von Unachtsamkeit den Verkehrsunfall verursacht. Nach unserer Information sind auch alle Regulierungen inzwischen bereits abgeschlossen.

Nach seiner Erinnerung hat der Beschuldigte die zulässige Höchstgeschwindigkeit nicht überschritten. Die Zeugin Frau ■■■ meint zwar, er habe geäußert, 40 bis 45 km/h gefahren zu sein. Der Beschuldigte meint jedoch, dass dies so erwähnt wurde und er, um eine Diskussion zu umgehen, dies als fraglich in den Raum gestellt habe.

Den Beschädigungen kann nicht entnommen werden, dass die Geschwindigkeit zu hoch war. Wir gehen davon aus, dass eine EES-Analyse nicht mehr möglich ist.

Unter diesen Umständen regen wir an,

das Verfahren nach § 153 StPO wegen geringer Schuld einzustellen.

Wir weisen ausdrücklich darauf hin, dass die zivilrechtliche Regulierung seitens der Haftpflichtversicherung des Beschuldigten ohne Beanstandung durchgeführt wurde.

Rechtsanwalt

---

18 S.a. die Ausführungen bei *Tröndle/Fischer*, § 46 Rn 20 ff.

38 **Muster: Antrag auf Verfahrenseinstellung wegen geringer Schuld (2)**

↓

An die
Staatsanwaltschaft
beim Landgericht ■■■

Az ■■■ Js ■■■/■■■

In dem Ermittlungsverfahren

gegen

Herrn ■■■

wegen fahrlässiger Körperverletzung

geben wir für den Beschuldigten folgende Einlassung ab:

Der Beschuldigte befuhr am ■■■ gegen ■■■ Uhr in ■■■ die ■■■straße in Richtung ■■■straße. Er beabsichtigte, dort nach links in die ■■■straße abzubiegen. Der Beschuldigte schleppte zu diesem Zeitpunkt das Fahrzeug des Zeugen ■■■ ab. Dieser hatte einen Defekt am Anlasser festgestellt, weshalb das Fahrzeug von selbst nicht starten konnte und in die Werkstatt gebracht werden sollte. An der Kreuzung ■■■straße/■■■straße hielten beide Fahrzeuge an. Zwischen dem ersten Fahrzeug des Beschuldigten und dem Fahrzeug des Zeugen ■■■ war ein Abstand von ca. 3 m. Ob das Seil angespannt war oder lose herabhing, konnte der Beschuldigte nicht feststellen, da er nicht erkennen konnte, wie weit das Fahrzeug des Zeugen ■■■ noch rollte, nachdem er selbst sein eigenes Fahrzeug angehalten hatte. An der Kreuzung ■■■straße/■■■straße standen beide Fahrzeuge ca. anderthalb bis zwei Minuten. Diese lange Verweildauer ergab sich daraus, dass die ■■■straße bevorrechtigt ist, die Ampelanlage ausgeschaltet war und der Beschuldigte immer mit berücksichtigen musste, beim Einbiegen das Fahrzeug des Zeugen ■■■ mitnehmen zu können, ohne auf der ■■■straße für Behinderungen zu sorgen.

Das bedeutet, dass zum Zeitpunkt des Anhaltens der Verletzte noch 90 bis 120 Sekunden entfernt war, dh wohl in Höhe der ■■■ Brücke gefahren ist und noch für den Beschuldigten unsichtbar war. Das Fahrzeug des Verletzten blieb bis kurz vor dem Unfall selbst weiterhin unsichtbar, sowohl für den Beschuldigten als auch für den Zeugen ■■■, da das Fahrzeug nicht beleuchtet war. Insoweit wird auch zeugenschaftlich bestätigt, dass an dem Fahrzeug keine Lichtanlage feststellbar war.

Nachdem sowohl der Beschuldigte als auch der Zeuge ■■■ den (später verletzten) Fahrradfahrer sahen, rief der Zeuge ■■■ laut vernehmlich eine Warnung, die der Fahrradfahrer auch zur Kenntnis nahm, allerdings ohne zu reagieren. Dies war auch deshalb erstaunlich, da an beiden Fahrzeugen die Warnblinkanlage eingeschaltet und auch deutlich erkennbar für den Querverkehr war.

Da der Fahrradfahrer zwischen den Fahrzeugen durchfuhr und zu diesem Zeitpunkt das Seil noch angespannt war, stürzte er und verletzte sich.

Sowohl der Beschuldigte als auch der Zeuge ■■■ kümmerten sich um den Fahrradfahrer. Der Beschuldigte kümmerte sich auch später weiter um den Verletzten und telefonierte letztmals mit ihm nach der Entlassung aus dem Krankenhaus. Der Verletzte konnte allerdings infolge einer Amnesie zu dem Unfall selbst nichts mehr sagen.

Unter diesen Umständen regen wir an, das Verfahren nach § 153 StPO einzustellen. Die Schuld des Beschuldigten ist allenfalls gering. Eine Mitschuld des Verletzten ist nicht auszuschließen.

Rechtsanwalt

↑

Muster: Antrag auf Verfahrenseinstellung wegen fehlender Schuld

An die
Staatsanwaltschaft
beim Landgericht ■■■

Az ■■■ Js ■■■/■■■

In dem Ermittlungsverfahren

gegen

Herrn ■■■

wegen fahrlässiger Körperverletzung

ist das Verfahren gegen den Beschuldigten gem. § 170 StPO einzustellen.

Die Akte erscheint zunächst unvollständig zu sein. Wie der Beschuldigte berichtet hat, hat einer der aufnehmenden Polizeibeamten die Glühbirne des Frontscheinwerfers des Motorrades gesichert. Der aufnehmende Polizeibeamte hat die Glühbirne auch dem Beschuldigten gezeigt. Dabei konnten beide Personen übereinstimmend feststellen, dass sowohl das Gehäuse der Glühbirne als auch die Leuchtspindel der Glühbirne noch voll erhalten waren.

Aus der Tatsache, dass auf den Scheinwerfer eine Gewalt gewirkt hat, die das Glas des Scheinwerfers und den übrigen Scheinwerfer komplett zum Bersten gebracht hat, und der Tatsache, dass die Glühbirne noch voll erhalten ist, kann aus Sicht eines Sachverständigen nur geschlossen werden, dass die Glühbirne zum Zeitpunkt des Verkehrsunfalls nicht eingeschaltet war.

Es wird bereits jetzt vorsorglich die Einholung eines entsprechenden Sachverständigengutachtens beantragt und angeregt zu eruieren, wo einer der aufnehmenden Polizeibeamten die Glühbirne gelassen hat.

Wie der Beschuldigte berichtet hat, wurde der Verkehrsunfall auch durch die Unfallforschung der Technischen Universität ■■■ aufgenommen. Möglicherweise befindet sich dort die entsprechende Leuchteinrichtung.

Es kann somit durch den Beschuldigten nachgewiesen werden, dass der Fahrer des Motorrades zum Zeitpunkt des Unfalls seinen Scheinwerfer nicht eingeschalten hatte.

Angesichts der Tatsache, dass sich der Unfall bei Dunkelheit ereignet hat, ist davon auszugehen, dass es dem Beschuldigten überhaupt nicht möglich war, den dunkel gekleideten Motorradfahrer wahrzunehmen. Bereits deshalb war für den Beschuldigten der Unfall unvermeidbar. Ein Verschulden kann ihm so nicht mehr vorgeworfen werden.

Im Übrigen erscheint die Einlassung des Motorradfahrers äußerst merkwürdig zu sein. Dieser teilt mit, dass er erkannt hat, dass der Beschuldigte langsam in den Kreuzungsbereich einfuhr. Eine eingeleitete Bremsung wurde jedoch wieder aufgegeben. Aufgrund der Tatsache, dass der Motorradfahrer beschreibt, dass ihm danach noch Zeit blieb, sich Gedanken über das weitere Tun zu machen, ist zu schließen, dass es dem Motorradfahrer durchaus möglich gewesen wäre, den Verkehrsunfall durch Abbremsen zu vermeiden.

Auch für diese Tatsache wird bereits jetzt vorsorglich beantragt, ein entsprechendes Sachverständigengutachten einzuholen.

Nichtsdestoweniger ist das Verfahren nach § 170 Abs. 2 StPO einzustellen.

Rechtsanwalt

40 **Muster: Antrag, den Führerschein wegen dringender persönlicher Umstände zu belassen**

↓

An das Amtsgericht ▪▪▪
– Strafrichter –

Az ▪▪▪

In der Strafsache

gegen

Herrn ▪▪▪

wegen fahrlässiger Körperverletzung

geben wir für den Angeschuldigten folgende ergänzende Einlassung ab:

Der Angeschuldigte räumt das ihm zur Last gelegte Fehlverhalten unumwunden ein. Infolge von Unaufmerksamkeit oder Überforderung durch die ihm völlig fremde Verkehrssituation übersah er die ampelgeregelte Kreuzung.

Aufgrund dessen fuhr er in die Kreuzung ein, nicht wissend, dass er das Rotlicht der Lichtzeichenanlage beachten musste.

Dankenswerterweise kann davon ausgegangen werden, dass der Schaden nicht allzu hoch ist. Der Sachschaden ist mit 2.900,00 EUR zu bewerten. Der Körperschaden beschränkte sich auf eine Platzwunde, die innerhalb einer Woche bei großzügiger Betrachtungsweise ausgeheilt war. Unter diesen Umständen ist die Tatbestandsverwirklichung eindeutig.

Wir geben aber Folgendes zu bedenken:

Der Angeschuldigte ist verheiratet und hat zusammen mit seiner Ehefrau fünf Kinder. Von diesen fünf Kindern sind noch drei Kinder wirtschaftlich von ihm abhängig. Zwei Kinder befinden sich in der Lehre, ein Kind ist elf Jahre alt. Das monatliche Nettoeinkommen des Angeschuldigten, der als angestellter Prediger der landeskirchlichen Gemeinschaft arbeitet, beläuft sich auf 1.820,00 EUR. Das für drei Kinder zur Verfügung gestellte Kindergeld beläuft sich auf 460,00 EUR. Die Ehefrau des Angeschuldigten hat kein eigenes Einkommen. In der Regel sind 2/5 des Einkommens des Ehemanns als Unterhalt der Ehefrau zuzurechnen.

Regelmäßig wird zudem ein Unterhaltsbeitrag für jedes einzelne Kind in Höhe von ca. 250,00 EUR festgelegt. Unter diesen Umständen kommt man zu dem Ergebnis, dass das tatsächlich zur Verfügung stehende Einkommen des Beschuldigten so gering ist, dass ein Tagessatz unter 10,00 EUR festgestellt werden muss.

Beruflich ist unser Mandant als Prediger für den Bezirk ▪▪▪ zuständig, zu welchem auch die Ortschaften ▪▪▪, ▪▪▪ und ▪▪▪ zählen. Unser Mandant wohnt in ▪▪▪, einem Ort, der 15 km von ▪▪▪ entfernt liegt. Unser Mandant ist täglich mit seinem Fahrzeug unterwegs, um seine Arbeit erledigen zu können. Darüber hinaus hat er regelmäßig Verwaltungstätigkeiten in ▪▪▪ vorzunehmen, wo die landeskirchliche Gemeinschaft ihren Hauptsitz in Sachsen hat.

Über die täglichen Veranstaltungen hinaus, die der Angeschuldigte zu leiten hat, hat der Angeschuldigte eine Vielzahl von diakonischen Aufgaben zu erledigen. Er muss zum einen ältere Leute besuchen und sich um deren Wohl kümmern, zum anderen aber auch Leute betreuen, die in wirtschaftlichen Schwierigkeiten oder persönlichen Krisen stecken. Daher ist es ihm völlig unmöglich, seine Arbeit zu verrichten, ohne mit seinem PKW unterwegs zu sein. Zwar steht dem Angeschuldigten der übliche Urlaubsanspruch zu. Üblich ist allerdings auch, dass allenfalls zwei Wochen Urlaub „am Stück" genommen werden, um die Gemeinde nicht zu lang allein zu lassen. Ein Fahrverbot hätte demnach existenzbedrohende Züge. In der Position des Angeschuldigten ist ein Führerschein dringend erforderlich. Der Verlust des Führerscheins wird zu einem erheblichen Prestige- und Vertrauensverlust führen, der schwerlich gutzumachen wäre. Wir regen deshalb an, über ein geändertes Strafmaß, gegebenenfalls über eine Verfahrenseinstellung nach § 153a StPO nachzudenken.

Hier fällt auf, dass der Angeschuldigte noch nie im Straßenverkehr oder ähnlich auffällig war. Weder das Bundeszentralregister noch das Verkehrszentralregister weisen einen Eintrag auf. Dies entspricht auch der üblichen Verhaltensweise des Angeschuldigten, der lieber einmal zu vorsichtig und zurückhaltend fährt, als ein vermeintliches Recht zu erzwingen. Es ist deshalb völlig wesensfremd, dass der Angeschuldigte im vorliegenden Fall in die rotlichtgeschützte Kreuzung eingefahren ist: Der Angeschuldigte hat dies einfach übersehen, was als leichte Fahrlässigkeit zu bewerten ist, auch wenn der Verstoß selbst als grob in der Rechtsprechung angesehen wird. Zu bedenken ist weiterhin, dass versicherungsvertragsrechtliche Folgen den Angeschuldigten finanziell stark belasten. Die Folge des § 61 VVG muss hier nicht weiter erläutert werden. Wir bitten Sie deshalb höflich, über eine Verfahrenseinstellung nach § 153a StPO mit der Staatsanwaltschaft zu verhandeln.

Rechtsanwalt

C. Nötigung (§ 240 StGB)

Das Delikt „Nötigung" entsteht in der verkehrsrechtlichen Praxis oft durch die Aktivität zweier Personengruppen: der „jugendlichen Drängler und Raser" einerseits und der „Oberlehrer", die Verkehrsteilnehmer erziehen wollen, andererseits. Damit ist weitgehend die Masse sowohl der Täter als auch der Opfer beschrieben. **41**

Zum einen kann nicht geduldet werden, dass jemand aus den eigensüchtigen Gründen bedingungsloser Eile Dritte zu etwas zwingt, zum anderen ist es inakzeptabel, wenn sich Verkehrsteilnehmer berufen fühlen, anderen Verkehrsteilnehmern durch sanften Zwang „Fahrunterricht" zu erteilen. Dieses Thema ist immerhin so bedeutend und bedenkenswürdig, dass der Verkehrsgerichtstag 2005 einen Arbeitskreis installierte, der sich der Problematik annahm.[19] **42**

Hinweis: Zu bedenken hat der Verteidiger beim Erstgespräch mit dem Mandanten, dass es sich bei der Verteidigung eines Nötigungsdelikts um ein Vorsatzdelikt handelt, das von der Rechtsschutzversicherung nur dann komplett kostengedeckt ist, wenn es nicht mit einer Verurteilung wegen Vorsatzes endet. **43**

Zu beachten sind folgende Einzelprobleme bei der Verteidigung:

I. Ausbremsen als Nötigung

Der Tatbestand kann erfüllt sein, wenn ein Fahrer einen nachfolgenden Fahrer durch eine „massive Verminderung der Geschwindigkeit seines Fahrzeugs zu einer unangemessenen niedrigen Geschwindigkeit" veranlasst, ohne dass der Betroffene ausweichen oder überholen kann.[20] **44**

Beispiel: Ein PKW-Fahrer zwingt den nachfahrenden LKW-Fahrer auf einer BAB, seine Geschwindigkeit ständig anzupassen und sie von 92 km/h bis auf 42 km/h zu reduzieren, wobei das Herabsetzen der Geschwindigkeit teilweise nur durch eine deutliche Bremsung möglich ist. Einen verkehrsbedingten Grund hierfür gibt es nicht. Der PKW-Fahrer will den LKW-Fahrer vielmehr maßregeln, weil dieser in einem LKW-Überholverbot verbotswidrig einen Tanklastzug überholt hat. **45**

---

19 43. Verkehrsgerichtstag 2005, Arbeitskreis IV, „Strafrecht gegen Verkehrsrowdies – rechtliche und rechtspolitische Aspekte".
20 BayObLG VA 2001, 167.

46   Das erkennende Gericht stellt daraufhin fest, dass eine Nötigung nicht nur vorliegt, wenn der Täter den nachfolgenden Fahrer zu einer Vollbremsung zwingt oder bis zum Stillstand herunterbremst. Eine Nötigung liegt bereits vor, wenn der Täter seine Geschwindigkeit ohne verkehrsbedingten Grund massiv reduziert, um den nachfolgenden Fahrer zu einer unangemessen niedrigen Geschwindigkeit zu zwingen, und der Nachfolgende das ihm vom Täter aufgezwungene Verhalten nicht durch Ausweichen oder Überholen vermeiden kann.[21] Ausbremsen wird in der Rechtsprechung als Nötigung nach § 240 StGB angesehen.[22]

II. Dauerndes Linksfahren auf der Autobahn

47   Verhindert ein Kraftfahrzeugführer durch stetiges Fahren auf dem linken Fahrstreifen einer BAB, dass er von einem nachfolgenden Fahrzeug überholt wird, so kann dies ebenfalls den Tatbestand der Nötigung erfüllen, allerdings nicht bei jedem planmäßigen Verhindern des Überholtwerdens, sondern nur dann, wenn erschwerende Umstände mit einem besonderen Gewicht hinzukommen, die die Wertung erlauben, dass das Verhalten des Täters den Makel des sittlich Missbilligenswerten, Verwerflichen und sozial Unerträglichen hat.[23]

48   **Beispiel:** Ein Autofahrer fährt auf dem linken Fahrstreifen der BAB mit einer konstanten Geschwindigkeit von 100 km/h, obwohl er ohne Weiteres den rechten Fahrstreifen nutzen könnte. Diesem nähert sich von hinten der PKW einer Frau, die den Autofahrer überholen will. Der Frau gelingt es trotz Betätigung des linken Blinkers über eine Fahrstrecke von 2 km nicht, den Autofahrer dazu zu bewegen, auf den rechten Fahrstreifen zu wechseln. Als sich von hinten ein weiteres, noch schnelleres Fahrzeug nähert, wechselt die Frau selbst auf den rechten Fahrstreifen in der Hoffnung, dass der Autofahrer diesem Fahrzeug Platz mache. Diese Hoffnung erfüllt sich nicht. Auch dem Fahrer des zweiten PKW gelingt es über eine Fahrstrecke von 2 km nicht, den Autofahrer zu einem Wechsel auf den rechten Fahrstreifen zu bewegen.

Hier hat das AG den Autofahrer wegen Nötigung nach § 240 StGB zu einer Geldstrafe verurteilt. Das OLG Düsseldorf hob diese Verurteilung auf mit der Feststellung, der Beweggrund der Behinderung müsse feststellbar und nach allgemeinem Urteil sittlich zu missbilligen und so verwerflich sein, dass er sich als strafwürdiges Unrecht darstelle und nicht nur als ein Verhalten, das schon nach den Vorschriften der StVO als Ordnungswidrigkeit angemessen geahndet werden könne.[24] Dem folgt auch der BGH.[25]

49   Daraus ergibt sich die besondere **Prüfung bei „Linksfahrerfällen"** wie folgt:

Zunächst ist zu prüfen, ob ein Verstoß gegen das Rechtsfahrgebot gem. § 2 StVO vorliegt. Dafür muss man sich ausführlich mit der Verkehrssituation auseinandersetzen. Dabei genügen allgemeine Feststellungen nicht, wie beispielsweise, die Autobahn sei wenig befahren gewesen, es habe eine geringe Verkehrsdichte geherrscht.[26] Es müssen Angaben erfolgen über die jeweils fahrenden Fahrzeuge, ihre Abstände und ihre Fahrgeschwindigkeiten. Nur daraus lässt sich ersehen, ob der Linksfahrer auch verpflichtet war, auf den rechten Fahrstreifen zu fahren.

---

21 BayObLG, aaO.
22 BGH DAR 1995, 296 = NZV 1995, 325; OLG Stuttgart DAR 1995, 261 = NZV 1995, 285. Der vom BGH entschiedene Fall wies allerdings die Besonderheit auf, dass der Täter den Fahrer des folgenden Fahrzeugs zum Anhalten gezwungen hatte. Die Entscheidung des BayObLG VA 2001, 167 geht darüber hinaus.
23 OLG Düsseldorf VA 2000, 2.
24 OLG Düsseldorf, aaO.
25 BGHSt 18, 389, 390.
26 So OLG Düsseldorf VA 2000, 21 ff.

Ein Verstoß gegen das Rechtsfahrgebot allein ist als Annahme einer strafrechtlich relevanten **50** Nötigung nicht ausreichend. Hinzu kommen muss die Verwerflichkeit des Verhaltens im Sinne des § 240 Abs. 2 StGB. Dafür müssen besondere Umstände dazukommen wie die Gefährdung anderer Verkehrsteilnehmer, absichtliches Langsamfahren, plötzliches Linksausbiegen oder beharrliches Linksfahren bei freier Autobahn, um ein Überholen zu verhindern (sog. Disziplinieren).

Bei der Feststellung der Verwerflichkeit ist ein strenger Maßstab anzulegen.[27] Umfassend zu **51** würdigen sind alle Umstände des Einzelfalls. Diese müssen auch konkret feststehen und dürfen nicht nur auf Vermutungen beruhen, damit von den Umständen auf die Verwerflichkeit geschlossen werden kann. So ist eine länger währende und nicht nur kurzfristige Behinderung ohne vernünftigen Grund erforderlich. Das OLG Düsseldorf[28] sagt letztlich, dass eine Fahrstrecke von 4 km auf einer BAB nicht ausreichend erscheint, um ein beharrliches Linksfahren anzunehmen. Weiter entscheidend ist das Verhalten des behinderten Verkehrsteilnehmers. Provoziert dieser den Linksfahrer durch Lichthupe, zu dichtes Auffahren oder Ähnliches, bekommt der Kompensationsgedanke nach § 199 StGB Bedeutung.

III. Längeres Verhindern des Überholens durch Radfahrer

Ein Radfahrer, der das Überholen eines PKW dadurch verhindert, dass er für die Dauer von **52** etwa einer Minute absichtlich extrem langsam vor diesem herfährt, übt zwar eine dem Gewaltbegriff des § 240 Abs. 1 StGB unterfallende nötigende (psychische und physische) Gewalt aus, begeht aber gleichwohl wegen der nur kurzen Dauer und der geringen Intensität der Behinderung des PKW-Fahrers sowie wegen fehlender Verwerflichkeit im Sinne des § 240 Abs. 2 StGB noch keine tatbestandsmäßige Nötigung.[29]

Beispiel: Eine Radfahrerin nutzt die Gelegenheit, an einer Rotlicht zeigenden Ampel an allen **53** dort fahrenden Fahrzeugen vorbeizufahren, fährt bei nachfolgendem Grünlicht vor einem der Autos weiter und bremst in einem Abstand von 5 m grundlos ab. Um einen Zusammenstoß zu verhindern, muss die nachfolgende Autofahrerin mit ihrem Fahrzeug eine Vollbremsung vornehmen. Anschließend fährt die Radfahrerin ca. eine Minute langsam, jedes Überholen verhindernd, vor dem Fahrzeug her. Dadurch ist die Autofahrerin gezwungen, extrem langsam hinter ihr herzufahren.
Das AG hat die Radfahrerin verurteilt, die Revision führte zu einem Freispruch. Das Revisionsgericht gelangte zu der Auffassung, dass in dem Verhalten der Radfahrerin, auch unter Berücksichtigung der Entscheidung des BVerfG vom 10.1.1995[30] eine dem Gewaltbegriff des § 240 Abs. 1 StGB unterfallende Gewaltanwendung gesehen werden kann. Die Radfahrerin habe die Autofahrerin nicht nur psychisch gezwungen, eine Vollbremsung durchzuführen und sodann langsam hinter ihr herzufahren. Sie hat ihr Fahrrad durch ihre Fahrweise auch als physisch wirkende Barriere eingesetzt. Allerdings reiche für eine Nötigung nicht jede vorsätzliche, durch physische Gewaltanwendung herbeigeführte Behinderung der Fortbewegung eines anderen Verkehrsteilnehmers aus. Vielmehr müssten erschwerende Umstände mit so besonderem Gewicht hinzutreten, dass dem Verhalten des Täters der Makel des sittlich

---

27 BGHSt 18, 389; OLG Köln NZV 1993, 36.
28 VA 2000, 21 ff.
29 OLG Koblenz, Urt. v. 11.6.2001 – 2 Ss 44/01.
30 NJW 1995, 1141.

Missbilligenswerten, Verwerflichen und sozial Unerträglichen anhafte. Eine entsprechende Abwägung führte in diesem Fall dazu, dass das OLG Koblenz eine Nötigung verneinte.[31]

54 Das OLG Koblenz kommt daher nur dann zur Verwerflichkeit der Nötigung, wenn erschwerende Umstände festgestellt werden; diese seien dann von besonderem Gewicht, wenn die Verhinderung der Fortbewegung anderer Verkehrsteilnehmer über eine längere Zeitdauer festzustellen sei und die Intensität, mit der der Täter auf die Entschlussfassung eines Dritten einwirke, eine Gefährdung des anderen Verkehrsteilnehmers bewirke.[32]

55 Nicht ausreichend sind demnach lediglich kurzfristige Behinderungen.[33] Während allerdings das OLG Koblenz eine Verhinderung des Überholens von 1,5 Minuten Dauer als nicht mehr kurzfristig ansieht, geht das OLG Düsseldorf noch bei einer 2,5 Minuten andauernden Behinderung von Kurzfristigkeit aus.[34]

IV. Versperren der Fahrbahn mit ausgebreiteten Armen

56 Der Tatbestand des § 240 StGB wird noch nicht allein durch das Versperren der Fahrbahn mit ausgebreiteten Armen erfüllt. Legt sich der Täter aber mit seinem Körper auf die Motorhaube eines Kraftfahrzeugs, liegt der Tatbestand der Nötigung vor.[35]

57 **Beispiel:** Ein Mann will eine Autofahrerin an der Weiterfahrt mit ihrem PKW hindern. Er stellt sich mit ausgebreiteten Armen so auf die Fahrbahn, dass sie anhalten muss und keine Möglichkeit mehr hat, an ihm vorbeizufahren, ohne ihn zu gefährden. Als die Autofahrerin wieder losfahren will, stellt der Mann sich erneut vor den PKW und legt sich dann mit seinem ganzen Körper auf die Motorhaube, um nun auf diese Weise das Weiterfahren zu verhindern. Die Autofahrerin hält erneut an, weil sie wiederum nicht in Kauf nehmen will, den Mann durch die Weiterfahrt zu gefährden.

Der BGH hat die Verurteilung des Mannes wegen Nötigung nach § 240 StGB nicht beanstandet. Er führte aus, dass allein das Versperren der Fahrbahn durch ausgebreitete Arme den Nötigungstatbestand nicht erfülle. Nach der Rechtsprechung des BVerfG zur Auslegung des Merkmals „Gewalt" in § 240 Abs. 1 StGB liege eine solche nicht vor, wenn die Handlung lediglich in körperlicher Anwesenheit bestehe und die Zwangswirkung auf den Betroffenen nur psychischer Natur sei. Daran ändere nichts, dass die Entscheidung des BVerfG im Zusammenhang mit Sitzdemonstrationen ergangen sei. Die Auslegung des Gewaltbegriffs in § 240 Abs. 1 StGB könne nicht davon abhängen, welche Ziele der Täter verfolge.[36]

Dennoch hatte der Schuldspruch im Ergebnis Bestand, da der Mann sich anschließend, als die Zeugin weiterfahren wollte, mit seinem Körper auf die Motorhaube des Fahrzeugs legte. Damit habe er unter Einsatz seines Körpers und unter Entfaltung einer gewissen Körperkraft auch ein physisches Hindernis geschaffen, von dem auf die Autofahrerin nicht nur eine psychische Zwangswirkung durch bloße Anwesenheit ausging.[37]

58 Die vom BGH angeführte Rechtsprechung des BVerfG zum Gewaltbegriff[38] hat auch auf die Anwendung des § 240 StGB im Straßenverkehr Auswirkungen. Danach ist bei Zwang im Straßenverkehr zwischen Behinderungen mit körperlicher Zwangswirkung und solchen, die

---

31 OLG Koblenz, aaO.
32 OLG Koblenz, aaO.
33 OLG Düsseldorf VA 2000, 21 ff; OLG Köln NZV 2000, 99 mwN.
34 OLG Koblenz, aaO; OLG Düsseldorf, aaO.
35 BGH, Urt. v. 23.4.2002 – 1 StR 100/02.
36 BGH, aaO.
37 BGH, aaO.
38 BVerfG NJW 1995, 1141.

das Verhalten des Betroffenen nur psychisch beeinflussen, zu unterscheiden. Der Nötigungstatbestand wird nur von Ersteren erfüllt.

Angenommen wurde eine Nötigung zB für das Blockieren der Überholspur,[39] für beharrliches   **59**
Linksfahren auf freier Autobahn[40] und für Blockieren durch Ausbremsen.[41]

Abgelehnt wurde eine Nötigung bei nur kurzem dichtem Auffahren auf den Vordermann,[42] beim Hupen, um den anderen zum Weiterfahren zu veranlassen,[43] oder bei nur kurzfristiger Behinderung.[44] Nach dem vom BVerfG vertretenen Gewaltbegriff ist das Stehenbleiben einer Person in einer freien Parklücke, um den Einfahrenden nur passiv zu behindern, keine Nötigung nach § 240 StGB, sondern nur ein Verstoß gegen § 1 StVO.[45]

V. Zufahren auf einen Fußgänger

Beispiel: Ein Polizist will das Weiterfahren eines Autofahrers unterbinden. Er stellt sich des   **60**
halb ca. 2,5 m frontal vor dessen Auto und fordert diesen wiederholt auf, durch Winken mit beiden Armen sowie verbal, sein Auto an den rechten Straßenrand zu fahren. Um den Polizisten zur Seite zu zwingen, tritt der Autofahrer zunächst mehrmals auf das Gaspedal und lässt den Motor laut aufheulen. Sodann fährt er „mit langsamer Anfahrgeschwindigkeit" auf den Polizisten zu, der daraufhin zur Seite tritt.[46]

Das nach § 240 StGB verurteilende Urteil der Strafkammer wurde vom OLG Düsseldorf aufgehoben. Es wandte auf diesen Sachverhalt die Rechtsprechungsgründe zum Zufahren auf einen in der Parklücke stehenden Fußgänger an. Danach liegt eine Nötigung vor, wenn der Fußgänger durch das Zufahren zur Freigabe des Parkplatzes gezwungen werden soll und dabei eine erhebliche Gefährdung für dessen körperliche Unversehrtheit verursacht oder dieser gar verletzt wird. Den objektiven Tatbestand einer Nötigung sah das OLG Düsseldorf demnach als erfüllt an. Das Gericht hat allerdings Bedenken wegen der Annahme der Verwerflichkeit nach § 240 Abs. 2 StGB geäußert. Da keine Körperverletzung des Polizeibeamten festgestellt worden sei, könne von „Verwerflichkeit" nur die Rede sein, wenn zumindest die körperliche Unversehrtheit des Polizeibeamten gefährdet war. Die von der Kammer dazu erhobenen Feststellungen reichten dem OLG Düsseldorf nicht aus, weshalb zurückverwiesen wurde.[47]

Daraus ergib sich, dass das Zufahren auf andere nicht immer strafrechtliche Konsequenzen   **61**
haben muss. Das Zufahren auf einen Fußgänger erfüllt demnach den objektiven Tatbestand des § 240 StGB.[48] Kommt es darüber hinaus zu einer konkreten Gefährdung, wird nicht nur der Tatbestand des § 240 StGB, sondern auch der Tatbestand des § 315b Abs. 1 Nr. 3 StGB erfüllt sein.

Weiter ist zu überlegen, ob die Gewaltanwendung verwerflich im Sinne des § 240 StGB ist   **62**
und damit rechtswidrig. Die **Verwerflichkeit** ergibt sich aus einer Mittel-Zweck-Relation. Nicht nur das angewendete Mittel oder der angestrebte Zweck dürfen als verwerflich ange-

---

39 OLG Köln NZV 1997, 318.
40 OLG Düsseldorf VA 2000, 21.
41 BGH NJW 1995, 3131; BayObLG VA 2001, 167.
42 OLG Karlsruhe NStZ-RR 1998, 58.
43 OLG Düsseldorf NJW 1996, 2245.
44 OLG Düsseldorf NZV 2000, 301.
45 So auch *Hentschel*, Straßenverkehrsrecht, § 2 StVO Rn 62.
46 Fall nach OLG Düsseldorf, Urt. v. 30.8.2000 – 2 a Ss 164/00-33/00.
47 OLG Düsseldorf, aaO.
48 BGH VRS 40, 104; OLG Düsseldorf VerkMitt 1978, Nr. 68; OLG Hamm VerkMitt 1969, Nr. 123.

sehen werden. Entscheidend ist, dass das Mittel der Willensbeeinflussung im Hinblick auf den erstrebten Zweck als anstößig zu werten ist. Daher muss die Gewaltanwendung über das billigenswerte Maß hinausgehen, um die Tat als Nötigung bestrafen zu können. Nicht schon jedwede Behinderung, Belästigung oder Gefährdung eines Verkehrsteilnehmers, die in ihrem Unrechtsgehalt den Rahmen einer nach § 1 StVO zu ahndenden Ordnungswidrigkeit nicht übersteigt, kann als sittlich so missbilligenswert angesehen werden, dass sie verwerflich wäre.

63   Ob das Verhalten eines Kraftfahrers, der auf einen Fußgänger zufährt, als verwerflich gewertet werden kann, lässt sich nur anhand der besonderen Umstände des Einzelfalls beurteilen. In der Rechtsprechung haben sich dazu bestimmte Grundsätze herauskristallisiert. Bewirkt die Erzwingung der Fahrbahnfreigabe eine nicht unerhebliche Verletzung der körperlichen Unversehrtheit des Dritten, indem dieser durch das anfahrende Kraftfahrzeug erfasst wird und einen körperlichen Schaden davonträgt, liegt der Tatbestand des § 240 StGB vor.[49] Wenn im Verlaufe des Geschehens keine Körperverletzung begangen wurde, dann muss für eine Verurteilung wegen Nötigung wenigstens eine erhebliche Gefährdung der körperlichen Unversehrtheit des Dritten eingetreten sein.

64   Uneinigkeit herrscht in Rechtsprechung und Literatur jedoch darüber, wann die **Erheblichkeitsschwelle** erreicht und überschritten ist. Aufgrund der jeweiligen konkreten Umstände des Einzelfalls erscheint es auch nicht möglich, eine generelle Antwort zu geben. Zu den zu berücksichtigenden Umständen gehört beispielsweis das Verhalten desjenigen, auf den zugefahren wird.[50] Bei einer Parklücke ist ferner von Bedeutung, wer diese zuerst erreicht hat.[51] Teilweise kommt es auch darauf an, ob vom Dritten erwartet werden konnte, dass er dem angewendeten Zwangsmittel in besonnener Selbstbehauptung standhält.[52]

65   Nicht wegen Nötigung bestraft wurde mangels Verwerflichkeit ein Kraftfahrer, der äußerst langsam fuhr und jederzeit anhalten konnte, den Umständen konnte im Übrigen nicht die Drohung entnommen werden, er werde weiterfahren, wenn der Fußgänger zu Fall oder unter die Räder des PKW zu kommen drohte.[53] In ähnlichen Fällen kam es zudem darauf an, ob der langsam auf den Fußgänger zufahrende PKW diesen nur mit der Stoßstange schob und der PKW jederzeit angehalten werden konnte[54] oder ob der Fußgänger jederzeit hätte ausweichen können, so dass für ihn die Gefahr relativ gering war.[55]

66   Dagegen ist eine Nötigung bejaht worden, wenn eine hohe Verletzungsgefahr des Fußgängers durch die Art und Weise des Zufahrens bestand, nämlich dergestalt, dass der Fußgänger, sich auf die Vorderseite des PKW abstützend, rückwärts ausweichen musste.[56] Ebenso wird es als verwerflich angesehen, wenn dem Fußgänger zusätzlich mit den Worten „Gehen Sie weg, oder ich überfahre Sie!" gedroht wird.[57]

67   Jedenfalls ist die Verurteilung einer Nötigung sorgfältig dahin gehend zu überprüfen, ob die „erhebliche Gefährdung" des Dritten eingetreten ist. Insofern muss das Urteil Angaben enthalten zur Geschwindigkeit des anfahrenden Fahrzeugs, zum Verhalten des anderen Verkehrsteilnehmers, zu dessen Abstand zum Fahrzeug während des Beiseitetretens, zur Art und

---

49 OLG Düsseldorf VerkMitt 1978, Nr. 68.
50 OLG Düsseldorf, aaO, mwN.
51 OLG Hamm VerkMitt 1969, Nr. 123; zur Geltung des § 12 Abs. 5 StVO siehe OLG Düsseldorf NZV 1992, 199.
52 BGH NStZ 1992, 278.
53 BGH VRS 44, 437, 439.
54 OLG Hamburg NJW 1968, 662.
55 OLG Stuttgart VRS 35, 438 und NJW 1966, 745.
56 OLG Hamm NJW 1970, 2074.
57 BayObLG VerkMitt 1963, Nr. 40.

Weise des Beiseitetretens des anderen und zur Frage, ob der andere ohne ein Beiseitetreten einem Angefahren- oder Überrolltwerden ausgesetzt war.

Schließlich sei noch erwähnt, dass der Verteidiger, der den Fußgänger vertritt, der dem parkwilligen Kraftfahrer den Weg versperrt, davon ausgehen kann, dass schon tatbestandlich in der Regel eine Nötigung ausscheidet. Im Hinblick auf den Gewaltbegriff aus der Rechtsprechung des BVerfG wendet der Fußgänger schon keine Gewalt an,[58] jedenfalls wird es regelmäßig an der Verwerflichkeit fehlen.[59]   **68**

Muster: Berufungsbegründungsschrift (fehlende Verwerflichkeit)   **69**

An das Landgericht ▄▄▄
– Strafabteilung –

vorab per Fax: ▄▄▄

Az ▄▄▄ Js ▄▄▄/▄▄▄

In der Strafsache

gegen Herrn ▄▄▄

wegen Nötigung

soll es im Wesentlichen der Hauptverhandlung überlassen werden, aufzuzeigen, dass die Berufung begründet ist.

Dies ist letztlich dem Umstand geschuldet, dass es vorliegend im Wesentlichen auf die Beweiswürdigung ankommt.

Das Amtsgericht hat die Verurteilung des Angeklagten im Wesentlichen auf die Aussage des Zeugen ▄▄▄ gestützt. Dass die Bußgeldstelle gegen den Angeklagten ein Ordnungsgeld in Höhe von 35,00 EUR verhängt hat und dabei auch die Aussage des Zeugen ▄▄▄ zu beurteilen hatte, zeigt deutlich auf, dass bis auf den Amtsrichter wohl niemand auf die Idee gekommen wäre, dass vorliegend ein Straftatbestand erfüllt sein könnte. Vielmehr ist festzustellen, dass die Bußgeldstelle sogar vom Regelbußgeld nach unten abgewichen ist. Nach Bekunden des Angeklagten hatte dieser gemeint, dass der Zeuge ▄▄▄ eine Lücke lassen würde, damit der Angeklagte in diese Lücke hineinfahren konnte. Hat der Zeuge ▄▄▄ dies nicht getan, so ist ein Missverständnis gegeben, was jedoch nicht dazu führen kann, dass der Angeklagte verwerflich gehandelt hätte. Da er meinte, dass der Zeuge ▄▄▄ ihn in die Fahrspur hineinlassen würde, kann es dem Angeklagten auch nicht darauf angekommen sein, zu erzwingen, dass er in die Fahrspur kommt. Er meinte ja gerade, dass ein solcher Zwang gerade nicht erforderlich war.

Dass das Amtsgericht dem Zeugen ▄▄▄ vorliegend wohl eine Falschaussage unterstellt, kann nur damit begründet werden, dass sich die Aussage des Zeugen ▄▄▄ mit dem Verurteilungseifer des Amtsgerichts nicht in Einklang bringen ließ.

Die Aussage des Zeugen ▄▄▄ stützt jedoch die Einlassung des Angeklagten und lässt deutlich werden, dass möglicherweise alles gegeben ist, jedoch kein strafbares Verhalten des Angeklagten.

Der Angeklagte wird daher freizusprechen sein.

Rechtsanwalt

---

58 BVerfGE 92,1 = NJW 1995, 1141.
59 *Tröndle/Fischer*, § 240 Rn 48 mwN.

D. Gefährlicher Eingriff in den Straßenverkehr (§ 315b StGB)

70 § 315b StGB ist ein Verbrechen, das nach Abs. 3 der Vorschrift mit Freiheitsstrafe bis zu zehn Jahren geahndet werden kann. Der Verkehrsrechtsanwalt wird eher selten mit der Verteidigung dieses Vorwurfs konfrontiert, weil dieser voraussetzt, dass der Täter das von ihm geführte Fahrzeug bewusst zweckwidrig einsetzt. Er muss in der Absicht handeln, den Verkehrsvorgang zu einem Eingriff zu pervertieren.[60] Es handelt sich bei der Tat um einen verkehrsfremden Eingriff, der selbst nicht Teil von Verkehrsvorgängen ist, sondern „von außen" auf diese einwirkt.[61]

I. Öffentlicher Straßenverkehr

71 Es geht hierbei um die Sicherheit des öffentlichen Straßenverkehrs, weshalb Vorkommnisse auf Privatwegen und nicht allgemein zugänglichen Straßen ausscheiden. Flächen außerhalb des öffentlichen Verkehrsraums sind vom Schutzzweck der Norm nicht umfasst.

72 **Beispiel:** Befindet sich das Opfer in dem Zeitpunkt, in dem sich der Täter zur Tatbegehung entschließt und sein Auto zweckwidrig als Waffe oder Schadenswerkzeug einsetzt, außerhalb des öffentlichen Verkehrsraums, hier: auf dem Grünstreifen, fehlt es an einer Beeinträchtigung der Sicherheit des Straßenverkehrs und damit an einer tatbestandlichen Voraussetzung für die Anwendbarkeit des § 315b StGB.[62]

73 Ebenso hatte der BGH schon vorher entschieden, als er festlegte, dass auf einem Werksgelände kein „Straßenverkehr" stattfindet im Sinne des § 315b StGB, wenn der Zutritt lediglich Werksangehörigen und Personen mit individuell erteilter Erlaubnis möglich ist.[63] Auf einem privaten Betriebsgelände findet demnach nur dann öffentlicher Straßenverkehr statt, wenn der Zugang zum Gelände freigegeben ist.[64]

II. Zumindest bedingter Schädigungsvorsatz

74 Zerstören, Beschädigen, Beseitigung von Anlagen und Fahrzeugen, Hindernis bereiten und ähnliche ebenso gefährliche Eingriffe werden als Tathandlung benannt. Der BGH hat im Jahr 2003 seine Rechtsprechung zu § 315b StGB geändert.[65] Danach reicht zur Erfüllung des Tatbestands des § 315b StGB nicht mehr ein bloßer Gefährdungsvorsatz aus, sondern der Täter muss mit zumindest bedingtem Schädigungsvorsatz handeln. Dazu muss der Tatrichter im Urteil Feststellungen treffen. Fehlen diese, führt die Sachrüge zur Aufhebung des Urteils. In dem entschiedenen Fall fuhr der Angeklagte mit seinem Fahrzeug auf einen Polizeibeamten zu. Er wollte sich der Festnahme entziehen. Er hatte lediglich Gefährdungsvorsatz. Hier entschied der BGH, dass bei Vorgängen im fließenden Verkehr zu dem bewusst zweckwidrigen Einsatz eines Fahrzeugs in verkehrswidriger Absicht hinzukommen muss, dass es mit mindestens bedingtem Schädigungsvorsatz – etwa als Waffe oder Schadenswerkzeug – missbraucht wird.

---

60 BGHSt 41, 231.
61 *Tröndle/Fischer*, § 315b Rn 2.
62 BGH, Urt. v. 8.6.2004 – 4 StR 160/04 = VA 2004, 193.
63 BGH, Urt. v. 4.3.2004 – 4 StR 377/03 = VA 2004, 174.
64 So auch *Tröndle/Fischer*, § 315b Rn 4.
65 BGHSt 48, 233 = NJW 2003, 1613 = NZV 2003, 488.

III. Zweckwidrigkeit des Fahrzeuggebrauchs

Der Fahrzeugeinsatz muss zweckwidrig sein. Deshalb liegt ein gefährlicher Eingriff in den Straßenverkehr nach § 315b Abs. 1 Nr. 3 StGB beim Zufahren auf eine Polizeisperre aus Beamten oder Fahrzeugen nur vor, wenn das Fahrzeug mit Nötigungsabsicht in verkehrsfeindlicher Einstellung bewusst zweckwidrig eingesetzt worden ist. Gebraucht der Täter das Fahrzeug nur als Fluchtmittel zur Umgehung einer Polizeikontrolle oder Festnahme, und will er von Anfang an nicht auf den Polizeibeamten zufahren, sondern an ihm vorbeifahren, liegt eine Zweckwidrigkeit nicht vor.[66]

75

Ebenso liegt ein gefährlicher Eingriff in den Straßenverkehr nur vor, wenn das Kraftfahrzeug **bewusst zweckentfremdet** wird. Der Entscheidung des OLG Hamm[67] lag ein Fall zugrunde, bei dem der Beifahrer bei hoher Geschwindigkeit überraschend die Handbremse zog (Tempo 140 km/h). Das Gericht kommt hier zu dem Ergebnis, dass ein gefährlicher Eingriff nach § 315b Abs. 1 Nr. 1 StGB nur dann unterstellt werden kann, wenn der Täter in der Absicht handelt, den Verkehrsvorgang zu einem Eingriff zu pervertieren. Eine solche Zweckentfremdung des Kraftfahrzeugs liegt nicht vor, wenn durch Anziehen der Handbremse die Geschwindigkeit des Autos verringert und das Verhalten des Fahrers in Richtung einer den Verkehrsvorschriften angepassten Fahrweise beeinflusst werden soll.[68]

76

IV. Ähnlicher, ebenso gefährlicher Eingriff

Als „ähnlicher, ebenso gefährlicher Eingriff" wurde die Abgabe eines Schusses aus einem Fahrzeug angesehen. In diesem Fall hatte der Angeklagte aus seinem Auto mit einer Gaspistole, die lediglich mit Platzpatronen geladen war, auf den Fahrer eines neben ihm fahrenden Fahrzeugs geschossen. Für diesen war es unmöglich, innerhalb der nur wenigen Sekunden zu erkennen, dass es sich um eine mit Platzpatronen geladene Gaspistole handelte. Dieses Verhalten sei geeignet, das Opfer in Angst und Schrecken zu versetzen und zu einem möglicherweise folgenschweren Fahrfehler zu veranlassen, sei es durch ein reflexartiges Ausweichmanöver durch Verreißen des Lenkrades, eine abrupte Vollbremsung oder durch volle Beschleunigung. Es liege daher ein „ähnlicher, ebenso gefährlicher Eingriff" im Sinne des § 315b Abs. 1 Nr. 3 StGB vor, der an Bedeutung den in Nr. 1 und 2 des § 315b StGB genannten Begehungsformen gleichkomme.[69]

77

E. Gefährdung des Straßenverkehrs (§ 315c StGB)

§ 315c StGB beschäftigt den Verkehrsanwalt häufig in der Kombination der Tatbestandsmerkmale Alkohol und Unfall. Soweit hier Alkohol und – inzwischen zunehmend – Drogen eine Rolle spielen, verweise ich auf die Ausführungen zu § 316 StGB (Rn 92 ff).

78

Die Vorschrift beschreibt die Strafbarkeit des Verkehrsteilnehmers, der entweder selbst in einem Zustand ist, der eine Teilnahme am Straßenverkehr gefährlich macht, oder erhebliche Fahrfehler begeht, die zu den „Todsünden" im Straßenverkehr zählen, und dadurch Leib oder Leben eines anderen Menschen oder fremde Sachen von bedeutendem Wert gefährdet.

79

---

66 OLG Hamm, Beschl. V. 27.10.2000 2 Ss 1030/00 in VA 2001, 12.
67 OLG Hamm VA 2000, 67.
68 OLG Hamm, aaO.
69 OLG Hamm, Urt. v. 24.5.2000 – 3 Ss 115/00 = VA 2001, 12.

80   Soweit körperliche Mängel als Grund für ein Verbot an der Teilnahme am Straßenverkehr zugrunde gelegt werden, ist auch auf das die „Begutachtungs-Leitlinien zur Kraftfahrereignung" bzw die „Richtlinie zur Beseitigung von Fahreignungsmängeln" zu verweisen, die beide genau beschreiben, unter welchen Aspekten Krankheiten und Gebrechen im Zusammenhang mit dem Straßenverkehr zu tolerieren sind.

I. Übermüdung, Sekundenschlaf

81   Häufiger wird als körperlicher Mangel Übermüdung festgestellt, ein Körperzustand, der dem Verkehrsteilnehmer in der Regel jegliche Verkehrsverhaltenskontrolle entzieht mit der Folge oft schwerwiegender Unfälle. Häufig haben LKW-Fahrer dagegen zu kämpfen, die im Rahmen eines gnadenlosen Konkurrenzkampfes immer häufiger immer länger fahren müssen. Dieses Thema bereitet auch dem Gesetzgeber Sorge, so dass – nicht verwunderlich – der Verkehrsgerichtstag 2004 über Auswege und gesetzliche Möglichkeiten debattierte.

82   Die Folgen eines solchen Falls gehen erheblich über die strafrechtlichen Konsequenzen hinaus: Zum einen droht der **Verlust des Versicherungsschutzes** aus der Fahrzeugversicherung (§ 61 VVG); zum anderen besteht die Möglichkeit des **Rückgriffs des Kaskoversicherers** gegen den Fahrer wegen grober Fahrlässigkeit (§ 67 VVG iVm § 15 Abs. 2 AKB). Dies hat der Verteidiger zu beachten und dem Mandanten zu verdeutlichen.

83   Der Verteidiger hat deshalb sehr sorgfältig den Sachverhalt zu ermitteln durch Befragung aller Beteiligten von der Abfahrt des Fahrzeugs bis zum Unfall und alle belastenden Aussagen kritisch zu würdigen. Er hat alle für den Beschuldigten sprechenden Gesichtspunkte darzulegen und unter Beweis zu stellen, wie die gute körperliche Verfassung des Mandanten, seinen guten Zustand bei Antritt der Fahrt, seine bisherige Fahrerkarriere anhand BZR und VZR, sein besonnenes Fahr- und Lebensverhalten, und letztlich natürlich, dass er keinerlei Ermüdungsanzeichen vor Fahrtantritt oder während der Fahrt feststellen konnte.

84   Der IV. Strafsenat des BGH hat dazu den Grundsatzbeschluss aus dem Jahr 1969[70] erlassen, dass nach dem Stand der ärztlichen Wissenschaft der Erfahrungssatz besteht, dass ein Kraftfahrer, bevor er am Steuer seines Fahrzeugs während der Fahrt einschläft, stets deutliche Zeichen der Ermüdung an sich wahrnimmt oder wenigstens wahrnehmen kann. Ausgenommen hiervon ist der Fall, dass der Kraftfahrer an Narkolepsie leidet. Seit diesem Grundsatzbeschluss ist in ärztlich-medizinischer Hinsicht keine Änderung eingetreten. Die Autoindustrie arbeitet an technischen Hilfen, den Fahrer auf nachlassende Konzentration zu sensibilisieren.

85   Als Ausnahmesituation wird das Krankheitsbild **„Schlafapnoe"** angesehen und diskutiert, eine Gesundheitsstörung, von der immerhin ungefähr eine Million Menschen in Deutschland betroffen sind. Diese Schlaf-Atem-Regulationsstörung kann eine Ursache des **Sekundenschlafs** hinter dem Steuer sein.

86   **Hinweis:** Bei der Fallbearbeitung sollten hier Informationen, auch zu Beweisanträgen, bei der „Deutsche Akademie für Gesundheit und Schlaf" angefordert werden (www.dags.de, Tel. 0941/9428271).

---

70 BGH NJW 1970, 520.

II. „Sieben Todsünden im Straßenverkehr" (§ 315 Abs. 1 Nr. 2 StGB)

§ 315 Abs. 1 Nr. 2 StGB beschreibt die sieben Todsünden im Straßenverkehr, die im Falle einer konkreten Gefährdung so sanktioniert werden wie die Fahruntüchtigkeit eines Fahrers. Auch diese Fälle sind akribisch zu verteidigen, da auch insoweit bei Verurteilung die oben (Rn 82) beschriebenen zivilrechtlichen Konsequenzen drohen.

87

Zur „grob verkehrswidrigen" Verhaltensweise muss kumulativ das Tatbestandsmerkmal „rücksichtslos" kommen, damit eine entsprechende Verurteilung erfolgen kann. Es handelt sich hierbei um eine subjektive Komponente, die ohne Weiteres durch die Zeugenaussage des Beifahrers ausgeräumt werden kann, falls dieser die Beweggründe des Fahrers beschreiben kann. Immerhin muss der Fahrer die Pflicht zur Rücksichtnahme bewusst schwer verletzt haben, Gedankenlosigkeit allein und unbefangenes Verhalten reicht nicht aus.[71] Unaufmerksamkeit, Ablenkung, einfaches menschliches Versagen, äußere Umstände, die das Verhalten des Fahrers beeinflussen, lassen den Tatbestand entfallen. Der Verteidiger hat also in diesem Fall die Aufgabe, von dem seinem Mandanten gemachten und in der Formel „… sich bedenkenlos über die Interessen anderer Verkehrsteilnehmer hinwegsetzen …" beschriebenen Vorwurf wegzukommen.

88

III. Gefährdung von Menschen oder wertvollen Sachen

§ 315c StGB setzt voraus, dass eine konkrete Gefährdung von Leib und Leben eines anderen oder einer fremden Sache von bedeutendem Wert eingetreten ist.[72] Lediglich das vom Täter selbst gefahrene Fahrzeug bleibt außer Betracht. Der bedeutende Wert ist bei ca. 1.000 EUR anzusetzen, sollte jedoch wegen der permanenten Inflation immer hinterfragt werden. Der Wert ist ansonsten so festzustellen, wie das Schadensrecht des § 249 BGB dies vorgibt. Seit dem Inkrafttreten des Zweiten Schadensrechtsänderungsgesetzes[73] am 1.8.2002 ist die Mehrwertsteuer so lange herauszurechnen, wie die Ausgabe derselben nicht nachgewiesen ist – sei es zum Bezahlen einer Reparaturrechnung, die Mehrwertsteuer ausweist, oder zur Anschaffung eines Neu- oder Ersatzfahrzeugs mit ausgewiesener Mehrwertsteuer.

89

Muster: Antrag auf Verfahrenseinstellung wegen Schuldunfähigkeit (Insulinschock)

90

An die
Staatsanwaltschaft
beim Landgericht ▪▪▪

Az ▪▪▪ Js ▪▪▪/▪▪▪

(Tagebuchnummer bei PD ▪▪▪, Polizeirevier ▪▪▪)

In dem Ermittlungsverfahren

gegen

Frau ▪▪▪

wegen Gefährdung des Straßenverkehrs

---

71 OLG Düsseldorf zfs 2000, 413.
72 BGH NZV 2000, 213.
73 BGBl. I 2002, S. 2674.

zeige ich an, dass mich Frau ▪▪▪ mit der Wahrnehmung ihrer rechtlichen Interessen beauftragt hat und beantrage

die richterliche Entscheidung

und beantrage weiterhin,

die Beschlagnahme des Führerscheins vom ▪▪▪ aufzuheben und den Führerschein an Frau ▪▪▪ herauszugeben.

Begründung:

Die Beschuldigte fuhr am Unfalltag ihre Kinder zur Schule. Sie ist um ▪▪▪ Uhr losgefahren. Kurz nach Fahrtbeginn geriet die Beschuldigte unvermittelt und trotz zuvor durchgeführter Kontrolle in einen Insulinschock. Gegen ▪▪▪ Uhr wachte die Beschuldigte auf, nachdem sie durch ihre Tochter mit entsprechenden regulierenden Nahrungsmitteln versorgt worden war.

Während des Zuckerschocks ereigneten sich zwei Verkehrsunfälle. Dabei wurde bei dem ersten Verkehrsunfall ein anderes Fahrzeug beschädigt. Die Beschlagnahme erfolgte, weil die Polizeibeamten davon ausgingen, dass vorliegend der Tatbestand des § 315c StGB erfüllt sei.

Selbst für den Fall, dass dies vorliegend gegeben wäre, ist davon auszugehen, dass sich im weiteren Verfahren herausstellen wird, dass jedenfalls kein Anlass besteht, die Fahrerlaubnis zu entziehen.

In jedem Fall befand sich die Beschuldigte in einem Zustand des § 20 StGB. Der Zuckerschock führte bei der Beschuldigten zu einem schuldausschließenden Zustand.

Sowohl durch die Polizeibeamten als auch durch den Fahrer eines unfallbeteiligten Fahrzeugs konnte bestätigt werden, dass die Beschuldigte nicht ansprechbar war.

Als weitere Zeugin hierfür steht die Tochter der Beschuldigten, ▪▪▪, zur Verfügung. Die Tochter wird aussagen können, dass die Mutter nicht ansprechbar war und sie selbst sogar versucht hat, durch Ziehen der Feststellbremse die Fahrt zu unterbrechen.

Zusätzlich steht ein weiterer Zeuge zur Verfügung. Diesseits ist dabei nur bekannt, dass er ein Fahrzeug fuhr, welches das amtliche Kennzeichen ▪▪▪ trug und Teil der Fahrzeugflotte des Chauffeurservice ▪▪▪ war. Schließlich wird noch eine Bestätigung der behandelnden Ärztin vom ▪▪▪ überreicht, aus der sich ergibt, dass die Beschuldigte an Diabetis mellitus Typ 1 leidet.

Es ist somit davon auszugehen, dass das Verfahren nach § 170 Abs. 2 StPO eingestellt werden wird. Eine Sicherstellung des Führerscheins bzw die Beschlagnahme desselben ist aufzuheben.

Rechtsanwalt

91   **Muster: Antrag auf Verfahrenseinstellung (kein rücksichtsloses und grob verkehrswidriges Handeln)**

An die
Staatsanwaltschaft
beim Landgericht ▪▪▪

Az ▪▪▪ Js ▪▪▪/▪▪▪

In dem Ermittlungsverfahren

gegen

Herrn ▪▪▪

wegen Gefährdung des Straßenverkehrs

bedanken wir uns für die erteilte Akteneinsicht und nehmen für den Beschuldigten wie folgt Stellung:

Der Beschuldigte fuhr am ▪▪▪ gegen ▪▪▪ Uhr auf der ▪▪▪ von ▪▪▪ kommend in Richtung Grenze. Bereits am Ortsausgang von ▪▪▪ bemerkte der Beschuldigte einen grünen PKW ▪▪▪ vor sich, welcher ohne ersichtlichen Grund die zulässige Höchstgeschwindigkeit ständig um ca. 15 bis 20 km/h unterschritt.

Der Beschuldigte versuchte mehrmals diesen PKW zu überholen, musste jedoch feststellen, dass jedes Mal, wenn er zum Überholen ansetzte, der Fahrer des PKW die Geschwindigkeit deutlich erhöhte, so dass der Beschuldigte ihn nicht überholen konnte. Der Beschuldigte hatte den Eindruck, dass der Fahrer des PKW ▪▪▪ bewusst versuchte, ein Überholen zu verhindern.

Dies erfüllt nach diesseitigem Dafürhalten verschiedene Tatbestände des StGB, welche als Offizialdelikte entsprechend zu verfolgen sind. Der Sachverhalt wurde diesseits nunmehr entsprechend mitgeteilt. Der Beschuldigte steht insoweit als Zeuge zur Verfügung.

Auf dem folgenden Streckenabschnitt vergrößerte sich die Kolonne aus dem PKW ▪▪▪ und dem Fahrzeug des Beschuldigten um zwei weitere Fahrzeuge. Das erste Fahrzeug ist vom Typ her dem Beschuldigten nicht mehr in Erinnerung. Dahinter fuhr ein PKW ▪▪▪.

In dieser Kolonne fuhr er über mehrere Kilometer nicht schneller als 60 km/h, obwohl auch Streckenabschnitte vorhanden waren, die eine zulässige Höchstgeschwindigkeit von 100 km/h erlaubten. Ein ersichtlicher Grund hierfür war dem Beschuldigten nicht ersichtlich.

Vor dieser Kolonne, bestehend aus vier Fahrzeugen, befand sich in deutlicher Entfernung das Ende einer weiteren Kolonne.

Dazwischen, also zwischen dem letzten Fahrzeug der vorausfahrenden Kolonne und dem ersten Fahrzeug der Kolonne, in welcher sich der Beschuldigte befand, lag ein großer Abstand. Vor dem Ortseingang ▪▪▪ erkannte der Beschuldigte, dass auf dem geraden Bergabstück von mehr als 200 m Länge Gegenverkehr nicht herrschte, so dass es der Beschuldigte als möglich erachtete, bis zum Ortseingang ▪▪▪ die drei vor ihm fahrenden Fahrzeuge zu überholen, welche die zulässige Höchstgeschwindigkeit deutlich unterschritten. Als der Beschuldigte an den drei Fahrzeugen vorbeifuhr, erkannte er, dass die davor fahrende Kolonne deutlich langsamer wurde, sodass das erste Fahrzeug der Kolonne des Beschuldigten immer weiter auf die davor fahrende Kolonne auffuhr. Da sich der Beschuldigte nunmehr parallel zum ersten Fahrzeug seiner Kolonne befand und er Gegenverkehr erkannte, war er gezwungen, auf die rechte Fahrspur zurückzufahren. Ein Rückfallenlassen hinter das dritte Fahrzeug der Kolonne war zu diesem Zeitpunkt nicht mehr möglich. Das erste Fahrzeug der Kolonne erkannte diese Situation und bremste sein Fahrzeug ab und gebot dem Beschuldigten, sich vor das Fahrzeug einzuordnen. Dies tat der Beschuldigte und bedankte sich bei dem Fahrer des ersten Fahrzeugs mit einem kurzen Einschalten der Warnblinkanlage, was allgemein als Zeichen des Dankes an einen dahinter fahrenden Fahrer verstanden wird.

Der Beschuldigte erkannte daraufhin, dass der Fahrer des nunmehr hinter dem Beschuldigten fahrenden Fahrzeugs kurz lächelte und mit einer Hand grüßte, was der Beschuldigte als Zeichen verstand, in welchem der Fahrer mitteilen wollte, dass er sich für den Dank des Beschuldigten wiederum bedankte. Hiernach war die Situation für den Beschuldigten zunächst beendet.

Am Grenzübergang fuhr der Fahrer des PKW ▪▪▪ dann plötzlich scharf neben den Beschuldigten und sprang aus seinem Fahrzeug heraus und zeigte ohne ein Wort des Grußes seinen Polizeiausweis. Seine einzigen Worte waren: „Personalausweis, Führerschein, Fahrzeugschein, rechts ran! Sie wissen, was Sie falsch gemacht haben. Nichtbeachten des Sicherheitsabstands, verbotenes Überholen in einer 30er-Zone."

Der Fahrer des PKW ▪▪▪ überschritt dabei deutlich seine Kompetenzen. Offensichtlich hatte er in oberlehrerhafter Manier vor, den Beschuldigten zu maßregeln. Dass er dies tat, ist insbesondere unter Beachtung dessen, dass er den Beschuldigten kurz zuvor mehrfach daran gehindert hat, ihn zu überholen, unverständlich.

Der Beschuldigte weist es von sich, grob verkehrswidrig oder rücksichtslos gehandelt zu haben. In seiner Auffassung fühlte er sich auch dadurch bestätigt, dass der Fahrer des Fahrzeugs unmittelbar hinter ihm nach dem Überholmanöver die Angelegenheit mit einem Lächeln abtat, was deutlich werden lässt, dass ein gefährdendes Überholen mit an Sicherheit grenzender Wahrscheinlichkeit nicht gegeben war.

Möglicherweise befürchtete der Fahrer des PKW ▪▪▪, nachdem er mehrfach durch Beschleunigen ein Überholen des Beschuldigten verhindert hatte, dass der Beschuldigte daraufhin eine Strafanzeige gegen den Fahrer des Opel Astra erstatten könnte, und wollte selbst der Erste sein, der Strafanzeige erstattet, da er sich durch sein aktives Handeln einen Vorteil versprach.

Das Verfahren gegen die Beschuldigte ist jedenfalls nach § 170 Abs. 2 StPO einzustellen.

Rechtsanwalt

F. Trunkenheit im Verkehr (§ 316 StGB)

92 Zu den Alltagsgeschäften eines Verkehrsrechtlers gehört in jedem Fall die Verteidigung wegen Trunkenheitsfahrt nach § 316 StGB. Da einerseits in der heutigen Gesellschaft das Auto und die Fahrerlaubnis zu lebenswichtigen Hilfsmitteln des beruflichen Fortkommens geworden sind und von den Menschen ein immer höheres Maß an Mobilität erwartet wird, andererseits Alkohol die legale Droge schlechthin ist, die bei gesellschaftlichen Anlässen eine bedeutende Rolle spielt, wird der Verkehrsrechtler keinen Abbruch dieses Betätigungsfeldes erwarten können. Da es sich um ein Massendelikt handelt, das schon fast per Katalog abgeurteilt wird, ist sorgfältig zu prüfen:

I. Fahrzeug im Sinne des § 316 StGB

93 Zunächst ist zu untersuchen, ob der Beschuldigte ein Fahrzeug im Sinne des § 316 StGB verwendet hat, da Fahrzeuge in diesem Sinne nicht nur Kraftfahrzeuge sind, sondern auch alle anderen Fortbewegungsmittel, die der Beförderung von Personen oder Sachen dienen und am Verkehr auf der Straße teilnehmen. Somit fallen ebenfalls Mopeds, Bagger, Pferdefuhrwerke sowie Krankenfahrstühle und Fahrräder unter den Begriff des Fahrzeugs gem. § 316 StGB, soweit sie entweder maschinell, elektrisch oder mit Muskelkraft betätigt werden. Dagegen sind von Fußgängern geschobene Fahrräder oder Krankenfahrstühle keine Fahrzeuge im Sinne des § 316 StGB.[74] Die in § 24 StVO genannten besonderen Fortbewegungsmittel fallen ebenso wenig unter den Begriff des Fahrzeugs wie Fußgänger, Reiter, Roller, Inlineskater oder Skateboarder.[75]

II. Öffentlicher Straßenverkehr

94 Weiter stellt sich die Frage, ob der Mandant am öffentlichen Straßenverkehr teilgenommen hat (vgl auch Rn 138 ff). Die gängigste Definition von öffentlichem Straßenverkehr lautet wie folgt: „Öffentlicher Verkehr ist der jeder Art der Fortbewegung dienende Verkehr von Fahrzeugen, Radfahrern und Fußgängern auf allen Wegen, Plätzen und Durchgängen und Brücken, die jedermann oder wenigstens allgemein bestimmten Gruppen von Benutzern, wenn

---

74 Schönke/Schröder/*Cramer*, § 315c Rn 5.
75 Zum Inlineskater siehe *Wendrich*, NZV 2002, 212.

auch nur vorübergehend oder gegen Gebühr, zur Verfügung stehen".[76] Da es somit für die Bestimmung von öffentlichem Verkehr nicht auf die Eigentumsverhältnisse ankommt, gehören Privatwege, die für den öffentlichen Verkehr freigegeben sind, sowie Parkplätze von Einkaufszentren genauso zum öffentlichen Verkehr wie zum Beispiel die Gelände von Tankstellen zu den normalen Öffnungszeiten. Auszunehmen sind demnach nur die Grundstücke und Flächen, die nicht jedermann zugänglich sind.

Zu beachten ist hier, dass kein öffentlicher Verkehr mehr vorliegt, wenn die Bestimmung zum öffentlichen Straßenverkehr entzogen wurde. Dies kann im Allgemeinen durch ausdrücklichen Widerruf des Eigentümers geschehen. So ist die Öffentlichkeit des Verkehrs außerhalb der normalen Betriebszeiten von Gaststätten, Einkaufszentren und Parkhäusern nicht mehr gegeben. Dann ist auf diesen Flächen eine Trunkenheitsfahrt im Sinne des § 316 StGB nicht mehr möglich. Dies gilt auch für die Flächen, die generell nicht dem allgemeinen Zugang zu dienen bestimmt sind. So ist der Versuch eines alkoholbedingt fahruntüchtigen Fahrers, seinen im Straßengraben befindlichen PKW wieder auf die Fahrbahn zu bringen, nicht nach § 316 StGB strafbar.

95

III. Fahrzeug führen

Der Beschuldigte muss das Fahrzeug geführt haben (vgl auch Rn 132 ff). Führen heißt hier, dass jemand das Fahrzeug willentlich in Bewegung setzt oder es unter Handhabung seiner technischen Vorrichtungen während der Fahrbewegung lenkt, das heißt, es muss die Motorkraft des Fahrzeugs zum Einsatz gekommen sein. Ist dies nicht der Fall, kann von einem Führen im Sinne des § 316 StGB nicht gesprochen werden. Praxisrelevant wird dieser Punkt in den Fällen des Anschiebens oder Abschleppens von Fahrzeugen.

96

Beim **Anschieben** gilt, dass, wenn das Kraftfahrzeug von einem Dritten angeschoben wird, um den Motor zum Anspringen zu bringen, ein Führen gem. § 316 StGB vorliegt. Die daraus resultierende Konsequenz ist, dass auch hier die Fahruntüchtigkeit des „Fahrzeuglenkers" beachtet werden muss. Im Gegensatz dazu ist das Schieben des Fahrzeugs zur nächstgelegenen Tankstelle kein Führen im Sinne des § 316 StGB. Beim **Abschleppen** ist dagegen grundsätzlich von einem Führen auszugehen, da der Kraftfahrer, der am Steuer eines abgeschleppten Fahrzeugs sitzt, einen nicht nur unerheblichen Einfluss auf die Fortbewegung hat.[77]

97

Das willentliche In-Bewegung-Setzen ist Voraussetzung für ein Führen nach § 316 StGB, so dass eine Strafbarkeit ausgeschlossen ist, wenn versehentlich die Handbremse gelöst wurde und damit das Fahrzeug ungewollt in Bewegung geriet. Weiterhin muss das In-Bewegung-Setzen von bloßen **straffreien Vorbereitungshandlungen** abgegrenzt werden. Solche sind zum Beispiel Maßnahmen zum Anlassen des Motors wie Einführen des Zündschlüssels oder Lösen der Handbremse[78] oder das Freikommen eines steckengebliebenen Fahrzeugs.[79] Ebenfalls ist das Schieben eines Wagens zu einer Gefällstrecke, um ihn dort in Gang zu setzen, kein Führen im Sinne des § 316 StGB.[80]

98

---

76 *Tröndle/Fischer*, § 315b Rn 3; BGHSt 34, 325.
77 BGH NJW 1990, 1245; OLG Celle NZV 1989, 317.
78 BGH NZV 1989, 32.
79 OLG Karlsruhe NZV 1992, 493.
80 OLG Karlsruhe DAR 1983, 365.

IV. Fahruntüchtigkeit

99   Die zentrale Frage der Strafbarkeit nach § 316 StGB ist die nach der Fahruntüchtigkeit des Mandanten. Diese liegt vor, wenn der Fahrzeugführer nicht mehr in der Lage ist, sein Fahrzeug im Straßenverkehr eine längere Strecke sicher zu führen. Dabei muss beachtet werden, dass die Fahruntüchtigkeit im Rahmen des § 316 StGB auf die Alkoholisierung des Fahrers oder vorangegangenen Drogenkonsum zurückzuführen sein muss. Zu unterscheiden sind hier die absolute und die relative Fahruntüchtigkeit.

1. Absolute Fahruntüchtigkeit

100   Absolute Fahruntüchtigkeit liegt bei Kfz-Führern (ebenso Fahrern von Krafträdern, Motorrollern, Mopeds und Mofas) bei einer BAK von 1,1‰ vor. Bei Radfahrern ist eine absolute Fahruntüchtigkeit nach einhelliger Auffassung bei einem Grenzwert von 1,6‰ gegeben.[81] Bei absoluter Fahruntüchtigkeit ist im Gegensatz zur relativen Fahruntüchtigkeit ein Gegenbeweis, dass kein rauschbedingter Fehler vorgelegen hat, ausgeschlossen. Hier wird nach allgemeinen Erfahrungswerten davon ausgegangen, dass bei einer derart starken Alkoholisierung eine sichere Fahrweise ausgeschlossen ist.

2. Relative Fahruntüchtigkeit

101   Bei relativer Fahruntüchtigkeit ist hingegen ein Gegenbeweis möglich, da hier Fahrfehler hinzutreten müssen, um eine relative Fahruntüchtigkeit bejahen zu können. Unterster Wert für eine relative Fahruntüchtigkeit ist eine BAK von 0,3‰. Bei darunter liegenden Werten wird keine Fahruntüchtigkeit angenommen.[82] Im Bereich relativer Fahruntüchtigkeit handelt es sich um eine konkrete Rauschmittelwirkung zum Zeitpunkt der Tat.[83]

102   Genauer zu untersuchen ist hier, ob ein Fahrfehler auf die Alkoholisierung zurückzuführen ist. Konkret bedeutet dies, dass, wenn dem betroffenen Mandanten derartige Fahrfehler auch im nüchternen Zustand passieren, diese nicht rauschmittelbedingt sein müssen, ein Ursachenzusammenhang zwischen Fahrfehler und Alkohol- oder Drogeneinfluss somit ausgeschlossen sein kann. Entscheidend sind hier die subjektiven Umstände in der Person des Mandanten und seine objektive Fahrweise. Es kann aber für die Bejahung der Fahruntüchtigkeit auch schon genügen, wenn zum Beispiel besonders langsam gefahren[84] oder aber die vorgegebene Geschwindigkeit überschritten wurde. Geschwindigkeitsüberschreitungen kommen jedoch ebenso bei nüchternen Fahrern vor und müssen somit keine spezifischen Fahrfehler von berauschten Kraftfahrern sein. Grundsätzlich kann aber gesagt werden, dass je näher der Grenzwert an 1,1‰ liegt, die übrigen Umstände umso mehr für die Fahruntüchtigkeit an Bedeutung verlieren.

V. Nachweis der alkoholbedingten Fahruntüchtigkeit

103   Die BAK wird mithilfe üblicher Nachweisverfahren (ADH, Widmark und gaschromatographische Methode) ermittelt. Hier muss auf eine ordnungsgemäße Durchführung des Messverfahrens geachtet werden. Von der Rechtsprechung wird verlangt, dass zumindest

---

81 BayObLG NJW 1992, 1906; OLG Karlsruhe NStZ-RR 1997, 356.
82 OLG Saarbrücken NStZ-RR 2000, 12; OLG Köln NZV 1989, 357.
83 *Tröndle/Fischer*, § 316 Rn 14.
84 OLG Hamm DAR 1975, 249.

zwei dieser Untersuchungsmethoden durchgeführt worden sind. Bei unterschiedlichen Ergebnissen wird die Tatzeit-BAK nach dem arithmetischen Mittelwert aller Einzelanalysen bestimmt, dabei bleibt die dritte Dezimalstelle hinter dem Komma bei der Berechnung außer Betracht.[85]

Bei der Berechnung der Tatzeit-BAK sind drei Phasen zu beachten: 104

- **Anflutphase:** In der Zeit unmittelbar nach Trinkende wirkt der Alkohol bereits, ohne dass er sich in einer bestimmten BAK niederschlägt. Ist die BAK der entnommenen Probe jetzt bereits über 1,1‰, so reicht dies als Nachweis der Fahruntüchtigkeit aus.[86] Ist die BAK unter 1,1‰, muss der erst nach der Fahrt resorbierte Alkohol vom Entnahmewert abgezogen werden.

- **Resorptionsphase:** Zwei Stunden nach Trinkende entfaltet der konsumierte Alkohol seine volle Wirkung und lässt sich als BAK nachweisen. Eine Rückrechnung findet hier nicht statt.[87]

- **Abbauphase:** Bei der Rückrechnung ist ein Abbauwert von 0,1‰ pro Stunde zugrunde zu legen.

Des Weiteren sollte darauf geachtet werden, dass BAK-Nachweise durch **Atemalkoholmess-**   105
geräte (zB „Draeger Alcotest 7110 Evidential") nicht geführt werden dürfen.[88] Die damit gewonnenen Messergebnisse können jedoch Anlass für die Anordnung einer Blutprobenentnahme sein.

Auch sollten die Umstände der Blutprobenentnahme erfragt werden, da hier **Beweisverwer-**   106
tungsverbote gegeben sein können. Dies ist dann der Fall, wenn der Mandant vor der ärztlichen Untersuchung anlässlich der Blutentnahme nicht ordnungsgemäß belehrt wurde. Eine ordnungsgemäße Belehrung ist aber nur dann erfolgt, wenn dem Mandanten eröffnet wurde, dass es ihm freisteht, ob er Angaben zur Sache macht. Ein Beweisverwertungsverbot ergibt sich aber nicht daraus, dass zur Blutentnahme Zwang angewandt wurde. Auch wenn ein Beweisverwertungsverbot hinsichtlich der aus der Blutprobe ermittelten BAK gegeben ist, kann die Fahruntüchtigkeit noch durch Zeugenaussagen festgestellt werden. Dazu muss aber die gesamte Trinkmenge ermittelt worden sein. Daraus wird dann die Tatzeit-BAK errechnet, indem ein einmaliger Sicherheitszuschlag von 0,2‰ zugrunde gelegt und für den die ersten zwei Stunden übersteigenden Zeitraum ein maximal stündlicher Abbauwert von 0,2‰ angenommen wird.[89]

VI. Nachtrunk

Häufig werden Beschuldigte nicht unmittelbar nach Beendigung einer Fahrt von der Polizei   107
festgestellt, sondern erst später. Daraus resultiert die häufige Einlassung, dass erst nach Fahrtbeendigung Alkohol konsumiert wurde (Nachtrunk).

Der Verteidiger hat hier die Aufgabe festzustellen, ob Zeugen dafür vorhanden sind, die dann   108
benannt werden müssen. Der zu verteidigende Mandant ist darüber aufzuklären, dass im Rahmen einer **Begleitstoffanalyse** festgestellt werden kann, welche Getränke nachgetrunken worden sein sollen. Weiter ist darauf zu achten, dass eine zweite Blutprobe erforderlich ist

---

85 OLG Dresden VA 2003, 28.
86 BGH NJW 1974, 246.
87 BayObLG NZV 1995, 117.
88 BGH VA 2001, 85.
89 *Tröndle/Fischer*, § 316 Rn 21.

zum Nachweis dafür, ob sich der Beschuldigte zum Zeitpunkt der Blutentnahme in der „anflutenden Phase" oder der „abflutenden Phase" befand.

VII. Schuldform

109   Von der Schuldform hängen nicht nur die Höhe der Strafe und die Dauer der Sperrfrist ab, sondern auch die Frage, ob die eventuell vorhandene Rechtsschutzversicherung die Verteidigung deckt oder ablehnt (§ 4 ARB).

110   **Hinweis:** Deshalb ist zunächst zu überlegen, ob dem zu verteidigenden Mandanten die Möglichkeit gegeben werden soll, auszusagen oder zu schweigen. Aus der Erfahrung einer Vielzahl von Verteidigungen kann gesagt werden, dass die wenigsten Mandanten sehr glaubwürdig und überzeugend wirken, weshalb der schweigende Mandant etwas für sich hat. Allerdings begibt man sich dann der Möglichkeit, eine Milderung gem. § 46 StGB zu erreichen. Gerichte pflegen Schlüsse zu ziehen aus den Umständen, die von den Angeklagten und den Zeugen geschildert werden.

111   Eine erhebliche Trinkmenge allein und eine hohe BAK lassen noch keine Vorsatzverurteilung zu.[90] Der Entscheidung des OLG Hamm vom 9.11.2003 vorangegangen war eine Entscheidung des gleichen Gerichts,[91] die klarstellte, dass es nach wie vor keinen Erfahrungssatz gibt, dass derjenige, der in erheblichen Mengen Alkohol getrunken hat, sich einer Fahrunsicherheit bewusst wird oder diese billigend in Kauf nimmt. Auch der Umstand, dass der Angeklagte eine Vorverurteilung wegen Trunkenheitsfahrt aufweist, reicht für sich genommen nicht aus für die Annahme von Vorsatz.

112   Zu dem hohen Blutalkoholwert müssen **weitere Umstände** hinzutreten. Zu berücksichtigen ist die Täterpersönlichkeit, der Trinkverlauf und das Täterverhalten bei Fahrtantritt. Dass der Täter selbst zur Gaststätte fährt, reicht nicht aus, um Vorsatz zu unterstellen.[92] Ebenso wenig reicht es aus, dass der Täter sich zur Gaststätte bringen lässt, später aber selbst nach Hause fährt.[93]

113   Mehrfach einschlägige Vorstrafen können zu dem Ergebnis führen, dass der Täter vorsätzlich handelte, dabei müssen jedoch die vorangegangenen Verfahren beigezogen werden. Der Schluss ist nur dann zulässig, wenn die Werte, das Trinkverhalten und die Trinkmenge vergleichbar sind.[94]

114   Hat der Mandant versucht, sich einer Polizeikontrolle zu entziehen, reicht dies für sich allein ebenfalls nicht aus, Vorsatz zu unterstellen.[95] Besonders vorsichtige Fahrweise,[96] das Benutzen von „Schleichwegen"[97] oder Besonderheiten in der Fahrweise[98] sind ebenfalls nicht geeignet, Vorsatz zu unterstellen.

115   **Hinweis:** Der Verteidiger hat dafür Sorge zu tragen, dass der Mandant eine Einlassung abgibt (wenn dieser sich dazu durchringen kann), die zu einer positiven Beweiserhebung führen kann, das heißt, dass er den Mandanten berichten lassen sollte, was er zum Fahrtantritt in

---

90 OLG Hamm, VA 2004, 54.
91 OLG Hamm VA 2002, 186.
92 OLG Karlsruhe NZV 1993,117.
93 OLG Hamm VRS 40, 360.
94 OLG Celle NZV 1998, 123; OLG Hamm, Beschl. v. 3.8.1999 – 5 Ss 501/99 und v. 14.7.2000 – 3 Ss 537/00.
95 BayObLG DAR 1985, 242.
96 OLG Köln DAR 1987, 157.
97 *Hentschel*, DAR 1993, 452.
98 OLG Hamm NZV 1998, 291.

der Lage war gut zu bewältigen, um darzustellen, dass alle Anzeichen – warum auch immer – dafür sprachen, dass er sich nicht fahruntüchtig fühlen musste.

Muster: Hinweis auf Möglichkeit, eine Hochalkoholisierung zu verkennen

116

233

An das Amtsgericht ■■■
– Strafrichter –

Az ■■■

In der Strafsache

gegen

Herrn ■■■

wegen angeblicher Anstiftung zur Trunkenheitsfahrt

bitten wir um rasche Terminierung.

Dem Angeschuldigten wird vorgeworfen, seine Ehefrau zu einer Trunkenheitsfahrt angestiftet zu haben. Er war mit dieser gemeinsam zu einer Geburtstagsfeier gefahren. Beide hatten vorher vereinbart, dass der Angeklagte zu der Feier hinfährt und seine Ehefrau auf dem Nachhauseweg fährt. Diese sagte, als sie von der Polizei angehalten und gebeten wurde, den Atemalkohol feststellen zu lassen: „Es ist jedes Mal gleich, er auferlegt mir, den Nachhauseweg zu übernehmen."

Dies kann nicht zu einer Verurteilung wegen Anstiftung zu einer Trunkenheitsfahrt führen.

Der Angeschuldigte stellte fest, dass seine Ehefrau diese Angaben lediglich deshalb machte, weil sie davon ausgegangen war, etwas günstiger beurteilt zu werden.

Tatsächlich wusste der Angeschuldigte gar nicht, dass seine Ehefrau fahruntüchtig war, da beide bei einer größeren Festivität, selten beieinander standen. In ihrer Vernehmung sagte die Ehefrau, sie habe sich fahrtüchtig gefühlt, was zwar bei 2,21‰ erstaunt, aber auch nicht ungewöhnlich ist.

Forschungsergebnisse des Heidelberger Rechtsmediziners Prof. Pedal belegen dies. Prof. Pedal stellte fest, dass bei einer Untersuchung 25% aller Hochalkoholisierten (zwischen 2,5‰ und 4‰) äußerlich unbeeinträchtigt erschienen.

Wir sind bereit, auf Ladungsfristen zu verzichten.

Rechtsanwalt

Muster: Antrag auf Verfahrenseinstellung (kein Fahrzeugführen)

117

234

An die
Staatsanwaltschaft
beim Landgericht ■■■

Az ■■■ Js ■■■/■■■

In der Strafsache

gegen

Herrn ■■■

wegen Trunkenheitsfahrt u.a.

geben wir für den Beschuldigten folgende Einlassung ab:

Am ▪▪▪ besuchte der Beschuldigte ein Heimspiel des Vereins Dynamo Dresden. Er war dort hingefahren zusammen mit einem Kollegen, Herrn ▪▪▪. Beide fuhren häufiger zusammen zu Spielen des Fußballvereins Dynamo Dresden.

Der Beschuldigte sprach während und nach dem Spiel dem Alkohol insoweit zu, als er Bier trank. Er hat jedoch mit seiner Ehefrau, Frau ▪▪▪, vereinbart, dass diese ihn nach dem Spiel abholt. Nachdem er seiner Ehefrau mitgeteilt hatte, wo das Fahrzeug des Herrn ▪▪▪ stand, vereinbarte man, dass man sich an dessen Fahrzeug trifft. Der Zeuge ▪▪▪ wartete dann zusammen mit dem Beschuldigten, bis dessen Ehefrau zum Abholen erschienen war. Der Zeuge ▪▪▪ stellte noch fest, dass der Beschuldigte zu seiner Ehefrau ins Fahrzeug stieg und beide sich fahrend entfernten. Da die Ehefrau feststellte, dass der Beschuldigte in nicht unerheblichem Maße dem Alkohol zugesprochen hatte, herrschte „dicke Luft". Deshalb hatte sich der Beschuldigte nicht auf den Beifahrersitz gesetzt, sondern auf den Sitz hinter seiner fahrenden Ehefrau.

An der Kreuzung ▪▪▪ kam es sodann bei starkem Regen zu dem Auffahrunfall, wonach der Beschuldigte aus dem Fahrzeug heraussprang und sich den Schaden, den er für minimal hielt, anschaute. Zurückgekommen zum Fahrzeug, ging die Zeugin ▪▪▪ davon aus, dass alles geregelt sei, und fuhr danach, wie üblich, in Richtung ▪▪▪.

Während der Fahrt kam es zu einem Gespräch, aufgrund dessen sie misstrauisch bemerkte, dass wohl doch etwas zu regeln gewesen wäre, entgegen der Annahme des Beschuldigten, der meinte, „es sei kaum etwas passiert". Deshalb fuhr die Zeugin ▪▪▪, die schon in ▪▪▪ angekommen war, über ▪▪▪ zurück zur Unfallstelle.

Daher ist davon auszugehen, dass sich der Beschuldigte hier nicht strafbar gemacht hat. Die Zeugin ▪▪▪ hat es lediglich versäumt, bei starkem Regen das Fahrzeug zu verlassen und sich über eventuelle Ansprüche selbst zu informieren sowie ihrer Vorstellungspflicht nachzukommen. Sie war aber davon ausgegangen, dass nach dem Gespräch Ihres Mannes mit den unfallbeteiligten Zeugen die Angelegenheit erledigt gewesen sei, weshalb sie auch weggefahren war. Erst die Schilderung des Beschuldigten offenbarte ihr, dass noch einige Informationen auszutauschen waren. Deshalb fuhr sie wieder zurück. Dies wurde auch bei der Unfallaufnahme so mitgeteilt, unabhängig davon, dass die Zeugen nur den Beschuldigten ▪▪▪ gesehen haben wollen.

Hierbei ist zu bedenken, dass tatsächlich nur der Beschuldigte ausgestiegen und letztlich auch wieder eingestiegen war, allerdings nicht vom Fahrersitz aus, sondern vom Sitz hinter dem Fahrersitz. Für die Wahrnehmung zu bedenken ist die Dunkelheit und der starke Regen. Der Zeuge ▪▪▪ wird jedoch bestätigen können, dass der Beschuldigte überhaupt kein Auto dabei hatte, sondern darauf angewiesen war, dass die Zeugin ▪▪▪ ihn nach dem Fußballspiel abholte, was letztlich auch geschah. Daraus ergibt sich, dass in jedem Fall zum Unfallzeitpunkt der Beschuldigte und die Zeugin ▪▪▪ im Fahrzeug gesessen haben.

Der Beschuldigte sowie die Zeugin ▪▪▪ wurden auch anwaltlich belehrt über Wahrheitspflichten und die Folgen von Falschaussagen. Sowohl der Beschuldigte als auch die Zeugin ▪▪▪ gehen davon aus, dass der Zeuge ▪▪▪ zumindest belegen kann, dass der Beschuldigte nicht mit seinem Fahrzeug zu dem Fußballspieler gefahren ist, sondern von der Zeugin ▪▪▪ abgeholt wurde.

Unter diesen Umständen regen wir an, das Verfahren hinsichtlich des Vorwurfs der Trunkenheitsfahrt nach § 170 Abs. 2 StPO einzustellen und den Beschluss nach § 111a StPO aufzuheben und den Führerschein an den Beschuldigten herauszugeben.

Rechtsanwalt

Muster: Antrag auf Zeugenvernehmung[99]

An die
Staatsanwaltschaft
beim Landgericht ■■■

Az ■■■ Js ■■■/■■■

In der Strafsache

gegen

Herrn ■■■

wegen Trunkenheitsfahrt u.a.

beantragen wir,

folgende Zeugen zu vernehmen:

1. Herrn ■■■, ■■■ [Anschrift]

2. Frau ■■■, ■■■ [Anschrift]

Die Zeugen werden Folgendes bestätigen können: Die Zeugen wohnen mit dem Beschuldigten und dessen Ehefrau zusammen in einem Haus. Als der Beschuldigte aus dem Dynamo-Stadion anrief, teilte er mit, wo der Zeuge ■■■ sein Fahrzeug abgestellt hatte und dass man sich dort an dieser Stelle einfinden werde. Nach dem Spiel erklärte die Ehefrau des Beschuldigten ihren Schwiegereltern, dass sie nun losfahren und ihren Ehemann abholen werde.

Die Zeugen stellten fest, dass die Ehefrau des Beschuldigten losfuhr, um den Beschuldigten abzuholen. Aufgrund dessen ist davon auszugehen, dass die Ehefrau des Beschuldigten den Unfall verursacht hat und nicht der Beschuldigte. Die Vernehmung der Zeugen ■■■ und ■■■ werden die Richtigkeit der Aussage des Zeugen ■■■ bestätigen.

Wir regen eine rasche Vernehmung der Zeugen ■■■ und ■■■ an, da der Beschuldigte inzwischen seit dem ■■■ keine Fahrerlaubnis mehr besitzt, weil der Führerschein vorläufig beschlagnahmt wurde.

Rechtsanwalt

Muster: Hinweis auf Antrag der StA in Parallelverfahren, das Verfahren einzustellen

An das Amtsgericht ■■■
– Strafrichter –

Az ■■■

In der Strafsache

gegen

Herrn ■■■

wegen fahrlässiger Trunkenheit im Verkehr

nehme ich wie folgt Stellung:

Die Staatsanwaltschaft hat in der Anklageschrift die Verbindung mit dem Strafverfahren ■■■ beantragt.

---

99 Vgl dazu vorheriges Muster Rn 117.

Zu diesem Verfahren war am Montag, dem ■■■, Verhandlung am Landgericht ■■■. Das Verfahren konnte rechtskräftig zum Abschluss gebracht werden. In dem Verfahren hat die Staatsanwaltschaft bereits den Antrag gestellt, hinsichtlich der vorliegenden Anklageschrift die Tat gemäß § 154 Abs. 2 StPO einzustellen.

Die vorsitzende Richterin des Landgerichts ■■■ hat zugesichert, dass das entsprechende Protokoll dem Amtsgericht ■■■ zur Verfügung gestellt wird und hiernach eine Einstellung nach § 154 Abs. 2 StPO erfolgen kann.

Von daher erscheint es nicht mehr notwendig, weitere Stellungnahmen abzugeben.

Rechtsanwalt

120 **Muster: Anregung an das Gericht, durch Strafbefehl zu entscheiden**

An die
Staatsanwaltschaft
beim Landgericht ■■■

Az ■■■ Js ■■■/■■■

In der Strafsache

gegen

Herrn ■■■

wegen Trunkenheitsfahrt

geben wir für den Beschuldigten nach Akteneinsicht und Rücksprache mit diesem folgende Einlassung ab:

Der Beschuldigte räumt die ihm zur Last gelegte Tat vollumfänglich ein. Er wird zu bestrafen sein wegen fahrlässiger Trunkenheitsfahrt. Der Beschuldigte befindet sich in einer sehr schwierigen Phase seines Lebens. Im April ■■■ ist seine Ehefrau verstorben. Seine Kinder wohnen nicht in unmittelbarer Nähe. Im Wesentlichen muss sich der Beschuldigte selbst versorgen. Dies fällt ihm natürlich sehr schwer. Den Verlust seiner Ehefrau hat er noch nicht überwunden. Daher tröstete er sich in der Vergangenheit wiederholt über die einsamen Abende mit Alkohol hinweg.

Der Beschuldigte weiß, dass dies der falsche Weg ist, vor allem deshalb, weil er eine Bauchspeicheldrüsenerkrankung hat und darüber hinaus seine Leber „angeschlagen" ist. Der Beschuldigte hat sich dazu durchgerungen, alkoholabstinent zu leben, nachdem er die Praxis des Herrn Dr. ■■■ aufgesucht und darüber hinaus entsprechende Informationen im Krankenhaus ■■■ erhalten hat. Zu bedenken ist, dass der zu berücksichtigende Blutalkoholwert so hoch ist, dass der Beschuldigte ohne medizinisch-psychologische Untersuchung keine neue Fahrerlaubnis erhalten wird, wenn er nicht dauerhaft abstinent lebt.

Wir regen an, die Angelegenheit im Strafbefehlsweg zu erledigen. Der Beschuldigte ist ansonsten ein sehr ordentlicher Mensch, der noch nie im Leben auffällig geworden ist.

Der Beschuldigte hat eine Rente in Höhe von 1.100,00 EUR pro Monat. Aufgrund einer früher vorgenommenen Haussanierung hat der Beschuldigte noch ein Darlehen abzutragen, das er mit seiner Ehefrau aufgenommen hatte und das momentan noch mit 16.000,00 EUR valutiert ist. Monatlich zahlt der Beschuldigte 200,00 EUR ab.

Wir gehen davon aus, dass ein Strafbefehl über 40 Tagessätze à 30,00 EUR angemessen ist. Wir gehen weiter davon aus, dass eine Entziehungsdauer von allenfalls einem Jahr verhängt werden sollte.

Dabei ist zu berücksichtigen, dass der Beschuldigte ohne Fahrerlaubnis völlig unbeweglich ist und auch seine Kinder und Enkelkinder nicht ohne Weiteres besuchen kann. Gerade im Alter des Beschuldigten ist es wichtig, mobil zu sein, um die sozialen Kontakte nicht zu verlieren. Wir denken deshalb, dass die zuvor genannte Zeit ausreicht, dem Beschuldigten für die Zukunft vor Augen zu halten, dass Alkohol und Straßenverkehr sich nicht vertragen. Ein entsprechender Strafbefehl wird einspruchslos hingenommen werden.

Rechtsanwalt

Muster: Antrag auf Verfahrenseinstellung wegen fehlender Fahruntüchtigkeit (Fahrradfahrer)   121

An die
Staatsanwaltschaft
beim Landgericht ■■■

Az ■■■ Js ■■■/■■■

In der Strafsache

gegen

Herrn ■■■

wegen angeblicher Trunkenheitsfahrt

geben wir für den Beschuldigten folgende Einlassung ab:

Der Beschuldigte fuhr am ■■■ gegen ■■■ Uhr in ■■■ die ■■■straße stadtauswärts. Er fuhr mit seinem Fahrrad (Rennrad) und wusste, dass sein Licht nicht funktionierte. Da er um diese Zeit fast allein auf der Straße war, ließ er sich von rechts nach links und von links nach rechts in die Pedalen fallen, was dazu führte, dass er in leichten Schlangenlinien fuhr. Dies ist seine übliche Fahrweise, wenn die Straßenverhältnisse dies erlauben. Der Beschuldigte war von einer Geburtstagsfeier in der Neustadt gekommen. Obwohl diese noch weiterging, hatte er den nach Hause Weg angetreten. Als der Beschuldigte bemerkte, dass ein Fahrzeug hinter ihm war, fuhr er sofort auf den Bürgersteig. Als er danach vermutete, dass es sich um die Polizei handelte, fürchtete er, dass er ein Verwarngeld wegen mangelhaften Lichts bezahlen müsse, und bog nach rechts in einen Trampelpfad in Richtung ■■■straße ab.

Bis zu diesem Zeitpunkt war ihm nicht die Idee kommen, dass er sich wegen einer Trunkenheitsfahrt strafbar gemacht haben könnte.

Der Beschuldigte fährt von Kindheit an mit dem Fahrrad. Das Fahrrad ist sein ständiges Fortbewegungsmittel. Da der Beschuldigte Sportler ist (Turner bei TuS ■■■) hat er ein überdurchschnittlich gut ausgeprägtes Gleichgewichtsgefühl. Aus diesem Grunde war es ihm auch möglich, einen plötzlichen Rechtsschwenk durchzuführen und in eine andere Richtung weiterzufahren. Dies spricht dafür, dass er nicht alkoholbedingt beeinträchtigt war.

In der ■■■straße wurde der Beschuldigte plötzlich vom Rad gerissen, ohne dass er die Chance hatte, vorher anzuhalten. Der Beschuldigte hatte seine Hände oben auf dem Rennlenker. Um zu bremsen, musste er die Hände nach unten in Richtung Bremse bewegen, da oben keine Bremse ist. Die Möglichkeit, dies zu tun, und somit die Chance, selbst anzuhalten, wurde ihm verwehrt, da er vom Rad gerissen wurde. Er sah sich plötzlich von mehreren Polizeibeamten umringt. Es stellte sich später heraus, dass er nicht nur Prellungen und Schürfungen davongetragen hatte, sondern darüber hinaus auch eine Verletzung des Mittelfingers der rechten Hand (Sehnenabriss). Daher war der Beschuldigte nicht sonderlich gesprächig, was durchaus verständlich ist.

Ein Beamter riss ihm seinen Rucksack vom Rücken. Ein weiterer Beamter schrie: „Auf den Boden!" Noch ein weiterer Beamter legte sofort Handschellen an. Wir halten dieses Verhalten nicht für angemessen und erstatten Strafanzeige und stellen Strafantrag wegen einer Körperverletzung im Amt. In der Folge unternahm der Beschuldigte nichts, um Untersuchungen zu ermöglichen.

Ein Fall der absoluten Fahruntüchtigkeit liegt nicht vor. Ein Fall der relativen Fahruntüchtigkeit liegt hier jedoch auch nicht vor, da eindeutig kein Fahrfehler und kein Anhaltspunkt gegeben ist, absolute Fahruntüchtigkeit zu vermuten. Der Blutalkoholwert betrug 1,32‰. Der Drehnystagmus[100] ist hier kein Anhaltspunkt, da nicht bekannt ist, wie lange der Beschuldigte im nüchternen Zustand benötigt. Diesbezügliche weitere Versuche bleiben verwehrt.

Es ist deshalb davon auszugehen, dass eine Straftat nicht nachgewiesen werden kann.

Deshalb regen wir an, das Verfahren gegen den Beschuldigten nach § 170 Abs. 2 StPO einzustellen.

Rechtsanwalt

122 **Muster: Schreiben an Mandanten zur Vorbereitung einer weiteren MPU**

Sehr geehrter Herr ▪▪▪,

in Ihrer Strafsache wegen Trunkenheitsfahrt nehme ich Bezug auf das mit Ihnen geführte Gespräch.

Ich hatte erläutert, dass die Staatsanwaltschaft nicht auf eine Entziehung der Fahrerlaubnis verzichten wollte. Aufgrund dessen habe ich mich mit der Staatsanwaltschaft geeinigt, dass eine Anklageschrift erstellt wird, zumal wir dadurch zum Jugendrichter kommen. Über den Ablauf der Hauptverhandlung sprechen wir unmittelbar vor der Hauptverhandlung.

Darüber hinaus haben wir erörtert, dass eine MPU vorzubereiten ist. Anliegend überlasse ich zwei negative Gutachten, die Sie vorab prüfen können, um feststellen zu können, weshalb die Gutachten letztlich negativ ausgefallen sind. Im vorliegenden Fall wird man Ihnen bei der MPU-Stelle vorhalten, dass die erste Trunkenheitsfahrt ein Warnschuss war, der bedauerlicherweise nicht gefruchtet hat. Der zweite Fall wird deshalb ausführlich zu erörtern sein. Man wird Ihnen deshalb auch vorhalten, dass Alkohol in Mengen, die zu einem Blutalkoholwert von mehr als 1 Promille führen, in der Regel nicht konsumiert werden. Aus diesem Grund ist es wichtig, dass Sie die Abstinenzzeit durchhalten, damit sich der Körper wieder an normale Mengen gewöhnt und darauf reagiert. Ein halbes Jahr Alkoholabstinenz wird vorausgesetzt.

Darüber hinaus sollten Sie überlegen, was im Alltag ohne Alkohol besser funktioniert als mit Alkohol. Die medizinisch-psychologische Untersuchungsstelle wird auf entsprechende Feststellungen Wert legen.

Wenn ich eine Rückmeldung von Ihnen erhalte, dass die Gutachten begriffen wurden, werde ich Ihnen zwei weitere Gutachten überlassen.

Mit freundlichen Grüßen

Rechtsanwalt

Anlage: Zwei negative Gutachten

---

[100] Merkmal für Trunkenheit und eingeschränkte Reaktionsfähigkeit.

Muster: Anregung der Verfahrenseinstellung nach § 154 Abs. 2 StPO (Streitpunkt: öffentlicher Verkehrsraum)

↓

An das Amtsgericht ▪▪▪
– Strafrichter –

Az ▪▪▪

In der Strafsache

gegen

Herrn ▪▪▪

wegen Trunkenheit im Verkehr u.a.

wird zur

Begründung der Berufung

ausgeführt, dass sich diese nur gegen den Vorwurf der vorsätzlichen Trunkenheit im Verkehr richtet.

Unter Beachtung der Rechtsprechung des BGH hat der Verurteilte das Fahrzeug nicht im öffentlichen Verkehrsraum geführt. Insoweit ist er also freizusprechen.

Selbst wenn der Verurteilte das Fahrzeug im öffentlichen Verkehrsraum statt auf einer Rasenfläche geführt hätte, wäre eine Verurteilung wegen einer Vorsatztat nicht richtig. Offensichtlich ist zumindest der Verurteilte unwiderlegbar davon ausgegangen, dass er das Fahrzeug nicht im öffentlichen Verkehrsraum führt. Wäre die Verkehrsfläche öffentlicher Verkehrsraum, hätte der Verurteilte über diese Frage geirrt und eine Verurteilung wegen fahrlässiger Begehungsweise käme in Betracht. Insoweit wiederum wäre der Vorwurf der Fahrlässigkeit, wenn er überhaupt gegeben wäre, an der untersten Grenze der Schuld. Dies gilt insbesondere deshalb, weil sich offensichtlich Juristen von den Amtsgerichten bis zum BGH über die Frage des öffentlichen Verkehrsraums streiten und eine verlässliche Antwort auch nicht bei einem Juristen stets zu erreichen sein wird.

Insoweit wird angeregt, dass überprüft werden möge, ob eine Berufungshauptverhandlung unbedingt durchgeführt werden muss oder ob es vorliegend nicht sinnvoller erscheint, die Trunkenheitsfahrt gemäß § 154 Abs. 2 StPO im Hinblick auf die Verurteilung wegen der Körperverletzung einzustellen.

Rechtsanwalt

↑

G. Vollrausch (§ 323a StGB)

123

Für die Beurteilung der Frage, ob ein alkoholbedingter **Rausch** vorliegt mit der Folge der Schuldunfähigkeit oder mit der Folge, dass die Schuldunfähigkeit jedenfalls nicht ausgeschlossen werden kann, kommt der Blutalkoholkonzentration ein nicht unerhebliches indizielles Gewicht zu. So wie ab einem Blutalkoholwert ab 2‰ zumindest die verminderte Schuldfähigkeit zu prüfen ist, ist ab einem Blutalkoholwert von 3‰ regelmäßig die Frage der Schuldunfähigkeit zu prüfen.[101] Es gibt aber keinen Rechts- oder Erfahrungssatz, wonach ab einer bestimmten Höhe der Blutalkoholkonzentration regelmäßig von Schuldunfähigkeit auszugehen wäre.[102]

124

---

101 BGH NStZ 1997, 592.
102 OLG Hamm VA 2005, 91.

125 Wesentlich ist auch hier eine Gesamtbetrachtung des Täterverhaltens vor und nach der Tat. Zu berücksichtigen sind hier auch das Trinkverhalten des Täters, seine Gewohnheiten und seine Alkoholverträglichkeit. Insoweit ist auf die Studie des Heidelberger Gerichtsmediziners *Prof. Pedal* zu verweisen, der eine Studie mit Hochalkoholisierten vorgenommen hat und dabei feststellte, dass 25% der hochalkoholisierten Probanden äußerlich völlig unauffällig waren und sich auch so verhielten.

126 Räumt der Angeklagte den Sachverhalt ein und erinnert er sich an den Tathergang, wird auch bei hohem Blutalkoholwert die Annahme einer rauschbedingten Schuldunfähigkeit zweifelhaft. Ein solches Erinnerungsvermögen, das den Rückschluss zulässt, dass der Angeklagte das gesamte Tatgeschehen bewusst wahrgenommen hat, lässt sich nicht ohne Weiteres und ohne nähere Begründung mit dem Rauschzustand in Einklang bringen.

127 § 323a StGB ist demnach in folgenden Fällen nicht gegeben:

- wenn Vorsatz und Fahrlässigkeit nicht gegeben sind, zB bei unvorhersehbarer abnormer Alkoholreaktion, mit der der Täter nicht rechnen konnte;
- bei sinnloser Trunkenheit im juristischen Sinne, sofern keine „Handlung" mehr gegeben ist;
- wenn der Zustand der Schuldunfähigkeit nicht allein (oder zunächst überwiegend) auf dem Rauschzustand beruht;
- wenn bei Vorsatztaten kein Vorsatz nachweisbar ist.

Voraussetzung für die Verurteilung nach § 323a StGB ist demnach, dass der primäre Fahrentschluss im Rauschzustand erfolgte.

128 **Muster: Antrag auf Verfahrenseinstellung nach § 170 Abs. 2 StPO wegen abnormer Alkoholreaktion**

An die
Staatsanwaltschaft
beim Landgericht ▪▪▪

Az ▪▪▪ Js ▪▪▪/▪▪▪

In der Strafsache

gegen

Herrn ▪▪▪

beantragen wir,

das Verfahren gegen den Beschuldigten nach § 170 Abs. 2 StPO einzustellen.

Der Beschuldigte wurde am ▪▪▪ fahrend angetroffen. Eine Blutalkoholauswertung ergab einen Wert von 2,4‰.

Der noch lebensunerfahrene 18-jährige Beschuldigte war am ▪▪▪ nach ▪▪▪ gefahren. Er hatte sich im Hotel ▪▪▪ ein Zimmer angemietet und wollte dort den Abend verbringen. Er hatte einen Vorstellungstermin an der TU ▪▪▪, der am Folgemorgen wahrzunehmen war.

Nach einem mäßigen Abendbrot ging er in die Hotelbar, um dort noch ein oder zwei Glas Bier zu trinken, wiewohl er als Sportler selten Alkohol konsumiert. Dabei geriet er in einen abnormen Rauschzustand. Wie er – obwohl er am vorgeplanten Ziel war und sich in ▪▪▪ nicht auskannte – erneut in sein Fahrzeug geriet und eine Fahrt antrat, ist ihm nicht erinnerlich.

Die abnorme Alkoholreaktion ist gekennzeichnet durch:

■ Inkongruenz zwischen psychischer und körperlicher Ausfallerscheinung
■ inadäquate Affekte und Affektexpansionen
■ „wesensfremd" anmutende Handlungen
■ Erinnerungslosigkeit mit mehr oder weniger großen Erinnerungsinseln.

Wir beantragen die Einholung eines Sachverständigengutachtens, zu erstellen vom Institut ■■■.

Dieses wird zu dem Ergebnis gelangen, dass eine abnorme Alkoholreaktion vorlag, die nicht zu erwarten war.

Aufgrund von § 20 StGB wird das Verfahren einzustellen sein.

Rechtsanwalt

H. Fahren ohne Fahrerlaubnis (§ 21 StVG)

Auch das Fahren ohne Fahrerlaubnis gehört zu den Delikten, die die tägliche Arbeit des ver- **129** kehrsrechtlich orientierten Verteidigers ausmachen. Hierbei sind jedoch eine Vielzahl von Varianten zu beachten und vor allem die Rechtsprechung aufmerksam zu verfolgen, die sich zunehmend mit ausländischen Fahrerlaubnissen auseinandersetzen muss. Von Bedeutung ist dieses Delikt aber auch über den strafrechtlichen Aspekt hinaus, da die „Führerscheinklausel" in Versicherungsverträgen bewirkt, dass dem Versicherer im Haftungsfall ein Regressanspruch gegen den Fahrer zusteht.

I. Strafbarkeit des Fahrers

§ 21 StVG erfasst das Führen eines Kraftfahrzeugs, ohne im Besitz der dazu erforderlichen **130** Fahrerlaubnis zu sein (§ 21 Abs. 1 Nr. 1 Alt. 1 StVG), das Führen eines Kraftfahrzeugs entgegen einem Fahrverbot nach § 44 Abs. 1 StGB oder § 25 StVG (§ 21 Abs. 1 Alt. 2 und 3 StVG) sowie nach § 21 Abs. 2 Nr. 2 StVG das Führen eines Kraftfahrzeugs trotz amtlicher Verwahrung des Führerscheins nach § 94 StPO.

1. Das Kraftfahrzeug

Zu beachten ist, dass sich § 21 StVG nur auf Kraftfahrzeuge bezieht, für deren Führen eine **131** Fahrerlaubnis irgendeiner Klasse nach § 2 StVG, §§ 4 ff FeV erforderlich ist. Neben den Kraftfahrzeugen im engeren Sinne, wie zB PKW und LKW, zählen dazu auch Moped und Motorrad.

2. Führen eines Kraftfahrzeugs

Entscheidend kommt es darauf an, ob der Mandant das Kraftfahrzeug iSd § 21 StVG selbst **132** geführt hat. Dies ist der Fall, wenn der Mandant es selbst unmittelbar unter bestimmungsgemäßer Anwendung seiner Antriebskraft in Bewegung gesetzt hat, um es während der Fahrbewegung durch einen öffentlichen Verkehrsraum zu leiten.[103] Früher wurde der Begriff des „Führens" von Rechtsprechung und Literatur weiter gefasst. Vorbereitungshandlungen, die nur dazu dienten, das Kraftfahrzeug alsbald in Bewegung zu setzen, wurden schon miterfasst.

---

103 BGH NZV 1989, 32.

In Anbetracht des Wortlauts des § 316 StGB geht die heute hM davon aus, dass das „Führen eines Fahrzeugs" voraussetzt, dass das Fahrzeug wenigstens in Bewegung gesetzt wird (vgl Rn 96 ff).[104]

133   Ein Moped fährt zB, wer es durch Treten der Pedale fortbewegt,[105] nicht dagegen, wer sich auf dem Sattel sitzend mit den Füßen abstößt, ohne das Anspringen des Motors erreichen zu wollen. Das Bewegen eines Mopeds mit den Füßen ist auch dann kein Führen, wenn der Motor angelassen ist.[106] Nicht ausreichend ist auch das Schlafen im abgestellten Fahrzeug bei laufendem Motor oder das Schieben eines Autos zu einer Gefällstrecke, um es dort in Gang zu setzen.[107] Das Kraftfahrzeug muss zudem willentlich in Bewegung gesetzt worden sein. Kein Führen liegt vor, wenn ein PKW durch versehentliches Lösen der Handbremse und damit ungewollt in Bewegung gerät.[108]

134   Nur noch als strafbarer Versuch des § 21 StVG werden bloße **Vorbereitungshandlungen** angesehen, die nur dazu dienen, das Fahrzeug alsbald in Bewegung zu setzen. Dazu gehört zB das Sichsetzen auf den Steuersitz eines fahrbereiten Kraftfahrzeugs,[109] das Freibekommen eines steckengebliebenen Fahrzeugs,[110] alle Maßnahmen zum Anlassen des Motors wie Zündschlüssel einführen, Handbremse lösen, Motor anlassen, Abblendlicht einschalten usw.

3. Insbesondere: Anschieben und Abschleppen

135   In diesem Zusammenhang sind auch die Probleme des Anschiebens und Abschleppens von Bedeutung. Im Hinblick auf § 4 Abs. 1 S. 1 FeV kommt es darauf an, dass der Mandant das Fahrzeug als Kraftfahrer geführt hat. Dies ist nicht der Fall, wenn die Motorkraft des Fahrzeugs beim Führen nicht eingesetzt wird und auch nicht eingesetzt werden soll.

136   Beim **Anschieben** des Kraftfahrzeugs durch einen Dritten, um den Motor zum Anspringen zu bringen, führt der Fahrer am Steuer es als Kraftfahrzeug, wozu er eine Fahrerlaubnis benötigt.[111] Dagegen führt der Fahrer kein Kraftfahrzeug, wenn ein Dritter das liegengebliebene Kraftfahrzeug zB bis zu einer Tankstelle schiebt, um es dort wieder fahrtüchtig machen zu lassen,[112] und zwar selbst dann nicht, wenn das Kraftfahrzeug durch das Anschieben einige Meter selbständig weiterrollt.[113]

137   Keine Fahrerlaubnis benötigt, wer ein betriebsunfähiges **abgeschlepptes** Kraftfahrzeug lenkt, da er es nicht im Sinne von § 21 StVG als Kraftfahrzeug führt.[114] Wird ein Kraftfahrzeug durch ein anderes abgeschleppt, so benötigt nach § 33 Abs. 2 Nr. 1 StVZO der Lenker des Kraftfahrzeugs die Fahrerlaubnis, die zum Betrieb dieses Fahrzeugs als Kraftfahrzeug erforderlich ist. Lenkt er das abgeschleppte Fahrzeug ohne eine solche Fahrerlaubnis, so führt er es nicht als Kraftfahrzeug (siehe Wortlaut des § 33 StVZO), sondern handelt nur ordnungswidrig gem §§ 33, 69a Abs. 3 Nr. 3 StVZO, 24 StVG.[115] Jedoch soll nach dem OLG Frank-

---

104 BGH NZV 1989, 32; BayObLG NZV 1992,197; OLG Karlsruhe NZV 1992, 493; OLG Düsseldorf NZV 1992, 19.
105 OLG Düsseldorf VerkMitt 1974,13.
106 BayObLG DAR 1988, 244.
107 OLG Karlsruhe DAR 1983, 365; OLG Düsseldorf VRS 50, 426.
108 BayObLG DAR 1980, 266; OLG Frankfurt NZV 1990, 277; OLG Düsseldorf NZV 1992, 197.
109 BGH NZV 1989,32.
110 Vgl OLG Karlsruhe NZV 1992, 493.
111 OLG Oldenburg MDR 1975, 241.
112 OLG Koblenz VRS 49, 366.
113 OLG Celle DAR 1977, 219.
114 BGH NJW 1990, 1245; BayObLG NJW 1984, 878; OLG Hamm DAR 1999, 178.
115 BayObLG DAR 1983, 395.

furt[116] etwas anderes gelten, wenn das Kraftfahrzeug abgeschleppt wird, um dadurch den Motor in Gang zu setzen.

4. Öffentlicher Straßenverkehr

Ferner kommt es darauf an, ob der Mandant am öffentlichen Straßenverkehr teilgenommen hat (vgl auch Rn 94 f). Denn gem. § 4 Abs. 1 S. 1 FeV benötigt eine Fahrerlaubnis nur, wer „auf öffentlichen Straßen ein Kraftfahrzeug führt". Der BGH hat diesen Begriff 2004 nochmals präzisiert.[117] Zum öffentlichen Verkehr zählt der Verkehr von Fahrzeugen, Radfahrern und Fußgängern auf allen Wegen, Plätzen, Durchgängen und Brücken, die entweder ausdrücklich oder mit stillschweigender Duldung des Verfügungsberechtigten für jedermann oder wenigstens allgemein bestimmten Gruppen von Benutzern, wenn auch nur vorübergehend oder gegen Gebühr, zur Verfügung stehen,[118] unabhängig von den Eigentumsverhältnissen. Umfasst werden danach nicht nur Verkehrsflächen, die nach dem Wegerecht des Bundes und der Länder dem allgemeinen Straßenverkehr gewidmet sind, sondern auch solche, deren Benutzung durch eine nach allgemeinen Merkmalen bestimmte größere Personengruppe, ohne Rücksicht auf die Eigentumsverhältnisse am Straßengrund oder auf eine verwaltungsrechtliche Widmung durch den Berechtigten, ausdrücklich oder faktisch zugelassen wird. Dabei nimmt es der Verkehrsfläche nicht den Charakter der Öffentlichkeit, wenn für die Zufahrt mit Fahrzeugen eine Parkerlaubnis oder für die Nutzung ein Entgelt verlangt wird.[119] Kein öffentlicher Verkehr findet auf den Flächen statt, die generell nicht dem allgemeinen Zugang zu dienen bestimmt sind. Daher ist der Versuch, seinen PKW aus dem Straßengraben wieder auf die Fahrbahn zu verbringen, nicht strafbar.[120]

138

Es ist jedoch ausreichend, wenn auf einem **Privatweg** gefahren wird, den ein Privatmann für den öffentlichen Verkehr freigegeben hat,[121] oder auf dem Parkplatz einer Gastwirtschaft, auch wenn er den Gästen vorbehalten ist,[122] oder auf dem Parkplatz eines Einkaufscenters[123] sowie auf dem Gelände einer Tankstelle oder einer Waschanlage während der Betriebszeiten.[124]

139

Anders verhält es sich nur, wenn das Gelände zwar von jedermann betreten werden könnte, es aber nicht für den öffentlichen Straßenverkehr bestimmt ist, so vor allem beim Einsetzen der Betriebsruhe in Rasthäusern, Gaststätten, Parkhäusern und Tankstellen.[125]

140

5. Fehlende Fahrerlaubnis

Genau zu prüfen ist, ob der Mandant ohne bzw ohne die erforderliche Fahrerlaubnis gefahren ist. § 2 StVG und den auf dieser Norm beruhenden §§ 4 ff FeV kann entnommen werden, ob und welche Fahrerlaubnis erforderlich ist. Generell kann man sich als Faustregel

141

---

116 VRS 58, 14 (zweifelnd: *Hentschel*, Straßenverkehrsrecht, § 21 StVG Rn 11).
117 BGH NJW 2004, 1965.
118 *Tröndle/Fischer*, § 315b Rn 3.
119 BGH NJW 2004, 1965 mwN.
120 OLG Hamm VRS 39, 270; anders noch BGHSt 6, 100.
121 So schon BGH NJW 1953, 754.
122 BGH NJW 1961, 1124.
123 OLG Saarbrücken NJW 1974, 1099.
124 OLG Düsseldorf VRS 59, 282; OLG Hamm VRS 30, 452; BayObLG NJW 1980, 715.
125 U.a. OLG Stuttgart NJW 1980, 68; KG VRS 60, 130.

merken: Wer das Kraftfahrzeug einer Klasse führt, für die er keine Fahrerlaubnis hat bzw für die seine Fahrerlaubnis nicht gilt, führt es ohne Fahrerlaubnis.[126]

142 Die der Fahrerlaubnis entsprechenden **Fahrerlaubnisklassen** sind § 6 FeV zu entnehmen. Angemerkt sei, dass eine Fahrerlaubnis, die vor Geltung der FeV, dh vor dem 1.1.1999 erworben wurde, grundsätzlich uneingeschränkt weitergilt. Nur die alte Fahrerlaubnis der Klasse 2 ist auf das 50. Lebensjahr befristet, jedoch mit der Möglichkeit der Verlängerung, (§§ 6 Abs. 6, 76 Nr. 9 FeV). Allgemein ist eine Umstellung in die neuen Klassen nicht zwingend erforderlich.

143 Abzugrenzen ist zudem ein Verstoß gegen **Beschränkungen oder Auflagen** der Fahrerlaubnis. Ein Verstoß gegen Beschränkungen stellt ein Fahren ohne Fahrerlaubnis dar. Beschränkungen liegen zB vor, wenn die Fahrerlaubnis nur auf bestimmte Fahrzeugarten oder- klassen oder auf Fahrzeuge mit bestimmter technischer Ausstattung beschränkt erteilt wurde. Hingegen ist ein Verstoß gegen eine persönliche Auflage, wie das Tragen einer Brille, bloß eine Ordnungswidrigkeit (§ 75 Nr. 9 FeV).[127] Es ist demnach erforderlich, dass der Verteidiger die Eintragungen im Führerschein genau prüft.

144 Gemäß § 22 Abs. 4 S. 7 FeV gilt die Fahrerlaubnis erst mit deren Aushändigung als erteilt. Ist die Fahrprüfung schon bestanden, eine Aushändigung des Führerscheins aber noch nicht erfolgt (zB weil das Mindestalter noch nicht erreicht ist), so liegt noch keine gültige Fahrerlaubnis vor. Zu beachten gilt es, dass eine bei der Bundeswehr erworbene Fahrerlaubnis umgeschrieben werden muß (§ 27 FeV).

145 Mit der **Bestands- und Rechtskraft einer entziehenden Entscheidung** erlischt auch die Fahrerlaubnis. Maßgebend ist die formelle Wirksamkeit. Besondere Vorsicht ist bei Berufungsurteilen geboten. Wird vom Berufungsgericht die Fahrerlaubnis entzogen oder die Berufung des Mandanten gegen ein amtsgerichtliches Urteil, das die Entziehung der Fahrerlaubnis anordnet, verworfen, so wird das Berufungsurteil sofort rechtskräftig. Damit ist dem Mandanten auch sofort wirksam die Fahrerlaubnis entzogen. Als Verteidiger sollte man in diesen Fällen auf Rechtsmittel nicht verzichten.

146 Entzieht die Fahrerlaubnisbehörde die Fahrerlaubnis (dazu § 17), kommt es für die Strafbarkeit darauf an, ob ein ggf dagegen eingelegter Widerspruch aufschiebende Wirkung entfaltet oder ob sogar die sofortige Vollziehung nach § 80 Abs. 2 Nr. 4 VwGO angeordnet wurde. Widerspruch und Anfechtungsklage haben nach § 4 Abs. 7 S. 2 StVG kraft Gesetzes keine aufschiebende Wirkung.

147 Gemäß § 111a StPO wird die vorläufige Entziehung mit der Bekanntgabe wirksam, welche regelmäßig durch förmliche Zustellung an den Beschuldigten erfolgt. Die Zustellung an den Verteidiger ist nicht ausreichend. Ordnet das Gericht eine **Fahrerlaubnissperre** an, so lebt die ursprüngliche Fahrerlaubnis nach Ablauf der Sperre nicht wieder auf. Auf Antrag kann nur eine neue Fahrerlaubnis erteilt werden (§ 21 FeV).

148 Ohne Fahrerlaubnis fährt auch, wer mit einer **ausländischen Fahrerlaubnis**, die nicht oder nicht mehr gültig ist (zB bei Ablauf der Sechs- oder Zwölfmonatsfrist des § 4 Abs. 1 IntKfzV), im Inland fährt.[128] Nicht ohne Fahrerlaubnis fährt dagegen derjenige, der nur den gültigen ausländischen Führerschein nicht bei sich führt oder die deutsche Übersetzung nicht besitzt, selbst dann, wenn er später den Bestand einer ausländischen Fahrerlaubnis nicht

---

126 OLG Saarbrücken NZV 1989, 474.
127 BayObLG NZV 1990, 322.
128 BayObLG NZV 1996, 502; OLG Köln NZV 1996, 289; OLG Celle NZV 1996, 327; OLG Stuttgart NZV 1989, 40.

nachweisen kann.[129] Hierbei handelt es sich nur um eine Ordnungswidrigkeit. Nicht strafbar im Inland ist ebenso, wer im Ausland ohne Fahrerlaubnis fährt, wenn die Tat im Ausland lediglich eine Ordnungswidrigkeit darstellt.

6. Fahren trotz Fahrverbots oder amtlicher Verwahrung des Führerscheins

Ohne Fahrerlaubnis fährt derjenige, der gegen ein **Fahrverbot** verstößt, das rechtskräftig nach § 44 StGB als Nebenstrafe oder im Owi-Verfahren nach § 25 StVG verhängt wurde. Ist dabei dem Mandanten das Führen von Kraftfahrzeugen jeglicher Art untersagt, dann umfasst dieses Verbot auch das Führen von sonst nicht fahrerlaubnispflichtigen Kraftfahrzeugen (zB Mofas).   149

Gleiches gilt auch, wenn die Fahrerlaubnis in **amtliche Verwahrung** gegeben worden ist,[130] außer es liegt ein Fall der §§ 111a Abs. 5 S. 2 StPO, 25 StVG vor. Den Fall der amtlichen Verwahrung, Sicherstellung und Beschlagnahme des Führerscheins gemäß § 94 StPO regelt § 21 Abs. 2 Nr. 2 StVG. Da die Beschlagnahme eine körperliche Wegnahme des Führerscheins voraussetzt, reicht die Anordnung oder Mitteilung der Beschlagnahme nicht aus.[131] Dagegen ist die fehlende Rückgabe des Führerscheins nach § 111a Abs. 5 S. 2 StPO bzw § 25 Abs. 7 StVG ebenso genügend wie die Sicherstellung des Führerscheins mit Einverständnis des Betroffenen. Allerdings darf es sich bei der Sicherstellung nur um eine der (vorläufigen) Entziehung der Fahrerlaubnis dienende Sicherstellung handeln, nicht um eine polizeiliche Führerscheinwegnahme aus anderen Gründen wie der Vorbeugung einer Wiederholungsgefahr o.Ä.   150

7. Vorsatz und Fahrlässigkeit

Maßgeblich ist, ob der Mandant vorsätzlich oder fahrlässig gehandelt hat. Für vorsätzliches Handeln ist zumindest das bedingte Wissen unerlässlich, dass er als Kfz-Führer nicht über die erforderliche Fahrerlaubnis verfügt hat oder dass ihm das Fahren nach § 44 StGB oder 25 StVG verboten war, sowie der Wille, gleichwohl das Kraftfahrzeug zu führen.[132]   151

Hinweis: Bei einer Verurteilung wegen vorsätzlichen Fahrens nach § 21 Abs. 1 StVG ist der nach § 4 Abs. 3b ARB drohende Verlust des Versicherungsschutzes aus der Rechtsschutzversicherung im Auge zu behalten.   152

Relevant sind auch immer wieder auftauchende Irrtumsfragen: Ein **Tatbestandsirrtum** nach § 16 StGB liegt vor, wenn sich der Mandant über das Bestehen eines Fahrverbots[133] oder über die Rechtskraft eines Fahrverbots irrt, soweit der Irrtum auf Tatsachen beruht, die für die Rechtskraft entscheidend sind.[134]   153

Befindet sich der Mandant in einem **Verbotsirrtum**, ist nach § 17 StGB bei Unvermeidbarkeit Straflosigkeit gegeben, ansonsten lediglich eine Strafmilderung. Vermeidbar ist der Irrtum zB in folgenden Fällen: Wenn der Mandant nach Entziehung der Fahrerlaubnis entgegen § 4 Abs. 3 Nr. 3 IntKfzV mit einer ausländischen Fahrerlaubnis im Inland gefahren ist; wenn ein Ausländer, der jahrelang im Inland lebt, davon ausgeht, dass seine ausländische Fahrerlaub-   154

---

129 BGH NJW 2001, 3347.
130 OLG Köln VRS 71, 54.
131 OLG Stuttgart VRS 79, 303.
132 Zur Abgrenzung von Vorsatz und bewusster Fahrlässigkeit unter Berücksichtigung von § 25 Abs. 2a StVG siehe OLG Hamm DAR 2001, 176 = NZV 2001, 224.
133 BayObLG DAR 1981, 242.
134 BayObLG DAR 2000, 77.

nis fortbesteht;[135] wenn der Mandant irrig davon ausgeht, dass ein Fahrverbot erst nach Aufforderung zur Ablieferung des Führerscheins wirksam wird.[136]

II. Strafbarkeit des Halters

155 Da sich nicht nur der Fahrer eines Kraftfahrzeugs wegen Fahrens ohne Fahrerlaubnis strafbar machen kann, sondern auch der Halter durch das Fahrenlassen in einem der Fälle des § 21 Abs. 1–3 StVG, werden im Folgenden die Besonderheiten bei der Verteidigung des Halters des Kraftfahrzeugs dargestellt. Die meisten der oben (Rn 130 ff) besprochenen Punkte sind auch beim Halter zu beachten. Um Wiederholungen zu vermeiden, werden hier nur noch die Abweichungen aufgeführt.

156 **Hinweis:** Vorab sollte man auch hier prüfen, ob dem Mandanten eine vorsätzliche Begehungsweise zur Last gelegt wird. In diesem Fall droht nach § 4 Abs. 3b ARB der Verlust des Versicherungsschutzes aus der Rechtsschutzversicherung.

1. Anordnen oder Zulassen des Führens

157 Der Halter eines Kraftfahrzeugs kann sich nach § 21 StVG strafbar machen wegen Anordnens oder Zulassens des Führens eines Kraftfahrzeugs ohne die dazu erforderliche Fahrerlaubnis des Fahrzeugführers (§ 21 Abs. 1 Nr. 2 Alt. 1 StVG), wegen Zulassens des Führens eines Kraftfahrzeugs entgegen einem Fahrverbot nach § 44 StGB oder § 25 StVG (§ 21 Abs. 1 Nr. 2 Alt. 2 und 3 StVG) sowie wegen des Anordnens oder Zulassens des Führens eines Kraftfahrzeugs trotz amtlicher Verwahrung des Führerscheins des Fahrzeugführers nach § 94 StPO (§ 21 Abs. 2 Nr. 3 StVG). Dabei sind die Tathandlungen auch durch schlüssiges Verhalten möglich.[137]

2. Haltereigenschaft

158 Die Haltereigenschaft ist strafbegründend und richtet sich nach § 7 StVG iVm § 833 BGB. Halter eines Kraftfahrzeugs ist demnach, wer das Kraftfahrzeug für eigene Rechnung gebraucht, die Kosten bestreitet und den Nutzen aus seiner Verwendung zieht.[138] Auf das Eigentum am Fahrzeug kommt es dabei nicht an.[139] Wird ein anderer vom Halter des Kraftfahrzeugs zur Leitung, mit entsprechender Personal- und Führungsverantwortung ausgestattet, bestimmt, so kann dieser anstelle des Halters strafrechtlich verantwortlich sein (§ 14 Abs. 2 StGB).[140]

3. Zeitpunkt der Strafbarkeit

159 Gemäß § 21 StVG ist die Tathandlung des Halters das Anordnen oder Zulassen. Das Unterlassen der Einsichtnahme der Fahrerlaubnis führt demnach noch nicht zu einer Strafbarkeit, anders nur, wenn konkret feststeht, dass die Fahrt sonst unterblieben wäre.[141] Allgemein wird die Strafbarkeit des Halters erst begründet, wenn seiner Anordnung Folge geleistet oder

---

135 OLG Düsseldorf VerkMitt 1975, 81; s.a. OLG Düsseldorf VRS 73, 367.
136 BayObLG VRS 62, 460.
137 *Hentschel*, Straßenverkehrsrecht, § 21 StVG Rn 12.
138 BGH NJW 1983, 1492.
139 OLG Karlsruhe DAR 1996, 417.
140 Dazu OLG Frankfurt NJW 1965, 2312.
141 OLG Köln NZV 1989, 319.

vom Zulassen Gebrauch gemacht wird und das Kraftfahrzeug im öffentlichen Verkehr geführt wird.[142] Lediglich eine Haftung wegen verletzter Verkehrssicherungspflichten kann auf den Halter zukommen, wenn er Eigentum oder Besitz am Kraftfahrzeug an eine Person überträgt, die einem Fahrverbot unterliegt oder nicht im Besitz der erforderlichen Fahrerlaubnis ist;[143] nicht begründet wird dadurch eine Strafbarkeit des Zulassens nach § 21 StVG.

4. Fehlen der erforderlichen Fahrerlaubnis

Für den Halter eines Kraftfahrzeugs gelten hinsichtlich der erforderlichen Fahrerlaubnis des Fahrzeugführers die gleichen Grundsätze wie für diesen selbst. Bedeutsam für den Halter ist zudem, dass er sich ggf auch strafbar macht, wenn der Fahrzeugführer zwar die erforderliche Fahrerlaubnis für das ihm überlassene Kraftfahrzeug besitzt, nicht aber für eine Fahrzeugkombination, die beispielsweise mit Anhänger entsteht (zB § 6 Abs. 1 FeV, Fahrerlaubnisklasse E).[144] **160**

5. Pflichten des Halters

Es bleibt noch zu klären, welche konkreten Pflichten den Halter des Kraftfahrzeugs treffen. Auf jeden Fall muss sich der Halter beim Fahrzeugführer davon überzeugen, dass dieser auch im Besitz der erforderlichen Fahrerlaubnis ist.[145] Von der verhältnismäßig strengen Rechtsprechung wird grundsätzlich die **Einsichtnahme in den Führerschein** gefordert. Zur Erfüllung dieser Pflicht ist es deshalb erforderlich, dass der Halter nach der Fahrerlaubnis fragt und sich den Führerschein zeigen lässt. **161**

Nur unter besonderen Umständen ist eine Unzumutbarkeit der Einsichtnahme anzunehmen. Hierbei muss der Halter bei objektiv ausreichender Sorgfalt einen Sachverhalt unterstellen dürfen, der das Vorhandensein der erforderlichen Fahrerlaubnis stützt. Handelt es sich zum Beispiel bei dem Fahrzeugführer um einen guten Bekannten, der die entsprechende Fahrzeugart schon länger führt, dann kann die konkrete Einsichtnahme in die Fahrerlaubnispapiere entbehrlich sein.[146] Eine einmal erfolgte Erkundigung nach der erforderlichen Fahrerlaubnis muss, wenn nicht besondere Umstände vorliegen, danach nicht immer wieder erfolgen.[147] **162**

Für **gewerbliche Vermieter** gelten besondere Anforderungen. Hier darf nicht auf eine unverständliche fremdsprachige Bescheinigung vertraut werden.[148] Grundsätzlich muss das Vorliegen der erforderlichen Fahrerlaubnis auch bei jeder Fahrzeugübergabe kontrolliert werden.[149] **163**

6. Vorsatz und Fahrlässigkeit

Im Rahmen des § 21 Abs. 1 Nr. 2, Abs. 2 StVG kann dem Halter Vorsatz oder Fahrlässigkeit hinsichtlich der Tatbestände des Anordnens oder Zulassens zur Last gelegt werden. Für vorsätzliches Handeln ist zumindest das bedingte Wissen nötig, dass der Führer des Kraftfahrzeugs nicht über die erforderliche Fahrerlaubnis verfügt oder ihm das Fahren nach § 44 StGB **164**

---

142 *Hentschel*, Straßenverkehrsrecht, § 21 StVG Rn 13.
143 BGH NJW 1979, 2309.
144 OLG Celle VerkMitt 1983, 76.
145 OLG Frankfurt NJW 1965 2312.
146 OLG Düsseldorf VerkMitt 1976, 54.
147 BayObLG DAR 1978, 168; 1988, 387; OLG Koblenz VRS 60, 56.
148 KG VRS 45, 60.
149 OLG Schleswig VerkMitt 1971, 55.

oder 25 StVG verboten ist, und zusätzlich der Wille, den Fahrer ohne Fahrerlaubnis fahren zu lassen.

165   Für die fahrlässige Begehungsweise reicht zum einen die fahrlässige Unkenntnis von der Nichtberechtigung zum Fahren, zum anderen, dass das Fahren fahrlässig geduldet oder ermöglicht wird.[150] Hinsichtlich des Zulassens ist für den Vorwurf der Fahrlässigkeit nicht erforderlich, dass der Halter darüber hinaus mit bedingtem Vorsatz das Führen des Kraftfahrzeugs duldet.[151]

166   Allerdings gibt es auch nach der Rechtsprechung keine Pflicht für den Kfz-Halter, allgemein den Zugang von Personen ohne Fahrerlaubnis zu den Zündschlüsseln zu verhindern. Solch überspannte Anforderungen würden darauf hinauslaufen, dass jeder ohne die entsprechende Fahrerlaubnis potenzieller Täter eines Vergehens nach § 21 StVG wäre.[152] Liegen dagegen konkrete Umstände vor, sei es in der Person des Fahrers oder in der Situation, die erwarten lassen, dass dieser ohne Fahrerlaubnis oder sogar gegen den Willen des Halters dessen Kraftfahrzeug benutzen wird, so trifft den Halter die Verpflichtung, demjenigen den Zugang zum Zündschlüssel zu verwehren.[153] Nicht allein ausreichend dafür ist allerdings zB, dass ein Sohn im jugendlichen Alter über keine Fahrerlaubnis (mehr) verfügt. Denn man kann nicht generell sagen, dass jeder Jugendliche ohne Fahrerlaubnis früher oder später versuchen wird, mit dem Kraftfahrzeug der Eltern am öffentlichen Straßenverkehr teilzunehmen.

III. Insbesondere: Fahren mit ausländischer Fahrerlaubnis

1. Nicht-EU-Fahrerlaubnis

167   Geringere Bedeutung hat das Fahren mit einer ausländischen Fahrerlaubnis, die nicht in einem EU-Staat erworben wurde. Das BVerfG hat insoweit klare Verhältnisse geschaffen. In einem Fall, in dem der Angeklagte seinen Wohnsitz im Inland hatte, benutzte er eine ausländische Fahrerlaubnis. Er befuhr sechs Monate nach Begründung des Wohnsitzes im Bundesgebiet öffentliche Straßen. Deswegen ist er von den Strafgerichten wegen Fahrens ohne Fahrerlaubnis nach § 21 StVG verurteilt worden. Seine Verfassungsbeschwerde hatte keinen Erfolg. Ein Verstoß gegen das Bestimmtheitsgebot aus Art. 103 Abs. 2 GG liege nicht vor. Das Urteil stellt fest, dass seit Begründung des Wohnsitzes im Inland die Frist des § 4 Abs. 1 S. 3 IntKfzV von mehr als **sechs Monate** verstrichen war. Deshalb bedurfte der Inhaber einer ausländischen – nicht in einem anderen Mitgliedstaat der EU oder einem anderen Vertragsstaat des Abkommens über den europäischen Wirtschaftsraum erteilten – Fahrerlaubnis für die Fahrten im öffentlichen Straßenverkehr im Inland einer deutschen Fahrerlaubnis.

168   Eine Strafbarkeit aus § 21 StVG knüpft an das Führen eines Kraftfahrzeugs ohne die erforderliche Fahrerlaubnis an. Eine Fahrerlaubnis braucht in Anlehnung an § 2 Abs. 1 S. 1 StVG jeder, der auf öffentlichen Wegen oder Plätzen ein Kraftfahrzeug führen will. Gemäß den §§ 21, 22 FeV kann grundsätzlich nur eine zuständige deutsche Behörde die erforderliche Fahrerlaubnis für das Führen von Kraftfahrzeugen im Inland erteilen.

169   Der Inhaber einer ausländischen Fahrerlaubnis kann nach § 4 Abs. 1 S. 3 IntKfzV, als Ausnahmeregelung im Sinne des § 2 Abs. 11 S. 1 StVG, im Inland ein Kraftfahrzeug führen, wenn seit der Begründung eines ordentlichen Wohnsitzes im Inland nicht mehr als sechs

---

150 BGH NJW 1972, 1677; 1993, 2456; BayObLG NZV 1996, 462.
151 AA *Hentschel*, Straßenverkehrsrecht, § 21 StVG Rn 18.
152 BayObLG NZV 1996, 462 mwN.
153 OLG Hamm NJW 1983, 2456 f; strenger: OLG Koblenz VRS 71, 144.

Monate vergangen sind. Fehlt diese Voraussetzung wird trotz des Vorhandenseins einer ausländischen Fahrerlaubnis für das Führen eines Kraftfahrzeugs im Inland eine deutsche Fahrerlaubnis benötigt.

2. Fahrerlaubnis eines anderen EU-Mitgliedstaats

Von Bedeutung sind allerdings zunehmend innerhalb der EU erworbene Führerscheine, da die Erwerbsvoraussetzungen dort leichter zu erfüllen sind als in Deutschland nach Einführung der FeV vom 1.1.1999. Mehrere Konstellationen sind zu bedenken: **170**

a) Erwerb der ausländischen FE bei andauernder Sperrfrist

Der Erwerb einer Fahrerlaubnis im ausländischen Mitgliedstaat während einer in der Bundesrepublik verhängten und noch andauernden Sperrfrist wird nach allgemeiner Meinung und herrschender Rechtsprechung nicht anerkannt. Ohne auf die verwaltungsrechtlichen Auseinandersetzungen weiter einzugehen,[154] ist deutlich, dass der Tatbestand des Fahrens ohne Fahrerlaubnis nach § 21 StVG vorliegt.[155]   **171**

b) Erwerb der ausländischen FE nach abgelaufener Sperrfrist

Der Erwerb der Fahrerlaubnis im ausländischen Mitgliedstaat nach Ablauf der in der Bundesrepublik verhängten Sperrfrist ohne Anordnung einer MPU führt nicht dazu, dass der Benutzer der Fahrerlaubnis den Tatbestand des § 21 StVG erfüllt.[156]   **172**

c) Erwerb der ausländischen FE nach abgelaufener Sperrfrist mit angeordneter MPU

Der Erwerb der Fahrerlaubnis und die Teilnahme am Straßenverkehr nach Ablauf der Sperrfrist mit Anordnung einer MPU nach deutschem Recht ist inzwischen wohl auch unstreitig nicht mehr als Fahren ohne Fahrerlaubnis anzusehen. Der EuGH hat Klarheit geschaffen. Das um diesen Problemkreis ergangene letzte Urteil datiert vom 16.8.2006 und kommt vom VG Stade.[157] Es geht um den Fall eines Betroffenen, dem in Deutschland die Fahrerlaubnis entzogen wurde wegen Alkoholmissbrauchs. Er erwarb daraufhin eine Fahrerlaubnis in Tschechien, ohne dass er dort einen Wohnsitz hatte oder der Behörde mitgeteilt hätte, dass er in Deutschland wegen Alkoholkonsums als ungeeignet zum Fahrzeugführen angesehen wurde. Das VG Stade kam zu dem Ergebnis, dass dem Betroffenen die Fahrerlaubnis entzogen werden kann, wenn er sich weigert, trotz mehrerer alkoholbedingter Zuwiderhandlungen eine MPU durchzuführen. Das Urteil des VG Stade nimmt die beiden EuGH-Entscheidungen „Kapper"[158] und „Halbritter"[159] auf und führt aus, dass missbräuchlicher **Führerscheintourismus** nicht akzeptiert werden könne. Auch der EuGH gestatte nicht die missbräuchliche Berufung auf Europarecht.[160]   **173**

---

154 Vgl hierzu § 17 Rn 437 ff, 450.
155 So auch *Otte/Kühner*, DAR 2004, 321, 326.
156 EuGH VA 2004, 100; OLG Saarbrücken NStZ-RR 2005, 50.
157 VG Stade VA 2006, 197.
158 VA 2004, 100.
159 VA 2006, 120.
160 VG Stade, aaO.

d) Dritte EU-Führerscheinrichtlinie vom 20.12.2006

174 Durch die vom EuGH entschiedenen Fälle „Kapper" und „Halbritter" (siehe § 17 Rn 452 ff) kam das europäische Führerscheinrecht ins Gespräch: Die Feststellungen des EuGH, dass jeder Mitgliedstaat die von anderen Mitgliedsstaaten ausgestellten Dokumente anzuerkennen habe, erregten vor allem in Deutschland Unmut. Die Dritte Führerscheinrichtlinie vom 20.12.2006[161] soll eine Vereinheitlichung bewirken. Mit ihr soll auch dem Führerscheintourismus ein Ende gesetzt werden (vgl § 17 Rn 468). Da zur Zeit 110 Führerscheinmuster in der Europäischen Union im Umlauf sind, soll durch die Richtlinie erreicht werden, dass ein einheitliches Muster es erleichtert, Führerscheine zu lesen und zu verstehen.

175 Die Bedeutung der Dritten Führerscheinrichtlinie erscheint zunächst als richtiger Schritt in die richtige Richtung. Dass eine Übergangsfrist von sechs Jahren ab dem Inkrafttreten vorgesehen ist, lässt erkennen, dass sich kurzfristig nichts ändern kann. Wenn weiter festgestellt wird, dass 26 Jahre eingeräumt werden zur Vereinheitlichung der Führerscheinformulare, kann davon ausgegangen werden, dass erst dann durch ein EU-Führerscheinnetz eine brauchbare Kontrolle erreicht werden wird; bis dahin bleiben erhebliche Ungewissheiten.

176 Als Tatsache gilt es aber zu berücksichtigen, dass nach den beiden gennanten EuGH-Entscheidungen der Vorwurf des Fahrens ohne Fahrerlaubnis nicht aufrecht erhalten werden kann, wenn die Fahrerlaubnis in einem EU-Mitgliedstaat rechtmäßig erworben wurde und keine Sperrzeiten zu berücksichtigen sind. Unbenommen bleibt es der Fahrerlaubnisbehörde weiterhin, bei vorliegenden Mängeln iSd § 3 Abs. 1 StVG die Fahrerlaubnis zu entziehen bzw bei Vorliegen einer ausländischen Fahrerlaubnis die Berechtigung abzuerkennen, im Inland ein fahrerlaubnispflichtiges Fahrzeug zu führen.

177 **Muster: Antrag auf Aufhebung der Beschlagnahme und Herausgabe des EU-Führerscheins**

  ↓

An das Amtsgericht ▪▪▪
– Strafrichter –

Az ▪▪▪

In der Strafsache

gegen

Herrn ▪▪▪

wegen vorsätzlichen Fahrens ohne Fahrerlaubnis

legen wir gegen den Beschluss des Amtsgerichts ▪▪▪ vom ▪▪▪

Beschwerde

ein.

Begründung:

Entgegen der Annahme des Amtsgerichts ▪▪▪ war der Beschuldigte im Besitz einer gültigen Fahrerlaubnis, da die Entziehung der Fahrerlaubnis durch den Bescheid der ▪▪▪ vom ▪▪▪ rechtswidrig war.

Der Europäische Gerichtshof hat in seinem Urteil vom ▪▪▪ festgestellt, dass Art. 1 Abs. 2 iVm Art. 7 Abs. 1 Buchstabe B und Art. 9 der Richtlinie einschlägig ist.

Wir machen ausdrücklich den Schriftsatz vom ▪▪▪, der bei Beschlussfassung wohl nicht berücksichtigt wurde, zum Gegenstand unseres Beschwerdevortrags.

---

161 2006/126/EG, ABl.EG L 403 v. 30.12.2006, S. 18.

Wir beantragen:

Die Beschlagnahme nach § 111a StPO ist aufzuheben und der Führerschein herauszugeben.

Rechtsanwalt

Anlage:

Schreiben vom ■■■

Muster: Antrag auf Zurückweisung des Antrags der StA auf vorläufige Entziehung der tschechischen Fahrerlaubnis

178

An das Amtsgericht ■■■

– Strafrichter –

Az ■■■

In der Strafsache

gegen

Herrn ■■■

wegen Fahrens ohne Fahrerlaubnis

habe ich mich bereits als Verteidiger gegenüber der Staatsanwaltschaft ■■■ angezeigt und beantrage:

Der Antrag der Staatsanwaltschaft ■■■ auf vorläufige Entziehung der Fahrerlaubnis wird zurückgewiesen.

Der Vorwurf des vorsätzlichen Fahrens ohne Fahrerlaubnis ist unbegründet. Dies ergibt sich bereits daraus, dass der Beschuldigte nach diesseitigem Dafürhalten berechtigt am Straßenverkehr teilgenommen hat. Wie aus dem Sachverhalt deutlich wird, hat der Beschuldigte am ■■■ in Most (Tschechische Republik) einen Führerschein erworben, der ihn u.a. berechtigt, einen PKW zu führen. Wie aus dem Sachverhalt weiter deutlich wird, wurde dem Betroffenen mit Bescheid vom 9.12.2004 die Fahrerlaubnis entzogen. Der Beschuldigte wusste hiervon nichts.

In dieser Konstellation ist die Entscheidung des EuGH (Urt. v. 29.4.2004 – C 476/04 = DAR 2004, 333 ff) einschlägig. Der EuGH führt darin wie folgt aus:

„[...] Nach alledem ist auf den zweiten Teil der Vorlagefrage zu antworten, dass Art. 1 Abs. 2 iVm. Art. 8 Abs. 4 der Richtlinie 91/439 so auszulegen ist, dass ein Mitgliedstaat die Anerkennung der Gültigkeit eines von einem anderen Mitgliedstaat ausgestellten Führerscheins nicht deshalb ablehnen darf, weil im Hoheitsgebiet des erstgenannten Mitgliedstaats auf den Inhaber des Führerscheins eine Maßnahme des Entzugs oder der Aufhebung einer von diesem Staat erteilten Fahrerlaubnis angewendet wurde, wenn die zusammen mit dieser Maßnahme angeordnete Sperrfrist für die Neuerteilung der Fahrerlaubnis in diesem Mitgliedstaat abgelaufen war, bevor der Führerschein von dem anderen Mitgliedstaat ausgestellt worden ist [...]."

Der EuGH hält somit die Regelung des § 49 Abs. 5 FeV für europarechtswidrig, so dass diese vorliegend nicht angewendet werden kann. Aus dem Sachverhalt wird deutlich, dass die Fahrerlaubnis entzogen worden ist. Eine Sperrfrist wurde nicht angeordnet. Hiernach hat der Beschuldigte den tschechischen Führerschein erworben, dessen Gültigkeit durch die Bundesrepublik Deutschland nicht abgelehnt werden darf. Der Beschuldigte hat somit am Straßenverkehr im Besitz einer gültigen Fahrerlaubnis teilgenommen. Dies ist die Rechtsfage nach der Entscheidung des EuGH. Die vom Gericht zitierte Entscheidung des BGH aus dem Jahr 1998 ist durch die Entscheidung des EuGH obsolet geworden. Der BGH geht in seiner Entscheidung noch davon aus, dass die Gültigkeit des ausländischen Führerscheins in Abrede gestellt werden kann, wenn eine Sperrfrist abgelaufen ist. Seit dem 29.4.2004 steht jedoch bindend für die Bundesrepublik Deutschland fest, dass sie einem Führerschein eines Mitgliedstaats die Gültigkeit nicht aberkennen darf, wenn in Deutschland keine Sperrfrist läuft. Da in Deutschland gegen den Beschuldigten keine Sperrfrist läuft, kann die Gültigkeit des Führerscheins nicht in Frage gestellt werden. Der Antrag der Staatsanwaltschaft zielt somit auf eine gegen Europarecht verstoßende Maßnahme.

Selbst wenn dem nicht so wäre, hätte sich der Betroffene vorliegend in einem unvermeidbaren Verbotsirrtum befunden, als er am Straßenverkehr teilgenommen hat. Dabei ist zu berücksichtigen, dass dem Betroffenen der Entzug der deutschen Fahrerlaubnis nicht bekannt war. Die Fahrerlaubnisbehörde war offensichtlich nicht in der Lage, dem Beschuldigten den Bescheid vom 9.12.2004 zuzustellen. Gründe hierfür sind nicht ersichtlich. Von der öffentlichen Zustellung konnte der Beschuldigte keine Kenntnis haben, so dass ihm auch der Entzug nicht bekannt sein konnte.

Entscheidend zu berücksichtigen ist jedoch, dass der Betroffene im Nachgang der Entscheidung des EuGH Rechtsrats bei Herrn Rechtsanwalt eingeholt hat. Dieser hat ihm die oben dargelegte und im Übrigen auch richtige Rechtsauskunft erteilt und dem Beschuldigten mitgeteilt, dass mit der Entscheidung des EuGH die Gültigkeit eines ausländischen Führerscheins nicht aberkannt werden kann, wenn sich der vorliegende Sachverhalt ergibt. Dem Beschuldigten wurde weiter mitgeteilt, dass eine Entziehung der deutschen Fahrerlaubnis keine Auswirkung auf die Gültigkeit der ausländischen Fahrerlaubnis hat und insoweit § 49 Abs. 5 FeV nicht mehr angewendet werden kann. Unabhängig von einer möglichen, aber falschen gegenteiligen Auffassung der Staatsanwaltschaft durfte sich der Beschuldigte zumindest für berechtigt halten, mit der ausländischen Fahrerlaubnis erlaubterweise ein Fahrzeug zu führen. Nach der Einholung entsprechenden Rechtsrates wäre, wollte man der falschen Auffassung der Staatsanwaltschaft folgen, ein unvermeidbarer Verbotsirrtum gegeben, so dass der subjektive Straftatbestand nicht mehr gegeben wäre.

Richtigerweise ist der vorgeworfene Tatbestand bereits objektiv nicht erfüllt. Somit bestehen auch keine dringenden Gründe iSd § 111a StPO.

Rechtsanwalt

↑

IV. Insbesondere: Fahren mit Leichtkraftrad

179 Das OLG Karlsruhe hatte den Fall zu entscheiden, dass ein Angeklagter mit einem Leichtkraftrad fuhr, das eine Geschwindigkeit von 90 km/h erreichte, er aber lediglich im Besitz einer Fahrerlaubnis der (früheren) Klasse 4 war, die das Fahren von Leichtkrafträdern mit maximal 50 Kubikzentimeter und einer Höchstgeschwindigkeit von 50 km/h zuließ. Das OLG stellte fest, dass der Tatbestand des § 21 StVG erfüllt ist, wenn das Leichtkraftrad auch ohne Vornahme technischer Veränderungen regelmäßig eine höhere Geschwindigkeit erreichen kann als die bauartmäßige zulässige Höchstgeschwindigkeit.[162] Das OLG Karlsruhe hat sich damit dem OLG Hamm angeschlossen,[163] das diesen Fall für ein Mofa entschieden hatte, das für eine Geschwindigkeit von 25 km/h zugelassen war, aber unabhängig von technischen Veränderungen 40 km/h erreichen konnte.

180 Daraus folgt nicht, dass jedes unwesentliche Zuschnellfahren strafbar wäre. Als wesentlich angesehen wurde ein Mehr von 20%. Das Urteil des OLG Karlsruhe kam jedoch zu dem Ergebnis, dass sich der Angeklagte in einem unvermeidbaren Verbotsirrtum befunden hatte, so dass eine Bestrafung nach § 17 StGB entfiel. Der Angeklagte unterlag dem Irrglauben, dass er durch seinen Führerschein der (früheren) Klasse 4 zur Benutzung des Leichtkraftrades berechtigt gewesen sei, unabhängig von der erreichbaren Höchstgeschwindigkeit. Und da er

---

162 OLG Karlsruhe, Urt. v. 25.11.2002 – 1 Ss 73/02.
163 OLG Hamm NJW 1978, 332.

selbst bei Einholung einer Sachauskunft bei Fachbehörden keine verlässliche Beurteilung der Rechtslage erhalten hätte und somit die Unrechtmäßigkeit seines Tuns nicht hätte erkennen können, war dieser Irrtum auch unvermeidbar. Der Wortlaut des Führerscheins erweckte ebenfalls eher den Eindruck, dass eine geschwindigkeitsrelevante Veränderung, etwa durch Verschleiß, lediglich dazu führt, dass die Verwaltungsbehörde dem Halter oder Eigentümer nach § 17 Abs. 1 StVZO eine Frist zur Behebung des Mangels setzen kann, die Fahrerlaubnis aber hierdurch nicht betroffen ist.[164]

---

164 Zu Vorsatzfragen in vergleichbaren Fällen vgl OLG Brandenburg VRS 101, 239 ff; NZV 2002, 146 ff.

Teil 5: Ordnungswidrigkeitenrecht

§ 9 Das Mandat im Ordnungswidrigkeitenrecht

Literatur

Gebhardt, Das verkehrsrechtliche Mandat, Bd. 1, 5. Auflage 2005; *Göhler*, Gesetz über Ordnungswidrigkeiten, 14. Auflage 2006; *Harbauer*, Rechtsschutzversicherung, 7. Auflage 2004; *Senge* (Hrsg.), Karlsruher Kommentar zum Gesetz über Ordnungswidrigkeiten, 3. Auflage 2006; *Terbille* (Hrsg.), Münchener Anwaltshandbuch Versicherungsrecht, 2004.

A. Einleitung

1   In Sachsen sind die Eingangszahlen bei den Amtsgerichten im Jahr 2005 und, soweit bereits bekannt, auch im Jahr 2006 zurückgegangen. Entgegen diesem Trend haben aber Verkehrsordnungswidrigkeitenverfahren zugenommen. Die Ursachen für diesen Anstieg sind zwar noch nicht untersucht, die Vermutung liegt aber nahe, dass sie mit stärkerer Verkehrsüberwachung und parallel einhergehender Verschärfung gesetzlicher Regelungen, vor allem zum Verkehrszentralregister (Überliegefristen, Tattagprinzip) zusammenhängen (vgl auch § 17 Rn 10 ff). Diese Beobachtung lässt sich auch in Anwaltskanzleien machen. Bußgeldverfahren haben nicht nur zahlenmäßig zugenommen, es wird auch verbitterter um jeden einzelnen Punkt gekämpft.

2   Die Verteidigung in Bußgeldsachen ist schon lange kein Verfahren mehr, dass sich „en passant" erledigen lässt. Eine ausufernde Judikatur (die laufende OLG-Rechtsprechung füllt eine Vielzahl spezieller verkehrsrechtlicher Fachzeitschriften), die gesetzliche Vernetzung verschiedener Verfahrensbereiche (Bußgeldentscheidungen über Punkteeintragungen mit Verwaltungsentscheidungen), die notwendige Kenntnis über technische Fragen zu Messgeräten und vor allem auch das auf umfassende Erfahrung gestützte notwendige Gespür für die richtige Herangehensweise im Einzelfall erfordern den Spezialisten. Aber selbst derjenige, der viele Bußgeldsachen bearbeitet und hierfür auf sein im Kopf gespeichertes Spezialwissen zurückgreift, kann seine Arbeit rationalisieren, wenn er für Standardsituationen vorgefertigte Lösungen aus einer systematischen Ordnung heranziehen kann. Kommentare helfen hier gewöhnlich nicht weiter. Oft steht man bei der Bearbeitung eines Falls vor dem gleichen wiederkehrenden Problem und vor der Situation, dass sich der im letzten Jahr bearbeitete vergleichbare Fall im Kanzleiarchiv nicht auffinden lässt, weil einem der Name des Mandanten nicht in den Sinn kommt oder eine passende Entscheidung vor einigen Monaten in einer Fachzeitschrift veröffentlicht war, man aber nicht mehr weiß, in welcher und wann. Die hier vorgestellten Muster eignen sich für die Anlage eines eigenen elektronischen Archivs, das ständig um Abwandlungen oder neue Fallsituationen ergänzt werden kann. Aktuelle Rechtsprechung kann in die gespeicherten Muster eingearbeitet werden, so dass, wenn es darauf ankommt, der passende Schriftsatz parat liegt.

3   Derjenige, der bisher seltener in Bußgeldsachen tätig war, gewinnt vielleicht mit den Darstellungen zu bestimmten Einzelproblemen einen Eindruck von entgegen seiner Erwartung vorhandenen Verteidigungschancen, zumindest von Möglichkeiten, auf das Verfahren im Interesse seines Mandanten Einfluss zu nehmen. In den nachfolgenden Kapiteln wird mit einer

Vielzahl von Mustern der Versuch unternommen, die Bandbreite von Verteidigungsmöglich-keiten darzustellen und ein Gefühl für die richtige Verteidigungsstrategie abhängig von der jeweiligen Verfahrenssituation zu vermitteln. Gleichzeitig handelt es sich auch um Tipps für eine rationelle Bearbeitung, die konsequenterweise im ersten Mandantengespräch beginnen muss. Einen gewissen nicht unwesentlichen Raum nehmen in den nachfolgenden Kapiteln – vor allem zu Beginn – Hinweise an den Mandanten ein. Sie vereinfachen erfahrungsgemäß den Informationsaustausch, sparen dadurch Zeit in der Bearbeitung des Einzelfalls, begrün-den die Notwendigkeit bestimmter Verfahrensschritte und schützen mitunter den Mandanten vor unrealistischen Vorstellungen über seine Verteidigungschancen.

Die Ausführungen hier sollen aber nicht darüber hinwegtäuschen, dass es sich nicht um einen Zivilprozess handelt, der weitgehend schriftlich vorbereitet wird, sondern um ein Verfahren, das **dem Strafverfahren angelehnt** ist, in welchem es also oft vor allem auf das Auftreten und Verhalten in der Hauptverhandlung ankommt. Selten enden Bußgeldsachen nämlich im Vor-verfahren; üblicher ist eine Beendigung in der Hauptverhandlung oder gar erst im Rechtsbe-schwerdeverfahren. Letzteres birgt immer besondere Probleme. Hier steht der „Zivilist", der die geschäftlichen Aktivitäten des Firmeninhabers, seines Dauermandanten, betreut und aus dieser Verbindung heraus auch die Geschwindigkeitsüberschreitung zu übernehmen hatte, sicher vor hohen Hürden. Das Revisionsrecht in Strafsachen ist bereits ein Kapitel für sich; in Bußgeldsachen ergeben sich darüber hinaus noch weitere Besonderheiten. Man muss aber die Rechtsbeschwerdechancen in jedem Verfahrensstand richtig beurteilen können. Nur derjeni-ge, der sich auch in den Abgründen des Revisionsrechts in Bußgeldsachen auskennt, wird im Hauptverfahren vor oder in der Hauptverhandlung den richtigen Weg zwischen Nachgeben und konsequenter Vertretung eines bestimmten Standpunktes finden. 4

B. Typische Beratungssituation

Beispiel: M. kommt am 20.4.2006 in die Kanzlei und legt einen an seinen Arbeitgeber adres-sierten Anhörungsbogen vor. Darin heißt es: „Ihnen wird vorgeworfen, am 10.2.2006 auf der BAB A9, km 39,4, FR Görlitz, mit dem PKW [...], amtl. Kennzeichen [...], die zulässige Höchstgeschwindigkeit von 100 km/h um 41 km/h (abzgl Toleranz) überschritten zu haben. [...] Beweismittel: Zeugen, Video". M., der von einer Messung nichts bemerkt hatte, möchte einen Anwalt mit der Verteidigung beauftragen. Den Anhörungsbogen habe er vom Fuhr-parkleiter des Arbeitgebers übersandt bekommen. Es sei in seiner Firma Praxis, dass die Mitarbeiter diese Schreiben selbst beantworten. Er erläutert, dass es sich bei dem benutzten PKW um einen auf seinen Arbeitgeber zugelassenen Firmenwagen handele. Der Wagen sei ihm zur beruflichen und privaten Nutzung zur Verfügung gestellt. Er sei Angestellter im Außendienst, fahre ca. 40.000 km pro Jahr in seinem Vertretungsgebiet Sachsen, Branden-burg, Sachsen-Anhalt und Thüringen. Es gebe zu seinen Lasten schon Eintragungen im Ver-kehrszentralregister. Der letzte Vorfall liege aber schon länger zurück. Er habe eine Verkehrs-rechtsschutzversicherung bei der RS AG. 5

Ein alltäglicher Fall, der aber bereits verschiedene Fragen der richtigen und ökonomischen Herangehensweise aufwirft. Problematisch dabei ist, dass gegen den Mandanten noch kein Bußgeldverfahren eröffnet ist. Das ist erst dann der Fall, wenn er von der Behörde als mögli-cher Fahrer ermittelt ist und der Vorwurf gegen ihn erhoben wird, beispielsweise durch die Anordnung einer Anhörung. Eine Deckungsanfrage an die Rechtsschutzversicherung wäre zum jetzigen Zeitpunkt verfrüht. Man würde nur ein Standardschreiben zur Antwort erhal-ten, dass ein Versicherungsfall noch nicht eingetreten sei. 6

7 Für den Mandanten empfiehlt es sich nicht, den **Anhörungsbogen**, der von seinem Inhalt her ohnehin ein Zeugenfragebogen ist, selbst zu beantworten. Der Wunsch des Arbeitgebers dürfte zwar sein, aus der weiteren Korrespondenz herausgehalten zu werden; das hätte aber für den Mandanten zur Folge, dass er sich als Fahrer benennen und diese Erklärung noch dazu selbst unterschreiben müsste. Bei einem nur eingeschränkt für eine Identifizierung geeigneten Messfoto hätte damit das Gericht ein weiteres Indiz dafür, dass der Mandant (der Betroffene des Verfahrens) auch der Fahrer war. Wer diesem Nachteil vorbeugen möchte, sollte den Mandanten auf das Problem hinweisen und ihn bitten, den Arbeitgeber davon zu überzeugen, dass der schließlich an ihn und nicht an den Mandanten gerichtete Brief von ihm beantwortet werden möge. Erstens ist der Arbeitgeber dazu von der Behörde aufgefordert worden, zweitens stellt dieser für sich damit sicher, tatsächlich auch eine Antwort produziert zu haben. Damit vermeidet er eine Fahrtenbuchauflage, wenn mangels Ermittlung des Fahrers das Verfahren eingestellt wird (vgl dazu § 18). Wenn der Arbeitgeber wahrheitsgemäß antwortet, dass der Wagen Herrn M., Vorname, Anschrift, zur beruflichen und privaten Nutzung überlassen war, bleiben dem Mandanten alle Verteidigungsmöglichkeiten erhalten, auch diejenigen, die mit dem schlechten Messfoto zusammenhängen.

8 Eine Akte kann gleichwohl angelegt werden. Wenn der Arbeitgeber der Bitte seines Mitarbeiters nachkommt, wird die Wahrscheinlichkeit groß sein, dass der Mandant einige Wochen später selbst einen gegen ihn gerichteten Anhörungsbogen erhält und erneut in der Kanzlei erscheint. Damit könnten dann die Rechtsschutzversicherung um Deckungsschutz ersucht und übliche Schritte in der Korrespondenz mit der Bußgeldbehörde unternommen werden. Nach dem ersten Besuch des Mandanten kann aber bereits das Verkehrszentralregister auf seinen Inhalt hin abgefragt werden, es sei denn, dieser hat angegeben, im Register ohne Eintrag zu sein. Zur Aufdeckung von Irrtümern empfiehlt sich aber eine sehr genaue Befragung (s.u. Rn 26)

C. Mandatsannahme

9 Was muss ich über den Mandanten wissen und welche Unterlagen von ihm bekommen? Alles sollte im **ersten Beratungsgespräch** geklärt werden, um unnötige zeitaufwendige weitere Korrespondenz und dadurch genervte Mandanten zu vermeiden. In Verkehrssachen können sich etwa Deckungsanfragen durchaus zu einem „Nebenkriegsschauplatz" entwickeln, wenn nicht schon von vornherein alle relevanten Aspekte mitgeteilt werden (zB die Nachfrage, ob der PKW des Arbeitgebers noch bei einer anderen Rechtsschutzversicherung versichert ist).

I. Fragebogen für die Mandatsannahme

10 In § 1 Rn 48 gibt es bereits Hinweise darauf, wie ein **Mandantenfragebogen** zu gestalten ist. Dass man Name und Kontaktdaten des Mandanten zu erfassen hat, ist selbstverständlich (heute auch wichtig: E-Mail-Adresse(n)). Vor allem für die Korrespondenz mit der Rechtsschutzversicherung sind darüber hinaus von Fall zu Fall noch andere Daten von Interesse, die in der nachfolgenden Checkliste aufgenommen sind und abgefragt werden sollten. Erläuterungen zu einzelnen Punkten folgen im Anschluss an die Checkliste.

11 **Prüfungsreihenfolge – Mandantenfragebogen (Auszug):**

1. Rechtsschutzversicherung
2. Versicherungsscheinnummer

3. Besteht eine Selbstbeteiligung, wenn ja, in welcher Höhe?

4. Versicherungsnehmer der Rechtsschutzversicherung

5. Falls Versicherungsnehmer nicht gleich Mandant: Verhältnis des Versicherungsnehmers zum Mandanten (Ehefrau, Sohn, Arbeitgeber etc.)

6. Benutztes Kraftfahrzeug (Typ, amtliches Kennzeichen)

7. Halter des Kraftfahrzeugs (beispielsweise Mandant)

8. Falls Halter und Mandant nicht identisch sind, vollständige Anschrift des Halters

9. Besteht beim Halter eine gesonderte Rechtsschutzversicherung?

10. Falls ja, welche Gesellschaft, welche Versicherungsscheinnummer?

11. Bestehen zu Lasten des Mandanten Voreintragungen im Verkehrszentralregister?

12. Gibt es bereits einen Bußgeldbescheid?

13. Falls ja, wann wurde dieser zugestellt?

Erläuterungen zur Checkliste:

Zu 3. Leider sind **Selbstbeteiligungen** der Rechtsschutzversicherungen in den letzten Jahren schon nahezu die Regel geworden. Dem Mandanten ist oft gar nicht klar, ob sein Vertrag mit Selbstbeteiligung abgeschlossen ist oder nicht. Die Höhe dieser Beträge kann stark schwanken. Üblich sind etwa 150 EUR, mitunter begegnen einem aber auch Fälle, in denen die Selbstbeteiligung mit 500 EUR vereinbart ist oder höher. Kleine Gewerbebetriebe mit aus der Sicht der Versicherung hohem Schadensrisiko sind oft Opfer solcher Vertragsgestaltungen. Hier wäre also bereits an dieser Stelle der Mandant auf sein Kostenrisiko hinzuweisen. Schon die Mittelgebühren im Vorverfahren erreichen Größenordnungen von mehreren 100 EUR, so dass der Mandant bei einer Selbstbeteiligung von 500 EUR mit nahezu dem ganzen Betrag zur Kasse gebeten wird, ohne dass die Rechtsschutzversicherung auch nur einen Euro zahlen muss. Kommt man über das Vorverfahren hinaus, ist diese Grenze ohnehin überschritten.
12

Zu 4. Ist der Mandant, dem die Ordnungswidrigkeit vorgeworfen wird, **Versicherungsnehmer** der Rechtsschutzversicherung, gibt es in der Korrespondenz mit der Versicherung gewöhnlich keine Probleme. Anders aber, wenn Versicherungsnehmer ein anderer ist. Will man Nachfragen der Versicherung und unnötige weitere Schreiben vermeiden, sollte man schon bei Mandatsbeginn die anderen Personendaten erfassen und auch abfragen, in welchem Verhältnis der Mandant zu dieser Person steht. Bei Kindern von Versicherungsnehmern kann es auch darauf ankommen, ob sich diese noch in einem Ausbildungsverhältnis befinden und ihren Wohnsitz bei den Eltern haben. Wer an dieser Stelle nicht vor zusätzlichem Rechercheaufwand zurückschreckt, kann sich auch die Versicherungsbedingungen der Rechtsschutzversicherung des Mandanten aushändigen lassen und selbst nachlesen, welcher Personenkreis noch mitversichert ist beziehungsweise unter welchen Voraussetzungen Dritte in den Vertrag einbezogen sind.
13

Zu 6, 7, 8: Wenn ein Kraftfahrzeug an einer Ordnungswidrigkeit beteiligt ist, wird man dessen **Kennzeichen** an verschiedenen Stellen der Korrespondenz benötigen. Auch hier steht aber die Rechtsschutzversicherung im Vordergrund, weil dort unter Umständen nur ein bestimmtes Kraftfahrzeug versichert ist. Wenn der Mandant noch weiß, welches Fahrzeug bei Vertragsbeginn einbezogen worden ist, sollte er auch Angaben darüber machen, ob es sich bei dem benutzten aktuellen Fahrzeug um ein Ersatzfahrzeug handelt oder ein weiteres Fahrzeug. Die Rechtsschutzversicherung wird nämlich dann, wenn im Vertrag ein anderes Kennzeichen aufgeführt ist, sofort danach fragen.
14

15 Ist eine **andere Person Halter des benutzten Fahrzeugs**, sollten auch deren Daten notiert werden. Die Rechtsschutzversicherung sollte in der Deckungsanfrage darüber informiert werden, ob für diesen anderen Halter eine gesonderte Rechtsschutzversicherung abgeschlossen ist und, wenn ja, bei welcher Gesellschaft mit welcher Versicherungsscheinnummer. Die Versicherung des Mandanten wird sonst bestimmt danach fragen und in der Regel auch von der Beantwortung die Bezahlung der Gebühren abhängig machen. Man wird allerdings oft erleben, dass der Mandant spontan diese Frage nicht beantworten kann, insbesondere in den Fällen, in denen ein Firmenwagen benutzt worden ist. Schließlich dürfte der Mandant, wenn er Angestellter ist, selten Kenntnisse über die Versicherungsangelegenheiten des Arbeitgebers besitzen. Der Mandant kann aber im ersten Gespräch darauf hingewiesen werden, dass von seiner Versicherung solche Fragen kommen werden, so dass er bereits vorbeugend mit dem Arbeitgeber oder einem anderen Dritten deswegen Kontakt aufnehmen kann.

16 **Zu 11:** Die Frage nach Eintragungen im Verkehrszentralregister ist immer zu stellen. Ist sich der Mandant unsicher oder hat er positive Kenntnis von Eintragungen, muss im Rahmen der weiteren Bearbeitung ein aktueller **Verkehrszentralregisterauszug** beschafft werden (siehe § 1 Rn 54). Sehr häufig sind nämlich Tilgungstermine oder das Ende der Überliegefrist wichtig für die Art der Verteidigung (vgl Rn 47 u. § 17 Rn 13 ff). Mitunter ist die Verzögerung der Rechtskraft ihr einziges erreichbares und gewünschtes Ziel.

17 **Zu 12, 13:** Die Frage nach dem **Bußgeldbescheid** und seinem **Zustelldatum** ist unverzichtbar. Selbst dann, wenn der Mandant den Bußgeldbescheid zur Besprechung vorlegt, können noch Zweifel über den Zeitpunkt der Zustellung auftreten, wenn nämlich der Zustellungsumschlag in Unkenntnis seiner Bedeutung zuhause geblieben ist. In diesem Fall muss als Beginn für die Einspruchsfrist der Tag gewählt werden, der dem Datum des Bußgeldbescheids folgt. Kommt man unter dieser Maßgabe zu dem Ergebnis, dass die Einspruchsfrist bereits verstrichen ist, ist grundsätzlich vorsorglich der Einspruch noch am Tag der Beauftragung einzulegen. Schließlich besteht die Chance, dass die tatsächliche Zustellung doch später gewesen ist. Außerdem sollte man sich mit dem Gedanken an die Notwendigkeit eines Wiedereinsetzungsgesuchs beschäftigen und den Mandanten nach Gründen für die späte Beauftragung befragen (Näheres hierzu unter § 11 ff Rn 4 ff).

18 Liegt der Bußgeldbescheid nicht vor, ist der Mandant genau zu befragen. Viele wissen nämlich gar nicht, was unter einem Bußgeldbescheid zu verstehen ist. Manche halten schon den Anhörungsbogen oder gar einen Zeugenfragebogen für einen solchen Bescheid. Die Gefahr ist groß, hier wegen beim Mandanten bestehender Irrtümer eine falsche Auskunft zu erhalten. Aus diesem Grund ist es auch riskant, den kanzleiinternen Mandantenfragebogen dem Mandanten zur Selbstbeantwortung auszuhändigen und sich das Gespräch mit dem Mandanten erst für später vorzunehmen. Missverständnisse, die dann zur Versäumung der Einspruchsfrist führen, sind programmiert.

II. Vollmacht

19 Üblicherweise lässt man sich eine Vollmacht ausstellen. Notwendig ist das nicht, denn einen schriftlichen Nachweis für seine Beauftragung benötigt der Verteidiger nicht. Es genügt eine Mitteilung an die Behörde oder – wenn die Mandatierung zu einem späteren Zeitpunkt im Verlauf des Verfahrens erfolgt – die Anzeige gegenüber dem Gericht.[1]

20 Die **Verteidigervollmacht** (vgl § 1 Rn 45), also auch diejenige aufgrund mündlicher Bevollmächtigung, muss von der jeweiligen verfahrensführenden Stelle beachtet werden und be-

---

1 *Seitz*, in: Göhler, OWiG, § 60 Rn 13 mwN.

rechtigt zur Stellung von Anträgen (natürlich auch zur Akteneinsicht), Einlegung von Rechtsmitteln (Einspruch, Beschwerde, Rechtsbeschwerde) und Verteidigung in der Hauptverhandlung. Sie berechtigt aber nicht zur Vertretung des Mandanten. Der Verteidiger, der für seinen Mandanten Erklärungen zur Sache abgibt (auch die Erklärung, nichts aussagen zu wollen), handelt als Vertreter. Hierfür benötigt er eine schriftliche Vollmacht oder einen gleichwertigen Ersatz. **Vertretungsvollmachten** werden im Bußgeldverfahren nicht selten benötigt, sollten also Grundlage jeder Beauftragung sein. Im Hauptverfahren muss beispielsweise eine Vertretungsvollmacht vorliegen, wenn der Verteidiger einen Antrag auf Entbindung des Betroffenen von der Verpflichtung zum persönlichen Erscheinen in der Hauptverhandlung stellen will.[2] Einen ohne Vertretungsvollmacht gestellten Antrag muss das Gericht nicht berücksichtigen, also nicht einmal bescheiden. Es empfiehlt sich daher, grundsätzlich mit schriftlichen Vollmachten zu arbeiten und in den Vollmachtstext mit aufzunehmen, dass der Verteidiger auch zur Vertretung des Betroffenen berechtigt ist. Es genügt bereits eine entsprechende sinngemäße Formulierung.[3]

Hinweis: Wem das Fehlen einer solchen Vollmacht erst spät auffällt, wird dennoch den Besuch des Mandanten oder seine Post nicht abwarten müssen. Die vom Verteidiger aufgrund mündlicher Beauftragung selbst unterzeichnete Vertretungsvollmacht erfüllt die Verfahrensvoraussetzungen genauso gut wie das vom Mandanten unterzeichnete Exemplar.[4]   21

Immer wieder auch ein Thema ist die **Zahl der Verteidiger.** Führt der Kanzleistempel mehr als drei Anwälte auf, kann der eine oder andere Amtsrichter sich veranlasst sehen, auf die Beschränkung des § 137 StPO hinzuweisen. Angesichts der eindeutigen Rechtsprechung zu dieser Frage[5] sollte man deshalb überlegen, ob es sinnvoll sein kann, wenn es beispielsweise um Verfahrensverzögerung geht, den Hinweis zu ignorieren und das weitere Handeln des Gerichts abzuwarten. Möglicherweise ergeben sich dann weitere Fehler des Gerichts, auf die man am Ende eine Rechtsbeschwerde stützen kann. Tatsächlich kommt es nicht auf den Kanzleistempel an, sondern nur darauf, welches Mitglied der Kanzlei den Mandantenauftrag annimmt[6] und sich zum Verteidiger bestellt. Beachte: Auch später zu beauftragende Unterbevollmächtigte zählen bei der Verteidigerzahl gem. § 137 StPO mit.[7]   22

Den geschilderten Problemen im Zusammenhang mit der Beauftragung geht man aus dem Weg, wenn man sich eine nur auf sich selbst ausgestellte Verteidiger- und Vertretungsvollmacht ausstellen lässt oder im Kanzleistempel auf der Formularvollmacht alle anderen Anwälte herausstreicht und im Sekretariat einen Stapel Blankountervollmachten lagert. Letztere können im Übrigen auch bei Ortsabwesenheit des Hauptbevollmächtigten in Notfällen in der Kanzlei verwendet werden.   23

Eine **spezielle Bußgeldvollmacht** kann folgenden Inhalt aufweisen: 24

Muster: Verteidigervollmacht im Bußgeldverfahren inklusive Vertretungsberechtigung gem. § 234 StPO   25

↓

Herrn Rechtsanwalt / Frau Rechtsanwältin ▪▪▪
aus der Kanzlei ▪▪▪

---

2 OLG Köln DAR 2002, 180; BayObLG NZV 2001, 221.
3 OLG Stuttgart NJW 1968, 1733; BGHSt 9, 356.
4 BayObLG NZV 2002,199.
5 OLG Karlsruhe VRS 105, 348; LG Bielefeld zfs 2005, 314.
6 AG Homburg zfs 2006, 175.
7 *Seitz,* in: Göhler, OWiG, § 60 Rn 15.

wird hiermit

Vollmacht

erteilt.

Die Vollmacht berechtigt zur Verteidigung und Vertretung in der Bußgeldsache gegen ▬▬▬ im Vor- und Hauptverfahren auch über mehrere Instanzen hinweg wegen des Vorfalls vom ▬▬▬.

▬▬▬

▬▬▬, den ▬▬▬

[Unterschrift Mandant]

III. Verkehrszentralregisteranfrage

26 Sehr häufig hängt die Verteidigungsstrategie davon ab, ob zu Lasten des Mandanten Eintragungen im Verkehrszentralregister vorhanden sind. Um Überraschungen vorzubeugen, sollte man daher spätestens vor der Hauptverhandlung den Registerstand kennen. Die eigenen Angaben des Mandanten müssen hierfür keine zuverlässige Quelle sein. Erfahrungsgemäß unterliegen Mandanten mitunter Irrtümern, weil sie die Zusammenhänge zwischen Tilgungs- und Überliegefristen nicht kennen (vgl § 17 Rn 13 ff) oder beispielsweise nach einer Verurteilung wegen fahrlässiger Körperverletzung aus der Nichterwähnung von Punkten im Urteil den falschen Schluss ziehen, dass eine Eintragung im Verkehrszentralregister nicht erfolgt. Der einfache Schritt, sich selbst vom Inhalt des Registers zu überzeugen, sollte daher im Regelfall nicht unterbleiben.

27 Die Auskunft ist kostenlos und wird relativ zügig erteilt. Man sollte aber eine Woche bis zum Erhalt des Briefes aus Flensburg einkalkulieren. Die Anfrage kann per Telefax gestellt werden. Damit beim Kraftfahrt-Bundesamt (dort wird das Verkehrszentralregister geführt) eine richtige Zuordnung erfolgen kann, müssen immer Name, Vorname, Anschrift, Geburtsname (auch bei Männern!), Geburtsdatum und Geburtsort des Mandanten angegeben werden.

28 Bei Erhalt der Auskunft empfiehlt es sich, die **Daten** noch einmal sorgfältig zu **kontrollieren**. Nicht selten kommt es im Kraftfahrt-Bundesamt zu Verwechslungen. Ursache hierfür kann schon ein Schreibfehler beim Namen oder Vornamen sein. Ein Übertragungsfehler beim Geburtsdatum, beispielsweise ein um ein Jahr zu frühes oder zu spätes Geburtsjahr, kann dazu führen, dass man eine Negativauskunft erhält, also im Glauben gewiegt wird, es gebe keine Eintragungen. Eine darauf aufbauende Verteidigungsstrategie kann wie ein Kartenhaus in sich zusammenfallen, wenn das Gericht mit den richtigen Daten die richtige Auskunft erhalten hat. Gar nicht selten ist es aber auch, dass unter den korrekten Daten des Mandanten Eintragungen vorhanden sind, die längst hätten getilgt hätten müssen. Dieser Fall ist, wenn man davon erst in der Hauptverhandlung hört, in der Regel unproblematisch. Bußgeldrichter müssen dann Gelegenheit geben, diesen Umstand aufzuklären, wenn davon ein Einfluss auf die Verurteilung zu erwarten ist.

1. Antrag an das Kraftfahrt-Bundesamt auf Auskunftserteilung aus dem Verkehrszentralregister

29 Nachstehend ein Beispiel für eine Verkehrszentralregisteranfrage, die der Einfachheit halber auf einer Seite formuliert ist und gleichzeitig die Vollmacht des Mandanten beinhaltet. Ein solches Formular lässt sich griffbereit halten, ist in Windeseile ausgefüllt und kann theoretisch noch während der Mandantenbesprechung abgeschickt werden (vgl auch § 1 Rn 54).

Muster: Verkehrszentralregisteranfrage mit integrierter Vollmacht

↓

Per Telefax, Nr.: 0461-3161650

Kraftfahrt-Bundesamt
Fördestr. 16
24944 Flensburg-Mürwik

Auskunft aus dem Verkehrszentralregister

Sehr geehrte Damen und Herren,

für unseren nachstehend bezeichneten Mandanten erbitten wir zu unseren Händen eine Auskunft aus dem Verkehrszentralregister:

Name: ■■■

Vorname: ■■■

Geburtsname: ■■■ Geburtsdatum: ■■■

Geburtsort: ■■■

Straße: ■■■

PLZ, Ort: ■■■, ■■■

Mit freundlichen Grüßen
Rechtsanwalt

Hiermit bevollmächtige ich die Kanzlei ■■■ zur Einholung eines Verkehrszentralregisterauszugs.

■■■, den ■■■
■■■
[Mandant]

↑

Das Kraftfahrt-Bundesamt erteilt im Regelfall zeitnah eine Auskunft aus dem Verkehrszentralregister nach folgendem Muster: 31

Beispiel: Verkehrszentralregisterauskunft   32
Sehr geehrte Damen und Herren,
Ich erteile ihnen die beantragte Auskunft aus dem VZR. Unter den folgenden Angaben zur Person:
[Geburtsdatum, Geburtsname, Familienname, Vorname, Geburtsort]
sind im VZR zum Zeitpunkt der Auskunftserteilung [...] Entscheidungen erfasst. Die Entscheidungen sind unverbindlich mit insgesamt [...] Punkten zu bewerten. Einzelwertungen entnehmen Sie bitte den beigefügten Anlagen.
Eintragungen im VZR und damit auch die Punkte werden nach Ablauf der Tilgungsfrist zuzüglich einer Überliegefrist von einem Jahr aus dem VZR entfernt. Nähere Einzelheiten zu den Bestimmungen finden Sie unter www.kba.de. Fragen zur Bewertung, Möglichkeiten zur Punktereduzierung und zum Punkteabbau erfragen Sie bitte bei ihrer zuständigen Fahrerlaubnisbehörde.
Mit freundlichen Grüßen
Kraftfahrt-Bundesamt

Die Auskunft wird unter einem bestimmten Aktenzeichen erteilt. Sie kann daher bei Problemen nachvollzogen werden (bei Falscheintragungen beachte unten Rn 48). Sind Eintragungen   33 vorhanden, werden die Mitteilungen der jeweiligen Behörden, die Grundlage für die Eintragungen waren, in Kopie beigefügt. Nähere Erläuterungen zu den Einzelmitteilungen gibt es aber nicht. Auch wenn auf einzelnen Formularen **Tilgungsdaten** genannt werden, müssen diese für die Beurteilung zum Zeitpunkt der Auskunft nicht maßgeblich sein. Wenn beispielsweise die Anordnung, an einem Aufbauseminar teilzunehmen, eingetragen wird, wird das Tilgungsdatum in den folgenden Formularen automatisch auf fünf Jahre nach Eintragung dieser Anordnung gesetzt. Mit dem Tilgungsdatum vorangegangener oder folgender Eintragungen hat dieses Datum dann aber nichts mehr zu tun. Die richtige Tilgungsfrist muss also vom Anwalt immer gesondert geprüft und ermittelt werden.

34 Befinden sich Eintragungen in der **Überliegefrist** (§ 29 Abs. 7 StVG, vgl § 17 Rn 16), darf nur der Betroffene selbst darüber Auskunft erhalten, an Behörden oder Gerichte darf der Inhalt dieser Eintragungen nicht übermittelt werden. Die Auskunft an den Betroffenen (bzw seinen Verteidiger) enthält zudem den Hinweis, dass sich die Eintragungen in der Überliegefrist befinden.

2. Mandanteninformationen nach Eingang der Verkehrszentralregisterauskunft

35 Die Weiterleitung einer Auskunftskopie an den Mandanten wird ohne nähere Erläuterungen möglicherweise mehr Fragen aufwerfen als Antworten geben. Auch die Informationen auf der Seite des Kraftfahrt-Bundesamtes im Internet sind in der Regel nicht geeignet, den Mandanten über die Bedeutung der Eintragungen ausreichend zu informieren. Es empfiehlt sich daher, mit der Übersendung der Auskunftskopie Hinweise zum Punktestand und zu den Auswirkungen im laufenden Verfahren zu geben. Weil die Fallgestaltungen zu vielfältig sind, um auf jedes Detail eingehen zu können, folgen hier nur wenige Beispiele für typische Situationen.

36 **Beispiel 1 zur Verkehrszentralregisterauskunft:** M. hat erreicht, dass sein Arbeitgeber den Anhörungsbogen der Bußgeldstelle beantwortet hat, und inzwischen selbst einen an ihn adressierten Anhörungsbogen erhalten. Außerdem ist in der Kanzlei der Brief aus Flensburg eingetroffen mit den Eintragungen im Verkehrszentralregister. Daraus ergibt sich folgender Inhalt:

Delikt	Tattag	Entscheidungstag	Rechtskraft	Punkte
Fahrlässige Straßenverkehrsgefährdung, Entziehung der Fahrerlaubnis, 7 Monate Sperre	10.12.1996	10.1.1997	10.2.1997	0
Erteilung der Fahrerlaubnis		10.9.1997		0
Unerlaubtes Entfernen vom Unfallort	10.11.2000	10.5.2001	10.6.2001	7
34 km/h zu schnell außerorts	10.7.2001	10.10.2001	10.11.2001	3
qualifizierter Rotlichtverstoß	10.3.2002	10.5.2002	10.6.2002	4
Überholt trotz Verbotszeichen	10.5.2002	10.6.2002	10.6.2002	1
Anordnung Aufbauseminar		10.8.2002		
22 km/h zu schnell	10.3.2004	10.6.2004	10.7.2004	1
Gesamt				**16**

37 Die VZR-Auskunft stammt vom 29.4.2006. Ein Hauptverhandlungstermin in der neuen Bußgeldsache wird voraussichtlich nicht vor Ablauf von drei bis vier Monaten stattfinden.

Die neue Tat, wenn insofern Rechtskraft eintritt, führt zu einer Eintragung von weiteren 3
Punkte.

Der Auskunft ist zu entnehmen, dass die Fahrerlaubnisbehörde bereits angeordnet hatte, an **38**
einem Aufbauseminar teilzunehmen (§ 4 Abs. 3 Nr. 2 StVO). Dem Mandanten droht daher
bei Erreichen von 18 Punkten die Entziehung der Fahrerlaubnis. Der Sonderfall des § 4
Abs. 5 StVO (Überschreiten der Punktegrenze ohne vorherige Maßnahmen der Fahrerlaubnisbehörde) liegt nicht vor. Für die weitere Verteidigung ist die Entwicklung des Punktestandes in der näheren Zukunft also wichtig. Ziel der Verteidigung muss nun auch sein, das Erreichen von 18 Punkten zu verhindern. Welche Termine sind dafür wichtig?

Am 10.11.2006 werden 3 Punkte aus dem Geschwindigkeitsverstoß (34 km/h) getilgt. Die **39**
Tat ist dann fünf Jahre eingetragen, also die Maximalzeit für Punkte wegen Ordnungswidrigkeiten (§ 29 Abs. 6 S. 4 StVG). Eine Gesamttilgung, auf die man vielleicht mit Blick auf
das Rechtskraftdatum der 22 km/h-Entscheidung schließen könnte, tritt am 10.7.2006 nicht
ein, weil die Hemmungswirkung der fahrlässigen Straßenverkehrsgefährdung über dieses
Datum hinausreicht. Die normale Tilgungsfrist für Straftaten beträgt fünf Jahre (§ 29 Abs. 1
Nr. 2a StVG). Ausgenommen sind aber eine Reihe von Straftaten, die an dieser Stelle auch
aufgezählt werden. Fälle, in denen die Fahrerlaubnis entzogen worden ist, gehören dazu.
Deshalb gilt hier eine 10-jährige Tilgungsfrist, deren Ende erst am 10.1.2007 eintritt (Beginn
der Frist ist nicht der Zeitpunkt der Rechtskraft wie bei Ordnungswidrigkeiten, sondern der
Tag der Entscheidung, § 29 Abs. 4 Nr. 1 StVG).

Ergebnis: Eine rechtskräftige Entscheidung im laufenden Fall muss mindestens bis zum **40**
11.11.2006 verhindert werden. Diese Überlegungen sind dem Mandanten mitzuteilen.

Muster: Hinweise an Mandanten zum Inhalt seiner Verkehrszentralregisterauskunft (I) **41**

↓ **246**

Sehr geehrte/r Frau/Herr ■■■,

die Auskunft aus dem Verkehrszentralregister ist bei mir eingetroffen. Eine Kopie inklusive Kopien von den
Einzeleintragungen füge ich bei. Wie Sie dem Anschreiben des Kraftfahrt-Bundesamtes entnehmen können,
waren zum Zeitpunkt der Auskunftserteilung 16 Punkte im Verkehrszentralregister eingetragen. Die Rechtskraft der letzten Entscheidung war am 10.7.2004 eingetreten. Weil die normale Tilgungsfrist für Punkte aus
Ordnungswidrigkeiten von zwei Jahren wegen der ersten Eintragung (fahrlässige Straßenverkehrsgefährdung) gehemmt ist, kommt es am 10.7.2006 noch zu keiner Verringerung des Punktestandes. Die fahrlässige Straßenverkehrsgefährdung wird aber am 10.1.2007 aus dem Register genommen. Das vorliegende noch
laufende Verfahren hat darauf keinen Einfluss. Vorher werden nur drei Punkte getilgt, nämlich die wegen
der Ordnungswidrigkeit vom 10.7.2001, weil unabhängig von anderen Eintragungen Punkte aus Ordnungswidrigkeiten immer nach fünf Jahren ab Eintritt der Rechtskraft getilgt werden.

Das neue Verfahren wegen der Ordnungswidrigkeit vom 10.2.2006 wird folgende Auswirkungen haben:

Wenn es uns nicht gelingen sollte, hier eine Einstellung zu erwirken oder gar einen Freispruch, werden mit
Rechtskraft dieses Verfahrens weitere drei Punkte im Verkehrszentralregister eingetragen. Tritt die Rechtskraft vor dem 11.11.2006 ein, wären dann insgesamt 19 Punkte im Verkehrszentralregister verzeichnet. Das
Kraftfahrt-Bundesamt würde deshalb ihrer zuständigen Führerscheinstelle eine entsprechende Mitteilung
machen. Von dort würden Sie anschließend die Mitteilung erhalten, dass beabsichtigt ist, Ihnen die Fahrerlaubnis zu entziehen. Hierzu ist die Fahrerlaubnisbehörde wegen § 4 Abs. 3 Nr. 3 StVG verpflichtet. Entziehung bedeutet, dass Ihnen eine neue Fahrerlaubnis erst wieder auf Antrag nach Ablauf einer Mindestsperre
von sechs Monaten erteilt werden kann. Für die Wiederteilung würde die Fahrerlaubnisbehörde aber die
Vorlage einer positiven medizinisch-psychologischen Untersuchung verlangen.

Dass das vorliegende Verfahren vor dem 11.11.2006 nicht zu einer rechtskräftigen Entscheidung führt, ist nicht sicher vorherzusagen. Wahrscheinlich werden wir aber mit der Einlegung von Rechtsmitteln selbst im Fall einer vorherigen Verurteilung über diese Frist hinwegkommen. Unabhängig davon empfehle ich, an einer verkehrspsychologischen Beratung teilzunehmen, weil mit der Vorlage einer entsprechenden Teilnahmebescheinigung bei der Fahrerlaubnisbehörde zwei Bonuspunkte im Register eingetragen werden (§ 4 Abs. 4 StVG).

Mit freundlichen Grüßen
Rechtsanwalt

42 Mit der Auswertung des Verkehrszentralregisterauszugs und vor allem der Information des Mandanten ist einiger Aufwand verbunden. Weil damit aber in der Regel auch strategische Überlegungen einhergehen, sollte der Mandant auf denselben Kenntnisstand gebracht werden, um die Vorgehensweise seines Verteidigers nachvollziehen zu können. Für einige Standardfälle folgen hier noch andere Beispiele:

43 **Beispiel 2 zur Verkehrszentralregisterauskunft:** Einige Eintragungen aus Ordnungswidrigkeiten, 12 Punkte, Rechtskraft der letzten Entscheidung: 10.3.2004, Tattag 10.2.2006, Auskunftstag 29.4.2006.

Delikt	Tattag	Entscheidungstag	Rechtskraft	Punkte
28 km/h zu schnell innerorts	10.11.2001	10.05.2002	10.06.2002	3
34 km/h zu schnell außerorts	10.12.2001	10.10.2002	10.11.2002	3
qualifizierter Rotlichtverstoß	10.03.2003	10.05.2003	10.06.2003	4
Überholt trotz Verbotszeichen	10.07.2003	10.12.2003	10.01.2004	1
22 km/h zu schnell	10.12.2003	10.02.2004	10.03.2004	1
Gesamt				12

44 **Muster: Hinweise an Mandanten zum Inhalt seiner Verkehrszentralregisterauskunft (II)**

Sehr geehrte/r Frau/Herr ▪▪▪,

die Auskunft aus dem Verkehrszentralregister ist bei mir eingegangen. Eine Kopie inklusive Kopien der Einzeleintragungen füge ich bei. Wie Sie dem Anschreiben des Kraftfahrt-Bundesamtes entnehmen können, waren am 29.4.2006 zwölf Punkte eingetragen, die sich aber in der Überliegefrist befinden. Behörden oder Gerichte hätten diese Auskunft nicht erhalten, sondern eine Auskunft, wonach zu ihren Lasten keine Eintragungen vorhanden sind. In der Überliegefrist erhält nämlich nur der Betroffene selbst eine Mitteilung über den Inhalt des Verkehrszentralregisters.

Die endgültige Tilgung der jetzt mitgeteilten Eintragungen erfolgt am 10.3.2007, aber nur dann, wenn bis zu diesem Termin keine neue Eintragung vorgenommen wird, deren Tattag vor dem 10.3.2006 liegt. Wenn wir also im laufenden Verfahren wegen der Ordnungswidrigkeit vom 10.2.2006 die Rechtskraft vor dem 10.3.2007 eintreten lassen, werden nicht nur die neuen Punkte eingetragen, sondern auch die alten zwölf Punkte aus der Überliegefrist wieder in das normale Register übernommen. Selbst wenn wir eine Einstellung des Verfahrens oder gar einen Freispruch nicht erreichen können, muss unser Ziel daher sein, über zulässige Verfahrensanträge oder die Einlegung von Rechtsmitteln den Eintritt der Rechtskraft vor dem 10.3.2007 zu verhindern.

Sollte uns dies nicht gelingen, werden mit Rechtskraft dieses Verfahrens weitere drei Punkte im Verkehrszentralregister eingetragen. Dort wären dann insgesamt 15 Punkte verzeichnet. Das Kraftfahrt-Bundesamt würde deshalb ihrer zuständigen Führerscheinstelle eine entsprechende Mitteilung machen. Von dort würden Sie anschließend die Anordnung erhalten, an einem Aufbauseminar teilzunehmen. Sofern Sie diese Mitteilung missachten, wird Ihnen die Fahrerlaubnis entzogen. Wenn Sie aufgrund der Anordnung der Führerscheinbehörde an dem Aufbauseminar teilnehmen, wird diese Teilnahme im Verkehrszentralregister eingetragen, hierfür aber kein Punktebonus erteilt. Eine Gutschrift von Punkten erfolgt nämlich nur dann, wenn im Verkehrszentralregister noch keine 14 Punkte eingetragen sind. Bis zum Erreichen von acht Punkten gibt es für die Teilnahme an einem Aufbauseminar vier Punkte Bonus, ab dann bis zum Erreichen von 13 Punkten nur noch einen Bonus von zwei Punkten (§ 4 Abs. 4 StVG).

Zum jetzigen Zeitpunkt gehe ich noch davon aus, dass wir die Rechtskraft des laufenden Verfahrens vor dem 10.3.2007 verhindern können. Ich meine daher, dass Sie über die Teilnahme an einem freiwilligen Aufbauseminar noch nicht nachdenken müssen. Sollte sich aber zu einem späteren Zeitpunkt abzeichnen, dass aus diesem Verfahren weitere Punkte vor Ablauf der Überliegefrist eingetragen werden, empfehle ich, ein Aufbauseminar zu absolvieren. Sie erhalten sich damit die Chance, hierfür noch zwei Punkte gutgeschrieben zu bekommen. Eine sichere Gutschrift kann ich leider nicht vorhersagen, weil es zur Zeit in der Rechtsprechung umstritten ist, ob auf das Verfahren zur Punktegutschrift das Rechtskraft- oder das Tattagprinzip anzuwenden ist. Eine Entscheidung des für Sie zuständigen Oberverwaltungsgerichts ist mir hierzu noch nicht bekannt. Das Aufbauseminar wird aber nicht vergeblich sein, weil auch dann, wenn eine Punktegutschrift nicht erfolgt, die Führerscheinbehörde auch bei Erreichen von mindestens 14 Punkten die Teilnahme an einem weiteren zweiten Aufbauseminar nicht anordnen darf. Sie hätten deshalb die zu erwartende Auflage der Führerscheinbehörde nur vorweggenommen.

Mit freundlichen Grüßen
Rechtsanwalt

Beispiel 3 zur Verkehrszentralregisterauskunft: Einige Eintragungen wegen Ordnungswidrigkeiten, davon eine Eintragung wegen eines Verstoßes gegen § 24a StVG, 12 Punkte.   45

Delikt	Tattag	Entscheidungstag	Rechtskraft	Punkte
0,28 mg/l Atemalkohol	10.11.2001	10.5.2002	10.6.2002	4
34 km/h zu schnell außerorts	10.12.2001	10.10.2002	10.11.2002	3
qualifizierter Rotlichtverstoß	10.3.2003	10.5.2003	10.6.2003	4
Überholt trotz Verbotszeichen	10.7.2004	10.12.2004	10.1.2005	1
Gesamt				**12**

Muster: Hinweise an Mandanten zum Inhalt seiner Verkehrszentralregisterauskunft (III)   46

248

Sehr geehrte/r Frau/Herr ■■■,

die Auskunft aus dem Verkehrszentralregister ist bei mir eingegangen. Ich überreiche hiervon eine Kopie inklusive Kopien der Einzeleintragungen. Zur Zeit sind zwölf Punkte eingetragen, die nach Ablauf der Tilgungsfrist von zwei Jahren ab der Rechtskraft der letzten Eintragung, also am 10.1.2007 getilgt werden. Wenn bis dahin mehr als ein Punkt hinzukommt, erhält Ihre zuständige Führerscheinstelle vom Kraftfahrt-Bundesamt den Hinweis, dass nun mindestens 14 Punkte eingetragen sind. Dies wird die Führerscheinbehörde zum Anlass nehmen, die Teilnahme an einem Aufbauseminar anzuordnen. Wenn Sie diese Anordnung missachten, folgt die Entziehung der Fahrerlaubnis.

Wenn Sie an einem solchen Aufbauseminar freiwillig teilnehmen, bevor es zur Eintragung von 14 Punkten gekommen ist, erhalten Sie eine Gutschrift von zwei Punkten. Wären im Verkehrszentralregister sogar nur höchstens acht Punkte eingetragen, wäre mit dem Absolvieren eines Aufbauseminars eine Gutschrift von vier Punkten verbunden (§ 4 Abs. 4 StVG).

Bitte beachten Sie aber Folgendes:

Unter Ihren Eintragungen befindet sich auch eine Eintragung wegen Verstoßes gegen die 0,5-Promille-Grenze (§ 24a StVG). Wegen § 43 Fahrerlaubnisverordnung können Sie deshalb nicht an einem *allgemeinen* Aufbauseminar teilnehmen, sondern müssen sich für diese freiwillige Maßnahme einem sog. *besonderen* Aufbauseminar gemäß § 4 Abs. 8 S. 4 StVG unterziehen. Die Bescheinigung über die Teilnahme an einem allgemeinen Aufbauseminar würde die Führerscheinbehörde nicht berücksichtigen. Darauf sollte die durchführende Fahrschule unbedingt hingewiesen werden.

Mit freundlichen Grüßen
Rechtsanwalt

3. Prüfungsreihenfolge bei Verkehrszentralregistereinträgen

47 Den richtigen Tilgungszeitpunkt für alle oder einzelne Eintragungen zu ermitteln, kann schwerfallen. Gibt es im Register nur Bußgeldeintragungen, erkennt man die Termine bereits beim Durchblättern. Sind auch Strafsachen und Führerscheinmaßnahmen eingetragen, führt dies in der Regel zu einer gewissen Unübersichtlichkeit. Es empfiehlt sich eine systematische Herangehensweise:

- **Frage 1:** Sind die als Ausnahmen in § 29 Abs. 1 Nr. 2 StVG aufgeführten Straftaten eingetragen?

  Falls ja, tritt für andere Eintragungen eine Tilgungshemmung während des Laufs der Tilgungsfrist ein. Die Tilgungsfrist beträgt zehn Jahre mit Fristbeginn am Tag der Entscheidung. Aber beachten: Die Tilgungsfrist beginnt nicht immer am Tag der Entscheidung, sondern im Ausnahmefall des § 29 Abs. 5 StVG erst mit der Erteilung oder Neuerteilung der Fahrerlaubnis.

- **Frage 2:** Sind andere Straftaten als die in Frage 1 genannten eingetragen?

  Falls ja, gilt eine Tilgungsfrist von fünf Jahren mit Fristbeginn am Tag der Entscheidung. Es tritt in dieser Zeit Tilgungshemmung für andere Eintragungen ein. Auf die zur Frage 1 erwähnte Besonderheit ist auch hier zu achten.

- **Frage 3:** Sind mehrere Straftaten eingetragen?

  Falls ja, wird erst getilgt, wenn für jede Eintragung die Tilgungsfrist abgelaufen ist (§ 29 Abs. 6 S. 1 StVG).

  Für eingetragene Ordnungswidrigkeiten mit Ausnahme von Entscheidungen nach § 24a StVG gilt immer: Sie werden nach spätestens fünf Jahren unabhängig vom Vorliegen einer Tilgungshemmung aus anderen Eintragungen getilgt. Daneben stellen sich aber die nachfolgenden Fragen, die einhergehen müssen mit Überlegungen, ob ein laufendes Ordnungswidrigkeitenverfahren verzögert werden muss, um Vorteile aus demnächst zu erwartenden Tilgungen ziehen zu können.

- **Frage 4** (wenn keine Tilgungshemmung aus den Fragen 1 bis 3 vorliegt): Wann läuft die Zwei-Jahres-Frist ab Eintritt der Rechtskraft der letzten eingetragenen Ordnungswidrigkeit ab? Bis wann läuft anschließend die Überliegefrist?

■ **Frage 5:** Wenn mehrere Eintragungen vorhanden sind, endet wann der nächste Ablauf einer Fünf-Jahres-Frist?

■ **Frage 6:** Ist der Mandant noch Inhaber einer Fahrerlaubnis auf Probe?

Beantwortet sich die letzte Frage mit Ja, muss § 29 Abs. 6 S. 5 StVG beachtet werden. Danach unterbleiben Tilgungen wegen Ordnungswidrigkeiten – auch nach fünfjähriger Eintragung –, solange die Probezeit läuft.

4. Falsche Einträge im Verkehrszentralregister oder falsche Auskünfte zum Inhalt des Verkehrszentralregisters

Hat man von fehlerhaften Eintragungen Kenntnis erlangt, sollte man **Berichtigung** verlangen. Hierbei handelt es sich um eine neue Angelegenheit aus dem Verkehrsverwaltungsrecht, für die eine **gesonderte Deckungsanfrage** an die Rechtsschutzversicherung zu stellen ist. Innerhalb einer Verkehrsrechtsschutzversicherung gehört die Angelegenheit zum versicherten Bereich. Mit dem Nachweis der Falscheintragung und mit Übersendung des Schreibens an das Kraftfahrt-Bundesamt mit der Aufforderung zur Berichtigung ist die Deckungszusage daher zu erwarten. Für die Angelegenheit gilt als Gegenstandswert der Regelsatz im Verwaltungsverfahren (4.000 EUR). Nachstehend ein Formulierungsvorschlag für das Herantreten an das Kraftfahrt-Bundesamt und die damit verbundene Deckungsanfrage an die Rechtsschutzversicherung:

48

Muster: Berichtigungsaufforderung an das Kraftfahrt-Bundesamt bei vorhandenen Falscheintragungen im Verkehrszentralregister

49

(249)

Per Telefax, Nr.: 0461-3161650

Kraftfahrt-Bundesamt
Fördestr. 16
24944 Flensburg-Mürwik

Betr.: Eintragungen zu Lasten Herrn ■■■, geborener ■■■, geb. am ■■■ in ■■■, ■■■ [Anschrift]

Sehr geehrte Damen und Herren,

aus einem Ordnungswidrigkeitenverfahren, in welchem ich Herrn ■■■ vertrete, ist bekannt geworden, dass im Verkehrszentralregister eine Eintragung vorhanden ist wegen einer Ordnungswidrigkeit vom ■■■, ■■■ Uhr in ■■■. Hierzu hat es einen Bußgeldbescheid des Polizeipräsidenten ■■■ gegeben vom ■■■ (Az ■■■). Dieser Bußgeldbescheid scheint Grundlage für die Eintragung gewesen zu sein. Tatsächlich habe ich im Auftrag von Herrn ■■■ gegen diesen Bußgeldbescheid Einspruch eingelegt, so dass es am ■■■ zu einer Hauptverhandlung am Amtsgericht ■■■ gekommen ist (Az ■■■). Im Termin ist das Verfahren eingestellt worden. Eine auf dem oben bezeichneten Bußgeldbescheid beruhende Eintragung wäre daher unrichtig. Bitte prüfen Sie die Angelegenheit. Eine auf mich ausgestellte Vollmacht füge ich in Kopie bei.

Mit freundlichen Grüßen
Rechtsanwalt

Für eine Deckungsanfrage an die Rechtsschutzversicherung zu diesem Zeitpunkt könnte man – wenn vorhanden – die fehlerhafte Auskunft aus dem VZR zusammen mit dem Anschreiben an das Kraftfahrt-Bundesamt in Kopie übersenden. Einfacher erscheint es, das Antwort-

50

schreiben des Kraftfahrt-Bundesamt abzuwarten und erst dann damit die Deckungsanfrage zu stellen und sie gleich mit der Abrechnung zu verbinden:

51 **Muster: Deckungsanfrage für das anwaltliche Tätigwerden gegenüber dem Kraftfahrt-Bundesamt bei vorhandenen Falscheintragungen im Verkehrszentralregister**

 ↓

An die

■■■ [Rechtsschutzversicherung]

Per Telefax, Nr.: ■■■

Betr.: Verkehrsverwaltungsrecht

Betroffen: Ihr VN, Herr ■■■, Versicherungsscheinnummer: ■■■

Sehr geehrte Damen und Herren,

in vorbezeichneter Sache ging es um eine Fehleintragung im Verkehrszentralregister. Zur Erläuterung überreiche ich mein Schreiben vom ■■■ an das Kraftfahrt-Bundesamt, ein Antwortschreiben des Kraftfahrt-Bundesamtes vom ■■■ sowie die endgültige Erklärung vom Kraftfahrt-Bundesamt vom ■■■. Damit war die Sache abgeschlossen. Ich bitte zu Gunsten meines Mandanten um Deckungsschutz für das Verfahren und erlaube mir in der Annahme, dass der Deckungszusage keine Gründe entgegenstehen, nachstehend eine Kostennote niederzulegen, verbunden mit der Bitte um gelegentlichen Ausgleich.

Mit freundlichen Grüßen
Rechtsanwalt

Kostennote

Gegenstandswert:	4.000,00 EUR
1,3-Geschäftsgebühr gemäß Nr. 2400 VV RVG, §§ 13, 14 RVG	318,50 EUR
Entgelte für Post- und Telekommunikationsdienstleistungen gemäß Nr. 7002 VV RVG (pauschal)	20,00 EUR
Zwischensumme	338,50 EUR
19% Umsatzsteuer gemäß Nr. 7008 VV RVG	64,32 EUR
Summe	402,82 EUR

■■■

Rechtsanwalt

 ↑

52 Ein **Schadensersatzanspruch gegen das Kraftfahrt-Bundesamt** in Höhe der entstandenen Rechtsanwaltsgebühren dürfte idR nicht gegeben sein. Ein schuldhaftes Handeln dort wird man vermutlich nicht nachweisen können. Die Fehleintragung wird regelmäßig auf fehlerhafte oder unvollständige Mitteilungen der beteiligten Behörden oder Gerichte zurückzuführen sein. Etwas anderes kann aber gelten, wenn eine fehlerhafte Auskunft durch das Kraftfahrt-Bundesamt selbst erteilt wird, wenn also die zugrunde liegenden Eintragungen richtig sind und nur falsch oder entgegen bestehenden Auskunftsverboten übermittelt worden sind.

53 **Beispiel:** Im Bußgeldverfahren gegen M. ist nach Mandatierung ein aktueller Auszug aus dem Verkehrszentralregister eingeholt worden. Daraus ergab sich, dass sämtliche Eintragungen mit einer Gesamtzahl von 13 Punkten in der Überliegefrist lagen. In der Hauptverhandlung kam es zur Verlesung des Registerauszugs mit der Überraschung, dass das Gericht einen Auszug erhalten hatte, der inhaltlich dem vorher eingeholten Auszug entsprach, aber keinerlei Hinweise auf die Überliegefrist enthielt. Das Gericht ließ sich deshalb auch nur schwer davon überzeugen, dass die Eintragungen nicht verwertet werden durften. M. möchte eine Stellungnahme des Kraftfahrt-Bundesamtes hierzu einholen und wegen eines weiteren laufenden Bußgeldverfahrens die Wiederholung dieses Vorgangs vermeiden. Er beauftragt damit seinen Verteidiger.

Eintragungen in der **Überliegefrist** erhält nur der Betroffene selbst auf Anfrage mitgeteilt. 54
Gerichte und Bußgeldstellen dürfen wegen der ausdrücklichen Regelung in § 29 Abs. 7 S. 2
StVG über Eintragungen in der Überliegefrist keine Auskünfte bekommen. Liegt dem Gericht
noch ein älterer Auszug vor, aus welchem Eintragungen bekannt sind, die sich inzwischen in
der Überliegefrist befinden, dürfen diese Eintragungen zu Lasten des Betroffenen nicht verwertet werden.[8] Obwohl die Rechtslage klar zu sein scheint, muss man damit rechnen, im
konkreten Verfahren auf einen Richter zu treffen, dem die obergerichtlichen Entscheidungen
nicht bekannt sind oder der meint, die gesetzliche Konsequenz bei Rechtskraft seiner Entscheidung vor Ablauf der Überliegefrist (Wiederaufleben der alten Eintragungen durch neue
Eintragung mit Tattag vor Ablauf der Tilgungsfrist der alten Eintragungen) gerade als Argument für die Verwertbarkeit der alten Entscheidungen benutzen zu können.[9] Wird damit eine
erhöhte Geldbuße begründet, ohne die Grenze von 250 EUR zu überschreiten, und kein
Fahrverbot festgesetzt, bewegt man sich außerhalb des Zulässigkeitsbereichs der Rechtsbeschwerde. Voraussichtlich wird man dann auch eine gesonderte Zulassung der Rechtsbeschwerde nicht erreichen können, weil die Rechtsfrage unter Hinweis auf die anderen schon
veröffentlichten Entscheidungen der Oberlandesgerichte[10] geklärt ist. Der Zulassungsgrund
des § 80 Abs. 1 Nr. 1 OWiG (Zulassung zur Fortbildung des Rechts oder zur Sicherung einer
einheitlichen Rechtsprechung) liegt seit der Entscheidung des OLG Karlsruhe[11] nicht mehr
vor. Damit wird aber auch deutlich, welches starke Interesse auf Seiten eines Betroffenen
bestehen kann, Falschauskünfte aus dem Verkehrszentralregister verhindert zu bekommen.
Im obigen Fall (Rn 53) empfiehlt sich folgende Vorgehensweise:

Muster: Aufforderung an das Kraftfahrt-Bundesamt zur Unterlassung der Erteilung zukünftiger 55
falscher Auskünfte

Per Telefax, Nr.: 0461-3161650

Kraftfahrt-Bundesamt
Fördestr. 16
24944 Flensburg-Mürwik

Betr.: Auskunft aus dem Verkehrszentralregister über Herrn ■■■, geborener ■■■, geb. am ■■■ in ■■■,
wohnhaft ■■■; Ihr Az ■■■.

Sehr geehrte Damen und Herren,

in vorbezeichneter Sache geht es um eine Auskunft vom ■■■, die Sie gegenüber dem Amtsgericht ■■■ im
dortigen Verfahren gegen Herrn ■■■ (Az ■■■) erteilt haben. Mit dieser Auskunft sind vier Eintragungen
mitgeteilt worden. Zuvor hatte die Bußgeldstelle im selben Verfahren eine Auskunft beantragt und darauf
am ■■■ die Information erhalten, dass keine Eintragungen erfasst seien.

---

8 OLG Karlsruhe zfs 2005, 411; OLG Hamm NZV 2006, 487; OLG Schleswig zfs 2006, 348, 349.
9 AG Wolfratshausen NZV 2006, 488.
10 OLG Karlsruhe zfs 2005, 411; OLG Hamm NZV 2006, 487; OLG Schleswig zfs 2006, 348, 349.
11 AaO.

Die Auskunft vom ▪▪▪ gegenüber dem Amtsgericht ▪▪▪ enthält als letzte Eintragung eine Ordnungswidrigkeit mit Rechtskraft vom ▪▪▪ und zuvor keine Eintragungen wegen etwaiger Verkehrsstraftaten. Damit steht fest, dass dem Amtsgericht ▪▪▪ die sich in der Überliegefrist befindenden Ordnungswidrigkeiten nicht hätten mitgeteilt werden dürfen und dass die der Bußgeldstelle erteilte Auskunft richtig gewesen ist.

Hierzu erbitte ich bis zum ▪▪▪ Ihre Stellungnahme. Außerdem habe ich Sie im Namen meines Mandanten aufzufordern, zukünftig die sich aus der Eintragung in der Überliegefrist ergebenden Auskunftsbeschränkungen zu beachten. Um derartigen weiteren Falschauskünften vorzubeugen, hat mich Herr ▪▪▪ beauftragt.

Mit freundlichen Grüßen
Rechtsanwalt

56　Im Unterschied zur vorangegangenen Fallgestaltung (Rn 49) liegt hier auf Seiten des Kraftfahrt-Bundesamtes Verschulden vor. Dass die Eintragungen in der Überliegefrist nicht hätten mitgeteilt werden dürfen, ergibt sich aus § 29 Abs. 7 StVG. Ein Verstoß gegen diese Verpflichtung kann anwaltlich abgemahnt und die damit verbundenen Anwaltsgebühren als Schadensersatz gegen das Kraftfahrt-Bundesamt geltend gemacht werden. Wird eine Positivauskunft erteilt, obwohl Tilgungsreife eingetreten war, liegt eine Amtspflichtverletzung vor.[12]

IV. Korrespondenz mit der Rechtsschutzversicherung

57　Die Rechtsschutzversicherung sollte frühzeitig in das Verfahren einbezogen werden. Es empfiehlt sich eine Deckungsanfrage im Anschluss an das erste Gespräch mit dem Mandanten. In der Regel dürfte zu diesem Zeitpunkt eine Anhörung oder auch schon ein Bußgeldbescheid vorliegen. Bei sog. **Kennzeichenanzeigen** erfährt der Mandant erst aus solchen Schreiben, dass gegen ihn ein Verfahren eröffnet ist. Dass ein Mandant ohne schriftlichen Schuldvorwurf in der Kanzlei erscheint, ist demgegenüber seltener, kommt aber beispielsweise vor, wenn dem Mandanten im Zusammenhang mit einem Verkehrsunfall Ordnungswidrigkeiten vorgeworfen werden oder sonst sofortiger Kontakt mit der Polizei bestanden hatte (etwa nach Geschwindigkeitsmessungen mit Lasergeräten oder mit Videofahrzeugen). Es gibt einige Standardsituationen, die sich oft wiederholen:

- Der Mandant ist Versicherungsnehmer der Rechtsschutzversicherung; das benutzte Fahrzeug ist auf ihn zugelassen; ein schriftlicher Schuldvorwurf (Anhörungsbogen) gegen ihn liegt vor (Normalfall).

- Der Mandant ist nicht Versicherungsnehmer der Rechtsschutzversicherung, aber in die Versicherung einbezogen; das benutzte Fahrzeug ist auf ihn zugelassen; ein schriftlicher Schuldvorwurf (Anhörungsbogen) gegen ihn liegt vor.

- Der Mandant ist nicht Versicherungsnehmer der Rechtsschutzversicherung, aber in die Versicherung einbezogen; das benutzte Fahrzeug ist nicht auf ihn, aber auf den Versicherungsnehmer zugelassen; der Anhörungsbogen richtet sich an den Halter.

- Der Mandant ist Versicherungsnehmer der Rechtsschutzversicherung; das benutzte Fahrzeug ist nicht auf ihn zugelassen; der Anhörungsbogen richtet sich an den Halter.

---

12 *Hentschel*, Straßenverkehrsrecht, § 29 StVG Rn 18.

1. Normalfall: Mandant ist Versicherungsnehmer der Rechtsschutzversicherung; das Verfahren richtet sich gegen ihn

Der Schreibaufwand für die Bitte um Gewährung von Deckungsschutz bleibt bei dieser Fallkonstellation gewöhnlich gering. An sich müsste es genügen, den Anhörungsbogen oder Bußgeldbescheid zu übersenden, um eine positive Antwort der Rechtsschutzversicherung zu erhalten. Nachfragen kann es ausnahmsweise dann geben, wenn in die Versicherung bei der Benutzung eigener Fahrzeuge nur ein bestimmtes Fahrzeug einbezogen ist und es sich im aktuellen Fall um ein Nachfolgefahrzeug handelt. Der Fall kommt nicht so häufig vor, dass es gerechtfertigt wäre, schon bei Mandatsannahme entsprechende Fragen zu stellen. Die meisten Mandanten wüssten darauf vermutlich keine Antwort, so dass mehr Verwirrung entstünde als Nutzen für die weitere Bearbeitung.

58

Muster: Deckungsanfrage an Rechtsschutzversicherung, Mandant ist Versicherungsnehmer, schriftlicher Schuldvorwurf liegt vor

59

252

An die ▪▪▪ [Rechtsschutzversicherung]
Per Telefax, Nr.: ▪▪▪

Betr.: Ordnungswidrigkeitenverfahren gegen Ihren VN, Herrn ▪▪▪, ▪▪▪ [Anschrift]

Ordnungswidrigkeit vom ▪▪▪

Versicherungsscheinnummer: ▪▪▪

Sehr geehrte Damen und Herren,

mit Schreiben vom ▪▪▪ wirft die Ordnungsbehörde der Stadt ▪▪▪ Ihrem VN eine Geschwindigkeitsüberschreitung vor. Diese Anhörung füge ich in Kopie bei und bitte um Deckungsschutz für das Verfahren. Der darin aufgeführte PKW ist auf Ihren VN zugelassen.

Mit freundlichen Grüßen
Rechtsanwalt

Hinweis: Die Versendungsart solcher Schreiben ist im Regelfall „**nur per Telefax**". Inzwischen ist diese Form der Datenübermittlung von den Versicherungen ausdrücklich erwünscht. Die Daten werden dort unmittelbar in die EDV übernommen, also nicht einmal mehr ausgedruckt. Der Faxempfang erfolgt direkt in der Bearbeitungssoftware der Versicherung. Das Führen von Papierakten ist bei Versicherungen zur Ausnahme geworden. Wird die Korrespondenz auf dem Postweg verschickt, ist es sehr wahrscheinlich, dass die Unterlagen bei Eingang in der Versicherung gescannt und anschließend geschreddert werden. Die Versendung „vorab per Fax" ist deshalb überflüssig und kostet nur unnötiges Porto, Papier und Personalaufwand beim Empfänger.

2. Mandant ist nicht Versicherungsnehmer der Rechtsschutzversicherung

Wenn der Mandant nicht Versicherungsnehmer der Rechtsschutzversicherung ist, muss man im Zusammenhang mit der Deckungsanfrage das Versicherungsverhältnis zusätzlich erläutern. Andernfalls kommen erfahrungsgemäß Nachfragen oder es ist gar mit der Rücksendung des eigenen Schreibens zu rechnen und dem Vermerk, dass der Vorgang einem Vertrag nicht zugeordnet werden könne. In diesen Fällen sollte daher die Beziehung zwischen Mandant und Versichertem erläutert werden. Im privaten Bereich geht es in der Regel um eine Angabe

60

zur Verwandtschaft oder Ehe, im beruflichen Bereich meist um die Angabe, dass der Mandant Angestellter des versicherten Arbeitgebers ist.

61 **Muster: Deckungsanfrage an Rechtsschutzversicherung, wenn der Mandant nicht Versicherungsnehmer ist und ein schriftlicher Schuldvorwurf gegen ihn vorliegt**

An die ▪▪▪ [Rechtsschutzversicherung]
Per Telefax, Nr.: ▪▪▪

Betr.: Ordnungswidrigkeitenverfahren gegen Herrn ▪▪▪, ▪▪▪ [Anschrift]

Ordnungswidrigkeit vom ▪▪▪

Ihre VN, Frau ▪▪▪, ▪▪▪ [Anschrift]

Versicherungsscheinnummer: ▪▪▪

Sehr geehrte Damen und Herren,

mit Schreiben vom ▪▪▪ wirft die Ordnungsbehörde der Stadt ▪▪▪ Herrn ▪▪▪ eine Geschwindigkeitsüberschreitung vor. Diese Anhörung füge ich in Kopie bei. Herr ▪▪▪ hat mich mit der Verteidigung beauftragt. Er ist der Ehemann Ihrer Versicherungsnehmerin. Der in der Anhörung vom ▪▪▪ aufgeführte PKW ist auf Ihre VN zugelassen. Bitte erteilen Sie Deckungsschutz für die Sache.

Mit freundlichen Grüßen
Rechtsanwalt

62 Schwieriger wird eine Deckungsanfrage, wenn **kein schriftlicher Schuldvorwurf** vorliegt. Versicherungen tun sich in solchen Fällen schwer, Deckung zuzusagen. Gewöhnlich folgt auf einen solchen Antrag ein Schreiben mit der Bitte, einen schriftlichen Schuldvorwurf vorzulegen. Einige Versicherungen scheinen für solche Fälle geradezu die Anweisung gegeben zu haben, Deckungszusagen nicht zu erteilen. Bevor man sich also die Finger wundschreibt, sollte man nach Erhalt einer solchen zusätzlichen Bitte die Weiterbearbeitung der Rechtsschutzanfrage bis zur Akteneinsicht zurückstellen. In Bußgeldsachen dürften solche Probleme eher selten entstehen. In Strafsachen (beispielsweise Verkehrsunfälle mit Personenschäden) kann so etwas häufiger vorkommen, weil die Polizei vor Ort gewöhnlich keine schriftliche Beschuldigung vornimmt und man erst mit Übersendung der Akte durch die Staatsanwaltschaft wieder von der Angelegenheit hört.

3. Mandant ist Versicherungsnehmer der Rechtsschutzversicherung und war Fahrer des nicht auf ihn zugelassenen festgestellten Fahrzeugs; der Anhörungsbogen oder ein Zeugenfragebogen richtet sich an den Halter

63 Noch komplizierter wird es, wenn der Mandant *noch* kein Betroffener ist. Dieser Fall ist häufig. Er liegt immer dann vor, wenn der Halter im Wege einer Anhörung oder einer Zeugenbefragung von der Bußgeldbehörde angeschrieben wird, Fahrer aber eine dritte Person war. Es gibt zwei Hauptgruppen, nämlich erstens die familiäre Verbandelung zwischen Fahrer und Halter und zweitens die berufliche (Angestellter/Arbeitgeber).

a) Fahrer ist der Ehegatte des Halters/Versicherungsnehmers; der Anhörungsbogen richtet sich an
   den Halter

Kommt der Fahrer und möchte den Auftrag für die Verteidigung erteilen, gibt es mit den 64
meisten Rechtsschutzversicherungen ein unüberwindliches Problem. Weil gegen den Fahrer
noch kein Verfahren eröffnet ist, fehlt es am Versicherungsfall. Eine Deckungszusage sollte
man daher gar nicht erst erbitten. Dies hat aber auch zur Konsequenz, dass die Beratung des
Fahrers, meist in Zusammenhang mit dem ersten Mandantengespräch, nicht versichert ist.
Auch dem Mandanten, der in diesen Fällen grundsätzlich von versicherter Beratung ausgeht,
ist dies häufig schwer zu vermitteln. Schließlich war er der Täter der Ordnungswidrigkeit und
er erfährt, dass die Sache, wenn sie sich gegen ihn richten würde, an sich versichert wäre.
Dieses Dilemma – aus anwaltlicher Sicht – kann man nur so lösen, dass man sich das Mandat
vom Halter geben lässt und für diese Verteidigung um Deckungsschutz bittet. Dann entstehen gewöhnlich keine Probleme.

Diese Fälle sind deshalb nicht selten, weil manche Bußgeldbehörde Software verwendet, in 65
welcher nicht zwischen einer Zeugenanfrage und einer Anhörung (mit üblichem Text zum
Schuldvorwurf) unterschieden wird. Das vielerorts verwendete **automatische Verfahren** sieht
folgendermaßen aus: Aus den Filmen stationärer oder mobiler Messanlagen werden die
Kennzeichen erfasst und damit automatische Halteranfragen beim Kraftfahrt-Bundesamt
durchgeführt. Die Ergebnisse werden online wieder in die Software eingespielt und danach
– je nach Stand der Software – Anhörungs- oder Zeugenfragebögen ausgedruckt. Wenn bei
der Auswertung der Filme eingegeben werden konnte, ob der Fahrer männlich oder weiblich
war und nach Rücksendung der KBA-Daten in die Software eine logische Abfrage integriert
ist, ob das mutmaßliche Geschlecht des Fahrers von dem des Halters abweicht, könnte im
Falle der Abweichung oder wenn der Halter eine juristische Person ist, ein Zeugenfragebogen
ausgedruckt werden. Diese logische Abfrage ist aber nicht in jeder Software implementiert.

b) Fahrer ist der Ehegatte des Halters/Versicherungsnehmers; der Zeugenfragebogen richtet sich an
   den Halter

Dieser Fall liegt vor, wenn in der Software der Bußgeldbehörde die gerade (Rn 65) beschrie- 66
bene logische Abfrage implementiert ist. Das erkennbar abweichende Geschlecht zwischen
Fahrer und Halter hat dazu geführt, dass der Halter nur als **Zeuge** befragt werden soll. Welche Konsequenz ist damit im Rechtsschutzversicherungsverhältnis verbunden?

Zunächst einmal gibt es **keinen Versicherungsfall** zu Lasten einer versicherten Person, ein 67
Bußgeldverfahren gegen eine bestimmte Person ist nämlich noch nicht eröffnet. Gegen den
Halter wird nicht ermittelt, weil er nach den Erkenntnissen der Bußgeldbehörde als Fahrer
nicht in Betracht kommt. Der Fahrer, also der Mandant, ist aber noch nicht bekannt und
deshalb als Betroffener im Verfahren noch nicht einbezogen. Gegenüber der Rechtsschutzversicherung kann man sich also weder für den Fahrer noch für den Halter als Verteidiger
bestellen und hierfür um Deckungsschutz bitten. Dennoch erwartet der Fahrer oder auch der
Halter, dass man Rat erteilt, gerade um die Verfahrenseröffnung gegen den Fahrer zu vermeiden. Es gibt Rechtsschutzversicherungen, die in diesen Fällen ausnahmsweise Deckungsschutz gewähren, allerdings unter dem Vorbehalt, dass dadurch ein weiteres Ordnungswidrigkeitenverfahren unter Beteiligung der Rechtsschutzversicherung vermieden wird. Um
aber zu dieser Deckungszusage zu kommen, muss man den Aufwand der üblichen Korrespondenz bereits überschreiten und kann auch nicht sicher sein, dass die angefragte Rechtsschutzversicherung mit diesem Verfahren einverstanden sein wird. Der Eintritt der Rechtsschutzversicherung wird deshalb die Ausnahme bleiben. Das Dilemma des Verteidigers be-

steht auch darin, dass man sich entscheiden kann, ob man den vor einem sitzenden Mandanten ausführlich über diese Logik der Rechtsschutzversicherung informiert (ohne Gebührenanspruch) oder ob man mit demselben Zeitaufwand zur Sache berät (Muss man auf den Zeugenfragebogen antworten und, wenn ja, mit welchem Inhalt? Wie entwickelt sich dann das weitere Verfahren der Behörde? Mit welchen Ermittlungsschritten gegen den Halter oder den unbekannten Fahrer ist zu rechnen?).

68 Wer an dieser Stelle seinen Mandanten (den Halter) gut berät, weiß damit auch, dass Gebührenerstattungsansprüche gegen die Rechtsschutzversicherung nicht entstehen werden. Trostreich kann nur sein, dass sich wahrscheinlich am Ende das Verfahren rechtzeitig, also innerhalb der Verjährungsfrist, doch noch gegen den möglichen Fahrer richtet und dass dieser sich dann wahrscheinlich ebenfalls mit der Bitte um Verteidigung an den ursprünglichen Ratgeber wenden wird. Immerhin erhält man dann ein Mandat mit einem Honoraranspruch, auch wenn der vorherige zusätzliche Beratungsaufwand, der die anschließende Beratung gewöhnlich nicht erspart, nicht abgegolten wird. Gleichwohl hier das Muster eines Schreibens an die Rechtsschutzversicherung:

69 **Muster: Rechtsschutzanfrage für den Fall, dass Fahrer der Ehegatte des Halters/Versicherungsnehmers ist und sich ein Zeugenfragebogen an den Halter richtet**

An die ■■■ [Rechtsschutzversicherung]
Per Telefax, Nr.: ■■■

Ordnungswidrigkeit vom ■■■

Betroffen: Ihre VN, Frau ■■■, ■■■ [Anschrift]

Versicherungsscheinnummer: ■■■

Sehr geehrte Damen und Herren,

mit Schreiben vom ■■■ ermittelt die Ordnungsbehörde der Stadt ■■■ wegen einer Geschwindigkeitsüberschreitung. Dieses Schreiben füge ich in Kopie bei. Der darin erwähnte PKW ist auf Ihre VN zugelassen. Fahrer dieses Fahrzeugs zur Tatzeit war der Ehemann Ihrer VN, gegen den jedoch zur Zeit noch nicht ermittelt wird. Im Familienkreis gibt es weitere mögliche Fahrer, gegen die sich die Ermittlungen ebenfalls erstrecken könnten. Ihre VN hat sich nun an mich gewandt, um beraten zu werden, ob sie Pflichtangaben machen muss, welchen Umfang diese Angaben haben müssen, wenn sie zu machen sind, und welche Konsequenzen für sie oder ihre Angehörigen eventuell damit verbunden sind. Bitte teilen Sie mir, ob Sie für eine solche Beratung Deckungsschutz gewähren. Es kann möglicherweise damit, nämlich wenn das Verfahren eingestellt wird, ein Bußgeldverfahren gegen eine im Vertrag Ihrer VN mitversicherte Person vermieden werden.

Mit freundlichen Grüßen
Rechtsanwalt

c) Fahrer und Versicherungsnehmer ist der Angestellte des Halters; der Anhörungsbogen/ Zeugenfragebogen richtet sich an den Halter

70 Auch dieser Fall ist häufig (s.o. Rn 5 den Ausgangsfall). Er hat mit der Praxis in vielen Firmen zu tun, dort eingehende Anhörungsbögen, die im Zusammenhang mit Ordnungswidrigkeiten bei der Benutzung von **Firmenfahrzeugen** stehen, unbearbeitet an die Mitarbeiter weiterzugeben. Von diesen wird dann erwartet, dass sie die Schreiben der Bußgeldstelle persönlich beantworten, also sich quasi selbst anzeigen. Mit dem Originalanhörungsbogen begibt

sich der Fahrer zum Rechtsanwalt und erwartet Verteidigung unter Einbeziehung seiner Rechtsschutzversicherung. Man wird nicht umhin können, den potenziellen Mandanten zu beraten, muss aber darauf hinweisen, dass mangels eines gegen ihn eröffneten Ordnungswidrigkeitenverfahrens die Rechtsschutzversicherung für anwaltliche Beratung derzeit sicher nicht aufkommen wird. Mit Blick auf ein bestimmtes Verteidigungsziel – vor allem auch in zeitlicher Hinsicht – ist es unklug, den Mandanten den Bogen selbst ausfüllen zu lassen oder sich zum jetzigen Zeitpunkt bereits als sein Verteidiger anzuzeigen. Es erscheint sinnvoller, den Mandanten dahin gehend zu beraten, seinen Arbeitgeber davon zu überzeugen, den Anhörungsbogen nicht auszufüllen, aber dennoch zu beantworten. Wenn der Arbeitgeber formlos der Bußgeldbehörde mitteilt, dass der fragliche PKW zur privaten und beruflichen Nutzung (wie es zum Beispiel im Außendienst regelmäßig der Fall ist) einem bestimmten, namentlich benannten Mitarbeiter überlassen ist, erfüllt er zunächst einmal seine Auskunftspflicht und wendet damit für den Fall, dass sonst ein bestimmter Fahrer nicht zu ermitteln ist, eine drohende Fahrtenbuchauflage ab (vgl § 18). Die Bußgeldbehörde wird nach Eingang dieser Antwort eine erneute Anhörung an den möglichen Fahrer übersenden, aber noch nicht sicher davon ausgehen können, dass dieser tatsächlich der Fahrer war. Bei schlechter Qualität des Messfotos bleibt die Frage der Identifizierung des Fahrers also offen. Auch im eventuellen Hauptverfahren kann die Verteidigung noch darauf abgestellt werden.

Die Rechtsschutzversicherung zu dieser Zeit um Deckungsschutz zu bitten, wird meistens aussichtslos sein. Wenn die Beratung des Mandanten erfolgreich war, wird das Verfahren in der Bußgeldstelle möglicherweise eingestellt. Davon wird der Mandant nichts erfahren, möglicherweise auch dessen Arbeitgeber nicht. Schließlich stellt sich die Frage, ob es empfehlenswert ist, den Mandanten nach einigen Monaten im Anschluss an das Beratungsgespräch noch mit einer Gebührennote zu behelligen. **71**

4. Deckungsanfrage im Rechtsbeschwerdeverfahren

Im Ordnungswidrigkeitenverfahren ist der Versicherungsschutz weitreichend. Die Rechtsschutzversicherung tritt selbst dann ein, wenn die Ordnungswidrigkeit vorsätzlich begangen worden ist. In der Tatsacheninstanz unterbleibt auch eine Prüfung der Erfolgsaussichten (s.a. Rn 77 f). Im Rechtsbeschwerdeverfahren kann die Deckungszusage aber von hinreichenden Erfolgsaussichten abhängig gemacht werden. Deshalb erstreckt sich die zu Beginn des Mandats eingeholte Deckungszusage zwar auf Vorverfahren und auf das gerichtliche Verfahren erster Instanz, nicht aber auf das Rechtsmittelverfahren. Für die Rechtsbeschwerde oder für den Antrag auf ihre Zulassung muss daher ein **gesonderter Antrag an die Rechtsschutzversicherung** gerichtet werden. Weil darin Ausführungen über die Erfolgsaussichten zu machen sind, empfiehlt es sich, mit der Deckungsanfrage zu warten, bis die Rechtsbeschwerdebegründung fertiggestellt ist. Man kann sie dann dem Antrag an die Versicherung zur Begründung der Erfolgsaussichten beifügen. **72**

Wer sich beim Einlegen des Rechtsmittels nicht sicher ist, ob das Beschwerdeverfahren auch tatsächlich durchgeführt wird, weil es dafür beispielsweise auf den Inhalt der Urteilsbegründung ankommt, ist allerdings in einer gewissen Bedrängnis. Entscheidet er sich nach Vorliegen der Urteilsgründe gegen die Fortführung des Verfahrens, steht damit fest, dass es an hinreichenden Erfolgsaussichten für die Rechtsbeschwerde mangelt. Eine Deckungszusage scheidet daher aus. Nur in diesem Fall sollte man daher schon mit der Einlegung des Rechtsmittels Deckungsschutz für die Prüfung der Erfolgsaussichten einholen und ausführen, welche Anknüpfungstatsachen schon aus dem abgelaufenen Tatsachenverfahren vorliegen, die erwarten lassen, dass das Urteil angreifbar sein wird. Das Einlegen des Rechtsmittels ist in **73** diesem Fall schon deshalb notwendig, weil Fristen einzuhalten sind und ansonsten ein abgekürztes Urteil ohne Entscheidungsgründe zu erwarten wäre. Erfahrungsgemäß ist – vor allem im Zulassungsverfahren nach § 80 OWiG – mit Widerstand der Versicherung zu rechnen.

74

Muster: Deckungsanfrage für Rechtsbeschwerde

An die ■■■ [Rechtsschutzversicherung]
Per Telefax, Nr.: ■■■

Betr.: Bußgeldverfahren gegen Ihren VN, Herrn ■■■; Schadensnummer ■■■

Sehr geehrte Damen und Herren,

in vorbezeichneter Angelegenheit ist Ihr VN in erster Instanz zu einer Geldbuße von 100,00 EUR und zu einem Fahrverbot von einem Monat verurteilt worden. Das Urteil des Amtsgerichts ■■■ füge ich in Kopie zu Ihrer Information bei.

Das Urteil ist fehlerhaft. Ihr VN hat mich daher mit der Durchführung des Rechtsbeschwerdeverfahrens beauftragt. Ich habe mit Schriftsatz vom ■■■ Rechtsbeschwerde erhoben und diese mit heutigem Schriftsatz begründet. Die Begründungsschrift füge ich ebenfalls in Kopie bei und bitte damit zugunsten Ihres VN um Deckungsschutz für das Rechtsmittelverfahren. Wie Sie dem Begründungsschriftsatz entnehmen können, bestehen für die Rechtsbeschwerde hinreichende Erfolgsaussichten.

Mit freundlichen Grüßen
Rechtsanwalt

↑

75 Ein Muster für den oben (Rn 73) beschriebenen Fall, Deckungsschutz zunächst nur für die Prüfung der Erfolgsaussichten beantragen zu müssen, kann folgendermaßen aussehen:

76 **Muster: Deckungsanfrage für die Prüfung der Erfolgsaussichten eines Rechtsmittelverfahrens**

An die ■■■ [Rechtsschutzversicherung]
Per Telefax, Nr.: ■■■

Betr.: Bußgeldverfahren gegen Ihren VN, Herrn ■■■; Schadensnummer ■■■

Sehr geehrte Damen und Herren,

in vorbezeichneter Angelegenheit ist Ihr VN heute in erster Instanz zu einer Geldbuße von 100,00 EUR und zu einem Fahrverbot von einem Monat verurteilt worden. Das Urteil liegt in vollständig begründeter Fassung noch nicht vor. Die Frist zur Einlegung der Rechtsbeschwerde läuft in einer Woche ab. Ihr VN wünscht die Einlegung der Rechtsbeschwerde und hat mich hierzu beauftragt. In der mündlichen Urteilsbegründung hat sich der Bußgeldrichter, der Ihren VN anhand des Messfotos als Fahrer zu identifizieren hatte, darauf beschränkt, auf die Ähnlichkeit der Kopf- und Kinnform und Nasengröße hinzuweisen. Diese Merkmale allein genügen für eine Identifizierung allerdings nicht. Wegen der schlechten Qualität des Messfotos sind im Urteil dazu Ausführungen zu machen. Das Gericht hat darüber hinaus anzugeben, warum gleichwohl eine Identifizierung möglich erscheint.

Es mag sein, dass dem Gericht eine rechtsmittelfeste Urteilsbegründung gelingt. Vor Erhalt des vollständigen Urteils lässt sich darüber allerdings keine Aussage treffen. Hinreichende Erfolgsaussichten für das Rechtsmittelverfahren können deshalb erst geprüft werden, wenn nach Einlegung des Rechtsmittels das Gericht ein vollständig begründetes Urteil vorlegen muss.

Hiermit beantrage ich daher zunächst Deckungsschutz für die Einlegung der Rechtsbeschwerde und für die sich anschließende Prüfung ihrer Erfolgsaussichten.

Mit freundlichen Grüßen
Rechtsanwalt

5. Exkurs: Rechtsschutz für Bagatellsachen

Auch Bagatellangelegenheiten sind nach den Bedingungen der Rechtsschutzversicherer versichert. Hierzu zählen sicherlich alle **Verwarnungsgeldverfahren**, mit Ausnahme derjenigen, denen ein Unfall zugrunde liegt, dessentwegen es zu zivilrechtlichen Auseinandersetzungen gekommen ist. In die Kategorie Bagatellsachen fallen auch **Verstöße im ruhenden Verkehr**, die allerdings bei den meisten Versicherungen aus dem Versicherungsumfang nach den allgemeinen Bedingungen herausgenommen sind (s.a. § 10 Rn 138). In anderen Verfahren (beispielsweise Geschwindigkeitsüberschreitungen im nichteintragungsfähigen Bereich) könnte der Versicherungsschutz versagt werden, wenn eine Verteidigung auf Kosten der Rechtsschutzversicherung **mutwillig** erscheint. Die Rechtsprechung ist uneinheitlich. Einige Gerichte halten diese Grenze (der Mutwilligkeit) in Bagatellsachen selbst dann für überschritten, wenn die Verteidigung am Ende Erfolg hatte und das Verfahren eingestellt worden ist.[13] Es wird dabei allein oder überwiegend auf die wirtschaftliche Seite abgestellt (Gegenüberstellung von Verfahrensaufwand und angestrebtem Erfolg). Der Ausschlussgrund der Mutwilligkeit kann in Betracht kommen, wenn das Verhalten des Versicherungsnehmers mit dem einer vernünftigen unversicherten Partei, bei der finanzielle Überlegungen ebenfalls keine Rolle spielen, nicht mehr in Einklang zu bringen ist.[14]

Welche Konsequenzen ergeben sich daraus für die Beratung des Mandanten? Der Mandant sollte in Angelegenheiten, die nicht zur Eintragung in das Verkehrszentralregister führen können, zunächst auf diesen Umstand hingewiesen werden. Die meisten Mandanten sehen danach von ihrem Wunsch, sich gegen den Vorwurf zu wehren, auch angesichts des für sie entstehenden eigenen Aufwands (Teilnahme an der Hauptverhandlung) ab. Wer außerdem erfährt, dass die Rechtsschutzversicherung nicht ausnahmslos eintrittspflichtig sein könnte, wird sich noch eher mit dem Verwarnungsgeld abfinden. Wenn jemand aber gleichwohl das Verfahren fortführen möchte, ist dringend zu empfehlen, in einem sehr frühen Verfahrensstand die Rechtsschutzversicherung zu beteiligen, um nicht viel später, nach vielleicht schon beträchtlichem Arbeitsaufwand, eine Deckungsabsage zu riskieren.

V. Erste Schritte gegenüber der Verwaltungsbehörde oder der Polizei

Nach dem ersten Gespräch mit dem Mandanten kann durchaus unklar sein, ob gegen ihn ein Bußgeldverfahren eröffnet ist oder nicht. Einfach ist es dann, wenn der Mandant einen Anhörungsbogen oder einen Bußgeldbescheid vorlegt, aus welchem sich das Verfahren und der Vorwurf ergibt. Hin und wieder fehlen aber solche schriftlichen Unterlagen und der Mandant schildert einen Sachverhalt, aus welchem sich nur die Schlussfolgerung aufdrängt, dass ein Bußgeldverfahren eröffnet ist. Nach Verkehrsunfällen finden Mandanten beispielsweise den Weg in die Kanzlei, bevor sie von der Bußgeldstelle angeschrieben worden sind. Mitunter

77

78

79

---

13 Nachweise bei *Harbauer*, Rechtsschutzversicherung, § 17 ARB 75 Rn 7.
14 *Bultmann*, in: Münchener Anwaltshandbuch Versicherungsrecht, § 26 (Rechtsschutzversicherung) Rn 366.

geht es ihnen dann in erster Linie um eigene Schadensersatzansprüche, wenn beispielsweise die Haftung nicht eindeutig ist. Aus dem Gespräch mit dem Mandanten wird dann klar, dass gegen ihn auch noch ein Bußgeldverfahren folgen kann. Eher selten sind die Fälle, in denen der Mandant bemerkt hat, dass er geblitzt worden ist, und, ohne eine Anhörung abzuwarten, in die Kanzlei kommt. Die nachstehenden Beispiele betreffen den Normalfall, am Ende folgen einige Besonderheiten:

80 **Muster: Akteneinsichtsgesuch an die Bußgeldstelle nach Erhalt der Anhörung**

 ↓

An ▪▪▪ [Bußgeldstelle]

Betr.: Ordnungswidrigkeitenverfahren gegen ▪▪▪

Az ▪▪▪

Sehr geehrte Damen und Herren,

in vorbezeichneter Sache zeige ich an, dass Herr ▪▪▪ mich mit seiner Verteidigung beauftragt hat. Zum Nachweis überreiche ich eine Vollmacht in Kopie. Bitte überlassen Sie mir die Verfahrensakte zur Einsicht in meiner Kanzlei. Kurzfristige Rücksendung sichere ich zu. Für die Akteneinsicht anfallende Verwaltungsgebühren werde ich überweisen.

Mit freundlichen Grüßen
Rechtsanwalt

 ↑

1. Akteneinsichtsgesuch an die Bußgeldstelle nach Erhalt der Anhörung und Bitte um Zustellung des Bußgeldbescheids über den Anwalt

81 Um Fristen zu überwachen, empfiehlt es sich, die Bußgeldstelle darum zu bitten, den Bußgeldbescheid über den Verteidiger zuzustellen. Im Anschreiben an die Bußgeldstelle sollte darauf ausdrücklich hingewiesen werden, damit für den Fall, dass der Bußgeldbescheid versehentlich dem Mandanten zugestellt wird und dieser es versäumt, rechtzeitig den Anwalt zu informieren oder selbst Einspruch einzulegen, ein Wiedereinsetzungsgesuch einfacher zu begründen ist.

82 **Muster: Akteneinsichtsgesuch**

 ↓

An ▪▪▪ [Bußgeldstelle]

Betr.: Ordnungswidrigkeitenverfahren gegen ▪▪▪, Az ▪▪▪

Sehr geehrte Damen und Herren,

in vorbezeichneter Sache zeige ich an, dass Herr ▪▪▪ mich mit seiner Verteidigung beauftragt hat. Zum Nachweis überreiche ich eine Vollmacht in Kopie. Bitte überlassen Sie mir die Verfahrensakte zur Einsicht in meiner Kanzlei. Kurzfristige Rücksendung sichere ich zu. Für die Akteneinsicht anfallende Verwaltungsgebühren werde ich überweisen.

Falls Sie beabsichtigen, gegen meinen Mandanten einen Bußgeldbescheid zu erlassen, bitte ich, diesen über mich zuzustellen.

Mit freundlichen Grüßen
Rechtsanwalt

 ↑

2. Einspruch und Akteneinsichtsgesuch nach Erhalt eines Bußgeldbescheids

Liegt dem Verteidiger bereits ein dem Mandanten zugestellter Bußgeldbescheid vor, ist hiergegen natürlich sofort Einspruch einzulegen. Mit dem Einspruchsschreiben lässt sich auch das Akteneinsichtsgesuch verbinden. **83**

Muster: Einspruchsschreiben und Akteneinsichtsgesuch **84**

259

An ▪▪▪ [Bußgeldstelle]

Betr.: Ordnungswidrigkeitenverfahren gegen ▪▪▪, Az ▪▪▪

Sehr geehrte Damen und Herren,

in vorbezeichneter Sache zeige ich an, dass Herr ▪▪▪ mich mit seiner Verteidigung beauftragt hat. Zum Nachweis überreiche ich eine Vollmacht in Kopie.

Gegen den Bußgeldbescheid vom ▪▪▪, zugestellt am ▪▪▪, lege ich hiermit im Auftrag meines Mandanten fristgemäß

Einspruch

ein. Den Einspruch werde ich nach Erhalt der Verfahrensakte gegebenenfalls gesondert begründen. Bitte überlassen Sie mir hierzu die Verfahrensakte zur Einsicht in meiner Kanzlei. Kurzfristige Rücksendung sichere ich zu. Für die Akteneinsicht anfallende Verwaltungsgebühren werde ich überweisen.

Mit freundlichen Grüßen
Rechtsanwalt

3. Anforderung besonderer Beweismittel, die im Anhörungsbogen oder Bußgeldbescheid genannt werden

Es gibt einige **Messverfahren**, in denen zum Beweis für die begangene Ordnungswidrigkeit **85** **Videoaufzeichnungen** gefertigt werden. In erster Linie handelt es sich hier um Nachfahrmessungen mit dem System *ProViDa* oder um Abstandsmessungen von Autobahnbrücken (System *Vama* oder *VKS*). Eine Videoaufzeichnung als Beweismittel wird auch bei Geschwindigkeitsmessungen mit dem Lasergerät *Leica* angegeben. Der Verteidiger sollte sich aus verschiedenen Gründen (mit Ausnahme bei einer Messung mit *Leica*) die Videoaufzeichnung beschaffen und ansehen. Häufig geht es in diesen Fällen auch um die Frage der Identifizierung. Nur anhand des Originalbandes oder einer sehr guten Kopie lässt sich beurteilen, ob der Fahrer des gemessenen Fahrzeugs überhaupt erkennbar ist. Diese Frage sollte vor Beginn der Hauptverhandlung geklärt sein, damit Überraschungen im Termin vermieden werden. Es kann jedenfalls davon ausgegangen werden, dass die Gerichte mit qualitativ ausreichend guten Videosystemen ausgestattet sind. In der Regel wird jedenfalls der Richter aufgrund der Betrachtung des Videobandes in der Lage sein zu entscheiden, ob es sich bei dem Betroffenen um den Fahrer handelt oder nicht. Eher selten wird für diese Frage ein Sachverständigengutachten in Auftrag gegeben. Aber nicht nur für die Identifizierung, sondern auch für die Überprüfung der Richtigkeit der Messung ist die Einsicht in die Videoaufzeichnung unumgänglich (auch wenn aus der sonstigen Akteneinsicht relativ gute Videoprints vorliegen).

Beim System *Leica* wird man allerdings die Messung selbst anhand der Videoaufzeichnung **86** nicht überprüfen können, weil die entscheidenden Daten auf der Tonspur des Videobandes gespeichert sind und man für deren Auswertung einen speziellen Arbeitsplatz benötigt.

87 Der Verteidiger hat Anspruch auf **Überlassung einer Videokopie**.[15] In einigen Bundesländern erhält man Kopien auf VHS-Kassette oder auf Mini-DV. Manche Bußgeldstellen lassen das Video aber auch auf CD oder DVD überspielen. Wenn man nicht weiß, welches Verfahren bei der betreffenden Bußgeldstelle üblich ist, sollte man zunächst fragen, welcher Datenträger für die Anfertigung der Kopie zur Verfügung gestellt werden muss. Außerdem kann es sein, dass man auf diese Frage zur Antwort erhält, dass die Kopie bei einer bestimmten Polizeidienststelle zu beantragen ist, weil die Arbeit des Überspielens in der Bußgeldstelle selbst mangels technischer Ausstattung oder vorhandenen Personals nicht durchgeführt wird.

88 **Muster: Akteneinsichtsgesuch bei Vorhandensein besonderer Beweismittel**

An ▪▪▪ [Bußgeldstelle]

Betr.: Ordnungswidrigkeitenverfahren gegen ▪▪▪, Az ▪▪▪

Sehr geehrte Damen und Herren,

In vorbezeichneter Sache zeige ich an, dass Herr ▪▪▪ mich mit seiner Verteidigung beauftragt hat. Zum Nachweis überreiche ich eine Vollmacht in Kopie. Bitte überlassen Sie mir die Verfahrensakte zur Einsicht in meiner Kanzlei. Kurzfristige Rücksendung sichere ich zu. Für die Akteneinsicht anfallende Verwaltungsgebühren werde ich überweisen.

Im Anhörungsbogen vom ▪▪▪ wird als Beweismittel eine Videoaufzeichnung angegeben. Bitte teilen Sie mir mit, welchen Datenträger ich Ihnen zur Verfügung stellen muss, damit ich von Ihnen eine Videokopie erhalten kann. Falls das Überspielen in Ihrer Behörde nicht durchgeführt werden kann, bitte ich auch um Mitteilung, welche andere Behörde ich darum ersuchen kann.

Mit freundlichen Grüßen
Rechtsanwalt

89 Wenn bereits ein Bußgeldbescheid vorgelegen hat, sieht das Schreiben an die Behörde folgendermaßen aus:

90 **Muster: Einspruchsschreiben kombiniert mit Akteneinsichtsgesuch und Bitte um Überlassung besonderer Beweismittel**

An ▪▪▪ [Bußgeldstelle]

Betr.: Ordnungswidrigkeitenverfahren gegen ▪▪▪, Az ▪▪▪

Sehr geehrte Damen und Herren,

in vorbezeichneter Sache zeige ich an, dass Herr ▪▪▪ mich mit seiner Verteidigung beauftragt hat. Zum Nachweis überreiche ich eine Vollmacht in Kopie.

Gegen den Bußgeldbescheid vom ▪▪▪, zugestellt am ▪▪▪, lege ich hiermit im Auftrag meines Mandanten fristgemäß

Einspruch

ein. Den Einspruch werde ich nach Erhalt der Verfahrensakte gegebenenfalls gesondert begründen. Bitte überlassen Sie mir hierzu die Verfahrensakte zur Einsicht in meiner Kanzlei. Kurzfristige Rücksendung sichere ich zu. Für die Akteneinsicht anfallende Verwaltungsgebühren werde ich überweisen.

15 AG Ludwigslust DAR 2004, 44; AG Straubing DAR 2004, 604.

Im Bußgeldbescheid vom ▪▪▪ wird als Beweismittel eine Videoaufzeichnung angegeben. Bitte teilen Sie mir mit, welchen Datenträger ich Ihnen zur Verfügung stellen muss, damit ich von Ihnen eine Videokopie erhalten kann. Falls das Überspielen in Ihrer Behörde nicht durchgeführt werden kann, bitte ich auch um Mitteilung, welche andere Behörde ich darum ersuchen kann.

Mit freundlichen Grüßen
Rechtsanwalt

4. Anhörungsbogen oder Bußgeldbescheid liegt noch nicht vor

Dieser Fall ist oben (Rn 79) bereits angesprochen worden. An sich ist es nur nach einem Verkehrsunfall zu empfehlen, bereits jetzt Akteneinsicht zu beantragen. Wenn ein Unfall stattgefunden hat, hat der Mandant meist auch eine **Tagebuchnummer der Polizei** erhalten. Mit diesem Aktenzeichen könnte man Akteneinsicht bei der ausstellenden Dienststelle beantragen. Üblicherweise erfolgt die Überlassung der Verfahrensakte dann aber nicht durch die Polizei, sondern durch die Staatsanwaltschaft oder die Bußgeldstelle und auch erst dann, wenn die Ermittlungen der Polizei abgeschlossen sind. Man muss in diesen Fällen auch damit rechnen, dass die zuständige Behörde nach Erhalt der Akte von der Polizei erste Maßnahmen gegen den Beschuldigten oder Betroffenen durchführt, bevor die Akte an den Verteidiger herausgegeben wird. Das Akteneinsichtsgesuch an die Polizei kann man folgendermaßen formulieren (das Beispiel berücksichtigt den Fall, dass selbst eine Tagebuchnummer nicht vorliegt):

91

Muster: Akteneinsichtsgesuch an die Polizei nach Verkehrsunfällen

92

An ▪▪▪ [Polizeidienststelle]

Betr.: Verkehrsunfall vom ▪▪▪, ▪▪▪ Uhr, ▪▪▪straße/Ecke ▪▪▪straße
beteiligt: Herr ▪▪▪, mit PKW Marke ▪▪▪, amtliches Kennzeichen ▪▪▪

Sehr geehrte Damen und Herren,

in vorbezeichneter Sache zeige ich an, dass Herr ▪▪▪ mich mit seiner Verteidigung beauftragt hat. Zum Nachweis überreiche ich eine Vollmacht in Kopie. Auch wenn ich keine Tagebuchnummer nennen kann, gehe ich davon aus, dass der Vorgang aufgrund meiner Angaben zuzuordnen ist. Meinem Mandanten hat man an der Unfallstelle den Vorwurf unterbreitet, eine Ordnungswidrigkeit begangen zu haben. Ich bitte daher nach Abschluss der Ermittlungen die Bußgeldstelle um Akteneinsicht. Entscheidungen gegen meinen Mandanten bitte ich bis zur Akteneinsicht zuzüglich einer Stellungnahmefrist von zwei Wochen zurückzustellen.

Bitte bestätigen Sie mir den Erhalt dieses Schreibens unter Angabe Ihrer Tagebuchnummer.

Mit freundlichen Grüßen
Rechtsanwalt

5. Rücksendung der Akte an die Bußgeldstelle

Akteneinsicht wird üblicherweise für drei Tage gewährt. Hin und wieder ist man großzügiger und erhält eine Frist von einer Woche. Die Kanzleiorganisation dürfte mit der Aktenbehandlung binnen weniger Tage nicht überfordert sein. Die Originalakte kann danach an die Bußgeldstelle zurückgeschickt werden. Folgender Text empfiehlt sich:

93

94 **Muster: Rücksendungsschreiben**

↓

An ▪▪▪ [Bußgeldstelle]

Betr.: Ordnungswidrigkeitenverfahren gegen ▪▪▪, Az ▪▪▪

Sehr geehrte Damen und Herren,

haben Sie vielen Dank für die Überlassung der Akte. Ich füge sie im Original wieder bei. Die Überweisung der angeforderten Verwaltungsgebühren in Höhe von ▪▪▪ EUR habe ich heute in Auftrag gegeben.

Eine Stellungnahme geht Ihnen nach Rücksprache mit meinem Mandanten gegebenenfalls gesondert zu.

Mit freundlichen Grüßen
Rechtsanwalt

↑

6. Erweiterte nochmalige Akteneinsicht

95 Nach Durchsicht der Ermittlungsakte stellt man hin und wieder fest, dass diese nicht vollständig vorliegt. Es kann sein, dass **Wartungspläne oder Eichscheine fehlen**; soll ein unabhängiger Sachverständiger beauftragt werden, wird eventuell der gesamte Messfilm benötigt. Hierzu zwei Varianten:

96 **Muster: Nochmaliges Akteneinsichtsgesuch bezogen auf einzelne Aktenbestandteile**

↓

An ▪▪▪ [Bußgeldstelle]

Betr.: Ordnungswidrigkeitenverfahren gegen ▪▪▪, Az ▪▪▪

Sehr geehrte Damen und Herren,

bei Durchsicht der mir überlassenen Verfahrensakte ist mir aufgefallen, dass zum verwendeten Messsystem (siehe Messprotokoll Bl. ▪▪▪ der Akte) ein aktueller Eichschein nicht beilag. Der enthaltene Eichschein war überholt und entstammt der vorangegangenen Eichperiode. Bitte überlassen Sie mir eine Kopie des maßgeblichen Dokuments.

Mit freundlichen Grüßen
Rechtsanwalt

↑

97 Wenn **Zweifel an der Richtigkeit der Messung** bestehen und sich ein Sachverständiger mit der Angelegenheit beschäftigen soll, kann das Anschreiben folgenden Inhalt aufweisen:

98 **Muster: Erweiterte Akteneinsicht und Sachverständigeneinbeziehung**

↓

An ▪▪▪ [Bußgeldstelle]

Betr.: Ordnungswidrigkeitenverfahren gegen ▪▪▪, Az ▪▪▪

Sehr geehrte Damen und Herren,

für die Überlassung der Verfahrensakte danke ich nochmals. Aufgrund der darin enthaltenen Angaben sind Zweifel aufgekommen, ob das Messsystem ordnungsgemäß verwendet worden ist und ob deshalb die Messung verwertbar ist. Bitte stellen Sie mir den vollständigen Film im Original zur Verfügung. Ich möchte damit einen Sachverständigen beauftragen, die Richtigkeit der Messung zu überprüfen. Falls Sie den Film dem Sachverständigen direkt aushändigen möchten, bitte ich Sie um eine entsprechende Mitteilung, damit ich Ihnen die Bevollmächtigung des Sachverständigen zusenden kann.

Mit freundlichen Grüßen
Rechtsanwalt

Noch ein Beispiel für eine Bitte (einen Antrag) um Übersendung weiterer Unterlagen, die in der Ermittlungsakte gefehlt haben (Nachweis der halbjährlichen Wartung bei stationären Geschwindigkeitsmessanlagen): **99**

Muster: Erweiterte Akteneinsicht wegen Fehlens besonderer Unterlagen in der Ermittlungsakte **100**

An die
An ▪▪▪ [Bußgeldstelle]

Betr.: Ordnungswidrigkeitenverfahren gegen ▪▪▪, Az ▪▪▪

Sehr geehrte Damen und Herren,

bei Durchsicht der mir überlassenen Verfahrensakte ist mir aufgefallen, dass zum verwendeten Messsystem (siehe Messprotokoll Bl. ▪▪▪ der Akte) zwar ein aktueller Eichschein beilag, nicht aber ein Nachweis über die vorgeschriebene halbjährliche Wartung des Sensorbereichs in der Fahrbahn. Die letzte Inspektion vor der fraglichen Geschwindigkeitsmessung liegt länger als sechs Monate zurück. Vor dem Einsatz der Anlage am ▪▪▪ hätte daher einer Wartung durchgeführt werden müssen. Bitte stellen Sie mir eine Kopie des entsprechenden Wartungsdokuments zur Verfügung.

Mit freundlichen Grüßen
Rechtsanwalt

↑

7. Sonderfall: Verkehrsunfall

Erfahrungsgemäß sind Bußgeldstellen selten bereit, vom Bußgeldkatalog abzuweichen. Eher wird man im Hauptverfahren den Bußgeldrichter hiervon überzeugen können. Bei zwei Fallgruppen kann man aber einen Versuch unternehmen. Hierzu zählen zum einen Verkehrsunfälle, insbesondere diejenigen, die unter Nr. 32 ff Bußgeldkatalog fallen, und zum anderen die Fahrverbote (Rn 105). **101**

Beispiel: M. kommt in die Kanzlei und schildert einen Verkehrsunfall im Stadtgebiet. Er sei auf der Hauptstraße gefahren und habe an der großzügig ausgebauten Kreuzung Bahnhofstraße nach links in diese abbiegen wollen. Hierzu habe er sich in die Linksabbiegerspur einordnen müssen und sei abgebogen, als die Ampeln für den Geradeaus- und Linksabbiegerverkehr auf Grün umschalteten. Die Bahnhofstraße ist in der Mitte zur Trennung der beiden Fahrtrichtungen mit einem Grünstreifen versehen. Zum Linksabbiegen habe er deshalb einen recht weiten Weg in der Kreuzung zurücklegen müssen. Weil keine Fahrzeuge entgegenkommen seien, habe er in einem Zug nach links abbiegen können. Dabei sei es zum Unfall mit einem Radfahrer gekommen, der links von ihm auf dem Radweg der Hauptstraße die Bahnhofstraße überquert habe. M. legt einen Bußgeldbescheid vor, der folgenden Vorwurf beinhaltet: **102**

„Ihnen wird vorgeworfen, am 1.4.2006 um 12:00 Uhr, Hauptstraße/Bahnhofstraße als Führer des PKW [...] folgende Ordnungswidrigkeit begangen zu haben: Sie bogen ab, ohne einen in gleicher Richtung geradeaus weiter fahrenden Radfahrer durchfahren zu lassen. Es kam zum Unfall. § 9 Abs. 3, § 1 Abs. 2, § 49 StVO; § 24 StVG; Nr. 40 Bußgeldkatalog; § 3 Abs. 3 Bußgeldkatalogverordnung; § 19 OWiG. Wegen dieser Ordnungswidrigkeit wird gegen sie eine Geldbuße festgesetzt in Höhe von 50 EUR. Punkte nach Rechtskraft zwei."

M. meint, dass auch der Radfahrer schuld am Unfall sei, weil er den Radweg in falscher Richtung befahren habe.

Die Überlegung des Mandanten liegt nicht neben der Sache. Sind Radwege vorhanden und als solche durch Zeichen Nr. 237, 240 oder 241 (§ 41 StVO) gekennzeichnet, müssen sie benutzt werden. Die linken Radwege dürfen nur befahren werden, wenn sie ausdrücklich für die Gegenrichtung freigegeben sind.[16] Die Einsicht in die Ermittlungsakte ergibt, dass der vom Radfahrer benutzte Überweg nur in eine, nämlich die andere Richtung freigegeben war. Zivilrechtlich führt dieser Umstand hinsichtlich der Schadensersatzansprüche zu einer Haftungsteilung. Im Ordnungswidrigkeitenrecht ist von einem **Mitverschulden** des Radfahrers auszugehen. Damit lässt sich auch gegenüber der Bußgeldstelle argumentieren. Für den Ausgangsfall empfiehlt sich folgendes Schreiben an die Ordnungsbehörde:

103 **Muster: Gesuch an Bußgeldstelle mit dem Ziel einer Herabsetzung der Geldbuße bei einer Ordnungswidrigkeit in Zusammenhang mit einem Verkehrsunfall**

267 ↓

An ▪▪▪ [Bußgeldstelle]

Betr.: Bußgeldverfahren gegen ▪▪▪, Az ▪▪▪

Sehr geehrte Damen und Herren,

in vorbezeichneter Sache zeige ich an, das mich Herr ▪▪▪ mit seiner Verteidigung beauftragt hat. Hierzu überreiche ich Ihnen eine von meinem Mandanten unterzeichnete Vollmacht in Kopie.

Gegen den Bußgeldbescheid vom ▪▪▪ lege ich hiermit namens und in Vollmacht meines Mandanten

Einspruch

ein. Diesen kann ich folgendermaßen begründen:

Der Bußgeldbescheid berücksichtigt das erhebliche Mitverschulden des am Unfall beteiligten Radfahrers nicht. Dieser hatte den Radweg in für ihn gesperrter Richtung befahren. Grundsätzlich gilt nämlich, dass Radfahrer rechts verlaufende Radwege benutzen müssen. Links, also in die Gegenrichtung, dürfen sie nur dann fahren, wenn der Radweg hierfür mit Zeichen 237 ausdrücklich zugelassen ist. Ansonsten sind links verlaufende Radwege gesperrt (*Hentschel*, Straßenverkehrsrecht, 38. Auflage, § 2 StVO Rn 67a f). In zivilrechtlicher Hinsicht begründet das ordnungswidrige Verhalten des unfallbeteiligten Radfahrers eine überwiegende Haftung. Im Ordnungswidrigkeitenverfahren gegen meinen Mandanten muss das Mitverschulden des Radfahrers bei der Bemessung der Geldbuße ebenfalls berücksichtigt werden. Ich rege daher an, die Geldbuße auf einen Betrag unter 40 EUR herabzusetzen. Damit wäre der beiderseitige Verursachungsanteil am Zustandekommen des Unfalls angemessenen bewertet.

Mit freundlichen Grüßen
Rechtsanwalt

↑

---

16 *Hentschel*, Straßenverkehrsrecht, § 2 StVO Rn 67a f.

Erfahrungsgemäß wird sich der Sachbearbeiter der Bußgeldstelle diesen Argumenten nicht verschließen, den ursprünglichen Bußgeldbescheid aufheben und einen neuen Bescheid mit einer Geldbuße von voraussichtlich 35 EUR erlassen. Damit dürfte das Ziel im Bußgeldverfahren erreicht sein. Es wird nicht zu einer Eintragung im Verkehrszentralregister kommen. **104**

Die andere Fallgruppe, in der man auch einen Versuch der Bußgeldbescheidverbesserung bei der Verwaltungsbehörde unternehmen kann, sind **Fahrverbote**. Voraussetzung ist aber, dass man nur noch über den Weg der Darstellung, dass das Fahrverbot für den Mandanten eine unzumutbare Härte bedeutet, Erfolgschancen sieht (s.a. § 1 Rn 56). Steht beispielsweise auch noch die Frage der Identifizierung im Raum, muss man abwägen, ob man auf eine Verteidigungsstrategie verzichten will. Ohne Einräumung der Fahrereigenschaft wird man bei der Bußgeldstelle nichts erreichen können. **105**

§ 10 Ordnungswidrigkeiten im gerichtlichen Verfahren

Literatur

1   *Beck/Löhle*, Fehlerquellen bei polizeilichen Messverfahren, 8. Auflage 2006; *Göhler*, Gesetz über Ordnungswidrigkeiten, 14. Auflage 2006; *Gübner*, Die Änderung des Straßenverkehrsgesetzes durch das Justizmodernisierungsgesetz, NZV 2005, 57; *Knussmann*, Zur Wahrscheinlichkeitsaussage im morphologischen Identitätsgutachten, NStZ 1991, 175; *Niemitz*, Zur Methodik der anthropologisch-biometrischen Begutachtung einzelner Tatfotos und Videoaufzeichnungen, NZV 2006, 130; *Pinkerneil*, Die neue Tilgungshemmung nach § 29 Abs. 6 S. 2 StVG – eine für den Tatrichter unanwendbare Vorschrift, DAR 2005, 57; *Senge* (Hrsg.), Karlsruher Kommentar zum Gesetz über Ordnungswidrigkeiten, 3. Auflage 2006.

A. Gerichtliches Verfahren der I. Instanz

I. Allgemeines

2   Das Hauptverfahren beginnt im Bußgeldverfahren mit Eingang der Akte beim zuständigen Amtsgericht. Gleichzeitig tritt damit eine Unterbrechung der Verjährungsfrist ein (§ 33 Abs. 1 Nr. 10 OWiG). Ob man sich noch im Vorverfahren befindet oder bereits im Hauptverfahren, kann durchaus unklar sein. Nicht alle Bußgeldstellen informieren darüber, dass sie die Akte aus ihrem Zuständigkeitsbereich abgegeben haben. Selbst dann, wenn man die Information erhält, dass die Akte an die Staatsanwaltschaft gegangen sei, lässt sich daraus der Beginn des Hauptverfahrens noch nicht sicher ableiten. Schließlich kann auch die Staatsanwaltschaft aufgrund eigener Entscheidungen noch einige Zeit mit der Akte oder Ermittlungen verbringen. Üblicherweise wird man daher erst mit dem Eingang einer Terminladung über das dann bereits begonnene Hauptverfahren informiert. Wer im Zweifel ist, ob zu diesem Zeitpunkt bereits Verfolgungsverjährung eingetreten war, müsste, um Klarheit zu gewinnen, erneut Akteneinsicht beantragen.

1. Information des Mandanten

3   Wenn man schon im Verlauf des Vorverfahrens zu dem Ergebnis gekommen ist, dass das Hauptverfahren, also die Hauptverhandlung abzuwarten ist, sollte der Mandant darüber informiert und auf das Eintreffen der Terminladung vorbereitet werden. Andernfalls muss man sich auf Fragen einstellen, deren Beantwortung unnötige Zeit kostet. Diese Situation wiederholt sich in nahezu jedem Bußgeldverfahren. Eine allgemein gehaltene **Mandanteninformation**, die man standardisiert zur richtigen Zeit versenden kann, erleichtert die Arbeit ungemein. Solch ein Text kann folgenden Inhalt haben:

4   **Muster: Mandanteninformationen für die bevorstehende Hauptverhandlung**

Sehr geehrter Mandant,

es ist damit zu rechnen, dass in Kürze das zuständige Amtsgericht einen Termin für eine Hauptverhandlung bestimmt und Ihnen eine Terminladung zustellt. Der Gesetzgeber hat in § 73 Ordnungswidrigkeitengesetz geregelt, dass der Betroffene – so nennt man den Täter einer Ordnungswidrigkeit – verpflichtet ist, in der Hauptverhandlung zu erscheinen. Er kann auf Antrag von dieser Verpflichtung entbunden werden, wenn er sich zur Sache geäußert oder erklärt hat, dass er sich in der Hauptverhandlung nicht zur Sache äußern werde, und seine Anwesenheit zur Aufklärung wesentlicher Gesichtspunkte des Sachverhalts nicht erforderlich ist. Die Beauftragung eines Verteidigers bedeutet also nicht, dass es einem selbst freigestellt ist, am Gerichtstermin teilzunehmen oder fernzubleiben.

Wenn es, wie in vielen Bußgeldverfahren, darauf ankommt, ob man als Fahrer vom Richter identifiziert werden kann, wird man immer zur Hauptverhandlung anreisen müssen. Dann ist nämlich die Anwesenheit des Betroffenen zur Aufklärung wesentlicher Gesichtspunkte des Sachverhalts erforderlich. Für eine Identifizierung muss sich der Richter immer vom Betroffenen einen persönlichen Eindruck verschaffen.

Was ist aber im Falle einer Verhinderung zu tun? Im Regelfall gehen die Terminladungen zu einer Hauptverhandlung nur wenige Wochen vorher ein. Im Extremfall kann die Ladungsfrist nur eine Woche betragen.

Gerichtstermine können verlegt werden. Dies kommt aber grundsätzlich nur dann in Betracht, wenn hierfür ein wichtiger Grund vorliegt. Zunächst einmal gilt, dass der Betroffene seine persönlichen Angelegenheiten dem gerichtlichen Zeitplan unterzuordnen hat. Wenn dies nicht gelingt oder unverhältnismäßig erscheint, muss ein Terminverlegungsantrag beim Amtsgericht gestellt werden. Hierfür ist der Verhinderungsgrund möglichst genau anzugeben. Nur wenn es schnell gehen muss und die Zeit knapp ist, sollte die Verhinderung dem Gericht direkt mitgeteilt werden (Vorsicht bei dem Gespräch mit dem Richter: keine Angaben zur Sache!). In jedem Fall besser ist es, den Verlegungsantrag über den Verteidiger stellen zu lassen. Hier nun einige Hinweise zu üblichen Verhinderungsgründen:

Urlaub ist nur dann ein Hinderungsgrund, wenn man sich im Urlaub nicht zu Hause aufhält. Das Gericht unterstellt nicht von vornherein, dass jemand im Urlaub eine Fernreise unternimmt. Wer also wegen Urlaubs ortsabwesend ist, sollte dies konkret mitteilen, also den Urlaubsort nennen und möglichst die Reise auch glaubhaft belegen, beispielsweise durch Überlassung einer Kopie der Buchungsbestätigung. Probleme werden entstehen, wenn man in Kenntnis des Gerichtstermins die Buchung erst danach vorgenommen hat.

Krankheit ist nur dann ein Hinderungsgrund, wenn damit Reise- und/oder Verhandlungsunfähigkeit einhergeht. Beispielsweise behindert ein eingegipstes Bein nicht die Teilnahme an einer Hauptverhandlung. Bei einer Erkrankung muss daher dem Gericht das Vorhandensein von Reise- und/oder Verhandlungsunfähigkeit glaubhaft gemacht werden. Regelmäßig benötigt man hierfür ein Arztattest. Eine übliche Arbeitsunfähigkeitsbescheinigung genügt nicht, weil sich aus ihr nicht die Diagnose ergibt. Die Krankheit muss konkret genug bezeichnet werden, damit für den Richter Rückschlüsse darauf möglich sind, ob tatsächlich Verhandlungsunfähigkeit vorliegt.

Wichtige **Geschäftstermine** können einen Hinderungsgrund darstellen. Auch insoweit gilt, dass sie dem Gericht im Detail darzulegen sind. Es genügt also nicht, nur anzugeben, einen anderen Termin zu haben. Das Gericht muss in die Lage versetzt werden abzuwägen, welche Bedeutung dieser Termin für den Betroffenen haben kann und ob er vielleicht zu verlegen ist. Wenn hiervon wichtige geschäftliche Erfolge abhängen, kann – allerdings nur in absoluten Ausnahmefällen – eine Terminverlegung in Betracht kommen. Es gilt immer der Grundsatz, dass der Betroffene seine geschäftlichen Dispositionen nach der Terminplanung des Gerichts auszurichten hat und nicht umgekehrt.

Abschließend bitte ich Sie, mich über mein Sekretariat nach Erhalt einer Terminladung umgehend zu informieren. Beim Vorliegen von Hinderungsgründen sollten Sie diese unter Berücksichtigung der obigen Ausführungen möglichst genau schildern und mitteilen, ob es Unterlagen gibt, die ihre Verhinderung glaubhaft machen. Solche Papiere sollten Sie dann auch möglichst schnell zur Verfügung stellen.

Ich hoffe, mit diesen Tipps einige immer wieder auftretende Fragen beantwortet zu haben, und wünsche Ihnen und mir eine erfolgreiche Verteidigung und einen akzeptablen Ausgang des Verfahrens.

Mit freundlichen Grüßen
Rechtsanwalt

5   Wer mit solchen Schreiben arbeitet, wird feststellen, dass bearbeitungsintensive Nachfragen von Mandanten weitgehend unterbleiben.

2. Hinweise an den Mandanten über den Ablauf des Verfahrens in Bußgeldsachen beim Amtsgericht und über Rechtsmittel

6   Weil Anwälte gewöhnlich über wenig prophetische Gaben verfügen, fällt es schwer, den Verfahrensausgang vorherzusagen oder gar ein positives Ergebnis in Aussicht zu stellen. Häufig wird es sogar so sein, dass man auf Wunsch des Mandanten eine Verbesserung der Bußgeldentscheidung versucht, obwohl von vornherein die Erfolgsaussichten im speziellen Bußgeldverfahren gering sind. In diesen Fällen ist deshalb eher ein negatives Ergebnis programmiert.

7   Die meisten Mandanten wissen nicht, wie ein Bußgeldverfahren abläuft und dass sich in aller Regel nur ein Richter mit ihrem Fall beschäftigen wird. Sie haben vielleicht sogar die Vorstellung, dass es auch noch eine Art Berufung gibt, wenn man mit der Behandlung durch diesen einen Richter unzufrieden ist. Auch insoweit kann es im Umgang mit dem Mandanten hilfreich sein, schon vorher über mögliche Beendigungen des Verfahrens oder Rechtsmittel zu informieren (vgl auch § 1 Rn 55). Solche Hinweise können folgenden Inhalt haben:

8   **Muster: Mandanteninformationen zum möglichen Verfahrensablauf**

Sehr geehrter Mandant,

die bevorstehende Hauptverhandlung am Amtsgericht veranlasst mich, einige allgemeine Anmerkungen zum Gang des weiteren Gerichtsverfahrens zu machen.

Das Verfahren ist beim Amtsgericht dem Bußgeldrichter zugewiesen. Dieser Richter ist allein für die Entscheidung in Ihrem Fall zuständig. Es gibt also keine Beisitzer. Er kennt den Fall aus seiner Akte, muss aber, um Zeugenaussagen verwerten zu können, diese Zeugen persönlich anhören. Wenn es um einen Verkehrsunfall geht, ist beispielsweise auch der Unfallgegner Zeuge im Bußgeldverfahren. Bei Geschwindigkeitsmessungen sind die Polizisten oder die Mitarbeiter von Bußgeldstellen nicht nur die Anzeigeerstatter, sondern auch Zeugen im gerichtlichen Verfahren. Theoretisch kann der Bußgeldrichter auch Nachermittlungen über die Bußgeldstelle in Auftrag geben.

Natürlich kann als Ergebnis der Hauptverhandlung auch ein Freispruch herauskommen, insbesondere dann, wenn sich in der Beweisaufnahme die Vorwürfe als völlig haltlos herausgestellt haben. Mitunter hat man aber nach einer durchgeführten Beweisaufnahme nur ein vorläufiges Ergebnis mit einer weiterhin unklaren Sachlage, deren genaue Aufklärung mit Schwierigkeiten und größerem Zeitaufwand verbunden ist. Im Bußgeldverfahren kann ein Gericht schon aus solchen Gründen, also aufgrund einer Abwägung des weiteren Aufwands mit dem erstrebten Ziel das Verfahren einstellen. Das Ordnungswidrigkeitengesetz bietet mit § 47 eine solche Möglichkeit. Wenn es zu einer Einstellung kommt, werden die Kosten des Verfahrens der Staatskasse auferlegt, gewöhnlich aber nicht die notwendigen Auslagen des Betroffenen. Darunter sind die Kosten für den Verteidiger zu verstehen oder auch die Reisekosten des Betroffenen zum Amtsgericht. Ohne Rechtsschutzversicherung kann also auch eine Einstellung des Verfahrens für den Betroffenen eine teure Angelegenheit sein. Entschließt sich das Gericht zur Einstellung, muss es diese von der Zustimmung des Betroffenen nicht abhängig machen. Man hat also in diesem Fall nicht einmal Einfluss auf die Kostenentscheidung. Beides, also Einstellungsbeschluss und Kostenentscheidung, ist nicht anfechtbar. Für den Einstellungsbeschluss ergibt sich dies aus § 47 Abs. 2 S. 3 OWiG, für die Kostenentscheidung aus § 464 Abs. 3 S. 1 zweiter Halbsatz StPO in Verbindung mit § 46 Abs. 1 OWiG.

Ist ein Freispruch oder eine Einstellung nicht zu erreichen und wird der Einspruch gegen den Bußgeldbescheid nicht zurückgenommen (diese Möglichkeit besteht auch noch in der Hauptverhandlung), endet das Verfahren in erster Instanz mit einem Urteil. Häufig wird damit der Bußgeldbescheid bestätigt. Das Gericht kann aber auch nach oben oder unten abweichen. Relativ oft kommt es vor, dass man selbst eine solche Abweichung nach unten gerade anstrebt. Ziel kann etwa sein, eine Verurteilung zu einer Geldbuße unter 40 EUR zu erreichen (das hätte zur Folge, dass keine Punkte im Verkehrszentralregister eingetragen werden) oder eine Verurteilung ohne Festsetzung eines Fahrverbots.

Entspricht das Urteil nicht dem angestrebten Ergebnis, stellt sich die Frage, auf welchem Wege es noch zu korrigieren ist. Das Ordnungswidrigkeitengesetz stellt als Rechtsmittel hierfür die Rechtsbeschwerde zur Verfügung. Darüber entscheidet das Oberlandesgericht, es prüft aber nur noch, ob es zu Fehlern in der Rechtsanwendung durch das Amtsgericht gekommen ist. Die Beweiswürdigung des Amtsgerichts („Kann dem Polizisten der geschilderte korrekte Umgang mit dem Messgerät geglaubt werden?") wird nicht in Frage gestellt. Ein Berufungsverfahren, in welchem alle Tatsachen noch einmal vollständig neu beleuchtet werden, gibt es nicht. Selbst die Rechtsbeschwerde ist nicht für jeden Fall zulässig. Für sie ist Voraussetzung, dass die Geldbuße mehr als 250 EUR beträgt oder dass ein Fahrverbot angeordnet ist. Trifft weder das eine noch das andere zu, muss die Zulassung der Rechtsbeschwerde gesondert beantragt werden. Hierfür gelten wieder besondere Voraussetzungen, die in § 80 Ordnungswidrigkeitengesetz geregelt sind. Grundsätzlich sollte man davon ausgehen, dass bei einer Geldbuße bis zu 100 EUR das Oberlandesgericht die Rechtsbeschwerde nicht zulassen wird, es sei denn, das Urteil wäre wegen Versagung des rechtlichen Gehörs aufzuheben. Auch dieser Ausnahmefall dürfte aber nur in sehr seltenen Fällen vorliegen.

Das Gericht kann es sich mit dem Urteil einfach machen, wenn eine Rechtsbeschwerde nicht eingelegt wird oder ein Antrag auf Zulassung der Rechtsbeschwerde nicht gestellt wird. Dann kann von einer schriftlichen Begründung des Urteils abgesehen werden. Wer ein vollständig begründetes Urteil erhalten will, muss daher zunächst ein Rechtsmittel einlegen bzw einlegen lassen. Die Frist beträgt nur eine Woche ab Urteilsverkündung. Wer mit dem Urteil nicht einverstanden ist, muss ohnehin diesen Weg gehen, weil er sonst mangels Urteilsgründen nicht überprüfen kann, ob Rechts- oder Verfahrensfehler vorliegen, deren Berichtigung man in der zweiten Instanz erreichen könnte.

Wenn zu überlegen ist, ob das Rechtsbeschwerdeverfahren durchgeführt werden soll, muss bei Beteiligung einer Rechtsschutzversicherung hierfür gesondert Deckungsschutz erbeten werden. Im Unterschied zum Verfahren erster Instanz kann die Rechtsschutzversicherung die Deckungszusage von den Erfolgsaussichten des Rechtsbeschwerdeverfahrens abhängig machen. Mindestens müsste aber Deckungsschutz für die Prüfung dieser Erfolgsaussichten gegeben werden, also auch für die Einlegung des Rechtsmittels, da man ansonsten wegen des unvollständigen Urteils hierüber keine Aussage treffen könnte. Jedenfalls muss an die Rechtsschutzversicherung neu herangetreten werden.

Mit freundlichen Grüßen
Rechtsanwalt

II. Anträge vor der Hauptverhandlung

1. Allgemeines

Wenn die Verwaltungsbehörde im Zwischenverfahren nach Eingang des Einspruchs gegen den Bußgeldbescheid (§ 69 OWiG) den Bußgeldbescheid nicht zurücknimmt oder Maßnahmen nach § 69 Abs. 2 S. 2 und 3 OWiG ergreift, übergibt sie die Akte der Staatsanwaltschaft, die sie wiederum im Regelfall, wenn sie das Verfahren nicht einstellt oder eigene Ermittlungen durchführt, dem Richter beim Amtsgericht vorlegt (§ 69 Abs. 3 OWiG). In eini-

9

gen Bundesländern informiert die Verwaltungsbehörde den Verteidiger über die Abgabe des Verfahrens an die Staatsanwaltschaft; andere Bundesländer verzichten auf diese Information. Die zeitliche Abfolge des weiteren Aktengangs bleibt aber zunächst im Dunkeln. Gewöhnlich kommt die nächste Post vom Amtsgericht. Dabei kommen drei Varianten in Betracht:

- Hinweis auf beabsichtigtes Beschlussverfahren gem. § 72 OWiG
- Anhörung des Betroffenen gem. § 71 Abs. 2 S. 2 OWiG
- Terminladung.

a) Beschlussverfahren gem. § 72 Abs. 1 OWiG

10   Zieht das Amtsgericht ein Beschlussverfahren in Erwägung, weist es mit einem vorgeschalteten Schreiben darauf hin. Der Betroffene (und die Staatsanwaltschaft) hat die Möglichkeit, der beabsichtigten Verfahrensweise zu widersprechen. Darüber ist er auch zu belehren. In diesen Fällen den Widerspruch nicht zu erheben, empfiehlt sich nur dann, wenn die mögliche Entscheidung bekannt ist, am besten, wenn sie mit dem Richter vorbesprochen ist. In anderen Fällen sollte man einem Verfahren ohne Hauptverhandlung widersprechen (Achtung, Frist: zwei Wochen ab Zustellung des Hinweises, § 72 Abs. 1 S. 2 OWiG!). Hierfür genügt ein kleiner Schriftsatz mit folgendem Inhalt:

11   **Muster: Widerspruch gegen beabsichtigtes Beschlussverfahren gem. § 72 Abs. 1 OWiG**

An das Amtsgericht ■■■

In der Bußgeldsache

gegen ■■■

Az ■■■

widerspreche ich namens und in Vollmacht des Betroffenen einem Verfahren ohne Hauptverhandlung.

Rechtsanwalt

12   Die nächste Mitteilung vom Gericht sollte dann die Terminladung zur Hauptverhandlung sein. Wird die Widerspruchsfrist versäumt, aber noch vor Erlass des Beschlusses Widerspruch erhoben, kann das Gericht ihn unbeachtet lassen. Dann ist der Betroffene aber auf die Möglichkeit, einen Wiedereinsetzungsantrag gem. § 72 Abs. 2 S. 2 OWiG zu stellen, gesondert hinzuweisen (dazu unten § 11 Rn 30 ff).

b) Anhörung des Betroffenen gem. § 71 Abs. 2 S. 2 OWiG

13   Das Gericht kann dem Betroffenen aufgeben, sich noch vor der Hauptverhandlung zu erklären, welche Tatsachen und/oder Beweismittel er zu seiner Entlastung anführen will (§ 71 Abs. 2 S. 2 OWiG). Die Vorschrift muss in Zusammenhang mit § 77 Abs. 2 Nr. 2 OWiG betrachtet werden. Angestrebt ist seitens des Gesetzgebers die Erledigung des Verfahrens mit einer Hauptverhandlung. Abweichend vom Beweisrecht der StPO (§ 244 StPO) kann ein Beweisantrag im Ordnungswidrigkeitenverfahren auch wegen Verspätung abgelehnt werden (§ 77 Abs. 2 Nr. 2 OWiG). Die Anhörung des Betroffenen vor Beginn der Hauptverhandlung mit der Fristsetzung zur Abgabe der möglichen Erklärungen kann deshalb der Vorbereitung einer ablehnenden Entscheidung über eventuelle Beweisanträge des Betroffenen dienen.[1]

---

1 *Seitz*, in: Göhler, OWiG, § 71 Rn 23d.

Wenn zu diesem Zeitpunkt bereits Aufklärungsbedarf nach Aktenlage erkannt worden ist oder beispielsweise Zeugen für Entschuldigungsgründe des Betroffenen zur Verfügung stehen, die dem Gericht noch nicht bekannt sind, sollten entsprechende Anträge formuliert werden. Besteht das Ziel des Einspruchs darin, die **Rechtskraft hinauszuzögern**, muss abgewogen werden, ob das Risiko einer Entscheidung nach § 77 Abs. 3 Nr. 2 OWiG in Kauf genommen werden kann. Dabei sollte berücksichtigt werden, dass für die Ablehnung eines Beweisantrags nach dieser Vorschrift enge Voraussetzungen erfüllt sein müssen, die nach einhelliger Auffassung in der Literatur dazu führen, dass der Vorschrift in der gerichtlichen Praxis keine besondere Bedeutung zu kommt.[2]

Die Fristsetzung zur Erklärung über Tatsachen und Beweismittel nach § 71 Abs. 2 S. 2 **14**
OWiG erfolgt in der Regel zusammen mit der Terminladung.

c) Terminladung

Die meisten Gerichte terminieren mit einem Vorlauf von etwa drei bis sechs Wochen. Nur in **15**
Ausnahmefällen wird diese Frist noch unterschritten. Sie muss aber mindestens eine Woche zwischen Zustellung der Ladung und Tag der Hauptverhandlung betragen (§ 217 Abs. 1 StPO). Meist sorgt die Terminladung für einige Aktivität. Noch bevor der Posteingang der Akte hinzugefügt ist und sich der Anwalt notwendige Bearbeitungsschritte überlegt hat, ruft der Mandant an, teilt den Erhalt der Gerichtspost mit, wünscht Strategien zu besprechen und vor allem über die Erfolgsaussichten aufgeklärt zu werden. Häufig ist ihm auch nicht klar, dass der Gesetzgeber seine Anwesenheit in der Hauptverhandlung grundsätzlich verlangt und dass diese nur in Ausnahmefällen und vor allem nur auf Antrag entbehrlich ist. Nicht selten teilt der Mandant aber auch die eigene Verhinderung mit, in der Regel mit unzureichenden Begründungen. Weil man dieses Telefonat sehr häufig nicht selbst führt, erfährt man über Mitteilungen aus dem Sekretariat per E-Mail oder auf kleinen Zetteln, was der Mandant hat ausrichten lassen. Damit beginnt dann weitere Schreibarbeit oder der Zwang zu eigenen Telefonaten. In diesem Stadium beugen vorformulierte Hinweise (s.o. Rn 4) der Ermüdung vor, die eintritt, wenn man zum einhundertsten Mal einem Mandanten erläutern muss, was man benötigt, um aufgrund seiner Urlaubsabwesenheit eine Terminverlegung bewilligt zu bekommen. Damit gibt man im Übrigen auch der Sekretärin ein Hilfsmittel an die Hand, um auch selbst auf Anfragen des Mandanten eingehen zu können. Man denke nur an die Variante, einem derart anfragenden Mandanten sofort per E-Mail die auf seine Frage zugeschnittene Beantwortung übersenden zu können.

2. Terminverlegungsanträge

Es gilt der Grundsatz, dass die Prozessbeteiligten keinen Anspruch darauf haben, dass das **16**
Gericht sich nach ihren zeitlichen Dispositionen richtet. Mandanten ist dieses Prinzip schwer zu vermitteln. Auch deshalb beansprucht das allgemeine Drumherum der Terminladung mitunter viel Zeit des Verteidigers. Anders als im großen Strafverfahren ist es auch nicht üblich, dass Termine zwischen Gericht und Verteidiger abgestimmt werden. Allerdings wird in der Praxis in diesen kleineren Verfahren mit geringerer Bedeutung in der Regel (mit Ausnahmen, s.u. Rn 19 ff) Rücksicht auf Verhinderungen des Betroffenen (gebuchter Urlaub) oder seines Verteidigers (Kollisionen) genommen.

---

2 *Senge*, in: Karlsruher Kommentar zum OWiG, § 77 Rn 23; *Seitz*, in: Göhler, OWiG, § 77 Rn 20.

a) Terminverlegungsanträge wegen Verhinderung des Verteidigers

17 Nachstehend folgen einige Beispiele für Terminverlegungsanträge mit unterschiedlichem Hintergrund:

18 **Muster: Terminverlegungsantrag wegen Terminkollision**

An das Amtsgericht ■■■

In der Bußgeldsache

gegen ■■■

Az ■■■

beantrage ich,

den Hauptverhandlungstermin vom ■■■ auf einen anderen Terminstag zu verlegen.

Begründung:

Die Terminladung zur Hauptverhandlung am ■■■, ■■■ Uhr, ist mir am ■■■ zugegangen. Zu diesem Zeitpunkt war für den ■■■ um ■■■ Uhr bereits ein anderer Hauptverhandlungstermin am Landgericht ■■■ im Kalender eingetragen. Die Ladung zu diesem anderen Termin war bereits am ■■■ zugegangen. Außerdem war der andere Hauptverhandlungstermin schon vor Erhalt der Terminladung telefonisch mit dem dortigen Vorsitzenden abgestimmt.

Ich bitte um antragsgemäße Entscheidung und – wenn es der gerichtliche Ablauf zulässt – um telefonische Absprache mit meinem Sekretariat. Weil für ■■■ [Zeitraum] bereits viele andere Gerichtstermine im Kalender notiert sind, wäre eine neuerliche Terminkollision bei fehlender vorheriger Absprache sehr wahrscheinlich.

Rechtsanwalt

19 Terminverlegungsanträge und ihre Behandlung durch das Gericht können sich zu einem erstaunlichen Ärgernis ausweiten. Kaum ein anderes Thema birgt derartig viel Streitstoff wie die Planung und Koordinierung gerichtlicher und anwaltlicher Termine. Obwohl in jedem einschlägigen Kommentar zahlreiche Bemerkungen und Entscheidungen darüber zu finden sind, unter welchen Voraussetzungen ein Termin zu verlegen ist, kann die Beharrungsfähigkeit eines Bußgeldrichters in diesem Punkt ungeahnte Ausmaße erreichen. Vor allem in Kanzleien mit mehreren Anwälten muss damit gerechnet werden, dass der Antrag mit der Begründung abgelehnt wird, den Termin könne auch ein anderer Anwalt übernehmen, die Sache sei von unterdurchschnittlicher Schwierigkeit, der Terminkalender des Gerichts sei dicht und eine neuer Termin könne erst in einigen Monaten stattfinden, was wiederum der Eilbedürftigkeit der Sache entgegenstehe usw.

20 Das alles wird einem zwar öfter in der Korrespondenz mit fremden Gerichten begegnen; es ist aber nicht ausgeschlossen, dass auch am Heimatgericht ein neuer Bußgeldrichter meint, ein neues rigoroses Terminmanagement durchsetzen zu müssen. Diese Fälle bieten dann dem Landgericht die Chance, sich auch einmal mit einem Bußgeldverfahren zu beschäftigen. Das Landgericht ist nämlich zur Entscheidung über Beschwerden zuständig, und diese Art von Rechtsbehelf ist die richtige Methode, sich gegen unberechtigt unnachgiebige Richter durchzusetzen.

Einigermaßen regelmäßig kommt es vor, dass auch ein fleißiger und nach eigener Meinung 21
an sich unabkömmlicher Anwalt in den **Urlaub** fährt. Die Regel dürfte sein, dass damit Ver-
legungsanträge verbunden sind. Erfahrungsgemäß wird das Heimatgericht keine Probleme
beim Verlegen von Terminen aus diesem Grund aufwerfen. Dafür dürfte der Kontakt zwischen Anwalt und Gericht zu gut sein. Bei anderen Gerichten kann es aber dazu kommen,
dass trotz einer solchen Begründung die Terminverlegung abgelehnt wird. Man begegnet
dann wahrscheinlich der Argumentation, wie sie weiter oben (Rn 19) bereits skizziert worden
ist. In wirklichen Ausnahmefällen kann es sogar sein, dass man aufgefordert wird, den Verhinderungsgrund glaubhaft zu machen. Wer etwaige Buchungsbestätigungen zur geplanten
Reise nicht parat hat, wird in diesen Fällen wohl auf die eidesstattliche Versicherung seiner
Sekretärin zurückgreifen müssen, um den Zeitpunkt der Urlaubsplanung glaubhaft darstellen
zu können. Ein Verlegungsantrag wegen Urlaubs kann folgenden Inhalt haben:

Muster: Terminverlegungsantrag aus Urlaubsgründen 22

↓

An das Amtsgericht

In der Bußgeldsache

gegen ■■■

Az ■■■

beantrage ich,

den Hauptverhandlungstermin vom ■■■ auf einen anderen Terminstag zu verlegen.

Begründung:

An der Wahrnehmung des Termins am ■■■ bin ich aufgrund meines Urlaubs verhindert. Der Urlaub dauert
vom ■■■ bis zum ■■■. Er steht für diese Zeit fest seit dem ■■■. Im Urlaub ist eine Reise ins Ausland geplant.
Die Bestätigung über die Buchung füge ich in Kopie bei.

Das Gericht bitte ich zu berücksichtigen, dass der Urlaub des Verteidigers nach einhelliger obergerichtlicher
Rechtsprechung grundsätzlich zu den für eine Terminverlegung anzuerkennenden Gründen gehört (OLG
Hamm DAR 2001, 321, 322; NZV 1997, 90; OLG Celle StV 1984, 503; OLG Frankfurt StV 1997, 402, 403; OLG
München NStZ 1994, 451).

Rechtsanwalt

↑

Die **anwaltliche Weiterbildung** kann ebenfalls Grund sein, einen Terminverlegungsantrag zu 23
stellen. Es handelt sich auch hier um eine Art Terminkollision. In der Regel dürfte es aber
keine Probleme geben, den Verhinderungsgrund darzustellen und zu belegen. Hierzu ein
Beispiel:

Muster: Terminverlegungsantrag wegen Fortbildungsmaßnahme 24

↓

An das Amtsgericht ■■■

In der Bußgeldsache

gegen ■■■

Az ■■■

beantrage ich,

den Hauptverhandlungstermin vom ▪▪▪ auf einen anderen Terminstag zu verlegen.

Begründung:

Wegen der Teilnahme an einem Seminar bin ich am ▪▪▪ gehindert, den Hauptverhandlungstermin wahrzunehmen. Ich besuche vom ▪▪▪ bis zum ▪▪▪ einen Lehrgang, um die Qualifikation zum Fachanwalt für Verkehrsrecht zu erwerben. Zu diesem Lehrgang habe ich mich am ▪▪▪ angemeldet und die Teilnahmebestätigung am ▪▪▪ erhalten. Diese füge ich zur Glaubhaftmachung bei. Daraus ergibt sich auch der Seminarplan. Ich bitte um antragsgemäße Entscheidung.

Rechtsanwalt

25 Dieser Spezialfall einer Terminkollision war Gegenstand zweier landgerichtlicher Verfahren.[3] Das Landgericht Dresden musste sich allerdings nur noch nach Erledigung der Beschwerde mit der Sache beschäftigen und zitiert lediglich den Antrag der Staatsanwaltschaft festzustellen, dass die Ablehnung des Verlegungsantrags rechtswidrig gewesen sei:

26 „Die fragliche Fortbildungsveranstaltung auf dem bekannten Spezialgebiet des Verteidigers rechtfertige angesichts der (geringen) Bedeutung des vorliegenden Bußgeldverfahrens den Antrag. Der Betroffene müsse sich nicht darauf verweisen lassen, dass der Termin durch einen anderen, bisher mit der Sache nicht befassten Verteidiger der gleichen Kanzlei wahrgenommen werde."[4]

27 Das Landgericht Cottbus hingegen hat der Beschwerde stattgegeben und die Rechtswidrigkeit der Ablehnung des Terminverlegungsantrags festgestellt.[5]

b) Terminverlegungsanträge wegen Verhinderung des Betroffenen

28 Nicht selten sind Betroffene an der Terminwahrnehmung wegen einer länger andauernden oder auch kurzfristigen **Erkrankung** gehindert. Dass jemand entschuldigt ist und in einer Hauptverhandlung nicht erscheinen kann, wenn er im Krankenhaus in stationärer Behandlung ist, dürfte selbstverständlich sein. Gewöhnlich sollte es kein Problem sein, hierzu ein ärztliches Attest zu beschaffen. Die Bescheinigung über den Klinikaufenthalt wird genügen, um die Verlegung des Hauptverhandlungstermins zu erreichen. Sofern eine Bescheinigung nicht rechtzeitig vor dem Termin beschafft werden kann, muss allerdings damit gerechnet werden, dass ein sehr formell orientierter Richter den Termin nicht verlegt und dann, wenn der Betroffene zwangsläufig nicht erscheint, den Einspruch als unzulässig verwirft. In diesem Fall wird man gezwungen sein, einen Wiedereinsetzungsantrag zu stellen und mit diesem Antrag das Attest vorzulegen (s.u. § 11 Rn 19 ff).

29 **Muster: Terminverlegungsantrag wegen Erkrankung des Betroffenen mit stationärem Klinikaufenthalt**

An das Amtsgericht ▪▪▪

In der Bußgeldsache

gegen ▪▪▪

Az ▪▪▪

---

3 LG Dresden, Beschl. v. 7.3.2006 – 5 Qs 8/06 – n.v. ; LG Cottbus, Beschl. v. 21.4.2006 – 24 Qs 115/06.
4 LG Dresden, aaO.
5 LG Cottbus, aaO.

beantrage ich,

den Hauptverhandlungstermin vom ■■■ auf einen späteren Terminstag zu verlegen.

Begründung:

Die Ehefrau des Betroffenen hat heute Morgen in meinem Sekretariat angerufen und mir über meine Sekretärin ausrichten lassen, dass ihr Ehemann gestern Abend nach einem Verkehrsunfall, bei welchem er sich verletzt hatte, in ein Krankenhaus eingeliefert werden musste. Dort soll heute eine Operation stattfinden. Zu erwarten ist, dass der stationäre Krankenhausaufenthalt etwa zwei Wochen dauern und sich eine mehrwöchige Reha-Maßnahme anschließen wird.

Aus den genannten Gründen besteht am Terminstag Reise- und Verhandlungsunfähigkeit. Ein ärztliches Attest kann ich zusammen mit meinem heutigen Terminverlegungsantrag noch nicht vorlegen. Die Ehefrau hat zugesichert, ein solches Attest in den nächsten Tagen zu beschaffen, damit ich es nachreichen kann.

Rechtsanwalt

Weniger eindeutig für die Beurteilung von Reise- und/oder Verhandlungsunfähigkeit sind   30
Fälle, in denen eine **plötzlich aufgetretene Krankheit** für eine verhältnismäßig **kurze Zeit** für
Verhandlungsunfähigkeit sorgt. Ohne Zweifel ist aber auch derjenige, der mit einem grippalen Infekt fiebrig im Bett liegt, nicht in der Lage, an einer Bußgeldverhandlung teilzunehmen.
Richter sind in solchen Fällen weniger geneigt, nur aufgrund der Schilderung der Krankheit,
also des Verhinderungsgrundes, einen Hauptverhandlungstermin zu verlegen. Hier besteht
aber häufig das Problem, dass der Mandant gerade wegen seines Zustands nicht einmal in
der Lage ist, einen Arzt aufzusuchen. Dennoch, ohne ärztliches Attest wird man in diesen
Fällen voraussichtlich nicht auskommen. Andernfalls besteht das Risiko, dass dem Terminverlegungsantrag nicht stattgegeben wird, der Einspruch konsequenterweise wegen des Ausbleibens des Betroffenen als unzulässig verworfen wird und auch ein Wiedereinsetzungsantrag eher chancenlos bleibt (weil es an der **ärztlichen Bescheinigung** fehlt). Der Mandant
muss also darauf hingewiesen werden, dass der Arztbesuch unerlässlich ist. Das anwaltliche
Personal sollte entsprechend geschult sein, weil häufig nicht einmal der Anwalt selbst rechtzeitig Kontakt mit dem Mandanten hat.

Weil aber Mandanten auf solche Fragen mit der Terminladung üblicherweise hingewiesen   31
werden (vgl Muster Rn 4), erhält man in der Regel zusammen mit der Information über die
Erkrankung ein **Attest** (zunehmend per Telefax, neuerdings aber auch per E-Mail als gescannte Version). Erfahrungsgemäß ist der überwiegende Teil dieser Atteste für den angestrebten Zweck nicht verwertbar. Häufig handelt es sich um Arbeitsunfähigkeitsbescheinigungen,
aus denen sich eine Reise- und/oder Verhandlungsunfähigkeit nicht ergibt. Aus der Bescheinigung der Arbeitsunfähigkeit ist nämlich nicht ohne Weiteres zu schließen, dass ein Betroffener auch nicht an einer Hauptverhandlung teilnehmen kann. Dies zeigt schon das Beispiel
„Gipsbein".

Ärzte sind außerdem sehr zurückhaltend darin, ihre **Diagnose** im Klartext auf ein Attest zu   32
schreiben. Gerne verwenden sie einen **standardisierten Code**, der erst über einen Blick ins
Internet verrät, womit der Betroffene gesundheitlich zu kämpfen hat. Hierbei handelt es sich
um die internationale statistische Klassifikation der Krankheiten und verwandter Gesundheitsprobleme (ICD-10). Diese amtliche Klassifikation ist online einzusehen beim Deutschen
Institut für Medizinische Dokumentation und Information (www.dimdi.de). Darauf kann
man im Terminverlegungsantrag hinweisen, darf aber nicht davon ausgehen, dass das Gericht diesem Hinweis auch nachgehen wird. Immerhin stellt beispielsweise das Landgericht

Kassel[6] die Frage unbeantwortet in den Raum, ob dem Gericht überhaupt zuzumuten ist, mittels des Internets die korrekte Bezeichnung der Diagnose zu erfahren! Hier der Antrag:

33 **Muster: Terminverlegungsantrag wegen kurzfristiger Erkrankung des Betroffenen**

↓

An das Amtsgericht ▪▪▪

In der Bußgeldsache

gegen ▪▪▪

Az ▪▪▪

beantrage ich,

den Hauptverhandlungstermin vom ▪▪▪ auf einen späteren Terminstag zu verlegen.

Begründung:

Der Betroffene hat heute meiner Sekretärin fernmündlich mitgeteilt, dass er reiseunfähig erkrankt sei. Er leide unter einem akuten Nierenversagen. Der Betroffene war deswegen zur ärztlichen Untersuchung bei seinem Hausarzt. Dessen Arbeitsunfähigkeitsbescheinigung, die mir der Betroffene per Telefax zur Verfügung gestellt hat, füge ich bei mit dem Hinweis, dass die darin notierte Diagnose „N10G" beim Deutschen Institut für Medizinische Dokumentation und Information (www.dimdi.de) nachgesehen werden kann. Das Institut gehört zum Geschäftsbereich des Bundesministeriums für Gesundheit und soziale Sicherheit. Der vom Arzt verwendete Code ist Bestandteil einer amtlichen Klassifikation, nämlich der Internationalen Statistischen Klassifikation der Krankheiten und verwandter Gesundheitsprobleme (ICD-10).

Der Betroffene hat fernmündlich noch erläutert, dass sich die Erkrankung, also die akute Situation am ▪▪▪ so geäußert hat, dass ein Kältegefühl im Nierenbereich auftrat, verbunden mit heftigen Schmerzen beim Wasserlassen und einem ständigen Harndruck. Das Sitzen und Stehen sei beschwerlich und mit Schmerzen verbunden.

Rechtsanwalt

↑

34 Dieser Terminverlegungsantrag, den man mangels weiterer Information durch den Mandanten nicht anders stellen könnte, muss nicht erfolgreich sein. Zwar ist die Diagnose mit der Arbeitsunfähigkeitsbescheinigung belegt, also glaubhaft gemacht, nicht aber die Symptome, die zur Reiseunfähigkeit führen. Gerade darauf erstreckt sich die Diagnose „akutes Nierenversagen" nämlich nicht. Wird dem Antrag nicht stattgegeben und ergeht ein Verwerfungsurteil, sollte man vor Stellung des Wiedereinsetzungsantrags den Mandanten anhalten, sich zusätzlich die aufgetretenen Symptome vom Arzt bescheinigen zu lassen. **Mindestens aber sollte man den Mandanten eine eigene eidesstattliche Versicherung** mit dem Inhalt der Schilderung der Symptome abgeben lassen – auch wenn diese zur Glaubhaftmachung an sich unbeachtlich ist (s.u. § 11 Rn 29). Die anwaltliche Versicherung, der Mandant habe diese Symptome dem Anwalt gegenüber geschildert, dürfte wirkungslos sein, weil es an der eigenen Wahrnehmung fehlt. Das Gericht könnte ihr und der Schilderung der Symptome des Mandanten mit der Begründung keine Bedeutung beimessen, es handele sich hier um eine schlichte Behauptung des Betroffenen.

---

6 Beschl. v. 13.1.2005 – 3 Qs OWI 01/05 – n.v.

c) Rechtsmittel gegen die Ablehnung von Terminverlegungsanträgen

Wie schon mehrfach angesprochen, kann es durchaus vorkommen, dass auch ein begründeter **35** Terminverlegungsantrag zunächst erfolglos bleibt. Die Terminierung ist Sache des Vorsitzenden (§ 213 StPO). Seine Entscheidungen zu diesem Thema müssen nicht immer in Form eines Beschlusses ergehen. Mitunter erhält man auch Mitteilungen des Gerichts (in Gestalt eines einfachen Schreibens) mit ein- bis dreizeiligem Inhalt, wie etwa „[…] kommt eine Terminverlegung nicht in Betracht" oder „[…] bleibt es bei dem Termin vom […]". Wenn der Termin dann nicht allzu nahe liegt, bleibt vielleicht noch die Zeit, um dem Gericht mit einem Schriftsatz zu signalisieren, dass man gleichwohl die Verlegung des Hauptverhandlungstermins anstrebt. Nun dürfte es auch an der Zeit sein, einige Rechtsausführungen unter Hinweis auf den Inhalt einschlägiger Kommentare beizufügen. Dieser Schriftsatz kann der Vorbereitung der Beschwerde gegen die Ablehnung des Terminverlegungsantrags dienen, über welche im Fall der Nichtabhilfe das Landgericht zu entscheiden hat.

Muster: Antrag auf rechtsmittelfähige Entscheidung bei Ablehnung der Terminverlegung **36**

⬇ **276**

An das Amtsgericht ▪▪▪

In der Bußgeldsache

gegen ▪▪▪

Az ▪▪▪

danke ich für das gerichtliche Schreiben vom ▪▪▪, mit welchem mir mitgeteilt wird, dass eine Terminverschiebung seitens des Gerichts nicht beabsichtigt ist. Gleichwohl halte ich meinen Terminverlegungsantrag aufrecht, wiederhole ihn hiermit und erbitte ausdrücklich eine

rechtsmittelfähige Entscheidung.

Meine Verhinderung habe ich bereits im Schriftsatz vom ▪▪▪ dargelegt. Die Verhinderung ist glaubhaft gemacht durch Beifügung einer Kopie der Terminladung aus dem genannten anderen Bußgeldverfahren. Dass unter diesen Voraussetzungen der Termin im vorliegenden Verfahren zu verlegen ist, ergibt sich meines Erachtens aus der zeitlichen Reihenfolge des Eingangs der jeweiligen Terminladungen in der Kanzlei des Unterzeichneten. Beide Verfahren haben ähnliche Bedeutung. Der andere Termin war aber zudem vorher mit dem Abteilungsrichter fernmündlich abgestimmt. Sollte gleichwohl aus Sicht des Gerichts eine Verlegung nicht in Betracht kommen, verweise ich auf das OLG Düsseldorf (Beschl. v. 20.7.1994, NZV 1995, 39). Danach obliegt es den beteiligten Gerichten und nicht dem Verteidiger, die Terminüberschneidung abzustellen.

Rechtsanwalt

⬆

Obwohl die Rechtslage in diesen Fällen klar ist, ist damit zu rechnen, dass ein Beschluss **37** ergeht, mit welchem der Terminverlegungsantrag förmlich zurückgewiesen wird. Das richtige Rechtsmittel hiergegen ist dann die **Beschwerde**, vor der man nicht zurückschrecken sollte. Beispiele und weitere Erläuterungen unter Rn 142, 149.

3. Anträge auf Entbindung des Betroffenen von der Pflicht zum persönlichen Erscheinen in der Hauptverhandlung

a) Allgemeines

38 Die Terminladung ist eingetroffen, alle Hinderungsgründe beim Mandanten und Anwalt sind abgearbeitet, der Durchführung der Hauptverhandlung steht nichts mehr im Wege. Nun überlegt sich der Mandant, dass die Anreise zu dem zuständigen Gericht mit Zeit und Aufwand verbunden ist. Er ruft in der Kanzlei an und lässt ausrichten, dass er nicht zum Gericht anreisen, sondern sich von seinem Verteidiger vertreten lassen möchte. In der Bearbeitung entsteht zusätzlicher Aufwand, der die Sache im Kern kein bisschen voranbringt. Was tun? Den Mandanten kurz zurückrufen und ihn über die Gesetzeslage informieren? Im Kanzleiablauf kann schon das zum Problem werden. Hat man selbst Zeit für den Anruf, meldet sich beim Mandanten die Mailbox. Folge ist, dass die Akte auf dem Schreibtisch liegen bleibt, bis die Gelegenheit für einen neuen Versuch kommt – wenn die Akte nicht sogar vorübergehend in Vergessenheit gerät. Dann ruft erneut der Mandant an. Natürlich ist man wieder nicht im Büro, sondern bei Gericht, oder zwar im Büro, aber in Besprechung. Unglücklicherweise wird außerdem die Sekretärin – weil schon im Feierabend – von einer Auszubildenden vertreten, die wiederum von dem bisherigen vergeblichen Bemühen des Mandanten um ein Gespräch mit seinem Anwalt nichts weiß. Die Frustration steigt. Empfehlenswert ist daher, auch in solchen Situationen Standardtexte zu verwenden, die den Mandanten per E-Mail quasi sofort, aber auch mit der Post gewöhnlich schon am Folgetag erreichen. Ein weitgehend vorformulierter (nur am Ende individualisierter) Text kann folgenden Inhalt haben:

Muster: Information des Mandanten über seine Pflichten im Hauptverfahren

  ↓

Sehr geehrter Herr ■■■,

der Gesetzgeber wünscht, dass der Betroffene eines Bußgeldverfahrens grundsätzlich persönlich an der Hauptverhandlung beim Amtsgericht teilnimmt. Deshalb findet sich im Ordnungswidrigkeitengesetz in § 73 eine entsprechende Regelung. Danach kommt eine Vertretung nur in Betracht, wenn das Gericht auf besonderen Antrag hin den Betroffenen von der Pflicht, selbst zu erscheinen, vorher entbunden hat. Das Gericht darf diesen Schritt aber nur dann vornehmen, wenn die Anwesenheit des Betroffenen nicht aus besonderen Gründen unumgänglich ist. Ein solcher Fall liegt beispielsweise so lange vor, wie unklar ist, ob der Betroffene tatsächlich der Fahrer des gemessenen Fahrzeugs war. In der Regel ist diese Frage bei sog. Kennzeichenanzeigen offen. In diesen Fällen gibt es ein Foto vom gemessenen Fahrzeug mit einem mehr oder weniger gut erkennbaren Fahrer und ein bekanntes amtliches Kennzeichen. Zum Kennzeichen gehört zwar ein bestimmter Halter; das Gericht darf aber nicht davon ausgehen, dass der Halter auch der Fahrer war. Selbst bei einer Lasermessung, wenn also im Anschluss an die Messung gleich eine Fahrzeugkontrolle stattgefunden hat, kann die Fahrereigenschaft noch offen sein. Immer wieder kommt es nämlich vor, dass sich aus der Anzeige nur die Personendaten eines Fahrers ergeben, ohne dass auch ersichtlich ist, ob den kontrollierenden Beamten ein Lichtbildausweis vorgelegen hat (der Fahrer könnte schließlich unter Ausnutzung der nicht auf ihn ausgestellten Fahrzeugdokumente einen falschen Namen genannt haben). Also gilt Folgendes: Das Gericht wird erst von der Pflicht zum Erscheinen entbinden, wenn ihm eine Erklärung des Betroffenen vorliegt, dass er der Fahrer war. Wenn das Messfoto schlecht ist, schneidet man sich allerdings mit dieser Erklärung die Verteidigungschance ab, dass dem Richter eine Identifizierung nicht möglich wird.

Weitere Voraussetzung für den Antrag ist daneben, dass dem Gericht das beabsichtigte Aussageverhalten oder die eventuelle Aussage mitgeteilt wird. Sehr häufig empfiehlt es sich, das gute Recht, sich zur Tat nicht erklären zu müssen, in Anspruch zu nehmen. Wer sich zur Fahrereigenschaft bekennt und dem Gericht mitteilt, dass er im Termin zur Sache nichts sagen werde, muss dann auf seinen Antrag hin von der Pflicht zum Erscheinen entbunden werden.

In Ihrem Fall halte ich es für möglich, dass aufgrund der schlechten Qualität des Messfotos (Sonnenblende verdeckt den oberen Kopfbereich; Bild insgesamt kontrastarm, keine Details der Gesichtszüge erkennbar, Kinn- und Mundpartie wegen der rechten Hand auf dem Lenkrad verborgen) eine Identifizierung nicht gelingt. Ich empfehle also, keine Erklärung zur Person des Fahrers abzugeben, den Entbindungsantrag nicht zu stellen und zum Termin anzureisen.

Mit freundlichen Grüßen
Rechtsanwalt

b) Antrag auf Entbindung von der Pflicht zum persönlichen Erscheinen mit Ankündigung der Aussageverweigerung

Wenn aufgrund der Qualität des Messfotos die Identifizierung des Fahrers dem Gericht keine **40** Probleme bereiten wird und die Verteidigungschancen wohl nur im technischen Bereich der Messung liegen, also persönliche Erklärungen des Betroffenen nicht geeignet erscheinen, den Ausgang des Verfahrens gegenüber dem Bußgeldbescheid zu verbessern, sollte ein **Entbindungsantrag** gestellt werden, schon um den Mandanten bei weiter entfernt liegenden Gerichten vom Reiseaufwand zu befreien. Selbst am Heimatgericht ist die Antragstellung zu überlegen, schließlich kann man damit dem Mandanten auch Ängste ersparen, die für viele mit der Wahrnehmung eines Gerichtstermins verbunden sind. Diese Frage sollte mit dem Mandanten besprochen werden. Mit Blick auf § 73 OWiG muss der Antrag einen bestimmten Mindestinhalt haben, den man noch um eine Erklärung zu den persönlichen Verhältnissen ergänzen kann. Folgende Formulierung ist rechtsmittelerprobt:

Muster: Entbindungsantrag ohne Einlassung zur Sache (Ausnahme Fahrereigenschaft) **41**

An das Amtsgericht ▪▪▪

In der Bußgeldsache

gegen ▪▪▪

Az ▪▪▪

beantrage ich,

den Betroffenen von der Pflicht zum persönlichen Erscheinen in der Hauptverhandlung am ▪▪▪ zu entbinden.

Begründung:

Unter Bezugnahme auf die vorgelegte Vollmacht vom ▪▪▪, die zur Vertretung in dieser Frage berechtigt, erkläre ich hiermit für den Betroffenen, dass er der Fahrer des festgestellten Fahrzeugs zur Tatzeit gewesen ist. Darüber hinaus wird der Betroffene in der Hauptverhandlung am ▪▪▪ keine Angaben zur Sache machen, auch nicht zu seinen persönlichen Verhältnissen.

Damit liegen die Voraussetzungen vor, unter denen der Betroffene von der Pflicht zum persönlichen Erscheinen zu entbinden ist.

Rechtsanwalt

42 Der **Mindestinhalt** dieses Antrags besteht aus der Angabe zur Fahrereigenschaft und der Erklärung, dass der Betroffene sich in der Hauptverhandlung zur Sache nicht einlassen wird. Der Hinweis auf die Vollmacht muss nicht enthalten sein. Liegt dem Gericht allerdings eine Vertretungsvollmacht nicht vor, müsste der Antrag noch nicht einmal beschieden werden.[7] Die Erklärung, dass sich der Betroffene auch nicht zu seinen persönlichen Verhältnissen äußern wird, dürfte nur in den Fällen von Bedeutung sein, in denen die Geldbuße den Normalbereich von bis zu 200 EUR deutlich überschreiten könnte. Dann dürften die wirtschaftlichen Verhältnisse des Betroffenen vom Gericht aufzuklären sein mit der Folge, dass das Gericht hierfür die Anwesenheit des Betroffenen für notwendig erachtet und mit dieser Begründung den Antrag auf Entbindung von der Pflicht zum Erscheinen ablehnt. Dieses Argument gegen eine positive Bescheidung entfällt aber für das Gericht, wenn der Betroffene vorab erklärt hat, er werde sich auch zu seinen persönlichen Verhältnissen nicht äußern.

43 **Beachte:** Der Antrag ist vor jeder Hauptverhandlung neu zu stellen, er wirkt immer nur für die konkret bevorstehende Hauptverhandlung![8]

44 **Hinweis:** Gibt das Gericht dem Antrag nicht statt, stellt sich die Frage, ob der Termin vom Mandanten und seinem Verteidiger wahrgenommen werden muss. Bleibt man fern, hat man ein Verwerfungsurteil gemäß § 74 Abs. 2 OWiG zu erwarten. Man muss daher prüfen, ob es in der **Rechtsbeschwerde** Erfolgsaussichten gibt, dieses Urteil aufgehoben und in die erste Instanz zurückverwiesen zu bekommen. Hierfür ist zu unterscheiden, ob die Rechtsbeschwerde zulässig ist oder ob zunächst ein Antrag auf Zulassung der Rechtsbeschwerde zu stellen ist.

Ist der Entbindungsantrag so gestellt, wie er hier vorgeschlagen ist, bleibt dem Gericht kein Ermessensspielraum. Es ist verpflichtet, dem Entbindungsantrag zu entsprechen, weil die Voraussetzungen des § 73 Abs. 2 OWiG vorliegen.[9]

Zeit spielt in Bußgeldverfahren meist eine wichtige Rolle. Tilgungsfristen älterer Entscheidungen können sich auf das laufende Verfahren auswirken. Fahrverbote hängen unter Umständen davon ab, wie sich der Betroffene im Anschluss an die Begehung der zu beurteilenden Tat im Straßenverkehr verhalten hat. Nach zwei Jahren ab Tatzeitpunkt kommt ein Fahrverbot in der Regel nach der obergerichtlichen Rechtsprechung nicht mehr in Betracht.[10]

Mit einer erfolgreichen Rechtsbeschwerde verlängert man die Zeit bis zu einer rechtskräftigen Entscheidung um mindestens sechs Monate. Meist dauert es aber noch einige Monate länger, mitunter sogar ein Jahr, bis erneut verhandelt wird. Diese **Chance zur Verfahrensverzögerung** sollte man sich also nicht entgehen lassen. Vielleicht bietet sie sich im weiteren Verlauf des Verfahrens sogar noch einmal.[11] Man sollte sich daher dafür entscheiden, den Termin nicht wahrzunehmen und die Reaktion des Gerichts abzuwarten. Auch dem Mandanten ist diese Strategie zu empfehlen. Zur Rechtsbeschwerde gegen ein solchen Verwerfungsurteil s.u. Rn 183.

---

7 OLG Köln NZV 2002, 241, 242.
8 OLG Hamm DAR 2006, 522; aA OLG Frankfurt, Beschl. v. 21.10.2005 – 2 Ss OWI 407/05 – n.v., für den Fall, dass der Grund für die Antragstellung über den einzelnen Termin fortwirkt; ähnlich auch OLG Brandenburg, Beschl. v. 25.9.2006 – 1 Ss (OWI) 172 B/06 – n.v.
9 OLG Dresden DAR 2005, 460; OLG Stuttgart zfs 2003, 210; OLG Brandenburg, Beschl. v. 3.1.2006 – 1 Ss (OWI) 270 B/05 – n.v.; Beschl. v. 26.9.2005 – 2 Ss (OWI) 155 Z/05 – n.v.; Beschl. v. 25.9.2006 – 1 Ss (OWI) 172 B/06 – n.v.; OLG Frankfurt, Beschl. v. 10.3.2006 – 2 Ss-OWI 91/06 – n.v.; KG, Beschl. v. 9.8.2006 – 2 Ss 189/06-3 Ws (B) 408/06 – n.v.
10 BGH zfs 2004, 133; OLG Karlsruhe DAR 2005, 168; OLG Frankfurt zfs 2004, 283, 284; OLG Naumburg zfs 2003, 96.
11 Vgl OLG Brandenburg, Beschl. v. 25.9.2006 – 1 Ss (OWI) 172 B/06 – n.v.

c) Entbindungsantrag gekoppelt mit ausführlicher Einlassung zur Sache

Ein erfolgreicher Entbindungsantrag setzt nicht voraus, dass der Betroffene erklären lässt, er   **45**
werde sich in der Hauptverhandlung zur Sache nicht äußern. Man kann mit einem solchen
Antrag durchaus auch Erklärungen zur Sache verbinden, sollte dann aber tunlichst alle Aspekte des Falls berücksichtigen. Für unerwartete Wendungen, wie sie sich in der Hauptverhandlung durchaus ergeben können, ist man mit einer schriftlichen Voraberklärung zur Sache gewöhnlich nicht gerüstet. Weil es hier häufig um Fälle geht, die vor weitab liegenden
Gerichten spielen, ist der Verteidiger meist auch nicht selbst zugegen, sondern nur durch
einen – nur schriftlich informierten – Unterbevollmächtigten vertreten. An dieser Stelle gibt es
deshalb Aufklärungsbedarf für den Mandanten. Er sollte auf diese Risiken hingewiesen werden. Erfahrungsgemäß stellen Mandanten dann Aufwand und Nutzen gegenüber und werden
sich voraussichtlich für die Variante entscheiden, vorher Erklärungen abzugeben und dafür
nicht zum Termin anreisen zu müssen.

Beispiel: M., angestellter Kraftfahrer der Spedition S., hat vor einiger Zeit in der Kanzlei   **46**
einen Bußgeldbescheid abgegeben. Darin war der Vorwurf enthalten, ein Kraftfahrzeug
(LKW, zulässiges Gesamtgewicht 32 t) geführt zu haben, obwohl das zulässige Gesamtgewicht um 18% (gleich 5600 kg) überschritten war. Routinemäßig ist hiergegen Einspruch
eingelegt und Akteneinsicht beantragt worden. In Abstimmung mit M. hat man das Hauptverfahren vor dem 500 km entfernt liegenden Amtsgericht abgewartet. Inzwischen ist die
Terminladung eingetroffen und M. wünscht, von der Pflicht, persönlich erscheinen zu müssen, entbunden zu werden. Vorher hat er in einem Besprechungstermin seinem Anwalt den
Sachverhalt dargelegt.

In Fällen mit Geschwindigkeitsmessungen schaden Erklärungen des Betroffenen meist eher,   **47**
als dass sie nützen. Dort lassen sich deshalb Entbindungsanträge mit der Ankündigung, keine
Sachangaben zu machen, sinnvoll stellen. Hier hilft diese Vorgehensweise nicht weiter. Man
muss ausführen, dass den Kraftfahrer kein oder nur geringes Verschulden am Zustandekommen der **Überladung** trifft. Nur dann wird man auch erreichen können, dass in der
Hauptverhandlung die Geldbuße herabgesetzt wird. Für jemanden, der sein Geld als Kraftfahrer verdient, ist es vor allem wichtig, das Verkehrszentralregister von Einträgen freizuhalten. Die Herabsetzung der Geldbuße ist ein realistisches Ziel; eine Einstellung gemäß § 47
Abs. 2 OWiG kann auch erreichbar sein, wohl kaum aber ein Freispruch.

Wie bereits oben (Rn 45) ausgeführt, sollte aber sehr viel Sorgfalt darauf verwendet werden,   **48**
den Sachverhalt ausführlich und vollständig darzustellen. Im Termin werden die Polizisten,
die den LKW festgestellt haben, als Zeugen aussagen. Wenn dann zutage kommt, dass es
besondere Auffälligkeiten gegeben hat (ohne dass diese Beobachtungen in die Ermittlungsakte aufgenommen worden sind), wird man das Gericht kaum noch davon überzeugen können,
dass der Mandant solche Umstände nicht bemerkt haben will. In der vorherigen Besprechung
sollte der Mandant daher angehalten werden, den Zustand des Fahrzeugs genauestens zu
schildern. Auch das Drumherum beim Beladen und – wenn es bereits vergleichbare frühere
Fahrten gegeben hat – beim Abladen sollte genauestens hinterfragt und in die Erklärung zur
Sache mit aufgenommen werden. Dann kann der Entbindungsantrag folgenden Inhalt aufweisen:

49 **Muster: Entbindungsantrag mit ausführlicher Erklärung zur Sache**

 ↓

An das Amtsgericht ▪▪▪

In der Bußgeldsache

gegen ▪▪▪

Az ▪▪▪

beantrage ich,

den Betroffenen von der Verpflichtung zum persönlichen Erscheinen in der Hauptverhandlung am ▪▪▪ zu entbinden.

Begründung:

Der Betroffene äußert sich wie folgt zur Sache:

„Ich war Fahrer des festgestellten LKW zur Tatzeit. Ich bin Kraftfahrer und arbeite für die Firma S. in Bremen. Diese hatte eine Baustelle in Kassel.

Wir hatten dort den Auftrag, eine alte Villa abzureißen. Am Tattag waren für meine Firma dort drei Mitarbeiter tätig, nämlich einer, der den Bagger gefahren hat, und zwei Kraftfahrer, von denen einer ich war. Der andere Kraftfahrer ist Herr N., zu laden über Firma S.

Auf der Baustelle und auch auf der Deponie gab es keine Möglichkeit, das Fahrzeug zu wiegen. Herr N. und ich hatten deshalb den Kollegen, der den Bagger bedient hat, darauf hingewiesen, bei der Ladung aufzupassen und nicht zu viel in die Kippmulde zu füllen. Ich bin auch jedes Mal vor dem Losfahren um den LKW herumgegangen und habe mir insbesondere den Federstand angesehen. Diesen kann man nur anhand des Abstands zwischen Radkästen und Reifen kontrollieren. Bei dem benutzten LKW handelt es sich um ein modernes Fahrzeug. Dieses hat Luftfederung, die sich auf die Beladung selbständig einstellt. Auch beim Beladen läuft der Motor des Fahrzeugs, was zur Folge hat, dass sich über die Luftfederung ein bestimmtes Niveau einstellt. Die Befüllung der Kippmulde lässt sich von unten aber nur eingeschränkt kontrollieren. Erst dann, wenn das Ladegut deutlich aufgehäuft im Fahrzeug liegt, kann man äußerlich eine Überladung feststellen. Aus Arbeitsschutzgründen ist es jedoch verboten, von außen an der Kippmulde hochzuklettern, um von oben hineinsehen zu können. An dieser Stelle möchte ich anmerken, dass einer der kontrollierenden Polizisten das versucht hat – wovon ich ihm abgeraten habe – und bei diesem Versuch beinahe abgestürzt wäre.

Vor oder während der Fahrt, bei welcher ich schließlich von der Polizei angehalten worden bin, habe ich Besonderheiten am Fahrzeug nicht feststellen können. Insbesondere ragte die Ladung nicht über die Kippmulde hinaus. Meines Erachtens war der Wagen ganz normal gefüllt. Auch das Fahrverhalten war völlig normal. Beim Bremsen und Beschleunigen ist mir eine eventuelle Überladung überhaupt nicht aufgefallen. Dass sich das Fahrzeug stärker neigt als andere LKW im beladenen Zustand, liegt an der Luftfederung. Dies sieht manchmal bedenklich aus, ist aber das normale Fahrverhalten. Ich nehme an, dass mein Wagen deshalb auch den entgegenkommenden Polizisten aufgefallen war. Aus deren Position (die Gegenfahrbahn war leicht erhöht), hatten sie möglicherweise auch einen Blick in die Mulde, als ich in der Kurvenfahrt war.

Bei der Kontrolle hat es durchaus längere Gespräche mit den Polizisten gegeben. Zu keinem Zeitpunkt bin ich aber darauf hingewiesen worden, dass die Zwillingsbereifung in irgendeiner Weise auffällig gewesen sei. Auch nach meiner Erinnerung gab es da keine Besonderheiten. Schließlich achte ich vor dem Losfahren gerade auf solche Anzeichen, weil man ansonsten eine Überladung nicht feststellen kann. Das, was den Polizisten vor Ort an der Bereifung aufgefallen war, dürfte der Normalzustand sein. Meines Erachtens bieten die Reifen kein anderes Bild, wenn das Fahrzeug bis zur zulässigen Grenze beladen ist. Vor der Feststellung durch die Polizei bin ich am selben Tag etwa fünfmal von der Baustelle zur Deponie gefahren. Besonderheiten hat es bei diesen Fahrten nicht gegeben. Mit dem Fahrzeug selbst war ich damals etwa ein dreiviertel

Jahr vertraut, bin also in dieser Zeit nahezu täglich mit dem Fahrzeug gefahren. Es handelt sich um einen MAN Muldenkipper, vierachsig, Erstzulassung etwa 2004, Luftfederung, ausreichend starke Motorisierung.

Für mich war nicht zu erkennen, dass ich überladen hatte. Ich hatte aus meiner Sicht alles getan, um so etwas zu verhindern. Ich bin auch der Meinung, dass der Baggerfahrer vorsichtig geladen hat. Auch der Baggerfahrer kann aber von seinem Standort aus von oben nicht in die Kippmulde schauen. Er kann nur dafür sorgen, dass nichts über die Ladekante hinausragt.

Schwierig mag es am Tattag auch deshalb gewesen sein, weil die Ladung teilweise nass gewesen ist. Es hatte geregnet und Teile des Abbruchmaterials könnten Feuchtigkeit aufgenommen haben. Schon dadurch können deutliche Gewichtsunterschiede entstehen, die man nur anhand des Volumens nicht erkennen kann. Auch für den Baggerfahrer wird es schwierig gewesen sein, solche feuchten Stellen überhaupt zu erkennen. Auf der Baustelle war es staubig, weil trotz des Regens natürlich in dem Gebäude beim Abbruch viel trockenes Material zusammengefallen ist. Außerdem handelte es sich um gemischtes Material, das unterschiedliche Dichte aufgewiesen hat. Auch deshalb war die Ladung für den Baggerfahrer schwer einzuschätzen. Möglicherweise sind hier auch verschiedene ungünstige Umstände zusammengekommen, also Feuchtigkeit und dichtes schweres Material, was zu dieser unglücklichen Überladung geführt hat. Ich kann mir jedenfalls nicht vorstellen, dass auch die vorherigen anderen Fuhren überladen waren.

Zu meinen persönlichen Verhältnissen:

Ich bin am 20. Januar 1965 geboren, verheiratet, habe drei Kinder, wovon noch eines unterhaltsberechtigt ist. Mein Einkommen als Kraftfahrer liegt etwa in einer Größenordnung von 1.500,00 EUR netto."

So weit zu der Einlassung meines Mandanten. Zur Tatsache, dass am Fahrverhalten des Fahrzeugs, aus dem optisch kontrollierbaren Stand der Luftfederung und der Beschaffenheit der Zwillingsbereifung nicht zu erkennen ist, dass das Fahrzeug zulässig beladen ist oder um 20% überladen, beantrage ich,

ein Sachverständigengutachten einzuholen.

Ich rege aber an, das Verfahren gegen den Betroffenen einzustellen oder aber die Geldbuße auf 35,00 EUR abzusenken.

Mit der Wahrnehmung des Hauptverhandlungstermins in ■■■ werde ich einen Unterbevollmächtigten beauftragen.

Rechtsanwalt

4. Einzelne Sachanträge

a) Allgemeines

Trotz der Regelungen in § 71 Abs. 2 S. 2 und § 77 Abs. 2 Nr. 2 OWiG wird auch im Ordnungswidrigkeitenrecht die Hauptverhandlung nicht wie die mündliche Verhandlung im Zivilrecht schriftlich vorbereitet. Im Hauptverfahren vor der Hauptverhandlung gestellte **Beweisanträge** müssen daher, wenn ihnen nicht vom Gericht vorher nachgegangen worden ist, in der Hauptverhandlung in der Beweisaufnahme wiederholt werden, sonst sind sie unbeachtlich. Eine Rechtsbeschwerde könnte in diesen Fällen nur darauf gestützt werden, dass sich eine entsprechende Beweiserhebung auch ohne ausdrücklichen Beweisantrag dem Gericht hätte aufdrängen müssen (siehe Rn 186 ff). Anträge, Hinweise (zur Rechtsauffassung des Verteidigers) oder Tatsachenmitteilungen sind letztlich lediglich Anregungen an das Gericht, beispielsweise noch vor der Hauptverhandlung Maßnahmen nach § 71 Abs. 2 OWiG einzuleiten, zur Hauptverhandlung bestimmte benannte Zeugen zu laden oder nach § 47 Abs. 2 OWiG das Verfahren einzustellen.

b) Verjährung

51 Gemäß § 47 Abs. 2 OWiG kann das Gericht das Verfahren in jeder Lage einstellen. Außerhalb der Hauptverhandlung ist hierfür die Zustimmung der Staatsanwaltschaft entbehrlich, wenn die Geldbuße 100 EUR nicht übersteigt und die Staatsanwaltschaft vorab erklärt hat, an der Hauptverhandlung nicht teilnehmen zu wollen (in der Hauptverhandlung ist die Zustimmung bei Abwesenheit der Staatsanwaltschaft gem. § 75 Abs. 2 OWiG generell nicht notwendig). Maßstab für das Zustimmungserfordernis ist also lediglich die Höhe der Geldbuße; auf eine mit dem Bußgeldbescheid verhängte Nebenfolge (zB Fahrverbot) kommt es nicht an. **Einstellungen im Hauptverfahren** außerhalb der Hauptverhandlung kommen vor allem bei zwischenzeitlich eingetretener Verfolgungsverjährung in Betracht, mitunter auch bei Ordnungswidrigkeiten in Zusammenhang mit Verkehrsunfällen (wenn hier das Gericht eine Ahndung nicht für geboten hält). Die Verjährung ist in jeder Lage des Verfahrens von Amts wegen zu beachten.[12] Ist sie eingetreten, entscheidet das Gericht durch Beschluss gem. § 72 Abs. 1 OWiG, § 206a Abs. 1 StPO iVm § 46 Abs. 1 OWiG. Die Verjährungsfrist beginnt am ersten Tag des maßgeblichen Ereignisses (im folgenden Beispiel Rn 53 also am 1. April). Der letzte Tag ist der Tag, der im Kalender vor jenem liegt, der unter Berücksichtigung der Zahl der Monate dem Tag des Fristbeginns entspricht. Die Ausnahmeregelung für Sonn- und Feiertage aus § 43 Abs. 2 StPO gilt nicht.[13]

52 **Hinweis:** Nicht selten sind Fälle, in denen dem Gericht die eingetretene Verjährung nicht aufgefallen ist. Der Hinweis darauf könnte natürlich erst in der Hauptverhandlung angebracht werden; wenn diese aber fernab vom Wohnsitz des Betroffenen stattfindet, empfiehlt es sich, schon außerhalb der Hauptverhandlung das Problem anzusprechen.

53 **Beispiel:** M. hat einen Bußgeldbescheid vom 1. September wegen zu schnellen Fahrens am 1. April erhalten. Aufgrund der Akteneinsicht stellt sich Folgendes heraus: Weil der benutzte PKW nicht auf M. zugelassen war, ist zunächst der Arbeitgeber als Halter angehört worden. Dieser hat der Bußgeldstelle den Namen des Nutzers mit einem Schreiben, eingegangen dort am 20. Mai, mitgeteilt. Auf diesem Schreiben befindet sich in der Ermittlungsakte der Eingangsstempel der Bußgeldstelle und daneben die handschriftliche Ziffernfolge „84" mit einem weiteren handschriftlichen Krakel. Wie der Akte weiter zu entnehmen ist, hat danach der Sachbearbeiter Recherchen beim Einwohnermeldeamt des M. durchgeführt und nach Eingang der Antwort (Eingangsdatum 9. Juni) am 10. Juni einen Anhörungsbogen an den Betroffenen verschickt. Dieser blieb unbeantwortet, so dass am 1. September der Bußgeldbescheid erlassen worden ist.

54 Hier ist **Verfolgungsverjährung** eingetreten. Allerdings fällt dies vielleicht einem Anwalt, der außerhalb Bayerns seinen Kanzleisitz hat, nicht sofort auf. Die Ziffernfolge „84" ist in der Zentralen Bußgeldstelle Bayerns in Viechtach der Code für die Anordnung der Anhörung.[14] Befindet sie sich auf einem Blatt der Akte in Zusammenhang mit dem Namen des Betroffenen, tritt die Unterbrechung der Verjährung schon zum Zeitpunkt ihrer Notiz ein. Dies gilt nach § 33 Abs. 2 OWiG bei schriftlichen Unterbrechungshandlungen für alle darauf bezogenen vorausgehenden Anordnungen. Vorliegend trat am 20. Mai durch die Anordnung der Anhörung (Zifferncode 84 plus Paraphe des Sachbearbeiters) die Unterbrechung der Verjährung gem. § 33 Abs. 1 Nr. 1 OWiG ein. Alle Maßnahmen in der Gruppe des § 33 Abs. 1 Nr. 1 OWiG stehen alternativ nebeneinander mit der Folge, dass eine Unterbrechung der Verjährung auf diesem Wege gegen ein und denselben Betroffenen nur einmal herbeigeführt

---

12 *König*, in: Göhler, OWiG, § 31 Rn 17.
13 *König*, in: Göhler, OWiG, § 31 Rn 16.
14 BayObLG DAR 2005, 401.

werden kann („der Tatbestand ist danach verbraucht").[15] Die weitere Anhörung mit Schreiben vom 10. Juni konnte somit nicht erneut eine Verjährungsunterbrechung bewirken. Weil der Bußgeldbescheid vom 1. September mehr als drei Monate nach der ersten Unterbrechungshandlung erlassen worden war, war zu diesem Zeitpunkt bereits Verfolgungsverjährung eingetreten.

Muster: Antrag auf Einstellung des Verfahrens wegen eingetretener Verfolgungsverjährung

55

280

An das Amtsgericht ▪▪▪

In der Bußgeldsache

gegen ▪▪▪

Az ▪▪▪

beantrage ich,

das Verfahren außerhalb der Hauptverhandlung gem. § 47 Abs. 2 OWiG einzustellen.

Begründung:

Im vorliegenden Fall ist am 20. August Verfolgungsverjährung eingetreten. Hierfür ist folgender zeitlicher Ablauf maßgeblich:

1. Die Tat war am 1. April. Damit lag das Ende der Verjährungsfrist zunächst auf dem 30. Juni.

2. Eine Unterbrechung erfuhr diese Frist durch die Anordnung der Anhörung des Betroffenen auf Bl. ▪▪▪ der Akte. Hier hat der Sachbearbeiter auf einem Schreiben des Arbeitgebers des Betroffenen am 20. Mai die Ziffernfolge „84" zusammen mit seinem Handzeichen notiert. Hinter diesem Code der Zentralen Bußgeldstelle verbirgt sich die Anordnung der Anhörung, die auf diese Weise auch wirksam vorgenommen werden kann (BayObLG DAR 2004, 401).

3. Die Anhörung mit Schreiben vom 10. Juni konnte demgegenüber nicht erneut die Unterbrechung der Verjährung herbeiführen. Wie die Maßnahme am 20. Mai ist sie der Gruppe des § 33 Abs. 1 Nr. 2 OWiG zuzuordnen. Dessen Tatbestände stehen aber alternativ und nicht kumulativ nebeneinander. Sie können die Verjährung gegen einen bestimmten Betroffenen nur einmal unterbrechen (*König*, in: Göhler, OWiG, 14. Aufl. 2006, § 33 Rn 6a; OLG Celle NZV 2001, 88).

4. Zum Zeitpunkt des Erlasses des Bußgeldbescheids war daher seit dem 20. August Verfolgungsverjährung eingetreten.

Die Verjährung ist von Amts wegen zu berücksichtigen (*König*, in: Göhler, aaO, § 31 Rn 17). Sofern sie eingetreten ist, ist das Verfahren in jeder Lage einzustellen.

Rechtsanwalt

Der dargestellte Fall stammt aus der Praxis, wird sich aber sicher nicht oft wiederholen. Häufiger kann eine andere Sachverhaltskonstellation auftreten:

56

Beispiel: M. war am 1. April mit dem Motorrad unterwegs und vor einer Zivilstreife im Überholverbot innerorts am Überholen einer Fahrzeugkolonne. Gleich anschließend konnte er von der Polizei gestoppt werden. Sechs Wochen später trifft bei ihm ein Anhörungsbogen ein, den er ignoriert. Am 6. Juli wird gegen ihn ein Bußgeldbescheid erlassen, den er als Dauermandant ohne besondere Besprechung in der Kanzlei abgibt. Es wird Einspruch eingelegt

57

---

15 Vgl OLG Celle NZV 2001, 88.

und die Ermittlungsakte beschafft. Aus deren Inhalt ergeben sich keine Besonderheiten. Die Akte beginnt mit einer Formularanzeige, ohne dass daraus ersichtlich ist, dass M. am Vorfallstag persönlichen Kontakt mit der Polizei hatte. Es hat den Anschein einer Kennzeichenanzeige. Erst in der Besprechung etwa zwei Wochen vor der Hauptverhandlung erwähnt M., wie sich seine Feststellung abgespielt hat.

58 An sich kann jetzt mit dem gleichen Muster wie zuvor (Rn 55) auf den Eintritt der Verfolgungsverjährung hingewiesen werden. Die rechtliche Würdigung ist ähnlich. Schon bei der Kontrolle **vor Ort** ist M. gegenüber der **Tatvorwurf erhoben** worden. Damit hat mindestens die Bekanntgabe einer Verfahrenseinleitung vor Ort durch die Polizei stattgefunden. Das genügt, um die Unterbrechungswirkung nach § 33 Abs. 1 Nr. 1 OWiG herbeizuführen.[16] Die weitere schriftliche Anhörung vor Erlass des Bußgeldbescheids konnte daher keine Wirkung mehr entfalten. Der Bußgeldbescheid wurde erst erlassen, als die Tat bereits seit sechs Tagen verjährt war. Gleichwohl wird ein Schriftsatz mit einem entsprechenden Einstellungsantrag wohl nicht zu einer Einstellung außerhalb der Hauptverhandlung führen. Anzunehmen ist vielmehr, dass der Bußgeldrichter zuvor die Polizisten als Zeugen über den Inhalt der Gespräche mit dem Betroffenen vernehmen möchte. Diese Beweisaufnahme muss man nicht fürchten. Die Frage, ob dem M. erklärt worden ist, dass er im Überholverbot überholt habe, wird ein Polizist sicher nicht verneinen, selbst wenn eine vollständige Anhörung vor Ort mit Belehrung und Gelegenheit zur Aussage nicht durchgeführt worden ist. Schon eine Abschlussbemerkung der Polizei im Sinne von „Sie hören von uns!" genügt, um den Tatbestand des § 33 Abs. 1 Nr. 1 OWiG zu erfüllen.

59 Verjährungsfragen können vielschichtig sein. Deshalb sollte die Untersuchung der Ermittlungsakte gründlich vorgenommen werden.

60 **Beispiel:** M. war am 1. April auf der Autobahn zu schnell gefahren und mit einer Brückenmessung mit dem System *VKS* festgestellt worden. Die Bußgeldbehörde musste Recherchen beim Halter des Fahrzeugs durchführen und hat zur Antwort erhalten, dass der Wagen dem M. zur beruflichen und privaten Nutzung überlassen ist. Am 25. Mai verschickt die Bußgeldbehörde einen an M. adressierten mit **„Anhörungsbogen"** überschriebenen Brief. Das Schreiben beginnt mit den Worten (statt Anrede): „An den Fahrer des PKW, Ihnen wird vorgeworfen, am 1. April auf der BAB A [...]". Der Brief schließt mit den Worten: „Wenn Sie nicht der Fahrer waren, nennen Sie bitte den Fahrer auf der Rückseite dieses Anhörungsbogens". M. reagiert nicht und erhält Anfang Juli einen Bußgeldbescheid vom 3. Juli. Hiergegen legt er selbst ohne Begründung Einspruch ein und erscheint später in der Kanzlei nach Erhalt der Terminladung.

61 Auch hier ist Verjährung eingetreten. Der „Anhörungsbogen" vom 25. Mai konnte die Verjährung nicht unterbrechen, weil es sich tatsächlich noch nicht um eine Anhörung oder sonstige Maßnahme nach § 33 Abs. 1 Nr. 1 OWiG gehandelt hat. Näheres ist dem nachfolgenden Muster zu entnehmen.

62 **Muster: Antrag auf Einstellung des Verfahrens wegen eingetretener Verjährung**

↓

An das Amtsgericht ■■■

In der Bußgeldsache

gegen ■■■

---

16 *König*, in: Göhler, OWiG, § 33 Rn 3.

Az ■■■

zeige ich an, dass mich der Betroffene beauftragt hat. Eine von ihm unterzeichnete Vollmacht, aus der sich auch meine Vertretungsberechtigung ergibt, füge ich in Kopie bei. Ich beantrage,

das Verfahren gegen meinen Mandanten außerhalb der Hauptverhandlung gem. § 47 Abs. 2 OWiG wegen eingetretener Verfolgungsverjährung einzustellen.

Begründung:

Die Tat geschah am 1. April, also mehr als drei Monate vor Erlass des Bußgeldbescheids. Aus der Ermittlungsakte sind verjährungsunterbrechende Maßnahmen nicht ersichtlich. Der Anhörungsbogen vom 25. Mai konnte jedenfalls keine verjährungsunterbrechende Wirkung entfalten, weil er den Anforderungen an eine Anhörung gem. § 33 Abs. 1 Nr. 1 OWiG nicht genügt. Aus dem Schreiben ergibt sich nicht zweifelsfrei, dass der Adressat als Betroffener und nicht als Zeuge angehört werden sollte. Schon die Formulierung der Anrede deutet daraufhin, dass sich die Verwaltungsbehörde noch nicht dafür entschieden hatte, das Verfahren gegen M. als Betroffenen zu führen. Der Anrede und dem weiteren Text ist nämlich zu entnehmen, dass nicht M., sondern dem Fahrer des PKW die Tat vorgeworfen werden sollte. M. musste sich daher bei dieser Wortwahl noch nicht für den Betroffenen halten. Verstärkt wird die Auslegung des Schreibens der Bußgeldbehörde als „Zeugenfragebogen" auch durch die Formulierung am Ende „Wenn Sie nicht der Fahrer waren, [...]".

Voraussetzung einer wirksamen Anhörung ist, dass der Betroffene nach objektiven Maßstäben erkennen kann, dass er einer konkreten Ordnungswidrigkeit beschuldigt wird (*König*, in: Göhler, OWiG, 14. Aufl. 2006, § 33 Rn 10). Erfüllt ein Anhörungsbogen diese Anforderungen nicht, kommt ihm keine verjährungsunterbrechende Wirkung zu (vgl OLG Hamm zfs 2000, 224).

So liegt der Fall hier. Mangels Verjährungsunterbrechung war bereits Verfolgungsverjährung (nach drei Monaten gem. § 26 Abs. 3 StVG) eingetreten, als der Bußgeldbescheid erlassen wurde.

Die Verjährung ist von Amts wegen zu berücksichtigen (*König*, in: Göhler, aaO, § 31 Rn 17). Sofern sie eingetreten ist, ist das Verfahren in jeder Lage einzustellen.

Rechtsanwalt

5. Antrag auf Verbindung mehrerer Verfahren

Beispiel: M. kommt in die Kanzlei und schildert Begebenheiten von seinem letzten Ausflug. Er sei auf der Autobahn kurz hintereinander zweimal geblitzt worden. Die dazu gehörenden Anhörungsbögen legt er vor. Es werden zwei Bußgeldakten angelegt, Akteneinsichten vorgenommen, Einsprüche gegen folgende Bußgeldbescheide eingelegt. Beide Verfahren scheinen aussichtslos zu sein. Diese Erkenntnis wächst und verdichtet sich zur Gewissheit, nachdem zwei verschiedene Ladungen zu Hauptverhandlungen an verschiedenen Amtsgerichten eingegangen sind (M. hatte eine Gerichtsgrenze zwischen den beiden Tatorten überfahren). Jede Geschwindigkeitsüberschreitung beläuft sich auf mehr als 25 km/h Überschreitung und wird mit 3 Punkten geahndet. Sie sind im zeitlichen Abstand von sechs Minuten passiert, einmal in einer Baustelle, das andere Mal im Bereich allgemeiner Beschränkung auf 120 km/h. **63**

Was lässt sich jetzt noch für den Mandanten tun? Die Frage wird sein, ob die beiden Verstöße gem. § 19 OWiG tateinheitlich oder getrennt zu behandeln sind. Gelangt man zum Ergebnis **Tateinheit**, kommt es nur zur Festsetzung einer Geldbuße, die allerdings mit Blick auf die weitere Ordnungswidrigkeit angemessen erhöht werden kann. Entscheidend ist aber, dass damit nur eine Eintragung im Verkehrszentralregister verbunden wäre, dem Mandanten blieben somit 3 Punkte erspart. **64**

65 Ob Tateinheit vorliegt, sollte in einer Hauptverhandlung von einem Bußgeldrichter entschieden werden. Bei verschiedenen Ordnungswidrigkeiten mit einem persönlichen Zusammenhang (§ 38 S. 2 OWiG) und unterschiedlicher örtlicher gerichtlicher Zuständigkeit gem. § 68 Abs. 1 OWiG kommt eine Verbindung der Verfahren gem. § 13 Abs. 2 StPO iVm § 46 Abs. 1 OWiG in Betracht.[17]

66 **Hinweis:** Eine solche Antragstellung birgt nicht immer Vorteile für den Mandanten. Die Frage tateinheitlicher Begehungsweise wird bei mehreren Geschwindigkeitsüberschreitungen (s.u. Rn 105) in engem zeitlichem Zusammenhang von den Gerichten durchaus kritisch gesehen. Man kann mit der Verbindung der Verfahren auch das Gegenteil erreichen und über die damit bekannt gewordene Häufung von Ordnungswidrigkeiten eine Vorsatzverurteilung riskieren (mit einhergehender Tatmehrheit und Erhöhung der Geldbuße). Gleichwohl hier ein Muster für die Anträge, die an beide Gerichte zu richten sind:

67 **Muster: Verbindungsantrag 1 bei mehreren in Tateinheit zueinander stehenden Ordnungswidrigkeiten**

An das Amtsgericht ▬▬▬

In der Bußgeldsache

gegen ▬▬▬

Az ▬▬▬

beantrage ich,

dieses Verfahren (führend) mit dem Verfahren am Amtsgericht ▬▬▬ (Az dort ▬▬▬) zu verbinden.

Begründung:

Bei dem im Antrag zitierten anderen Verfahren geht es um eine Ordnungswidrigkeit ebenfalls gegen M. vom 1.8.2006 um 17:06 Uhr, also sechs Minuten vor der Ordnungswidrigkeit, die zu diesem Verfahren am Amtsgericht ▬▬▬ geführt hat. Den dazugehörigen anderen Bußgeldbescheid der Bußgeldstelle vom 1.11.2006 füge ich zur Information bei.

Am 1.8.2006 war mein Mandant Fahrer des gemessenen Fahrzeugs sowohl um 17:06 Uhr als auch um 17:12 Uhr. Er befand sich auf der Rückfahrt von einem geschäftlichen Termin in ▬▬▬ mit großer Bedeutung. Mein Mandant kann sich daran erinnern, dass er während der Fahrt mit dem in seinem Geschäftstermin behandelten Thema gedanklich stark befasst war. Deshalb muss er fahrlässig entweder die Beschilderung nicht wahrgenommen oder nicht ausreichend auf seine Geschwindigkeit geachtet haben (soweit es den Baustellenbereich betrifft). Weitere Angaben zur Sache könne er nicht machen.

Eine beglaubigte Abschrift dieses Schriftsatzes habe ich auch an das Amtsgericht ▬▬▬ geschickt und auch dort die Verbindung der Verfahren beantragt.

Rechtsanwalt

---

17 *Seitz*, in: Göhler, OWiG, § 68 Rn 3a.

Muster: Verbindungsantrag 2 bei mehreren in Tateinheit zueinander stehender Ordnungswidrigkeiten

68

283

An das Amtsgericht ▪▪▪

In der Bußgeldsache

gegen ▪▪▪

Az ▪▪▪

beantrage ich,

dieses Verfahren mit dem Verfahren am Amtsgericht ▪▪▪ (Az dort ▪▪▪) zu verbinden.

Einen entsprechenden Antrag habe ich bereits beim Amtsgericht ▪▪▪ gestellt. Diesen füge ich in der Anlage bei.

Rechtsanwalt

III. Anträge in der Hauptverhandlung

1. Konflikt oder Harmonie im Gerichtssaal?

Spätestens wenn die Hauptverhandlung unmittelbar bevorsteht, sollte Klarheit darüber bestehen, welches Ergebnis angestrebt wird. Unrealistische Maximalziele gehören nicht in diese Überlegungen. Mitunter geht es ohnehin nur um Zwischenziele. Beispielsweise wenn sich aus der Ermittlungsakte ergeben hat, dass eine Geschwindigkeitsmessung mit Radar daran leiden könnte, dass das gemessene Fahrzeug schräg durch die Radarkeule gefahren ist (Folge wäre ein zu hoher oder zu niedriger angezeigter Geschwindigkeitswert).[18] Ziel der Verhandlung muss dann sein, das Gericht dazu zu bringen, zu dieser Frage ein Sachverständigengutachten einzuholen. Damit der Mandant, der ohne besondere Aufklärung wohl immer davon ausgeht, dass sein Verteidiger tief in die geheimnisvolle juristische Trickkiste greift und ein Freispruch sicher ist, von Überraschungen verschont bleibt, empfiehlt es sich, diesen ebenfalls über die gesetzten Ziele und die Chancen ihrer Erreichbarkeit zu informieren.

69

Bestandteil solcher Strategieüberlegungen sollte auch sein, mit welchem Stil man seinen Weg verfolgen will. Strebt man Harmonie im Gerichtssaal an oder versucht man, das Verfahren mit allen Mitteln und mit letzter Konsequenz im Interesse des Mandanten zu beeinflussen (Stichwort: **Konfliktverteidigung**, s.a. § 7 Rn 27 ff)? Die Frage zu beantworten, dürfte demjenigen schwer fallen, der den Bußgeldrichter nicht kennt – im Übrigen immer ein Argument für die Beauftragung eines Unterbevollmächtigten bei entfernt liegenden Gerichten. Gegenargument ist die Tatsache, dass man gewöhnlich auch nicht denjenigen Kollegen kennt, der den Termin übernehmen wird. Wäre derjenige überhaupt in der Lage, mit derartiger Konsequenz vorzugehen? Das Problem kann immer auftreten. Denn selbst wenn man zu Beginn diese Art von Verteidigung nicht in Erwägung gezogen hat, kann der tatsächliche Verlauf der Verhandlung unvermittelt hierzu Anlass geben.

70

Wann endet die Harmonie und wann beginnt der Konflikt? Sicher nicht bereits vor dem Sitzungssaal, weil man weiß, dass der Richter hart in der Sache und gegenüber Betroffenen unnachgiebig und nicht bereit ist, für ihr Verhalten oder ihre Situation Verständnis aufzu-

71

---

18 ADAC Praxistest, zitiert in *Beck/Löhle*, Fehlerquellen, S. 20.

bringen, und dadurch immer wieder den Eindruck vermittelt, dass er das gerichtliche Verfahren bei Verkehrsordnungswidrigkeiten für überflüssig hält. Auf solche Richter muss man als Verteidiger eingehen können und in der Lage sein, den Verlauf der Hauptverhandlung nicht nur durch das Gericht bestimmen zu lassen. Aber zurück zur Frage: Harmonisch bleibt das Rechtsgespräch, wenn sich auch ohne ausdrückliche Antragstellung das Gericht bereitfindet, **Beweisanregungen** nachzugehen. Dies dürfte die Regel sein. Wer mögliche Fehler bei der Messung anhand des Inhalts der Ermittlungsakte darstellen kann, wird einen Richter gewöhnlich davon überzeugen können, von sich aus Ermittlungen in diese Richtung anzustellen und – meist das dann in Frage kommende Beweismittel – ein Sachverständigengutachten zur Messung in Auftrag zu geben. Man muss das nicht als besonderes Entgegenkommen des Gerichts werten, denn § 77 OWiG verpflichtet das Gerichts ohnehin, die „Wahrheit von Amts wegen zu erforschen", immer aber unter Berücksichtigung der Bedeutung der Sache. Auch ohne Beweisantrag ist dann Beweis zu erheben, wenn es sich nach der Sachlage unter Berücksichtigung des Akteninhalts und des Ablaufs der Hauptverhandlung aufdrängt.[19]

72 Mancher Richter lotet allerdings sein Ermessen, den Umfang der Beweisaufnahme zu bestimmen, sehr weit dahin aus, konkreten Beweisanregungen nicht nachgehen zu müssen. Wenn im Gerichtssaal nicht mehr nach dem Grundsatz „in dubio pro reo" gearbeitet wird, sondern nach der in Bußgeldsachen auch häufig festzustellenden Regel „Zweifel gar nicht erst aufkommen lassen", muss man sich als Verteidiger vom Pfad der Harmonie wegbewegen, wenn man konsequent bei seiner Strategie bleiben will. Der einzige Weg, den Verfahrensverlauf zu beeinflussen, liegt darin, Anträge zu stellen und dafür zu sorgen, dass sie auch ins Protokoll aufgenommen werden.

73 Folgt das Gericht einer Beweisanregung nicht, muss ein **Beweisantrag** gestellt werden. Nur damit erhält man sich die Chance, ein vielleicht zu erwartendes ungünstiges Urteil im Wege der Rechtsbeschwerde (vor allem in den Fällen, in denen ihre Zulassung nur über die Gehörsrüge gem. § 80 Abs. Nr. 2 OWiG zu erreichen ist) zu kippen. Meist ändert sich dadurch die Stimmung im Gerichtssaal. Der Verteidiger benötigt Zeit für seinen schriftlich begründeten Beweisantrag, der Bußgeldrichter hingegen steht unter Zeitdruck, weil die nächste Sache knapp im Anschluss terminiert ist. Beide Seiten geraten unter Stress; prozessuale Ausreißer können durchaus die Folge sein.[20] Wer als Verteidiger in einer solchen Situation nachgibt, wird auch im Rechtsmittelverfahren ohne Chance bleiben.

74 Wer das **Verfahren** seines Mandanten **verzögern** muss, weil es in erster Linie um den Stand im Verkehrszentralregister geht, und weiß, dass eine darauf ausgerichtete Absprache mit dem Gericht (Neuterminierung in fünf Monaten mit dem Versprechen, den Einspruch dann zurückzunehmen) nicht zu erreichen ist, muss sich auf das Rechtsbeschwerdeverfahren vorbereiten. Hierfür gilt immer: Je mehr Material man in die Begründung des Rechtsmittels einarbeiten kann, desto länger dauert das sich anschließende Verfahren bei Staatsanwaltschaft und Oberlandesgericht. Die Rechtsbeschwerde wird sogar erfolgreich sein, wenn man das Erstgericht dazu bringt, Fehler zu produzieren. Also gilt es, die Zahl der Fehlerquellen zu erhöhen. Das Schaffen einer Konfliktsituation wie oben (Rn 73) beschrieben, kann dafür gut geeignet sein. Warum muss also eine Beschwerde immer mit Erfolgsaussichten behaftet sein? Warum nicht mit der Begründung, der Vorsitzende sei mit Sitzungsleitung und gleichzeitiger Protokollführung überfordert, Beschwerde gegen den an sich unanfechtbaren Beschluss, von der

---

19 OLG Düsseldorf VRS 85, 124.

20 ZB: In der Hauptverhandlung eines AG, die um 11:30 Uhr begonnen hatte und an die sich die nächste Sache um 12:00 Uhr anschloss, war es bereits 12:20 Uhr, als der mit 1 ½-Stunden Zeitaufwand angereiste Verteidiger seinen Beweisantrag ankündigte. Der Vorsitzende erwiderte darauf, dass er jetzt unterbreche, um dem Verteidiger Gelegenheit zur Formulierung zu geben, und die Sitzung dann um 17:00 Uhr fortsetzen werde!

Hinzuziehung eines Urkundsbeamten zur Protokollführung abzusehen, einlegen oder, wenn die Sache länger dauert als auf der Terminrolle geplant, mit dem Argument der eigenen anderen Termine am selben Tag einen Fortsetzungstermin beantragen? Hier ist kreative Verteidigung gefragt. Wichtig aber vor allem: Ohne ausdrücklich gestellte Anträge wird man nicht weit kommen.

2. Beweisanträge zur Identifizierung des Betroffenen

Messfotos weisen, selbst wenn sie gut sind, nicht die Qualität eines Studiofotos auf. Dennoch gibt es viele Fotos, auf denen eine bestimmte Person eindeutig zu erkennen ist. In diesen Fällen muss man sich über die Frage der Identifizierung des Betroffenen wenig Gedanken machen. Zu überlegen ist vielmehr, ob man dem Mandanten die Gerichtsverhandlung erspart und einen Antrag auf Entbindung von der Verpflichtung zum persönlichen Erscheinen stellt (s.o. Rn 38 ff).

75

Die meisten Fotos sind von mittlerer bis schlechter Qualität. Teile des Fahrzeugs verdecken Teile des Fahrergesichts, Spiegelungen der Windschutzscheibe verlaufen mit Teilen des Gesichts; alles ist kontrast- und detailarm, meist auch unscharf. Sachbearbeiter in Bußgeldstellen und Bußgeldrichter haben dennoch wenig Probleme mit der Identifizierung unter Zuhilfenahme solcher Fotos. Man gewinnt den Eindruck, dass hier nur nach dem Ausschlussprinzip gearbeitet wird: Solange kein Merkmal auf dem Foto dem Aussehen des Betroffenen offensichtlich widerspricht, wird er es schon gewesen sein. Ein schönes Beispiel hierfür ist der Beschluss des OLG Hamm vom 13.5.2005.[21] Der Amtsrichter der ersten Instanz dieses Verfahrens hatte auch ohne Hinzuziehung eines Sachverständigen keine Probleme, den Betroffenen als Fahrer zu erkennen. Das OLG hingegen vertrat die Auffassung, dass anhand des schlechten Fotos eine Identifizierung nicht nur zweifelhaft sei, sondern nachgerade ausgeschlossen, und hat den Betroffenen freigesprochen.[22]

76

Wie verteidigt man in einer Situation, wenn der Bußgeldrichter sofort durchblicken lässt, dass keinerlei Zweifel an der Fahrereigenschaft des Betroffenen bestehen, das Messfoto aber eine völlig ungenügende Qualität aufweist?

77

a) Beweisantrag zur Tatsache, dass ein Dritter der Fahrer war

Der einfachste Antrag, wenn tatsächlich eine andere Person gefahren ist (statt des Mandanten beispielsweise sein Bruder), benennt die richtige Person als Zeugen.

78

Beispiel: M. hatte schon in der ersten Besprechung angegeben, dass sein Bruder mit dem Wagen gefahren sei. Man war übereingekommen, dass das Hauptverfahren abgewartet werden soll, damit die Verfolgungsverjährungsfrist gegen den richtigen Fahrer abläuft. Der Verteidiger war der Meinung, dass das Foto nicht ähnlich ist und dass der Bußgeldrichter schon bei Betrachtung des Fotos zu dem Ergebnis kommen wird, dass M. nicht gefahren sein kann. Tatsächlich kommt es in der Hauptverhandlung anders, und der Richter lässt keinen Zweifel daran aufkommen, dass er M. für den Fahrer hält. In dieser Situation sollte folgender Antrag gestellt werden:

79

---

21 OLG Hamm NZV 2006, 162.
22 OLG Hamm, aaO.

80 **Muster: Beweisantrag mit Nennung des richtigen Fahrers**

 ↓

An das Amtsgericht ▬▬▬

In der Bußgeldsache

gegen ▬▬▬

Az ▬▬▬

beantrage ich

zu der Tatsache, dass Fahrer des festgestellten Fahrzeugs, amtl. Kennzeichen ▬▬▬, zur Tatzeit der Bruder des Betroffenen war,

Herrn ▬▬▬, ▬▬▬ [vollständige Anschrift]

als Zeugen zu vernehmen.

Das Gericht wird sich dann auch von der Tatsache überzeugen können, dass zwischen den Brüdern eine starke Familienähnlichkeit besteht, dass aber das Messfoto ohne Zweifel den Bruder und nicht den Betroffenen abbildet.

Rechtsanwalt

↑

81   Im Antrag wird ausdrücklich die **Ähnlichkeit** zwischen den Brüdern angesprochen, weil sonst die Gefahr bestünde, dass der Antrag als zur Wahrheitsfindung nicht erforderlich gem. § 77 Abs. 2 Nr. 1 OWiG abgelehnt wird.[23] Das Erfordernis, Ähnlichkeit zu behaupten, wird allerdings in der OLG-Rechtsprechung nicht einheitlich behandelt. Die Oberlandesgerichte Oldenburg und Braunschweig sind der Auffassung, dass es auch genüge, wenn ein anderer Fahrer namentlich benannt werde. Eine Ähnlichkeit müsse nicht dargetan werden.[24] Wer die Auffassung seines OLG nicht kennt, wird dennoch aus Gründen anwaltlicher Vorsicht nicht umhin kommen, den Antrag in der hier vorgestellten Version zu formulieren.

b) Beweisantrag zur Qualität des Messfotos

82   **Alternative zu Beispiel Rn 79:** M. hat auch seinem Anwalt gegenüber keine Angabe darüber gemacht, ob er selber der Fahrer war. Das Messfoto ist von eher schlechter Qualität. Man kann darauf vielleicht erkennen, dass der Fahrer männlich sein muss, mehr aber nicht. Gleichwohl meint der Richter in der Hauptverhandlung, er halte M. für den Fahrer.

83   In dieser Situation lässt sich ein Beweisantrag unter Benennung eines Dritten als tatsächlicher Fahrer natürlich nicht stellen. Sollte man jetzt ein Sachverständigengutachten zu der Tatsache beantragen, dass der Betroffene nicht der Fahrer war?

Grundsätzlich ist es Aufgabe des Tatrichters, sich persönlich davon zu überzeugen, dass der Betroffene der Fahrer des gemessenen Fahrzeugs war. Der Richter kann zwar in Zweifelsfällen einen Sachverständigen hinzuziehen, darf aber seine eigene Meinungsbildung nicht durch die des Sachverständigen ersetzen. Eine Bezugnahme im Urteil auf die Ausführungen des Sachverständigen genügt daher nicht.[25] Der Tatrichter muss auch dann, wenn er sich dem Gutachten des Sachverständigen anschließt, dessen Ausführungen in einer zusammenfassenden Darstellung unter Mitteilung der zugrunde liegenden Anknüpfungstatsachen und der

23   Vgl OLG Düsseldorf VRS 85, 124; zfs 2001, 183; BayObLG NZV 1999, 264.
24   OLG Oldenburg NZV 1995, 84; OLG Braunschweig StraFo 1997, 50.
25   OLG Frankfurt NZV 2002, 135; OLG Celle NZV 2002, 472.

daraus gezogenen Schlussfolgerungen wiedergeben.[26] Der BGH meint sogar, dass in der Regel allein der Tatrichter zu beurteilen habe, ob die Tataufnahmen als Anknüpfungstatsachen für die Begutachtung geeignet seien.[27]

In der hier vorgestellten Fallalternative (Rn 82) bestehen für das Gericht offenbar keine Zweifel. Trotz der mäßigen Bildqualität ist der Richter von der Fahrereigenschaft überzeugt. Für die Begründung im Urteil hätte er zwei Möglichkeiten:

■ Der Richter nimmt ausdrücklich Bezug auf das Foto, müsste aber wegen der Bildqualität zusätzlich angeben, aufgrund welcher erkennbaren Merkmale er zu der Überzeugung gekommen ist, dass der Betroffene der Fahrer war.[28]

■ Unterbleibt eine Bezugnahme, muss das Urteil Ausführungen über die Bildqualität enthalten und die Person auf dem Foto so präzise beschreiben, dass es möglich ist, schon aufgrund der Beschreibung zu erkennen, dass das Foto grundsätzlich eine Identifizierung zulässt.[29]

Empfiehlt es sich, in der dargestellten Verhandlungssituation ein Sachverständigengutachten zu beantragen? Es spricht nichts dagegen, diesen Beweisantrag zu stellen. Vielleicht erreicht man damit tatsächlich eine Begutachtung. Ob daraus am Ende Vorteile erwachsen, bleibt abzuwarten. Jedenfalls verzögert sich das Verfahren. Ist die Identifizierung durch den Sachverständigen aber erfolgreich, kann das Gericht zur Urteilsbegründung auf vorgefertigte Argumente zugreifen. Ihm wird also die Arbeit erleichtert. Dass die Identifizierung erfolgreich ausfällt, dürfte wahrscheinlicher sein als ein anderes Ergebnis. Sachverständige sind ehrgeizig und wollen mit der Begutachtung gewöhnlich auch die Vorzüge ihrer Methode beweisen, haben also die Tendenz, noch aus dem schlechtesten Foto ein positives Ergebnis zu zaubern. Viele Bußgeldrichter neigen dazu, mit Ergebnissen, die auf vermeintlich spezieller, außerhalb der richterlichen Befähigung liegender Methodik beruhen, ihre Entscheidung zu rechtfertigen. An sich steht diese Vorgehensweise aber im Widerspruch zu den Erkenntnissen in höchstrichterlicher Rechtsprechung und Literatur: Es gibt keine wissenschaftlich einheitlichen Kriterien für die Begutachtung.[30] Die **Identitätsbegutachtung** ist kein standardisiertes Verfahren. Ihre Ergebnisse sind durchaus umstritten.[31] Von einem gesicherten Stand der Wissenschaft im Bereich der anthropologischen Identitätsgutachten kann nicht die Rede sein.[32]

Wie reagiert das Gericht auf den genannten Beweisantrag? Wahrscheinlicher als die Sachverständigenbeauftragung und im Gegensatz hierzu verfahrensrechtlich beanstandungsfrei wird wohl ein Beschluss nach § 77 OWiG sein, mit welchem die Beweisaufnahme abgelehnt wird. Der Richter hat schließlich schon zu verstehen gegeben, dass seine Überzeugungsbildung abgeschlossen ist.

Aussichtsreicher erscheint es deshalb, einen Beweisantrag zu stellen, der die Geeignetheit des Fotos in Abrede stellt. Dieser sollte aber nicht als pauschale Tatsachenbehauptung formuliert werden, sondern mit einer konkreten Beschreibung des Fotos verbunden werden, denn damit führt man „das Foto" in die Hauptverhandlung ein mit dem Ergebnis, im Rechtsbeschwerde-

84

85

86

87

---

26 Thüringer OLG zfs 2006, 475; OLG Celle NZV 2002, 472.

27 BGH NZV 2006, 160, 161 mwN.

28 OLG Hamm zfs 2003, 154; OLG Dresden DAR 2000, 279.

29 OLG Hamm NZV 2003, 102; zfs 2000, 557.

30 *Beck*, in Beck/Löhle, Fehlerquellen, S. 174.

31 *Beck*, aaO; BGHR StPO § 267 Abs. 1 S. 2 StPO Beweisergebnis 4; BGH NZV 2006, 160.

32 BGH NZV 2006, 160, 161.

verfahren den Beweisantrag wiedergeben und damit die mangelnde Qualität des Lichtbildes rügen zu können.

88 **Muster: Beweisantrag zur Qualität des Messfotos**

↓

An das Amtsgericht ▄▄▄

In der Bußgeldsache

gegen ▄▄▄

Az ▄▄▄

beantrage ich,

Beweis durch Sachverständigengutachten zu der Tatsache zu erheben, dass das Messfoto für eine Identifizierung ungeeignet ist.

Begründung:

Das im Dunkeln aufgenommene Lichtbild zeigt den Fahrer im Verhältnis zum Gesamtausschnitt sehr klein. Die Ausschnittsvergrößerung ist grobkörnig und aus diesem Grund unscharf. Im Stirnbereich ist der Kopf durch Schattenbildung oder Dachkante verdeckt, so dass der Haaransatz nicht zu erkennen ist. Zwei kleine dunkle Flecken lassen die Lage der Augen und Augenbrauen erahnen. Details sind aber nicht abgrenzbar, klare Formen nicht abgebildet. Gleiches gilt für das linke Ohr. Zwar kann man seinen Bereich eingrenzen; ohne aber die Form feststellen zu können. Kinn- und Nasenpartie sind ebenfalls aufgrund von ungünstigen Lichtverhältnissen so schlecht abgebildet, dass nicht einmal die Breite des Mundes im Verhältnis zur Größe des Kopfes ermittelbar wäre.

Die insoweit „erkennbaren" Merkmale können nicht zu einer zweifelsfreien Identifizierung führen. Eine Bewertung dieser wenigen Merkmale bedarf einer ausgefeilten Methoden- und Sachkenntnis (*Niemitz*, Zur Methodik der anthropologisch-biometrischen Begutachtung einzelner Tatfotos und Videoaufzeichnungen, NZV 2006, 130). Zwischen den Klassifizierungen von Einzelmerkmalen besteht ein gleitender Übergang, weswegen in der Regel keine genauen Angaben über die Häufigkeit der Merkmale in der Bevölkerung, der die zu identifizierende Person angehört, gemacht werden können (BGH NZV 2006, 160 mwN). Ein nur bedingt geeignetes Beweisfoto unmittelbar mit der Person des Betroffenen zu vergleichen, verstößt gegen die Standards, die erfahrene Fachleute als unabdingbar für die Kontrolle ihrer eigenen Begutachtung einschätzen (*Niemitz*, aaO; *Knussmann*, NStZ 1991, 175 ff).

Noch ein abschließender Hinweis: Die subjektive Einschätzung, die Identifizierung aufgrund des auch im Tatfoto vermeintlich erkennbaren prägenden Gesamteindrucks der Physiognomie vornehmen zu können, ist selbst bei Vergleich zweier Lichtbilder stark eingeschränkt, bei Vergleich eines Lichtbildes mit der Person des Betroffenen sogar ohne Beweiswert, weil man damit gegen die erwähnten Standards verstoßen würde (*Niemitz*, aaO).

Rechtsanwalt

3. Technische Beweisanträge

a) Allgemeines

89 Ohne spezielle Kenntnisse über Messverfahren und Erfahrungen mit Unfallanalysen und dem dazugehörigen technischen Verständnis wird man als Verteidiger in verkehrsrechtlichen Bußgeldverfahren nicht weit kommen. Die routinierte Beherrschung des Verfahrensrechts hilft nicht, wenn man den Messbeamten einer Lasermessung danach befragen muss, ob er die vorgeschriebenen Tests richtig durchgeführt hat und ob er auch verstanden hat, welchem Zweck sie dienen. Ein guter Verteidiger weiß deshalb selbst, wie das Gerät funktioniert und wie es zu bedienen ist. Nur dann kann er mit seinen Fragen dem Gericht vermitteln, dass es zu Fehlern beim Einsatz des Geräts gekommen ist.

Beispiel: Die Ermittlungsakte liegt vor. In ihr befindet sich ein gestochen scharfes Radarfoto (*Traffipax* oder *Multanova*), welches den Wagen des Betroffenen gut erkennbar mit ihm als Fahrer allein in seiner Fahrtrichtung auf einer innerstädtischen Straße abbildet. Der gemessene Geschwindigkeitswert beträgt nach Abzug der Toleranz 81 km/h. Die zulässige Geschwindigkeit war 50 km/h. Verjährungsfragen ergeben sich nicht. Eichurkunden liegen vor.

90

Worauf achtet man? Es geht um eine Radarmessung, die grundsätzlich bekannte Schwächen aufweisen kann:

91

- Gibt es auf dem Foto erkennbare Quellen für eine **Knickstrahlreflexion**?
- Befinden sich vor dem Messfahrzeug innerhalb einer nach der Bedienungsanleitung kritischen Nähe Hindernisse?
- Gibt es Anhaltspunkte für einen Aufstellfehler?
- Liegt eine Schrägfahrt vor?

Man kann nicht in jedem Verfahren mit einer Radarmessung auf Kosten der Rechtsschutzversicherung einen Sachverständigen pauschal beauftragen, das Verfahren auf Messfehler zu untersuchen. Vielmehr sollte man in der Lage sein, Anhaltspunkte für Messfehler selbst zu erkennen. Eine den Messwert beeinflussende **Schrägfahrt** durch den Radarkegel muss nicht unbedingt auf dem Foto sofort ins Auge fallen. Sie lässt sich aber meist mit kleinen Hilfsmitteln herausfinden: Man verlängert die auf der Straße erkennbaren Parallelen, zB Fahrbahnmarkierungen, Kanten von Leitplanken etc., über den Bildrand hinaus, sodass sie sich in einem Schnittpunkt kreuzen. Achtung: Tun sie dies nicht bei mindestens drei vorhandenen Linien, fehlt es schon an der Parallelität der benutzten Objekte. Danach verbindet man die Aufstandspunkte der beiden sichtbaren Seitenräder auf der Straße und zieht auch diese Linie über den Bildrand hinaus. Durchkreuzt sie den Schnittpunkt der anderen Parallelen, liegt keine Schrägfahrt vor. Im anderen Fall ist das Messergebnis in Abhängigkeit vom Fehlwinkel zu hoch oder zu niedrig ausgefallen. Der Fehler liegt üblicherweise im Bereich von 1 bis 4 km/h.[33]

92

Noch ein Beispiel: Das Lasergeschwindigkeitsmessgerät *LTI 20.20* verwendet für eine Messung eine Vielzahl von Laserimpulsen (ca. 40) in einer extrem kurzen Zeitspanne (etwa 0,3 sec). Alle Impulse müssen vom Gerät nach Reflexion am Ziel wieder erfasst werden. Die Zeit vom Ausgang bis zum Eingang im Gerät wird gemessen und für eine Entfernungsberechnung verwendet. Die Differenzen der auf diese Weise ermittelten Entfernungen (der zurückgelegte Weg) ergeben im Verhältnis zur Zeitdifferenz zwischen den Impulsen die Geschwindigkeit. Der Messvorgang kann aber abhängig vom Messverhalten des Beamten unterschiedlich ausfallen. Wird der Abzug des Geräts (vorstellbar wie ein Pistolenabzug) nur kurz betätigt („angetippt"), kommt es nur zu einer Messung, also nur zur Auslösung einer einzelnen Impulsserie. Ermittelt das Gerät dann keine korrekte Messung, muss der Vorgang durch erneutes Anvisieren und Betätigen des Abzugs wiederholt werden. Im Unterschied hierzu führt ein Durchziehen und Festhalten des Abzugs aufgrund einer Softwarevoreinstellung innerhalb einer festeingestellten Maximalzeit zum Ausstoß mehrerer Impulsserien so lange, bis eine korrekte Messung vorliegt. Bei erster Betrachtung spricht einiges für die Vorgehensweise der geschilderten zweiten Variante, weil damit die Chance auf ein verwertbares Ergeb-

93

---

33 Vgl zum grundsätzlichen Problem *Löhle*, in: Beck/Löhle, Fehlerquellen, S. 18.

nis für den Messbeamten deutlich steigt. Tatsächlich erhöht sich dadurch aber bei größeren Messentfernungen ab ca. 200 Meter eine bestimmte Fehlerquelle. Es gibt bei Messungen mit Laserpistolen ohne fotografische Dokumentation ein Zuordnungsproblem zwischen dem gewonnenen Ergebnis und dem vermeintlich gemessenen Fahrzeug (Gehört der Messwert auch zu dem anvisierten Fahrzeug?). Dies hängt im Wesentlichen mit der Aufweitung des Laserstrahls[34] und der Empfindlichkeit des Empfangssystems („die stärkere Reflexion wird verwertet" oder „das Gerät sucht sich den stärksten Reflektor")[35] zusammen. Die Aufweitung des Messstrahls ist bekannt. Sie wird in der Einheit „mrad" angegeben. Hinzu kommt ein gewisser Zittereffekt, weil auch bei Benutzung eines Stativs eine geringe Unruhe nicht zu vermeiden ist.[36] Aus Aufweitung und Zittereffekt errechnet sich der Zielerfassungsbereich. Das ist der kreisförmige Bereich im Ziel, in welchem sich der Laserstrahl unter Berücksichtigung aller Fehlermöglichkeiten theoretisch befinden muss. Im Visier wird dieser Bereich aber nicht abgebildet. Der rote Leuchtpunkt (Zielpunkt, Visierhilfe) ist deutlich kleiner. Bei einer Einzelmessung beträgt der Radius des Zielerfassungsbereiches bei 200 Meter schon 140 cm (bei 300 Meter sind es 210 cm). Bei einer Messserie aufgrund Festhaltens des Abzugs vergrößert sich zwangsläufig der Zittereffekt, so dass der Ansatz von 7 mrad für die Berechnung des Zielerfassungsbereichs noch zu gering erscheint. *Löhle*[37] schlägt vermutlich nicht zuletzt deshalb einen Sicherheitsbereich berechnet mit 15 mrad vor, in welchem sich während der Messung kein weiteres Fahrzeug befinden sollte.

94 Der Erfolg von Beweisanträgen hängt wesentlich davon ab, welche Anknüpfungstatsachen man für ein eventuell verfälschtes Messergebnis darstellen kann. Solche Umstände ergeben sich oft erst in der Beweisaufnahme nach Befragung eines Zeugen (Messbeamten) oder des Sachverständigen. Dann muss man in der Lage sein, einen darauf gerichteten weitergehenden Beweisantrag plausibel zu formulieren. Wem hier die technischen Voraussetzungen fehlen, wird scheitern. Empfehlenswert ist daher das Studium entsprechender Literatur, das ständige Auswerten von juristischen Fachzeitschriften hinsichtlich neuerer Erkenntnisse über Messverfahren und die Fortbildung in Technikseminaren, die für Verkehrsjuristen ständig angeboten werden. Völlig ausgeschlossen ist es, für alle denkbaren Fallkonstellationen Muster technischer Beweisanträge zu formulieren. Nachstehend dennoch einige Beispiele:

b) Radarmessung – Schrägfahrt

95 Der theoretische Hintergrund ist bereits oben (Rn 92) beschrieben worden. Ein dazugehöriger Beweisantrag kann folgendermaßen formuliert werden:

96 **Muster: Beweisantrag auf Einholung eines Sachverständigengutachtens bei Schrägfahrt durch eine Radarmessstelle**

  ↓

An das Amtsgericht ▪▪▪

In der Bußgeldsache

gegen ▪▪▪

Az ▪▪▪

beantrage ich

---

34 Hierzu *Löhle*, in: Beck/Löhle, Fehlerquellen, S. 54.
35 *Löhle*, in: Beck/Löhle, Fehlerquellen, S. 56.
36 *Löhle*, in: Beck/Löhle, Fehlerquellen, S. 54.
37 In: Beck/Löhle, Fehlerquellen, S. 55.

zu der Tatsache, dass sich der PKW des Betroffenen in einer Schrägfahrt durch den Radarkegel befindet und dadurch die Messung um 2 km/h zu hoch ausgefallen ist,

die Einholung eines Sachverständigengutachtens.

Begründung:

Auf dem Messfoto ist die Schrägfahrt ohne nähere Untersuchung nicht augenfällig. Zu diesem Ergebnis gelangt man aber über eine geometrische Auswertung. Hierzu sind auf dem Messfoto erkennbare Parallelen über den Bildrand hinaus zu verlängern. Bei dieser Vorgehensweise ergibt sich außerhalb des Bildes ein gemeinsamer Schnittpunkt. Bei einer Parallelfahrt zum Straßenverlauf muss auch die verlängerte Linie zwischen den Aufstandspunkten der erkennbaren Seitenräder durch diesen Schnittpunkt führen. Tut sie dies wie im vorliegenden Fall nicht, befindet sich der PKW in einer Schrägfahrt. Vorliegend fährt der gemessene PKW etwas auf das Radargerät zu. Die dadurch entstehende Veränderung des Messwinkels führt im Gerät zu einem zu hohen Messergebnis in Abhängigkeit von der Winkeldifferenz zwischen tatsächlichem Winkel und Sollwinkel (vgl *Löhle*, in: Beck/Löhle, Fehlerquellen bei polizeilichen Messverfahren, 8. Aufl. 2006, S. 18). Der daraus resultierende Fehler wird von der gerätebezogenen Fehlertoleranz nicht kompensiert. Er ist deshalb gesondert zu ermitteln und gegebenenfalls vom Messergebnis abzuziehen.

Vorliegend beträgt der Fehler 2 km/h zu Lasten des Betroffenen. Ihm kann deshalb nur eine Überschreitung von 29 km/h innerhalb geschlossener Ortschaften vorgeworfen werden. Dies rechtfertigt eine Geldbuße, aber noch kein Regelfahrverbot.

Rechtsanwalt

Beachte: Es ist unbedingt zu vermeiden, den Beweisantrag als unzulässigen Beweisermittlungsantrag zu formulieren. Es ist zwar nicht ausgeschlossen, dass das Gericht einem solchen Antrag nachgehen wird – wenn beispielsweise aus der Begründung auch für das Gericht Umstände deutlich werden, deren Aufklärung sich aufdrängt (Pflicht, die Wahrheit von Amts wegen zu erforschen, § 77 Abs. 1 OWiG); aber bei einer Ablehnung wegen Unzulässigkeit, wird man eine Gehörsrüge im Rechtsbeschwerdeverfahren nicht mehr begründen können. Also *nicht* formulieren: „[...] ein Sachverständigengutachten zur Frage einzuholen, ob sich der Wagen des Betroffenen während der Messung in einer Schrägfahrt befunden hat." **97**

c) Lichtschranke, insbesondere Einseitensensor *ES 1.0* – Fehlzuordnungen

Lichtschranken sind, wenn die Aufbaubedingungen der Bedienungsanleitung beachtet werden, an sich sehr zuverlässige Messgeräte. Erfolgt eine vom Gerät als verwertbar erkannte Messung, kann der Messwert nicht von der tatsächlichen Geschwindigkeit des gemessenen Fahrzeugs nach oben abweichen. Ein Fehler zu Lasten des Betroffenen kann nur auftreten, wenn entgegen der Bedienungsanleitung die Straßenneigung (Steigung oder Gefälle in Fahrtrichtung) nicht mit Hilfe einer speziell dafür vorhandenen Neigungswasserwaage auf das Gerät übertragen wird. Danach ist der Messbeamte in der Beweisaufnahme zu befragen. Dass man auf diesem Weg einen Fehler bei der Aufstellung aufdeckt, dürfte eher unwahrscheinlich sein. **98**

Ein anderes Problem ist weniger offensichtlich: Fotos aus Messungen mit dem **Einseitensensor *ES 1.0*** (keine Lichtschranke, aber ähnliches Prinzip unter Einsatz von Helligkeitssensoren) dürfen nur verwendet werden, wenn nur ein Fahrzeug in Fahrtrichtung auf oder hinter der Messlinie abgebildet ist. Sind mehrere Fahrzeuge in einer solchen Position, dürfen diese **99**

Fotos nicht ausgewertet werden.[38] Insbesondere muss durch geeignete Maßnahmen verhindert werden, dass solche Fälle nicht erkannt werden können, in denen vom im Vordergrund fahrenden PKW ein anderes Fahrzeug auf dem Foto verdeckt wird. Dafür gibt es zwei Möglichkeiten: Erstens den Einsatz einer zweiten Kamera, die mit gleichzeitiger Auslösung die Fahrbahn von der gegenüberliegenden Seite überwacht, oder, zweitens, die konsequente Beobachtung der Messstelle.

100   Ob eine zweite Kamera eingesetzt war, ergibt sich aus dem Messprotokoll. Dann ist gegebenenfalls vorher (über die Verwaltungsbehörde) oder in der Beweisaufnahme das zweite Bild zu beschaffen. War keine zweite Kamera im Einsatz, muss der Messbeamte befragt werden, ob er diese Bestimmung in der Bedienungsanleitung kennt und seine Messung unter Beachtung dieses Gesichtspunktes durchgeführt hat. Wenn nicht, ist das Vorhandensein eines zweiten Fahrzeugs im Hintergrund schräg versetzt hinter dem Fahrzeug des Betroffenen nicht auszuschließen. Das Problem ist dann allerdings, dass auf dem Foto hiervon nichts zu sehen ist. Man begegnet deshalb immer wieder dem Argument, dass diese Konstellation nicht vorliege, weil nur ein Fahrzeug zu erkennen sei. Dies ist ein unzulässiger Zirkelschluss, weil das Problem gerade darin besteht, dass nichts zu erkennen ist.

101   Auch bei Einsatz der normalen Lichtschranke kann die Beeinflussung der Messung durch ein auf dem Foto vom vorderen Fahrzeug verdecktes zweites Fahrzeug stattgefunden haben. *Löhle*[39] beschreibt einen solchen Fall: Wenn es an der Vorderfront des auf dem Foto erkennbaren Fahrzeugs zu einer um 10% zu hohen Abtast-Fehlmessung gekommen ist und ein zweites verdecktes Fahrzeug auf dem anderen Fahrstreifen eine um 10% höhere Geschwindigkeit fährt, erkennt die Software der Lichtschranke bei der Ausfahrtmessung, ausgelöst erst vom zweiten Fahrzeug, den um 10% falschen Wert nicht. *Löhle* ist zwar der Ansicht, dass solche Konstellationen auf dem Messfoto bei richtiger Aufstellung der Fotoeinrichtung erkennbar sein müssen, steht damit aber selbst im Widerspruch zu seinen entsprechenden Ausführungen im Zusammenhang mit dem Einseitensensor *ES 1.0*.[40]

102   **Muster: Antrag auf Einholung eines Sachverständigengutachtens bei Fehlzuordnung einer Messung unter Einsatz des Einseitensensors *ES 1.0***

An das Amtsgericht ▪▪▪

In der Bußgeldsache

gegen ▪▪▪

Az ▪▪▪

beantrage ich

zum Beweis der Tatsache, dass nicht auszuschließen ist, dass die Messung des PKW des Betroffenen zu seinem Nachteil von einem anderen auf dem Foto verdeckten PKW beeinflusst worden ist,

die Einholung eines Sachverständigengutachtens.

Begründung:

Fotos aus Messungen mit dem Einseitensensor *ES 1.0* (keine Lichtschranke, aber ähnliches Prinzip unter Einsatz von Helligkeitssensoren) dürfen nur verwendet werden, wenn nur ein Fahrzeug in Fahrtrichtung auf

---

38 *Löhle*, in: Beck/Löhle, Fehlerquellen, S. 81; von der Physikalisch technischen Bundesanstalt zugelassene Bedienungsanleitung des Herstellers.
39 In Beck/Löhle, Fehlerquellen, S. 74 unten.
40 In Beck/Löhle, Fehlerquellen, S. 81.

oder hinter der Messlinie abgebildet ist. Sind mehrere Fahrzeuge in einer solchen Position, dürfen diese Fotos nicht ausgewertet werden (*Löhle*, in Beck/Löhle, Fehlerquellen bei polizeilichen Messverfahren, 8. Aufl. 2006, S. 81; von der Physikalisch technischen Bundesanstalt zugelassene Bedienungsanleitung des Herstellers). Im Einsatz muss durch geeignete Maßnahmen verhindert werden, dass man solche Fälle deshalb nicht erkennen kann, weil der im Vordergrund fahrende PKW einen Bereich auf dem anderen Fahrstreifen verdeckt, in welchem sich ein anderes Fahrzeug befinden könnte. Dafür gibt es zwei Möglichkeiten: erstens den Einsatz einer zweiten Kamera, die mit gleichzeitiger Auslösung die Fahrbahn von der gegenüberliegenden Seite überwacht, und, zweitens, die konsequente Beobachtung der Messstelle.

So liegt der Fall hier: Der PKW im Vordergrund verdeckt einen großen Bereich des linken Fahrstreifens. Dort könnte ein PKW fahren, ohne dass man diesen auf dem Foto erkennen kann. Das Foto macht auch deutlich, dass durch die Scheiben des PKW des Betroffenen dahinter liegende (fahrende) Objekte wegen der Abdunkelung infolge der Verwendung des Blitzgeräts nicht auszumachen sind. Ein an bezeichneter Stelle fahrender anderer PKW ergäbe beim Überfahren der Messlinie zusammen mit dem PKW des Betroffenen ein durchgängiges ununterbrochenes Stufenprofil. Damit liegt genau der Fall vor, der nach den Angaben in der Bedienungsanleitung nicht ausgewertet werden darf.

Rechtsanwalt

d) Geschwindigkeitsmessungen durch Nachfahren mit geeichtem System (*ProViDa*)

Beispiel: M. ist auf der Autobahn während einer Autobahnfahrt von einer Zivilstreife verfolgt und gefilmt worden. Anschließend hat man ihn auf einen Parkplatz hinausgebeten, ihm den Vorwurf einer Geschwindigkeitsunterschreitung gemacht und angeboten, sich das Video anzusehen, was M. abgelehnt hat. Inzwischen ist zu der Tat der Bußgeldbescheid eingetroffen, den M. in der Kanzlei vorlegt. Als Beweismittel sind darin die beiden Polizisten und ein Video (*ProViDa*) angegeben.   **103**

Zu veranlassen ist in dieser Situation die Einspruchseinlegung zusammen mit einem Akteneinsichtsgesuch. Letzteres sollte sich ausdrücklich auch auf die Videoaufnahme erstrecken, sonst erhält man lediglich die Ermittlungsakte (Papierakte) mit darin enthaltenen für die Bußgeldbehörde gefertigten einzelnen Videoprints. Zu den Akten gehören aber sämtliche verfahrensbezogenen Unterlagen, auch Bildaufzeichnungen.[41] Vollständig müssen die Akten geführt werden. Alle Bestandteile, die für den Betroffenen belastende oder entlastende Bedeutung haben können, müssen – auch wenn sie in anderen Akten in anderen Behörden aufbewahrt werden – für den Betroffenen oder seinen Verteidiger zugänglich sein. Das Akteneinsichtsrecht erstreckt sich auch darauf; andernfalls wäre der Grundsatz auf rechtliches Gehör verletzt.[42]   **104**

Bei einer *ProViDa*-Messung ist es unumgänglich, sich das **gesamte Tatvideo** zu beschaffen und es selbst auszuwerten. Die Polizisten im *ProViDa*-Einsatz lassen üblicherweise die Videoanlage während der gesamten Einsatzzeit eingeschaltet und das Band mitlaufen. Die für den Verteidiger hergestellte Videokopie enthält gewöhnlich die Verfolgungsfahrt des Betroffenen in ihrem gesamten Umfang und nicht nur die Sequenz der Messung. Oft stellt man bei der Betrachtung fest, dass es während der Nachfahrt zu mehreren Messungen gekommen ist, von denen nur eine für den Bußgeldvorwurf verwendet wurde. Aufschlussreich kann das Video auch hinsichtlich weiterer für den Vorwurf beachtlicher Umstände sein. Beispielsweise können sich aus dem Video Erkenntnisse über die Beschilderung gewinnen lassen und dar-   **105**

---

41 AG Straubing DAR 2004, 604; AG Ludwigslust DAR 2004, 44.
42 *Seitz*, in: Göhler, OWiG, § 60 Rn 49.

über, ob die Schilder im Moment der Vorbeifahrt für den Betroffenen sichtbar gewesen sind („vom überholten LKW verdeckt"). Dies muss nicht immer zum Vorteil des Mandanten sein. Wer mehrfach an beidseitig aufgestellten Schildern mit Geschwindigkeitsbeschränkungen vorbeifährt, riskiert – auch wenn es im Bußgeldbescheid noch nicht aufgeführt ist – eine Verurteilung wegen Vorsatzes.[43] Damit kann eine deutliche Erhöhung der Geldbuße und in Einzelfällen auch die zusätzliche Verhängung eines Fahrverbots verbunden sein.

106 Das System *ProViDa* (im Polizeifahrzeug eingebautes Messgerät) hat eine Verkehrsfehlergrenze von +/- 5 km/h bei Geschwindigkeiten bis 100 km/h und 5% über 100 km/h. Diese Grenzen gelten für die Kombination Messgerät und Fahrzeug und erfassen beim Fahrzeug veränderliche Größen wie Reifendruck, Abrollumfang (siehe hierzu aber Rn 177) etc.[44] **Abstandsveränderungen** zwischen Polizeifahrzeug und gemessenem Fahrzeug während der Messung und sich daraus ergebende Beeinträchtigungen des Messergebnisses werden von der Verkehrsfehlergrenze nicht erfasst.[45] Die Messung muss deshalb daraufhin geprüft werden, ob es zu solchen Abstandsveränderungen gekommen ist. Hierfür betrachtet man nur den Abstand zwischen den Fahrzeugen zu Beginn der Messung (der Zeitpunkt, wenn auf dem Video erkennbar Zeit- und Meterzähler eingeschaltet werden) und am Ende der Messung (Zeitpunkt des Abschaltens der Zähler; kurz danach wird auch die vom System errechnete Durchschnittsgeschwindigkeit in die Aufzeichnung eingeblendet). Sind die Abstände zu diesen Zeitpunkten annähernd gleich, haben beide Fahrzeuge in gleicher Zeit gleiche Wegstrecken zurückgelegt. Auf Abstandsveränderungen zwischen den Zeitpunkten kommt es nicht an. Ist der Abstand am Ende der Messung geringer, hat das Polizeifahrzeug in gleicher Zeit eine größere Wegstrecke zurückgelegt. Die Messung ist in diesem Fall zu Ungunsten des Betroffenen zu hoch ausgefallen. Allerdings wirkt sich dieser Umstand desto geringer aus je länger die Gesamtmessstrecke gewesen ist. 20 Meter Abstandsverkürzung verursachen bei 200 Meter Gesamtstrecke eine Verfälschung des Ergebnisses um 10%, bei 500 Meter Gesamtstrecke nur noch um 4%.

107 Die Abstandsveränderung kann ein Sachverständiger über eine Auswertung des Videobandes relativ genau bestimmen. Das Verfahren beinhaltet aber einen zusätzlich zu berücksichtigenden Fehler von +/- 3%.[46] Hilfsmittel bzw Orientierungsgrößen für eine eigene ungefähre Bewertung der Abstände können erkennbare Objekte oder Markierungen auf oder an der Straße sein, beispielsweise die weißen Mittelstreifenmarkierungen (Vergleich des Abstands durch Auszählen der Markierungen zwischen den Fahrzeugen zu Beginn und am Ende der Messung). Man kann aber auch eine eigene Vermessung durchführen; auf die letzte Genauigkeit kommt es hierbei nicht an. Man muss lediglich Anknüpfungstatsachen für den Beweisantrag ermitteln. Die „Vermessung" wird folgendermaßen durchgeführt: Man stellt zu Beginn der Messung den Videorekorder auf Standbild und nimmt am Monitor das Maß zwischen zwei gut erkennbaren Punkten am Fahrzeug des Betroffenen (etwa zwischen Rückleuchten). Entsprechend verfährt man am Ende der Messung. Hat sich der Wert am Ende gegenüber dem Wert am Anfang vergrößert, muss das Polizeifahrzeug aufgeholt haben, also in gleicher Zeit eine größere Strecke als das verfolgte Fahrzeug zurückgelegt haben. Diese Vorgehensweise lässt sich auch im Gerichtssaal durchführen, wenn dort eine Videoanlage mit Standbildmöglichkeit aufgebaut ist.

---

43 Vgl OLG Jena zfs 2006, 475, 477.
44 *Löhle*, in: Beck/Löhle, Fehlerquellen, S. 102.
45 *Löhle*, in: Beck/Löhle, Fehlerquellen, S. 103.
46 *Löhle*, in: Beck/Löhle, Fehlerquellen, S. 102.

Muster: Beweisantrag Abstandsveränderung bei *ProViDa*-Messung

An das Amtsgericht ▀▀▀

In der Bußgeldsache

gegen ▀▀▀

Az ▀▀▀

beantrage ich

zum Beweis der Tatsache, dass sich während der Geschwindigkeitsmessung der Abstand zwischen Polizeifahrzeug und Fahrzeug des Betroffenen verkürzt hat,

die Einholung eines Sachverständigengutachtens.

Begründung:

Der vom *ProViDa*-System ermittelte Geschwindigkeitswert kann dem Betroffenen auch unter Berücksichtigung der Verkehrsfehlergrenze von +/- 5 km/h bzw 5% nicht zugerechnet werden. Das Messsystem ermittelt ausschließlich die Werte für das Polizeifahrzeug, in welchem das System eingebaut ist. Bei dieser Art des Messung kann die ermittelte Durchschnittsgeschwindigkeit dem Fahrzeug des Betroffenen nur zugerechnet werden, wenn dieses innerhalb der eingeblendeten Messzeit die gleiche Wegstrecke wie das Polizeifahrzeug zurückgelegt hat. Verkürzt sich über die Gesamtmessstrecke der Abstand zwischen den beiden Fahrzeugen, errechnet sich die vom verfolgten Fahrzeug zurückgelegte Strecke aus dem in das Video eingeblendeten Wert abzüglich der Abstandsveränderung.

Dieser Fehler ist in der ohnehin zu berücksichtigenden Verkehrsfehlergrenze nicht enthalten (*Löhle*, in: Beck/Löhle, Fehlerquellen bei polizeilichen Messverfahren, 8. Aufl. 2006, S. 102). Eine Abstandsveränderung muss daher gesondert ermittelt und die vom System errechnete Durchschnittsgeschwindigkeit entsprechend korrigiert werden.

Aus der Videoaufzeichnung ergibt sich, dass zwischen den Fahrzeugen zu Beginn der Messung vier Mittelmarkierungen der Autobahn zu erkennen sind, am Ende jedoch nur noch drei. Daraus ist auf eine Abstandsverkürzung von mindestens 20 Metern zu schließen. Der errechnete Geschwindigkeitswert muss deshalb um mindestens 5% nach unten korrigiert werden, was dazu führen würde, dass nicht mehr eine Überschreitung von 42 km/h vorgeworfen werden könnte, sondern nur noch eine um höchstens 40 km/h. Ein Fahrverbot wäre dann nicht mehr zu verhängen.

Rechtsanwalt

e) Geschwindigkeits- und Abstandsmessungen mit *ViDistA*

Hierbei handelt es sich um eine Abwandlung des Einsatzes des *ProViDa*-Systems. Bei *ProViDa* wird die Messung durch den Beifahrer manuell ausgelöst. Sie läuft danach beispielsweise über eine voreingestellte Strecke (meist 500 Meter) oder bis zur manuellen Beendigung. Danach beginnt im System sofort die Geschwindigkeitsberechnung, deren Ergebnis in die Aufzeichnung eingeblendet wird. *ViDistA* ermöglicht demgegenüber die Auswertung einer beliebigen Strecke innerhalb der gesamten Aufzeichnung. Dies geht allerdings nur im Nachhinein an einem dafür vorgesehen Auswerteplatz. Während der Aufnahme im Fahrzeug wird kontinuierlich die Zeit eingeblendet, die eine extrem genaue Uhr liefert. Diese Daten werden jedem Halbbild beigemischt, so dass auch bei halbbildweiser Auswertung immer die genaue Zeit erkennbar ist.

108

288

109

110 Der Auswerter kann sich aus dem Film die Passage heraussuchen, die vom Betroffenen mit der höchsten Geschwindigkeit zurückgelegt wird. Aus der Betrachtung der Halbbilder am Anfang und am Ende ergibt sich aufgrund einer einfachen Weg/Zeit-Betrachtung die Geschwindigkeit, deren Wert allerdings bei diesem Verfahren um den Fehler einer eventuellen Abstandsveränderung korrigiert wird. Für die Feststellung des Abstands ist am Auswerteplatz eine Software installiert, mit deren Hilfe man auf den Einzelbildern eine Vermessung des vorausfahrenden Fahrzeugs durchführen kann. Hierzu werden zwei parallele Hilfslinien eingeblendet, die an die Kanten des verfolgten Fahrzeugs anzulegen sind – im Prinzip eine Vorgehensweise, wie bei den Erläuterungen zu *ProViDa* für die Bestimmung der Abstandsveränderung dargestellt (Rn 107). Allerdings ermöglicht das System *ViDistA* nicht nur eine relative Einschätzung, sondern aufgrund der Verwendung von bekannten Fahrzeugdaten (Breite, Höhe) eine konkrete Meterangabe. Verkehrsfehlergrenzen dieses Systems werden nicht genannt. Dies liegt daran, dass die Genauigkeit stark davon abhängt, wie exakt die beiden Hilfslinien mit den tatsächlichen Fahrzeugkanten übereinstimmen. Letztere lassen sich auf den Videobildern wegen ihrer geringen Auflösung oder auch wegen schlechter Witterungsbedingungen oft nicht mit hinreichender Genauigkeit bestimmen. Die Verwendung der Höhe des Fahrzeugs (Hilfslinien werden waagerecht angelegt) kann ebenfalls zu Ungenauigkeiten führen, weil diese aus verschiedenen Gründen unterschiedlich ausfallen kann (Beladung, Einfedern aufgrund fahrdynamischer Vorgänge). Ohnehin kommt es zu unrichtigen Ergebnissen, wenn die eingegebenen Daten mit den tatsächlichen Daten nicht übereinstimmen (gar nicht so selten, dass bei der Kontrolle versehentlich falsche Fahrzeugpapiere überreicht werden, ohne dass die Polizei es merkt). Eine Neuberechnung mit den richtigen Daten kann dann durchaus eine Abweichung von einigen km/h ergeben.

111 **Beispiel:** M. war mit seinem Kombi auf der Autobahn bei einer Überschreitung um 21 km/h im Baustellenbereich gefilmt worden. Der Polizei übergab er seinen Kfz-Schein, die sich daraus die eingetragene Höhe notierte. Kurz vor der Hauptverhandlung sieht sich sein Verteidiger den Kfz-Schein an und stellt fest, dass es Zusatzeintragungen unter der Rubrik Nr. 33 „Bemerkungen" gibt, denen zu entnehmen ist, dass die Höhe des Fahrzeugs von der Ausstattung mit Reifen/Felgen-Kombinationen und/oder Dachreling abhängt. Bei der Vorbereitung der Verhandlung ist darüber hinaus aufgefallen, dass der Beginn der Messsequenz in einer Kurve lag. Der von der Polizei ermittelte Abstand zwischen den Fahrzeugen zu diesem Zeitpunkt berücksichtigt deshalb nicht den zusätzlichen Weg aufgrund der Straßenkrümmung (tatsächlich war der Polizeiwagen weiter als die bei der Entfernungsmessung berücksichtigte Luftlinie entfernt).

112 Die in der Ermittlungsakte vorhandene Berechnung der Abstandsveränderung zwischen den Fahrzeugen vom Beginn bis zum Ende der Messung ist somit nicht verwertbar. Der Betroffene könnte die Tatsachen (Fahrzeugausstattung) mitteilen, aufgrund deren die Höhe von den Standardangaben im Kfz-Schein abweicht. Theoretisch wäre damit eine Neuberechnung noch in der Verhandlung möglich. Unberücksichtigt bliebe dann aber die Ergebnisverfälschung wegen der Kurve. Ohne Einschaltung eines Sachverständigen wird sich daher die korrekte Geschwindigkeit nicht ermitteln lassen. Der Beweisantrag kann folgenden Inhalt aufweisen:

113 **Muster: Beweisantrag Sachverständigengutachten bei *ViDistA*-Messung**

An das Amtsgericht ▪▪▪

In der Bußgeldsache

gegen ▪▪▪

Az ■■■

beantrage ich

zum Beweis der Tatsache, dass die dem Betroffenen vorwerfbare Geschwindigkeitsüberschreitung einen Wert von 19 km/h nicht übersteigt,

die Einholung eines Sachverständigengutachtens.

Begründung:

Die in der Ermittlungsakte auf Bl. ■■■ enthaltende *ViDistA*-Auswertung ist unrichtig. Sie verwendet Daten, die nicht mit den tatsächlichen Maßen des Fahrzeugs übereinstimmen. Die Polizei hat sich aus dem Kfz-Schein des festgestellten PKW die Fahrzeughöhe notiert, die unter Ziff. 13 eingetragen war (1413 mm). Unberücksichtigt blieb dabei, dass diese Höhe ausweislich der weiteren Eintragungen unter Ziff. 33 abhängig ist von der Ausstattung des Fahrzeugs. Sie kann bis 1512 mm reichen. Der Wagen des Betroffenen war zum Vorfallszeitpunkt mit einer Rad/Reifen-Kombination und mit einer Dachreling ausgerüstet, die zur maximalen Fahrzeughöhe führt.

Außerdem ergibt sich bei der Videobetrachtung, dass der Auswerter die Hilfslinien zu Beginn der Messstrecke großzügiger angelegt hat als am Ende. Dadurch entsteht ein Fehler zu Lasten des Betroffenen.

Darüber hinaus erfolgte die Abstandsmessung zu Beginn im Bereich einer Rechtskurve. Das System lässt nur die Ermittlung des Luftlinienabstands zu. Die Verlängerung aufgrund der Krümmung des Straßenverlaufs kann mit den systemimmanenten Methoden nicht ermittelt werden.

Die in den beiden vorangegangenen Absätzen dargestellten Besonderheiten führen dazu, dass die Entfernung zwischen den Fahrzeugen am Anfang zu klein ermittelt wurde. Der Fehler zusammen mit den falschen Fahrzeugmaßen führt zu einer Erhöhung der dem Betroffenen vorwerfbaren Durchschnittsgeschwindigkeit um mindestens 2 km/h.

Rechtsanwalt

f) Lasermessung mit *LTI 20.20*

114

Über den Einsatz von Lasergeräten lässt sich viel schreiben. Ihre Schwächen liegen nicht im Messverfahren, sondern in der Handhabung (falsche Zielauswahl, ungeeignetes Objekt für Anfangstests, keine Fotodokumentation etc). Nicht selten wird ein Verfahren nur deshalb eingestellt, weil der Messbeamte vor Aufregung nicht in der Lage ist, im Gerichtssaal darzustellen, welche Maßnahmen zum Testen er völlig richtig und fehlerfrei an der Messstelle mit dem Gerät vor dem Einsatz durchgeführt hat.

aa) Anhalteweg widerspricht gemessener Geschwindigkeit

Beispiel: M. ist gelasert worden. Anstelle der zugelassenen 50 km/h sollen es nach Abzug der Toleranz 91 km/h gewesen sein. Die Messentfernung mit *LTI 20.20* habe 71 Meter betragen, so die Ausfwerteliste der Polizei. In der Hauptverhandlung werden der Messbeamte und der Anhalter als Zeugen vernommen. Aus ihren Angaben ergibt sich, dass alle erforderlichen Gerätetests vor dem Einsatz richtig durchgeführt worden sind. Man habe gut verborgen halb hinter einer Hausecke gestanden, so die Polizei. Sofort bei Ertönen des Signals für eine korrekte Messung habe der Beamte an der Laserpistole seinem Kollegen mitgeteilt, welches Fahrzeug im Visier war. Dieser sei dann die paar Meter über den Gehweg zur Straße gegangen, habe sich auf der Straße aufgebaut und den Betroffenen vor sich gestoppt, ohne dass dabei Besonderheiten aufgefallen waren.

115

116 Bei dieser Messung gibt es Ungereimtheiten. Der Bremsweg bei einer Gefahrbremsung aus 91 km/h dürfte zwischen 35 und 45 Meter betragen, abhängig vom Straßenbelag. Solange die Bremswirkung noch nicht einsetzt, legt der Wagen ca. 25 Meter pro Sekunde zurück. Zur Reaktion kann der Betroffene aber frühestens aufgefordert werden, wenn der Anhalter deutlich in Richtung Straße geht. Unter Berücksichtigung der Übertragungszeit der Information (Signal über korrekte Messung, Mitteilung des anvisierten Fahrzeugs) vergehen voraussichtlich mindestens 1,5 Sekunden, bevor der Fahrer des anzuhaltenden Fahrzeugs auf den in Richtung Straße eilenden Polizisten überhaupt aufmerksam werden kann. In dieser Zeit sind etwa 35 bis 40 Meter zurückgelegt. Es erscheint daher ausgeschlossen, dass der Wagen unproblematisch hat angehalten werden können. Wenn überhaupt, wäre das Fahrzeug mit quietschenden Reifen knapp vor dem Polizisten auf der Straße zum Stehen gekommen. Solchen Berechnungen gegenüber ist nicht jeder Richter aufgeschlossen. Nur die Erläuterungen im Termin werden deshalb möglicherweise nicht genügen, um eine Einstellung zu erreichen. Dann muss ein Beweisantrag gestellt werden (mindestens, um sich Chancen im Rechtsbeschwerdeverfahren zu erhalten), der folgendermaßen formuliert sein kann:

117 **Muster: Beweisantrag bei problematischer Lasermessung (I)**

An das Amtsgericht ■■■

In der Bußgeldsache

gegen ■■■

Az ■■■

beantrage ich

zum Beweis der Tatsache, dass unter Berücksichtigung der gemessenen Geschwindigkeit, der dabei ermittelten Entfernung zwischen Messgerät und PKW von 71 Metern und der Zeit, die der Anhalter benötigt hat, um die Fahrbahn zu erreichen, entgegen der Angabe des Zeugen ein Anhalten auf der Höhe des Messgeräts nicht möglich gewesen wäre,

die Einholung eines Sachverständigengutachtens.

Begründung:

Bei 91 km/h legt ein Auto etwa 25 Meter pro Sekunde zurück. Der Betroffene hätte aber ab dem Moment seiner angeblichen Messung auf die Kontrolle frühestens nach 1,5 Sekunden reagieren und bremsen können. Erst etwa eine halbe Sekunde nach der Messung hätte er möglicherweise – bei günstiger Betrachtung – den Anhalter auf dem Weg zur Fahrbahn erkennen können; eine weitere Sekunde hätte er für die Reaktion bis zum Einsetzen der Bremswirkung benötigt. In den 1,5 Sekunden vorher hätte sein Wagen, bei unterstellter richtiger Messung, ungefähr 35 bis 40 Meter zurückgelegt, also etwa die Hälfte des Weges bis zur späteren Anhaltestelle. Ab Einsetzen der Bremswirkung ist der reine Bremsweg zu berücksichtigen, der bei einem Fahrzeug, wie es der Betroffene fährt, auch bei optimalen Bedingungen (trockene Straße mit griffigem Belag, Reifen in gutem Zustand) mindestens 45 Meter beträgt. Alles in allem führen diese objektiven Gegebenheiten dazu, dass der Anhaltevorgang nicht ohne Auffälligkeiten hätte vonstatten gehen können. Das beantragte Sachverständigengutachten wird ergeben, dass der Anhalter auf der Straße hätte beiseite springen müssen. Weil er eine solche Beobachtung in seiner Zeugenaussage aber nicht geschildert hat, kann die Messung nicht zum Fahrzeug des Betroffenen gehören.

Rechtsanwalt

bb) Visiertest

Beispiel: In der Hauptverhandlung schildert der Messbeamte seine Vorgehensweise beim Einrichten der Messstelle. Den Visiertest mache er gewöhnlich an einem Objekt in ungefähr 100 Metern Entfernung. Er bevorzuge Verkehrsschilder oder Laternenmasten. In Ausnahmefällen benutze er auch Objekte in geringerer Entfernung.

Die Bedienungsanleitung des Geräts verlangt für den Visiertest eine Messentfernung von 150 bis 200 Metern. Der Grund liegt nach Auffassung von Sachverständigen in der speziellen Strahlcharakteristik des Lasers. Seine Aufweitung verlaufe wellenförmig. Exakte Ergebnisse erziele man daher nur bei Testentfernungen in der angegebenen Größenordnung. Nicht jedes feste Objekt, selbst wenn es in der vorgesehenen Entfernung steht, ist darüber hinaus für den Visiertest geeignet. An runden Verkehrsschildern lässt sich beispielsweise eine bestimmte Verstellung der Visiereinrichtung mit dem vorzunehmenden Test nicht entdecken. Manche Laternenpfähle liefern keine brauchbaren Reflexionen. Objekte sind auch ungeeignet, wenn sich hinter ihnen andere feste Gegenstände befinden, an denen der Strahl eines verstellten Geräts reflektiert werden könnte, ohne dass der Messbeamte darauf aufmerksam wird, weil sein Visierpunkt in diesem Moment zufällig im anvisierten Objekt liegt.

Die Aussage des Messbeamten im geschilderten Fall ist derart unbestimmt, dass eine Überprüfung daraufhin, ob der Visiertest richtig durchgeführt worden ist, nicht möglich ist. Mancher Richter könnte sich aber mit der Aussage des Zeugen zufrieden geben, dass er den Visiertest ohne Auffälligkeiten durchgeführt habe. Zeichnet sich dies ab, kann man folgenden Beweisantrag stellen:

Muster: Beweisantrag bei problematischer Lasermessung (II)

An das Amtsgericht ▪▪▪

In der Bußgeldsache

gegen ▪▪▪

Az ▪▪▪

beantrage ich

zum Beweis der Tatsache, dass sich an der Messstelle in vorgeschriebener Testentfernung oder auch in geringerer Entfernung kein geeignetes Objekt für die Durchführung des Visiertests befand,

die Einholung eines Sachverständigengutachtens.

Begründung:

Nach der Bedienungsanleitung, worauf sich die generelle Zulassung der Physikalisch-Technischen Bundesanstalt für das Gerät erstreckt, muss der Visiertest mit Objekten in einer Entfernung von 150 bis 200 Metern durchgeführt werden. Im Gegensatz dazu äußerte der Zeuge, der vorgab, an dem Gerät ausgebildet worden zu sein, dass er sich für den Test gewöhnlich Objekte in nur 100 Metern Entfernung aussuche. In Ausnahmefällen mache er den Test auch an noch näheren Gegenständen. Für die konkrete Messung konnte der Zeuge ein bestimmtes Objekt, an welchem er den Visiertest durchgeführt haben will, nicht benennen. Eine Besichtigung der Messstelle durch den Unterzeichneten hat aber ergeben, dass dort in der vorgeschriebenen Entfernung oder näher überhaupt keine geeigneten Objekte vorhanden sind. Das Sachverständigengutachten wird die Richtigkeit dieses Umstandes beweisen. Daraus folgt, dass vor dem fraglichen Einsatz mindestens ein erforderlicher Test nicht durchgeführt worden ist. Das Messergebnis kann daher gegen den Betroffenen nicht verwendet werden.

Rechtsanwalt

118

119

120

291

cc) Exkurs: Fehler bei der Datenübertragung

121 Vor allem bei Lasermessungen gibt es ein Problem, das mit der technischen Seite der Messung überhaupt nichts zu tun, gleichwohl schon Eingang in die Literatur gefunden hat. Es geht um Fehler bei der Datenübertragung („menschliches Versagen"). Weil es an einer schriftlichen Dokumentation der Messung mangelt, müssen die gewonnenen Ergebnisse von den Einsatzkräften zu Papier gebracht werden. Dazu müssen die Daten vom Display erfasst und handschriftlich in eine sog. Auswerteliste übertragen werden. Diese Arbeit kann der Messbeamte selbst erledigen oder ein weiterer zu diesem Zweck eingesetzter Polizist, der dann nicht einmal am Gerät selbst stehen muss, sondern bei Weitergabe per Funk auch entfernt im Polizeibus sitzen kann.

122 Fehler können bei dieser Übertragungskette an mehreren Stellen auftreten: Schon der Messbeamte kann einen falschen Wert vom Gerät ablesen.[47] Der Schreiber kann, wenn ihm die Daten akustisch übermittelt werden, einen falschen Wert verstehen, oder es passiert ihm beim Aufschreiben ein Zahlendreher. Wer hat nicht schon selbst erlebt, dass eine Telefonnummer falsch nach Diktat notiert wurde? Auch der Zahlendreher wird in der Literatur über Fehlerquellen erwähnt.[48] Beweisanträge zu diesem Problemkreis sind nicht denkbar. Der Verdacht eines solchen Fehlers kann nur aufkommen, wenn der Betroffene selbst etwas über den Wert auf dem Display des Messgeräts aussagen kann. Dazu muss er sich das Ergebnis auch angesehen haben, wozu er nicht verpflichtet ist. Welche Beweiskraft soll dann aber die Aussage des Betroffenen gegenüber den Angaben der Polizisten, alles sei sorgfältig abgelaufen, überhaupt haben? Von einer relativ großen Dunkelziffer kann hier wohl ausgegangen werden. Jedenfalls wird es nicht nur den bei *Löhle*[49] beschriebenen Fall gegeben haben. Auch in der Praxis des Verfassers gab es zwei Verfahren mit einem solchen Fehler.

g) Rotlichtverstöße

123 **Beispiel:** M. hat einen Bußgeldbescheid erhalten, mit welchem ihm ein qualifizierter Rotlichtverstoß (1,4 Sekunden Rotzeit) vorgeworfen wird. Hiergegen hat er selbst Einspruch eingelegt und kommt nun mit der Terminladung in die Kanzlei. Akteneinsicht ist wegen der knappen Zeit nur noch innerhalb einer halben Stunde vor Beginn der Verhandlung möglich. Daraus ist ersichtlich, dass zwei Fotos existieren. Foto 1 zeigt den Wagen mit M. als Fahrer kurz hinter der Haltelinie, Foto 2 den Wagen etwa zwei Fahrzeuglängen weiter. Auf Foto 2 ist eine Rotzeit von 2,4 Sekunden eingeblendet. M. gibt an, an der Ampel wegen eines von rechts kommenden Einsatzfahrzeugs zum Bremsen gezwungen worden zu sein (nach seiner Meinung fast bis zum Stillstand) und dann wieder Gas gegeben zu haben. Die Ampelschaltung habe er in dieser Situation nicht mehr beachtet.

124 Ein Rotlichtverstoß liegt vor, wenn nach Beginn der Rotphase die Haltelinie mit der Front des Fahrzeugs überfahren wird.[50] Rotlichtüberwachungsanlagen funktionieren mit in die Fahrbahn eingelassenen Induktionsschleifen. Bei den meisten Anlagen besteht zwischen Schleife und Haltelinie noch ein gewisser Abstand, der bis zu einem Meter betragen kann. Der auf dem Messfoto eingeblendete Wert für die Rotzeit gibt die Zeit an, die zwischen Beginn der Rotzeit und Überfahren der Schleife verstrichen ist. Weil vorwerfbar aber nur der Wert ist, der sich zum Zeitpunkt des Überfahrens der Haltelinie ergeben hat, muss in diesen

---

47 „Porsche-Fall", geschildert von *Löhle*, in: Beck/Löhle, Fehlerquellen, S. 51.
48 *Löhle*, in: Beck/Löhle, Fehlerquellen, S. 58.
49 In: Beck/Löhle, Fehlerquellen, S. 58.
50 BGH zfs 1999, 444; OLG Dresden NZV 1998, 335; OLG Hamm DAR 1997, 454.

Fällen erst die sog. **Haltelinienrotzeit** errechnet werden.[51] Manche Bußgeldstellen sind mit entsprechender Software ausgerüstet (beispielsweise Leipzig) und führen diesen Berechnungsschritt automatisch durch. Sonst ist eine Korrektur später vorzunehmen. Diese ist grundsätzlich nur möglich, wenn zwei Fotos existieren. Es gibt Anlagen, die mit einer zweiten Schleife ausgerüstet sind, bei deren Überfahren ein zweites Foto ausgelöst wird. Weil der Abstand zwischen diesen Schleifen bekannt und die Fahrzeit zwischen den Schleifen errechenbar ist, kann auch eine Ermittlung der Durchschnittsgeschwindigkeit des Fahrzeugs des Betroffenen vorgenommen werden. Bei Anlagen, die ein zweites Foto nicht mit einer zweiten Schleife auslösen, sondern nach einer bestimmten fest voreingestellten Zeit (beispielsweise nach einer Sekunde), muss der vom Fahrzeug zurückgelegte Weg anhand des Fotos bestimmt werden, was mit hinreichender Genauigkeit selten machbar ist (keine Markierungen auf der Fahrbahn). Dieses Verfahren ist deshalb meist mit größeren Fehlertoleranzen behaftet.

Mit der so ermittelten Durchschnittsgeschwindigkeit wird der Zeitpunkt beim Überfahren **125** der Haltelinie errechnet. Die Methode krankt schon daran, dass die tatsächliche Geschwindigkeit zwischen Haltelinie und erster Schleife nicht zu ermitteln ist. Die errechenbare Durchschnittsgeschwindigkeit zwischen Fahrzeugposition auf Foto 1 und Position auf Foto 2 kann theoretisch über diesem Wert liegen, wenn beispielsweise aus langsamer Geschwindigkeit beschleunigt worden ist. Daraus können sich im Einzelfall entscheidende Unterschiede ergeben. Eine weiterer Fehler ergibt sich aus der **Anschwellzeit der Glühbirne** (nicht bei Ampeln mit LEDs). Die Zeitmessung beginnt sofort mit Einschalten des Stromkreises, obwohl die Rotlichtbirne nicht sofort ihre maximale Lichtstärke entwickelt und deshalb für eine kurze Zeitspanne am Beginn der Schaltzeit für den Betroffenen noch nicht zu erkennen ist. Besonders gut lässt sich das Ansteigen der Leuchtkraft bei videoüberwachten Ampelanlagen nachvollziehen. Zunächst ist auf einem einzelnen Videohalbbild nur ein kleiner heller Punkt im Ampelglas zu erkennen, der sich erst danach über vier bis fünf weitere Halbbilder bis zur vollen Ausleuchtung entwickelt. Für den Kraftfahrer ist deshalb das Rotlicht erst etwa mindestens 0,1 Sekunden nach Einschalten des entsprechenden Stromkreises zu erkennen. Die Zeitmessung hat aber sofort begonnen.

Für die insgesamt vorzunehmenden Korrekturen des im Foto eingeblendeten Wertes kommt **126** es schließlich auch auf eine eventuelle Einlassung des Betroffenen zu seinem Fahrverhalten an. Muss daraus auf eine längere Fahrzeit zwischen Haltelinie und erster Schleife geschlossen werden, als sie sich aus der Durchschnittsgeschwindigkeit zwischen den Fahrzeugpositionen auf Foto 1 und 2 ergibt, kann Letztere nur für eine Plausibilitätsprüfung der Angaben des Betroffenen verwendet werden, nicht aber für eine Rückrechnung auf die Haltelinienrotzeit. Um eine Beurteilung der Messung durch einen Sachverständigen zu erreichen, kann folgender Beweisantrag formuliert werden:

Muster: Beweisantrag bei Rotlichtverstoß **127**

An das Amtsgericht ▪▪▪

In der Bußgeldsache

gegen ▪▪▪

Az ▪▪▪

beantrage ich

---

51 Vgl OLG Köln NZV 1998, 472.

(292)

zum Beweis der Tatsache, dass zum Zeitpunkt des Überfahrens der Haltelinie die Rotzeit noch nicht eine Sekunde angedauert hat,

ein Sachverständigengutachten einzuholen.

Begründung:

Das Foto 1, Bl. ■■■ in der Gerichtsakte, zeigt den Wagen des Betroffenen nach 1,4 Sekunden Rotzeit bereits deutlich hinter der Haltelinie. Die Rotzeit zu diesem Zeitpunkt darf dem Betroffenen aber nicht vorgeworfen werden. Maßgeblich ist die Rotzeit zum Zeitpunkt des Überfahrens der Haltelinie (BGH zfs 1999, 444).

Unter Berücksichtigung der Einlassung des Betroffenen, er habe wegen eines Einsatzfahrzeugs fast bis zum Stillstand bremsen müssen und danach im Ampelbereich wieder beschleunigt, ist unter Hinzuziehung des Fotos 2, Bl. ■■■ in der Gerichtsakte, die vorwerfbare Rotzeit beim Überfahren der Haltelinie zu errechnen. Eine Korrektur ist auch deshalb vorzunehmen, weil die Anschwellzeit der Glühbirne in der Lichtzeichenanlage noch einmal ca. 0,1 Sekunde beträgt, bevor sie vom Kraftfahrer wahrgenommen werden kann, die Uhr der Zeitmessung aber sofort mit Einschalten des Stromkreises zu laufen beginnt.

Als Ergebnis wird der Sachverständige ermitteln, dass die vorwerfbare Rotzeit 0,9 Sekunden nicht überschritten wurde. Das rechtfertigt zwar die Verhängung eines Bußgeldes, nicht aber die Festsetzung eines Fahrverbots.

Rechtsanwalt

B. Rechtsbehelfe

I. Antrag auf gerichtliche Entscheidung

128 Der Antrag auf gerichtliche Entscheidung ist ein Rechtsbehelf gegen Maßnahmen der Verwaltungsbehörde. Seine Grundlage hat das Verfahren in § 62 OWiG unter Verweis auf die Vorschriften über die Beschwerde in der StPO. Unter Maßnahmen versteht man alle Entscheidungen der Verwaltungsbehörde mit Ausnahme von rein vorbereitenden Tätigkeiten ohne selbständige Bedeutung (§ 62 Abs. 1 S. 2 OWiG) und des Erlasses des Bußgeldbescheids, gegen den nur der Einspruch möglich ist (§ 67 OWiG). Der Antrag ist nur in den Fällen befristet, in denen das Gesetz es ausdrücklich verlangt (s.u. Rn 130). Er ist schriftlich oder zur Niederschrift der Verwaltungsbehörde zu stellen. Adressat ist immer die Ausgangsbehörde. Seine Begründung ist keine Zulässigkeitsvoraussetzung, aber empfehlenswert.

129 Wenn eine Befristung nach dem Gesetz vorgesehen ist, muss der Antrag innerhalb von zwei Wochen gestellt werden.[52] Besondere Bedeutung hat das Verfahren vor allem in Zusammenhang mit Wiedereinsetzungsanträgen oder Kostenentscheidungen der Verwaltungsbehörde. In diesen Fällen kann der Antrag nur innerhalb der genannten Frist gestellt werden.

130 Im Wiedereinsetzungsverfahren ist der Antrag auf gerichtliche Entscheidung vorgesehen, wenn die Verwaltungsbehörde den Wiedereinsetzungsantrag verwirft (§ 52 Abs. 2 S. 3 OWiG). Im Zwischenverfahren ist er gem. § 69 Abs. S. 2 OWiG der Rechtsbehelf gegen die Verwerfung des Einspruchs als unzulässig. Kostenrechtliche Entscheidungen der Verwaltungsbehörde unterliegen zB gem. § 108 Abs. S. 1 OWiG der gerichtlichen Kontrolle. Außerhalb des Ordnungswidrigkeitengesetzes findet sich in § 25a Abs. 3 StVG (sog. Halterhaftung) eine Regelung über einen Antrag nach § 62 OWiG.

---

52 Vollständige Auflistung der Tatbestände bei *Seitz*, in: Göhler, OWiG, § 62 Rn 14a.

1. Antrag auf gerichtliche Entscheidung gegen die Verwerfung des Wiedereinsetzungsantrags nach § 52 Abs. 2 S. 3 OWiG

Beispiel: M. erscheint am 2. September in der Kanzlei und gibt einen am 1. September zugestellten Bußgeldbescheid ab, unterzeichnet eine Vollmacht und erteilt den Auftrag, wegen eines nahen Tilgungstermins einer Eintragung im Verkehrszentralregister am letzten Tag der Frist gegen den Bußgeldbescheid Einspruch einzulegen. Beim Datieren der Vollmacht unterläuft M. ein Fehler, der zunächst auch sonst niemandem auffällt: irrtümlich schreibt er statt September Oktober. Die Akte gerät in der Kanzlei in einen Stapel ablagereifer anderer Akten, noch bevor die Einspruchsfrist notiert ist. Erst bei Abarbeitung der Altakten Anfang Oktober kommt der Vorgang von M. wieder zum Vorschein. Der Verteidiger legt sofort Einspruch ein mit gleichzeitiger Stellung eines Wiedereinsetzungsantrags, den er ausschließlich mit Verteidigerverschulden (Fehler in der Kanzleiorganisation) und ohne weitere Glaubhaftmachung begründet. Die Bußgeldbehörde verwirft den Antrag unter Hinweis auf die Vollmacht mit der Begründung, den Betroffenen treffe eigenes Verschulden, weil die Anwaltsbeauftragung erst am 2. Oktober erfolgt sei, also nach Ablauf der Einspruchsfrist; im Übrigen seien die Gründe für die Fristversäumung nicht glaubhaft gemacht.

131

Muster: Antrag auf gerichtliche Entscheidung bei Verwerfung des Wiedereinsetzungsantrags

132

293

An ▪▪▪ [Bußgeldstelle]

Betr.: Bußgeldverfahren gegen ▪▪▪, Az ▪▪▪

Sehr geehrte Damen und Herren,

gegen den Bescheid vom ▪▪▪, mit welchem der Antrag auf Wiedereinsetzung vom ▪▪▪ in den vorigen Stand verworfen worden ist und der am ▪▪▪ zugestellt worden ist, stelle ich hiermit namens und in Vollmacht des Betroffenen gem. § 52 Abs. 2 S. 3 OWiG den

Antrag auf gerichtliche Entscheidung.

Damit halte ich den Wiedereinsetzungsantrag aufrecht, beantrage also,

den Beschluss aufzuheben und

dem Betroffenen Wiedereinsetzung in den vorigen Stand wegen der Versäumung der Einspruchsfrist zu gewähren.

Begründung:

Der Auftrag zur Einlegung des Einspruchs ist nicht erst am 2. Oktober erteilt worden, wie die Vollmacht es vermuten ließe, sondern bereits am 2. September. Bei der Ausstellung der Vollmacht befand sich der Betroffene im Irrtum über den Monat. Dieser Irrtum lässt sich nicht glaubhaft machen, da es sich hier lediglich um eine Tatsache handelt, die ausschließlich im Kenntnisbereich des Betroffenen selbst liegt. Seine diesbezügliche eigene eidesstattliche Versicherung wäre als einfache Erklärung zu werten, welche wiederum als Mittel zur Glaubhaftmachung ungeeignet ist (vgl *Seitz*, in Göhler, OWiG, 14. Aufl. 2006, § 52 Rn 20).

Im Wiedereinsetzungsantrag ist der zeitliche Ablauf des Geschehens ab Auftragseingang in meiner Kanzlei dargestellt und zur Glaubhaftmachung versichert, jedoch nicht an Eides statt. Die eidesstattliche Versicherung des Verteidigers wird nicht verlangt, weil er ohnehin zur Wahrheit verpflichtet ist (*Meyer-Goßner*, StPO, 49. Aufl. 2006, § 26 Rn 13).

Vorsorglich stelle ich die geschilderten Tatsachen (zeitlicher Ablauf der Auftragserteilung) unter weiteren Beweis. Der Tag der Entgegennahme des Bußgeldbescheids vom Antragsteller/Betroffenen ergibt sich aus dem Eingangsstempel der Kanzlei, welcher auf dem Bußgeldbescheid am 2. September angebracht worden ist.

Glaubhaftmachung: 1. Kopie des Bußgeldbescheids mit darauf enthaltenem Eingangsstempel
2. eidesstattliche Versicherung der Sekretärin im Original

Die Vollmacht ist am 2. September von meiner Sekretärin entgegengenommen worden, nachdem der Betroffene sie in ihrer Gegenwart unterzeichnet hatte.

Glaubhaftmachung: eidesstattliche Erklärung der Sekretärin im Original

Damit dürfte nachgewiesen sein, dass den Betroffenen selbst kein Verschulden an der Fristversäumung trifft. Ihm ist deshalb Wiedereinsetzung in den vorigen Stand zu gewähren.

Mit freundlichen Grüßen
Rechtsanwalt

133   Die Verwaltungsbehörde kann dem Rechtsbehelf selbst abhelfen,[53] andernfalls legt sie die Akte dem zuständigen Gericht vor. Im Verfahren des § 62 OWiG ist die Nachholung der Glaubhaftmachung bis zum rechtskräftigen Abschluss des Wiedereinsetzungsverfahrens zulässig.[54]

2. Antrag auf gerichtliche Entscheidung gegen Kostenbescheid gem. § 25a Abs. 3 StVG

134   **Beispiel:** M. legt in der Kanzlei am 1. September einen Kostenbescheid der Verwaltungsbehörde vor, mit welchem ihm gem. § 25a StVG die Kosten eines Bußgeldverfahrens auferlegt worden sind, weil der Fahrer eines auf M. zugelassenen Kraftfahrzeugs, mit welchem am 1. August ein Park- oder Halteverstoß begangen worden war, nicht ermittelt werden konnte. M teilt zusätzlich noch mit, dass er zuvor angehört worden sei, aber vergessen habe, den ausgefüllten Anhörungsbogen mit Angaben zum Fahrer (seinem Sohn) zurückzuschicken.

135   Der Antrag auf gerichtliche Entscheidung gem. § 25a Abs. 3 StVG ist binnen zwei Wochen ab Zustellung des Kostenbescheids zu stellen. Im Verfahren kann die Nennung des Fahrers nachgeholt werden. Sofern die Verjährungsfrist gegen den Fahrer noch nicht abgelaufen ist und der restliche Zeitraum bis zu ihrem Ablauf noch weitere Ermittlungen gegen den nun benannten Fahrer zulässt, ist die Einstellungsverfügung gegen den Halter aufzuheben und das Verfahren gegen den benannten Fahrer zu eröffnen.[55] Wenn dieses zu keinem Ergebnis führt, kann erneut im Wege des § 25a StVG gegen den Halter vorgegangen werden. Hilft die Behörde dem Rechtsbehelf nicht ab und gibt das Verfahren an das Amtsgericht, kommt dort auch noch nach Eintritt der Verfolgungsverjährung gegen den Fahrer eine Aufhebung des Kostenbescheids in Betracht, weil die Bußgeldbehörde dann zuvor weitergehende zumutbare Ermittlungen unterlassen hat. Der Antrag auf gerichtliche Entscheidung kann folgendermaßen formuliert werden:

---

53 *Seitz*, in: Göhler, OWiG, § 62 Rn 19.
54 *Seitz*, in: Göhler, OWiG, § 52 Rn 19.
55 *König*, in: Göhler, OWiG, vor § 109a, Rn 12.

Muster: Antrag auf gerichtliche Entscheidung gegen Kostenbescheid der Verwaltungsbehörde gem. § 25a StVG **136**

294

An ▪▪▪ [Bußgeldstelle]

Betr.: Bußgeldverfahren gegen ▪▪▪, Kostenbescheid vom ▪▪▪; Az ▪▪▪

Sehr geehrte Damen und Herren,

in der vorbezeichneten Angelegenheit zeige ich an, dass mich Herr ▪▪▪ beauftragt hat. Eine von meinem Mandanten unterzeichnete und auf mich ausgestellte Vollmacht füge ich in Kopie bei. Gegen den Kostenbescheid vom ▪▪▪ beantrage ich hiermit

gerichtliche Entscheidung gem. § 25a Abs. 3 StVG.

Begründung:

Halter des am 1. August festgestellten PKW ist mein Mandant. Gleichwohl war er am Vorfallstag nicht der Fahrer seines Wagens. Er hatte das Auto am Tag zuvor seinem Sohn, Herrn ▪▪▪ [Name, Vorname, Anschrift], überlassen. Auf Nachfrage hat dieser inzwischen auch bestätigt, den Wagen zur fraglichen Zeit in der ▪▪▪straße abgestellt zu haben.

Nachdem damit der Fahrer des Fahrzeugs bekannt geworden und Verfolgungsverjährung gegen den Fahrer noch nicht eingetreten ist und auch nicht demnächst eintreten wird, ist der Kostenbescheid gegen meinen Mandanten aufzuheben, weil weitere zumutbare Ermittlungen gegen den richtigen Fahrer noch möglich sind.

Mit freundlichen Grüßen
Rechtsanwalt

Hat der Antrag Erfolg, sind die dem Antragsteller entstandenen notwendigen Auslagen der Verwaltungsbehörde aufzuerlegen.[56] **137**

Hinweis: Die Verteidigung in Ordnungswidrigkeitenverfahren wegen **Verstößen im ruhenden Verkehr** ist **bei den meisten Rechtsschutzversicherungen nicht versichert.** In den ARB 75 ist **138** noch die Regelung enthalten, dass in Bußgeldverfahren wegen eines Halt- oder Parkverstoßes Versicherungsschutz nur besteht, wenn das Verfahren nicht mit einer Entscheidung nach § 25a StVG endet. Nur noch wenige Gesellschaften bieten auch heute noch Deckungsschutz nach der alten Regelung an. Die meisten Versicherungen haben inzwischen den ruhenden Verkehr vollständig aus dem Rechtsschutz herausgenommen (§ 3 Abs. 3e ARB 94; § 3e ARB 2000). Auch nach der alten Regelung ist aber der Versicherungsschutz im Rechtsbehelfsverfahren nach § 25a Abs. 3 StVG ausgeschlossen. Wird der Auftrag zur Verteidigung gegen einen Parkverstoß vom Mandanten angenommen, muss dieser auf diese Besonderheiten hingewiesen werden. Wünscht der Mandant die Vertretung nur unter der Voraussetzung der Eintrittspflicht der Rechtsschutzversicherung (wenn nach deren Bedingungen überhaupt Deckungsschutz möglich ist), muss er außerdem darauf hingewiesen werden, dass es unumgänglich sein wird, noch vor einer Entscheidung der Verwaltungsbehörde nach § 25a StVG den Fahrer zu benennen.

---

56 *Seitz*, in: Göhler, OWiG, § 62 Rn 32a; *König*, in: Göhler, OWiG, vor § 109a Rn 29a zur Kotenentscheidung im gerichtlichen Verfahren.

3. Antrag auf gerichtliche Entscheidung bei Einspruchsverwerfung durch die Verwaltungsbehörde gem. § 69 Abs. 1 OWiG

139 **Beispiel:** M. wohnt in der Schweiz, begeht aber seine Verkehrsverstöße in Deutschland. Die Verwaltungsbehörde hört ihn am 29.10.2005 zu einer Geschwindigkeitsüberschreitung in Deutschland um 41 km/h an. Danach erlässt sie am 13.12.2005 einen Bußgeldbescheid. Dieser wird M. nicht per PZU (Schweiz!) sondern per Einschreiben mit Rückschein übersandt. Das Einschreiben wird in der Schweiz nicht abgeholt und mit dem postalischen Vermerk „nicht abgeholt" an die Verwaltungsbehörde zurückgeschickt. Danach verschickt die Bußgeldstelle den Bußgeldbescheid mit Anschreiben vom 9.1.2006 noch einmal formlos. Schließlich wird M. am 1.2.2006 noch einmal wegen des Fahrverbots angeschrieben. Dies nimmt er nun zum Anlass, einen deutschen Verteidiger zu beauftragen. Dieser erhält im Februar 2006 Akteneinsicht. Mit Schreiben vom 4.4.2006 teilt der Verteidiger der Bußgeldstelle mit, dass die Zustellung des Bußgeldbescheids nicht wirksam erfolgt sei. Inzwischen sei Verjährung eingetreten. Die Bußgeldstelle wertet das Schreiben als Einspruch und verwirft ihn mit Bescheid vom 7.4.2006, zugestellt am 10.4.2006, als unzulässig, weil die Einspruchsfrist versäumt sei.

140 Mit Zustellung des Bescheids vom 7.4.2006 beginnt die Zweiwochenfrist für den Antrag auf gerichtliche Entscheidung, der demzufolge bis zum 24.4.2006 gegenüber der Verwaltungsbehörde zu stellen ist. Er kann folgenden Inhalt aufweisen:

141 **Muster: Antrag auf gerichtliche Entscheidung nach § 69 Abs. 1 S. 2 OWiG**

An ▪▪▪ [Bußgeldstelle]

Betr.: Bußgeldverfahren gegen ▪▪▪; Az ▪▪▪

Sehr geehrte Damen und Herren,

in vorbezeichneter Sache stelle ich hiermit gegen den Bescheid vom 7.4.2006, zugestellt am 10.4.2006, den Antrag auf

gerichtliche Entscheidung

mit dem weiteren Antrag,

das Verfahren wegen Eintritts der Verfolgungsverjährung einzustellen.

Begründung:

Derzeit darf aus dem Bußgeldbescheid nicht vollstreckt werden, weil er noch nicht wirksam zugestellt worden ist. Inzwischen liegt außerdem ein dauerhaftes Verfahrenshindernis vor, da Verfolgungsverjährung eingetreten ist.

Ein Bußgeldbescheid wurde zwar am 13.12.2005 erlassen. Der Unterbrechung der Verfolgungsverjährung steht aber § 33 Abs. 1 S. 1 Nr. 9 OWiG entgegen, der als Wirksamkeitsvoraussetzung zusätzlich verlangt, dass der Bußgeldbescheid nach Erlass binnen zwei Wochen zugestellt wird (BGHSt 45, 261, 264). Erfolgt die Zustellung später, tritt eine Unterbrechung erst mit diesem Zeitpunkt ein. Hier wurde nicht nur die Zwei-Wochen-Frist nicht eingehalten, sondern es fehlt eine wirksame Zustellung gänzlich:

Grundsätzlich kann ein Bußgeldbescheid auch per Einschreiben zugestellt werden (*Seitz*, in: Göhler, OWiG, 14. Aufl. 2006, § 28 Rn 22). Eine solche Zustellung kann auch in der Schweiz bewirkt werden (*Seitz*, aaO, Rn 28 mit Verweis auf deutsch-schweizerische Verträge und die sog. Schengen-Liste). Ganz gleichgültig, ob ein derartiger Zustellversuch in Deutschland oder der Schweiz durchgeführt wird, ist er jedenfalls gescheitert, wenn das Einschreiben nicht entgegengenommen oder abgeholt wird. Immer kommt es auf den tatsächlichen Zugang an (*Lampe*, in: Karlsruher Kommentar zum OWiG, 3. Aufl. 2006, § 51 Rn 63).

Der Zustellungsmangel ist auch nicht durch Kenntnisnahme innerhalb der Verjährungsfrist geheilt (§ 9 LVwZG). Mein Mandant gibt an, vom Schreiben vom 9.1.2006 erst durch mich nach Akteneinsicht erfahren zu haben.

Ab Anhörung meines Mandanten am 29.10.2006 lief nach erstmaliger Unterbrechung die dreimonatige Verjährungsfrist. Der Erlass des Bußgeldbescheids vom 13.12.2005 konnte diese Verjährungsfrist mangels Zustellung binnen zwei Wochen nicht unterbrechen. Auf eine eventuelle Verlängerung der Verjährungsfrist auf sechs Monate durch Erlass des Bußgeldbescheids kommt es vorliegend nicht an, weil auch dies die Zustellung binnen zwei Wochen voraussetzen würde (BGHSt 45, 261).

Mit freundlichen Grüßen
Rechtsanwalt

II. Beschwerde

Die Vorschriften der StPO über die Beschwerde gelten über § 46 Abs. 1 OWiG sinngemäß (beispielsweise bei abgelehnten Terminverlegungsanträgen) oder über eine ausdrückliche Verweisung für bestimmte Maßnahmen (beispielsweise gegen den Beschluss über die Verwerfung des Wiedereinsetzungsantrags durch das Gericht, § 52 Abs. 2 OWiG iVm § 46 Abs. 3, 1 StPO).   **142**

1. Beschwerden im Wiedereinsetzungsverfahren

Beispiel (Alternative zu Beispiel § 11 Rn 19): Der Verteidiger erhält am 12. Oktober als Antwort auf seinen Wiedereinsetzungsantrag einen Beschluss, mit welchem der Antrag verworfen wird. Zur Begründung wird ausgeführt, dass die unverschuldete Verhinderung des Betroffenen mit dem Attest nicht glaubhaft gemacht sei. Aus der Diagnose lasse sich nicht ausnahmslos auf einen Zustand schließen, der Verhandlungsunfähigkeit mit sich bringe.   **143**

Gegen den Beschluss ist als Rechtsmittel die **sofortige Beschwerde** statthaft. Dies folgt aus §§ 52 Abs. 2 S. 2, 46 Abs. 1 OWiG iVm § 46 Abs. 1 und 3 StPO. Ihre Voraussetzungen ergeben sich aus § 311 StPO. Die sofortige Beschwerde ist binnen einer Woche ab Bekanntgabe der anzugreifenden Entscheidung beim Gericht der Ausgangsentscheidung (§ 306 Abs. 1 StPO) einzulegen. Sie muss nicht mit einer Begründung versehen sein, obwohl sich eine solche empfiehlt, weil ansonsten kaum eine anderslautende Entscheidung des Beschwerdegerichts zu erwarten sein wird. Eine Begründung kann aber nachgeholt werden, auch noch nach Ablauf der Einlegungsfrist.[57]   **144**

Hinweis: Wer eine Begründung nicht einmal in dem Schriftsatz, mit welchem er die sofortige Beschwerde einlegt, ankündigt, riskiert eine schnelle Entscheidung des Beschwerdegerichts, die dann voraussichtlich ausfällt wie die des Erstgerichts. Eine Begründung ist nämlich nur zu berücksichtigen, wenn sie eingeht, bevor über die Beschwerde entschieden ist.[58] Für das Beschwerdegericht ist dies ein Anreiz für schnelle Entscheidungen: Der Beschluss macht weniger Arbeit, solange eine Beschwerdebegründung nicht zu berücksichtigen ist! Deshalb sollte man im Einlegungsschriftsatz darauf hinweisen, dass noch eine Begründung beabsichtigt ist, die   **145**

---

[57] *Meyer-Goßner*, StPO, § 311 Rn 4.
[58] *Meyer-Goßner*, StPO, § 306 Rn 6.

aus vielerlei Gründen nicht sofort möglich ist. Das Beschwerdegericht muss dann eine angemessene Zeit warten oder eine Frist für die Einreichung der Begründung setzen.[59] Wird eine Frist gesetzt, sollte sie sorgfältig notiert und behandelt werden, denn sie lässt sich zwar auf Antrag verlängern, ein Wiedereinsetzungsantrag wäre aber im Falle ihres Versäumens unzulässig.[60]

146 Das Amtsgericht darf der Beschwerde nur in einem Fall abhelfen: wenn zuvor das rechtliche Gehör des Betroffenen verletzt war. Wird mit der Beschwerde die Glaubhaftmachung der vorgetragenen Tatsachen nachgebessert, kommt eine Abhilfeentscheidung des Amtsgerichts daher nicht in Betracht. Zuständig ist dann das Landgericht, Kammer für Bußgeldsachen (§ 73 Abs. 1 GVG iVm § 46 Abs. 1 und 7 OWiG).

147 **Muster: Sofortige Beschwerde gegen Versagung der Wiedereinsetzung und Nachbesserung der Glaubhaftmachung der vorgetragenen Hinderungstatsachen**

An das Amtsgericht ███

In der Bußgeldsache

gegen ███

Az ███

lege ich gegen den Beschluss des Amtsgerichts vom ███

Sofortige Beschwerde

ein und beantrage,

unter Aufhebung des Beschlusses dem Betroffenen wegen der Versäumung der Teilnahme an der Hauptverhandlung vom ███ Wiedereinsetzung in den vorigen Stand zu gewähren.

Begründung:

Der Betroffene hat den Termin zur Hauptverhandlung unverschuldet versäumt. Er war wegen einer Erkrankung an der Teilnahme gehindert. Dementsprechend hat er durch mich am ███ unter Angabe der Gründe für die Verhinderung Terminverlegung beantragen lassen. Das Amtsgericht hat dem Antrag nicht stattgegeben, die Hauptverhandlung in Abwesenheit des Betroffenen durchgeführt und den Einspruch durch Urteil als unzulässig verworfen. Einen Wiedereinsetzungsantrag, dem zur Glaubhaftmachung ein Attest des Hausarztes Dr. ███ vom ███ beigefügt war, hat das Amtsgericht mit Beschluss vom ███ mit der Begründung verworfen, Verhandlungsunfähigkeit sei mit dem Attest nicht glaubhaft gemacht.

Dieser Auffassung trete ich mit der sofortigen Beschwerde entgegen.

Im Terminverlegungsantrag ist bereits vorgetragen, dass der Betroffene an Grippe (Selbstdiagnose) erkrankt war und Fieber hatte. Zum damaligen Zeitpunkt konnte der Betroffene zu seiner Erkrankung keine weiteren Details schildern. Eine ärztliche Bescheinigung musste erst noch beschafft werden. Für einen einfachen Antrag auf Terminverlegung war eine Glaubhaftmachung der geschilderten Tatsachen im Übrigen auch noch nicht notwendig.

Die später in Zusammenhang mit dem Wiedereinsetzungsantrag vorgelegte Arbeitsunfähigkeitsbescheinigung enthält die Diagnose des Hausarztes Dr. ███ in dem von Ärzten zu verwendenden Codiersystem ICD-10, nämlich als Code J06.9. Hinter diesem Code verbirgt sich die Krankheit „Akute Infektion der oberen Atemwege, nicht näher bezeichnet, Grippaler Infekt". Ein entsprechender Internetausdruck war dem Antrag

---

59 *Meyer-Goßner*, StPO, § 306 Rn 6 mwN.
60 OLG Karlsruhe MDR 1983, 250.

beigefügt. Dieses Attest steht zur Selbstdiagnose des Betroffenen nicht im Widerspruch. Ein grippaler Infekt kann vom Patienten selbst mit einer Grippe verwechselt werden. Fieber kann in beiden Fällen auftreten.

Der Code ist auf der Internetseite des Deutschen Instituts für medizinische Dokumentation und Information im Geschäftsbereich des Bundesministeriums für Gesundheit und soziale Sicherheit veröffentlicht (www.dimdi.de). Ärzte sind verpflichtet, diesen Code zu benutzen.

Das Attest unterstreicht die Angaben des Betroffenen über die Gründe seiner Verhinderung. Damit erscheinen die Tatsachen der Verhinderung als wahrscheinlich im Sinne von § 52 OWiG. Diese Wertung steht zwar im subjektiven Ermessen des Tatrichters; dieser hätte aber nach Vorlage des Attests nicht daran zweifeln dürfen, dass die diagnostizierte Erkrankung tatsächlich vorlag. Ich gehe davon aus, dass schon damit glaubhaft gemacht war, dass dem Erscheinen des Betroffenen in der Hauptverhandlung ein objektiv vorhandener Hinderungsgrund entgegenstand. Meines Erachtens kann niemand von einem derartig Erkrankten erwarten, sich in die Öffentlichkeit zu begeben und dort noch andere mit seiner Krankheit zu infizieren. Selbst wenn aber das Gericht der Auffassung sein sollte, dass nur die Angabe der Krankheit nicht ausreicht, um objektiv vorhandene Verhandlungsunfähigkeit zu belegen, sondern dass darüber hinaus für die Herbeiführung von Verhandlungsunfähigkeit geeignete Symptome glaubhaft zu machen sind und dies hier nicht geschehen sei, müsste dem Wiedereinsetzungsantrag stattgegeben werden. Denn einem Betroffenen kann hinsichtlich der Versäumung eines gerichtlichen Termins keine Pflichtverletzung in subjektiver Hinsicht vorgeworfen werden, wenn er, ohne entgegenstehende Kenntnis zu besitzen, annehmen darf, dass sein Attest eine genügende Entschuldigung für die Abwesenheit darstellt (OLG Düsseldorf NJW 1985, 2207, 2208).

Vorsorglich ergänze ich die Glaubhaftmachung der Schilderung des Betroffenen um eine eidesstattliche Erklärung der Ehefrau, die damit aufgrund eigener Wahrnehmung den Zustand des Betroffenen am Terminstag beschreibt.

Glaubhaftmachung: eidesstattliche Versicherung der Ehefrau des Betroffenen, ▪▪▪, im Original

Damit bitte ich um antragsgemäße Entscheidung.

Rechtsanwalt

Bloße Zweifel an der Aussagekraft eines Attestes dürfen nicht ohne Weiteres zu Lasten des Betroffenen gehen. Der Tatrichter hat vielmehr von Amtswegen den Umständen nachzugehen, die Zweifel an der Entschuldigung begründen, und den Sachverhalt aufzuklären.[61]   **148**

2. Beschwerden nach Ablehnung eines Terminverlegungsantrags

An sich sind zwar Entscheidungen über den terminlichen Ablauf nicht beschwerdefähig;[62] in Ausnahmefällen kann sich aber aus der ablehnenden Entscheidung des Gerichts ein eigener Beschwerdegrund ergeben. Dieser liegt allerdings nicht vor, wenn allein die Zweckmäßigkeit der Terminbestimmung angegriffen wird.[63] Man muss die Entscheidung des Vorsitzenden als rechtswidrig rügen können, beispielsweise über die fehlerhafte Ausübung des Ermessens (s.u. Rn 153). Das heißt im Gegenzug jedoch nicht, dass immer dann, wenn eine begründete Verhinderung des Verteidigers vorliegt, die Ablehnung der Terminverlegung den Beschwerdeweg eröffnet. Ermessensfehlerhaft ist die Entscheidung des Vorsitzenden erst dann, wenn sich aus dem Beschluss beispielsweise ergibt, dass Ermessen überhaupt nicht ausgeübt worden ist oder   **149**

61 OLG Zweibrücken zfs 2006, 233; OLG Karlsruhe NStZ 1994, 14.
62 *Seitz*, in: Göhler, OWiG, § 71 Rn 25a; *Meyer-Goßner*, StPO, § 213 Rn 8.
63 OLG Dresden NJW 2004, 3196, 3197; s.a. *Meyer-Goßner*, StPO, § 213 Rn 8.

dass Argumenten, die für die Aufrechterhaltung des Termins sprechen, ein unerklärlich hohes Gewicht eingeräumt worden ist.

150 Für die Entscheidung kann auch von Bedeutung sein, wann ein Terminverlegungsantrag gestellt wird. Ist die Verhinderung lange bekannt, der Verlegungsantrag aber erst in „letzter Minute" gestellt worden, wird das Gericht unter Beachtung des Beschleunigungsgebots in Bußgeldsachen[64] abzuwägen haben, wann ein neuer Termin nach der Terminlage des Gerichts überhaupt angesetzt werden könnte und wann ein Termin demgegenüber bei früherer „rechtzeitiger" Beantragung hätte stattfinden können. In solche Überlegungen werden dann auch im Verteidigerverhalten liegende subjektive Aspekte einfließen dürfen, die dazu führen können, dass auch bei objektiv vorhandener Terminkollision des Verteidigers eine Verlegung durch das Gericht nicht geboten ist.

151 Ist bereits der Verhinderungsgrund unerheblich, wird die Beschwerde aller Voraussicht nach ohnehin als unzulässig zurückgewiesen werden. Selbst in solchen Fällen kann es aber geboten sein, die Beschwerde aus taktischen Gründen anzubringen. Das Amtsgericht muss nämlich damit die Akte sofort, spätestens vor Ablauf von drei Tagen, dem Beschwerdegericht zugänglich machen (§ 306 Abs. 2 Hs 2 StPO).

152 Solange sich die Akte dann beim Landgericht befindet, kann aber ein Termin am Amtsgericht nicht durchgeführt werden. Die Herstellung einer Zweitakte zum Zwecke der Termindurchführung wäre unzulässig. Nachstehend das Beispiel einer Beschwerde:

153 **Muster: Beschwerde gegen Ablehnung eines Terminverlegungsantrags**

An das Amtsgericht ▄▄▄

In der Bußgeldsache

gegen ▄▄▄

Az ▄▄▄

lege ich hiermit

Beschwerde

ein gegen die Entscheidung des Gerichts, die Hauptverhandlung nicht zu verlegen. Ich beantrage

festzustellen, dass die richterliche Verfügung des Amtsgerichts vom ▄▄▄ – abgelehnter Terminverlegungsantrag – rechtswidrig ist.

Begründung:

Die Hauptverhandlung sollte zunächst am 1.4.2006 um 9:30 Uhr stattfinden. Mit Schriftsatz vom 20.3.2006 beantragte ich, diesen Hauptverhandlungstermin zu verlegen, weil ich am selben Tag bereits zwei Hauptverhandlungstermine an anderen Amtsgerichten wahrzunehmen hatte, die vorher nach fernmündlicher Abstimmung mit den jeweiligen Abteilungsrichtern terminiert worden waren. Das Amtsgericht hat diesen Terminverlegungsantrag berücksichtigt und entgegen meiner Bitte um fernmündliche Abstimmung eines neuen Termins, weil wegen der dichten Terminlage eine neuerliche Terminkollision sonst nicht zu vermeiden gewesen wäre, neu terminiert auf den 25.4.2006, 11:45 Uhr. Wie nicht anders zu erwarten, musste ich erneut Terminverlegung beantragen, was ich mit Schriftsatz vom 12.4.2006 getan habe. Zur Begründung habe ich ausgeführt, dass ich vom 15. April bis zum 30.4.2006 an einem Seminar teilnehmen müsse. Die Seminartermine liegen nicht in meiner Disposition.

---

64 LG Memmingen zfs 1995, 393 mit Anm. *Bode.*

Zur **Glaubhaftmachung** überreiche ich,

den Seminarplan und die Teilnahmebestätigung jeweils in Kopie.

Mit gerichtlichem Schreiben vom 18.4.2006 ist mir mitgeteilt worden, dass dem Terminverlegungsantrag nicht stattgegeben werde. Ohne dass hierzu ein Beschluss ergangen ist, wird darüber informiert, dass der Termin bestehen bleibe. Er sei bereits wegen Verhinderung des Verteidigers einmal verlegt worden. Die Sache sei weder besonders umfangreich noch schwierig, insbesondere liege kein Fall der notwendigen Verteidigung vor. In Betracht komme eine Untervertretung.

Keiner der angegebenen Gründe überzeugt!

Nirgendwo in der StPO oder im OWiG ist geregelt, dass ein Termin wegen der Verhinderung des Verteidigers nur einmal verlegt werden darf. Mit dem Hinweis darauf, dass die Sache nach Auffassung des Gerichts weder besonders umfangreich noch schwierig sei und kein Fall der notwendigen Verteidigung vorliege, meint das Gericht offensichtlich, darauf hinweisen zu müssen, dass die Hinzuziehung eines Verteidigers ohnehin unnötig sei. In Verbindung mit der weiterhin geäußerten Auffassung des Gerichts, es komme auch eine Untervertretung in Betracht, könnte darin – bei böswilliger Betrachtung – auch der Versuch gesehen werden, den Wahlverteidiger des Betroffenen auszuschalten. Grundsätzlich jedenfalls obliegt die Frage, ob sich der Betroffene eines Untervertreters bedient, nicht der Disposition des Gerichts. Selbst der – hier nicht erteilte – Hinweis darauf, dass eine Untervertretung durch einen Anwalt aus der Sozietät des Unterzeichneten in Betracht komme, wäre kein zulässiges Argument für die Entscheidung, den Termin nicht zu verlegen. Es kommt hier nur auf den Verteidiger an, der das mit der Vollmacht verbundene Angebot zur Verteidigung angenommen hat (OLG München NStZ 1994, 451).

Mit der Entscheidung des Gerichts, diesen Termin nicht zu verlegen, ist eine rechtsfehlerhafte Ermessensausübung verbunden. Diese begründet eine selbstständige Beschwer und eröffnet damit den Beschwerdeweg (OLG Frankfurt/M. StV 1993, 6; 1995, 9; 2001, 157; OLG Hamburg StV 1995, 11; OLG Hamm MDR 1975, 245; OLG Karlsruhe StV 1991, 509; OLG München, aaO; OLG Stuttgart Justiz 1973, 357; LG Berlin StV 1995, 239; LG Hamburg StV 1988, 195; 1996, 659; LG Magdeburg StraFo 1997, 112; OLG Brandenburg OLG-NL 1996, 71). Im vorliegenden Fall wird das Recht des Betroffenen beeinträchtigt, sich des Beistands des Verteidigers seines Vertrauens zu bedienen. Dieses Recht ergibt sich aus § 137 Abs. 1 S. 1 StPO und Art. 6 Abs. 3 lit. c MRK (vgl BVerfGE 9, 36, 38). Es ist bei Entscheidungen über Anträge auf Terminverlegungen zu beachten (BGH StV 1989, 89). Die Ablehnung der beantragten Terminverlegung ist schon deshalb fehlerhaft, weil aus der Entscheidung des Gerichts nicht zu erkennen ist, dass dieses Recht des Betroffenen bei der Ermessensausübung berücksichtigt worden ist. Im Übrigen stünden wichtige Verfahrensgründe der Terminverlegung nicht entgegen. Insbesondere droht keine Verjährung. Diese träte erst ein, wenn eine Entscheidung in erster Instanz nicht vor Ablauf von zwei Jahren, beginnend ab Tatzeitpunkt, ergehen würde.

Zu guter Letzt weise ich noch daraufhin, dass für den Fall, dass der Beschwerde nicht abgeholfen wird, die Beschwerde sofort, spätestens vor Ablauf von drei Tagen dem Beschwerdegericht vorzulegen ist (§ 306 Abs. 2 StPO). Die Akten sind dem Beschwerdegericht insgesamt zuzuleiten. Das untere Gericht ist nicht befugt, sie zurückzuhalten (*Meyer-Goßner*, StPO, 49. Aufl. 2006, § 306 Rn 11) oder gar für die Durchführung des Termins eine Zweitakte anzufertigen. Die Berechtigung hierzu lässt sich auch nicht aus der fehlenden Suspensivwirkung der Beschwerde (§ 307 Abs. 1 StPO) herleiten.

Rechtsanwalt

III. Rechtsbeschwerde

1. Rechtsbeschwerden ohne Zulassungserfordernis gem. § 79 OWiG

154 Das Rechtsmittel gegen das Urteil und den Beschluss nach § 72 OWiG ist die Rechtsbeschwerde. Sie ist aber gem. § 79 Abs. 1 OWiG nur unter eingeschränkten Voraussetzungen zulässig, nämlich wenn:

1. gegen den Betroffenen eine Geldbuße von mehr als 250 EUR festgesetzt worden ist,

2. eine Nebenfolge angeordnet worden ist, es sei denn, dass es sich um eine Nebenfolge vermögensrechtlicher Art handelt, deren Wert im Urteil oder im Beschluss nach § 72 OWiG auf nicht mehr als 250 EUR festgesetzt worden ist,

3. der Betroffene wegen einer Ordnungswidrigkeit freigesprochen oder das Verfahren eingestellt oder von der Verhängung eines Fahrverbots abgesehen worden ist und wegen der Tat im Bußgeldbescheid oder Strafbefehl eine Geldbuße von mehr als 600 EUR festgesetzt, ein Fahrverbot verhängt oder eine solche Geldbuße oder ein Fahrverbot von der Staatsanwaltschaft beantragt worden war,

4. der Einspruch durch Urteil als unzulässig verworfen worden ist oder

5. durch Beschluss nach § 72 OWiG entschieden worden ist, obwohl der Beschwerdeführer diesem Verfahren rechtzeitig widersprochen hatte oder ihm in sonstiger Weise das rechtliche Gehör versagt wurde.

Gegen das Urteil ist die Rechtsbeschwerde ferner zulässig, wenn sie **zugelassen** wird (§ 80 OWiG).

155 Hat das Urteil oder der Beschluss nach § 72 OWiG **mehrere Taten** zum Gegenstand und sind die Voraussetzungen des § 79 Abs. 1 S. 1 Nr. 1 bis 3 oder S. 2 OWiG nur hinsichtlich einzelner Taten gegeben, so ist die Rechtsbeschwerde nur insoweit zulässig.

156 Die Zulässigkeit der Rechtsbeschwerde für den Betroffenen richtet sich abgesehen von der Ausnahme des § 79 Abs. 1 S. 2 OWiG (besondere Zulassung durch das Gericht der angegriffenen Entscheidung) nach § 79 Abs. 1 Nr. 1, 2, 4 und 5 OWiG. § 79 Abs. 1 Nr. 3 OWiG betrifft nur die Rechtsbeschwerde der Staatsanwaltschaft.[65] Hohe Bedeutung hat die Nr. 2, weil sie innerhalb der Rechtsbeschwerdeverfahren in der gerichtlichen Praxis am häufigsten vorkommt (Verhängung eines **Fahrverbots**). Die Zulässigkeit ausschließlich aufgrund einer Fallgestaltung nach Nr. 1 wird selten sein, weil im Verkehrsrecht Entscheidungen mit Geldbußen oberhalb von 250 EUR ohne gleichzeitige Festsetzung eines Fahrverbots eher die Ausnahme sind. Zu diesen Ausnahmen gehören aber dann meist Fälle, in denen vom Fahrverbot gerade gegen Erhöhung der Geldbuße abgesehen wird, weil ein Fahrverbot für den Betroffenen eine unzumutbare Härte wäre. Das wird dann aber auch meist das vom Betroffenen gewünschte Ergebnis sein, so dass von ihm eine Rechtsbeschwerde, die sich im Übrigen dann nur noch gegen die Höhe der Geldbuße richten könnte, regelmäßig nicht in Erwägung gezogen wird. Der Bußgeldkatalog sieht in dem Bereich oberhalb von 250 EUR Geldbuße nur wenige Regelfälle vor (wiederholte Zuwiderhandlung gegen § 24a StVG mit mindestens 500 EUR Geldbuße und dreimonatigem Fahrverbot).

---

65 *Seitz*, in: Göhler, OWiG, § 79 Rn 10.

a) Einlegung der Rechtsbeschwerde

Eingelegt werden kann die Rechtsbeschwerde vom Betroffenen selbst oder von seinem Verteidiger. Sie kann schriftlich oder zur Niederschrift der Geschäftsstelle erhoben werden. Noch nicht abschließend entschieden scheint die Frage zu sein, ob auch eine fernmündliche Erklärung gegenüber einem Urkundsbeamten der Geschäftsstelle ausreicht.[66] Wird eine **telefonische Beschwerdeeinlegung** von der Geschäftsstelle kommentarlos entgegengenommen, kommt nach Hinweis auf die Unzulässigkeit eine Wiedereinsetzung in den vorigen Stand in Betracht, weil der Betroffene erwarten durfte, auf dieses formelle Problem aufmerksam gemacht zu werden. Ihn trifft deshalb in diesem Fall kein Verschulden an der eventuellen Fristversäumung. **157**

Die Rechtsbeschwerde muss innerhalb einer Frist von einer Woche beim Amtsgericht eingelegt werden (§ 79 Abs. 3 S. 1 OWiG iVm § 341 Abs. 1 StPO). Die Frist beginnt bei einem Beschluss nach § 72 OWiG mit dessen Zustellung, bei einem Urteil, das in Anwesenheit des Betroffenen oder seines mit Vollmacht gem. § 73 Abs. 3 OWiG ausgestatteten Verteidigers ergeht, mit Verkündung und ansonsten mit Zustellung des Urteils. **158**

aa) Einlegung der Rechtsbeschwerde nach Urteilsverkündung in Anwesenheit des Betroffenen oder seines mit Vertretungsvollmacht ausgestatteten Verteidigers

Muster: Rechtsbeschwerdeschriftsatz nach Urteilsverkündung in Anwesenheit des Betroffenen oder seines mit Vertretungsvollmacht ausgestatteten Verteidigers **159**

An das Amtsgericht ■■■

In der Bußgeldsache

gegen ■■■

Az ■■■

lege ich hiermit namens und in Vollmacht des Betroffenen gegen das Urteil vom ■■■

Rechtsbeschwerde

ein. Die Rechtsbeschwerde werde ich gesondert begründen. Mit Zustellung des Urteils bitte ich mir die Gerichtsakte zur Einsichtnahme in meiner Kanzlei zur Verfügung zu stellen.

Rechtsanwalt

Der Irrtum über die Zulässigkeit der Rechtsbeschwerde und ein deshalb gestellter Zulassungsantrag nach § 80 OWiG ist unschädlich. Ein solcher Antrag gilt gem. § 80 Abs. 3 S. 2 OWiG als vorsorglich eingelegte Rechtsbeschwerde. **160**

In den Fällen, in denen das Urteil in Anwesenheit des Betroffenen oder seines Verteidigers verkündet worden ist, wird die Begründungsfrist des Rechtsmittels erst durch die Zustellung des Urteils in Gang gesetzt (§ 79 Abs. 3 S. 1 OWiG iVm § 345 Abs. 1 StPO). Mit Einlegung der Beschwerde muss also eine weitere Frist nicht notiert werden. Die Einlegung der Rechtsbeschwerde bewirkt im Übrigen, dass der Bußgeldrichter ein vollständiges Urteil mit Begründung schreiben muss, also von der Möglichkeit einer abgekürzten Entscheidung gem. § 77b OWiG keinen Gebrauch machen darf. War ein abgekürztes Urteil schon vor Einlegung der **161**

---

66 *Seitz*, in: Göhler, OWiG, § 79 Rn 28 tendiert zur Unzulässigkeit; OLG Rostock VRS 86, 356; OLG Hamm VRS 90, 444.

Rechtsbeschwerde zugestellt, dürfen nur im Fall des § 77b Abs. 1 S. 3 OWiG die Urteilsgründe ergänzt werden. Hierfür gilt dann über § 77b Abs. 2 OWiG die Fünf-Wochen-Frist des § 275 Abs. 1 S. 2 StPO. Nur in diesem Fall beginnt die Begründungsfrist für die Rechtsbeschwerde mit Zustellung des Ergänzungsbeschlusses.[67] Deshalb Achtung: Liegt dieser Fall nicht vor und ergeht gleichwohl ein abgekürztes Urteil, läuft die Rechtsbeschwerdebegründungsfrist ab Zustellung des abgekürzten Urteils! Eine dann noch vorgenommene Ergänzung des Urteils um Entscheidungsgründe ist in der Regel unbeachtlich.[68]

162 Die **Rechtsbeschwerdegründung** kann sinnvollerweise erst mit Vorliegen des Urteils vorgenommen werden. Mit der Begründung sind dann auch die Rechtsbeschwerdeanträge zu stellen. Häufig kommt es für die Begründung nicht nur auf das Urteil, sondern auch auf weitere Bestandteile der Gerichtsakte an, etwa auf das Hauptverhandlungsprotokoll oder seine Anlagen (beispielsweise schriftliche Beweisanträge). Deshalb sollte grundsätzlich mit Einlegung der Rechtsbeschwerde auch ein **neuerlicher Akteneinsichtsantrag** gestellt werden. Wird dieser Antrag vom Gericht übersehen, was erfahrungsgemäß häufiger vorkommt, und kann dann die Begründung der Rechtsbeschwerde nicht fristgemäß vorgenommen werden, muss nach – verspätet – erfolgter Akteneinsicht Wiedereinsetzung in den vorigen Stand beantragt werden, weil eine Verlängerung der Begründungsfrist nicht zulässig wäre. Aber auch hier Achtung: Ist die Begründung auch ohne Akteneinsicht möglich, hätte sie vorgenommen werden müssen![69] Die vom Gericht verschuldete zu späte Überlassung der Akte rechtfertigt dann eine Wiedereinsetzung in den vorigen Stand nicht.

bb) Einlegung der Rechtsbeschwerde nach Urteilsverkündung in Abwesenheit des Betroffenen und seines Verteidigers

163 Findet die Hauptverhandlung, in welcher das Urteil verkündet wird, in Abwesenheit des Betroffenen statt und ist auch kein Verteidiger oder kein ausreichend bevollmächtigter Verteidiger zugegen, beginnt die Einlegungsfrist mit der Zustellung des Urteils (§ 79 Abs. 4 OWiG). Die Voraussetzungen für ein abgekürztes Urteil gem. § 77b OWiG liegen dann nicht vor.

164 **Muster: Rechtsbeschwerdeschriftsatz gegen in Abwesenheit des Betroffenen und seines Verteidigers ergangenes Urteil**

An das Amtsgericht ▪▪▪

In der Bußgeldsache

gegen ▪▪▪

Az ▪▪▪

lege ich hiermit namens und in Vollmacht des Betroffenen gegen das Urteil vom ▪▪▪, zugestellt am ▪▪▪,

Rechtsbeschwerde

ein. Die Rechtsbeschwerde werde ich gesondert begründen. Ich beantrage,

mir die Gerichtsakte zur Einsichtnahme in meiner Kanzlei zur Verfügung zu stellen.

Rechtsanwalt

---

67 BayObLG DAR 1999, 34.
68 *Seitz*, in: Göhler, OWiG, § 77b Rn 8.
69 ZB im Falle des Fehlens von Urteilsgründen, OLG Oldenburg VRS 82, 350.

Im Einlegungsschriftsatz kann das Datum der Zustellung des Urteils genannt werden. Damit 165
macht man sofort darauf aufmerksam, dass die Einlegung fristgemäß erfolgt. Ein Akteneinsichtsgesuch ist wie oben ausgeführt (Rn 162) und auch aus den gleichen Gründen mit der
Einlegung zu verbinden. Allerdings fehlt jetzt die Verknüpfung mit der Zustellung des Urteils,
denn dieses liegt schon vor.

Hinweis: In der Kanzlei muss die Frist für die Begründung der Rechtsbeschwerde notiert 166
werden. Problematisch ist, dass es in der Rechtsprechung und in der gängigen Kommentarliteratur hierzu unterschiedliche Auffassungen gibt. *Seitz*[70] und *Gebhardt*[71] legen mit der herrschenden Meinung den Fristbeginn auf den Tag nach Ablauf der Einlegungsfrist. Das OLG
Bamberg[72] hingegen lässt den Fristbeginn mit dem Ablauf der Einlegungsfrist zusammenfallen. Vorsorglich sollte daher bis zur endgültigen Klärung die kürzere Frist notiert werden.

b) Begründung der Rechtsbeschwerde ohne Zulassungserfordernis

Die Begründungsfrist der Rechtsbeschwerde beträgt einen Monat (§ 79 Abs. 3 OWiG iVm 167
§ 345 Abs. 1 StPO). Die Frist beginnt nach Ablauf der Einlegungsfrist (zum Meinungsstreit,
ob Fristbeginn der erste Tag nach Ablauf der Einlegungsfrist oder der Tag des Ablaufs der
Einlegungsfrist ist, siehe Rn 166) oder mit Zustellung des Urteils, wenn dieses bei Ablauf der
Einlegungsfrist noch nicht zugestellt war.

Mit der Begründung sind die **Rechtsbeschwerdeanträge** zu stellen. Gewöhnlich handelt es 168
sich nur um den Antrag, unter Aufhebung des Urteils die Sache zur anderweitigen Entscheidung an das Amtsgericht zurückzuverweisen. Ausnahmsweise, wenn eine weitere Sachaufklärung nicht notwendig ist, kann man auch eine abschließende Entscheidung des Rechtsbeschwerdegerichts selbst beantragen. Dann empfiehlt sich als Hilfsantrag aber auch der Zu-
rückverweisungsantrag. Grundsätzlich ist anzugeben, inwieweit der Beschwerdeführer das
Urteil anficht und dessen Aufhebung beantragt. Denkbar sind auch Fälle, in denen nur teilweise Aufhebung angestrebt wird. In einem Urteil können beispielsweise mehrere Taten behandelt werden. Wenn sich in einem solchen Fall die Rechtsbeschwerdebegründung ohne
besonderen Antrag mit nur einer Tat beschäftigt, wäre sie wohl unzulässig.[73]

aa) Sachrüge

Neben dem Antrag muss die Rechtsbeschwerdebegründung auch beinhalten, worauf sie sich 169
stützt. Dabei handelt es sich um eine notwendige Begründung. Ohne derartige Ausführungen
wäre sie auch bei korrekter Antragstellung unzulässig.[74] Soll die Verletzung materiellen
Rechts oder dem sachlichen Recht zuzurechnender Grundsätze gerügt werden, genügt der
Satz: „Ich rüge die Verletzung des sachlichen Rechts." Weitere Ausführungen sind nicht
erforderlich, um die Zulassungshürde zu überwinden. Ein derartiger Begründungsschriftsatz
hätte folgenden Inhalt:

---

70 In: Göhler, OWiG, § 79 Rn 31 unter Hinweis auf OLG Köln NStZ 1987, 243.
71 Das verkehrsrechtliche Mandat, § 34 Rn 39.
72 NZV 2006, 322 m. Anm. *Kucklick*.
73 BayObLG bei *Rüth*, DAR 1985, 247.
74 *Seitz*, in: Göhler, OWiG, § 79 Rn 27b mwN.

170 **Muster: Rechtsbeschwerdebegründung mit Mindestinhalt bei Verletzung des sachlichen Rechts (Sachrüge)**

 ↓

An das Amtsgericht ▪▪▪

In der Bußgeldsache

gegen ▪▪▪

Az ▪▪▪

begründe ich die mit Schriftsatz vom ▪▪▪ eingelegte Rechtsbeschwerde und beantrage,

unter Aufhebung des Urteils vom ▪▪▪ die Sache zur anderweitigen Entscheidung an das Amtsgericht zurückzuverweisen.

Begründung:

Ich rüge die Verletzung des sachlichen Rechts.

Rechtsanwalt

 ↑

171 Mit dieser Begründung zwingt man das Oberlandesgericht zur Nachprüfung des gesamten sachlichen Rechts inklusive der Beweiswürdigung.[75] Allerdings wird die Beweiswürdigung, die grundsätzlich Sache des Tatrichters ist, nur auf Verstöße gegen Denkgesetze oder Erfahrungssätze hin überprüft.[76] Eine Sachrüge sollte immer unter Beachtung der hier genannten Wortwahl erhoben werden. Wer hier eine Formulierung wählt, die nicht zum Ausdruck bringt, dass die Rüge das Urteil hinsichtlich der Verwendung des materiellen Rechts angreift, riskiert ihre Unzulässigkeit, wenn das Rechtsbeschwerdegericht nicht auch aus einer weiteren Begründung die Absicht der Sachrüge herleiten kann.[77] Auch deshalb empfiehlt es sich, die Sachrüge („Ich rüge die Verletzung des sachlichen Rechts") mit einer weiteren Begründung zu versehen. Darauf sollte nur dann verzichtet werden, wenn es bei der Rechtsbeschwerde ausschließlich darum geht, die Rechtskraft einer Entscheidung zu verzögern. Wenn Angriffspunkte gegen das Urteil vorhanden sind, sollte man diese exemplarisch in der Begründung ausführen. Nicht generell, aber für die meisten Fälle gilt, dass die Entscheidung über eine derartig begründete Rechtsbeschwerde länger auf sich warten lässt als diejenige bei einer Beschwerde mit Minimalbegründung. Wer die Ausführungen im Urteil zur Identifizierung des Betroffenen angreifen will, sollte daher in der Begründung darauf hinweisen.

172 **Beispiel (AG-Urteil[78] zur Begründung der Fahreridentität):** „Die Feststellung, dass der Betroffene zum Tatzeitpunkt der Fahrer des PKW Audi war, beruht auf der Inaugenscheinnahme der Fotos Blatt 2 der Akte und dem Abgleich dieser Fotos im Hinblick auf das Aussehen mit dem in der Hauptverhandlung anwesenden Betroffenen. Dabei hat das Gericht festgestellt, dass der Betroffene genauso aussieht wie die Person, die auf Lichtbild Blatt 2 der Akte abgebildet ist. Hierbei konnte sich das Gericht insbesondere davon überzeugen, dass die gesamte Gesichtsform (ein relativ breites, fast rundes Gesicht) übereinstimmt. Ebenfalls ist klar zu erkennen, dass die anliegenden Ohren und der Haaransatz übereinstimmen. Zwar hat der Betroffene in der Hauptverhandlung längere Haare gehabt als auf dem Foto; der Haaransatz als solcher ist jedoch derselbe. Auch die Nasengröße, die vom Gericht als weder besonders

---

75 *Seitz*, in: Göhler, OWiG, § 79 Rn 27c.
76 Vgl *Meyer-Goßner*, StPO, § 337 Rn 30 ff.
77 OLG Hamm, zitiert von *Seitz*, in: Göhler, OWiG, § 79 Rn 27c für die Wortwahl: „Wir bitten um Überprüfung in rechtlicher Hinsicht."
78 AG Dresden, Az 220 OWi 701 Js 1790/06 – n.v.

groß noch besonders klein angesehen wird, stimmt überein. Schließlich sind sowohl der Betroffene als auch die auf Blatt 2 abgebildete Person Brillenträger, die eine fast identisch aussehende Brille tragen. Hier ist zwar dem Betroffenen, der dies in der Hauptverhandlung auch hervorgehoben hat, zuzugeben, dass vergleichbare Brillen von einer Vielzahl von Menschen getragen werden. Im vorliegenden Fall ist das Gericht jedoch im Hinblick auf die sehr starke Ähnlichkeit, die Tatsache, dass das Fahrzeug dem Betroffenen auch zur Verfügung gestellt war, die Tatsache, dass er den von ihm behaupteten tatsächlichen Fahrer nicht namentlich benennen konnte oder wollte, sowie die Tatsache, dass sowohl der abgebildete Fahrer als auch der Betroffene gleichartige Brillen tragen, überzeugt davon, dass der Betroffene zum Tatzeitpunkt der Fahrer war. Hierfür spricht auch noch ein weiteres Indiz. Während der Vernehmung des Zeugen hat der Betroffene plötzlich eingewandt, dass das Messfahrzeug nicht an der vom Zeugen behaupteten Stelle gestanden habe, sondern auf einer Verkehrsinsel ein ganzes Stück weiter vorn. Auf Nachfrage des Gerichts, woher er das so genau wissen will, wenn er zum Tatzeitpunkt nicht der Fahrer des Fahrzeugs gewesen sein will, hat er angegeben, dass er sich die Stelle im Nachhinein noch einmal angeschaut hat. Einen Grund hierfür konnte er jedoch nicht angeben. Darüber hinaus hat das Gericht den Betroffenen darauf hingewiesen, dass der mögliche Fahrer im Hinblick auf die Verjährungsvorschriften zum Zeitpunkt der Hauptverhandlung nicht mehr hätte verfolgt werden können. Aus diesem Grund hat das Gericht dem Betroffenen angeboten, diesen Fahrer gegebenenfalls als Zeugen zu laden. Der Betroffene wollte den Namen des Fahrers jedoch gleichwohl nicht angeben. Einen nachvollziehbaren Grund hat er hierfür nicht angegeben. Auch das Aussageverhalten des Betroffenen stellt daher ein Indiz für die Täterschaft des Betroffenen dar und hat somit zur Überzeugungsgewinnung des Gerichts im Hinblick auf die Täterschaft des Betroffenen beigetragen."

Die Rechtsbeschwerde, die in diesem Fall als Sachrüge auszuführen ist, hatte mit folgendem Inhalt Erfolg: 173

Muster: Sachrüge mit Begründung bei zweifelhafter Fahreridentität   174

                                                                          301

An das Amtsgericht ■■■

In der Bußgeldsache

gegen ■■■

Az ■■■

begründe ich die mit Schriftsatz vom ■■■ eingelegte Rechtsbeschwerde und werde beantragen,

unter Aufhebung des Urteils des Amtsgerichts die Sache zur anderweitigen Entscheidung an das Amtsgericht zurückzuverweisen.

Begründung:

Ich erhebe die allgemeine Sachrüge.

Beispielhaft führe ich hierzu aus:

Der Betroffene hat sich in der Hauptverhandlung zur Sache eingelassen und angegeben, dass er nicht Fahrer des festgestellten Fahrzeugs zum Tatzeitpunkt gewesen sei. Das Amtsgericht war hiervon nicht überzeugt. Die Ausführungen in den Urteilsgründen genügen nicht den obergerichtlichen Anforderungen an die Begründung für die Verwertung von Beweisfotos zur Fahreridentifizierung.

Eine prozessordnungsgemäße Bezugnahme auf das Messfoto liegt nicht vor. Die Angabe der Aktenblattzahl stellt keine ausreichende Bezugnahme dar (BayObLG DAR 1997, 498). Es reicht auch nicht aus, unter Angabe der Fundstelle in den Akten im Urteil mitzuteilen, das Bild sei in Augenschein genommen und mit einer Person verglichen worden (OLG Köln NZV 2004, 596).

Fehlt es an einer ausdrücklichen Bezugnahme – wie im vorliegenden Fall – muss das Urteil Ausführungen zur Bildqualität enthalten und die abgebildete Person oder jedenfalls mehrere charakteristische Identifizierungsmerkmale so präzise beschreiben, dass dem Rechtsmittelgericht anhand der Beschreibung – gleichsam als wenn es das Foto betrachtete – die Prüfung ermöglicht wird, ob diese Beschreibung generell geeignet ist, eine Person zu identifizieren (BayObLG DAR 1998, 147; OLG Hamm zfs 2000, 557; NZV 2003, 102).

Vorliegend gibt es bereits keine Angaben über die Qualität des Lichtbildes. Tatsächlich ist dieses Bild für eine Identifizierung nicht uneingeschränkt geeignet. Wesentliche Teile des Gesichts der Person am Steuer des gemessenen Fahrzeugs sind durch das Lenkrad und die darauf liegende linke Hand des Fahrers verdeckt. Das Bild ist dunkel, weist nur wenige Details auf und ist überwiegend kontrastarm und körnig. Ob im oberen Teil des Fahrerkopfes ein Haaransatz zu erkennen ist oder der Rand der Sonnenblende, kann anhand dieses Bildes bereits nicht beurteilt werden.

Für eine Identifizierung genügt es nicht, wenn das Gericht nur angibt, der Betroffene sehe genauso aus wie die Person, die auf dem Messfoto abgebildet ist. Eine Beschreibung wie Übereinstimmung des Haaransatzes, der Mund- und Nasenpartie sowie des Ohrenansatzes reicht deshalb nicht aus, weil es sich um eine bloße Auflistung handelt (BayObLG DAR 1997, 498; KG NZV 1998, 123; OLG Dresden DAR 2000, 279; OLG Hamm NZV 2003, 101).

Die Urteilsgründe lassen Beschreibungen von charakteristischen Merkmalen völlig vermissen. Dass Ohren anliegen, kann man nicht gerade als charakteristisches, besonders individuelles Merkmal bezeichnen. Der Hinweis auf eine Nasengröße („weder besonders groß noch besonders klein") hat keinerlei Aussagewert. Auch das Merkmal „relativ breites, fast rundes Gesicht" dürfte für eine eindeutige Identifizierung nicht ausreichen. Gleiches gilt selbstverständlich für Hinweise auf Bekleidung oder andere Accessoires wie Brillen.

Aus dem Umstand, dass der PKW dem Betroffenen irgendwann vor der Messung einmal zur Verfügung gestellt worden war, kann nicht auf die Fahrereigenschaft des Betroffenen zum Zeitpunkt der Messung geschlossen werden. Aus dem Aussageverhalten des Betroffenen, der die Fahrereigenschaft abstreitet, kann nicht auf das Gegenteil geschlossen werden. Wenn der Betroffene in der Hauptverhandlung angegeben hat, der Messwagen habe auf einer Verkehrsinsel gestanden und nicht an der vom Zeugen behaupteten Stelle, kann daraus allenfalls geschlossen werden, dass der Betroffene offensichtlich zum Zeitpunkt der Messung nicht an der Messstelle gewesen ist. Sonst hätte er gewusst, an welcher Stelle der Wagen gestanden hat.

Alles in allem genügt die Urteilsbegründung nicht den Anforderungen für eine eindeutige Identifizierung. Das Urteil ist deshalb aufzuheben, und die Sache ist zur erneuten Entscheidung zurückzuverweisen.

Rechtsanwalt

175 Die Voraussetzungen für eine Identifizierung des Betroffenen aufgrund eines Radarfotos sind regelmäßig Gegenstand von obergerichtlichen Entscheidungen. Deutlich seltener sind Beschlüsse, die sich mit dem **Messverfahren** beschäftigen.

176 **Beispiel (AG-Urteil zur Messung mit *ProViDa*):** Die als Zeugen gehörten Polizeibeamten haben angegeben, sich an die konkrete Messung erinnern zu können. Der Zeuge O. hat das in Augenschein genommene Videoband ausführlich erläutert. Aus der Aussage des Zeugen O. wie auch aus dem Datenerfassungsbeleg – der in die Hauptverhandlung eingeführt wurde – ergibt sich, dass die Geschwindigkeitsmessung mit dem Geschwindigkeitsmesssystem *ProViDa 2000* durchgeführt wurde. Es ist gerichtsbekannt, dass es sich hierbei um ein standardisiertes und anerkanntes Verfahren zur Geschwindigkeitsbestimmung handelt, das auf der Weg-Zeit-Messung einer Videoaufnahme beruht. Die grundsätzliche Eignung zur Vornahme von Geschwindigkeitsmessungen ergibt sich auch aus der Bauartzulassung der Physikalisch-Technischen Bundesanstalt, die durch den Eichschein vom 12.7.2006 dokumentiert ist. Der Eichschein wurde in die Hauptverhandlung eingeführt. Bei dem *ProViDa*-System ist eine Videokamera fest in das Messfahrzeug (Polizeifahrzeug) eingebaut. Aus dem Eichschein ergibt sich, dass sich die Eichung auf den Einbau in einem BMW 530 bezieht, der über Reifen der Größe 225/55 R 16 verfügt, die mit einem Reifendruck von 2,2 bar betrieben werden müssen. Der Zeuge O. hat weiter glaubhaft angegeben, dass das Polizeifahrzeug mehrfach täglich betankt und hierbei jeweils der Luftdruck überprüft wurde. Der ebenso als Zeuge vernommene Polizeibeamte Z. hat diese Aussage bestätigt und angegeben, dass der Fahrer des Fahrzeugs in jedem Fall beim Tanken den Luftdruck überprüft. Das Gericht hat daher keine Zweifel daran, dass das Messfahrzeug mit dem erforderlichen Reifendruck betrieben wurde.

Der Zeuge O. konnte aufgrund der Unterlagen der Akte weiterhin nachvollziehen, dass die Messstrecke 505 Meter, die Messzeit 10,59 Sekunden und die durch das *ProViDa*-System gemessene Geschwindigkeit 171 km/h betragen hat. Er hat insoweit auch in der Hauptverhandlung angegeben, dass die Bedienung entsprechend der gültigen Bedienungsanleitung des Herstellers erfolgt ist.

Der Zeuge Z. hat weiterhin angegeben, dass er – was nach der Kenntnis des Gerichts von dem Geschwindigkeitsmesssystem *ProViDa* für die Richtigkeit der Messung erforderlich ist – trotz der schlechten Sicht einen gleich bleibenden Abstand zu dem vor ihm fahrenden Fahrzeug des Betroffenen über die gesamte Messzeit eingehalten hat. Er hat in diesem Zusammenhang weiter glaubhaft ausgeführt, dass er nach 505 Metern die Messung abgebrochen habe, da der Fahrzeugführer gebremst habe und so nicht mehr sichergestellt werden konnte, dass der Abstand konstant blieb. Die Messstrecke habe daher nur ca. 500 Meter betragen. Diese Handhabung entspreche jedoch auch den Vorgaben der Bedienungsanleitung, da eine längere Messstrecke nicht erforderlich sei.

Aufgrund der Beweisaufnahme steht zur Überzeugung des Gerichts fest, dass eine Geschwindigkeit von 171 km/h (vorwerfbar: 162 km/h) aufgrund einer ordnungsgemäßen Messung festgestellt werden konnte.

Demgegenüber bestehen an der Richtigkeit der Messung keine durchgreifenden Zweifel. Nach Auffassung des Gerichts ist es unerheblich, ob das Polizeifahrzeug mit Sommer- oder mit Winterreifen betrieben worden ist, da sich die Eichung generell auf Reifen der in dem Eichschein genannten Größe bezieht, unabhängig davon, ob es sich um Sommer- oder Winterreifen handelt. Die Polizeibeamten haben in diesem Zusammenhang auch glaubhaft ausgesagt, dass dies nach ihrer Kenntnis des Systems nicht von Bedeutung ist.

Das Gericht hat auch angesichts der schlechten Wetterverhältnisse bei der Geschwindigkeitsmessung keinen Zweifel daran, dass das Polizeifahrzeug während der Messung einen konstanten Abstand zu dem Fahrzeug des Betroffenen gehalten hat. Beide haben angegeben, dass sie nach Augenmaß darauf geachtet haben, dass der Abstand zum vorausfahrenden Fahrzeug konstant blieb. Beide haben in diesem Zusammenhang zwar auch angegeben, dass sie sich an den Leitpfosten am Fahrbahnrand orientiert haben, was allerdings nach dem in Augenschein genommenen Videoband nur im beschränkten Umfang möglich erscheint, da die Sicht durch den starken Regen sehr eingeschränkt war. Ausweislich des Videobandes ergeben sich die Sichteinschränkungen nicht nur durch den Niederschlag des Regens, sondern insbesondere auch durch die Aufwirbelung des auf der Fahrbahn befindlichen Wassers durch die einzelnen Verkehrsteilnehmer. Der rechte Fahrbahnrand mit den Leitpfosten ist auf dem Video aufgrund des starken Regens sowie aufgrund des Verkehrs auf dem rechten Fahrstreifen nicht bzw fast nicht zu erkennen. Das Gericht hält es jedoch für ausreichend, dass nach den glaubhaften Aussagen der Zeugen der Abstand zu dem vorausfahrenden Fahrzeug gleich geblieben ist. In diesem Zusammenhang ist zu berücksichtigen, dass es sich bei den beiden Polizeibeamten um sehr erfahrene Messbeamte handelt. Die Sicht auf das vorausfahrende Fahrzeug des Betroffenen war – wie die Videoaufnahme gezeigt hat – zwar teilweise durch den Regen erschwert, aber durchgängig möglich. Zudem haben die Zeugen die Messung abgebrochen, als der Betroffene sein Fahrzeug abgebremst hat. Diese Reaktion zeigt, dass es ihnen sehr darauf ankam, einen konstanten Abstand zu dem vorausfahrenden Fahrzeug zu halten. Als dieses nicht mehr möglich war, haben sie die Messung abgebrochen, was für die Zuverlässigkeit und Richtigkeit der dokumentierten Messung spricht. Die Inaugenscheinnahme des Videobandes hat zudem ergeben, dass der Abstand des Polizeifahrzeugs zu dem vorausfahrenden Fahrzeug augenscheinlich gleich geblieben ist. Das Gericht hat daher keinen Zweifel an der Richtigkeit und Ordnungsgemäßheit der Messung.

177 **Muster: Rechtsbeschwerde (Sachrüge) bei mangelhaften Urteilsgründen zum Messverfahren**

↓

An das Amtsgericht ■■■

In der Bußgeldsache

gegen ■■■

Az ■■■

begründe ich die eingelegte Rechtsbeschwerde mit dem Antrag,

unter Aufhebung des Urteils des Amtsgerichts die Sache zur anderweitigen Entscheidung an das Amtsgericht zurückzuverweisen.

Ich erhebe die allgemeine Sachrüge.

Hierzu führe ich beispielhaft aus:

1. Im Urteil heißt es, dass eine Geschwindigkeitsmessung mit dem Messsystem „ProViDa 2000" durchgeführt wurde. Das Gericht teilt im Urteil aber nicht mit, mit welchem der diesem System möglichen Messverfahren gemessen wurde. Der Angabe der Messstrecke von 505 Metern und der Messzeit von 10,59 Sekunden ist für sich genommen noch nicht zu entnehmen, welches Verfahren von den Polizeibeamten eingesetzt worden ist. Das System *ProViDa* ermöglicht mindestens vier verschiedene Verfahren zur Geschwindigkeitsmessung. Aus den Angaben, die im Urteil enthalten sind, lässt sich auf mindestens zwei verschiedene Verfahrensmöglichkeiten schließen. Ohne die Angabe des genauen Verfahrens ist es nicht möglich, nachzuvollziehen, ob ein standardisiertes Verfahren eingesetzt worden ist (vgl OLG Brandenburg, Beschl. v. 4.3.1999 – Az 2 Ss OWi 20 B/99 – unveröffentlicht, mwN; OLG Brandenburg DAR 2000, 278; KG, Beschl. v. 12.4.2001 – Az 2 Ss 28/01-3 Ws B 92/01 – unveröffentlicht). Die angegriffene Entscheidung weist deshalb einen durchgreifenden sachlich-rechtlichen Fehler auf. Die Feststellungen zur Fahrgeschwindigkeit des vom Betroffenen gesteuerten Personenkraftwagens entbehren einer nachvollziehbaren Grundlage. Die tatrichterlichen Feststellungen müssen so vollständig sein, dass sie dem Rechtsbeschwerdegericht eine Kontrolle der Beweiswürdigung ermöglichen. Dabei muss der Tatrichter bei unter Einsatz von Messgeräten festgestellten Geschwindigkeitsüberschreitungen grundsätzlich das angewandte Messverfahren, die gemessene Geschwindigkeit sowie die berücksichtigten Messtoleranzen in den Urteilsgründen mitteilen, um dem Rechtsmittelgericht eine Überprüfung der korrekten Ermittlung der gefahrenen Geschwindigkeit zu ermöglichen (BGHSt 39, 291, 303). Zwar genügt bei bestimmten standardisierten Messverfahren, zB Typ *ProViDa*, die im Urteil zu belegen sind, die Angabe der gemessenen (brutto) Geschwindigkeit ohne die konkreten Toleranzwerte, da in solchen Fällen das Rechtsbeschwerdegericht in der Lage ist zu prüfen, ob die nach Gebrauchsanweisung des Herstellers auftretende Fehlertoleranz in zutreffendem Umfang berücksichtigt worden ist. Es kann sogar lediglich die Bezeichnung des zur Messung verwendeten Gerätetyps und der berechneten Geschwindigkeit ausreichen, wenn das System eine eigenständige Weg-Zeit-Berechnung durchführt. Diesen Anforderungen genügen die vorliegenden Urteilsgründe nicht. Das Amtsgericht hat es versäumt, mitzuteilen, mit welchem

Messverfahren die dem Betroffenen vorgeworfene Geschwindigkeit gemessen wurde. Dies ist jedoch erforderlich, um dem Rechtsbeschwerdegericht die Feststellung zu ermöglichen, ob die vom Amtsgericht festgestellten Geschwindigkeitsüberschreitungen rechtsfehlerfrei festgestellt worden sind (OLG Brandenburg DAR 2005, 97), zumal die Höhe der Geschwindigkeitsüberschreitungen auch für die Anordnung des Fahrverbots als Nebenfolge maßgeblich ist und der Betroffene die gefahrenen Geschwindigkeiten nicht eingeräumt hat.

2. Das Gericht führt im Urteil aus, dass es unerheblich sei, ob das Polizeifahrzeug mit Sommer- oder mit Winterreifen betrieben worden ist, da sich die Eichung generell auf Reifen der in dem Eichschein genannten Größe beziehe, unabhängig davon, ob es sich um Sommer- oder Winterreifen handele. Diese Auffassung ist falsch. Auch bei einem Reifenwechsel auf die gleiche Reifengröße ergeben sich Unterschiede im Abrollumfang, die mit zusätzlichen 1% Toleranzabzug zu berücksichtigen sind (vgl OLG Celle NZV 1997, 188). Bei einem Wechsel von Winterreifen auf Sommerreifen gleicher Art sind 2% zusätzlicher Toleranzabzug anzusetzen. Der Einsatz des Messgeräts nach einem Wechsel von Winter- auf Sommerreifen oder ein Umrüsten auf Reifen anderer Größe ohne Neueichung ist nicht zulässig (OLG Celle, aaO). Mit welchen Reifen das System geeicht worden ist, teilt das Urteil aber nicht mit.

3. Das Gericht geht im Urteil davon aus, dass es für die Messung darauf ankommt, dass ein gleicher Abstand eingehalten worden ist. Weil aber das Messverfahren des *ProViDa*-Systems nicht mitgeteilt worden ist, kann nicht überprüft werden, ob das Vorliegen eines konstanten Abstands tatsächlich Voraussetzung für eine exakte Messung war.

4. Unabhängig davon ergeben sich Zweifel, dass ein konstanter Abstand bestanden hat. Das Gericht bezieht sich hierfür ausschließlich auf die Angaben der beiden Zeugen, teilt aber mit, dass nach Betrachtung des Videobandes davon auszugehen sei, dass zur Tatzeit erhebliche Sichteinschränkungen durch Aufwirbelung des auf der Fahrbahn befindlichen Wassers bestanden haben. Der rechte Fahrbahnrand mit den Leitpfosten sei auf dem Video aufgrund des starken Regens sowie aufgrund des Verkehrs auf dem rechten Fahrstreifen nicht bzw fast nicht zu erkennen. Gleichwohl stützt das Gericht seine Annahme eines konstanten Abstands auf die Aussage der beiden Zeugen, sich an den Leitpfosten am Fahrbahnrand orientiert zu haben. Mangelhaft ist in diesem Zusammenhang auch, dass das Urteil nicht einmal mitteilt, welchen ungefähren Abstand die beiden Fahrzeuge (Fahrzeug des Betroffenen und Polizeifahrzeug) zueinander gehabt haben. Diese Angabe ist aber unerlässlich, um einschätzen zu können, wie genau die Beobachtungen der beiden Zeugen tatsächlich gewesen sein können. Bei einem großen Abstand zwischen den Fahrzeugen lassen sich Abstandsveränderungen von 20–30 Metern ohne weitere Anhaltspunkte nicht mehr erkennen. Schon eine Verkürzung des Abstands während der Messstrecke um 20 Meter führt hier aber bereits dazu, dass keine Geschwindigkeitsüberschreitung im Regelfahrverbotsbereich mehr vorliegt.

Um aus der Geschwindigkeit des Polizeifahrzeugs auf die des überwachten vorausfahrenden PKW des Betroffenen schließen zu können, bedarf es grundsätzlich der Kenntnis möglicher Abstandsveränderungen zwischen den beiden Fahrzeugen während der Überwachung. Die sich bei der Ermittlung möglicher Abstandsveränderungen ergebenden zusätzlichen Fehler müssen gesondert berücksichtigt werden. Weil es eine allgemeingültige Aussage, welcher Fehler bei der Abstandsermittlung auftritt, nicht gibt, kann keine pauschale Korrektur des gemessenen Geschwindigkeitswertes vorgenommen werden. Es ist noch nicht einmal eine allgemeingültige Aussage dahin gehend möglich, wie stark sich ein bestimmter Auswertefehler bei der Abstandsermittlung auf das Gesamtergebnis hinsichtlich der Geschwindigkeit auswirkt; dies hängt unter anderem von der Länge der Überwachungsstrecke ab. Bei sehr langen Nachfahrten wirken sich Fehler bei der Abstandsermittlung kaum auf das Ergebnis der Geschwindigkeit des Fahrzeugs des Betroffenen aus und umgekehrt (vgl *Beck/Löhle*, Fehlerquellen bei polizeilichen Messverfahren, 8. Aufl. 2006, S. 103 f). Die durch die Ermittlung möglicher Abstandsveränderungen zusätzlich auftretenden Toleranzen müssen mithin für *jeden Einzelfall* bestimmt werden.

Rechtsanwalt

178 **Anmerkung:** Der Wechsel von Winter- auf Sommerreifen muss nicht immer zu Messergebnissen zu Ungunsten des Betroffenen führen. Es kommt immer auf den Abrollumfang der beiden Reifenarten an. Deshalb wären mindestens hierzu Feststellungen im Urteil nötig, wenn das Gericht auch ohne vorher durchgeführte Neueichung nach dem Reifenwechsel von der Verwertbarkeit der Messung ausgeht.[79]

bb) Verfahrensrüge

179 Die Anforderungen an eine Rechtsbeschwerde, mit welcher **Verfahrensfehler** geltend gemacht werden, sind deutlich strenger als diejenigen an eine Sachrüge. Gem. § 344 StPO, der über § 79 Abs. 3 S.1 OWiG maßgeblich ist, müssen die den Mangel enthaltenden Tatsachen angegeben werden. Das Rechtsbeschwerdegericht prüft nicht von sich aus die Ordnungsmäßigkeit des gesamten Verfahrens. Die angegebenen Tatsachen müssen so genau bezeichnet und so vollständig wiedergegeben werden, dass das OLG nur aufgrund der Beschwerdebegründung ohne Rückgriff auf die Akte prüfen kann, ob ein Verfahrensfehler vorliegt.[80] Bezugnahmen und Verweisungen auf den Akteninhalt sind unzulässig.[81]

180 Die Erhebung einer Verfahrensrüge ist daher gewöhnlich mit erheblichem Schreibaufwand verbunden. Der Gang des Verfahrens, beginnend beim Bußgeldbescheid, sollte vollständig dargestellt werden. Urteilspassagen, auf denen die Verfahrensrüge aufbaut, müssen wortgetreu wiedergegeben werden. Gleiches gilt für Beweisanträge oder das Verfahren begleitende Beschlüsse. Die Verwendung von Kopien ist zulässig. Wenn ein umfangreicheres Urteil zitiert werden muss, kann man deshalb die Entscheidungsgründe in die Rechtsbeschwerdebegründung hineinkopieren und Beschwerde und enthaltene Urteilskopien mit einer verbindenden Blattnummerierung versehen. Es muss allerdings ein inhaltlicher Zusammenhang mit der Beschwerdebegründung gegeben sein. Wenn das Gericht den Vortrag aus zusammenhanglosen Unterlagen ergänzen muss, genügt die Rechtsbeschwerde den Formerfordernissen des § 344 Abs. 2 StPO nicht.[82] Hineinkopierte Passagen zu verwenden, ist zumindest dann, wenn es um Textwiedergabe geht, bislang beanstandungsfrei.[83]

181 Zweifelhaft ist es aber, ob auf diesem Weg auch **Bildmaterial** dem Beschwerdegericht zugänglich gemacht werden kann (beispielsweise Fotos von der Unfallstelle, Fotos vom Betroffenen in Identifizierungsfällen etc.) Dafür spricht, dass das Urteil des Amtsgerichts solche Elemente verwertbar enthalten darf.[84] In Identifizierungsfällen wird diese Vorgehensweise allerdings keine Vorteile bringen, weil es grundsätzlich Sache des Tatrichters ist, die Identität des Betroffenen mit dem Fahrer auf dem Radarfoto festzustellen. Das Beschwerdegericht nimmt insoweit keine eigene Beweiswürdigung vor,[85] auch nicht, wenn man ihm in der Rechtsbeschwerde das Messfoto zusammen mit einem aktuellen Bild des Betroffenen präsentiert. Etwas anderes gilt aber hinsichtlich der **Qualität des Messfotos**, wenn dieses *in das Urteil hineinkopiert* ist. Dann kann das OLG prüfen, wozu es nach der Prozessordnung auch berechtigt ist, ob das Foto überhaupt für eine Identifizierung geeignet ist.

182 Das folgende Muster einer Rechtsbeschwerde enthält eine Verfahrensrüge, die sich gegen ein Verwerfungsurteil richtet, nachdem der Betroffene vorher trotz seines Antrags nicht von der Verpflichtung zum persönlichen Erscheinen entbunden worden ist.

---

79 Vgl OLG Koblenz, Beschl. v. 24.7.2001 – 1 Ss 203/01 –, veröffentlicht in der Onlinedatenbank *LexisNexis*.
80 *Seitz*, in: Göhler, OWiG, § 79 Rn 27d.
81 *Meyer-Goßner*, StPO, § 344 Rn 21.
82 BGHSt 33, 44; OLG Düsseldorf VRS 85, 116.
83 OLG Hamm NZV 2002, 139, 140.
84 BayObLG DAR 1996, 289.
85 BGH DAR 1996, 98, 99.

183

303

Muster: Rechtsbeschwerde (Verfahrensrüge) gegen Verwerfungsurteil

An das Amtsgericht ■■■

In der Bußgeldsache

gegen ■■■

Az ■■■

begründe ich hiermit die mit Schriftsatz vom ■■■ eingelegte Rechtsbeschwerde und beantrage,

unter Aufhebung des Urteils des Amtsgerichts vom ■■■, zugestellt am ■■■, die Sache zur erneuten Entscheidung an das Amtsgericht zurückzuverweisen.

Begründung:

Ich erhebe die allgemeine Sachrüge. Daneben erhebe ich die Verfahrensrüge wegen Verletzung des rechtlichen Gehörs und begründe diese wie folgt:

I. Sachverhalt

Gegen den Betroffenen ist mit Bußgeldbescheid der Zentralen Bußgeldstelle vom 14.10.2004 eine Geldbuße von 125,00 EUR sowie ein Fahrverbot von einem Monat festgesetzt worden. Ihm ist vorgeworfen worden,

„am 18.9.2004 um 15:17 Uhr, BAB, zwischen AS N. und AS F. Fahrtrichtung B. als Führer des PKW, amtl. Kennz. [...], folgende Verkehrsordnungswidrigkeit begangen zu haben:

Sie hielten bei einer Geschwindigkeit von 131 km/h den erforderlichen Abstand von 65,50 m zum vorausfahrenden Fahrzeug nicht ein. Ihr Abstand betrug 11,91 m und damit weniger als 2/10 des halben Tachowertes. Toleranzen sind zu Ihren Gunsten berücksichtigt.

§ 4 Abs. 1, § 49 StVO; § 24, § 25 StVG; 12.6.4 BKatV; § 4 Abs. 1 BKatV, § 25 Abs. 2a StVG."

Hiergegen hat der Betroffene mit anwaltlichem Schreiben vom 28.10.2004 ohne weitere Begründung Einspruch einlegen lassen. Das Amtsgericht hat zuletzt eine Hauptverhandlung auf Freitag, den 8.7.2005, 12:00 Uhr bestimmt und mit Schreiben vom 8.6.2005 zu diesem Hauptverhandlungstermin geladen. Mit Schriftsatz vom 6.6.2005 habe ich mich für den Betroffenen teilweise zur Sache geäußert und beantragt, den Betroffenen von der Pflicht zum persönlichen Erscheinen zu entbinden. Der Schriftsatz hat folgenden Wortlaut:

„[...] beantrage ich,

den Betroffenen von der Pflicht zum persönlichen Erscheinen zu entbinden.

Begründung:

Der Betroffene räumt ein, zur Tatzeit der Fahrer des gemessenen Fahrzeugs gewesen zu sein. Darüber hinaus wird der Betroffene keine Angaben zur Sache oder zu seinen persönlichen Daten machen.

Rechtsanwalt"

Mit Beschluss vom 8.6.2005 hat das Amtsgericht den Antrag zurückgewiesen. Der Beschluss hat folgenden Wortlaut:

„In der Bußgeldsache gegen M. wird der Antrag des Betroffenen vom 6.6.2005, ihn von der Verpflichtung zum persönlichen Erscheinen zu entbinden, zurückgewiesen.

Gründe:

Die Voraussetzungen für eine Entbindung von der Pflicht zum persönlichen Erscheinen liegen nicht vor. Die Anwesenheit des Betroffenen ist im Hinblick auf die Rechtsfolgen des Bußgeldbescheids unbedingt erforderlich (§ 73 Abs. 2 OWiG), weil es einer Erörterung seiner finanziellen Verhältnisse und gegebenenfalls auch der Folgen eines Fahrverbots für ihn persönlich bedarf."

Eine weitere Begründung enthält der Beschluss nicht.

Am 8.7.2005 ist die Hauptverhandlung durchgeführt worden. Der Betroffene war nicht erschienen. Im Termin ist nach einer Wartezeit dann das angegriffene Urteil verkündet worden. Das Urteil, welches am 13.7.2005 dem Unterzeichneten zugestellt worden ist, enthält folgenden Tenor und Gründe:

„Der Einspruch des Betroffenen M., geb. am [...] in [...] gegen den Bußgeldbescheid der Zentralen Bußgeldstelle vom 14.10.2004 wird verworfen.

Der Betroffene trägt auch die Kosten des gerichtlichen Verfahrens.

Gründe:

Der Betroffene hat gegen den in der Urteilsformel bezeichneten Bußgeldbescheid zwar rechtzeitig Einspruch erhoben, ist aber in dem heutigen Termin zur Hauptverhandlung ungeachtet der durch Urkunde vom 13.6.2005 (Blatt 35) nachgewiesenen Ladung ohne Entschuldigung ausgeblieben, obwohl der Betroffene von der Verpflichtung zum Erscheinen nicht entbunden war. Anhaltspunkte für das Vorliegen genügender Entschuldigungsgründe sind nicht ersichtlich. Der erhobene Einspruch war daher nach § 74 Abs. 2 OWiG zu verwerfen. Die Entscheidung über die Kosten des Verfahrens beruht auf § 109 Abs. 2 OWiG.

Richter am Amtsgericht"

Auf die erhobene Rechtsbeschwerde hat das OLG mit Beschluss vom 3.1.2006 das Urteil des Amtsgerichts vom 8.7.2005 aufgehoben und die Sache zu neuer Verhandlung und Entscheidung, auch über die Kosten der Rechtsbeschwerde, an das Amtsgericht zurückverwiesen. Hinsichtlich des Entbindungsantrags lautet die entscheidende Begründung:

„Ob der Betroffene auf seinen Antrag von der Verpflichtung zum Erscheinen in der Hauptverhandlung zu entbinden ist, steht nicht im Ermessen des Gerichts; es hat vielmehr diesem Antrag zu entsprechen, wenn die gesetzlichen Voraussetzungen nach § 73 Abs. 2 OWiG erfüllt sind. So liegt der Fall hier: Der Betroffene hat sich schriftlich zur Sache eingelassen, seine Fahrereigenschaft eingeräumt und erklärt, dass er sich in der Hauptverhandlung weder zu seiner Person noch zu seiner Sache äußern werde. Es ist nicht ersichtlich, dass die Anwesenheit des Betroffenen zur Aufklärung wesentlicher Gesichtspunkte des Sachverhaltes erforderlich gewesen wäre. Das Urteil, das – insoweit lückenhaft – den Entbindungsantrag nicht erwähnt, enthält ebenso wie der ablehnende Beschluss keine Anhaltspunkte für die Erforderlichkeit der Anwesenheit des Betroffenen in der Hauptverhandlung. Bei dieser Sachlage hätte dem Antrag des Betroffenen, von der Pflicht zum persönlichen Erscheinen entbunden zu werden, stattgegeben und unter Würdigung seiner Einlassung und der Erklärungen seines Verteidigers in der Sache entschieden werden müssen."

Das Amtsgericht hat dann mit Schreiben vom 31. 1.2006 zum Termin zur Hauptverhandlung am 7.4.2006 geladen. Mit Schriftsatz vom 9.3.2006 habe ich erneut beantragt, den Betroffenen von der Pflicht zum persönlichen Erscheinen in der Hauptverhandlung zu entbinden. Die Begründung lautet:

„Der Betroffene räumt ein, zur Tatzeit Fahrer des gemessenen Fahrzeugs gewesen zu sein. Darüber hinaus wird der Betroffene keine Angaben zur Sache oder seinen persönlichen Daten machen."

Am 20.3.2006 ging in der Kanzlei ein Beschluss vom 14.3.2006 ein mit folgendem Wortlaut:

„Der Antrag des Betroffenen vom 9.3.2006, ihn von der Verpflichtung zum persönlichen Erscheinen zu entbinden, wird zurückgewiesen.

Gründe:

Die Voraussetzungen für eine Entbindung von der Pflicht zum persönlichen Erscheinen liegen nicht vor. Die Anwesenheit des Betroffenen ist im Hinblick auf die Rechtsfolgen des Bußgeldbescheids unbedingt erforderlich (§ 73 Abs. 2 OWiG), weil es insbesondere einer Erörterung seiner finanziellen Verhältnisse und gegebenenfalls auch der Folgen eines Fahrverbots für ihn persönlich bedarf.

Richter am Amtsgericht"

In der Hauptverhandlung am 7.4.2006 ist der Einspruch verworfen worden. Das Urteil hat folgenden Inhalt:

„In der Bußgeldsache gegen M, [...]

wegen Ordnungswidrigkeit

hat das Amtsgericht – Bußgeldsache – in der Sitzung vom 7.4.2006 für Recht erkannt:

Der Einspruch des Betroffenen gegen den Bußgeldbescheid der Zentralen Bußgeldstelle vom 14.10.2004 wird verworfen. Der Betroffene trägt auch die Kosten des gerichtlichen Verfahrens.

Gründe:

Der Betroffene hat gegen den in der Urteilsformel bezeichneten Bußgeldbescheid zwar rechtzeitig Einspruch erhoben, ist aber in dem heutigen Termin zur Hauptverhandlung, ungeachtet der durch die Urkunde vom 24.3.2006 nachgewiesenen Ladung ohne Entschuldigung ausgeblieben, obwohl der Betroffene von der Verpflichtung zum Erscheinen nicht entbunden war. Anhaltspunkte für das Vorliegen von Entschuldigungsgründen sind nicht ersichtlich.

Die Anwesenheit des Betroffenen in der Hauptverhandlung ist unbedingt erforderlich. In dem Bußgeldbescheid ist ein Fahrverbot festgesetzt worden. Daher ist es erforderlich, Feststellungen zu den finanziellen Verhältnissen des Betroffenen und zu den Folgen des Fahrverbots für ihn zu treffen, wozu die Betroffenen nach den Erfahrungen des Gerichts oftmals auch dann bereit sind, wenn sie sich zunächst nicht eingelassen haben.

Richter am Amtsgericht"

Der Vollständigkeit halber führe ich noch aus, dass zusammen mit dem Einspruch vom 28.10.2004 eine vom Betroffenen unterzeichnete Vollmacht vorgelegt worden ist, aus der sich unter Ziff. 3 ergibt, dass ich zur Vertretung und Verteidigung in Bußgeldsachen einschließlich der Vorverfahren sowie (für den Fall der Abwesenheit) zur Vertretung nach § 411 Abs. 2 StPO und mit ausdrücklicher Ermächtigung auch nach §§ 233 Abs. 1, 234 StPO zur Stellung von Straf- und anderen nach der Strafprozessordnung zulässigen Anträgen und von Anträgen nach dem Gesetz über die Entschädigung für Strafverfolgungsmaßnahmen, insbesondere auch für das Betragsverfahren bevollmächtigt bin. Die Vollmacht gilt für alle Instanzen. Sie umfasst insbesondere die Befugnis, Zustellungen zu bewirken und entgegenzunehmen, die Vollmacht ganz oder teilweise auf andere zu übertragen (Untervollmacht), Rechtsmittel einzulegen, zurückzunehmen oder auf sie zu verzichten.

II. Das Urteil verletzt das Recht des Betroffenen auf rechtliches Gehör, weil das Amtsgericht dem Entbindungsantrag nach § 73 Abs. 2 OWiG hätte stattgeben müssen.

Der Bußgeldrichter hat zu Unrecht auf der Teilnahme des Betroffenen an der Hauptverhandlung bestanden, weil alle Voraussetzungen gemäß § 73 Abs. 2 OWiG für einen Anwesenheitsverzicht gegeben waren. Mit dem Antrag vom 9.3.2006 hat sich der Betroffene zur Sache geäußert und zugleich erklärt, dass er sich in der Hauptverhandlung darüber hinaus nicht einlassen wolle. Unter dieser Vorgabe hatte der Bußgeldrichter zu prüfen, ob die Anwesenheit des Betroffenen dennoch erforderlich war. Der Spielraum, der dafür zur Verfügung steht, richtet sich ausschließlich nach dem Gebot der Sachaufklärung; für zusätzliche Erwägungen zur Verhältnismäßigkeit und Zumutbarkeit lässt das Gesetz keinen Raum. Der Bußgeldrichter durfte deshalb auf der Erscheinungspflicht des zur Aussage in der Hauptverhandlung nicht bereiten Betroffenen nur bestehen, falls dessen Anwesenheit dennoch einen Aufklärungsbeitrag erwarten ließ.

Die Aufklärungsprognose konnte der Bußgeldrichter hier nicht positiv stellen. Es war nicht zu erwarten, dass der Betroffene von seinem Vorhaben, sich in der Hauptverhandlung zur Sache nicht zu äußern, abweichen würde. Auch die Anwesenheit des Betroffenen hätte der weiteren Sachaufklärung nicht geholfen, weil sich der Betroffene ohnehin bereits zur Tätereigenschaft geäußert hatte.

Aus welchen Gründen darüber hinaus das persönliche Erscheinen des Betroffenen zur Aufklärung des Sachverhalts erforderlich gewesen sein könnte, verschweigt das Gericht im Beschluss vom 14.3.2006. Nähere Einzelheiten für diese Behauptung enthalten die Entscheidungsgründe des Beschlusses nicht. Nach der Aktenlage ist eine solche Beweislage, in welcher der Betroffene zur Aufklärung der Sache durch seine Anwesenheit hätte beitragen können, auch nicht ersichtlich.

Da die Voraussetzungen für die Befreiung von der Anwesenheitspflicht in der Hauptverhandlung vorgelegen haben, war die Ablehnung des Antrags gemäß § 73 Abs. 2 OWiG und demgemäß die Verwerfung des Einspruchs des nicht erschienenen Betroffenen gegen den Bußgeldbescheid gemäß § 74 Abs. 2 OWiG rechtsfehlerhaft. Ich rüge mit der erhobenen Verfahrensrüge auch die Verletzung dieser Bestimmungen.

Verfahrensfehlerhaft ist im Übrigen auch, dass sich das angegriffene Urteil vom 7.4.2006 nicht mit den Gründen auseinandersetzt, die der Betroffene für seinen Antrag auf Entbindung vom persönlichen Erscheinen geltend gemacht hatte. Nicht einmal der Antrag ist in den Urteilsgründen erwähnt worden. Weil sich das Gericht im Urteil nicht mit der Frage auseinandergesetzt hat, warum es diesem Antrag des Betroffenen nicht entsprochen hat, liegt ein Rechtsfehler zum Nachteil des Betroffenen vor. Dass unter den geschilderten Voraussetzungen einem Antrag des Betroffenen auf Entbindung von der Pflicht zum persönlichen Erscheinen zu entsprechen ist, ist höchstrichterlich entschieden, nämlich bereits auch in diesem Verfahren mit dem darin enthaltenen Beschluss des OLG vom 3.1.2006 (ebenso OLG Dresden DAR 2005, 460 mwN). Soweit das OLG beabsichtigen sollte, von dieser Entscheidung abzuweichen, wäre die Sache gemäß § 79 Abs. 3 OWiG iVm § 121 Abs. 2, Abs. 1 Nr. 1a GVG vorzulegen; bei einer Einzelrichterentscheidung gemäß § 80a Abs. 3 OWiG dem Bußgeldsenat in der Besetzung mit drei Richtern.

Rechtsanwalt

184 Eine weitere Verfahrensrüge:

185 **Muster: Rechtsbeschwerde (Verfahrensrüge) wegen fehlender Unterschrift**

An das Amtsgericht ■■■

In der Bußgeldsache

gegen ■■■

Az ■■■

begründe ich die mit Schriftsatz vom ■■■ eingelegte Rechtsbeschwerde und werde beantragen,

unter Aufhebung des Urteils des Amtsgerichts vom ■■■ die Sache zur anderweitigen Entscheidung an das Amtsgericht zurückzuverweisen.

Begründung:

Ich erhebe die allgemeine Sachrüge und rüge auch Verfahrensfehler.

I. Sachverhalt

Gegen den Betroffenen ist mit Bußgeldbescheid vom 20.6.2005 wegen der Überschreitung der zulässigen Höchstgeschwindigkeit innerhalb geschlossener Ortschaften um 36 km/h mit dem PKW ■■■, amtl. Kennzeichen ■■■, am 20.5.2005 um 00:39 Uhr eine Geldbuße in Höhe von 150,00 EUR festgesetzt worden sowie ein Fahrverbot für die Dauer von einem Monat. Nach fristgemäßer Einspruchseinlegung fand am 5.4.2006 am Amtsgericht eine Hauptverhandlung statt, an welcher neben dem Betroffenen sein Verteidiger Rechtsanwalt K. teilnahm. Zugegen waren auch die Polizisten H., K., N. und W. als Zeugen sowie der Sachverständige Dr. B. Der Betroffene hat im Hauptverhandlungstermin keine Angaben zur Sache gemacht.

Sodann ist der Messbeamte befragt worden. Der Zeuge sollte sich zunächst dazu äußern, wie es zu dem Vermerk „Einzelfahrzeug" in der Auswerteliste (Bl. 3 d.A.) gekommen ist. Hier hat der Zeuge ausgesagt, dass er sich an den konkreten Einzelfall nicht erinnere (in Bezug auf die Messung), er aber generell nur dann die Rubrik „Einzelfahrzeug" ankreuze, wenn das Fahrzeug einen Abstand von mindestens 100 m zum nächsten Fahrzeug aufweise. Auf die Frage, wie er denn diese Entfernung schätze, gab er an, dies anhand der Lichtmasten zu machen, die nach seiner Auffassung „immer so 50 m Abstand haben". Zum anschließenden Hinweis, dass der Zeuge auf der Messskizze (Bl. 2 Rückseite d.A.) bis zum fünften Lichtmast eine Entfernung von 90,5 m eingetragen habe, äußerte sich der Zeuge dann nicht weiter.

Der Sachverständige führte am Ende aus, dass die Visiertestentfernung von 90,5 m zu gering sei und zudem auch der Herstellerempfehlung widerspreche. Die Messentfernung von ca. 300 m bezeichnete der Sachverständige als kritisch, zumal der Messbeamte – so der Sachverständige – zu der Frage der Laserstrahlaufweitung bei einer solchen Entfernung schlicht falsche Angaben gemacht habe.

Schließlich begann der Sachverständige die abschließende Zusammenfassung des Gutachtens mit den Worten: „Wenn wir unterstellen, dass ein erfahrener Messbeamter korrekt gemessen hat, [...]".

Der Sachverständige hat aber insbesondere den Messbeamten nicht danach befragt, ob er bei der durchgeführten Messung in einer Entfernung von 306,9 m zum Zeitpunkt der Messung eine Plausibilitätsprüfung durchgeführt habe. Am Ende seiner Ausführungen übergab der Sachverständige drei Lichtbilder und eine Grafik zur Akte (Lichtbilder Bl. 43 und Bl. 44; Grafik Bl. 45 d. A.).

Ich habe dann folgenden Beweisantrag gestellt:

„In der Bußgeldsache

gegen ■■■

Az ■■■

beantrage ich zum Beweis der Tatsache, dass aus technischer Sicht eine Fehlzuordnung des Laserstrahls nicht ausgeschlossen werden kann, die Einholung eines Gutachtens eines öffentlich bestellten und vereidigten Sachverständigen für Geschwindigkeitsmessungen im Straßenverkehr.

Begründung:

Nach dem Ergebnis der bisherigen Beweisaufnahme war die vorgenommene Messung des Polizeihauptmeisters K. in vielerlei Hinsicht ‚kritisch'. So sei der Visiertest in einer entgegen der Herstellerangabe zu geringen Entfernung erfolgt, die Auswahl des Visierobjekts war fraglich, die Messentfernung von ca. 300 m wurde als grenzwertig betrachtet, die Angaben des Messbeamten zur Aufweitung des Laserstrahls waren falsch. Zur Auswirkung dieser Fehler in der Anwendung des Messgeräts auf die Messung ist ein Sachverständigengutachten gemäß § 73 Abs. 2 StPO iVm § 46 Abs. 1 OWiG einzuholen, weil es auf die besondere Sachkunde eines öffentlich bestellten und vereidigten Sachverständigen ankommt. Besondere Umstände, sich anderer Sachverständiger zu bedienen, liegen nicht vor.

Rechtsanwalt"

Hierzu erging folgender Beschluss:

„Der Beweisantrag auf Einholung eines weiteren Sachverständigengutachtens wird abgelehnt, da das vom Sachverständigen Dr. B. in der Hauptverhandlung erstattete Gutachten zu den im Beweisantrag angesprochenen Fragen bereits Stellung genommen hat. Weder aus den Ausführungen des Sachverständigen Dr. B. noch aus den Ausführungen im Beweisantrag ergibt sich, an welchem Punkt die Sachkunde des Sachverständigen Dr. B. zweifelhaft sein sollte. Ein weiteres Sachverständigengutachten ist damit nicht erforderlich.

Richter"

Der Betroffene ist in der Hauptverhandlung vom 5.4.2006 wegen fahrlässigen Überschreitens der zulässigen Höchstgeschwindigkeit von 60 km/h innerorts um 36 km/h zu einer Geldbuße von 150,00 EUR verurteilt worden. Ihm ist daneben verboten worden, für die Dauer von einem Monat im Straßenverkehr Kraftfahrzeuge jeglicher Art zu führen. Das Urteil enthält auf Seite 4 zu den Äußerungen des Zeugen K. folgenden Text:

„Der Zeuge POM K., der die Geschwindigkeitsmessung am Gerät LTI 20/20 durchgeführt hat, hat erläutert, er habe die LTI 20/20 auf dem Mittelstreifen der W-Straße am 22.5.2005 vor Messbeginn um 22:45 Uhr aufgestellt und die vorgeschriebenen Tests auf Stativ, Eigentest, Test des Displays, Test der Visiereinrichtung und Test der Messgenauigkeit (Nulltest) durchgeführt. Als Messpunkt für den Visiertest habe ihm ein Lichtmast in einer Entfernung von 90,5 m gedient. Er habe diesen Punkt angepeilt und durch die Veränderung des Tonsignals beim Auftreffen auf dieses Objekt sowohl bei horizontaler als auch vertikaler Verschwenkung festgestellt, dass das Visier ordnungsgemäß eingerichtet sei. Er hat weiterhin erklärt, dieses Gerät monatlich ca. zwei- bis dreimal zu benutzen. Er wisse, dass die LTI 20/20 eine Reichweite von 20 bis 400 m habe. Zwar könne er sich an die konkrete Messung nicht mehr erinnern, er peile die Fahrzeuge aber immer zwischen den Scheinwerfern in Höhe der Kennzeichenschilder an. Er könne sich erinnern, dass an diesem Abend die Verkehrsdichte sehr gering gewesen sei. Bei Fahrzeugen, die eine deutlich überhöhte Geschwindigkeit erkennen ließen, peile er diese bereits oftmals in weiterer Entfernung an, löse die Messung dann aber erst – wie hier – in einem Bereich von unter 400 m aus. Er habe den Zeugen N., der die Auswertliste geführt habe, jeweils die gemessene Geschwindigkeit sowie die Entfernung angegeben und ferner jeweils erklärt, dass es sich um ein Einzelfahrzeug handele, damit dies in der Auswertliste entsprechend vermerkt wurde. Für ihn handele es sich lediglich dann um ein Einzelfahrzeug, wenn unabhängig von der Fahrspur kein weiteres Fahrzeug daneben oder dahinter zu sehen sei. Der Abstand des Folgefahrzeugs müsse mindestens 100 m betragen haben."

Zu den Angaben der Zeugin H. enthält das Urteil folgenden Text:

„Die Zeugin hat ferner angegeben, den PKW [...] des Betroffenen als einziges Fahrzeug auf der linken Seite wahrgenommen zu haben. Sie habe im Zeitpunkt der Messung hinter den Messbeamten gestanden und die Fahrbahn mit beobachtet. Angesichts der späten Stunde hätten sie Zeit gehabt. Aufgrund der guten Ausleuchtung der Straße durch Straßenlaternen auch auf dem Mittelstreifen und der vorgelagerten Tankstelle sei es möglich gewesen, Fahrzeuge bereits in weiter Entfernung zu erkennen und auch festzustellen, ob sich dahinter oder daneben breitere Fahrzeuge befunden hätten. Das sei bei der Messung des Betroffenen nicht der Fall gewesen. Das Fahrzeug sei ‚weit und breit' allein gewesen."

Zu den Ausführungen des Sachverständigen Dr. B. enthält das Urteil folgende Angaben:

„Der technische Sachverständige Herr Dr. B. hat in seinem Gutachten, dem sich das Gericht nach eigener Prüfung anschließt, ausgeführt, dass er keine Anhaltspunkte für Mess- oder Bedienungsfehler der Lasermessanlage LTI 20/20 hat. Der Sachverständige hat angemerkt, dass der Visiertest zwar nicht in der Entfernung von 150 bis 200 m entsprechend der Bedienungsanleitung, sondern in einer Entfernung von 90,5 m Abstand zum Messpunkt durchgeführt wurde. Dies habe aber nur zur Folge, dass bei der Aufweitung des Messstrahls Abweichungen zur normalen Aufweitung vorliegen könnten. Die vom Zeugen K. angegebene und vom Zeugen N. notierte Messentfernung von 306,9 m sei zwar als kritisch anzusehen, da der aktive Laserbereich in dieser Entfernung – unter Berücksichtigung des Umstands, dass der Visiertest in etwas zu kurzer Entfernung ausgeführt wurde – bereits 2,0 m betragen könne. Solange der Polizeibeamte jedoch die Mitte des Fahrzeugs, wie ausgeführt, anvisiert habe, sei dies unproblematisch. Lediglich wenn er neben die Mitte gehalten hätte, sei ein Messfehler, nämlich das Erfassen eines dahinter oder daneben fahrenden Fahrzeugs denkbar. Der Sachverständige hat ferner ausgeführt, dass die Messbedingungen nach seinen Feststellungen gut gewesen seien und die Strecke sehr gut beleuchtet ist. Er habe den angezeigten Standort anhand der Skizze rekonstruieren können."

Zum Beweisantrag enthält das Urteil folgenden Text:

„Soweit der Verteidiger des Betroffenen nach Einvernahme des Sachverständigen Dr. B. und ausdrücklichem Verzicht auf dessen Vereidigung den Antrag gestellt hat, zum Beweis der Tatsache, dass aus technischer Sicht eine Fehlzuordnung des Laserstrahls nicht ausgeschlossen werden kann, ein Gutachten eines öffentlich bestellten und vereidigten Sachverständigen für Geschwindigkeitsmessungen im Straßenverkehr einzuholen, hat das Gericht hierzu keine Veranlassung gesehen (§ 244 Abs. 4 S. 2 StPO, § 46 OWiG). Die Frage einer möglichen Fehlzuordnung aus technischer Sicht ist vom Sachverständigen Dr. B. in der Hauptverhandlung umfassend erläutert und dargestellt worden. Er hat eine Fehlzuordnung – unter der Prämisse der ordnungsgemäßen Bedienung – ausgeschlossen. Anhaltspunkte dafür, die Sachkunde des dem Gericht aus einer Vielzahl von Gutachten bereits bekannten Sachverständigen als zweifelhaft anzusehen, haben sich für das Gericht nicht ergeben und wurden auch von dem Betroffenen und seinem Verteidiger nicht vorgetragen.

Allein der Umstand, dass eine öffentliche Bestellung und amtliche Vereidigung des Sachverständigen Dr. B. nicht vorliegt, ist kein Grund, dessen Sachkunde in Zweifel zu ziehen. Gerade in seiner gerichtsbekannten Sachkunde liegt der besondere Umstand (gemäß § 73 Abs. 2 StPO), aufgrund dessen das Gericht ihn zu diesem Verfahren hinzugezogen hat."

Der Urteilstenor ist am Ende des Protokolls der Hauptverhandlung schriftlich aufgenommen worden. Dort (Bl. 39 R) ist handschriftlich vermerkt:

„Urteil

Der Betroffene wird wegen fahrlässigen Überschreitens der zulässigen Höchstgeschwindigkeit von 60 km/h innerorts um 36 km/h zu einer Geldbuße von 150,00 EUR verurteilt.

Dem Betroffenen wird für die Dauer von einem Monat verboten, im Straßenverkehr Kraftfahrzeuge jeglicher Art zu führen. Das Fahrverbot wird erst wirksam, wenn der Führerschein in amtliche Verwahrung gelangt, jedoch spätestens nach Ablauf von vier Monaten seit Eintritt der Rechtskraft.

Der Betroffene hat die Kosten des Verfahrens zu tragen."

Das Protokoll wurde am 6.5.2006 fertiggestellt und von dem zuständigen Abteilungsrichter unterzeichnet. Das Protokoll enthält keine Urteilsgründe.

Das vollständig abgefasste Urteil ist ausweislich des Eingangsstempels der Geschäftsstelle am 7.6.2006 zur Akte gelangt (Bl. 49 d. A.). Es besteht aus elf Seiten, bildet also die Blattzahlen 49 bis 59 der Gerichtsakte. Bei dem Urteil handelt es sich um einen maschineschriftlichen Text mit handschriftlichen vereinzelten Korrekturen (etwa S. 6 [Bl. 54] oder S. 8 [Bl. 56]). Das Urteil ist am Ende von dem Abteilungsrichter *nicht* unterschrieben worden. Ein weiteres unterzeichnetes oder nicht unterzeichnetes Urteilsexemplar befindet sich nicht in der Akte, auch nicht als Entwurfstext.

II. Verfahrensrügen

1. Ich erhebe die Rüge gemäß § 238 Nr. 7 StPO iVm § 275 Abs. 1, Abs. 2 StPO, § 46 OWiG. Gemäß § 275 StPO ist das Urteil dann, wenn es mit Gründen nicht bereits vollständig in das Protokoll aufgenommen worden war, binnen einer Frist von fünf Wochen unverzüglich zu den Akten zu bringen. Diesen Voraussetzungen unterliegt der vorliegende Fall. Eine Fristverlängerung gemäß § 275 Abs. 1 S. 2 Alt. 2 StPO scheidet aus, weil die Hauptverhandlung nicht länger als drei Tage gedauert hat. Gemäß § 275 Abs. 2 StPO ist das Urteil von den Richtern, die bei der Entscheidung mitgewirkt haben, zu unterschreiben. Ein unterschriebenes Urteilsexemplar befindet sich in der Gerichtsakte aber nicht. Verhinderungsgründe für die Unterschrift werden in der Gerichtsakte nicht aufgeführt.

Vollständig im Sinne von § 275 StPO ist das Urteil erst dann, wenn es die Unterschriften aller Berufsrichter trägt oder einzelne Unterschriften in zulässiger Weise durch einen Verhinderungsvermerk nach § 275 Abs. 2 S. 2 StPO ersetzt worden sind (BGHSt 26, 247, 248). Der Mangel der fehlenden Unterschrift eines Richters kann nicht dadurch geheilt werden, dass er nachträglich der Fassung der Urteilsgründe zustimmt und die fehlende Unterschrift nach Fristablauf nachholt (BGHSt 28, 194, 195).

Da auch zum Zeitpunkt der Abfassung dieses Schriftsatzes am 17.6.2006 in der vorliegenden Originalgerichtsakte eine Unterschrift unter dem Urteil auf Bl. 59 der Gerichtsakte nicht vorhanden ist und auch kein weiteres anderes Urteilsexemplar mit Unterschrift in der Akte liegt, ist das Urteil nicht binnen der Fünf-Wochen-Frist, die am 10.5.2006 abgelaufen war, vollständig zur Akte gekommen.

2. Die Voraussetzungen für eine Ablehnung des Beweisantrags nach § 244 Abs. 4 S. 2 StPO lagen nicht vor.

Gemäß § 73 Abs. 2 StPO sollen nicht öffentlich bestellte und vereidigte Sachverständige nur dann hinzugezogen werden, wenn besondere Umstände dies erfordern. Da es gerichtsbekannt im Zuständigkeitsbereich des Amtsgerichts einen öffentlich bestellten und vereidigten Sachverständigen für Geschwindigkeitsmessungen im Straßenverkehr gibt, hätte der Sachverständige Dr. B., der nicht öffentlich bestellt und vereidigt ist, von vornherein nur dann hinzugezogen werden dürfen, wenn besondere Umstände dies gerechtfertigt hätten. Solche besonderen Umstände sind aber nicht erkennbar.

Bei jeder Lasermessung gilt wie bei anderen Geschwindigkeitsmessverfahren auch, dass die Messbeamten einen „aufmerksamen Messbetrieb" einzuhalten haben. Hierzu gehört es, bei erfolgter Messung eine Plausibilitätsprüfung durchzuführen, die zB darin besteht, einzuschätzen, ob etwa die angezeigte Entfernung für das gemessene Fahrzeug zutreffen kann. Aus diesem Grund hätte ein sorgfältiger Messbeamter bei Einrichtung der Messstelle Entfernungsmessungen an stationären Objekten durchgeführt, um einen Eindruck von den Entfernungen an der Messstelle zu bekommen.

Der Zeuge K. hat sich, wie seine Befragung und dessen Wiedergabe im Protokoll und im Urteil ergeben hat, mit solchen Überlegungen nicht befasst. Vielmehr war er sogar der irrigen Annahme, dass die auf der W-Straße stehenden Lichtmasten einen Abstand von 50 m zueinander aufweisen. Der Sachverständige hat dies später dahin gehend korrigiert, dass der Abstand lediglich 30 m beträgt. Dem Zeugen K. war aus diesem Grund bereits eine Plausibilitätsprüfung bei der angeblichen Messung der Betroffenen nicht möglich.

Auf den Lichtbildern Bl. 33 und Bl. 34 d.A. sind die fraglichen Laternen im begrünten Mittelstreifen der W-Straße zu erkennen. Wenn man die erste Laterne an der ampelgeregelten Kreuzung im Vordergrund mitzählt, kann man lediglich sieben solcher Laternen deutlich voneinander unterscheiden. Vom Fotografen aus betrachtet befindet sich also die letzte erkennbare Laterne in einer Entfernung von ca. 210 m. Der Betroffene hingegen ist angeblich in einer Entfernung von 306,9 m gemessen worden, also nahezu 100 m weiter entfernt. Bereits die Fahrzeuge, die in etwa 200 m Entfernung auf den Lichtbildern zu erkennen sind, werden nur noch undeutlich abgebildet. Der rote Visierpunkt in der Lasermessanlage überdeckt Fahrzeuge in dieser Entfernung vollständig. Dies bedeutet, dass die Mitte des Fahrzeugs schon in dieser Entfernung bei im Dunkeln entgegenkommenden Fahrzeugen nicht mehr sicher angepeilt werden kann.

Der Sachverständige Dr. B. hat Fragen zur Plausibilitätsprüfung in der Hauptverhandlung nicht gestellt. Nur damit hätte er aber herausfinden können, ob die Messung ordnungsgemäß vom Messbeamten durchgeführt worden war. Gleichwohl hat er sein Untersuchungsergebnis unter den Vorbehalt gestellt, dass die Bedienung des Messgeräts durch den Messbeamten ordnungsgemäß erfolgt sei.

Ein besonders ausgebildeter öffentlich bestellter und vereidigter Sachverständiger für Geschwindigkeitsmessungen hätte die Befragung des Zeugen gründlich und umfangreicher durchgeführt und solche Unklarheiten nicht aufkommen lassen. Das Gericht selbst verfügt nicht über genügend eigene Sachkunde, um solche fachlichen Besonderheiten vollständig beurteilen zu können. Solche Lücken können deshalb dem Gericht mangels eigener Sachkunde nicht auffallen. Deshalb kann auch keine „gerichtsbekannte Sachkunde" des Sachverständigen Dr. B. vorliegen, wenn dessen Fähigkeiten nicht im Vergleich mit auf diesem Gebiet besonders ausgebildeten Sachverständigen verglichen werden. Dafür enthält das Urteil aber keine Argumente.

Der Beweisantrag hätte daher gemäß § 244 StPO nicht abgelehnt werden dürfen.

Wie bereits oben ausgeführt, erhebe ich neben den dargestellten Verfahrensrügen auch die allgemeine Sachrüge.

Rechtsanwalt

186   Die sog. **Aufklärungsrüge** ist ebenfalls eine Verfahrensrüge. Sie ist zulässig, wenn das Gericht seiner Sachaufklärungspflicht aus § 244 Abs. 2 StPO iVm § 46 Abs. 1 OWiG nicht nachgekommen ist und sich aufdrängende Ermittlungen nicht angestellt hat. Davon zu unterscheiden ist der Fall, dass das Gericht einem Beweisantrag nicht stattgegeben hat. Hier wäre die Verletzung des § 244 Abs. 3 bis 6 StPO zu rügen.[86] In der als Aufklärungsrüge ausgeführten Rechtsbeschwerde ist die Tatsache zu bezeichnen, die das Gericht unterlassen hat, zu ermitteln und das Beweismittel zu nennen, dessen sich das Gericht hätte bedienen müssen.[87] Es

---

86 *Meyer-Goßner*, StPO, § 244 Rn 80.
87 BGHSt 2, 168.

sind auch die Umstände darzustellen, die das Gericht zu weiteren Ermittlungen hätten drängen müssen.[88] Schließlich – und dies ist vor allem wichtig – ist mitzuteilen, welches Ergebnis die unterbliebene Beweiserhebung gebracht hätte.[89]

Muster: Aufklärungsrüge, Verletzung des § 244 Abs. 2 StPO

187

305

↓

An das Amtsgericht ▪▪▪

In der Bußgeldsache

gegen ▪▪▪

Az ▪▪▪

begründe ich die eingelegte Rechtsbeschwerde und beantrage,

die Sache unter Aufhebung des Urteils des Amtsgerichts zur erneuten Entscheidung an das Amtsgericht zurückzuverweisen.

Begründung:

Ich rüge die Verletzung von Verfahrensrecht und erhebe daneben die allgemeine Sachrüge.

I. Verfahrensrüge

Mit Bußgeldbescheid der Landeshauptstadt H. vom 25.6.2006 wird dem Betroffenen vorgeworfen, am 19.3.2006, 19:20 Uhr in H., K-straße/G-straße, als Führer des PKW BMW, amtl. Kennzeichen ▪▪▪, folgende Ordnungswidrigkeit nach § 24 StVG begangen zu haben:

„Sie missachteten das Rotlicht der Lichtzeichenanlage. Es kam zum Unfall. § 37 Abs. 2, § 1 Abs. 2, § 49 StVO; § 24, § 25 StVG; 132.1 Bußgeldkatalog; § 4 Abs. 1 BKatV; § 19 OWiG."

Wegen dieser Ordnungswidrigkeit hat die Landeshauptstadt H. mit dem zitierten Bußgeldbescheid 125,00 EUR Geldbuße festgesetzt und ein Fahrverbot von einem Monat angeordnet. Mit Schreiben des Unterzeichneten vom 8.7.2006 hat der Betroffene gegen den Bußgeldbescheid Einspruch einlegen lassen.

Der Bußgeldbescheid sollte den folgenden Lebenssachverhalt erfassen:

Der Betroffene befuhr am 19.3.2006 gegen 19:20 Uhr in H. die K-straße in Richtung P-straße. Die Zeugin W. wollte aus der G-straße kommend, die aus der Sicht des Betroffenen rechts liegt, nach links auf die K-straße einbiegen. Hinter der G-straße in einer nicht näher bekannten Entfernung (ca. 10 m) gibt es einen ampelgeregelten Fußgängerüberweg. Beim Einbiegen der Zeugin W. in die K-straße kam es zum Unfall mit dem PKW des Betroffenen. Der Bußgeldbescheid wirft ihm vor, das Rotlicht der hinter der Einmündung liegenden Lichtzeichenanlage des Fußgängerüberwegs nicht beachtet zu haben und dadurch den Unfall verursacht zu haben.

In der Begründung des Einspruchs heißt es aber bereits:

„Die Endstellung der Fahrzeuge beim Eintreffen der Polizei war verändert. Beide Fahrzeuge waren noch vor dem Fußgängerüberweg liegen geblieben. Um die Straße für den sonstigen Verkehr frei zu machen, hat der Betroffene seinen PKW dann jedoch hinter dem Fußgängerüberweg abgestellt."

Nachdem zunächst die Ermittlungsakte der Verwaltungsbehörde nicht vollständig war (es fehlten von der Polizei vor Ort gefertigte Lichtbilder) und diese Lichtbildanlage nachträglich zur Einsicht zur Verfügung gestellt worden war, ist die Begründung des Einspruchs erweitert worden, nämlich mit Telefaxschreiben an die Staatsanwaltschaft H. vom 2.9.2006. Darin heißt es:

---

88 BGH NStZ 1999, 45.
89 OLG Hamm NZV 2002, 139.

„Wie sich jetzt herausgestellt hat, befindet sich der PKW von Frau W. (Renault, amtl. Kennzeichen [...]) ebenfalls nicht mehr in der Unfallendstellung. Zur Erläuterung überreiche ich aus der Ermittlungsakte eine Kopie von Blatt 10. Darauf habe ich die Fotostellung markiert.

Die Schädigungen an den Fahrzeugen sind nicht so gravierend, dass man daraus den Schluss ziehen könnte, dass der Renault durch den Anstoß bis in die Fotostellung verschoben worden war. Mein Mandant gibt vielmehr an, dass der Renault nach der Kollision noch vor der durchgezogenen Haltelinie vor dem Fußgängergerüberweg zum Stehen gekommen war. Von dort muss er von Passanten an die Seite geschoben worden sein."

Die in diesem Schreiben erwähnte Skizze füge ich bei und mache sie ausdrücklich auch zum Gegenstand der Rechtsbeschwerdebegründung (Anlage I).

In der Hauptverhandlung am 28.10.2004 sind die Zeugen W., B. und K. (Polizeikommissar) vernommen worden. Der Betroffene hat ausgesagt, und zwar laut Protokoll Folgendes:

„Die Ampel war grün und ich hatte freie Fahrt. Ich habe das Fahrzeug stehen sehen. Plötzlich fuhr es los und es kam zu dem Unfall. Mein Auto stand 10 m vor dem Fußweg nach dem Unfall. Auch das andere Auto befand sich noch vor der Ampel."

Nach der Aussage des Betroffenen sind laut Hauptverhandlungsprotokoll die Skizze Bl. 10 (Anlage I zur Rechtsbeschwerdebegründung) und die Lichtbilder Bl. 83 der Gerichtsakte in Augenschein genommen.

Polizeikommissar K. hat angegeben:

„Die Fahrzeuge standen nach dem Unfall hinter der Ampel (Fußgänger). Beide Fahrzeuge standen im Bereich dieser Fußgängerampel nach dem Anstoß. Vor mir war schon eine Streife vor Ort. [...] Vor mir waren andere Kollegen vor Ort."

Zur Aussage des Zeugen B. enthält das Hauptverhandlungsprotokoll nur den Satz:

„Der Zeuge sagte zur Sache aus."

Die Zeugin W. gab laut Hauptverhandlungsprotokoll Folgendes an:

„Die Zeugin sagte zur Sache aus. Die Ampel zeigte Rot. Erst dann fuhr ich los. Es standen bereits Autos, darum fuhr ich los. Die Zeugin wurde entlassen."

Die Zeugin ist offenbar gerichtlich zur Endstellung ihres Fahrzeugs nicht befragt worden.

Der Betroffene ist dann aufgrund der Hauptverhandlung zu einer Geldbuße von 125,00 EUR verurteilt worden. Gegen den Betroffenen ist ein Fahrverbot von einem Monat festgesetzt worden. Die Verurteilung erfolgte wegen eines fahrlässigen Rotlichtverstoßes mit Unfall nach §§ 37 Abs. 2, 2 Abs. 1, 49 StVO, 24 StVG.

In den Entscheidungsgründen heißt es:

„Der Betroffene befuhr am 19.3.2006 um 19:20 Uhr die K-straße in Richtung P-straße als Führer des PKW BMW, amtl. Kennzeichen [...]. In Fahrtrichtung des Betroffenen mündet von rechts die G-straße auf die vorfahrtberechtigte vierspurige – zwei Spuren in jeder Fahrtrichtung – K-straße. Unmittelbar hinter dem Einmündungsbereich der G-straße befindet sich auf der K-straße ein ampelgesicherter Fußgängerüberweg. Bereits vor der Einmündung der G-straße weist die K-straße eine unterbrochene Haltelinie auf, neben der sich am rechten Fahrbahnrand das Schild mit der Aufschrift „Bei Rot hier halten!" befindet. Die Zeugin W. fuhr mit ihrem PKW, amtl. Kennzeichen [...], die G-straße in Richtung K-straße, auf die sie nach links abbiegen wollte. Die Fußgängerampel zeigte Rotlicht, vor der Haltelinie der Fahrtrichtung von der P-straße in Richtung stadtauswärts standen Fahrzeuge auch vor der unterbrochenen Haltelinie. In Richtung P-straße hielt ein PKW auf der linken Fahrspur. Der Betroffene fuhr auf der rechten Fahrspur auf die Lichtzeichenanlage zu. Infolge des stehenden Verkehrs fuhr die Zeugin W. in die K-straße ein, wo sie mit dem Betroffenen kollidierte. Der Betroffene war ungebremst in die vordere linke Fahrzeugseite des PKW der Zeugin W. gefahren. Der PKW der Zeugin W. kam hinter, der PKW des Betroffenen auf dem Fußgängerüberweg zum Stehen.

Der Zeuge B. fuhr hinter dem Fahrzeug des Betroffenen her, bog, nachdem der Zusammenstoß erfolgt war, in die G-straße ab und kam circa drei Minuten später zur Unfallstelle zurück.

Dieser Sachverhalt steht fest aufgrund der Einlassung des Betroffenen, soweit ihr gefolgt werden konnte, der glaubhaften Aussagen der Zeugen K., B. und W., der in der Hauptverhandlung in Augenschein genommenen Lichtbilder der verunfallten Fahrzeuge (Blatt 84, 85 der Akte) sowie der polizeilichen Skizze (Blatt 19 der Akten)."

Im Urteil wird anschließend erwähnt, dass der Betroffene sich dahin gehend eingelassen habe, dass die vor ihm befindliche Fußgängerampel Grünlicht gezeigt habe und dass er nach der Kollision mit dem PKW der Zeugin W. noch vor der Haltelinie der Lichtzeichenanlage zum Stehen gekommen sei. Danach wird die Aussage der Zeugin W. wiedergegeben, die zur Endstellung der Fahrzeuge nichts enthält. Dann folgt der Inhalt der Aussage des Zeugen B.:

„Der Zeuge B. hat glaubhaft bekundet, er sei circa 50 m hinter dem Betroffenen hergefahren, zwischen ihnen hätte sich kein weiteres Fahrzeug befunden. Als die Lichtzeichenanlage auf Rotlicht umgeschaltet habe, habe er sich gewundert, dass der vor ihm fahrende PKW des Betroffenen nicht gebremst habe. Er selbst habe seine Geschwindigkeit reduziert, zumal er in die G-straße habe abbiegen wollen. Nachdem die Lichtzeichenanlage etwa zwei bis drei Sekunden Rotlicht gezeigt habe, sei ein PKW aus der G-straße herausgefahren und mit dem PKW des Betroffenen kollidiert. Beide PKW hätten sich nach dem Unfall am Ende des Fußgängerüberweges bzw dahinter befunden. Nachdem er den Unfall beobachtet habe, sei er in die G-straße abgebogen, um einen dort wartenden Freund abzuholen. Mit ihm zusammen sei er etwa drei Minuten später wieder am Unfallort gewesen."

Danach folgt die Aussage des Polizeikommissars K.:

„Der Zeuge PK K. hat glaubhaft bekundet, dass sich beide PKW nach dem Unfall hinter der Haltelinie der Lichtzeichenanlage befunden hätten. Er könne sich nicht sicher daran erinnern, ob die Fahrzeuge noch auf oder bereits hinter dem Fußgängerüberweg gestanden hätten."

Dann folgt die Würdigung:

„Zur Überzeugung des Gerichts steht fest, dass der Betroffene ungebremst auf die bereits mehr als eine Sekunde Rotlicht zeigende Lichtzeichenanlage zugefahren ist. Der Betroffene hat das Haltegebot der vor dem Einmündungsbereich der G-straße befindlichen unterbrochenen Haltelinie nicht eingehalten, das erkennbar dazu dient, dem aus der G-straße kommenden Verkehr die Möglichkeit zu geben, auf die K-straße einzubiegen. Die Geschädigte W. ist aufgrund der Tatsache, dass der Verkehr bereits auf drei der vier Fahrspuren der K-straße infolge des Rotlichtes zum Stehen gekommen war, in die K-straße eingefahren. Der Betroffene, der das Rotlicht nach seiner Einlassung nicht wahrgenommen hatte, ist ungebremst in den PKW der Geschädigten gefahren und hat diesen mit seinem PKW über die Haltelinie der Lichtzeichenanlage geschoben. Der Betroffene hat damit die Haltelinie der bereits mehr als eine Sekunde lang Rotlicht zeigenden Lichtzeichenanlage überfahren, wodurch der PKW der Zeugin W. erheblich beschädigt wurde."

In der Entscheidungsbegründung des Gerichts wird eine unterbrochene Haltelinie erwähnt, die aus der Sicht des Betroffenen noch vor der Einmündung G-straße auf der K-straße quer zur Fahrtrichtung aufgebracht ist. Bei dieser unterbrochenen Haltelinie handelt es sich um eine vorgezogene unterbrochene Wartelinie (Zeichen 341). Das Gericht geht in den Entscheidungsgründen davon aus, dass von dieser unterbrochenen Haltelinie ein Haltegebot ausgehe. Selbst in Kombination mit dem Zusatzschild „Bei Rot bitte hier halten" ergibt sich aber kein Haltegebot. Das Schild ist kein Gebotszeichen (OLG Hamm VRS 49, 220). Die Nichtbeachtung des Schildes und der Haltelinie ist nicht bußgeldbewährt (LG Berlin zfs 2001, 8). Die Entscheidung des Amtsgerichts fußt aber in erster Linie darauf, dass der zuständige Richter davon ausgegangen war, dass es sich bei der Kombination des Schildes mit der unterbrochenen Haltelinie um ein Haltegebot handelt.

Ohnehin hätte aber das Gericht aufgrund des Vortrags des Betroffenen Beweis durch ein unfallanalytisches Sachverständigengutachten erheben müssen zur Frage, ob die beiden Fahrzeuge der Unfallbeteiligten noch vor der Haltelinie der Fußgängerampel zum Stehen gekommen sind. Der Sachverständige hätte im Rahmen der Begutachtung auch zu der Frage Stellung nehmen müssen, ob die Geschwindigkeit des PKW des Betroffenen unmittelbar vor der Kollision ein Halten vor der roten Ampel (ununterbrochene Haltelinie) ausgeschlossen hätte.

Der Sachverständige hätte hierfür genügend Anknüpfungstatsachen gehabt. Die Geschwindigkeiten der Fahrzeuge lassen sich anhand ihrer Beschädigungen ermitteln. Die Kollisionsstelle ist aus dem Fahrweg der Zeugin W. zu rekonstruieren, die aus der Seitenstraße nur in einem bestimmten Bereich auf die Vorfahrtstraße auffahren konnte.

Der Betroffene hat im Verwaltungsverfahren bereits darauf hingewiesen, dass die beiden Fahrzeuge nach der Kollision noch deutlich vor der Haltelinie der Fußgängerampel zum Stehen gekommen waren. Seinen eigenen PKW habe er nach der Kollision hinter der Fußgängerampel an die Seite gefahren. Aufgrund der später zur Verfügung gestellten Lichtbilder, die von der Polizei gefertigt worden waren, war dann auch für den Betroffenen klar, dass der Wagen der Zeugin W. nicht mehr in der Unfallendstellung fotografiert worden war.

Ebenfalls schon im Verwaltungsverfahren hat der Betroffene darauf hingewiesen, dass die Beschädigungen der Fahrzeuge, insbesondere die Beschädigung des Fahrzeugs der Zeugin W., nicht auf eine so erhebliche Aufprallenergie schließen lassen, dass damit ein Verschieben des Fahrzeugs über viele Meter bis hinter den Fußgängerüberweg hätte verbunden sein können.

Aus den Aussagen der vernommenen Zeugen ergibt sich aber die Endstellung der Fahrzeuge nach der Kollision gerade nicht. Der Zeuge PK K. konnte nur Angaben zu der Stellung der Fahrzeuge machen, die er erst nach seinem Eintreffen an der Unfallstelle festgestellt haben konnte. Er selbst hat in seiner Aussage angegeben, dass vor ihm noch eine andere Polizeistreife vor Ort gewesen sei. Seiner Aussage lassen sich daher Angaben zur Kollisionsstellung bzw zur damit verbundenen Endstellung nicht entnehmen. Es liegt vielmehr nahe, dass die Endstellung der Fahrzeuge zwischenzeitlich verändert worden war, um den Verkehr auf der K-straße nicht unnötig zu behindern.

Auch der Aussage des Zeugen B., die im Detail nicht protokolliert worden ist, lässt sich anderes nicht entnehmen. Der Zeuge war hinter dem PKW des Betroffenen gewesen (ca. 50 m), aber unmittelbar nach der Kollision sofort bei Erreichen der Einmündung G-straße nach rechts in diese Straße abgebogen, um einen Bekannten abzuholen. Erst danach war der Zeuge wieder zur Unfallstelle zurückgekommen. Seine Wahrnehmungen vom Geschehen waren daher in erster Linie davon geprägt, was er nach Rückkehr an der Unfallstelle beobachten konnte. Waren die Fahrzeuge zu diesem Zeitpunkt schon aus der Endstellung entfernt, wird dies der Zeuge möglicherweise nicht einmal erkannt haben.

Vor diesem Hintergrund hätte es sich vor allem aufgrund der Angaben des Betroffenen und der Beschädigungen der Fahrzeuge, wie sie sich aus der Lichtbildanlage (Bl. 83 der Gerichtsakte) ergeben, aufgedrängt, ein unfallanalytisches Sachverständigengutachten einzuholen.

Dieses Gutachten hätte die Angaben des Betroffenen bestätigt. Der Sachverständige hätte errechnet, dass beide Fahrzeuge aufgrund der Kollision noch vor der Haltelinie der Fußgängerampel zum Stehen gekommen sind. Weiteres Ergebnis wäre gewesen, dass auch die Ausgangsgeschwindigkeit des Betroffenen vor der Kollision nicht so hoch war, dass daraus auf ein Überfahren der Haltelinie hätte geschlossen werden können.

II. Sachrüge

Die Sachrüge erhebe ich umfassend, unter anderem stütze ich mich auf die Ausführungen unter Ziffer I, wende also ein, dass der Wagen des Betroffenen nicht über die Haltelinie der Fußgängerampel gefahren war und dass es sich deshalb hier nicht um einen Rotlichtverstoß handeln kann.

Rechtsanwalt

2. Anträge auf Zulassung der Rechtsbeschwerde gem. § 80 OWiG

Wenn gegen eine Entscheidung des Bußgeldrichters die Rechtsbeschwerde gem. § 79 OWiG nicht zugelassen ist, kommt auf Antrag unter bestimmten engen Voraussetzungen ihre besondere Zulassung durch das Rechtsbeschwerdegericht in Betracht. Erfasst werden damit alle Ordnungswidrigkeiten, derentwegen es durch Urteil nur zur Verhängung einer Geldbuße von nicht mehr als 250 EUR kommt. Der Zulassung grundsätzlich entzogen sind Beschlüsse gem. § 72 OWiG.   **188**

Die Zulassungshürden für den Betroffenen sind von der Bedeutung der Ordnungswidrigkeit abgestuft abhängig. In § 80 Abs. 1 OWiG wird zunächst festgelegt, bei Vorliegen welcher Gründe eine Zulassung überhaupt geboten ist. Diese Fallgruppe wird in § 80 Abs. 2 Nr. 1 OWiG für den Betroffenen weiter eingeschränkt. Bei Geldbußen bis zu einer Grenze von 100 EUR kommt die Zulassung bei Verletzung von Verfahrensnormen nicht und bei der Verletzung anderer Rechtsnormen nur zur Fortbildung des Rechts in Betracht. Damit ergibt sich folgende Systematik: **189**

Zulassungsvoraussetzungen nach § 80 OWiG: **190**

alle Geldbußen bis 250 EUR	– Zulassung bei Versagung des rechtlichen Gehörs, § 80 Abs. 1 Nr. 2 OWiG
Geldbußen bis 100 EUR	– Zulassung nur in materiellen Rechtsfragen zur Fortbildung des Rechts oder bei Verletzung des rechtlichen Gehörs, § 80 Abs. 1 iVm Abs. 2 Nr. 1 OWiG
Geldbußen über 100 bis 250 EUR	– Zulassung zur Fortbildung des Rechts und zur Sicherung einer einheitlichen Rechtsprechung, § 80 Abs. 1 Nr. 1 OWiG

Die formellen Voraussetzungen des Zulassungsantrags entsprechen denen der Rechtsbeschwerde ohne Zulassungserfordernis (§ 80 Abs. 3 S. 1 OWiG). Auch hier gilt die Frist des § 341 Abs. 1 StPO (iVm §§ 80 Abs. 3 S. 1, 79 Abs. 3 S. 1 OWiG) von einer Woche für die Antragstellung und die sich anschließende Monatsfrist für die Begründung des Antrags, die dann, wenn das Urteil bei Ablauf der Antragsfrist noch nicht zugestellt war, erst mit der Zustellung des Urteils beginnt (s.o. Rn 166 f.).   **191**

a) Einlegung des Zulassungsantrags

aa) Urteil in Anwesenheit des Betroffenen oder seines vertretungsberechtigten Verteidigers

Muster: Antrag auf Zulassung der Rechtsbeschwerde nach Urteilsverkündung in Anwesenheit des Betroffenen oder seines mit Vertretungsvollmacht ausgestatteten Verteidigers   **192**

306

An das Amtsgericht ▪▪▪

In der Bußgeldsache

gegen ▪▪▪

Az ▪▪▪

beantrage ich hiermit namens und in Vollmacht des Betroffenen gegen das Urteil vom ▪▪▪

die Zulassung der Rechtsbeschwerde.

Den Antrag werde ich gesondert begründen. Mit Zustellung des Urteils bitte ich, mir die Gerichtsakte zur Einsichtnahme in meiner Kanzlei zur Verfügung zu stellen.

Rechtsanwalt

Die Begründungsfrist kann in diesem Fall noch nicht notiert werden. Sie beginnt erst mit Zustellung des Urteils (s.o. Rn 191)

bb) Urteil in Abwesenheit des Betroffenen und eines Verteidigers mit Vertretungsvollmacht

193   Hat an der Hauptverhandlung weder der Betroffene noch ein mit Vertretungsvollmacht ausgestatteter Verteidiger teilgenommen, beginnt auch die Einlegungsfrist erst mit Zustellung des Urteils. Die Begründungsfrist von einem Monat schließt sich an. Es sind hier die unterschiedlichen Auffassungen zum Beginn zu beachten (s.o. Rn 166).

194   **Muster: Antrag auf Zulassung der Rechtsbeschwerde bei Entscheidung in Abwesenheit des Betroffenen und eines Verteidigers mit Vertretungsvollmacht**

An das Amtsgericht ▪▪▪

In der Bußgeldsache

gegen ▪▪▪

Az ▪▪▪

beantrage ich hiermit namens und in Vollmacht des Betroffenen gegen das Urteil vom ▪▪▪, zugestellt am ▪▪▪,

die Zulassung der Rechtsbeschwerde.

Den Antrag werde ich gesondert begründen. Ich beantrage,

mir die Gerichtsakte zur Einsichtnahme in meiner Kanzlei zur Verfügung zu stellen.

Rechtsanwalt

b) Begründung des Zulassungsantrags

aa) Zulassungsantrag aus Gründen der Fortbildung des Rechts, § 80 Abs. 1 Nr. 1. Alt. 1 OWiG iVm § 80 Abs. 2 Nr. 1 OWiG

195   **Beispiel:** Das Amtsgericht hat in der Hauptverhandlung im Mai 2005 wegen einer Geschwindigkeitsüberschreitung um 35 km/h außerhalb geschlossener Ortschaften eine erhöhte Geldbuße von 100 EUR ausgesprochen. Dem Gericht war aus einem älteren Verkehrszentralregister eine Voreintragung bekannt, deren Entscheidung seit März 2003 rechtskräftig war. In der Urteilsbegründung heißt es: „Der Bußgeldkatalog geht hinsichtlich der Höhe der Geldbuße im Regelfall davon aus, dass keinerlei Vorahndungen, insbesondere einschlägiger Natur, bestehen. Da im vorliegenden Fall jedoch bereits im Jahr 2003 eine einschlägige Vorahndung erfolgte, war es angezeigt und dem Betroffenen auch konkret zumutbar, die Geldbuße auf 100 EUR zu erhöhen."

196   Das Gericht geht damit auf ein Problem ein, das sich nach der **Änderung des § 29 StVG** (Dauer der Überliegefrist, Änderung vom Rechtskraftprinzip zum Tatzeitprinzip) ergeben hat. Konkret, bezogen auf den dargestellten Fall, war die Tilgungsfrist von zwei Jahren zum Zeitpunkt der Hauptverhandlung abgelaufen. Die Tatzeit der Ordnungswidrigkeit, über die das Gericht zu entscheiden hatte, lag aber vor dem Ende der Tilgungsfrist. Seine Entscheidung, sofern sie vor Ablauf der einjährigen Überliegefrist Rechtskraft erlangen würde, hätte dann zur Folge, dass die Voreintragungen aus der Überliegefrist wieder in das normale Register übernommen werden (Folge der Regelung in § 29 Abs. 6 S. 2 StVG). Den rechtzeitigen Eintritt der Rechtskraft hat das Amtsgericht unterstellt und ist auf diesem Weg zur Verwertbarkeit der Entscheidungen gekommen. Ein begründeter Zulassungsantrag hätte im Jahr 2006 für diesen Fall folgenden Inhalt aufgewiesen:

Muster: Zulassungsantrag nach § 80 Abs. 1 Nr. 1 Alt. 1 OWiG

197

An das Amtsgericht ■■■

In der Bußgeldsache

gegen ■■■

Az ■■■

begründe ich den Rechtsbeschwerdezulassungsantrag vom ■■■ und stelle daneben die Rechtsbeschwerdeanträge.

Begründung:

Den Zulassungsantrag stütze ich auf § 80 Abs. 1 Nr. 1 Alt. 1 OWiG.

Der Betroffene ist wegen einer fahrlässigen Überschreitung der zulässigen Höchstgeschwindigkeit um 35 km/h vom Amtsgericht zu einer Geldbuße von 100 EUR verurteilt worden, obwohl die Regelgeldbuße lediglich 75 EUR beträgt. Im erstinstanzlichen Verfahren ist die Richtigkeit der Geschwindigkeitsmessung vom Betroffenen nicht angegriffen worden. Vielmehr ging es ausschließlich um die Frage, ob hier die Regelgeldbuße von 75 EUR oder eine erhöhte Geldbuße anzusetzen ist. Das Amtsgericht geht davon aus, dass in der Hauptverhandlung am 20.5.2005 eine zu Lasten des Betroffenen im Verkehrszentralregister enthaltene Voreintragung berücksichtigt werden kann. Die Voreintragung wird im Urteil unter Ziff. II zitiert. Es handelt sich um eine Entscheidung vom 10.3.2003, die am 20.3.2003 rechtskräftig geworden war (Überschreitung der zulässigen Höchstgeschwindigkeit außerhalb geschlossener Ortschaft um 25 km/h). Weil das Verkehrszentralregister daneben keine weiteren Eintragungen enthält, war am 20.3.2005, also knapp zwei Monate vor der Hauptverhandlung, die Tilgungsfrist abgelaufen. Ein aktueller Verkehrszentralregisterauszug zur Hauptverhandlung am 20.5.2005 hätte keine Eintragung mehr enthalten. Gleichwohl ist die bereits getilgte Eintragung vom Amtsgericht zu Lasten des Betroffenen berücksichtigt worden.

Auf die Nichtberücksichtigung der Voreintragung hatte ich im Zusammenhang mit einem Antrag, den Betroffenen von der Verpflichtung zum persönlichen Erscheinen in der Hauptverhandlung zu entbinden, hingewiesen. Der zuständige Richter hat in unserer Kanzlei am 19.5.2005 angerufen und auf die Neufassung des § 29 Abs. 6 StVG ab dem 1.2.2005 hingewiesen. Danach trete eine Ablaufhemmung der Tilgung ein, wenn innerhalb der Tilgungsfrist eine neue Tat begangen wird und diese noch bis zum Ablauf der Überliegefrist des Abs. 7 eingetragen werden wird. Deshalb könne die Vortat berücksichtigt werden. Darauf habe ich mit Schriftsatz vom 20.5.2005 geantwortet und bin auf die Sondersituation nach der Änderung des Straßenverkehrsgesetzes eingegangen. Nach Auffassung in der Literatur unterliegt die Eintragung während der Überliegefrist einem Verwertungsverbot (*Pinkerneil*, DAR 2005, 57, 58; *Gübner*, NZV 2005, 57, 59). Obergerichtliche Rechtsprechung existiert zu dieser Frage noch nicht.

Das Amtsgericht ist dann in den Entscheidungsgründen auf die Besonderheiten der neuen Regelung zum Verkehrszentralregister nicht mehr eingegangen. Ohne weitere Begründung wird nur ausgeführt, dass die

Eintragung, die am 20.3.2005 getilgt war, dennoch berücksichtigt werden durfte. Die damit verbundene Auffassung zur Verwertbarkeit von bereits tilgungsreifen Voreintragungen in der Überliegefrist ist unrichtig und verstößt gegen geltendes materielles Recht.

Sofern die Rechtsbeschwerde zugelassen wird, beantrage ich,

unter Abänderung des Urteils des Amtsgerichts den Betroffenen wegen fahrlässiger Überschreitung der Höchstgeschwindigkeit außerhalb geschlossener Ortschaft um 35 km/h zu einer Geldbuße von 75 EUR zu verurteilen,

sowie hierzu hilfsweise,

das Urteil des Amtsgerichts vom 20.5.2005 aufzuheben und die Sache zur anderweitigen Entscheidung an das Amtsgericht zurückzuverweisen.

Zur **Begründung** der Rechtsbeschwerde erhebe ich die allgemeine Sachrüge und stütze mich auf die Gründe, die zur Begründung des Zulassungsantrags ausgeführt sind.

Rechtsanwalt

198 In einem vergleichbaren heutigen Fall kann man die Zulassung einer Rechtsbeschwerde über § 80 Abs. 1 Nr. 1 Alt. 1 OWiG (Fortbildung des Rechts) wohl nicht mehr erreichen, denn die Rechtsfrage ist inzwischen geklärt.[90] Schon im realen Fall, der diesem Muster zugrunde liegt, kam es unter Verweis auf die Entscheidung des OLG Karlsruhe,[91] deren Veröffentlichung erst nach Einreichung der Antragsbegründung erfolgte, nicht mehr zur Zulassung. Denkbar ist aber auch heute noch eine Zulassung über § 80 Abs. 1 Nr. 2 Alt. 2 OWiG (Sicherung einer einheitlichen Rechtsprechung), allerdings nur in den Fällen, in denen die Geldbuße 100 EUR übersteigt (§ 80 Abs. 2 Nr. 1 OWiG).

bb) Zulassungsantrag gem. § 80 Abs. 1 Nr. 2 OWiG (Gehörsrüge)

199 Bei weniger bedeutsamen Ordnungswidrigkeiten soll entgegen den Grundregeln in § 80 Abs. 1 Nr. 1 und Abs. 2 Nr. 1 OWiG eine Zulassung dennoch erfolgen, wenn es geboten ist, das Urteil wegen **Versagung des rechtlichen Gehörs** aufzuheben. § 80 Abs. 1 Nr. 2 OWiG gewährleistet nach der Intention des Gesetzgebers, dass diese Entscheidung den Fachgerichten möglich bleibt und nicht erst den Verfassungsgerichten nach Erhebung einer Verfassungsbeschwerde.[92] Zahlreiche Fallgestaltungen, in denen von der Verletzung des Anspruchs auf rechtliches Gehör auszugehen ist, werden von *Seitz*[93] oder *Steindorf*[94] zitiert.

200 Die Gehörsrüge kann – auch im Zulassungsverfahren nach § 80 OWiG – nur als Verfahrensrüge geltend gemacht werden.[95] Die den Mangel enthaltenden Tatsachen müssen so genau bezeichnet und so vollständig angegeben werden, dass das Beschwerdegericht die Überprüfung nur anhand der Rechtsmittelschrift vornehmen kann.[96] Wird die Rüge der Versagung des rechtlichen Gehörs im Rechtsbeschwerdeverfahren nicht erhoben, dann ist auch die Verfassungsbeschwerde mangels Ausschöpfung des Rechtswegs verwirkt.[97] Ob dies auch gilt,

---

90 OLG Karlsruhe zfs 2005, 411; OLG Schleswig zfs 2006, 348.
91 AaO.
92 *Seitz*, in: Göhler, OWiG, § 80 Rn 16a; *Steindorf*, in: Karlsruher Kommentar zum OWiG, § 80 Rn 40.
93 In: Göhler, OWiG, § 80 Rn 16b.
94 In: Karlsruher Kommentar zum OWiG, § 80 Rn 41.
95 OLG Düsseldorf NJW 1999, 2130, 2131.
96 OLG Düsseldorf, aaO.
97 BayVerfGH NJW 1984, 167; OLG Jena VRS 107, 289, 291.

wenn der Rechtsbeschwerdezulassungsantrag nicht in der gehörigen Form als Verfahrensrüge ausgeführt ist, erscheint zweifelhaft.[98]

Grundsätzlich gelten für Fälle dieser Art die Ausführungen unter Rn 179 f. Es empfiehlt sich, den Verfahrensgang so genau wie möglich und an den entscheidenden Stellen wortgetreu wiederzugeben.

201

Muster: Begründung eines Zulassungsantrags gem. § 80 Abs. 1 Nr. 2 OWiG

↓

202

309

An das Amtsgericht ■■■

In der Bußgeldsache

gegen ■■■

Az ■■■

begründe ich den Zulassungsantrag und stelle den Rechtsbeschwerdeantrag:

Im Falle der Zulassung beantrage ich,

unter Aufhebung des Urteils des Amtsgerichts die Sache zur anderweitigen Entscheidung an das Amtsgericht zurückzuverweisen.

Begründung:

Den Zulassungsantrag stütze ich auf § 80 Abs. 1 Nr. 2 OWiG. Hierzu führe ich Folgendes aus:

Dem Betroffenen wird mit Bußgeldbescheid vom ■■■ vorgeworfen, das Rotlicht der Lichtzeichenanlage in ■■■ am ■■■ um ■■■ Uhr als Führer des PKW ■■■, amtl. Kennzeichen ■■■, missachtet zu haben. Hierfür ist eine Geldbuße von 50 EUR festgesetzt worden.

Mit Schreiben vom 30.3.2006 hat der Betroffene hiergegen Einspruch einlegen lassen. Nach Eingang der Akten beim Amtsgericht ist eine Hauptverhandlung auf den 20.5.2006 anberaumt worden. Die Terminladung stammt vom 10.5.2006 und ging beim Unterzeichneten am 12.5.2006 ein.

Mit Schriftsatz vom 18.5.2006 hat der Unterzeichnete beantragt, den Betroffenen von der Pflicht zum persönlichen Erscheinen zu entbinden. Zur Begründung wird ausgeführt:

„Für den Betroffenen mache ich teilweise Angaben zur Sache. Der Betroffene war Fahrer des gemessenen Fahrzeugs zur Tatzeit. Darüber hinaus wird sich der Betroffene in der Hauptverhandlung aber nicht zur Sache und auch nicht zu seinen persönlichen Verhältnissen äußern. Unter diesen Voraussetzungen ist der Betroffene von der Verpflichtung zum persönlichen Erscheinen zu entbinden.

Rechtsanwalt"

Den Betroffenen hat der Unterzeichnete in einem Telefonat vom 18.5.2006 darüber informiert, dass der Entbindungsantrag gestellt ist und dass er positiv beschieden werden müsse. Der Betroffene müsse zum Termin nicht anreisen.

An der Hauptverhandlung am 20.5.2006 hat weder der Betroffene noch ein Verteidiger teilgenommen. Der Betroffene war nicht angereist, weil er vom Verteidiger den Hinweis erhalten hatte, dass er dies aufgrund des Antrags auf Entbindung von der Pflicht zum persönlichen Erscheinen nicht tun müsse. Mit Urteil vom 20.5.2006 ist der Einspruch des Betroffenen verworfen worden. Das Urteil lautet im Ganzen:

„In der Bußgeldsache

gegen [...]

wegen einer Verkehrsordnungswidrigkeit

---

98 So aber *Seitz*, in: Göhler, OWiG, § 80 Rn 16d.

Das Amtsgericht hat in der Sitzung vom 20.5.2006, an der teilgenommen haben:

Richter am Amtsgericht B. als Strafrichter

Rechtsanwalt R. als Verteidiger

Justizobersekretärin L. als Urkundsbeamtin der Geschäftsstelle

für Recht erkannt:

Der Einspruch des Betroffenen gegen den Bußgeldbescheid der Zentralen Bußgeldstelle vom 20.3.2006 wird verworfen.

Der Betroffene trägt die Kosten des gerichtlichen Verfahrens.

Gründe:

Der Betroffene hat gegen den in der Urteilsformel bezeichneten Bußgeldbescheid zwar rechtzeitig Einspruch erhoben, ist aber in dem heutigen Termin zur Hauptverhandlung, ungeachtet der durch die Zustellungsurkunde vom 10.5.2006 (Blatt 50) nachgewiesenen Ladung, ohne genügende Entschuldigung ausgeblieben, obwohl der Betroffene von der Verpflichtung zum Erscheinen nicht entbunden war.

Der Betroffene war auch nicht von der Verpflichtung zum Erscheinen entbunden.

Eine Entbindung des Betroffenen von der Verpflichtung zum Erscheinen wäre allenfalls in Betracht bekommen, wenn er sich in der Hauptverhandlung durch seinen Rechtsanwalt hätte einlassen können.

Der erhobene Einspruch des Gerichts war daher nach § 74 Abs. 2 OWiG zu verwerfen.

Die Entscheidung über die Kosten des Verfahrens beruht auf § 109 OWiG.

Richter am Amtsgericht"

Der Vollständigkeit halber ist noch auszuführen, dass zusammen mit einem Akteneinsichtsgesuch vom 10.1.2006 eine Vollmacht des Unterzeichneten überreicht worden ist, aus der sich unter Ziff. 3 ergibt, dass er zur Vertretung und Verteidigung in Bußgeldsachen einschließlich der Vorverfahren sowie (für den Fall der Abwesenheit) zur Vertretung nach § 411 Abs. 2 StPO und mit ausdrücklicher Ermächtigung auch nach §§ 233 Abs. 1, 234 StPO zur Stellung von Straf- und anderen nach der Strafprozessordnung zulässigen Anträgen und von Anträgen nach dem Gesetz über die Entschädigung für Strafverfolgungsmaßnahmen, insbesondere auch für das Betragsverfahren bevollmächtigt ist. Die Vollmacht gilt für alle Instanzen. Sie umfasst insbesondere die Befugnis, Zustellungen zu bewirken und entgegenzunehmen, die Vollmacht ganz oder teilweise auf andere zu übertragen (Untervollmacht), Rechtsmittel einzulegen, zurückzunehmen oder auf sie zu verzichten.

Das Urteil verletzt das Recht des Betroffenen auf rechtliches Gehör, weil das Amtsgericht dem Entbindungsantrag nach § 73 Abs. 2 OWiG hätte stattgeben müssen. Der Bußgeldrichter hat zu Unrecht auf der Teilnahme des Betroffenen an der Hauptverhandlung bestanden, weil alle Voraussetzungen gemäß § 73 Abs. 2 OWiG für einen Anwesenheitsverzicht gegeben waren. Mit dem Antrag hat sich der Betroffene zur Sache geäußert und zugleich erklärt, dass er sich in der Hauptverhandlung darüber hinaus nicht einlassen wolle. Unter dieser Vorgabe hatte der Bußgeldrichter zu prüfen, ob die Anwesenheit des Betroffenen dennoch erforderlich gewesen wäre. Der Spielraum, der dafür zur Verfügung steht, richtet sich ausschließlich nach dem Gebot der Sachaufklärung; für zusätzliche Erwägungen zur Verhältnismäßigkeit und Zumutbarkeit lässt das Gesetz keinen Raum. Der Bußgeldrichter durfte deshalb auf der Erscheinungspflicht des zur Aussage in der Hauptverhandlung nicht bereiten Betroffenen nur bestehen, falls dessen Anwesenheit dennoch einen Aufklärungsbeitrag erwarten ließ.

Diese Aufklärungsprognose konnte der Bußgeldrichter hier nicht stellen. Es war nicht zu erwarten, dass der Betroffene von seinem Vorhaben, sich in der Hauptverhandlung nicht zur Sache zu äußern, abweichen würde. Auch die Anwesenheit des Betroffenen hätte der weiteren Sachaufklärung nicht geholfen, weil sich der Betroffene ohnehin bereits zur Tätereigenschaft geäußert hatte.

Da die Voraussetzungen für die Befreiung von der Anwesenheitspflicht in der Hauptverhandlung vorgelegen haben, war die Ablehnung des Antrags gemäß § 73 Abs. 2 OWiG und demgemäß die Verwerfung des Einspruchs des nicht erschienenen Betroffenen gegen den Bußgeldbescheid gemäß § 74 Abs. 2 OWiG rechtsfehlerhaft. Mit der erhobenen Verfahrensrüge ist die Verletzung dieser Bestimmungen zu rügen.

Verfahrensfehlerhaft ist im Übrigen auch, dass sich das angegriffene Urteil vom 20.5.2006 nicht mit den Gründen auseinandersetzt, die der Betroffene für seinen Antrag auf Entbindung vom persönlichen Erscheinen geltend gemacht hatte.

Rechtsanwalt

3. Antrag auf Entscheidung des Rechtsbeschwerdegerichts gem. § 346 Abs. 2 StPO iVm § 79 Abs. 3 OWiG oder § 80 Abs. 4 S. 2 OWiG

Der Bußgeldrichter, dessen Entscheidung angefochten wird und der der Meinung ist, dass die Rechtsbeschwerde oder der Antrag auf ihre Zulassung verspätet eingelegt worden oder ihre vorgeschriebene Form nicht eingehalten worden ist, kann selbst das Rechtsmittel durch Beschluss als unzulässig verwerfen. § 346 Abs. 1 StPO gilt gem. § 79 Abs. 3 OWiG entsprechend.[99] Hiergegen ist nach § 346 Abs. 2 StPO, § 79 Abs. 3 OWiG der Antrag auf **Entscheidung des Rechtsbeschwerdegerichts** statthaft. Der Antrag ist ein Rechtsbehelf eigener Art.[100] Er muss schriftlich innerhalb einer Woche an das Gericht des Verwerfungsbeschlusses gerichtet werden.[101] Der Bußgeldrichter kann seinen Beschluss allerdings nicht mehr aufheben, selbst wenn er beispielsweise einen Irrtum in seiner Fristberechnung erkennt.[102] Versäumt der Betroffene die Antragsfrist unverschuldet, kann auf Antrag Wiedereinsetzung in den vorigen Stand gewährt werden.[103]

203

Muster: Antrag auf Entscheidung des Rechtsbeschwerdegerichts

204

310

An das Amtsgericht ▪▪▪

In der Bußgeldsache

gegen ▪▪▪

Az ▪▪▪

beantrage ich hiermit namens und im Auftrag des Betroffenen durch

Entscheidung des Rechtsbeschwerdegerichts

die Aufhebung des Beschlusses des Amtsgerichts vom ▪▪▪, zugestellt am ▪▪▪, mit welchem die Rechtsbeschwerde als unzulässig verworfen worden ist.

Begründung:

I. Mit Beschluss vom ▪▪▪ hat das Amtsgericht die Rechtsbeschwerde des Betroffenen vom ▪▪▪ gegen das Urteil des Amtsgerichts vom ▪▪▪ als unzulässig verworfen. Dem ging Folgendes voraus:

In der Hauptverhandlung vom ▪▪▪ waren weder der Betroffene noch ein Verteidiger erschienen. Zuvor war ein Antrag des Betroffenen, ihn von seiner Verpflichtung zum persönlichen Erscheinen zu entbinden, abge-

---

99 *Seitz*, in: Göhler, OWiG, § 79 Rn 34.
100 BGHSt 16, 111, 118.
101 *Seitz*, in: Göhler, OWiG, § 79 Rn 34b; *Meyer-Goßner*, StPO, § 346 Rn 8.
102 *Seitz*, in: Göhler, OWiG, Rn 34a.
103 *Seitz*, in: Göhler, OWiG, Rn 34b.

lehnt worden. Im Hauptverhandlungstermin wurde der Einspruch gemäß § 74 Abs. 2 OWiG verworfen. Das Urteil wurde dem Verteidiger am 13.5.2005 zugestellt.

Hiergegen legte der Verteidiger namens und in Vollmacht des Betroffenen am 15.5.2005 Rechtsbeschwerde ein und begründete diese mit Datum vom 21.6.2005. Das Amtsgericht verwarf die Rechtsbeschwerde mit der Begründung als unzulässig, das Rechtsmittel sei nicht innerhalb der Frist bis 15.6.2005, sondern verspätet erst am 21.6.2005 eingegangen.

II. Diese Rechtsauffassung ist unzutreffend.

Gemäß § 79 Abs. 3 S. 1 OWiG iVm § 345 Abs. 1 S. 1 StPO ist die Rechtsbeschwerdebegründung spätestens binnen eines Monats *nach Ablauf der Frist zur Einlegung der Rechtsbeschwerde* bei dem Gericht anzubringen, dessen Urteil angefochten wird.

Die Frist zur Einlegung der Rechtsbeschwerde beginnt gemäß § 79 Abs. 4 OWiG mit der Zustellung des Urteils, wenn es in Abwesenheit des Beschwerdeführers verkündet worden ist. Sie beträgt eine Woche gemäß § 79 Abs. 3 S. 1 OWiG iVm § 341 Abs. 1 StPO. Die Rechtsbeschwerde-Einlegungsfrist endete im vorliegenden Fall nach Zustellung des Urteils vom 13.5.2005 somit am 20.5.2005.

Entgegen der Auffassung des Amtsgerichts begann die Frist für die Stellung der Rechtsbeschwerdeanträge und deren Begründung mithin nicht am 13.5.2005, dem Tag der Zustellung des Urteils, sondern erst eine Woche später am 21.5.2005, dem ersten Tag nach Ablauf der Rechtsbeschwerde-Einlegungsfrist (*Seitz*, in: Göhler, OWiG, 14. Aufl. 2006, § 79 Rn 31). Die sich daran anschließende Monatsfrist zur Rechtsbeschwerdebegründung endete Dienstag, den 21.6.2005. An genau diesem Tag ist die Rechtsbeschwerdebegründung nebst Anträgen beim Amtsgericht eingegangen und war somit fristgemäß.

Die Verwerfung der Beschwerde als unzulässig ist rechtswidrig. Die Sache ist dem OLG zur Entscheidung vorzulegen.

Rechtsanwalt

C. Gegenvorstellung und Vollstreckung

I. Gegenvorstellung

205   Bei einer Gegenvorstellung handelt es sich nicht um ein förmliches Rechtsmittel. Sie ist vielmehr eine Aufforderung an das Gericht, die eigene Entscheidung unter Berücksichtigung der mit der Gegenvorstellung verbundenen Argumente noch einmal zu überdenken und gegebenenfalls aufgrund dadurch gewonnener neuer Erkenntnisse die Entscheidung abzuändern. Eine Gegenvorstellung kommt nicht in Betracht, wenn die Entscheidung des Gerichts noch mit einem vorgesehenen Rechtsmittel angreifbar ist oder hätte angegriffen werden können. Sinnvoll kann sie auch nur dann sein, wenn das Gericht überhaupt befugt ist, die eigene Entscheidung abzuändern.[104] Im Rechtsbeschwerdeverfahren kann eine Gegenvorstellung gegen den Beschluss des OLG angebracht werden, wenn etwa das Gericht einen entscheidungserheblichen Gesichtspunkt erkennbar unberücksichtigt gelassen hat. Erfahrungsgemäß lassen sich der Gegenvorstellung nicht von vornherein jegliche Erfolgsaussichten absprechen. Beispielsweise war eine Gegenvorstellung Anlass für den Beschluss des OLG Bamberg.[105] Auch wenn in diesem Fall das gewünschte Ergebnis nicht erreicht werden konnte, hat das Gericht immerhin wesentlich fundierter als noch im Ausgangsbeschluss seine Rechtsauffas-

---

104 *Meyer-Goßner*, StPO, vor § 296 Rn 24.
105 NZV 2006, 322.

sung dargelegt, mit der man sich deshalb auch in Zukunft sorgfältiger auseinandersetzen kann. Nachstehend folgt als Muster eine Gegenvorstellung, die Erfolg hatte und zur Aufhebung eines zuvor abschließenden Beschlusses des OLG Brandenburg führte. Der Einzelrichter des OLG hat in diesem Fall seine Entscheidung aufgehoben, die Sache dem gesamten Senat zur Entscheidung vorgelegt. In einem Parallelfall des OLG Brandenburg erging danach ein Vorlagebeschluss an den BGH, über den dort mit Beschluss vom 22.5.2006 entschieden worden ist.[106]

Eine Gegenvorstellung kann formlos erhoben werden. Sie ist an keine Frist gebunden. **206**

Muster: Gegenvorstellung gegen abschließende Entscheidung des OLG im Rechtsbeschwerdeverfahren **207**

↓

An das Amtsgericht ■■■

In der Bußgeldsache

gegen ■■■

Az ■■■

erhebe ich hiermit namens und im Auftrag des Betroffenen

Gegenvorstellung

gegen den Beschluss des Oberlandesgerichts vom ■■■, zugestellt am ■■■.

Es wird beantragt,

die Sache gemäß § 80a Abs. 3 OWiG zur Sicherung einer einheitlichen Rechtsprechung (Divergenzentscheidung) dem Senat in der Besetzung mit drei Richtern vorzulegen.

Die beanstandete Entscheidung weicht in Bezug auf das mit der Rechtsbeschwerde gerügte Problem der Verjährungsunterbrechung von den Entscheidungen der Oberlandesgerichte Dresden, Köln, Düsseldorf sowie Zweibrücken ab, so dass diese Sache gemäß § 79 Abs. 3 OWiG iVm § 121 Abs. 2, Abs. 1 Nr. 1a GVG vorzulegen ist: bei einer Einzelrichterentscheidung gemäß § 80a Abs. 3 OWiG dem Bußgeldsenat in der Besetzung mit drei Richtern, sonst dem BGH.

Die entsprechende oberlandesgerichtliche Rechtsprechung (OLG Dresden DAR 2004, 534; OLG Köln NZV 2001, 314; OLG Düsseldorf NZV 1996, 466; OLG Zweibrücken NZV 2001, 483 sowie OLG Dresden, Beschl. v. 11.5.2004 – Ss (OWiG) 172/04) ist in der Rechtsbeschwerdebegründung ausgeführt worden. Auch in der Gegenerklärung vom ■■■ ist ausdrücklich hierauf verwiesen worden. Es handelt sich bei den zitierten OLG-Entscheidungen ebenfalls um höchstinstanzliche Rechtsbeschwerdeentscheidungen. Divergierend ist die Rechtsfrage der Verjährungsunterbrechung durch Anhörungsbögen und die hierfür erforderlichen gesetzlichen Voraussetzungen. Da sich sowohl die Rechtsbeschwerdebegründung als auch der Antrag der Generalstaatsanwaltschaft ausschließlich mit diesem Problem auseinandersetzen, wird davon ausgegangen, dass dessen Lösung für das Rechtsbeschwerdeverfahren entscheidungserheblich war. Die Rechtsbeschwerde ist zumindest nicht als unzulässig verworfen worden.

Die Vorschrift des § 121 Abs. 2 GVG beinhaltet den Rechtsgedanken, die Einheitlichkeit der Rechtsprechung der Revisionsgerichte zu sichern (vgl BGHSt 46, 17 = NJW 2000, 1880). Voneinander abweichende Entscheidungen der OLG untereinander sollen nach Möglichkeit vermieden werden, um die Rechtsanwendung voraussehbar zu machen und damit die Rechtssicherheit zu erhöhen.

Sofern der Einzelrichter von der übrigen OLG-Rechtsprechung abweichen will, hat er die Sache dem Senat vorzulegen (vgl BGHSt. 44, 144). Eine gegenteilige Entscheidung im Beschlusswege ist unstatthaft, da sie

---

106 BGH DAR 2006, 462.

die Rechte des Betroffenen, insbesondere den Grundsatz des gesetzlichen Richters (Art. 101 Abs. 1 S. 2 GG) verletzt.

Rechtsanwalt

II. Vollstreckungsfragen

208 Die Vollstreckung der gerichtlichen Bußgeldentscheidung ist in den §§ 91 ff OWiG geregelt. Verwiesen wird teilweise auf die StPO. Werden Einwendungen gegen die Vollstreckung erhoben, ist jedoch § 103 OWiG maßgeblich und nicht etwa § 458 StPO. Beide Vorschriften öffnen in diesen Fällen den Weg zur gerichtlichen Entscheidung.

209 **Beispiel:** M. ist erstmalig zu einem Fahrverbot verurteilt worden. Seine Rechtsbeschwerde ist mit Beschluss des OLG vom 30. September als unbegründet zurückgewiesen worden. Der Verteidiger erhält den Beschluss mit einfacher Post am 21. Oktober und leitet ihn an M. am nächsten Tag weiter. M. erhält im November ein Schreiben der Staatsanwaltschaft, mit welchem er aufgefordert wird, spätestens am 1. Februar den Führerschein in amtliche Verwahrung zu geben. Er fragt an, ab wann er das Fahrverbot tatsächlich berücksichtigen müsse. Schließlich habe er erst aufgrund des Verteidigerschreibens vom 22. Oktober vom Beschluss des OLG erfahren. Er sei ab 1. März des Folgejahres beruflich für drei Monate in New York und könne dort ohnehin nicht selbst Autofahren. Ob er den Führerschein auch am 28. Februar abgeben könne.

210 Hier stellt sich die Frage: Wann beginnt die **Vier-Monats-Frist des § 25 Abs. 2a StVG?** Das Bußgeldverfahren ist mit der Entscheidung des OLG rechtskräftig abgeschlossen. Ihre Rechtskraft gilt gem. § 34 StPO mit Ablauf des Tages der Beschlussfassung als eingetreten. Wäre dieser Tag auch der Beginn der Vier-Monats-Frist, müsste M ab dem 1. Februar auf seinen Führerschein verzichten. Die Praxis der Oberlandesgerichte ist uneinheitlich: Einige Gerichte teilen ihre Beschlüsse nur formlos mit, andere stellen zu. Im dargestellten Fall gewinnt die Frage nach dem Fristbeginn für den Mandanten eine besondere Bedeutung. Ist der Tag des Beschlusses maßgeblich, fällt das Fahrverbot in den Monat vor der „günstigen Gelegenheit". Ist der Tag der Bekanntgabe an den Betroffenen maßgeblich, müsste der Mandant – dahingestellt sei die Frage, ab wann beweisbar der Beschluss bekannt war – ab 23. Februar auf den Führerschein verzichten. Kommt es auf eine formelle Zustellung an, hat die Vier-Monats-Frist noch nicht zu laufen begonnen.

211 § 35 StPO regelt die Bekanntmachung von Entscheidungen und unter anderem auch, unter welchen Voraussetzungen eine Entscheidung formlos mitgeteilt werden kann. In § 35 Abs. 2 StPO heißt es, dass eine formlose Mitteilung genüge, wenn mit der Bekanntgabe der Entscheidung keine Frist in Lauf gesetzt werde. Fristen im Sinne dieser Regelung sind strafprozessuale Fristen,[107] also auch Fristen, die mit der Vollstreckung einer Entscheidung zusammenhängen, beispielsweise ihre Vollstreckbarkeit hinausschieben. Somit kann im Ausgangsfall die Vier-Monats-Frist mangels formeller Zustellung noch nicht begonnen haben.

212 Einwendungen gegen die Vollstreckbarkeit einer Entscheidung sind gegenüber der Vollstreckungsbehörde zu erheben.[108] Regelmäßig dürfte es sich daher um die Staatsanwaltschaft handeln, weil gerichtliche Entscheidungen von ihr vollstreckt werden. Ihr gegenüber kann man also folgende Formulierungen wählen:

---

107 *Meyer-Goßner*, StPO, § 35 Rn 12.
108 *Seitz*, in: Göhler, OWiG, § 103 Rn 9.

Muster: Antrag auf gerichtliche Entscheidung wegen Einwendungen gegen die Zulässigkeit der Vollstreckung

213

312

An die
Staatsanwaltschaft
bei dem Landgericht ■■■

In dem Bußgeldverfahren

gegen ■■■

Az ■■■

erhebe ich namens und in Vollmacht des Betroffenen

Einwendungen

gegen die Zulässigkeit der Vollstreckung gemäß § 103 OWiG mit folgender

Begründung:

Dem Betroffenen ist mit Schreiben vom 8. Oktober, ihm zugegangen am 10. Oktober, mitgeteilt worden, dass der Führerschein für die Dauer des Fahrverbots bis spätestens 31. Januar der Staatsanwaltschaft zuzuleiten ist. Gleichzeitig wird ausgeführt, dass ihm ab dem 1. Februar untersagt sei, ein Kraftfahrzeug zu führen.

Grundlage für das Fahrverbot ist das Urteil des Amtsgerichts vom 1. April. Dieses ist rechtskräftig seit dem Beschluss des OLG vom 30. September. Der Beschluss ist weder dem Betroffenen noch seinem Verteidiger formell zugestellt worden. Hierzu gibt es lediglich eine formlose Mitteilung.

Bei Beschlüssen, die unmittelbar die Rechtskraft einer angefochtenen Entscheidung herbeiführen, gilt zwar die Rechtskraft als mit Ablauf des Tages der Beschlussfassung eingetreten (§ 34a StPO); daneben regelt aber § 35 StPO, dass nur dann eine formlose Mitteilung über eine Entscheidung genügt, wenn durch die Bekanntmachung keine Frist in Lauf gesetzt wird. Vorliegend hängt aber an der Entscheidung des OLG die Vier-Monats-Frist aus § 25 Abs. 2a StVG. Die Vorschrift ist in das Straßenverkehrsgesetz eingefügt worden, um Betroffenen, denen gegenüber zuvor noch kein Fahrverbot verhängt worden war, die Möglichkeit zu geben, innerhalb einer Frist von vier Monaten selbst disponieren zu können, wann das Eintreten des Fahrverbots günstig ist.

Der Verzicht auf eine formelle Zustellung im vorliegenden Fall schneidet dem Betroffenen die Möglichkeit des ihm zu gewährenden Vier-Monats-Zeitraums um mindestens drei Wochen ab. Formlos ist der Beschluss vom 30. September nämlich in der Kanzlei des Unterzeichneten erst am 21. Oktober eingegangen.

Aus den vorgenannten Gründen beantrage ich gem. § 103 OWiG zur Frage des Beginns der Vier-Monats-Frist nach § 21 Abs. 2a StVG

eine gerichtliche Entscheidung.

Rechtsanwalt

§ 11 Wiedereinsetzungsanträge im Ordnungswidrigkeitenverfahren

Literatur

Göhler, Gesetz über Ordnungswidrigkeiten, 14. Auflage 2006; *Senge* (Hrsg.), Karlsruher Kommentar zum Gesetz über Ordnungswidrigkeiten, 3. Auflage 2006.

1 Das Verfahren richtet sich über die Verweisungsnorm des § 52 OWiG überwiegend nach den Vorschriften der §§ 44, 45 StPO. Wiedereinsetzung in den vorigen Stand wird gewährt, wenn der Betroffene ohne Verschulden beispielsweise eine Rechtsmittelfrist versäumt (§ 44 S. 1 StPO). Grundsätzlich ist hierfür ein Antrag notwendig. Nur ausnahmsweise wird Wiedereinsetzung auch ohne Antrag gewährt (§ 45 Abs. 2 S. 3 StPO), wenn das fehlende Verschulden des Betroffenen an der Versäumung der Frist offensichtlich ist und eine Glaubhaftmachung der für die Fristversäumung wesentlichen Tatsachen wegen Offenkundigkeit oder Aktenkenntnis entbehrlich ist.[1]

2 Der Antrag ist binnen einer Woche zu stellen. Die Frist beginnt mit Wegfall des für die Fristversäumung ursächlichen Hindernisses (§ 45 Abs. 1 S. 1 StPO). Innerhalb dieser Frist ist auch die versäumte Handlung (zB Einlegung des Rechtsbehelfs) nachzuholen (§ 45 Abs. 2 S. 2 StPO), es sei denn, dies ist bereits – verspätet – geschehen und der Antrag nimmt darauf Bezug.[2]

3 Die Tatsachen, die zur Fristversäumung geführt haben inklusive des Zeitpunktes des Wegfalls des Hindernisses, sind im Antrag darzulegen.[3] Sie sind glaubhaft zu machen (§ 45 Abs. 2 S. 1 StPO). Allerdings kann die **Glaubhaftmachung** noch im Verfahren über den Antrag und sogar noch im Beschwerdeverfahren nachgeholt werden.[4] Eine Tatsache ist glaubhaft gemacht, wenn die Verwaltungsbehörde oder das Gericht sie für wahrscheinlich hält.[5] Als Mittel der Glaubhaftmachung kommen zunächst nur schriftliche Unterlagen in Betracht. Auf Zeugen kann nur verwiesen werden, wenn schriftliche Erklärungen der Zeugen nicht beigebracht werden können. Ansonsten können Zeugen die Richtigkeit ihrer Angaben im Gegensatz zu den eigenen Erklärungen des Betroffenen an Eides statt versichern.[6] Eine eventuelle eigene eidesstattliche Versicherung des Betroffenen wird wie eine einfache Erklärung behandelt. Sie genügt zur Glaubhaftmachung gewöhnlich nicht.[7] Vom Verteidiger wird zu von ihm wiedergegebenen und in seinem Kenntnisstand liegenden Tatsachen keine eidesstattliche Versicherung verlangt, weil er ohnehin zur Wahrheit verpflichtet ist. Er versichert üblicherweise anwaltlich, was man allerdings als Förmelei bezeichnen kann. Seine Erklärungen bekommen durch den Zusatz „anwaltliche Versicherung" keinen höheren Beweiswert.

---

1 *Seitz*, in: Göhler, OWiG, § 52 Rn 24.
2 *Seitz*, in: Göhler, OWiG, § 52 Rn 22.
3 BGH NStZ 2006, 54; zum Umfang s.a. *Meyer-Goßner*, StPO, § 45 Rn 5.
4 *Meyer-Goßner*, StPO, § 45 Rn 7.
5 BGHSt 21, 334, 352.
6 *Meyer-Goßner*, StPO, § 26 Rn 8 ff.
7 *Seitz*, in: Göhler, OWiG, § 52 Rn 20 mwN.

A. Wiedereinsetzungsanträge im Vorverfahren der Verwaltungsbehörde

Die entscheidende Frist im Vorverfahren ist die zweiwöchige Einspruchsfrist gegen den Buß-   4
geldbescheid (§ 67 OWiG). Sie ist gewahrt, wenn der Einspruch rechtzeitig bei der zuständigen Verwaltungsbehörde erhoben worden ist. Dies kann schriftlich geschehen oder auch
fernmündlich zur Niederschrift bei der Verwaltungsbehörde. Für die Schriftform genügt ein
Schriftstück – auch wenn es erst in der Behörde erstellt wird –, welchem der Inhalt einer
Einspruchserklärung und dessen Absender hinreichend zuverlässig zu entnehmen ist. Eine
Unterschrift ist nicht erforderlich, so dass der Einspruch auf völlig unterschiedlichen Wegen
zur Verwaltungsbehörde gelangen kann und dennoch Wirkung entfaltet. Geklärt sind telegrafische Einlegung, Einlegung per Fernschreiben, Telekopie, Telefax oder Computerfax und
sogar per E-Mail, sofern die Behörde im Bußgeldbescheid eine E-Mail-Adresse angibt.[8] Wird
die Frist dennoch versäumt, wird Wiedereinsetzung in den vorigen Stand gewährt, wenn den
Betroffenen daran kein Verschulden trifft (s.o. Rn 1)

I. Fristversäumung aus Gründen, die nicht mit der Kanzleiorganisation des Verteidigers zusammenhängen

Beispiel: M. kommt am 20.9.2006 in die Kanzlei und legt einen Bußgeldbescheid vom   5
30.8.2006 vor, der ausweislich des Umschlags am 1.9.2006 zugestellt worden ist. Die Ein-
spruchsfrist ist demnach am 15.9.2006 abgelaufen. Auf Befragen, warum M. erst jetzt zum
Anwalt kommt, antwortet dieser, er habe von der Zustellung erst am 17.9.2006 erfahren.
Am Zustelltag habe seine Ehefrau auf dem Weg zum Einkaufen den Briefträger vor dem
Haus getroffen und sich die Post persönlich aushändigen lassen. Dabei sei auch der Brief der
Bußgeldstelle gewesen. Die Ehefrau sei aber nicht zurück zum Haus gegangen, sondern habe
die Post bei sich behalten und im Auto in ein Seitenfach getan. Nach dem Einkaufen habe sie
nicht mehr an die Briefe gedacht und deshalb die Post völlig vergessen. Erst am letzten Sonntag, als der Wagen von ihr gesäubert worden sei, seien ihr die Briefe wieder in die Hände
gefallen. Er habe den Brief der Bußgeldstelle deshalb erst dann, also noch am Sonntag, erhalten. M. wünscht Einspruchseinlegung.

Weil bei dieser Fallgestaltung von vornherein feststeht, dass die Einspruchsfrist versäumt ist,   6
muss ein Wiedereinsetzungsantrag gestellt und zusammen mit diesem Antrag Einspruch gegen den Bußgeldbescheid eingelegt werden. Für den Wiedereinsetzungsantrag läuft die Wochenfrist, die mit Kenntnisnahme des Mandanten vom ihm zugestellten Bußgeldbescheid
begonnen hat. Die Fristberechnung erfolgt gemäß § 43 StPO. Fristbeginn war ein Sonntag.
Also würde die Frist ebenfalls an einem Sonntag enden, wenn nicht in § 43 Abs. 2 StPO
geregelt wäre, dass in diesem Fall der Ablauf des nächsten Werktages als Fristende gilt. Der
Antrag hat dann folgenden Inhalt:

Muster: Wiedereinsetzungsantrag an Verwaltungsbehörde wegen der Versäumung der   7
Einspruchsfrist gegen den Bußgeldbescheid

An ▪▪▪ [Bußgeldstelle]

Betr.: Bußgeldverfahren gegen M.; Az ▪▪▪

Sehr geehrte Damen und Herren,

---

8 *Bohnert*, in: Karlsruher Kommentar zum OWiG, § 67 Rn 67b.

in der vorbezeichneten Angelegenheit zeige ich an, dass mich M. beauftragt hat. Auf die in Kopie beigefügte, von meinem Mandanten unterzeichnete Vollmacht nehme ich Bezug.

Der Bußgeldbescheid vom 30.8.2006 ist am 1.9.2006 zugestellt worden. Das Zustelldatum konnte ich dem Zustellungsumschlag entnehmen, auf welchem der Zusteller dieses Datum notiert hatte. Die Einspruchsfrist endete daher am 15.9.2006. Zu diesem Zeitpunkt hatte mein Mandant vom Zugang des Bußgeldbescheids aber noch keine Kenntnis. Den Brief hat er erst am 17.9.2006 erhalten, so dass er vor Ablauf der Frist Einspruch gegen den Bußgeldbescheid nicht einlegen konnte. Folgendes hatte sich zuvor zugetragen:

Die Ehefrau meines Mandanten hatte die Post am 1.9.2006 vom Zusteller persönlich entgegengenommen. Sie war zu diesem Zeitpunkt auf dem Weg zum Einkaufen und hatte das Haus bereits verlassen. Weil sie nicht noch einmal zurückgehen wollte, hat sie die Post mit in ihr Auto genommen und dort in eine Seitentasche getan. Nach Rückkehr vom Einkauf war ihr dies in Vergessenheit geraten, so dass die entgegengenommenen Briefe im Auto blieben, ohne dass mein Mandant davon Kenntnis nehmen konnte. Erst am 17.9.2006, als die Ehefrau das Auto säuberte, fiel ihr die Post wieder in die Hände. Den Brief mit dem Bußgeldbescheid übergab sie dann noch am selben Tag meinem Mandanten.

Zur Glaubhaftmachung werde ich innerhalb der nächsten Woche eine gesonderte eidesstattliche Versicherung der Zeugin beibringen. Auf der Zustellungsurkunde in Ihrer Akte wird aber auch vermerkt sein, dass der Zusteller den Brief an die Ehefrau persönlich übergeben hat. Darauf nehme ich Bezug.

Ich beantrage,

dem Betroffenen wegen Versäumens der Einspruchsfrist gegen den Bußgeldbescheid vom 30.8.2006 Wiedereinsetzung in den vorigen Stand zu gewähren.

Gleichzeitig lege ich namens und in Vollmacht des Betroffenen gegen den Bußgeldbescheid

Einspruch

ein. Bitte überlassen Sie mir die Verfahrensakte zur Einsicht in meiner Kanzlei.

Mit freundlichen Grüßen
Rechtsanwalt

8   Der Mandant muss zur Ergänzung des Antrags die vorgetragenen Tatsachen glaubhaft machen. Hierfür kommt nur eine eidesstattliche Versicherung der Ehefrau in Betracht, allenfalls noch eine entsprechende Erklärung des Zustellers, wenn dieser ausfindig zu machen ist und sich überhaupt noch an den Vorfall erinnern kann. Vermutlich wird aber die Versicherung der Ehefrau ausreichen. Fände sie sich nicht bereit, eine solche schriftliche Erklärung zu unterzeichnen, bliebe dem Betroffenen nur, sie als Zeugin zu benennen, und er müsste darlegen, was er unternommen hat, um die eidesstattliche Versicherung zu beschaffen, und wie die Reaktion seiner Ehefrau ausgefallenen ist. Auch wenn durchaus zweifelhaft ist, ob das Gericht diese Erklärung als ausreichende Glaubhaftmachung akzeptiert, ist die Benennung von nicht schriftlich zur Aussage bereiten Personen als Zeugen an sich ein zulässiger Weg.[9] Die eidesstattliche Versicherung der Ehefrau kann dann folgenden Inhalt haben:

---

9 BGHSt 21, 334, 347.

Muster: Eidesstattliche Versicherung eines Zeugen

Eidesstattliche Versicherung

In Kenntnis der Strafbarkeit einer auch nur fahrlässig falsch abgegebenen eidesstattlichen Versicherung versichere ich, ■■■ [Name, Vorname, Geburtsname, Geburtsdatum, Anschrift], Nachstehendes an Eides statt:

Ich war am 1.9.2006 auf dem Weg zum Einkaufen und hatte das Haus bereits verlassen. Vor dem Haus und noch auf unserem Grundstück traf ich einen Postzusteller, der die für uns bestimmte Post bereits in den Händen hielt. Er übergab mir mehrere Briefe, darunter auch einen gelben Umschlag, der an meinen Ehemann adressiert war. Die gesamte Post (drei oder vier Briefe, darunter auch Werbesendungen) habe ich nicht zurück ins Haus gebracht, sondern sie mit in meinen PKW genommen. Im Auto habe ich sie in die Seitentasche der Fahrertür getan und dort nach dem Einkauf vergessen. Auch bei der Benutzung des Wagens in den folgenden zwei Wochen sind mir die Briefe nicht mehr zu Gesicht gekommen. Erst als ich den Wagen am Sonntag, den 17.9.2006, von innen säubern wollte, fiel mir die Post wieder in die Hände. Den Umschlag für meinen Mann habe ich ihm dann sofort übergeben.

[Datum, Unterschrift]

Alternative zu Beispiel Rn 5: M. kommt am 9.9.2006 in die Kanzlei und legt einen Bußgeldbescheid vom 1.8.2006 vor, der ausweislich des Umschlags am 3.8.2006 zugestellt worden ist. Die Einspruchsfrist ist demnach am 17.8.2006 abgelaufen. Der Mandant gibt an, selbst per einfachem, am 14.8.2006 abgeschicktem Brief Einspruch eingelegt zu haben. Die Bußgeldstelle habe ihm nun am 1.9.2006 geschrieben, dass sein Einspruch unzulässig sei, weil er erst am 18.8.2006 in der Bußgeldstelle eingegangen sei. **10**

Auch hier ist zu prüfen, mit welchen Argumenten Wiedereinsetzung in den vorigen Stand beantragt werden kann. Kann dem Mandanten Verschulden oder auch nur Mitverschulden an der Versäumung der Frist angelastet werden, wird der Wiedereinsetzungsantrag erfolglos bleiben. Dass das Einspruchsschreiben nur mit einfachem Brief verschickt worden ist, kann für sich kein Verschulden begründen. Besondere Formvorschriften für die Einlegung des Einspruchs gelten nämlich nicht. Die Fragestellung wird sich daher darauf zu konzentrieren haben, ob die **Absendung** des Briefs **rechtzeitig** gewesen ist. Die Rechtsprechung ist sich hier darüber einig, dass der Antragsteller in seine Überlegungen keine längeren Postlaufzeiten als zwei Tage einplanen muss.[10] Allerdings beziehen sich die zitierten Entscheidungen allesamt auf Beförderungen durch die Deutsche Post AG. Ob diese Rechtsprechung angesichts der zunehmenden Zahl privater Dienstleister Bestand haben wird, bleibt abzuwarten. Die Absendung des Briefs am 14.8.2006 war nach der bisherigen Rechtsprechung rechtzeitig. Ein Wiedereinsetzungsantrag sollte daher gestellt werden. Zu beachten ist die Frist von einer Woche ab Wegfall des Hindernisses, hier ab Kenntnis von der Verspätung der Postsendung. Wenn sich der Mandant an den Zugang des Hinweisschreibens der Bußgeldstelle nicht mehr erinnern kann, muss vorsichtshalber davon ausgegangen werden, dass die Absendung am Tag des Briefdatums erfolgt ist und die Ankunft am Tag danach, also am 2.9.2006. Der Antrag ist daher noch am Tag der Besprechung mit dem Mandanten zu stellen. Er kann folgendermaßen formuliert werden: **11**

---

10 BVerfG NJW 1975, 1405; BGH GA 1994, 75; *Meyer-Goßner*, StPO, § 44 Rn 16 mwN.

12 **Muster: Wiedereinsetzungsantrag bei verspätetem Einspruchseingang wegen ungewöhnlich langer Postlaufzeit**

An ▬▬▬ [Bußgeldstelle]

Betr.: Bußgeldverfahren gegen M.; Az ▬▬▬

Sehr geehrte Damen und Herren,

in der vorbezeichneten Angelegenheit zeige ich an, dass mich M. beauftragt hat. Auf die in Kopie beigefügte, von meinem Mandanten unterzeichnete Vollmacht nehme ich Bezug. Ihr Schreiben vom 1.9.2006 liegt mir vor. Dieses ist meinem Mandanten nicht vor dem 2.9.2006 zugegangen.

Ich beantrage,

dem Betroffenen wegen Versäumens der Einspruchsfrist gegen den Bußgeldbescheid vom 1.8.2006 Wiedereinsetzung in den vorigen Stand zu gewähren.

M. hat die Frist unverschuldet versäumt. Er hat das Schreiben mit dem Einspruch rechtzeitig bei der Post aufgegeben. Hierzu hat er den ausreichend frankierten Briefumschlag mit dem Einspruch am 14.8.2006 in den in der H-straße (Hausnummer 22) in H. angebrachten Briefkasten der Deutschen Post AG eingeworfen. Dies war gegen 16:00 Uhr. Wie M. sich jetzt noch einmal vergewissert hat, ist auf dem Briefkasten vermerkt, dass die Leerung täglich um 18:00 Uhr vorgenommen wird. M. war daher sicher davon ausgegangen, dass der Brief noch am nächsten Tag bei Ihnen eintreffen würde.

Ich nehme an, dass Sie diese Angaben durch Überprüfung des Briefumschlags bestätigt finden werden. Darauf muss das Datum des Poststempels auf den 14.8.2006 lauten.

Mit Postlaufzeiten von mehr als zwei Tagen muss ein Betroffener bei der Versendung seines Einspruchs nicht rechnen (BVerfG NJW 1975, 1405). Eine verspätete Absendung seines Briefs kann M. daher nicht vorgeworfen werden. Zur Glaubhaftmachung der geschilderten Tatsachen genügt der Hinweis auf den Poststempel des Briefumschlags. Sollte sich der Umschlag nicht mehr in der Akte befinden, ist auf anderweitige Glaubhaftmachung zu verzichten, weil der Antragsteller, also mein Mandant, den Beweisverlust nicht verschuldet hat (vgl BVerfG NJW 1997, 1770; OLG Celle Nds.Rpfl 1986, 280; OLG Schleswig NJW 1994, 2841) und ihm eine andere Art der Glaubhaftmachung nicht möglich ist. Bei der Absendung des Briefs, also beim Einwurf in den Briefkasten, waren Zeugen nicht zugegen.

Gleichzeitig mit diesem Wiedereinsetzungsantrag lege ich namens und in Vollmacht des Betroffenen gegen den Bußgeldbescheid

Einspruch

ein. Bitte überlassen Sie mir die Verfahrensakte zur Einsicht in meiner Kanzlei.

Mit freundlichen Grüßen
Rechtsanwalt

II. Wiedereinsetzungsantrag bei Verschulden des Verteidigers oder seines Büropersonals

13 Nicht selten kommt es vor, dass ein Einspruch nur deshalb zu spät eingelegt wird, weil im Büro des Verteidigers Fehler passiert sind. Verschulden des Personals kann dem Betroffenen nicht als eigenes Verschulden angerechnet werden. Im Gegensatz zum Zivilrecht ist sogar eine Fristversäumung, die der Verteidiger selbst zu verantworten hat, zunächst unschädlich.

Sie ist dem Betroffenen in der Regel nicht zuzurechnen.[11] Ein Verschulden des Betroffenen kann aber bestehen, wenn er einen Auftrag zur Einspruchseinlegung so spät erteilt, dass er nicht mehr davon ausgehen durfte, dass der Anwalt überhaupt noch reagieren kann (Auftrag per Fax am Tag des Fristablaufs nach Schluss üblicher Bürozeiten). Fraglich erscheint auch, ob ein innerhalb der Einspruchsfrist später Auftrag per E-Mail als Argument ausreichend sein kann, eigenes Betroffenenverschulden auszuschließen. Hier dürfte es wohl darauf ankommen, ob schon vorher zwischen Anwalt und Mandant diese Art der Kommunikation üblich und fehlerfrei war, ob der Betroffene eine Lesebestätigung erhalten hat, ob er direkt das Postfach des Anwalts (Eingänge geraten eher nicht in die Postroutine des Büros) adressiert hat oder ein allgemeines E-Mail-Eingangspostfach der Kanzlei. Problematisch sind auch die Fälle, in denen der Betroffene Anlass gehabt hat, selbst zu überwachen, ob sein Verteidiger den Auftrag auch tatsächlich ausführt.[12]

Beispiel: M. legt in der Kanzlei am 4. September einen am 1. September zugestellten Buß- **14** geldbescheid der Zentralen Bußgeldstelle in K. vor und erteilt den Auftrag, hiergegen Einspruch einzulegen. Das Einspruchs- und Bestellungsschreiben soll von der Sekretärin, die auch gleichzeitig die Akte in der Anwaltssoftware angelegt hat, vorbereitet und zur Unterschrift vorgelegt werden. Die Bußgeldstelle in K. verwendet einen Briefbogen, in welchem der Kopf den Text aufweist „RegPräs. KA." Die Sekretärin übernimmt daraufhin in die Software als beteiligte Bußgeldstelle das Regierungspräsidium Ka., dessen Daten in der Kanzleisoftware hinterlegt sind. Das Einspruchsschreiben wird entsprechend automatisch adressiert, ausgedruckt und zur Unterschrift vorgelegt. Der Verteidiger achtet beim Unterschreiben nicht mehr auf die Adresse, und das Telefax wird am letzten Tag der Einspruchsfrist (15. September) genau so nach Ka. versendet. Einige Tage später kommt ein Anruf aus Ka., dass der Vorgang dort nicht zugeordnet werden könne.

Es liegt eine Kombination aus Verteidiger- und Büropersonalverschulden vor. Nach den **15** obigen (Rn 13) Ausführungen zur Zurechenbarkeit beim Betroffenen ist davon auszugehen, dass die Versäumung der Frist für den Betroffenen unverschuldet war. Der Auftrag war rechtzeitig erteilt worden. Für den Betroffenen gab es keinen Anlass, daran zu zweifeln, dass der Einspruch vom Verteidiger fristgemäß eingelegt werden würde. Ab Mitteilung der Bußgeldstelle Ka. hat der Verteidiger Kenntnis von der Fehlzustellung. Er kann ab dann den notwendigen Wiedereinsetzungsantrag stellen und ihn auch selbst begründen, weil der Fehler ausschließlich mit der Organisation in seiner Kanzlei zusammenhängt. Unterlässt er die Antragstellung, dürfte dies für den Betroffenen ebenfalls noch nicht schädlich sein, denn die Wiedereinsetzungsfrist beginnt erst ab Kenntnis des Betroffenen zu laufen. Hier nun ein Beispiel für einen Wiedereinsetzungsantrag in der vorgegebenen Fallkonstellation:

Muster: Wiedereinsetzungsantrag wegen Fristversäumnis aufgrund Verteidigerverschuldens **16**

An ■■■ [Bußgeldstelle]

Sehr geehrte Damen und Herrn,

in der vorbezeichneten Sache zeige ich an, dass mich der betroffene Mandant beauftragt hat. Eine von meinem Mandanten ausgestellte Vollmacht füge ich in Kopie bei.

Gegen den Bußgeldbescheid vom 1.9.2006 lege ich namens und in Vollmacht des Betroffenen

---

11 BVerfG NJW 1991, 351; 1994, 1856; BGH NJW 1994, 3112.
12 BGHSt 25, 89, 93; BGH NStZ 1997, 56: „dem Betroffenen bekannte Verteidigerunzuverlässigkeit".

Einspruch

ein. Bitte überlassen Sie mir die Verfahrensakte zur Einsicht in unserer Kanzlei.

Außerdem beantrage ich,

dem Betroffenen Wiedereinsetzung in den vorigen Stand zu gewähren.

Begründung:

Der Betroffene hat mich am 5.9.2006 in meiner Kanzlei aufgesucht, mir Kopien des Bußgeldbescheids vom 1.9.2006 sowie des Zustellumschlags übergeben und mich beauftragt, Einspruch gegen den Bußgeldbescheid per Telefax einzulegen.

Glaubhaftmachung: Vollmacht vom 5.9.2006 in Kopie

Ich habe dann mit einer handschriftlichen Verfügung meine Sekretärin noch am 5.9.2006 mit der Aktenanlage beauftragt und angewiesen, innerhalb der am 15.9.2006 ablaufenden Frist das Einspruchsschreiben vorzubereiten. Außerdem sollte ein Schreiben an die Rechtsschutzversicherung entworfen werden.

Glaubhaftmachung: Verfügung vom 5.9.2006 in Kopie

Am 7.9.2006 hat meine Sekretärin bei der Aktenanlage die Abkürzung auf dem Absender des Bußgeldbescheids „Reg.Präs. KA" als Regierungspräsidium Ka. interpretiert. Diese Behörde ist dann als beteiligte Bußgeldstelle in die Kanzleisoftware eingegeben worden. Tatsächlich hätte das Regierungspräsidium KA. mit der Zentralen Bußgeldstelle B. hier eingegeben werden müssen.

Glaubhaftmachung: ausgedruckter Handaktenbogen vom 7.9.2006 in Kopie

Am 15.9.2006 ist dann das Einspruchsschreiben von meiner Sekretärin verfasst und mir zur Unterschrift vorgelegt worden. Bei der Unterschrift habe ich übersehen, dass eine falsche Bußgeldstelle ausgewählt war. Nach meiner Unterschrift ist das fehlerhaft adressierte Schreiben an die Bußgeldstelle Ka. gefaxt worden.

Glaubhaftmachung: 1. Sendebericht in Kopie
2. eidesstattliche Versicherung der Sekretärin im Original

Am 22.9.2006 um 11:15 Uhr wurde schließlich telefonisch von der Bußgeldstelle Ka. mitgeteilt, dass zu dem dort eingegangenen Einspruch ein Bußgeldverfahren nicht anhängig sei und das Einspruchsschreiben vernichtet werde. Erst damit ist bemerkt worden, dass der Einspruch an die falsche Bußgeldstelle adressiert und abgeschickt worden war.

Die vorstehenden Tatsachenausführungen, sofern sie nicht mit schriftlichen Unterlagen nachgewiesen sind, versichere ich hiermit zur **Glaubhaftmachung.**

Den Betroffenen trifft kein Verschulden an der Fristversäumung. Er hat sich rechtzeitig um eine Anwaltsbeauftragung bemüht und mit der Unterzeichnung der Vollmacht und Übergabe der Unterlagen alles getan, damit rechtzeitig gegen den Bußgeldbescheid Einspruch eingelegt wird. Dass die Frist versäumt worden ist, ist ausschließlich auf die falsche Aktenanlage und das ungeprüfte Unterschreiben des Einspruchsschreibens zurückzuführen. Das Verschulden in unserer Kanzlei ist dem Betroffenen aber nicht zuzurechnen, weshalb Wiedereinsetzung in den vorigen Stand zu gewähren ist.

Dieses Schreiben verschicke ich vorab per Fax, damit die eidesstattliche Versicherung im Original der Akte beigefügt werden kann.

Mit freundlichen Grüßen
Rechtsanwalt

B. Wiedereinsetzungsanträge nach Versäumung der Hauptverhandlung durch den Betroffenen

Es gelten keine Besonderheiten gegenüber den Fällen, in denen die Einspruchsfrist versäumt   17
worden ist. Dies ergibt sich aus § 74 Abs. 4 OWiG wegen der darin enthaltenen Verweisung.

Notwendig wird ein Wiedereinsetzungsantrag, wenn das Gericht aufgrund unentschuldigter
Abwesenheit des Betroffenen in der Hauptverhandlung den Einspruch durch Urteil gem. § 74
Abs. 2 OWiG verwirft. Der Antrag ist binnen einer Woche ab Zustellung des Urteils an das
Gericht zu richten und natürlich nicht mehr an die Verwaltungsbehörde.[13] Auch bei Versäumung dieser Frist kann unter den bereits geschilderten Voraussetzungen Wiedereinsetzung in
den vorigen Stand beantragt werden. Die Wiedereinsetzung kommt beispielsweise in Betracht, wenn die Zustellung des Urteils an den Verteidiger entgegen § 145a Abs. 3 StPO ohne
gleichzeitige Benachrichtigung des Betroffenen erfolgt ist[14] oder eine Belehrung mit Hinweis
auf die Möglichkeit der Wiedereinsetzung unterblieben ist.[15]

Die Versäumung des Termins kann verschiedene Gründe haben. Relativ oft wird es vor-   18
kommen, dass beim Betroffenen eine Erkrankung mit damit einhergehender Reise- oder
Verhandlungsunfähigkeit vorlag, deren Vorhandensein dem Gericht bei Durchführung der
Hauptverhandlung nicht bekannt war oder die in Zusammenhang mit einem entsprechenden
Terminverlegungsantrag dem Gericht nicht glaubhaft gemacht war (siehe § 10 Rn 34 ff).
Genauso kann das Fernbleiben des Betroffenen darauf beruhen, dass er den Termin nicht
kannte, weil er beispielsweise unverschuldet die Ladung nicht erhalten hatte. Denkbar sind
auch Fälle, in denen der Betroffene irrtümlich annehmen durfte, der Termin finde nicht statt
oder seine Anwesenheit sei nicht erforderlich (Fehlinformation durch den Verteidiger oder
dessen Büro).

I. Antrag auf Wiedereinsetzung wegen Abwesenheit in der Hauptverhandlung aufgrund einer Erkrankung

Beispiel: Die Hauptverhandlung soll am 15. September stattfinden. Am 14. September ruft   19
der Betroffene in der Kanzlei seines Verteidigers an, spricht mit der Sekretärin und lässt dem
Verteidiger ausrichten, dass er am Termin wegen einer Erkrankung nicht teilnehmen könne.
Er habe eine Grippe und liege mit 40° Fieber im Bett. Der Verteidiger erfährt davon am
Nachmittag des 14. September. Er verfasst sofort einen Terminverlegungsantrag mit Verweis
auf den Inhalt des Telefonats und kündigt an, dass er ebenfalls nicht zum Termin kommen
werde. Der Antrag wird per Telefax am selben Tag abgeschickt. Den Betroffenen unterrichtet
der Verteidiger, dass dieser sich um eine ärztliche Bescheinigung bemühen müsse, der man
die Verhandlungsunfähigkeit am Terminstag entnehmen können müsse. Durch die Sekretärin
lässt er der Geschäftsstelle des Gerichts am 15. September noch vor dem Termin ausrichten,
dass am Tag zuvor der Verlegungsantrag per Telefax gestellt worden sei. Zum Hauptverhandlungstermin erscheint dann weder der Betroffene noch dessen Verteidiger. Drei Wochen
später wird dem Verteidiger das Urteil vom 15. September zugestellt, mit welchem der Einspruch gem. § 74 Abs. 2 OWiG verworfen worden ist. Das Urteil enthält zur Begründung
keine besonderen Ausführungen bis auf die, dass der Betroffene im Termin unentschuldigt
nicht erschienen war und dass er von der Pflicht zum Erscheinen auch nicht entbunden war.

---

13 *Seitz*, in: Göhler, OWiG, § 74 Rn 46, 47.
14 *Meyer-Goßner*, StPO, § 145a Rn 14.
15 *Seitz*, in: Göhler, OWiG, § 74 Rn 46, 47.

Noch vor der Zustellung des Urteils hatte der Betroffene in der Kanzlei das benötigte Attest vorgelegt, eine Arbeitsunfähigkeitsbescheinigung, auf welcher als Diagnose vermerkt war „J06.9". Ferner war angegeben, dass die Arbeitsunfähigkeit am 16. September festgestellt worden war und seit 14. September bestanden hatte.

20 Es ist bei dieser Fallgestaltung bis zum 22. September beim Gericht ein Wiedereinsetzungsantrag zu stellen. Eidesstattliche Versicherungen zur Glaubhaftmachung der Tatsachen kommen voraussichtlich nicht in Betracht. Eine eidesstattliche Versicherung des Betroffenen selbst ist unbeachtlich,[16] die des Arztes unnötig, weil an ihrer Stelle das Attest ausreichend sein dürfte. Allenfalls ist daran zu denken, den Zustand des Betroffenen im Wege einer eidesstattlichen Versicherung von einer Pflegeperson schildern zu lassen, wenn eine solche vorhanden war (beispielsweise die Ehefrau). Falls wider Erwarten die anderen Beweismittel zur Glaubhaftmachung nicht ausreichen sollten, kann deren Versicherung auch noch im Beschwerdeverfahren nachgeholt werden.[17]

21 Problematisch kann werden, dass der Arzt nicht ausdrücklich Verhandlungsunfähigkeit bescheinigt hat, sondern einen Diagnosecode verwendet hat („J06.9", siehe § 10 Rn 32). Wenn die Zeit reicht, kann man den Arzt zur Nachbesserung auffordern, wird aber in der Regel nicht annehmen dürfen, dass die Antwort des Arztes rechtzeitig vor Fristablauf vorliegt. Unabhängig davon muss der Wiedereinsetzungsantrag aber fristgemäß gestellt werden. Er kann folgenden Inhalt aufweisen:

22 **Muster: Wiedereinsetzungsantrag wegen Versäumens des Hauptverhandlungstermins aus Krankheitsgründen**

An das Amtsgericht ■■■

In der Bußgeldsache

gegen ■■■

Az ■■■

beantrage ich,

dem Betroffenen wegen Versäumung des Hauptverhandlungstermins am 15. September Wiedereinsetzung in den vorigen Stand zu gewähren.

Den Antrag begründe ich wie folgt:

Der Betroffene hat unverschuldet den Termin am 15. September nicht wahrnehmen können. Er war reiseunfähig erkrankt. Dementsprechend hat er durch mich am 14. September Terminverlegung beantragen lassen. Ein ärztliches Attest konnte damit noch nicht vorgelegt werden, weil sich der Betroffene zu diesem Zeitpunkt noch nicht in der Lage gesehen hatte, einen Arzt aufzusuchen. Inzwischen war er beim Arzt und hat mir nach seiner Genesung eine ärztliche Bescheinigung über seine Erkrankung zum Zeitpunkt der Verhandlung übergeben.

Diese Arbeitsunfähigkeitsbescheinigung enthält die Diagnose des Hausarztes Dr. B. nach dem von Ärzten zu verwendenden Codiersystem ICD-10, nämlich den Code „J06.9". Hinter diesem Code verbirgt sich die Krankheit „Akute Infektion der oberen Atemwege, nicht näher bezeichnet, Grippaler Infekt". Einen entsprechenden Internetausdruck füge ich bei.

---

16 *Seitz*, in: Göhler, OWiG, § 52 Rn 20.
17 *Meyer-Goßner*, StPO, § 45 Rn 7.

Der Code ist auf der Internetseite des Deutschen Instituts für medizinische Dokumentation und Information im Geschäftsbereich des Bundesministeriums für Gesundheit und soziale Sicherheit veröffentlicht (www.dimdi.de). Ärzte sind verpflichtet, diesen Code zu benutzen.

Die Angabe im Terminverlegungsantrag vom 14. September über die Art der Erkrankung wird damit **glaubhaft** gemacht. Insbesondere hat der Arzt das Vorliegen der Erkrankung ab 14. September festgestellt.

Rechtsanwalt

Hinweis: Ab Zustellung des Verwerfungsurteils kann das weitere Verfahren zweigleisig verlaufen. Es beginnt damit nicht nur die Frist für die Stellung des Wiedereinsetzungsantrags, sondern auch die der Rechtsbeschwerde. Beide Verfahren können[18] und müssen im Zweifel auch nebeneinander geführt werden. Gleichzeitig mit der Stellung des Wiedereinsetzungsantrags sollte deshalb auch die **Rechtsbeschwerde** eingelegt oder deren Zulassung beantragt werden.   **23**

Die Vorlage des Attests sollte im geschilderten Fall genügen, um Wiedereinsetzung gewährt zu bekommen. Es ist anzunehmen, dass das Gericht bei verständiger Würdigung der Diagnose zu dem Ergebnis kommt, dass man bei dieser Krankheit besser zu Hause das Bett hüten sollte, schon um nicht seine Mitmenschen anzustecken. Damit ist dann auch als Voraussetzung für die Wiedereinsetzung die Annahme von Verhandlungsunfähigkeit am Terminstag verbunden.   **24**

Allein die Angabe einer Diagnose oder ein Attest mit dem einzigen Inhalt „Es besteht Verhandlungsunfähigkeit" führt unter Umständen aber noch nicht zu diesem Ergebnis. Aus der Bezeichnung der Erkrankung lässt sich der Schluss auf Reise- oder Verhandlungsunfähigkeit nicht immer ziehen. Beispielsweise genügte ein Attest mit der Diagnose „akutes Nierenversagen" auch über den Weg eines Beschwerdeverfahrens nicht für die beantragte Wiedereinsetzung (siehe § 10 Rn 32 ff).[19] Auch die Arztformulierung „Herr [...] ist akut erkrankt. Die Wahrnehmung des heutigen Gerichtstermins ist nicht möglich" und die auf Nachfrage des Gerichts vorgenommen telefonische Ergänzung des Arztes, er habe Bettruhe angeordnet, hielt ein Beschwerdegericht nicht für ausreichend, wohl aber das Revisionsgericht.[20]   **25**

II. Wiedereinsetzungsantrag wegen Abwesenheit des Betroffenen aufgrund einer Fehlinformation des Verteidigers

Beispiel: Der Hauptverhandlungstermin soll am 15. September stattfinden. Ein Terminverlegungsantrag des Verteidigers mit dem Hinweis auf eine Terminkollision ist vom Gericht ohne Begründung abgelehnt worden. Einzige Mitteilung des Vorsitzenden hierzu vier Tage vor dem Termin war ein Telefax mit dem Satz „Der Termin bleibt bestehen". Hiergegen hat der Verteidiger Beschwerde eingelegt. Am 14. September ließ er seine Sekretärin in der Geschäftsstelle des Gerichts anrufen und nachfragen, ob seine Beschwerde dem Landgericht vorgelegt worden sei. Die Antwort lautete, dass dies noch nicht geschehen sei und dies vor dem Termin auch nicht geplant sei. Daraufhin stellte der Verteidiger einen Befangenheitsantrag und ließ dem Mandanten ausrichten, dass der Termin wegen seines Befangenheitsantrags, der zunächst zu entscheiden sei, aufgehoben werden müsse. Der Mandant müsse nicht anreisen. Den Termin nimmt auch der Verteidiger nicht wahr. Zwei Wochen später gehen in   **26**

---

18 BGH NJW 1992, 2494; OLG Düsseldorf NJW 1985, 2207; OLG Köln VRS 67, 454.
19 LG Kassel, Beschl. v. 13.5.2005 – 3 Qs OWI 01/05 – n.v.
20 OLG Düsseldorf NJW 1985, 2207; u.a. ein Beispiel für die Zweigleisigkeit des Verfahrens.

der Kanzlei ein Verwerfungsurteil und ein Beschluss, mit welchem der Befangenheitsantrag gem. § 26a Abs. 1 Nr. 3 StPO als unzulässig verworfen wird, ein. Der Mandant wünscht, einen Wiedereinsetzungsantrag zu stellen.

27 Der Mandant ist bei dieser Sachverhaltskonstellation davon ausgegangen, dass die Angabe seines Verteidigers richtig ist. Er hatte keinen Anlass, sich nicht auf seinen Verteidiger verlassen zu dürfen. Deshalb kann auch genau mit dieser Begründung ein Wiedereinsetzungsantrag gestellt werden:

28 **Muster: Wiedereinsetzungsantrag wegen Versäumens des Hauptverhandlungstermins durch den Betroffenen aufgrund einer Fehlinformation des Verteidigers**

 ↓

An das Amtsgericht

In der Bußgeldsache

gegen ▪▪▪

Az ▪▪▪

beantrage ich,

dem Betroffenen wegen Versäumung des Hauptverhandlungstermins am 15. September Wiedereinsetzung in den vorigen Stand zu gewähren.

Den Antrag begründe ich wie folgt:

Der Betroffene hat unverschuldet den Termin am 15. September nicht wahrnehmen können. Er hatte zuvor von mir den Hinweis erhalten, dass der Termin nicht stattfinden wird. Dabei war ich davon ausgegangen, dass der Termin aufgrund des Befangenheitsantrags vom 14. September aufzuheben war.

Vor Stellung des Befangenheitsantrags hatte ich mit Schriftsatz vom 12. September Beschwerde gegen die Entscheidung des Gerichts eingelegt, eine beantragte Terminverlegung nicht zu gewähren. Am 14. September habe ich fernmündlich über die Geschäftsstelle des Gerichts erfahren, dass der Vorsitzende nicht beabsichtigte, die Akte zusammen mit der Beschwerde noch vor dem Termin dem Landgericht zuzuleiten. Diese Verfahrensweise ist rechtswidrig. Sie verstößt gegen § 306 Abs. 2 Hs 2 StPO. Danach hätte der Vorsitzende die Beschwerde sofort, spätestens vor Ablauf von drei Tagen dem Beschwerdegericht vorlegen müssen. Dieses Verhalten begründete beim Betroffenen die Besorgnis der Befangenheit. Deshalb habe ich auf Geheiß des Betroffenen den Vorsitzenden mit Schriftsatz vom 14. September abgelehnt. Ich bin davon ausgegangen, dass damit das Verfahren gem. § 27 Abs. 3 StPO durchzuführen war und dass deshalb der Termin zur Hauptverhandlung nicht aufrechtzuerhalten war. Entsprechend habe ich den Betroffenen informiert, der keinen Anlass hatte, an der Richtigkeit meiner Erläuterungen zu zweifeln. Deshalb war der Betroffene der festen Überzeugung, dass der Termin am 15. September nicht stattfinden würde, und ist aus diesem Grund auch nicht zum Amtsgericht angereist.

Die Richtigkeit der vorstehenden Tatsachen versichere ich hiermit zum Zwecke ihrer **Glaubhaftmachung**.

Rechtsanwalt

 ↑

29 Zur Glaubhaftmachung stehen eidesstattliche Versicherungen nicht zur Verfügung, es sei denn, jemand vom Büropersonal war Zeuge der mündlichen Information des Betroffenen am 14. September. Die eidesstattliche Versicherung des Betroffenen selbst ist wie eine einfache Erklärung zu bewerten und deshalb als Mittel der Glaubhaftmachung ungeeignet.[21] Eine

---

21 *Seitz*, in: Göhler, OWiG, § 52 Rn 20.

eidesstattliche Versicherung des Verteidigers wird nicht verlangt (s.o. Rn 3). Das Unverschulden des Betroffenen in dieser Situation ist nicht unumstritten.[22]

C. Wiedereinsetzungsantrag wegen Versäumens der Frist zur Erklärung eines Widerspruchs gegen das vom Gericht beabsichtigte Beschlussverfahren gem. § 72 Abs. 1 OWiG

Das Beschlussverfahren gem. § 72 OWiG findet statt, wenn das Gericht der Auffassung ist, dass eine **Hauptverhandlung nicht erforderlich** ist. Bei dieser Prüfung hat das Gericht eine Ermessensentscheidung vorzunehmen.[23] Wenn der Betroffene (bzw sein Verteidiger) und die Staatsanwaltschaft innerhalb der Frist des § 72 Abs. 1 OWiG dem Verfahren nicht widersprechen, wird das Verfahren statt durch Urteil durch einen Beschluss beendet, der den Parteien zuzustellen ist. Ist noch vor Erlass des Beschlusses der Widerspruch verspätet eingegangen, also vom Gericht nicht berücksichtigt worden,[24] wird der Betroffene mit Zustellung des Beschlusses darüber belehrt, dass er die Möglichkeit hat, gegen den Beschluss Wiedereinsetzung in den vorigen Stand zu beantragen (§ 72 Abs. 2 S. 2 OWiG).

30

Beispiel: M. hat in der Kanzlei einen Bußgeldbescheid abgegeben. Ihm wird darin vorgeworfen, die zulässige Höchstgeschwindigkeit innerhalb geschlossener Ortschaften um 28 km/h überschritten zu haben. Laut weiterer Angabe ist die Messung durch Nachfahren eines Polizeiwagens vorgenommen worden. M. hat erläutert, dass er angehalten worden war, eine Videoaufzeichnung aber nicht vorgeführt worden sei. Im ersten Beratungsgespräch ist M. deshalb schon auf die Möglichkeit hingewiesen worden, dass die Feststellung der Überschreitung nicht mit Hilfe eines bestimmten Messgeräts wie beispielsweise *ProViDa* erfolgt ist, sondern nur mit dem im Polizeiwagen eingebauten Tachometer aufgrund dessen Beobachtung durch die Streifenwagenbesatzung, die der Bußgeldbehörde als Zeugen zur Verfügung stehen. Mit M. ist dann abgestimmt worden, dass es darauf ankommen wird, welche Aussagen die Zeugen im Hauptverhandlungstermin machen werden. Einige Wochen nach Einspruchseinlegung geht in der Kanzlei ein Schreiben des Amtsgerichts ein, wonach beabsichtigt sei, das Verfahren im Beschlusswege zu beenden. Auf die Widerspruchsfrist werde hingewiesen. Die Frist wird im Kalender notiert, die Akte dem Verteidiger, der sich zum Zeitpunkt des Posteingangs im Urlaub befindet, aber erst nach dessen Urlaub am letzten Tag der Frist vorgelegt. Dieser diktiert den Widerspruch, der noch am selben Tag kurz vor Feierabend von der Sekretärin geschrieben und vom Verteidiger unterschrieben wird. Mit anderen unterzeichneten Schriftstücken legt die Sekretärin die Akte neben das Faxgerät und geht davon aus, dass die Auszubildende A., die noch mit der sonstigen Postbearbeitung beschäftigt ist, die Faxe versenden wird. Diese bemerkt den Stapel erst am nächsten Tag, welcher der erste Tag des Urlaubs der Sekretärin ist, faxt die Schriftsätze und heftet sie mit den Sendeberichten in die Akten und sortiert diese weg. Wieder einige Wochen später geht der Beschluss ein, mit welchem gegen den Betroffenen ein Bußgeld wie schon im Bußgeldbescheid festgesetzt wird.

31

Der Fall beschreibt eine Situation, für die § 72 Abs. 2 S. 2 OWiG geschaffen worden ist. Der Widerspruch wird zwar erhoben, geht aber bei Gericht nicht fristgemäß ein, im dargestellten Fall um einen Tag verspätet. Noch häufiger dürfte der Fall auftreten, dass die Widerspruchseinlegung nicht verspätet erfolgt, sondern gar nicht. Für das Wiedereinsetzungsverfahren ergeben sich daraus Unterschiede. Nur wenn der im Gesetz geregelte Fall auftritt

32

---

22 Dafür: LG Cottbus, Beschl. v. 24.8.2001 – 26 Qs 8/01 – n.v.; LG Meiningen zfs 2006, 115; dagegen: LG Berlin NZV 2006, 166.
23 *Seitz*, in: Göhler, OWiG, § 72 Rn 7.
24 Obwohl dem Gericht auch diese Möglichkeit offen steht: *Seitz*, in: Göhler, OWiG, § 72 Rn 44.

(verspäteter Widerspruch), ist der Betroffene über die Wiedereinsetzungsmöglichkeit zu belehren.[25]

33   Der Antrag kann mit der **Rechtsbeschwerde** konkurrieren. Wenn auch aus anderen Gründen der Beschluss rechtsfehlerhaft erscheint, muss parallel – unter Einhaltung der dafür geltenden Fristen – Rechtsbeschwerde eingelegt werden, die, solange über die Wiedereinsetzung noch nicht entschieden ist, auch zu begründen ist.[26]

Aber Vorsicht: Hier kommt es durchaus auf die **richtige Reihenfolge** an: Wegen der Geltung des § 342 StPO über § 79 Abs. 3 S. 2 OWiG ist die Einlegung der Rechtsbeschwerde vor Beantragung der Wiedereinsetzung als Verzicht auf den Wiedereinsetzungsantrag zu verstehen. Der Antrag nach § 72 Abs. 2 S. 2 OWiG muss also spätestens gleichzeitig mit Einlegung der Rechtsbeschwerde gestellt werden (durch Verbindung in einem Schriftsatz). Bei umgedrehter zeitlicher Reihenfolge ist der Wiedereinsetzungsantrag unzulässig.[27]

34   War der Widerspruch entgegen der Annahme des Amtsgerichts rechtzeitig, ergeht also dennoch eine Entscheidung durch Beschluss, liegt ohne Rücksicht auf die Bußgeldhöhe immer ein Fall zulässiger Rechtsbeschwerde vor (§ 79 Abs. 2 Nr. 5 OWiG).

35   **Muster: Antrag auf Wiedereinsetzung in den vorigen Stand gem. § 72 Abs. 2 S. 2 OWiG**

An das Amtsgericht ▪▪▪

In der Bußgeldsache

gegen ▪▪▪

Az ▪▪▪

beantrage ich,

dem Betroffenen Wiedereinsetzung in den vorigen Stand wegen Versäumens der Widerspruchsfrist gegen das Beschlussverfahren zu gewähren.

Begründung:

Der Betroffene hat unverschuldet die Frist zur Erklärung eines Widerspruchs gegen das Beschlussverfahren versäumt. Das Verschulden daran liegt ausschließlich in unserer Kanzlei.

Das gerichtliche Schreiben vom ▪▪▪ ist hier am ▪▪▪ eingegangen. Zu dieser Zeit befand ich mich in meinem Jahresurlaub, der bis einschließlich ▪▪▪ andauerte. Am ▪▪▪, also am Tag des Fristablaufs, war ich wieder in der Kanzlei. An diesem Tag ist mir die Akte mit einem Zettel der Sekretärin, welcher auf dem Aktendeckel mittels Büroklammer aufgeheftet war, vorgelegt worden. Auf diesem Zettel hatte meine Sekretärin als Fristablauf den ▪▪▪ notiert und darunter geschrieben, es handele sich um die Einspruchsbegründung.

Glaubhaftmachung: Zettel der Sekretärin in Kopie

Auf diesem Zettel habe ich dann vermerkt, dass die Einspruchsbegründungsfrist gestrichen werden soll. In die Akte selbst habe ich nicht hineingesehen, also das behördliche Schreiben oder das gerichtliche Schreiben, mit welchem zur Einspruchsbegründung hätte aufgefordert worden sein müssen, nicht gesehen.

Von mir werden sehr viele Bußgeldsachen bearbeitet. Der Zettel mit dem Hinweis „Einspruchsbegründung" ist üblich. Solche Fristabläufe habe ich nahezu täglich. Nur in ganz seltenen Fällen nehme ich dann noch eine Begründung eines Einspruchs schriftlich vor. In der Regel verfüge ich, dass die Frist gestrichen werden

---

25 *Seitz*, in: Göhler, OWiG, § 72 Rn 44 f.
26 *Meyer-Goßner*, StPO, § 342 Rn 1.
27 *Seitz*, in: Göhler, OWiG, § 79 Rn 14a.

soll. In diesem Fall hatte ich noch eine Erinnerung vom Akteninhalt und wusste, dass es für das weitere Verfahren auf die Hauptverhandlung ankommen würde. Deshalb habe ich ohne Blick in die Akte die Einspruchsbegründungsfrist streichen lassen.

Mit dem Betroffenen war schon vorher besprochen worden, dass die Hauptverhandlung würde durchgeführt werden müssen, um die Zeugen zu hören.

Die vorstehenden Tatsachenangaben versichere zur **Glaubhaftmachung.** Soweit darin Angaben zum tatsächlichen Ablauf in der Kanzlei gemacht werden, an welchem auch meine Sekretärin beteiligt war, versichert diese die Angaben nachstehend an Eides Statt mit ihrer zusätzlichen Unterschrift unter diesem Schriftsatz.

Mit Gewährung der Wiedereinsetzung lege ich hiermit

Widerspruch

gegen ein Verfahren im Beschlusswege ein.

Rechtsanwalt

Die Tatsachen zur Kanzleiorganisation bezogen auf diesen Fall und den geschilderten Umfang meiner Mitwirkung versichere ich hiermit in Kenntnis der Strafbarkeit einer auch nur fahrlässig falsch abgegebenen eidesstattlichen Versicherung an Eides statt.

Sekretärin

D. Wiedereinsetzungsantrag im Rechtsbeschwerdeverfahren im Zusammenhang mit einer Verfahrensrüge

Zeichnet sich ab, dass die Rechtsbeschwerdebegründungsfrist aus Gründen, die außerhalb der Risikosphäre des Betroffenen oder seines Verteidigers liegen, nicht eingehalten werden kann, kommt eine Fristverlängerung auf Antrag gleichwohl nicht in Betracht. Sie wäre unzulässig.[28] Man wird die Frist in dieser Situation verstreichen lassen und später, wenn die Hinderungsgründe für die Begründung weggefallen sind, einen Wiedereinsetzungsantrag stellen müssen. **36**

Beispiel: Nach Verurteilung des Betroffenen legt der Verteidiger Rechtsbeschwerde ein und beantragt gleichzeitig, ihm mit der Zustellung des Urteils erneut Akteneinsicht zu gewähren. In der Hauptverhandlung hatte er einen schriftlichen Beweisantrag gestellt, der vom Gericht mit Beschluss abgelehnt worden war. Diesen muss er zusammen mit der Beschlussbegründung wortgetreu in der von ihm beabsichtigten Verfahrensrüge wiedergeben. Am 5. August wird ihm das Urteil zugestellt, die Gerichtsakte aber nicht mitgeschickt. Am 6. August erinnert er deshalb an seinen Akteneinsichtsantrag. Am 1. September ist die Gerichtsakte immer noch nicht eingetroffen und der Verteidiger lässt telefonisch anfragen, welche Probleme es mit der Aktenversendung gebe. Er erhält zur Antwort, dass die Gerichtsakte versehentlich zur Staatsanwaltschaft geschickt worden und von dort noch nicht wieder zurückgekommen sei. Am 5. September begründet der Verteidiger so gut es eben geht die Rechtsbeschwerde. Erst am 8. September trifft schließlich die Gerichtsakte bei ihm ein und er wird in die Lage versetzt, die Rechtsbeschwerdebegründung formgerecht zu vervollständigen. **37**

Das im Fall angesprochene Problem stellt sich nur in Zusammenhang mit einer **Verfahrensrüge.** Die Sachrüge ist bereits wirksam erhoben, wenn nur aus ihr ersichtlich ist, dass die **38**

---

28 *Seitz,* in: Göhler, OWiG, § 79 Rn 31 mwN.

Verletzung des materiellen Rechts gerügt wird. Ausführungen zu einzelnen Gesetzesverletzungen können auch nach Ablauf der Begründungsfrist ergänzt werden. Bei einer Verfahrensrüge müssen aber die den Mangel enthaltenden Tatsachen innerhalb der Begründungsfrist vorgetragen werden; die Beschwerdebegründung lässt sich in diesem Fall nicht nachbessern.[29] Kann die Frist aus Gründen nicht eingehalten werden, die nicht in der Risikosphäre des Verteidigers liegen, ist Wiedereinsetzung zu gewähren.[30]

39 **Achtung:** Alle Tatsachen, die innerhalb der Frist vorgetragen werden können, müssen auch formgerecht ausgeführt werden. Man wird daher eine Begründungsschrift mit allen gebotenen Anträgen einreichen müssen, und es empfiehlt sich, an den Stellen, die zwangsweise lückenhaft bleiben müssen, darauf hinzuweisen, dass insoweit ein Wiedereinsetzungsantrag nach Wegfall des Hindernisses beabsichtigt sei. Dann kommt im vorgestellten Fall folgender Schriftsatz in Betracht:

40 **Muster: Wiedereinsetzungsantrag nach teilweiser Versäumung der Rechtsbeschwerdebegründungsfrist im Falle einer Verfahrensrüge**

An das Amtsgericht ▪▪▪

In der Bußgeldsache

gegen ▪▪▪

Az ▪▪▪

beantrage ich,

dem Betroffenen Wiedereinsetzung in den vorigen Stand wegen Versäumung der Begründungsfrist für die Rechtsbeschwerde zu gewähren.

Begründung:

Ich ergänze hiermit meine bereits vorliegende Begründung der Rechtsbeschwerde vom 5. September. Wie in diesem Schriftsatz ausgeführt, ist mir trotz Antrag und mehrfacher Erinnerung die Gerichtsakte zur erneuten Akteneinsicht nicht rechtzeitig vor Ablauf der Begründungsfrist zugesandt worden. Zugegangen ist die Gerichtsakte erst am 10. September, also nach Ablauf der Begründungsfrist.

Glaubhaftmachung: Schreiben des Amtsgerichts vom 6. September mit Eingangsstempel meiner Kanzlei vom 10. September in beglaubigter Abschrift.

In der Hauptverhandlung habe ich folgenden Beweisantrag gestellt:

„Im Bußgeldverfahren gegen M.

Az ▪▪▪

stellt das Messfoto keine ausreichende Grundlage für eine Identifizierung dar. Das Lichtbild ist unscharf und kontrastarm. Es sind weder die Haartracht, Augenbrauen noch Gesichtszüge um die Augen herum erkennbar, weil dieser Bereich durch Sonnenblende und Sonnenbrille komplett verdeckt ist. Weitere Details der unteren Gesichtshälfte sind wegen der auch sonst schlechten Qualität des Fotos nur in geringem Umfang zu erkennen (nur der untere Bereich der Nase und Teile der Mundpartie). Der erkennbare Teil des rechten Ohrs unterscheidet sich vom rechten Ohr des Betroffenen. Das – veränderliche – Merkmal des Bartes unterschei-

---

29 *Seitz,* in: Göhler, OWiG, § 79 Rn 31, der an dieser Stelle aber missverständlich auch anführt, dass eine Wiedereinsetzung in die Begründungsfrist nicht in Betracht komme. Damit dürfte nur der Fall gemeint sein, dass ein Beschwerdegrund innerhalb der Frist vom Verteidiger (ohne Verschulden des Betroffenen) übersehen worden ist.

30 OLG Dresden, Beschl. v. 20.10.2006 – S 5 (OWi) 476/06.

det sich ebenfalls. Zur Tatsache, dass damit eine Identifizierung schon aufgrund der schlechten Qualität des Lichtbildes ausscheidet, beantrage ich, Beweis durch Sachverständigengutachten einzuholen.

Rechtsanwalt"

Mit Beschluss hat das Gericht diesen Antrag zurückgewiesen. Der Beschluss hat folgenden Inhalt:

„Der Antrag zur Einholung eines Sachverständigengutachtens zur Frage der Geeignetheit des Messfotos für eine Identifizierung wird abgewiesen.

Gründe:

Ein Gutachten ist zur Erforschung der Wahrheit nicht erforderlich, da das Messfoto zur Überzeugung des Gerichts nach pflichtgemäßem Ermessen für eine Identifizierung geeignet ist. Zudem ist der Antrag ohne bestimmten Grund so spät vorgebracht, dass die Beweiserhebung zur Aussetzung der Hauptverhandlung führen würde und dem Verteidiger die Qualität des Messfotos spätestens nach Akteneinsicht ab dem 4. Mai bekannt war.

Richter"

Die abgelehnte Beweiserhebung hätte das Ergebnis gehabt, dass das Messfoto für eine Identifizierung ungeeignet ist. Der Beweisantrag war auch nicht verspätet, weil nicht damit zu rechnen war, dass das Gericht das völlig ungeeignete Messfoto für eine Identifizierung heranziehen würde. Der Beweisantrag konnte daher vernünftigerweise erst dann gestellt werden, als klar war, dass das Gericht das Messfoto für eine Identifizierung verwerten wollte.

Im Übrigen beziehe ich mich auf den Inhalt des Schriftsatzes vom 5. September und auf die darin vorgetragenen Rechtsbeschwerdeanträge.

Rechtsanwalt

Teil 6: Autokauf, Autoleasing und Autoreparatur

§ 12 Autokauf

Literatur

Abels/Lieb (Hrsg.), AGB und Vertragsgestaltung nach der Schuldrechtsreform, 2005; *Arnold*, Freizeichnungsklauseln für leichte Fahrlässigkeit in AGB, ZGS 2004, 16; *Ball*, Die Nacherfüllung beim Autokauf, NZV 2004, 217; *Ball*, Neues Gewährleistungsrecht beim Kauf, ZGS 2002, 49; *Emmert*, Vereinbarte Beschaffenheit der Kaufsache und Haftungsausschluss des Verkäufers, NJW 2006, 1765; *Halm/Fitz*, Versicherungsschutz bei entgeltlichen Probefahrten, DAR 2006, 433; *Häublein*, Der Beschaffenheitsbegriff und seine Bedeutung für das Verhältnis der Haftung aus culpa in contrahendo zum Kaufrecht, NJW 2003, 388; *Hübsch/Hübsch*, Die Rechtsprechung des BGH zum Kaufrecht, WM 2006, Sonderbeilage, 1; *Kappus*, BGH „succurit ignoranti" – Transparenz des „Kardinalpflichten"-Begriffs im Unternehmerverkehr, NJW 2006, 15; *Kieselstein*, Die Rechtsprechung des BGH zu § 476 BGB, ZGS 2006, 170; *Litzenburger*, Das Ende des vollständigen Gewährleistungsausschlusses beim Kaufvertrag über gebrauchte Immobilien, NJW 2002, 1244; *Lorenz, St.*, Leistungsstörungen beim Autokauf, DAR 2006, 611; *Lorenz, St.*, Fünf Jahre „neues" Schuldrecht im Spiegel der Rechtsprechung, NJW 2007, 1; *Maultzsch*, Der Ausschluss der Beweislastumkehr gem. § 476 BGB a.E., NJW 2006, 3091; *Otting*, in: Ferner (Hrsg.), Straßenverkehrsrecht, 2. Auflage 2006, § 32 – Kaufrecht; *Reinking/Eggert*, Der Autokauf, 9. Auflage 2005; *Roth*, Standzeit von Kraftfahrzeugen als Sachmangel, NJW 2004, 330; *Schmidt*, Die Beschaffenheit der Kaufsache, BB 2005, 2763; *Tiedtke/Burgmann*, Gewährleistungs- und Haftungsausschluss beim Verkauf gebrauchter Sachen an und zwischen Verbrauchern, NJW 2005, 1153; *Westphalen, Friedrich Graf v.*, AGB-Recht ins BGB – Eine erste Bestandsaufnahme, NJW 2002, 12; *Westphalen, Friedrich Graf v.*, AGB-Recht im Jahr 2004, NJW 2005, 1987.

A. Allgemeines

1   Das Schuldrechtsmodernisierungsgesetz,[1] das im Wesentlichen am 1.1.2002 in Kraft getreten ist, hat erhebliche Änderungen für das deutsche Kaufrecht gebracht. Grund hierfür waren in erster Linie Vorgaben aus EG-Richtlinien, aber auch Bestrebungen, die bis in die 70er Jahre des vorigen Jahrhunderts zurückreichen, das aus dem 19. Jahrhundert stammende BGB auch in seinem schuldrechtlichen Teil grundlegend zu überarbeiten. Gegenstand der folgenden Darstellung ist nur das neue Recht, das für alle Kaufverträge gilt, die ab dem 1.1.2002 geschlossen wurden (Art. 229 § 5 S. 1 EGBGB); das frühere Recht gilt auch dann, wenn es um Gewährleistungsansprüche aus Altkaufverträgen geht, die erst nach dem 1.1.2002 entstanden sind.[2] Das modernisierte Recht ist dabei als „neues", das bislang geltende Recht als „altes" oder „früheres" Recht bezeichnet.

---

1 Vom 26.11.2001, BGBl. I, S. 3138.
2 BGH v. 26.10.2005 – VIII ZR 359/04 = NJW 2006, 44 f.

I. Vertragsanbahnung

1. Probefahrt

Bereits im Vorfeld eines Kaufvertrags kommt es zu Problemen, wenn der Verkäufer eine 2
Probefahrt anbietet und der Käufer dabei verunfallt. Regelmäßig wird der Verkäufer, wenn
er Händler ist, das Fahrzeug gegen Schäden versichern. Bei einem nicht leichtfertig verschuldeten Unfall des Kaufinteressenten übernimmt der Händler den Selbstbehalt. Dies ist üblich
und damit auch ohne ausdrückliche Abrede vereinbart. Der BGH nimmt insoweit einen still-
schweigenden **Haftungsverzicht** für den Fall der einfachen Fahrlässigkeit des Probe fahrenden
Kaufinteressenten an.[3] Unter den Begriff der einfachen Fahrlässigkeit fällt auch die aus dem
Arbeitsrecht bekannte „normale" Fahrlässigkeit.[4] Da die Freistellung vereinbart ist, muss der
Händler über den Versicherungsschutz nicht aufklären. Zahlt der Kaskoversicherer, ist ihm
ein Rückgriff über § 67 VVG gegen den Kaufinteressenten verwehrt (§ 15 Abs. 2 AKB). Den
gesamten Schaden muss der Händler tragen, wenn das Fahrzeug keine Fahrzeugversicherung,
also keinen Vollkaskoschutz, aufweist. Verhält sich der Kunde bei der Probefahrt nicht so,
wie man das von einem gewissenhaften Kaufinteressenten erwarten kann, muss er freilich
selbst für die Folgen aufkommen, im günstigsten Fall also den Selbstbehalt übernehmen.
Freilich steht ein Mitverschulden des Händlers im Raum, wenn er nicht für Versicherungsschutz gesorgt hat. Bei privaten Direktgeschäften (Rn 29 f) wird der Kaufinteressent den
Verkäufer hingegen ausnahmslos freistellen müssen.

Der Händler kann versuchen, mit dem Kaufinteressenten eine **Kostenbeteiligung** zu vereinba- 3
ren. In diesem Fall besteht die Gefahr, dass die Abrede als Mietvertrag ausgelegt und der
Kaskoschutz bei einem Unfall deshalb wegen Gefahrerhöhung nach §§ 25, 23 VVG versagt
wird.[5] Dies lässt sich aber wohl vermeiden, wenn der Kostenanteil abredegemäß mit dem
Kaufpreis verrechnet wird.[6]

2. Vertragsparteien

Wird das Fahrzeug in einem Autohaus gekauft, kann unklar bleiben, wer Verkäufer ist. Das 4
muss nicht der Händler sein. Er kann einen anderen vertreten (sog. Agenturgeschäft). In
diesem Fall gilt der Händler nur dann als Verkäufer, wenn mit dem Geschäft die Vorschriften
der §§ 474 ff BGB umgangen werden (vgl § 475 Abs. 1 S. 2 BGB und Rn 23). Der Verhandlungspartner kann Angestellter des Händlers sein, so dass seine Bemerkungen dem Händler
nach § 166 BGB erst zugerechnet werden müssen, wenn sie nicht in die Kaufvertragsurkunde
Eingang finden. Auch schaffen Garantien Verwirrung, wenn sie nicht vom Händler, sondern
direkt vom Hersteller oder einem Garantieversicherer stammen.

II. Vertragsschluss

In der Regel wird der Kauf dokumentiert. Dabei werden meistens Vordrucke verwendet. Bei 5
Neuwagenkäufen füllt der Käufer eine „verbindliche Bestellung" aus, die der Verkäufer ggf
nach Prüfung von dritter Seite (Hersteller, Bank) gegenzeichnet. Erfolgt der Kauf im Wege
einer ebay-Versteigerung, kommt der Kauf nicht durch Zuschlag iSd § 156 BGB zustande,

---

3 BGH v. 18.12.1979 – VI ZR 52/78 = NJW 1980, 1681, 1682.
4 Hierzu BAG v. 27.9.1994 – GS 1/89 (A) = NJW 1995, 210, 211.
5 So *Reinking/Eggert*, Rn 97; *Halm/Fitz*, DAR 2006, 433, 434.
6 *Otting*, in: Ferner (Hrsg.), Straßenverkehrsrecht, Kap. 32 Rn 153.

sondern dadurch, dass ein Teilnehmer die Bedingung des Verkaufsangebots (Höchstgebot innerhalb der Versteigerungszeit) erfüllt und es damit annimmt.[7] Da es sich bei dieser Verkaufsform um Fernabsatz handelt, kann der Käufer seine Annahmeerklärung ggü. dem gewerblichen Verkäufer gem. §§ 312d Abs. 1 S. 1, 355 Abs. 1 BGB innerhalb von zwei Wochen nach Belehrung über sein Widerrufsrecht **widerrufen**.[8] Ohne Belehrung kann er zeitlich unbegrenzt widerrufen (§§ 312d Abs. 1 S. 1, 355 Abs. 3 S. 3 BGB). Gebrauchtwagenbörsen sind keine für den Fernabsatz organisierten Vertriebssysteme, da der Verbraucher sie nur als Informationsquelle nutzt und den Verkäufer anschließend persönlich aufsucht. In diesen Fällen hat er selbst dann kein Widerrufsrecht, wenn der Verkäufer Unternehmer iSd § 14 Abs. 1 BGB ist. Anders verhält es sich beim Haustürgeschäft, beim verbundenen Geschäft und beim Teilzahlungsgeschäft. Wird der Verbraucher zu Hause oder am Arbeitsplatz durch einen gewerblichen Verkäufer (§ 14 Abs. 1 BGB) aufgesucht und ungefragt über eine Kaufmöglichkeit informiert, darf er den in der Folge geschlossenen Kaufvertrag gem. §§ 312 Abs. 1 S. 1, 355 Abs. 1 BGB innerhalb von zwei Wochen nach Belehrung über sein Widerrufsrecht widerrufen. Ohne Belehrung kann er auch hier zeitlich unbegrenzt widerrufen (§§ 312 Abs. 1 S. 1, 355 Abs. 3 S. 3 BGB). Gleiches gilt beim verbundenen Geschäft, also dann, wenn die Finanzierung nicht durch den gewerblichen Verkäufer (§ 14 Abs. 1 BGB), aber über ihn, also in Verbindung mit dem Kaufvertrag, erfolgt (§§ 495 Abs. 1, 355 Abs. 1 BGB). Ebenso widerrufen kann der Verbraucher ein Teilzahlungsgeschäft (§§ 499 Abs. 1, 495 Abs. 1, 355 Abs. 1 BGB). Dies kann für den Händler gefährlich werden, wenn er dem Käufer das Fahrzeug zu Barzahlungskonditionen überlässt und anschließend gegen Erhöhung des Kaufpreises Ratenzahlung einräumt. In diesem Fall muss der Händler daran denken, den Käufer über sein Widerrufsrecht zu belehren. Falls das Ausgangsgeschäft schon eine Belehrung erforderte, muss er jetzt erneut belehren. Zudem ist der Händler gut beraten, die Vertragsänderung an die Bedingung zu knüpfen, dass das jetzt eingegangene Teilzahlungsgeschäft nicht widerrufen wird; erfolgt dann ein Widerruf, geht das Geschäft nicht ins Leere, sondern wird zu den ursprünglichen Bedingungen fortgeführt.[9]

III. Vertragsinhalt

1. Beschaffenheitsmerkmale

6   Wird ein Kaufvertrag geschlossen, wechselt der Vertragsgegenstand gegen Entgelt den Eigentümer (§ 433 Abs. 1, Abs. 2 BGB). Der Verkäufer hat dem Käufer das Eigentum an der Sache frei von Sach- und Rechtsmängeln zu verschaffen (§ 433 Abs. 1 S. 2 BGB). **Sachmangel** ist die Abweichung von der Soll-Beschaffenheit; **Rechtsmangel** ist jedes Hindernis, das der Übereignung entgegensteht (§ 435 S. 1 BGB). Da die Mängelhaftung zur Rückabwicklung des Kaufvertrags führen kann, kommt der Frage der Sollbeschaffenheit bzw – allerdings weit seltener und hier daher zu vernachlässigen – entgegenstehender Rechte Dritter für die Durchführung des Kaufvertrags große Bedeutung zu.

7   Die **Sollbeschaffenheit** wird gem. § 434 Abs. 1 S. 1 BGB primär durch Vereinbarung der Vertragsteile bestimmt. Zur Auslegung der Vereinbarung ist der Inhalt einer Verkaufsanzeige heranzuziehen, auch wenn er im Kaufvertrag selbst nicht dokumentiert wird.[10] Anders als nach früherem Recht geht es dabei nicht nur um den Zustand der Sache, also um physische

---

7 BGH v. 3.11.2004 – VIII ZR 375/03 = NJW 2005, 53, 54.
8 BGH v. 3.11.2004 – VIII ZR 375/03 = NJW 2005, 53, 54.
9 *Otting*, in: Ferner (Hrsg.), Straßenverkehrsrecht, Kap. 32 Rn 52.
10 OLG Köln v. 8.1.1990 – 8 U 28/89 = NJW-RR 1990, 758, 759; OLG Brandenburg v. 27.6.2006 – 5 U 161/05.

Merkmale und Umweltbeziehungen, die ihr als Kaufgegenstand unmittelbar anhaften, sondern auch um Eigenschaften, deren Fehlen nach altem Recht zwar keinen Mangel begründete, die aber zusicherbar waren, also Eigenschaften mit lockerem Bezug zur Kaufsache, jedoch von gewisser Dauer und mit Einfluss auf die Wertbildung (zB Importfahrzeug).[11] Vom Gesetzgeber offen gelassen,[12] aber zutreffend ist die Auffassung, dass der Beschaffenheitsbegriff nach neuem Recht weiter ist und alles das erfasst, was die Parteien als Beschaffenheit vereinbaren, also jede Anforderung an die Kaufsache (zB das Bestehen einer uneingeschränkten Herstellergarantie).[13] Hierzu gehören, obwohl von den Parteien möglicherweise gar nicht besprochen, nach § 434 Abs. 1 S. 3 BGB auch Werbeaussagen des Händlers oder des Herstellers, soweit sie bekannt sein mussten und für den Kaufvertrag relevant sind.

Beschaffenheitsvereinbarungen sind beim Autokauf häufig anzutreffen. Meistens geht es 8 dabei um wenige Merkmale wie Fabrikneuheit, Fahrleistung oder Unfallfreiheit, die dann allerdings auch konflikträchtig sind. Da die Mängelrechte dem Käufer zustehen, muss er sich darum bemühen, dass alle ihm wichtigen und nicht generell zu erwartenden Beschaffenheitsmerkmale im Kaufvertrag festgehalten werden. Beim Gebrauchtwagenkauf kennen oft beide Parteien den Kaufgegenstand nicht. In diesem Fall reicht oft eine Untersuchung des Fahrzeugs durch den Händler nicht aus, um Klarheit über alle problematischen Eigenschaften des Fahrzeugs zu gewinnen. Beschaffenheitsvereinbarungen enthalten dann eine Risikoverteilung. Wird etwa die Tachoangabe als Laufleistung aufgenommen, trägt der Händler das Fälschungsrisiko. Da der Käufer von der angegebenen Fahrleistung ausgeht, lässt sich das Risiko nicht durch eine Klausel wie „abgelesener Stand" auf den Käufer abwälzen.[14]

Ergänzend bestimmt § 434 Abs. 1 S. 2 Nr. 1 BGB, dass der Kaufgegenstand mangelfrei ist, 9 wenn er sich für die nach dem Vertrag vorausgesetzte Verwendung eignet. Dieses Kriterium führt bei einem PKW-Kauf ohne vereinbarte Vorgaben nur zur Forderung, dass das Fahrzeug fahrtüchtig sein muss, ist also wenig griffig. Als weiterer Auffangtatbestand bestimmt § 434 Abs. 1 S. 2 Nr. 2 BGB, dass Mangelfreiheit gegeben ist, wenn die Kaufsache sich für die gewöhnliche Verwendung eignet und eine Beschaffenheit aufweist, die bei Sachen der gleichen Art üblich ist (und die der Käufer nach der Art der Sache erwarten kann). Diese Vorschrift erfasst alle Kriterien, die standardmäßig bei einem Kauf der fraglichen Gattung (hier: Kfz) zu erwarten sind. Zum üblichen Standard eines PKW gehört zB, dass Wasser auch bei starkem Regen nicht in den Fahrgastraum dringt, dass der Motor das Fahrzeug auch in mittleren Geschwindigkeitsbereichen beschleunigt und vieles andere mehr. Dabei ist ein Neufahrzeug nach strengeren Kriterien zu bewerten als ein Gebrauchtwagen. Bloßer (nicht übermäßiger) Verschleiß führt über § 434 Abs. 1 S. 2 BGB (also ohne Beschaffenheitsvereinbarung) freilich niemals zu einem Sachmangel.[15] Geht es etwa um die Kupplung eines Fahrzeugs, deren Zustand sich bei Ablieferung nahe der Verschleißgrenze befand, wird sich der Ausfall der Kupplung kaum als Mangel darstellen lassen.[16] Mit einer Beschaffenheitsvereinbarung lässt sich diesem Problem wohl nicht begegnen, jedenfalls aber mit einer Haltbarkeitsgarantie.

---

11 AA OLG Hamm v. 13.5.2003 – 28 U 150/02 = NJW-RR 2003, 1360; OLG Hamm v. 3.3.2005 – 28 U 125/04; OLG Naumburg v. 7.12.2005 – 6 U 24/05 = ZGS 2006, 238, 240.

12 BT-Drucks. 14/6040 v. 13.6.2001, S. 213. Jedenfalls sollten die nach altem Recht zusicherbaren Eigenschaften vom neuen Beschaffenheitsbegriff erfasst sein, s. ebda., S. 209, 211.

13 So etwa *Häublein*, NJW 2003, 388, 390, unter Hinweis auf die Vorgaben in Art. 2 Abs. 1 EG-Kaufrechtsrichtlinie 1999/44/EG = NJW 1999, 2421; iE auch *D.Schmidt*, BB 2005, 2763, 2767 und die dort in Fn 32 Genannten.

14 Vgl. BGH v. 13.5.1998 – VIII ZR 292/97 = NJW 1998, 2207 f.

15 BGH v. 14.9.2005 – VIII ZR 363/04 – Kotflügel = NJW 2005, 3490, 3493; BGH v. 23.11.2005 – VIII ZR 43/05 – Turbolader = NJW 2006, 434, 435.

16 OLG Frankfurt am Main v. 13.12.2006 – 19 U 100/06.

2. Garantien

10 Der durch die Beschaffenheitsmerkmale vermittelte Gewährleistungsschutz lässt sich durch Garantien verstärken. Das Gesetz unterscheidet in § 443 BGB zwischen Haltbarkeits- und Beschaffenheitsgarantien.

11 **Haltbarkeitsgarantien** (früher: unselbstständige Garantien) werden vom Verkäufer oder Hersteller mit dem Inhalt gegeben, dass der Kaufgegenstand für eine gewisse Dauer eine bestimmte Beschaffenheit behält (§ 443 Abs. 1 S. 1 BGB). Im Fahrzeugbereich spielen derartige Garantien praktisch nur beim Neuwagenkauf, dort aber eine große Rolle. Im Ergebnis wird für die garantierte Beschaffenheit bis zum Ablauf der Geltungsdauer gehaftet (§ 443 Abs. 2 BGB); die Beschaffenheit muss damit über den Zeitpunkt des Gefahrübergangs hinaus vorhanden sein. Aus Verkäufersicht weisen solche Garantien einen erheblichen Marketingeffekt auf. Da sie eine regelmäßige Pflicht zur Wartung als Garantiebedingung vorsehen, schaffen sie eine enge, über den Kauf hinausreichende Kundenbindung.

12 Im Gegensatz dazu kommen **Beschaffenheitsgarantien** praktisch nur im Gebrauchtwagenhandel vor. Sie ersetzen nach neuem Recht die Zusicherung von Eigenschaften.[17] Mit dem modernisierten Recht haben sie ihre Bedeutung als Gewährleistungsmittel stark eingebüßt, da sich Mängelrechte nunmehr im weiten Bereich des Verbrauchsgüterkaufs (hierzu Rn 21 ff) nicht beschränken lassen und insoweit nicht mehr auf eine Garantie zurückgegriffen werden muss. Nach den Rechtsfolgen unterscheiden sich Rechte aus Garantien und Mängelrechte ohnehin nur marginal. Genannt sei etwa die Regelung des § 442 Abs. 1 S. 2 BGB, wonach der Käufer bei Bestehen einer Beschaffenheitsgarantie Mängelrechte selbst dann geltend machen kann, wenn ihm der Mangel bei Übergabe infolge grober Fahrlässigkeit unbekannt geblieben ist. Dies zeigt auch, dass die Beschaffenheit nur bis zum Zeitpunkt des Gefahrübergangs garantiert wird. Ihre Hauptbedeutung haben Beschaffenheitsgarantien in den Fällen, in denen die Gewährleistung zulässigerweise (formularmäßig oder durch Individualvereinbarung) ausgeschlossen ist (vgl § 444 Alt. 2 BGB). Ob und inwieweit die Rechtsprechung auch unter neuem Recht Beschaffenheitsmerkmale (zB Fahrzeugalter, bisherige Fahrleistung, Wagenzustand, Unfallfreiheit, Anzahl der Vorbesitzer) trotz Fehlens einer ausdrücklichen Abrede als garantiert ansieht, kann derzeit nur schlecht beantwortet werden.[18] Zu berücksichtigen ist, dass das Gesetz klar zwischen Beschaffenheitsvereinbarung (§ 434 Abs. 1 S. 1 BGB) und Beschaffenheitsgarantie (§§ 442, 444, 445 BGB) trennt. Das Problem, dass ein Gewährleistungsausschluss auch bei einer Beschaffenheitsvereinbarung greift,[19] lässt sich anderweitig lösen. Denn es stellt ein *venire contra factum proprium* dar, wenn der Verkäufer die Sache konkret beschreibt, dafür dann aber nicht einstehen will. Vorsorglich sollte der Käufer darauf hinwirken, dass Anforderungen, die garantiert werden sollen, schriftlich tatsächlich als garantiert bezeichnet werden, vor allem dann, wenn darüber hinaus die Gewährleistung ausgeschlossen wird.

13 Der Inhalt der Garantie als schuldunabhängige Einstandspflicht ergibt sich aus dem Garantietext und kann auch im Kleingedruckten stehen. Erforderlich ist immer die Auslegung, ob der beanstandete Mangel von der Garantie erfasst wird. Das ist zB dann nicht der Fall, wenn

---

17 Vgl BGH v. 16.3.2005 – VIII ZR 130/04, wonach § 459 Abs. 2 BGB aF der Garantie gem. § 276 BGB entspricht.

18 Dafür BGH v. 7.6.2006 – VIII ZR 209/05 = BGHZ 167 = NJW 2006, 2839, 2840 m. Anm. *Bruns*, EWiR § 439 BGB 1/06, 551 f: Unfallfreiheit; BGH v. 22.11.2006 – VIII ZR 72/06 = NJW 2007, 759, 760 (Tz 21): Fahrbereitschaft; zutr. hingegen OLG Nürnberg v. 21.3.2005 – 8 U 2366/04 = NJW 2005, 2019, 2020, für die Angabe des Modelljahrs. Inzwischen hat der BGH – zunächst nur für den Privatkauf – seine Rechtsprechung aufgegeben und will eine Beschaffenheitsgarantie nur noch in Ausnahmefällen bejahen (BGH v. 29.11.2006 – VIII ZR 92/06).

19 Dazu *Emmert*, NJW 2006, 1765, 1767 f. Nach BGH v. 29.11.2006 – VIII ZR 92/06 (Tz 31) soll aber schon die Auslegung des Gewährleistungsausschlusses dazu führen, dass er Beschaffenheitsvereinbarungen nicht umfasst.

die Eigenschaft „fahrbereit" garantiert ist, in einer Werkstatt dann aber festgestellt wird, dass die Funktionstüchtigkeit des Motors aufgrund vorhandener Mängel an Motorblock und Zylinderkopf nicht mehr auf Dauer gewährleistet ist.[20] Bei einem Verbrauchsgüterkauf muss die Garantie den formalen Anforderungen des § 477 BGB entsprechen. Aus diesen Bedingungen ergeben sich zudem mögliche Einwendungen. Sofern hiernach allerdings Wartungsintervalle einzuhalten sind, ist die Bedingung unwirksam, wenn sie nicht auf eine etwa fehlende Ursächlichkeit zwischen der Obliegenheitsverletzung und dem Schadenseintritt Rücksicht nimmt.[21]

Garantieansprüche verjähren gem. §§ 195, 199 BGB in drei Jahren. Die Verjährungsfrist **14** beginnt mit dem Zeitpunkt der Kenntnis des Garantieschadens.[22]

3. Finanzierung

Wird ein Fahrzeug beim Händler gekauft, erfolgt dies oft im Wege einer Finanzierung. Hier- **15** zu wird ein Darlehensvertrag, meist mit einem Kreditinstitut, geschlossen. Die Verträge bilden wirtschaftlich eine Einheit und werden daher gem. § 355 BGB als verbundenes Geschäft gewertet. Dies hat zur Folge, dass ein Widerruf des Darlehensgeschäfts auch den Kaufvertrag zu Fall bringt (§ 358 Abs. 1 BGB).

4. Inzahlungnahme

Eine andere Finanzierungsform bildet die Inzahlunggabe des Altwagens. Hierbei wird für das **16** Altfahrzeug ein – den Marktpreis oft übersteigender – Preis gebildet und dieser Wert auf den Preis für das Neufahrzeug angerechnet. Nach Auffassung des BGH liegt dann ein einheitlicher Kaufvertrag vor, bei dem der Käufer das Recht (**Ersetzungsbefugnis**) hat, den vertraglich festgelegten Teil des Kaufpreises durch Hingabe des Gebrauchtwagens zu tilgen; der Kaufpreis für das Neufahrzeug wird insoweit an Erfüllungs Statt (§ 364 Abs. 1 BGB) geleistet.[23] Da diese Leistung nur als **verrechnungsfähiges Guthaben** fungiert, geht bei einer Rückabwicklung das Fahrzeug zurück; der Käufer erhält also nicht den angerechneten Betrag erstattet.[24] Anders ist die Rechtslage nur, wenn der Käufer (im Wege des Schadensersatzes) sein positives Interesse verlangen kann; hier bleibt der Händler auf dem Altwagen „sitzen" und muss zusammen mit dem restlichen Kaufpreis auch den Anrechnungsbetrag erstatten.[25] Im Übrigen muss der Käufer nach dieser Konstruktion zwar für Mängel seines Altwagens einstehen. Allerdings wird bei solchen Inzahlungnahmen durch gewerbliche Händler die Mängelgewährleistung idR stillschweigend ausgeschlossen.[26]

5. Zusatzarbeiten

Werden im Rahmen der Vertragsverhandlungen Abreden über Zusatzleistungen (zB neue **17** TÜV-Plakette, Ölwechsel) getroffen, sind das vertragliche Zusatzabreden. Sie lösen auch dann die Mängelhaftung aus, wenn der Käufer hierfür nicht ausdrücklich etwas zahlt.[27]

---

20 BGH v. 22.11.2006 – VIII ZR 72/06 = NJW 2007, 759, 760 (Tz 25).
21 BGH v. 24.4.1991 – VIII ZR 180/90 = NJW-RR 1991, 1013, 1015.
22 BGH v. 20.12.1978 – VIII ZR 246/77l = NJW 1979, 645.
23 BGH v. 18.1.1967 – VIII ZR 209/64 = BGHZ 46, 338 = NJW 1967, 553, 554.
24 BGH v. 30.11.1983 – VIII ZR 190/82 = BGHZ 89, 126 = NJW 1984, 429, 430 f.
25 BGH v. 28.11.1994 – VIII ZR 53/94 = BGHZ 128, 111 = NJW 1995, 518, 519.
26 BGH v. 21.4.1982 – VIII ZR 26/81 = BGHZ 83, 334 = NJW 1982, 1700, 1701.
27 BGH v. 24.2.1988 – VIII ZR 145/87 = BGHZ 103, 275 = NJW 1988, 1378, 1379.

Anderes (Werkvertrag) gilt nur dann, wenn bestimmte Mängel beseitigt oder aufwändige Konstruktionen (zB eine Ladebordwand in einen LKW) montiert werden sollen.[28]

IV. Sondervorschriften bei Verbraucherbezug

18   Während man früher beim Autokauf vor allem zwischen dem Neuwagen- und dem Gebrauchtwagenkauf unterschied, verläuft die Grundteilung nach neuem Recht zwischen dem Verbrauchsgüterkauf und sonstigen Verkäufen. Dies liegt daran, dass die früher im gewerblichen Gebrauchtwagenhandel möglichen Haftungsausschlüsse ggü. Verbrauchern heute nicht mehr möglich sind (Rn 23), so dass sich die Mängelrechte in beiden Bereichen strukturell nicht mehr unterscheiden.

V. Besonderheiten beim Neuwagenkauf

19   Gleichwohl ist der Unterschied zwischen einem Neu- und einem Gebrauchtwagenkauf noch heute wichtig. Abgesehen von den unterschiedlichen Garantieformen (Rn 10 ff), lässt sich die Beschaffenheit eines Gebrauchtfahrzeugs ohne entsprechende Vereinbarung nur in krassen Fällen bemängeln. Insbesondere sind kleinere Schäden, die die Funktionstüchtigkeit des Fahrzeugs nicht gefährden, mit dem Vertragssoll durchaus vereinbar. Dies rechtfertigt es auch, eine Abkürzung der Verjährungsfrist auf ein Jahr zuzulassen (§ 475 Abs. 2 BGB). Demgegenüber kann der Käufer eines Neufahrzeugs ein makelloses Objekt erwarten. Gleichwohl ist bei einem fabrikneuen Fahrzeug dem Umstand Rechnung zu tragen, dass das Fahrzeug nach der Produktion nicht sofort ausgeliefert wird und ein Stück weit auf eigener Achse bewegt wird.[29] Nach Auffassung des BGH ist ein unbenutztes Kraftfahrzeug noch dann ein Neuwagen bzw **fabrikneu**, wenn und solange das Modell dieses Fahrzeugs unverändert weitergebaut wird, wenn es keine durch längere Standzeit bedingten Mängel aufweist und zwischen Herstellung des Fahrzeugs und Abschluss des Kaufvertrags nicht mehr als zwölf Monate liegen.[30] Die Frage, wann von einem derartigen Modellwechsel auszugehen ist, ist nicht leicht zu beantworten. An einem Modellwechsel besteht jedenfalls dann kein Zweifel, wenn eine technische Veränderung (etwa die Ausstattung mit einem leistungsstärkeren Motor) mit einer Änderung der Modellbezeichnung einhergeht und das ursprüngliche Modell nicht mehr gebaut wird.[31] Entscheidend ist, dass die Produktion zum Zeitpunkt des Kaufabschlusses schon umgestellt ist. Schwierig zu beantworten ist auch die Frage, welche Fahrleistung das Fahrzeug aufweisen darf. Insofern dürfte die Festlegung einer absoluten Grenze zweckmäßig sein. Neuheitsschädlich dürfte eine Fahrleistung sein, die in den dreistelligen Kilometerbereich geht. Eine kurzfristige Zulassung auf den Händler (sog. **Tageszulassung**) dient, anders als bei Vorführwagen, nicht der Nutzung des Fahrzeugs. Tageszulassungen erfolgen im Interesse beider Vertragsteile. Der Händler kommt durch die Steigerung der Abnahmemenge in den Genuss höherer Prämien, die er an den Endkunden weitergeben kann. Nachteile, die etwa durch eine Verkürzung der Herstellergarantie entstehen, sind zu vernachlässigen, wenn der Verkauf nur kurze Zeit nach der Erstzulassung erfolgt. Daher steht auch eine Tageszulassung der Fabrikneuheit nicht im Wege, wenn der Verkauf an den Kunden nicht mehr als zwei Wochen nach der Tageszulassung erfolgt.[32] Diese Kriterien legen die nach § 434 Abs. 1 S. 2

---

28 BGH v. 6.10.1971 – VIII ZR 14/70 = BGHZ 57, 112 = NJW 1972, 46; BGH v. 30.6.1983 – VII ZR 371/82 = NJW 1983, 2440, 2441.
29 S. hierzu BGH v. 18.6.1980 – VIII ZR 185/79 = NJW 1980, 2127, 2128; OLG Dresden v. 4.10.2006 – 8 U 1461/06 = NJW-RR 2007, 202.
30 BGH v. 15.10.2003 – VIII ZR 227/02 = NJW 2004, 160; BGH v. 7.6.2006 – VIII ZR 180/05 = NJW 2006, 2694, 2695.
31 BGH v. 22.3.2000 – VIII ZR 325/98 = NJW 2000, 2018 f; BGH v. 16.7.2003 – VIII ZR 243/02 = NJW 2003, 2824, 2825.
32 BGH v. 12.1.2005 – VIII ZR 109/04 = NJW 2005, 1422, 1423.

Nr. 2 BGB übliche und vom Käufer zu erwartende Beschaffenheit eines Neufahrzeugs fest.[33] Im Übrigen ist auch ein als Jahreswagen verkauftes Fahrzeug mangelhaft, wenn es zum Zeitpunkt seiner Erstzulassung eine Standzeit von mehr als zwölf Monaten aufweist.[34]

Besonderheiten beim Neuwagenkauf sind im Rahmen der **AGB-Kontrolle** zu beachten. So   20
verbietet § 309 Nr. 8b BGB Klauseln, die die Mängelrechte beschränken. Diese Vorschrift
hat (mit Ausnahme von Nr. 8b ee[35], ansonsten über die §§ 310 Abs. 1, 307 BGB) nur für
Verträge zwischen Unternehmen (B2B = Business to Business) Bedeutung, da die Mängelgewährleistung im Verbrauchsgüterkauf ohnehin nicht eingeschränkt werden darf (§§ 475, 474
BGB; Rn 23).[36] Gem. § 309 Nr. 8b aa BGB unzulässig ist jede Art von Ausschluss der Rechte
aus § 437 BGB, auch hinsichtlich ausgewählter Arten oder Ursachen von Mängeln, auch ein
bedingter Ausschluss, etwa für den Fall der Beschädigung durch einen Dritten. Unzulässig ist
damit auch die Beschränkung der Sachmängelhaftung auf Rücktritt unter Ausschluss der
Minderung.[37] § 309 Nr. 8b aa BGB lässt jedoch Klauseln zu, nach denen sich der Kunde
zunächst außergerichtlich an einen anderen Beteiligten (zB Hersteller) halten muss, nicht aber
Klauseln, die die Eigenhaftung des Verwenders durch Einräumung von Ansprüchen gegen
Dritte ersetzen. Gem. § 309 Nr. 8b bb BGB darf das Wahlrecht des Käufers aus § 439 Abs. 1
BGB abbedungen werden, sofern ihm in der Klausel das Recht auf Rücktritt und Minderung
ausdrücklich offen gehalten wird. § 309 Nr. 8b cc BGB verbietet eine Änderung des § 439
Abs. 2 BGB, wonach der Verkäufer die Kosten der Nacherfüllung zu tragen hat. § 309
Nr. 8b dd BGB schützt den Anspruch des Käufers aus § 437 Nr. 1 BGB, indem dem Verkäufer verboten wird, die Nacherfüllung von einer Zahlung abhängig zu machen. § 309 Nr. 8b
ee BGB betrifft die Gültigkeit formularmäßiger Ausschlussfristen für die Geltendmachung
von Mängeln. Ausschlussfristen für offensichtliche Mängel sind nicht zu beanstanden und im
Übrigen auch mit § 475 BGB zu vereinbaren.[38] Für nicht offensichtliche Mängel, also solche,
die auch dem nicht fachkundigen Durchschnittskunden nicht ohne besondere Aufmerksamkeit auffallen, lässt § 309 Nr. 8b ee BGB nur eine Koppelung der Ausschlussfrist an die gesetzliche Verjährungsfrist des § 438 BGB zu, womit formularmäßigen Ausschlussfristen praktisch jede Relevanz genommen wird. Da diese Vorschrift im B2B-Verkehr nicht gilt und unter
Privaten keine Neuwagen verkauft werden, läuft sie angesichts der Regelungen der §§ 475,
474 BGB ohnehin leer. § 309 Nr. 8b ff BGB schließlich verbietet eine Verkürzung der gesetzlichen Verjährungsfrist für die Gewährleistungsansprüche (gem. § 438 Abs. 1 Nr. 3 BGB
direkt bzw über § 218 BGB: zwei Jahre) auf weniger als ein Jahr. Dies erfasst auch mittelbare
Einschränkungen wie die Vorverlegung des Verjährungsbeginns und die Nichtberücksichtigung von Hemmungs- oder Erneuerungstatbeständen.[39] Auch diese Vorschrift gilt wegen der
§§ 475, 474 BGB nicht im B2C-Verkehr.

B. Das Verbrauchergeschäft

Diese Art des Kaufvertrags ist dadurch gekennzeichnet, dass als Verkäufer ein Unternehmer   21
iSd § 14 Abs. 1 BGB auftritt, als Käufer ein Verbraucher iSd § 13 BGB (§ 474 Abs. 1 S. 1
BGB). Für die Unternehmereigenschaft ist notwendig, dass der Verkäufer im Rahmen des
Unternehmenszwecks verkauft. Verkauft er nur bei Gelegenheit oder etwa als Freiberufler

---

33 *Roth*, NJW 2004, 330 f; *Hübsch/Hübsch*, WM Sonderbeil. Nr. 1/2006, 25.
34 BGH v. 7.6.2006 – VIII ZR 180/05 = NJW 2006, 2694, 2695.
35 Palandt/*Heinrichs*, § 309 Rn 73.
36 Etwas anderes gilt nur in dem nicht praxisrelevanten Fall, dass der Verbraucher die AGB stellt.
37 AA Palandt/*Heinrichs*, § 309 Rn 56.
38 Palandt/*Heinrichs*, § 309 Rn 71, aber str.
39 Palandt/*Heinrichs*, § 309 Rn 75.

nur sein Betriebsfahrzeug, handelt er als Verbraucher. Verbraucher ist auch, wer als Alleinge-sellschafter einer GmbH sein Fahrzeug aus dem Betriebsvermögen nimmt und dann verkauft; hier kann dann allerdings die GmbH für Mängel aufkommen müssen.[40]

22   Auf der anderen Seite reicht es für die Unternehmereigenschaft aus, wenn der Verkäufer im Rahmen eines Nebenerwerbs verkauft. Gewinnerzielungsabsicht ist nicht erforderlich.[41] Nutzt eine natürliche Person ein Kraftfahrzeug sowohl privat als auch für ihr Unternehmen (*dual use*), ist für die Einordnung als Verbrauchsgüterkauf entscheidend, welche Nutzung überwiegt.[42] Die Schutzvorschriften über den Verbrauchsgüterkauf finden nur Anwendung, wenn auf Käuferseite ein Verbraucher auftritt. Bezeichnet dieser sich als Unternehmer, ver-dient er den Schutz nicht.[43] Genauso ist derjenige nicht als Verbraucher zu behandeln, der zwar Privatmann ist, aber als Strohmann für einen Unternehmer handelt.[44]

23   Folgende **Sondervorschriften** sieht das Gesetz für den Verbrauchsgüterkauf vor: Gem. § 475 **Abs. 1 BGB** sind die meisten Vorschriften des Kaufrechts zwingendes Recht. Dies gilt aus-nahmslos für die Mängelansprüche (§ 434 BGB). § 475 Abs. 3 BGB schafft eine Rückaus-nahme für Schadensersatzansprüche. Sofern die Abbedingung oder Einschränkung von Scha-densersatzansprüchen formularmäßig erfolgt, sind jedoch zum einen § 309 Nr. 7a BGB für Personenschäden, § 309 Nr. 7b BGB für Fälle des groben Verschuldens und allgemein die auf § 307 Abs. 1 BGB gestützte Rechtsprechung zum Verbot der Einschränkung sog. Kardinal-pflichten (hierzu Rn 28) zu beachten. Dies verbietet die Verwendung der bislang weit verbrei-teten Klauseln, mit denen die Gewährleistung ausgeschlossen werden soll (zB „verkauft wie besichtigt unter Ausschluss jeder Gewährleistung").[45] Unzulässig sind damit auch eine pau-schale Verkürzung von Verjährungsfristen sowie undifferenzierte Ausschlussfristen für die Mängelgewährleistung.[46] Flankierend hierzu normiert § 475 Abs. 1 S. 2 BGB einen Umge-hungsschutz. Das Verbot des Gewährleistungsausschlusses kann damit zB nicht in der Weise umgangen werden, dass ein noch fahrtüchtiges Fahrzeug, womöglich mit frischer TÜV-Zu-lassung, als Schrott- oder Bastelauto verkauft wird. Auch die etwa für die Verjährung gem. § 475 Abs. 2 BGB oder den Versteigerungsfall gem. § 474 Abs. 1 S. 2 BGB bedeutsame Fra-ge, ob das Fahrzeug neu oder gebraucht ist, lässt sich durch Parteivereinbarung damit nicht klären.[47] Dies gilt auch dann, wenn die Bestimmung schwierig ist und eine entsprechende Vereinbarung Rechtssicherheit bringen würde. Daher lassen sich solche Fälle auch nicht bereits mit dem Grundsatz „falsa demonstratio non nocet", also im Wege der Auslegung (ohne Rückgriff auf § 475 BGB), lösen.[48] Regelmäßig keine Umgehung bedeutet auch der Verkauf im Wege des **Agenturgeschäfts**, also in Vertretung für einen privaten Verkäufer. Diese Form des Verkaufs ist seit Jahren gängige Praxis. Etwas anderes gilt nur dann, wenn das Agenturgeschäft missbräuchlich dazu eingesetzt wird, ein in Wahrheit vorliegendes Ei-gengeschäft des Unternehmers (§ 14 Abs. 1 BGB) zu verschleiern. Entscheidende Bedeutung kommt hierbei nach Auffassung des BGH der Frage zu, wie bei wirtschaftlicher Betrachtung die Chancen und Risiken des Gebrauchtwagenverkaufs zwischen dem bisherigen Eigentümer des Fahrzeugs und dem Fahrzeughändler verteilt sind. Trägt der Händler mindestens einen Teil der Chancen und Risiken des Kaufs, weil er etwa bei Inzahlungnahme eines Altfahrzeugs

---

40 BGH v. 22.11.2006 – VIII ZR 72/06 = NJW 2007, 759, 760 (Tz 12 ff).
41 BGH v. 29.3.2006 – VIII ZR 173/05 = BGHZ 167, 40 = NJW 2006, 2250, 2251 – Araberhengst.
42 OLG Celle v. 11.8.2004 – 7 U 17/04 = NJW-RR 2004, 1645, 1646 ; Palandt/*Heinrichs*, § 13 Rn 4; Palandt/*Putzo*, § 474 Rn 4; aA *Lorenz*, NJW 2007, 1, 7: Verbrauchergeschäft nur dann, wenn der beruflich-gewerbliche Zweck eine nur ganz untergeordnete Rolle spielt.
43 BGH v. 22.12.2004 – VIII ZR 91/04 = NJW 2005, 1045 f.
44 Vgl BGH v. 13.3.2002 – VIII ZR 292/00 = NJW 2002, 2030, 2031.
45 Vgl BGH v. 22.11.2006 – VIII ZR 72/05 (Tz 10).
46 Vgl BGH v. 15.11.2006 – VIII ZR 3/06 (Tz 19 ff, 38) – Hengstfohlen.
47 BGH v. 15.11.2006 – VIII ZR 3/06 (Tz 33) – Hengstfohlen.
48 So aber *Lorenz*, DAR 2006, 611, 614.

einen Mindestpreis garantiert und den Kaufpreis für das Neufahrzeug entsprechend gestundet hat, ist von einem Ankauf des Altfahrzeugs durch den Händler auszugehen mit der Folge, dass er beim Weiterverkauf als dessen Verkäufer anzusehen ist.[49]

§ 476 BGB enthält eine wichtige Beweislastumkehr (genauer: **Rückwirkungsvermutung**). Hiernach wird bei Mängeln für die ersten sechs Monate nach Gefahrübergang (bzw nach Ersatzlieferung)[50] vermutet, dass die Sache bereits bei Gefahrübergang mangelhaft war, es sei denn, diese Vermutung ist mit der Art der Sache oder des Mangels unvereinbar. Die Vermutung gilt auch für den Gebrauchtwagenkauf.[51] Sie hat nur in zeitlicher Hinsicht Bedeutung; der Mangel muss festgestellt sein. Bemängelt der Käufer etwa, der Motor seines Fahrzeugs sei aufgrund eines beim Kauf undichten Zylinderkopfventils zerstört worden, greift die Vermutung nicht, wenn für den Mangel noch andere nach Gefahrübergang aufgetretene Ursachen (etwa fehlender Ausgleich des Ölverlustes) in Betracht kommen.[52] Der Mangelklärung dient auch die Frage, ob ein Motordefekt auf übermäßigen Verschleiß zurückzuführen ist (dann liegt ein Mangel vor) oder auf normalen Gebrauch bzw einen Bedienungsfehler.[53] Hierbei darf jedoch kein zu strenger Maßstab angelegt werden: Erleidet etwa ein moderner Mittelklassewagen nach einer Fahrleistung von 88.000 km einen Motorschaden und war der Motor ausreichend mit Schmier- und Kühlmitteln befüllt, sind Bedienungsfehler insoweit auszuschließen.[54] Von der Mangelklärung (bei der Ursachen eine Rolle spielen können) zu unterscheiden sind die Fragen nach der zeitlichen Einordnung der Mangelursache und des Auftretens des Mangels. Mit diesen Fragen soll sich der Verbraucher in den ersten sechs Monaten nach Gefahrübergang grds. nicht beschäftigen müssen. Deshalb kann eine bei Erstbesichtigung nicht bemerkte und auch kaum wahrnehmbare größere Delle am Unterboden eines Neufahrzeugs noch sechs Monate nach Übergabe des Fahrzeugs als Mangel gerügt werden, selbst wenn der Anstoß vielleicht erst nach Gefahrübergang erfolgt ist.[55] Insbesondere wird die Vermutung des § 476 BGB nicht dadurch ausgeschlossen, dass es sich um einen Mangel handelt, der typischerweise jederzeit auftreten kann und für sich genommen keinen hinreichend wahrscheinlichen Rückschluss auf sein Vorliegen schon zum Zeitpunkt des Gefahrübergangs zulässt.[56] Bei solchen Beschädigungen ist nach Auffassung des BGH die Vermutung aber mit der Art des Mangels **unvereinbar**, wenn es sich um äußerliche Beschädigungen handelt, die auch dem fachlich nicht versierten Käufer auffallen müssen.[57] Dieses Ergebnis lässt sich allerdings überzeugender aus § 442 Abs. 1 S. 2 BGB herleiten. Hingegen besteht Unvereinbarkeit nicht schon dann, wenn der Defekt typischerweise jederzeit auftreten kann und daher keinen brauchbaren Rückschluss darauf zulässt, dass er schon bei Gefahrübergang vorhanden war.[58] Im Schrifttum wird die Ansicht vertreten, die Rechtsprechung des BGH zur

24

---

49 BGH v. 26.1.2005 – VIII ZR 175/04 = NJW 2005, 1039, 1040; *Lorenz*, DAR 2006, 611, 612: Fiktion eines Vertrags; vgl auch OLG Celle v. 15.11.2006 – 7 U 176/05; offen gelassen in BGH v. 22.11.2006 – VIII ZR 72/06 = NJW 2007, 759, 760 (Tz 16).

50 So mit Recht *Ball*, NZV 2004, 217, 226.

51 OLG Bamberg v. 10.4.2006 – 4 U 295/05 = DAR 2006, 456, 457; vgl auch BGH v. 2.6.2004 – VIII ZR 329/03 = BGHZ 159, 215 = NJW 2004, 2299, 2300 – Zahnriemen.

52 Vgl BGH v. 2.6.2004 – VIII ZR 329/03 = BGHZ 159, 215 = NJW 2004, 2299, 2300 – Zahnriemen. Allg. zu dieser Vermutung *Maultzsch*, NJW 2006, 3091 ff.

53 BGH v. 23.11.2005 – VIII ZR 43/05 = NJW 2006, 434, 435 – Turbolader; s.a. OLG Köln v. 1.3.2006 – 11 U 199/04 = SVR 2006, 419.

54 OLG Frankfurt am Main v. 4.3.2005 – 24 U 198/04 = DAR 2005, 339.

55 BGH v. 14.9.2005 – VIII ZR 363/04 = NJW 2005, 3490, 3492 – Kotflügel.

56 BGH v. 14.9.2005 – VIII ZR 363/04 = NJW 2005, 3490, 3492 – Kotflügel; BGH v. 21.12.2005 – VIII ZR 49/05 = NJW 2006, 1195, 1196 – Katalysator.

57 BGH v. 14.9.2005 – VIII ZR 363/04 = NJW 2005, 3490, 3492 – Kotflügel; BGH v. 21.12.2005 – VIII ZR 49/05 = NJW 2006, 1195, 1196 – Katalysator.

58 BGH v. 14.9.2005 – VIII ZR 363/04 = NJW 2005, 3490, 3492 – Kotflügel.

Unvereinbarkeit müsse auch dann gelten, wenn selbst der fachlich gebildete Unternehmer den Mangel nicht festzustellen vermochte.[59]

25 § 478 BGB gibt einen Rückgriffsanspruch des gewerblichen Händlers gegen den Lieferanten. Dieser wiederum kann sich an seinen Zulieferer halten. So setzt sich der Rückgriff in der Lieferkette fort bis hinauf zum Hersteller der einzelnen Bauteile,[60] um die Gewährleistungsfolgen an den letztlich Verantwortlichen durchzureichen (sog. **stufenweiser Regress**). Da mit diesem Rückgriffsverfahren eine zeitliche Streckung einhergeht, ist in § 479 Abs. 2 u. 3 BGB eine Ablaufhemmung vorgesehen, durch die der Eintritt der Verjährung der Mängelansprüche des jeweiligen Käufers bis zu fünf Jahren hinausgeschoben werden kann.

C. Das Unternehmergeschäft

26 Für den Verkauf eines Fahrzeugs zwischen Unternehmen (B2B) bestehen nur wenige gesetzliche Einschränkungen. Regelmäßig lässt sich bis zur Grenze der Sittenwidrigkeit (§ 138 BGB) alles vereinbaren. Sofern die Parteien die Gewährleistung nicht ausgeschlossen haben, gilt auch für gebrauchte Fahrzeuge das kaufrechtliche Mängelrecht.

27 Besondere Bedeutung hat hier der Gewährleistungsausschluss. Der Vermerk im Kaufvertrag „gekauft wie besichtigt" schafft nach Ansicht des BGH einen vollkommenen Gewährleistungsausschluss, obwohl der Hinweis „wie besichtigt" für sich genommen nur solche Mängel erfasst, die bei einer den Umständen nach zumutbaren Prüfung und Untersuchung unschwer zu erkennen sind.[61]

28 Hinsichtlich der **AGB-Kontrolle** gilt, dass die Haftung für Mängel nicht mehr ausgeschlossen werden darf. Insoweit gilt zum einen § 444 BGB, zum anderen das Ausschlussverbot hinsichtlich grober Fahrlässigkeit (§ 309 Nr. 7b BGB) bzw leichter Fahrlässigkeit für Körperschäden (§ 309 Nr. 7a BGB). Deshalb hält ein formularmäßig vereinbarter umfassender Haftungsausschluss der Inhaltskontrolle nicht mehr stand.[62] Darüber hinaus darf der Verkäufer als Klauselverwender die Haftung für einfache Fahrlässigkeit an sich ausschließen. Fraglich ist allerdings, wie es sich dabei mit den **Kardinalpflichten** verhält, also Pflichten, deren Erfüllung die ordnungsgemäße Durchführung des Vertrags überhaupt ermöglicht, auf deren Erfüllung der Klauselgegner daher vertraut und auch vertrauen darf. Für diese Pflichten ist eine klauselmäßige Freizeichnung niemals möglich.[63] Freilich wird aus der Rechtsprechung nicht recht deutlich, nach welchen Kriterien eine Pflicht zu einer Kardinalpflicht wird. Wenig hilfreich erscheint die in diesem Zusammenhang stehende Erkenntnis des BGH, eine Klausel sei dann als unangemessen zu bewerten, wenn sie von derjenigen Vertragsvereinbarung abweicht, zu der die Parteien gelangt wären, wenn sie über den streitigen Punkt verhandelt hätten.[64] Im Wesentlichen dürfte es dabei neben den Hauptpflichten um Schutz- und Obhutspflichten gehen, Pflichten also, die dem Integritätsinteresse des Käufers dienen und insoweit meistens schon durch § 309 Nr. 7a BGB erfasst sind.[65] Für den Kaufvertrag hat der BGH entschieden, dass die Pflicht zur mangelfreien Übergabe des Kaufgegenstands als Kar-

---

59 So *Kieselstein*, ZGS 2006, 170, 171.
60 *Ball*, ZGS 2002, 49, 52; aA *Bellinghausen*, in: Abels/Lieb, S. 71, 73, wonach die Regresskette dort abbricht, wo die Sache wesentlich umgestaltet oder verarbeitet wird.
61 BGH v. 6.7.2005 – VIII ZR 136/04 = NJW 2005, 3205, 3207 f (zum alten Schuldrecht).
62 BGH v. 15.11.2006 – VIII ZR 3/06 (Tz 18 ff) – Hengstfohlen; BGH v. 22.11.2006 – VIII ZR 72/06 = NJW 2007, 759, 760 (Tz 10); zuvor bereits OLG Hamm v. 10.2.2005 – 28 U 147/04 = NJW-RR 2005, 1220, 1221.
63 Grundlegend BGH v. 19.1.1984 – VII ZR 220/82 = BGHZ 89, 363 = NJW 1984, 1350, 1351; s. ferner BGH v. 11.11.1992 – VIII ZR 238/91 = NJW 1993, 335; BGH v. 24.10.2001 – VIII ARZ 1/01 = BGHZ 149, 89 = NJW 2002, 673, 674.
64 BGH v. 30.11.2004 – X ZR 133/03 = NJW 2005, 422, 424; abl. wohl auch *Graf v. Westphalen*, NJW 2005, 1987, 1989.
65 Näheres bei *Schmitt*, in: Abels/Lieb, S. 131, 135 ff.

dinalpflicht einzuordnen ist.[66] Diese Entscheidung erging noch zum alten Kaufrecht, das in § 433 BGB aF nur die Übereignungspflicht kannte. Aufgrund der Einfügung des § 433 Abs. 1 S. 2 BGB müsste diese Auffassung erst recht für das neue Kaufrecht gelten.[67] Zwar sprechen gute Gründe dafür, die Kardinalpflichtlehre vor dem Hintergrund des modernisierten Schuldrechts neu zu bewerten.[68] Insb. sollte eine derartige Freizeichnung im Umkehrschluss zu § 309 Nr. 8b bb BGB möglich sein,[69] zumal mangelbedingte Schadensersatzansprüche schon dann entstehen können, wenn der Verkäufer die Nacherfüllung nicht ordnungsgemäß erbringt (§ 14 Rn 8). Solange der BGH seine Ansicht nicht ändert bzw keine Entscheidung zur Rechtslage nach neuem Schuldrecht trifft, ist die Praxis jedoch gut beraten, davon auszugehen, dass eine Freizeichnung für mangelbedingte Schäden nicht möglich ist. Im Bereich der Nebenpflichten sind vor allem Verletzungen von Schutz- und Obhutspflichten kaum freizustellen, wobei eine klauselmäßige Regelung angesichts der Vorschrift des § 309 Nr. 7a BGB ohnehin nur für Vermögensschäden in Betracht käme. Jedenfalls ist zu beachten, dass nicht einfach auf den Begriff der Kardinalpflicht Bezug genommen werden kann. Selbst ein kaufmännischer Klauselgegner kann sich diesen Begriff nicht erschließen, wenn er nicht zusätzlichen Rat einholt.[70] Eine derartige Klausel würde gegen das Transparenzgebot (§ 307 Abs. 1 S. 2 BGB) verstoßen.

D. Der Kfz-Kauf von privat

Für den Verkauf eines Fahrzeugs unter Verbrauchern (C2C = Consumer to Consumer) bestehen ebenfalls kaum gesetzliche Einschränkungen. Es gilt somit das oben in Rn 26 ff für den Kauf zwischen Unternehmen Gesagte. Für den Verkauf eines Fahrzeugs von privat an privat (C2C) wie auch zwischen Unternehmen (B2B) und von privat an einen Unternehmer (C2B) lässt sich folgendes Kaufvertragsmuster verwenden: **29**

Muster: Kaufvertrag **30**

Kaufvertrag

Zwischen

▪▪▪ [Name, Anschrift, Telefon]

– im Folgenden kurz: Verkäufer –

und

▪▪▪ [Name, Anschrift, Telefon]

– im Folgenden kurz: Käufer –

wird Folgendes vereinbart:

§ 1 Kaufgegenstand

Der Verkäufer verkauft dem Käufer hiermit das folgende ihm gehörende Kraftfahrzeug einschließlich des bei Übergabe vorhandenen Zubehörs:

Hersteller: ▪▪▪

---

66 BGH v. 27.9.2000 – VIII ZR 155/99 = BGHZ 145, 203 = NJW 2001, 292, 302.
67 So etwa *Graf v. Westphalen*, NJW 2002, 12, 23; *Arnold*, ZGS 2004, 16, 20.
68 Konzept bei *Tettinger*, in: Abels/Lieb, S. 145, 153 ff.
69 *Litzenburger*, NJW 2002, 1244, 1245; *Palandt/Heinrichs*, § 307 Rn 34a; *Reinking/Eggert*, Rn 1579, 1584; differenzierend *Tiedtke/Burgmann*, NJW 2005, 1153, 1156.
70 BGH v. 20.7.2005 – VIII ZR 121/04 = BGHZ 164, 11 = NJW-RR 2005, 1496, 1505; krit. *Kappus*, NJW 2006, 15, 17.

Typ: ■■■

Amtl. Kennzeichen: ■■■

Tag der Erstzulassung: ■■■

Fahrzeug-Identifikationsnummer: ■■■

Fahrzeugbrief-Nr. ■■■

Motor: ■■■ [Originalmotor, Austauschmotor]

Fahrleistung insgesamt (soweit bekannt): ■■■ km

Unfallschäden (lt. Vorbesitzer): ■■■.

§ 2 Gewährleistung

(1) Der Kauf erfolgt wie besichtigt und unter Ausschluss jeder Gewährleistung. Ausgenommen hiervon sind Schadensersatzansprüche wegen Mängeln, wegen schuldhafter Verletzung des Lebens, des Körpers oder der Gesundheit und im Übrigen bei grob fahrlässiger oder vorsätzlicher Pflichtverletzung. Bevor Schadensersatzansprüche wegen Mängeln geltend gemacht werden können, hat der Käufer dem Verkäufer Gelegenheit zur Nacherfüllung zu geben.

(2) Zugesichert werden ■■■. Alle anderen Beschaffenheitsmerkmale sind vereinbart, aber nicht Gegenstand einer Garantie.

§ 3 Kaufpreis, Übereignung

(1) Der Kaufpreis beträgt ■■■ EUR und ist bei Unterzeichnung dieses Vertrags in bar oder mittels Verrechnungsscheck zu zahlen.

(2) Das Fahrzeug wird bei Unterzeichnung dieses Vertrags mit allen Fahrzeugpapieren übergeben. Die Vertragsparteien sind sich einig, dass das Eigentum am Fahrzeug mit vollständiger Bezahlung auf den Käufer übergeht. Bei Zahlung per Scheck bleibt das Fahrzeug im Eigentum des Verkäufers, bis der Kaufpreis auf dem Bankkonto des Verkäufers unwiderruflich gutgeschrieben ist.

(3) Der Verkäufer bestätigt hiermit, den Kaufpreis in bar bzw einen Verrechnungsscheck über den Kaufpreis erhalten zu haben. Der Käufer bestätigt, das Fahrzeug mit ■■■ Schlüsseln fahrbereit übernommen und den Kfz-Brief, den Kfz-Schein sowie einen Beleg über die letzte ASU-Kontrolle erhalten zu haben.

§ 4 Halterwechsel

Der Käufer verpflichtet sich hiermit, das Fahrzeug unverzüglich, spätestens jedoch 3 Kalendertage nach dem Datum des Kaufvertrags, ab- bzw umzumelden. Der Käufer verpflichtet sich, dem Verkäufer einen Nachweis über die Ab- bzw Ummeldung unverzüglich auf eigene Kosten zu übermitteln. Bei Fristüberschreitung zahlt der Käufer an den Verkäufer 20 EUR pro Kalendertag, höchstens jedoch 400 EUR, als pauschalen Schadensersatz.

■■■ [Ort, Datum]   ■■■ [Unterschriften von Verkäufer und Käufer]

§ 13 Autoleasing

Literatur

Beckmann, Aktuelle Rechtsfragen bei Finanzierungsleasinggeschäften, DStR 2006, 1329; *Beckmann*, Aktuelle Rechtsfragen aus Finanzierungsleasingverträgen, DStR 2007, 157; *Groß*, Kraftfahrzeugleasing, DAR 1996, 438; *Grundmann* Die Mietrechtsreform, NJW 2001, 2497; *Krahe*, in: Ferner (Hrsg.), Straßenverkehrsrecht, 2. Auflage 2006, § 34 – Der Leasingvertrag; *Staudinger*, BGB, Kommentar, Leasing, 2004.

A. Einführung

Leasing erfreut sich auch bei der Anschaffung von Fahrzeugen großer Beliebtheit, besonders   1
bei Unternehmen, die etwa 90 % der Leasingnehmer ausmachen. Für Unternehmen ist das
Leasing attraktiv, weil es ihre Liquidität schont und sie sämtlichen Leasingaufwand (Raten
und Sonderzahlung) als Betriebsausgaben absetzen dürfen. Grundsätzlich ist das sog. Operating-Leasing vom sog. Finanzierungsleasing zu unterscheiden. Das Operating-Leasing dient
dazu, große Anschaffungswerte für relativ kurze Zeit über mehrere Vertragslaufzeiten mit
verschiedenen Leasingnehmern zu finanzieren. Im Fahrzeughandel kommt nur die Variante
des **Finanzierungsleasings** vor. Dabei wird der gesamte Kaufpreis mit den Leasingraten und
ggf einer Zuzahlung finanziert. Die Finanzierungsmittel werden idR von einem Dritten, meistens einer Bank, gestellt, die den Leasinggegenstand vom Hersteller erwirbt, falls nicht der
Hersteller selbst der Leasinggeber ist (sog. direktes Leasing). Die meisten Fahrzeughersteller
haben dafür eigene konzernangehörige Banken gegründet, die als Leasinggeber auftreten
(sog. indirektes Leasing). Angesichts des scharfen Preisdrucks in der Kfz-Branche tragen diese
Banken wesentlich zum Gewinn der Hersteller bei. Es kann aber auch der Händler selbst als
Leasinggeber auftreten (sog. Händler-Leasing). Der Begriff des Finanzierungsleasingvertrags
ist erstmals im Zuge der Schuldrechtsmodernisierung in den §§ 499 Abs. 2, 500 BGB eingeführt, wenn auch nur im Ansatz geregelt worden, so dass das Leasingrecht nach wie vor ein
vom Richterrecht geprägtes Spezialgebiet darstellt.[1]

In dem regelmäßig bestehenden **Dreiecksverhältnis** zwischen (1.) Hersteller/Lieferanten/   2
Händler, (2.) Leasinggeber und dem (3.) Kunden/Leasingnehmer sind am Ende zwei Verträge
zu unterscheiden, die in verschiedenen Varianten vorkommen, vor allem mit einem Vertrag
zwischen dem Händler als Verkäufer und dem Leasinggeber als Käufer, der dann mit dem
Kunden einen Leasingvertrag schließt. In dieser Konstellation tritt der Händler nur als Erfüllungsgehilfe des Leasinggebers auf, auch wenn – was oft geschieht – der Händler mit dem
Kunden zunächst einen Kaufvertrag schließt und der Leasinggeber den Vertrag sodann übernimmt.[2] Die Bedingungen der Leasingverträge stehen vor den Anforderungen eines Urteils
des Bundesfinanzhofs[3] und zweier sich daran anschließender Leasingerlasse des Bundesfi-
nanzministeriums aus den 1970er Jahren[4], die den Rahmen dafür abstecken, dass das Fahrzeug bis zur endgültigen Übertragung bzw bis zum Vertragsende als wirtschaftliches Eigentum des Leasinggebers gewertet und abgeschrieben werden kann. Hiernach muss dem Leasinggeber bei ordnungsgemäßer Beendigung des Leasingvertrags ein Restwert von mindestens
10 % verbleiben. Andernfalls würde das geleaste Fahrzeug gem. § 39 Abs. 2 Nr. 1 AO als

---

1 *Beckmann*, DStR 2006, 1329.
2 Näher dazu *Graf v. Westphalen*, DAR 2006, 620, 621; *Beckmann*, DStR 2006, 1329.
3 BFH v. 26.1.1970 – IV R 144/66 = NJW 1970, 1148 ff.
4 Vollamortisationserlass v. 19.4.1971, BB 1971, 506; Teilamortisationserlass v. 22.12.1975, BB 1976, 72.

„wirtschaftliches Eigentum" steuerlich dem Leasingnehmer zugerechnet, die Leasingraten und die Leasingsonderzahlung wären bei diesem nicht als Betriebsausgaben absetzbar. Die **Vollamortisation** verwirklicht der Leasinggeber auf verschiedene Weise: Beim erlasskonformen Vollamortisationsvertrag, der im Kfz-Handel nur selten vorkommt,[5] deckt sich die Dauer der Gebrauchsüberlassung mit der Tilgungsdauer; die Vollamortisation wird also allein durch die Leasingraten erreicht. Bei den erlasskonformen Teilamortisationsverträgen, nämlich dem kündbaren Vertrag mit Abschlusszahlung, dem Vertrag mit Andienungsrecht und dem Vertrag mit Mehrerlösbeteiligung, die beide eine feste, unkündbare Grundmietzeit von 40 bis 90 % der betriebsgewöhnlichen Nutzungsdauer des Leasinggegenstands (AfA-Zeit, beim PKW sechs Jahre[6]) vorsehen, führen die vom Leasingnehmer vorweg zu entrichtenden Raten sowie die üblicherweise zu leistende Sonderzahlung nur zu einer Teilamortisation. Vollamortisation ist aber auch hier das Ziel. Es wird dadurch erreicht, dass der Leasingnehmer für den fehlenden kalkulierten Restwert einzustehen hat bzw (beim kündbaren Vertrag) eine Abschlusszahlung erbringen muss. Daneben besteht vor allem[7] die Möglichkeit des nicht erlasskonformen Vertrags mit Kilometerabrechnung (Kilometerbegrenzung).[8] Dieses Vertragsmodell ist dadurch gekennzeichnet, dass für die gesamte Vertragsdauer, ggf aufgeteilt nach einzelnen Zeitabschnitten (Monat, Jahr), eine bestimmte Kilometerleistung des überlassenen Fahrzeugs vereinbart wird, auf der die Kalkulation der Leasingraten beruht. Für eventuelle Mehr- oder Minderkilometer erfolgt ein Ausgleich. Bei dieser Vertragsgestaltung schuldet der Leasingnehmer regelmäßig keinen Restwertausgleich;[9] der Leasinggeber trägt das Restwertrisiko selbst, weil der pflichtgemäßen Rückgabe des Leasingfahrzeugs, für dessen ordnungsgemäßen Zustand der Leasingnehmer haftet, eine Amortisationsfunktion zukommt. Dadurch kommt es letztlich auch hier zu einer Vollamortisation. Bei diesem Vertragsmodell sind vor allem hinsichtlich der Ausgleichspflicht Probleme programmiert, weil der Leasingnehmer das Fahrzeug oft nicht, wie es viele Verträge verlangen, „frei von Schäden" zurückgeben kann.[10] Letztlich verbleibt das Fahrzeug beim Leasingnehmer nur in der Variante Teilamortisationsvertrag mit Abschlusszahlung, nach Wahl des Leasinggebers auch bei einem Teilamortisationsvertrag mit Andienungsrecht.

3 Ziel des Vertrags ist somit, dass der Leasingnehmer für die Amortisation der vom Leasinggeber für die Anschaffung der Leasingsache gemachten Aufwendungen und Kosten sowie den kalkulierten Gewinn einzustehen hat, und zwar auch bei vorzeitiger – vertragsgemäßer oder durch fristlose Kündigung des Leasinggebers herbeigeführter – Vertragsbeendigung. Darüber hinaus ist die Ausgestaltung der Verträge nur durch die allgemeinen gesetzlichen Beschränkungen (zB AGB-Recht, §§ 499 Abs. 2, 500 BGB) gebunden. Entsprechend vielfältig sind die Vertragskonstellationen, wenngleich oft deckungsgleiche Vertragsmodelle Anwendung finden. Bei Fällen aus dem Leasingrecht ist dieser Rahmen also immer anhand der konkreten Verträge zu hinterfragen. Zwingend müssen daher die Verträge vorgelegt sein, bevor in eine rechtliche Prüfung eingetreten wird.

4 Ist der Leasingnehmer Verbraucher, kann er den Vertragsabschluss gem. §§ 500, 495 Abs. 1, 355 Abs. 1 BGB innerhalb von zwei Wochen nach Belehrung über sein Widerrufsrecht **widerrufen.** Ohne Belehrung kann er zeitlich unbegrenzt widerrufen (355 Abs. 3 S. 3 BGB). Das

5 *Groß*, DAR 1996, 438, 440.
6 Zu einem Sonderfall der Erstreckung auf acht Jahre s. BFH v. 29.3.2005 – IX B 174/03 = NJW 2006, 2064.
7 Andere Leasingvarianten sind möglich. Zum sog. Flens-Modell s. BGH v. 26.2.2003 – VIII ZR 270/01 = NJW 2003, 2382 ff.
8 BGH v. 11.3.1998 – VIII ZR 205/97 = NJW 1998, 1637, 1638, 1639.
9 BGH v. 9.5.2001 – VIII ZR 208/00 = NJW 2001, 2165, 2167.
10 Vgl etwa BGH v. 1.3.2000 – VIII ZR 177/99 = NJW-RR 2000, 1303.

gilt gem. § 507 BGB auch für Existenzgründer, wenn der Barzahlungspreis[11] den Betrag von 50.000 EUR nicht übersteigt.

Da der Leasingvertrag gesetzlich nicht geregelt ist, hat der BGH das Leasing primär dem **Mietrecht** zugeordnet.[12] In den Leasingverträgen wird die mietrechtliche Gewährleistung des Leasinggebers aber regelmäßig durch Abtretung seiner kaufrechtlichen Gewährleistungsansprüche, die ihm ggü. dem Lieferanten zustehen, ersetzt. Die Sach- und Gegenleistungsgefahr (Untergang und Verschlechterungsgefahr) kann dann – auch durch AGB[13] – wirksam auf den Leasingnehmer abgewälzt werden. Viele Kunden sehen nicht, dass sie damit selbst dann die Leasingraten weiterzahlen müssen, wenn das Fahrzeug nicht mehr funktioniert; die Rechte aus den §§ 320 ff BGB und das außerordentliche Kündigungsrecht aus § 543 Abs. 1 BGB wegen Nichtgewährung des vertragsgemäßen Gebrauchs sind ihnen durch diese Risikoverlagerung aus der Hand geschlagen.[14] Zwar ist dem Leasingnehmer – im Gegenzug zur Abwälzung der Sach- und Preisgefahr – für den Fall des Verlustes oder einer nicht unerheblichen Beschädigung des Leasingfahrzeugs die Möglichkeit zur kurzfristigen Vertragsaufsage einzuräumen.[15] Auch in diesem Fall hat der Kunde aber für die Vollamortisation aufzukommen.

Aufgrund der mietrechtlichen Bezüge hat sich die Rechtslage mit der Schuldrechtsmodernisierung kaum geändert. Sofern es um Vorschriften aus dem neuen Schuldrecht geht, ist nur zu beachten, dass für Leasingverträge, die vor dem 1.1.2002 geschlossen wurden, im Hinblick auf ihren Dauerschuldcharakter erst seit dem 1.1.2003 das neue Schuldrecht gilt (Art. 229 § 5 S. 2 EGBGB). Darüber hinaus wurde zum 1.9.2001 auch das Mietrecht grundlegend überarbeitet.[16] Für den Leasingbereich haben sich dadurch zwar vielfach geänderte Paragrafenbezeichnungen, aber kaum sachliche Änderungen ergeben. Für Leasingverträge, die vor dem 1.9.2001 geschlossen wurden, gilt insoweit die Übergangsvorschrift des Art. 229 § 3 EGBGB.

Besonderes Augenmerk ist bei dem in aller Regel durch Formularverträge geprägten Leasinggeschäft auf **ungültige Klauseln** zu richten. Hierbei ist vor allem darauf zu achten, ob eine Klausel dem Transparenzgebot genügt. Darüber hinaus hat der BGH in den letzten Jahren etwa eine Klausel für ungültig erklärt, wonach der Leasinggeber für die Abrechnung bei vorzeitiger Vertragsbeendigung – anders als bei ordnungsgemäßer Vertragsbeendigung – nur 90 % des erzielten Gebrauchtwagenerlöses berücksichtigt.[17] Unwirksam sein können auch Klauseln im Vertrag zwischen dem Leasinggeber und dem Lieferanten. So hat der BGH die in diesem Verhältnis im Hinblick auf eine Rückkaufvereinbarung enthaltene Klausel „Die Übergabe des Objekts wir dadurch ersetzt, dass die (Leasinggeberin) ihre Herausgabeansprüche gegenüber dem Besitzer an den Lieferanten abtritt" ebenfalls für unwirksam erachtet.[18] Folge der Nichtigkeit einer Klausel im Leasingvertrag ist niemals die Unwirksamkeit des Vertrags, sondern die Anwendung des Mietrechts und – bei Abrechnungsfragen – des Vollamortisationsprinzips.

---

11 Nach OLG Brandenburg v. 31.8.2005 – 3 U 17/05 = NJW 2006, 159, 160, soll insoweit im Zweifel die Regelung des § 502 Abs. 3 S. 4 BGB und damit der Marktpreis gelten.
12 BGH v. 15.10.1986 – VIII ZR 319/85 = NJW 1987, 377; BGH v. 11.1.1995 – VIII ZR 82/94 = BGHZ 128, 255 = NJW 1995, 1019, 1020.
13 BGH v. 15.10.1986 – VIII ZR 319/85 = NJW 1987, 377, 378; BGH v. 30.9.1987 – VIII ZR 226/86 = NJW 1988, 198, 200.
14 Groß, DAR 1996, 438, 439.
15 BGH v. 15.10.1986 – VIII ZR 319/85 = NJW 1987, 377, 378; BGH v. 8.10.2003 – VIII ZR 55/03 = NJW 2004, 1041, 1042.
16 Mietrechtsreformgesetz v. 19.6.2001 (BGBl. I, S. 1149); dazu Grundmann, NJW 2001, 2497 ff.
17 BGH v. 26.2.2002 – VIII ZR 147/01 = BGHZ 151, 188 = NJW 2002, 2713, 2714 f.
18 BGH v. 19.3.2003 – VIII ZR 135/02 = NJW 2003, 2607, 2608.

B. Rückabwicklung

8 Beim Leasingvertrag stellen sich im Hinblick auf seinen Dauerschuldcharakter und die Amortisationsfunktion besondere Rückabwicklungsprobleme. Dies gilt im Besonderen bei vorzeitiger Vertragsbeendigung. Hierzu kann es etwa dann kommen, wenn der Leasingnehmer die Raten nicht ordnungsgemäß bedient und der Leasinggeber den Vertrag deshalb kündigt. Ist die Eröffnung eines Insolvenzverfahrens über das Vermögen des Leasingnehmers beantragt, ist allerdings die Kündigungssperre des § 112 InsO zu beachten; unter die dort genannten Mietverträge fallen auch Leasingverträge.[19] Ist der Leasingnehmer Verbraucher iSd § 13 BGB, sind ferner die Schutzvorschriften der §§ 499 Abs. 2, 500, 497 und 498 BGB zu beachten. Danach ist der Leasingvertrag nicht schon – wie im Mietrecht – dann kündbar, wenn der Leasingnehmer mit zwei Raten im Rückstand ist. Vielmehr bestimmt § 498 Abs. 1 BGB hierfür – je nach Vertragsdauer – eine 10 %- bzw 5 %-Grenze. In diesem Zusammenhang ist zu berücksichtigen, dass die einmal eingetretenen Kündigungsvoraussetzungen des § 498 Abs. 1 BGB erst dann entfallen, wenn der Schuldner vor Ausspruch der Kündigung den Rückstand vollständig tilgt; ist die Kündigung mit dem korrekt angegebenen Rückstand angedroht, reicht es also nicht, wenn er den Rückstand vor Ausspruch der Kündigung durch Teilzahlungen auf einen Betrag zurückführt, der unter der Rückstandsquote des § 498 Abs. 1 BGB liegt.[20] Eine Vertragsklausel, wonach der Leasinggeber den Vertrag kündigen darf, „wenn eine wesentliche Verschlechterung in den wirtschaftlichen Verhältnissen des Leasingnehmers eintritt, insbesondere wenn gegen ihn nachhaltige Pfändungen oder sonstige Zwangsvollstreckungsmaßnahmen erfolgen oder wenn gerichtliche oder außergerichtliche Insolvenzverfahren eröffnet werden", hat der BGH nicht beanstandet.[21] Für den Fall der vorzeitigen Vertragsbeendigung bestimmen viele Leasingverträge noch heute formularmäßig das Verfahren der Restwertabrechnung, obwohl der BGH bislang jede dieser ihm vorgelegten Klauseln wegen Verstoßes gegen das Transparenzprinzip verworfen hat.[22] Das heißt aber nicht, dass der Leasinggeber damit nichts mehr fordern dürfte. Vielmehr gilt auch weiterhin das Vollamortisationsprinzip, das der Leasinggeber nun aber durch Vorlage einer konkreten Abrechung umsetzen muss.[23] Das bedeutet, dass er einerseits Ersatz seiner gesamten Anschaffungs- und Finanzierungskosten sowie seines Gewinns verlangen kann, sich jedoch andererseits das anrechnen lassen muss, was er durch die vorzeitige Vertragsbeendigung erspart. Obergrenze für den Schadensersatzanspruch des Leasinggebers ist sein Erfüllungsinteresse bei ordnungsgemäßer Vertragsdurchführung.[24] Bei vorzeitigem Vertragsende sind die restlichen Leasingraten hierzu auf den Zeitpunkt des Vertragsendes abzuzinsen, bei Verbraucherverträgen gem. § 498 Abs. 2 BGB, ansonsten regelmäßig mindestens mit dem Refinanzierungssatz.[25] Wird der Leasingvertrag (einvernehmlich oder durch Kündigung) vorzeitig beendet, weil das Fahrzeug entwendet worden ist, steht dem Leasinggeber bei entsprechender Vertragsgestaltung die Kasko-Entschädigung auch dann zu, wenn sie höher ist als das vom Leasinggeber zwischenzeitlich mitgeteilte Erfüllungsinteresse („Ablösewert").[26] Ist der Leasingnehmer Verbraucher, ist zu beachten, dass der Leasinggeber Schadensersatz statt der Leistung

---

19 Braun/*Kroth*, InsO, 2. Aufl. 2004, § 112 Rn 3.

20 BGH v. 26.1.2005 – VIII ZR 90/04 = NJW-RR 2005, 1410, 1411 (zum gleichlautenden § 12 Abs. 1 S. 1 VerbrKrG aF); dort auch zu den Anforderungen an eine wirksame Kündigungsandrohung. Zur Berechnung der Rückstandsquote s. BGH v. 14.2.2001 – VIII ZR 277/99 = BGHZ 147, 7 = NJW 2001, 1349, 1350 ff: Summe der Brutto-Leasingraten.

21 BGH v. 6.6.1984 – VIII ZR 65/83 = WM 1984, 1217, 1218; BGH v. 27.9.2000 – VIII ZR 155/99 = BGHZ 145, 203 = NJW 2001, 292, 298.

22 *Groß*, DAR 1996, 438, 441 f; besonders plastisch: BGH v. 22.11.1995 – VIII ZR 57/95 = NJW 1996, 455, 456 zum Begriff der „vorschüssigen Rentenbarwertformel"; zuletzt BGH v. 14.7.2004 – VIII ZR 367/03 = NJW 2004, 2823, 2824.

23 BGH v. 26.2.2002 – VIII ZR 147/01 = BGHZ 151, 188 = NJW 2002, 2713, 2715; BGH v. 8.10.2003 – VIII ZR 55/03 = NJW 2004, 1041, 1042.

24 S. nur BGH v. 26.2.2002 – VIII ZR 147/01 = BGHZ 151, 188 = NJW 2002, 2713, 2714.

25 *Groß*, DAR 1996, 438, 442.

26 BGH v. 27.9.2006 – VIII ZR 217/05 = NJW 2007, 290, 291.

so lange nicht fordern darf, wie der Leasingnehmer noch zum Widerruf des Vertragsabschlusses berechtigt ist.[27]

Der **Teilamortisationsvertrag mit Abschlusszahlung** ist dadurch gekennzeichnet, dass er keine **9** feste Laufzeit aufweist. Der Leasingnehmer kann den Vertrag nach einer festen Grundmietzeit von 40 % der betriebsgewöhnlichen Nutzungsdauer kündigen, muss dann aber eine Abschlusszahlung leisten, mit der die Vollamortisation verwirklicht wird. Lässt er den Vertrag weiterlaufen, sinkt die Höhe der Abschlusszahlung. Bleibt der Vertrag 54 Monate (90 % der betriebsgewöhnlichen Nutzungsdauer) ungekündigt, ist keine Abschlusszahlung mehr zu leisten, sondern nur das Fahrzeug herauszugeben. Der Leasingnehmer kann am Vertrag darüber hinaus noch festhalten, muss aber bei entsprechender Vertragsklausel, die der BGH für wirksam hält,[28] die Leasingraten in voller Höhe weiterzahlen. Bei vorzeitigem Vertragsende muss der Leasinggeber seiner Abrechnung die nächstmögliche ordentliche Vertragskündigung durch den Leasingnehmer zugrunde legen.[29]

Beim **Teilamortisationsvertrag mit Mehrerlösbeteiligung** ist zu berücksichtigen, dass der **10** Restwert des Leasingfahrzeugs bei dessen Rücknahme in voller Höhe anzurechnen ist.[30] Ferner hat der Leasinggeber bei der Weiterveräußerung auf die wirtschaftlichen Interessen des Leasingnehmers Rücksicht zu nehmen. Es gilt das Gebot der bestmöglichen Verwertung; Abweichungen bis zu 10 % vom Verkehrswert sind jedoch unschädlich.[31] Vom Leasinggeber nach Rücknahme des Fahrzeugs vorgenommene Reparaturen dürfen nur dann zu Lasten des Leasingnehmers berücksichtigt werden, wenn sie erforderlich waren, um das Fahrzeug überhaupt verwerten zu können bzw – bei einer möglichen Veräußerung in unrepariertem Zustand – zu einem vergleichbar höheren Veräußerungserlös geführt haben oder der Leasinggeber dies bei der Reparatur zumindest erwarten durfte.[32]

Beim **Teilamortisationsvertrag mit Andienungsrecht** darf der Leasinggeber wählen, ob er das **11** Fahrzeug nach Vertragsende zurücknimmt oder dem Leasingnehmer „andient". Im Falle der Andienung kommt der Kaufvertrag mit dem Leasingnehmer mit Zugang der Andienungserklärung zustande; im gleichen Zuge erlischt das Wahlrecht des Leasinggebers.[33] Sofern der Leasingnehmer Verbraucher (§ 13 BGB) ist, gelten die Vorschriften des Verbrauchsgüterkaufs auch für den durch die Andienung herbeigeführten Kaufvertrag. Hat der Leasinggeber das Leasingfahrzeug trotz Andienung zurückgenommen, muss er beachten, dass er es nicht anderweitig veräußert. Ansonsten verliert er die Möglichkeit, die Vollamortisation gegen den Leasingnehmer durchzusetzen.[34]

Da der Vollamortisationsgrundsatz beim **Vertrag mit Kilometerabrechnung** nur unvollkom- **12** men greift, steht dem Leasinggeber, der das Risiko trägt, dass er bei Veräußerung des Fahrzeugs die volle Amortisation des zum Erwerb des Fahrzeugs eingesetzten Kapitals einschließlich des kalkulierten Gewinns erzielt, auch bei vorzeitiger Vertragsbeendigung nicht der intern kalkulierte Restwert des Leasingfahrzeugs zu.[35] Zu ersetzen sind zunächst die restlichen Leasingraten, die ohne die vorzeitige Vertragsbeendigung bis zum vereinbarten Ablauf des Leasingvertrags noch zu zahlen gewesen wären, abgezinst auf den Zeitpunkt der vorzeitigen

---

27 BGH v. 12.6.1996 – VIII ZR 248/95 = NJW 1996, 2367, 2368.
28 BGH v. 20.9.1989 – VIII ZR 239/88 = NJW 1990, 247, 248 ff; BGH v. 8.11.1989 – VIII ZR 1/89 = NJW-RR 1990, 182, 183.
29 BGH v. 10.10.1990 – VIII ZR 296/89 = NJW 1991, 221, 223.
30 BGH v. 26.6.2002 – VIII ZR 147/01 = BGHZ 151, 188 = NJW 2002, 2713, 2714.
31 BGH v. 10.10.1990 – VIII ZR 296/89 = NJW 1991, 221, 224.
32 BGH v. 27.11.1991 – VIII ZR 39/91 = NJW-RR 1992, 378 – Yacht.
33 OLG Düsseldorf v. 8.11.2005 – 24 U 30/05.
34 OLG Düsseldorf v. 8.11.2005 – 24 U 30/05.
35 BGH v. 14.7.2004 – VIII ZR 367/03 = NJW 2004, 2823, 2824.

Vertragsbeendigung. Davon sind die vom Leasinggeber ersparten laufzeitabhängigen Kosten abzuziehen. Ein weiterer Vorteil, den sich der Leasinggeber anrechnen lassen muss, ergibt sich daraus, dass das Leasingfahrzeug bei vorzeitiger Rückgabe regelmäßig einen höheren Wert aufweist als bei Rückgabe zum vereinbarten Vertragsende. Dieser Vorteil kann in der Weise berechnet werden, dass – ggf durch Sachverständigengutachten – die Differenz zwischen dem tatsächlichen Wert des Fahrzeugs bei vorzeitiger Rückgabe und dem hypothetischen Wert des Fahrzeugs bei vertragsgemäßer Rückgabe ermittelt wird. Etwaige Fahrzeugschäden finden bei Ermittlung des realen Fahrzeugwerts im Zeitpunkt der vorzeitigen Rückgabe wertmindernd Berücksichtigung. Der entsprechende, in den Vertragsbedingungen geregelte Anspruch des Leasinggebers auf Minderwertausgleich bei Rückgabe des Leasingfahrzeugs in nicht vertragsgerechtem Zustand hat dabei als Teil des Amortisationskonzeptes Erfüllungsfunktion und verjährt daher nicht (als Schadensersatzanspruch) innerhalb der kurzen sechsmonatigen Frist des § 548 Abs. 1 S. 1 BGB, sondern in den Regelfristen der §§ 195, 199 BGB.[36] Bei dieser Berechnungsweise ist der Zinsvorteil abzuziehen, der dem Leasinggeber durch die vorzeitige Möglichkeit zur Verwertung des Leasingfahrzeugs entsteht.[37]

13   Hat der Leasingnehmer nach Beendigung des Leasingvertrags das Leasingfahrzeug zurückzugeben und tut er das nicht, obwohl er es könnte, muss er dem Leasinggeber eine **Nutzungsausfallentschädigung** zahlen. Diese bestimmt sich nach Auffassung des BGH gem. § 546a Abs. 1 BGB für die Dauer der Vorenthaltung nach der Höhe der bisherigen Leasingraten.[38] Diese Rechtsprechung ist jedenfalls für die Zeit nach geplantem Vertragsende abzulehnen, da es dann nur noch auf den tatsächlichen Nutzungsausfallschaden ankommen kann.[39] Immerhin ist nach Auffassung des BGH anders zu entscheiden, wenn der Zeitwert des Leasingguts alters- oder gebrauchsbedingt so weit abgesunken ist, dass eine Nutzungsentschädigung in Höhe der vereinbarten Leasingrate zu dem verbliebenen Verkehrs- oder Gebrauchswert des Leasingguts völlig außer Verhältnis steht.[40]

14   Oft wird auch bei Abschluss eines Leasingvertrags ein Altfahrzeug in Zahlung genommen. Der Inzahlungspreis findet dann oft als Sonderzahlung Eingang in den Leasingvertrag. Kommt es anschließend zu einem mangelbedingten Rücktritt, muss der Leasingnehmer – wie bei einem Kaufvertrag – das Altfahrzeug wieder zurücknehmen.[41]

---

36 BGH v. 1.3.2000 – VIII ZR 177/99 = NJW-RR 2000, 1303, 1304 (betr. die insoweit gleichlautende Regelung des § 558 BGB aF).
37 BGH v. 14.7.2004 – VIII ZR 367/03 = NJW 2004, 2823, 2824 f.
38 BGH v. 7.1.2004 – VIII ZR 103/03 = NJW-RR 2004, 558, 559; BGH v. 13.4.2005 – VIII ZR 377/03 = NJW-RR 2005, 1081, 1082 (jeweils zu § 557 Abs. 1 BGB aF); BGH v. 1.6.2005 – VIII ZR 234/04 = NJW-RR 2005, 1421, 1423.
39 Ebenso Staudinger/*Stoffels*, BGB, 2004, Leasing Rn 286 mwN.
40 BGH v. 13.4.2005 – VIII ZR 377/03 = NJW-RR 2005, 1081, 1082.
41 BGH v. 30.10.2002 – VIII ZR 119/02 = NJW 2003, 505, 506 (betr. einen Fall des Händlerleasings).

§ 14 Gewährleistung bei Autokauf und Autoleasing

Literatur

Althammer/Löhnig, Sachmängelbedingte Rückzahlungsklagen und ius variandi des Käufers, AcP 205 (2005), 520; *Auktor/Mönch*, Nacherfüllung – nur noch auf Kulanz?, NJW 2005, 1686; *Ball*, Neues Gewährleistungsrecht beim Kauf, ZGS 2002, 49; *Ball*, Die Nacherfüllung beim Autokauf, NZV 2004, 217; *Bitter/Meidt*, Nacherfüllungsrecht und Nacherfüllungspflicht des Verkäufers im neuen Schuldrecht, ZIP 2001, 2114; *Brömmelmeyer*, Der Nacherfüllungsanspruch des Käufers als trojanisches Pferd des Kaufrechts?, JZ 2006, 493; *Bruns*, Kaufrechtliche Ersatzlieferung nur gegen Nutzungsentschädigung, NZV 2006, 640; *Büdenbender*, Der Nacherfüllungsanspruch des Käufers – Wahlschuld oder elektive Konkurrenz?, AcP 205 (2005), 386; *Canaris*, Die Reform des Rechts der Leistungsstörungen, JZ 2001, 499; *Dauner-Lieb*, Viereinhalb Jahre Gesetz zur Modernisierung des Schuldrechts, AnwBl 2006, 430; *Gsell*, Substanzverletzung und Herstellung, 2003; *Gsell*, Nutzungsentschädigung bei kaufrechtlicher Nacherfüllung?, NJW 2003, 1969; *Gsell*, Aufwendungsersatz nach § 284 BGB, NJW 2006, 125; *Häublein*, Der Beschaffenheitsbegriff und seine Bedeutung für das Verhältnis der Haftung aus culpa in contrahendo zum Kaufrecht, NJW 2003, 388; *Höpfner*, Finanzierungsleasing mit Verbraucherbezug als Umgehungstatbestand im Sinne des § 475 Abs. 1 Satz 2 BGB, ZBB 2006, 200; *Huber, P.*, Der Nacherfüllungsanspruch im neuen Kaufrecht, NJW 2002, 1004; *Kleine/Scholl*, Das Konkurrenzverhältnis primärer und sekundärer Gläubigerrechte bei Pflichtverletzungen im allgemeinen Schuldrecht, NJW 2006, 3462; *Lorenz, St.*, Rücktritt, Minderung und Schadensersatz wegen Sachmängeln im neuen Kaufrecht: Was hat der Käufer zu vertreten?, NJW 2002, 2497; *Lorenz, St.*, Selbstvornahme der Mängelbeseitigung im Kaufrecht, NJW 2003, 1417; *Lorenz, St.*, Nacherfüllungskosten und Schadensersatz nach „neuem" Schuldrecht – was bleibt vom „Dachziegel"-Fall?, ZGS 2004, 408; *Lorenz, St.*, Arglist und Sachmangel – Zum Begriff der Pflichtverletzung in § 323 V 2 BGB, NJW 2006, 1925; *Lorenz, St.*, Leistungsstörungen beim Autokauf, DAR 2006, 611; *Lorenz, St.*, Fünf Jahre „neues" Schuldrecht im Spiegel der Rechtsprechung, NJW 2007, 1; *Otting*, in: Ferner (Hrsg.), Straßenverkehrsrecht, 2. Auflage 2006, § 32 – Kaufrecht; *Reim*, Der Ersatz vergeblicher Aufwendungen nach § 284 BGB, NJW 2003, 3662; *Reinking/Eggert*, Der Autokauf, 9. Auflage 2005; *Rinsche*, Prozeßtaktik, 3. Auflage 1993; *Schroeter*, Das Wahlrecht des Käufers im Rahmen der Nacherfüllung, NJW 2006, 1761; *Stöber, M.*, Der Gerichtsstand des Erfüllungsortes nach Rücktritt des Käufers vom Kaufvertrag, NJW 2006, 2661; *Tempel/Seyderhelm*, Materielles Recht im Zivilprozess, 4. Auflage 2005; *Tettinger, P. W.*, Wer frißt wen? Weiterfresser vs. Nacherfüllung, JZ 2006, 641; *Thürmann*, Der Ersatzanspruch des Käufers für Aus- und Einbaukosten einer mangelhaften Sache, NJW 2006, 3457; *Unberath*, Die richtlinienkonforme Auslegung und Rechtsfortbildung am Beispiel der Kaufrechtsrichtlinie, ZEuP 2005, 5; *Westphalen, Friedrich Graf v.*, Kettengarantie und kein Ende?, ZGS 2002, 19; *Westphalen, Friedrich Graf v.*, Leistungsstörungen beim Autoleasing, DAR 2006, 620; *Wertenbruch*, Die eingeschränkte Bindung des Käufers an Rücktritt und Minderung, JZ 2002, 862.

A. Gegenstand der Gewährleistung: der Mangel

Dreh- und Angelpunkt aller Gewährleistungsrechte ist der Mangel. In erster Linie geht es damit um Sachmängel, obwohl nach neuem Recht Rechtsmängel in gleicher Weise Gewährleistungsrechte begründen (§ 437 BGB). Der Begriff des Mangels ist ein Rechtsbegriff und sprachlich unscharf. Anders als etwa nach § 29 Abs. 4 S. 1 StVZO erfasst er nicht nur technische Defekte, sondern jede Abweichung von der vertraglich geschuldeten (Soll-)Beschaffenheit. Dabei geht es nicht nur um den Zustand des Fahrzeugs, sondern um alle Anforderungen, die vertraglich an die Sache gestellt werden (§ 12 Rn 7). Für den Fall, dass solche Abreden nicht getroffen sind, findet sich in § 434 Abs. 1 S. 2 BGB eine Auffanglösung (Eignung für die gewöhnliche Verwendung und Aufweisen einer Beschaffenheit, die bei Sachen der gleichen Art[1] üblich ist[2] und die der Käufer nach der Art der Sache erwarten kann), die durch § 434 Abs. 1 S. 3 BGB für Werbeaussagen (zB 3-Liter-Auto), durch § 434 Abs. 2 BGB für Montageleistungen und durch § 434 Abs. 3 BGB für Art- bzw Mengenabweichungen ergänzt wird. Maßgebend ist hierbei immer der Zeitpunkt des Gefahrübergangs, regelmäßig also der Zeitpunkt der Übergabe (§§ 434 Abs. 1 S. 1, 446 S. 1 BGB).

2   Auf die **Erheblichkeit** des Mangels kommt es nur in vier Fällen an: zum einen als Voraussetzung für den Rücktritt (§ 323 Abs. 5 S. 2 BGB), sodann, wenn großer Schadensersatz gefordert wird (§ 281 Abs. 1 S. 3 BGB), ferner dann, wenn Aufwendungsersatz gem. § 284 BGB geltend gemacht wird, und schließlich im Rahmen der Verhältnismäßigkeitsprüfung nach § 439 Abs. 3 S. 2 BGB. Verschleißerscheinungen sind keine Frage der Erheblichkeit, sondern begründen schon keinen Mangel (s. bereits § 12 Rn 9).[3] Ist unklar, ob eine Erscheinung tatsächlich von der Soll-Beschaffenheit abweicht, bietet es sich an, ein **Selbständiges Beweisverfahren** durchzuführen. In diesem Gerichtsverfahren kann durch Einholung eines Sachverständigengutachtens nicht nur festgestellt werden, ob eine Abweichung vom Soll-Zustand vorliegt und, wenn ja, worauf diese zurückzuführen ist, sondern auch der Aufwand für die Behebung des Mangels (§ 485 Abs. 2 ZPO). Diese Bewertungen erleichtern dem Käufer hernach die Wahl der Mängelrechte (Nacherfüllung, Minderung oder Abstandnahme vom Vertrag). Antragsgegner ist der Verkäufer. Ist unklar, ob ein Fall der Umgehung des § 475 Abs. 1 S. 2 BGB vorliegt,[4] sollte demjenigen, der als Unternehmer anzusehen ist, der Streit verkündet werden (Fall der Alternativhaftung). Der Gegenstandswert dieses Verfahrens richtet sich nach dem Hauptsachewert, im Zweifel nach der Höhe der Mängelbeseitigungskosten. Macht der Antragsteller deutlich, dass er vom Vertrag zurücktreten werde, falls der Verkäufer die gerichtlich festgestellten Mängel nicht beseitigt, soll schon für das Selbständige Beweisverfahren der Kaufpreis zugrunde zu legen sein.[5]

3   ## Muster: Antrag auf Durchführung eines Selbständigen Beweisverfahrens

An das Landgericht ▪▪▪

Antrag auf Beweiserhebung

der Frau ▪▪▪

– Antragstellerin –

Verfahrenbevollmächtigte: RAe ▪▪▪

---

1 Bei Gebrauchtwagen ist der Vergleich nicht auf denselben Typ zu begrenzen, sondern auf artgleiche Fahrzeuge zu erstrecken, die für den heimischen Markt gebaut werden, so OLG Düsseldorf v. 19.6.2006 – 1 U 38/06 = NJW 2006, 2858, 2860; ähnlich bereits OLG Düsseldorf v. 8.6.2005 – 3 U 12/04 = NJW 2005, 2235, 2236.

2 Serienfehler werden dadurch aber nicht gedeckt, so OLG Düsseldorf v. 19.6.2006 – 1 U 38/06 = NJW 2006, 2858, 2859; OLG Stuttgart v. 15.8.2006 – 10 U 84/06 = NJW-RR 2006, 1720, 1721 f.

3 BGH v. 14.9.2005 – VIII ZR 363/04 = NJW 2005, 3490, 3493 – Kotflügel; BGH v. 23.11.2005 – VIII ZR 43/05 = NJW 2006, 434, 435 – Turbolader.

4 Hierzu BGH v. 22.11.2006 – VIII ZR 72/06 = NJW 2007, 759, 760 (Tz 17).

5 OLG Celle v. 20.6.2006 – 16 U 287/05 = IBR 2006, 492.

gegen

die Autohaus ▪▪▪ KG, vertreten durch die Geschäftsführer ▪▪▪

– Antragsgegnerin –

Streitwert (vorläufig): 9.000,00 EUR.

Namens und in Vollmacht der Antragstellerin beantrage ich, im Wege des Selbständigen Beweisverfahrens nach § 485 Abs. 2 ZPO folgenden

Beweisbeschluss

zu erlassen:

1. Es ist ein schriftliches Sachverständigengutachten über die Behauptung der Antragstellerin einzuholen, dass bei dem PKW Opel Corsa mit der Fahrgestell-Nr. ▪▪▪, amtl. Kennzeichen ▪▪▪, bei einer Geschwindigkeit von über 100 km/h ein lautes Summen zu vernehmen ist. Der Gutachter hat auch festzustellen, worauf dieses Summen zurückzuführen ist und welcher Aufwand für die Beseitigung dieses Umstands zu veranschlagen ist.

2. Es ist ein schriftliches Sachverständigengutachten über die Behauptung der Antragstellerin einzuholen, dass im PKW Opel Corsa mit der Fahrgestell-Nr. ▪▪▪, amtl. Kennzeichen ▪▪▪, ein dauerhafter eindringlicher modriger Geruch wahrzunehmen ist. Der Gutachter hat auch festzustellen, worauf dieser Geruch zurückzuführen ist und welcher Aufwand für die Beseitigung dieses Umstands zu veranschlagen ist.

Es wird angeregt, mit der Erstellung des Gutachtens folgenden Kfz-Sachverständigen zu beauftragen:

Prof. Dr. Ing. ▪▪▪

Das Gericht wird gebeten, über dieses Beweissicherungsgesuch gem. § 490 Abs. 1 ZPO ohne mündliche Verhandlung zu entscheiden und den Beweisantrag der Gegenseite förmlich zuzustellen, da die Verjährung gem. § 207 Abs. 1 Nr. 7 BGB nur bei Zustellung des Antrags gehemmt wird.

Begründung:

Die Antragstellerin erwarb im Juni 2004 von der Antragsgegnerin den im Antrag genannten PKW Opel Corsa zum Preis von 9.000,00 EUR.

Glaubhaftmachung: Kaufvertrag vom 7.6.2004

Anlage ASt 1

Sofort nach Übergabe des Fahrzeugs stellte die Antragstellerin fest, dass der Wagen bei einer Geschwindigkeit von über 100 km/h ein lautes Summen von sich gab. Ferner stellte sie einen eindringlichen modrigen Gestank im Wagen fest. Die Antragstellerin bekommt dadurch erhebliche Kopfschmerzen.

Glaubhaftmachung: Eidesstattliche Versicherung der Antragstellerin vom 18.7.05

Anlage ASt 2

Sie forderte die Antragsgegnerin mehrmals auf, diese Mängel abzustellen, wurde von ihr aber nur hingehalten.

Mit Anwaltsschreiben vom 9.5.2005 ließ die Antragstellerin die Antragsgegnerin auffordern, diesen Zustand bis zum 31.5.2005 zu beheben.

Glaubhaftmachung: Schreiben des Unterzeichners vom 9.5.2005

Anlage ASt 3

Das Fahrzeug wurde daraufhin bei der Antragsgegnerin untersucht. Das laute Summen ist verblieben, ebenso der modrige Geruch.

Gegenstand des Selbständigen Beweisverfahrens ist die Feststellung von Fahrzeugmängeln. Insofern ist darauf hinzuweisen, dass es sich bei starkem Summen um einen Mangel handeln kann (vgl OLG

Hamm NJW 1977, 809; OLG Köln NJW-RR 1991, 1340). Gleiches gilt für starken Geruch (vgl OLG Düsseldorf vom 16.12.1994 – 14 U 95/94, zit. bei *Reinking/Eggert,* Der Autokauf, 9. Aufl., Rn 232).

Glaubhaftmachung: Eidesstattliche Versicherung vom 18.7.2005,
                         als Anlage ASt 2 bereits vorliegend

Für die Antragstellerin besteht an der Durchführung dieses Verfahrens ein rechtliches Interesse. Bei Vorliegen eines gerichtlich bestellten Sachverständigengutachtens und der damit verbundenen neutralen sachkundigen Abklärung der zugrunde liegenden Streitfragen kann davon ausgegangen werden, dass die Probleme mit der Geräuschentwicklung einer schnellen Einigung zugeführt werden und ein Rechtsstreit zwischen den Parteien vermieden wird.

Sollte nach Auffassung des Gerichts das rechtliche Interesse der Antragstellerin an diesem Selbstständigen Beweisverfahren nach § 487 Nr. 4 ZPO nicht ausreichend glaubhaft gemacht worden sein, wird um einen rechtlichen Hinweis gebeten, der zur Beschleunigung des Verfahrens gegenüber dem Unterzeichner telefonisch erfolgen sollte.

Nach vorläufiger Einschätzung sind die Mängel nicht behebbar, so dass als Streitwert der Kaufpreis anzusetzen ist.

Rechtsanwalt

B. Gewährleistungsrechte

4   Während Mängelgewährleistungsrechte nach früherem Recht aufgrund eigenständiger Regelungen im Kaufrecht gewährt wurden, ist im Rahmen der Schuldrechtsmodernisierung die Ablieferung der Kaufsache zur Verkäuferpflicht gemacht worden (vgl § 433 Abs. 1 S. 1 BGB), so dass das Mängelgewährleistungsrecht nunmehr Teil des Leistungsstörungsrechts ist. Damit konnte das Mängelgewährleistungsrecht in die Regeln über Unmöglichkeit und Verzögerung der Leistung eingegliedert und so jedenfalls strukturell vereinfacht werden. Behebbare Mängel sind nunmehr ein Fall der teilweisen Verspätung, unbehebbare ein Fall der teilweisen Unmöglichkeit.[6] In der Praxis ist das neue Mängelgewährleistungsrecht freilich nicht einfach zu handhaben, da die Einbindung in das Leistungsstörungsrecht bei Aufrechterhaltung (wegen der neuen Möglichkeit zur Nacherfüllung genauer: Ausweitung) der einzelnen Mängelbehelfe eine ausdifferenzierte Verweisungstechnik nötig machte (vgl § 437 BGB), die sich nicht sofort erschließt. Erschwerend kommt hinzu, dass der Gesetzgeber in den §§ 474 ff BGB ein neues Haftungsregime für den Verbrauchsgüterkauf geschaffen hat, so dass insoweit immer zu differenzieren ist. Allgemein setzen Gewährleistungsrechte viererlei voraus:

- einen wirksamen (unwiderrufenen) Kaufvertrag,
- einen Sach- oder Rechtsmangel bei Gefahrübergang, und zwar unabhängig davon, ob er bei Gefahrübergang erkennbar war und ob der gekaufte Gegenstand ordnungsgemäß untersucht wurde,
- den Gefahrübergang, regelmäßig also die Übergabe des Fahrzeugs (vgl § 446 BGB),
- das Nichtvorliegen eines Gewährleistungsausschlusses, sei es gesetzlicher (zB aufgrund Erhebung der Verjährungseinrede oder gem. § 442 Abs. 1 BGB wegen Kenntnis bzw grob fahrlässiger Unkenntnis des Mangels bei Übergabe) oder vertraglicher Art.

---

6 Instruktiv vor allem *Lorenz,* DAR 2006, 611 ff.

Das Gesetz schafft einen **Numerus clausus** der Mängelrechte. Es bestimmt gem. § 437 BGB **5**
für den Kaufvertrag vier Gewährleistungsrechte, nämlich

- die Nacherfüllung (§ 439 BGB),
- die Minderung (§ 441 BGB),
- den Rücktritt (§§ 440, 323, 326 Abs. 5 BGB) und
- den Anspruch auf großen Schadensersatz (§§ 440, 280, 281, 283, 311a BGB) bzw
  – stattdessen – auf Ersatz vergeblicher Aufwendungen (§ 284 BGB).

Dabei ist die **Nacherfüllung** wegen des Erfordernisses der Fristsetzung für die anderen **6**
Rechtsbehelfe (§§ 440, 441 BGB) immer **vorrangig**. Der Käufer kann dieses Recht des Verkäufers zur zweiten Andienung nur umgehen, wenn die Setzung einer Abhilfefrist entbehrlich
oder zwecklos ist. Rücktritt und Schadensersatz sind darüber hinaus nur bei erheblichen
Mängeln möglich. Auch wenn die Mangelfreiheit nach neuem Recht als Verkäuferpflicht
ausgestaltet wurde (§ 433 Abs. 1 S. 1 BGB), ist ein Verschulden allein für die Geltendmachung von Schadensersatz erforderlich; dies aber auch nur, wenn die konkrete Mangelfreiheit
nicht Gegenstand einer Garantie ist (§ 276 Abs. 1 S. 1 BGB).

I. Nacherfüllung (§ 439 BGB)

1. Vorrangiger gesetzlicher Rechtsbehelf

Primärer Rechtsbehelf für die Gewährleistung ist die Nacherfüllung, und zwar nach Wahl des **7**
Käufers entweder als Ersatzlieferung (Nachlieferung) oder als Nachbesserung (Mängelbehebung). Nach überwiegender und inzwischen auch vom BGH vertretener Auffassung ist dieses
Wahlrecht (§ 439 Abs. 1 BGB) keine Wahlschuld, sondern ein Fall **elektiver Konkurrenz**;
damit kann die Wahl im Gegensatz zur Wahlschuld vom Käufer (nach Ablauf einer angemessenen Wartefrist) widerrufen werden, wenn der Verkäufer mit der geforderten Art der Nacherfüllung noch nicht begonnen hat bzw noch nicht rechtskräftig zu einer bestimmten Art der
Nacherfüllung verurteilt worden ist.[7] Eine Änderung der Wahl darf auch erfolgen, wenn der
Verkäufer (vollkommen) erfolglos einen Nacherfüllungsversuch unternommen hat.[8] Gleichwohl darf nicht übersehen werden, dass die Nacherfüllung den Verkäufer im Vergleich zum
alten Recht, das nur Rücktritt und Minderung kannte, wesentlich besser stellt. Dieser
Rechtsbehelf gibt dem Kaufvertrag – sieht man von der Verjährung ab – eine zeitliche Komponente und nähert ihn so dem Werkvertrag an. Offensichtlich entspricht das auch einem
Bedürfnis der Praxis, da in vielen Kaufverträgen (vor allem beim Kauf von Neuwaren) schon
früher die Nacherfüllung vorgesehen und als vorrangiger Rechtsbehelf bestimmt war.

Rechtstechnisch wird aus dem Anspruch gem. § 433 Abs. 1 S. 2 BGB, der gem. §§ 195, 199 **8**
BGB verjährt, ein Anspruch auf Nacherfüllung gem. §§ 437 Nr. 1, 439 BGB, der gem. § 438
BGB verjährt. Diese Umwandlung hat Bedeutung über die Verjährung hinaus. Wenn nämlich
der Verkäufer an der Nichterfüllung des Anspruchs aus § 433 Abs. 1 S. 2 BGB kein Verschulden trägt, kann er doch – und wesentlich leichter – die Nichterfüllung des Nacherfül-
lungsanspruchs verschulden und auf diesem Wege dem Käufer Schadensersatzansprüche
eröffnen.[9] Mit dem Nacherfüllungsanspruch korreliert der Anspruch des Verkäufers auf
„zweite Andienung", was nicht ganz richtig ist, da gem. § 440 S. 2 BGB die Nachbesserung

---

7 BGH v. 20.1.2006 – V ZR 124/05 = NJW 2006, 1198 f; *Ball*, NZV 2004, 217, 219; *Schroeter* = NJW 2006, 1761 f; aA *Büdenbender*, AcP 205
(2005), 386, 428; ausf. zur Konkurrenz zw. primären und sekundären Gläubigerrechten *Kleine/Scholl*, NJW 2006, 3462 ff.
8 *Ball*, NZV 2004, 217, 219, 226.
9 Zutr. *Dauner-Lieb*, AnwBl 2006, 430, 432.

erst nach dem zweiten erfolglosen Versuch als fehlgeschlagen gilt, so dass der Verkäufer – jedenfalls im Rahmen der Mängelbeseitigung – auch ein drittes Mal andienen darf. Unter Umständen sind sogar noch mehr als zwei Nachbesserungsversuche zuzubilligen, etwa bei Bagatellschäden,[10] besonderer (technischer) Komplexität der Sache, schwer zu behebenden Mängeln oder ungewöhnlich widrigen Umständen bei vorangegangenen Nachbesserungsversuchen.[11] Zu diesem Recht gehört, darüber zu bestimmen, wie die Nacherfüllung zu besorgen ist; der Käufer kann hier also nichts vorgeben.[12]

9 Macht der Käufer von seinem Wahlrecht keinen Gebrauch, stellt sich die Frage, ob er damit sein Zurückbehaltungsrecht hinsichtlich des noch zu zahlenden Kaufpreises verliert. Diese Frage lässt sich nur unter Rückgriff auf das Gebot von Treu und Glauben beantworten.[13]

10 Offen ist auch die Frage, wo der Nacherfüllungsanspruch zu erfüllen ist. Sowohl der Belegenheitsort als auch der Verkäuferwohnsitz kommen dafür in Frage. Beide Meinungen werden vertreten, wobei der Standort des Fahrzeugs als **Erfüllungsort** derzeit leicht favorisiert wird.[14] Der BGH hat dieses Problem noch nicht behandelt. In Anbetracht der hohen Bedeutung eines fehlerfreien Nacherfüllungsverlangens für die sekundären Gewährleistungsrechte ist dem Käufer dringend zu empfehlen, bis zur höchstrichterlichen Klärung der Frage davon auszugehen, dass der Nacherfüllungsort sich nicht an seinem Wohnsitz, sondern an dem des Verkäufers befindet. Ohnehin hat der Verkäufer die dadurch entstehenden Kosten zu tragen (§ 439 Abs. 2 BGB). Bleibt der Käufer mit dem Fahrzeug also mangelbedingt unterwegs liegen, muss der Verkäufer die Transportkosten zu seinem Wohn- bzw Betriebssitz tragen. Mietwagenkosten sind hingegen keine direkten Mangelbehebungskosten und vom Verkäufer daher nur im Rahmen seines Verschuldens gem. § 280 Abs. 1 BGB zu übernehmen.[15]

2. Mängelbeseitigung

11 Sofern der Käufer Nachbesserung wählt, muss der Verkäufer den gerügten Mangel beheben. Diesen Inhalt kann auch eine Herstellergarantie haben. Die Inanspruchnahme der Garantie darf die Mängelrechte jedoch nicht gefährden. Der Verkäufer muss nicht nacherfüllen, wenn **Garantiemaßnahmen** durch eine Fremdwerkstatt **missglückt** sind. Etwas anderes gilt nur dann, wenn der Verkäufer den Käufer selbst an die Drittfirma verwiesen hat.[16] Die Inanspruchnahme der Garantie kann dem Verkäufer so eine Verteidigungslinie eröffnen. Daher sollte primär immer Nacherfüllung verlangt, also nur der Verkäufer angegangen werden.

12 Für die Mängelbeseitigung sind folgende **Regeln** zu beachten: Der Anspruch umfasst neben der Herstellung der vereinbarten Beschaffenheit[17] die Übernahme der hierzu nötigen Transport-, Wege-, Arbeits- und Materialkosten (§ 439 Abs. 2 BGB). Dazu gehören auch die Kosten für ein Mängelfindungsgutachten,[18] ferner Umbaukosten,[19] nicht dagegen mittelbare beseitigungsbedingte Kosten wie etwa Mietwagenkosten für die Zeit der Mängelbeseiti-

---

10 OLG Bamberg v. 10.4.2006 – 4 U 295/05 = DAR 2006, 456, 458.
11 BGH v. 15.11.2006 – VIII ZR 166/06 = NJW 2007, 504, 505 (Tz 15).
12 *Ball*, NZV 2004, 217, 219.
13 Hierzu *Schroeter*, NJW 2006, 1761, 1764 f.
14 So etwa OLG München v. 12.10.2005 – 15 U 2190/05 = NJW 2006, 449, 450; aA unter Berufung auf § 269 BGB wohl zu Recht *Ball*, NZV 2004, 217, 220; Überblick zum Meinungsstand bei *Reinking/Eggert*, Rn 312.
15 *Lorenz*, DAR 2006, 611, 616.
16 LG Köln v. 20.10.2004 – 18 O 21/04; *Reinking/Eggert*, Rn 1435.
17 Zur Frage, ob der Verkäufer hierzu Neuteile verwenden muss, s. *Ball*, NZV 2004, 217, 218.
18 Vgl BGH v. 23.1.1991 – VIII ZR 122/90 = BGHZ 113, 251 = NJW 1991, 1604, 1606.
19 *Ball*, NZV 2004, 217, 218.

gung.[20] Dieser Aufwand lässt sich nur unter den Voraussetzungen des § 437 Nr. 3 BGB bzw der §§ 280 ff BGB einfordern. Wird der Käufer durch die Mangelbeseitigung besser gestellt, hat er dies auszugleichen (Abzug neu für alt, Ersparnis von Sowieso-Kosten).[21]

Hinsichtlich der Nachbesserung kommen **drei Störungsmöglichkeiten** in Betracht: Die Nachbesserung kann unmöglich bzw dem Verkäufer unzumutbar sein, sie kann vom Käufer wegen Unzumutbarkeit verweigert werden, und sie kann fehlschlagen. **13**

Die Nachbesserung ist gem. § 275 Abs. 1 BGB ausgeschlossen, wenn sie dem Verkäufer oder objektiv, also jedermann, unmöglich ist; dies trifft vor allem bei unbehebbaren Mängeln zu. Darüber hinaus hat der Verkäufer gem. § 439 Abs. 3 S. 1 BGB die Möglichkeit, die Nachbesserung, bei weitergehender Begründung auch die Ersatzlieferung, zu verweigern (§ 439 Abs. 3 S. 3 BGB), wenn sie **14**

- unverhältnismäßig hohe Kosten verursacht (§ 439 Abs. 3 S. 1 BGB). Vergleichsmaßstab ist dabei nicht der Gewinn des Verkäufers, sondern der Nutzen der Nacherfüllungsmaßnahme für den Käufer.[22] In die Abwägung einzufließen haben gem. § 439 Abs. 3 S. 2 BGB vor allem (1.) der Wert der Sache in mangelfreiem Zustand (das ist nicht unbedingt der Verkaufspreis), (2.) die Bedeutung des Mangels, also seine Auswirkung auf die Gebrauchsfähigkeit des Fahrzeugs, und (3.) die Zumutbarkeit der alternativen Nacherfüllungsart (Ersatzlieferung) für den Käufer. Praktisch verwertbar ist im Wesentlichen nur das erste Kriterium, so dass in der Literatur Zuschläge auf den Verkehrswert als Grenzbelastung geschätzt werden.[23] Dies gilt auch für das dritte Kriterium, wobei für diesen Vergleich zur Ersatzlieferung Werte zwischen 5 %[24] und etwa 30 %[25], im Extremfall (bei einem sog. Zitronenauto als Neuwagen mit einer Vielzahl von Fehlern) sogar bis zu 200 %[26] angesetzt werden. Unberücksichtigt bleiben die Kosten, die der Verkäufer für misslungene Nachbesserungsversuche aufgewandt hat;[27]

- gem. § 275 Abs. 2 S. 1 BGB dem Verkäufer einen unzumutbaren Aufwand abfordert. Auch hier geht es um Kosten. Vergleichsmaßstab ist auch hier nicht der Gewinn des Verkäufers, sondern der Nutzen der Nacherfüllungsmaßnahme für den Käufer.[28] Dabei ist ein eventuelles Verschulden des Verkäufers an dem Leistungshindernis zu berücksichtigen (§ 275 Abs. 2 S. 2 BGB), so dass die in § 439 Abs. 3 S. 1, 2 BGB genannte Opfergrenze bei einem Schuldvorwurf zu erweitern ist;[29]

- gem. § 275 Abs. 3 BGB dem Verkäufer persönlich nicht zugemutet werden kann; diese Möglichkeit ist zwar in § 439 Abs. 3 S. 1 BGB genannt, hat im Kaufrecht aber mangels Pflicht zur persönlichen Leistungserbringung keine Bedeutung.

Die Verweigerung setzt ein Nacherfüllungsverlangen des Käufers voraus und erfolgt im Wege der Einrede, die wegen der Beschränkung des Anspruchs (§ 439 Abs. 3 S. 3 BGB) bedingungsfeindlich und nach Zugang unwiderruflich ist.[30] Dem Käufer ist der Übergang auf die **15**

---

20 *Ball*, NZV 2004, 217, 221.

21 LG Freiburg v. 25.10.2005 – 3 S 129/05 = DAR 2006, 329, 330; *Gsell*, NJW 2003, 1969, 1971; differenzierend hingegen *Ball*, NZV 2004, 217, 221; *Reinking/Eggert*, Rn 1434, 346.

22 OLG Celle v. 28.6.2006 – 7 U 235/05 = ZGS 2006, 429, 430; *Lorenz*, NJW 2007, 1, 5.

23 ZB *Bitter/Meidt*, ZIP 2001, 2114 f: 130 – 150 %; *Huber*, NJW 2002, 1004, 1008: 100 – 130 %; *Reinking/Eggert*, Rn 373: 100 %.

24 *Bamberger/Roth/Faust*, § 439 Rn 47, der allerdings bei Verschulden höhere Werte ansetzt. Das von *Faust* entwickelte abgestufte System hält *Ball*, NZV 2004, 217, 224, jedoch für „gänzlich unpraktikabel".

25 *Reinking/Eggert*, Rn 374.

26 LG Münster v. 7.1.2004 – 2 O 603/02 = zfs 2004, 215, 216.

27 *Ball*, NZV 2004, 217, 226.

28 *Canaris*, JZ 2001, 499, 501 f; *Lorenz*, NJW 2007, 1, 5; vgl auch BAG v. 29.6.2004 – 1 ABR 32/99 = NZA 2005, 119, 122.

29 So auch Bamberger/Roth/*Faust*, § 439 Rn 50: Erhöhung um bis zu 30 %.

30 Palandt/*Putzo*, § 439 Rn 16.

sekundären Mängelrechte aber dann möglich, wenn die Verweigerung zu Unrecht erfolgt. Fraglich ist, ob der Verkäufer die Einrede auch noch nach Ablauf der Nacherfüllungsfrist erheben kann. Dies wird man als *venire contra factum proprium* (§ 242 BGB) verneinen müssen, da der Verkäufer durch sein Abwarten zu verstehen gibt, den Übergang auf die sekundären Mängelrechte nicht verhindern zu wollen.[31]

16   Auf der anderen Seite kann dem Verkäufer die Mängelbeseitigung auch ohne Verweigerungsrecht versperrt sein. Dies ist der Fall, wenn

- er die Mängelbeseitigung nicht fristgerecht erbringt oder zu Unrecht verweigert (§§ 281 Abs. 2, 323 Abs. 2 BGB). Dabei ist hinsichtlich der Verweigerung ein strenger Maßstab anzulegen; im Bestreiten von Mängeln liegt nicht ohne Weiteres eine endgültige Nacherfüllungsverweigerung,[32] auch nicht etwa in der Einschränkung, es werde für die Zeit der Nacherfüllung kein Ersatzfahrzeug gestellt;[33]

- dem Käufer nicht zuzumuten ist, dem Verkäufer die Mängelbeseitigung zu ermöglichen (§ 440 S. 1 BGB); dies kann vor allem dann der Fall sein, wenn der Verkäufer über die Fehlerfreiheit arglistig getäuscht hat;[34]

- die Mängelbeseitigung fehlgeschlagen ist (§ 440 S. 1 BGB); hiervon ist nach zwei fehlgeschlagenen Versuchen regelmäßig auszugehen (§ 440 S. 2 BGB; zu Ausnahmen s. Rn 8).

17   In diesen Fällen kann der Käufer sofort zu einem sekundären Mängelgewährleistungsrecht (Rücktritt, Minderung, großer Schadensersatz) übergehen.

3. Nachlieferung

18   Statt der Mängelbeseitigung kann der Käufer auch die Lieferung einer mangelfreien Sache verlangen (§ 439 Abs. 1 BGB). Hierbei muss der Verkäufer ihm zum Zwecke der Nacherfüllung ein anderes Fahrzeug mit den vereinbarten Eigenschaften verschaffen, der Käufer Zug um Zug hierzu das mangelhafte Fahrzeug samt Zubehör und Papieren zurückgeben (§ 439 Abs. 4 BGB). Die Rückgabepflicht ist für den Verkäufer eine **Holschuld**. Hat das Fahrzeug inzwischen an Wert verloren, schuldet der Käufer Wertersatz gem. den §§ 439 Abs. 4, 346 Abs. 2 BGB. Hierbei bleibt die durch den bestimmungsgemäßen Gebrauch des Fahrzeugs entstandene Verschlechterung außer Betracht (§ 346 Abs. 2 Nr. 3 BGB); die Pflicht zum Wertersatz entfällt in den in § 346 Abs. 3 BGB genannten Fällen. Nach hL hat der Käufer gem. § 346 Abs. 1 BGB die gezogenen Nutzungen herauszugeben bzw gem. § 346 Abs. 2 Nr. 1 BGB hierfür (gem. § 100 BGB vor allem für die Gebrauchsvorteile) Wertersatz zu leisten, mithin eine **Nutzungsentschädigung** für die zwischenzeitlich angefallene Fahrleistung nach den Vorgaben der Tabelle *Sanden/Danner* zu zahlen.[35] Der BGH hält jedoch einen Verstoß gegen EG-Recht für möglich und hat die Frage dem EuGH zur Klärung vorgelegt.[36]

19   Hinsichtlich der Ersatzlieferung kommen strukturell dieselben **Störungen** in Betracht wie bei der Mangelbeseitigung:

20   Die Ersatzlieferung ist gem. § 275 Abs. 1 BGB ausgeschlossen, wenn sie dem Verkäufer oder objektiv, also jedermann, unmöglich ist; dies trifft zu bei unbehebbaren Mängeln. Nach

---

31 IE ebenso OLG Celle v. 28.6.2006 – 7 U 235/05 = ZGS 2006, 429, 430; *Lorenz,* NJW 2007, 1, 5 f.

32 BGH v. 12.1.1993 – X ZR 63/91 = NJW-RR 1993, 882, 883; BGH v. 21.12.2005 – VIII ZR 49/05 = NJW 2006, 1195, 1197 – Katalysator; s.a. OLG Celle v. 26.7.2006 – 7 U 2/06.

33 OLG Bamberg v. 10.4.2006 – 4 U 295/05 = DAR 2006, 456, 457.

34 IE (nicht auf § 440 BGB, sondern bereits auf die §§ 281 Abs. 2 Alt. 2, 323 Abs. 2 Nr. 3 BGB gestützt) auch BGH v. 24.3.2006 – V ZR 173/05 = BGHZ 167, 19 = NJW 2006, 1960, 1961; BGH v. 8.12.2006 – V ZR 249/05 (Tz 14); s.a. OLG Celle v. 26.7.2006 – 7 U 2/06.

35 Übersicht zum Meinungsstand bei *Bruns,* NZV 2006, 640 ff; *Reinking/Eggert,* Rn 326.

36 BGH v. 16.8.2006 – VIII ZR 200/05 = NJW 2006, 3200.

Erwägungsgrund 16 der RiLi 1999/44/EG[37] soll dies allgemein für Gebrauchtfahrzeuge gelten, da diese aufgrund ihrer Eigenart im Allgemeinen nicht ersetzt werden können. Der BGH geht da nicht so weit, sondern bejaht Unmöglichkeit nur in dem Fall, dann aber generell, dass der bei einer Besichtigung des Gebrauchtfahrzeugs gewonnene Gesamteindruck ausschlaggebend für den Kaufentschluss war.[38]

Darüber hinaus hat der Verkäufer gem. § 439 Abs. 3 S. 1 BGB die Möglichkeit, die Ersatzlieferung, bei weitergehender Begründung sogar die Nacherfüllung insgesamt, zu verweigern (§ 439 Abs. 3 S. 3 BGB), wenn sie   **21**

■ unverhältnismäßig hohe Kosten verursacht (§ 439 Abs. 3 S. 1 BGB); allein die durch die Abholung des Fahrzeugs veranlassten Kosten vermögen die Unverhältnismäßigkeit aber nicht zu begründen;

■ gem. § 275 Abs. 2 S. 1 BGB dem Verkäufer einen unzumutbaren Aufwand abfordert; dies soll bei Gebrauchtwagen wegen des unzumutbaren Second-hand-Risikos regelmäßig der Fall sein;[39]

■ gem. § 275 Abs. 3 BGB dem Verkäufer persönlich nicht zugemutet werden kann.

Die Verweigerung erfolgt auch hier im Wege der Einrede, die wegen der Beschränkung des Anspruchs (§ 439 Abs. 3 S. 3 BGB) bedingungsfeindlich und nach Zugang unwiderruflich ist.   **22**

Dem Käufer ist der Übergang auf die sekundären Mängelrechte aber auch dann möglich, wenn die Verweigerung zu Unrecht erfolgt. Auf der anderen Seite kann dem Verkäufer die Ersatzlieferung wie im Fall der Mängelbeseitigung versperrt sein. Dies ist zu bejahen, wenn   **23**

■ der Verkäufer die Ersatzlieferung nicht fristgerecht erbringt oder zu Unrecht verweigert (§§ 281 Abs. 2, 323 Abs. 2 BGB),

■ dem Käufer die Ersatzlieferung durch den Verkäufer nicht zuzumuten ist (§ 440 S. 1 BGB), oder

■ die Ersatzlieferung fehlgeschlagen ist (§ 440 S. 1 BGB); die Vermutung des § 440 S. 2 BGB gilt nur für die Mängelbeseitigung (Nachbesserung), so dass das Fehlschlagen einer Ersatzlieferung individuell zu bestimmen ist.

In diesen Fällen kann der Käufer sofort zum Rücktritt, zur Minderung oder zum großen Schadensersatz übergehen.   **24**

4. Das Problem der Selbstbeseitigung

Aus dem Vorrang der Nacherfüllung ergibt sich, dass der Käufer nicht ohne Weiteres zur   **25**
Selbstvornahme schreiten kann, weil er dadurch das Nacherfüllungsrecht des Verkäufers vereitelte. Auch dann, wenn der Käufer mit seinem Fahrzeug weit entfernt vom Verkäufersitz mangelbedingt liegen bleibt, muss er sich deshalb grds. zunächst an den Verkäufer wenden und begeht einen Obliegenheitsverstoß, wenn er den Mangel ohne Zustimmung des Verkäufers in einer Werkstatt vor Ort beheben lässt; dies gilt selbst dann, wenn der Käufer nicht weiß, worauf der Ausfall beruht.[40] Tut er dies dennoch, ist ihm der Übergang auf die sekundären Mängelrechte versperrt.[41] Zudem kann er nach Auffassung des BGH auch nicht gem. § 326 Abs. 2 S. 2, Abs. 4 BGB analog die Anrechnung der vom Verkäufer ersparten Aufwen-

---

37 Vom 25.5.1999 – ABl.EG Nr. L 171 v. 7.7.1999.
38 BGH v. 7.6.2006 – VIII ZR 209/05, = NJW 2006, 2839, 2841 m. Anm. *Bruns*, EWiR § 439 BGB 1/06, 551 f.
39 *Ball*, NZV 2004, 217, 218.
40 BGH v. 21.12.2005 – VIII ZR 49/05 = NJW 2006, 1195, 1197 – Katalysator.
41 Zu recht differenzierend jedoch *Lorenz*, DAR 2006, 611, 616.

dungen für die Mangelbeseitigung auf den Kaufpreis verlangen oder den bereits bezahlten Kaufpreis in dieser Höhe zurückfordern.[42] Der BGH begründet dies damit, dass der Gesetzgeber auf ein Selbstvornahmerecht zu Lasten des Verkäufers bewusst verzichtet habe. Damit lässt sich ein behobener Mangel im System des neuen Schuldrechts auch nicht als rechtlich unbehebbarer Mangel werten.[43] Aufgrund dieser gesetzlichen Vorgaben versagt der BGH ohne Aufforderung zur Nacherfüllung auch Ansprüche auf Aufwendungsersatz aus Geschäftsführung ohne Auftrag gem. §§ 684 S. 1, 812 Abs. 1 BGB.[44] Die spannende Rechtsfrage nach den Ausnahmen ist noch nicht beantwortet. Jedenfalls besteht für Ausnahmen nur wenig Raum.

5. Verjährung

26 Der Anspruch auf Nacherfüllung verjährt bei Sachmängeln in zwei Jahren nach „Ablieferung" des Fahrzeugs (§ 438 Abs. 1 Nr. 3, Abs. 2 BGB). Abgeliefert ist das Fahrzeug, wenn es so in den Machtbereich des Käufers gelangt, dass er es untersuchen kann. Das kann, muss aber nicht mit dem Gefahrübergang zusammenfallen. Besteht der Mangel in einem dinglichen Herausgaberecht eines Dritten, beträgt die Verjährungsfrist 30 Jahre (§ 438 Abs. 1 Nr. 1a BGB). Für den Beginn der Frist soll auf den Abschluss des rechtlichen Übertragungsvorgangs abzustellen sein.[45] Für den Fall des arglistigen Verschweigens eines Sach- oder Rechtsmangels gilt die kaufrechtliche Verjährungsfrist nur als Mindestfrist (§ 438 Abs. 3 S. 2 BGB); im Übrigen gilt die regelmäßige Verjährungsfrist des § 195 BGB (§ 438 Abs. 3 S. 1 BGB), die auch nicht nach § 438 Abs. 2 BGB, sondern nach § 199 Abs. 1 BGB beginnt. Wird nacherfüllt, kommt ein Neubeginn oder eine Hemmung der Verjährung in Betracht.[46] Auch die Lieferung einer Ersatzsache lässt die Verjährung nicht automatisch neu beginnen.[47] Im Fall der Mängelbeseitigung ist die Verjährungsfrage auf die geltend gemachten Mängel zu beschränken.[48]

27 Eine **Beschränkung** der gesetzlichen Verjährungsfrist (insb. durch Verkürzung oder früheren Beginn der Verjährung) ist gem. § 202 BGB durch Individualvereinbarung bis auf den Fall des Vorsatzes ohne Weiteres möglich, sofern nicht ein Verbrauchsgüterkauf vorliegt. Im Fall des Verbrauchsgüterkaufs kann eine Beschränkung der Verjährung nach Mitteilung des Mangels erfolgen; darüber hinaus darf die Verjährung bei gebrauchten Sachen (auch durch AGB)[49] auf ein Jahr verkürzt werden (§ 475 Abs. 2 BGB). Sind – wie regelmäßig – AGB verwendet, gilt für den Verkauf von Neufahrzeugen § 309 Nr. 8b ff BGB. Hiernach darf die zweijährige kaufrechtliche Verjährungsfrist mittels AGB nur bis auf ein Jahr ab dem gesetzlichen Verjährungsbeginn (§ 199 Abs. 1 BGB) verkürzt werden (s.a. § 12 Rn 20). Dies gilt im Umkehrschluss zu § 475 Abs. 2 BGB nicht für den Verbrauchsgüterkauf, in der Praxis also nur für den Verkauf zwischen Unternehmen (B2B), da Privatleute keine Neufahrzeuge verkaufen.

---

42 BGH v. 23.2.2005 – VIII ZR 100/04 = BGHZ 162, 219 = NJW 2005, 1348, 1349 f – Neuwagen; BGH v. 7.12.2005 – VIII ZR 126/05 = NJW 2006, 988, 989 f – Reitpferd.

43 So etwa *Lorenz*, NJW 2003, 1417, 1418.

44 BGH v. 22.6.2005 – VIII ZR 1/05 = NJW 2005, 3211, 3212 – Terrier.

45 Palandt/*Putzo*, § 438 Rn 16.

46 BGH v. 5.10.2005 – VIII ZR 16/05 = BGHZ 164, 196 = NJW 2006, 47, 48; s.a. OLG Bamberg v. 10.4.2006 – 4 U 295/05 = DAR 2006, 456, 459; OLG Celle v. 20.6.2006 – 16 U 287/05 = IBR 2006, 49; *Ball*, NZV 2004, 217, 226 f mit dem zutr. Hinweis, dass der Rahmen üblicher Kulanzleistungen eindeutig überschritten sein muss; vgl auch BGH v. 2.6.1999 – VIII ZR 322/98 = NJW 1999, 2961 (zu § 206 BGB aF).

47 AA *Graf v. Westphalen*, ZGS 2002, 19, 21, wonach in der Ersatzlieferung eine erneute Ablieferung iSd § 438 Abs. 2 BGB zu sehen ist; aA auch *Lorenz*, NJW 2007, 1, 5; zur Problematik ausf. *Auktor/Mönch*, NJW 2005, 1686 ff.

48 *Lorenz*, NJW 2007, 1, 5; vgl auch BGH v. 5.10.2005 – VIII ZR 16/05 = BGHZ 164, 196 = NJW 2006, 47, 48.

49 *Reinking/Eggert*, Rn 1595.

6. Nacherfüllungsklage

a) Vorbereitung des prozessualen Vorgehens

Wird der Rechtsanwalt vom Käufer beauftragt, wegen Mängeln eines Kraftfahrzeugs vorzugehen, ist die Vorgehensweise mit Bedacht zu wählen. Zu berücksichtigen ist vor allem, dass vorrangig Nacherfüllung zu fordern ist. Insofern sollte sich der Käufer sogleich auf eine bestimmte Art der Nacherfüllung festlegen und dem Verkäufer hierzu eine angemessene Frist (etwa: zwei Wochen) setzen. Er kann aber auch zunächst nur allgemein Nacherfüllung fordern und hierfür eine Frist bestimmen. Lässt der Verkäufer diese Frist ungenutzt verstreichen, kann der Käufer jedes Mängelrecht geltend machen, auch wenn er sein Wahlrecht nicht ausgeübt hat. Er kann also mindern, zurücktreten bzw. im Wege des großen Schadensersatzes vom Kaufvertrag Abstand nehmen, oder aber die Nacherfüllung gerichtlich erstreiten, da der Nacherfüllungsanspruch nicht schon mit Fristablauf, sondern erst mit Ausspruch des Rücktritts oder der Minderung untergeht.[50] Auf Nacherfüllung beharren wird der Käufer aber nur dann, wenn er an dem Fahrzeug hängt und es auch mit dem Mangel noch nutzen kann. Hat der Käufer eine Art der Nacherfüllung gewählt und der Verkäufer (nur) diese abgelehnt, sollte der Käufer die andere Art der Nacherfüllung fordern, bevor er zu einem sekundären Gewährleistungsmittel greift.[51] Ist unklar, ob ein Fall der Umgehung des § 475 Abs. 1 S. 2 BGB vorliegt,[52] sollte demjenigen, der als Unternehmer anzusehen ist, der Streit verkündet werden (Fall der Alternativhaftung).

28

Muster: Nacherfüllungsklage

↓

29

323

An das Amtsgericht ▪▪▪

Klage

des Herrn ▪▪▪

– Klägers –

Prozessbevollmächtigte: RAe ▪▪▪

gegen

die Autohaus ▪▪▪ GmbH & Co. KG, vertreten durch die Autohaus ▪▪▪ VerwaltungsGmbH, diese vertreten durch den Geschäftsführer ▪▪▪

– Beklagte –

wegen Nacherfüllung

Streitwert: 3.500,00 EUR.

Namens und in Vollmacht des Klägers erhebe ich Klage mit dem Antrag zu erkennen:

Die Beklagte wird verurteilt, folgenden Mangel am PKW VW Golf, amtliches Kennzeichen ▪▪▪, Fahrgestell-Nr. ▪▪▪, zu beheben: Im Drehzahlbereich über 3.000 Umdrehungen pro Minute rüttelt der Motor.

Ich rege die Durchführung eines schriftlichen Vorverfahrens nach § 276 ZPO an und beantrage für den Fall der Säumnis den Erlass eines Versäumnisurteils gem. § 331 Abs. 3 S. 2 ZPO.

Bereits jetzt beantrage ich auch,

dem Kläger eine Kurzausfertigung des Urteils mit Vollstreckungsklausel zu erteilen und den Zeitpunkt der Zustellung des Urteils zu bescheinigen.

---

50 *Ball*, ZGS 2002, 49, 51.
51 So wohl auch *Ball*, ZGS 2002, 49, 50; *ders.*, NZV 2004, 217, 220.
52 Hierzu BGH v. 22.11.2006 – VIII ZR 72/06 = NJW 2007, 759, 760 (Tz 17).

Begründung:

I. Sachverhalt

Der Kläger hat am 10.3.2006 bei der Beklagten den im Klageantrag bezeichneten, 3 Jahre alten PKW zum Preis von 7.500,00 EUR erworben.

Beweis: Kaufvertrag vom 10.3.2006

Anlage K 1

Nach Übergabe des Fahrzeugs hat der Kläger feststellen müssen, dass der Motor bei Drehzahlen über 3.000 Umdrehungen pro Minute stark rüttelt. Hierdurch ist der Fahrkomfort stark beeinträchtigt. Außerdem dürfte dies die Lebensdauer des Motors stark verkürzen.

Beweis: Einholung eines Sachverständigengutachtens

Insgesamt stellt das Rütteln des Motors eine Eigenschaft des Fahrzeugs dar, die von der Solleigenschaft eines 3 Jahre alten Fahrzeugs abweicht.

Beweis: Einholung eines Sachverständigengutachtens

Mit Schreiben vom 1.7.2006 hat der Kläger die Beklagte unter Fristsetzung auf den 15.7.2006 zur Nacherfüllung aufgefordert.

Beweis: Schreiben des Klägers vom 1.7.2006

Anlage K 2

Eine Antwort erhielt der Kläger bislang nicht. Daher ist Klage geboten.

II. Rechtliche Ausführungen

Bei dem Kaufvertrag handelt es sich um einen Verbrauchsgüterkauf. Die Beklagte ist als gewerblicher Fahrzeughändler Unternehmer im Sinne des § 14 Abs. 1 BGB. Der Kläger ist zwar Zahnarzt, hat das Fahrzeug aber für seinen Privatgebrauch gekauft und ist daher Verbraucher im Sinne des § 13 BGB.

Das Rütteln des Motors stellt eine Eigenschaft des Fahrzeugs dar, die von der Solleigenschaft eines 3 Jahre alten Fahrzeugs abweicht. Aufgrund der Vermutung des § 476 BGB ist davon auszugehen, dass der Mangel schon zum Zeitpunkt der Übergabe vorhanden war. Der Kläger ist den Wagen nicht Probe gefahren und hat den Mangel erst unmittelbar nach Übergabe bemerkt.

Aufgrund dessen ist die Beklagte zur Nacherfüllung verpflichtet. Der Kläger fordert insofern Mängelbeseitigung.

Nach alledem ist der Klageantrag begründet.

Für den Streitwert ist davon auszugehen, dass die Mängelbehebung etwa 3.500,00 EUR kosten wird.

Beweis: Sachverständige Stellungnahme des ▬▬▬ vom ▬▬▬

Anlage K 3

Der Prozesskostenvorschuss ist nach diesem Betrag eingezahlt.

Rechtsanwalt

b) Reaktionsmöglichkeiten

30 Wird der Verkäufer mit einer Nacherfüllungsklage konfrontiert, ist zu überlegen, ob sich eine Verteidigung lohnt. Dazu sind die Möglichkeiten einer Verweigerung der Nacherfüllung zu prüfen, wenn es sich nicht sogar um einen Fall der Unmöglichkeit handelt; davon ist bei nicht behebbaren Mängeln immer auszugehen.

Muster: Klageerwiderung auf Nacherfüllungsklage

324

An das Amtsgericht ▪▪▪

Klageerwiderung

In dem Rechtsstreit

▪▪▪ ./. Autohaus ▪▪▪ GmbH & Co. KG

Az ▪▪▪

zeige ich an, dass ich die Beklagte vertrete, die sich gegen die Klage verteidigen wird. Insofern werde ich beantragen zu erkennen:

Die Klage wird abgewiesen.

Begründung:

Richtig ist, dass die Parteien am 10.3.2006 einen Kaufvertrag über einen 3 Jahre alten PKW VW Golf geschlossen haben. Allerdings wird bestritten, dass das Fahrzeug mangelhaft ist. Der Motor weist auch bei Drehzahlen über 3.000 Umdrehungen pro Minute keine Umwucht auf. Sofern der Motor rüttelt, bewegt sich dies im Rahmen dessen, was von einem 3 Jahre alten PKW erwartet werden kann.

Unabhängig davon ist zu bestreiten, dass der Mangel schon bei Übergabe des Fahrzeugs bestand. Die Vermutung des § 476 BGB findet schon deshalb keine Anwendung, weil der Kläger, wie schon aus dem Kaufvertrag (Anlage K 1) ersichtlich, Zahnarzt und damit Unternehmer im Sinne des § 14 Abs. 1 BGB ist.

Außerdem kommt in Betracht, dass der Kläger den Motor nicht ordnungsgemäß behandelt hat.

Darüber hinaus hat der Kläger in seinem Schreiben vom 1.7.2006 zur Ersatzlieferung aufgefordert. Damit ist sein Wahlrecht verbraucht. Er kann nicht jetzt kommen und Mängelbeseitigung verlangen (s. nur MüKo-BGB/*Krüger*, 4. Aufl., § 262 Rn 13; Jauernig/*Berger*, BGB, 11. Aufl., § 439 Rn 9; *Schellhammer*, MDR 2002, 301).

Schließlich ist gegen das Nacherfüllungsverlangen auch einzuwenden, dass der Kläger, der den unrunden Motorlauf sofort nach Übergabe erstmalig bemerkt haben will, erstmals mit Schreiben vom 1.7.2006, mithin mehr als 3 Monate nach dem Kauf, Nacherfüllung verlangt. Nach dieser Zeit ist das Nacherfüllungsverlangen verwirkt.

Rechtsanwalt

II. Rücktritt

1. Rücktrittsvoraussetzungen

Ist eine Nacherfüllung nicht möglich, gem. § 440 BGB verweigert, fehlgeschlagen oder unzumutbar bzw eine Fristsetzung gem. § 323 Abs. 2 Nr. 1–3 BGB entbehrlich,[53] kann der Käufer gem. § 323 Abs. 1 BGB oder – bei Unmöglichkeit bzw unbehebbaren Mängeln – gem. §§ 326 Abs. 5, 323 Abs. 1 BGB vom Kaufvertrag zurücktreten (§ 437 Nr. 2 BGB). Im Bereich des Verbrauchsgüterkaufs soll dies auch für den Fall gelten, dass die Nacherfüllung zwar Erfolg brachte, aber „nicht ohne erhebliche Unannehmlichkeiten für den Verbraucher" iSd Art. 3 Abs. 5 Verbrauchsgüterkauf-Richtlinie erfolgte.[54] Voraussetzung hierfür ist ferner,

---

53 Zur Richtlinienwidrigkeit der Fristsetzung im Bereich des Verbrauchsgüterkaufs s. *Unberath*, ZEuP 2005, 28 ff; *Lorenz*, NJW 2007, 1, 5. Regelmäßig wird die Frist aber schon zur Nacherfüllung gesetzt.

54 *Lorenz*, DAR 2006, 611, 617.

dass die Pflichtverletzung nicht unerheblich ist (§§ 437 Nr. 2, 323 Abs. 5 S. 2 BGB). Der Bezug auf die **Pflichtverletzung** umschreibt in erster Linie den Tatbestand der nicht vertragsgemäßen Lieferung. Damit dürfen die gerügten Mängel jeder für sich oder in ihrer Gesamtheit **nicht unerheblich** sein.[55] Zugaben haben nach Wegfall des Rabattgesetzes auch im Autohandel verstärkte Bedeutung erhalten. Fehlt eine versprochene Zugabe oder ist diese mangelhaft, bedeutet dies immer nur eine unerhebliche Pflichtverletzung. Entgegen den Gesetzesmaterialien[56] neigt die Rechtsprechung dazu, den Bereich der Erheblichkeit im Gegensatz zum früheren Recht auszuweiten.[57] Dies ist abzulehnen, da das neue Kaufrecht die Rechte des Verbrauchers stärken soll. Der Bezug auf die Pflichtverletzung in § 323 Abs. 5 S. 2 BGB lässt Raum für die Berücksichtigung vorvertraglicher Verschuldensanteile. Der BGH verneint eine unerhebliche Pflichtverletzung daher auch dann, wenn der Verkäufer über das Vorhandensein eines Mangels, dem nicht nur Bagatellcharakter zukommt, arglistig täuscht.[58] Ansonsten ist Verschulden für den Rücktritt unerheblich.

33   Der Rücktritt entspricht der Wandlung früheren Rechts, ist aber nicht als Anspruch auf Einverständnis, sondern als **Gestaltungserklärung** konzipiert (§ 349 BGB), die dem Verkäufer zugehen muss. Bei Personenmehrheiten muss die Erklärung von allen an alle erfolgen (§ 351 S. 1 BGB). Diese Willenserklärung formt den Kaufvertrag in ein Rückgewährschuldverhältnis um. Nach Erklärung des Rücktritts kann der Käufer im Gegensatz zum früheren Recht Schadensersatz fordern (§ 325 BGB). Der Käufer hat auch dann noch die Wahl, ob er den großen oder den kleinen Schadensersatz geltend macht.[59] Fordert er nur den kleinen Schadensersatz, soll das Rückabwicklungsverhältnis dadurch wieder erlöschen;[60] ein nochmaliger Rücktritt wird dadurch aber nicht versperrt. Über den Wortlaut des § 325 BGB hinaus wird man den Rücktritt selbst dann noch für möglich halten müssen, wenn der Käufer den großen Schadensersatz geltend gemacht hat; der Käufer kann damit Schadensersatz statt der Leistung und Rücktritt immer miteinander kombinieren.[61] Eine Minderung kann nach erfolgtem Rücktritt nicht mehr verlangt werden (vgl § 441 Abs. 1 S. 1 BGB: „statt"); bestreitet der Verkäufer die Rücktrittsvoraussetzungen, soll eine Minderung nach Treu und Glauben aber doch wieder möglich sein.[62] Da § 437 Nr. 2 BGB eine Rechtsgrundverweisung beinhaltet, ist der Rücktritt ausgeschlossen, wenn der Käufer für den Mangel allein oder weit überwiegend (zu mindestens 80 %) verantwortlich ist (§ 323 Abs. 6 BGB); dies ist zB dann der Fall, wenn der Käufer schuldhaft nichts dagegen tut, dass sich ein zunächst unerheblicher Mangel ausweitet (zB ein Leck in der Ölwanne zu einem Motorschaden, obwohl die Kontrolllampe ständig aufleuchtet). Entgegen einer Auffassung in der Literatur[63] ist dies nicht der Fall, wenn der Käufer einen Unfall verschuldet hat und eine Nachbesserung aus diesem Grund nicht mehr möglich ist; denn der Käufer ist dem Verkäufer nicht dafür verantwortlich, sein Fahrzeug in einem ordnungsgemäßen Zustand zu halten.[64]

---

55 OLG Bamberg v. 10.4.2006 – 4 U 295/05 = DAR 2006, 456, 458; OLG Nürnberg v. 21.3.2005 – 8 U 2366/04 = NJW 2005, 2019, 2020; OLG Düsseldorf v. 8.6.2005 – 3 U 12/04 = NJW 2005, 2235, 2236.

56 BT-Drucks. 14/6040, S. 222.

57 Unerheblich nach OLG Düsseldorf v. 27.2.2004 – 3 W 21/04 = NJW-RR 2004, 1060, 1061: Reparaturaufwand 3,5 % des Kaufpreises; ähnlich OLG Brandenburg v. 23.9.2005 – 4 U 45/05: Grenze bei 5 %; LG Kiel v. 3.11.2004 – 12 O 90/04 = DAR 2005, 38: Reparaturaufwand 4,5 % des Kaufpreises; weitergehend OLG Bamberg v. 10.4.2006 – 4 U 295/05 = DAR 2006, 456, 458: bis zu 10 %; s. aber auch OLG Bamberg v. 2.3.2005 – 3 U 129/04 = OLGR 2005, 265 f: Erheblichkeit gegeben, wenn Nachweis gem. § 19 Abs. 3, 4 StVZO nicht ausgehändigt wird, obwohl Umbauten eintragungsfähig.

58 BGH v. 24.3.2006 – V ZR 173/05 = BGHZ 167, 19 = NJW 2006, 1960, 1961; abl. *Lorenz*, NJW 2006, 1925, 1926.

59 Zum Unterschied zwischen beiden Schadensersatzformen s. Palandt/*Heinrichs*, § 281 Rn 46.

60 Palandt/*Grüneberg*, § 325 Rn 2.

61 Palandt/*Heinrichs*, § 281 Rn 41.

62 So mit guten Argumenten *Wertenbruch*, JZ 2002, 862, 865.

63 *Lorenz*, NJW 2002, 2497, 2499.

64 So auch *Reinking/Eggert*, Rn 429; Palandt/*Grüneberg*, § 323 Rn 29.

2. Rückabwicklung des Kaufvertrags

Folge des Rücktritts ist, dass der Kaufvertrag rückabgewickelt wird. Die gegenseitigen Leistungen sind zurückzugewähren; geht das nicht, ist Wertersatz zu leisten (§ 346 Abs. 1 u. 2 BGB). Nutzungen (auch hinsichtlich des Kaufpreises!) und Bereicherungen sind herauszugeben (§ 346 Abs. 1, Abs. 3 S. 2 BGB) bzw auch hierfür Wertersatz zu leisten. Die Rückgabeverpflichtungen sind zudem gem. § 346 Abs. 4 BGB mit Schadensersatzansprüchen bewehrt. Im Einzelnen gilt:

34

Der **Verkäufer** hat den Kaufpreis zurückzuzahlen (§ 346 Abs. 1 BGB) und im Rahmen des § 347 Abs. 1 S. 1 BGB zu verzinsen. Dies gilt auch dann, wenn der Käufer das Fahrzeug nicht zurückgeben kann, da die Rückgewährpflichten nicht synallagmatisch verknüpft sind (arg. § 348 BGB).[65] Bei Inzahlunggabe eines Altwagens richtet sich der Rückerstattungsanspruch neben der Kaufpreiszahlung primär auf die Rückgabe des Wagens.[66] Ferner hat der Verkäufer das verkaufte Fahrzeug zurückzunehmen. Tut er das trotz Aufforderung nicht, gerät er in Annahmeverzug (Folge gem. § 300 BGB: Reduzierung des Haftungsmaßstabs; s. ferner § 756 ZPO). Der Verkäufer hat gem. § 347 Abs. 2 BGB die notwendigen Verwendungen (§ 994 BGB, zB Reparaturen) zu ersetzen, andere Aufwendungen (zB für Sportfelgen) nur dann, wenn der Verkäufer hierdurch bereichert wird (§ 347 Abs. 2 S. 2 BGB). Richtiger Ansicht nach hat der Verkäufer trotz der Regelung des § 994 Abs. 1 S. 2 BGB auch die gewöhnlichen Erhaltungskosten (zB Inspektionskosten) zu ersetzen, da er insoweit den Verkäufer entlastet hat,[67] nicht jedoch die Vertragskosten, die sich nur über § 284 BGB, mithin allein über § 437 Nr. 3 BGB, einfordern lassen.

35

Der **Käufer** hat das gekaufte Fahrzeug nebst Zubehör und Papieren zurückzugeben (§ 346 S. 1 BGB). Nach Auffassung des BGH muss der Verkäufer das Fahrzeug auf seine Kosten beim Käufer abholen.[68] Kann der Käufer das Fahrzeug nicht herausgeben, schuldet er Wertersatz (§ 346 Abs. 2 BGB; Ausnahme: § 346 Abs. 3 BGB). Dies gilt nach neuem Schuldrecht auch dann, wenn er an der Unmöglichkeit der Herausgabe kein Verschulden trägt; allerdings bleiben Verschlechterungen aufgrund bestimmungsgemäßer Nutzung des Fahrzeugs (richtiger Auffassung nach gehören hierzu Schadensereignisse aus Anlass der Teilnahme am Straßenverkehr nicht)[69] beim Verkäufer (§ 346 Abs. 2 S. 1 Nr. 3 Hs 2 BGB). Zudem hat der Käufer für die Gebrauchsvorteile Nutzungsersatz zu zahlen (§§ 346 Abs. 1 S. 1, 100 BGB). Zur Berechnung wird im Wege linearer Abschreibung auf die – ggf wegen Mängeln zu mindernden – Anschaffungskosten und deren anteiligen Verbrauch durch die Fahrleistung nach Übergabe des Fahrzeugs abgestellt.[70] Hieraus ergibt sich zur Berechnung der Ausfallentschädigung die für alle Kraftfahrzeuge geltende **Formel: Kaufpreis x Fahrleistung : erwartbare (Rest-) Laufleistung.** Dabei wird die Gesamtlaufleistung eines Fahrzeugs des betreffenden Typs, bei Gebrauchtfahrzeugen die Restlaufleistung auf Grundlage des bei Übergabe bestehenden Kilometerstands, eingeschätzt und zu den hernach gefahrenen Kilometern ins Verhältnis gesetzt. Entsprechend der Entwicklung der Fahrzeuge zu deutlich größerer Dauerhaltbarkeit wird heute bei kleineren Fahrzeugen eine Gesamtlaufleistung von 200.000 km zu erwarten sein, woraus sich bei einem Neufahrzeug eine Nutzungsentschädigung von 0,5 % des Kaufpreises pro 1.000 km errechnet. Bei Personenkraftwagen der Mittel- und Oberklasse werden

36

65 Vgl BGH v. 7.11.2001 – VIII ZR 213/00 = NJW 2002, 506, 507.
66 BGH v. 30.11.1983 – VIII ZR 190/82, BGHZ 89, 126 = NJW 1984, 429, 430 f.
67 OLG Hamm v. 10.2.2005 – 28 U 147/04 = NJW-RR 2005, 1220, 1222; *Reinking/Eggert*, Rn 446.
68 BGH v. 9.3.1983 – VIII ZR 11/82 = BGHZ 87, 104 = NJW 1983, 1479, 1480.
69 *Reinking/Eggert*, Rn 440 mN auch zur Gegenansicht.
70 Vgl BGH v. 26.6.1991 – VIII ZR 198/90, BGHZ 115, 47 = NJW 1991, 2484, 2485 f – Etagenbetten; BGH v. 25.10.1995 – VIII ZR 42/94 = NJW 1996, 250, 252; für das neue Kaufrecht s. OLG Nürnberg v. 21.3.2005 – 8 U 2366/04 = NJW 2005, 2019, 2021.

höhere Laufleistungen angenommen, was zu einer entsprechenden Absenkung der Entschädigung auf bis zu etwa 0,35 % (bei Lastkraftwagen sogar etwa 0,1 %) des Kaufpreises pro 1.000 km führt.[71] Soweit bisher verbreitet ein Pauschalsatz von 0,67 % herangezogen wurde, ist dies heute also nicht mehr zu halten.

3. Verjährung

37   Der Anspruch auf Rücktritt kann als Gestaltungsrecht nicht verjähren; § 194 BGB betrifft nur Ansprüche. Um dennoch eine einheitliche Abwicklung der Rechte aus § 437 BGB zu ermöglichen, ist in § 437 Abs. 4 S. 1 BGB die Anwendbarkeit des § 218 BGB bestimmt. Der Rücktritt ist hiernach unwirksam, wenn der Anspruch aus § 433 Abs. 1 S. 2 BGB bzw aus § 437 Nr. 1 BGB verjährt ist (hierzu Rn 26) und der Verkäufer die Verjährungseinrede erhebt (§ 218 Abs. 1 S. 1 BGB). Bei unbehebbaren Mängeln und rechtmäßig verweigerter Nacherfüllung kommt es darauf an, wann der Nacherfüllungsanspruch verjährt wäre, wenn er bestünde (§ 218 Abs. 1 S. 2 BGB). Ergänzend ist in § 438 Abs. 4 S. 2 BGB bestimmt, dass der Käufer trotz Unwirksamkeit des Rücktritts iSd § 218 Abs. 1 BGB die Kaufpreiszahlung insoweit (auch ohne Mängelanzeige) verweigern darf, als er wegen des Rücktritts dazu berechtigt sein würde (in diesem Fall darf der Verkäufer vom Kaufvertrag zurücktreten, § 438 Abs. 4 S. 3 BGB); eine Rückforderungsmöglichkeit hat er hingegen nicht (§ 214 Abs. 2 S. 1 BGB). Entscheidend ist, dass die **Rücktrittserklärung** dem Verkäufer vor Fristablauf **zugeht**. Maßgeblich ist also der Zeitpunkt der Ausübung des Gestaltungsrechts, nicht dagegen der Zeitpunkt der gerichtlichen Geltendmachung von Ansprüchen gem. §§ 346 ff BGB aus dem durch den Rücktritt entstehenden Rückgewährschuldverhältnis.[72]

38   Die Beschränkung der gesetzlichen Verjährungsfrist (insb. durch Verkürzung oder früheren Beginn der Verjährung) für den Rücktritt ist gem. § 202 BGB durch Individualvereinbarung bis auf den Fall des Vorsatzes ohne Weiteres möglich, sofern nicht ein Verbrauchsgüterkauf vorliegt. Im Fall des Verbrauchsgüterkaufs kann eine Beschränkung der Verjährung nach Mitteilung des Mangels erfolgen; darüber hinaus darf die Verjährung bei gebrauchten Sachen (auch durch AGB) auf ein Jahr verkürzt werden (§ 475 Abs. 2 BGB). Sind – wie regelmäßig – AGB verwendet, gilt für den Verkauf von Neufahrzeugen § 309 Nr. 8b ff BGB. Hiernach darf die zweijährige kaufrechtliche Verjährungsfrist mittels AGB nur bis auf ein Jahr ab dem gesetzlichen Verjährungsbeginn (§ 199 Abs. 1 BGB) verkürzt werden (s.a. § 12 Rn 20). Dies gilt im Umkehrschluss zu § 475 Abs. 2 BGB nicht für den Verbrauchsgüterkauf, in der Praxis also nur für den Verkauf zwischen Unternehmen (B2B), da Privatleute keine Neufahrzeuge verkaufen.

39   Ist der Rücktritt erklärt, verjähren die Ansprüche hieraus nicht gem. § 438 BGB, sondern nach der Regelverjährung der §§ 195, 199 Abs. 1 BGB.[73] Dies gilt auch dann, wenn die Verjährungsfrist für den Rücktritt auf ein Jahr verkürzt wurde.[74]

---

71 *Otting*, in: Ferner (Hrsg.), Straßenverkehrsrecht, Kap. 32 Rn 129; *Reinking/Eggert*, Rn 466; aus der Rechtsprechung etwa OLG Karlsruhe v. 7.3.2003 – 14 U 154/01 = NJW 2003, 1950, 1951; ähnlich OLG Celle v. 15.11.2006 – 7 U 176/05.
72 BGH v. 7.6.2006 – VIII ZR 209/05 = NJW 2006, 2839, 2842; BGH v. 15.11.2006 – VIII ZR 3/06 (Tz 34) – Hengstfohlen.
73 BGH v. 15.11.2006 – VIII ZR 3/06 (Tz 37) – Hengstfohlen.
74 OLG Koblenz v. 9.2.2006 – 5 U 1452/05.

4. Gerichtliche Rückabwicklung

a) Vorbereitung des prozessualen Vorgehens

Steht fest, dass ein gültiger (unwiderrufener) Kaufvertrag besteht, ein nicht unbedeutender **40**
Sach- oder Rechtsmangel vorliegt und die (außergerichtlichen) Möglichkeiten einer Nacher-
füllung ausgeschöpft sind, steht es dem Käufer frei, am Kaufvertrag festzuhalten und einen
Minderungsbetrag, ggf (auch auf gerichtlichem Wege) nochmals Nacherfüllung zu fordern.
Will er hingegen vom Vertrag Abstand nehmen, ist vornehmlich an den Rücktritt zu denken,
da ein Vorgehen im Wege des großen Schadensersatzes (dazu Rn 58 ff) voraussetzt, dass der
Verkäufer den Mangel verschuldet hat. In geeigneten Fällen kann eine Rückabwicklung auch
über das Anfechtungsrecht betrieben werden (dazu Rn 23 f). In jedem Fall ist eine Entscheidung nötig. Eine Umentscheidung nach Beendigung der mündlichen Verhandlung ist nicht
mehr möglich, da das Gericht über die Rückabwicklung an sich entscheidet.[75] Sind die Mängelbehelfe gleichwertig, sollte der Käufer vorsorglich nur die Nacherfüllung im Blick behalten
und entsprechend klagen. Insoweit kann er sich alle Rechte aus § 437 Nr. 2 und 3 BGB während des Verfahrens erhalten (§§ 204 Abs. 1 Nr. 1, 213, 218 BGB).[76]

Voraussetzung des Rücktritts ist wie bei allen sekundären Mängelrechten, dass der Verkäufer **41**
Gelegenheit zur Nacherfüllung erhalten hat. Eine Nacherfüllung ist nur in den gesetzlich
genannten Fällen unmöglich bzw entbehrlich (Rn 14 ff). Besondere Vorsicht ist bei der Prüfung einer Verweigerung geboten. Allein im Bestreiten des Mangels liegt noch keine Verweigerung der Nacherfüllung (Rn 16); vielmehr muss der Verkäufer eindeutig und abschließend
zum Ausdruck bringen, er werde seinen Vertragspflichten nicht nachkommen.

Bevor der Rücktritt erklärt wird, ist zu prüfen, ob sich diese Vorgehensweise rechnet, da der **42**
Käufer für die bis zur Rückgabe angefallene und noch anfallende Fahrleistung eine ggf nicht
unbeträchtliche Entschädigung zu zahlen hat. Das Ergebnis ist vor allem mit dem Betrag zu
vergleichen, den der Käufer bei einer Minderung erhalten würde. Lässt sich ein Verschulden
des Verkäufers bejahen, ist auch ein Vergleich mit dem großen Schadensersatz anzustellen.
Benötigt der Käufer ein Fahrzeug weiterhin für große Strecken, bietet es sich an, mit dem
Verkäufer die Mängel abzuklären, das Fahrzeug einvernehmlich zu verkaufen und nur noch
über den finanziellen Ausgleich zu streiten.

Stellt sich der Rücktritt als die beste Variante heraus, wird der Käufer den Rücktritt erklären **43**
und das verkaufte Fahrzeug in Höhe des Kaufpreises Zug um Zug gegen Zahlung des Kaufpreises und anderer Kosten (zB für notwendige Reparaturen) anbieten. Für die Zahlung wird
er eine angemessene Frist (etwa: zwei Wochen) setzen und nach erfolglosem Fristablauf
Rückabwicklungsklage erheben. Hierbei ist aus Kostengründen ein Zug-um-Zug-Antrag zu
empfehlen. Ansonsten hängt es vom Zufall ab, ob der Beklagte sich entsprechend wehrt
(hierzu Rn 47). Ist zweifelhaft, ob ein Fall der Umgehung des § 475 Abs. 1 S. 2 BGB vorliegt,[77] sollte demjenigen, der als Unternehmer anzusehen ist, der Streit verkündet werden
(Fall der Alternativhaftung). Ist fraglich, ob es sich bei dem Mangel um einen erheblichen
Mangel iSd § 325 Abs. 5 S. 2 BGB handelt, sollte der Käufer hilfsweise einen Antrag auf
Minderung stellen. Dies kann auch noch in der mündlichen Verhandlung geschehen, wenn
das Gericht die Unerheblichkeit des Mangels für problematisch hält. Hat der Käufer ein
Fahrzeug in Zahlung gegeben, muss der Verkäufer dieses wieder herausgeben, dh letztlich
rückübereignen. Obwohl die Rückgabe des Fahrzeugs neben der Übergabe auch die Abgabe

---

75 BGH v. 19.11.2003 – VIII ZR 60/03 = BGHZ 157, 47 = NJW 2004, 1252, 1253.
76 Zu dieser Problematik *Althammer/Löhnig*, AcP 205 (2005), 520 ff.
77 Hierzu BGH v. 22.11.2006 – VIII ZR 72/06 = NJW 2007, 759, 760 (Tz 17).

einer Willenserklärung des Verkäufers, nämlich eine Übereignungserklärung, erfordert, empfiehlt es sich, insoweit nur auf Rückgabe des Fahrzeugs zu klagen, da das Urteil ansonsten insgesamt nicht vorläufig vollstreckbar wäre (§ 894 Abs. 1 S. 1 ZPO). Regelmäßig dürfte es hinsichtlich der Rückübertragung des Eigentums auch keine Probleme geben, wenn das Fahrzeug sich erst einmal wieder beim Käufer befindet.

44   **Hinweis:** Dringend zu empfehlen ist ein zusätzlicher Antrag des Käufers auf Feststellung, dass der Verkäufer sich mit der Rücknahme des Fahrzeugs im Annahmeverzug befindet. Ein solcher Antrag ist zulässig[78] und hat in der Zwangsvollstreckung zur Folge, dass der Gerichtsvollzieher den Zahlungsanspruch zugunsten des Käufers ohne Angebot des Wagens an den Verkäufer vollstrecken kann (§ 756 ZPO). Andernfalls müsste der Käufer den Annahmeverzug gem. § 756 Abs. 1 ZPO mittels öffentlicher oder öffentlich beglaubigter Urkunden belegen, was kaum einmal möglich ist; der Käufer müsste den Verkäufer wiederum verklagen, diesmal auf Feststellung des Annahmeverzugs.[79]

45   Unklar ist allerdings, an welchem **örtlichen Gerichtsstand** der Käufer klagen darf. Nach hL[80] kann er, falls er in den Besitz des Fahrzeugs gekommen ist, an seinem Wohnsitzgericht klagen, da dieser Ort gem. § 269 Abs. 1 BGB aufgrund der Natur des Schuldverhältnisses als einheitlicher Leistungsort und damit als einheitlicher Erfüllungsort iSd § 29 Abs. 1 ZPO zu bewerten sei. Dem ist *Stöber* vor kurzem mit beachtlichen Argumenten entgegengetreten.[81] Der BGH hat hierzu noch nicht entschieden. Den sichersten Weg wählt der Käufer, wenn er diese Unsicherheit nicht in Kauf nimmt, sondern gleich am Verkäuferwohnsitz als Schuldnergerichtsstand iSd § 12 ff ZPO klagt.

46   **Muster: Rückabwicklungsklage**

An das Landgericht ▪▪▪

Klage

des Herrn ▪▪▪

                                            – Klägers –

Prozessbevollmächtigte: RAe ▪▪▪

gegen

die Autohaus ▪▪▪ GmbH & Co. KG, vertreten durch die Autohaus ▪▪▪ Verwaltungs GmbH, diese vertreten durch den Geschäftsführer ▪▪▪

                                            – Beklagte –

wegen Rückabwicklung eines Kaufvertrags

Streitwert: 19.234,00 EUR.

Namens und in Vollmacht des Klägers erhebe ich Klage mit den Anträgen zu erkennen:

1. Die Beklagte wird verurteilt, an den Kläger Zug-um-Zug gegen Rückgabe des PKW Alfa Romeo, Fahrgestell-Nr. ▪▪▪, den PKW VW Golf, Fahrgestell-Nr. ▪▪▪, herauszugeben sowie 14.234,00 EUR nebst Zinsen in Höhe von 5 % im Jahr aus 14.000,00 EUR für die Zeit vom 11.3.2006 bis zum Tag der Rechtshängigkeit und aus 14.234,00 EUR in Höhe von 5 Prozentpunkten über dem Basiszinssatz seit Rechtshängigkeit abzüglich eines Betrags zu zahlen, der sich wie folgt berechnet: 7,6 Cent x km gemäß Tachostand im Zeitpunkt der Rückgabe des vorbezeichneten PKW Alfa Romeo an die Beklagte.

---

78   BGH v. 19.4.2000 – XII ZR 332/97 = NJW 2000, 2280, 2281; BGH v. 31.5.2000 – XII ZR 41/98 = NJW 2000, 2663, 2664.
79   *Rinsche*, Prozeßtaktik, Rn 68.
80   S. nur OLG Saarbrücken v. 6.1.2005 – 5 W 306/04 = NJW 2005, 906, 907; *Palandt/Heinrichs*, § 269 Rn 16 mwN.
81   *M. Stöber*, NJW 2006, 2661 ff.

2. Es wird festgestellt, dass sich die Beklagte mit der Rücknahme des im Klageantrag zu 1. bezeichneten PKW VW Golf im Annahmeverzug befindet.

Ich rege die Durchführung eines schriftlichen Vorverfahrens nach § 276 ZPO an und beantrage für den Fall der Säumnis den Erlass eines Versäumnisurteils gem. § 331 Abs. 3 S. 2 ZPO.

Bereits jetzt beantrage ich auch,

dem Kläger eine Kurzausfertigung des Urteils mit Vollstreckungsklausel zu erteilen und den Zeitpunkt der Zustellung des Urteils zu bescheinigen.

Begründung:

I. Sachverhalt

Der Kläger hat am 25.2.2006 bei der Beklagten den im Klageantrag zu 1. bezeichneten Neuwagen der Marke Alfa Romeo zum Preis von 19.000,00 EUR erworben.

Beweis: Kaufvertrag vom 25.2.2006
Anlage K 1

Der Kläger hat hierfür seinen Altwagen, den im Klageantrag zu 1. genannten VW Golf, für 5.000,00 EUR in Zahlung gegeben und den Rest am 10.3.2006 bargeldlos beglichen.

Beweis: Überweisungsbeleg über 14.000,00 EUR
Anlage K 2

Nach Übergabe des Fahrzeugs musste der Kläger feststellen, dass das Fahrzeug nicht, wie im Kaufvertrag angegeben, die Farbe „carbonschwarz-metallic", aufwies, sondern einen blauen Farbton.

Beweis: Einholung eines Sachverständigengutachtens

Bei den Verkaufsverhandlungen war dem Kläger zudem eine Bildmappe vorgelegt worden, in der das als „carbonschwarz-metallic" beschriebene Fahrzeug ausschließlich schwarz abgebildet ist.

Beweis: 1. Inaugenscheinnahme des Katalogs
2. Einholung eines Sachverständigengutachtens

Es wird angeregt, dass das Gericht der Beklagten gem. § 425 ZPO aufgibt, diesen Katalog vorzulegen.

Mit Schreiben vom 1.4.2006 hat der Kläger die Beklagte unter Fristsetzung auf den 2.5.2006 zur Ersatzlieferung aufgefordert.

Beweis: Schreiben des Klägers vom 1.4.2006
Anlage K 3

Die Beklagte antwortete darauf, dass die Farbgebung der Herstellerbezeichnung „carbonschwarz-metallic" entspreche und dies auch aus dem Farbprospekt des Herstellers ersichtlich sei, der dem Kläger bei den Kaufverhandlungen vorlag.

Beweis: Schreiben der Beklagten vom 10.5.2006
Anlage K 4

Der Kläger widersprach und teilte mit, im Katalog habe er einen Blauton nicht feststellen können. Das Fahrzeug sei mindestens umzulackieren. Hierfür setzte er eine letzte Frist bis zum 15.6.2006.

Beweis: Schreiben des Klägers vom 12.5.2006
Anlage K 5

Eine Antwort erhielt der Kläger bislang nicht. Daher ist Klage geboten.

Der Kläger hat mit dem Neufahrzeug bislang etwa 20.000 km zurückgelegt und es deshalb zur Inspektion gegeben. Hierfür hat er einen Betrag von 234,00 EUR aufgewandt.

Beweis: Wartungsrechnung der Beklagten vom 19.5.2006
Anlage K 6

II. Rechtliche Ausführungen

Die Klage ist begründet.

Dem Kläger steht gegen die Beklagte ein Anspruch auf Rückzahlung des Kaufpreises gem. §§ 346 Abs. 1, 348, 437 Nr. 2 Alt. 1, 326 Abs. 5, 323 Abs. 1, 434 Abs. 1 S. 2 Nr. 1, 433 Abs. 1 S. 2 BGB zu.

Der Blauton des Fahrzeugs entspricht nicht der Farbgebung, die der Kläger haben wollte. Die Herstellerangabe legt insoweit ein anderes Verständnis nahe, als es der tatsächlichen Farbgebung entspricht. Auch das in der dem Kläger vorgelegten Bildmappe als „carbonschwarz-metallic" abgebildete Fahrzeug ist ausschließlich schwarz. Aus diesen Gründen konnte der Kläger nach Maßgabe der Verkehrsauffassung ein Fahrzeug erwarten, welches durchweg schwarz war. Damit entspricht das Fahrzeug in der Farbgebung nicht der im Kaufvertrag bestimmten Solleigenschaft.

Der Mangel ist erheblich im Sinne des § 323 Abs. 5 S. 2 BGB. Die Farbe des Fahrzeugs ist üblicherweise eine wichtige Motivation für den Kauf. Dies gilt umso mehr, als es sich hier um ein Neufahrzeug handelt und eine ausdrückliche Farbwahl getroffen wurde. Die Beklagte hat die vom Kläger zur Nacherfüllung gesetzte Frist ungenutzt verstreichen lassen. Damit stand dem Kläger der Rücktritt offen.

Die Beklagte hat die Nacherfüllung verweigert, da sie nicht nur den Mangel bestritten, sondern auch die Nacherfüllung kategorisch abgelehnt hat. Aufgrund dieser Verweigerung stand dem Kläger der Rücktritt offen. Diesen hat er mit dem Klageantrag erklärt, da er damit die Rückabwicklung des Kaufvertrags betreibt.

Die Rückabwicklung hat dergestalt zu erfolgen, dass die Beklagte das in Zahlung gegebene Fahrzeug zurückgibt und den Kaufpreis nebst Zinsen erstattet. Die Zinszahlungspflicht ergibt sich für die Zeit seit Zahlung des Geldbetrags (10.3.2006) aus § 247 BGB. Insofern ist davon auszugehen, dass die Beklagte den Geldbetrag nicht nur anlegen, sondern ihn zur Begleichung von Lieferantenkrediten verwenden konnte. Damit hat sie Kreditzinsen in Höhe von mindestens 5% pro Jahr erspart.

Zu erstatten sind auch die gewöhnlichen Erhaltungskosten (OLG Hamm NJW-RR 2005, 1220, 1222; *Reinking/Eggert*, Der Autokauf, 9. Aufl., Rn 446), zu denen die geltend gemachten Inspektionskosten gehören.

Hinsichtlich des Gesamtbetrags von 14.234,00 EUR ergibt sich die Zinszahlungspflicht ab Rechtshängigkeit aus den §§ 291, 288 Abs. 1 S. 2 BGB.

Der Kläger stellt das gekaufte Fahrzeug für die Rückabwicklung zur Verfügung. Aus diesem Grund ist auch der Klageantrag zu 2. begründet.

Die vom Kläger zu zahlende Nutzungsausfallentschädigung kann derzeit nicht bestimmt werden, da das Fahrzeug bis zur Rückgabe noch genutzt wird. Daher ist die Entschädigung nach der im Klageantrag zu 1. genannten Formel zu errechnen. Hierbei ist anzunehmen, dass das gekaufte Neufahrzeug als Mittelklassewagen eine erwartbare Fahrleistung von 250.000 km aufweist,

Beweis: Einholung eines Sachverständigengutachtens

so dass sich ein Nutzungswert von 7,6 Cent pro km ergibt.

Für den Streitwert ist davon auszugehen, dass der Zug-um-Zug-Antrag den Streitwert nicht erhöht (Zöller/*Herget*, ZPO, 25. Aufl., § 3 Rn 16), so dass es allein auf die geltend gemachte Hauptforderung (14.234,00 EUR nebst Betrag der Inzahlungnahme) ankommt.

Der Prozesskostenvorschuss ist nach diesem Betrag eingezahlt.

Rechtsanwalt

↑

b) Reaktionsmöglichkeiten

Will sich der Verkäufer gegen eine Rückabwicklungsklage wehren, ist vor allem der Bereich 47
der Nacherfüllung zu problematisieren. Ist der Käufer noch im Besitz des gekauften Fahrzeugs und hat er keinen Zug-um-Zug-Antrag gestellt, muss der Verkäufer keinen eingeschränkten Klageabweisungsantrag stellen. Er muss mit seinem Vortrag aber das ihm insoweit zustehende Leistungsverweigerungsrecht gem. §§ 273, 274 BGB bzw § 348 iVm §§ 320 ff BGB geltend machen. Hierzu genügt, dass er sich etwa damit verteidigt, ein etwaiger Klageerfolg müsse die Rücknahme des zwischenzeitlich abgenutzten Fahrzeugs zur Folge haben.[82]

Muster: Klageerwiderung auf Rückabwicklungsklage

48

An das Landgericht ▪▪▪

Klageerwiderung

In dem Rechtsstreit

▪▪▪ ./. Autohaus ▪▪▪ GmbH & Co. KG

Az ▪▪▪

zeigen wir an, dass wir die Beklagte vertreten, die sich gegen die Klage verteidigen wird. Insofern werden wir beantragen zu erkennen:

Die Klage wird abgewiesen.

Begründung:

Richtig ist, dass der Kläger bei der Beklagten einen PKW Alfa Romeo zum Preis von 19.000,00 EUR erworben und hierfür einen VW Golf in Zahlung gegeben hat.

Im Hinblick auf die Entscheidung des OLG Köln vom 14.10.2005 – 20 U 88/05 = NJW 2006, 781, 782, soll nicht bestritten werden, dass es sich bei der Herstellerangabe „carbonschwarz-metallic" um eine Farbe handelt, die einen Blaustich aufweist, so dass insofern eine Abweichung von der Sollbeschaffenheit vorliegt.

Allerdings handelt es sich dabei nicht um einen erheblichen Mangel im Sinne des § 323 Abs. 5 S. 2 BGB, so dass der Kläger allenfalls eine geringfügige Minderung geltend machen, nicht jedoch vom Kaufvertrag Abstand nehmen kann.

Jedenfalls kann der Kläger im Wege der Rückabwicklung des Kaufvertrags keine gewöhnlichen Erhaltungskosten geltend machen. Diese Kosten gehören weder zu den notwendigen Verwendungen im Sinne des § 347 Abs. 2 BGB noch zu den Aufwendungen, um die die Beklagte bereichert sein könnte.

Nach alledem ist die Klage abzuweisen.

Rechtsanwalt

III. Minderung (§ 441 BGB)

Gegenstand der Minderung ist die verhältnismäßige Herabsetzung des Kaufpreises (§§ 437 49
Nr. 2, 441 Abs. 3 BGB). Die Minderung führt damit zu einer teilweisen, in Extremfällen (bei einer Minderung auf „Null") sogar völligen Abstandnahme vom Vertrag, da die Gegenleistung insoweit nicht zu erbringen ist. Aufgrund des Mangels, der kein erheblicher sein muss

---

82 BGH v. 7.10.1998 – VIII ZR 10/97 = NJW 1999, 53; BGH v. 7.6.2006 – VIII ZR 209/05 = NJW 2006, 2839, 2842.

(§ 441 Abs. 1 S. 2 BGB), wird die Gegenleistung nicht von selbst gemindert. Vielmehr bedarf es dazu (wie beim Rücktritt, anders als zB bei der Miete, vgl § 536 BGB) einer **Gestaltungserklärung** des Käufers, die dem Verkäufer zugehen muss. Bei Personenmehrheiten muss die Erklärung von allen an alle erfolgen (§ 441 Abs. 2 BGB). Im Gegensatz zum Nacherfüllungsbegehren ist der Käufer an diese Erklärung gebunden, kann später also nicht mehr auf den Rücktritt wechseln (vgl § 441 Abs. 1 S. 1 BGB: „statt"). Neben der Minderung kann Schadensersatz geltend gemacht werden, aber nicht der große Schadensersatz, und auch nicht der Mangelschaden, der durch die Minderung ausgeglichen wird.[83]

1. Voraussetzungen der Minderung

50   Die Minderung setzt voraus, dass ein wirksamer (unwiderrufener) Kaufvertrag besteht, ein Sach- oder Rechtsmangel vorliegt und die (außergerichtlichen) Möglichkeiten einer Nacherfüllung ausgeschöpft sind. Für Letzteres gelten die gleichen Voraussetzungen wie beim Rücktritt (§ 441 Abs. 1 BGB; dazu Rn 23). Außerdem darf der Käufer für den Mangel nicht verantwortlich sein (§§ 437 Nr. 2, 326 Abs. 5, 323 Abs. 6 BGB).[84] Bei Mitverantwortung gelten die Grundsätze zu § 254 BGB entsprechend.[85]

2. Rechtsfolgen der Minderung

51   Zur Berechnung der Minderung wird – nicht anders als nach früherem Recht – der Wert des Fahrzeugs ohne den Mangel zum Wert des mangelhaften Fahrzeugs ins Verhältnis gesetzt und der Kaufpreis (auch dann, wenn es sich um ein für den Käufer günstiges Geschäft handelte) entsprechend gemindert (§ 441 Abs. 3 S. 1 BGB). Maßgebender Zeitpunkt ist der Tag, an dem der Kaufvertrag abgeschlossen wurde (§ 441 Abs. 3 S. 2 BGB); spätere Wertveränderungen bleiben außer Betracht. Hiernach bestimmt sich der herabgesetzte Preis, der vom Kaufpreis abzuziehen ist, nach der Formel: **Vereinbarter Preis x wirklicher Wert des Fahrzeugs : Wert des Fahrzeugs ohne Mangel.** Die Differenz kann der Käufer zurückhalten bzw hat der Verkäufer gem. §§ 441 Abs. 4 S. 2, 347 Abs. 1 S. 1 BGB nebst Zinsen zu erstatten, und zwar auch dann, wenn das Fahrzeug inzwischen weiterveräußert worden ist. Haftet der Verkäufer nicht für alle Mängel (etwa wegen Kenntnis einzelner Mängel bei Übergabe, vgl § 442 Abs. 1 BGB), mindern diese Mängel den Faktor „Wert des Fahrzeugs ohne Mangel".

52   In der Praxis bereitet die Bestimmung des Fahrzeugwerts ohne Mangel regelmäßig Schwierigkeiten. Bei einem Privatkauf (C2C) sind Abschläge von den Tabellenwerten vorzunehmen. Um entsprechende Gutachterkosten zu vermeiden, akzeptieren Gerichte im Rahmen ihrer Schätzungsbefugnis (§ 441 Abs. 3 S. 2 BGB) mitunter eine alternative Berechnungsform. Der Minderungsbetrag errechnet sich danach aus den veranschlagten Mängelbeseitigungskosten abzüglich eines Abschlags „neu für alt" (sog. vereinfachtes Abzugsverfahren).[86] Mängelfindungs- und Vertragskosten lassen sich im Wege der Minderung nicht einfordern. Natürlich behält der Käufer bei dieser Lösung das Fahrzeug.

3. Verjährung

53   Das Minderungsrecht kann als Gestaltungsrecht nicht verjähren; § 194 BGB betrifft nur Ansprüche. Um dennoch eine einheitliche Abwicklung der Rechte aus § 437 BGB zu ermögli-

---

83 Palandt/*Putzo*, § 441 Rn 19.
84 Palandt/*Putzo*, § 441 Rn 7.
85 Palandt/*Putzo*, § 441 Rn 17.
86 OLG Köln v. 5.3.2001 – 16 U 93/00 = DAR 2001, 461; *Tempel/Seyderhelm*, S. 46.

chen, ist in § 437 Abs. 5 BGB die Anwendbarkeit des § 218 BGB bestimmt. Eine Minderung ist hiernach unwirksam, wenn der Anspruch aus § 433 Abs. 1 S. 2 BGB bzw aus § 437 Nr. 1 BGB verjährt ist (hierzu Rn 26) und der Verkäufer die Verjährungseinrede erhebt (§ 218 Abs. 1 S. 1 BGB). Bei unbehebbaren Mängeln und rechtmäßig verweigerter Nacherfüllung kommt es darauf an, wann der Nacherfüllungsanspruch verjährt wäre, wenn er bestünde (§ 218 Abs. 1 S. 2 BGB). Ergänzend ist in § 438 Abs. 5, Abs. 4 S. 2 BGB bestimmt, dass der Käufer trotz Unwirksamkeit der Minderung iSd § 218 Abs. 1 BGB die Kaufpreiszahlung insoweit (auch ohne Mängelanzeige) verweigern darf, als er wegen der Minderung dazu berechtigt sein würde (in diesem Fall darf der Verkäufer vom Kaufvertrag zurücktreten, § 438 Abs. 5, Abs. 4 S. 3 BGB); eine Rückforderungsmöglichkeit hat er hingegen nicht (§ 214 Abs. 2 S. 1 BGB). Insofern gilt nichts anderes als beim Rücktritt (vgl Rn 37).

Die Beschränkung der gesetzlichen Verjährungsfrist für die Minderung (insb. durch Verkürzung oder früheren Beginn der Verjährung) ist gem. § 202 BGB aufgrund Individualvereinbarung bis auf den Fall des Vorsatzes ohne Weiteres möglich, sofern nicht ein Verbrauchsgüterkauf vorliegt. Im Fall des Verbrauchsgüterkaufs kann eine Beschränkung der Verjährung nach Mitteilung des Mangels erfolgen; darüber hinaus darf die Verjährung bei gebrauchten Sachen (auch durch AGB) auf ein Jahr verkürzt werden (§ 475 Abs. 2 BGB). Sind – wie regelmäßig – AGB verwendet, gilt für den Verkauf von Neufahrzeugen § 309 Nr. 8b ff BGB. Hiernach darf die zweijährige kaufrechtliche Verjährungsfrist mittels AGB nur bis auf ein Jahr ab dem gesetzlichen Verjährungsbeginn (§ 199 Abs. 1 BGB) verkürzt werden (s.a. § 12 Rn 20). Dies gilt im Umkehrschluss zu § 475 Abs. 2 BGB nicht für den Verbrauchsgüterkauf, in der Praxis also nur für den Verkauf zwischen Unternehmen (B2B). Ist die Minderung erklärt, verjähren Ansprüche aus der Minderung nicht gem. § 438 BGB, sondern nach der Regelverjährung der §§ 195, 199 Abs. 1 BGB; dies gilt auch für den Anspruch aus § 441 Abs. 4 BGB.

54

4. Minderungsklage

Steht fest, dass ein gültiger (unwiderrufener) Kaufvertrag besteht, ein Sach- oder Rechtsmangel vorliegt und die (außergerichtlichen) Möglichkeiten einer Nacherfüllung ausgeschöpft sind, steht es dem Käufer frei, am Kaufvertrag festzuhalten und einen Minderungsbetrag zu fordern. Lehnt der Verkäufer die Zahlung ab oder lässt er eine entsprechende Frist verstreichen, ist Klage geboten. Wenn unklar ist, ob ein Fall der Umgehung des § 475 Abs. 1 S. 2 BGB vorliegt,[87] sollte demjenigen, der als Unternehmer anzusehen ist, der Streit verkündet werden (Fall der Alternativhaftung).

55

Voraussetzung der Minderung ist wie bei allen sekundären Mängelrechten, dass der Verkäufer Gelegenheit zur Nacherfüllung erhalten hat. Diese ist nur in den gesetzlich genannten Fällen unmöglich bzw entbehrlich (Rn 15 ff). Besondere Vorsicht ist geboten, wenn es darum geht, einen Verweigerungsfall anzunehmen (hierzu Rn 41). Neben den allgemeinen Anforderungen ist zur Berechnung der Minderung vorzutragen. Anzugeben ist gem. § 441 Abs. 3 BGB der Verkehrswert des Fahrzeugs zum Zeitpunkt des Kaufs, und zwar zum einen im mangelhaften, zum anderen im mangelfreien Zustand. Beides ist zweckmäßigerweise vorab durch ein Privatgutachten zu klären.

56

---

87 Hierzu BGH v. 22.11.2006 – VIII ZR 72/06 = NJW 2007, 759, 760 (Tz 17).

57 **Muster: Minderungsklage**

  ↓

An das Amtsgericht ▬▬▬

Klage

des Herrn ▬▬▬

– Klägers –

Prozessbevollmächtigte: RAe ▬▬▬

gegen

die Autohaus ▬▬▬ GmbH & Co. KG, vertreten durch die Geschäftsführer ▬▬▬

– Beklagte –

wegen Kaufvertrags

Streitwert: 1.900,28 EUR.

Namens und in Vollmacht des Klägers erhebe ich Klage mit dem Antrag zu erkennen:

Die Beklagte wird verurteilt, an den Kläger 1.900,28 EUR nebst Zinsen in Höhe von 5 Prozentpunkten über dem Basiszinssatz seit Rechtshängigkeit zu zahlen.

Ich rege die Durchführung eines schriftlichen Vorverfahrens nach § 276 ZPO an und beantrage für den Fall der Säumnis den Erlass eines Versäumnisurteils gem. § 331 Abs. 3 S. 2 ZPO.

Bereits jetzt beantrage ich auch,

dem Kläger eine Kurzausfertigung des Urteils mit Vollstreckungsklausel zu erteilen und den Zeitpunkt der Zustellung des Urteils zu bescheinigen.

Begründung:

I. Sachverhalt

Der Kläger hat am 11.4.2006 bei der Beklagten einen drei Jahre alten PKW Opel Astra zum Preis von 9.000,00 EUR erworben.

Beweis: Kaufvertrag vom 11.4.2006
            Anlage K 1

Der Kläger hat hierfür seinen Altwagen, einen PKW Fiat Uno, für 5.000,00 EUR in Zahlung gegeben und den Rest bei Übergabe in bar beglichen.

Nach Übergabe hat der Kläger feststellen müssen, dass der Tachometer nicht funktioniert.

Beweis: Einholung eines Sachverständigengutachtens

Mit Anwaltsschreiben vom 19.4.2006 hat der Kläger die Beklagte unter Fristsetzung auf den 2.5.2006 zur Mangelbehebung auffordern lassen.

Beweis: Schreiben des Unterzeichners vom 19.4.2006
            Anlage K 2

Diese Frist verstrich ungenutzt.

Mit Schreiben vom 5.5.2006 machte der Unterzeichner für den Kläger Minderung geltend und forderte die Beklagte auf, innerhalb eines Monats als Minderungsbetrag 20% des Kaufpreises, mithin 1.800,00 EUR zu zahlen.

Beweis: Schreiben des Unterzeichners vom 5.5.2006
            Anlage K 3

Der geltend gemachte Minderungsbetrag ist angemessen.

Beweis: Einholung eines Sachverständigengutachtens

Eine Antwort erhielt der Kläger bislang nicht. Daher ist Klage geboten.

Mit der Klage wird auch die für das Anwaltsschreiben vom 5.5.2006 (Anlage K 3) angefallene und nicht anrechenbare Geschäftsgebühr nach Nr. 2400 Vorbem. 3 Abs. 4 der Anlage 1 zu § 2 Abs. 2 RVG in Höhe von 0,65 bei einem Gegenstandswert von 1.800,00 EUR (86,45 EUR zzgl USt. = 100,28 EUR) eingefordert. Der Kläger hat diese Kosten aufgrund entsprechender Berechnung des Unterzeichners inzwischen verauslagt.

Insgesamt wird in der Hauptsache somit ein Betrag von 1.900,28 EUR geltend gemacht.

II. Rechtliche Ausführungen

Bei dem Kaufvertrag handelt es sich um einen Verbrauchsgüterkauf (§ 474 BGB). Die Beklagte ist als gewerblicher Fahrzeughändler Unternehmer iSd § 14 Abs. 1 BGB. Der Kläger ist Verbraucher iSd § 13 BGB.

Das Nichtfunktionieren des Tachometers stellt eine Eigenschaft des Fahrzeugs dar, die von der Solleigenschaft eines drei Jahre alten Fahrzeugs abweicht. Aufgrund der Vermutung des § 476 BGB ist davon auszugehen, dass der Mangel schon zum Zeitpunkt der Übergabe vorhanden war. Der Kläger ist den Wagen nicht Probe gefahren und hat den Mangel erst nach Übergabe bemerkt.

Da die Beklagte den Mangel trotz Aufforderung nicht durch Erneuerung des ABS-Steuergeräts oder auf andere Weise behoben hat, konnte der Kläger Minderung fordern. Dies ist durch das als Anlage K 3 vorgelegte Schreiben geschehen.

Gem. §§ 437 Nr. 3, 280 Abs. 1 BGB als mangelbedingter Schaden zu ersetzen ist die für das Anwaltsschreiben vom 5.5.2006 (Anlage K 3) angefallene und nicht anrechenbare Geschäftsgebühr nach Nr. 2400 Vorbem. 3 Abs. 4 der Anlage 1 zu § 2 Abs. 2 RVG in Höhe von 0,65. Diese Forderung lässt sich im Kostenfestsetzungsverfahren nicht beitreiben (BGH vom 27.4.2006 – VII ZB 116/05 = NJW 2006, 2560 f), ist also auszuurteilen.

Der Zinsanspruch beruht auf Verzug (§§ 291, 288 Abs. 1 S. 2 BGB).

Im Ergebnis ist der Klage damit vollumfänglich stattzugeben.

Der Prozesskostenvorschuss ist nach dem in der Hauptsache geforderten Betrag eingezahlt.

Rechtsanwalt

IV. Schadensersatz gem. §§ 281, 283, 311a BGB

Besteht ein wirksamer (unwiderrufener) Kaufvertrag und ist ein Sach- oder Rechtsmangel **58** vorhanden, den der Käufer bei Gefahrübergang nicht erkannte oder erkennen konnte (§ 442 BGB), steht ihm uU ein Schadensersatzanspruch gem. § 437 Nr. 3 BGB iVm den §§ 440, 280, 281, 283 oder (bei schon zum Zeitpunkt des Vertragsschlusses unbehebbaren Mängeln) 311a BGB zu. Dies setzt voraus, dass Schadensersatzansprüche im Kaufvertrag nicht abbedungen sind. Das ist gem. § 475 Abs. 3 BGB auch bei einem Verbrauchsgüterkauf möglich, in AGB nach Maßgabe des § 309 Nr. 7 und 8 BGB sowie der Kardinalpflichtlehre (hierzu § 12 Rn 28), durch Individualvereinbarung bis zur Grenze der Sittenwidrigkeit. Zu beachten ist auch die Regelung des § 444 BGB. Hiernach greift der Haftungsausschluss nicht, sofern der Verkäufer eine Beschaffenheitsgarantie übernommen hat.

Um die Regelung des § 437 Nr. 3 BGB zu verstehen, muss man sich vor Augen führen, dass **59** die Verschaffung des Eigentums am mangelfreien Gegenstand nach neuem Recht in § 433 Abs. 1 S. 2 BGB als Verkäuferpflicht ausgestaltet ist. Da § 437 Nr. 3 BGB auf den gesamten § 280 BGB, also auch auf dessen Abs. 2, Bezug nimmt, spielt hierbei nicht nur die Pflicht aus § 433 Abs. 1 S. 2 BGB eine Rolle, sondern auch die Pflicht zur Nacherfüllung gem. § 437 Nr. 1 BGB, da allein die Verzögerung der Erfüllung der Pflicht aus § 433 Abs. 1 S. 2 BGB noch nicht auf einem Mangel beruht. § 437 Nr. 3 BGB verweist im Grunde nur auf das allgemeine Schuldrecht, stellt aber klar, dass im Gegensatz zum früheren Recht schon die fahrlässige Verletzung der beiden Pflichten Schadensersatzansprüche nach sich zieht. Zudem sperrt die Regelung des § 437 Nr. 3 BGB die Möglichkeit, wegen eines Mangels weitere Schadensersatzansprüche, etwa aus einer Schutzpflichtverletzung (§ 241 Abs. 2 BGB), geltend zu machen.[88] Unabhängig davon ist eine Unterscheidung nach vorvertraglichen und vertraglichen Pflichten auch nicht möglich, da mangelbedingte Pflichtverletzungen außerhalb von Verzugsfällen immer vorvertraglicher Art sind (Rn 64).

60 Trotz der Verweisung auf das allgemeine Schuldrecht bestehen kaufrechtliche Besonderheiten (vgl insb. § 440 BGB), so dass systematisch zwischen mängelbedingten und anderen Schadensersatzansprüchen (dazu § 15) zu trennen ist.

1. Schadensarten

61 Mangelbedingte Schäden können folgender Art sein:

- **direkte Mangelschäden**, zB Minderwert, Reparaturaufwand. Solche Schäden fallen als Schäden „statt der Leistung" entweder unter die §§ 280 Abs. 1, Abs. 3, 283, 440 BGB; das ist der Fall, wenn der Mangel nach Kaufvertragsschluss unbehebbar wird (sog. qualitative Teilunmöglichkeit). Oder sie fallen unter die §§ 280 Abs. 1, 281 Abs. 1, 440 BGB; das ist der Fall, wenn der Mangel behebbar ist, eine Nacherfüllung aber scheitert (sog. qualitative Verspätung);

- **Mangelfolgeschäden**; das sind Schäden, die infolge eines Mangels des Fahrzeugs (auch während der Nacherfüllungsfrist) an anderen Rechtsgütern auftreten; solche Schäden fallen unter § 280 Abs. 1 BGB;

- **Schäden**, die auf einer Verzögerung der Nacherfüllung beruhen; solche Schäden fallen unter die §§ 280 Abs. 2, Abs. 1, 286, 440 BGB.

62 Wegen der Verweisung auf § 311a BGB ebenfalls über § 437 Nr. 3 BGB zu liquidieren sind die bei Gebrauchtwagenkäufen häufig auftretenden Fälle, in denen ein Fahrzeug mit einem **unbehebbarem Mangel** verkauft wird. Entscheidend für diese Haftung ist, dass der Mangel schon bei Abschluss des Kaufvertrags unbehebbar war.[89] Ein solcher Mangel kann auch darin bestehen, dass der Verkäufer dem Käufer wegen § 935 Abs. 1 BGB kein Eigentum an dem Fahrzeug zu verschaffen vermag und der Verkäufer nicht darlegen kann, dass er die Freigabe durch den Eigentümer erreichen könnte.[90] Auch dies ist ein Fall der qualitativen Teilunmöglichkeit (Rn 61). Hierbei handelt es sich um eine vorvertragliche Pflichtverletzung, die gem. § 311a Abs. 2 iVm § 275 BGB (ohne Fristsetzung) zur Haftung führt. Entgegen dem früheren Recht steht der Verkäufer für die Hauptleistung nicht mehr ein, sondern haftet gem. § 311a BGB nur bei entsprechendem Verschulden.

63 Nicht auf einen Mangel zurückzuführen, aber wegen der Verweisung auf § 280 BGB ebenfalls über § 437 Nr. 3 BGB zu liquidieren sind Verletzungen vorvertraglicher Pflichten, die leistungsbezogen sind und mit dem Mangel zu tun haben (zB Aufklärungspflichten).[91] Daraus entstehende Schäden fallen wie Mangelfolgeschäden unter § 280 BGB, führen also zu Schadensersatz „neben der Leistung".

---

88 Palandt/*Putzo*, § 437 Rn 32.
89 BGH v. 22.6.2005 – VIII ZR 281/04 = BGHZ 163, 234 = NJW 2005, 2852, 2854 – Dackel.
90 OLG Karlsruhe v. 14.9.2004 – 8 U 97/04 = NJW 2005, 989, 990.
91 *Reinking/Eggert*, Rn 1492.

2. Verschuldete Pflichtverletzung

Gem. § 280 Abs. 1 S. 2 BGB kann der Käufer Schadensersatz wegen eines Mangels des Fahr- **64**
zeugs nicht verlangen, wenn der Verkäufer die Verletzung der Pflicht gem. § 433 Abs. 1 S. 2
BGB oder gem. § 437 Nr. 1 BGB nicht zu vertreten hat. Das vorwerfbare Verhalten ist im
Vorfeld dieser Pflichten verortet und kann in der Verursachung des Mangels liegen, aber
auch in einem pflichtwidrigen Unterlassen, das den Mangel herbeigeführt hat, zB in einer
fehlenden Wartung, vor allem aber in der Verletzung einer **Untersuchungspflicht**. Ob die
Rechtsprechung zu den Untersuchungspflichten nach altem Recht aufrecht erhalten bleibt,
lässt sich derzeit nicht absehen. Es spricht Einiges dafür, dass auch nach neuem Recht gewerbliche Fahrzeughändler insoweit eher in die Pflicht genommen werden als private Verkäufer. Nach § 280 Abs. 1 S. 2 BGB hat der Verkäufer zwar darzulegen und zu beweisen,
dass er die Pflichtverletzung nicht zu vertreten hat. Allerdings entbindet dies den Käufer nicht
davon, die Pflicht darzutun, die der Verkäufer verletzt haben soll. Ist ein Händler Verkäufer,
muss er für ein schuldhaftes Verhalten des Zulieferers nicht einstehen. Dieser ist nicht Erfüllungsgehilfe des Händlers, weil der Händler typischerweise nur die Lieferung schuldet.[92]
Kann auf die Nichterfüllung der Nacherfüllungspflicht abgestellt werden, lässt sich ein Verschulden kaum einmal widerlegen (dazu Rn 8).

Ein Verschulden ist nicht erforderlich, wenn der Verkäufer eine Garantie für die Beschaffen- **65**
heit des Fahrzeugs abgegeben hat und wegen Fehlens dieser Beschaffenheit Schadensersatz
gefordert wird (§ 443 Abs. 1 BGB). Gleiches soll gelten, wenn der Verkäufer das Beschaf-
fungsrisiko übernommen hat. Rechtsgrundlage hierfür ist dann die Garantie, nicht das Gewährleistungsrecht.

3. Fristsetzung

Sofern es um direkte Mangelschäden und um Verzögerungsschäden geht, ist grundsätzlich **66**
eine Frist zur Nacherfüllung zu setzen, sei es durch Ersatzlieferung, sei es durch Mängelbeseitigung, oder zunächst auch ohne Ausübung der Wahlentscheidung. Die Ausnahmen ergeben
sich vornehmlich aus § 440 BGB (dazu Rn 12 ff). Danach ist eine Fristsetzung in folgenden
Fällen entbehrlich:

Zum einen hat der Verkäufer gem. § 439 Abs. 3 S. 1 BGB das Recht, die vom Käufer ge- **67**
wählte Form der Nacherfüllung, bei weitergehender Begründung sogar die Nacherfüllung an
sich zu verweigern (§ 439 Abs. 3 S. 3 BGB), wenn sie

- unverhältnismäßig hohe Kosten verursacht (§ 439 Abs. 3 S. 1 BGB);
- gem. § 275 Abs. 2 S. 1 BGB dem Verkäufer einen unzumutbaren Aufwand abfordert;
- gem. § 275 Abs. 3 BGB dem Verkäufer persönlich nicht zugemutet werden kann.

Die Verweigerung setzt ein Nacherfüllungsverlangen des Käufers voraus und erfolgt im Wege **68**
der Einrede. Zum anderen kann dem Verkäufer die Mängelbeseitigung auch ohne Verweigerung versperrt sein. Dies ist der Fall, wenn

- der Verkäufer die Mängelbeseitigung nicht fristgerecht erbringt oder zu Unrecht verweigert (§ 281 Abs. 2 BGB);
- dem Käufer eine Nacherfüllung durch den Verkäufer nicht zuzumuten ist (§ 440 S. 1
  BGB), oder
- die Nacherfüllung fehlgeschlagen ist (§ 440 S. 1 BGB).

---

92 Palandt/*Heinrichs*, § 278 Rn 13; *Lorenz*, ZGS 2004, 408, 410; *Thürmann*, NJW 2006, 3457, 3458.

69 Neben § 440 BGB bestimmt auch das Allgemeine Schuldrecht Ausnahmen vom Erfordernis der Fristsetzung (vgl § 440 S. 1 BGB). Dies ist gem. § 283 BGB bei Mängeln der Fall, die nach Vertragsschluss unbehebbar werden (für die Zeit davor gilt § 311a Abs. 2 BGB, der aber ebenfalls keine Fristsetzung fordert).

4. Rechtsfolgen

70 Sofern die gerügten Mängel jeder für sich oder in ihrer Gesamtheit **nicht unerheblich** sind,[93] besteht Anspruch auf den **großen Schadensersatz** (§ 281 Abs. 1 S. 3 BGB). Der Käufer ist damit so zu stellen, als habe er ein mangelfreies Fahrzeug erhalten. In diesem Fall hat er die Wahl, ob er den kleinen oder den großen Schadensersatz geltend macht.[94] Im Fall des großen Schadensersatzes wird der Kauf rückabgewickelt (§§ 437 Nr. 3, 280 Abs. 3, 281 BGB). Mit dem Schadensersatzverlangen geht der Erfüllungsanspruch unter (§ 281 Abs. 4 BGB). Die Berechnung erfolgt im Wesentlichen wie beim Rücktritt. Im Unterschied zum Rücktritt ist allerdings nicht das in Zahlung genommene Fahrzeug zurückgegeben, sondern der angerechnete Betrag zu zahlen,[95] und zwar unabhängig davon, ob der angesetzte Inzahlungspreis sich nach dem Marktpreis gerichtet hat oder nicht. Der Käufer hat sich im Wege der Vorteilsanrechnung die gezogenen Nutzungen anrechnen zu lassen. Die hierfür maßgebliche zeitanteilige lineare Wertminderung ist im Vergleich zwischen tatsächlichem Gebrauch und voraussichtlicher Gesamtnutzungsdauer, ausgehend vom Bruttokaufpreis, im Wege der Schätzung (§ 287 Abs. 1 ZPO) zu ermitteln.[96] Bei Kraftfahrzeugen wird die Nutzungsdauer regelmäßig nach Kilometern bemessen. Bei gebrauchten Kraftfahrzeugen ist der konkrete Altwagenpreis mit der voraussichtlichen Restfahrleistung ins Verhältnis zu setzen und mit der tatsächlichen Fahrleistung des Käufers zu multiplizieren.[97]

71 Bei einem unerheblichen Mangel kann der Käufer nur den **kleinen Schadensersatz** fordern, also das Fahrzeug behalten und den mangelbedingten Minderwert bzw die Reparaturkosten sowie den dann noch verbleibenden Minderwert geltend machen, daneben eine Nutzungsentschädigung nach der Tabelle *Sanden/Danner* für die Zeit der Reparatur und etwaige Mängelbegutachtungskosten. Diese Abrechnung gleicht im Wesentlichen der Abrechnung nach einem Verkehrsunfall. Hinzu kommt ggf entgangener Gewinn, den der Käufer nicht realisieren kann, weil er das Fahrzeug mangelbedingt von einem Abkäufer zurücknehmen muss.[98]

5. Verjährung

72 Der Anspruch auf Ersatz mangelbedingter Schäden (auch Mangelfolgeschäden) verjährt bei Sachmängeln zwei Jahre nach „Ablieferung" des Fahrzeugs (§ 438 Abs. 1 Nr. 3, Abs. 2 BGB; hierzu Rn 26). Besteht der Mangel in einem dinglichen Herausgaberecht eines Dritten, beträgt die Verjährungsfrist 30 Jahre (§ 438 Abs. 1 Nr. 1a BGB). Für den Beginn der Frist soll auf den Abschluss des rechtlichen Übertragungsvorgangs abzustellen sein.[99] Für den Fall des arglistigen Verschweigens eines Sachmangels gilt die kaufrechtliche Verjährungsfrist nur als Mindestfrist (§ 438 Abs. 3 S. 2 BGB); im Übrigen gilt die regelmäßige Verjährungsfrist des

---

93 S. dazu OLG Bamberg v. 10.4.2006 – 4 U 295/05 = DAR 2006, 456, 458.
94 Vgl BGH v. 22.11.1985 – V ZR 220/84 = BGHZ 96, 283 = NJW 1986, 920, 921; BGH v. 23.6.1989 – V ZR 40/88 = BGHZ 108, 156 = NJW 1989, 2534, 2535; beide Entscheidungen zum Immobilienrecht.
95 BGH v. 28.11.1994 – VIII ZR 53/94 = BGHZ 128, 111 = NJW 1995, 518, 519.
96 BGH v. 26.6.1991 – VIII ZR 198/90 = BGHZ 115, 47 = NJW 1991, 2484, 2485; BGH v. 17.5.1995 – VIII ZR 70/94 = NJW 1995, 2159, 2161.
97 BGH v. 17.5.1995 – VIII ZR 70/94 = NJW 1995, 2159, 2161.
98 BGH v. 4.11.1981 – VIII ZR 215/80 = NJW 1982, 435, 436.
99 Palandt/*Putzo*, § 438 Rn 16; aber zweifelhaft.

§ 195 BGB (§ 438 Abs. 3 S. 1 BGB), die auch nicht nach § 438 Abs. 2 BGB, sondern nach § 199 Abs. 1 BGB beginnt.

Beschränkungen der gesetzlichen Verjährungsfrist (insb. durch Verkürzung oder früheren Beginn der Verjährung) sind gem. § 202 Abs. 1 BGB nur für den Fall des Vorsatzes unterbunden. Für den Verbrauchsgüterkauf gelten grundsätzlich keine Ausnahmen (vgl § 475 Abs. 3 BGB). Allerdings kann eine Beschränkung der Verjährung beim Verbrauchsgüterkauf nur nach Mitteilung des Mangels erfolgen; darüber hinaus darf die Verjährung bei gebrauchten Sachen (auch durch AGB) auf ein Jahr verkürzt werden (§ 475 Abs. 2 BGB). Sind – wie regelmäßig – AGB verwendet, gilt für den Verkauf von Neufahrzeugen § 309 Nr. 8b ff BGB. Hiernach darf die zweijährige kaufrechtliche Verjährungsfrist mittels AGB nur bis auf ein Jahr ab dem gesetzlichen Verjährungsbeginn (§ 199 Abs. 1 BGB) verkürzt werden (s.a. § 12 Rn 20). Dies gilt im Umkehrschluss zu § 475 Abs. 2 BGB nicht für den Verbrauchsgüterkauf, in der Praxis also nur für den Verkauf zwischen Unternehmen (B2B), da Privatleute keine Neufahrzeuge verkaufen. Im Übrigen ist zu beachten, dass § 307 Abs. 2 Nr. 2 BGB eine Abbedingung der Verschuldenshaftung für sog. Kardinalpflichten nicht zulässt (§ 12 Rn 28).

73

6. Schadensersatzklage

a) Vorbereitung des prozessualen Vorgehens

Schadensersatz gem. § 280 Abs. 1 BGB kann immer und zusätzlich zu anderen Mängelbehelfen geltend gemacht werden. Für den (verschuldensabhängigen) großen Schadensersatz (§ 281 BGB) gilt dies nicht, da er nicht neben dem Anspruch aus § 284 BGB (dazu Rn 78 ff) steht. Gleiches gilt für den Anspruch aus § 311a Abs. 2 BGB. Bevor diese Ansprüche verfolgt werden, ist daher genau zu überlegen, ob der Anspruch aus § 284 BGB mehr bringt. Auf der anderen Seite macht wegen der freien Kombinierbarkeit mit dem Rücktritt die Geltendmachung des großen Schadensersatzes nur Sinn, sofern das positive Interesse mehr als nur die Rückabwicklung der Leistungen einschließlich Nutzungs- und Aufwendungsersatz ausmacht. Dies gilt auch für den Anspruch aus § 311a Abs. 2 BGB, der ebenfalls zum großen Schadensersatz bzw zum Ersatz des positiven Interesses führt.[100] Ist unklar, ob ein Fall der Umgehung des § 475 Abs. 1 S. 2 BGB vorliegt,[101] sollte demjenigen, der als Unternehmer anzusehen ist, der Streit verkündet werden (Fall der Alternativhaftung).

74

Muster: Schadensersatzklage nach § 311a Abs. 2 BGB

75

328

An das Amtsgericht ▪▪▪

Klage

der Frau ▪▪▪

– Klägerin –

Prozessbevollmächtigte: RAe ▪▪▪

gegen

Herrn ▪▪▪

– Beklagten –

wegen Kaufvertrags
Streitwert: 807,87 EUR.

---

100 Palandt/*Grüneberg*, § 311a Rn 7.
101 Hierzu BGH v. 22.11.2006 – VIII ZR 72/06 = NJW 2007, 759, 760 (Tz 17).

Namens und in Vollmacht der Klägerin erhebe ich Klage mit dem Antrag zu erkennen:

Der Beklagte wird verurteilt, an die Klägerin 807,87 EUR nebst Zinsen in Höhe von 5 Prozentpunkten über dem Basiszinssatz seit Rechtshängigkeit zu zahlen.

Ich rege die Durchführung eines schriftlichen Vorverfahrens nach § 276 ZPO an und beantrage für den Fall der Säumnis den Erlass eines Versäumnisurteils gem. § 331 Abs. 3 S. 2 ZPO.

Bereits jetzt beantrage ich auch,

der Klägerin eine Kurzausfertigung des Urteils mit Vollstreckungsklausel zu erteilen und den Zeitpunkt der Zustellung des Urteils zu bescheinigen.

Begründung:

I. Sachverhalt

Die Klägerin hat am 19.4.2006 vom Beklagten auf eine Anzeige im Internet und nach Besichtigung einen drei Jahre alten PKW Ford Mondeo zum Preis von 9.000,00 EUR erworben.

Beweis: Kaufvertrag vom 19.4.2006

Anlage K 1

Den Kaufpreis überwies die Klägerin am 20.4.2006 auf ein bei der Kreissparkasse M. geführtes Giro-konto des Beklagten. Der Betrag wurde dort am 24.4.2006 gutgeschrieben.

Beweis: Zeugnis N.N., Mitarbeiters der Kreissparkasse M.

Nach Übergabe des Fahrzeugs und Erhalt des Kfz-Briefs ließ die Klägerin den Wagen am 21.4.2006 bei der Zulassungsstelle in S. ummelden. Dort wurde festgestellt, dass unter der angegebenen Identifika-tionsnummer bereits ein anderes Fahrzeug registriert war. Nachforschungen ergaben, dass der Ford Mondeo in der Nacht vom 13.1. auf den 14.1.2005 in M. gestohlen worden war. Ferner wurden an der im Fahrzeug eingeschlagenen Identifikationsnummer deutliche Manipulationsspuren bei der letzten Zahl 4 festgestellt. Das Fahrzeug wurde daher sichergestellt und an den Eigentümer bzw dessen Kas-koversicherer herausgegeben.

Beweis: 1. Zeugnis N.N., Mitarbeiters der Kriminalpolizei in S.

2. Inaugenscheinnahme des Ford Mondeo

Mit Anwaltsschreiben vom 19.5.2006 teilte die Klägerin dem Beklagten diesen Sachverhalt mit und forderte ihn unter Fristsetzung auf den 2.6.2006 auf, ihm das Eigentum am gekauften Fahrzeug zu verschaffen.

Beweis: Schreiben des Unterzeichners vom 19.5.2006

Anlage K 2

Diese Frist ließ der Beklagte ungenutzt verstreichen. Daraufhin erklärte die Klägerin den Rücktritt vom Kaufvertrag und forderte unter Fristsetzung auf den 10.7.2006 zum einen den Kaufpreis nebst Zinsen zurück, zum anderen Schadensersatz für die beiden Fahrten nach München.

Beweis: Schreiben des Unterzeichners vom 10.6.2006

Anlage K 3

Am 24.7.2006 erhielt die Klägerin den Kaufpreis von 9.000,00 EUR zurück. Weitere Zahlungen leistete der Beklagte nicht. Daher ist Klage geboten.

Mit der Klage wird zum einen Fahrtkostenersatz geltend gemacht. Die Klägerin hat den Ford Mondeo am 19.4.2006 in München besichtigt und ist dazu mit ihrem Fahrzeug von ihrem Heimatort nach München und zurück gefahren.

In München hat sie an Parkkosten 3,00 EUR aufgewandt.

Beweis: Parkticket vom 19.4.2006

Anlage K 4

Um das Fahrzeug abzuholen, ist sie mit der Bahn am 20.4.2006 nach München gefahren, wofür sie 56,00 EUR gezahlt hat.

Beweis: Bahnticket vom 20.4.2006
Anlage K 5

Innerhalb von München hat sie einen Einzelfahrschein für die Tram (Zone 2) gelöst und hierfür 4,40 EUR aufgewandt.

Beweis: Fahrkarte vom 20.4.2006
Anlage K 6

Geltend gemacht wird auch Ersatz der Fahrtkosten für die vergebliche Fahrt mit dem gekauften Fahrzeug von München in den 256 km entfernten Heimatort der Klägerin.

Für die Bemessung des Schadensersatzes für die PKW-Fahrten (3 x 256 km = 768 km) ist ein km-Satz von 0,25 EUR als angemessen zugrunde zu legen (vgl OLG Hamm VersR 1996, 1515; § 5 Abs. 2 Nr. 1 JVEG). Daraus errechnet sich ein zu ersetzender Betrag von 192,00 EUR. Hinzu kommen die sonstigen Fahrtkosten, so dass an Fahrtkosten ein Betrag von insgesamt (192 + 56 + 4,40 + 3 =) 255,40 EUR geltend gemacht wird.

Eingefordert werden sodann die Kosten für die Zulassung des Ford Mondeo iHv 39,10 EUR.

Beweis: Quittung der Stadt S. vom 21.4.2006
Anlage K 7

Versicherungskosten werden nicht geltend gemacht, da der Haftpflichtversicherer hierauf aus Kulanz verzichtet hat. Derzeit ist auch nicht davon auszugehen, dass es zu einer Zahlung von Kfz-Steuer kommen wird.

Geltend gemacht werden ferner Zinsen für die Nutzung des Kaufpreises durch den Beklagten. Insofern ist vorzutragen, dass die Klägerin mit dem Kaufpreis ein Bankdarlehen zurückgeführt hätte, das mit etwa 9.000,00 EUR offen stand und mit 6,53 % im Jahr (= 587,70 EUR) zu verzinsen ist.

Beweis: Zeugnis N.N., Mitarbeiters der Volksbank S.

Für das Vierteljahr, in dem der Beklagte im Besitz des Kaufpreises war, ist der Klägerin somit ein Zinsschaden von (587,70 EUR : 4 =) 146,93 EUR entstanden.

Mit der Klage wird schließlich die für das Anwaltsschreiben vom 5.5.2006 angefallene und nicht anrechenbare Geschäftsgebühr nach Nr. 2400 Vorbem. 3 Abs. 4 der Anlage 1 zu § 2 Abs. 2 RVG in Höhe von 0,65 bei einem Gegenstandswert von 9.294,50 EUR (315,90 EUR zzgl USt. = 366,44 EUR) geltend gemacht. Diese Forderung lässt sich im Kostenfestsetzungsverfahren nicht beitreiben (BGH vom 27.4.2006 – VII ZB 116/05 = NJW 2006, 2560 f), muss also eingeklagt werden und ist als mangelbedingter Schaden gem. §§ 437 Nr. 3, 311a Abs. 2 BGB von der Beklagten ebenfalls zu tragen. Die Klägerin hat diese Kosten aufgrund entsprechender Berechnung des Unterzeichners inzwischen verauslagt.

Insgesamt wird in der Hauptsache somit ein Betrag von (255,40 + 39,10 + 146,93 + 366,44 =) 807,87 EUR geltend gemacht.

Der Beklagte hat das Leistungshindernis verschuldet, da er vom Abhandenkommen des Fahrzeugs wusste oder sich jedenfalls nicht vergewissert hat, dass das Fahrzeug nicht gestohlen war. Hierzu war er verpflichtet, da er nach eigener Aussage ständig Fahrzeuge an- und verkauft. Dies teilte er der Klägerin bei den Verkaufsverhandlungen am 19.4.2006 mit.

Beweis: Zeugnis des K. ▬▬▬

Herr K. hat die Klägerin am 19.4.2006 nach München begleitet und war bei den Vertragsverhandlungen zugegen. Der bloße Vergleich der im Kfz-Brief vermerkten Identifikationsnummer mit der im

Fahrzeug eingeschlagenen Nummer hätte angesichts der vorhandenen deutlichen Manipulationsspuren Misstrauen erwecken müssen.

II. Rechtliche Ausführungen

Das angerufene Gericht ist zuständig.

Der Klägerin stehen die geltend gemachten Forderungen gem. § 437 Nr. 3 iVm § 311a Abs. 2 BGB bzw § 280 Abs. 1 BGB zu. Die Parteien haben einen Kaufvertrag geschlossen. Dieser ist wirksam, obwohl der Beklagte der Klägerin mit der Eigentumsverschaffung am Ford Mondeo eine ihm unmögliche Leistung versprochen hat (§ 311a Abs. 1 BGB). Da der Beklagte die ihm hierfür gesetzte Frist nicht genutzt hat, für eine Freistellung des Eigentums zu sorgen, ist diese Unmöglichkeit auch nicht nur vorübergehender Natur.

Da der Beklagte des Öfteren mit Kraftfahrzeugen handelt, musste er in besonderem Maße sicherstellen, dass er hinsichtlich des Fahrzeugs tatsächlich verfügungsberechtigt war. Dafür war mindestens erforderlich, dass er die Identitätsnummer im Fahrzeug auf Manipulationsspuren prüfte und mit der Fahrgestellnummer im Kfz-Schein abglich. Dies ist nicht oder nicht hinreichend geschehen, da der Beklagte ansonsten die Manipulation im Fahrzeug entdeckt hätte. Insofern trifft ihn ein Verschulden am Leistungshindernis, so dass die Klägerin den Schaden geltend machen kann, der aus dem Leistungshindernis resultiert. Diesen Schadensersatz kann die Klägerin ungekürzt verlangen. Insbesondere trifft sie kein Mitverschulden, weil sie nicht selbst diese Kontrolle vorgenommen hat. Denn ein Kaufinteressent darf, wenn – wie hier – keine Verdachtsmomente für ein Abhandenkommen des Fahrzeugs vorliegen, davon ausgehen, dass derjenige, der ein Fahrzeug zum Erwerb anbietet, auch in der Lage ist, dem Käufer das Eigentum am Fahrzeug zu verschaffen.

Zu ersetzen sind gem. § 311a Abs. 2 S. 1 BGB nach Wahl der Klägerin entweder das positive Interesse oder aber ihre vergeblichen Aufwendungen (§ 284 BGB). Mit den Fahrtkosten, den Zulassungskosten und dem Zinsschaden macht die Klägerin ihre vergeblichen Aufwendungen geltend. Diese sind von der Beklagten gem. § 284 BGB zu ersetzen. Der Anspruch auf Ersatz der Anwaltskosten ergibt sich aus § 280 Abs. 1 BGB.

Der als Nebenforderung geltend gemachte Zinsanspruch beruht auf Verzug (§§ 291, 288 Abs. 1 S. 2 BGB). Zu verzinsen ist auch der eingeklagte Zinsbetrag. Insofern gilt nicht § 289 S. 1 BGB, sondern dessen Satz 2, wonach das Zinseszinsverbot Schadensersatzansprüche wegen verzögerter Zinszahlung (§§ 288 Abs. 4, 286 BGB) nicht ausschließt (s. auch BGH v. 9.2.1993 – XI ZR 88/92 = NJW 1993, 1260 f).

Im Ergebnis ist der Klage damit vollumfänglich stattzugeben.

Der Prozesskostenvorschuss ist nach dem in der Hauptsache geforderten Betrag eingezahlt.

Rechtsanwalt

b) Reaktionsmöglichkeiten

76 Wird der Verkäufer mit einer Schadensersatzklage konfrontiert, ist zu überlegen, ob sich eine Verteidigung lohnt. Besonders günstige Perspektiven ergeben sich, wenn ein Schadensersatzanspruch gem. § 311a Abs. 2 BGB abzuwehren ist. Das in § 311a Abs. 2 BGB erforderliche Verschulden wird zwar gesetzlich vermutet (§ 311a Abs. 2 S. 2 BGB: „wenn … nicht"), ist jedoch oft unschwer zu widerlegen, weil der Verkäufer im Fahrzeug nicht „drin steckt". Eine Untersuchung des Fahrzeugs wird man ihm nur selten abverlangen können. Insofern sollte sich die Verteidigung auf die Widerlegung des Verschuldens konzentrieren. Dieser Anspruch wird freilich nur für die eigentlichen Schäden relevant, während der gezahlte Kaufpreis zwar

ebenfalls Schadensbestandteil sein kann,[102] regelmäßig aber schon nach den §§ 346 Abs. 1, 326 Abs. 4, 275 Abs. 1 u. 3 BGB, also verschuldensunabhängig, zurückzugewähren ist.

Muster: Klageerwiderung auf Schadensersatzklage nach § 311a Abs. 2 BGB

77

329

An das Amtsgericht ▄▄▄

Klageerwiderung

In dem Rechtsstreit

▄▄▄ [Klägerin] ./. ▄▄▄ [Beklagter]

Az ▄▄▄

zeige ich an, dass ich den Beklagten vertrete, der sich gegen die Klage verteidigen will. Insofern werde ich beantragen zu erkennen:

Die Klage wird abgewiesen.

Begründung:

Richtig ist, dass die Klägerin vom Beklagten einen PKW Ford Mondeo zum Preis von 9.000,00 EUR erworben hat. Richtig ist wohl auch, dass das Fahrzeug gestohlen war und daher am 20.4.2006 wegen § 935 Abs. 1 BGB nicht übereignet werden konnte. Es wird jedoch bestritten, dass der Eigentümer nicht bereit ist, das Fahrzeug zur Verfügung zu stellen. Schon deshalb steht der Klägerin kein Schadensersatzanspruch gem. § 311a Abs. 2 BGB zu. Der Eigentümer hat ggü. dem Beklagten signalisiert, sein Eigentum übertragen zu wollen, „falls der Preis stimme".

Beweis: Zeugnis des ▄▄▄

In jedem Fall steht der Klägerin der geltend gemachte Schadensersatzanspruch deshalb nicht zu, weil den Beklagten am Leistungshindernis kein Verschulden trifft. Der Beklagte ist kein Kfz-Händler und verkauft nur sporadisch Fahrzeuge. In den letzten 5 Jahren hat er gerade einmal 3 Fahrzeuge verkauft.

Beweis: Zeugnis N.N., Mitarbeiters der Kfz-Zulassungsstelle der Stadt M.

Daher traf ihn keine Pflicht, die im Kfz-Brief vermerkte Identifikationsnummer mit der im Fahrzeug eingeschlagenen Nummer zu vergleichen.

Die klägerseits geltend gemachten Schadenspositionen werden mit Nichtwissen bestritten. Der angesetzte km-Satz ist zudem weit überhöht. Angemessen ist allenfalls der in § 9 Abs. 1 Nr. 4 S. 2 EStG angegebene Satz von 0,30 EUR pro Entfernungskilometer, mithin 0,15 EUR für jeden gefahrenen Kilometer.

Nach alledem ist die Klage abzuweisen.

Rechtsanwalt

V. Ersatz vergeblicher Aufwendungen (§ 284 BGB)

§ 437 Nr. 3 BGB gibt dem Käufer einer mangelhaften Sache Anspruch gem. § 284 BGB auf Ersatz seiner frustrierten Aufwendungen. Aufwendungen in diesem Sinne sind alle freiwilligen Vermögensopfer, ohne dass sie in fremdem Interesse erbracht sein müssen.[103] Mit diesem Anspruch sollen schwierige Berechnungsfragen umgangen und soll der Ersatz eines ersten

78

---

102 So OLG Karlsruhe v. 14.9.2004 – 8 U 97/04 = NJW 2005, 989, 991: als „Mindestschaden".
103 *Reim*, NJW 2003, 3662, 3663.

„handgreiflichen" Schadens ermöglicht werden. Der Anspruch besteht gem. § 284 BGB „statt" des großen Schadensersatzes. Das heißt zum einen, dass für den Anspruch aus § 284 BGB die gleichen Voraussetzungen gelten wie für den großen Schadensersatz, mithin die Anforderungen des § 281 BGB und die Erheblichkeit des Mangels. Zum anderen folgt im Umkehrschluss aus der Einschränkung, dass andere Schadensersatzansprüche und die Rücktrittsabwicklung durch § 437 Nr. 3 BGB nicht versperrt werden.[104] Vor allem die Rücktrittsabwicklung wird mit dem Anspruch aus § 284 BGB aufgebessert. Richtigerweise ist auch die Sperre des großen Schadensersatzes nicht absolut; vielmehr kann über § 284 BGB ein Teil des Erfüllungsschadens, über den großen Schadensersatz der Erfüllungsschaden im Übrigen ersetzt verlangt werden. Entscheidend ist nur, dass die Kumulation mit dem Aufwendungsersatz nicht zur doppelten Kompensation des Nachteils führt.[105]

79　Zu ersetzen sind nach § 284 BGB **vergebliche Aufwendungen** (auch für kommerzielle Zwecke),[106] die der Käufer des Fahrzeugs im Vertrauen auf den Erhalt der Leistung gemacht hat (zB den Einbau eines Navigationssystems) und billigerweise machen durfte, es sei denn, der mit den Aufwendungen verfolgte Zweck wäre auch ohne die Pflichtverletzung des Verkäufers nicht erreicht worden. Letzteres hat der Verkäufer darzulegen und zu beweisen. Zu den Aufwendungen gehören etwa die Vertragskosten (zB Kosten der Überführung und Zulassung),[107] nicht dagegen der Wert eigener Arbeitsleistungen des Käufers[108] und auch nicht die Kosten eines günstigeren Alternativgeschäfts, zumal Aufwendungen hierfür auch nicht angefallen sind.[109] Hat der Käufer das Fahrzeug zwischenzeitlich genutzt, sind Amortisationsbetrachtungen anzustellen, da die Aufwendungen insoweit nicht „vergeblich" waren. Hat er etwa eine Ausstattung mit einer voraussichtlichen Lebensdauer von fünf Jahren ein Jahr lang genutzt, ist der Aufwendungsanspruch um 20 % zu kürzen. Gleiches gilt für die Vertragskosten.[110]

80　Fraglich ist, was die Beschränkung des Ersatzes auf Aufwendungen bedeutet, die der Käufer **„billigerweise machen durfte"**. Nach einer Ansicht soll der Verkäufer damit vor Aufwendungen geschützt werden, die mit dem Wert des Kaufgegenstands in keiner angemessenen Relation stehen (zB Bau einer Garage im Hinblick auf den Erwerb eines Kleinwagens).[111] Dem ist zu widersprechen. Der Käufer ist nicht gehindert, kostspielige Aufwendungen im Hinblick auf eine mögliche Rückgängigmachung des Kaufs zu unterlassen bzw zurückzustellen. Er kann daher auch luxuriöse Aufwendungen ersetzt verlangen.[112] Die Billigkeit hat nur zeitliche Bedeutung und greift ab dem Zeitpunkt, in dem der Käufer den Bestand des Kaufvertrags in Frage stellen muss. Dies ist der Fall, sobald der Käufer den Mangel bemerkt.

81　Kann der Käufer die Aufwendungen anderweitig nutzen, entlastet das den Verkäufer nach dem Rechtsgedanken des § 254 Abs. 2 BGB.[113] Hinsichtlich der Verjährung gilt das in Rn 72 f Gesagte. Der Aufwendungsersatzanspruch gem. § 284 BGB ist Schadensersatzanspruch iSd § 475 Abs. 3 BGB. Ist der Anspruch verjährt, wurde fristgerecht aber noch der Rücktritt erklärt, lässt sich freilich ein Teil der von § 284 BGB erfassten Schadenspositionen

---

104 BGH v. 20.7.2005 – VIII ZR 275/04 = BGHZ 163, 381 = NJW 2005, 2848, 2850; BGH v. 15.11.2006 – VIII ZR 3/06 (Tz 40) – Hengstfohlen.
105 *Reim*, NJW 2003, 3662, 3667; *Gsell*, NJW 2006, 125, 126.
106 BGH v. 20.7.2005 – VIII ZR 275/04 = BGHZ 163, 381 = NJW 2005, 2848, 2850.
107 BGH v. 20.7.2005 – VIII ZR 275/04 = BGHZ 163, 381 = NJW 2005, 2848, 2850 f.
108 AA *Reim*, NJW 2003, 3662, 3664 f.
109 Palandt/*Putzo*, § 437 Rn 42; *Reim*, NJW 2003, 3662, 3664.
110 BGH v. 20.7.2005 – VIII ZR 275/04 = BGHZ 163, 381 = NJW 2005, 2848, 2851.
111 Palandt/*Heinrichs*, § 284 Rn 6.
112 *Reim*, NJW 2003, 3662, 3665.
113 *Reim*, NJW 2003, 3662, 3666 f; *Gsell*, NJW 2006, 125, 126 mit dem zutr. Hinweis, dass der Käufer sich dazu äußern muss.

(zB Reparatur- und Inspektionskosten) über den Anspruch auf Ersatz der notwendigen Verwendungen (§ 347 Abs. 2 S. 1 BGB) retten.[114]

VI. Zusammenfassende Übersicht zu den Möglichkeiten einer Abkürzung der Verjährung von Mängelansprüchen im Kaufrecht

Grundsatz: Verjährung zwei Jahre nach Ablieferung (§ 438 Abs. 1 u. 2 BGB).   82

Abkürzung möglich?*

Waren	VerbrGüterKauf (§ 474 Abs. 1) (B2C)	Sonstige (C2C, B2B, C2B)	Garantie/Arglist
neu	§ 475 Abs. 1 (-)	§ 202 Abs. 1 (+) bis auf Vorsatz – bei AGB: § 309 Nr. 8b aa): auf 1 Jahr	§ 444 (-)
gebraucht	§ 475 Abs. 2: auf 1 Jahr – bei AGB Sonderprüfung*	§ 202 Abs. 1 (+) bis auf Vorsatz – bei AGB Sonderprüfung*	§ 444 (-)

* Eine umfassende Haftungseinschränkung (dies gilt erst recht für Haftungsausschlüsse oder die Einführung von Ausschlussfristen) ist nicht möglich.[115] Zu berücksichtigen ist das Einschränkungsverbot für grobe Fahrlässigkeit in § 309 Nr. 7b BGB, für leichte Fahrlässigkeit bei Körperschäden in § 309 Nr. 7a BGB und (nach der Kardinalpflichtenlehre) für mangelbedingte Schäden. Enthält eine Klausel nicht die nötigen Differenzierungen, kann sie nach dem sog. Verbot der geltungserhaltenden Reduktion auch nicht entsprechend ergänzt werden.[116] Ein rechtssicherer Haftungsausschluss muss daher in etwa wie folgt formuliert werden: *Der Kauf erfolgt wie besichtigt und unter Ausschluss jeder Gewährleistung. Ausgenommen hiervon sind Schadensersatzansprüche wegen Mängeln, wegen schuldhafter Verletzung des Lebens, des Körpers oder der Gesundheit und im Übrigen bei grob fahrlässiger oder vorsätzlicher Pflichtverletzung. Bevor Schadensersatzansprüche wegen Mängeln geltend gemacht werden können, hat der Käufer dem Verkäufer Gelegenheit zur Nacherfüllung zu geben.*

Diese Einschränkungen gelten nicht für den Fall des § 309 Nr. 8b aa BGB. Außerhalb des Verbrauchsgüterkaufs kann die Verjährung von Mängelgewährleistungsansprüchen bei Neufahrzeugen daher durch AGB pauschal auf ein Jahr verkürzt werden.

VII. Mängel und Schäden bei Leasingfahrzeugen

Die meisten Leasingverträge sehen vor, dass der Leasinggeber seine Gewährleistungsansprü-   83
che gegen den Händler (Lieferanten) an den Leasingnehmer **abtritt.** Zum Ausgleich darf der
Leasinggeber seine mietrechtliche Gewährleistung ausschließen.[117] Diese Abtretung muss

---

114 Vgl BGH v. 15.11.2006 – VIII ZR 3/06 (Tz 40, 41) – Hengstfohlen.
115 Vgl *Reinking/Eggert*, Rn 1579; s. jetzt auch BGH v. 15.11.2006 – VIII ZR 3/06 (Tz 18 ff) – Hengstfohlen; BGH v. 22.11.2006 – VIII ZR 72/06 = NJW 2007, 759, 760 (Tz 10).
116 BGH v. 15.11.2006 – VIII ZR 3/06 (Tz 21) – Hengstfohlen.
117 BGH v. 16.9.1981 – VIII ZR 265/80 = BGHZ 81, 298 = NJW 1982, 105, 106 für den kaufmännischen Verkehr; BGH v. 20.6.1984 – VIII ZR 131/83 = NJW 1985, 129, 130 für den nicht kaufmännischen Verkehr; s. ferner BGH v. 9.2.1986 – VIII ZR 91/85 = BGHZ 97, 135 = NJW 1986, 1744.

endgültig, unbedingt und umfassend sein. Ansonsten bleibt der Leasinggeber – dann in weiterem Umfang, weil die Gewährleistung im Mietrecht mit Gefahrübergang nicht endet – gewährleistungspflichtig.[118] Ob dies immer der Fall ist, wenn der Leasinggeber einem Leasingnehmer mit Verbrauchereigenschaft nicht sämtliche Gewährleistungsansprüche verschafft, die ihm bei einem Verbrauchsgüterkauf zustehen würden, hat der BGH vorerst offen gelassen.[119]

84   Bei wirksamer Abtretung ist es regelmäßig Sache des Leasingnehmers, Gewährleistungsansprüche gegen den Händler durchzusetzen. Der Leasinggeber hat ihn dabei nach Kräften zu unterstützen. Durch die Abtretung tritt der Leasingnehmer auch dann in die Stellung des Leasinggebers als Unternehmer iSd § 14 Abs. 1 BGB, wenn er Verbraucher ist. Die Regeln des Verbrauchsgüterkaufs finden keine Anwendung. Der Leasingvertrag ist auch kein Umgehungsgeschäft iSd § 475 Abs. 1 S. 2 BGB.[120] Den Leasinggeber trifft nach der Abtretung die handelsrechtliche Rügeobliegenheit des § 377 HGB.[121] Ihm bleibt ferner das Insolvenzrisiko hinsichtlich des Händlers, so dass er bei Verwirklichung dieses Risikos für die Gewährleistung ggü. dem Leasingnehmer einzustehen hat.[122]

85   Wird das Leasingfahrzeug durch einen Dritten beschädigt oder zerstört, können sowohl Leasinggeber als auch Leasingnehmer Schadensersatzansprüche geltend machen. Der Leasinggeber hat aus Eigentumsverletzung (§ 823 Abs. 1 BGB) Anspruch auf Ersatz des Substanzschadens, also der Reparaturkosten und Wertminderung bzw – bei einem Totalschaden – auf Ersatz des Wiederbeschaffungswerts. Geht er gegen den Schädiger vor, muss er sich ein Mitverschulden des Leasingnehmers nicht anrechnen lassen.[123] Der Leasingnehmer kann wegen Besitzverletzung gegen den Schädiger (§ 823 Abs. 1 BGB) vorgehen. Sein Schadensersatzanspruch umfasst bei einem von einem Dritten verschuldeten Totalschaden den Ersatz für die Wiederbeschaffung eines gleichwertigen Fahrzeugs, zusätzliche Kreditkosten, den Ersatz steuerlicher Nachteile (auch der Umsatzsteuer, sofern er nicht vorsteuerabzugsberechtigt ist)[124], den Verlust von Zinsvorteilen, eine Nutzungsausfallentschädigung nach der Tabelle *Sanden/Danner* bzw Mietwagenkosten und etwaige Rechtsverfolgungskosten, nicht dagegen die Zahlung nutzloser Leasingraten, des Restwerts der Amortisation oder eines ersatzweise abgeschlossenen Leasingvertrags.[125] Hat sich der Leasinggeber die Ansprüche aus einer vom Leasingnehmer abzuschließenden Vollkaskoversicherung abtreten lassen, muss er hieraus gezahlte Schadensbeträge für die Reparatur bzw den Ersatz des Leasingfahrzeugs zur Verfügung stellen, darf also insoweit nicht etwa mit rückständigen Leasingraten aufrechnen.[126]

---

118 BGH v. 25.10.1989 – VIII ZR 105/88 = BGHZ 109, 139 = NJW 1990, 314, 317; BGH v. 21.12.2005 – VIII ZR 85/05 = NJW 2006, 1066, 1068.
119 BGH v. 21.12.2005 – VIII ZR 85/05 = NJW 2006, 1066, 1068.
120 BGH v. 21.12.2005 – VIII ZR 85/05 = NJW 2006, 1066, 1067; aA *Höpfner*, ZBB 2006, 200 ff.
121 BGHZ v. 24.1.1990 – VIII ZR 22/89 = BGHZ 110, 130 = NJW 1990, 1290, 1291 ff.
122 BGH v. 13.3.1991 – VIII ZR 34/90 = BGHZ 114, 57 = NJW 1991, 1746, 1749.
123 OLG Hamm v. 14.11.1994 – 6 U 101/94 = NJW 1995, 2233 f.
124 OLG Hamm v. 9.12.2002 – 6 U 98/02 = NJW-RR 2003, 774 f; s. aber auch OLG Köln v. 9.11.2004 – 9 U 1/04, zfs 2005, 248, wonach bei der Teilkaskoschadensabrechnung auf die Verhältnisse des Leasinggebers abzustellen ist.
125 BGH v. 5.11.1991 – VI ZR 145/91, BGHZ 116, 22 = NJW 1992, 553 f; *Tempel/Seyderhelm*, S. 185 f.
126 BGH v. 11.12.1991 – VIII ZR 31/91 = BGHZ 116, 278 = NJW 1992, 683, 685.

§ 15 Sonstige Schadensersatzansprüche bei Autokauf und Autoleasing

Literatur

Gsell, Substanzverletzung und Herstellung, 2003; *Häublein*, Der Beschaffenheitsbegriff und seine Bedeutung für das Verhältnis der Haftung aus culpa in contrahendo zum Kaufrecht, NJW 2003, 388; *Lorenz, St.*, Fünf Jahre „neues" Schuldrecht im Spiegel der Rechtsprechung, NJW 2007, 1; *Reinking/Eggert*, Der Autokauf, 9. Auflage 2005; *Tempel/Seyderhelm*, Materielles Recht im Zivilprozess, 4. Auflage 2005; *Tettinger P. W.*, Wer frißt wen? Weiterfresser vs. Nacherfüllung, JZ 2006, 641.

A. Überblick

Obwohl das Kaufrecht im Wesentlichen auf das Allgemeine Schuldrecht Bezug nimmt, trifft es Sonderregelungen für den Mängelbereich (zB Vorrang der Nacherfüllung, Sonderverjährung in § 438 BGB), so dass Ansprüche, die sich auf einen Sach- oder Rechtsmangel beziehen, durch das kaufrechtliche Gewährleistungsprogramm verdrängt werden. Dies gilt insbesondere für Ansprüche wegen vorvertraglicher Pflichtverletzungen (vor allem wegen der Verletzung von Aufklärungspflichten), sofern sich diese auf eine Beschaffenheit der Kaufsache beziehen.[1] Das heißt aber nicht, dass nicht gehaftet wird. Nur unterliegt diese Haftung dem Gewährleistungsrecht (§ 14 Rn 63). Die Verletzung anderer vorvertraglicher Pflichten lässt sich dagegen unabhängig vom Kaufrecht verfolgen. Ferner lassen sich Ansprüche gegen den Verkäufer geltend machen, sofern sie die Folgen einer Irrtumsanfechtung des Kaufvertrags oder einer nicht anfechtungsgestützten Form der Vertragsnichtigkeit (zB aufgrund Widerrufs oder Sittenwidrigkeit) betreffen, da das Kaufrecht erst nach Gefahrübergang Anwendung findet (vgl § 434 Abs. 1 BGB).[2] Entgegen dem früheren Recht ist auch vorsätzliches Verhalten des Verkäufers nicht anders zu behandeln.

1

Alle in Betracht kommenden Ansprüche verjähren innerhalb der Regelfristen der §§ 195, 199 BGB.

2

B. Anspruchsgrundlagen

I. Ansprüche wegen vorvertraglicher Pflichtverletzungen

Aufgrund der §§ 280 Abs. 1, 311 Abs. 2, 241 Abs. 2 BGB (culpa in contrahendo, im Folgenden kurz: c.i.c.) führen vorvertragliche Pflichtverletzungen des Verkäufers zum Schadensersatz, wenn sie keine Eigenschaft der Kaufsache (einschließlich Werbeaussagen iSd § 434 Abs. 1 S. 3 BGB) betreffen (Rn 1). Nach neuem Recht, das Rechtsmängel Sachmängeln gleichstellt, dürfte diese Einschränkung auch für Rechtsmängel gelten.[3]

3

---

1 OLG Düsseldorf v. 1.9.2005 – 1 U 28/05; Palandt/*Heinrichs*, § 311 Rn 25, 28 mwN; aA *Häublein*, NJW 2003, 388, 392 f.
2 *Reinking/Eggert*, Rn 84, 1714; *Tempel/Seyderhelm*, S. 34.
3 OLG Jena v. 9.8.2006 – 2 O 1153/05 = OLG-NL 2006, 217, 218; aA OLG Hamm v. 13.5.2003 – 28 O 150/02 = NJW-RR 2003, 1360, 1361 – Importfahrzeug.

1. Verletzung von Informationspflichten

4   Eine Haftung aus c.i.c begründet zum einen die Verletzung von Informationspflichten, die sich nicht auf eine Beschaffenheit des Kaufgegenstands beziehen. Diese Haftungsmöglichkeit ist damit eher theoretischer Natur, da Auskünfte, die beim Kauf gegeben werden, in aller Regel mit dem Kaufgegenstand zu tun haben.

2. Verletzung von Beratungspflichten

5   Beratungsbedarf fällt meistens im Zusammenhang mit den Eigenschaften des zum Kauf stehenden Fahrzeugs an. Werden entsprechende Beratungspflichten verletzt, greift allein das Sachmängelrecht. Etwas anderes gilt nur dann, wenn ein selbständiger Beratungsvertrag geschlossen wurde. Dies ist auch durch schlüssiges Verhalten möglich. Im Kfz-Handel kommen derartige Verträge kaum vor, da es an der hierfür erforderlichen Intensität der Beratung und dem überragenden Wissensvorsprung des Verkäufers fehlt.[4] Insbesondere reicht dafür ein besonderes Vertrauensverhältnis iSd § 313 Abs. 3 S. 2 BGB nicht aus (hierzu Rn 10).

3. Verletzung von Obhuts- und Fürsorgepflichten

6   Der Verkäufer muss sicherstellen, dass der Kaufvorgang ohne Schädigung des Käufers vonstatten geht. So muss er etwa dafür Sorge tragen, dass im Verkaufslokal die Unfallverhütungsvorschriften eingehalten werden. Andernfalls haftet er für Unfallschäden des Käufers, die auf einer solchen Pflichtverletzung beruhen.

4. Händlerhaftung als Dritthaftung

7   Seine wesentliche Bedeutung hat die Haftung aus c.i.c für die Dritthaftung, praktisch also in den nicht ganz seltenen Fällen der **Verkäuferinsolvenz**.

8   Grundsätzlich haften aus vorvertraglicher Haftung allein die Partner des angebahnten Vertrags. Vertreter und Verhandlungsgehilfen, für deren Verschulden der Geschäftsherr nach § 278 BGB einzustehen hat, haften in der Regel nur aus Delikt bzw gem. § 179 BGB. Nach einem von der Rechtsprechung entwickelten und vom Schuldrechtsmodernisierungsgesetz in § 311 Abs. 3 BGB übernommenen Grundsatz kann die Haftung aber auch Dritte treffen, die nicht selbst Vertragspartei werden sollen. Ein solches Schuldverhältnis entsteht insbesondere, wenn der Dritte in besonderem Maße Vertrauen für sich in Anspruch nimmt und dadurch die Vertragsverhandlungen oder den Vertragsschluss erheblich beeinflusst. Die Anspruchsgrundlage ergibt sich aus § 280 Abs. 1 BGB iVm §§ 311 Abs. 3, 241 Abs. 2 BGB. In der Regel haften der Dritte und der Geschäftsherr dann als Gesamtschuldner.

9   Für diese Dritthaftung sind zwei Ansätze zu trennen. Der eine gründet auf **enttäuschtem Vertrauen**; der andere hat seinen Rechtsgrund in der **wirtschaftlichen Gleichstellung** des Dritten mit dem Vertragsteil, für den er auftritt. Beide Haftungsansätze haben unterschiedliche Voraussetzungen. Für beide gilt, dass der Vertreter („Sachwalter") nicht weiter einsteht als derjenige, für den er auftritt. Damit haftet auch der Dritte nicht, wenn ein Gewährleistungsausschluss greift,[5] und auch für seine Haftung gilt das Gewährleistungsrecht als Maß-

---

4 Zu den Anforderungen an einen Beratungsvertrag s. BGH v. 16.6.2004 – VIII ZR 258/03 = MDR 2004, 1174; BGH v. 16.6.2004 – VIII ZR 303/03 = NJW 2004, 2301, 2302.

5 BGH v. 14.3.1979 – VIII ZR 129/78 = NJW 1979, 1707.

stab, falls eine eigenständige Betrachtung der vorvertraglichen Pflichten wegen des Vorrangs des Sachmängelrechts nicht möglich ist.

a) Haftung aufgrund enttäuschten Vertrauens

Eine vorvertragliche Haftung kann zum einen auf enttäuschtem Vertrauen beruhen. Hierzu muss der Dritte gegen ein besonderes, gerade zwischen ihm und dem Vertragspartner bestehendes **Vertrauensverhältnis** verstoßen haben (§ 311 Abs. 3 S. 2 BGB). Ein derartiges Schuldverhältnis muss sich als Grundlage für ein „in besonderem Maße" erwecktes Vertrauen eignen. Hierfür reicht der bloße Geschäftskontakt nicht. Erforderlich ist ein besonderes, gerade zwischen dem Dritten und dem anderen Vertragsteil (Käufer) bestehendes Vertrauensverhältnis. Legt man das von den Gerichten bisher entschiedene Fallmaterial zugrunde, kommt ein derartiges Vertrauen bei einer **Expertenstellung** des Dritten oder einer **engen persönlichen Beziehung** des Dritten zum anderen Vertragsteil in Betracht.[6] Die Expertenrolle ist durch überlegenes Wissen gekennzeichnet. Auf der anderen Seite reicht es nicht aus, wenn sich jemand nur als sachkundig bezeichnet bzw seine Leistung besonders herausstellt. Im gewerblichen Autohandel wird dem Verkäufer immer eine derartige Expertenrolle zukommen.[7] Ein besonderes Vertrauensverhältnis setzt ferner voraus, dass der Dritte **Vertrauen in Anspruch nimmt** (§ 311 Abs. 3 S. 2 BGB). Damit sollen Fälle ausgeschieden werden, in denen der Dritte seine besondere Stellung (zB als Sachverständiger) in die Vertragsverhandlungen nicht einmal einbringt. Anderenfalls würde jeder Träger eines Berufs, der typischerweise Sachkunde vermittelt, ohne Weiteres den strengen Regeln der Vertragshaftung unterworfen sein, obwohl er nicht Vertragspartner ist. Erforderlich ist ferner, dass das in Anspruch genommene Vertrauen **schutzwürdig** ist. Zu fragen ist daher nicht nur, ob der Verhandlungspartner dem Dritten Vertrauen entgegengebracht hat, sondern auch, ob er dies durfte. 10

Der Dritte haftet aus c.i.c., wenn er eine Pflicht aus dem besonderen Vertrauensverhältnis verletzt. In Betracht kommen vor allem Verstöße gegen Offenbarungspflichten, die zu einem unerwünschten Vertrag führen. 11

b) Haftung aus wirtschaftlicher Gleichstellung

Ein Dritter kann aus c.i.c. auch dann haften, wenn er „wirtschaftlicher Herr" des Geschäfts ist. Nichts anderes ist gemeint, wenn von einer Haftung aufgrund wirtschaftlichen Eigeninteresses die Rede ist. Ausgangspunkt für diesen Haftungsansatz war folgender Fall:[8] Kaufmann P, der in Schwerin einen kleinen Bauernhof („Büdnerei") besaß, verkaufte die Landstelle zusammen mit dem Grundbesitz gleich mehrmals, so auch an B. Dieser zahlte den Kaufpreis, erhielt aber – wie die anderen Käufer auch – das Eigentum nicht übertragen. Daher verkaufte B, ausgestattet mit einer Vollmacht des P, die Büdnerei an Z. Dieser wiederum zahlte den Kaufpreis an B als Vertreter des P. Als Z merkte, dass auch er kein Eigentum erlangen konnte, verklagte er zunächst P auf Rückzahlung des Kaufpreises, konnte den Anspruch gegen den vermögenslosen P jedoch nicht durchsetzen. Daraufhin hielt sich Z an B. Das Reichsgericht gab dem Z Recht. P sei bei dem Verkauf an Z nur formal der Verkäufer gewesen, weil das Grundstück noch auf seinem Namen eingetragen war. Der „sachlich allein oder jedenfalls im wesentlichen Beteiligte" sei nicht P, sondern B gewesen, der die Büdnerei gekauft hatte und sie in eigenem Interesse weiter verkaufen wollte, um sich dadurch schadlos zu halten. Der BGH übernahm diesen Haftungsansatz und erstreckte ihn auf Kfz-Händler, die allein zur 12

---

6 S. aus jüngster Zeit etwa BGH v. 13.12.2005 – KZR 12/04 = NJW-RR 2006, 993 f.
7 Grundlegend BGH v. 29.1.1975 – VIII ZR 101/73 = BGHZ 63, 382 = NJW 1975, 642, 645.
8 RG v. 1.3.1928 – VI 258/27 = RGZ 120, 249.

Meidung der Pflicht zur Zahlung von Umsatzsteuer ein gebrauchtes Fahrzeug als Vertreter des Eigentümers verkauften.[9] In diesen Fällen beruht die Haftung nicht auf enttäuschtem Vertrauen. Der Vertragsgegner muss von dem Interesse des Dritten nicht einmal wissen.[10] Damit stützt sich diese Haftung auf eine formale Betrachtung: Wenn der Vertragspartner aus c.i.c. haftet, soll auch derjenige haften, der wirtschaftlich dem Vertragspartner gleichgestellt ist und damit ein unmittelbares wirtschaftliches Eigeninteresse am Geschäft aufweist. Dieser Haftungsansatz ist bedenklich, weil er mit dem eigentlichen Haftungsgrund der c.i.c., dem enttäuschten Vertrauen, nichts zu tun hat, und sich das Unmittelbarkeitskriterium nur schlecht eingrenzen lässt. Zudem droht er den Grundsatz aufzulösen, dass für Handlungen des Vertreters (nur) der Vertretene haftet. Nicht ausreichend ist jedenfalls allein die Stellung des Dritten als General-Handlungsbevollmächtigter,[11] die reine Vertreterfunktion oder eine bloße Verprovisionierung.[12]

13 Sofern dem Unmittelbarkeitserfordernis genügt ist und damit eine Sonderbeziehung zwischen dem Dritten und dem anderen Vertragteil besteht, richten sich die Anforderungen an eine Pflichtverletzung nach denselben Kriterien, wie sie zwischen den Vertragspartnern gelten. Demnach bestimmt sich die Schutzwürdigkeit des Vertragspartners nach seinem Informationsbedürfnis.[13]

14 Zu berücksichtigen ist auch bei dieser Variante der vorvertraglichen Dritthaftung, dass der Dritte nicht weiter haftet als derjenige, dem er haftungsmäßig gleichgestellt ist.[14]

c) Haftungsbegründende Kausalität

15 Bei der haftungsbegründenden Kausalität geht es um den Ursachenzusammenhang zwischen dem Verhalten des Schädigers und der eingetretenen Rechtsgutsverletzung. Der Gläubiger hat für die haftungsbegründende Kausalität grundsätzlich den Vollbeweis zu führen (§ 286 ZPO).[15] Besteht ein (besonderes) Vertrauensverhältnis, streitet jedoch ein Anscheinsbeweis dafür, dass der Geschädigte sich bei ordnungsgemäßer Aufklärung aufklärungsgemäß verhalten hätte. Im Übrigen erleichtert auch das Gesetz die Beweisführung: Aus der Formulierung, der Dritte müsse aufgrund der Inanspruchnahme des Vertrauens die Vertragsverhandlungen über den Vertragsschluss nur „maßgeblich beeinflusst" haben (§ 311 Abs. 3 S. 2 BGB), kann gefolgert werden, dass hier ein Vollbeweis der haftungsbegründenden Kausalität nicht zu führen ist. Der Dritte kann den Anschein entkräften, indem er etwa darlegt, dass der Vertrag auch ohne sein Fehlverhalten inhaltsgleich zustande gekommen wäre. In der Praxis ist ein solcher Anschein freilich kaum zu erschüttern.

d) Rechtswidrigkeit

16 Nur eine rechtswidrige Pflichtverletzung führt zur Haftung. Die Rechtswidrigkeit wird durch die Pflichtverletzung indiziert. Diese Vermutung wird durch Rechtfertigungsgründe (zB Einwilligung, Notwehr, Notstand) widerlegt. In der Regel bestehen solche Gründe nicht.

---

9 BGH v. 29.6.1977 – VIII ZR 43/76 = NJW 1977, 1914, 1915.

10 BGH v. 2.3.1988 – VIII ZR 380/86 = NJW 1988, 2234, 2235.

11 BGH v. 16.10.1987 – V ZR 153/86 = NJW-RR 1988, 328 f.

12 BGH v. 5.4.1971 – VII ZR 163/69 = BGHZ 56, 81 = NJW 1971, 1309, 1310; BGH v. 11.10.1988 – X ZR 57/87 = NJW-RR 1989, 110, 111; BGH v. 3.10.1989 – XI ZR 157/88 = NJW 1990, 389 f.

13 BGH v. 2.3.1988 – VIII ZR 380/86 = NJW 1988, 2234, 2235.

14 BGH v. 29.1.1975 – VIII ZR 101/73 = BGHZ 63, 382 = NJW 1975, 642, 645; BGH v. 28.1.1981 – VIII ZR 88/80 = BGHZ 79, 281 = NJW 1981, 922 f.

15 BGH v. 21.7.1998 – VI ZR 15/98 = NJW 1998, 3417, 3418.

e) Verschulden

Die Dritthaftung aus c.i.c. setzt ein Verschulden des Dritten voraus (§ 276 Abs. 1 S. 1 BGB). **17**
Für die Bestimmung der Fahrlässigkeit gilt ein objektiver, auf den Berufskreis des Schädigers
bezogener Sorgfaltsmaßstab. Hinsichtlich der Darlegungs- und Beweislast besteht nach neuem Schuldrecht in § 280 Abs. 1 S. 2 BGB ("nicht, wenn") eine Beweislastumkehr für das
Verschulden, die auch für die Haftung aus § 311 Abs. 3 BGB gilt.

f) Schaden

Die c.i.c.-Haftung dient dem Ausgleich von Verletzungen fremden Vermögens. Wie jede **18**
Ausgleichsvorschrift setzt somit auch die c.i.c. einen Schaden iSd § 249 Abs. 1 BGB voraus.
Hiernach hat der Verpflichtete den Zustand herzustellen, der ohne den schadensbringenden
Umstand bestehen würde; zu ersetzen ist also das negative Interesse. Anders als aufgrund
einer Irrtumsanfechtung (vgl § 122 Abs. 1 BGB) ist der Schadensausgleich nicht auf das positive Interesse beschränkt. Führt eine Schutzpflichtverletzung zum Schaden an einem absoluten Rechtsgut bzw zu einer Verletzung des Integritätsinteresses, besteht der Schaden im Wie-
derherstellungsbedarf. Wird der Geschädigte mit einem nicht erwartungsgerechten Vertrag
belastet, kann der Ersatz des Vertrauensschadens zur Auflösung des Vertrags führen.[16] In
diesem Fall sind die nutzlos gewordenen Aufwendungen zu ersetzen. Zu ersetzen sind ferner
die Mehrkosten eines Deckungsgeschäfts bzw des hierfür erforderlichen Aufwands. Der Käufer kann aber auch fordern, so gestellt zu werden, als sei der Vertrag erwartungsgerecht zustande gekommen.[17] Ist eine Aufklärungspflicht verletzt, steht dem Geschädigten ein Wahlrecht zu. Er kann einerseits die Rückabwicklung des Vertrags verlangen. Andererseits kann er
verlangen, dass das Aufklärungsdefizit vermögensmäßig bewertet wird.[18] Der Sache nach
führt das zu einer Minderung der Gegenleistung bzw zum kleinen Schadensersatz. Dieses
Wahlrecht steht dem Geschädigten selbst dann zu, wenn der andere Teil zum veränderten
Preis nicht abgeschlossen hätte.[19]

Für die Bestimmung der Schadenshöhe hat der Geschädigte greifbare Anhaltspunkte darzule- **19**
gen und zu beweisen, die dem Gericht eine Schätzung nach § 287 ZPO ermöglichen.[20]

g) Haftungsausfüllende Kausalität

Eine Haftung aus c.i.c. setzt ferner voraus, dass der Schaden auf der Pflichtverletzung beruht **20**
(haftungsausfüllende Kausalität). Die Schwierigkeiten der Kausalitätsfeststellung resultieren
daraus, dass sich das Geschehen auch ohne Pflichtverletzung verändert hätte und damit eine
hypothetische Kausalität ermittelt werden muss. Dies ist nur über ein Wahrscheinlichkeitsur-
teil zu leisten. Hierfür reicht eine den Anforderungen des § 287 ZPO genügende Beweisführung aus. Der Richter kann den Schaden schätzen, bedarf aber auch hierfür "greifbarer Anhaltspunkte". Diese hat grundsätzlich der Geschädigte vorzutragen. Nach dem Schutzzweck
der Haftung müssen Unsicherheiten in der Beurteilung des hypothetischen Kausalverlaufs zu
Lasten dessen gehen, der die Rechtsgutsverletzung verursacht hat. Ist eine vorvertragliche
Aufklärungspflicht verletzt, deren Inhalt entweder geeignet ist, den später Geschädigten bedenklich zu machen oder ihn zu Sicherheitsvorkehrungen zu bewegen, gebietet der Schutz-

---

16 BGH v. 26.9.1997 – V ZR 29/96 = NJW 1998, 302, 303.
17 BGH v. 6.4.2001 – V ZR 394/99 = NJW 2001, 2875, 2876 f; BGH v. 19.5.2006 – V ZR 264/05.
18 BGH v. 4.4.2001 – VIII ZR 32/00 = NJW 2001, 2163, 2165.
19 BGH v. 25.5.1977 – VIII ZR 186/75 = BGHZ 69, 53 = NJW 1977, 1536, 1538; BGH v. 19.5.2006 – V ZR 264/05.
20 BGH v. 3.12.1999 – IX ZR 332/98 = NJW 2000, 509.

zweck der Norm nach Auffassung des BGH sogar eine Beweislastumkehr.[21] Der Schädiger muss dann darlegen und beweisen, dass der Schaden auch bei pflichtgemäßer Aufklärung eingetreten wäre, der Geschädigte also den Hinweis unbeachtet gelassen und den Vertrag wie geschehen abgeschlossen hätte.

h) Schutzzweckzusammenhang

21 Grundsätzlich ist auch die Ersatzpflicht nach §§ 280 Abs. 1, 311 Abs. 3, 241 Abs. 2 BGB durch den Schutzbereich der Norm begrenzt. Es muss daher ein innerer Zusammenhang zwischen dem Schaden und der durch den Schädiger geschaffenen Gefahrenlage bestehen, nicht lediglich eine bloß zufällige äußere Verbindung.[22]

i) Mitverschulden

22 Geht es um Schutzpflichten, wird der Schaden durch ein „Verschulden gegen sich selbst" des Geschädigten gemindert, wenn dieser nicht umsichtig genug war, sich vor dem Schaden zu bewahren (§ 254 Abs. 1 BGB). Der Geschädigte muss also Maßnahmen unterlassen haben, die ein vernünftiger, wirtschaftlich denkender Mensch nach Lage der Sache ergriffen hätte, um Schaden von sich abzuwenden.[23] Der Geschädigte ist auch gehalten, bei Eintritt des Schadens nach Kräften zu dessen Minderung beizutragen (§ 254 Abs. 2 S. 1 BGB). Bei einer Informationspflichtverletzung kommt ein Mitverschulden in Betracht, sofern die verletzte Pflicht den Geschädigten nicht gerade vor einem derartigen Verschulden schützen soll.

23 Alle Umstände, die eine Mitverantwortung des Ersatzberechtigten begründen, sind vom Schädiger darzulegen und zu beweisen. Das gilt auch für Verstöße gegen die Schadensminderungspflicht. Damit gilt § 286 ZPO für die Tatsachen, aus denen sich der Verstoß gegen eine sich aus § 254 BGB ergebende Obliegenheit ergibt, aber auch hinsichtlich ihrer Mitursächlichkeit für die Verletzung einer Schutz- oder Offenbarungspflicht. Allerdings muss der Geschädigte an der Beweisführung mitwirken, soweit es sich um Umstände aus seiner Sphäre handelt.[24] Für die Frage, ob die subjektiven Anforderungen eines Mitverschulden vorliegen, gilt die Beweislastumkehr des § 280 Abs. 1 S. 2 BGB. Steht die Mitverantwortlichkeit des Geschädigten fest, ist über die Folgen nach § 287 ZPO zu entscheiden. Hierzu sind die Verschuldensanteile beider Seiten abzuwägen; der Schadensersatz ist entsprechend zu kürzen.

j) Verjährung

24 Nach neuem Recht, das für Haftungsfälle gilt, die seit dem 1.1.2002 entstanden sind (Art. 229 § 6 Abs. 1 S. 1 EGBGB), sieht § 195 BGB auch für die Haftung aus c.i.c. eine nur noch dreijährige Verjährungsfrist vor. Diese Frist ist mit einer Anlaufhemmung verbunden, die an ein subjektives Element auf Gläubigerseite anknüpft. Hiernach beginnt die Verjährung, wenn der Gläubiger von den anspruchsbegründenden Umständen und der Person des Schuldners ohne grobe Fahrlässigkeit Kenntnis erlangen müsste (§§ 195, 199 Abs. 1 Nr. 2 BGB). Leichte Fahrlässigkeit lässt die Verjährung also noch nicht beginnen. Hinsichtlich des erforderlichen Kenntnisstands wird man auf die alte Rechtsprechung zu § 852 Abs. 1 BGB anknüpfen können, die darauf abstellte, dass der Geschädigte aufgrund der ihm bekannten Tatsachen in der Lage ist, gegen eine bestimmte Person – und sei es auch nur in der Form einer Feststellungsklage – eine Erfolg versprechende, wenn auch nicht risikolose Schadenser-

---

21 BGH v. 4.4.2001 – VIII ZR 32/00 = NJW 2001, 2163, 2165.
22 BGH v. 6.5.1999 – III ZR 89/97 = NJW 1999, 3203, 3204.
23 BGH v. 5.10.1988 – VIII ZR 325/87 = NJW 1989, 292, 293.
24 BGH v. 29.9.1998 – VI ZR 296/97 = NJW 1998, 3706, 3707.

satzklage zu erheben.[25] Nach neuem Recht ist schon auf den Zeitpunkt abzustellen, in dem der Geschädigte die Kenntnis zwar noch nicht hat, von den relevanten Umständen aber hätte wissen können. Anders ist das neue Recht auch insofern, als die Verjährung nicht schon mit dem Anknüpfungszeitpunkt, sondern erst mit Ablauf des Kalenderjahres beginnt, in dem die Kenntnis vorliegt oder vorliegen müsste.

k) Prozessuales

Hinsichtlich der örtlichen Gerichtszuständigkeit kann der Geschädigte sowohl das am Ort des Kaufvertrags (Erfüllungsort) belegene Gericht anrufen, als auch am Gerichtsstand der unerlaubten Handlung oder der Niederlassung des Schädigers klagen. Diese Alternativen werden sich oft decken. Ist der Kaufvertrag als Haustürgeschäft iSd § 312 BGB geschlossen, bestimmt sich die örtliche Zuständigkeit auch dann, wenn es um eine Dritthaftung aus c.i.c. geht, nach dem Gerichtsstand des Verbrauchers (§ 29c ZPO).[26]   **25**

l) Schadensersatzklage bei Dritthaftung aus c.i.c.

aa) Vorbereitung des prozessualen Vorgehens

Wird ein Dritter aus c.i.c in die Haftung genommen, tritt er in die Rolle des Vertragsschuldners. Liegt gegen diesen schon ein Urteil vor, muss allerdings noch einmal geklagt werden, da es insoweit an der Bindungswirkung fehlt (§ 325 Abs. 1 ZPO). Das Urteil lässt sich auch nicht einfach (gem. § 727 ZPO) auf den Dritten umschreiben. Es erlaubt aber eine Voreinschätzung zur Schadenshöhe und ist damit ausreichende Erkenntnisgrundlage iSd § 287 Abs. 1 ZPO. Gleiches gilt für die Feststellung der Forderung im Insolvenzverfahren (§ 178 Abs. 1 InsO) und die Aufnahme der Forderung in eine zum Zwecke der Anmeldung zur Insolvenztabelle vom Anspruchsgegner gefertigte Forderungsliste.[27]   **26**

Eine Dritthaftung aus c.i.c kommt vor allem dann in Betracht, wenn sich der Dritte in irgendeiner Form für die Vertragserfüllung „stark macht". Hierbei ist jedoch Vorsicht geboten: Nach Ansicht des BGH sind derartige Aussagen nicht nur im Rahmen einer etwaigen Haftung aus c.i.c. wegen Inanspruchnahme besonderen persönlichen Vertrauens bedeutsam, sondern auch unter dem Blickwinkel einer (verschuldensunabhängigen) Garantiehaftung des Beklagten zu würdigen und damit unter Umständen als **Garantieversprechen** zu werten.[28] Das (selbständige) Garantieversprechen ist als Vertrag eigener Art iSd § 311 Abs. 1 BGB dadurch gekennzeichnet, dass sich der Garant verpflichtet, für den Eintritt eines bestimmten Erfolgs einzustehen und die Gefahr eines künftigen Schadens zu übernehmen. Da das selbständige Garantieversprechen die Übernahme der Verpflichtung zur Schadloshaltung für den Fall des Nichteintritts des garantierten Erfolgs umfasst, bestimmt sich dessen Umfang nach den Grundsätzen des Schadensersatzrechts (§§ 249 ff BGB); der Garantieschuldner hat somit im Falle der Gewährleistung den Gläubiger so zu stellen, als ob der garantierte Erfolg eingetreten oder der Schaden nicht entstanden wäre. Hiernach hat der Dritte das positive Interesse, also den gesamten Forderungsausfall des Klägers zu ersetzen.[29] Bei solchen Zusagen besteht allerdings die Gefahr, dass die Gerichte das Vorliegen einer **Bürgschaft** (§ 765 BGB) annehmen und einen Durchgriff mangels Schriftform verneinen.[30] § 350 HGB hilft oft nicht,   **27**

---

25 BGH v. 9.7.1996 – VI ZR 5/95 = BGHZ 133, 192 = NJW 1996, 2933, 2934.
26 OLG Celle v. 15.4.2004 – 4 AR 23/04 = NJW 2004, 2602.
27 Vgl BGH v. 9.10.1990 – VI ZR 230/89 = NJW-RR 1991, 141, 143.
28 BGH v. 18.6.2001 – II ZR 248/99 = NJW-RR 2001, 1611, 1612.
29 BGH v. 18.6.2001 – II ZR 248/99 = NJW-RR 2001, 1611, 1612.
30 S. etwa LG Oldenburg v. 9.5.1995 – 5 O 180/94 = MDR 1996, 104, 105.

da etwa der Geschäftsführer, der sich für seine GmbH einsetzt, kein Kaufmann ist[31] und die Bürgschaftsvereinbarung demzufolge nicht als Handelsgeschäft gewertet werden kann. Da in diesen Fällen nicht anzunehmen ist, dass der Garant die Leistung unabhängig vom Bestand der Schuld zusichert, und aufgrund dieser Abhängigkeit im Zweifel tatsächlich eine Bürgschaft anzunehmen ist,[32] sollte sich die Anspruchsbegründung auf die Darlegung der Voraussetzungen eines Anspruchs aus c.i.c. beschränken und aufzeigen, warum eine Bürgschaft im konkreten Fall nicht vorliegt.

28   Muster: Schadensersatzklage bei Dritthaftung aus c.i.c.

An das Landgericht ▪▪▪

Klage

des Herrn ▪▪▪

- Klägers -

Prozessbevollmächtigte: RAe ▪▪▪

gegen

Herrn ▪▪▪

- Beklagten -

wegen Schadensersatzes

Streitwert: 19.234,00 EUR.

Namens und in Vollmacht des Klägers erhebe ich Klage mit den Anträgen zu erkennen:

1. Der Beklagte wird verurteilt, an den Kläger Zug um Zug gegen Rückgabe des PKW Alfa Romeo, Fahrgestell-Nr. ▪▪▪, den PKW VW Golf, Fahrgestell-Nr. ▪▪▪, herauszugeben sowie 14.234,00 EUR nebst Zinsen in Höhe von 5% im Jahr aus 14.000,00 EUR für die Zeit vom 11.3.2006 bis zum 2.8.2006 und aus 14.234,00 EUR in Höhe von 5 Prozentpunkten über dem Basiszinssatz seit Rechtshängigkeit abzüglich eines Betrags zu zahlen, der sich wie folgt berechnet: 7,6 Cent x km gemäß Tachostand im Zeitpunkt der Rückgabe des vorbezeichneten PKW Alfa Romeo an den Beklagten.

2. Es wird festgestellt, dass sich der Beklagte mit der Rücknahme des im Klageantrag zu 1 bezeichneten PKW VW Golf im Annahmeverzug befindet.

Ich rege die Durchführung eines schriftlichen Vorverfahrens nach § 276 ZPO an und beantrage für den Fall der Säumnis den Erlass eines Versäumnisurteils gem. § 331 Abs. 3 S. 2 ZPO.

Bereits jetzt beantrage ich auch,

dem Kläger eine Kurzausfertigung des Urteils mit Vollstreckungsklausel zu erteilen und den Zeitpunkt der Zustellung des Urteils zu bescheinigen.

Begründung:

I. Sachverhalt

Der Kläger hat am 25.2.2006 von der Autohaus A. GmbH & Co. KG den im Klageantrag zu 1 bezeichneten Neuwagen der Marke Alfa Romeo zum Preis von 19.000,00 EUR erworben.

Beweis: Kaufvertrag vom 25.2.2006

Anlage K 1

Der Kläger hat hierfür seinen Altwagen, den im Klageantrag zu 1 genannten VW Golf, für 5.000,00 EUR in Zahlung gegeben und den Rest am 10.3.2006 bargeldlos beglichen.

---

31 BGH v. 22.11.2006 – VIII ZR 72/06 = NJW 2007, 759, 760 (Tz 13).
32 S. nur BGH v. 13.6.1996 – IX ZR 172/95 = NJW 1996, 2569, 2570.

Beweis: Überweisungsbeleg über 14.000,00 EUR
    Anlage K 2

Bei den Vertragsverhandlungen war der Kläger in Begleitung von Frau B. Auf Seiten des Autohauses führte der Beklagte als Geschäftsführer und Alleingesellschafter der Komplementärin die Verhandlungen. Der Kläger hatte gehört, dass sich das Autohaus in finanziellen Schwierigkeiten befinde. Er fragte deshalb den Beklagten, ob dem so sei. Der Beklagte verneinte dies und gab Erklärungen für das Gerücht. Da der Kläger dennoch Sicherheit haben wollte, sagte der Beklagte zur Frage nach der ordnungsgemäßen Vertragserfüllung wörtlich:

„Sie können sich darauf verlassen. Wenn meinem Betrieb etwas passiert, schieße ich Kapital nach. Kein Kunde muss sich da Sorgen machen."

Beweis: Zeugnis der Frau B., ▬▬▬

Daraufhin wurde der Kaufvertrag geschlossen.

Beweis: wie vor

Nach Übergabe des Fahrzeugs musste der Kläger feststellen, dass das Fahrzeug nicht, wie im Kaufvertrag angegeben, die Farbe „carbonschwarz-metallic", aufwies, sondern einen blauen Farbton.

Beweis: Einholung eines Sachverständigengutachtens

Bei den Verkaufsverhandlungen legte der Beklagte dem Kläger zudem eine Bildmappe vor, in der das als „carbonschwarz-metallic" beschriebene Fahrzeug ausschließlich schwarz abgebildet ist.

Beweis: 1. Inaugenscheinnahme des Katalogs
    2. Einholung eines Sachverständigengutachtens

Es wird angeregt, dass das Gericht dem Beklagten gem. § 425 ZPO aufgibt, diesen Katalog vorzulegen.

Mit Schreiben vom 1.4.2006 hat der Kläger die Autohaus A. GmbH & Co. KG unter Fristsetzung auf den 2.5.2006 zur Ersatzlieferung aufgefordert.

Beweis: Schreiben des Klägers vom 1.4.2006
    Anlage K 3

Der Kläger erhielt zur Antwort, dass die Farbgebung der Herstellerbezeichnung „carbonschwarz-metallic" entspreche und dies auch aus dem Farbprospekt des Herstellers ersichtlich sei, der dem Kläger bei den Kaufverhandlungen vorlag.

Beweis: Schreiben der Autohaus A. GmbH & Co. KG vom 10.5.2006
    Anlage K 4

Der Kläger widersprach und teilte mit, im Katalog habe er einen Blauton nicht feststellen können. Das Fahrzeug sei mindestens umzulackieren. Hierfür setzte er eine letzte Frist bis zum 15.6.2006.

Beweis: Schreiben des Klägers vom 12.5.2006
    Anlage K 5

Die Frist blieb ungenutzt. Mit Schreiben vom 20.6.2006 erklärte der Kläger den Rücktritt vom Kaufvertrag und forderte die Autohaus A. GmbH & Co. KG unter Fristsetzung auf den 20.7.2006 auf, den Kaufpreis zurückzuzahlen.

Beweis: Schreiben des Klägers vom 20.6.2006
    Anlage K 6

Auch diese Frist verstrich ohne Reaktion. Bevor der Kläger Klage einreichen konnte, erfuhr er am 2.8.2006 aus der Zeitung, dass die Autohaus A. GmbH & Co. KG und deren Komplementärin insolvent geworden waren. Mit Beschlüssen des Amtsgerichts ▬▬▬ vom 23.9.2006 (Az ▬▬▬ und ▬▬▬) wurden beide Insolvenzverfahren mangels einer die Verfahrenskosten deckenden Masse eingestellt.

Mit Schreiben vom 4.10.2006 forderte der Kläger den Beklagten unter Fristsetzung auf den 30.10.2006 auf, den Kaufpreis zurückzuzahlen.

Beweis: Schreiben des Klägers vom 4.10.2006
Anlage K 7

Auf dieses Schreiben erhielt der Kläger keine Antwort. Daher ist Klage geboten.

Der Kläger hat mit dem Neufahrzeug bislang etwa 20.000 km zurückgelegt und es deshalb zur Inspektion gegeben. Hierfür hat er einen Betrag von 234,00 EUR aufgewandt.

Beweis: Rechnung der Autohaus A. GmbH & Co. KG vom 19.5.2006
Anlage K 8

II. Rechtliche Ausführungen

Die Klage ist zulässig und begründet.

Dem Kläger steht gegen den Beklagten ein Anspruch auf Rückzahlung des Kaufpreises gem. §§ 346 Abs. 1, 323 Abs. 1, 437 Nr. 2, 434 Abs. 1 S. 2 Nr. 1, 433 Abs. 1 S. 2, 280 Abs. 1 iVm §§ 311 Abs. 3 S. 2, 241 Abs. 2 BGB zu.

Der Blauton des Fahrzeugs entspricht nicht der Farbgebung, die der Kläger haben wollte. Die Herstellerangabe legt insoweit ein anderes Verständnis nahe, als es der tatsächlichen Farbgebung entspricht. Auch das in der dem Kläger vorgelegten Bildmappe als „carbonschwarz-metallic" abgebildete Fahrzeug ist ausschließlich schwarz. Aus diesen Gründen konnte der Kläger nach Maßgabe der Verkehrsauffassung ein Fahrzeug erwarten, welches durchweg schwarz war. Damit entspricht das Fahrzeug in der Farbgebung nicht der im Kaufvertrag bestimmten Solleigenschaft.

Der Mangel ist erheblich im Sinne des § 323 Abs. 5 S. 2 BGB. Die Farbe des Fahrzeugs ist üblicherweise eine wichtige Motivation für den Kauf. Dies gilt umso mehr, als es sich hier um ein Neufahrzeug handelt und eine ausdrückliche Farbwahl getroffen wurde.

Die Autohaus A. GmbH & Co. KG hat die vom Kläger zur Nacherfüllung gesetzte Frist ungenutzt verstreichen lassen. Damit stand dem Kläger der Rücktritt offen.

Die Rückabwicklung hätte normalerweise dergestalt zu erfolgen, dass die Autohaus A. GmbH & Co. KG das in Zahlung gegebene Fahrzeug zurückgibt und den Kaufpreis nebst Zinsen erstattet. Die Zinszahlungspflicht beruht für die Zeit seit Zahlung des Geldbetrags (10.3.2006) auf § 247 BGB. Insofern ist davon auszugehen, dass die Autohaus A. GmbH & Co. KG den Geldbetrag nicht nur anlegen, sondern ihn zur Begleichung von Lieferantenkrediten verwenden konnte. Damit hat sie jedenfalls bis zu ihrer Insolvenz (2.8.2006) Kreditzinsen in Höhe von mindestens 5% pro Jahr erspart.

Zu erstatten sind auch die gewöhnlichen Erhaltungskosten (OLG Hamm NJW-RR 2005, 1220, 1222; *Reinking/Eggert*, Der Autokauf, 9. Aufl. 2005, Rn 446), zu denen die geltend gemachten Inspektionskosten gehören.

Aufgrund der masselosen Insolvenz der Vertragspartnerin ist der Zahlungsanspruch nicht mehr durchsetzbar. Gem. § 313 Abs. 3 S. 2 iVm § 241 Abs. 2 BGB haftet der Beklagte für die Klageforderung, da er sich für die Vertragserfüllung stark gemacht und damit ein besonderes Vertrauen für seine Person in Anspruch genommen hat (vgl BGH NJW 1995, 1213, 1215; 1997, 1233 f). Da er die Vertragserfüllung nur allgemein zugesichert hat, handelt es sich bei dieser Zusage weder um ein selbständiges Garantieversprechen noch um eine Bürgschaft. Der Beklagte tritt aufgrund seiner Zusage in die rechtliche Stellung der Vertragspartnerin, so dass er sich die Verzugsfolgen ebenso entgegenhalten lassen muss wie den Umstand, dass sich die Vertragspartnerin durch ihre Weigerungshaltung ihres Nacherfüllungsrechts begeben hat. Da der Beklagte als Alleingesellschafter Zugriff auf das Vermögen der Gemeinschuldner hat, ist er auch in der Lage, das in Zahlung genommene Fahrzeug des Klägers herauszugeben.

Hinsichtlich des Gesamtbetrags von 14.234,00 EUR ergibt sich die Zinszahlungspflicht ab Rechtshängigkeit aus den §§ 291, 288 Abs. 1 S. 2 BGB.

Der Kläger stellt das gekaufte Fahrzeug für die Rückabwicklung zur Verfügung. Aus diesem Grund ist auch der Klageantrag zu 2 begründet.

Die vom Kläger zu zahlende Nutzungsausfallentschädigung kann derzeit nicht bestimmt werden, da das Fahrzeug bis zur Rückgabe noch genutzt wird. Daher ist die Entschädigung nach der im Klageantrag zu 1 genannten Formel zu errechnen. Hierbei ist anzunehmen, dass das gekaufte Neufahrzeug als Mittelklassewagen eine erwartbare Fahrleistung von 250.000 km aufweist,

Beweis: Einholung eines Sachverständigengutachtens

so dass sich ein Nutzungswert von 7,6 Cent pro km ergibt.

Für den Streitwert ist davon auszugehen, dass der Zug-um-Zug-Antrag den Streitwert nicht erhöht (Zöller/*Herget*, ZPO, 25. Aufl., § 3 Rn 16), so dass es allein auf die geltend gemachte Hauptforderung (14.234,00 EUR nebst Betrag der Inzahlungnahme) ankommt.

Der Prozesskostenvorschuss ist nach diesem Betrag eingezahlt.

Rechtsanwalt

bb) Reaktionsmöglichkeiten

Will sich der Dritte gegen die Schadensersatzklage wehren, sind zunächst einmal die Durchgriffsargumente zu problematisieren. Nach dem Vorgesagten sollte er auch das Bürgschaftsargument aufgreifen. Daneben stehen ihm alle Argumente offen, die auch der Verkäufer vorbringen könnte. Insofern gilt nichts anderes als in § 14 Rn 47 dargelegt. **29**

II. § 812 BGB

Eine Rückabwicklung nach Bereicherungsrecht kommt in Betracht, wenn der Kaufvertrag **nichtig** ist. Dies kommt in der Praxis vor allem dann vor, wenn der Kaufvertrag **angefochten** wurde. Nach altem Recht war eine Anfechtung gem. § 119 Abs. 2 BGB wegen Irrtums über solche Eigenschaften der Sache, die Gewährleistungsansprüche begründen können, aufgrund des Vorrangs des Gewährleistungsrechts ausgeschlossen, sobald die Sache an den Käufer übergeben war.[33] Diese Rechtslage soll auch nach neuem Kaufrecht gelten.[34] Hingegen wird die Anfechtung wegen Arglist (§ 123 BGB) durch die Sachmängelhaftung nicht verdrängt.[35] Freilich wird dem Kaufvertrag dadurch der Boden entzogen; auch vertragliche Schadensersatzansprüche bestehen nach wirksamer Täuschungsanfechtung nicht mehr.[36] Die Täuschungsanfechtung wird nach neuem Recht daher regelmäßig nur dann erklärt, wenn die Mängelgewährleistung ausgeschlossen ist, mithin allenfalls im C2C- oder B2B-Verkehr. **30**

Unter Geltung des neuen Schuldrechts hat der BGH seine strenge Rechtsprechung zur **arglistigen Täuschung** im Fahrzeughandel nicht aufgegeben. Dies lässt sich gut am Beispiel des Unfallschadens verdeutlichen: Hiernach trifft auch den gewerblichen Gebrauchtwagenverkäufer ohne besondere Anhaltspunkte für einen Unfallschaden zwar nicht die Obliegenheit, das zum Verkauf stehende Fahrzeug auf Unfallschäden zu untersuchen. Jedoch muss er die Begrenztheit seines Kenntnisstandes deutlich machen, wenn er von einer Untersuchung absieht und die Unfallfreiheit in einer Weise behauptet, die dem Käufer den Eindruck vermitteln kann, dies erfolge auf der Grundlage verlässlicher Kenntnis. Eine solche Einschränkung kann **31**

---

33 S. nur BGH v. 9.10.1980 – VII ZR 332/79 = BGHZ 78, 216 = NJW 1981, 224, 225.
34 *Reinking/Eggert*, Rn 84, 1695.
35 *Reinking/Eggert*, Rn 1705; *Lorenz*, NJW 2007, 1, 4.
36 *Reinking/Eggert*, Rn 1535.

auch formularmäßig geschehen (zB durch die Klausel: „Zahl, Art und Umfang von Unfall-schäden lt. Vorbesitzer: keine". Allerdings muss der Verkäufer dies in den Verkaufsverhand-lungen so auch kommunizieren. Tut er das nicht, spiegelt er dem Käufer die Unfallfreiheit vor und täuscht ihn arglistig.[37] Für die Kausalität zwischen Täuschungshandlung und Kauf-entschluss spricht hier eine tatsächliche Vermutung.[38] Der Käufer kann dann seine zum Kaufvertrag führende Willenserklärung innerhalb der Jahresfrist des § 124 BGB anfechten und gem. § 812 Abs. 1 S. 1 Alt. 1 BGB die Rückabwicklung des Kaufvertrags betreiben (§ 142 Abs. 1 BGB). Unabhängig davon hat der Käufer in solchen Fällen oft einen Zahlungsan-spruch nach den §§ 346 Abs. 1, 434, 437 Nr. 2, 326 Abs. 5 BGB. Die Anfechtungserklärung lässt sich als Rücktrittserklärung deuten. Die fehlende Unfallfreiheit ist ein Sachmangel. Eine Fristsetzung des Käufers zur Nacherfüllung ist nach § 326 Abs. 5 BGB entbehrlich, sofern eine Nacherfüllung unmöglich ist (§ 275 Abs. 1 BGB). Durch Nachbesserung lässt sich der Charakter des Fahrzeugs als Unfallwagen nicht verändern. Die Lieferung eines anderen funk-tionell und vertragsmäßig gleichwertigen Gebrauchtwagens scheidet zwar gemäß dem neuen Kaufrecht nicht schon deshalb aus, weil ein Stückkauf vorliegt. Jedoch muss das Fahrzeug nach dem durch Auslegung zu ermittelnden Willen der Beteiligten austauschbar sein. Davon ist nicht auszugehen, wenn die Kaufwahl nicht nur aufgrund objektiver Anforderungen, sondern auch aufgrund des persönlichen Eindrucks des Käufers getroffen worden ist.[39]

32 Für die Rückabwicklung nach erfolgter Anfechtung werden die beiderseitigen Leistungen nicht saldiert. Vielmehr gilt nach Auffassung des BGH die sog. **Zweikonditionentheorie**. Damit sind die einzelnen Leistungen insb. hinsichtlich des Wegfalls der Bereicherung (§ 818 Abs. 3 BGB) getrennt zu beurteilen.[40]

33 Der **Verkäufer** hat neben dem Kaufpreis Zinsen für die Zeit seit Empfang des Kaufpreises zahlen (§§ 819 Abs. 1, 818 Abs. 4, 291 BGB). Ein in Zahlung genommener Altwagen ist zurückzugeben.[41] Bei Bösgläubigkeit des Verkäufers kann sich dieser nicht auf einen Wegfall der Bereicherung berufen (§ 142 Abs. 2 BGB iVm §§ 819 Abs. 1, 818 Abs. 4 BGB). Der Käufer erhält seine notwendigen Verwendungen ersetzt, die er bis zur Kenntnis des Anfech-tungsgrundes gezogen hat (§§ 819 Abs. 1, 818 Abs. 4, 292, 994 BGB), unter den Vorausset-zungen des § 996 BGB (weitergehend als beim Rücktritt, vgl § 327 Abs. 2 S. 1 BGB) auch die nützlichen Verwendungen. Anders als nach § 994 Abs. 1 S. 2 BGB sollen zudem die gewöhn-lichen Erhaltungskosten zu ersetzen sein.[42]

34 Der **Käufer** muss das gekaufte Fahrzeug nebst Zubehör und Fahrzeugpapieren zurückgeben. Kann er das nicht, ist für die Frage des Wertersatzes zu unterscheiden: Wurde das Fahrzeug ohne sein Verschulden beschädigt oder zerstört, muss der Käufer nur den Restwert herausge-ben bzw gem. § 818 Abs. 1 BGB Ansprüche gegen haftpflichtige Dritte abtreten.[43] Bei einem Mitverschulden des Käufers ist der zurückzuzahlende Kaufpreis analog § 254 BGB aufzutei-len,[44] wobei die Privilegierung des § 346 Abs. 3 Nr. 3 BGB für eigenübliche Sorgfalt zu be-rücksichtigen ist.[45] Der Anwendung des § 254 BGB steht nicht entgegen, dass dem Verkäufer

37 BGH v. 7.6.2006 – VIII ZR 209/05 = BGHZ 167 = NJW 2006, 2839, 2840 m. Anm. *Bruns*, EWiR § 439 BGB 1/06, 551 f.
38 BGH v. 12.5.1995 – V ZR 34/94 = NJW 1995, 2361, 2362; anders, wenn das Fahrzeug weiterverkauft wird und der Zweitkäufer Schadenser-satz fordert, so OLG Nürnberg v. 18.4.2005 – 8 U 3720/04 = OLGR 2005, 453 f.
39 BGH v. 7.6.2006 – VIII ZR 209/05 = BGHZ 167 = NJW 2006, 2839, 2841 m. Anm. *Bruns*, EWiR § 439 BGB 106, 551 f.
40 St. Rspr seit BGH v. 8.1.1970 – VII ZR 130/68 = BGHZ 53, 144 = NJW 1970, 656, 657.
41 *Reinking/Eggert*, Rn 1716; aA *Tempel/Seyderhelm*, S. 56.
42 OLG Oldenburg v. 27.10.1992 – 5 U 80/92 = DAR 1993, 467, 468.
43 BGH v. 8.1.1970 – VII ZR 130/68 = BGHZ 53, 144 = NJW 1970, 656, 657.
44 BGH v. 14.10.1971 – VII ZR 313/69 = BGHZ 57, 137 = NJW 1972, 36, 40.
45 Vgl *Tempel/Seyderhelm*, S. 58.

vorsätzliches Verhalten anzulasten ist.[46] Hat der Käufer das Fahrzeug (ohne Kenntnis des Anfechtungsgrundes, sonst gilt § 144 Abs. 1 BGB) weiterveräußert, muss er den Veräußerungserlös herausgeben. Hierbei ist die Vorschrift des § 285 Abs. 1 BGB anzuwenden, die dem bereicherungsrechtlichen Abschöpfungsprinzip besser entspricht als die Wertersatzpflicht des § 818 Abs. 2 BGB, die nur bei Fehlen eines Surrogats eingreift. Gleiches gilt, wenn der Käufer das Fahrzeug nach Anfechtung weiterveräußert hat, wobei er hier gem. §§ 819 Abs. 1, 848 Abs. 4 BGB jedoch verschärft haftet. Nach Anfechtung hat der Käufer daher auch für eine verschuldete Wertminderung zu haften (§§ 292, 989 BGB). Bei alledem muss der Käufer die innerhalb der Besitzzeit gezogenen Gebrauchsvorteile ersetzen. Diese werden üblicherweise – wie beim Rücktritt – auf der Grundlage einer linearen Abschreibung ermittelt.[47]

III. § 823 Abs. 1 BGB

In besonders gelagerten Fällen kommt auch im Zusammenhang mit einem Kaufvertrag eine Haftung nach § 823 Abs. 1 BGB in Betracht. Der BGH hat dies etwa für den Fall bejaht, dass der Verkäufer das gekaufte Fahrzeug mit erkennbar unvorschriftsmäßigen Reifen versehen und die mangelhafte Bereifung einen Unfallschaden zur Folge hatte. Auch sog. **Weiterfresserschäden**, also Verschlechterungen, die ein anfänglicher Mangel des Fahrzeugs am Fahrzeug verursacht, werden herkömmlicherweise über § 823 Abs. 1 BGB gelöst.[48] Solche Schäden betreffen nicht den Gewährleistungsbereich; eine Nachfrist ist hier mithin nicht zu setzen.[49] Der Anspruch aus § 823 Abs. 1 BGB steht in Anspruchskonkurrenz zu den vertraglichen Schadensersatzansprüchen.[50] Er richtet sich auf Ersatz des beschädigten Fahrzeugs und des Personenschadens (§ 249 BGB). Er verjährt gem. §§ 195, 199 BGB. § 438 BGB ist auch dann nicht analog anwendbar, wenn der Anspruch mit mangelbedingten Schadensersatzansprüchen konkurriert.[51]

35

IV. § 823 Abs. 2 BGB iVm § 263 Abs. 1 StGB

Sofern der Kaufvertrag durch betrügerisches Handeln des Verkäufers herbeigeführt wurde, steht dem Käufer ein Anspruch aus § 823 Abs. 2 BGB iVm § 263 Abs. 1 StGB zu. § 263 StGB ist Schutzgesetz iSd § 823 Abs. 2 BGB.[52] Aufgrund der nach neuem Schuldrecht gegebenen Möglichkeit, mangelbedingten Schadensersatz schon bei Fahrlässigkeit des Verkäufers zu erhalten, hat diese Anspruchsgrundlage erheblich an Bedeutung verloren. Dies gilt umso mehr, als der Käufer nach Auffassung des BGH nur das **negative Interesse** fordern kann,[53] so dass der Käufer ein in Zahlung gegebenes Fahrzeug bei der Schadensabwicklung wieder zurücknehmen muss, falls er sich nicht für den kleinen Schadensersatz entscheidet.

36

Die Geltendmachung des negativen Interesses ist auch dann möglich, wenn der Käufer seine zum Kaufvertrag führende Willenserklärung nicht angefochten hat.[54] Der Käufer kann das negative Interesse selbst dann noch geltend machen, wenn das Fahrzeug mit oder ohne Ei-

37

---

46 BGH v. 14.10.1971 – VII ZR 313/69 = BGHZ 57, 137 = NJW 1972, 36, 38.
47 OLG Karlsruhe v. 20.3.1992 – 15 U 260/91 = NJW-RR 1992, 1144, 1145.
48 Grundlegend BGH v. 24.11.1976 – VIII ZR 137/75 = BGHZ 67, 359 = NJW 1977, 379, 380; Kritik bei *Tettinger*, JZ 2006, 641 ff.
49 Zutr. *Gsell*, Substanzverletzung und Herstellung, S. 339 ff; aA *Tettinger*, JZ 2006, 641, 645.
50 BGH v. 5.7.1978 – VIII ZR 172/77 = NJW 1978, 2241, 2242; BGH v. 11.2.2004 – VIII ZR 386/02 = NJW 2004, 1032, 1033.
51 *Lorenz*, DAR 2006, 611, 619.
52 S. nur BGH v. 5.3.2002 – VI ZR 398/00 = NJW 2002, 1643, 1644.
53 BGH v. 14.10.1971 – VII ZR 313/69 = BGHZ 57, 137 = NJW 1972, 36; BGH v. 25.11.1997 – VI ZR 402/96 = NJW 1998, 983, 984.
54 AA *Tempel/Seyderhelm*, S. 55.

genverschulden nicht mehr herausgegeben werden kann.[55] Trifft den Käufer insofern ein Verschulden, ist der Schadensersatz gem. § 254 Abs. 1 BGB entsprechend zu kürzen. Der Anwendung des § 254 BGB steht nicht entgegen, dass dem Verkäufer vorsätzliches Verhalten anzulasten ist.[56] Vom Schadensersatz umfasst sind nur Schäden, die im Zusammenhang mit der Kaufsache stehen, nicht hingegen Personenschäden, wenn es infolge des Betrugs (etwa beim Verschweigen eines nicht behobenen Vorschadens) zu einem Unfall kommt.[57] Hat das Fahrzeug aufgrund eines Leasingvertrags seinen Besitzer gewechselt, sind die Leasingraten weder für den Leasinggeber noch für den Leasingnehmer vom Schadensersatzanspruch nach § 823 BGB umfasst.[58]

---

55 BGH v. 14.10.1971 – VII ZR 313/69 = BGHZ 57, 137 = NJW 1972, 36, 37.
56 BGH v. 14.10.1971 – VII ZR 313/69 = BGHZ 57, 137 = NJW 1972, 36, 38.
57 BGH v. 14.10.1971 – VII ZR 313/69 = BGHZ 57, 137 = NJW 1972, 36, 37.
58 BGH v. 23.10.1990 – VI ZR 310/89 = NJW-RR 1991, 280, 281.

§ 16 Autoreparatur

Literatur

Reinking/Schmidt/Woyte, Die Autoreparatur, 2. Auflage 2006; *Rimmelspacher/Arnold*, Fehlerhaft unterbliebenes Streitschlichtungsverfahren – unbeachtlich in der Berufungsinstanz?, NJW 2006, 17; *Wietoska*, in: Ferner (Hrsg.), Straßenverkehrsrecht, 2. Auflage 2006, § 33 – Der Reparaturvertrag.

A. Vertragliche Grundlagen

Wird ein Fahrzeug in die Werkstatt gegeben, schließen die Parteien regelmäßig einen **Werkvertrag** (§ 631 Abs. 1 BGB). Dies gilt nicht nur für die Behebung von Funktionsstörungen, sondern auch dann, wenn eine Wartung vorgenommen werden soll,[1] wenn die Reparatur im Zusammenhang mit dem Verkauf des Fahrzeugs steht,[2] und wenn der Einbau eines wertvollen Bauteils (zB Austauschmotor) im Vordergrund steht.[3] 1

Ist die Mängelursache und damit der Reparaturaufwand zunächst unklar, wird die Werkstatt (= Unternehmer) zunächst nur zur Prüfung der Ursache und der Beseitigungskosten beauftragt. Diese Untersuchung ist im Zweifel kostenfrei (arg. § 632 Abs. 3 BGB).[4] Überschreitet der Unternehmer den genannten Betrag, hängt seine Haftung davon ab, ob die Angabe verbindlich war oder nicht. Im Fall eines verbindlichen Kostenanschlags wird dieser Vertragsbestandteil, so dass die Werkstatt höchstens die Anschlagssumme verlangen kann;[5] andernfalls gilt § 650 BGB. Steht der Reparaturaufwand fest, wird der Vertrag in diesem Umfang geschlossen. Gegenstand des Vertrags ist immer ein bestimmter Erfolg; die Wahrung der anerkannten Regeln der Technik ist weder erforderlich noch genügend.[6] Üblicherweise wird nach Zeit berechnet.[7] Behebt die Werkstatt noch weitere, möglicherweise zunächst nicht erkannte Mängel, und wird dies vom Kunden (= Besteller) nicht genehmigt, steht der Werkstatt ein Zahlungsanspruch nur nach den Regeln der Geschäftsführung ohne Auftrag (§§ 677 ff BGB) zu. 2

Sofern die Werkstatt dem Vertrag ihre **Allgemeinen Geschäftsbedingungen** zugrunde legen will, tut sie dies am besten im Auftragsformular. Ein Aushang zB im Bereich der Reparaturannahme ist gem. § 305 Abs. 2 Nr. 1 BGB nicht ausreichend, da dem Kunden auch auf andere Weise ermöglicht werden kann, vom Inhalt der AGB Kenntnis zu nehmen. 3

Der Werkunternehmer als Vertragspartner muss die Reparatur nicht selbst durchführen, sondern wird das idR durch Mitarbeiter erledigen lassen (Erfüllungsgehilfen iSd § 278 BGB). Zulieferer sind insoweit keine Erfüllungsgehilfen, da sie nicht in den werkvertraglichen Pflichtenkreis des Unternehmers einbezogen sind.[8] Die Reparatur hat zügig zu erfolgen; eine zeitliche Bindung wird die Werkstatt aber regelmäßig nicht eingehen. 4

---

1 BGH v. 5.6.1984 – X ZR 75/83 = NJW 1984, 2160.
2 BGH v. 6.10.1971 – VIII ZR 14/70 = BGHZ 57, 112 = NJW 1972, 46; BGH v. 30.6.1983 – VII ZR 371/82 = NJW 1983, 2440, 2441.
3 OLG Karlsruhe v. 8.5.1992 – 10 U 341/91 = NJW-RR 1992, 1014; anders für den Reifenaustausch: *Wietoska*, in: Ferner (Hrsg.), Straßenverkehrsrecht, § 33 Rn 8 (Kauf mit Montageverpflichtung).
4 AA *Wietoska*, in: Ferner (Hrsg.), Straßenverkehrsrecht, § 33 Rn 99.
5 *Palandt/Sprau*, § 650 Rn 1.
6 Vgl BGH v. 21.9.2004 – X ZR 244/01 = NZBau 2004, 672, 673.
7 *Wietoska*, in: Ferner (Hrsg.), Straßenverkehrsrecht, § 33 Rn 26.
8 BGH v. 3.2.1978 – I ZR 116/76 = NJW 1978, 1157; BGH v. 12.12.2001 – X ZR 192/00 = NJW 2002, 1565.

5   Die Reparatur ist von **Nebenpflichten** der Werkstatt begleitet. So muss der Werkunternehmer den Besteller sofort in Kenntnis setzen, wenn er weitere Mängel feststellt.[9] Gleiches gilt, wenn die Vorgaben aus dem (verbindlichen oder unverbindlichen) Kostenanschlag zu überschreiten drohen (§ 650 Abs. 2 BGB). Der Unternehmer muss dem Besteller Bescheid geben, wenn er einen Unfallschaden repariert und sehen kann, dass die Reparaturkosten den Zeitwert des Unfallwagens übersteigen.[10] Ferner muss er die ersetzten Fahrzeugteile für den Besteller aufheben. Damit wahrt er auch eigene Interessen, da er nach den Grundsätzen der Beweisvereitelung Nachteile erleiden kann, wenn er in einem späteren Werklohnprozess gegen den Besteller diese Teile nicht vorlegen kann.[11]

6   Nach erfolgter Reparatur hat der Besteller den Werklohn zu zahlen. Erfüllungsort dieser Verpflichtung ist der Ort der Reparatur,[12] so dass der Unternehmer gem. § 29 Abs. 1 ZPO am Gerichtsstand der Werkstatt klagen darf, wenn der Besteller nicht zahlt.

7   Der Werklohn ist **fällig**, sobald die Reparatur erfolgt und das Werk abgenommen ist. Auf eine Rechnungserteilung kommt es nicht an.[13] Die **Abnahme** ist neben der Zahlungspflicht Hauptpflicht des Bestellers.[14] Sie besteht aus zwei Elementen, nämlich der körperlichen Entgegennahme des Werks und dessen Billigung als im Wesentlichen vertragsgerecht; daher darf die Abnahme nur wegen nicht unwesentlicher Mängel verweigert werden (§ 640 Abs. 1 S. 2 BGB). Die Billigung des Werks setzt voraus, dass der Besteller das Fahrzeug wieder in Betrieb nimmt. Das soll regelmäßig nach wenigen Tagen und einer Fahrleistung von ca. 50 km der Fall sein.[15] Der Abnahme steht es gleich, wenn der Besteller das Werk trotz einer vom Unternehmer hierfür gesetzten Frist nicht abnimmt (§ 640 Abs. 1 S. 3 BGB), so dass einer auf Abnahme gerichteten Klage hernach das Rechtsschutzbedürfnis fehlen würde. Mit der Abnahme beginnt auch die Pflicht zur Verzinsung des fälligen Werklohns (§ 641 Abs. 4 BGB).

8   Der Unternehmer kann die Herausgabe des reparierten Fahrzeugs von der Zahlung des Werklohns abhängig machen. Ist der Besteller Eigentümer des Fahrzeugs, steht dem Unternehmer hierfür (nicht auch aus weiteren Aufträgen) gem. § 647 BGB ein Pfandrecht an dem Fahrzeug zu. Dieses Pfandrecht kann nicht gutgläubig erworben werden.[16] Die Werkstatt kann sich bei einem Unfallschaden auch Ansprüche aus der Haftpflichtversicherung des Unfallgegners abtreten lassen. Aufgrund der rechtlichen Bezüge ist dies zur Meidung eines Verstoßes gegen das RBerG aber nur eingeschränkt möglich.[17] Verbreitet wird insofern mit der als zulässig angesehenen Reparaturkostenübernahmebestätigung gearbeitet, wonach der Besteller den eintrittspflichtigen Versicherer unwiderruflich anweist, den Werklohn direkt an die Werkstatt zu zahlen.[18]

---

9   Vgl BGH v. 14.10.1997 – VI ZR 404/96 = NJW 1998, 311 f.

10 *Wietoska*, in: Ferner (Hrsg.), Straßenverkehrsrecht, § 33 Rn 44.

11 Vgl BGH v. 23.11.2005 – VIII ZR 43/05 = NJW 2006, 434, 436 – Turbolader.

12 OLG Düsseldorf v. 4.8.1975 – 5 U 39/75 = MDR 1976, 496; OLG München v. 22.6.2005 – 22 AR 56/05 = DAR 2006, 28, 29; aufgrund der Rspr des BGH zum Anwaltvertrag (Beschl. v. 11.11.2003 – X ARZ 91/03 = BGHZ 157, 20 = NJW 2004, 54, 55) jedoch unklar.

13 BGH v. 18.12.1980 – VII ZR 41/80 = BGHZ 79, 176 = NJW 1981, 814.

14 BGH v. 23.2.1989 – VII ZR 89/87 = BGHZ 107, 75 = NJW 1989, 1602, 1603.

15 OLG Düsseldorf v. 6.1.1994 – 5 U 83/92 = NZV 1994, 433, 434.

16 BGH v. 21.12.1960 – VIII ZR 89/59 = BGHZ 34, 122 = NJW 1961, 499, 500; BGH v. 18.5.1983 – VIII ZR 86/82 = BGHZ 87, 274 = NJW 1983, 2140, 2141.

17 S. BGH v. 26.4.1994 – VI ZR 305/93 = NJW-RR 1994, 1081, 1082, zur Parallelproblematik unfallbedingter Mietwagenkosten.

18 *Wietoska*, in: Ferner (Hrsg.), Straßenverkehrsrecht, § 33 Rn 34.

B. Werkmängel

Die Schuldrechtsmodernisierung hat für das werkvertragliche Mängelrecht ebenfalls Änderungen gebracht. Das kauf- und das werkvertragliche Mängelgewährleistungsrecht sind nunmehr weitgehend aneinander angeglichen. Gem. § 633 Abs. 1 BGB hat der Unternehmer dem Besteller das Werk nicht nur frei von Sachmängeln, sondern auch frei von Rechtsmängeln zu verschaffen. Die Definition des Sachmangels in § 633 Abs. 2 BGB entspricht der im Kaufrecht in § 434 Abs. 1 S. 1 und 2, Abs. 3 BGB. Auffallend ist, dass die Haftung des Verkäufers für Werbeaussagen (§ 434 Abs. 1 S. 3 BGB) nicht in § 633 BGB übernommen wurde. § 634 BGB (Rechte des Bestellers bei Mängeln) entspricht § 437 BGB. Der primäre Anspruch auf Nacherfüllung in § 635 BGB unterscheidet sich von § 439 BGB dadurch, dass das Wahlrecht dem Unternehmer zusteht; damit wird die komplizierte Regelung des § 439 Abs. 1 BGB entbehrlich. Nacherfüllung ist auch im Werkvertragsrecht durch Mängelbeseitigung oder Neuausführung möglich (§ 635 Abs. 1 BGB). Die Kosten der Nacherfüllung hat der Unternehmer zu tragen (§ 635 Abs. 2 BGB). Gem. § 635 Abs. 3 BGB kann der Unternehmer die Nacherfüllung außer bei Unmöglichkeit verweigern, wenn sie nur mit unverhältnismäßig hohen Kosten möglich ist. Maßstab für die Frage der Verhältnismäßigkeit ist einerseits der objektive Wertverlust des Werks durch den Mangel, andererseits der objektive Gesamtwert des Werks.[19] Zu fragen ist also, wie erfolgreich die Reparatur trotz des Mangels war und ob angesichts dessen eine Nachbesserung wirtschaftlich vertretbar ist. Möglicherweise lässt sich hier wie bei § 439 Abs. 3 S. 1 BGB argumentieren (§ 14 Rn 14 ff), Rechtsprechung liegt noch nicht vor. § 634 Nr. 2 BGB gibt dem Besteller das Recht, nach § 637 BGB den Mangel selbst zu beseitigen und Ersatz der erforderlichen Aufwendungen zu verlangen. Erforderlich ist, dass der Besteller dem Unternehmer eine zur Nacherfüllung bestimmte angemessene Frist (ohne Ablehnungsandrohung) setzt; damit unterscheidet sich die Regelung nicht vom Kaufrecht. Die Fristsetzung ist in den Fällen des § 637 Abs. 2 BGB entbehrlich. Für die Selbstvornahmekosten ist der Unternehmer ersatz- und vorschusspflichtig (§ 637 Abs. 3 BGB).

Der Besteller kann wie der Käufer zunächst Nacherfüllung und hilfsweise nach seiner Wahl Rücktritt, Minderung (§ 638 BGB) oder großen Schadensersatz fordern (§ 634 BGB). Diese Rechte sind nach neuem Schuldrecht in das Allgemeine Schuldrecht eingebettet, so dass der Gesetzgeber auch für das Werkvertragsrecht auf ein eigenständiges Gewährleistungsrecht verzichtet hat. Die Ausführungen zu den kaufrechtlichen Mängelbehelfen gelten hier gleichermaßen (§ 14 Rn 4 ff). Maßgeblicher Zeitpunkt für die Entstehung der Mängelrechte ist die Abnahme.[20] Von diesem Zeitpunkt berechnet sich auch – wie im Kaufrecht (§ 14 Rn 26) – die zweijährige (bzw bei arglistigem Verschweigen: die regelmäßige) Verjährungsfrist für die Mängelansprüche (§ 634a Abs. 1 Nr. 1, Abs. 2–5 BGB). Im Gegensatz zum Verbrauchsgüterkauf steht dem Besteller keine dem § 476 BGB entsprechende Beweiserleichterung für Mängel zu.

Der Besteller verliert seine Mängelrechte, wenn er die Mängel bei Abnahme erkennt und dennoch vorbehaltlos abnimmt (§ 640 Abs. 2 BGB). Anders als im Kaufrecht (vgl § 442 Abs. 1 S. 2 BGB) schadet grob fahrlässige Unkenntnis hier nicht.

Im Gegensatz zum Verbrauchsgüterkauf (§ 475 Abs. 1 BGB) ist der **Ausschluss der Mängelgewährleistung** auch im B2C-Verkehr grundsätzlich nicht verboten. Gem. § 639 BGB kann sich der Unternehmer hierauf jedoch nicht berufen, wenn er den Mangel arglistig verschweigen oder eine Garantie für die Beschaffenheit des Werks übernommen hat. Hinsichtlich formularmäßiger Gewährleistungsausschlüsse sind vor allem die Verbote des § 309 Nr. 8b BGB

---

19 Palandt/*Sprau*, § 635 Rn 12.
20 Palandt/*Sprau*, vor § 633 Rn 6; vgl auch § 640 Abs. 2 BGB.

zu beachten. Diese decken sich mit den Verboten im Rahmen eines Neuwagenkaufs (§ 12 Rn 20) und führen dazu, dass ein Gewährleistungsausschluss durch AGB weitgehend verschlossen ist.

C. Schadensersatzklage

13 Streitigkeiten um die eigentliche Reparatur kommen selten vor Gericht. Häufiger geht es um Schadensfälle, die auf einer Schlechterfüllung des Werks beruhen. Da das Werk hier regelmäßig bereits abgenommen ist, bestimmt sich der Anspruch auf Ersatz der durch den Mangel verursachten Schäden nach den §§ 634 Nr. 4, 636, 280 Abs. 1 BGB, ohne dass es auf die nach früherem Recht erhebliche Unterscheidung zwischen Mangelschäden und Mangelfolgeschäden ankäme. Da solche Schäden durch eine Nacherfüllungshandlung des Unternehmers nicht beseitigt werden können, ist eine Fristsetzung entbehrlich. Zu ersetzen sind alle mangelbedingten Kosten wie etwa Nutzungsausfall, Gutachterkosten und Verzögerungsschäden.[21]

14 Sofern die einzelnen Schadenskosten einen Betrag von etwa 750 EUR nicht überschreiten, ist zu berücksichtigen, dass in vielen Bundesländern **Schlichtungsgesetze** bestehen, die die Anrufung der Gerichte bis zu einer bestimmten Streitwerthöhe von der vorherigen Durchführung eines Schlichtungsverfahrens abhängig machen. Dieses Verfahren hat mit der gerichtlichen Güteverhandlung gem. § 278 Abs. 2 S. 1 ZPO nichts zu tun und lässt sich durch dieses Verfahren auch nicht ersetzen. Der Versuch einer gütlichen Einigung vor der Gütestelle ist Prozessvoraussetzung und daher von den Gerichten in jeder Lage des Verfahrens von Amts wegen zu prüfen.[22] Die Durchführung eines Schlichtungsverfahrens ist damit auch Voraussetzung für die Gewährung von Prozesskostenhilfe.[23] Dem Gericht weist der Kläger das Scheitern des Einigungsversuchs mit einer Erfolglosigkeitsbescheinigung nach, die vom Schlichter auszustellen ist. Fehlt diese Prozessvoraussetzung, ist die Klage ohne Rücksicht auf ihre sachliche Begründetheit abzuweisen. Den Parteien ist es auch verwehrt, gem. § 251 ZPO das Ruhen des Verfahrens herbeiführen, um den Güteversuch nachzuholen; andernfalls bestünde die Gefahr, dass das Schlichtungsverfahren nur als Formalität nachgeholt und der Zweck der Prozessvoraussetzung damit vereitelt werden würde.[24] Das Gericht wird das Verfahren daher auch nicht aussetzen, sondern die Klage als unzulässig abweisen, wenn sie nicht zurückgenommen wird. Da diese Zulässigkeitsvoraussetzung nicht verzichtbar ist, muss sie auch in der Berufungs- und Revisionsinstanz berücksichtigt werden. Ist sie in erster Instanz übersehen oder verkannt worden, muss das erstinstanzliche Urteil vom Berufungsgericht aufgehoben und die Klage als unzulässig abgewiesen werden.[25] Ein Schlichtungsverfahren ist allerdings nicht durchzuführen, wenn die Angelegenheit zulässigerweise ein Gericht erreicht hat. Dies folgt schon daraus, dass § 15a Abs. 1 EGZPO die Länder in den in Abs. 1 Nr. 1 bis 3 genannten Fällen nur ermächtigt, den Zugang zu den Gerichten („die Erhebung der Klage") von der vorherigen Durchführung eines Schlichtungsverfahrens abhängig zu machen.[26] So ist das Gerichtsverfahren weiterzubetreiben, wenn der Anspruch im **Mahnverfahren** anhängig gemacht wurde. Dies führt in der Praxis dazu, dass bezifferte Ansprüche bei niedrigen Streitwerten regelmäßig im Wege des Mahnverfahrens geltend gemacht werden.

---

21 Palandt/*Sprau*, § 634 Rn 8; vgl auch BGH v. 13.5.2003 – X ZR 200/01 = NJW-RR 2003, 1285.
22 Zöller/*Gummer*, ZPO, Rn 23, 24 zu § 15a EGZPO.
23 LG Itzehoe v. 20.12.2002 – 1 T 238/02 = NJW-RR 2003, 352, 353.
24 BGH v. 23.11.2004 – VI ZR 336/03 = BGHZ 161, 145 = NJW 2005, 437, 438 f; vgl auch BGH v. 22.10.2004 – V ZR 47/04 = NJW-RR 2005, 501, 503.
25 *Rimmelspacher/Arnold*, NJW 2006, 17, 18; aA LG Marburg v. 13.4.2005 – 5 S 81/04 = NJW 2005, 2866, 2867.
26 BGH v. 22.10.2004 – V ZR 47/04 = NJW-RR 5, 501, 503.

Muster: Schadensersatzklage nach § 280 Abs. 1 BGB wegen mangelhafter Reparatur

⬇

An das Amtsgericht ▪▪▪
In dem Rechtsstreit

▪▪▪ ./. ▪▪▪

Az ▪▪▪

begründe ich die im Mahnbescheid vom ▪▪▪ geltend gemachte Forderung mit dem Antrag zu erkennen:

Die Beklagte wird verurteilt, an den Kläger 555,91 EUR nebst Zinsen in Höhe von 5 Prozentpunkten über dem Basiszinssatz seit Rechtshängigkeit zu zahlen.

Ich rege die Durchführung eines schriftlichen Vorverfahrens nach § 276 ZPO an und beantrage für den Fall der Säumnis den Erlass eines Versäumnisurteils gem. § 331 Abs. 3 S. 2 ZPO.

Bereits jetzt beantrage ich auch,

dem Kläger eine Kurzausfertigung des Urteils mit Vollstreckungsklausel zu erteilen und den Zeitpunkt der Zustellung des Urteils zu bescheinigen.

Begründung:

Die Beklagte betreibt die R-Tankstelle mit angeschlossener Autowerkstatt in A. Der Kläger begehrt Schadensersatz wegen mangelhafter Ausführung einer Autoreparatur.

I. Sachverhalt

Am 30.10.2005 suchte der Kläger mit seinem PKW Renault Mégane die Werkstatt der Beklagten auf, da ihm während der Fahrt starker Benzingeruch aufgefallen war.

Ein Mitarbeiter der Beklagten untersuchte das Fahrzeug und stellte einen Marderverbiss an der Benzinleitung als Ursache für den Benzinverlust fest; weitere Schäden fanden sich an den Zündkabeln. Er bot dem Kläger an, die Leitung zu reparieren, entsprechende Renault-Originalersatzteile würden am folgenden Tag beschafft und eingebaut werden. Auf Nachfrage teilte der Mitarbeiter der Beklagten mit, dass er in der Lage sei, den Schaden vollständig zu beheben. Der Kläger erteilte daraufhin den Reparaturauftrag.

Die Beklagte nahm am 31.10.2005 die Reparatur vor und stellte sie dem Kläger mit 60,00 EUR einschließlich Ersatzteil in Rechnung. Der Kläger beglich die Rechnung noch am selben Tag, als er sein Fahrzeug abholte.

Beweis: Zahlungsbeleg der R-Tankstelle vom 31.10.2005
         Anlage K 1

Der Kläger nutzte sein Fahrzeug aufgrund einer Reise vom 1.11. bis einschließlich 4.11.2005 nicht,

Beweis: Fahrkarten / Platzreservierungen der Deutsche Bahn AG
         Anlage K 2

sondern erst wieder am 5.11.2005 für die Fahrt von seinem Wohnort zu seiner Arbeitsstelle.

Auf der Heimfahrt von der Arbeitsstelle blieb das Fahrzeug auf der K-straße infolge eines plötzlichen Benzinverlustes stehen. Eine erhebliche Menge Kraftstoff war bereits die Straße hinunter und zum Teil in die Kanalisation geflossen.

Wegen Umwelt- und Verkehrsgefährdung musste der ausgelaufene Kraftstoff durch die Freiwillige Feuerwehr A. mittels Ölbinder isoliert und entsorgt werden. Hierdurch entstanden Kosten von 255,00 EUR.

Beweis: Rechnung der Freiwilligen Feuerwehr A. nebst Begründung vom 6.11.2005
         Anlage K 3

Das Fahrzeug des Klägers war nun nicht mehr fahrbereit und musste in eine ca. 3 km entfernte Werkstatt (Auto-L.) geschleppt werden.

Beweis: 1. Rechnung des Abschleppdienstes G. vom 6.11.2005
Anlage K 4
2. Schreiben der Fa. Auto-L. vom 7.11.2005
Anlage K 5
3. Zeugnis des L., zu laden über die Firma Auto-L., ▪▪▪

In dieser Werkstatt wurde festgestellt, dass die Kraftstoffleitung durch die Beklagte nicht ordnungsgemäß instand gesetzt worden war.

Beweis: Zeugnis des Herrn L., b.b.

Die Beklagte hatte die durch den Marderverbiss beschädigte Benzinleitung nicht als Ganzes ersetzt. Sie hatte vielmehr ein Teilstück der Benzinleitung durch sog. Meterware, einen handelsüblichen Benzinschlauch, ersetzt. Dieses Vorgehen ist zwar sachgemäß, erfordert aber, dass das auf diese Weise ausgetauschte Teilstück mittels Schlauchschellen mit der originalen Benzinleitung verbunden wird. Dies ist aufgrund des hohen Drucks im Kraftstoffsystem des Fahrzeugs erforderlich und stellt die einzige Möglichkeit zur Reparatur der beschädigten Kraftstoffleitung dar, ohne dass sie als Ganzes durch ein Renault-Originalteil ersetzt wird.

Beweis: 1. Zeugnis des Herrn L., b.b.
2. Einholung eines Sachverständigengutachtens

Die Beklagte hatte das ausgetauschte Teilstück der Benzinleitung nicht mit Schlauchschellen gesichert. Dies hatte zur Folge, dass sich das ausgetauschte Teilstück schon nach wenigen Kilometern löste und den Kraftstoffverlust verursachte.

Beweis: 1. Schreiben der Firma Auto-L. vom 7.11.2005
Anlage K 6
2. Zeugnis des Herrn L., b.b.
3. Einholung eines Sachverständigengutachtens

Der Kläger hatte bei Abholung seines Fahrzeugs für 54,00 EUR getankt.

Beweis: Tankbeleg vom 30.10.2005
Anlage K 7

Durch das mangelbedingte vollständige Auslaufen des Benzins hat der Kläger diese Ausgabe umsonst getätigt.

Beweis: Zeugnis N.N., Mitarbeiter der Freiwilligen Feuerwehr A.

Das Fahrzeug wurde bei der Firma Auto-L. instand gesetzt und anderntags durch den Kläger abgeholt. Hierdurch entstanden ihm Taxikosten von 10,70 EUR.

Beweis: 1. Rechnung der Fa. Auto-L. vom 7.11.2005
Anlage K 8
2. Rechnung der Firma Taxi K. vom 8.11.2005
Anlage K 9

Der Kläger macht mit der Klage Schadensersatzansprüche wegen der seitens der Beklagten mangelhaft ausgeführten Reparatur wie folgt geltend:

1. Leistungen der Freiwilligen Feuerwehr A.	255,00 EUR	(Anlage K 3)
2. Abschleppdienst	110,00 EUR	(Anlage K 4)
3. Reparatur der Kraftstoffleitung	96,28 EUR	(Anlage K 8)
4. Tankkosten	50,00 EUR	(Anlage K 7)
5. Taxikosten für die Fahrzeugabholung	10,70 EUR	(Anlage K 9)
Summe	521,98 EUR	

Alle berechneten Kosten waren erforderlich und sind nicht überteuert.

Beweis: Einholung eines Sachverständigengutachtens

Alle vorgenannten Kosten sind auf die Schlechterfüllung des Reparaturvertrags zurückzuführen.

Obwohl die Rechnung der Freiwilligen Feuerwehr A. auf Frau Z. lautet, ist der Schaden beim Kläger entstanden, weil er das Fahrzeug finanziert und diese Rechnung auch bezahlt hat.

Beweis: Kontoauszug 4/2005 des Klägers
Anlage K 10

Die Rechnung wurde lediglich deshalb an Frau Z. gestellt, weil Sie im Fahrzeugschein eingetragen ist. Sofern der Erstattungsanspruch Frau Z. zusteht, hat sie ihn im Übrigen an den Kläger abgetreten.

Beweis: Zeugnis der Frau Z. ■■■

Mit Schreiben vom 26.11.2005 wandte sich der Kläger durch den Unterzeichner an die Beklagte, trug den Sachverhalt vor und verlangte zunächst nur die Abgabe eines Anerkenntnisses hinsichtlich der Schadensersatzpflicht, da die Rechnung der Freiwilligen Feuerwehr A. noch nicht vorlag.

Beweis: Schreiben des Unterzeichners vom 26.11.2005
Anlage K 11

Die Beklagte ließ durch ihren Rechtsbeistand mitteilen, dass sie die Schadensersatzpflicht nicht anerkenne.

Beweis: Schreiben des Rechtsanwalts ■■■ vom 11.12.2005
Anlage K 12

Daher ist Klage geboten.

Neben den vorgenannten Kosten wird mit der Klage die für das Anwaltsschreiben vom 26.11.2005 angefallene und nicht anrechenbare Geschäftsgebühr nach Nr. 2400 Vorbem. 3 Abs. 4 der Anlage 1 zu § 2 Abs. 2 RVG in Höhe von 0,65 bei einem Gegenstandswert von 500,00 EUR (29,25 EUR zzgl USt. = 33,93 EUR) eingefordert. Der Kläger hat diese Kosten aufgrund entsprechender Berechnung des Unterzeichners inzwischen verauslagt.

Insgesamt wird in der Hauptsache somit ein Betrag von (521,98 + 33,93 =) 555,91 EUR geltend gemacht.

II. Rechtliche Ausführungen

Dem Kläger steht der geltend gemachte Anspruch aus §§ 634 Nr. 4, 636, 280 Abs. 1 BGB zu. Die direkten mangelbedingten Kosten sind Schäden iSd § 280 Abs. 1 BGB und dementsprechend zu ersetzen. Das Verschulden der Beklagten wird insoweit vermutet (§ 280 Abs. 1 S. 2 BGB). Ebenfalls gem. § 280 Abs. 1 BGB zu ersetzen, weil schadensbedingt, ist die für das Anwaltsschreiben vom 26.11.2005 angefallene und nicht anrechenbare Geschäftsgebühr nach Nr. 2400 Vorbem. 3 Abs. 4 der Anlage 1 zu § 2 Abs. 2 RVG in Höhe von 0,65. Der angesetzte Gegenstandswert erscheint nicht überhöht, zumal die fragliche Gebührenstufe bis 300,00 EUR hinunterreicht. Diese Forderung lässt sich im Kostenfestsetzungsverfahren nicht beitreiben (BGH vom 27.4.2006 – VII ZB 116/05 = NJW 2006, 2560 f), ist also einzuklagen.

Der Zinsanspruch beruht auf Verzug (§§ 291, 288 Abs. 1 S. 2 BGB).

Im Ergebnis ist der Klage damit vollumfänglich stattzugeben.

Der Prozesskostenvorschuss ist nach dem in der Hauptsache geforderten Betrag eingezahlt.

Rechtsanwalt

Teil 7: Verwaltungsrecht

§ 17 Fahrerlaubnisrecht

Literatur

Bode/Winkler, Fahrerlaubnis, 5. Auflage 2006; *Bosch/Schmidt*, Praktische Einführung in das verwaltungsgerichtliche Verfahren, 8. Auflage 2005; *Bouska/Laeverenz*, Fahrerlaubnisrecht, 3. Auflage 2004; *Buschbell/Utzelmann*, Die Fahrerlaubnis in der anwaltlichen Beratung, 3. Auflage 2006; *Daldrup/Käferstein/Köhler/Maier/Mußhoff*, Entscheidung zwischen einmaligem/gelegentlichem und regelmäßigem Cannabiskonsum, Blutalkohol 2000 (Bd. 37), S. 39; *Drogenbeauftragte der Bundesregierung*, Jugendkult Cannabis: Risiken und Hilfen, 2005; *Gehrmann*, Bedenken gegen die Kraftfahrereignung und Eignungszweifel in ihren grundrechtlichen Schranken, NZV 2003, 10; *Gehrmann*, Das Problem der Wiederherstellung der Kraftfahrereignung nach neuem Fahrerlaubnisrecht, NZV 2004, 167; *Geiger*, Aktuelle Rechtsprechung zum Recht der Fahrerlaubnis, SVR 2006, 401; *Geiger*, Anforderungen an die Tatsachenfeststellung bei Fahrerlaubnisentzug wegen Drogenauffälligkeit; BayVBl 2005, 645; *Geiger*, Entziehung und Wiedererteilung der Fahrerlaubnis durch die Verwaltungsbehörde – dargestellt am Beispiel von alkoholauffälligen Kraftfahrern, NZV 2005, 623; *Geiger*, Rechtsschutzmöglichkeiten im Fahrerlaubnisrecht, SVR 2006, 121; *Hettenbach/Kalus/Möller/Uhle*, Drogen und Straßenverkehr, 2005; *Hillmann*, Zweifel an der Fahreignung (MPU – Nachweisfragen – Rechtsprobleme), DAR 2003, 106; *Kannheiser*, Mögliche verkehrsrelevante Auswirkungen von gewohnheitsmäßigem Cannabiskonsum, NZV 2000, 57; *Kannheiser/Maukisch*, Die verkehrsbezogene Gefährlichkeit von Cannabis und Konsequenzen für die Fahreignungsdiagnostik, NZV 1995, 417; *Sadler*, VwVG/VwZG, 6. Auflage 2006; *Schubert/Schneider/Eisenmenger/Stephan*, Begutachtungs-Leitlinien zur Kraftfahrereignung, 2. Auflage 2005; *Schütz/Weiler*, Untersuchungen zum Drogennachweis, Kriminalistik 1999, 755.

A. Entzug der Fahrerlaubnis (§ 3 Abs. 1 S. 1 StVG)

1 Die Entziehung der Fahrerlaubnis durch die Fahrerlaubnisbehörde nach § 3 Abs. 1 S. 1 StVG erfolgt, wenn sich der Inhaber der Fahrerlaubnis als ungeeignet oder nicht befähigt zum Führen eines Kraftfahrzeugs erwiesen hat. Anlass für die Einleitung eines Entziehungsverfahrens durch die Behörde ist in aller Regel, dass der Betroffene im Straßenverkehr (oder auch außerhalb) auffällig geworden ist. Dabei liegt zwischen der Auffälligkeit und der Maßnahme der Fahrerlaubnisbehörde häufig ein Zeitraum von mehreren Monaten, weil die Behörde in aller Regel erst nach Abschluss eines Straf- oder Ordnungswidrigkeitenverfahrens Kenntnis von einem Vorfall erhält, der Eignungszweifel begründet.

2 **Beispiel 1:** Bei einer Verkehrskontrolle stellen Polizeibeamte beim Mandanten M. Hinweise auf einen Drogenkonsum fest und ordnen eine Blutentnahme an. Die Blutuntersuchung ergibt, dass M. unter akutem Einfluss von Cannabis gefahren ist. Das sich anschließende Ordnungswidrigkeitenverfahren wird eingestellt und die Bußgeldakte an die Fahrerlaubnisbehörde weitergeleitet. Diese ordnet nun eine medizinisch-psychologische Untersuchung (MPU) oder sofort die Entziehung der Fahrerlaubnis an.

Beispiel 2: M. hat – außerhalb des Straßenverkehrs – mehrere Körperverletzungsdelikte begangen, die auf ein erhöhtes Aggressionspotential hindeuten. Die Fahrerlaubnisbehörde ordnet daraufhin eine MPU an.

3

Ist M. nicht bereits im Straf- oder Ordnungswidrigkeitenverfahren anwaltlich vertreten gewesen, wird er in der Regel dann einen Rechtsanwalt aufsuchen, wenn er die Mitteilung erhält, dass ein Entziehungsverfahren eingeleitet bzw eine Überprüfungsmaßnahme angeordnet worden ist. Besteht bereits im Straf- oder Ordnungswidrigkeitenverfahren ein Mandat, hat der Anwalt schon zu diesem Zeitpunkt das später drohende **Entziehungsverfahren** in den Blick zu nehmen. Liegt etwa ein Konsum „harter" Drogen (zB Kokain) vor oder hat M. unter dem Einfluss von Cannabis ein Kfz geführt, dann könnte im Entziehungsverfahren damit argumentiert werden, dass M. mittlerweile keine Drogen mehr konsumiert bzw den Konsum von Cannabis und die Teilnahme am Straßenverkehr trennen kann. Meist wird dies aber nur behauptet oder es werden allenfalls ein bis zwei (negative) Drogenscreenings vorliegen, was als Nachweis für eine Drogenabstinenz bzw ein Trennungsvermögen nicht ausreicht. Der Anwalt muss M. daher bereits zu einem frühen Zeitpunkt auf das Entziehungsverfahren vorbereiten und ihm die notwendigen Schritte zur Wiedererlangung der Kraftfahrereignung aufzeigen.

4

I. Verwaltungsverfahren[1]

Die rechtlichen Rahmenbedingungen für den Ablauf des Entziehungsverfahrens ergeben sich zum einen aus den (landesrechtlichen) Bestimmungen des Verwaltungsverfahrensgesetzes und zum anderen aus den Regelungen der Verordnung über die Zulassung von Personen zum Straßenverkehr – **Fahrerlaubnis-Verordnung (FeV)** – vom 18.8.1998.[2] Durch die am 1.1.1999 in Kraft getretene FeV ist das Fahrerlaubnisrecht völlig neu gestaltet – man könnte auch sagen überreglementiert – worden. Anlass hierfür war vor allem die Umsetzung der Richtlinie des Rates der Europäischen Gemeinschaften über den Führerschein vom 29.7.1991.[3] Dies verdeutlicht, welchen Einfluss das europäische Recht – mit zunehmender Tendenz – auf das deutsche Fahrerlaubnisrecht hat.

5

1. Erkenntnisquellen der Behörde

Werden Tatsachen bekannt, die Bedenken gegen die Eignung oder Befähigung des Fahrerlaubnisinhabers begründen, so kann die Fahrerlaubnisbehörde anordnen, dass sich der Betroffene bestimmten Überprüfungsmaßnahmen unterzieht (vgl §§ 2 Abs. 8, 3 Abs. 1 S. 3 StVG). Solche Maßnahmen sind aber nicht in jedem Fall anzuordnen. Ergeben sich aus den Tatsachen nicht nur Bedenken, sondern steht die fehlende Eignung – ohne dass es einer weiteren Aufklärung bedarf – bereits fest, ist die Fahrerlaubnis nach § 3 Abs. 1 S. 1 StVG unmittelbar zu entziehen (vgl § 11 Abs. 7 FeV).

6

Maßnahmen der Fahrerlaubnisbehörde sind dann gerechtfertigt, wenn bei vernünftiger lebensnaher Einschätzung die ernsthafte Besorgnis begründet ist, dass der Betroffene sich als Führer eines Kfz nicht verkehrsgerecht und umsichtig verhalten wird. Umstände, die nur auf die entfernt liegende Möglichkeit eines Eignungsmangels hinweisen, genügen nicht. Erforder-

7

---

1 Hier soll zunächst der Ablauf des Verwaltungsverfahrens bis zum Erlass der Entziehungsverfügung dargestellt werden. Die materiellen Voraussetzungen für eine Entziehung im Einzelnen werden in Rn 116 ff erläutert.
2 BGBl. I, S. 2214, zuletzt geändert durch Art. 2 der Verordnung vom 22.8.2006 (BGBl. I, S. 2108).
3 Zweite Führerscheinrichtlinie (91/439/EWG, ABl.EG Nr. L 237 vom 24.8.1991, S. 1). Hinweis: Europäische Rechtsakte und die Entscheidungen des EuGH können über das Portal der EU *Eur-Lex* kostenfrei abgerufen werden (http://eur-lex.europa.eu/de/index.html).

lich sind **konkrete tatsächliche Anhaltspunkte**, die – unter Berücksichtigung des Grundsatzes der Verhältnismäßigkeit – einen Eignungsmangel als naheliegend erscheinen lassen. Eine Überprüfung darf also nicht auf einen bloßen Verdacht hin – „ins Blaue hinein" – erfolgen.

a) Mitteilungen der Polizei

8 Die Polizei hat Erkenntnisse, die auf nicht nur vorübergehende Mängel der Eignung oder Befähigung schließen lassen, der Fahrerlaubnisbehörde zu übermitteln (§ 2 Abs. 12 S. 1 StVG). Dabei muss es sich um Tatsachen – nicht nur bloße Vermutungen – handeln, welche die Polizei aber nicht unbedingt in einem (direkten) Zusammenhang mit Vorfällen im Straßenverkehr erlangt haben muss. So liegen Anhaltspunkte für eine Ungeeignetheit etwa auch dann vor, wenn ein Berufskraftfahrer in seiner Freizeit erhebliche Mengen Alkohol konsumiert und dabei polizeilich auffällt.[4] Eine **Mitteilungspflicht** besteht zB auch dann, wenn die Polizei feststellt, dass der Betroffene in seiner Wohnung eine Cannabisplantage betreibt. Umgekehrt kann die Fahrerlaubnisbehörde die Polizei über eine behördliche oder gerichtliche Entziehung der Fahrerlaubnis informieren, soweit dies im Einzelfall für die polizeiliche Überwachung des Straßenverkehrs erforderlich ist (§ 3 Abs. 5 StVG), etwa wenn der Betroffene den Führerschein nicht freiwillig abgibt und die Einziehung im Wege der Amtshilfe vollstreckt werden soll.

9 **Tatsachen** iSv § 2 Abs. 12 S. 1 StVG liegen nur dann vor, wenn die Erkenntnisse der Polizei auf eigener Wahrnehmung beruhen.[5] Nimmt die Polizei lediglich Angaben von Privatpersonen zu Protokoll, dann handelt es sich nicht um Tatsachen, auf deren Grundlage die Fahrerlaubnisbehörde eine Überprüfungsmaßnahme anordnen kann.[6] Das bedeutet aber auch, dass bereits keine Verpflichtung der Polizei zur Weitergabe privater – polizeilich nicht überprüfter – Anzeigen besteht.

b) Verkehrszentralregister und Bundeszentralregister

aa) Funktion der Register

10 Das **Verkehrszentralregister** (§§ 28 ff StVG) wird beim Kraftfahrt-Bundesamt (KBA) u.a. zur Speicherung von Daten geführt, die für die Beurteilung der Eignung und Befähigung von Kfz-Führern erforderlich sind. Eingetragen werden vor allem folgende Sachverhalte:[7]

- rechtskräftige Entscheidungen der Strafgerichte wegen einer im Zusammenhang mit dem Straßenverkehr begangenen Tat,
- rechtskräftige Entscheidungen der Strafgerichte, die die Entziehung der Fahrerlaubnis, eine isolierte Sperre oder ein Fahrverbot anordnen (vgl §§ 44, 69, 69a StGB),
- rechtskräftige Entscheidungen wegen einer Ordnungswidrigkeit nach §§ 24, 24a StVG, wenn gegen den Betroffenen ein Fahrverbot nach § 25 StVG angeordnet oder eine Geldbuße von mindestens 40 EUR festgesetzt ist,
- unanfechtbare Versagungen einer Fahrerlaubnis,
- unanfechtbare oder – etwa nach § 80 Abs. 2 S. 1 Nr. 4 VwGO, § 4 Abs. 7 S. 2 StVG – sofort vollziehbare Entziehungen der Fahrerlaubnis.

---

4 VGH Bad.-Württ., Beschl. v. 24.6.2002 – 10 S 985/02 – und v. 29.7.2002 – 10 S 1164/02; aA Hess. VGH, Beschl. v. 9.11.2000 – 2 TG 3571/00.

5 *Bouska/Laeverenz*, Erl. 41 zu § 2 StVG.

6 VG Saarland, Beschl. v. 28.6.1999 – 3 F 7/99 = zfs 1999, 541: Nachbarn hatten bei der Polizei Angaben über ein (angeblich) unsicheres Fahrverhalten eines älteren Fahrers gemacht. Die Polizei hatte dies protokolliert und das Protokoll ohne eigene Ermittlungen an die Fahrerlaubnisbehörde weitergeleitet.

7 Zur vollständigen Aufzählung vgl § 28 Abs. 3 StVG.

Die Fahrerlaubnisbehörde kann im Rahmen eines Entziehungsverfahrens eine Auskunft aus dem VZR einholen (§ 30 Abs. 1 Nr. 3 StVG, § 60 Abs. 2 FeV); bei der Neuerteilung einer Fahrerlaubnis ist sie dazu verpflichtet (§ 22 Abs. 2 S. 2 FeV). Werden bestimmte Punktestände erreicht, wird die Fahrerlaubnisbehörde vom KBA sogar automatisch über die vorhandenen Eintragungen unterrichtet (§ 4 Abs. 6 StVG). **11**

Straftaten im Zusammenhang mit dem Straßenverkehr werden nicht nur im VZR, sondern zusätzlich im **Bundeszentralregister** (BZR) eingetragen (§ 4 BZRG); insoweit ergeben sich für die Fahrerlaubnisbehörde keine zusätzlichen Erkenntnisse. Allerdings können auch Straftaten ohne Zusammenhang mit dem Straßenverkehr Eignungszweifel begründen,[8] so dass es für die Fahrerlaubnisbehörde im Einzelfall Sinn ergeben kann, nach § 31 BZRG auch ein Führungszeugnis einzuholen. **12**

bb) Tilgung und Verwertungsverbot

Die **Tilgung** von Eintragungen im VZR ist in § 29 StVG geregelt und knüpft an die Art der Straftat an. Sie beträgt bei **13**

- Ordnungswidrigkeiten zwei Jahre,
- bei Straftaten fünf Jahre (Ausnahme: Straftaten nach §§ 315c Abs. 1 Nr. 1a, 316 und 323 StGB sowie bei Entscheidungen, in denen nach §§ 69, 69b StGB die Fahrerlaubnis entzogen oder nach § 69a StGB eine Sperre für die Wiedererteilung angeordnet worden ist),
- im Übrigen zehn Jahre (also insbesondere bei den gerade genannten Alkoholstraftaten und sonstigen Straftaten, die zum Entzug der Fahrerlaubnis geführt haben).

Die **Tilgungsfrist** beginnt beim Strafurteil mit dem Tag der Verkündung des erstinstanzlichen Urteils, beim Strafbefehl mit dem Tag der Unterzeichnung durch den Richter und bei einer Bußgeldentscheidung mit dem Tag der Rechtskraft oder der Unanfechtbarkeit (§ 29 Abs. 4 StVG). Bei einer Versagung oder Entziehung der Fahrerlaubnis wird der Beginn der Tilgungsfrist nach § 29 Abs. 5 StVG bis zur (Neu-)Erteilung der Fahrerlaubnis – max. fünf Jahre – hinausgeschoben, da sich der Betroffene in der Zwischenzeit nicht bewähren kann. **14**

Eine Eintragung im VZR wird nach § 29 Abs. 6 StVG grundsätzlich erst dann getilgt, wenn alle für den Betroffenen vorliegenden Eintragungen tilgungsreif sind. Diese **Tilgungshemmung** tritt bereits dann ein, wenn die Tilgungsfrist der neuen Tat zu laufen begonnen hat. Unerheblich ist, ob die neue Tat bereits eingetragen oder die zugrunde liegende Entscheidung rechtskräftig ist.[9] Es gibt allerdings Ausnahmen. So hindern Ordnungswidrigkeiten nur die Tilgung von anderen Ordnungswidrigkeiten, eine Straftat ist also nach Fristablauf trotz neuer Ordnungswidrigkeit zu tilgen. Zudem gilt für Ordnungswidrigkeiten eine absolute Tilgungsfrist von fünf Jahren. Diese gilt allerdings nicht für Ordnungswidrigkeiten nach § 24a StVG und bei Inhabern einer Fahrerlaubnis auf Probe. **15**

Durch die Neuregelung des § 29 Abs. 6 S. 2 und Abs. 7 StVG[10] ist die Ablaufhemmung wesentlich modifiziert worden. So erfolgt die Löschung aus dem VZR erst nach Ablauf einer **Überliegefrist** von einem Jahr (zuvor: drei Monate). Eine Ablaufhemmung tritt auch dann ein, wenn eine neue Tat vor dem Ablauf der Tilgungsfrist begangen wird und bis zum Ablauf der Überliegefrist zu einer weiteren Eintragung führt. **16**

---

8 Vgl insb. § 11 Abs. 3 S. 1 Nr. 4 FeV: „Straftaten, [...] bei denen Anhaltspunkte für ein hohes Aggressionspotential bestehen".
9 *Bouska/Laeverenz*, Erl. 19 zu § 29 StVG.
10 Mit Wirkung vom 1.2.2005, geändert durch Art. 11 Nr. 2b und Nr. 3 des 1. Justizmodernisierungsgesetzes vom 24.8.2004 (BGBl. I, S. 2198, 2300).

17 Nach Ablauf der Tilgungsfrist gilt ein **Verwertungsverbot,** Tat und Entscheidung dürfen für Zwecke der Eignungsbeurteilung nicht mehr verwertet werden (§ 29 Abs. 8 StVG). Entgegen dem Wortlaut dieser Vorschrift gilt dies nicht nur für gerichtliche Entscheidungen, sondern auch für andere Verstöße (insbesondere Ordnungswidrigkeiten), die im VZR eingetragen werden.[11] Das Verwertungsverbot gilt schon dann, wenn die Eintragung zwar noch nicht getilgt, aber tilgungsreif ist.[12] Bei der Berechnung der Tilgungsfrist ist die Fahrerlaubnisbehörde nicht an die Mitteilung des KBA gebunden. Sie muss vielmehr eigenständig prüfen, ob die Eintragung im VZR noch verwertet werden darf, und daher im Einzelfall die Tilgungsfrist selbst berechnen.

Beachte: Die Tilgungsreife entfällt nachträglich, wenn während der Überliegefrist ein neuer Verstoß begangen wird.

18 Das Verwertungsverbot gilt nicht nur für die eigentliche Eignungsbeurteilung, sondern schon für die Frage, ob Eignungszweifel überhaupt gerechtfertigt sind. Nach Eintritt der Tilgungsreife darf der der Eintragung zugrunde liegende Verstoß also auch nicht zur Begründung einer Überprüfungsmaßnahme, etwa der Anordnung einer MPU, herangezogen werden.[13]

19 Das umfassendere Verwertungsverbot des § 51 Abs. 1 BZRG bleibt unberührt. Es gilt grundsätzlich auch dann, wenn die Entscheidung im VZR noch nicht zu tilgen ist. Im Ergebnis wirkt sich das aber nicht zugunsten des Betroffenen aus. Abweichend von § 51 Abs. 1 BZRG darf die Tat nämlich nach § 52 Abs. 2 BZRG in einem Entziehungsverfahren so lange verwertet werden, wie dies nach § 29 StVG zulässig ist.

20 Zur **Tilgung im VZR** ist abschließend darauf hinzuweisen, dass Entscheidungen, die vor dem 1.1.1999 eingetragen worden sind, bis zum 1.1.2004 nach der alten Regelung getilgt wurden. Wegen der Heraufsetzung der Tilgungsfristen für alkoholbezogene Straftaten auf zehn Jahre wurde der **Übergangsbestimmung** in § 65 Abs. 9 S. 1 StVG durch das Straßenverkehrsrechtsänderungsgesetz vom 19.3.2001[14] ein Halbsatz angefügt, wonach § 52 Abs. 2 BZRG in der bis zum 31.12.1998 geltenden Fassung[15] bis max. zehn Jahre weiter angewendet werden kann. Was einer „10-jährigen Tilgungsfrist entspricht", ergibt sich aus § 29 StVG, und dazu gehört auch die Regelung über den Beginn der Tilgungsfrist im § 29 Abs. 5 S. 1 StVG.[16]

c) Straf- und Bußgeldverfahren

aa) Akteninhalt

21 Aus den Straf-/Bußgeldakten ergeben sich für die Fahrerlaubnisbehörde häufig Hinweise auf Eignungsmängel. Dies gilt insbesondere dann – aber nicht nur (vgl Beispiel 2 Rn 3) –, wenn es sich um Delikte im Zusammenhang mit dem Straßenverkehr handelt, etwa bei den Tatbeständen der § 316 StGB und § 24a StVG. In diesen Fällen können die Akten gleich in mehrfacher Hinsicht „belastende", dh Eignungszweifel begründende Tatsachen beinhalten.

22 Dies sind zum einen die **Feststellungen der Polizei** anlässlich einer Verkehrskontrolle. Solche Kontrollen werden häufig und gezielt – etwa in der Nähe von Diskotheken oder am späten Samstag / frühen Sonntag – durchgeführt, um betrunkene oder unter Drogeneinfluss stehende

---

11 OVG Thüringen, Beschl. v. 16.8.2000 – 2 ZEO 392/99.
12 VG Berlin, Beschl. v. 19.4.2000 – 11 A 136/00 = NZV 2000, 479.
13 OVG Rheinland-Pfalz, Urt. v. 11.4.2000 – 7 A 11670/99 = DAR 2000, 377.
14 BGBl. I, S. 386.
15 § 52 Abs. 2 BZRG aF: „Abweichend von § 51 Abs. 1 BZRG darf eine frühere Tat ferner in einem Verfahren berücksichtigt werden, das die Erteilung oder Entziehung einer Fahrerlaubnis zum Gegenstand hat, wenn die Verurteilung wegen dieser Tat in das Verkehrszentralregister einzutragen war." (unbefristete Verwertung!).
16 BVerwG, Urt. v. 9.6.2005 – 3 C 21.04 = NJW 2005, 3440.

Verkehrsteilnehmer aufzugreifen und um andere Verkehrsteilnehmer von solchen Rauschfahrten abzuschrecken. Die Polizeibeamten sind in den meisten Bundesländern mittlerweile intensiv geschult worden, um Auffälligkeiten zu erkennen, die auf einen Konsum von Drogen bzw auf eine Fahruntüchtigkeit hindeuten. Einige Bundesländer haben sogar Checklisten entwickelt, die die Polizisten systematisch abarbeiten können.

Werden bei einer Verkehrskontrolle Auffälligkeiten festgestellt, dann wird dies in der Strafanzeige festgehalten. Diese Feststellungen sind nicht nur für das Straf-/Bußgeldverfahren von Bedeutung, sondern können auch von der Fahrerlaubnisbehörde zur Eignungsbeurteilung herangezogen werden. Allerdings können diese polizeilichen Feststellungen allein keine hinreichenden Anhaltspunkte für Eignungsmängel begründen und eine Aufklärungsmaßnahme rechtfertigen. Sie runden aber das Gesamtbild ab. **23**

Solche Hinweise auf Drogenkonsum/Fahr(un)tüchtigkeit sind insbesondere:[17] **24**

- Zittern
- gerötete Bindehäute
- verwaschene Aussprache
- Gleichgewichtsstörungen
- verzögerte Pupillenreaktion
- stumpf/schläfrig

Zeigen sich solche Auffälligkeiten, dann kann die Polizei zunächst selbst – allerdings mangels gesetzlicher Eingriffsgrundlage nur mit Einverständnis des Betroffenen – einen sog. **Schnelltest**[18] durchführen, bei dem Schweiß und Speichel auf Drogenkonsum (Opiate, Cannabis, Kokain, Ecstasy) untersucht werden. Die Aussagekraft dieser Verfahren, die sich teilweise erst in der Erprobung befinden, ist aber noch nicht abschließend geklärt. Ein positiver Schnelltest genügt daher in aller Regel zum Nachweis des Drogenkonsums allein nicht aus, ist dann aber Anlass für weitere Maßnahmen der Polizei, insbesondere die Entnahme einer Blutprobe. **25**

Eine **Blutprobenentnahme** kann von der Polizei auf der Grundlage von § 81a StPO angeordnet werden. Sie dient dem Nachweis akuten Drogen- und/oder Alkoholkonsums und ist zunächst für den Nachweis einer **Ordnungswidrigkeit nach § 24a StVG** von Bedeutung. Für die Frage, ob der Betroffene unter der Wirkung eines berauschenden Mittels im Straßenverkehr ein Fahrzeug führt (§ 24a Abs. 2 StVG), hat die vom Bundesverkehrsministerium einberufene Grenzwertkommission am 20.11.2002 Grenzwerte empfohlen: **26**

Wirkstoff	ng/ml[19]
D9-Tetrahydrocannabinol (THC)	1
Morphin	10
Bezoylecgonin (BZE)	75
Ecstasy (XTC)	25
Methylendioxymethamphetamin (MDMA)	25
Amphetamin	25

Die Blutprobe ist nach den von der Gesellschaft für Toxikologische und Forensische Chemie (GTFCh) festgelegten Richtlinien zu untersuchen.[20] Ergibt die Untersuchung, dass die **27**

---

17 Empfehlenswert hierzu ist die ausführliche Darstellung auf der Homepage des TÜV Rheinland (www.de.tuv.com): „Drogen und Medikamente am Steuer".

18 Verwendet werden vor allem die Geräte der Fa. *Mahsan* und *Securetec* (*Drugwipe*).

19 Ng = Nanogramm (1 kg entspricht 10^12 Nanogramm); mg = Milliliter (1 Liter entspricht 1.000 Milliliter).

20 Vgl <www.GTFCh.org>.

Grenzwerte überschritten werden, dann liegt in aller Regel eine Ordnungswidrigkeit iSv § 24a Abs. 2 StVG vor. Die Begehung dieser Ordnungswidrigkeit führt zur Verhängung einer Geldbuße (vgl § 24a Abs. 4 StVG) und hat zusätzlich meist ein **Fahrverbot** von bis zu drei Monaten (vgl § 25 StVG) zur Folge.

28 Anders als im Strafverfahren (vgl § 69 StGB) – insbesondere wegen Straftaten nach §§ 315c, 316 StGB – kann im Ordnungswidrigkeitenverfahren nach § 24a StVG nicht die **Fahrerlaubnis entzogen** werden. Der Betroffene ist daher meist der Ansicht, mit der Bezahlung der Geldbuße und dem „Absitzen" des Fahrverbots die Sache ausgestanden zu haben. Dabei kommt das „dicke Ende" häufig erst noch. Die Polizei leitet das Ergebnis der Blutprobenuntersuchung nämlich nicht nur an die für die Verfolgung der Ordnungswidrigkeit zuständige Verwaltungsbehörde, sondern auch an die Fahrerlaubnisbehörde weiter (vgl § 2 Abs. 12 StVG). Diese kann Aufklärungsmaßnahmen nach §§ 13, 14 FeV anordnen oder unmittelbar die Fahrerlaubnis entziehen, wenn bereits aufgrund der durch die Blutprobenuntersuchung ermittelten Werte die Nichteignung des Betroffenen erwiesen ist.

29 Straf-/Bußgeldakten enthalten häufig schriftlich **dokumentierte Angaben der Betroffenen.** Einen hohen Beweiswert haben dabei vor allem polizeiliche Vernehmungsprotokolle, die vom Betroffenen abgezeichnet worden sind. Ist in einem solchen Protokoll etwa ein regelmäßiger Konsum von Drogen eingeräumt worden, kann dieser als erwiesen angesehen werden und die Fahrerlaubnisbehörde ohne weitere Ermittlungen die Fahrerlaubnis entziehen. Dabei hilft es nichts, wenn im Entziehungsverfahren solche Aussagen pauschal widerrufen werden. Der Betroffene ist daher häufig in einer Zwickmühle. Dies gilt insbesondere dann, wenn er von der Polizei mit einer nicht nur geringen Menge Drogen angetroffen wird. Im Strafverfahren wird er dann regelmäßig aussagen, dass diese zum Eigenverbrauch bestimmt gewesen seien, um einer Verurteilung wegen Handeltreibens zu entgehen. Im Entziehungsverfahren muss sich der Betroffene allerdings an der jetzt für ihn ungünstigen Aussage festhalten lassen. Er kann sich zwar theoretisch darauf berufen, dass die Angaben aus dem Strafverfahren unzutreffend und die Drogen tatsächlich zur Weitergabe bestimmt gewesen seien. Angesichts der früheren Angaben werden in der Praxis die Anforderungen an die Darlegungs- und Beweislast jedoch so hoch sein, dass ein solcher Nachweis kaum gelingen wird; zudem kann auch die Wiederaufnahme des strafrechtlichen Ermittlungsverfahrens drohen.

30 Eigenangaben können sich schließlich aus polizeilichen Anzeigen und Berichten und einem **Blutentnahmeprotokoll** ergeben. Letzteres wird vom Arzt aufgenommen, der die Blutprobe entnommen hat. Im Protokoll werden zum einen Verhaltensauffälligkeiten des Betroffenen und zum anderen seine – auf entsprechende Nachfrage hin erfolgten – Angaben zum Drogen-/ Alkoholkonsum festgehalten. Da der Betroffene im Moment der Blutentnahme aufgrund des vorangegangenen Konsums möglicherweise redselig ist und ihm die Konsequenzen seines Verhaltens nicht vollständig bewusst sind, wird häufig relativ offen über die Konsumgewohnheiten gesprochen. Allerdings wird dieses Blutentnahmeprotokoll in der Regel vom Betroffenen nicht abgezeichnet. Wird die inhaltliche Richtigkeit des Protokolls bestritten, kann es durch Vernehmung des Arztes unter Beweis gestellt werden. Prozesstaktisch sinnvoll ist ein solches Vorgehen nur dann, wenn die Richtigkeit der Angaben aus dem Blutentnahmeprotokoll entscheidungserheblich ist. Dies kann zB der Fall sein, wenn die Blutuntersuchung nur einen geringen Cannabiswert ergibt, der keine Rückschlüsse auf einen gelegentlichen Konsum zulässt, der Betroffene gegenüber dem Arzt aber zusätzlich den Konsum von Ecstasy eingeräumt hat.

Muster: Bestreiten der inhaltlichen Richtigkeit des Blutentnahmeprotokolls 31

An das Landratsamt ■■■
– Führerscheinstelle –[21]

Ihr Anhörungsschreiben vom ■■■

Ihr Az ■■■ [inkl. Name des Mandanten]

Sehr geehrte/r Frau/Herr ■■■ [Name des Sachbearbeiters lt. Anhörungsschreiben],

die beabsichtigte Entziehung der Fahrerlaubnis kann nicht auf den angeblichen Konsum von Ecstasy ge-stützt werden. Zwar soll mein Mandant lt. Blutentnahmeprotokoll einen solchen Konsum gegenüber dem die Blutentnahme durchführenden Arzt eingeräumt haben. Das Protokoll ist insoweit jedoch unzutreffend. Mein Mandant hat zu keinem Zeitpunkt Ecstasy konsumiert und auch nicht gegenüber dem Arzt einen solchen Konsum behauptet. Dem Protokoll kommt im Übrigen kein Beweiswert zu, da es von meinem Mandanten nicht abgezeichnet worden ist.

Sollten von Ihrer Seite noch Zweifel an der Drogenfreiheit meines Mandanten bestehen, erklärt sich dieser ausdrücklich zu einem Drogenscreening bereit.

Mit freundlichen Grüßen

Rechtsanwalt

Strafprozessuale Verwertungsverbote, etwa gem. § 136a StPO, stehen einer Verwertung der   32
bei einer Verkehrskontrolle und danach gewonnenen Erkenntnisse nicht entgegen. Beim
Entziehungsverfahren handelt es sich nicht um eine repressive Maßnahme im Zusammenhang mit einem Strafverfahren, sondern um eine präventive Maßnahme zur Abwehr von
Gefahren für andere Verkehrsteilnehmer.[22]

bb) Keine Verwertung von Sachverhalten eines laufenden Strafverfahrens (§ 3 Abs. 3 StVG)

Nach § 3 Abs. 3 S. 1 StVG darf die Fahrerlaubnisbehörde den Sachverhalt, der Gegenstand   33
eines Strafverfahrens ist, in dem die Entziehung der Fahrerlaubnis nach § 69 StGB in Betracht kommt, so lange nicht in einem Entziehungsverfahren berücksichtigen, wie das Strafverfahren anhängig ist. Das Strafverfahren wird nicht erst mit Erhebung der Anklage, sondern schon dann anhängig, wenn die Polizei eine Strafanzeige fertigt und den Vorgang an die
Staatsanwaltschaft abgibt, also ein strafrechtliches Ermittlungsverfahren eingeleitet wird. Die
Anhängigkeit endet mit der Einstellung des Verfahrens durch die Staatsanwaltschaft oder mit
der Rechtskraft einer gerichtlichen Entscheidung.[23]

Dieses **verfahrensrechtliche Verwertungsverbot** des § 3 Abs. 3 StVG steht nicht erst der Ent-   34
ziehung als solcher entgegen, sondern hindert bereits die Einleitung eines Entziehungsverfahrens, dh die Fahrerlaubnisbehörde darf schon keine Aufklärungsmaßnahmen anordnen.
Diese Regelung ist für die Behörde unbefriedigend. Sie muss sich quasi blind stellen, weil sie
trotz Eignungsbedenken nicht tätig werden kann. Für den Betroffenen hat die Regelung Vor-
und Nachteile. Einerseits bleibt er unter Umständen über Monate im Unklaren darüber, ob er
seine Fahrerlaubnis behalten kann oder nicht. Nach Einstellung des strafrechtlichen Ermittlungsverfahrens wird der Vorgang nämlich von der Staatsanwaltschaft an die Bußgeldbehör-

---

21 Die korrekte Anrede hängt von landesrechtlichen Besonderheiten ab. Man sollte diese daher aus dem Anhörungsschreiben übernehmen.
22 VG Sigmaringen, Beschl. v. 24.5.2004 – 9 K 470/04.
23 *Bouska/Laeverenz*, Erl. 24 zu § 3 StVG.

de abgegeben. Erst nachdem diese dann einen Bußgeldbescheid erlassen hat und dieser bestandskräftig geworden ist, erhält die Fahrerlaubnisbehörde eine Abschlussmitteilung und damit das Signal für die Einleitung eines Entziehungsverfahrens. Bis dahin sind aber häufig bereits viele Monate verstrichen. Dieser Zeitfaktor hat für den Betroffenen andererseits auch Vorteile. So kann er – was allerdings eine entsprechende Einsichtsfähigkeit voraussetzt – frühzeitig an der Beseitigung der Eignungsbedenken arbeiten.

35   Verboten ist nur die Verwertung des Sachverhalts, der Gegenstand des Strafverfahrens ist. Werden weitere Tatsachen bekannt, die Eignungsbedenken begründen, so darf die Fahrerlaubnisbehörde trotz anhängigen Strafverfahrens wegen dieser Tatsachen ein Entziehungsverfahren einleiten. Ist etwa Gegenstand des Strafverfahrens eine Alkoholfahrt, so kann ein Entziehungsverfahren eingeleitet werden, wenn sich zusätzlich Hinweise auf einen Alkoholmissbrauch (vgl § 13 Nr. 2a FeV) ergeben.

36   **Hinweis:** Wird die Fahrerlaubnisbehörde trotz anhängigen Strafverfahrens – etwa durch ein Anhörungsschreiben – tätig, sollte sich der Betroffene zunächst auf einen Hinweis auf das Strafverfahren beschränken und eine vorläufige Einstellung des Entziehungsverfahrens beantragen. Gleichzeitig sollte dies aber Anlass sein, bereits zu diesem Zeitpunkt die Erfolgsaussichten in einem (späteren) Entziehungsverfahren abzuschätzen. Lässt der Sachverhalt erwarten, dass derzeit von der fehlenden Kraftfahrereignung auszugehen ist und Rechtsbehelfe gegen die Entziehung daher keinen Erfolg haben werden, sollte man frühzeitig das Gespräch mit der Fahrerlaubnisbehörde suchen, um abzuklären, welche Voraussetzungen von dort an die Wiedererlangung der Eignung gestellt werden.

37   **Muster: Schreiben an Fahrerlaubnisbehörde bei (noch) anhängigem Strafverfahren**

   ↓

An das Landratsamt ▪▪▪
– Führerscheinstelle –

Ihr Anhörungsschreiben vom ▪▪▪

Ihr Az ▪▪▪ [inkl. Name des Mandanten]

Sehr geehrte/r Frau/Herr ▪▪▪ [Name des Sachbearbeiters lt. Anhörungsschreiben],

ich weise darauf hin, dass der Sachverhalt, den Sie zum Anlass genommen haben, gegen meinen Mandanten ein Verfahren zur Entziehung der Fahrerlaubnis einzuleiten, Gegenstand eines Strafverfahrens bei der Staatsanwaltschaft ▪▪▪ / dem Amtsgericht ▪▪▪ ist. Da auch in dem Strafverfahren wegen eines Vergehens nach § 316 StGB / § 24a StVG die Entziehung der Fahrerlaubnis in Betracht kommt, sind sie nach § 3 Abs. 3 StVG derzeit gehindert, ein (weiteres) Entziehungsverfahren gegen meinen Mandanten einzuleiten. Ich fordere Sie daher auf, von Maßnahmen, insbesondere dem Erlass einer Aufklärungsanordnung oder einer Entziehungsverfügung, abzusehen.

Im Übrigen weise ich darauf hin, dass mein Mandant seit dem Vorfall keine Drogen / keinen Alkohol mehr konsumiert. Bitte teilen Sie mir kurzfristig mit, welche Nachweise von Ihnen hierfür verlangt werden.

Mit freundlichen Grüßen

Rechtsanwalt

cc) Bindung der Fahrerlaubnisbehörde an Strafurteil (§ 3 Abs. 4 StVG)

38   Nach § 3 Abs. 4 S. 1 StVG kann die Fahrerlaubnisbehörde, die in einem Entziehungsverfahren einen Sachverhalt berücksichtigen will, der Gegenstand der Urteilsfindung in einem Straf-

verfahren gegen den Inhaber der Fahrerlaubnis gewesen ist, zu dessen Nachteil vom Inhalt des Urteils u.a. insoweit nicht abweichen, als es sich auf die Beurteilung der Eignung zum Führen von Kfz bezieht. Mit dieser Vorschrift soll die sowohl dem Strafrichter (durch § 69 StGB) als auch der Fahrerlaubnisbehörde (durch § 3 Abs. 1 StVG) eingeräumte Befugnis, bei fehlender Kraftfahrereignung die Fahrerlaubnis zu entziehen, so aufeinander abgestimmt werden, dass erstens überflüssige und aufwendige Doppelprüfungen unterbleiben und zweitens die Gefahr widersprechender Entscheidungen ausgeschaltet wird. Der **Vorrang der strafrichterlichen Entscheidung** vor der behördlichen findet seine innere Rechtfertigung darin, dass auch die Entziehung der Fahrerlaubnis durch den Strafrichter als Maßregel der Besserung und Sicherung keine Nebenstrafe, sondern eine in die Zukunft gerichtete, aufgrund der Sachlage zum Zeitpunkt der Hauptverhandlung zu treffende Entscheidung über die Gefährlichkeit des Kraftfahrers für den Straßenverkehr ist. Insofern deckt sich die dem Strafrichter übertragene Befugnis mit der Ordnungsaufgabe der Fahrerlaubnisbehörde. Während die Behörde allerdings die Kraftfahrereignung aufgrund einer umfassenden Würdigung der Gesamtpersönlichkeit des Kraftfahrers zu beurteilen hat, darf der Strafrichter nur eine Würdigung der Persönlichkeit vornehmen, soweit sie in der jeweiligen Straftat zum Ausdruck gekommen ist. Deshalb ist die Fahrerlaubnisbehörde an die strafrichterliche Eignungsbeurteilung auch nur dann gebunden, wenn diese auf ausdrücklich in den schriftlichen Urteilsgründen getroffenen Feststellungen beruht und wenn die Behörde von demselben und nicht von einem anderen, umfassenderen Sachverhalt als der Strafrichter auszugehen hat.

Um den Eintritt einer Bindung überprüfen zu können, verpflichtet die Vorschrift des § 267 **39** Abs. 6 StPO den Strafrichter zu einer besonderen Begründung, wenn er entweder entgegen einem in der Verhandlung gestellten Antrag oder aber in solchen Fällen von einer Entziehung der Fahrerlaubnis absieht, in denen diese Maßregel nach der Art der Straftat in Betracht gekommen wäre.[24] Die **Begründungspflicht** hat zur Folge, dass nicht jedes Strafurteil die Fahrerlaubnisbehörde bindet. Die Bindungswirkung tritt nur dann ein, wenn sich der Strafrichter in der Urteilsbegründung mit der Frage der Kraftfahrereignung ausdrücklich auseinandergesetzt und die Ungeeignetheit im Ergebnis verneint – also die Eignung positiv festgestellt – hat.

Kommt der Strafrichter der Begründungspflicht nach, so tritt die Bindungswirkung unabhän- **40** gig davon ein, ob die Fahrerlaubnisbehörde die Einschätzung des Strafrichters zur Fahreignung für richtig hält. So ist in der Rechtsprechung[25] die Bindungswirkung sogar in einem Fall bejaht worden, in dem die Nichteignung des Betroffenen relativ offensichtlich war – er wurde von der Polizei in seinem PKW mit einer BAK von 2,7‰ angehalten –, der Strafrichter diese verneint und im Urteil nur deshalb Ausführungen zur Eignung gemacht hat, „um den Angeklagten davor zu schützen, dass die Straßenverkehrsbehörde ungeachtet des § 3 Abs. 4 S. 1 StVG meint, unabhängig von diesem Urteil über die Eignung des Angeklagten zum Führen von Kraftfahrzeugen erneut und natürlich zu seinen Lasten befinden zu können."

Dagegen kann bei einem nach § 267 Abs. 4 StPO **abgekürzten Strafurteil keine Bindungswir-** **41** **kung** eintreten. In ländlichen Regionen passiert es hin und wieder, dass der Strafrichter bei Trunkenheitsfahrten von Landwirten diesen die Fahrerlaubnis entzieht, aber mit Ausnahme der Klasse T (für Zugmaschinen), welche im Hinblick auf die betrieblichen Erfordernisse belassen wird (vgl § 7 Rn 76 f); begründet wird diese Ausnahme regelmäßig nicht. Abgesehen davon, dass § 69 StGB eine solche Teil-Entziehung nicht vorsieht (nur bei der Sperre kann differenziert werden, vgl § 69a Abs. 2 StGB), kann die Fahrerlaubnisbehörde in einem sol-

---

24 Zum Vorstehenden vgl BVerwG, Urt. v. 15.7.1988 – 7 C 46.87; BVerwGE 80, 43.
25 VG Arnsberg, Beschl. v. 26.2.2004 – 6 L 90/04.

chen Fall hinsichtlich der dem Betroffenen belassenen Klasse ein Entziehungsverfahren einleiten.[26]

42 Bei Verhängung eines **Fahrverbots** nach § 44 StGB tritt **keine Bindungswirkung** ein. Hierbei wird nicht über die Eignung des Betroffenen befunden, es handelt sich lediglich um eine erzieherische Nebenfolge der Straftat.[27]

2. Vorbereitendes Verfahren

a) Anhörungspflicht

43 Die Pflicht der Behörde zur vorherigen Anhörung ergibt sich aus § 28 Abs. 1 VwVfG.[28] Danach ist einem Beteiligten (vgl § 13 Abs. 1 VwVfG) Gelegenheit zu geben, sich zu den für die Entscheidung erheblichen Tatsachen zu äußern, bevor ein Verwaltungsakt erlassen wird, der in dessen Rechte eingreift. Die Anhörungspflicht besteht also nur dann, wenn der Erlass eines Verwaltungsakts iSv § 35 VwVfG beabsichtigt ist. Bei einer Entziehungsverfügung ist dies der Fall.

44 Anders ist dies bei der **Aufklärungsanordnung**, wenn also etwa die Fahrerlaubnisbehörde den Betroffenen vor Erlass einer Entziehungsverfügung (zB nach § 11 Abs. 3 FeV) zur Vorlage einer MPU auffordert. Die Nichtbefolgung dieser Anordnung hat erhebliche Konsequenzen, weil die Behörde dann von der Nichteignung des Betroffenen ausgehen kann (vgl § 11 Abs. 8 FeV). Gleichwohl geht die Rechtsprechung[29] davon aus, dass die Anordnung keine Regelung iSv § 35 VwVfG beinhaltet und daher kein Verwaltungsakt ist, sondern eine **lediglich vorbereitende Verfahrenshandlung** (vgl § 44a VwGO) darstellt. Begründet wird dies damit, dass die Anordnung zur Beibringung eines Gutachtens nach dem ausdrücklichen Wortlaut in § 11 Abs. 2 und 3, § 13 und § 14 FeV „zur Vorbereitung" von Entscheidungen über die Erteilung oder Verlängerung der Fahrerlaubnis oder über die Anordnung von Beschränkungen oder Auflagen bzw – iVm § 46 Abs. 3 FeV – über die Entziehung der Fahrerlaubnis dient.[30] Nach den genannten Vorschriften sowie § 2 Abs. 7 und 8, § 3 Abs. 1 S. 3 StVG ist sie darauf gerichtet, aufgrund bekannt gewordener Tatsachen begründete Bedenken gegen die Eignung des Fahrerlaubnisbewerbers oder -inhabers zum Führen von Kraftfahrzeugen zu klären. Die an einen Betroffenen gerichtete Anordnung ist nach ihrem so bestimmten Zweck lediglich eine vorbereitende Maßnahme, die der Sachverhaltsaufklärung im Hinblick auf die später zu treffende Sachentscheidung über die Entziehung der Fahrerlaubnis dient.

45 Ist die Aufklärungsanordnung somit kein Verwaltungsakt, besteht auch keine Anhörungspflicht der Fahrerlaubnisbehörde. Gleichwohl ist es dieser natürlich freigestellt, bereits vor Erlass dieser Anordnung eine Anhörung durchzuführen. In der Praxis wird die Aufklärungsanordnung häufig mit einer Anhörung zur beabsichtigten Entziehung (im Falle einer Weigerung, der Anordnung nachzukommen, oder eines negativen Gutachtens) verbunden.

46 Führt die Behörde vor Erlass einer Entziehungsverfügung keine Anhörung durch, dann leidet diese zwar zunächst an einem Verfahrensmangel. Auf diesen kann sich der Betroffene in einem Widerspruchsverfahren oder in einem gerichtlichen Verfahren im Ergebnis aber nicht berufen. Die unterbliebene Anhörung kann nämlich nach § 45 Abs. 1 Nr. 3, Abs. 2 VwVfG

---

26 VG München, Urt. v. 1.12.1999 – M 6 K 99.2562 = NZV 2000, 271.
27 OVG NW, Beschl. v. 21.7.2004 – 19 B 862/04 = NZV 2005, 435.
28 Da es um ein Tätigwerden von Landesbehörden bzw Gemeinden geht, sind die Verwaltungsverfahrensgesetze der einzelnen Bundesländer einschlägig. Aus Vereinfachungsgründen werden hier die identischen Vorschriften des Verwaltungsverfahrensgesetzes des Bundes zitiert.
29 St. Rspr seit BVerwG, Urt. v. 28.11.1969 – VII C 18.69 = NJW 1970, 1989 (noch zu § 15b Abs. 2 StVZO aF).
30 OVG NW, Beschl. v. 22.11.2001 – 19 B 1757/00 = NZV 2001, 396.

bis zum Abschluss der letzten Tatsacheninstanz eines verwaltungsgerichtlichen Verfahrens nachgeholt werden. Eine solche Nachholung ist grundsätzlich darin zu sehen, dass der Betroffene im Rahmen des Widerspruchsverfahrens Gelegenheit erhält, seine Argumente vorzubringen.[31]

Auch bei unterbliebener Nachholung der Anhörung kann ein Rechtsbehelf nicht auf diesen Verfahrensmangel gestützt werden. Nach § 46 VwVfG kann die Aufhebung eines Verwaltungsakts nicht allein deshalb beansprucht werden, weil er unter Verletzung von Verfahrensvorschriften – hierunter fällt auch § 28 VwVfG[32] – zustande gekommen ist, wenn offensichtlich ist, dass die Verletzung die Entscheidung in der Sache nicht beeinflusst hat. Eine solche Kausalität fehlt immer dann, wenn es sich um einen gebundenen Verwaltungsakt handelt, die Behörde also kein Ermessen hat. Bei den Ermächtigungsgrundlagen für die Entziehung der Fahrerlaubnis handelt es sich aber jeweils um Normen, die der Fahrerlaubnisbehörde kein Ermessen einräumen (vgl § 2a Abs. 2 S. 1 Nr. 3, § 3 Abs. 1 S. 1, § 4 Abs. 3 S. 1 Nr. 3 StVG: „so hat ihm die Fahrerlaubnisbehörde die Fahrerlaubnis zu entziehen"). | 47

b) Bevollmächtigung

Im Entziehungsverfahren kann sich der Betroffene durch einen Bevollmächtigten vertreten lassen (vgl § 14 Abs. 1 S. 1 VwVfG). Dies kann ein Rechtsanwalt, aber auch jede sonstige natürliche Person (sofern sie handlungsfähig ist) sein. Eine Vollmacht muss zwar grundsätzlich erst auf Verlangen vorgelegt werden (vgl § 14 Abs. 1 S. 3 VwVfG). Da die Behörde eine solche aber regelmäßig – spätestens bei der Gewährung von Akteneinsicht – fordern wird, sollte eine schriftliche Vollmacht zur Vermeidung entsprechender Nachfragen stets von vornherein vorgelegt werden. | 48

Der Bevollmächtigte kann alle Verfahrenshandlungen vornehmen (vgl § 14 Abs. 1 S. 2 VwVfG), also zB einen Antrag auf Wiedererteilung der Fahrerlaubnis stellen oder einen Widerspruch zurücknehmen. Dementsprechend soll sich die Behörde an ihn und nicht unmittelbar an den Betroffenen wenden (vgl 14 Abs. 3 VwVfG); tut sie dies ohne besonderen Grund nicht, berührt dies die Wirksamkeit der Verfahrenshandlung allerdings nicht.[33] | 49

Die Vorlage der Vollmacht wirkt sich vor allem auf die **Bekanntgabe der Entziehungsverfügung** aus. Nach § 41 Abs. 1 S. 2 VwVfG kann diese dem Bevollmächtigten gegenüber vorgenommen werden. Auch wenn die Vorschrift der Behörde Ermessen einräumt („kann"), so wird sich unter Berücksichtigung von § 14 Abs. 3 VwVfG die Bekanntgabe an den Betroffenen selbst auf Ausnahmefälle beschränken. | 50

Wählt die Behörde die förmliche **Zustellung**, dann hat diese nach § 7 Abs. 1 S. 2 VwZG[34] an den Bevollmächtigten zu erfolgen, wenn er eine schriftliche Vollmacht (im Original oder als beglaubigte Kopie) vorgelegt hat.[35] Bei einem Verstoß gegen diese zwingende Zustellungsvorschrift gilt die Verfügung als in dem Zeitpunkt zugestellt, in dem sie der Empfangsberechtigte nachweislich erhalten hat (vgl § 8 VwZG). Im Falle des § 7 Abs. 1 S. 2 VwZG ist aber allein der Bevollmächtigte und nicht der Mandant empfangsberechtigt. Wird daher die Entziehungsverfügung Letzterem zugestellt, dann gilt der Zustellungsmangel erst in dem Zeitpunkt | 51

---

31 Nach *Kopp/Ramsauer*, VwVfG, § 45 Rn 27, tritt eine Heilung aber erst mit der Entscheidung über den Widerspruch ein, wenn im Widerspruchsbescheid die vom Betroffenen vorgebrachten Gesichtspunkte darin berücksichtigt worden sind.

32 Vgl *Kopp/Ramsauer*, VwVfG, § 46 Rn 17.

33 Vgl *Kopp/Ramsauer*, VwVfG, § 14 Rn 27.

34 Einschlägig sind die Vorschriften des Landesrechts, wobei die meisten Landesgesetze entweder Vorschriften enthalten, die dem Bundesrecht (im Wesentlichen) entsprechen (Baden-Württemberg, Bayern, Mecklenburg-Vorpommern, Sachsen, Schleswig-Holstein, Thüringen), oder direkt auf Bundesrecht verweisen.

35 *Sadler*, VwVG/VwZG, § 7 VwZG Rn 9.

als geheilt, in dem der Bevollmächtigte nachweislich Kenntnis von der Verfügung erhält.[36] Dies kann dadurch geschehen, dass der Mandant seinem Rechtsanwalt die Verfügung übergibt oder die Behörde dem Rechtsanwalt die Verfügung zur Kenntnis übersendet.

c) Akteneinsicht

52 Bevor im Rahmen der Anhörung Stellung genommen wird, sollte sich ein Bevollmächtigter durch Einsichtnahme in die Verwaltungsvorgänge einen vollständigen Überblick über die der Behörde bekannten Tatsachen verschaffen, weil der vom Mandanten geschilderte Sachverhalt häufig subjektiv gefärbt und unvollständig sein wird. Ein Recht auf Akteneinsicht ergibt sich aus § 29 Abs. 1 S. 1 VwVfG. Dieses umfasst die Einsichtnahme in die **Führerscheinakte** – das sind in der Regel alle seit (erstmaliger) Erteilung der Fahrerlaubnis angefallenen Verwaltungsvorgänge – sowie in die von der Behörde beigezogenen Akten (zB auch beigezogene Gerichtsakten aus einem Strafverfahren).

53 Um im späteren Verfahrensverlauf die entscheidungserheblichen Tatsachen präsent zu haben, sollte man sich aus diesen Akten stets **Kopien** von polizeilichen Mitteilungen, ärztlichen Gutachten (Blutprobenuntersuchung, MPU), Vernehmungsprotokollen u.Ä. fertigen. Dies ist zwar nicht ausdrücklich in § 29 VwVfG geregelt, jedoch kann die Behörde nur bei Vorliegen besonderer Gründe – die im Verfahren wegen der Entziehung einer Fahrerlaubnis kaum denkbar sind – die Fertigung von Kopien (auf Kosten des Betroffenen) verweigern.[37]

54 Die Akteneinsicht erfolgt grundsätzlich bei der (aktenführenden) Behörde (vgl § 29 Abs. 3 S. 1 VwVfG). Andere Formen der Akteneinsicht können von ihr ausnahmsweise zugelassen werden (vgl § 29 Abs. 3 S. 2 VwVfG). Insbesondere steht es im Ermessen der Behörde, ob sie einem Rechtsanwalt die Akte zur Einsicht in seine Kanzlei übersendet. Auch wenn kein Anspruch auf eine solche Form der Akteneinsicht besteht, kann diese von der Behörde nicht grundsätzlich verweigert werden. Es ist zu berücksichtigen, dass die Akteneinsicht bei der Behörde für den bevollmächtigten Rechtsanwalt oft mit einem erheblichen Zeitaufwand verbunden und daher kaum praktikabel ist. Nur wenn konkrete Gründe für einen Verbleib der Akte bei der Behörde sprechen – zB Akte wird laufend benötigt (Verfahrensverzögerung), konkrete Gefahr des Verlustes –, wird eine Ablehnung der Versendung ermessensfehlerfrei sein.[38]

55 **Muster: Bestellung zum Bevollmächtigten verbunden mit Antrag auf Akteneinsicht**

↓

An das Landratsamt ▪▪▪
– Führerscheinstelle –
Ihr Anhörungsschreiben vom ▪▪▪

Ihr Az ▪▪▪ [inkl. Name des Mandanten]

Sehr geehrte/r Frau/Herr ▪▪▪ [Name des Sachbearbeiters lt. Anhörungsschreiben],

hiermit bestelle ich mich unter Vorlage einer schriftlichen Vollmacht zum Bevollmächtigten für meinen Mandaten, Herrn/Frau ▪▪▪. Es wird gebeten, Schriftverkehr zukünftig nur mit dem Unterzeichner zu führen und Zustellungen nach hier vorzunehmen.

---

36 *Sadler*, VwVG/VwZG, § 8 VwZG Rn 14 f.
37 Vgl *Kopp/Ramsauer*, VwVfG, § 29 Rn 42.
38 Vgl *Kopp/Ramsauer*, VwVfG, § 29 Rn 41.

Eine Stellungnahme zu Ihrem Anhörungsschreiben soll nach Einsichtnahme in die Verwaltungsvorgänge erfolgen. Zu diesem Zweck wird um Übersendung der Führerscheinakte (und evtl beigezogener Akten) gebeten. Die unverzügliche Rücksendung nach Einsichtnahme wird zugesichert.

Mit freundlichen Grüßen

Rechtsanwalt

Anlage: Vollmacht [Original oder beglaubigte Kopie]

Muster: Stellungnahme im Rahmen der Anhörung

56

335

An das Landratsamt ▪▪▪
– Führerscheinstelle –
Ihr Anhörungsschreiben vom ▪▪▪

Ihr Az ▪▪▪ [inkl. Name des Mandanten]

Sehr geehrte/r Frau/Herr ▪▪▪ [Name des Sachbearbeiters lt. Anhörungsschreiben],

nach Einsichtnahme in die Verwaltungsvorgänge nehme ich zu dem angeordneten ärztlichen Gutachten wie folgt Stellung:

▪▪▪

Die Voraussetzungen des § 11 [oder § 13 bzw § 14] FeV sind nicht erfüllt. ▪▪▪ [Begründung im Einzelnen]

Da die materiellen Voraussetzungen für den Erlass einer Aufklärungsanordnung somit nicht vorliegen, ist mein Mandant nicht verpflichtet, das geforderte Gutachten beizubringen. Ich fordere Sie daher auf, von weiteren Maßnahmen, insbesondere einer Entziehung der Fahrerlaubnis abzusehen.

Mit freundlichen Grüßen

Rechtsanwalt

3. Aufklärungsanordnung

a) Systematik der §§ 11, 13, 14 FeV[39]

Mit der FeV hat der Verordnungsgeber in den §§ 11, 13 und 14 FeV im Vergleich zur bisherigen, bis zum 31.12.1998 geltenden Rechtslage,[40] wesentlich detailliertere Regelungen geschaffen. Diese gelten zunächst nur für die Erteilung oder Verlängerung einer Fahrerlaubnis und für die Anordnung von Beschränkungen oder Auflagen. Für den in der anwaltlichen Praxis eigentlich relevanten Fall einer Entziehung der Fahrerlaubnis erklärt § 46 Abs. 3 FeV diese Vorschriften aber für entsprechend anwendbar.

57

Soweit in den §§ 11, 13, 14 und 46 Abs. 3 FeV von „**Tatsachen**" (die Bedenken gegen die Fahreignung begründen) die Rede ist, gilt vom Grundsatz her nichts anderes als bei § 15b

58

---

39 Auf die tatbestandlichen Voraussetzungen im Einzelnen wird bei den verschiedenen Eignungsmängeln eingegangen.
40 § 15b Abs. 2 S. 1 StVZO aF: „Besteht Anlass zur Annahme, dass der Inhaber einer Fahrerlaubnis zum Führen eines Kraftfahrzeugs ungeeignet oder nur noch bedingt geeignet ist, so kann die Verwaltungsbehörde zur Vorbereitung der Entscheidung über die Entziehung oder die Einschränkung der Fahrerlaubnis oder über die Anordnung von Auflagen je nach den Umständen die Beibringung
1. eines amts- oder fachärztlichen Gutachtens oder
2. eines Gutachtens einer amtlich anerkannten medizinisch-psychologischen Untersuchungsstelle oder
3. eines Gutachtens eines amtlich anerkannten Sachverständigen oder Prüfers für den Kraftfahrzeugverkehr
anordnen."

Abs. 2 S. 1 StVZO aF. Es müssen konkrete Anhaltspunkte einen Eignungsmangel als naheliegend erscheinen lassen. Der entscheidende Unterschied zur alten Rechtslage besteht darin, dass der Verordnungsgeber nunmehr in Teilbereichen (insbesondere bei Alkohol, § 13 FeV, und Betäubungsmitteln, § 14 FeV) selbst festgelegt hat, wann solche Eignungszweifel vorliegen und welche Maßnahmen von der Behörde zu ergreifen sind. Hierdurch sind einige, aber längst nicht alle Zweifelsfragen geklärt worden.

59 Im Verhältnis der Vorschriften zueinander ist § 11 FeV die **Generalklausel**, und die §§ 13 und 14 FeV sind spezielle Regelungen für die Bereiche Betäubungsmittel und Alkohol.[41] Will die Fahrerlaubnisbehörde Eignungsbedenken nachgehen, die sich aus dem Konsum von Betäubungsmitteln und/oder Alkohol ergeben, dann kann sie sich beim Erlass einer Aufklärungsanordnung grundsätzlich nicht auf die Generalklausel berufen, sondern sie muss sich ausschließlich auf die speziellen Regelungen stützen.

60 Ein wichtiger Ausnahmefall liegt nach der Rechtsprechung des Bayerischen Verwaltungsgerichtshofs[42] dann vor, wenn der Betroffene eine Alkoholfahrt mit einer BAK zwischen 1,1‰ und 1,6‰ begeht und vom Strafgericht – welches ihm regelmäßig auch die Fahrerlaubnis entzieht – wegen einer Straftat nach § 316 StGB verurteilt wird. Nach § 13 Nr. 2c FeV kann die Behörde in diesem Fall vor der Wiedererteilung keine MPU fordern, weil die BAK von 1,6‰ nicht erreicht ist. Gleichzeitig sind die Voraussetzungen des § 11 Abs. 3 S. 1 Nr. 4 FeV („Straftat im Zusammenhang mit dem Straßenverkehr“) erfüllt. Der Bayerische Verwaltungsgerichtshof meint nunmehr, dass diese Vorschrift hier ausnahmsweise nicht subsidiär sei, weil es sich um eine Ermessensnorm handele, bei § 13 Nr. 2c FeV jedoch um eine gebundene Entscheidung. Dem ist entgegenzuhalten, dass § 13 FeV alle Eignungszweifel umfassend regeln will, die auf einer Alkoholproblematik beruhen, und deshalb spezielle Aussagen nicht nur für diejenigen Fälle trifft, in denen die Voraussetzungen dieser Vorschrift erfüllt sind, sondern umgekehrt gerade auch dann, wenn die Eingriffsschwelle noch nicht erreicht wird.[43]

61 Diese Konstellation zeigt, dass der Handlungsspielraum der Behörde bei den speziellen Regelungen der §§ 13, 14 FeV gering ist. Liegen etwa die Voraussetzung einer Fallgruppe des § 13 FeV vor, so ist die Behörde verpflichtet, die entsprechende Maßnahme zu erlassen; diese Norm eröffnet insgesamt kein Ermessen.[44]

62 Bei den in § 14 FeV geregelten Fallgruppen handelt es sich im Wesentlichen ebenfalls um gebundene Entscheidungen. Ermessen hat die Behörde lediglich dann,

- wenn es um den widerrechtlichen Besitz von Betäubungsmitteln geht (§ 14 Abs. 1 S. 2 FeV) und
- wenn die gelegentliche Einnahme von Cannabis feststeht und weitere Tatsachen Eignungszweifel begründen (§ 14 Abs. 1 S. 4 FeV).

Liegen die tatbestandlichen Voraussetzungen vor, dürfte die Entscheidung der Behörde, eine Aufklärungsanordnung zu erlassen, in der Regel nicht zu beanstanden sein, weil sie immer das gewichtige Argument der Verkehrssicherheit ins Feld führen kann. Die rechtliche Auseinandersetzung wird daher regelmäßig nicht um die Ermessensausübung, sondern um die Frage geführt, ob die tatbestandlichen Voraussetzungen für den Erlass einer Aufklärungsanordnung vorliegen.

---

41 Vgl die Begründung der Bundesregierung zu §§ 13, 14 FeV (BR-Drucks. 443/98, S. 260, 262).
42 Urt. v. 7.5.2001 – 11 B 99.2527 = NZV 2001, 494.
43 So VG Potsdam, Urt. v. 1.7.2004 – 10 K 3925/02.
44 *Bouska/Laeverenz*, Erl. 4 zu § 13 FeV.

Hinsichtlich der Maßnahmen, die der Fahrerlaubnisbehörde zur Verfügung stehen, sind die 63
§§ 11, 13 und 14 FeV abschließend, es können also nur die dort aufgeführten Maßnahmen
angeordnet werden. So ist es unzulässig, wenn die Behörde den Betroffenen auffordert, den
behandelnden Arzt von der Schweigepflicht zu entbinden. Ein solches Vorgehen hat der Verordnungsgeber nicht vorgesehen, zumal der behandelnde Arzt nicht für eine Begutachtung
herangezogen werden kann (vgl § 11 Abs. 2 S. 5 FeV).

b) Konsequenzen bei Nichtbefolgung der Aufklärungsanordnung

aa) Nichtbeibringung des Gutachtens

Nach § 11 Abs. 8 FeV darf die Behörde auf die Nichteignung des Betroffenen schließen, 64
wenn der Betroffene

- sich weigert, sich untersuchen zu lassen, oder
- er das geforderte Gutachten nicht fristgerecht beibringt.

Im ersten Fall kommt es also bereits nicht zur Begutachtung, im zweiten Fall hat sich der
Betroffene zwar der Begutachtung unterzogen, das Gutachten aber der Behörde entweder
nicht fristgerecht oder überhaupt nicht vorgelegt.

Aus der Formulierung „darf" ergibt sich, dass nicht in jedem Fall – auch wenn dies die Regel 65
ist – auf die Nichteignung geschlossen werden kann. Dieser Schluss ist insbesondere dann
nicht zulässig, wenn der Betroffene einen **wichtigen Grund** nennen kann (zB schwere Krankheit), der ihn an der Wahrnehmung eines Termins bei dem Gutachter gehindert hat. Ein
solcher Grund ist aber konkret darzulegen, ein pauschaler Hinweis auf berufliche oder familiäre Gründe wird nicht genügen. Beim Vorliegen eines gewichtigen Grundes wird die Behörde die Frist zur Vorlage des Gutachtens verlängern.

Muster: Antrag auf Fristverlängerung bei einer Begutachtung 66

 336

An das Landratsamt ■■■
– Führerscheinstelle –

Ihre Aufklärungsanordnung vom ■■■

Ihr Az ■■■ [inkl. Name des Mandanten]

Sehr geehrte/r Frau/Herr ■■■ [Name des Sachbearbeiters lt. Anhörungsschreiben],

mit Anordnung vom ■■■ haben Sie meinen Mandanten aufgefordert, bis zum ■■■ ein ärztliches Gutachten
vorzulegen.

Es besteht grundsätzlich die Bereitschaft, sich dieser Begutachtung zu unterziehen. Die gesetzte Frist kann
jedoch nicht eingehalten werden, weil mein Mandant bis dahin aus wichtigem Grund einen Untersuchungstermin nicht wahrnehmen kann. Für die Zeit vom ■■■ bis zum ■■■ ist ein bereits seit Längerem geplanter
Auslandsaufenthalt vorgesehen, der nicht verschoben werden kann. Als Nachweis hierfür lege ich Ihnen
eine Kopie des Flugtickets [o.Ä.] vor.

Es wird daher gebeten, die Frist zur Vorlage des Gutachtens angemessen, mindestens um ■■■ Wochen, zu
verlängern.

Mit freundlichen Grüßen

Rechtsanwalt

67 Aus der Nichtbeibringung des geforderten Gutachtens kann auch dann nicht auf die fehlende Eignung geschlossen werden, wenn der Betroffene nunmehr die ursprünglich bestehenden Eignungszweifel ausräumt oder darlegt, dass die Aufklärungsanordnung zu Unrecht ergangen ist. Voraussetzung für die Anwendung des § 11 Abs. 8 FeV ist nämlich stets, dass die Anordnung rechtmäßig ist, also eine der Fallgruppen der §§ 11, 13 oder 14 FeV vorliegt.

68 **Fehlende finanzielle Leistungsfähigkeit** entschuldigt die Nichtvorlage des angeordneten Gutachtens nicht. Wie sonst bei Ausbildungskosten hat der Inhaber der Fahrerlaubnis die Kosten der Eignungsprüfung zu tragen. Dies ergibt sich aus der in § 2 Abs. 8 StVG festgeschriebenen Beibringungslast. So muss sich etwa ein Sozialhilfeempfänger um eine ratenweise Zahlung der Kosten bemühen.[45] Etwas anderes kann nach einer Entscheidung des Bundesverwaltungsgerichts[46] nur dann gelten, wenn ganz besondere Umstände vorliegen, die es einem mittellosen Betroffenen unzumutbar erscheinen lassen, die Kosten der Begutachtung zu tragen. Im konkreten Fall hat das Gericht dies jedoch verneint, und aus der Entscheidung ergibt sich auch sonst nicht, wann solche besonderen Umstände vorliegen können. In der Praxis bleibt es dabei, dass der Betroffene die Kosten zu tragen hat. Es ist nicht Aufgabe der Fahrerlaubnisbehörde, bei fehlender Leistungsfähigkeit mit finanziellen Mitteln einzuspringen. Dies ist vielmehr mit dem Sozialamt bzw der Arbeitsagentur zu klären. Hat ein Arbeitssuchender etwa eine Arbeitsstelle konkret in Aussicht und wird für diese eine Fahrerlaubnis benötigt, ist ein Antrag auf Übernahme der Begutachtungskosten bei der Arbeitsagentur zu stellen.

69 Fällt das Gutachten für den Betroffenen negativ aus, dann ist er nicht verpflichtet, dieses der Behörde vorzulegen. Die Erstellung des Gutachtens erfolgt auf der Grundlage eines privatrechtlichen Vertrags.[47] Als Auftraggeber kann der Inhaber der Fahrerlaubnis bestimmen, ob das Gutachten nur ihm ausgehändigt oder auch an die Behörde übersandt wird. Diese kann allerdings nach § 11 Abs. 8 FeV unmittelbar auf die Nichteignung schließen und muss mit dem Erlass der Entziehungsverfügung nicht abwarten, bis der Betroffene ein eventuell von ihm in Auftrag gegebenes Gegengutachten vorlegen kann.[48]

70 **Hinweis:** Hat die Behörde nach der Nichtbeibringung des Gutachtens die Fahrerlaubnis entzogen, muss man sich im Rahmen des Widerspruchsverfahrens nicht darauf beschränken, die Rechtswidrigkeit der Aufklärungsanordnung geltend zu machen. Der Betroffene kann vielmehr bis zum Erlass des Widerspruchsbescheids seine Eignung durch Vorlage eines positiven Gutachtens nachweisen. Liegt bereits ein negatives Gutachten vor, empfiehlt es sich, in Absprache mit der Behörde einen **Obergutachter** auszusuchen, der Kenntnis vom maßgeblichen Inhalt der Führerscheinakte erhält und sich mit dem ersten, negativen Gutachten auseinandersetzt.

71 **Muster: Einverständnis mit nachträglicher Begutachtung**

 ↓

An das Landratsamt ■■■
– Führerscheinstelle –

Widerspruch gegen die Entziehungsverfügung vom ■■■

Ihr Az ■■■ [inkl. Name des Mandanten]

---

45 OVG Niedersachsen, Urt. v. 8.3.1995 – 12 O 1539/95 = NZV 1995, 294; VGH Bad.-Württ., Beschl. v. 6.7.1998 – 10 S 639/98 = NZV 1998, 429.
46 Urt. v. 13.11.1997 – 3 C 1.97 = NZV 1998, 300 (zur früheren Rechtslage).
47 *Bouska/Laeverenz*, Erl. 31 zu § 11 FeV.
48 VG Karlsruhe, Beschl. v. 25.3.2002 – 12 K 436/02.

Sehr geehrte/r Frau/Herr ■■■ [Name des Sachbearbeiters],

da mein Mandant aus beruflichen Gründen darauf angewiesen ist, möglichst umgehend wieder von seiner Fahrerlaubnis Gebrauch machen zu können, besteht nunmehr doch die Bereitschaft, sich der geforderten Begutachtung zu unterziehen. Die entsprechende Einverständniserklärung mit Angabe der Begutachtungsstelle liegt bei.

Es wird gebeten, die Führerscheinakte umgehend der Begutachtungsstelle zuzuleiten, damit kurzfristig ein Untersuchungstermin vereinbart werden kann. Ich gehe davon aus, dass das Widerspruchsverfahren bis zur Vorlage des Gutachtens ruht.

Mit freundlichen Grüßen

Rechtsanwalt

Hat sich der Betroffene einer angeordneten Begutachtung gestellt und liegt das Gutachten der Behörde vor, so ist dies eine neue Tatsache, die selbständige Bedeutung hat. Dieses Gutachten kann selbst dann verwertet werden, wenn die Aufklärungsanordnung zu Unrecht ergangen ist.[49] Gleiches gilt, wenn das Gutachten der Behörde durch die Begutachtungsstelle entgegen dem ausdrücklichen Wunsch des Betroffenen vorgelegt worden ist.[50] **72**

Fällt das Gutachten positiv aus, dann ist zu prüfen, ob die Aufklärungsanordnung zu Unrecht ergangen ist. In diesem Fall hat der Betroffene unter dem Gesichtspunkt der **Folgenbeseitigung** einen Anspruch auf Erstattung der Kosten des Gutachtens.[51] Dieser Anspruch ist vor den Verwaltungsgerichten geltend zu machen. **73**

Muster: Klageschrift (Erstattung von Gutachterkosten) **74**

338

An das Verwaltungsgericht ■■■

Leistungsklage

des Herrn ■■■

– Kläger –

Prozessbevollmächtigte: RAe ■■■

gegen das Land ■■■, vertreten durch den Landrat des Kreises ■■■ – Führerscheinstelle –, ■■■,

– Beklagter –

Hiermit erhebe ich namens und in Vollmacht des Klägers Klage und beantrage,

das beklagte Land zu verurteilen, an den Kläger ■■■ EUR nebst Zinsen in Höhe von 5 Prozentpunkten über dem Basiszinssatz hieraus seit Klagerhebung zu zahlen.

Begründung:

Die zulässige Klage ist begründet.

Der Kläger hat unter dem Gesichtspunkt der Folgenbeseitigung einen Anspruch auf Erstattung der Kosten des von ihm auf Veranlassung der Führerscheinstelle in Auftrag gegebenen medizinisch-psychologischen Gutachtens.

---

49 BVerwG, Beschl. v. 19.3.1996 – 11 B 14.96 = NZV 1996, 332; BayVGH, Urt. v. 14.7.1998 – 11 B 96.2862 = NZV 1999, 100.
50 OVG NW, Beschl. v. 6.12.2001 – 19 A 1509/01.
51 BVerwG, Urt. v. 15.12.1989 – 7 C 52.88 = NZV 1990, 165.

Die Aufklärungsanordnung der Führscheinstelle vom ▪▪▪ ist rechtswidrig. Die Voraussetzungen des § 11 Abs. 3 S. 1 Nr. 4 FeV für die Anforderung eines medizinisch-psychologischen Gutachtens lagen nicht vor.

Die einmalige Überschreitung der Höchstgeschwindigkeit stellt bereits keinen schwerwiegenden Verkehrsverstoß iSv § 11 Abs. 3 S. 1 Nr. 4 FeV dar. Insbesondere ist es zu keinem Zeitpunkt zu einer Gefährdung anderer Personen gekommen. Gegen eine besondere Schwere des Verstoßes spricht zudem, ▪▪▪ [evtl Darlegung besonderer Umstände, die zu dem Fehlverhalten geführt haben].

Im Übrigen hat der Beklagte das ihm obliegende Ermessen fehlerhaft ausgeübt. Es ist in keiner Weise berücksichtigt worden, dass nicht jeder Verstoß iSv § 11 Abs. 3 S. 1 Nr. 4 FeV zwangsläufig zur Anordnung einer Begutachtung führt. Dies ergibt sich aus der Parallele zum Punktsystem des § 4 StVG, welches bei schwerwiegenden Verstößen ebenfalls nicht unbedingt so einschneidende Konsequenzen hat.

So hat der einmalige, mit 4 Punkten geahndete Vorfall für den Kläger nach dem Punktsystem keinerlei Folgen, da es sich um den ersten Verkehrsverstoß überhaupt handelt. Nach der gesetzlichen Wertung des § 4 StVG besteht keine Veranlassung für ein Tätigwerden. Diese Wertung hätte der Beklagte bei seiner Ermessensentscheidung berücksichtigen und begründen müssen, warum hier dennoch die Notwendigkeit einer Begutachtung bestehen soll. Dies ist nicht geschehen.

Die Aufklärungsanordnung hätte daher nicht ergehen dürfen. Dies wird letztlich auch durch das vorliegende Gutachten bestätigt, welches die charakterliche Kraftfahreignung des Klägers voll und ganz bejaht.

Rechtsanwalt

bb) Inhalt der Aufklärungsanordnung

75   Die Aufklärungsanordnung muss **inhaltlich bestimmt** sein. Dies erfordert zum einen die konkrete Angabe der durch die Untersuchung zu klärenden Fragestellung und zum anderen die Angabe der Art des beizubringenden Gutachtens. Bei einem fachärztlichen Gutachten (§ 11 Abs. 2 S. 3 Nr. 1 FeV) ist die genaue Angabe der Fachrichtung des (Fach-)Arztes erforderlich.[52] Es darf allerdings nicht vorgegeben werden, dass das Gutachten von einem bestimmten Arzt oder einer bestimmten Stelle (zB Institut für Rechtsmedizin der Universität XY) zu erstellen ist; der Betroffene hat insoweit ein Wahlrecht.[53]

76   Auch nach der neuen Rechtslage reicht es nicht aus, wenn sich die Behörde pauschal und unsubstantiiert auf aufgetretene Eignungszweifel beruft. Eine Mitwirkungspflicht, die im Weigerungsfall die Entziehung rechtfertigt, wird nur dann ausgelöst, wenn sich aus der Aufklärungsanordnung konkrete Tatsachen ergeben, die aus Sicht der Behörde die Zweifel an der Fahreignung begründen.[54]

77   Die Behörde kann sich auf **Feststellungen eines zuvor durchgeführten Straf- oder Bußgeldverfahrens** stützen. Derartige Feststellungen muss der Betroffene gegen sich gelten lassen, soweit nicht gewichtige Anhaltspunkte gegen deren Richtigkeit sprechen.[55] Insbesondere gilt hier nicht die „Rosinentheorie", so dass der Betroffene sich nicht im Strafverfahren auf Eigenkonsum – zur Vermeidung einer Verurteilung wegen Handeltreibens mit Betäubungsmitteln – und dann gegenüber der Fahrerlaubnisbehörde darauf berufen kann, dass die Drogen zur Weitergabe an Dritte bestimmt gewesen seien (s.o. Rn 29). Eine solche Einlassung würde in

---

52   OVG NW, Beschl. v. 4.9.2000 – 19 B 1134/00 = NZV 2001, 95. Nach VG Stuttgart (Gerichtsbescheid v. 8.11.2002 – 10 K 1457/02) muss die Bezeichnung „Facharzt für Neurologie und Psychiatrie" den Zusatz enthalten, dass der Arzt eine mindestens einjährige Praxis in der Begutachtung der Eignung von Kraftfahrern in einer Begutachtungsstelle aufweisen kann (vgl § 65 S. 3 FeV).
53   OVG Hamburg, Beschl. v. 30.3.2000 – 3 Bs 62/00 = NZV 2000, 348.
54   VGH Bad.-Württ., Beschl. v. 24.6.2002 – 10 S 985/02; OVG Rheinland-Pfalz, Beschl. v. 10.8.1999 – 7 B 11398/99 = DAR 1999, 518.
55   OVG Rheinland-Pfalz, Beschl. v. 23.5.2002 – 7 B 10765/02 = NJW 2002, 2581.

einem verwaltungsgerichtlichen Verfahren als (unglaubhafte) Schutzbehauptung gewertet werden.

Begründet die Behörde die Zweifel an der Fahreignung in der Anordnung unter anderem mit nicht verwertbaren Tatsachen (zB mit einem noch nicht abgeschlossenen Strafverfahren, vgl § 3 Abs. 3 StVG), wird die Anordnung nicht insgesamt rechtswidrig, wenn die sonstigen Tatsachen für sich genommen die Maßnahme tragen. **78**

Mit der Anordnung ist weiter eine **hinreichend bestimmte Frist für die Beibringung des Gutachtens** zu setzen, um die Mitwirkungspflicht auszulösen. Die Aufforderung, das Gutachten „innerhalb angemessener Frist" vorzulegen, reicht nicht.[56] **79**

Mit der Aufklärungsanordnung wird der Betroffene aufgefordert, sein Einverständnis mit der Begutachtung zu erklären und die Begutachtungsstelle zu benennen (damit die Behörde die Führerscheinakte dorthin übersenden kann). Wird hinsichtlich der Rücksendung der Einverständniserklärung eine Frist gesetzt, so ist deren Versäumung unschädlich, weil die Rücksendung nicht mit der Beibringung des Gutachtens gleichgesetzt werden kann, es handelt sich lediglich um eine Vorstufe zur Begutachtung.[57] **80**

Die vom Betroffenen geforderte Mitwirkungshandlung besteht nicht bloß darin, sich irgendwann einer Untersuchung zu unterziehen, vielmehr ist er zu einer **fristgerechten Mitwirkung** verpflichtet. Die Frist dient nicht nur der Verfahrensbeschleunigung, sondern hat unter Umständen auch entscheidende untersuchungstechnische Bedeutung, weil zB der Konsum bestimmter Betäubungsmittel im Urin nur wenige Tage nachgewiesen werden kann.[58] Wenn allerdings die Einhaltung der Frist für das Untersuchungsergebnis ohne Folgen ist, kann die Behörde nicht allein aufgrund der verspäteten Vorlage des Gutachtens auf die Nichteignung schließen. **81**

c) Rechtsbehelfe

Die Aufklärungsanordnung ist nach ständiger verwaltungsgerichtlicher Rechtsprechung[59] kein Verwaltungsakt iSv § 35 VwVfG (vgl Rn 44). Daher ist gegen diese Maßnahme kein Widerspruch (vgl § 68 VwGO) und erst recht keine verwaltungsgerichtliche Anfechtungsklage (vgl § 42 Abs. 1 VwGO) statthaft; diese Rechtsbehelfe sind erst gegen eine anschließende Entziehung der Fahrerlaubnis gegeben. Dies bedeutet, dass der Betroffene keine Möglichkeit hat, einen Suspensiveffekt (vgl § 80 Abs. 1 VwGO) herbeizuführen.[60] Entsprechend ist es nicht erforderlich, dass die Behörde die sofortige Vollziehung anordnet. **82**

aa) Feststellungs- oder vorbeugende Unterlassungsklage?

In der Literatur[61] gibt es zwar Stimmen, die auf die Möglichkeit einer Feststellungsklage (§ 43 VwGO) und einer vorbeugenden Unterlassungsklage (als Unterfall der allgemeinen Leistungsklage) verweisen. Diese Klagearten sind aber nicht praktikabel und spielen in der **83**

---

56 OVG Hamburg, Beschl. v. 24.2.1998 – Bs VI 114/97 = DAR 1998, 323. Nach VG Oldenburg, Beschl. v. 17.7.1997 – 7 B 2429/97 = zfs 1997, 478, soll es aber genügen, wenn der Betroffene, dem keine Frist gesetzt wurde, von sich aus um „Verlängerung der Frist" bis zu einem bestimmten Zeitpunkt bittet und dann diesen Zeitpunkt verstreichen lässt (einerseits zweifelhaft, da die Frist von der Behörde zu setzen ist, andererseits wäre es rechtsmissbräuchlich, wenn sich der Betroffene hier auf eine fehlende Frist berufen würde).

57 OVG Hamburg, Beschl. v. 30.3.2000 – 3 Bs 62/00 = NZV 2000, 348.

58 OVG NW, Beschl. v. 15.3.2002 – 19 B 405/02 – zu Drogenscreening (Blut, Urin) bei Cannabis; OVG Rheinland-Pfalz, Beschl. v. 10.8.1999 – 7 B 11398/99 = DAR 1999, 518.

59 Vgl BVerwG, Urt. v. 28.11.1969 – VII C 18.69 = NJW 1970, 1989, und zuletzt Urt. v. 27.9.1995 – 11 C 34.94 = NZV 1996, 84 (noch zu § 15b Abs. 2 StVZO aF).

60 OVG NW, Beschl. v. 22.1.2001 – 19 B 1757/00 = NZV 2001, 396.

61 Vgl insb. *Bode/Winkler*, § 10 Rn 16 f.

gerichtlichen Praxis keine Rolle. Da Entziehungsverfügungen nahezu ausnahmslos mit einer Anordnung der sofortigen Vollziehung ergehen, würden solche Klagen (gegen die Aufklärungsanordnung) stets durch ein Antragsverfahren nach § 80 Abs. 5 VwGO überholt werden.

84 Im Übrigen wäre eine Feststellungs- bzw Unterlassungsklage nach dem eindeutigen Wortlaut des § 44a S. 1 VwGO unzulässig. Nach dieser Vorschrift können Rechtsbehelfe gegen behördliche Verfahrenshandlungen nur gleichzeitig mit dem gegen die Sachentscheidung zulässigen Rechtsbehelf geltend gemacht werden. Mit der Aufklärungsanordnung wird aber noch nicht in der Sache entscheiden (daher keine Regelung iSv § 35 VwVfG), sondern die Entscheidung der Behörde im Entziehungsverfahren lediglich vorbereitet (vgl Rn 44). Die Anordnung kann auch nicht vollstreckt werden (vgl § 44a S. 2 VwGO); es handelt sich lediglich um eine freiwillige Mitwirkungshandlung. Mit Erlass der Entziehungsverfügung würde im Übrigen das Rechtsschutzinteresse für eine Feststellungs- oder Unterlassungsklage entfallen, weil Rechtsbehelfe gegen die Entziehungsverfügung ein weitergehendes Ziel haben und damit effektiver sind.

bb) Antrag auf Erlass einer einstweiligen Anordnung (§ 123 Abs. 1 VwGO)

85 Ein Antrag auf Erlass einer einstweiligen Anordnung (§ 123 Abs. 1 VwGO)[62] wäre allerdings ein effektives Mittel, da mit einer gerichtlichen Entscheidung noch vor Erlass der Entziehungsverfügung zu rechnen wäre. Ein solcher Antrag müsste das Ziel haben, den Erlass der Entziehungsverfügung bei Nichtbeibringung des geforderten Gutachtens vorläufig zu verhindern. Da es sich in der Hauptsache um eine allgemeine Leistungsklage handelt, wäre ein solcher Antrag statthaft (vgl § 123 Abs. 5 VwGO).

86 Regelmäßig wird es aber am **Rechtsschutzinteresse** fehlen. Zwar ist im Hinblick auf den durch Art. 19 Abs. 4 GG garantierten effektiven Rechtsschutz gegen einen drohenden Verwaltungsakt die Gewährung vorbeugenden – auch einstweiligen – Rechtsschutzes (gerichtet auf die Verpflichtung der Behörde, den drohenden Erlass eines Verwaltungsakts – vorläufig – zu unterlassen) ausnahmsweise dann zulässig, wenn es dem Rechtsuchenden aufgrund besonderer Umstände nicht zuzumuten ist, sich auf den von der Verwaltungsgerichtsordnung (insbesondere Klage gem. § 42 VwGO, Widerspruch gem. § 68 VwGO und Wiederherstellung der aufschiebenden Wirkung gem. § 80 Abs. 5 VwGO) als grundsätzlich angemessen und ausreichend angesehenen nachträglichen Rechtsschutz verweisen zu lassen. Bei einer Entziehung der Fahrerlaubnis wird es dem Betroffenen im Regelfall aber zuzumuten sein, den Erlass der Entziehungsverfügung abzuwarten.[63]

87 Etwas anderes ist nur dann denkbar, wenn selbst vorläufiger Rechtsschutz nach § 80 Abs. 5 VwGO gegen die Entziehungsverfügung den Eintritt **schwerwiegender Nachteile** nicht verhindern kann, wenn zB der Verlust des Arbeitsplatzes droht, weil der Betroffene als Berufskraftfahrer auf seine Fahrerlaubnis angewiesen ist und er nach der Entziehung (mit Anordnung der sofortigen Vollziehung) zunächst nicht mehr von der Fahrerlaubnis Gebrauch machen darf. Auch in diesem Fall dürften die Erfolgsaussichten eines Antrags nach § 123 Abs. 1 VwGO aber nicht hoch sein. Das Gericht kann nämlich im Verfahren nach § 80 Abs. 5 VwGO eine Zwischenregelung treffen, etwa die Vollziehung der angefochtenen Verfügung bis zur gerichtlichen Entscheidung in diesem Antragsverfahren aussetzen, und wird daher den Antrag auf Gewährung vorläufigen Rechtsschutzes gegen die Aufklärungsanordnung im Zweifel wegen fehlenden Rechtsschutzbedürfnisses als unzulässig ablehnen.

---

62 Vgl hierzu *Bode/Winkler*, § 10 Rn 18 ff.
63 OVG Hamburg, Beschl. v. 22.5.2002 – 3 Bs 71/02 = zfs 2003, 262.

Letztlich sprechen allein **prozesstaktische Überlegungen** für einen solchen vorbeugenden einstweiligen Rechtsbehelf. Auch wenn das Gericht nämlich den Antrag als unzulässig ablehnt, wird es eventuell, da es ohnehin mit der Sache befasst ist und zur Vermeidung eines weiteren Verfahrens, ergänzend Ausführungen zur Rechtmäßigkeit der Aufklärungsanordnung machen. Für den Betroffenen hat dies den Vorteil, dass er sich dann vor einer Entziehung der Fahrerlaubnis immer noch der Begutachtung stellen kann. Auch wenn man diesen Umstand berücksichtigt, ist ein Antrag nach § 123 Abs. 1 VwGO aber nur dann überlegenswert, wenn ein besonderer Grund im vorgenannten Sinne (Rn 87) geltend gemacht werden kann. Die Neigung, bei einem offensichtlich unzulässigen Antrag ergänzende Ausführungen zur Begründetheit zu machen, ist bei einem Gericht eher gering! 88

In der Praxis werden Anträge auf Gewährung vorläufigen Rechtsschutzes meist ungenau formuliert. Dies führt aber nicht zu deren Unzulässigkeit, denn das Gericht ist zur Auslegung und Präzisierung des Antrags verpflichtet (vgl § 88 VwGO). 89

Beispiel: Aufklärungsanordnung nach Cannabis-Konsum 90
M. ist **Berufskraftfahrer**. Die Fahrerlaubnisbehörde erhält Kenntnis davon, dass ein Strafverfahren wegen des Besitzes von 5 g Cannabis gegen Zahlung einer Geldbuße eingestellt worden ist. Sie ordnet daraufhin eine MPU an zur Frage, ob M. zwischen dem Konsum von Cannabis und der Teilnahme am Straßenverkehr trennen kann. M. hält dies nicht für gerechtfertigt und möchte sich der Begutachtung nicht stellen.

Muster: Antrag nach § 123 Abs. 1 VwGO 91

An das Verwaltungsgericht ▪▪▪

Antrag nach § 123 Abs. 1 VwGO

In der Sache

des Herrn ▪▪▪

– Antragsteller –

Prozessbevollmächtigte: RAe ▪▪▪

gegen

das Land ▪▪▪, vertreten durch den Landrat des Kreises ▪▪▪ – Führerscheinstelle –, ▪▪▪,

– Antragsgegner –

beantrage ich hiermit namens und in Vollmacht meines Mandanten, des Antragstellers,

dem Antragsgegner im Wege des Erlasses einer einstweiligen Anordnung vorläufig zu untersagen, wegen der Nichtbeibringung des mit Anordnung vom ▪▪▪ geforderten Gutachtens die Fahrerlaubnis zu entziehen.

Streitwert: 2.500 EUR

I. Sachverhalt

▪▪▪

II. Begründung

Der Antrag auf Erlass einer einstweiligen Anordnung ist zulässig.

Das Rechtsschutzinteresse entfällt nicht deshalb, weil der Antragsteller die Möglichkeit hat, im Falle einer Entziehung der Fahrerlaubnis mit Sofortvollzug einen Antrag nach § 80 Abs. 5 VwGO zu stellen. Bis zu einer

Entscheidung über diesen Antrag dürfte der Antragsteller von seiner Fahrerlaubnis nämlich keinen Gebrauch machen. Dies ist aber nicht zumutbar, weil der Antragsteller in diesem Zeitraum nicht seinem Beruf als Kraftfahrer nachgehen kann; ein Einsatz im Innendienst scheidet aus. Der Arbeitgeber, die Fa. ■■■, hat bereits angekündigt, den Antragsteller zu entlassen, wenn er über mehrere Wochen mangels Fahrerlaubnis nicht als Kraftfahrer eingesetzt werden kann. Angesichts der aktuellen Arbeitsmarktlage käme dies einer wirtschaftlichen Existenzvernichtung gleich. Dieser gravierende Nachteil kann nur durch die Gewährung vorläufigen Rechtsschutzes verhindert werden.

Der Antrag ist auch begründet.

Ein Anordnungsgrund – also die Eilbedürftigkeit der Sache – ergibt sich daraus, dass der Antragsgegner bereits angekündigt hat, die Fahrerlaubnis mit Sofortvollzug zu entziehen, wenn der Antragsteller sich nicht der Begutachtung stellt.

Ein Anordnungsanspruch ist ebenfalls gegeben. Die streitgegenständliche Anordnung vom ■■■ ist rechtswidrig, so dass auch eine Entziehung der Fahrerlaubnis wegen Nichtbeibringung des Gutachtens (§ 11 Abs. 8 FeV) rechtswidrig wäre.

Die Anordnung einer MPU kommt nach § 14 Abs. 1 S. 4 FeV nur dann in Betracht, wenn eine gelegentliche Einnahme von Cannabis vorliegt und weitere Tatsachen Zweifel an der Eignung begründen. Es ist bislang nicht erwiesen, dass der Antragsteller gelegentlich Cannabis konsumiert. Vor allem aber hat der Antragsteller niemals unter dem Einfluss von Cannabis am Straßenverkehr teilgenommen. Selbst von Seiten des Antragsgegners wird nicht behauptet, dass es bislang zu entsprechenden Verfahren gekommen sei. Daher fehlt es gänzlich an Tatsachen, die auf ein fehlendes Trennungsvermögen hindeuten. Die Behörde will durch die streitgegenständliche Anordnung vielmehr ins Blaue hinein ermitteln. Dies ist aber unzulässig.

Vor diesem Hintergrund ist dem Antrag vollumfänglich stattzugeben.

Rechtsanwalt

92 Für den Betroffenen hat die im Regelfall fehlende Möglichkeit, bereits gegen die Aufklärungsanordnung vorzugehen und damit deren Rechtmäßigkeit gerichtlich überprüfen zu lassen, erhebliche Nachteile. In dieser Situation hat er zwei Möglichkeiten:

- Befolgt er die Aufklärungsanordnung nicht, etwa weil er von deren Rechtswidrigkeit ausgeht, wird dies zur Entziehung der Fahrerlaubnis führen (vgl § 11 Abs. 8 S. 1 FeV). Seine Einwendungen kann er dann erst im Widerspruchsverfahren gegen die Entziehungsverfügung bzw – bei Anordnung der sofortigen Vollziehung durch die Behörde – in einem vorläufigen Rechtsschutzverfahren nach § 80 Abs. 5 VwGO geltend machen. Bis zu einer Entscheidung in diesem Verfahren ist die Entziehungsverfügung aber wirksam und der Betroffene für einen nicht unerheblichen Zeitraum nicht im Besitz einer Fahrerlaubnis.

- Auch wenn der Betroffene von der Rechtswidrigkeit der Anordnung ausgeht, wird zu überlegen sein, ob man sich nicht doch der Begutachtung stellt. Da ein negatives Gutachten – abgesehen von Hinweisen für eine Verhaltensänderung – in verfahrensrechtlicher Hinsicht keinen Vorteil bringt, sollte man sich – auch aus Kostengründen – der Begutachtung nur dann stellen, wenn Erfolgsaussichten bestehen. Fordert die Behörde eine MPU, sollte man zur Einschätzung der Erfolgsaussichten auf jeden Fall ein Beratungsgespräch mit der Begutachtungsstelle führen. Bei Drogenscreenings hängen die Erfolgsaussichten in erster Linie von der Selbsteinschätzung/-erkenntnis des Betroffenen ab. Kommt das Gutachten zu einem positiven Ergebnis, können dessen Kosten nicht automatisch bei der Behörde unter dem Gesichtspunkt der Folgenbeseitigung geltend gemacht werden; ein solcher Anspruch setzt vielmehr voraus, dass die Aufklärungsanordnung zu Unrecht ergangen ist (vgl dazu Rn 73).

4. Entziehungsverfügung

a) Charakter und Inhalt

Mit Erlass der Entziehungsverfügung wird das behördliche Ausgangsverfahren zunächst abgeschlossen. Hinsichtlich der verfahrensrechtlichen Einordnung wirft die Verfügung im Vergleich zur Aufklärungsanordnung keine Probleme auf. Es handelt sich hierbei zweifelsfrei um einen **Verwaltungsakt**. Da die Verfügung mehrere Regelungen enthält, liegen sogar mehrere Verwaltungsakte vor, was sich aber im Verfahren praktisch nicht bemerkbar macht.

93

Im Regelfall hat die Verfügung folgenden Inhalt:

94

- **Entziehung der Fahrerlaubnis** (etwa nach § 3 Abs. 1 S. 1 StVG wegen fehlender Eignung) mit – oder in Ausnahmefällen auch ohne – Anordnung der sofortigen Vollziehung.

- Aufforderung an den Betroffenen, binnen einer Frist von (meist) einer Woche den **Führerschein abzuliefern**. Diese Verpflichtung ergibt sich unmittelbar aus § 3 Abs. 3 S. 2 StVG, so dass es insoweit der Anordnung der sofortigen Vollziehung nicht Bedarf. Die Ablieferungspflicht wird wirksam mit Entziehung der Fahrerlaubnis, also wenn die (Entziehungs-)Verfügung dem Betroffenen bekannt gegeben worden ist. Falls die Behörde ausnahmsweise nicht die sofortige Vollziehung der Entziehung angeordnet hat, entfaltet der Widerspruch aufschiebende Wirkung, aus der Entziehung dürfen also keine Folgerungen gezogen werden, so dass auch die Ablieferungspflicht vorläufig entfällt.

95

- **Androhung eines Zwangsmittels** für den Fall, dass der Betroffene seiner Ablieferungspflicht nicht nachkommt. Die Vollstreckung der Ablieferungspflicht erfolgt nach den landesrechtlichen Bestimmungen der Verwaltungsvollstreckungsgesetze. Die Androhung eines Zwangsmittels ist die erste Stufe des Vollstreckungsverfahrens. Nach den landesrechtlichen Ausführungsgesetzen zur VwGO (vgl etwa § 80 Abs. 2 S. 2 VwGO iVm § 8 AGVwGO NRW) entfaltet ein Widerspruch insoweit keine aufschiebende Wirkung, so dass es keiner Anordnung der sofortigen Vollziehung bedarf. Als anzudrohende Zwangsmittel kommen – da es um eine sog. unvertretbare Handlung geht – das Zwangsgeld und der unmittelbare Zwang in Betracht. Als milderes Mittel wird die Behörde regelmäßig zunächst ein Zwangsgeld androhen müssen. Bei Nichtbefolgung der Ablieferungspflicht kann dieses festgesetzt und gleichzeitig erneut ein Zwangsmittel angedroht werden.

96

b) Maßgeblicher Zeitpunkt für die Beurteilung der Rechtmäßigkeit

Im Verwaltungsprozessrecht gilt der Grundsatz, dass bei der Anfechtungsklage auf die Sach- und Rechtslage im Zeitpunkt der letzten Behördenentscheidung abzustellen ist, während bei Verpflichtungsklagen die (letzte) mündliche Verhandlung maßgeblich ist.[64] Dies bedeutet, dass bei einer Anfechtungsklage gegen eine Entziehungsverfügung für die Frage der Rechtmäßigkeit der Entziehung der Zeitpunkt des Erlasses des Widerspruchsbescheids[65] und bei einer Verpflichtungsklage auf Erteilung der Fahrerlaubnis für die Frage des Vorliegens der Anspruchsvoraussetzungen der Zeitpunkt der mündlichen Verhandlung entscheidend ist.

97

---

64 Vgl etwa *Bosch/Schmidt*, § 39 II.
65 In mehreren Bundesländern gibt es Bestrebungen, das Widerspruchsverfahren für einige Rechtsgebiete abzuschaffen, betroffen wäre davon evtl auch das Fahrerlaubnisrecht. Fällt das Widerspruchsverfahren weg, ist auf den Zeitpunkt des Erlasses der Entziehungsverfügung abzustellen.

98   Etwas anderes ergibt sich nicht aus dem weiteren Grundsatz, dass bei Verwaltungsakten mit Dauerwirkung spätere Änderungen der Sach- und Rechtslage im gerichtlichen Verfahren zu beachten sind.[66] Zwar hat die Entziehungsverfügung für den Betroffenen eine Dauerwirkung. Da er jedoch jederzeit die Neuerteilung der Fahrerlaubnis beantragen kann, ist er mit neuen (günstigen) Tatsachen, die erst nach Abschluss des behördlichen Entziehungsverfahrens eintreten, auf das Neuerteilungsverfahren zu verweisen.

99   Im Klageverfahren kann sich für den Betroffenen die Frage stellen, wie er auf den Eintritt einer neuen Tatsache verfahrensrechtliche reagieren soll:

Beispiel: M. ist die Fahrerlaubnis entzogen worden, nachdem er sich geweigert hatte, das geforderte Gutachten (MPU, Drogenscreening) beizubringen. Wahrend des Klageverfahrens erklärt sich M. nunmehr doch zur Begutachtung bereit oder legt sogar ein neues positives Gutachten vor.

100   Das Klagebegehren hat sich hierdurch nicht erledigt, weil das neue Gutachten erst im Neuerteilungsverfahren zu berücksichtigen ist und die Entziehungsverfügung für den M. nach wie vor belastende Wirkungen entfaltet (etwa als Grundlage für die Erhebung einer Verwaltungsgebühr, die zusätzlich bei der Neuerteilung anfällt; zudem muss im Neuerteilungsverfahren unter Umständen eine neue Fahrprüfung abgelegt werden, vgl § 20 Abs. 2 FeV).

101   Im Regelfall wird der Betroffene aber das Klagebegehren gegen die Entziehungsverfügung – wegen der häufig ungewissen Erfolgsaussichten – fallen lassen. Das Gericht wird in solchen Fällen in etwa folgenden **Vergleich** vorschlagen:

Beispiel: Vergleich zwischen Betroffenem und FE-Behörde
1. Der Beklagte erteilt dem Kläger eine Fahrerlaubnis der Klassen (wie frühere Fahrerlaubnis).[67]
oder
Der Beklagte erteilt dem Kläger eine Fahrerlaubnis der Klassen [...], wenn dieser bis zum [...][68] ein die Kraftfahrereignung bejahendes Gutachten einer amtlich anerkannten Begutachtungsstelle vorlegt (und zwischenzeitlich keine neuen Eignungsmängel auftreten[69]).

2. Der Kläger trägt die Kosten des Verfahrens.[70]

102   Durch den Vergleich erledigt sich das Klagebegehren, die Entziehungsverfügung wird bestandskräftig. Alternativ könnte das Verfahren auch durch übereinstimmende Erledigungserklärungen beendet werden. Da der Vergleich aber einen Anspruch begründet, ist er vorzuziehen.

c) Anordnung der sofortigen Vollziehung

103   Die Anordnung der sofortigen Vollziehung der Entziehungsverfügung erfolgt nach § 80 Abs. 2 S. 1 Nr. 4 VwGO, und zwar durch die Ausgangs- oder die Widerspruchsbehörde, wenn dies im öffentlichen Interesse liegt. Einer vorherigen Anhörung nach § 28 VwVfG

---

66 Vgl *Bosch/Schmidt*, § 39 II.
67 In diesem Fall kann die Ausstellung des Führerscheins nicht mehr von weiteren Voraussetzungen abhängig gemacht werden; Gebühren können allerdings erhoben werden.
68 Durch die Frist wird sichergestellt, dass die unbedingte Verpflichtung zur Neuerteilung der Fahrerlaubnis nur innerhalb der Zwei-Jahres-Frist des § 20 Abs. 2 FeV besteht.
69 Hierdurch soll verhindert werden, dass eine Fahrerlaubnis aufgrund des Vergleichs erteilt werden muss, obwohl neue Eignungsmängel aufgetreten sind, die der Gutachter mangels Kenntnis nicht berücksichtigt hat.
70 Die Kostenregelung wird entscheidend von den Erfolgsaussichten des Klageverfahrens abhängen. Mit seinem Vergleichsvorschlag gibt das Gericht also zu erkennen, wie es diese einschätzt.

bedarf es nicht, weil es sich nicht um einen Verwaltungsakt handelt.[71] Die Anordnung hat zur Folge, dass die aufschiebende Wirkung des Widerspruchs bzw der Klage (sog. Suspensiveffekt, § 80 Abs. 1 S. 1 VwGO) entfällt.

Nach § 80 Abs. 3 S. 1 VwGO ist das besondere Interesse an der sofortigen Vollziehung schriftlich zu begründen. Aus der **Begründung** muss hinreichend nachvollziehbar hervorgehen, dass und aus welchen Gründen die Behörde im konkreten Fall dem besonderen öffentlichen Interesse an der sofortigen Vollziehung des Verwaltungsakts Vorrang vor dem Aufschubinteresse des Betroffenen einräumt und aus welchen im dringenden öffentlichen Interesse liegenden Gründen sie es für gerechtfertigt oder geboten hält, den durch die aufschiebende Wirkung eines Widerspruchs bzw einer Klage sonst eintretenden vorläufigen Rechtsschutz des Betroffenen einstweilen zurückzustellen. Pauschale und nichtssagende formelhafte Wendungen genügen dem Begründungserfordernis nicht. Allerdings kann sich die Behörde auf die den Verwaltungsakt selbst tragenden Erwägungen stützen, wenn die den Erlass des Verwaltungsakts rechtfertigenden Gründe zugleich die Dringlichkeit der Vollziehung belegen. Dies wird bei einer Entziehung der Fahrerlaubnis unter dem Aspekt der Gefahrenabwehr angesichts der hohen Bedeutung der Sicherheit des Straßenverkehrs meist der Fall sein. Die speziell in Bezug auf die Anordnung der sofortigen Vollziehung des Bescheids gegebene Begründung kann dann kurz gehalten werden.[72]

104

Dementsprechend genügt bei einer Entziehung der Fahrerlaubnis wegen Alkohol- oder BtM-Konsums der knappe Hinweis auf die in solchen Fällen bestehende hohe Rückfallwahrscheinlichkeit und die Gefährdung anderer Verkehrsteilnehmer durch die Teilnahme eines ungeeigneten Fahrerlaubnisinhabers am Straßenverkehr.[73]

105

Verstößt die Behörde gegen die Begründungspflicht, fehlt insbesondere eine Begründung zur Anordnung der sofortigen Vollziehung vollständig, kann ein Antrag auf Gewährung vorläufigen Rechtsschutzes allein hierauf gestützt werden. Das Gericht wird dann ohne weitere Sachprüfung, also ohne Prüfung der Erfolgsaussichten des Widerspruchs bzw der Klage, die Anordnung der sofortigen Vollziehung aufheben.[74] Dem Betroffenen ist damit aber meist wenig geholfen, weil die Behörde die sofortige Vollziehung bei einem bloßen Begründungsmangel erneut anordnen kann, dann mit ausreichender Begründung. Im Übrigen ist ein solcher Fehler der Behörde äußerst selten, da die Entziehungsverfügungen regelmäßig überwiegend aus Textbausteinen bestehen und daher die Wahrscheinlichkeit, dass die Begründung zur Anordnung vergessen wird, minimal ist.

106

Muster: Antrag nach § 80 Abs. 5 VwGO bei unzureichender behördlicher Begründung der Anordnung der sofortigen Vollziehung

107

↓

340

An das Verwaltungsgericht ▬▬▬

Antrag nach § 80 Abs. 5 VwGO

In der Sache
des Herrn ▬▬▬

– Antragsteller –

---

71 Vgl etwa *Bosch/Schmidt*, § 49 II 2.
72 Zum Vorstehenden vgl VGH Bad.-Württ., Beschl. v. 24.6.2002 – 10 S 985/02 = NZV 2002, 580 mwN.
73 OVG NW, Beschl. v. 22.1.2001 – 19 B 1757/00 = NZV 2001, 396 (Alkohol); Beschl. v. 25.3.2003 – 19 B 186/03 (Amphetamin).
74 Nach aA stellt das Gericht die aufschiebende Wirkung des Widerspruchs wieder her (zum Streitstand vgl *Bosch/Schmidt*, § 49 II 2); rechtliche Auswirkungen hat die unterschiedliche Tenorierung nicht.

Prozessbevollmächtigte: RAe ▪▪▪

gegen

das Land ▪▪▪, vertreten durch den Landrat des Kreises ▪▪▪ – Führerscheinstelle –, ▪▪▪,

– Antragsgegner –

beantrage ich hiermit namens und in Vollmacht meines Mandanten, Herrn ▪▪▪,

die Anordnung der sofortigen Vollziehung der Ordnungsverfügung des Landrats des Kreises ▪▪▪ – Führerscheinstelle – vom ▪▪▪ aufzuheben.

Streitwert: 2.500 EUR

Die nach § 80 Abs. 2 S. 1 Nr. 4 VwGO erfolgte Anordnung der sofortigen Vollziehung hinsichtlich der Entziehung der Fahrerlaubnis des Antragstellers ist aufzuheben, weil eine Begründung iSv § 80 Abs. 3 VwGO vollständig fehlt. In der Ordnungsverfügung führt der Antragsgegner lediglich aus, dass und warum seiner Auffassung nach die Voraussetzungen für eine Entziehung der Fahrerlaubnis vorliegen; das besondere Vollzugsinteresse wird jedoch mit keinem Wort erwähnt.

Die Vollziehungsanordnung ist daher aufzuheben. Ausführungen zur Rechtmäßigkeit der Entziehungsverfügung sind zum jetzigen Zeitpunkt entbehrlich, bleiben aber ausdrücklich vorbehalten.

Rechtsanwalt

108 Gibt das Gericht einem Antrag nach § 80 Abs. 5 S. 1 VwGO nicht nur wegen eines Begründungsmangels, sondern vor allem wegen Rechtswidrigkeit der Verfügung statt, kann die Behörde die sofortige Vollziehung nicht erneut anordnen.

d) Bekanntgabe

109 Eine Bekanntgabe der stets in Schriftform ergehenden Entziehungsverfügung kann durch Übersendung durch die Post erfolgen. Die Verfügung gilt dann am dritten Tag nach Aufgabe zur Post als bekannt gegeben (vgl § 41 Abs. 2 VwVfG). Bei der Berechnung der Widerspruchsfrist von einem Monat (vgl § 70 Abs. 1 S. 1 VwGO) ist darauf zu achten, dass der dritte Tag auch dann für den Beginn der Frist maßgeblich ist, wenn dieser auf einen Samstag, einen Sonntag oder einen Feiertag fällt.[75]

110 Diese **Zugangsfiktion** ist allerdings widerlegbar; im Zweifel hat die Behörde den Zugang der Entziehungsverfügung (als solchen) und dessen Zeitpunkt nachzuweisen (vgl § 41 Abs. 2 S. 2 VwVfG). Es genügt aber nicht, wenn der Betroffene lediglich pauschal behauptet, dass ihm die Verfügung erst zu einem späteren Zeitpunkt zugegangen sei; erforderlich ist der substantiierte Vortrag eines atypischen Geschehensablaufs, so dass eine gegenüber dem gesetzlich vermuteten Zeitpunkt verspätete Bekanntgabe ernsthaft möglich erscheint.[76] So kann eine **überlange Postlaufzeit** durch Vorlage vorhandener Briefumschläge (Poststempel) oder durch Hinweis auf einen Streik von Postbediensteten nachvollziehbar dargelegt werden. Hilfreich ist die Führung eines Posteingangsbuchs, bei dem bei sorgfältiger Führung in aller Regel von der Richtigkeit eines Eingangsvermerks auszugehen ist. Schließlich kann der Empfänger zum Nachweis eines späteren Eingangs Zeugen benennen oder sich selbst zur Vernehmung anbieten.

---

75 Vgl *Kopp/Ramsauer*, VwVfG, § 41 Rn 44.
76 OVG NW, Urt. v. 28.3.1995 – 15 A 3217/94 = NVwZ-RR 1995, 550.

Wird der Zugang der Verfügung als solcher bestritten, sind an die Widerlegung der Zugangsfiktion keine allzu hohen Anforderungen zu stellen, weil es um eine negative Tatsache geht, die vom Betroffenen praktisch kaum nachgewiesen werden kann.[77]   **111**

Wegen dieser Unwägbarkeiten bei der (formlosen) Bekanntgabe wird die Fahrerlaubnisbehörde meist den Weg der **förmlichen Zustellung** nach den (landesrechtlichen) Vorschriften des Verwaltungszustellungsgesetzes wählen. Das Einschreiben spielt in der Praxis keine Rolle, weil auch bei dieser Art der Zustellung die Zugangsfiktion widerlegt werden kann (vgl § 4 Abs. 1 VwZG). Den vollen Nachweis des Zugangs erhält die Behörde nur bei der Zustellungsurkunde (vgl § 3 Abs. 3 VwZG iVm §§ 182, 413 ZPO) und beim Empfangsbekenntnis (vgl § 5 Abs. 4 VwZG).   **112**

e) Gebührenbescheid

Zusätzlich zu der Entziehungsverfügung ergeht ein gesonderter Gebührenbescheid. Rechtsgrundlage für die Festsetzung ist die **Gebührenordnung für Maßnahmen im Straßenverkehr (GebOSt)**. In Ziff. 206 des Gebührentarifs wird für die Entziehung der Fahrerlaubnis ein Rahmensatz von 33,20 EUR bis 256 EUR festgesetzt. Innerhalb dieses Rahmens hat sich die Behörde bei der Festlegung der konkreten Gebühr insbesondere an dem angefallenen Verwaltungsaufwand zu orientieren (vgl § 9 Abs. 1 VwKostG). Zusätzlich hat der Betroffene die Kosten der Zustellung zu tragen (§ 2 Abs. 1 Nr. 1 GebOSt).   **113**

Ein **Widerspruch gegen den Gebührenbescheid** hat nach § 80 Abs. 2 S. 1 Nr. 1 VwGO keine aufschiebende Wirkung. Sofern also die Behörde nicht die Vollstreckung aussetzt (vgl § 80 Abs. 4 S. 2 und 3 VwGO), ist der festgesetzte Betrag zunächst trotz der fehlenden Bestandskraft der Entziehungsverfügung und des Gebührenbescheids zu entrichten. Wird hinsichtlich der Entziehungsverfügung ein Antrag nach § 80 Abs. 5 VwGO gestellt, könnte man daran denken, diesen auf den Gebührenbescheid zu erstrecken. In aller Regel ist dies aber nicht erforderlich, weil die Behörde während des vorläufigen Rechtsschutzverfahrens von der Vollstreckung des Gebührenbescheids absehen wird, und im Falle eines Obsiegens hinsichtlich der Entziehungsverfügung im Verfahren nach § 80 Abs. 5 VwGO wird die Behörde einem Aussetzungsantrag hinsichtlich der Gebühren wohl stattgegeben.   **114**

Wird die Entziehungsverfügung später aufgehoben, so entfällt damit die gebührenpflichtige Amtshandlung, der Gebührenbescheid wird im Nachhinein rechtswidrig.[78]   **115**

II. Entzug der Fahrerlaubnis wegen Ungeeignetheit

1. Begriff der Eignung

Nach § 2 Abs. 4 StVG, § 11 Abs. 1 S. 1 und 3 FeV ist geeignet zum Führen von Kfz, wer die notwendigen körperlichen und geistigen Anforderungen erfüllt. Nach § 11 Abs. 1 S. 2 FeV fehlt es daran insbesondere dann, wenn eine Erkrankung oder ein Mangel nach Anlage 4 oder 5 FeV vorliegt.   **116**

In Anlage 4 zu §§ 11, 13 und 14 FeV[79] („Eignung und bedingte Eignung zum Führen von Kfz") hat der Verordnungsgeber – wozu er gem. § 6 Abs. 1 Nr. 1c StVG befugt ist[80] – eine   **117**

---

77 OGV NW, Urt. v. 1.4.2003 – 15 A 2468/01 = NVwZ 2004, 120.
78 Dieser Grundsatz gilt dann nicht, wenn eine Gebühr bereits mit Antragstellung anfällt.
79 BGBl. I 1998, S. 2253; <http://bundesrecht.juris.de/fev>.
80 Zur Verfassungsmäßigkeit dieser Ermächtigungsgrundlage: OVG NW, Beschl. v. 2.8.2002 – 19 B 1316/02 (www.nrwe.de).

Liste häufig vorkommender Erkrankungen und Mängel aufgestellt, welche die Eignung zum Führen von Kfz längere Zeit beeinträchtigen oder aufheben können. Sonderregelungen enthalten die Anlage 5 („Eignungsuntersuchungen für Bewerber und Inhaber der Klassen C, C1, D, D1 und der zugehörigen Anhängerklasse E sowie der Fahrerlaubnis zur Fahrgastbeförderung") und die Anlage 6 („Anforderungen an das Sehvermögen").

118 Der Verordnungsgeber hat bei diesen Bewertungen die auf wissenschaftlicher Grundlage gewonnenen Erkenntnisse des Gutachtens „Krankheit und Kraftverkehr" des gemeinsamen Beirats für Verkehrsmedizin beim Bundesverkehrsministerium zugrunde gelegt. Das Gutachten ist mittlerweile durch die **„Begutachtungs-Leitlinien zur Kraftfahrereignung"** abgelöst und dabei um die psychologischen Aspekte der Kraftfahrereignung erweitert worden.[81]

119 Die Fahrerlaubnisbehörden und die Verwaltungsgerichte sind an die in Anlage 4 vorgenommenen Bewertungen gebunden. Dies setzt aber in der Regel voraus, dass die Krankheit bzw der Mangel durch ein ärztliches Gutachten, eine MPU oder ein Gutachten eines amtlich anerkannten Sachverständigen oder Prüfers für den Straßenverkehr festgestellt worden ist (vgl Ziff. 2 der Vorbemerkung zur Anlage 4 FeV). An den Inhalt eines Gutachtens sind insbesondere dann höhere Anforderungen zu stellen, wenn es nicht nur um die Feststellung eines bestimmten Krankheitsbildes geht, sondern im Einzelfall etwa um die Frage, ob bei einer bestimmten Erkrankung „abhängig von der Symptomatik" oder „abhängig von der Art und Schwere" die Kraftfahrereignung fehlt. Daher kann Gutachter nur ein Arzt sein, der eine der in § 11 Abs. 2 S. 3 FeV genannten Qualifikationen aufweist.

120 Die Bewertungen der Anlage 4 FeV gelten für den Regelfall. Unter Ziff. 3 der Vorbemerkung zur Anlage 4 FeV ist hierzu ausgeführt:

„Die nachstehend vorgenommenen Bewertungen gelten für den Regelfall. Kompensationen durch besondere menschliche Veranlagung, durch Gewöhnung, durch besondere Einstellung oder durch besondere Verhaltenssteuerungen und -umstellungen sind möglich. Ergeben sich im Einzelfall in dieser Hinsicht Zweifel, kann eine medizinisch-psychologische Begutachtung angezeigt sein."

121 Durch diesen Vorbehalt hat der Verordnungsgeber dem Umstand Rechnung getragen, dass Krankheiten nicht zwangsläufig bei jedem Fahrerlaubnisinhaber zur Ungeeignetheit führen. Den Behörden wird damit ein – gerichtlich voll überprüfbarer – **Beurteilungsspielraum** eingeräumt. Das heißt aber auch, dass sie eine Kompensation zu berücksichtigen hat und ihr insoweit kein Ermessen zusteht.

122 In der Praxis geben die Behörden dem Betroffenen vor einer Entziehung häufig Gelegenheit, die Eignung durch eine MPU nachzuweisen, obwohl die Voraussetzungen für eine Entziehung eigentlich schon vorliegen (zB bei einer Fahrt unter Cannabiseinfluss und feststehendem gelegentlichem Konsum). Auch wenn hierbei meist nicht ausdrücklich auf Ziff. 3 der Vorbemerkung zur Anlage 4 FeV verwiesen wird, handelt es sich der Sache nach um ein Gebrauchmachen von dieser Regelung. Wenn die Behörde von dieser Möglichkeit keinen Gebrauch macht, kann der Betroffene – unter Darlegung der Voraussetzungen für eine Kompensation – darauf hinweisen, um so im Entziehungsverfahren doch noch die Möglichkeit zu erhalten, die Eignung durch eine MPU nachzuweisen.

---

81 Vgl die Literaturangaben zu Beginn dieses Beitrags.

Muster: Angebot zur „freiwilligen" Begutachtung **123**

An das Landratsamt ▪▪▪
– Führerscheinstelle –

Anhörungsschreiben vom ▪▪▪

Ihr Az ▪▪▪ [inkl. Name des Mandanten]

Sehr geehrte/r Frau/Herr ▪▪▪ [Name des Sachbearbeiters],

mit Anhörungsschreiben vom ▪▪▪ haben Sie angekündigt, meinem Mandanten wegen des Vorfalls vom ▪▪▪ [Rauschfahrt] die Fahrerlaubnis zu entziehen. Dieser Vorfall wird vollumfänglich eingeräumt. Es handelte sich aber um einen Einzelfall. Zuvor hat mein Mandant stets zwischen dem ab und zu erfolgten Konsum von Cannabis und der Teilnahme am Straßenverkehr trennen können. Daher handelt es sich auch um die erste Verkehrsauffälligkeit im Zusammenhang mit Drogen. Zudem hat sich die Einstellung meines Mandanten zum Drogenkonsum nach dem Vorfall vom ▪▪▪ gewandelt. Seitdem hat er den Konsum von Cannabis vollständig aufgegeben.

Im Hinblick auf Ziff. 3 der Vorbemerkungen zur Anlage 4 FeV wird daher gebeten, meinem Mandanten die Möglichkeit zu geben, Ihre Eignungsbedenken durch Vorlage einer MPU auszuräumen.

Mit freundlichen Grüßen

Rechtsanwalt

Die **charakterliche Eignung** wird weder im StVG noch in der FeV ausdrücklich als solche erwähnt, sie ergibt sich jedoch aus der Formulierung in § 2 Abs. 4 S. 1 StVG, § 11 Abs. 1 S. 3 FeV, wonach nur derjenige geeignet ist, der „nicht erheblich oder nicht wiederholt gegen verkehrsrechtliche Vorschriften oder Strafgesetze verstoßen" hat. Es fehlt allerdings eine der Anlage 4 FeV vergleichbare Bewertung des Verordnungsgebers, wann dies der Fall ist, so dass die Festlegung der konkreten Voraussetzungen der charakterlichen Eignung im Einzelfall der Rechtsprechung vorbehalten ist. **124**

Die charakterliche Eignung kann wie folgt definiert werden (wobei dies im Einzelfall kaum weiterhilft): „Voraussetzung für die charakterliche Eignung zum Führen von Kfz, die aufgrund einer umfassenden Würdigung der Gesamtpersönlichkeit des Fahrerlaubnisinhabers nach dem Maßstab seiner Gefährlichkeit für den öffentlichen Straßenverkehr festzustellen ist, ist die charakterlich gefestigte Bereitschaft des Kraftfahrzeugführers zur Einhaltung derjenigen Regeln und Normen des menschlichen Zusammenlebens, die dem Schutz der Interessen und insbesondere der Sicherheit jedes Einzelnen dienen."[82] **125**

2. Krankheiten

In Anlage 4 FeV sind die Krankheiten, welche die Eignung oder die bedingte Eignung zum Führen von Kraftfahrzeugen ausschließen, aufgelistet. Es handelt sich dabei im Wesentlichen um folgende Arten von Krankheiten: **126**

- mangelndes Sehvermögen (vgl auch Anlage 6 FeV),
- Schwerhörigkeit und Gehörlosigkeit,
- Bewegungsbehinderungen,

---

82 OVG Mecklenburg-Vorpommern, Beschl. v. 7.11.2003 – 1 M 205/03 mwN.

- Herz- und Gefäßkrankheiten,
- Zuckerkrankheiten,
- Krankheiten des Nervensystems,
- Nierenerkrankungen.

127 Diese Aufzählung erfasst nur die häufig vorkommenden Erkrankungen und Mängel und ist nicht abschließend. Auch sonstige, in Anlage 4 FeV nicht erfasste Krankheiten, können zu einer Entziehung der Fahrerlaubnis führen. So kann etwa Magersucht (Anorexia nervosa) eine Aufklärungsanordnung der Behörde rechtfertigen.[83] In solchen, von Anlage 4 FeV nicht erfassten Fällen gilt zwar nicht die Regelvermutung des § 11 Abs. 1 S. 2, Abs. 2 S. 2 FeV. Eine Begutachtung kann aber unmittelbar auf § 11 Abs. 2 S. 1 FeV gestützt werden. Für die Frage, ob sich aus Tatsachen Eignungsbedenken im Sinne dieser Vorschrift ergeben, ist allerdings eine besonders sorgfältige Ermessensentscheidung und eine umfassende Sachverhaltsaufklärung geboten. Dabei sind privatärztliche Stellungnahmen und insbesondere im Falle komplizierter psychischer Erkrankungen auch Stellungnahmen von langfristig behandelnden Kliniken zu berücksichtigen.[84]

128 In den **Begutachtungs-Leitlinien zur Kraftfahrereignung** werden die Krankheiten und deren Auswirkungen im Einzelnen näher erläutert. Diese Leitlinien bieten für die Behörde und die Gutachter eine wichtige Orientierung, es handelt sich aber nicht um zwingende Vorgaben, so dass es bei begründetem Anlass möglich ist, im Einzelfall von ihnen abzuweichen.[85]

129 Liegen der Behörde – etwa aufgrund der Mitteilung eines behandelnden Arztes – Hinweise auf eine (eignungsrelevante) Erkrankung vor, so kann sie vom Betroffenen die Vorlage eines ärztlichen Gutachtens nach § 11 Abs. 2 FeV verlangen. Sie kann allerdings nicht unmittelbar – also ohne weitere Aufklärung – die Fahrerlaubnis entziehen, sofern der die Krankheit feststellende Arzt nicht die von § 11 Abs. 2 S. 3 FeV geforderte Qualifikation aufweist, weil er dann die Auswirkungen auf die Kraftfahrereignung nicht hinreichend beurteilen kann.

3. Psychische Auffälligkeiten

130 Auch psychische Störungen können die Eignung ausschließen. Die Ziff. 4 Anlage 4 FeV und insbesondere die Begutachtungs-Leitlinien zur Kraftfahrereignung (Ziff. 3.10) enthalten Aussagen zu folgenden Krankheitsbildern:

- organisch-psychische Störungen,
- Demenz und organische Persönlichkeitsveränderungen,
- Altersdemenz und Persönlichkeitsveränderungen durch pathologische Alterungsprozesse,
- affektive Psychosen,
- schizophrene Psychosen.

131 Bei psychisch bedingten Auffälligkeiten stellt sich häufig zunächst die Frage, wann überhaupt **hinreichende Eignungsbedenken** vorliegen und eine Aufklärungsanordnung berechtigt ist. Werden solche Auffälligkeiten von medizinisch ungeschultem Personen (zB Polizeibeamten, Privatpersonen) bemerkt, berechtigt dies nicht ohne Weiteres zu der Annahme, es sei von einer Minderung oder gar dem Verlust der Kraftfahrereignung auszugehen. Solche Wahrnehmungen beruhen auf dem subjektiven Empfinden des jeweiligen Beobachters und beinhal-

---

83 VG Stade, Urt. v. 23.7.2003 – 1 A 1865/02 = NVwZ-RR 2004, 104.
84 VG Stade, aaO.
85 Bay. VGH, Urt. v. 14.7.1998 – 11 B 96.2862 = NZV 1999, 100.

ten häufig eher Vermutungen als beweisbare Tatsachen. Zudem kann nicht ausgeschlossen werden, dass sie im Rahmen privater Auseinandersetzungen zu Zwecken persönlicher Rache und damit der Denunziation verwendet werden. Notwendig sind gerade in diesen Fällen hinreichend konkrete tatsächliche Anhaltspunkte für eine psychische Störung, die einer gutachterlichen Abklärung bedürfen.[86]

Stellen etwa Polizeibeamte anlässlich einer Verkehrskontrolle bei dem Führer eines Kfz einmalig eine depressive Verstimmung fest – zB nach Verlust des Arbeitsplatzes, Diagnose einer schweren Krankheit, Auseinandersetzungen im familiären Umfeld –, so berechtigt dies regelmäßig noch nicht zum Erlass einer Aufklärungsanordnung. **132**

Allerdings können auch solche psychischen **Auffälligkeiten, die außerhalb des Straßenverkehrs** wahrgenommen werden, eine weitere Aufklärung durch die Behörde rechtfertigen. Relevant ist hier insbesondere, wenn der Inhaber einer Fahrerlaubnis im Zustand starker Verwirrung angetroffen wird oder wenn er eine erhebliche Zerstörungswut bzw ein aggressives Verhalten zeigt. Solche Verhaltensweisen können regelmäßig auf das Verhalten im Straßenverkehr durchschlagen.[87] **133**

Auch in Fällen, die relativ offensichtlich auf eine psychische Störung hinzudeuten scheinen (zB gibt der Betroffene im Zusammenhang mit einem Verkehrsunfall an, er höre „Stimmen" und sehe sich „Geistern und Teufelserscheinungen" ausgesetzt[88]), kann die Behörde die Fahrerlaubnis aufgrund der Schwierigkeiten bei der Feststellung der Folgen solcher Verhaltensweisen auf das Verhalten im Straßenverkehr erst nach einer vorherigen (negativen) Begutachtung durch einen Facharzt nach § 11 Abs. 2 FeV entziehen. **134**

4. Alter

Ein höheres Alter ist gerade auch im Straßenverkehr mit Einbußen der Leistungsfähigkeit verbunden. Dies ist ein Grund für die von der EU-Kommission geplante Einführung einer Gültigkeitsdauer (von 10 bis 15 Jahren) von Führerscheinen, wobei sich der Inhaber einer Fahrerlaubnis vor der Verlängerung einer medizinischen Untersuchung unterziehen sollte. Die Bundesregierung hat im Ministerrat jedoch durchgesetzt, dass es eine solche Gesundheitsprüfung, die für viele ältere Personen das Aus im Straßenverkehr bedeutet hätte, jedenfalls in Deutschland nicht geben wird.[89] **135**

Nach gefestigter verwaltungsgerichtlicher Rechtsprechung begründet hohes Alter allein keine Eignungszweifel (vgl Rn 277 f). Vielmehr ist im Einzelfall anhand konkreter Tatsachen zu prüfen, ob das Leistungsvermögen zum gefahrlosen Führen eines Kfz im Straßenverkehr altersbedingt so weit abgesunken ist, dass die Leistungsmängel nicht mehr durch langjährige Erfahrung als Kraftfahrer, durch gewohnheitsmäßig geprägte Bedienungshandlungen und durch besondere Vorsicht oder großes Verantwortungsbewusstsein ausgeglichen werden können.[90] **136**

Die Behörde kann die Eignung des älteren Verkehrsteilnehmers nur dann in Frage stellen, wenn es zu **greifbaren Ausfallerscheinungen von einigem Gewicht** (nicht notwendig in Form **137**

---

86 VGH Bad.-Württ., Beschl. v. 3.9.1992 – 10 S 1884/92 = NZV 1992, 502.
87 Zu Beispielsfällen vgl VGH Bad.-Württ., aaO, und Beschl. v. 11.1.1994 – 10 S 2863/93 = NZV 1994, 248.
88 VG Karlsruhe, Beschl. v. 6.12.2000 – 10 K 3128/99.
89 Pressemitteilung des Bundesministeriums für Verkehr, Bau und Stadtentwicklung vom 27.3.2006, Nr. 102/2006.
90 OVG NW, Beschl. v. 6.12.2001 – 19 A 1509/01; VGH Bad.-Württ., Beschl. v. 27.7.1990 – 10 S 1428/90 = NJW 1991, 315.

von Unfällen) gekommen ist. In Betracht kommen hier typischerweise folgende Verhaltensweisen:[91]

■ unangemessen langsames Fahren,

■ Nichtbeachtung von Verkehrszeichen,

■ unzureichende Verkehrsbeobachtung,

■ Überfahren von Fahrstreifenbegrenzungen bzw Missachtung des Rechtsfahrgebots.

138 Aufklärungsbedarf kann sich auch dann ergeben, wenn Hinweise für eine altersbedingte Erkrankung vorliegen, welche die Kraftfahrereignung beeinträchtigen kann. In diesem Fall kann die Behörde – wie bei jeder eignungsrelevanten Krankheit (insbesondere solchen, die in Anlage 4 FeV aufgeführt sind) – eine Aufklärungsanordnung nach § 11 Abs. 2 FeV erlassen.

139 Häufig erfolgen **Mitteilungen** über (angebliche) altersbedingte Fahrauffälligkeiten durch Personen **aus dem familiären Umkreis** oder aus der Nachbarschaft des älteren Fahrerlaubnisinhabers. Eine behördliche Aufklärungsanordnung darf aber regelmäßig nicht allein mit solchen Hinweisen begründet werden, weil deren Wahrheitsgehalt kaum überprüfbar ist und die Motive für eine solche Anzeige vielfältig sein können. Die Behörde ist vielmehr verpflichtet, solchen Hinweisen durch eigene Ermittlungen nachzugehen, um sich eine hinreichend verlässliche Tatsachengrundlage für ihr weiteres Vorgehen zu verschaffen.[92]

140 Bei **Mitteilungen der Polizei** über Fahrauffälligkeiten kann die Behörde in aller Regel von der Richtigkeit der polizeilichen Feststellungen ausgehen. Die Frage, ob sich aus den Auffälligkeiten Bedenken hinsichtlich der Fahreignung ergeben, ist aber allein von der Fahrerlaubnisbehörde zu beurteilen. Werden die polizeilichen Feststellungen vom Betroffenen bestritten und weigert dieser sich, einer Aufklärungsanordnung nachzukommen, bietet es sich an, im Klageverfahren wegen Entziehung der Fahrerlaubnis die Polizeibeamten als Zeugen zu benennen.

141 Liegen tatsächlich beachtliche Fahrauffälligkeiten des älteren Verkehrsteilnehmers vor, stehen der Behörde zur Sachverhaltsaufklärung grundsätzlich zwei Mittel zur Verfügung:

■ das ärztliche Gutachten und

■ die Fahrprobe.

Ein **ärztliches Gutachten** (§ 11 Abs. 2 FeV) ist das richtige Mittel, wenn aufgrund der gezeigten Auffälligkeiten Zweifel hinsichtlich der körperlichen Konstitution des Betroffenen bestehen. Das Gutachten eines amtlichen anerkannten Sachverständigen oder Prüfers für den Straßenverkehr (= **Fahrprobe**) nach § 46 Abs. 4 FeV ist dagegen das geeignete Mittel, wenn Zweifel bestehen, ob der Betroffene altersbedingt noch zum sicheren Führen eines Kfz in der Lage, also „befähigt" ist (vgl § 2 Abs. 5 Nr. 3 StVG).

142 In der Praxis ist gerade bei altersbedingten Fahrauffälligkeiten die Abgrenzung zwischen Eignungs- und Befähigungsbedenken nicht einfach. Einerseits haben die Leistungseinbußen letztlich fast immer körperliche bzw geistige Ursachen, andererseits ist die körperliche Leistungsfähigkeit nur eines der mehreren für die Fahrtauglichkeit konstitutiven Elemente. In der Regel ist die Fahrprobe für den älteren Verkehrsteilnehmer das mildere – vor allem kostengünstigere – Mittel. Denn sie bietet ihm in besonderem Maße die Gelegenheit, als positiven Fahreignungsfaktor die in langjähriger Verkehrsteilnahme erworbene praktische Erfahrung

---

91 Vgl etwa OVG NW, Beschl. v. 6.12.2001 – 19 A 1509/01; OVG Saarland, Beschl. v. 8.6.1994 – 3 W 15/94 = zfs 1994, 350.
92 VG Saarland, Beschl. v. 13.1.1999 – 3 F 82/98 = zfs 1999, 222, und Beschl. v. 28.6.1999 – 3 F 7/99 = zfs 1999, 541.

und Routine zur Geltung zu bringen, die bei funktionspsychologischen Tests oder einem ärztlichen Gutachten unberücksichtigt bleiben würden.[93]

Fordert die Behörde vom Betroffenen die Beibringung eines ärztlichen Gutachtens, wird – wenn nicht eine konkrete Krankheit abzuklären ist – zu überlegen sein, die Ablegung einer **Fahrprobe als „Austauschmittel"** anzubieten. Für den Betroffenen hat dies noch den Vorteil, dass er sich auf die Fahrprobe – anders als auf die ärztliche Untersuchung – durch Absolvierung von Fahrstunden bei einer Fahrschule vorbereiten kann – und in jedem Fall auch schon im Hinblick auf die ungewohnte Prüfungssituation vorbereiten sollte.

143

5. Betäubungsmittel (§ 14 FeV)

In der praktischen Arbeit der Fahrerlaubnisbehörden und der Verwaltungsgerichte stehen die Fälle im Vordergrund, in denen die Fahrerlaubnis wegen des Konsums von Betäubungsmitteln (insbesondere Cannabis) entzogen worden ist. Ursache hierfür ist die Tatsache, dass die Erfahrung mit illegalen Drogen – und dabei insbesondere mit Cannabis – im letzten Jahrzehnt deutlich zugenommen hat, und zwar sowohl bei jungen Männern (1993: 23%, 2004: 36%) als auch bei jungen Frauen (1993: 12%, 2004: 27%). Bei den Erwachsenen ist mittlerweile von einem (fast) täglichen Konsum von Cannabis bei 0,8% der 18- bis 59-Jährigen und 2% bei den 18- bis 29-Jährigen auszugehen.[94]

144

Hinsichtlich des Begriffs der Betäubungsmittel (BtM) verweist die FeV (etwa in § 14 Abs. 1 S. 1 Nr. 1 FeV) auf das Betäubungsmittelgesetz (BtMG), also auf § 1 Abs. 1 BtMG iVm den Anlagen I bis III. Für die Aufklärung von Eignungszweifeln beim Konsum von BtM enthält § 14 FeV – als Spezialvorschrift zu § 11 FeV – eine detaillierte Regelung. Differenziert wird dabei zwischen den Fragestellungen, bei denen ein ärztliches Gutachten erforderlich ist (§ 14 Abs. 1 S. 1 und 2 FeV) und den Fällen, die eine MPU erfordern (§ 14 Abs. 1 S. 4 und Abs. 2 FeV).

145

Die Beibringung eines ärztlichen Gutachten ist nach § 14 Abs. 1 S. 1 FeV anzuordnen (gebundene Entscheidung), wenn konkrete Tatsachen die Annahme begründen, dass eine

146

- Abhängigkeit von BtM oder anderen psychoaktiv wirkenden Stoffen (Ziff. 9.3 Anlage 4 FeV),
- Einnahme von BtM (Ziff. 9.1 Anlage 4 FeV) oder
- missbräuchliche Einnahme von psychoaktiv wirkenden Stoffen (Ziff. 9.4 Anlage 4 FeV: Ungeeignetheit bei regelmäßig übermäßigem Gebrauch; psychoaktiv wirkende Stoffe sind zB Opiate, Schlafmittel, Tranquilizer, Psychostimulantien etc.)

vorliegt.

Hinweis: Die Einnahme von BtM im Zusammenhang mit dem Führen eines Kfz ist in diesen Fällen grundsätzlich nicht Voraussetzung für den Erlass einer Aufklärungsanordnung!

Ein ärztliches Gutachten *kann* nach § 14 Abs. 1 S. 2 FeV bei widerrechtlichem Besitz von BtM angeordnet werden (Ermessensentscheidung). Eine MPU *kann* nach § 14 Abs. 1 S. 4 FeV angeordnet werden, wenn gelegentlich Cannabis eingenommen wird (der Konsum steht fest!) und weitere Tatsachen Zweifel an der Eignung begründen. Eine MPU *ist* nach § 14 Abs. 2 FeV anzuordnen, wenn die Fahrerlaubnis aus einem der in Abs. 1 genannten Gründe

147

---

93 VGH Bad.-Württ., Beschl. v. 27.7.1990 – 10 S 1428/90 = NJW 1991, 315.
94 Vgl „Jugendkult Cannabis: Risiken und Hilfen", Bericht der Drogenbeauftragten der Bundesregierung, Stand: Juni 2005; „Die Drogenaffinität Jugendlicher in der Bundesrepublik Deutschland 2004" (Teilband: Illegale Drogen), Bundeszentrale für gesundheitliche Aufklärung, November 2004.

entzogen war oder zu klären ist, ob Abhängigkeit noch besteht, oder die in Abs. 1 genannten Stoffe oder Mittel noch eingenommen werden.

148 Der Behörde steht ein **Ermessen** hinsichtlich des Erlasses einer Aufklärungsanordnung also nur bei folgenden Sachverhalten zu:

- „bloßer" widerrechtlicher Besitz von BtM, also wenn die Einnahme nicht nachgewiesen werden kann (ärztliches Gutachten, ob BtM – auch Cannabis – eingenommen werden),
- feststehende gelegentliche Einnahme von Cannabis, wenn weitere Tatsachen Zweifel an der Eignung begründen (MPU: Trennung von Konsum und Fahren).

149 Die Konsequenzen eines BtM-Konsums werden in den – mangels Rechtscharakters allerdings nicht bindenden – **Begutachtungs-Leitlinien zur Kraftfahrereignung** unter Ziff. 3.12.1 „Sucht (Abhängigkeit) und Intoxikationszustände" beschrieben:

„Leitsätze

Wer Betäubungsmittel im Sinne des Betäubungsmittelgesetzes (BtMG) nimmt oder von ihnen abhängig ist, ist nicht in der Lage, den gestellten Anforderungen zum Führen von Kraftfahrzeugen beider Gruppen gerecht zu werden. Dies gilt nicht, wenn die Substanz aus der bestimmungsgemäßen Einnahme eines für einen konkreten Krankheitsfall verschriebenen Arzneimittels herrührt.

Wer regelmäßig (täglich oder gewohnheitsmäßig) Cannabis konsumiert, ist in der Regel nicht in der Lage, den gestellten Anforderungen zum Führen von Kraftfahrzeugen beider Gruppen gerecht zu werden. Ausnahmen sind nur in seltenen Fällen möglich, wenn eine hohe Wahrscheinlichkeit gegeben ist, dass Konsum und Fahren getrennt werden und wenn keine Leistungsmängel vorliegen.

Wer gelegentlich Cannabis konsumiert, ist in der Lage, den gestellten Anforderungen zum Führen von Kraftfahrzeugen beider Gruppen gerecht zu werden, wenn er Konsum und Fahren trennen kann, wenn kein zusätzlicher Gebrauch von Alkohol oder anderen psychoaktiv wirkenden Stoffen und wenn keine Störung der Persönlichkeit und kein Kontrollverlust vorliegen.

Wer von anderen psychoaktiv wirkenden Stoffen, zB Tranquilizer, bestimmte Psychostimulanzien, verwandte Verbindungen bzw deren Kombinationen (Polytoxikomanie), abhängig ist, wird den gestellten Anforderungen beim Führen von Kraftfahrzeugen nicht gerecht (zur Abhängigkeit wird auf die Definition in Kapitel 3.11.2 hingewiesen).

Wer, ohne abhängig zu sein, missbräuchlich oder regelmäßig Stoffe der oben genannten Art zu sich nimmt, die die körperlich-geistige (psychische) Leistungsfähigkeit eines Kraftfahrers ständig unter das erforderliche Maß herabsetzen oder die durch den besonderen Wirkungsablauf jederzeit unvorhersehbar und plötzlich seine Leistungsfähigkeit oder seine Fähigkeit zu verantwortlichen Entscheidungen (wie den Verzicht auf die motorisierte Verkehrsteilnahme) vorübergehend beeinträchtigen können, ist nicht in der Lage, den gestellten Anforderungen zum Führen von Kraftfahrzeugen beider Gruppen gerecht zu werden.

Sind die Voraussetzungen zum Führen von Kraftfahrzeugen ausgeschlossen, so können sie nur dann wieder als gegeben angesehen werden, wenn der Nachweis geführt wird, dass kein Konsum mehr besteht. Bei Abhängigkeit ist in der Regel eine erfolgreiche Entwöhnungsbehandlung zu fordern, die stationär oder im Rahmen anderer Einrichtungen für Suchtkranke erfolgen kann.

Nach der Entgiftungs- und Entwöhnungszeit ist in der Regel eine einjährige Abstinenz durch ärztliche Untersuchungen nachzuweisen (auf der Basis von mindestens vier unvorhersehbar anberaumten Laboruntersuchungen innerhalb dieser Jahresfrist in unregelmäßigen Abständen). Zur Überprüfung der Angaben über angebliche „Suchtstofffreiheit" können insbesondere bei einer Reihe von Pharmaka und Betäubungsmitteln auch Haare in die Analytik einbezogen werden (unter Umständen abschnittsweise).

Bei i.v.-Drogenabhängigen kann unter bestimmten Umständen eine Substitutionsbehandlung mit Methadon indiziert sein. Wer als Heroinabhängiger mit Methadon substituiert wird, ist im Hinblick auf eine hinreichend beständige Anpassungs- und Leistungsfähigkeit in der Regel nicht geeignet, ein Kraftfahrzeug zu führen. Nur in seltenen Ausnahmefällen ist eine positive Beurteilung möglich, wenn besondere Umstände dies im Einzelfall rechtfertigen. Hierzu gehören u.a. eine mehr als einjährige Methadonsubsti-

tution, eine psychosoziale stabile Integration, die Freiheit von Beigebrauch anderer psychoaktiver Substanzen, incl. Alkohol, seit mindestens einem Jahr, nachgewiesen durch geeignete, regelmäßige, zufällige Kontrollen (z. B. Urin, Haar) während der Therapie, der Nachweis für Eigenverantwortung und Therapie-Compliance sowie das Fehlen einer Störung der Gesamtpersönlichkeit. Persönlichkeitsveränderungen können nicht nur als reversible oder irreversible Folgen von Missbrauch und Abhängigkeit zu werten sein, sondern ggf auch als vorbestehende oder parallel bestehende Störung, insbesondere auch im affektiven Bereich. In die Begutachtung des Einzelfalles ist das Urteil der behandelnden Ärzte einzubeziehen. Insoweit kommt in diesen Fällen neben den körperlichen Befunden den Persönlichkeits-, Leistungs-, verhaltenspsychologischen und den sozialpsychologischen Befunden erhebliche Bedeutung für die Begründung von positiven Regelausnahmen zu.

Begründung

Menschen, die von einem oder mehreren der oben genannten Stoffe abhängig sind, können für die Zeit der Wirkung eines Giftstoffes oder sogar dauernd schwere körperlich-geistige (psychische) und die Kraftfahrleistung beeinträchtigende Schäden erleiden. So können als Folge des Missbrauchs oder der Abhängigkeit krankhafte Persönlichkeitsveränderungen auftreten, insbesondere Selbstüberschätzung, Gleichgültigkeit, Nachlässigkeit, Erregbarkeit und Reizbarkeit. Es kommt schließlich zur Entdifferenzierung und Depravation der gesamten Persönlichkeit.

Bei einigen Drogen kann es sehr schnell zu schweren Entzugssymptomen kommen, die innerhalb weniger Stunden nach der Einnahme auftreten und die die Fahrtauglichkeit erheblich beeinträchtigen. Dies gilt insbesondere für Heroin wegen der bekannten kurzen Halbwertzeit.

Außerdem kann die langdauernde Zufuhr größerer Mengen dieser toxischen Stoffe zu Schädigungen des zentralen Nervensystems führen.

Die besondere Rückfallgefahr bei der Abhängigkeit rechtfertigt die Forderung nach Erfüllung bestimmter Voraussetzungen. Im Allgemeinen wird man hierfür den Nachweis einer erfolgreichen Entwöhnungsbehandlung verlangen müssen. Der Erfolg ist nicht schon bei Abschluss der Entwöhnungsbehandlung zu erkennen, sondern erst nach Ablauf des folgenden besonders rezidivgefährdeten Jahres.

Es ist im Übrigen für die angemessene Begründung einer positiven Verkehrsprognose wesentlich, dass zur positiven Veränderung der körperlichen Befunde einschließlich der Laborbefunde ein tiefgreifender und stabiler Einstellungswandel hinzutreten muss, der es wahrscheinlich macht, dass der Betroffene auch in Zukunft die notwendige Abstinenz einhält."

a) Cannabis

aa) Wirkungen

Soweit in der FeV der Begriff „Cannabis" verwendet wird, ist dies ungenau, weil es sich hierbei zunächst einmal lediglich um den lateinischen Namen der Hanfpflanze handelt. Der Verordnungsgeber hat mit dieser sprachlichen Regelung dem Umstand Rechnung getragen, dass unter Cannabis im allgemeinen Sprachgebrauch die aus der Hanfpflanze hergestellten Rauschmittel verstanden werden.   150

Die berauschende Wirkung der Hanfpflanze resultiert im Wesentlichen aus dem in ihr enthaltenen Wirkstoff **Delta-9-Tetrahydrocannabinol (THC)**. Der Wirkstoffgehalt variiert bei den verschiedenen, aus der Hanfpflanze hergestellten Rauschmitteln erheblich:[95]   151

- **Marihuana** („Gras"): Hierbei handelt es sich um ein tabakartiges Gemisch aus den getrockneten Blättern und Blüten der weiblichen Hanfpflanze, das vor allem als „Joint" geraucht wird; der THC-Gehalt beträgt zwischen 1% und 5%.

---

95 Zum Wirkstoffgehalt vgl BGH, Urt. v. 18.7.1984 – 3 StR 183/84 = NJW 1985, 1404.

- Als **Haschisch** („Shit") bezeichnet man das gepresste Harz der Hanfpflanze, welches geraucht oder in gelöster Form zur Zubereitung THC-haltiger Speisen verwendet wird; der THC-Gehalt beträgt bis zu 15%.

- **Haschisch-Öl:** Es handelt sich um das aus der Hanfpflanze extrahierte Öl, das mit Tabak vermischt, auf Papier geträufelt und gelutscht, geraucht oder zur Zubereitung THC-haltiger Getränke und Speisen verwendet wird; der THC-Gehalt kann bis zu 60% betragen. Wegen der schwierigen Dosierung spielt diese Form des Cannabis auf dem (illegalen) Markt eine eher untergeordnete Rolle.

152 Eine „**Rauschdosis**" erfordert min. 15 mg[96] THC. 1 g Haschisch reicht daher bei einem im unteren Bereich liegenden THC-Gehalt von 5% für drei bis vier Konsumeinheiten und bei einem im oberen Bereich liegenden THC-Gehalt von 8% für fünf bis sechs Konsumeinheiten. Fehlen Feststellungen zur konkreten Wirkstoffkonzentration, kann ein THC-Gehalt zwischen 5% und 8% zugrunde gelegt werden.[97]

153 Zu den **verkehrsbezogenen Wirkungen** von Cannabis kann zunächst auf die Publikationen von *Kannheiser*[98] sowie auf die im Auftrag des Bundesverfassungsgerichts[99] erstellten Gutachten von *Berghaus*[100] und *Krüger*[101] verwiesen werden.

154 Dass im akuten **Cannabisrausch** und während einer mehrstündigen Abklingphase die aktuelle Fahrtüchtigkeit beeinträchtigt bzw ausschlossen ist, ist wissenschaftlich nachgewiesen.[102] Es gibt jedoch **keinen Schwellenwert** für die relative/absolute Fahruntüchtigkeit – wie beim Alkohol –, weil sich die konkreten Auswirkungen eines Konsums schwer vorhersagen lassen und die Rauschwirkungen u.a. entscheidend von der Art und Beschaffenheit des konsumierten Produkts abhängen. Auch gibt es keine gesicherten Kenntnisse darüber, wann die Fahreignung vollständig wiederhergestellt ist. Die gängige Faustformel, dass dies in der Regel 24 Stunden nach dem Cannabis-Konsum der Fall ist, gilt allenfalls bei einer einmaligen Aufnahme und versagt vor allem bei ständigem Konsum, da bei solchen Konsummustern Fahrfehler und erhebliche THC-Konzentrationen auch 24 Stunden nach der Aufnahme festgestellt werden können.[103]

bb) Besitz/Eigenkonsum von Cannabis

155 **Beispiel:** Ein Tramper wird auf einer Autobahnraststätte von der Polizei einer routinemäßigen Kontrolle unterzogen. Bei ihm werden 0,2 g Marihuana gefunden. Im Rahmen einer informatorischen Befragung gibt er gegenüber Polizeibeamten an, am Vorabend bei einem Musikfestival einmal Cannabisprodukte konsumiert zu haben.[104]

156 In § 14 Abs. 1 FeV wird unterschieden zwischen dem Konsum (S. 1 Nr. 2) – Folge: Verpflichtung der Behörde zur Anordnung eines ärztlichen Gutachtens (Drogenscreening) – und dem feststehenden „bloßen" Besitz von Cannabis (S. 2) – Folge: Ermessen. Die Regelung in S. 2 hat allerdings kaum praktische Relevanz, weil ein Besitz geringer Mengen von Cannabis in

---

96 Mg = Milligramm (1 g = 1.000 Milligramm).
97 OVG NW, Beschl. v. 22.11.2001 – 19 B 814/01 = NZV 2002, 427.
98 *Kannheiser*, NZV 2000, 57: *Kannheiser/Maukisch*, NZV 1995, 417.
99 In den Verfahren 1 BvR 2062 u. 1143/98.
100 Blutalkohol 39, 321 (2002); <www.medizin.uni-koeln.de/institute/rechtsmedizin/ga_bvg.html>.
101 Blutalkohol 39, 336 (2002).
102 So etwa das BVerfG in seinen grundlegenden Entscheidungen zum Cannabis: Beschl. v. 20.6.2002 – 1 BvR 2062/96 – (Tz 44) = NZV 2002, 422, und Beschl. v. 8.7.2002 – 1 BvR 2428/95 – (Tz 7) = NZV 2002, 529.
103 VG Sigmaringen, Urt. v. 28.9.2004 – 4 K 1327/04.
104 Nach VGH Bad.-Württ., Beschl. v. 5.11.2001 – 10 S 1337/01 = NZV 2002, 249; VG Freiburg, Beschl. v. 9.3.2000 – 4 K 419/00.

aller Regel hinreichende tatsächliche Anhaltspunkte für einen Eigenverbrauch begründet und daher unmittelbar auf die Regelung in S. 1 Nr. 2 zurückgegriffen werden kann.[105]

Danach könnte im vorgenannten Beispiel Rn 155 von der Behörde nach § 14 Abs. 1 S. 1 Nr. 2 FeV ein Drogenscreening gefordert werden, weil aufgrund des Besitzes von Marihuana und der eigenen Angaben von einem Konsum von Betäubungsmitteln auszugehen ist. Unerheblich ist es nach dem Wortlaut der Vorschrift, dass keine Anhaltspunkte dafür vorliegen, dass der Tramper unter dem Einfluss von Cannabis aktiv am Straßenverkehr teilgenommen hat. | **157**

Das **BVerfG** ist allerdings mit seinem Beschluss vom 20.6.2002[106] (bei dem Betroffenen wurden bei einer polizeilichen Personenkontrolle 5 g Haschisch gefunden) der bisherigen Rechtsprechung zum Besitz geringer Mengen Cannabis nicht gefolgt. Nach Ansicht des BVerfG rechtfertigt der **bloße Besitz einer geringen Menge** – der allerdings in aller Regel auf Eigenkonsum schließen lasse – allein nicht die Anordnung von Aufklärungsmaßnahmen, also eines Drogenscreenings. Es müssten vielmehr hinreichend konkrete Verdachtsmomente dafür vorliegen, dass der Betroffene nicht zwischen drogenkonsumbedingter Fahruntüchtigkeit und dem Führen eines Kfz trennen könne. | **158**

In seinem nahezu zur gleichen Zeit ergangenen Beschluss vom 8.7.2002[107] hat das BVerfG das Vorliegen von Verdachtsmomenten für fehlendes Trennungsvermögen bejaht, weil im Fahrzeug (Aschenbecher) des Betroffenen die Reste eines Joints gefunden worden waren und daher die Annahme nahe lag, „dass im Fahrzeug selbst und mit hoher Wahrscheinlichkeit auch in engem zeitlichem Zusammenhang mit einer Teilnahme am Straßenverkehr Haschisch konsumiert worden war." | **159**

Ergänzende Anhaltspunkte für Eignungsmängel, die neben dem festgestellten Besitz von Cannabisprodukten Aufklärungsmaßnahmen der Behörde nach § 14 FeV rechtfertigen, sind nach dem Beschluss des BVerfG vom 20.6.2002[108] insbesondere: | **160**

- Führen eines Kfz unter Drogeneinfluss (s.u. Rn 161);
- erheblicher Konsum über einen längeren Zeitraum (s.u. Rn 163 ff);
- Zugehörigkeit zu einer besonders gefährdeten Personengruppe (Jugendliche in der Entwicklungsphase; Person mit latent vorhandenen Psychosen; s.u. Rn 166).

Bei der ersten Fallgruppe – **Führen eines Kfz im Cannabisrausch** – besteht für die Fahrerlaubnisbehörde in der Regel keine Veranlassung, ein Drogenscreening zu fordern. Solche Rauschfahrten werden nur dann bekannt, wenn der Betroffene im Rahmen einer polizeilichen Verkehrskontrolle aufgefallen ist. Die Polizei wird in diesem Fall nach § 81a StPO die Entnahme einer Blutprobe anordnen. Das Ergebnis der Untersuchung der Blutprobe, welches auch der Fahrerlaubnisbehörde vorliegt, lässt aber meist hinreichende Rückschlüsse auf das Konsumverhalten zu,[109] so dass dieses nur in Ausnahmefällen noch einmal abgeklärt werden muss. | **161**

---

105 BVerwG, Beschl. v. 30.12.1999 – 3 B 150/99 = NZV 2000, 345; OVG Rheinland-Pfalz, Beschl. v. 10.8.1999 – 7 B 11398/99 = DAR 1999, 518; VGH Bad.-Württ., Beschl. v. 28.9.1995 – 10 S 2474/95 = NZV 1996, 46; aA OVG NW, Beschl. v. 22.11.2001 – 19 B 814/01 = NZV 2202, 427.
106 Az 1 BvR 2062/96. Entscheidungen des BVerfG können auf dessen Homepage (www.bverfg.de) kostenfrei abgerufen werden.
107 Az 1 BvR 2428/95.
108 Az 1 BvR 2062/96 (Tz 44, 56).
109 Vgl die Ausführungen zum gelegentlichen und regelmäßigen Konsum (Rn 176 ff, 187 ff).

162 Indizien für einen **erheblichen Konsum über einen längeren Zeitraum** können nach dem Erlass des Ministeriums für Verkehr, Energie und Landesplanung des Landes Nordrhein-Westfalen vom 18.12.2002 folgende Umstände sein:

■ strafrechtliche Auffälligkeiten im Zusammenhang mit Drogen (Beschaffungskriminalität, Zuwiderhandlungen unter Drogeneinfluss),

■ Vernachlässigung sozialer Pflichten (Schule, Beruf, äußere Erscheinung),

■ regelmäßiger Kontakt zur Szene,

■ fortgesetzter Konsum trotz körperlicher und psychischer Folgeschäden,

■ Besitz einer größeren Menge Cannabis.

163 Praktisch relevant sind vor allem die Fälle, in denen der Inhaber der Fahrerlaubnis (bei einer Polizeikontrolle) mit einer **größeren Menge Cannabis** angetroffen wird, ohne dass ihm ein Konsum im Zusammenhang mit dem Straßenverkehr nachgewiesen werden kann. Von Eigenkonsum ist in diesen Fällen regelmäßig auszugehen, sofern die Menge nicht eine Größenordnung erreicht, die zwangsläufig auf einen Fremdverbrauch, also einen Fall des Handeltreibens schließen lässt. Zweck eines Drogenscreenings ist es dann, das konkrete Konsumverhalten des Betroffenen abzuklären, insbesondere also zu ermitteln, ob sogar regelmäßiger Cannabis-Konsum vorliegt.

164 Ob die Behörde ein Drogenscreening verlangen kann, hängt unter anderem davon ab, ab welcher Größenordnung von einer „größeren Menge" auszugehen ist. In dem vorgenannten Erlass aus Nordrhein-Westfalen (Rn 162) wird diese mit ≥ 10 g Haschisch angesetzt. Dies erscheint auf den ersten Blick relativ hoch, wenn man bedenkt, dass hieraus – abhängig vom Wirkstoffgehalt – bis zu 50 Konsumeinheiten hergestellt werden können. Es ist aber zu berücksichtigen, dass es in dem vom BVerfG entschiedenen Fall[110] um den Besitz von 5 g Haschisch ging. Das Gericht ist bei dieser Menge aber noch nicht von einem erheblichen Missbrauch ausgegangen und hat das Drogenscreening dementsprechend nicht für gerechtfertigt erachtet.

165 Wichtiger als die konkrete Menge erscheinen im Übrigen die Angaben, die der Betroffene im Rahmen einer – sich an die Verkehrskontrolle anschließenden – polizeilichen Vernehmung macht. Soweit dabei detaillierte Angaben zum Konsumverhalten erfolgen, kann dies ein wesentlich deutlicheres Bild ergeben, als wenn man anhand der vorgefundenen Menge fiktiv den Verbrauch errechnet.

166 Problematisch ist die Fallgruppe der **„besonders gefährdeten Personengruppe"**, weil der Konsum von Haschisch bei Jugendlichen und sonstigen gefährdeten Personen – anders als bei Erwachsenen – chronische Beeinträchtigungen der Leistungsfähigkeit zur Folge haben kann.[111] Nimmt man die Rechtsprechung des BVerfG ernst, kann sich insbesondere bei Bewerbern, die bereits als jugendliche Cannabis-Konsumenten in Erscheinung getreten sind, die Frage stellen, ob vor Erteilung der Fahrerlaubnis ein ärztliches Gutachten oder eine MPU erforderlich ist. Eine entsprechende Aufklärungsanordnung der Behörde (Drogenscreening) wird jedenfalls dann nicht zu beanstanden sein, wenn der letztmalige Konsum nicht allzu lange zurückliegt. Räumt der Jugendliche sogar einen gelegentlichen Konsum ein, ist nach § 14 Abs. 1 S. 4 FeV vor (erstmaliger) Erteilung der Fahrerlaubnis eine MPU geboten.[112]

---

110 Beschl. v. 20.6.2002 – 1 BvR 2062/96.
111 BVerfG, Beschl. v. 20.6.2002 – 1 BvR 2062/96 (Tz 44).
112 OVG Niedersachsen, Beschl. v. 15.11.2002 – 12 ME 700/02 = DAR 2003, 45.

Aus der **Rechtsprechung des BVerfG** sind im Ergebnis folgende **Konsequenzen** zu ziehen:[113]   **167**

- Der Beschluss bezieht sich zwar auf behördliche bzw verwaltungsgerichtliche Entscheidungen, die zum „alten" Recht (§ 15b StVZO) ergangen sind. Die Ausführungen zur Eignung sind jedoch in vollem Umfang auf das „neue" Recht zu übertragen.

- Der bloße Besitz einer kleinen Menge Cannabis rechtfertigt die Anordnung eines Drogenscreenings nur bei Vorliegen weiterer Verdachtsmomente für fehlende Trennungsbereitschaft. § 14 Abs. 1 S. 1 Nr. 2 und S. 2 FeV ist entsprechend verfassungskonform auszulegen.

- Einmaliger oder gelegentlicher Cannabis-Konsum ohne Bezug zum Straßenverkehr rechtfertigen für sich genommen keine Aufklärungsmaßnahmen, da nach den vom BVerfG eingeholten Gutachten das Fehlen einer Trennungsbereitschaft/-fähigkeit bei den Konsumenten nicht überwiegend wahrscheinlich ist. Bestehen aber hinreichend konkrete Verdachtsmomente für das Vorliegen eines der Zusatzelemente im Sinne von Nr. 9.2.2 Anlage 4 FeV (zB fehlendes Trennungsvermögen zwischen Fahren und Konsum) oder stehen solche sogar fest und ist das Ausmaß des Cannabis-Konsums eines Fahrerlaubnisinhabers, bei dem zumindest ein einmaliger Konsum festgestellt worden ist, unklar, ist die Behörde aufgrund von § 14 Abs. 1 S. 1 Nr. 2 FeV berechtigt, ein Drogenscreening anzuordnen.[114]

Im Beispiel Rn 155 bedeutet dies im Ergebnis, dass die Behörde vom Betroffenen kein Drogenscreening verlangen kann, weil keiner der vorgenannten Verdachtsmomente vorliegt.

Festzuhalten ist allerdings, dass die Rechtsprechung des BVerfG eine behördliche Aufklärungsmaßnahme nicht ausschließt, wenn unter dem Einfluss von Cannabis ein Kfz geführt wird oder wenn der Betroffene gelegentlich Cannabis konsumiert und er diesen Konsum nicht zu kontrollieren vermag.[115]   **168**

Liegen die Voraussetzungen für den Erlass einer Aufklärungsanordnung vor, kann die Behörde vom Betroffenen die Vorlage eines ärztlichen Gutachtens fordern. Dieses Gutachten, dessen Aufgabe es ist, festzustellen, ob und in welchem Umfang der Betroffene Cannabis konsumiert, wird im Allgemeinen als **Drogenscreening** bezeichnet. Die Behörde kann bei diesem vorgeben, welche Art von Körperausscheidungen/-flüssigkeiten einer toxikologischen Untersuchung unterzogen werden:[116]   **169**

- **Blut:**   **170**

Die Blutprobenentnahme wird – wie bereits in Rn 161 ausgeführt – von der Polizei im Rahmen der Strafverfolgung zum Nachweis eines akuten Drogenkonsums angeordnet. Dies ist allerdings nur kurze Zeit möglich, weil der aktive Wirkstoff THC bereits nach wenigen Stunden im Blut nicht mehr nachweisbar ist. Neben THC kann über die Blutprobe aber auch das inaktive Stoffwechselprodukt Tetrahydrocannabinol (THC-COOH – Carbonsäure) nachgewiesen werden. Diese Carbonsäure hat eine Halbwertszeit von einigen Tagen, so dass die THC-COOH-Werte im Blut bei gelegentlichem oder regelmäßigem Cannabis-Konsum steigen.

Das Ministerium für Verkehr, Energie und Landesplanung des Landes Nordrhein-Westfalen hat in seinem Erlass vom 18.12.2002 beschrieben, welche Maßnahmen bei bestimmten Wer-

---

113 Vgl hierzu die Erlasse des Ministeriums für Verkehr, Energie und Landesplanung des Landes Nordrhein-Westfalen vom 18.12.2002 und des Ministeriums für Umwelt und Verkehr Baden-Württemberg vom 14.8.2002.
114 VGH Bad.-Württ., Beschl. v. 29.9.2003 – 10 S 1294/03 = NZV 2004, 215.
115 Zum sog. Kontrollverlust: OVG NW, Beschl. v. 7.1.2003 – 19 B 1249/02 = DAR 2003, 187.
116 Zu den Untersuchungsverfahren im Einzelnen: *Möller*, in: Hettenbach/Kalus/Möller/Uhle, § 3.

ten zu ergreifen sind („**Daldrup-Tabelle**"). Dieser Erlass beruht im Wesentlichen auf einer Untersuchung verschiedener rechtsmedizinischer Institute in NRW.[117] Danach ist bei THC-COOH-Konzentrationen im Blutserum ab 5 ng/ml in der Regel von gelegentlichem, bei Konzentrationen ab 75 ng/ml von regelmäßigem Konsum auszugehen. Die Werte der sog. Daldrup-Tabelle können jedoch nicht – was von den Behörden häufig übersehen wird – eins zu eins auf eine polizeilich angeordnete, „**spontane**" **Blutprobenentnahme** übertragen werden. Denn anders als bei der spontanen Blutprobenentnahme hat der Betroffene bei der durch die Fahrerlaubnisbehörde angeordneten Blutprobenentnahme die Möglichkeit, innerhalb der Wochenfrist auf den Konsum von Cannabis zu verzichten, so dass sich der THC-COOH-Wert in diesem Zeitraum entsprechend reduzieren wird. Im Hinblick darauf – insbesondere unter Berücksichtigung der Halbwertszeiten – sind die Werte in dem Erlass relativ niedrig angesetzt worden. Bei der spontanen Blutprobenentnahme kann der Betroffene keine Abstinenz einhalten, so dass dort von deutlich höheren Werten auszugehen ist.

Zusammenfassend kann man sagen, dass sich die Blutprobenuntersuchung als Mittel zum Nachweis des gelegentlichen/regelmäßigen Cannabis-Konsums im Wesentlichen bewährt hat. Liegt der Fahrerlaubnisbehörde das Ergebnis einer polizeilich angeordneten Blutprobenuntersuchung vor, kann damit das Konsumverhalten des Betroffenen meist hinreichend belegt werden, verbleiben – aus den noch darzulegenden Gründen (Rn 183 f, 191 ff) – Zweifel, kann sie selbst ein weiteres Drogenscreening (Blut) anordnen.

Die Kosten der Untersuchung betragen ca. 100 EUR.

171   ▪ **Urin:**

Ein aktueller Konsum von Cannabis kann im Urin bis zu vier Tage nachgewiesen werden; bei höherem Konsum (zwei- bis dreimal wöchentlich) kumuliert sich der THC-Gehalt im Körper, so dass ein Nachweis bis zu zwei Wochen möglich ist.

Anders als bei der Blutentnahme ist bei der Urinabgabe eine erhebliche Gefahr von Manipulationen durch den Betroffenen gegeben; diese reichen von der Aufnahme erheblicher Mengen Wasser (Verdünnungseffekt) bis zur Beigabe störender Substanzen (WC-Reiniger, Seife). Auch ist es bereits vorgekommen, dass der Betroffene bei der Abgabe Urin einer anderen Personen untergeschoben hat.

In der Praxis bietet sich eine Urinuntersuchung dann an, wenn es um den Nachweis von Drogenfreiheit geht, wenn der Betroffene also zur Wiedererlangung der Kraftfahrereignung nachweisen muss, dass er über einen bestimmten Zeitraum – meist ein Jahr – keine Drogen konsumiert hat. In diesen Fällen wird der Betroffene von der Behörde oder der Gutachtenstelle kurzfristig (binnen 24 bis 48 Stunden) zur Urinabgabe einbestellt.

Die Kosten betragen ca. 100 EUR.

172   ▪ **Haare:**

Das diagnostisches Fenster der Haaranalyse, die etwa 200 EUR kostet, ist relativ groß. Geht man von einem durchschnittlichen Wachstum des Haupthaares von 1 cm monatlich aus, kann bei einer Länge von mindestens 6 cm ein Zeitraum von ca. sechs Monaten abgeklärt werden. Dieses Verfahren bietet sich zum Nachweis eines länger zurückliegenden, regelmäßigen Cannabis-Konsums an. Ein nur einmaliger bzw ein erst kurze Zeit zurückliegender Konsum kann dagegen nicht nachgewiesen werden.[118] Kürzt der Betroffene nach Erlass der Aufklärungsanordnung sein Haar, um dadurch die Begutachtung zu verhindern, so kann die

---

117 *Daldrup/Käferstein/Köhler/Maier/Mußhoff*, Blutalkohol 37 (2000), 39.
118 Vgl Bay. VGH, Beschl. v. 26.1.2006 – 11 Cs 05.1453 = zfs 2006, 294, zum gelegentlichen Konsum.

Behörde nach § 11 Abs. 8 FeV auf die Nichteignung schließen.[119] Dies gilt natürlich nur dann, wenn die Behörde nachweisen kann, dass der Betroffene ursprünglich eine zur Begutachtung ausreichende Haarlänge hatte.

Die Behörde hat bei der Frage, welche Art von Drogenscreening sie anordnet, **Auswahlermessen**. Bei dessen Ausübung hat sie sich am Grundsatz der Verhältnismäßigkeit zu orientieren. Das bedeutet vor allem, dass das geeignetste Mittel auszuwählen ist. Geht es um den Nachweis gelegentlichen oder regelmäßigen Konsums, bietet sich im Regelfall eine Blut- oder Urinuntersuchung an.

Ordnet die Behörde ein bestimmtes Untersuchungsverfahren (zB Blut) an, dann kann der Betroffene nicht einfach auf ein anderes Verfahren (zB Urin) ausweichen; er kann dies lediglich der Behörde als Austauschmittel anbieten. Ist das angeordnete Verfahren im konkreten Fall ausnahmsweise nicht geeignet, das im Raum stehende Konsumverhalten nachzuweisen, dann ist die Aufklärungsanordnung fehlerhaft, so dass die Behörde im Weigerungsfall nicht auf die Nichteignung des Betroffenen schließen kann.

Mangels fehlender bundeseinheitlicher Vorgaben ist die Praxis in den Bundesländern unterschiedlich. In NRW wird nach der geltenden Erlasslage ausschließlich auf die Blutprobenuntersuchung zurückgegriffen; dieser Verfahrensweise haben sich die meisten norddeutschen Bundesländer angeschlossen. In Süddeutschland, vor allem in Baden-Württemberg, ordnen die Behörden dagegen bislang meist eine Urinuntersuchung an. Die im Ergebnis wohl aussagekräftigere Blutprobenuntersuchung gelangt hier erst langsam zur Anwendung.

cc) Regelmäßiger Konsum

Nach Ziff. 9.2.1 Anlage 4 FeV ist bei einem „regelmäßigen" Konsum von Cannabis die **Eignung zum Führen von Kfz nicht gegeben**. Anders als bei einem bloß gelegentlichen Konsum kommt es nicht darauf an, ob der Betroffene schon einmal unter dem Einfluss von Cannabis am Straßenverkehr teilgenommen hat. Eine Entziehung der Fahrerlaubnis kann daher auch erfolgen, wenn der Betroffene im Straßenverkehr bislang überhaupt nicht aufgefallen ist und die Behörde – etwa durch ein strafrechtliches Ermittlungsverfahren – Kenntnis von einem regelmäßigen Konsum erhält.

Beim regelmäßigen (bzw gewohnheitsmäßigen) Konsum ist in aller Regel von einer dauerhaften fahreignungsrelevanten Herabsetzung der körperlichen und geistigen Leistungsfähigkeit auszugehen.[120] Zudem kann vom Betroffenen, der einen so erheblichen Drogenmissbrauch betreibt, nicht erwartet werden, dass er noch in der Lage ist, bewusst zwischen Drogenkonsum und der Teilnahme am Straßenverkehr zu trennen, noch dass er die bei ihm zu erwartenden Beeinträchtigungen noch richtig wahrnehmen kann. Daher ist beim regelmäßigen Konsum ein so hohes Gefährdungspotential gegeben, dass eine weitere Teilnahme des Betroffenen am Straßenverkehr unabhängig von etwaigen Verkehrsauffälligkeiten nicht zu verantworten ist.

Die **Maßnahmen der Fahrerlaubnisbehörde** hängen davon ab, ob gegenwärtig (dh im Zeitpunkt der Behördenentscheidung) die regelmäßige Einnahme feststeht oder nicht. Lassen die der Behörde vorliegenden (unstreitigen) Erkenntnisse den Rückschluss auf einen regelmäßigen Konsum zu, dann steht die Nichteignung des Betroffenen fest, so dass die Fahrerlaubnis unmittelbar zu entziehen ist; weitere Aufklärungsmaßnahmen sind grundsätzlich nicht mehr erforderlich. Insbesondere ist in diesen Fällen die Anordnung eines (weiteren) Drogenscree-

173

174

175

176

177

178

---

119 OVG Hamburg, Beschl. v. 27.8.2003 – 3 Bs 185/03 = NZV 2004, 483.
120 So auch BVerfG, Beschl. v. 20.6.2002 – 1 BvR 2062.96 (Tz 44, 56).

nings überflüssig, weil mit diesem nur das bereits feststehende Konsumverhalten abgeklärt werden kann. Wird dennoch eine evtl rechtswidrige Aufklärungsanordnung erlassen und entzieht die Behörde nach Nichtbeibringung des Drogenscreenings die Fahrerlaubnis unter Hinweis auf § 11 Abs. 8 FeV, dann ist diese Begründung zwar möglicherweise unzutreffend. Zur Rechtswidrigkeit der Entziehungsverfügung führt dies jedoch nicht, weil die Fahrerlaubnis bereits unmittelbar – als ohne weitere Aufklärung – hätte entzogen werden müssen und ein solcher Begründungsmangel bei einer gebundenen Entscheidung unbeachtlich ist.

179   Da die Bewertungen der Anlage 4 FeV nur für den Regelfall gelten, kann die Behörde im Einzelfall dem Betroffenen die Möglichkeit geben, seine Eignung durch eine **MPU** nachzuweisen (vgl Ziff. 3 der Vorbemerkungen zu Anlage 4 FeV, s.o. Rn 120 ff). Falls die Behörde nicht von sich aus von dieser Möglichkeit Gebrauch macht, ist es Sache des Betroffenen, konkret darzulegen, warum in seinem Fall trotz des regelmäßigen Konsums keine erhebliche Herabsetzung der Leistungsfähigkeit gegeben ist bzw warum er nach wie vor zwischen Konsum und Teilnahme am Straßenverkehr trennen kann. Vor allem kann er sich selbst bis zum Abschluss des Entziehungsverfahrens freiwillig einer Begutachtung unterziehen. Dabei hat er einen Anspruch auf Überlassung der Führerscheinakte an den Gutachter, weil dieser nur so in die Lage versetzt wird, das Gutachten zu erstellen.[121] Kommt die MPU zu dem Ergebnis, dass die Eignung trotz des Drogenkonsums gegeben ist, führt dies zur Rechtswidrigkeit der Verfügung.

180   Bestehen lediglich Anhaltspunkte für einen regelmäßigen Konsum oder ist das vorliegende (polizeilich angeordnete) Drogenscreening nicht hinreichend aussagekräftig, dann muss die Behörde das Konsumverhalten des Betroffenen weiter aufklären und nach § 14 Abs. 1 S. 1 Nr. 2 FeV ein (weiteres) Drogenscreening anordnen. Ein einmaliger Konsum von Cannabis allein rechtfertigt aber nicht eine entsprechende Aufklärungsmaßnahme. Es müssen vielmehr (wie bereits in Rn 162–165 ausgeführt) tatsächliche Indizien für einen erheblichen Konsum vorliegen.

181   Klarstellend ist allerdings darauf hinzuweisen, dass es für die Anordnung eines Drogenscreenings nicht erforderlich ist, dass der regelmäßige Konsum über einen längeren Zeitraum detailliert belegt ist, denn in diesem Fall stünde die Nichteignung bereits fest. Ausreichend sind Anhaltspunkte, aus denen sich bei vernünftiger, lebensnaher Einschätzung die Besorgnis ergibt, dass der Betreffende täglich oder nahezu täglich Cannabis konsumiert. Solche konkreten Anhaltspunkte können sich zB aus Zeugenaussagen in einem Strafverfahren oder sogar aus Tagebuchaufzeichnungen eines Dritten ergeben.[122]

182   Für die **Einordnung des Konsumverhaltens als regelmäßig** gibt es – nachdem der Verordnungsgeber selbst diesen Begriff nicht näher definiert hat – **zwei Ansätze:**

183   ■ Zum einen besteht die Möglichkeit, den **THC-COOH-Wert als Indikator für einen regelmäßigen Konsum** heranzuziehen. Nach dem Erlass des Ministeriums für Verkehr, Energie und Landesplanung des Landes Nordrhein-Westfalen vom 18.12.2002 ist von einem regelmäßigen Cannabis-Konsum auszugehen, wenn sich bei einem Drogenscreening (Blut) ein Wert von mindestens 75 ng/ml THC-COOH ergibt. Dieser Wert ist in den Bundesländern, in denen die Fahrerlaubnisbehörden nach der Erlasslage den THC-COOH-Wert heranziehen, im Wesentlichen auch von den Verwaltungsgerichten bestätigt worden.[123]

---

121 OVG Rheinland-Pfalz, Beschl. v. 11.12.1996 – 7 B 13243/96 = NJW 1997, 2342.
122 VGH Bad.-Württ., Beschl. v. 16.6.2003 – 10 S 430/03 = NJW 2003, 3004.
123 Vgl etwa OVG NW, Beschl. v. 7.1.2003 – 19 B 1249/02 = zfs 2003, 427 mwN.; OVG Saarland, Beschl. v. 1.6.2006 – 1 W 26/06.

In der Praxis wird von den Fahrerlaubnisbehörden aber oftmals übersehen, dass dieser **184**
Wert nur für solche Blutproben gilt, die nach Aufforderung durch die Fahrerlaubnisbe-
hörde entnommen worden sind, nicht jedoch für die „spontane" Blutprobenentnahme. Bei
Daldrup u.a.[124] wird hierzu ausgeführt:

„Bei der Festlegung des Grenzwertes von 75 ng/ml wurden die Halbwertszeiten dieses
Metaboliten[[125]] berücksichtigt und die Tatsache, dass die Betroffenen bis zu 8 Tagen
nach Aufforderung durch die Straßenverkehrsbehörde Zeit haben, sich einer Blutentnahme zu unterziehen. Während dieser Zeit hätten sie die Möglichkeit, ganz auf den Konsum
von Cannabis zu verzichten. Legt man die Halbwertszeit von rund 6 Tagen für THC-
COOH zugrunde, so reichen bereits weniger als 3 Tage aus, bis die Konzentration von
beispielsweise 100 ng/ml auf 75 ng/ml abfällt. Ausgehend von 150 ng/ml wird die Grenz-
konzentration bei Abstinenz knapp nach einer Woche erreicht. Unterstellt man dagegen
eine Halbwertszeit von nur 1,5 Tagen, [...], so sinkt innerhalb von 6 Tagen eine Konzentration von 150 ng/ml auf etwa 9 ng/ml ab."

Daldrup u.a. kommen zu dem Ergebnis, dass bei Blutproben, die nur wenige Stunden
nach dem letzten Konsum entnommen werden, ein regelmäßiger Konsum erst ab einer
THC-COOH-Konzentration von 150 ng/ml als abgesichert angesehen werden kann.
Dementsprechend geht auch die Rechtsprechung davon aus, dass bei der spontanen Blutprobenentnahme ein regelmäßiger Konsum erst ab diesem Wert – und nicht bereits bei 75
ng/ml – erwiesen ist.[126]

Bei einem sich aus einer spontanen Blutprobenentnahme ergebenden Wert zwischen 75
und 150 ng/ml THC-COOH kann die Fahrerlaubnis daher nicht wegen des regelmäßigen
Konsums entzogen werden. Zu beachten ist allerdings, dass in diesen Fällen regelmäßig
eine Entziehung wegen gelegentlichen Konsums in Verbindung mit fehlendem Trennungsvermögen (Rauschfahrt, dazu unten Rn 187 ff) in Betracht kommt.

■ In einigen Bundesländern werden (bislang jedenfalls) die Ergebnisse einer spontanen Blut- **185**
probenentnahme kaum berücksichtigt. In diesen Fällen kann nur auf eine **quantitative Definition** zurückgegriffen werden.

Dabei wird meist die Definition von *Kannheiser*[127] herangezogen, wonach regelmäßiger
Konsum der tägliche oder nahezu täglich Konsum ist.[128] Das OVG NW geht von einer
vergleichbaren Größenordnung aus, indem es unter Verweis auf sachverständige rechts-
medizinische Auswertungen ab einer Konsumfrequenz von ≥ 200 im Jahr – ein Durchschnittswert, den man ggf auf einen kürzeren Zeitraum herunterrechnen muss – regelmäßigen Konsum annimmt.[129]

Ein eingeräumter Konsum „hauptsächlich am Wochenende" ist danach noch kein regelmäßiger Konsum; in diesem Fall liegen allenfalls Hinweise auf ein solches Konsumverhalten vor, denen die Behörde durch ein Drogenscreening nachgehen kann.

Nach dem Erlass des Ministeriums für Umwelt und Verkehr Baden-Württemberg vom
14.8.2002 ist bereits bei einem eingeräumten Konsum von mehr als zwei- bis dreimal im
Monat nicht mehr von nur gelegentlichem Konsum auszugehen. Unter Berücksichtigung

---

124 *Daldrup/Käferstein/Köhler/Maier/Mußhoff*, Blutalkohol 37 (2000), 39, 44.
125 Gemeint ist THC-COOH.
126 OVG Brandenburg, Beschl. v. 13.12.2004 – 4 B 206/04 = Blutalkohol 43 (2006), 161; OVG Niedersachsen, Beschl. v. 11.7.2003 – 12 ME
287/03 = Blutalkohol 41 (2004), 183; OVG NW, Beschl. v. 27.5.2003 – 19 B 430/03.
127 *Kannheiser*, NZV 2000, 57 ff.
128 Vgl etwa VGH Bad.-Württ., Beschl. v. 26.11.2003 – 10 S 2048/03 = Blutalkohol 41 (2004), 363.
129 OVG NW, Beschl. v. 27.5.2003 – 19 B 430/03.

der Tendenz des BVerfG erscheint dies unzutreffend, es liegt in diesem Fall wohl allenfalls ein gelegentlicher Konsum vor.

186 Liegt für die Vergangenheit ein regelmäßiger Konsum vor – etwa weil der Betroffene dies in einem Strafverfahren eingeräumt hat –, wird im Entziehungsverfahren meist geltend gemacht, dass man den Cannabis-Konsum eingestellt habe. Hier ist zu beachten, dass im Hinblick darauf, dass der Betroffene jedenfalls früher unstreitig ungeeignet war, eine Art **Beweislastumkehr** eintritt. Die Eignung kann in diesem Fall nur dann wieder angenommen werden, wenn eine hinreichende Abstinenz nachgewiesen wird. Der Nachweis der Abstinenz kann etwa durch vier Drogenscreenings in unregelmäßigen Zeitabständen erfolgen, wobei diese Screenings nur dann einen tauglichen Nachweis erbringen, wenn der Betroffene für ihn nicht vorhersehbar zur Urinabgabe oder Blutentnahme einbestellt worden ist.[130]

dd) Gelegentlicher Konsum

187 **Beispiel:** M. fällt bei einer Verkehrskontrolle als Führer eines Kfz auf, seine Stimme ist verwaschen, sein Gang unsicher. Die daraufhin von der Polizei angeordnete Blutprobenentnahme ergibt Werte von 2,5 ng/ml THC und 33 ng/ml THC-COOH.

188 Nach Ziff. 9.2.3 Anlage 4 FeV ist bei einem gelegentlichen Cannabis-Konsum die Eignung zum Führen von Kfz gegeben, wenn folgende Zusatztatsachen vorliegen:

- Trennung von Konsum und Fahren und kein zusätzlicher Gebrauch von Alkohol oder anderen psychoaktiv wirkenden Stoffen,
- keine Störung der Persönlichkeit,
- kein Kontrollverlust.

Steht der gelegentliche Konsum fest und wird eine dieser zusätzlichen Vorgaben nicht eingehalten, fehlt es an der Eignung des Betroffenen und die Fahrerlaubnis kann ohne weitere Ermittlungen entzogen werden.

189 Bei „nur" gelegentlicher Einnahme von Cannabis ist die Fahreignung in der Regel gegeben. Das BVerfG hat in seinem Beschluss vom 20.6.2002[131] insoweit ausgeführt, dass es bei gelegentlichem Cannabis-Konsum nach aktuellem Erkenntnisstand nicht überwiegend wahrscheinlich sei, dass der Betroffene außerstande ist, eine zeitweilige Fahruntüchtigkeit zu erkennen und von der aktiven Teilnahme am Straßenverkehr abzusehen.

190 Zur Klärung der Frage, ob gelegentlicher Konsum vorliegt, kann von der Behörde keine MPU verlangt werden, sondern nach § 14 Abs. 1 S. 1 Nr. 2 bzw S. 2 FeV nur ein **Drogenscreening**. § 14 Abs. 2 Nr. 2 FeV greift hier nicht ein. Diese Vorschrift ist auf die Wiedererteilung zugeschnitten, da ein Einstellungswandel überprüft werden soll, der bei „nur" gelegentlichem Konsum ohne sonstige Auffälligkeiten gerade nicht erforderlich ist; jedenfalls kommt eine Anwendung dieser Vorschrift nur dann in Betracht, wenn feststeht, dass der Betroffene aufgrund Abhängigkeit oder regelmäßigen Cannabis-Konsums früher einmal ungeeignet war.[132]

191 Den Begriff „**gelegentlicher Konsum**" hat der Verordnungsgeber nicht näher erläutert, so dass sich die Frage stellt, welches Konsumverhalten hier erfasst werden soll. Nach dem Erlass des Ministeriums für Verkehr, Energie und Landesplanung des Landes Nordrhein-Westfalen vom 18.12.2002 ist von einem gelegentlichen Cannabis-Konsum auszugehen, wenn sich bei einem Drogenscreening (Blut) ein Wert von mehr als 5 ng/ml THC-COOH ergibt und zusätz-

---

130 Vgl Bay. VGH, Beschl. v. 25.1.2006 – 11 Cs 05.1453 = zfs 2006, 294.
131 Az 1 BvR 2062/96.
132 OVG Bremen, Beschl. v. 8.3.2000 – 1 B 61/00 = NJW 2000, 2438; VG Augsburg, Beschl. v. 13.3.2001 – 3 K 00.1677.

lich THC nachgewiesen wird. Dieser Wert gilt aber nicht für die von der Polizei im Rahmen einer Verkehrskontrolle angeordnete „spontane" Blutprobenentnahme (vgl Rn 183 f). Insoweit sind konkrete Grenzwerte wissenschaftlich nicht abgesichert, was in der behördlichen und gerichtlichen Praxis häufig nicht beachtet wird.

So hat der **Bayerische VGH**[133] zu der Frage, ob eine THC-COOH-Konzentration von mehr als 10 ng/ml den Beweis dafür erbringt, dass die betroffene Person Cannabis öfter als nur einmal konsumiert hat, ein Gutachten des Instituts für Rechts- und Verkehrsmedizin der Universität Heidelberg eingeholt (bei dem Antragsteller dieses Verfahrens war nach einer „spontanen" Blutprobenentnahme ein Wert von 31 ng/ml festgestellt worden). Dieses kommt nach den Gründen des Beschlusses vom 25.1.2006[134] zu dem Ergebnis, dass ein Wert von 31 ng/ml einem einmaligen Konsum kurz vor der Polizeikontrolle entsprechen könne! Bestätigt wird dies durch eine von der Landesanwaltschaft Bayern hierzu eingeholte Stellungnahme des Instituts für Rechtsmedizin der Universität München vom 23.8.2005. In einem weiteren Beschluss vom 8.3.2006[135] geht der Bayerische VGH davon aus, dass auch ein Wert von 46 ng/ml THC-COOH nicht geeignet sei, einen gelegentlichen Konsum zu belegen.   **192**

Andererseits hat ein Sachverständiger des Instituts für Rechtsmedizin der Universität Ulm in einem Verfahren beim VG Sigmaringen[136] ausgeführt, dass ein „geübter" Cannabis-Konsument bei einmaliger Aufnahme einer durchschnittlichen Mengen von 15 mg THC einen THC-COOH-Wert von allenfalls 40 – 50 ng/ml erreichen könne. Das VG Sigmaringen zieht hieraus den Schluss, dass bei einem höheren Wert nicht mehr nur von einem einmaligen oder gänzlich vereinzelten Cannabis-Konsum auszugehen sei.   **193**

Möller verweist allerdings auf Erkenntnisse, wonach innerhalb weniger Stunden nach dem Konsum Werte bis zu 60 – 80 ng/ml THC-COOH erreicht werden könnten; erst bei deutlich darüber liegenden Werten könne daher von einem wiederholten Konsum ausgegangen werden.[137]   **194**

Im Ergebnis bedeutet dies, dass jedenfalls bis zu einem Wert von bis zu 50 ng/ml THC-COOH – bei einer spontanen Blutprobenentnahme – ein gelegentlicher Konsum nicht als belegt angesehen werden kann. Ob es insoweit überhaupt einen „Grenzwert" gibt, bedarf noch weiterer wissenschaftlicher Klärung.   **195**

Im Hinblick auf diese Unsicherheiten bei der Interpretation der THC-COOH-Werte rückt die quantitative Komponente bei der Einstufung eines Konsums als gelegentlich wieder in den Vordergrund. So geht der **Bayerische VGH** in seinem Beschluss vom 25.1.2006[138] davon aus, dass ein gelegentlicher Konsum mit einem „mehr als einmaligen" Konsum gleichzusetzen sei. Unter Berücksichtigung des in Ziff. 9.5 Anlage 4 FeV vorgesehenen einjährigen Abstinenzzeitraums stehe der gelegentliche Konsum dann fest, wenn ein erneuter Cannabis-Konsum festgestellt werde und seit dem Konsum, in dessen Zusammenhang der Betroffene eine Zusatztatsache iSv Ziff. 9.2.2 Anlage 4 FeV verwirklicht habe (zB Fahrt unter Cannabiseinfluss), nicht mehr als ein Jahr verstrichen sei. Im Ergebnis geht als der Bayerische VGH davon aus, dass gelegentlicher Konsum die mindestens zweimalige Einnahme von Cannabis voraussetzt.   **196**

---

133 In dem Verfahren Az 11 Cs 05.145.
134 zfs 2006, 294 = DAR 2006, 349.
135 Az 11 Cs 05.1678.
136 Urt. v. 28.9.2004 – 4 K 1327/04.
137 *Möller*, in: Hettenbach/Kalus/Möller/Uhle, § 3 Rn 76.
138 zfs 2006, 294 = DAR 2006, 349.

197 Nach Ansicht des **OVG Hamburg**[139] stellt bereits der einmalige Cannabis-Konsum (im Fall des OVG: 4,1 ng/ml THC, 19,8 ng/ml THC-COOH) eine „gelegentliche Einnahme" dar. Eine solche Interpretation der FeV ist jedoch weder nach dem Wortlaut noch nach der Bedeutung der Vorschriften zutreffend.[140]

198 Neben dem Konsumverhalten des Betroffenen ist im konkreten Fall weiter zu prüfen, ob ein **Zusatzelement iSv Ziff. 9.2.2 Anlage 4 FeV** vorliegt (s.o. Rn 188). Steht dies fest, dann ist die Fahrerlaubnis unmittelbar zu entziehen; liegen dagegen insoweit lediglich Indizien vor, kann die Behörde nach § 14 Abs. 1 S. 4 FeV eine MPU anordnen. Letzteres verliert jedoch immer mehr an Bedeutung, weil das Entziehungsverfahren meist durch eine sog. **Rauschfahrt** in Gang gesetzt wird und damit das Zusatzelement des fehlenden Trennungsvermögens bereits feststeht. Ein Zusatzelement ist nämlich insbesondere dann gegeben, wenn der Betroffene nicht in der Lage ist, zwischen dem Konsum von Cannabis und der (aktiven) Teilnahme am Straßenverkehr zu trennen. Diese **fehlende Trennungsbereitschaft** ist hinreichend belegt, wenn der Betroffene einmal als Führer eines Fahrzeugs im Straßenverkehr unter dem Einfluss von Cannabis angetroffen wird (Rauschfahrt). Der bloße Besitz von Cannabis während der Fahrt reicht allerdings nicht aus. Fehlendes Trennungsvermögen kann auch dann angenommen werden, wenn die Rauschfahrt auf passives Mitrauchen zurückzuführen ist.[141] Eine Rauschfahrt liegt vor, wenn der Betroffene unter der berauschenden Wirkung des aktiven THC steht. Unter den Obergerichten ist umstritten, welcher Grenzwert hier anzusetzen ist.

199 So geht der **VGH Bad.-Württ.**[142] davon aus, dass das fehlende Trennungsvermögen bereits ab einer THC-Konzentration von mindestens 1,0 ng/ml belegt ist. Hingewiesen wird dabei auf eine Studie der Universität Maastricht, wonach bei dieser Konzentration Beeinträchtigungen der feinmotorischen Leistungen schon möglich sind. Im Übrigen gilt dieser Wert auch im Bereich des Ordnungswidrigkeitenrechts (§ 24a Abs. 2 StVG). In seinem Beschluss vom 21.12.2004[143] hat das BVerfG die Verhängung einer Geldbuße und eines Fahrverbots nach § 24a StVG bei einem THC-Wert unter 1,0 ng/ml beanstandet. Gleichzeitig verweist es darauf, dass die Verwaltungsgerichte ihrer Rechtsprechung zum Fahrerlaubnisrecht den Grenzwert von 1 ng/ml, bei dessen Vorliegen die Annahme eines zeitnahen Cannabis-Konsums mit einer entsprechenden Beeinträchtigung der Fahrtüchtigkeit gerechtfertigt sei, zu Grunde legen würden.[144] Da dies nicht kritisch kommentiert wird, spricht einiges dafür, dass dieser Wert höchstrichterlich gebilligt wird.

200 Der **Bayerische VGH** geht dagegen unter Hinweis auf verschiedene wissenschaftliche Studien davon aus, dass erst ab einer THC-Konzentration von über 2,0 ng/ml mit einer Risikoerhöhung im Straßenverkehr zu rechnen und daher von einer fehlenden Trennungsbereitschaft auszugehen sei.[145]

201 Das **OVG Rheinland-Pfalz** geht wiederum einen Mittelweg.[146] Es fordert zum einen, dass der Betroffene objektiv unter dem Einfluss von Cannabis steht; dies wird ab einem THC-Wert von 1,0 ng/ml angenommen. Zusätzlich wird verlangt, dass bei dem Fahrerlaubnisinhaber cannabisbedingte Beeinträchtigungen aufgetreten sind, die im Allgemeinen Auswirkungen auf

---

139 Beschl. v. 23.6.2005 – 3 Bs 87/05 = zfs 2005, 626.
140 Hierzu ausf. Bay. VGH, Beschl. v. 25.1.2006 – 11 Cs 05.1453 = zfs 2006, 294.
141 VGH Bad.-Württ., Beschl. v. 10.5.2004 – 10 S 427/04: Der Betroffene hatte geltend gemacht, er habe nicht selbst Cannabis geraucht, sondern sich einige Zeit in einem sog. Chill-out-Room aufgehalten.
142 Vgl zuletzt Beschl. v. 27.3.2006 – 10 S 2519/05.
143 Az 1 BvR 2652/03.
144 BVerfG, aaO, Tz 27.
145 Beschl. v. 25.1.2006 – 11 CS 05.1711 = zfs 2006, 236, mit ausf. Begründung.
146 Urt. v. 13.1.2004 – 7 A 10206/03 = zfs 2004, 188.

die Sicherheit des Straßenverkehrs haben können. Solche Beeinträchtigungen sollten zur Sicherung ihres Nachweises und der erforderlichen Objektivität zusätzlich zu den Feststellungen der kontrollierenden Polizeibeamten durch den die Blutprobe entnehmenden Arzt dokumentiert werden. Das Gericht hat hierzu im konkreten Fall ausgeführt:

„So war der Kläger bei der Kontrolle sehr redselig, verließ nach Aufforderung das Fahrzeug sprunghaft und machte einen aufgeregten Eindruck. Zudem war seine Pupillenadaption zwar noch vorhanden, aber verlangsamt. Die Richtigkeit dieser Feststellungen der kontrollierenden Polizeibeamten hat der Kläger nicht bestritten. Dass die festgestellten Beeinträchtigungen zu einem Ausschluss der Fahreignung des Klägers führten, ergibt sich aus den Ausführungen des Gutachters."[147]

Die divergierende Rechtsprechung ist damit zu erklären, dass – anders als beim Alkohol – die Auswirkungen von Cannabis bei den einzelnen Drogenkonsumenten höchst unterschiedlich sind. Ein konkreter Grenzwert für den die Verkehrssicherheit gefährdenden Cannabiseinfluss ist wissenschaftlich (noch) nicht abgesichert. Für die behördliche und verwaltungsgerichtliche Praxis wird im Ergebnis daher entscheidend sein, welche Voraussetzungen das jeweilige Obergericht verlangt.   **202**

Das Zusatzelement „**kein Kontrollverlust**" (Ziff. 9.2.2 Anlage 4 FeV; s.o. Rn 188) ist auch dann erfüllt, wenn der Betroffene trotz angeordneter Untersuchung in engem zeitlichem Zusammenhang mit dieser Cannabis konsumiert und er damit zeigt, dass er seinen Konsum nicht kontrollieren kann; die Fahrerlaubnis kann dann ohne vorherige MPU entzogen werden.[148]   **203**

Beispiel: M. wird als Fußgänger bei einer Polizeikontrolle mit 19 g Haschisch angetroffen; er gibt an, dieses sei für den Eigenkonsum bestimmt. Daraufhin gibt er nach Aufforderung durch die Fahrerlaubnisbehörde eine Blutprobe ab, bei der Werte von 13,9 ng/ml THC und von 114,4 ng/ml THC-COOH (= gelegentlicher Konsum) festgestellt werden. In diesem Fall fehlt es zwar an einer Rauschfahrt; der Kontrollverlust als Zusatzelement ist aber dadurch belegt, dass M. Cannabis konsumiert hat, obwohl er damit rechnen musste, dass dies durch die Blutprobenuntersuchung festgestellt wird.   **204**

Im Beispiel Rn 187 bedeutet dies, dass der festgestellte Wert von 33 ng/ml THC-COOH einen gelegentlichen Konsum nicht hinreichend belegt. Wenn nicht feststeht – etwa aufgrund von Eigenangaben –, dass M. in letzter Zeit ein weiteres Mal Cannabis konsumiert hat, kann die Fahrerlaubnis nicht entzogen werden. Die Behörde ist in diesem Fall, in dem ein Zusatzelement iSv Ziff. 9.2.2 Anlage 4 FeV (fehlendes Trennungsvermögen = Fahrt unter Cannabiseinfluss) feststeht, aber berechtigt, nach § 14 Abs. 1 S. 1 Nr. 2 FeV ein ärztliches Gutachten (Drogenscreening) anzuordnen.[149]   **205**

Unterstellt man im Beispiel Rn 187 den gelegentlichen Konsum, dann könnte die Behörde – ohne vorherige MPU – die Fahrerlaubnis entziehen. Durch die einmalige Rauschfahrt wäre die fehlende Trennungsbereitschaft und damit ein Zusatzelement hinreichend belegt.   **206**

b) Sonstige Betäubungsmittel

Bei sonstigen Betäubungsmitteln (außer Cannabis) – insbesondere **Heroin, Kokain, Ecstasy** – schließt nach Ziff. 9.1 Anlage 4 FeV schon die **einmalige Einnahme** die Fahreignung aus. Der Vergleich mit Ziff. 9.2.2 Anlage 4 FeV (Trennung von Fahren und Konsum bei nur gelegentlicher Einnahme von Cannabis) zeigt, dass es hier nicht erforderlich ist, dass der Betroffene   **207**

---

147 OVG Rheinland-Pfalz, aaO.
148 OVG NW, Beschl. v. 7.1.2003 – 19 B 1249/02.
149 VGH Bad.-Württ., Beschl. v. 29.9.2003 – 10 S 1294/03 = NZV 2004, 215.

unter der Wirkung des Betäubungsmittels ein Fahrzeug führt. Zur Frage, ob ein Konsum vorliegt, ist bei Vorliegen hinreichender Verdachtsmomente ein ärztliches Gutachten – insbesondere also ein **Drogenscreening** – anzuordnen (§ 14 Abs. 1 S. 1 Nr. 2 FeV). Zu beachten ist, dass die Bewertung der Ziff. 9.1 Anlage 4 FeV (nur) für den Regelfall gilt, im Einzelfall ist eine MPU anzuordnen (vgl Ziff. 3 S. 2 der Vorbemerkungen zu Anlage 4 FeV, s.o. Rn 117).

208 Liegt der letzte erwiesene Drogenkonsum längere Zeit zurück, so kann nach § 14 Abs. 2 Nr. 2 FeV zur Frage, ob ein **stabiler Einstellungswandel** stattgefunden hat, eine MPU gefordert werden. Die Anordnung ist nicht an die Einhaltung einer bestimmten Frist (nach dem letzten Konsum) gebunden; entscheidend ist vielmehr, ob unter Berücksichtigung aller Umstände, insbesondere Art, Umfang und Dauer des Drogenkonsums, noch hinreichende Anhaltspunkte zur Begründung eines Gefahrenverdachts vorliegen.[150]

209 **Beispiele:**
- VG Braunschweig:[151] Der einmalige Konsum von **Kokain** führt auch dann zur Entziehung, wenn es nicht zu einer Rauschfahrt gekommen ist; der Frage der Drogenabstinenz ist erst im Verfahren auf Wiedererteilung nachzugehen.
- VGH Bad.-Württ.[152] zur Designerdroge **MDMA** (142 ng/ml): Die Behauptung, die Droge durch das Trinken aus Gläsern anderer Gäste zu sich genommen zu haben, wird als Schutzbehauptung zurückgewiesen.
- OVG Niedersachsen:[153] Der einmalige Konsum von **Amphetaminen** schließt im Regelfall bereits die Eignung aus. Des Nachweises einer Drogenabhängigkeit, eines regelmäßigen Konsums oder eines Unvermögens zur Trennung zwischen Drogenkonsum und Fahren bedarf es nicht. Die Anordnung des Sofortvollzugs ist auch dann zulässig, wenn der festgestellte Drogenkonsum längere Zeit (hier: elf Monate) zurückliegt.
- OVG Brandenburg:[154] Grundsätzlich schließt bereits die einmalige Einnahme von BtM (außer Cannabis) die Fahreignung aus (hier: **Amphetamine**). Es ist Sache des Konsumenten, die Regelvermutung zu entkräften.
- VG Lüneburg:[155] Liegt der Konsum „harter Drogen" (**Ecstasy**) mehr als vier Jahre zurück, so rechtfertigt dies nicht eine sofortige Entziehung, sondern lediglich eine MPU (§ 14 Abs. 2 Nr. 2 FeV).
- OVG Mecklenburg-Vorpommern:[156] Der einmalige Konsum von **Amphetaminen** rechtfertigt eine Entziehung der Fahrerlaubnis. Basis der Regelfallannahme des § 46 Abs. 1 FeV iVm Ziff. 9.1 Anlage 4 FeV kann aber nur ein ärztliches Gutachten sein; nicht ausreichend ist zB das Auffinden von Amphetaminen im PKW des Betroffenen anlässlich einer Verkehrskontrolle.
- OVG Bremen:[157] Bei **Kokain**-Konsum ist es Sache des Betroffenen, die Regelvermutung der Ungeeignetheit zu entkräften, dh einen besonders gelagerten Einzelfall geltend zu machen und zu belegen.
- OVG NW:[158] Ob ein „einmaliger Konsum" von **Amphetaminen** für eine Entziehung ausreicht, wird ausdrücklich offen gelassen (das OVG äußert insoweit Bedenken). Ein solcher einmaliger Konsum führt aber jedenfalls dann zur Entziehung, wenn Konsum und Teil-

---

150 BVerwG, Urt. v. 9.6.2005 – 3 C 25.04 = NZV 2005, 603.
151 Beschl. v. 23.2.2005 – 6 B 66/0.
152 Beschl. v. 22.11.2004 – 10 S 2182/0.
153 Beschl. v. 19.11.2004 – 12 ME 404/0.
154 Beschl. v. 22.7.2004 – 4 B 37/0.
155 Beschl. v. 22.3.2004 – 5 B 1/0.
156 Beschl. v. 19.3.2004 – 1 M 2/0.
157 Beschl. v. 30.6.2003 – 1 B 206/0.
158 Beschl. v. 25.3.2003 – 19 B 186/0.

nahme am Straßenverkehr nicht getrennt werden können, es also zu einer „Drogenfahrt" kommt. Die Fahrerlaubnis kann dann ohne vorherige Anhörung entzogen werden. Im Widerspruchsverfahren kann der Betroffene durch Drogenscreenings oder eine MPU die Eignungsbedenken ausräumen.

- VGH Bad.-Württ.:[159] Die Ungeeignetheit ist gegeben, wenn ein einmaliger Konsum (hier: **Kokain** und **Amphetamine**) festgestellt worden ist. Zur Prüfung der Frage, ob besondere Umstände vorliegen (vgl Ziff. 3 der Vorbemerkungen zu Anlage 4 FeV, s.o. Rn 117), aus denen sich ergibt, dass der BtM-Konsum ausnahmsweise nicht zur Ungeeignetheit führt (hier: Berücksichtigung von Kontakten zu Personen aus dem Drogenmilieu).

- VGH Bad.-Württ.:[160] Bei **Ecstasy** ist von der Ungeeignetheit bereits bei einmalig festgestelltem Konsum auszugehen. Von einer Wiedererlangung der Fahreignung kann erst nach einjähriger Abstinenz ausgegangen werden; eine kürzere Dauer kommt nur unter ganz besonderen Umständen in Betracht, die vom Betroffenen darzulegen sind. Die bloße Versicherung, künftig auf den Konsum zu verzichten, genügt ebenso wenig wie die Vorlage negativer Drogenscreenings.

Auch **Methadon** fällt unter das BtMG. Lediglich im Einzelfall und unter besonderen Umständen kann die Fahreignung gegeben sein. Nach S. 2 der Vorbemerkung 3 zur Anlage 4 FeV (s.o. Rn 117) ist zu prüfen, ob ausnahmsweise die Fahreignung bejaht werden kann. Dabei sind folgende Kriterien zu beachten: **210**

- Nachweis, dass mindestens ein Jahr erfolgreich substituiert worden ist;

- Nachweis durch regelmäßige zufällige Kontrollen, dass in diesem Zeitraum kein Beigebrauch anderer psychoaktiver Substanzen vorliegt;

- MPU unter Beiziehung der Unterlagen der behandelnden Ärzte.

6. Alkohol

Die Fahrerlaubnisbehörde kann bei Eignungszweifeln aufgrund einer Alkoholproblematik in aller Regel nicht sofort die Fahrerlaubnis entziehen, sondern hat diese aufzuklären. Hierfür hat der Verordnungsgeber in § 13 FeV relativ genaue Vorgaben gemacht. Dies hat u.a. zur Folge, dass das Vorliegen dieser Voraussetzungen häufig unstreitig ist und die verwaltungsgerichtlichen Verfahren bei Alkoholfällen stark abgenommen haben.   **211**

Die Anordnung der Beibringung eines ärztlichen Gutachtens bzw einer MPU steht bei Vorliegen der Voraussetzungen des § 13 Nr. 1 und 2 FeV nicht im Ermessen der Behörde.[161] Der Betroffene kann sich also allein gegen das Vorliegen der Voraussetzungen der einzelnen Tatbestände wenden.   **212**

a) Abhängigkeit (§ 13 Nr. 1 FeV)

Bei **Alkoholabhängigkeit** ist nach Ziff. 8.3 Anlage 4 FeV die Fahreignung nicht mehr gegeben. Die Frage, ob Alkoholabhängigkeit vorliegt, lässt sich nicht allein aufgrund von Laborwerten – etwa pathologischen Leberwerten – bestimmen. In Ziff. 3.11 der Begutachtungs-Leitlinien zur Kraftfahrereignung werden unter Hinweis auf ICD-10 (Diagnoseschlüssel der Weltgesundheitsorganisation) Kriterien für das Vorliegen von Abhängigkeit genannt.   **213**

---

159 Beschl. v. 28.5.2002 – 10 S 2213/0.
160 Beschl. v. 24.5.2002 – 10 S 835/0.
161 VGH Bad.-Württ., Beschl. v. 24.9.2001 – 10 S 182/01.

214 Nach § 13 Nr. 1 FeV ist zunächst ein **ärztliches Gutachten** anzufordern, wenn Tatsachen die Annahme von Alkoholabhängigkeit begründen. Daran kann sich ggf eine MPU zum Alkoholmissbrauch anschließen (§ 13 Nr. 2a FeV). Die Einholung dieser sachverständigen Stellungnahme ist bei einer Entziehung wegen Alkoholabhängigkeit zwingende Voraussetzung, weil das Vorliegen von Abhängigkeit keine rechtliche, sondern eine medizinische Fragestellung ist und daher nicht von der Behörde allein beurteilt werden kann.[162]

215 Für die Anforderung eines ärztlichen Gutachtens durch die Behörde genügt der hinreichende Verdacht auf Alkoholabhängigkeit ohne Bezug zur Teilnahme am Straßenverkehr und auch unabhängig von evtl festgestellten Promillewerten. Besondere Umstände, die den Verdacht auf Alkoholabhängigkeit nahelegen, können zB fehlende Ausfallerscheinungen bei hoher BAK bzw das Erreichen einer sehr hohen BAK, eine Alkoholisierung früh am Tag usw sein.

b) Missbrauch (§ 13 Nr. 2a FeV)

216 Bei einem **Alkoholmissbrauch** besteht gem. Ziff. 8.1 Anlage 4 FeV in der Regel keine Eignung. Eine Definition des Missbrauchs gibt diese Regelung selbst: „Das Führen von Kfz und ein die Fahrsicherheit beeinträchtigender Alkoholkonsum können nicht hinreichend sicher getrennt werden."

217 Die Behörde kann die Frage des Missbrauchs nicht selbst beurteilen, sondern hat nach § 13 Nr. 2a FeV eine **MPU** anzuordnen, wenn

■ nach dem ärztlichen Gutachten keine Abhängigkeit besteht, aber Anzeichen für einen Alkoholmissbrauch vorliegen (also im Anschluss an das ärztliche Gutachten nach § 13 Nr. 1 FeV) oder

■ sonst Tatsachen die Annahme von Alkoholmissbrauch begründen.

218 „Tatsachen" im Sinne der 2. Fallgruppe liegen insbesondere dann vor, wenn (einmalig) eine schwere Alkoholisierung (über 2‰) festgestellt wird und wenn weitere tatsächliche Umstände vorliegen, die geeignet sind, den Verdacht zu erhärten, dass der Betroffene den Konsum von Alkohol und die Teilnahme am Straßenverkehr nicht zuverlässig zu trennen vermag. Teilweise wird verlangt, dass die Alkoholauffälligkeit in einem konkreten Zusammenhang mit der Teilnahme am Straßenverkehr steht.[163] Dem ist aber nicht zu folgen. Auch wenn der Betroffene bislang nicht in alkoholisiertem Zustand im Straßenverkehr als Fahrzeugführer aufgefallen ist, kann – unter Berücksichtigung der hohen Dunkelziffer in diesem Bereich – bei einer Person, die erhebliche Mengen Alkohol zu sich nimmt, immer die Gefahr bestehen, dass er im Einzelfall zwischen Konsum und Fahren nicht zu trennen vermag. Eine erhöhte Gefahr ist insbesondere dann gegeben, wenn der Betroffene als **Berufskraftfahrer** ständig dem Dauerkonflikt ausgesetzt ist zwischen der Neigung, häufig und in großen Mengen Alkohol zu konsumieren, und der Verpflichtung, den Beruf in fahrtüchtigem Zustand auszuüben. In diesen Fällen muss die Behörde aus Gründen der Verkehrssicherheit berechtigt sein, das tatsächliche Gefährdungspotential durch eine MPU abzuklären.[164]

219 Anhaltspunkte für einen Alkoholmissbrauch können auch dann vorliegen, wenn sich der Betroffene im Strafverfahren (wegen § 316 StGB) auf **Nachtrunk** beruft. Diese Konstellation kommt vor allem dann in Betracht, wenn der Täter nach einem Verkehrsunfall weiterfährt

---

162 VG Stuttgart, Urt. v. 27.2.2002 – 3 K 4533/00.

163 Hess. VGH, Beschl. v. 9.11.2000 – 2 TG 3571/00; OVG Saarland, Beschl. v. 18. 2000 – 9 W 5/00 = zfs 2001, 92.

164 Vgl VGH Bad.-Württ., Beschl. v. 29.7.2002 – 10 S 1164/02 = NZV 2002, 582 (ein Taxifahrer wird zweimal, 1995 und 2001 [Rosenmontag], außerhalb des Straßenverkehrs in betrunkenem Zustand mit 1,96‰ bzw 2,05‰ angetroffen), und Beschl. v. 24.6.2002 – 10 S 985/02 = NZV 2002, 580; VG Minden, Urt. v. 27.2.2002 – 3 K 1764/02 (Verdacht auf Missbrauch besteht bei einem Beifahrer mit 2,13‰, der seiner Ehefrau mit 1,8‰ das Fahrzeug überlässt).

und von der Polizei zB erst zu Hause aufgegriffen wird. In einem solchen Fall kann dem Betroffenen – ggf im Rahmen eines Wiedererteilungsverfahrens – von Seiten der Fahrerlaubnisbehörde entgegengehalten werden, dass von einer Missbrauchsproblematik auszugehen sei, weil er den Unfall zum Anlass genommen habe, weitere (erhebliche) Mengen Alkohol zu konsumieren.[165]

Im Falle einer Beendigung des Alkoholmissbrauchs gilt zwar nicht die nach Abhängigkeit (vgl Nr. 8.4 Anlage 4 FeV) einzuhaltende einjährige Abstinenz. Die Änderung des Trinkverhaltens muss aber gefestigt sein. Dies macht in aller Regel einen vollständigen Alkoholverzicht über einen mehrmonatigen Zeitraum erforderlich.[166]

220

c) Wiederholungsfall (§ 13 Nr. 2b FeV)

Eine MPU ist auch dann erforderlich, wenn der Betroffene wiederholt, dh mindestens zwei Zuwiderhandlungen im Straßenverkehr unter Alkoholeinfluss begangen hat. Ordnungswidrigkeiten nach § 24a StVG reichen hier aus, es müssen also nicht unbedingt Straftaten vorliegen.[167] Bei Tilgungsreife im Verkehrszentralregister kann die Tat nicht mehr berücksichtigt werden.

221

d) Trunkenheitsfahrt (§ 13 Nr. 2c FeV)

Nach der FeV ist nunmehr bereits ab einer BAK von 1,6‰ – ohne Hinzutreten weiterer Umstände und auch bei erstmaliger Trunkenheitsfahrt – eine MPU anzuordnen. Die früher bei „besonderen Anlässen" (zB Silvester, Fasching, Vatertag) evtl gesehenen Ausnahmen gelten nicht mehr.

222

Auch bei **Radfahrern** mit hoher BAK sind Zweifel an der Kraftfahrereignung begründet. „Führen eines Fahrzeugs im Straßenverkehr" iSd § 13 FeV erfasst Fahrräder, ansonsten hätte der Verordnungsgeber auch hier den Begriff *„Kraft*fahrzeug" verwendet.[168] Dies gilt sogar für einen Ersttäter, der als Radfahrer mit 1,6‰ (oder mehr) auffällig geworden ist.[169]

223

Die Messung mit einem *Alcomat* ist für den präventiven Bereich hinreichend zuverlässig, insbesondere weil es im Rahmen des § 13 FeV nur um Anhaltspunkte als Voraussetzung für weitere Aufklärungsmaßnahmen geht.[170]

224

7. Charakterliche Eignung

a) Allgemeines

Sowohl die strafrechtliche Entziehung (§ 69 StGB: Maßregel der Besserung und Sicherung – das sind mehr als 90% aller Entziehungen) als auch die Entziehung nach § 3 Abs. 1 S. 1 StVG dienen dem Schutz der Allgemeinheit im Straßenverkehr vor Gefahren durch ungeeignete Fahrer. Weder die strafrechtliche Maßregel noch die behördliche Entziehung stellen eine Strafe dar, bei der es auf Verschulden ankommt. In beiden Fällen ist eine **Persönlichkeitswürdigung** erforderlich. Allerdings muss sich die Ungeeignetheit für eine strafrechtliche Entziehung aus den Umständen der Straftat ergeben. Zwar können auch sonstige Umstände be-

225

---

165 Vgl VGH Bad.-Württ., Beschl. v. 17.1.2000 – 10 S 1979/99 = NZV 2000, 269.

166 OVG NW Beschl. v. 29.7.2003 – 19 A 3983/01.

167 VG Freiburg, Beschl. v. 11.2.2003 – 1 K 61/03.

168 OVG NW, Beschl. v. 22.1.2001 – 19 B 1757/00 = NZV 2001, 396; VG München, Beschl. v. 13.8.2004 – M 6a S 04.3680 (zum sog. „Messeroller" ohne betriebsbereiten Elektromotor).

169 VG Karlsruhe, Beschl. v. 25.3.2002 – 12 K 436/02 = Blutalkohol 40 (2003), 82.

170 VGH Bad.-Württ., Beschl. v. 24.6.2002 – 10 S 985/02 = NZV 2002, 580.

rücksichtigt werden, die Eignungsmängel müssen sich aber aus der Tat selbst ergeben. Die behördliche Entscheidung über die Fahreignung ist nicht auf diesen Blickwinkel beschränkt. Es erfolgt vielmehr eine umfassende Würdigung der Gesamtpersönlichkeit.

226 Die **charakterliche Eignung** setzt voraus, dass jemand nicht erheblich oder nicht wiederholt gegen verkehrsrechtliche Vorschriften oder gegen Strafgesetze verstoßen hat (§ 2 Abs. 4 S. 1 StVG). Im Umkehrschluss bedeutet das aber nicht, dass derjenige, der wiederholt oder erheblich gegen verkehrsrechtliche Vorschriften oder gegen Strafgesetze verstoßen hat, automatisch ungeeignet ist. § 46 Abs. 1 S. 2, § 11 Abs. 1 S. 3 FeV verlangen weiter, dass dadurch die Eignung ausgeschlossen wird. Die Verstöße müssen also die Befürchtung rechtfertigen, der Fahrerlaubnisinhaber werde sich zukünftig im Straßenverkehr nicht ordnungsgemäß verhalten und dadurch für die Allgemeinheit zur Gefahr werden.[171]

227 Bei der Prüfung der charakterlichen Eignung sind insbesondere die Anzahl der verkehrsrechtlichen Verstöße, ihre rechtliche Einordnung, ihre eignungserhebliche Bedeutung nach den Tatumständen, ihre zeitliche Reihenfolge, ihre Veranlassung und Bedeutung für die Gefährdung anderer Verkehrsteilnehmer, die bisherige Bewährung, der Zeitraum seit der letzten Tat und vor allem die im eigenen Vorbringen sich äußernde Einstellung des Betroffenen zu berücksichtigen. Erforderlich ist auf Seiten der Fahrerlaubnisbehörde die Beiziehung und Würdigung der Straf-/OWi-Akten, mindestens der jeweiligen Entscheidungen; die bloße Bezugnahme auf Eintragungen im Verkehrszentralregister genügt nicht, um damit Mängel der charakterlichen Eignung zu begründen.

228 Auch nicht jeder „wiederholte" Verstoß rechtfertigt die Entziehung der Fahrerlaubnis. Dies ergibt sich aus dem Punktsystem des § 4 StVG, wonach die Fahrerlaubnis erst mit 18 Punkten ohne Weiteres entzogen werden kann. Nach § 4 Abs. 1 S. 2 StVG kann die Behörde zwar auch außerhalb des Punktsystems tätig werden, insbesondere wenn sich Eignungsmängel iSv § 3 Abs. 1 StVG ergeben; sie ist in diesem Fall aber gehalten, die Umstände des Einzelfalls besonders sorgfältig zu würdigen.

229 Bei der Erlaubnis zur **Fahrgastbeförderung** sind hinsichtlich der charakterlichen Eignung höhere Anforderungen an den Inhaber zu stellen als bei der Fahrerlaubnis an sich. Verkehrsverstöße können hier unter Umständen die Annahme rechtfertigen, dass der Inhaber nicht die Gewähr dafür bietet, dass er der besonderen Verantwortung bei der Beförderung von Fahrgästen gerecht wird (vgl § 48 Abs. 4 Nr. 2 FeV). Ergeben sich insoweit Zweifel, muss die Behörde den Sachverhalt eigenständig bewerten. Eine MPU kann nicht gefordert werden, da § 48 Abs. 9 FeV nur körperliche und geistige – also nicht charakterliche – Mängel erfasst.

230 Die **Zuverlässigkeit** iSv § 48 Abs. 4 Nr. 2 FeV fehlt nicht nur dann, wenn die Zuwiderhandlungen in Ausübung der Tätigkeit (zB als Taxifahrer) begangen worden sind. Es genügt, wenn die Art und Weise der Tatausführung Charaktereigenschaften erkennen lässt, die sich im Falle der Personenbeförderung mit dem Kfz zum Schaden der Allgemeinheit oder der Fahrgäste auswirken können. In diesem Sinne unzuverlässig ist, wer durch wiederholte Straffälligkeit einen Hang zur Missachtung der Rechtsordnung dokumentiert, wie zB bei beharrlichen Geschwindigkeitsüberschreitungen von mehr als 20 km/h.[172] Aber auch ein einmaliges Fehlverhalten kann die Unzuverlässigkeit begründen, wenn es schwer wiegt und ein sicheres Symptom für eine Gesinnung oder Lebenseinstellung ist, die – wie etwa die Neigung zu Bru-

---

171 OVG Rheinland-Pfalz, Urt. v. 11.4.2000 – 7 A 11670/99 = NJW 2000, 2442.
172 OVG NW, Beschl. v. 23.8.1999 – 19 B 1010/99.

Roitzheim

talitäten, zu ungezügeltem Alkoholgenuss oder zu rücksichtslosem Gewinnstreben – eine ordnungsgemäße Betätigung als Taxi- und Mietwagenfahrer nicht erwarten lässt.[173]

b) Straftaten/Ordnungswidrigkeiten mit Verkehrsbezug

Nach § 14 Abs. 3 S. 1 Nr. 4 FeV kann u.a. bei erheblichen oder wiederholten Verstößen gegen verkehrsrechtliche Vorschriften oder bei Straftaten, die im Zusammenhang mit dem Straßenverkehr oder der Kraftfahrereignung stehen, eine MPU gefordert werden. Damit hat der Verordnungsgeber den Behörden in den meisten Fällen, in denen sich Zweifel hinsichtlich der charakterlichen Eignung ergeben, die Möglichkeit eröffnet, zur Bewertung der Verstöße auf gutachterliche Hilfe zurückzugreifen. Bei dieser Vorschrift handelt es sich allerdings um eine Ermessensentscheidung; steht die charakterliche Ungeeignetheit nach Überzeugung der Behörde aufgrund der Schwere des Verstoßes bereits fest, dann kann sie auf die Begutachtung verzichten. **231**

Beispiele: **232**

■ Dichtes Auffahren mit Lichthupe, um zu schnellerem Fahren zu veranlassen; anschließend überholt der Täter und zwingt den anderen Verkehrsteilnehmer zum Anhalten; er versucht, die Tür des PKW zu öffnen, dabei kommt es zu Beleidigungen;[174]

■ Widerstand gegen Vollstreckungsbeamte bei Entnahme einer Blutprobe nach einem Verkehrsunfall und Bestechungsversuch;

■ Unfallflucht;

■ §§ 315 b, 315c StGB;

■ Fahren ohne Fahrerlaubnis (zB als Minderjähriger).

Da der Straftatbestand des § 316 StGB schon ab 1,1‰ erfüllt ist, kann die Behörde nach § 11 Abs. 3 S. 1 Nr. 4 FeV grundsätzlich schon ab dieser BAK tätig werden. Dies steht auf den ersten Blick im Widerspruch zu § 13 Nr. 2c FeV, der eine Rauschfahrt mit mindestens 1,6‰ voraussetzt. Obwohl es bei § 13 FeV für den Bereich der Alkoholproblematik um eine Sonderregelung handelt, wird § 11 Abs. 3 S. 1 Nr. 4 FeV aber nach Ansicht des Bayerischen VGH nicht verdrängt, weil es sich – im Gegensatz zu der bindenden Vorschrift des § 13 FeV – um eine Ermessensvorschrift handelt, bei der die Behörde zusätzliche Gesichtspunkte (zB weitere Verkehrsverstöße) in ihre Entscheidung einfließen lassen kann (vgl auch Rn 372).[175] **233**

c) Straftaten/Ordnungswidrigkeiten ohne Verkehrsbezug

Charakterliche Mängel, die in Taten nichtverkehrsrechtlicher Art zum Ausdruck kommen, erweisen die Ungeeignetheit in der Regel erst dann, wenn deren Art und Weise charakterliche Eigenschaften erkennen lässt, die, wenn sie sich im Straßenverkehr auswirken, zu einer Gefährdung der Allgemeinheit führen. Hierzu gehören insbesondere solche Taten, bei denen sich ein hohes Aggressionspotential des Täters zeigt (vgl § 11 Abs. 3 S. 1 Nr. 4 FeV). Die Voraussetzungen dieser Vorschrift sind zB erfüllt bei der Verurteilung eines im Tatzeitpunkt 17 Jahre alten Erstbewerbers wegen versuchter Erpressung und gefährlicher Körperverletzung (der Täter hatte das – keinen Anlass gebende – Opfer mit dem beschuhten Fuß ins Gesicht getreten).[176] **234**

---

173 VG Aachen, Beschl. v. 25.11.2004 – 2 L 914/04.
174 VG Stuttgart, Beschl. v. 19.12.2002 – 10 K 4766/02 (Nötigung in Tateinheit mit Beleidigung, Verurteilung zu 30 Tagessätzen).
175 Bay. VGH, Urt. v. 7.5.2001 – 11 B 99.2527 = NZV 2001, 494.
176 VGH Bad.-Württ., Urt. v. 14.9.2004 – 10 S 1283/04 = NJW 2005, 234.

d) Vielzahl geringfügiger Verstöße

235 Zuwiderhandlungen gegen Verkehrsvorschriften, die im Verwarnungsverfahren geahndet werden können, bleiben bei der Beurteilung der Eignung außer Betracht. Der Gesetzgeber sieht sie als für Zwecke des Verkehrszentralregisters – auch der Entziehung – unbedeutsame Vorgänge an. Ausnahmen sind in eng begrenzten Fällen denkbar, wenn etwa der Betroffene die Rechtsordnung über den ruhenden Verkehr insgesamt ablehnt und sie aus dieser Einstellung heraus immer wieder verletzt.[177]

e) Mangelnder Versicherungsschutz

236 Häufige Verstöße gegen die Pflichten als Kfz-Halter sind nicht grundsätzlich ein Indiz für eine mangelnde Eignung. Jedoch kann sich dies im Einzelfall ergeben, wenn die Art und Weise der Verstöße charakterliche Anlagen erkennen lassen, die den Schluss nahelegen, dass der Fahrerlaubnisinhaber Gefahren für die Verkehrssicherheit herbeiführen wird. Eine solche Prognose kann nur unter Berücksichtigung aller Umstände des Einzelfalls erfolgen.[178]

f) Halterdelikte

237 Der Halter eines Fahrzeugs, der durch zahlreiche ihm zugehende Bußgeldbescheide erfährt, dass Personen, die sein Kfz benutzen, laufend gegen Verkehrsvorschriften verstoßen, und der dagegen nichts unternimmt, weil er kein Rechtsmittel einlegt und die Benutzung seines Kfz durch die Täter der Ordnungswidrigkeiten auch nicht verhindert, zeigt selbst charakterliche Mängel, die ihn in Ausnahmefällen als ungeeignet erscheinen lassen.[179] Bei Gewerbetreibenden ist dies unter Umständen anders zu sehen, wenn diese zwangsläufig Dritte auf ihren Fahrzeugen einsetzen müssen und trotz Belehrung und Überwachung eine gewisse Anzahl von leichteren Ordnungswidrigkeit hinnehmen müssen.[180]

g) Eingestellte Strafverfahren

238 Ist das Strafverfahren nach den §§ 153a ff StPO eingestellt worden, steht die Verwirklichung eines Straftatbestands zwar nicht rechtskräftig fest. Die Fahrerlaubnisbehörde ist an die Einstellung des Strafverfahrens allerdings nicht gebunden. Eine Entziehung wegen der der Tat zugrunde liegenden Umstände kommt daher auch nach der Einstellung noch in Betracht.

239 Insbesondere ist für eine Aufklärungsmaßnahme nach § 11 Abs. 3 S. 1 Nr. 4 FeV keine rechtskräftige Verurteilung erforderlich. Fehlt es hieran, muss die Fahrerlaubnisbehörde eigenständig prüfen, ob der Straf- oder Ordnungswidrigkeitentatbestand samt Vorsatz bzw Fahrlässigkeit erfüllt ist. Zur Feststellung des Sachverhalts sind die Straf-/Bußgeld-Akten beizuziehen.

240 **Getilgte Eintragungen** dürfen nach § 29 Abs. 8 StVG für die Beurteilung der Eignung auch im Rahmen des § 11 Abs. 3 S. 1 Nr. 4 FeV nicht mehr herangezogen werden;[181] entscheidend ist dabei die Tilgungsreife.[182]

---

177 BVerwG, Urt. v. 17.12.1976 – 7 C 57.75 = DÖV 1977, 602 (Ungeeignetheit bei 61 Verstößen gegen Vorschriften des ruhenden Verkehrs bejaht); VG Saarland, Beschl. v. 8.4.1994 – 5 F 79/94 = zfs 1994, 271 (126 Verstöße in zehn Monaten – insb. Parken ohne Parkscheibe und Überschreiten der Höchstparkdauer – können auf Mängel der charakterlichen Eignung hindeuten); VG Berlin, Beschl. v. 19.1.1990 – 4 A 438/89 = NZV 1990, 328.
178 OVG Niedersachsen Beschl. v. 23.8.1982 – 12 A 323/81 = DAR 1983, 31 (Vergehen nach §§ 29, 29a StVZO und § 6 PflVG).
179 BVerwG, Urt. v. 17.12.1976 – 7 C 57.75 = DÖV 1977, 602.
180 OVG Hamburg, Beschl. v. 29.1.1997 – Bs VI 259/96 = VRS 93 (1997), 388 (48 Park- und Halteverbotsverstöße in acht Monaten).
181 OVG Rheinland-Pfalz, Urt. v. 11.4.2000 – 7 A 11670/99 = NJW 2000, 2442.
182 VG Berlin, Beschl. v. 19.4.2000 – 11 A 136/00 = NZV 2000, 479.

III. Die medizinisch-psychologische Untersuchung (MPU)

1. Untersuchungsgrundsätze und -inhalte

Die Begutachtung erfolgt durch eine – amtlich anerkannte (vgl § 66 FeV) – **Begutachtungs-stelle für Fahreignung (BfF)**. Fällt dieses Gutachten für den Betroffenen negativ aus, hat er die Möglichkeit, ein weiteres Gutachten – ebenfalls auf seine Kosten – bei einem **Obergutachter** in Auftrag zu geben. Die Behörde ist in diesem Fall verpflichtet, die Führerscheinakte (mit dem Erstgutachten) an den Obergutachter zu übersenden; sie muss mit einer Entscheidung aber grundsätzlich nicht warten, bis das Obergutachten vorliegt. Die FeV enthält keine Rege-lungen zur Frage, wer Obergutachter sein kann. Es sollte sich um besonders spezialisierte und qualifizierte Sachverständige handeln, die von den Fahrerlaubnisbehörden als Obergutachter ausdrücklich benannt werden (vgl Ziff. 2.2d der Begutachtungs-Leitlinien zur Kraftfahrereig-nung). Die Homepage der Gesellschaft der Obergutachter/innen für medizinische und psy-chologische Fahreignungsbegutachtung (OGA e.V.) enthält eine Liste aktiver Obergutachter, bei denen davon auszugehen ist, dass sie von der Behörde als solche akzeptiert werden.[183] **241**

Die Grundsätze für die Durchführung der Untersuchungen sind in Ziff. 1 Anlage 15 FeV festgelegt. Die Untersuchung hat insbesondere anlassbezogen, unter Verwendung der zuge-sandten Unterlagen und nach anerkannten wissenschaftlichen Grundsätzen zu erfolgen. Die Behörde legt die Fragestellung fest, an die sich der Gutachter zu halten hat (vgl § 11 Abs. 6 FeV). **242**

Die – insgesamt etwa drei bis vier Stunden dauernde – MPU besteht zum einen aus einer **medizinischen Untersuchung**. Diese umfasst folgende Punkte: **243**

- Erhebung der Gesundheitsvorgeschichte (Anamnese),
- internistische Untersuchung,
- neurologische Untersuchung,
- ggf eine Überprüfung des Sehvermögens,
- Bestimmung der Leberwerte[184] (wenn eine Alkoholproblematik Anlass für die MPU ist),
- Drogenscreening (bei Drogenproblematik).

Bei drogen- oder alkoholbedingten Leistungsminderungen werden computergestützte **Leis-tungstest** durchgeführt. Überprüft werden hierbei vor allem Leistungs- bzw Konzentrations-fähigkeit und Reaktionsvermögen. Diesen Tests kommt heute im Vergleich zu den anderen Untersuchungen eine eher untergeordnete Bedeutung zu. **244**

Die **psychologische Untersuchung** ist für den Betroffenen meist der kritische Punkt. Es han-delt sich um eine ungewohnte Situation, in der man von einem Psychologen „ausgefragt" wird, und der Ausgang dieses Gesprächs wird letztlich darüber entscheiden, ob die Fahr-erlaubnis entzogen wird oder nicht. **245**

Im psychologischen Gespräch wird es zunächst um die Person des Betroffenen (berufliche und familiäre Situation, Krankheiten) gehen. Dann werden relativ zügig die begangenen Verkehrsverstöße und die Alkohol-/Drogenproblematik Mittelpunkt des Gesprächs sein. Hierbei wird es meist um folgende Themen gehen: **246**

- Konsumgewohnheiten und -menge,

---

183 www.obergutachter-fahreignung.de.

184 Erhöhte Leberwerte lassen in aller Regel den Schluss auf einen gesteigerten Alkoholkonsum zu, umgekehrt ist bei normalen Leberwerten nicht unbedingt von einer längeren Alkoholabstinenz auszugehen.

- Umstände der Drogen-/Alkoholfahrt,
- Änderung des Konsumverhaltens (Motivation, Rahmenbedingungen).

247 Der Betroffene sollte den Psychologen keinesfalls als „Feind" betrachten, der ihm nur den Führerschein wegnehmen will. In einer solchen Gesprächsatmosphäre ist kaum mit einer positiven Begutachtung zu rechnen. Ein konstruktives Gespräch setzt vielmehr Offenheit und Wahrhaftigkeit voraus. Es gibt zwei Fehler, die man keinesfalls machen sollte:

- Lügen lohnt sich nicht! Kaum jemand ist in der Lage, eine unwahre Geschichte durchzuhalten, zumal wenn der Gegenüber ein erfahrener Psychologe ist.
- Probleme sollten niemals verharmlost werden. So wird die vielfach von Betroffenen gemachte Aussage, das Trinkverhalten sei doch gar nicht so schlimm gewesen und es habe sich um einen einmaligen Ausrutscher gehandelt, regelmäßig dazu führen, dass der Gutachter – zu Recht – ein nicht verarbeitetes Alkoholproblem annimmt.

2. Vorbereitung auf die Begutachtung

248 Der Betroffene sollte sich niemals unvorbereitet einer MPU aussetzen. Aufgabe eines Verfahrensbevollmächtigten ist es zunächst, seinen Mandanten vorab über Inhalt und Ablauf der Untersuchung zu informieren. Da ein Rechtsanwalt aber kein Verkehrsmediziner/-psychologe ist, sollte man sich mit Ratschlägen zum Verhalten bei der Untersuchung eher zurückhalten. Es ist vielmehr aufzeigen, welche Angebote von professionellen Anbietern es zur (individuellen) MPU-Vorbereitung gibt. Die – meist reißerisch aufgemachten – Angebote von angeblichen Experten, die schnellen Erfolg versprechen (und damit „schnelles Geld" machen), sind zu meiden!

249 Sinnvoll sind eher die **Angebote der Träger von Begutachtungsstellen**.[185] Da diese Stellen – natürlich andere Abteilungen/Mitarbeiter – später die Untersuchung durchführen, wissen sie am besten, worauf es im Rahmen der Vorbereitung ankommt.

250 Sämtliche Anbieter bieten zunächst die Möglichkeit, an einer kostenlosen Informationsveranstaltung teilzunehmen. Der nächste Schritt ist ein individuelles Beratungsgespräch (Kosten ca. 60 bis 80 EUR), in dem mit dem Betroffenen besprochen wird, ob die Voraussetzungen für eine erfolgreiche MPU bereits gegeben oder welche weiteren Schritte (Kurse, Abstinenznachweise) zunächst noch zu unternehmen sind.

251 Zur eigentlichen Vorbereitung bieten die Träger der Begutachtungsstellen verschiedene Kurse an, die speziell auf eine Drogen- oder Alkoholproblematik bzw eine Entziehung nach dem Punktsystem zugeschnitten sind.[186] Da es insoweit eine Standardisierung nicht gibt, ist – anders als bei den Kursen zur Wiederherstellung der Kraftfahrereignung (die nach § 70 FeV einer Anerkennung bedürfen) – ein qualitativer Vergleich schwierig. Man sollte sich daher vorab eingehend über den Inhalt der Kurse informieren.

252 Die **Kosten einer MPU** einschließlich Vorbereitung sind erheblich. So kostet zB die MPU wegen einer Alkoholauffälligkeit ca. 370 EUR, bei einer Drogenauffälligkeit ca. 520 EUR.[187] Hinzu kommen die Kosten der Vorbereitung, die ebenfalls mehrere Hundert EUR betragen können. Dennoch sollte man nicht bei der Vorbereitung sparen, weil eine negative MPU den Betroffenen wesentlich teurer kommen würde.

---

185 Auf der Homepage der Bundesanstalt für Straßenwesen (www.bast.de) befindet sich eine Liste der akkreditierten Träger von Begutachtungsstellen für Fahreignung. Diese Träger informieren auf ihren Homepages über Angebote zur MPU-Vorbereitung.
186 ZB die vom TÜV Süd entwickelten Kurse *Mobil PLUS* oder das Programm *avanti* des TÜV Nord.
187 Vgl die Preisliste des TÜV Rheinland: <www.tuv.com/de/fuehrerschein.html>.

Muster: Schreiben an Mandanten mit Hinweisen zur MPU[188]

253

342

Sehr geehrte/r Frau/Herr ■■■

mit Anordnung vom ■■■ hat das Straßenverkehrsamt ■■■ Sie aufgefordert, ein medizinisch-psychologisches Gutachten vorzulegen. Da diese Aufklärungsanordnung wohl zu Recht ergangen ist, sollten Sie sich grundsätzlich der Begutachtung unterziehen, weil es sonst auf jeden Fall zu einer Entziehung der Fahrerlaubnis kommen wird.

Eine Begutachtung zum jetzigen Zeitpunkt ist aber nur dann sinnvoll, wenn die Aussicht besteht, dass das Gutachten zu einem positiven Ergebnis kommt. Deshalb sollten Sie sich zum Beispiel bei ■■■ [Träger einer Begutachtungsstelle für Fahreignung] über die Möglichkeiten zur Vorbereitung auf die MPU informieren. Ich schlage vor, dass Sie zunächst die kostenlose Informationsveranstaltung bei ■■■ am ■■■ besuchen und sodann dort noch ein Beratungsgespräch (Kosten ca. 60 EUR) zur Abklärung ihrer individuellen Problematik vereinbaren.

Nach dem Beratungsgespräch sollten wir das weitere Vorgehen persönlich besprechen.

Mit freundlichen Grüßen

Rechtsanwalt

3. Anforderungen an das Gutachten

Unter Ziff. 2 Anlage 15 FeV ist im Einzelnen aufgeführt, welche Grundsätze bei der Erstellung des Gutachtens zu beachten sind. Es sind dies im Wesentlichen folgende Punkte: 254

Das Gutachten muss **nachvollziehbar** sein; das setzt zunächst eine verständliche Sprache voraus. Die rechtliche Beurteilung der Eignung ist Aufgabe der Fahrerlaubnisbehörde; das Gutachten liefert lediglich die fachliche Grundlage in Gestalt der Aussage, ob medizinische oder Verhaltens- bzw Persönlichkeitsmängel eine ungünstige Prognose für das Verkehrsverhalten begründen. Es muss daher der Behörde eine eigene Überzeugungsbildung ermöglichen.   255

Im Gutachten müssen die für die Prognose maßgebenden Befunde (dh die erhobenen Daten) **allgemein verständlich** beschrieben sein. Eine bloße Aufzählung der zahlenmäßig erfassten Ergebnisse einer Testreihe genügt nicht. Erforderlich sind vielmehr Ausführungen zur Bedeutung der Ergebnisse für die Fahreignung (Befunde und Diagnose, dh welches ist die Problematik, welches der Soll- bzw Ist-Zustand).   256

Erforderlich ist weiter eine deutliche Unterscheidung zwischen Vorgeschichte (Anamnese) und aktuellem Befund. Wichtig ist die Exploration des Anlasses der Begutachtung, soweit dieser die Anforderungen an den Betroffenen bestimmt. Zum Beispiel ist bei einer Alkoholproblematik entscheidend, ob in Zukunft Abstinenz oder nur kontrolliertes Trinken zu verlangen ist (Bestimmung des Soll-Zustandes).   257

Es müssen Ausführungen zur **Glaubhaftigkeit** einer Aussage gemacht werden, die eine Überprüfung ermöglichen. Sind die Angaben des Betroffenen etwa völlig unrealistisch, ist ein positives Gutachten nicht möglich; es fehlt das Problembewusstsein, ohne das eine Verhaltensänderung nicht zu erwarten ist. Die Vollständigkeit des Gutachtens erfordert in einem solchen Fall, dass dem Betroffenen ein entsprechender Vorhalt gemacht wurde und dies im Gutachten vermerkt ist.   258

---

188 Vgl dazu auch das Muster „Mandanteninformation zur MPU-Vorbereitung" in § 7 Rn 139.

259 Die **Nachprüfbarkeit** erfordert, dass das Untersuchungsgespräch (Exploration) in seinen wesentlichen Inhalten – nicht notwendig wörtlich – wiedergegeben wird. Die Untersuchungsverfahren und Quellen der Forschungsergebnisse müssen angegeben sein. Es dürfen nur wissenschaftlich anerkannte Erkenntnismethoden angewandt werden.

260 Schließlich muss das Gutachten **einzelfallbezogen** sein. Die persönlichen Verhältnisse des Betroffenen müssen erfragt und ausgewertet werden, da sie wesentliche Hinweise auf die charakterliche Entwicklung geben können. Zur Rückfallwahrscheinlichkeit genügen keine allgemeinen Ausführungen oder lediglich statistische Angaben. Ein Gutachten kann kaum als einzelfallbezogen bezeichnet werden, wenn es zu mehr als 50% aus Textbausteinen besteht.[189]

261 Die Gutachten haben mittlerweile durchgängig einen hohen Standard und weisen nur noch selten **inhaltliche Mängel** auf. Gleichwohl sollte eine entsprechende Prüfung stets erfolgen. Das Gutachten ist insbesondere auf

- Unklarheiten,
- unlösbare Widersprüche,
- Unvollständigkeit,
- Zweifel an der Sachkunde oder Unparteilichkeit des Gutachters und
- die Richtigkeit der Untersuchungsmethoden

hin zu überprüfen. Es ist auch stets festzustellen, ob das Gutachten Verwertungsverbote missachtet, also – zB bei der Ermittlung einer Rückfallgefahr – getilgte bzw tilgungsreife Taten berücksichtigt hat.[190]

262 Erscheint ein Gutachten nicht vollständig bzw nachvollziehbar, darf weder die Behörde noch das Gericht eine eigene Wertung vornehmen. Hierfür fehlt es in der Regel an der erforderlichen Sachkunde. Es ist vielmehr eine ergänzende Stellungnahme der Begutachtungsstelle oder ein Obergutachten einzuholen.

IV. Widerspruchsverfahren

1. Die Einlegung des Widerspruchs

263 Nach § 68 Abs. 1 S. 1 VwGO ist vor Erhebung einer Anfechtungsklage zunächst ein Vorverfahren durchzuführen. Statthaft ist der Widerspruch nur dann, wenn er sich gegen einen Verwaltungsakt richtet. Das ist bei einer Ordnungsverfügung, mit der die Fahrerlaubnis entzogen wird, zweifelsfrei der Fall. Die Aufklärungsanordnung ist dagegen lediglich eine vorbereitende Verfahrenshandlung und kann nicht mit dem Widerspruch angefochten werden (vgl Rn 44, 82).

264 Es ist darauf zu achten, dass auch ein **Widerspruch gegen den Gebührenbescheid** eingelegt wird (vgl Rn 278). Wird insoweit von der Behörde ein gesondertes Widerspruchsverfahren durchgeführt, sollte man versuchen, dieses bis zur Entscheidung über den Widerspruch bzw die Klage gegen die Entziehungsverfügung zum Ruhen zu bringen, um weitere Kosten für den Betroffenen zu vermeiden.

265 Der Widerspruch ist nach § 70 Abs. 1 VwGO innerhalb eines Monats nach der Bekanntgabe (oder Zustellung; zum Zeitpunkt der Bekanntgabe bzw Zugangsfiktion vgl Rn 109 ff) der

---

189 VG Freiburg, Beschl. v. 28.4.1994 – 4 K 1237/93 = NZV 1995, 48.
190 Vgl OVG Thüringen, Beschl. v. 16.8.2000 – 2 ZEO 392/99.

Entziehungsverfügung schriftlich oder zur Niederschrift bei der erlassenden Fahrerlaubnisbehörde (oder bei der Widerspruchsbehörde) einzulegen. Für die **Fristberechnung** gelten nach § 57 Abs. 2 VwGO die Vorschriften der ZPO – insbesondere § 222 Abs. 1 und 2 ZPO – und damit letztlich die §§ 187 Abs. 1, 188 Abs. 2 und 3 BGB. Die Monatsfrist endet mit Ablauf desjenigen Tages, dessen Zahl dem Tage der Bekanntgabe bzw Zustellung der Verfügung entspricht.

Beispiele: Die Entziehungsverfügung wird dem Betroffenen am 2. Januar zugestellt. Die Widerspruchsfrist endet am 2. Februar (24.00 Uhr); handelt es sich bei diesem Tag um einen Samstag, Sonntag oder einen allgemeinen Feiertag, endet die Frist mit Ablauf des nächsten Werktages.[191]
Erfolgt die Bekanntgabe an einem 31. und ist der folgende Monat kürzer, dann ist zu beachten, dass die Frist am Monatsletzten endet, also zB bei einer Bekanntgabe am 31. Januar am 28. (oder 29.) Februar.

266

Die Monatsfrist gilt nur dann, wenn die Entziehungsverfügung eine ordnungsgemäße Rechtsbehelfsbelehrung enthält (vgl § 70 Abs. 2 iVm § 58 VwGO). Ist dies nicht der Fall, gilt eine Jahresfrist.

267

Bei einer unverschuldeten Versäumung der Widerspruchsfrist kann ein Antrag auf **Wiedereinsetzung in den vorigen Stand** gestellt werden (vgl § 70 Abs. 2 iVm § 60 VwGO). Der Wiedereinsetzungsantrag ist binnen zwei Wochen nach Wegfall des der rechtzeitigen Widerspruchseinlegung entgegenstehenden Hindernisses zu stellen; gleichzeitig sind die Gründe glaubhaft zu machen und ist die versäumte Verfahrenshandlung vorzunehmen.

268

Muster: Wiedereinsetzungsantrag bei versäumter Widerspruchsfrist

269

343

↓

An das Landratsamt ▪▪▪
– Führerscheinstelle –

Ihre Ordnungsverfügung vom ▪▪▪

Ihr Az ▪▪▪ [inkl. Name des Mandanten]

Widerspruch

in der Sache
des Herrn ▪▪▪

– Widerspruchsführer –

Verfahrensbevollmächtigte: RAe ▪▪▪

gegen

das Land ▪▪▪, vertreten durch den Landrat des Kreises ▪▪▪ – Führerscheinstelle –, ▪▪▪,

– Widerspruchsgegner –

Sehr geehrte/r Frau/Herr ▪▪▪ [Name des Sachbearbeiters lt. Anhörungsschreiben],

hiermit lege ich namens und in Vollmacht des Widerspruchsführers gegen die Ordnungsverfügung vom ▪▪▪ und gegen den gleichzeitig ergangenen Gebührenbescheid Widerspruch ein und beantrage

Wiedereinsetzung in den vorigen Stand wegen Versäumung der Widerspruchsfrist.

---

191 Dieses Hinausschieben des Fristendes gilt nicht für die Berechnung des Fristbeginns, also insb. nicht bei der Zugangsfiktion nach § 41 Abs. 2 VwVfG!

Meinem Mandanten ist Wiedereinsetzung zu gewähren, weil er ohne Verschulden gehindert war, innerhalb der Monatsfrist Widerspruch einzulegen. Die Entziehungsverfügung ist am 10.7.2006 durch Niederlegung zugestellt worden. Vom 8.7.2006 bis zum 15.8.2006 befand sich mein Mandant aber auf einer Urlaubsreise in Australien; Kopien der Flugtickets sind beigefügt. Erst unmittelbar nach der Rückkehr, nämlich am 16.8.2006, hat er Kenntnis von der Entziehungsverfügung erhalten. Da nicht konkret mit einer Zustellung während des Urlaubs zu rechnen war, trifft meinen Mandanten kein Verschulden an der Versäumung der Widerspruchsfrist.

Der Widerspruch ist auch begründet: ■■■

Rechtsanwalt

2. Besonderheiten bei Anordnung der sofortigen Vollziehung

270 Bei einer Entziehung der Fahrerlaubnis wird im Regelfall die sofortige Vollziehung angeordnet, so dass der Widerspruch nach § 80 Abs. 2 S. 1 Nr. 4 VwGO keine aufschiebende Wirkung entfaltet. In diesem Fall bietet es sich an, Widerspruch bei der Fahrerlaubnisbehörde einzulegen und gleichzeitig einen Antrag auf Gewährung vorläufigen Rechtsschutzes nach § 80 Abs. 5 VwGO beim zuständigen Verwaltungsgericht zu stellen (vgl Muster Rn 333 f). Das Widerspruchsverfahren wird bis zum Abschluss des gerichtlichen Verfahrens ruhen, so dass man sich zunächst auf dieses Verfahren konzentrieren kann.

271 Es besteht zwar die Möglichkeit, zusätzlich zu einem gerichtlichen Antrag (oder statt eines solchen) bei der Ausgangs- oder der Widerspruchsbehörde die Aussetzung der Vollziehung nach § 80 Abs. 4 S. 1 VwGO zu beantragen. Ein solcher Antrag ist aber regelmäßig überflüssig, es sei denn, es können neue wesentliche Tatsachen vorgetragen werden. Die Behörde wird in diesem Verfahrensstadium an ihrer Entscheidung festhalten und ein solcher Aussetzungsantrag ist auch nicht Zulässigkeitsvoraussetzung für einen Antrag nach § 80 Abs. 5 VwGO.

272 **Muster: Antrag bei der Ausgangsbehörde auf Aussetzung der Vollziehung nach § 80 Abs. 4 S. 1 VwGO aufgrund neuer Tatsachen**

An das Landratsamt ■■■
– Führerscheinstelle –

Ihre Ordnungsverfügung vom ■■■

Ihr Az ■■■ [inkl. Name des Mandanten]

Widerspruch vom ■■■

Antrag auf Aussetzung der Vollziehung

in der Sache

des Herrn ■■■

– Widerspruchsführer –

Verfahrensbevollmächtigte: RAe ■■■

gegen

das Land ■■■, vertreten durch den Landrat des Kreises ■■■ – Führerscheinstelle –, ■■■,

– Widerspruchsgegner –

Sehr geehrte/r Frau/Herr ■■■ [Name des Sachbearbeiters lt. Anhörungsschreiben],

namens und in Vollmacht des Widerspruchsführers beantrage ich

die Aussetzung der sofortigen Vollziehung der Ordnungsverfügung vom ■■■.

Nach § 80 Abs. 4 S. 1 VwGO kann die Behörde in den Fällen des Abs. 2 S. 1 Nr. 4 – wie hier – die Vollziehung insbesondere dann aussetzen, wenn sich neue Tatsachen ergeben, die nunmehr erhebliche Zweifel an der Rechtmäßigkeit der streitgegenständlichen Verfügung begründen. Dies ist hier der Fall.

Die Entziehung der Fahrerlaubnis ist in der Ordnungsverfügung vom ■■■ im Wesentlichen damit begründet worden, dass mein Mandant regelmäßig Cannabis konsumiere. Unabhängig davon, dass ein solches Konsumverhalten zu keiner Zeit vorlag, spricht jedenfalls mittlerweile Überwiegendes dafür, dass mein Mandant den Konsum von Cannabis vollständig aufgegeben hat. Er hat bei der Begutachtungsstelle ■■■ in einem Abstand von ■■■ Wochen – jeweils nach kurzfristiger Einbestellung binnen 24 Stunden – zwei Drogenscreenings durchführen lassen. Diese hatten ein negatives Ergebnis, es konnten also keine Spuren von Cannabis oder anderen Drogen im Blut / im Urin meines Mandanten nachgewiesen werden.

Dem Unterzeichner ist zwar bewusst, dass zum endgültigen Nachweis der Drogenfreiheit weitere (negative) Drogenscreenings erforderlich sind. Im Hinblick auf die bisherigen Ergebnisse spricht jedoch alles dafür, dass auch die in Kürze vorzunehmenden nächsten Untersuchungen ebenfalls negativ ausfallen werden. Es erscheint daher geboten, bereits zum jetzigen Zeitpunkt die sofortige Vollziehung der Entziehungsverfügung aussetzen, zumal der Verzicht auf die Fahrerlaubnis für meinen Mandanten, der für die tägliche Fahrt zum Arbeitsplatz grundsätzlich auf seinen PKW angewiesen ist, mit einem erheblichen Aufwand und mit Mehrkosten verbunden ist.

Rechtsanwalt

3. Kosten und Gebühren

Die Tarifstelle 400 des Gebührentarifs zu § 1 GebOSt sieht vor, dass im Falle einer Zurückweisung des Widerspruchs – oder auch bei einer Rücknahme des Widerspruchs nach Beginn der sachlichen Bearbeitung – eine Gebühr in Höhe der Gebühr für die angefochtene Amtshandlung, mindestens jedoch 25,60 EUR, festzusetzen ist. Hinzu kommen die Kosten einer Zustellung. | **273**

Die **Vergütung des Rechtsanwalts** im Verwaltungsverfahren richtet sich nach Nr. 2400 und 2401 VV RVG. Wird der Rechtsanwalt allein im Widerspruchsverfahren tätig, also erst nach Erlass der Entziehungsverfügung beauftragt, fällt allein die Geschäftsgebühr nach Nr. 2400 VV RVG an. Im Regelfall kann die Tätigkeit in einem solchen Verfahren nicht als umfangreich oder schwierig bezeichnet werden, so dass der Gebührensatz maximal 1,3 betragen darf. Ein höherer Satz ist dann gerechtfertigt, wenn es im Widerspruchsverfahren zu einer (umfangreichen) Begutachtung kommt oder wenn es um schwierige rechtliche Fragen geht (die zB obergerichtlich noch nicht geklärt sind). | **274**

Ist der Rechtsanwalt bereits im Entziehungsverfahren tätig gewesen, erfolgte also zB eine Beauftragung bzw ein Tätigwerden nach Erlass einer Aufklärungsanordnung, ist damit die Geschäftsgebühr nach Nr. 2400 VV RVG angefallen. Für das Widerspruchsverfahren kann eine weitere Gebühr nach Nr. 2401 VV RVG angesetzt werden. Dieser Gebührentatbestand sieht einen niedrigeren Satz vor, weil der Rechtsanwalt durch die Tätigkeit im Entziehungsverfahren bereits eingearbeitet und der Aufwand für das Widerspruchsverfahren daher niedriger ist. | **275**

276 Anwaltsgebühren sind – etwa im Falle eines erfolgreichen Widerspruchs oder eines Obsiegens im Klageverfahren – nur dann erstattungsfähig, wenn die Widerspruchsbehörde oder das Verwaltungsgericht die Hinzuziehung eines Bevollmächtigten für das Vorverfahren **für notwendig erklärt** (vgl § 80 Abs. 2 VwVfG, § 162 Abs. 2 S. 2 VwGO). Ein entsprechender Antrag sollte ausdrücklich gestellt werden. Die Zuziehung ist im Regelfall auch notwendig, weil es dem meist rechtsunkundigen Bürger nicht zuzumuten ist, das Verfahren selbst zu führen.

277 **Beispiel: FE-Entziehung bei altersbedingten Auffälligkeiten**
Dem 75-jährigen M. wird die Fahrerlaubnis entzogen, nachdem er sich der geforderten ärztlichen Begutachtung nicht unterzogen hat. Anlass für die Aufklärungsanordnung war, dass mehrere Hinweise von Verwandten und Nachbarn auf altersbedingte Fahrmängel bei der Fahrerlaubnisbehörde eingegangen waren (vgl Rn 139). Gleichzeitig ergeht ein Gebührenbescheid.

278 **Muster: Widerspruch gegen Entziehung der Fahrerlaubnis**

  ↓

An das Landratsamt ■■■
– Führerscheinstelle –

Ihre Ordnungsverfügung vom ■■■

Ihr Az ■■■ [inkl. Name des Mandanten]

Widerspruch

in der Sache

des Herrn ■■■

– Widerspruchsführer –

Verfahrensbevollmächtigte: RAe ■■■

gegen

das Land ■■■, vertreten durch den Landrat des Kreises ■■■ – Führerscheinstelle –, ■■■,

– Widerspruchsgegner –

Sehr geehrte/r Frau/Herr ■■■ [Name des Sachbearbeiters lt. Anhörungsschreiben],

hiermit lege ich namens und in Vollmacht des Widerspruchsführers gegen die Ordnungsverfügung vom ■■■ und gegen den gleichzeitig ergangenen Gebührenbescheid Widerspruch ein und beantrage,

die Ordnungsverfügung vom ■■■ und den Gebührenbescheid aufzuheben.

Nach Einsichtnahme in die Verwaltungsvorgänge begründe ich den Widerspruch wie folgt:

Die auf der Grundlage von § 3 Abs. 1 S. 1 StVG, § 46 Abs. 1 S. 1 FeV erfolgte Entziehung der Fahrerlaubnis ist rechtswidrig. Im Falle meines Mandanten ist nicht davon auszugehen, dass er zum Führen von Kraftfahrzeugen ungeeignet ist.

Geeignet zum Führen von Kraftfahrzeugen ist, wer die hierfür notwendigen körperlichen und geistigen Anforderungen erfüllt und nicht erheblich oder nicht wiederholt gegen verkehrsrechtliche Vorschriften oder gegen Strafgesetze verstoßen hat. Werden Tatsachen bekannt, die Bedenken gegen die körperliche oder geistige Eignung des Fahrerlaubnisinhabers begründen, kann die Fahrerlaubnisbehörde die Beibringung eines amtsärztlichen Gutachtens anordnen (vgl § 11 Abs. 2 FeV). Verweigert der Betroffene die Begutachtung oder bringt er der Fahrerlaubnisbehörde das von ihr geforderte Gutachten nicht bei, so darf sie bei ihrer Entscheidung auf die Nichteignung des Betroffenen schließen (vgl § 11 Abs. 8 S. 1 FeV). Dies setzt allerdings voraus, dass die Anordnung zur Beibringung eines Gutachtens zu Recht ergangen ist. Dies ist dann der Fall, wenn berechtigte, durch Tatsachen belegte Zweifel an der Kraftfahrereignung des Betroffenen bestehen und die angeordnete Begutachtung ein geeignetes und verhältnismäßiges Mittel zur Klärung der konkreten Eignungszweifel darstellt.

Gemessen daran ist die Anordnung zur Beibringung eines ärztlichen Gutachtens vom ■■■ zu Unrecht ergangen, weil keine konkreten Zweifel hinsichtlich der Kraftfahrereignung meines Mandanten vorliegen.

Das hohe Alter eines Fahrerlaubnisinhabers begründet für sich genommen noch keine hinreichenden Eignungszweifel. Denn grundsätzlich können mögliche altersbedingte Defizite durch die größere Erfahrung im Straßenverkehr kompensiert werden. Auch bei älteren Verkehrsteilnehmern ist daher eine Anordnung nach § 11 Abs. 2, 6 FeV nur dann zulässig, wenn greifbare Ausfallerscheinungen von nicht unerheblichem Gewicht (zB unsichere Fahrweise) aufgetreten sind.

Von solchen konkreten Ausfallerscheinungen kann nicht ausgegangen werden.

Zunächst einmal darf sich die Fahrerlaubnisbehörde nicht allein auf die Hinweise von Verwandten und Nachbarn über angebliche Fahrauffälligkeiten stützen. Die Behörde ist vielmehr verpflichtet, solchen Hinweisen durch eigene Ermittlungen nachzugehen, um sich eine hinreichend verlässliche Tatsachengrundlage für ihr weiteres Vorgehen zu verschaffen.

Vor allem aber ist es zu den von Dritten angezeigten Auffälligkeiten tatsächlich überhaupt nicht gekommen. Mein Mandant hat nicht – wie von den Nachbarn behauptet – unangemessen langsam die Umgehungsstraße befahren. Er hat vielmehr, soweit dies die Verkehrssituation zugelassen hat, die dort zulässige Höchstgeschwindigkeit vom 100 km/h weitgehend ausgenutzt. Ferner trifft es nicht zu, dass mein Mandant nicht in der Lage ist, seinen PKW in die Garage zu fahren. Es ist zwar vor einigen Wochen beim Einfahren in die Garage zu einer Beschädigung des Außenspiegels gekommen. Hierbei handelt es sich allerdings um einen Einzelfall, der zudem damit zu erklären ist, dass die Garage eine sehr enge Einfahrt hat. ■■■

Mein Mandant hat die von Ihnen geforderte Begutachtung daher zu Recht verweigert, so dass es nicht zulässig ist, nach § 11 Abs. 8 S. 1 FeV ohne Weiteres auf die Nichteignung zu schließen und die Fahrerlaubnis zu entziehen.

Mangels rechtmäßiger Entziehung der Fahrerlaubnis ist der Gebührentatbestand nicht verwirklicht. Die Festsetzung der Verwaltungsgebühr ist daher ebenfalls rechtswidrig.

Dem Widerspruch ist somit abzuhelfen, die Entziehungsverfügung und der Gebührenbescheid sind aufzuheben.

Abschließend beantrage ich,

die Zuziehung des Unterzeichners als Bevollmächtigten für das Vorverfahren für notwendig zu erklären.

Rechtsanwalt[192]

V. Klageverfahren

1. Klageerhebung

Gegen den Ausgangsbescheid in der Fassung des Widerspruchsbescheids kann **Anfechtungsklage** erhoben werden (vgl § 42 Abs. 1 VwGO). Hinsichtlich Frist und Form der Klageerhebung kann im Wesentlichen auf die Ausführungen zum Widerspruch verwiesen werden (Rn 265 ff). Die Anfechtungsklage ist innerhalb eines Monats nach Zustellung des Wider-

279

---

192 Die Schriftform setzt aus Gründen der Rechtssicherheit ein vom Widerspruchsführer oder seinem Bevollmächtigten eigenhändig unterschriebenes Schreiben voraus. Fehlt die eigenhändige Unterschrift und wird sie auch nicht innerhalb der Widerspruchsfrist nachgeholt, so wird damit der Widerspruch nicht unzulässig, sofern – was die Regel ist – hinreichend sicher feststeht, dass das Schreiben vom Widerspruchsführer stammt und mit seinem Willen in den Verkehr gelangt ist. Vgl etwa *Bosch/Schmidt*, § 26 IV 1a.

spruchsbescheids zu erheben (vgl § 74 Abs. 1 VwGO). Hat die Widerspruchsbehörde binnen drei Monaten nach Einlegung des Widerspruchs keinen Widerspruchsbescheid erlassen und liegt kein zureichender Grund für diese Verzögerung vor,[193] dann kann ohne Widerspruchsbescheid nach § 75 VwGO **Untätigkeitsklage** erhoben werden.

280   Örtlich zuständig ist das Verwaltungsgericht, in dessen Bezirk die angefochtene Entziehungsverfügung erlassen worden ist (vgl § 52 Ziff. 3 VwGO). Wird die Klage versehentlich bei einem örtlich unzuständigen Gericht erhoben, führt dies nicht zur Abweisung der Klage als unzulässig; diese wird – nach Anhörung der Beteiligten – von Amts wegen an das zuständige Gericht verwiesen.

2. Amtsermittlungsgrundsatz / Beweisantrag

281   Im Vordergrund steht die in § 86 Abs. 1 VwGO verankerte Amtsermittlungsmaxime (Untersuchungsgrundsatz). Anders als im Zivilprozess ist das Verwaltungsgericht bei der Erforschung des Sachverhalts nicht an die Anträge der Beteiligten gebunden, es kann von sich aus Aufklärungsmaßnahmen veranlassen. So ist das Gericht beispielsweise verpflichtet, ein ärztliches Gutachten (welches die Ungeeignetheit des Betroffenen feststellt) auf Fehler hin zu überprüfen und ggf ein Obergutachten in Auftrag zu geben. Bloße unsubstantiierte Behauptungen des Klägers begründen allerdings keine Verpflichtung zur Aufklärung „ins Blaue hinein".

282   Es bleibt bei den allgemeinen Regeln zur **Beweislastverteilung**. Ein Beteiligter ist für das Vorliegen einer ihn begünstigenden Tatsache beweispflichtig. Im Falle einer Anfechtungsklage gegen einen belastenden Verwaltungsakt bedeutet dies, dass die beklagte Behörde die tatbestandlichen Voraussetzungen für den Erlass des Verwaltungsakts beweisen muss. Bei einer Entziehung der Fahrerlaubnis obliegt ihr insbesondere der Nachweis der Ungeeignetheit des betroffenen Klägers. Gelingt ihr dies nicht oder besteht nach Ausschöpfung aller Aufklärungsmöglichkeiten ein „non liquet", führt dies zum Erfolg der Klage.

283   Ausnahmsweise kann es zu einer **Umkehr der Beweislast** kommen. Steht die Ungeeignetheit des Betroffenen jedenfalls für einen früheren Zeitraum fest – etwa weil er den Konsum von Heroin eingeräumt hat –, dann hat er die Voraussetzungen für die Wiedererlangung der Fahreignung, insbesondere die Einhaltung des erforderlichen Abstinenzzeitraums, nachzuweisen.[194]

284   Den Beteiligten obliegt die Verpflichtung, an einer Aufklärung des Sachverhalts mitzuwirken. Kommen sie dieser Obliegenheit schuldhaft nicht nach (wird etwa ein dem Kläger vorliegendes Gutachten nicht bei Gericht eingereicht), so geht eine sich daraus ergebende Unklarheit zu Lasten dieses Beteiligten (Beweisvereitelung).

285   Unabhängig vom Amtsermittlungsgrundsatz kann der Betroffene einen **Beweisantrag** stellen. Ein solcher ergibt nur dann Sinn, wenn die unter Beweis gestellte Tatsache entscheidungserheblich ist. Hierbei kommt dem für die Sach- und Rechtslage maßgeblichen Zeitpunkt besondere Bedeutung zu. Da dies bei der Anfechtungsklage gegen eine Entziehungsverfügung der Zeitpunkt der letzten Behördenentscheidung – also der Erlass des Widerspruchsbescheids – ist (vgl Rn 97 ff), sind nach diesem Zeitpunkt eingetretene (neue) Tatsachen unerheblich. Es kann daher im Falle einer Entziehungsverfügung nicht der Antrag gestellt werden, durch Sachverständigengutachten aufzuklären, ob der Kläger jetzt (also im Klageverfahren) geeignet

---

193 Eine Überlastung der Widerspruchsbehörde ist kein zureichender Grund.
194 VGH Bad.-Württ., Urt. v. 30.9.2003 – 10 S 1917/02 = zfs 2004, 93.

ist. Anders ist dies bei der Verpflichtungsklage auf (Wieder-)Erteilung der Fahrerlaubnis, da es hier auf den Zeitpunkt der (letzten) mündlichen Verhandlung ankommt.

Bei einer Entziehung wegen (angeblichen) Drogenkonsums steht der Betroffene vor dem Problem, dass es aufgrund der relativ **kurzen Nachweiszeiten** meist kaum möglich ist, im Nachhinein (während eines Klageverfahrens) den Nicht-Konsum nachzuweisen. So kann der Konsum von Drogen im Urin bzw Blutserum nur wenige Tage bzw Wochen nachgewiesen werden.[195] Die Haaranalyse kann zwar weiter zurückliegende Zeiträume erfassen, zB kann bei einer 6 cm langen Haarprobe, die direkt an der Kopfhaut entnommen wurde, ein Zeitraum von etwa sechs Monaten überprüft werden. Zieht man aber den Zeitraum eines Widerspruchs- bzw Klageverfahrens in Betracht, liegen die Vorfälle, die – wie etwa eine (angebliche) Rauschfahrt – zur Entziehung der Fahrerlaubnis geführt haben, regelmäßig wesentlich länger zurück, so dass der Betroffene auch nicht mehr durch eine Haaranalyse nachweisen kann, zum damaligen Zeitpunkt keine Drogen konsumiert zu haben. Bei der Haaranalyse kommt hinzu, dass diese bei den meisten Drogen nur den häufigen Konsum erfasst; selbst bei einem negativen Ergebnis kann daher ein einmaliger Konsum nicht ausgeschlossen werden.

286

Beweisanträge spielen daher bei Entziehungsverfügungen in der gerichtlichen Praxis kaum eine Rolle. Sie machen allenfalls im Wiedererteilungsverfahren Sinn. In diesen Fällen ist der Beweisantrag so zu formulieren, dass eine konkrete Tatsache – und nicht etwa eine Rechtsfrage (zB die Eignung) – unter Beweis gestellt wird:

287

Muster: Beweisantrag

288

346

An das Verwaltungsgericht ▪▪▪

Az ▪▪▪

In dem Klageverfahren

des Herrn ▪▪▪

– Kläger –

Prozessbevollmächtigte: RAe ▪▪▪

gegen

das Land ▪▪▪, vertreten durch den Landrat des Kreises ▪▪▪ – Führerscheinstelle –, ▪▪▪,

– Beklagter –

wird beantragt,

zu der Frage, ob der Kläger Drogen konsumiert bzw früher konsumiert hat, Beweis zu erheben durch Einholung eines ärztlichen Gutachtens (Drogenscreening in Form der Haaranalyse).

Das beklagte Land geht aufgrund des Drogenscreenings (Urin) vom ▪▪▪ davon aus, dass der Kläger zum damaligen Zeitpunkt gelegentlich Cannabis konsumiert hat. Dies trifft nicht zu. Der Kläger hat niemals Drogen konsumiert. Das positive Ergebnis des Drogenscreenings lässt sich nur so erklären, dass es zu einer Verwechselung oder einer Vermischung der Urinprobe/n gekommen sein muss.

Da das Haupthaar hinreichend lang ist, kann durch die Haaranalyse nachgewiesen werden, dass der Kläger in den letzten sechs Monaten keine Drogen konsumiert hat. Es handelt sich daher um ein geeignetes Beweismittel, um die Annahme des beklagten Landes, der Kläger sei gelegentlicher Cannabis-Konsument, zu widerlegen.

---

195 Zu den Nachweiszeiten vgl etwa <www.drogen.blackholm.com>.

Es wird gebeten, kurzfristig über den Beweisantrag zu entscheiden, da sonst wegen Zeitablaufs das Ergebnis des Drogenscreenings (Urin) vom ■■■ nicht mehr in Frage gestellt werden könnte.

Rechtsanwalt

3. Gebühren und Streitwert

a) Gerichtsgebühren

289 Nach Nr. 5110 des Kostenverzeichnisses (Anlage 1 zu § 3 Abs. 2 GKG) fallen für das verwaltungsgerichtliche Klageverfahren 3,0 Gebühren an; die konkrete Höhe der Gebühr bemisst sich nach dem durch das Gericht festzusetzenden Streitwert (§ 34 GKG iVm der Gebührentabelle). Diese Verfahrensgebühr wird nach § 6 Abs. 1 Nr. 4 GKG in der Fassung des Kostenrechtsmodernisierungsgesetzes vom 5.5.2004[196] – anders als früher – mit Klageerhebung fällig, dh der Kläger muss in Vorleistung treten. Wenn der Kläger einen Antrag auf Bewilligung von Prozesskostenhilfe stellt, wird eine Kostenrechnung regelmäßig erst dann versendet, wenn über diesen Antrag entschieden worden ist.

290 Zu beachten sind die **Ermäßigungstatbestände** in Nr. 5111 des Kostenverzeichnisses (Anlage 1 zu § 3 Abs. 2 GKG). Hiernach ermäßigt sich die Verfahrensgebühr im Falle einer Zurücknahme der Klage vor dem Schluss der mündlichen Verhandlung,[197] eines gerichtlichen Vergleichs oder einer Erledigungserklärung nach § 161 Abs. 2 VwGO auf 1,0 Gebühr, bei einem Streitwert von 5.000 EUR also immerhin von 363 EUR auf 121 EUR. Bei der Erledigung greift der Ermäßigungstatbestand nur dann ein, wenn die gerichtliche Kostenentscheidung einer zuvor mitgeteilten Einigung der Beteiligten über die Kostentragung oder die Kostenübernahmeerklärung eines Beteiligten erfolgt.

291 **Hinweis:** Erledigt sich das Klageverfahren – zB weil der Kläger mittlerweile ein positives Gutachten vorlegen kann –, geht es letztlich nur noch darum, zu einer für den Mandanten möglichst günstigen Kostenentscheidung zu kommen. Der Erfolg dieser Bemühungen wird maßgeblich von den rechtlichen Hinweisen des Gerichts in der mündlichen Verhandlung zu den Erfolgsaussichten der Klage bis zum Eintritt des erledigenden Ereignisses abhängen. Gelangt man mit dem Beklagten zu einer Einigung über die Kostentragung, ist darauf zu achten, dass diese Einigung im Protokoll ausdrücklich vermerkt wird und dass das Gericht in dem Erledigungsbeschluss zum Ausdruck bringt, dass es dieser Einigung folgt.

b) Anwaltsvergütung

292 Teil 3 des Vergütungsverzeichnisses gilt auch für die Verfahren vor den Verwaltungsgerichten. Es fällt daher zunächst eine **Verfahrensgebühr** (Nr. 3100 VV RVG) an, wenn der Rechtsanwalt eine Prozessvollmacht vorweisen kann und mit der Erhebung der Klage beauftragt ist. Kommt es nicht zur Klageerhebung, ermäßigt sich die Gebühr nach Nr. 3101 VV RVG.

293 Des Weiteren fällt eine **Terminsgebühr** (Nr. 3104 VV RVG) an, wenn es zu einer mündlichen Verhandlung, einem Erörterungstermin oder – im Entziehungsverfahren eher selten – einem Termin zur Beweisaufnahme kommt. Diese Gebühr fällt auch dann an, wenn das Gericht mit

---

196 BGBl. I, S. 718.
197 Nach altem Recht setzte eine Ermäßigung voraus, dass die Zurücknahme spätestens eine Woche vor Beginn der mündlichen Verhandlung erklärt worden ist; es entfielen dann allerdings die Gerichtsgebühren insgesamt.

Einverständnis der Beteiligten im schriftlichen Verfahren (vgl § 102 Abs. 2 VwGO) oder durch Gerichtsbescheid (vgl § 84 VwGO) entscheidet.

Gerichtliche Verfahren wegen einer Entziehung der Fahrerlaubnis werden relativ häufig durch Vergleich beendet. In diesen Fällen fällt – ggf zusätzlich zur Terminsgebühr – eine **Einigungs- oder Erledigungsgebühr** nach Nr. 1000, 1002 VV RVG an.   294

Für die Entstehung der Gebühren ist es nach § 17 Nr. 1 GKG unerheblich, ob der Rechtsanwalt bereits im Entziehungs- und/oder Widerspruchsverfahren tätig geworden ist.   295

c) Streitwert

Der vom Gericht festzusetzende Streitwert ist sowohl für die Gerichtsgebühren (vgl § 3 GKG) als auch für die Anwaltsvergütung (vgl § 32 Abs. 1 RVG) maßgeblich; einer zusätzlichen Festsetzung des Gegenstandswerts bedarf es nicht. Der Streitwert bestimmt sich gem. § 52 Abs. 1 GKG nach der sich aus dem Antrag des Klägers für ihn ergebenden Bedeutung der Sache; bietet der Sach- und Streitstand hierfür keine genügenden Anhaltspunkte, ist ein Streitwert von 5.000 EUR anzunehmen (sog. Regelstreitwert, § 52 Abs. 2 GKG).   296

Nach dem **Streitwertkatalog** für die Verwaltungsgerichtsbarkeit aus dem Jahr 2004, der für die Gerichte zwar nicht bindend ist, an dem sich die Praxis aber im Regelfall orientiert, hängt die Höhe des Streitwerts von der in Streit stehenden Fahrerlaubnisklasse ab.[198]   297

Streitwertkatalog (Auszug):

46.	Verkehrsrecht	
46.1	Fahrerlaubnis Klasse A	Regelstreitwert
46.2	Fahrerlaubnis Klasse A1	½ Regelstreitwert
46.3	Fahrerlaubnis Klasse B	Regelstreitwert
46.4	Fahrerlaubnis Klasse C	1 ½ Regelstreitwert
46.5	Fahrerlaubnis Klasse C1	Regelstreitwert
46.6	Fahrerlaubnis Klasse D	1 ½ Regelstreitwert
46.7	Fahrerlaubnis Klasse D1	Regelstreitwert
46.8	Fahrerlaubnis Klasse E	½ Regelstreitwert
46.9	Fahrerlaubnis Klasse M	½ Regelstreitwert
46.10	Fahrerlaubnis Klasse L	½ Regelstreitwert
46.11	Fahrerlaubnis Klasse T	½ Regelstreitwert
46.12	Fahrerlaubnis zur Fahrgastbeförderung	2-facher Regelstreitwert
46.16	Teilnahme an Aufbauseminar	½ Regelstreitwert

Bei der Entziehung einer Fahrerlaubnis der Klasse B ist somit im erstinstanzlichen Klageverfahren von einem Streitwert von 5.000 EUR auszugehen. Im Falle einer Entscheidung durch Urteil nach mündlicher Verhandlung fallen Gerichtsgebühren von insgesamt 363 EUR (zzgl evtl Zustellungskosten) und eine Anwaltsvergütung (bei einer erstmaligen Beauftragung im Klageverfahren) von etwa 772 EUR an.   298

4. Prozesskostenhilfe

Ist der Kläger bedürftig, ist ein Antrag auf Bewilligung von Prozesskostenhilfe (§ 166 VwGO iVm §§ 114 ff ZPO) zu stellen. Dies ist häufig die effektivste Möglichkeit, eine Einschätzung   299

---

198 Bei mehreren Klassen wird nicht addiert, vielmehr ist die „teuerste" Klasse maßgeblich.

des Gerichts zu den Erfolgsaussichten der Klage zu erhalten. Ein Prozesskostenhilfeantrag, dem die Erklärung über die persönlichen und wirtschaftlichen Verhältnisse (nebst Belegen; vgl § 117 ZPO) beizufügen ist, ist wie folgt zu formulieren:

300 **Muster: Prozesskostenhilfeantrag**

 ↓

An das Verwaltungsgericht ■■■

Az ■■■

In dem Klageverfahren

des Herrn ■■■

– Kläger –

Prozessbevollmächtigte: RAe ■■■

gegen

das Land ■■■, vertreten durch den Landrat des Kreises ■■■ – Führerscheinstelle –, ■■■,

– Beklagter –

wird beantragt,

dem Kläger für das Verfahren 1. Instanz Prozesskostenhilfe ohne Ratenzahlung zu bewilligen und Rechtsanwalt ■■■ , ■■■ [Anschrift],[199] als Bevollmächtigten beizuordnen.

Der Kläger ist bedürftig, wie sich aus der anliegenden Erklärung über seine persönlichen und wirtschaftlichen Verhältnisse ergibt.

Hinreichende Erfolgsaussichten sind ebenfalls gegeben. Insoweit verwiese ich zur Vermeidung von Wiederholungen auf die Klagebegründung vom ■■■.

Zur Klageerwiderung der Gegenseite wird ergänzend vorgetragen: ■■■

Es wird gebeten, kurzfristig über den Antrag zu entscheiden.

Rechtsanwalt

↑

301 Für den Kläger ist es wichtig, dass über den Antrag rechtzeitig vor einer gerichtlichen Entscheidung in der Hauptsache entschieden wird. Daher sollte erforderlichenfalls in angemessenen Zeitabständen – mit angemessener Wortwahl! – immer wieder einmal an die Entscheidung über den Antrag erinnert werden.

302 **Muster: Erinnerung an Entscheidung über den Prozesskostenhilfeantrag**

 ↓

An das Verwaltungsgericht ■■■

Az ■■■

In dem Klageverfahren

des Herrn ■■■

– Kläger –

Prozessbevollmächtigte: RAe ■■■

---

199 Häufig wird die Formulierung „den Unterzeichner beizuordnen" verwendet. Dies ist zwar nicht falsch. Bei großen Kanzleien und einer unleserlichen Unterschrift stellt sich in diesen Fällen aber schon mal die Frage, wer gemeint ist.

gegen

das Land ▬▬, vertreten durch den Landrat des Kreises ▬▬ – Führerscheinstelle –, ▬▬,

– Beklagter –

wird gebeten, nunmehr über den Antrag auf Bewilligung von Prozesskostenhilfe zu entscheiden.

Dem Kläger ist daran gelegen, kurzfristig Gewissheit darüber zu erlangen, ob es ihm in finanzieller Hinsicht möglich ist, das vorliegende Verfahren fortzuführen. Er ist auf der Suche nach einem Arbeitsplatz, wobei meist der Besitz einer Fahrerlaubnis Voraussetzung ist. Auch von daher ist es für ihn ein wichtig, durch eine Entscheidung im PKH-Verfahren einen Hinweis zu den weiteren Erfolgsaussichten der Klage zu erhalten, damit er sich in beruflicher Hinsicht darauf einstellen kann.

Zu den Erfolgsaussichten der Klage wird abschließend vorgetragen: ▬▬

Rechtsanwalt

Gibt das Gericht dem Antrag statt, bedeutet dies eine finanzielle Sicherheit sowohl für den Kläger als auch den Rechtsanwalt, und es ist davon auszugehen, dass das Gericht gewisse Erfolgsaussichten bejaht. Lehnt das Verwaltungsgericht den Antrag wegen fehlender Erfolgsaussichten ab, besteht die Möglichkeit, über eine **Beschwerde** nach § 146 Abs. 1 VwGO relativ schnell und kostengünstig[200] die Meinung des Oberverwaltungsgerichts bzw des Verwaltungsgerichtshofs einzuholen. Weist dieses/r die Beschwerde zurück, sollte dies Anlass sein, gemeinsam mit dem Mandanten zu überlegen, die Klage zur Vermeidung weiterer Verfahrenskosten zurückzunehmen. **303**

Muster: Beschwerde gegen Ablehnung des Prozesskostenhilfeantrags

304

An das Verwaltungsgericht
▬▬

Az ▬▬

In der Sache

des Herrn ▬▬

– Beschwerdeführer –

Prozessbevollmächtigte: RAe ▬▬

gegen

das Land ▬▬, vertreten durch den Landrat des Kreises ▬▬ – Führerscheinstelle –, ▬▬,

– Beschwerdegegner –

lege ich hiermit ich namens und in Vollmacht des Beschwerdeführers

Beschwerde

gegen den Beschluss der ▬▬ Kammer des Verwaltungsgerichts vom ▬▬, Az ▬▬, ein

und beantrage

den Beschluss des Verwaltungsgerichts abzuändern und

dem Kläger für das Verfahren 1. Instanz Prozesskostenhilfe ohne Ratenzahlung zu bewilligen und Rechtsanwalt ▬▬, ▬▬ [Anschrift], als Bevollmächtigten beizuordnen.

---

200 Nach Nr. 5502 KV fällt lediglich eine pauschale Gerichtsgebühr von 50 EUR an.

Begründung:

Der Beschluss des Verwaltungsgerichts ist fehlerhaft und daher abzuändern.

■■■ [Auseinandersetzung mit den Gründen des Beschlusses].

Rechtsanwalt

5. Muster einer Anfechtungsklage

305 **Beispiel: Entziehung bei charakterlichem Mangel**
M. überschreitet einmalig die innerorts zulässige Höchstgeschwindigkeit von 50 km/h um
52 km/h. Der Vorfall ereignet sich um 04.30 Uhr morgens. Die Behörde ordnet eine MPU an
und entzieht nach Nichtbeibringung des Gutachtens die Fahrerlaubnis; das Widerspruchsverfahren ist erfolglos durchgeführt worden.

306 **Muster: Klageschrift (Klage gegen MPU-Anordnung)**

An das Verwaltungsgericht ■■■

Anfechtungsklage

des Herrn ■■■

– Kläger –

Prozessbevollmächtigte: RAe ■■■

gegen

das Land ■■■, vertreten durch den Landrat des Kreises ■■■ – Führerscheinstelle –, ■■■,

– Beklagter –

Hiermit erhebe ich namens und in Vollmacht des Klägers Klage und beantrage,

1. die Ordnungsverfügung des Beklagten vom ■■■ und den Widerspruchsbescheid der Bezirksregierung ■■■
vom ■■■ aufzuheben;

2. die Zuziehung eines Bevollmächtigten für das Vorverfahren für notwendig zu erklären.

Streitwert: 5.000 EUR

Begründung:

Die zulässige Klage ist begründet.

Die auf der Grundlage von § 3 Abs. 1 S. 1 StVG, § 46 Abs. 1 S. 1 FeV erfolgte Entziehung der Fahrerlaubnis ist
rechtswidrig und verletzt den Kläger in seinen Rechten.

Die Voraussetzungen des § 11 Abs. 3 S. 1 Nr. 4 FeV für die Anforderung eines medizinisch-psychologischen
Gutachtens liegen nicht vor. Der Kläger hat die vom Beklagten geforderte Begutachtung daher zu Recht
verweigert, so dass es nicht zulässig war, nach § 11 Abs. 8 S. 1 FeV ohne Weiteres auf die fehlende Eignung
zum Führen von Kraftfahrzeugen zu schließen und die Fahrerlaubnis zu entziehen.

Die einmalige Überschreitung der Höchstgeschwindigkeit stellt bereits keinen schwerwiegenden Verkehrsverstoß iSv § 11 Abs. 3 S. 1 Nr. 4 FeV dar. Insbesondere ist es zu keinem Zeitpunkt zu einer Gefährdung
anderer Personen gekommen. Gegen eine besondere Schwere des Verstoßes spricht zudem, ■■■ [evtl Darlegung besonderer Umstände, die zu dem Fehlverhalten geführt haben].

Im Übrigen hat der Beklagte das ihm obliegende Ermessen fehlerhaft ausgeübt. Es ist in keiner Weise berücksichtigt worden, dass nicht jeder Verstoß iSv § 11 Abs. 3 S. 1 Nr. 4 FeV zwangsläufig zur Anordnung

einer Begutachtung führt. Dies ergibt sich aus der Parallele zum Punktsystem des § 4 StVG, welches bei schwerwiegenden Verstößen ebenfalls nicht unbedingt so einschneidende Konsequenzen hat.

So hat der einmalige, mit 4 Punkten geahndete Vorfall für den Kläger nach dem Punktsystem keinerlei Folgen, da es sich um den ersten Verkehrsverstoß überhaupt handelt. Nach der gesetzlichen Wertung des § 4 StVG besteht keine Veranlassung für ein Tätigwerden. Diese Wertung hätte der Beklagte bei seiner Ermessensentscheidung berücksichtigen und begründen müssen, warum hier dennoch die Notwendigkeit einer Begutachtung bestehen soll. Dies ist nicht geschehen.

Die Ordnungsverfügung ist im Ergebnis sowohl wegen Fehlens der tatbestandlichen Voraussetzungen als auch wegen der fehlerhaften Ermessensausübung rechtswidrig und daher aufzuheben.

Rechtsanwalt

6. Rechtsmittel

a) Berufung

aa) Das Zulassungsverfahren

Nach § 124 Abs. 1 VwGO steht den Beteiligten die **Berufung** gegen ein erstinstanzliches Urteil nur dann zu, wenn sie zugelassen wird. Lässt das Verwaltungsgericht die Berufung zu, ist das Oberverwaltungsgericht bzw der Verwaltungsgerichtshof als Berufungsgericht daran gebunden (vgl § 124a Abs. 1 VwGO); in diesem Fall können die Beteiligten unmittelbar Berufung einlegen. **307**

Im Regelfall wird die Berufung nicht vom Verwaltungsgericht zugelassen. Der unterlegene Beteiligte muss dann binnen eines Monats nach Zustellung des vollständigen Urteils beim Verwaltungsgericht einen Antrag auf Zulassung der Berufung stellen (vgl § 124a Abs. 4 VwGO). Die Einreichung des Antrags beim Berufungsgericht wahrt die Frist nicht. Das Berufungsgericht wird zwar in diesem Fall im Rahmen des normalen Geschäftsgangs – also nicht unbedingt per Fax – die Zulassungsschrift an das zuständige Verwaltungsgericht weiterleiten, geht diese dort aber erst nach Fristablauf ein, so ist der Antrag unzulässig und es liegen regelmäßig auch nicht die Voraussetzungen für eine Wiedereinsetzung vor. **308**

Wird von einem anwaltlich vertretenen Kläger ausdrücklich Berufung eingelegt, dann scheidet – nach Ablauf der Rechtsmittelfrist – eine Umdeutung in einen zulässigen Antrag auf Zulassung der Berufung aus.[201] **309**

Ein ordnungsgemäßer Zulassungsantrag setzt weiter voraus, dass ein bestimmter Zulassungsgrund iSv § 124 Abs. 2 VwGO konkret bezeichnet wird. Die Darlegung der Voraussetzungen des Zulassungsgrundes – also die Begründung des Zulassungsantrags – muss, falls dies nicht bereits mit dem Zulassungsantrag geschehen ist, innerhalb von zwei Monaten nach der Urteilszustellung erfolgen. **310**

Die verschiedenen Zulassungsgründe werden in § 124 Abs. 2 VwGO aufgezählt. Praktisch bedeutsam ist vor allem der unter Nr. 1 genannte Zulassungsgrund des Bestehens ernstlicher **Zweifel an der Richtigkeit des Urteils.** Insoweit reicht es aber nicht aus, wenn die Klagebegründung aus dem erstinstanzlichen Verfahren wiederholt wird, erforderlich ist eine Auseinandersetzung mit den entscheidungserheblichen Gründen des Urteils. Es ist im Einzelnen darzulegen, dass und warum das Urteil an einem materiellen Fehler leidet und das Rechtsmittel daher voraussichtlich Erfolg haben wird. **311**

---

201 BVerwG, Beschl. v. 25.3.1998 – 4 B 30/98 = NVwZ 1998, 1297.

312 Der Zulassungsgrund des **Verfahrensmangels** (Nr. 5) wird häufig mit der Begründung geltend gemacht, dass eine Verletzung des Grundsatzes des rechtlichen Gehörs bzw ein Aufklärungsmangel vorliege, weil das Gericht eine angeblich erforderliche Beweiserhebung unterlassen habe. Hierbei ist zu beachten, dass eine solche Rüge nur dann erhoben werden kann, wenn der Betroffene im erstinstanzlichen Verfahren ausdrücklich einen entsprechenden unbedingten Beweisantrag gestellt hat, da er sonst seiner prozessualen Mitwirkungspflicht nicht nachgekommen ist.

313 Das Berufungsgericht entscheidet über den Zulassungsantrag durch Beschluss. Dieser ist nach § 152 Abs. 1 VwGO unanfechtbar, so dass das erstinstanzliche Urteil mit der Ablehnung des Zulassungsantrags rechtskräftig wird (vgl § 124a Abs. 5 S. 3 VwGO).

314 **Beispiel: Entziehung der Fahrerlaubnis bei Amphetaminkonsum**
M. ist aufgrund von Zeugenaussagen wegen des Besitzes von Amphetaminen durch Strafbefehl zu einer Geldstrafe verurteilt worden. Die Fahrerlaubnisbehörde entzieht ihm daraufhin die Fahrerlaubnis. Die Klage wird – trotz unbedingten Beweisantrags – ohne Beweiserhebung abgewiesen.

315 **Muster: Antrag auf Zulassung der Berufung**

 ↓

An das Verwaltungsgericht ▪▪▪
In der Sache

▪▪▪ [Kläger] ./. ▪▪▪ [Beklagter]

stelle ich hiermit namens und in Vollmacht meines Mandanten, des Klägers Herrn ▪▪▪, ▪▪▪ [Anschrift],

Antrag auf Zulassung der Berufung

gegen das Urteil der ▪▪▪ Kammer des Verwaltungsgerichts vom ▪▪▪, Az ▪▪▪.

Begründung:

Die Berufung ist zuzulassen, weil ein Verfahrensmangel vorliegt, auf dem das Urteil beruhen kann (§ 124 Abs. 2 Nr. 5 VwGO).

Nach den Entscheidungsgründen des Urteils ist die Kammer aufgrund der Aussagen von Zeugen im strafrechtlichen Ermittlungsverfahren davon ausgegangen, dass der Kläger Amphetamine konsumiert hatte. Die Kammer hätte sich hierbei aber nicht allein auf die polizeilichen Protokolle stützen dürfen, sondern die Zeugen selbst vernehmen müssen. Insbesondere hätte der in der mündlichen Verhandlung unbedingt gestellte Beweisantrag nicht mit der Begründung abgelehnt werden dürfen, dass der Drogenkonsum des Klägers bereits feststehe. Hierbei handelt es sich um eine unzulässige vorweggenommene Beweiswürdigung.

Weiter bestehen ernstliche Zweifel an der Richtigkeit des Urteils (§ 124 Abs. 2 Nr. 1 VwGO).

Das Urteil leidet an einem materiellen Rechtsverstoß, weil es von einem unrichtigen Sachverhalt ausgegangen ist. Der Kläger hat zu keinem Zeitpunkt Amphetamine konsumiert. Die Angaben der Zeugen im polizeilichen Ermittlungsverfahren sind nicht glaubhaft, weil diese den Kläger lediglich deshalb belasten, um von eigenem Fehlverhalten abzulenken. Tatsache ist, dass der Kläger zu keinem Zeitpunkt während der Teilnahme am Straßenverkehr oder außerhalb des Straßenverkehrs durch den Konsum von Drogen aufgefallen ist. ▪▪▪

Rechtsanwalt

 ↑

bb) Das Berufungsverfahren

Im Falle der Zulassung der Berufung durch das Verwaltungsgericht ist diese innerhalb eines **316** Monats nach Urteilszustellung beim Verwaltungsgericht einzulegen und binnen zwei Monaten zu begründen; die **Begründung** – mit einem bestimmten Antrag – ist beim Berufungsgericht einzureichen (vgl § 124a Abs. 2 und 3 VwGO). Die Begründungsfrist kann vom Vorsitzenden des zuständigen Senats des Berufungsgerichts verlängert werden, dieser Antrag ist vor Fristablauf zu stellen. Eine verspätete Begründung führt zur Unzulässigkeit der Berufung.

Muster: Antrag auf Verlängerung der Berufungsbegründungsfrist **317**

An das Oberverwaltungsgericht ▪▪▪

Az ▪▪▪

In dem Berufungsverfahren

des Herrn ▪▪▪

– Kläger und Berufungskläger –

Prozessbevollmächtigte: RAe ▪▪▪

gegen

das Land ▪▪▪, vertreten durch den Landrat des Kreises ▪▪▪ – Führerscheinstelle –, ▪▪▪,

– Beklagter und Berufungsbeklagter –

wird beantragt,

die Frist zur Begründung der Berufung angemessen, mindestens um vier Wochen, zu verlängern.

Aufgrund einer Überlastung mit einer Vielzahl von Verfahren sieht sich der Unterzeichner nicht in der Lage, die Berufungsbegründung rechtzeitig einzureichen.

Zudem werden von hier aus derzeit Ermittlungen zur Aussagekraft der Ergebnisse des Drogenscreenings vom ▪▪▪ durchgeführt. Dies nimmt noch einige Zeit in Anspruch.

Rechtsanwalt

Wird die Berufung durch das Berufungsgericht zugelassen, so wird das Verfahren **als Beru-** **318** **fungsverfahren fortgesetzt,** einer Berufungseinlegung bedarf es dann nicht mehr (vgl § 124a Abs. 5 S. 4 VwGO). Die Berufung ist in diesem Fall innerhalb eines Monats nach Zustellung des Zulassungsbeschlusses zu begründen (vgl § 124a Abs. 5 VwGO). In der Regel genügt eine Bezugnahme auf die Begründung des Zulassungsantrags.

Beispiel: Entziehung der Fahrerlaubnis nach Cannabiskonsum **319** M. wird nach einer Verkehrskontrolle eine Blutprobe entnommen. Das Drogenscreening ergibt einen Wert von 3 ng/ml THC und 21 ng/ml THC-COOH. Die Behörde geht von erwiesenem gelegentlichem Konsum aus und entzieht die Fahrerlaubnis; die erstinstanzliche Klage wird mit der gleichen Begründung abgewiesen.

Muster: Berufungsschrift (nach Zulassungsverfahren) **320**

An das Verwaltungsgericht ▪▪▪

Az ▪▪▪

In der Sache

■■■ [Kläger und Berufungskläger] ./. ■■■ [Beklagter und Berufungsbeklagter]

wird zur Begründung der mit Beschluss vom ■■■ zugelassenen Berufung gegen das Urteil des Verwaltungsgerichts ■■■ vom ■■■, Az ■■■, zunächst vollinhaltlich auf die Begründung des Zulassungsantrags verwiesen.

Ergänzend wird vorgetragen, ■■■.

Rechtsanwalt

321 **Muster: Berufungsschrift**

354 ↓

An das Verwaltungsgericht ■■■

In der Sache

■■■ [Kläger] ./. ■■■ [Beklagter]

wird namens und in Vollmacht meines Mandanten, des Klägers Herrn ■■■, ■■■ [Anschrift], gegen das Urteil des Verwaltungsgerichts ■■■ vom ■■■, Az ■■■, zugestellt am ■■■,

Berufung

eingelegt und beantragt,

das Urteil des Verwaltungsgerichts ■■■ vom ■■■, Az ■■■, zu ändern

und die Ordnungsverfügung des Landrats des Kreises ■■■ – Führerscheinstelle – vom ■■■ und den Widerspruchsbescheid der Bezirksregierung ■■■ vom ■■■ aufzuheben.

Begründung:

Die zulässige Berufung ist begründet.

Das Verwaltungsgericht ist ebenso wie die Fahrerlaubnisbehörde zu Unrecht davon ausgegangen, dass der Kläger gelegentlich Cannabis konsumiert und deshalb nach Ziff. 9.2.2 der Anlage 4 FeV ungeeignet ist.

Der Kläger hat bereits im behördlichen Verfahren vorgetragen, dass er unmittelbar vor der Verkehrskontrolle vom ■■■ auf Drängen von Freunden erstmals Cannabis probiert hat, wobei er sich der Auswirkungen auf seine Fahrtüchtigkeit nicht bewusst war. Nach der Verkehrskontrolle, durch die dem Kläger die negativen Auswirkungen des Cannabiskonsums bewusst geworden sind, hat er von einem weiteren Konsum Abstand genommen. Es liegt damit lediglich ein einmaliger Konsum vor. Dies stellt aber noch keinen „gelegentlichen" Konsum im Sinne des Fahrerlaubnisrechts dar.

Etwas anderes ergibt sich nicht aus dem festgestellten THC-COOH-Gehalt von 21 ng/ml. Ein solcher Wert beweist, wenn er – wie hier – bei einer im Rahmen einer Verkehrskontrolle entnommenen Blutprobe festgestellt worden ist, nicht den gelegentlichen Konsum. Bei einer solchen spontanen Blutprobenentnahme können nämlich, wenn – wie im Falle des Klägers – unmittelbar zuvor (einmalig) Cannabis konsumiert worden ist, noch weitaus höhere Werte erreicht werden (vgl BayVGH, Beschl. v. 25.1.2006 – 11 Cs 05.1453, und Beschl. v. 8.3.2006 – 11 Cs. 05.1678).

Der Kläger hat sich auch immer bereit erklärt, zum Nachweis des fehlenden Drogenkonsums Ergebnisse entsprechender Drogenscreenings vorzulegen. Hierauf ist die Behörde nicht eingegangen.

Nach alledem ist das angefochtene Urteil fehlerhaft und daher abzuändern; die angefochtenen Verfügungen sind aufzuheben.

Rechtsanwalt

Der **Ablauf des Berufungsverfahrens** entspricht im Wesentlichen dem Klageverfahren, insbesondere erfolgt eine vollumfängliche Überprüfung des erstinstanzlichen Urteils. Im Bereich des Fahrerlaubnisrechts kommt es eher selten zu einer mündlichen Verhandlung, die Berufungsgerichte entscheiden meist durch Beschluss nach § 130a VwGO. **322**

b) Revision

Gegen die Entscheidung der Berufungsgerichte steht den Beteiligten das Rechtsmittel der **Revision** zu (vgl §§ 130a S. 2, 125 Abs. 2 S. 3 VwGO), wenn diese vom Berufungsgericht zugelassen worden ist; die Nichtzulassung der Revision kann mittels Beschwerde angefochten werden (vgl §§ 132 Abs. 1, 133 Abs. 1 VwGO). **323**

Muster: Beschwerde gegen Nichtzulassung der Revision **324**

An das Oberverwaltungsgericht ■■■

Az ■■■

In der Sache

■■■ [Kläger] ./. ■■■ [Beklagter]

wird namens und in Vollmacht meines Mandanten, des Klägers Herrn ■■■, ■■■ [Anschrift], gegen die Nichtzulassung der Revision gegen das Urteil des Oberverwaltungsgerichts ■■■ vom ■■■, Az ■■■, zugestellt am ■■■,

Beschwerde

eingelegt.

Begründung:

Die Voraussetzungen für die Zulassung der Revision liegen vor.

Die Rechtssache hat grundsätzliche Bedeutung im Sinne von § 132 Abs. 2 Nr. 1 VwGO. Es ist klärungsbedürftig, wie der Begriff der gelegentlichen Einnahme von Cannabis im Sinne von § 14 Abs. 1 S. 4 FeV auszulegen ist.

Das Oberverwaltungsgericht ist ebenso wie das Verwaltungsgericht und die Fahrerlaubnisbehörde zu Unrecht davon ausgegangen, dass bereits bei einem festgestellten Wert von 21 ng/ml THC-COOH stets von einem gelegentlichen Cannabiskonsum auszugehen ist.

Dabei wird verkannt, dass bei einer – wie hier – im Rahmen einer Verkehrskontrolle entnommenen Blutprobe noch weitaus höhere Werte erreicht werden können, wenn – wie im Falle des Klägers – unmittelbar zuvor (einmalig) Cannabis konsumiert worden ist (vgl BayVGH, Beschl. v. 25.1.2006 – 11 Cs 05.1453, und Beschl. v. 8.3.2006 – 11 Cs 05.1678).

Es ist daher grundsätzlich klärungsbedürftig, ob die Annahme eines gelegentlichen Cannabiskonsums allein mit dem Erreichen einer bestimmten THC-COOH-Konzentration im Blut begründet werden kann, obwohl der Gesetz- bzw Verordnungsgeber einen solchen Grenzwert nicht kennt.

Rechtsanwalt

325 **Muster: Revision**

 ↓

An das Oberverwaltungsgericht ■■■

In der Sache

■■■ [Kläger] ./. ■■■ [Beklagter]

wird namens und in Vollmacht meines Mandanten, des Klägers Herrn ■■■, ■■■ [Anschrift], gegen das Urteil des Oberverwaltungsgerichts ■■■ vom ■■■, Az ■■■, zugestellt am ■■■,

Revision

eingelegt und beantragt,

das Urteil des Oberverwaltungsgerichts ■■■ vom ■■■, Az ■■■, zu ändern

und die Ordnungsverfügung des Landrats des Kreises ■■■ – Führerscheinstelle – vom ■■■ und den Widerspruchsbescheid der Bezirksregierung ■■■ vom ■■■ aufzuheben.

Begründung:

Die zulässige Revision ist begründet.

Das Urteil des Oberverwaltungsgerichts verletzt Bundesrecht (§ 14 Abs. 1 S. 4 FeV), weil es ebenso wie das Verwaltungsgericht und die Fahrerlaubnisbehörde davon ausgegangen ist, dass der Kläger gelegentlich Cannabis konsumiert und deshalb nach Ziff. 9.2.2 der Anlage 4 FeV ungeeignet ist. ■■■

Rechtsanwalt

 ↑

c) Gebühren und Anwaltsvergütung

326 Die Höhe der **Gerichtsgebühren** hängt davon ab, ob der Antrag auf Zulassung der Berufung abgelehnt wird oder ob die Berufung zugelassen wird und es zum Berufungsverfahren kommt. Im ersten Fall fällt lediglich eine 1,0-Gebühr an (Nr. 5120 KV). Kommt es dagegen zum Berufungsverfahren, fallen 4,0 Gebühren an (Nr. 5122 KV). Ebenso wie im erstinstanzlichen Verfahren gibt es auch für das Rechtsmittelverfahren vor dem Berufungsgericht Ermäßigungstatbestände (Nr. 5121, 5123, 5124 KV); der Umfang der Ermäßigung hängt davon ab, in welchem Verfahrensstadium der Zulassungsantrag bzw die Berufung zurückgenommen wird. Im Revisionsverfahren fallen 5,0 Gebühren an (Nr. 5130 KV); Ermäßigungstatbestände sind in Nr. 5131 und Nr. 5132 geregelt.

327 Hinsichtlich der **Anwaltsvergütung** gilt der Abschnitt 2 – Unterabschnitt 1 – des Teils 3 des RVG-Vergütungsverzeichnisses sowohl für die Berufung als auch für das Zulassungsverfahren (vgl Nr. 1 der Vorbemerkung 3.2 VV RVG). Es entsteht eine Verfahrensgebühr mit einem Satz von 1,6 (Nr. 3200 VV RVG) und ggf eine Terminsgebühr mit einem Satz von 1,2 (Nr. 3202 VV RVG). Letztere entsteht auch dann, wenn das Berufungsgericht durch Beschluss nach § 130a VwGO entscheidet. Das Zulassungsverfahren und das sich anschließende Berufungsverfahren sind gem. § 16 Nr. 13 RVG dieselbe Angelegenheit, so dass die Gebühren nicht doppelt entstehen. Die Anwaltsvergütung für das Revisionsverfahren ist in Unterabschnitt 2 von Abschnitt 2 des Teils 3 des RVG-Vergütungsverzeichnisses geregelt.

VI. Vorläufiger Rechtsschutz (§ 80 Abs. 5 VwGO)

In der gerichtlichen Praxis spielen die Klageverfahren bei einer Entziehung der Fahrerlaubnis   328
eine eher untergeordnete Rolle. Da bei den Entziehungsverfügungen nahezu ausnahmslos
gem. § 80 Abs. 2 S. 1 Nr. 4 VwGO die sofortige Vollziehung angeordnet wird, ist die Fahrerlaubnis mit Bekanntgabe an den Betroffenen zunächst – trotz Widerspruchs – entzogen und
der Führerschein bei der Behörde abzugeben (vgl hierzu im Einzelnen Rn 103 ff). Das bedeutet, dass der Betroffene während des Widerspruchs- bzw Klageverfahrens nicht im Besitz
einer Fahrerlaubnis ist und er nicht am Straßenverkehr teilnehmen darf. Dieser Zustand kann
sich über Monate oder Jahre hinziehen und ist mit erheblichen Einschränkungen der Lebensqualität (Mobilität) und unter Umständen sogar mit dem Verlust des Arbeitsplatzes verbunden. Daher ist es fast immer sinnvoll, einen Antrag auf Gewährung vorläufigen Rechtsschutzes beim zuständigen Verwaltungsgericht zu stellen, zumal sich dann meist ein Klageverfahren erübrigen wird und der Betroffene ggf frühzeitig auf ein Wiedererteilungsverfahren um-
schwenken kann.

1. Verfahrensablauf und Verfahrensgrundsätze

Um die aufschiebende Wirkung eines Widerspruchs bzw einer Klage gegen die Entziehung   329
der Fahrerlaubnis wiederherzustellen, kann der Betroffene bei dem für die Hauptsache – also
das Klageverfahren – zuständigen Verwaltungsgericht (vgl Rn 280) einen Antrag nach § 80
Abs. 5 VwGO stellen. Dieser Antrag ist nicht fristgebunden und daher bis zur Bestandskraft
der Verfügung bzw der Rechtskraft eines Urteils zulässig. Praktisch ist ein solcher Antrag nur
dann sinnvoll, wenn er frühzeitig, also etwa gleichzeitig mit der Einlegung des Widerspruchs
gestellt wird.

Umstritten ist, ob der Antrag nach § 80 Abs. 5 VwGO zulässig ist, wenn noch kein Rechts-   330
behelf (Widerspruch oder Klage) eingelegt worden ist, die Frist hierfür aber noch läuft.[202]
Praktisch spielt das kaum eine Rolle, weil es meist einige Wochen dauert, bis dem Gericht die
Akten vorliegen und das Verfahren ausgeschrieben ist, so dass jedenfalls im Zeitpunkt der
gerichtlichen Entscheidung die Widerspruchs- bzw Klagefrist abgelaufen sein wird. In diesem
Fall wären Widerspruch bzw Klage aber offensichtlich unzulässig, so dass auch der Antrag
nach § 80 Abs. 5 VwGO keinen Erfolg haben könnte.

Hinweis: Die Einlegung des Widerspruchs bei der Behörde und die Antragstellung beim Ver-   331
waltungsgericht sollten grundsätzlich parallel erfolgen. Die Begründung beider Rechtsbehelfe
kann identisch sein oder es kann nur ein Rechtsbehelf begründet und bei dem anderen
Rechtsbehelf hierauf verwiesen werden. Der Widerspruch sollte jedoch einen Hinweis auf
den gerichtlichen Antrag enthalten, damit der Widerspruch nebst Führerscheinakte nicht an
die Widerspruchsbehörde übersendet wird und daher erst mit Verzögerung dem Verwaltungsgericht vorliegt.

Beispiel: Entziehung der Fahrerlaubnis bei gelegentlichem Cannabis-Konsum   332
M. wird bei einer Verkehrskontrolle als Führer eines PKW angehalten. Die Untersuchung
einer aufgrund polizeilicher Anordnung entnommenen Blutprobe ergibt einen Wert von 2,5
ng/ml THC und 29 ng/ml THC-COOH. Die Behörde entzieht daraufhin unter Anordnung
der sofortigen Vollziehung die Fahrerlaubnis und droht ein Zwangsgeld für den Fall der
Nichtablieferung des Führerscheins an.

---

202 Vgl *Kopp/Schenke*, VwGO, § 80 Rn 139.

333 **Muster: Widerspruch mit dem Hinweis auf Antrag nach § 80 Abs. 5 VwGO**

↓

An das Landratsamt ▪▪▪

– Führerscheinstelle –

Ihre Ordnungsverfügung vom ▪▪▪

Ihr Az ▪▪▪ [inkl. Name des Mandanten]

In der Sache

des Herrn ▪▪▪

– Widerspruchsführer –

Verfahrensbevollmächtigte: RAe ▪▪▪

gegen

das Land ▪▪▪, vertreten durch den Landrat des Kreises ▪▪▪ – Führerscheinstelle –, ▪▪▪,

– Widerspruchsgegner –

Sehr geehrte/r Frau/Herr ▪▪▪ [Name des Sachbearbeiters lt. Anhörungsschreiben],

hiermit lege ich namens und in Vollmacht des Widerspruchsführers gegen die Ordnungsverfügung vom ▪▪▪ und gegen den gleichzeitig ergangenen Gebührenbescheid

Widerspruch

ein. Ich beantrage,

die Ordnungsverfügung vom ▪▪▪ und den Gebührenbescheid aufzuheben und

die Zuziehung des Unterzeichners als Bevollmächtigten für das Vorverfahren für notwendig zu erklären.

Zur Begründung des Widerspruchs wird vollinhaltlich auf den mit gleicher Post bei dem Verwaltungsgericht ▪▪▪ gestellten Antrag nach § 80 Abs. 5 VwGO auf Wiederherstellung der aufschiebenden Wirkung des Widerspruchs gegen die Entziehung der Fahrerlaubnis Bezug genommen.

Es wird gebeten, das Widerspruchsverfahren bis zur Entscheidung im gerichtlichen Verfahren ruhen zu lassen.

Rechtsanwalt

↑

334 **Muster: Antrag nach § 80 Abs. 5 VwGO**

↓

An das Verwaltungsgericht ▪▪▪

Antrag nach § 80 Abs. 5 VwGO

In der Sache

des Herrn ▪▪▪

– Antragsteller –

Prozessbevollmächtigte: RAe ▪▪▪

gegen

das Land ▪▪▪, vertreten durch den Landrat des Kreises ▪▪▪ – Führerscheinstelle –, ▪▪▪,

– Antragsgegner –

beantrage ich hiermit namens und in Vollmacht meines Mandanten, des Antragstellers, die aufschiebende Wirkung des Widerspruchs gegen die Ordnungsverfügung des Landrats des Kreises ▪▪▪ – Führerscheinstelle – vom ▪▪▪ hinsichtlich der angeordneten Entziehung der Fahrerlaubnis wiederherzustellen und hinsichtlich der Androhung der Festsetzung eines Zwangsgeldes anzuordnen.[203]

Streitwert: 2.500 EUR

Die aufschiebende Wirkung des Widerspruchs ist wiederherzustellen bzw anzuordnen, weil dieser aller Voraussicht nach Erfolg haben wird. Die Ordnungsverfügung ist rechtswidrig und verletzt den Antragsteller in seinen Rechten.

Die darin angeordnete Entziehung der Fahrerlaubnis ist an der maßgeblichen Rechtsgrundlage in § 3 Abs. 1 StVG iVm § 46 Abs. 1 FeV und Ziffer 9.2.2 Anlage 4 FeV zu messen. Nach diesen Vorschriften kann derjenige, der gelegentlich Cannabis konsumiert, beim Hinzutreten weiterer Umstände als ungeeignet zum Führen von Kraftfahrzeugen angesehen werden. Der Antragsteller ist jedoch kein gelegentlicher Konsument, er hat vielmehr an dem fraglichen Abend erstmals, von Freunden hierzu gedrängt, Cannabis probiert. In der Folgezeit ist es zu keinem weiteren Konsum gekommen.

Die Voraussetzung eines gelegentlichen Cannabis-Konsums durch den Antragsteller ist – anders als der Antragsgegner meint – nicht nachgewiesen. Insbesondere ist der aufgrund der polizeilich angeordneten Blutentnahme festgestellte Wert von 29 ng/ml THC-COOH nicht in der Lage, einen gelegentlichen Cannabis-Konsum zu belegen bzw einen nur einmaligen Konsum auszuschließen.

Wegen der kurzen Halbwertszeit von 1,5 Tagen sinkt bei einem einmaligen Cannabis-Konsum ein Wert von – wie hier – 29 ng/ml THC-COOH rechnerisch schon nach 4,5 Tagen Abstinenz auf 3,625 ng/ml und unterschreitet damit den nach dem Erlass des Ministeriums für Verkehr, Energie und Landesplanung des Landes Nordrhein-Westfalen vom 18.12.2002 – auf den sich der Antragsgegner beruft – für die Annahme eines gelegentlichen Konsums bestimmten Grenzwert von mindestens 5,0 ng/ml THC-COOH.

Dieser Grenzwert ist deshalb besonders niedrig angesetzt, weil er von einer im behördlichen Entziehungsverfahren angeordneten Blutentnahme ausgeht. Bei dieser hat der Betroffene aber bis zu acht Tagen Zeit, die Blutentnahme durchführen zu lassen. Während dieser Zeitspanne kann er auf den Konsum von Cannabis verzichten, so dass es zu einem Abbau des Metaboliten THC-COOH kommt.

Die Grenzwerte des Erlasses können daher nicht, wie es der Antragsgegner aber getan hat, uneingeschränkt auf den Fall der polizeilich angeordneten Blutentnahme übertragen werden.

Im Übrigen ist auch das vom Bayerischen Verwaltungsgerichtshof in Auftrag gegebene Sachverständigengutachten zu dem Ergebnis gekommen, dass eine THC-COOH-Konzentration von 29 ng/ml keinen Beleg für einen gelegentlichen Konsum darstellt (vgl Bay. VGH, Beschl. v. 26.1.2006 – 11 Vs 05.1453 – und Beschl. v. 8.3.2006 – 11 Cs 05.1678).

Insgesamt ist daher die Behauptung des Antragsgegners, der Antragsteller konsumiere gelegentlich Cannabis, durch nichts belegt. Der Antragsteller erklärt sich ausdrücklich bereit, zum Nachweis dafür, dass es sich lediglich um einen einmaligen Probierkonsum gehandelt hat, ein Drogenscreening durchführen zu lassen.

Im Übrigen bedeutet die Entziehung der Fahrerlaubnis mit sofortiger Vollziehung für den Antragsteller eine gravierende Härte. Aus beruflichen Gründen ist er auf die Fahrerlaubnis angewiesen. Es droht der Verlust des Arbeitsplatzes, wenn er nicht in Kürze wieder von dieser Gebrauch machen kann.

Rechtsanwalt

Der gerichtliche Antrag setzt nicht voraus, dass zuvor bei der Behörde ein Aussetzungsantrag **335** nach § 80 Abs. 4 S. 1 VwGO gestellt worden ist. Im Übrigen sind bei Antragstellung die auch bei der Klage geltenden Formalien zu beachten, dh der Antrag ist schriftlich oder zur Niederschrift bei dem Verwaltungsgericht zu stellen und zu unterschreiben.

---

203 Die unterschiedliche Formulierung „wiederherzustellen" bzw „anzuordnen" ergibt sich aus § 80 Abs. 5 S. 1 VwGO.

336 Das Verwaltungsgericht nimmt bei seiner Entscheidung eine **Interessenabwägung** vor. Kommt es zu dem Ergebnis, dass der Widerspruch bzw die Klage voraussichtlich keinen Erfolg haben wird, überwiegt das öffentliche Interesse an der sofortigen Vollziehung, im umgekehrten Fall überwiegt das private Interesse des Antragstellers, vorläufig von Vollzugsmaßnahmen verschont zu bleiben. Diese Prüfung der Erfolgsaussichten des Rechtsbehelfs in der Hauptsache ist das Kernstück der gerichtlichen Entscheidung. Sie erfolgt zwar – so ist in Beschlüssen häufig zu lesen – nur „summarisch", jedoch ist abgesehen von Fällen, in denen es um sehr schwierige bzw umstrittene Rechtsfragen geht, ein Unterschied zum Umfang der Prüfung im Klageverfahren kaum gegeben.

337 Aufgrund der Eilbedürftigkeit und des vorläufigen Charakters der Entscheidung im Verfahren nach § 80 Abs. 5 VwGO scheidet eine förmliche Beweiserhebung aus. Zu berücksichtigen sind nur präsente Beweismittel (insbesondere Urkunden, Gutachten) und glaubhaft gemachte Tatsachen. **Eidesstattliche Versicherungen** des Antragstellers – oder Angehöriger –, in denen lediglich auf den Inhalt der Antragsschrift Bezug genommen wird oder die dort aufgestellten Tatsachenbehauptungen wiederholt werden, werden von den Gerichten häufig mit erheblicher Skepsis betrachtet. Zur Vermeidung eines negativen Eindrucks sollte man sich im Einzelfall gut überlegen, ob eine solche Versicherung (ausnahmsweise) sinnvoll ist.

338 Neben den Erfolgsaussichten in der Hauptsache können im Rahmen der Interessenabwägung weitere Gesichtspunkte eine Rolle spielen. So kann das Verwaltungsgericht dem Antrag auf Gewährung vorläufigen Rechtsschutzes grundsätzlich trotz Rechtmäßigkeit der Verfügung stattgeben, wenn der Sofortvollzug für den Antragsteller eine **erhebliche Härte** bedeutet. Hieran kann man vor allem dann denken, wenn die Entziehung der Fahrerlaubnis mit sofortiger Wirkung zu einem Verlust des Arbeitsplatzes – etwa bei einem Berufskraftfahrer – führt. Eine Unverhältnismäßigkeit des Sofortvollzugs wird aber selbst in einem solchen Fall meist verneint, weil auf der anderen Seite die Gefahren zu berücksichtigen sind, die von der Teilnahme eines ungeeigneten Kraftfahrers am Straßenverkehr für andere Verkehrsteilnehmer ausgehen. Der Betroffene hat daher berufliche Nachteile hinzunehmen, zumal er seine Situation meist selbst verschuldet hat.[204]

339 Das Gericht entscheidet über den Antrag durch **Beschluss**, der zu begründen ist (vgl § 122 Abs. 2 S. 2 VwGO). Eine mündliche Verhandlung findet nicht statt, allenfalls ein Erörterungstermin (analog § 87 Abs. 1 S. 1 VwGO). Gibt es dem Antrag statt, haben Widerspruch bzw Klage wieder aufschiebende Wirkung. Die Entziehung ist dem Antragsteller gegenüber vorerst nicht wirksam und er kann von seiner Fahrerlaubnis zunächst weiter Gebrauch machen.

340 Über einen Antrag auf Bewilligung von **Prozesskostenhilfe** wird das Gericht nicht vorab, sondern erst gemeinsam mit dem Antrag nach § 80 Abs. 5 VwGO entscheiden. Zwar wird das Verwaltungsgericht nur dann Prozesskostenhilfe gewähren, wenn es dem Antrag auf Gewährung vorläufigen Rechtsschutzes stattgibt und der Antragsgegner ohnehin die Kosten des Verfahrens zu tragen hat. Sinnvoll ist der PKH-Antrag dennoch, weil die Bewilligung von Prozesskostenhilfe für den Antragsgegner nicht anfechtbar ist (vgl § 127 Abs. 2 und 3 VwGO) und daher auch im Falle einer Abänderung der Entscheidung zum Sofortvollzug durch das Beschwerdegericht bestehen bleibt.

---

204 Vgl BVerfG, Beschl. v. 15.10.1998 – 2 BvQ 32/98 (zur Entziehung nach § 111a StPO).

2. Rechtsmittel

Lehnt das Verwaltungsgericht den Antrag nach § 80 Abs. 5 VwGO ab, steht dem Unterlegene hiergegen das Rechtsmittel der **Beschwerde** offen. Diese ist binnen zwei Wochen nach Bekanntgabe des Beschlusses bei dem Verwaltungsgericht einzulegen (§ 147 Abs. 1 S. 1 VwGO). Für das Verfahren vor dem Oberverwaltungsgericht bzw Verwaltungsgerichtshof gilt Anwaltszwang.

341

Von den Betroffenen wird der sich aus § 146 Abs. 4 VwGO ergebende **Begründungszwang** häufig nicht oder nur unzureichend beachtet. Die Beschwerde ist innerhalb eines Monats nach Bekanntgabe des erstinstanzlichen Beschlusses zu begründen, wobei die Begründung – wenn sie nicht schon in der Beschwerdeschrift enthalten ist – bei dem Beschwerdegericht einzureichen ist. Die Begründung muss einen Antrag enthalten und die Gründe darlegen, aus denen die Entscheidung des Verwaltungsgerichts abzuändern ist. Fehlt es hieran, ist die Beschwerde unzulässig. Dabei genügt es in aller Regel nicht, wenn lediglich die Begründung des ursprünglichen erstinstanzlichen Antrags wiederholt wird. Die Beschwerdebegründung muss sich vielmehr mit der Begründung des erstinstanzlichen Beschlusses auseinandersetzen und darlegen, dass und warum der Beschluss fehlerhaft ist. Das Beschwerdegericht prüft ausschließlich die dargelegten Gründe!

342

Über die Beschwerde wird durch Beschluss entschieden, dieser ist unanfechtbar (§§ 150, 152 Abs. 1 VwGO). Es kommt lediglich eine Fortführung des Verfahrens nach § 152a VwGO in Betracht, wenn das Beschwerdegericht den Anspruch eines Beteiligten auf rechtliches Gehör verletzt, also zB eine entscheidungserhebliche Tatsache vollkommen außer Acht gelassen hat (sog. Anhörungsrüge).[205]

343

Muster: Beschwerde gegen Ablehnung des Antrags nach § 80 Abs. 5 VwGO

344

↓

An das Verwaltungsgericht ▪▪▪

In der Sache

des Herrn ▪▪▪

– Beschwerdeführer –

Prozessbevollmächtigte: RAe ▪▪▪

gegen

das Land ▪▪▪, vertreten durch den Landrat des Kreises ▪▪▪ – Führerscheinstelle –, ▪▪▪,

– Beschwerdegegner –

lege ich hiermit namens und in Vollmacht meines Mandanten, des Beschwerdeführers,

Beschwerde

gegen den Beschluss der ▪▪▪ Kammer des Verwaltungsgerichts vom ▪▪▪, Az ▪▪▪, ein und beantrage

den Beschluss des Verwaltungsgerichts abzuändern und

die aufschiebende Wirkung des Widerspruchs des Antragstellers vom ▪▪▪ gegen die Ordnungsverfügung des Antragsgegners vom ▪▪▪ wiederherzustellen bzw anzuordnen.

Begründung:

Der Beschluss des Verwaltungsgerichts ist fehlerhaft und daher abzuändern.

---

205 Vgl hierzu im Einzelnen *Kopp/Schenke*, VwGO, § 152a Rn 6.

▬▬▬ [Auseinandersetzung mit den Gründen des Beschlusses].

Rechtsanwalt

3. Gebühren und Anwaltsvergütung

345 Der für die Höhe der Gerichtsgebühren und der Anwaltsvergütung maßgebliche **Streitwert** beträgt in einem Verfahren nach § 80 Abs. 5 VwGO aufgrund des vorläufigen Charakters einer Entscheidung nur die Hälfte des für ein entsprechendes Klageverfahren anzusetzenden Betrags. So beträgt der Streitwert in einem Verfahren wegen Entziehung einer Fahrerlaubnis der Klasse B 2.500 EUR.[206]

346 Beim Verwaltungsgericht fallen 1,5 **Gerichtsgebühren** an (Nr. 5210 KV); es kommt eine Ermäßigung auf den Faktor 0,5 in Betracht, wenn es zu einer Rücknahme des Antrags, einem gerichtlichen Vergleich oder zu einer Erledigung der Hauptsache kommt (vgl Nr. 5211 KV). Für das Beschwerdeverfahren beträgt der Satz 2,0 und im Falle einer Zurücknahme der Beschwerde 1,0 (vgl Nr. 5240, 5241 KV).

347 Die **Anwaltsvergütung** im vorläufigen Rechtsschutz entspricht der Vergütung im Klageverfahren. Es entsteht also grundsätzlich eine Verfahrensgebühr für das Verfahren vor dem Verwaltungsgericht mit einem Satz von 1,3 und im Beschwerdeverfahren mit einem Satz von 1,6 (Nr. 3100, 3200 VV RVG). Zusätzlich können eine Terminsgebühr – wenn ein Erörterungstermin stattfindet (vgl Abs. 3 der Vorbemerkung des Teils 3 VV RVG) – und ggf eine Einigungs- bzw Erledigungsgebühr anfallen.

B. Neuerteilung der Fahrerlaubnis (§ 20 FeV)

I. Rechtsnatur

348 Die Fahrerlaubnis erlischt mit der rechtskräftigen strafgerichtlichen oder bestandskräftigen behördlichen Entziehung (§ 3 Abs. 2 S. 1 StVG).[207] Für die Neuerteilung gelten nach § 20 Abs. 1 FeV zwar grundsätzlich die Vorschriften für die Ersterteilung, gleichwohl gibt es für den Nachweis der Befähigung bzw Eignung wichtige Unterschiede.

349 Während des Laufs einer strafgerichtlichen Sperrfrist nach § 69a StGB darf die Fahrerlaubnisbehörde auch dann keine neue Fahrerlaubnis erteilen, wenn sie die Beurteilung des Strafgerichts zur Eignung für unzutreffend hält.[208] Eine in einer *behördlichen* Entziehungsverfügung genannte Sperrfrist ist dagegen für die Neuerteilung unbeachtlich. Nur durch Rechtsverordnung können Fristen oder Bedingungen festgelegt werden (§ 3 Abs. 6 StVG); solche Fristen enthält bislang aber nur das StVG selbst (für die Neuerteilung nach Entziehung einer Fahrerlaubnis auf Probe bzw nach dem Punktsystem, § 2a Abs. 5 S. 3, § 4 Abs. 10 StVG) und nicht die FeV.

350 Nach Ablauf der gerichtlichen Sperrfrist lebt die Fahrerlaubnis nicht automatisch wieder auf. Die Fahrerlaubnisbehörde hat dann vielmehr in eigener Verantwortung zu prüfen, ob die Voraussetzung für eine Erteilung vorliegen, insbesondere also, ob Eignungsmängel nunmehr

---

206 Vgl Ziff. 1.5 des Streitwertkatalogs für die Verwaltungsgerichtsbarkeit 2004.
207 Anders ist dies beim Fahrverbot, welches den rechtlichen Bestand der Fahrerlaubnis nicht berührt.
208 *Bouska/Laeverenz*, Anm. 3 zu § 69a StGB.

beseitigt sind oder ob die Eignung zuvor durch Aufklärungsmaßnahmen nach §§ 11, 13 oder 14 FeV zu überprüfen ist.

II. Befähigung

Eine **erneute (theoretische und praktische) Fahrerlaubnisprüfung** zum Nachweis der Befähigung ist in der Regel entbehrlich, wenn seit der Entziehung, der vorläufigen Entziehung, der Beschlagnahme des Führerscheins oder einer sonstigen Maßnahme nach § 94 StPO oder einem Verzicht nicht mehr als **zwei Jahre** verstrichen sind (vgl § 20 Abs. 2 FeV). Die Zwei-Jahres-Frist beginnt mit dem Tag des Erlasses der jeweiligen Anordnung, durch welche die Fahrerlaubnis – auch vorläufig (§ 111a StPO) – wirksam entzogen wird, bei einer behördlichen Entziehung mit Sofortvollzug also im Zeitpunkt der Bekanntgabe der Entziehungsverfügung. Eine Hemmung oder Unterbrechung findet nicht statt. Entscheidend ist allein, ob der Kraftfahrer weniger oder mehr als zwei Jahre nicht am Straßenverkehr teilgenommen hat. 351

Der Verzicht auf den Befähigungsnachweis ist für die Behörde zwar nicht zwingend. Es handelt sich um eine Ermessensentscheidung, die sich aber zu einem Rechtsanspruch verdichtet, wenn keinerlei Befähigungsmängel erkennbar sind. Liegen dagegen konkrete Tatsachen vor, die auf entsprechende Mängel hindeuten, so kann die Behörde die Ablegung der Prüfungen – ganz oder teilweise – verlangen, auch wenn die Entziehung noch keine zwei Jahre zurückliegt. Dies ist insbesondere dann der Fall, wenn der Vorfall, der zur Entziehung geführt hat, Zweifel an der Befähigung des Betroffenen offenbart hat. 352

Nach Ablauf von zwei Jahren seit der Entziehung kann die Behörde auch dann, wenn sie selbst keine Bedenken hinsichtlich der Befähigung hat, nicht auf einen Befähigungsnachweis verzichten.[209] Es gibt zwar grundsätzlich die Möglichkeit einer Ausnahme nach § 74 Abs. 1 Nr. 1 FeV. Eine solche setzt jedoch voraus, dass die Ablegung der Prüfungen eine unbillige Härte darstellen würde, was nur in Ausnahmesituationen der Fall sein wird. Die Behörde hat bei der Erteilung einer Ausnahme ein weites Ermessen. Der Versuch, sich eine solche Ausnahme im Klagewege zu erstreiten, wird daher kaum sinnvoll sein, zumal sich die Neuerteilung der Fahrerlaubnis selbst nochmals erheblich verzögern würde. 353

Hinweis: Die Zwei-Jahres-Frist ist in einem verwaltungsgerichtlichen Klageverfahren – sowohl gegen eine Entziehungsverfügung als auch im Falle der Neuerteilung – stets in den Blick zu nehmen. Häufig besteht nämlich die Gefahr, dass die Frist bei einer längeren Verfahrenslaufzeit während des Klageverfahrens abläuft. Möglicherweise lohnt sich daher eine Bitte an das Gericht um Terminierung mit dem Hinweis auf den Fristablauf. Sofern es zu einem Vergleich des Inhalts kommt, dass sich die Behörde zur Neuerteilung verpflichtet, wenn der Kläger seine Eignung durch eine MPU nachweist, ist der Mandant ausdrücklich darauf hinzuweisen, dass eine Verzögerung bei der Begutachtung ggf zum Fristablauf und zur Erforderlichkeit der erneuten Ablegung einer Fahrerlaubnisprüfung führen kann. 354

Muster: Schriftsatz an das Gericht mit der Bitte um Terminierung unter Hinweis auf den Ablauf der Zwei-Jahres-Frist (§ 20 Abs. 2 FeV) 355 360

An das Verwaltungsgericht ▪▪▪

Az ▪▪▪

▪▪▪ [Kläger] ./. ▪▪▪ [Beklagter]

---

209 Vgl VG Saarland, Urt. v. 5.10.1999 – 3 K 348/97 = zfs 1999, 542.

Dem Kläger ist unter Anordnung der sofortigen Vollziehung mit Verfügung vom ■■■ die Fahrerlaubnis entzogen worden, er kann also seit nunmehr ■■■ Monaten nicht mehr am Straßenverkehr teilnehmen. Nach § 20 Abs. 2 FeV müsste er auf jeden Fall eine neue Fahrerlaubnisprüfung ablegen, wenn insoweit ein Zeitraum von zwei Jahren verstreichen sollte. Da dies in einigen Wochen/Monaten der Fall sein wird, wird um Bestimmung eines Termins zur mündlichen Verhandlung gebeten, damit im Falle eines Obsiegens keine neue Prüfung erforderlich wird.

Rechtsanwalt

III. Eignung

1. Allgemeines

356 Die Frage, ob der Betroffene nach Entziehung der Fahrerlaubnis wieder geeignet zum Führen von Kraftfahrzeugen ist, ist in aller Regel das Kernproblem des Neuerteilungsverfahrens. Da es sich hierbei um eine Verpflichtungssituation handelt, ist maßgeblich die Sach- und Rechtslage im Zeitpunkt der gerichtlichen Entscheidung.

357 Verweigert der Betroffene die Beibringung eines von der Behörde zu Recht angeordneten Gutachtens im Verwaltungsverfahren und wird daraufhin die Neuerteilung abgelehnt, so hat das Gericht, wenn im Klageverfahren nunmehr die Bereitschaft zur Begutachtung erklärt wird, von Amts wegen Beweis zu erheben. Der Rechtsanwalt hat in dieser Situation auch die Möglichkeit, einen entsprechenden Beweisantrag zu stellen (vgl Rn 287 f). Sollte das – verspätet beigebrachte – Gutachten positiv ausfallen, wird die gerichtliche Kostenentscheidung in der Regel dennoch zu Lasten des Klägers ausgehen (vgl § 155 Abs. 5 VwGO: „Kosten, die durch Verschulden eines Beteiligten entstanden sind, können diesem auferlegt werden.").

358 **Hinweis:** Es ist wenig sinnvoll, zu früh, etwa unmittelbar nach Ablauf einer Sperrfrist, die neue Fahrerlaubnis zu beantragen, wenn zuvor nicht die zur Entziehung führenden Eignungsmängel beseitigt worden sind. Hier ist es Aufgabe des Rechtsanwalts, den Betroffenen auf das Angebot professioneller Beratungsstellen und insbesondere auf die Möglichkeiten zur Vorbereitung auf eine MPU hinzuweisen (vgl Rn 248 ff zur Vorbereitung auf die MPU). Es sollte schon frühzeitig ein Gespräch mit der Behörde geführt werden, um festzustellen, welche Anforderungen von dort aus gestellt werden.

2. Drogenproblematik

359 Ist die Fahrerlaubnis wegen Abhängigkeit von Betäubungsmitteln oder anderen psychoaktiv wirkenden Stoffen, wegen Einnahme von Betäubungsmitteln – einschließlich regelmäßiger Einnahme von Cannabis –, Arzneimittelmissbrauchs oder „missbräuchlicher" gelegentlicher Einnahme von Cannabis entzogen worden, ist nach § 14 Abs. 2 FeV vor Neuerteilung einer Fahrerlaubnis eine **medizinisch-psychologische Begutachtung** durchzuführen. Das bedeutet, dass in solchen Fällen nur derjenige eine neue Fahrerlaubnis erhält, der ein positives Gutachten vorlegen kann.

360 Im Rahmen eines Neuerteilungsverfahrens ist die Anordnung einer MPU nach § 14 Abs. 2 Nr. 2 FeV auch dann gerechtfertigt, wenn die Entziehung der Fahrerlaubnis viele Jahre zurückliegt und keine Hinweise auf einen erneuten Drogenkonsum vorliegen. Etwas anderes gilt nur dann, wenn die Tat wegen Zeitablaufs einem **Verwertungsverbot** unterliegt. Mit

Tilgungsreife darf die Tat – zB eine Straftat nach § 316 StGB wegen Fahrens unter Drogeneinfluss – dem Betroffenen nach § 29 Abs. 8 S. 1 StVG für die Beurteilung der Eignung zum Führen von Kraftfahrzeugen nicht mehr vorgehalten werden.[210]

Die MPU hat nur dann Erfolgsaussichten, wenn zuvor die Drogenproblematik gelöst, insbesondere also der Konsum eingestellt worden ist. Es kann aber nicht unmittelbar nach Einstellung des Konsums sofort wieder davon ausgegangen werden, dass der Betroffene geeignet ist, weil diese Abstinenz eine gewisse Stabilität erreichen, das Rückfallrisiko also möglichst weitgehend reduziert werden muss. **361**

Nach Ziff. 9.5 Anlage 4 FeV ist in Fällen der Drogenabhängigkeit eine **einjährige Abstinenz** (nach Entgiftung und Entwöhnung) zu fordern. Im Falle der unterhalb der Schwelle zur (physischen oder psychischen) Abhängigkeit liegenden Einnahme ist dies unklar. Die Begutachtungs-Leitlinien zur Kraftfahrereignung (Ziff. 3.12.1; vgl Rn 149) fordern die einjährige Abstinenz ausdrücklich wohl nur bei Abhängigkeit. Bei „harten" Drogen wird wegen ihrer Wirkungen (schnelle Abhängigkeit in psychischer und physischer Hinsicht, insbesondere bei Heroin, Kokain, Ecstasy, LSD) auch für („nur") regelmäßige Einnahme eine einjährige Abstinenz zu fordern sein.[211] **362**

Ein einmal festgestellter Eignungsmangel besteht so lange fort, bis zumindest die einjährige Abstinenz nachgewiesen ist. Vor Ablauf dieser Frist ist die Behörde im Regelfall nicht verpflichtet, eine MPU anzuordnen; sie kann einen Antrag auf Neuerteilung ohne weitere Ermittlungen ablehnen (vgl § 11 Abs. 7 FeV). **363**

Eine **kürzere Dauer der Abstinenz** wird – so insbesondere die Rechtsprechung des VGH Bad.-Württ.[212] – für die Wiedererlangung der Kraftfahrereignung nur dann als ausreichend anzusehen sein, wenn besondere Umstände in der Person des Betroffenen gegeben sind, die es nahe legen, dass er vom Drogenkonsum bereits hinreichend entgiftet und entwöhnt ist. Auch hier ist es Sache des Betroffenen, die Atypik seines Falls substantiiert darzulegen. Die bloße Ankündigung, künftig auf den Konsum von Betäubungsmitteln zu verzichten, genügt nicht. Ebenso wenig wird das Bestehen atypischer Umstände im vorgenannten Sinn allein durch die Vorlage ärztlicher Drogenscreenings mit negativem Befund darzulegen sein. Denn hierdurch kann allenfalls ein Nachweis für die Dauer der bislang bereits geübten Betäubungsmittelabstinenz erbracht werden. **364**

Aufgrund dieser strengen Anforderungen der Rechtsprechung wird es im Regelfall kaum möglich sein, vor Ablauf der Jahresfrist eine neue Fahrerlaubnis zu erhalten, zumal die Begutachtungsstellen häufig vorher keine MPU durchführen. Man kann auch nur davon abraten, sich zu früh der MPU zu unterziehen. Abstinenz allein reicht für eine erfolgreiche MPU nicht aus, hinzukommen muss ein **gefestigter Einstellungswandel**. Das Jahr sollte daher dazu genutzt werden, hieran zu arbeiten und einen speziell auf die Drogenproblematik zugeschnittenen Kurs, etwa den vom TÜV Süd oder TÜV Hessen angebotenen Kurs *Mobil PLUS – Drugs*, zu absolvieren, damit die MPU erfolgreich absolviert und die neue Fahrerlaubnis ohne weitere Verzögerungen erteilt werden kann. **365**

Bei der Entziehung wegen eines gelegentlichen Konsums von **Cannabis** und fehlendem Trennungsvermögen (Rauschfahrt, vgl Ziff. 9.2.2 Anlage 4 FeV) ist die Situation eine andere als bei sonstigen, „harten" Drogen. Der Betroffene muss seinen Cannabis-Konsum nicht vollkommen einstellen, da sich ein kontrollierter Konsum und die Teilnahme am Straßenverkehr **366**

---

210 BVerwG, Urt. v. 9.6.2005 – 3 C 21/04 = NJW 2005, 3440.
211 VGH Bad.-Württ., Beschl. v. 24.5.2002 – 10 S 835/02 = NZV 2002, 475, und Beschl. v. 28.5.2002 – 10 S 2213/01 = NZV 2002, 477.
212 VGH Bad.-Württ., Beschl. v. 24.5.2002 – 10 S 835/02 = NZV 2002, 475, und Beschl. v. 28.5.2002 – 10 S 2213/01 = NZV 2002, 477.

nicht ausschließen (vgl Rn 187 ff). Der Bayerische VGH[213] geht gleichwohl davon aus, dass auch in Fällen eines Übergangs von einem gelegentlichen Cannabis-Konsum zu einem mit den Anforderungen der Nr. 9.2.2 Anlage 4 FeV vereinbaren Konsum die Ein-Jahres-Frist gilt. Dem ist wohl zuzustimmen, weil dieser Übergang einen Einstellungswandel – Trennungsbereitschaft! – erfordert, dessen Festigung nicht innerhalb weniger Wochen als gesichert angesehen werden kann.

367 Nach Ziff. 9.5 Anlage 4 FeV sind bei der Neuerteilung ggf **Auflagen** in Form von regelmäßigen Kontrollen zu verlangen. Wird die Fahrerlaubnis unter einer solchen Auflage wiedererteilt und dann erneut durch ein Drogenscreening ein aktueller Konsum (ausgenommen Cannabis) nachgewiesen, steht die Nichteignung fest, ohne dass es weiterer Aufklärungsmaßnahmen bedarf.[214] Dem Mandanten ist daher in jedem Fall die Bedeutung der Abstinenz deutlich vor Augen zu führen.

3. Alkoholproblematik

368 Bei einer Alkoholproblematik sind die in § 13 FeV genannten Maßnahmen zu ergreifen. Diese Regelung sieht ausdrücklich vor, dass vor der Neuerteilung ein ärztliches Gutachten erforderlich ist, wenn die Fahrerlaubnis wegen Alkoholabhängigkeit entzogen worden ist (§ 13 Nr. 1 FeV), oder dass eine MPU beizubringen ist, wenn die Fahrerlaubnis wegen Alkoholmissbrauchs, wiederholter Zuwiderhandlungen im Straßenverkehr unter Alkoholeinfluss (auch OWi) oder wegen erstmaliger Trunkenheitsfahrt ab 1,6‰ BAK oder 0,8 mg/l AAK entzogen worden oder sonst zu klären ist, ob Alkoholmissbrauch nicht mehr besteht (§ 13 Nr. 2d FeV).

369 Die Anordnung zur Beibringung eines ärztlichen Gutachtens bzw einer MPU steht nicht im Ermessen der Behörde und ist daher zwingend. Der positive Bericht eines den Betroffenen im Rahmen einer verkehrspsychologischen Therapiemaßnahme behandelnden Psychologen reicht nicht aus.[215]

370 Nach Ziff. 8.4 Anlage 4 FeV ist bei **Alkoholabhängigkeit** nach der erfolgreichen Entwöhnungsbehandlung in der Regel ein Jahr Abstinenz nachzuweisen. Die Abstinenz kann zB durch regelmäßige (zweimonatige) Laborbefunde der Leberwerte nachgewiesen werden; unregelmäßige Befunde des Hausarztes genügen dagegen nicht. Ist eine solche Abstinenz ausreichend belegt, können vor einer Wiedererteilung regelmäßig nicht weitere Anforderungen („zufriedene", „tragfähige", „stabile" Abstinenz) gestellt werden.[216]

371 Bei **Alkoholmissbrauch** ist die Jahresfrist nach dem Wortlaut der Ziff. 8.2 Anlage 4 FeV zwar nicht zwingend einzuhalten. Allerdings ist eine stabile und gefestigte Änderung im Umgang mit Alkohol erforderlich. Davon kann erst nach längerer Erprobung und Erfahrungsbildung (in der Regel nach einem Jahr, mindestens jedoch sechs Monaten) ausgegangen werden kann (vgl im Einzelnen Ziff. 3.11.1 der Begutachtungs-Leitlinien zur Kraftfahrereignung).

372 Die Möglichkeiten der Behörde zur Aufklärung des Sachverhalts bei einer Alkoholproblematik sind in § 13 FeV nicht abschließend geregelt. Nach § 20 Abs. 3 FeV iVm § 11 Abs. 3 S. 1 Nr. 5b und 4 FeV kann die Behörde im Neuerteilungsverfahren die Beibringung einer MPU anordnen, wenn die Fahrerlaubnis wegen einer im Zusammenhang mit dem Straßenverkehr begangenen Straftat entzogen worden ist. Dass es sich bei einer **Rauschfahrt** iSv § 316 StGB

---

213 Bay. VGH, Beschl. v. 9.5.2005 – 11 Cs 04.2526 = VRS 109 (2005), 64.
214 VGH Bad.-Württ., Beschl. v. 14.11.2001 – 10 S 1016/01 = NZV 2002, 296.
215 VGH Bad.-Württ., Beschl. v. 24.9.2001 – 10 S 182/01 = NZV 2002, 149.
216 BVerwG, Beschl. v. 18.10.2001 – 3 B 90/01.

um eine solche Straftat handelt, dürfte offensichtlich sein. Es stellt sich allerdings die Frage, ob § 11 Abs. 3 S. 1 Nr. 5b und 4 FeV nicht durch die spezielle Vorschrift des § 13 Nr. 2c FeV verdrängt wird. Dies ist nach Ansicht des Bayerischen VGH[217] zu verneinen, weil es sich bei § 11 Abs. 3 S. 1 Nr. 5b und 4 FeV im Gegensatz zu der bindenden Vorschrift des § 13 FeV um eine Ermessensvorschrift handelt, bei der die Behörde zusätzliche Gesichtspunkte (zB weitere Verkehrsverstöße) in ihre Entscheidung einfließen lassen kann.

4. Nachschulung

Ist der Kraftfahrer nach Auffassung des Gutachters einer MPU noch nicht wieder geeignet, können diese Eignungsmängel nach seiner Einschätzung aber durch einen bestimmten, nach § 70 FeV anerkannten Nachschulungskurs behoben werden, so genügt zum Nachweis für die Wiederherstellung der Eignung die Bescheinigung über die Kursteilnahme (§ 11 Abs. 10 FeV); eine erneute MPU ist dann entbehrlich. Voraussetzung ist allerdings, dass die Behörde dieser Verfahrensweise vor Kursbeginn zugestimmt hat.   **373**

IV. Reichweite der neuen Fahrerlaubnis

Ist eine nach altem Recht, also vor dem 1.1.1999 erteilte Fahrerlaubnis entzogen worden, die nach § 6 Abs. 6 FeV iVm Anlage 3 FeV mehrere „neue" FE-Klassen umfasste (zB Klasse 3 alt [nach dem 31.3.1980 erteilt] = Klassen B, BE, C1, C1E, M und L neu), so wird die neue Fahrerlaubnis unter den Voraussetzungen des § 20 Abs. 2 FeV im früheren Umfang neu erteilt (Klasse B, BE, C1, C1E, M und L neu; vgl § 76 Nr. 11a FeV). Damit dies von der Behörde nicht übersehen wird, sollte man bei Beantragung der neuen Fahrerlaubnis ausdrücklich hierauf hinweisen.   **374**

Muster: Hinweis auf Reichweite der neuen Fahrerlaubnis   **375**

    361

An das Landratsamt ▪▪▪
– Führerscheinstelle –

Betr.: Antrag auf Neuerteilung der Fahrerlaubnis

Ihr Az ▪▪▪ [inkl. Name des Mandanten]

Sehr geehrte/r Frau/Herr ▪▪▪ [Name des Sachbearbeiters lt. Anhörungsschreiben],

nachdem Sie die Fahrerlaubnis der Klasse B nach § 20 Abs. 2 FeV ohne erneute Prüfung erteilt haben, weise ich darauf hin, dass dies auch für die Klassen A1, BE, C1 und C1E gilt, da meinem Mandanten die ursprüngliche Fahrerlaubnis der Klasse 3 bereits vor dem 1. April 1980, nämlich am ▪▪▪, erteilt worden war.

Ich beantrage daher

die Ausstellung eines Führerscheins, welcher zusätzlich zu der Klasse B auch die Klassen A1, BE, C1 und C1E beinhaltet.

Rechtsanwalt

Für die prüfungsfreie Neuerteilung kann der Nachweis verlangt werden, dass die Fahrerlaubnis tatsächlich im bisherigen Umfang genutzt worden ist. War zB der Bewerber berechtigt,   **376**

---

217 Urt. v. 7.5.2001 – 11 B 99.2527 = NZV 2001, 494.

mit seiner früheren Fahrerlaubnis der Klasse 3 auch Leichtkrafträder zu führen (vgl § 5 Abs. 3 S. 1 Nr. 4 StVZO aF), hat er aber davon seit Jahren keinen Gebrauch mehr gemacht, so wird er bzgl dieser Klasse (A1 neu) ggf erneut seine Befähigung nachweisen müssen.

377   Wird nicht ausdrücklich die Fahrerlaubnis im früheren Umfang beantragt und wird von der Behörde deshalb zB nur die Klasse B neu erteilt, dann kann nach Ablauf von zwei Jahren nicht mehr die prüfungsfreie Erweiterung auf weitere früher erteilte Klassen beantragt werden, weil es dann an der erforderlichen Fahrpraxis fehlt.

V. Rechtsbehelfe

378   Vom Grundsatz her gelten hier die Ausführungen in Rn 263 ff, 279 ff entsprechend. Es handelt sich bei der Neuerteilung der Fahrerlaubnis allerdings – anders als bei einer Entziehung – um eine Verpflichtungssituation. Hieraus ergeben sich in verfahrensrechtlicher Hinsicht folgende Unterschiede:

379   Bei einer **Verpflichtungsklage** ist für die Entscheidung des Gerichts die Sach- und Rechtslage im Zeitpunkt der (letzten) mündlichen Verhandlung maßgeblich. Das bedeutet, dass eine nach Abschluss des Verwaltungsverfahrens eingetretene positive – aber auch negative – Entwicklung der Eignung des Betroffenen zu berücksichtigen ist und dass das Gericht zur Eignung des Betroffenen ggf Beweis erheben muss (vgl Rn 357 f).

380   **Vorläufiger Rechtsschutz** kann im (Neu-)Erteilungsverfahren nur durch Erlass einer einstweiligen Anordnung nach § 123 Abs. 1 VwGO – als sog. Regelungsanordnung nach S. 2 – gewährt werden.[218] In diesem Verfahren gilt jedoch das Verbot der Vorwegnahme der Hauptsache, dh dem Antragsteller darf nicht schon das zugesprochen werden, was er erst mit der Klage in der Hauptsache erreichen will bzw kann. Zwar wird hiervon eine Ausnahme gemacht, wenn dies zur Gewährung effektiven Rechtsschutzes (Art. 19 Abs. 4 GG) zwingend geboten ist und die für den Antragsteller durch ein weiteres Abwarten zu erwartenden Nachteile schlechterdings unzumutbar sind.[219] Im Falle einer Erteilung der Fahrerlaubnis sind die Voraussetzungen hierfür aber in aller Regel nicht gegeben, selbst wenn das Fehlen einer Fahrerlaubnis für den Betroffenen erhebliche (wirtschaftliche) Nachteile – etwa bei der Arbeitsplatzsuche – haben kann.

381   Im Übrigen ist Voraussetzung für den Erlass einer einstweiligen Anordnung das Vorliegen eines Anordnungsgrundes, damit ist die Eilbedürftigkeit gemeint, die im Falle der Erteilung einer Fahrerlaubnis regelmäßig anzunehmen ist, und eines Anordnungsanspruchs. Letzterer hängt von den Erfolgsaussichten in der Hauptsache ab, setzt also voraus, dass der Anspruch auf Erteilung einer Fahrerlaubnis nach summarischer Prüfung der Sach- und Rechtslage voraussichtlich besteht. Ist eine weitere Aufklärung – etwa zur Frage der Eignung – erforderlich, die nur im Klageverfahren erfolgen kann, kann vom Vorliegen eines Anordnungsanspruchs im Verfahren auf Gewährung vorläufigen Rechtsschutzes nicht ausgegangen werden.

382   **Hinweis:** In der verwaltungsgerichtlichen Praxis gibt es praktisch kaum Fälle, in denen es zu einer vorläufigen Erteilung einer Fahrerlaubnis kommt. Im Hinblick auf die Problematik der Vorwegnahme der Hauptsache empfiehlt sich ein Antrag nach § 123 Abs. 1 VwGO daher nur in den wenigen Ausnahmefällen, in denen für den Antragsteller erhebliche **Nachteile konkret drohen** – zB weil ein ihm angebotener Arbeitsplatz an eine Fahrerlaubnis geknüpft

---

218 Das Verfahren nach § 80 Abs. 5 VwGO ist nur dann spezieller, wenn es sich in der Hauptsache – wie bei der Entziehung der Fahrerlaubnis – um eine Anfechtungsklage handelt (vgl § 123 Abs. 5 VwGO).
219 *Kopp/Schenke*, VwGO, § 123 Rn 13 ff.

ist – und die Voraussetzungen für die Erteilung der Fahrerlaubnis relativ offensichtlich gegeben sind. Aus prozesstaktischer Sicht kann für einen solchen Antrag auch sprechen, dass der Antragsteller frühzeitig zumindest eine vorläufige Ansicht des in der Regel auch für die Hauptsache zuständigen Spruchkörpers erhält, auf die man dann ggf sein Verhalten im Klageverfahren einstellen kann (wenn das Gericht den Antrag nicht allein schon unter dem Gesichtspunkt der Vorwegnahme der Hauptsache ablehnt, um sich nicht „in die Karten" schauen zu lassen).

Muster: Antrag auf Erlass einer einstweiligen Anordnung nach § 123 Abs. 1 VwGO 383

An das Verwaltungsgericht ▬▬▬

Antrag nach § 123 Abs. 1 VwGO

In der Sache

des Herrn ▬▬▬

– Antragsteller –

Prozessbevollmächtigte: RAe ▬▬▬

gegen

das Land ▬▬▬, vertreten durch den Landrat des Kreises ▬▬▬ – Führerscheinstelle –, ▬▬▬,

– Antragsgegner –

beantrage hiermit ich namens und in Vollmacht des Antragstellers,

den Antragsgegner im Wege des Erlasses einer einstweiligen Anordnung zu verpflichten, dem Antragsteller vorläufig die beantragte Fahrerlaubnis zu erteilen.

Streitwert: 2.500 EUR

Begründung:

Der Antrag ist zulässig und begründet.

Der Anordnungsgrund, also die Eilbedürftigkeit der Sache, ergibt sich daraus, dass dem Antragsteller, der seit nunmehr ▬▬▬ Monaten/Jahren arbeitslos ist, von der Fa. ▬▬▬ das Angebot gemacht worden ist, als Kraftfahrer eingestellt zu werden. Dieses Angebot bleibt nur dann aufrecht erhalten, wenn der Antragsteller kurzfristig in den Besitz einer Fahrerlaubnis gelangt. Angesichts der aktuellen Arbeitsmarktlage ist dies für den Antragsteller eine einmalige Chance zur Rückkehr in das Berufsleben. Wird diese Chance zunichte gemacht, bedeutet dies einen erheblichen (wirtschaftlichen) Nachteil. Von daher erscheint eine Vorwegnahme der Hauptsache ausnahmsweise gerechtfertigt.

Der Antragsteller hat einen Anspruch auf Erteilung einer Fahrerlaubnis im beantragten Umfang, so dass auch ein Anordnungsanspruch gegeben ist. ▬▬▬ [einzelfallbezogene Begründung].

Rechtsanwalt

Beispiel: Neuerteilung nach Entziehung der Fahrerlaubnis wegen Rauschfahrt 384

M. wird vom Strafgericht nach einer Rauschfahrt mit 1,2‰ BAK (Straftat nach § 316 StGB) die Fahrerlaubnis entzogen. Nach Ablauf der Sperrfrist beantragt er die Neuerteilung einer Fahrerlaubnis. Die Behörde verlangt von ihm unter Hinweis auf § 11 Abs. 3 S. 1 Nr. 5b und 4 FeV – ohne weitere Begründung – eine MPU. Nachdem M. die Beibringung des Gutachtens verweigert hat, wird sein Antrag auf Neuerteilung abgelehnt.

385 **Muster: Klageschrift (Verpflichtungsklage auf Neuerteilung der Fahrerlaubnis)**

  ↓

An das Verwaltungsgericht ▪▪▪

Verpflichtungsklage

In der Sache

des Herrn ▪▪▪

– Kläger –

Prozessbevollmächtigte: RAe ▪▪▪

gegen

das Land ▪▪▪, vertreten durch den Landrat des Kreises ▪▪▪ – Führerscheinstelle –, ▪▪▪,

– Beklagter –

erhebe ich hiermit namens und in Vollmacht des Klägers Klage und beantrage,

den Ablehnungsbescheid des Beklagten vom ▪▪▪ und den Widerspruchsbescheid des Regierungspräsidiums ▪▪▪ vom ▪▪▪ aufzuheben und

den Beklagten zu verpflichten, dem Kläger die beantragte Fahrerlaubnis [oder: eine Fahrerlaubnis der Klassen ▪▪▪] zu erteilen.

Weiter beantrage ich,

die Zuziehung eines Bevollmächtigten für das Vorverfahren für notwendig zu erklären.

Begründung:

Die zulässige Klage ist begründet. Der Kläger hat einen Anspruch auf Erteilung der bei dem Beklagten beantragten Fahrerlaubnis.

Nach Ablauf der vom Amtsgericht ▪▪▪ in seinem Urteil vom ▪▪▪ festgesetzten Sperrfrist von sechs Monaten für die Neuerteilung einer Fahrerlaubnis hat der Beklagte davon auszugehen, dass der Kläger zum Führen von Kraftfahrzeugen wieder geeignet ist. Der Beklagte ist insbesondere nicht berechtigt, vom Kläger vor Erteilung einer neuen Fahrerlaubnis die Vorlage eines medizinisch-psychologischen Gutachtens zu verlangen.

Zwar mögen die tatbestandlichen Voraussetzungen des § 11 Abs. 3 S. 1 Nr. 4 FeV vorliegen, da der Kläger wegen einer Straftat im Zusammenhang mit dem Straßenverkehr (§ 316 StGB) verurteilt worden ist. Diese Vorschrift wird jedoch durch die speziellere Regelung in § 13 Nr. 2c, d FeV verdrängt, wonach im Falle einer Neuerteilung der Fahrerlaubnis erst dann ein Gutachten verlangt werden kann, wenn die Entziehung wegen einer Rauschfahrt mit mindestens 1,6‰ BAK erfolgt ist. Bei einer – wie im Falle des Klägers – unter diesem Wert liegenden BAK ist der Verordnungsgeber dagegen nicht davon ausgegangen, dass im Falle der Wiedererteilung der Fahrerlaubnis Aufklärungsbedarf besteht.

Im Übrigen hat der Beklagte das ihm obliegende Ermessen nicht ausgeübt. Bei Vorliegen der Voraussetzungen des § 11 Abs. 3 S. 1 Nr. 4 FeV muss es nicht zwangsläufig zur Anordnung einer Begutachtung kommen. Die Entscheidung hierüber liegt im pflichtgemäßen Ermessen der Behörde. Den angefochtenen Bescheiden ist aber in keiner Weise zu entnehmen, dass hiervon Gebrauch gemacht worden wäre. Der Beklagte und auch die Widerspruchsbehörde haben sich allein auf die vom Kläger begangene Rauschfahrt nach § 316 StGB gestützt.

Es sind auch keine weiteren Gesichtspunkte gegeben, die für die Anordnung eines Gutachtens sprechen würden. Abgesehen von einer geringfügigen, schon länger zurückliegenden Geschwindigkeitsübertretung handelt es sich bei der Rauschfahrt um die erste schwerwiegende Verfehlung des Klägers im Straßenverkehr. Diese bewegt sich mit 1,2‰ BAK im unteren Bereich des § 316 StGB und ist von der Grenze des § 13 Nr. 2c FeV noch weit entfernt.

Da die Anordnung zur Vorlage eines Gutachtens somit in rechtswidriger Weise ergangen ist und auch sonst keine Bedenken hinsichtlich der Eignung und Befähigung des Klägers bestehen, ist ihm die Fahrerlaubnis wieder zu erteilen.

Rechtsanwalt

C. Punktsystem (§ 4 StVG)

I. Allgemeines

Vor dem 1.1.1999 existierte lediglich eine nach § 6 Abs. 2 StVG aF erlassene Verwaltungsvorschrift ohne Bindungswirkung für die Verwaltungsgerichte. Da sich das Punktsystem wegen seiner generalpräventiven Wirkung bewährt hat, aber auch mit erheblichen Eingriffen für die Betroffenen verbunden ist, war die Einbindung in ein förmliches Gesetz angebracht. **386**

Das deshalb vom Gesetzgeber durch § 4 StVG geschaffene Punktsystem beruht auf dem Gedanken, dass auch eine Häufung geringfügiger Verkehrszuwiderhandlungen mangelnde Eignung begründen kann. Bedenken hinsichtlich der Verfassungsmäßigkeit dieser Regelung bestehen nicht.[220] **387**

Das Punktsystem schließt eine Entziehung der Fahrerlaubnis nach § 3 Abs. 1 StVG wegen fehlender körperlicher, geistiger oder charakterlicher Eignung nicht aus. § 4 Abs. 1 S. 2 StVG erklärt eine solche Entziehung außerhalb des Punktsystem – insbesondere also vor Erreichen der 18-Punkte-Grenze – ausdrücklich für zulässig. Maßnahmen der Fahrerlaubnisbehörde wegen einzelner Taten im Straßenverkehr, die an sich noch nicht zum Entzug der Fahrerlaubnis nach § 4 StVG führen würden, kommen insbesondere dann in Betracht, wenn die Voraussetzungen des § 11 Abs. 3 S. 1 Nr. 4 FeV erfüllt sind. Bei der im Rahmen dieser Vorschrift zu treffenden Ermessensentscheidung ist aber die Wertung des Punktsystems zu beachten (vgl hierzu Rn 228, 231 ff sowie das Muster in Rn 305 f). **388**

II. Maßnahmenkatalog (§ 4 Abs. 3 StVG)

In § 4 Abs. 3 S. 1 Nr. 1 bis 3 StVG (iVm §§ 40 ff FeV) ist geregelt, bei welchem Punktestand welche Maßnahmen zu ergreifen sind: **389**

- **8 Punkte:** Erreicht der Betroffene diesen Punktestand, wird er hierüber unterrichtet sowie verwarnt und gleichzeitig auf die Möglichkeit der Teilnahme an einem freiwilligen Aufbauseminar hingewiesen. **390**

- **14 Punkte:** Bei diesem Punktestand wird ein Aufbauseminar unter Fristsetzung angeordnet. **391**

  Durch eine Teilnahme an einem allgemeinen Aufbauseminar iSv § 42 FeV iVm § 35 FeV oder einem besonderen Aufbauseminar iSv § 43 FeV iVm § 36 FeV (bei Fahrten unter Alkohol- oder Drogeneinfluss) kann der Betroffene seinen **Punktestand reduzieren**, und zwar um 4 Punkte bei nicht mehr als 8 Punkten und um 2 Punkte bei 9 bis 13 Punkten (§ 4 Abs. 4 S. 1 StVG). Hat der Betroffene innerhalb der letzten fünf Jahre – maßgeblich ist das Ausstellungsdatum der Teilnahmebescheinigung (vgl §§ 44, 37 Abs. 1 FeV) – bereits an einem Aufbauseminar teilgenommen, erhält er nur eine Verwarnung. **392**

---

220 Vgl Bay. VGH, Beschl. v. 17.1.2005 – 11 Cs 04.2955.

393 Nicht eindeutig gesetzlich geregelt ist die Frage, ob der Betroffene, der nach Erreichen von 8 Punkten freiwillig (wegen des Punktabzugs) ein allgemeines Aufbauseminar besucht hat, nach Erreichen von 14 Punkten noch zu einem besonderen Aufbauseminar geschickt werden kann. Dagegen spricht, dass § 4 Abs. 3 S. 1 Nr. 2 S. 2 StVG insoweit – anders als § 4 Abs. 1 StVG – nicht differenziert und es sich auch bei den besonderen Seminaren um *Auf*bau*seminare handelt. Dafür spricht indes der Grund für die Regelung. Es ergibt keinen Sinn, innerhalb von fünf Jahren das gleiche Seminar noch einmal zu besuchen; die Teilnahme an einem besonderen Seminar zusätzlich zu einem allgemeinen Aufbauseminar ist aber sinnvoll. Für diese Lösung spricht auch der Wortlaut „an einem *solchen* Seminar".

394 Zusätzlich ist der Betroffene auf die Möglichkeit einer verkehrspsychologischen Beratung – mit der Möglichkeit des Punktabzugs nach § 4 Abs. 4 S. 2 StVG – und die Möglichkeit der Entziehung der Fahrerlaubnis bei Erreichen von 18 Punkten hinzuweisen.

395 Die Bescheinigung über die freiwillige Teilnahme an einem Aufbauseminar (Nr. 1) sowie über die Teilnahme an einer verkehrspsychologischen Beratung (Nr. 2) sind der Behörde nach § 4 Abs. 4 StVG innerhalb von **drei Monaten** vorzulegen. Wird diese Frist versäumt, scheidet ein Punktabzug grundsätzlich aus. Da es sich um eine gesetzliche Frist handelt, kann diese von der Behörde nicht verlängert werden (vgl § 31 Abs. 7 VwVfG), der Betroffene kann aber bei unverschuldeter Versäumung der Frist Wiedereinsetzung nach § 32 VwVfG beantragen.

396 Weigert sich der Betroffene, an dem Aufbauseminar teilzunehmen, ist die Fahrerlaubnis nach § 4 Abs. 7 S. 1 StVG zu entziehen. Eine Neuerteilung setzt in diesem Fall den Nachweis der Teilnahme am Aufbauseminar voraus (vgl § 4 Abs. 11 StVG). Auf Verschulden kommt es bei der Entziehung nach § 4 Abs. 7 StVG nicht an; allerdings kann die Behörde die von ihr zur Teilnahme gesetzte Frist zur Vermeidung von Härten (zB Krankheit) im Einzelfall verlängern.

397 ■ **18 Punkte:** Bei diesem Punktestand wird die fehlende Eignung unwiderlegbar vermutet und es wird die Fahrerlaubnis entzogen. Werden nach Bekanntgabe der Entziehungsverfügung Punkte getilgt, so berührt dies nicht die Rechtmäßigkeit der Entziehungsverfügung.[221] Eine Neuerteilung ist frühestens nach sechs Monaten möglich; in der Regel ist vorher auch ein medizinisch-psychologisches Gutachten vorzulegen (§ 4 Abs. 10 StVG).

398 Für die Frage, wann sich 14 oder 18 Punkte iSv § 4 Abs. 3 oder 5 StVG ergeben, kann sowohl auf den Zeitpunkt der Tatbegehung – Tattagprinzip – als auch auf den Zeitpunkt der Rechtskraft der zur Eintragung von Punkten ins VZR führenden Entscheidung – Rechtskraftprinzip – abgestellt werden. Beide Prinzipien haben für den Betroffenen sowohl Vor- als auch Nachteile:

399 Der wesentliche Vorteil des **Rechtskraftprinzips** für den Betroffenen besteht darin, dass er durch Einlegung zB eines Einspruchs gegen einen Bußgeldbescheid die Verwirklichung der Punkte und damit das Erreichen von 18 Punkten hinauszögern kann, bis er an einer verkehrspsychologischen Beratung teilgenommen hat und er durch den ihm dann zugute kommenden Punktabzug die 18-Punkte-Grenze wieder unterschreitet. Ein Nachteil dieses Prinzips besteht darin, dass die 14 oder 18 Punkte zu einem späteren Zeitpunkt erreicht werden und die Behörde daher mehr Zeit hat, um Maßnahmen nach § 4 Abs. 3 S. 1 Nr. 1 und 2 StVG zu ergreifen, bevor es zur „Deckelung" der Punkte nach § 4 Abs. 5 StVG kommt.

400 Für die Behörde besteht der wesentliche Vorteil des **Tattagprinzips** umgekehrt darin, dass der Betroffene eben nicht die Möglichkeit einer „Manipulation" des Zeitpunkts des Erreichens

---

221 VGH Bad.-Württ., Beschl. v. 17.2.2005 – 10 S 2875/04 = zfs 2005, 418; OVG NW, Beschl. v. 24.5.2006 – 16 B 1093/05.

einer bestimmten Punktzahl hat. Allerdings erfährt die Behörde in aller Regel erst nach Rechtskraft der Entscheidung durch die Mitteilung des KBA von einer Tat, so dass sie Maßnahmen nach § 4 Abs. 3 S. 1 Nr. 1 und 2 StVG relativ spät ergreifen kann. Es kann dann aber bereits zu neuen Taten gekommen sein, so dass der Betroffene in den Genuss einer Reduzierung nach § 4 Abs. 5 StVG kommt.

Welches Prinzip vorzugswürdig ist, ist in der Rechtsprechung umstritten,[222] wobei sich letztlich für beide Ansichten gute Gründe anführen lassen (vgl auch das Muster Rn 403). So spricht insbesondere für das Rechtskraftprinzip, dass das Maßnahmensystem des § 4 Abs. 3 StVG auf den Mitteilungen des KBA nach § 4 Abs. 6 StVG aufbaut. Die Mitteilungen können aber erst zu einem Zeitpunkt erfolgen, in dem die Eintragung erfolgt und damit die zugrunde liegende Entscheidung rechtskräftig geworden ist (vgl § 28 Abs. 3 StVG). Für das Tattagprinzip kann dagegen angeführt werden, dass es im Rahmen des § 4 Abs. 5 StVG den Zweck erfüllt, die nach dem Punktsystem erforderliche Warnung an den Mehrfachtäter und die Möglichkeit einer sich daran anschließenden Verhaltensänderung sicherzustellen. Haben den Mehrfachtäter aber die Warnungen nach § 4 Abs. 3 S. 1 Nr. 1 oder 2 StVG erreicht, bevor er den entscheidenden, die 18-Punkte-Grenze erreichenden Verkehrsverstoß begeht, kann ihm auch das auf Verhaltensänderung gerichtete Rabattsystem des § 4 Abs. 4 StVG nicht mehr zugute kommen. **401**

Beispiel: Entziehung der Fahrerlaubnis nach Erreichen von 18 Punkten – Rechtskraftprinzip **402**
M. hat einen Punktestand von 11 Punkten. Er wird verwarnt, und nach der freiwilligen Teilnahme an einem Aufbauseminar werden 2 Punkte gestrichen. Nach weiteren 6 Punkten wird er bei einem Stand von nunmehr 15 Punkten erneut verwarnt. Am 20.2.2006 begeht M. einen mit 3 Punkten zu bewertenden Verkehrsverstoß, der Bußgeldbescheid vom 1.3.2006 wird am 15.9.2006 bestandskräftig. Am 7.7.2006 wurde die Bescheinigung über die Teilnahme an einer verkehrspsychologischen Beratung vorgelegt. Die Behörde entzieht ihm – ausgehend vom Tattagprinzip – die Fahrerlaubnis.

Muster: Klageschrift (Anfechtungsklage gegen Entziehung der Fahrerlaubnis aufgrund von 18 Punkten) **403**

An das Verwaltungsgericht ▪▪▪

364

Anfechtungsklage

In der Sache

des Herrn ▪▪▪

– Kläger –

Prozessbevollmächtigte: RAe ▪▪▪

gegen

das Land ▪▪▪, vertreten durch den Landrat des Kreises ▪▪▪ – Führerscheinstelle –, ▪▪▪,

– Beklagter –

erhebe ich hiermit namens und in Vollmacht des Klägers Klage und beantrage,

---

222 Für das *Rechtskraftprinzip*: OVG NW, Beschl. v. 9.2.2007 – 16 B 2174/06; OVG Sachsen-Anhalt, Beschl. v. 24.8.2004 – 1 M 229/04; VG Stuttgart, Urt. v. 23.3.2006 – 10 K 712/05; VG Leipzig, Beschl. v. 21.11.2005 – 1 K 1110/05; VG Schleswig, Beschl. v. 30.5.2005 – 3 B 86/05. Für das *Tattagprinzip*: Bay. VGH, Beschl. v. 14.12.2005 – 11 CS 05.1677; OVG Thüringen, Beschl. v. 12.3.2003 – 2 EO 688/02 = NJW 2003, 2770; VG Sigmaringen, Beschl. v. 1.7.2005 – 4 K 773/05.

die Ordnungverfügung des Beklagten vom ▪▪▪ und den Widerspruchsbescheid des Regierungspräsidiums ▪▪▪ vom ▪▪▪ aufzuheben und

die Zuziehung eines Bevollmächtigten für das Vorverfahren für notwendig zu erklären.

Streitwert: 5.000 EUR

Begründung:

Die zulässige Klage ist begründet. Die angefochtenen Bescheide sind rechtswidrig und verletzten den Kläger in seinen Rechten (§ 113 Abs. 1 S. 1 VwGO).

Die Voraussetzungen für eine Entziehung der Fahrerlaubnis nach § 4 Abs. 3 S. 1 Nr. 3 StVG liegen nicht vor. Im Falle des Klägers haben sich keine 18 Punkte ergeben. Der Bußgeldbescheid vom 1.3.2006 ist erst am 15.9.2006 bestandskräftig geworden, so dass erst an diesem Tag drei weitere Punkte angefallen sind. Zu diesem Zeitpunkt haben sich für den Kläger aber insgesamt nur 16 Punkte ergeben, da sich sein Punktestand zwischenzeitlich durch die Vorlage einer Bescheinigung über die Teilnahme an einer verkehrspsychologischen Beratung um zwei Punkte reduziert hatte.

Der Beklagte beruft sich zu Unrecht auf das sog. Tattagprinzip. Für das „Erreichen" einer bestimmten Punktzahl im Sinne des § 4 StVG kann es nicht genügen, dass sich der Betroffene ein bestimmtes, mit einem oder mehreren Punkten zu belegendes Fehlverhalten im Straßenverkehr hat zu Schulden kommen lassen, sondern dieses Fehlverhalten muss auch rechtskräftig festgestellt sein (sog. Rechtskraftprinzip). Das folgt unmittelbar aus § 4 Abs. 6 StVG. Demnach hat das Kraftfahrt-Bundesamt „bei Erreichen" eines bestimmten Punktestandes den Fahrerlaubnisbehörden die vorhandenen Eintragungen aus dem Verkehrszentralregister zu übermitteln. Die Formulierung macht deutlich, dass das Erreichen des Punktestandes und die Übermittlung von Eintragungen zeitlich – nahezu – zusammenfallen. Dieser Pflicht kann das Kraftfahrt-Bundesamt aber nur dann nachkommen, wenn seine Kenntnis von Verkehrsverstößen, die zu einer Änderung des Punktestandes führen, zeitlich und ursächlich eng mit dem Erreichen dieses Punktestandes zusammenhängt. Kenntnis kann das Kraftfahrt-Bundesamt erst durch Mitteilung eintragungsfähiger Umstände gem. § 28 Abs. 4 StVG erlangen. Eingetragen werden können aber – soweit hier von Belang – nur rechtskräftige Entscheidungen (vgl § 28 Abs. 3 Nr. 1 bis 3 StVG). „Bei Erreichen" kann daher nur so verstanden werden, dass das Punktekonto erst mit Eintragungsfähigkeit eines Verstoßes anwächst und die Eintragung nicht lediglich der Feststellung dient, das Punktekonto sei bereits wegen (früheren) Begehens eines – jetzt dauerhaft bestätigten – Verstoßes zum Tatzeitpunkt angestiegen.

Das Rechtskraftprinzip wird in der verwaltungsgerichtlichen Rechtsprechung auch überwiegend vertreten: OVG NW, Beschl. v. 9.2.2007 – 16 B 2174/06; OVG Sachsen-Anhalt, Beschl. v. 24.8.2004 – 1 M 229/04; VG Stuttgart, Urt. v. 23.3. – 10 K 712/05; VG Leipzig, Beschl. v. 21.11.2005 – 1 K 1110/05; VG Schleswig, Beschl. v. 30.5.2005 – 3 B 86/05.

Die Entziehung der Fahrerlaubnis ist daher rechtswidrig, so dass antragsgemäß zu entscheiden ist.

Rechtsanwalt

404   Im Rahmen des § 4 Abs. 3 S. 1 Nr. 1 bis 3 StVG steht der Behörde **kein Ermessen** zu. Sie ist also verpflichtet, die verschiedenen Maßnahmen bei Erreichen des jeweiligen Punktestandes zu ergreifen. Dies gilt auch dann, wenn die letzte Maßnahme nach Nr. 2 erst kurze Zeit zurückliegt und das zweite Überschreiten der 14-Punkte-Grenze nur wegen der Punktereduzierung nach Teilnahme an einer verkehrspsychologischen Maßnahme möglich war; unterlässt sie in einem solchen Fall eine erneute Anordnung nach Nr. 2, greift zugunsten des Betroffenen die Reduzierung der Punkte nach § 4 Abs. 5 S. 2 StVG ein.[223]

---

223 VG Freiburg, Beschl. v. 5.12.2002 – 1 K 1226/02 (bei der ersten Maßnahme entfiel wegen der Fünf-Jahres-Frist ein Aufbauseminar).

Die Behörde kann auch nicht ausnahmsweise nach § 6 Abs. 1 Nr. 1w StVG iVm § 74 FeV   **405**
von einer Maßnahme des Punktsystems absehen, etwa wenn eine Tat in einer notstandsähnlichen Situation begangen worden ist, da § 74 FeV nach seinem Wortlaut nur die Zulassung von Ausnahmen von Bestimmungen der FeV, nicht aber des StVG vorsieht.[224]

Die Maßnahmen nach § 4 Abs. 3 S. 1 Nr. 1 bis 3 StVG haben jeweils die Qualität eines **Ver-**   **406**
waltungsakts, der mit Widerspruch und Anfechtungsklage angegriffen werden kann. Diese Rechtsbehelfe haben nach § 4 Abs. 7 S. 2 StVG keine aufschiebende Wirkung, so dass die Anordnung des Sofortvollzugs durch die Behörde nicht erforderlich ist.

Für den Betroffenen erfüllen die Maßnahme nach § 4 Abs. 3 S. 1 Nr. 1 und 2 StVG eine   **407**
Warnfunktion. Durch den abgestuften Maßnahmenkatalog und die Möglichkeit des Punkterabatts bei den freiwilligen Fortbildungsmaßnahmen sollen dem Mehrfachtäter die möglichen Folgen seines Fehlverhaltens vor Augen gehalten werden, um erzieherisch auf ihn einzuwirken und präventiv weitere Verkehrsverstöße zu vermeiden.[225] Dieses Ziel hat zur Konsequenz, dass bei Erreichen eines Punktestandes die entsprechende Maßnahme nur dann ergriffen werden kann, wenn zuvor die Maßnahme(n) der vorherigen Stufe(n) ergriffen worden ist/sind. In § 4 Abs. 5 StVG ist deshalb eine „Deckelung" des Punktestandes bis zum Ergreifen der Maßnahme durch die Behörde vorgesehen. Für das Ergreifen einer Maßnahme ist auf den Zeitpunkt der Bekanntgabe, zB der Anordnung eines Aufbauseminars, abzustellen. Die Frist zur Teilnahme an einem Aufbauseminar verlängert diesen Zeitraum nicht; Punkte, die nach Bekanntgabe der Anordnung (aber vor Fristablauf) anfallen, sind zu berücksichtigen.[226]

Der Punkteabzug nach § 4 Abs. 5 StVG führt zu einer dauerhaften Reduzierung des Punk-   **408**
testandes und gilt nicht nur im Hinblick auf die jeweils anstehende Maßnahme nach § 4 Abs. 3 StVG.[227]

III. Zuwiderhandlungen

Für das Punktsystem sind nach § 4 Abs. 2 S. 1 StVG die Straftaten und Ordnungswidrigkei-   **409**
ten zu berücksichtigen, die gem. § 28 Abs. 3 Nr. 1 bis 3 StVG im VZR erfasst werden. Nach § 4 Abs. 3 S. 2 StVG ist die Behörde an rechtskräftige Entscheidungen der Strafgerichte und Bußgeldbehörden gebunden. Sie muss daher nicht prüfen, ob der Betroffene die Tat tatsächlich begangen hat oder ob bereits Verfolgungsverjährung eingetreten war.[228] Gegenüber rechtskräftigen Bußgeldbescheiden kann daher insbesondere nicht geltend gemacht werden, dass eine Geschwindigkeitsübertretung oder ein ähnlicher Verkehrsverstoß tatsächlich von einer anderen Person begangen worden ist.

Die Bewertung der Zuwiderhandlungen regelt Anlage 13 FeV. Bei **mehreren Zuwiderhand-**   **410**
lungen in Tateinheit gilt nur die Zuwiderhandlung mit der höchsten Punktzahl. Bei Zuwiderhandlungen in Tatmehrheit, die auf einem einheitlichen Lebenssachverhalt beruhen, zB mehrmaliges Fahren ohne Fahrerlaubnis oder ohne Versicherungsschutz, kommt dem Betroffenen die Reduzierung nach § 4 Abs. 5 StVG zugute, wenn die Behörde nicht rechtzeitig Maßnahmen ergreift. Damit ist sichergestellt, dass dem Betroffenen vor einer Entziehung die Chance der abgestuften Maßnahmen gegeben wird.

---

224 Vgl hierzu *Bouska/Laeverenz*, Anm. 19d zu § 4 StVG.
225 Vgl die Begründung des Gesetzentwurfs vom 8.11.1996: BR-Drucks. 821/96 S. 52.
226 VG Sigmaringen, Beschl. v. 1.7.2005 – 4 K 773/05.
227 OVG NW, Beschl. v. 17.6.2005 – 16 B 2710/04 = zfs 2006, 116.
228 OVG NW, Beschl. v. 31.10.2002 – 19 B 850/02.

411 § 65 Abs. 4 StVG enthält eine Übergangsregelung für vor dem 1.1.1999 begangene Zuwiderhandlungen. Danach sind bei der Anwendung des § 4 StVG auch die Maßnahmen einzubeziehen, die gegen den Betroffenen aufgrund des vor dem 1.1.1999 geltenden Punktsystems ergriffen worden sind.[229] Dass die Bonusregelung des § 4 Abs. 5 StVG für Altfälle iSv § 65 Abs. 4 S. 1 StVG nicht gilt, ist nicht zu beanstanden, da es sich um vor dem 1.1.1999 abgeschlossene Sachverhalte handelt.[230]

D. Fahrerlaubnis auf Probe (§ 2a StVG)

I. Dauer der Probezeit

412 Die Probezeit dauert grds. zwei Jahre, wobei die Möglichkeit der Verlängerung auf vier Jahre besteht (vgl § 2a Abs. 2a StVG). Sie beginnt mit der Erteilung, dh der Aushändigung des Führerscheins (vgl § 22 Abs. 4 S. 7 FeV), bei Fahrerlaubnissen aus EU- und EWR-Staaten mit der Verlegung des Wohnsitzes nach Deutschland unter Anrechnung der Zeit seit Erwerb der Fahrerlaubnis.

413 Bei vorläufigen Maßnahmen nach § 94 StPO (Beschlagnahme u.a.), § 111a StPO (vorläufige Entziehung) und bei sofort vollziehbarer Entziehung durch die Fahrerlaubnisbehörde wird die **Probezeit gehemmt** (vgl § 2a Abs. 1 S. 5 StVG). Führen solche Maßnahmen zum endgültigen Entzug, gilt § 2a Abs. 1 S. 6 StVG, dh die Probezeit endet vorzeitig. Werden solche Maßnahmen dagegen im Rechtsbehelfsverfahren aufgehoben, bleibt die Zeitdauer der vorläufigen Maßnahmen bei der Berechnung der noch laufenden Frist unberücksichtigt.

414 Die Probezeit endet vorzeitig durch Entziehung der Fahrerlaubnis oder durch Verzicht auf diese; bei Neuerteilung der Fahrerlaubnis läuft eine neue Probezeit im Umfang der Restdauer der vorherigen Probezeit (§ 2a Abs. 1 S. 6 und 7 StVG). Bei einer Entziehung durch das Strafgericht kommt es auf die Rechtskraft des Urteils und bei einer Entziehung durch die Behörde mit Sofortvollzug auf den Zeitpunkt der Bekanntgabe der Verfügung an. Wird ein Sofortvollzug oder sogar die Entziehung insgesamt im Rechtsbehelfsverfahren aufgehoben, gilt die Probezeit als nicht unterbrochen, obwohl der Betroffene tatsächlich zeitweise nicht am Straßenverkehr teilnehmen durfte.

II. Maßnahmen der Fahrerlaubnisbehörde bei Nichtbewährung

1. Zuwiderhandlungen in der Probezeit

415 Nach § 2a Abs. 2 S. 1 StVG ist unter folgenden Voraussetzungen von einer Nichtbewährung innerhalb der Probezeit auszugehen:

416 ■ Innerhalb der Probezeit begangene Straftat(en) oder Ordnungswidrigkeit(en): Es genügt die Teilnahme an der Tat als Anstifter oder Gehilfe. Bei einer Ordnungswidrigkeit ergibt sich dies schon aus dem einheitlichen Täterbegriff (§ 14 OWiG) und auch bei Straftaten ist eine Besserstellung gegenüber dem Haupttäter nicht gerechtfertigt.[231] Maßgeblich ist der Tatzeitpunkt, nicht der Zeitpunkt der Entscheidung des Strafgerichts oder der Bußgeldbehörde. Eine Maßnahme nach § 2a Abs. 2 StVG ist auch dann anzuordnen, wenn

---

229 Vgl BT-Drucks. 14/4304, S. 13.
230 OVG Hamburg, Beschl. v. 3.4.2000 – 3 Bs 398/99 = NZV 2000, 349.
231 VG Stuttgart, Beschl. v. 31.7.1989 – 10 K 1876/89 = NZV 1990, 48.

die Tat erst nach Ablauf der Probezeit bekannt bzw geahndet wird.[232] Nur wenn im VZR bereits Tilgungsreife eingetreten ist, ist eine Verwertung nicht mehr zulässig.[233]

- Rechtskraft der Entscheidung (Bußgeldbescheid, Strafbefehl, Urteil etc.): Die Fahrerlaubnisbehörde ist an die Entscheidung im Straf- bzw Bußgeldverfahren gebunden, dh Einwendungen hiergegen sind (wie beim Punktsystem) nicht möglich (§ 2a Abs. 2 S. 2 StVG). **417**

- Nach § 28 Abs. 3 Nr. 1 bis 3 StVG in das VZR einzutragen: Die Fahrerlaubnisbehörde darf sich im Zweifelsfall nicht einfach auf die Mitteilung des KBA verlassen, sondern muss selbst prüfen, ob die Entscheidung einzutragen und noch verwertbar ist. Hierbei hat sie auch das in § 28a StVG enthaltene **Zitiergebot** zu berücksichtigen. Ist dieses von der Bußgeldbehörde nicht beachtet worden, führt dies dazu, dass die Entscheidung nicht ins VZR einzutragen ist.[234] **418**

2. Stufenverhältnis der behördlichen Maßnahmen

Bei den einzelnen Maßnahmen nach § 2a Abs. 2 S. 1 Nr. 1 bis 3 StVG handelt es sich um Verwaltungsakte, gegen die mit Widerspruch und Anfechtungsklage vorgegangen werden kann. Diese Rechtsbehelfe haben schon von Gesetzes wegen (§ 2a Abs. 6 StVG) keine aufschiebende Wirkung, so dass ein Antrag auf Anordnung der aufschiebenden Wirkung nach § 80 Abs. 5 VwGO in Betracht kommt. Die unter Rn 329 ff dargestellten Verfahrensgrundsätze gelten im Wesentlichen entsprechend, wobei es hier meist nicht um Tatfragen – etwa die Eignung – sondern allein um Rechtsfragen – etwa die Eintragungsfähigkeit einer Entscheidung – geht. Die Maßnahmen stehen in einem Stufenverhältnis. Der Behörde steht kein Ermessen zu und sie kann auch keine Ausnahme zulassen (vgl Rn 404 f). **419**

a) Aufbauseminar

Voraussetzung für die Anordnung der Teilnahme an einem Aufbauseminar mit Fristsetzung sind entweder eine schwerwiegende oder zwei weniger schwerwiegende Zuwiderhandlungen. Die Bewertung einer Straftat oder Ordnungswidrigkeit als (weniger) schwerwiegend ergibt sich aus Anlage 12 FeV (vgl § 34 FeV).[235] Der Behörde steht kein Beurteilungsspielraum zu. **420**

Mit der bestandskräftigen Anordnung verlängert sich automatisch die Probezeit um **weitere zwei Jahre** (§ 2a Abs. 2a StVG). Bei einer Nichtteilnahme am Aufbauseminar innerhalb der gesetzten Frist trotz vollziehbarer (vgl § 2a Abs. 6 StVG)[236] Anordnung wird die Fahrerlaubnis entzogen; nach § 2a Abs. 3 StVG ist dies eine zwingende Rechtsfolge. Die Rechtmäßigkeit der – auch der noch nicht bestandskräftigen – Anordnung wird im Entziehungsverfahren nach § 2a Abs. 3 StVG nicht inzident geprüft. Dies kann ausschließlich in einem Eilverfahren nach § 80 Abs. 5 VwGO bzw in einem Klageverfahren gegen die Anordnung selbst gerügt werden. Wird in einem solchen Eilverfahren die aufschiebende Wirkung angeordnet, entfällt nachträglich die Grundlage für die Entziehung. **421**

Auch bei unverschuldeter Fristversäumnis ist die Fahrerlaubnis zu entziehen. Zur Vermeidung von Härten (zB Krankheit) kann die Behörde die von ihr gesetzte Frist nach § 31 Abs. 7 VwVfG verlängern – auch noch während des bereits eingeleiteten Entziehungsverfahrens.[237] **422**

232 BVerwG, Urt. v. 25.1.1995 – 11 C 27.93 = NZV 1995, 291.
233 VG Darmstadt, Beschl. v. 15.2.1990 – VI/2 H 208/90 = NZV 1990, 327.
234 VG Göttingen, Beschl. v. 23.3.1999 – 1 B 1036/99 = NVwZ-RR 1999, 502.
235 Zur Rechtmäßigkeit der generellen Einstufung von Geschwindigkeitsüberschreitungen als schwerwiegend vgl VG München, Beschl. v. 15.11.1999 – M 6 S 99.4949 = NZV 2000, 222.
236 Vgl OVG Sachsen-Anhalt, Beschl. v. 8.7.1998 – B 1 S 477/98 = NZV 1999, 269.
237 *Bouska/Laeverenz*, Anm. 29 zu § 2a StVG.

b) Schriftliche Verwarnung und Empfehlung der Teilnahme an einer verkehrspsychologischen Beratung innerhalb von zwei Monaten

423 Voraussetzung hierfür sind entweder eine weitere schwerwiegende oder zwei weitere weniger schwerwiegende Zuwiderhandlungen innerhalb der Probezeit *nach* Teilnahme am Aufbauseminar. Diese Maßnahme kann von der Behörde also nicht schon sofort bei mehreren schwerwiegenden Zuwiderhandlungen, sondern erst dann ergriffen werden, wenn eine Anordnung nach § 2a Abs. 2 S. 1 Nr. 1 StVG erfolgt ist und der Betroffene am Aufbauseminar teilgenommen hat.

424 Die Teilnahme an einer verkehrspsychologischen Beratung ist freiwillig. Wird die Beratung in Anspruch genommen und innerhalb von drei Monaten eine Bescheinigung hierüber vorgelegt, erfolgt im Rahmen des Punktsystems eine Reduzierung um 2 Punkte (§ 4 Abs. 4 S. 2 StVG).

425 Da es sich bei den zwei Monaten in § 2a Abs. 2 S. 1 Nr. 2 StVG um eine gesetzliche Frist handelt, ist eine Verlängerung durch die Behörde nach § 31 Abs. 7 VwVfG eigentlich ausgeschlossen. Von *Bouska/Laeverenz*[238] wird eine solche Möglichkeit gleichwohl bejaht, weil in Härtefällen (insbesondere bei Krankheit) die Frist leerlaufe, obwohl der Gesetzgeber die Folge der automatischen Entziehung in § 2a Abs. 2 S. 1 Nr. 3 StVG nur deshalb angeordnet habe, weil der Betroffene zuvor die Möglichkeit der Beratung gehabt habe. Dies erscheint plausibel, so dass im konkreten Fall vor Ablauf der zwei Monate mit dieser Begründung bei der Behörde ein Verlängerungsantrag unter Darlegung der besonderen Umstände zu stellen ist.

426 **Muster: Antrag auf Verlängerung der Zwei-Monats-Frist des § 2a Abs. 2 S. 1 Nr. 2 StVG**

↓

An das Landratsamt ■■■
– Führerscheinstelle –

Betr.: Antrag auf Neuerteilung der Fahrerlaubnis
Ihr Az ■■■ [inkl. Name des Mandanten]

Sehr geehrte/r Frau/Herr ■■■ [Name des Sachbearbeiters lt. Anhörungsschreiben],

hiermit beantrage ich namens und in Vollmacht meines Mandanten, Herrn ■■■, ■■■ [Anschrift],

die Frist zur Teilnahme an einer verkehrspsychologischen Beratung angemessen, mindestens um einen Monat, zu verlängern.

Nach einem Verkehrsunfall liegt mein Mandant derzeit im Krankenhaus ■■■. Es wird ihm voraussichtlich erst wieder in ■■■ Wochen möglich sein, eine verkehrspsychologische Beratung zu absolvieren. Da der Gesetzgeber die Folge der automatischen Entziehung in § 2a Abs. 2 S. 1 Nr. 3 StVG nur deshalb angeordnet hat, weil der Betroffene zuvor die Möglichkeit der Beratung gehabt hat, ist meinem Mandanten durch die Fristverlängerung ebenfalls diese Möglichkeit einzuräumen.

Rechtsanwalt

↑

427 Die Verwarnung nach § 2a Abs. 2 S. 1 Nr. 2 StVG ist im Hinblick darauf, dass die Maßnahme nach § 2a Abs. 2 S. 1 Nr. 3 StVG auf dieser aufbaut, ebenfalls ein Verwaltungsakt, gegen den mit Widerspruch und Klage vorgegangen werden kann. Da die Verwarnung selbst keine unmittelbaren Sanktionen zur Folge hat, hat der Gesetzgeber davon abgesehen, in § 2a

---

238 *Bouska/Laeverenz*, Anm. 24 zu § 2a StVG.

Abs. 6 StVG insoweit ebenfalls die sofortige Vollziehung anzuordnen; ein Antrag nach § 80 Abs. 5 VwGO ist daher nicht zulässig.

Muster: Widerspruch gegen Verwarnung nach § 2a Abs. 2 S. 1 Nr. 2 StVG 428

An das Landratsamt ▪▪▪
– Führerscheinstelle –

Ihre Ordnungsverfügung vom ▪▪▪

Ihr Az ▪▪▪ [inkl. Name des Mandanten]

In der Sache

des Herrn ▪▪▪

– Widerspruchsführer –

Verfahrensbevollmächtigte: RAe ▪▪▪

gegen

das Land ▪▪▪, vertreten durch den Landrat des Kreises ▪▪▪ – Führerscheinstelle –, ▪▪▪,

– Widerspruchsgegner –

Sehr geehrte/r Frau/Herr ▪▪▪ [Name des Sachbearbeiters lt. Anhörungsschreiben],

hiermit lege ich namens und in Vollmacht des Widerspruchsführers gegen die Verwarnung vom ▪▪▪

Widerspruch

ein und beantrage,

die Ordnungsverfügung vom ▪▪▪ aufzuheben.

Nach Einsichtnahme in die Verwaltungsvorgänge begründe ich den Widerspruch wie folgt:

Die nach § 2a Abs. 2 S. 1 Nr. 2 StVG erfolgte Verwarnung meines Mandanten ist zu Unrecht erfolgt. Eine solche Maßnahme ist nur dann zulässig, wenn die zugrunde liegende Bußgeldentscheidung wegen der Ordnungswidrigkeit, auf die sie sich stützt, bestandskräftig ist. Daran fehlt es vorliegend.

Mein Mandant hat zwar zunächst nicht fristgerecht gegen den Bußgeldbescheid vom ▪▪▪ Einspruch eingelegt. Diese Versäumung der Einspruchsfrist erfolgte jedoch nicht schuldhaft, da meinem Mandanten der Bußgeldbescheid während einer längeren Urlaubsabwesenheit zugestellt worden war. Unmittelbar nach Urlaubsrückkehr hat sich mein Mandant mit mir in Verbindung gesetzt. Von hier aus ist dann umgehend, nämlich mit Schriftsatz vom ▪▪▪, bei der Bußgeldstelle Antrag auf Wiedereinsetzung in die Einspruchsfrist gestellt worden. Solange hierüber nicht entscheiden ist, können im Rahmen des § 2a Abs. 1 S. 1 StVG keine (negativen) Folgen an die angebliche Zuwiderhandlung vom ▪▪▪ geknüpft werden.

Dem Widerspruch ist somit abzuhelfen, die Verwarnung ist aufzuheben.

Rechtsanwalt

Muster: Klage gegen Verwarnung nach § 2a Abs. 2 S. 1 Nr. 2 StVG 429

An das Verwaltungsgericht ▪▪▪

Anfechtungsklage

In der Sache

des Herrn ▪▪▪

– Kläger –

Prozessbevollmächtigte: RAe ▰▰▰

gegen

das Land ▰▰▰, vertreten durch den Landrat des Kreises ▰▰▰ – Führerscheinstelle –, ▰▰▰,

– Beklagter –

erhebe ich hiermit namens und in Vollmacht des Klägers Klage und beantrage,

die Ordnungsverfügung des Beklagten vom ▰▰▰ und den Widerspruchsbescheid des Regierungspräsidiums ▰▰▰ vom ▰▰▰ aufzuheben und

die Zuziehung eines Bevollmächtigten für das Vorverfahren für notwendig zu erklären.

Streitwert: 5.000 EUR

Begründung:

Die zulässige Klage ist begründet. Die angefochtenen Bescheide sind rechtswidrig und verletzten den Kläger in seinen Rechten (§ 113 Abs. 1 S. 1 VwGO).

Die Voraussetzungen für eine Verwarnung des Klägers nach § 2a Abs. 2 S. 1 Nr. 2 StVG liegen nicht vor.

▰▰▰

Die Verwarnung ist daher rechtswidrig, so dass antragsgemäß zu entscheiden ist.

Rechtsanwalt

c) Entziehung der Fahrerlaubnis

430   Voraussetzung für die Entziehung sind entweder eine weitere schwerwiegende oder zwei weitere weniger schwerwiegende Zuwiderhandlungen innerhalb der Probezeit nach Ablauf der Zwei-Monats-Frist, dh die 2. Stufe muss vorgeschaltet gewesen sein. Unerheblich ist, ob der Betroffene die verkehrspsychologische Beratung in Anspruch genommen hat oder nicht.

431   Läuft nach einer Entziehung der Fahrerlaubnis für die neu erteilte Fahrerlaubnis eine **Rest-probezeit**, gelten die Stufen des § 2a Abs. 2 StVG nicht; nach § 2a Abs. 5 S. 4 und 5 StVG ist in der Regel eine MPU anzuordnen. Hiervon kann nur in Ausnahmefällen abgesehen werden. Ein solcher Ausnahmefall kann sich aber regelmäßig nicht aus den Umständen ergeben, unter denen die Verkehrsordnungswidrigkeit begangen worden ist. Aus Anlage 12 FeV ergibt sich eine gesetzlich klar vorgegebene Zuordnung und Bewertung der einzelnen Zuwiderhandlungen, die einer gesonderten Bewertung durch die Fahrerlaubnisbehörde nicht zugänglich sind. Dieses gesetzgeberische Wertungsmodell würde unterlaufen, wenn von der Fahrerlaubnisbehörde als Anknüpfungspunkt für die Ausnahme von der Regelanordnung Art, Bedeutung oder Tatumstände der Zuwiderhandlung gewählt werden könnten.[239]

432   Das Verhältnis zur **Entziehung nach allgemeinen Vorschriften** regelt § 2a Abs. 4 StVG. Erweist sich der Betroffene bereits nach § 3 Abs. 1 StVG als ungeeignet, kann die Fahrerlaubnis unabhängig von den Maßnahmen des § 2a Abs. 2 StVG entzogen werden. Auch kann die Behörde nach den allgemeinen Regeln zur Eignungsprüfung (§§ 11, 13, 14 FeV) eine MPU anordnen. Kann das Gutachten die Nichteignung nicht nachweisen, hat die Behörde nach § 2a Abs. 4 S. 2 StVG die Teilnahme an einem Aufbauseminar anzuordnen. Rechtsfolge der Nichtteilnahme am Aufbauseminar ist – wie bei § 2a Abs. 2 S. 1 Nr. 1 iVm Abs. 3 – die Entziehung der Fahrerlaubnis.

---

239 VG Aachen, Beschl. v. 24.8.2006 – 3 L 471/06.

Das **Punktsystem** und die Regelungen zur Fahrerlaubnis auf Probe finden nebeneinander Anwendung (§ 4 Abs. 1 S. 3 StVG). Die Teilnahme an einem allgemeinen Aufbauseminar erfolgt allerdings innerhalb von fünf Jahren nur einmal. Hat der Betroffene an einem Aufbauseminar für Fahranfänger teilgenommen, muss er innerhalb von fünf Jahren nicht noch einmal an einem allgemeinen Aufbauseminar nach § 4 Abs. 3 S. 1 Nr. 1 StVG teilnehmen. Hat er aber umgekehrt an einem allgemeinen Aufbauseminar teilgenommen, muss er auch innerhalb von fünf Jahren noch einmal ein Aufbauseminar für Fahranfänger oder ein besonderes Aufbauseminar besuchen.

433

Muster: Antrag nach § 80 Abs. 5 VwGO bei einer Entziehung der Fahrerlaubnis nach § 2a Abs. 2 S. 1 Nr. 3 StVG

434

An das Verwaltungsgericht ▪▪▪

368

Antrag nach § 80 Abs. 5 VwGO

In der Sache

des Herrn ▪▪▪,

– Antragsteller –

Prozessbevollmächtigte: RAe ▪▪▪

gegen

das Land ▪▪▪, vertreten durch den Landrat des Kreises ▪▪▪ – Führerscheinstelle –, ▪▪▪,

– Antragsgegner –

beantrage ich hiermit namens und in Vollmacht meines Mandanten, des Antragstellers,

die aufschiebende Wirkung des Widerspruchs gegen die Ordnungsverfügung des Landrats des Kreises ▪▪▪ – Führerscheinstelle – vom ▪▪▪ hinsichtlich der angeordneten Entziehung der Fahrerlaubnis wiederherzustellen und hinsichtlich der Androhung der Festsetzung eines Zwangsgeldes anzuordnen.

Streitwert: 2.500 EUR

Die aufschiebende Wirkung des Widerspruchs ist wiederherzustellen bzw anzuordnen, weil dieser aller Voraussicht nach Erfolg haben wird. Die Ordnungsverfügung ist rechtswidrig und verletzt den Antragsteller in seinen Rechten.

Die Voraussetzungen für eine Entziehung der Fahrerlaubnis nach § 2a Abs. 2 S. 1 Nr. 3 StVG liegen nicht vor. Nach dieser Vorschrift setzt eine Entziehung voraus, dass die Zuwiderhandlung nach Ablauf der in § 2a Abs. 2 S. 1 Nr. 2 StVG genannten Frist begangen worden ist. Die Fahrerlaubnisbehörde hat im vorliegenden Fall jedoch verkannt, dass die Verwarnung vom ▪▪▪ dem Antragsteller erst am ▪▪▪ zugestellt worden ist und die Zwei-Monats-Frist daher erst am ▪▪▪ ablief. Der Verkehrsverstoß vom ▪▪▪ wurde daher *vor* Ablauf der Frist begangen und kann demnach nicht zur Entziehung der Fahrerlaubnis führen.

Im Übrigen bedeutet die Entziehung der Fahrerlaubnis für den Antragsteller eine gravierende Härte. Aus beruflichen Gründen ist er auf die Fahrerlaubnis angewiesen. Es droht der Verlust des Arbeitsplatzes, wenn er nicht in Kürze wieder von dieser Gebrauch machen kann.

Rechtsanwalt

435 **Muster: Widerspruch gegen Entziehung der Fahrerlaubnis nach § 2a Abs. 2 S. 1 Nr. 3 StVG**

↓

An das Landratsamt ███

– Führerscheinstelle –

Betr.: Ihre Ordnungsverfügung vom ███

Ihr Az ███ [inkl. Name des Mandanten]

In der Sache

des Herrn ███,

– Widerspruchsführer –

Verfahrensbevollmächtigte: RAe ███

gegen

das Land ███, vertreten durch den Landrat des Kreises ███ – Führerscheinstelle –, ███,

– Widerspruchsgegner –

Sehr geehrte/r Frau/Herr ███ [Name des Sachbearbeiters lt. Anhörungsschreiben],

hiermit lege ich namens und in Vollmacht des Widerspruchsführers gegen die Ordnungsverfügung vom ███

Widerspruch

ein und beantrage,

die Ordnungsverfügung vom ███ aufzuheben.

Nach Einsichtnahme in die Verwaltungsvorgänge begründe ich den Widerspruch wie folgt:

Die nach § 2a Abs. 2 S. 1 Nr. 3 StVG erfolgte Entziehung der Fahrerlaubnis meines Mandanten ist zu Unrecht erfolgt.

███

Dem Widerspruch ist somit abzuhelfen, die Ordnungsverfügung ist aufzuheben.

Rechtsanwalt

↑

436 **Muster: Klage gegen Entziehung der Fahrerlaubnis nach § 2a Abs. 2 S. 1 Nr. 3 StVG**

↓

An das Verwaltungsgericht ███

Anfechtungsklage

In der Sache

des Herrn ███

– Kläger –

Prozessbevollmächtigte: RAe ███

gegen

das Land ███, vertreten durch den Landrat des Kreises ███ – Führerscheinstelle –, ███,

– Beklagter –

erhebe ich hiermit namens und in Vollmacht des Klägers Klage und beantrage,

die Ordnungsverfügung des Beklagten vom ███ und den Widerspruchsbescheid des Regierungspräsidiums ███ vom ███ aufzuheben und die Zuziehung eines Bevollmächtigten für das Vorverfahren für notwendig zu erklären.

Streitwert: 5.000 EUR

Begründung:

Die zulässige Klage ist begründet. Die angefochtenen Bescheide sind rechtswidrig und verletzten den Kläger in seinen Rechten (§ 113 Abs. 1 S. 1 VwGO).

Die Voraussetzungen für eine Entziehung der Fahrerlaubnis nach § 2a Abs. 2 S. 1 Nr. 3 StVG liegen nicht vor.

▪▪▪

Die Ordnungsverfügung ist daher rechtswidrig, so dass antragsgemäß zu entscheiden ist.

Rechtsanwalt

E. Ausländische und EU-Fahrerlaubnis

I. Allgemeines

Inhaber von Fahrerlaubnissen bzw Führerscheinen aus EU- oder EWR-Staaten[240] mit Wohnsitz im Bundesgebiet sind nach § 28 Abs. 1 FeV zum Führen von Kraftfahrzeugen in Deutschland berechtigt (Ausnahmen ergeben sich aus § 28 Abs. 2 bis 4 FeV); es kommt nicht darauf an, ob der Inhaber der Fahrerlaubnis auch die Staatsangehörigkeit eines EU- oder EWR-Staates besitzt. Eine Verpflichtung zur Umschreibung des Führerscheins besteht selbst dann nicht, wenn der Ausländer seinen Wohnsitz dauerhaft nach Deutschland verlegt. Die Vorschriften der FeV finden auf die Fahrerlaubnis Anwendung, die Behörden haben also kein ausländisches Recht anzuwenden (§ 28 Abs. 1 S. 3 FeV). **437**

Hat der Ausländer im Bundesgebiet keinen Wohnsitz, ergibt sich die Berechtigung, von der Fahrerlaubnis in Deutschland Gebrauch zu machen, aus § 4 Abs. 1 S. 1 der Verordnung über Internationalen Kraftfahrzeugverkehr vom 12.11.1934 (IntKfzV).[241] Begründet der Inhaber einer Fahrerlaubnis, die nicht aus einem EU- oder EWR-Staat stammt, seinen Wohnsitz im Bundesgebiet, gilt diese Berechtigung für weitere sechs Monate (vgl § 4 Abs. 1 S. 3 und 4 IntKfzV). **438**

Für EU-/EWR-Bürger besteht keine Umtauschpflicht, es gilt aber das **Prinzip der Einmaligkeit**. Nach Art. 7 Abs. 5 der zweiten Führerscheinrichtlinie vom 29.7.1991[242] – umgesetzt in § 2 Abs. 2 S. 1 Nr. 7 StVG, §§ 8, 21 Abs. 2 FeV – darf jeder EU-Bürger nur eine Fahrerlaubnis und einen Führerschein besitzen. Dies ist die Kehrseite der unbeschränkten Anerkennung in anderen Mitgliedstaaten der EU bzw des EWR. Bereits bei Erteilung der Fahrerlaubnis ist daher von den Behörden zu kontrollieren, ob bereits eine EU-/EWR-Fahrerlaubnis erteilt worden ist. Zu diesem Zweck kann die Behörde über das KBA eine Auskunft aus einem ausländischen Fahrerlaubnis-Register einholen, wenn Anhaltspunkte für den Besitz einer ausländischen Fahrerlaubnis bestehen (vgl § 22 Abs. 2 FeV). **439**

240 EWR-Staaten: Island, Liechtenstein, Norwegen.
241 RGBl. I, S. 1137; zuletzt geändert durch Art. 10 der Verordnung vom 25.4.2006 (BGBl. I, S. 988).
242 91/439/EWG, ABl.EG L 237, S. 1 ff; abrufbar über das Portal zum Recht der Europäischen Union (*EUR-Lex*): http://eur-lex.europa.
     eu/de/index.html.

II. Ordentlicher Wohnsitz

440 Der „ordentliche Wohnsitz" ist einerseits maßgeblich für die Frage, ob deutsche oder ausländische Behörden für die Erteilung einer Fahrerlaubnis zuständig sind, andererseits gibt er vor, welches nationale Recht für die Erteilung bzw Entziehung einer Fahrerlaubnis oder eine ähnliche Maßnahme anzuwenden ist. Schließlich richtet sich die örtliche Zuständigkeit der Fahrerlaubnisbehörden im Bundesgebiet nach dem Ort der Hauptwohnung (vgl § 73 Abs. 2 FeV iVm § 12 Abs. 2 des Melderechtsrahmengesetzes).

441 Der Grund für diese Regelung ist, dass der Fahrerlaubnisbewerber dort ausgebildet und geprüft und somit auf die Teilnahme am Straßenverkehr vorbereitet werden soll, wo er als Fahranfänger hauptsächlich fährt. Es ist damit ausgeschlossen, die Ausbildung und/oder Prüfung außerhalb des Wohnsitzstaates zu absolvieren. Außerdem soll dieses Erfordernis verhindern, dass eine Person in mehreren Mitgliedstaaten eine Fahrerlaubnis erwirbt und im Falle der Entziehung einer Fahrerlaubnis auf eine andere zurückgreift.[243]

442 Der in § 2 Abs. 2 StVG, § 7 FeV verwendete Begriff des ordentlichen Wohnsitzes ergibt sich aus **Art. 9 der Führerscheinrichtlinie 91/439/EWG:**

„Im Sinne dieser Richtlinie gilt als ordentlicher Wohnsitz der Ort, an dem ein Führerscheininhaber wegen persönlicher und beruflicher Bindungen oder – im Falle eines Führerscheininhabers ohne berufliche Bindungen – wegen persönlicher Bindungen, die enge Beziehungen zwischen dem Führerscheininhaber und dem Wohnort erkennen lassen, gewöhnlich, dh während mindestens 185 Tagen im Kalenderjahr, wohnt.

Als ordentlicher Wohnsitz eines Führerscheininhabers, dessen berufliche Bindungen an einem anderen Ort als dem seiner persönlichen Bindungen liegen und der sich daher abwechselnd an verschiedenen Orten in zwei oder mehr Mitgliedstaaten aufhalten muss, gilt jedoch der Ort seiner persönlichen Bindungen, sofern er regelmäßig dorthin zurückkehrt. Diese Voraussetzung entfällt, wenn sich der Führerscheininhaber in einem Mitgliedstaat zur Ausführung eines Auftrags von bestimmter Dauer aufhält. Der Besuch einer Universität oder einer Schule hat keine Verlegung des ordentlichen Wohnsitzes zur Folge."

443 Ein „ordentlicher Wohnsitz" im Bundesgebiet ist danach gegeben, wenn

444 ■ der Betroffene gewöhnlich, dh für **mindestens 185 Tage im (Kalender-)Jahr** im Inland (Deutschland) wohnt: Nach der Begründung zu § 7 FeV[244] soll eine Fahrerlaubnis grundsätzlich erst dann erteilt werden, wenn der Bewerber 185 Tage im Inland gewohnt hat. Diese Frist ist in der Praxis meist unproblematisch, weil das Verfahren zur Erteilung einer Fahrerlaubnis mit Ausbildung, Prüfung und ggf Eignungsprüfung einen gewissen Zeitraum in Anspruch nimmt und der Antrag auf Erteilung der Fahrerlaubnis daher in der Regel erst nach oder kurz vor Ablauf des 185-Tage-Zeitraums gestellt werden kann. Vor Ablauf dieser Frist kann eine Fahrerlaubnis unter Bewilligung einer Ausnahme nach § 74 Abs. 1 Nr. 1 FeV erteilt werden, wenn glaubhaft gemacht wird, dass die Wohnsitznahme auf Dauer (dh auf mindestens 185 Tage im Jahr) angelegt ist. Bei einer vorzeitigen Aufhebung des Wohnsitzes kommt im Falle der Erteilung einer Ausnahme unter Umständen eine Rücknahme der Fahrerlaubnis nach § 48 VwVfG wegen unrichtiger Angaben oder Täuschung in Betracht. Die Regelung in § 7 FeV verlangt nicht, dass ein zusammenhängender Zeitraum vorliegt. Kurzfristige Unterbrechungen, etwa durch Geschäfts- oder Urlaubsreisen sind unschädlich. Eine „Wohnung" ist auch dann gegeben, wenn der Bewerber zB bei Verwandten oder Bekannten oder im Hotel wohnt. Wichtiges Indiz für einen ordentlichen Wohnsitz ist die **Anmeldung bei der Meldebehörde.**

---

243 So die Begründung zu § 7 FeV, vgl BR-Drucks. 443/98, S. 249 f.
244 BR-Drucks. 443/98, S. 250.

- **persönliche bzw berufliche Bindungen** bestehen. § 7 FeV unterscheidet dabei zwischen folgenden Konstellationen: 445
  - persönliche *und* berufliche Bindungen im Inland (Abs. 1 S. 2 Alt. 1);
  - persönliche Bindungen (und fehlende berufliche Bindungen im In- und Ausland, zB bei Rentnern, Hausfrauen, Arbeitslosen), die enge Beziehungen zwischen dem Bewerber und dem Wohnort erkennen lassen (Abs. 1 S. 2 Alt. 2). In der Regel bestehen diese bei familiären Bindungen, zB wenn der Partner im Bundesgebiet einen Arbeitsplatz (berufliche Bindungen) hat;

  bei diesen ersten beiden Konstellationen muss zusätzlich zu den Bindungen der 185-Tages-Zeitraum eingehalten sein;

  - persönliche Bindungen im Inland, aber berufliche Bindungen im EU-/EWR-Ausland (Abs. 1 S. 3). Hier ist ein Aufenthalt von 185 Tagen im Jahr nicht erforderlich; es genügt, wenn der Bewerber regelmäßig, wohl mindestens einmal monatlich, an seinen inländischen Wohnsitz zurückkehrt.[245] Nach § 7 Abs. 1 S. 4 FeV kann bei einem Auftrag von bestimmter Dauer sogar die regelmäßige Rückkehr entfallen. Im umgekehrten Fall, wenn der Wohnsitz im Ausland liegt, aber berufliche Bindungen im Inland bestehen (insbesondere also bei Grenzpendlern), besteht kein inländischer ordentlicher Wohnsitz iSv § 7 FeV.

Bei einem **Schulbesuch oder Studium im EU-/EWR-Ausland** wird nach § 7 Abs. 2 FeV ein ordentlicher Wohnsitz im Bundesgebiet fingiert. Umgekehrt begründet nach § 7 Abs. 3 FeV ein Schulbesuch oder Studium in Deutschland keinen ordentlichen Wohnsitz im Bundesgebiet; nach sechs Monaten kann hier aber gleichwohl eine Fahrerlaubnis erworben werden. Der Schüler oder Student im Auslandssemester kann sich daher nach diesem Zeitraum überlegen, in welchem Staat er seine Fahrerlaubnis beantragen möchte.   446

Aus der Verwendung der Formulierung „ausschließlich" in § 7 Abs. 2 und 3 FeV ergibt sich, dass diese Regelungen nicht eingreifen, wenn neben dem Schulbesuch oder Studium eine berufliche Tätigkeit ausgeübt wird. So gelten zB für Au-pair-Hilfen, die nebenher noch eine Schule besuchen, die allgemeinen Regeln; anders ist dies bei typischen Studenten- oder Schüler-Jobs, die in der Freizeit ausgeübt werden und den Schulbesuch bzw das Studium nicht beeinträchtigen.   447

III. „Führerscheintourismus"

1. Problemstellung

Der sog. Führerscheintourismus stellt derzeit in rechtlicher Hinsicht das umstrittenste Problem des Fahrerlaubnisrechts dar. Hierbei sind zwei Fallkonstellationen zu unterscheiden: 448

- Ein **Erstantragsteller** (mit Wohnsitz in Deutschland), bei dem **keine Eignungsbedenken** bestehen, absolviert im Ausland die Fahrerlaubnisausbildung, legt dort seine Prüfungen ab und lässt sich dort eine Fahrerlaubnis erteilen, weil dies dort preiswerter ist als in Deutschland.   449

- Einem **Fahrerlaubnisinhaber** wird im Bundesgebiet wegen **fehlender Eignung** (Alkohol, Drogen) die Fahrerlaubnis entzogen. Weil der Betroffene nicht in der Lage ist, seine Probleme zu bewältigen, und möglicherweise bereits eine negative MPU vorliegt, sieht er keine   450

---

245 Vgl *Bouska/Laeverenz*, Anm. 2c zu § 7 FeV.

Chance auf Wiedererlangung der Fahrerlaubnis im Bundesgebiet. Er legt daher im Ausland – meist in Tschechien oder Polen –, wo man keine Kenntnis von seiner Alkohol- oder Drogenproblematik hat und wo es keine MPU oder sonstige, den Anforderungen der FeV entsprechende Eignungsprüfung gibt, die Prüfungen ab und erhält dort eine neue Fahrerlaubnis.

451 In beiden Fallkonstellationen stellt sich die Frage, ob die ausländische (EU-) Fahrerlaubnis im Bundesgebiet anzuerkennen ist oder ob die (deutsche) Fahrerlaubnisbehörde diese „entziehen" kann.

2. EuGH-Rechtsprechung

a) Wohnsitz

452 In den beiden Fallkonstellationen des „Führerscheintourismus" (Rn 449 f) mangelt es in aller Regel an der Voraussetzung des „ordentlichen Wohnsitzes" iSv § 7 FeV, weil die Fahrerlaubnisbewerber nicht für 185 Tage ihren Hauptwohnsitz ins Ausland verlegen werden. Es kommt meist lediglich zu Scheinanmeldungen, die von den ausländischen Behörden häufig nicht hinreichend überprüft werden. Hat der Betroffene aber zum Zeitpunkt der Erteilung der Fahrerlaubnis seinen ordentlichen Wohnsitz nicht im ausstellenden EU-Mitgliedstaat, sondern tatsächlich im Bundesgebiet, dann gilt die (ausländische) Fahrerlaubnis nach dem Wortlaut von § 28 Abs. 4 Nr. 2 FeV – ohne dass es weiterer Maßnahmen der Fahrerlaubnisbehörde bedürfte – nicht im Bundesgebiet. Der Betroffene würde sich daher eigentlich auch wegen Fahrens ohne Fahrerlaubnis strafbar machen (vgl dazu § 8 Rn 167 ff).

453 Hinsichtlich dieser Problematik hat das **Urteil des EuGH vom 29. April 2004 (C-476/01 – „Kapper")**[246] eine Wende zugunsten der Betroffenen gebracht. Danach sind die Bestimmungen der Führerscheinrichtlinie 91/439/EWG so auszulegen, dass ein Mitgliedstaat einem von einem anderen Mitgliedstaat ausgestellten Führerschein die Anerkennung nicht deshalb versagen darf, weil nach den ihm vorliegenden Informationen der Führerscheininhaber zum Zeitpunkt der Ausstellung des Führerscheins seinen ordentlichen Wohnsitz nicht im Hoheitsgebiet des ausstellenden Mitgliedstaates gehabt hat. Nach der Richtlinie 91/439/EWG ist die Prüfung, ob die Voraussetzungen für die Erteilung des Führerscheins hinsichtlich der in Art. 7 Abs. 1 und Art. 9 der Richtlinie vorgesehenen Wohnsitzvoraussetzung erfüllt sind, ausschließlich Sache des ausstellenden Mitgliedstaats.

454 Deutsche Fahrerlaubnisbehörden dürfen daher das Vorliegen des ordentlichen Wohnsitzes im ausstellenden Mitgliedstaat nicht in Frage stellen. Der VGH Bad.-Württ.[247] hat daraus zu Recht die Konsequenz gezogen, dass § 28 Abs. 4 Nr. 2 FeV wegen des Vorrangs des Gemeinschaftsrechts nicht anwendbar ist.

455 Bei den zum 1.5.2004 beigetretenen EU-Mitgliedstaaten (u.a. Tschechien und Polen) gilt dies aber nur für ab dem Beitritt neu ausgestellte oder umgeschriebene EU-Führerscheine. Für die alten nationalen Führerscheine galt das Wohnsitzerfordernis der Führerscheinrichtlinie noch nicht, so dass eine die deutschen Behörden bindende Prüfung nicht erfolgen konnte. Für die alten nationalen Fahrerlaubnisse dürfte nach wie vor § 4 Abs. 3 Nr. 2 IntKfzV einschlägig sein, dh die deutsche Fahrerlaubnisbehörde kann prüfen, ob der Betroffene im Zeitpunkt der Erteilung der Fahrerlaubnis seinen Wohnsitz im Inland hatte, und ihm ggf das Recht aberkennen, von dieser im Inland Gebrauch zu machen.

---

246 NJW 2004, 1725 = DAR 2004, 333 = NZV 2004, 373.
247 Beschl. v. 21.6.2004 – 10 S 308/04 = NZV 2005, 167.

Bei der ersten Fallkonstellation (Rn 449), besteht für die deutschen Behörden also in der Regel kein Handlungsbedarf. Sie hat die in einem anderen Mitgliedstaat ausgestellte Fahrerlaubnis ohne Weiteres anzuerkennen. Bei der zweiten Fallkonstellation (Rn 450) kann die deutsche Behörde eine Maßnahme jedenfalls nicht auf § 28 Abs. 4 Nr. 2 FeV stützen.

456

b) Eignung

Unabhängig vom Wohnsitzerfordernis stellt sich die Frage, ob die EU-Fahrerlaubnis nach § 28 Abs. 4 Nr. 3 FeV im Bundesgebiet deshalb nicht gilt, weil dem Betroffenen hier durch ein Strafgericht oder eine Behörde die **Fahrerlaubnis entzogen** worden ist, und welche Maßnahmen die (deutsche) Fahrerlaubnisbehörde ggf ergreifen kann.

457

Dabei ist darauf hinzuweisen, dass sich die folgenden Ausführungen nur auf die Fälle beziehen, in denen die Eignungsbedenken aus Vorfällen resultieren, die *vor* der Erteilung der EU-Fahrerlaubnis lagen. Ergeben sich *nach* der Erteilung Eignungsbedenken – etwa aufgrund einer erneuten Alkohol- oder Drogentat –, gilt deutsches Recht (vgl § 28 Abs. 1 S. 2 FeV) und die Behörde kann Aufklärungsmaßnahmen nach §§ 11, 13 und 14 FeV ergreifen und ggf die Fahrerlaubnis „entziehen". Ein Unterschied zur Entziehung einer deutschen Fahrerlaubnis besteht allerdings darin, dass die EU-Fahrerlaubnis nicht insgesamt erlischt, sondern es erlischt lediglich das Recht, von dieser im Bundesgebiet Gebrauch zu machen (vgl § 46 Abs. 5 S. 2 FeV). Der Führerschein wird daher nicht eingezogen, sondern lediglich mit einem entsprechenden Vermerk versehen.

458

Der EuGH hat in seinem Urteil vom 29.4.2004 (C-476/01 – „Kapper") nicht nur die Wohnsitzproblematik gelöst, sondern weiter entschieden, dass die Bestimmungen der Führerscheinrichtlinie 91/439/EWG so auszulegen sind, dass ein Mitgliedstaat die Anerkennung der Gültigkeit eines von einem anderen Mitgliedstaat ausgestellten Führerscheins nicht deshalb ablehnen darf, weil im Hoheitsgebiet des erstgenannten Mitgliedstaats auf den Inhaber des Führerscheins eine Maßnahme des Entzugs oder der Aufhebung einer von diesem Staat erteilten Fahrerlaubnis angewendet worden ist, wenn die zusammen mit dieser Maßnahme angeordnete **Sperrfrist für die Neuerteilung der Fahrerlaubnis** in diesem Mitgliedstaat abgelaufen war, bevor der Führerschein vom anderen Mitgliedstaat ausgestellt worden ist. Dabei muss man wissen, dass in dem der Entscheidung zugrunde liegenden Fall dem Betroffenen die (deutsche) Fahrerlaubnis von einem (deutschen) Strafgericht entzogen und eine Sperrfrist von neun Monaten festgesetzt worden war. Nach Ablauf der Sperrfrist wurde ihm eine niederländische Fahrerlaubnis erteilt, von der er im Bundesgebiet Gebrauch gemacht hat. Im Rahmen eines Strafverfahrens wegen Fahrens ohne Fahrerlaubnis hat dann das Strafgericht dem EuGH die Frage der Gültigkeit der niederländischen Fahrerlaubnis vorgelegt.

459

Nach dem „Kapper"-Urteil haben Fahrerlaubnisbehörden und Verwaltungsgerichte versucht, diese Entscheidung des EuGH einschränkend auszulegen, weil man befürchtete, dass – was nicht von der Hand zu weisen ist – ein ungeeigneter Fahrerlaubnisbewerber in einem anderen EU-Mitgliedstaat **ohne Eignungsprüfung** seine Fahrerlaubnis erhält und dann im Bundesgebiet durch seine Teilnahme am Straßenverkehr eine Gefahr für andere Verkehrsteilnehmer darstellt.

460

So hat der VGH Bad.-Württ.[248] entschieden, dass das „Kapper"-Urteil auf spätere Fälle nicht mehr anzuwenden sei, weil der Vorschrift des § 28 FeV zum 1.9.2002[249] ein Abs. 5 ange-

461

---

248 Urt. v. 12.10.2004 – 10 S 1346/04 = zfs 2005, 212; Beschl. v. 25.10.2005 – 10 S 1933/05 – und v. 7.11.2005 – 10 S 1057/05 = DÖV 2006, 480.

249 Vgl Art. 1 Nr. 15 lit. c der Verordnung v. 7.8.2002 (BGBl. I, S. 3267).

hängt worden ist. Danach kann der Betroffene in den Fällen des Abs. 4 Nr. 3 – Entziehung im Inland – einen Antrag auf Anerkennung der EU-Fahrerlaubnis stellen (diese Möglichkeit hatte Herr Kapper nach der damals geltenden Rechtslage nicht); in diesem Anerkennungsverfahren könne die Fahrerlaubnisbehörde auch die Eignung des Betroffenen überprüfen. Dieses Verfahren sei mit der Führerscheinrichtlinie vereinbar, weil dem Betroffenen nicht auf Dauer die Anerkennung seiner EU-Fahrerlaubnis verweigert und damit nicht gegen den Grundsatz der gegenseitigen Anerkennung der EU-Fahrerlaubnisse verstoßen werde. Auch das OVG Niedersachsen[250] hat im Ergebnis die Aberkennung des Rechts – der es allerdings im Falle des § 28 Abs. 4 Nr. 3 FeV nicht bedarf – für zulässig erachtet, soweit es um einen durch einen fortwirkenden Mangel geprägten Sachverhalt geht.

462 Bedenklich ist diese Rechtsprechung deshalb, weil der Grundsatz der gegenseitigen Anerkennung einer EU-Fahrerlaubnis (Art. 1 Abs. 2 der Richtlinie 91/439/EWG), der vom EuGH im Fall „Kapper" in den Vordergrund seiner Begründung gestellt worden ist,[251] im Ergebnis doch unterlaufen wird, weil die Entscheidung des anderen Mitgliedstaats, eine Fahrerlaubnis zu erteilen, durch eine erneute Eignungsprüfung in Frage gestellt wird.

463 Diesen Bedenken trägt das OVG Rheinland-Pfalz[252] Rechnung. Danach darf eine verwaltungsbehördliche Entziehung, die nicht anders zu beurteilen ist als die strafgerichtliche Entziehung mit Sperrfrist, nicht zu einer zeitlich unbefristeten Nichtanerkennung der EU-Fahrerlaubnis führen. Dies wäre aber die Folge einer Anwendung von § 28 Abs. 4 Nr. 3 iVm Abs. 5 FeV, so dass ein solches Ergebnis gegen das Anerkennungsprinzip verstieße. Der Anerkennungsstaat – also etwa die Bundesrepublik Deutschland – hat das Ergebnis der Eignungsprüfung durch den Ausstellungsstaat hinzunehmen. Lediglich dann, wenn es zu (neuen) Auffälligkeiten nach der Erteilung der EU-Fahrerlaubnis kommt, kann dies Anlass für Aufklärungsmaßnahmen bzw eine Untersagungsverfügung sein.

464 Zu einer weiteren Klärung der Rechtslage hat das auf eine Vorlage des VG München hin ergangene **Urteil des EuGH vom 6. April 2006 (C-227/05 – „Halbritter")**[253] beigetragen. Dem Betroffenen war durch Urteil eines deutschen Strafgerichts die Fahrerlaubnis entzogen worden. Nach Ablauf der Sperrfrist wurde ihm in Österreich, wo er sich einer medizinischen und psychologischen Begutachtung unterzogen hat, eine Fahrerlaubnis erteilt. Anschließend beantragte er in München die Umschreibung in eine deutsche Fahrerlaubnis, was als Antrag auf Anerkennung nach § 28 Abs. 5 FeV ausgelegt wurde. Diesen Antrag lehnte die Behörde ab, weil der Betroffene die geforderte MPU verweigert hatte.

465 In seiner „Halbritter"-Entscheidung verweist der EuGH nochmals auf das Anerkennungsprinzip, welches den Mitgliedstaaten eine klare und unbedingte Verpflichtung auferlege, die keinen Ermessensspielraum einräume (Tz 25 des Urteils). Weiter wird ausgeführt, dass die Mitgliedstaaten vom Inhaber eines in einem anderen Mitgliedstaat ausgestellten Führerscheins nicht verlangen könnten, dass er die Bedingungen erfülle, die ihr nationales Recht für die Neuerteilung einer Fahrerlaubnis nach ihrem Entzug aufstelle (Tz 29). Die Behörden eines Mitgliedstaats seien bei Ausstellung des Führerscheins durch einen anderen Mitgliedstaat nicht befugt, die Beachtung der Ausstellungsbedingungen erneut zu prüfen (Tz 34).

466 Man könnte meinen, dass die eindeutigen Aussagen des EuGH die Problematik der Eignungsprüfung bei der EU-Fahrerlaubnis zugunsten der Betroffenen entschieden hätten.[254]

---

250 Beschl. v. 11.10.2005 – 12 ME 288/05 = NJW 2006, 1158.
251 Vgl Tz 71 f des Urt. v. 29.4.2004 – C-476/01.
252 Beschl. v. 15.8.2005 – 7 B 11021/05 = NJW 2005, 3228.
253 NJW 2006, 2173 = DAR 2006, 375 = NZV 2006, 498.
254 So etwa OVG Schleswig-Holstein, Beschl. v. 20.6.2006 – 4 MB 44/06; VG Augsburg, Beschl. v. 29.5.2006 – Au 3 S 06.600.

Gleichwohl gibt es in der Rechtsprechung weiterhin Bestrebungen, den „Führerscheintourismus" zu unterbinden.

So gehen die Obergerichte[255] überwiegend davon aus, dass eine **missbräuchliche Inanspruchnahme gemeinschaftlicher Bestimmungen** vorliegt, wenn der Betroffene allein zum Zweck der Erlangung der Fahrerlaubnis zum Schein in einem anderen EU-Mitgliedstaat einen Wohnsitz begründet und den dortigen Behörden den in seiner Person bestehenden Eignungsmangel verschweigt.[256] In diesen Fällen könnten die deutschen Behörden einen Eignungsnachweis verlangen, weil dem betreffenden Fahrerlaubnisinhaber dann die Berufung auf das Anerkennungsprinzip der Richtlinie 91/439/EWG verwehrt sei. Die Darlegungs- und Beweislast für einen solchen Missbrauch trägt aber die Behörde.

Aus Gründen der Verkehrssicherheit ist es zwar wünschenswert, den „Führerscheintourismus" in der bisherigen Form zu unterbinden. Andererseits widerspricht diese Rechtsprechung wohl den Leitgedanken der Führerscheinrichtlinie 91/439/EWG und der in den Entscheidungen „Kapper" und „Halbritter" zum Ausdruck kommenden Auslegung dieser Richtlinie durch den EuGH. **467**

Abzuwarten bleibt, ob die **Dritte Führerscheinrichtlinie vom 20.12.2006**[257] zu einer wirksamen Eindämmung des Führerscheintourismus führen wird. Diese enthält in Art. 2 Abs. 1 zwar nach wie vor das Prinzip der gegenseitigen Anerkennung; in Art. 11 Abs. 4 S. 4 wird jedoch bestimmt, dass „ein Mitgliedstaat [...] die Anerkennung der Gültigkeit eines Führerscheins ab[lehnt], der von einem anderen Mitgliedstaat einer Person ausgestellt wurde, deren Führerschein im Hoheitsgebiet des erstgenannten Mitgliedstaates eingeschränkt, ausgesetzt oder entzogen worden ist." Sofern man dies als unbedingtes Recht oder sogar Verpflichtung der Mitgliedstaaten ansieht, könnte die neue Führerscheinrichtlinie 2006/126/EG auch zu einer Änderung der EuGH-Rechtsprechung – zu Lasten der Betroffenen – führen. Aufgrund einer Vorlage des VG Sigmaringen[258] ist mit einer Entscheidung des EuGH hierzu ab Ende 2007 zu rechnen. Das Bundesministerium für Verkehr, Bau und Stadtentwicklung geht jedenfalls davon aus, dass die Führerscheinrichtlinie 2006/126/EG das Aus für den Führerscheintourismus besiegelt hat.[259] **468**

Muster: Schreiben an Mandanten mit Hinweis zur Gültigkeit einer EU-Fahrerlaubnis

Sehr geehrte/r Frau/Herr ▪▪▪

nachdem Ihnen wegen der Trunkenheitsfahrt vom ▪▪▪ (1,81‰) mit Urteil des Strafgerichts ▪▪▪ vom ▪▪▪ die Fahrerlaubnis entzogen und eine Sperre von 9 Monaten angeordnet worden ist, ist nach § 13 Nr. 2 c) FeV vor Neuerteilung der Fahrerlaubnis im Bundesgebiet ein (positives) medizinisch-psychologisches Gutachten beizubringen.

Sie haben nun mit Schreiben vom ▪▪▪ angefragt, ob eine solche Begutachtung nicht durch die Beantragung eines Führerscheins in einem anderen EU-Mitgliedstaat – insbesondere der Tschechischen Republik – umgangen werden kann.

469

371

---

255 VGH Bad.-Württ., Beschl. v. 21.7.2006 – 10 S 1337/06; OVG NW, Beschl. v. 13.9.2006 – 16 B 989/06; OVG Thüringen, Beschl. v. 29.6.2006 – 2 EO 240/06.
256 Nach OVG Mecklenburg-Vorpommern, Beschl. v. 30.8.2006 – 1 M 59/06, gilt für die Annahme eines solchen Missbrauchs aber ein strenger Maßstab.
257 2006/126/EG, ABl.EG L 403 vom 30.12.2006, S. 18.
258 Beschl. v. 27.6.2006 – 4 K 1058/05.
259 Vgl Pressemitteilung Nr. 427/2006 vom 14.12.2006.

Zwar wird auf verschiedenen Seiten im Internet damit geworben, dass die ausländische Fahrerlaubnis nach der Rechtsprechung des Europäischen Gerichtshofs uneingeschränkt anerkannt werden müsse. Die Frage nach der Gültigkeit einer EU-Fahrerlaubnis in Deutschland ist aber von deutschen Gerichten noch nicht abschließend entschieden.

So geht die verwaltungsgerichtliche Rechtsprechung derzeit überwiegend davon aus, dass eine missbräuchliche Inanspruchnahme europarechtlicher Bestimmungen vorliegt, wenn der Betroffene allein zum Zweck der Erlangung der Fahrerlaubnis zum Schein in einem anderen EU-Mitgliedstaat einen Wohnsitz begründet und den dortigen Behörden den in seiner Person bestehenden Eignungsmangel verschweigt. In diesen Fällen könnten die deutschen Behörden einen Eignungsnachweis – also etwa eine MPU – verlangen, weil dem betreffenden Fahrerlaubnisinhaber dann die Berufung auf das europarechtliche Prinzip der gegenseitigen Anerkennung von Führerscheinen eines anderen EU-Mitgliedstaats verwehrt sei. Hierfür sprechen auch die Regelungen der am 20.12.2006 vom Europaparlament verabschiedeten Dritten Führerscheinrichtlinie 2006/126/EG, deren ausdrückliches Ziel die Verhinderung des „Führerscheintourismus" ist.

Wenn Sie nach einer Entziehung der deutschen Fahrerlaubnis zB mit einer tschechischen Fahrerlaubnis im Bundesgebiet am Straßenverkehr teilnehmen würden, könnte dies sogar als Straftat nach § 21 StVG – Fahren ohne Fahrerlaubnis – gewertet werden.[260]

Vor diesem Hintergrund ist von der Beantragung eines neuen Führerscheins in einem anderen EU-Mitgliedstaat eher abzuraten. Es erscheint wesentlich sinnvoller, sich nunmehr intensiv – ggf durch den Besuch von entsprechenden Seminaren – auf die Begutachtung vorzubereiten. Falls Sie hierzu Fragen haben, können Sie sich gerne jederzeit an mich wenden.

Rechtsanwalt

3. Vorläufiger Rechtsschutz

470 **Beispiel: EU-Fahrerlaubnis**
M. wird im Bundesgebiet wegen einer Alkoholproblematik die Fahrerlaubnis entzogen. Da er eine MPU scheut, meldet er sich (zum Schein) in Tschechien an und macht dort den Führerschein. Im Bundesgebiet fällt er bei einer Polizeikontrolle auf. Die zuständige Fahrerlaubnisbehörde teilt ihm mit, dass die Fahrerlaubnis nach § 28 Abs. 4 Nr. 3 FeV im Bundesgebiet nicht gültig sei und fordert ihn unter Zwangsgeldandrohung auf, den Führerschein zwecks Anbringung eines entsprechenden Vermerks bei ihr abzuliefern.[261]

471 **Hinweis:** Bei der Feststellung, dass die Fahrerlaubnis im Bundesgebiet nicht gilt, handelt es sich wohl nur um einen Hinweis auf die Rechtslage und nicht um einen feststellenden Verwaltungsakt. Streitgegenstand in diesem Verfahren ist daher die Aufforderung zur Ablieferung des Führerscheins (= Verwaltungsakt). Erlässt die Behörde einen Bescheid, mit dem das Recht, von der EU-Fahrerlaubnis im Inland Gebrauch zu machen, aberkannt wird, geht dieser ins Leere, da sich diese Rechtsfolge unmittelbar aus § 28 Abs. 4 Nr. 3 FeV ergibt; einem Antrag nach § 80 Abs. 5 VwGO fehlte es insoweit am Rechtsschutzbedürfnis. Ein solcher Aberkennungsbescheid enthält in aller Regel aber auch noch die Verpflichtung zur Abgabe des Führerscheins, so dass sich das Rechtsschutzbegehren hiergegen zu richten hat.

---

260 So etwa OLG Stuttgart, Urt. v. 15.1.2007 – 1 Ss 560/06.
261 Die Rechtsgrundlage für die Anforderung des Führerscheins ergibt sich aus § 3 Abs. 2 S. 3 StVG, § 47 Abs. 1 und 2 FeV. Nach § 47 Abs. 2 S. 2 FeV hat die Behörde auch die Möglichkeit, die Fahrerlaubnis nach einer bestandskräftigen Entziehung über das KBA an die ausstellende Behörde zu senden! Vgl auch VGH Bad.-Württ., Beschl. v. 7.11.2005 – 10 S 1057/05.

Muster: Antrag nach § 80 Abs. 5 VwGO (EU-Fahrerlaubnis)

472

372

↓

An das Verwaltungsgericht ■■■

Antrag nach § 80 Abs. 5 VwGO

In der Sache

des Herrn ■■■

– Antragsteller –

Prozessbevollmächtigte: RAe ■■■

gegen

das Land ■■■, vertreten durch den Landrat des Kreises ■■■ – Führerscheinstelle –, ■■■,

– Antragsgegner –

beantrage hiermit ich namens und in Vollmacht des Antragstellers,

die aufschiebende Wirkung des Widerspruchs vom ■■■ gegen die Ordnungsverfügung des Landrats des Kreises ■■■ – Führerscheinstelle – vom ■■■ hinsichtlich der angeordneten Ablieferung der Fahrerlaubnis wiederherzustellen und hinsichtlich der Androhung der Festsetzung eines Zwangsgeldes anzuordnen.

Streitwert: 2.500 EUR

Begründung:

Die aufschiebende Wirkung des Widerspruchs ist wiederherzustellen bzw anzuordnen, weil dieser aller Voraussicht nach Erfolg haben wird. Die Ordnungsverfügung ist rechtswidrig und verletzt den Antragsteller in seinen Rechten.

Die darin angeordnete Ablieferung des Führerscheins ist rechtswidrig, weil die tschechische Fahrerlaubnis des Antragstellers im Bundesgebiet gültig ist, ohne dass sich aus § 28 Abs. 4 Nr. 3 FeV etwas anderes ergeben würde.

Aus den Entscheidungen des Europäischen Gerichtshofs in den Verfahren „Kapper" (Urteil vom 29.4.2004 – C-476/01 –) und „Halbritter" (Urteil vom 6.4.2006 – C-227/05 –) ergibt sich, dass die Nichtanerkennung der dem Antragsteller durch die Behörde eines anderen EU-Mitgliedstaats ausgestellten Fahrerlaubnis gegen den Leitgedanken der Führerschein-Richtlinie 91/439/EWG, nämlich den Grundsatz der gegenseitigen Anerkennung von Fahrerlaubnissen, verstößt.

Der Europäische Gerichtshof verweist insbesondere in der „Halbritter"-Entscheidung darauf, dass das Anerkennungsprinzip den Mitgliedstaaten eine klare und unbedingte Verpflichtung auferlegt, die keinen Ermessensspielraum einräumt. Weiter wird ausgeführt, dass die Mitgliedstaaten vom Inhaber eines in einem anderen Mitgliedstaat ausgestellten Führerscheins nicht verlangen können, dass er die Bedingungen erfüllt, die ihr nationales Recht für die Neuerteilung einer Fahrerlaubnis nach ihrem Entzug aufstellt. Die Behörden eines Mitgliedstaats sind nicht befugt, die Beachtung der Ausstellungsbedingungen erneut zu prüfen.

Gemessen an diesen eindeutigen Aussagen des Europäischen Gerichtshofs ist die Ordnungsverfügung des Antragsgegners rechtswidrig. Die Regelung des § 28 Abs. 4 Nr. 3 FeV hätte wegen des Anwendungsvorrangs europarechtlicher Bestimmungen nicht berücksichtigt werden dürfen.

Die tschechischen Behörden haben bei Ausstellung des Führerscheins die Eignung des Antragstellers zum Führen von Kraftfahrzeugen geprüft und festgestellt. Hieran sind auch deutsche Behörden gebunden. Eine nochmalige Überprüfung, wie sie vom Antragsgegner durch Verweis auf das Verfahren nach § 28 Abs. 5 FeV letztlich verlangt wird, würde gegen das Anerkennungsprinzip verstoßen.

Nach alledem ist dem Antrag insgesamt stattzugeben, da es auch an einer Grundlage für die Androhung eines Zwangsgeldes fehlt.

Rechtsanwalt

IV. Erteilung einer deutschen Fahrerlaubnis (Umschreibung)

1. Fahrerlaubnis aus EU- oder EWR-Staaten (§ 30 FeV)

473 Für die Erteilung einer deutschen Fahrerlaubnis an Personen, die im Besitz einer Fahrerlaubnis aus EU-/EWR-Staaten sind, gilt § 30 FeV, dh die Erteilung erfolgt unter erleichterten Voraussetzungen, insbesondere entfällt der Befähigungsnachweis.

474 Voraussetzungen sind:
- ordentlicher Wohnsitz iSv § 7 FeV,
- gültige Fahrerlaubnis aus einem EU- oder EWR-Staat,
- die nach § 28 Abs. 1 FeV zum Führen von Kraftfahrzeugen in Deutschland berechtigt; es darf also keine Ausnahme nach § 28 Abs. 4 FeV eingreifen.

475 Für die Umschreibung gelten grundsätzlich keine Fristen. Ist die bisherige EU-/EWR-Fahrerlaubnis in den Klassen A, B oder BE befristet erteilt worden, gelten die erleichterten Voraussetzungen bis zwei Jahre nach Ablauf der Geltungsdauer (§ 30 Abs. 2 FeV).

2. Fahrerlaubnis aus anderen Staaten (§ 31 FeV)

476 Bei Staaten und Fahrerlaubnissen iSv Anlage 11 FeV (§ 30 Abs. 1 FeV) gelten erleichterte Voraussetzungen, insbesondere ist grundsätzlich kein Befähigungsnachweis erforderlich, wenn der Antrag innerhalb von drei Jahren seit der Begründung eines ordentlichen Wohnsitzes im Bundesgebiet gestellt wird.

477 Handelt es sich nicht um einen Staat und eine Fahrerlaubnis iSv Anlage 11 FeV, gilt § 31 Abs. 2 FeV. Wird der Antrag – wie bei § 31 Abs. 1 FeV – innerhalb von drei Jahren seit Wohnsitzbegründung gestellt, kann auf die Ausbildung verzichtet werden.

Sowohl bei § 31 Abs. 1 FeV als auch bei § 31 Abs. 2 FeV sind folgende Voraussetzungen einer Umschreibung zu beachten:
- ordentlicher Wohnsitz iSv § 7 FeV,
- Vorliegen einer gültigen Fahrerlaubnis,
- die nach § 4 IntKfzV zum Führen von Kraftfahrzeugen im Bundesgebiet berechtigt oder dazu berechtigt hat.

478 Der Nachweis einer gültigen ausländischen Fahrerlaubnis erfolgt gem. § 31 Abs. 3 FeV durch Vorlage des nationalen Führerscheins und eine Erklärung über dessen Gültigkeit. Die Gültigkeit der Fahrerlaubnis kann durch die Behörde überprüft werden; die Beweislast hierfür trägt der Bewerber.[262] Erfolgt die Umschreibung nach Vorlage eines gefälschten ausländischen Führerscheins, kann die deutsche Fahrerlaubnis nach § 48 VwVfG zurückgenommen werden; das Rücknahmeermessen ist in diesen Fällen auf Null reduziert.[263]

---

262 BVerwG, Urt. v. 20.4.1994 – 11 C 60.92 = NZV 1994, 453.
263 VGH Bad.-Württ., Urt. v. 12.4.2004 – 10 S 1215/93 = NZV 1994, 454.

Berechtigt zum Führen von Kraftfahrzeugen im Bundesgebiet sind nach § 4 Abs. 1 S. 1 IntKfzV zunächst alle Inhaber einer gültigen ausländischen Fahrerlaubnis *ohne* Wohnsitz in Deutschland; es gelten die gleichen Ausnahmen wie bei § 28 Abs. 4 FeV (vgl § 4 Abs. 3 IntKfzV). Bei **Begründung eines Wohnsitzes im Inland** besteht die Berechtigung noch weitere sechs Monate; eine Verlängerung auf zwölf Monate ist möglich, wenn glaubhaft gemacht wird, dass der Wohnsitz im Inland max. zwölf Monate besteht. Die Sechs-Monats-Frist beginnt mit dem Tag des letzten Grenzübertritts vor Begründung des Wohnsitzes in Deutschland. Die Frist wird durch kurze Auslandsreisen nicht unterbrochen. Eine Unterbrechung findet nur statt, wenn die Ausreise zu dem Zweck erfolgt, den Wohnsitz vorläufig, für immer oder auf bestimmte Dauer aufzugeben.   479

Unter § 4 IntKfzV fallen nicht solche Personen, die seit jeher ihren Wohnsitz im Bundesgebiet haben. Es fehlt dann an dem von dieser Vorschrift vorausgesetzten „internationalen Kraftfahrzeugverkehr". Dem im Inland Ansässigen kann zugemutet werden, die Fahrerlaubnis nach deutschem Recht zu erwerben.[264]   480

Erfolgt eine Umschreibung, obwohl im Zeitpunkt der Erteilung der ausländischen Fahrerlaubnis ein Wohnsitz im Bundesgebiet bestand (vgl § 4 Abs. 3 Nr. 2 IntKfzV), ist die nach § 31 FeV erteilte deutsche Fahrerlaubnis auf der Grundlage von § 48 VwVfG zurückzunehmen.   481

Ist die deutsche Fahrerlaubnis im Sinne des § 4 Abs. 3 Nr. 3 IntKfzV entzogen worden, so ist der Inhaber einer ausländischen Fahrerlaubnis auch dann nicht zum Führen von Kraftfahrzeugen in Deutschland berechtigt, wenn diese erst nach Entziehung der deutschen Fahrerlaubnis erteilt worden ist.[265]   482

Die Ausgabe des deutschen Führerscheins erfolgt nur gegen Abgabe des ausländischen Führerscheins. Dieser wird an die Ausstellungsbehörde gesendet oder in Verwahrung genommen (§ 31 Abs. 4 FeV).   483

V. „Entziehung" einer ausländischen Fahrerlaubnis

Für eine Fahrerlaubnis aus EU-/EWR-Staaten erklärt § 28 Abs. 1 S. 3 FeV die allgemeinen Vorschriften für anwendbar, dh die Fahrerlaubnis ist nach deutschem Recht zu entziehen, wenn sich ein Eignungsmangel ergibt.[266] Gem. § 3 Abs. 1 S. 2 StVG hat dies aber nur die Wirkung einer Aberkennung des Rechts, von der Fahrerlaubnis im Inland Gebrauch zu machen.   484

Bei Fahrerlaubnissen aus sonstigen Staaten ist nach § 11 Abs. 2 IntKfzV das Recht, von dieser im Inland Gebrauch zu machen, abzuerkennen. Für die Überprüfung von Eignungsbedenken gelten die allgemeinen Vorschriften. Auf den Fall einer ausländischen Fahrerlaubnis, die nicht zum Führen von Kraftfahrzeugen im Inland berechtigt, insbesondere weil im Zeitpunkt ihrer Erteilung ein ordentlicher Wohnsitz im Inland bestand, ist § 11 IntKfzV entsprechend anzuwenden, da der Rechtsschein einer im Bundesgebiet gültigen Fahrerlaubnis zu beseitigen ist.[267]   485

---

[264] VGH Bad.-Württ., Beschl. v. 15.5.2002 – 10 S 610/02 = zfs 2002, 601, zu dem Fall eines in Deutschland wohnhaften Grenzgängers, der in der Schweiz gearbeitet und dort auch seine Fahrerlaubnis erhalten hat.
[265] VGH Bad.-Württ., Beschl. v. 11.2.2003 – 10 S 2093/02 = NZV 2003, 591.
[266] Vgl allerdings Rn 457 ff für Eignungsmängel, die zur Entziehung der Fahrerlaubnis im Bundesgebiet geführt haben.
[267] VG Bayreuth, Beschl. v. 8.4.1997 – B 1 S 96.1120.

§ 18 Fahrtenbuchauflage[1]

Literatur

Gehrmann, Die verkehrsbehördliche Anordnung zur Führung eines Fahrtenbuchs, zfs 2002, 213; *Göhler*, Gesetz über Ordnungswidrigkeiten, 14. Auflage 2006; *Hentschel*, Die Entwicklung des Straßenverkehrsrechts im Jahre ..., NJW-Aufsatzreihe, zuletzt: NJW 2005, 641; *Ludovisy*, Rechtsprechungsübersicht zum Straßenverkehrsrecht, ZAP Fach 9R, 245; *Ludovisy*, Zu den Voraussetzungen, unter welchen eine sog. Fahrtenbuchauflage erteilt werden kann, DAR 1991, 475; *Moritz*, Private Nutzung betrieblicher Kraftfahrzeuge – Anforderungen an ein Fahrtenbuch, AktStR 2006, 215 *Schwab*, Die Fahrtenbuchauflage als Maßnahme der Gefahrenabwehr, VD 1991, 277; *Schwab*, Aussetzung der Vollziehung durch die Straßenverkehrsbehörde, VD 1992, 273; *Stollenwerk*, Fahrtenbuchauflage – Sofortvollzug bei Wiederholungsgefahr, VD 2001, 53; *Stollenwerk*, Anordnung einer Fahrtenbuchauflage, VD 1998, 103; *Vahle*, Das Fahrtenbuch, DVP 2006, 65; *Vahle*, Auskunft über Fahrer von Firmen- und Dienstfahrzeugen, DSB 1999, Nr. 3, 9–10; *Westerholt*, Elektronisches Fahrtenbuch, VD 1996, 66; *Wysk*, Die Fahrtenbuchauflage als Instrument der Gefahrenabwehr, ZAP Fach 9, 417 (1996); *Ziegert*, Fahrtenbuchauflage, zfs 1995, 242.

A. Vorbemerkung

1   Die hier erfolgende kompakte Darstellung des Rechts der Verwaltungsbehörde, gem. § 31a Abs. 1 S. 1 StVZO gegenüber dem Fahrzeughalter die Führung eines Fahrtenbuchs anzuordnen, erläutert die praktisch wichtigsten materiell-rechtlichen Fragen in diesem Zusammenhang und zeigt, wie Schriftsätze (insb. Rechtsbehelfe) in Fahrtenbuchsachen rechtlich zutreffend und zweckmäßig abgefasst werden können. Mit Blick auf die Erfordernisse des Praktikers wird dabei vorrangig die einschlägige Rechtsprechung herangezogen, Literaturmeinungen werden nur insoweit diskutiert, als dies in diesem Rahmen möglich und erforderlich ist.[2] Auch Randfragen, wie solche des Steuerrechts,[3] können nur angeschnitten werden.

B. Materielles Fahrtenbuchrecht

I. Gesetzliche Regelung

2   Rechtsgrundlage für die Anordnung der Verpflichtung zur Führung eines Fahrtenbuchs ist § 31a Abs. 1 S. 1 StVZO:[4]

---

1 Anm.: Da der Begriff „Fahrtenbuchauflage" üblicherweise verwendet wird, soll hier in der Überschrift von dieser Terminologie nicht abgewichen werden, obwohl dieser Begriff methodisch nicht korrekt ist. Denn er suggeriert, dass die Anordnung eines Fahrtenbuchs eine Nebenbestimmung iSv § 36 VwVfG (der Einheitlichkeit halber wird bei der Zitierung von Vorschriften des Verwaltungsverfahrensrechts das Verwaltungsverfahrensgesetz des Bundes verwendet) sein könnte. Die methodisch korrekte Bezeichnung des auf § 31a Abs. 1 S. 1 StVZO fußenden (selbständigen) Verwaltungsakts ist dagegen die Anordnung der Verpflichtung zur Führung eines Fahrtenbuchs.

2 Vgl etwa *Vahle*, DSB 1999, 235; *Stollenwerk*, VD 1998, 103; *Wysk*, ZAP Fach 9, 417 (1996); *Ziegert*, zfs 1995, 242; *Schwab*, VD 1991, 277; außerdem die regelmäßigen Rubriken „Die Entwicklung des Straßenverkehrsrechts" in der NJW sowie „Überblick über neue Entscheidungen in Verkehrsstraf- und -bußgeldsachen" in der NStZ.

3 Zu den Anforderungen an die ordnungsgemäße Führung eines Fahrtenbuchs in steuerrechtlicher Hinsicht vgl etwa BFH, Urt. v. 16.3.2006 – VI R 87/04 = NJW 2006, 2142 sowie Urt. v. 16.11.2005 – VI R 64/04 = NJW 2006, 2063 (zur Zulässigkeit der Fahrtenbucherstellung mit MS-Excel); *Moritz*, AktStR 2006, 215.

4 Zu den übrigen Regelungen des § 31a StVZO s.u. Rn 169 ff; sie besitzen in der praktischen Rechtsanwendung keine besondere, jedenfalls keine eigenständige Bedeutung.

Die Verwaltungsbehörde kann gegenüber einem Fahrzeughalter für ein oder mehrere auf ihn zugelassene oder künftig zuzulassende Fahrzeuge die Führung eines Fahrtenbuchs anordnen, wenn die Feststellung eines Fahrzeugführers nach einer Zuwiderhandlung gegen Verkehrsvorschriften nicht möglich war.

An der Verfassungsmäßigkeit dieser Regelung bestehen keine grundsätzlichen Zweifel; dies hat das Bundesverfassungsgericht im Jahre 1981 entschieden.[5] Nach dieser Entscheidung schränkt § 31a StVZO die durch Art. 2 Abs. 1 GG gewährleistete allgemeine Handlungsfreiheit des betroffenen Fahrzeughalters formell und materiell wirksam ein, ohne ihren Wesensgehalt iSd Art. 19 Abs. 2 GG anzutasten. Daher ist es unnötig, in einer Klage- oder Antragsschrift grundsätzliche verfassungsrechtliche Bedenken gegen die Anordnung einer Fahrtenbuchauflage anzuführen.

3

II. Richtiger Adressat der Fahrtenbuchanordnung

Beispiel: Gegen G. als Bescheidsadressatin wird von der Straßenverkehrsbehörde ein Fahrtenbuch angeordnet. G. wendet hiergegen ein, dass das Fahrzeug, mit dem die (unstreitige) Verkehrszuwiderhandlung begangen wurde, nicht auf sie selbst, sondern auf die Firma, bei der sie angestellt ist, zugelassen sei.

4

Adressat einer Fahrtenbuchanordnung ist nach dem Wortlaut des § 31a Abs. 1 S. 1 StVZO der **Fahrzeughalter.** Die Anforderungen, die an den Begriff des Fahrzeughalters iSv § 31a Abs. 1 S. 1 StVZO zu stellen sind, decken sich mit den Anforderungen, die allgemein für den Halterbegriff iSd § 7 StVG gelten;[6] beide Halterbegriffe sind identisch.[7]

5

Diese Halterfrage kann insbesondere bei **Firmenfahrzeugen** akut werden. Hier kommt es darauf an, ob nach den Umständen des Einzelfalls die Firma oder die Person, der das Fahrzeug überlassen wurde, die Verfügungsgewalt über das Fahrzeug innehat; auf wen das Fahrzeug dagegen zugelassen ist, ist nicht entscheidend.

6

Wenn in dem Beispiel Rn 4 das Firmenfahrzeug der G. fest zugeordnet ist („Dienstwagen") und ihr ggf auch zur privaten Nutzung zur Verfügung steht, also andere von der durch die Firma veranlassten Benutzung im Wesentlichen ausgeschlossen sind (etwas anderes ist es, wenn G. selbst kraft ihrer Verfügungsgewalt anderen die Benutzung ermöglicht), dann erfüllt G. in ihrer Person die Anforderungen an den Begriff des Fahrzeughalters. Handelt es sich dagegen um ein „echtes" Firmenfahrzeug und ist G. nur eine unter mehreren Benutzern, ist die Firma Fahrzeughalterin und der Bescheid ist ihr gegenüber zu erlassen. Um die Verhältnisse im Einzelfall festzustellen, wird die Straßenverkehrsbehörde zweckmäßigerweise bei dem Arbeitgeber der G. um Auskunft nachsuchen, wie die Benutzung des Fahrzeugs im Einzelfall geregelt ist.

7

Falls die Straßenverkehrsbehörde im Rahmen der Anhörung nach § 28 VwVfG die Anordnung eines Fahrtenbuchs gegen den falschen Adressaten ankündigt, empfiehlt sich eine entsprechende Reaktion in der Stellungnahme im Rahmen der Anhörung:

8

---

5 Beschl. v. 7.12.1981 – 2 BvR 1172/81 = NJW 1982, 568 = VRS 62, 81; vgl auch Nichtannahmebeschl. v. 19.12.1995 – 1 BvR 1886/95; ebenso BVerwG, Beschl. v. 22.6.1995 – 11 B 7/95 = DAR 1995, 459 = Buchholz 442.16 § 31a StVZO Nr. 22.

6 Vgl zu diesen Anforderungen *Hentschel*, Straßenverkehrsrecht, § 7 StVG Rn 14.

7 VGH BW, Beschl. v. 30.10.1991 – 10 S 2544/91 = NZV 1992, 167 = VBlBW 1992, 151; *Hentschel*, Straßenverkehrsrecht, § 31a StVZO Rn 9 mwN.

9 **Muster: Antwort auf Anhörungsschreiben der Behörde im Falle der drohenden Anordnung eines Fahrtenbuchs gegen den falschen Adressaten**

  ↓

An ▪▪▪ [Straßenverkehrsbehörde]

Ihr Zeichen: ▪▪▪

Anhörungsschreiben vom ▪▪▪

Sehr geehrte Damen und Herren,

hiermit zeige ich unter Hinweis auf die beigefügte Vollmacht an, dass mich Herr ▪▪▪ [Name, Vorname, Anschrift des Mandanten] mit der Wahrnehmung seiner Interessen beauftragt hat. Ihr Schreiben vom ▪▪▪, mit welchem Sie meinen Mandanten zu der beabsichtigten Anordnung der Verpflichtung zum Führen eines Fahrtenbuchs anhören, liegt mir vor. Dazu nehme ich wie folgt Stellung:

Mein Mandant ist nicht richtiger Adressat der von Ihnen beabsichtigten Maßnahme. Die beabsichtigte Anordnung gegen meinen Mandanten wäre daher rechtswidrig. Adressat einer Fahrtenbuchanordnung ist nach dem Wortlaut des § 31a Abs. 1 S. 1 StVZO der Fahrzeughalter. Die Anforderungen, die an den Begriff des Fahrzeughalters iSv § 31a Abs. 1 S. 1 StVZO zu stellen sind, decken sich mit den Anforderungen, die allgemein an den Halterbegriff zu stellen sind (*Hentschel*, Straßenverkehrsrecht, 38. Auflage 2005, § 7 StVG Rn 14). Denn der Begriff des Fahrzeughalters ist insofern identisch mit dem Halterbegriff des § 7 StVG (VGH BW, Beschl. v. 30.10.1991 – 10 S 2544/91 = NZV 1992, 167 = VBlBW 1992, 151; *Hentschel*, Straßenverkehrsrecht, § 31a StVZO Rn 9 mwN). Mein Mandant ist nicht Halter des Fahrzeugs mit dem amtlichen Kennzeichen ▪▪▪. Dieses Fahrzeug wird meinem Mandanten im Rahmen des mit der Firma ▪▪▪ bestehenden Arbeitsvertrags gelegentlich zur Erledigung von Arbeitsaufträgen überlassen. Auf das erwähnte Fahrzeug hat mein Mandant jedoch nicht allein und ausschließlich Zugriff, vielmehr wird es auch von anderen Mitarbeitern der Firma ▪▪▪ benutzt. Vor diesem Hintergrund wäre die Anordnung der Verpflichtung zum Führen eines Fahrtenbuchs gegen meinen Mandanten nicht rechtmäßig. Ich bitte um eine kurze Mitteilung zu meinen Händen, dass das Verwaltungsverfahren gegen meinen Mandanten ohne Kostenfolge eingestellt wird.

Für den Fall, dass in dieser Sache wider Erwarten weitere Korrespondenz anfallen sollte, bitte ich, diese ausschließlich über meine Kanzlei zu führen. Für etwaige Rückfragen stehe ich natürlich jederzeit gern zur Verfügung.

Rechtsanwalt

 ↑

III. Anordnungsvoraussetzungen

10 Nach § 31a Abs. 1 S. 1 StVZO kann die Verwaltungsbehörde gegenüber einem Fahrzeughalter für ein oder mehrere auf ihn zugelassene Fahrzeuge die Führung eines Fahrtenbuchs anordnen, wenn die Feststellung eines Fahrzeugführers nach einer Zuwiderhandlung gegen Verkehrsvorschriften nicht möglich war.

11 Die Anordnung, ein Fahrtenbuch zu führen, ist eine Maßnahme zur **Abwehr von Gefahren** für die Sicherheit und Ordnung des Straßenverkehrs. Mit ihr soll in Ergänzung der Zulassungs- und Kennzeichnungspflicht der §§ 18, 23 StVZO dafür Sorge getragen werden, dass anders als in dem Fall, der Anlass zur Auferlegung eines Fahrtenbuchs gegeben hat, künftig die Feststellung eines Fahrzeugführers nach einer Zuwiderhandlung gegen Verkehrsvorschriften ohne Schwierigkeiten möglich ist.[8] Von Sinn und Zweck der Vorschrift nicht gedeckt sind

---

8 Vgl BVerwG, Urt. v. 28.2.1964 – 7 C 91/61 = BVerwGE 18, 107 = NJW 1964, 1384 und Beschl. v. 12.2.1980 – 7 B 82/79 = Buchholz 442.16 § 31a StVZO Nr. 7; BayVGH, Beschl. v. 27.1.2004 – 11 CS 03.2940 = BayVBl 2004, 633.

dagegen Erwägungen spezialpräventiver Natur. Die Anordnung der Verpflichtung zur Führung eines Fahrtenbuchs ist also nicht dazu da, den Fahrzeughalter im Sinne einer Ersatzstrafe zu einer vorsichtigeren bzw den Straßenverkehrsregeln gerechter werdenden Fahrweise anzuhalten. Finden sich in einem Fahrtenbuchbescheid derartige Erwägungen, liegt ein Ermessensfehler nahe.

1. Zuwiderhandlung gegen Verkehrsvorschriften

Erste Voraussetzung für eine Fahrtenbuchanordnung ist die Zuwiderhandlung gegen Verkehrsvorschriften. In Betracht kommt hierfür jede in nennenswertem Umfang erfolgte Verletzung einer Vorschrift, die den Straßenverkehr regelt. Insbesondere ist hier zu denken an sämtliche Verkehrsordnungswidrigkeiten sowie Verkehrsstraftaten. **12**

Hinsichtlich des allgemein anerkannten Erfordernisses, dass die Verletzung der jeweiligen Verkehrsvorschrift „in nennenswertem Umfang" erfolgen muss, ist als Maßstab das (sog. Mehrfachtäter-) **Punktsystem** nach Anlage 13 zu § 40 FeV heranzuziehen. Dieses stellt nach der Rechtsprechung eine sachverständige Bewertung des jeweiligen Verkehrsverstoßes durch den Verordnungsgeber dar, die belegt, wann ein erheblicher Verkehrsverstoß vorliegt. Zu prüfen ist also, ob der dem Betroffenen vorgeworfene Verstoß gegen Verkehrsvorschriften in der Anlage 13 zu § 40 FeV aufgeführt ist und, wenn ja, mit wie vielen Punkten. **13**

Beispiele: Mit dem Fahrzeug des A. wird auf der Bundesautobahn folgende Ordnungswidrigkeit begangen: Überschreitung der zulässigen, durch Verkehrszeichen (§ 41 Abs. 2 StVO, Zeichen 274) angeordneten Höchstgeschwindigkeit von 120 km/h außerhalb geschlossener Ortschaft auf einer Autobahn um 31 km/h. – Der Verkehrsverstoß in Gestalt der Geschwindigkeitsüberschreitung wird nach dem Bußgeldkatalog mit einer Geldbuße von 75 EUR (§ 1 Abs. 1 S. 1 BKatV iVm Bußgeldkatalog Nr. 11. 3. 6 Tabelle 1 des Anhangs zu Nr. 11 der Anlage zur BKatV) und nach dem sog. Mehrfachtäter-Punktsystem mit drei Punkten geahndet (vgl Nr. 5.4 der Anlage 13 zu § 40 FeV). **14**
Mit dem Fahrzeug des B. wird eine Straftat des unerlaubten Entfernens vom Unfallort („Fahrerflucht") gem. § 142 Abs. 1 StGB begangen. – Der Verkehrsverstoß in Gestalt der Straftat des unerlaubten Entfernens vom Unfallort ist nach dem Punktsystem gem. § 40 FeV mit sechs Punkten bewertet (vgl Nr. 1. 4 der Anlage 13 zu § 40 FeV).

Grundsätzlich reicht ein lediglich mit einem Punkt bewerteter Verkehrsverstoß für die Anordnung einer Fahrtenbuchauflage aus, ohne dass es auf die Feststellung der näheren Umstände der Verkehrsordnungswidrigkeit ankommt. Erschwerend wird von den meisten Gerichten idR gewürdigt, wenn ein Verstoß vorliegt, der mehr als einen Punkt auslöst, oder es sich gar um eine Straftat, nicht nur um eine Ordnungswidrigkeit handelt. Dies ändert aber grundsätzlich nichts daran, dass bereits ab Erreichen der Grenze von einem Punkt ein für die Anordnung eines Fahrtenbuchs ausreichender Verkehrsverstoß vorliegt; allenfalls in besonders gelagerten Fällen kann der Umstand, dass mehr als ein Punkt fällig wird, sich auswirken (und immer natürlich bei der Dauer, für die die Fahrtenbuchanordnung erfolgt, vgl dazu ausführlich unten Rn 88 ff beim Ermessen). **15**

Sehr wichtig für die forensische Tätigkeit ist, dass bereits ein **lediglich mit einem Punkt** bewerteter Verkehrsverstoß für eine rechtmäßige Fahrtenbuchanordnung ausreicht, ohne dass es auf die näheren Umstände der Verkehrsordnungswidrigkeit oder Straftat ankommt. Es kommt also nur auf die Tatsache an, *dass* eine Verkehrsvorschrift verletzt wurde; nähere Einzelheiten, die sich auf die Ahndung zB der Ordnungswidrigkeit (häufigste Konstellation) selbst im Verfahren vor den ordentlichen Gerichten auswirken können – Grad der Fahrläs- **16** sigkeit bzw Schwere der Schuld, sonstige Umstände (vgl hierzu im Einzelnen Teil 5) – sind im Verwaltungsverfahren und anschließend im verwaltungsgerichtlichen Verfahren grundsätzlich ohne Belang.

17 Allerdings ist selbstverständlich sowohl im Verwaltungsverfahren als auch im verwaltungsgerichtlichen Verfahren Voraussetzung, dass die Tatsache des Verkehrsverstoßes feststeht, dh im Prozess im Bestreitensfalle von der Beklagtenseite (das ist entweder die Straßenverkehrsbehörde selbst in den Bundesländern, wo dies möglich ist, vgl § 78 Abs. 1 Nr. 2 VwGO, oder der Rechtsträger der Behörde, § 78 Abs. 1 Nr. 1 Hs 1 VwGO) bewiesen wird, denn der Beklagte trägt hinsichtlich dieser Tatsache, da sie zu den Voraussetzungen der Eingriffsgrundlage gehört, die sog. materielle Beweis- oder Feststellungslast.[9]

18 In Fällen, in denen der **Verkehrsverstoß** mit objektiven Beweismitteln, insbesondere also mit

- Frontfoto
- Geschwindigkeitsmessung
- Videoaufzeichnung

belegt werden kann, wird es regelmäßig wenig aussichtsreich bis aussichtslos sein, gegen die Tatsache des Verkehrsverstoßes vorzugehen. Wohlgemerkt kommt es hierbei nur darauf an, dass der Verstoß mit dem fraglichen Kraftfahrzeug belegt werden kann, naturgemäß nicht auch, wer der Fahrzeugführer war, da ansonsten die Fahrtenbuchanordnung bereits an der Voraussetzung der Nichtfeststellung des Fahrzeugführers scheiterte.

19 **Hinweis:** Es kann erfolgversprechend sein, die Tatsache des vorgeworfenen Verkehrsverstoßes mit Nichtwissen zu bestreiten, wenn der Betroffene den Verstoß nicht (selbst) begangen hat oder er sich hieran nicht mehr sollte erinnern können. In einem solchen Fall dürfte es sich nicht immer sicher nachweisen lassen, dass der der Fahrtenbuchanordnung zugrunde liegende Verkehrsverstoß auch wirklich mit dem Fahrzeug des durch den Bescheid verpflichteten Fahrzeughalters begangen wurde.

20 **Beispiel:** A. wird vorgeworfen, mit dem von ihm gehaltenen Kraftfahrzeug sei ein Verstoß gegen § 26 Abs. 3 StVO (Verbot des Überholens an Fußgängerüberwegen) begangen worden. Als Beleg hierfür verweist die Straßenverkehrsbehörde auf die Aussage eines Polizeioberrats, der auf dem morgendlichen Weg zu seiner Dienststelle das Geschehen beobachtet und trotz der vermutlich relativ hohen Geschwindigkeit des Fahrzeugs (im Überholvorgang) das Kennzeichen des Fahrzeugs erkannt habe.

21 In einem derartigen Fall würde es sich anbieten, den Verkehrsverstoß nicht unstreitig zu stellen, sondern den Verkehrsverstoß mit Nichtwissen zu bestreiten (für den Fall, dass der Mandant nicht selbst gefahren ist, dürfte dies auch keinen Verstoß gegen die prozessuale Wahrheitspflicht darstellen). Im Prozess wäre sodann grundsätzlich durch Vernehmung des Polizeioberrats als Zeugen (mit anschließender Würdigung der Zeugenaussage) der Verkehrsverstoß aufzuklären.

---

9 In der Praxis des Verfassers wurde jedoch kein einziges Mal der Versuch unternommen, die tatsächlichen Feststellungen hinsichtlich des vorgeworfenen Verkehrsverstoßes in Zweifel zu ziehen.

Muster: Antrag auf Vernehmung eines Zeugen 22

374

Es wird beantragt,

zu der Frage, ob mit dem PKW mit dem amtlichen Kennzeichen ▪▪▪ am ▪▪▪ gegen ▪▪▪ Uhr in ▪▪▪ [Ort, falls innerorts] in der ▪▪▪straße auf Höhe ▪▪▪ [nähere Beschreibung, besonders wenn sich das Geschehen außerorts abgespielt hat, etwa Kilometerangabe; sonst zB auf Höhe eines Fußgängerübergangs, einer Lichtzeichenanlage, an der Ecke zu einer anderen Straße usw.] ein Verkehrsverstoß der/des ▪▪▪ [genaue Bezeichnung des jeweils vorgeworfenen Verkehrsverstoßes] begangen wurde,

Beweis zu erheben

durch Vernehmung des ▪▪▪ [Name, Vorname, sonstige Personalien, soweit erforderlich, zB Adresse bei einer Privatperson oder Adresse der Dienststelle, wenn es sich um einen Zeugen handelt, der beispielsweise über seine Dienststelle zu laden ist] als Zeugen.

Hinweis: Dieser Beweisantrag ist selbstverständlich zunächst in der ursprünglichen Klage- 23 schrift oder einem weiteren Klageschriftsatz anzukündigen. Dabei handelt es sich aber ledig- lich um eine Ankündigung, die für den Fall, dass der Beweisantrag auch tatsächlich zur Ent- scheidung des Gerichts gestellt werden soll (was sich erübrigen kann, weil das Gericht den Zeugen von Amts wegen vernimmt oder die Tatsache des Verkehrsverstoßes wegen neuerer Erkenntnisse während des Klageverfahrens unstreitig gestellt werden muss), in der mündli- chen Verhandlung wiederholt und zu Protokoll erklärt werden muss, weshalb dringend zu empfehlen ist, den Beweisantrag in der mündlichen Verhandlung entsprechend dem obigen Beispiel (Rn 22) wörtlich ausformuliert parat zu haben. Nur dann ist das Gericht verpflich- tet, durch Beschluss über den Beweisantrag zu entscheiden.

Bei der Führung des (gerichtlichen) Nachweises gibt es deutliche Unterschiede zu der tatsäch- 24 lichen Aufklärung im Ordnungswidrigkeitenverfahren vor den ordentlichen Gerichten, so- wohl in rechtlicher Hinsicht (zwar herrscht in beiden Verfahren der Grundsatz der Amtser- mittlung, im Ordnungswidrigkeitenverfahren aber zusätzlich die Offizialmaxime, im verwal- tungsgerichtlichen Verfahren dagegen die Dispositionsmaxime) als auch in tatsächlicher Hinsicht. Regelmäßig wird der Verstoß zu dem Zeitpunkt, in dem er im verwaltungsgericht- lichen Verfahren aufgeklärt werden soll, schon relativ lange Zeit her sein, was die Aufklä- rung nicht eben befördern wird.

2. Unmöglichkeit der Feststellung eines Fahrzeugführers

§ 31a StVZO verlangt dem Wortlaut nach schlicht, dass die Feststellung eines Fahrzeugfüh- 25 rers unmöglich ist, sagt aber nichts dazu, worauf diese Nichtfeststellbarkeit beruhen muss. „Unmöglichkeit" ist hierbei nicht im logischen Sinne zu verstehen,[10] vielmehr ist zur Feststel- lung des Vorliegens der Unmöglichkeit iSv § 31a Abs. 1 S. 1 StVZO eine an den im Folgen- den dargestellten Kriterien ausgerichtete **wertende Betrachtung** vorzunehmen. Unmöglich ist die Feststellung des Fahrzeugführers nach der insbesondere in der Rechtsprechung des BVerwG geprägten Formulierung dann, wenn die Ermittlungsbehörde nach den Umständen des Einzelfalls nicht in der Lage war, den Täter zu ermitteln, obwohl sie alle angemessenen und zumutbaren Maßnahmen ergriffen hat.[11] Als **Ermittlungsbehörde** kommt idR die Polizei

---

10 *Janiszewski/Jagow/Baumann*, Straßenverkehrsrecht, § 23 StVO Rn 46a.
11 Vgl nur BVerwG, Beschl. v. 21.10.1987 – 7 B 162/87 = NJW 1988, 1104 = DAR 1988, 68 = Buchholz 442.16, § 31a StVZO Nr. 18; VGH BW, Urt. v. 18.6.1991 – 10 S 938/91 = NJW 1992, 132 = DAR 1991, 433.

in Betracht, daneben in Fällen, in denen eine Kommune selbst für die Verfolgung von Ordnungswidrigkeiten zuständig ist und in Wahrnehmung dieser Zuständigkeit handelt,[12] auch deren Bedienstete. Bedient sich die Kommune zur Erfüllung dieser Aufgabe Personen, die außerhalb der Verwaltung stehen, muss sie sich deren Handlungen zurechnen lassen.

a) Zwei-Wochen-Frist

26 Zu einem angemessenen Ermittlungsaufwand gehört zunächst grundsätzlich die unverzügliche, dh innerhalb von zwei Wochen erfolgte **Benachrichtigung des Fahrzeughalters** von der mit seinem Fahrzeug begangenen Zuwiderhandlung.[13] Dieses Erfordernis beruht auf der Überlegung, dass Menschen nicht in der Lage sind, sich an die Einzelheiten flüchtiger Vorgänge des täglichen Lebens über eine längere Zeit hinweg zu erinnern.

27 Auf welche Art und Weise der Fahrzeughalter von dem Verkehrsverstoß benachrichtigt wird, hängt dagegen von der jeweiligen Konstellation im Einzelfall ab. Die Benachrichtigung durch Zusendung des sog. **Anhörungsbogens im Ordnungswidrigkeitenverfahren** (vgl § 55 OWiG) – diese reicht nach allgemeiner Meinung aus, um den mit der Zwei-Wochen-Frist bezweckten Anstoß des Erinnerungsvermögens des betroffenen Fahrzeughalters zu bewirken[14] – ist der in der Praxis häufigste Fall.

28 In Fällen dagegen, in denen der unaufgeklärte Verkehrsverstoß, der Auslöser der Fahrtenbuchanordnung ist, keine Verkehrsordnungswidrigkeit, sondern beispielsweise eine Straftat ist und demzufolge mangels Anwendbarkeit der Regeln über das Ordnungswidrigkeitenverfahren die Versendung eines Anhörungsbogens nicht in Betracht kommt, kommt auch jede andere Art der Kenntniserlangung von dem Verkehrsverstoß in Betracht.

29 **Hinweis:** Die Einhaltung der Zwei-Wochen-Frist bereitet den zur Verfolgung von Ordnungswidrigkeiten berufenen Behörden – idR sind das die Bußgeldstellen der jeweils zuständigen Polizeibehörden (in Bayern beispielsweise das Polizeiverwaltungsamt) – in der Praxis oft nicht unerhebliche Probleme. So ist nach der Erfahrung des Verfassers und derjenigen von Kollegen davon auszugehen, dass annähernd in der Hälfte der Fälle die Zwei-Wochen-Frist nicht (oder jedenfalls nicht nachweisbar) eingehalten wird, weil der Anhörungsbogen nicht innerhalb von zwei Wochen nach dem Tag, an dem der Verkehrsverstoß stattgefunden hat, bei dem Fahrzeughalter eintrifft (oder dies zumindest nicht nachweisbar ist). Die Verzögerung rührt wohl zum Teil daher, dass in vielen Fällen die Anhörungsbögen von zentralen Bußgeldstellen verschickt werden und die Informationen zunächst von der aufnehmenden Behörde zur Zentralstelle gelangen müssen. Häufig kann aber auch der rechtzeitige Zugang nicht belegt werden, denn Anhörungsbögen werden, soweit ersichtlich, nicht förmlich zugestellt, wozu die Ermittlungsbehörden auch nicht verpflichtet sind.[15] Dies wäre jedoch zum Nachweis des Zugangs[16] überhaupt sowie des Zugangsdatums im Prozess wenn nicht die einzige, so doch die sicherste Möglichkeit. Ausreichend für den Nachweis des Zugangsdatums im Prozess wäre zwar auch noch, dass im Falle formloser Zustellung wenigstens in den entsprechenden Behördenakten ein Absendevermerk enthalten ist. Doch auch hieran fehlt es vielfach. Oft ist lediglich in einem standardisierten Computerausdruck ein „Tag (oder Da-

---

12 Zu einem derartigen Fall vgl VG München, Beschl. v. 17.5.2005 – M 23 S 05.1407.
13 Erstmals BVerwG, Urt. v. 13.10.1978 – 7 C 77/74 = NJW 1979, 1054 = DAR 1979, 310 = Buchholz 442.16 § 31a StVZO Nr. 5; BVerwG, Beschl. v. 25.6.1987 – 7 B 139/87 = DAR 1987, 393 = Buchholz 442.16 § 31a StVZO Nr. 17.
14 Vgl nur VGH BW, Beschl. v. 1.10.1992 – 10 S 2173/92 = NZV 1993, 47 = VBlBW 1993, 65.
15 Vgl HessVGH, Urt. v. 22.3.2005 – 2 UE 582/04 = NJW 2005, 2411 = DAR 2006, 290 (eine auch im Übrigen lesenswerte Entscheidung).
16 Den die Behörde bzw deren Rechtsträger zu beweisen hat, vgl VG Frankfurt, Gerichtsbescheid v. 18.4.1991 – III/1 E 2126/89 = DAR 1991, 315.

tum) der Anhörung" vermerkt, ohne dass aber aus den Behördenakten ersichtlich wäre, ob dies der Tag der Versendung des Anhörungsbogens (für diesen Fall wäre dann zusätzlich wenigstens ein Handzeichen des Versenders notwendig, das jedenfalls der Verfasser in seiner Praxis noch nie feststellen konnte) oder der Tag des (mutmaßlichen) Zugangs sein soll.

Dass der Betroffene sich nicht an den Tag des Zugangs des Anhörungsbogens erinnern kann, wird ihm im gerichtlichen Verfahren idR nicht zu widerlegen sein. Da die Einhaltung der Zwei-Wochen-Frist im Prozess nach den Regeln der sog. materiellen Beweis- oder Feststellungslast letztlich von der Beklagtenseite nachzuweisen ist, besteht hier oftmals eine erfolgversprechende Möglichkeit des Vortrags des zu späten Zugangs des Anhörungsbogens. **30**

Muster: Klage gegen die Anordnung eines Fahrtenbuchs im Falle der nicht bzw nicht nachweisbar eingehaltenen Zwei-Wochen-Frist **31**

An das Verwaltungsgericht ▪▪▪

Klage

des Herrn ▪▪▪

– Kläger –

Prozessbevollmächtigte: RAe ▪▪▪

gegen

▪▪▪ [Rechtsträger der Straßenverkehrsbehörde bzw nach Maßgabe des § 78 Abs. 1 Nr. 2 VwGO die Straßenverkehrsbehörde selbst], vertreten durch ▪▪▪ [Behördenvorstand], ▪▪▪ [Adresse]

– Beklagte/r –

wegen: Fahrtenbuch.

Namens und in Vollmacht des Klägers erhebe ich Klage und bitte um die Anberaumung eines Termins zur mündlichen Verhandlung, in dem ich beantragen werde, wie folgt zu erkennen:

1. Der Bescheid des/der Beklagten vom ▪▪▪, Az ▪▪▪, in der Gestalt des Widerspruchsbescheids der ▪▪▪ [Widerspruchsbehörde] vom ▪▪▪, Az ▪▪▪, wird aufgehoben.

2. Die Zuziehung eines Bevollmächtigten im Vorverfahren war notwendig.

3. Die/Der Beklagte trägt die Kosten des Verfahrens.

4. Das Urteil ist vorläufig vollstreckbar.

Begründung:

Der Kläger wendet sich gegen die Anordnung der Verpflichtung zur Führung eines Fahrtenbuchs seitens der/des Beklagten.

I.

Mit dem auf den Kläger zugelassenen PKW der Marke ▪▪▪ mit dem amtlichen Kennzeichen ▪▪▪ wurde am ▪▪▪ gegen ▪▪▪ Uhr auf der ▪▪▪straße in ▪▪▪ folgender Verkehrsverstoß begangen: ▪▪▪ [zB Ordnungswidrigkeit der Überschreitung der zulässigen Höchstgeschwindigkeit von 50 km/h innerhalb geschlossener Ortschaft um ▪▪▪ km/h (§§ 3 Abs. 3 Nr. 1, 49 Abs. 1 Nr. 3 StVO)]. Nach Anhörung verpflichtete die/der Beklagte den Kläger, für das Fahrzeug mit dem amtlichen Kennzeichen ▪▪▪ für den Zeitraum bis zum ▪▪▪ [Enddatum der Fahrtenbuchanordnung] ein Fahrtenbuch zu führen (Ziffer 1 des streitgegenständlichen Bescheids).

▪▪▪ [weitere Darstellung des Sachverhalts]

II.

Der Bescheid ist rechtswidrig und verletzt den Kläger in seinen Rechten.

Die Voraussetzungen für die Anordnung einer Verpflichtung zum Führen eines Fahrtenbuchs gem. § 31a Abs. 1 StVZO liegen nicht vor. Die in § 31a Abs. 1 S. 1 StVZO geforderte Unmöglichkeit der Feststellung des Fahrzeugführers liegt dann vor, wenn die Ermittlungsbehörde nach den Umständen des Einzelfalls nicht in der Lage war, den Täter zu ermitteln, obwohl sie alle angemessenen und zumutbaren Maßnahmen ergriffen hat (vgl nur BVerwG, Beschl. v. 21.10.1987 – 7 B 162/87 = NJW 1988, 1104 = DAR 1988, 68 = Buchholz 442.16, § 31a StVZO Nr. 18; VGH BW, Urt. v. 18.6.1991 – 10 S 938/91 = NJW 1992, 132 = DAR 1991, 433). Zu einem angemessenen Ermittlungsaufwand gehört zunächst grundsätzlich die unverzügliche, dh innerhalb von zwei Wochen erfolgte Benachrichtigung des Fahrzeughalters von der mit seinem Fahrzeug begangenen Zuwiderhandlung (BVerwG, Urt. v. 13.10.1978 – 7 C 77/74 = NJW 1979, 1054 = DAR 1979, 310 = Buchholz 442.16 § 31a StVZO Nr. 5; BVerwG, Beschl. v. 25.6.1987 – 7 B 139/87 = DAR 1987, 393 = Buchholz 442.16 § 31a StVZO Nr. 17).

Daran fehlt es vorliegend. Von dem Verkehrsverstoß wurde der Kläger erstmals mit Zusendung des Anhörungsbogens am ▪▪▪ [Datum des Verkehrsverstoßes plus mehr als 14 Tage] benachrichtigt. Damit steht fest, dass der Kläger erstmals später als zwei Wochen nach dem Verkehrsverstoß und somit zu spät benachrichtigt wurde. Ein Fall der ausnahmsweisen Nichtanwendbarkeit der sog. Zwei-Wochen-Frist liegt nicht vor. ▪▪▪ [ggf weitere Ausführungen].

III.

Die Zuziehung des Bevollmächtigten im Vorverfahren war notwendig iSv § 162 Abs. 2 S. 2 VwGO, da sie von dem Kläger als nicht rechtskundiger Partei für erforderlich gehalten werden durfte und es ihm nach seinen persönlichen Lebensverhältnissen nicht zumutbar war, das Verfahren selbst zu führen.[17]

Kosten: § 154 Abs. 1 VwGO. Vorläufige Vollstreckbarkeit: § 167 Abs. 2, Abs. 1 S. 1 VwGO iVm §§ 708 ff ZPO.

Rechtsanwalt

32 Letztlich erfolgreich ist dieses Vorbringen allerdings nur dann, wenn sich der Betroffene auf die verspätete Aufforderung in Gestalt des Anhörungsbogens dahin gehend eingelassen hat, dass er sich nicht mehr an das inkriminierte Vorkommnis erinnern könne. Ansonsten, insbesondere dann, wenn überhaupt keine Angaben gemacht wurden, ist die **Kausalität** der verzögerten Übersendung des Anhörungsbogens für die Nichtfeststellung des verantwortlichen Fahrers bereits deswegen zu verneinen, weil der Betroffene im Ordnungswidrigkeitenverfahren nicht geltend gemacht hat, wegen der verzögerten Anhörung keine Erinnerung an den Fahrzeugführer mehr zu haben.[18]

33 Die nicht eingehaltene bzw nicht nachgewiesenermaßen eingehaltene **Zwei-Wochen-Frist** schadet jedoch in einer Reihe von Fallgestaltungen nicht, denn diese gilt zunächst nur im Regelfall. Sie ist kein formales Tatbestandskriterium der gesetzlichen Regelung und **keine starre Grenze**. Sie beruht vielmehr auf einem Erfahrungssatz, wonach Personen sich an Vorgänge nur eine begrenzte Zeit lang erinnern oder rekonstruieren können. Die Nichteinhaltung der Zwei-Wochen-Frist ist unschädlich in den Fällen, in denen wegen vom Regelfall

---

17 Hinweis: Für eine gerichtliche Entscheidung nach § 162 Abs. 2 S. 2 VwGO ist selbstverständlich weiter erforderlich, dass dem Hauptsache-, dh dem Klageverfahren ein Vorverfahren nach §§ 68 ff VwGO vorausgegangen ist (was bei einer Anfechtungsklage gegen eine Fahrtenbuchanordnung notwendigerweise der Fall ist, da die ordnungsgemäße Einlegung des Widerspruchs, die bereits das Vorverfahren einleitet, Sachurteilsvoraussetzung ist), in dem ein förmlicher Bevollmächtigter nach außen hin aufgetreten ist. – Auch der „sich selbst vertretende Rechtsanwalt" hat für sein Tätigwerden im Vorverfahren einen Anspruch auf (fiktive) Gebührenerstattung in derselben Höhe wie bei Vertretung Dritter, vgl BVerwG, Urt. v. 16.10.1980 – 8 C 10/80 = BVerwGE 61, 102 = BayVBl 1981, 93; Eyermann/*J. Schmidt*, VwGO, § 162 Rn 8, 13.

18 Vgl hierzu etwa Nds. OVG, Beschl. v. 8.11.2004 – 12 LA 72/04 = DAR 2005, 231 = VkBl 2005, 341 mwN.

abweichender Fallgestaltung auch eine spätere Anhörung zur effektiven Rechtsverteidigung genügt oder der zu späte Zeitpunkt der Anhörung zum Verstoß nicht ursächlich war für die Unmöglichkeit der Feststellung des Fahrzeugführers.

aa) Beachtlichkeit der Zwei-Wochen-Frist

Beachtlich ist demzufolge die Nichteinhaltung der Zwei-Wochen-Frist dann, wenn sich der Betroffene auf eine verspätet erfolgte Nachfrage dahin gehend eingelassen hat, sich nicht erinnern zu können. Dies wird allerdings nicht den Regelfall darstellen. Denn erfahrungsgemäß wenden sich die meisten Betroffenen nicht schon beim Erhalt eines Anhörungsbogens oder sonstiger Kontakte mit den Ermittlungsbehörden an einen Rechtsanwalt, sondern erst dann, wenn unmittelbar Maßnahmen der Straßenverkehrsbehörde bevorstehen bzw angekündigt werden (Anhörungsschreiben vor Bescheiderlass), oder gar erst dann, wenn der Bescheid bereits erlassen wurde. | 34

Sehr wenige Betroffene machen, selbst dann, wenn das Geschehene schon mehrere Wochen zurückliegt, nicht die an sich nahe liegende und oft plausible Angabe, sich nicht an den Verkehrsverstoß (und etwaige damit in Zusammenhang stehende Umstände, wie zB, ob an dem Tag des festgestellten Verkehrsverstoßes das Fahrzeug ausgeliehen wurde) erinnern zu können. Meist werden entweder gar keine Angaben gemacht oder es wird gar auf ein Aussage-, Auskunfts- oder Zeugnisverweigerungsrecht verwiesen (dazu Rn 62 ff). | 35

Der Rechtsanwalt sollte jedenfalls, wenn er nach der Mandatsübernahme und nach Einsichtnahme in die Behördenakten feststellt, dass eine Überschreitung der Zwei-Wochen-Frist vorliegt, den Mandanten befragen, ob er sich noch an Einzelheiten des vorgeworfenen Verkehrsverstoßes erinnern kann. Wenn der Mandant dies verneint, sollte – auch wenn bereits Angaben des Mandanten im Ermittlungsverfahren hinsichtlich der Ordnungswidrigkeit bzw Straftat vorliegen – das fehlende Erinnerungsvermögen auch noch **nachträglich** geltend gemacht werden. Keinen Sinn mehr macht dies nach Ablauf der Verjährungsfrist (dazu ausführlich unten Rn 74 ff), da danach auftretende Umstände, die zur Ermittlung des Fahrzeugführers beitragen könnten, unbeachtlich sind. | 36

bb) Unbeachtlichkeit der Zwei-Wochen-Frist

Die Nichteinhaltung der Zwei-Wochen-Frist ist wegen fehlender Ursächlichkeit für die Rechtsverteidigung des Halters in all den Fällen unschädlich, in denen sich die Befürchtung, dass die Erinnerung an Einzelheiten des Vorfalls verblasst, ersichtlich nicht realisiert hat. Außerdem fehlt es an der Ursächlichkeit der verspäteten Unterrichtung des Kraftfahrzeughalters für die unterbliebene Täterermittlung dann, wenn nach den gegebenen Umständen erkennbar ist, dass auch eine frühere Unterrichtung des Halters nicht zu einem Ermittlungserfolg geführt hätte, weil dieser ohnehin nicht bereit war, an der erforderlichen Aufklärung mitzuwirken.[19] | 37

Jedenfalls ist eine Überschreitung der Zwei-Wochen-Frist in den Fällen nicht ursächlich für die unterbliebene Fahrerfeststellung, in denen von dem Verkehrsverstoß ausreichend aussagekräftige Lichtbilder vorliegen und dem Halter ein zur Identifizierung ausreichendes **Geschwindigkeitsmessfoto** vorgelegt worden ist. Denn eine Identifizierung des Fahrers anhand des Geschwindigkeitsmessfotos stellt keine Anforderungen an das Erinnerungs-, sondern an | 38

---

19 BVerwG, Urt. v. 13.10.1978 – 7 C 77/74 = NJW 1979, 1054 = DAR 1979, 310 = Buchholz 442.16 § 31a StVZO Nr. 5; BVerwG, Beschl. v. 25.6.1987 – 7 B 139/87 = DAR 1987, 393 = Buchholz 442.16 § 31a StVZO Nr. 17; OVG NW, Urt. v. 29.4.1999 – 8 A 4164/96 – juris; vgl auch OVG NW, Urt. v. 7.4.1977 – XIII A 603/76 = DAR 1977, 333; VG Trier, Beschl. v. 12.3.2001 – 1 L 276/01 = DAR 2001, 428; VG München, Urt. v. 12.7.1991 – M 6 K 91.1784 = DAR 1991, 473 mit abl. Anm. *Ludovisy*, DAR 1991, 475.

das Erkenntnisvermögen des Kfz-Halters.[20] Dabei kommt es bei der Beurteilung, ob ein Lichtbild ausreichend zur Identifizierung des Fahrzeugführers geeignet ist, auf die Möglichkeit zur Identifikation durch den Fahrzeughalter an, weil davon auszugehen ist, dass dieser weiß oder jedenfalls wissen muss, welche Personen aus welchem Personenkreis als Fahrer seines Fahrzeugs in Betracht kommen.[21] Denkbar sind daneben noch Fälle, in denen die Nichteinhaltung der Zwei-Wochen-Frist deswegen unschädlich ist, weil es wegen objektiver Umstände, beispielsweise wegen deutlich sichtbarer Schäden am Fahrzeug des betroffenen Fahrzeughalters einer Anstoßwirkung durch eine rechtzeitige Benachrichtigung nicht mehr bedurfte.

39 Bei der Geltung der Zwei-Wochen-Frist sind für den Fall, dass von der Fahrtenbuchanordnung ein oder mehrere **Firmenfahrzeuge** betroffen sind, Besonderheiten zu beachten.

40 **Beispiel:** Gegenüber der T. Film- und Fernsehproduktionen GmbH wird die Führung eines Fahrtenbuchs angeordnet. Bei dem Verkehrsverstoß handelte es sich um eine Geschwindigkeitsüberschreitung. Im Anhörungsbogen, der die GmbH erst 21 Tage nach dem Verkehrsverstoß erreichte, hat die Geschäftsleitung angegeben: „Fahrer kann nicht ermittelt werden; da zehn Personen in Frage kommen, bitten wir um Vorlage eines Bildnachweises." Daraufhin legte die Polizei der Geschäftsleitung das Messfoto vor, woraufhin der Geschäftsführer aussagte, dass am Tattag mehrere Produktionen liefen, bei denen der PKW zur Verfügung stand. Die auf dem Messfoto abgebildete Person werde nicht erkannt.

41 Eine verzögerte Anhörung für die unterbliebene Feststellung des Fahrers ist dann nicht ursächlich, wenn es sich bei dem Fahrzeug, mit dem der Verkehrsverstoß begangen wurde, um ein Firmenfahrzeug handelt, wenn also keine Privatperson, sondern eine Firma Fahrzeughalter ist. Nach der überwiegenden Meinung in der Rechtsprechung[22] gilt die oben (Rn 26) genannte Zwei-Wochen-Frist, die nach der höchstrichterlichen Rechtsprechung ohnehin nur regelmäßig, nicht aber in den Fällen Geltung beansprucht, in denen wegen vom Regelfall abweichender Fallgestaltung auch eine spätere Anhörung zur effektiven Rechtsverteidigung genügt, insbesondere dann nicht, wenn ein **Kaufmann** im Sinne des Handelsrechts Halter desjenigen Fahrzeugs ist, mit dem die Verkehrszuwiderhandlung im geschäftlichen Zusammenhang begangen worden ist. Denn bei den genannten natürlichen oder juristischen Personen besteht nach der genannten Meinung eine Obliegenheit zur längerfristigen **Dokumentation** von geschäftlichen Fahrten, die es rechtfertigt, ihnen – jedenfalls dann, wenn eine stichhaltige Erläuterung im Einzelfall wie im Beispiel Rn 40 fehlt – den Einwand, es sei nicht möglich, den Fahrzeugführer ausfindig zu machen, zu verwehren. Da es sich bei der T. im Beispiel Rn 40 um eine GmbH handelt, die kraft Gesetzes Kaufmann im Sinne des Handelsrechts ist (vgl § 6 Abs. 1 u. 2 HGB, § 13 Abs. 3 GmbHG), kann sie die Verletzung der Zwei-Wochen-Frist seitens der Straßenverkehrsbehörde nicht mit Erfolg geltend machen.

b) Ausreichende Ermittlungen

42 Abgesehen von der Einhaltung der Zwei-Wochen-Frist ist auch im Übrigen zu prüfen, ob der Ermittlungsbehörde **weitere Ermittlungshandlungen zuzumuten** waren und diese ggf ausreichend durchgeführt wurden. Das bedeutet, dass, wenn bereits eine beachtliche Überschrei-

---

20 VGH BW, Beschl. v. 20.11.1998 – 10 S 2673/98 = NZV 1999, 224 = VBlBW 1999, 149; Urt. v. 16.4.1999 – 10 S 114/99 = NZV 1999, 396 = VBlBW 1999, 463.

21 VG München, Beschl. v. 22.6.2005 – M 23 S 05.1515 – n.v.; Entscheidungen des VG München können gegen Kostenerstattung angefordert werden, näheres unter der Internet-Adresse <www.vgh.bayern.de/VGMuenchen/service.htm> oder per E-Mail an die Adresse <entscheidungsanforderung@vg-m.bayern.de>.

22 Vgl nur OVG NW, Urt. v. 31.3.1995 – 25 A 2798/93 = NJW 1995, 3335 = VRS 90, 231 mwN; Urt. v. 29.4.1999 – 8 A 699/97 = NJW 1999, 3279 = DAR 1999, 375; VG München, Urt. v. 2.8.2000 – M 31 K 00.738 = DAR 2001, 380.

tung der Zwei-Wochen-Frist vorliegt, es jedenfalls an der Voraussetzung der Unmöglichkeit der Fahrerfeststellung fehlt. Ist dagegen den Anforderungen der grundsätzlich notwendigen Benachrichtigung des Fahrzeughalters von dem Verstoß innerhalb von zwei Wochen seit dem Vorkommnis genügt oder greift eine Ausnahme von diesem Erfordernis ein, ist weiter zu prüfen, ob auch die daneben bestehenden Anforderungen an eine genügende Anstrengung der Ermittlungsbehörden hinsichtlich der Fahrerfeststellung erfüllt sind.

Welche Anstrengungen die Ermittlungsbehörden hierbei im Einzelfall unternehmen müssen, lässt sich abstrakt nicht sagen, da die Anforderungen von den jeweiligen Umständen des Einzelfalls abhängen. Es lassen sich jedoch aus der Rechtsprechung einige Grundsätze ableiten, die im Folgenden dargestellt und sodann mit mithilfe von Beispielsfällen illustriert werden sollen.   43

aa) Fehlende Bereitschaft des Halters zur Mitwirkung an der Aufklärung

Beispiel: Mit dem Kraftfahrzeug des T. wird eine Nötigung (§ 240 Abs. 1 StGB) im Straßenverkehr begangen. Ein Zeuge, der die Tat beobachtet hat, konnte zwar das amtliche Kennzeichen des Fahrzeugs erkennen, er konnte jedoch keine Angaben zum Fahrzeugführer machen. Der T. macht im Ermittlungsverfahren keine Angaben, dieses wird schließlich gem. § 170 Abs. 2 S. 1 StPO eingestellt.   44

Weitere Ermittlungen werden in einer solchen Situation nur ausnahmsweise dann in Betracht kommen, wenn Verdachtsmomente vorliegen, die in eine bestimmte Richtung deuten und eine Aufklärung auch ohne Mitwirkung des Halters aussichtsreich erscheinen lassen. Vorliegend hat T. die Mitwirkung an den Ermittlungen vollständig abgelehnt. Auch sonstige Ermittlungsansätze liegen nicht vor. Die Durchführung weiterer Ermittlungen war den Ermittlungsbehörden daher nach genanntem Regel-Ausnahme-Verhältnis und den sogleich unter Rn 50 ff dargestellten Grundsätzen nicht zumutbar. Davon abgesehen ist auch nicht ersichtlich, was die Ermittlungsbehörden überhaupt noch hätten tun können. Angesichts der Umstände des vorliegenden Falls kommen nämlich auch die bei sonstigen Fallgestaltungen typischerweise denkbaren Ermittlungshandlungen, wie zB Zeugenbefragungen, nicht in Betracht, insbesondere weil vom vorliegenden Verkehrsverstoß keine Lichtbilder existieren. Dieser Umstand schadet grundsätzlich nicht bei der Anordnung eines Fahrtenbuchs, da es keine Voraussetzung für die Anordnung der Führung eines Fahrtenbuchs ist, dass es sich um einen Verstoß handelt, der mithilfe von Lichtbildern oder sonstigen Beweismitteln, die eine nachträgliche Ermittlung des Täters erleichtern oder überhaupt ermöglichen, nachgewiesen wird. Denn es gibt eine Vielzahl von Verkehrsverstößen, die typischerweise nicht mit Lichtbildern nachgewiesen werden, etwa Unfallflucht, Nötigung im Straßenverkehr oder Verstöße im ruhenden Verkehr, die aber gleichwohl nach allgemeiner Meinung Anlass für die Anordnung einer Fahrtenbuchauflage sein können.[23] Sonst übliche Ermittlungsmaßnahmen, etwa Lichtbildvorlagen in der Nachbarschaft, der Verwandtschaft oder im beruflichen Umfeld des Betroffenen können hier verständlicherweise nicht angestellt werden.   45

Für die Entscheidung der Frage, ob eine Ermittlung des verantwortlichen Fahrzeugführers möglich war, kommt es nicht primär darauf an, ob der Fahrzeughalter gut oder schlecht (oder gar nicht) mitgewirkt hat. Vielmehr kommt es entscheidend darauf an, ob die Ermittlungsbehörde angemessen ermittelt hat. Erst für die Frage, welche Ermittlungshandlungen seitens der Ermittlungsbehörde angemessen sind, was dieser also zumutbar ist, ist das Maß der **Mitwirkung des Fahrzeughalters** entscheidend. Dessen Mitwirkungsbereitschaft und   46

---

23 Vgl etwa für Parkverstöße OVG Rheinland-Pfalz, Urt. v. 17.10.1977 – 6 A 26/77 = VRS 54, 380; für Unfallflucht: BVerwG, Beschl. v. 12.2.1980 – 7 B 179/79 = Buchholz 442.16 § 31a StVZO Nr. 6; für Nötigung: OVG Bremen, Urt. 26.10.1994 – 2 BA 20/94 – juris.

-möglichkeit ist daher kein unmittelbares, sondern nur ein mittelbares Kriterium zur Ausfüllung des Tatbestandsmerkmals der Unmöglichkeit der Fahrerermittlung.

47 Vor diesem Hintergrund ist es konsequent, wenn das BVerwG ausführt: „Gefährdet [der Fahrzeughalter] die Sicherheit und Ordnung des Straßenverkehrs dadurch, dass er unter Vernachlässigung seiner Aufsichtsmöglichkeit nicht dartun kann oder will, wer im Zusammenhang mit einer Verkehrszuwiderhandlung zu einem bestimmten Zeitpunkt ein Fahrzeug gefahren hat, darf er durch das Führen eines Fahrtenbuchs zu einer nachprüfbaren Überwachung der Fahrzeugbenutzung angehalten werden.“[24]

48 Diese Rechtsprechung zeigt, dass **mangelnde Mitwirkungsbereitschaft** nicht Tatbestandsvoraussetzung des § 31a Abs. 1 S. 1 StVZO ist. Grundsätzlich enthält der Tatbestand des § 31a StVZO also nicht das Erfordernis, dass die Unmöglichkeit der Feststellung des Fahrers auf mangelnde Mitwirkungsbereitschaft des Halters zurückzuführen ist.[25] Ausgehend von Sinn und Zweck des § 31a Abs. 1 StVZO, nämlich die Gewährleistung, dass in Zukunft der Täter einer Verkehrsordnungswidrigkeit rechtzeitig ermittelt werden kann, um künftige Gefahren für die Sicherheit und Ordnung des Straßenverkehrs zu vermeiden, ist eine Fahrtenbuchanordnung nicht deswegen ausgeschlossen, weil der Fahrzeughalter möglicherweise bereit zur Aufklärung wäre, trotzdem aber tatsächlich nicht zur Aufklärung beitragen kann.

49 Erst recht steht es der Verhängung eines Fahrtenbuchs nicht entgegen, dass dem Betroffenen kein **Verschulden** hinsichtlich der Nichtermittelbarkeit des zum Tatzeitpunkt verantwortlichen Fahrzeugführers vorzuwerfen ist. Dies schon deswegen, da § 31a Abs. 1 S. 1 StVZO keine Strafvorschrift darstellt, sondern eine Maßnahme zur Gefahrenabwehr im Bereich der öffentlichen Sicherheit und Ordnung des Straßenverkehrs.[26] Andersherum wäre es für die Verhängung eines Fahrtenbuchs schädlich (wenn dies auch in der Praxis nicht so häufig vorkommen wird wie der gegenteilige Fall), wenn die Ermittlung eines Fahrzeugführers auf bloßem **Zufall** beruhte, ohne dass der Fahrzeughalter irgendwie mitwirkt – in einem solchen Fall wäre die Verhängung eines Fahrtenbuchs rechtswidrig. Trotzdem ist es – vorbehaltlich besonderer Umstände im Einzelfall – ratsam, als Fahrzeughalter so weit als möglich Angaben zu machen, da auf diese Weise die Anforderungen an das Maß, das an die Ermittlungstiefe der Behörde anzulegen ist, gesteigert werden können.

50 Für die Beurteilung der Angemessenheit der Aufklärungsmaßnahmen kommt es wesentlich darauf an, ob die Polizei in sachgerechtem und rationellem Einsatz der ihr zur Verfügung stehenden Mittel nach pflichtgemäßem Ermessen die Maßnahmen getroffen hat, welche der Bedeutung des aufzuklärenden Verkehrsverstoßes gerecht werden und erfahrungsgemäß Erfolg haben können.[27] Dabei können sich Art und Umfang der Aufgabe der Behörde, den Fahrzeugführer zu ermitteln, an der Erklärung des betreffenden Fahrzeughalters ausrichten.[28]

51 **Beispiel:** Mit dem auf die W. zugelassenen Fahrzeug wurde eine Straftat des unerlaubten Entfernens vom Unfallort begangen. Im Laufe des Ermittlungsverfahrens wird W. als Beschuldigte vernommen. Dabei lässt sie sich folgendermaßen ein: „Ich möchte mich derzeit auf Anraten meines Rechtsanwalts gar nicht zur Sache äußern.“ Nachdem auch keine sonstigen Ansätze für weitere Ermittlungen bestanden haben – der Geschädigte, der als Zeuge vernommen worden ist, sowie ein weiterer unbeteiligter Zeuge haben zwar das Kennzeichen des

---

24 BVerwG, Beschl. v. 23.6.1989 – 7 B 90/89 = NJW 1989, 2704 = Buchholz 442.16 § 31a StVZO Nr. 20.
25 Vgl nur *Hentschel*, Straßenverkehrsrecht, § 31a StVZO, Rn 3 mwN.
26 Vgl BVerwG, Beschl. v. 25.3.1997 – 3 B 22/97 – juris; Beschl. v. 3.2.1989 – 7 B 18/89 = NJW 1989, 1624 = NVZ 1989, 206; *Hentschel*, Straßenverkehrsrecht, § 31a StVZO, Rn 2.
27 Statt aller BVerwG, Urt. v. 17.12.1982 – 7 C 3/80 = Buchholz 442.16 § 31a StVZO Nr. 12 = BayVBl 1983, 310 mwN.
28 Vgl etwa OVG des Saarlandes, Beschl. v. 14.4.2000 – 9 V 5/00 – juris; VGH BW, Beschl. v. 30.11.1999 – 10 S 2436/99 = DAR 2000, 378 = NZV 2001, 448 = VBlBW 2000, 201.

Verursacher-Fahrzeugs angeben, jedoch keine Angaben zum Fahrzeugführer machen können – wird mit Verfügung der Staatsanwaltschaft das Ermittlungsverfahren gem. § 170 Abs. 2 StPO eingestellt. In der Folge wird gegenüber W. die Führung eines Fahrtenbuchs angeordnet.

Lehnt der Fahrzeughalter wie hier erkennbar **die Mitwirkung an Ermittlungen ab**, sind nach Maßgabe der Umstände des Einzelfalls regelmäßig den Ermittlungsbehörden weitere wahllos zeitraubende, kaum Aussicht auf Erfolg bietende Ermittlungen nicht zumutbar.[29] Weitere Ermittlungen kommen in einer solchen Situation nur ausnahmsweise dann in Betracht, wenn Verdachtsmomente vorliegen, die in eine bestimmte Richtung deuten und eine Aufklärung auch ohne Mitwirkung des Halters aussichtsreich erscheinen lassen. Nachdem W. im Beispiel Rn 51 keine Angaben zur Sache gemacht hat und auch im Übrigen Ansätze für weitere Ermittlungen nicht bestanden, sind die Ermittlungsbehörden ihrer Pflicht zur Durchführung sämtlicher zumutbarer Ermittlungen jedenfalls ausreichend nachgekommen. Die Feststellung eines Fahrzeugführers war unmöglich.

52

Beispiel: Mit dem Kraftfahrzeug des H. wurde ein Rotlichtverstoß begangen. Von der Bußgeldstelle des Kreises E. wurde ihm ein Anhörungsbogen übersandt, dessen Erhalt H. zwar bestätigte, auf den er aber weiter nicht reagierte. Auch im weiteren Verfahren äußerte er sich bis zur Anordnung eines Fahrtenbuchs durch die zuständige Straßenverkehrsbehörde nicht.

53

Eine Ablehnung der Mitwirkung an den Ermittlungen, für die es nicht darauf ankommt, ob ausdrücklich erklärt wird, dass eine Mitwirkung nicht erfolgen wird, etwa unter Berufung auf ein Aussageverweigerungsrecht, oder ob schlicht eine tatsächliche Mitwirkung nicht stattfindet, liegt regelmäßig bereits dann vor, wenn der Fahrzeughalter den **Anhörungsbogen der Ordnungswidrigkeitenbehörde nicht zurücksendet** und auch sonst keine Angaben zum Personenkreis der Fahrzeugbenutzer macht.[30]

54

Im Beispiel Rn 53 hat H. nicht an den Ermittlungen mitgewirkt. Weder wurde der Anhörungsbogen zurückgesandt, obwohl dessen Erhalt ausdrücklich bestätigt wurde, was als konkludente Erklärung dahin gehend zu werten ist, keine Angaben zur Sache machen zu wollen,[31] noch wurden im weiteren Verfahren irgendwelche Angaben gemacht. Daher war es vorliegend den Ermittlungsbehörden nicht zumutbar, weitere Ermittlungsmaßnahmen zu ergreifen. Soweit darüber hinaus eine Aufklärung des Verkehrsverstoßes ohne Mitwirkung des H. nicht möglich war bzw nicht geschehen ist (etwa durch Zufallserkenntnisse der Ermittlungsbehörde oder durch überobligatorische Anstrengungen), ist die angeordnete Fahrtenbuchauflage rechtmäßig.

55

Muster: Klage gegen die Anordnung eines Fahrtenbuchs im Falle nicht ausreichender Ermittlungen

56

↓

An das Verwaltungsgericht ▪▪▪

Klage

des Herrn ▪▪▪

– Kläger –

---

29 Vgl BVerwG, Urt. v. 17.12.1982 – 7 C 3/80 = Buchholz 442.16 § 31a StVZO Nr. 12 = BayVBl 1983, 310; Beschl. v. 21.10.1987 – 7 B 162/87 = NJW 1988, 1104 = DAR 1988, 68 = Buchholz 442.16, § 31a StVZO Nr. 18; Beschl. v. 1.3.1994 – 11 B 130/93 = VRS 88, 158; VGH BW, Beschl. v. 1.10.1992 – 10 S 2173/92 = NZV 1993, 47 = VBlBW 1993, 65; OVG des Saarlandes, Beschl. v. 5.4.2004 – 1 Q 54/03 – juris.
30 Vgl etwa Nds. OVG, Beschl. v. 4.12.2003 – 12 LA 442/03 = NJW 2004, 1125 = DAR 2004, 607 = zfs 2004, 433; Beschl. v. 11.7.2003 – 12 ME 274/03 = zfs 2003, 526, jeweils mwN.
31 VGH BW, Beschl. v. 30.11.1999 – 10 S 2436/99 = DAR 2000, 378 = NZV 2001, 448 = VBlBW 2000, 201.

Prozessbevollmächtigte: RAe ■■■

gegen

■■■ [Rechtsträger der Straßenverkehrsbehörde bzw nach Maßgabe des § 78 Abs. 1 Nr. 2 VwGO die Straßenverkehrsbehörde selbst], vertreten durch ■■■ [Behördenvorstand], ■■■ [Adresse]

– Beklagte/r –

wegen: Fahrtenbuch.

Namens und in Vollmacht des Klägers erhebe ich Klage und bitte um die Anberaumung eines Termins zur mündlichen Verhandlung, in dem ich beantragen werde, wie folgt zu erkennen:

1. Der Bescheid des/der Beklagten vom ■■■, Az ■■■, in der Gestalt des Widerspruchsbescheids der ■■■ [Widerspruchsbehörde] vom ■■■, Az ■■■, wird aufgehoben.

2. Die Zuziehung eines Bevollmächtigten im Vorverfahren war notwendig.

3. Die/Der Beklagte trägt die Kosten des Verfahrens.

4. Das Urteil ist vorläufig vollstreckbar.

Begründung:

Der Kläger wendet sich gegen die Anordnung der Verpflichtung zur Führung eines Fahrtenbuchs seitens der/des Beklagten.

I.

Mit dem auf den Kläger zugelassenen PKW der Marke ■■■ mit dem amtlichen Kennzeichen ■■■ wurde am ■■■ gegen ■■■ Uhr auf der ■■■straße in ■■■ folgender Verkehrsverstoß begangen: ■■■ [zB Ordnungswidrigkeit der Überschreitung der zulässigen Höchstgeschwindigkeit von 50 km/h innerhalb geschlossener Ortschaft um ■■■ km/h (§§ 3 Abs. 3 Nr. 1, 49 Abs. 1 Nr. 3 StVO)]. Nach Anhörung verpflichtete die/der Beklagte den Kläger, für das Fahrzeug mit dem amtlichen Kennzeichen ■■■ für den Zeitraum bis zum ■■■ [Enddatum der Fahrtenbuchanordnung] ein Fahrtenbuch zu führen (Ziffer 1 des streitgegenständlichen Bescheids).

■■■ [weitere Darstellung des Sachverhalts]

II.

Der Bescheid ist rechtswidrig und verletzt den Kläger in seinen Rechten.

Die Voraussetzungen für die Anordnung einer Verpflichtung zum Führen eines Fahrtenbuchs gem. § 31a Abs. 1 StVZO liegen nicht vor. Die in § 31a Abs. 1 S. 1 StVZO geforderte Unmöglichkeit der Feststellung des Fahrzeugführers liegt dann vor, wenn die Ermittlungsbehörde nach den Umständen des Einzelfalls nicht in der Lage war, den Täter zu ermitteln, obwohl sie alle angemessenen und zumutbaren Maßnahmen ergriffen hat (vgl nur BVerwG, Beschl. v. 21.10.1987 – 7 B 162/87 = NJW 1988, 1104 = DAR 1988, 68 = Buchholz 442.16, § 31a StVZO Nr. 18; VGH BW, Urt. v. 18.6.1991 – 10 S 938/91 = NJW 1992, 132 = DAR 1991, 433). Für die Beurteilung der Angemessenheit der Aufklärungsmaßnahmen kommt es wesentlich darauf an, ob die Polizei in sachgerechtem und rationellem Einsatz der ihr zur Verfügung stehenden Mittel nach pflichtgemäßem Ermessen die Maßnahmen getroffen hat, welche der Bedeutung des aufzuklärenden Verkehrsverstoßes gerecht werden und erfahrungsgemäß Erfolg haben können (statt aller BVerwG, Urt. v. 17.12.1982 – 7 C 3/80 = Buchholz 442.16 § 31a StVZO Nr. 12 = BayVBl 1983, 310 mwN). Dabei können sich Art und Umfang der Aufgabe der Behörde, den Fahrzeugführer zu ermitteln, an der Erklärung des betreffenden Fahrzeughalters ausrichten (vgl OVG des Saarlandes, Beschl. v. 14.4.2000 – 9 V 5/00 - juris; VGH BW, Beschl. v. 30.11.1999 – 10 S 2436/99 = DAR 2000, 378 = NZV 2001, 448 = VBlBW 2000, 201).

[Alt. 1: Hat der Mandant erfolglos an der Aufklärung mitgewirkt bzw mitzuwirken versucht:] Obwohl der Kläger an der Aufklärung des Verkehrsverstoßes mitgewirkt hat, indem er ■■■, konnte der Verkehrsverstoß nicht

aufgeklärt werden, weil die Ermittlungsbehörden trotz der Mitwirkungshandlung des Klägers den bestehenden Hinweisen nicht nachgegangen sind. ■■■ [ggf weitere Ausführungen].

[Alt. 2: Hat der Mandant nicht an der Aufklärung mitgewirkt, sind aber andere Ermittlungsansätze vorhanden:]
Zwar hat der Kläger keine Angaben zu den näheren Umständen des Verkehrsverstoßes gemacht. In einem solchen Fall, wenn der Fahrzeughalter erkennbar die Mitwirkung an den Ermittlungen ablehnt, gilt grundsätzlich, dass nach Maßgabe der Umstände des jeweils zu beurteilenden Einzelfalls regelmäßig den Ermittlungsbehörden weitere wahllos zeitraubende, kaum Aussicht auf Erfolg bietende Ermittlungen nicht zumutbar sind (vgl BVerwG, Urt. v. 17.12.1982, aaO; Beschl. v. 21.10.1987, aaO; Beschl. v. 1.3.1994 – 11 B 130/93 = VRS 88, 158; VGH BW, Beschl. v. 1.10.1992 – 10 S 2173/92 = NZV 1993, 47 = VBlBW 1993, 65; OVG des Saarlandes, Beschl. v. 5.4.2004 – 1 Q 54/03 - juris).

Weitere Ermittlungen kommen in einer solchen Situation aber dann in Betracht, wenn Verdachtsmomente vorliegen, die in eine bestimmte Richtung deuten und eine Aufklärung auch ohne Mitwirkung des Halters aussichtsreich erscheinen lassen. Danach stellt sich die Sachlage vorliegend so dar, dass trotz der fehlenden Angaben des Klägers Ermittlungsansätze vorhanden gewesen wären, nämlich ■■■ [nähere Ausführungen].

Ob diese Ermittlungen zu einem Ergebnis geführt hätten, ist zwar nicht sicher. Darauf kommt es aber nicht an. Weder der Wortlaut des § 31a Abs. 1 S. 1 StVZO verlangt dies – er spricht von Unmöglichkeit, nicht von Unsicherheit; an der Unmöglichkeit fehlt es, wenn die nahe liegende Möglichkeit besteht, mittels zumutbarer, erfolgversprechender Maßnahmen den verantwortlichen Fahrzeugführer zu ermitteln –, noch wäre dieser hypothetische Kausalitätsnachweis überhaupt zu führen. Vielmehr kommt es auf eine Betrachtung an, die danach fragt, ob eine bestimmte Ermittlungshandlung zumutbar war, weil sie erfahrungsgemäß und mit einer gewissen Wahrscheinlichkeit zum Erfolg hätte führen können. Ist eine solche Maßnahme unterlassen worden – wobei bei der Beurteilung, ob dies letztlich der Fall ist, eine wertende Betrachtung nötig ist –, war die Fahrerfeststellung nicht unmöglich. Dies ist im vorliegenden Fall gegeben, weil ■■■ [nähere Begründung].

III.

Die Zuziehung des Bevollmächtigten im Vorverfahren war notwendig iSv § 162 Abs. 2 S. 2 VwGO, da sie von dem Kläger als nicht rechtskundiger Partei für erforderlich gehalten werden durfte und es ihm nach seinen persönlichen Lebensverhältnissen nicht zumutbar war, das Verfahren selbst zu führen.

Kosten: § 154 Abs. 1 VwGO. Vorläufige Vollstreckbarkeit: § 167 Abs. 2, Abs. 1 S. 1 VwGO iVm §§ 708 ff ZPO.

Rechtsanwalt

bb) Insbesondere: Firmenfahrzeug

Auch an dieser Stelle sind, wenn sich die Fahrtenbuchanordnung an den Halter eines **Firmenfahrzeugs** richtet, Besonderheiten zu beachten.   **57**

Beispiel: B. ist Einzelkaufmann und hat ein Ladengeschäft mit einigen Angestellten, die jeweils halbtags beschäftigt sind. Daneben helfen auch mehrere Familienangehörige in unregelmäßigen Abständen bei Bedarf aus. Mit einem auf B. zugelassenen Fahrzeug wird ein Geschwindigkeitsverstoß begangen. Auf den Zeugenfragebogen, der B. erst 16 Tage nach dem Tattag erreicht, kreuzt er an, dass nicht bekannt sei, wer Fahrzeugführer zur Tatzeit war, und fügt handschriftlich hinzu: „Da ich nicht sagen kann, wer an diesem Tag das Firmenfahrzeug gefahren hat! Dazu wäre mindestens ein klares Foto erforderlich." Als dem B. das Foto vom Geschwindigkeitsverstoß gezeigt wird, gibt er an, die Person nicht zu erkennen. Weitere Schritte unternimmt die Ermittlungsbehörde nicht. Die zuständige Straßenverkehrsbehörde erlässt gegen B. eine Fahrtenbuchanordnung.   **58**

Im anschließenden Klageverfahren kann die Klageschrift wie folgt aussehen:

59 **Muster: Klage gegen die Anordnung eines Fahrtenbuchs für ein oder mehrere Firmenfahrzeug(e)**

↓

An das Verwaltungsgericht ▪▪▪

Klage

des Herrn ▪▪▪

– Kläger –

Prozessbevollmächtigte: RAe ▪▪▪

gegen

▪▪▪ [Rechtsträger der Straßenverkehrsbehörde bzw nach Maßgabe des § 78 Abs. 1 Nr. 2 VwGO die Straßenverkehrsbehörde selbst], vertreten durch ▪▪▪ [Behördenvorstand], ▪▪▪ [Adresse]

– Beklagte/r –

wegen: Fahrtenbuch.

Namens und in Vollmacht des Klägers erhebe ich Klage und bitte um die Anberaumung eines Termins zur mündlichen Verhandlung, in dem ich beantragen werde, wie folgt zu erkennen:

1. Der Bescheid des/der Beklagten vom ▪▪▪, Az ▪▪▪, in der Gestalt des Widerspruchsbescheids der ▪▪▪ [Widerspruchsbehörde] vom ▪▪▪, Az ▪▪▪, wird aufgehoben.

2. Die Zuziehung eines Bevollmächtigten im Vorverfahren war notwendig.

3. Die/Der Beklagte trägt die Kosten des Verfahrens.

4. Das Urteil ist vorläufig vollstreckbar.

Begründung:

Der Kläger wendet sich gegen die Anordnung der Verpflichtung zur Führung eines Fahrtenbuchs seitens der/des Beklagten.

I.

Mit dem auf den Kläger zugelassenen PKW der Marke ▪▪▪ mit dem amtlichen Kennzeichen ▪▪▪ wurde am ▪▪▪ gegen ▪▪▪ Uhr auf der ▪▪▪straße in ▪▪▪ folgender Verkehrsverstoß begangen: Überschreitung der zulässigen Höchstgeschwindigkeit von 50 km/h innerhalb geschlossener Ortschaft um ▪▪▪ km/h (§§ 3 Abs. 3 Nr. 1, 49 Abs. 1 Nr. 3 StVO). Nach Anhörung verpflichtete die/der Beklagte den Kläger, für das Fahrzeug mit dem amtlichen Kennzeichen ▪▪▪ für den Zeitraum bis zum ▪▪▪ [Enddatum der Fahrtenbuchanordnung] ein Fahrtenbuch zu führen (Ziffer 1 des streitgegenständlichen Bescheids).

▪▪▪ [ggf weitere Darstellung des Sachverhalts]

II.

Der Bescheid ist rechtswidrig und verletzt den Kläger in seinen Rechten.

Die Voraussetzungen für die Anordnung einer Verpflichtung zum Führen eines Fahrtenbuchs gem. § 31a Abs. 1 StVZO liegen nicht vor. Die in § 31a Abs. 1 S. 1 StVZO geforderte Unmöglichkeit der Feststellung des Fahrzeugführers liegt dann vor, wenn die Ermittlungsbehörde nach den Umständen des Einzelfalls nicht in der Lage war, den Täter zu ermitteln, obwohl sie alle angemessenen und zumutbaren Maßnahmen ergriffen hat (vgl nur BVerwG, Beschl. v. 21.10.1987 – 7 B 162/87 = NJW 1988, 1104 = DAR 1988, 68 = Buchholz 442.16, § 31a StVZO Nr. 18; VGH BW, Urt. v. 18.6.1991 – 10 S 938/91 = NJW 1992, 132 = DAR 1991, 433). Für die Beurteilung der Angemessenheit der Aufklärungsmaßnahmen kommt es wesentlich darauf an, ob die Polizei in sachgerechtem und rationellem Einsatz der ihr zur Verfügung stehenden Mittel nach pflichtgemäßem Ermessen die Maßnahmen getroffen hat, welche der Bedeutung des aufzuklärenden Verkehrsverstoßes gerecht werden und erfahrungsgemäß Erfolg haben können (statt aller BVerwG, Urt. v. 17.12.1982 – 7 C 3/80 = Buchholz 442.16 § 31a StVZO Nr. 12 = BayVBl 1983, 310 mwN). Dabei können sich Art und Umfang der Aufgabe der Behörde, den Fahrzeugführer zu ermitteln, an der Erklärung des betreffenden Fahrzeughalters ausrichten (vgl OVG des Saarlandes, Beschl. v. 14.4.2000 – 9 V 5/00 - juris; VGH BW, Beschl. v. 30.11.1999 – 10 S 2436/99 = DAR 2000, 378 = NZV 2001, 448 = VBlBW 2000, 201).

Abgesehen davon, dass der/die Beklagte den Kläger erst nach 16 Tagen von dem Verkehrsverstoß benachrichtigt hat und damit nach Ablauf von zwei Wochen, waren die von der Behörde durchgeführten Ermittlungen auch nicht ausreichend. Denn auch dem Träger eines kaufmännisch geführten Unternehmens obliegt es insoweit nicht, Vorkehrungen zu treffen, die sicherstellen, dass auch nach längerer Zeit sicher nachvollzogen werden kann, welcher Mitarbeiter welches Fahrzeug an einem bestimmten Tag zu einer bestimmten Uhrzeit gefahren hat. Eine derartige Obliegenheit lässt sich auch nicht aus den handelsrechtlichen Buchführungspflichten herleiten. Da die genannten Buchführungspflichten sowie sonstige Grundsätze des sachgerechten kaufmännischen Verhaltens eine derart präzise – auf Tag und Uhrzeit genaue – Dokumentation nicht erfordern, lässt sich auch keine tatsächliche Vermutung dahin gehend herleiten, dass der Träger eines kaufmännischen Unternehmens anhand seiner Unterlagen regelmäßig in der Lage ist, nach einiger Zeit den Fahrer eines Firmenwagens an einem bestimmten Tag zu einer bestimmten Uhrzeit zu ermitteln.

■■■ [ggf weitere Ausführungen]

III.

Die Zuziehung des Bevollmächtigten im Vorverfahren war notwendig iSv § 162 Abs. 2 S. 2 VwGO, da sie von dem Kläger als nicht rechtskundiger Partei für erforderlich gehalten werden durfte und es ihm nach seinen persönlichen Lebensverhältnissen nicht zumutbar war, das Verfahren selbst zu führen.

Kosten: § 154 Abs. 1 VwGO. Vorläufige Vollstreckbarkeit: § 167 Abs. 2, Abs. 1 S. 1 VwGO iVm §§ 708 ff ZPO.

Rechtsanwalt

Darauf ist folgende Klageerwiderung denkbar:

Muster: Klageerwiderung

An das Verwaltungsgericht ■■■

Az ■■■

Klageerwiderung

In der Verwaltungsstreitsache

des Herrn ■■■

– Kläger –

Prozessbevollmächtigte: RAe ■■■

gegen

■■■ [Rechtsträger der Straßenverkehrsbehörde bzw nach Maßgabe des § 78 Abs. 1 Nr. 2 VwGO die Straßenverkehrsbehörde selbst], vertreten durch ■■■ [Behördenvorstand], ■■■ [Adresse]

– Beklagte/r –

Prozessbevollmächtigte: RAe ■■■

wegen: Fahrtenbuch.

Namens und in Vollmacht der/des Beklagten erwidere ich auf die Klage und beantrage, wie folgt zu erkennen:

1. Die Klage wird abgewiesen.

2. Die Kosten des Verfahrens trägt der Kläger

3. Das Urteil ist vorläufig vollstreckbar.

Begründung:

Die/der Beklagte tritt der Klage, mit der sich der Kläger gegen die Anordnung der Verpflichtung zur Führung eines Fahrtenbuchs seitens der/des Beklagten wendet, entgegen.

I.

Mit dem auf den Kläger zugelassenen PKW der Marke ▪▪▪ mit dem amtlichen Kennzeichen ▪▪▪ wurde am ▪▪▪ gegen ▪▪▪ Uhr auf der ▪▪▪straße in ▪▪▪ folgender Verkehrsverstoß begangen: ▪▪▪ Überschreitung der zulässigen Höchstgeschwindigkeit von 50 km/h innerhalb geschlossener Ortschaft um ▪▪▪ km/h (§§ 3 Abs. 3 Nr. 1, 49 Abs. 1 Nr. 3 StVO). Im Rahmen der Anhörung äußerte der Kläger, dass er nicht sagen könne, wer den PKW gefahren habe. Dabei blieb der Kläger auch nach Vorlage eines Fotos vom Geschwindigkeitsverstoß. Nach der Anhörung verpflichtete die/der Beklagte den Kläger, für das Fahrzeug mit dem amtlichen Kennzeichen ▪▪▪ für den Zeitraum bis zum ▪▪▪ [Enddatum der Fahrtenbuchanordnung] ein Fahrtenbuch zu führen (Ziffer 1 des streitgegenständlichen Bescheids).

▪▪▪ [ggf weitere Darstellung des Sachverhalts]

II.

Der Bescheid ist rechtmäßig und verletzt den Kläger daher nicht in seinen Rechten.

Die Voraussetzung für die Anordnung einer Verpflichtung zum Führen eines Fahrtenbuchs gem. § 31a Abs. 1 StVZO liegen vor. Dem/der Beklagten war die Feststellung des Fahrzeugführers unmöglich.

Zunächst steht die Nichteinhaltung der Zwei-Wochen-Frist der Rechtmäßigkeit der Fahrtenbuchanordnung nicht entgegen. Der Kläger ist Kaufmann und der Verkehrsverstoß wurde mit einem Firmenfahrzeug begangen. In diesem Fall gilt nach der überwiegenden Meinung in der Rechtsprechung (vgl nur OVG NW, Urt. v. 31.3.1995 – 25 A 2798/93 = NJW 1995, 3335 = VRS 90, 231 mwN; Urt. v. 29.4.1999 – 8 A 699/97 = NJW 1999, 3279 = DAR 1999, 375; VG München, Urt. v. 2.8.2000 – M 31 K 00.738 = DAR 2001, 380) die Zwei-Wochen-Frist, die nach der höchstrichterlichen Rechtsprechung ohnehin nur regelmäßig, nicht aber in den Fällen Geltung beansprucht, in denen wegen vom Regelfall abweichender Fallgestaltung auch eine spätere Anhörung zur effektiven Rechtsverteidigung genügt, insbesondere dann nicht, wenn ein Kaufmann im Sinne des Handelsrechts Halter desjenigen Fahrzeugs ist, mit dem die Verkehrszuwiderhandlung im geschäftlichen Zusammenhang begangen worden ist. Denn bei Kaufleuten besteht eine Obliegenheit zur längerfristigen Dokumentation von geschäftlichen Fahrten, die es rechtfertigt, ihnen – jedenfalls dann, wenn wie hier eine stichhaltige Erklärung fehlt – den Einwand, es sei nicht möglich, den Fahrzeugführer ausfindig zu machen, zu verwehren (vgl VG Braunschweig, Urt. v. 10.8.2000 - juris; Urt. v. 8.2.2000 – juris, sowie Urt. v. 10.10.2000 – juris).

Auch waren der/dem Beklagten keine weiteren Ermittlungshandlungen zuzumuten.

Bei einem Geschäftsbetrieb wie dem des Klägers, bei dem ein Geschäftsfahrzeug mehreren Betriebsangehörigen oder sonstigen Personen zur Verfügung steht, ist es Sache der Betriebsleitung, die notwendigen organisatorischen Vorkehrungen dafür zu treffen, dass festgestellt werden kann, welche Person zu einem bestimmten Zeitpunkt ein bestimmtes Geschäftsfahrzeug benutzt hat (VGH BW, Beschl. v. 20.11.1998 – 10 S 2673/98 = NZV 1999, 224 = VBlBW 1999, 149). Nur wenn aufgrund derartiger Vorkehrungen, die hier nicht getroffen worden sind, ein für das Fahrzeug zum Zeitpunkt des Verkehrsverstoßes verantwortlicher Firmenangehöriger oder wenigstens der Personenkreis, der hierfür in Betracht kommt, hätte benannt werden können (bzw auch wirklich benannt worden wäre), wären der/dem Beklagtem weitere Ermittlungen zumutbar gewesen in Richtung auf den benannten Firmenangehörigen (etwa auch dahin gehend, ob nicht dieser

Firmenangehörige selbst, sondern ein Dritter, dem das Fahrzeug überlassen wurde, dieses zum maßgeblichen Zeitpunkt benutzt hat) bzw den benannten Personenkreis.

Insbesondere war die/der Beklagte nicht verpflichtet, nachdem der verantwortliche Firmeninhaber sich nicht in der Lage gesehen hatte, anhand des Messfotos den Fahrer zu identifizieren, allen Mitarbeitern des Klägers das Geschwindigkeitsmessfoto zur Identifikation des Fahrzeugführers vorzulegen. Denn wenn mit einem Firmenfahrzeug eine Verkehrsordnungswidrigkeit begangen worden ist, kann es nicht Aufgabe der im Ordnungswidrigkeitenverfahren ermittelnden Behörden sein, innerbetrieblichen Vorgängen nachzuspüren, denen die Geschäftsleitung weitaus näher steht. Es fällt vielmehr in die Sphäre der Geschäftsleitung bzw des Firmeninhabers, entweder von vornherein organisatorische Vorkehrungen dafür zu treffen, dass festgestellt werden kann, welche Person zu welchem Zeitpunkt ein bestimmtes Geschäftsfahrzeug benutzt hat, oder jedenfalls der Ermittlungsbehörde im Nachhinein den Firmenangehörigen oder ggf die Firmenangehörigen namentlich zu bezeichnen, die betriebsintern Zugriff auf das Fahrzeug haben.

Da hier keine dieser Möglichkeiten ergriffen wurde, waren dem/der Beklagten weitere Ermittlungen innerhalb der Belegschaft nicht zumutbar. Ohne jeglichen Anhaltspunkt, aus welchem konkreten Personenkreis der Fahrzeugführer zum Tatzeitpunkt stammen könnte, würde sich ein solches Vorgehen angesichts der vom Kläger nicht näher bestimmten Anzahl der in Frage kommenden Personen als wahllos zeitraubende, kaum Aussicht auf Erfolg bietende Ermittlung darstellen, die der Polizei regelmäßig und mangels Vorliegens besonderer Umstände auch hier nicht zumutbar sind (vgl BVerwG, Urt. v. 17.12.1982 – 7 C 3/80 = Buchholz 442.16 § 31a StVZO Nr. 12 = BayVBl 1983, 310; Beschl. v. 21.10.1987 – 7 B 162/87 = DAR 1988, 68 = Buchholz 442.16 § 31a StVZO Nr. 18; OVG Lüneburg, Beschl. v. 11.7.2003 – 12 ME 274/03 – juris; *Hentschel*, Straßenverkehrsrecht, 38. Auflage, StVZO, § 31a Rn 5 mwN).

Dass sich der Kläger nicht erinnern kann, wer das Fahrzeug geführt hat, kann ihn daher nicht aus seiner Verantwortung entlassen (vgl VG Braunschweig, Urt. v. 30.6.2004 – 6 A 493/03 = NZV 2005, 164). Zwar ist dem Kläger zuzugeben, dass jedenfalls von einem offensichtlich eher kleineren Geschäftsbetrieb wie seinem nicht verlangt werden kann, jede einzelne Fahrt längerfristig datums- und zeitgenau festzuhalten. Das verlangt aber auch niemand von ihm. Vielmehr hätte es zur Eröffnung weiterer Ermittlungsansätze ohne Weiteres ausgereicht, wenn der Kläger der/dem Beklagten gegenüber ausgesagt hätte, welche Personen oder welcher Personenkreis generell Zugriff auf das als Firmenfahrzeug angegebene Fahrzeug hat bzw welche Personen zum Tatzeitpunkt als Fahrer überhaupt in Betracht kommen, weil sie zu diesem Zeitpunkt Zugriff auf das Fahrzeug hatten. Diese Auskünfte hätten dem Kläger einerseits vor dem Hintergrund der bestehenden Obliegenheit jedenfalls zu einer Dokumentation von Mindestinformationen hinsichtlich der Benutzung der Fahrzeuge seiner Firma möglich sein müssen. Andererseits hätte der Kläger diese Informationen schon unabhängig von etwaigen Dokumentationspflichten allein aus seinem organisatorischen Wissen um seine Firma präsent haben müssen. Dass die Preisgabe des Personenkreises, der generell Zugriff auf das Fahrzeug hat, dem Kläger nicht zumutbar war, ist weder geltend gemacht noch sonst ersichtlich. Die Preisgabe dieser Informationen wäre dem Kläger auch ohne Rückgriff auf sein Erinnerungsvermögen an die konkrete Fahrt und die Frage, wer insoweit Fahrer war (und ohne auf ein Foto angewiesen zu sein), möglich gewesen. Da der Kläger diese Angaben gegenüber der/dem Beklagten nicht machte, durfte diese/r es bei den Ermittlungen in dem durchgeführten Ausmaß belassen. Soweit nicht ersichtlich ist, welche weiteren vor dem Hintergrund der Erklärungen des Antragstellers zumutbaren Ermittlungsmaßnahmen die Ermittlungsbehörde hätte noch ergreifen sollen, ist die Rechtmäßigkeit der Fahrtenbuchanordnung nicht zu beanstanden.

III.

Kosten: § 154 Abs. 1 VwGO. Vorläufige Vollstreckbarkeit: § 167 Abs. 2, Abs. 1 S. 1 VwGO iVm §§ 708 ff ZPO.

Rechtsanwalt

61 **Hinweis:** Der Mandant ist in einem derartigen Fall darauf hinzuweisen, dass die Wahrscheinlichkeit der Vermeidung einer Pflicht zum Führen eines Fahrtenbuchs dann erheblich steigt, wenn wenigstens der Personenkreis, aus dem der Fahrzeugführer vermutlich stammt, preisgegeben wird.

cc) Zeugnis-, Auskunfts- und Aussageverweigerungsrechte

62 Der Grundsatz, dass nach Maßgabe der Umstände des Einzelfalls regelmäßig den Ermittlungsbehörden weitere wahllos zeitraubende, kaum Aussicht auf Erfolg bietende Ermittlungen nicht zumutbar sind, wenn der Fahrzeughalter erkennbar die Mitwirkung an diesen Ermittlungen ablehnt, gilt auch und insbesondere in Fällen, in denen der Fahrzeughalter unter Berufung auf ein **Zeugnis-, Auskunfts- oder Aussageverweigerungsrecht** jegliche (sachdienliche) Äußerung verweigert.[32]

63 **Beispiel:** Im Beispiel Rn 51 bringt der Rechtsanwalt der W. im Klageverfahren vor, dass nicht verkannt werde, dass die Berufung auf das Aussageverweigerungsrecht der Fahrtenbuchmaßnahme nicht entgegenstehe. Die Aussageverweigerung der W. im Ermittlungsverfahren sei jedoch nur vorläufig gewesen. Nach erfolgter Akteneinsicht durch ihn hätte eine Stellungnahme zur Sache erfolgen sollen. Dazu sei es nicht mehr gekommen, da die Staatsanwaltschaft das Verfahren sofort eingestellt habe. Die Ermittlungsbehörden hätten demzufolge nicht alles Zumutbare getan, um die begangene Straftat aufzuklären, weshalb es hinsichtlich des verhängten Fahrtenbuchs an dem Tatbestandsmerkmal der Unmöglichkeit der Feststellung des Fahrzeugführers fehle und die Fahrtenbuchanordnung aufzuheben sei.

64 Zunächst ist es nicht relevant, dass von dem Bevollmächtigten der W. vorgetragen wird, dass nach erfolgter Akteneinsicht eine Stellungnahme zur Sache hätte erfolgen sollen. Ob dieses Vorbringen tatsächlich zutrifft, ist nicht entscheidend. Denn hieraus hätte von vornherein allenfalls dann eine Pflicht der Ermittlungsbehörde erwachsen können, sich noch weitere Ermittlungen für den Fall vorzubehalten, dass aus der eventuell zu erwartenden Stellungnahme neue Ermittlungsansätze folgen, wenn der Umstand der möglicherweise zu erwartenden Stellungnahme den Ermittlungsbehörden auch bekannt gewesen wäre. Das ist aber gerade nicht der Fall. Weder ist in dem Beispiel Rn 63 von W. vorgetragen, dass eine eventuelle Stellungnahme nach erfolgter Akteneinsicht den Ermittlungsbehörden angekündigt worden wäre, noch lässt sich dies dem Sachverhalt sonst entnehmen. Daher bestand aus keinem denkbaren Gesichtspunkt eine Pflicht der Ermittlungsbehörden abzuwarten, ob sich neue Ermittlungsansätze ergeben. Denn es wäre den Ermittlungsbehörden nicht zuzumuten, gleichsam „ins Blaue hinein" abzuwarten, ob sich neue Ermittlungsansätze ergeben werden, ohne zu dieser Erwartung konkrete Anhaltspunkte zu haben. Ein solches Abwarten bzw Ermittlungen ohne konkrete Anstaltspunkte würden sich nicht mehr im Rahmen angemessener Aufklärungsarbeit halten, sondern würden die der Ermittlungsbehörde gerade nicht zumutbaren wahllos zeitraubenden, kaum Aussicht auf Erfolg bietenden Ermittlungen darstellen.

65 Auch der in diesem Zusammenhang von W. erhobene Vorwurf, die Staatsanwaltschaft habe das Ermittlungsverfahren quasi „zu früh" eingestellt, ohne weitere Ermittlungen anzustellen bzw neue Ansätze abzuwarten, geht in zweifacher Hinsicht fehl. Denn erstens war es in jeder Hinsicht ordnungsgemäß, das Ermittlungsverfahren einzustellen, nachdem keine Aufklärung über den mutmaßlichen Fahrzeugführer zu erzielen war und mangels Vorliegens irgendwie konkretisierbarer weiterer Ermittlungsansätze eine weitere Ermittlungstätigkeit keinen Erfolg

---

32 Vgl BVerwG, Urt. v. 17.12.1982 – 7 C 3/80 = Buchholz 442.16 § 31a StVZO Nr. 12 = BayVBl 1983, 310; Beschl. v. 21.10.1987 – 7 B 162/87 = NJW 1988, 1104 = DAR 1988, 68 = Buchholz 442.16, § 31a StVZO Nr. 18; Beschl. v. 1.3.1994 – 11 B 130/93 = VRS 88, 158; VGH BW, Beschl. v. 1.10.1992 – 10 S 2173/92 = NZV 1993, 47 = VBlBW 1993, 65; OVG des Saarlandes, Beschl. v. 5.4.2004 – 1 Q 54/03 – juris.

versprach. Zweitens konnte im vorliegenden Fall die Einstellung des Ermittlungsverfahrens ohnehin nicht ursächlich gewesen sein für die nicht erfolgte Fahrerermittlung. Denn die **Einstellung eines Ermittlungsverfahrens** nach § 170 Abs. 2 S. 1 StPO hat keinen sog. Strafklageverbrauch zur Folge, vielmehr steht es der Staatsanwaltschaft frei, das Ermittlungsverfahren jederzeit wieder aufzunehmen, wenn Anlass dazu besteht.[33] Da bei der vorliegenden Straftat des unerlaubten Entfernens vom Unfallort die Verjährungsfrist drei Jahre (§§ 78 Abs. 3 Nr. 5, 142 Abs. 1 StGB) ab Beendigung der Tat (§ 78a StGB) beträgt, droht auch aus diesem Gesichtspunkt keine Nichtverfolgbarkeit. Daher konnte die Einstellung des Ermittlungsverfahrens nicht dazu führen, dass die Ermittlungen nicht wieder aufgenommen werden konnten, dh sie können wieder aufgenommen werden, wenn sich neue Ermittlungsansätze ergeben, etwa dadurch, dass, wie der Bevollmächtigte der W. vorgebracht hat, die W. noch Angaben machen möchte.

Wie auf Seiten der W. richtig erkannt, hilft ihr bei der Anfechtung des Bescheids die Inanspruchnahme des Aussageverweigerungsrechts nicht. Vielmehr ist in der höchstrichterlichen Rechtsprechung geklärt, dass die Ausübung eines **Zeugnis-, Aussage- oder Auskunftsverweigerungsrechts** im Ordnungswidrigkeitenverfahren der Anordnung eines Fahrtenbuchs nach § 31a StVZO nicht entgegensteht.[34] Begründet wird dies damit, dass es für den Fahrzeughalter kein „doppeltes Recht" gebe, nach einem Verkehrsverstoß aus eigennützigen Gründen zu leugnen (wenn auch, woran zu erinnern ist, rechtmäßig) und zugleich eine Fahrtenbuchauflage abzuwehren. Nach der Rechtsprechung des BVerwG[35] steht einer Fahrtenbuchanordnung auch nicht entgegen, dass mit der Fahrtenbuchauflage der Boden bereitet wird für einen zukünftigen Zwang zur Mitwirkung an der Überführung eines Täters einer Ordnungswidrigkeit. Diese Entscheidung ist nicht unbedenklich. Denn zwar kann der Fahrzeugführer nach Abschluss einer Fahrt, auf der er eine Tat begangen hat, die Unterschrift rechtmäßigerweise unterlassen. Mit Rücksicht auf das Recht, sich selbst nicht belasten zu müssen, dürfte dies nicht als Ordnungswidrigkeit (§ 69 Abs. 5 Nr. 4, 4a StVZO) geahndet werden. Angesichts der sonstigen Angaben im Fahrtenbuch wird es jedoch nicht allzu schwer sein, den verantwortlichen Fahrzeugführer zu ermitteln. Gleichwohl betont das BVerwG,[36] dass es rechtmäßig ist, aus Aufzeichnungen wie einem zulässig angeordneten Fahrtenbuch Erkenntnisse über den Täter einer Verkehrsordnungswidrigkeit abzuleiten, auch wenn es sich dabei um den Aufzeichnenden selbst oder jemanden handelt, hinsichtlich dessen dem Aufzeichnenden ein Zeugnisverweigerungsrecht[37] zusteht.

Allerdings bedeutet die Inanspruchnahme eines Aussage-, Auskunfts- oder Zeugnisverweigerungsrechts nicht in jedem Fall automatisch, dass deswegen die Verhängung eines Fahrtenbuchs immer rechtmäßig sein muss. Wie auch sonst bei der Beurteilung der Frage, ob die Feststellung des Fahrzeugführers unmöglich war, kommt es auch hier auf die Umstände des Einzelfalls an.

Beispiel: Mit dem Kraftfahrzeug des R. wird eine Geschwindigkeitsübertretung begangen. Im Bußgeldverfahren lässt R. durch seinen Rechtsanwalt zunächst schriftlich vortragen, dass er keine Angaben machen wolle. Gegenüber der Polizei gibt R. dann später jedoch an, dass es sich bei der Fahrerin um seine Verlobte handele und er vom Zeugnisverweigerungsrecht

---

33 *Meyer-Goßner*, StPO, § 170 Rn 9 mwN.

34 BVerfG, Beschl. v. 7.12.1981 – 2 BvR 1172/81 = NJW 1982, 568 = BayVBl 1982, 81; BVerwG, Beschl. v. 22.6.1995 – 11 B 7/95 = DAR 1995, 459 = BayVBl 1996, 156 = Buchholz 442.16 § 31a StVZO Nr. 22; vgl auch Beschl. v. 11.8.1999 – 3 B 96/99 = NZV 2000, 385 = BayVBl 2000, 380.

35 Beschl. v. 11.8.1999, aaO.

36 BVerwG, ebda.

37 Das BVerwG spricht hier vom Aussageverweigerungsrecht, gemeint sein kann hier aber nur das Zeugnisverweigerungsrecht, da es um einen Dritten geht.

66

67

68

Gebrauch mache. Ohne weitere Ermittlungen wird das Bußgeldverfahren eingestellt. Nach entsprechender Meldung an die zuständige Straßenverkehrsbehörde erlässt diese eine Fahrtenbuchanordnung. Der Rechtsanwalt des R. meint, diese Anordnung sei rechtswidrig. Sein Mandant habe die Fahrzeugführerin ja benannt, indem er angegeben habe, dass seine Verlobte das Fahrzeug zum Tatzeitpunkt geführt habe.

69 In diesem Fall wäre die Fahrtenbuchanordnung rechtswidrig, da die Fahrerfeststellung nicht unmöglich war. Zwar scheiden nach der Rechtsprechung, wenn der Halter eines Fahrzeugs – im Wege der Aussageverweigerung als Beschuldigter oder wie hier unter Berufung auf ein Zeugnisverweigerungsrecht als Zeuge – die Aufklärung darüber ablehnt, wer das Fahrzeug zum maßgeblichen Zeitpunkt geführt hat, weitere Ermittlungen zumeist aus;[38] dies gilt aber nur unter der Einschränkung, dass keine besondere Anhaltspunkte gegeben sind.[39]

70 Vorliegend hat sich der Antragsteller zwar auf ein Zeugnisverweigerungsrecht (hier § 46 Abs. 1 OWiG iVm § 52 Abs. 1 Nr. 1 StPO) berufen, aber immerhin angegeben, dass es sich bei der Fahrerin, in Ansehung deren er ein Zeugnisverweigerungsrecht ausübe, um seine **Verlobte** handele. Deswegen waren weitere Ermittlungen veranlasst, die von der Polizei aber nicht durchgeführt wurden. Die mit den Ermittlungen beauftragte Polizeiinspektion hätte beispielsweise an dem ihr entweder schon bekannten oder jedenfalls mittels Einholung einer Auskunft beim Melderegister leicht ermittelbaren Wohnsitz des R. versuchen können festzustellen, ob dort mit R. eine weibliche Person, die als seine Verlobte in Betracht kommen kann, gemeldet ist oder – mittels entsprechender Nachschau vor Ort – dort mit ihm zusammenlebt, auch ohne dort gemeldet zu sein. Auch wenn dies nicht der Fall gewesen sein sollte, hätte beispielsweise bei den Nachbarn des R. nachgefragt werden können, ob eine derartige Person dort bekannt ist. Zwar ist es nicht notwendig so, dass Verlobte zusammen wohnen. Jedenfalls unter Zugrundelegung üblicher Lebensumstände wäre aber zu erwarten gewesen, dass beispielsweise den Nachbarn des R. wenigstens der Nachname der Verlobten bekannt war.

71 Ob diese Ermittlungen zu einem Ergebnis geführt hätten, ist zwar nicht sicher. Darauf kommt es aber nicht an. Weder der Wortlaut des § 31a Abs. 1 S. 1 StVZO verlangt dies – er spricht von Unmöglichkeit, nicht von Unsicherheit; an der Unmöglichkeit fehlt es, wenn die nahe liegende Möglichkeit besteht, mittels zumutbarer, erfolgversprechender Maßnahmen den verantwortlichen Fahrzeugführer zu ermitteln –, noch wäre dieser hypothetische Kausalitätsnachweis überhaupt zu führen. Vielmehr kommt es auf eine Betrachtung an, die danach fragt, ob eine bestimmte Ermittlungshandlung zumutbar war, weil sie erfahrungsgemäß und mit einer gewissen Wahrscheinlichkeit zum Erfolg hätte führen können. Ist eine solche Maßnahme unterlassen worden – wobei bei der Beurteilung, ob dies letztlich der Fall ist, immer eine wertende Betrachtung nötig sein wird, die, wenn nicht ein derart eindeutiger Fall wie in dem Beispiel Rn 68 vorliegt, in beide Richtungen entschieden werden kann –, war die Fahrerfeststellung unmöglich.

72 Weitere Ermittlungen hätte die Polizei nur dann als nicht ausreichend erfolgversprechend unterlassen dürfen, wenn sie die oben (Rn 70) genannten, sich förmlich aufdrängenden Maßnahmen ergriffen hätte. Zwar mag es nicht auszuschließen sein, dass dann, wenn auch dies nicht zum Erfolg geführt hätte, als weiterer Ermittlungsansatz die Befragung sämtlicher Verwandter des Antragstellers zum Erfolg geführt hätte. Das wäre dann aber nicht mehr **zumut-**

---

38 Vgl BVerwG, Urt. v. 17.12.1982 – 7 C 3/80 = Buchholz 442.16 § 31a StVZO Nr. 12 = BayVBl 1983, 310; Beschl. v. 21.10.1987 – 7 B 162/87 = NJW 1988, 1104 = DAR 1988, 68 = Buchholz 442.16, § 31a StVZO Nr. 18; Beschl. v. 1.3.1994 – 11 B 130/93 = VRS 88, 158; VGH BW, Beschl. v. 1.10.1992 – 10 S 2173/92 = NZV 1993, 47 = VBlBW 1993, 65; OVG des Saarlandes, Beschl. v. 5.4.2004 – 1 Q 54/03 – juris.

39 BVerwG, Urt. v. 17.12.1982 – 7 C 3/80 = Buchholz 442.16 § 31a StVZO Nr. 12 = BayVBl 1983, 310 mwN; VGH BW, Beschl. v. 1.10.1992 – 10 S 2173/92 = NZV 1993, 47 = VerkMitt 1992, Nr. 118 mwN.

bar gewesen (insofern zeigt dieses Beispiel die Grenze zwischen zumutbaren und nicht mehr zumutbaren Ermittlungshandlungen). Denn abgesehen davon, dass grundsätzlich nicht damit gerechnet zu werden braucht, dass in einer Konstellation wie der vorliegenden Ermittlungen bezüglich der engeren Familie des Halters zur namentlichen Feststellung des Fahrers führen werden,[40] ist die Polizei eben nicht zur Durchführung sämtlicher theoretisch denkbarer Ermittlungshandlungen oder zur Verfolgung aller möglicherweise bestehenden Ermittlungsansätze verpflichtet.

Dagegen geht die Ansicht des Bevollmächtigten des R. fehl, die Fahrerin sei als Verlobte des R. hinreichend individualisiert. Denn erstens besteht beim Rechtsinstitut des **Verlöbnisses** gem. §§ 1297 ff BGB weder ein öffentliches Register noch eine andere personenstandsrechtliche Auswirkung, vielmehr wird ein Verlöbnis allein durch die private Vereinbarung zweier Personen eingegangen und kann auch jederzeit wieder wirksam aufgelöst werden (arg. e § 1298 Abs. 1 S. 1 BGB); eine rechtssichere Nachprüfbarkeit ist deswegen nicht möglich. Zweitens besteht beim Verlöbnis wegen der nicht gegebenen Nachprüfungsmöglichkeit immer auch die Möglichkeit, dass ein Verlöbnis lediglich behauptet wird, in Wirklichkeit aber nicht besteht. Auch wenn der Gesetzgeber trotz der mit einem Verlöbnis solcherart bestehenden Unsicherheiten daraus ein Zeugnisverweigerungsrecht gewährt, hätte dies im hier allein maßgeblichen Verfahren, in dem Streitgegenstand die präventive Anordnung des Fahrtenbuchs ist, nicht aber die repressive ordnungswidrigkeitenrechtliche Beurteilung des Verhaltens des Antragstellers, keine Relevanz. Bei anderen Zeugnisverweigerungsrechten, etwa dem zugunsten des Ehegatten (§ 52 Abs. 1 Nr. 1 StPO), wäre dies dagegen anders zu beurteilen, da in diesem Fall unter Zugrundelegung normaler Verhältnisse zB die Ehefrau allein durch die Bezeichnung als solche ohne unzumutbaren Aufwand zu ermitteln wäre.

73

dd) Fahrtenbuchauflage nach verjährter Ordnungswidrigkeit

Beispiel: Mit dem Kraftfahrzeug des O. wird am 15.9.2006 ein Geschwindigkeitsverstoß begangen. Auf dem am 23.9.2006 zugegangenen Anhörungsbogen bestreitet O. als Betroffener, zum Zeitpunkt des Verstoßes der Fahrer gewesen zu sein, und gibt an, H. sei gefahren. Der H. bestätigt dies zunächst, daher wird das zunächst gegen O. geführte Bußgeldverfahren eingestellt und gegen H. ein Bußgeldbescheid erlassen und H. am 16.11.2006 zugestellt. Hiergegen legt H. am 29.11.2006 Einspruch ein. Zur Begründung gibt er an, er sei nicht der Fahrer gewesen. Die Zentrale Bußgeldstelle legt der Verkehrsordnungswidrigkeitenstelle den Einspruch am 4.12.2006 zur Prüfung vor. Von dort wird die zuständige Polizeiinspektion mit der Durchführung von Nachermittlungen beauftragt. Da O. im Dezember im Ski-Urlaub ist, kann er erst im Januar erneut befragt werden. Zwischenzeitlich angeforderte Vergleichsfotos ergeben aber, dass H. als Fahrer ausscheidet, weshalb der Bußgeldbescheid zurückgenommen und das Bußgeldverfahren eingestellt wird. Vielmehr ergeben die Vergleichsfotos, dass O. der verantwortliche Fahrzeugführer war. Da mittlerweile hinsichtlich des O. die Verjährungsfrist (§ 26 Abs. 3 StVG) abgelaufen ist – laut Widerspruchsbescheid lief die Verjährungsfrist am 14.12.2006 ab –, übersendet die Verkehrsordnungswidrigkeitenstelle den Vorgang an die zuständige Straßenverkehrsbehörde. Diese ordnet gegenüber O. die Führung eines Fahrtenbuchs an.

74

Besonders dann, wenn es sich bei der in Rede stehenden Verletzung von Verkehrsvorschriften um eine Verkehrsordnungswidrigkeit handelt, tritt wegen der kurzen Verjährungsfrist des § 26 Abs. 3 StVG nicht selten bereits vor dem Erlass eines Bußgeldbescheids Verjährung ein.

75

---

40 BVerwG, Beschl. v. 17.7.1986 – 7 B 234/85 = NJW 1987, 143 = BayVBl 1986, 665; VGH BW, Beschl. v. 6.11.1998 – 10 S 2625/98 = DAR 1999, 90 = NZV 1999, 272.

Allerdings schadet es nicht, wenn ein Betroffener, wie im Beispiel Rn 74 der O., erst nach Ablauf der Verjährungsfrist als verantwortlicher Fahrzeugführer feststeht. Der Tatbestand der Vorschrift des § 31a Abs. 1 S. 1 StVO verlangt nämlich, dass die Ermittlung des Fahrzeugführers „nicht möglich *war*". Dies bedeutet nach dem Zweck der Norm, die gewährleisten will, dass Verkehrsvorschriften zuwiderhandelnde Kfz-Führer in künftigen Fällen zur Verantwortung gezogen werden können, dass die Fahrerfeststellung – wie hier – **vor Eintritt der Verfolgungsverjährung** (§ 26 Abs. 3 StVG) unmöglich gewesen sein muss.[41] Im Beispiel Rn 74 kommt es also darauf an, ob die Feststellung des O. als verantwortlicher Fahrzeugführer bis zum Ablauf der Verjährungsfrist unmöglich war.

76 Der Grundsatz, dass sich Art und Umfang der Tätigkeit der Behörde, den Fahrzeugführer zu ermitteln, an der Erklärung des betreffenden Fahrzeugführers ausrichten können,[42] gilt nicht nur in Fällen, in denen der Halter die sachdienliche Mitwirkung an der Aufklärung des Verstoßes ablehnt. Auch und gerade in Fällen wie dem vorliegenden, in denen der Halter sachdienliche Angaben macht, können – und werden sich in der Regel auch – Art und Umfang der Ermittlungstätigkeit der Behörde am Inhalt der Erklärung des betreffenden Fahrzeugführers ausrichten.

77 Vor dem Hintergrund der Angaben, die O. auf den Anhörungsbogen hin machte, nämlich dass H. der Fahrer gewesen sei, und dies auch von H. bestätigt wurde, durfte die Behörde zunächst auf die Durchführung weiterer Ermittlungen verzichten. Anderes würde nur gelten im Falle einer offensichtlichen Unrichtigkeit, der hier nicht vorliegt. Die Behörde musste mangels entsprechender Anhaltspunkte weder davon ausgehen, dass die gemachten Angaben nicht der Wahrheit entsprachen, noch dass die Angaben irrtumsbehaftet waren. Dass die Nichteinholung von Vergleichsfotos zu diesem Zeitpunkt ein Versäumnis der Ermittlungsbehörde darstellt, wird man nicht sagen können.

78 Zwar mag – allerdings erst aus einer ex-post-Betrachtung heraus – die Einholung von Vergleichsfotos bereits zu diesem Zeitpunkt zweckmäßig gewesen sein. Jedoch bestand gerade keine Verpflichtung der Ermittlungsbehörde hierzu. Denn die Polizei ist jedenfalls nicht zur Durchführung sämtlicher zweckmäßiger oder auch nur denkbarer Ermittlungshandlungen verpflichtet. Vielmehr genügen die Ermittlungsbehörden ihrer Pflicht zu angemessenen Ermittlungen, wenn sie in sachgerechtem und rationellem Einsatz der ihnen zur Verfügung stehenden Mittel nach pflichtgemäßem Ermessen die Maßnahmen getroffen haben, die der Bedeutung des aufzuklärenden Verkehrsverstoßes gerecht werden und erfahrungsgemäß Erfolg haben können.[43] Dies ist dann der Fall, wenn wie im Beispiel Rn 74 von Fahrzeughalter und Fahrzeugführer übereinstimmende Erklärungen vorliegen, wer den Verkehrsverstoß begangen hat. Hiermit durfte es die Polizei zunächst bewenden lassen. Darüber hinausgehende Ermittlungen zu verlangen, hieße, die Ermittlungspflichten, die sich insbesondere an dem Erfordernis der **Effektivität der polizeilichen Arbeit** auszurichten haben, überzustrapazieren. Ein solches Verständnis würde den Ermittlungsbehörden sinnlos erscheinende „Fleißarbeiten" aufbürden. Denn wenn aufgrund der persönlichen Erklärungen bereits feststeht, wer der verantwortliche Fahrzeugführer war, haben weitere Ermittlungen nur noch die Absicherung des bereits feststehenden Ergebnisses zum Ziel. Dies ist aber mit den Anforderungen an den sachgerechten und rationellen Einsatz der polizeilichen Ermittlungsmaßnahmen und -mittel, insbesondere der personellen Ressourcen, nicht mehr zu vereinbaren.

---

41 Vgl etwa BayVGH, Urt. v. 6.10.1997 – 11 B 96/4036 = BayVBl 1998, 152 = NZV 1998, 88 = DAR 1998, 246; OVG NW, Urt. v. 29.4.1999 – 8 A 4164/96 – juris, mwN; *Hentschel*, Straßenverkehrsrecht, § 31a StVZO Rn 3; vgl auch BVerwG, Urt. v. 13.10.1978 – 7 C 77/74 = NJW 1979, 1054 = DAR 1979, 310.

42 Vgl etwa OVG des Saarlandes, Beschl. v. 14.4.2000 – 9 V 5/00 – juris.

43 BVerwG, Urt. v. 17.12.1982 – 7 C 3/80 = Buchholz 442.16 § 31a StVZO Nr. 12 = BayVBl 1983, 310.

Insofern war es auch nicht zu beanstanden, dass zu diesem Zeitpunkt das Bußgeldverfahren 79
gegen O. eingestellt wurde. Zwar änderte sich die Sachlage zu dem Zeitpunkt, als H. Einspruch einlegte mit der Begründung, er sei entgegen seiner früheren Aussage doch nicht der
verantwortliche Fahrzeugführer gewesen. Mit diesem Ereignis entstand die Pflicht zur Durchführung von angemessen Ermittlungsmaßnahmen zu diesem Zeitpunkt neu. Dieser erneuten
Pflicht haben die Ermittlungsbehörden jedoch ebenfalls genügt. Das nunmehr notwendig
gewordene Vergleichsfoto wurde angefordert. Dass gleichwohl ein Bußgeldbescheid bis zum
Ablauf der Verjährungsfrist gem. § 26 Abs. 3 StVG nicht mehr ergehen konnte, schadet bei
der Verhängung des Fahrtenbuchs ebenso wenig wie die Tatsache, dass der in Wirklichkeit
verantwortliche Fahrzeugführer, also O., nunmehr aufgrund des Vergleichsfotos feststeht
(dazu oben Rn 75).

Denn zum einen war der Ermittlungsbehörde die Ermittlung des verantwortlichen Fahrzeug- 80
führers bis zum Ablauf der Verjährungsfrist nicht mehr möglich. Der hierfür verbleibende
Zeitraum war bei realistischer Betrachtung viel zu kurz, um sämtliche notwendigen Ermitt-
lungsschritte durchzuführen. Vorliegend lief die Verfolgungsverjährung für die am 15.9.2006
begangene Verkehrsordnungswidrigkeit gem. §§ 31 Abs. 2 OWiG iVm 26 Abs. 3 StVG nach
Ansicht der Widerspruchsbehörde mit Ablauf[44] des 14.12.2006 ab. Dies trifft nur dann zu,
wenn eine **Unterbrechung der Verjährung** nicht vorliegt. Eine solche kommt hier zwar nach
§ 33 Abs. 1 Nr. 1 OWiG in Betracht durch die in der Versendung des Anhörungsbogens am
23.9.2006 liegende Bekanntgabe der Einleitung eines Ermittlungsverfahrens.[45] Dies kann
jedoch letztlich offen bleiben. Denn auch wenn eine Unterbrechung mit der Wirkung des
§ 33 Abs. 3 S. 1 OWiG bejaht wird und das Ende der Verjährungsfrist somit mit Ablauf des
22.12.2006 eintritt, ergibt sich nichts anderes. Denn in jedem Fall war der Zeitraum von der
Kenntnis der Ermittlungsbehörde davon, dass H. doch nicht der Fahrzeugführer gewesen ist,
bis zum Eintritt der Verjährung zu kurz, als dass die Ermittlungsbehörde währenddessen den
wirklichen Fahrzeugführer hätte ermitteln können. Vielmehr hat die Ermittlungsbehörde
auch nach Bekanntwerden, dass H. nunmehr seine Verantwortlichkeit bestreitet, die angezeigten Ermittlungsmaßnahmen durchgeführt. Es wurde erfolglos versucht, den O. zu dem
Vorgang zu befragen. Es kommt auch nicht darauf an, dass O., da zu diesem Zeitpunkt ein
Ermittlungsverfahren gegen ihn bereits eingestellt war, nicht verpflichtet war, polizeilichen
Vorladungen Folge zu leisten. Denn einerseits besteht eine derartige Pflicht, abgesehen davon,
dass die Einstellungswirkung nicht endgültig ist, gegenüber der Polizei nie, also auch nicht
während laufender Ermittlungsverfahren. Andererseits kommt es nicht darauf an, ob der
Kläger im ordnungswidrigkeitenrechtlichen Verfahren Vorladungen Folge leisten muss oder
nicht, da es vorliegend nicht um die repressive Ahndung einer Ordnungswidrigkeit geht,
sondern um die präventive Verhängung eines Fahrtenbuchs, im Zuge deren der Kläger nicht
mit den Ermittlungsbehörden zusammenarbeiten muss, es ihm aber offen steht, dies zu tun,
um im eigenen Interesse die Rechtsfolge des § 31a Abs. 1 S. 1 StVZO zu vermeiden.

Zum anderen hat die Ermittlungsbehörde Vergleichsfotos angefordert. Dass diese erst nach 81
Ablauf der Verjährungsfrist für eine Identifizierung des vermutlichen Fahrzeugführers sorgen
konnten, schadet hinsichtlich der Voraussetzung der „Unmöglichkeit der Fahrerfeststellung"
nicht, da weder vorgetragen noch sonst ersichtlich ist, dass bei oder nach Anforderung der
Vergleichslichtbilder auf Seiten der Ermittlungsbehörden vorwerfbare Verzögerungen aufgetreten wären. Vielmehr entspricht es dem normalen behördlichen Arbeitsablauf auch in zeit-

---

44 Zur Fristberechnung siehe *Göhler*, OWiG, § 31 Rn 16.

45 *Göhler*, OWiG, § 33 Rn 16 und vor § 59 Rn 27; vgl etwa auch BayObLG, Beschl. v. 18.4.1988 – 1 Ob OWi 40/88 = VRS 75, 218 = DAR 1988,
427, wonach in der Zusendung des Anhörungsbogens als Betroffener idR von § 33 Abs. 1 Nr. 1 OWiG verlangte Bekanntgabe der Einleitung eines Ermittlungsverfahrens zu sehen ist; aA etwa OLG Dresden, Beschl. v. 26.5.2004 – Ss (OWi) 77/04 = DAR 2004, 535.

licher Hinsicht, dass die Vergleichslichtbilder, die erst nach Bekanntwerden der von H. bestrittenen Fahrereigenschaft angefordert werden mussten, nicht mehr innerhalb der Verjährungsfrist eintrafen.

ee) „Falsche" Anhörung als Betroffener (nicht als Zeuge)

82 **Beispiel:** Mit dem Kraftfahrzeug des S. wurde ein Abstandsverstoß auf einer Bundesautobahn begangen (§ 4 Abs. 1 StVO). Dem S. wird ein Anhörungsbogen zugesandt, auf dem „Anhörung als Betroffener" vermerkt ist. Der S. schickt den Anhörungsbogen, auf dem er angekreuzt hat, dass der Verstoß nicht zugegeben werde, und handschriftlich hinzugefügt hat, er sei zu dieser Zeit in Urlaub gewesen, zurück. Daraufhin werden dem S. Lichtbilder von dem Verstoß vorgelegt. Nachdem auch dies keine Aufklärung bringt und daraufhin gegen den S. eine Fahrtenbuchanordnung verhängt wird, trägt der Rechtsanwalt des S. im anschließenden Klageverfahren vor, die Fahrtenbuchanordnung sei rechtswidrig, da S. im Rahmen der Anhörung nur als „Betroffener", nicht als Zeuge befragt worden sei. Als „Betroffener" sei der S. dahin gehend belehrt worden, dass es ihm freistehe, Angaben zu machen. Bei einer Vernehmung als Zeuge und entsprechender Belehrung wären von S. möglicherweise Angaben zu dem zum Tatzeitpunkt verantwortlichen Fahrzeugführer gemacht worden.

83 Der Bevollmächtigte des S. ist der Ansicht, dass aus dem Umstand, dass er als Betroffener im Ordnungswidrigkeitenverfahren keine sachdienlichen Angaben gemacht hat, nicht gefolgert werden dürfe, dass er auch bei einer Vernehmung als Zeuge keine sachdienlichen Angaben gemacht hätte. Entgegen dieser Ansicht steht es einem Fahrtenbuchbescheid nicht grundsätzlich entgegen, dass der Fahrzeughalter im Rahmen der Anhörung nur als „Betroffener" und **nicht als Zeuge befragt** worden ist.

84 Die Straßenverkehrsbehörde ist vor der Anordnung einer Verpflichtung zur Führung eines Fahrtenbuchs nicht von vornherein verpflichtet, den Fahrzeughalter bzw den betroffenen Fahrzeugführer als Zeugen förmlich zu befragen; vielmehr hängt es von den Umständen des Einzelfalls ab, ob dies eine der Behörde noch zuzumutende Maßnahme ist.[46] Zunächst ist festzustellen, dass S. als Betroffener und nicht (zusätzlich) als Zeuge, als der er in seiner Eigenschaft als Halter des PKW grundsätzlich in Betracht kommt, befragt wurde. Weder im Anhörungsbogen noch bei der Lichtbildeinsicht ist S. gegenüber ausdrücklich zu erkennen gegeben worden, dass er als Zeuge befragt bzw vernommen werden soll. Bei der Anhörung handelte es sich ausdrücklich um eine Betroffenen-Anhörung. Die Prämisse des Bevollmächtigten des S., dass nur der Betroffene ein umfassendes Aussageverweigerungsrecht aus §§ 55, 46 Abs. 1 OWiG iVm 136 Abs. 1 S. 2 StPO bzw aus dem verfassungsrechtlichen Grundsatz *nemo tenetur se ipsum accusare* genießt, ist zutreffend. Der Zeuge hat ein umfassendes Recht zur Zeugnisverweigerung nur dann, wenn er von einem bestehenden Zeugnisverweigerungsrecht (§§ 46 Abs. 1 OWiG iVm 52 StPO), das aber vorliegend aus dem mitgeteilten Sachverhalt nicht ersichtlich ist, Gebrauch macht. Sonst hat der Zeuge nur ein partielles Auskunftsverweigerungsrecht (§ 46 Abs. 1 OWiG iVm 55 Abs. 1 StPO). Allerdings gilt diese Wirkungsweise direkt nur für das Ordnungswidrigkeitenverfahren.

85 Im Beispiel Rn 82 geht es jedoch nicht um die repressive Ahndung einer Ordnungswidrigkeit, sondern um die präventive Verhängung eines Fahrtenbuchs, im Zuge deren der Kläger nicht mit den Ermittlungsbehörden zusammenarbeiten muss, es ihm aber offen steht, dies zu tun, um im eigenen Interesse die Rechtsfolge des § 31a Abs. 1 S. 1 StVZO zu vermeiden. Die Regeln des Ordnungswidrigkeitenverfahrens gelten hier nur gleichsam indirekt über das Tat-

---

46 BVerwG, Beschl. v. 21.10.1987 – 7 B 162/87 = NJW 1988, 1104 = DAR 1988, 68 = Buchholz 442.16 § 31a StVZO Nr. 18 mwN.

bestandsmerkmal der Unmöglichkeit der Feststellung des Fahrzeugführers in § 31a Abs. 1 S. 1 StVZO. Dabei können Vorgaben des Ordnungswidrigkeitenrechts von Grundsätzen des Sicherheitsrechts modifiziert und überlagert werden. Von diesen Überlegungen und der oben (Rn 84) dargestellten höchstrichterlichen Rechtsprechung ausgehend war die Behörde im vorliegenden Fall nicht verpflichtet, den S. förmlich als Zeugen zu befragen.

Die Behauptung, wenn S. als Zeuge vernommen worden wäre, hätte er „möglicherweise" Angaben zum Fahrer gemacht, erscheint bereits deswegen zweifelhaft, da sich S. im Ordnungswidrigkeitenverfahren nicht eingelassen hat, dass er umfassend die Aussage verweigere, sondern dass er zur Tatzeit im Urlaub gewesen sei und den Fahrer nicht identifizieren könne. Mit diesem Aussageinhalt machte S. gerade Umstände geltend, die ihn als zur Tatzeit verantwortlichen Fahrer ausschlossen, was sowohl eine Berufung auf ein Recht auf Aussageverweigerung – die tatsächlich auch nicht erfolgt ist – als auch die weitere Ermittlung in Richtung auf S. als Fahrer vor dem Hintergrund dieses Aussageinhalts als nicht sinnvoll erscheinen lässt. Ob S. selbst bewusst sein musste, dass er sich in seiner Eigenschaft als Fahrzeughalter als Zeuge äußerte, worauf der Inhalt seiner Aussage hindeutet, kann offen bleiben. Denn jedenfalls ist die Schlussfolgerung, S. hätte, wäre er als Zeuge vernommen worden, deswegen ausgesagt, weil er nur als Betroffener, nicht dagegen als Zeuge ein umfassendes Aussageverweigerungsrecht habe, weder zwingend noch nach den Äußerungen des S. im Ordnungswidrigkeitenverfahren auch nur wahrscheinlich. Im Gegenteil fehlt es an nachvollziehbaren tatsächlichen Anhaltspunkten dafür, dass S. bei einer förmlichen Befragung als Zeuge inhaltlich ergiebigere Aussagen gemacht hätte, weswegen die Ermittlungsbehörden, die sich bei ihren Ermittlungen am Grundsatz der Effektivität der Gefahrenabwehr zu orientieren haben, was für das Maß der angestellten Ermittlungen bedeutet, dass nicht jede, sondern nur jede erfolgversprechende Maßnahme zu treffen ist, darauf verzichten durften. Im Übrigen kommt es bei der Frage, ob die Fahrerfeststellung unmöglich war, nicht primär auf eine Prognose hinsichtlich des Erfolgs einer möglichen Aufklärungsmaßnahme an, sondern darauf, ob die Aufklärungsmaßnahme angemessen und für die Behörde zumutbar ist.[47]

In der Rechtsprechung ist die Frage, wann der Fahrzeughalter als Zeuge zu vernehmen ist, vom Bayerischen Verwaltungsgerichtshof[48] vor kurzem etwas abweichend beantwortet worden. Während bislang in der Rechtsprechung weitgehend anerkannt war, dass diese Frage vor dem Hintergrund zu beantworten ist, dass es darauf ankommt, ob diese Maßnahme angemessen und für die Behörde zumutbar erscheint, so dass beispielsweise dann, wenn der Fahrzeughalter bei seiner Befragung als Betroffener entweder gar keine Angaben macht oder doch wenigstens keine Hinweise auf die Person des verantwortlichen Fahrzeugführers gibt, eine spätere Vernehmung des Fahrzeughalters als Zeuge nicht in Betracht kommt,[49] soll es nach Ansicht des **Bayerischen Verwaltungsgerichtshofs**[50] nun drauf ankommen, ob der Fahrzeughalter nach strafprozessualen Grundsätzen (die bei der Prüfung einer Ordnungswidrigkeit weitgehend entsprechend gelten) als Zeuge hätte vernommen werden dürfen. Ob der Umstand, dass dies rechtlich möglich ist, dann auch die unbedingte Verpflichtung der Ermittlungsbehörde zur Vernehmung eines Fahrzeughalters als Zeugen – unter Ausblendung der Frage, ob dies auch angemessen und der Ermittlungsbehörde zumutbar wäre – nach sich zieht, ist noch nicht geklärt, nach Ansicht des Verfassers aber aus den Gründen, die oben (Rn 85 f) zur Lösung des Beispiels Rn 82 dargestellt wurden, zu verneinen.

86

87

---

47 BVerwG, Urt. v. 17.12.1982 – 7 C 3/80 = Buchholz 442.16 § 31a StVZO Nr. 12.
48 Beschl. v. 2.5.2006 – 11 CS 05.1825.
49 So VGH BW, Beschl. v. 30.11.1999 – 10 S 2436/99 = DAR 2000, 378 = NZV 2001, 448.
50 Beschl. v. 2.5.2006 – 11 CS 05.1825.

IV. Rechtsfolge: Ermessen

88   Die Rechtsfolge der Vorschrift des § 31a Abs. 1 S. 1 StVZO ist ein Ermessen der zuständigen Straßenverkehrsbehörde hinsichtlich der Anordnung der Führung eines Fahrtenbuchs. Für die Entscheidung, ob eine Fahrtenbuchanordnung zu treffen ist (sog. Entschließungsermessen), gilt grundsätzlich (wie oben Rn 15 bei der Voraussetzung des Verkehrsverstoßes), dass bei einem Verkehrsverstoß, der mit mindestens einem Punkt bewertet ist, die Anordnung eines Fahrtenbuchs ermessensgerecht ist. Die Rechtsprechung formuliert hier, dass es in einem solchen Fall, wenn die Feststellung des Täters nicht möglich war, stets der Ausübung pflicht-gemäßen behördlichen Ermessens entspricht, dem Halter des Kraftfahrzeugs die Führung eines Fahrtenbuchs aufzuerlegen.[51]

89   Hier können die nach der sog. Ermessensfehlerlehre denkbaren **Ermessensfehler** – Ermes-sensausfall, Ermessensüber- und -unterschreitung, Ermessensfehlgebrauch und Ermessensdis-proportionalität – auftreten. Spezifische fahrtenbuchrechtliche Problemstellungen gibt es hier wenige.[52] Darauf hinzuweisen ist aber, dass es – entgegen einer im gerichtlichen (Fahrten-buch-)Alltag immer wieder anzutreffenden Auffassung – für die Verhängung eines Fahrten-buchs nicht Voraussetzung ist, dass der Fahrzeughalter bereits in der Vergangenheit mit Verkehrsordnungswidrigkeiten oder Straftaten hervorgetreten ist.

90   Ebenso wenig ist, wenn keine Besonderheiten vorliegen, die Befürchtung der Straßenver-kehrsbehörde zu beanstanden, dass es künftig zu gleichartigen Verstößen kommen könnte. Gefährdet der Fahrzeughalter, der die Verfügungsbefugnis und die Möglichkeit der Kontrolle über sein Fahrzeug besitzt, die Sicherheit des Straßenverkehrs dadurch, dass er unter Ver-nachlässigung seiner Aufsichtsmöglichkeiten nicht dartun kann oder will, wer im Zusam-menhang mit einer Verkehrszuwiderhandlung zu einem bestimmten Zeitpunkt sein Fahrzeug gefahren hat, darf er durch die Auferlegung der Pflicht, ein Fahrtenbuch zu führen, zu einer nachprüfbaren Überwachung der Fahrzeugbenutzung angehalten werden.[53]

91   Ob vom Fahrzeughalter selbst als Führer seines Kraftfahrzeugs Verstöße gegen Normen, die im Straßenverkehr Geltung beanspruchen, zu besorgen sind, ist rechtlich nicht ausschlagge-bend. Vielmehr genügt regelmäßig die bei jeder Kraftfahrzeugnutzung nicht auszuschließende Möglichkeit, dass der jeweilige Fahrer Verkehrsvorschriften zuwiderhandelt.[54] In diesem Sinne ist es, wenn keine besonderen Umstände vorliegen, regelmäßig nicht ersichtlich, dass ein Wiederholungsfall in jeder Hinsicht ausgeschlossen ist.

92   Die **Dauer, für die ein Fahrtenbuch angeordnet wird** – wenn man so will, das Auswahlermes-sen –, differiert nach der Schwere des Verkehrsverstoßes. Beurteilungsmaßstab ist, mit wie vielen Punkten der Verkehrsverstoß nach der Anlage 13 zu § 40 FeV bewertet ist. Dabei lassen sich zwar keine allgemein verbindlichen Regeln aufstellen, jedoch lassen sich einige Hinweise geben. Bei einem Verstoß, für den nach der Anlage 13 zu § 40 FeV ein Punkt fällig ist, wird selten mehr als die Verhängung eines Fahrtenbuchs für sechs Monate erfolgen. Bei einem Verstoß bis drei Punkten, zum Teil auch bis vier Punkten, wird die Verhängung eines Fahrtenbuchs für zwölf Monate der Regelfall sein. Insbesondere dann, wenn es sich bei dem Verkehrsverstoß um eine Straftat handelt, kann ein Fahrtenbuch auch für mehrere Jahre angeordnet werden. In Extremfällen kann es auch zu einer zeitlich nicht begrenzten Anord-

---

51 Nach dem HessVGH soll es sich hierbei sogar um ein intendiertes Ermessen handeln, vgl Urt. v. 25.6.1991 – 2 UE 2271/90 = VRS 83 (1992), 236, bestätigt durch Entsch. v. 22.3.2005 – 2 UE 582/04 = NJW 2005, 2411.
52 Vgl aus der Rspr etwa VG Berlin, Beschl. v. 18.3.1987 – 4 A 68.97 – juris, zu einem Ermessensfehler aufgrund nicht ausreichender Sach-verhaltsermittlung.
53 BVerwG, Beschl. v. 23.6.1989 – 7 B 90/89 = NJW 1989, 2704 = DÖV 1989, 1040 = Buchholz 442.16 § 31a StVZO Nr. 20.
54 BVerwG, ebda.

nung kommen, da es nicht zwingend vorgeschrieben ist, dass eine Fahrtenbuchanordnung zeitlich begrenzt ist.

Im Einzelnen: Wenn der Verhängung des Fahrtenbuchs ein mit mindestens einem Punkt bewerteter Verkehrsverstoß vorausgeht, verstößt die Auferlegung eines Fahrtenbuchs weder dem Grunde nach noch deswegen gegen den Grundsatz der Verhältnismäßigkeit, weil sich ihre Geltungsdauer auf *sechs Monate* erstreckt. Die Dauer der Fahrtenbuchanordnung von sechs Monaten rechtfertigt sich ohne Weiteres angesichts der bei einem mit mindestens einem Punkt nach der Anlage 13 zu § 40 FeV bewerteten Verstoß wesentlichen Verletzung von Verkehrsvorschriften und ist insoweit regelmäßig auch nicht unverhältnismäßig. Nach allgemeiner Meinung in der obergerichtlichen Rechtsprechung rechtfertigt bereits die *erstmalige* Begehung eines nach dem sog. Punktsystem gem. § 40 FeV wenigstens mit einem Punkt bewerteten Verkehrsverstoßes die Verpflichtung zur Führung eines Fahrtenbuchs für die Dauer von sechs Monaten, ohne dass es darauf ankommt, ob im Einzelfall Umstände vorliegen, die die Gefährlichkeit des Verkehrsverstoßes erhöhen.[55]

93

Dies gilt jedenfalls immer dann, wenn keine spezifischen Besonderheiten vorliegen, die eine abweichende Würdigung nahelegen. Umstände, die hier Besonderheiten begründen könnten, müssen dazu Bezüge zu dem präventiven Zweck des § 31a Abs. 1 S. 1 StVZO aufweisen, der darin besteht, zukünftigen Gefährdungen der Sicherheit des Straßenverkehrs vorzubeugen, die sich daraus ergeben, dass der Fahrzeughalter unter Vernachlässigung seiner Aufsichtsmöglichkeiten nicht dartun kann oder will, wer im Zusammenhang mit einer Verkehrszuwiderhandlung zu einem bestimmten Zeitpunkt sein Fahrzeug gefahren hat. Dass ein Betroffener beispielsweise seit langer Zeit im Besitz einer Fahrerlaubnis ist, dürfte für sich allein für die Annahme eines Sonderfalls ebenso wenig genügen wie der Umstand, dass bisherige Verkehrsverstöße des Betroffenen von ihm stets eingeräumt wurden und er seine Fahrereigenschaft in früheren Fällen nicht bestritten hat.

94

Die Verhängung eines Fahrtenbuchs verstößt, wenn ihr ein mit mehr als einem Punkt bewerteter Verkehrsverstoß zugrunde liegt, regelmäßig nicht deshalb gegen den Grundsatz der Verhältnismäßigkeit, weil sich ihre Geltungsdauer auf *zwölf Monate* erstreckt. Erscheint der Verkehrsbehörde zur Erreichung des mit § 31a StVZO erstrebten Zwecks bei einem Verkehrsverstoß, der auch unter Berücksichtigung seiner Erstmaligkeit von einem beachtlichen Mangel an Verkehrsdisziplin zeugt, ein Zeitraum von einem Jahr ausreichend, aber auch notwendig, so halten sich die Belastungen, die sich hieraus für den Betroffenen ergeben, in aller Regel noch im Rahmen des Zumutbaren.[56] Dies gilt auch unter Berücksichtigung des Umstands, dass der Betroffene bislang noch nicht straf- oder verkehrsrechtlich in Erscheinung getreten ist, und ist insoweit auch nicht unverhältnismäßig.

95

Liegt ein Verkehrsverstoß vor, der im Falle einer Ordnungswidrigkeit ein Fahrverbot auslösen würde, wenn die Feststellung des Fahrzeugführers nicht unmöglich wäre – im Falle einer Straftat kommt als Maßstab entweder die Anordnung der Entziehung der Fahrerlaubnis § 69 Abs. 1, Abs. 2 StGB oder zumindest die Verhängung eines Fahrverbots nach § 44 StGB in Betracht –, sind hinsichtlich der Dauer der Verpflichtung zur Führung eines Fahrtenbuchs

96

---

55 BVerwG, Urt. v. 17.5.1995 – 11 C 12/94 = BVerwGE 98, 227 = NJW 1995, 2866 = DAR 1995, 458; OVG NW, Urt. v. 29.4.1999 – 8 A 4164/96 – juris; speziell zum Rotlichtverstoß etwa BVerwG, Beschl. v. 17.7.1986 – 7 B 234/85 = NJW 1987, 143 = BayVBl 1986, 665 = Buchholz 442.16 § 31a StVZO Nr. 15; VGH BW, Urt. v. 9.4.1991 – 10 S 407/91 = NZV 1991, 408 = VRS 81, 311; OVG Lüneburg, Beschl. v. 15.10.2003 – 12 LA 416/03 = NJW 2004, 1124 = NZV 2004, 431.

56 Vgl BVerwG, Beschl. v. 23.6.1989 – 7 B 90/89 = NJW 1989, 2704 = Buchholz 442.16 § 31a StVZO Nr. 20; VGH BW, Urt. v. 18.6.1991 – 10 S 938/91 = NJW 1992, 132 = DAR 1991, 433.

auch unter Berücksichtigung der Erstmaligkeit des Verstoßes noch wesentlich längere Zeit-räume rechtlich zulässig.[57]

V. Ersatzfahrzeug

97 § 31a Abs. 1 S. 2 StVZO sieht vor, dass die Verwaltungsbehörde ein oder mehrere Ersatz-fahrzeuge bestimmen kann. Rechtsgrundlage hierfür ist nicht der ursprüngliche (Erst-)Be-scheid, sondern die gesetzliche Regelung. Eine trotzdem in den Ausgangs- oder Wider-spruchsbescheid (gleich, ob in den Tenor des Bescheids oder in dessen Gründe) aufgenomme-ne entsprechende Verfügung ist nur deklaratorisch. Davon zu unterscheiden ist die Bestim-mung, welches konkrete (Ersatz-)Fahrzeug an die Stelle des ursprünglichen Fahrzeugs treten soll.

98 Auch wenn sich die Anordnung zur Führung eines Fahrtenbuchs regelmäßig und primär auf das Fahrzeug beziehen wird, mit dem die unaufklärbare Verkehrszuwiderhandlung begangen wurde, kann sie sich – wie im durch die Änderungsverordnung vom 23.6.1993 neu einge-führten § 31a Abs. 1 S. 2 StVZO ausdrücklich klargestellt ist – auch auf Nachfolge- oder Ersatzfahrzeuge erstrecken.

99 In diesem Zusammenhang hat das BVerwG bereits früher entschieden, dass es der Siche-rungszweck des § 31a StVZO regelmäßig sogar erfordern wird, die Maßnahmen auf das oder die Fahrzeuge zu erstrecken, die vor Ablauf der Zeit, für die das Fahrtenbuch geführt werden muss, an die Stelle des in der Verfügung bezeichneten Kraftfahrzeugs treten; zur Begründung hat es ausgeführt, dass ohne Weiteres einzusehen sei, dass die Gefährdung der Sicherheit und Ordnung des Straßenverkehrs, der die Fahrtenbuchauflage begegnen will, mit dem Fortfall eines bestimmten Fahrzeugs nicht ebenfalls fortfalle.[58]

100 **Beispiel:** Gegen P., der Halter zweier Kraftfahrzeuge ist, wurde eine Fahrtenbuchanordnung hinsichtlich des Fahrzeugs mit dem amtlichen Kennzeichen X-XX 1 erlassen, die inzwischen bestandskräftig ist. In dem Bescheid ist u.a. auch verfügt, dass die Anordnung im Falle des Verkaufs, der Verschrottung oder Stilllegung des Fahrzeugs auf ein Fahrzeug übergeht, das von der Straßenverkehrsbehörde bestimmt wird. Kurz nach Bescheiderlass wird das Fahrzeug auf die Ehefrau von P. umgeschrieben. Daraufhin verfügt die Straßenverkehrsbehörde, dass an die Stelle des im Erstbescheid verfügten Fahrzeugs das Fahrzeug mit dem amtlichen Kenn-zeichen X-XX 2 trete. Hiergegen erhebt P. nach erfolglosem Verlauf des Widerspruchsver-fahrens Klage. Zur Begründung trägt er u.a. vor, im Ausgangsbescheid sei die Bestimmung eines Ersatzfahrzeugs ausdrücklich auf bestimmte Konstellationen beschränkt worden, näm-lich für die Fälle des Verkaufs, der Verschrottung oder der Stilllegung des entsprechenden Fahrzeugs. Der Begriff des „Ersatzfahrzeugs" sei weder im Bescheid selbst noch in seinen Gründen verwendet worden. Dies könne aber nicht rechtmäßig sein, weil die Behörde auf diese Weise auch Fahrzeuge bestimmen dürfte, mit denen keine Zuwiderhandlungen gegen Verkehrsvorschriften zu befürchten seien.

101 Vorliegend ist die ursprüngliche Anordnung der Führung eines Fahrtenbuchs, die nach der Gesetzessystematik Voraustatbestand für die Festsetzung eines Ersatzfahrzeugs ist, mit be-standskräftigem Bescheid erfolgt. Auch die weiteren Voraussetzungen für die Festsetzung eines Ersatzfahrzeugs liegen vor. Dabei ist zunächst darauf hinzuweisen, dass der Gesetzes-wortlaut neben der aus der systematischen Verknüpfung der Sätze 1 und 2 der Vorschrift des

---

57 Vgl hierzu etwa OVG NW, Beschl. v. 5.9.2005 – 8 A 1893/05 = DAR 2005, 708 = NZV 2006, 53: Bei einem Verstoß gegen § 142 StGB ist die Anordnung eines Fahrtenbuchs für die Dauer von drei Jahren verhältnismäßig.
58 Vgl BVerwG, Beschl. v. 3.2.1989 – 7 B 18/89 = NJW 1989, 1624 = Buchholz 442.16 § 31a StVZO Nr. 19 = NZV 1989, 206.

§ 31a Abs. 1 StVZO ersichtlichen Notwendigkeit der vorherigen Anordnung der Führung eines Fahrtenbuchs für ein anderes Fahrzeug keine weiteren spezifischen Voraussetzungen für die Festsetzung eines Ersatzfahrzeugs vorsieht. **§ 31a Abs. 1 S. 2 StVZO** bestimmt lediglich:

Die Verwaltungsbehörde kann ein oder mehrere Ersatzfahrzeuge bestimmen.

Jedoch steht die Bestimmung eines Ersatzfahrzeugs deswegen nicht im freien Ermessen der Behörde. Denn nach § 31a Abs. 1 S. 2 StVZO können nur „**Ersatzfahrzeuge**" in die Fahrtenbuchauflage einbezogen werden. Bereits begrifflich bedingt dies nach der Rechtsprechung des Bayerischen Verwaltungsgerichtshofs[59] wie auch des VG München[60] eine Beschränkung auf solche Fahrzeuge, die in der Art und Weise ihrer typischen Benutzung an die Stelle des „Tatfahrzeugs" getreten sind.

102

Da es sich bei der Anschaffung oder Verwendung eines anderen Fahrzeugs für ein veräußertes oder stillgelegtes Fahrzeug um einen alltäglichen Lebensvorgang handelt, bei dem es in aller Regel keine Schwierigkeiten bereitet, festzustellen, welches Fahrzeug in dieser Weise an die Stelle des früher verwendeten Fahrzeugs getreten ist, ist die Einbeziehung von „Ersatzfahrzeugen" auch unter dem Gesichtspunkt der Bestimmtheit der Anordnung grundsätzlich frei von rechtlichen Bedenken.[61]

103

Dabei ist bereits der Ausgangspunkt auf Seiten des P. im Beispiel Rn 100 hinsichtlich der Bestimmtheit eines Ersatzfahrzeugs nicht frei von Irrtümern. Denn P. geht mit seiner Argumentation davon aus, dass die Regelung im Erstbescheid, wo bestimmt wird, dass die Fahrtenbuchanordnung im Falle des Verkaufs, der Verschrottung oder der Stilllegung des bezeichneten Fahrzeugs auf ein von der Straßenverkehrsbehörde zu bestimmendes Fahrzeug übergeht, bereits die Rechtsgrundlage der Bestimmung eines Ersatzfahrzeugs darstellt. Dies ist jedoch unzutreffend. Denn Rechtsgrundlage für die Bestimmung eines Ersatzfahrzeugs ist die gesetzliche Regelung des § 31a Abs. 1 S. 2 StVZO selbst. Unabhängig davon kann die Bestimmung eines Ersatzfahrzeugs grundsätzlich bereits bei Anordnung der Verpflichtung zur Führung eines Fahrtenbuchs zusammen mit dieser in einem gemeinsamen Bescheid verfügt werden.[62] Wäre dies hier der Fall, hätte übrigens der Rechtsbehelf gegen die grundsätzliche Bestimmung eines Ersatzfahrzeugs ohnehin keine Aussichten auf Erfolg mehr, da der ursprüngliche Bescheid längst bestandskräftig ist. Ein Rechtsbehelf wäre dann nur noch gegen die Bezeichnung, dh gegen die Auswahl des konkreten Eersatzfahrzeugs möglich, nicht mehr aber gegen die Bestimmung eines Ersatzfahrzeugs.

104

Diese grundsätzlich mögliche Konstellation ist im vorliegenden Fall jedoch nicht gewählt worden. Denn im Beispiel Rn 100 hat sich die Straßenverkehrsbehörde im Ausgangsbescheid lediglich die (spätere) **Bestimmung eines Ersatzfahrzeugs vorbehalten**. Das folgt bereits aus der entsprechenden Formulierung im Ausgangsbescheid, wo davon die Rede ist, dass das Fahrzeug, auf das die Anordnung übergeht, von der Straßenverkehrsbehörde „bestimmt wird", womit nach dem Verständnis eines objektiven Empfängerhorizonts die Ankündigung eines zukünftigen Verhaltens verbunden ist, nicht dagegen eine bereits erfolgte Bestimmung. Auch die Neubestimmung in der Form eines neuen Bescheids spricht dafür, dass die Bestimmung des Ersatzfahrzeugs erst in diesem Bescheid stattfindet. Diese Vorgehensweise, bei welcher der Vorbehalt in dem ursprünglichen Bescheid rechtlich nicht zwingend ist, da die spätere, auf § 31a Abs. 1 S. 2 StVZO gestützte Bestimmung eines Ersatzfahrzeugs auch mög-

105

---

59 Vgl Beschl. v. 27.1.2004 – 11 CS 03.2940 = BayVBl 2004, 633.
60 Beschl. v. 28.12.2004 – M 23 E 04.3945.
61 Vgl BVerwG, Beschl. v. 3.2.1989 – 7 B 18/89 = NJW 1989, 1624 = Buchholz 442.16 § 31a StVZO Nr. 19 = NZV 1989, 206.
62 Vgl etwa OVG des Saarlandes, Urt. v. 18.7.1997 – 9 R 13/95 = zfs 1998, 38; OVG NW, Beschl. v. 8.1.1992 – 13 A 1060/91 = NJW 1993, 1152 = DVBl 1992, 1315.

lich ist, wenn sie nicht vorbehalten wurde, die aber aus Gründen der Rechtsklarheit durchaus sinnvoll erscheint, drängt sich im vorliegenden Fall deswegen auf, weil im Zeitpunkt des Erlasses des ursprünglichen Bescheids mangels entsprechender Anhaltspunkte noch nicht feststand, ob die Bestimmung eines konkreten Ersatzfahrzeugs erforderlich sein würde. Vor dem geschilderten Hintergrund ist das Vorbringen, für den Änderungsbescheid fehle es an einer Rechtsgrundlage, unzutreffend.

106 Einer Konkretisierung auf den Begriff des Ersatz- oder Nachfolgefahrzeugs bereits im ursprünglichen Bescheid, ganz abgesehen davon, dass dieser Bescheid bereits bestandskräftig ist und deshalb in dem vorliegenden Verfahren nicht mehr erfolgreich angegriffen werden könnte, bedurfte es nicht. Denn wie oben (Rn 104) bereits ausgeführt, ist der Vorbehalt im ursprünglichen Bescheid aus Rechtsgründen nicht erforderlich. Doch selbst wenn dem so wäre, ist die Befürchtung des P. unbegründet, dass die Behörde ohne Konkretisierung auf den Begriff des Ersatz- oder Nachfolgefahrzeugs auch Fahrzeuge bestimmen dürfte, mit denen keine Zuwiderhandlungen zu befürchten seien. Denn einer solchen Verfahrensweise stünde bereits die Voraussetzung des „Ersatzfahrzeugs" in § 31a Abs. 1 S. 2 StVZO entgegen.

107 Auch das weitere Vorbringen, die Straßenverkehrsbehörde habe durch die Wendung „im Falle des Verkaufs, der Verschrottung oder Stilllegung des bezeichneten Fahrzeugs" im Ausgangsbescheid quasi ihr „Ermessen" auf die genannten Fälle bereits im Vorhinein konkretisiert, ist nicht zutreffend. Zwar ist P. zuzugeben, dass die Beschränkung auf die drei genannten Fälle nicht eben zur an sich beabsichtigten Rechtsklarheit beiträgt. Aus Rechtsgründen ist diese Beschränkung auf die drei genannten Fälle allerdings unschädlich. Dies folgt schon daraus, dass der Vorbehalt im Ausgangsbescheid hinsichtlich der Bestimmung eines Ersatzfahrzeugs noch nicht selbst die Bestimmung eines Ersatzfahrzeugs, sondern nur eine – noch unverbindliche – Ankündigung darstellt, der vor dem Hintergrund des Verständnisses eines objektivierten Adressaten noch keine irgendwie geartete Bindungswirkung beigelegt werden kann. Darüber hinaus ist auch vor dem Hintergrund des Zwecks der Vorschrift des § 31a Abs. 1 S. 2 StVZO eine derartige Einengung durch eine von Seiten der Behörde offensichtlich nur beispielhaft gewählte Aufzählung nicht statthaft. Denn der Sinn und Zweck der Vorschrift besteht primär darin, einer zukünftigen Gefahr für die Sicherheit des Straßenverkehrs zu begegnen, die nicht dadurch automatisch wegfällt, dass ein bestimmtes Fahrzeug dem ursprünglichen Halter nicht mehr zugeordnet ist.

108 Im Gegenteil erfordert es der Sinn und Zweck der Vorschrift für den Fall, dass neuerliche Zuwiderhandlungen gegen Verkehrsvorschriften zu erwarten sind, regelmäßig, die Anordnung auf ein Ersatzfahrzeug zu erstrecken, wenn eben ein solches vorhanden ist, ohne dass es vorrangig darauf ankommt, auf welchem Weg sich der ursprüngliche Halter von dem Fahrzeug, mit dem die Zuwiderhandlung begangen wurde, trennt. Ausgehend von diesen grundsätzlichen Erwägungen ist die von P. beanstandete Bestimmung im Ausgangsbescheid ohne Weiteres dahin gehend zu verstehen, dass mit der dort nur beispielhaft gegebenen Aufzählung gemeint ist, dass in jedem Falle einer Auswechslung des klägerischen Fahrzeugs jedes Fahrzeug, das in der Art und Weise seiner typischen Benutzung an die Stelle des früher verwendeten Fahrzeugs tritt und dessen Verwendung der Kontrolle des Klägers unterliegt, die Bestimmung eines Ersatzfahrzeugs vorbehalten bleibt. Mit diesem Regelungsgehalt begegnet die Rechtmäßigkeit der getroffenen Anordnung neben dem Gesichtspunkt der Bestimmtheit auch unter dem Gesichtspunkt der Verhältnismäßigkeit keinen Bedenken. Insbesondere kann von der Straßenverkehrsbehörde nicht verlangt werden, alle denkbaren Fälle der Aufgabe eines bestimmten Fahrzeugs, auf welchem Weg und unter welcher rechtlichen Konstruktion auch immer, bereits bei Erlass des ursprünglichen Bescheids zu antizipieren und bereits im Vorhinein zu formulieren. Dies ist weder vom Zweck des § 31a Abs. 1 S. 2 StVZO geboten, noch erscheint es angesichts der vielfältigen Gestaltungsmöglichkeiten bei der Beschaffung, Verwendung und Abgabe eines Fahrzeugs überhaupt praktikabel, die Anordnung insoweit auf alle möglichen bzw denkbaren Fälle zu präzisieren.

Auch die Tatsache, dass P. bereits vor dem Übergang des Fahrzeugs mit dem amtlichen Kennzeichen X-XX 1 an seine Ehefrau schon Halter des im Bescheid festgelegten Ersatzfahrzeugs mit dem amtlichen Kennzeichen X-XX 2 war, ändert nichts an der Rechtmäßigkeit der Bestimmung des Ersatzfahrzeugs. In der Rechtsprechung ist geklärt, dass als Ersatzfahrzeug auch Fahrzeuge in Betracht kommen, die bereits im Zeitpunkt der Anordnung des Fahrtenbuchs bzw im Zeitpunkt der Aufgabe des Tatfahrzeugs bei dem Betroffenen vorhanden waren.[63] Für die Richtigkeit dieser Überlegung spricht, dass auch ein schon länger in der Verfügungsgewalt des Betroffenen befindliches Fahrzeug begrifflich ohne Weiteres zum Ersatzfahrzeug eines anderen Fahrzeugs werden kann. Außerdem gibt es für die Behörde zu dem Zeitpunkt, zu dem das Tatfahrzeug noch beim Täter vorhanden ist, keinen zwingenden Anlass, ein anderes Fahrzeug in die Überlegungen mit einzubeziehen. Dass es regelmäßig bei einem Privatmann sinnvoll sein wird, bei einer Zuwiderhandlung iSv § 31a Abs. 1 S. 1 StVZO bereits bei Bescheiderlass eine Fahrtenbuchanordnung auf sämtliche von dem jeweiligen Betroffenen gehaltenen (Ersatz-)Fahrzeuge zu erstrecken,[64] soweit auch bei diesen Fahrzeugen einschlägige Zuwiderhandlungen zu befürchten sind, was idR, da hierfür grundsätzlich eine abstrakte Gefahr ausreicht, der Fall sein wird, kann dagegen vorliegend gerade nicht zur Rechtswidrigkeit des Bescheids führen, da P. dadurch, dass der Rechtsträger der Straßenverkehrsbehörde dies im ursprünglichen Bescheid unterlassen hat, nicht in seinen Rechten verletzt werden konnte.

109

Das Fahrzeug mit dem amtlichen Kennzeichen X-XX 1 ist auch Ersatzfahrzeug iSd § 31a Abs. 1 S. 2 StVZO für das ursprünglich festgesetzte Fahrzeug mit dem amtlichen Kennzeichen X-XX 2. Nach dem Wortlaut des § 31a Abs. 1 S. 2 StVZO können nur „Ersatzfahrzeuge" in die Fahrtenbuchauflage einbezogen werden. Bereits begrifflich bedingt dies nach Auffassung des Bayerischen Verwaltungsgerichtshofs,[65] wie auch des VG München,[66] eine Einschränkung auf solche Fahrzeuge, die in der Art und Weise ihrer typischen Benutzung an die Stelle des „Tatfahrzeugs" getreten sind.

110

In der genannten Entscheidung führt der Bayerische Verwaltungsgerichtshof aus, dass die Anordnung eines Ersatzfahrzeugs dann rechtmäßig ist, wenn sie dahin gehend zu verstehen ist – was bei der Erstreckung der Anordnung eines Fahrtenbuchs in der Regel der Fall sein wird –, dass mit einem Ersatzfahrzeug jedes Fahrzeug gemeint ist, das in der Art und Weise seiner typischen Benutzung an die Stelle des früher verwendeten Fahrzeugs tritt und dessen Verwendung der Kontrolle des Betroffenen unterliegt. Mit diesem Regelungsgehalt begegne die Rechtmäßigkeit der Anordnung eines Fahrtenbuchs insbesondere unter dem Gesichtspunkt der Bestimmtheit keinen Bedenken.

111

Für die Beantwortung der Frage, ob für ein anderes als das ursprüngliche Fahrzeug ein Fahrtenbuch geführt werden muss, ob es also ein „Ersatzfahrzeug" ist, kommt es nach alldem entscheidend darauf an, ob es in der **Art und Weise seiner typischen Benutzung** an die Stelle des früher verwendeten Fahrzeugs tritt. Die Art und Weise der typischen Nutzung richtet sich dabei danach, wofür das Fahrzeug tatsächlich verwendet wird. Bei der Bestimmung der typi-

112

---

63 Vgl OVG Berlin, Beschl. v. 13.3.2003 – 8 S 330/02 = NJW 2003, 2402; VG Frankfurt, Entsch. v. 10.10.1988 – III/2-E 1446/86 = VRS 78, 64.
64 Vgl BVerwG, Beschl. v. 27.7.1970 – VII B 19/70 = Buchholz 442.15 § 7 StVO Nr. 6 = VerkMitt 1971, Nr. 64; OVG NW, Urt. v. 7.4.1977 – XIII A 603/76 = DAR 1977, 333; VG Braunschweig, Beschl. v. 15.10.2001 – 6 B 193/01 = NZV 2002, 103.
65 Beschl. v. 27.1.2004 – 11 CS 03.2940 = BayVBl 2004, 633.
66 Beschl. v. 27.12.2005 – M 23 K 05.3081.

schen Benutzung eines Fahrzeugs ist dabei angesichts der vielfältigen Gestaltungsmöglichkeiten bei der Beschaffung und Verwendung eines Fahrzeugs als Ersatzfahrzeug ein weiter Maßstab anzulegen.[67] Denn nur durch die Einbeziehung aller für eine bestimmte Nutzung vorgehaltenen und seiner Verfügungsbefugnis unterliegenden Ersatzfahrzeuge in die Verpflichtung zur Führung eines Fahrtenbuchs kann wirksam verhindert werden, dass sich der davon Betroffene durch Umgehungsmaßnahmen von dieser ihm zusätzlich auferlegten Pflicht befreien kann und damit die Anordnung einer Fahrtenbuchauflage als Maßnahme der vorbeugenden Gefahrenabwehr im Falle mehrerer oder wechselnder Fahrzeuge eines Halters leerläuft.

113 Bei einem Privatmann wird die Annahme eines Ersatzfahrzeugs idR unproblematischer sein als bei einem gewerblichen Fahrzeughalter. Denn während bei Letzterem verschiedene Nutzungsarten – abhängig von der ausgeübten Tätigkeit – häufig vorkommen werden, lassen sich bei einem Privatmann regelmäßig keine eindeutig verschiedenen Nutzungsarten trennen.

114 Im Falle des P. geht aus dem Sachverhalt (Rn 100) hervor, dass nach Weggabe des Fahrzeugs mit dem amtlichen Kennzeichen X-XX 1 das Fahrzeug mit dem amtlichen Kennzeichen X-XX 2, welches von der Straßenverkehrsbehörde im Bescheid als Ersatzfahrzeug bestimmt wurde, das einzig ihm verbliebene Fahrzeug ist. Daher ist es denknotwendig so, dass dieses Fahrzeug alle typischen Nutzungen des vorangegangenen Fahrzeugs mit dem amtlichen Kennzeichen X-XX 1 (mit-)übernimmt. Anders wäre es möglicherweise, wenn der P. Halter mehrerer Fahrzeuge wäre und für diese unterscheidbare Nutzungsarten belegen könnte. Während der entsprechende Nachweis bei einer Privatperson relativ schwierig zu führen sein dürfte, lassen sich im Falle eines **gewerblichen Fahrzeughalters** hier einige Möglichkeiten denken. Beispielsweise wäre ein Vortrag dahin gehend, dass ein Fahrzeug für Geschäftspartner vorgehalten wurde, nach einer entsprechenden unaufklärbaren Zuwiderhandlung aber diese Praxis geändert, dieses Fahrzeug ersatzlos aufgegeben worden sei und Geschäftspartnern nun immer Leihwägen zur Verfügung gestellt würden, wohl nicht zu beanstanden.

115 Die Befürchtung der Straßenverkehrsbehörde, dass auch mit dem als Ersatzfahrzeug bestimmten Kraftfahrzeug mit dem amtlichen Kennzeichen X-XX 2 Zuwiderhandlungen gegen Verkehrsvorschriften vorkommen werden, ist nicht zu beanstanden. Dies ergibt sich aus Sinn und Zweck der Vorschrift des § 31a Abs. 1 S. 1 iVm S. 2 StVZO. Die Anordnung, ein Fahrtenbuch zu führen, ist eine umfassende Maßnahme zur Gefahrenabwehr im Straßenverkehr. Die Anordnung richtet sich deswegen an den Fahrzeughalter, weil dieser die Verfügungsbefugnis und die Möglichkeit der Kontrolle über sein Fahrzeug besitzt. Gefährdet er die Sicherheit des Straßenverkehrs dadurch, dass er unter Vernachlässigung seiner Aufsichtsmöglichkeiten nicht dartun kann oder will, wer im Zusammenhang mit einer Verkehrszuwiderhandlung zu einem bestimmten Zeitpunkt sein Fahrzeug gefahren hat, darf er durch die Auferlegung der Pflicht, ein Fahrtenbuch zu führen, zu einer nachprüfbaren Überwachung der Fahrzeugbenutzung angehalten werden. Für das Maß der Gefahr einer Wiederholung eines solchermaßen gefährlichen Vorgangs genügt regelmäßig die bei jeder Kraftfahrzeugnutzung nicht auszuschließende Möglichkeit, dass der jeweilige Fahrer Verkehrsvorschriften zuwiderhandelt.[68] In diesem Sinne ist im Beispiel Rn 100 hinsichtlich des P. nicht ersichtlich, dass ein Wiederholungsfall ausgeschlossen ist. Nur durch die Einbeziehung aller von ihm genutzten und seiner Verfügungsbefugnis unterliegenden Ersatzfahrzeuge in die Verpflichtung zur Führung eines Fahrtenbuchs kann in wirksamer Weise verhindert werden, dass sich der davon Betroffene durch Umgehungsmaßnahmen von dieser ihm zusätzlich auferlegten Pflicht befrei-

---

67 So auch OVG Berlin, Beschl. v. 13.3.2003 – 8 S 330/02 = NJW 2003, 2402.
68 BVerwG, Beschl. v. 23.6.1989 – 7 B 90/89 = NJW 1989, 2704 = DÖV 1989, 1040 = Buchholz 442.16 § 31a StVZO Nr. 20.

en kann und damit die Anordnung einer Fahrtenbuchauflage als Maßnahme der vorbeugenden Gefahrenabwehr im Falle mehrerer oder wechselnder Fahrzeuge eines Halters leerläuft.

Muster: Klage gegen die Festsetzung eines Ersatzfahrzeugs   116

                                                                           379

An das Verwaltungsgericht ▪▪▪

Klage

des Herrn ▪▪▪

– Kläger –

Prozessbevollmächtigte: RAe ▪▪▪

gegen

▪▪▪ [Rechtsträger der Straßenverkehrsbehörde bzw nach Maßgabe des § 78 Abs. 1 Nr. 2 VwGO die Straßenverkehrsbehörde selbst], vertreten durch ▪▪▪ [Behördenvorstand], ▪▪▪ [Adresse]

– Beklagte/r –

wegen: Fahrtenbuch.

Namens und in Vollmacht des Klägers erhebe ich Klage und bitte um die Anberaumung eines Termins zur mündlichen Verhandlung, in dem ich beantragen werde, wie folgt zu erkennen:

1. Der Bescheid des/der Beklagten vom ▪▪▪, Az ▪▪▪, in der Gestalt des Widerspruchsbescheids der ▪▪▪ [Widerspruchsbehörde] vom ▪▪▪, Az ▪▪▪, wird [*alt.:* in der Nummer ▪▪▪, dh in der Nummer, in der das Ersatzfahrzeug festgesetzt ist, sofern der Bescheidstenor mehrere Verfügungen enthält] aufgehoben.

2. Die Zuziehung eines Bevollmächtigten im Vorverfahren war notwendig.

3. Die/Der Beklagte trägt die Kosten des Verfahrens.

4. Das Urteil ist vorläufig vollstreckbar.

Begründung:

Der Kläger wendet sich gegen die Bestimmung des Fahrzeugs mit dem amtlichen Kennzeichen ▪▪▪ als Ersatz für das Fahrzeug ▪▪▪, für das von der Beklagten/dem Beklagtem mit Bescheid vom ▪▪▪ dem Kläger die Führung eines Fahrtenbuchs auferlegt wurde.

I.

Für den auf den Kläger zugelassenen PKW der Marke ▪▪▪ mit dem amtlichen Kennzeichen ▪▪▪ hat die/der Beklagte dem Kläger mit Bescheid vom ▪▪▪ die Führung eines Fahrtenbuchs auferlegt. Mit Bescheid vom ▪▪▪ bestimmte die/der Beklagte das ebenfalls auf den Kläger zugelassene Fahrzeug ▪▪▪ mit dem amtlichen Kennzeichen ▪▪▪ als Ersatzfahrzeug ▪▪▪ [nähere Umstände, was mit dem ursprünglichen Fahrzeug geschehen ist].

▪▪▪ [weitere Darstellung des Sachverhalts]

II.

Die Bestimmung des Fahrzeugs mit dem amtlichen Kennzeichen ▪▪▪ als Ersatzfahrzeug ist rechtswidrig und verletzt den Kläger in seinen Rechten.

Die Voraussetzungen für die Bestimmung des Fahrzeugs mit dem amtlichen Kennzeichen ▪▪▪ liegen nicht vor. Nach § 31a Abs. 1 S. 2 StVZO können nur "Ersatzfahrzeuge" in die Fahrtenbuchauflage einbezogen werden. Bereits begrifflich bedingt dies eine Beschränkung auf solche Fahrzeuge, die in der Art und Weise ihrer typischen Benutzung an die Stelle des „Tatfahrzeugs" getreten sind.

▪▪▪ [nähere Ausführungen dazu, dass und warum das als Ersatzfahrzeug bestimmte Fahrzeug kein Ersatz für das ursprünglich festgesetzte Fahrzeug ist]

Heinzeller

III.

Die Zuziehung des Bevollmächtigten im Vorverfahren war notwendig iSv § 162 Abs. 2 S. 2 VwGO, da sie von dem Kläger als nicht rechtskundiger Partei für erforderlich gehalten werden durfte und es ihm nach seinen persönlichen Lebensverhältnissen nicht zumutbar war, das Verfahren selbst zu führen.

Kosten: § 154 Abs. 1 VwGO. Vorläufige Vollstreckbarkeit: § 167 Abs. 2, Abs. 1 S. 1 VwGO iVm §§ 708 ff ZPO.

Rechtsanwalt

C. Verwaltungsverfahren und Prozessuales

I. Verwaltungsverfahren

117 Zu überprüfen ist hier zunächst, wie in anderen Rechtsgebieten auch, ob die formellen Anforderungen an das behördliche Verfahren eingehalten wurden, insbesondere

- die örtliche und sachliche Zuständigkeit der handelnden Straßenverkehrsbehörde[69] und
- das ordnungsgemäße Verwaltungsverfahren, insbesondere Anhörung gem. § 28 VwVfG vor Erlass des Fahrtenbuchbescheids.

118 Ebenso ist, ebenfalls wie üblich, der Bescheid, mit dem die Anordnung der Verpflichtung zum Führen eines Fahrtenbuchs ausgesprochen wird, zu überprüfen. Neben den insofern allgemeinen Prüfungen, die hier durchzuführen sind, insbesondere hinsichtlich der

- Rechtsbehelfsfrist,
- ordnungsgemäßen Zustellung und der
- Rechtsmittelbelehrung,

gibt es vor allem hinsichtlich der Tenorierung des Fahrtenbuchbescheids Besonderheiten, die für das Vorgehen gegen den Bescheid entscheidend sind.

119 **Hinweis:** Vor der Abgabe der Stellungnahme im Rahmen der nach § 28 VwVfG vorgesehenen Anhörung, spätestens aber nach Erlass des Bescheids vor der Einlegung bzw Begründung eines Widerspruchs, ist **in die Verwaltungsakten der Behörde Einsicht zu nehmen.** War der Rechtsanwalt bereits mit einem etwaigen dem Verwaltungsverfahren vorausgehenden Bußgeldverfahren mit den Vorgängen befasst, wird sich der Erkenntnisneugewinn zwar in Grenzen halten, jedoch sollte jedenfalls überprüft werden, ob die Feststellungen des (notwendigerweise ohne Ergebnis gebliebenen, sonst kommt es nicht zu der Unmöglichkeit der Fahrerfeststellung) Bußgeldverfahrens korrekt in das Verwaltungsverfahren übernommen wurden. Wenn eine Befassung im Rahmen eines Bußgeldverfahrens noch nicht stattgefunden hat, ist eine Einsichtnahme in die Verwaltungsvorgänge schon deshalb zwingend, weil andernfalls die maßgeblichen Grundlagen für die Unmöglichkeit der Fahrerfeststellung im Dunkeln blieben.

120 **Muster: Antrag an die Straßenverkehrsbehörde auf Einsichtnahme in die Verwaltungsvorgänge**

An ▪▪▪ [Straßenverkehrsbehörde]

Ihr Zeichen: ▪▪▪

---

69 Die örtliche und sachliche Zuständigkeit richtet sich nach dem jeweiligen Landesrecht.

Anhörungsschreiben vom ▪▪▪

Sehr geehrte Damen und Herren,

hiermit zeige ich unter Hinweis auf die beigefügte Vollmacht an, dass mich Herr ▪▪▪ [Name, Vorname, Anschrift des Mandanten] mit der Wahrnehmung seiner Interessen beauftragt hat. Ihr Schreiben vom ▪▪▪, mit welchem Sie meinen Mandanten zu der beabsichtigten Anordnung der Verpflichtung zum Führen eines Fahrtenbuchs anhören, liegt mir vor. Bevor ich hierzu Stellung nehme, beantrage ich hiermit die Einsicht in die Verwaltungsakten gem. § 29 Abs. 1 S. 1 VwVfG durch Überlassung der Akten in meine Kanzlei analog § 100 Abs. 2 S. 2 VwGO. Sollte die Überlassung in meine Kanzlei nicht möglich sein, bitte ich um eine kurze Mitteilung.

Ich bitte, die weitere Korrespondenz in dieser Sache ausschließlich über meine Kanzlei zu führen. Für etwaige Rückfragen stehe ich natürlich jederzeit gern zur Verfügung.

Rechtsanwalt

Die Behörde hat **mehrere Möglichkeiten, die Fahrtenbuchanordnung rechtlich zu konstruieren.** Diese Möglichkeiten tauchen in der Praxis auch alle auf. Neben einigen eher unbedeutenden Abweichungen (manche Behörden begnügen sich mit der auf § 31a Abs. 1 S. 1 StVZO gestützten eigentlichen Fahrtenbuchanordnung, andere wiederholen im Bescheid die bereits aus dem Gesetz folgenden Pflichten gem. § 31a Abs. 2 und 3 StVZO), besteht der für den Rechtsschutz entscheidende Unterschied in der **Tenorierung** der Ausspruchs, mit dem die Fahrtenbuchanordnung selbst angeordnet wird. **121**

Die erste und hinsichtlich der prozessualen Behandlung einfachste Variante ist die Anordnung der Fahrtenbuchführung für eine **bestimmte Dauer** (zB zwölf Monate) und der Beginn dieser Verpflichtung ab der Unanfechtbarkeit des Bescheids. Dann genügt die fristgerechte Widerspruchseinlegung und nach Ergehen des Widerspruchsbescheids die fristgerechte Klageerhebung, um die Vollziehbarkeit des Bescheids hinauszuschieben (vgl § 80 Abs. 1 S. 1 VwGO). **122**

Hinweis: Vereinzelt kommt es vor, dass eine Straßenverkehrsbehörde den „Kunstfehler" begeht, die Fahrtenbuchverpflichtung nicht ab Unanfechtbarkeit des Bescheids, sondern *ab Zustellung* (ohne gleichzeitige Anordnung der sofortigen Vollziehung, § 80 Abs. 2 S. 1 Nr. 4 VwGO) anzuordnen, was den Vorteil für den Adressaten hat, dass ab Beginn der aufschiebenden Wirkung die Fahrtenbuchanordnung bis zum Ende der aufschiebenden Wirkung (vgl hierzu § 80b VwGO) gleichsam ins Leere geht. In einem solchen Fall ist – anders als typischerweise sonst in Fahrtenbuchfällen – das Interesse des Mandanten an einer zügigen Entscheidung über den Widerspruch und ggf im Anschluss die Klage idR eher gering. **123**

Die andere Variante ist die Anordnung des Fahrtenbuchs nicht für einen bestimmten Zeitraum, sondern bis zu einem bestimmten, im Bescheid datumsmäßig **fixierten Termin** (zB bis zum 31.12.2007). Diese Variante bedingt, wegen der Möglichkeit für den Bescheidsadressaten, durch Einlegung eines Rechtsbehelfs die aufschiebende Wirkung herzustellen, die gleichzeitige Anordnung der aufschiebenden Wirkung (§ 80 Abs. 2 S. 1 Nr. 4 VwGO). In diesen Fällen ist neben der Einlegung (zunächst) des Widerspruchs auch der gerichtliche Antrag auf Wiederherstellung der aufschiebenden Wirkung (§ 80 Abs. 5 S. 1 VwGO) des Widerspruchs zu stellen (dieser wird nach Erlass des Widerspruchsbescheids durch die Klage ersetzt). Gleichzeitig mit der Widerspruchseinlegung sollte der Vollständigkeit halber bei der Behörde **124** die Aussetzung der Vollziehung[70] (§ 80 Abs. 4 S. 1 VwGO) beantragt werden, auch wenn dies nur in den seltensten Fällen Erfolg haben dürfte.

125 **Hinweis:** Während der Zeit, in der das Verfahren des vorläufigen Rechtsschutzes bei Gericht anhängig ist, sollte der Rechtsanwalt dem Mandanten raten, das Fahrtenbuch gleichsam vorsorglich zu führen, da sonst im Falle des Unterliegens das teilweise nicht geführte Fahrtenbuch bzw die aus der Tatsache, dass das Fahrtenbuch nicht geführt wurde, zwingend folgende Verletzung der Vorlage- bzw Aufbewahrungspflicht aus § 31a Abs. 3 StVZO eine Ordnungswidrigkeit darstellt (§ 69a Abs. 5 Nr. 4, 4a StVZO). Außerdem drohen viele Straßenverkehrsbehörden für den Fall der Nichtvorlage ein Zwangsgeld an, das ebenfalls wegen der Nichtvorlage fällig würde.

II. Prozessuale Behandlung von Fahrtenbuchsachen

126 Im Fahrtenbuchrecht können verschiedene prozessuale Konstellationen auftreten. Neben der vorprozessualen Situation des Widerspruchs (§§ 68 ff VwGO) ist hier insbesondere einzugehen auf die Klage gegen eine Fahrtenbuchanordnung sowie auf den Antrag gem. § 80 Abs. 5 S. 1 VwGO auf Wiederherstellung der aufschiebenden Wirkung eines Rechtsbehelfs im Falle der behördlichen Anordnung des Sofortvollzugs (§ 80 Abs. 2 S. 1 Nr. 4 VwGO) einer Fahrtenbuchanordnung.

1. Erhebung eines Widerspruchs

127 Gegen die Anordnung der Führung eines Fahrtenbuchs ist vor Erhebung der Klage das Vorverfahren nach §§ 68 ff VwGO durchzuführen.[71] Da nach § 69 VwGO das Vorverfahren mit der Einlegung des Widerspruchs beginnt, ist statthafter Rechtsbehelf gegen einen Fahrtenbuchbescheid also zuerst der Widerspruch.

128 **Muster: Widerspruch gegen die Anordnung der Verpflichtung zum Führen eines Fahrtenbuchs**

An ▪▪▪[72]

Vorab per Telefax: ▪▪▪

Ihr Zeichen: ▪▪▪

Betr.: Fahrtenbuchanordnung; Bescheid vom ▪▪▪

Sehr geehrte Damen und Herren,

hiermit zeige ich unter Hinweis auf die beigefügte Vollmacht an, dass mich Herr ▪▪▪ [Name, Vorname, Anschrift des Mandanten] mit der Wahrnehmung seiner Interessen beauftragt hat.

Namens meines Mandanten lege ich hiermit gegen Ihren Bescheid vom ▪▪▪, bekannt gegeben [*ggf*: zugestellt] am ▪▪▪,

---

70 Zu dieser speziell in Fahrtenbuchfällen vgl *Schwab*, VD 1992, 273.

71 Einen Ausschluss (§ 68 Abs. 1 S. 1 Einleitungssatz VwGO) aufgrund Landesrechts gibt es soweit ersichtlich in keinem Bundesland.

72 Grds. an die Ausgangsbehörde, dh die Straßenverkehrsbehörde, vgl § 70 Abs. 1 S. 1 VwGO; jedoch kann der Widerspruch ebenso an die Widerspruchsbehörde gerichtet werden, vgl § 70 Abs. 1 S. 2 VwGO. – Hinweis: Im Regelfall sollte der Grundsatz des § 70 Abs. 1 S. 1 VwGO beachtet und der Widerspruch bei der Ausgangsbehörde eingelegt werden, schon um unnötige Verzögerungen bis zum Erlass des Widerspruchsbescheids zu vermeiden. Legt man direkt bei der Widerspruchsbehörde ein, wird diese den Vorgang zunächst ohnehin wieder an die Ausgangsbehörde abgeben, um dieser die Möglichkeit der Abhilfeentscheidung zu geben, vgl § 72 VwGO.

Widerspruch

ein und beantrage:

1. Der oben genannte Bescheid wird aufgehoben.

2. Bis zur Entscheidung über diesen Widerspruch wird die Vollziehung ausgesetzt.

3. Die Kosten des Verfahrens trägt ▬▬▬ [Rechtsträger der Straßenverkehrsbehörde].

Begründung:

I.

Mit dem auf meinen Mandanten [*oder:* den Widerspruchsführer] zugelassenen PKW der Marke ▬▬▬ mit dem amtlichen Kennzeichen ▬▬▬ wurde am ▬▬▬ gegen ▬▬▬ Uhr auf der ▬▬▬straße in ▬▬▬ folgender Verkehrsverstoß begangen: ▬▬▬ [zB Ordnungswidrigkeit der Überschreitung der zulässigen Höchstgeschwindigkeit von 50 km/h innerhalb geschlossener Ortschaft um ▬▬▬ km/h (§§ 3 Abs. 3 Nr. 1, 49 Abs. 1 Nr. 3 StVO)]. Nach ergebnislosem Ausgang des Bußgeldverfahrens [ggf nähere Ausführungen] verpflichtete die/der ▬▬▬ [Straßenverkehrsbehörde] nach Anhörung meinen Mandanten, für das Fahrzeug mit dem amtlichen Kennzeichen ▬▬▬ für den Zeitraum bis zum ▬▬▬ [Enddatum der Fahrtenbuchanordnung] ein Fahrtenbuch zu führen (Nummer 1 des Bescheids).

▬▬▬ [Darstellung des Sachverhalts]

II.

Der Bescheid ist rechtswidrig und verletzt meinen Mandanten in seinen Rechten.

▬▬▬ [Begründung]

III.

Die von der ▬▬▬ [Ausgangsbehörde] angeordnete sofortige Vollziehung ist gem. § 80 Abs. 4 S. 1 VwGO auszusetzen. Angesichts des Umstands, dass, wie oben gezeigt, der Bescheid rechtswidrig ist, muss das Vollziehungsinteresse hinter dem Aussetzungsinteresse meines Mandanten zurückstehen.

IV.

Die Kosten des erfolgreichen Widerspruchsverfahrens sind dem/der ▬▬▬ [Rechtsträger der Ausgangsbehörde bzw die Behörde selbst, wo dies möglich ist] aufzuerlegen, § 80 VwVfG.[73]

Rechtsanwalt

2. Antrag auf vorläufigen Rechtsschutz gem. § 80 Abs. 5 S. 1 VwGO

Bei der Zulässigkeit dieses Rechtsbehelfs gibt es keine spezifischen Besonderheiten von Fahrtenbuchsachen im Vergleich mit anderen Rechtsgebieten. In der Begründetheit des Antrags nach § 80 Abs. 5 S. 1 VwGO wird das besondere öffentliche Interesse an der Aufrechterhaltung der sofortigen Vollziehung der angeordneten Verpflichtung, ein Fahrtenbuch zu führen, mit dem privaten Interesse des Antragstellers an der Wiederherstellung (hier kommt bei Fahrtenbuchsachen nur die Wiederherstellung in Betracht, nicht die Anordnung, da die sofortige Vollziehung hier nur kraft behördlicher Anordnung iSv § 80 Abs. 2 S. 1 Nr. 4 VwGO erfolgen kann) der aufschiebenden Wirkung seines Rechtsbehelfs abgewogen (je nach Verfahrensstadium ist das entweder der Widerspruch oder die Klage).

129

---

73 Hinweis: Die Vorschrift des § 73 Abs. 3 S. 3 VwGO regelt lediglich die Notwendigkeit einer Kostenentscheidung, gibt aber keine inhaltlichen Regeln für die Verteilung der Kostenlast im Widerspruchsverfahren vor.

130 **Muster: Antrag auf Wiederherstellung der aufschiebenden Wirkung – Begründetheit (Auszug)**

Der zulässige Antrag auf Wiederherstellung der aufschiebenden Wirkung des Widerspruchs/der Klage des Antragstellers vom [...] ist begründet. Das private Interesse des Antragstellers an der Wiederherstellung der aufschiebenden Wirkung seines Widerspruchs/seiner Klage überwiegt das öffentliche Interesse an der Aufrechterhaltung der sofortigen Vollziehung der angeordneten Verpflichtung, ein Fahrtenbuch zu führen (Nr. ■■■ des Bescheids vom ■■■, Nr. ■■■ hinsichtlich der Anordnung des Sofortvollzugs).

131 Da es sich in Fahrtenbuchsachen hinsichtlich einer etwaigen sofortigen Vollziehung nur um einen Fall des § 80 Abs. 2 S. 1 Nr. 4 VwGO handeln kann (§ 80 Abs. 2 S. 1 Nr. 2 VwGO ist nicht, auch nicht entsprechend anwendbar),[74] hat das Gericht zunächst die Anordnung der sofortigen Vollziehung auf ihre formelle Rechtmäßigkeit hin zu überprüfen.

a) Formelle Rechtmäßigkeit der Anordnung des Sofortvollzugs

132 Insbesondere die Vorschrift des § 80 Abs. 3 S. 1 VwGO stellt besondere formelle Anforderungen für die behördliche Anordnung des Sofortvollzugs auf. In Fahrtenbuchsachen stellt die überwiegende Rechtsprechung an die behördliche Anordnung des Sofortvollzugs nur recht geringe Anforderungen, weshalb sich das obige Formulierungsbeispiel (Muster Rn 130) auch allein auf die Interessenabwägung konzentriert, da im Regelfall insofern unter Berücksichtigung der folgenden Darstellung entsprechende Ausführungen verzichtbar sein werden; andererseits gibt es nicht wenige hiervon abweichende Meinungen, auf die im Folgenden nach der Darstellung der insoweit herrschenden Meinung in der gebotenen Kürze hingewiesen werden soll.

133 § 31a StVZO gehört nach der Rechtsprechung insbesondere der Obergerichte zu den Vorschriften, bei denen zur Abwehr von Gefahren für wichtige Gemeinschaftsgüter, nämlich die Ordnung und Sicherheit im Straßenverkehr, das besondere öffentliche Vollzugsinteresse nach § 80 Abs. 2 S. 1 Nr. 4 VwGO im Regelfall mit dem Interesse am Erlass des Verwaltungsakts zusammenfällt und sich die **Abwägung** der beteiligten Interessen im Wesentlichen auf die Prüfung beschränken soll, ob nicht ausnahmsweise in Ansehung der besonderen Umstände des Falls die sofortige Vollziehung weniger dringlich als im Normalfall ist.[75]

134 Soweit kein Ausnahmefall im Sinne dieser Rechtsprechung vorliegt – wobei ein solcher kaum denkbar ist –, gibt es danach keine Bedenken gegen das Bestehen eines besonderen Vollzugsinteresse. Entsprechend dieser Auffassung, dass bei Fahrtenbuchanordnungen regelmäßig der Sofortvollzug anzuordnen sein wird, sind auch die Anforderungen des § 80 Abs. 3 S. 1 VwGO an die **Begründungspflichten** der Behörde nicht besonders hoch. Im Regelfall genügt es nach der genannten Rechtsprechung, wenn der Antragsgegner aus der Begründung des Sofortvollzugs zu erkennen gibt, die beiderseitigen Interessen im Einzelfall gegeneinander abgewogen und auf dieser Grundlage den sofortigen Vollzug angeordnet zu haben. Eine Darlegung, warum die Behörde die sofortige Vollziehung anordnet und dies anders als in

---

74 Vgl BVerwG, Urt. v. 17.10.1978 – VII C 77/74 = DAR 1979, 310 = Buchholz 442.16 § 31a StVZO Nr. 5.

75 Vgl nur BayVGH, Beschl. v. 17.7.2002 – 11 CS 02.1320 – juris; Beschl. v. 15.4.1999 – 11 ZS 98.3283 – juris; ebenso VGH BW, Beschl. v. 17.11.1997 – 10 S 2113/97 = NZV 1998, 126 mit zweifelhafter (Zusatz-)Argumentation, dass Sinn und Zweck einer Fahrtenbuchauflage nicht nur die Verhinderung künftiger unaufklärbarer Verkehrsverstöße sei, sondern daneben auch spezialpräventiv die Hebung der Verkehrsdisziplin der Führer eines Fahrzeuges, für das ein Fahrtenbuch angeordnet ist.

anderen Fällen einer Fahrtenbuchanordnung notwendig ist und – noch weitergehend – überhaupt ein Eingehen auf den konkreten Einzelfall, ist dagegen nicht erforderlich.[76]

Im Gegensatz hierzu verlangt die gesetzliche Regelung des § 80 Abs. 3 S. 1 VwGO nach dem Wortlaut der Vorschrift und nach den Grundsätzen, die hierzu entwickelt wurden,[77] die Darlegung besonderer Gründe, welche über die Gesichtspunkte hinausgehen, die den Verwaltungsakt selbst rechtfertigen. Durch die oben (Rn 133) nachgewiesene Rechtsprechung wird daher die gesetzliche Wirkungsweise bei der Begründung des Sofortvollzugs – die Anordnung des Sofortvollzugs soll die besonders begründungsbedürftige Ausnahme sein – in ihr Gegenteil verkehrt: Die Anordnung des Sofortvollzugs wird für Fahrtenbuchanordnungen zum Regelfall, die Nichtanordnung zur Ausnahme.

Vor allem in der erstinstanzlichen Rechtsprechung gibt es hierzu **abweichende Ansätze**. Unter Betonung der gesetzlichen Regelung wird dort verlangt, dass die Behörde auf den konkreten Fall bezogene Gründe für einen Sofortvollzug vortragen muss.[78] Ebenso wurde vom VG München die aufschiebende Wirkung von Fahrtenbuchanordnungen deswegen wiederhergestellt, weil bei der Begründung des Sofortvollzugs eine konkrete Wiederholungsgefahr nötig sei, an der es bei den entschiedenen Fällen fehlte bzw diese jedenfalls in der Begründung des Sofortvollzugs nicht dargestellt wurde.[79]

Hinweis: In den Bundesländern, in denen es zu dieser Fragestellung eine gefestigte obergerichtliche Rechtsprechung gibt, wird es voraussichtlich nicht von Erfolg gekrönt sein, in „durchschnittlichen" Fahrtenbuchfällen eine formell rechtswidrige Begründung des Sofortvollzugs geltend zu machen. Dagegen dürfte es in den Bundesländern, deren Obergerichte sich zu dieser Frage – soweit ersichtlich – noch nicht geäußert haben, mit Verweis auf die bedenkenswerte Argumentation der Aushebelung des Regel-Ausnahme-Verhältnisses den Versuch wert sein, gegen bloß formelhafte Anordnungen des Sofortvollzugs, die sich mit dem konkreten Fall nicht auseinandersetzen, vorzugehen. Eine Vereinheitlichung der Rechtsprechung kann es hier nicht geben, da dieses Problem nur im vorläufigen Rechtsschutz auftreten kann, wo der Verwaltungsgerichtshof/das Oberverwaltungsgericht unanfechtbar entscheidet (vgl § 152 Abs. 1 VwGO).

b) Begründetheit im Übrigen

Im Rahmen eines Verfahrens nach § 80 Abs. 5 S. 1 VwGO trifft das Gericht sodann aufgrund der sich im Zeitpunkt seiner Entscheidung darstellenden Sach- und Rechtslage[80] eine eigene – originäre – Ermessensentscheidung[81] darüber, welche Interessen höher zu bewerten sind: diejenigen, die für einen sofortigen Vollzug des angefochtenen Verwaltungsakts streiten, oder diejenigen, die für die Anordnung oder Wiederherstellung der aufschiebenden Wirkung sprechen. Im Rahmen dieser Interessenabwägung sind auch die Erfolgsaussichten des Rechtsbehelfs in der Hauptsache als wesentliches, aber nicht als alleiniges Indiz für und gegen den

---

76 Vgl BayVGH, Beschl. v. 17.7.2002 – 11 CS 02.1320 – juris; Beschl. v. 15.4.1999 – 11 ZS 98.3283 – juris; ebenso VGH BW, Beschl. v. 17.11.1997 – 10 S 2113/97 = NZV 1998, 126; VG Aachen, Beschl. v. 4.5.2006 – 2 L 184/06 – juris; Beschl. v. 5.5.2006 – 2 L 797/05 – juris.

77 Vgl etwa *Kopp/Schenke*, VwGO, § 80 Rn 84 ff.

78 VG Chemnitz, Beschl. v. 16.8.2000 – 2 K 1331/00, m. Bespr. *Stollenwerk*, VD 2001, 53.

79 Beschl. v. 18.2.1999 – M 6 S 98.5902 – juris, allerdings aufgehoben vom BayVGH mit Beschl. v. 18.5.1999 – 11 CS 99.730 – juris; ebenso Beschl. v. 26.10.1998 – M 6 S 98.3292 – juris, ebenfalls n.r., da im Beschwerdeverfahren vor dem BayVGH mit Beschl. v. 15.4.1999 – 11 ZS 98.3283 – juris, für unwirksam erklärt aufgrund Einstellung des Verfahrens nach übereinstimmender Erledigterklärung, wobei die Kosten des Verfahrens dem Antragsteller auferlegt wurden.

80 Vgl Eyermann/*J. Schmidt*, VwGO, § 80 Rn 83.

81 Statt aller: *Kopp/Schenke*, VwGO, § 80 Rn 146.

gestellten Antrag zu berücksichtigen.[82] Sind die Erfolgsaussichten bei summarischer Prüfung als offen zu beurteilen, findet eine reine Abwägung der für und gegen den Sofortvollzug sprechenden Interessen statt.[83]

139 In den meisten Fällen wird es demzufolge um die Prüfung der Erfolgsaussichten des dem jeweiligen Verfahrensstand entsprechenden Rechtsbehelfs (Widerspruch oder Klage) gehen. Die Interessenabwägung im Übrigen spielt nur dann eine Rolle, wenn sich (etwa wegen eines ungeklärten Sachverhalts, der erst im Hauptsacheverfahren mittels Beweiserhebung zu klären ist) keine Aussagen zum mutmaßlichen Ausgang dieses Rechtsbehelfsverfahrens treffen lassen.

140 **Muster: Antrag auf Wiederherstellung der aufschiebenden Wirkung des Widerspruchs**

  ↓

An das Verwaltungsgericht ▪▪▪

Antrag gem. § 80 Abs. 5 S. 1 VwGO

des Herrn ▪▪▪

– Antragsteller –

Prozessbevollmächtigte: RAe ▪▪▪

gegen

▪▪▪ [Rechtsträger der Straßenverkehrsbehörde bzw nach Maßgabe des § 78 Abs. 1 Nr. 2 VwGO die Straßenverkehrsbehörde selbst], vertreten durch ▪▪▪ [Behördenvorstand], ▪▪▪ [Adresse]

– Antragsgegner/in –

wegen: Fahrtenbuch.

Namens und in Vollmacht des Antragstellers beantrage ich die Gewährung vorläufigen Rechtsschutzes im Verfahren nach § 80 Abs. 5 S. 1 VwGO und beantrage, wie folgt zu erkennen:

1. Die aufschiebende Wirkung des am ▪▪▪ gegen die Nummer 1 des Bescheids des Antragsgegners/der Antragsgegnerin vom ▪▪▪, Az ▪▪▪ [ggf: in der Gestalt des Widerspruchsbescheids der ▪▪▪ [Widerspruchsbehörde] vom ▪▪▪, Az ▪▪▪] eingelegten Widerspruchs/der am ▪▪▪ erhobenen Klage [je nachdem, welcher Rechtsbehelf im jeweiligen Verfahrensstadium anhängig ist] wird wiederhergestellt.[84]

2. Die aufschiebende Wirkung des am ▪▪▪ gegen die Nummer ▪▪▪ [die Nummer des Bescheids, in der die Zwangsgeldandrohung enthalten ist, sofern eine solche verfügt wurde] des Bescheids des Antragsgegners/der Antragsgegnerin vom ▪▪▪, Az ▪▪▪ [ggf: in der Gestalt des Widerspruchsbescheids der ▪▪▪ [Widerspruchsbehörde] vom ▪▪▪, Az ▪▪▪] eingelegten Widerspruchs/der am ▪▪▪ erhobenen Klage [je nachdem, welcher Rechtsbehelf im jeweiligen Verfahrensstadium anhängig ist] wird angeordnet.[85]

---

82 ZB BVerwG, Beschl. v. 25.3.1993 – 1 ER 301/92 = NJW 1993, 3213; BayVGH, Beschl. v. 29.8.1987 – 20 CS 87.02324 = BayVBl 1988, 406; VGH BW, Beschl. v. 22.2.1991 – 14 S 2966/90 = NVwZ-RR 1991, 409 = VBlBW 1991, 300; Eyermann/*J. Schmidt*, VwGO, § 80 Rn 72 ff.

83 Eyermann/*J. Schmidt*, VwGO, § 80 Rn 78, 80.

84 Hinweis: In diesem Muster wird angenommen, dass die Fahrtenbuchverpflichtung selbst in der Nummer 1 des Bescheids angeordnet wird. Regelmäßig wird ein Bescheid, der eine Fahrtenbuchanordnung ausspricht, neben der eigentlichen Fahrtenbuchanordnung noch andere Verfügungen enthalten (zT eigenständige, zT solche, die einen Annex zu anderen darstellen), bspw die Anordnung des Sofortvollzugs, die (deklaratorische) Regelung der Aufbewahrungs- und Vorlagepflicht, ggf den Vorbehalt der Bestimmung eines Ersatzfahrzeugs und sehr häufig die Androhung eines Zwangsgeldes. Anders als im Falle der (Anfechtungs-)Klage, bei der im Regelfall kurzerhand die Aufhebung des gesamten Bescheids beantragt werden kann, ist im Falle des Antrags auf Gewährung vorläufigen Rechtsschutzes nach § 80 Abs. 5 S. 1 VwGO zu differenzieren, da der Antrag nur hinsichtlich der Verfügungen statthaft ist, die entweder kraft Gesetzes oder kraft behördlicher Anordnung sofort vollziehbar sind.

85 Hinweis: Anders als im Antrag zu 1 ist hier nicht die Wiederherstellung, sondern die Anordnung der aufschiebenden Wirkung zu verlangen, da der Sofortvollzug der Zwangsgeldandrohung nicht kraft behördlicher Anordnung iSv § 80 Abs. 2 S. 1 Nr. 4 VwGO gilt, sondern kraft Gesetzes nach § 80 Abs. 2 S. 1 Nr. 3 VwGO iVm den jeweiligen Regelungen in den Vollstreckungsgesetzen der Länder, zB in Bayern Art. 21a S. 1 BayVwZVG; in den anderen Bundesländern gibt es – soweit ersichtlich – weitgehend entsprechende Regelungen.

3. Die/Der Antragsgegner/in trägt die Kosten des Verfahrens.

Begründung:

Der Antragsteller wendet sich gegen den Sofortvollzug der von der Antragsgegnerin/dem Antragsgegner verfügten Verpflichtung zur Führung eines Fahrtenbuchs.

I.

Mit dem auf den Antragsteller zugelassenen PKW der Marke ▪▪▪ mit dem amtlichen Kennzeichen ▪▪▪ wurde am ▪▪▪ gegen ▪▪▪ Uhr auf der ▪▪▪straße in ▪▪▪ folgender Verkehrsverstoß begangen: ▪▪▪ [zB Ordnungswidrigkeit der Überschreitung der zulässigen Höchstgeschwindigkeit von 50 km/h innerhalb geschlossener Ortschaft um ▪▪▪ km/h (§§ 3 Abs. 3 Nr. 1, 49 Abs. 1 Nr. 3 StVO)]. Nach Anhörung verpflichtete die Antragsgegnerin/der Antragsgegner den Antragsteller, für das Fahrzeug mit dem amtlichen Kennzeichen ▪▪▪ für den Zeitraum bis zum ▪▪▪ [Enddatum der Fahrtenbuchanordnung] ein Fahrtenbuch zu führen (Nummer 1 des Bescheids vom ▪▪▪), ordnete den Sofortvollzug dieser Bestimmung an (Nr. ▪▪▪ des Bescheids) und drohte dem Antragsteller die Verhängung eines Zwangsgeldes an (Nr. ▪▪▪ des Bescheids), für den Fall, dass der Antragsteller der Pflicht zur Führung des Fahrtenbuchs [ggf ergänzen: sowie der Pflicht zur Aufbewahrung und Vorlage des ordnungsgemäß geführten Fahrtenbuchs] nicht nachkommt.

▪▪▪ [weitere Darstellung des Sachverhalts]

II.

Die aufschiebende Wirkung des Widerspruchs/der Klage vom ▪▪▪ gegen den Bescheid der Antragsgegnerin/des Antragsgegners vom ▪▪▪ ist hinsichtlich der Nummer 1 des Bescheids wiederherzustellen.

Das private Interesse des Antragstellers an der Wiederherstellung der aufschiebenden Wirkung seines Widerspruchs/seiner Klage überwiegt das besondere öffentliche Interesse an der Aufrechterhaltung der sofortigen Vollziehung der angeordneten Verpflichtung, ein Fahrtenbuch zu führen (Nr. 1 des Bescheids vom ▪▪▪, Nr. ▪▪▪ hinsichtlich der Anordnung des Sofortvollzugs). Insbesondere wird der Widerspruch/die Klage gegen die angeordnete Verpflichtung aller Voraussicht nach erfolgreich sein.

Da es sich hier um einen Fall des § 80 Abs. 2 S. 1 Nr. 4 VwGO handelt, hat das Gericht zunächst die Anordnung der sofortigen Vollziehung auf ihre formelle Rechtmäßigkeit hin zu überprüfen. ▪▪▪ [hier ggf Ausführungen zur formellen Rechtmäßigkeit der Anordnung des Sofortvollzugs, § 80 Abs. 3 S. 1 VwGO]. Im Rahmen eines Verfahrens nach § 80 Abs. 5 S. 1 VwGO trifft das Gericht sodann aufgrund der sich im Zeitpunkt seiner Entscheidung darstellenden Sach- und Rechtslage (vgl Eyermann/*Schmidt*, VwGO, 12. Aufl. 2006, § 80 Rn 83) eine eigene – originäre – Ermessensentscheidung (statt aller: *Kopp/Schenke*, VwGO, 14. Aufl. 2005, § 80 Rn 146) darüber, welche Interessen höher zu bewerten sind: diejenigen, die für einen sofortigen Vollzug des angefochtenen Verwaltungsakts streiten, oder diejenigen, die für die Anordnung oder Wiederherstellung der aufschiebenden Wirkung sprechen. Im Rahmen dieser Interessenabwägung sind auch die Erfolgsaussichten des Rechtsbehelfs in der Hauptsache als wesentliches, aber nicht als alleiniges Indiz für und gegen den gestellten Antrag zu berücksichtigen (zB BVerwG, Beschl. v. 25.3.1993 – 1 ER 301/92 = NJW 1993, 3213; BayVGH, Beschl. v. 29.8.1987 – 20 CS 87.02324 = BayVBl 1988, 406; VGH BW, Beschl. v. 22.2.1991 – 14 S 2966/90 = NVwZ-RR 1991, 409 = VBlBW 1991, 300; Eyermann/*Schmidt*, aaO, § 80 Rn 72 ff). Sind die Erfolgsaussichten bei summarischer Prüfung als offen zu beurteilen, findet eine reine Abwägung der für und gegen den Sofortvollzug sprechenden Interessen statt (Eyermann/*Schmidt*, aaO, § 80 Rn 78, 80). Nach der im vorläufigen Rechtsschutzverfahren nur möglichen, aber auch ausreichenden summarischen Prüfung (vgl BVerfG, Beschl. v. 25.9.1986 – 2 BvR 744/86 = NVwZ 1987, 403; Beschl. v. 12.9.1995 – 2 BvR 117/95 = NVwZ 1996, 58 = BayVBl. 1996, 47) wird der Widerspruch/die Klage des Antragstellers nach derzeitigem Stand voraussichtlich erfolgreich sein. Die von der Antragsgegnerin/dem Antragsgegner angeordnete und für sofort vollziehbar erklärte Verpflichtung zur Führung des streitgegenständlichen Fahrtenbuchs ist nach derzeitiger Beurteilung rechtswidrig und verletzt den Antragsteller in seinen Rechten (§ 113 Abs. 1 S. 1 VwGO bzw in analoger Anwendung hinsichtlich des Widerspruchsverfahrens).

III.

Die Zuziehung des Bevollmächtigten im Vorverfahren war notwendig iSv § 162 Abs. 2 S. 2 VwGO, da sie von dem Antragsteller als nicht rechtskundiger Partei für erforderlich gehalten werden durfte und es ihm nach seinen persönlichen Lebensverhältnissen nicht zumutbar war, das Verfahren selbst zu führen.

Kosten: § 154 Abs. 1 VwGO. Vorläufige Vollstreckbarkeit: § 167 Abs. 2, Abs. 1 S. 1 VwGO iVm §§ 708 ff ZPO.

Rechtsanwalt

3. Klageverfahren

141 Abhängig von der Konstruktion, welche die Behörde bei Bescheiderlass gewählt hat, kann auch das Klageverfahren allein ausreichend sein, um eine Fahrtbuchanordnung wirksam anzugreifen, nämlich dann, wenn die zuständige Straßenverkehrsbehörde auf die Anordnung des Sofortvollzugs nach § 80 Abs. 2 S. 1 Nr. 4 VwGO verzichtet hat.[86]

142 Wie zu Beginn des Verwaltungsverfahrens empfiehlt sich auch zu Beginn des gerichtlichen Verfahrens die Einsichtnahme in die Gerichts- und beigezogenen Behördenakten.

143 Muster: Klage inkl. Akteneinsichtsgesuch[87]

An das Verwaltungsgericht ▪▪▪

Klage

des Herrn ▪▪▪

– Kläger –

Prozessbevollmächtigte: RAe ▪▪▪

gegen

▪▪▪ [Rechtsträger der Straßenverkehrsbehörde bzw nach Maßgabe des § 78 Abs. 1 Nr. 2 VwGO die Straßenverkehrsbehörde selbst], vertreten durch den Vorstand, dieser vertreten durch den Vorsitzenden ▪▪▪, ▪▪▪ [Adresse]

– Beklagte/r –

wegen: Fahrtbuch.

Namens und in Vollmacht des Klägers erhebe ich Klage und bitte um die Anberaumung eines Termins zur mündlichen Verhandlung, in dem ich beantragen werde, wie folgt zu erkennen:

1. Der Bescheid des/der Beklagten vom ▪▪▪, Az ▪▪▪, in der Gestalt des Widerspruchsbescheids der ▪▪▪ [Widerspruchsbehörde] vom ▪▪▪, Az ▪▪▪, wird aufgehoben.

2. Die Zuziehung eines Bevollmächtigten im Vorverfahren war notwendig.

3. Die/Der Beklagte trägt die Kosten des Verfahrens.

4. Das Urteil ist vorläufig vollstreckbar.

---

[86] Die Straßenverkehrsbehörde handelt trotz der hM, dass die Anordnung der sofortigen Vollziehung im Regelfall gerechtfertigt ist, nicht rechtswidrig, wenn sie die Anordnung des Sofortvollzugs gleichwohl unterlässt, BVerwG, Urt. v. 13.10.1978 – VII C 77/74 = NJW 1979, 1054 = DAR 1979, 310.

[87] Hinweis: Zweckmäßigerweise wird man das Gesuch um Akteneinsicht nach § 100 Abs. 1 S. 1 VwGO, beim Antrag eines Bevollmächtigten im Regelfall iVm § 100 Abs. 2 S. 2 VwGO, zusammen mit der Klageerhebung äußern.

Begründung:

Der Kläger wendet sich gegen die Anordnung der Verpflichtung zur Führung eines Fahrtenbuchs seitens der/des Beklagten.

Die Klagebegründung wird nachgereicht. Ich bitte darum, bei der/dem Beklagten und dem Träger der Widerspruchsbehörde [bzw der Widerspruchsbehörde] die Verwaltungsvorgänge anzufordern und mir diese zur Einsichtnahme in meine Praxis zu überlassen. Die Übernahme der dafür anfallenden Kosten wird zugesichert.

Rechtsanwalt

Hinweis: Manche Verwaltungsgerichte fordern standardmäßig die Behördenakten erst bei Vorliegen einer Klagebegründung an, obwohl Letztere an sich nicht zwingend vorgeschrieben ist (§ 81 Abs. 1 S. 3 VwGO). Daher empfiehlt es sich, gegenüber Gerichten, die auf diese Weise verfahren, wenigstens eine vorläufige Klagebegründung gleich bei Klageerhebung abzugeben, die unter dem Vorbehalt der Ergänzung nach erfolgter Akteneinsicht steht. **144**

4. Erledigung

Ein Problem, das in der praktischen Bearbeitung von Fahrtenbuchfällen im gerichtlichen Verfahren immer wieder auftaucht, ist die Frage, ob bzw wann sich eine Fahrtenbuchanordnung durch **Zeitablauf** erledigt. In den Fällen, in denen die Straßenverkehrsbehörde die Anordnung eines Fahrtenbuchs auf einen bestimmten Zeitpunkt hin verfügt (zB Verpflichtung zur Führung eines Fahrtenbuchs bis zum 31.12.2007), stellt sich die Frage, wie sich der Ablauf dieses Datums auf ein zu diesem Zeitpunkt noch anhängiges gerichtliches Verfahren auswirkt. Insbesondere bei Fahrtenbuchfällen, in denen die Fahrtenbuchführung für einen Zeitraum von sechs Monaten angeordnet wird, ist der Ablauf dieser Frist vor der Entscheidung über einen hiergegen eingelegten Rechtsbehelf[88] – jedenfalls vor der Entscheidung in der zweiten Instanz, wenn einer der Beteiligten gegen die Entscheidung des Verwaltungsgerichts Beschwerde einlegt – nicht selten. **145**

Denkbar ist zum einen, dass sich die Fahrtenbuchanordnung durch Zeitablauf erledigt (vgl § 43 Abs. 2 Var. 4 VwVfG) und danach für den Fall, dass keine prozessbeendende Erklärung abgegeben wird, allenfalls die Umstellung auf eine Fortsetzungsfeststellungsklage möglich wäre, zum anderen, dass trotz des Ablaufs des Zeitraums, für den das Fahrtenbuch angeordnet war, weiterhin im Wege der Anfechtungsklage die Aufhebung der Fahrtenbuchanordnung weiterverfolgt werden kann. **146**

In der Praxis wird hier häufig vom Gericht angeregt, nach Ablauf der Zeitdauer des Fahrtenbuchs das Verfahren **übereinstimmend für erledigt zu erklären.** Erklärt die Klägerseite daraufhin den Rechtsstreit in der Hauptsache für erledigt (die Beklagtenseite wird sich dem regelmäßig anschließen oder sich gar nicht äußern, woraufhin unter den Voraussetzungen des § 161 Abs. 2 S. 2 VwGO der Rechtsstreit ebenfalls als erledigt gilt), stellt das Gericht das Verfahren in entsprechender Anwendung des § 92 Abs. 3 S. 1 VwGO ein und entscheidet (unanfechtbar, § 92 Abs. 3 S. 2 VwGO analog) über die Kosten des Verfahrens nach Maßgabe des § 161 Abs. 2 S. 1 Hs 1 VwGO. **147**

Dies kann, muss aber keine sachgerechte Lösung für die Klagepartei sein, weshalb der bevollmächtigte Rechtsanwalt hier die Rechtslage vor Abgabe einer Erledigterklärung genau **148**

---

88 Hier wird es sich typischerweise um eine Entscheidung im vorläufigen Rechtsschutz handeln.

prüfen sollte. Die Verfahrensweise bietet sich dann an, wenn das Fahrtenbuch tatsächlich geführt wurde (was für den Fall der Anordnung des Sofortvollzugs durch die Straßenverkehrsbehörde jedenfalls zu empfehlen ist, s.o. Rn 125) und die Erfolgsaussichten im Prozess als nicht sehr aussichtsreich eingeschätzt werden.

149 **Hinweis:** Die Erledigterklärung (oder wahlweise die Rücknahme, die den Vorteil der Kostenersparnis im Falle des Unterliegens hat, allerdings auch den Nachteil, dass nicht, wie im Falle der Erledigterklärung, auch eine günstige Kostenentscheidung möglich ist, da im Falle der Rücknahme der Kläger immer die Kosten trägt, § 155 Abs. 2 VwGO) muss nicht erst nach Ablauf des angeordneten Zeitraums erfolgen, sondern kann schon vorher geschehen.

150 Soll dagegen die **Klage weiterverfolgt** werden, weil die Erfolgsaussichten als günstig beurteilt werden oder der Mandant darauf besteht, sind folgende weitere Überlegungen anzustellen:

Grundsätzlich ging die bislang wohl überwiegende Meinung mehr oder weniger stillschweigend davon aus, dass nach Zeitablauf der Fahrtenbuchanordnung Erledigung eintritt. Soweit ersichtlich, gibt es zu dieser Problematik jedoch kaum Entscheidungen,[89] was entweder daran liegt, dass die Verwaltungsgerichte in diesen Fällen immer sehr zeitnah entscheiden und Erledigungen durch Zeitablauf deswegen von vornherein nicht in Betracht kommen, oder doch eher daran, dass die Beteiligten nach entsprechender Aufforderung seitens des Gerichts meist die erbetene Erledigterklärung abgeben. Für diese Meinung wurde ins Feld geführt,[90] dass die Erledigung in Folge der im Bescheid enthaltenen Befristung eintritt. Nach Fristablauf gelte die belastende Auflage nicht mehr (vgl § 36 Abs. 2 Nr. 1 VwVfG), die Rechtswirkungen des Verwaltungsakts seien beendet, er sei gegenstandslos geworden.[91] Das gelte gleichermaßen bei behördlichen wie gerichtlichen Befristungen. Solche zum wesentlichen Inhalt des Hoheitsakts gehörenden Befristungen seien zu unterscheiden von den einem Verwaltungsakt bei seinem Erlass oder später beigefügten Vollzugsfristen iSv Art. 36 Abs. 1 S. 2 BayVwZVG.[92]

151 Nimmt man demnach eine Erledigung durch Zeitablauf an, so stellt sich die Frage, ob die **Umstellung auf eine Fortsetzungsfeststellungsklage** in entsprechender Anwendung des § 113 Abs. 1 S. 4 VwGO mit dem Ziel der Feststellung der Rechtswidrigkeit des Fahrtenbuchbescheids sinnvoll ist. Dies dürfte unter der Berücksichtigung der besonderen Zulässigkeitsvoraussetzung des sog. besonderen Feststellungsinteresses iSv § 113 Abs. 1 S. 4 VwGO zu verneinen sein. Denn von den hierzu entwickelten Fallgruppen, in welchen dieses Feststellungsinteresse vorliegt – Wiederholungsgefahr, Rehabilitationsinteresse[93] –, dürfte typischerweise keine vorliegen: Dass die rechtswidrige Verhängung eines Fahrtenbuchs ein Rehabilitationsinteresse auslösen sollte, ist nicht ersichtlich. Ebenso wenig ist eine Fortsetzungsfeststellungsklage aufgrund einer Wiederholungsgefahr gerechtfertigt. Denn abgesehen davon, dass der Betroffene, der dies geltend macht, dann vortragen müsste, dass mit seinem Fahrzeug in Zukunft erneut ein nicht aufklärbarer Verkehrsverstoß begangen werde, müsste er sich darauf verweisen lassen, dass, sollte dies der Fall sein, er dann eben nach erneuter Verhängung einer Verpflichtung zur Führung eines Fahrtenbuchs gegen diese vorgehen müsse.

---

89 Vgl aber BayVGH, Urt. v. 1.10.1984 – 11 B 84 A.262 = BayVBl 1985, 23.

90 Vgl BayVGH, Urt. v. 1.10.1984 – 11 B 84 A.262 = BayVBl 1985, 23, nichtamtlicher Leitsatz: „Ein Bescheid, durch den einem Verkehrsteilnehmer die Führung eines Fahrtenbuchs ´auf die Dauer von (hier) sechs Monaten ab Zustellung` aufgegeben wird, erledigt sich auch dann mit dem Ablauf dieser Frist, wenn die aufschiebende Wirkung eines Rechtsmittels gegen diesen Bescheid angeordnet worden ist."

91 Unter Verweis auf die Entsch. des BVerwG v. 1.3.1983, BayVBl 1983, 506 = NVwZ 1983, 476.

92 Entspricht § 13 Abs. 1 S. 2 VwVG.

93 Nur diese kommen hier überhaupt in Betracht; die Vorbereitung eines Amtshaftungsprozesses kann nur bei der hier nicht einschlägigen direkten Anwendung des § 113 Abs. 1 S. 4 VwGO ein Feststellungsinteresse eröffnen, vgl zum Ganzen *Kopp/Schenke*, VwGO, § 113 Rn 136 mwN.

Einen anderen Weg zeichnet nun aber eine neue Entscheidung des **Bayerischen Verwaltungs-** 152 **gerichtshofs**[94] vor, ohne dass allerdings eine Auseinandersetzung mit der früher hierzu vertretenen eigenen Meinung oder gar eine ausdrückliche Aufgabe dieser Rechtsprechung erfolgt. Danach soll trotz Zeitablaufs der Fahrtenbuchanordnung keine Erledigung eintreten, vielmehr habe der Betroffene auch nach Ablauf aller Fristen (neben der eigentlichen Frist, für deren Dauer das Fahrtenbuch zu führen ist, auch die Aufbewahrungs- und Vorlagefrist, § 31a Abs. 3 StVZO, wobei der Verwaltungsgerichtshof diese Fristen früher noch als bloße Vollzugsfristen bezeichnete) noch ein Rechtsschutzbedürfnis an der Erlangung einer gerichtlichen Sachentscheidung. Argument hierfür ist, dass an die Pflicht zur Führung des Fahrtenbuchs weitere Pflichten anknüpfen, etwa die Vorlage- und Aufbewahrungspflicht gem. § 31a Abs. 3 StVZO sowie oftmals die Androhung eines Zwangsgeldes für den Fall der Nichtvorlage. Da diese weiteren Pflichten auch nach Ablauf des Zeitraums, für den der Betroffene zur Führung des Fahrtenbuchs verpflichtet wurde, andauern, bestehe ein rechtlich geschütztes Interesse daran, die Aufhebung der Fahrtenbuchanordnung auch nach deren zeitlichem Ablauf zu verlangen.

Muster: Umstellung einer bereits erhobenen Anfechtungsklage auf eine 153 **Fortsetzungsfeststellungsklage**[95]

↓   **385**

An das Verwaltungsgericht ■■■

Az ■■■

In der Verwaltungsstreitsache

des Herrn ■■■

– Kläger –

Prozessbevollmächtigte: RAe ■■■

gegen

■■■ [Rechtsträger der Straßenverkehrsbehörde bzw nach Maßgabe des § 78 Abs. 1 Nr. 2 VwGO die Straßenverkehrsbehörde selbst], vertreten durch ■■■ [Behördenvorstand], ■■■ [Adresse]

– Beklagte/r –

wegen: Fahrtenbuch.

Namens des Klägers stelle ich die am ■■■ erhobene Klage um und bitte um Anberaumung eines Termins zur mündlichen Verhandlung, in dem ich beantragen werde, wie folgt zu erkennen:

1. Es wird festgestellt, dass der Bescheid des/der Beklagten vom ■■■, Az ■■■, in der Gestalt des Widerspruchsbescheids der ■■■ [Widerspruchsbehörde] vom ■■■, Az ■■■, rechtswidrig gewesen ist.

2. Die/Der Beklagte trägt die Kosten des Verfahrens.

3. Das Urteil ist vorläufig vollstreckbar.

Begründung:

Der Kläger begehrt nunmehr die Feststellung der Rechtswidrigkeit der Fahrtenbuchanordnung der/des Beklagten vom ■■■.

---

94 Beschl. v. 2.5.2006 – 11 CS 05.1825 – n.v.; Entscheidungen des BayVGH können gegen Kostenerstattung angefordert werden, näheres unter der Internet-Adresse <www.vgh.bayern.de/BayVGH/service.htm> oder per E-Mail an die Adresse <entscheidungsanforderung@vgh.bayern.de>.

95 Der Übergang von einer Anfechtungs- zu einer Fortfeststellungsklage ist eine unabhängig von den Voraussetzungen des § 91 VwGO gem. § 173 VwGO iVm § 264 Nr. 2 ZPO immer zulässige Klageänderung, vgl *Kopp/Schenke*, VwGO, § 113 Rn 121.

I. Mit Ablauf des ▪▪▪ [Enddatum der Fahrtenbuchanordnung] hat sich die Fahrtenbuchanordnung erledigt. ▪▪▪ [nähere Darstellung]

II. Der Bescheid ist rechtswidrig gewesen und hat den Kläger in seinen Rechten verletzt. ▪▪▪ [nähere Darstellung]

III. Kosten: § 154 Abs. 1 VwGO. Vorläufige Vollstreckbarkeit: § 167 Abs. 2, Abs. 1 S. 1 VwGO iVm §§ 708 ff ZPO.

Rechtsanwalt

5. Streitwert

154   Die regelmäßig per Beschluss[96] erfolgende Festsetzung des Streitwerts in Fahrtenbuchsachen richtet sich im Klageverfahren nach § 52 Abs. 1 GKG unter Berücksichtigung der unverbindlichen Empfehlungen im Streitwertkatalog 2004 für die Verwaltungsgerichtsbarkeit.[97] Dort ist in der Nr. 46.13 bestimmt, dass der Streitwert in Fahrtenbuchsachen folgendermaßen zu bemessen ist: Für jeden Monat, für den die Verpflichtung zur Führung eines Fahrtenbuchs angeordnet wird, sind 400 EUR anzusetzen. Der Streitwert bei einer Fahrtenbuchanordnung für zwölf Monate beträgt daher 4.800 EUR. Im Verfahren des vorläufigen Rechtsschutzes nach § 80 Abs. 5 S. 1 VwGO richtet sich die Bemessung des Streitwerts nach §§ 53 Abs. 3 Nr. 2, 52 Abs. 1 GKG. Danach ergibt sich wiederum unter Berücksichtigung der unverbindlichen Empfehlungen im Streitwertkatalog 2004 für die Verwaltungsgerichtsbarkeit (Nr. 46.13 iVm Nr. 1.5) eine Halbierung des jeweiligen Hauptsachestreitwerts, im gerade genannten Beispiel einer Fahrtenbuchanordnung für zwölf Monate also 2.400 EUR.

155   Besonderheiten gelten bei der Beteiligung von mehr als einem Fahrzeug, dh wenn ein Fahrzeughalter nicht ein, sondern mehrere Fahrzeuge hält und gegen mehrere oder sämtliche dieser Fahrzeuge eine Fahrtenbuchanordnung ergeht.[98]

III. Besonderheit: Gebühren für eine Fahrtenbuchanordnung

156   Anders als möglicherweise in anderen Rechtsgebieten verdient die Gebührenfestsetzung durch die Straßenverkehrsbehörde in Fahrtenbuchsachen eine vertiefte Darstellung. Insbesondere in Erledigungsfällen ist der **Angriff auf die Gebührenfestsetzung** ein probates Mittel, um eine ursprünglich gegen den gesamten Bescheid erhobene Klage wenigstens insoweit, als (auch) die Gebührenfestsetzung angegriffen ist, aufrecht zu erhalten.

157   **Beispiel:** Gegen die G. wird ein Fahrtenbuchbescheid erlassen, nachdem G., die im Verwaltungsverfahren angegeben hat, nicht selbst gefahren zu sein, von einem Zeugnisverweigerungsrecht zugunsten einer ehemaligen Lebenspartnerin Gebrauch gemacht hat. In der Nr. 8 des Bescheids wird als Gebühr für den Bescheid 85 EUR festgesetzt. G. erhebt eine auf die Gebührenfestsetzung beschränkte Klage. Sie ist der Auffassung, dass zwar die Fahrtenbuchanordnung rechtmäßig sei, weshalb sie diese akzeptiert habe. Nicht rechtmäßig sei es dagegen, eine Gebühr zu verlangen. Im Falle der Geltendmachung eines Zeugnisverweigerungsrechts sei auf eine Kostenheranziehung zu verzichten. In einem solchen Fall sei abzuwägen zwischen dem staatlichen Gebühreninteresse und dem Schutz des Zeugnisverweigerungs-

---

96 *Kopp/Schenke*, VwGO, Anhang zu § 164 Rn 5.
97 NVwZ 2004, 1327 = DVBl 2004, 1525.
98 Vgl BayVGH, Beschl. v. 26.10.2001 – 11 ZS 01.2008.

rechts. Außerdem hätten die Hoheitsträger die Gebühren im Interesse der öffentlichen Sicherheit und Ordnung selbst zu tragen. Es sei zudem rechtsfehlerhaft, wenn die Straßenverkehrsbehörde im Bescheid ausführe, G. habe die Verhängung des Fahrtenbuchs deswegen veranlasst, weil sie sich geweigert habe, den oder die Fahrzeugführer/-in zu benennen. Im Übrigen hätten auch andere Personen gewusst, wer zum Tatzeitpunkt das Fahrzeug geführt habe, insofern hätten die Behörden schlecht ermittelt.

Rechtsgrundlage für den Bescheid hinsichtlich der allein angefochtenen Gebührenfestsetzung ist § 6a Abs. 1 StVG iVm §§ 1 Abs. 1 S. 1, 2 der Gebührenordnung für Maßnahmen im Straßenverkehr (GebOSt) und § 1 Abs. 1 S. 2 GebOSt iVm Nr. 252 des Gebührentarifs für Maßnahmen im Straßenverkehr (GebTSt). Danach werden für straßenverkehrsrechtliche Amtshandlungen Gebühren nach der GebOSt erhoben. Bei der Maßnahme eines Fahrtenbuchs nach § 31a Abs. 1 S. 1 StVZO beträgt der Gebührenrahmen 21,50 EUR bis 93,10 EUR. Zur Zahlung der Kosten ist gemäß dem hier einschlägigen § 4 Abs. 1 Nr. 1 Var. 1 GebOSt verpflichtet, wer die Amtshandlung, Prüfung und Untersuchung veranlasst hat.

Unter Anwendung dieser Vorschriften ist die Gebührenpflicht der G. gegeben. Bei der Maßnahme, für welche die Gebührenpflicht besteht, die Auferlegung eines Fahrtenbuchs, steht bereits wegen der Regelung in § 1 Abs. 1 S. 2 GebOSt iVm Nr. 252 GebTSt fest, dass die Auferlegung eines Fahrtenbuchs eine gebührenpflichtige Amtshandlung bzw ein gebührenpflichtiger Tatbestand ist. Die Straßenverkehrsbehörde ist Kostengläubigerin gem. § 3 GebOSt. G. ist Gebührenschuldnerin gem. § 4 GebOSt (dazu sogleich Rn 160 ff). Ein Fall der persönlichen Gebührenfreiheit (§ 5 GebOSt) liegt nicht vor. Die Höhe der verlangten Gebühren hält sich in dem dafür vorgesehenen Rahmen. Im Falle einer Rahmengebühr gilt, dass ein Gebührenbescheid nur dann zur Fehlerhaftigkeit der festgesetzten Gebühr sowie in der Folge zur Aufhebung des Gebührenbescheids führt, wenn das der Gebührenbemessung zugrunde liegende Äquivalenzprinzip, also der Grundsatz der Ausgewogenheit der Gebühren im Einzelfall,[99] gröblich verletzt ist.[100] Erst eine willkürliche Handhabung der Gebührenbemessungsvorschriften, durch welche die Abgabengerechtigkeit verletzt wird, ist von den Gerichten zu beanstanden. Solches steht hier nicht in Rede. Eine Ausnahme nach § 6 GebOSt iVm § 14 Abs. 2 S. 1 VwKostG ist nicht ersichtlich; abgesehen davon, dass der Bescheid, außer im Kostenpunkt, bereits bestandskräftig ist, ist eine unrichtige Sachbehandlung weder geltend gemacht noch sonst ersichtlich.

Die G. ist Kostenschuldnerin iSv § 4 Abs. 1 Nr. 1 Var. 1 GebOSt. Kosten-, hier speziell Gebührenschuldner ist danach derjenige, der die in Frage stehende Amtshandlung veranlasst hat. **Veranlasser einer Amtshandlung** und damit Kostenschuldner ist, wer für die Amtshandlung tatsächlich in verantwortlicher Weise die Ursache setzt. In Fällen wie im Beispiel Rn 157, in denen es nicht um das Tätigwerden einer Behörde auf Antrag geht, ist Veranlasser, wer durch sein Tun oder Unterlassen oder durch einen von ihm selbst oder seiner Sache zu vertretenden Zustand die Amtshandlung als adäquater Verursacher auslöst.[101]

Danach ist Gebührenschuldner im Falle der Verhängung eines Fahrtenbuchs ohne Zweifel immer der Halter des fraglichen Fahrzeugs. Dies ergibt sich ohne Weiteres aus der Regelung des § 31a Abs. 1 S. 1 StVZO. Dort ist nämlich bestimmt, dass die Anordnung des Fahrten-

158

159

160

161

---

99 Näher hierzu *Rott/Birkner*, Verwaltungskostenrecht in Bayern, Stand: 1.5.2005, Art. 6 Anm. 3, S. I/107 zur insoweit vergleichbaren Rechtslage nach bayerischem Landesrecht.
100 BVerwG, Urt. v. 14.4.1967 – IV C 179/65 = BVerwGE 26, 305 = DVBl 1967, 577.
101 *Rott/Birkner*, Verwaltungskostenrecht in Bayern, Art. 2 Anm. 3 c), S. I/67 zur insoweit vom Wortlaut identischen Regelung im bayerischen Landesrecht.

buchs gegenüber dem *Fahrzeughalter* erfolgen kann. Veranlasser der Amtshandlung „Anordnung der Führung eines Fahrtenbuchs" kann demnach nur der Adressat dieses Verwaltungsakts sein. Anders als bei anderen Bescheiden kommt die Veranlassung durch einen Dritten nicht in Betracht. Denn Anknüpfungspunkt für die Pflicht, ein Fahrtenbuch zu führen, ist die zukünftige Befürchtung, dass mit dem gegenständlichen Fahrzeug oder einem an dessen Stelle getretenen Ersatzfahrzeug (vgl hierzu § 31a Abs. 1 S. 2 StVZO) nicht wieder Verkehrsordnungswidrigkeiten begangen werden, deren Täter nicht ermittelt werden kann. Das Fahrtenbuch soll helfen zu gewährleisten, dass in Zukunft der Täter einer Verkehrsordnungswidrigkeit im Hinblick auf die kurze Verjährungsfrist rechtzeitig ermittelt werden kann.[102]

162 Abstrakter[103] Anlass für die Befürchtung, dass Derartiges passieren kann, ist entsprechend dem Tatbestand des § 31a Abs. 1 S. 1 StVZO, dass mindestens eine Zuwiderhandlung gegen Verkehrsvorschriften vorgekommen ist, bei der die Feststellung des verantwortlichen Fahrzeugführers nicht möglich war. Vor diesem Hintergrund ist eindeutig, dass Veranlasser bei der Verhängung eines Fahrtenbuchs immer nur der Fahrzeughalter sein kann. Denn der Grund für die Anordnung ist, wie gesagt, nicht die begangene Verkehrsordnungswidrigkeit, sondern die Befürchtung der Begehung weiterer zukünftiger nicht aufklärbarer Verkehrsordnungswidrigkeiten. Hierfür kann aber nur beim Fahrzeughalter anzusetzen sein, welcher die tatsächliche Verfügungsgewalt über das Fahrzeug und damit die Möglichkeit hat, Vorkehrungen zu treffen, um die Aufklärbarkeit zukünftig zu befürchtender Verkehrsordnungswidrigkeiten sicherzustellen. Diese Überlegung ist in der gesetzlichen Regelung des § 31a Abs. 1 S. 1 StVZO nachvollzogen.

163 Zwar wird von der Straßenverkehrsbehörde die G. deshalb zur Veranlasserin erklärt, weil sie die Amtshandlung dadurch veranlasst habe, dass sie diejenige Person, der sie das Fahrzeug überlassen hatte, nicht bekannt gegeben habe. Dies ist nach dem oben (Rn 161 f) Gesagten unzutreffend, da es bei der Fahrtenbuchanordnung nicht mehr darum geht, die Ordnungswidrigkeit aufzuklären, sondern der Befürchtung zukünftiger unaufklärbarer Ordnungswidrigkeiten zu begegnen, weswegen G. als Fahrzeughalterin verantwortliche Veranlasserin ist. Diese unzutreffende Begründung schadet aber nicht, da G. jedenfalls im Ergebnis richtig als Veranlasserin zur Verantwortung gezogen wurde. Es schadet deswegen auch nicht, wenn G. bestreitet, selbst die Geschwindigkeitsübertretung begangen zu haben. Darauf kommt es nicht an. Denn die Besorgnis künftiger Verstöße durch den Halter selbst ist nicht Voraussetzung.[104]

164 Ebenso wenig ist relevant, ob nur G. oder auch andere Personen den verantwortlichen Fahrzeugführer kannten oder hätten kennen können. Erstens ist dies für die Frage, wer Veranlasser ist, irrelevant, weil es nicht darauf ankommt, wer wusste, wer der Fahrzeugführer war. Zweitens ist dies ein Vortrag, der allenfalls – vor Bestandskraft der Fahrtenbuchanordnung (idR Nummer 1 des Bescheids) selbst – hätte gegen das Vorliegen der tatbestandlichen Voraussetzungen des § 31a Abs. 1 S. 1 StVZO ins Feld geführt werden können, denn hätten diese Personen den zum Tatzeitpunkt verantwortlichen Fahrzeugführer gekannt, so wären möglicherweise weitere Ermittlungsansätze vorhanden gewesen. Nach Bestandskraft des Ausgangsbescheids ist dieser Vortrag aber nicht mehr geeignet, das Fahrtenbuch oder auch nur die Kostenentscheidung im Bescheid zu Fall zu bringen.

---

102 BVerwG, Beschl. v. 23.6.1989 – 7 B 90/89 = NJW 1989, 2704 = Buchholz 442.16 § 31a StVZO Nr. 20 = DÖV 1989, 1040; VGH BW, Beschl. v. 18.6.1991 – 10 S 938/91 = NJW 1992, 132 = DAR 1991, 433 = VBlBW 1992, 64; KG Berlin, Beschl. v. 11.10.1985 – 3 Ws (B) 372/85 = VRS 70, 59.

103 BVerwG in st. Rspr., etwa Beschl. v. 9.9.1999 – 3 B 94/99 = NZV 2000, 386 = BayVBl 2000, 380; VGH BW, Beschl. v. 18.6.1991 – 10 S 938/91 = NJW 1992, 132 = DAR 1991, 433 = VBlBW 1992, 64; *Hentschel*, Straßenverkehrsrecht, § 31a StVZO Rn 2 mwN.

104 BVerwG, Beschl. v. 23.6.1989 – 7 B 90/89 = NJW 1989, 2704 = Buchholz 442.16 § 31a StVZO Nr. 20 = DÖV 1989, 1040; OVG Berlin, Beschl. v. 13.3.2003 – 8 S 330/02 = NJW 2003, 2402.

Auch das **Zeugnisverweigerungsrecht**, das von G. im Ordnungswidrigkeitenverfahren in | 165
Anspruch genommen wurde, steht ihrer Heranziehung als Gebührenschuldnerin nicht entgegen. Für die Verhängung eines Fahrtenbuchs selbst ist anerkannt, dass die Ausübung eines Aussage-, Zeugnis- oder Auskunftsverweigerungsrechts im Ordnungswidrigkeitenverfahren der Anordnung eines Fahrtenbuchs nach § 31a StVZO nicht entgegensteht.[105] Für die Gebührenfestsetzung gilt nichts anderes. Es ist kein sachlicher Grund ersichtlich, der es rechtfertigte, die Gebühren für ein rechtmäßig angeordnetes Fahrtenbuch anders zu bewerten als die Fahrtenbuchanordnung selbst. Die Gründe, warum das hier einschlägige Zeugnisverweigerungsrecht der Fahrtenbuchanordnung nicht entgegensteht, gelten genauso für die Gebührenheranziehung. Das Zeugnisverweigerungsrecht gilt anerkanntermaßen nur für die repressive Ahndung einer Ordnungswidrigkeit, nicht dagegen für die präventive Verhängung eines Fahrtenbuchs. Die Fahrtenbuchanordnung bewirkt gerade keinen Aussagezwang.[106]

Die Argumentation der G. überzeugt insofern nicht. Zwar treffen die Ausführungen zum | 166
Zeugnisverweigerungsrecht als solchem und dessen Sinn und Zweck zu, ändern aber nichts daran, dass das Zeugnisverweigerungsrecht die Verpflichtung zur Führung eines Fahrtenbuchs nicht hindert. Der Beschuldigte oder der Zeuge wird durch die Fahrtenbuchanordnung nicht zur Überführung seiner selbst oder eines nahen Angehörigen oder sonstiger nahe stehender Personen, wie etwa in §§ 46 Abs. 1 OWiG iVm 52 Abs. 1 Nr. 2a StPO der (ehemalige) Lebenspartner, benutzt, da zum Zeitpunkt der Verhängung des Fahrtenbuchs das Ordnungswidrigkeitenverfahren, für welches das Zeugnisverweigerungsrecht gilt, notwendigerweise kein Ergebnis gebracht hat, sondern schon eingestellt und in aller Regel die Ordnungswidrigkeit bereits verjährt und damit nicht mehr ahndbar ist.

Dass die Ausübung eines Zeugnisverweigerungsrechts auch in jeder faktischen Hinsicht fol- | 167
genlos bleibt, trifft dagegen, anders als G. meint, nicht zu. Jedenfalls faktische Folgen sind hinzunehmen, wie gerade das Beispiel des Fahrtenbuchs zeigt.[107] Deshalb stellt das Fahrtenbuch auch kein gesetzliches Verbot für die Gebührenheranziehung dar. Dass die Veranlassung einer Amtshandlung nach der berechtigten Geltendmachung eines Zeugnisverweigerungsrechts im Ordnungswidrigkeitenverfahren vom Gesetzgeber in Kauf genommen werde und deshalb hierfür eine Gebührenfreiheit bestehe, ist eine nicht belegbare Behauptung. Aus der Gesetzesanwendung ergibt sich, wie oben (Rn 165) gezeigt, das Gegenteil. Denn auch das Fahrtenbuch selbst ist eine faktisch nachteilige Folge für den davon Betroffenen, die im Regelfall wesentlicher lästiger sein wird als die Bezahlung einer Verwaltungsgebühr, was aber die höchstrichterliche Rechtsprechung zu Recht nicht daran hindert, ein Fahrtenbuch trotz Inanspruchnahme eines Zeugnisverweigerungsrechts für rechtmäßig zu halten. Dass gerade durch die Gebührenheranziehung das Zeugnisverweigerungsrecht ausgehöhlt werden soll, wenn dies nicht einmal durch die Anordnung des Fahrtenbuchs selbst geschieht, ist nicht verständlich.[108] Deshalb geht auch eine Abwägung zwischen dem Gebühreninteresse des Hoheitsträgers einerseits und dem Zeugnisverweigerungsrecht andererseits zugunsten des Gebühreninteresses der Straßenverkehrsbehörde aus, da das Zeugnisverweigerungsrecht durch die Fahrtenbuchanordnung und die Gebühr hierfür gerade nicht beeinträchtigt wird.

Schließlich führt auch der Gedanke, dass in solchen Fällen von dem betroffenen Hoheitsträ- | 168
ger die Kosten der Fahrtenbuchanordnung selbst zu tragen seien, weil dieser für die Sicher-

---

105 BVerfG, Beschl. v. 7.12.1981 – 2 BvR 1172/81 = NJW 1982, 568 = BayVBl 1982, 81; BVerwG, Beschl. v. 22.6.1995 – 11 B 7/95 = DAR 1995, 459 = BayVBl 1996, 156 = Buchholz 442.16 § 31a StVZO Nr. 22; vgl auch Beschl. v. 11.8.1999 – 3 B 96/99 = NZV 2000, 385 = BayVBl 2000, 380.
106 *Hentschel*, Straßenverkehrsrecht, § 31a StVZO Rn 2 u. 7 mwN.
107 Vgl BVerwG, Urt. v. 13.10.1978 – VII C 77/74 = NJW 1979, 1054 = DAR 1979, 310.
108 Vgl hierzu auch VG Gelsenkirchen, Entsch. v. 24.11.1988 – 14 K 2166/88 – juris.

heit und Ordnung im Straßenverkehr zu sorgen habe, zu keinem anderen Ergebnis. Denn die Sicherheit und Ordnung im Straßenverkehr wird hier gerade durch die Auferlegung eines Fahrtenbuchs gegenüber dem Fahrzeughalter als Veranlasser der Fahrtenbuchanordnung gewährleistet, weswegen es nicht unbillig ist, dass G. hierfür zu einer Gebühr herangezogen wird. Denn der Rechtsträger der Straßenverkehrsbehörde hat die Sicherheit und Ordnung im Straßenverkehr nur dort gebührenfrei zu gewährleisten, wo keine verantwortliche Person diese Sicherheit und Ordnung beeinträchtigt. Dagegen ist es im Fall der G. so, dass sie durch die abstrakte Gefahr, dass mit dem ihr zugewiesenen Fahrzeug erneut unaufklärbare Verkehrsverstöße begangen werden, die Sicherheit und Ordnung des Straßenverkehrs beeinträchtigt.

D. Sonstige Bestimmungen in § 31a StVZO

169 Die Regelungen in § 31a Abs. 2 und Abs. 3 StVZO haben in der gerichtlichen Praxis keine große Bedeutung. § 31a Abs. 2 StVZO regelt die Eintragungen, die im Falle einer Fahrtenbuchanordnung in das Fahrtenbuch einzutragen sind.[109] § 31a Abs. 3 StVZO regelt die Vorlage- und Aufbewahrungspflicht. Verstöße gegen die in diesen Bestimmungen geregelten Pflichten, also wenn das Fahrtenbuch nicht ordnungsgemäß geführt, nicht ausgehändigt oder nicht für die vorgeschriebene Dauer aufbewahrt wurde, sind bußgeldbewehrt (vgl § 69a Abs. 5 Nr. 4, 4a StVZO).

170 Die Modalitäten der Fahrtenbuchführung sowie die Vorlage- und Aufbewahrungspflicht ergeben sich direkt aus dem Gesetz. Wenn gleichwohl diese gesetzlichen Regelungen in der Praxis der Verwaltungsbehörden überwiegend in Fahrtenbuchbescheiden wiederholt werden, handelt es sich insoweit nur um deklaratorische Regelungen. Demzufolge schadet es nicht, wenn eine Behörde insoweit auf eine Wiederholung der gesetzlichen Regelungen verzichtet.

171 In den Fahrzeugschein kann die Anordnung, ein Fahrtenbuch zu führen, mangels entsprechender Rechtsgrundlage nicht eingetragen werden.[110]

---

109 Dazu, dass die bloße computermäßige Speicherung ohne Ausdruck nicht genügt: KG Berlin, Urt. v. 18.7.1994 – 2 Ss 114/94 – 3 Ws (B) 197/94 297 OWi 2172/93 = NJW 1995, 343 mit abl. Anm. *Westerholt*, VD 1996, 66.
110 OVG NW NZV 2005, 336.

§ 19 Abschleppfälle

Literatur

Berner/Köhler, Polizeiaufgabengesetz, 18. Auflage 2006; *Bodanowitz*, Der praktische Fall – öffentliches Recht: Anscheinend falsch geparkt, JuS 1996, 911; *Drews/Wacke/Vogel/Martens*, Gefahrenabwehr, 1. Band, 9. Auflage 1986; *Fischer*, Das polizeiliche Abschleppen von Kraftfahrzeugen, JuS 2002, 446; *Gusy*, Polizeirecht, 6. Auflage 2006; *Hansen/Meyer*, Bekanntgabe von Verkehrsschildern, Endlich Klarheit durch das BVerwG?, NJW 1998, 284; *Helle-Meyer/Ernst*, Abschleppen von KFZ nach Park- und Halteverbotsverstößen, DAR 2005, 495; *Honnacker/Beinhofer*, Polizeiaufgabengesetz, 18. Auflage 2004; *Janssen*, Abschleppen im öffentlichen Recht, JA 1996, 165; *Knemeyer*, Polizei- und Ordnungsrecht, 10. Auflage 2004; *Lampert*, Schäden am Kraftfahrzeug als Folge behördlich veranlasster Abschleppmaßnahmen, NJW 2001, 2526; *Lisken/Denninger*, Handbuch des Polizeirechts, 3. Auflage 2001; *Perrey*, Abschleppen von Kraftfahrzeugen, BayVBl. 2000, 609; *Renck*, Ernstliche Zweifel an der Rechtmäßigkeit des angefochtenen Verwaltungsakts?, NVwZ 1992, 338; *Schenke*, Polizei- und Ordnungsrecht, 4. Auflage 2005; *Schmidbauer/Steiner*, Bayerisches Polizeiaufgabengesetz, 2. Auflage 2006; *Steinhilber*, Sicherstellung verbotswidrig abgestellter Fahrzeuge, NJW 1983, 2429; *Straßberger*, Die Entfernung von Kraftfahrzeugen von öffentlichem Straßengrund, BayVBl. 1972, 36; *Vahle*, Ordnungsrechtliche Abschlepp- und Sicherheitsmaßnahmen bei Fahrzeugen, DVP 2001, 58; *Würtemberger/Görs*, Öffentliches Recht: Der abgeschleppte Pkw, JuS 1981, 596.

A. Einleitung

Unter Einbeziehung der Rechtsprechung und des neuestens Stands der Fachliteratur werden hier die sog. Abschleppfälle besprochen. Dabei wird auf die einzelnen Maßnahmen und deren Rechtsgrundlagen eingegangen (Rn 2 ff). Ferner wird dargestellt, wie gegen die Abschleppmaßnahme selbst (Rn 48 ff) als auch gegen einen entsprechenden Leistungsbescheid (Rn 53 ff) vorzugehen ist. Im Hinblick auf die unterschiedlichen Gründe für das Abschleppen eines Fahrzeugs wird die dazu ergangene Rechtsprechung skizziert (Rn 71 ff). Schließlich wird auf die Ansprüche hingewiesen, die beim Auftreten von Schäden am Fahrzeug aufgrund einer Abschleppmaßnahme bestehen können (Rn 101 ff). **1**

B. Rechtliche Einordnung und Rechtsgrundlagen

Wird ein Fahrzeug abgeschleppt, so kommt es im Zuge dessen zu mehreren rechtlich voneinander zu unterscheidenden Maßnahmen. Zum einen wird eine **Verwarnung samt Verwarnungsgeld** wegen des Verstoßes gegen die Straßenverkehrsordnung (StVO) erteilt (Rn 4 f). Zum anderen wird auf der Grundlage der Polizeiaufgabengesetze der Länder das **Abschleppen** oder als mildere Maßnahme die **Versetzung** des Fahrzeugs angeordnet (Rn 6 ff). Im Anschluss hieran ergeht ein **Leistungsbescheid** (Rn 38 ff). **2**

Beispiel: Der Polizeibeamte P. stellt im Rahmen einer Verkehrskontrolle fest, dass der PKW des B. im absoluten Halteverbot steht. Daraufhin erteilt er eine Verwarnung samt Verwarnungsgeld. Als P. nach zehn Minuten nochmals an dem PKW des B. vorbeikommt, der unverändert am selben Ort steht, fordert er einen Abschleppwagen an. Nach weiteren zehn **3**

Minuten kommt der Abschleppdienst und bringt das Fahrzeug zum Verwahrplatz. Der B. möchte sich gegen die einzelnen polizeilichen Maßnahmen zur Wehr setzen.

I. Bußgeldbescheid

4 Gem. § 53 Abs. 1 u. 2 OWiG sind die Beamten der Polizei nur zur Erforschung von Ordnungswidrigkeiten nach pflichtgemäßem Ermessen befugt. Sie treffen dabei alle unaufschiebbaren Anordnungen, um eine Verdunkelung der Sache zu verhüten. Die Befugnis zur Ahndung und Verfolgung von Ordnungswidrigkeiten obliegt grundsätzlich den nach §§ 36 und 37 OWiG zuständigen Verwaltungsbehörden als Verfolgungsbehörden. Im Bereich des Straßenverkehrsrechts ist die Polizei nach § 26 Abs. 1 StVG iVm § 36 Abs. 1 Nr. 1 OWiG allerdings selbst Verwaltungsbehörde und nicht bloßes Ermittlungsorgan. Die nähere Bestimmung der jeweilig zuständigen Behörde oder Dienststelle der Polizei wird durch die von den Landesregierungen erlassenen Rechtsvorschriften näher bestimmt (vgl zB Bayerische Verordnung über die Zuständigkeit im Ordnungswidrigkeitenrecht). Die Polizeibeamten haben nach § 46 Abs. 2 OWiG, soweit nichts anderes bestimmt ist, dieselben Rechte und Pflichten wie die Staatsanwaltschaft bei der Verfolgung von Straftaten.

5 Gem. §§ 56 Abs. 2, 58 OWiG iVm § 26a StVG erteilen die Polizeibeamten bei Ordnungswidrigkeiten nach § 24 StVG eine **Verwarnung samt Verwarnungsgeld**, soweit es sich um eine geringfügige Ordnungswidrigkeit handelt. Ob es sich um eine geringfügige Ordnungswidrigkeit handelt, richtet sich nach § 26a Abs. 1 S. 1 StVG iVm den Allgemeinen Verwaltungsvorschriften für die Erteilung von Verwarnungen (VerwarnVwV). Zur Wirksamkeit der Verwarnung ist eine richtige Belehrung, das Einverständnis des Betroffenen sowie die sofortige oder fristgerechte Zahlung des Verwarnungsgelds erforderlich, vgl § 56 Abs. 2 S. 1 OWiG. Liegen diese Voraussetzungen vor, so greift § 56 Abs. 4 OWiG ein, wonach bei einer wirksamen Verwarnung die Ordnungswidrigkeit nicht mehr verfolgt werden kann. Weigert sich der Betroffene, das Verwarnungsgeld innerhalb der hierfür gesetzten Frist zu bezahlen, ist die Verwarnung unwirksam. Damit kann die zuständige Behörde nach §§ 47, 65 ff OWiG einen Bußgeldbescheid erlassen. Gegen diesen kann nach § 67 OWiG Einspruch erhoben werden. An den frist- und formgerechten Einspruch schließt sich nach § 69 OWiG das Zwischenverfahren an, welches in ein Hauptverfahren mündet (vgl § 71 OWiG). Wird unmittelbar ein Bußgeldbescheid und keine Verwarnung samt Verwarnungsgeld erlassen, so kann gegen diesen nach § 67 OWiG sofort Einspruch erhoben werden.

II. Polizeiliche Maßnahme

6 Neben der Erteilung einer Verwarnung oder dem Erlass eines Bußgeldbescheids werden die Beamten der Polizei das gefahrverursachende Kraftfahrzeug auf einen Verwahrplatz **abschleppen oder versetzen** lassen. Die Rechtsgrundlagen für das Abschleppen oder die Versetzung richten sich nach den Polizeiaufgabengesetzen der Länder.[1] Bei der Versetzung oder dem Abschleppen auf einen Verwahrplatz handelt es sich regelmäßig um präventive polizeiliche Maßnahmen, da sie dazu dienen, eine fortdauernde Gefahr für die Zukunft zu beseitigen. Ein Justizverwaltungsakt iSv § 23 Abs. 1 EGGVG liegt nicht vor. Bei der Versetzung von Kraftfahrzeugen oder dem Abschleppen eines Fahrzeugs auf einen Verwahrplatz sind unterschiedliche Sachverhaltsvarianten denkbar (vgl Rn 7 bis 37).

---

1 Die Rechtsgrundlagen werden im Folgenden anhand des Bayerischen Polizeiaufgabengesetzes (BayPAG) und der dazu ergangenen Rechtsprechung erläutert, wobei vereinzelt auf maßgebliche Unterschiede zu Rechtsprechung und Rechtsgrundlagen in anderen Bundesländern hingewiesen wird.

1. Sicherstellung eines Fahrzeugs als gefährdetes Objekt

Eine präventive Sicherstellung eines Kraftfahrzeugs kommt in Betracht, wenn das Fahrzeug 7
selbst oder Gegenstände im Kraftfahrzeug gefährdet sind.

Beispiel: Im Rahmen einer Verkehrskontrolle stellt ein Beamter der Polizei fest, dass bei ei- 8
nem geparkten PKW das vordere Seitenfenster offen steht. Im Innenraum des Fahrzeugs
befindet sich ein tragbares Mobiltelefon, welches nicht in einer Halteeinrichtung befestigt ist
und jederzeit entnommen werden könnte. Ein manuelles Verschließen des Fensters durch den
Polizeibeamten ist nicht möglich, da das Fahrzeug mit elektrischen Fensterhebern ausgestattet
ist. Daraufhin ordnet er die Sicherstellung des Fahrzeugs an.

In einem solchen Fall erfolgt die Sicherstellung zur Eigensicherung des Kraftfahrzeugs. Die 9
Aufgabeneröffnung der Polizei ergibt sich aus dem Schutz privater Rechte (vgl Art. 2 Abs. 2
Bayerisches Polizeiaufgabengesetz – BayPAG). Der Schutz privater Rechte obliegt der Polizei
dabei nur, wenn gerichtlicher Schutz nicht rechtzeitig zu erlangen ist und wenn ohne polizeiliche Hilfe die Verwirklichung des Rechts vereitelt oder wesentlich erschwert werden würde.
Die Befugnis zum Abschleppen folgt aus den in den Ländergesetzen geregelten Rechtsgrundlagen für die Sicherstellung. Danach kann eine Sicherstellung auch zum Schutz des Eigentümers und des rechtmäßigen Inhabers der tatsächlichen Gewalt vor Verlust oder Beschädigung
der Sache erfolgen.

Die Sicherstellung zum Zwecke der Eigentumssicherung erfolgt ausschließlich zu Gunsten des 10
Eigentümers und zudem in dessen Interesse. Ihrem Wesen nach ist sie vergleichbar einer
Geschäftsführung ohne Auftrag iSd §§ **677 ff BGB**. Für die **Rechtmäßigkeit der Maßnahme**
ist entscheidend, ob sie dem mutmaßlichen Willen des Berechtigten entspricht. Das ist der
Fall, wenn sie dessen objektivem Interesse entspricht.[2] Ob der Berechtigte die Abschleppmaßnahme später tatsächlich billigt, spielt keine Rolle.[3] War die Sicherungsmaßnahme objektiv nützlich (hätte sie der Eigentümer bei besonnener Betrachtung als sachgerecht beurteilt)
und drängt sich auch kein schonenderes Mittel auf, so verdient die Maßnahme (und die damit verbundene Kostenbelastung) rechtliche Billigung. In die behördlichen Erwägungen darf
dabei maßgeblich einfließen, dass die etwaigen Kosten einer tatsächlichen Beschädigung oder
eines Verlusts der Sache für den Eigentümer regelmäßig höher ausfallen als diejenigen einer
durchgeführten Sicherungsmaßnahme.[4]

Im Hinblick auf die tatbestandlichen Voraussetzungen für die Sicherstellung zur Eigensiche- 11
rung bedarf es im Übrigen nach der bayerischen Rechtsprechung keiner zusätzlichen konkreten Gefahr.[5] Für die Prüfung der Rechtmäßigkeit der Sicherstellung zur Eigensicherung genügt es, dass bei Nichteingreifen der Polizei der Verlust oder die Beschädigung wahrscheinlich sind. Nur wenn diese Folgen auszuschließen sind, ist die Sicherstellung unzulässig.[6]

Die Sicherstellung zur Eigensicherung kommt neben dem oben (Rn 8) genannten Beispiel des 12
Weiteren in Betracht, wenn ein schwer beschädigtes Unfallfahrzeug am Straßenrand abgestellt ist und sich **im Fahrzeug Wertgegenstände** befinden. Ebenso kann ein Fahrzeug sichergestellt werden, wenn es durch eine vorhersehbare Naturkatastrophe gefährdet wird. Dies ist

---

2 BVerwG v. 3.5.1999 – 3 B 48.99 = BayVBl 2000, 380 ff; VG München v. 18.6.2003 – M7K02.3668.
3 BayVGH v. 22.2.2001 – 24 B 99.3318.
4 BVerwG v. 3.5.1999 – 3 B 48.99 = BayVBl 2000, 380 ff.
5 BayVGH v. 11.11.1996 – 24 B 95.3946; BayVGH v. 16.12.1998 – 24 B 98.1968; BayVGH v. 22.2.2001 – 24 B 99.3318.
6 BayVGH v. 16.12.1998 – 24 B 98.1968.

beispielsweise der Fall, wenn es sich auf einem Parkplatz am Ufer eines Flusses befindet und in Kürze mit der Überschwemmung des Parkplatzes zu rechnen ist.[7]

2. Sicherstellung eines Fahrzeugs als gefährliches Objekt

13 Ein Fahrzeug kann ferner sichergestellt werden, wenn von dem Fahrzeug selbst die Gefahr ausgeht. Dies kann einerseits der Fall sein, wenn das Fahrzeug nach einem Unfall liegen geblieben ist, der Fahrzeugführer zur Beseitigung nicht in der Lage ist und das Fahrzeug ein Verkehrshindernis darstellt. Die Sicherstellung erfolgt hierbei zur Abwehr einer gegenwärtigen Gefahr. Daneben kann ein Fahrzeug sichergestellt werden, wenn es verkehrsuntauglich ist. Eine Verkehrsuntauglichkeit kann sich dabei aus erheblichen technischen Mängeln ergeben.[8] Des Weiteren kommt eine Sicherstellung in Betracht, wenn ein Fahrzeug entgegen § 1 Abs. 1 StVG, §§ 18 Abs. 1, 69a StVZO ohne die erforderliche Zulassung in Betrieb gesetzt wird.[9] Im Übrigen kann die Sicherstellung eines Fahrzeugs als gefährliches Objekt gerechtfertigt sein, wenn die Alarmanlage des Fahrzeugs aufgrund eines technischen Defekts ausgelöst wurde und eine Beendigung der durch die Alarmanlage verursachten andauernden Ruhestörung vor Ort nicht möglich ist. In der Regel wird die Polizei in einem solchen Fall allerdings zuerst versuchen, das Fahrzeug zu öffnen und die Batterie des PKW abzuklemmen.[10]

3. Sicherstellung eines Fahrzeugs in der Hand einer gefährlichen Person

14 Zur Beseitigung einer gegenwärtigen Gefahr kann ein Fahrzeug auch dann sichergestellt werden, wenn es in der tatsächlichen Gewalt einer als gefährlich einzustufenden Person steht. Das ist der Fall bei erheblichen Verkehrsverstößen und dem Bestehen einer Wiederholungsgefahr, bei Unzuverlässigkeit eines Fahrzeugführers oder wenn das Fahrzeug als Werkzeug zur Begehung von Straftaten dient.[11]

4. Abschleppen eines verbotswidrig abgestellten Fahrzeugs

15 Der Regelfall der „Sicherstellung" eines Fahrzeugs liegt vor, wenn ein entgegen der StVO abgestelltes Fahrzeug abgeschleppt oder versetzt wird. Eine Abschlepp- oder Versetzungsanordnung ist rechtmäßig, wenn der Aufgabenbereich der Polizei eröffnet ist (Rn 16 ff), sie von einer Befugnisnorm gedeckt ist (Rn 19 ff), die Störerauswahl (Rn 34) und die Ermessensausübung nicht zu beanstanden sind und der Grundsatz der Verhältnismäßigkeit beachtet wurde (Rn 35 f).

a) Aufgabeneröffnung

16 Der Aufgabenbereich der Polizei ist bei Vorliegen eines typischen Abschleppfalls regelmäßig gegeben.[12] Die Aufgabeneröffnung richtet sich nach den entsprechenden Regelungen der Polizeiaufgabengesetze der Länder (vgl Art. 2 BayPAG).[13] Erforderlich ist eine abstrakte oder allgemeine Gefahr für die öffentliche Sicherheit und Ordnung. Zur **öffentlichen Sicherheit** zählen dabei die Unversehrtheit von Leben, Gesundheit, Freiheit, Ehre, Eigentum und Ver-

---

7 Vgl *Schmidbauer/Steiner*, Art. 25 Rn 38.
8 *Schmidbauer/Steiner*, Art. 25 Rn 40.
9 VG München v. 7.11.2003 – M 7 S 03.4327.
10 VG München v. 31.8.2005 – M 7 K 05.1432.
11 *Schmidbauer/Steiner*, Art. 25 Rn 41 ff; OVG Koblenz v. 6.8.2004 – 7 A 11180/04 = DAR 2005, 668.
12 BayVGH v. 4.10.1989 – 21 B 89.01969 = BayVBl. 1990, 433.
13 Vgl OVG Mecklenburg-Vorpommern v. 23.2.2005 – 3 L 114/03 = VRS 109, 151-160 mit eingehender Begründung.

mögen sowie der Bestand und das Funktionieren des Staates, seiner Rechtsordnung und seiner grundlegenden Einrichtungen. Unter **öffentlicher Ordnung** ist die Gesamtheit jener ungeschriebenen Regeln für das Verhalten des Einzelnen zu verstehen, deren Beachtung nach den jeweils herrschenden Anschauungen als unerlässliche Voraussetzung für ein geordnetes staatsbürgerliches Gemeinschaftsleben angesehen wird.[14] Eine **allgemeine oder abstrakte Gefahr** liegt vor, wenn eine generell abstrakte Betrachtung für bestimmte Arten von Verhaltensweisen oder Zuständen zu dem Ergebnis führt, dass mit hinreichender Wahrscheinlichkeit ein Schaden im Einzelfall eintritt und daher Anlass besteht, diese Gefahr zu bekämpfen. Durch das verbotswidrige Parken wird entgegen der Straßenverkehrsordnung ein Zustand begründet, der aufgrund eines konkreten, nach Ort und Zeit bestimmten Sachverhalts eine Gefahr im polizeirechtlichen Sinn für die öffentliche Sicherheit darstellt.[15] Im Bereich von Verstößen gegen die Straßenverkehrsordnung wird die Aufgabeneröffnung auch nicht durch **die Subsidiarität polizeilichen Handelns** ausgehebelt. Polizeiliche Anordnungen zur Gefahrenabwehr aufgrund von verbotswidrig geparkten Fahrzeugen sind als unaufschiebbar einzuordnen.[16] Aus Sicht der Polizei wird ein Abwarten bis zum Eingreifen der zuständigen Behörde den Erfolg der Maßnahme, die zur Verhinderung eines fortgesetzten verbotswidrigen Parkens und der hierdurch entstehenden Gefahren notwendig ist, regelmäßig erschweren oder gar vereiteln.

Die sachliche **Zuständigkeit der Polizei** folgt nicht aus § 44 Abs. 2 S. 1 u. 2 StVO. Danach **17** kann die Polizei bei Gefahr im Verzug zur Aufrechterhaltung der Sicherheit und Ordnung des Straßenverkehrs anstelle der an sich zuständigen Behörde tätig werden und vorläufige Maßnahmen treffen. Mit der herrschenden Meinung in Literatur und Rechtsprechung ist § 44 Abs. 2 S. 2 StVO nicht heranzuziehen.[17] Das Abschleppen von Fahrzeugen stellt zum einen bereits keine vorläufige Maßnahme dar.[18] Zum anderen wird die Polizei nach § 44 Abs. 2 S. 2 StVO anstelle der zuständigen Straßenverkehrsbehörde tätig. Die Befugnis der Polizei kann insoweit nicht weiter gehen als die der Straßenverkehrsbehörde, an deren Stelle sie handelt. Eine Befugnis zur Anordnung des Abschleppens ist der Straßenverkehrsbehörde in §§ 44, 45 StVO jedoch nicht eingeräumt.[19] Damit kann auch die Polizei die Abschleppmaßnahme nicht auf § 44 Abs. 2 S. 2 StVO stützen.

Um einen Sonderfall handelt es sich bei der „**kommunalen Verkehrsüberwachung**". Dabei **18** stellen Bedienstete der Verkehrsüberwachung der jeweiligen Gemeinde die fraglichen Verkehrsverstöße vor Ort fest. Anschließend leiten sie die Abwicklung der Abschleppmaßnahme ein. Sie sind keine Beamten der Polizei und handeln auch nicht im eingeschränkt institutionellen Sinn (vgl Art. 1 BayPAG). Allerdings wird die Entscheidung, eine Abschleppmaßnahme durchzuführen, nach telefonischer Rücksprache von einem Beamten der Polizei getroffen. Damit wird der in Art. 33 Abs. 4 GG geforderten Ausübung hoheitlicher Befugnisse durch in einem öffentlich-rechtlichen Dienst- und Treueverhältnis stehenden Angehörigen des öffentlichen Dienstes Rechnung getragen.[20] Der Polizeibeamte, der die Abschleppmaßnahme anordnet, handelt auch nicht deshalb ermessensfehlerhaft, weil er nicht vor Ort ist. Dies folgt dar-

---

14 BayVerfGH 4, 194.

15 BayVGH v. 25.10.1988 – 21 B 88.01804; v. 4.10.1989 – 21 B 89.01969 = BayVBl. 1990, 433.

16 Vgl *Drews/Wacke/Vogel/Martens*, S. 167 f; aA VGH Baden-Württemberg v. 27.9.2004 – 1 S 2206/03; v. 17.6.2003 – 1 S 2025/01, wonach die für die Anordnung des Anbringens von Verkehrszeichen zuständige untere Straßenbehörde auch für die Vollstreckung eines Verkehrszeichens zuständig ist. Eine originäre Zuständigkeit der Polizei aufgrund des Polizeiaufgabengesetzes käme wegen der Subsidiarität polizeilichen Handelns nur bei einer besonderen Eilbedürftigkeit in Betracht.

17 Vgl auch *Würtemberger/Görs*, JuS 1981, 596, 599; *Bodanowitz*, JuS 1996, 911, 913; *Perrey*, BayVBl. 2000, 609, 610; OVG Mecklenburg-Vorpommern v. 23.2.2005 – 3 L 114/03 = VRS 109, 151-160; aA: OVG Münster, DVBl. 1975, 588; VG Frankfurt/Main, DVBl. 1965, 779.

18 OVG Mecklenburg-Vorpommern v. 23.2.2005 – 3 L 114/03 = VRS 109, 151-160.

19 Vgl auch *Hentschel*, Straßenverkehrsrecht, StVO, § 44 Rn 6.

20 BayVGH v. 17.9.1991 – 21 B 91.00289.

aus, dass den anordnenden Polizeibeamten Straßenkarten und Kataloge mit Fotos von den Straßenbereichen und deren Beschilderungen zur Verfügung stehen und sie dementsprechend vom entscheidungserheblichen Sachverhalt Kenntnis besitzen.

b) Befugnisnorm

19 Fraglich ist allerdings, auf welche **Rechtsgrundlage** sich die Polizei beim Abschleppen verbotswidriger Fahrzeuge stützen kann. Hierfür ist zum einen maßgeblich, welche Befugnisnormen das Polizeigesetz des einzelnen Bundeslandes[21] enthält. So lassen sich in Bayern, Berlin, Hamburg, Hessen, Mecklenburg-Vorpommern, Sachsen-Anhalt, Rheinland-Pfalz und Thüringen die unmittelbare Ausführung als auch der Sofortvollzug finden. In Baden-Württemberg und Sachsen ist nur die unmittelbare Ausführung normiert, in Brandenburg, Bremen, Niedersachsen, Nordrhein-Westfalen, Saarland und Schleswig-Holstein nur der Sofortvollzug.[22] Zum anderen kommt es für die Heranziehung einer Befugnisnorm auf die Umstände des Einzelfalls an. Entscheidend kann hierbei sein, ob das Fahrzeug auf einen amtlichen Verwahrplatz verbracht oder nur versetzt wird (Rn 20 f). Daneben ist die Heranziehung einer Rechtsgrundlage davon abhängig, wie die Durchführung einer Abschleppmaßnahme bei Abwesenheit des Fahrzeugführers- oder halters zu qualifizieren ist (Rn 22 ff).

aa) Abschleppen auf Verwahrplatz oder Versetzen

20 Grundsätzlich können verbotswidrig abgestellte Fahrzeuge auf einen Verwahrplatz gebracht oder versetzt werden. Von einer *Sicherstellung* ist nach der bayerischen Rechtsprechung auszugehen, wenn das Fahrzeug in amtlichen Gewahrsam genommen und auf einem Verwahrplatz verwahrt wird.[23] Die Abschleppmaßnahme stützt sich in einem solchen Fall auf die in den Ländergesetzen geregelten Rechtsnormen zur Sicherstellung (vgl Art. 25 BayPAG). Im Gegensatz zur Sicherstellung liegt nach der bayerischen Rechtsprechung eine *atypische Maßnahme* vor, wenn das Fahrzeug auf einen sich in unmittelbarer Nähe befindlichen Parkplatz, der den Anforderungen der StVO entspricht, umgestellt wird (= Versetzung). Die Polizei begründet bei der Versetzung keinen Gewahrsam. Die Anordnung der Versetzung stützt sich auf die in den Polizeigesetzen geregelte Generalklausel (vgl Art. 11 BayPAG).

21 Der Ansicht der bayerischen Rechtsprechung treten Literatur und Rechtsprechung anderer Bundesländer entgegen. So handelt es sich nach der einen Ansicht immer um eine *Sicherstellung*, da auch bei einer Versetzung zumindest für einen kurzen Zeitraum amtlicher Gewahrsam begründet werde.[24] Nach anderer Ansicht stellt eine Abschleppmaßnahme immer eine *atypische Maßnahme* dar.[25] Zur Begründung hierfür wird angeführt, dass der polizeiliche Zweck nur darin bestehe, das Fahrzeug zu entfernen, und nicht, dass der Eigentümer oder Halter von der Einwirkungsmöglichkeit ausgeschlossen wird. Der Polizei gehe es bei Maßnahmen zur Beseitigung eines verbotswidrig abgestellten Fahrzeugs nicht darum, das Fahrzeug in Verwahrung zu nehmen. Die Ingewahrsamnahme sei jedoch Voraussetzung bzw Zweck der Sicherstellung und nicht eine bloße Folgeerscheinung, so dass eine Sicherstellung nicht vorliege.

---

21 Die Gesetzgebungskompetenz im Bereich der präventiven Gefahrenabwehr liegt bei den Bundesländern, vgl Art. 30, 70 Abs. 1 GG.

22 *Knemeyer*, Rn 343.

23 BayVGH v. 23.5.1984, BayVBl. 1984, 559; v. 4.10.1989 – 21 B 89.01969 = BayVBl. 1990, 433; ebenso *Gusy*, Rn 290; *Honnacker/Beinhofer*, Art. 25 Rn 4.

24 *Berner/Köhler*, Art. 25 Rn 9; OVG Münster v. 16.2.1982, NJW 1982, 2277, 2278; v. 26.5.1983, DVBl. 1983, 1074.

25 *Knemeyer*, Rn 252; vgl auch VGH Kassel v. 24.11.1986, NVwZ 1987, 109; OVG Hamburg v. 19.8.1993 – Bf VII 3/93 = DAR 1994, 290; *Perrey*, BayVbl. 2000, 609; HessVGH v. 7.7.1980 – VIII OE 32/80; v. 7.7.1980 – VIII OE 118/79; *Würtemberger/Görs*, JuS 1981, 598; *Schenke*, Rn 715.

bb) Sicherstellung, Zwangsmaßnahme oder unmittelbare Ausführung bei Abwesenheit des
Fahrzeugführers bzw -halters

Wie oben (Rn 20 f) dargelegt kann ein Fahrzeug entweder versetzt oder auf einen Verwahrplatz verbracht werden. Ist der Fahrzeugführer oder -halter nicht vor Ort, ist zu prüfen, wie die Realisierung der polizeilichen Maßnahme (Abschleppen oder Versetzung) hinsichtlich ihrer Durchführung zu qualifizieren ist. In Betracht kommt, dass die Polizei sich zur Beseitigung der Gefahr auf die Sicherstellung selbst, auf die unmittelbare Ausführung oder auf eine Zwangsmaßnahme stützt. Die Einordnung ist dabei jeweils von den Umständen des Einzelfalls abhängig, wobei insbesondere drei Fallvarianten denkbar sind: Abschleppen aufgrund eines persönlichen Wegfahrgebots (Rn 23 ff), aufgrund einer sich ohne Verkehrszeichen ergebenden Gefahr (Rn 27 ff) oder aufgrund einer in einem Verkehrszeichen enthaltenen Regelung (Rn 30 ff).

22

(1) Abschleppen bzw Versetzen nach persönlichem Wegfahrgebot

Beispiel: A. stellt sein Fahrzeug im Bereich der Fußgängerzone ab. Polizist P., der den Parkvorgang beobachtet hat, fordert A. auf, sein Fahrzeug sofort wegzufahren. Dieser sagt daraufhin zu P., dass er bereits seit einer halben Stunde einen Parkplatz gesucht habe und nicht einsehe, sich nochmals auf die Suche begeben zu müssen. Ohne ein weiteres Wort dreht sich A. um und geht. Daraufhin ordnet P. die Sicherstellung des Fahrzeugs an. Das Fahrzeug wird von einem privaten Abschleppunternehmen auf einen Verwahrplatz gebracht. Als A. nach zwei Stunden wieder zu seinem Fahrzeug zurückkommt, stellt er fest, dass es nicht mehr da ist.

23

In diesem Beispiel hat der Polizeibeamte den anwesenden A. aufgefordert, sofort wegzufahren. Zur Vermeidung eines weiteren Verstoßes gegen die Benutzung der Fußgängerzone, welche den Fußgängern vorbehalten ist (vgl § 41 Zeichen 242 StVO), konnte der Polizeibeamte anordnen, dass A. sein Fahrzeug entfernt. Die Anordnung ist auf die Generalklausel zu stützen, nach der eine polizeiliche Maßnahme getroffen werden kann, um eine Ordnungswidrigkeit zu unterbinden (vgl Art. 11 Abs. 2 Nr. 1 BayPAG iVm. §§ 41 Abs. 2 Nr. 5, 49 Abs. 3 Nr. 4 StVO).

24

Die Durchsetzung der Anordnung, das Fahrzeug zu entfernen, erfolgt im oben (Rn 23) genannten Beispiel im Wege einer Zwangsmaßnahme. Eine *unmittelbare Ausführung* des Wegfahrgebots scheidet von vornherein aus. Voraussetzung hierfür wäre, dass die Maßnahme durch Inanspruchnahme des Zustands- oder Verhaltensstörers nicht oder nicht rechtzeitig erreicht werden kann und ein entgegenstehender Wille des Störers unbekannt ist. Allerdings ist mit dem persönlichen Wegfahrgebot gegenüber dem Störer bereits eine vollstreckbare Grundverfügung ergangen. Zudem ist bei einem persönlichen Wegfahrgebot der entgegenstehende Wille des Störers bekannt. Ein Rückgriff auf die unmittelbare Ausführung scheidet somit aus. Dementsprechend müssen zur Durchsetzung des Wegfahrgebots die Befugnisnormen der Ersatzvornahme oder des unmittelbaren Zwangs herangezogen werden. Voraussetzung für die **Ersatzvornahme** ist, dass es sich bei der Durchsetzung des Wegfahrgebots um eine vertretbare Handlung handelt. Die hM in Rechtsprechung und Literatur[26] bejaht dies mit dem Argument, dass es allein auf die Entfernung des PKW und die Beseitigung des durch

25

26 *Schmidbauer/Steiner*, Art. 25 Rn 60; BayVGH v. 16.12.1993 – 21 Cs 93.3344 = BayVBl. 1994, S. 372; VGH Kassel v. 15.6.1987 – 11 UE 318/94; VGH Kassel NVwZ-RR 1999, 23 (Parkscheinautomat); OVG Hamburg v. 19.8.1993 – Bf. VII 3/93; VGH Mannheim, BWVPr 1995, 233 (Anwohnerparkplatz); OVG Sachsen-Anhalt v. 13.2.1997 – A 2S 493/96; HessVGH v. 11.11.1997 – 11 UE 3450/95; *Straßberger*, BayVBl. 1972, 36; *Steinhilber*, NJW 1983, 2429; *Janssen*, JA 1996, 165; *Hansen/Meyer*, NJW 1998 284, 285; *Gusy*, Rn 442; *Berner/Köhler*, Vorb. zu Art. 9 Rn 6.

den PKW verursachten Zustands ankommt. Die Art und Weise der Entfernung des Fahrzeugs ist nicht entscheidend. Nach anderer Ansicht ist die Handlung der Polizei oder des von ihr beauftragten Abschleppunternehmers nicht mit derjenigen Handlung identisch, die dem Pflichtigen obliegt. Das Kriterium der vertretbaren Handlung sei eng auszulegen, so dass die Ausführung der Abschleppmaßnahme *unmittelbaren Zwang* darstelle.[27]

26 In dem oben (Rn 23) genannten Beispiel kann somit die Anordnung, den PKW wegzufahren, im Wege der Ersatzvornahme oder des unmittelbaren Zwangs durchgesetzt werden. Ein Rückgriff auf den *Sofortvollzug* ist nicht erforderlich, da ein nach § 80 Abs. 2 S. 1 Nr. 2 VwGO sofort vollziehbarer (Grund-)Verwaltungsakt der Polizei gegeben ist.

(2) Abschleppen bzw Versetzen ohne vorausgehendes Wegfahrgebot

27 **Beispiel:** A. stellt sein Kraftfahrzeug unmittelbar an einer Kreuzung ab und hält dabei den erforderlichen Abstand von fünf Metern nicht ein. Eine vorbeikommende Polizeistreife stellt den Verstoß gegen § 12 Abs. 3 Nr. 1 StVO fest und lässt das Fahrzeug des A. durch einen privaten Abschleppunternehmer abschleppen.

28 Bei diesem Beispiel wird gegen ein gesetzlich geregeltes Park-/Halteverbot verstoßen; ein persönliches Wegfahrgebot aufgrund einer polizeilichen Anordnung oder aufgrund eines Verkehrszeichens oder einer Verkehrseinrichtung liegt nicht vor. Da allerdings weder der Fahrzeugführer noch der Fahrzeughalter anwesend sind, stützt sich die Abschleppanordnung entweder auf die Regelung der *Sicherstellung* selbst, auf die *unmittelbare Ausführung* oder auf eine *Zwangsmaßnahme.*

29 Nach einer Ansicht wird die Sicherstellung auf der Grundlage der dazu bestehenden Regelung durchgesetzt. Die Sicherstellungsnorm enthalte neben der Befugnis, die Sicherstellung anzuordnen, zugleich die Befugnis, die Sicherstellung durchzusetzen.[28] Nach dieser Ansicht bedarf es in dem Fall, in dem der Pflichtige nicht anwesend ist, keines Rückgriffs auf die unmittelbare Ausführung oder die Zwangsmaßnahmen. Die herrschende Meinung lehnt dies allerdings ab und greift für die Durchsetzung der Sicherstellung auf die unmittelbare Ausführung oder die Zwangsmaßnahmen zurück.[29] Nach der bayerischen Rechtsprechung[30] handelt es sich um eine unmittelbare Ausführung. Zur Begründung wird angeführt, dass es um eine vertretbare Handlung geht und ein entgegenstehender Wille des Betroffenen nicht bekannt sei. Daneben kommt eine Ersatzvornahme im Wege des Sofortvollzugs als Zwangsmaßnahme in Betracht.[31]

(3) Abschleppen oder Versetzen bei Verkehrszeichen

30 Als letzte Sachverhaltsvariante kommt noch der Fall in Betracht, dass das Fahrzeug entgegen einem Verkehrszeichen oder einer Verkehrseinrichtung abgestellt wurde. Hierbei handelt es sich um den häufigsten und zugleich rechtlich umstrittensten Fall.

31 **Beispiel:** A. stellt seinen PKW im Bereich eines absoluten Halteverbots ab. Im Rahmen einer Verkehrskontrolle bemerkt der Polizist P. das verbotswidrig abgestellte Fahrzeug und ordnet die Sicherstellung an. Ein privater Abschleppunternehmer verbringt das Fahrzeug auf den Verwahrplatz.

---

27 *Schmidbauer/Steiner,* Art. 25 Rn 61.
28 *Perrey,* BayVBl. 2000, 609/612; *Drews/Wacke/Vogel/Martens,* S. 168.
29 *Schmidbauer/Steiner,* Art. 25 Rn 18, *Knemeyer,* Rn 251.
30 St. Rspr, vgl zB BayVGH v. 25.10.1988 – 21 B 88.01804; v. 3.4.2000 – 24 B 00.15; v. 2.6.2003 – 24 ZB 03.647; v. 30.12.2005 – M 7 K 04.4409.
31 Vgl *Berner/Köhler,* Art. 25 Rn 10, Vorb. zu Art. 9 Rn 6.

Die **Verkehrszeichen** und Verkehrseinrichtungen stellen Verwaltungsakte in Form der **Allgemeinverfügung** dar (vgl § 35 S. 2 VwVfG).[32] Sie werden gem. § 43 Abs. 1 VwVfG gegenüber demjenigen, für den sie bestimmt sind oder der von ihnen betroffen ist, in dem Zeitpunkt wirksam, in dem sie ihm bekannt gegeben werden. Die Bekanntgabe erfolgt nach den bundesrechtlichen Vorschriften der Straßenverkehrsordnung durch Aufstellen des Verkehrszeichens (vgl insbesondere §§ 39 Abs. 1 u. 1a, 45 Abs. 4 StVO). Dies ist eine besondere Form der Bekanntgabe. Ob sie als öffentliche Bekanntgabe eines nicht schriftlichen (§ 41 Abs. 4 S. 1 VwVfG) Verwaltungsakts gem. § 41 Abs. 3 VwVfG einzuordnen ist oder ob die Spezialregelungen der Straßenverkehrsordnung den § 41 VwVfG insgesamt verdrängen, ist unerheblich. Sind Verkehrszeichen so aufgestellt oder angebracht, dass sie ein durchschnittlicher Kraftfahrer bei Einhaltung der nach § 1 StVO erforderlichen Sorgfalt schon mit einem „raschen und beiläufigen Blick" erfassen kann, so äußern sie ihre Rechtswirkung gegenüber jedem von der Regelung betroffenen Verkehrsteilnehmer. Als Verkehrsteilnehmer gilt dabei auch derjenige, der sein Fahrzeug zum Parken abgestellt hat.[33] Gleichgültig ist, ob der Verkehrsteilnehmer das Verkehrszeichen tatsächlich wahrnimmt oder nicht.[34] Damit wird ein Verkehrszeichen auch gegenüber demjenigen verbindlich, der sein Fahrzeug bereits vor Aufstellen des Verkehrzeichens geparkt hat.[35] Vorschriftzeichen nach der Straßenverkehrsordnung, von denen ein Halteverbot ausgeht, enthalten zugleich das nach § 80 Abs. 2 S. 1 Nr. 2 VwGO sofort vollziehbare Gebot, bei verbotswidrigem Halten alsbald wegzufahren.[36] Auf die Rechtmäßigkeit des Verkehrszeichens kommt es im Übrigen nicht an. Entscheidend ist ausschließlich, dass das Verkehrszeichen wirksam ist.[37]

Umstritten ist bei Vorliegen eines Verkehrszeichens und dem damit einhergehenden Gebot, das verbotswidrig abgestellte Fahrzeug alsbald wegzufahren, ob das Verkehrszeichen durch die Abschleppmaßnahme nur vollstreckt wird oder ob die Polizei eine eigene **Grundverfügung** trifft. Die hM in Literatur und Rechtsprechung sieht in dem Wegfahrgebot den nach § 80 Abs. 2 S. 1 Nr. 2 VwGO sofort vollziehbaren Grundverwaltungsakt, der nach den Vollstreckungsvorschriften der Polizeiaufgabengesetze durchgesetzt wird.[38] Demnach sind die Regelungen für die Zwangsmaßnahmen heranzuziehen. Nach diesen kommt eine *Ersatzvornahme*[39] oder *unmittelbarer Zwang* in Betracht. Eine unmittelbare Ausführung scheidet nach der hM aus, da eine Grundverfügung getroffen und dem Betroffenen bekannt gegeben worden ist. Bedenken begegnet diese Ansicht beispielsweise in Bayern, weil nach den Regelungen des bayerischen Polizeiaufgabengesetzes die Polizei nur einen „Verwaltungsakt der Polizei" mit Zwangsmitteln durchsetzen kann. Da jedoch das Verkehrszeichen als Verwaltungsakt nicht von der Polizei, sondern von der zuständigen Straßenverkehrsbehörde erlassen wird, kann die Polizei nach dem bayerischen Recht das Zeichen auch nicht vollstrecken. Dementsprechend erlässt der Polizeibeamte nach der in Bayern überwiegenden Ansicht eine eigene Abschleppanordnung. Diese stützt sich auf die *unmittelbare Ausführung*.[40] Ob die im Wege

32

33

32 BVerwG 59, 221; 92, 32; 102, 316; Kopp/*Ramsauer*, VwVfG, § 35 Rn 112.
33 *Hansen/Meyer*, NJW 1998, 284.
34 BVerwG v. 11.12.1996 – 11 C 15/95 = NJW 1997, 1021.
35 Zur Rechtsprechung bei mobilen Halteverbotszeichen s.u. Rn 89.
36 BVerwG v. 7.11.1977 – VII B 135.77 = NJW 1978, 656; v. 23.6.1993 – 11 C 32/92; v. 24.4.1991 – 3 b 20/91.
37 OVG Hamburg v. 11.2.2002 – 3 Bs 237/00; VG München v. 3.12.2003 – M 7 K 03.194; v. 7.1.2005 – 1 S 04.5746.
38 *Schmidbauer/Steiner*, Art. 25 Rn 59; VG Weimar v. 28.9.2000 – 2 K 1537/98; OVG Mecklenburg-Vorpommern v.23.2.2005 – 3 L 114/03; HessVGH v. 11.11.1997 – 11 UE 3450/95; VGH BW v. 15.1.1990 – 1 S 3664/88, VBlBW 1990, 257; OVG Hamburg v. 4.11.2003 – 3 Bf 23/03, VRS 107, 155-160.
39 So wohl die hM: VGH Kassel v. 15.6.1987 – 11 UE 318/94; VGH Kassel, NVwZ-RR 1999, 23 (Parkscheinautomat); OVG Hamburg v. 19.8.1993 – Bf. VII 3/93; VGH Mannheim, BWVPr 1995, 233 (Anwohnerparkplatz); OVG Sachsen-Anhalt v. 13.2.1997 – A 2S 493/96; HessVGH v. 11.11.1997 – 11 UE 3450/95; *Straßberger*, BayVBl. 1972, 36; *Steinhilber*, NJW 1983, 2429; *Janssen*, JA 1996, 165; *Hansen/Meyer*, NJW 1998, 284 ,285; *Perrey*, BayVBl. 2000, 609.
40 St. Rspr in Bayern, vgl zB BayVGH v. 25.10.1988 – 21 B 88.01804; v. 3.4.2000 – 24 B 00.15; v. 2.6.2003 – 24 ZB 03.647; v. 30.12.2005 – M 7 K 04.4409; ebenso für unmittelbare Ausführung: *Knemeyer*, F Rn 252; *Lisken/Denninger*, Rn 728.

der unmittelbaren Ausführung realisierte Abschleppanordnung rechtmäßig ist, ist davon abhängig, ob ein Sachverhalt vorliegt, der grundsätzlich den Erlass einer polizeilichen Anordnung auf der Rechtsgrundlage der allgemeinen und speziellen Befugnisnormen erlaubt.[41] Dabei ist wiederum entscheidend, ob das Fahrzeug auf einen amtlichen Verwahrplatz verbracht (dann Sicherstellung) oder bloß versetzt worden ist (dann atypische Maßnahme).

c) Störerauswahl

34 Unabhängig von der Befugnisnorm darf eine Abschlepp- bzw Versetzungsanordnung nur gegenüber dem jeweiligen Störer erfolgen. Befindet sich dieser nicht vor Ort, muss die Anordnung denjenigen treffen, der für den gefahrverursachenden Zustand verantwortlich ist. Dies wird regelmäßig unproblematisch sein. Mit dem Abschleppen des störenden Fahrzeugs wird immer der Störer getroffen, unabhängig davon, wer im Einzelfall als solcher anzusehen ist.[42] Besteht die Möglichkeit, zwischen mehreren Störern auszuwählen, ist aus Gründen der Verhältnismäßigkeit **primär der Handlungsstörer** vor dem Zustandsstörer in Anspruch zu nehmen. Bei mehreren Störern wird es den Polizeibeamten allerdings regelmäßig nicht möglich sein, herauszufinden, welcher der Störer vorrangig heranzuziehen ist. Soweit die Maßnahme jedoch gegen das Fahrzeug gerichtet wird, welches nach den im Zeitpunkt des Einschreitens nach der verständigen Würdigung eines objektiven Polizeibeamten erkennbaren Umständen die Gefahr gesetzt hat (= ex-ante-Beurteilung bezogen auf den Zeitpunkt des polizeilichen Einschreitens), ist die Auswahlentscheidung nicht zu beanstanden.[43] Stellt sich zu einem späteren Zeitpunkt heraus, dass ein anderes Fahrzeug vorrangig abgeschleppt hätte werden müssen, so macht dies die Auswahlentscheidung nicht rechtswidrig, da Inhalt und Grenzen des Auswahlermessens zunächst unter dem Gesichtspunkt der wirksamen und schnellen Gefahrenbeseitigung bestimmt werden.[44] Da dies im Rahmen der Kostentragung allerdings nur von geringer Bedeutung ist, ist grundsätzlich derjenige Störer kostentragungspflichtig, der der Gefahrenursache am nächsten stand.[45]

d) Verhältnismäßigkeit

35 Die Abschlepp- bzw Versetzungsanordnung muss dem Grundsatz der Verhältnismäßigkeit entsprechen (siehe im Einzelnen Rn 71 ff). Das bedeutet, dass die Anordnung eine geeignete, erforderliche und angemessene Maßnahme darstellt, um die Gefahr für die öffentliche Sicherheit und Ordnung zu beseitigen. **Geeignet** ist eine Maßnahme dann, wenn sie zum gewünschten Erfolg führt. Beim Abschleppen bzw Versetzen geht es in der Regel darum, die Sicherheit und Leichtigkeit des Verkehrs zu fördern und die Gefahr für die öffentliche Sicherheit und Ordnung zu beseitigen.[46] Um diese Ziele zu erreichen, wird die Abschlepp- bzw Versetzungsanordnung ein geeignetes Mittel sein. **Erforderlich** ist eine Maßnahme, wenn es kein milderes Mittel gibt, das das angestrebte Ziel gleich wirksam fördert. Das Abschleppen bzw Versetzen des gefahrverursachenden Fahrzeugs ist grundsätzlich als erforderlich anzusehen. Dies gilt nicht, wenn anstelle des Abschleppens auf einen Verwahrplatz eine *Versetzung* möglich gewesen wäre. Begnügt sich eine Behörde nicht mit der gegebenen Möglichkeit, ein verbotswidrig abgestelltes Fahrzeug auf eine benachbarte Fläche umzusetzen, sondern lässt es dieses stattdessen zu einem Sammelplatz abschleppen, so wird dies den Grundsatz der Ver-

---

41 Vgl *Schmidbauer/Steiner*, Art. 9 Rn 15.
42 *Janssen*, JA 1996, 165.
43 *Schenke*, Rn 718a, der die Inanspruchnahme als Nichtstörers vorschlägt, falls die Polizeibeamten vor Ort nicht abschließend beurteilen können, wer die Ursache der Gefahr gesetzt hat.
44 *Bodanowitz*, JuS 1996, 911.
45 *Würtemberger/Görs*, JuS 1981, 596; vgl unten Rn 43 ff.
46 *Janssen*, JA 1996, 165; *Perrey*, BayVBl. 2000, 609/613.

hältnismäßigkeit regelmäßig verletzen.[47] Im Hinblick hierauf sind allerdings an die Verhältnismäßigkeit nur geringe Anforderungen zu stellen. Ausreichend ist es, wenn sich der Polizeibeamte vergewissert, dass das Fahrzeug nicht in unmittelbarer Nähe (Sichtweite) auf einem der StVO entsprechenden Parkplatz abgestellt werden kann.[48] Ob eine in diesem Verständnis bedenkenfreie Umsetzungsmöglichkeit besteht, ist einer Einzelfallwürdigung vorbehalten und kann u.a. auch davon abhängen, inwieweit infolge einer Umsetzung gewährleistet ist, dass das umgesetzte Fahrzeug nicht anderen – auf einem Sammel-Abstellplatz nicht zu befürchtenden – Gefährdungen ausgesetzt und/oder durch den Führer/Halter ohne Weiteres ebenso aufzufinden ist, wie es auf einem Sammelplatz aufzufinden sein würde.[49] Für den Vorrang der Versetzung nur bei einem freien Parkplatz in unmittelbarer Nähe spricht auch, dass die polizeiliche Maßnahme der Gefahrenabwehr dient. Die verursachte Gefahr ist so schnell wie möglich zu beseitigen. Damit kann es nicht Aufgabe der Polizeibeamten sein, nicht nur in der unmittelbaren Nähe, sondern auch weiter entfernt nach entsprechenden Versetzungsmöglichkeiten zu suchen und damit die verursachte Gefahr zeitlich über das erforderliche Maß hinaus bestehen zu lassen.[50]

Daneben kann die Abschlepp- bzw Versetzungsmaßnahme unverhältnismäßig sein, wenn   **36**
ausnahmsweise eine **Halterbenachrichtigung** in Betracht gekommen wäre. Kann der ohne polizeilichen Aufwand erreichbare Fahrzeughalter bzw -führer die Gefahr selbst gleich schnell und effektiv beseitigen, so ist eine Abschlepp- bzw Versetzungsanordnung ebenfalls nicht erforderlich und damit unverhältnismäßig.[51] Zur Prüfung, ob die Abschlepp- bzw Versetzungsanordnung **angemessen** war, bedarf es einer Interessenabwägung unter Berücksichtigung der wesentlichen Umstände des Einzelfalls. Dabei steht dem Interesse des von der Maßnahme Betroffenen ein erhebliches Interesse der Allgemeinheit an der Beseitigung der Gefahr gegenüber. In die Interessenabwägung fließen der Grad der Behinderung sowie der verursachten Gefahr als auch die Verhinderung von Ordnungswidrigkeiten oder Straftaten mit ein. Berücksichtigungsfähig sind auch generalpräventive Interessen, wobei allerdings eine negative Vorbildwirkung allein die Abschleppmaßnahme grundsätzlich nicht rechtfertigen kann (vgl Rn 56).

e) Zusammenfassung

Die Realisierung der Abschleppanordnung ist von den Umständen des Einzelfalls abhängig   **37**
und kann entsprechend den sich in den Polizeigesetzen befindenden Befugnisnormen auf unterschiedliche Rechtsgrundlagen gestützt werden. Regelmäßig wird sie sich bei einem verbotswidrig abgestellten Fahrzeug und Abwesenheit des Fahrzeugführers entweder als unmittelbare Ausführung oder Ersatzvornahme darstellen. Ob eine Ersatzvornahme im Wege des Sofortvollzugs angeordnet wird, ist davon abhängig, ob ein vollstreckbarer Grundverwaltungsakt (zB ein Verkehrszeichen) vorliegt. Unabhängig von der rechtlichen Einordnung der Abschleppanordnung sind die Anforderungen an die Rechtmäßigkeit einer Abschleppmaßnahme im Ergebnis jedoch gleich. Neben der Befugnis, die polizeiliche Maßnahme anzuordnen, muss eine ordnungsgemäße Störerauswahl und Ermessensausübung gegeben sein. Im Übrigen muss der Grundsatz der Verhältnismäßigkeit beachtet worden sein.

---

47 BVerwG v. 27.5.2002 – 3 B 67/02, VRS 103, 309–311; *Vahle*, DVP 2001, 58, 59.
48 Vgl *Schmidbauer/Steiner*, Art. 25 Rn 49; aA *Honnacker/Beinhofer*, Art. 25 Rn 5.
49 BVerwG v. 27.5.2002 – 3 B 67/02 = VRS 103, 309–311.
50 Vgl *Fischer*, JuS 2002, 446.
51 BVerwG v. 27.5.2002 – 3B 67/02 = VRS 103, 309–311; Einzelheiten unter Rn 71 ff.

III. Leistungsbescheid

38 Für die Abschleppmaßnahme wird die Polizei grundsätzlich Kostenersatz mittels Leistungsbescheid verlangen. Wurde das Fahrzeug auf einen Verwahrplatz gebracht, erfolgt die Geltendmachung der Kosten bei der Abholung des Fahrzeugs. Die dem Betroffenen dabei ausgehändigte „Quittung" stellt nicht nur einen Beleg über die Bezahlung der Kosten, sondern zugleich einen Leistungsbescheid über den genannten Betrag dar.[52] Liegt eine Versetzung vor, so werden die Kosten mittels eines an den Fahrzeughalter zugestellten Leistungsbescheids geltend gemacht.

1. Rechtsgrundlage des Leistungsbescheids

39 Die Rechtsgrundlage für die Geltendmachung der Kosten ist abhängig von der Einordnung der Maßnahme. Liegt dem Abschleppen eine unmittelbare Ausführung zugrunde, so werden die Kosten auf die in der Rechtsnorm der unmittelbaren Ausführung geregelte Rechtsgrundlage gestützt werden (vgl Art. 9 Abs. 2 S. 1 BayPAG). Ebenso wie die unmittelbare Ausführung enthalten auch die Rechtsnormen zur Sicherstellung (vgl Art. 28 Abs. 3 S. 1 BayPAG), zur Ersatzvornahme (vgl Art. 55 Abs. 2 S. 2 BayPAG) oder zum unmittelbaren Zwang (vgl Art. 58 Abs. 3 S. 1 BayPAG) Kostenregelungen, die als Rechtsgrundlagen für die Geltendmachung der Kosten herangezogen werden können. Nach dem Bayerischen Polizeiaufgabengesetz findet auf die Geltendmachung der Kosten im Übrigen das bayerische Kostengesetz Anwendung (vgl Artt. 9 Abs. 2 S. 2, 28 Abs. 3 S. 4, 55 Abs. 1 S. 3, 58 Abs. 3 S. 2 BayPAG). Die im Bayerischen Kostengesetz grundsätzlich vorgesehene sachliche Kostenfreiheit für Amtshandlungen der Polizei (vgl Art. 3 Abs. Abs. 1 S. 1 Nr. 10 BayKG) findet keine Anwendung (vgl Art. 76 S. 1 BayPAG).

40 Wurde das Fahrzeug auf einen Verwahrplatz verbracht, steht der Polizei bis zur Zahlung der Gebühren und Auslagen ein **Zurückbehaltungsrecht** zu (vgl Art. 28 Abs. 3 S. 3 BayPAG). Bedient sich die Polizei zur Verwahrung eines privaten Unternehmers, so kann dieser als Erklärungs- und Empfangsbote der Polizei die Kosten mit Wirkung für die Polizei entgegennehmen. Gleichzeitig kann er als Erklärungsbote der Polizei das öffentlich-rechtliche Zurückbehaltungsrecht ausüben.[53] Der Abschleppunternehmer, der durch privatrechtlichen Vertrag mit der Polizei von dieser mit dem Abschleppen des Fahrzeugs beauftragt wird, handelt bei der Durchführung der polizeilich angeordneten Abschleppmaßnahme in Ausübung eines ihm anvertrauten öffentlichen Amtes. Seine Stellung ist derjenigen eines Verwaltungshelfers angenähert. Er wird ohne eigene Entscheidungsmacht als verlängerter Arm der Verwaltungsbehörde tätig.[54]

2. Inhalt des Leistungsbescheids (Gebühren und Auslagen)

41 Mit dem Leistungsbescheid werden die Kosten der Abschleppmaßnahme vom Fahrzeugführer oder -halter verlangt. Die Kosten teilen sich in Gebühren und Auslagen auf. **Gebühren** sind das Entgelt für das polizeiliche Tätigwerden. Die Höhe der Gebühren richtet sich nach dem Verwaltungsaufwand und der Bedeutung der Amtshandlung (vgl Art. 76 Abs. 2 BayPAG). Im Einzelnen bemisst sich die Höhe nach den Polizeikostenverordnungen der Länder. In Bayern legt die Polizeikostenverordnung (PolKV) Rahmengebühren für die gebührenpflichtige Amts-

---

52 BayVGH v. 4.10.1989 – 21 B 89.01969 = BayVBl. 1990, 433.
53 BayObLG BayVBl. 1992, 443.
54 BGH v. 26.1.2006 – I ZR 83/03; BGHZ 48, 98, 103; 121, 161, 165.

handlung fest (vgl Art. 76 S. 3 BayPAG iVm § 1 PolKV). In der Regel wird für eine Abschlepp- bzw Versetzungsanordnung eine Gebühr in Höhe von 43 EUR veranschlagt.

Neben den Gebühren fallen **Auslagen** an. Unter Auslagen sind die finanziell messbaren Aufwendungen zu verstehen, die der Polizei im Rahmen der Abschleppmaßnahme entstehen. Das sind namentlich die Kosten, die ein beauftragter Abschleppunternehmer für das Abschleppen oder Versetzen des Fahrzeugs von der Polizei erhält. Die dem Abschleppunternehmer zustehenden Beträge für seine Tätigkeit werden nicht bereits durch die Erhebung einer Gebühr abgegolten (vgl Art. 76 S. 3 BayPAG, § 2 PolKV, Art. 10 Abs. 1 Nr. 5 BayKG). Die Höhe der Auslagen hängt von dem mit dem privaten Abschleppunternehmer geschlossenen Vertrag ab (vgl Rn 57 ff).

3. Adressat des Leistungsbescheids

a) Inanspruchnahme des Handlungsstörers vor dem Zustandsstörer

Adressat des Leistungsbescheids ist grundsätzlich derjenige, der die polizeiliche Maßnahme veranlasst hat. Das ist bei den Abschleppfällen derjenige, der das Fahrzeug verbotswidrig abgestellt und damit die Störung der öffentlichen Sicherheit und Ordnung verursacht hat (**Handlungsstörer**). Allerdings können derjenige, der das Fahrzeug verbotswidrig abgestellt hat, und derjenige, der zur Zahlung der Kosten herangezogen wird, auseinander fallen. Denkbar ist beispielsweise, dass ein Fahrzeug versetzt wird und die Kosten der Versetzung statt vom tatsächlichen Fahrzeugführer vom Fahrzeughalter verlangt werden. Der Polizei steht grundsätzlich ein Ermessen bei der Störerauswahl zu.[55] Die polizeirechtliche Verantwortlichkeit geht sehr weit und findet ihre Berechtigung im Zweck der Gefahrenabwehr. Soweit es allerdings um die Kostentragungspflicht für eine polizeiliche oder ordnungsbehördliche Maßnahme geht, ist bezüglich der Frage der Verantwortlichkeit in der Regel nicht die Sicht im Zeitpunkt des Eingriffs, sondern die wirkliche Sachlage, wie sie sich bei einer späteren rückwirkenden Betrachtung objektiv darstellt, maßgeblich.[56]

Aus dem verfassungsmäßigen Grundsatz der Verhältnismäßigkeit folgt, dass der Handlungsstörer auch im Hinblick auf die Kostentragungspflicht grundsätzlich vor dem Zustandsstörer in Anspruch zu nehmen ist. Dementsprechend wird die Polizei, sobald ihr bekannt wird, dass der Fahrzeughalter nicht der Fahrzeugführer war, den Halter auffordern, den Namen des Fahrzeugführers mitzuteilen. Teilt der Fahrzeughalter den Namen des Fahrzeugführers mit, hebt die Polizei regelmäßig den Leistungsbescheid auf und erlässt gegenüber dem Fahrzeugführer einen neuen Leistungsbescheid. Weigert sich der Fahrzeughalter den Namen des Fahrzeugführers mitzuteilen, wird die Polizei den Leistungsbescheid gegenüber dem Fahrzeughalter aufrechterhalten. Der Fahrzeughalter haftet insoweit als **Zustandsstörer**.[57] Der Grund für die Haftung als Zustandsstörer wird darin gesehen, dass er über die Teilnahme des Fahrzeugs am Straßenverkehr entscheidet und somit eine Gefahrenlage eröffnet, für die er einzustehen hat.[58] Gleiches gilt, wenn die Polizei zwar richtigerweise zuerst den Fahrzeugführer in Anspruch nimmt, dieser jedoch zahlungsunwillig oder -unfähig ist. Hier kann die Polizei ersatzweise den Halter als Zustandsverantwortlichen in Anspruch nehmen.

42

43

44

---

55 BayVGH BayVBl. 1993, 147.
56 OVG Münster v. 16.3.1993 – 5 A 496/92 = NJW 1993, 2698.
57 BayVGH v. 17.5.2004 – 24 ZB 04.695; BayVGH BayVBl. 1984, 16.
58 *Janssen*, JA 1996, 165.

b) Inanspruchnahme bei fehlender Verursachung

45 Strittig sind die Auswirkungen auf die Kostenerhebung, wenn sich im Laufe der späteren Ermittlungen herausstellt, dass der Adressat der Abschlepp- bzw Versetzungsanordnung zwar der Fahrzeugführer war, er jedoch nicht die Gefahr für die öffentliche Sicherheit und Ordnung verursacht hat.

46 **Beispiel: Leistungsbescheid gegen Anscheinsstörer**
Das Fahrzeug des A. ist zwischen dem Fahrzeug des B. und dem Fahrzeug des C. eingeparkt. Der Abstand zwischen dem Fahrzeug des A. und dem des B. beträgt 2 cm. Der Abstand zwischen dem Fahrzeug des A. und dem des C. beträgt 10 cm. Da A. nicht ausparken kann, wird das Fahrzeug des B. von der Polizei auf einen nahe gelegenen Parkplatz versetzt. B. werden die Kosten für die Versetzung mittels Leistungsbescheid in Rechnung gestellt. Im Widerspruchsverfahren trägt der B. vor, dass zu dem Zeitpunkt, als er sein Fahrzeug abgestellt hat, der Abstand zwischen seinem und dem dahinter stehenden Fahrzeug 20 cm betragen habe und Letzteres ohne Weiteres hätte ausgeparkt werden können.

47 In einem solchen Fall bleibt die Abschleppmaßnahme selbst rechtmäßig. Zum Zeitpunkt der Abschleppmaßnahme lag eine objektive Gefahr vor. Die Polizei konnte auch die Versetzung des Fahrzeugs anordnen, da nach der verständigen Würdigung eines objektiven Polizeibeamten nach allen erkennbaren Umständen von dem Fahrzeug des B. eine Gefahr ausging. Der Fahrzeugführer selbst ist Anscheinsstörer. Problematisch ist es allerdings, dem Fahrzeugführer die Kosten aufzuerlegen, wenn er darlegt, dass zu dem Zeitpunkt als er seinen Pkw parkte, eine Gefahr nicht vorgelegen habe und er mit einer solchen auch nicht rechnen musste. Nach einem Teil der Rechtsprechung[59] besteht in diesem Fall die persönliche Kostenpflicht des Fahrzeugführers nur, wenn dieser die Anscheinsgefahr schuldhaft verursacht hat. Dies wird von einem Teil der Literatur abgelehnt, da dem Recht der Gefahrenabwehr ein Verschulden fremd ist. Im Kostenrecht habe der Gesetzgeber konsequent an die objektive Veranlassung angeknüpft. Die persönliche Kostenpflicht bestehe auch in einem solchen Fall.[60] Allerdings könne die Polizei aus Billigkeitsgründen von der Kostentragungspflicht absehen (vgl Art. 76 S. 4 BayPAG; vgl hierzu Rn 79).

C. Vorgehen gegen die Abschlepp- bzw Versetzungsmaßnahme

I. Widerspruch und Anfechtungsklage

48 Grundsätzlich stehen der von einer Abschleppmaßnahme betroffenen Person als Rechtsmittel gegen die Abschleppmaßnahme selbst der **Widerspruch** (§§ 68 ff VwGO) und die **Anfechtungsklage** (§ 42 Abs. 1 Alt. 1 VwGO) zur Verfügung. Ein Vorgehen gegen die Abschleppmaßnahme wird in der Regel jedoch ausscheiden, da sich die polizeiliche Maßnahme bereits erledigt hat. Von einer **Erledigung** ist auszugehen, wenn die beschwerende Regelung wegfällt, wobei sich der Wegfall objektiv nach dem Regelungsgehalt des Verwaltungsakts und nicht nach dem Klägerinteresse richtet.[61] Wurde das Fahrzeug auf einen Verwahrplatz verbracht, erledigen sich die damit im Zusammenhang stehenden Maßnahmen mit der Abholung des Fahrzeugs.[62] Wurde das Fahrzeug versetzt, erledigt sich die Maßnahme spätestens dann, wenn der Fahrzeugführer oder -halter wieder auf sein Fahrzeug zugreift. Hat sich die polizei-

---

59 BayVGH BayVBl. 1974, 342; OVG NW v. 14.6.2000 – 5 A 95/00 = DVP 2002, 299; *Bodanowitz*, JuS 1996, 911.
60 Vgl auch VG München v. 6.9.1999 – M 17 K 97.4393; v. 10.6.2000 – M 17 K 00.5821.
61 Eyermann/*Schmidt*, VwGO, § 113 Rn 76.
62 *Bodanowitz*, JuS 1996, 911.

liche Maßnahme erledigt, kommt die Einlegung eines Widerspruchs nicht mehr in Betracht. Das Vorverfahren nach §§ 68 ff VwGO ist nicht mehr statthaft.[63] Ebenso scheidet die Erhebung einer Anfechtungsklage nach § 42 Abs. 1 Alt. 1 VwGO aus. Auch eine Anfechtungsklage ist nicht mehr statthaft, wenn sich der Verwaltungsakt erledigt hat und demzufolge nicht mehr wirksam ist.[64]

II. Fortsetzungsfeststellungsklage

In den Fällen der Erledigung der Abschleppmaßnahme kommt allerdings die Erhebung einer Fortsetzungsfeststellungsklage analog § 113 Abs. 1 S. 4 VwGO in Betracht. Eine solche wird jedoch regelmäßig bereits an der Zulässigkeit scheitern. Für die Zulässigkeit der Fortsetzungsfeststellungsklage ist ein **besonderes Feststellungsinteresse** erforderlich. Für die Bejahung des Feststellungsinteresses genügt jedes nach Lage des Falles anzuerkennende schutzwürdige Interesse rechtlicher, wirtschaftlicher oder ideeller Art.[65] In der verwaltungsgerichtlichen Praxis haben sich im Wesentlichen drei Hauptgruppen herausgebildet. Das Fortsetzungsfeststellungsinteresse kann sich aus der Wiederholungsgefahr, der Vorbereitung eines Amtshaftungsprozesses vor den ordentlichen Gerichten sowie einem Rehabilitationsinteresse ergeben.

Die an das Vorliegen eines Fortsetzungsfeststellungsinteresses zu stellenden Anforderungen werden durch eine erledigte Abschleppmaßnahme regelmäßig nicht erfüllt sein. Für die Annahme einer *Wiederholungsgefahr* muss die Gefahr bestehen, dass erneut ein Verwaltungsakt mit dem Inhalt des erledigten Verwaltungsakts oder zumindest ein gleichartiger Verwaltungsakt erlassen wird. Dies setzt voraus, dass auch in Zukunft die gleichen tatsächlichen und rechtlichen Verhältnisse wie in dem für die Beurteilung des erledigten Verwaltungsakts maßgeblichen Zeitpunkt vorliegen.[66] Damit müsste der Betroffene geltend machen, dass er beabsichtigt, sein Fahrzeug unter Verstoß gegen die StVO an dem gleichen Ort erneut abzustellen. Da von einem derartigen Vortrag nicht ausgegangen werden kann, scheidet ein Fortsetzungsfeststellungsinteresse aufgrund von Wiederholungsgefahr grundsätzlich aus.[67] Auch die *Vorbereitung eines Amtshaftungsprozesses* kann bei einer Abschleppmaßnahme das Fortsetzungsfeststellungsinteresse nicht begründen. Hat sich der Verwaltungsakt nämlich bereits vor Klageerhebung erledigt, was regelmäßig der Fall ist, so begründet die Absicht, einen Amtshaftungsprozess zu führen, kein schützwürdiges Interesse für eine Fortsetzungsfeststellungsklage.[68] Im Übrigen entfällt auch die Berufung auf ein *Rehabilitationsinteresse*. Ein solches kann nur angenommen werden, wenn der Verwaltungsakt neben seiner belastenden Wirkung zusätzlich einen diskriminierenden, ehrenrührigen Inhalt hat, der dem Ansehen des Betroffenen abträglich ist.[69] Dafür ist bei einer Abschleppmaßnahme grundsätzlich nichts ersichtlich. Mangels eines Fortsetzungsfeststellungsinteresses scheidet damit die Erhebung einer Fortsetzungsfeststellungsklage analog § 113 Abs. 1 S. 4 VwGO in der Regel aus.[70]

---

63 Vgl BVerwGE 26, 161, 165; 56, 24/26; Eyermann/*Rennert*, VwGO, § 68 Rn 4.
64 Eyermann/*Happ*, VwGO, § 42 Rn 14.
65 BVerwGE 26, 161, 168.
66 Eyermann/*Schmidt*, VwGO, § 113 Rn 86.
67 *Bodanowitz*, JuS 1996, 911, der eine Wiederholungsgefahr für den Fall bejaht, dass das abgeschleppte Fahrzeug ein anderes eingeparkt hat und der Betroffene auf besagtem Parkplatz regelmäßig parkt, so dass eine Wiederholung hinreichend konkret ist.
68 St. Rspr, vgl BVerwGE 81, 226.
69 Eyermann/*Schmidt*, VwGO, § 113 Rn 92.
70 Vgl VG Würzburg v. 17.11.2005 – W 5 K 05.963.

III. Allgemeine Leistungsklage und Folgenbeseitigungsanspruch

1. Allgemeine Leistungsklage auf Herausgabe des verwahrten Fahrzeugs

51 Die allgemeine Leistungsklage ist statthaft, wenn sich das Fahrzeug noch auf dem Verwahrplatz befindet. Dies kann der Fall sein, wenn der betroffene Fahrzeugführer oder -halter nicht bereit ist, die Kosten zu bezahlen und die Polizei ihr Zurückbehaltungsrecht geltend macht. Hier kann der Fahrzeugführer oder -halter einen Herausgabeanspruch geltend machen. Ein Herausgabeanspruch ist gegeben, wenn die Voraussetzungen für die Sicherstellung weggefallen sind (vgl Art. 28 Abs. 1 S. 1 BayPAG). Die Leistungsklage wird allerdings nur dann Erfolg haben, wenn der Polizei das Zurückbehaltungsrecht (vgl Art. 28 Abs. 3 S. 3 BayPAG) nicht zusteht. Das ist der Fall, wenn sie keinen Anspruch auf Kostenerstattung hat. Andernfalls besteht ein Herausgabeanspruch nur Zug um Zug gegen Bezahlung der Kosten.

2. Klage auf Folgenbeseitigung

52 Von der allgemeinen Leistungsklage auf Herausgabe des abgeschleppten Fahrzeugs ist die Geltendmachung eines Folgenbeseitigungsanspruchs zu unterscheiden. Wird in der Sache die Rechtmäßigkeit der Sicherstellung selbst angegriffen, stützt sich der Herausgabeanspruch auf den Folgenbeseitigungsanspruch.[71] Die Voraussetzungen des allgemeinen Folgenbeseitigungsanspruchs liegen vor, wenn durch einen hoheitlichen Eingriff in ein subjektives Recht ein rechtwidriger Zustand geschaffen worden ist und noch andauert.[72] Auf Antrag kann das Gericht nach § 113 Abs. 1 S. 2 VwGO die Verpflichtung zur Herausgabe des abgeschleppten Pkws aussprechen.

D. Vorgehen gegen den Leistungsbescheid

I. Allgemeines

53 In der Regel wird sich der von einer Abschleppmaßnahme betroffene Fahrzeugführer- oder -halter gegen den gegen ihn ergangenen Leistungsbescheid wenden. Dabei kann der Leistungsbescheid dem Grunde nach als auch der Höhe nach angegriffen werden (Rn 55 ff). Die in Betracht kommenden Rechtsmittel sind der Widerspruch (Rn 61 ff), ein Antrag nach § 80 Abs. 5 VwGO (Rn 64 ff) und die Anfechtungsklage (Rn 68 ff). Entscheidend für die Erfolgsaussichten eines Rechtsmittels ist, dass der Leistungsbescheid formell oder materiell rechtswidrig ist. Im Rahmen der materiellen Rechtmäßigkeit des Leistungsbescheids ist maßgeblich, ob die dem Leistungsbescheid zugrunde liegende Amtshandlung, also das Abschleppen des Fahrzeugs, der rechtlichen Prüfung standhält. Denn nur für rechtmäßige Amtshandlungen dürfen Kosten erhoben werden.[73]

54 Im Rahmen von Abschleppmaßnahmen befinden sich häufig erste Unstimmigkeiten auf der Sachverhaltsebene. Dementsprechend ist es von besonderer Wichtigkeit, den tatsächlichen Sachverhalt aufzuklären. Aufgrund des im öffentlichen Recht geltenden **Amtsermittlungsgrundsatzes** ist der rechtlich relevante und entscheidungserhebliche Sachverhalt von Amts wegen zu ermitteln. Als Beweismittel für die tatsächlichen Gegebenheiten der Abschleppmaßnahme dienen der anordnende Beamte, der Abschleppunternehmer sowie Lichtbilder, die

---

71 *Berner/Köhler*, Art. 28 Rn 1; *Schmidbauer/Steiner*, Art. 28 Rn 10.
72 Vgl BVerwGE 69, 366; 80, 178.
73 *Schmidbauer/Steiner*, Art. 76 Rn 28; *Lisken/Denninger*, F Rn 730.

regelmäßig angefertigt werden. Diese Beweismittel gilt es durch Einvernahme von Zeugen, eidesstattliche Versicherungen und eigene Lichtbilder zu erschüttern. Dabei ist darauf hinzuweisen, dass die Behörde, die die Rechtmäßigkeit eines Abschleppvorgangs behauptet und hieraus das Recht ableitet, vom Halter Kostenerstattung zu verlangen, allgemeinen Regeln entsprechend **darlegungs- und beweispflichtig** ist.[74] Lassen sich somit Ungewissheiten auf Tatbestandsebene nicht abschließend klären, so geht dies zu Lasten der Behörde.

II. Angreifen des Leistungsbescheids dem Grunde und der Höhe nach

1. Rechtmäßigkeit des Leistungsbescheids dem Grunde nach

Im Rahmen der Überprüfung des Leistungsbescheids wird inzident die Rechtmäßigkeit der Abschleppanordnung geprüft. **Maßgeblicher Zeitpunkt** für die Bewertung der Rechtmäßigkeit der Abschleppmaßnahme ist der des polizeilichen Einschreitens. Es ist somit auf eine Ex-ante-Beurteilung bezogen auf den Zeitpunkt des polizeilichen Einschreitens abzustellen.[75] Einzubeziehen sind dabei nur die Tatsachen und Indizien, die der Polizeibeamte zum Zeitpunkt seiner Entscheidung erkannt hat oder die für ihn erkennbar waren. Hieraus folgt, dass die Amtshandlung selbst nicht rechtswidrig wird, wenn sich im Laufe der späteren Ermittlungen herausstellt, dass der von der Amtshandlung Betroffene, die Störung nicht in zurechenbarer Weise verursacht hat. Dies kann allerdings im Rahmen der Kostenerhebung von Bedeutung sein.

55

Rechtliche Aspekte, die zum Erfolg des Rechtsmittels führen können, sind dabei insbesondere die **Verhältnismäßigkeit der Abschleppmaßnahme**. Das Abschleppen verbotswidriger Fahrzeuge ist geboten, wenn es zur Behinderung anderer Verkehrsteilnehmer führt. Dies kann etwa der Fall sein, wenn das Fahrzeug den gesamten Bürgersteig verstellt, in die Fahrbahn hineinragt oder die Funktion einer Fußgängerzone beeinträchtigt.[76] Allerdings ist eine Abschleppmaßnahme auch ohne Vorliegen einer konkreten Behinderung nicht ausgeschlossen, wobei in diesem Fall den Interessen des von der Maßnahme Betroffenen ein größeres Gewicht zukommt.[77] Nicht ausreichend ist die Berufung auf eine bloße Vorbildwirkung des fehlerhaften Verhaltens und auf den Gesichtspunkt der Generalprävention.[78] Letzteres wurde mit Beschluss des BVerwG vom 18.2.2002[79] allerdings dahin gehend eingeschränkt, dass eine rechtmäßige Abschlepppraxis in zulässiger Weise auch spezial- und generalpräventive Zwecke verfolgen darf. Soweit zuständige Behörden die Erfahrung gemacht haben sollten oder zukünftig machen, dass Verkehrsteilnehmer zunehmend dazu übergehen, mit Hilfe von entsprechenden Angaben unter Inkaufnahme eines Bußgeldes, aber in Erwartung eines hieraus folgenden „Abschlepp-Schutzes" Verkehrsverstöße zu begehen, die andere Verkehrsteilnehmer behindern, steht einer Abschlepppraxis, die solche Missstände zurückzudrängen sucht, der Grundsatz der Verhältnismäßigkeit nicht entgegen. Ob die Abschleppmaßnahme verhältnismäßig ist, ist allerdings letztendlich eine Frage des Einzelfalls. Zur Rechtmäßigkeit von Abschleppmaßnahmen gibt es bereits dezidierte Rechtsprechung, die unten (Rn 71 ff) stichpunktartig aufgeführt ist.

56

---

74 BVerwG v. 2.2.2000 – 8 C 29.98; v. 20.5.2003 – 3 B 37/03.
75 BVerwGE 45, 51, 60.
76 BVerwG v. 14.5.1992 – 3 C 3/90.
77 BVerwG v. 1.12.2000 – 3 B 51.00.
78 BVerwG v. 14.5.1992 – 3 C 3.90 = BVerwGE 90, 189/193.
79 BVerwG v. 18.2.2002 – 3 B 149/01.

2. Rechtmäßigkeit des Leistungsbescheids der Höhe nach

57 Neben dem Angriff des Leistungsbescheids dem Grunde nach, kann dieser auch der Höhe nach angegriffen werden. Die Rechtmäßigkeit der Kostenhöhe ist am Grundsatz der Verhältnismäßigkeit und am Kostendeckungs- und Äquivalenzprinzip zu messen.

58 Nach dem **Kostendeckungs- und Äquivalenzprinzip** dürfen die Kosten, die dem Bürger auferlegt werden, nicht in einem Missverhältnis zur konkreten Leistung der Verwaltung stehen. Dabei finden auch die Kosten des Abschleppunternehmers Berücksichtigung. In der Praxis bestimmt sich der Umfang der Kosten, und zwar der Gebühren als auch der Auslagen, regelmäßig nicht nach dem für den konkreten Fall geleisteten Aufwand, sondern nach pauschalisierten Sätzen.[80] Die darin liegende Abweichung vom Grundsatz individueller Kostenäquivalenz ist aus Gründen der Verwaltungsvereinfachung gerechtfertigt.[81] Die Höhe der Auslagen richtet sich in der Praxis regelmäßig nach Rahmentarifverträgen. Die Auswahl der Abschleppunternehmer hat dabei nach allgemeinen vergaberechtlichen Kriterien zu erfolgen.[82]

59 Die Kostenhöhe muss neben dem Kostendeckungs- und Äquivalenzprinzip auch dem **Grundsatz der Verhältnismäßigkeit** gerecht werden.[83] Unter diesem Gesichtspunkt ist entscheidend, ob die Höhe der tatsächlich für die Sicherstellung entstandenen Kosten geeignet, erforderlich und zumutbar ist. Kosten sind nicht erforderlich, wenn sie im Vergleich zu den üblichen Kosten für eine vergleichbare Handlung bzw Maßnahme als überhöht anzusehen sind. Entscheidend ist, dass für marktgängige Leistungen die im Verkehr üblichen, preisrechtlich zulässigen Preise nicht überschritten werden dürfen.[84]

60 Unerheblich für die Verhältnismäßigkeit der Abschleppkosten ist, dass diese ein Mehrfaches der Parkgebühr oder des Verwarnungsgelds betragen können.[85] Müssten nämlich die Abschleppkosten mit den regelmäßig relativ geringen Parkgebühren ins Verhältnis gesetzt werden, käme ein Abschleppen nie in Betracht. Das würde jedoch dazu führen, dass der Zweck, knappen Parkraum im Interesse der Allgemeinheit zu verwalten, nicht mehr erreicht werden könnte. Auch ein Vergleich mit der Höhe des Verwarnungsgelds scheidet aus, weil das Verwarnungsgeld einen anderen Zweck verfolgt. Mit dem Verwarnungsgeld soll ein ordnungswidriges Verhalten geahndet werden. Die Abschleppkosten betreffen hingegen die Kosten, die zur Herstellung eines ordnungsgemäßen Zustands notwendig sind. Diese Wiederherstellung des ordnungsgemäßen Zustands ist stets Sache des Fahrers oder des Halters. Erledigt er sie nicht selbst, so muss er alle anfallenden Kosten tragen.

III. Erhebung des Widerspruchs nach §§ 68 ff VwGO

61 Gegen den Leistungsbescheid kann gem. § 68 Abs. 1 S. 1 VwGO Widerspruch eingelegt werden, soweit das Vorverfahren nicht nach dem Gesetz zur Ausführung der VwGO des jeweiligen Landes entfällt. Der Widerspruch ist innerhalb eines Monats nach Bekanntgabe des Leistungsbescheids bei der Behörde, die den Leistungsbescheid erlassen hat, oder bei der Behörde, die über den Widerspruch zu entscheiden hat, einzureichen (vgl § 70 VwGO). Die

---

80 Zur Rechtmäßigkeit der Pauschalierung der Auslagen vgl OVG Münster v. 28.11.2000 – 5 A 2625 = NJW 2001, 2035, 2037.

81 *Helle-Meyer/Ernst*, DAR 2005, 495; 498.

82 *Helle-Meyer/Ernst*, DAR 2005, 495; 498; vgl die Vergaberechtsentscheidungen: BayObLG v. 12.12.2001 – Verg 19/01; OLG Naumburg v. 21.12.2000 – 1 Verg 10/00.

83 HessVGH v. 29.8.2000 – 11 UE 537/98.

84 HessVGH v. 29.8.2000 – 11 UE 537/98.

85 BayVGH v. 7.12.1998 – 24 ZS 98.2972.

Bekanntgabe des Leistungsbescheids erfolgt nach dem Verwaltungsverfahrensgesetz des jeweiligen Bundeslandes.

Hinweis: Im Rahmen der **Widerspruchsbegründung** sind die wesentlichen tatsächlichen und 62
rechtlichen Umstände darzulegen, die zur Rechtswidrigkeit des Leistungsbescheids führen. In
der Regel treten bereits im tatsächlichen Bereich Unklarheiten auf, die es zu klären gilt. So
kann sich der Fahrzeugführer beispielsweise darauf berufen, dass ein straßenverkehrsrechtliches Verbotsschild zu dem Zeitpunkt, als er sein Fahrzeug abstellte, nicht vorhanden war.
Außerdem kann vorgebracht werden, dass das Fahrzeug irrtümlich abgeschleppt worden sei,
da es nicht im Geltungsbereich des Verbotsschildes stand. Befand sich im Fahrzeug ein Beifahrer, so ist dieser unter Angabe seiner ladungsfähigen Anschrift als Zeuge zu benennen.

Muster: Widerspruch gegen Leistungsbescheid (Abschleppkosten) 63

An das Polizeipräsidium ▪▪▪

Widerspruch

In der Sache
der Frau ▪▪▪

– Widerspruchsführerin –

Verfahrensbevollmächtigte: RAe ▪▪▪
gegen
den Freistaat Bayern, vertreten durch das Polizeipräsidium ▪▪▪,

– Widerspruchsgegner –

lege ich unter Vollmachtsvorlage hiermit Widerspruch ein und beantrage,

1. den Leistungsbescheid vom 14.5.2006 aufzuheben und
2. dem Widerspruchsgegner die Kosten des Widerspruchsverfahrens aufzuerlegen.

Begründung:
1. Sachverhalt
Die Widerspruchsführerin stellte ihren PKW, amtliches Kennzeichen ▪▪▪, am 12.5.2006 gegen 8.00 Uhr
in der S-straße in ▪▪▪ vor dem Gebäude mit der Hausnummer 3 ab. Zu diesem Zeitpunkt war das Halten am Fahrbahnrand erlaubt. Ein Verbotsschild war nicht vorhanden. Dies kann durch den Beifahrer
der Widerspruchsführerin bezeugt werde.

Beweis: Zeugnis Herr ▪▪▪

Die Widerspruchsführerin kehrte am 14.5.2006 gegen 18.00 Uhr zu ihrem Fahrzeug zurück. Dieses
befand sich jedoch nicht mehr an dem Ort, an dem sie es abgestellt hatte. Als sie mit ihrem Mobiltelefon die Polizei darüber informieren wollte, dass ihr Fahrzeug gestohlen worden sei, teilte ihr diese
mit, dass das Fahrzeug am 14.5.2006 um 9.30 Uhr auf den Verwahrplatz abgeschleppt worden sei.
Grund für die Abschleppmaßnahme sei ein für den 14.5.2006 geltendes mobiles Halteverbotszeichen
gewesen. Das Fahrzeug der Widerspruchsführerin habe Umzugswagen behindert. Nach dieser telefonischen Auskunft ließ sich die Widerspruchsführerin von einem Bekannten zur Verwahrstelle bringen.
Dort bekam sie gegen Zahlung eines Betrags in Höhe von 180,00 EUR ihren Pkw ausgehändigt.

Beweis: Leistungsbescheid vom 14.5.2006

2. Rechtliche Würdigung

Der Leistungsbescheid vom 14.5.2006 ist rechtswidrig, da die der Kostenrechnung zugrunde liegende polizeiliche Maßnahme der rechtlichen Prüfung nicht standhält und die Erhebung von Kosten nicht der Billigkeit entspricht.

a) Rechtswidrigkeit der Abschleppmaßnahme

Gem. Art. 9 Abs. 1 BayPAG kann die Polizei eine Maßnahme selbst oder durch einen Beauftragten ausführen, wenn der nach Art. 7 oder Art. 8 BayPAG Verantwortliche nicht oder nicht rechtzeitig erreicht werden kann. Voraussetzung einer unmittelbaren Ausführung nach Art. 9 BayPAG ist, dass ein Sachverhalt vorliegt, der grundsätzlich den Erlass einer polizeilichen Anordnung aufgrund einer Befugnisnorm erlaubt. Nach Art. 25 Nr. 1 BayPAG kann eine Sache sichergestellt werden, um eine gegenwärtige Gefahr für die öffentliche Sicherheit und Ordnung abzuwehren. Vorliegend ist nichts dafür ersichtlich, dass das Fahrzeug der Widerspruchsführerin eine gegenwärtige Gefahr für die öffentlich Sicherheit und Ordnung hätte darstellen können. Zum Zeitpunkt, zu welchem die Widerspruchsführerin ihr Fahrzeug abgestellt hat, war kein Halteverbotsschild vorhanden. Aber selbst wenn im Zeitpunkt der Abschleppanordnung ein solches Verbotsschild vorhanden gewesen, gegenüber der Widerspruchführerin wirksam geworden wäre und eine Gefahr bestanden hätte, ist die Erhebung von Kosten zumindest unbillig.

b) Unbilligkeit der Kostenerhebung

Die Kostenerhebung ist unbillig, wenn sie natürlichem Gerechtigkeitsempfinden widerspricht und sich als unverhältnismäßige Härte darstellt. Zwar müssen die Verkehrsteilnehmer mit einer kurzfristigen Änderung der bestehenden Verkehrslage rechnen, jedoch können ihnen die Kosten für die Abschleppmaßnahme nur bei Einhaltung einer entsprechenden Vorlaufzeit auferlegt werden (BVerwG, Urt. v. 11.12.1996 – 11 C 15/95 = BVerwGE 102, 316-320; BVerwG NJW 1997, 1021 f). Nach der Rechtsprechung ist zur Auferlegung der Kosten eine Vorlaufzeit von vier Tagen einzuhalten, wobei der Tag der Aufstellung mit einberechnet wird (BVerwG, Urt. v. 11.12.1996 – 11 C 15/95 = BVerwGE 102, 316-320; BVerwG NJW 1997, 1021 f; BayVGH, Urt. v. 3.5.2001 – 24 B 00.242). Um der Widerspruchsführerin die Kosten der polizeilichen Maßnahme auferlegen zu können, müsste das Halteverbotsschild entsprechend der Rechtsprechung am 10.5.2006 aufgestellt worden sein. Dies ist jedoch nicht der Fall. Zumindest war das Halteverbotsschild nicht vorhanden, als die Widerspruchführerin am 12.5.2006 ihren PKW abstellte. Die von der Rechtsprechung geforderte Vorlaufzeit wurde demnach nicht eingehalten. Die Kostenauferlegung ist somit unbillig und damit rechtswidrig. Der Kostenbescheid ist dementsprechend aufzuheben, und die von der Widerspruchsführerin bereits verauslagten Kosten sind an diese zurückzuzahlen.

Mit freundlichen Grüßen

Rechtsanwalt

IV. Sofortige Vollziehbarkeit des Leistungsbescheids

64 **Strittig** ist, ob es sich bei dem aufgrund der Abschlepp- bzw Versetzungsmaßnahme erlassenen Leistungsbescheid um einen **sofort vollziehbaren Verwaltungsakt** iSv § 80 Abs. 2 Nr. 1 VwGO handelt, gegen den Widerspruch und Klage keine aufschiebende Wirkung haben.[86] Handelt es sich um nach der jeweils herrschenden landesgerichtlichen Rechtsprechung um

---

86 Für § 80 Abs. 2 Nr. 1 VwGO: BayVGH v.16.12.1993 – 21 CS 93.3344; v. 24.10.1989 – 21 CS 89.2911 = BayVbl. 1990, 435; BayVGH BayVbl. 1994, 372; OVG Hamburg v. 3.11.2005 – 3 Bs 566/04; VGH BW NVwZ 1985, 202 für unmittelbaren Zwang; OVG Münster NJW 1984, 2844 für die Ersatzvornahme; *Schmidbauer/Steiner*, Art. 76 Rn 49; *Berner/Köhler*, Art. 76 Rn 10; aA Eyermann/*Schmidt*, VwGO, § 80 Rn 23 f mwN; VGH BW v. 9.6.1986 – 1 S 376/86 für unmittelbare Ausführung; OVG Berlin v. 13.4.1995 – 2 S 3.95; *Vahle*, DVP 2001, 58, 64.

Werner

einen sofort vollziehbaren Verwaltungsakt, kommt neben der Erhebung von Widerspruch und Klage die Stellung eines Antrags nach § 80 Abs. 4 VwGO bei der Behörde auf Aussetzung der Vollziehung des Leistungsbescheids in Betracht. Wurde ein solcher Antrag gestellt und ganz oder zum Teil abgelehnt, ist ein Antrag nach § 80 Abs. 5 S. 1 Alt. 1 VwGO auf Anordnung der aufschiebenden Wirkung zulässig (vgl § 80 Abs. 6 S. 1 VwGO). Der Antrag nach § 80 Abs. 5 S. 1 VwGO ist ferner dann zulässig, wenn die Behörde ohne zureichenden Grund den Antrag nach § 80 Abs. 4 VwGO nicht bescheidet (vgl § 80 Abs. 6 S. 2 Nr. 1 VwGO) oder die Vollstreckung droht (vgl § 80 Abs. 6 S. 2 Nr. 2 VwGO).

Ein Antrag nach § 80 Abs. 5 S. 1, Abs. 6, Abs. 2 Nr. 1 VwGO hat in der Sache Erfolg, wenn **65** eine summarische Prüfung der Hauptsache ergibt, dass ein überwiegendes Aussetzungsinteresse besteht. Ist der Verfahrensausgang offen, hat der Antrag nach § 80 Abs. 5 VwGO nur dann Erfolg, wenn ernstliche Zweifel an der Rechtmäßigkeit des angegriffenen Verwaltungsakts bestehen oder wenn die Vollziehung für den Pflichtigen eine unbillige, nicht durch überwiegendes öffentliches Interesse gebotene Härte zur Folge hat (vgl § 80 Abs. 4 S. 3 VwGO).[87] Dies folgt aus der in § 80 Abs. 2 S. 1 Nr. 1, Abs. 4 S. 3 VwGO zum Ausdruck kommenden Wertung des Gesetzgebers, dass der Bürger bei offenem Verfahrensausgang das vorläufige Vollstreckungsrisiko trägt[88], soweit eine Interessenabwägung nicht ausnahmsweise etwas anderes ergibt. **Ernstliche Zweifel** bestehen, wenn der Erfolg der Klage wahrscheinlicher ist als ihr Misserfolg. Eine **unbillige Härte** ist anzunehmen, wenn für den Betroffenen durch die sofortige Vollziehung Nachteile entstehen, die über die eigentliche Zahlung hinausgehen und die nicht oder nur schwer wiedergutzumachen sind.

Vorbringen bei einem Antrag nach § 80 Abs. 5 VwGO: Im Rahmen der Sachverhaltsdarstellung ist **66** neben den im Widerspruchsverfahren genannten Umständen darzulegen, dass bereits ein Antrag nach § 80 Abs. 4 VwGO bei der Behörde gestellt worden ist und diese den Antrag ganz oder zum Teil abgelehnt (vgl § 80 Abs. 6 S. 1 VwGO) bzw bislang ohne zureichenden Grund nicht beschieden hat (vgl § 80 Abs. 6 S. 2 Nr. 1 VwGO). Wurde ein Antrag nach § 80 Abs. 4 VwGO bei der Behörde nicht gestellt, so ist darzulegen, dass die Vollstreckung droht (vgl § 80 Abs. 6 S. 2 Nr. 2 VwGO). Zudem muss vorgetragen werden, dass in der Hauptsache bereits Widerspruch oder Klage erhoben worden ist.

Muster: Antrag nach § 80 Abs. 5 VwGO **67**

↓ **387**

An das Verwaltungsgericht ▪▪▪

Antrag nach § 80 Abs. 5 VwGO

In der Sache
des Herrn ▪▪▪

– Antragsteller –

gegen
Prozessbevollmächtigte: RAe ▪▪▪

den Freistaat Bayern, vertreten durch das Polizeipräsidium ▪▪▪,

– Antragsgegner –

stelle ich unter Vollmachtsvorlage hiermit einen Antrag nach § 80 Abs. 5 VwGO und beantrage,

---

87 BayVGH – 21 CS 93.3344.
88 Vgl VG München v. 21.11.2005 – M 7 S 05.5469; VG Würzburg v. 15.3.2000 – W 5 S 99.657; OVG Münster v. 25.8.1988, NVwZ-RR 90, 54; *Renck*, NVwZ 1992, 338; kritisch hierzu Eyermann/*Schmidt*, VwGO, § 80 Rn 78, wonach auf die gesetzliche Wertung nur dann zurückgegriffen werden kann, wenn andere Belange nicht feststellbar sind.

1. die aufschiebende Wirkung des Widerspruchs gegen den Kostenbescheid vom 22.8.2006 anzuordnen und

2. dem Antragsgegner die Kosten des Verfahrens aufzuerlegen.

Streitwert: 51,00 EUR

Begründung:

1. Sachverhalt

Der Antragsteller stellte am 18.8.2006 um ca. 8.00 Uhr morgens seinen PKW mit dem amtlichen Kennzeichen ▪▪▪ in der M-strasse in ▪▪▪ vor dem Gebäude mit der Hausnummer 2 ab. Dabei parkte er parallel zur Fahrtrichtung zwischen zwei Fahrzeugen ein. Zwischen seinem und dem vor seinem und hinter seinem PKW geparkten Fahrzeugen ließ er einen gewöhnlichen Abstand. Umstände, die zur Annahme hätten führen können, dass das hinter dem Antragsteller abgestellte Fahrzeug aufgrund der Parksituation nicht mehr hätte ausparken können, waren nicht ersichtlich. Im Übrigen handelte es sich bei dem hinter dem des Antragstellers geparkten PKW um einen blauen Mercedes A-Klasse. Hieran kann sich der Antragsteller deshalb erinnern, weil Fahrzeugtyp und Fahrzeugfarbe des hinter dem Antragsteller abgestellten Fahrzeugs dem Fahrzeugtyp und der Fahrzeugfarbe des PKW des Antragstellers entsprachen.

– eidesstattliche Versicherung des Antragstellers (Anlage As 1) –

Als der Antragsteller am selben Tag gegen 18.00 Uhr zu seinem Fahrzeug zurückkehrte, war dieses nicht mehr dort, wo der Antragsteller es abgestellt hatte. Auf Nachfrage teilte die Polizei dem Antragsteller mit, dass das Fahrzeug auf einen zum Zeitpunkt der Abschleppmaßnahme freigewordenen Parkplatz in der R-strasse / Ecke M-strasse versetzt worden sei. Grund hierfür sei gewesen, dass das hinter dem PKW des Antragstellers geparkte Fahrzeug, ein schwarzer Golf, wegen des geringen Abstands nicht mehr hätte ausparken können.

Mit Leistungsbescheid vom 25.8.2006, zugestellt am 26.8.2006, wurden dem Antragsteller die Kosten der Versetzungsmaßnahme in Höhe von 102,00 EUR in Rechnung gestellt.

– Leistungsbescheid (Anlage As 2) –

Mit Schreiben vom 1.9.2006 erhob der Antragsteller gegen den Leistungsbescheid Widerspruch und beantragte gleichzeitig, die Vollziehung des Leistungsbescheids auszusetzen.

– Widerspruchbegründung und Antrag nach § 80 Abs. 4 VwGO (Anlage As 3) –

Das Polizeipräsidium teilte dem Antragsteller mit Schreiben vom 1.10.2006 mit, dass eine Überprüfung des Leistungsbescheids ergeben habe, dass dieser rechtmäßig sei. Die Aussetzung der Vollziehung käme aus diesem Grunde nicht in Betracht. Zudem wurde der Antragsteller gebeten, mitzuteilen, ob der Widerspruch aufrechterhalten werde.

– Schreiben des Polizeipräsidiums (Anlage As 4) –

Mit Schreiben vom 15.9.2006 wurde dem Polizeipräsidium ▪▪▪ durch den Unterzeichner mitgeteilt, dass an dem Widerspruch festgehalten werde.

– Schreiben an das Polizeipräsidiums (Anlage As 5) -

Die Staatsoberkasse drohte nunmehr mit Schreiben vom 26.10.2006 die Vollstreckung des Leistungsbescheids an.

– Schreiben der Staatsoberkasse (Anlage As 6) –

Über den Widerspruch wurde im Übrigen bislang nicht entschieden.

2. Rechtliche Würdigung

Die aufschiebende Wirkung des Widerspruchs gegen den Leistungsbescheid vom 25.8.2006 ist anzuordnen, da der Leistungsbescheid der rechtlichen Prüfung nicht standhält und der Widerspruch Aussicht auf Erfolg hat (§ 113 Abs. 1 S. 1 VwGO analog).

a) Der Antrag nach § 80 Abs. 5 VwGO ist zulässig

Der Antragsteller hat bereits mit Schreiben vom 1.9.2006 gem. § 80 Abs. 6 S. 1, Abs. 4 VwGO beim Polizeipräsidium ■■■ einen Antrag auf Aussetzung der Vollziehung gestellt. Der Antrag wurde mit Schreiben vom 1.10.2006 abgelehnt. Damit ist der Antrag nach § 80 Abs. 5 S. 1 Alt. 1 VwGO gem. § 80 Abs. 6 S. 1 VwGO zulässig. Darüber hinaus droht aufgrund des Schreibens der Staatsoberkasse vom 26.10.2006 die Vollstreckung, vgl § 80 Abs. 6 S. 2 Nr. 2 VwGO.

b) Der Antrag nach § 80 Abs. 5 VwGO ist begründet, so dass die aufschiebende Wirkung des Widerspruchs anzuordnen ist

aa) Die Versetzungsmaßnahme ist rechtswidrig

Gem. Art. 9 Abs. 1 BayPAG kann die Polizei eine Maßnahme selbst oder durch einen Beauftragten ausführen, wenn nach dem Zweck der Maßnahme der nach Art. 7 oder Art. 8 BayPAG Verantwortliche nicht oder nicht rechtzeitig erreicht werden kann. Voraussetzung einer unmittelbaren Ausführung nach Art. 9 BayPAG ist, dass ein Sachverhalt vorliegt, der grundsätzlich den Erlass einer polizeilichen Anordnung aufgrund einer Befugnisnorm erlaubt. Nach Art. 11 Abs. 2 S. 1 Nr. 1, 2, Abs. 2 BayPAG kann ein PKW versetzt werden, um eine konkrete Gefahr für die öffentliche Sicherheit und Ordnung abzuwehren oder wenn die Versetzung zur Unterbindung einer Ordnungswidrigkeit notwendig ist. Vorliegend ist nichts dafür ersichtlich, dass das Fahrzeug des Antragstellers eine gegenwärtige Gefahr für die öffentliche Sicherheit und Ordnung hätte darstellen können oder er eine Ordnungswidrigkeit begangen haben könnte.

Der Antragsteller hat bereits keine Ordnungswidrigkeit (vgl Art. 11 Abs. 2 Nr. 1, 2 BayPAG) begangen. Gem. § 1 Abs. 2 StVO hat sich jeder Verkehrsteilnehmer so zu verhalten, dass kein anderer mehr als nach den Umständen unvermeidbar behindert wird. Ein Verstoß hiergegen stellt nach § 49 Abs. 1 Nr. 1 StVO, § 24 StVG eine Ordnungswidrigkeit dar. Der Antragsteller hat sich vorliegend allerdings nicht so verhalten, dass ein anderer Verkehrsteilnehmer behindert wurde. Bei seinem Einparkvorgang stand hinter ihm nicht der zum Zeitpunkt der Versetzungsanordnung eingeparkte schwarze Golf, sondern ein blauer Mercedes. Zudem hat der Antragsteller den für das Ausparken erforderlichen Sicherheitsabstand eingehalten. Damit hat der Antragsteller bereits nicht durch eine ihm zurechenbare Handlung eine Behinderung des hinter ihm abgestellten Fahrzeugs hervorgerufen. Aber selbst wenn im Zeitpunkt der Versetzungsanordnung durch das Fahrzeug des Antragstellers das eingeparkte Fahrzeug objektiv behindert wurde und damit eine konkrete Gefahr für die öffentliche Sicherheit und Ordnung vorgelegen haben sollte, so hat die Polizei zumindest bei der Störerauswahl ermessensfehlerhaft gehandelt.

Adressat der denkbaren polizeilichen Anordnung (Art. 11 Abs. 1, Abs. 2 BayPAG) müsste eine nach Art. 7 oder Art. 8 BayPAG verantwortliche Person gewesen sein. Im Rahmen der Störerauswahl steht der Polizei ein Ermessen zu. Handlungsstörer ist dabei nur derjenige, der unmittelbar durch sein Verhalten eine Gefahr hervorgerufen hat. Nicht ausreichend ist, dass der Betroffene irgendeine Ursache für die Gefahr gesetzt hat. Das Verhalten muss vielmehr nach der Lebenserfahrung geeignet sein, die Gefahr oder die Störung herbeizuführen, die eingetreten ist. Es kommt darauf an, wer die letzte Ursache für eine Gefahr gesetzt hat, welches Verhalten also die Gefahrengrenze überschritten hat. Dies ist zu unterscheiden von der Frage, welche Handlung die letzte Ursache dafür war, dass sich die bereits bestehende Gefahr dann auch tatsächlich verwirklicht hat. Entscheidend ist somit, ob derjenige, dessen Fahrzeug abgeschleppt worden ist, die Gefahrengrenze überschritten hat, indem er sein Fahrzeug nahe am eingeparkten Fahrzeug abgestellt hat (VG München, Urt. v. 10.6.2002 – M 17 K

00.5821). Der Antragsteller war nicht Handlungsstörer. Er hat sein Fahrzeug ordnungsgemäß geparkt und den erforderlichen Abstand eingehalten. Somit hat er weder die Gefahrengrenze überschritten noch die Gefahr unmittelbar verursacht.

Aber selbst wenn der Antragsteller als Zustandsstörer (vgl Art. 8 Abs. 1 BayPAG) Adressat einer denkbaren polizeilichen Anordnung hätte sein können, handelte die Polizei zumindest im Rahmen ihres Auswahlermessens ermessensfehlerhaft. Entsprechend dem Grundsatz der Verhältnismäßigkeit ist primär der Handlungsstörer vor dem Zustandsstörer heranzuziehen (vgl BayVGH, BayVBl. 1993, 147; *Schmidbauer/Steiner*, BayPAG, Art. 8 Rn 17). Da zum Zeitpunkt, als der Antragsteller sein Fahrzeug einparkte, hinter ihm ein anderes Fahrzeug stand und er auch den erforderlichen Abstand eingehalten hat, spricht vieles dafür, dass die Parksituation zum Zeitpunkt der Versetzungsanordnung erst durch später eingetretene Umstände hervorgerufen worden ist; zum Beispiel durch den hinter dem eingeparkten Fahrzeug abgestellten PKW. Obwohl die Polizei für die Rechtmäßigkeit der Versetzungsmaßnahme darlegungs- und beweispflichtig ist (BVerwG, Urt. v. 2.2.2000 – 8 C 29.98; Beschl. v. 20.5.2003 – 3 B 37/0), hat sie sich bislang weder dazu geäußert, welche Umstände dagegen sprechen könnten, dass die Gefahr von dem hinter dem eingeparkten PKW stehenden Fahrzeug unmittelbar gesetzt worden sein könnte, noch dazu, wieso nicht dieses versetzt worden ist.

bb) Die Erhebung von Kosten ist zumindest unbillig

Eine Erhebung von Kosten ist unbillig, wenn sie natürlichem Gerechtigkeitsempfinden widerspricht und sich als unverhältnismäßige Härte darstellt. Der Antragsteller hat durch das Abstellen seines Fahrzeugs weder unmittelbar eine Gefahr verursacht noch die Gefahrengrenze überschritten. Es war für ihn nicht ersichtlich oder vorhersehbar, dass durch sein ordnungsgemäß eingeparktes Fahrzeug ein anderer PKW am Ausparken gehindert werden könnte. Es widerspricht jeglichem Gerechtigkeitsempfinden, dass er trotz Wahrnehmung seiner (verkehrs-)rechtlichen Pflichten nunmehr mit Kosten belastet wird, die die Polizei vorrangig von einem Dritten hätte verlangen müssen. Damit ist der Kostenbescheid zumindest aus diesem Grunde aufzuheben.

Da aus oben genannten Gründen der Widerspruch gegen den Leistungsbescheid aller Voraussicht nach Erfolg haben wird, besteht ein überwiegendes Interesse des Antragstellers an der Aussetzung der Vollziehung des Leistungsbescheids.

Mit freundlichen Grüßen
Rechtsanwalt

V. Anfechtungsklage

68 Wurde aufgrund des Widerspruchs der Leistungsbescheid nicht aufgehoben, so ist gegen den Leistungsbescheid in der Gestalt, die er durch den Widerspruchsbescheid gefunden hat, gem. §§ 42 Abs. 1 Alt. 1, 79 Abs. 1 Nr. 1 VwGO Anfechtungsklage zu erheben. Die Klage muss nach § 74 Abs. 1 VwGO innerhalb eines Monats nach Zustellung des Widerspruchsbescheids bei Gericht eingehen. Der Streitwert der Klage entspricht gem. § 52 Abs. 3 GKG der Höhe der im Leistungsbescheid geltend gemachten Kosten. Zur vorläufigen Streitwertfestsetzung ist der Leistungsbescheid bereits bei Klageerhebung der Klageschrift beizufügen. Im Fall der Aufhebung des Leistungsbescheids ist die Behörde verpflichtet, dem Kläger die bereits bezahlten Abschleppkosten zurückzuzahlen. Eine Tenorierung der Rückzahlungspflicht erfolgt dabei im Rahmen der Anfechtungsklage nicht. Es steht dem Kläger jedoch frei, die Anfechtungsklage mit einer **allgemeinen Leistungsklage** auf Rückzahlung der Abschleppkosten zu verbinden.[89] Rechtsgrundlage für den Rückzahlungsanspruch ist dabei der öffentlich-recht-

---

89 *Bodanowitz*, JuS 1996, 911.

liche Erstattungsanspruch.[90] Die Erhebung einer allgemeinen Leistungsklage ist allerdings entbehrlich, da die Behörde bei Aufhebung des Leistungsbescheids bereits von Amts wegen verpflichtet ist, die Abschleppkosten mangels Rechtsgrund zurückzuzahlen.

Hinweis: Die **Klagebegründung** hat die tatsächlichen und rechtlichen Gesichtspunkte zu enthalten, aus denen sich ergibt, dass der Leistungsbescheid rechtswidrig und der Kläger dadurch in seinen Rechten verletzt ist (vgl § 113 Abs. 1 S. 1 VwGO). Ebenso wie in der Widerspruchsbegründung ist in der Klagebegründung der Sachverhalt, wie er sich für den Bevollmächtigten bzw Kläger darstellt, unter Benennung von Beweismitteln darzulegen. Anschließend ist auf die rechtlichen Aspekte einzugehen.

69

Muster: Anfechtungsklage gegen Leistungsbescheid (Abschleppkosten)

An das Verwaltungsgericht ▪▪▪

70

388

Anfechtungsklage

In der Sache
des Herrn ▪▪▪,

– Kläger –

Prozessbevollmächtigte: RAe ▪▪▪

gegen

den Freistaat Bayern, vertreten durch das Polizeipräsidium ▪▪▪,

– Beklagter –

erhebe ich unter Vollmachtsvorlage Klage und beantrage,

1. den Leistungsbescheid vom 10.6.2006 und den Widerspruchsbescheid vom 15.8.2006 aufzuheben und

2. dem Beklagten die Kosten des Verfahrens aufzuerlegen.

Streitwert: 160,75 EUR

Begründung:

1. Sachverhalt

Der Kläger ist Geschäftsführer der H. GmbH, deren Geschäftsräume sich in der S-straße 10 befinden. Halter des abgeschleppten Fahrzeugs ist die H. GmbH. Auf dem abgeschleppten Fahrzeug befinden sich auf den Seiten des PKW als auch am Heck große Firmenaufkleber, die auf die H. GmbH, die Geschäftsräume in der S-straße 10 sowie die Rufnummer hinweisen. Am Hauseingang der S-straße 10 ist ein deutlich sichtbares Hinweisschild auf den Firmensitz der H. GmbH angebracht.

Beweis: beiliegende Lichtbilder (Anlage K1)

Der Kläger stellte das Firmenfahrzeug am 10.6.2006 gegen 12.00 Uhr mittags in der S-strasse vor dem Gebäude Hausnummer 10 auf einem allgemeinen Sonderparkplatz für Schwerbehinderte ab. Um 12.10 Uhr ordnete die Polizei das Abschleppen des Fahrzeugs an. Das Fahrzeug wurde um 12.20 Uhr abgeschleppt und auf den Verwahrplatz verbracht. Der Kläger holte das Fahrzeug am 10.6.2006 um 13.30 Uhr gegen Zahlung eines Betrags in Höhe von 160,75 EUR ab.

Beweis: Leistungsbescheid vom 10.6.2006 (Anlage K2)

---

90 *Janssen*, JA 1996, 165, der als Anspruchsgrundlage den Folgenbeseitigungsanspruch als auch § 839 BGB, Art. 34 GG ablehnt; *Bodanowitz*, JuS 1996, 911.

Am 17.6.2006 legte der Kläger gegen den Leistungsbescheid vom 10.6.2006 Widerspruch ein. Mit Widerspruchsbescheid vom 15.8.2006 wurde der Widerspruch zurückgewiesen.

Beweis: Widerspruchbescheid vom 15.8.2006 (Anlage K3)

2. Rechtliche Würdigung

Die Klage ist zulässig und begründet. Der Leistungsbescheid vom 10.6.2006 und der Widerspruchsbescheid vom 15.8.2006 sind rechtswidrig und verletzen den Kläger in seinen Rechten (vgl § 113 Abs. 1 S. 1 VwGO), da die zugrunde liegende Abschleppmaßnahme der rechtlichen Prüfung nicht standhält.

Gem. Art. 9 Abs. 1 S. 1 BayPAG kann die Polizei eine Maßnahme selbst oder durch einen Beauftragten ausführen, wenn der Zweck der Maßnahme durch Inanspruchnahme des Verantwortlichen nicht oder nicht rechtzeitig erreicht werden kann. Voraussetzung der unmittelbaren Ausführung ist, dass ein Sachverhalt vorliegt, der grundsätzlich den Erlass einer polizeilichen Anordnung auf der Rechtsgrundlage einer Befugnisnorm (Art. 11 ff BayPAG) erlaubt. Nach Art. 25 Nr. 1 BayPAG kann die Polizei zur Abwehr einer gegenwärtigen Gefahr eine Sache sicherstellen.

Vorliegend stand das Fahrzeug der H. GmbH auf einem Sonderparkplatz für Schwerbehinderte (Zeichen 314 StVO mit Zusatzschild „Rollstuhlfahrersymbol" und Text „Nur mit Parkausweis sichtbar im Fahrzeug"). Der Kläger hat durch Abstellen des Fahrzeugs damit den Tatbestand einer Ordnungswidrigkeit nach §§ 12 Abs. 3 Nr. 8e, 49 Abs. 1 Nr. 12 StVO, § 24 StVG erfüllt.

Die unmittelbare Ausführung der Sicherstellung verstieß jedoch gegen den Grundsatz der Verhältnismäßigkeit (Art. 4 BayPAG). Zwar ist eine Abschleppanordnung in Bezug auf ein unberechtigt auf einem Behindertenparkplatz abgestelltes Fahrzeug auch dann rechtmäßig, wenn dadurch ein Berechtigter nicht konkret am Parken gehindert wird (vgl BayVGH v. 29.1.1996 – 24 B 94.1712 = BayVBL. 1996, 376; OVG NW NJW 1986, 447; VGH Hessen NVwZ 1987, 910), im vorliegenden Fall hätte der anordnende Polizeibeamte jedoch vor Erlass seiner Anordnung zunächst versuchen müssen, unter der Geschäftsadresse der H. GmbH, S-straße 10, den dort anwesenden Kläger zu erreichen. Auch wenn generell im Rahmen der Verhältnismäßigkeit keine hohen Anforderungen an die Ermittlung des Betroffenen zu stellen sind, kommt eine Benachrichtigung des Halters zumindest dann in Betracht, wenn dieser geradezu in greifbarer Nähe erscheint (vgl BayVGH v. 16.12.1998 – 24 B 98.1968; v. 28.11.2001 – 24 B 00.3140). Aus den Lichtbildern ergibt sich, dass sich der Behindertenparkplatz, auf dem das Fahrzeug geparkt war, unmittelbar vor dem Eingang zur Geschäftsfiliale der Fahrzeughalterin befindet. Die am Eingangsbereich der Hausnummer 10 befindlichen Hinweisschilder und die auf dem PKW aufgeklebte Werbung, die den Firmennamen der Fahrzeughalterin als auch die Geschäftsadresse wiedergab, lösten eine weitere Nachforschungspflicht der Polizei aus. Der anordnende Polizeibeamte hätte zumindest beim Ausfüllen des Abschleppformulars erkennen können und müssen, dass die Geschäftsadresse des Firmenwagens mit der Abschleppadresse übereinstimmte. Es bestanden somit Anhaltspunkte, dass sich ein Verantwortlicher in unmittelbarer Nähe zu dem verbotswidrig geparkten Fahrzeug aufhielt. Ein Klingeln unter der Geschäftsadresse S-straße 10 hätte dazu geführt, dass der dort anwesende Kläger den abgestellten PKW hätte entfernen können. Da die Beseitigung des Fahrzeugs durch den Kläger, der sich in greifbarer Nähe befand, ohne Weiteres möglich gewesen wäre, ist die Anordnung der Abschleppmaßnahme unverhältnismäßig.

Aufgrund der Unverhältnismäßigkeit der Abschleppanordnung sind der Leistungsbescheid und der Widerspruchsbescheid aufzuheben und die bezahlten Abschleppkosten an den Kläger zurückzuzahlen.

Rechtsanwalt

E. Rechtsprechung zu Abschleppfällen

I. Absolutes Halteverbot

Der Verstoß gegen ein absolutes Halteverbot begründet eine gegenwärtige Gefahr der öffentlichen Sicherheit, die eine unverzügliche Sicherstellung des betreffenden Fahrzeugs rechtfertigt.[91] Ein im Geltungsbereich eines absoluten Halteverbots (§ 41 Zeichen 283 StVO) abgestelltes Fahrzeug kann jederzeit abgeschleppt werden und zwar auch dann, wenn eine konkrete Behinderung nicht gegeben ist.[92]

71

II. Anwohnerparkplatz

Das Verkehrszeichen 314 (§ 42 StVO) kann durch ein Zusatzschild das Parken von Kraftfahrzeugen auf Anwohner mit einem entsprechenden besonderen Parkausweis beschränken. Für Fahrer von Fahrzeugen, die nicht im Besitz eines gültigen Parkausweises sind, ist das Parken auf den Anwohnerparkplätzen gem. § 12 Abs. 3 Nr. 8e StVO verboten. Das Verkehrszeichen 314 mit dem entsprechenden Zusatzzeichen begründet als Verkehrsregelung für den Nichtberechtigten nicht nur ein Parkverbot, sondern zugleich das sofort vollziehbare Gebot, das unerlaubt parkende Fahrzeug zu entfernen. Ein unberechtigt abgestelltes Fahrzeugs darf ohne weitere Beeinträchtigung, insbesondere ohne konkrete Behinderung eines Anwohners mit Parkberechtigung, abgeschleppt werden.[93]

72

III. Ausfahrt aus Grundstück

Ein Fahrzeug, das vor einer Grundstückein- bzw -ausfahrt unter Verstoß gegen § 12 Abs. 3 Nr. 3 StVO abgestellt worden ist, kann abgeschleppt werden, wenn es zum fraglichen Zeitpunkt einem Nutzungsberechtigten die Zufahrt oder Ausfahrt versperrt.[94]

73

IV. Ausfahrt aus Parkplatz

Ein Fahrzeug, das rechtswidrig die Ausfahrt eines Parkplatzes blockiert, kann stets abgeschleppt werden.[95]

74

V. Behindertenparkplatz

Das verbotswidrige Parken auf einem Behindertenparkplatz rechtfertigt auch unter Berücksichtigung des Verhältnismäßigkeitsgrundsatzes regelmäßig eine Abschleppmaßnahme.[96] Unerheblich ist dabei, ob zum Zeitpunkt der Abschleppmaßnahme weitere Behindertenparkplätze frei waren.[97] Ob ein Berechtigter konkret am Parken behindert wurde, spielt keine Rolle.[98] Im Übrigen kann angesichts der gesetzlich vorgesehenen Parkerleichterungen auch

75

---

91 BayVGH v. 6.8.2002 – 24 ZB 01.2666.
92 VGH BW v. 15.1.1990 – 1 S 3673/88.
93 VGH BW v. 13.6.1995 – 1 S 631/95 = NVwZ-RR 1996, 149; VGH BW v. 30.1.1995 – 1 S 3083/94 = NJW 1995, 3004.
94 VG Ansbach v. 17.5.2001 – AN 5 K 00.01417; v. 17.4.2000 – AN 5 K 99.01225.
95 *Schmidbauer/Steiner*, Art. 25 Rn 79; OVG Koblenz NJW 1986, 1369; OVG Koblenz v. 11.5.1999 – 7 A 12290/98 = NJW 1999, 3573.
96 BVerwG v. 14.5.1992 – 3 C 3.90 = BVerwGE 90, 189, 193; v. 27.5.2002 – 3 B 67/02.
97 BVerwG v. 11.8.2003 – 3 B 73.03.
98 BayVGH v. 29.1.1996 – 24 B 94.1712 = BayVBl. 1996, 376; OVG NW NJW 1986, 447; VGH Hessen NVwZ 1987, 910.

von schwerbehinderten Verkehrsteilnehmern erwartet werden, dass sie sich an die übrigen, für alle Verkehrsteilnehmer geltenden Halte- und Parkverbote der StVO halten.[99]

VI. Bordsteinabsenkung

76 Das Parken vor einer Bordsteinabsenkung ist gem. § 12 Abs. 3 Nr. 9 StVO verbotswidrig und begründet regelmäßig eine gegenwärtige Gefahr für die öffentliche Sicherheit und Ordnung. Zweck der Bordsteinabsenkung ist es, Rollstuhlfahrern als auch Personen mit Kinderwägen das Auf- und Abfahren zu erleichtern.[100] Durch das Zuparken der Bordsteinabsenkungen wird die Nutzung erschwert oder gar unmöglich gemacht. Besonders Rollstuhlfahrern ist es auch nicht zumutbar, eine weiter entfernte Bordsteinabsenkung zu benutzen. Das Abschleppen eines vor einer Bordsteinabsenkung abgestellten PKW ist deshalb geeignet, die Gefahrenlage zu beseitigen, und in der Regel verhältnismäßig.[101]

VII. Bushaltestelle

77 Von Bushaltestellen dürfen geparkte Fahrzeuge entfernt werden, wenn mit einer Behinderung der Anfahrt von Linienomnibussen zu rechnen ist.[102]

VIII. Eingeschränktes Halteverbot

78 Das eingeschränkte Halteverbotszeichen (§ 41 Zeichen 286 StVO) verbietet, länger als drei Minuten auf dem Standort zu halten. Ferner beinhaltet es für den Fall der Zuwiderhandlung das sofort vollziehbare Gebot, das Fahrzeug zu entfernen. Schutzzweck von § 12 Abs. 1 Nr. 6a StVO ist unter anderem die Sicherheit und Leichtigkeit des Verkehrs.[103] Eine Abschleppanordnung darf ergehen, wenn durch das Parken im eingeschränkten Halteverbot der Schutzzweck unterlaufen wird und sich daraus eine gegenwärtige konkrete Gefährdungslage ergibt. Ausreichend ist dabei die Möglichkeit einer konkreten Behinderung.[104]

IX. Einparken

79 Im Falle des Einparkens eines Fahrzeugs ergeben sich regelmäßig Schwierigkeiten im Rahmen der Kostentragungspflicht. Kann ein Fahrzeug nicht ausparken, weil das davor und das dahinter stehende Fahrzeug zu nahe abgestellt worden sind, kann grundsätzlich eines der beiden Fahrzeuge abgeschleppt oder versetzt werden (vgl § 1 Abs. 2 StVO). Im Rahmen der Störerauswahl besteht ein Ermessen. Handlungsstörer ist dabei nur derjenige, der unmittelbar durch sein Verhalten eine Gefahr hervorgerufen hat. Nicht ausreichend ist, dass der Betroffene irgendeine Ursache für die Gefahr gesetzt hat, vielmehr muss das Verhalten nach der Lebenserfahrung geeignet sein, die Gefahr oder die Störung herbeizuführen, die eingetreten ist. Es kommt darauf an, wer die letzte Ursache für die Gefahr gesetzt hat, welches Verhalten also die Gefahrengrenze überschritten hat. Dies ist zu unterscheiden von der Frage, welche Handlung die letzte Ursache dafür war, dass sich die bereits bestehende Gefahr auch tatsäch-

---

99 BVerwG v. 14.5.1992 – 3 B 39.90; BayVGH v. 21.7.2005 – 24 ZB 05.1342.

100 *Hentschel*, Straßenverkehrsrecht, StVO, § 12 Rn 57a, 13.

101 Vgl BayVGH v. 22.12.2005 – 24 C 05.2200.

102 VG München v. 6.10.1988 – M 17 K 88.1181; OVG NW NWVBl. 1999, 311.

103 BVerwG v. 14.5.1992, NJW 1993, 870 f.

104 BayVGH v. 12.11.2001 – 24 B 00.2655; OVG Schleswig-Holstein v. 28.2.2000 – 4 L 135/99.

lich verwirklicht hat. Entscheidend ist somit, ob derjenige, dessen Fahrzeug abgeschleppt worden ist, die Gefahrengrenze überschritten hat, indem er sein Fahrzeug nahe am einge-parkten Fahrzeug abgestellt hat (vgl Muster Rn 67).[105] Hat er die Gefahrengrenze überschritten und die Gefahr damit unmittelbar verursacht, so können ihm auch die Kosten der Maßnahme auferlegt werden. Aus Gründen der Verhältnismäßigkeit kommt jedoch eine anteilige Heranziehung anderer Störer in Betracht.

X. Erreichbarkeit des Halters / Mobiltelefone

Eine Verletzung des Grundsatzes der Verhältnismäßigkeit ist dann in Betracht zu ziehen, wenn bei einer – bezogen auf den Zeitpunkt der Entdeckung des Verstoßes – zeitnahen Abschleppmaßnahme der Führer des Fahrzeugs ohne Schwierigkeiten und ohne Verzögerung festgestellt und zur Beseitigung des verbotswidrigen Parkens veranlasst werden kann.[106] Die Benachrichtigung des Halters kommt nur in Betracht, wenn dieser in greifbarer Nähe erscheint; wenn er sich in Ruf- und Sichtweite des Fahrzeugs aufhält.[107] Dabei stehen ungewisse Erfolgsaussichten und nicht abzusehende weitere Verzögerungen regelmäßig einer Verpflichtung zu Halteranfragen oder sonstigen Nachforschungsversuchen entgegen.[108] Dies gilt auch trotz der Verbreitung von Mobiltelefonen.[109] Allerdings kann die Abschleppmaßnahme dann unverhältnismäßig sein, wenn sich auf dem verbotswidrig abgestellten Fahrzeug beispielsweise eine Geschäftsadresse befindet und das Fahrzeug unmittelbar vor dieser Geschäftsadresse geparkt ist (vgl Muster Rn 70). In diesem Fall ist es der Ordnungsbehörde zuzumuten, bei der Geschäftsadresse zu klingeln und so ein etwaiges Entfernen des Fahrzeugs durch den Berechtigten zu veranlassen.[110]

80

XI. Fahrradweg

Ein auf einem Fahrradweg abgestelltes Fahrzeug darf abgeschleppt werden. Ein Verstoß gegen das Übermaßverbot liegt nicht vor. Dabei kommt es nicht darauf an, ob Radfahrer gerade wegen des verkehrswidrig abgestellten PKW tatsächlich gezwungen waren, den Radweg zu verlassen. Ausreichend ist, dass Radfahrer durch den PKW behindert werden können. Radfahrer müssen grundsätzlich nicht damit rechnen, dass der Radweg auch nur teilweise blockiert ist. Hindernisse können gerade bei schlechten Sichtverhältnissen (zB nachts), insbesondere bei Überholvorgängen, zu Behinderungen und Gefährdungen führen.[111]

81

XII. Feuerwehrzufahrt

Feuerwehrzufahrten sind grundsätzlich in ihrer gesamten Breite freizuhalten, da für die Feuerwehrfahrzeuge ausreichend Rangiermöglichkeiten bestehen müssen. Es kann nicht ausreichen, dass die Feuerwehrzufahrt nur durch kompliziertes Rangieren erreichbar ist, da es in

82

---

105 VG München v. 10.6.2002 – M 17 K 00.5821; *Schmidbauer/Steiner*, Art. 7 Rn 9; OVG NW v. 14.6.2000 – 5 A 95/00, wonach der Fahrer und Eigentümer des zuerst ordnungsgemäß abgestellten PKW ordnungsrechtlich nicht verantwortlich ist.

106 BVerwG v. 27.5.2002 – 3B 67/02 = VRS 103, 309-311.

107 St. Rspr des BayVGH, vgl BayVGH v. 16.2.1998 – 24 B 98.1968; v. 28.11.2001 – 24 B 00.3140.

108 BVerwG v. 6.7.1983 – 7 B 182.82; v. 27.5.2002 – 3 B 67/02; OVG NW v. 24.3.1998 – 5 A 183/96; v. 16.2.1982 – 4 A 78/81; OVG Hamburg v. 14.8.2001 – 3 Bf 429/00; VGH Hessen v. 22.5.1990 – 11 UE 2056/89; BayVGH v. 28.11.2001 – 24 B 00.3140; VGH BW v. 7.2.2003 – 1 S 1248/02 = DAR 2003, 329.

109 BVerwG v. 18.2.2002 – 3 B 149/01 = NJW 2002, 2122-2123; VG Gießen v. 20.9.2002 – 10 E 1547/02 = NVwZ-RR 2003, 212.

110 VG München v. 21.5.2003 – M 7 K 02.2450; aA VG Gießen v. 20.9.2000 – 10 E1547/02 = NVwZ-RR 2003, 212 ff.

111 VG München v. 13.10.1988 – M 17 K 88.2451; OVG Hamburg v. 28.1.1998 – 6 Bf 99/98; OVG Hamburg v. 28.3.2000 – 3 Bf 215/98 = NZV 2001, 52 ff; VG Berlin v. 18.5.1999 – 9 A 40.99 = DAR 2000, 182.

Brand- und Katastrophenfällen auf Minuten und Sekunden ankommen kann.[112] Die Polizei handelt auch ermessensfehlerfrei und verhältnismäßig, wenn sie ein vor einer Feuerwehrzufahrt abgestelltes Fahrzeug ohne Einhaltung einer Vorlaufzeit abschleppen lässt, da Feuerwehranfahrtswege jederzeit freizuhalten sind.[113]

XIII. Fußgängerüberweg

83 Auf Fußgängerüberwegen und bis zu fünf Metern davor darf nicht geparkt werden, weil haltende Fahrzeuge die Sicht auf Fußgänger verdecken können. Durch das Abstellen eines Fahrzeugs ohne Einhaltung des Fünf-Meter-Abstands wird die Funktion des Fußgängerüberwegs beeinträchtigt. Die Sicht auf Fußgänger, insbesondere auf kleine Kinder, Rollstuhlfahrer, Personen mit Kinderwägen und andere Passanten wird verdeckt. Hieraus resultiert eine Gefahr, die das Abschleppen des Fahrzeugs rechtfertigt. Einer konkret nachweisbaren Gefährdung bedarf es nicht.[114] Die Abschleppmaßnahme ist dabei auch nicht dann unverhältnismäßig, wenn ein weiteres Zuwarten nicht erfolgt, da Fußgängerüberwege stets freizuhalten sind.[115]

XIV. Fußgängerzone

84 Das Abschleppen eines in einer Fußgängerzone verbotswidrig abgestellten Fahrzeugs ist geboten, wenn durch das Fahrzeug andere Verkehrsteilnehmer behindert werden. Das gilt auch bei Funktionsbeeinträchtigungen einer Fußgängerzone.[116] Auf eine konkrete Behinderung oder auf die Dauer des verbotswidrigen Parkens kommt es nicht an.[117] Im Bereich von Fußgängerzonen rechnet das Publikum außerhalb der Zeiten, in denen in beschränktem Umfang Verkehr zum Zwecke der An- und Ablieferung zugelassen ist, grundsätzlich nicht mit dem Auftauchen von Fahrzeugen. Verkehren außerhalb der zugelassenen Zeiten Fahrzeuge in Fußgängerzonen, so besteht die Gefahr, dass Personen verletzt werden. Dies ist namentlich dann der Fall, wenn sie zum widerrechtlichen Parken in die Fußgängerzone hinein- oder aus ihr wieder herausfahren.[118] Schon deshalb ist es erforderlich, dort widerrechtlich geparkte Fahrzeuge grundsätzlich als Gefahr anzusehen. Das gilt ohne Rücksicht darauf, ob sich die Fahrzeuge zu einer relativ ruhigen Zeit in der Fußgängerzone oder am Rand einer Fußgängerzone befinden. Die auch dann immer mit hoher Wahrscheinlichkeit bestehende Gefahr für nur wenige Benutzer der Fußgängerzone genügt den gesetzlichen Voraussetzungen einer Sicherstellung.[119] Eine Abschleppmaßnahme kann jedoch unverhältnismäßig sein, wenn die Fußgängerzone von Fußgängern überhaupt nicht benutzt wird und dementsprechend eine Beeinträchtigung der allein Fußgängern vorbehaltenen Funktion als Verkehrsfläche ausgeschlossen ist.[120] Dies kommt beispielsweise beim Abschleppen eines in einer Fußgängerzone abgestellten Fahrzeugs während der Nachtzeit in Betracht.[121]

---

112 VG München v. 8.11.2005 – 8.11.2005.
113 BVerwG v. 14.5.1992 – 3 C 3/90 = BVerwGE 90, 189.
114 OVG Schleswig-Holstein v. 28.2.2000 – 4 L 135/99 = DAR 2001, 475.
115 VG München v. 3.8.2005 – M 7 K 04.5064.
116 BVerwG v. 14.5.1992 – 3 C 3/90 = BVerwGE 90, 189; BVerwG v. 18.2.2002 – 3 B 149/01 = NJW 2002, 2122; OVG Mecklenburg-Vorpommern v. 23.2.2005 – 3 L 114/03; VG Lüneburg v. 3.9.2002 – 6 A 196/01; OVG NW v. 26.9.1996 – 5 A 1746/94.
117 VG München v. 26.7.2001 – M 17 K 00.4143; VG Aachen v. 10.5.2006 – 6 K 4382/04 mwN.
118 BayVGH v. 4.10.1989 – 21 B 89.01969 = BayVBl. 1990, 433.
119 BayVGH v. 23.5.1984, BayVBl. 1984, 559, 561; VG München v. 12.11.1999 – M 17 K 98.183; v. 11.12.1997 – M 17 K 96.233; v. 26.7.2001 – M 17 K 00.4143.
120 VG Aachen v. 10.5.2006 – 6 K 4382/04.
121 Vgl OVG Lüneburg v. 8.12.1988 – 12 A 191/88.

XV. Gehweg

Ein bloßer Verstoß gegen das Verbot des Gehweg-Parkens allein rechtfertigt nicht ohne Weiteres eine Abschleppmaßnahme. Die Abschleppmaßnahme ist jedoch gerechtfertigt, wenn durch das Fahrzeug der gesamte Gehweg verstellt wird und hierdurch die Fußgänger behindert werden.[122]

85

XVI. Kreuzungsbereich

Das Parken im Fünf-Meter-Bereich einer Einmündung oder Kreuzung stellt einen Verstoß gegen § 12 Abs. 3 Nr. 1 StVO dar. Dieses verbotswidrige Abstellen eines PKW ruft regelmäßig eine konkrete Gefahr hervor, weil der Abbiegeverkehr beeinträchtigt wird. Neben der Behinderung des Abbiegeverkehrs liegt auch eine Beeinträchtigung der Sichtverhältnisse vor, was zu einer konkreten Unfallgefahr führt.[123] Bei abgerundeten Einmündungen sind im Übrigen die Schnittpunkte der gedachten Verlängerungen des Verlaufs der Fahrbahnkanten vor Beginn der Abrundung maßgebend.[124] Bei Vorhandensein eines mehr als 5 m vor oder hinter dem Schnittpunkt der beiderseitigen Fahrbahnkanten beginnenden oder endenden Einmündungsbogens ist das Parken dort verboten, wo das parkende Fahrzeug von dem verlängerten Fahrbahnrand der einen oder der anderen Straße in senkrechter Richtung gemessen weniger als 5 m entfernt ist.[125]

86

XVII. Ladetätigkeit

Im eingeschränkten Halteverbot ist das Halten von über drei Minuten verboten. Hiervon ist das Halten zum Be- und Entladen ausgenommen. Nach der Rechtsprechung zum Ordnungswidrigkeitenrecht werden zur Ladetätigkeit dabei auch solche Vorbereitungs- oder Nebentätigkeiten für die eigentliche Ladetätigkeit gezählt, die mit im Wesentlichen gleichen oder ähnlichen Arbeitsvorgängen wie das Verladen selbst sowie in einem gewissen zeitlichen Zusammenhang zu diesem erfolgen.[126] Voraussetzung ist jedoch, dass ein unmittelbarer Zusammenhang mit der Ladetätigkeit besteht.

87

XVIII. Leerfahrt / Teilleerfahrt / Anschlussauftrag

Dem von einer Abschleppmaßnahme Betroffenen können die Kosten der Maßnahme auch dann auferlegt werden, wenn er vor Ankunft des Abschleppunternehmens zu seinem Fahrzeug zurückkehrt, die Kosten für den Abschleppauftrag bereits angefallen sind und der bereits angeforderte Abschleppdienst nicht mehr abbestellt werden kann.[127] Kosten fallen dabei bereits an, sobald das angeforderte Abschleppfahrzeug ausrückt und sich auf dem Weg zum Bestimmungsort befindet.[128] Eine sog. Teilleerfahrt ist gegeben, wenn der Abschleppvorgang abgebrochen wird, jedoch mit den Arbeiten zum Befestigen des Fahrzeugs am Abschleppwa-

88

---

122 BVerwG v. 14.5.1992 – 3 C 3/90 = BVerwGE 90, 189-193; *Vahle*, DVP 2001, 58, 61.
123 BayVGH v. 2.6.2003 – 24 ZB 03.647; VG München v. 5.5.2004 – M 7 K 03.7082; OVG Münster v. 9.6.2000 – 5 A 135/99 = NZV 2001, 55 f.
124 BayObLG v. 3.9.1980 – 1 Ob OWi 417/80; OLG Hamm VRS 7, 227, 228.
125 BayObLG v. 3.9.1980 – 1 Ob OWi 417/80.
126 OLG Köln v. 29.4.1969 – Ss79/69; LSG Baden-Württemberg v. 17.3.1976 – L 2 Ua 465/74; OLG Düsseldorf v. 17.6.1991 – 5 Ss 218/91.
127 VGH BW v. 27.6.2002 – 1 S 1531/01 = DÖV 2002, 1002; VG München v. 7.1.2005 – M 7 S 04.5746; weitergehend VGH Hessen – 11 UE 2736/86, wonach es ausreichend und alleinige Voraussetzung ist, dass die Ersatzvornahme durch Anforderung des Abschleppfahrzeugs rechtmäßig eingeleitet worden ist.
128 BayVGH v. 28.11.2001 – 24 B 00.3140; OVG Hamburg – 3 Bs 215.98.

gen begonnen worden ist. Kommt es nach Abbruch eines Abschleppvorgangs unmittelbar zu einem Anschlussauftrag, so ist dies bei der Höhe der Kosten beachtlich.[129] Im Übrigen darf die Abschleppmaßnahme aus Gründen der Verhältnismäßigkeit nicht mehr fortgesetzt werden, wenn der Betroffene vor Abschluss des Abschleppvorgangs vor Ort erscheint.[130]

XIX. Mobiles Halteverbotszeichen

89   Die Wirksamkeit eines ordnungsgemäß aufgestellten oder angebrachten Verkehrszeichens hängt nicht von der subjektiven Kenntnisnahme des davon Betroffenen ab.[131] Ein zunächst erlaubtermaßen geparktes Fahrzeug kann vier Tage nach Aufstellen eines Halteverbotszeichens auf Kosten des Halters abgeschleppt werden (vgl Muster Rn 63).[132] Die Verkehrsteilnehmer müssen mit einer kurzfristigen Änderung der bestehenden Verkehrslage rechnen. Nach Einhaltung einer entsprechenden Vorlaufzeit können ihnen die Kosten für die Abschleppmaßnahme auferlegt werden.[133] Bei der Berechnung der Vorlaufzeit sind der Tag der Aufstellung sowie Sonn- und Feiertage miteinzubeziehen.[134] Unerheblich ist dabei im Übrigen, ob das Halteverbotsschild von Trägern öffentlicher Gewalt oder einem Privaten mit Sondernutzungserlaubnis aufgestellt worden ist.[135]

XX. Ordnungswidrigkeitenverfahren

90   Die Einstellung des Ordnungswidrigkeitenverfahrens hat auf die Erhebung von Kosten aufgrund einer Abschleppmaßnahme regelmäßig keine Auswirkungen. Das Ordnungswidrigkeitenverfahren betrifft die von einem subjektiven Verschulden abhängige Ahndung eines verkehrsordnungswidrigen Verhaltens. Im Gegensatz hierzu sind Abschlepp- und Versetzungskosten Aufwendungen. Es handelt sich um Kosten für die Beseitigung einer vom Kläger als Störer verursachten verschuldensunabhängigen Beeinträchtigung der öffentlichen Sicherheit und Ordnung.[136] Etwas anderes gilt allenfalls dann, wenn das Einschreiten unter dem Gesichtspunkt des Übermaßverbots objektiv zu beanstanden wäre.[137]

XXI. Parken in zweiter Reihe

91   Das Abschleppen eines in zweiter Reihe geparkten Fahrzeugs ist gerechtfertigt, wenn dadurch andere Fahrzeuge zugeparkt oder andere Verkehrsteilnehmer behindert werden. Letzteres kann sich beispielsweise aus einer unzulässigen Sichtbehinderung ergeben. Daneben kommt eine Abschleppmaßnahme in Betracht, wenn durch das abgestellte Fahrzeug Fahrzeuge des fließenden Verkehrs gezwungen werden, eine durchgezogene weiße Linie zu überfahren,[138] oder ein Fahrstreifen völlig blockiert wird.[139]

---

129 OVG Hamburg NJW 2001, 168, 171, das einen Anspruch der Behörde auf Auslagenersatz vollständig verneint.
130 *Vahle*, DVP 2001, 58, 63.
131 BVerwG v. 11.12.1996 – 11 C 15/95 = BVerwGE 102, 316-320; BVerwG 1997, 1021 f.
132 BVerwG v. 11.12.1996 – 11 C 15/95 = BVerwGE 102, 316-320; BVerwG NJW 1997, 1021 f.
133 BVerwG v. 11.12.1996 – 11 C 15/95 = BVerwGE 102, 316-320; BVerwG NJW 1997, 1021 f; BayVGH v. 3.5.2001 – 24 B 00.242.
134 BayVGH v. 3.5.2001 – 24 B 00.242.
135 OVG Hamburg v. 4.11.2003 – 3 Bf 23/03 = DAR 2004, 543 (Einrichtung einer Halteverbotszone für private Dreharbeiten).
136 BayVGH v. 7.12.1998 – 24 ZS 98.2972; OVG Hamburg v. 27.8.2002 – 3 Bf 3112/02; OVG Saarland, v. 16.6.1999 – 9 Q 166,8/98.
137 BVerwGE, 45, 52; 47, 31; 49, 36.
138 VG München v. 27.7.2005 – M 7 K 04.6469.
139 VGH BW v. 5.5.1971 – I 177/70 – DAR 1972, 137.

XXII. Parkuhr / Parkscheinautomat

Das durch eine Parkuhr gekennzeichnete modifizierte Halteverbot enthält zugleich das   92
– sofort vollziehbare – Gebot, ein abgestelltes Fahrzeug alsbald wegzufahren, wenn die Voraussetzungen für ein erlaubtes Handeln nicht (mehr) gegeben sind. Dieses Gebot kann
Grundlage für das Abschleppen des Fahrzeugs sein.[140] Entscheidend dabei ist, dass die Miss-
achtung der Parkuhr wesentlich deren verkehrsregelnde Funktion beeinträchtigt, nämlich die
Anordnung des zeitlich begrenzten Parkens, um den knappen Parkraum möglichst vielen
Kraftfahrern zur Verfügung zu stellen.[141] Das Abschleppen eines Fahrzeugs von einem Park-
platz mit zeitlicher Beschränkung ist zumindest dann nicht unverhältnismäßig, wenn das
Fahrzeug dort für mehrere (drei) Stunden unzulässig gestanden hat.[142] Im Übrigen ist der
Nachweis einer konkreten Behinderung nicht erforderlich.[143]

XXIII. Polizeiparkplatz

Im Bereich eines Halteverbotszeichens mit dem Zusatzzeichen „Einsatzfahrzeuge frei" dürfen   93
verbotswidrig abgestellte Fahrzeuge stets abgeschleppt werden, da sie die jederzeitige
Einsatzbereitschaft der Polizeifahrzeuge gefährden. Auf eine konkrete Behinderung kommt es
nicht an.[144]

XXIV. Taxistand

Das Parken im Bereich eines Taxistands stellt gem. §§ 12 Abs. 1 Nr. 9, 49 Abs. 1 StVO, § 24   94
Abs. 1 StVG eine Ordnungswidrigkeit dar. Das Abschleppen eines im Bereich eines Taxistands abgestellten Fahrzeugs ist nicht deshalb unverhältnismäßig, weil eine konkrete Behinderung im Zeitpunkt der Abschleppanordnung nicht vorlag.[145]

XXV. Unverschlossenes Kraftfahrzeug

War eine polizeiliche Sicherungsmaßnahme objektiv nützlich und drängt sich kein schonen-   95
deres Mittel auf, so verdient sie und die damit verbundene Kostenbelastung rechtliche Billigung.[146]

XXVI. Verkehrszeichen

Grundsätzlich müssen Verkehrseinrichtungen so beschaffen sein, dass ihre Anordnung bei   96
zumutbarer Aufmerksamkeit durch beiläufigen und raschen Blick erfasst, verstanden und
befolgt werden kann.[147] Dieser Grundsatz gilt nur eingeschränkt für den ruhenden Verkehr.

---

140 BVerwG v. 26.1.1988 – 7 B 189/87 = NVwZ 1988, 623; HessVGH, Die Polizei, 1998, 63.
141 BVerwG v. 6.7.1983 – 7 B 113/82.
142 BVerwG v. 6.7.1983 – 7 B 113/82; BayVGH v. 7.12.1998 = NJW 1999, 1130; nach HessVGH v. 11.11.1997, NVwZ-RR 1999, 23 ist das
    Abschleppen bereits bei einer Überschreitung der Höchstparkdauer von nur einer Stunde verhältnismäßig.
143 HessVGH v. 11.11.1997, NVwZ-RR 1999, 23; BayVGH v. 7.12.1998, NJW 1999, 1130.
144 VG München v. 3.11.2006 – M 7 K 96.1434; *Schmidbauer/Steiner*, Art. 25 Rn 87.
145 OVG Hamburg v. 7.3.2006 – 3 Bf 392/05, wonach es beim Taxistand vergleichbar mit den Behindertenparkplätzen einer konkreten
    Behinderung nicht bedarf, sondern der Taxistand mangels Vorhersehbarkeit des Bedarfs stets freizuhalten ist; VG Düsseldorf v.
    27.4.2004 – 14 K 8762/03; VG München v. 17.7.1989 – M 17 K 89.910, wonach eine Behinderung zwar noch nicht eingetreten, aller-
    dings nach den Umständen vorhersehbar sein muss.
146 BVerwG v. 3.5.1999 – 3 B 48/99 = NZV 2000, 514.
147 *Hentschel*, Straßenverkehrsrecht, StVO, § 39 Rn 33.

Anders als bei der Teilnahme am fließenden Verkehr ist der Verkehrsteilnehmer hier nicht darauf angewiesen, Beschilderungen innerhalb von Sekunden oder Sekundenbruchteilen aufzunehmen. Vielmehr ist es dem Verkehrsteilnehmer im ruhenden Verkehr möglich, die Verkehrszeichen eingehend zu prüfen, um festzustellen, ob er sein Fahrzeug an der von ihm gewählten Stelle abstellen darf.[148]

97 Für den verwaltungsvollstreckungsrechtlichen Anspruch auf Erstattung von Kosten des Abschleppens kommt es allein auf die **Wirksamkeit** der Verkehrzeichenregelung an; deren Rechtmäßigkeit ist unerheblich.[149] Rechtliche Konsequenzen für die Wirksamkeit eines Verkehrsschildes können sich nur dann ergeben, wenn das Verkehrszeichen vollkommen verdeckt ist.[150] Dabei verliert ein mobiles Halteverbotsschild regelmäßig nicht seine Wirksamkeit, wenn es lediglich umgedreht ist, solange es weiterhin eindeutig einem bestimmten Straßenabschnitt zugeordnet werden kann.[151] Eine vorübergehende Unkenntlichkeit beseitigt die Wirksamkeit des Verkehrszeichens nicht.[152] Schwerwiegende Verstöße gegen das Bestimmtheitsgebot führen hingegen zur Nichtigkeit der Verkehrsregelung. Dies ist der Fall, wenn die Verkehrsregelung objektiv unklar ist und ihr Sinn nicht eindeutig ermittelt werden kann.[153]

XXVII. Versetzung als milderes Mittel

98 Die Versetzung stellt gegenüber dem Abschleppen auf einen Verwahrplatz grundsätzlich das mildere Mittel dar (s. Rn 35 f) Beruft sich der von einer Abschleppmaßnahme Betroffene darauf, dass sein Fahrzeug auch hätte versetzt werden können, so obliegt es ihm, substantiiert darzulegen, dass in der Nähe ein der StVO entsprechender Parkplatz frei gewesen wäre.

XXVIII. Zusatzschilder

99 Zusatzschilder im Sinne des § 39 Abs. 2 S. 3 bis 5 StVO, welche sich unter mehreren übereinander angebrachten Verkehrszeichen befinden, gelten nur für das unmittelbar über dem Zusatzschild angebrachte Verkehrszeichen.[154] Im Übrigen haben Zusatzschilder wie „Sicherheitszone" gegenüber einem Halteverbotszeichen keinerlei Regelungsgehalt und auch keine Klarstellungsfunktion.[155] Weder die Straßenverkehrsordnung noch eine sonstige Rechtsnorm gebieten, dass ein eindeutiges Vorschriftzeichen durch ein Zusatzschild, das über die Motive der Anordnung Auskunft gibt, ergänzt werden müsste.

XXIX. Zustandsstörer/Halterhaftung

100 Eine gesetzliche Regelung, die es erlaubt, den Eigentümer mit den durch die Beseitigung des Wagens entstehenden Abschleppkosten zu belasten, ist von Art. 14 Abs. 1 S. 2 GG gedeckt. Gegen die Kostenerstattungspflicht bestehen insbesondere auch dann keine verfassungsrechtlichen Bedenken, wenn der Eigentümer seinen Wagen an eine andere Person verleiht und dies

148 OVG Münster v. 11.6.1997, NJW 1998, 331; VG München v. 24.4.2006 – M 7 K 05.6108.
149 OVG Hamburg v. 11.2.2002 – 3 Bs 237/00; VG München v. 3.12.2003 – M 7 K 03.194; v. 7.1.2005 – 1 S 04.5746.
150 OVG NW v. 25.11.2004 – 5 A 850/03; VG München v. 26.10.2005 – M 7 K 05.2678.
151 OVG Münster v. 11.6.1997 – 5 A 4278/95 = NJW 1998, 331.
152 OLG Oldenburg v. 16.8.1979, DAR 1980, 127; VG München v. 27.8.2004 – M 7 K 03.3358.
153 BayObLG v. 29.11.1999, NStZ-RR 2000, 119.
154 BVerwG v. 13.3.2003 – 3 C 51/02.
155 BVerwG v. 23.6.1993 – 11 C 32/92.

dazu führt, dass der Wagen an einem Ort abgestellt wird, an dem er den Straßenverkehr behindert, und deshalb entfernt werden muss.[156]

F. Schadensersatz bei Schäden am Fahrzeug nach einer Abschleppmaßnahme

Bei von der Polizei angeordneten Abschleppmaßnahmen kann es zu einer Beschädigung des abgeschleppten Fahrzeugs kommen. In einem solchen Fall wird der Fahrzeughalter regelmäßig einen Anspruch auf Ersatz für den ihm entstandenen Schaden geltend machen. Problematisch ist dabei, gegen wen ein solcher Anspruch zu richten (Rn 102 ff) und auf welche Rechtsgrundlage er zu stützen (Rn 106 ff und 112 ff) ist.

101

I. Anspruchsgegner

Die Polizei schließt mit dem Abschleppunternehmer einen **Vertrag**[157], nach dem dieser zur Entfernung des Fahrzeugs und Verbringung des Fahrzeugs auf einen der StVO entsprechenden Parkplatz oder auf einen Verwahrplatz verpflichtet ist. Im Gegenzug erhält der Abschleppunternehmer ein Entgelt. Vertragliche Ansprüche des Abschleppunternehmers gegen den Störer bestehen nicht. Der Störer seinerseits hat wiederum nur Ansprüche gegen die Polizei, da nur zu dieser aufgrund des Polizeirechts eine Rechtsbeziehung besteht.

102

Die soeben dargestellten Grundsätze in der Dreiecksbeziehung gelten grundsätzlich auch, wenn an dem abgeschleppten Fahrzeug ein Schaden entsteht. Eine Haftung der anordnenden Körperschaft nach § 839 BGB, Art. 34 GG kommt allerdings nur in Betracht, wenn Mitarbeiter des Abschleppunternehmens in Ausübung eines ihnen anvertrauten hoheitlichen Amtes, gehandelt haben.[158] Zu der Frage, ob bei einem pflichtwidrigen Handeln des Verwaltungshelfers dieser selbst oder an seiner Stelle der Staat haftet, vertritt der Bundesgerichtshof in ständiger Rechtsprechung die „**Werkzeugtheorie**". Danach haftet die auftraggebende Körperschaft für pflichtwidriges Handeln des Verwaltungshelfers, wenn sie in so weitgehendem Maße auf die Durchführung des Auftrags Einfluss genommen hat, dass sie das Handeln der Privatperson wie eigenes gegen sich gelten lassen und es so angesehen werden muss, als wäre die Privatperson lediglich als Werkzeug (Erfüllungsgehilfe) der auftraggebenden Behörde bei der Durchführung ihrer hoheitlichen Aufgabe tätig geworden.[159]

103

1. Schadenseintritt während Abschleppvorgang

Für den Fall, dass der Schaden am Fahrzeug während des Abschleppvorganges selbst aufgetreten ist, ist anerkannt, dass die Stellung des Abschleppunternehmens derjenigen eines Verwaltungshelfers angenähert ist. Dementsprechend erfolgt für die eingetretenen Schäden eine **Haftungsverlagerung auf die anordnende Körperschaft**.[160] Unerheblich ist dabei, ob die Beauftragung des Abschleppunternehmers auf privatrechtlicher Grundlage erfolgt ist. Für die staatshaftungsrechtliche Würdigung des Vorgangs kommt es allein auf das nach außen mani-

104

---

156 BVerwG v. 19.11.1991 – 8 B 137/91 = NJW 1992, 1908.
157 Für privatrechtlichen Vertrag: *Berner/Köhler*, Art. 9 Rn 5; *Honnacker/Beinhofer*, Art. 9 Rn 12; *Lisken/Denninger*, Rn 690; vgl auch BGH v. 26.2.2006 – I ZR 83/03; für öffentlich-rechtlichen Vertrag: *Schmidbauer/Steiner*, Art. 9 Rn 24 f.
158 BGH v. 21.1.1993 – III ZR 189/91 = NJW 1993, 1258-1260.
159 BGH v. 21.1.1993 – III ZR 189/91 = NJW 1993, 1258-1260; *Maunz/Dürig*, Grundgesetz, 47. Aufl. 2006, Art. 34 Rn 113; *Ossenbühl*, Staatshaftungsrecht, 5. Aufl. 1998, S. 20 ff.
160 BGH v. 21.1.1993 – III ZR 189/91 = NJW 1993, 1258-1260; LG Frankfurt/Main v. 24.11.1999 – 2/16 S 148/99 = DAR 2000, 268.

festierte Handeln als „Erfüllungsgehilfe" des Trägers öffentlicher Gewalt an. Eine Haftung des Abschleppunternehmers aus § 831 oder § 823 BGB bzw § 18 StVG (Haftung des Kraftfahrzeugführers) kommt gem. Art. 34 S. 1 GG daneben nicht in Betracht.[161]

2. Schadenseintritt auf dem Verwahrplatz

105 Erfolgte die Beschädigung hingegen erst auf dem Verwahrplatz, zu welchem das verbotswidrig abgestellte Fahrzeug verbracht wurde, ist umstritten, ob der Abschleppunternehmer selbst haftet oder der Staat in Anspruch genommen werden kann. Nach einer Ansicht scheidet in einem solchen Fall ein Amtshaftungsanspruch aus, da der Abschleppunternehmer während des Zeitraums der Verwahrung nicht mehr als „Werkzeug" angesehen werden kann.[162] Damit sind Schadensersatzansprüche unmittelbar gegen diesen zu richten. Nach anderer Ansicht ist die Stellung des Abschleppunternehmers nicht nur beim Abschleppvorgang selbst, sondern auch bei der sich anschließenden Verwahrung und Herausgabe derjenigen eines Verwaltungshelfer angenähert.[163] Für Letzteres spricht, dass die „künstliche Aufspaltung" des Abschleppvorgangs in mehrere Phasen, zu verschiedenen Anspruchsgegnern als auch zu Beweisschwierigkeiten führt.[164]

II. Ansprüche gegen den Staat

106 Für einen Schadensersatzanspruch wegen der Beschädigung des Fahrzeugs aufgrund der Abschleppmaßnahme kommt der **allgemeine Amtshaftungsanspruch** nach § 839 BGB, Art. 34 GG in Betracht[165]. Daneben kann ein Entschädigungsanspruch aus **enteignungsgleichem Eingriff** bestehen.[166] Außerdem kann ein Schadensersatzanspruch aus der entsprechenden Anwendung von **§ 280 Abs. 1 BGB iVm dem öffentlich-rechtlichen Verwahrungsverhältnis** resultieren.[167]

1. Voraussetzungen eines Amtshaftungsanspruch aus § 839 BGB, Art. 34 GG

107 Voraussetzung des Amtshaftungsanspruchs nach § 839 BGB, Art. 34 GG ist, dass ein Beamter vorsätzlich oder fahrlässig die ihm einem Dritten gegenüber obliegende Amtspflicht verletzt. **Im Einzelnen:**

- hoheitliche Tätigkeit
- Handeln in Ausübung eines Amts und nicht nur bei Gelegenheit
- Verletzung einer Amtspflicht
- Drittbezogenheit der Amtspflicht
- Verschulden

---

161 *Vahle,* DVP 2001, 58, 65.

162 Vgl OLG Hamm NJW 2001, 375, 376; OLG Thüringen v. 6.4.2005 – 4 U 965/04; kritisch zu dieser Ansicht: *Lampert,* NJW 2001, 2526 f; *Perrey,* BayVbl. 2000, 609/617, der eine Amtshaftung für den Abschleppunternehmer in jedem Fall ablehnt.

163 OLG Düsseldorf v. 25.2.2003 – 20 U 1/03; folgend: BGH v. 26.1.2006 – I ZR 83/03 = NJW 2006, 1804-1806, wonach der Abschleppunternehmer auch noch bei der sich an den Abschleppvorgang anschließenden Verwahrung und Herausgabe als verlängerter Arm der Verwaltungsbehörde einzuordnen ist; *Schmidbauer/Steiner,* Art. 76 Rn 58, wonach aufgrund des öffentlich-rechtlichen Verwahrverhältnisses der Staat auch zum Ersatz von erst auf dem Verwahrplatz auftretenden Schäden verpflichtet ist; ebenso *Schenke,* Rn 727.

164 OLG Düsseldorf v. 25.2.2003 – 20 U 1/03; *Lampert,* NJW 2001, 2526 f.

165 BGH v. 26.1.2006 – I ZR 83/03 = NJW 2006, 1804; BGH NJW 1993, 1258; *Vahle,* DVP 2001, 58, 65.

166 *Schmidbauer/Steiner,* Art. 76 Rn 58.

167 BGH v. 5.10.1989 – III ZR 126/88; LG Osnabrück v. 28.1.1982 – 9 O 451/81 = VersR 1983, 692; aA OLG Hamm NJW 2001, 375, 376, wonach ein solcher Anspruch an der Fürsorge- und Obhutspflicht scheitert; hiergegen spricht zumindest in Bayern die in Art. 26 Abs. 3 S. 1 BayPAG geregelte Pflicht, Wertminderungen vorzubeugen.

- ursächlicher Schaden aufgrund der Amtspflichtverletzung
- keine andere Ersatzmöglichkeit bei Fahrlässigkeit (§ 839 Abs. 1 S. 2 BGB)
- Pflicht zur Schadensabwendung durch Rechtmittel nachgekommen (§ 839 Abs. 3 BGB)
- Mitverschulden (§ 254 BGB)

Problematisch wird regelmäßig das Vorliegen einer hoheitlichen Tätigkeit sein. Dies ist zu- **108**
mindest dann zu bejahen, wenn sich die die Abschleppmaßnahme anordnende Behörde beim
Abschleppen eines privaten Abschleppunternehmers bedient und die Beschädigung noch
während des Abschleppvorgangs erfolgte.

2. Geltendmachung eines Amtshaftungsanspruchs

Amtshaftungsansprüche sind aufgrund der abdrängenden Sonderzuweisung in § 40 Abs. 2 **109**
S. 1 VwGO vor den Zivilgerichten geltend zu machen. Gem. § 71 Abs. 2 Nr. 2 GVG ist das
Landgericht sachlich zuständig. Der Geschädigte hat zu beweisen, dass die Beschädigung
durch das Abschleppunternehmen während des Abschleppvorgangs entstanden ist. Kann er
dies nicht, geht dies zu seinen Lasten.[168] Bei einer fahrlässigen Amtspflichtverletzung ist darüber hinaus darzulegen, dass nicht auf andere Weise Ersatz verlangt werden kann.

Hinweis: In einem ersten **Anspruchsschreiben** wie auch in einem Klageschriftsatz sind grund- **110**
sätzlich alle diejenigen tatsächlichen und rechtlichen Umstände darzulegen, aus denen sich
der Schadensersatzanspruch ergibt. Dabei ist darauf zu achten, dass entsprechend den zivilrechtlichen Grundsätzen nur für diejenigen Gesichtspunkte Beweismittel benannt werden, für
welche auch eine Beweispflicht besteht. Im Übrigen können Beweismittel unter Verwahrung
gegen die Beweislast benannt werden. Das folgende Muster enthält ein Beispiel für ein erstes
Anspruchsschreiben. Dabei sind insbesondere die rechtlichen Gesichtspunkte aus Gründen
der Anschaulichkeit ausführlich dargestellt. In der Praxis wird eine derartig detaillierte Darstellung der rechtlichen Umstände bei einem ersten Anspruchsschreiben nicht erforderlich
und aus prozesstaktischen Gründen regelmäßig auch nicht zu empfehlen sein, da dem Anspruchsgegner Einwendungen an die Hand gegeben werden könnten.

Muster: Anspruchsschreiben zur Geltendmachung eines Schadensersatzanspruchs nach **111**
§ 839 BGB, Art. 34 GG

 389

An das Polizeipräsidium ■■■

Betreff: Schadensersatzanspruch wegen Fahrzeugbeschädigung gegen den Freistaat Bayern
  Frau M., ■■■
  Abschleppmaßnahme vom 15.12.2006 (Ihr Az ■■■)

Sehr geehrte Damen und Herren,
hiermit zeigen wir Ihnen an, dass uns Frau M. mit der Wahrnehmung ihrer rechtlichen Interessen
beauftragt hat. Ordnungsgemäße Bevollmächtigung wird anwaltlich versichert. Sofern Sie die Übersendung einer Originalvollmachtsurkunde wünschen sollten, bitten wir Sie um kurzen Hinweis.

Unserer Beauftragung liegt folgender Umstand zugrunde:

Unsere Mandantin parkte ihr Fahrzeug am 14.12.2006 in der M-straße in München vor dem Gebäude
mit der Hausnummer 9. Das Fahrzeug mit dem amtlichen Kennzeichen ■■■ stand längs zur Fahrbahn.
Bei dem Fahrzeug handelt es sich um einen BMW 1er, Baujahr 2005. Am 15.12.2006 wurde das Fahr-

---

168 OLG Thüringen v. 6.4.2005 – 4 U 965/04.

zeug aufgrund polizeilicher Anordnung abgeschleppt. Grund hierfür war, dass das hinter dem PKW unserer Mandantin abgestellte Fahrzeug eingeparkt gewesen sein soll. Mit der Durchführung der Abschleppmaßnahme wurde der Abschleppunternehmer H. beauftragt.

Als unsere Mandantin ihr Fahrzeug vom Verwahrplatz abholte, beanstandete sie umgehend verschiedene Beschädigungen an ihrem Fahrzeug. Hierbei handelt es sich insbesondere um Lackschäden. Unsere Mandantin brachte ihr Fahrzeug am 18.12.2006 in ihre Kfz-Werkstatt, um Winterreifen aufziehen zu lassen. Im Rahmen dessen beauftragte sie die Werkstatt, zu der Frage Stellung zu nehmen, ob die Lackschäden durch eine Abschleppmaßnahme verursacht worden sein können. Zugleich beauftragte sie die Kfz-Werkstatt, einen Kostenvoranschlag für die Ausbesserung der Lackschäden zu erstellen. Mit beiliegendem Schreiben der Werkstatt vom 19.12.2006 teilte ihr diese mit, dass es sich bei den Lackschäden um solche handele, die typischerweise durch eine unsachgemäße Abschleppmaßnahme verursacht würden. Gleichzeitig wurde mitgeteilt, dass sich die Kosten der Reparatur auf 346,00 EUR belaufen würden.

Unsere Mandantin hat gegen den Freistaat Bayern, vertreten durch das Polizeipräsidium ▪▪▪ (§ 3 Abs. 4 Vertretungsverordnung), gemäß § 839 BGB iVm Art. 34 GG einen Anspruch auf Schadensersatz.

Verletzt jemand in Ausübung eines ihm anvertrauten öffentlichen Amts die ihm einem Dritten obliegende Amtspflicht, so trifft gemäß § 839 BGB iVm Art. 34 S. 1 GG die Verantwortlichkeit hierfür grundsätzlich den Staat oder die Körperschaft, in deren Diensten er steht. Nach der Rechtsprechung des Bundesgerichtshofs (BGH, Urt. v. 26.1.2006 – I ZR 83/03 = NJW 2006, 1804; Urt. v. 21.1.1993 – III ZR 189/91; vgl ebenso Thüringer Oberlandesgericht, Urt. v. 6.4.2005 – 4 U 965/04; LG Frankfurt/Main, Urt. v. 24.11.1999 – 2/16 S 148/99) handelt der Abschleppunternehmer, der von der Polizeibehörde zur Durchführung einer Abschleppmaßnahme beauftragt worden ist, in Ausübung eines ihm anvertrauten öffentlichen Amts. Dies folgt aus dem Umstand, dass die Anordnung, das Fahrzeug abzuschleppen, sowie die Durchführung der Abschleppmaßnahme sich materiell als polizeiliche Vollstreckungsmaßnahme in Gestalt der Ersatzvornahme (BGH aaO) bzw der unmittelbaren Ausführung darstellen. Die Stellung des Abschleppunternehmers ist insoweit derjenigen eines Verwaltungshelfers angenähert.

Vorliegend haben die Polizeibeamten gemäß Art. 9 Abs. 1 S. 1 Bayerisches Polizeiaufgabengesetz (PAG) im Wege der unmittelbaren Ausführung angeordnet, das Fahrzeug der Anspruchstellerin abzuschleppen. Hierzu haben sie sich nach Art. 9 Abs. 1 S. 1 PAG eines Dritten, und zwar des Abschleppunternehmers H., bedient. Die Stellung des Abschleppunternehmers ist entsprechend der oben genannten Rechtsprechung derjenigen eines Verwaltungshelfers angenähert. Er hat somit in Ausübung eines ihm anvertrauten öffentlichen Amts, also hoheitlich gehandelt. Damit findet gemäß § 839 BGB iVm Art. 34 GG eine Haftungsverlagerung auf die zuständige Körperschaft statt. Diese ist nach Art. 1 Abs. 2 Bayerisches Polizeiorganisationsgesetz (POG) der Freistaat Bayern.

Auch die sonstigen anspruchsbegründenden Voraussetzungen liegen vor. Das Fahrzeug unserer Mandantin und damit ihr Eigentum wurden beim Abschleppvorgang beschädigt. Die Eigentumsbeschädigung geht aus einer unfachmännischen Durchführung der Abschleppmaßnahme hervor und beeinträchtigt das Eigentum unserer Mandantin mehr als es im Rahmen der gebotenen Gefahrenabwehr unvermeidbar war (vgl OLG Düsseldorf, Urt. v. 30.11.1995 – 18 U 58/95 = VersR 1997, 239). Der Abschleppunternehmer handelte zumindest fahrlässig. Ersatz für die Eigentumsbeschädigung auf andere Weise (vgl § 839 Abs. 1 S. 2 BGB) vermag unsere Mandantin nicht zu erlangen. Eine Inanspruchnahme des Abschleppunternehmers gemäß §§ 831, 823 BGB entfällt, da die Haftung aufgrund des hoheitlichen Gepräges gemäß § 839 BGB iVm Art. 34 GG auf die öffentliche Hand übergewälzt wird (BGH v. 21.1.1993 – III ZR 189/91).

Damit ist unsere Mandantin gemäß §§ 249 ff BGB so zu stellen, wie sie stehen würde, wenn das schädigende Ereignis nicht eingetreten wäre. Dies umfasst vorliegend neben den Reparaturkosten (346,00 EUR inklusive Mehrwertsteuer) auch die Verpflichtung zum Ersatz der durch unsere Inanspruchnahme entstandenen Kosten. Letztere belaufen sich für den Fall, dass keine weiteren Maßnahmen unsererseits erforderlich werden, inklusive der Pauschale für Entgelte für Post- und Telekommunikationsdienste auf brutto 83,54 EUR. Eine anteilige Schadensreduzierung aufgrund des Umstands, dass unsere Mandantin die Abschleppmaßnahme veranlasst haben könnte (vgl § 254 BGB), findet nicht statt. Wer verbotswidrig parkt und so das Einschreiten der Polizei veranlasst hat, muss mit dem Vorwurf einer Verkehrsordnungswidrigkeit sowie gegebenenfalls dem Abschleppen seines Fahrzeugs, aber nicht mit einem unfachmännischen Vorgehen des Abschleppunternehmers rechnen (vgl OLG Düsseldorf, Urt. v. 30.11.1995 – 18 U 58/95 = VersR 1997, 239).

Sofern Sie gegen den geltend gemachten Anspruch Einwendungen gleich welcher Art erheben wollen, bitten wir Sie zur Vermeidung weiterer unnötiger Verzögerungen der Angelegenheit um entsprechende Mitteilung bis spätestens zum

25.1.2007.

Sollte dies nicht der Fall sein, bitten wir um Anweisung eines Betrags in Höhe von

429,54 EUR

innerhalb gleicher Frist auf unser oben angegebenes Treuhandkonto.

Für den Fall des fruchtlosen Fristablaufs werden wir unserer Mandantin die gerichtliche Durchsetzung ihres Schadensersatzanspruchs empfehlen.

Mit freundlichen Grüßen

Rechtsanwalt

Anlage: Schreiben der Kfz-Werkstatt vom 18.12.2006

III. Ansprüche gegen Abschleppunternehmer bzw Versicherung

1. Ansprüche gegen den Abschleppunternehmer

Grundsätzlich schließt ein Amtshaftungsanspruch alle Ansprüche gegen Dritte aus Verschuldenshaftung, insbesondere aus §§ 823 ff BGB, aus. Allerdings wird die **Halterhaftung** nach § 7 StVG von § 839 BGB, Art. 34 GG nicht verdrängt, so dass insoweit die Möglichkeit der Inanspruchnahme des Abschleppunternehmers verbleibt.[169] Zu berücksichtigen ist dabei jedoch, dass die Halterhaftung nicht greift, wenn die Beschädigung nicht „beim Betrieb" des Abschleppfahrzeugs, sondern infolge einer unsachgemäßen Durchführung des Abschleppvorgangs erfolgt (zB bei der Befestigung der Stahlkrallen eines von dem Unternehmer eingesetzten „Pick-away"-Fahrzeugs).[170]

Sind Ansprüche gegen den Abschleppunternehmer wegen Vorrangs der Amtshaftung nicht ausgeschlossen, so haftet dieser für Schäden am Fahrzeug grundsätzlich nach unerlaubter Handlung (§§ 823 ff, 831 BGB). Daneben kommt ein Anspruch aus § 280 Abs. 1 BGB iVm dem Abschlepp- bzw Verwahrungsvertrag iVm den Grundsätzen des Vertrags mit Schutzwirkung zugunsten Dritter[171] in Betracht.

2. Ansprüche gegen die Versicherung

Ein unmittelbarer Anspruch gegen die Versicherung aus § 3 Nr. 1 PflVG scheidet aus, da die gesetzlich geregelte **Haftpflichtversicherung** den am abgeschleppten Fahrzeug entstandenen

112

113

114

---

169 BGH v. 21.1.1993 – III ZR 189/91 = NJW 1993, 1258-1260.
170 LG Frankfurt v. 24.11.1999 – 2/16 S 148/99 = DAR 2000, 268-269.
171 Vgl auch BGH v. 11.7.1978 – VI ZR 138/76 = NJW 1978, 2502-2504; LG Frankfurt v. 16.1.2002 – 2/1 S 263/01 = VersR 2002, 1260-1261.

Schaden nicht erfasst. Dies ergibt sich bereits daraus, dass die Haftpflichtversicherung nach den Allgemeinen Bedingungen für die Kraftfahrtversicherung (§ 11 AKB) regelmäßig einen Haftungsausschluss für Schäden am versicherten Fahrzeug sowie am abgeschleppten Fahrzeug im Fall des gewerbsmäßigen Abschleppens vorsieht. Ferner bilden das abgeschleppte Fahrzeug und das Abschleppfahrzeug eine Betriebseinheit, so dass sich der Haftungsschluss grundsätzlich auch auf das abgeschleppte Fahrzeug bezieht.[172] Allerdings wird sich der gewerbsmäßige Abschleppunternehmer regelmäßig durch eine sog. **Hakenlast-Haftpflichtversicherung** gegen Ansprüche Dritter versichert haben. Eine unmittelbare Inanspruchnahme der Versicherung ist jedoch wohl nicht möglich.[173]

---

172 Vgl BGH v. 11.7.1978 – VI ZR 138/76 = NJW 1978, 2502-2504.
173 Vgl BGH v. 11.7.1978 – VI ZR 138/76 = NJW 1978, 2502-2504.

Stichwortverzeichnis

Die **fetten** Zahlen verweisen auf Paragrafen, magere Zahlen verweisen auf Randnummern.